第四册目録

法律人物總部

老實人必讀

提要

法律人物總部共收録一千一百一十人。其中，法律思想人物部二百五十二人，立法、司法活動突出的政治人物部二百零八人，律學人物部七十七人，司法循吏部四百六十七人，司法酷吏部九十人，法醫、刑幕部十六人。除法醫、刑幕部外，其餘各部均依歷史時代順序劃設若干分部。其資料主要取自正史、各種專史、歷代碑傳，旁搜經、子、集各部之人物品評。

古代哲人志在修齊治平，崇尚經世致用，無論先秦諸子，還是秦漢以後的經學家、儒學家、史學家、文學家，大多立言時政，或闡釋禮法，或議論政刑。爲保留先哲寶貴思想，本分典應收盡收，編入法律思想人物部。

政治人物部收入歷代有作爲的帝王宰輔，但須有突出的立法、司法貢獻與事蹟，並非一概入録，故稱之爲立法、司法活動突出的政治人物部。

司法循吏部和司法酷吏部主要選材於正史的《循吏傳》、《良吏傳》、《酷吏傳》和其他典籍。循吏彪炳千秋，酷吏遺臭萬年。彰善懲惡，此史家直筆之風骨，理當在分典中得到傳承。但入選者須有相稱之司法活動，不同於一般的循吏、良吏、酷吏。惜歷代史籍記循吏、良吏遠多於酷吏，且少數正史不載循吏、酷吏二傳，又有十四部正史不見酷吏傳記。爲保持一致，編者依據史傳所載傳主事蹟和後人品評作出劃分。

律學、法醫、刑幕三類人物，文獻稀有記載。尤其是刑幕人物，史載負面居多，有名有姓者少之又少，儘管編者費盡心機，廣加搜尋，仍難如願，不得已而將其與法醫學人物編爲一部。

清代人物，由於《清史稿》成書於民國年間，不合《中華大典》用書要求，故另闢蹊徑，從《清史列傳》、《碑傳集》及其續集、各種清代地方人物志中選輯，共得一百八十四人。

清末變法立憲和修律，年時雖短，卻迭蕩起伏，新派舊派激越論辯，異彩紛呈。然活躍於這一舞臺的人物大多壽延民國，乃至現代，故在一九一一年前基本上查找不到他們的碑傳。《中華大典》乃一代盛世名典，如將這些人物付之闕如，實上愧於先賢，下留憾於後人。思慮再四，特從《清史稿》、《廣清碑傳集》等民國文獻中輯出沈家本、嚴復等清末法律人物傳記編入，以補是闕。計有十六人。中華智慧向來有經有權，在恪守大經大法之中，允有權時之宜。編者存此些許良苦微願，伏望讀者寬恕之。

法律思想人物部

三代分部

姬旦

《尚書・周書・洛誥》 周公曰：王，肇稱殷禮，祀于新邑，咸秩無文。予齊百工，伻從王于周。予惟曰庶有事。今王即命曰：記功，宗以功作元祀。惟命曰：汝受命篤弼，丕視功載，乃汝其悉自教工。

孺子其朋，孺子其朋，其往？無若火始燄燄，厥攸灼，敍弗其絶厥若。彝及撫事如予，惟以在周工往新邑，伻嚮即有僚，明作有功，惇大成裕，汝永有辭。

（漢）韓嬰《韓詩外傳》卷三 周公踐天子之位七年，布衣之士所執贄而師見者十人，所友見者十二人，窮巷白屋所先見者四十九人，時進善者百人，教士者千人，官朝者萬人。當此之時，誠使周公驕而且吝，則天下賢士至者寡矣。成王封伯禽於魯，周公誡之曰：往矣！子其無以魯國驕士。吾文王之子，武王之弟，成王之叔父也，又相天子，吾於天下亦不輕矣。然一沐三握髮，一飯三吐哺，猶恐失天下之士。吾聞德行寬裕，守之以恭者，榮。土地廣大，守之以儉者，安。禄位尊盛，守之以卑者，貴。人衆兵强，守之以畏者，勝。聰明睿智，守之以愚者，哲。博聞强記，守之以淺者，智。夫此六者，皆謙德也。夫貴爲天子，富有四海，由此德也。不謙而失天下亡其身者，桀紂是也，可不慎歟！故《易》有道，大足以守天下，中足以守其國家，小足以守其身，謙之謂也。

《孟子・滕文公下》 堯舜既没，聖人之道衰，暴君代作，壞宫室以爲汙池，民無所安息；棄田以爲園囿，使民不得衣食。邪説暴行又作，園囿、汙池、沛澤多而禽獸至。及紂之身，天下又大亂。周公相武王誅紂，伐奄三年討其君，驅飛廉於海隅而戮之，滅國者五十，驅虎、豹、犀、象而遠之，天下大悦。《書》曰：丕顯哉，文王謨！丕承哉，武王烈！佑啓我後人，咸以正無缺。

《孟子・離婁下》 孟子曰：禹惡旨酒而好善言。湯執中，立賢無方。文王視民如傷，望道而未之見。武王不泄邇，不忘遠。周公思兼三王，以施四事；其有不合者，仰而思之，夜以繼日；幸而得之，坐以待旦。

（清）焦循《孟子正義・離婁章句下》 周公思兼三王，以施四事，其有不合者，仰而思之，夜以繼日，幸而得之，坐以待旦。注：三王，三代之王也。四事，禹湯文武所行事也。不合，己行有不合也。仰而思之，參諸天也。坐以待旦，言欲急施之也。疏：周公至待旦。正義曰：細審此章之指，云兼三王，明三王不相沿襲可知也。云其有不合，仰而思之，則所以通變神化可知也。禹承堯舜之後，天下乂安，則易生驕泆，故惡旨酒，好善言，以通其變。夏之末，必各執偏意，而用人拘以資格，故湯執中，立賢無方，以通其變。商紂之初，民傷已極，而天眷未更，故文王但愛民以輔救之，守臣節以帥天下諸侯，則所以通其變於湯之放桀也。武王時，紂益無道，故不泄邇，不忘遠，修己以安天下，則所以通其變於文王之服事也。凡三王之事，皆各有合；至周公相成王，成文武之德，其時又異於禹湯文王之時，則所以合不合者，非思莫得也。三王四事，先王之法也。有不合，則思所爲以道揆也。堯舜以通變神化治天下，爲萬世法。孟子歷述禹湯文王周公以明之，皆法堯舜之變通神化者也。江氏聲《尚書集注音疏》云：《孟子》周公思兼三王，以施四事，伏生《大傳》則云周公兼思三王之道，以施於春秋冬夏，據此，則《孟子》所言三王謂天地人三統，四事謂四時之事。是則帝王出政，必參乎三才，合乎四時。按參三才合四時，亦損益通變之義。

《史記》卷三三《魯周公世家》 周公旦者，周武王弟也。自文王在時，旦爲子孝，篤仁，異於羣子。及武王即位，旦常輔翼武王，用事居多。武王九年，東伐至盟津，周公輔行。十一年，伐紂，至牧野，周公佐武王，作《牧誓》。破殷，入商宫。已殺紂，周公把大鉞，召公把小鉞，以夾武王，釁社，告紂之罪于天，及殷民。釋箕子之囚。封紂子武庚禄父，使管叔、蔡叔傅之，以續殷祀，徧封功臣同姓戚者。封周公旦於少昊之虚曲阜，是爲魯公。周公不就封，留佐武王。

武王克殷二年，天下未集，武王有疾，不豫，羣臣懼，太公、召公乃繆卜。周公曰：未可以戚我先王。周公於是乃自以爲質，設三壇，周公北面立，戴璧秉圭，告于太王、王季、文王。史策祝曰：惟爾元孫王發，勤勞阻疾。若爾三王是有負子之責於天，以旦代王發之身。旦巧能，多材多藝，能事鬼神。乃王發不如旦多材多藝，不能事鬼神。乃命于帝庭，敷佑四方，用能定汝子孫于下地，四方之民罔不敬畏。無墜天之降葆命，我先王亦永有所依歸。今我其卽命於元龜，爾之許我，我以其璧與圭歸，以俟爾命。爾不許我，我乃屏璧與圭。周公已令史策告太王、王季、文王，欲代武王發，於是乃卽三王而卜。卜人皆曰吉，發書視之，信吉。周公喜，開籥，乃見書遇吉。周公入賀武王曰：王其無害。旦新受命三王，維長終是圖。茲道能念予一人。周公藏其策金縢匱中，誡守者勿敢言。明日，武王有瘳。

其後武王既崩，成王少，在强葆之中。周公恐天下聞武王崩而畔，周公乃踐阼代成王攝行政當國。管叔及其羣弟流言於國曰：周公將不利於成王。周公乃告太公望、召公奭曰：我之所以弗辟而攝行政者，恐天下畔周，無以告我先王太王、王季、文王。三王之憂勞天下久矣，於今而后成。武王蚤終，成王少，將以成周，我所以爲之若此。於是卒相成王，而使其子伯禽代就封於魯。周公戒伯禽曰：我文王之子，武王之弟，成王之叔父，我於天下亦不賤矣。然我一沐三捉髮，一飯三吐哺，起以待士，猶恐失天下之賢人。子之魯，愼無以國驕人。

管、蔡、武庚等果率淮夷而反。周公乃奉成王命，興師東伐，作《大誥》。遂誅管叔，殺武庚，放蔡叔。收殷餘民，以封康叔於衛，封微子於宋，以奉殷祀。寧淮夷東土，二年而畢定。諸侯咸服宗周。

天降祉福，唐叔得禾，異母同穎，獻之成王，成王命唐叔以餽周公於東土，作《餽禾》。周公既受命禾，嘉天子命，作《嘉禾》。東土以集，周公歸報成王，乃爲詩貽王，命之曰《鴟鴞》，王亦未敢訓周公。

成王七年二月乙未，王朝步自周，至豐，使太保召公先之雒相土。其三月，周公往營成周雒邑，卜居焉，曰吉，遂國之。

成王長，能聽政。於是周公乃還政於成王，成王臨朝。周公之代成王治，南面倍依以朝諸侯。及七年後，還政成王，北面就臣位，匔匔如畏然。

初，成王少時，病，周公乃自揃其蚤沈之河，以祝於神曰：王少未有識，奸神命者乃旦也。亦藏其策於府。成王病有瘳。及成王用事，人或譖周公，周公奔楚。成王發府，見周公禱書，乃泣，反周公。

周公歸，恐成王壯，治有所淫佚，乃作《多士》，作《毋逸》。《毋逸》稱：爲人父母，爲業至長久，子孫驕奢忘之，以亡其家，爲人子可不愼乎！故昔在殷王中宗，嚴恭敬畏天命，自度治民，震懼不敢荒寧，故中宗饗國七十五年。其在高宗，久勞于外，爲與小人，作其卽位，乃有亮闇，三年不言，言乃讙，不敢荒寧，密靖殷國，至于小大無怨，故高宗饗國五十五年。其在祖甲，不義惟王，久爲小人于外，知小人之依，能保施小民，不侮鰥寡，故祖甲饗國三十三年。《多士》稱曰：自湯至于帝乙，無不率祀明德，帝無不配天者。在今後嗣王紂，誕淫厥佚，不顧天及民之從也。其民皆可誅。(周多士) 文王日中昃不暇食，饗國五十年。作此以誡成王。

成王在豐，天下已安，周之官政未次序，於是周公作《周官》，官別其宜。作《立政》，以便百姓。百姓說。

周公在豐，病，將沒，曰：必葬我成周，以明吾不敢離成王。周公既卒，成王亦讓，葬周公於畢，從文王，以明予小子不敢臣周公也。

周公卒後，秋未穫，暴風雷(雨)，禾盡偃，大木盡拔。周國大恐。成王與大夫朝服以開金縢書，王乃得周公所自以爲功代武王之說。二公及王乃問史百執事，史百執事曰：信有，昔周公命我勿敢言。成王執書以泣，曰：自今後其無繆卜乎！昔周公勤勞王家，惟予幼人弗及知。今天動威以彰周公之德，惟朕小子其迎，我國家禮亦宜之。王出郊，天乃雨，反風，禾盡起。二公命國人，凡大木所偃，盡起而築之。歲則大孰。於是成王乃命魯得郊祭文王。魯有天子禮樂者，以襃周公之德也。

（宋）劉恕《資治通鑑外紀》卷三上《周紀一・成王》 孔子曰：昔者周公事文王，行無專制，事無由己，身若不勝衣，言若不出口。奉持於前，洞洞焉若將失之，可爲能子矣。武王崩，成王幼，周公承文武之業，履天子之位，聽天下之政，征夷狄之亂，誅管蔡之罪，負扆而朝諸侯，誅賞制斷，無所顧問，威動天地，聲懾海內，可謂能武矣。成王既壯，周公致政，北面而臣事之，請而後爲，復而後行，無擅恣之志，無矜伐之色，可謂能臣矣。一人之身而三變者，應時也。

（漢）袁康《越絶書》卷三《吴内傳》 武王封周公使傅相成王。成王少，周公臣事之。當是之時，賞賜不加於無功，刑罰不加於無罪，天下家給人足，禾麥茂美，使人以時，説之以禮，上順天地，澤及夷狄，於是管叔蔡叔不知周公而讒之成王。周公乃辭位，出巡狩於邊。

（清）崔述《崔東壁遺書·豐鎬考信録自序》 周公者，上繼文、武，下開孔子者也，故孟子曰：周公思兼三王，以施四事。又曰：悦周公、仲尼之道。韓子曰：文、武、周公傳之孔子。

（清）崔述《崔東壁遺書·豐鎬考信録》卷四《周公相成王》 武王既喪，管叔及其羣弟乃流言於國曰：公將不利於孺子！《書·金縢》。

辨周公攝政之説

《金縢》一篇並無周公攝政之文，唯《戴記·文王世子篇》云：成王幼，不能涖阼；周公相，踐阼而治。《明堂位》云：武王崩，成王幼弱，周公踐天子之位以治天下。六年，朝諸侯於明堂，制禮作樂，頒度量而天下大服。七年，致政於成王。由是《史記》、《漢書》及諸説《尚書》、《禮記》者幷謂周公居天子位，南面以朝諸侯，而以《洛誥》之復子明辟爲復政成王之據。蔡氏《書傳》駁之云：有失然後有復。武王崩，成王立，未嘗一日不居君位，何復之有！王莽居攝，幾傾漢鼎，皆儒者有以啓之，是不可以不辨。石梁王氏亦云：周公爲冢宰時，成王年已十四，非攝位，但攝政，豈可以天子爲周公！二子之言誠足以糾先儒之失，絶後世之惑矣。然以余考之，周公不但無南面之事，並所稱成王幼而攝政者亦妄也。古者男子不踰三十而娶，況君之世子乎。邑姜者，武王之元妃；成王者，邑姜之長子，而唐叔其母弟也。武王之娶邑姜，邑姜之生成王，皆當在少壯時明甚。而今《文王世子篇》乃云：文王九十七而終，武王九十三而終；成王幼，不能涖阼，則是武王年八十餘而始生成王，六十餘而始娶邑姜也，此豈近於情理哉！均之父子也，且均之聖賢也，王季之愛文王與文王之愛武王當無以異。乃作《記》言文王則云十二而生伯邑考，十五而生武王説見《武王上篇》；言武王則八十餘而始生成王之嫡長子。王季之爲文王婚何其太早，文王之爲武王婚何其太遲乎？由是言之，凡《記》所載武王、成王之年皆不足信。況周公之東也，唐叔實往歸禾，則成王之不幼明矣。蓋古者君薨，百官總己以聽於冢宰三年。子張曰：《書》云，高宗諒陰，三年不言。何謂也？孔子曰：何必高宗，古之人皆然。然則武王崩時，周公蓋以冢宰攝政；不幸羣叔流言，周公東辟，遂不得終其攝，及成王崩，召公鑑前之禍，遽奉子釗以朝諸侯，由是此禮遂廢。後之人但聞有周公攝政之事而不知有冢宰總己之禮，遂誤以成王爲幼；又見《洛誥》之末有周公誕保文、武受命惟七年之文，遂誤以爲攝政之年數耳。不思周公居東二年，東征三年，七年之中，周公之在外者四五年，此時何人踐阼，何人聽政？成王之自臨朝視政明矣。何故能踐阼聽政於四五年，而獨此二三年中必待周公之攝之也？鄭氏謂成王居喪不言，周公以冢宰聽政，而二叔流言，是已；然又謂成王親迎以歸，然後攝政，則亦未免惑於《史記》、《漢志》之言也。且復之爲言，下告上也。《春秋傳》曰：燮將復之。又曰：罃將復於寡君。《孟子》曰：有復於王者。王命周公作洛，故周公使人復王耳；豈謂其復政哉！曰，然則成王何以稱爲孺子也？曰，孺子之稱不必其皆嬰兒也。晉文公出亡數年而獻公卒，其齒長矣，而秦使及狐偃皆稱之爲孺子。有大夫之嫡子而稱爲孺子者，孟莊子武伯於其父時皆稱爲孟孺子是也。有未成乎大夫而稱爲孺子者，季孫之稱秩，高氏之臣之稱子良是也。而子旗於子良亦曰彼孺子也。則是親之，少之，皆可以孺子稱之也。是故，《金縢》之孺子，流言也，未成乎君之稱也；《立政》、《洛誥》之孺子，則周公自以親之少之之故而稱之耳；豈得遂以爲童子哉！晉慕容盛謂周公專權代主，管、蔡忠於王室，故有不利孺子之言；又謂周公知文王與武王三齡，而求代其死者，詐也。雖盛本詐諼之人，故以小人之腹度君子，然要亦傳記邪説之有以啓之也。故今但載《金縢》本文，而《文王世子》、《明堂位》及《史記》、《漢志》諸説概不妄附。説並見前《武王伐紂》條下。【略】

補：周公思兼三王以施四事。其有不合者，仰而思之，夜以斷日。幸而得之，坐以待旦。《孟子》。

兼三王以施四事

按：孟子言兼三王以施四事，詳其語意，蓋即周公制禮事也。周公制禮，皆監前代而損益之，是以有所不合，待思而後能得之也。

附録：先君周公制周禮。《左傳》文公十八年。

附論：子曰：周監於二代，郁郁乎文哉！吾從周。《論語・八佾篇》。

《禮經》作於春秋以降

《古禮經》十七篇，今謂之《儀禮》。世皆以爲周公所作。余按：此書周詳細密，讀之猶足以見三代之遺，識其名物之制，以考經傳之文，大有益於學者，不可廢之書也。然遂以爲周初之禮，周公所作之書，則非也。周公曰：享多儀，儀不及物，曰不享，惟不役志於享。孔子曰：先進於禮樂，野人也；後進於禮樂，君子也。如用之，則吾從先進。然則聖人所貴在誠意，不在備物；周初之制猶存忠質之遺，不尚繁縟之節，明矣。今《禮經》所記者，其文繁，其物奢，與周公、孔子之意判然相背而馳，蓋卽所謂後進之禮樂者，非周公所制也。且古者公侯僅方百里，伯七十里，子男五十里；而今聘食之禮，牲牢籩豆之屬多而無用，費而無當，度其禮每歲不下十餘舉，竭一國之民力猶恐不勝。至於上士之禄僅倍中士，中士僅倍下士，下士僅足以代其耕；而今《士禮》，執事之人實繁有徒，陳設之物燦然畢具，又豈分卑禄薄者所能給乎！此必春秋以降，諸侯吞併之餘，地廣國富，而大夫士邑亦多，禄亦厚，是以如此其備；非先王之制也。【略】

附録：公薨，成王葬于畢。《書序》。

辨葬周示臣之説

《書序》云：周公在豐，將没，欲葬成周。公薨，成王葬于畢；告周公，作《亳姑》。《尚書大傳》云：周公老于豐。公疾，曰：吾死，必葬于成周，示天下臣於成王。周公死，成王不葬于周而葬之于畢，示天下不敢臣也。余按：《大傳》之説蓋卽本之《書序》，而語殊淺陋無倫理。周公爲成王臣，天下誰不知者，何待葬以示之；而成王尚存，亦不得稱其謚也。

春秋戰國・孔子與儒家分部

孔丘

（漢）韓嬰《韓詩外傳》卷五　孔子抱聖人之心，彷徨乎道德之域，逍遥乎無形之鄉，倚天理，觀人情，明終始，知得失。故興仁義，厭勢利，以持養之。于時周室微，王道絶，諸侯力政，强劫弱，衆暴寡，百姓靡安，莫之紀綱，禮儀廢壞，人倫不理。於是孔子自東自西，自南自北，匍匐救之。

（晉）杜預注　（唐）孔穎達等正義《春秋左傳正義》卷五《桓公二年》　二年，春，王正月戊申，宋督弑其君與夷，及其大夫孔父。稱督以弑，罪在督也。孔父稱名者，內不能治其閨門，外取怨於民，身死而禍及其君。閨，音圭。疏：宋督至孔父。正義曰：凡言其者，是其身之所有。君是臣之君，故臣弑君，則云弑其君；臣是君之臣，故君殺臣，則云殺其大夫；子亦君之子，故云殺其世子。稱國稱人以殺亦言其者，人與國并舉，一國之辭，君與大夫皆是國人所有，故亦言其也。若兩臣相殺，死者非殺者所有，則兩書名氏，不得言其，則王札子殺召伯、毛伯是也。與夷是督之君，言弑其君則可，孔父非督之大夫，而言及其大夫者，與君俱死。據君爲文，言宋督弑其君；據督爲文，而上弑其君也，言及其大夫孔父；據君爲文，而下及其大夫，言及與夷之大夫，非督之大夫也。仇牧、荀息其意亦同。注稱督至其君。正義曰：宣四年《傳》例曰：弑君，稱君，君無道也；稱臣，臣之罪也。故知稱督以弑，罪在督也。諸言父者，雖或是字，而春秋之世，有齊侯禄父、蔡侯考父、季孫行父、衛孫林父，乃皆是名，故杜以孔父爲名。文七年，宋人殺其大夫，傳曰：不稱名，衆也，且言非其罪也。不名者非其罪，則知稱名者，皆有罪矣。杜既以孔父爲名，因論爲罪之狀，內不能治其閨門，使妻行於路，令華督見之；外取怨於民，使君數攻戰而國人恨之，身死而禍及其君，故書名以罪孔父也。《釋例》曰：經書宋督弑其君與夷及其大夫孔父。仲尼、丘明唯以先後見義，無善孔父之文。孔父爲國政則取怨於民，治其家則無閨閫之教，身先見殺，禍遂及君。既無所善，仇牧不警，而遇賊又死無忠事。晉之荀息，期欲復言，本無大節。先儒皆隨加善例，又爲不安。經書臣蒙君弑者有三，直是弑死相及，卽實爲文。仲尼以督爲有無君之心，改書一事而已，無他例也。是以孔父行無可善，書名罪之也。案《公羊》《穀梁》及先儒皆以善孔父而書字，知不然者。案宋人殺其大夫司馬，傳稱握節以死，故書其官。又宋人殺其大夫，傳以爲無罪，不書名。今孔父之死，傳無善事。故杜氏之意，以父爲名，言若齊侯禄父、宋公兹父之等。父既是名，孔則爲氏，猶仇牧、荀息被殺，皆書名氏。蓋孔父先世以孔爲氏，故傳云：督攻孔氏也。婦人之出，禮必擁蔽其面，孔父妻行，令人見其色美，是不能治其閨門。及殤公之好攻戰，孔父須伏死而争，乃從君之非，是取怨於百姓。事由孔父，遂禍及其君，似公子比劫立加弑君之罪。杜君積累其惡，故以書名責之。劉君不達此旨，妄爲規過，非也。

《春秋左傳》卷二五《成公二年》 新築人仲叔于奚救孫桓子，桓子是以免。既，衛人賞之以邑，辭，請曲縣、繁纓以朝。許之。

仲尼聞之曰：惜也，不如多與之邑。唯器與名，不可以假人，君之所司也。名以出信，信以守器，器以藏禮，禮以行義，義以生利，利以平民，政之大節也。若以假人，與人政也。政亡，則國家從之，弗可止也已。

《春秋左傳》卷三五《襄公二十三年》 齊侯將爲臧紇田。臧孫聞之，見齊侯，與之言伐晉，對曰：多則多矣，抑君似鼠。夫鼠，晝伏夜動，不穴於寢廟，畏人故也。今君聞晉之亂而後作焉，寧將事之，非鼠如何？乃弗與田。

仲尼曰：知之難也。有臧武仲之知，而不容於魯國，抑有由也，作不順而施不恕也。《夏書》曰：念兹在兹，順事、恕施也。

《春秋左傳》卷四四《昭公七年》 九月，公至自楚。孟僖子病不能相禮，乃講學之，苟能禮者從之。及其將死也，召其大夫，曰：禮，人之幹也。無禮，無以立。吾聞將有達者曰孔丘，聖人之後也，而滅於宋。其祖弗父何以有宋而授厲公。及正考父，佐戴、武、宣，三命兹益共，故其鼎銘云：一命而僂，再命而傴，三命而俯，循牆而走，亦莫余敢侮。饘於是，鬻於是，以餬余口。其共也如是。臧孫紇有言曰：聖人有明德者，若不當世，其後必有達人。今其將在孔丘乎！我若獲没，必屬説與何忌於夫子，使事之，而學禮焉，以定其位。故孟懿子與南宫敬叔師事仲尼。仲尼曰：能補過者，君子也。《詩》曰君子是則是效，孟僖子可則效已矣。

《春秋左傳》卷四五《昭公十二年》 仲尼曰：古也有志：克己復禮，仁也。信善哉！楚靈王若能如是，豈其辱於乾谿？

《春秋左傳》卷四九《昭公二十年》 大叔爲政，不忍猛而寬。鄭國多盗，取人於萑苻之澤。大叔悔之，曰：吾早從夫子，不及此。興徒兵以攻萑苻之盗，盡殺之，盗少止。

仲尼曰：善哉！政寬則民慢，慢則糾之以猛。猛則民殘，殘則施之以寬。寬以濟猛，猛以濟寬，政是以和。《詩》曰：民亦勞止，汔可小康；惠此中國，以綏四方，施之以寬也。毋從詭隨，以謹無良；式遏寇虐，慘不畏明，糾之以猛也。柔遠能邇，以定我王，平之以和也。又曰：不競不絿，不剛不柔，布政優優，百禄是遒，和之至也。

及子産卒，仲尼聞之，出涕曰：古之遺愛也。

《春秋左傳》卷五二《昭公二十八年》 賈辛將適其縣，見於魏子。魏子曰：辛來！昔叔向適鄭，鬷蔑惡，欲觀叔向，從使之收器者，而往，立於堂下，一言而善。叔向將飲酒，聞之，曰：必鬷明也！下，執其手以上，曰：昔賈大夫惡，娶妻而美，三年不言不笑。御以如臯，射雉，獲之，其妻始笑而言。賈大夫曰：才之不可以已。我不能射，女遂不言不笑夫！今子少不颺，子若無言，吾幾失子矣。言不可以已也如是！遂如故知。今女有力於王室，吾是以舉女。行乎！敬之哉！毋墮乃力！

仲尼聞魏子之舉也，以爲義，曰：近不失親，遠不失舉，可謂義矣。又聞其命賈辛也，以爲忠，《詩》曰：永言配命，自求多福，忠也。魏子之舉也義，其命也忠，其長有後於晉國乎！

《春秋左傳》卷五三《昭公二十九年》 冬，晉趙鞅、荀寅帥師城汝濵。遂賦晉國一鼓鐵，以鑄刑鼎，著范宣子所爲刑書焉。仲尼曰：晉其亡乎！失其度矣。夫晉國將守唐叔之所受法度，以經緯其民，卿大夫以序守之，民是以能尊其貴，貴是以能守其業。貴賤不愆，所謂度也。文公是以作執秩之官，爲被廬之法，以爲盟主。今弃是度也，而爲刑鼎，民在鼎矣，何以尊貴？貴賤無序，何以爲國？且夫宣子之刑，夷之蒐也，晉國之亂制也，若之何以爲法？蔡史墨曰：范氏、中行氏其亡乎！中行寅爲下卿，而干上令，擅作刑器，以爲國法，是法姦也。又加范氏焉，易之，亡也。其及趙氏，趙孟與焉。然不得已，若德，可以免。

《春秋左傳》卷五四《定公元年》 秋七月癸巳，葬昭公於墓道南。

孔子之爲司寇也，溝而合諸墓。

《春秋左傳》卷五六《定公十年》　夏，公會齊侯于祝其，實夾谷。孔丘相，犁彌言於齊侯曰：孔丘知禮而無勇，若使萊人以兵劫魯侯，必得志焉。齊侯從之。孔丘以公退，曰：士兵之！兩君合好，而裔夷之俘以兵亂之，非齊君所以命諸侯也。裔不謀夏，夷不亂華，俘不干盟，兵不偪好，於神爲不祥，於德爲愆義，於人爲失禮，君必不然。齊侯聞之，遽辟之。

將盟，齊人加於載書曰：齊師出竟而不以甲車三百乘從我者，有如此盟！孔丘使茲無還揖對，曰：而不反我汶陽之田，吾以共命者，亦如之！

齊侯將享公，孔丘謂梁丘據曰：齊、魯之故，吾子何不聞焉？事既成矣，而又享之，是勤執事也。且犧、象不出門，嘉樂不野合。饗而既具，是棄禮也；若其不具，用秕稗也。用秕稗，君辱；棄禮，名惡。子盍圖之！夫享，所以昭德也，不昭，不如其已也。乃不果享。

《春秋左傳》卷五八《哀公十一年》　孟孺子語人曰：我不如顔羽，而賢於邴洩。子羽銳敏，我不欲戰而能默，洩曰驅之。公爲與其嬖僮汪錡乘，皆死，皆殯。孔子曰：能執干戈以衛社稷，可無殤也。冉有用矛於齊師，故能入其軍。孔子曰：義也。

孔文子之將攻大叔也，訪於仲尼。仲尼曰：胡簋之事，則嘗學之矣；甲兵之事，未之聞也。退，命駕而行，曰：鳥則擇木，木豈能擇鳥？文子遽止之，曰：圉豈敢度其私，訪衛國之難也。將止，魯人以幣召之，乃歸。

季孫欲以田賦，使冉有訪諸仲尼。仲尼曰：丘不識也。三發，卒曰：子爲國老，待子而行，若之何子之不言也？仲尼不對，而私於冉有曰：君子之行也，度於禮，施取其厚，事舉其中，斂從其薄。如是，則以丘亦足矣。若不度於禮，而貪冒無厭，則雖以田賦，將又不足。且子季孫若欲行而法，則周公之典在；若欲苟而行，又何訪焉？弗聽。

《春秋左傳》卷六〇《哀公十六年》　夏四月己丑，孔丘卒。公誄之曰：旻天不弔，不憖遺一老，俾屏余一人以在位，煢煢余在疚。嗚呼哀哉尼父！無自律。

子贛曰：君其不没於魯乎！夫子之言曰：禮失則昏，名失則愆。失志爲昏，失所爲愆。生不能用，死而誄之，非禮也；稱一人，非名也。君兩失之。

（清）黄奭輯《論語緯》卷一《摘輔象》　孔子海口，言若含澤。

【略】孔子胸應矩，是謂儀古。

（清）黄奭輯《論語緯》卷三《撰考讖》　叔梁紇與徵在禱尼邱山，感黑龍之精，以生仲尼。【略】自衛反魯，删《詩》《書》，修《春秋》。

《孟子・公孫丑上》　〔公孫丑〕曰：伯夷、伊尹何如？

曰：不同道。非其君不事，非其民不使；治則進，亂則退，伯夷也。何事非君，何使非民，治亦進，亂亦進，伊尹也。可以仕則仕，可以止則止，可以久則久，可以速則速，孔子也。皆古聖人也，吾未能有行焉；乃所願，則學孔子也。

伯夷、伊尹於孔子，若是班乎？

曰：否；自有生民以來，未有孔子也。

然則有同與？

曰：有。得百里之地而君之，皆能以朝諸侯，有天下；行一不義，殺一不辜，而得天下，皆不爲也。是則同。

曰：敢問其所以異。

曰：宰我、子貢、有若，智足以知聖人，汙不至阿其所好。宰我曰：以予觀於夫子，賢於堯、舜遠矣。子貢曰：見其禮而知其政，聞其樂而知其德，由百世之後，等百世之王，莫之能違也。自生民以來，未有夫子也。有若曰：豈惟民哉？麒麟之於走獸，鳳凰之於飛鳥，泰山之於丘垤，河海之於行潦，類也。聖人之於民，亦類也。出於其類，拔乎其萃，自生民以來，未有盛於孔子也。

《孟子・滕文公下》　世衰道微，邪説暴行有作，臣弑其君者有之，子弑其父者有之。孔子懼，作《春秋》。《春秋》，天子之事也，是故孔子曰：知我者其惟《春秋》乎？罪我者其惟《春秋》乎！

（宋）朱熹《四書章句集注・孟子集注・滕文公章句下》　是故孔子曰：知我者其惟《春秋》乎！罪我者其惟《春秋》乎！胡氏曰：仲尼《春秋》以寓王法。惇典、庸禮、命德、討罪，其大要皆天子之事也。知孔子者，謂此書之作，遏人欲於橫流，存天理於既滅，為後世慮，至深遠也。罪孔子者，以謂無其位而託二百四十二年南面之權，使亂臣賊子禁其欲而不得肆，則戚矣。愚謂孔子作《春秋》以討亂賊，則致治之法垂於萬世，是亦一治也。

《孟子・萬章下》 孔子之去齊，接淅而行；去魯，曰：遲遲吾行也，去父母國之道也。可以速而速，可以久而久，可以處而處，可以仕而仕，孔子也。

孟子曰：伯夷，聖之清者也；伊尹，聖之任者也；柳下惠，聖之和者也；孔子，聖之時者也。孔子之謂集大成。集大成也者，金聲而玉振之也。金聲也者，始條理也；玉振之也者，終條理也。始條理者，智之事也；終條理者，聖之事也。智，譬則巧也；聖，譬則力也。由射於百步之外也，其至，爾力也；其中，非爾力也。

（漢）趙岐注（宋）孫奭疏《孟子注疏・萬章章句下》 孟子曰：伯夷，聖之清者也；伊尹，聖之任者也；柳下惠，聖之和者也；孔子，聖之時者也。孔子謂集大成。集大成也者，金聲而玉振之也。金聲也者，始條理也；玉振之也者，終條理也。伯夷清，伊尹任，柳下惠和，皆得聖人之道也。孔子時行則行，時止則止。孔子集先聖之大道，以成己之聖德者也，故能金聲而玉振之。振，揚也。故如金音之有殺，振揚玉音，終始如一也。始條理者，金從革，可治之使條理，終條理者，玉終其聲而不細也，合三德而不撓也。

（宋）朱熹《四書章句集注・孟子集注・離婁章句下》 孟子曰：王者之迹熄而《詩》亡，《詩》亡然後《春秋》作。王者之迹熄，謂平王東遷，而政教號令不及於天下也。《詩》亡，謂《黍離》降為《國風》而《雅》亡也。《春秋》，魯史記之名。孔子因而筆削之。始於魯隱公之元年，實平王之四十九年也。晉之《乘》，楚之《檮杌》，魯之《春秋》，一也。乘，去聲。檮，音逃。杌，音兀。《乘》義未詳。趙氏以為興於田賦乘馬之事。【略】

其事則齊桓、晉文，其文則史。孔子曰：其義則丘竊取之矣。春秋之時，五霸迭興，而桓文為盛。史，史官也。竊取者，謙辭也。《公羊傳》作其辭則丘有罪焉爾，意亦如此。蓋言斷之在己，所謂筆則筆、削則削，游夏不能贊一辭者也。尹氏曰：言孔子作《春秋》，亦以史之文載當時之事也，而其義則定天下之邪正，為百王之大法。此又承上章歷敘群聖，因以孔子之事繼之；而孔子之事莫大于《春秋》，故特言之。

（宋）朱熹《四書章句集注・孟子集注・萬章章句下》 孔子嘗為委吏矣，曰會計當而已矣。嘗為乘田矣，曰牛羊茁壯，長而已矣。委，烏偽反。會，工外反。當，丁浪反。乘，去聲。茁，阻刮反。長，上聲。此孔子之為貧而仕者也。委吏，主委積之吏也。乘田，主苑囿芻牧之吏也。茁，肥貌。言以孔子大聖，而嘗為賤官不以為辱者，所謂為貧而仕，官卑祿薄，而職易稱也。

（清）焦循《孟子正義・萬章章句下》 孟子曰：【略】孔子之去齊，接淅而行。去魯，曰：遲遲吾行也，去父母國之道也。可以速而速，可以久而久，可以處而處，可以仕而仕，孔子也。注：淅，漬米也。不及炊，避惡亟也。魯，父母之國，遲遲不忍去也。是其道也。孔子聖人，故能量時宜，動中權也。【略】

孟子曰：伯夷，聖之清者也；伊尹，聖之任者也；柳下惠，聖之和者也；孔子，聖之時者也。孔子之謂集大成。集大成也者，金聲而玉振之也。金聲也者，始條理也；玉振之也者，終條理也。注：伯夷清，伊尹任，柳下惠和，皆得聖人之道也。孔子時行則行，時止則止。孔子集先聖之大道，以成己之聖德者也，故能金聲而玉振之。振，揚也。故如金音之有殺，振揚玉音，終始如一也。始條理者，金徒革，可治之使條理。終條理者，玉終其聲而不細也，合三德而不撓也。【略】始條理者，智之事也。終條理者，聖之事也。注：智者知理物，聖人終始同。疏：始條至事也。正義曰：戴氏震《孟子字義疏證》云：理者，察之而幾微，必區以別之名也。是故謂之分理。在物之質曰肌理，曰腠理，曰文理。得其分，則有條而不紊，謂之條理。孟子稱孔子之謂集大成曰：始條理者，智之事也。終條理者，聖之事也。聖智至孔子而極其盛，不過舉條理以言之而已矣。《易》曰易簡而天下之理得，自乾坤言，故不曰仁智而曰易簡。以易知，知一於仁愛平恕也。以簡能，能一於行所無事也。易則易知，易知則有親，有親則可久，可久則賢人之德。若是者，仁也。簡則易從，易從則有功，有功則可大，可大則賢人之業。若是者，智也。天下事情，條分縷晰，以仁且智當之，豈或爽失幾微哉！《中庸》曰：文理密察，足以有別也。《樂記》曰：樂者，通倫理者也。鄭康成注云：理，分也。許叔重《說文解字序》曰：知分理之可相別異也。古人所謂理，未有如後儒之所謂理者矣。智，譬則巧也。聖，譬則力也，由射於百步之外也，其至，爾力也。其中，非爾力也。注：以智，譬由人之有技巧也，可學而益之。以聖，譬由力之有多少，自有極限，不可強增。聖人受天性，可庶幾而不可及也。夫射遠而至，爾努力也。其中的者，爾之巧也。思改其手用巧意，乃能中也。疏：注以智至中也。正義曰：《說文》工部云：巧，技也。故以技釋巧也。《章指》云：言聖人猶力，力有常也。賢者由巧，巧可增也。與此注相發明。趙氏以巧比三子，以力比孔子，三子可學，孔子不可及也。然則兩爾字宜皆指三子。其至，如清、任、和爲三子之力所可至。其中，如孔子聖之時爲三子之力所不可至。至、中俱承上力字。至爲三子之力，中爲孔子之力。乃注云其中的者，爾之巧也。意殊矛盾，不可詳知。又云改其手用巧意乃能中，似謂孔子之時，三子力不能及，故改而用巧爲清、任、和，則中字轉屬三子之清、任、和矣。又似謂孔子以時爲中的，三子各以清、任、和爲中的，三子自知不能爲孔子之中的，因思改而用巧爲三子之中的，故各用清、任、和也。是孔子以力中的，三子不以力而以巧中的也。以力，則但能至，不能中也。趙氏本義，未知何如，姑擬之以質知者。近時通解，智巧卽靈明不測妙乎神也，聖力卽造詣獨到因乎應也。聖知兼備，而唯智乃神；巧力並用，而惟巧乃中。此孔子所以獨爲聖之時。或云，巧力之喻，是孟子自擬作聖之功。由射於百步之外，望道之比也。孔子之聖，非力可擬，力則人，巧則天也。

（清）焦循《孟子正義・萬章章句下》 孔子嘗爲委吏矣，曰會計當而已矣。嘗爲乘田矣，曰牛羊茁壯長而已矣。位卑而言高，罪也。立乎人之本朝而道不行，恥也。注：孔子嘗以貧而祿仕。委吏，主委積倉庾之吏也。不失會計，當直其多少而已。乘田，苑囿之吏也，主六畜之芻牧者也。牛羊茁壯肥好長大而已。茁，生長貌也。《詩》云：彼茁者葭。位卑不得高言豫朝事，故但稱職而已。立本朝，大道當行，不行爲己之耻。是以君子祿仕者，不處大位。【略】孫氏星衍《平津館文稿・委吏解》云：《史記・孔子世家》云孔子嘗爲季氏史，料量平。《史記》所言，正足證《孟子》。《周禮》遺人掌邦及鄉里、門關、郊里、野鄙、縣都之委積，地官司徒之屬，是其事也。司會則逆羣吏之治而聽其會計，冢宰之屬。孔子正爲遺人之官。稱季氏史者，時季氏秉國政，得專司徒之事，孔子爲其屬，故季氏史亦魯臣，非仕於私家也。會計是司會之事，所云當者，讀如奏當之當，謂料量委積，上之司會，適當國家會計之數，不爲季氏求贏餘也。故《史記》則云料量平，《說文》料字解量也。料量猶言概量，以概平斗斛，無浮入也。此正對求也爲季氏聚斂附益言之，不獨辭尊居卑，亦辭富居貧之一端。若止以供職爲當，則人人能之，且國家亦不容有不供職之吏也。

（清）焦循《孟子正義・告子章句下》 曰：孔子爲魯司寇，不用，從而祭，燔肉不至，不稅冕而行。不知者以爲爲肉也，其知者以爲爲無禮也。乃孔子則欲以微罪行，不欲爲苟去，君子之所爲，衆人固不識也。注：孟子言孔子爲魯賢臣。不用，不能用其道也。從魯君而祭於宗廟，當賜大夫以胙。燔肉不至，膊炙者爲燔，《詩》云燔炙芬芬。反歸其舍，未及稅解祭之冕而行，出適他國。不知者以爲不得燔肉而慍也，知者以爲爲君無禮，乃欲以微罪行。燔肉不至，我黨從祭之禮不備，有微罪乎，乃聖人之妙旨。不欲爲，誠欲急去也。衆人固不能知君子之所爲，謂兇不能知賢者之志。疏：孔子爲魯司寇。正義曰：閻氏若璩《釋地續》云：司寇，魯官名，在司徒司馬司空三桓世爲之三卿之下。侯國本無大稱，《史記・世家》作大司寇，非也。然司寇，魯有以初命之大夫爲者，孔子是。《韓詩外傳》猶載孔子爲魯司寇命辭曰：宋公之子、弗甫何孫魯孔丘，命爾爲司寇。無大字。有以再命之卿爲之者，臧孫紇是。襄二十一年季孫謂武仲曰：子爲司寇。及後二年，出奔邾也，書於經以爲卿。故若孔子雖與聞國政，實止大夫而非卿，故經沒而不見。不然，齊來歸鄆、讙、龜陰田，聖人未嘗以己功而諱之，豈有孔子出奔，載諸策書，修《春秋》時竟削之哉！毛氏奇齡《經問》云：陳佑問：司空司寇，皆卿名也。魯之三卿，則三家並爲之，何有於夫子，此豈三家之外夫子別爲一卿乎？抑亦卽此三卿而夫子代爲其一乎？且三卿之名，止司徒司馬司空也，若增司寇一各，卽六卿矣，侯國焉得有六卿也？且司寇，卿名也。近淮南閻氏謂孔子初命爲大夫而非卿，不知何據？又謂侯國無大小卿，魯國焉得有大司寇，則是夫子爲司寇或有之，曰大則未也。曰：魯國三卿，季氏爲司徒，叔孫爲司馬，孟孫爲司空，此是《左傳》文，無可疑者。特夫子由司空爲司寇，則或代孟孫爲之，或別設一官，皆不可考。惟《禮》注崔氏說禮云：三卿，周制。立司徒兼冢宰之事，立司馬兼宗伯之事，立司空兼司寇之事。則似冢宰宗伯司寇皆司徒司馬司空兼官，不必別設。孟孫既爲司寇，則不當又有司空。夫子既爲司空，不當又進爲司寇。而予謂不然者，據《春秋傳》臧孫紇爲司寇，夏父弗忌爲宗伯，皆非孟孫、叔孫兼官。且隱十一年羽父請殺桓以求太宰，是時羽父已掌兵柄，見爲司馬而尚求太宰，且不求司徒而求太宰，則太宰非兼官，且非司徒之兼官，抑可知矣。嘗讀《書大傳》，謂天子三公，皆六卿爲之，而分爲三等：一冢宰司徒，二宗伯司馬，三司寇司空。而三等之中，又取每等之下者以爲名，故曰司徒公、司馬公、司空公，而其餘不然。世但知三公爲三官，而不知六卿皆公也。由此推之，則侯國三卿，必仿其制，雖六卿皆備，而祗以三官爲名，抑或設冢宰時闕司徒，設司寇時闕司空，皆未可知。是六卿雖具，而仍不礙爲三卿。天子之公與諸侯之卿，其制一也。若謂孔子祗初命大夫而非卿，則六官者，卿名也。六官在朝名官卿，在鄉名鄉卿，在軍卽名軍卿，卿可名大夫，大夫不得名卿也。或者大國三卿，皆命於天子；次國三卿，二卿命於天子，一卿命於其君。魯本次國，而夫子又異姓之卿，不必爲天子所命而命於魯君則容有之。然魯君所命，歷有明據。《韓詩外傳》云：孔子爲魯司寇，其命辭曰：宋公之子、弗甫何孫魯孔丘，命爾爲司寇。此是命卿之辭，非命大夫之辭也。至謂侯國無大小卿，魯但有司寇，不當有大司寇，則又不然。《王制》侯國三卿，俱有下大夫五人。其所云下大夫者，卽小卿也。所謂五人，則《公羊》謂司徒二人，司空二人，司馬止一人，統爲五人。其以此爲舍中軍之解，或未可信，然其爲小卿，則說同也。故崔氏《禮》注謂司徒以下有小宰、小司徒二人，司空以下有小司空、小司寇二人，惟司馬下祇小司馬一人，爲五人。是有小卽有大，小者大夫，則大者卿矣。夫子爲司空，或是小卿，故其進爲司寇，則加大以別之。此正由大夫而進爲卿之明證。若謂夫子自稱從大夫後，則季氏何嘗非魯大夫乎？

周氏柄中《辨正》云：《春秋》之例，大夫名見於經者，皆卿也。魯臧宣叔爲司寇，而經書臧孫許及晉侯盟，又書臧孫許帥師，其卒也，書臧孫許卒，則儼然卿矣。臧武仲爲司寇，而經書臧孫紇出奔，又儼然卿矣。卿則非小司寇，謂之大焉可矣。至於相，則當國執政之稱，執政必上卿，而孔子以司寇當國，故謂之攝。如齊有命卿國、高，而管仲以下卿執政；鄭有上卿子皮，而子産以介卿聽政。是也。成十五年《公羊傳》云臧宣叔者，相也。宣叔爲司寇，謂之爲相，此孔子攝行相事之證。或以爲攝夾谷之相者，非也。注從魯至去也。正義曰：《周禮・春官・大宗伯》以脤膰之禮親兄弟之國，注云：脤膰，社稷宗廟之肉以賜同姓之國，同福禄也。《說文》肉部云：胙，祭福肉也。僖公九年《左傳》云：王使宰孔賜齊侯胙曰：天子有事於文武，使孔賜伯舅胙。此賜胙之事也。燔與膰同，《說文》作鐇，云：宗廟火孰肉。《春秋傳》曰：天子有事，鐇焉以饋同姓諸侯。《詩・小雅・楚茨》正義云：燔者，火燒之名。炙者，遠火之稱。以難熟者近火，易熟者遠之，故肝炙而肉燔。《生民》傳曰傅火曰燔，《瓠葉》傳曰加火曰燔，對遥炙者爲近火，故云傅火加火。其實燔亦炙，非炮燒之也。傅火即膊炙，劉熙《釋名・釋飲食》云：膊，迫也。薄椓肉迫著物使燥也。迫著即近意，膊炙，謂近而炙之，即傅火也。《考工記・廬人》重欲傅人，注云：傅，近也。傅、膊聲同義同也。引詩在《大雅・鳧鷖》第五章，毛傳皆以祭宗廟之明日，設禮以燕尸，故引以明宗廟之祭有燔肉。鄭氏以燔炙爲褻味，乃祀門户小神之用，趙氏所不取也。《史記・孔子世家》云：齊陳女樂，季桓子微服往觀，怠於政事。子路曰：夫子可以行矣。孔子曰：魯今且郊，如致膰乎大夫，則吾猶可以止。桓子卒受齊女樂，三日不聽政，郊又不致膰俎於大夫，孔子遂行。宿乎屯，而師己送曰：夫子則非罪。江氏永《鄉黨圖考》云：《孔子世家》誅少正卯，三月大治，歸女樂，去魯適衛，皆叙於定公十四年，非也。考《十二諸侯表》及《魯世家》皆於定十二年書女樂去魯事，《年表》及《衛世家》皆於靈公三十八年書孔子來，禄之如魯。衛靈三十八年當魯定公十三年，蓋女樂事在十二、十三冬春之閒，去魯實在十三年春。魯郊嘗在春，故經不書。趙氏不用《史記》而言從魯君祭於宗廟，蓋以《春秋》書郊在定公十五年夏五月辛亥時，孔子已去魯也。趙氏佑《温故録》云：郊本魯之僭，不當在常事得禮不書之例。魯蓋有時舉有時不舉，故經有書有不書。膰者，祭肉之名，不必獨以郊是也。賜大夫胙，禮也。不得燔肉，是君失賜胙之禮。知者與不知者所見略同，特一以肉，一以禮，而皆歸過於君。乃孔子以不欲歸罪於君，而自以微罪行，何也？燔肉不至於大夫固君之疏，亦從祭者之不備也。我亦從祭者，使君失賜胙之禮，凡從祭者均不能無過，則我黨皆有微罪，我亦不免於微罪，故以此罪行，爲聖人之妙旨也。趙氏此解，從《史記》夫子則非罪一言悟入，蓋孔子當時臨行必自稱此罪，故師己曰夫子則非罪也。知與不知皆莫測夫子妙旨，故云衆人不識。閻氏若璩《釋地續》云：去魯曰遲遲吾行也，正道路低回欲絶語。何故前此助祭反舍，未及税所著之冕輒行，以適他國，不幾悻悻乎，與接淅曷異乎？蓋孔子爲魯司寇，既不用其道，宜去一；燔俎又不至，宜去二。其去之之故，天下自知之。但孔子不欲其失純在君相，己亦帶有罪焉。其所爲有罪，即在不税冕而行一句。蓋冕原祭服，《禮》大夫冕而祭於公是也。今也戴於道路閒，尚非罪乎？故當時不知者以孔子爲爲肉，縱在知者，亦以孔子爲爲無禮。乃孔子之意，則欲以己不税冕之罪行，不欲爲苟去。苟去猶言徒去。空空而去，無己一點不是處，是爲徒去。樂毅《報燕王》尚云忠臣去國，不潔其名，况孔子乎？又《禮》大夫士去國，不説人以無罪，注云：己雖遭放逐，不自以無罪解説於人，過則稱己也。《史記・世家》師己送曰：夫子則非罪。觀此，似孔子當日自認一罪名而行，師己則送而解之。千載而下，猶可以情測云。或云：以膰肉不至遂行，無乃太甚，此之謂以微罪行。魯人爲肉、爲無禮之議，正愜孔子微罪之心。

（宋）朱熹《四書章句集注・中庸章句》 仲尼祖述堯舜，憲章文武；上律天時，下襲水土。祖述者，遠宗其道。憲章者，近守其法。律天時者，法其自然之運。襲水土者，因其一定之理。皆兼内外該本末而言也。

《史記》卷四七《孔子世家》 孔子生魯昌平鄉陬邑。其先宋人也，曰孔防叔。防叔生伯夏，伯夏生叔梁紇。紇與顔氏女野合而生孔子，禱於尼丘得孔子。魯襄公二十二年而孔子生。生而首上圩頂，故因名曰丘云。字仲尼，姓孔氏。【略】

定公十年春，及齊平。夏，齊大夫黎鉏言於景公曰：魯用孔丘，其勢危齊。乃使使告魯爲好會，會於夾谷。魯定公且以乘車好往。孔子攝相事，曰：臣聞有文事者必有武備，有武事者必有文備。古者諸侯出疆，必具官以從。請具左右司馬。定公曰：諾。具左右司馬，會齊侯夾谷，爲壇位，土階三等，以會遇之禮相見，揖讓而登。獻酬之禮畢，齊有司趨而進曰：請奏四方之樂。景公曰：諾。於是旍旄羽袚矛戟劍撥鼓噪而至。孔子趨而進，歷階而登，不盡一等，舉袂而言曰：吾兩君爲好會，夷狄之樂何爲於此！請命有司！有司卻之，不去，則左右視晏子與景公。景公心怍，麾而去之。有頃，齊有司趨而進曰：請奏宮中之樂。景公曰：諾。優倡侏儒爲戲而前。孔子趨而進，歷階而登，不盡一等，曰：匹夫而營惑諸侯者罪當誅！請命有司！有司加法焉，手足異處。景公懼而動，知義不若，歸而大恐，告其羣臣曰：魯以君子之道輔其君，而子獨以夷狄之道教寡人，使得罪於魯君，爲之柰何？有司進對曰：君子有過則謝以質，小人有過則謝以文。君若悼之，則謝以質。於是齊侯乃

歸所侵魯之鄆、汶陽、龜陰之田以謝過。【略】

定公十四年，孔子年五十六，由大司寇行攝相事，有喜色。門人曰：聞君子禍至不懼，福至不喜。孔子曰：有是言也。不曰樂其以貴下人乎？於是誅魯大夫亂政者少正卯。與聞國政三月，粥羔豚者弗飾賈；男女行者別於塗；塗不拾遺；四方之客至乎邑者不求有司，皆予之以歸。【略】

孔子曰：魯衛之政，兄弟也。是時，衛君輒父不得立，在外，諸侯數以爲讓。而孔子弟子多仕於衛，衛君欲得孔子爲政。子路曰：衛君待子而爲政，子將奚先？孔子曰：必也正名乎！子路曰：有是哉，子之迂也！何其正也？孔子曰：野哉由也！夫名不正則言不順，言不順則事不成，事不成則禮樂不興，禮樂不興則刑罰不中，刑罰不中則民無所錯手足矣。夫君子爲之必可名，言之必可行。君子於其言，無所苟而已矣。

（清）王先謙《荀子集解・儒效》　仲尼將爲司寇，魯司寇也。沈猶氏不敢朝飲其羊，公慎氏出其妻，慎潰氏踰境而徙。皆魯人。《家語》曰：沈猶氏常朝飲其羊，以詐市人，公慎氏妻淫不制，慎潰氏奢侈踰法，魯之粥六畜者，飾之以儲賈。魯之粥牛馬者不豫賈，必蚤正以待之也。豫賈，定爲高價也，粥牛馬者不敢高價，言仲尼必先正其身以待物，故得從化如此。賈讀爲價。盧文弨曰：正文以待之下，俗本有者字。郝懿行曰：豫與序同，古字通用，早正市價以待之，故鬻者不復論序也。劉台拱曰：孔子將爲司寇，而魯之人蚤自修正以待之，所謂不動而變，無爲而成也。

（漢）孔鮒《孔叢子》卷上《嘉言》　夫子適周，見萇弘，言終退。萇弘語劉文公曰：吾觀孔仲尼有聖人之表，河目而隆顙，黄帝之形貌也；脩肱而龜背，長九尺有六寸，成湯之容體也；然言稱先王，躬履廉讓，洽聞強記，博物不窮，抑亦聖人之興者乎？【略】既而夫子聞之，曰：吾豈敢哉？亦好禮樂者也。

（漢）孔鮒《孔叢子》卷上《記義》　宰予對曰：自臣侍從夫子以來，竊見其言不離道，動不違仁，貴義尚德，清素好儉。仕而有禄，不以爲積，不合則去，退無吝心。妻不服綵，妾不衣帛，車器不彤，馬不食粟，道行則樂其治，不行則樂其身，此所以爲夫子也。若夫觀目之靡麗，窈窕之淫音，夫子過之弗之視，遇之弗之聽也。

《孔子家語》卷一《始誅》　孔子爲魯司寇，攝行相事，有喜色。仲由問曰：由聞，君子禍至不懼，福至不喜。今夫子得位而喜，何也？孔子曰：然，有是言也。不曰樂以貴下人乎。於是朝政七日而誅亂政大夫少正卯，戮之於兩觀之下，尸於朝三日。子貢進曰：夫少正卯，魯之聞人也。今夫子爲政而始誅之，或者爲失乎。孔子曰：居，吾語汝，天下有大惡者五，而竊盜不與焉。一曰心逆而險，二曰行僻而堅，三曰言僞而辯，四曰記醜而博，五曰順非而澤。此五者，有一於人，則不免君子之誅。而少正卯皆兼有之，其居處足以撮徒成黨，其談説足以飾褒榮衆，其強禦足以反是獨立，此乃人之奸雄者也，不可以不除。夫殷湯誅尹諧，文王誅潘正，周公誅管蔡，太公誅華士，管仲誅付乙，子産誅史何，是此七子，皆異世而同誅者，以七子異世而同惡，故不可赦也。《詩》云：憂心悄悄，愠于羣小。小人成羣，斯足憂矣。

（清）孫星衍《孔子集語》卷一《勸學》　《御覽》六百七引《慎子》孔子曰：丘少而好學，晚而聞道，此以博矣。【略】

《淮南子・要略》：孔子修成康之道，述周公之訓，以教七十子。使服其衣冠，修其篇籍，故儒者之學生焉。

（清）孫星衍《孔子集語》卷四《六藝上》　《周易乾坤鑿度》仲尼，魯人。生不知易本。偶筮其命，得旅，請益於商瞿氏。曰：子有聖智而無位。孔子泣而曰：天也，命也！鳳鳥不來，河無圖至。嗚呼！天命之也。嘆訖而後息志，停讀《禮》，止史削。五十究《易》，作《十翼》，明也，明《易》幾教。若曰：終日而作，思之於古聖，頤師於姬昌法旦。作《九問》、《十惡》、《七正》、《八嘆》、《上下繫辭》、《大道》、《大數》、《大法》、《大義》。《易》書中爲通聖之問，明者以爲聖賢矣。

（清）孫星衍《孔子集語》卷五《六藝下》　《公羊》哀十四年疏引《揆命篇》：孔子年七十歲知圖書，作《春秋》。《御覽》十六引《洪範五行傳》孔子作《春秋》，正春，正秋，所以重歷也。

又：《文選・荅賓戲》注引《春秋元命包》孔子曰：丘作《春秋》，始於元，終於麟，王道成也。

又：《儀禮・士冠禮》疏引《春秋演孔圖》孔子修《春秋》，九月而成。卜之，得陽豫之卦。

又：《公羊》昭十二年疏引《春秋説》孔子作《春秋》，一萬八千字，九月而書成。以授游夏之徒，游夏之徒不能改一字。

又：《史記・太史公自序》子曰：我欲載之空言，不如見之行事之深切著明也。《索隱》云見《春秋緯》。

又：《春秋繁露・俞序》仲尼之作春秋也，上探正天端王公之位，萬物官本無物字。民之所欲，一作始。下明得失，起賢才以待後聖。故引史記，理往事，正是非也。官本作見。

又：《公羊》序疏引《鉤命決》孔子在庶，德無所施，功無所就，志在《春秋》，行在《孝經》。又《禮記・中庸》注引孔子曰：吾志在《春秋》，行在《孝經》。

又：《文選》劉歆移書太常博士注引《論語讖》自衛反魯，删《詩》《書》，修《春秋》。

《文選》齊安陸王碑文注引《論語讖》仲尼居鄉黨，卷懷道美。

又：《白虎通・五經》孔子居周之末世，王道陵遲，禮義廢壞，强陵弱，衆暴寡，天子不敢誅，方伯不敢伐。閔道德之不行，故周流應聘，冀行其道德。自衛反魯，自知不用，故追定五經，以行其道。

（清）孫星衍《孔子集語》卷一二《事譜上》

《詩・商頌》序疏引《世本》宋湣公生弗甫何，弗甫何生宋父，宋父生正考甫，正考甫生孔父嘉，爲宋司馬，華督殺之，而絶其世。其子木金父降爲士，木金父生祁父，祁父生防叔。爲華氏所逼，奔魯，爲防大夫，故曰防叔。防叔生伯夏，伯夏生叔梁紇，叔梁紇生仲尼。《左傳》桓元年疏引作孔父嘉生木金父，木金父生祁父，其子奔魯爲防叔。防叔生伯夏，伯夏生叔梁紇，叔梁紇生仲尼，省文。

《潛夫論・志氏姓》閔公子弗父何生宋父，宋父生世子，世子生正考父，正考父生孔父嘉，孔父嘉生子木金父。木金父降爲士，故曰滅於宋。金父生祁父，祁父生防叔。防叔爲華氏所偪，出奔魯，爲防大夫，故曰防叔。防叔生伯夏，伯夏生叔梁紇，爲鄹大夫，故曰鄹叔紇。生孔子。【略】

《淮南子・泰俗訓》孔子爲魯司寇，道不拾遺，市賈不豫賈，田漁皆讓長，而斑白不負戴，非法之所能致也。【略】

《韓非子・内儲説下》仲尼爲政於魯，道不拾遺，齊景公患之。黎且謂景公曰：去仲尼猶吹毛耳。君何不迎之以重禄高位，遺哀公《後漢・馮衍傳》注引作魯公。以女樂，以驕榮其意。哀公新樂之，必怠於政。仲尼必諫，諫而不聽，必輕絶於魯。景公曰：善。乃令黎且以女樂六遺哀公，哀公樂之，果怠於政。仲尼諫，不聽，去而之楚。

《晏子春秋・外篇下》仲尼相魯，景公患之。謂晏子曰：鄰國有聖人，敵國之憂也。今孔子相魯，若何？晏子對曰：君其勿憂。彼魯君，弱主也；孔子，聖相也。君不如陰重孔子，設以相齊，孔子强諫而不聽，必驕魯而有齊，君勿納也。夫絶于魯，無主于齊，孔子困矣。居朞年，孔子去魯之齊，景公不納，故困于陳、蔡之間。

陸賈《新語・辨惑》孔子遭君暗臣亂，衆邪在位，政道隔於三家，仁義閉於公門，故作《公陵之歌》，傷無權力於世。

《琴操》《龜山操》者，孔子所作也。齊人饋女樂，季桓子受之，魯君閉門不聽朝。當此之時，季氏專政，上僭天子，下畔大夫，賢聖斥逐，讒邪滿朝。孔子欲諫不得，退而望魯，魯有龜山蔽之，辟季氏於龜山，托勢位於斧柯。季氏專政，猶龜山蔽魯也。傷政道之陵遲，閔百姓不得其所，欲誅季氏而力不能，於是援琴而歌云：子欲望魯兮，龜山蔽之，手無斧柯，柰龜山何！

《子思子全書・誠明》子思曰：仲尼祖述堯、舜，憲章文武，上律天時，下襲水土，辟如天地之無不持載，無不覆幬；辟如四時之錯行，如日月之代明，萬物並育而不相害道，並行而不相悖。小德川流，大德敦化，此天地之所以為大也。

《子思子全書・無憂》縣子問子思曰：吾聞同聲者相求，同志者相好。子之先君見子産時則兄事之，而世謂子産仁愛，夫子聖人，是謂聖道事仁愛也。吾未喻其人之孰先後也，故質於子。子思曰：然。子之問也，昔季孫問子游，亦若子之言也。子游答曰：以子産之仁愛譬夫子，其猶浸水之與膏雨乎？康子曰：子産死，鄭人丈夫舍玦珮，婦女舍珠瑱，巷哭三月，竽瑟不作。夫子之死也，吾未聞魯人之若是也，其故何哉？子游曰：夫浸水之所及也則生，其所不及則死，故民皆知焉。膏雨之所生也，廣莫大焉，民之受賜也，普矣，莫識其由來者，上德不德，是以無德。季孫曰：善。縣子曰：其然。

（漢）桓寬《鹽鐵論·論儒》　御史曰：文學祖述仲尼，稱誦其德，以爲自古及今，未之有也。然孔子脩道魯、衛之間，教化洙、泗上之，弟子不爲變，當世不爲治，魯國之削滋甚。齊宣王褒儒尊學，孟軻、淳于髡之徒，受上大夫之禄，不任職而論國事，蓋齊稷下先生千有餘人。當此之時，非一公孫弘也。弱燕攻齊，長驅至臨淄，湣王遁逃，死於莒而不能救；王建禽於秦，與之俱虜而不能存。若此，儒者之安國尊君，未始有效也。

文學曰：無鞭策，雖造父不能調駟馬。無勢位，既舜、禹不能治萬民。孔子曰：鳳鳥不至，河不出圖，吾已矣夫！故軺車良馬，無以馳之；聖德仁義，無所施之。齊威、宣之時，顯賢進士，國家富强，威行敵國。及湣王，奮二世之餘烈，南舉楚、淮，北并巨宋，苞十二國，西摧三晉，卻彊秦，五國賓從，鄒、魯之君，泗上諸侯皆入臣。矜功不休，百姓不堪。諸儒諫不從，各分散，慎到、捷子亡去，田駢如薛，而孫卿適楚。內無良臣，故諸侯合謀而伐之。王建聽流説，信反間，用后勝之計，不與諸侯從親，以亡國。爲秦所禽，不亦宜乎？

御史曰：伊尹以割烹事湯，百里以飯牛要穆公，始爲苟合，信然與之霸王。如此，何言不從？何道不行？故商君以王道説孝公，不用，即以彊國之道，卒以就功。鄒子以儒術干世主，不用，即以變化始終之論，卒以顯名。故馬効千里，不必胡、代；士貴成功，不必文辭。孟軻守舊術，不知世務，故困於梁宋。孔子能方不能圓，故飢於黎丘。今晚世之儒勤德，時有乏匱，言以爲非，困此不行。自周室以來，千有餘歲，獨有文、武、成、康，如言必參一焉，取所不能及而稱之，猶躄者能言遠不能行也。聖人異塗同歸，或行或止，其趣一也。商君雖革法改教，志存於彊國利民。鄒子之作，變化之術，亦歸於仁義。祭仲自貶損以行權時也。故小枉大直，君子爲之。今硜硜然守一道，引尾生之意，即晉文之譎，諸侯以尊周室不足道，而管仲蒙耻辱以存亡，不足稱也。

文學曰：伊尹之干湯，知聖主也。百里之歸秦，知明君也。二君之能知霸主，其册素形於己，非暗而以冥冥决事也。孔子曰：名不正則言不順，言不順則事不成。如何其苟合而以成霸王也？君子執德秉義而行，故造次必於是，顛沛必於是。孟子曰：居今之朝，不易其俗，而成千乘之勢，不能一朝居也。寧窮饑居於陋巷，安能變己而從俗化？闔廬殺僚，公子札去而之延陵，終身不入吴國。魯公殺子赤，叔眄退而隱處，不食其禄。虧義得尊，枉道取容，効死不爲也。聞正道不行，釋事而退，未聞枉道以求容也。

御史曰：《論語》：親於其身爲不善者，君子不入也。有是言而行不足從也。季氏爲無道，逐其君，奪其政，而冉求、仲由臣焉。《禮》：男女不授受，不交爵。孔子適衛，因嬖臣彌子瑕以見衛夫人，子路不説。子瑕，佞臣也，夫子因之，非正也。男女不交，孔子見南子，非禮也。禮義由孔氏，且貶道以求容，惡在其釋事而退也？

文學曰：天下不平，庶國不寧，明王之憂也。上無天子，下無方伯，天下煩亂，賢聖之憂也。是以堯憂洪水，伊尹憂民，管仲束縛，孔子周流，憂百姓之禍而欲安其危也。是以負鼎俎、囚拘、匍匐以救之。故追亡者趨，拯溺者濡。今民陷溝壑，雖欲無濡，豈得已哉？

御史默不對。

（漢）劉向《新序》卷一《雜事》　孔子在州里，篤行孝道，居於闕黨，闕黨之子弟畋漁，分有親者得多，孝以化之是也。是以七十二子，自遠方至，服從其德。魯有沈猶氏者，旦飲羊飽之以欺市人，公慎氏有妻而淫，慎潰氏奢侈驕佚，魯市之鬻牛馬者善豫賈。孔子將爲魯司寇，沈猶氏不敢朝飲其羊，公慎氏出其妻，慎潰氏踰境而徙，魯之鬻馬牛不豫賈，布正以待之也。既爲司寇，季孟墮郈費之城，齊人歸所侵魯之地，由積正之所致也。故曰：其身正，不令而行。

《晏子春秋·外篇下》　仲尼之齊，見景公，景公説之，欲封之以爾稽，以告晏子。晏子對曰：不可。彼浩裾自順，不可以教下；好樂緩於民，不可使親治；立命而建事，不可守職。厚葬破民貧國，久喪道哀費日，不可使子民。行之難者在內，而傳者無其外，故異于服，勉於容，不可以道衆而馴百姓。自大賢之滅，周室之卑也，威儀加多，而民行滋薄；聲樂繁充，而世德滋衰。今孔丘盛聲樂以侈世，飾弦歌鼓舞以聚徒；繁登降之禮，趨翔之節以觀衆；博學不可以儀世，勞思不可以補民，兼壽不能殫其教，當年不能究其禮，積財不能贍其樂。繁飾邪術以營世君，盛爲聲樂以淫愚其民。其道也，不可以示世；其教也，不可以導民。合欲封之，以移齊國之俗，非所以導衆存民也。公曰：善。於是厚其禮而留其封，敬見不問其道。仲尼廼行。

《呂氏春秋・先識覽四・察微》 魯國之法，魯人為人臣妾於諸侯、有能贖之者，取其金於府。子貢贖魯人於諸侯，來而讓不取其金。孔子曰：賜失之矣。自今以往，魯人不贖人矣。取其金則無損於行，不取其金則不復贖人矣。子路拯溺者，其人拜之以牛，子路受之。孔子曰：魯人必拯溺者矣。孔子見之以細，觀化遠也。

（漢）王充《論衡》卷二六《知實篇》 孔子自知不用，聖思閔道不行，民在塗炭之中。庶幾，欲佐諸侯行道濟民，故應聘周流不避患恥。爲道不爲己，故逢患而不惡；爲民不爲名，故蒙謗而不避。

（宋）王安石《臨川先生文集》卷九《古詩・孔子》 聖人道大能亦博，學者所得皆秋毫，雖傳古未有孔子，蠛蠓何足知天高。桓魋武叔不量力，欲撓一草搖蟠桃。顏回已自不可測，至死鑽仰忘身勞。

（宋）王安石《臨川先生文集》卷一〇《古詩・自訟》 孔子見南子，子路爲不怡。欲從公山氏，勃鬱見公辭。道如天之蒼，萬物不能緇。弟子尚不信，況余乏才資。明知古人仁，語默各有時。苟出不自慎，果爲聽者疑。白圭尚有磨，駟馬猶能追。一言成不智，雖悔欲何爲。

（宋）王安石《臨川先生文集》卷三八《四言詩・獵較詩并序》 獵較，刺時也。昔孔子仕於魯，魯人獵較，孔子亦獵較。或問乎孟軻曰：孔子之仕，非事道歟？曰：事道也。事道奚獵較也？曰：孔子先簿正祭器，不以四方之食供簿正。不獵較，則若無以祭然。蓋孔子所以小同於俗，猶有義也，義固在於可爲之域。而後之人習於隨者，一不權義，以之可否，汙身貶道，豫然以和衆自得。甚者傷人倫，敗風俗，至於無號。則諉曰孔子亦嘗獵較矣，悲夫！作是詩以刺焉。

獵較獵較，誰禽我有。國人之咻，君子所醜。獵較獵較，祭占其祥。國人之序，君子何傷。

顏　回

《史記》卷六七《仲尼弟子列傳・顏回》 顏回者，魯人也，字子淵。少孔子三十歲。

顏淵問仁，孔子曰：克己復禮，天下歸仁焉。

孔子曰：賢哉回也！一簞食，一瓢飲，在陋巷，人不堪其憂，回也不改其樂。回也如愚；退而省其私，亦足以發，回也不愚。用之則行，捨之則藏，唯我與爾有是夫！

回年二十九，髮盡白，蚤死。孔子哭之慟，曰：自吾有回，門人益親。魯哀公問：弟子孰爲好學？孔子對曰：有顏回者好學，不遷怒，不貳過。不幸短命死矣，今也則亡。

仲　由

《史記》卷六七《仲尼弟子列傳・仲由》 仲由字子路，卞人也。少孔子九歲。

子路性鄙，好勇力，志伉直，冠雄雞，佩豭豚，陵暴孔子。孔子設禮稍誘子路，子路後儒服委質，因門人請爲弟子。

子路問政，孔子曰：先之，勞之。請益。曰：無倦。

子路問：君子尚勇乎？孔子曰：義之爲上。君子好勇而無義則亂，小人好勇而無義則盜。

子路有聞，未之能行，唯恐有聞。

孔子曰：片言可以折獄者，其由也與！由也好勇過我，無所取材。若由也，不得其死然。衣敝緼袍與衣狐貉者立而不恥者，其由也與！由也升堂矣，未入於室也。

季康子問：仲由仁乎？孔子曰：千乘之國可使治其賦，不知其仁。

子路喜從游，遇長沮、桀溺、荷蓧丈人。

子路爲季氏宰，季孫問曰：子路可謂大臣與？孔子曰：可謂具臣矣。

子路爲蒲大夫，辭孔子。孔子曰：蒲多壯士，又難治。然吾語汝：恭以敬，可以執勇；寬以正，可以比衆；恭正以靜，可以報上。

初，衛靈公有寵姬曰南子。靈公太子蕢聵得過南子，懼誅出奔。及靈公卒而夫人欲立公子郢。郢不肯，曰：亡人太子之子輒在。於是衛立輒爲君，是爲出公。出公立十二年，其父蒯聵居外，不得入。子路爲衛大夫孔悝之邑宰。蒯聵乃與孔悝作亂，謀入孔悝家，遂與其徒襲攻出公。出公奔魯，而蒯聵入立，是爲莊公。方孔悝作亂，子路在外，聞之而馳往。遇子羔出衛城門，謂子路曰：出公去矣，而門已閉，子可還矣，毋空受其禍。子路曰：食其食者不避其難。子羔卒去。有使者入城，城門開，子路隨而入。造蒯聵，蒯聵與孔悝登臺。子路曰：君焉用孔悝？請得而殺之。蒯聵弗聽。於是子路欲燔臺，蒯聵懼，乃下石乞、壺黶攻子路，擊斷子路之纓。子路曰：君子死而冠不免。遂結纓而死。

孔子聞衛亂，曰：嗟乎，由死矣！已而果死。故孔子曰：自吾得由，惡言不聞於耳。是時子貢爲魯使於齊。

冉求

（魏）何晏等注 （宋）邢昺疏《論語注疏·雍也》 冉求曰：非不說子之道，力不足也。子曰：力不足者，中道而廢。今女畫。注：孔曰：畫，止也。力不足者，當中道而廢，今女自止耳，非力極也。疏：冉求曰至女畫。正義曰：此章勉人學也。冉求曰：非不說子之道力不足也者，弟子冉求言已非不說樂子之道而勤學之，但以力不足故也。子曰：力不足者，中道而廢。今女畫者，畫，止也。此孔子責冉求之不說學也。言力不足者，當中道而廢。今女自止耳，非力極也。

《史記》卷六七《仲尼弟子列傳·冉求》 冉求字子有，少孔子二十九歲。爲季氏宰。

季康子問孔子曰：冉求仁乎？曰：千室之邑，百乘之家，求也可使治其賦。仁則吾不知也。復問：子路仁乎？孔子對曰：如求。

求問曰：聞斯行諸？子曰：行之。子路問：聞斯行諸？子曰：有父兄在，如之何其聞斯行之！子華怪之，敢問問同而答異？孔子曰：求也退，故進之。由也兼人，故退之。

端沐賜

（漢）韓嬰《韓詩外傳》卷三 季孫之治魯也，衆殺人而必當其罪，多罰人而必當其過。子貢曰：暴哉治乎！季孫聞之，曰：吾殺人必當其罪，罰人必當其過，先生以爲暴，何也？子貢曰：夫奚不若子產之治鄭？一年而負罰之過省，二年而刑殺之罪亡，三年而庫無拘人。故民歸之如水就下，愛之如孝子敬父母。子產病將死，國人皆吁嗟曰：誰可使代子產死者乎？及其不免死也，士大夫哭之於朝，商賈哭之於市，農夫哭之於野。哭子產者，皆如喪父母。今竊聞夫子疾之時，則國人喜，活則國人皆駭。以死相賀，以生相恐，非暴而何哉？賜聞之，託法而治謂之暴，不戒致期謂之虐，不教而誅謂之賊，以身勝人謂之責。責者失身，賊者失臣，虐者失政，暴者失民。且賜聞居上位行此四者而不亡者，未之有也。於是季孫稽首謝曰：謹聞命矣。《詩》曰：載色載笑，匪怒伊教。

《史記》卷六七《仲尼弟子列傳·端沐賜》 端沐賜，衛人，字子貢。少孔子三十一歲。

子貢利口巧辭，孔子常黜其辯。問曰：汝與回也孰愈？對曰：賜也何敢望回！回也聞一以知十，賜也聞一以知二。

子貢既已受業，問曰：賜何人也？孔子曰：汝器也。曰：何器也？曰：瑚璉也。

陳子禽問子貢曰：仲尼焉學？子貢曰：文武之道未墜於地，在人，賢者識其大者，不賢者識其小者，莫不有文武之道。夫子焉不學，而亦何常師之有！又問曰：孔子適是國必聞其政。求之與？抑與之與？子貢曰：夫子溫良恭儉讓以得之。夫子之求之也，其諸異乎人之求之也。

子貢問曰：富而無驕，貧而無諂，何如？孔子曰：可也；不如貧而樂道，富而好禮。

田常欲作亂於齊，憚高、國、鮑、晏，故移其兵欲以伐魯。孔子聞之，謂門弟子曰：夫魯，墳墓所處，父母之國，國危如此，二三子何爲莫出？子路請出，孔子止之。子張、子石請行，孔子弗許。子貢請行，孔子許之。

遂行，至齊，説田常曰：君之伐魯過矣。夫魯，難伐之國，其城薄以卑，其地狹以泄，其君愚而不仁，大臣僞而無用，其士民又惡甲兵之事，此不可與戰。君不如伐吴。夫吴，城高以厚，地廣以深，甲堅以新，士選以飽，重器精兵盡在其中，又使明大夫守之，此易伐也。田常忿然作色曰：子之所難，人之所易；子之所易，人之所難：而以教常，何也？子貢曰：臣聞之，憂在內者攻彊，憂在外者攻弱。今君憂在內。吾聞君三封而三不成者，大臣有不聽者也。今君破魯以廣齊，戰勝以驕主，破國以尊臣，而君之功不與焉，則交日疏於主。是君上驕主心，下恣羣臣，求以成大事，難矣。夫上驕則恣，臣驕則争，是君上與主有郤，下與大臣交争也。如此，則君之立於齊危矣。故曰不如伐吴。伐吴不勝，民人外死，大臣內空，是君上無彊臣之敵，下無民人之過，孤主制齊者唯君也。田常曰：善。雖然，吾兵業已加魯矣，去而之吴，大臣疑我，柰何？子貢曰：君按兵無伐，臣請往使吴王，令之救魯而伐齊，君因以兵迎之。田常許之，使子貢南見吴王。

説曰：臣聞之，王者不絶世，霸者無彊敵，千鈞之重加銖兩而移。今以萬乘之齊而私千乘之魯，與吴争彊，竊爲王危之。且夫救魯，顯名也；伐齊，大利也。以撫泗上諸侯，誅暴齊以服彊晉，利莫大焉。名存亡魯，實困彊齊，智者不疑也。吴王曰：善。雖然，吾嘗與越戰，棲之會稽。越王苦身養士，有報我心。子待我伐越而聽子。子貢曰：越之勁不過魯，吴之彊不過齊，王置齊而伐越，則齊已平魯矣。且王方以存亡繼絶爲名，夫伐小越而畏彊齊，非勇也。夫勇者不避難，仁者不窮約，智者不失時，王者不絶世，以立其義。今存越示諸侯以仁，救魯伐齊，威加晉國，諸侯必相率而朝吴，霸業成矣。且王必惡越，臣請東見越王，令出兵以從，此實空越，名從諸侯以伐也。吴王大説，乃使子貢之越。

越王除道郊迎，身御至舍而問曰：此蠻夷之國，大夫何以儼然辱而臨之？子貢曰：今者吾説吴王以救魯伐齊，其志欲之而畏越，曰待我伐越乃可。如此，破越必矣。且夫無報人之志而令人疑之，拙也；有報人之志，使人知之，殆也；事未發而先聞，危也。三者舉事之大患。句踐頓首再拜曰：孤嘗不料力，乃與吴戰，困於會稽，痛入於骨髓，日夜焦脣乾舌，徒欲與吴王接踵而死，孤之願也。遂問子貢。子貢曰：吴王爲人猛暴，羣臣不堪；國家敝以數戰，士卒弗忍；百姓怨上，大臣內變；子胥以諫死，太宰嚭用事，順君之過以安其私：是殘國之治也。今王誠發士卒佐之以徼其志，重寶以説其心，卑辭以尊其禮，其伐齊必也。彼戰不勝，王之福矣。戰勝，必以兵臨晉，臣請北見晉君，令共攻之，弱吴必矣。其鋭兵盡於齊，重甲困於晉，而王制其敝，此滅吴必矣。越王大説，許諾。送子貢金百鎰，劍一，良矛二。子貢不受，遂行。

報吴王曰：臣敬以大王之言告越王，越王大恐，曰：孤不幸，少失先人，內不自量，抵罪於吴，軍敗身辱，棲于會稽，國爲虚莽，賴大王之賜，使得奉俎豆而修祭祀，死不敢忘，何謀之敢慮！後五日，越使大夫種頓首言於吴王曰：東海役臣孤句踐使者臣種，敢修下吏問於左右。今竊聞大王將興大義，誅彊救弱，困暴齊而撫周室，請悉起境內士卒三千人，孤請自被堅執鋭，以先受矢石。因越賤臣種奉先人藏器，甲二十領，鈇屈盧之矛，步光之劍，以賀軍吏。吴王大説，以告子貢曰：越王欲身從寡人伐齊，可乎？子貢曰：不可。夫空人之國，悉人之衆，又從其君，不義。君受其幣，許其師，而辭其君。吴王許諾，乃謝越王。於是吴王乃遂發九郡兵伐齊。

子貢因去之晉，謂晉君曰：臣聞之，慮不先定不可以應卒，兵不先辨不可以勝敵。今夫齊與吴將戰，彼戰而不勝，越亂之必矣；與齊戰而勝，必以其兵臨晉。晉君大恐，曰：爲之柰何？子貢曰：修兵休卒以待之。晉君許諾。

子貢去而之魯。吴王果與齊人戰於艾陵，大破齊師，獲七將軍之兵而不歸，果以兵臨晉，與晉人相遇黄池之上。吴晉争彊。晉人擊之，大敗吴師。越王聞之，涉江襲吴，去城七里而軍。吴王聞之，去晉而歸，與越戰於五湖。三戰不勝，城門不守，越遂圍王宮，殺夫差而戮其相。破吴三年，東向而霸。

故子貢一出，存魯，亂齊，破吴，彊晉而霸越。子貢一使，使勢相破，十年之中，五國各有變。

子貢好廢舉，與時轉貨貲。喜揚人之美，不能匿人之過。常相魯衛，家累千金，卒終于齊。

顓孫師

《史記》卷六七《仲尼弟子列傳・顓孫師》 顓孫師，陳人，字子張。少孔子四十八歲。

子張問干祿，孔子曰：多聞闕疑，慎言其餘，則寡尤；多見闕殆，慎行其餘，則寡悔。言寡尤，行寡悔，祿在其中矣。

他日從在陳蔡間，困，問行。孔子曰：言忠信，行篤敬，雖蠻貊之國行也；言不忠信，行不篤敬，雖州里行乎哉！立則見其參於前也，在輿則見其倚於衡，夫然後行。子張書諸紳。

子張問：士何如斯可謂之達矣？孔子曰：何哉，爾所謂達者？子張對曰：在國必聞，在家必聞。孔子曰：是聞也，非達也。夫達者，質直而好義，察言而觀色，慮以下人，在國及家必達。夫聞也者，色取仁而行違，居之不疑，在國及家必聞。

卜商

《史記》卷六七《仲尼弟子列傳・卜商》 卜商字子夏。少孔子四十四歲。

子夏問：巧笑倩兮，美目盼兮，素以爲絢兮，何謂也？子曰：繪事後素。曰：禮後乎？孔子曰：商始可與言《詩》已矣。

子貢問：師與商孰賢？子曰：師也過，商也不及。然則師愈與？曰：過猶不及。

子謂子夏曰：汝爲君子儒，無爲小人儒。

孔子既没，子夏居西河教授，爲魏文侯師。其子死，哭之失明。

曾參

《史記》卷六七《仲尼弟子列傳・曾參》 曾參，南武城人，字子輿。少孔子四十六歲。

孔子以爲能通孝道，故授之業。作《孝經》。死於魯。

（清）康有爲《新學僞經考・經典釋文糾謬》 《孝經》者，孔子爲弟子曾參説孝道，因明天子、庶人五等之孝，事親之法。

原憲

《史記》卷六七《仲尼弟子列傳・原憲》 原憲字子思。

子思問恥。孔子曰：國有道，穀。國無道，穀，恥也。

子思曰：克伐怨欲不行焉，可以爲仁乎？孔子曰：可以爲難矣，仁則吾弗知也。

孔子卒，原憲遂亡在草澤中。子貢相衛，而結駟連騎，排藜藿入窮閻，過謝原憲。憲攝敝衣冠見子貢。子貢恥之，曰：夫子豈病乎？原憲曰：吾聞之，無財者謂之貧，學道而不能行者謂之病。若憲，貧也，非病也。子貢慙，不懌而去，終身恥其言之過也。

《子思子全書・過齊》 子思年十六適宋，宋大夫樂朔與之言學焉。朔曰：《尚書》《虞》《夏》數四篇善也，下此以訖於《秦》《費》，効堯、舜之言耳，殊不如也。子思曰：事變有極，正自當耳，假令周公、堯、舜更時易處，其書同矣。樂朔曰：凡書之作，欲以諭民也，簡易為上，而乃故作難知之辭，不以繁乎？子思曰：書之意兼複深奥，訓詁成義，古人所以為典雅也。昔魯委巷亦有似君之言者，伋聞之曰：道為知者傳，苟非其人，道不傳矣。今君何似之甚也？樂朔不説而退曰：孺子辱吾。其徒曰：此雖以宋為舊，然世有讐焉？請攻之，遂圍子思。宋君聞之，駕而救子思。子思既免，曰：文王厄於美里，作《周易》；祖君屈於陳、蔡，作《春秋》。吾困於宋，可無作乎？

孟軻

《孟子注疏·題辭解》　孟子，鄒人也。名軻，字則未聞也。鄒本春秋邾子之國，至孟子時改曰鄒矣。國近魯，後爲魯所并，又言邾爲楚所并，非魯也。今鄒縣是也。

或曰：孟子，魯公族孟孫之後，故孟子仕於齊，喪母而歸葬於魯也。三桓子孫，既以衰微，分適他國。孟子生有淑質，夙喪其父，幼被慈母三遷之教。長師孔子之孫子思，治儒術之道，通《五經》，尤長於《詩》《書》。

周衰之末，戰國縱横，用兵争强，以相侵奪。當世取士，務先權謀，以爲上賢，先王大道，陵遲墮廢。異端並起，若楊朱、墨翟放蕩之言，以干時惑衆者非一。孟子閔悼堯、舜、湯、文、周、孔之業將遂湮微，正塗壅底，仁義荒怠，佞僞馳騁，紅紫亂朱。於是則慕仲尼周流憂世，遂以儒道遊於諸侯，思濟斯民；然由不肯枉尺直尋，時君咸謂之迂闊於事，終莫能聽納其説。

孟子亦自知遭蒼姬以訖録，值炎劉之未奮，進不得佐興唐虞雍熙之和，退不能信三代之餘風，耻没世而無聞焉。是故垂憲言以詒後人。仲尼有云：我欲託之空言，不如載之行事之深切著明也。於是退而論集所與高第弟子公孫丑、萬章之徒難疑答問，又自撰其法度之言，著書七篇二百六十一章，三萬四千六百八十五字。包羅天地，揆叙萬類，仁義道德，性命禍福，粲然靡所不載。帝王公侯遵之，則可以致隆平，頌清廟；卿大夫士蹈之，則可以尊君父，立忠信；守志厲操者儀之，則可以崇高節，抗浮雲。有風人之託物，《二雅》之正言，可謂直而不倨，曲而不屈，命世亞聖之大才者也。

孔子自衛反魯，然後樂正，《雅》《頌》各得其所，乃删《詩》定《書》，繫《周易》，作《春秋》。孟子退自齊、梁，述堯、舜之道而著作焉，此大賢擬聖而作者也。

七十子之疇，會集夫子所言，以爲《論語》。《論語》者，《五經》之錧鎋，《六藝》之喉衿也。《孟子》之書，則而象之。衛靈公問陳於孔子，孔子答以俎豆；梁惠王問利國，孟子對以仁義。宋桓魋欲害孔子，孔子稱：天生德於予。魯臧倉毁鬲孟子，孟子曰：臧氏之子，焉能使予不遇哉？旨意合同，若此者衆。

又有《外書》四篇：《性善》、《辯文》、《説孝經》、《爲政》。其文不能宏深，不與内篇相似，似非孟子本真，後世依放而託之者也。

孟子既没之後，大道遂絀，逮至亡秦，焚滅經術，坑戮儒生，孟子徒黨盡矣！其書號爲諸子，故篇籍得不泯絶。漢興，除秦虐禁，開延道德，孝文皇帝欲廣遊學之路，《論語》、《孝經》、《孟子》、《爾雅》皆置博士。後罷傳記博士，獨立《五經》而已。訖今諸經通義，得引《孟子》以明事，謂之博文。

孟子長於譬喻，辭不迫切，而意已獨至，其言曰：説《詩》者不以文害辭，不以辭害志；以意逆志，爲得之矣。斯言殆欲使後人深求其意，以解其文，不但施於説《詩》也。今諸解者，往往摭取而説之，其説又多乖異不同，孟子以來五百餘載，傳之者亦已衆多。

（宋）朱熹《四書章句集注·孟子序説》　韓子曰：堯以是傳之舜，舜以是傳之禹，禹以是傳之湯，湯以是傳之文、武、周公，文、武、周公傳之孔子，孔子傳之孟軻，軻之死不得其傳焉。荀與揚也，擇焉而不精，語焉而不詳。程子曰：韓子此語，非是蹈襲前人，又非鑿空撰得出，必有所見。若無所見，不知言所傳者何事。

又曰：孟氏醇乎醇者也。荀與揚，大醇而小疵。程子曰：韓子論孟子甚善。非見得孟子意，亦道不到。其論荀揚則非也。荀子極偏駁，只一句性惡，大本已失。揚子雖少過，然亦不識性，更説甚道。

又曰：孔子之道大而能博，門弟子不能徧觀而盡識也，故學焉而皆得其性之所近。其後離散，分處諸侯之國，又各以其所能授弟子，源遠而末益分。惟孟軻師子思，而子思之學出於曾子。自孔子没，獨孟軻氏之傳得其宗。故求觀聖人之道者，必自孟子始。程子曰：孔子言參也魯。然顔子没後，終得聖人之道者，曾子也。觀其啓手足時之言，可以見矣。所傳者子思、孟子，皆其學也。

又曰：揚子雲曰：古者楊墨塞路，孟子辭而闢之，廓如也。夫楊墨行，正道廢。孟子雖賢聖，不得位。空言無施，雖切何補。然賴其言，而今之學者尚知宗孔氏，崇仁義，貴王賤霸而已。其大經大法，皆亡滅而不救，壞爛而不收。所謂存十一於千百，安在其能廓如也？然向無孟氏，則皆服左衽而言侏離矣。故愈嘗推尊孟氏，以爲功不在禹下者，爲此也。

或問於程子曰：孟子還可謂聖人否？程子曰：未敢便道他是聖人，然學已到至處。愚按：至字，恐當作聖字。

程子又曰：孟子有功於聖門，不可勝言。仲尼只説一箇仁字，孟子開口便説仁義。仲尼只説一箇志，孟子便説許多養氣出來。只此二字，其功甚多。

又曰：孟子有大功於世，以其言性善也。

又曰：孟子性善、養氣之論，皆前聖所未發。

又曰：學者全要識時。若不識時，不足以言學。顔子陋巷自樂，以有孔子在焉。若孟子之時，世既無人，安可不以道自任。

又曰：孟子有此英氣。纔有英氣，便有圭角，英氣甚害事。如顔子便渾厚不同，顔子去聖人只豪髮間。孟子大賢，亞聖之次也。或曰：英氣見於甚處？曰：但以孔子之言比之，便可見。且如冰與水精非不光。比之玉，自是有温潤含蓄氣象，無許多光耀也。

楊氏曰：《孟子》一書，只是要正人心，教人存心養性，收其放心。至論仁、義、禮、智，則以惻隱、羞惡、辭讓、是非之心爲之端。論邪説之害，則曰：生於其心，害於其政。論事君，則曰：格君心之非，一正君而國定。千變萬化，只説從心上來。人能正心，則事無足爲者矣。《大學》之修身、齊家、治國、平天下，其本只是正心、誠意而已。心得其正，然後知性之善。故孟子遇人便道性善。歐陽永叔卻言聖人之教人，性非所先，可謂誤矣。人性上不可添一物，堯舜所以爲萬世法，亦是率性而已。所謂率性，循天理是也。外邊用計用數，假饒立得功業，只是人欲之私。與聖賢作處，天地懸隔。

（清）焦循《孟子正義・孟子題辭》 〔孟子〕長師孔子之孫子思，治儒術之道，通《五經》，尤長于《詩》《書》。疏：正義曰：【略】毛氏奇齡《四書賸言》云：王草堂謂《史記・世家》子思年六十二。孔子卒在周敬王四十一年，伯魚先孔子卒已三年；向使子思生於伯魚所卒之年，亦止當在威烈王三四年之間。乃孟子實生於烈王四年，其距子思卒時，已相去五十年之久。又謂魯繆公曾尊禮子思。然繆公即位，在威烈王十九年，則《史記》所云子思年六十二者，或是八十二之誤。若孟子則斷不能親受業也。予祇以《孟子》本文計之，梁惠王三十年，齊虜太子申，則孟子遊梁，自當在三十年之後，何則？以本文有東敗於齊，長子死焉之語也。然孟子居梁，不及二三年，而惠王已卒，襄王已立，何則？以本文有見梁襄王之語也。乃實計其時，梁惠王即位之年，距魯繆公卒年，亦不過四十零年。然而孟子已老，本文有王曰叟是也。則受業子思，或未可盡非者與？按《史記・魯世家》：哀公十六年，孔子卒。二十七年卒於有山氏，悼公立。三十七年卒，子元公立。二十一年卒，子顯立，是爲穆公。穆公立三十三年卒。自穆公元年，上溯至孔子卒之年，當有六十八年。孔子未卒，子思已生，而孟子明言子思當穆公時，則子思之年，不止六十二明矣。穆公子共公立，二十二年卒；子康公立，九年卒；子景公立，二十九年卒；子叔立，是爲平公。平公元年，上溯穆公卒之年，當有六十年；再溯穆公初年，則九十年矣。則孟子不能親受業於子思又明矣。草堂之説是也。乃《六國表》魯穆公元年，即周威烈王十九年，魏惠王元年，當周烈王六年；相距三十八年。惠王三十五年，孟子來大梁，上溯魯穆公時，已有七十餘年，如以親受業子思言之，則子思年必大耋，而孟子則童子時也。劉向、司馬遷皆西漢人，一以爲受業子思，一以爲受業子思之門人。而《史記》紀年，多不可據，大抵異同不過此兩端，識者察之。【略】

孟子閔悼堯、舜、湯、文、周、孔之業將遂湮微，正塗壅底，仁義荒怠，佞僞馳騁，紅紫亂朱。於是則慕仲尼周流憂世，遂以儒道遊於諸侯，思濟斯民；然由不肯枉尺直尋，時君咸謂之迂闊於事，終莫能聽納其説。疏：正義曰：《説文》水部云：湮，没也。《小爾雅・廣詁》云：没，滅也。昭公元年《左傳》云勿使有所壅蔽湫底，注云：底，滯也。《釋文》引服虔云：底，止也。底止，《爾雅・釋詁》文。止而不行故爲滯。則，法也。慕，習也。以孔子爲法而習之也。周流二字，見《禮記・仲尼燕居》。《文選・甘泉賦》云據軨軒而周流兮，李善注云：周流，流行周遍也。《史記・列傳》云：道既通，游事齊宣王，宣王不能用。適梁，梁惠王不果所言，則見以爲迂遠而闊於事情。《風俗通・窮通篇》云：游於諸侯，所言皆以爲迂遠而闊於事情，然終不屈道趣合，枉尺以直尋。

孟子亦自知遭蒼姬以訖録，值炎劉之未奮，進不得佐興唐虞雍熙之和，退不能信三代之餘風，耻没世而無聞焉，是故垂憲言以詒後人。疏：正義曰：《音義》云：信，音伸。謂三代遺風，鬱塞不伸也。《史記・孔子世家》云：子曰：弗乎弗乎！君子病没世而名不稱焉。吾道不行矣，吾何以自見於後世哉！乃因史記作《春秋》。《爾雅・釋詁》云：憲，法也。《漢書・揚雄傳》云：雄見諸子各以其知舛馳，大氐詆訾聖人，即爲怪迂，析辯詭辭，以撓世事，雖小辯，終破大道。故人時有問雄者，常用法應之，譔以爲十二卷，象《論語》，號曰《法言》。憲言，猶法言也。仲尼有云：我欲託之空言，不如載之行事之深切著明也。疏：正義曰：《春秋繁露·俞序篇》云：孔子曰：吾因其行事，而加乎王心焉。以爲見之空言，不如行事博深切明。《史記·太史公自敘》亦云。於是退而論集所與高第弟子公孫丑、萬章之徒難疑答問，又自撰其法度之言，著書七篇，疏：正義曰：《史記·列傳》云：孟軻所如不合，退與萬章之徒序《詩》《書》，述仲尼之意，作《孟子》七篇。是七篇爲孟子所自作，故趙氏前既云此書孟子之所作也，此又云自撰法度之言。閻氏若璩《孟子生卒年月考》云：七篇爲孟子自作，至韓昌黎故亂其説。《論語》成於門人之手，故記聖人容貌甚悉；七篇成於己手，故但記言語或出處耳。又云：卒後，書爲門人所敍定，故諸侯王皆加謚焉。趙氏注弟子十五人：萬章、公孫丑、樂正子、陳臻、公都子、充虞、徐辟、高子、咸丘蒙、陳代、彭更、屋廬子、桃應、季孫、子叔。學於孟子者四人：孟仲子、告子、滕更、盆成括。《吕氏春秋·樂成篇》盡難攻中山之事也，高誘注云：難，説也。《史記·五帝本紀》死生之説，存亡之難，索隱云：難，猶説也。凡事是非未盡，假以往來之辭，則曰難。所以韓非著書，有《説林》、《説難》。難疑者，有疑則解説之也。答問者，有問則答之也。平日與諸弟子解説之辭，諸弟子各記録之，至是孟子聚集而論次之，如篇中諸問答之文是也。其不由問答，如《離婁》、《盡心》等章，則孟子自撰也。又有與齊、魏、鄒、滕諸君所言，景子、莊暴、淳于髡、周霄、景春、宋牼、宋勾踐、夷之、陳相、貉稽、戴盈之、戴不勝、儲子、沈同、陳賈、慎子、王驩等相問答，蓋亦諸弟子録之，而孟子論集之矣。

（清）焦循《孟子正義·公孫丑章句上》

〔孟子〕曰：惡，是何言也！昔者子貢問於孔子曰：夫子聖矣乎？孔子曰：聖則吾不能，我學不厭而教不倦也。子貢曰：學不厭，智也。教不倦，仁也。仁且智，夫子既聖矣。夫聖，孔子不居，是何言也！注：惡者，不安事之歎辭也。孟子答丑言，往者子貢、孔子相答如此。孔子尚不敢安居於聖，我何敢自謂爲聖，故再言是何言也。疏：注惡者至辭也。正義曰：葉夢得《避暑録話》述此文惡作烏，云：烏蓋齊魯發語不然之辭，至今用之，作鼻音，亦通於汝、潁。周氏廣業《孟子逸文考》云：《音義》惡音烏，非作烏也。《韓詩外傳》、《新序》載楚邱先生答孟嘗君曰：惡，何君謂我老。則烏、惡信齊音。王氏引之《經傳釋詞》云：惡，不然之詞也。《莊子·人間世篇》曰：惡，惡可。上惡字不然之詞，下惡字訓爲安。《荀子·法行篇》云：惡，賜，是何言也。《韓子·難篇》云：啞，是非君人者之言也。啞與惡同。按啞、惡二音，今皆有之，實一聲之轉。意不然而驚咤之則云啞，意不然而直拒之則云惡。注言往者孔子子貢相答如此。正義曰：《吕氏春秋·尊師篇》云：子貢問孔子曰：後世將何以稱夫子？孔子曰：吾何足以稱哉！勿已者，則好學而不厭，好教而不倦，其惟此耶？翟氏灝《考異》云：《論語》爲之不厭，誨人不倦，是向公西華言之，此向子貢言之。《日知録》謂孟子書所引孔子之言，其載於《論語》者，我學不厭，而教不倦，一也。今據《吕氏春秋》，則此實別一時語。學不厭，《論衡》引作饜。

昔者竊聞之：子夏、子游、子張，皆有聖人之一體；冉牛、閔子、顔淵，則具體而微。注：體者，四枝股肱也。孟子言昔日竊聞師言也。丑方問欲知孟子之德，故謙辭言竊聞也。一體者，得一枝也。具體者，四枝皆具。微，小也。比聖人之體微小耳。體以喻德也。疏：昔者至而微。正義曰：近通解以爲丑問之言，是也。注體者四枝股肱也。正義曰：《文選》注引劉熙注云：體者，四支股腳也。具體者，皆微者也。皆具聖人之體微小耳。體以喻德也。與趙氏此注同。《毛詩·相鼠》人而無體，傳云：體，支體也。《禮記·喪大記》注云：體，手足也。《周書·武順篇》云：左右手各握五，左右足各履五，曰四枝，肱屬手，股屬足。故云四枝股肱。枝與支通，《説文》作胑，亦作肢。敢問所安？注：丑問孟子所安比也。疏：注所安比也。正義曰：趙氏讀安爲案。《周禮·縣正》各掌其縣之政令徵比，注云：比，案比也。按安，猶處也。處，猶居也。謂夫子於諸賢，欲何居也。

曰：姑舍是。注：姑，且也。孟子曰，且置是，我不願比也。疏：注姑且至比也。正義曰：《毛詩·卷耳》傳云：姑，且也。《吕氏春秋·貴生》、《上農》等篇高誘注並云：舍，置也。

曰：伯夷、伊尹何如？注：丑曰，伯夷之行何如，孟子心可願比伯夷不。疏：注可願比伯夷不。正義曰：阮氏元《校勘記》云：盧文弨《抱經堂文集》云：依趙氏注，經文但云伯夷何如，無伊尹二字。按此説極確，趙注本憭然，丑問伯夷一人，孟子乃及伊尹。

曰：不同道。注：言伯夷之行，不與孔子伊尹同道也。非其君不事，非其民不使，治則進，亂則退，伯夷也。注：非其君，非己所好之君也。非其民，不以正道而得民，伯夷不願使之，故謂之非其民也。何事非君，何使非民，治亦進，亂亦進，伊尹也。注：伊尹曰，事非其君者，何傷也。使非其民者，何傷也。要欲爲天理物，冀得行道而已矣。疏：注要欲至已矣。正義曰：《五經通義》云：荷天命以爲王，使理羣生，此所謂爲天理物也。可以仕則仕，可以止則止，可以久則久，可以速則速，孔子也。注：止，處也。久，留也。速，疾去也。疏：注止處至去也。正義曰：《説文》几部云：処，止也。重文作處。是止即處也。莊公八年《公羊傳》云何言乎祠兵爲久也，注云：爲久，稽留之辭。《説文》辵部云：速，疾也。久屬仕言，故云留速屬止言，故云去。皆古聖人也，吾未能有行焉。乃所願，則學孔子也。注：此皆古之聖人，我未能有所行，若此乃言我心之所庶幾，則願欲學孔子所履，進退無常，量時爲宜也。疏：注乃言至宜也。正義曰：《爾雅・釋詁》云：幾，近也。《淮南子・要略》云所以使學者孳孳以自幾也，高誘注去：幾，庶幾也。然則庶幾卽幾也。我心之所庶幾，言我心之所近也。進退無常，量時爲宜，卽集義矣。義之所在，卽仕卽久，是進也。義之所不在，卽止卽速，是退也。《禮記・學記》云：當其可之謂時。仕止久速，皆視其可，是爲量時。

伯夷伊尹於孔子，若是班乎？注：班，齊等之貌也。丑嫌伯夷伊尹與孔子相比，問此三人之德，班然而等乎。疏：注班齊至等乎。正義曰：《方言》云：班，列也。北燕曰班。《儀禮・既夕》注云：班，次也。《文選・東京賦》云次和樹表，薛綜注云：次，比也。《禮記・服問》注云：列，等比也。《淮南子・精神訓》高誘注云：齊，等也。《原道訓》高誘注云：齊，列也。是班、列、次、比、等、齊同義轉注，故趙氏以齊、等解班，又以相比解之。《説文》女部云：嫌，疑也。謂丑疑三人相等也。

曰：否！自有生民以來，未有孔子也。注：孟子曰：不等也。從有生民以來，非純聖人，則未有與孔子齊德也。

曰：然則有同與？注：丑曰，然則此三人有同者邪。

曰：有，得百里之地而君之，皆能以朝諸侯、有天下；行一不義，殺一不辜，而得天下，皆不爲也。是則同。注：孟子曰，此三人君國，皆能使鄰國諸侯尊敬其德而朝之。不以其義得之，皆不爲也。是則孔子同之矣。疏：行一至爲也。正義曰：《荀子・王霸篇》云：故用國者，義立而王，信立而霸；行一不義，殺一無罪，而得天下，仁者不爲也。又《儒效篇》云：行一不義，殺一無罪，而得天下，不爲也。與《孟子》同。不義則自反而不縮也。不爲則不惴也。

曰：敢問其所以異？注：丑問孔子與三人異謂何。

曰：宰我、子貢、有若，智足以知聖人，汙不至阿其所好。注：孟子曰，宰我等三人之智，足以識聖人。汙，下也。言三人雖小汙不平，亦不至阿其所好以非其事，阿私所愛而空譽之。其言有可用者，欲爲丑陳三子之道孔子也。疏：注汙下至用者。正義曰：《説文》水部云：窪，窊也。穴部云：窊，汙衺下也。《音義》云：丁音蛙，不平貌。趙氏讀汙爲窪也。按汙本作洿，孟子蓋用爲夸字之假借。夸者，大也。謂言雖大而不至於阿曲。成公綏《嘯賦》云：大而不洿。蘇洵有《三子知聖人汙論》，以汙屬上讀，則智足以知聖人汙，亦是智足以知聖人之大也。宰我曰：以予觀於夫子，賢於堯舜遠矣。注：予，宰我名也。以爲孔子賢於堯舜。以孔子但爲聖，不王天下，而能制作素王之道，故美之。如使當堯舜之處，賢之遠矣。疏：注如使當堯舜之世。正義曰：阮氏元《校勘記》云：如使當堯舜之世觀其制度，閩、監、毛三本，足利本同。廖本、孔本、韓本、《考文》古本世作處，無觀其制度四字。按無者是。子貢曰：見其禮而知其政，聞其樂而知其德，由百世之後，等百世之王，莫之能違也。自生民以來，未有夫子也。注：見其制作之禮，知其政之可以致太平也。聽聞其《雅》《頌》之樂，而知其德之可與文武同也。從孔子後百世，上推等其德於前百世之聖王，無能違離孔子道者。自從生民以來，未有能備若孔子也。疏：子貢至子也。正義曰：趙氏佑《温故録》云：李文貞《讀孟子劄記》云：夫子所以超於羣聖者，以其祖述堯舜，憲章文武，使先王之道傳之無窮也。宰我、子貢、有若推尊之意，蓋皆以此，而子貢獨顯言之。如能言夏殷之禮，知《韶》《武》之美善，告顔子爲邦之類，皆所謂見禮知政，聞樂知德，等百王而莫違者也。孟子引之，以是爲孔子所以異者，蓋聖則同德，孔子則神明天縱，有以考前王而不謬，俟後聖而不惑，非列聖所可同也。注春秋至德也。正義曰：引見《國語・周語・隨會聘周篇》。韋昭《國語解敘》云：昔孔子發憤於舊史，垂法於素王；左丘明因聖言以攄意，託王義以流藻，以爲《國語》，其文不主於經，故號曰《外傳》。宋庠《國語補音敘》云：魏晉以後，書録所題，皆曰《春秋外傳國語》，是則《左傳》爲内，《國語》爲外。按趙氏生後漢，已稱外傳，則外傳之題，不始魏晉矣。韋昭注云：昭德，謂政平者其樂和也。亦謂見其樂知其德。注從孔至道者。正義曰：《呂氏春秋・貴公篇》云而莫知其所由始，注云：由，從也。《毛詩・谷風》傳及《説文》辵部皆云：違，離也。故以從釋由，以離釋違。孔子無可無不可，其道大備，故從孔子百世後，上推孔子，又比孔子之德於百世前之聖王，皆莫能越孔子之範圍。上推，卽推而放諸東海而準之推。有若曰：豈惟民哉！麒麟之於走獸，鳳凰之於飛鳥，泰山之於丘垤，河海之於行潦，類也。聖人之於民，亦類也。出於其類，拔乎其萃，自生民以來，未有盛於孔子也。注：垤，蟻封也。行潦，道傍流潦也。萃，聚也。有若以爲萬類之中，各有殊異，至於人類卓絶，未有盛美過於孔子者也。若三子之言孔子，則所以異於伯夷伊尹也。夫聖人之道，同符合契，前聖後聖，其揆一也，不得相踰。云生民以來無有者，此三子皆孔子弟子，緣孔子聖德高美而盛稱之也。孟子知其言太過，故貶謂之汙下，但不以無爲有耳。因事則褒，辭在其中矣。亦以明師徒之義，得相褒揚也。疏：注垤蟻至聚也。正義曰：《詩・豳風》鸛鳴于垤，毛傳云：垤，螘冢也。《方言》云：垤，封場也。楚郢以南蟻土謂之封。垤，中齊語也。螘同蟻。《禮記・樂記》云封比干之冢，注云：積土爲封。《廣雅・釋丘》云：封，冢也。是蟻封卽螘冢也。《法言・問神篇》云：太山之於螘垤。《詩・召南》于彼行潦，《大雅》洞酌彼行潦，毛傳皆云：行潦，流潦也。

孔氏正義云：行者，道也。《説文》水部云：潦，雨水也。然則行潦，道路之上流行之水。《漢書・司馬相如傳》注引應劭云：潦，流也。此云道旁流潦，以道釋行，以流釋潦也。萃聚也，《周易・彖傳》文。阮氏元《校勘記》云：泰山之於丘垤，戚淳衢州本泰作太。注有若至尹也。正義曰：《吕氏春秋・論人篇》云人同類而智殊，高誘注云：殊，異也。《文選・薦禰衡表》云英才卓躒，注云：卓躒，絶異也。萬類，統人物而言。麒麟與衆獸異，鳳凰與衆鳥異，泰山河海與丘垤行潦異，聖人與凡民異，是萬類各有殊異也。聖人在人類之中，本是卓然絶異於凡俗，是出於其類，拔乎其萃也。而孔子在卓絶之中，尤爲盛美，此所以異于伯夷伊尹也。蓋以黝、舍、告子之不知求心，不知集義，必要之於曾子之自反。自反而縮，則得百里之地而君，皆能朝諸侯，有天下；自反不縮，則行一不義，殺一不辜，得天下，皆不爲。是伯夷伊尹與孔子，皆自反而配道義矣。乃伯夷之非其君不仕，非其民不使，尚專於清；伊尹之何仕非君，何使非民，尚專於任。任之不已，則流於黝、舍；清之不已，則流於告子。故雖能集義，又必量時合宜，而要之於孔子之可仕可止，可久可速。《易》之道，大中而上下應之，此志帥氣之學也。分陰分陽，迭用柔剛，通其變使民不倦，神而化之使民宜之，此可仕可止，可久可速之學也。至於通變神化，而集義之功，極於精義，求心之要，妙於先心，此伏義、神農、黄帝、堯、舜、文王、周公相傳之教，孔子備之，而孟子傳之。惟得乎此，而詖、淫、邪、遁之言，乃不致以似是而非者，惑亂而昧所從也。注夫聖至揚也。正義曰：趙氏佑《温故録》云：此章舊注特多違失，如以子夏不如曾子孝之大，以告子之言心氣，皆屬人言；宰我、子貢善爲説辭一節，昔者竊聞之一節，皆爲孟子自言。莫不善於有若曰節注此三人皆孔子弟子云云，直説成阿其所好，全相觸背，此漢注之所以不可廢而有可廢也。

《孟子・滕文公下》 聖王不作，諸侯放恣，處士横議，楊朱、墨翟之言盈天下。天下之言不歸楊，則歸墨。楊氏爲我，是無君也；墨氏兼愛，是無父也。無父無君，是禽獸也。公明儀曰：庖有肥肉，廄有肥馬；民有飢色，野有餓莩，此率獸而食人也。楊墨之道不息，孔子之道不著，是邪説誣民，充塞仁義也。仁義充塞，則率獸食人，人將相食。吾爲此懼，閑先聖之道，距楊墨，放淫辭，邪説者不得作。作於其心，害於其事；作於其事，害於其政。聖人復起，不易吾言矣。

《史記》卷七四《孟子荀卿列傳》 孟軻，騶人也。受業子思之門人。道既通，游事齊宣王，宣王不能用。適梁，梁惠王不果所言，則見以爲迂遠而闊於事情。當是之時，秦用商君，富國彊兵；楚、魏用吴起，戰勝弱敵；齊威王、宣王用孫子、田忌之徒，而諸侯東面朝齊。天下方務於合從連衡，以攻伐爲賢，而孟軻乃述唐、虞、三代之德，是以所如者不合。退而與萬章之徒序《詩》《書》，述仲尼之意，作《孟子》七篇。其後有騶子之屬。

《子思子全書・過齊》 孟軻尚幼，請見子思。子思見之，甚説其志。命白侍坐焉，禮甚敬崇。子上不願也。客退，子上請曰：白聞士無介不見，女無媒不嫁，孟孺子無介而見，大人説而敬之，白也未喻，敢問？子思曰：然。吾昔從夫子於郯，遇程子於途，傾蓋而語，終日而別，命子路將束帛贈焉，以其道同於君子也。今孟子車孺子也，言稱堯、舜，性樂仁義，世所希有也。事之猶可，况加敬乎？非爾所及也。

(宋) 王安石《臨川先生文集》卷三二《律詩・孟子》 沉魄浮魂不可招，遺編一讀想風標。何妨舉世嫌迂闊，故有斯人慰寂寥。

荀　况

《史記》卷七四《孟子荀卿列傳》 荀卿，趙人。年五十始來游學於齊。騶衍之術迂大而閎辯；奭也文具難施；淳于髡久與處，時有得善言。故齊人頌曰：談天衍，雕龍奭，炙轂過髡。田駢之屬皆已死齊襄王時，而荀卿最爲老師。齊尚脩列大夫之缺，而荀卿三爲祭酒焉。齊人或讒荀卿，荀卿乃適楚，而春申君以爲蘭陵令。春申君死而荀卿廢，因家蘭陵。李斯嘗爲弟子，已而相秦。荀卿嫉濁世之政，亡國亂君相屬，不遂大道而營於巫祝，信機祥，鄙儒小拘，如莊周等又猾稽亂俗，於是推儒、墨、道德之行事興壞，序列著數萬言而卒。因葬蘭陵。

(清) 王先謙《荀子集解・序》 荀子論學論治，皆以禮為宗，反復推詳，務明其指趣，為千古脩道立教所莫能外。其曰倫類不通，不足謂善學。又曰一物失稱，亂之端也。探聖門一貫之精，洞古今成敗之故。論議不越几席，而思慮浹於無垠。身未嘗一日加民，而行事可信其放推而皆準。而刻覈之徒，詆諆横生，擯之不得與於斯道。余又以悲荀子術不用於當時，而名滅裂於後世流俗人之口為重屈也。

(清) 王先謙《荀子集解・考證上》 〔唐仲友序〕卿名况，趙人，以齊襄王時游稷下，距孟子至齊五十年矣。於列大夫，三為祭酒。去之楚，春申君以為蘭陵令，以讒去。之趙，與臨武君議兵。入秦，見應侯、昭王。以聘反乎楚，復為蘭陵令；既廢，家蘭陵以終。自戰國争富彊，儒道絀，孟子學孔子，言王可反掌致，卒不見用。卿後孟子，亦尊孔氏。子思作《中庸》，孟子述之，道性善。至卿，以為人性惡，故非子思、孟軻。揚雄以為同門異戶。孟子與告子言性，卒絀告子。惜卿不見孟子，不免異説。方説士徼時好，卿獨守儒議，兵以仁義，富以儒術，彊以道德之威，旨意與孟子同。見應侯，病秦無儒。昭王謂儒無益人之國，極明儒效。秦并天下以力，意儒果無用，至於坑焚，滅不旋踵；漢奮布衣，終假儒以定，卿言不用而後驗。自董仲舒、韓愈皆美卿書，言王道雖不及孟子，抑其流亞，廢於衰世，亦命矣夫！學者病卿，以李斯、韓非。卿老師，學者已衆，二子適見世，晝寢餔啜，非師之過。使卿登孔門，去異意，書當與七篇比，此君子所為太息！【略】

又《困學紀聞》十：荀卿非十二子，《韓詩外傳》四引之止云十子，而無子思、孟子。愚謂荀卿非子思、孟子，蓋其門人如韓非、李斯之流，託其師説以毁聖賢，當以韓詩爲正。【略】

謝墉《荀子箋釋序》：荀子生孟子之後，最為戰國老師。太史公作傳，論次諸子，獨以孟子、荀卿，相提竝論，餘若談天、雕龍、炙轂及慎子、公孫子、尸子、墨子之屬，僅附見於孟、荀之下。蓋自周末歷秦、漢以來，孟、荀竝稱久矣。《小戴》所傳《三年問》全出《禮論篇》，《樂記》《鄉飲酒義》所引俱出《樂論篇》。《聘義》子貢問貴玉賤珉，亦與《德行篇》大同。《大戴》所傳《禮三本篇》亦出《禮論篇》。《勸學篇》即荀子首篇，而以《宥坐篇》末見大水一則附之，《哀公問五義》出《哀公篇》之首，則知荀子所著，載在二《戴記》者尚多，而本書或反缺佚。愚竊嘗讀其全書，而知荀子之學之醇正，文之博達，自四子而下，洵足冠冕羣儒，非一切名、法諸家所可同類共觀也。觀於《議兵篇》對李斯之問，其言仁義與孔、孟同符，而責李斯以不探其本而索其末，切中暴秦之弊。乃蘇氏譏之，至以爲其父殺人，其子必且行劫。然則陳相之從許行，亦陳良之咎歟？此所謂欲加之罪也。荀子在戰國時，不為游説之習，鄙蘇、張之縱横，故《國策》僅載諫春申事，大旨勸其擇賢而立長，若早見及於李園棘門之禍，而為厲人憐王之詞，則先幾之哲固異於朱英策士之所為。故不見用於春申，而以蘭陵令終，則其人品之高，豈在孟子下？顧以嫉濁世之政，而有《性惡》一篇，且詰孟子性善之説而反之，於是宋儒乃交口攻之矣。嘗即言性者論之：孟子言性善，蓋勉人以為善而為此言；荀子言性惡，蓋疾人之為惡而為此言。要之，繩以孔子相近之説，則皆為偏至之論：謂性惡，則無上智也；謂性善，則無下愚也。韓子亦疑於其義，而為三品之説，上品、下品，蓋即不移之旨，而中品則視習為轉移，固勝於二子之言性者矣。然孟子偏於善，則據其上游；荀子偏於惡，則趨乎下風，由憤時疾俗之過甚，不覺其言之也偏。然尚論古人，當以孔子為權衡，過與不及，師、商均不失為大賢也。【略】

荀卿又稱孫卿，自司馬貞、顏師古以來，相承以為避漢宣帝諱，故改荀為孫。考漢宣名詢，漢時尚不諱嫌名，且如後漢李恂與荀淑、荀爽、荀悦、荀彧俱書本字。詎反於周時人名見諸載籍者而改稱之？若然，則《左傳》自荀息至荀瑤多矣，何不改耶？且即《前漢書》任敖、公孫敖俱不避元帝之名驁也。蓋荀音同孫，語遂移易，如荆軻在衛，衛人謂之慶卿，而之燕，燕人謂之荆卿。又如張良為韓信都，《潛夫論》云：信都者，司徒也。俗音不正，曰信都，或曰申徒，或勝屠，然其本一司徒耳。然則荀之為孫，正如此比，以為避宣帝諱，當不其然。【略】

〔又錢大昕跋〕蓋自仲尼既殁，儒家以孟荀為最醇，太史公敍列諸子，獨以孟、荀標目，韓退之於荀氏，雖有大醇小疵之譏，然其云吐辭為經，優入聖域，則與孟氏竝稱，無異詞也。宋儒所訾議者，惟《性惡》一篇。愚謂孟言性善，欲人之盡性而樂於善；荀言性惡，欲人之化性而勉於善。立言雖殊，其教人以善則一也。宋儒言性，雖主孟氏，然必分義理與氣質而二之，則已兼取孟、荀二義，至其教人，以變化氣質為先，實暗用荀子化性之説，然則《荀子書》詎可以小疵訾之哉？古書僞與為通，荀子所云人之性惡，其善者僞也，此僞字即作為之為，非詐僞之僞。故又申其義云：不可學、不可事而在人者謂之性；可學而能、可事而成之在人者謂之僞。《堯典》平秩南訛，《史記》作南為，《漢書·王莽傳》作南僞，此僞即為之證也。【略】

郝懿行《荀子補注》：與王引之伯申侍郎論孫卿書：近讀《孫卿書》

而樂之，其學醇乎醇，其文如《孟子》，明白宣暢，微為毓富，益令人入而不能出。頗怪韓退之謂為大醇小疵，蒙意未喻，願示其詳。推尋韓意，豈以孟道性善，荀道性惡，孟子尊王賤霸，荀每王霸竝衡，以是為疵，非知言也。何以明之？孟遵孔氏之訓，不道桓、文之事，荀矯孟氏之論，欲救時世之急。《王霸》一篇，剴切錞于，沁人肌骨，假使六國能用其言，可無暴秦幷吞之禍。因時無王，降而思霸。孟、荀之意，其歸一耳。至於性惡、性善，非有異趣。性雖善，不能廢教；性卽惡，必假人為。為與僞古字通，其云人之性惡，其善者僞也，僞卽為耳。孟、荀之恉，本無不合，惟其持論，各執一偏。準以聖言，性相近卽兼善惡而言，習相遠乃從學染而分。後儒不知此義，妄相毀詆。閣下深於理解，必早見及，願得一言以袪所蔽。孫卿與孟時勢不同，而願得所籍手，救弊扶衰，其道一也。本圖依託春申，行其所學。迨春申亡而蘭陵歸，知道不行，發憤著書，其恉歸意趣，盡在《成相》一篇，而託之瞽矇之詞以避患也。

（清）王先謙《荀子集解・考證下》 汪中《荀卿子通論》：荀卿之學，出於孔氏，而尤有功於諸經。《經典・敍録・毛詩》：徐整云：子夏授高行子，高行子授薛倉子，薛倉子授帛妙子，帛妙子授河間人大毛公，毛公為《詩故訓》傳于家，以授趙人小毛公。一云：子夏傳曾申，申傳魏人李克，克傳魯人孟仲子，孟仲子傳根牟子，根牟子傳趙人孫卿子，孫卿子傳魯人大毛公。由是言之，《毛詩》，荀卿子之傳也。《漢書・楚元王交傳》：少時嘗與魯穆生、白生、申公同受《詩》於浮邱伯。伯者，孫卿門人也。《鹽鐵論》云：包邱子與李斯俱事荀卿。包邱子卽浮邱伯。劉向敍云：浮邱伯受業為名儒。《漢書・儒林傳》：申公，魯人也，少與楚元王交俱事齊人浮邱伯，受《詩》。又云：申公卒以《詩》《春秋》授，而瑕邱江公盡能傳之。由是言之，《魯詩》荀卿子之傳也。《韓詩》之存者，《外傳》而已，其引《荀卿子》以説《詩》者四十有四。由是言之，《韓詩》，荀卿子之别子也。《經典・敍録》云：左邱明作《傳》以授曾申，申傳衛人吴起，起傳其子期，期傳楚人鐸椒，椒傳趙人虞卿，卿傳同郡荀卿名况，况傳武威武威，據《史記・張丞相傳》當作陽武。張蒼，蒼傳洛陽賈誼。由是言之，《左氏春秋》，荀卿之傳也。《儒林傳》云：瑕邱江公受《穀梁春秋》及《詩》于魯申公，傳子，至孫為博士。由是言之，《穀梁春秋》，荀卿子之傳也。荀卿所學，本長于《禮》。《儒林傳》云：東海蘭陵孟卿，善為《禮》《春秋》，授后蒼、疏廣。劉向敍云：蘭陵多善為學，蓋以荀卿也。長老至今稱之曰：蘭陵人喜字為卿，蓋以法荀卿。又二戴《禮》並傳自孟卿，《大戴禮・曾子立事篇》載《修身》《大略》二篇文，《小戴・樂記》、《三年問》、《鄉飲酒義篇》載《禮論》、《樂論》篇文。由是言之，曲臺之《禮》，荀卿之支與餘裔也。蓋自七十子之徒既歿，漢諸儒未興，中更戰國、暴秦之亂，《六藝》之傳賴以不絶者，荀卿也。周公作之，孔子述之，荀卿子傳之，其揆一也。故其説霜降逆女，與毛同義。《禮論》《大略》二篇，《穀梁》義具在。又《解蔽篇》説《卷耳》，《儒效篇》説《風》、《雅》、《頌》，《大略篇》説《魚麗》《國風》好色，並先師之逸典。又《大略篇》：《春秋》賢穆公，善胥命，則為《公羊春秋》之學。楚元王交本學於浮邱伯，故劉向傳《魯詩》《穀梁春秋》，劉歆治《毛詩》、《左氏春秋》，董仲舒治《公羊春秋》，故作書美荀卿，其学皆有所本。劉向又稱荀卿善為《易》，其義亦見《非相》、《大略》二篇。蓋荀卿於諸經無不通，而古籍闕亡，其授受不可盡知矣。《史記》載孟子受業於子思之門人，於荀卿則未詳焉。今考其書，始於《勸學》，終於《堯問》，劉向所編《堯問》第三十，其下仍有《君子》、《賦》二篇。然《堯問》末附荀卿弟子之詞，則爲末篇無疑。當以楊倞改訂爲是。篇次實仿《論語》。《六藝論》云：《論語》，子夏、仲弓合撰。《風俗通》云：穀梁爲子夏門人。而《非相》《非十二子》《儒效》三篇每以仲尼、子弓並稱。子弓之為仲弓，猶子路之為季路，知荀卿之學實出於子夏、仲弓也。《宥坐》《子道》《法行》《哀公》《堯問》五篇，雜記孔子及諸弟子言行，蓋據其平日之聞於師友者，亦由淵源所漸，傳習有素而然也。故曰荀卿之學出於孔氏，而尤有功於諸經。【略】

劉向《敍録》：卿以齊宣王時來游稷下，後仕楚，春申君死而卿廢。《史記・六國年表》載春申君之死，上距宣王之末凡八十七年。《史記》稱卿年五十始游齊，則春申君死之年，卿年當一百三十七矣。晁公武《郡齋讀書志》謂《史記》所云年五十為年十五之譌，然顔之推《家訓・勉學篇》荀卿五十始來游學，之推所見《史記》古本已如此，未可遽以為譌字也。且漢之張蒼，唐之曹憲，皆百有餘歲，何獨於卿而疑之？【略】

胡元儀《郇卿別傳》：郇卿，名況，趙人也，蓋周郇伯之遺苗。郇伯，公孫之後，或以孫為氏，故又稱孫卿焉。昔孟子為卿于齊，郇卿亦為卿于齊。虞卿為趙上卿，時人尊之，號曰虞卿，郇卿亦為趙上卿，故人亦卿之而不名也。卿年十五，有秀才，當齊湣王之末年，游學于齊。【略】

孟子言人之性善，郇卿後孟子百餘年，以為人之性惡，作《性惡》一篇。疾濁世之政，亡國亂君相屬，不遂大道而營乎巫祝，信禨祥，鄙儒小拘莊周等又滑稽亂俗，于是推本儒術，闡道德，崇禮勸學，著數萬言，凡三十二篇。又作《春秋公子血脈譜》。郇卿善為《詩》《禮》《易》《春秋》。從根牟子受《詩》，以傳毛亨，號《毛詩》；又傳浮丘伯，伯傳申公，號《魯詩》。從馯臂子弓受《易》，並傳其學。稱子弓比于孔子。從虞卿受《左氏春秋》，以傳張蒼，蒼傳賈誼。穀梁俶亦為《經》作《傳》，傳郇卿，卿傳浮丘伯，伯傳申公，申公傳瑕丘江公，世為博士。郇卿尤精于《禮》，書闕有閒，受授莫詳。由是漢之治《易》《詩》《春秋》者皆源出于郇卿。郇卿弟子今知名者，韓非、李斯、陳囂、毛亨、浮丘伯、張蒼而已，當時甚盛也。至漢時，蘭陵人多善為學，皆卿之門人也。漢人稱之曰：蘭陵人喜字為卿，法郇卿也。教澤所及，蓋亦遠矣。後十一世孫遂，遂生淑，淑生子八人，時號八龍。卿之後甚著于東漢，迄魏、晉、六朝，知名之士不絶云。【略】

《史記》稱荀卿，《國策》、劉向《漢書・藝文志》、應劭《風俗通》皆稱孫卿，司馬貞、顔師古皆以為避宣帝諱詢，故改稱孫。謝東墅云：漢不避嫌名，時人荀淑、荀爽俱用本字，《左傳》荀息至荀瑶亦不改字，何獨于荀卿反改之邪？蓋荀、孫二字同音，語遂移易，如荆軻謂之荆卿，又謂之慶卿。又如張良為韓信都。信都，司徒也，俗音不正，曰信都。案謝東墅駁郇卿之稱孫卿，不因避諱，足破千古之惑；以為俗音不正，若司徒、信都，則仍非也。郇卿之為郇伯之後，以國為氏，無可疑矣。且郇卿趙人，古郇國在今山西猗氏縣境，其地于戰國正屬趙，故為趙人。又稱孫者，蓋郇伯，公孫之後，以孫為氏也。王符《潛夫論・志姓氏篇》云：王孫氏、公孫氏，國自有之，孫氏者，或王孫之班，或公孫之班也。是各國公孫之後皆有孫氏矣。由是言之，郇也、孫也，皆氏也。【略】

《史記》荀卿年五十始來遊學于齊。劉向云：孫卿有秀才，年五十始來遊學。應劭《風俗通・窮通篇》云：孫卿有秀才，年十五始來遊學。作年十五者是也，《史記》與劉向序皆傳寫誤倒耳。【略】

桓寬《鹽鐵論・毀學篇》云：李斯之相秦也，始皇任之，人臣無二，然而郇卿為之不食，覩其罹不測之禍也。李斯相秦，據《始皇本紀》在三十四年，是年郇卿尚存，猶及見之，其卒也必在是年之後矣。郇卿以湣王末年年十五來齊。據《田完世家》：湣王三十八年伐宋，滅之。而郇卿説齊相之辭，但曰巨楚縣吾前，大燕鰌吾後，勁魏鉤吾右，不及宋國，時宋已滅明矣。説齊相不從，郇卿乃適楚，必湣王三十九年之事，蓋郇卿之來齊，亦即在是年歟。雖無明證，試以是年郇卿年十五推之，當生于周赧王十六年。計至始皇三十四年，得八十七年，故別傳云卒年蓋八十餘矣。【略】

陸德明《經典釋文・敍録》：《毛詩》，子夏授高行子，高行子授薛倉子，薛倉子授帛妙子，帛妙子授河間大毛公，毛公爲《詩詁訓》，傳于家，以授趙人小毛公。一云：子夏授曾申，申傳魏人李克，克傳魯人孟仲子，孟仲子授根牟子，根牟子授趙人孫卿子，孫卿子傳魯人大毛公。陸璣《毛詩草木蟲魚疏》云：孔子刪《詩》，授卜商，商為之序，以授魯人曾申，申授魏人李克，克授魯人孟仲子，孟仲子授根牟子，根牟子授趙人孫卿，卿授魯國毛亨，亨作《詁訓傳》以授趙國毛萇。時人謂亨爲大毛公，萇爲小毛公。此《毛詩》得郇卿之傳也。《漢書・楚元王傳》：楚元王交嘗與魯穆生、白公、申公俱受《詩》于浮丘伯。浮丘一作包丘，見《鹽鐵論・毀學篇》浮丘蓋齊地名，因以爲氏。浮包同聲字，如《春秋》浮來之地，《左傳》浮來，《公》《穀》皆作包來，是其例也。伯，孫卿之門人也。浮丘伯在長安，元王遣子郢客與申公卒業。文帝時，申公爲《詩》最精，以爲博士。申公始為《詩》，號《魯詩》。此《魯詩》得郇卿之傳也。劉向《別録》：《左傳正義》引。左丘明授曾申，申授吳起，起授其子期，期授楚鐸椒，椒作《鈔撮》八卷授虞卿，卿作《鈔撮》九卷授孫卿，卿授張蒼。《經典釋文》云：左丘明作《傳》，以授曾申，申傳衛人吳起，起傳其子期，期傳楚人鐸椒，椒傳趙人虞卿，虞卿傳同郡郇卿名況，況傳武威張蒼，陽武人，此云武威，傳寫之誤。張蒼，蒼傳洛陽賈誼。此《左氏春秋》郇卿之傳也。楊士勛《穀梁疏》：穀梁子名俶，字元始，一名赤，魯人，受《經》于子夏，為

《經》作《傳》，授孫卿，卿傳魯人申公，申公傳瑕丘江翁。此疏有脱文，當云卿傳浮丘伯，伯傳申公，申公傳瑕丘江翁。《漢書·儒林傳》：申公少與楚元王交，俱事齊人浮丘伯，卒以《詩》、《春秋》授，而瑕丘江公盡能傳之。是其證也。顔師古亦云：穀梁授《經》于子夏，傳郇卿。此《穀梁春秋》郇卿之傳也。《史記·仲尼弟子列傳》：商瞿字子木。孔子傳《易》于瞿，瞿傳楚人馯臂子弓，今本《史記》作子弘，張守節正義已正其誤。然韓昌黎云太史公書《弟子傳》有姓名馯臂子弓，則昌黎所見之《史記》未誤也，張守節所據本誤，致令今本皆誤。子弓傳江東矯子庸庇。《漢書·儒林傳》商瞿受《易》仲尼，傳魯橋庇子庸，子庸傳江東馯臂子弓，亦誤，當以《史記》爲正。今《漢書》子庸、子弓二名互易，幸留江東二字在中間，不誤。然子弓，《史記》云楚人，《漢書》云魯人，未詳孰是也。郇卿善為《易》，得子弓之傳也。郇卿傳《易》于何人，不可考。郇卿尤善于《禮》，今授受源流不可考。然《漢書·儒林傳》東海蘭陵孟卿事蕭奮，以《禮》授后蒼，蒼説《禮》數萬言，號曰《曲臺記》，授戴德延君、戴聖次君。德號大戴，聖號小戴。據劉向云：蘭陵人善為學，蓋以孫卿也。長老至今稱之，曰蘭陵人喜字為卿，蓋以法孫卿也。孟卿，蘭陵人，善為《禮》，又字卿，必得郇卿之傳也，惜今未能知其詳耳。孟卿傳《士禮》十七篇于后蒼，蒼傳二戴，今大、小戴所傳《儀禮》，篇次各殊。見賈公彥《儀禮》疏。由是言之，《儀禮》蓋亦郇卿之傳也。

郇卿之師子弓，韓昌黎以為馯臂子弓。此説不起自昌黎。張守節作《史記正義》，所據本作子弘，辯之曰：《荀子》作子弓。楊倞注《非相篇》云：馯臂子弓，受《易》者也，傳《易》之外別無聞，非馯臂也。楊注力辯非馯臂子弓，則唐以前之説皆以《郇子》之子弓卽馯臂矣，古説相傳，信而有徵者也。應劭云：子弓，子夏之門人。蓋子弓學無常師，學業必有異人者，故郇卿比之孔子，不得以典籍無傳而疑之也。楊倞以子弓為仲弓，云子者，著其爲師。元人吴萊以為子弓之爲仲弓，猶季路之為子路。考其時世，郇卿不得受業于仲弓，不過因孔子稱仲弓可使南面，以為必仲弓方可比孔子耳，殊乖事之實也。王弼注《論語》云：見《經典釋文》。朱張字子弓，郇卿以比孔子者。朱張字子弓，或有所據，以為卽郇卿所稱子弓，誣亦甚矣。朱張在孔子之前，郇卿不能受業，卽以為郇所受業，亦孔子前之聖人，何以郇卿動曰孔子、子弓，先孔子而後子弓邪？

（清）王先謙《荀子集解·堯問》

爲説者曰：孫卿不如孔子，是不然。孫卿迫於亂世，鰌於嚴刑，上無賢主，下遇暴秦，禮義不行，教化不成，仁者絀約，天下冥冥，行全刺之，諸侯大傾。當是時也，知者不得慮，能者不得治，賢者不得使，故君上蔽而無覩，賢人距而不受。然則孫卿懷將聖之心，盧文弨曰：懷將聖，宋本作將懷聖，誤。今訂正。蒙佯狂之色，視天下以愚。《詩》曰：既明且哲，以保其身，此之謂也。是其所以名聲不白，徒與不衆，光輝不博也。今之學者，得孫卿之遺言餘教，足以爲天下法式表儀。所存者神，所過者化。盧文弨曰：所過，宋本作所遇，誤。古音存神一韻，過化一韻，此句中之韻也。觀其善行，孔子弗過，世不詳察，云非聖人，奈何？天下不治，孫卿不遇時也。德若堯禹，世少知之，方術不用，爲人所疑，其知至明，循道正行，足以爲紀綱，盧文弨曰：紀綱，舊本誤倒，與上下韻不協。嗚呼賢哉！宜爲帝王，天地不知。善桀紂，殺賢良，比干剖心，孔子拘匡，接輿避世，箕子佯狂。田常爲亂，闔閭擅強，爲惡得福，善者有殃。今爲説者，又不察其實，乃信其名，時世不同，譽何由生？不得爲政，功安能成？志修德厚，孰謂不賢乎？

（清）王先謙《荀子集解·荀卿新書三十二篇劉向叙録》

孫卿，趙人，名況。方齊宣王威王之時，盧文弨曰：案《史記》，威王在宣王之前，《風俗通·窮通篇》作齊威宣王之時是也。聚天下賢士於稷下，尊寵之，若鄒衍、田駢、湻于髡之屬甚衆，號曰列大夫，皆世所稱，咸作書刺世。是時孫卿有秀才，年五十始來游學。盧文弨曰：案《史記》亦作年五十，誤，當從《風俗通》，作年十五。鼂公武《讀書志》所引亦同。諸子之事，皆以爲非先王之法也。孫卿善爲《詩》《禮》《易》《春秋》，至齊襄王時，孫卿最爲老師。齊尚脩列大夫之缺，而孫卿三爲祭酒焉。齊人或讒孫卿，孫卿盧文弨曰宋本不重，今據《史記》補。乃適楚，楚相春申君以爲蘭陵令。人或謂春申君曰：湯以七十里，文王以百里，孫卿賢者也，今與之百里地，楚其危乎？春申君謝之，孫卿去之趙。後客或謂春申君曰：伊尹去夏入殷，殷王而夏亡；管仲去魯入齊，魯弱而齊強，故賢者所在，君尊國安。今孫卿，天下賢人，所去之國，其不安乎？春申君使人聘孫卿，盧文弨曰：案《楚策》四、《韓詩外傳》四聘俱作請。孫卿遺春申君書，刺楚國，因爲歌賦以遺春申君。春申君恨，復固謝孫卿，孫卿乃行，復爲蘭陵令。春申君死而孫卿廢，因家蘭陵。李斯嘗爲弟子，已而相秦。盧文弨曰：宋本脱已字，今據《史記》補。及韓非，號韓子，又浮丘伯，皆受業爲名儒。孫卿之應聘於諸侯，見秦昭王，昭王方喜戰伐，而孫卿以三王之法説之。及秦相應侯，皆不能用也。至趙，與孫臏議兵趙孝成王前，孫臏爲變詐之兵，孫卿以王兵難之，不能對也，卒不能用。孫卿道守禮義，行應繩墨，安貧賤。孟子者，亦大儒，以人之性善，孫卿後孟子百餘年，孫卿以爲人性惡，故作《性惡》一篇，以非孟子。蘇秦、張儀以邪道説諸侯以大貴顯，孫卿退而笑之曰：夫不以其道進者，必不以其道亡。至漢興，江都相董仲舒亦大儒，作書美孫卿。盧文弨曰：至漢興以下十七字，似不當在此，應在下文。蓋以法孫卿也句下。孫卿卒不用於世，老於蘭陵。疾濁世之政，亡國亂君相屬，不遂大道而營乎巫祝，信機祥，鄙儒小拘如莊周等，又滑稽亂俗，盧文弨曰：宋本無亂俗二字，從《史記》增。於是推儒墨道德之行事，興壞序列，著數萬言而卒，葬蘭陵。而趙亦有公孫龍爲堅白同異之辭，處子之言，盧文弨曰：案《史記》作劇子之言。徐廣曰：應劭《氏姓注》直云處子。魏有李悝，盡地力之教；楚有尸子、長盧子、芋子皆著書。盧文弨曰：案宋本，盧作廬，古可通用。今從《史記》取易曉耳。《史記》芋子作吁子。索隱曰：吁音芋，《別録》作芋子，今吁亦如字也。又案《漢書·藝文志》有《芋子》十八篇，云名嬰，齊人。師古云芋音弭，與此又不同。然非先王之法也，皆不循孔氏之術，惟孟軻、孫卿爲能尊仲尼。蘭陵多善爲學，蓋以孫卿也。長老至今稱之曰：蘭陵人喜字爲卿，蓋以法孫卿也。孟子、孫卿、董先生，皆小五伯，以爲仲尼之門，五尺童子皆羞稱五伯。如人君能用孫卿，庶幾於王，然世終莫能用。而六國之君殘滅，秦國大亂，卒以亡。觀孫卿之書，其陳王道甚易行，疾世莫能用，其言悽愴，甚可痛也。嗚呼！使斯人卒終於閭巷，而功業不得見於世。哀哉！可爲霣涕，其書比於記傳，可以爲法。謹第録，臣向昧死上言。

（明）唐順之《稗編》卷四三《諸家一·荀子》　余讀荀卿書，然後知昌黎公之不可及。雖歐陽子最尊昌黎公，其議論亦有時而異者，大抵誦述正論於義理開明之日易，辨明正理於是非迷謬之世難。自戰國縱橫之説興，而處士橫議之風熾，極而至於莊周并收一世之怪，大肆滑稽之口，以戲薄堯、舜、禹、湯、文武、周公、孔子之道，而天下之正理世無復知。于斯時也，知尊王而賤霸，知尊孔氏而黜異端，孟子之後，僅有荀子一人。而世不稱荀子何哉？盖嘗考其故，由漢及唐，皆尊老莊，其間溢出而為禪學者，亦莊老之餘漲。而荀子嘗斥老聃為知詘而不知伸，斥莊周為蔽於天而不知人，其説正由與漢及唐之學者相背偽，宜其不之稱也。獨一昌黎公奮自千載無傳之後，破除千載謬迷之説，尊孟子以續孔氏，而表荀子以次孟子。卓哉正大之見！孔孟以來，一人而已。其關繫正邪之辨為何如哉？迨至我朝，理學大明，三尺孺子亦知嚮方矣。老蘇以傑然不世出之才，反獨遠追戰國縱橫之學，此與荀子正相南北，識者已疑之。歐陽子一見，乃驚嘆以為荀子。夫荀子明儒術於戰國縱橫之時，而老蘇祖縱橫於本朝崇儒之日，同耶？異耶？而謂蘇為荀耶？或者特於其文而言之耶？又曰昌黎謂荀子大醇小疵，世之因而指實其小疵者，曰非子思、孟子也，曰謂性為惡，而謂為善者偽也。若然，則豈止小疵而已哉？余觀其非子思、孟子，蓋其妄以知道自任，故欲排二子而去之，以自繼孔子之傳，其意盡於篇末可見矣，正坐不自量耳。至其以為善為偽，則其説雖可驚，其意猶可録。盖彼所謂偽者，人為之名，非詐偽之偽。若曰人性本惡，脩為斯善，其意專主習而不主性，其説遂墮一偏。而又古今字義漸變不同，如古以媚為深愛，而後世以為邪；古以佞為能言，而後世以為諂。荀子之所謂偽，殆類《中庸》之所謂矯，而擇言不精遂犯衆罵。不然，何至以為善為詐偽之偽也哉？惟其本意之所指，初不其然，此昌黎姑恕其説，而指為小疵歟？抑荀子之小疵，雖其議論之近理者，亦或不免，不但非孟言性而已也。大抵荀子之所主者，在禮而曰禮之敬文也，則禮之本於内心者，卿殆未之深考。故其議禮之效惟欲辨分以足用。其於論王伯曰：粹而王，駁而伯，曰義立而王，信立而伯。幾謂王伯無異道，特在醇不醇之間。至於内外義利之分，則略不之及。又謂能治其國，則文繡為當。然而厚葬為無害，其與他日譏齊威滔佚而猶許其有大節者無以異。然則使荀卿而用於世，亦不過富國强兵，善致鄰國成霸功爾。

（宋）蘇軾《蘇軾文集》卷四《論·荀卿論》　昔者常怪李斯事荀卿，既而焚滅其書，大變古先聖王之法，於其師之道，不啻若寇讎。及今觀荀卿之書，然後知李斯之所以事秦者皆出於荀卿，而不足怪也。

荀卿者，喜爲異説而不讓，敢爲高論而不顧者也。其言愚人之所驚，小人之所喜也。子思、孟軻，世之所謂賢人君子也。荀卿獨曰：亂天下者，子思、孟軻也。天下之人，如此其衆也；仁人義士，如此其多也。荀卿獨曰：人性惡。桀、紂，性也。堯、舜，僞也。由是觀之。意其爲人必也剛愎不遜，而自許太過。彼李斯者，又特甚者耳。

今夫小人之爲不善，猶必有所顧忌，是以夏、商之亡，桀、紂之殘暴，而先王之法度、禮樂、刑政，猶未至於絶滅而不可考者，是桀、紂猶有所存而不敢盡廢也。彼李斯者，獨能奮而不顧，焚燒夫子之六經，烹滅三代之諸侯，破壞周公之井田，此亦必有所恃者矣。彼見其師歷詆天下之賢人，以自是其愚，以爲古先聖王皆無足法者。不知荀卿特以快一時之論，而荀卿亦不知其禍之至於此也。

其父殺人報仇，其子必且行劫。荀卿明王道，述禮樂，而李斯以其學亂天下，其高談異論有以激之也。孔、孟之論，未嘗異也，而天下卒無有及者。苟天下果無有及者，則尚安以求異爲哉！

春秋戰國・法家、道家、墨家分部

商鞅

《史記》卷六八《商君列傳》 商君者，衛之諸庶孽公子也，名鞅，姓公孫氏，其祖本姬姓也。鞅少好刑名之學，事魏相公叔座，爲中庶子。公叔座知其賢，未及進。會座病，魏惠王親往問病，曰：公叔病有如不可諱，將柰社稷何？公叔曰：座之中庶子公孫鞅，年雖少，有奇才，願王舉國而聽之。王嘿然。王且去，座屏人言曰：王卽不聽用鞅，必殺之，無令出境。王許諾而去。公叔座召鞅謝曰：今者王問可以爲相者，我言若，王色不許我。我方先君後臣，因謂王卽弗用鞅，當殺之。王許我。汝可疾去矣，且見禽。鞅曰：彼王不能用君之言任臣，又安能用君之言殺臣乎？卒不去。惠王既去，而謂左右曰：公叔病甚，悲乎，欲令寡人以國聽公孫鞅也，豈不悖哉！

公叔既死，公孫鞅聞秦孝公下令國中求賢者，將修繆公之業，東復侵地，迺遂西入秦，因孝公寵臣景監以求見孝公。孝公既見衛鞅，語事良久，孝公時時睡，弗聽。罷而孝公怒景監曰：子之客妄人耳，安足用邪！景監以讓衛鞅。衛鞅曰：吾説公以帝道，其志不開悟矣。後五日，復求見鞅。鞅復見孝公，益愈，然而未中旨。罷而孝公復讓景監，景監亦讓鞅。鞅曰：吾説公以王道而未入也。請復見鞅。鞅復見孝公，孝公善之而未用也。罷而去。孝公謂景監曰：汝客善，可與語矣。鞅曰：吾説公以霸道，其意欲用之矣。誠復見我，我知之矣。衛鞅復見孝公。公與語，不自知厀之前於席也。語數日不厭。景監曰：子何以中吾君？吾君之驩甚也。鞅曰：吾説君以帝王之道比三代，而君曰：久遠，吾不能待。且賢君者，各及其身顯名天下，安能邑邑待數十百年以成帝王乎？故吾以彊國之術説君，君大説之耳。然亦難以比德於殷周矣。

孝公既用衛鞅，鞅欲變法，恐天下議己。衛鞅曰：疑行無名，疑事無功。且夫有高人之行者，固見非於世，有獨知之慮者，必見敖於民。愚者闇於成事，知者見於未萌。民不可與慮始而可與樂成。論至德者不和於俗，成大功者不謀於衆。是以聖人苟可以彊國，不法其故；苟可以利民，不循其禮。孝公曰：善。甘龍曰：不然。聖人不易民而教，知者不變法而治。因民而教，不勞而成功；緣法而治者，吏習而民安之。衛鞅曰：龍之所言，世俗之言也。常人安於故俗，學者溺於所聞。以此兩者居官守法可也，非所與論於法之外也。三代不同禮而王，五伯不同法而霸。智者作法，愚者制焉；賢者更禮，不肖者拘焉。杜摯曰：利不百，不變法；功不十，不易器。法古無過，循禮無邪。衛鞅曰：治世不一道，便國不法古。故湯武不循古而王，夏殷不易禮而亡。反古者不可非，而循禮者不足多。孝公曰：善。以衛鞅爲左庶長，卒定變法之令。

令民爲什伍，而相牧司連坐。不告姦者腰斬，告姦者與斬敵首同賞，匿姦者與降敵同罰。民有二男以上不分異者，倍其賦。有軍功者，各以率受上爵；爲私鬬者，各以輕重被刑大小。僇力本業，耕織致粟帛多者復其身。事末利及怠而貧者，舉以爲收孥。宗室非有軍功論，不得爲屬籍。明尊卑爵秩等級，各以差次名田宅，臣妾衣服以家次。有功者顯榮，無功者雖富無所芬華。

令既具，未布，恐民之不信，已乃立三丈之木於國都市南門，募民有能徙置北門者予十金。民怪之，莫敢徙。復曰：能徙者予五十金。有一人徙之，輒予五十金，以明不欺。卒下令。

令行於民朞年，秦民之國都言初令之不便者以千數。於是太子犯法。衛鞅曰：法之不行，自上犯之。將法太子。太子，君嗣也，不可施刑，刑其傅公子虔，黥其師公孫賈。明日，秦人皆趨令。行之十年，秦民大說，道不拾遺，山無盜賊，家給人足。民勇於公戰，怯於私鬬，鄉邑大治。秦民初言令不便者有來言令便者，衛鞅曰：此皆亂化之民也，盡遷之於邊城。其後民莫敢議令。

於是以鞅爲大良造。將兵圍魏安邑，降之。居三年，作爲築冀闕宮庭於咸陽，秦自雍徙都之。而令民父子兄弟同室內息者爲禁。而集小（都）鄉邑聚爲縣，置令、丞，凡三十一縣。爲田開阡陌封疆，而賦稅平。平斗桶權衡丈尺。行之四年，公子虔復犯約，劓之。居五年，秦人富彊，天子致胙於孝公，諸侯畢賀。【略】

商君相秦十年，宗室貴戚多怨望者。趙良見商君。商君曰：鞅之得見也，從孟蘭皋，今鞅請得交，可乎？趙良曰：僕弗敢願也。孔丘有言曰：推賢而戴者進，聚不肖而王者退。僕不肖，故不敢受命。僕聞之曰：非其位而居之曰貪位，非其名而有之曰貪名。僕聽君之義，則恐僕貪位貪名也。故不敢聞命。商君曰：子不說吾治秦與？趙良曰：反聽之謂聰，內視之謂明，自勝之謂彊。虞舜有言曰：自卑也尚矣。君不若道虞舜之道，無爲問僕矣。商君曰：始秦戎翟之教，父子無別，同室而居。今我更制其教，而爲其男女之別，大築冀闕，營如魯衛矣。子觀我治秦也，孰與五羖大夫賢？趙良曰：千羊之皮，不如一狐之掖；千人之諾諾，不如一士之諤諤。武王諤諤以昌，殷紂墨墨以亡。君若不非武王乎，則僕請終日正言而無誅，可乎？商君曰：語有之矣，貌言華也，至言實也，苦言藥也，甘言疾也。夫子果肯終日正言，鞅之藥也。鞅將事子，子又何辭焉！趙良曰：夫五羖大夫，荊之鄙人也。聞秦繆公之賢而願望見，行而無資，自粥於秦客，被褐食牛。期年，繆公知之，舉之牛口之下，而加之百姓之上，秦國莫敢望焉。相秦六七年，而東伐鄭，三置晉國之君，一救荊國之禍。發教封內，而巴人致貢；施德諸侯，而八戎來服。由余聞之，款關請見。五羖大夫之相秦也，勞不坐乘，暑不張蓋，行於國中，不從車乘，不操干戈，功名藏於府庫，德行施於後世。五羖大夫死，秦國男女流涕，童子不歌謠，舂者不相杵。此五羖大夫之德也。今君之見秦王也，因嬖人景監以爲主，非所以爲名也。相秦不以百姓爲事，而大築冀闕，非所以爲功也。刑黥太子之師傅，殘傷民以駿刑，是積怨畜禍也。教之化民也深於命，民之效上也捷於令。今君又左建外易，非所以爲教也。君又南面而稱寡人，日繩秦之貴公子。《詩》曰：相鼠有體，人而無禮；人而無禮，何不遄死。以詩觀之，非所以爲壽也。公子虔杜門不出已八年矣，君又殺祝懽而黥公孫賈。《詩》曰：得人者興，失人者崩。此數事者，非所以得人也。君之出也，後車十數，從車載甲，多力而駢脅者爲驂乘，持矛而操闟戟者旁車而趨。此一物不具，君固不出。《書》曰：恃德者昌，恃力者亡。君之危若朝露，尚將欲延年益壽乎？則何不歸十五都，灌園於鄙，勸秦王顯巖穴之士，養老存孤，敬父兄，序有功，尊有德，可以少安。君尚將貪商於之富，寵秦國之教，畜百姓之怨，秦王一旦捐賓客而不立朝，秦國之所以收君者，豈其微哉？亡可翹足而待。商君弗從。

後五月而秦孝公卒，太子立。公子虔之徒告商君欲反，發吏捕商君。商君亡至關下，欲舍客舍。客人不知其是商君也，曰：商君之法，舍人無驗者坐之。商君喟然歎曰：嗟乎，爲法之敝一至此哉！去之魏。魏人怨其欺公子卬而破魏師，弗受。商君欲之他國。魏人曰：商君，秦之賊。秦彊而賊入魏，弗歸，不可。遂內秦。商君既復入秦，走商邑，與其徒屬發邑兵北出擊鄭。秦發兵攻商君，殺之於鄭黽池。秦惠王車裂商君以徇，曰：莫如商鞅反者！遂滅商君之家。

（宋）鄭樵《通志》卷四《秦紀》 初，鞅為秦行法。法不行，太子犯禁。鞅曰：法之行，自貴戚始。君欲必行法，莫先於太子，太子不可黥，黥其傅師。於是無敢犯者。秦人以治。及孝公卒，太子立，宗室多怨鞅。鞅亡，因以為反，而卒車裂以徇秦國。

（漢）劉向《戰國策》卷三《秦一》 衛鞅亡魏入秦，孝公以爲相，封之於商，號曰商君。商君治秦，法令至行，公平無私，罰不諱強大，賞不私親近，法及太子，黥劓其傅。期年之後，道不拾遺，民不妄取，兵革大強，諸侯畏懼。然刻深寡恩，特以強服之耳。

孝公行之八年，疾且不起，欲傳商君，辭不受。孝公已死，惠王代後，蒞政有頃，商君告歸。

人說惠王曰：大臣太重者國危，左右太親者身危。今秦婦人嬰兒皆言商君之法，莫言大王之法。是商君反爲主，大王更爲臣也。且夫商君，固大王仇讎也，願大王圖之。商君歸還，惠王車裂之，而秦人不憐。

（元）盛如梓《庶齋老學叢談》卷上 商鞅亡至關下，欲舍客舍。舍人曰：商君之法，舍人無驗者，坐之。歎曰：爲法之弊，一至此哉！劉毅爲王鎮惡所攻，夜投牛牧佛寺，寺僧拒之曰：昔亡師容桓蔚爲劉衛軍所殺，今實不敢容異人。毅歎曰：爲法自弊：一至於此！二人智窮力盡，適相似也，可發千載一笑。

（宋）潘自牧《記纂淵海》卷六四《政事部・酷虐》 衛鞅內刻刀鋸之刑，外深斧鉞之誅，步過六尺者有罰，弃灰於道者被刑。一日臨渭水而論囚七百餘人，渭水盡赤，號哭之聲動於天地。《新序》。

（明）唐順之《稗編》卷四三《諸家一・商子》 晁氏曰：秦公孫鞅撰。鞅，衛之庶孽，好刑名之學。秦孝公委以政，遂致富強，後以反誅。鞅封於商，故以名。其書本二十九篇，今亡者三篇。太史公既論鞅刻薄少恩，又讀鞅《開塞》書，謂與其行事相類，卒受惡名，有以也。《索隐》曰：開，謂刑嚴峻則政化開；塞，謂布恩惠則政化塞。今考其書，司馬氏盖未嘗見之，妄為之説耳。《開塞》乃其第七篇，謂道塞久矣，今欲開之，必刑九而賞一，刑用於將過，則大邪不生；賞施於告姦，則細過不失。大邪不生，細過不失，則國治矣。由此觀之，鞅之術無他，特恃告訐而立耳。故其治不告姦者與降敵同罰，告姦者與殺敵同賞。此秦俗所以日壞，至於父子相夷，而鞅不能自脱也。太史公之言，不誣矣。周氏《涉筆》曰：商鞅書亦多附會後事，擬取他辭，非本所論著也。其精確切要處，《史記・列傳》包括已盡，今所存大抵汎濫淫辭，無足觀者。盖有地不憂貧，有民不憂溺，凡此等語，殆無幾也。此書專以誘耕督戰為本根，令云使商無得糴，農無得糶，農無糶則窳惰之農勉，商無糴則多歲不與樂。夫積而不糶，不耕者誠困矣，力田者何利哉？暴露如丘山，不時焚燒，無所用之。管子謂積多而食寡，則民不力。不知當時何以為餘粟地也。貴酒肉之價，重其租，令十倍其樸，則商估少而農不酣，然則酒肉之用廢矣。凡《史記》所不載，往往為書者所附合，而未嘗通行者也。秦方興時，朝廷官爵豈有以貨財取者？而賣權者以求貨，下官者以冀遷，豈孝公前事耶？

（宋）王安石《臨川先生文集》卷三二《律詩・商鞅》 自古驅民在信誠，一言爲重百金輕。今人未可非商鞅，商鞅能令政必行。

申不害

《史記》卷六三《老子韓非列傳》 申不害者，京人也。故鄭之賤臣，學術以干韓昭侯。昭侯用為相，內修政教，外應諸侯，十五年。終申子之身，國治兵彊，無侵韓者。申子之學本於黄老而主刑名，著書二篇，號曰《申子》。

（漢）孔鮒《孔叢子》卷中《論勢》 申不害，一世之賢相也。【略】申不害慮事而言，忠臣也。

（宋）王欽若《册府元龜》卷八二二《總録部・尚黄老》 申不害，韓人，爲昭侯相十五季。終申子之身，國治兵強，無侵韓者。申子之學本於黄老而主刑名，著書二篇。

慎到

《史記》卷七四《孟子荀卿列傳》 慎到，趙人。田駢、接子，齊人。環淵，楚人。皆學黄老道德之術，因發明序其指意。故慎到著十二論，環淵著上下篇，而田駢、接子皆有所論焉。

（明）唐順之《稗編》卷四三《諸家一・慎子》 周氏《涉筆》曰：

稷下能言者如慎到，最為屏去繆妄，剪削枝葉，本道而附於情，主法而責於上，非田駢、尹文之徒所能及。五篇雖簡約，而明白純正，統本貫末，如云天下無一貴，則理無由通，故立天子以為天下。君不擇其下，為下易，莫不容，故多下，多下之謂大上。人不得其以自為也，則上不取用焉，化而使之為我，則莫可得而用矣。自古論王政者能及此鮮矣。又云：君舍法而以身治，則誅賞予奪，從君心出，法雖不善，猶愈於無法。今通指慎子為刑名家，亦未然也。孟子言王政不合，慎子述名法不用，而騶忌一說遇合，不知何所明也。

韓非

《史記》卷六三《老子韓非列傳》　韓非者，韓之諸公子也。喜刑名法術之學，而其歸本於黃老。非爲人口吃，不能道說，而善著書。與李斯俱事荀卿，斯自以爲不如非。

非見韓之削弱，數以書諫韓王，韓王不能用。於是韓非疾治國不務脩明其法制，執勢以御其臣下，富國彊兵而以求人任賢，反舉浮淫之蠹而加之於功實之上。以爲儒者用文亂法，而俠者以武犯禁。寬則寵名譽之人，急則用介胄之士。今者所養非所用，所用非所養。悲廉直不容於邪枉之臣，觀往者得失之變，故作《孤憤》、《五蠹》、《內外儲》、《說林》、《說難》十餘萬言。

人或傳其書至秦。秦王見《孤憤》、《五蠹》之書，曰：嗟乎，寡人得見此人與之游，死不恨矣！李斯曰：此韓非之所著書也。秦因急攻韓。韓王始不用非，及急，迺遣非使秦。秦王悅之，未信用。李斯、姚賈害之，毀之曰：韓非，韓之諸公子也。今王欲并諸侯，非終爲韓不爲秦，此人之情也。今王不用，久留而歸之，此自遺患也，不如以過法誅之。秦王以爲然，下吏治非。李斯使人遺非藥，使自殺。韓非欲自陳，不得見。秦王後悔之，使人赦之，非已死矣。

（明）唐順之《稗編》卷四三《諸家一·韓非》　高氏《子略》曰：今讀其書，往往尚法，以神其用。薄仁義，厲刑名，課名實，心術辭旨皆商鞅李斯治秦之法，而非又欲凌跨之，此始皇之所投合，而李斯之所忌者。非迄坐是為斯所殺，而秦即以亡，固不待始皇之用其言也。《說難》一篇，殊為切於事情者，惟其切切於求售，是以先為之說而後說於人，亦庶幾萬一焉耳。太史公以其說之難也，固嘗悲之。太史公之所以悲之者，抑亦有所感慨焉，而後發歟，嗚呼！士不遇，視時以趨，使其盡遇，固無足道，而況《說難》《孤憤》之作，有如非之不遇者乎？揚雄氏曰：秦之士賤而拘，信哉！

黃震曰：韓非盡斥堯、舜、湯、武、孔子，凡先王之道為亂，而兼取申不害、商鞅法術之說加深刻焉。至謂妻子亦害己者而不可信，蓋自謂獨智足舞一世矣。然以踈遠，一旦說人之國，乃欲其主首去貴近，誰將汝容耶？送死秦獄，愚莫與比。老聃氏自全自利，一切無情之流弊，亦詎料至此。噫！亦可悲矣。然觀其書，猶有足警後世之惑者。方是時，先王道熄，處士橫議，往往故為無稽寓言以相戲，劇彼其為是言者，亦未嘗自謂真有是事也。後世襲取其餘而神之，流俗因信以為真，而異端之說遂至禍天下。奈何韓非之說具在而不察耶。非之言曰：白馬非馬。齊稷下之辨者屈焉，及乘白馬之賦而籍之，不見其非白也。蓋虛辭空辨可以勝一國，考實按刑不能漫一人。今人於異端有嘗括其實者否耶？非之言曰：宋人有欲為燕王削棘刺之端為猿母者，必三月齋，然後能見。知王之必不能久齋而試之爾，王乃養之三乘。冶工言王曰：果然，則其所以削者必小。今臣冶人也，無以為削，此不然物也。王因囚而問之，果妄，乃殺之。今人於異端果嘗有訊其妄者否耶？鄭人爭年者謂：我與黃帝之兄同年。非能笑之。今異端自謂出於無始之前，其為黃帝之兄甚矣，而人莫不信。趙主父施鈎梯而緣播，吾刻人迹其上，廣三尺，長五尺，而勒之曰：主父常遊此。非能笑之。今異端往往鑿跡崖石之巔，其為播吾之跡愈悖矣，而人反以為神。非之辨誣若此者衆，姑取節焉。以告惑者。

李斯

《史記》卷八七《李斯列傳》　李斯者，楚上蔡人也。年少時，爲郡小吏，見吏舍廁中鼠食不絜，近人犬，數驚恐之。斯入倉，觀倉中鼠，食積粟，居大廡之下，不見人犬之憂。於是李斯乃歎曰：人之賢不肖譬如鼠矣，在所自處耳！【略】

臣聞吏議逐客，竊以爲過矣。昔繆公求士，西取由余於戎，東得百里奚於宛，迎蹇叔於宋，來丕豹、公孫支於晉。此五子者，不產於秦，而繆公用之，并國二十，遂霸西戎。孝公用商鞅之法，移風易俗，民以殷盛，國以富彊，百姓樂用，諸侯親服，獲楚、魏之師，舉地千里，至今治彊。惠王用張儀之計，拔三川之地，西并巴、蜀，北收上郡，南取漢中，包九夷，制鄢、郢，東據成皋之險，割膏腴之壤，遂散六國之從，使之西面事秦，功施到今。昭王得范雎，廢穰侯，逐華陽，彊公室，杜私門，蠶食諸侯，使秦成帝業。此四君者，皆以客之功。由此觀之，客何負於秦哉！向使四君卻客而不內，疏士而不用，是使國無富利之實而秦無彊大之名也。【略】

趙高案治李斯。李斯拘執束縛，居囹圄中，仰天而歎曰：嗟乎，悲夫！不道之君，何可爲計哉！昔者桀殺關龍逢，紂殺王子比干，吴王夫差殺伍子胥。此三臣者，豈不忠哉，然而不免於死，身死而所忠者非也。今吾智不及三子，而二世之無道過於桀、紂、夫差，吾以忠死，宜矣。且二世之治豈不亂哉！日者夷其兄弟而自立也，殺忠臣而貴賤人，作爲阿房之宮，賦斂天下。吾非不諫也，而不吾聽也。凡古聖王，飲食有節，車器有數，宮室有度，出令造事，加費而無益於民利者禁，故能長久治安。今行逆於昆弟，不顧其咎；侵殺忠臣，不思其殃；大爲宮室，厚賦天下，不愛其費：三者已行，天下不聽。今反者已有天下之半矣，而心尚未寤也，而以趙高爲佐，吾必見寇至咸陽，麋鹿游於朝也。

於是二世乃使高案丞相獄，治罪，責斯與子由謀反狀，皆收捕宗族賓客。趙高治斯，榜掠千餘，不勝痛，自誣服。斯所以不死者，自負其辯，有功，實無反心，幸得上書自陳，幸二世之寤而赦之。李斯乃從獄中上書曰：臣爲丞相治民，三十餘年矣。逮秦地之陜隘。先王之時秦地不過千里，兵數十萬。臣盡薄材，謹奉法令，陰行謀臣，資之金玉，使游說諸侯，陰脩甲兵，飾政教，官鬭士，尊功臣，盛其爵祿，故終以脅韓弱魏，破燕、趙，夷齊、楚，卒兼六國，虜其王，立秦爲天子。罪一矣。地非不廣，又北逐胡、貉，南定百越，以見秦之彊。罪二矣。尊大臣，盛其爵位，以固其親。罪三矣。立社稷，脩宗廟，以明主之賢。罪四矣。更剋畫，平斗斛度量文章，布之天下，以樹秦之名。罪五矣。治馳道，興游觀，以見主之得意。罪六矣。緩刑罰，薄賦斂，以遂主得衆之心，萬民戴主，死而不忘。罪七矣。若斯之爲臣者，罪足以死固久矣。上幸盡其能力，乃得至今，願陛下察之！書上，趙高使吏弃去不奏，曰：囚安得上書！

趙高使其客十餘輩詐爲御史、謁者、侍中，更往覆訊斯。斯更以其實對，輒使人復榜之。後二世使人驗斯，斯以爲如前，終不敢更言，辭服。奏當上，二世喜曰：微趙君，幾爲丞相所賣。及二世所使案三川之守至，則項梁已擊殺之。使者來，會丞相下吏，趙高皆妄爲反辭。

二世二年七月，具斯五刑，論腰斬咸陽市。斯出獄，與其中子俱執，顧謂其中子曰：吾欲與若復牽黄犬俱出上蔡東門逐狡兔，豈可得乎！遂父子相哭，而夷三族。

（宋）鄭樵《通志》卷四《秦紀》 丞相綰等言：諸侯初破，燕、齊、楚地遠，不為置王，毋以塡之，請立諸子。羣臣皆以為便。廷尉李斯議曰：周文、武所封子弟、同姓甚衆，然後屬疏遠，相攻擊如仇讐，諸侯更相誅伐，周天子弗能禁止。今海內賴陛下神靈一統，皆為郡縣，諸侯、諸子、功臣以公賦稅重賞賜之，甚足易制，天下無異意，則安寧之術也。置諸侯不便。始皇曰：天下共苦戰鬭不休，以有侯王，賴宗廟，天下初定，又復立國，是樹兵也，而求其寧息，豈不難哉！廷尉議是。分天下以為三十六郡。

李耳

《史記》卷六三《老子韓非列傳》 老子者，楚苦縣厲鄉曲仁里人也，姓李氏，名耳，字耼，周守藏室之史也。

孔子適周，將問禮於老子。老子曰：子所言者，其人與骨皆已朽矣，獨其言在耳。且君子得其時則駕，不得其時則蓬累而行。吾聞之，良賈深藏若虛，君子盛德容貌若愚，去子之驕氣與多欲，態色與淫志，是皆無益於子之身。吾所以告子，若是而已。孔子去，謂弟子曰：鳥，吾知其能飛；魚，吾知其能游；獸，吾知其能走。走者可以爲罔，游者可以爲綸，飛者可以爲矰。至於龍，吾不能知其乘風雲而上天。吾今日見老子，其猶龍邪！

老子脩道德，其學以自隱無名爲務。居周久之，見周之衰，迺遂去。至關，關令尹喜曰：子將隱矣，彊爲我著書。於是老子迺著書上下篇，言道德之意五千餘言而去，莫知其所終。

或曰：老萊子亦楚人也，著書十五篇，言道家之用，與孔子同時云。

蓋老子百有六十餘歲，或言二百餘歲，以其脩道而養壽也。

自孔子死之後百二十九年，而史記周太史儋見秦獻公曰：始秦與周合，合五百歲而離，離七十歲而霸王者出焉。或曰儋卽老子，或曰非也，世莫知其然否。老子，隱君子也。

老子之子名宗，宗爲魏將，封於段干。宗子注，注子宮，宮玄孫假，假仕於漢孝文帝。而假之子解爲膠西王卬太傅，因家于齊焉。

世之學老子者則絀儒學，儒學亦絀老子。道不同不相爲謀，豈謂是邪？李耳無爲自化，清靜自正。

（清）馬驌《繹史》卷八三《老子道教》 《高士傳》：老子，陳人也。生於殷時，為周柱下史。好養精氣，貴接而不施，轉為守藏史。仲尼至周，見老子，知其聖人，乃師之。後周德衰，乃乘青牛車去，入大秦，過西關，關令尹喜望氣先知焉，乃物色遮候之。已而老子果至，乃强使著書，作《道德經》五千餘言，為道家之宗。以其年老故號其書為《老子》。

（明）唐順之《稗編》卷六八《諸家二六・道德經》 晁氏曰：李耳撰。以周平王四十二年授關尹喜，凡五千七百四十有八言，八十一章，言道德之旨。予嘗學焉，通其大旨而悲之。蓋不幸居亂世憂懼者所為之書乎？不然，何其求全之甚也！古之君子應世也，或知或愚，或勇或怯，惟其當之為貴，初不滯於一曲也。至于成敗生死，則以為有命，非人力所能及，不用智於其間以求全，特隨其所遇而處之以道耳。是以臨禍福得喪，而未嘗有憂懼之心焉。今耳之書則不然，畏明之易暗，故守以昏；畏寵之必失，故不辭辱；畏剛之折，則致柔；畏直之挫，則致曲；畏厚之也，則不敢多藏；畏盈溢也，則不如其已；既貴矣，畏其咎，故退；功成矣，畏其去，故不居。凡所知雄守雌，知白守黑，以懦弱謙下為道者，其意蓋曰：不如是，則將不免於咎矣。用此觀之，豈非所謂求全也哉？嗟夫！人惟有意於求全，故中懷憂懼，先事以謀，而有所不敢為；有所不敢為，則其蔽大矣。此老子之學，所以雖深約博大，不免卒列於百家而不為天下達道歟。

（明）唐順之《稗編》卷六八《諸家二六・老子》 言《老子》所自出，莫著於《孔子家語》、《世家》、《曾子問》、《老子列傳》。蓋二《戴記》孔子從老聃助祭於巷黨云云，使佚子死，下殤有墓。禮家、儒者所傳也。司馬遷記孔子見老聃歎其猶龍，遁周藏史至關，關令尹喜強之著書，乃著上下篇，言道德之意，非禮家、儒者所傳也。以莊周言考之，謂關尹老聃古之博大真人。亦言孔子贊其為龍，則是為黃老学者借孔子以重其師之辭也。二說皆塗引巷援，非有日月據。然遷謂世之學老子則絀儒學，儒學亦絀老子，稱指必類，乃好惡之實情，烏得舉其所詘，而亦謂孔子聞之哉？且使聃果遁周藏史，嘗教孔子以故記，雖心所不然，而欲自明其說。則今所著者，豈無緒言、一二辨析於其間，而故為巖居川游素隱特出之語，何耶？然則教孔子者必非著書之老子，而為此書者必非禮家所謂老聃，妄人訛而合之爾。自伏羲以來漸有文字，三墳八索今不傳於世，大抵多言變化儻慌，非世教所用，非人心所安。故堯、舜、禹、臯陶，以至周公、孔子，損削弗稱。管子尚權謀，子華子言仁義。其人老子並時，或相先後，亦皆與道德之意相首尾。蓋老子之學乃昔人之常，至其盡去謬悠不根之談，而精於事物之情僞，執其機要以御時變，則他人之為書，固莫能及也。然遷既以為不知所終，又以為壽百六十歲，又其居自有鄉里，又以為有子為魏將傳至漢。而所謂教孔子之老聃、著書之老子，乃不能辯其本事，而徒詳於末流，則非余所知也。

莊周

（唐）陸德明《經典釋文・莊子序録》 莊子者，姓莊，名周，太史公云：字子休。梁國蒙縣人也。六國時，爲漆園吏，與魏惠王、齊宣王、楚威王同時，李頤云：與齊愍王同時。齊楚嘗聘以爲相，不應。時人皆尚遊説，莊生獨高尚其事，優遊自得，依老氏之旨，著書十餘萬言，以逍遥自然無爲齊物而已。大抵皆寓言，歸之於理，不可案文責也。

然莊生弘才命世，辭趣華深，正言若反，故莫能暢其弘致；後人增足，漸失其真。故郭子玄云：一曲之才，妄竄奇説，若《閼弈》、《意脩》之首，《危言》、《游鳧》、《子胥》之篇，凡諸巧雜，十分有三。《漢書·藝文志》：《莊子》五十二篇即司馬彪、孟氏所注是也。言多詭誕，或似《山海經》，或類《占夢書》，故注者以意去取。其《内篇》衆家並同，自餘或有《外》而無《雜》。惟子玄所注，特會莊生之旨，故爲世所貴。徐仙民、李弘範作音，皆依郭本。今以郭爲主。

《史記》卷六三《老子韓非列傳》　莊子者，蒙人也，名周。周嘗爲蒙漆園吏，與梁惠王、齊宣王同時。其學無所不闚，然其要本歸於老子之言。故其著書十餘萬言，大抵率寓言也。作《漁父》、《盗跖》、《胠篋》，以詆訿孔子之徒，以明老子之術。《畏累虚》、《亢桑子》之屬，皆空語無事實。然善屬書離辭，指事類情，用剽剝儒、墨，雖當世宿學不能自解免也。其言洸洋自恣以適己，故自王公大人不能器之。

楚威王聞莊周賢，使使厚幣迎之，許以爲相。莊周笑謂楚使者曰：千金，重利；卿相，尊位也。子獨不見郊祭之犧牛乎？養食之數歲，衣以文繡，以入大廟。當是之時，雖欲爲孤豚，豈可得乎？子亟去，無污我。我寧游戲污瀆之中自快，無爲有國者所羈，終身不仕，以快吾志焉。

《莊子·雜篇·外物》　莊周家貧，故往貸粟於監河侯。監河侯曰：諾。我將得邑金，將貸子三百金，可乎？

莊周忿然作色曰：周昨來，有中道而呼者。周顧視車轍中，有鮒魚焉。周問之曰：鮒魚來！子何爲者邪？對曰：我，東海之波臣也。君豈有斗升之水而活我哉？周曰：諾。我且南遊吴越之王，激西江之水而迎子，可乎？鮒魚忿然作色曰：吾失我常與，我无所處。吾得斗升之水然活耳，君乃言此，曾不如早索我於枯魚之肆！

《莊子·雜篇·天下》　芴漠無形，變化无常，死與生與，天地並與，神明往與！芒乎何之，忽乎何適，萬物畢羅，莫足以歸，古之道術有在於是者。莊周聞其風而悦之，以謬悠之説，荒唐之言，无端崖之辭，時恣縱而不儻，不以觭見之也。以天下爲沈濁，不可與莊語，以巵言爲曼衍，以重言爲真，以寓言爲廣。獨與天地精神往來而不敖倪於萬物，不譴是非，以與世俗處。其書雖瓌瑋而連犿无傷也。其辭雖參差而諔詭可觀。彼其充實不可以已，上與造物者遊，而下與外死生无終始者爲友。其於本也，弘大而辟，深閎而肆，其於宗也，可謂稠適而上遂矣。雖然，其應於化而解於物也，其理不竭，其來不蜕，芒乎昧乎，未之盡者。

（晉）郭象《莊子原序》　夫莊子者，可謂知本矣，故未始藏其狂言，言雖無會而獨應者也。夫應而非會，則雖當無用；言非物事，則雖高不行；與夫寂然不動，不得已而後起者，固有間矣，斯可謂知無心者也。夫心無爲，則隨感而應，應隨其時，言唯謹爾。故與化爲體，流萬代而冥物，豈曾設對獨遘而游談乎方外哉！此其所以不經而爲百家之冠也。

然莊生雖未體之，言則至矣。通天地之統，序萬物之性，達死生之變，而明内聖外王之道，上知造物無物，下知有物之自造也。其言宏綽，其旨玄妙。至至之道，融微旨雅；泰然遺放，放而不敖。故曰不知義之所適，猖狂妄行而蹈其大方；含哺而熙乎澹泊，鼓腹而游乎混芒。至（人）〔仁〕極乎無親，孝慈終於兼忘，禮樂復乎已能，忠信發乎天光。用其光則其朴自成，是以神器獨化於玄冥之境而源流深長也。

故其長波之所蕩，高風之所扇，暢乎物宜，適乎民願。弘其鄙，解其懸，灑落之功未加，而矜夸所以散。故觀其書，超然自以爲已當，經崐崙，涉太虚，而游惚怳之庭矣。雖復貪婪之人，進躁之士，暫而攬其餘芳，味其溢流，彷佛其音影，猶足曠然有忘形自得之懷，況探其遠情而玩永年者乎！遂綿邈清遐，去離塵埃而返冥極者也。

（唐）成玄英《莊子序》　夫《莊子》者，所以申道德之深根，述重玄之妙旨，暢无爲之恬淡，明獨化之窅冥，鉗揵九流，括囊百氏，諒區中之至教，實象外之微言者也。

其人姓莊，名周，字子休，生宋國睢陽蒙縣，師長桑公子，受號南華仙人。當戰國之初，降（襄）〔衰〕周之末，歎蒼生之業薄，傷道德之陵夷，乃慷慨發憤，爰著斯論。其言大而博，其旨深而遠，非下士之所聞，豈淺識之能究！

所言子者，是有德之嘉號，古人稱師曰子。亦言子是書名，非但三篇之總名，亦是百家之通題。所言《內篇》者，內以待外立名，篇以編簡爲義。古者殺青爲簡，以韋爲編；編簡成篇，猶今連紙成卷也。故元愷云：大事書之於策，小事簡牘而已。《內》則談於理本，《外》則語其事迹。事雖彰著，非理不通；理既幽微，非事莫顯；欲先明妙理，故前標《內篇》。《內篇》理深，故每於文外別立篇目，郭象仍於題下即注解之，《逍遙》、《齊物》之類是也。自《外篇》以去，則取篇首二字爲其題目，《駢拇》、《馬蹄》之類是也。

所言《逍遙遊》者，古今解釋不同。今汎舉紘綱，略爲三釋。所言三者：

第一，顧桐柏云：逍者，銷也；遙者，遠也。銷盡有爲累，遠見無爲理。以斯而遊，故曰逍遙。

第二，支道林云：物物而不物於物，故逍然不我待；玄感不疾而速，故遙然靡所不爲。以斯而遊天下，故曰逍遙遊。

第三，穆夜云：逍遙者，蓋是放狂自得之名也。至德內充，无時不適；忘懷應物，何往不通！以斯而遊天下，故曰逍遙遊。

《內篇》明於理本，《外篇》語其事迹，《雜篇》雜明於理事。《內篇》雖明理本，不无事迹；《外篇》雖明事迹，甚有妙理；但立教分篇，據多論耳。

所以《逍遙》建初者，言達道之士，智德明敏，所造皆適，遇物逍遙，故以逍遙命物。夫無待聖人，照機若鏡，既明權實之二智，故能大齊於萬境，故以《齊物》次之。既指馬（蹄）天地，混同庶物，心靈凝澹，可以攝衛養生，故以《養生主》次之。既善惡兩忘，境智俱妙，隨變任化，可以處涉人間，故以《人間世》次之。內德圓滿，故能支離其德，外以接物，既而隨物昇降，內外冥契，故以《德充符》次之。止水流鑑，接物无心，忘德忘形，契外會內之極，可以匠成庶品，故以《大宗師》次之。古之真聖，知天知人，與造化同功，即寂即應，既而驅馭羣品，故以《應帝王》次之。《駢拇》以下，皆以篇首二字爲題，既無別義，今不復次篇也。

而自古高士，晉漢逸人，皆莫不躭翫，爲之義訓；雖注述無可間然，並有美辭，咸能索隱。玄英不揆庸昧，少而習焉，研精覃思三十矣。依子玄所注三十篇，輒爲疏解，總三十卷。雖復詞情疏拙，亦頗有心跡指歸；不敢貽厥後人，聊自記其遺忘耳。

（清）郭慶藩《莊子集釋・王先謙序》 郭君子瀞爲《莊子集釋》成，以授先謙讀之，而其年適有東夷之亂，作而歎曰：莊子其有不得已於中乎！夫其遭世否塞，拯之末由，神彷徨乎馮閎，驗小大之無垠，究天地之終始，懼然而爲是言也。

騶衍曰：儒者所謂中國，於天下乃八十一分居其一分耳。赤縣神州外自有九州，裨海環之，大瀛海環其外。惠施曰：我知天下之中央，燕之北，越之南是也。而莊子稱之，亦言儵與忽鑿混沌死，其說若豫睹將來而推厥終極，亦異人矣哉！

子貢爲挈水之槔，而漢陰丈人笑之。今之機械機事，倍於槔者相萬也。使莊子見之，奈何？蠻觸氏爭地於蝸角，伏尸數萬，逐北旬日。今之蠻觸氏不知其幾也，而莊子奈何？

是故以黃帝爲君而有蚩尤，以堯爲君而有叢枝、宗、膾、胥敖。黃帝、堯非好事也，然而欲虛其國，刑其人，其不能以虛靜治，决矣。彼莊子者，求其術而不得，將遂獨立於寥闊之野，以幸全其身而樂其生，烏足及天下！

且其書嘗暴著於後矣。晉演爲玄學，無解於胡羯之氛；唐尊爲真經，無救於安史之禍。徒以藥世主淫侈，澹末俗利欲，庶有一二之助焉。

而其文又絕奇，郭君愛翫之不已，因有《集釋》之作，附之以文，益之以博。使莊子見之，得毋曰此猶吾之糟粕乎？雖然，無迹奚以測履，無糟粕奚以觀於古美矣！郭君於是書爲副墨之子，將羣天下爲洛誦之孫已夫！

光緒二十年歲次甲午冬十二月，長沙愚弟王先謙謹撰。

（清）王先謙《莊子集解序》 夫古之作者，豈必依林草，羣鳥魚哉：余觀莊生甘曳尾之辱，卻爲犧之聘，可謂塵埃富貴者也。然而貸粟有謂，內交於監河，係履而行，通謁於梁魏；說劍趙王之殿，意猶存乎救世。遭惠施三日大索，其心迹不能見諒於同聲之友，況餘子乎！吾以是知莊生非果能迴避以全其道者也。

且其説曰：天下有道，聖人成焉；天下无道，聖人生焉。又曰：周將處乎材不材之間。夫其不材，以尊生也；而其材者，特藉空文以自見。老子云：美言不信。生言美矣，其不信又已自道之。故以橛飾鞭筴爲伯樂罪，而撽髑髏未嘗不用馬捶；其死棺槨天地，而以墨子薄葬爲大觳；心追容大庭結繩無文字之世，而恆假至論以修心。此豈欲後之人行其言者哉，嫉時焉耳。

是故君德天殺，輕用民死，刺暴主也；俗好道諛，嚴於親而尊於君，憤濁世也。登無道之廷，口堯而心桀；出無道之野，貌夷而行跖。則又奚取夫空名之仁義，與無定之是非？其志已傷，其詞過激。設易天下爲有道，生殆將不出於此。後世浮慕之以成俗，此讀生書者之咎。咎豈在書哉！

余治此有年，領其要，得二語焉，曰：喜怒哀樂，不入於胸次。竊嘗持此以爲衛生之經，而果有益也。噫！是則吾師也夫！舊注備矣，輒芟取衆長，間下己意，輯爲八卷，命之曰《集解》。世有達者，冀共明之。宣統元年七月。

《吕氏春秋・孝行覽二・必己》　莊子行於山中，見木甚美，長大，枝葉盛茂，伐木者止其旁而弗取，問其故，曰：無所可用。莊子曰：此以不材得終其天年矣。出於山，及邑，舍故人之家。故人喜，具酒肉，令豎子為殺鴈饗之。豎子請曰：其一鴈能鳴，一鴈不能鳴，請奚殺？主人之公曰：殺其不能鳴者。明日，弟子問於莊子曰：昔者山中之木以不材得終天年，主人之鴈以不材死，先生將何以處？莊子笑曰：周將處於材、不材之間。材、不材之間，似之而非也，故未免乎累。若夫道德則不然：無訝無訾，一龍一蛇，與時俱化，而無肯專為；一上一下，以禾為量，而浮游乎萬物之祖，物物而不物於物，則胡可得而累？此神農、黄帝之所法。若夫萬物之情、人倫之傳則不然：成則毀，大則衰，廉則剉，尊則虧，直則骫，合則離，愛則隳，多智則謀，不肖則欺，胡可得而必？

墨翟

（清）焦循《孟子正義・盡心章句上》　黑子兼愛，摩頂放踵利天下，爲之。注：墨子，墨翟也。兼愛他人，摩突其頂，下至於踵，以利天下，己樂爲之也。疏：注墨子至之也。正義曰：《史記・孟子荀卿列傳》後附云：墨翟，宋之大夫，善守禦，爲節用。或曰並孔子時，或曰在其後。武氏億《授堂文鈔・跋墨子》云：《漢書・藝文志》《墨子》七十一篇注云：名翟，爲宋大夫，在孔子後。而不著其地。惟《吕氏春秋・慎大覽》高誘注：墨子名翟，魯人也。魯卽魯陽，春秋時屬楚，古人於地名兩字，或單舉一字，是其例也。蓋墨子居於魯陽，疑嘗爲文子之臣。觀《魯問》一篇，言吾願主君之上者尊天事鬼，下者愛利百姓。翟之尊文子爲主君，意其屬於文子也。《外傳・楚語》惠王以梁與魯陽文子，注：文子，平王之孫，司馬子期子魯陽公也。惠王十年，爲魯哀公十六年，孔子方卒，則翟實當楚惠王時，上接孔子未卒，故太史公一云並孔子時。自班《志》專謂在孔子後，後人益爲推衍，至如畢氏據本書稱中山諸國亡於燕、代、胡、貊之國，以中山之滅在趙惠文王四年，當周赧王二十年，則翟實六國時人，至周末猶存。竊以翟既與楚惠王接時，後必不能歷一百九十餘年尚未卽化，此固不然也。中山諸國之亡，蓋墨子之徒續記而竄入其師之説，以貽此謬，何可依也。《音義》云：突，丁徒忽切，穿突也。襄公二十五年《左傳》宵突陳城，注云：突，穿也。此丁公著所本。乃城可言穿，頂不可言穿。《莊子・説劍篇》云吾王所見劍士皆蓬頭突鬢，《荀子・非相篇》孫叔敖突秃，楊倞注云：突，謂短髮可凌突人者，故莊子説趙劍士蓬頭突鬢。突、秃聲轉，突卽秃，楊氏解爲短髮是也。趙氏以突明摩，謂摩迫其頂，髮爲之秃。丁氏以突爲穿，失趙義矣。《文選》江淹《上建平王書》注引《孟子》墨子兼愛，摩頂致於踵，利天下爲之，劉熙曰：致，至也。又任昉《奏彈曹景宗》注引《孟子》墨子兼愛，摩頂致於踵，趙岐曰：致，至也。周氏廣業《孟子古注攷》云：據此，則趙、劉所有之本注並同矣。《困學紀聞》言《選》注引趙岐作致於踵，今本作放踵，注無致至也三字。孫宣公音義放踵下，據丁氏云方往切，至也。是唐宋本已皆作放。今攷《文選》劉峻《廣絶交論》皆願摩頂至踵，注引《孟子》摩頂放踵，趙岐曰：放，至也。同在一書，所引互異，可見趙氏注本唐世已有其二，非至宋始作放踵也。又《文選・洞簫賦》注引毛氏《詩傳》顔叔子納鄰之釐婦，使執燭，放乎平旦事，下引趙岐《孟子章句》曰放，至也。方往切。今惟放乎琅邪注有放至也三字，無方往切。摩頂放踵注直云摩突其頂，下至於踵。爲致爲放，莫可究詳矣。翟氏灝《攷異》云：《風俗通・十反篇》墨翟摩頂以放踵，楊朱一毛而不爲，放字與今《孟子》同。江《書》、任《彈》兩注所引致於踵者，疑當時劉注本獨如是。任《彈》下趙岐二字當亦爲劉熙，傳寫者遷譌然爾。謹按：《墨子》有《兼愛》三篇，無摩頂放踵語。《莊子・天下篇》云：墨子稱道曰：禹親自操橐耜，而九雜天下之川，腓無胈，脛無毛，沐甚風，櫛疾雨，置萬國。禹，大聖也。而形勞天下如此。使後世之墨者多以裘褐爲衣，跂蹻爲服，日夜不休，以自苦爲極。曰不能如此，非禹之道也，不足爲墨。墨翟、禽滑釐之意則是，其行則非也。將使後世之墨者，必自苦以腓無胈，脛無毛，相進而已矣。亂之上也，治之下也。孟子推其氾愛兼利，生勤死薄之道，而擬之爲摩頂放踵，即自苦以腓無胈脛無毛之意耳。

《史記》卷七四《孟子荀卿列傳》　墨翟，宋之大夫，善守禦，爲節用。或曰並孔子時，或曰在其後。

(清)孫詒讓《墨子閒詁・附録・墨子舊敘・畢沅墨子注敘》　書稱中山諸國亡於燕、代、胡、貉之間。詒讓案：此《非攻中》篇文，舊本作且不著何，當爲柤不屠何，明人不解，妄改爲中山諸國，畢氏亦沿其謬。詳本篇。攷中山之滅，在趙惠文王四年，當周赧王二十年，則翟實六國時人，至周末猶存，故《史記》云：或曰並孔子時，或曰在其後，班固亦云在孔子後。司馬貞按《別録》云，《墨子》書有文子。文子，子夏之弟子，問於墨子。如此，則墨子者在七十子後。李善引《抱朴子》，亦云孔子時人，或云在其後。今按其人在七十子後。詒讓案：《文選・長笛賦》注。若《史記・鄒陽傳》鄒陽曰：宋信子罕之計而囚墨翟。司馬貞云：《漢書》作子冉不知子冉是何人。文穎曰：子冉，子罕也。《荀卿傳》云：墨翟，孔子時人，或云在孔子後。又襄公二十九年《左傳》：宋饑，子罕請出粟。時孔子適八歲，則墨翟與子罕不得相輩。或以子冉爲是，不知如何也。又《文選》亦作子冉，注云：文子曰子罕也。冉音任。善曰未詳。詒讓案：《文選》鄒陽《獄中上書》自明，注誤以文穎爲文子。冉音任，亦有誤。沅亦不能定其時事。又司馬遷、班固以爲翟宋大夫，葛洪以爲宋人者，以《公輸》篇有爲宋守之事。高誘注《吕氏春秋》以爲魯人，則是楚魯陽，漢南陽縣，在魯山之陽，本書多有魯陽文君問答，又亟稱楚四竟，非魯衛之魯，不可不察也。

(清)孫詒讓《墨子閒詁・附録・墨子舊敘・孫星衍墨子後序》　墨子與孔異者，其學出于夏禮。司馬遷稱其善守禦爲節用，班固稱其貴儉、兼愛、上賢、明鬼、非命、上同。此其所長，而皆不知墨學之所出。淮南王知之，其作《要略訓》云：墨子學儒者之業，受孔子之術，以爲其禮煩擾而不説，厚葬靡財而貧民。服傷生而害事，故背周道而用夏政。

(清)孫詒讓《墨子閒詁・附録・墨子舊敘・汪中墨子序》　《墨子》七十一篇，亡十八篇，今見五十三篇。明陸穩所敘刻，視它本爲完。其書多誤字。文義昧晦不可讀。今以意粗爲是正，闕所不知。又采古書之涉於《墨子》者，別爲《表微》一卷，而爲之敘曰：周太史尹佚實爲文王所訪，《晉語》。克商營洛，祝筴遷鼎，有勞於王室。《周書・克殷解》、《書・洛誥》。成王聽朝。與周、召、太公同爲四輔，賈誼《新書・保傅篇》。數有論諫，《淮南子・主術訓》、《史記・晉世家》。身没而言立。東遷以後，魯季文子、《春秋傳》成四年。惠伯、文十五年。晉荀偃、襄十四年。叔向、《周語》。秦子桑、僖十五年。后子昭元年。及左邱明，宣十二年。並見引重。遺書二篇，詒讓案：原作十二篇，今據《漢書・藝文志》校刪十字。劉向校書，列諸墨六家之首。《説苑・正理篇》亦載其文，莊周述墨者之學而原其始，曰：不侈於後世，不靡於萬物，不暉於數度。以繩墨自矯，而備世之急，古之道術有在於是者。《天下篇》。可謂知言矣。古之史官，實秉禮經以成國典，其學皆有所受。魯惠公請郊廟之禮於天子，桓王使史角往，惠公止之，其後在於魯，墨子學焉。《吕氏春秋・當染篇》。其淵源所漸，固可攷而知也。劉向以爲出於清廟之守。夫有事於廟者，非巫則史，史佚、史角皆其人也。史佚之書至漢具存，而夏之禮在周已不足徵，則莊周禽滑釐傳之禹者，《莊子・天下篇》《列子・楊朱篇》。非也。司馬遷云：墨翟，宋大夫。或曰並孔子時，或曰在其後。今案《耕柱》《魯問》二篇，墨子於魯陽文子多所陳説。《楚語》惠王以梁與魯陽文子，韋昭注文子，平王之孫，司馬子期之子，其言實出《世本》。故《貴義篇》墨子南游於楚，見獻惠王，獻惠王以老辭。獻惠王之爲惠王，猶頃襄王之爲襄王。由是言之，墨子實與楚惠王同時，其仕宋，當景公、昭公之世。詒讓案：墨子仕宋當在昭公世，不得及景公，汪誤。其年於孔子差後，或猶及見孔子矣。詒讓案：墨子必不及見孔子，汪説誤。《藝文志》以爲在孔子後者，是也。

(清)孫詒讓《墨子閒詁・附録・墨子舊敘・武億跋墨子》　《史記・荀卿列傳》云：翟，或曰並孔子時，或曰在其後。索隱案《別録》云：《墨子》書有文子。文子，子夏之弟子，問於墨子，如此則墨子者，在七十子後也。案《外傳・楚語》，惠王以梁與魯陽文子。注：文子，平王之孫，司馬子期，魯陽公也。惠王十年，爲魯哀公十六年，孔子方卒。又翟本書《貴義篇》，子墨子南游于楚，見楚獻惠王，《楚世家》無此名，是獻惠卽惠王，誤衍一獻字，審是，則翟實當楚惠王時，上接孔子末卒。詒讓案：墨子之生，必在孔子卒後。此説亦誤。故太史公一云並孔子時，說非無據。自班《志》專謂在孔子後，後人益爲推衍。至如畢氏据本書，稱中山諸國亡于燕代胡貊之國。以中山之滅，在趙惠文王四年，當周赧王二十年，則翟實六國時人，至周末猶存。愚竊以翟既與楚惠王接時，後必不能歷一百九十餘年，尚未卽化，此固不然也。中山諸國之亡，蓋墨子之徒續記，而竄入其師之說，以貽此謬，何可依也。

（清）孫詒讓《墨子閒詁・墨子後語上・墨子傳略》　墨氏之學亡於秦季，故墨子遺事在西漢時已莫得其詳。太史公述其父談論六家之指，尊儒而重道，墨蓋非其所憙。故《史記》攟采極博，於先秦諸子，自儒家外，老、莊、韓、呂、蘇、張、孫、吴之倫，皆論列言行爲傳，唯於墨子則僅於《孟荀傳》末附綴姓名，尚不能質定其時代，遑論行事？【略】

墨子名翟，《漢書・藝文志》《呂氏春秋・當染》《慎大篇》、《淮南子・脩務訓》高注。姓墨氏。《廣韻・二十五德》。《通志・氏族略》引《元和姓纂》云：墨氏，孤竹君之後，本墨台氏，後改爲墨氏，戰國時宋人。墨翟著書號《墨子》。魯人，《呂覽・當染》《慎大篇》注。或曰宋人。葛洪《神仙傳》、《文選・長笛賦》李注引《抱朴子》《荀子・脩身篇》楊注、《元和姓纂》。

案：此蓋因墨子爲宋大夫，遂以爲宋人。以本書攷之，似當以魯人爲是。《貴義篇》云：墨子自魯卽齊。又《魯問篇》云：越王爲公尚過束車五十乘以迎子墨子于魯。《呂氏春秋・愛類篇》云：公輸般爲雲梯欲以攻宋，墨子聞之，自魯往，見荆王曰：臣北方之鄙人也。《淮南子・脩務訓》亦云：自魯趨而往，十日十夜至于郢。並墨子爲魯人之塙證。畢沅、武億以魯爲魯陽，畢說見《墨子注序》，武說見《授堂文鈔・墨子跋》。則是楚邑。攷古書無言墨子爲楚人者。《渚宫舊事》載魯陽文君說楚惠王曰：墨子，北方賢聖人，則非楚人明矣。畢、武說殊謬。蓋生於周定王時。【略】

其學務不侈於後世，不靡於萬物，不暉於數度，以繩墨自矯而備世之急。作爲《非樂》，命之曰《節用》，生不歌，死無服，氾愛兼利而非鬭，好學而博，不異。《莊子・天下篇》。又曰兼愛、尚賢、右鬼、非命，《淮南子・氾論訓》。以爲儒者禮煩擾而不悦，厚葬靡財而貧民，久服傷生而害事，故背周道而用夏政。《淮南子・要略》【略】

故使學者以裘褐爲衣，以跂屩爲服，日夜不休，以自苦爲極，曰：不能如此，非禹之道也，不足謂墨。《莊子・天下篇》亦道堯、舜，《韓非子・顯學篇》。又善守禦。《史記・孟荀傳》。爲世顯學，《韓非子・顯學篇》。徒屬弟子充滿天下。《呂氏春秋・尊師篇》。【略】

宋昭公時，嘗爲大夫。《史記・孟荀列傳》《漢書・藝文志》並不云何時，今攷定當在昭公時。

案：墨子仕宋，鮑彪謂當景公、昭公時，《戰國策・宋策》注。非也。以墨子前後時事校之，其爲宋大夫當正在昭公時。【略】

嘗南游使於衛。【略】

而囚墨子。《史記・鄒陽傳》云：宋信子罕之計而囚墨翟。【略】

老而至齊，見太王田和，曰：今有刀於此，試之人頭，倅然斷之，可謂利乎？太王曰：利。墨子曰：多試之人頭，倅然斷之，可謂利乎？太王曰：利。墨子曰：刀則利矣，孰將受其不祥？太王曰：刀受其利，試者受其不祥。墨子曰：并國覆軍，賊殺百姓，孰將受其不祥。太王俯仰而思之曰：我受其不祥。本書《魯問篇》、《北堂書鈔》八十三引《新序》，有齊王問墨子語，蓋亦太公田和也。此皆追稱爲王，當在命爲諸侯以後事。齊將伐魯，墨子謂齊將項子牛曰：伐魯，齊之大過也。昔者吴王東伐越，棲諸會稽；西伐楚，葆昭王於隨；北伐齊，取國子以歸於吴。諸侯報其讎，百姓苦其勞而弗爲用，是以國爲虚戾、身爲刑戮也。昔者智伯伐范氏與中行氏，兼三晉之地，諸侯報其讎，百姓苦其勞而弗爲用，是以國爲虚戾、身爲刑戮。用是也，故大國之攻小國也，是交相賊也，過必反於國。同上。卒蓋在周安王末年，當八、九十歲。

案：墨子卒年無攷，以本書校之，《親士篇》說吴起車裂事，在安王二十一年；《非樂篇》說齊康公興樂，康公卒於安王二十三年，自是以後，更無所見。《親士篇》有孟賁，《所染篇》有宋康王，皆後人增益，非墨子所逮聞也。則墨子或卽卒於安王末年。安王二十六年崩，距齊康公之卒僅三年。葛洪《神仙傳》載墨子年八十有二，入周狄山學道。其說虚誕不足論，然墨子年壽必逾八十，則近之耳。互祥《年表》。

《莊子・雜篇・天下》　不侈於後世，不靡於萬物，不暉於數度，以繩墨自矯而備世之急，古之道術有在於是者。墨翟禽滑釐聞其風而說之，爲之大過，已之大循。作爲《非樂》，命之曰《節用》；生不歌，死无服。墨子氾愛兼利而非鬭，其道不怒；又好學而博，不異，不與先王同，毀古之禮樂。

黄帝有《咸池》，堯有《大章》，舜有《大韶》，禹有《大夏》，湯有《大濩》，文王有辟雍之樂，武王周公作《武》。古之喪禮，貴賤有儀，上下有等，天子棺椁七重，諸侯五重，大夫三重，士再重。今墨子獨生不歌，死不服，桐棺三寸而无椁，以爲法式。以此教人，恐不愛人；以此自行，固不愛己。未敗墨子道，雖然，歌而非歌，哭而非哭，樂而非樂，是果類乎？其生也勤，其死也薄，其道大觳；使人憂，使人悲，其行難爲也，恐其不可以爲聖人之道，反天下之心，天下不堪。墨子雖獨能任，奈天下何！離於天下，其去王也遠矣。

墨子稱道曰：昔禹之湮洪水，决江河而通四夷九州也，名山三百，支川三千，小者无數。禹親自操槖耜而九雜天下之川；腓无胈，脛无毛，沐甚雨，櫛疾風，置萬國。禹大聖也而形勞天下也如此。使後世之墨者，多以裘褐爲衣，以跂蹻爲服，日夜不休，以自苦爲極，曰：不能如此，非禹之道也，不足謂墨。

相里勤之弟子五侯之徒，南方之墨者苦獲、已齒、鄧陵子之屬，俱誦《墨經》，而倍譎不同，相謂別墨；以堅白同異之辯相訾，以觭偶不仵之辭相應；以巨子爲聖人，皆願爲之尸，冀得爲其後世，至今不决。

墨翟禽滑釐之意則是，其行則非也。將使後世之墨者，必自苦以腓无胈脛无毛相進而已矣。亂之上也，治之下也。雖然，墨子真天下之好也，將求之不得也，雖枯槁不舍也。才士也夫！

（明）唐順之《稗編》卷四三《諸家一・辨墨》 按：自夫子没而異端起，老、莊、楊、墨、蘇、張、申、韓之徒，各以其知舛馳，至孟子始辭而闢之。然觀七篇之書所以距楊墨者甚至而闊略於餘子，何也？蓋老、莊、申、商、蘇、張之學，大槩俱欲掊擊聖人，鄙堯笑舜陋禹，而自以其説勝，老莊之蔑棄仁義禮法，生於憤世嫉邪，其説雖高虚可聽，而實不可行。料當時亦無人宗尚其説。故鄒書略不及之。蘇張之功利，申韓之刑名，大抵皆枉尋直尺，媚時取寵，雖可以自售，而鄉黨自好少知義者，亦羞稱之。故孟子於二家之説雖斥絶之，而猶未數數然者，正以其與吾儒旨趣本自冰炭薰蕕，遊於聖門之徒，未有不知其非者，固無俟於辨析也。獨楊朱、墨翟之言，未嘗不本仁祖義、尚賢尊德，而擇之不精，語之不詳，其流弊遂至於無父無君，正孔子所謂似是而非，明道先生所謂淫聲美色易以惑人者，不容不深鋤而力辨之。高氏《子略》之言得之矣，而其説猶未暢。愚故備而言之。韓文公謂儒墨同是堯舜，同非桀紂，以為其二家本相為用，而咎末學之辨。嗚呼！孰知惟其似同而實異者，正所當辨乎？

（明）唐順之《稗編》卷四三《諸家一・墨子》 墨子之説似是而實不可為治，殆不止如韓昌黎之議荀揚擇焉不精而已。而昌黎乃儕墨子於孔子，何哉？且昌黎不過謂墨氏尚同，而孔謂：居是邦，不非其大夫。《春秋》譏專臣，亦尚同爾。然不非其大夫者，惡居下訕上；譏專臣者，惡以臣逼君。孔非尚同也。墨之尚同，為天子所是皆是之，天子所非皆非之，與孔門所謂如其不善而莫違之戒正相反，顧可謂其與孔子同乎？又不過謂墨氏兼愛，而孔謂泛愛，親仁以博施濟衆為聖，亦兼愛爾。然仁者則親之，既異於愛衆而博施為仁，雖堯舜猶病之，孔非兼愛也。墨子之言兼愛，謂法其父母與法其君皆為法不仁，惟當法天，與孔門所謂孝弟為仁之本者正相背，顧可謂其與孔子同乎？謂墨尚賢而孔子贒贒，疾没世而名不稱，是亦尚賢。然賢之當尚，雖愚不肖者亦同此心，何獨孔墨之同。顧墨氏之尚賢，乃謂惟賢為尚，親戚則不可使富貴，正與吾儒親親尊賢之義又相背耳。謂墨氏明鬼，而孔子祭如在，曰我祭則受福，是亦明鬼。然鬼神之當敬，雖愚不肖者亦同此心，何獨孔墨之同。顧墨氏之明鬼，乃謂聖王明天鬼之所欲，而避天鬼之所憎，是亦率天下萬民祭祀天鬼，又與吾儒報本反祭之義亦相反耳。昌黎嚴於荀揚擇焉未精之辨，何獨恕於墨子似是而非耶？《墨子》之書凡二，其後以論稱者多衍複，其前以經稱者善文法。昌黎主文者也，或者一時悦其文而然歟？昌黎曰：孔子必用墨子，墨子必用孔子。愚曰：孔子必不用墨子，墨子亦必不能用孔子。雖然儒名而墨行者，昌黎固嘗揮之矣。

（明）焦竑《澹園集》卷二三《經籍志論・墨家》 墨氏見天下無非我者，故不自愛而兼愛也，此與聖人之道濟何異？故賈誼、韓愈往往以孔墨並名。然見儉之利而因以非禮，推兼愛之意而不殊親疏，此其敝也。莊生曰：墨子雖獨任，如天下何？其大觳而難遵，有以也夫。墨子死，有相里氏之墨，相芬氏之墨，鄧陵氏之墨，世皆不傳。《晏子春秋》舊列儒家，其尚同、兼愛、非樂、節用、非厚葬久喪、非儒、明鬼，無一不出墨氏，柳宗元以爲墨子之徒尊著其事以增高爲己術者，得之。

禽滑釐

（清）孫詒讓《墨子閒詁・墨子後語上・墨學傳授考》　禽子名滑釐。本書《公輸篇》。案：司馬貞《史記索隱》、成玄英《莊子疏》並以滑釐爲字，非是。滑釐，《吕氏春秋・當染篇》作滑黁，《尊師篇》作滑黎，《列子・楊朱篇》作骨釐，《漢書・古今人表》及《列子釋文》並作屈釐，《漢書・儒林傳》作滑氂。疑正字當作屈釐。詳《公輸篇》。與田子方、段干木、吴起受業於子夏。《史記儒林傳》後學於墨子，《吕氏春秋・當染篇》。盡傳其學，與墨子齊稱。《莊子・天下篇》以墨翟、禽滑釐並傳。禽子事墨子三年，手足胼胝，面目黎黑，役身給使，不敢問欲，墨子甚哀之，乃具酒脯，寄於太山，搣茅坐之，以醮禽子。禽子再拜而嘆。墨子曰：亦何欲乎？禽子再拜再拜曰：敢問守道。本書《備梯篇》。又曰：由聖人之道，鳳鳥之不出，諸侯畔殷周之國，甲兵方起於天下，大攻小，強執弱，吾欲守小國，爲之柰何？墨子曰：何攻之守？禽子對曰：今之世，常所以攻者，臨、鉤、衝、梯、堙、水、穴、突、空洞、蛾傅、轒轀、軒車，敢問守此十二者柰何？本書《備城門篇》。墨子遂語以守城之具六十六事。李筌《太白陰經・守城具篇》六十六事，一作五十六事，今本書《備城門》以下十餘篇皆其語也。楚惠王時，公輸般爲楚造雲梯之械成，將以攻宋。墨子自魯至郢止之，使禽子諸弟子三百人持守圉之器在宋城上而待楚寇，楚卒不攻宋。本書《公輸篇》。禽子問於墨子曰：錦繡絺紵，將安用之？墨子曰：惡，是非吾用務也。古有無文者得之矣，夏禹是也。卑小宮室，損薄飲食，土階三等，衣裳細布。當此之時，黼黻無所用，而務在於完堅。殷之盤庚，大其先王之室，而改遷於殷，茅茨不翦，采椽不斲，以變天下之視。當此之時，文采之帛將安所施？夫品庶非有心也，以人主爲心，苟上不爲，下惡用之？二王者以身先於天下，故化隆於其時，成名於今世也。且夫錦繡絺紵，亂君之所造也，其本皆興於齊景公喜奢而忘儉，幸有晏子以儉鐫之，然猶幾不能勝。夫奢安可窮哉！紂爲鹿臺糟邱，酒池肉林，宮牆文畫，雕琢刻鏤，錦繡被堂，金玉珍瑋，婦女優倡，鍾鼓管絃，流漫不禁，而天下愈竭，故卒身死國亡，爲天下戮，非惟錦繡絺紵之用邪！今當凶年，有欲予子隋侯之珠者，不得賣也，珍寶而以爲飾。又欲予子一鍾粟者。得珠者不得粟，得粟者不得珠，子將何擇？禽子曰：吾取粟耳，可以救窮。墨子曰：誠然，則惡在事夫奢也。長無用，好未淫，非聖人之所急也。故食必常飽，然後求美；衣必常暖，然後求麗；居必常安，然後求樂。爲可長，行可久，先質而後文，此聖人之務。禽子曰：善。《說苑・反質篇》。禽子問：天與地孰仁。墨子曰：翟以地爲仁。太山之上則封禪焉，培塿之側則生松柏，下生黍苗莞蒲，水生黿鼉龜魚，民衣焉，食焉，死焉，地終不責德焉。故翟以地爲仁。《藝文類聚・地部》引本書。禽子問曰：多言有益乎。墨子曰：蝦蟆蛙黽日夜而鳴，舌乾擗，然而人不聽之。今鶴雞時夜而鳴，天下振動。多言何益？唯其言之時也。《太平御覽・言語部》引本書。楊朱後於墨子，其說在愛己，不拔一毛以利天下，與墨子相反。《荀子・王霸篇》楊注、殷敬順《列子釋文》。墨子兼愛、上同、右鬼、非命，而楊朱非之，《淮南子・氾論訓》。禽子與之辯論。《荀子注》《列子釋文》。禽子問楊朱曰：去子體之一毛，以濟一世，汝爲之乎？楊子曰：世固非一毛之所濟。禽子曰：假濟，爲之乎？楊子弗應。禽子出，語孟孫陽。孟孫陽曰：子不達夫子之心，吾請言之，侵若肌膚獲萬金者，若爲之乎？曰：爲之。孟孫陽曰：有斷若一節得一國，子爲之乎？禽子默然。有間，孟孫陽曰：一毛微於肌膚，肌膚微於一節，省矣。然則積一毛以成肌膚，積肌膚以成一節，一毛固一體萬分中之一物，柰何輕之乎？禽子曰：吾不能所以答子。然以子之言問老聃關尹，則子言當矣；以吾言問大禹墨翟，則吾言當矣。《列子・楊朱篇》。《列子》又云：衛端木叔者，子貢之世也。藉其先貲，家累萬金，不治世故。及其死也，無瘞埋之資，一國之人受其施者，相與賦而藏之。禽滑釐聞之，曰：端木叔，狂人也，辱其祖矣。此與墨學無與，附箸於此。

高石子

（清）孫詒讓《墨子閒詁・墨子後語上・墨學傳授考》　高石子，墨子弟子。墨子使管黔滶游高石子於衛，衛君致禄甚厚，設之於卿。高石子三朝必盡言，而言無行者。去而之齊，見墨子曰：衛君以夫子之故，致禄甚厚，設我於卿。石三朝必盡言，而言無行，是以去之也。衛君無乃以石爲狂乎？墨子曰：去之苟道，受狂何傷？古者周公旦非關叔，關，管之借字。辭三公東處於商蓋，人皆謂之狂，後世稱其德，揚其名，至今不息。且翟聞之，爲義非避毁就譽，去之苟道，受狂何傷？高石子曰：石去之，焉敢不道也。昔者夫子有言曰：天下無道，仁士不處厚焉。今衛君無道，而貪其爵禄，則是我爲苟啗人食也。墨子說，而召禽子曰：姑聽之乎！夫倍義而鄉禄者，我常聞之矣，倍禄而鄉義者，於高石子焉見之也。本書《耕柱篇》。

腹䵍

（清）孫詒讓《墨子閒詁・墨子後語上・墨學傳授考》　腹䵍爲墨者鉅子，居秦，其子殺人。秦惠王曰：先生之年老矣，非有它子也，寡人已令吏弗誅矣，先生之以此聽寡人也。腹䵍對曰：墨者之法，殺人者死，傷人者刑。此所以禁殺傷人也。夫禁殺傷人者，天下之大義也。王雖爲之賜，而令吏弗誅，腹䵍不可不行墨子之法。不許惠王，而遂殺之。呂不韋曰：子，人之所私也。忍所私以行大義，鉅子可謂公矣。《呂氏春秋・去私篇》高注云：鉅姓，子通稱，腹䵍，字也。畢沅云：鉅子，猶鉅儒、鉅公之稱，腹乃其姓耳。案：畢説是也。

尹文子

《莊子・雜篇・天下》　不累於俗，不飾於物，不苟於人，不忮於衆，願天下之安寧以活民命，人我之養畢足而止，以此白心，古之道術有在於是者。宋鈃尹文聞其風而悦之，作爲華山之冠以自表，接萬物以別宥爲始；語心之容，命之曰心之行，以聏合驩，以調海內，請欲置之以爲主。見侮不辱，救民之鬬，禁攻寢兵，救世之戰。以此周行天下，上說下教，雖天下不取，强聒而不舍者也，故曰上下見厭而强見也。

雖然，其爲人太多，其自爲太少，曰：請欲固置五升之飯足矣。先生恐不得飽，弟子雖飢，不忘天下，日夜不休，曰：我必得活哉！圖傲乎救世之士哉！曰：君子不爲苛察，不以身假物。以爲无益於天下者，明之不如已也，以禁攻寢兵爲外，以情欲寡淺爲內，其小大精粗，其行適至是而止。

《呂氏春秋・先識覽四・正名》　尹文曰：今有人於此，將治其國，民有非則非之，民無非則非之；民有罪則罰之，民無罪則罰之。而惡民之難治可乎？王曰：不可。尹文曰：竊觀下吏之治齊也，方若此也。王曰：使寡人治信若是，則民雖不治，寡人弗怨也。意者未至然乎。尹文曰：言之不敢無說，請言其說。王之令曰：殺人者死，傷人者刑。民有畏王之令，深見侮而不敢鬬者，是全王之令也。而王曰見侮而不敢鬬，是辱也。夫謂之辱者，非此之謂也。以為臣不以為臣者罪之也，此無罪而王罰之也。齊王無以應。論皆若此，故國殘身危，走而之榖，如衛。齊湣王，周室之孟侯也。太公之所老也，桓公嘗以此霸矣。管仲之辯名實審也。

春秋戰國・其他諸子分部

鄧析

《四庫全書總目提要》卷一〇一《子部・鄧析子》　周鄧析撰。析，鄭人。《列子・力命篇》曰：鄧析操兩可之說，設無窮之詞。子産執政，作竹刑，鄭國用之。數難子産之治，子産屈之，子産執而戮之，俄而誅之。劉歆奏上其書，案高似孫《子略》誤以此奏爲劉向，今據《書録解題》改正。

則曰：於《春秋左氏傳》昭公二十年而子産卒，子太叔嗣爲政；定公八年，太叔卒，駟歂嗣爲政，明年乃殺鄧析，而用其竹刑。

《列子·力命》 鄧析操兩可之説，設無窮之辭。當子産執政，作竹刑，鄭國用之。數難子産之治，子産屈之，子産執而戮之，俄而誅之。然則子産非能用竹刑，不得不用；鄧析非能屈子産，不得不屈；子産非能誅鄧析，不得不誅也。

（宋）王欽若《册府元龜》卷八〇八《總録部·嫉惡》 又子産治鄭，鄧析務難之，與民之有獄者約，大獄一衣，小獄襦袴。民之獻衣襦袴而學訟者不可勝數，以非爲是，以是爲非，是非無度，而可與不可日變，所欲勝因勝所罪，鄭國大亂，民口讙譁。子産患之，於是殺析，民心是非乃定，法律乃行。

（明）唐順之《稗編》卷四三《諸家一·鄧析》 晁氏曰：先王之世，道德修明，以仁為本，以義為輔，誥命謨訓則著之《書》，諷誦箴規則寓之《詩》，禮樂以彰善，《春秋》以懲惡。其始雖若不同，而其歸則合，猶天地之位殊而育物之化均，寒暑之氣異而成歲之功一。豈非出於道德而然耶？自文武既没，王者不作，道德晦昧於天下，而仁義幾於熄，百家之説蜂起，各求自附於聖人，而不見夫道之大全，以其私知臆説，譁世而惑衆。故九流皆出於晚周，其書各有所長而不能無所失，其長蓋或有見於聖人，而所失蓋各奮其私知，故明者審取舍之而已。然則析之書豈可盡廢哉？《左傳》曰：駟歂殺析而用其竹刑，班固録析書於名家之首，則析之學蓋兼名法家也。今其大旨訐而刻，真其言無可疑者，而其間時勦取他書，頗駁雜不倫，豈後人附益之與？高氏《子略》曰：劉向曰非子産殺鄧析，推《春秋》驗之，按《左氏》魯定公八年，鄭駟歂嗣子太叔為政，明年殺鄧析而用其竹刑，君子謂歂於是為不忠，攷其行事固莫能詳，觀其立言，其曰：天於人無厚，君於民無厚。又曰：勢者君之輿，威者君之策，其意義蓋有出於申韓之學者矣。班固《藝文志》乃列之名家，《列子》固嘗言其操兩奇之説，設無窮之辭，數難子産之法而子産誅之，蓋既與《左氏》異矣。《荀子》又言其不法先王，不是禮義，察而不惠，辨而無用，則亦流於申韓矣。夫傳者乃曰：歂殺鄧析是為不忠，鄭以衰弱。夫鄭之所以為國者，有若裨諶草創之，世叔討論之，東里子産潤色之，庶幾於古矣。子産之告太叔曰：有德者能以寬服人，其次莫如猛。子産惠人也，固已不純乎德，他何足論哉！不只竹刑之施而民懼且駭。嗚呼！春秋以來列國棊錯，不以利勝則以威行。與其民揉轥於争抗，侵凌之威，豈復知所謂仁漸義摩者，其民苦矣，固有惠而不知為政者，豈不賢於以薄為度、以威為神乎？析之見殺，雖歂之過，亦鄭之福也。

列禦寇

（晉）皇甫謐《高士傳》卷中《列禦寇》 列禦寇者，鄭人也。隱居不仕，鄭穆公時子陽為相，專任刑法。列禦寇乃絶迹窮巷，面有飢色。或告子陽曰：列禦寇蓋有道之士也，居君之國而窮，君無乃為不好士乎？子陽聞而悟，使官載粟數十乘而與之。禦寇出見使者，再拜而辭之。入見其妻，妻望之而拊心曰：妾聞為有道之妻子，皆得佚樂，今有飢色，君過而遺先生食，先生不受，豈非命也哉？禦寇笑曰：君非自知我也，以人之言而遺我粟，至其罪我也，又且以人之言，此吾所以不受也。居一年，鄭人殺子陽，其黨皆死，禦寇安然獨全。終身不仕，著書八篇，言道家之意，號曰《列子》。

孫武

《史記》卷六五《孫子吴起列傳》 孫子武者，齊人也。以兵法見於吴王闔廬。闔廬曰：子之十三篇，吾盡觀之矣，可以小試勒兵乎？對曰：可。闔廬曰：可試以婦人乎？曰：可。於是許之，出宫中美女，得百八十人。孫子分爲二隊，以王之寵姬二人各爲隊長，皆令持戟。令之曰：汝知而心與左右手背乎？婦人曰：知之。孫子曰：前，則視心；左，視左手；右，視右手；後，卽視背。婦人曰：諾。約束既布，乃設鈇鉞，卽三令五申之。於是鼓之右，婦人大笑。孫子曰：約束不明，申令不熟，將之罪也。復三令五申而鼓之左，婦人復大笑。孫子曰：約束不明，申令不熟，將之罪也；既已明而不如法者，吏士之罪也。乃欲斬左右隊長。吳王從臺上觀，見且斬愛姬，大駭。趣使使下令曰：寡人已知將軍能用兵矣。寡人非此二姬，食不甘味，願勿斬也。孫子曰：臣既已受命爲將，將在軍，君命有所不受。遂斬隊長二人以徇。用其次爲隊長，於是復鼓之。婦人左右前後跪起皆中規矩繩墨，無敢出聲。於是孫子使使報王曰：兵既整齊，王可試下觀之，唯王所欲用之，雖赴水火猶可也。吳王曰：將軍罷休就舍，寡人不願下觀。孫子曰：王徒好其言，不能用其實。於是闔廬知孫子能用兵，卒以爲將。西破彊楚，入郢，北威齊晉，顯名諸侯，孫子與有力焉。

孫臏

《史記》卷六五《孫子吳起列傳》〔孫〕臏生阿鄄之閒，臏亦孫武之後世子孫也。孫臏嘗與龐涓俱學兵法。龐涓既事魏，得爲惠王將軍，而自以爲能不及孫臏，乃陰使召孫臏。臏至，龐涓恐其賢於己，疾之，則以法刑斷其兩足而黥之，欲隱勿見。

齊使者如梁，孫臏以刑徒陰見，説齊使。齊使以爲奇，竊載與之齊。齊將田忌善而客待之。忌數與齊諸公子馳逐重射。孫子見其馬足不甚相遠，馬有上、中、下輩。於是孫子謂田忌曰：君弟重射，臣能令君勝。田忌信然之，與王及諸公子逐射千金。及臨質，孫子曰：今以君之下駟與彼上駟，取君上駟與彼中駟，取君中駟與彼下駟。既馳三輩畢，而田忌一不勝而再勝，卒得王千金。於是忌進孫子於威王。威王問兵法，遂以爲師。

其後魏伐趙，趙急，請救於齊。齊威王欲將孫臏，臏辭謝曰：刑餘之人不可。於是乃以田忌爲將，而孫子爲師，居輜車中，坐爲計謀。田忌欲引兵之趙，孫子曰：夫解雜亂紛糾者不控捲，救鬬者不搏撠，批亢擣虛，形格勢禁，則自爲解耳。今梁趙相攻，輕兵鋭卒必竭於外，老弱罷於內。君不若引兵疾走大梁，據其街路，衝其方虛，彼必釋趙而自救。是我一舉解趙之圍而收獘於魏也。田忌從之，魏果去邯鄲，與齊戰於桂陵，大破梁軍。

後十三歲，魏與趙攻韓，韓告急於齊。齊使田忌將而往，直走大梁。魏將龐涓聞之，去韓而歸，齊軍既已過而西矣。孫子謂田忌曰：彼三晉之兵素悍勇而輕齊，齊號爲怯，善戰者因其勢而利導之。兵法，百里而趣利者蹶上將，五十里而趣利者軍半至。使齊軍入魏地爲十萬竈，明日爲五萬竈，又明日爲三萬竈。龐涓行三日，大喜，曰：我固知齊軍怯，入吾地三日，士卒亡者過半矣。乃弃其步軍，與其輕鋭倍日并行逐之。孫子度其行，暮當至馬陵。馬陵道陝，而旁多阻隘，可伏兵，乃斫大樹白而書之曰龐涓死于此樹之下。於是令齊軍善射者萬弩，夾道而伏，期曰暮見火舉而俱發。龐涓果夜至斫木下，見白書，乃鑽火燭之。讀其書未畢，齊軍萬弩俱發，魏軍大亂相失。龐涓自知智窮兵敗，乃自剄，曰：遂成豎子之名！齊因乘勝盡破其軍，虜魏太子申以歸。孫臏以此名顯天下，世傳其兵法。

司馬穰苴

《史記》卷六四《司馬穰苴列傳》司馬穰苴者，田完之苗裔也。齊景公時，晉伐阿、甄，而燕侵河上，齊師敗績。景公患之。晏嬰乃薦田穰苴曰：穰苴雖田氏庶孽，然其人文能附衆，武能威敵，願君試之。景公召穰苴，與語兵事，大説之，以爲將軍，將兵扞燕晉之師。穰苴曰：臣素卑賤，君擢之閭伍之中，加之大夫之上，士卒未附，百姓不信，人微權輕，願得君之寵臣，國之所尊，以監軍，乃可。於是景公許之，使莊賈往。穰苴既辭，與莊賈約曰：旦日日中會於軍門。穰苴先馳至軍，立表下漏待賈。賈素驕貴，以爲將己之軍而己爲監，不甚急；親戚左右送之，留飲。日中而賈不至。穰苴則仆表決漏，入，行軍勒兵，申明約束。約束既定，夕時，莊賈乃至。穰苴曰：何後期爲？賈謝曰：不佞大夫親戚送之，故留。穰苴曰：將受命之日則忘其家，臨軍約束則忘其親，援枹鼓之急則忘其身。今敵國深侵，邦內騷動，士卒暴露於境，君寢不安席，食不甘味，百姓之命皆懸於君，何謂相送乎！召軍正問曰：軍法期而後至者云何？對曰：當斬。莊賈懼，使人馳報景公，請救。既往，未及反，於是遂斬莊賈以徇三軍。三軍之士皆振慄。久之，景公遣使者持節赦賈，馳入軍中。穰苴曰：將在軍，君令有所不受。問軍正曰：馳三軍法何？正曰：當斬。使者大懼。穰苴曰：君之使不可殺之。乃斬其僕，車之左駙，馬之左驂，以徇三軍。遣使者還報，然後行。士卒次舍井竈飲食問疾醫藥，身自拊循之。悉取將軍之資糧享士卒，身與士卒平分糧食。最比其羸弱者，三日而後勒兵。病者皆求行，爭奮出爲之赴戰。晉師聞之，爲罷去。燕師聞之，度水而解。於是追擊之，遂取所亡封內故境而引兵歸。未至國，釋兵旅，解約束，誓盟而後入邑。景公與諸大夫郊迎，勞師成禮，然後反歸寢。既見穰苴，尊爲大司馬。田氏日以益尊於齊。

已而大夫鮑氏、高、國之屬害之，譖於景公。景公退穰苴，苴發疾而死。田乞、田豹之徒由此怨高、國等。其後及田常殺簡公，盡滅高子、國子之族。至常曾孫和，因自立爲齊威王，用兵行威，大放穰苴之法，而諸侯朝齊。

淳于髡

《史記》卷七四《孟子荀卿列傳》　淳于髡，齊人也。博聞彊記，學無所主。其諫説，慕晏嬰之爲人也，然而承意觀色爲務。客有見髡於梁惠王，惠王屏左右，獨坐而再見之，終無言也。惠王怪之，以讓客曰：子之稱淳于先生，管、晏不及，及見寡人，寡人未有得也。豈寡人不足爲言邪？何故哉？客以謂髡。髡曰：固也。吾前見王，王志在驅逐；後復見王，王志在音聲：吾是以默然。客具以報王，王大駭，曰：嗟乎，淳于先生誠聖人也！前淳于先生之來，人有獻善馬者，寡人未及視，會先生至。後先生之來，人有獻謳者，未及試，亦會先生來。寡人雖屏人，然私心在彼，有之。後淳于髡見，壹語連三日三夜無倦。惠王欲以卿相位待之，髡因謝去。於是送以安車駕駟，束帛加璧，黄金百鎰。終身不仕。

騶衍

《史記》卷七四《孟子荀卿列傳》　齊有三騶子。其前騶忌，以鼓琴干威王，因及國政，封爲成侯而受相印，先孟子。

其次騶衍，後孟子。騶衍睹有國者益淫侈，不能尚德，若《大雅》整之於身，施及黎庶矣。乃深觀陰陽消息而作怪迂之變，《終始》、《大聖》之篇十餘萬言。其語閎大不經，必先驗小物，推而大之，至於無垠。先序今以上至黄帝，學者所共術，大並世盛衰，因載其禨祥度制，推而遠之，至天地未生，窈冥不可考而原也。先列中國名山大川，通谷禽獸，水土所殖，物類所珍，因而推之，及海外人之所不能睹。稱引天地剖判以來，五德轉移，治各有宜，而符應若茲。以爲儒者所謂中國者，於天下乃八十一分居其一分耳。中國名曰赤縣神州。赤縣神州内自有九州，禹之序九州是也，不得爲州數。中國外如赤縣神州者九，乃所謂九州也。於是有裨海環之，人民禽獸莫能相通者，如一區中者，乃爲一州。如此者九，乃有大瀛海環其外，天地之際焉。其術皆此類也。然要其歸，必止乎仁義節儉，君臣上下六親之施，始也濫耳。王公大人初見其術，懼然顧化，其後不能行之。

是以騶子重於齊。適梁，惠王郊迎，執賓主之禮。適趙，平原君側行撇席。如燕，昭王擁彗先驅，請列弟子之座而受業，築碣石宮，身親往師之。作《主運》。其游諸侯見尊禮如此，豈與仲尼菜色陳蔡，孟軻困於齊梁同乎哉！故武王以仁義伐紂而王，伯夷餓不食周粟；衛靈公問陳，而孔子不答；梁惠王謀欲攻趙，孟軻稱大王去邠。此豈有意阿世俗苟合而已哉！持方枘欲内圜鑿，其能入乎？或曰，伊尹負鼎而勉湯以王，百里奚飯牛車下而繆公用霸，作先合，然後引之大道。騶衍其言雖不軌，儻亦有牛鼎之意乎？

自騶衍與齊之稷下先生，如淳于髡、慎到、環淵、接子、田駢、騶奭之徒，各著書言治亂之事，以干世主，豈可勝道哉！

惠施

（清）**王先謙《荀子集解·非十二子》** 不法先王，不是禮義。不以禮義爲是。而好治怪説，玩琦辭，玩與翫同，琦，讀爲奇異之奇。甚察而不惠。惠，順。王念孫曰：惠當爲急，字之誤也。甚察而不急，謂其言雖甚察而不急於用，故下句云辯而無用也。下文無用而辯，不急而察，急字亦誤作惠。《天論篇》云：無用之辯，不急之察。《性惡篇》云：雜能旁魄而無用，析速粹孰而不急。皆其明證也。楊訓惠爲順，失之。辯而無用，多事而寡功，不可以爲治綱紀。然而其持之有故，其言之成理，足以欺惑愚衆，是惠施、鄧析也。

公孫龍

《史記》卷七四《孟子荀卿列傳》 趙亦有公孫龍爲堅白同異之辯，劇子之言；魏有李悝，盡地力之教；楚有尸子、長盧；阿之吁子焉。自如孟子至于吁子，世多有其書，故不論其傳云。

兩漢分部

陸賈

《漢書》卷四三《陸賈傳》 陸賈，楚人也。以客從高祖定天下，名有口辯，居左右，常使諸侯。【略】

賈時時前説稱《詩》《書》。高帝罵之曰：乃公居馬上得之，安事《詩》《書》！賈曰：馬上得之，寧可以馬上治乎？且湯武逆取而以順守之，文武並用，長久之術也。昔者吴王夫差、智伯極武而亡；秦任刑法不變，卒滅趙氏。鄉使秦以并天下，行仁義，法先聖，陛下安得而有之？高帝不懌，有慙色，謂賈曰：試爲我著秦所以失天下，吾所以得之者，及古成敗之國。賈凡著十二篇。每奏一篇，高帝未嘗不稱善，左右呼萬歲，稱其書曰《新語》。

（清）**唐晏《兩漢三國學案》卷四《尚書》** 〔陸賈〕使南粤，臣尉佗，高帝大説，拜爲太中大夫。【略】及誅吕氏，立孝文，賈頗有力。孝文即位，欲使人之南越，丞相平乃言賈爲太中大夫，往使尉佗，去黄屋稱制，令比諸侯，皆如意指。

伏生

《史記》卷一二一《儒林列傳·伏生》 伏生者，濟南人也，故為秦博士。孝文帝時，欲求能治《尚書》者，天下無有，乃聞伏生能治，欲召之。是時伏生年九十餘，老，不能行，於是乃詔太常使掌故朝錯往受之。秦時焚書，伏生壁藏之，其後兵大起，流亡。漢定，伏生求其書，亡數十篇，獨得二十九篇，即以教于齊魯之間。學者由是頗能言《尚書》，諸山東大師無不涉《尚書》以教矣。

伏生教濟南張生及歐陽生，歐陽生教千乘兒寬。兒寬既通《尚書》，以文學應郡舉，詣博士受業，受業孔安國。兒寬貧無資用，常爲弟子都養，及時時閒行傭賃，以給衣食。行常帶經，止息則誦習之。以試第次，補廷尉史。是時張湯方鄉學，以爲奏讞掾，以古法議決疑大獄，而愛幸寬。寬爲人温良，有廉智，自持，而善著書、書奏，敏於文，口不能發明也。湯以爲長者，數稱譽之。及湯爲御史大夫，以兒寬爲掾，薦之天子。天子見問，説之。張湯死後六年，兒寬位至御史大夫。九年而以官卒。寬在三公位，以和良承意從容得久，然無有所匡諫；於官，官屬易之，不爲盡力。張生亦爲博士。而伏生孫以治《尚書》徵，不能明也。

（清）**唐晏《兩漢三國學案》卷三《尚書》** 伏生，濟南人也，《後漢

・伏湛傳》云：九世祖勝，字子賤。所謂濟南伏生也。故爲秦博士。孝文時，求能治《尚書》者，天下亡有，聞伏生治之，欲召。時伏生年九十餘，老不能行，於是詔太常使掌故鼂錯往受之。秦時禁書，伏生壁藏之，其後兵大起，流亡。漢定，伏生求其書，亡數十篇，獨得二十九篇，即以教於齊、魯之間。齊、魯學者由是頗能言《尚書》，山東大師亡不涉《尚書》以教。伏生教濟南張生及歐陽生，張生爲博士，而伏生孫以治《尚書》徵，弗能明定。是後魯周霸、雒陽賈嘉頗能言《尚書》云。

（清）李清植《歷代名儒傳》卷一　伏生，濟南人，故爲秦博士，治《尚書》。當秦禁學，伏生獨壁藏之。漢興，求其書，亡數十篇，獨得二十九篇，以教齊魯之間。齊學者由此頗能言《尚書》。孝文時，求能治《尚書》者，天下亡有，惟伏生治之，欲召。伏生年已九十餘，老不能行，乃詔太常使掌故朝錯往受之。伏生所授，有濟南張生及千乘歐陽生。歐陽生，字和叔，以授兒寬，寬復以授歐陽生之子世，故《尚書》有歐陽氏學。世父子相授至曾孫高，高以授平陵平當梁陳翁生，則歐陽氏又有平陳之學。濟南張生以授族子始昌，始昌以授夏侯勝，勝以授從兄子建，故《尚書》有大小夏侯之學。勝又別授孔霸及周堪，堪授許商，則大夏侯又有孔許之學。建授鄭寬中張無故秦恭假倉李尋，則小夏侯又有鄭張秦假李氏之學。凡言今文《尚書》者，皆本之伏生。

論曰：《尚書》今文多詰屈，衛宏以爲錯受書時，伏生老不能正言，使女傳言教錯。齊音與潁川異，錯所不知者十二三，畧以意屬讀而已。夫此二十九篇者，伏生壁藏未亡之書也。既嘗以教於齊魯矣，則錯銜命往受，伏生何難出所藏以示之，即不然，亦可使它弟子傳言，何必以女哉？衛宏之云，不足信也。

叔孫通

《史記》卷九九《劉敬叔孫通列傳》　叔孫通者，薛人也。秦時以文學徵，待詔博士。數歲，陳勝起山東，使者以聞，二世召博士諸儒生問曰：楚戍卒攻蘄入陳，於公如何？博士諸生三十餘人前曰：人臣無將，將即反，罪死無赦。願陛下急發兵擊之。二世怒，作色。叔孫通前曰：諸生言皆非也。夫天下合爲一家，毀郡縣城，鑠其兵，示天下不復用。且明主在其上，法令具於下，使人人奉職，四方輻輳，安敢有反者！此特羣盜鼠竊狗盜耳，何足置之齒牙間。郡守尉今捕論，何足憂。二世喜曰：善。盡問諸生，諸生或言反，或言盜。於是二世令御史案諸生言反者下吏，非所宜言。諸言盜者皆罷之。迺賜叔孫通帛二十匹，衣一襲，拜爲博士。叔孫通已出宮，反舍，諸生曰：先生何言之諛也？通曰：公不知也，我幾不脱於虎口！迺亡去，之薛，薛已降楚矣。及項梁之薛，叔孫通從之。敗於定陶，從懷王。懷王爲義帝，徙長沙，叔孫通留事項王。漢二年，漢王從五諸侯入彭城，叔孫通降漢王。漢王敗而西，因竟從漢。**【略】**

漢五年，已并天下，諸侯共尊漢王爲皇帝於定陶，叔孫通就其儀號。高帝悉去秦苛儀法，爲簡易。羣臣飲酒爭功，醉或妄呼，拔劍擊柱，高帝患之。叔孫通知上益厭之也，説上曰：夫儒者難與進取，可與守成。臣願徵魯諸生，與臣弟子共起朝儀。高帝曰：得無難乎？叔孫通曰：五帝異樂，三王不同禮。禮者，因時世人情爲之節文者也。故夏、殷、周之禮所因損益可知者，謂不相復也。臣願頗采古禮與秦儀雜就之。上曰：可試爲之，令易知，度吾所能行爲之。

（宋）王安石《臨川先生文集》卷九《古詩・叔孫通》　先生秦博士，秦禮頗能熟。量主欲有爲，兩生皆不欲。草具一王儀，羣豪果知肅。黄金既徧賜，短衣亦已續。儒術自此凋，何爲反初服？

賈誼

《史記》卷八四《屈原賈生列傳》　賈生名誼，雒陽人也。年十八，以能誦詩屬書聞於郡中。吳廷尉爲河南守，聞其秀才，召置門下，甚幸愛。孝文皇帝初立，聞河南守吳公治平爲天下第一，故與李斯同邑而常學事焉，乃徵爲廷尉。廷尉乃言賈生年少，頗通諸子百家之書。文帝召以爲博士。

鼂錯

《史記》卷一〇一《袁盎鼂錯列傳》 鼂錯者，潁川人也。學申商刑名於軹張恢先所，與雒陽宋孟及劉禮同師。以文學爲太常掌故。【略】景帝即位，以錯爲內史。錯常數請閒言事，輒聽，寵幸傾九卿，法令多所更定。丞相申屠嘉心弗便，力未有以傷。內史府居太上廟壖中，門東出，不便，錯乃穿兩門南出，鑿廟壖垣。丞相嘉聞，大怒，欲因此過爲奏請誅錯。錯聞之，即夜請閒，具爲上言之。丞相奏事，因言錯擅鑿廟垣爲門，請下廷尉誅。上曰：此非廟垣，乃壖中垣，不致於法。丞相謝。罷朝，怒謂長史曰：吾當先斬以聞，乃先請，爲兒所賣，固誤。丞相遂發病死。錯以此愈貴。

遷爲御史大夫，請諸侯之罪過，削其地，收其枝郡。奏上，上令公卿列侯宗室集議，莫敢難，獨竇嬰爭之，由此與錯有郤。錯所更令三十章，諸侯皆諠譁疾鼂錯。錯父聞之，從潁川來，謂錯曰：上初即位，公爲政用事，侵削諸侯，別疏人骨肉，人口議多怨公者，何也？鼂錯曰：固也。不如此，天子不尊，宗廟不安。錯父曰：劉氏安矣，而鼂氏危矣，吾去公歸矣！遂飲藥死，曰：吾不忍見禍及吾身。死十餘日，吴楚七國果反，以誅錯爲名。及竇嬰、袁盎進説，上令鼂錯衣朝衣斬東市。

（清）唐晏《兩漢三國學案》卷三《尚書》 鼂錯，潁川人也。【略】錯爲人陗直刻深。孝文時，天下亡治《尚書》者，獨聞齊有伏生，故秦博士，治《尚書》，年九十餘，老不可徵。詔太常使人受之。太常遣錯受《尚書》伏生所。衛宏定《古文尚書序》曰：伏生老不能正言，言不可曉也。使其女傳言教錯，齊人語多與潁川異，錯所不知者十二三，略以其意屬讀。還，因上書稱説。詔以爲太子舍人，門大夫，遷博士。又上書言：人主所以尊顯功名揚於萬世之後者，以知術數也。故人主知所以臨制臣下而治其衆，則羣臣畏服矣。知所以聽言受事，則不受欺蔽矣。知所以安利萬民，則海內必從矣。知所以忠孝事上，則臣子之行備矣。此四者，臣竊爲皇太子急之。人臣之議曰：皇太子無以知事爲也。臣之愚，誠以爲不然。竊觀上世之君，不能奉其宗廟而刼殺於其臣者，皆不知術數者也。皇太子所讀書多矣，而未深知術數者，不問書説也。夫多誦而不知其説，所謂勞苦而不爲功臣。竊觀皇太子材智高奇，馭射伎蓺過人絶遠。然於術數未有所守者，以陛下爲心也。竊願陛下幸擇聖人之術可用今世者，以賜皇太子，因時使皇太子陳明於前。唯陛下裁察。上善之，於是拜錯爲太子家令。以其辯得幸太子，太子家號爲智囊。是時匈奴彊，數寇邊，上發兵以禦之。錯上書言兵事。後詔有司舉賢良文學士，錯在選中。上親策詔之，錯對曰：詔策曰明於國家大體，愚臣竊以古之五帝明之。臣聞五帝神聖，其臣莫能及，故自親事，處于法宮之中，明堂之上。動靜上配天，下順地，中得人。故衆生之類亡不覆也，根著之徒亡不載也，燭以光明，亡偏異也，德上及飛鳥，下至水蟲，草木諸產，皆被其澤。然後陰陽調，四時節，日月光，風雨時，膏露降，五穀熟，祅孽滅，賊氣息，民不疾疫，河出圖，洛出書，神龍至，鳳鳥翔，德澤滿天下，靈光施四海。此謂配天地，治國大體之功也。詔策曰通於人事終始，愚臣竊以古之三王明之。臣聞三王臣主俱賢，故合謀相輔，計安天下，莫不本於人情。人情莫不欲壽，三王生而不傷也。人情莫不欲富，三王厚而不困也。人情莫不欲安，三王扶而不危也。人情莫不欲逸，三王節其力而不盡也。其爲法令也，合於人情而後行之。其動衆使民也，本於人事然後爲之。取人以己，內恕及人。情之所惡，不以彊人。情之所欲，不以禁民。是以天下樂其政，歸其德，望之若父母，從之若流水。百姓和親，國家安寧，名位不失，施及後世。此明於人情終始之功也。詔策曰直言極諫，愚臣竊以五伯之臣明之。臣聞五伯不及其臣，故屬之以國，任之以事。五伯之佐之爲人臣也，察身而不敢誣，奉法令不容私，盡心力不敢矜，遭患難不避死，見賢不居其上，受禄不過其量，不以亡能居尊顯之位。自行若此，可謂方正之士矣。其立法也，非以苦民傷衆而爲之機陷也，以之興利除害，尊主安民而救暴亂也。其行賞也，非虚取民財而妄予人也，以勸天下之忠孝而明其功也。故功多者賞厚，功少者賞薄。如此，斂民財以顧其功，而民不恨者，知與而安己也。其行罰也，非以忿怒妄誅而從暴心也，以禁天下不忠不孝而害國者也。故辠大者罰重，辠小者罰輕。如此，民雖伏罪至死而不怨者，知罪罰之至，自取之也。立法若此，可謂平正之吏矣。法之逆者，請而更之，不以傷民。主行之暴者，逆而復之，不以傷國。救主之失，補主之過，揚主之美，明主之功，使主內無邪辟之行，外無騫汙之名。事君若此，可謂直言極諫之士矣。此五伯之所以德匡天下，威正諸侯，功業甚美，名聲彰明。舉天下之賢主，五伯與焉，此身不及其臣而使得直言極諫補其不逮之功也。時賈誼已死，對策者百餘人，唯錯爲高第，繇是遷中大夫。錯又言宜削諸侯事，及法令可更定者，書凡三十篇。孝文雖不盡聽，然奇其材。當時太子善錯計策，爰盎諸大功臣多不好錯。景帝卽位，以錯爲內史。數請間言事，輒聽，幸傾九卿，法令多所更定。遷爲御史大夫，請諸侯之罪過，削其支郡。奏上，上令公卿列侯宗室雜議，莫敢難，獨竇嬰爭之，繇此與錯有隙。錯所更令三十章，諸侯讙譁。錯父聞之，從潁川來，謂錯曰：上初卽位，公爲政用事，侵削諸侯，疏人骨肉，口讓多怨，公何爲也！錯曰：固也。不如此，天子不尊，宗廟不安。父曰：劉氏安矣，而鼂氏危，吾去公歸矣。遂飲藥死，曰：吾不忍見禍逮身。後十餘日，吳楚七國俱反，以誅錯爲名。上與錯議出軍事，錯欲令上自將兵，而身居守。會爰盎見上言錯，乃朝衣斬東市。

按：西漢《尚書》之傳，伏生初授止及鼂錯，然錯本韓非刑名家言，及其論政，多雜而不純，故不復載。惟賢良策較爲近正，刪存其大概云。至於削地一舉，錯本忠於謀國而不免其身，固景帝之負錯，非錯之負帝也。然使錯不學刑名，安所取死哉？

主父偃

《史記》卷一一二《平津侯主父列傳》 主父偃者，齊臨菑人也。學長短縱橫之術，晚乃學《易》、《春秋》、百家言。游齊諸生閒，莫能厚遇也。齊諸儒生相與排擯，不容於齊。家貧，假貸無所得，迺北游燕、趙、中山，皆莫能厚遇，爲客甚困。孝武元光元年中，以爲諸侯莫足游者，乃西入關見衛將軍。衛將軍數言上，上不召。資用乏，留久，諸公賓客多厭之，乃上書闕下。朝奏，暮召入見。所言九事，其八事爲律令，一事諫伐匈奴。

（漢）劉向《新序》卷一〇《善謀》 孝武皇帝時，中大夫主父偃爲策曰：古諸侯不過百里，強弱之形易制也。今諸侯或連城數十，地方千里，緩則驕，易爲淫亂；急則阻，其強而合從，謀以逆京師。今以法割之，卽逆節萌起，前日鼂錯是也。今諸侯子弟或十數，而適嗣代立，餘雖骨肉，無尺地之封，則仁孝之道不宣。願陛下令諸侯得推恩，分子弟以地侯之，彼人人喜得所願，上以德施，實封其國，而稍自消弱矣。於是上從其計。因關馬及弩不得出，絕游說之路，重附益諸侯之法，急詿誤其君之罪，諸侯王遂以弱，而合從之事絕矣，主父偃之謀也。

轅固

《史記》卷一二一《儒林列傳・轅固》 清河王太傅轅固生者，齊人也。以治《詩》，孝景時爲博士。與黃生爭論景帝前。黃生曰：湯武非受命，乃弒也。轅固生曰：不然。夫桀紂虐亂，天下之心皆歸湯武，湯武與天下之心而誅桀紂，桀紂之民不爲之使而歸湯武，湯武不得已而立，非受命爲何？黃生曰：冠雖敝，必加於首；履雖新，必關於足。何者，上下之分也。今桀紂雖失道，然君上也；湯武雖聖，臣下也。夫主有失行，臣下不能正言匡過以尊天子，反因過而誅之，代立踐南面，非弒而何也？轅固生曰：必若所云，是高帝代秦卽天子之位，非邪？於是景帝曰：食肉不食馬肝，不爲不知味；言學者無言湯武受命，不爲愚。遂罷。是後學者莫敢明受命放殺者。

《漢書》卷八八《儒林傳・轅固》 轅固，齊人也。【略】竇太后好《老子》書，召問固。固曰：此家人言耳。太后怒曰：安得司空城旦書乎！乃使固入圈擊彘。上知太后怒，而固直言無辠，乃假固利兵下，固刺彘正中其心，彘應手而倒。太后默然，亡以復辠。後上以固廉直，拜爲清河太傅，疾免。武帝初卽位，復以賢良徵。諸儒多嫉毁曰固老，罷歸之。時固已九十餘矣。公孫弘亦徵，仄目而事固。固曰：公孫子，務正學以言，無曲學以阿世！諸齊以《詩》顯貴，皆固之弟子也。昌邑太傅夏侯始昌最明，自有傳。

賈山

《漢書》卷五一《賈山傳》　賈山，潁川人也。祖父（祛）〔袪〕，故魏王時博士弟子也。山受學（祛）〔袪〕，所言涉獵書記，不能爲醇儒。嘗給事潁陰侯爲騎。

（清）唐晏《兩漢三國學案》卷一一《明經文學列傳》　賈山，【略】。孝文時，言治亂之道，借秦爲諭，名曰《至言》。其言多激切，善指事意，然終不加罰，所以廣諫争之路也。

公孫弘

《漢書》卷五八《公孫弘傳》　公孫弘，菑川薛人也。少時爲獄吏，有罪，免。家貧，牧豕海上。年四十餘，乃學《春秋》雜説。

（清）唐晏《兩漢三國學案》卷八《春秋》　公孫弘，菑川薛人也。家貧，牧豕海上。年四十餘，乃學《春秋》。武帝初即位，招賢良文學士，弘年六十，以賢良徵爲博士。使匈奴，還報，不合意，乃移病免。元光五年，復徵對策，拜爲博士，待詔金馬門。弘奏事，有所不可，不肯庭辯。弘習文法吏事，緣飾以儒術，上説之，一歲中至左内史。常稱人主病不廣大，人臣病不節儉。養後母孝謹，後母卒，服喪三年。數年，遷御史大夫。元朔中，爲丞相，封平津侯。於是起客館，開東閣以延賢人，與參謀議。弘身食一肉、脱粟飯，故人賓客仰衣食，奉禄皆以給之，家無所餘。然其性意忌，外寬内深。諸常與弘有隙，雖陽與善，後竟報其過。殺主父偃，徙董仲舒膠西，皆弘力也。

劉德

《漢書》卷三六《楚元王傳》　〔劉〕德字路叔，修黄老術，有智略。少時數言事，召見甘泉宮，武帝謂之千里駒。昭帝初，爲宗正丞，雜治劉澤詔獄。父爲宗正，徙大鴻臚丞，遷太中大夫，後復爲宗正，雜案上官氏、蓋主事。德常持《老子》知足之計。妻死，大將軍光欲以女妻之，德不敢取，畏盛滿也。蓋長公主孫譚遮德自言，德數責以公主起居無狀。侍御史以爲光望不受女，承指劾德誹謗詔獄，免爲庶人，屏居山田。光聞而恨之，復白召德守青州刺史。歲餘，復爲宗正，與立宣帝，以定策賜爵關内侯。地節中，以親親行謹厚封爲陽城侯。子安民爲郎中右曹，宗家以德得官宿衛者二十餘人。

德寬厚，好施生，每行京兆尹事，多所平反罪人。家産過百萬，則以振昆弟賓客食飲，曰：富，民之怨也。立十一年，子向坐鑄僞黄金，當伏法，德上書訟罪。會薨，大鴻臚奏德訟子罪，失大臣體，不宜賜謚置嗣。制曰：賜謚繆侯，爲置嗣。傳至孫慶忌，復爲宗正太常。薨，子岑嗣，爲諸曹中郎將，列校尉，至太常。薨，傳子，至王莽敗，乃絶。

（清）李清植《歷代名儒傳》卷一　劉德者，孝景帝子也。前二年，立爲河間王，修學好古，實事求是。從民得善書，必爲好寫與之，留其真，加金帛賜以招之。由是四方道術之人，不遠千里，或有先祖舊書，多奉以奏王者，故得書多與漢朝等。是時淮南王安亦好書，所招致率多浮辨。王所得書，盡古文先秦舊書，《周官》、《尚書》、《禮》、《禮記》、《孟子》、《老子》之屬，皆經傳説記七十子之徒所論。其學舉六藝，立毛氏《詩》、左氏《春秋》博士，修禮樂，被服儒術，造次必於儒者。山東諸儒者從而遊。武帝時來朝，獻雅樂，對三雍宮，及詔策所問三十餘事，其對推道術而言，得事之中，文約指明。立二十六年薨。中尉常麗以聞曰：王身端行治，温仁恭儉，篤敬愛下，明知深察，惠於鰥寡。大行令奏謚法聰明睿知曰獻，宜謚獻王。傳五世至元，國除。建始元年，復立元弟良爲河間王，良修獻王之行，母太后薨，服喪三年如禮。哀帝下詔褒揚，益封萬戸。薨，謚曰惠。傳子尚，至王莽時絶。

論曰：周衰，禮壞樂崩。及經秦火，書籍亡失，漢儒修補，每限於耑門，惟獻王藉屏藩之力，多士景從，故蒐輯獨備。《藝文志》所載儒家書目，有河間《周制》十八篇，意獻王述禮之作。又記獻王與毛生等共采《周官》及諸子言樂事者，以作《樂記》。然則禮樂之事，其存什一於千百，猶傳於今不廢者，獻王之勞，尤不可誣。班固曰：夫惟大雅，卓爾不羣，豈不諒夫？

劉安

（清）唐晏《兩漢三國學案》卷二《周易》　淮南王安，厲王長子也。好書，鼓琴，不喜弋獵狗馬。招致賓客方術之士數千人，作爲《內書》二十一篇，《外書》甚衆，又有《中篇》八卷，言神仙黄白之術，亦二十餘萬言。時武帝好藝文，以安屬爲諸父，辨博善爲文詞，甚重之。每爲報書及賜，常召司馬相如等視草迺遣。初，安入朝，獻所作《內篇》，新出，上愛秘之。使爲《離騷傳》，旦受詔，日食時上。又獻《頌德》及《長安都國頌》。後以反誅。

董仲舒

《史記》卷一二一《儒林列傳·董仲舒》　董仲舒，廣川人也。以治《春秋》，孝景時爲博士。下帷講誦，弟子傳以久次相受業，或莫見其面，蓋三年董仲舒不觀於舍園，其精如此。進退容止，非禮不行，學士皆師尊之。今上卽位，爲江都相。以《春秋》災異之變推陰陽所以錯行，故求雨閉諸陽，縱諸陰，其止雨反是。行之一國，未嘗不得所欲。中廢爲中大夫，居舍，著《災異之記》。是時遼東高廟災，主父偃疾之，取其書奏之天子。天子召諸生示其書，有刺譏。董仲舒弟子呂步舒不知其師書，以爲下愚。於是下董仲舒吏，當死，詔赦之。於是董仲舒竟不敢復言災異。

董仲舒爲人廉直。是時方外攘四夷，公孫弘治《春秋》不如董仲舒，而弘希世用事，位至公卿。董仲舒以弘爲從諛。弘疾之，乃言上曰：獨董仲舒可使相膠西王。膠西王素聞董仲舒有行，亦善待之。董仲舒恐久獲罪，疾免居家。至卒，終不治産業，以脩學著書爲事。故漢興至于五世之間，唯董仲舒名爲明於《春秋》，其傳公羊氏也。

《漢書》卷五六《董仲舒傳》　對既畢，天子以仲舒爲江都相，事易王。易王，帝兄，素驕，好勇。仲舒以禮誼匡正，王敬重焉。久之，王問仲舒曰：粵王句踐與大夫泄庸、種、蠡謀伐吴，遂滅之。孔子稱殷有三仁，寡人亦以爲粵有三仁。桓公決疑於管仲，寡人決疑於君。仲舒對曰：臣愚不足以奉大對。聞昔者魯君問柳下惠：吾欲伐齊，何如？柳下惠曰：不可。歸而有憂色，曰：吾聞伐國不問仁人，此言何爲至於我哉！徒見問耳，且猶羞之，況設詐以伐吴虖？繇此言之，粵本無一仁。夫仁人者，正其誼不謀其利，明其道不計其功，是以仲尼之門，五尺之童羞稱五伯，爲其先詐力而後仁誼也。苟爲詐而已，故不足稱於大君子之門也。五伯比於他諸侯爲賢，其比三王，猶武夫之與美玉也。王曰：善。

仲舒治國，以《春秋》災異之變推陰陽所以錯行，故求雨，閉諸陽，縱諸陰，其止雨反是。行之一國，未嘗不得所欲。中廢爲中大夫。先是遼東高廟、長陵高園殿災，仲舒居家推説其意，屮槀未上，主父偃候仲舒，私見，嫉之，竊其書而奏焉。上召視諸儒，仲舒弟子呂步舒不知其師書，以爲大愚。於是下仲舒吏，當死，詔赦之。仲舒遂不敢復言災異。

仲舒爲人廉直。是時方外攘四夷，公孫弘治《春秋》不如仲舒，而弘希世用事，位至公卿。仲舒以弘爲從諛，弘嫉之。膠西王亦上兄也，尤縱恣，數害吏二千石。弘乃言於上曰：獨董仲舒可使相膠西王。膠西王聞仲舒大儒，善待之，仲舒恐久獲辠，病免。凡相兩國，輒事驕王，正身以率下，數上疏諫争，教令國中，所居而治。及去位歸居，終不問家産業，以脩學著書爲事。

仲舒在家，朝廷如有大議，使使者及廷尉張湯就其家而問之，其對皆有明法。自武帝初立，魏其、武安侯爲相而隆儒矣。及仲舒對册，推明孔氏，抑黜百家。立學校之官，州郡舉茂材孝廉，皆自仲舒發之。年老，以壽終於家。家徙茂陵，子及孫皆以學至大官。

仲舒所著，皆明經術之意，及上疏條教，凡百二十三篇。而説《春秋》事得失，《聞舉》、《玉杯》、《蕃露》、《清明》、《竹林》之屬，復數十篇，十餘萬言，皆傳於後世。

（清）李清植《歷代名儒傳》卷一　武帝卽位，舉賢良文學之士，前後百數，而仲舒以賢良對策。其策有曰：天道之大者在陰陽，陽爲德，陰爲刑，刑主殺而德主生。是故陽常居大夏，而以生育養長爲事；陰常居大冬，而積於空虚不用之處，以此見天之任德不任刑也。天使陽出布施於上，而主歲功，使陰入伏於下，而時出佐陽，陽不得陰之助，亦不能獨成歲，終陽以成歲爲名，此天意也。王者承天意以從事，故任德教而不任刑。刑者不可任以治世，猶陰之不可任以成歲也。又曰：夫不素養士而欲求賢，譬猶不琢玉而求文采也。養士之大者，莫大乎太學，今以一郡一國之衆，對亡應書者，是王道往往而絶也。臣願陛下興太學，置明師，以養天下之士，數考問以盡其材，則英俊宜可得矣。又曰：天令之爲命，命非聖人不行；質樸之謂性，性非教化不成；人欲之謂情，情非度制不節。是故王者上謹於承天意，以順命也；下務明教化民，以成性也。正法度之宜，別上下之序，以防欲也。修此三者，而大本舉矣。又曰：孔子曰：天地之性，人爲貴。明於天性，知自貴於物；知自貴於物，然後知仁誼；知仁誼，然後重禮節；重禮節，然後安處善；安處善，然後樂循理；樂循理，然後謂之君子。故曰不知命無以爲君子。又曰：今師異道，人異論，百家殊方，指意不同，是以上無以持一統，法制數變，下不知所守。臣愚以爲諸不在六藝之科，孔子之術者，皆絶其道，勿使竝進，邪辟之説滅息，然後統紀可一，而法度可明，民知所從矣。【略】

《前漢書・贊》曰：劉向稱董仲舒有王佐之材，雖伊吕亡以加，管晏之屬，伯者之佐，殆不及也。至向子歆以爲伊吕乃聖人之耦，王者不得則不興，故顔淵死，孔子曰：噫！天喪予，惟此一人爲能當之，自宰我、子貢、子游、子夏不與焉。仲舒遭漢承秦滅學之後，六經離析，下帷發憤，潛心大業，令後學者，有所統壹，爲羣儒首。然考其師友淵源所漸，猶未及乎游夏。而曰管晏弗及，伊吕不加，過矣。至向曾孫龔，篤論君子也。以歆之言爲然。

論曰：孔子作《春秋》，始於春，亦終於春，所以明千秋必還之運，而開太平於無窮也。當秦酷烈之餘，陰慘極矣，於是惓惓以教化爲言，是陽春之德也。夫欲興教化，必先崇學校；欲崇學校，必先一道術。道術既一，學校既崇，而後賢者循理處善，以成其君子。不賢者亦節情防欲，以別於羣生，此實王道之正，非管晏以下卑卑伯業之所得托也。向惟粗知王伯之分，故尊仲舒而黜管晏，歆不知然，遂乃過其父論。夫仲舒之於伊吕，雖若不逮，然以視管晏，固已分軌而殊塗，豈復與較優劣哉？向使武帝深加嚮用，以董仲舒爲丞相，汲黯爲御史大夫，漢治其幾於三代乎？

何比干

（清）唐晏《兩漢三國學案》卷三《尚書》　何比干字少卿，經明行修，兼通法律。爲汝陰縣獄吏決曹掾，平活數千人。學《尚書》於鼂錯。武帝時，爲廷尉正，與張湯同時。湯持法深，而比干務仁恕，數與湯爭，雖不能盡得，然所濟活者以千數。後遷丹陽都尉。本始元年，自汝陰徙居平陵。

孔安國

（清）李清植《歷代名儒傳》卷一　孔安國，孔子後也。武帝時，魯共王好治宫室，壞孔子宅，欲以廣其宫。於壁中得古文《尚書》及《禮》、《論語》、《孝經》，凡數十篇，皆科斗文字。王又升孔子堂，聞琴瑟鐘磬之音。於是懼，乃止不壞，而悉以書還孔氏。科斗書廢已久，時人無能知者。安國乃以所聞伏生之書比校考論，定其可知者爲隸古，更以竹簡寫之。增多伏生二十五篇，其析出者又五篇，并伏生二十九篇，都爲五十九篇，其餘錯亂磨滅，弗可復知者，悉上送官，藏之書府。安國又承詔爲五十九篇作傳，既成，遭巫蠱事，不復以聞，故未立於學官。安國爲諫大夫，以授都尉朝。司馬遷亦嘗從安國問，其後又有百兩篇者，出東萊張霸，文意淺陋，以中書校之非是。霸自言受於父，父有弟子尉氏樊竝，平當等勸存其學。及後樊竝謀反，乃黜其書。

論曰：諸儒疑古文者非一，至朱子親注《二典》《禹謨》，而囑其餘篇於蔡沈，後世猶有顯肆訶詆，如吴澄之倫者，蓋是經之爲諸儒裂也久矣。推其致疑之由，則以今文詰屈，而古文從順也。先儒云：記録之實語難工，潤色之雅辭易好。文之參雜難易，它經傳皆有之，何獨疑於《書》乎？至伏生口授之書，偏得其難，而安國比校之書，反得其易。則又有説：凡書之難讀者，誦數必多；誦數多者，著心必牢。安知伏生之偏得其難者之非因難而得乎？當秦火後，羣經散亡，而《尚書》尤甚，百篇之義，既莫得聞，僅有存者，又復指爲贋作。則是杜塞餘道，絶滅微學也。程子云：《伊訓》《説命》諸篇，非聖人不能作，可以爲古文之定論。

夏侯勝

（清）李清植《歷代名儒傳》卷一　夏侯勝，字長公，魯東平人。少孤好學，從張始昌受《尚書》及《洪範五行傳》。後又事簡卿，爲學精熟，所問非一師也。善説禮服，徵爲博士光禄大夫。會昭帝崩，昌邑王嗣，數出，勝當乘輿前諫曰：天久陰而不雨，臣下有謀上者，陛下出欲何之。王怒，謂爲妖言，縛以屬吏。吏白大將軍霍光，光不舉法。是時光與車騎將軍張安世謀廢昌邑王。光讓安世以爲泄語，安世實不言，乃召問勝。勝對在《洪範傳》曰：皇之不極，厥罰常陰，時則下人有伐上者，惡察察言，故曰臣下有謀。光、安世大驚，以此益重經術士。後十餘日，光卒與安世共白太后，廢昌邑王，尊立宣帝。光以爲羣臣奏事東宮，太后省政，宜知經術，白令勝用《尚書》授太后。遷長信少府，賜爵關内侯，以與謀廢立，定策安宗廟，益千户。宣帝初即位，欲褒孝武帝，詔羣臣大議廷中，皆曰宜如詔書。勝獨曰：武帝雖有廣土斥境之功，然多殺士衆，竭民財力，奢泰無度，天下虚耗，百姓流離物故者過半，畜積至今未復，亡德澤於民，不宜爲立廟樂。公卿共難勝曰：此詔書也。勝曰：詔書不可用也。人臣之義，宜直言正論，非苟阿意順指，議已出口，雖死不悔。於是丞相等劾勝非議詔書，毀先帝，不道。及丞相長史黄霸阿縱勝不舉劾，俱下獄。有司遂請尊孝武廟爲世宗，奏盛德文始五行之舞。勝霸既久繫，霸欲從勝受經，勝辭以罪死。霸曰：朝聞道夕死可矣。勝賢其言，遂授之。繫再經冬，講論不怠。至四年夏，關東四十九郡同日地動或山崩，上乃素服避正殿，遣使者弔問吏民，因大赦，勝出爲諫大夫給事中，霸爲揚州刺史。勝爲人質樸守正，簡易亡威儀，見時謂上爲君，誤相字於前，上亦以是親信之。嘗見出，道上語，上聞而讓勝，勝曰：陛下所言善，臣故揚之。堯言布於天下，至今見誦，臣以爲可傳故傳耳。朝廷每有大議，上知勝素直，謂曰：先生通正言，無懲前事。勝復爲長信少府，遷太子太傅。受詔撰《尚書》、《論語》説，賜黄金百斤，年九十卒官，賜冢塋葬平陵。太后賜錢二百萬，爲勝素服五日，以報師傅之恩。儒者以爲榮。始勝每講授，常謂諸生曰：士病不明經術，經術苟明，取青紫如俛拾地芥耳，學經不明，不如歸耕。

論曰：《書》曰：大哉！王言。謨訓誓誥，皆言也，而載諸簡策，垂於萬世，以爲治法，何惡於傳之者哉？夫雷者，天之號令也；言者，王之號令也。雷聲震於百里，王言播於四方。勝之置對，其義確而篤矣。唐魏徵佐太宗，嘗以事宣付史館，太宗讓之，徵所對，大旨亦畧同云。

司馬遷

《漢書》卷六二《司馬遷傳》　太史公既掌天官，不治民。有子曰遷。遷生龍門，耕牧河山之陽。年十歲則誦古文。二十而南游江淮，上會稽，探禹穴，窺九疑，浮沅湘。北涉汶泗，講業齊魯之都，觀夫子遺風，鄉射鄒嶧；阸困蕃、薛、彭城，過梁楚以歸。於是遷仕為郎中，奉使西征巴蜀以南，略邛、筰、昆明，還報命。

是歲，天子始建漢家之封，而太史公留滯周南，不得與從事，發憤且卒。而子遷適反，見父於河雒之間。太史公執遷手而泣曰：予先，周室之太史也。自上世嘗顯功名虞夏，典天官事。後世中衰，絶於予乎？汝復為太史，則續吾祖矣。今天子接千歲之統，封泰山，而予不得從行，是命也夫！命也夫！予死，爾必為太史；為太史，毋忘吾所欲論著矣。且夫孝，始於事親，中於事君，終於立身；揚名於後世，以顯父母，此孝之大也。夫天下稱周公，言其能論歌文武之德，宣周召之風，達大王王季思慮，爰及公劉，以尊后稷也。幽厲之後，王道缺，禮樂衰，孔子脩舊起廢，論《詩》《書》，作《春秋》，則學者至今則之。自獲麟以來四百有餘歲，而諸侯相兼，史記放絶。今漢興，海内壹統，明主賢君，忠臣義士，予為太史而不論載，廢天下之文，予甚懼焉，爾其念哉！遷俯首流涕曰：小子不敏，請悉論先人所次舊聞，不敢闕。卒三歲，而遷為太史令，紬史記石室金鐀之書。五年而當太初元年，十一月甲子朔旦冬至，天曆始改，建於明堂，諸神受記。【略】

上大夫壺遂曰：昔孔子為何作《春秋》哉？太史公曰：余聞之董生：周道廢，孔子為魯司寇，諸侯害之，大夫壅之。孔子知時之不用，道之不行也，是非二百四十二年之中，以為天下儀表，貶諸侯，討大夫，以達王事而已矣。子曰：我欲載之空言，不如見之於行事之深切著明也。《春秋》上明三王之道，下辨人事之經紀，別嫌疑，明是非，定猶與，善善惡惡，賢賢賤不肖，存亡國，繼絶世，補弊起廢，王道之大者也。《易》著天地陰陽四時五行，故長於變；《禮》綱紀人倫，故長於行；《書》記先王之事，故長於政；《詩》記山川谿谷禽獸草木牝牡雌雄，故長於風；《樂》樂所以立，故長於和；《春秋》辯是非，故長於治人。是故《禮》以節人，《樂》以發和，《書》以道事，《詩》以達意，《易》以道化，《春秋》以道義。撥亂世反之正，莫近於《春秋》。《春秋》文成數萬，其指數千。萬物之散聚皆在《春秋》。《春秋》之中，弑君三十六，亡國五十二，諸侯奔走不得保社稷者不可勝數。察其所以，皆失其本已。故《易》曰差以豪氂，謬以千里。故臣弑君，子弑父，非一朝一夕之故，其漸久矣。有國者不可以不知《春秋》，前有讒而不見，後有賊而不知。為人臣者不可以不知《春秋》，守經事而不知其宜，遭變事而不知其權。為人君父者而不通於《春秋》之義者，必蒙首惡之名。為人臣子不通於《春秋》之義者，必陷篡弑誅死之罪。其實皆以善為之，而不知其義，被之空言不敢辭。夫不通禮義之指，至於君不君，臣不臣，父不父，子不子。夫君不君則犯，臣不臣則誅，父不父則無道，子不子則不孝。此四行者，天下之大過也。以天下大過予之，受而不敢辭。故《春秋》者，禮義之大宗也。夫禮禁未然之前，法施已然之後；法之所為用者易見，而禮之所為禁者難知。

壺遂曰：孔子之時，上無明君，下不得任用，故作《春秋》，垂空文以斷禮義，當一王之法。今夫子上遇明天子，下得守職，萬事既具，咸各序其宜，夫子所論，欲以何明？太史公曰：唯唯，否否，不然。余聞之先人曰：虙戲至純厚，作《易》八卦。堯舜之盛，《尚書》載之，禮樂作焉。湯武之隆，詩人歌之。《春秋》采善貶惡，推三代之德，褒周室，非獨刺譏而已也。漢興已來，至明天子，獲符瑞，封禪，改正朔，易服色，受命於穆清，澤流罔極，海外殊俗重譯款塞，請來獻見者，不可勝道。臣下百官力誦聖德，猶不能宣盡其意。且士賢能矣，而不用，有國者恥也；主上明聖，德不布聞，有司之過也。且余掌其官，廢明聖盛德不載，滅功臣賢大夫之業不述，墮先人所言，罪莫大焉。余所謂述故事，整齊其世傳，非所謂作也，而君比之《春秋》，謬矣。

蓋寬饒

《漢書》卷七七《蓋寬饒傳》 蓋寬饒字次公，魏郡人也。明經爲郡文學，以孝廉爲郎。舉方正，對策高第，遷諫大夫，行郎中戶將事。劾奏衛將軍張安世子侍中陽都侯彭祖不下殿門，并連及安世居位無補。彭祖時實下門，寬饒坐舉奏大臣非是，左遷爲衛司馬。【略】

寬饒初拜爲司馬，未出殿門，斷其襌衣，令短離地，冠大冠，帶長劍，躬案行士卒廬室，視其飲食居處，有疾病者身自撫循臨問，加致醫藥，遇之甚有恩。及歲盡交代，上臨饗罷衛卒，衛卒數千人皆叩頭自請，願復留共更一年，以報寬饒厚德。宣帝嘉之，以寬饒爲太中大夫，使行風俗，多所稱舉貶黜，奉使稱意。擢爲司隸校尉，刺舉無所迴避，小大輒舉，所劾奏衆多，廷尉處其法，半用半不用，公卿貴戚及郡國吏繇使至長安，皆恐懼莫敢犯禁，京師爲清。【略】

是時上方用刑法，信任中尚書宦官，寬饒奏封事曰：方今聖道寖廢，儒術不行，以刑餘爲周召，以法律爲《詩》《書》。又引《韓氏易傳》言：五帝官天下，三王家天下，家以傳子，官以傳賢，若四時之運，功成者去，不得其人則不居其位。書奏，上以寬饒怨謗終不改，下其書中二千石。時執金吾議，以爲寬饒指意欲求禪，大逆不道。諫大夫鄭昌愍傷寬饒忠直憂國，以言事不當意而爲文吏所詆挫，上書頌寬饒曰：臣聞山有猛獸，藜藿爲之不采；國有忠臣，姦邪爲之不起。司隸校尉寬饒居不求安，食不求飽，進有憂國之心，退有死節之義，上無許、史之屬，下無金、張之託，職在司察，直道而行，多仇少與，上書陳國事，有司劾以大辟，臣幸得從大夫之後，官以諫爲名，不敢不言。上不聽，遂下寬饒吏。寬饒引佩刀自到北闕下，衆莫不憐之。

（清）唐晏《兩漢三國學案》卷二《周易》　蓋寬饒字次公，魏郡人也。【略】先是，衛司馬在部，見衛尉拜謁，常爲衛官繇使市買。寬饒視事，案舊令，遂揖官屬以下行衛者。衛尉私使寬饒出，寬饒以令詣官府門上謁辭。尚書責問衛尉，由是衛官不復私使候、司馬。候、司馬不拜，出先置衛，輒上奏辭，自此正焉。寬饒初拜爲司馬，未出殿門，斷其禪衣，令短離地，冠大冠，帶長劍，躬案行士卒廬室，視其飲食居處。有疾病者，身自撫循臨問，加致醫藥，甚有恩。及歲盡交代，上臨饗罷衛卒，衛卒數千人皆叩頭自請，願復留共更一年，以報寬饒厚德。宣帝嘉之，以爲大中大夫，使行風俗，多所稱舉貶黜。擢司隸校尉，刺舉無所回避，小大輒舉，所劾奏衆多，廷尉處其法，半用半不用。公卿貴戚及郡國繇使至長安，皆恐懼，莫敢犯禁，京師爲清。平恩侯許伯入第，丞相以下皆賀。少府檀長卿起舞，爲沐猴與狗鬭，坐皆大笑。寬饒劾奏以列卿而沐猴舞，失禮不敬。上欲罪少府，許伯爲謝，良久，上迺解。寬饒爲人剛直高節，志在奉公。家貧，奉錢月數千，半以給吏民爲耳目言事者。身爲司隸，子常步行自戍北邊，公廉如此。然深刻喜陷害人，在位及貴戚人與爲怨。又好言事刺譏，奸犯上意。上以其儒者優容之，然亦不得遷。太子庶子王生高寬饒節，予書戒之，寬饒不納。

王　吉

（清）唐晏《兩漢三國學案》卷一〇《論語》　王吉字子陽，琅邪皋虞人也。少好學明經，以郡吏舉孝廉爲郎。爲昌邑中尉，而王好遊獵，驅馳國中，動作亡節。吉上疏諫，曰：臣聞古者師日行三十里，吉行五十里。《詩》云：匪風發兮，匪車揭兮，顧瞻周道，中心怛兮。説曰：是非古之風也，發發者；是非古之車也，揭揭者。蓋傷之也。今者大王幸方與，曾不半日而馳二百里，百姓頗廢耕桑。昔召公述職，當民事時，舍於棠下而聽斷焉。是時人皆得其所，而思其仁恩，至乎不伐甘棠，《甘棠》之詩是也。夫廣夏之下，細旃之上，明師居前，勸誦在後，上論唐、虞之際，下及殷、周之盛，考仁聖之風，習治國之道，訢訢焉發憤忘食，日新厥德，其樂豈徒銜橛之閒哉！王賀雖不遵道，猶知敬禮。使謁者千秋賜中尉牛肉五百斤、酒五石、脯五束。其後復放從自若。吉輒諫争，甚得輔弼之義。雖不治民，國中莫不敬重焉。及霍光迎立昌邑王，吉卽奏書戒王曰：臣聞高宗諒闇，三年不言。今大王以喪事徵，宜日夜哭泣悲哀而已，慎毋有所發。且何獨喪事，凡南面之君何言哉？天不言，四時行焉，百物生焉，願大王察之。王不能從。及昌邑之廢，羣臣皆下獄誅，唯吉與郎中令龔遂以忠直數諫正得減死，髡爲城旦。起家復爲益州刺史，病去官，復徵爲諫大夫。是時宣帝頗修武帝故事，宮室車服盛於昭帝。時外戚許氏、王氏貴寵，而上躬親政事，任用能吏。吉上疏言得失，曰：陛下躬聖質，總萬方，帝王圖籍日陳於前，惟思世務，將興太平。詔書每下，民欣然若更生。臣伏而思之，可謂至恩，未可謂本務也。欲治之主不世出，公卿幸得遭遇其時，言聽諫從，然未有建萬世之長策，舉明主於三代之隆者也。其務在於期會簿書，斷獄聽訟而已，此非太平之基也。臣聞聖主宣德流化，必自近始。朝廷不備，難以言治；左右不正，難以化遠。民者，弱而不可勝，愚而不可欺也。聖主獨行於深宮，得則天下稱頌之，失則天下咸言之。行發於近，必見於遠，故謹選左右，審擇所使。左右，所以宣德也。《詩》云：濟濟多士，文王以寧。此其本也。《春秋》所以大一統者，六合同風，九州共貫也。今俗吏所以牧民者，非有禮義科指可世世通行者也，獨設刑法以守之。其欲治者，不知所繇，以意穿鑿，各取一切，權譎自任，故一變之後不可復修也。是以百里不同風，千里不同俗，户異政，人殊服，詐僞萌生，刑罰亡極，質樸日銷，恩愛寖薄。孔子曰：安上治民，莫善於禮。非空言也。王者未制禮之時，引先王之禮宜於今者而用之。臣願陛下承天心，發大業，與公卿大臣延及儒生，述舊禮，明王制，敺一世之民躋之仁壽之域，則俗何以不若成、康，壽何以不若高宗？竊見當世趨務不合於道者，謹條奏，唯陛下裁擇焉。又言：舜、湯不用三公九卿之世而舉皋陶、伊尹，不仁者遠。今使俗吏得任子弟，至於積功治人，亡益於人，此《伐檀》所爲作也。上以其言迂闊，不甚寵異也。吉遂謝病歸。元帝初，徵之，道病卒。初吉兼通《五經》，能爲《騶氏春秋》，以《詩》、《論語》教授，好梁丘賀説《易》，令子駿受焉。

貢禹

（清）唐晏《兩漢三國學案》卷一〇《論語》　貢禹字少翁，琅邪人也。以明經絜行著聞，徵爲博士。病去官，舉賢良爲河南令。歲餘，以職事爲府官所責，免冠謝。禹曰：冠一免，安可復冠也！遂去官。元帝初卽位，徵禹爲諫大夫，數虚己問以政事。是時年歲不登，郡國多困，禹奏言：古者宫室有制，宫女不過九人，秣馬不過八匹；牆塗而不琱，木摩而不刻，車輿器物皆不文畫，苑囿不過數十里，與民共之；任賢使能，什一而税，亡它賦歛，繇戍之役，使民歲不過三日，千里之内自給，千里之外各置貢職而已。故天下家給人足，頌聲並作。至高祖、孝文、孝景皇帝，循古節儉，宫女不過十餘，厩馬百餘匹。孝文皇帝衣綈履革，器亡琱文金銀之飾。後世争爲奢侈，轉轉益甚。臣下亦相放效，衣服履絝刀劍亂於主上，主上臨朝入廟，衆人不能別異，甚非其宜。然非自知奢僭也，猶魯昭公曰：吾何僭矣？臣愚以爲盡如太古難，宜少放古以自節焉。《論語》曰：君子樂節禮樂。方今宫室已定，亡可奈何矣，其餘盡可減損。故時齊三服官輸物不過十笥，方今齊三服官作工各數千人，一歲費數鉅萬。蜀廣漢主金銀器，歲各用五百萬。三工官官費五千萬，東西織室亦然。厩馬食粟將萬匹。臣禹嘗從之東宫，見賜杯案，皆文畫金銀飾，非當所以賜食臣下也。東宫之費亦不可勝計。天下之民所爲大饑餓死者也，人至相食，厩馬食粟，苦其大肥，氣盛怒至，乃日步作之。王者受命於天，爲民父母，固當若此乎！天生聖人，蓋爲萬民，非獨使自娱樂而已。故《詩》曰天難諶斯，不易惟王。上帝臨汝，無貳爾心。當仁不讓，獨可以聖心參諸天地，揆之往古，不可與臣下議也。臣愚拳拳，不敢不盡愚心。天子善其忠言，乃下詔令太僕減食穀馬，水衡減食肉獸，省宜春下苑以與貧民，又罷角抵諸戲及齊三服官。遷禹爲光禄大夫，遷御史大夫。天子令民七歲乃出口錢。又罷上林宫館希御幸者。禹又奏欲罷郡國廟，定漢宗廟迭毁之禮，皆未施行。爲御史大夫數月，卒。

路温舒

《漢書》卷五一《路温舒傳》　路温舒字長君，鉅鹿東里人也。父爲里監門。使温舒牧羊，温舒取澤中蒲，截以爲牒，編用寫書。稍習善，求爲獄小吏，因學律令，轉爲獄史，縣中疑事皆問焉。太守行縣，見而異之，署决曹史。又受《春秋》，通大義。舉孝廉，爲山邑丞，坐法免，復爲郡吏。

（清）唐晏《兩漢三國學案》卷九《春秋》　路温舒字長君，【略】上書言宜尚德緩刑，其詞曰：臣聞齊有無知之禍，而桓公以興；晉有驪姬之難，而文公用伯。近世趙王不終，諸吕作亂，而孝文爲太宗。由是觀之，禍亂之作，將以開聖人也。陛下初登至尊，與天合符，宜改前世之失，正始受命之統，滌煩文，除民疾，存亡繼絶，以應天意。臣聞秦有十失，其一尚存，治獄之吏是也。夫獄者，天下之大命也。死者不可復生，𢇍者不可復屬。《書》曰：與其殺不辜，寧失不經。今治獄吏則不然，上下相敺，以刻爲明，深者獲公名，平者多後患。故治獄之吏多欲人死，非憎人也，自安之道在人之死。夫人情安則樂生，痛則思死。棰楚之下，何求不得？故俗語曰：畫地爲獄，議不入；刻木爲吏，期不對。此皆疾吏之風，悲痛之辭也。唯陛下除誹謗以招切言，開天下之口，廣箴諫之路，掃亡秦之失，尊文、武之恴，則太平之風可興於世，永履和樂，與天亡極，天下幸甚。上善其言，遷廣陽私府長。久之，遷臨淮太守，治有異跡，卒於官。

戴聖

（清）唐晏《兩漢三國學案》卷七《禮樂》　戴聖字次君，號小戴，以博士論石渠，至九江太守。授梁人橋仁季卿、楊榮子孫。仁爲大鴻臚，家世傳業，榮琅邪太守。由是大戴有徐氏，小戴有橋、楊氏之學。

戴聖《石渠禮論》：

《鄉》請射告主人，樂不告者，何也？戴聖曰：請射告主人者，賓主俱當射也；夫樂，主所以樂賓也，故不告於主人也。

宣帝甘露三年三月，黄門侍郎臨奏：《經》曰：鄉射合樂，大射不。何也？聞人通漢曰：鄉射合樂者，民禮也，所以合和百姓也。大射不合樂者，諸侯之禮也。韋玄成曰：鄉射禮所以合樂者，鄉人本無樂，故合樂，歲時所以合和百姓以同其意也。至諸侯當有樂，傳曰：諸侯不釋懸，明用無時也。君臣朝廷當有之矣，必須合樂而後合，故不云合樂也。時公卿以玄成議是。

《喪服·斬衰》父爲長子，以其無代之適也。

大宗無後，族無庶子，己有一嫡子，當絶父祀以後大宗不？戴聖曰：大宗不可絶，言嫡子不爲後者不得先庶子耳。族無庶子，則當絶父後以後大宗。聞人通漢云：大宗有絶，子不絶其父。宣帝制曰：聖議是也。

大宗無後，族無庶子，已有一嫡子，當絶父祀以後大宗不？戴聖曰：大宗不可絶，言嫡子不爲後者不得先庶子耳。族無庶子，則當絶父後以後大宗。聞人通漢云：大宗有絶，子不絶其父。宣帝制曰：聖議是也。

問：父卒母嫁，爲之何服？蕭太傅云：當服周。爲父後則不服。韋玄成以爲：父歿，則母無出義，王者不爲無義制禮。若服周，則是子貶母也，故不制服也。宣帝詔曰：婦人不養舅姑，不奉祭祀，下不慈子，是自絶也。故聖人不爲制服，明子無出母之義。玄成議是也。

問：夫死，妻稚子幼，與之人，子後何服？韋玄成對曰：與出妻子同，服周。或議以爲：子無絶母，應三年。

（清）李清植《歷代名儒傳》卷一　戴聖，字次君，梁人，與戴德同受禮於后蒼，德號大戴，聖號小戴。漢興以來，迄於劉向，所校定禮傳凡二百五十篇。至德删其繁重，爲八十五篇，聖又删爲四十六篇，世傳《大戴禮》篇第自三十九而下，止於八十一。前闕三十八篇，末闕四篇，中又闕第七十二，意其闕者，即聖所删耶。德仕至信都王太傅，聖嘗以博士論石渠，仕至九江太守，行治多不法，前刺史以其大儒優容之。及何武爲刺史，行部録囚徒，有所舉以屬郡。聖曰：後進生何知，乃欲亂人治，皆無所決，武使從事廉得其罪，聖懼自免。

論曰：《大學》、《中庸》，先聖設教傳道之書也，而皆出於聖。則聖之爲功，豈獨傳禮一家學已哉？史謂其行治多不法，意聖迂闊慕古，不盡循用漢法，故武所舉囚徒，聖無所決，而姗侮之曰後進生何知，乃欲亂人治。言己所以治者，非武所知也，是即行治不法之一事也。夫儒家者流，於法律刑名，多粃糠棄之。鄭樵因此遂譏聖爲禮家之宗，而身爲贓吏，樵安從知武所廉得者之爲贓罪耶。聖行事少所表見，獨見於《何武傳》者如此。因嘉其傳經之功，而疑於其罪跡，故録之。若馬融爲梁冀草詔而殺李固，則情罪彰灼，君子不能爲之辨矣。

于定國

《漢書》卷七一《于定國傳》　于定國字曼倩，東海郯人也。其父于公爲縣獄史，郡决曹，决獄平，羅文法者于公所决皆不恨，郡中爲之生立祠，號曰于公祠。

東海有孝婦，少寡，亡子，養姑甚謹，姑欲嫁之，終不肯。姑謂鄰人曰：孝婦事我勤苦，哀其亡子守寡。我老，久絫丁壯，柰何？其後姑自經死，姑女告吏：婦殺我母。吏捕孝婦，孝婦辭不殺姑。吏驗治，孝婦自誣服。具獄上府，于公以爲此婦養姑十餘年，以孝聞，必不殺也。太守不聽，于公爭之，弗能得，乃抱其具獄，哭於府上，因辭疾去。太守竟論殺孝婦。郡中枯旱三年。後太守至，卜筮其故，于公曰：孝婦不當死，前太守彊斷之，咎黨在是乎？於是太守殺牛自祭孝婦冢，因表其墓，天立大雨，歲孰。郡中以此大敬重于公。

定國少學法于父，父死，後定國亦爲獄史，郡决曹，補廷尉史，以選與御史中丞從事治反者獄，以材高舉侍御史，遷御史中丞。會昭帝崩，昌邑王徵卽位，行淫亂，定國上書諫。後王廢，宣帝立，大將軍光領尚書事，條奏羣臣諫昌邑王者皆超遷。定國繇是爲光禄大夫，平尚書事，甚見任用。數年，遷水衡都尉，超爲廷尉。

定國乃迎師學《春秋》，身執經，北面備弟子禮。爲人謙恭，尤重經術士，雖卑賤徒步往過，定國皆與鈞禮，恩敬甚備，學士咸（聲）〔稱〕焉。其決疑平法，務在哀鰥寡，罪疑從輕，加審慎之心。朝廷稱之曰：張釋之爲廷尉，天下無冤民；于定國爲廷尉，民自以不冤。定國食酒至數石不亂，冬月請治讞，飲酒益精明。爲廷尉十八歲，遷御史大夫。

（清）唐晏《兩漢三國學案》卷九《春秋》 于定國字曼倩，東海郯人也。少學法於父，爲獄史，郡決曹，補廷尉史，以材高舉侍御史，遷御史中丞。以諫昌邑王，宣帝時爲光禄大夫，平尚書事，甚見任用。數年遷水衡都尉，超爲廷尉。乃迎師學《春秋》，身執經，北面備弟子禮。爲人謙恭，尤重經術士，雖卑賤徒步往過，定國皆與鈞禮，恩敬甚備，學士咸稱焉。其決疑平法，務在哀鰥寡，罪疑從輕，加審慎之心。朝廷稱之曰：張釋之爲廷尉，天下無冤民；于定國爲廷尉，民自以不冤。定國食酒至數石不亂。冬月治請讞，飲酒益精明。爲廷尉十八歲，遷御史大夫，爲丞相，封西平侯。貢禹代爲御史大夫，數處駁議，定國明習政事，率常丞相議可。元帝始即位，關東連年被災害，民流入關，言事者歸咎於大臣。上於是數以朝日引見丞相、御史，入受詔，條責以職事。定國遂上書自劾，歸侯印，乞骸骨。乃賜安車駟馬、黄金六十斤，罷就第。數歲，七十餘薨，謚安侯。

京　房

《漢書》卷七五《京房傳》 京房字君明，東郡頓丘人也。治《易》，事梁人焦延壽。延壽字贛。贛貧賤，以好學得幸梁王，王共其資用，令極意學。既成，爲郡史，察舉補小黄令。以候司先知姦邪，盜賊不得發。愛養吏民，化行縣中。舉最當遷，三老官屬上書願留贛，有詔許增秩留，卒於小黄。贛常曰：得我道以亡身者，必京生也。其説長於災變，分六十四卦，更直日用事，以風雨寒温爲候，各有占驗，房用之尤精。好鍾律，知音聲。初元四年以孝廉爲郎。【略】

房罷出，後上令房上弟子曉知考功課吏事者，欲試用之。房上中郎任良、姚平，願以爲刺史，試考功法，臣得通籍殿中，爲奏事，以防雍塞。石顯、五鹿充宗皆疾房，欲遠之，建言宜試以房爲郡守。元帝於是以房爲魏郡太守，秩八百石，居得以考功法治郡。房自請，願無屬刺史，得除用它郡人，自第吏千石已下，歲竟乘傳奏事。天子許焉。

（清）唐晏《兩漢三國學案》卷一《周易》 京房字君明，【略】永光、建昭間，西羌反，日蝕，又久青無光，陰霧不精。房數上疏，先言其將然。近數月，遠一歲，所言屢中，天子説之。數召見問，房對曰：古帝王以功舉賢，則萬化成，瑞應著。末世以毁譽取人，故功業廢而致災異。宜令百官各試其功，災異可息。詔使房作其事，房奏考功課吏法。上令公卿朝臣與房會議温室，皆以房言煩碎，令上下相司，不可許。上意鄉之。時部刺史奏事京師，上召見諸刺史，令房曉以課吏事，刺史復以爲不可行。唯御史大夫鄭弘、光禄大夫周堪初言不可，後善之。是時中書令石顯顓權。顯友人五鹿充宗爲尚書令，與房同經，議論相非。二人用事，房嘗宴見，問上曰：幽、厲之君何以危？所任者何人也？上曰：君不明，而所任者巧佞。房曰：知其巧佞而用之邪，將以爲賢也？上曰：賢之。房曰：然則今何以知其不賢也？上曰：以其時亂而君危知之。房曰：若是，任賢必治，任不肖必亂，必然之道也。幽、厲何不覺寤而更求賢，曷爲卒任不肖以至於是？上曰：臨亂之君各賢其臣，令皆覺寤，天下安得危亡之君？【略】房去，上疏。至陜，復上封事。去月餘，竟徵下獄。初，淮陽憲王舅張博從房受學，以女妻房。博欲令淮陽上書求入朝，得佐助房，勸上行考功事。不然，則言丞相、中書令任事久而不治，可休丞相，以御史大夫鄭弘代之，遷中書令置他官，以鉤盾令徐立代之。因令房爲淮陽王作求朝奏草，皆持柬與淮陽王。石顯微司知之，以房親近，未敢言。及房出守郡，顯告房與張博通謀，非謗政治，歸惡天子，詿誤諸侯王。初，房見道幽、厲事，出爲鄭弘道之。房、博皆棄市。弘坐免爲庶人。房本姓李，推律自定爲京氏。

諸葛豐

《漢書》卷七七《諸葛豐傳》 諸葛豐字少季，琅邪人也。以明經爲郡文學，名特立剛直。貢禹爲御史大夫，除豐爲屬，舉侍御史。元帝擢爲司隸校尉，刺舉無所避，京師爲之語曰：間何闊，逢諸葛。上嘉其節，加豐秩光禄大夫。

時侍中許章以外屬貴幸，奢淫不奉法度，賓客犯事，與章相連。豐案劾章，欲奏其事，適逢許侍中私出，豐駐車舉節詔章曰：下！欲收之。章迫窘，馳車去，豐追之。許侍中因得入宫門，自歸上。豐亦上奏，於是收豐節。司隸去節自豐始。

豐上書謝曰：臣豐駑怯，文不足以勸善，武不足以執邪。陛下不量臣能否，拜爲司隸校尉，未有以自效，復秩臣爲光禄大夫，官尊責重，非臣所當處也。又迫年歲衰暮，常恐卒塡溝渠，無以報厚〔德〕，使論議士譏臣無補，長獲素餐之名。故常願捐一旦之命，不待時而斷姦臣之首，縣於都市，編書其罪，使四方明知爲惡之罰，然後卻就斧鉞之誅，誠臣所甘心也。夫以布衣之士，尚猶有刎頸之交，今以四海之大，曾無伏節死誼之臣，率盡苟合取容，阿黨相爲，念私門之利，忘國家之政。邪穢濁溷之氣上感于天，是以災變數見，百姓困乏。此臣下不忠之效也，臣誠恥之亡已。凡人情莫不欲安存而惡危亡，然忠臣直士不避患害者，誠爲君也。今陛下天覆地載，物無不容，使尚書令堯賜臣豐書曰：夫司隸者刺舉不法，善善惡惡，非得顓之也。免處中和，順經術意。恩深德厚，臣豐頓首幸甚。臣竊不勝憤懣，願賜清宴，唯陛下裁幸。上不許。【略】

豐以春夏繫治人，在位多言其短。上徙豐爲城門校尉，豐上書告光禄勳周堪、光禄大夫張猛。上不直豐，乃制詔御史：城門校尉豐，前與光禄勳堪、光禄大夫猛在朝之時，數稱言堪、猛之美。豐前爲司隸校尉，不順四時，修法度，專作苛暴，以獲虚威，朕不忍下吏，以爲城門校尉。不内省諸己，而反怨堪、猛，以求報舉，告案無證之辭，暴揚難驗之罪，毁譽恣意，不顧前言，不信之大者也。朕憐豐之耆老，不忍加刑，其免爲庶人。終於家。

卓茂

《後漢書》卷二五《卓茂傳》 卓茂字子康，南陽宛人也。父祖皆至郡守。茂，元帝時學於長安，事博士江生，習《詩》、《禮》及歷筭，究極師法，稱爲通儒。性寬仁恭愛。鄉黨故舊，雖行能與茂不同，而皆愛慕欣欣焉。【略】

後以儒術舉爲侍郎，給事黄門，遷密令。勞心諄諄，視人如子，舉善而教，口無惡言，吏人親愛而不忍欺之。人嘗有言部亭長受其米肉遺者，茂辟左右問之曰：亭長爲從汝求乎？爲汝有事囑之而受乎？將平居自以恩意遺之乎？人曰：往遺之耳。茂曰：遺之而受，何故言邪？人曰：竊聞賢明之君，使人不畏吏，吏不取人。今我畏吏，是以遺之，吏既卒受，故來言耳。茂曰：汝爲敝人矣。凡人所以貴於禽獸者，以有仁愛，知相敬事也。今鄰里長老尚致饋遺，此乃人道所以相親，況吏與民乎？吏顧不當乘威力强請求耳。凡人之生，羣居雜處，故有經紀禮義以相交接。汝獨不欲修之，寧能高飛遠走，不在人閒邪？亭長素善吏，歲時遺之，禮也。人曰：苟如此，律何故禁之？茂笑曰：律設大法，禮順人情。今我以禮教汝，汝必無怨惡；以律治汝，何所措其手足乎？一門之内，小者可論，大者可殺也。且歸念之！於是人納其訓，吏懷其恩。初，茂到縣，有所廢置，吏人笑之，鄰城聞者皆蚩其不能。河南郡爲置守令，茂不爲嫌，理事自若。數年，教化大行，道不拾遺。平帝時，天下大蝗，河南二十餘縣皆被其災，獨不入密縣界。督郵言之，太守不信，自出案行，見乃服焉。

匡衡

《漢書》卷八一《匡衡傳》 匡衡字稚圭，東海承人也。父世農夫，至衡好學，家貧，庸作以供資用，尤精力過絶人。諸儒爲之語曰：無説

《詩》，匡鼎來；匡說《詩》，解人頤。

孔光

《漢書》卷八一《孔光傳》 孔光字子夏，孔子十四世之孫也。孔子生伯魚鯉，鯉生子思伋，伋生子上帛，帛生子家求，求生子真箕，箕生子高穿。穿生順，順爲魏相。順生鮒，鮒爲陳涉博士，死陳下。鮒弟子襄爲孝惠博士，長沙太傅。襄生忠，忠生武及安國，武生延年。延年生霸，字次儒。霸生光焉。安國、延年皆以治《尚書》爲武帝博士。安國至臨淮太守。霸亦治《尚書》，事太傅夏侯勝，昭帝末年爲博士，宣帝時爲太中大夫，以選授皇太子經，遷詹事，高密相。是時，諸侯王相在郡守上。【略】

光久典尚書，練法令，號稱詳平。時定陵侯淳于長坐大逆誅，長小妻迺始等六人皆以長事未發覺時棄去，或更嫁。及長事發，丞相方進、大司空武議以爲：令，犯法者各以法時律令論之，明有所訖也。長犯大逆時，迺始等見爲長妻，已有當坐之罪，與身犯法無異。後乃棄去，於法無以解。請論。光議以爲：大逆無道，父母妻子同產無少長皆棄市，欲懲後犯法者也。夫婦之道，有義則合，無義則離。長未自知當坐大逆之法，而棄去迺始等，或更嫁，義已絕，而欲以爲長妻論殺之，名不正，不當坐。有詔光議是。

（清）唐晏《兩漢三國學案》卷四《尚書》 孔光，霸之少子也，經學尤明，年未二十，舉爲議郎。匡衡舉光方正，爲諫議大夫。成帝卽位，舉博士，數使録冤獄，行風俗，振贍流民，奉使稱旨，由是知名，以高第爲尚書，觀故事品式，數歲明習漢制及法令。上甚信任之，轉爲僕射，尚書令。凡典樞機十餘年，守法度，修故事。上有所問，據經法以心所安而對，不希指苟合，如或不從，不敢強諫爭，以是久而安。時有所言，輒削草稿，以爲章主之過，以奸忠直，人臣大罪也。有所薦舉，唯恐其人之聞知。沐日歸休，兄弟妻子燕語，終日不及朝省政事。或問光温室省中樹皆何木也？光嘿不應，更答以他語，其不泄如是。後至丞相，封博山侯。哀帝初卽位，躬行儉約，省減諸用，政事由已出。褒賞大臣，益封光千户。後以忤傅太后免。朱博、平當、王嘉相次代爲丞相，議者皆以爲不及光。元壽元年正月朔日有食之，後十餘日傅太后崩。是月徵光詣公車，問日蝕事。光對曰：臣聞日者，衆陽之宗，人君之表，至尊之象。君德衰微，陰道盛強，侵蔽陽明，則日蝕應之。《書》曰：羞用五事，建用皇極。如貌、言、視、聽、思失，大中之道不立，則咎徵荐臻，六極屢降。皇之不極，是爲大中不立，其傳曰：時則有日月亂行，謂朓、側慝，甚則薄蝕是也。又曰：六沴之作，歲之朝曰三朝，其應至重。乃正月辛丑朔日有食之，變見三朝之會。上天聰明，苟無其事，變不虛生。《書》曰：惟先假王正厥事，言異變之來，起事有不正也。臣聞師曰：天佑與王者。故災異數見，以譴告之，欲其改更。若不畏懼，有以塞除，而輕忽簡誣，則凶罰加焉，其至可必。《詩》曰：敬之敬之，天惟顯思，命不易哉！又曰：畏天之威，于時保之。皆謂不懼者凶，懼之則吉也。陛下聖德聰明，兢兢業業，承順天戒，延見羣臣，思求其故，然後勑躬自約，總正萬事，放遠讒説之黨，援納斷斷之介，退去貪殘之徒，進用賢良之吏，平刑罰，薄賦歛，恩澤加於百姓，誠爲政之大本，應變之至務也。天下幸甚。《書》曰：天既付命正厥德。言正德以順天也。又曰：天棐諶辭。言有誠道，天輔之也。明承順天道在於崇德博施，加精致誠，孳孳而已。俗之祈禳小數，終無益於應天塞異，銷禍興福，較然甚明，無可疑惑。書奏，上悦，賜光束帛，拜爲光禄大夫，秩中二千石。二月爲丞相，復故博山侯。明年爲司徒。哀帝崩，平帝立，王莽爲大司馬，以光爲舊相名儒，天下所信，太后敬之，備禮事光。莽權日盛，光憂懼不知所出，上書乞骸骨。莽白太后：帝幼少，宜置師傅。徙光爲帝太傅，明年徙爲太師，而莽爲太傅。光常稱疾，不敢與莽並。有詔朝朔望。莽稱宰衡，位在諸侯王上，百官統焉。光愈恐，固稱疾辭位。太后詔：每十日一朝，一賜餐，賜靈壽杖，省中坐置几，太師入省中用杖，賜餐十七物，然後歸老於第，官屬按職如故。光居公輔位十七年，自爲尚書，止不教授，後爲卿，時會門下大生講問疑難，舉大義云。其子弟多成就爲博士大夫者，見師居大位，幾得其助力，光終無所薦舉，至或怨之。年七十，元始五年薨，謚曰簡烈，葬事依王鳳故事。

何 武

《漢書》卷八六《何武傳》　何武字君公，蜀郡郫縣人也。宣帝時，天下和平，四夷賓服，神爵、五鳳之間婁蒙瑞應。而益州刺史王襄使辯士王褒頌漢德，作《中和》、《樂職》、《宣布》詩三篇，武年十四五，與成都楊覆衆等共習歌之。是時，宣帝循武帝故事，求通達茂異士，召見武等於宣室，上曰：此盛德之事，吾何足以當之哉！以褒爲待詔，武等賜帛罷。【略】

久之，太僕王音舉武賢良方正，徵對策，拜爲諫大夫，遷揚州刺史。所舉奏二千石長吏必先露章，服罪者爲虧除，免之而已，不服，極法奏之，抵罪或至死。

九江太守戴聖，《禮經》號小戴者也，行治多不法，前刺史以其大儒，優容之。及武爲刺史，行部録囚徒，有所舉以屬郡。聖曰：後進生何知，乃欲亂人治！皆無所決。武使從事廉得其罪，聖懼，自免。後爲博士，毁武於朝廷。武聞之，終不揚其惡。而聖子賓客爲羣盜，得，繫廬江，聖自以子必死。武平心決之，卒得不死。自是後，聖慙服。武每奏事至京師，聖未嘗不造門謝恩。【略】

武爲人仁厚，好進士，獎稱人之善，爲楚内史厚兩龔，在沛郡厚兩唐，及爲公卿，薦之朝廷。此人顯於世者，何侯力也，世以此多焉。然疾朋黨，問文吏必於儒者，問儒者必於文吏，以相參檢。欲除吏，先爲科例以防請託。其所居亦無赫赫名，去後常見思。

（清）唐晏《兩漢三國學案》卷二《周易》　武爲刺史，二千石有罪，應時舉奏，其餘賢不肖敬之如一，是以郡國各重其守相，州中清平。行郡必先即學宫見諸生，試其誦論，問以得失，然後入傳舍，出記問墾田頃畝，五穀美惡，已迺見二千石，以爲常。入爲丞相司直，出爲清河太守，又爲司隸校尉、京兆尹，爲廷尉，遷御史大夫，改司空，封汜鄉侯。武爲人仁厚，好進士，獎稱人之善。爲内史厚兩龔，在沛厚兩唐，及爲公卿，薦之朝廷，世以此多焉。然疾朋黨，問文吏必於儒者，問儒者必於文吏，以相參檢。欲除吏，先爲科例，以防請託。其所居亦無赫赫名，去後常見思。初，武爲九卿時，奏言宜置三公官，又與翟方進共奏罷刺史，更置州牧，後皆復復故，唯王國内史改都尉事施行。多所舉奏，號爲煩碎，不稱賢公。功名略比薛宣，材不及也，而經術正直過之。後遂策免，復徵爲御史大夫。哀帝崩，太后即日引王莽入，收大司馬董賢印綬，詔有司舉可爲大司馬者。自孔光以下皆舉莽。武素與左將軍公孫禄相善，二人獨謀，以爲往時孝惠、孝昭少主之世，外戚吕、霍、上官持權，幾危社稷；今孝成、孝哀比世無嗣，方當選立親近輔幼主，不宜令異姓大臣持權，親疏相錯，爲國計便。於是武舉公孫禄可，大司馬禄亦舉武。太后竟自用莽。莽風有司劾奏武、禄互相稱舉，皆免。元始三年，吕寛等事起。甄豐承莽風旨，遣使者窮治黨與，郡國豪桀坐死者數百人，武亦自殺。

揚 雄

《漢書》卷八七上《揚雄傳》　揚雄字子雲，蜀郡成都人也。其先出自有周伯僑者，以支庶初食采於晉之（楊）〔揚〕，因氏焉，不知伯僑周何別也。揚在河、汾之間，周衰而揚氏或稱侯，號曰揚侯。會晉六卿爭權，韓、魏、趙興而范中行、知伯弊。當是時，偪揚侯，揚侯逃於楚巫山，因家焉。楚漢之興也，揚氏遡江上，處巴江州。而揚季官至廬江太守。漢元鼎間避仇復遡江上，處崏山之陽曰郫，有田一壥，有宅一區，世世以農桑爲業。自季至雄，五世而傳一子，故雄亡它揚於蜀。

《漢書》卷八七下《揚雄傳》　明年，上將大誇胡人以多禽獸，秋，命右扶風發民入南山，西自褒斜，東至弘農，南敺漢中，張羅罔罝罘，捕熊羆豪豬虎豹狖玃狐菟麋鹿，載以檻車，輸長楊射熊館。以罔爲周阹，（從）〔縱〕禽獸其中，令胡人手搏之，自取其獲，上親臨觀焉。是時，農民不得收斂。雄從至射熊館，還，上《長楊賦》，聊因筆墨之成文章，故藉翰林以爲主人，子墨爲客卿以風。其辭曰：【略】

今朝廷純仁，遵道顯義，并包書林，聖風雲靡；英華沈浮，洋溢八區，普天所覆，莫不沾濡；士有不談王道者則樵夫笑之。故意者以爲事罔隆而不殺，物靡盛而不虧，故平不肆險，安不忘危。乃時以有年出兵，整輿竦戎，振師五莋，習馬長楊，簡力狡獸，校武票禽。乃萃然登南山，瞰烏弋，西厭月𥜒，東震日域。又恐後世迷於一時之事，常以此取國家之大務，淫荒田獵，陵夷而不禦也，是以車不安軔，日未靡旃，從者仿佛，骫屬而還；亦所以奉太宗之烈，遵文武之度，復三王之田，反五帝之虞；使農不輟耰，工不下機，婚姻以時，男女莫違；出愷弟，行簡易，矜劬勞，休力役；見百年，存孤弱，帥與之，同苦樂。然後陳鍾鼓之樂，鳴鞀磬之和，建碣磍之虡，拮隔鳴球，掉八列之舞；酌允鑠，肴樂胥，聽廟中之雍雍，受神人之福祜；歌投頌，吹合雅。其勤若此，故真神之所勞也。方將俟元符，以禪梁甫之基，增泰山之高，延光于將來，比榮乎往號，豈徒欲淫覽浮觀，馳騁秔稻之地，周流梨栗之林，蹂踐芻蕘，誇詡衆庶，盛狖玃之收，多麋鹿之獲哉！且盲不見咫尺，而離婁燭千里之隅；客徒愛胡人之獲我禽獸，曾不知我亦已獲其王侯。

（清）唐晏《兩漢三國學案》卷一一《明經文學列傳》 揚雄字子雲，蜀郡成都人也。少而好學，不爲章句，訓詁通而已，博覽無所不見。爲人簡易佚蕩，口吃不能劇談。孝成帝時，客有薦雄文似相如者，上召雄待詔，因奏《甘泉》、《羽獵》、《長楊》諸賦。又爲《太玄》、《法言》等書。以爲經莫大於《易》，故作《太玄》；傳莫大於《論語》，作《法言》；史篇莫善於《倉頡》，作《訓纂》；箴莫善於《虞箴》，作《州箴》；賦莫深於《離騷》，反而廣之；辭莫麗於相如，作四賦，皆斟酌其本，相與放依而馳騁云。王莽纂位，雄以耆老久次轉爲大夫，校書天禄閣。後以畏罪自投閣下，以病免。莽復召爲大夫，年七十一，王氏天鳳五年卒。

按：子雲爲學，最工於擬，故賦則擬相如，《玄》則擬《周易》，《法言》則擬《論語》。計其一生所爲，無往非擬。而問子雲之所以自立者，無有也。故其晚節失身賊莽，正其不能自立之所致也。後之人可以知所戒矣。

劉向

（清）劉寶楠《論語正義序》 劉向者，高祖少弟楚元王之後，辟彊之孫，德之子，字子政，本名更生，成帝即位，更名向。數上疏言得失，以向爲中壘校尉。向爲人簡易，專精思於經術。成帝詔校經傳諸子詩賦，每一書已，向輒條其篇目，撮其指意，録而奏之。著《別録》、《新序》。

《漢書》卷三六《楚元王傳》 〔劉〕向字子政，本名更生。年十二，以父德任爲輦郎。既冠，以行修飭擢爲諫大夫。是時，宣帝循武帝故事，招選名儒俊材置左右。更生以通達能屬文辭，與王褒、張子僑等並進對，獻賦頌凡數十篇。上復興神僊方術之事，而淮南有《枕中鴻寶苑祕書》。書言神僊使鬼物爲金之術，及鄒衍重道延命方，世人莫見，而更生父德武帝時治淮南獄得其書。更生幼而讀誦，以爲奇，獻之，言黄金可成。上令典尚方鑄作事，費甚多，方不驗。上乃下更生吏，吏劾更生鑄僞黄金，繫當死。更生兄陽城侯安民上書，入國戶半，贖更生罪。上亦奇其材，得踰冬減死論。會初立《穀梁春秋》，徵更生受《穀梁》，講論《五經》於石渠。復拜爲郎中給事黄門，遷散騎諫大夫給事中。

（清）李清植《歷代名儒傳》卷一 元帝即位，太傅蕭望之、少傅周堪，皆受遺領尚書事，甚見尊重。更生年少於望之、堪，然二人重之，薦更生宗室忠直，明經有行，擢散騎宗正給事中，與侍中金敞拾遺左右，四人同心謀議，勸道上以古制，多所欲匡正。【略】是時顯幹尚書，尚書五人皆其黨也，堪希得見，常因顯白事，事決顯口。會堪疾瘖不能言而卒，顯遂誣譖猛，令自殺於公車。更生傷之，乃著《疾讒擿要救危及世頌》，凡八篇，依興古事，悼己及同類也，遂廢十餘年。

成帝即位，顯等伏辜，更生乃復進用，更名向。向以故九卿召拜中郎，使領護三輔都水，數奏封事，遷光禄大夫。是時帝元舅陽平侯王鳳爲大將軍，倚太后，專國權，兄弟七人皆封列侯。適數有大異，而上方精於《詩》、《書》，觀古文。詔向領校中《五經》祕書。向乃集合上古以來歷春秋六國至秦漢，符瑞災異之記，推迹行事，連傳禍福，著其占驗，比類相從，各有條目，凡十一篇，號曰《洪範五行傳論》。奏之，天子心知向忠精，故爲鳳兄弟起此論也，然終不能奪王氏權。久之，營起昌陵，數年不成，復還歸延陵，制度泰奢。向上疏諫，詞旨極切，上雖感其言而不能從。向睹俗彌奢淫，而趙衛之屬，起微賤，踰禮制。向以爲王教由內及外，自近者始，故採《詩》、《書》所載賢妃貞婦，興國顯家可法則及孽嬖亂亡者，序次爲《列女傳》，凡八篇，以戒天子，及采傳記行事，著《新序》《説苑》，凡五十篇，奏之。屢言得失，陳法戒，書數十上，以助觀覽，補遺闕。上雖不能盡用，然内嘉其言，常嗟歎之。時上無繼嗣，政由王氏出，災異浸甚。向雅奇陳湯智謀，與相親友，獨謂湯曰：災異如此，而外家日甚，其漸必危劉氏。吾幸得同姓末屬，累世蒙漢厚恩，身爲宗室遺老，歷事三主，上以我先帝舊臣，每進見，常加優禮，吾而不言，孰當言者。遂上封事極諫。至曰：事勢不兩大，王氏與劉氏亦且不竝立，如下有泰山之安，則上有累卵之危。陛下爲人子孫，守持宗廟，而令國祚移於外親，降爲皂隷，縱不爲身，奈宗廟何？婦人内夫家，外父母家，此亦非皇太后之福也。書奏，天子召見向，歎息悲傷其意，謂曰：君且休矣，吾將思之。以向爲中壘校尉。向爲人簡易無威儀，廉靖樂道，不交接世俗，專積思於經術。晝誦書傳，夜觀星宿，或不寐達旦。元延中，星孛東井，蜀郡岷山崩，雍江。向惡此異，懷不能已，復上奏，有曰：方今同姓疏遠，母黨專政，禄去公室，權在外家，非所以彊漢宗，卑私門，保守社稷，安固後嗣也。向自見得信於上，故常顯訟宗室，譏刺王氏及在位大臣。其言多痛切，發於至誠。上數欲用爲九卿，輒爲王氏居位者及丞相御史所持，故終不遷，居列大夫官，前後三十餘年，年七十二卒。卒後十三歲而王氏遂代漢。

論曰：孝宣以甘露三年始立《穀梁》博士，是歲向年三十，其鑄作黄金事前於此，則向固未及壯也，且其失在於過信父書。考向之誠諒忠謇，庶幾社稷之臣，其學之醇，西漢儒者未之或先也。顧以年少一眚，爲世疵議。夫仲舒《繁露》，頗雜禨祥，横渠蚤歲，亦喜談兵，至若逃禪以歸儒，變贋而求真者，往往有之。苟其能以晚蓋，則始愆曾不足以相累，何獨於向，而必過爲覈論哉！

劉歆

(清)唐晏《兩漢三國學案》卷九《春秋》 劉歆字子駿，少以通《詩》、《書》能屬文召見成帝，待詔宦者署，爲黄門郎。河平中，受詔與父向領校祕書，講六藝傳記，諸子詩賦，數術方技，無所不究。向死後，歆復爲中壘校尉。大司馬王莽舉歆有才行，爲侍中太中大夫，光禄大夫，復領《五經》，卒父前業。歆乃集六藝羣書，種别爲《七畧》。歆及向始皆治《易》。及歆校祕書，見古文《春秋左氏傳》，大好之。時丞相史尹咸以能治《左氏》，與歆共校經傳。歆畧從咸及丞相翟方進受，質問大義。初，《左氏傳》多古字古言，學者傳訓故而已。及歆治《左氏》，引傳文以解經，轉相發明，由是章句義理備焉。歆亦湛靖有謀。父子俱好古，博見彊志，過絶於人。歆以爲左丘明好惡與聖人同，親見夫子，而公羊、穀梁在七十子後，傳聞之與親見之，其詳畧不同。歆數以難向，向不能非間也，然猶自持其《穀梁》義。及歆親近，欲建立《左氏春秋》及《毛詩》、《逸禮》、《古文尚書》皆立於學官，哀帝令歆與《五經》博士講論其義，諸博士或不肯置對。歆因移書太常博士，責讓之曰：漢興，去聖帝明王遐遠，仲尼之道又絶，法度無所因襲。時獨有一叔孫通畧定禮儀，天下唯有《易》卜，未有它書。至孝惠之世，乃除挾書之律，然公卿大臣絳、灌之屬咸介胄武夫，莫以爲意。至孝文皇帝，始使掌故朝錯從伏生受《尚書》。《尚書》初出於屋壁，朽折散絶，今其書見在，時師傳讀而已。《詩》始萌牙。天下衆書往往頗出，皆諸子傳説，猶廣立於學官，爲置博士。在漢朝之儒，唯賈生而已。至孝武皇帝，然後鄒、魯、梁、趙頗有《詩》、《禮》、《春秋》先師，皆起於建元之間。當此之時，一人不能獨盡其經，或爲《雅》，或爲《頌》，相合而成。《泰誓》後得，博士集而讀之。故詔書曰：禮壞樂崩，書缺簡脱，朕甚閔焉。時漢興已七、八十年，離於全經，固已遠矣。及魯恭王壞孔子宅，欲以爲宫，而得古文於壞壁之中，《逸禮》有三十九篇，《書》十六篇。天漢之後，孔安國獻之，遭巫蠱倉卒之難，未及施行。及《春秋》，左氏丘明所修，皆古文舊書，多者二十餘通，臧於祕府，伏而未發。孝成皇帝愍學殘文缺，稍離其真，乃陳發祕臧，校理舊文，得此三事，以考學官所傳，經或脱簡，傳或閒編。傳問民間，則有魯國桓公、趙國貫公、膠東庸生之遺學與此同，抑而未施。此乃有識者之所憫惜，士君子之所嗟痛也。往者綴學之士不思廢絶之闕，苟因陋就寡，分文析字，煩言碎詞，學者罷老且不能究其一藝。信口説而背傳記，是末師而非往古。至於國家將有大事，若立辟雍、封禪、巡狩之儀，則幽冥而莫知其原。猶欲保殘守缺，挾恐見破之私意，而無從善服義之公心，或懷妬嫉，不考情實，雷同相從，隨聲是非，抑此三學，以《尚書》爲備，謂左氏爲不傳《春秋》，豈不哀哉！今聖上德通神明，繼統揚業，亦閔文學錯亂，學士若兹，雖昭其情，猶依違謙讓，樂與士君子同之。故下明詔，試《左氏》可立不。遣近臣奉指銜命，將以輔弱扶微，與二三君子比意同力，冀得廢遺。今則不然，深閉固距，而不肯試，猥以不誦絶之，欲以杜塞餘道，絶滅微學。夫可與樂成，難與慮始，此衆庶之所爲耳，非所望士君子也。夫禮失求之於野，古文不猶愈於野乎？往者，博士《書》有歐陽，《春秋》公羊，《易》則施、孟，然孝宣皇帝猶復廣立《穀梁春秋》、《梁丘易》、《大小夏侯尚書》，義雖相反，猶並置之。何則？與其過而廢之也，寧過而立之。傳曰：文武之道未墜於地，在人；賢者志其大者，不賢者志其小者。今此數家之言，兼包大小之義，豈可偏絶哉！若必專己守缺，黨同門，妬道真，違明詔，失聖意，以陷於文吏之議，甚爲二三君子不取也。其言甚切直，諸儒皆怨恨。是時名儒光禄大夫龔勝以歆移書上疏，深自罪責，願乞骸骨罷。及儒者師丹爲大司空，亦大怒，奏歆改亂舊章，非毀先帝所立。上曰：歆欲廣道術，何以爲非毀哉？歆由是忤執政大臣，爲衆儒所訕，出爲河内太守。以宗室不宜典三河，徙五原，歷三郡守。以病免。會哀帝崩，王莽白太后，留歆爲右曹太中大夫，羲和，京兆尹，使治明堂辟雍，封紅休侯。典儒林史卜之官，考定律曆，著《三統曆譜》。及莽纂位，歆爲國師。

（清）康有爲《新學僞經考·漢書劉歆王莽傳辨僞》 王莽以僞行篡漢國，劉歆以僞經篡孔學，二者同僞，二者同篡。僞君、僞師，篡君、篡師，當其時一大僞之天下，何君臣之相似也！

胡　廣

《後漢書》卷四四《胡廣傳》 胡廣字伯始，南郡華容人也。六世祖剛，清高有志節。平帝時，大司徒馬宫辟之。值王莽居攝，剛解其衣冠，縣府門而去，遂亡命交阯，隱於屠肆之閒。後莽敗，乃歸鄉里。父貢，交阯都尉。【略】

時尚書令左雄議改察舉之制，限年四十以上，儒者試經學，文吏試章奏。廣復與敞、虞上書駁之，曰：臣聞君以兼覽博照爲德，臣以獻可替否爲忠。《書》載稽疑，謀及卿士；《詩》美先人，詢于芻蕘。國有大政，必議之於前訓，諮之於故老，是以慮無失策，舉無過事。竊見尚書令左雄議郡舉孝廉，皆限年四十以上，諸生試章句，文吏試牋奏。明詔既許，復令臣等得與相參。竊惟王命之重，載在篇典，當令縣於日月，固於金石，遺則百王，施之萬世。《詩》云：天難諶斯，不易惟王。可不慎與！蓋選舉因才，無拘定制。六奇之策，不出經學；鄭、阿之政，非必章奏。甘、奇顯用，年乖彊仕；終、賈揚聲，亦在弱冠。漢承周、秦，兼覽殷、夏，祖德師經，參雜霸軌，聖主賢臣，世以致理，貢舉之制，莫或回革。今以一臣之言，剗戾舊章，便利未明，衆心不猒。矯枉變常，政之所重，而不訪台司，不謀卿士。若事下之後，議者剝異，異之則朝失其便，同之則王言已行。臣愚以爲可宣下百官，參其同異，然後覽擇勝否，詳採厥衷。敢以瞽言，冒干天禁，惟陛下納焉。帝不從。

（漢）蔡邕《蔡中郎文集》卷四《胡公碑》 公諱廣，字伯始，南郡華容人也。其先自嬀姓，建國南土曰胡子。《春秋》書焉，列于諸侯，公其後也。考以德行純懿，官至交阯都尉。公寬裕仁愛，覆載博大，研道知機，窮理盡性，凡聖哲之遺教，文武之未墜，罔有不綜。年二十七察孝廉，除郎中，尚書侍郎、左丞、尚書僕射令，内正機衡，允釐其職，文敏暢乎庶事，密靜周乎樞機，帝用嘉之，遷濟陰太守。尒乃布愷悌，宣柔嘉，通神化，道靈和拂，揚惠風以養真，激清流以盪邪，取忠肅於不言，消奸究於爪牙。是以君子勤禮，小人知耻，鞭朴息於官曹，刑戮廢於朝市，餘貨委於路衢，餘種栖于畎畝。還汝南太守，增脩前業，考績既明，入作司農，實掌金穀之淵藪，和均關石，王府以充。遂作司徒，昭敷五教，進作太尉，宣暢渾元，人倫輯睦，日月重光。遭國不造，帝祚無主，援立孝桓，以紹宗緒。用首謀定策，封安樂鄉侯，戶邑之如，加于羣公，入録機事，聽納總己，致位就第。復拜司空，敷土導川，俾順其性。功遂身退，告疾固辭，乃爲特進，爰以休息。又拜太常，典司三禮，敬恭禋祀，神明嘉歆，永世豐年，聿懷多福。復拜太尉，尋申前業，又以特進，逍遙致位。又拜太常，遘疾不夷，遜位歸爵，還於舊都，徵拜太中大夫。延和末年，聖主革正，幸臣誅斃，引公爲尚書令，以二千石居官，委以閫外之事，釐改度量，以新國家。弘綱既整，衮闕以補，乃拜太僕。車正馬閑，六騶習訓，遷太常、司徒。成宗晏駕，推建聖嗣，復封故邑，與參機密，寢疾告退。復拜太傅，録尚書事，于時春秋高矣。繼親在堂，朝夕定省，不違子道。旁無几杖，言不稱老。居喪致哀，率禮不迨。其接下荅賓，雖幼賤降等，禮從謙〔厚〕，尊而彌恭。勞思萬機，身勤心苦。雖老（業）〔萊〕子嬰兒其服，方叔克壯其猷，公旦納于白屋，正考父俯而循牆，曷以尚茲。夫蒸蒸至孝，德本也；體和履忠，行極也；博聞周覽，上通〔也〕；勤勞王家，茂功也。用能七登三事，篤受介祉，亮皇世於六世，嘉無績於九，有窮生之光寵，享黄耇之遐紀，蹈明德以保身，與福禄乎終始。年八十有二，建寧五年春壬戌薨于位。天子悼痛，贈策遂〔誄〕，謚曰文恭。如前傅之儀而有加焉，禮也。故吏司徒許詡等，相與欽慕《崧高》、《蒸民》之作，取言時計功之則，論集行跡，銘諸琬琰。其詞曰：

伊漢元輔，時惟文恭，聰明叡哲，思心卒容，畢力天機。帝休其庸，賦政于外，有邈其蹤，進作卿士，粤登上公，百揆時序，五典克從，萬邦黎獻，且唯時雍。勳烈既建，爵土乃封，七被三事，再作特進。弘唯幼沖，作傅以訓，赫赫猗公，邦家之鎮，澤被華夏，遺愛不淪，日與月與齊光並運，存榮亡顯没而不泯。

鄭　興

《後漢書》卷三六《鄭興傳》　鄭興字少贛，河南開封人也。少學《公羊春秋》。晚善《左氏傳》，遂積精深思，通達其旨，同學者皆師之。天鳳中，將門人從劉歆講正大義，歆美興才，使撰條例、章句、傳詁，及校《三統歷》。【略】

是時喪亂之餘，郡縣殘荒，興方欲築城郭，修禮教以化之，會以事免。

丁　恭

（清）唐晏《兩漢三國學案》卷八《春秋》　丁恭字子然，山陽東緡人也。習《公羊嚴氏春秋》。恭學義精明，教授常數百人。州郡請召，不赴。建初武，爲諫議大夫、博士，封關內侯。遷少府。諸生自遠方至者，著録數千人，當世稱爲大儒。太常樓望、侍中承宫、長水校尉樊儵等皆受業於恭。拜侍中祭酒，與劉昆俱在光武左右，每事咨訪焉。

桓　譚

《後漢書》卷二八上《桓譚傳》　桓譚字君山，沛國相人也。父成帝時為太樂令。譚以父任為郎，因好音律，善鼓琴。博學多通，徧習五經，皆詁訓大義，不為章句。能文章，尤好古學，數從劉歆、楊雄辯析疑異。性嗜倡樂，簡易不修威儀，而憙非毁俗儒，由是多見排抵。

哀平閒，位不過郎。傅皇后父孔鄉侯晏深善於譚。是時高安侯董賢寵幸，女弟為昭儀，皇后日已疏，晏嘿嘿不得意。譚進説曰：昔武帝欲立衛子夫，陰求陳皇后之過，而陳后終廢，子夫竟立。今董賢至愛而女弟尤幸，殆將有子夫之變，可不憂哉。晏驚動，曰：然，為之柰何？譚曰：刑罰不能加無罪，邪枉不能勝正人。夫士以才智要君，女以媚道求主。皇后年少，希更艱難，或驅使醫巫，外求方技，此不可不備。又君侯以后父尊重而多通賓客，必借以重埶，貽致譏議。不如謝遣門徒，務執謙慤，此脩己正家避禍之道也。晏曰善。遂罷遣常客，入白皇后，如譚所戒。後賢果風太醫令真欽，使求傅氏罪過，遂逮后弟侍中喜，詔獄無所得，乃解，故傅氏終全於哀帝之時。及董賢為大司馬，聞譚名，欲與之交。譚先奏書於賢，説以輔國保身之術，賢不能用，遂不與通。當王莽居攝篡弑之際，天下之士，莫不競褒稱德美，作符命以求容媚，譚獨自守，默然無言。莽時為掌樂大夫，更始立，召拜太中大夫。

世祖即位，徵待詔，上書言事失旨，不用。後大司空宋弘薦譚，拜議郎給事中，因上疏陳時政所宜，曰：

臣聞國之廢興，在於政事；政事得失，由乎輔佐。輔佐賢明，則俊士充朝，而理合世務；輔佐不明，則論失時宜，而舉多過事。夫有國之君，俱欲興化建善，然而政道未理者，其所謂賢者異也。昔楚莊王問孫叔敖曰：寡人未得所以為國是也。叔敖曰：國之有是，眾所惡也，恐王不能定也。王曰：不定獨在君，亦在臣乎？對曰：君驕士，曰士非我無從富貴；士驕君，曰君非士無從安存。人君或至失國而不悟，士或至飢寒而不進。君臣不合，則國是無從定矣。莊王曰：善。願相國與諸大夫共定國是也。蓋善政者，視俗而施教，察失而立防，威德更興，文武迭用，然後政調於時，而躁人可定。昔董仲舒言理國譬若琴瑟，其不調者則解而更張。夫更張難行，而拂眾者亡，是故賈誼以才逐，而朝錯以智死。世雖有殊能而終莫敢談者，懼於前事也。

且設法禁者，非能盡塞天下之姦，皆合眾人之所欲也，大抵取便國利事多者，則可矣。夫張官置吏，以理萬人，縣賞設罰，以別善惡，惡人誅傷，則善人蒙福矣。今人相殺傷，雖已伏法，而私結怨讎，子孫相報，後忿深前，至於滅戶殄業，而俗稱豪健，故雖有怯弱，猶勉而行之，此為聽人自理而無復法禁者也。今宜申明舊令，若已伏官誅而私相傷殺者，雖一身逃亡，皆徙家屬於邊，其相傷者，加常二等，不得雇山贖罪。如此，則仇怨自解，盜賊息矣。

夫理國之道，舉本業而抑末利，是以先帝禁人二業，錮商賈不得宦為吏，此所以抑并兼長廉恥也。今富商大賈，多放錢貨，中家子弟，為之保役，趨走與臣僕等勤，收税與封君比入，是以衆人慕効，不耕而食，至乃多通侈靡，以淫耳目。今可令諸商賈自相糾告，若非身力所得，皆以臧畀告者。如此，則專役一己，不敢以貨與人，事寡力弱，必歸功田畝。田畝修，則穀入多而地力盡矣。

又見法令決事，輕重不齊，或一事殊法，同罪異論，姦吏得因緣為市，所欲活則出生議，所欲陷則與死比，是為刑開二門也。今可令通義理明習法律者，校定科比，一其法度，班下郡國，蠲除故條。如此，天下知方，而獄無怨濫矣。

（清）唐晏《兩漢三國學案》卷一一《明經文學列傳》　時帝方信讖，多以決定嫌疑，又醻賞少薄，天下不時安定。譚上疏曰：凡人情忽於見事而貴於異聞，觀先王之所記述，咸以仁義正道爲本，非有奇怪虛誕之事。蓋天道性命，聖人所難言也。自子貢以下，不得而聞，況後世淺儒能通之乎？今諸巧慧小才伎數之人，增益圖書，矯稱讖記，以欺惑貪邪，詿誤人主，焉可不抑遠之哉！書奏，帝不說。後有詔議靈臺所處，帝謂譚曰：吾欲讖決之，何如？譚默然良久，曰：臣不讀讖。帝問其故，譚復極言讖之非經。帝大怒，將斬之，譚叩頭流血，良久乃解。出爲六安郡丞，意忽忽不樂，道病卒。初譚著書言當世行事二十九篇，號曰《新論》，上書獻之，世祖善焉。

曹褒

《後漢書》卷三五《曹褒傳》　曹褒字叔通，魯國薛人也。父充，持《慶氏禮》，建武中爲博士，從巡狩岱宗，定封禪禮，還，受詔議立七郊、三雍、大射、養老禮儀。顯宗即位，充上言：漢再受命，仍有封禪之事，而禮樂崩闕，不可爲後嗣法。五帝不相沿樂，三王不相襲禮，大漢〔當〕自制禮，以示百世。帝問：制禮樂云何？充對曰：《河圖括地象》曰：有漢世禮樂文雅出；《尚書琁機鈐》曰：有帝漢出，德洽作樂，名予。帝善之，下詔曰：今且改太樂官曰太予樂，歌詩曲操，以俟君子。拜充侍中。作章句辯難，於是遂有慶氏學。

（清）李清植《歷代名儒傳》卷二　〔曹褒〕常憾朝廷制度未備，慕叔孫通定漢禮儀。晝夜研精，沈吟專思，寢則懷抱筆札，行則誦習文書。當其念至，忘所之適。初舉孝廉，再遷圉令，以禮理人，以德化俗。它郡盜五人入界，吏捕得，太守馬嚴風使殺之，褒勑吏曰：夫絕人命者，天亦絕之。皋陶不爲盜制死刑，管仲遇盜而升諸公。今承旨而殺之，是逆天心，其罰重矣。苟得全此人命，而身坐之，吾所願也。遂不爲殺。嚴竟奏免褒。褒歸郡爲功曹，徵拜博士。會肅宗欲制禮樂，褒乃上疏請成漢禮，事下太常，太常巢堪以一世大典，非褒所定，議寢之。帝知羣僚拘牽，難與圖治，朝廷禮憲，宜時刊立。明年，下詔曰：漢遭秦餘，禮壞樂崩，有知其說者，各盡所能。褒省詔太息，謂諸生曰：昔奚斯頌魯，考甫詠殷，人臣依義顯君，竭忠彰主，行之美也，當仁不讓，吾何辭哉！遂復上疏，具陳禮樂之本，制改之意。拜侍中，以事下三公。未及奏，詔召班固問之。固請集諸儒議得失，帝曰：諺言築舍道傍，三年不成，會禮之家，名爲聚訟，互生疑異，筆不得下。昔堯作《大章》，一夔足矣。章和元年正月，遂授褒以叔孫通《漢儀》十二篇，勑曰：此制散畧，多不合經，宜依禮條正，使可施行。褒既受命，乃於南宮東觀，盡心集作，撰次天子至於庶人，冠婚吉凶，終始制度，爲百五十篇。其年十二月奏上，帝以衆論難一，但納之，不令有司平奏。褒復作爲章句。及和帝冠，遂用褒禮，擢褒監羽林左騎。永元四年，遷射聲校尉。後大尉張酺等劾褒擅制漢禮，破亂聖術，請加刑誅。帝雖寢其奏，而褒禮遂不行。累遷城門校尉，將作大匠。七年，出爲河內太守。值旱，褒省吏去姦，澍雨數降，其秋大熟。後坐上災害不實免。有頃，復徵。再遷又爲侍中。十四年卒。褒博物識古，爲儒者宗，作《通義》十二篇，《演經雜論》百二十篇，又傳《禮記》四十九篇，教授諸生千餘人，慶氏學遂行於世。

論曰：漢文明二帝，各懷謙讓之美，然文以日易月而喪禮亡，明藏主夾室而廟制隳。夫喪祭者禮之大端也。褒定漢禮，不此之復，則所條序，不過儀文數度之間，抑亦末矣。況叔孫雜秦法，褒亦採讖記，則二子者疑未有以相尚也。雖然叔孫而後，自賈誼、董仲舒、王吉、劉向以及張純之徒，莫不惓惓於興建禮文之事，獨褒能有所成。而仍格不行，蓋禮教之寢久矣。唐韓愈讀《儀禮》，而以不得進退揖讓於其間爲深喞，有以也夫。

樊準

《後漢書》卷三二《樊準傳》 〔樊〕準字幼陵，宏之族曾孫也。父瑞，好黃老言，清靜少欲。準少勵志行，修儒術，以先父產業數百萬讓孤兄子。永元十五年，和帝幸南陽，準爲郡功曹，召見，帝器之，拜郎中，從車駕還宮，特補尚書郎。

鄭衆

（清）唐晏《兩漢三國學案》卷二《周易》 鄭衆字仲師。年十二，從父受《左氏春秋》，精力於學，明《三統曆》，作《春秋難記條例》，兼通《易》、《詩》，知名於世。建武中，皇太子以及山陽王荆因虎賁中郎將梁松縑帛聘請衆，欲爲通義，引籍出入殿中。衆謂松曰：太子儲君，無外交之義，漢有舊防，王不宜私通賓客。遂不受。及梁氏事敗，賓客多坐之，唯衆不染於辭。是時，北匈奴遣使求和親。八年，顯宗遣衆持節使匈奴。衆至北廷，虜欲令拜，衆不爲屈。單于大怒，圍守閉之，不與水火，欲脅服衆。衆拔刀自誓，單于恐而止，乃更發使隨衆朝京師。朝議欲遣使報之，衆上疏諫，不從。復遣衆，衆言：臣前奉使，不爲匈奴拜，單于恚恨，故遣兵圍臣。今復銜命，必見陵折。臣誠不忍持大漢之節對氈裘獨拜。如令匈奴遂能服臣，將有損大漢之强。帝不聽。衆既行，在路連上書固爭之。詔切責，追還繫廷尉。會赦歸家。後帝見匈奴來者，問衆與單于爭禮狀，皆言匈奴中傳衆意氣勇壯，雖蘇武不過。乃復召衆爲軍司馬，使與馬廖擊車師。至敦煌，拜爲中郎將，使護西域。遷武威太守，謹修邊備，虜不敢犯。遷左馮翊，政有名迹。建初六年，代鄧彪爲大司農。肅宗議復鹽鐵官，衆諫以爲不可。帝不從。在位以清正稱。受詔作《春秋刪》十九篇。八年，卒官。子安世亦傳家業。

王充

《後漢書》卷四九《王充傳》 王充字仲任，會稽上虞人也，其先自魏郡元城徙焉。充少孤，鄉里稱孝。後到京師，受業太學，師事扶風班彪。好博覽而不守章句。家貧無書，常游洛陽市肆，閱所賣書，一見輒能誦憶，遂博通衆流百家之言。後歸鄉里，屏居教授。仕郡為功曹，以數諫爭不合去。

充好論説，始若詭異，終有理實。以為俗儒守文，多失其真，乃閉門潛思，絶慶弔之禮，戶牖牆壁各置刀筆。著《論衡》八十五篇，二十餘萬言，釋物類同異，正時俗嫌疑。

刺史董勤辟為從事，轉治中，自免還家。友人同郡謝夷吾上書薦充才學，肅宗特詔公車徵，病不行。年漸七十，志力衰耗，乃造《養性書》十六篇，裁節嗜欲，頤神自守。永元中，病卒于家。

《四庫全書總目提要》卷一二〇《子部・論衡》 《論衡》三十卷。江蘇巡撫採進本。漢王充撰。充字仲任，上虞人。《自紀》謂在縣為掾功曹，在都尉府位亦掾功曹，在太守為列掾五官功曹行事。又稱永和三年徙家辟詣揚州部丹陽、九江、廬江，後入為治中，章和二年罷州家居。其書凡八十五篇，而第四十四《招致篇》有録無書，實八十四篇。考其《自紀》曰：書雖文重，所論百種。案古太公望，近董仲舒，傳作書篇百有餘，吾書亦纔出百而云太多。然則原書實百餘篇，此本目録八十五篇，已非其舊矣。充書大旨詳於《自紀》一篇。蓋内傷時命之坎坷，外疾世俗之虚偽，故發憤著書，其言多激。《刺孟》、《問孔》二篇，至於奮其筆端，以與聖賢相軋，可謂誖矣。又露才揚己，好為物先。至於述其祖父頑狠，以自表所長，傎亦甚焉。其他論辨，如日月不圓諸説，雖為葛洪所駁，載在《晉志》。然大抵訂譌砭俗，中理者多，亦殊有裨於風教。儲泳《袪疑説》、謝應芳《辨惑編》不是過也。至其文反覆詰難，頗傷詞費。則充所謂宅舍多，土地不得小，戶口衆，簿籍不得少，失實之事多，虚華之語衆，指實定宜，辨爭之言安得約徑者，固已自言之矣。充所作別有《譏俗書》、《政務書》，晚年又作《養性書》，今皆不傳，惟此書存。儒者頗病其蕪雜，然終不能廢也。高似孫《子略》曰：袁崧《後漢書》載充作《論衡》，中土未有傳者。蔡邕入吳，始見之，以為談助。談助之言，可以了此書矣。其論可云允愜。此所以攻之者衆，而好之者終不絶歟？

班固

《漢書》卷二三《刑法志》 夫人宵天地之貌，懷五常之性，聰明精粹，有生之最靈者也。爪牙不足以供耆欲，趨走不足以避利害，無毛羽以禦寒暑，必將役物以為養，任智而不恃力，此其所以為貴也。故不仁愛則不能羣，不能羣則不勝物，不勝物則養不足。羣而不足，爭心將作，上聖卓然先行敬讓博愛之德者，衆心説而從之。從之成羣，是為君矣；歸而往之，是為王矣。《洪範》曰：天子作民父母，為天下王。聖人取類以正名，而謂君為父母，明仁愛德讓，王道之本也。愛待敬而不敗，德須威而久立，故制禮以崇敬，作刑以明威也。聖人既躬明悊之性，必通天地之心，制禮作教，立法設刑，動緣民情，而則天象地。故曰先王立禮，則天之明，因地之性也。刑罰威獄，以類天之震曜殺戮也；温慈惠和，以效天之生殖長育也。《書》云天秩有禮，天討有罪。故聖人因天秩而制五禮，因天討而作五刑。大刑用甲兵，其次用斧鉞；中刑用刀鋸，其次用鑽鑿；薄刑用鞭扑。大者陳諸原野，小者致之市朝，其所繇來者上矣。【略】

原獄刑所以蕃若此者，禮教不立，刑法不明，民多貧窮，豪桀務私，姦不輒得，獄豻不平之所致也。《書》云伯夷降典，悊民惟刑，言制禮以止刑，猶隄之防溢水也。今隄防凌遲，禮制未立；死刑過制，生刑易犯；饑寒並至，窮斯濫溢；豪桀擅私，為之囊橐，姦有所隱，則狃而寖廣：此刑之所以蕃也。孔子曰：古之知法者能省刑，本也；今之知法者不失有罪，末矣。又曰：今之聽獄者，求所以殺之；古之聽獄者，求所以生之。與其殺不辜，寧失有罪。今之獄吏，上下相驅，以刻為明，深者獲功名，平者多後患。諺曰：鬻棺者欲歲之疫。非憎人欲殺之，利在於人死也。今治獄吏欲陷害人，亦猶此矣。凡此五疾，獄刑所以尤多者也。

《後漢書》卷四〇上《班固傳》 固字孟堅。年九歲，能屬文誦詩賦，及長，遂博貫載籍，九流百家之言，無不窮究。所學無常師，不為章句，舉大義而已。性寛和容衆，不以才能高人，諸儒以此慕之。【略】

父彪卒，歸鄉里。固以彪所續前史未詳，乃潛精研思，欲就其業。既而有人上書顯宗，告固私改作國史者，有詔下郡，收固繫京兆獄，盡取其家書。先是扶風人蘇朗偽言圖讖事，下獄死。固弟超恐固為郡所覈考，不能自明，乃馳詣闕上書，得召見，具言固所著述意，而郡亦上其書。顯宗甚奇之，召詣校書部，除蘭臺令史，與前睢陽令陳宗、長陵令尹敏、司隸從事孟異共成《世祖本紀》。遷為郎，典校祕書。固又撰功臣、平林、新市、公孫述事，作列傳、載記二十八篇，奏之。帝乃復使終成前所著書。

《後漢書》卷四〇下《班固傳》 主人喟然而歎曰：痛乎風俗之移人也！子實秦人，矜夸館室，保界河山，信識昭襄而知始皇矣，惡睹大漢之云為乎？夫大漢之開原也，奮布衣以登皇極，繇數朞而創萬世，蓋六籍所不能談，前聖靡得而言焉。當此之時，功有橫而當天，討有逆而順人，故婁敬度埶而獻其說，蕭公權宜以拓其制。時豈泰而安之哉？計不得以已也。吾子曾不是睹，顧燿後嗣之末造，不亦闇乎？今將語子以建武之理，永平之事，監乎（泰）〔太〕清，以變子之或志。【略】

今論者但知誦虞夏之《書》，詠殷周之《詩》，講羲文之《易》，論孔氏之《春秋》，罕能精古今之清濁，究漢德之所由。唯子頗識舊典，又徒馳騁乎末流。温故知新已難，而知德者鮮矣！且夫辟界西戎，險阻四塞，脩其防禦，孰與處乎土中，平夷洞達，萬方輻湊？秦領九嵕，涇渭之川，曷若四瀆五岳，帶河泝洛，圖書之淵？建章甘泉，館御列仙，孰與靈臺明堂，統和天人？太液昆明，鳥獸之囿，曷若辟雍海流，道德之富？游俠踰侈，犯義侵禮，孰與同履法度，翼翼濟濟也？子徒習秦阿房之造天，而不知京洛之有制也；識函谷之可關，而不知王者之無外也。【略】

《明堂詩》：於昭明堂，明堂孔陽；聖皇宗祀，穆穆煌煌。上帝宴饗，五位時序；誰其配之，世祖光武。普天率土，各以其職；猗與緝熙，允懷多福。

《四庫全書總目提要》卷四五《史部·漢書》 《漢書》一百二十卷。內府刊本。漢班固撰，其妹班昭續成之。始末具《後漢書》本傳。是書歷代寶傳，咸無異論。惟《南史·劉之遴傳》云，鄱陽嗣王範得班固所撰《漢書》真本，獻東宮皇太子，令之遴與張纘、到溉、陸襄等參校異同，之遴錄其異狀數十事。以今考之，則語皆謬妄。據之遴云：古本《漢書》稱永平十年五月二十日己酉郎班固上，而今本無上書年月日子。案固自永平受詔修《漢書》，至建初中乃成。又《班昭傳》云：八表并《天文志》未竟而卒，和帝詔昭就東觀藏書踵成之。是此書之次第續成，事隔兩朝，撰非一手。之遴所見古本，既有紀、表、志、傳，乃云總於永平中表上。殆不考成書之年月也。之遴又云：古本《敘傳》號為中篇，今本為《敘傳》。又今本《敘傳》載班彪事行，而古本云彪自有傳。夫古書敘皆載於卷末，固自述作書之意，故謂之敘。追溯祖父之事迹，故謂之傳。後代史家皆沿其例。之遴謂原作中篇，文繫篇末，中字竟何義也？至云彪自有傳，語尤荒誕。彪在光武之世舉茂才，為徐令，以病去官，後數應三公之召，實為東漢之人。惟附於《敘傳》，故可於況伯斿穉之後詳其生平。若自為一傳，列於西漢，則斷限之謂何？奚不考《敘傳》所云起元高祖，終孝平、王莽之誅乎？之遴又云，今本紀及表、志、列傳不相合為次，而古本相合為次，總成三十八卷。案固自言紀、表、志、傳凡百篇，篇即卷也，是不為三十八卷之明證。又言述紀十二，述表八，述志十，述列傳七十，是各為次第之明證。且《隋志》作一百十五卷今本作一百二十卷，皆以卷帙太重，故析為子卷。今本紀分一子卷，表分二子卷，志分八子卷，傳分九子卷。若併為三十八卷，則卷帙更重。古書著之竹帛，殆恐不可行也。之遴又云，今本《外戚》在《西域》後，古本次《帝紀》下。又今本高五子、文三王、景十三王、孝武六子、宣元六王雜在諸傳中，古本諸王悉次《外戚》下，在《陳項》傳上。夫紀、表、志、傳之序，固自言之，如之遴所述，則傳次於紀，而表志反在傳後。且諸王既以代相承，宜總題諸王傳，何以《敘傳》作《高五王傳》第八，《文三王傳》第十七，《景十三王傳》第二十三，《武五子傳》第三十三，《宣元六王傳》第五十耶，且《漢書》始改《史記》之《項羽本紀》、《陳勝世家》為列傳，自應居列傳之首，豈得移在諸王之後。其述《外戚傳》第六十七，《元后傳》第六十八，《王莽傳》第六十九，明以王莽之勢成於元后，史家微意寓焉。若移《外戚傳》次於本紀，是惡知史法哉！之遴又引古本述云：淮陰毅毅，仗劍周章，邦之傑子，實惟彭英，化為侯王，雲起龍驤。然今芮尹江湖句有張晏注，是晏所見者即是今本，況《之遴傳》所云獻太子者，謂昭明太子也。《文選》載《漢書》述贊云：信惟餓隸，布實黥徒，越亦狗盜，芮尹江湖，雲起龍驤，化為侯王。與今本同，是昭明亦知之遴所謂古本者不足信矣。自漢張霸始撰偽經，至梁人於《漢書》復有偽撰古本。然一經考證，紕繆顯然。顏師古註本冠以指例六條，歷述諸家，不及之遴所說，蓋當時已灼知其偽。李延壽不訊端末，遽載於史，亦可云愛奇嗜博，茫無裁斷矣。固作是書，有受金之謗，劉知幾《史通》尚述之。然《文心雕龍・史傳》篇曰：徵賄鬻筆之愆，公理辨之究矣。是無其事也。又有竊據父書之謗，然韋賢、翟方進、元后三傳，俱稱司徒掾班彪曰，顏師古注發例，於《韋賢傳》曰：《漢書》諸贊，皆固所為，其有叔皮先論述者，固亦顯以示後人。而或者謂固竊盜父名，觀此可以免矣，是亦無其事也。師古注條理精密，實為獨到，然唐人多不用其說，故《猗覺寮雜記》稱，師古注《漢書》，魁梧音悟，票姚皆音去聲，杜甫用魁梧，票姚皆作平聲。楊巨源詩：請問漢家誰第一，麒麟閣上識酇侯。亦不用音贊之說，殆貴遠賤近，自古而然歟。要其疏通證明，究不愧班固功臣之目，固不以一二字之出入病其大體矣。

王符

《後漢書》卷四九《王符傳》 王符字節信，安定臨涇人也。少好學，有志操，與馬融、竇章、張衡、崔瑗等友善。安定俗鄙庶孽，而符無外家，為鄉人所賤。自和、安之後，世務游宦，當塗者更相薦引，而符獨耿介不同於俗，以此遂不得升進。志意蘊憤，乃隱居著書三十餘篇，以譏當時失得，不欲章顯其名，故號曰《潛夫論》。其指訐時短，討讁物情，足以觀見當時風政，著其五篇云爾。

《貴忠篇》曰：

夫帝王之所尊敬者天也，皇天之所愛育者人也。今人臣受君之重位，牧天之所愛，焉可以不安而利之，養而濟之哉？是以君子任職則思利人，達上則思進賢，故居上而下不怨，在前而後不恨也。《書》稱天工人其代之。王者法天而建官，故明主不敢以私授，忠臣不敢以虛受。竊人之財猶謂之盜，況偷天官以私己乎！以罪犯人，必加誅罰，況乃犯天，得無咎乎？夫五（世）〔代〕之臣，以道事君，澤及草木，仁被率土，是以福祚流衍，本支百世。季世之臣，以諂媚主，不思順天，專杖殺伐。白起、蒙恬，秦以為功，天以為賊；息夫、董賢，主以為忠，天以為盜。《易》曰：德薄而位尊，智小而謀大，鮮不及矣。是故德不稱，其禍必酷；能不稱，其殃必大。夫竊位之人，天奪其鑒。雖有明察之資，仁義之志，一旦富貴，則背親捐舊，喪其本心，疏骨肉而親便辟，薄知友而厚犬馬，寧見朽貫千萬，而不忍貸人一錢，情知積粟腐倉，而不忍貸人一斗，骨肉怨望於家，細人謗讟於道。前人以敗，後爭襲之，誠可傷也。

歷觀前政貴人之用心也，與嬰兒子其何異哉？嬰兒有常病，貴臣有常禍，父母有常失，人君有常過。嬰兒常病，傷於飽也；貴臣常禍，傷於寵也。哺乳多則生癇病，富貴盛而致驕疾。愛子而賊之，驕臣而滅之者，非一也。極其罰者，乃有仆死深牢，銜刀都市，豈非無功於天，有害於人者乎？夫鳥以山為埤而增巢其上，魚以泉為淺而穿穴其中，卒所以得者餌也。貴戚願其宅吉而制為令名，欲其門堅而造作鐵樞，卒其所以敗者，非苦禁忌少而門樞朽也，常苦崇財貨而行驕僭耳。

不上順天心，下育人物，而欲任其私智，竊弄君威，反戾天地，欺誣神明。居累卵之危，而圖太山之安，為朝露之行，而思傳世之功。豈不惑哉，豈不惑哉！

《浮侈篇》曰：

王者以四海為家，兆人為子。一夫不耕，天下受其飢；一婦不織，天下受其寒。今舉俗舍本農，趨商賈，牛馬車輿，填塞道路，游手為巧，充盈都邑，務本者少，浮食者眾。商邑翼翼，四方是極。今察洛陽，資末業者什於農夫，虛偽游手什於末業。是則一夫耕，百人食之，一婦桑，百人衣之，以一奉百，孰能供之！天下百郡千縣，市邑萬數，類皆如此。本末不足相供，則民安得不飢寒？飢寒並至，則民安能無姦軌？姦軌繁多，則吏安能無嚴酷？嚴酷數加，則下安能無愁怨？愁怨者多，則咎徵並臻。下民無聊，而上天降灾，則國危矣。

夫貧生於富，弱生於彊，亂生於化，危生於安。是故明王之養民，憂之勞之，教之誨之，慎微防萌，以斷其邪。故《易》美節以制度，不傷財，不害民。《七月》之詩，大小教之，終而復始。由此觀之，人固不可恣也。【略】

《述赦篇》曰：

凡療病者，必知脈之虛實，氣之所結，然後為之方，故疾可愈而壽可長也。為國者，必先知民之所苦，禍之所起，然後為之禁，故姦可塞而國可安也。今日賊良民之甚者，莫大於數赦贖。赦贖數，則惡人昌而善人傷矣。何以明之哉？夫謹敕之人，身不蹈非，又有為吏正直，不避彊禦，而姦猾之黨橫加誣言者，皆知赦之不久故也。善人君子，被侵怨而能至闕庭自明者，萬無數人；數人之中得省問者，百不過一；既對尚書而空遣去者，復什六七矣。其輕薄姦軌，既陷罪法，怨毒之家冀其辜戮，以解畜憤，而反一概悉蒙赦釋，令惡人高會而誇咤，老盜服臧而過門，孝子見讎而不得討，遭盜者覩物而不敢取，痛莫甚焉！

夫養稂莠者傷禾稼，惠姦軌者賊良民。《書》曰：文王作罰，刑茲無赦。先王之制刑法也，非好傷人肌膚，斷人壽命也；貴威姦懲惡，除人害也。故經稱天命有德，五服五章哉，天討有罪，五刑五用哉；《詩》刺彼宜有罪，汝反脱之。古者唯始受命之君，承大亂之極，寇賊姦軌，難為法禁，故不得不有一赦，與之更新，頤育萬民，以成大化。非以養姦活罪，放縱天賊也。夫性惡之民，民之豺狼，雖得放宥之澤，終無改悔之心。旦脱重梏，夕還囹圄，嚴明令尹，不能使其斷絶。何也？凡敢為大姦者，才必有過於衆，而能自媚於上者也。多散誕得之財，奉以諂諛之辭，以轉相驅，非有第五公之廉直，孰不為顧哉？論者多曰：久不赦則姦軌熾而吏不制，宜數肆眚以解散之。此未昭政亂之本源，不察禍福之所生也。

《四庫全書總目提要》卷九一《子部・潛夫論》 《潛夫論》十卷。江蘇巡撫採進本。漢王符撰。符字節信，安定臨涇人。《後漢書》本傳稱：和、安之後，世務游宦，當途者更相薦引，而符獨耿介不同於俗，以此遂不得升進，志意藴憤，乃隱居著書二十餘篇，以議當時得失。不欲章顯其名，故號曰《潛夫論》。今本凡三十五篇，合《敘録》為三十六篇，蓋猶舊本。卷首《讚學》一篇，論勵志勤修之旨。卷末《五德志篇》，述帝王之世次志，《氏姓篇》考譜牒之源流，其中《小列》、《相列》、《夢列》三篇，亦皆雜論方技，不盡指陳時政，范氏所云，舉其著書大旨爾。符生卒年月不可考。本傳之末，載度遼將軍皇甫規解官歸里，符往謁見事。規解官歸里，據本傳在延熹五年，則符之著書在桓帝時，故所説多切漢末弊政。惟桓帝時皇甫規、段熲、張奂諸人屢與羌戰，而其《救邊》、《邊議》二篇，乃以避寇為憾，殆以安帝永初五年嘗徙安定北地郡，順帝永建四年始還舊地，至永和六年又内徙。符，安定人，故就其一鄉言之耶？然其謂失涼州則三輔為邊，三輔内入則宏農為邊，宏農内入則洛陽為邊，推此以相況，雖盡東海猶有邊。則灼然明論，足為輕棄邊地之炯鑒也。范氏録其《貴忠》、《浮侈》、《實貢》、《愛日》、《述赦》五篇入本傳，而字句與今本多不同。晁公武《讀書志》謂其有所損益，理或然歟？范氏以符與王充、仲長統同傳，韓愈因作《後漢三賢贊》，今以三家之書相較，符書洞悉政體，似《昌言》而明切過之；辨别是非，似《論衡》而醇正過之，前史列之儒家，斯為不愧。惟《賢難篇》中稱鄧通吮癰為忠，於文帝又稱其欲昭景帝之孝，反以結怨，則紕謬最甚。是其發憤著書立言矯激之過，亦不必曲為之諱矣。

崔寔

《後漢書》卷五二《崔寔傳》 〔崔〕寔字子真，一名台，字元始。少沈靜，好典籍。父卒，隱居墓側。服竟，三公並辟，皆不就。

荀爽

（清）唐晏《兩漢三國學案》卷二《周易》 荀爽字慈明，一名諝。幼而好學，年十二，能通《春秋》、《論語》。太尉杜喬見而稱曰：可爲人師。爽遂耽思經書，慶弔不行，徵命不應。潁川爲之語曰：荀氏八龍，慈明無雙。延熹九年，舉至孝，拜郎中。對策陳便宜曰：臣聞之於師曰：漢爲火德，火生於木，木盛於火，故其德爲孝，其象在《周易》之《離》。夫在地爲火，在天爲日。在天者用其精，在地者用其形。夏則火王，其精在天，温暖之氣，養生百木，是其孝也。冬時則廢，其形在地，酷烈之氣，焚燒山林，是其不孝也。故漢制使天下誦《孝經》，選吏舉孝廉。奏聞，即棄官去。後遭黨錮，隱於海上，又南遁漢濱，積十餘年，以著述爲事，遂稱爲碩儒。黨禁解，五府並辟，司空袁逢舉有道，不應。及逢卒，爽制服三年，當世往往化以爲俗。時人多不行妻服，雖在親憂猶有弔問喪疾者，又私謚其君父及諸名士。爽引據大義，正之經典，雖不悉變，亦頗有改。董卓輔政，復徵之。爽欲遁命，吏持之急，不得去，因就拜平原相。行至宛陵，復追爲光禄勳。視事三日，進拜司空。自被徵命及登台司，九十五日。因從遷都長安。爽見董卓忍暴滋甚，必危社稷，其所辟舉皆取才畧之士，將共圖之，亦與司徒王允及卓長史何顒等爲内謀。會病薨，年六十三。著《易傳》、《詩傳》、《尚書正經》、《春秋條例》，又集漢事成敗可爲鑒戒者，謂之《漢語》。又作《公羊問》及《辨讖》，并它所論敍，題爲《新書》。凡百餘篇，今多所亡缺。荀悦稱叔父故司徒爽著《易傳》，據爻象承應陰陽變化之義，以十篇之文解説經義，由是兖、豫之言《易》者咸傳荀氏學。

荀悦

《後漢書》卷六二《荀悦傳》〔荀〕悦字仲豫，儉之子也。儉早卒。悦年十二，能説《春秋》。家貧無書，每之人閒，所見篇牘，一覽多能誦記。性沈静，美姿容，尤好著述。靈帝時閹官用權，士多退身窮處，悦乃託疾隱居，時人莫之識，唯從弟彧特稱敬焉。初辟鎮東將軍曹操府，遷黄門侍郎。獻帝頗好文學，悦與彧及少府孔融侍講禁中，旦夕談論。累遷祕書監、侍中。

時政移曹氏，天子恭己而已。悦志在獻替，而謀無所用，乃作《申鑒》五篇。其所論辯，通見政體，既成而奏之。其大略曰：

夫道之本，仁義而已矣。五典以經之，群籍以緯之，詠之歌之，弦之舞之，前監既明，後復申之。故古之聖王，其於仁義也，申重而已。

致政之術，先屏四患，乃崇五政。

一曰僞，二曰私，三曰放，四曰奢。僞亂俗，私壞法，放越軌，奢敗制。四者不除，則政末由行矣。夫俗亂則道荒，雖天地不得保其性矣；法壞則世傾，雖人主不得守其度矣；軌越則禮亡，雖聖人不得全其道矣；制敗則欲肆，雖四表不得充其求矣。是謂四患。

興農桑以養其（性）〔生〕，審好惡以正其俗，宣文教以章其化，立武備以秉以其威，明賞罰以統其法。是謂五政。

人不畏死，不可懼以罪。人不樂生，不可勸以善。雖使契布五教，皋陶作士，政不行焉。故在上者先豐人財以定其志，帝耕籍田，后桑蠶宫，國無遊人，野無荒業，財不賈用，力不妄加，以周人事。是謂養生。

君子之所以動天地，應神明，正萬物而成王化者，必乎真定而已。故在上者審定好醜焉。善惡要乎功罪，毁譽効於準驗。聽言責事，舉名察實，無惑詐僞，以蕩衆心。故事無不覈，物無不切，善無不顯，惡無不章，俗無姦怪，民無淫風。百姓上下覩利害之存乎己也，故肅恭其心，慎修其行，内不回惑，外無異望，則民志平矣。是謂正俗。

君子以情用，小人以刑用。榮辱者，賞罰之精華也。故禮教榮辱，以加君子，化其情也；桎梏鞭撲，以加小人，化其刑也。君子不犯辱，况於刑乎！小人不忌刑，况於辱乎！若教化之廢，推中人而墜於小人之域；教化之行，引中人而納於君子之塗。是謂章化。小人之情，緩則驕，驕則恣，恣則怨，怨則叛，危則謀亂，安則思欲，非威强無以懲之。故在上者，必有武備，以戒不虞，以遏寇虐。安居則寄之内政，有事則用之軍旅。是謂秉威。

賞罰，政之柄也。明賞必罰，審信慎令，賞以勸善，罰以懲惡。人主不妄賞，非徒愛其財也，賞妄行則善不勸矣。不妄罰，非矜其人也，罰妄行則惡不懲矣。賞不勸謂之止善，罰不懲謂之縱惡。在上者能不止下為善，不縱下為惡，則國法立矣。是謂統法。

四患既蠲，五政又立，行之以誠，守之以固，簡而不怠，疏而不失，無為為之，使自施之，無事事之，使自交之。不肅而成，不嚴而化，垂拱揖讓，而海内平矣。是謂為政之方。

又言：尚主之制非古。釐降二女，陶唐之典。歸妹元吉，帝乙之訓。王姬歸齊，宗周之禮。以陰乘陽違天，以婦陵夫違人。違天不祥，違人不義。又古者天子諸侯有事，必告于廟。朝有二史，左史記言，右史書事。事為《春秋》，言為《尚書》。君舉必記，善惡成敗，無不存焉。下及士庶，苟有茂異，咸在載籍。或欲顯而不得，或欲隱而名章。得失一朝，而榮辱千載。善人勸焉，淫人懼焉。宜於今者備置史官，掌其典文，紀其行事。每於歲盡，舉之尚書。以助賞罰，以弘法教。

帝覽而善之。

帝好典籍，常以班固《漢書》文繁難省，乃令悦依《左氏傳》體以為《漢紀》三十篇，詔尚書給筆札。辭約事詳，論辨多美。其序之曰：昔在上聖，惟建皇極，經緯天地，觀象立法，乃作書契，以通宇宙，揚于王庭，厥用大焉。先王光演大業，肆于時夏。亦惟厥後，永世作典。夫立典有五志焉：一曰達道義，二曰章法式，三曰通古今，四曰著功勳，五曰表賢能。於是天人之際，事物之宜，粲然顯著，罔不備矣。世濟其軌，不隕其業。損益盈虚，與時消息。臧否不同，其揆一也。漢四百有六載，撥亂反正，統武興文，永惟祖宗之洪業，思光啟乎萬嗣。聖上穆然，惟文之恤，瞻前顧後，是紹是繼，闡崇大猷，命立國典。於是綴敘舊書，以述《漢紀》。中興以前，明主賢臣得失之軌，亦足以觀矣。

又著《崇德》、《正論》及諸論數十篇。年六十二，建安十四年卒。

《四庫全書總目提要》卷四七《史部・漢紀》 《漢紀》三十卷。安徽巡撫採進本。漢荀悦撰。悦字仲豫，潁陰人。獻帝時官祕書監侍中。《後漢書》附見其祖《荀淑傳》。稱獻帝好典籍，以班固《漢書》文繁難省，乃令悦依《左氏傳》體為《漢紀》三十篇。詞約事詳，論辨多美。張璠《漢紀》亦稱其因事以明臧否，致有典要，大行於世。唐劉知幾《史通・六家篇》，以悦書為《左傳》家之首。其《二體篇》又稱其歷代寶之，有逾本傳。班、荀二體，角力争先。其推之甚至，故唐人試士，以悦《紀》與《史》、《漢》為一科。《文獻通考》載宋李燾跋曰：悦為此《紀》，固不出班書，亦時有所刪潤。而諫大夫王仁、侍中閎諫疏，班書皆無之。又稱司馬光編《資治通鑑》，書太上皇事及五鳳郊泰畤之月，要皆舍班而從荀。蓋以悦修《紀》時，固《書》猶未舛譌。又稱其君蘭君簡端瑞興譽寬竟諸事與《漢書》互異者，先儒皆兩存之。王銍作《兩漢紀後序》，亦稱荀、袁二紀，於朝廷紀綱，禮樂刑政，治亂成敗，忠邪是非之際，指陳論著，每致意焉。反復辨達，明白條暢。啟告當代，而垂訓無窮。是宋人亦甚重其書也。其中若壺關三老茂，《漢書》無姓，悦書云姓令狐。朱雲請上方劍，《漢書》作斬馬，悦書乃作斷馬。證以唐張渭詩願得上方斷馬劍，斬取朱門公子頭句，知《漢書》字誤。資考證者亦不一。近時顧炎武《日知録》乃惟取其宣帝賜陳遂璽書一條，及元康三年封海昏侯詔一條，能改正《漢書》三四字。其餘則病其敘事索然無意味。間或首尾不備。其小有不同，皆以班書為長，未免抑揚過當。又曰：紀王莽事自始建國元年以後，則云其二年，其三年，以至其十五年，以別於正統而盡没其天鳳、地皇之號云云，其語不置可否。然不曰盡削而曰盡没，似反病其疏略者，不知班書莽自為傳，自可載其偽號。荀書以漢系編年，豈可以非紀元哉？是亦非確論，不足為悦病也。是書考李燾所跋，自天聖中已無善本。明黄姬水所刊亦間有舛譌。康熙中襄平蔣國祥、蔣國祚與袁宏《後漢紀》合刻，後附《兩漢紀字句異同考》一卷。今用以參校，較舊本稍完善焉。

《四庫全書總目提要》卷九一《子部・申鑒》 《申鑒》五卷。兩江總督採進本。漢荀悦撰。悦有《漢紀》，已著録。《後漢書・荀淑傳》稱悦侍講禁中，見政移曹氏，志在獻替，而謀無所用，乃作《申鑒》五篇，其所論辨，通見政體。既成奏上，帝覽而善之。其書見於《隋・經籍志》、《唐・藝文志》者，皆五卷，卷為一篇，一曰《政體》，二曰《時事》，皆制治大要及時所當行之務，三曰《俗嫌》，皆機祥讖緯之説，四曰《雜言上》，五曰《雜言下》，則皆泛論義理，頗似揚雄《法言》。《後漢書》取其《政體篇》為政之方一章，《時事篇》正當主之制、復内外註記二章載入傳中，又稱悦別有《崇德正論》及諸論數十篇，今並不傳，惟所作《漢紀》及此書尚存於世。《漢紀》文約事詳，足稱良史。而此書剖析事理，亦深切著明。蓋由其原本儒術，故所言皆不詭於正也。明正德中，吴縣黄省曾為之註，凡萬四千餘言，引據博洽，多得悦旨。其於《後漢書》所引，間有同異者，亦並列其文於句下，以便考訂。然如《政體篇》真實而已句，今本《後漢書》實作定；不肅而治句，今本《後漢書》治作成，而省曾均未之及，則亦不免於偶疏也。

孔 融

《後漢書》卷七〇《孔融傳》 孔融字文舉，魯國人，孔子二十世孫也。七世祖霸，爲元帝師，位至侍中。父宙，太山都尉。

仲長統

《後漢書》卷四九《仲長統傳》 仲長統字公理，山陽高平人也。少好學，博涉書記，贍於文辭。年二十餘，游學青、徐、并、冀之閒，與交友者多異之。并州刺史高幹，袁紹甥也。素貴有名，招致四方遊士，士多歸附。統過幹，幹善待遇，訪以當時之事。統謂幹曰：君有雄志而無雄才，好士而不能擇人，所以爲君深戒也。幹雅自多，不納其言，統遂去之。無幾，幹以并州叛，卒至於敗。并冀之士皆以是異統。

統性俶儻，敢直言，不矜小節，默語無常，時人或謂之狂生。每州郡命召，輒稱疾不就。常以爲凡遊帝王者，欲以立身揚名耳，而名不常存，人生易滅，優遊偃仰，可以自娛，欲卜居清曠，以樂其志，論之曰：使居有良田廣宅，背山臨流，溝池環帀，竹木周布，場圃築前，果園樹後。舟車足以代步涉之艱，使令足以息四體之役。養親有兼珍之膳，妻孥無苦身之勞。良朋萃止，則陳酒肴以娛之；嘉時吉日，則亨羔豚以奉之。躕躇畦苑，遊戲平林，濯清水，追涼風，釣游鯉，弋高鴻。諷於舞雩之下，詠歸高堂之上。安神閨房，思老氏之玄虛；呼吸精和，求至人之仿佛。與達者數子，論道講書，俯仰二儀，錯綜人物。彈《南風》之雅操，發清商之妙曲。消搖一世之上，睥睨天地之閒。不受當時之責，永保性命之期。如是，則可以陵霄漢，出宇宙之外矣。豈羨夫入帝王之門哉！【略】

獻帝遜位之歲，統卒，時年四十一。友人東海繆襲常稱統才章足繼西京董、賈、劉、楊。今簡撮其書有益政者，略載之云。

《理亂篇》曰：【略】

及繼體之時，民心定矣。普天之下，賴我而得生育，由我而得富貴，安居樂業，長養子孫，天下晏然，皆歸心於我矣。豪傑之心既絶，士民之志已定，貴有常家，尊在一人。當此之時，雖下愚之才居之，猶能使恩同天地，威侔鬼神。暴風疾霆，不足以方其怒；陽春時雨，不足以喻其澤；周、孔數千，無所復角其聖；賁、育百萬，無所復奮其勇矣。

彼後嗣之愚主，見天下莫敢與之違，自謂若天地之不可亡也，乃奔其私嗜，騁其邪欲，君臣宣淫，上下同惡。目極角觝之觀，耳窮鄭衛之聲。入則耽於婦人，出則馳於田獵。荒廢庶政，棄亡人物，澶漫彌流，無所底極。信任親愛者，盡佞諂容説之人也；寵貴隆豐者，盡后妃姬妾之家也。使餓狼守庖廚，饑虎牧牢豚，遂至熬天下之脂膏，斲生人之骨髓。怨毒無聊，禍亂並起，中國擾攘，四夷侵叛，土崩瓦解，一朝而去。昔之爲我哺乳之子孫者，今盡是我飲血之寇讎也。至於運徙執去，猶不覺悟者，豈非富貴生不仁，沈溺致愚疾邪？存亡以之迭代，政亂從此周復，天道常然之大數也。

又政之爲理者，取一切而已，非能斟酌賢愚之分，以開盛衰之數也。日不如古，彌以遠甚，豈不然邪？漢興以來，相與同爲編戶齊民；而以財力相君長者，世無數焉。而清絜之士，徒自苦於茨棘之閒，無所益損於風俗也。豪人之室，連棟數百，膏田滿野，奴婢千羣，徒附萬計。船車賈販，周於四方；廢居積貯，滿於都城。琦賂寶貨，巨室不能容；馬牛羊豕，山谷不能受。妖童美妾，塡乎綺室；倡謳（妓）〔伎〕樂，列乎深堂。賓客待見而不敢去，車騎交錯而不敢進。三牲之肉，臭而不可食；清醇之酎，敗而不可飲。睇盼則人從其目之所視，喜怒則人隨其心之所慮。此皆公侯之廣樂，君長之厚實也。苟能運智詐者，則得之焉；苟能得之者，人不以為罪焉。源發而橫流，路開而四通矣。求士之舍榮樂而居窮苦，棄放逸而赴束縛，夫誰肯為之者邪！夫亂世長而化世短。亂世則小人貴寵，君子困賤。當君子困賤之時，跼高天，蹐厚地，猶恐有鎮厭之禍也。逮至清世，則復入於矯枉過正之檢。老者耄矣，不能及寬饒之俗；少者方壯，將復困於衰亂之時。是使姦人擅無窮之福利，而善士挂不赦之罪辜。苟目能辯色，耳能辯聲，口能辯味，體能辯寒溫者，將皆以脩絜爲諱惡，設智巧以避之焉，况肯有安而樂之者邪？斯下世人主一切之愆也。

昔春秋之時，周氏之亂世也。逮乎戰國，則又甚矣。秦政乘并兼之埶，放虎狼之心，屠裂天下，吞食生人，暴虐不已，以招楚漢用兵之苦，甚於戰國之時也。漢二百年而遭王莽之亂，計其殘夷滅亡之數，又復倍乎秦、項矣。以及今日，名都空而不居，百里絶而無民者，不可勝數。此則又甚於亡新之時也。悲夫！不及五百年，大難三起，中閒之亂，尚不數焉。變而彌猜，下而加酷，推此以往，可及於盡矣。嗟乎！不知來世聖人救此之道，將何用也？又不知天若窮此之數，欲何至邪？

《損益篇》曰：作有利於時，制有便於物者，可爲也。事有乖於數，法有翫於時者，可改也。故行於古有其迹，用於今無其功者，不可不變。變而不如前，易而多所敗者，亦不可不復也。漢之初興，分王子弟，委之以士民之命，假之以殺生之權。於是驕逸自恣，志意無厭。魚肉百姓，以盈其欲；報蒸骨血，以快其情。上有簒叛不軌之姦，下有暴亂殘賊之害。雖藉親屬之恩，蓋源流形執使之然也。降爵削土，稍稍割奪，卒至於坐食奉禄而已。然其洿穢之行，淫昏之罪，猶尚多焉。故淺其根本，輕其恩義，猶尚假一日之尊，收士民之用。況專之於國，擅之於嗣，豈可鞭笞叱咤，而使唯我所爲者乎？時政彫敝，風俗移易，純樸之去，智惠已來。出於禮制之防，放於嗜欲之域久矣，固不可授之以柄，假之以資者也。是故收其奕世之權，校其從横之執，善者早登，否者早去，故下土無壅滯之士，國朝無專貴之人。此變之善，可遂行者也。

井田之變，豪人貨殖，館舍布於州郡，田畝連於方國。身無半通青綸之命，而竊三辰龍章之服；不爲編戸一伍之長，而有千室名邑之役。榮樂過於封君，執力侔於守令。財賂自營，犯法不坐。刺客死士，爲之投命。至使弱力少智之子，被穿帷敗，寄死不斂，冤枉窮困，不敢自理。雖亦由網禁踈闊，蓋分田無限使之然也。今欲張太平之紀綱，立至化之基趾，齊民財之豐寡，正風俗之奢儉，非井田實莫由也。此變有所敗，而宜復者也。

肉刑之廢，輕重無品，下死則得髡鉗，下髡鉗則得鞭笞。死者不可復生，而髡者無傷於人。髡笞不足以懲中罪，安得不至於死哉！夫雞狗之攘竊，男女之淫奔，酒醴之賂遺，謬誤之傷害，皆非值於死者也。殺之則甚重，髡之則甚輕。不制中刑以稱其罪，則法令安得不參差，殺生安得不過謬乎？今患刑輕之不足以懲惡，則假臧貨以成罪，託疾病以諱殺。科條無所準，名實不相應，恐非帝王之通法，聖人之良制也。或曰：過刑惡人，可也；過刑善人，豈可復哉？曰：若前政以來，未曾枉害善人者，則有罪不死也，是爲忍於殺人（也），而不忍於刑人也。今令五刑有品，輕重有數，科條有序，名實有正，非殺人逆亂鳥獸之行甚重者，皆勿殺。嗣周氏之祕典，續吕侯之祥刑，此又宜復之善者也。

《易》曰：陽一君二臣，君子之道也；陰二君一臣，小人之道也。然則寡者，爲人上者也；衆者，爲人下者也。一伍之長，才足以長一伍者也；一國之君，才足以君一國者也；天下之王，才足以王天下者也。愚役於智，猶枝之附幹，此理天下之常法也。制國以分人，立政以分事，人遠則難綏，事總則難了。今遠州之縣，或相去數百千里，雖多山陵洿澤，猶有可居人種穀者焉。當更制其境界，使遠者不過二百里。明版籍以相數閲，審什伍以相連持，限夫田以斷幷兼，定五刑以救死亡，益君長以興政理，急農桑以豐委積，去末作以一本業，敦教學以移情性，表德行以厲風俗，覈才藝以叙官宜，簡精悍以習師田，修武器以存守戰，嚴禁令以防僭差，信賞罰以驗懲勸，糾游戲以杜姦邪，察苛刻以絶煩暴。審此十六者以爲政務，操之有常，課之有限，安寧勿懈墯，有事不迫遽，聖人復起，不能易也。

向者，天下戸過千萬，除其老弱，但戸一丁壯，則千萬人也。遺漏既多，又蠻夷戎狄居漢地者尚不在焉。丁壯十人之中，必有堪爲其什伍之長，推什長已上，則百萬人也。又十取之，則佐史之才已上十萬人也。又十取之，則可使在政理之位者萬人也。以筋力用者謂之人，人求丁壯；以才智用者謂之士，士貴耆老。充此制以用天下之人，猶將有儲，何嫌乎不足也？故物有不求，未有無物之歲也；士有不用，未有少士之世也。夫如此，然後可以用天性，究人理，興頓廢，屬斷絶，網羅遺漏，拱柙天人矣。

或曰：善爲政者，欲除煩去苛，并官省職，爲之以無爲，事之以無事，何子言之云云也？曰：若是，三代不足摹，聖人未可師也。君子用法制而至於化，小人用法制而至於亂。均是一法制也，或以之化，或以之亂，行之不同也。苟使豺狼牧羊豚，盗跖主征税，國家昏亂，吏人放肆，則惡復論損益之閒哉！夫人待君子然後化理，國待蓄積乃無憂患。君子非自農桑以求衣食者也，蓄積非横賦斂以取優饒者也。奉禄誠厚，則割剝貿易之罪乃可絶也；蓄積誠多，則兵寇水旱之灾不足苦也。故由其道而得之，民不以爲奢；由其道而取之，民不以爲勞。天灾流行，開倉庫以稟貸，不亦仁乎？衣食有餘，損靡麗以散施，不亦義乎？彼君子居位爲士民之長，固宜重肉累帛，朱輪四馬。今反謂薄屋者爲高，藿食者爲清，既失天地之性，又開虚僞之名，使小智居大位，庶績不咸熙，未必不由此也。得拘絜而失才能，非立功之實也。以廉舉而以貪去，非士君子之志也。夫選用必取善士。善士富者少而貧者多，禄不足以供養，安能不少營私門乎？從而罪之，是設機置穽以待天下之君子也。

盜賊兇荒，九州代作，饑饉暴至，軍旅卒發，横税弱人，割奪吏禄，所恃者寡，所取者猥，萬里懸乏，首尾不救，徭役並起，農桑失業，兆民呼嗟於昊天，貧窮轉死於溝壑矣。今通肥饒之率，計稼穡之入，令畝收三斛，斛取一斗，未爲甚多。一歲之間，則有數年之儲，雖興非法之役，恣奢侈之欲，廣愛幸之賜，猶未能盡也。不循古法，規爲輕税，及至一方有警，一面被灾，未逮三年，校計騫短，坐視戰士之蔬食，立望餓殍之滿道，如之何爲君行此政也？二十税一，名之曰貊，况三十税一乎？夫薄吏禄以豐軍用，緣於秦征諸侯，續以四夷，漢承其業，遂不改更，危國亂家，此之由也。今田無常主，民無常居，吏食日稟，（禄）班〔禄〕未定。可爲法制，畫一定科，租税十一，更賦如舊。今者土廣民稀，中地未墾；雖然，猶當限以大家，勿令過制。其地有草者，盡曰官田，力堪農事，乃聽受之。若聽其自取，後必爲姦也。

《法誡篇》曰：《周禮》六典，冢宰貳王而理天下。春秋之時，諸侯明德者，皆一卿爲政。爰及戰國，亦皆然也。秦兼天下，則置丞相，而貳之以御史大夫。自高帝逮于孝成，因而不改，多終其身。漢之隆盛，是惟在焉。夫任一人則政專，任數人則相倚。政專則和諧，相倚則違戾。和諧則太平之所興也，違戾則荒亂之所起也。光武皇帝愠數世之失權，忿彊臣之竊命，矯枉過直，政不任下，雖置三公，事歸臺閣。自此以來，三公之職，備員而已；然政有不理，猶加譴責。而權移外戚之家，寵被近習之豎，親其黨類，用其私人，内充京師，外布列郡，顛倒賢愚，貿易選舉，疲駑守境，貪殘牧民，撓擾百姓，忿怒四夷，招致乖叛，亂離斯瘼。怨氣並作，陰陽失和，三光虧缺，怪異數至，蟲螟食稼，水旱爲災，此皆戚宦之臣所致然也。反以策讓三公，至於死免，乃足爲叫呼蒼天，號咷泣血者也。又中世之選三公也，務於清慤謹慎，循常習故者。是婦女之檢柙，鄉曲之常人耳，惡足以居斯位邪？執既如彼，選又如此，而欲望三公勳立於國家，績加於生民，不亦遠乎？昔文帝之於鄧通，可謂至愛，而猶展申徒嘉之志。夫見任如此，則何患於左右小臣哉？至如近世，外戚宦豎請託不行，意氣不滿，立能陷人於不測之禍，惡可得彈正者哉！曩者任之重而責之輕，今者任之輕而責之重。昔賈誼感絳侯之困辱，因陳大臣廉恥之分，開引自裁之端。自此以來，遂以成俗。繼世之主，生而見之，習其所常，曾莫之悟。嗚呼，可悲夫！左手據天下之圖，右手刎其喉，愚者猶知難之，况明哲君子哉！光武奪三公之重，至今而加甚，不假后黨以權，數世而不行，蓋親疏之埶異也。母后之黨，左右之人，有此至親之埶，故其貴任萬世。常然之敗，無世而無之，莫之斯鑒，亦可痛矣。未若置丞相自總之。若委三公，則宜分任責成。夫使爲政者，不當與之婚姻；婚姻者，不當使之爲政也。如此，在位病人，舉用失賢，百姓不安，争訟不息，天地多變，人物多妖，然後可以分此罪矣。

或曰：政在一人，權甚重也。曰：人實難得，何重之嫌？昔者霍禹、竇憲、鄧騭、梁冀之徒，籍外戚之權，管國家之柄；及其伏誅，以一言之詔，詰朝而決，何重之畏乎？今夫國家漏神明於媒近，輸權重於婦黨，筭十世而爲之者八九焉。不此之罪而彼之疑，何其詭邪！

論曰：百家之言政者尚矣。大略歸乎寧固根柢，革易時敝也。夫遭運無恒，意見偏雜，故是非之論，紛然相乖。嘗試妄論之，以爲世非胥、庭，人乖鷇飲，化迹萬肇，情故萌生。雖周物之智，不能研其推變；山川之奥，未足况其紆險。則應俗適事，難以常條。如使用審其道，則殊塗同會；才爽其分，則一豪以乖。何以言之？若夫玄聖御世，則天同極，施舍之道，宜無殊典。而損益異運，文朴遞行。用明居晦，回泬於曩時；興戈陳俎，參差於上世。及至戴黄屋，服絺衣，豐薄不齊，而致化則一；亦有宥公族，黥國儲，寬慘巨隔，而防非必同。此其分波而共源，百慮而一致者也。若乃偏情矯用，則枉直必過。故葛屨履霜，敝由崇儉；楚楚衣服，戒在窮奢。疏禁厚下，以尾大陵弱；斂威峻罰，以苛薄分崩。斯《曹》、《魏》之刺，所以明乎國風；周、秦末軌，所以彰於微滅。故用舍之端，興敗資焉。是以繁簡唯時，寬猛相濟。刑書鎸鼎，事有可詳；三章在令，取貴能約。太叔致猛政之褒，國子流遺愛之涕，宣孟改冬日之和，平陽循畫一之法。斯實弛張之弘致，可以徵其統乎！數子之言當世失得皆究矣，然多謬通方之訓，好申一隅之說。貴清静者，以席上爲腐議；束名實者，以柱下爲誕辭。或推前王之風，可行於當年；有引救敝之規，宜流於長世。稽之篤論，將爲敝矣。如以舟無推陸之分，瑟非常調之音，不限局以疑遠，不拘玄以妨素，則化樞各管其極，理略可得而言與？

（清）唐晏《兩漢三國學案》卷一一《明經文學列傳》　仲長統字公理，山陽高平人。少好學，博涉書記，贍於文詞。年二十餘，游學青、徐、并、冀之間。并州刺史高幹素貴有名，招致四方遊士。統過幹曰：君有雄志而無雄才，好士而不能擇人，所以爲君深戒也。幹不納其言，統遂去之。未幾，幹以并州叛，卒至於敗。統性俶儻，敢直言，不矜小節，語默無常，時人或謂之狂生。每州郡命召，輒稱病不就。後荀彧聞其名，舉爲尚書郎。後參丞相曹操軍事。獻帝遜位之年，卒。繆襲常稱統才足繼西京董、賈、楊、劉。著論名《昌言》凡三十四篇，十餘萬言。

魏晉南北朝分部

張魯

《三國志》卷八《魏志·張魯傳》　張魯字公祺，沛國豐人也。祖父陵，客蜀，學道鵠鳴山中，造作道書以惑百姓，從受道者出五斗米，故世號米賊。陵死，子衡行其道。衡死，魯復行之。益州牧劉焉以魯爲督義司馬，與別部司馬張脩將兵擊漢中太守蘇固，魯遂襲脩殺之，奪其衆。焉死，子璋代立，以魯不順，盡殺魯母家室。魯遂據漢中以鬼道教民，自號師君。其來學道者，初皆名鬼卒。受本道已信，號祭酒。各領部衆，多者爲治頭大祭酒。皆教以誠信不欺詐，有病自首其過，大都與黃巾相似。諸祭酒皆作義舍，如今之亭傳。又置義米肉，縣於義舍，行路者量腹取足；若過多，鬼道輒病之。犯法者，三原，然後乃行刑。不置長吏，皆以祭酒爲治，民夷便樂之。雄據巴、漢垂三十年。漢末，力不能征，遂就寵魯爲鎮民中郎將，領漢寧太守，通貢獻而已。民有地中得玉印者，羣下欲尊魯乃漢寧王。魯功曹巴西閻圃諫魯曰：漢川之民，戶出十萬，財富土沃，四面險固；上匡天子，則爲桓、文，次及竇融，不失富貴。今承制署置，勢足斬斷，不煩於王。願且不稱，勿爲禍先。魯從之。韓遂、馬超之亂，關西民從子午谷奔之者數萬家。

《典略》曰：熹平中，妖賊大起，三輔有駱曜。光和中，東方有張角，漢中有張脩。駱曜教民緬匿法，角爲太平道，脩爲五斗米道。太平道者，師持九節杖爲符祝，教病人叩頭思過，因以符水飲之，得病或日淺而愈者，則云此人信道，其或不愈，則爲不信道。脩法略與角同，加施靜室，使病者處其中思過。又使人爲姦令祭酒，祭酒主以《老子》五千文，使都習，號爲姦令。爲鬼吏，主爲病者請禱。請禱之法，書病人姓名，説服罪之意。作三通，其一上之天，著山上，其一埋之地，其一沉之水，謂之三官手書。使病者家出米五斗以爲常，故號曰五斗米師。實無益于治病，但爲淫妄，然小人昏愚，競共事之。後角被誅，脩亦亡。及魯在漢中，因其民信行脩業，遂增飾之。教使作義舍，以米肉置其中以止行人；又教使自隱，有小過者，當治道百步，則罪除；又依月令，春夏禁殺；又禁酒。流移寄在其地者，不敢不奉。

何晏

《三國志》卷九《魏志·何晏傳》　〔何〕晏，何進孫也。母尹氏，爲太祖夫人。晏長于宮省，又尚公主，少以才秀知名，好老莊言，作《道德論》及諸文賦著述凡數十篇。

晏字平叔。《魏略》曰：太祖爲司空時，納晏母并收養晏，其時秦宜禄兒阿蘇亦隨母在公家，並見寵如公子。蘇卽朗也。蘇性謹慎，而晏無所顧憚，服飾擬於太子，故文帝特憎之，每不呼其姓字，嘗謂之爲假子。晏尚主，又好色，故黃初時無所事任。及明帝立，頗爲冗官。至正始初，曲合于曹爽，亦以才能，故爽用爲散騎侍郎，遷侍中尚書。晏前以尚主，得賜爵爲列侯，又其母在內，晏性自喜，動靜粉白不去手，行步顧影。晏爲尚書，主選舉，其宿與之有舊者，多被拔擢。

《魏末傳》曰：晏婦金鄉公主，卽晏同母妹。公主賢，謂其母沛王太妃曰：晏爲惡日甚，將何保身？母笑曰：汝得無妒晏邪！俄而晏死。有一男，年五六歲，宣王遣人録之。晏母歸藏其子王宮中，向使者搏頰，乞白活之，使者具以白宣王。宣王亦聞晏婦有先見之言，心常嘉之；且爲沛王故，特原不殺。

《魏氏春秋》曰：初，夏侯玄、何晏等名盛於時，司馬景王亦預焉。晏嘗曰：唯深也，故能通天下之志，夏侯泰初是也；唯幾也，故能成天下之務，司馬子元是也；惟神也，不疾而速，不行而至，吾聞其語，未見其人。蓋欲以神況諸己也。初，宣王使晏與治爽等獄。晏窮治黨與，冀以獲宥。宣王曰：凡有八族。晏疏丁、鄧等七姓。宣王曰：未也。晏窮急，乃曰：豈謂晏乎！宣王曰：是也。乃收晏。

臣松之案：《魏末傳》云晏取其同母妹爲妻，此搢紳所不忍言，雖楚王之妻（嫂）〔媦〕，不是甚也已。設令此言出于舊史，猶將莫之或信，況底下之書乎！案《諸王公傳》，沛王出自杜夫人所生。晏母姓尹，公主若與沛王同生，焉得言與晏同母？

司馬芝

《三國志》卷一二《魏志·司馬芝傳》 司馬芝字子華，河内温人也。少爲書生，避亂荊州，於魯陽山遇賊，同行者皆棄老弱走，芝獨坐守老母。賊至，以刃臨芝，芝叩頭曰：母老，唯在諸君！賊曰：此孝子也，殺之不義。遂得免害，以鹿車推載母。居南方十餘年，躬耕守節。

太祖平荊州，以芝爲菅長。時天下草創，多不奉法。郡主簿劉節，舊族豪俠，賓客千餘家，出爲盜賊，入亂吏治。頃之，芝差節客王同等爲兵，掾史據白：節家前後未嘗給繇，若至時藏匿，必爲留負。芝不聽，與節書曰：君爲大宗，加股肱郡，而賓客每不與役，既衆庶怨望，或流聲上聞。今（條）〔調〕同等爲兵，幸時發遣。兵已集郡，而節藏同等，因令督郵以軍興詭責縣，縣掾史窮困，乞代同行。芝乃馳檄濟南，具陳節罪。太守郝光素敬信芝，即以節代同行，青州號芝以郡主簿爲兵。遷廣平令。征虜將軍劉勳，貴寵驕豪，又芝故郡將，賓客子弟在界數犯法。勳與芝書，不著姓名，而多所屬託，芝不報其書，一皆如法。後勳以不軌誅，交關者皆獲罪，而芝以見稱。

遷大理正。有盜官練置都廁上者，吏疑女工，收以付獄。芝曰：夫刑罪之失，失在苛暴。今贓物先得而後訊其辭，若不勝掠，或至誣服。誣服之情，不可以折獄。且簡而易從，大人之化也。不失有罪，庸世之治耳。今宥所疑，以隆易從之義，不亦可乎！太祖從其議。歷甘陵、沛、陽平太守，所在有績。黄初中，入爲河南尹，抑彊扶弱，私請不行。會内

官欲以事託芝，不敢發言，因芝妻伯父董昭。昭猶憚芝，不爲通。芝爲教與羣下曰：蓋君能設教，不能使吏必不犯也。吏能犯教，而不能使君必不聞也。夫設教而犯，君之劣也；犯教而聞，吏之禍也。君劣於上，吏禍於下，此政事所以不理也。可不各勉之哉！於是下吏莫不自勵。門下循行，嘗疑門幹盜簪，幹辭不符，曹執爲獄。芝教曰：凡物有相似而難分者，自非離婁，鮮能不惑。就其實然循行，何忍重惜一簪，輕傷同類乎！其寢勿問。

明帝即位，賜爵關内侯。頃之，特進曹洪乳母當，與臨汾公主侍者共事無澗神繫獄。卞太后遣黄門詣府傳令，芝不通，輒敕洛陽獄考竟，而上疏曰：諸應死罪者，皆當先表須報。前制書禁絶淫祀以正風俗，今當等所犯妖刑，辭語始定，黄門吴達詣臣，傳太皇太后令。臣不敢通，懼有救護，速聞聖聽，若不得已，以垂宿留。由事不早竟，是臣之罪，是以冒犯常科，輒敕縣考竟，擅行刑戮，伏須誅罰。帝手報曰：省表，明卿至心，欲奉詔書，以權行事，是也。此乃卿奉詔之意，何謝之有？後黄門復往，慎勿通也。芝居官十一年，數議科條所不便者。其在公卿間，直道而行。會諸王來朝，與京都人交通，坐免。

王朗

《三國志》卷一三《魏志·王朗傳》 王朗字景興，東海（郡）〔郯〕人也。以通經，拜郎中，除菑丘長。師太尉楊賜，賜薨，棄官行服。舉孝廉，辟公府，不應。徐州刺史陶謙察朗茂才。時漢帝在長安，關東兵起，朗爲謙治中，與别駕趙昱等説謙曰：《春秋》之義，求諸侯莫如勤王。今天子越在西京，宜遣使奉承王命。謙乃遣昱奉章至長安。天子嘉其意，拜謙安東將軍。以昱爲廣陵太守，朗會稽太守。孫策渡江略地。朗功曹虞翻以爲力不能拒，不如避之。朗自以身爲漢吏，宜保城邑，遂舉兵與策戰，敗績，浮海至東治。策又追擊，大破之。朗乃詣策。策以〔朗〕儒雅，詰讓而不害。雖流移窮困，朝不謀夕，而收卹親舊，分多割少，行義甚著。

太祖表徵之，朗自曲阿展轉江海，積年乃至。拜諫議大夫，參司空軍

事。魏國初建，以軍祭酒領魏郡太守，遷少府、奉常、大理。務在寬恕，罪疑從輕，鍾繇明察當法，俱以治獄見稱。

文帝即王位，遷御史大夫，封安陵亭侯。

（清）唐晏《兩漢三國學案》卷一《周易》 王朗學景興，**【略】** 徐州刺史陶謙察朗茂才，爲謙治中，遷會稽太守。孫策渡江，朗與戰，敗，浮海至東治。策又追擊，大敗之，朗乃詣策。策以儒雅詰讓而不害。曹操徵之，拜諫議大夫。魏國初建，遷大理。曹丕卽位，爲御史大夫，爲司空，封侯。太和二年卒。朗著《易》、《春秋》、《孝經》、《周官》傳，奏議論記，咸行於世。

王　肅

《三國志》卷一三《魏志・王肅傳》 〔王〕肅字子雍。年十八，從宋忠讀《太玄》，而更爲之解。黄初中，爲散騎黄門侍郎。太和三年，拜散騎常侍。四年，大司馬曹真征蜀，肅上疏曰：前志有之，千里饋糧，士有飢色，樵蘇後爨，師不宿飽，此謂平塗之行軍者也。又况於深入阻險，鑿路而前，則其爲勞必相百也。今又加之以霖雨，山坂峻滑，衆逼而不展，糧縣而難繼，實行軍者之大忌也。聞曹真發已踰月而行裁半谷，治道功夫，戰士悉作。是賊偏得以逸而待勞，乃兵家之所憚也。言之前代，則武王伐紂，出關而復還；論之近事，則武、文征權，臨江而不濟。豈非所謂順天知時，通於權變者哉！兆民知聖上以水雨艱劇之故，休而息之，後日有釁，乘而用之，則所謂悦以犯難，民忘其死者矣。於是遂罷。又上疏：宜遵舊禮，爲大臣發哀，薦果宗廟。事皆施行。又上疏陳政本曰：除無事之位，損不急之禄，止因食之費，并從容之官；使官必有職，職任其事，事必受禄，禄代其耕，乃往古之常式，當今之所宜也。官寡而禄厚，則公家之費鮮，進仕之志勸。各展才力，莫相倚仗。敷奏以言，明試以功，能之與否，簡在帝心。是以唐、虞之設官分職，申命公卿，各以其事，然後惟龍爲納言，猶今尚書也，以出内帝命而已。夏、殷不可得而詳。《甘誓》曰：六事之人，明六卿亦典事者也。《周官》則備矣，五日視朝，公卿大夫並進，而司士辨其位焉。其《記》曰：坐而論道，謂之王公；作而行之，謂之士大夫。及漢之初，依擬前代，公卿皆親以事升朝。故高祖躬追反走之周昌，武帝遥可奉奏之汲黯，宣帝使公卿五日一朝，成帝始置尚書五人。自是陵遲，朝禮遂闕。可復五日視朝之儀，使公卿尚書各以事進。廢禮復興，光宣聖緒，誠所謂名美而實厚者也。

鍾　會

《三國志》卷二八《魏志・鍾會傳》 鍾會字士季，潁川長社人，太傅繇小子也。少敏惠夙成。中護軍蔣濟著論，謂觀其眸子，足以知人。會年五歲，繇遣見濟，濟甚異之，曰：非常人也。及壯，有才數技藝，而博學精練名理，以夜續書，由是獲聲譽。正始中，以爲祕書郎，遷尚書中書侍郎。高貴鄉公卽尊位，賜爵關内侯。**【略】**

會時遭所生母喪。其母傳曰：夫人性矜嚴，明於教訓，會雖童稚，勤見規誨。年四歲授《孝經》，七歲誦《論語》，八歲誦《詩》，十歲誦《尚書》，十一誦《易》，十二誦《春秋左氏傳》、《國語》，十三誦《周禮》、《禮記》，十四誦成侯《易記》，十五使入太學問四文奇文異訓。謂會曰：學猥則倦，倦則意怠；吾懼汝之意怠，故以漸訓汝，今可以獨學矣。雅好書籍，涉歷衆書，特好《易》、《老子》，每讀《易》孔子説鳴鶴在陰、勞謙君子、籍用白茅、不出户庭之義，每使會反覆讀之，曰：《易》三百餘爻，仲尼特説此者，以謙恭慎密，樞機之發，行己至要，榮身所由故也，順斯術已往，足爲君子矣。正始八年，會爲尚書郎，夫人執會手而誨之曰：汝弱冠見敍，人情不能不自足，則損在其中矣，勉思其戒！是時大將軍曹爽專朝政，日縱酒沉醉，會兄侍中毓宴還，言其事。夫人曰：樂則樂矣，然難久也。居上不驕，制節謹度，然後乃無危溢之患。今奢僭若此，非長守富貴之道。嘉平元年，車駕朝高平陵，會爲中書郎，從行。相國宣文侯始舉兵，衆人恐懼，而夫人自若。中書令劉放、侍郎衛瓘、夏侯和等家皆怪問：夫人一子在危難之中，何能無憂？答曰：大將軍奢僭無度，吾常疑其不安。太傅義不危國，必爲大將軍舉耳。吾兒在帝側何憂？聞且出兵無他重器，其勢必不久戰。果如其言，一時稱明。會歷機密十餘年，頗豫政謀。夫人謂曰：昔范氏少子爲趙簡子設伐邾之計，事從民悦，可謂功矣。然其母以爲乘僞作詐，末業鄙事，必不能久。其識本深遠，非近人所言，吾常樂其爲人。汝居心正，吾知免矣。但當脩所志以輔益時化，不忝先人耳。常言人誰能皆體自然，但力行不倦，抑亦其次。雖接鄙賤，必以言信。取與之間，分畫分明。或問：此無乃小乎？答曰：君子之行，皆積小以致高大，若以小善爲無益而弗爲，此乃小人之事耳。希通慕大者，吾所不好。會自幼少，衣不過青紺，親營家事，自知恭儉。然見得思義，臨財必讓。會前後賜錢帛數百萬計，悉送供公家之用，一無所取。年五十有九，甘露二年二月暴疾薨。比葬，天子有手詔，命大將軍高都侯厚加賵贈，喪事無巨細，一皆供給。議者以爲公侯有夫人，有世婦，有妻，有妾，所謂外命婦也。依《春秋》成風、定姒之義，宜崇典禮，不得總稱妾名，於是稱成侯命婦。殯葬之事，有取于古制，禮也。

王弼

《三國志》卷二八《魏志·鍾會傳》 初，〔鍾〕會弱冠與山陽王弼並知名。弼好論儒道，辭才逸辯，注《易》及《老子》，爲尚書郎，年二十餘卒。

弼字輔嗣。何劭爲其傳曰：弼幼而察慧，年十餘，好《老氏》，通辯能言。父業，爲尚書郎。時裴徽爲吏部郎，弼未弱冠，往造焉。徽一見而異之，問弼曰：夫無者誠萬物之所資也，然聖人莫肯致言，而老子申之無已者何？弼曰：聖人體无，无又不可以訓，故不說也。老子是有者也，故恒言無所不足。尋亦爲傅嘏所知。于時何晏爲吏部尚書，甚奇弼，歎之曰：仲尼稱後生可畏，若斯人者，可與言天人之際乎！正始中，黄門侍郎累缺。晏既用賈充、裴秀、朱整，又議用弼。時丁謐與晏爭衡，致高邑王黎於曹爽，爽用黎。於是以弼補臺郎。初除，覲爽，請閒，爽爲屏左右，而弼與論道，移時無所他及，爽以此嗤之。時爽專朝政，黨與共相進用，弼通儁不治名高。尋黎無幾時病亡，爽用王沈代黎，弼遂不得在門下，晏爲之歎恨。弼在臺既淺，事功亦雅非所長，益不留意焉。淮南人劉陶善論縱横，爲當時所推。每與弼語，常屈弼。弼天才卓出，當其所得，莫能奪也。性和理，樂遊宴，解言律，善投壺。其論道傳會文辭，不如何晏，自然有所拔得多晏也。頗以所長笑人，故時爲士君子所疾。弼與鍾會善，會論議以校練爲家，然每服弼之高致。何晏以爲聖人無喜怒哀樂，其論甚精，鍾會等述之。弼與不同，以爲聖人茂於人者神明也，同於人者五情也，神明茂故能體沖和以通無，五情同故不能無哀樂以應物，然則聖人之情，應物而無累於物者也。今以其無累，便謂不復應物，失之多矣。弼注《易》，潁川人荀融難弼《大衍義》。弼答其意，白書以戲之曰：夫明足以尋極幽微，而不能去自然之性。顔子之量，孔父之所預在，然遇之不能無樂，喪之不能無哀。又常狹斯人，以爲未能以情從理者也，而今乃知自然之不可革。足下之量，雖已定乎胸懷之内，然而隔踰旬朔，何其相思之多乎？故知尼父之於顔子，可以無大過矣。弼注《老子》，爲之指略，致有理統。著《道略論》，注《易》，往往有高麗言。太原王濟好談，病《老》、《莊》，常云：見弼《易》注，所悟者多。然弼爲人淺而不識物情，初與王黎、荀融善，黎奪其黄門郎，於是恨黎，與融亦不終。正始十年，曹爽廢，以公事免。其秋遇癘疾亡，時年二十四，無子絶嗣。弼之卒也，晉景王聞之，嗟歎者累日，其爲高識所惜如此。

孫盛曰：《易》之爲書，窮神知化，非天下之至精，其孰能與於此？世之注解，殆皆妄也。況弼以傅會之辨而欲籠統玄旨者乎？故其敘浮義則麗辭溢目，造陰陽則妙賾無閒，至于六爻變化，羣象所效，日時歲月，五氣相推，弼皆擯落，多所不關。雖有可觀者焉，恐將泥夫大道。

諸葛亮

《三國志》卷三五《蜀志·諸葛亮傳》 諸葛亮字孔明，琅邪陽都人也。漢司隸校尉諸葛豐後也。父珪，字君貢，漢末爲太山郡丞。亮早孤，從父玄爲袁術所署豫章太守，玄將亮及亮弟均之官。會漢朝更選朱皓代玄。玄素與荆州牧劉表有舊，往依之。玄卒，亮躬畊隴畝，好爲《梁父吟》。身長八尺，每自比於管仲、樂毅，時人莫之許也。惟博陵崔州平、潁川徐庶元直與亮友善，謂爲信然。【略】

《蜀記》曰：晉初扶風王駿鎮關中，司馬高平劉寶、長史滎陽桓隰諸官屬士大夫共論諸葛亮，于時譚者多譏亮託身非所，勞困蜀民，力小謀大，不能度德量力。金城郭沖以爲亮權智英略，有踰管、晏，功業未濟，論者惑焉，條亮五事隱没不聞於世者，寶等亦不能復難。扶風王慨然善沖之言。

臣松之以爲亮之異美，誠所願聞，然沖之所說，實皆可疑，謹隨事難之如左：

其一事曰：亮刑法峻急，刻剥百姓，自君子小人咸懷怨歎，法正諫曰：昔高祖入關，約法三章，秦民知德，今君假借威力，跨據一州，初有其國，未垂惠撫；且客主之義，宜相降下，願緩刑弛禁，以慰其望。亮答曰：君知其一，未知其二。秦以無道，政苛民怨，匹夫大呼，天下土崩，高祖因之，可以弘濟。劉璋暗弱，自焉已來有累世之恩，文法羈縻，互相承奉，德政不舉，威刑不肅。蜀土人士，專權自恣，君臣之道，漸以陵替；寵之以位，位極則賤，順之以恩，恩竭則慢。所以致弊，實由於此。吾今威之以法，法行則知恩，限之以爵，爵加則知榮；榮恩並濟，上下有節。爲治之要，於斯而著。難曰：案法正在劉主前死，今稱法正諫，則劉主在也。諸葛職爲股肱，事歸元首，劉主之世，亮又未領益州，慶賞刑政，不出於己。尋沖所述亮答，專自有其能，有違人臣自處之宜。以亮謙順之體，殆必不然。又云亮刑法峻急，刻剝百姓，未聞善政以刻剝爲稱。【略】

亮少有逸羣之才，英霸之器，身長八尺，容貌甚偉，時人異焉。遭漢末擾亂，隨叔父玄避難荆州，躬耕于野，不求聞達。時左將軍劉備以亮有殊量，乃三顧亮於草廬之中；亮深謂備雄姿傑出，遂解帶寫誠，厚相結納。及魏武帝南征荆州，劉琮舉州委質，而備失勢衆寡，無立錐之地。亮時年二十七，乃建奇策，身使孫權，求援吴會。權既宿服仰備，又覩亮奇雅，甚敬重之，卽遣兵三萬人以助備。備得用與武帝交戰，大破其軍，乘勝克捷，江南悉平。後備又西取益州。益州既定，以亮爲軍師將軍。備稱尊號，拜亮爲丞相，録尚書事。及備殂没，嗣子幼弱，事無巨細，亮皆專之。於是外連東吴，内平南越，立法施度，整理戎旅，工械技巧，物究其極，科教嚴明，賞罰必信，無惡不懲，無善不顯，至於吏不容奸，人懷自厲，道不拾遺，彊不侵弱，風化肅然也。【略】

青龍二年春，亮帥衆出武功，分兵屯田，爲久駐之基。其秋病卒，黎庶追思，以爲口實。至今梁、益之民，咨述亮者，言猶在耳，雖《甘棠》之詠召公，鄭人之歌子産，無以遠譬也。孟軻有云：以逸道使民，雖勞不怨；以生道殺人，雖死不忿。信矣！【略】

評曰：諸葛亮之爲相國也，撫百姓，示儀軌，約官職，從權制，開誠心，布公道；盡忠益時者雖讎必賞，犯法怠慢者雖親必罰，服罪輸情者雖重必釋，游辭巧飾者雖輕必戮；善無微而不賞，惡無纖而不貶；庶事精練，物理其本，循名責實，虚僞不齒；終於邦域之内，咸畏而愛之，刑政雖峻而無怨者，以其用心平而勸戒明也。可謂識治之良才，管、蕭之亞匹矣。然連年動衆，未能成功，蓋應變將略，非其所長歟！

顧　雍

《三國志》卷五二《吴志·顧雍傳》　顧雍字元歎，吴郡吴人也。【略】

黄武四年，迎母於吴。既至，權臨賀之，親拜其母於庭，公卿大臣畢會，後太子又往慶焉。雍爲人不飲酒，寡言語，舉動時當。權嘗歎曰：顧君不言，言必有中。至飲宴歡樂之際，左右恐有酒失而雍必見之，是以不敢肆情。權亦曰：顧公在坐，使人不樂。其見憚如此。是歲，改爲太常，進封醴陵侯，代孫邵爲丞相，平尚書事。其所選用文武將吏各隨能所任，心無適莫。時訪逮民閒，及政職所宜，輒密以聞。若見納用，則歸之於上，不用，終不宣泄。權以此重之。然於公朝有所陳及，辭色雖順而所執者正。權嘗咨問得失，張昭因陳聽采聞，頗以法令太稠，刑罰微重，宜有所蠲損。權默然，顧問雍曰：君以爲何如？雍對曰：臣之所聞，亦如昭所陳。於是權乃議獄輕刑。久之，吕壹、秦博爲中書，典校諸官府及州郡文書。壹等因此漸作威福，遂造作榷酤障管之利，舉罪糾奸，纖介必聞，重以深案醜誣，毁短大臣，排陷無辜，雍等皆見舉白，用被譴讓。後壹姦罪發露，收繫廷尉。雍往斷獄，壹以囚見，雍和顔色，問其辭狀，臨出，又謂壹曰：君意得無欲有所道？壹叩頭無言。時尚書郎懷敍面詈辱壹，雍責敍曰：官有正法，何至於此！

羊　祜

《晉書》卷三四《羊祜傳》　羊祜字叔子，泰山南城人也。世吏二千石，至祜九世，並以清德聞。祖續，仕漢南陽太守。父衜，上黨太守。祜，蔡邕外孫，景獻皇后同産弟。

祜年十二喪父，孝思過禮，事叔父耽甚謹。嘗遊汶水之濱，遇父老謂之曰：孺子有好相，年未六十，必建大功於天下。既而去，莫知所在。及長，博學能屬文，身長七尺三寸，美鬚眉，善談論。郡將夏侯威異之，以兄霸之子妻之。舉上計吏，州四辟從事、秀才，五府交命，皆不就。太原郭奕見之曰：此今日之顔子也。與王沈俱被曹爽辟。沈勸就徵，祜曰：委質事人，復何容易。及爽敗，沈以故吏免，因謂祜曰：常識卿前語。祜曰：此非始慮所及。其先識不伐如此。

裴頠

《晉書》卷三五《裴頠傳》〔裴〕頠字逸民。弘雅有遠識，博學稽古，自少知名。御史中丞周弼見而嘆曰：頠若武庫，五兵縱橫，一時之傑也。賈充卽頠從母夫也，表秀有佐命之勳，不幸嫡長喪亡，遺孤稚弱。頠才德英茂，足以興隆國嗣。詔頠襲爵，頠固讓，不許。太康二年，徵爲太子中庶子，遷散騎常侍。惠帝卽位，轉國子祭酒，兼右軍將軍。

初，頠兄子憬爲白衣，頠論述世勳，賜爵高陽亭侯。楊駿將誅也，駿黨左軍將軍劉豫陳兵在門，遇頠，問太傅所在。頠紿之曰：向於西掖門遇公乘素車，從二人西出矣。豫曰：吾何之？頠曰：宜至廷尉。豫從頠言，遂委而去。尋而詔頠代豫領左軍將軍，屯萬春門。及駿誅，以功當封武昌侯，頠請以封憬，帝竟封頠次子該。頠苦陳憬本承嫡，宜襲鉅鹿，先帝恩旨，辭不獲命。武昌之封，己之所蒙，特請以封憬。該時尚主，故帝不聽。累遷侍中。

時天下暫寧，頠奏修國學，刻石寫經。皇太子既講，釋奠祀孔子，飲饗射侯，甚有儀序。又令荀藩終父勖之志。鑄鐘鑿磬，以備郊廟朝享禮樂。頠通博多聞，兼明醫術。荀勖之修律度也，檢得古尺，短世所用四分有餘。頠上言：宜改諸度量。若未能悉革，可先改太醫權衡。此若差違，遂失神農、岐伯之正。藥物輕重，分兩乖互，所可傷夭，爲害尤深。古壽考而今短折者，未必不由此也。卒不能用。樂廣嘗與頠清言，欲以理服之，而頠辭論豐博，廣笑而不言。時人謂頠爲言談之林藪。

頠以賈后不悦太子，抗表請增崇太子所生謝淑妃位號，仍啓增置後衛率吏，給三千兵，於是東宮宿衛萬人。遷尚書，侍中如故，加光祿大夫。每授一職，未嘗不殷勤固讓，表疏十餘上，博引古今成敗以爲言，覽之者莫不寒心。

頠深慮賈后亂政，與司空張華、侍中賈模議廢之而立謝淑妃。華、模皆曰：帝自無廢黜之意，若吾等專行之，上心不以爲是。且諸王方剛，朋黨異議，恐禍如發機，身死國危，無益社稷。頠曰：誠如公慮。但昏虐之人，無所忌憚，亂可立待，將如之何？華曰：卿二人猶且見信，然勤爲左右陳禍福之戒，冀無大悖。幸天下尚安，庶可優游卒歲。此謀遂寢。頠旦夕勸說從母廣城君，令戒喻賈后親待太子而已。或説頠曰：幸與中宮內外可得盡言。言若不行，則可辭病屛退。若二者不立，雖有十表，難乎免矣。頠慨然久之，而竟不能行。

遷尚書左僕射，侍中如故。頠雖后之親屬，然雅望素隆，四海不謂之以親戚進也，惟恐其不居位。俄復使頠專任門下事，固讓，不聽。頠上言：賈模適亡，復以臣代，崇外戚之望，彰偏私之舉。后族何常有能自保，皆知重親無脱者也。然漢二十四帝惟孝文、光武、明帝不重外戚，皆保其宗，豈將獨賢，實以安理故也。昔穆叔不拜越禮之饗，臣亦不敢聞殊常之詔。又表云：咎繇謨虞，伊尹相商，呂望翊周，蕭張佐漢，咸播功化，光格四極。暨于繼體，咎單、傅説，祖己、樊仲，亦隆中興。或明揚側陋，或起自庶族，豈非尚德之舉，以臻斯美哉！歷觀近世，不能慕遠，溺於近情，多任后親，以致不靜。昔疎廣戒太子以舅氏爲官屬，前世以爲知禮。況朝廷何取於外戚，正復才均，尚當先其疏者，以明至公。漢世不用馮野王，卽其事也。表上，皆優詔敦譬。

時以陳準子匡、韓蔚子嵩並侍東宮，頠諫曰：東宮之建，以儲皇極。其所與游接，必簡英俊，宜用成德。匡、嵩幼弱，未識人理立身之節。東宮實體夙成之表，而今有童子侍從之聲，未是光闡遐風之弘理也。愍懷太子之廢也，頠與張華苦爭不從，語在《華傳》。

頠深患時俗放蕩，不尊儒術，何晏、阮籍素有高名於世，口談浮虛，不遵禮法，尸祿耽寵，仕不事事；至王衍之徒，聲譽太盛，位高勢重，不以物務自嬰，遂相放效，風教陵遲，乃著崇有之論以釋其蔽曰：

夫總混羣本，宗極之道也。方以族異，庶類之品也。形象著分，有生之體也。化感錯綜，理迹之原也。夫品而爲族，則所稟者偏，偏無自足，故憑乎外資。是以生而可尋，所謂理也。理之所體，所謂有也。有之所須，所謂資也。資有攸合，所謂宜也。擇乎厥宜，所謂情也。識智既授，雖出處異業，默語殊塗，所以寶生存宜，其情一也。衆理並而無害，故貴賤形焉。失得由乎所接，故吉凶兆焉。是以賢人君子，知欲不可絶，而交物有會。觀乎往復，稽中定務。惟夫用天之道，分地之利，躬其力任，勞而後饗。居以仁順，守以恭儉，率以忠信，行以敬讓，志無盈求，事無過用，乃可濟乎！故大建厥極，綏理羣生，訓物垂範，於是乎在，斯則聖人爲政之由也。

若乃淫抗陵肆，則危害萌矣。故欲衍則速患，情佚則怨博，擅恣則興攻，專利則延寇，可謂以厚生而失生者也。悠悠之徒，駭乎若兹之釁，而尋艱争所緣。察夫偏質有弊，而覩簡損之善，遂闡貴無之議，而建賤有之論。賤有則必外形，外形則必遺制，遺制則必忽防，忽防則必忘禮。禮制弗存，則無以爲政矣。衆之從上，猶水之居器也。故兆庶之情，信於所習；習則心服其業，業服則謂之理然。是以君人必慎所教，班其政刑一切之務，分宅百姓，各授四職，能令稟命之者不肅而安，忽然忘異，莫有遷志。况於據在三之尊，懷所隆之情，敦以爲訓者哉！斯乃昏明所階，不可不審。

夫盈欲可損而未可絶有也，過用可節而未可謂無貴也。蓋有講言之具者，深列有形之故，盛稱空無之美。形器之故有徵，空無之義難檢，辯巧之文可悦，似象之言足惑，衆聽眩焉，溺其成説。雖頗有異此心者，辭不獲濟，屈於所狎，因謂虚無之理，誠不可蓋。唱而有和，多往弗反，遂薄綜世之務，賤功烈之用，高浮游之業，埤經實之賢。人情所殉，篤夫名利。於是文者衍其辭，訥者讚其旨，染其衆也。是以立言藉於虚無，謂之玄妙；處官不親所司，謂之雅遠；奉身散其廉操，謂之曠達。故砥礪之風，彌以陵遲。放者因斯，或悖吉凶之禮，而忽容止之表，瀆棄長幼之序，混漫貴賤之級。其甚者至於裸裎，言笑忘宜，以不惜爲弘，士行又虧矣。

老子既著五千之文，表摭穢雜之弊，甄舉静一之義，有以令人釋然自夷，合於《易》之《損》、《謙》、《艮》、《節》之旨。而静一守本，無虚無之謂也；《損》《艮》之屬，蓋君子之一道，非《易》之所以爲體守本無也。觀老子之書雖博有所經，而云有生於無，以虚爲主，偏立一家之辭，豈有以而然哉！人之既生，以保生爲全，全之所階，以順感爲務。若味近以虧業，則沈溺之釁興；懷末以忘本，則天理之真滅。故動之所交，存亡之會也。夫有非有，於無非無；於無非無，於有非有。是以申縱播之累，而著貴無之文。將以絶所非之盈謬，存大善之中節，收流遁於既過，反澄正于胸懷。宜其以無爲辭，而旨在全有，故其辭曰以爲文不足。若斯，則是所寄之塗，一方之言也。若謂至理信以無爲宗，則偏而害當矣。先賢達識，以非所滯，示之深論。惟班固著難，未足折其情。孫卿、楊雄大體抑之，猶偏有所許。而虚無之言，日以廣衍，衆家扇起，各列其説。上及造化，下被萬事，莫不貴無，所存僉同。情以衆固，乃號凡有之理皆義之埤者，薄而鄙焉。辯論人倫及經明之業，遂易門肆。頠用矍然，申其所懷，而攻者盈集。或以爲一時口言。有客幸過，咸見命著文，擿列虚無不允之徵。若未能每事釋正，則無家之義弗可奪也。頠退而思之，雖君子宅情，無求於顯，及其立言，在乎達旨而已。然去聖久遠，異同紛糾，苟少有仿佛，可以崇濟先典，扶明大業，有益於時，則惟患言之不能，焉得静默，及未舉一隅，略示所存而已哉！

夫至無者無以能生，故始生者自生也。自生而必體有，則有遺而生虧矣。生以有爲已分，則虚無是有之所謂遺者也。故養既化之有，非無用之所能全也；理既有之衆，非無爲之所能循也。心非事也，而制事必由於心，然不可以制事以非事，謂心爲無也。匠非器也，而制器必須於匠，然不可以制器以非器，謂匠非有也。是以欲收重泉之鱗，非偃息之所能獲也；隕高墉之禽，非静拱之所能捷也；審投弦餌之用，非無知之所能覽也。由此而觀，濟有者皆有也，虚無奚益於已有之羣生哉！

王衍之徒攻難交至，並莫能屈。又著《辯才論》，古今精義皆辨釋焉，未成而遇禍。

初，趙王倫諂事賈后，頠甚惡之。倫數求官，頠與張華復固執不許，由是深爲倫所怨。倫又潛懷篡逆，欲先除朝望，因廢賈后之際遂誅之，時年三十四。二子嵩、該，倫亦欲害之。梁王肜、東海王越稱頠父秀有勳王室，配食太廟，不宜滅其後嗣，故得不死，徙帶方。惠帝反正，追復頠本官，改葬以卿禮，謚曰成。以嵩嗣爵，爲中書黄門侍郎。該出後從伯驥，爲散騎常侍。並爲乞活賊陳午所害。

山濤

《晉書》卷四三《山濤傳》 山濤字巨源，河内懷人也。父曜，宛句令。濤早孤，居貧，少有器量，介然不羣。性好《莊》《老》，每隱身自晦。與嵇康、呂安善，後遇阮籍，便爲竹林之交，著忘言之契。康後坐事，臨誅，謂子紹曰：巨源在，汝不孤矣。

及羊祜執政，時人欲危裴秀，濤正色保持之。由是失權臣意，出爲冀州刺史，加寧遠將軍。冀州俗薄，無相推轂。濤甄拔隱屈，搜訪賢才，旌命三十餘人，皆顯名當時。人懷慕尚，風俗頗革。轉北中郎將，督鄴城守事。入爲侍中，遷尚書。以母老辭職，詔曰：君雖乃心在於色養，然職有上下，旦夕不廢醫藥，且當割情，以隆在公。濤心求退，表疏數十上，久乃見聽。除議郎，帝以濤清儉無以供養，特給日契，加賜牀帳茵褥。禮秩崇重，時莫爲比。

王　戎

《晉書》卷四三《王戎傳》 王戎字濬沖，琅邪臨沂人也。祖雄，幽州刺史。父渾，涼州刺史、貞陵亭侯。戎幼而穎悟，神彩秀徹。視日不眩，裴楷見而目之曰：戎眼爛爛，如巖下電。年六七歲，於宣武場觀戲，猛獸在檻中虓吼震地，衆皆奔走，戎獨立不動，神色自若。魏明帝於閣上見而奇之。又嘗與羣兒嬉於道側，見李樹多實，等輩競趣之，戎獨不往。或問其故，戎曰：樹在道邊而多子，必苦李也。取之信然。【略】

戎始爲甲午制，凡選舉皆先治百姓，然後授用。司隸傅咸奏戎，曰：《書》稱三載考績，三考黜陟幽明。今内外羣官，居職未朞而戎奏還，既未定其優劣，且送故迎新，相望道路，巧詐由生，傷農害政。戎不仰依堯舜典謨，而驅動浮華，虧敗風俗，非徒無益，乃有大損。宜免戎官，以敦風俗。戎與賈、郭通親，竟得不坐。尋轉司徒。以王政將圮，苟媚取容，屬愍懷太子之廢，竟無一言匡諫。

阮　籍

《晉書》卷四九《阮籍傳》 阮籍字嗣宗，陳留尉氏人也。父瑀，魏

丞相掾，知名於世。籍容貌瓌傑，志氣宏放，傲然獨得，任性不羈，而喜怒不形於色。或閉戶視書，累月不出，或登臨山水，經日忘歸。博覽羣籍，尤好《莊》《老》。嗜酒能嘯，善彈琴。當其得意，忽忘形骸。時人多謂之癡，惟族兄文業每歎服之，以爲勝己，由是咸共稱異。【略】

籍本有濟世志，屬魏晉之際，天下多故，名士少有全者，籍由是不與世事，遂酣飲爲常。文帝初欲爲武帝求婚於籍，籍醉六十日，不得言而止。鍾會數以時事問之，欲因其可否而致之罪，皆以酣醉獲免。及文帝輔政，籍嘗從容言於帝曰：籍平生曾游東平，樂其風土。帝大悅，即拜東平相。籍乘驢到郡，壞府舍屏鄣，使内外相望，法令清簡，旬日而還。帝引爲大將軍從事中郎。有司言有子殺母者，籍曰：嘻！殺父乃可，至殺母乎！坐者怪其失言。帝曰：殺父，天下之極惡，而以爲可乎？籍曰：禽獸知母而不知父，殺父，禽獸之類也。殺母，禽獸之不若。衆乃悅服。【略】

籍雖不拘禮教，然發言玄遠，口不臧否人物。性至孝，母終，正與人圍棊，對者求止，籍留與決賭。既而飲酒二斗，舉聲一號，吐血數升。及將葬，食一蒸肫，飲酒二斗，然後臨訣，直言窮矣，舉聲一號，因又吐血數升。毀瘠骨立，殆致滅性。裴楷往弔之，籍散髮箕踞，醉而直視，楷弔唁畢便去。或問楷：凡弔者，主哭，客乃爲禮。籍既不哭，君何爲哭？楷曰：阮籍既方外之士，故不崇禮典。我俗中之士，故以軌儀自居。時人歎爲兩得。籍又能爲青白眼，見禮俗之士，以白眼對之。及嵇喜來弔，籍作白眼，喜不懌而退。喜弟康聞之，乃齎酒挾琴造焉，籍大悅，乃見青眼。由是禮法之士疾之若讐，而帝每保護之。

籍嫂嘗歸寧，籍相見與別。或譏之，籍曰：禮豈爲我設邪！鄰家少婦有美色，當壚沽酒。籍嘗詣飲，醉，便臥其側。籍既不自嫌，其夫察之，亦不疑也。兵家女有才色，未嫁而死。籍不識其父兄，徑往哭之，盡哀而還。其外坦蕩而內淳至，皆此類也。時率意獨駕，不由徑路，車迹所窮，輒慟哭而反。嘗登廣武，觀楚漢戰處，歎曰：時無英雄，使豎子成名！登武牢山，望京邑而嘆，於是賦《豪傑詩》。景元四年冬卒，時年五十四。

籍能屬文，初不留思。作《詠懷詩》八十餘篇，爲世所重。著《達莊

論》，敍無爲之貴。文多不録。

嵇康

《晉書》卷四九《嵇康傳》　嵇康字叔夜，譙國銍人也。其先姓奚，會稽上虞人，以避怨，徙焉。銍有嵇山，家于其側，因而命氏。兄喜，有當世才，歷太僕、宗正。

康早孤，有奇才，遠邁不羣。身長七尺八寸，美詞氣，有風儀，而土木形骸，不自藻飾，人以爲龍章鳳姿，天質自然。恬靜寡欲，含垢匿瑕，寬簡有大量。學不師受，博覽無不該通，長好《老》《莊》。

向秀

《晉書》卷四九《向秀傳》　向秀字子期，河內懷人也。清悟有遠識，少爲山濤所知，雅好老莊之學。莊周著內外數十篇，歷世才士雖有觀者，莫適論其旨統也，秀乃爲之隱解，發明奇趣，振起玄風，讀之者超然心悟，莫不自足一時也。惠帝之世，郭象又述而廣之，儒墨之迹見鄙，道家之言遂盛焉。始，秀欲注，嵇康曰：此書詎復須注，正是妨人作樂耳。及成，示康曰：殊復勝不？又與康論養生，辭難往復，蓋欲發康高致也。

劉伶

《晉書》卷四九《劉伶傳》　劉伶字伯倫，沛國人也。身長六尺，容貌甚陋。放情肆志，常以細宇宙齊萬物爲心。澹默少言，不妄交游，與阮籍、嵇康相遇，欣然神解，攜手入林。初不以家產有無介意。常乘鹿車，攜一壺酒，使人荷鍤而隨之，謂曰：死便埋我。其遺形骸如此。嘗渴甚，求酒於其妻。妻捐酒毀器，涕泣諫曰：君酒太過，非攝生之道，必宜斷之。伶曰：善！吾不能自禁，惟當祝鬼神自誓耳。便可具酒肉。妻從之。伶跪祝曰：天生劉伶，以酒爲名。一飲一斛，五斗解酲。婦兒之言，慎不可聽。仍引酒御肉，隗然復醉。嘗醉與俗人相忤，其人攘袂奮拳而往。伶徐曰：雞肋不足以安尊拳。其人笑而止。

伶雖陶兀昏放，而機應不差。未嘗厝意文翰，惟著《酒德頌》一篇。其辭曰：有大人先生，以天地爲一朝，萬期爲須臾，日月爲扃牖，八荒爲庭衢。行無轍迹，居無室廬，幕天席地，縱意所如。止則操卮執觚，動則挈榼提壺，惟酒是務，焉知其餘。有貴介公子、搢紳處士，聞吾風聲，議其所以，乃奮袂攘襟，怒目切齒，陳説禮法，是非蜂起。先生於是方捧甖承槽，銜杯漱醪，奮髯箕踞，枕麴藉糟，無思無慮，其樂陶陶。兀然而醉，怳爾而醒。靜聽不聞雷霆之聲，熟視不睹泰山之形。不覺寒暑之切肌，利欲之感情。俯觀萬物，擾擾焉若江海之載浮萍。二豪侍側焉，如蜾蠃之與螟蛉。

嘗爲建威參軍。泰始初對策，盛言無爲之化。時輩皆以高第得調，伶獨以無用罷。竟以壽終。

郭象

《晉書》卷五〇《郭象傳》　郭象字子玄，少有才理，好《老》《莊》，能清言。太尉王衍每云：聽象語，如懸河瀉水，注而不竭。州郡辟召，不就。常閑居，以文論自娛。後辟司徒掾，稍至黃門侍郎。東海王越引爲太傅主簿，甚見親委，遂任職當權，熏灼內外，由是素論去之。永嘉末病卒，著碑論十二篇。

先是注《莊子》者數十家，莫能究其旨統。向秀於舊注外而爲解義，妙演奇致，大暢玄風，惟《秋水》、《至樂》二篇未竟而秀卒。秀子幼，其義零落，然頗有別本遷流。象爲人行薄，以秀義不傳於世，遂竊以爲己注，乃自注《秋水》、《至樂》二篇，又易《馬蹄》一篇，其餘衆篇或點定文句而已。其後秀義別本出，故今有向、郭二《莊》，其義一也。

葛洪

《晉書》卷七二《葛洪傳》　葛洪字稚川，丹楊句容人也。祖系，吴大鴻臚。父悌，吴平後入晉，爲邵陵太守。洪少好學，家貧，躬自伐薪以貿紙筆，夜輒寫書誦習，遂以儒學知名。性寡欲，無所愛翫，不知棊局幾道，摴蒱齒名。爲人木訥，不好榮利，閉門却掃，未嘗交游。於餘杭山見何幼道、郭文舉，目擊而已，各無所言。時或尋書問義，不遠數千里崎嶇冒涉，期於必得，遂究覽典籍，尤好神仙導養之法。從祖玄，吴時學道得仙，號曰葛仙公，以其鍊丹祕術授弟子鄭隱。洪就隱學，悉得其法焉。後師事南海太守上黨鮑玄。玄亦內學，逆占將來，見洪深重之，以女妻洪。洪傳玄業，兼綜練醫術，凡所著撰，皆精覈是非，而才章富贍。

蔡廓

《宋書》卷五七《蔡廓傳》　蔡廓字子度，濟陽考城人也。曾祖謨，晉司徒。祖系，撫軍長史。父綝，司徒左西屬。

廓博涉羣書，言行以禮。起家著作佐郎。【略】

遷司徒主簿，尚書度支殿中郎，通直郎，高祖太尉參軍，司徒屬，中書、黄門郎。以方鯁閑素，爲高祖所知。及高祖領兗州，廓爲别駕從事史，委以州任。尋除中軍諮議參軍，太尉從事中郎。未拜，遭母憂。性至孝，三年不櫛沐，殆不勝喪。服闋，相國府復板爲從事中郎，領記室。宋臺建，爲侍中，建議以爲：鞫獄不宜令子孫下辭明言父祖之罪，虧教傷情，莫此爲大。自今但令家人與囚相見，無乞鞫之訴，便足以明伏罪，不須責家人下辭。朝議咸以爲允，從之。

世子左衛率謝靈運輒殺人，御史中丞王准之坐不糾免官，高祖以廓剛直，不容邪枉，補御史中丞。多所糾奏，百僚震肅。

王融

《南齊書》卷四七《王融傳》　王融字元長，琅邪臨沂人也。祖僧達，中書令，曾高竝台輔。僧達答宋孝武云：亡父亡祖，司徒司空。父道琰，廬陵內史。母臨川太守謝惠宣女，惇敏婦人也。教融書學。

融少而神明警惠，博涉有文才。舉秀才。晉安王南中郎板行參軍，坐公事免。竟陵王司徒板法曹行參軍，遷太子舍人。融以父官不通，弱年便欲紹興家業，啓世祖求自試。曰：臣聞春庚秋蟀，集候相悲，露木風榮，臨年共悦。夫唯動植，且或有心；况在生靈，而能無感。臣自奉望宫闕，沐浴恩私，拔迹庸虚，參名盛列，纓劍紫複，趨步丹墀，歲時歸來，誇榮邑里。然無勲而官，昔賢曾議；不任而禄，有識必譏。臣所用慷慨憤懣，不遑自晏。誠以深恩鮮報，聖主難逢，蒲柳先秋，光陰不待，貪及明時，展悉愚効，以酬陛下不世之仁。若微誠獲信，短才見序，文武吏法，唯所施用。夫君道含弘，臣術無隱，翁歸乃居中自是，充國曰莫若老臣。竊景前脩，敢蹈輕節。以冒不媒之鄙，式罄奉公之誠。抑又唐堯在上，不參二八，管夷吾耻之，臣亦耻之。願陛下裁覽。遷祕書丞。

從叔儉，初有儀同之授，融贈詩及書，儉甚奇憚之，笑謂人曰：穰侯印詎便可解？尋遷丹陽丞，中書郎。虜使遣求書，朝議欲不與。融上疏曰：

臣側聞僉議，疑給虜書，如臣愚情，切有未喻。夫虜人面獸心，狼猛蜂毒，暴悖天經，虧違地義，逋竄燭幽，去來豳朔，綿周、漢而不悛，歷晉、宋其逾梗。豈有愛敬仁智，恭讓廉脩，慙犬馬之馴心，同鷹虎之反目。設槀秣有儲，筋竿足用，必以草竊關燧，寇擾邊疆；寧容款塞卑辭，承衣請朔。陛下務存遵養，不時侮亡，許其膜拜之誠，納裘之賁。况復願同文軌，儻見款遺，思奉聲教，方致猜拒。將使舊邑遺逸，未知所寘，衰胡餘噍，或能自推。一令蔓草難鉏，涓流泛酌，豈直疥癢輕痾，容爲心腹重患。

抑孫武之言也，困則數罰，窘則多賞，先暴而後畏其衆者，虜之謂乎？前中原士庶，雖淪懾殊俗，至於婚葬之晨，猶巾褠爲禮。而禁令苛刻，動加誅轘。于時獯粥初遷，犬羊尚結，卽心徒怨，困懼成逃。自其將卒奔離，資待銷闕，北畏勍蠕，西逼南胡，民背如崩，勢絶防斷。於是曲從物情，僞竊章服，歷年將絶，隱蔽無聞。既南向而泣者，日夜以覬；北顧而辭者，江淮相屬。凶謀歲窘，淺慮無方，於是稽顙郊門，問禮求樂。若求之以文德，賜之以副書，漢家軌儀，重臨畿輔，司隸傳節，復入關河，無待八百之師，不期十萬之衆，固其提漿佇俟，揮戈願倒，三秦大同，六漢一統。

又虜前後奉使，不專漢人，必介以匈奴，備諸覘獲。且設官分職，彌見其情，抑退舊苗，扶任種戚。師保則后族馮晉國，總録則邽姓直勒渴侯，台鼎則丘頹、苟仁端，執政則目凌、鉗耳。至於東都羽儀，西京簪帶，崔孝伯、程虞虯久在著作，李元和、郭季祐上于中書，李思沖飾虜清官，游明根泛居顯職。今經典遠被，詩史北流，馮、李之徒，必欲遵尚；直勒等類，居致乖阻。何則？匈奴以氈騎爲帷牀，馳射爲糇糧，冠方帽則犯沙陵雪，服左衽則風驤鳥逝。若衣以朱裳，戴之玄（頰）〔頬〕，節其揖讓，教以翔趨，必同艱桎梏，等懼冰淵，婆娑蹤蹣，困而不能前已。及夫春草水生，阻散馬之適，秋風木落，絶驅禽之歡，息沸脣於桑墟，別醒乳於冀俗，聽《韶》《雅》如聾瞶，臨方丈若爰居，馮、李之徒，固得志矣，虜之凶族，其如病何？於是風土之思深，愎戾之情動，拂衣者連裾，抽鋒者比鏃，部落爭于下，酋渠危於上，我一舉而兼吞，卞莊之勢必也。且棘寶薦虞，晉疆彌盛，大鍾出智，宿氏以亡。帝略遠乎，無思不服，鑾光幸岱，匪暮斯朝。臣請收籍伊瀍，茲書復掌，猶取之內府，藏之外籯，於理有愜，卽事何損。若狂言足採，請決敕施行。

世祖答曰：吾意不異卿。今所啓，比相見更委悉。事竟不行。

永明末，世祖欲北伐，使毛惠秀畫《漢武北伐圖》，使融掌其事。融好功名，因此上疏曰：

臣聞情慉自中，事符則感，象構於始，機動斯彰。莊敬之道可宗，會揖議其彌肅，勇烈之士足貴，應鼙鐸以增思。肇植生民，厥詳既緬，降及興運，維道有徵，莫不有所因循而升皇業者也。若夫膏腴既稱，天乙知五方之富，皮幣已列，帝劉測四海之尊。異封禪之文，則升中之典攸迺，嘆輿地之圖，乃席卷之庸是立。伏惟陛下窮神盡聖，總極居中，偶化兩儀，均明二耀，拯玄綱於頹絶，反至道於澆淳，可謂區寓儀形，齊民先覺者也。臣亦遭逢，生此嘉運，鑿飲耕食，自幸唐年。而識用昏霾，經術疎淺，將蔿且軸，豈蕨與薇。皇鑒燭幽，天高聽下，賞片言之或善，矜一物之失時，湔拂塵蒙，霑飾光價，拔足草廬，厠身朝序，復得拜賀歲時，瞻望日月，於臣心願，曾已畢矣。但千祀一逢，休明難再，思策鈆駑，樂陳涓壒。竊習戰陣攻守之術，農桑牧藝之書，申、商、韓、墨之權，伊、周、孔、孟之道。常願待詔朱闕，俯對青蒲，請閑宴之私，談當世之務。位賤人微，徒深傾款。

方今九服清怡，三靈和晏，木有附枝，輪無異轍，東鞮獻舞，南辮傳歌，羌、僰踰山，秦、屠越海，舌象翫委體之懃，輶譯厭瞻巡之數，固將開桂林於鳳山，創金城於西守。而蠢爾獯狄，敢讎大邦，假息關河，竊命函谷，淪故京之爽塏，變舊邑而荒涼，息反坫之儒衣，久伊川之被髮。北地殘氓，東都遺老，莫不茹泣吞悲，傾耳戴目，翹心仁政，延首王風。若試馳咫尺之書，具甄戎旅之卒，徇其墮城，納其降虜，可弗勞弦鏃，無待干戈。真皇王之兵，征而不戰者也。臣乞以執殳先邁，式道中原，澄瀚渚之恆流，掃狼山之積霧，係單于之頸，屈左賢之膝，習呼韓之舊儀，拜鑾輿之巡幸。然後天移雲動，勒封岱宗，咸五登三，追蹤七十，百神肅警，萬國具僚，瑲弁星離，玉帛雲聚，集三燭於蘭席，聆萬歲之禎聲，豈不盛哉！豈不韙哉！

昔桓公志在伐莒，郭牙審其幽趣，魏后心存去漢，德祖究其深言。臣愚昧，忖誠不足以知微，然伏揆聖心，規模弘遠，既圖載其事，必克就其功。臣不勝歡喜。

圖成，上置琅邪城射堂壁上，遊幸輒觀視焉。

九年，上幸芳林園禊宴朝臣，使融爲《曲水詩序》，文藻富麗，當世稱之。

上以融才辯，十一年，使兼主客，接虜使房景高、宋弁。弁見融年少，問主客年幾？融曰：五十之年，久踰其半。因問：在朝聞主客作《曲水詩序》。景高又云：在北聞主客此製，勝於顏延年，實願一見。融乃示之。後日，宋弁於瑤池堂謂融曰：昔觀相如《封禪》，以知漢武之德；今覽王生《詩序》，用見齊王之盛。融曰：皇家盛明，豈直比蹤漢武；更慙鄙製，無以遠匹相如。上以虜獻馬不稱，使融問曰：秦西冀北，實多駿驥。而魏主所獻良馬，乃駑駘之不若。求名檢事，殊爲未孚。將旦旦信誓，有時而爽，駉駉之牧，不能復嗣？宋弁曰：不容虛僞之名，當是不習土地。融曰：周穆馬跡徧於天下，若騏驥之性，因地而遷，則造父之策，有時而躓。弁曰：王主客何爲懃懃於千里？融曰：卿國既異其優劣，聊復相訪。若千里日至，聖上當駕鼓車。弁曰：向意既須，必不能駕鼓車也。融曰：買死馬之骨，亦〔以〕郭隗之故。弁不能答。

融自恃人地，三十內望爲公輔。直中書省，夜歎曰：鄧禹笑人。行逢大航開，喧湫不得進。又歎曰：車前無八騶卒，何得稱爲丈夫！

朝廷討雍州刺史王奐，融復上疏曰：

臣每覽史傳，見憂國忘家，捐生報德者，未曾不撫卷歎息，以爲今古共情也。然或以片言微感，一飡小惠，參國士之眄，同布素之遊耳。豈有如臣，獨拔無聞之伍，過超非分之位，名器雙假，榮祿兩升，而宴安昊罷之晨，優游旰食之日。所以敢布丹愚，仰聞宸聽。

今議者或以西夏爲念，臣竊謂之不爾。其故何哉？陛下聖明，羣臣悉力，從以制逆，上而御下，指開賞黜之言，微示生死之路，方域之人，皆相爲敵。既兵威遠臨，人不自保，雖窮鳥必啄，固等命於梁鶉，困獸斯驚，終並懸於廚鹿。凱師勞飲，固不侍晨。臣之寸心，獨有微願。

自獫狁荐食，荒侮伊瀍，天道禍淫，危亡日至，母后內難，糧力外虛，謠言物情，屬當今會。若藉巫、漢之歸師，騁士卒之餘憤，取函谷如反掌，陵關塞若摧枯。但士非素蓄，無以卽用，不教民戰，是實棄之。特希私集部曲，豫加習校。若蒙垂許，乞隸監省拘食人身，權備石頭防衛之數。臣少重名節，早習軍旅，若試而無績，伏受面欺之誅；用且有功，仰詶知人之哲。

會虜動，竟陵王子良於東府募人，板融寧朔將軍、軍主。融文辭辯捷，尤善倉卒屬綴，有所造作，援筆可待。子良特相友好，情分殊常。晚節大習騎馬。才地既華，兼藉子良之勢，傾意賓客，勞問周款，文武翕習輻湊之。招集江西傖楚數百人，竝有幹用。

世祖疾篤暫絶，子良在殿內，太孫未入，融戎服絳衫，於中書省閤口斷東宮仗不得進，欲立子良。上既蘇，太孫入殿，朝事委高宗。融知子良不得立，乃釋服還省。歎曰：公誤我。鬱林深忿疾融，卽位十餘日，收下廷尉獄，然後使中丞孔稚珪倚爲奏曰：融姿性剛險，立身浮競，動迹驚羣，抗言異類。近塞外微塵，苦求將領，遂招納不逞，扇誘荒傖。狡筭聲勢，專行權利，反覆脣齒之閒，傾動頰舌之內。威福自己，無所忌憚，誹謗朝政，歷毀王公，謂己才流，無所推下，事曝遠近，使融依源據答。

融辭曰：囚寔頑蔽，觸行多僁，但夙（恭）〔忝〕門素，得奉教君子。爰自總髮，迄將立年，州閭鄉黨，見許愚慎，朝廷衣冠，謂無釁咎。過蒙大行皇帝獎育之恩，又荷文皇帝識擢之重，司徒公賜預士林，安陸王曲垂眄接。既身被國慈，必欲以死自効，前後陳伐虜之計，亦仰簡先朝。今叚犬羊乍擾，紀僧真奉宣先敕，賜語北邊動靜，令囚草撰符詔，于時卽因啓聞，希侍鑾輿。及司徒宣敕招募，同例非一，實以戎事不小，不敢承教。續蒙軍號，賜使招集，銜敕而行，非敢虛扇。且格取亡叛，不限傖楚，狡筭聲勢，應有形迹。專行權利，又無贓賄。反覆脣齒之間，未審悉與誰言？（輕）〔傾〕動頰舌之內，不容都無主此。但聖主膺教，實所沐浴，自上《甘露頌》及《銀甕啓》、《三日詩序》、《接虜〔使〕語辭》，竭思稱揚，得非誹謗？且王公百司，唯賢是與，高下之敬，等秩有差，不敢踰濫，豈應訾毀？（因）〔囚〕才分本劣，謬被策用，悚怍之情，夙宵兢惕，未嘗誇示里閭，彰曝遠邇，自循自省，竝愧流言。良由緣淺寡虞，致貽囂謗。伏惟明皇臨宇，普天蒙澤，戊寅赦恩，輕重必宥。百日曠期，始蒙旬日，一介罪身，獨嬰憲劾。若事實有徵，爰對有在，九死之日，無恨泉壤。詔於獄賜死。時年二十七。臨死歎曰：我若不爲百歲老母，當吐一言。融意欲指斥帝在東宮時過失也。

融被收，朋友部曲參問北寺，相繼於道。融請救於子良，子良憂懼不敢救。融文集行於世。

范縝

《梁書》卷四八《儒林傳・范縝》 范縝字子真，南鄉舞陰人也。晉安北將軍汪六世孫。祖璩之，中書郎。父濛，早卒。

縝少孤貧，事母孝謹。年未弱冠，聞沛國劉瓛聚衆講説，始往從之，卓越不羣而勤學，瓛甚奇之，親爲之冠。在瓛門下積年，去來歸家，恒芒屩布衣，徒行於路。瓛門多車馬貴游，縝在其門，聊無恥愧。既長，博通經術，尤精《三禮》。性質直，好危言高論，不爲士友所安，唯與外弟蕭琛相善，琛名曰口辯，每服縝簡詣。

皇侃

《梁書》卷四八《儒林傳·皇侃》 皇侃，吴郡人，青州刺史皇象九世孫也。侃少好學，師事賀瑒，精力專門，盡通其業，尤明《三禮》、《孝經》、《論語》。起家兼國子助教，於學講説，聽者數百人。撰《禮記講疏》五十卷，書成奏上，詔付祕閣。頃之，召入壽光殿講《禮記義》，高祖善之，拜員外散騎侍郎，兼助教如故。性至孝，常日限誦《孝經》二十徧，以擬《觀世音經》。丁母憂，解職還鄉里。平西邵陵王欽其學，厚禮迎之，侃既至，因感心疾，大同十一年，卒於夏首，時年五十八。所撰《論語義》十卷，與《禮記義》並見重於世，學者傳焉。

劉勰

《梁書》卷五〇《文學傳下·劉勰》 劉勰字彦和，東莞莒人。祖靈真，宋司空秀之弟也。父尚，越騎校尉。

勰早孤，篤志好學，家貧不婚娶，依沙門僧祐，與之居處，積十餘年，遂博通經論，因區別部類，録而序之。今定林寺經藏，勰所定也。天監初，起家奉朝請，中軍臨川王宏引兼記室，遷車騎倉曹參軍。出爲太末令，政有清績。除仁威南康王記室，兼東宮通事舍人。時七廟饗薦已用蔬果，而二郊農社猶有犧牲，勰乃表言二郊宜與七廟同改，詔付尚書議，依勰所陳。遷步兵校尉，兼舍人如故。昭明太子好文學，深愛接之。

周弘正

《陳書》卷二四《周弘正傳》 周弘正字思行，汝南安城人（也），晉光禄大夫顗之九世孫也。祖顒，齊中書侍郎，領著作。父寶始，梁司徒祭酒。【略】

弘正特善玄言，兼明釋典，雖碩學名僧，莫不請質疑滯。六年，卒于官，時年七十九。詔曰：追遠褒德，抑有恒規。故尚書右僕射、領國子祭酒、豫州大中正弘正，識宇凝深，藝業通備，辭林義府，國老民宗，道映庠門，望高禮閣，卒然殂殞，朕用惻然。可贈侍中、中書監，喪事所須，量加資給。便出臨哭。謚曰簡子。所著《周易講疏》十六卷，《論語疏》十一卷，《莊子疏》八卷，《老子疏》五卷，《孝經疏》兩卷，《集》二十卷，行于世。子墳，官至吏部郎。

高閭

《魏書》卷五四《高閭傳》 高閭，字閻士，漁陽雍奴人。【略】

閭早孤，少好學，博綜經史，文才儁偉，下筆成章。本名驢，司徒崔浩見而奇之，乃改為閭而字焉。真君九年，徵拜中書博士。和平末，遷中書侍郎。高宗崩，乙渾擅權，内外危懼。文明太后臨朝，誅渾，引閭與中書令高允入於禁内，參决大政，賜爵安樂子。【略】

顯祖傳位，徙御崇光宮，閭上表頌曰：

臣聞創制改物者，應天之聖君；齷齪順常者，守文之庸主。故五帝異規而化興，三王殊禮而致治，用能憲章萬祀，垂範百王，歷葉所以挹其遺風，後君所以酌其軌度。伏惟太上皇帝，道光二儀，明齊日月，至德潛通，武功四暢。霜威南被，則淮徐來同；齊斧北斷，則獫狁覆斃。西摧三危之酋，東引肅慎之貢，荒遐款塞，九有宅心。於是從容閑覽，希心玄奥，尚鼎湖之奇風，崇巢由之高潔，疇咨熙載，亮采羣后，爰挹大位，傳祚聖人。開古之高範，爰萃於一朝；曠葉之希事，載見於今日。昔唐堯禪舜，前典大其成功；太伯讓季，孔子稱其至德。苟位以聖傳，臣子一也。謹上《至德頌》一篇，其詞曰：

茫茫太極，悠悠遐古。三皇創制，五帝垂祜。仰察璿璣，俯鑒后土。雍容端拱，惟德是與。夏殷世傳，周漢纂烈。道風雖邈，仍誕明哲。爰暨三季，下凌上替。九服三分，禮樂四缺。上靈降鑒，思皇反正。乃眷有魏，配天承命。功冠前王，德侔往聖。移風革俗，天保載定。於穆太皇，克廣聖度。玄化外暢，惠鑒內悟。遺此崇高，挹彼沖素。道映當今，慶流後祚。明明我皇，承乾紹煥。比誦熙周，方文隆漢。重光麗天，晨暉疊旦。六府孔修，三辰貞觀。功均乾造，雲覆雨潤。養之以仁，敦之以信。綏之斯和，動之斯震。自東徂西，無思不順。禎候並應，福禄來格。嘉穀秀町，素文表石。玄鳥呈皓，醴泉流液。黃龍婉婉，遊鱗奕奕。沖訓既布，率土咸寧。穆穆四門，灼灼典刑。勝殘豈遠，期月有成。翹翹東岳，庶見翠旌。先民有言，千載一泰。昔難其運，今易其會。沐浴淳澤，被服冠帶。飲和陶潤，載欣載賴。文以寫意，功由頌宣。吉甫作歌，式昭永年。唐政緝熙，康哉垂篇。仰述徽烈，被之管絃。

高允以閭文章富逸，舉以自代，遂為顯祖所知，數見引接，參論政治。命造《鹿苑頌》、《北伐碑》，顯祖善之。承明初，為中書令，加給事中，委以機密。文明太后甚重閭，詔令書檄碑銘贊頌皆其文也。【略】

遷尚書、中書監。淮南王他奏求依舊斷禄，文明太后令召羣臣議之。閭表曰：天生烝民，樹之以君，明君不能獨理，必須臣以作輔。君使臣以禮，臣事君以忠。故車服有等差，爵命有分秩；德高者則位尊，任廣者則禄重。下者禄足以代耕，上者俸足以行義。庶民均其賦，以展奉上之心；君王聚其材，以供事業之用。君班其俸，垂惠則厚；臣受其禄，感恩則深。於是貪殘之心止，竭効之誠篤，兆庶無侵削之煩，百辟備禮容之美。斯則經世之明典，為治之至術。自堯舜以來，逮于三季，雖優劣不同，而斯道弗改。自中原崩否，天下幅裂，海內未一，民戶耗減，國用不充，俸禄遂廢。此則事出臨時之宜，良非長久之道。

大魏應期紹祚，照臨萬方，九服既和，八表咸謐。二聖欽明文思，道冠百代，動遵禮式，稽考舊章，準百王不易之勝法，述前聖利世之高軌，置立鄰黨，班宣俸禄，事設令行，於今已久，苛慝不生，上下無怨，姦巧革慮，闚覦絕心，利潤之厚，同於天地。以斯觀之，如何可改？

又洪波奔激，則隄防宜厚；姦悖充斥，則禁網須嚴。且飢寒切身，慈母不保其子；家給人足，禮讓可得而生。但廉清之人，不必皆富；豐財之士，未必悉賢。今給其俸，則清者足以息其濫竊，貪者足以感而勸善；若不班禄，則貪者肆其姦情，清者不能自保。難易之驗，灼然可知，如何一朝便欲去俸？淮南之議，不亦謬乎？

詔從閭議。

高祖又引見王公已下於皇信堂，高祖曰：政雖多途，治歸一體，朕每蒙慈訓，猶自昧然。誠知忠佞有損益，而未識其異同，恒懼忠貞見毀，佞人便進。寤寐思此，如有隱憂。國彥朝賢，休戚所共，宜辨斯真偽，以釋朕懷。尚書游明根對曰：忠佞之士，實亦難知，依古爵人，先試之以官，官定然後禄之，三載考績，然後忠佞可明。閭曰：竊謂袁盎徹慎夫人席，是其忠；譖殺晁錯，是其佞。若以異人言之，望之為忠，石顯是佞。高祖曰：自非聖人，忠佞之行，時或互有，但忠功顯即謂之忠，佞迹成斯謂之佞。史官據成事而書，於今觀之，有別明矣。朕所問者，未然之前；卿之所對，已然之後。閭曰：佞者，飾智以行事；忠者，發心以附道。譬如玉石，皦然可知。高祖曰：玉石同體而異名，忠佞異名而同理。求之於同，則得其所以異；尋之於異，則失其所以同。出處同異之間，交換忠佞之境，豈是皦然易明哉？或有託佞以成忠，或有假忠以飾佞。如楚子綦後事顯忠，初非佞也。閭曰：子綦諫楚，初雖隨述，終致忠言，此適欲幾諫，非為佞也。子綦若不設初權，後忠無由得顯。高祖善閭對。

閭後上表曰：

臣聞為國之道，其要有五：一曰文德，二曰武功，三曰法度，四曰防固，五曰刑賞。故遠人不服，則修文德以來之；荒狡放命，則播武功以威之；民未知戰，則制法度以齊之；暴敵輕侵，則設防固以禦之；臨事制勝，則明刑賞以勸之。用能闢國寧方，征伐四克。【略】

又議政於皇信堂，高祖曰：百揆多途，萬機事猥，未周之闕，卿等宜有所陳。閭對曰：臣伏思太皇太后十八條之令，及仰尋聖朝所行，事周於百揆，理兼於庶務。孔子至聖，三年有成；子產治鄭，歷載乃就。

今聖化方宣，風政驟改，行之積久，自然致治，理之必明，不患事闕。又為政之道，終始若一，民可使由之，不可使知之。政令既宣，若有不合於民者，因民之心而改之。願終成其事，使至教必行。臣反覆三思，理畢於此，不知其他。但使今之法度，必理、必明、必行、必久，勝殘去殺，可不遠而致。高祖曰：刑法者，王道之所用。何者為法？何者為刑？施行之日，何先何後？閭對曰：臣聞創制立會，軌物齊衆，謂之法；犯違制約，致之於憲，謂之刑。然則法必先施，刑必後著。自鞭杖已上至於死罪，皆謂之刑。刑者，成也，成而不可改。高祖曰：《論語》稱：冉子退朝，孔子問曰：何晏也？對曰：有政。子曰：其事也。如有政，雖不吾以，吾其與聞之。何者是政？何者為事？閭對曰：臣聞：政者，君上之所施行，合於法度，經國治民之屬，皆謂之政；臣下奉教承旨，作而行之，謂之事。然則天下大同，風軌齊一，則政出於天子；王道衰，則政出於諸侯；君道缺，則政出於大夫。故《詩序》曰：王道衰，政教失，則國異政，家殊俗。政者，上之所行；事者，下之所奉。高祖曰：若君命為政，子夏為莒父宰，問政，此應奉命而已，何得稱政？尚書游明根曰：子夏宰民，故得稱政。帝善之。

十四年秋，閭上表曰：

奉癸未詔書，以春夏少雨，憂飢饉之方臻，愍黎元之傷瘁。同禹湯罪己之誠，齊堯舜引咎之德，虞災致懼，詢及卿士，令各上書，極陳損益。深恩被於蒼生，厚惠流于后土。伏惟陛下天啟聖姿，利見纂極，欽若昊天，光格宇宙。太皇太后以叡哲贊世，稽合三才，高明柔克，道被無外。七政昭宣於上，九功咸序於下。君人之量逾高，謙光之旨彌篤。修復祭儀，宗廟所以致敬；飾正器服，禮樂所以宣和。增儒官以重文德，簡勇士以昭武功。慮獄訟之未息，定刑書以理之；懼蒸民之姦宄，置鄰黨以穆之；究庶官之勤劇，班俸祿以優之；知勞逸之難均，分民士以齊之。甄忠明孝，矜貧恤獨，開納讜言，抑絕讒佞，明訓以體，率土移風。雖未勝殘去殺，成無為之化，足以仰答三靈者矣。

臣聞皇天無私，降鑒在下，休咎之徵，咸由人召。故帝道昌則九疇敘，君德衰而彝倫斁。休瑞並應，享以五福，則康于其邦；咎徵屢臻，罰以六極，則害于其國。斯乃《洪範》之實徵，神祇之明驗。及其厄運所纏，世鍾陽九，數乖於天理，事違於人謀，時則有之矣。故堯湯逢歷年之災，周漢遭水旱之患，然立功修行，終能弭息。今考治則有如此之風，計運未有如彼之害，而陛下殷勤引過，事邁前王。徙星澍雨之徵，指辰可必；消災滅禍之符，灼然自見。雖王畿之內，頗為少雨，關外諸方，禾稼仍茂，苟動之以禮，綏之以和，一歲不收，未為大損。但豫備不虞，古之善政，安不忘危，有國常典。竊以北鎮新徙，家業未就，思親戀本，人有愁心，一朝有事，難以禦敵。可寬其往來，頗使欣慰，開雲中馬城之食以賑恤之，足以感德，致力邊境矣。明察畿甸之民，飢甚者，出靈丘下館之粟以救其乏，可以安慰孤貧，樂業保土。使幽、定、安、并四州之租，隨運以溢其處；開關弛禁，薄賦賤糴，以消其費；清道路，恣其東西，隨豐逐食，貧富相贍。可以免度凶年，不為患苦。

又聞常士困則濫竊生，匹婦餒則慈心薄。凶儉之年，民輕違犯，可緩其使役，急其禁令。宜於未然之前，申敕外牧。又一夫幽枉，王道為虧，京師之獄，或恐未盡。可集見囚於都曹，使明折庶獄者，重加究察。輕者即可決遣，重者定狀以聞。罷非急之作，放無用之獸。此乃救凶之常法，且以見憂於百姓。《論語》曰：不患貧而患不安。苟安而樂生，雖遭凶年，何傷於民庶也。愚臣所見，如此而已。

詔曰：省表聞之，當敕有司依此施行。【略】

世宗踐阼，閭累表遜位。詔曰：閭貞幹早聞，儒雅素著，出內清華，朝之儁老，以年及致仕，固求辭任，宜聽解宗伯，遂安車之禮，特加優授，崇老成之秩。可光祿大夫，金印、紫綬。使散騎常侍、兼吏部尚書邢巒就家拜授。及辭，引見於東堂，賜以餚羞，訪之大政。以其先朝儒舊，告老永歸，世宗為之流涕。詔曰：閭歷官六朝，著勳五紀，年禮致辭，義光進退，歸軒首路，感悵兼懷。安駟籯金，漢世榮貺，可賜安車、几杖、輿馬、繒綵、衣服、布帛，事從豐厚。百僚餞之，猶昔羣公之祖二疏也。閭進陟北邙，上望闕表，以示戀慕之誠。景明三年十月，卒于家。世宗遣使弔慰，賵帛四百匹。四年三月，贈鎮北將軍、幽州刺史，謚曰文侯。

閭好為文章，軍國書檄詔令碑頌銘贊百有餘篇，集為三十卷。其文亦高允之流，後稱二高，為當時所服。閭強果，敢直諫，其在私室，言裁聞耳，及於朝廷廣衆之中，則談論鋒起，人莫能敵。高祖以其文雅之美，每優禮之。然貪褊矜慢，初在中書，好詈辱諸博士，博士、學生百有餘人，有所干求者，無不受其財貨。及老為二州，乃更廉儉自謹，有良牧之譽。

李彪

《魏書》卷六二《李彪傳》　李彪，字道固，頓丘衛國人，高祖賜名焉。家世寒微，少孤貧，有大志，篤學不倦。初受業於長樂監伯陽，伯陽稱美之。晚與漁陽高悦、北平陽尼等將隱於名山，不果而罷。悦兄閭，博學高才，家富典籍，彪遂於悦家手抄口誦，不暇寢食。既而還鄉里。【略】

彪又表曰：

臣聞昔之哲王，莫不亹亹孜孜，思納讜言，以康黎庶。是以訪童問師，不避淵澤；詢謀諮善，不棄芻蕘。用能光茂實於竹素，播徽聲於金石。臣屬生有道，遇無諱之朝，敢修往式，竊揆時宜，謹冒死上封事七條。狂瞽之言，伏待刑戮。

其一曰：自太和建號，踰于一紀，典刑德政，可得而言也。立圓丘以昭孝，則百神不乏饗矣；舉賢才以酬諮，則多士盈朝矣；開至誠以軌物，則朝無佞人矣；敦六順以教人，則四門無凶人矣；制冠服以明秩，則典式復彰矣；作雅樂以協人倫，則人神交慶矣；深慎罰以明刑，則庶獄得衷矣；薄服味以示約，則儉德光昭矣；單宮女以配鰥，則人無怨曠矣；傾府藏以賑錫，則大賚周渥矣；省賦役以育人，則編戶巷歌矣；宣德澤以懷遠邇，則華荒抃舞矣；垂至德以暢幽顯，則禎瑞效質矣。生生得所，事事惟新，巍巍乎猶造物之曲成也。然臣愚以為行儉之道，猶自闕如。何者？今四人豪富之家，習華既深，敦樸情淺，未識儉素之易長，而行奢靡之難久。壯制第宅，美飾車馬，僕妾衣綾綺，土木被文繡，僭度違衷者衆矣。古先哲王之為制也，自天子以至公卿，下及抱關擊柝，其宫室車服各有差品，小不得踰大，賤不得踰貴。夫然，故上下序而人志定。今時浮華相競，情無常守，大為消功之物，巨制費力之事，豈不謬哉！消功者，錦繡彫文是也；費力者，廣宅高宇、壯制麗飾是也。其妨男業、害女工者，焉可勝言哉！漢文時，賈誼上疏云今之王政可為長太息者六，此即是其一也。夫上之所好，下必從之。故越王好勇而士多輕死，楚靈好瘠而國有飢人。今二聖躬行儉素，詔令殷勤，而百姓之奢猶未革者，豈楚越之人易變如彼，大魏之士難化如此？蓋朝制弗宣，人未見德，使之然耳。臣愚以為第宅車服，自百官以至于庶人，宜為其等制，使貴不逼賤，卑不僭高，不可以稱其侈意，用違經典。今或者以為習俗日久，不可卒革，臣謹言古人革之之漸。昔子產為政一年，百姓歌之曰：我有田疇，子產伍之，我有衣冠，子產貯之，孰殺子產，吾其與之。及三年，乃改歌曰：我有田疇，子產殖之，我有子弟，子產誨之，子產若死，其誰繼之？然則鄭人之智，豈前昏而後明哉？且從政者須漸，受化者難頓故也。今若為制以差品之，始末之情，魏士與鄭人同矣。既同鄭人，是為卒有善歌，豈可憚其初怨而不為終善哉？夫尚儉者開福之源，好奢者起貧之兆。然則儉約易以教行，華靡難以財滿，是以聖人留意焉，賢人希準焉。故夏禹卑宮室而惡衣服，殷湯寢黄屋而乘輅輿。此示儉於後王，後王所宜觀其意而取折衷也。孔子為魯司寇，乘柴車而駕駑馬；晏嬰為齊正卿，冠濯冠而衣故裘。此示儉於後臣，後臣所宜識其情而消息之也。前志云：作法於涼，其弊猶貪。此言雖略，有達治道。臣之瞽言，儻或可採，比及三年，可以有成。有成則人務本，人務本則奢費除，奢費除則穀帛豐，穀帛豐則人逸樂，人逸樂則皇基固矣。

其二曰：《易》稱：主器者，莫若長子。《傳》曰：太子奉冢嫡之粢盛。然則祭亡主則宗廟無所饗，冢嫡廢則神器無所傳。聖賢知其如此，故垂誥以為長世之法。昔姬王得斯道也，故恢崇儒術以訓世嫡，世嫡於是乎習成懿德，用大協於黎蒸，是以世統生人，載祀八百。逮嬴氏之君於秦也，殆棄德政，坑焚儒典，弗以義方教厥冢子，於是習成凶德，肆虐以臨黔首，是以饗年不永，二世而亡。亡之與興，其道在於師傅，師傅之損益，可得而言。益者，周公傅成王，教以孝仁禮義，逐去邪人，不使見惡人，選天下之端士、孝悌博聞有道術者以為衛翼。衛翼良，成王正，周道之所以長久也。損者，趙高傅胡亥，教以刑戮斬劓及夷人族，逐去正人，不得見善士，諂佞讒賊者為其左右。左右邪，胡亥僻，秦祚之所以短促也。夫皇天，輔德者也，豈私周而疏秦哉？由所行之道殊，故禍福之途異耳。【略】今誠宜準古立師傅以訓導太子，訓導正則太子正，太子正則皇家慶，皇家慶則人幸甚矣。

其三曰：臣聞國本黎元，人資粒食，是以昔之哲王莫不勤勸稼穡，盈畜倉廩。故堯湯水旱，人無菜色者，蓋由備之有漸，積之有素。暨于漢家，以人食少，乃設常平以給之；魏氏以兵糧乏，制屯田以供之。用能不匱當時，軍國取濟。又《記》云：國無三年之儲，謂國非其國。光武以一畝不實，罪及牧守。聖人之憂世重穀，殷勤如彼；明君之恤人勸農，相切若此。頃年山東饑，去歲京師儉，內外人庶出入就豐，既廢營產，疲而乃達，又於國體實有虛損。若先多積穀，安而給之，豈有驅督老弱餬口千里之外？以今況古，誠可懼也。臣以為宜析州郡常調九分之二，京都度支歲用之餘，各立官司，年豐糴積於倉，時儉則加私之二，糶之於人。如此，民必力田以買官絹，又務貯財以取官粟，年登則常積，歲凶則直給。又別立農官，取州郡戶十分之一以為屯民，相水陸之宜，料頃畝之數，以贓贖雜物餘財市牛科給，令其肆力。一夫之田，歲責六十斛，蠲其正課并征戍雜役。行此二事，數年之中，則穀積而人足，雖災不為害。臣又聞前代明主，皆務懷遠人，禮賢引滯。故漢高過趙，求樂毅之胄；晉武廓定，旌吴蜀之彥。臣謂宜於河表七州人中，擢其門才，引令赴闕，依中州官比，隨能序之。一可以廣聖朝均新舊之義，二可以懷江漢歸有道之情。

其四曰：昔帝舜命咎繇惟刑之恤，周公誥成王勿誤于庶獄，斯皆君臣相誡，重刑之至也。今二聖哀矜罪辜，小大二情，讞決之日，多從降恕，時不得已，必垂惻隱，雖前王之勤聽肆赦，亦如斯而已。至若行刑犯時，愚臣竊所未安。漢制，舊斷獄報重，常盡季冬，至孝章時改盡十月，以育三微。後歲旱，論者以十月斷獄，陰氣微，陽氣泄，以故致旱。事下公卿，尚書陳寵議：冬至陽氣始萌，故十一月有射干、芸、荔之應，周以為春；十二月陽氣上通，雉雊雞乳，殷以為春；十三月陽氣已至，蟄蟲皆震，夏以為春。三微成著，以通三統，三統之月，斷獄流血，是不稽天意也。《月令》：仲冬之月，身欲寧，事欲靜。以起隆怒，不可謂寧；以行大刑，不可謂靜。章帝善其言，卒以十月斷。今京都及四方斷獄報重，常竟季冬，不推三正以育三微。寬宥之情，每過於昔；遵時之憲，猶或闕然。豈所謂助陽發生、垂奉微之仁也？誠宜遠稽周典，近採漢制，天下斷獄，起自初秋，盡於孟冬，不於三統之春，行斬絞之刑。如此，則道協幽顯，仁垂後昆矣。

其五曰：古者，大臣有坐不廉而廢者，不謂之不廉，乃曰簠簋不飾。此君之所以禮貴臣，不明言其過也。臣有大譴，則白冠氂纓，盤水加劍，造請室而請死，此臣之所以知罪而不敢逃刑也。聖朝賓遇大臣，禮同古典。自太和以降，有負罪當陷大辟者，多得歸第自盡。遣之日，深垂隱愍，言發悽淚，百官莫不見，四海莫不聞。誠足以感將死之心，慰戚屬之情。然恩發至衷，未著永制，此愚臣所以敢陳末見。昔漢文時，人有告丞相周勃謀反者，逮繫長安獄，頓辱之與皂隸同。賈誼乃上書，極陳君臣之義，不宜如是。夫貴臣者，天子為其改容而體貌之，吏人為其俯伏而敬貴之。其有罪過，廢之可也，賜之死可也。若束縛之，輸之司寇，榜笞之，小吏詈罵之，殆非所以令衆庶見也。及將刑也，臣則北面再拜，跪而自裁。天子曰：子大夫自有過耳，吾遇子有禮矣。上不使人抑而刑之也。孝文深納其言，是後大臣有罪，皆自殺不受刑。至孝武時，稍復入獄，良由孝文行之當時，不為永制故耳。伏惟聖德慈惠，豈與漢文比隆哉。今天下有道，庶人不議之時，臣安可陳瞽言於朝，但恐萬世之後，繼體之主有若漢武之事焉。夫道貴長久，所以樹之風聲也；法尚不虧，所以貽厥孫謀也，焉得行恩當時，而不著長世之制乎？

其六曰：《孝經》稱：父子之道天性。《書》云：孝乎，惟孝友于兄弟。二經之旨，蓋明一體而同氣，可共而不可離者也。及其有罪，罪不相及者，乃君上之厚恩也。至若有懼，懼應相連者，固自然之恒理也。無情之人，父兄繫獄，子弟無慘惕之容；子弟逃刑，父兄無愧恧之色。宴安榮位，遊從自若，車馬仍華，衣冠猶飾，寧是同體共氣、分憂均戚之理也？昔秦伯以楚人圍江，素服而示懼；宋仲子以失舉桓譚，免冠而謝罪。然則子弟之於父兄，父兄之於子弟，惟其情至，豈與結盟相知者同年語其深淺哉？二聖清簡風俗，孝慈是先。臣愚以為父兄有犯，宜令子弟素服肉袒，詣闕請罪；子弟有坐，宜令父兄露板引咎，乞解所司。若職任必要，不宜許者，慰勉留之。如此，足以敦厲凡薄，使人知有所耻矣。

其七曰：《禮》云：臣有大喪，君三年不呼其門。此聖人緣情制禮，以終孝子之情者也。周季陵夷，喪禮稍亡，是以要絰即戎，素冠作刺，逮于虐秦，殆皆泯矣。漢初，軍旅屢興，未能遵古。至宣帝時，民當從軍屯者，遭大父母、父母死，未滿三月，皆弗繇役；其朝臣喪制，未有定聞。至後漢元初中，大臣有重憂，始得去官終服。暨魏武、孫、劉之世，日尋干戈，前世禮制復廢而不行。晉時，鴻臚鄭默喪親，固請終服，武帝感其孝誠，遂著令以為常。聖魏之初，撥亂返正，未遑建終喪之制。今四方無虞，百姓安逸，誠是孝慈道洽，禮教興行之日也。然愚臣所懷，竊有未盡。伏見朝臣丁父憂者，假滿赴職，衣錦乘軒，從郊廟之祀，鳴玉垂緌，同節慶之醼，傷人子之道，虧天地之經。愚謂如有遭大父母、父母喪者，皆聽終服。若無其人有曠庶官者，則優旨慰喻，起令視事，但綜司出納敷奏而已，國之吉慶，一令無預。其軍戎之警，墨縗從役，雖愆於禮，事所宜行也。如臣之言少有可採，願付有司別為條制。

高祖覽而善之，尋皆施行。【略】

車駕南伐，彪兼度支尚書，與僕射李沖、任城王等參理留臺事。彪素性剛豪，與沖等意議乖異，遂形於聲色，殊無降下之心。自謂身為法官，莫能糾劾己者，遂多專恣。沖積其前後罪過，乃於尚書省禁止彪，上表曰：臣聞範國匡人，光化昇治，輿服典章，理無暫失。故晉文功建九合，猶見抑於請隧；季氏藉政三世，尚受譏於璵璠。固知名器之重，不可以妄假。先王既憲章於古，陛下又經綸於今，用能車服有叙，禮物無墜。案臣彪昔於凡品，特以才拔，等望清華，司文東觀，綢繆恩眷，繩直憲臺，左加金璫，右珥蟬冕。闢東省。宜感恩厲節，忠以報德。而竊名忝職，身為違傲，矜勢高亢，公行僭逸。坐輿禁省，冒取官材，輒駕乘黄，無所憚懾。肆志傲然，愚聾視聽，此而可忍，誰不可懷！臣輒集尚書已下、令史已上，并治書侍御史臣酈道元等於尚書都座，以彪所犯罪狀告彪，訊其虛實，若或不知，須訊部下。彪答臣言：事見在目，實如所劾，皆彪所知，何須復召部下。臣今請以見事，免彪所居職，付廷尉治獄。【略】

詔彪兼通直散騎常侍，行汾州事，非彪好也，固請不行，有司切遣之。會遘疾累旬，景明二年秋，卒於洛陽，年五十八。

始彪為中尉，號為嚴酷，以姦款難得，乃為木手擊其脇腋，氣絶而復屬者時有焉。又慰喻汾州叛胡，得其兇渠，皆鞭面殺之。及彪之病也，體上往往瘡潰，痛毒備極。詔賜帛一百五十匹，贈鎮遠將軍、汾州刺史，謚曰剛憲。彪在祕書歲餘，史業竟未及就，然區分書體，皆彪之功。述《春秋》三《傳》，合成十卷。其所著詩頌賦誄章奏雜筆百餘篇，别有集。

彪雖與宋弁結管鮑之交，弁為大中正，與高祖私議，猶以寒地處之，殊不欲微相優假。彪亦知之，不以為恨。及弁卒，彪痛之無已，為之哀誄，備盡辛酸。郭祚為吏部，彪為子志求官，祚仍以舊第處之。彪以位經常伯，又兼尚書，謂祚應以貴遊拔之，深用忿怨，形於言色，時論以此譏祚。祚每曰：爾與義和志交，豈能饒爾，而怨我乎？任城王澄與彪先亦不穆，及為雍州，彪詣澄為志求其府僚，澄釋然為啟，得列曹行參軍，時稱美之。

高謙之

《魏書》卷七七《高謙之傳》 〔高崇〕子謙之，字道讓。少事後母李以孝聞，李亦撫育過於己生，人莫能辨其兄弟所出同異。論者兩重之。及長，屏絶人事，專意經史，天文筭曆、圖緯之書，多所該涉，日誦數千言，好文章，留意《老》《易》。襲爵，釋褐奉朝請，加宣威將軍，轉奉車都尉、廷尉丞。

正光中，尚書左丞元孚慰勞蠕蠕，反被拘留。及蠕蠕大掠而還，置孚歸國。事下廷尉，卿及監以下謂孚無坐，惟謙之以孚辱命，□以流罪。尚書同卿執，詔可謙之之奏。

孝昌初，行河陰縣令。先是，有人囊盛瓦礫，指作錢物，詐市人馬，因逃去。詔令追捕，必得以聞。謙之乃僞枷一囚立於馬市，宣言是前詐市馬賊，今欲刑之。密遣腹心察市中私議者。有二人相見忻然曰：無復憂矣。執送按問，具伏盜馬，徒黨悉獲。并出前後盜竊之處，資貨甚多，遠年失物之家，各來得其本物。具以狀奏。尋詔除寧遠將軍，正河陰令。在縣二年，損益治體，多爲故事。弟道穆爲御史，在公亦有能名，世美其父子兄弟並著當官之稱。

舊制，二縣令得面陳得失，時佞幸之輩惡其有所發聞，遂共奏罷。謙之乃上疏曰：臣以無庸，謬宰神邑，實思奉法不撓，稱是官方，酬朝廷無貲之恩，盡人臣守器之節。但豪家支屬，戚里親媾，縲紲所及，舉目多是，皆有盜憎之色，咸起怨上之心。縣令輕弱，何能克濟。先帝昔發明詔，得使面陳所懷。臣亡父先臣崇之爲洛陽令，常得入奏是非，所以朝貴斂手，無敢干政。近日以來，此制遂寢，致使神宰威輕，下情不達。今二聖遠遵堯舜，憲章高祖。愚臣望策其駑蹇，少立功名。乞新舊典，更明往制。庶姦豪知禁，頗自屏心。詔曰：此啓深會朕意，付外量聞。

謙之又上疏曰：

臣聞夏德中微，少康成克復之主，周道將廢，宣王立中興之功。則知國無常安，世無恒弊，唯在明主所以變之有方，化之有道耳。

自正光已來，邊城屢擾，命將出師，相繼於路，軍費戎資，委輸不絕。至如弓格賞募，咸有出身；槊刺斬首，又蒙階級。故四方壯士，願征者多，各各爲己，公私兩利。若使軍帥必得其人，賞勳不失其實，則何賊不平，何征不捷也！諸守帥或非其才，多遣親者妄稱入募，別倩他人引弓格，虛受征官。身不赴陳，惟遣奴客充數而已，對寇臨敵，曾不彎弓。則是王爵虛加，征夫多闕，賊虜何可殄除，忠貞何以勸誡也？且近習、侍臣、戚屬、朝士，請託官曹，擅作威福。如有清貞奉法不爲回者，咸共譖毀，横受罪罰。在朝顧望，誰肯申聞？蔽上擁下，虧風壞政。使讒諂甘心，忠讜息義。

況且頻年以來，多有徵發，民不堪命，動致流離，苟保妻子，競逃王役，不復顧其桑井，憚比刑書。正由還有必困之理，歸無自安之路。若聽歸其本業，徭役微甄，則還者必衆，墾田增闢，數年之後，大獲課民。今不務以理還之，但欲嚴符切勒，恐數年之後，走者更多，安業無幾。

故有國有家者，不患民不我歸，唯患政之不立，不恃敵不我攻，唯恃吾不可侮。此乃千載共遵，百王一致。且琴瑟不韻，知音改弦更張；騑驂未調，善御執轡成組。諺云：迷而知反，得道不遠。此言雖小，可以諭大。陛下一日萬機，事難周覽，元、凱結舌，莫肯明言。臣雖庸短，世受榮禄，竊慕前賢匪躬之義，不避斧鉞之誅，以希一言之益。伏願少垂覽察，略加推採，使朝章重舉，軍威更振，海內起惟新之歌，天下見復禹之績，則臣奏之後，笑入下泉。

靈太后得其疏，以責左右近侍。諸寵要者由是疾之，乃啓太后云：謙之有學藝，宜在國學，以訓胄子。詔從之，除國子博士。

謙之與袁翻、常景、酈道元、温子昇之徒，咸申款舊。好於贍恤，言諸無虧。居家僮隸，對其兒不撻其父母，生三子便免其一，世無髡黥奴婢，常稱俱稟人體，如何殘害。以父舅氏沮渠蒙遜曾據涼土，國書漏闕，謙之乃修《涼書》十卷，行於世。涼國盛事佛道，爲論貶之，因稱佛是九流之一家。當世名士，競以佛理來難，謙之還以佛義對之，竟不能屈。以時所行歷，多未盡善，乃更改元修撰，爲一家之法，雖未行於世，議者歎其多能。

顏之推

《北齊書》卷四五《文苑傳・顏之推》 顏之推，字介，琅邪臨沂人也。九世祖含，從晉元東渡，官至侍中、右光禄、西平侯。父勰，梁湘東王繹鎮西府諮議參軍。世善《周官》、《左氏》，之推早傳家業。年十二，值繹自講《莊》、《老》，便預門徒。虛談非其所好，還習《禮》、《傳》，博覽羣書，無不該洽，詞情典麗，甚爲西府所稱。繹以爲其國左常侍，加鎮西墨曹參軍。好飲酒，多任縱，不修邊幅，時論以此少之。繹遣世子方諸出鎮郢州，以之推掌管記。值侯景陷郢州，頻欲殺之，賴其行臺郎中王則以獲免。被囚送建業。景平，還江陵。時繹已自立，以之推爲散騎侍郎，奏舍人事。後爲周軍所破。大將軍李顯慶重之，薦往弘農，令掌其兄陽平公遠書翰。值河水暴長，具船將妻子來奔，經砥柱之險，時人稱其勇決。顯祖見而悦之，即除奉朝請，引於內館中，侍從左右，頗被顧眄。天保末，從至天池，以爲中書舍人，令中書郎段孝信將勑書出示之推。之推營外飲酒，孝信還以狀言，顯祖乃曰：且停。由是遂寢。河清末，被舉爲趙州功曹參軍，尋待詔文林館，除司徒録事參軍。

樊遜

《北齊書》卷四五《文苑傳·樊遜》 樊遜，字孝謙，河東北猗氏人也。【略】遜少學，常為兄仲優饒。既而自責曰：名為人弟，獨受安逸，可不愧於心乎？欲同勤事業。母馮氏謂之曰：汝欲謹小行耶？遜感母言，遂專心典籍，恒書壁作見賢思齊四字，以自勸勉。屬本州淪陷，寓居鄴中，為臨漳小史。縣令裴鑒蒞官清苦，致白雀等瑞，遜上《清德頌》十首。鑒大加賞重，擢為主簿，仍薦之於右僕射崔暹，與遼東李廣、渤海封孝琰等為暹賓客。人有譏其靖默不能趣時者，遜常服東方朔之言，陸沉世俗，避世金馬，何必深山蒿廬之下，遂借陸沉公子為主人，擬《客難》，製《客誨》以自廣。後崔暹大會賓客，大司馬、襄城王元旭時亦在坐，論欲命府僚。暹指遜曰：此人學富才高，佳行參軍也。旭目之曰：豈能就耶？遜曰：家無蔭第，不敢當此。武定七年，世宗崩，暹徙於邊裔，賓客咸散，遜遂往陳留而居之。【略】

梁州重表舉遜為秀才。五年正月制詔問升中紀號，遜對曰：臣聞巡嶽之禮，勒在《虞書》，省方之義，著於《易象》。往帝前王，匪唯一姓，封金刊玉，億有餘人。仲尼之觀梁甫，不能盡識；夷吾之對齊桓，所存未幾。然盛德之事，必待太平，苟非其人，更貽靈譴。秦皇無道，致雨風之災；漢武奢淫，有奉車之害。及文叔受命，炎精更輝，四海安流，天下輯睦，劍賜騎士，馬駕鼓車，乃用張純之文，始從伯陽之說。至於魏、晉，雖各有君，量德而處，莫能擬議。蔣濟上言於前，徒穢紙墨；袁准發論於後，終未施行。世歷三朝，年將十祀，啟聖之期，茲為昌會。然自水德不競，函谷封塗，天馬息歌，苞茅絶貢。我太祖收寶鷄之瑞，握鳳皇之書，體一德以匡朝，屈三分而事主，蕩此妖寇，易如沃雪。但昌既受命，發乃行誅，雖太白出高，中國宜戰，置之度外，望其遷善。伏惟陛下以神武之姿，天然之略，馬多冀北，將異山西，涼風至，白露下，北上太行，東臨碣石，方欲吞巴蜀而掃崤函，苑長洲而池江漢。復恐迎風縱火，芝艾共焚，按此六軍，未申九伐。夫周發牙璋，漢馳竹使，義在濟民，非聞好戰。至如投鼠忌器之説，蓋是常談；文德懷遠之言，豈識權道。今三臺令子，六郡良家，蓄鋭須時，裹糧待詔。未若龍駕虎服，先收隴右之民，電轉雷驚，因取荊南之地。昔秦舉長平，金精食昴，楚攻鉅鹿，枉矢霄流，况我威靈，能無協讚。但使彼之百姓一覩六軍，似見周王，若逢司隸。然後除其苛令，與其約法，振旅而還，止戈為武，標金南海，勒石東山，紀天地之奇功，被風聲於千載。若令馬兒不死，子陽尚在，便欲案明堂之圖，草射牛之禮，比德論功，多慚往列，升中告禪，臣用有疑。

又問求才審官，遜對曰：

臣聞彫獸畫龍，徒有風雲之勢；金舟玉馬，終無水陸之功，三駕禮賢，將收實用，一毛不拔，復何足取。是以堯作虞賓，遂全箕山之操；周移商鼎，不納孤竹之言。但處士盜名，雖云久矣；朝臣竊位，蓋亦實多。漢拜丞相，便有鍾鼓之妖；魏用三公，乃致孫權之笑。故山林之與朝廷，得容非毀；肥遁之與賓王，翻有優劣。至於時非蹈海，而曰羞作秦民；事異出關，而言恥從衛亂。雖復星干帝座，不易高尚之心；月犯少微，終存耿介之志。

自我太嶽之後，克廣洪業，禹至神宗，舜格文祖。陛下受天之明命，光華日月，爰自納麓，乃格文祖，儀天地以設官，象星辰而布職。漢家神鳳，慚用紀年；魏氏青龍，羞將改號。上膺列宿，咸是異人；下法山川，莫非奇士。所以畫堂甲觀，修德日新，廟鼎歌鍾，王勳歲委。循名責實，選眾舉能，朝無銅臭之公，世絶《錢神》之《論》。昔百里相秦，名存《雀籙》；蕭、張輔沛，姓在《河書》。今日公卿，抑亦天授，與之為治，何欲不從。未必稽首天師，方聞牧馬之術；膝行山上，始得治身之道。但使帝德休明，自強不息，甲夜觀書，支日通奏。周昌桀、紂之論，欣然開納；劉毅桓、靈之比，終自含弘。高懸王爵，唯能是與，管庫靡遺，漁鹽畢録。無令桓譚非讖，官止於郡丞；趙壹負才，位終於計掾。則天下宅心，幽明知感，歲精仕漢，風伯朝周，真人去而復歸，台星坼而還斂。《詩》稱多士，《易》載羣龍，從此而言，可以無愧。

又問釋道兩教，遜對曰：臣聞天道性命，聖人所不言，蓋以理絶涉求，難為稱謂。伯陽道德之論，莊周逍遙之旨，遺言取意，猶有可尋。至若玉簡金書，神經祕録，三尺九轉之奇，絳雪玄霜之異，淮南成道，犬吠雲中，子喬得仙，劍飛天上，皆是憑虛之説，海棗之談，求之如係風，學之如捕影。而燕君、齊后、秦皇、漢帝，信彼方士，冀遇其真，徐福去而不歸，欒大往而無獲。猶謂升遐倒影，抵掌可期；祭鬼求神，庶或不死。江璧既返，還入驪山之墓；龍媒已至，終下茂陵之墳。方知劉向之信洪寶，没有餘責；王充之非黄帝，比為不相。又末葉已來，大存佛教，寫經西土，畫像南宫。昆池地黑，以為劫燒之灰；春秋夜明，謂是降神之日。法王自在，變化無窮，置世界於微塵，納須彌於黍米。蓋理本虚無，示諸方便。而妖妄之輩，苟求出家，藥王燔軀，波論灑血，假未能然，猶當克命。寧有改形易貌，有異生人，恣意放情，還同俗物。龍宫餘論，鹿野前言，此而得容，道風前墜。

伏惟陛下受天明命，屈己濟民，山鬼効靈，海神率職。湘中石燕，沐時雨而羣飛；臺上銅烏，怨和風而杓轉。以周都洛邑，治在鎬京，漢宅咸陽，魂歸豐、沛，汾、晉之地，王迹維始，眷言巡幸，且勞經略。猶復降情文苑，斟酌百家，想執玉於瑤池，念求珠於赤水。竊以王母獻環，由感周德；上天錫珮，實報禹功。二班勒史，兩馬製書，未見三世之辭，無聞一乘之旨。帝樂王禮，尚有時而沿革；左道怪民，亦何疑於沙汰。

又問刑罰寬猛，遜對曰：

臣聞惟王建國，刑以助禮，猶寒暑之贊陰陽，山川之通天地。爰自末葉，法令稍滋，秦篆無以窮書，楚竹不能盡載。有司因此，開以二門，高下在心，寒熱隨意。《周官》三典，棄之若吹毛；漢律九章，違之如覆手。遂使長平獄氣，得酒而後消；東海孝婦，因災而方雪。詔書挂壁，有善而莫遵；姦吏到門，無求而不可。皆由上失其道，民不見德。而議者守迷，不尋其本。鍾繇、王朗追怨張蒼，祖訥、梅陶共尤文帝。便謂化屍起偃，在復肉刑；致治興邦，無關周禮。伏惟陛下昧旦坐朝，留心政術，明罰以糾諸侯，申恩以孩百姓。黄旗紫蓋，已絶東南；白馬素車，將降軹道。若復峻典深文，臣實未悟。何則？人肖天地，俱稟陰陽，安則顧存，擾則圖死。故王者之治，務先禮樂，如有未從，刑書乃用，寬猛兼設，水火俱陳，未有專任商、韓而能長久。昔秦歸士會，晉盜來奔；舜舉皋陶，不仁自遠。但令釋之、定國迭作理官，龔遂、文翁繼為郡守，科開律令，一此憲章，欣聞汲黯之言，泣斷昭平之罪。則天下自治，大道公行，乳獸含牙，蒼鷹垂翅，楚王錢府，不復須封，漢獄冤囚，自然蒙理。後服之徒，既承風而慕化；有截之内，皆蹈德而詠仁。號以成、康，何難之有？

又問禍福報應，遜對曰：

臣聞五方易辨，尚待指南；百世可知，猶須吹律。況復天道祕遠，神迹難源，不有通靈，孰能盡悟。乘查至於河漢，唯覩牽牛；假寐遊於上玄，止逢翟犬。造化之理，既寂寞而無傳；報應之來，固難得而妄説。但秦穆有道，勾芒錫年，虢公凉德，蓐收降禍。高明在上，定自有知，不可謂神冥昧難信。若夫仲尼厄於陳、蔡，孟軻困於齊、梁，自是不遇其時，寧關性命之理。子胥無君，馬遷附下，受誅取辱，何可尤人。至如協律見親，櫂船得幸，從此而言，更不足怪。周王漂杵，致天之罰；白起誅降，行己之意。是以七百之祚，仍加姬氏；杜郵之戮，還屬武安。

昔漢問上計，不過日蝕；晉策秀才，止於寒火。前賢往士，咸用為難。推古比今，臣見其易。然草萊百姓，過荷恩私，三折寒膠，再遊金馬，王言昭賁，思若有神，占對失圖，伏深悚懼。

尚書擢第，以遜為當時第一。【略】

八年，詔尚書開東西二省官選，所司策問，遜為當時第一。左僕射楊愔辟遜為其府佐。遜辭曰：門族寒陋，訪第必不成，乞補員外司馬督。愔曰：才高不依常例。特奏用之。九年，有詔超除員外將軍。後世祖鎮鄴，召入司徒府管書記。及登祚，轉授主書，遷員外散騎侍郎。天統初，病卒。

蘇綽

《周書》卷二三《蘇綽傳》 蘇綽字令綽，武功人，魏侍中則之九世孫也。累世二千石。父協，武功郡守。

綽少好學，博覽羣書，尤善筭術。從兄讓為汾州刺史，太祖餞於東都門外。臨别，謂讓曰：卿家子弟之中，誰可任用者？讓因薦綽。太祖乃召為行臺郎中。在官歲餘，太祖未深知之。然諸曹疑事，皆詢於綽而後定。所行公文，綽又為之條式。臺中咸稱其能。後太祖與僕射周惠達論事，惠達不能對，請出外議之。乃召綽，告以其事，綽即為量定。惠達入呈，太祖稱善，謂惠達曰：誰與卿為此議者？惠達以綽對，因稱其有王佐之才。太祖曰：吾亦聞之久矣。尋除著作佐郎。

屬太祖與公卿往昆明池觀漁，行至城西漢故倉地，顧問左右，莫有知者。或曰：蘇綽博物多通，請問之。太祖乃召綽。具以狀對。太祖大悅，因問天地造化之始，歷代興亡之迹。綽既有口辯，應對如流。太祖益喜。乃與綽並馬徐行至池，竟不設網罟而還。【略】

太祖方欲革易時政，務弘彊國富民之道，故綽得盡其智能，贊成其事。減官員，置二長，并置屯田以資軍國。又為六條詔書，奏施行之。其一，先治心，曰：

凡今之方伯守令，皆受命天朝，出臨下國，論其尊貴，並古之諸侯也。是以前世帝王，每稱共治天下者，唯良宰守耳。明知百僚卿尹，雖各有所司，然其治民之本，莫若宰守之最重也。凡治民之體，先當治心。心者，一身之主，百行之本。心不清淨，則思慮妄生。思慮妄生，則見理不明。見理不明，則是非謬亂。是非謬亂，則一身不能自治，安能治民也！是以治民之要，在清心而已。夫所謂清心者，非不貪貨財之謂也，乃欲使心氣清和，志意端靜。心和志靜，則邪僻之慮，無因而作。邪僻不作，則凡所思念，無不皆得至公之理。率至公之理以臨其民，則彼下民孰不從化。是以稱治民之本，先在治心。

其次又在治身。凡人君之身者，乃百姓之表，一國之的也。表不正，不可求直影；的不明，不可責射中。今君身不能自治，而望治百姓，是猶曲表而求直影也；君行不能自脩，而欲百姓脩行者，是猶無的而責射中也。故為人君者，必心如清水，形如白玉。躬行仁義，躬行孝悌，躬行忠信，躬行禮讓，躬行廉平，躬行儉約，然後繼之以無倦，加之以明察。行此八者，以訓其民。是以其人畏而愛之，則而象之，不待家教日見而自興行矣。

其二，敦教化，曰：

天地之性，唯人為貴。明其有中和之心，仁恕之行，異於木石，不同禽獸，故貴之耳。然性無常守，隨化而遷。化於敦樸者，則質直；化於澆偽者，則浮薄。浮薄者，則衰弊之風；質直者，則淳和之俗。衰弊則禍亂交興，淳和則天下自治。治亂興亡，無不皆由所化也。

然世道彫喪，已數百年。大亂滋甚，且二十歲。民不見德，唯兵革是聞；上無教化，惟刑罰是用。而中興始爾，大難未平，加之以師旅，因之以饑饉，凡百草創，率多權宜。致使禮讓弗興，風俗未改。比年稍登稔，徭賦差輕，衣食不切，則教化可脩矣。凡諸牧守令長，宜洗心革意，上承朝旨，下宣教化矣。

夫化者，貴能扇之以淳風，浸之以太和，被之以道德，示之以朴素。使百姓亹亹，中遷於善，邪偽之心，嗜慾之性，潛以消化，而不知其所以然，此之謂化也。然後教之以孝悌，使民慈愛；教之以仁順，使民和睦；教之以禮義，使民敬讓。慈愛則不遺其親，和睦則無怨於人，敬讓則不競於物。三者既備，則王道成矣。此之謂教也。先王之所以移風易俗，還淳反素，垂拱而治天下以至太平者，莫不由此。此之謂要道也。

其三，盡地利，曰：

人生天地之間，以衣食為命。食不足則饑，衣不足則寒。饑寒切體，而欲使民興行禮讓者，此猶逆坂走丸，勢不可得也。是以古之聖王，知其若此，故先足其衣食，然後教化隨之。夫衣食所以足者，在於地利盡。地利所以盡者，由於勸課有方。主此教者，在乎牧守令長而已。民者冥也，智不自周，必待勸教，然後盡其力。諸州郡縣，每至歲首，必戒敕部民，無問少長，但能操持農器者，皆令就田，墾發以時，勿失其所。及布種既訖，嘉苗須理，麥秋在野，蠶停於室，若此之時，皆宜少長悉力，男女併功，若援溺、救火、寇盜之將至，然後可使農夫不廢其業，蠶婦得就其功。若有遊手怠惰，早歸晚出，好逸惡勞，不勤事業者，則正長牒名郡縣，守令隨事加罰，罪一勸百。此則明宰之教也。

夫百畝之田，必春耕之，夏種之，秋收之，然後冬食之。此三時者，農之要也。若失其一時，則穀不可得而食。故先王之戒曰：一夫不耕，天下必有受其饑者；一婦不織，天下必有受其寒者。若此三時不務省事，而令民廢農者，是則絶民之命，驅以就死然。單劣之戸，及無牛之家，勸令有無相通，使得兼濟。三農之隙，及陰雨之暇，又當教民種桑、植果，藝其菜蔬，脩其園圃，畜育雞豚，以備生生之資，以供養老之具。

夫為政不欲過碎，碎則民煩；勸課亦不容太簡，簡則民怠。善為政者，必消息時宜而適煩簡之中。故《詩》曰：不剛不柔，布政優優，百禄是求。如不能爾，則必陷於刑辟矣。

其四，擢賢良，曰：

天生蒸民，不能自治，故必立君以治之。人君不能獨治，故必置臣以佐之。上至帝王，下及郡國，置臣得賢則治，失賢則亂，此乃自然之理，百王不能易也。

今刺史守令，悉有僚吏，皆佐治之人也。刺史府官則命於天朝，其州吏以下，並牧守自置。自昔以來，州郡大吏，但取門資，多不擇賢良；末曹小吏，唯試刀筆，並不問志行。夫門資者，乃先世之爵禄，無妨子孫之愚瞽；刀筆者，乃身外之末材，不廢性行之澆偽。若門資之中而得賢良，是則策騏驥而取千里也；若門資之中而得愚瞽，是則土牛木馬，形似而用非，不可以涉道也。若刀筆之中而得志行，是則金相玉質，内外俱美，實為人寶也；若刀筆之中而得澆偽，是則飾畫朽木，悦目一時，不可以充榱椽之用也。今之選舉者，當不限資蔭，唯在得人。苟得其人，自可起厮養而為卿相，伊尹、傅説是也，而况州郡之職乎。苟非其人，則丹朱、商均雖帝王之胤，不能守百里之封，而况於公卿之胄乎。由此而言，觀人之道可見矣。

凡所求材藝者，為其可以治民。若有材藝而以正直為本者，必以其材而為治也；若有材藝而以姦偽為本者，將由其官而為亂也，何治之可得乎。是故將求材藝，必先擇志行。其志行善者，則舉之；其志行不善者，則去之。

而今擇人者多云邦國無賢，莫知所舉。此乃未之思也，非適理之論。所以然者，古人有言：明主聿興，不降佐於昊天；大人基命，不擢才於后土。常引一世之人，治一世之務。故殷、周不待稷、契之臣，魏、晉無假蕭、曹之佐。仲尼曰：十室之邑，必有忠信如丘者焉。豈有萬家之都，而云無士，但求之不勤，擇之不審，或用之不得其所，任之不盡其材，故云無耳。古人云：千人之秀曰英，萬人之英曰儁。今之智效一官，行聞一邦者，豈非近英儁之士也。但能勤而審察，去虚取實，各得州郡之最而用之，則民無多少，皆足治矣。孰云無賢！

夫良玉未剖，與瓦石相類；名驥未馳，與駑馬相雜。及其剖而瑩之，馳而試之，玉石駑驥，然後始分。彼賢士之未用也，混於凡品，竟何以異。要任之以事業，責之以成務，方與彼庸流較然不同。昔吕望之屠釣，百里奚之飯牛，甯生之扣角，管夷吾之三敗，當此之時，悠悠之徒，豈謂其賢。及升王朝，登霸國，積數十年，功成事立，始識其奇士也。於是後世稱之，不容於口。彼瓌偉之材，不世之傑，尚不能以未遇之時，自異於凡品，况降此者哉。若必待太公而後用，是千載無太公；必待夷吾而後任，是百世無夷吾。所以然者，士必從微而至著，功必積小以至大，豈有未任而已成，不用而先達也。若識此理，則賢可求，士可擇。得賢而任之，得士而使之，則天下之治，何向而不可成也。

然善官人者必先省其官。官省，則善人易充，善人易充，則事無不理；官煩，則必雜不善之人，雜不善之人，則政必有得失。故語曰：官省則事省，事省則民清；官煩則事煩，事煩則民濁。清濁之由，在於官之煩省。案今吏員，其數不少。昔民殷事廣，尚能克濟，况今户口減耗，依員而置，猶以為少。如聞在下州郡，尚有兼假，擾亂細民，甚為無理。諸如此輩，悉宜罷黜，無得習常。

非直州郡之官，宜須善人，爰至黨族閭里正長之職，皆當審擇，各得一鄉之選，以相監統。夫正長者，治民之基。基不傾者，上必安。

凡求賢之路，自非一途。然所以得之審者，必由任而試之，考而察之。起於居家，至於鄉黨，訪其所以，觀其所由，則人道明矣，賢與不肖别矣。率此以求，則庶無愆悔矣。

其五，卹獄訟，曰：

人受陰陽之氣以生，有情有性。性則為善，情則為惡。善惡既分，而賞罰隨焉。賞罰得中，則惡止而善勸；賞罰不中，則民無所措手足。民無所措手足，則怨叛之心生。是以先王重之，特加戒慎。夫戒慎者，欲使治獄之官，精心悉意，推究事源。先之以五聽，參之以證驗，妙覩情狀，窮鑒隱伏，使姦無所容，罪人必得。然後隨事加刑，輕重皆當，赦過矜愚，得情勿喜。又能消息情理，斟酌禮律，無不曲盡人心，遠明大教，使獲罪者如歸。此則善之上也。然宰守非一，不可人人皆有通識，推理求情，時或難盡。唯當率至公之心，去阿枉之志，務求曲直，念盡平當。聽察之理，必窮所見，然後栲訊以法，不苛不暴，有疑則從輕，未審不妄罰，隨事斷理，獄無停滯。此亦其次。若乃不仁恕而肆其殘暴，同民木石，專任捶楚。巧詐者雖事彰而獲免，辭弱者乃無罪而被罰。有如此者，斯則下矣，非共治所寄。今之宰守，當勤於中科，而慕其上善。如在下條，則刑所不赦。

又當深思遠大，念存德教。先王之制曰，與殺無辜，寧赦有罪；與其害善，寧其利淫。明必不得中，寧濫捨有罪，不謬害善人也。今之從政者則不然。深文巧劾，寧致善人於法，不免有罪於刑。所以然者，皆非好殺人也，但云為吏寧酷，可免後患。此則情存自便，不念至公，奉法如此，皆姦人也。夫人者，天地之貴物，一死不可復生。然楚毒之下，以痛自誣，不被申理，遂陷刑戮者，將恐往往而有。是以自古以來，設五聽三宥之法，著明慎庶獄之典，此皆愛民甚也。凡伐木殺草，田獵不順，尚違時令，而虧帝道；況刑罰不中，濫害善人，寧不傷天心、犯和氣也！天心傷，和氣損，而欲陰陽調適，四時順序，萬物阜安，蒼生悅樂者，不可得也。故語曰，一夫吁嗟，王道為之傾覆，正謂此也。凡百宰守，可無慎乎。

若有深姦巨猾，傷化敗俗，悖亂人倫，不忠不孝，故為背道者，殺一利百，以清王化，重刑可也。識此二途，則刑政盡矣。

其六，均賦役，曰：

聖人之大寶曰位。何以守位曰仁，何以聚人曰財。明先王必以財聚人，以仁守位。國而無財，位不可守。是故（五）三〔五〕以來，皆有征税之法。雖輕重不同，而濟用一也。今逆寇未平，軍用資廣，雖未遑減省，以卹民瘼，然令平均，使下無匱。夫平均者，不捨豪彊而徵貧弱，不縱姦巧而困愚拙，此之謂均也。故聖人曰：蓋均無貧。

然財貨之生，其功不易。織紝紡績，起於有漸，非旬日之間，所可造次。必須勸課，使預營理。絹鄉先事織紝，麻土早脩紡績。先時而備，至時而輸，故王賦獲供，下民無困。如其不預勸戒，臨時迫切，復恐稽緩，以為己過，捶扑交至，取辦目前。富商大賈，緣兹射利，有者從之貴買，無者與之舉息。輸税之民，於是弊矣。

租税之時，雖有大式，至於斟酌貧富，差次先後，皆事起於正長，而繫之於守令。若斟酌得所，則政和而民悅；若檢理無方，則吏姦而民怨。又差發徭役，多不存意。致令貧弱者或重徭而遠戍，富彊者或輕使而近防。守令用懷如此，不存卹民之心，皆王政之罪人也。

太祖甚重之，常置諸座右。又令百司習誦之。其牧守令長，非通六條及計帳者，不得居官。【略】

綽性儉素，不治產業，家無餘財。以海內未平，常以天下為己任。博求賢俊，共弘治道，凡所薦達，皆至大官。太祖亦推心委任，而無間言。太祖或出遊，常預署空紙以授綽，若須有處分，則隨事施行，及還，啟之而已。綽嘗謂治國之道，當愛民如慈父，訓民如嚴師。每與公卿議論，自晝達夜，事無巨細，若指諸掌。積思勞倦，遂成氣疾。十二年，卒於位，時年四十九。

樂運

《周書》卷四〇《樂運傳》　時京兆郡丞樂運亦以直言數諫於帝。

運字承業，南陽淯陽人，晉尚書令廣之八世孫。祖文素，齊南郡守。父均，梁義陽郡守。

運少好學，涉獵經史，而不持章句。年十五而江陵滅，運隨例遷長安。其親屬等多被籍，而運積年為人傭保，皆贖免之。又事母及寡嫂甚謹。由是以孝義聞。梁故都官郎琅邪王澄美之，為次其行事，為《孝義傳》。性方直，未嘗求媚於人。

天和初，起家夏州總管府倉曹參軍，轉柱國府記室參軍。尋而臨淄公唐瑾薦為露門學士。前後犯顏屢諫高祖，多被納用。建德二年，除萬年縣丞。抑挫豪右，號稱彊直。高祖嘉之，特許通籍，事有不便於時者，令巨細奏聞。高祖嘗幸同州，召運赴行在所。既至，高祖謂運曰：卿來日見太子不？運曰：臣來日奉辭。高祖曰：卿言太子何如人？運曰：中人也。時齊王憲以下，竝在帝側。高祖顧謂憲等曰：百官佞我，皆云太子聰明睿知，唯運獨云中人，方驗運之忠直耳。於是因問運中人之狀。運對曰：班固以齊桓公為中人，管仲相之則霸，豎貂輔之則亂。謂可與為善，亦可與為惡也。高祖曰：我知之矣。遂妙選宮官，以匡弼之。仍超拜運京兆郡丞。太子聞之，意甚不悅。

及高祖崩，宣帝嗣位。葬訖，詔天下公除。帝及六宫，便議即吉。運上疏曰：三年之喪，自天子達于庶人。先王制禮，安可誣之。禮，天子七月而葬，以俟天下畢至。今葬期既促，事訖便除，文軌之内，奔赴未盡，鄰境遠聞，使猶未至。若以喪服受弔，不可既吉更凶；如以玄冠對使，未知此出何禮。進退無據，愚臣竊所未安。書奏，帝不納。

自是德政不修，數行赦宥。運又上疏曰：臣謹案《周官》曰：國君之過市，刑人赦。此謂市者交利之所，君子無故不遊觀焉。若遊觀，則施惠以悅之也。《尚書》曰：眚災肆赦。此謂過誤為害，罪雖大，當緩赦之。《呂刑》云：五刑之疑，有赦。此謂（赦）〔刑〕疑從罰，罰疑從免。《論語》曰：赦小過，舉賢才。謹尋經典，未有罪無輕重，溥天大赦之文。逮兹末葉，不師古始，無益於治，未可則之。故管仲曰：有赦者，奔馬之委轡。不赦者，痤疽之礪石。又曰：惠者，民之仇讐。法者，民之父母。吴漢遺言，猶云唯願無赦。王符著論，亦云赦者非明世之所宜。豈可數施非常之惠，以肆姦宄之惡乎。帝亦不納，而昏暴滋甚。

運乃輿櫬詣朝堂，陳帝八失。

一曰：内史御正，職在弼諧，皆須參議，共治天下。大尊比來小大之事，多獨斷之。堯舜至聖，尚資輔弼，比大尊未為聖主，而可專恣己心？凡諸刑罰爵賞，爰及軍國大事，請參諸宰輔，與衆共之。

二曰：内作色荒，古人重誡。大尊初臨四海，德惠未洽，先搜天下美女，用實後宫；又詔儀同以上女，不許輒嫁。貴賤同怨，聲溢朝野。請姬媵非幸御者，放還本族。欲嫁之女，勿更禁之。

三曰：天子未明求衣，日旰忘食，猶恐萬機不理，天下擁滯。大尊比來一入後宫，數日不出。所須聞奏，多附内豎。傳言失實，是非可懼。事由宦者，亡國之徵。請准高祖，居外聽政。

四曰：變故易常，乃為政之大忌；嚴刑酷罰，非致治之弘規。若罰無定刑，則天下皆懼；政無常法，則民無適從。豈有削嚴刑之詔未及半祀，便即追改，更嚴前制？政令不定，乃至於是。今宿衛之官，有一人夜不直者，罪至削除；因而逃亡者，遂便籍没。此則大逆之罪，與十杖同科。雖為法愈嚴，恐人情愈散。一人心散，尚或可止，若天下皆散，將如之何。秦網密而國亡，漢章疎而祚永。請遵輕典，並依大律。則億兆之民，手足有所措矣。

五曰：高祖斲雕為朴，本欲傳之萬世。大尊朝夕趣庭，親承聖旨。豈有崩未逾年，而遽窮奢麗，成父之志，義豈然乎。請興造之制，務從卑儉。雕文刻鏤，一切勿營。

六曰：都下之民，徭賦稍重。必是軍國之要，不敢憚勞。豈容朝夕徵求，唯供魚龍爛漫，士民從役，祗為俳優角觝。紛紛不已，財力俱竭，業業相顧，無復聊生。凡此無益之事，請並停罷。

七曰：近見有詔，上書字誤者，即治其罪。假有忠讜之人，欲陳時事，尺有所短，文字非工，不密失身，義無假手，脱有舛謬，便陷嚴科。嬰徑尺之鱗，其事非易，下不諱之詔，猶懼未來，更加刑戮，能無鉗口，大尊縱不能採誹謗之言，無宜杜獻書之路。請停此詔，則天下幸甚。

八曰：昔桑穀生朝，殷王因之獲福。今玄象垂誡，此亦興周之祥。大尊雖減膳撤懸，未盡銷譴之理。誠願諮諏善道，修布德政，解兆民之愠，引萬方之罪，則天變可除，鼎業方固。大尊若不革兹八事，臣見周廟不血食矣。

帝大怒，將戮之。内史元巖紿帝曰：樂運知書奏必死，所以不顧身命者，欲取後世之名。陛下若殺之，乃成其名也。帝然之，因而獲免。翌日，帝頗感悟。召運謂之曰：朕昨夜思卿所奏，寔是忠臣。先皇明聖，卿數有規諫。朕既昏暗，卿復能如此。乃賜御食以賞之。朝之公卿，初見帝盛怒，莫不為運寒心。後見獲宥，皆相賀以為幸免虎口。

内史鄭譯嘗以私事請託運而弗之許，因此銜之。及隋文帝為丞相，譯為長史，遂左遷運為廣州滍陽令。開皇五年，轉毛州高唐令。頻歷二縣，並有聲績。運常願處一諫官，從容諷議。而性訐直，為人所排抵，遂不被任用。乃發憤，録夏殷以來諫諍事，集而部之，凡六百三十九條，合四十一卷，名曰《諫苑》。奏上之。隋文帝覽而嘉焉。

樂遜

《周書》卷四五《儒林傳·樂遜》 樂遜字遵賢，河東猗氏人也。年在幼童，便有成人之操。弱冠，為郡主簿。魏正光中，聞碩儒徐遵明領徒趙、魏，乃就學《孝經》、《喪服》、《論語》、《詩》、《書》、《禮》、《易》、《左氏春秋》大義。尋而山東寇亂，學者散逸，遜於擾攘之中，猶志道不倦。

永安中，釋褐安西府長流參軍。大統七年，除子都督。九年，太尉李弼請遜教授諸子。既而太祖盛選賢良，授以守令。相府戶曹柳敏、行臺郎中盧光、河東郡丞辛粲相繼舉遜，稱有牧民之才。弼請留不遣。十六年，加授建忠將軍、左中郎將，遷輔國將軍、中散大夫、都督，歷弼府西閤祭酒、功曹諮議參軍。

魏廢帝二年，太祖召遜教授諸子。在館六年，與諸儒分授經業。遜講《孝經》、《論語》、《毛詩》及服虔所注《春秋左氏傳》。魏恭帝二年，授太學助教。孝閔帝踐阼，以遜有理務材，除秋官府上士。其年，治太學博士，轉治小師氏下大夫。自譙王儉以下，並束脩行弟子之禮。遜以經術教授，甚有訓導之方。及衛公直鎮蒲州，以遜為直府主簿，加車騎將軍、左光祿大夫。

武成元年六月，以霖雨經時，詔百官上封事。遜陳時宜一十四條，其五條切於政要。

其一，崇治方，曰：

竊惟今之在官者，多求清身克濟，不至惠民愛物。何者？比來守令年期既促，歲責有成。蓋謂猛濟為賢，未甚優養。此政既代，後者復然。夫政之於民，過急則刻薄，傷緩則弛慢。是以周失舒緩，秦敗急酷。民非赤子，當以赤子遇之。宜在舒疾得衷，不使勞擾。頃承魏之衰政，人習逋違。先王朝憲備行，民咸識法。但可宣風正俗，納民軌訓而已。自非軍旅之中，何用過為迫切。至於興邦致治，事由德教，漸以成之，非在倉卒。竊謂姬周盛德，治興文、武，政穆成、康。自斯厥後，不能無事。昔申侯將奔，楚子誨之曰無適小國。言以政狹法峻，將不汝容。敬仲入齊，稱曰幸若獲宥，及於寬政。然關東諸州，淪陷日久，人在塗炭，當慕息肩。若不布政優優，聞諸境外，將何以使彼勞民，歸就樂土。

其二，省造作，曰：

頃者魏都洛陽，一時殷盛，貴勢之家，各營第宅，車服器玩，皆尚奢靡。世逐浮競，人習澆薄，終使禍亂交興，天下喪敗。比來朝貢，器服稍華，百工造作，務盡奇巧。臣誠恐物逐好移，有損政俗。如此等事，頗宜禁省。《記》言無作淫巧，以蕩上心。《傳》稱宮室崇侈，民力彫弊。漢景有云：黃金珠玉，饑不可食，寒不可衣。彫文刻鏤，傷農事者也。錦繡纂組，害女功者也。以二者為饑寒之本源矣。然國家非為軍戎器用、時事要須而造者，皆徒費功力，損國害民。未如廣勸農桑，以衣食為務，使國儲豐積，大功易舉。

其三，明選舉，曰：

選曹賞録勳賢，補擬官爵，必宜與衆共之，有明揚之授。使人得盡心，如覩白日。其材有升降，其功有厚薄，禄秩所加，無容不審。即如州郡選置，猶集鄉閭，況天下選曹，不取物〔望。若方〕州〔列〕郡，自可內除。此外付曹銓者，既非機事，何足可密。人生處世，以榮禄為重，修身履行，以纂身為名。然逢時既難，失時為易。其選置之日，宜令衆心明白，然後呈奏。使功勤見知，品物稱悅。

其四，重戰伐，曰：

魏祚告終，天睠在德。而高洋稱僭，先迷未敗，擁逼山東，事切肘腋。譬猶棊劫相持，爭行先後。若一行非當，或成彼利。誠應捨小營大，先保封域，不宜貪利在邊，輕為興動。捷則勞兵分守，敗則所損已多。國家雖彊，洋不受弱。《詩》云：德則不競，何憚於病，唯德可以庇民，非恃彊也。夫力均勢敵，則進德者勝。君子道長，則小人道消。故昔之善戰者，先為不可勝，以待敵之可勝。彼行暴戾，我則寬仁。彼為刻薄，我必惠化。使德澤旁流，人思有道。然後觀釁而作，可以集事。

其五，禁奢侈，曰：

按禮，人有貴賤，物有等差，使用之有節，品類之有度。馬后為天下母，而身服大練，所以率下也。季孫相三君矣，家無衣帛之妾，所以勵俗也。比來富貴之家，為意稍廣，無不資裝婢隸，作車後容儀，服飾華美，昡曜街衢。仍使行者輟足，路人傾蓋。論其輸力公家，未若介冑之士；然其坐受優賞，自踰攻戰之人。縱令不惜功費，豈不有虧厥德。必有儲蓄之餘，孰與務恤軍士。魯莊公有云：衣食所安，不敢愛也，必以分人。《詩》言：豈曰無衣，與子同袍。皆所以取人力也。

又陳事上議之徒，亦應不少，當有上徹天聽者。未聞是非。陛下雖念存物議，欲盡天下之情，而天下之情猶為未盡。何者？取人受言，貴在顯用。若納而不顯，是而不用，則言之者或寡矣。

保定二年，以訓導有方，頻加賞賜。遷遂伯中大夫，授驃騎將軍、大都督。四年，進車騎大將軍、儀同三司。五年，詔魯公贇、畢公賢等，俱以束脩之禮，同受業焉。天和元年，岐州刺史、陳公純舉遜為賢良。五年，遜以年在懸車，上表致仕，優詔不許。於是賜以粟帛及錢等，授湖州刺史，封安邑縣子，邑四百戶。民多蠻左，未習儒風。遜勸勵生徒，加以課試，數年之間，化洽州境。蠻俗生子，長大多與父母別居。逐每加勸導，多革前弊。在任數載，頻被褒錫。秩滿還朝，拜皇太子諫議，復在露門教授皇子，增邑一百戶。宣政元年，進位上儀同大將軍。大象初，進爵崇業郡公，增邑通前二千戶，又為露門博士。二年，進位開府儀同（三司）大將軍，出為汾陰郡守。遜以老病固辭，詔許之。乃改授東揚州刺史，仍賜安車、衣服及奴婢等。又於本郡賜田十頃。儒者以為榮。隋開皇元年，卒於家，年八十二。贈本官，加蒲、陝二州刺史。

遜性柔謹，寡於交游。立身以忠信為本，不自矜尚。每在衆中，言論未嘗為人之先。學者以此稱之。所著《孝經》、《論語》、《毛詩》、《左氏春秋序論》十餘篇。又著《春秋序義》，通賈、服說，發杜氏違，辭理並可觀。

隋唐五代分部

王　通

（清）李清植《歷代名儒傳》卷三　王通，字仲淹。先爲祁人，九世祖寓，當懷愍時東遷，三傳至元則究道德、考經籍，卒爲鴻儒。江左號王先生。先生孫虬值蕭氏禪，恥食齊粟，北事魏，仕至并州刺史，家河汾，是爲通高祖。及通父隆，傳業教授，門徒千餘人。開皇初，以國子博士待詔雲龍門，文帝從容問曰：朕何如主？隆曰：陛下聰明神武，得之於天，發號施令，不盡稽古，雖負堯舜之資，終以不學爲累。帝默然。久曰：先生，朕之陸賈也。隆乃著《興衰要論》七篇，奏之，帝稱善。四年，通始生。隆筮之遇坤之師，大父安康獻公占之曰：是子必能通天下之志，遂名曰通。通六歲而江東平，隆歎曰：王道無叙，天下何爲而一乎？通侍側，有憂色，曰：通聞古之爲邦，有長久之策，故夏殷以下，四海常一統也。後之爲邦，行苟且之政，故魏晉以下，九州無定主也。夫子之歎，蓋憂皇綱不振，生人勞於聚斂，而天下將亂乎。隆異之，遂告以元經之事，通再拜受之。十八年，隆宴居，歌《伐木》而召通，謂曰：自天子至庶人，未有不資友以成者。在三之義，師居一焉。小子勉旃，翔而後集。通於是有四方之志，蓋受《書》於東海李育，學《詩》於會稽夏琠，問《禮》於河東關朗，正《樂》於北平霍汲，考《易》於族父仲華，不解衣者六歲，其精志如此。仁壽三年，通既冠，慨然有濟蒼生之心。西遊長安，帝召見太極殿。奏太平十有二策，尊王道推霸畧，稽今驗古，恢恢乎運天下於指掌。帝大悦曰：得生幾晚。下其議於公卿，公卿不悦。楊素、蘇夔、李德林見通，與之言終日，歸而有憂色。門人問通，曰：素言政而不及化，是天下無禮也；夔言聲而不及雅，是天下無樂也；德林言文而不及理，是天下無文也。王道從何而興乎？時將有蕭牆之釁，通知謀之不用，作《東征之歌》而歸。帝聞再徵之，不至。大業二年徵又不至，乃曰：吾視千載已上未有若周公焉，其道則一而經制大備，後之爲政者，有所持循。吾視千載而下未有若仲尼焉，其道則一而述作大明，後之修文者有所折衷矣。遂續詩書、正禮樂、修元經、讚易道，九年而六經大就。門人自遠而至，其教興於河汾，雍雍如也。通閒居儼然，其動也徐，若有所慮；其行也方，若有所畏；其接長者，恭恭然如不足；接幼者，温温然如有就。其使人，雖童僕必斂容。鄉人有喪，通必先往，反必後。有水土之役，則具畚鍤以往，曰：吾非從大夫也。其言應而不唱，唱必有大端。或問人善，曰：子知其善則稱之，不善則曰未嘗與久也。其族婚嫁必具六禮，曰：斯道也，今亡矣。三綱之首不可廢，吾從古。嘗曰：冠禮廢，天下無成人矣；昏禮廢，天下無家道矣；喪禮廢，天下遺其親矣；祭禮廢，天下忘其祖矣。門人有問姚義、孔庭之法，曰《詩》曰《禮》，不及四經，何也？義曰：嘗聞諸夫子矣。《春秋》斷物，志定而後及也；《樂》以和德，全而後及也；《書》以制法，從事而後及也；《易》以窮理，知命而後及也。故不學《春秋》無以主斷，不學《樂》無以知和，不學《書》無以議制，不學《易》無以通理。四者非具體不能及，故聖人後之。然則《詩》、《禮》何爲而先也？曰：教之以《詩》，則出辭氣斯遠暴慢矣；約之以《禮》，則動容貌斯立威嚴矣。度其言，察其志，考其行，辨其德，志定則發之以《春秋》，於是乎斷而能變；德全則導之以《樂》，於是乎和而知節；可從事則達之以《書》，於是乎可以立制；知命則申之以《易》，於是乎可以盡性。若驟而語《春秋》，則蕩志輕義；驟而語《樂》，則喧德敗度；驟而語《書》，則狎法；驟而語《易》，則玩神。通聞之曰：姚子得之矣。魏徵問：聖人有憂乎？曰：天下皆憂，吾獨得不憂乎？問疑。曰：天下皆疑，吾獨得不疑乎？徵退，通謂董常曰：樂天知命吾何憂，窮理盡性吾何疑。賈瓊問何以息謗，曰：無辨。何以止怨？曰：不争。問事人之道，曰：遠而無介，就而無諂，汎乎利以諷之，無鬭其捷。問君子之道，曰：必先恕乎！爲人子者，以父之心爲心，爲人弟者，以兄之心爲心，推而達之天下，斯可矣。李密問英雄，曰：自知者英，自勝者雄。問勇。曰：必也義乎？問王霸之略，曰：不以天下易一民之命。房元齡問事君之道，曰：無私。問使人之道，曰：無偏。問化人之道，曰：先正其心。嘗曰不以伊尹周公之道康其國，非大臣也；不以霍光諸葛亮之心事其君，皆具臣也。又曰：人不里居，地不并授，終苟道也。封禪之費非古也，其秦漢之侈心乎？又曰：無赦之國其刑必平，多斂之國其財必削。又曰：政猛寧若恩，法速寧若緩，獄繁寧若簡，臣主之際，其猜也寧信。通見牧守屢易，曰：堯舜三載考績，仲尼三年有成。三代之興，邦家有社稷焉；兩漢之盛，牧守有子孫焉。不若是之亟也，無定主而責之以忠，無定民而責之以化，雖欲從之，末由也已。其嘉言懿論，門人相與集而記之，號曰《中説》。十年召署蜀司户，不就。十一年，以著作郎國子博士徵，竝不至。十三年，江都難作，通寢疾泫然興曰：生民厭亂久矣，天其或者將啓堯舜之運而吾不與焉，命也！遂卒。門人謚之曰文中。所續《禮論》二十五篇，列爲十卷。《樂論》二十篇，列爲十卷。《書》一百五十篇，列爲二十五卷。《詩》三百六十篇，列爲十卷。《元經》五十篇，列爲十五卷。《贊易》七十篇，列爲十卷。竝未及行。二子，長曰福郊，少曰福時。

顏師古

《舊唐書》卷七三《顏師古傳》 顏籀字師古，雍州萬年人，齊黄門侍郎之推孫也。其先本居琅邪，世仕江左；及之推歷事周、齊，齊滅，始居關中。父思魯，以學藝稱，武德初爲秦王府記室參軍。師古少傳家業，博覽羣書，尤精詁訓，善屬文。隋仁壽中，爲尚書左丞李綱所薦，授安養尉。尚書左僕射楊素見師古年弱貌羸，因謂曰：安養劇縣，何以克當？師古曰：割鷄焉用牛刀。素奇其對。到官果以幹理聞。時薛道衡爲襄州總管，與高祖有舊，又悦其才，有所綴文，嘗使其掎摭利病，甚親昵之。尋坐事免歸長安，十年不得調，家貧，以教授爲業。

孔穎達

《舊唐書》卷七三《孔穎達傳》 孔穎達字沖遠，冀州衡水人也。祖碩，後魏南臺丞。父安，齊青州法曹參軍。穎達八歲就學，日誦千餘言。及長，尤明《左氏傳》、鄭氏《尚書》、王氏《易》、《毛詩》、《禮記》，兼善算曆，解屬文。同郡劉焯名重海内，穎達造其門，焯初不之禮，穎達請質疑滯，多出其意表，焯改容敬之。穎達固辭歸，焯固留不可，還家，以教授爲務。隋大業初，舉明經高第，授河内郡博士。時煬帝徵諸郡儒官集于東都，令國子祕書學士與之論難，穎達爲最。時穎達少年，而先輩宿儒恥爲之屈，潛遣刺客圖之，禮部尚書楊玄感舍之於家，由是獲免。補太學助教。屬隋亂，避地於武牢。太宗平王世充，引爲秦府文學館學士。武德九年，擢授國子博士。貞觀初，封曲阜縣男，轉給事中。

（清）李清植《歷代名儒傳》卷三　孔穎達，字仲達，冀州衡水人。自少誦記，日千餘言，能闇記三禮義宗。及長，明服氏《春秋傳》、鄭氏《尚書》、《詩》、《禮記》、王氏《易》，善屬文，通步曆。嘗造同郡劉焯，焯名重海內，初不之禮，及與質難，焯大畏服。大業初，舉明經高第，仕隋，至太學助教。隋亂，避地虎牢。唐太宗平洛，授文學館學士，遷國子博士。太宗身櫜鞬，風纚露沐，然銳情經術。即秦王府開文學館，召名儒十八人爲學士，與議天下事。既即位，殿左置弘文館，悉引納學士，番宿更休，聽朝之間，則與討古今，道前王所以成敗，或日昃夜艾，未嘗少怠。於是封穎達曲阜縣男，轉給事中。穎達亦數數以忠言進。帝問：以能問於不能，以多問於寡，有若無，實若虛，何謂也？對曰：此教人謙耳，非特匹夫，君德亦然。故《易》稱蒙以養正，若據尊極之位，衒聰耀明，恃才以肆，則上下不通，君臣道乖。自古滅亡莫不由此。帝稱善。除國子司業，歲餘，以太子右庶子兼司業，與諸儒議曆及明堂事，多從其説。以論撰勞，加散騎常侍，爵爲子。皇太子令穎達撰《孝經章句》，因文以盡箴諷，又數争太子失，帝聞之，勞以金帛。久之，拜祭酒，侍講東宫。帝幸太學，觀釋菜，命穎達講經。太子既長，稍不法，穎達争不已，至面折之。或以過穎達。穎達曰：蒙國恩厚，雖死不恨。剴切愈至。後致仕卒，陪葬昭陵，謚曰憲。初，穎達與顔師古、司馬才章、王恭、王琰受詔撰諸經義訓，包貫異家爲詳博，號《義贊》，詔改爲《正義》。及永徽間，詔于志寧、張行成、高季輔等就加增損，遂布下其書，行於世。

論曰：唐儒治經不如漢，析理不如宋，故三百年中以詩文名家者至衆，而儒之醇者則寥寥，難以數覩。貞觀之初，號多老儒，然瀛洲之選，能有功於經史者，惟穎達與顔籀爲最。故時人以籀爲班固功臣，而穎達《諸經正義》程朱尚資之以明訓詁，迄於今，學宫傳誦猶未廢也。籀才餘於德，頗爲清議所薄；若穎達之執義陳善，有謇謇之節，其性行優於籀矣。

馬周

《舊唐書》卷七四《馬周傳》　馬周字賓王，清河茌平人也。少孤貧好學，尤精《詩》、《傳》，落拓不爲州里所敬。武德中，補博州助教，日飲醇酎，不以講授爲事。刺史達奚恕屢加咎責，周乃拂衣遊於曹、汴，又爲浚儀令崔賢首所辱，遂感激西遊長安。宿於新豐逆旅，主人唯供諸商販而不顧待周，遂命酒一斗八升，悠然獨酌，主人深異之。至京師，舍於中郎將常何之家。貞觀三年，太宗令百僚上書言得失，何以武吏不涉經學，周乃爲何陳便宜二十餘事，令奏之，事皆合旨。太宗怪其能，問何，何答曰：此非臣所能，家客馬周具草也。每與臣言，未嘗不以忠孝爲意。

張玄素

《舊唐書》卷七五《張玄素傳》　張玄素，蒲州虞鄉人。隋末，爲景城縣戶曹。竇建德攻陷景城，玄素被執，將就戮，縣民千餘人號泣請代其命，曰：此人清慎若是，今倘殺之，乃無天也。大王將定天下，當深加禮接，以招四方，如何殺之，使善人解體。建德遽命釋之，署爲治書侍御史，固辭不受。及江都不守，又召拜黄門侍郎，始應命。

敬播

《舊唐書》卷一八九上《儒學傳上・敬播》　敬播，蒲州河東人也。貞觀初，舉進士。俄有詔詣祕書内省佐顔師古、孔穎達修《隋史》，尋授太子校書。史成，遷著作郎，兼修國史。與給事中許敬宗撰高祖、太宗《實録》，自創業至于貞觀十四年，凡四十卷，奏之，賜物五百段。太宗之破高麗，名所戰六山爲駐蹕，播謂人曰：聖人者，與天地合德，山名駐蹕，此蓋以鑾輿不復更東矣。卒如所言。時梁國公房玄齡深稱播有良史之才，曰：陳壽之流也。玄齡以顔師古所注《漢書》，文繁難省，令播撮其機要，撰成四十卷，傳於代。尋以撰實録功，遷太子司議郎。時初置此官，極爲清望。中書令馬周歎曰：所恨資品妄高，不獲歷居此職。參撰《晉書》，播與令狐德棻、陽仁卿、李嚴等四人總其類。

褚无量

《舊唐書》卷一〇二《褚无量傳》 褚无量，字弘度，杭州鹽官人也。幼孤貧，勵志好學。家近臨平湖，時湖中有龍鬬，傾里閈就觀之，无量時年十二，讀書晏然不動。及長，尤精《三禮》及《史記》，舉明經，累除國子博士。景龍三年，遷國子司業，兼修文館學士。是歲，中宗將親祀南郊，詔禮官學士修定儀注。國子祭酒祝欽明、司業郭山惲皆希旨，請以皇后爲亞獻，无量獨與太常博士唐紹、蔣欽緒固争，以爲不可。无量建議曰：

夫郊祀者，明王之盛事，國家之大禮。行其禮者，不可以臆斷，不可以情求，皆上順天心，下符人事，欽若稽古，率由舊章，然後可以交神明，可以膺福祐。然禮文雖衆，莫如《周禮》。《周禮》者，周公致太平之書，先聖極由衷之典，法天地而行教化，辯方位而叙人倫。其義可以幽贊神明，其文可以經緯邦國，備物致用，其可忽乎！至如冬至圓丘，祭中最大，皇后内主，禮位甚尊。若合郊天助祭，則當具著禮典。今徧檢《周官》，無此儀制。蓋由祭天南郊，不以地配，唯將始祖爲主，不以祖妣配天，故唯皇帝親行其禮，皇后不合預也。

謹按《大宗伯》職云：若王不與祭祀，則攝位。注云：王有故，代行其祭事。下文云：凡大祭祀，王后不與，則攝而薦豆籩，徹。若皇后合助祭，承此下文，即當云若不祭祀，則攝而薦豆籩。今於文上更起凡，則是别生餘事。夫事與上異，則别起凡。凡者，生上起下之名，不專繫於本職。《周禮》一部之内，此例極多，備在文中，不可具録。

又王后助祭，親薦豆籩而不徹。案《九嬪》職云：凡祭，贊后薦，徹豆籩。注云：后進之而不徹。則知中徹者，爲宗伯生文。若宗伯攝祭，則宗伯親徹，不别使人。又案外宗掌宗廟之祀，王后不與，則贊宗伯。此之一文，與上相證。何以明之？案外宗唯掌宗廟祭祀，不掌郊天，足明此文是宗廟祭也。案王后行事，總在《内宰》職中。檢其職文，唯云大祭祀，后祼獻則贊，瑤爵亦如之。鄭注云：謂祭宗廟也。注所以知者，以文云祼獻，祭天無祼，以此得知。又祭天之器，則用陶匏，亦無瑤爵，注以此得知是宗廟也。又内司服掌王后六服，無祭天之服；而巾車職掌王后之五輅，亦無后祭天之輅；祭天七獻，無后亞獻。以此諸文參之，故知后不合助祭天也。

唯《漢書・郊祀志》則有天地合祭，皇后預享之事，此則西漢末代，强臣擅朝，悖亂彝倫，黷神諂祭，不經之典，事涉誣神。故《易傳》曰：誣神者，殃及三代。太誓曰：正稽古立功立事，可以永年，承天之大律。斯史策之良誡，豈可不知。今南郊禮儀，事不稽古，忝守經術，不敢默然。請旁詢碩儒，俯摭舊典，採曲臺之故事，行圓丘之正儀，使聖朝叶昭曠之塗，天下知文物之盛，豈不幸甚。

時左僕射韋巨源等阿旨，叶同欽明之議，竟不從无量所奏。

尋以母老請停官歸侍。景雲初，玄宗在春宫，召拜國子司業，兼皇太子侍讀，嘗撰《翼善記》以進之，皇太子降書嘉勞，賚絹四十匹。太極元年，皇太子國學親釋奠，令无量講《孝經》、《禮記》，各隨端立義，博而且辯，觀者歎服焉。既畢進授銀青光禄大夫，兼賜以章服，并綵絹百段。玄宗即位，遷郯王傅，兼國子祭酒。尋以師傅恩遷左散騎常侍，仍兼國子祭酒，封舒國公，實封二百户。未幾，丁憂解職，廬於墓側。其所植松柏，時有鹿犯之，无量泣而言曰：山中衆草不少，何忍犯吾先塋樹哉！因通夕守護。俄有羣鹿馴狎，不復侵害，无量因此終身不食鹿肉。服闋，召拜左散騎常侍，復爲侍讀。以其年老，每隨仗出入，特許緩行，又爲造腰輿，令内給使輿於内殿。无量頻上書陳時政得失，多見納用。又嘗手敕褒美，賜物二百段。

无量以内庫舊書，自高宗代即藏在宫中，漸致遺逸，奏請繕寫刊校，以弘經籍之道。玄宗令於東都乾元殿前施架排次，大加搜寫，廣采天下異本。數年間，四部充備，仍引公卿已下入殿前，令縱觀焉。開元六年駕還，又敕无量於麗正殿以續前功。皇太子及郯王嗣直等五人，年近十歲，尚未就學，无量繕寫《論語》、《孝經》各五本以獻。上覽之曰：吾知无量意无量。遽令選經明篤行之士國子博士郄恒通郭謙光、左拾遺潘元祚等，爲太子及郯王已下侍讀。七年，詔太子就國子監行齒胄之禮，无量登座説經，百僚集觀，禮畢，賞賜甚厚。明年，无量病卒，年七十五。臨終遺言以麗正寫書未畢爲恨。上爲舉哀，廢朝兩日，贈禮部尚書，謚曰文。

陳子昂

《舊唐書》卷一九〇中《文苑傳中·陳子昂》 陳子昂，梓州射洪人。家世富豪，子昂獨苦節讀書，尤善屬文。初爲《感遇詩》三十首，京兆司功王適見而驚曰：此子必爲天下文宗矣！由是知名。舉進士。會高宗崩，靈駕將還長安，子昂詣闕上書，盛陳東都形勝，可以安置山陵，關中旱儉，靈駕西行不便。曰：

梓州射洪縣草莽愚臣子昂，謹頓首冒死獻書闕下。臣聞明王不惡切直之言以納忠，烈士不憚死亡之誅以極諫。故有非常之策者，必待非常之時；得非常之時者，必待非常之主。然後危言正色，抗義直辭，赴湯鑊而不回，至誅夷而無悔。豈徒欲詭世誇俗，厭生樂死者哉！實以爲殺身之害小，存國之利大，故審計定議而甘心焉。況乎得非常之時，遇非常之主，言必獲用，死亦何驚，千載之跡，將不朽於今日矣。

伏惟大行皇帝遺天下，棄羣臣，萬國震驚，百姓屠裂。陛下以徇齊之聖，承宗廟之重，天下之望，喁喁如也，莫不冀蒙聖化，以保餘年，太平之主，將復在於兹矣。況皇太后又以文母之賢，協軒宫之耀，軍國大事，遺詔决之，唐、虞之際，於斯盛矣。臣伏見詔書，梓宫將遷西京，鑾輿亦欲陪幸，計非上策，智者失圖，廟堂未聞有骨鯁之謨，朝廷多見有順從之議，臣竊惑以爲過矣。伏自思之，生聖日，沐皇風，摩頂至踵，莫非亭育，不能歷丹鳳，抵濯龍，北面玉階，東望金屋，抗音而正諫者，聖王之罪人也。所以不顧萬死，乞獻一言，願蒙聽覽，甘就鼎鑊，伏惟陛下察之。

臣聞秦都咸陽之時，漢都長安之日，山河爲固，天下服矣。然猶北取胡、宛之利，南資巴蜀之饒。自渭入河，轉關東之粟；踰沙絶漠，致山西之儲。然後能削平天下，彈壓諸侯，長轡利策，横制宇宙。今則不然。燕、代迫匈奴之侵，巴、隴嬰吐蕃之患，西蜀疲老，千里贏糧，北國丁男，十五乘塞，歲月奔命，其弊不堪。秦之首尾，今爲闕矣，即所餘者，獨三輔之間耳。頃遭荒饉，人被荐飢。自河已西，莫非赤地；循隴已北，罕逢青草。莫不父兄轉徙，妻子流離，委家喪業，膏原潤莽，此朝廷之所備知也。賴以宗廟神靈，皇天悔禍，去歲薄稔，前秋稍登，使羸餓之餘，得保性命，天下幸甚，可謂厚矣。然而流人未返，田野尚蕪，白骨縱横，阡陌無主。至於蓄積，尤可哀傷。陛下不料其難，貴從先意，遂欲長驅大駕，按節秦京，千乘萬騎，何方取給？況山陵初制，穿復未央，土木工匠，必資徒役。今欲率疲弊之衆，興數萬之軍，徵發近畿，鞭撲羸老，鑿山採石，驅以就功。春作無時，秋成絶望，凋瘵遺噍，再罹艱苦。倘不堪弊，必有逋逃，子來之頌，將何以述之？此亦宗廟之大機，不可不審圖也。況國無兼歲之儲，家鮮匝時之蓄，一旬不雨，猶可深憂，忽加水旱，人何以濟？陛下不深察始終，獨違羣議，臣恐三輔之弊，不止如前日矣！

且天子以四海爲家，聖人包六合爲宇。歷觀邃古，以至於今，何嘗不以三王爲仁，五帝爲聖。雖周公制作，夫子著明，莫不祖述堯、舜，憲章文、武，爲百王之鴻烈，作千載之雄圖。然而舜死陟方，葬蒼梧而不返；禹會羣后，歿稽山而永終。豈其愛蠻夷之鄉而鄙中國哉？實將欲示聖人無外也。故能使墳籍以爲美談，帝王以爲高範。況我巍巍大聖，轢帝登皇，日月所照，莫不率俾。何獨秦、豐之地，可置山陵，河、洛之都，不堪園寢？陛下豈不察之，愚臣竊爲陛下惜也。且景山崇麗，秀冠羣峯，北對嵩、邙，西望汝海，居祝融之故地，連太昊之遺墟，帝王圖跡，縱横左右，園陵之美，復何加焉。陛下曾未察之，謂其不可，愚臣鄙見，良足尚矣。況瀍、澗之中，天地交會，北有太行之險，南有宛、葉之饒，東壓江、淮，食湖海之利，西馳崤、澠，據關河之實。以聰明之主，養純粹之人，天下和平，恭己正南面而已。陛下不思瀍、洛之壯觀，關、隴之荒蕪，乃欲棄太山之安，履焦原之險，忘神器之大寶，徇曾、閔之小節，愚臣暗昧，以爲甚也。陛下何不覽争臣之策，采行路之謠，諮謨太后，平章宰輔，使蒼生之望，知有所安，天下豈不幸甚。

昔者平王遷都，光武都洛，山陵寢廟，不在東京，宗社墳塋，並居西土，然而《春秋》美爲始王，《漢書》載爲代祖，豈其不願孝哉？何聖賢褒貶於斯濫矣？實以時有不可，事有必然。蓋欲遺小存大，去禍歸福，聖人所以貴也。夫小不忍亂大謀，仲尼之至誡，願陛下察之。若以臣愚不用，朝議遂行，臣恐關、隴之憂，無時休也。

臣又聞太原蓄鉅萬之倉，洛口積天下之粟，國家之資，斯爲大矣。今欲捨而不顧，背以長驅，使有識驚嗟，天下失望。倘鼠竊狗盜，萬一不圖，西入陝州之郊，東犯武牢之鎮，盜敖倉一抔之粟，陛下何以遏之？此天下之至機，不可不深懼也。雖則盜未旋踵，誅刑已及，滅其九族，焚其妻子，泣辜雖恨，將何及焉！故曰：先謀後事者逸，先事後謀者失。國之利器，不可以示人。斯言豈徒設也，固願陛下念之。

則天召見，奇其對，拜麟臺正字。

則天將事雅州討生羌，子昂上書曰：

麟臺正字臣子昂昧死上言。臣聞道路云：國家欲開蜀山，自雅州道入討生羌，因以襲擊吐蕃。執事者不審圖其利害，遂發梁、鳳、巴蜒兵以徇之。臣愚以爲西蜀之禍，自此結矣。

臣聞亂生必由於怨。雅州邊羌，自國初已來，未嘗一日爲盜。今一旦無罪受戮，其怨必甚；怨甚懼誅，必蜂駭西山；西山盜起，則蜀之邊邑，不得不連兵備守；兵久不解，則蜀之禍搆矣。昔後漢末西京喪敗，蓋由此諸羌。此一事也。

且臣聞吐蕃桀黠之虜，君長相信，而多姦謀。自敢抗天誅，邇來向二十餘載，大戰則大勝，小戰則小勝，未嘗敗一隊，亡一夫。國家往以薛仁貴、郭待封爲虓武之將，屠十一萬衆於大非之川，一甲不返。又以李敬玄、劉審禮爲廊廟之器，辱十八萬衆於青海之澤，身囚虜庭。是時精甲勇士，勢如雲雷，然竟不能擒一戎，馘一醜，至今而關、隴爲空。今乃欲以李處一爲將，驅憔悴之兵，將襲吐蕃，臣竊憂之，而爲此虜所笑。此二事也。

且夫事有求利而得害者。則蜀昔時不通中國，秦惠王欲帝天下而幷諸侯，以爲不兼賓，不取蜀，勢未可舉，乃用張儀計，飾美女，譎金牛，因間以啖蜀侯。蜀侯果貪其利，使五丁力士鑿通谷，棧褒斜，置道於秦。自是險阻不關，山谷不閉，張儀躡踵乘便，縱兵大破之，蜀侯誅，賨邑滅。至今蜀爲中州，是貪利而亡。此三事也。

且臣聞吐蕃羯虜，愛蜀之珍富，欲盜之久有日矣。然其勢不能舉者，徒以山川阻絶，障隘不通，此其所以頓餓狼之喙而不得侵食也。今國家乃撤邊羌，開隘道，使其收奔亡之種，爲鄉導以攻邊。是乃借寇兵而爲賊除道，舉全蜀以遺之。此四事也。

臣竊觀蜀爲西南一都會，國家之寶庫，天下珍貨聚出其中。又人富粟多，順江而下，可以兼濟中國。今執事者乃圖僥倖之利，悉以委事西羌。地不足以富國，徒殺無辜之衆，以傷陛下之仁，糜費隨之，無益聖德，又況僥倖之利，未可圖哉！此五事也。

夫蜀之所恃，有險也；人之所安，無役也。今國家乃開其險，役其人，險開則便寇，人役則傷財。臣恐未見羌戎，已有姦盜在其中矣。往年益州長史李崇真圖此姦利，傳檄稱吐蕃欲寇松州，遂使國家盛軍師，大轉餉以備之。未二三年，巴蜀二十餘州，騷然大弊，竟不見吐蕃之面，而崇真贓錢已計鉅萬矣。蜀人殘破，幾不堪命。此之近事，猶在人口，陛下所親知。臣愚意者不有姦臣欲圖此利，復以生羌爲計者哉！此六事也。

且蜀人尫劣，不習兵戰，一虜持矛，百人莫敢當。又山川阻曠，去中夏精兵處遠。今國家若擊西羌，掩吐蕃，遂能破滅其國，奴虜其人，使其君長係首北闕，計亦可矣。若不到如此，臣方見蜀之邊陲不守，而爲羌夷所横暴。昔辛有見被髮而祭伊川者，以爲不出百年，此其爲戎。臣恐不及百年而蜀爲戎。此七事也。

且國家近者廢安北，拔單于，棄龜茲，放疏勒，天下翕然，謂之盛德。所以者何？蓋以陛下務在仁，不在廣，務在養，不在殺，將以此息邊鄙，休甲兵，行三皇、五帝之事者也。今又徇貪夫之議，謀動兵戈，將誅無罪之戎，而遺全蜀之患，將何以令天下乎？此愚臣所以不甚悟者也。況當今山東饑，關、隴弊，歷歲枯旱，人有流亡。誠是聖人寧靜思和天人之時，不可動甲兵，興大役，以自生亂。臣又流聞西軍失守，北軍不利，邊人忙動，情有不安。今者復驅此兵，投之不測。臣聞自古亡國破家，未嘗不由黷兵。今小人議夷狄之利，非帝王之至德也，又況弊中夏哉！

臣聞古之善爲天下者，計大而不計小，務德而不務刑，圖其安則思其危，謀其利則慮其害，然後能長享福禄，伏願陛下熟計之。

再轉右拾遺，數上疏陳事，詞皆典美。時有同州下邽人徐元慶，父爲縣尉趙師韞所殺。後師韞爲御史，元慶變姓名於驛家傭力，候師韞，手刃殺之。議者以元慶孝烈，欲捨其罪。子昂建議以爲國法專殺者死，元慶宜正國法，然後旌其閭墓，以褒其孝義可也。當時議者咸以子昂爲是。俄授麟臺正字。武攸宜統軍北討契丹，以子昂爲管記，軍中文翰皆委之。子昂父在鄉，爲縣令段簡所辱，子昂聞之，遽還鄉里。簡乃因事收繫獄中，憂憤而卒，時年四十餘。

（宋）王溥《唐會要》卷四一《酷吏》　子昂上書曰：臣聞之，聖人出，必有驅除。蓋天人之符，應休命也。日者，東南微孽，敢謀亂常，陛下順天行誅，罪惡咸服，豈非天意欲彰陛下神武之功哉！而執事者不察天心，以爲人意，惡其首亂倡禍，法合誅屠，將息奸源，窮其黨與，遂使陛下大開詔獄，重設嚴刑，冀以懲創于天下，大或流血，小禦魑魅。今朝廷惶惶，莫能自固，海內傾聽，以相驚恐。愚臣昧焉，竊恐非五帝三王伐罪弔人之意也。頃年已來，伏見諸方告密，囚累百千，大抵所告，皆以揚州爲名，及其窮竟，百無一實。遂使奸惡之黨，快意相讎，睚眥之嫌，即稱有密，一人被訟，百人滿獄，使者推捕，冠蓋如市。或謂陛下愛一人而害百人，天下喁喁，莫知寧所。伏願念之，天下幸甚。萬年縣主簿徐堅上疏曰：臣聞書有五聽之道，慮失情實也。今著三覆之奏，恐致虛枉也。比見有勑，勘當反逆，命使者得實，便行决殺。人命至重，死不可生，儻萬分之中，有一不實，欲訴無路，懷枉誰明，飲恨吞聲。赤族從戮，豈不痛哉！此不足肅奸逆而明刑典，適所以長威福而生疑懼。臣望絶此處分，依法覆奏，則死者甘伏，知泣辜之恩；生人歡悅，見詳刑之意。鳳閣舍人韋嗣立上疏曰：臣聞堯舜之日，畫其衣冠，文景之時，幾致刑措，歷兹千載，以爲美談。今四海多銜寃之人，九泉有抱痛之鬼，並自揚豫之後，刑獄漸興，用法之伍，務于窮竟，連坐相牽，數年不絶。遂使臣奸大猾，伺隙乘間，內包豺狼之心，外示鷹鸇之跡，陰圖潛結，共相影會，搆似是之言，成不赦之罪，皆深爲巧詆，恣行楚毒，人不勝痛，便乞自誣。公卿士庶，連頸受戮，道路藉藉，雖知非辜，而鍛鍊已成，辨占皆合。縱皋陶爲理，于公定刑，則謂汚宮毁柩，猶未塞責。雖陛下仁慈哀念，恤獄緩死，及覽辭狀，便已周密，皆謂勘鞫得情，是其實罪，雖欲寬捨，其如法何。于是小乃身誅，大則族滅，相緣共坐者，不可勝言。此豈宿搆讎嫌，將申報復，皆圖苟成功效，自求官賞，當時稱傳，謂爲羅織，弄法舞文，傷人實甚。且如仁傑元忠，俱罹枉陷，被勘鞫之際，亦皆以自誣，向非陛下至明，無以省察，則葅醢之戮，已及其身，欲望輸忠聖世，安可復得。陛下擢而升之，遂各爲良輔，國之棟幹，稱此二人。何乃前非而後是耶，誠由枉陷與甄明耳。陛下儻録垂拱已來伏法者，並追還官爵，緣累之徒，普沾恩造。如此則天下皆知彼所陷罪，元非陛下之意。監察御史魏靖上疏曰：夫酷吏者，資矯佞以事君，行刻薄以臨下，矯佞似乎用意，刻薄類乎無私，侮憲害公，弄權撓法。臣見周興、來俊臣等，恣意騁暴，縱虐含毒，讎疾在位，安忍朝臣，罪遂情加，刑隨意改。當其時也，囹圄如市，朝廷以目，既而神靈不昧，寃魂有託。竊見來俊臣，身處極法者，以其羅織良善，屠陷忠賢，籍没以勸將來，顯戮以謝天下。臣又聞之道路，上至聖主，傍洎貴臣，明知有羅織之事矣。俊臣既死，推者獲功，索元禮超遷，裴談受賞，中外稱慶，朝野載安。破其黨者，既能賞不逾時；被其陷者，豈可銜寃累歲。且稱反之徒，須得反狀，唯據片辭，即請行刑，拷楚妄加，疑似何限。臣又聞之，郭霸自刺而唱快，萬國俊被遮而遽亡，崔獻可臨終膝拳于頂，李敬仁將死舌至于臍。備在人謠，不爲虛説。伯有晝見，殆無以過。此亦羅織之一據也。臣以至愚，不識大體，儻使平反者數人，衆共詳覆來俊臣等所推大獄，庶鄧艾獲申于今日，孝婦不濫于昔時，涣恩一流，天下幸甚！來俊臣所推鞫，人身死籍没者，令三司重檢勘，有寃濫者，並皆雪寃。聖曆元年，則天謂侍臣曰：往者來俊臣等推勘制獄，朝臣遞相牽引，咸承反逆，中間疑有枉濫，更遣近臣就獄親問，皆得手狀，承引不虛。近日俊臣死後，更無聞有反者，然則已前受戮者，不有寃濫耶？夏官侍郎姚元崇對曰：比破家者，皆是寃酷自誣，告者持以爲功，天下號爲羅織，甚于漢之黨錮。陛下令近臣就獄親問者，近臣亦不得自保，何敢動搖。今日以後，臣以一門百口，保見在內外官吏無反者。乞陛下得告狀收掌，更不須推問。則天大悦，曰：以前宰相，皆順成其事，陷朕爲淫刑之主。

陸贄

《舊唐書》卷一三九《陸贄傳》　陸贄字敬輿，蘇州嘉興人。父侃，溧陽令，以贄貴，贈禮部尚書。贄少孤，特立不羣，頗勤儒學。年十八登進士第，以博學宏詞登科，授華州鄭縣尉。罷秩，東歸省母，路由壽州，刺史張鎰有時名，贄往謁之。鎰初不甚知，留三日，再見與語，遂大稱賞，請結忘年之契。及辭，遺贄錢百萬，曰：願備太夫人一日之膳。贄不納，唯受新茶一串而已，曰：敢不承君厚意。又以書判拔萃，選授渭南縣主簿，遷監察御史。德宗在東宮時，素知贄名，乃召爲翰林學士，轉祠部員外郎。贄性忠藎，既居近密，感人主重知，思有以効報，故政或有缺，巨細必陳，由是顧待益厚。

建中四年，朱泚謀逆，從駕幸奉天。時天下叛亂，機務塡委，徵發指蹤，千端萬緒，一日之內，詔書數百。贄揮翰起草，思如泉注，初若不經思慮，既成之後，莫不曲盡事情，中於機會，胥吏簡札不暇，同舍皆伏其能。轉考功郎中，依前充職。嘗啓德宗曰：今盜遍天下，輿駕播遷，陛下宜痛自引過，以感動人心。昔成湯以罪己勃興，楚昭以善言復國。陛下誠能不吝改過，以言謝天下，使書詔無忌，臣雖愚陋，可以仰副聖情，庶令反側之徒，革心向化。德宗然之。故奉天所下書詔，雖武夫悍卒，無不揮涕感激，多贄所爲也。【略】

八年四月，竇參得罪，以贄爲中書侍郎、門下同平章事。贄久爲邪黨所擠，困而得位，意在不負恩獎，悉心報國，以天下事爲己任。上卽位之初，用楊炎、盧杞秉政，樹立朋黨，排擯良善，卒致天下沸騰，鑾輿奔播。懲是之失，貞元已後，雖立輔臣，至於小官除擬，上必再三詳問，久之方下。及贄知政事，請許臺省長官自薦屬官，仍保任之，事有曠敗，兼坐舉主。上許之，俄又宣旨曰：外議云：諸司所舉，多引用親黨，兼通賂遺，不得實才。此法行之非便，今後卿等宜自選擇，勿用諸司延薦。贄論奏曰：

臣實頑鄙，一無所堪，猥蒙任使，待罪宰相。雖懷竊位之懼，且乏知人之明，自揣庸虛，終難上報。唯知廣求才之路，使賢者各以彙征；啓至公之門，令職司皆得自達。既蒙允許，卽宜宣行。南宮舉人，纔至十數，或非臺省舊吏，則是使府佐僚，累經薦延，多歷事任。論其資望，既不愧於班行；考其行能，又未聞于闕敗。遽以騰口，上煩聖聽，道之難行，亦可知矣。

陛下勤求理道，務徇物情，因謂舉薦非宜，復委宰臣揀擇。其爲崇任輔弼，博採輿詞，可謂聖德之盛者。然於委任責成之道，聽言考實之方，閑邪存誠，猶恐有闕。陛下既納臣言而用之，旋聞橫議而止之，於臣謀不責成，於橫議不考實，此乃謀失者得以辭其罪，議曲者得以肆其誣。率是而行，觸類而長，固無必定之計，亦無必實之言。計不定則理道難成，言不實則小人得志，國家之病，常必由之。昔齊桓公問管仲害霸之事，對曰：得賢不能任，害霸也；用而不能終，害霸也；與賢人謀事而與小人議之，害霸也。爲小人者，不必悉懷險詖，故覆邦家。蓋以其意性回邪，趣向狹促，以沮議爲出衆，以自異爲不羣，趨近利而昧遠圖，効小信而傷大道，況又言行難保，恣其非心者乎！

伏以宰輔，常制不過數人，人之所知，固有限極，不能遍諳諸士，備閱羣才。若令悉命羣官，理須展轉詢訪，是則變公舉爲私薦，易明敭爲暗投。儻如議者之言，所舉多有情故，舉于君上，且未絶私，薦於宰臣，安肯無詐，失人之弊，必又甚焉。所以承前命官，罕有不涉私謗，雖則秉鈞不一，或自行情，亦由私訪所親，轉爲所賣。其弊非遠，聖鑒明知。今又將徇浮言，專任宰臣除吏，宰臣不徧諳識，踵前須訪於人。若訪親朋，則是悔其覆車，不易故轍；若訪於朝列，則是求其私薦，不如公舉之愈也。二者利害，惟陛下更詳擇焉。恐不如委任長官，慎揀僚屬，所揀既少，所求亦精，得賢有鑑識之名，失實當暗謬之責。人之常性，莫不愛身，況於臺省長官，皆是當朝華選，孰肯徇私妄舉，以傷名取責者耶！所謂臺省長官，卽僕射、尚書、左右丞、侍郎及御史大夫、中丞是也。陛下比擇輔相，多亦出於其中。今之宰臣，則往日臺省長官也，今之臺省長官，乃將來之宰臣也，但是職名暫異，固非行業頓殊。豈有爲長官之時不能舉一二屬吏，居宰臣之位則可擇千百具僚，物議悠悠，其惑斯甚。

夫求才貴廣，考課貴精。求廣在於各舉所知，長吏之薦擇是也；貴精在於按名責實，宰臣之序進是也。往者則天太后踐祚臨朝，欲收人心，尤務拔擢，弘委任之意，開汲引之門，進用不疑，求訪無倦，非但人得薦士，亦許自舉其才。所薦必行，所舉輒試，其於選士之道，豈不傷於容易哉！而課責既嚴，進退皆速，不肖者旋黜，才能者驟升，是以當代謂知人之明，累朝賴多士之用。此乃近於求才貴廣，考課貴精之効也。

陛下誕膺寶曆，思致理平，雖好賢之心，有踰於前哲，而得人之盛，未追於往時。蓋由賞鑒獨任於聖聰，搜擇頗難於公舉，仍啓登延之路，罕施練覈之方。遂使先進者漸益凋訛，後來者不相接續，施一令則謗沮互起，用一人則瘡痏立成。此乃失於選才太精，制法不一之患也。則天舉用之法，傷易而得人；陛下慎揀之規，太精而失士。陛下選任宰相，必異於庶官；精擇長官，必愈於末品。及至宰相獻規，長吏薦士，陛下即但納橫議，不稽始謀。是乃任以重者輕其言，待以輕者重其事，且又不辨所毁之虛實，不校所試之短長。人之多言，何所不至，是將使人無所措其手足，豈獨選任之道失其端而已乎！

上雖嘉其所陳，長官薦士之詔，竟追寢之。

國朝舊制，吏部選人，每年調集，自乾元已後，屬宿兵于野，歲或凶荒，遂三年一置選。由是選人停擁，其數猥多，文書不接，真僞難辨，吏緣爲姦，注授乖濫，而有十年不得調者。贄奏吏部分内外官員爲三分，計闕集人，每年置選，故選司之弊，十去七八，天下稱之。

贄與賈耽、盧邁、趙憬同知政事，百司有所申覆，皆更讓不言可否。舊例，宰臣當旬秉筆决事，每十日一易，贄請準故事，令秉筆者以應之。又以河隴陷蕃已來，西北邊常以重兵守備，謂之防秋，皆河南、江淮諸鎮之軍也，更番往來，疲於戍役。贄以中原之兵，不習邊事，及扞虜戰賊，多有敗衄，又苦邊將名目太多，諸軍統制不一，緩急無以應敵，乃上疏論其事曰：【略】

夫賞以存勸，罰以示懲，勸以懋有庸，懲以威不恪。故賞罰之於馭衆也，猶繩墨之於曲直，權衡之揣重輕，輗軏之所以行車，銜勒之所以服馬也。馭衆而不用賞罰，則善惡相混而能否莫殊；用之而不當功過，則姦妄寵榮而忠實擯抑。夫如是，若聰明可衒，律度無章，則用與不用，其弊一也。自頃權移於下，柄失於朝，將之號令既鮮克行之於軍，國之典章又不能施之於將，務相遵養，苟度歲時。欲賞一有功，翻慮無功者反側；欲罰一有罪，復慮同惡者憂虞。罪以隱忍而不彰，功以嫌疑而不賞，姑息之道，乃至於斯。故使忘身效節者獲誚於等夷，率衆先登者取怨於士卒，僨軍蹙國者不懷於愧畏，緩救失期者自以爲智能。褒貶既闕而不行，稱毁復紛然相亂，人雖欲善，誰爲言之？况又公忠者直己而不求於人，反罹困厄；敗撓者行私而苟媚於衆，例獲優崇。此義士所以痛心，勇夫所以解體也。又有遇敵而所守不固，陳謀而其効靡成，將帥則以資糧不足爲詞，有司復以供給無闕爲解。既相執證，理合辨明，朝廷每爲含糊，未嘗窮究曲直。措理者吞聲而靡訴，誣善者罔上而不慚，馭衆若斯，可謂課責虧度矣。

課責虧度，措置乖方，將不得竭其材，卒不得盡其力，屯集雖衆，戰陣莫前。虜每越境橫行，若涉無人之地，遞相推倚，無敢誰何，虛張賊勢上聞，則曰兵少不敵。朝廷莫之省察，惟務徵發益師，無裨備禦之功，重增供億之弊。閭井日耗，徵求日繁，以編戶傾家破産之資，兼有司榷鹽稅酒之利，總其所入，半以事邊，制用若斯，可謂財匱於兵衆矣。

（清）陸曾禹《康濟録》卷一《前代救援之典》 德宗時，諸州大水，陸贄請賑。帝曰：淮西缺賦，不宜賑。贄曰：寧人負我，無我負人。

謹案：陸贄精白一心，忠誠愛國。凡所敷陳，總以布達君上鴻恩，體恤閭閻窮困為主，所為行益道以事君者也，故稱千古名臣之最。

杜佑

《舊唐書》卷一四七《杜佑傳》 杜佑字君卿，京兆萬年人。曾祖行敏，荆、益二州都督府長史、南陽郡公。祖慤，右司員外郎、詳正學士。父希望，歷鴻臚卿、恆州刺史、西河太守，贈右僕射。佑以蔭入仕，補濟南郡參軍、剡縣丞。時潤州刺史韋元甫嘗受恩於希望，佑謁見，元甫未之知，以故人子待之。他日，元甫視事，有疑獄不能決，佑時在旁，元甫試訊於佑，佑口對響應，皆得其要，元甫奇之，乃奏爲司法參軍。元甫爲浙西觀察、淮南節度，皆辟爲從事，深所委信。累官至檢校主客員外郎，入爲工部郎中，充江西青苗使，轉撫州刺史。改御史中丞，充容管經略使。楊炎入相，徵入朝，歷工部、金部二郎中，並充水陸轉運使，改度支郎中，兼和糴等使。時方軍興，餽運之務，悉委於佑，遷戶部侍郎、判度支。爲盧杞所惡，出爲蘇州刺史。佑母在，杞以蘇州憂闕授之，佑不行，俄換饒州刺史。未幾，兼御史大夫，充嶺南節度使。時德宗在興元，朝廷故事，執政往往遺脱；舊嶺南節度，常兼五管經略使，佑獨不兼。故五

管不屬嶺南，自佑始也。【略】

佑性敦厚強力，尤精吏職，雖外示寬和，而持身有術。爲政弘易，不尚皦察，掌計治民，物便而濟，馭戎應變，即非所長。性嗜學，該涉古今，以富國安人之術爲己任。初開元末，劉秩採經史百家之言，取《周禮》六官所職，撰分門書三十五卷，號曰《政典》，大爲時賢稱賞，房琯以爲才過劉更生。佑得其書，尋味厥旨，以爲條目未盡，因而廣之，加以《開元禮》、《樂》書成二百卷，號曰《通典》。貞元十七年，自淮南使人詣闕獻之，曰：

臣聞太上立德，不可庶幾；其次立功，遂行當代；其次立言，見志後學。由是往哲遞相祖述，將施有政，用乂邦家。臣本以門資，幼登官序，仕非遊藝，才不逮人，徒懷自強，頗玩墳籍。雖履歷叨幸，或職劇務殷，竊惜光陰，未嘗輕廢。夫《孝經》、《尚書》、《毛詩》、《周易》、《三傳》，皆父子君臣之要道，十倫五教之宏綱，如日月之下臨，天地之大德，百王是式，終古攸遵。然多記言，罕存法制，愚管窺測，莫達高深，輒肆荒虛，誠爲億度。每念懵學，莫探政經，略觀歷代衆賢著論，多陳紊失之弊，或闕匡拯之方。臣既庸淺，寧詳損益，未原其始，莫暢其終。尚賴周氏典禮，秦皇蕩滅不盡，縱有繁雜，且用準繩。至於往昔是非，可爲來今龜鏡，布在方册，亦粗研尋。自頃纘修，年踰三紀，識寡思拙，心昧辭蕪。圖籍實多，事目非少，將事功畢，罔愧乖疏，固不足發揮大猷，但竭愚盡慮而已。書凡九門，計貳百卷，不敢不具上獻，庶明鄙志所之，塵瀆聖聰，兢惶無措。

優詔嘉之，命藏書府。其書大傳於時，禮樂刑政之源，千載如指諸掌，大爲士君子所稱。

韓愈

《舊唐書》卷一六〇《韓愈傳》 韓愈字退之，昌黎人。父仲卿，無名位。愈生三歲而孤，養於從父兄。愈自以孤子，幼刻苦學儒，不俟獎勵。大曆、貞元之間，文字多尚古學，效楊雄、董仲舒之述作，而獨孤及、梁肅最稱淵奧，儒林推重。愈從其徒遊，鋭意鑽仰，欲自振於一代。洎舉進士，投文於公卿間，故相鄭餘慶頗爲之延譽，由是知名於時。

（清）李清植《歷代名儒傳》卷三 韓愈，字退之，河內南陽人。自知讀書，日記數千百言。比長，盡能通六經、百家學。年二十五，擢進士第。【略】

憲宗迎佛骨入禁中，三日乃送僧寺。王公士庶奔走膜唄，至灼體膚，委珍貝，騰沓係路。愈惡之，上表極諫，帝大怒，將抵以死。裴度、崔羣救之，曰：愈言誠訐牾，然非內懷至忠，安能及此？帝意猶未解，於是中外皆爲愈懼，雖戚里諸貴亦爲言。乃貶潮州刺史。至潮，表謝，帝頗感悟曰：愈前所論是大愛我，然不當言天子事佛乃年促耳。將復召用，皇甫鎛沮之，量予內移，改袁州。愈初至潮，問民疾苦，皆曰：惡溪有鱷魚，食民畜産，民以是窮。愈親往視，投羊豕爲文驅之。是夕，暴風震電，數日溪水盡涸，西徙六十里，自是潮無鱷魚患。袁人以男女爲隸，過期不贖，則没入之。愈至，令得計庸贖歸，因與約，禁其爲隸。召拜國子祭酒，轉兵部侍郎。鎮州亂，殺田弘正而立王庭湊，詔愈往宣撫，衆皆危之。既行，元稹言愈可惜，穆宗亦悔。詔度事從宜無必入。愈曰：止，君之仁；死，臣之義。遂疾驅入，廷湊嚴兵見之。廷湊曰：所以紛紛者，乃此士卒也。愈大聲曰：天子以公爲有將帥材，故賜以節，豈意同賊反耶？語未終，甲士前奮曰：先太師爲國擊朱滔，血衣猶在，此軍何負朝廷乃以爲賊乎？愈曰：以爾爲不記先太師也，若猶記之，固善。且爲逆與順利害，不能遠引古事。自天寶來，安禄山、史思明、李希烈、梁崇義、朱滔、朱泚、吴元濟、李師道，有子若孫在者乎？衆曰：無！愈曰：田公以魏博六州歸朝廷，官中書令，父子受旗節。劉悟、李祐皆大鎮，此爾軍所共聞也。衆曰：弘正刻，故軍不安。愈曰：然爾曹害田公，又殘其家矣，復何道？衆乃讙曰：侍郎語是。廷湊恐衆心動，遽麾使去，泣謂愈曰：今欲廷湊何若？愈曰：神策六軍之將，如牛元翼比者不少，但朝廷顧大體，不可棄而不救。公久圍之，何也？廷湊曰：即當出之。會元翼潰圍出，廷湊不追。愈歸，奏其語，帝大悅。轉吏部侍郎。時，宰相李逢吉惡李紳，欲逐之，乃以愈爲京兆尹兼御史大夫，特詔不臺參，而除紳中丞。愈不參紳，紳遂劾愈，愈以詔自解。臺府文刺紛然，遂罷愈爲兵部侍郎，而出紳江西觀察使。紳見上得留，愈亦復爲吏部侍郎。愈之尹京兆也，六軍將士私相誡曰：是嘗欲燒佛骨者，安可忤？故盜賊止息，遇旱，米價不敢踊。長慶四年卒，年五十七，贈禮部尚書，謚曰文。愈性明鋭，不詭隨。與人交，終始不少變。成就後進士，往往知名，經愈指授，皆稱韓門弟子。凡內外親若交友無後者，爲嫁遺孤女而卹其家。愈少孤，鞠於嫂鄭氏，嫂没，制期喪報之。病革時，遺命喪葬，無不如禮。凡浮圖、陰陽、吉凶、拘忌，一無汙我，其守禮法排異教，至死不變，乃如此。每言文章，自漢司馬相如、太史遷、劉向、揚雄後，作者不世出，故深探本原，卓然樹立，成一家言。其至者奧衍閎深，與孟軻、揚雄相表裏，而佐佑六經。至它文造端置辭，要爲不襲蹈前人者。然惟愈爲之，沛然若有餘。至其徒李翱、李漢、皇甫湜從而效之，遽不及遠甚。從愈游者若孟郊、張籍，亦皆自名於時。

《新唐書・贊》曰：唐興，承五代剖分，文弊質窮。天下已定，治荒剔蠹，討究儒術，薫醲涵浸。至貞元、元和間，愈遂以六經之文爲諸儒倡。愈之才，自視司馬遷、揚雄至班固以下不論也。當其所得，粹然一出於正，刊落陳言，横騖别驅，汪洋大肆，要之無抵捂聖人者。其道蓋自比孟軻，以荀況、揚雄爲未淳，寧不信然。至進諫陳謀，排難卹孤，矯拂媮末，皇皇於仁義，可謂篤道君子矣。自晉迄隋，老佛顯行，聖道不斷如帶。諸儒齮天下正議，助爲怪神。愈獨喟然引聖，争四海之惑，雖蒙訕笑，跲而復奮，始若未之信，卒大顯於時。昔孟軻距楊墨，去孔子才二百年，愈排二家乃去千餘歲，撥衰反正，功與齊而力倍之，所以過況、雄爲不少矣。

程子曰：韓愈，近世豪傑之士也。古之學者，修德則言可不學而能，愈乃以學文之故，日求所未至，故所見甚高。其言曰：軻之死，不得其傳。此非有所襲於前也，若無所見，所謂傳者果何事耶？

論曰：愈因文見道者也，其克己力行，雖不若宋儒之堅確，然不可不謂強有立之士也！讀其所著雜文，不免有求進憤激不平之辭。然始仕於朝，則以諫宫市，忤叔文而貶陽山矣。蹶而復起，不悔，旋以諫佛骨批龍鱗，濱死遠斥。復起，又不悔，更以使廷湊而折強藩。此非有得於朝聞夕死舍生取義者能之乎？至其經世謨猷，畧見於淮西事宜云。

李翱

《舊唐書》卷一六〇《李翱傳》 李翱字習之，涼武昭王之後。父楚金，貝州司法參軍。翱幼勤於儒學，博雅好古，爲文尚氣質。貞元十四年登進士第，授校書郎。三遷至京兆府司録參軍。元和初，轉國子博士、史館修撰。

劉禹錫

《舊唐書》卷一六〇《劉禹錫傳》 劉禹錫字夢得，彭城人。祖雲，父溆，仕歷州縣令佐，世以儒學稱。禹錫貞元九年擢進士第，又登宏辭科。禹錫精於古文，善五言詩，今體文章復多才麗。從事淮南節度使杜佑幕，典記室，尤加禮異。從佑入朝，爲監察御史。與吏部郎中韋執誼相善。【略】

叔文敗，坐貶連州刺史，在道，貶朗州司馬。地居西南夷，土風僻陋，舉目殊俗，無可與言者。禹錫在朗州十年，唯以文章吟詠，陶冶情性。蠻俗好巫，每淫祠鼓舞，必歌俚辭。禹錫或從事於其間，乃依騷人之作，爲新辭以教巫祝。故武陵谿洞間夷歌，率多禹錫之辭也。【略】

元和十年，自武陵召還，宰相復欲置之郎署。時禹錫作《遊玄都觀詠看花君子詩》，語涉譏刺，執政不悦，復出爲播州刺史。詔下，御史中丞裴度奏曰：劉禹錫有母，年八十餘。今播州西南極遠，猿狖所居，人迹罕至。禹錫誠合得罪，然其老母必去不得，則與此子爲死别，臣恐傷陛下孝理之風。伏請屈法，稍移近處。憲宗曰：夫爲人子，每事尤須謹慎，常恐貽親之憂。今禹錫所坐，更合重於他人，卿豈可以此論之？度無以對。良久，帝改容而言曰：朕所言，是責人子之事，然終不欲傷其所親之心。乃改授連州刺史。去京師又十餘年，連刺數郡。

柳宗元

《舊唐書》卷一六〇《柳宗元傳》 柳宗元字子厚，河東人。後魏侍中濟陰公之系孫。曾伯祖奭，高宗朝宰相，父鎮，太常博士，終侍御史。宗元少聰警絶衆，尤精西漢詩騷。下筆搆思，與古爲侔。精裁密緻，璨若珠貝。當時流輩咸推之。登進士第，應舉宏辭，授校書郎、藍田尉。貞元十九年，爲監察御史。【略】

柳州土俗，以男女質錢，過期則没入錢主，宗元革其鄉法。其已没者，仍出私錢贖之，歸其父母。江嶺間爲進士者，不遠數千里皆隨宗元師法；凡經其門，必爲名士。著述之盛，名動於時，時號柳州云。有文集四十卷。元和十四年十月五日卒，時年四十七。子周六、周七，纔三四歲。觀察使裴行立爲營護其喪及妻子還於京師，時人義之。

（清）陸曾禹《康濟録》卷四上《事後之政・贖難賣以全骨月》 柳宗元為柳州刺史，不鄙夷其民，惟務德化。先是以男女質錢，約子本相當則没為奴婢。宗元與民設法，悉令贖歸。衡湘以南，士皆北面稱弟子。

謹案：人知柳柳州以文章鳴世，而不知其以德化民，即如贖子女而歸其父母。其德之施於民也遠矣，羅池廟食有以哉。

白居易

《舊唐書》卷一六六《白居易傳》 白居易字樂天，太原人。北齊五兵尚書建之仍孫。建生士通，皇朝利州都督。士通生志善，尚衣奉御。志善生温，檢校都官郎中。温生鍠，歷酸棗、鞏二縣令。鍠生季庚，建中初爲彭城令。時李正己據河南十餘州叛。正己宗人洧爲徐州刺史，季庚説洧以彭門歸國，因授朝散大夫、大理少卿、徐州别駕，賜緋魚袋，兼徐泗觀察判官。歷衢州、襄州别駕。自鍠至季庚，世敦儒業，皆以明經出身。季庚生居易。初，建立功於高齊，賜田於韓城，子孫家焉，遂移籍同州。至温徙於下邽，今爲下邽人焉。

宋元分部

韓琦

《宋史》卷三一二《韓琦傳》 韓琦字稚圭，相州安陽人。父國華，自有傳。琦風骨秀異，弱冠舉進士，名在第二。方唱名，太史奏日下五色雲見，左右皆賀。授將作監丞、通判淄州，入直集賢院、監左藏庫。時方貴高科，多徑去爲顯職，琦獨滯筦庫，衆以爲非宜，琦處之自若。禁中需金帛，皆内臣直批旨取之，無印可驗，琦請復舊制，置傳宣合同司，以相防察。又每綱運至，必俟内臣監涖，始得受，往往數日不至，暴露廡下。衙校以爲病，琦奏罷之。

歷開封府推官、三司度支判官，拜右司諫。時宰相王隨、陳堯佐，參知政事韓億、石中立，在中書罕所建明，琦連疏其過，四人同日罷。又請停内降，抑僥倖。凡事有不便，未嘗不言，每以明得失、正紀綱、親忠直、遠邪佞爲急，前後七十餘疏。王曾爲相，謂之曰：今言者不激，則多畏顧，何補上德？如君言，可謂切而不迂矣。曾聞望方崇，罕所奬與，琦聞其語，益自信。權知制誥。

益、利歲饑，爲體量安撫使。異時郡縣督賦調繁急，市上供綺繡諸物不予直，琦爲緩調蠲給之，逐貪殘不職吏，汰冗役數百，活飢民百九十萬。【略】

熙寧元年七月，復請相州以歸。河北地震、河決，徙判大名府，充安撫使，得便宜從事。王安石用事，出常平使者散青苗錢，琦亟言之。帝衷其疏以示宰臣，曰：琦真忠臣，雖在外，不忘王室。朕始謂可以利民，今乃害民如此。且坊郭安得青苗，而亦強與之乎？安石勃然進曰：苟從其欲，雖坊郭何害。明日，稱疾不出。當是時，新法幾罷，安石復出，持前議益堅。琦又懇奏，安石下之條例司，令其屬疏駁，刊石頒天下。琦申辨愈切，不克從。於是請解四路安撫使，止領一路，安石欲沮琦，即從之。六年，還判相州。【略】

臣昔年論青苗錢事，言者輒肆厚誣，非陛下之明，幾及大戮。自此，聞新法日下，不敢復言。今親被詔問，事係安危，言及而隱，死有餘罪。臣嘗竊計，始爲陛下謀者，必曰治國之本，當先聚財積穀，募兵於民，則可以鞭笞四夷。故散青苗錢，使民出利；爲免役之法，次第取錢；迨置市易務，而小商細民，無所措手。新制日下，更改無常，官吏茫然，不能詳記，監司督責，以刻爲明。今農怨於畎畝，商歎於道路，長吏不安其職，陛下不盡知也。夫欲攘斥四夷，以興太平，而先使邦本困搖，衆心離怨，此則爲陛下始謀者大誤也。

（宋）李燾《續資治通鑑長編》卷一二〇《宋仁宗景祐四年》 右司諫韓琦上疏曰：臣聞動民以行不以言，應天以實不以文，先儒之大議也。故宋景公熒惑守心，不忍移臣庶之咎，子韋稱君有至德之言，熒惑必徙三舍。此則以實應天之效也。唐明皇以太陽虧蝕，悉令赦徒隸之人，宋璟謂可以至誠動天，不在德音頻降。此則以文應天之弊也。臣伏睹嚮者興國寺雙閣災，延及開先祖殿，不踰數刻，但有遺燼。復聞仰觀垂象，或失經行，蓋人事之已形，致天變之嗣發，其猶影響，諒非徒然。當是時，臣謂陛下宜虚佇以求直言，側身而修庶政。有功則賞，以絶其僥倖之路；有罪則罰，以清其姦慝之源。旌别賢愚，撙節財用。抑宴私過度之樂，休營造不急之務。決獄使之無濫，出令斷於必行。斯所以念祖宗之艱難，答天意之警悟也。而陛下眷三京以肆赦宥，走羣望以罄祠祝，内自禁掖，外及觀寺，並與祭醮，逮越晦朔。今北道數郡，繼以地震上聞，即命使軺，就崇法供，矧兹近塞，俯接殊鄰，豈無間諜之人，往道祈禳之事？徒彰自恐，或誚無稽。雖陛下欽順上天之誠，可謂至矣，其於消伏災眚之道，則猶未然。夫弛刑網以貸頑悖之民，損國貲以奉游惰之輩，將欲召丕貺、感靈心，是猶卻行以求前，揚湯而止沸，無益之驗，信昭昭矣。臣苟隱情惜己，不能獻忠盡言，使陛下常以禮緇黄、薦牲幣為修德除患之本，則臣豈不上負陛下懼災思政之意哉！且地震者，女謁用事，臣下專政之意也。今震在北，或恐上天孜孜譴告，俾思孽敵之為患乎？亦望自今而後，務在嚴飭守臣，密修兵備；審擇才謀之帥，悉去懦武之士；明軍法以整驕怠之卒，豐廪實以增儲偫之具。或曰：今北敵守盟約甚固，奉朝廷有禮，初無釁隙，保不騷動，未可生事，以疑戎心。此寬陛下宵旰之憂可也，為國家之計則疏矣。

旬餘，琦復上疏言：近聞大慶殿及諸處復建道場，及分遣中使篃詣名山福地，以致請禱。臣以謂陛下俛從常禮，不得已而為之，是亦達寅畏之深旨也。臣切以天垂袄象，地見災符，前世之君睹之感悟，以為祈禳之法，則必徹樂減膳、修德理刑，大則下詔以求讜言，側身而避正殿。是以天意悦穆，轉為福應，願陛下法而行之。復恐此後宫中或有宴飲之事，欲望比於常時，稍用減節，不獨仰奉於天戒，斯實上安於聖躬。臣子之心，所以昧萬死而獻言者，正在是也。且大慶殿者，國之路寢，朝之法宫，陛下非行大禮、被法服，則未嘗臨御，臣下非大朝會，則不能一至於庭。豈容僧道凡庸之人，繼日累月，喧雜於上，非所謂正法度而尊威神也。昔唐高祖立皇太子，將會命婦於宣政殿，博士袁利諫曰：前殿正寢，非命婦宴娱之地，望請命婦會於别殿，自可備極恩私。高祖納之，即令移于麟德殿。臣亦望今後凡有道場設醮之類，並於别所安置。惟陛下特霽天威，一加詳納，天下幸甚。

（宋）朱熹《宋名臣言行録後集》卷一《魏國忠獻王韓琦》 民間作銷金服玩，公請以先朝舊制禁絶之，乃下詔申諭。未幾有犯者，開封以刑名未明，申請審刑院議止徒三年。公奏大中祥符八年，敕犯銷金者斬，請復用之。【略】

中書習舊弊，每事必用例，五房史操例在手，顧金錢惟意所去取。所欲與白舉用之，所不欲行或匿例不見。公令删取五房例及刑房斷例，除其冗繆不可用者，為綱目類次之。封縢謹掌，每用例必自閲。自是人知賞罰可否出宰相，五房史不得高下於其間。《行狀》。【略】

公雖在外，然其心常係社稷。至身老而心益篤，雖病不忘國家。或有時聞更祖宗一法度，壞朝廷一紀綱，則泣血終日不食。《别録》。【略】

石守道編《三朝聖政録》，將上，一日求質於公，公指數事。其一，太祖惑一宫鬟，視朝晏，羣臣有言，太祖寤，伺其酣寢刺殺之。公曰：

此豈可為萬世法？己溺之，乃惡其溺而殺之。彼何罪？使其復有變，將不勝其殺矣。遂去此等數事。守道服其清識。《遺事》。

（清）黄宗羲《宋元學案》卷三《高平學案·忠獻韓贛叟先生琦》

韓琦，字稚圭，【略】歷遷監左藏庫。出爲開封府推官、三司度支判官，拜右司諫。時王隨、陳堯佐爲相，韓億、石中立參知政事，先生連疏其過，四人同日罷。又請停内降，抑僥倖。王沂公喜謂先生曰：諫官固宜如此！先生益自信。元昊反，命爲陝西安撫使。進樞密直學士，副夏竦爲經畧安撫、招討使。畫攻守二策入奏，仁宗用攻策，詔鄜延、涇原同出征。大將任福不用命，没于好水川，先生上章自劾，知秦州，尋復之。未幾，還舊職，爲陝西四路經畧安撫、招討使，屯涇州。先生與范文正在兵間久，名重一時，人心歸之，朝廷倚以爲重，故天下稱爲韓范。元昊稱臣，召爲樞密副使。時上急于求治，手詔宰相杜衍曰：朕用韓琦、范仲淹、富弼，皆中外人望。有可施行，宜以時上之。先生條上七事，議稍用。又獻九事，大畧欲備西北，選將帥，明按察，豐財利，遏僥倖，進能吏，退不才，謹入官，去冗食，謂數者之舉，謗必隨之，願委計輔臣，聽其措置，帝悉嘉納。遂宣撫陝西，討平羣盜。歸，陳西北四策。會尹洙與劉滬争城水洛事，先生右洙，朝論不謂然，乃請外，以資政殿學士知揚州。連徙定州，兼安撫使，進大學士，又加觀文殿學士。拜武康軍節度使、知并州，又知相州。嘉祐元年，召爲工部尚書、三司使。未至，迎拜樞密使。三年六月，拜同中書門下平章事、集賢殿大學士，遷刑部尚書。六年閏八月，遷昭文館大學士、監修國史，封儀國公。至和中，上病不能御殿，中外惴恐，臣下争以立嗣固根本爲言，包拯、范鎮尤激切。積五六歲，依違未之行，言者亦稍怠。至是，先生乘間懷《漢書·孔光傳》以進曰：成帝立弟之子，彼中材之主猶如是，况陛下乎！帝乃立宗實。宗實，英宗舊名也。明年，英宗嗣位，以先生爲仁宗山陵使，加門下侍郎，封衛國公。門人親客或從容語及定策事，先生必正色曰：此仁宗聖德神斷，皇太后内助之力，臣子何與焉！英宗暴得疾，太后不悦。一日，先生獨見上，上曰：太后待我無恩。先生對曰：自古聖帝明王，不爲少矣，然獨稱舜爲大孝，豈其餘盡不孝邪？父母慈愛而子孝，此常事，不足道。惟父母不慈而子不失孝，乃爲可稱。但恐陛下事之未至爾，父母豈有不慈者哉！帝大感悟，拜先生右僕射，封魏國公。帝崩，奉詔立神宗，拜司空兼侍中，爲英宗山陵使。先生執政三世，或病其專，先生堅辭位，除鎮安武勝軍節度使、司徒兼侍中、判相州。入對，帝泣曰：侍中必欲去，今日已降制矣。賜興道坊宅一區。熙寧元年七月，復諸相州以歸。王安石用事，出常平使者散青苗錢，先生亟言之。帝懷其疏以示宰相曰：琦真忠臣，雖在外，不忘王室。朕始謂可以利民，今乃害民如此！是時新法幾罷。安石復出，持前議益堅，于是先生請解四路安撫使，止領一路。六年，還判相州。既至之二年，换節永興，未拜而卒，年六十八。前一夕，大星隕于治所。帝哭之慟，篆其碑曰兩朝顧命定策元勳。贈尚書令，謚曰忠獻，配享英宗廟庭。常令其子若孫一人官于相，以護丘墓。先生識量英偉，重厚比周勃，政事比姚崇。其所建請，顧義所在，無適莫心。嘗處危疑之際，或諫自保，先生歎曰：是何言也！人臣盡力事君，死生以之。至于成敗，天也，豈可豫憂其不濟，遂輟不爲哉！生平折節下士，尤以獎拔人材爲急。王介甫有盛名，或以爲可用，先生獨不然之。及守相，陛辭，神宗問王安石何如，對曰：安石爲翰林學士則有餘，處輔弼之地則不可。與富鄭公齊名，號稱賢相，人又謂之富韓云。

文彦博

《宋史》卷三一三《文彦博傳》 文彦博字寬夫，汾州介休人。其先本敬氏，以避晉高祖及宋翼祖諱改焉。少與張昪、高若訥從潁昌史炤學，炤母異之，曰：貴人也。待之甚厚。及進士第，知翼城縣，通判絳州，爲監察御史，轉殿中侍御史。

西方用兵，偏校有臨陳先退、望敵不進者，大將守著令皆申覆。彦博言：此可施之平居無事時爾。今擁兵數十萬，而將權不專，兵法不峻，將何以濟？仁宗嘉納之。黄德和之誣劉平降虜也，以金帶賂平奴，使附己説以證。平家二百口皆械繫。詔彦博置獄于河中，鞫治得實。德和黨援盛，謀翻其獄，至遣他御史來。彦博拒不納，曰：朝廷慮獄不就，故遣君。今案具矣，宜亟還，事或弗成，彦博執其咎。德和并奴卒就誅。【略】

夏人犯大順，慶帥李復圭以陳圖方略授鈐轄李信等，趣使出戰。及敗，乃妄奏信罪。彦博暴其非，宰相王安石曲誅信等，秦人寃之。慶州兵亂，彦博言於帝曰：朝廷行事，務合人心，宜兼采衆論，以静重爲先。陛下厲精求治，而人心未安，蓋更張之過也。祖宗法未必皆不可行，但有偏而不舉之敝爾。安石知爲己發，奮然排之曰：求去民害，何爲不可？若萬事隳脞，乃西晉之風，何益於治？御史張商英欲附安石，摭樞密使他事以搖彦博，坐不實貶。彦博在樞府九年，又以極論市易司監賣果實，損國體斂民怨，爲安石所惡，力引去。拜司空、河東節度使、判河陽，徙大名府。身雖在外，而帝眷有加。

（宋）朱熹《宋名臣名言録後集》卷三《潞國忠烈公文彦博》 前三司使王拱辰請榷河北鹽，既立法矣而未下。公見上，問曰：河北再榷鹽，何也？仁宗驚曰：始立法非再也。公曰：周世宗榷河北鹽，犯輒處死。世宗北伐，父老遮道泣訴，願以鹽課均之兩税而弛其禁。世宗許之。今兩税鹽錢是也，豈非再榷乎？仁宗大悟，曰：卿語宰相立罷之。公曰：法雖未下，民已户知之。當直以手詔罷，不可自有司出也。仁宗大喜，命公密撰手詔罷之。河朔父老相率拜迎於澶州，為佛老會者七日以報上恩。且刻詔書北京。至今，父老過其下必稽首流涕。

又： 知陳州時，方置條例司行新法，率欲以豊財而强兵。公因陛辭，極論其害，皆深言危語。曰：水所以載舟，亦所以覆舟。兵猶火也，不戢，當自焚。若行新法不已，其極必有覆舟、自焚之憂。上雅敬公，不甚其言，曰：能少留乎？曰：退即行矣。上亦悵然。

（清）黄宗羲《宋元學案》卷二《泰山學案·忠烈文先生彦博》 神宗朝，累拜太尉。請老，以太師致仕，居洛陽。元祐初，司馬温公薦先生宿德元老，宜起以自輔，宣仁后命平章軍國重事。居五年，復致仕。紹聖初，章惇秉政，言者論先生朋附温公，詆毁先烈，降太子少保。卒，年九十二。先生歷事四朝，任將相五十年，名聞四夷。平居接物謙下，尊德樂善，如恐不及。其在洛也，洛人邵康節及程明道兄弟皆以道自重，賓接之如布衣交。崇寧中，預元祐黨籍。後特命出籍，追復太師，謚曰忠烈。

范仲淹

《宋史》卷三一四《范仲淹傳》 范仲淹字希文，唐宰相履冰之後。其先，邠州人也，後徙家江南，遂爲蘇州吴縣人。仲淹二歲而孤，母更適長山朱氏，從其姓，名説。少有志操，既長，知其世家，迺感泣辭母，去之應天府，依戚同文學。晝夜不息，冬月憊甚，以水沃面；食不給，至以糜粥繼之，人不能堪，仲淹不苦也。舉進士第，爲廣德軍司理參軍，迎其母歸養。改集慶軍節度推官，始還姓，更其名。

監泰州西溪鹽税，遷大理寺丞，徙監楚州糧料院，母喪去官。晏殊知應天府，聞仲淹名，召寘府學。上書請擇郡守，舉縣令，斥游惰，去冗僭，慎選舉，撫將帥，凡萬餘言。服除，以殊薦，爲祕閣校理。仲淹汎通《六經》，長於《易》，學者多從質問，爲執經講解，亡所倦。嘗推其奉以食四方游士，諸子至易衣而出，仲淹晏如也。每感激論天下事，奮不顧身，一時士大夫矯厲尚風節，自仲淹倡之。

天聖七年，章獻太后將以冬至受朝，天子率百官上壽。仲淹極言之，且曰：奉親于内，自有家人禮，顧與百官同列，南面而朝之，不可爲後世法。且上疏請太后還政，不報。尋通判河中府，徙陳州。時方建太一宫及洪福院，市材木陝西。仲淹言：昭應、壽寧，天戒不遠。今又侈土木，破民産，非所以順人心、合天意也。宜罷修寺觀，減常歲市木之數，以蠲除積負。又言：恩倖多以内降除官，非太平之政。事雖不行，仁宗以爲忠。【略】

久之，元昊歸陷將高延德，因與仲淹約和，仲淹爲書戒喻之。會任福敗於好水川，元昊答書語不遜，仲淹對來使焚之。大臣以爲不當輒通書，又不當輒焚之，宋庠請斬仲淹，帝不聽。降本曹員外郎、知耀州，徙慶州，遷左司郎中，爲環慶路經略安撫、緣邊招討使。初，元昊反，陰誘屬羌爲助，而環慶酋長六百餘人，約爲鄉道，事尋露。仲淹以其反復不常也，至部即奏行邊，以詔書犒賞諸羌，閲其人馬，爲立條約：若讎已和斷，輒私報之及傷人者，罰羊百、馬二，已殺者斬。負債争訟，聽告官爲理，輒質縛平人者，罰羊五十、馬一。賊馬入界，追集不赴隨本族，每戶罰羊二，質其首領。賊大入，老幼入保本砦，官爲給食；即不入砦，本家罰羊二；全族不至，質其首領。諸羌皆受命，自是始爲漢用矣。【略】

帝方鋭意太平，數問當世事，仲淹語人曰：上用我至矣，事有先後，久安之弊，非朝夕可革也。帝再賜手詔，又爲之開天章閣，召二府條對，仲淹皇恐，退而上十事：

一曰明黜陟。二府非有大功大善者不遷，内外須在職滿三年，在京百司非選舉而授，須通滿五年，乃得磨勘，庶幾考績之法矣。二曰抑僥倖。罷少卿、監以上乾元節恩澤；正郎以下若監司、邊任，須在職滿二年，始得蔭子；大臣不得薦子弟任館閣職，任子之法無冗濫矣。三曰精貢舉。進士、諸科請罷糊名法，參考履行無闕者，以名聞。進士先策論，後詩賦，諸科取兼通經義者。賜第以上，皆取詔裁。餘優等免選注官，次第人守本科選。進士之法，可以循名而責實矣。四曰擇長官。委中書、樞密院先選轉運使、提點刑獄、大藩知州；次委兩制、三司、御史臺、開封府官、諸路監司舉知州、通判；知州通判舉知縣、令。限其人數，以舉主多者從中書選除。刺史、縣令，可以得人矣。五曰均公田。外官廩給不均，何以求其爲善耶？請均其入，第給之，使有以自養，然後可以責廉節，而不法者可誅廢矣。六曰厚農桑。每歲預下諸路，風吏民言農田利害，堤堰渠塘，州縣選官治之。定勸課之法以興農利，減漕運。江南之圩田，浙西之河塘，隳廢者可興矣。七曰修武備。約府兵法，募畿輔彊壯爲衛士，以助正兵。三時務農，一時教戰，省給贍之費。畿輔有成法，則諸道皆可舉行矣。八曰推恩信。赦令有所施行，主司稽違者，重置於法；别遣使按視其所當行者，所在無廢格上恩者矣。九曰重命令。法度所以示信也，行之未幾，旋即釐改。請政事之臣參議可以久行者，删去煩冗，裁爲制敕行下，命令不至於數變更矣。十曰減徭役。户口耗少而供億滋多，省縣邑户少者爲鎮，併使、州兩院爲一，職官白直，給以州兵，其不應受役者悉歸之農，民無重困之憂矣。

天子方信嚮仲淹，悉采用之，宜著令者，皆以詔書畫一頒下；獨府兵法，衆以爲不可而止。

（清）畢沅《續資治通鑑》卷四〇《宋紀四〇》 丙戌，天章閣待制、權知開封府范仲淹，落職知饒州。

仲淹言事無所避，大臣權倖多惡之。時吕夷簡執政，仕進者往往出其門。仲淹言：官人之法，人主當知其遲速升降之序，進退近臣，不宜全委宰相。又上《百官圖》，指其次第曰：如此爲序遷，如此爲不次，如此則公，如此則私，不可不察。夷簡滋不悦。

帝嘗以遷都事訪諸夷簡，夷簡曰：仲淹迂闊，務名無實。仲淹聞之，爲四論以獻：一曰《帝王好尚》，二曰《選賢任能》，三曰《近名》，四曰《推委》，大抵譏指時政。又言：漢成帝信張禹，不疑舅家，故有王莽之亂，臣恐今日朝廷亦有張禹壞陛下家法，不可不早辨也。夷簡大怒，以仲淹語辨於帝前，且訴仲淹越職言事，薦引朋黨，離間君臣。仲淹亦交章對析，辭愈切，由是降出。侍御史韓縝，希夷簡意，請以仲淹朋黨榜朝堂，戒百官越職言事，從之。

時治朋黨方急，士大夫畏宰相，少肯送仲淹者。天章閣待制李紘、集賢校理王質，皆載酒往餞，質又獨留語數夕。或以誚質，質曰：希文賢者，得爲朋黨，幸矣。希文，仲淹字也。質嘗知蔡州，州人歲時祠吴元濟廟。質曰：安有逆醜而廟食者！毁之，更立狄仁傑、李愬像，祠之。

范仲淹既貶，諫官、御史莫敢言，祕書丞、集賢校理余靖言：仲淹前所言事在陛下母子、夫婦之間，猶以其合典禮故加優奬；今坐刺譏大臣，重加譴責。儻其言未協聖慮，在陛下聽與不聽耳，安可以爲罪乎！汲黯在廷，以平津爲多詐，張昭論將，以魯肅爲粗疏，漢皇、吴主，兩用無猜，陛下自親政以來，三逐言事者，恐非太平之政也。請速改前命。壬辰，靖落職監筠州酒税。

乙未，貶太子中允、館閣校勘尹洙爲崇信軍節度掌書記，監郢州酒税。

先是洙上言：臣嘗以范仲淹直諒不回，義兼師友。自其被罪，朝中多去〔云〕臣亦被其薦論，仲淹既以朋黨得罪，臣固當從坐，乞從降黜，以明典憲。宰相怒，遂逐之。

戊戌，貶鎮南節度掌書記、館閣校勘歐陽修爲夷陵縣令。

初，右司諫高若訥言：范仲淹貶職之後，遵奉敕榜，不敢妄有營救。今歐陽修移書抵臣，言仲淹平生剛正，通古今，班行中無與比者。責臣不能辨仲淹非辜，猶能以面目見士大夫，出入朝中稱諫官，及謂臣不復知人間有羞恥事。仍言今日天子與宰臣以迕意逐賢人，責臣不敢言。臣謂賢人者，國家恃以爲治也，若陛下以迕意逐之，臣合諫；宰臣以迕意逐之，臣合爭。范仲淹頃以論事切直，亟加進用；今兹狂言，自取譴辱，豈得謂之非辜！恐中外聞之，謂天子以迕意逐賢人，所損不細。請令有司召修戒諭，免惑衆聽。因繳進修書，修坐是貶。

西京留守推官仙游蔡襄，作《四賢一不肖詩》，四賢，指仲淹、靖、洙、修；不肖，斥若訥也。

泗州通判陳恢，尋上章乞根究作詩者罪，左司諫韓琦，劾恢越職希恩，宜重貶，不報，而襄事亦寢。

光禄寺主簿蘇舜欽上疏言：孔道輔、范仲淹，剛直不撓，致位臺諫，後雖改他官，不忘獻納。二臣者非不知緘口數年，坐得卿輔，蓋不願負陛下委注之意；而皆罷中傷，竄謫而去，使正臣奪氣，鯁士咋舌。昔晉侯問叔向曰：國家之患孰爲大？對曰：大臣持禄而不及諫，小臣畏罪而不敢言，下情不得上通，此患之大者。今國家班設爵位，當責其公忠，安可教之循默！賞之使諫，尚恐不言，罪其敢言，孰肯獻納！物情閉塞，上位孤危，軫念於兹，可爲驚怛！覬望陛下發德音，寢前詔，勤於采納，可常守隆平。若詔榜未削，欺罔成風，則不惟堂下遠於千里，竊恐指鹿爲馬之事復見於今朝矣。

（清）畢沅《續資治通鑑》卷五二《宋紀五二》　仲淹少有大志，於富貴、貧賤、毁譽、歡戚，不一動其心，而慨然有志于天下，常自誦曰：士當先天下之憂而憂，後天下之樂而樂也。每感激論天下事，奮不顧身，一時士大夫矯厲尚風節，自仲淹創之。性至孝，以母在時方貧，其後雖貴，非賓客不重肉，妻子衣食僅能自充；而好施予，置義莊里中，以贍族人。守杭之日，子弟知其有退志，乘間請治第洛陽，樹園圃，爲逸老地。仲淹曰：人苟有道義之樂，形骸可外，況居室乎！吾今年踰六十，生且無幾，乃謀治第樹園圃，顧何待而居乎！吾所患在位高而艱退，不患退而無居也。且西都士大夫園林相望，爲主人者莫得常游，而誰獨障吾游者！豈必有諸己而後爲樂邪！及卒，贈兵部尚書，謚文正，又遣使就問其家。既葬，帝親書其碑曰褒賢之碑。

仲淹爲政主忠厚，所至有恩，邠、慶二州之民與屬羌皆畫像立生祠事之。其卒也，羌酋數百人哭之如父，齋三日而去。

（清）黄宗羲《宋元學案》卷三《高平學案・文正范希文先生仲淹》　范仲淹，字希文。【略】遷大理寺丞，徙監楚州糧料院，母喪去官。服除，薦爲祕閣校理。尋通判河中府，徙陳州。時方建太乙宫及洪福院，市材木陝西。先生言：昭應、壽寧，天戒不遠。宜罷修寺觀，减常歲市木之數，以蠲除積負。事雖不行，仁宗以爲忠。章獻太后崩，召爲右司諫。歲大蝗旱，江、淮、京東滋甚。先生出撫江、淮，所至開倉賑撫，且禁民淫祀。奏蠲廬、舒折役茶，江東丁口鹽錢，且條上捄弊十事。會郭皇后廢，爭不能得，出知睦州。歲餘，徙蘇州。州大水，民田不得耕，先生疏五河，導太湖注之海，募人興作。未就，尋徙明州，轉運使奏留先生畢其役，許之。歷轉吏部員外郎、權知開封府。時吕夷簡執政，進用者多出其門。先生上《百官圖》指其次第，且言超格者不宜全委之宰相，夷簡忌之。他日論建都之事，復與夷簡不合，迺爲四論以獻，大抵譏切時政，且以張禹目之。夷簡訴曰：仲淹離間陛下君臣，所引用皆朋黨也。先生對益切，由是罷知饒州。歲餘，徙潤州，又徙越州。元昊反，召爲天章閣待制、知永興軍，改陝西都轉運使。會夏竦爲陝西經畧安撫、招討使，進先生龍圖閣直學士副之。夷簡再入相，帝諭先生，使釋前憾。先生頓首謝曰：臣嚮輪蓋國家事，于夷簡無憾也。延州諸砦多失守，先生自請行，遷户部郎中兼知延州。累以邊功進樞密直學士、右諫議大夫，開府涇州。先生爲將，號令明白，愛撫士卒，諸羌來者推心接之，故賊亦不敢犯。元昊請和，召拜樞密副使。王舉正懦默不任事，諫官歐陽修等言先生有相材，請代舉正，遂改參知政事。固辭不拜，命爲陝西宣撫使。未行，復除參知政事。會王倫寇淮南，帝開天章閣，召二府條對。先生上十事：一曰明黜陟，二曰抑僥倖，三曰精貢舉，四曰擇長官，五曰均公田，六曰厚農桑，七曰修武備，八曰推恩信，九曰重命令，十曰减徭役。所言切中時弊，帝悉采用，著爲令。初，先生以忤吕夷簡，放逐者數年。士大夫持二人曲直，交指爲朋黨。及陝西用兵，天子以先生士望所屬，超擢不次。及夷簡罷，召還，倚以爲治，中外想望其功業。而先生以天下爲己任，裁削倖濫，考覈官吏，僥倖者不便，于是謗毁稍行，而朋黨之論浸聞上矣。會邊陲有警，先生復請行邊，乃以先生爲河東、陝西宣撫使。麟州新罹大寇，言者多請棄之，先生爲修故砦，招還流亡三千餘户，蠲其税。比去，攻者益急，先生亦自請罷，迺以爲資政殿學士、陝西四路宣撫使、知邠州。其在中書所施爲，亦稍稍沮罷。以疾請鄧州。進給事中，徙荆南，鄧人遮使者請留，先生亦願留鄧，許之。尋徙杭州，再遷户部侍郎，徙青州。會病甚，請潁州，未至而卒，年六十四。贈兵部尚書，謚文正。既葬，帝親書其碑曰褒賢之碑。先生泛通《六經》，尤長于《易》，學者多從質問，爲執經講解亡所倦。并推其俸以食四方遊士，士多出其門下。嘗自誦其志曰：先天下之憂而憂，後天下之樂而樂。感論國事，時至泣下。一時士大夫矯厲尚風節，自先生倡之。史傳稱先生内剛外和，汎愛樂善。好施予，置義莊里中，以贍族人，里巷之人皆樂道其名字。死之日，聞者莫不歎息。所著《丹陽集》若干卷，《奏議》若干卷。雲濠案：《丹陽集》二十卷，《奏議》十七卷。

（宋）范仲淹《范文正集·補編》卷二《宋太師中書令兼尚書令魏國公文正公傳》 公諱仲淹，字希文，唐宰相履冰十世孫。其先邠州人也，濬按唐宰相懷州河内人，麗水丞幽州人。今云邠州人，當是麗水丞之先世，復遷居於此。高祖隋唐懿宗時，調官處州麗水縣丞，因徙家江南，遂世爲蘇州吴縣人。曾祖夢齡、祖贊時、父墉俱仕吴越，後父隨錢俶歸宋，終徐州節度掌書記，後以公及諸孫貴皆贈太師，以徐唐周三大國追封三代。祖考父爲周國第三子，太宗端拱二年己丑，生於徐州官舍，二歲而孤，母謝夫人貧無依，更適池州長山朱氏，濬按周國公卒時，時中舍最長方六歲，次鎡亦不過四五齡，考宋官制掌書記，秩列三班之末。周國從錢氏歸朝十餘年間，自冀而蜀而徐，匍匐以就微禄，一旦捐館，去鄉千里，三稚幼弱，此太夫人所以貧而無依也。厥後中舍二兄歸吴，而文正未離襁褓遂隨育於朱氏。從其姓，名説。既長，知其世家，感泣辭母，去之應天府，今河南歸德府。依戚同文學。晝夜不息，冬月憊甚，以水沃面；食不給，以糜粥繼之，人不能堪，公不苦也。真宗大中祥符五年禮部舉第一，八年登蔡齊榜進士第，為廣德軍司李參軍，迎其母歸養。改集慶軍節度推官，始還姓，更今名。【略】

初仁宗以前天下州縣未嘗立學，公自始筮仕以迄參大政其間，歷守諸州郡所在，必開設學校率先訓督，教育多士。首以吴郡所卜居之宅，奏請立郡學。至慶歷四年詔州縣皆立學，從公請也。康定用兵時，鳳翔張載方年十八，慨然以功名自許，上書謁公，公知其遠器，乃抑之曰：儒者自有名教可樂，何事於兵，因勸其讀《中庸》，又授太山孫明復以《春秋》，其後皆成名儒。公之好明經術有功理學者如此。性至孝，以母在時方貧，後雖貴，非賓客不重肉。妻子衣食，僅能自充。身歿之後，諸子家貧無歸，日借官屋以居，僅蔽風雨。而獨好施予，置義莊里中，以贍族人。創立規法以垂永久。汎愛樂善，士多出其門，雖里巷之人，皆能道其名字。卒之日，四方聞者，皆為歎息。為西帥時，所得朝廷賜賚，悉以給將士，故人樂為用。又為政尚忠厚，所至有恩，諸蕃質子縱其出入無一人逃者，蕃酋來見召之卧内，徹衛與語，邠慶二州之民與屬羌，皆畫像立生祠事之。及卒，羌酋數百人，哭之如父，齋三日而去。元祐中贈太師中書令，兼尚書令追封楚國公。靖康初，復追封魏國公，後賜廟號曰忠烈。所著有文集二十卷，奏議十七卷，政府論事三卷，別集五卷行於世。四子：純佑、純仁、純禮、純粹，別有傳。史臣論曰：自古一代帝王之興，必有一代名世之臣。宋有仲淹諸賢，無愧乎此。仲淹初在制中，遺宰相書，極論天下事，他日為政，盡行其言。諸葛孔明草廬始見昭烈數語，生平事業備見於是。豪傑自知之審，類如是乎！攷其當朝，雖不能久，然先憂後樂之志，海内固已信其有弘毅之器，足任斯責。使究其所欲為，豈讓古人哉！

范純仁

《宋史》卷三一四《范純仁傳》 〔范〕純仁字堯夫，其始生之夕，母李氏夢兒墮月中，承以衣裾，得之，遂生純仁。資警悟，八歲，能講所授書。以父任爲太常寺太祝。中皇祐元年進士第，調知武進縣，以遠親不赴；易長葛，又不往。仲淹曰：汝昔日以遠爲言，今近矣，復何辭？純仁曰：豈可重於禄食，而輕去父母邪？雖近，亦不能遂養焉。仲淹門下多賢士，如胡瑗、孫復、石介、李覯之徒，純仁皆與從游。晝夜肄業，至夜分不寢，置燈帳中，帳頂如墨色。【略】

簽書許州觀察判官、知襄邑縣。縣有牧地，衛士牧馬，以踐民稼，純仁捕一人杖之。牧地初不隸縣，主者怒曰：天子宿衛，令敢爾邪？白其事于上，劾治甚急。純仁言：養兵出於稅畝，若使暴民田而不得問，稅安所出？詔釋之，且聽牧地隸縣。凡牧地隸縣，自純仁始。時旱久不雨，純仁籍境內賈舟，諭之曰：民將無食，爾所販五穀，貯之佛寺，候食闕時吾爲糶之。衆賈從命，所蓄十數萬斛。至春，諸縣皆饑，獨境內民不知也。

治平中，擢江東轉運判官，召爲殿中侍御史，遷侍御史。時方議濮王典禮，宰相韓琦、參知政事歐陽脩等議尊崇之。翰林學士王珪等議，宜如先朝追贈期親尊屬故事。純仁言：陛下受命仁宗而爲之子，與前代定策入繼之主異，宜如王珪等議。繼與御史呂誨等更論奏，不聽。純仁還所授告敕，家居待罪。既而皇太后手書尊王爲皇，夫人爲后。純仁復言：陛下以長君臨御，奈何使命出房闈，異日或爲權臣矯託之地，非人主自安計。尋詔罷追尊，起純仁就職。純仁請出不已，遂通判安州，改知蘄州。歷京西提點刑獄、京西陝西轉運副使。

召還，神宗問陝西城郭、甲兵、糧儲如何，對曰：城郭粗全，甲兵粗修，糧儲粗備。神宗愕然曰：卿之才朕所倚信，何爲皆言粗？對曰：粗者未精之辭，如是足矣。願陛下且無留意邊功，若邊臣觀望，將爲他日意外之患。拜兵部員外郎，兼起居舍人、同知諫院。奏言：王安石變祖宗法度，掊克財利，民心不寧。《書》曰：怨豈在明，不見是圖。願陛下圖不見之怨。神宗曰：何謂不見之怨？對曰：杜牧所謂天下之人，不敢言而敢怒是也。神宗嘉納之，曰：卿善論事，宜爲朕條古今治亂可爲監戒者。乃作《尚書解》以進，曰：其言，皆堯、舜、禹、湯、文、武之事也。治天下無以易此，願深究而力行之。加直集賢院、同修起居注。

神宗切於求治，多延見疏逖小臣，咨訪闕失。純仁言：小人之言，聽之若可采，行之必有累。蓋知小忘大，貪近昧遠，願加深察。富弼在相位，稱疾家居。純仁言：弼受三朝眷倚，當自任天下之重，而恤己深於恤物，憂疾過於憂邦，致主處身，二者胥失。弼與先臣素厚，臣在諫省，不敢私謁以致忠告，願示以此章，使之自省。又論呂誨不當罷御史中丞，李師中不可守邊。

及薛向任發運使，行均輸法於六路。純仁言：臣嘗親奉德音，欲修先王補助之政。今乃效桑羊均輸之法，而使小人爲之，掊克生靈，斂怨基禍。安石以富國強兵之術，啓迪上心，欲求近功，忘其舊學。尚法令則稱商鞅，言財利則背孟軻，鄙老成爲因循，棄公論爲流俗，異己者爲不肖，合意者爲賢人。劉琦、錢顗等一言，便蒙降黜。在廷之臣，方大半趨附，陛下又從而驅之，其將何所不至。道遠者理當馴致，事大者不可速成，人材不可急求，積敝不可頓革。儻欲事功亟就，必爲憸佞所乘，宜速還言者而退安石，答中外之望。不聽。遂求罷諫職，改判國子監，去意愈確。執政使諭之曰：毋輕去，已議除知制誥矣。純仁曰：此言何爲至於我哉，言不用，萬鍾非所顧也。

其所上章疏，語多激切。神宗悉不付外，純仁盡録申中書，安石大怒，乞加重貶。神宗曰：彼無罪，姑與一善地。命知河中府，徙成都路轉運使。以新法不便，戒州縣未得遽行。安石怒純仁沮格，因讒者遣使欲捃摭私事，不能得。使者以他事鞭傷傳言者，屬官喜謂純仁曰：此一事足以塞其謗，請聞于朝。純仁既不奏使者之過，亦不折言者之非。後竟坐失察僚佐燕游，左遷知和州，徙邢州。未至，加直龍圖閣、知慶州。

過闕入對，神宗曰：卿父在慶著威名，今可謂世職。卿隨父既久，兵法必精，邊事必熟。純仁揣神宗有功名心，即對曰：臣儒家，未嘗學兵，先臣守邊時，臣尚幼，不復記憶，且今日事勢宜有不同。陛下使臣繕治城壘，愛養百姓，不敢辭；若開拓侵攘，願別謀帥臣。神宗曰：卿之才何所不能，顧不肯爲朕悉心爾。遂行。

秦中方饑，擅發常平粟振貸。僚屬請奏而須報，純仁曰：報至無及矣，吾當獨任其責。或謗其所全活不實，詔遣使按視。會秋大稔，民讙曰：公實活我，忍累公邪？晝夜爭輸還之。使者至，已無所負。邠、寧間有叢冢，使者曰：全活不實之罪，於此得矣。發冢籍骸上之。詔本路監司窮治，迺前帥楚建中所封也。朝廷治建中罪，純仁上疏言：建中守法，申請間不免有殍死者，已坐罪罷去。今緣按臣而及建中，是一罪再刑也。建中猶贖銅三十斤。環州种古執熟羌爲盜，流南方，過慶呼冤，純仁以屬吏，非盜也。古避罪讕訟，詔御史治于寧州。純仁就逮，民萬數遮馬涕泗，不得行，至有自投于河者。獄成，古以誣告謫。亦加純仁以他過，黜知信陽軍。

移齊州。齊俗凶悍，人輕爲盜刼。或謂：此嚴治之猶不能戢，公一以寬，恐不勝其治矣。純仁曰：寬出於性，若強以猛，則不能持久；猛而不久，以治凶民，取玩之道也。有西司理院，繫囚常滿，皆屠販盜竊而督償者。純仁曰：此何不保外使輸納邪？通判曰：此釋之，復紊，官司往往待其以疾斃於獄中，是與民除害爾。純仁曰：法不至死，以情殺之，豈理也邪？盡呼至庭下，訓使自新，即釋去。期歲，盜減比年大半。丐罷，提舉西京留司御史臺。時耆賢多在洛，純仁及司馬光，皆好客而家貧，相約爲真率會，脱粟一飯，酒數行，洛中以爲勝事。復知河中，諸路閲保甲妨農，論救甚力。録事參軍宋儋年暴死，純仁使子弟視喪，小殮，口鼻血出。純仁疑其非命，按得其妾與小吏姦，因會，寘毒鼈肉中。純仁問食肉在第幾巡，曰：豈有既中毒而尚能終席者乎？再訊之，則儋年素不食鼈，其曰毒鼈肉者，蓋妾與吏欲爲變獄張本，以逃死爾。實儋年醉歸，毒於酒而殺之。遂正其罪。

哲宗立，復直龍圖閣、知慶州。召爲右諫議大夫，以親嫌辭，改天章閣待制兼侍講，除給事中。時宣仁后垂簾，司馬光爲政，將盡改熙寧、元豐法度。純仁謂光：去其泰甚者可也。差役一事，尤當熟講而緩行，不然，滋爲民病。願公虚心以延衆論，不必謀自己出；謀自己出，則謟諛得乘間迎合矣。役議或難回，則可先行之一路，以觀其究竟。光不從，持之益堅。純仁曰：是使人不得言爾。若欲媚公以爲容悦，何如少年合安石以速富貴哉。又云：熙寧按問自首之法，既已改之，有司立文太深，四方死者視舊數倍，殆非先王寧失不經之意。純仁素與光同志，及臨事規正，類如此。初，种古因誣純仁停任。至是，純仁薦爲永興軍路鈐轄，又薦知隰州。每自咎曰：先人與种氏上世有契義，純仁不肖，爲其子孫所訟，寧論曲直哉。

元祐初，進吏部尚書，數日，同知樞密院事。初，純仁與議西夏，請罷兵棄地，使歸所掠漢人，執政持之未決。至是，乃申前議，又請歸一漢人予十縑。事皆施行。邊俘鬼章以獻，純仁請誅之塞上，以謝邊人，不聽。議者欲致其子，收河南故地，故赦不殺。後又欲官之，純仁復固争，然鬼章子卒不至。

三年，拜尚書右僕射兼中書侍郎。純仁在位，務以博大開上意，忠篤革士風。章惇得罪去，朝廷以其父老，欲畀便郡，既而中止。純仁請置往咎而念其私情。鄧綰帥淮東，言者斥之不已。純仁言：臣嘗爲綰誣奏坐黜，今日所陳爲綰也，左降不宜録人之過太深。宣仁后嘉納。因下詔：前日希合附會之人，一無所問。

學士蘇軾以發策問爲言者所攻，韓維無名罷門下侍郎補外。純仁奏軾無罪，維盡心國家，不可因譖黜官。及王覿言事忤旨，純仁慮朋黨將熾，與文彦博、吕公著辨於簾前，未解。純仁曰：朝臣本無黨，但善惡邪正，各以類分。彦博、公著皆累朝舊人，豈容雷同罔上。昔先臣與韓琦、富弼同慶曆柄任，各舉所知。當時飛語指爲朋黨，三人相繼補外。造謗者公相慶曰：一網打盡。此事未遠，願陛下戒之。因極言前世朋黨之禍，并録歐陽脩《朋黨論》以進。

知漢陽軍吴處厚傅致蔡確安州《車蓋亭詩》，以爲謗宣仁后，上之。諫官欲寘於典憲，執政右其説，唯純仁與左丞王存以爲不可。争之未定，聞太師文彦博欲貶於嶺嶠，純仁謂左相吕大防曰：此路自乾興以來，荆棘近七十年，吾輩開之，恐自不免。大防遂不敢言。及確新州命下，純仁於宣仁后簾前言：聖朝宜務寬厚，不可以語言文字之間曖昧不明之過，誅竄大臣。今舉動宜與將來爲法，此事甚不可開端也。且以重刑除惡，如以猛藥治病，其過也，不能無損焉。又與王存諫於哲宗，退而上疏，其略云：蓋如父母之有逆子，雖天地鬼神不能容貸，父子至親，主於恕而已。若處之必死之地，則恐傷恩。確卒貶新州。

大防奏確黨人甚盛，不可不問。純仁面諫朋黨難辨，恐誤及善人。遂上疏曰：朋黨之起，蓋因趣向異同，同我者謂之正人，異我者疑爲邪黨。既惡其異我，則逆耳之言難至；既喜其同我，則迎合之佞日親。以至真僞莫知，賢愚倒置，國家之患，率由此也。至如王安石，止因喜同惡異，遂至黑白不分，至今風俗，猶以觀望爲能，後來柄臣，固合永爲商鑑。今蔡確不必推治黨人，旁及枝葉。臣聞孔子曰：舉直錯諸枉，能使枉者直。則是舉用正直，而可以化枉邪爲善人，不仁者自當屏迹矣。何煩分辨黨人，或恐有傷仁化。司諫吴安詩、正言劉安世交章擊純仁黨確，純仁亦力求罷。

明年，以觀文殿學士知潁昌府。踰年，加大學士、知太原府。其境土狹民衆，惜地不葬。純仁遣僚屬收無主燼骨，別男女異穴，葬者三千餘。又推之一路，葬以萬數計。夏人犯境，朝廷欲罪將吏。純仁自引咎求貶。秋，有詔貶官一等，徙河南府，再徙潁昌。

召還，復拜右僕射。因入謝，宣仁后簾中諭曰：或謂卿必先引用王覿、彭汝礪，卿宜與呂大防一心。對曰：此二人實有士望，臣終不敢保位蔽賢，望陛下加察。純仁將再入也，楊畏不悅，嘗有言，純仁不知。至是，大防約畏爲助，欲引爲諫議大夫。純仁曰：諫官當用正人，畏不可用。大防曰：豈以畏嘗言公邪？純仁始知之。後畏叛大防，凡有以害大防者，無所不至。宣仁后寢疾，召純仁曰：卿父仲淹，可謂忠臣。在明肅皇后垂簾時，唯勸明肅盡母道，明肅上賓，唯勸仁宗盡子道。卿當似之。純仁泣曰：敢不盡忠。

宣仁后崩，哲宗親政，純仁乞避位。哲宗語呂大防曰：純仁有時望，不宜去，可爲朕留之。且趣入見，問：先朝行青苗法如何？對曰：先帝愛民之意本深，但王安石立法過甚，激以賞罰，故官吏急切，以致害民。退而上疏，其要以爲青苗非所當行，行之終不免擾民也。

是時，用二三大臣，皆從中出，侍從、臺諫官，亦多不由進擬。純仁言：陛下初親政，四方拭目以觀，天下治亂，實本於此。舜舉皋陶，湯舉伊尹，不仁者遠。縱未能如古人，亦須極天下之選。又羣小力排宣仁后垂簾時事，純仁奏曰：太皇保佑聖躬，功烈誠心，幽明共監，議者不恤國事，一何薄哉。遂以仁宗禁言明肅垂簾事詔書上之。曰：望陛下稽倣而行，以戒薄俗。

蘇轍論殿試策問，引漢昭變武帝法度事。哲宗震怒曰：安得以漢武比先帝？轍下殿待罪，衆不敢仰視。純仁從容言：武帝雄才大略，史無貶辭。轍以比先帝，非謗也。陛下親事之始，進退大臣，不當如訶叱奴僕。右丞鄧潤甫越次曰：先帝法度，爲司馬光、蘇轍壞盡。純仁曰：不然，法本無弊，弊則當改。哲宗曰：人謂秦皇、漢武。純仁曰：轍所論，事與時也，非人也。哲宗爲之少霽。轍平日與純仁多異，至是乃服謝純仁曰：公佛地位中人也。轍竟落職知汝州。

全臺言蘇軾行呂惠卿告詞，訕謗先帝，黜知英州。純仁上疏曰：熙寧法度，皆惠卿附會王安石建議，不副先帝愛民求治之意。至垂簾之際，始用言者，特行貶竄，今已八年矣。言者多當時御史，何故畏避不即納忠，今乃有是奏，豈非觀望邪？御史來之邵言高士敦任成都鈐轄日不法事，及蘇轍所謫太近。純仁言：之邵爲成都監司，士敦有犯，自當按發。轍與政累年，之邵已作御史，亦無糾正，今乃繼有二奏，其情可知。

純仁凡薦引人材，必以天下公議，其人不知自純仁所出。或曰：爲宰相，豈可不牢籠天下士，使知出於門下？純仁曰：但朝廷進用不失正人，何必知出於我邪？哲宗既召章惇爲相，純仁堅請去，遂以觀文殿大學士加右正議大夫知潁昌府。入辭，哲宗曰：卿不肯爲朕留，雖在外，於時政有見，宜悉以聞，毋事形迹。徙河南府，又徙陳州。初，哲宗嘗言：貶謫之人，殆似永廢。純仁前賀曰：陛下念及此，堯、舜用心也。

既而呂大防等竄嶺表，會明堂肆赦，章惇先期言：此數十人，當終身勿徙。純仁聞而憂憤，欲齋戒上疏申理之。所親勸以勿爲觸怒，萬一遠斥，非高年所宜。純仁曰：事至於此，無一人敢言，若上心遂回，所繫大矣。不然，死亦何憾。乃疏曰：大防等年老疾病，不習水土，炎荒非久處之地，又憂虞不測，何以自存。臣曾與大防等共事，多被排斥，陛下之所親見。臣之激切，止是仰報聖德。向來章惇、呂惠卿雖爲貶謫，不出里居。臣向曾有言，深蒙陛下開納，陛下以一蔡確之故，常軫聖念。今趙彥若已死貶所，將不止一蔡確矣。願陛下斷自淵衷，將大防等引赦原放。疏奏，忤惇意，詆爲同罪，落職知隨州。【略】

居三年，徽宗即位，欽聖顯肅后同聽政，即日授純仁光祿卿，分司南京，鄧州居住。遣中使至永賜茶藥，諭曰：皇帝在藩邸，太皇太后在宮中，知公先朝言事忠直，今虛相位以待，不知目疾如何，用何人醫之。純仁頓首謝。道除右正議大夫、提舉崇福宮。不數月，以觀文殿大學士、中太一宮使詔之。有曰：豈唯尊德尚齒，昭示寵優；庶幾鯁論嘉謀，日聞忠告。純仁以疾，捧詔而泣曰：上果用我矣，死有餘責。徽宗又遣中使賜茶藥，促入覲，仍宣渴見之意。

純仁乞歸許養疾，徽宗不得已許之。每見輔臣問安否，乃曰：范純仁，得一識面足矣。遂遣上醫視疾。疾小愈，丐以所得冠帔改服色酬醫。詔賜醫章服，令以冠帔與族姪。疾革，以宣仁后誣謗未明爲恨。呼諸子口占遺表，命門生李之儀次第之。其略云：蓋嘗先天下而憂，期不負聖人之學，此先臣所以教子，而微臣資以事君。又云：惟宣仁之誣謗未明，致保佑之憂勤不顯。又云：未解疆場之嚴，幾空帑藏之積。有城必守，得地難耕。凡八事。建中靖國改元之旦，受家人賀。明日，熟寐而卒，年七十五。【略】

純仁性夷易寬簡，不以聲色加人，誼之所在，則挺然不少屈。自爲布衣至宰相，廉儉如一，所得奉賜，皆以廣義莊，前後任子恩，多先疏族。没之日，幼子、五孫猶未官。嘗曰：吾平生所學，得之忠恕二字，一生用不盡。以至立朝事君，接待僚友，親睦宗族，未嘗須臾離此也。每戒子弟曰：人雖至愚，責人則明；雖有聰明，恕己則昏。苟能以責人之心責己，恕己之心恕人，不患不至聖賢地位也。又戒曰：《六經》聖人之事也。知一字則行一字。要須造次顛沛必於是，則所謂有爲者亦若是爾。豈不在人邪？

（清）徐乾學《資治通鑑後編》卷八三《宋紀八三》 辛巳，詔天章閣待制楚建中罰銅三十觔。先是，范純仁代建中知慶州，擅發常平封樁粟麥，收恤流亡，多所全活。會蓬生蔽野如粟，公私取給焉，復為營求耕稼之具，歲以大穰。或言純仁廩貸過多，遣使按視，民聞之争先輸官，比使者至，則已無所負。邠寧間有叢冢，使者發冢籍骸劾純仁全活不實之罪。詔本路監司窮治其地，乃建中所封也。朝廷即欲移罪建中，純仁言建中守法，申請間不免有殍死者，已坐罪罷去，今因按臣而及建中是一罪再刑也，建中竟不免罰。

（宋）朱熹《宋名臣言行録後集》卷一一《忠宣公范純仁》 公在政府時，四方奏讞大辟，刑部援比請貸，而都省屢以無可矜恕却之。公言：此祖宗制也，且有司援比欲生之，朝廷破例欲殺之，可乎？

（清）黄宗羲《宋元學案》卷三《高平學案·忠宣范堯夫先生純仁》

范純仁，字堯夫，文正公仲子也。以父任爲太常寺太祝。第進士，調知武進縣，以遠親不赴。易長葛，又辭。時胡安定瑗與孫泰山復、石徂徠介、李盱江覯皆客文正門，先生從之學。【略】每講肄，至夜分不寢，置燈帳中，帳頂如墨。父殁，始出仕，以著作佐郎知襄城縣，歷遷侍御史。會議濮王典禮，先生言宜如王珪等議。繼與御史吕誨等更論奏，不聽，先生還所授告敕，家居待罪。既而皇太后手書尊王爲皇，夫人爲后，先生言：陛下以長君臨御，奈何使命出房闈？恐異日爲權臣矯託之地。尋詔罷追尊，起先生就職，先生乞外，遂通判安州。改知蘄州，歷京西提點刑獄，京西、陝西轉運副使。召還，拜兵部員外郎，兼起居舍人，同知諫院。奏言：王安石變祖宗法度，掊克財利，民心不寧。《書》曰：怨豈在明，不見是圖。願陛下圖不見之怨。帝曰：何謂？對曰：杜牧所謂天下之人不敢言而敢怒是也。帝曰：卿善論事，爲朕條古今治亂可爲監戒者。乃作《尚書解》以進。直集賢院，同修起居注。帝切于求治，多延見咨訪疏逖小臣。先生言：小人知小忘大，貪近昧遠，其言不可不察。又論：安石欲求近功，忘其舊學。尚法令則稱商鞅，言財用則背孟軻。鄙老成爲因循，棄公論爲流俗。異己爲不肖，合意爲賢人。宜速還言者而退安石，答中外之望。不聽，遂求罷諫職，改判國子監，去意愈決。執政遣人諭留：已擬知制誥矣！先生曰：此言何爲至我哉？言不用，萬鍾非所願也。凡所上章，語多激切，帝悉不付外。先生録申中書，安石乞加重貶，帝不從，命知河中府。徙成都路轉運使。先生戒州縣未得遽行新法，安石怒，左遷知和州。徙邢州。未至，加直龍圖閣、知慶州。過闕入對，帝曰：卿父在慶著威名。卿隨父既久，兵法必精，邊事必熟。先生知帝有功名心，對曰：臣儒家，未嘗學兵。先臣守邊時，臣尚幼，不復記憶。且今日事勢，宜有不同。願別謀之帥臣。環州种古執熟羌爲盗，流南方，過慶呼冤，先生以屬吏，非盗也。古避罪讕訟，詔御史治于寧州。先生就逮，民萬數遮馬涕泗，不得行，至有自投于河者。獄成，古以誣讁，亦加先生以他過，黜知信陽軍。移知河中。哲宗立，復直龍圖閣、知慶州。召入，歷除給事中。宣仁后垂簾，司馬文正公爲政，將盡改熙、豐法度，先生謂：去其太甚可也。累進吏部尚書，同知樞密，右僕射，中書侍郎。先生在位，務以博大開上意，忠篤革士風。王覿言事忤旨，先生慮朋黨將熾，與文潞公、吕申公辯于簾前，未解。先生曰：朝臣本無黨，但善惡邪正，各以類分。彦博、公著皆累朝舊人，豈容雷同罔上。昔先臣與韓琦、富弼同柄慶曆政，各舉所知。當時飛語指爲朋黨，相繼補外。造謗者公相慶曰：一網打盡！此事未遠，陛下戒之。因録歐文忠《朋黨論》以進。吴處厚上蔡確《車蓋亭詩》，以爲謗訕，廷議欲寘憲典，惟先生與王存以爲不可，争之。司諫吴安詩、正言劉安世交章劾先生黨確，先生亦力求罷。明年，以觀文殿學士知潁昌府。歷拜右僕射。因入謝，宣仁后曰：或謂卿必先引用王覿、彭汝礪，卿宜與吕大防一心。對曰：此二人實有士望，臣終不敢保位蔽賢。宣仁寢疾，召先生曰：汝父仲淹可謂忠臣。在明肅垂簾時，惟勸明肅盡母道；明肅上賓，惟勸仁宗盡子道。卿當似之。先生泣曰：敢不盡忠！宣仁崩，哲宗親政，所用二三大臣皆從中出，侍從、臺諫官亦多不由進擬。先生言：陛下初親政，四方拭目以觀，天下治亂實本于此。又羣小競排宣仁垂簾時事，先生曰：太皇保佑聖躬，功烈誠心，幽明共鑒。議者不恤國事，一何薄哉！遂以仁宗禁言明肅垂簾事上之。李清臣殿試策問，爲紹述之説。蘇轍奏辯，引漢昭變法事。哲宗震怒曰：安得以漢武比先帝！轍下殿待罪，衆不敢仰視。先生從容言：武帝雄才大畧，史無貶詞，轍言殆非謗也。且進退大臣，不當如呵叱奴僕。右丞鄧潤甫越次曰：先帝法度爲司馬光、蘇轍壞盡。先生曰：不然。法本無弊，弊則當改。帝爲少霽。轍平日與先生有異，至是乃服，謝曰：公，佛地位中人也！帝既召相章惇，先生堅請去，遂出知潁昌府。徙河南，又徙陳州。吕大防等竄嶺表，會明堂肆赦，惇先期阻其事，先生上疏爲申理，且曰：臣曾被大防排斥，陛下所親見。臣之激切，蓋仰報聖德爾。惇不悦，詆爲同罪，連貶永州安置。時以疾失明，怡然就道。聞諸子怨惇，必怒止之。赴貶所，江行舟覆，扶先生出，衣盡溼，顧諸子曰：此亦豈章惇爲之哉！徽宗卽位，虚相位，連除觀文殿大學士，屢賜優詔、茶藥。以病乞歸，卒，年七十五。謚忠宣。先生夷易寬簡，不以聲色加人。義之所在，則挺然不少屈。自布衣至宰相，廉儉如一。在洛與司馬諸賢爲真率會，脱粟一飯，酒數行而已。所得俸賜，皆以廣義莊，賑貧乏。种古之獄，不少芥蔕，且念先世契誼薦擢之。嘗曰：吾平生所學，得之忠恕二字，一生用之不盡。每戒子弟曰：苟能以責人之心責己，恕己之心恕人，不患不至聖賢地位也。又曰：《六經》，聖人之事，知一字則行一字，須要造次顛沛必於是。有請教者，曰：惟儉可以助廉，惟恕可以成德。梓材案：鄒道鄉稱范丞相説，作惟儉可以成廉，次句同。有《文集》五十卷行世。雲濠案：陳直齋《書録解題》稱先生著有《言行録》二十卷，《彈事》五卷，《國論》五卷，並佚。《忠宣文集》二十卷，《奏議》二卷，《遺文》一卷，《附録》一卷，《補編》一卷，今存。子正平、正思。正平克承家學。從黃氏原本移入。

梓材謹案：梨洲原本，忠宣及李端叔附傳並在《安定學案》。今檢謝山修補稿本，韋深道傳標題《高平》。韋爲忠宣再傳弟子，則忠宣、端叔二傳皆當入《高平學案》可知，故並移之。

胡　瑗

《宋史》卷四三二《儒林傳二·胡瑗》　胡瑗字翼之，泰州海陵人。以經術教授吳中，年四十餘。

景祐初，更定雅樂，詔求知音者。范仲淹薦瑗，白衣對崇政殿。與鎮東軍節度推官阮逸同較鐘律，分造鐘磬各一虡。以一黍之廣爲分，以制尺，律徑三分四釐六毫四絲，圍十分三釐九毫三絲。又以大黍累尺，小黍實龠。丁度等以爲非古制，罷之。授瑗試祕書省校書郎。范仲淹經略陝西，辟丹州推官。以保寧節度推官教授湖州。瑗教人有法，科條纖悉備具，以身先之。雖盛暑必公服坐堂上，嚴師弟子之禮。視諸生如其子弟，諸生亦信愛如其父兄。從之游者常數百人。慶曆中，興太學，下湖州取其法，著爲令。召爲諸王宮教授，辭疾不行。爲太子中舍，以殿中丞致仕。

（清）黃宗羲《宋元學案》卷一《安定學案·文昭胡安定先生瑗》

胡瑗，字翼之，泰州如皋人。七歲善屬文，十三通《五經》，卽以聖賢自期許。鄰父見而異之，謂其父曰：此子乃偉器，非常兒也！家貧無以自給，往泰山，與孫明復、石守道同學，攻苦食淡，終夜不寢，一坐十年不歸。得家書，見上有平安二字，卽投之澗中，不復展，恐擾心也。以經術教授吳中，范文正愛而敬之，聘爲蘇州教授，諸子從學焉。景祐初，更定雅樂，文正薦先生，以白衣對崇政殿。授試祕書省校書郎，辟丹州軍事推官，歷保寧節度推官。滕宗諒知湖州，聘爲教授。先生倡明正學，以身先之。雖盛暑，必公服坐堂上，嚴師弟子之禮。視諸生如子弟，諸生亦愛敬如父兄。其教人之法，科條纖悉具備。立經義、治事二齋：經義則選擇其心性疏通、有器局、可任大事者，使之講明《六經》。治事則一人各治一事，又兼攝一事，如治民以安其生，講武以禦其寇，堰水以利田，算曆以明數是也。凡教授二十餘年。慶曆中，天子詔下蘇、湖，取其法，著爲令于太學。召爲諸王宫教授，辭疾不行。尋爲太子中舍，以殿中丞致仕。皇祐中，更鑄太常鐘磬，驛召先生與阮逸，同太常官議于祕閣，遂典作樂事。授光禄寺丞、國子監直講。樂成，遷大理寺丞，賜緋衣、銀魚袋。嘉祐初，擢太子中允、天章閣侍講，仍專管句太學。四方之士歸之，至庠序不能容，旁拓軍居以廣之。既而疾作，以太常博士致仕。東歸之日，弟子祖帳百里不絕，時以爲榮。卒，年六十七，謚文昭，詔賻其家。所著有《易》、《書》、《中庸》義，《景祐樂議》。學者稱爲安定先生。是時禮部所得士，先生弟子十常居四五，隨材高下而修飾之，人遇之，雖不識，皆知爲先生弟子也。在湖學時，福唐劉彝往從之，稱爲高弟。後熙寧二年，神宗問曰：胡瑗與王安石孰優？對曰：臣師胡瑗以道德仁義教東南諸生時，王安石方在場屋中修進士業。臣聞聖人之道，有體、有用、有文。君臣父子，仁義禮樂，歷世不可變者，其體也。《詩》《書》史傳子集，垂法後世者，其文也。舉而措之天下，能潤澤斯民，歸于皇極者，其用也。國家累朝取士，不以體用爲本，而尚聲律浮華之詞，是以風俗偷薄。臣師當寶元、明道之間，尤病其失，遂以明體達用之學授諸生。夙夜勤瘁，二十餘年，專切學校。始于蘇、湖，終于太學，出其門者無慮數千餘人。故今學者明夫聖人體用，以爲政教之本，皆臣師之功，非安石比也。帝曰：其門人今在朝者爲誰？對曰：若錢藻之淵篤，孫覺之純明，范純仁之直温，錢公輔之簡諒，皆陛下之所知也。其在外，明體達用之學，教于四方之民者，殆數十輩。其餘政事、文學祖出于人者，不可勝數。此天下四方之所共知也。帝悦。明嘉靖中，從祀孔廟，稱先儒胡子。

（清）李清植《歷代名儒傳》卷三　胡瑗，字翼之，泰州海陵人。布衣時，讀書泰山，攻苦食澹，十年不歸。得家問，見平安，即投澗下不復視，其專如此。年四十餘，未嘗求仕。景祐初，更定雅樂，以知音用范仲淹薦。召對。既至，例先就閤門習儀。瑗辭曰：平生所讀書，即事君之禮也，何以習爲？及對，上嘉悦，謂左右曰：瑗進退周旋，動合古禮，命與阮逸同較鐘律。【略】慶曆四年春，天子開天章閣，與大臣講求治道，慨然詔州縣悉立學。於是建太學於京師，而下湖州取瑗科條，以爲太學法，著爲令。尋召爲諸王宫教授，以疾免。已而以太子中舍致仕，遷殿內丞於家。皇祐二年，更鑄太常鐘磬，復召瑗及逸，置局秘閣議之。以瑗爲大理評事，兼太常主簿，辭。歲餘，授光禄寺丞。四年，爲國子監直講。瑗既居太學，從者益衆，庠廡至不能容，拓旁官舍以廣之。是時伊川亦游太學，作好學論，瑗遽延見，處以學職。每講罷，或引當世事證明其義。嘗講《易·小畜》曰：畜止也，臣止君也。已乃言趙中令補所碎劄子復呈藝祖之事。諸生才業各異，要皆醇厚修飾，衣服容止，往往相類，人遇之，不問可知爲瑗弟子也。每禮部所得士，瑗弟子十常居四五。有番禺人，遣子重賫就學，其子儇宕，盡靡所賫，病幾殆。適父至，攜以謁瑗，言其故。瑗曰：是宜先警其心。乃授以一帙，其子視之，則《素問》也。讀未及竟，惴惴然痛自悔責。瑗乃召而教之曰：知愛身則可以修身。自今以始，其洗心向道。聖人不貴無過，而貴改過。無懷昔悔，第勉新業。其人既潁脱，感奮益自力，竟登上第。樂成，遷大理寺丞。嘉祐初，擢太子中允，充天章閣侍講，仍主太學。嘗於上前講元亨利貞，不避諱。左右皆失色，上亦愕然。瑗徐曰：臨文不諱。上意遂解。既而疾不能朝，以太常博士致仕歸。朝士及諸生祖餞之，時以爲榮。瑗治家嚴，尤謹內外，子婦非節朔，毋得歸寧。嘗曰：嫁女須勝吾家，娶婦須不及吾家。問其故，曰：勝吾家，則女事人，必欽必戒。不及吾家，則婦事舅姑，必執婦道。及卒，詔賻其家。初，師法久廢，及瑗與孫復石介三人者出。然後學者有師，而瑗之徒最盛。福唐劉彝者，瑗高第也。瑗嘗言彝善水利。後彝試政，所至皆興水利有功。熙寧初，彝得召對。上問瑗文章孰與王安石愈。彝曰：聖人之道，有體有用有文，國家取士，不以體用爲本，而尚聲律浮華之文，是以風俗媮薄。臣師瑗嘗病其失，遂明體用之學，以授諸生。出其門者無慮千人。今學者漸知明體適用，以爲政教之本，瑗之功也。上悦。瑗在太學時，所講五經異論，弟子記之，目爲胡氏口義行於世。

論曰：六經皆聖人經世之書也。舍經以言事，其弊也雜。離事以談經，其弊也迂。聖人之教，德行道藝，精粗具舉，豈其時之士盡爲全材哉？教舉其全，而學猶或失則偏。苟徒以偏教，則士之有始有卒者益鮮矣。瑗分立二齋，判治經治事爲兩途。與聖人之意，雖若稍異然者，然黜浮華，崇實用，成就人才之功，良不可誣。史稱有宋師道之立，實自瑗始，不已卓乎。

歐陽脩

《宋史》卷三一九《歐陽脩傳》　歐陽脩字永叔，廬陵人。四歲而孤，母鄭，守節自誓，親誨之學，家貧，至以荻畫地學書。幼敏悟過人，讀書輒成誦。及冠，嶷然有聲。

宋興且百年，而文章體裁，猶仍五季餘習。鎪刻駢偶，淟涊弗振，士因陋守舊，論卑氣弱。蘇舜元舜欽、柳開、穆脩輩，咸有意作而張之，而力不足。脩游隨，得唐韓愈遺稿於廢書簏中，讀而心慕焉。苦志探賾，至忘寢食，必欲并轡絶馳而追與之並。

舉進士，試南宫第一，擢甲科，調西京推官。始從尹洙游，爲古文，議論當世事，迭相師友，與梅堯臣游，爲歌詩相倡和，遂以文章名冠天下。入朝，爲館閣校勘。【略】

使還，會保州兵亂，以爲龍圖閣直學士、河北都轉運使。陛辭，帝曰：勿爲久留計，有所欲言，言之。對曰：臣在諫職得論事，今越職而言，罪也。帝曰：第言之，毋以中外爲間。賊平，大將李昭亮、通判馮博文私納婦女，脩捕博文繫獄，昭亮懼，立出所納婦。兵之始亂也，招以不死，既而皆殺之，脅從二千人，分隸諸郡。富弼爲宣撫使，恐後生變，將使同日誅之，與脩遇於内黄，夜半，屏人告之故。脩曰：禍莫大於殺已降，况脅從乎？既非朝命，脱一郡不從，爲變不細。弼悟而止。

（宋）李燾《續資治通鑑長編》卷四六《宋仁宗慶曆三年》　諫官歐陽修言：臣竊見近日盜賊縱横，蓋由威令不行。昨王倫既敗之後，不誅家族。凡小人作事，亦須先計，成則獲大利，不成則無大禍。有利無害，誰不欲反！只如淮南一帶官吏，與王倫宴，率民金帛獻送，開門納賊，道左參迎。苟有國法，豈敢如此！而往來取勘，已及半年，未能斷遣。古者稱罰不踰時，所以威激士衆。今遲緩如此，誰有懼心！遂致張海等，官吏依前迎奉，順陽縣令李正己，延賊飲宴，宿於縣廳，恣其劫掠，鼓樂送出城外。其敢如此者，蓋爲不奉賊則死，不奉朝廷不死，所以畏賊過於畏國法，伏望陛下勿行小惠以誤大事。其宣毅兵士，必有家族，乞盡戮於光化市中，使遠近聞之悚畏，以止續起之賊。其正己聞已有臺憲上言，亦乞斬於鄧州，使京西一路官吏聞之，知國法尚存，不敢奉賊。又言：臣聞江、淮官吏等，各爲王倫事奏案已到多時，尚未聞斷遣，仍聞議者猶欲寛貸。此由權要之臣多方營救，不思國體，但植私恩。惟陛下以天下安危爲計，出於聖斷，以厲羣下。其晁仲約等，乞重行朝典。

（宋）李燾《續資治通鑑長編》卷二〇九《宋英宗治平四年》　〔三月〕壬申，尚書左丞、參知政事歐陽修爲觀文殿學士、刑部尚書。刑部郎中案《宋史》作刑部尚書。知亳州。彭思永等既以論修貶，而知雜御史蘇寀、御史吴申言猶不已，修亦三表乞罷，故命出守。初，英宗以疾未親政，太皇太后垂簾，修與二三大臣主國論，每簾前奏事，或執政聚議，事有未同，修未嘗不力争。臺諫官至政事堂論事，事雖非己出，同列未及啓口，而修已直前折其短。士大夫建明利害及所請，前此執政多媕阿不明白是非，至修必一二數之曰，某事可行，某事不可行。用是怨誹者益多。英宗嘗稱修曰：性直不避衆怨。修亦嘗誦故相王曾之言曰：恩欲歸己，怨使誰當？既出守，遂連六表乞致仕，不從。修年才六十也。

（宋）李燾《續資治通鑑長編》卷二一〇《宋神宗熙寧三年》　〔四月〕壬申，知青州、觀文殿学士、兵部尚書歐陽修爲宣徽南院使、判太原府。宣徽使自皇祐三年著令毋過二員，後富弼以宣徽使判并州，于時已有二員，詔以邊任故，權增一員。至是，郭逵、王拱辰已爲宣徽使，并修爲三，用弼例也。太原闕守，上初欲用滕甫，議不合，遂用修。上初疑修以病不肯往，王安石曰：試敦諭并稍加恩禮，必肯往也。因授宣徽使，修卒辭之。七月三日乃聽修辭。五月二十一日修止俵青苗，特放罪。

（宋）李燾《續資治通鑑長編》卷二一三《宋神宗熙寧三年》　秋七月辛卯，詔新判太原府歐陽修罷宣徽南院使，復爲觀文殿學士、知蔡州。先是，修病，辭宣徽使至五六，因論青苗法，又移書責王安石，安石不答而奏從其請。修辭太原，移書責王安石，安石不答而奏從其請。此修晚節不污，所以得爲君子也。紹聖史官乃諱其事，簽貼云取會並無出處，輒删去，今復存之。

（清）黄宗羲《宋元學案》卷四《廬陵學案·文忠歐陽永叔先生脩》　歐陽脩，字永叔【略】范文正仲淹以言事貶，在廷多論救，司諫高若訥獨以爲當黜，先生貽書責之，謂其不復知人間有羞恥事。若訥上其書，坐貶夷陵令。徙乾德令、武成節度判官。文正使陝西，辟掌書記，先生笑辭曰：昔者之舉，豈以爲己利哉！同其退，不同其進可也。久之，復校勘，進集賢校理。慶曆三年，知諫院。時仁宗更用大臣，韓、范皆在位，增諫官員，用天下名士，先生首在選中。每進見，帝延問，執政咨所宜行。既多所張弛，小人翕翕不便。先生慮善人必不勝，數爲帝分别言之。初，范文正之貶饒州也，先生與尹洙、余靖皆以直文正見逐，目之曰黨人。自是，朋黨之論起，先生乃爲《朋黨論》以進。先生論事切直，人視之如讎，帝獨奬其敢言，面賜五品服，顧侍臣曰：如歐陽脩者，何處得來！同修起居注，遂知制誥。故事，必試而後命，先生以特詔除之。保州兵亂，以龍圖閣直學士爲河北都轉運使。陛辭，帝曰：勿爲久留計。有所欲言，言之。對曰：臣在諫職，得論事。今越職而言，罪也。帝曰：第言之！毋以中外爲間。賊平，脅從二千人分隸諸郡。富鄭公爲宣撫使，恐後生變，將使同日誅之。與先生遇于内黄，夜半屏人告之故。先生曰：禍莫大于殺已降，况脅從乎！既非朝命，脱一郡不從，爲變不細。鄭公悟而止。方是時，杜祁公衍等相繼以黨議罷去，先生慨然上疏爭之。于是，邪黨益忌先生，因其孤甥張氏獄，傅致以罪，左遷知制誥、知滁州。徙揚州、潁州。復學士，留守南京，以母憂去。服除，召判内銓，時在外十二年矣。帝見其髮白，問勞甚至。羣小畏而譖之，出知同州，帝納吴充言而止。遷翰林學士，俾修《唐書》。奉使契丹，其主命貴臣四人押宴，曰：此非常制。以卿名重，故爾。知嘉祐二年貢舉，時士子尚爲險怪奇澀之文，號太學體，先生痛排抑之，凡如是者輒黜。畢事，向之囂薄者伺先生出，聚譟于馬首，街邏不能制。然場屋之習，從是遂變。加龍圖閣學士、知開封府。《唐書》成，拜禮部侍郎，兼翰林侍讀學士。先生在翰林八年，知無不言。累遷至參知政事。帝將追崇濮王，命有司議，皆謂當稱皇伯，改封大國。先生引《喪服記》，謂：爲人後者爲其父母報，降三年爲期，而不没父母之名，以見服可降而名不可没也。若本生之親改稱皇伯，歷攷前世，皆無典據。進封大國，則又禮無加爵之道。故中書之議，不與衆同。唯蔣之奇説合先生意，先生薦爲御史，衆目爲姦邪。之奇患之，思所以自解。先生婦弟薛宗孺有憾于先生，造帷薄不根之謗摧辱之，之奇卽上章劾先生。神宗初卽位，欲深護之，使詰之奇，問所從來，辭窮，坐黜。先生亦力求退，罷爲觀文殿學士、刑部尚書、知亳州。明年，遷兵部尚書、知青州，改宣徽南院使、判太原府，辭不拜。徙蔡州，連乞謝事，帝輒優詔弗許。及守青州，又以請止散青苗錢，爲王氏所詆，故求歸愈切。熙寧四年，以太子少師致仕。五年，卒，贈太子太師，謚曰文忠。先生始在滁州，號醉翁，晚更號六一居士。天資剛勁，見義勇爲，雖機穽在前，觸發之不顧。放逐流離，至于再三，志氣自若也。方貶夷陵時，無以自遣，因取舊案反覆觀之，且見其枉直乖錯不可勝數，于是仰天歎曰：以荒遠小邑，且如此，天下可知！自爾，遇事不敢忽。學者求見，所與言未嘗及文章，惟談吏事，謂文學止于潤身，政事可以及物。顧其文天才自然，豐約中度，言簡而明，信而通，引物連類，折之于至理，天下翕然師尊之。奬引後進，如恐不及。曾子固、王介甫、蘇洵父子，布衣屏處，未爲人知，先生卽游揚聲譽，謂必顯于世。凡經賞識，率爲聞人。好古敏學，凡周、漢以降金石遺文，斷編殘簡，一切掇拾，研稽異同，立説于左，的的可表證，謂之《集古録》。奉詔修《唐書》紀、志、表，自撰《五代史記》，法嚴詞約，多取《春秋》遺旨。雲濠案：先生所著尚有《毛詩本義》十六卷、《左傳節文》十五卷、《文忠集》一百五十三卷、《歸田録》二卷。東坡敍其文曰：論大道似韓愈，論事似陸贄，記事似司馬遷，詩賦似李白。識者以爲知言。後從祀孔子廟庭，稱先儒歐陽子。

王安石

《宋史》卷三二七《王安石傳》 王安石字介甫，撫州臨川人。父益，都官員外郎。安石少好讀書，一過目終身不忘。其屬文動筆如飛，初若不經意，既成，見者皆服其精妙。友生曾鞏攜以示歐陽脩，脩爲之延譽。擢進士上第，簽書淮南判官。舊制，秩滿許獻文求試館職，安石獨否。再調知鄞縣，起堤堰，決陂塘，爲水陸之利；貸穀與民，出息以償，俾新陳相易，邑人便之。通判舒州。文彦博爲相，薦安石恬退，乞不次進用，以激奔競之風。尋召試館職，不就。脩薦爲諫官，以祖母年高辭。脩以其須禄養言於朝，用爲羣牧判官，請知常州。移提點江東刑獄，入爲度支判官，時嘉祐三年也。

安石議論高奇，能以辨博濟其說，果於自用，慨然有矯世變俗之志。於是上萬言書，以爲：今天下之財力日以困窮，風俗日以衰壞，患在不知法度，不法先王之政故也。法先王之政者，法其意而已。法其意，則吾所改易更革，不至乎傾駭天下之耳目，囂天下之口，而固已合先王之政矣。因天下之力以生天下之財，收天下之財以供天下之費，自古治世，未嘗以財不足爲公患也，患在治財無其道爾。在位之人才既不足，而閭巷草野之間亦少可用之才，社稷之託，封疆之守，陛下其能久以天幸爲常，而無一旦之憂乎？願監苟且因循之弊，明詔大臣，爲之以漸，期合於當世之變。臣之所稱，流俗之所不講，而議者以爲迂闊而熟爛者也。後安石當國，其所注措，大抵皆祖此書。【略】

有少年得鬥鶉，其儕求之不與，恃與之昵輒持去，少年追殺之。開封當此人死，安石駁曰：按律，公取、竊取皆爲盜。此不與而彼攜以去，是盜也；追而殺之，是捕盜也，雖死當勿論。遂劾府司失入。府官不伏，事下審刑、大理，皆以府斷爲是。詔放安石罪，當詣閤門謝。安石言：我無罪。不肯謝。御史舉奏之，置不問。【略】

登州婦人惡其夫寢陋，夜以刃斮之，傷而不死。獄上，朝議皆當之死，安石獨援律辨證之，爲合從謀殺傷，減二等論。帝從安石說，且著爲令。

二年二月，拜參知政事。上謂曰：人皆不能知卿，以爲卿但知經術，不曉世務。安石對曰：經術正所以經世務，但後世所謂儒者，大抵皆庸人，故世俗皆以爲經術不可施於世務爾。上問：然則卿所施設以何先？安石曰：變風俗，立法度，最方今之所急也。上以爲然。於是設制置三司條例司，命與知樞密院事陳升之同領之。安石令其黨呂惠卿任其事。而農田水利、青苗、均輸、保甲、免役、市易、保馬、方田諸役相繼並興，號爲新法，遣提舉官四十餘輩，頒行天下。

青苗法者，以常平糴本作青苗錢，散與人戶，令出息二分，春散秋斂。均輸法者，以發運之職改爲均輸，假以錢貨，凡上供之物，皆得徙貴就賤，用近易遠，預知在京倉庫所當辦者，得以便宜蓄買。保甲之法，籍鄉村之民，二丁取一，十家爲保，保丁皆授以弓弩，教之戰陣。免役之法，據家貲高下，各令出錢雇人充役，下至單丁、女戶，本來無役者，亦一概輸錢，謂之助役錢。市易之法，聽人賒貸縣官財貨，以田宅或金帛爲抵當，出息十分之二，過期不輸，息外每月更加罰錢百分之二。保馬之法，凡五路義保願養馬者，戶一匹，以監牧見馬給之，或官與其直，使自市，歲一閱其肥瘠，死病者補償。方田之法，以東、西、南、北各千步，當四十一頃六十六畝一百六十步爲一方，歲以九月，令、佐分地計量，驗地土肥瘠，定其色號，分爲五等，以地之等，均定稅數。又有免行錢者，約京師百物諸行利入厚薄，皆令納錢，與免行戶祗應。自是四方爭言農田水利，古陂廢堰，悉務興復。又令民封狀增價以買坊場，又增茶鹽之額，又設措置河北糴便司，廣積糧穀于臨流州縣，以備饋運。

（宋）李燾《續資治通鑑長編》卷二〇九《宋英宗治平四年》 工部郎中、知制誥王安石既除喪，詔安石赴闕，安石屢引疾乞分司。上語輔臣曰：安石歷先帝一朝，召不起，或爲不恭，今召又不起，果病耶？有要耶？曾公亮對曰：安石文學器業，時之全德，宜膺大用。累召不起，必以疾病，不敢欺罔。吳奎曰：安石向任糾察刑獄，爭刑名不當，有旨釋罪，不肯入謝，意以爲韓琦沮抑己，故不肯入朝。公亮曰：安石真輔相之才，奎所言熒惑聖聽。奎曰：臣嘗與安石同領羣牧，備見其臨事迂闊，且護前非，萬一用之，必紊亂綱紀。公亮熒惑聖聽，非臣熒惑聖聽也。上未審，奎重言之。癸卯，詔安石知江寧府，衆謂安石必辭，及詔到，即詣府視事。或曰：公亮力薦安石，蓋欲以傾韓琦也。龍圖閣直學士韓維言：臣今日聞除王安石知江寧府，然未知事之信否。若誠然者，臣竊以爲非所以致安石也。何則？安石知道守正，不爲利動，其於出處大節，料已素定於心，必不妄發。安石久病不朝，今若才除大郡，即起視事，則是安石偃蹇君命，以要自便，臣固知安石之不肯爲也。又其精神可以爲一大郡，而反不能奉朝請，從容侍從之地，豈是人情？臣久知安石之不肯爲也。所可致者，惟有一事，即陛下向所宣諭，臣向所開陳者是也。若人君始初踐阼，慨然想見賢哲，與圖天下之治，孰不願效其忠，伸其道哉？使安石甚病而愚則已，若不至此，必幡然而來矣。臣竊恐議者以爲安石可以漸致，而不可以猝召，若如此，是誘之也，是不知安石者之言也。惟賢者可以義動而不可以計取，陛下稽古講道，必於此理粲然不惑，唯在斷而行之，毋以前議爲疑，則天下幸甚！*韓維論王安石，據維奏議具載之，足明安*

石進退失據也。

（清）畢沅《續資治通鑑》卷五七《宋紀五七》 安石獻書萬言，極陳當世之務，其略曰：今天下之財力日以困窮，而風俗日以衰壞，患在不知法度故也。法先王之政者，當法其意而已。法其意，則吾所改易更革，不至乎傾駭天下之耳目，囂天下之口，而固已合乎先王之政矣。又曰：方天下之人才，未嘗不自人主陶冶而成之，所謂陶冶而成之者，亦教之，養之，取之，任之有其道而已。今之教者非特不能成人之才，又從而困苦毁壞之，使不得成才。又曰：困〔因〕天下之力以生天下之財，取天下之財以供天下之費，自古治世，未嘗以財不足爲公患也，患在治財無其道耳。又曰：在位之人才既不足矣，而閭巷草野之間亦少可用之才。非特行先王之政而不得也，社稷之託，封疆之守，陛下其能久以天幸爲常而無一旦之憂乎！臣願陛下鑒漢、唐、五代之所以亂亡，懲晉武苟且因循之禍，明詔大臣，思所以陶成天下人才，慮之以謀，計之以數，爲之以漸，期合於當世之變而無負於先王之意，則天下之人才不勝用矣。又曰：臣之所稱，流俗之所不講，而今之議者以謂迂闊而熟爛者也，惟陛下留神而察之！

（清）畢沅《續資治通鑑》卷五九《宋紀五九》 戊寅，以度支判官、直集賢院、同修起居注王安石知制誥。

初，安石辭修起居注，既得請，又申命之，安石復辭至七八乃受；乃〔及〕遷知制誥，自是遂不復辭官矣。時有詔，今後舍人院不得申請除改文字，安石曰：審如是，則舍人不得復行其職，而一聽大臣所爲，自非執政大臣欲傾側而爲私，則立法不當如此。今大臣之弱者則不敢爲陛下守法，強者則挾上旨以造令，諫官、御史無敢忤其意者，臣實懼焉。安石由是與執政忤。

（清）畢沅《續資治通鑑》卷六〇《宋紀六〇》 甲午，命知制誥王安石同句當三班院。

先是安石糾察在京刑獄。有少年得鬭鶉，其儕求之，不與，恃與之昵，輒持去，少年追殺之，開封府按其人罪當死。安石駁之曰：按律，公取、竊取皆爲盜，此不與而彼強攜以去，是盜也。追而毆之，是捕盜也。雖當死〔死當〕勿論。遂劾府司失入，府官不伏。事下審刑、大理，皆以府斷爲是，詔放安石罪。舊制，放罪者皆詣閤門謝，安石言我無罪，不肯謝；御史臺舉奏之，釋不問。

（清）畢沅《續資治通鑑》卷六六《宋紀六六》 庚子，以翰林學士王安石爲右諫議大夫、參知政事。

初，帝欲用安石，以問曾公亮，公亮力薦之。唐介言安石不可大任，帝曰：卿謂安石文學不可任邪，經術不可任邪，吏事不可任邪？介曰：安石好學而泥古，議論迂闊；若使爲政，恐多變更。退，謂公亮曰：安石果用，天下困擾必矣，諸公當自知之。帝又問侍讀孫固曰：安石可相否？固對曰：安石文行甚高，處侍從獻納之職可矣。宰相自有度，安石狷狹少容。必欲求賢相，呂公著、司馬光、韓維其人也。凡四問，皆以此對。帝不以爲然，竟用安石，謂之曰：人皆以爲卿但知經術，不曉世務。安石對曰：經術，正所以經世務也。但後世所謂儒者，大抵多庸人，故流俗以爲經術不可施于世務耳。帝曰：然則卿所設施，以何爲先？安石曰：變風俗，立法度，今之所急也。帝深納之。

（清）畢沅《續資治通鑑》卷七〇《宋紀七〇》 丙戌，王安石罷；以觀文殿大學士、知大名府韓絳復同平章事，翰林學士呂惠卿爲右諫議大夫、參知政事。

安石秉政五年，更法度，開邊疆，老成正士，廢黜殆盡，儇慧巧佞，超進用事，天下怨之，而帝倚任益專。一日，侍太后至太皇太后宫，太皇太后語帝曰：祖宗法度，不宜輕改，吾聞民甚苦青苗、助役，宜罷之。帝曰：此所以利民，非苦之也。太皇太后曰：王安石誠有才學，然怨之者甚衆，欲保全之，不若暫出之於外。帝曰：羣臣惟安石爲國家當事。時帝弟岐王顥在側，因進曰：太皇太后之言，至言也，不可不思。帝怒曰：是我敗壞天下邪？汝自爲之！顥泣曰：何至是！皆不樂而罷。久之，太后流涕謂帝曰：安石亂天下，柰何？帝始疑之。及鄭俠疏進，安石不自安，求去位，帝再四慰留，欲處以師傅之官。安石不可，願得便郡，乃以吏部尚書、觀文殿大學士、知江寧府。呂惠卿使其黨變姓名投匭留之，安石感其意，因乞韓絳代己而惠卿佐之，帝從其請。二人守其成規不少失，時號絳爲傳法沙門，惠卿爲護法善神。

（清）畢沅《續資治通鑑》卷七九《宋紀七九》 癸巳，特進、荆國公王安石卒，年六十有六。《考異》：《宋史》及柯氏《新編》皆作六十八。按吳曾《漫録》，謂介甫以辛酉十一月十二日生，楊萬里《揮麈録》云，荆公年六十六。自天禧辛酉至元祐丙寅，恰是六十六歲，今從之。

安石性强忮，自信所見，執意不回。至議變法，在廷交執不可，安石傅經義，出己意，辨論輒數百言，衆不能詘。甚者謂天變不足畏，祖宗不足法，人言不足卹。罷黜中外老成人幾盡，多用門下儇慧少年。久之，以旱引去。洎復相，歲餘罷，終神宗世不復召。安石著《日録》七十卷，如韓琦、富弼、文彦博、司馬光、吕公著、范鎮、吕誨、蘇軾及一時之賢者，皆重爲詆毁。晚居金陵，於鍾山書室多寫福建子三字，蓋恨爲吕惠卿所誤也。

及卒，司馬光於病中聞之，亟簡吕公著曰：介甫文章節義，頗多過人，但性不曉事而喜遂非，今方矯其失，革其弊。不幸介甫謝世，反覆之徒，必詆毁百端；光以爲朝廷特宜優加厚禮，以振起浮薄之風。其不修怨如此。

（清）畢沅《續資治通鑑》卷九四《宋紀九四》 九月，戊午，詔：熙、豐政事，悉自王安石建明，今其家淪替，理宜褒卹，可賜第一區，孫棣除顯謨閣待制，提舉萬壽觀，曾孫璹、珏，並轉宣義郎，孫女、曾孫女亦各加封號。

（清）畢沅《續資治通鑑》卷九六《宋紀九六》 戊辰，國子祭酒楊時上言：蔡京用事二十年，以繼述神宗爲名，實挾王安石以圖身利，故推尊安石，加以王爵，配享孔子廟庭。今日之禍，實安石有以啓之。安石挾管、商之術，飾六藝以文姦言，變亂祖宗法度。當時司馬光已言其爲害當見於數十年之後，今日之事，若合符契。其著爲邪説，以塗學者耳目而敗壞其心術者，不可縷數。姑即一二事明之：昔神宗嘗稱美漢文不作露臺，安石乃言：陛下若能以堯、舜之道治天下，雖竭天下以自奉不爲過。曾不知堯、舜茅茨、土階，則竭天下以自奉者，必非堯、舜之道。其後王黼、朱勔以應奉花石竭天下之力，實安石自奉之説啓之也。其釋《鳧鷖》之末章，則謂以道守成者，役使羣衆，泰而不爲驕；宰制萬物，費而不爲侈。《詩》之所言，正謂能持盈則神祇祖考安樂之而無後艱耳，安石獨倡爲此説以啓人主之侈心。後蔡京輩遂輕費妄用，以侈靡爲事。安石邪説之害如此。伏望追奪王爵，毁去配享之像，使邪説淫詞不爲學者之惑。疏奏，詔罷安石配享，降居從祀之列。

時諸生習用王氏之學以取科第，忽聞時言，目爲邪説，羣論籍籍。於是中丞陳過庭、諫議大夫馮澥上疏詆時，乃罷時祭酒，詔改給事中。時力辭，遂以徽猷閣待制，致仕。時居九十日，凡所論列，皆切於世道，而其大者，則闢王氏，排和議，論三鎮不可棄云。

（清）畢沅《續資治通鑑》卷一七〇《宋紀一七〇》 尋以王安石謂天命不足畏，祖宗不足法，人言不足信，萬世罪人，豈宜從祀孔子之廟廷！合與削去，于正人心，息邪説，關係不少。詔黜之。

（宋）朱熹《宋名臣言行録後集》卷六《荆國文公王安石》 公在金陵，聞朝廷變其法，夷然不以為意。及聞罷役法，愕然失聲曰：亦罷至此乎？良久曰：此法終不可罷，安石與先帝議之兩年乃行，無不曲盡。後果如其言。《卮史》。

（清）黄宗羲《宋元學案》卷九八《荆公新學略·文公王臨川先生安石》 王安石，字介甫，臨川人。蚤有盛名。舉進士高第，簽書淮南節度判官。召試館職，固辭。知鄞縣，三日一治縣事，起堤堰，决陂塘，爲水陸之利，貸穀于民，立息以償，俾新陳相易，邑人便之。通判舒州，以文潞公薦，再召試爲羣牧判官，出知常州，提點江東刑獄。入爲三司度支判官，獻書萬餘言，極陳當世之務。除直集賢院，累辭，不獲命，始就職。除同修起居注，固辭，遂除知制誥。神宗即位，除知江寧府。召爲翰林學士，未幾，參知政事。先生既執政，設制置三司條例司，與知樞密院陳升之同領之，而青苗、免役、市易、保甲等法相繼興矣。自變法以來，御史中丞吕誨等力請罷條例司并青苗等法，諫官孫莘老覺、李公擇常、胡完夫宗愈、御史張天祺戩、王子韶、陳古靈襄、程明道顥皆論安石變法非是，以次罷去。前宰相韓魏公琦，亦上疏論青苗之害，先生稱疾求分司，不許。三年，拜禮部侍郎同中書門下平章事、監修國史、知制誥。其徒吕惠卿修撰經義。先生提舉王韶取熙河、洮、岷、疊、宕等州，先生率羣臣入賀，神宗解玉帶賜之，以旌其功。慈聖光獻皇后、宣仁聖烈皇后問見神宗，流涕言新法之不便者，且言王安石亂天下，神宗亦流涕，退，命先生裁損之，先生重爲解，乃已。七年，神宗以久旱，益疑新法之不便，遂以吏部尚書，觀文殿大學士知江寧府。明年，復拜同中書門下平章事。初，呂惠卿爲先生所知，驟引至執政。洎先生再相，苟可以中先生，無不爲也。會先生子雱卒，先生丐奉祠，以使相爲集禧觀使，封舒國公。又辭使相，乃以左僕射爲觀文殿大學士。元豐三年，改封荆國公，退居金陵，始悔恨爲惠卿所誤。哲宗卽位，拜司空。明年，卒，贈太傅。紹聖初，謚曰文，配享神宗廟庭。崇寧二年，配享文宣王廟。靖康元年，停文宣王配享，列于從祀。後又罷配享神宗廟，而奪其封爵。初，先生提舉修撰經義訓釋《詩》、《書》、《周官》，既成，頒之學官，天下號曰新義。雲濠案：荆公著有《臨川集》一百卷、《後集》八十卷、《易義》二十卷、《洪範傳》一卷、《詩經新義》三十卷、《左氏解》一卷、《禮記要義》二卷、《孝經義》一卷、《論語解》十卷、《孟子解》十四卷、《老子注》二卷。晚歲，爲《字説》二十四卷，學者爭傳習之，且以經試于有司，必宗其説，少異，輒不中程。先生性强忮，遇事無可否，自信所見，執意不回。至議變法，而在廷交執不可，先生傳經義，出己意，辯論輒數百言，衆皆不能詘。甚者謂：天變不足畏，祖宗不足法，人言不足卹。罷詘中外老成人幾盡，多用門下儇慧少年。久之，以旱引去。洎復相，歲餘罷，終神宗世八年不復召，而恩顧不久衰云。

祖望謹案：靖康間，以龜山言不當配享，乃降安石于從祀。紹興六年，張魏公獨相，以陳公輔言，禁臨川學。乾道五年，魏元履請去荆公父子，不果。淳熙四年，趙粹中又言之。上以輔臣之言，謂前後毁譽雖不同，其文章終不可掩，但去王雱，而議升范、歐、馬、蘇，亦不果。

（元）盛如梓《庶齋老學叢談》卷中下　王荆公《促織》詩：祇向貧家促機杼，幾家能有一絇絲？可謂有恤人之心，然青苗之法，和買和雇，不恤之政，民受其害，不能逃君子之責矣。其詠商鞅云：今人未可非商鞅，商鞅能令政必行。荆舒之心，盡見於此。

王雱

《宋史》卷三二七《王雱傳》　〔王〕雱字元澤。爲人慓悍陰刻，無所顧忌。性敏甚，未冠，已著書數萬言。年十三，得秦卒言洮、河事，歎曰：此可撫而有也。使西夏得之，則吾敵彊而邊患博矣。其後王韶開熙河，安石力主其議，蓋兆於此。舉進士，調旌德尉。

雱氣豪，睥睨一世，不能作小官。作策三十餘篇，極論天下事，又作《老子訓傳》及《佛書義解》，亦數萬言。時安石執政，所用多少年，雱亦欲預選，乃與父謀曰：執政子雖不可預事，而經筵可處。安石欲上知而自用，乃以雱所作策及注《道德經》鏤板鬻于市，遂傳達於上。鄧綰、曾布又力薦之，召見，除太子中允、崇政殿説書。神宗數留與語，受詔撰《詩》《書》義，擢天章閣待制兼侍講。書成，遷龍圖閣直學士，以病辭不拜。

安石更張政事，雱實導之。常稱商鞅爲豪傑之士，言不誅異議者法不行。安石與程顥語，雱囚首跣足，攜婦人冠以出，問父所言何事。曰：以新法數爲人所阻，故與程君議。雱大言曰：梟韓琦、富弼之頭于市，則法行矣。安石遽曰：兒誤矣。卒時纔三十三，特贈左諫議大夫。

蘇洵

《宋史》卷四四三《文苑傳五・蘇洵》　蘇洵字明允，眉州眉山人。年二十七始發憤爲學，歲餘舉進士，又舉茂才異等，皆不中。悉焚常所爲文，閉戶益讀書，遂通《六經》、百家之説，下筆頃刻數千言。至和、嘉祐間，與其二子軾、轍皆至京師，翰林學士歐陽脩上其所著書二十二篇，既出，士大夫爭傳之，一時學者競效蘇氏爲文章。所著《權書》、《衡論》、《機策》，文多不可悉録，録其《心術》、《遠慮》二篇。【略】

《遠慮》曰：

聖人之道，有經、有權、有機，是以有民、有羣臣而又有腹心之臣。曰經者，天下之民舉知之可也；曰權者，民不可得而知矣，羣臣知之可也；曰機者，雖羣臣亦不得而知之矣，腹心之臣知之可也。夫使聖人無權，則無以成天下之務；無機，則無以濟萬世之功，然皆非天下之民所宜知；而機者又羣臣所不得聞，羣臣不得聞，則誰與議？不議不濟，然則所謂腹心之臣者，不可一日無也。後世見三代取天下以仁義，而守之以禮樂也，則曰聖人無機。夫取天下與守天下，無機不能。顧三代聖人之機，不若後世之詐，故後世不得見耳。

有機也，是以有腹心之臣。禹有益，湯有伊尹，武王有太公望，是三臣者，聞天下之所不聞，知羣臣之所不知。禹與湯、武倡其機於上，而三臣者和之於下，以成萬世之功。下而至於桓、文，有管仲、狐偃爲之謀主，闔廬有伍員，勾踐有范蠡、大夫種。高祖之起也，大將任韓信、黥布、彭越，裨將任曹參、樊噲、滕公、灌嬰，游説諸侯任酈生、陸賈、樅公，至於奇機密謀羣臣所不與者，唯留侯、酇侯二人。唐太宗之臣多奇才，而委之深、任之密者，亦不過曰房、杜。夫君子爲善之心與小人爲惡之心一也，君子有機以成其善，小人有機以成其惡。有機也，雖惡亦或濟；無機也，雖善亦不克，是故腹心之臣不可以一日無也。司馬氏，魏之賊也，有賈充之徒爲之腹心之臣以濟；陳勝、吴廣，秦民之湯、武也，無腹心之臣以不克。何則？無腹心之臣，無機也，有機而泄也。夫無機與有機而泄者，譬如虎豹食人而不知設陷穽，設陷穽而不知以物覆其上者也。

或曰：機者，創業之君所假以濟耳，守成之世，其奚事機而安用夫腹心之臣？嗚呼！守成之世，能遂熙然如太古之世矣乎？未也，吾未見機之可去也。且夫天下之變，常伏於安，田文所謂子少國危，大臣未附，當是之時，而無腹心之臣，可爲寒心哉！昔者，高祖之末，天下既定矣，而又以周勃遺孝惠、孝文；武帝之末，天下既治矣，而又以霍光遺孝昭、孝宣。蓋天下雖有泰山之勢，而聖人常以累卵爲心，故雖守成之世，而腹心之臣不可去也。

《傳》曰：百官總己以聽于冢宰。彼冢宰者，非腹心之臣，天子安能舉天下之事委之，三年不置疑於其間邪？又曰：五載一巡狩。彼無腹心之臣，五載一出，捐千里之畿，而誰與守邪？今夫一家之中必有宗老，一介之士必有密友，以開心胸，以濟緩急，奈何天子而無腹心之臣乎？近世之君抗然于上，而使宰相眇然於下，上下不接，而其志不通矣。臣視君如天之遼然而不可親，而君亦如天之視人，泊然無愛之之心也。是以社稷之憂，彼不以爲憂，君憂不辱，君辱不死。一人譽之則用之，一人毁之則捨之。宰相避嫌畏譏且不暇，何暇盡心以憂社稷？數遷數易，視相府如傳舍。百官泛泛於下，而天子惸惸於上，一旦有卒然之憂，吾未見其不顛沛而殞越也。聖人之任腹心之臣也，尊之如父師，愛之如兄弟，執手入臥內，同起居寢食，知無不言，言無不盡。百人譽之不加密，百人毁之不加疎，尊其爵，厚其禄，重其權，而後可與議天下之機，慮天下之變。

宰相韓琦見其書善之，奏于朝，召試舍人院，辭疾不至，遂除祕書省校書郎。會太常修纂建隆以來禮書，乃以爲霸州文安縣主簿，與陳州項城令姚闢同修禮書，爲《太常因革禮》一百卷。書成，方奏未報，卒。賜其家縑、銀二百，子軾辭所賜，求贈官，特贈光禄寺丞，敕有司具舟載其喪歸蜀。有文集二十卷、《謚法》三卷。

蘇　軾

《宋史》卷三三八《蘇軾傳》　蘇軾字子瞻，眉州眉山人。生十年，父洵游學四方，母程氏親授以書，聞古今成敗，輒能語其要。程氏讀東漢《范滂傳》，慨然太息，軾請曰：軾若爲滂，母許之否乎？程氏曰：汝能爲滂，吾顧不能爲滂母邪？

比冠，博通經史，屬文日數千言，好賈誼、陸贄書。既而讀《莊子》，歎曰：吾昔有見，口未能言，今見是書，得吾心矣。嘉祐二年，試禮部。方時文磔裂詭異之弊勝，主司歐陽脩思有以救之，得軾《刑賞忠厚論》，驚喜，欲擢冠多士，猶疑其客曾鞏所爲，但置第二；復以《春秋》對義居第一，殿試中乙科。後以書見脩，脩語梅聖俞曰：吾當避此人出一頭地。聞言始譁不厭，久乃信服。【略】

熙寧二年，還朝。王安石執政，素惡其議論異己，以判官告院。四年，安石欲變科舉、興學校，詔兩制、三館議。軾上議曰：

得人之道，在於知人；知人之法，在於責實。使君相有知人之明，朝廷有責實之政，則胥史皁隸未嘗無人，而況於學校貢舉乎？雖因今之法，臣以爲有餘。使君相不知人，朝廷不責實，則公卿侍從常患無人，而況學校貢舉乎？雖復古之制，臣以爲不足。夫時有可否，物有廢興，方其所安，雖暴君不能廢，及其既厭，雖聖人不能復。故風俗之變，法制隨之，譬如江河之徙移，彊而復之，則難爲力。

慶曆固嘗立學矣，至于今日，惟有空名僅存。今將變今之禮，易今之俗，又當發民力以治官室，斂民財以食游士。百里之內，置官立師，獄訟聽于是，軍旅謀于是，又簡不率教者屏之遠方，則無乃徒爲紛亂，以患苦天下邪？若乃無大更革，而望有益於時，則與慶曆之際何異？故臣謂今之學校，特可因仍舊制，使先王之舊物，不廢於吾世足矣。至於貢舉之法，行之百年，治亂盛衰，初不由此。陛下視祖宗之世，貢舉之法，與今爲孰精？言語文章，與今爲孰優？所得人才，與今爲孰多？天下之事，與今爲孰辦？較此四者之長短，其議决矣。

今所欲變改不過數端：或曰鄉舉德行而略文詞，或曰專取策論而罷詩賦，或欲兼采譽望而罷封彌，或欲經生不帖墨而考大義，此皆知其一，不知其二者也。願陛下留意於遠者、大者，區區之法何預焉。臣又切有私憂過計者。夫性命之説，自子貢不得聞，而今之學者，恥不言性命，讀其文，浩然無當而不可窮；觀其貌，超然無著而不可挹，此豈真能然哉！蓋中人之性，安於放而樂於誕耳。陛下亦安用之？【略】

時安石創行新法，軾上書論其不便，曰：

臣之所欲言者，三言而已。願陛下結人心，厚風俗，存紀綱。人主之所恃者人心而已，如木之有根，燈之有膏，魚之有水，農夫之有田，商賈之有財。失之則亡，此理之必然也。自古及今，未有和易同衆而不安，剛果自用而不危者。陛下亦知人心之不悦矣。

祖宗以來，治財用者不過三司。今陛下不以財用付三司，無故又創制置三司條例一司，使六七少年，日夜講求於內，使者四十餘輩，分行營幹於外。夫制置三司條例司，求利之名也；六七少年與使者四十餘輩，求利之器也。造端宏大，民實驚疑；創法新奇，吏皆惶惑。以萬乘之主而言利，以天子之宰而治財，論説百端，喧傳萬口，然而莫之顧者，徒曰：我無其事，何恤於人言。操罔罟而入江湖，語人曰我非漁也，不如捐罔罟而人自信。驅鷹犬而赴林藪，語人曰我非獵也，不如放鷹犬而獸自馴。故臣以爲欲消讒消讒慝而召和氣，則莫若罷條例司。【略】

時新政日下，軾於其間，每因法以便民，民賴以安。徙知密州。司農行手實法，不時施行者以違制論。軾謂提舉官曰：違制之坐，若自朝廷，誰敢不從？今出於司農，是擅造律也。提舉官驚曰：公姑徐之。未幾，朝廷知法害民，罷之。

有盜竊發，安撫司遣三班使臣領悍卒來捕，卒凶暴恣行，至以禁物誣民，入其家爭鬥殺人，且畏罪驚潰，將爲亂。民奔訴軾，軾投其書不視，曰：必不至此。散卒聞之，少安，徐使人招出戮之。【略】

郡有宿賊尹遇等，數劫殺人，又殺捕盗吏兵。朝廷以名捕不獲，被殺家復懼其害，匿不敢言。軾召汝陰尉李直方曰：君能禽此，當力言於朝，乞行優賞；不獲，亦以不職奏免君矣。直方有母且老，與母訣而後行。乃緝知盗所，分捕其黨與，手戟刺遇，獲之。朝廷以小不應格，推賞不及。軾請以已之年勞，當改朝散郎階，爲直方賞，不從。其後吏部爲軾當遷，以符會其考，軾謂已許直方，又不報。

七年，徙揚州。舊發運司主東南漕法，聽操舟者私載物貨，征商不得留難。故操舟者輒富厚，以官舟爲家，補其弊漏，且周船夫之乏，故所載率皆速達無虞。近歲一切禁而不許，故舟弊人困，多盗所載以濟飢寒，公私皆病。軾請復舊，從之。【略】

八年，宣仁后崩，哲宗親政。軾乞補外，以兩學士出知定州。時國是將變，軾不得入辭。既行，上書言：天下治亂，出於下情之通塞。至治之極，小民皆能自通；迨於大亂，雖近臣不能自達。陛下臨御九年，除執政、臺諫外，未嘗與羣臣接。今聽政之初，當以通下情、除壅蔽爲急務。臣日侍帷幄，方當戍邊，顧不得一見而行，况踈遠小臣欲求自通，難矣。然臣不敢以不得對之故，不效愚忠。古之聖人將有爲也，必先處晦而觀明，處靜而觀動，則萬物之情，畢陳于前。陛下聖智絶人，春秋鼎盛。臣願虛心循理，一切未有所爲，默觀庶事之利害，與羣臣之邪正。以三年爲期，俟得其實，然後應物而作。使既作之後，天下無恨，陛下亦無悔。由此觀之，陛下之有爲，惟憂太蚤，不患稍遲，亦已明矣。臣恐急進好利之臣，輒勸陛下輕有改變，故進此説，敢望陛下留神，社稷宗廟之福，天下幸甚。

定州軍政壞弛，諸衛卒驕惰不教，軍校蠶食其廩賜，前守不敢誰何。軾取貪汙者配隸遠惡，繕修營房，禁止飲博，軍中衣食稍足，乃部勒戰法，衆皆畏伏。然諸校業業不安，有卒史以贓訴其長，軾曰：此事吾自治則可，聽汝告，軍中亂矣。立決配之，衆乃定。

會春大閲，將吏久廢上下之分，軾命舉舊典，帥常服出帳中，將吏戎服執事。副總管王光祖自謂老將，耻之，稱疾不至。軾召書吏使爲奏，光祖懼而出，訖事，無一慢者。定人言：自韓琦去後，不見此禮至今矣。契丹久和，邊兵不可用，惟沿邊弓箭社與寇爲隣，以戰射自衛，猶號精鋭。故相龐籍守邊，因俗立法。歲久法弛，又爲保甲所撓。軾奏免保甲及兩税折變科配，不報。

（宋）李燾《續資治通鑑長編》卷二九九《宋神宗元豐二年》 御史中丞李定言：知湖州蘇軾，初無學術，濫得時名，偶中異科，遂叨儒館，有可廢之罪四。昔者堯不誅四凶，至舜則流放竄殛之，蓋其惡始見於天下也。軾初騰沮毀之論，陛下猶置之不問，容其改過，軾怙終不悔，其惡已著，一也。古人有言曰，教而不從，然後誅之，蓋吾之所以俟之者盡，然後戮辱隨焉。陛下所以俟軾者，可謂盡矣，而狂悖之語日聞，二也。軾所爲文辭，雖不中理，亦足以鼓動流俗，所謂言僞而辨；當官侮慢，不循陛下之法，操心頑愎不服陛下之化，所謂行僞而堅；先王之法所當首誅，三也。刑故無小，蓋知而故爲，與夫不知而爲者異也。軾讀史傳，非不知事君有禮，訕上有誅，而敢肆其憤心，公爲詆訾，而又應制舉對策，即己有厭弊更法之意，及陛下修明政事，怨不用己，遂一切毀之，以爲非是，四也。罪有四可廢，而尚容于職位，傷教亂俗，莫甚於此。伏望斷自天衷，特行典憲。御史舒亶言：軾近上謝表，頗有譏切時事之言，流俗翕然争相傳誦，志義之士，無不憤惋。蓋陛下發錢以本業貧民，則曰贏得兒童語音好，一年强半在城中；陛下明法以課試羣吏，則曰讀書萬卷不讀律，致君堯、舜知無術；陛下興水利，則曰東海若知明主意，應教斥鹵變桑田；陛下謹鹽禁，則曰豈是聞《韶》解忘味，爾來三月食無鹽。其他觸物即事，應口所言，無一不以詆謗爲主，小則鏤板，大則刻石，傳播中外，自以爲能。并上軾印行詩三卷。御史何正臣亦言軾愚弄朝廷，妄自尊大。詔知諫院張璪、御史中丞李定推治以聞。時定乞選官參治，及罷軾湖州，差職員追攝。既而上批，令御史臺選牒朝臣一員乘驛追攝，又責不管別致疏虞狀，其罷湖州朝旨，令差去官賫往。

（宋）李燾《續資治通鑑長編》卷三〇一《宋神宗元豐二年》 祠部員外郎、直史館蘇軾責授檢校水部員外郎、黄州團練副使、本州安置，不得簽書公事，令御史臺差人轉押前去。絳州團練使、駙馬都尉王詵追兩官勒停。著作佐郎、簽書應天府判官蘇轍監筠州鹽酒税務，正字王鞏監賓州鹽酒務，令開封府差人押出門，趣赴任。太子少師致仕張方平、知制誥李清臣罰銅三十斤。端明殿學士司馬光、户部侍郎致仕范鎮、知開封府錢藻、知審官東院陳襄、京東轉運使劉攽、淮南西路提點刑獄李常、知福州孫覺、知亳州曾鞏、知河中府王汾、知宗正丞劉摯、著作佐郎黄庭堅、衛尉寺丞戚秉道、正字吴琯、知考城縣盛僑、知滕縣王安上、樂清縣令周邠、監仁和縣鹽税杜子方、監澶州酒税顔復、選人陳珪錢世雄各罰銅二十斤。

初，御史臺既以軾具獄上法寺，當徒二年，會赦當原。於是中丞李定言：軾起於草野垢賤之餘，朝廷待以郎官館職，不爲不厚，所宜忠信正直，思所以報上之施，而乃怨未顯用，肆意縱言，譏諷時政。自熙寧以來，陛下所造法度，悉以爲非。古之議令者，猶有死而無赦，况軾所著文字，訕上惑衆，豈徒議令之比？軾之姦慝，今已具服。不屏之遠方則亂俗，再使之從政則壞法，伏乞特行廢絶，以釋天下之惑。

御史舒亶又言：駙馬都尉王詵，收受軾譏諷朝政文字及遺軾錢物，并與王鞏往還，漏洩禁中語。竊以軾之怨望、詆訕君父，蓋雖行路猶所諱聞，而詵恬有軾言，不以上報，既乃陰通貨賂，密與燕游。至若鞏者，嚮連逆黨，已坐廢停。詵於此時同罣論議，而不自省懼，尚相關通。案詵受國厚恩，列在近戚，而朋比匪人，志趣如此，原情議罪，實不容誅，乞不以赦論。又言：收受軾譏諷朝政文字人，除王詵、王鞏、李清臣外，張方平而下凡二十二人，如盛僑、周邠輩固無足論，乃若方平與司馬光、范鎮、錢藻、陳襄、曾鞏、孫覺、李常、劉攽、劉摯等，蓋皆略能誦説先王之言，辱在公卿、士大夫之列，而陛下所嘗以君臣之義望之者，所懷如此，顧可置而不誅乎！疏奏，軾等皆特責。獄事起，詵嘗屬轍密報軾，而轍不以告官，亦降黜焉。

軾初下獄，方平及鎮皆上書救之，不報。方平書曰：

臣讀《春秋傳》，晉叔向被囚，時祁奚老矣，聞之，乘驛而見執政韓起，爲言叔向謀而寡過，惠訓不倦，宜蒙寬宥之意。起與之同乘，以言諸公而免之。祁奚不見叔向而歸，蓋祁奚之言爲國，非私叔向也。今日傳聞有使者追蘇軾過南京，當屬吏。臣不詳知軾之所坐，而早嘗識其爲人，起遠方孤生，遭遇聖明之世，然其文學實天下之奇才。向舉制策高等，而猶碌碌無以異於流輩。陛下振拔，特加眷獎，由是材譽益著。軾自謂見知明主，亦慨然有報上之心。但其性資疏率，闕於審重，出位多言，以速尤悔。頃年以來，聞軾屢有封章，特爲陛下優容。四方聞之，莫不感歎聖明寬大之德，而尤軾狂易輕發之性。今其得罪，必緣故態。但陛下於四海生靈，如天之無不覆冒，如地之無不持載，如四時之無不化育，於一蘇軾豈所好惡！

伏惟英聖之主，方立非常之功，固在廣收材能，使之以器。若不棄瑕含垢，則人才有可惜者。昔季布親窘高祖，夏侯勝誹謗世宗，鮑永不從光武，陳琳毁詆魏武，魏徵謀危太宗，此五臣者，罪至大而不可赦者也。遭遇明主，皆爲曲法而全之，卒爲忠臣，有補於世。自夫子删《詩》，取諸諷刺，以爲言之者足以戒。故詩人之作，其甚者以至指斥當世之事，語涉謗讟不恭，亦未聞見收而下獄也。唐韓愈上疏憲宗，以爲人主事佛則壽促。此言至不順，憲宗初大怒欲誅之，其後思之曰：愈亦是愛我。今軾但以文辭爲罪，非大過惡，臣恐付之狴牢，罪有不測。惟陛下聖度，免其禁繫，以全始終之賜，雖重加譴謫，敢不甘心！臣自念朽質，上荷異恩，今伏在田廬，無復涓埃之補。竊慕祁奚雖老，猶不忘公室而申請叔向之義，僭越上言，自干鼎鉞。

朱本改墨本云：軾坐久不得進怨望，凡上所施爲，皆作詩詆訕，無所不至；及受僧屬，以畫爲求紫衣度牒於王詵。詵坐受軾謗訕文書，及借軾錢攜婢妾出城與宴飲，事發，更遣人抵鞏、轍，論使毁匿所謗訕文書。轍坐受詵指諭，鞏坐與詵、軾交通，而方平等亦並與軾往還，受其謗訕歌詩。按朱本所改舒亶章云：陰通貨賂，密與游宴。可具見矣。坐久不得進怨望詆訕，則史臣崇飾之辭也。今但依墨本及新本。又朱本亦不載李定言。方平、鎮救軾，據《邵伯温見聞録》。方平疏，取之本集。鎮疏未見。劉安世《元城語録》云：方平疏亦不果投。當考。王銍《元祐補録》：《沈括集》云，括素與蘇軾同在館閣，軾論事與時異，補外。括察訪兩浙，陛辭，神宗語括曰：蘇軾通判杭州，卿其善遇之。括至杭，與軾論舊，求手録近詩一通，歸則籤帖以進，云詞皆訕懟。軾聞之，復寄詩。劉恕戲曰：不憂進了也？其後，李定、舒亶論軾詩置獄，實本于括云。元祐中，軾知杭州，括閑廢在潤，往來迎謁恭甚。軾益薄其爲人。此事附注，當考詳，恐年月先後差池不合。

軾既下獄，衆危之，莫敢正言者。直舍人院王安禮乘間進曰：自古大度之君，不以語言謫人。按軾文士，本以才自奮，謂爵位可立取，顧碌碌如此，其中不能無觖望。今一旦致於法，恐後世謂不能容才，願陛下無庸竟其獄。上曰：朕固不深譴，特欲申言者路耳，行爲卿貰之。既而戒安禮曰：第去，勿漏言。軾前賈怨於衆，恐言者緣軾以害卿也。始，安禮在殿廬，見御史中丞李定，問軾安否狀，定曰：軾與金陵丞相論事不合，公幸毋營解，人將以爲黨。至是，歸舍人院，遇諫官張璪忿然作色曰：公果救蘇軾耶，何爲詔趣其獄？安禮不答。其後獄果緩，卒薄其罪。此段據田畫：所作《王安禮行狀》。《舊紀》書庚申直史館蘇軾怨望，作詩詆訕，貶黃州團練副使。駙馬都尉王詵與軾燕游，貨賂交通，漏禁中語，追兩官，勒停。王鞏等受軾謗訕詩，降黜、責金者二十三人。《新紀》削去。吕本中《雜説》：元豐年，蘇子瞻自湖州以言語刺譏，下御史獄。《通略》云：李定等言軾在七月己巳。今聯書之。吴充救軾，據吕本中《雜説》。王安禮救軾，據田畫所作《安禮行狀》。吴充方爲相，一日問上：魏武帝何如人？上曰：何足道！充曰：陛下動以堯、舜爲法，薄魏武固宜。然魏武猜忌如此，猶能容禰衡。陛下以堯、舜爲法，而不能容一蘇軾，何也？上驚曰：朕無他意，止欲召他對獄，考核是非爾，行將放出也。

（宋）李燾《續資治通鑑長編》卷四一八《宋哲宗元祐二年》 甲午，江寧府司理參軍、鄆州州學教授周穜罷歸吏部，用右正言劉安世、翰林學士蘇軾言也。【略】軾言：臣先任中書舍人日，敕舉學官，臣曾舉江寧府右司理參軍周穜，蒙朝廷差充鄆州州學教授。近者竊聞穜上疏，言朝廷當以故相王安石配享神宗皇帝。謹按漢律，擅議宗廟者棄市，自高后至文、景、武、宣皆行此法，以尊宗廟，重朝廷，防微杜漸，蓋有深意。本朝自祖宗以來，推擇元勳重望、始終全德之臣，以配食列聖，蓋自天子所不敢專，必命都省集議，其人非天下公議所屬，不在此選。奏議既上，詔云恭依，册告宗廟，然後敢行，其嚴如此。豈有既行之後，復使疏遠小臣各出私意，以議所配？若置而不問，則宗廟不嚴，而朝廷輕矣。竊以安石平生所爲，是非邪正，中外具知，難逃聖鑒。先帝蓋亦知之，故置之閒散，終不復用。今已改青苗等法，而廢退安石黨人吕惠卿、李定之徒。至於學校貢舉，亦已罷斥佛老，禁止字學，大議已定，行之數年。而先帝配享，已定用富弼，天下翕然，以爲至當。穜復何人，敢建此議？意欲以此嘗試朝廷，漸進邪説，陰倡羣小，此孔子所謂行險僥倖，居之不疑者也。而臣忝備侍從，謬於知人，至引此人以汙學校，若又隱而不言，則罔上黨姦，其罪愈大。謹自劾以待罪，伏望聖慈特敕有司議臣妄舉之罪，重賜責降，以儆在位。

軾又言：臣近上言，以所舉學官周穜擅議先帝配享，欲以嘗試朝廷，漸進邪説，陰倡羣小，乞下有司議臣妄舉之罪，重行責降，以警在位。至今累日，未奉指揮。竊以爲國之本，在於明賞罰，辨邪正，二者不立，亂亡隨之。

（清）徐乾學《資治通鑑後編》卷八四《宋紀八四》 蘇軾自徐州徙知湖州，上表以謝。中丞李定、御史舒亶、何正臣摘其語，以為侮慢，因盡摭軾所為詩諷時事者，交章條列，謂之訕上。摘成烏臺詩案二十六欵，其畧曰：陛下發錢本以業貧民，則曰贏得兒童語音好，一年強半在城中；陛下明法以課試羣吏，則曰讀書萬卷不讀律，致君堯舜終無術；陛下興水利，則曰東海若知明主意，應教斥鹵變桑田；陛下謹塩禁，則曰豈是聞《韶》解忘味，爾來三月食無塩？其他觸物即事，應口所言，無非以詆謗為主，小則鏤板，大則刻石，傳播中外，自以為能。詔逮赴御史臺鞫治。

蘇　轍

《宋史》卷三三九《蘇轍傳》 蘇轍字子由，年十九，與兄軾同登進士科，又同策制舉。仁宗春秋高，轍慮或倦於勤，因極言得失，而於禁廷之事，尤爲切至。曰：

陛下卽位三十餘年矣，平居靜慮，亦嘗有憂於此乎，無憂於此乎？臣伏讀制策，陛下既有憂懼之言矣。然臣愚不敏，竊意陛下有其言耳，未有其實也。往者寶元、慶曆之間，西夏作難，陛下晝不安坐，夜不安席，天下皆謂陛下憂懼小心，如周文王。然自西方解兵，陛下棄置憂懼之心，二十年矣。古之聖人，無事則深憂，有事則大懼。夫無事而深憂者，所以爲有事之不懼也。今陛下無事則不憂，有事則大懼，臣以爲憂樂之節易矣。臣疎遠小臣，聞之道路，不知信否？

近歲以來，宮中貴姬至以千數，歌舞飲酒，優笑無度，坐朝不聞咨謨，便殿無所顧問。三代之衰，漢、唐之季，女寵之害，陛下亦知之矣。久而不止，百蠹將由之而出。內則蠱惑之所汚，以傷和伐性；外則私謁之所亂，以敗政害事。陛下無謂好色於內，不害外事也。今海內窮困，生民愁苦，而宮中好賜不爲限極，所欲則給，不問有無。司會不敢争，大臣不敢諫，執契持敕，迅若兵火。國家內有養士、養兵之費，外有契丹、西夏之奉，陛下又自爲一阱以耗其遺餘，臣恐陛下以此得謗，而民心不歸也。

策入，轍自謂必見黜。考官司馬光第以三等，范鎮難之。蔡襄曰：吾三司使也。司會之言，吾愧之而不敢怨。惟考官胡宿以爲不遜，請黜之。仁宗曰：以直言召人，而以直言棄之，天下其謂我何？宰相不得已，寘之下等，授商州軍事推官。時父洵被命修《禮書》，兄軾簽書鳳翔判官。轍乞養親京師。三年，軾還，轍爲大名推官。逾年，丁父憂。服除，神宗立已二年，轍上書言事，召對延和殿。

時王安石以執政與陳升之領三司條例，命轍爲之屬。呂惠卿附安石，轍與論多相牾。安石出《青苗書》使轍熟議，曰：有不便，以告勿疑。轍曰：以錢貸民，使出息二分，本以救民，非爲利也。然出納之際，吏緣爲姦，雖有法不能禁，錢入民手，雖良民不免妄用；及其納錢，雖富民不免踰限。如此，則恐鞭箠必用，州縣之事不勝煩矣。唐劉晏掌國計，未嘗有所假貸。有尤之者，晏曰：使民僥倖得錢，非國之福；使吏倚法督責，非民之便。吾雖未嘗假貸，而四方豐凶貴賤，知之未嘗逾時。有賤必糴，有貴必糶，以此四方無甚貴、甚賤之病，安用貸爲？晏之所言，則常平法耳。今此法見在而患不修，公誠能有意於民，舉而行之，則晏之功可立俟也。安石曰：君言誠有理，當徐思之。自此逾月不言青苗。

呂大防

《宋史》卷三四〇《呂大防傳》 呂大防字微仲，其先汲郡人。祖通，太常博士。父蕡，比部郎中。通葬京兆藍田，遂家焉。大防進士及第，調馮翊主簿、永壽令。縣無井，遠汲於澗，大防行近境，得二泉，欲導而入縣，地勢高下，衆疑無成理。大防用《考工》水地置泉之法以準之，不旬日，果疏爲渠，民賴之，號曰吕公泉。

遷著作佐郎、知青城縣。故時，圭田粟入以大斗而出以公斗，獲利三倍，民雖病不敢訴。大防始均出納以平其直，事轉聞，詔立法禁，命一路悉輸租于官概給之。青城外控汶川，與敵相接。大防據要置邏，密爲之防，禁山之樵采，以嚴障蔽。韓絳鎮蜀，稱其有王佐才。入權鹽鐵判官。

（清）黄宗羲《宋元學案》卷一九《范吕諸儒學案·正愍吕微仲先生大防》　吕大防，字微仲，其先汲郡人。太常博士通孫。父蕡，比部郎中。祖葬京兆藍田，遂家焉。由進士及第，調馮翊主簿、永壽令，遷著作佐郎、知青城縣。韓獻肅絳鎮蜀，稱其有王佐才。入權鹽鐵判官。英宗即位，除監察御史裏行，首言紀綱賞罰，未厭四方之望。京師大水，先生曰：雨水之患，至入宮城廬舍，殺人害物，此陰陽之沴也。即陳八事，曰主威不立、臣權太盛、邪議干正、私恩害公、遼夏連謀、盜賊恣行、羣情失職，刑罰失平。會執政議濮王典禮，先生言：宜以至公大義厭服天下，不得顧私恩而違公義。章數十上，出知休寧縣。神宗立，通判淄州。熙寧初，知泗州，爲河北轉運副使，召直舍人院。韓獻肅宣撫陝西，命爲判官，又兼河東宣撫判官，除知制誥。四年，知延州。會環慶兵亂，宣撫坐黜，先生亦落知制誥，以太常博士知臨江軍。數月，徙知華州。華嶽摧，先生援經質史，以驗時事。除龍圖閣待制、知秦州。元豐初，徙永興。時用兵西夏，調度百出，有不便者輒上聞，務在寬民，及兵罷，民力比他路爲饒。進直學士。居數年，知成都府。哲宗即位，召爲翰林學士，遷吏部尚書。元祐初，拜尚書右丞，進中書侍郎，封汲郡公。吕正獻告老，超拜先生尚書左僕射兼門下侍郎，修《神宗實録》。先生見哲宗年益壯，日以進學爲急，請敕講讀官，取仁宗邇英御書解釋上之，寘于坐右。又摭乾興以來四十一事足以爲勸戒者，分上下篇，標曰《仁祖聖學》，使人主有欣慕不足之意。哲宗御邇英閣，召宰執、講讀官讀《寶訓》，至漢武帝籍南山提封爲上林苑，仁宗曰：山澤之利，當與衆共之，何用此也！丁度謂此蓋祖宗家法。先生因推廣祖宗家法，自事親、治内，以至寬仁、示儉，累數百言，哲宗甚然之。先生樸厚惷直，不植黨朋。與范忠宣並相王室，立朝挺挺，百官不敢干以私；不市恩嫁怨，以邀聲譽；凡八年，始終如一。懇乞避位，宣仁后曰：上方富于春秋，公未可即去。少須歲月，吾亦就東朝矣。未果而后崩，爲山陵使。復命以觀文殿大學士、左光禄大夫知潁昌府，尋改永興軍。紹聖初，以言者落職，知隨州。貶祕書監，分司南京，居郢州。言者又以修《神宗實録》直書其事爲誣詆，徙安州。兄晉伯自渭入對，哲宗詢大防安否，且曰：執政欲遷諸嶺南，朕獨令處安陸。爲朕寄聲問之。大防樸直，爲人所賣，三二年可復相見也。晉伯泄其語于章惇，惇懼，繩之愈力，再貶舒州團練副使，安置循州。疾作，語其子景山曰：吾不復南矣！卒，年七十一。晉伯請歸葬，許之。後復故官職，贈太師、宣國公，謚正愍。先生身長七尺，眉目秀發，聲音如鐘。自少持重，無嗜好，過市不左右游目，燕居如對賓客。每朝會，威儀翼如，神宗常目送之。與晉伯及弟與叔同居相切磋，論道考禮，冠昏喪祭，一本于古。關中言禮學者，推吕氏云。

吕大忠

《宋史》卷三四〇《吕大忠傳》　〔吕〕大忠字進伯。登第，爲華陰尉、晉城令。韓絳宣撫陝西，以大忠提舉永興路義勇。改祕書丞，檢詳樞密院吏、兵房文字。令條義勇利害。大忠言：養兵猥衆，國用日屈，漢之屯田，唐之府兵，善法也。弓箭手近於屯田，義勇近於府兵，擇用一焉，兵屯可省矣。爲簽書定國軍判官。

（清）黄宗羲《宋元學案》卷三一《范吕諸儒學案·龍學吕晉伯先生大忠》　吕大忠，字晉伯，其先汲郡人，祖太常博士通葬藍田，遂家焉。父比部郎中蕡，六子五登科，先生其長也。皇祐中第進士，歷知代州。遼使至代，設次，據主席，先生與之争，遼使屈，乃移次于長城北。已而復使，求代北地，神宗將從之。時先生晉祕書丞，丁艱，議奪情副常卿劉忱報使，先生辭未行。忱已使回，遼使又至，召同忱入對。先生曰：彼遣一使來，即與地五百里。若使魏王英弼來求關南，則何如？神宗曰：是何言也！先生曰：然則安可以代北啓其侈心，忱曰：大忠之言，社稷至計，願陛下熟思之。執政知先生之不可奪也，先罷忱，先生遂乞終喪制。紹聖二年，加寶文閣直學士、知渭州，付以秦、渭之事。先生奏對，欲以計徐取横山，不求近功。既而鍾傳，城安西，王文郁用事，章惇、曾布主之，先生議不合。紹述黨禍起，降待制。弟汲公大防連遭貶謫，先生乞以所進官爲量移，徙知同州。致仕。卒，復龍圖直學。先生性剛毅質直，勇于有爲。與其弟和叔大鈞、與叔大臨俱遊于張、程之門，伊川曰：晉伯老而好學，理會直是到底。横渠亦稱先生篤實而有光輝。上蔡曰：晉伯弟兄皆有見處。蓋兄弟之既多且貴而皆賢者，吕氏也。先生爲從官，歸見縣令，必致桑梓之恭；待部吏如子弟；于學者多面折其短而樂于成人，雖汲公，未嘗少假顔色也。嘗坐堂上，汲公夫人拜庭下，二婢掖之，先生愠曰：丞相夫人邪？吾但知二郎新婦耳。不病，何用人扶！汲公爲之媿謝。每勸汲公辭位以避滿盈之禍云。

吕大鈞

《宋史》卷三四〇《吕大鈞傳》　〔吕〕大鈞字和叔。父蕡，六子，其五登科，大鈞第三子也。中乙科，調秦州右司理參軍，監延州折博務。改光禄寺丞、知三原縣。請代蕡入蜀，移巴西縣。蕡致仕，大鈞亦移疾不行。

韓絳宣撫陝西、河東，辟書寫機密文字。府罷，移知候官縣，故相曾公亮鎮京兆，薦知涇陽縣，皆不赴。丁外艱，家居講道。數年，起爲諸王宫教授。求監鳳翔船務，制改宣義郎。

（清）黄宗羲《宋元學案》卷三一《吕范諸儒學案・教授吕和叔先生大鈞》　吕大鈞，字和叔，晉伯之弟。嘉祐二年進士，授秦州司理，監延州折博務，改知三原縣。移巴西、侯官、涇陽，以父老，皆不赴。丁艱服除，以道未明，學未優，不復有仕進意。久之，大臣薦爲王宫教授，尋監鳳翔船務。元豐五年，卒。疾革，内外灑掃，冥然若思。久之，客至問安，交語未終而歿。先生爲人剛質，常言：始學，行其所知而已。道德性命之際，躬行久則自至焉。横渠倡道于關中，寂寥無有和者。先生于横渠爲同年友，心悦而好之，遂執弟子禮，于是學者靡然知所趨同。横渠之教，以禮爲先，先生條爲《鄉約》，關中風俗爲之一變。范侍郎育表其墓曰：唯君明善志學，性之所得者盡之心，心之所知者踐之身，可謂至誠敏德者矣！子義山。

吕大臨

《宋史》卷三四〇《吕大臨傳》　〔吕〕大臨字與叔。學于程頤，與謝良佐、游酢、楊時在程門，號四先生。通《六經》，尤邃於《禮》。每欲掇習三代遺文舊制，令可行，不爲空言以拂世駭俗。

其論選舉曰：古之長育人才者，以士衆多爲樂；今之主選舉者，以多爲患。古以禮聘士，常恐士之不至；今以法待士，常恐士之競進。古今豈有異哉，蓋未之思爾。夫爲國之要，不過得人以治其事，如爲治必欲得人，惟恐人才之不足，而何患於多。如治事皆任其責，惟恐士之不至，不憂其競進也。今取人而用，不問其可任何事；任人以事，不問其才之所堪。故入流之路不勝其多，然爲官擇士則常患乏才；待次之吏歷歲不調，然考其職事則常患不治。是所謂名實不稱，本末交戾。如此而欲得人而事治，未之有也。今欲立士規以養德厲行，更學制以量才進藝，定試法以區別能否，修辟法以興能備用，嚴舉法以覈實得人，制考法以責任考功，庶幾可以漸復古矣。

（清）黄宗羲《宋元學案》卷三一《吕范諸儒學案・正字吕藍田先生大臨》　吕大臨，字與叔，和叔之弟。兄弟俱登科，惟先生不應舉，以門蔭入官，曰：不敢掩祖宗之德也。元祐中，爲太學博士、祕書省正字。范學士祖禹驚其修身好學，行如古人，可充講官，未及用而卒，年四十七。初學于横渠，横渠卒，乃東見二程先生，故深淳近道，而以防檢窮索爲學。明道語之以識仁，且以不須防檢，不須窮索開之，先生默識心契，豁如也，作《克己銘》以見意。始，先生于羣書博極，能文章，至是涵養益粹，言如不出口，粥粥若無能者。賦詩曰：學如元凱方成癖，文到相如始類俳。獨立孔門無一事，只輸顔子得心齋。伊川贊之曰：古之學者，唯務養性情，其他則不學。今爲文者，專務章句，悦人耳目，非俳優而何！此詩可謂得本矣。又曰：和叔任道擔當，其風力甚勁。然深潛縝密有所不逮與叔。又曰：與叔六月中自緱氏來，燕居中必見其儼然危坐，可謂敦篤矣。

（清）李清植《歷代名儒傳》卷四　呂大臨，字與叔，其先汲郡人，自祖以下葬藍田，故爲京兆人。始與兄大鈞同事橫渠張子，大鈞字和叔，爲橫渠同年友，心悦其學，遂賓賓執弟子禮。橫渠之學以誠明爲本，以禮樂爲行。他弟子徒誦其言，獨大鈞若蹈大路，日用朝夕，依以爲軌轍。治父喪，自始死至葬祭，一倣古儀所得爲者，已復推之冠、昏、飲酒、相見、慶弔之事。節文彬彬，關中化之。又嘗講井田、兵制，撰爲圖籍，若可施行，其尊信橫渠如此。大臨亦宗橫渠之學。橫渠卒，乃東見二程。其學博涉羣書，妙達義理，而如不出諸口；其行以聖賢爲法，愛民利物，而若無能者；其文如萬馬千兵，飽滿伉壯，幾於古人，而薄而不爲。雖盛暑燕閒，必儼然危坐，每欲掇拾三代遺文舊制，令可行不爲空言。以門廕入仕，不應舉。或問其故，曰：不敢掩祖宗之德。元祐中，除大學博士，祕書省正字，嘗論選舉曰：古之育才，以多爲樂，今之選舉，以多爲患；古以禮聘士，常恐其不至，今以法待士，常恐其競進。夫爲國之要，不過得人以治事，如爲治必欲得人，惟恐才之不足，何患於多？如治事皆任其責，惟恐士之不至，何患於競？今取人而用，不擇所任。任人以事，不問所堪。故入流之路，不勝其多，而爲官擇士，則常患乏才。待次之吏，歷歲不調，而考其職事，則常患不治。惟立士規以養德厲行，更學制以量才進藝，定試法以甄賢別否，修辟法以興能備用，嚴舉法以核實得人，制考法以責任考功。庶幾漸可復古。及富弼致政居家，頗好佛學，大臨與書曰：古者三公無職事，內則論道於朝，外則主教於鄉，必將以斯道覺斯民，豈以爵位進退，體力盛衰爲之變哉？今大道未明，人趨異學，此老成大人惻隱存心之時，若移精變氣，務求長年，乃山谷避世者所好，非所望於公也。弼謝之。其後范祖禹以大臨修身力學，宜備講官，薦之，未及用卒。初，大鈞爲人剛正，於所灼信，身遂行之，不復疑畏，識者方之季路。而大臨婿於張戩，戩喜曰：吾得顔回爲婿矣！二人涵養之淺深，畧可想見。故伊川稱曰：和叔任道風力甚勁，至深潛縝密，則不如與叔。其見重如此。

論曰：銓法之弊久矣。旅用而旋退。當其用時，未嘗爲官擇才，量才授官。則其退也，必有以用違其才而横受其辜者已。昔皋陶安於理官，后稷自謂便人，彼皆聖賢之侶，用猶各有所宜，况中材乎？故知資格年勞之循，乃漢晉之弊法。爲政之道，育才要矣，審官急焉。若用大臨之論，以與明道學校取士之制相備，庶幾作人之化興，而唐虞官人之盛可復覩矣！

李覯

《宋史》卷四三二《儒林傳二・李覯》　李覯字泰伯，建昌軍南城人。俊辯能文，舉茂才異等不中。親老，以教授自資，學者常數十百人。皇祐初，范仲淹薦為試太學助教，上《明堂定制圖序》曰：

《考工記》周人明堂，度九尺之筵，是言堂基脩廣，非謂立室之數。東西九筵，南北七筵，堂崇一筵，是言堂上，非謂室中。東西之堂各深四筵半，南北之堂各深三筵半。五室，凡室二筵，是言四堂中央有方十筵之地，自東至西可營五室，自南至北可營五室。十筵中央方二筵之地，既為太室，連作餘室，則不能令十二位各直其辰，當於東南西北四面及四角缺處，各虛方二筵之地，周而通之，以為太廟。太室正居中，《月令》所謂中央土，居太廟太室者，言此太廟之中有太室也。太廟之外，當子、午、卯、酉四位上各畫方二筵地，以與太廟相通，為青陽、明堂、總章、元堂四太廟；當寅、申、巳、亥、辰、戌、丑、未八位上各畫方二筵地，以為左个、右个也。

《大戴禮・盛德記》：明堂凡九室，室四戶八牖，共三十六戶七十二牖。八个之室，并太室而九，室四面各有戶，戶旁夾兩牖也。

《白虎通》：明堂上圓下方，八窗、四闥、九室、十二坐。四太廟前各為一門，出於堂上，門旁夾兩窗也。左右之个其實皆室，但以分處左右，形如夾房，故有个名。太廟之内以及太室，其實祀文王配上帝之位，謂之廟者義當然矣。土者分王四時，於五行最尊，故天子當其時居太室，用祭天地之位以尊嚴之也。四仲之月，各得一時之中，與餘月有異。故復於子、午、卯、酉之方，取二筵地，假太廟之名以聽朔也。

《周禮》言基而不及室，《大戴》言室而不及廟，稽之《月令》則備矣。然非《白虎通》亦無以知窗闥之制也。聶崇義所謂秦人《明堂圖》者，其制有十二階，古之遺法，當亦取之。

《禮記外傳》曰明堂四面各五門，今按《明堂位》：四夷之國，四門之外。九采之國，應門之外。時天子負斧扆南嚮而立。南門之外者北面東上，應門之外者亦北面東上，是南門之外有應門也。既有應門，則不得不有皋、庫、雉門。明堂者四時所居，四面如一，南面既有五門，則餘三面皆各有五門。鄭注《明堂位》則云正門謂之應門，其意當謂變南門之文以為應門。又見王宮有路門，其次乃有應門。今明堂無路門之名，而但有應門，便謂更無重門，而南門即是應門。且路寢之前則名路門，其次有應門。明堂非路寢，乃變其內門之名為東門南門，而次有應門，何害於義？四夷之君，既在四門之外，而外無重門，則是列於郊野道路之間，豈朝會之儀乎？王宮常居，猶設五門，以限中外；明堂者效天法地，尊祖配帝，而止一門以表之，豈為稱哉！

若其建置之所，則淳于登云在國之陽，三里之外，七里之內，丙巳之地；《玉藻》聽朔於南門之外，康成之注亦與是合。夫稱明也，宜在國之陽；事天神也，宜在城門之外。

今圖以九分當九尺之筵，東西之堂共九筵，南北之堂共七筵；中央之地自東至西凡五室，自南至北凡五室，每室二筵，取於《考工記》也。一太室，八左右个，共九室，室有四戶、八牖，共三十六戶、七十二牖，協於戴德《記》也。九室四廟，共十三位，本於《月令》也。四廟之面，各為一門，門夾兩窗，是為八窗四闥，稽於《白虎通》也。十二階，采於《三禮圖》也。四面各五門，酌於《明堂位》、《禮記外傳》也。

嘉祐中，用國子監奏，召為海門主簿、太學説書而卒。覯嘗著《周禮致太平論》、《平土書》、《禮論》。門人鄧潤甫，熙寧中，上其《退居類稿》、《皇祐續稿》并《後集》，請官其子參魯，詔以為郊社齋郎。

（清）黃宗羲《宋元學案》卷三《高平學案・説書李盱江先生覯》

李覯，字泰伯，南城人，學者稱爲盱江先生。俊辯能文。舉茂才異等，不中。親老，以教授自資，學者常數十百人。皇祐初，范文正公薦爲試太學助教，上《明堂位定制圖》。嘉祐中，用國子監奏，召爲海門主簿、太學説書而卒。先生嘗著《周禮致太平論》、《平土書》、《禮論》。門人鄧潤甫熙寧中上其《退居類稿》、《皇祐續稿》并《後集》，請官其子參魯，詔爲郊社齋郎。

梓材謹案：盧氏所藏《學案》原底，于先生門人孫介夫傳標云盱江，知謝山嘗立《盱江學案》。檢原底《序録》，《士劉諸儒學案》條有江楚則有李覯句，後定刊本又節之，蓋以盱江併入高平爾。又案忠宣傳，安定、泰山、徂徠、盱江皆客文正門。先生與徂徠輩行較後，以爲文正門人可也。

《四庫全書總目提要》卷一五三《集部・盱江集》 《盱江集》三十七卷《年譜》一卷《外集》三卷。浙江孫仰曾家藏本。宋李覯撰。覯字泰伯，建昌南城人。皇祐初以薦授太學助教，終海門主簿、太學説書，事蹟具《宋史・儒林傳》。考覯年譜稱，慶曆三年癸未，集《退居類稿》十二卷，又皇祐四年庚辰，集《皇祐續稿》八卷。此集為明南城左贊所編，凡詩文、雜著三十七卷。前列《年譜》一卷，後以制誥、薦章之類為《外集》三卷，蓋非當日之舊。宋人多稱覯不喜《孟》，余允文《尊孟辨》中載覯《常語》十七條，而此集所載僅仲尼之徒無道桓文之事及伊尹廢太甲、周公封魯三條，蓋贊諱而刪之。集首載祖無擇《退居類稿序》，特以孟子比覯，又集中《答李覯書》云：孟氏、荀、揚醇疵之説，不可復輕重，其他文中亦頗引及《孟子》，與宋人所記種種相反，以所刪《常語》推之，毋亦贊所竄亂歟！覯文格次於歐、曾，其論治體，悉可見於實用，故朱子謂覯文實有得於經，不喜《孟子》，特偶然偏見，與歐陽修不喜《繫辭》同，可以置而不論。贊必欲委曲彌縫，務滅其跡，所見陋矣。集中《平土書》、《明堂》、《五宗》皆別有圖，此本不載，則或久佚不傳，未必贊所刊除也。覯在宋不以詩名，然王士禎《居易録》嘗稱其《王方平》、《璧月》、《梁元帝》、《送僧還廬山》、《憶錢塘江》五絶句，以為風致似義山。今覯諸詩，惟《梁元帝》一首不免傖父面目，餘皆不媿所稱，亦可謂淵明之賦閒情矣。《湘山野録》載覯《望海亭席上作》一首，集中不載。考是時蔡襄守福唐，於此亭邀覯與陳烈飲，烈聞官妓唱歌，纔一發聲，即越牆攀樹遁去，講學家以為美談，覯所謂山鳥不知紅粉樂，一聲拍板便驚飛者，正以嘲烈。殆亦左贊病其輕薄，諱而刪之歟？

（宋）李覯《李覯集・直講李先生文集序》 盱江李泰伯，其有孟軻氏六君子之深心焉。年少志大，常憤疾斯文衰敝，曰：墜地已甚，誰其拯之？於是夙夜討論文、武、周公、孔子之遺文舊制，兼明乎當世之務，悉著于篇。且又歎曰：生處僻遐，不自進孰進哉？因徒步二千里入京師，以文求通于天子。乃舉茂材異等，得召第一。既而試于有司，有司黜之。嗚呼！豈有司之過邪？其泰伯之命邪？或者天徒付泰伯以其文而命則否邪？亦將位得志行後有時邪？吾不得而知已。

泰伯退居之明年，類其文稿，第爲十有二卷。

（宋）李覯《李覯集》卷三二《常語上》 孰謂漢孝文恭儉而已乎？其有帝王之材者也，知權者也。周勃誅諸吕，迎立之。即日入未央宫，夜拜宋昌爲衛將軍領南北軍，張武爲郎中令，行殿中。然後坐前殿，勃之掌握已無物矣。許勃歸相印，既又使率列侯就國，何其決也！或曰：孝宣之初曷不然？曰：勢未可也。

（宋）李覯《李覯集・外集》卷二《名公手書・余侍郎三書》 臣竊見建昌軍草澤李覯，博學通識，包括古今，潛心著書，研極治亂，江南儒士，共所師法。曾於慶曆元年應茂材異等科，祕閣召試，下第退居鄉里，四方生徒從之講習。有此寒畯，淹在草萊，於臣鄰封，不敢緘蔽。

（宋）李覯《李覯集・外集》卷三《墓銘・左贊乞修李覯墓狀》 臣原籍江西建昌府南城縣人。切見本縣有宋太學説書李覯墓在鳳凰山麓，祝穆《方輿勝覽》紀覯無子孫，每歲春秋守貳同學官拜掃，以爲故事。歷年既久，不惟拜掃之典已廢，而其墳墓亦爲樵牧踐蹂。若更數年，必致毁夷。臣考得李覯立心高古，履行脩整。竭力養親，雅尚恬退。倡立盱江書院，講明正學，訓迪生徒，學者稱爲泰伯先生。其所著述有《易論》、《禮論》，共二十篇。《富國》、《安民》、《强兵策》各十篇。《明堂定制圖序》、《周禮致太平論》皆足以羽翼聖經，發明治體。又有《平土書》二十章，得井田之遺意。《慶曆民言》三十篇，論時政之得失。其他文字若《太學議》、《袁州學記》之類，皆可矜式。當時名臣范仲淹、余靖交薦其賢。先儒朱熹稱覯《周禮論》與其意合。聖朝纂修《五經大全》，覯所立言亦見采録。臣聞古者鄉先生没則祭于社。如覯者，可謂一代之名儒，後學之師表，不但如古所謂鄉先生而已。今墳墓荒蕪，俎豆不及，臣竊惜之。

（宋）李覯《李覯集・外集》卷三《墓銘・建昌府重修李泰伯先生墓記》 生而必死，聖賢無異於衆人也。死而不亡，與天地並久，日月並明，其惟聖賢乎？泰伯先生其亦聖賢之徒乎！先生姓李氏，諱覯，字泰伯。學通《五經》，尤長於《禮》。以文辭自立，其言大而正。郡治北有鳳凰岡，先生創書院其下，學者千餘人。南豐曾子固，其高弟也。范公仲淹、余襄公靖交薦之，召爲太學説書。卒年五十一，葬鳳凰岡之麓。

周敦頤

《宋史》卷四二七《道學傳一・周敦頤》 周敦頤字茂叔，道州營道人。元名敦實，避英宗舊諱改焉。以舅龍圖閣學士鄭向任，爲分寧主簿。有獄久不決，敦頤至，一訊立辨。邑人驚曰：老吏不如也。部使者薦之，調南安軍司理參軍。有囚法不當死，轉運使王逵欲深治之。逵，酷悍吏也，衆莫敢争，敦頤獨與之辨，不聽，乃委手版歸，將棄官去，曰：如此尚可仕乎！殺人以媚人，吾不爲也。逵悟，囚得免。

（清）畢沅《續資治通鑑》卷六九《宋紀六九》 是月，知南康軍周敦頤卒。

敦頤初因舅鄭向任，爲分寧主簿，有獄久不決，敦頤至，一訊立辨。調南安司理，有囚，法不當死，轉運使王逵欲深治之。敦頤力與辨，逵不聽，敦頤委手板，將棄官去，曰：如此，尚可仕乎！殺人以媚人，吾不爲也。逵悟，囚得釋。調桂陽令，改知南昌，富家、大姓、黠吏、惡少，不獨以得罪爲憂，而且以汙穢善政爲恥。累遷至廣東轉運判官，病作，遂求知南康以歸，至是卒。

敦頤信古好義，以名節自砥礪，黄庭堅稱其胸懷灑落，如光風霽月。爲南安司理時，通判程珦以其學爲知道，使二子顥、頤往與之遊。敦頤每令尋孔、顔樂處，所樂何事。顥嘗曰：自再見周茂叔後，吟風弄月以歸，有吾與點也之意。學者稱爲濂溪先生。

（清）李清植《歷代名儒傳》卷三　周子，名敦頤，字茂叔，道州營道縣之濂溪人。本名敦實，避英宗諱改焉。年十八，以舅鄭向任爲將作監主簿。康定元年，調分寧縣主簿。縣有疑獄，周子一訊立辨。爲政精密嚴恕，務盡道理，士民交稱。【略】

周子爲人砥名節，既仕，奉己甚約，禄入盡以周宗族、奉賓友，家或無百錢之儲。至和元年，改大理丞，知南昌。南昌人皆曰：是能辨分寧獄者，吾屬得所訴矣！於是豪家黠吏，更相告語，懼得罪，且以穢汙善政爲恥也。嘉祐元年，改太子中舍，判合州，至則民心悦服。事不經手，吏不敢决，雖下之，民亦不從。部使者趙抃惑於譖，臨之甚威，周子處之超然。六年，轉國子博士，判虔州，而抃復守虔，熟視所爲，大寤，執其手曰：吾幾失君矣！今而後乃知周茂叔也。頃之，移永州，又權知邵州。熙寧初，用吕公著及抃薦，爲廣東轉運判官。三年，遷虞部郎中，提點廣東刑獄，盡心其職，務在矜恕，雖荒崖絶島，皆緩視徐按。不憚瘴癘之侵，以洗寃澤物爲己任。俄得疾，又聞水囓其母墓，乞知南康軍，改葬畢。曰：强疾而來者爲葬耳，今猶欲以病汚麾紱耶。遂謝事，居廬山蓮花峰下。前有溪合於湓江，乃取營道所居濂溪以名之。自是之後，新法大行，士夫沸騰，黎民騷動，趙抃再鎮蜀，復奏起之。朝命及門而周子卒，六年六月七日也，年五十七。周子玉色金聲，從容和毅，窻前草常不除，寓懷塵埃之外。仕宦所至，如春風和氣，被飾萬物。黄庭堅稱其人品甚高，胷懷灑落，如光風霽月。廉於取名，而鋭於求志；薄於徼福，而厚於得民；菲於奉身，而燕及煢嫠；陋於希世，而尚友千古。二程既受業，周子每令尋孔顔樂處。所樂何事？程伯子稱曰：自再見周茂叔，吟風弄月以歸，有吾與點也之意。侯師聖學於程叔子，未悟，謁周子。周子留與對榻，三日乃還。叔子驚異曰：非從茂叔來耶。其善開發人類此。所著有《太極圖説》、《易通》、《易説》，《易説》失傳。寧宗時，追謚曰元。理宗幸學，封汝南伯。

真德秀曰：自荀揚以惡與混爲性，而不知天命之本然；老莊以虚無爲道，而不知天理之至實；佛氏以剗滅彜倫爲教，而不知天叙之不可易。周子生乎絶學之後，獨探本源，發幽秘。二程見而知之，朱子又聞而知之，述作相承，本末具備。自是人知性不外乎仁義禮知，而惡與混非性也。道不離乎日用事物，而虚無非道也。教必本乎君臣、父子、夫婦、昆弟，而剗滅彜倫非教也。闢聖學之户庭，袪世人之矇瞶，千載相傳之正統，其不在兹乎！

論曰：周子之學，莫知其淵源所自，而《太極圖説》、《易通》二書，實爲六經以後僅有之編。故朱子推本於集奎之祥，以爲不由師傳，默契道體也。雖然書不盡言，言不盡意。以陸九淵之高明，猶疑於其説，况餘子乎？二程不以圖授人，然平生發揮明闡，不離其宗。至朱子表章尊信，二書遂臚於經。唐韓愈嘗言：南條之南，鬱積旁魄，以窮於郴，其下必産異人，越數百年而周子出焉。嗚呼！星精兆瑞，嶽鎮效靈，天祚斯文，可不謂生知之亞者乎！

（元）蘇天爵《治世龜鑑·治體》　南安獄有囚，法不當死，轉運使王逵欲深治之。逵苛刻，吏無敢與相可否。濂溪周子，時為司理參軍，獨力争之。不聽，則置手板歸取告身委之而去，曰：如此，尚可仕乎！殺人以媚人，吾不為也。逵亦感悟，囚得不死。

張載

《宋史》卷四二七《道學傳一·張載》　張載字子厚，長安人。少喜談兵，至欲結客取洮西之地。年二十一，以書謁范仲淹，一見知其遠器，乃警之曰：儒者自有名教可樂，何事於兵。因勸讀《中庸》。載讀其書，猶以爲未足，又訪諸釋、老，累年究極其説，知無所得，反而求之六經。嘗坐虎皮講《易》京師，聽從者甚衆。一夕，二程至，與論《易》，次日語人曰：比見二程，深明《易》道，吾所弗及，汝輩可師之。撤坐輟講。與二程語道學之要，涣然自信曰：吾道自足，何事旁求。於是盡棄異學，淳如也。

舉進士，爲祁州司法參軍，雲巖令。政事以敦本善俗爲先，每月吉，具酒食，召鄉人高年會縣庭，親爲勸酬，使人知養老事長之義，因問民疾苦，及告所以訓戒子弟之意。

熙寧初，御史中丞吕公著言其有古學，神宗方一新百度，思得才哲士謀之，召見問治道，對曰：爲政不法三代者，終苟道也。帝悅，以爲崇文院校書。他日見王安石，安石問以新政，載曰：公與人爲善，則人以善歸公；如教玉人琢玉，則宜有不受命者矣。明州苗振獄起，往治之，末殺其罪。

（清）李清植《歷代名儒傳》卷四　張子，名載，字子厚。世大梁人。父廸，知涪州，卒於官。子幼，不克歸，僑於鳳翔郿縣橫渠鎮之南，因徙家焉。張子少喜談兵，至欲結客取洮西地。年二十一，以書謁范仲淹，仲淹知爲遠器，謂曰：儒者自有名教可樂，何事於兵？授以《中庸》。張子讀之，猶以爲未足。又求諸釋老，累年究其説。知無所得，反而求諸《六經》。嘗擁虎皮講《易》京師，聽從者甚衆。一夕，二程至，與論《易》，遂撤坐輟講。語人曰：是深明《易》道，吾所弗及。因與二程論道學之要，渙然自信曰：吾道自足，何乃旁求？於是盡棄異學，淳如也。嘉祐二年，成進士，授祁州司法參軍，遷雲巖令，爲政以敦本善俗爲先。每月吉，具酒食，召高年，親爲勸酬，使人知養老事長之義，因問民疾苦，及告以訓戒子弟之意。嘗謂學者曰：孰能少置意科舉，相從於堯舜之域者乎？學者聞法語，多有從之者。渭帥蔡子正，特加尊禮，軍府之政，大小咨之，所贊助尤多。神宗立，方新百度，思得才哲士。吕公著言張子學有本原，召見問治道。對曰：爲政不法三代者，終苟道也。上悅，以爲崇文院校書。王安石問以新政，對曰：公與人爲善，則人以善歸公，如教玉人琢玉，則宜有不受命者矣。安石默然寢不悅。明州苗振獄起，命往治之。明道言載以經術德義進，不宜使治獄。安石曰：淑問如臯陶，猶讞囚，此何傷？是時張子弟戩，與明道同爲御史裏行，極論安石亂法，陳升之等依違狗從。章既上，又詣中書爭之，安石舉扇掩面而笑。戩曰：戩之狂直，宜爲公笑，然天下之笑公者不少矣。升之從旁解之。戩曰：公亦不得爲無罪。升之有愧色，遂與明道同時補外。張子按獄還，明道等已出，遂移疾去，屏居終南山下，敝衣疏食，危坐一室。俯而讀，仰而思，有得則識之。或中夜起取燭以書，其志道精思，未嘗須臾息也。嘗以定性之學問於明道，明道荅之有曰：天地之常，以其心普萬物而無心；聖人之常，以其情順萬事而無情。故君子之學，莫若廓然而大公，物來而順應。張子大悅。其後學成德尊，每患學者雖復多聞，不務畜德，徒善口耳而已。以故猶秘其學，不多爲人言講。明道謂之曰：道之不明久矣，人善其所習，自謂至足，必如孔門不憤不啓，不悱不發，則師資勢隔。而先王之道或幾熄矣。趣今之時，且當隨其資而誘之，雖識有明暗，志有淺深，亦將各有得焉。張子用其言，每告學者以知禮成性，變化氣質之道。以爲知人而不知天，求爲賢人而不求爲聖人，此秦漢以來學者大蔽也。故關中學士躬行之多，與洛人竝。張子氣質剛毅，德盛貌嚴，然與人居，久而日親。其治家接物，正己以感人。人未之信，反躬自治，不以語人。聞人之善，喜見顔色。荅問學者，雖多不勌。其家冠昏喪祭，率用先王之意，而傅以今禮。初治期功之服，行四時之薦，聞者或疑笑之，卒乃信從，一變而從古者甚衆，皆自張子倡之。又嘗病戍卒往來不可用，不如省數以募土人，以及井田宅里發斂學校之法，皆欲條理成書，使可舉而措諸事業。十年，吕大防薦之，詔知太常禮院，議不合，復以疾歸。過洛，見明道曰：吾病已革，將不起，尚可及長安也。其冬十一月，至臨潼，沐浴更衣而寢，比旦視之則卒矣。貧無以斂，門人買棺奉其喪歸，一用古禮以終其志。既而門人欲謚爲明誠中子，質諸明道。明道以問司馬光，光曰：子厚用心，欲復三代之禮。《禮》曰：生無爵，死無謚。又曰：賤不誄貴，少不誄長，諸侯相誄，猶爲非禮，況弟子而誄其師乎！孔子没，哀公誄之，不聞弟子復爲之謚也。今欲謚子厚，恐不合於古，非子厚之意。乃止。學者稱爲橫渠先生。張子之學，以《易》爲宗，以《中庸》爲體。黜怪妄，辨鬼神，所著《正蒙》行於世。嘗謂門人曰：此予歷年致思所得，其言殆與前聖合，大要發端示人，至觸類廣之，則有待於學者。正如老木一株，枝榦自在，所少者潤澤華葉耳。最後二篇，其兩牖銘也。一曰《砭愚》，一曰《訂頑》。砭愚者東銘，訂頑則西銘也。伊川嘗言：西銘吾得其意，但無子厚筆力。又曰西銘明理一而分殊，擴前聖所未發，與性善養氣之論同功。自孟子後，蓋未之見。孝宗時，追封郿伯，寧宗時，賜謚曰明。

論曰：井田之法，非獨授恒産也。有封畛以别公私，而上下之分定。有溝澮以資瀦洩，而旱潦之患消。以之成賦而賦治，以之起役而役均，以之寓兵而兵强。井法既廢，歷代之議田制者紛如。即使兼採衆策，限民名田，而禁其賣買，又興水利以苴之，猶不如井法之善也。故雖三十稅一，而豪家收大半之租，一有事役，則差役雇役，利病相半。伍有常設之兵而兵驕，國有常廩之餉而財匱，其弊皆起於井法不行故也。然井法與封建實相表裏，自郡縣置，而民無定主，吏無定民，徒以朝廷之神明，疆理方內，而欲爲之分田易田授田歸田，一切如周召時立法之密，勢將不行。惟師其意，權其變，隨其風土民俗而經界之，庶幾漸以復古。張子之所論定，自期不刑一人而數年可復。條理未及成書，可勝惜哉！

（宋）張載《張載集・拾遺・近思録拾遺》 橫渠先生曰：兵謀師律，聖人不得已而用之。其術見三王方策，歷代簡書。惟志士仁人爲能識其遠者大者，素求預備而不敢忽忘。

（宋）張載《張載集・附録・吕大臨橫渠先生行狀》 先生慨然有意三代之治，望道而欲見。論治人先務，未始不以經界爲急，講求法制，粲然備具，要之可以行於今，如有用我者，舉而措之爾。嘗曰：仁政必自經界始。貧富不均，教養無法，雖欲言治，皆苟而已。世之病難行者，未始不以亟奪富人之田爲辭，然兹法之行，悦之者衆，苟處之有術，期以數年，不刑一人而可復，所病者特上未之行爾。乃言曰：縱不能行之天下，猶可驗之一鄉。方與學者議古之法，共買田一方，畫爲數井，上不失公家之賦役，退以其私正經界，分宅里，立斂法，廣儲蓄，興學校，成禮俗，救菑恤患，敦本抑末，足以推先王之遺法，明當今之可行。此皆有志未就。

邵雍

《宋史》卷四二七《道學傳一・邵雍》 邵雍字堯夫。其先范陽人，父古徙衡漳，又徙共城。雍年三十，游河南，葬其親伊水上，遂爲河南人。

雍少時，自雄其才，慷慨欲樹功名。於書無所不讀，始爲學，即堅苦刻厲，寒不爐，暑不扇，夜不就席者數年。已而歎曰：昔人尚友於古，而吾獨未及四方。於是踰河、汾，涉淮、漢，周流齊、魯、宋、鄭之墟，久之，幡然來歸，曰：道在是矣。遂不復出。

（清）黄宗羲《宋元學案》卷九《百源學案上・康節邵堯夫先生雍》

邵雍，字堯夫，其先范陽人，曾祖令進以軍職逮事藝祖，始家衡漳。祖德新，父古，皆隱德不仕。先生幼從父遷河南，雲濠案：明道誌先生墓云：幼從父徙共城，晚遷河南。今曰：幼從父遷河南，蓋誤。即自雄其才力，慕高遠，謂先王之事必可致。居蘇門山百源之上，布裘蔬食，躬爨養父之餘，刻苦自勵者有年。已而嘆曰：昔人尚友千古，吾獨未及四方。于是踰河、汾，涉淮、漢，周流齊、魯、宋、鄭之墟而始還。時北海李之才攝共城令，授以《圖》、《書》先天象數之學。先生探賾索隱，妙悟神契，多所自得。始至洛，蓬蓽甕牖，不蔽風雨，而怡然有以自樂，人莫能窺也。富鄭公、司馬温公、吕申公退居洛中，爲市園宅。出則乘小車，一人挽之，任意所適。士大夫識其車音，争相迎候。童孺厮隸皆曰：吾家先生至也。不復稱其姓字。遇人無貴賤賢不肖，一接以誠。羣居燕飲，笑語終日，不甚取異于人。樂道人之善，而未嘗及其惡。故賢者悦其德，不賢者喜其真，久而益信服之。嘉祐中，詔舉遺逸，留守王拱辰薦之，授試將作監簿，先生不赴。熙寧初，復求逸士，中丞吕誨等復薦之，補潁州團練推官，皆三辭而後受命，終不之官。新法作，仕州縣者皆欲解綬而去，先生曰：此正賢者所當盡力之時。能寬一分，則民受一分之賜矣！王安石罷相，吕惠卿參政，富公憂之，先生曰：二人本以勢利合。勢利相敵，將自爲仇矣，不暇害他人也。未幾，惠卿果叛安石。先是，于天津橋上聞杜鵑聲，先生慘然不樂曰：不二年，南士當入相，天下自此多事矣！或問其故，曰：天下將治，地氣自北而南。將亂，自南而北。今南方地氣至矣。禽鳥，得氣之先者也。至是，其言乃驗。疾革，謂司馬公曰：試與觀化一遭。公曰：未應至此！先生笑曰：死生亦常事爾！橫渠問疾，論命，先生曰：天命則已知之。世俗所謂命，則不知也。伊川曰：先生至此，他人無以爲力，願自主張。先生曰：平生學道，豈不知此。然亦無可主張。伊川問：從此永訣，更有見告乎？先生舉兩手示之，伊川曰：何謂也？曰：面前路徑須令寬。路窄，則自無著身處，況能使人行也！先生居內寢，議事者在外甚遠，皆能聞之，召其子伯温謂曰：諸公欲葬我近地，不可。當從先塋爾。墓誌必以屬吾伯淳。熙寧十年七月五日卒，年六十七。程伯子爲銘其墓。雲濠案：先生既卒，贈祕書省著作郎。元祐中，賜謚曰康節。初，歐陽棐過洛，見先生，先生自敘其履歷甚詳，臨別屬之曰：願足下異日無忘此方。棐受而疑之，所謂不忘者亦何事邪？後二十年，棐入太常爲博士，當作謚議，方知先生所屬者在是也。所著有《觀物篇》、《漁樵問答》、《伊川擊壤集》、《先天圖》、《皇極經世》等書。咸淳初，從祀孔子廟庭，追封新安伯。明嘉靖中，祀稱先儒邵子。

百家謹案：周、程、張、邵五子並時而生，又皆知交相好，聚奎之占，可謂奇驗，而康節獨以《圖》、《書》象數之學顯。攷其初，《先天卦圖》傳自陳摶，摶以授种放，放授穆修，修授李之才，之才以授先生。顧先生之教雖受于之才，其學實本于自得。始學于百源，堅苦刻厲，冬不爐，夏不扇，日不再食，夜不就席者凡數年。大名王豫嘗于雪中深夜訪之，猶見其儼然危坐。蓋其心地虛明，所以能推見得天地萬物之理。即其前知，亦非術數比。明道嘗謂先生，振古之豪傑，又曰：内聖外王之道也。有問朱子：康節心胸如此快活廣大，安得如之？答曰：他是甚麽樣工夫！又有問朱子：學者有厭拘檢、樂放舒、惡精詳、喜簡便者，自謂慕堯夫爲人，何如？曰：邵子這道理，豈易及哉！他胸襟中這箇學，能包括宇宙，始終古今，如何不做得大，放得下。今人卻恃箇甚，敢復如此。

（清）李清植《歷代名儒傳》卷四　邵子名雍，字堯夫，先爲范陽人，曾祖令進，徙衡漳，父古又徙共城。邵子少時，自雄其才，既學力慕高遠。後喪母，廬於蘇門山百源之上，堅苦刻厲，冬不爐，夏不扇，夜不就席者數年。於是北海李之才，以獲嘉主簿，權共城令。聞之，造其廬謂曰：子亦聞物理性命之學乎？對曰：未也，幸受教。乃事之才受《易》。之才之傳，遠有端緒，而邵子探賾索隱，妙悟神契多所自得。大名王豫者，瑰偉博達士也，號精於《易》，造邵子，與語驚服，遂捨所學而學焉。邵子乃慨然曰：昔人尚友於古，吾獨未及四方，於是走吴適楚，過齊魯，客梁晉。久之歸曰：道在是矣。年三十餘，遊河南，葬親伊水上，遂定居焉。始至，蓬蓽環堵，平居屢空，而怡然有所甚樂。歲時耕稼，僅給衣食，名其居曰安樂窩，因自號安樂先生。【略】

邵子德氣粹然，望而知其賢。不事表襮，不設防畛，羣居宴笑終日，不爲甚異。與人言，必依仁義忠信，樂道人之善而隱其惡。有就問則荅之，未嘗强以語人，人無貴賤少長，一接以誠。故賢者悦其德，不賢者服其化。【略】

三年，王安石初行新法，天下騷然，富弼司馬光及吕公著等，皆退居洛，雅重邵子，恒相從遊，爲市園宅。於是故舊門人仕宦者，多欲投劾去，以訪邵子。邵子曰：新法雖嚴，正賢者盡力之時，能寬一分，則民受一分賜矣。投劾何益？及安石罷相，吕惠卿參政，富弼有憂色。邵子謂曰：公無憂，是二人者，本以勢利合。勢利相敵，將自爲仇，不暇害他人也。未幾惠卿果叛安石。十年，夏感微疾。【略】卒時年六十七，贈祕書省著作郎，明道程子誌其墓。初，明道從父見邵子，退而歎曰：堯夫内聖外王之學也。其心虛明，遇事能前知。學者用是輒謂邵子能因聲氣之動，以推其應，如管郭之術。其實邵子未必然也。所著書曰《皇極經世》、《觀物》内外篇，詩曰《擊壤集》。元祐中，追謚康節。先是章惇嘗事邵子，後執政。欲用伯温，伯温不往，會赴部銓，先謁部而後見惇。惇論及康節之學，曰：嗟乎！吾於先生不能卒業也。伯温曰：先公先天之學，論天地萬物未有不盡者，其信也。則人之仇怨反覆者可忘矣。於是惇方興黨獄，故以是動之，惇悚然。猶薦諸朝，而伯温願補外，惇不悦，遂監永興軍鑄錢監。時元祐諸賢南遷，莫敢過訪，獨伯温見范祖禹於咸平，見范純仁於潁昌，或爲之恐，不顧也。秩滿，以避惇故，義不至京師，從外辟。徽宗初，上書請復祖宗法度，辨宣仁誣謗，解元祐黨錮，及戒勞民用兵。嘗論元祐紹聖之政曰：公卿當知國體。以蔡確奸邪，死何足惜？然既爲宰相，當以宰相待之。其立論忠厚如此。初，邵子嘗曰：世行亂，蜀安可避？及宣和末，伯温載家使蜀，卒免於亂。

論曰：夫子傳《説卦》，惟後天方位至明，漢儒用相付受。至先天八卦以及圓横諸圖，皆出邵子。邵子嘗曰：先天圖，心法也。吾終日言，未嘗離乎是。然則圖之義精矣，横圖則明道程子所謂加一倍法者是也。《易》以道陰陽，故數起於兩。範以敘三才，故數起於三。聖人之倚數立法，各有取爾，揚雄作元擬《易》，而數乃用三，其法固已舛矣。然邵子平生樂道揚雄，豈其倍累層生之致，有以發其妙悟耶？子朱子言《易》，理則尊程，數惟宗邵，有以也。

程顥

《宋史》卷四二七《道學傳一·程顥》 程顥字伯淳，世居中山，後從開封徙河南。【略】

顥舉進士，調鄠、上元主簿。鄠民有借兄宅居者，發地得瘞錢，兄之子訴曰：父所藏。顥問：幾何年？曰：四十年。彼借居幾時？曰：二十年矣。遣吏取十千視之，謂訴者曰：今官所鑄錢，不五六年即遍天下，此皆未藏前數十年所鑄，何也？其人不能答。茅山有池，産龍如蜥蜴而五色。祥符中嘗取二龍入都，半塗失其一，中使云飛空而逝。民俗嚴奉不懈，顥捕而脯之。

爲晉城令，富人張氏父死，旦有老叟踵門曰：我，汝父也。子驚疑莫測，相與詣縣。叟曰：身爲醫，遠出治疾，而妻生子，貧不能養，以與張。顥質其驗。取懷中一書進，其所記曰：某年月日，抱兒與張三翁家。顥問：張是時纔四十，安得有翁稱？叟駭謝。【略】

王安石執政，議更法令，中外皆不以爲便，言者攻之甚力。顥被旨赴中堂議事，安石方怒言者，厲色待之。顥徐曰：天下事非一家私議，願平氣以聽。安石爲之愧屈。自安石用事，顥未嘗一語及於功利。居職八九月，數論時政，最後言曰：智者若禹之行水，行其所無事也；舍而之險阻，不足以言智。自古興治立事，未有中外人情交謂不可而能有成者，況於排斥忠良，沮廢公議，用賤陵貴，以邪干正者乎？正使徼倖有小成，而興利之臣日進，尚德之風浸衰，尤非朝廷之福。

（清）黃宗羲《宋元學案》卷一三《明道學案上·純公程明道先生顥》

程顥，字伯淳，世居中山，後徙爲河南人。高祖羽，太宗朝三司使。父珦，太中大夫。先生生而秀爽。叔祖母任抱之，釵墜不覺，後數日方求之，先生未能言，以手指示其處，得之。踰冠，中進士第，調鄠縣主簿。南山有石佛，歲傳其首放光，遠近聚觀。先生謂其僧曰：吾有職事。俟復見，爲吾取其首來觀之。自是光不復見。改上元縣，盛夏隄決，法當言之府，府言之漕司，然後興作。先生曰：若是，苗槁久矣！竟發民塞之，歲乃大熟。上元當水運之衝，設營以處病卒，至者輒死。先生曰：病者給券而後得食。待食數日，奚而不死！乃白漕司豫貯米營中，死者減半。仁宗登遐，遺制，官吏成服三日而除。三日之朝，府尹率屬吏將釋服，先生進曰：請盡今日。若朝而除之，所服止二日爾。尹不從。先生曰：公自除之。某非至夜，不敢釋也。一府相視，無敢除者。茅山有龍池，其龍如蜥蜴而五色，自昔嚴奉，以爲神物。先生捕而脯之，使人不惑。始至邑時，見持竿以黏飛鳥者，取其竿折之，自是鄉民子弟不敢復畜禽鳥。其不嚴而令行如此。移晉城令。河東財賦窘迫，宮所科買，雖至賤之物，價必騰湧。先生度所需，使富室豫儲以待，及期，定價買之，貧富咸利。縣庫有雜納錢數百千，常借以補助民力。部使者至，則告之曰：此錢令自用而不私，請一切不問。先生視民如子。民以事至縣者，必告之以孝悌忠信。欲辨事者，或不持牒，徑至庭下，先生從容理其曲直，無不釋然。度鄉村遠近爲保伍，使之力役相助，患難相卹，而姦僞無所容。凡孤煢殘廢者，責之親戚鄉黨，使無失所。行旅出于其塗者，疾病皆有所養。鄉皆有校，暇時親至，召父老而與之語；童兒所讀書，親爲正句讀。教者不善，則爲易置。鄉民爲社會，爲立科條，旌別善惡，使有勸有恥。在縣三年，民無强盗及鬭死者。秩滿，吏夜叩門，稱有殺人者。先生曰：吾邑安有此！誠有之，必某村某人也。問之，果然。或詢其故，曰：吾嘗疑此人惡少之勿革者也。熙寧初，用吕正獻公公著薦，爲太子中允、監察御史裏行。神宗素知其名，每召見，從容咨訪。將退，則曰：卿可頻來求對。欲常相見耳。一日，議論甚久，日官報午正，先生始退。中人相謂曰：御史不知上未食邪？務以誠意感動人主，言人主當防未萌之欲。神宗俯身拱手曰：當爲卿戒之！及論人才，曰：陛下奈何輕天下士？神宗曰：朕何敢如是！前後進説，未有一語及于功利。嘗極陳治道，神宗曰：此堯、舜之事，朕何敢當！先生愀然曰：陛下此言，非天下之福也。王安石執政，議更法令，言者攻之甚力。先生被旨赴中堂議事，安石方怒言者，厲色待之。先生徐曰：天下事非一家私議，願平氣以聽。安石爲之媿屈。新法既行，先生言：智者若禹之行水，行所無事。自古興治立事，未有中外人情交謂不可，而能有成者。就使徼倖小成，而興利之臣日進，尚德之風浸衰，尤非朝廷之福。乞去言職。安石本與之善，及是，雖不合，猶敬其忠信，不深怒，但出提點京西刑獄。先生固辭，改簽書鎮寧軍判官。奄人程昉治河，取澶卒八百，天方大寒而虐用之，衆逃歸。羣僚畏昉，欲勿納。先生曰：彼逃死自歸，勿納必亂。卽親往啟門，約少休，三日後役，衆驩呼而入。具以事上，得不遣。昉後過州，見先生，言甘而氣懾。退而揚言于衆曰：澶卒之潰，程中允誘之，吾且訴于上。先生聞之，笑曰：彼方憚我，故爲是言也。果不敢訴。曹村埽決，先生謂郡守劉涣曰：曹村決，京師可虞。請以廂兵見付，事或可集。涣以鎮印假之，先生立走決所，激諭士卒。議者以爲勢不可塞，徒勞人耳。先生募善泅者銜細繩以渡決口，得引大索，兩岸並進，數日而合。遷太常丞、知扶溝縣，廣濟、蔡河在縣境，瀕河惡子脅取行舟財貨，歲必焚舟十數。先生捕得一人，引其類，得數十人，不復根治，但使分地挽舟，督察作過者，其患始息。水災，請發粟，司農遣使閲實，鄰邑多自陳穀且登，無貸可也，先生請貸不已，得穀六千石，饑者用濟。司農視貸籍，户同等而所貸不等，檄縣杖主吏。先生言：濟饑當以口之衆寡，不以户之高下。令實爲之，非吏罪。乃已。奄人王中正巡閲保甲，權寵張甚，諸邑供帳，唯恐得罪。至扶溝，主吏以告。先生曰：吾邑貧，安能效他邑。取于民，法所禁也，獨有令故青帳可用爾。中正亦憚之，不敢入境。有犯小盜者，先生諭而遣之。再發，盜謂其妻曰：我與大丞約，不復爲盜。今何面目見之邪！遂自經。除判武學，李定劾其新法之初，首爲異論，罷復舊任。已坐逸獄，責監汝州酒稅。哲宗立，召爲宗正丞，未行而卒，元豐八年六月十五日也，年五十四。先生資性過人，而充養有道，和粹之氣，盎于面背。門人交友從之數十年，未嘗見其忿厲之容。遇事優爲，雖當倉卒，不動聲色。自十五六時，與弟正叔聞汝南周茂叔論學，遂厭科舉之習，慨然有求道之志。泛濫于諸家，出入于老、釋者幾十年，返求諸《六經》，而後得之。秦、漢而下，未有臻斯理也。文潞公採衆議而爲之表其墓曰明道先生。嘉定十三年，賜謚曰純公。淳祐元年，封河南伯，從祀孔子廟庭。明嘉靖中，祀稱先儒程子。

百家謹案：宋乾德五年，五星聚奎，占啓文明之運。逮後景德四年、慶曆三年復兩聚，而周子、二程子生于其間。朱子曰：元公不由師傅，默契道體，建《圖》屬《書》，根極領要。當時見而知之者有程氏，遂廣大而推明之，使夫天理之微，人倫之著，事物之衆，鬼神之幽，莫不洞然畢貫于一，而周、孔、孟氏之傳，焕然復明。此定論也。顧二程子雖同受學濂溪，而大程德性寬宏，規模闊廣，以光風霽月爲懷，二程氣質剛方，文理密察，以峭壁孤峯爲體。其道雖同，而造德自各有殊也。

（清）李清植《歷代名儒傳》卷四 程伯子，名顥，字伯淳。世居中山，後從開封徙河南。太宗朝高祖羽爲三司使，仁宗録舊臣後，以父珦爲黄陂尉，歷知龔磁漢等州，致仕，累轉大中大夫。【略】

伯子以明道元年生，年十二三，居庠序，如老成人，比十五，以父命偕弟頤，稟學於濂溪周子。慨然有求道之志，泛濫於諸家，出入於老釋者幾十年。反求諸六經而後得之。嘉祐二年，舉進士。【略】

遷晉城令，民以事造縣者，必告以孝弟忠信。度村鄉遠近爲伍保，使患難相卹，而姦僞無所容。孤煢殘廢者責之親黨，使無失所。行旅疾病，皆有所養。鄉必有校，暇則親至，召父老與語。兒童所讀書，爲正句讀。教者不善，爲易置。鄉民社會，爲立科條。旌别善惡，使有勸有恥。辨訴者或不持牘，徑至庭陳狀，從容告語，率感服去。河東義勇，農隙演武多應文。伯子至，晉城之民遂爲精兵。常書視民如傷於座右，曰：吾常媿此。熙寧二年八月，吕公著薦爲太子中允，權監察御史裏行。神宗素知其名，屢召見。每退，必曰：頻求對，欲常相見。一日從容咨訪，報正午始趨出。中官曰：御史不知上未食耶。所進説甚多，不飾詞辨，務以誠意感悟上心。時王安石益向用，伯子每見必言：君道以至誠仁愛爲本，未嘗及功利。嘗極陳治道，上曰：此堯舜事，朕何敢當？伯子愀然曰：陛下此言非蒼生之福也。上使推擇人才，薦數十人，以父表弟張載及弟頤爲首，嘗勸上防未萌之欲，及勿輕天下士。上俯躬曰：當爲卿戒之。章疏屢上皆係教化之本。論君道畧曰：君道之大，在於稽古正學，君志先定而天下之治成矣。所謂定志者，一心誠意，擇善而固執之。以聖人之訓爲必當從，先王之治爲必可法。不爲後世駁雜之政所牽制，不爲流俗因循之論所遷惑，必期致世如三代之隆而後已也。然患常生於忽微，志亦惑乎漸習，願陛下禮命老成賢儒，不必勞以職事。俾日親便座，講論道義，又擇賢後，使陪侍朝夕。開陳善道，則王猷允塞矣。論修學校尊師儒取士畧曰：古者一道德以同俗，方今人執私見，家爲異説，支離經訓，無復統一。宜先禮命近侍賢儒，及方岳之吏，悉心推訪。凡有明先王之道，德業充備者，其次篤志好學，材良行修者，皆以名聞。高蹈之士，厚禮延聘，餘命州縣敦遣，萃於京師。館之寬閒之宇，豐其廩餼，卹其家之有無，以大臣之賢，典領其事，俾羣儒朝夕講明正學。其道必本於人倫，明乎物理。其教自灑掃應對以往，修其孝弟忠信，周旋禮樂。所以誘掖激厲漸摩成就之道，皆有節序，其要在於擇善修身，至於化成天下。自鄉人而可至於聖人之道，稍久則擇其學業大明，德義可尊者，爲太學之師。次以分教天下之學，始自藩府，至於列郡，擇民之俊秀者入學，皆優其廩給，而蠲其身役。大不率教者斥之。漸又擇其道業之成者，使教於縣之學，異日則十室之鄉，皆當修其庠序，爲之立師。縣令歲與學之師，推經明行修材能可任之士，升於州學。郡守又歲與學之師，賓興其士於太學，太學歲論其賢者能者於朝。朝廷問之經以考其言，試之職以觀其材，然後辨其等差而命之秩。既一以仁義道德教養之，又專以行實材學升進。去其聲律小碎，糊名謄録，一切無義理之弊，不數年間，靡然丕變，豈惟得士浸廣，天下風俗，將日入醇正，王化之本也。論十事畧曰：古者自天子達於庶人，必須師友。今師傅之職不修，友臣之義未著，所以尊德樂道之風，未成於天下。天地四時之職，歷二帝三王，未之或改。今官秩淆亂，職業廢弛，太平之治，所以未至。天生蒸民，立之司牧，必制其恒產。今富者跨州縣，貧者流離餓殍。生齒益繁，而不爲之制，則衣食日蹙。古者政教，起於比閭族黨州縣酇遂，以相聯屬統治，故民用親睦，刑法鮮犯，此人情之自然，行之則效者也。庠序之教，所以化成天下。今師學廢而道德不一，鄉射亡而禮義不興，貢士不本於鄉里而行實不修，秀民不養於學校而人材多廢。古者府史胥徒，受禄公上，而兵民未始判也。今驕兵耗匱，禁衛之外，不漸歸之農，則將貽深慮。府史胥徒之役，毒遍天下，不更其制，則未免大患。古者民有九年之食，今耕者少，食者衆，地力不盡，人功不勤，雖富室強宗，鮮有餘積。宜漸從古制，均田務農，公私交爲儲粟以爲之備。古者四民各有常職，而農十居八九。今京師浮民百萬窮蹙辛苦，日益歲滋，久將若何？此在酌古變今，均多卹寡，漸爲之業以救之。山虞澤衡，古有常禁，今用之無節，取之不時。惟修虞衡之職，則有變通長久之勢。古者冠、婚、喪、祭，車服、器用，等差分別莫敢僭踰。今禮制未修，奢靡相尚既無定分，則奸詐攘奪，求厭而後已，此争亂之道也。是時王安石執政，紛更法令，中外莫以爲便。伯子既屢言不用，遂丐去，被旨赴中書議。安石厲色待之，伯子徐曰：天下事非一家私，願平氣以聽，安石爲之媿屈。先是安石改法，言者多肆詆，伯子獨以至誠開納，故安石雖數逐不附己，而心服伯子。至是猶敬其忠信，但出提點京西刑獄。伯子疏辭有曰：臣每論列，惟知以憂國愛君爲心，不敢以揚己矜衆爲事；知人主不當自聖，則未嘗爲諂諛之言；知人臣義無私交，則不忍爲阿黨之計。明則陛下，幽則鬼神，臣之微誠，實仰臨照。然徒有捧日之心，曾微回天之力。投諸荒陬，實所甘分，乃改僉書鎮寧軍節度判官。入辭，上問所欲言。伯子曰：願陛下勿輕用兵而已。時鎮寧守疑伯子自臺出，必輕己不任事，而伯子禮之恭。事無大小，罔敢不勤，守乃大懽。屢平反重獄，賴以脱死者甚衆。於是河决澶州曹村，伯子馳告州帥劉涣曰：曹村决，京師可虞，臣子之分，身可塞亦爲之。盍盡以廂兵見付，涣付之。立走决所，激諭士卒。命善泅者銜細繩渡决口。因引大索以濟衆，兩岸並進，數日而合。五年，父珦以抗議新法非便致仕歸。又值郊祀霈恩，伯子曰：吾罪滌矣。遂求監局以養親。得監西京竹木務，與弟頤從容趨庭，讀書講學，士大夫多從遊者，旋改太常丞。六年，置經義局，修《詩》、《書》、《周禮》。上欲召伯子，安石不可。八年冬十月乙未，彗出軫，伯子應詔論時政極切。差知扶溝縣事。民之濱居蔡河者，多不逞，顓脅取行舟貲貨，歲必焚舟十數。伯子捕一人，使引其類，皆貰宿惡不治，分地處之。令以挽繂爲業，且察爲奸者，自是焚剽遂絶。常權穀價，不使甚貴甚賤。會旱，教民掘井，每一井可溉數畝，邑人賴焉。嘗捕一盗，聽自新，已復爲盗，事發，盗語妻曰：吾與令約不復盗，今何面目見之？遂自縊也。元豐二年，召判武學，爲李定何正臣所劾，猶以新法之初，首爲異議故也。尋除奉議郎，仍宰扶溝。扶溝地卑，方經畫溝洫之法，未及興工，坐盗逸獄罷。伯子歎曰：以扶溝之地，盡爲溝洫，必數年乃成。吾爲經畫十里之間開其端，後人知其利，必有繼之者矣。夫爲令，必使境内之民，凶年饑歲，免於死亡，飽食逸居，有禮義之訓，然後爲盡。故吾於扶溝，興設學校，聚子弟教之，亦幾成而廢，豈非命哉？去之日，老稚攀號，遣之不去。遇赦，以親老復求監局，得監汝州酒税，改承議郎。平居菽粟僅足，而老幼各盡其懽。中外孤弱無托者，皆收養之。嫁娶則先遺孤而後及己子。當是時，四方學者，不遠千里而至。八年，神宗崩，伯子赴府成服，韓宗師問朝廷事將如何？曰：司馬君實吕晦叔作相矣。宗師曰：作相當如何？曰：當與元豐大臣同之，若先分黨與，他日可憂。宗師曰：何憂？曰：元豐大臣皆嗜利者，使自變其害民已甚之法則善矣，不然，衣冠之禍未艾也。司馬光吕公著果竝相，召伯子爲宗正寺丞，以疾不行。其年六月丁丑卒，年五十四。伯子德性充完，外和内剛，智懷洞然，終日樂易，見善若出諸己，不欲勿施於人。接物辨而不間，感而能通，教人而人易從，怒人而人不怨。賢愚善惡，咸得其心。狡僞者獻其誠，暴慢者致其恭，聞風者誠服，覿德者心醉。爲政治惡以寬，處煩而裕。當法令繁密之際，人皆病於拘礙，而處之綽然。雖在倉卒，不動聲色。比葬，文彦博題其墓曰明道先生。蓋自孟子之後，一人而已。寧宗時追謚曰純。理宗時封河南伯。

吕大臨曰：先生負特立之才，知大學之要，躬行力究，察倫明物，涣然心釋，洞見道體，遇事優爲，誠心懇惻。其自任之重，寧學聖人而未至，不欲以一善成名。寧以一物不被澤爲己病，不欲以一時之利爲己功。其自信之篤也。吾志可行，不苟潔其去就，吾義可安，雖小官有所不屑也。

論曰：昔龐士元、蔣公琰臨縣不治，論者謂非百里才，逮觀周、程二子，大用之則可大效，小用之輒亦小效。以知委吏乘田，莫非經濟，而龐、蔣之學，爲已疏矣。伯子居諫垣，僅九閱月。所上章疏，引義陳善，酌古變今，天德王道，燦然明備。有能舉而措之者，則周公其人也。神廟既不行其道，而纂經之命，亦卒沮於安石，遂使贊述之功不施於後。然聲教遺言，粹然與六籍相表裏，其裨助道術亦孔彰已。范祖禹云：不遷怒，不貳過，惟伯淳能之，豈不信哉？

《二程集・河南程氏外書》卷一二《傳聞雜記》 温公初起時，欲用伊川。伊川曰：帶累人去裏。使韓、富在時，吾猶可以成事。後來温公欲變法，伊川使人語之曰：切未可動著役法，動著即三五年不能得定疊去。未幾變之，果紛紛不能定。

程頤

《宋史》卷四二七《道學傳一・程頤》 程頤字正叔。年十八，上書闕下，欲天子黜世俗之論，以王道爲心。遊太學，見胡瑗問諸生以顔子所好何學，頤因答曰：

學以至聖人之道也。聖人可學而至歟？曰：然。學之道如何？曰：天地儲精，得五行之秀者爲人，其本也真而静，其未發也，五性具焉，曰仁、義、禮、智、信。形既生矣，外物觸其形而動其中矣，其中動而七情出焉，曰喜、怒、哀、樂、愛、惡、欲。情既熾而益蕩，其性鑿矣。是故覺者約其情使合於中，正其心，養其性；愚者則不知制之，縱其情而至於邪僻，梏其性而亡之。

然學之道，必先明諸心，知所養，然後力行以求至，所謂自明而誠也。誠之之道，在乎信道篤，信道篤則行之果，行之果則守之固，仁義忠信不離乎心，造次必於是，顛沛必於是，出處語默必於是，久而弗失，則居之安，動容周旋中禮，而邪僻之心無自生矣。

故顔子所事，則曰：非禮勿視，非禮勿聽，非禮勿言，非禮勿動。仲尼稱之，則曰：得一善則拳拳服膺而弗失之矣。又曰：不遷怒，不貳過。有不善未嘗不知，知之未嘗復行。此其好之篤，學之得其道也。然聖人則不思而得，不勉而中；顔子則必思而後得，必勉而後中。其與聖人相去一息，所未至者守之也，非化之也。以其好學之心，假之以年，則不日而化矣。

後人不達，以謂聖本生知，非學可至，而爲學之道遂失。不求諸己，而求諸外，以博聞强記、巧文麗辭爲工，榮華其言，鮮有至於道者。則今之學，與顔子所好異矣。

（清）黄宗羲《宋元學案》卷一五《伊川學案上・正公程伊川先生頤》 程頤，字正叔，河南人，明道先生之弟也。年十八，上書闕下，勸仁宗黜世俗之論，以王道爲心。游太學，胡安定瑗試諸生以顔子所好何學，得先生論，大驚，延見，處以學職。同學吕原明希哲即以師禮事之。治平、熙寧間，大臣屢薦，皆不起。哲宗初，司馬温公光、吕申公公著共疏上其行義，詔以爲西京國子監教授，力辭。尋召赴闕，擢崇政殿説書。奏言：輔養之道，不可不至。一日之中，接賢士大夫之時多，親宦官宮女之時少，則氣質自然變化。今間日一講，解釋數行，爲益既少，又自四月罷講，直至中秋，不接儒臣，殆非古人旦夕承弼之意。又言邇英閣迫隘，乞就崇正、延和殿講讀。給事中顧臨以殿上講讀爲不可，先生曰：祖宗以來，並是殿上坐講。仁宗始就邇英，而講官立侍，蓋從一時之便耳，非若臨之意也。臨之意，不過以尊君爲説，而不知尊君之道。先生在經筵，每當進講，必宿齋豫戒，潛思存誠，冀以感動上意，而其爲説，常于文義之外，反復推明，歸之人主。一日，當講顔子不改其樂章，門人或疑此章非有人君事也，將何以爲説。及講，既畢章句，入復言曰：陋巷之士，仁義在躬，忘其貧賤。人主崇高，奉養備極，苟不知學，安能不爲富貴所移？且顔子，王佐才也，而簞食瓢飲；季氏，魯國之蠹也，而富于周公。魯君用舍如此，非後世之監乎！聞者嘆服。先生容貌莊嚴，于上前不少假借。時文潞公彦博以太師平章重事，侍立終日不懈，上雖諭以少休，不去也。或謂之曰：君之嚴，視潞公之恭，孰爲得失？先生曰：潞公四朝大臣，事幼主，不得不恭。吾以布衣職輔導，亦不敢不自重也。上在宮中漱水避蟻，先生聞之，問：有是乎？曰：然。誠恐傷之爾！先生曰：願陛下推此心以及四海，則天下幸甚！一日講罷未退，上折柳枝，先生進曰：方春發生，不可無故摧折。講書有容字，哲宗藩邸嫌名，中人以黄綾覆之。講畢，進言曰：人主之勢，不患不尊，患臣下尊之過甚而驕心生爾。此皆近習養成之，不可以不戒。請自今舊名、嫌名皆勿復避。神宗喪未除，冬至百官表賀，先生言：節序變遷，時思方切，乞改賀爲慰。既除喪，有司請開樂置宴，先生又言：除喪而用吉禮，當因事用樂。今特設宴，是喜之也。吕申公、范堯夫入侍經筵，聞先生講説，退而嘆曰：真侍講也！士人歸其門者甚盛，而先生亦以天下自任，議論褒貶，無所顧避。方是時，蘇子瞻軾在翰林，有重名，一時文士多歸之。文士不樂拘檢，迂先生所爲，兩家門下迭起標榜，遂分黨爲洛、蜀。會帝以瘡疹不御經筵，先生曰：上不御殿，太皇太后不當獨坐。且人主有疾，大臣可不知乎！宰相始奏請問疾。由是大臣亦多不悦。諫議孔文仲因奏先生爲五鬼之魁，當放還田里，遂出管句西京國子監。屢乞致仕，董敦逸以爲怨望，去官。紹聖間黨論，削籍，竄涪州。徽宗即位，移峽州，復其官。崇寧二年，范致虚言程頤以邪説詖行惑亂衆聽，而尹焞、張繹爲之羽翼，事下河南府體究，盡逐學徒，復隸黨籍。四方學者猶相從不舍，先生曰：尊所聞，行所知可矣，不必及吾門也。五年，復宣義郎，致仕。大觀元年九月庚午，卒于家，年七十五。疾革，門人進曰：先生平日所學，正今日要用。先生曰：道著用，便不是。先生爲學，本于至誠，其見于言動事爲之間，疏通簡易，不爲矯異。或説匍匐以吊喪，誦《孝經》以追薦，此出謗者之口，尹和靖辯之明矣。衣雖布素，冠襟必整。食雖簡儉，蔬飯必潔。致養其父，細事必親。贍給内外親黨八十餘口。其接學者以嚴毅。嘗瞑目静坐，游定夫、楊龜山立侍不敢去。久之，乃顧曰：日暮矣！姑就舍。二子者退，則門外雪深尺餘矣。明道嘗謂曰：異日能使人尊嚴師道者，吾弟也。若接引後學，隨人才而成就之，則予不得讓焉！嘉定十三年，賜謚曰正公。淳祐元年，封伊川伯，從祀孔子廟庭。明稱先儒程子。

（清）李清植《歷代名儒傳》卷四　程叔子，名頤，字正叔。少伯子一歲。年十八，詣闕上書，勸仁宗以王道爲心，生靈爲念。黜世俗之論，期非常之功。且乞召對，不報。因遊太學，見胡瑗。瑗試諸生以顔子所好何學，得叔子論，大奇之，處以學職。嘉祐四年，試進士，報罷，遂歸不復試。英宗朝，嘗代父珦上書陳治道。一曰立志，二曰責任，三曰求賢。懇切敷暢，可舉而行。性疏通簡易，而莊重有體。衣雖紬素，冠襟必整；食雖疏儉，蔬飯必潔。父珦年老，左右致養無違，家事悉力營辦，細務必親，贍給内外親族八十餘口。吕公著判太學，雅知叔子，延爲太學正，不至，近臣屢薦，自以學不足，不願仕也。及哲宗立，司馬光及公著等薦之，叔子曰：將累人矣。使韓富當國，吾猶可以有行也。有旨授西京國子監教授，辭，召爲祕書省校書郎，又辭。論經筵三事，且曰：若言可行，敢不就職，如不可用，願聽其辭。於是除通直郎，充崇政殿説書，再辭。乃受，既拜命，即上言：習與智長，化與心成。陛下春秋方富，願選名儒入侍講，講罷留分直，以備訪問。或有小失，隨事獻規。又言輔養主德，非徒涉書史覽古今已也，要使跬步不離正人，乃可涵育薰陶，成就聖德。今間日一講，解釋數行，爲益既少。又自四月罷講，直至中秋，非古人旦夕承弼之意。又言立講之儀，始於明肅太后。昔王昭素講《易》，崔頤正講《尚書》，邢昺講《春秋》，皆於殿上坐講。此祖宗尊德重道之美，萬世所當法也。方是時，潞公文彦博，年幾九十矣，每侍立終日。上命之休不敢退。或以謂叔子曰：潞公甚恭而君至嚴何也？叔子曰：潞公三朝元老，事幼主，不可不恭。頤起布衣爲師傅，敢不自重。然彦博每歎叔子以爲真侍講也。叔子嘗言，天下重任，惟宰相與經筵。天下治亂係宰相，君德成就責經筵。每當進講必宿齋豫戒，潛思存誠，冀以感動上意。所爲説，常於文義之外，反覆推陳，歸於人主。一日講顔子不改其樂，講畢，復言曰：陋巷之士，仁義在躬，人主崇高，苟不知學，安能不爲富貴所移？且顔子王佐之才也，而簞食瓢飲。季氏魯國之蠹也，而富於周公。魯君用舍如此，非後世之監乎！聞者歎服。五月，差看詳國子監條制，請改試爲課，不復考定高下，以銷争競，成禮讓，建尊賢堂以延道德之士，鐫解額以去利誘，省繁文以專委任，勵行檢以厚風教，凡十數事。司馬光大變熙豐之法。叔子謂曰：役法當討論，未可輕改也。光不聽，既而數年紛紛不能定。先是講官以禄薄例兼他職。八月，差判登聞鼓院。叔子曰：古以蒲蘆喻教，謂當以誠化也。若營營於職事，則臨時進講，徒善詞説而已。辭不受，在職累月不請俸。諸公知之，乃使户曹持給，及冬至郊祀霈恩，不爲妻求封。或問之，曰：頤起草萊被召，再辭不獲命，顧爲妻求封耶。於是百官將表賀。叔子以亮陰未除，節序遷流，思慕彌切，請改賀爲慰，從之。比除喪，有司請張樂置宴，叔子謂通喪雖闋，猶當因事用樂。今特置宴，是喜之也。乃輟樂。叔子進講，色甚莊，繼以諷教。聞上宫中漱而避蟻，問有是乎？上曰：然誠恐傷之耳。叔子曰：此惻隱之心也，推之可以及四海。嘗講罷，上起折柳。進曰：方春發生，不可無故摧折。所講書有容字，上藩邸嫌名也，中人以黄覆之。講畢，因曰：人主之勢，不患不尊，惟患臣下尊之過甚，而驕心生耳。請自今舊名嫌名勿復避。其隨事獻益多此類，於時人士從學者益衆。而蘇軾在翰林，亦多附之者，遂有洛黨蜀黨之論。【略】

四年，黨禍起，放歸。頃之，哲宗爲輔臣言，頤在經筵多不遜，言者承風論之，遂削籍竄涪州。【略】

徽宗即位，移峽州，被赦，復宣德郎，任便居住。叔子在涪州，講學不輟。至歸，氣貌髭髮皆勝平昔。門人問之，叔子曰：學之力也。夫學者學處患難耳，富貴榮達不須學也。復以通直郎權判西監，受命即謁告，既而供職，尹焞疑之。叔子曰：上初即位，首被大恩，不可以虚德意，吾之不能仕亦已決矣。受俸一月，乃行吾志耳。建中靖國二年，追所復官，依舊致仕。崇寧二年，蔡京執政，詔追出身以來文字及所著書，范致虚又請逐其學徒，叔子乃遷居龍門之南。【略】

五年正月，彗出西方，太白晝見，始弛黨禁，復宣議郎致仕。大觀元年九月卒，年七十五。叔子之學，要本於誠，以四子爲標的，而達於《六經》，動止語默，一以聖人爲師，卒得孔孟不傳之統，爲諸儒宗，出其門者最多。歸自涪時，《易傳》已成，猶逐旋修改，未嘗以示人。或以爲請，曰：自揣精力未衰，尚覬有少進耳。有問難及之，則取篋身自發示。又著《春秋》未成，《中庸》成而失傳。初，偕兄伯子稟學於周子，周子手《太極圖》授之。二程子之講學論道，淵源蓋出於此。伯子嘗言：正叔平生不讀莊列，非禮弗動弗視，出於天與。又曰：異日能使人尊嚴師道者吾弟也。至接引後學，隨才而成就之，則予不得而讓焉。學者稱爲伊川先生。理宗朝，賜謚曰正，追封伊陽伯。

胡安國曰：程氏之文，於《易》則因理以明象，而知體用之一源；於《春秋》則見諸行事，而知聖人之大用；於諸經《語》《孟》，則發其微指，而知求仁之方。入德之序，其行已接物，則忠誠動於州里，事親從兄，則孝弟顯於家庭。辭受取舍，非其道義，則一介不以取與諸人，雖禄之千鍾不顧也。

論曰：二程之道，中正明粹，若合符節，使及孔氏之門，則顔孟之侣，冉閔而下，殆不及也。父珦知漢州時，二子同入僧寺，伯子入而右，羣從皆右。叔子入而左，返顧無後從者。至堂曰：此某不及家兄處也。故朱子曰：明道德性寬大，規模廣濶，伊川氣質剛方，文理密察。其道雖同，而造德各異。嗚呼！先哲深微之致，非知德者孰能識之。昔顔孟潛見不同，横渠論之至當。當元豐以前，叔子不仕，豈以伯子在朝，有顔潛之意耶？

《二程集·河南程氏文集》卷一一《行狀·明道先生行狀》 先生爲政：治惡以寬，處煩而裕。當法令繁密之際，未嘗從衆，爲應文逃責之事。人皆病於拘礙，而先生處之綽然；衆憂以爲甚難，而先生爲之沛然。雖當倉卒，不動聲色。方監司競爲嚴急之時，其待先生，率皆寬厚，設施之際，有所賴焉。先生所爲綱條法度，人可效而爲也；至其道之而從，動之而和，不求物而物應，未施信而民信，則人不可及也。

朱　熹

《宋史》卷四二九《道學傳三·朱熹》　朱熹字元晦，一字仲晦，徽州婺源人。父松字喬年，中進士第。胡世將、謝克家薦之，除祕書省正字。趙鼎都督川陝、荊、襄軍馬，招松爲屬，辭。鼎再相，除校書郎，遷著作郎。以御史中丞常同薦，除度支員外郎，兼史館校勘，歷司勳、吏部郎。秦檜決策議和，松與同列上章，極言其不可。檜怒，風御史論松懷異自賢，出知饒州，未上，卒。

熹幼穎悟，甫能言，父指天示之曰：天也。熹問曰：天之上何物？松異之。就傅，授以《孝經》，一閱，題其上曰：不若是，非人也。嘗從羣兒戲沙上，獨端坐以指畫沙，視之，八卦也。年十八貢于鄉，中紹興十八年進士第。主泉州同安簿，選邑秀民充弟子員，日與講說聖賢修己治人之道，禁女婦之爲僧道者。罷歸請祠，監潭州南嶽廟。明年，以輔臣薦，與徐度、吕廣問、韓元吉同召，以疾辭。

孝宗即位，詔求直言，熹上封事言：聖躬雖未有過失，而帝王之學不可以不熟講。朝政雖未有闕遺，而修攘之計不可以不早定。利害休戚雖不可偏舉，而本原之地不可以不加意。陛下毓德之初，親御簡策，不過風誦文辭，吟詠情性，又頗留意於老子、釋氏之書。夫記誦詞藻，非所以探淵源而出治道；虛無寂滅，非所以貫本末而立大中。帝王之學，必先格物致知，以極夫事物之變，使義理所存，纖悉畢照，則自然意誠心正，而可以應天下之務。次言：修攘之計不時定者，講和之説誤之也。夫金人於我有不共戴天之讎，則不可和也明矣。願斷以義理之公，閉關絶約，任賢使能，立紀綱，厲風俗。數年之後，國富兵強，視吾力之強弱，觀彼釁之淺深，徐起而圖之。次言：四海利病，係斯民之休戚，斯民休戚，係守令之賢否。監司者守令之綱，朝廷者監司之本也。欲斯民之得其所，本原之地亦在朝廷而已。今之監司，姦贓狼籍、肆虐以病民者，莫非宰執、臺諫之親舊賓客。其已失勢者，既按見其交私之狀而斥去之；尚在勢者，豈無其人，顧陛下無自而知之耳。【略】

十五年，淮罷相，遂入奏，首言近年刑獄失當，獄官當擇其人。次言經總制錢之病民，及江西諸州科罰之弊。而其末言：陛下即位二十七年，因循荏苒，無尺寸之效可以仰酬聖志。嘗反覆思之，無乃燕閒蠖濩之中，虛明應物之地，天理有所未純，人欲有所未盡，是以爲善不能充其量，除惡不能去其根，一念之頃，公私邪正、是非得失之機，交戰於其中。故體貌大臣非不厚，而便嬖側媚得以深被腹心之寄；寤寐英豪非不切，而柔邪庸繆得以久竊廊廟之權。非不樂聞公議正論，而有時不容；非不堲讒説殄行，而未免誤聽；非不欲報復陵廟讎恥，而未免畏怯苟安；非不愛養生靈財力，而未免歎息愁怨。願陛下自今以往，一念之頃必謹而察之：此爲天理耶，人欲耶？果天理也，則敬以充之，而不使其少有壅閼；果人欲也，則敬以克之，而不使其少有凝滯。推而至於言語動作之間，用人處事之際，無不以是裁之，則聖心洞然，中外融澈，無一毫之私欲得以介乎其間，而天下之事將惟陛下所欲爲，無不如志矣。

（元）陳桱《通鑑續編》卷一九《詔禁偽學》　詔禁偽學。右諫議大夫姚愈復上言：近世行險僥倖之徒，倡為道學之名，權臣力主其說，結為死黨。願下明詔，播告天下。於是命直學士院高文虎草詔曰：向者權臣擅朝，偽邪朋比，協肆姦宄，包藏禍心。賴天之靈，宗廟之福，朕獲奉慈訓，膺受内禪，陰謀壞散，國勢復安。嘉與士大夫厲精更始，凡曰滔朋比德，幾其自新。而歷載臻兹，弗迪厥化，締交合盟，窺伺間隙，毁譽舛午，流言間發，以傾國是，而惑衆心，甚至竊附於元祐之衆賢而不思實類乎紹聖之姦黨。國家秉德康寧，不汝瑕殄，今惟自作弗靖意者，漸于流俗之失弗可復反歟，將狃於國之深恩而罰有弗及歟？何其未能洗濯以稱朕意也。朕既深詔二三大臣與夫侍從言議之官，益維持正論以明示天下矣。諭告所抵，宜各改視回聽，毋復借疑似之說，以惑亂世俗。若其遂非不悔，怙終不悛，邦有常刑，必罰毋赦。布告天下，毋忽。詔既下，韓侂冑大喜，即遷文虎愈於要職。【略】

三月，前祕閣脩撰朱熹卒。熹登第五十年，仕于外者僅九考，立朝才四十六日。家故貧，少依父友劉子羽，寓建之崇安，後徙建陽之考亭。諸生自遠至者，豆飯藜羹，率與之共。往往稱貸於人以給用，非其道義，則一介不取也。時攻偽學日急，士之繩趍尺步，稍以儒自名者，無所容其身。從游之士，特立不顧者，屏伏丘壑，依阿巽儒者，更名它師，過門不入。甚至變易衣冠，狎游市肆，以自別其非黨。而熹日與諸生講學不休。或勸其謝遣生徒者，笑而不答。疾且革，正坐整衣冠，就枕而卒，年七十一。將葬，右正言施康年言：四方僞徒聚于信上，欲送僞師之葬。會聚之間，非妄談時人短長，則繆議時政得失，望令守臣約束。從之。熹所著有：《易本義》、《啓蒙》、《蓍卦考誤》、《詩集傳》、《大學中庸章句》、《或問》、《論語孟子集注》、《太極圖通書西銘解》、《楚詞集注辨證》、《韓文攷異》。所編次有：《論孟集議》、《孟子指要》、《中庸輯略》、《孝經刊誤》、《小學書》、《通鑑綱目》、《宋名臣言行録》、《家禮》、《近思録》、《河南程氏遺書》、《伊洛淵源録》、《儀禮經傳通解》。其門人不可稱計。其最知名者曰黄榦、李燔、張洽、陳淳、李方子、黄灝、蔡沉。輔廣榦之言曰：道之正統，待人而後傳，自周以來，任傳道之責者，不過數人，而能使斯道章章，較著者一二人而止耳。由孔子而後，曾子子思得其微，至孟子而始著。由孟子而後，周程張子繼其絶，至熹而始著。衆以為知言。榦初見熹，夜不設榻，不解帶。熹語人曰：直卿志堅思苦，與之處，甚有益。因妻以女。及熹病，革以深衣及所著書授榦，與之訣曰：吾道之託在此，吾無憾矣！熹歿，榦弟子日盛，編禮著書，講論經理，朝夕不倦，仕終朝奉郎。燔初見熹，熹告以曾子弘毅之語。且曰：致遠固以毅，而任重貴乎弘也。燔因以弘名其齋。凡諸生未達者，熹先令訪燔。俟其所發，乃從熹折衷之，諸生畏服。熹語人曰：燔進學可畏，處事不苟，它日任斯道者必燔也。燔嘗曰：凡人不必待仕宦有位為職事，方為功業。但隨力到處，有以及物，即功業也。居家講道，學者宗之，仕終直華文閣。洽從熹學自六經傳注而下，皆究其指歸，至於諸子百家山經地志老子浮圖之説，無所不讀。熹嘉其篤志，謂黄榦曰：所望以永斯道之傳者，一二君也。洽自少用力於敬，平居不異常人，至義所當為，則勇不可奪，著《春秋集註》、《地理沿革表》行于世。仕終直寶章閣。淳少習舉子業，林宗臣見而奇之，謂曰：此非聖賢事業也。因授以《近思録》，淳讀之，遂盡棄其業，而學焉。及熹至漳，淳請受教，為學益力。熹語人曰：吾南來，喜得陳淳。由是所聞，皆要切語。及熹歿，淳追思之，痛自裁抑，無書不讀，無物不格。日積月累，義理貫通，洞見條緒，恬退自守，名播天下，多所著述。仕終安溪主簿。方子端謹純篤。初見熹，熹謂曰：觀公為人自是寡過，但寬大中要規矩，和緩中要果決。方子遂以果名其齋，居家竟日危坐，未嘗傾側對賓客，一語不妄發。嘗曰：吾於問學，雖未能周盡，然幸於大本有見處，此心常覺泰然，不為物欲所漬耳。灝性行端飭，以孝友稱。廣淳謹勤恪，嘗著《四書纂疏》、《詩傳童子問》以發明師旨。沉元定子也著書傳。

（清）畢沅《續資治通鑑》卷一三三《宋紀一三三》 八月，甲子，詔：左朝請郎、兩浙東路提點刑獄公事徐度，左朝請郎、兩浙西路提點刑獄公事吕廣問，左迪功郎朱熹，並召赴行在；右通直郎、知建州建安縣韓元吉，令任滿日赴行在。并詔度、廣問：俟任滿日，與在内陞等差遣。

熹少孤，從延平李侗學。弱冠，中進士第，調泉州同安簿，官滿，當路尊敬，不敢以屬吏相待，同安之民不忍其去，五年而後罷。於是慨然有不仕之志，築室武夷山中，四方游學之士多從之。帝聞其賢，故召之，熹卒不至。

（清）畢沅《續資治通鑑》卷一三八《宋紀一三八》 是月，召朱熹至，對於垂拱殿其一言：陛下舉措之間，動涉疑貳，聽納之際，未免蔽欺，由不講乎大學之道，而未嘗隨事以觀理，卽理以應事。其二言：非戰無以復讎，非守無以制勝。末言：古先聖王所以攘外之道，其本不在威強而在德業，其備不在邊境而在朝廷，其具不在兵食而在紀綱。願開納諫諍，黜遠邪佞，杜塞倖門，安固邦本。四者爲先務之急，庶幾形勢自強而恢復可冀矣。

（清）畢沅《續資治通鑑》卷一四三《宋紀一四三》 己未，左迪功郎朱熹辭免召命，乞差岳廟，梁克家言朱熹博學有守，而安於靜退，屢召不起，執政俱稱之。或曰：熹學問淹該，但泥於所守，差少通耳。帝曰：士大夫雖該博，然亦須諳練疏通。如朕在潛邸，但知讀書爲文及卽位以來，今十有餘年，諳歷物情世故，豈止讀書爲文，須有用乃可耳。朱熹今以疾辭，然安貧樂道，廉退可嘉。特改宣教郎、主管台州崇道觀。熹以求退得進，於義未安，再辭；踰年，乃拜命。

（清）畢沅《續資治通鑑》卷一五一《宋紀一五一》 至於振肅紀綱，變化風俗，則今日宮省之間，禁密之地，而天下不公之道，不正之人，顧乃得以窟穴盤據於其間，而陛下目見耳聞，無非不公不正之事。及其作姦犯法，陛下又不能深割私愛，付諸外廷之議，論以有司之法，是以紀綱不能無所撓敗。紀綱不振於上，是以風俗頹弊於下，蓋其爲患之日久矣。而浙中爲尤甚，大率習爲軟美之態，依阿之言，以不分是非，不辨曲直爲得計，惟利之求，無復廉恥。一有剛毅正直守道循理之士出乎其間，則羣議衆排，指爲道學，而加以矯激之罪。十數年來，以此二字禁錮天下之賢人君子，復如崇、觀之間所謂元祐學術者，排擯詆辱，必使無所容其身而後已。嗚呼！此豈治世之事，而尚復忍言之哉！

（清）畢沅《續資治通鑑》卷一五四《宋紀一五四》　是月，朱熹落職，罷祠。

熹家居，自以蒙累朝知遇之恩，且尚帶從臣職名，義不容默，乃草封事數萬言，陳姦邪蔽主之禍，因以明趙汝愚之冤。子弟諸生更迭進諫，以爲必賈禍，熹不聽。蔡元定請以蓍決之，遇《遯》之《同人》，熹默然，取稿焚之，遂上奏，力辭職名，詔仍充秘閣修撰。

時臺諫欲論熹，無敢先發者。胡紘未達時，嘗謁熹于建安，熹待學子惟脱粟飯，遇紘不能異也。紘不悦，語人曰：此非人情。隻雞斗酒，山中未爲乏也。及爲監察御史，乃鋭然以擊熹自任，物色無所得，經年醖釀，章疏乃成。會改太常少卿，不果。

有沈繼祖者，嘗采摭熹《語》、《孟》之語以自售，至是以追論程頤，得爲御史。紘以疏章授之，繼祖謂立可致富貴，遂論熹：資本回邪，加以忮忍，剽竊張載、程頤之緒餘，寓以喫菜事魔之妖術，簧鼓後進，張浮駕誕，私立品題，收召四方無行義之徒以益其黨伍，相與褒衣博帶，食淡餐粗，或會徒于廣信鵝湖之寺，或呈身于長沙敬簡之堂，潛形匿迹，如鬼如魅。士大夫沽名嗜利，覬其爲助者，又從而譽之薦之。因誣熹大罪有六，且曰：熹爲大姦大憝，請加少正卯之誅，以爲欺君罔世、污行盗名者戒。其徒蔡元定，佐熹爲妖，亦請編管別州。詔熹落職，罷祠，竄元定於道州。

已而選人余嚞上書，乞斬熹以絶僞學，謝深甫抵其書於地，語同列曰：朱元晦、蔡季通，不過自相講明耳，果何罪乎！元晦，熹字；季通，元定字也。

（清）畢沅《續資治通鑑》卷一五五《宋紀一五五》　甲子，提舉南京鴻慶宫朱熹卒。

自僞學有禁，士之繩趨尺步，稍以儒自名者，無所容其身。從游之士，特立不顧者，屏伏丘壑，依阿巽懦者，更名他師，過門不入，甚至變易衣冠，狎遊市肆，以自別其非黨，而熹日與諸生講學不休。或勸其謝遣生徒，笑而不答。及疾革，以深衣及所著書授門人黄幹而卒。

熹平居惓惓，無一念不在於國，聞時政之闕失，則戚然有不豫之色，語及國勢未振，則感慨以至泣下。然難進易退，不貶道以求合，故與世動輒齟齬。歷事四朝，仕於外者僅九考，立朝纔四十日，天下惜之。

將葬，右正言施康年言：四方僞徒，欲送僞師朱熹之葬。臣聞僞師在浙東則浙東之徒盛，在湖南則湖南之徒盛。每夜三鼓，聚於一堂，僞師身據高坐，口出異言，或吟哦怪書，如道家步虛之聲；或幽默端坐，如釋氏入定之狀；至於遇夜則入，至曉則散，又如姦人事魔之教。今熹已歿，其徒畫像以事之，設位以祭之，會聚之間，非妄談世人之短長，則謬議時政之得失，望令守臣約束。從之。於是門生故舊不敢送葬，惟李燔等數人視窆，不少怵。

熹自少有志於聖道，其爲學大抵窮理以致其知，反躬以踐其實，而以居敬爲主。嘗謂聖賢道統之傳，散在方册，自經旨不明而道統之傳始晦，于是竭其精力以研窮聖賢之經訓。所著書爲學者所宗。

（清）畢沅《續資治通鑑》卷一六四《宋紀一六四》　己巳，詔曰：朕每觀朱熹《論語》、《中庸》、《大學》、《孟子》註解，發揮聖賢之藴，羽翼斯文，有補治道。朕方厲志講學，緬懷典刑，深用歎慕！可特贈太師，追封信國公。旋改封徽國公。

（清）黄宗羲《宋元學案》卷四八《晦翁學案上・文公朱晦庵先生熹》

朱熹，字元晦，一字仲晦，徽州婺源人父韋齋先生松，第進士，歷官司勳、吏部郎。以不附和議忤秦檜，去國，行誼爲學者所師。嘗爲閩延平尤溪縣尉。建炎四年罷官，寓尤溪城外毓秀峯下之鄭氏草堂，生先生。先生自幼穎悟，五歲讀《孝經》，即題曰：不若是，非人也。年十八，登紹興十八年進士第，授泉州同安主簿。選邑秀民充弟子員，日與講説聖賢修己治人之道，禁婦女之爲僧道者。士思其教，民懷其德，不忍其去，至五考而後罷。二十八年，請嶽祠。二十九年，以陳康伯薦召，以疾辭。孝宗即位，詔求直言，先生上封事：帝王之學，必先格物致知，以極夫事物之變，使義理所存，纖悉畢照，則自然意誠心正，而可以應天下之務。次言：修攘之計，所以不時定者，講和之説誤之也。夫金人于我有不共戴天之讎，則不可和也明矣。願閉關絶約，任賢使能，立紀綱，厲風俗。俟數年之後，國富兵強，徐起而圖之。次言：四海之利病，係斯民之休戚，斯民之休戚，係守令之賢否。監司者，守令之綱；朝廷者，監司之本。

本源之地，亦在于朝廷而已。隆興元年，復召對，其一言：大學之道，在乎格物以致其知。陛下未嘗隨事以觀理，即理以應事，平治之效，所以未著。其二言：君父之讎，不與共戴天。今日所當爲者，非戰無以復讎，非守無以制勝。且陳古先聖王所以強本折衝、威制遠人之道。時相湯思退方倡和議，除先生武學博士，待次歸。乾道元年，趣就職。既至而洪适爲相，復主和，論不合，復請祠歸。三年，劉公珙在樞府，薦爲樞密院編修官，待次。五年，丁内艱。六年，工部侍郎胡公銓以詩人薦，與王庭珪同召，以未終喪辭。七年，免喪，復召，以禄不及養辭。九年，梁克家相，申前命，又辭。孝宗曰：朱熹安貧守道，廉退可嘉！特改令入官，主管台州崇道觀。淳熙二年，除祕書郎，力辭，乃主管武夷山沖佑觀。五年，史浩再相，除知南康軍，值歲不雨，講求荒政，全活甚多。訪白鹿洞書院遺址，奏復其舊，爲《學規》俾守之。明年夏，大旱，上疏言：天下之務，莫大于恤民，而恤民之本，在人君正心術以立紀綱。蓋天下之紀綱不能以自立，必人主之心術公平正大，無偏黨反側之私，然後有所繫而立。必親賢臣，遠小人，講明義理之歸，閉塞私邪之路，然後乃可得而正。今宰相、臺省、師傅、賓友、諫諍之臣皆失其職，而陛下所與親密謀議，不過一二近習之臣。上以蠱惑陛下之心志，使陛下不信先王之大道，而悅于功利之卑説，不樂莊士之讜言，而安于私暬之鄙態；下則招集天下士大夫之嗜利無恥者，文武彙分，各入其門。交通貨賂，所盜者皆陛下之財；命卿置將，所竊者皆陛下之柄。使陛下之號令黜陟，不復出於朝廷，而出于一二人之門。莫大之禍，必至之憂，近在朝夕，而陛下獨未之知。孝宗讀之大怒，宰相趙雄曰：士之好名，陛下疾之愈甚，則人譽之愈衆，無乃適所以高之。不若因其長而用之，彼漸當事任，能否自見矣。孝宗以爲然，乃除先生提舉江西常平茶鹽。旋録救荒之勞，除直祕閣。會浙東大饑，改提舉浙東。入對，首陳災異之由與修德任人之説，次言：近習便嬖側媚之態既足以蠱心志，而胥吏狡獪之術又足以眩聰明。邪佞充塞，貨賂公行，人人皆得滿其所欲，惟有陛下了無所得，而顧乃獨受其弊。孝宗爲動容。先生拜命，即日單車就道，日鉤訪民隱，按行境内，郡縣官吏憚其風采，至自引去，所部肅然。于救荒之餘，隨事處畫，必爲經久之計。復奏言：爲今之計，獨有責躬求言，然後君臣相戒，痛自省改。其次，惟有盡出内庫之錢，以供大禮之費爲收糴之本，詔戶部免徵舊負，詔漕臣依條檢放租税，詔宰臣沙汰監司守臣之無狀者，遴選賢能，責以荒政，庶幾猶足下結人心。不然，臣恐所憂者不止于饑殍，而將在于盜賊，蒙其害者不止于官吏，而上及于國家也。知台州唐仲友與王淮同里，爲姻家，吏部尚書鄭丙、侍御史張大經交薦之，遷江西提刑，未行。先生行部至台，訟仲友者紛然，按得其實，章前後六上。淮不得已，奪仲友江西新命，以授先生，辭不拜，遂歸，且乞奉祠。時鄭丙疏詆程學，且以沮先生，淮又擢陳賈爲監察御史。賈面對，首論道學者，大率假名以濟僞，願擯棄勿用，蓋指先生也。十年，詔主管台州崇道觀，連奉雲臺、鴻慶之祠者五年。十四年，以楊公萬里薦，除提點江西刑獄。十五年，淮罷相，周相必大奏趣先生之任，遂入奏。首言近年刑獄失當，獄官當擇其人，次言經總制錢之病民，及江西諸州科罰之弊。而其末言：陛下即位二十七年，因循荏苒，無尺寸之效可以仰酬聖志。無乃燕閒蠖濩之中，虛明應物之地，天理有所未純，人欲有所未盡，是以爲善不能充其量，除惡不能去其根。願陛下自今以往，一念之頃，必謹而察之，無一毫之私欲得以介乎其間，而天下之事將惟陛下所欲爲，無不如志矣。是行也，有要之于路，以爲正心誠意之論，上所厭聞，戒勿以爲言，先生曰：吾生平所學，惟此四字，豈可隱默以欺吾君乎！及奏，孝宗曰：久不見卿。浙東之事，朕自知之。今當處卿清要，不復以州縣爲煩也。時曾覿已死，王抃亦逐，獨内侍甘昪尚在，先生力以爲言。孝宗曰：昪乃德壽所薦，爲其有才爾。先生曰：小人無才，安能動人主。翌日，除兵部郎官，以足疾丐祠。本部侍郎林栗嘗與先生論《易》、《西銘》不合，劾先生本無學術，徒竊張載、程頤緒餘，謂之道學，所至輒攜門生數十人，妄希孔、孟歷聘之風，邀索高價不肯供職，其僞不可掩。孝宗曰：林栗言似過！周必大言先生上殿之日，足疾未瘳，勉強登對，孝宗曰：朕亦見其跛曳。左補闕薛叔似亦奏援先生。乃令依舊職江西提刑，先生辭免。太常博士葉適疏與栗辯，謂其言無一實者。謂之道學一語，無實尤甚。往日王淮表裏臺諫，陰廢正人，蓋用此術。會胡晉臣除侍御史，首論栗喜同惡異，無事而指學者爲黨，乃黜栗知泉州，除先生直寶文閣，主管西京嵩山崇福宮。未踰月，再召，先生又辭。始，先生嘗以爲口陳之説有所未盡，乞具封事以聞，至是，投匭進封事曰： 今天下大勢，如人有重病，内自心腹，外達四支，無一毛一髮不受病者。且以天下之大本，與今日之急務，爲陛下言之。大本者，陛下之心，急務，則輔翼太子，選任大臣，振舉綱紀，變化風俗，愛養民力，修明軍政，六者是也。古先聖王，兢兢業業，持守此心，是以建師保之官，列諫諍之職。凡飲食酒漿，衣服次舍，器用財賄，與夫宦官宮妾之政，無一不領于冢宰，使其左右前後，一動一静，無不制以有司之法，而無纖芥之隙。陛下所以持守其心，果有如此之功乎？所以正其左右，果有如此之效乎？至于輔翼太子，則自王十朋、陳良翰之後，稱職者鮮，而又時使邪佞儇薄、闒冗庸妄之輩參其間。師傅、賓客既不復置，而詹事、庶子有名無實。其左右春坊，遂直以使臣掌之。既無以發其隆師親友、尊德樂義之心，又無以防其戲慢媟狎、奇衺雜進之言。宜討論前典，置師傅、賓客之官，罷去春坊使臣，而使詹事、庶子各復其職。至于選任大臣，則以陛下之聰明，豈不知天下之事，必得剛明公正之人而後可以任哉？直以一念之間，未能徹其私邪之蔽。若用公明剛正之人，則恐其有以妨吾之事、害吾之人而不得肆，是以排擯此等，而後取凡疲懦輭熟、平日不敢直言正色之人而揣摩之，又于其中得其至庸極陋、決可保其不至于有所妨者，然後舉而加之于位。是以除書未出，而物色先定；姓名未顯，而中外已逆知其決非天下之第一流矣。至于振肅紀綱，變化風俗，則今日宮省之間，禁密之地，而天下不公之道、不正之人顧乃得以窟穴盤據于其間，是以紀綱不正于上，風俗頽弊于下。大率習爲輭美依阿，甚者以金珠爲脯醢，以契券爲詩文，惟得之求，無復廉恥。一有剛毅正直、守道循理之士出乎其間，則羣議衆排，指爲道學而禁錮之，必使無所容其身而後已，此豈治世之事哉！至于愛養民力，修明軍政，則自虞允文之爲相也，盡取版曹歲入羨餘之數而輸之内帑，以備它日用兵進取不時之需。二十餘年，内帑歲入不知幾何，而認爲私貯，典以私人，日銷月耗，以奉燕私之費，曷嘗聞其能易敵人之首，如太祖之言哉！徒使版曹經費闕乏日甚，督促日峻，中外承風，競爲苛急，此民力之所以重困也。諸將之求進也，必先掊克士卒以殖私財，然後以此自結于陛下之私人，而祈以姓名達于陛下之貴將。貴將以付軍中，使自什伍以上保稱材武，陛下以爲公薦可以得人，而豈知其論價輸錢，已若晚唐之債帥哉！彼智勇材畧之人，孰肯抑心下首于宦官、宮妾之門。而陛下之所得，皆庸夫走卒，而猶望其修明軍政，激勸士卒，以強國勢，豈不誤哉！凡此六事，本在于陛下之一心。一心正，則六事無有不正矣。疏入，夜漏下七刻，孝宗已就寢，亟起，秉燭讀之終篇。明日，除主管太乙宮，兼崇政殿説書，先生力辭。除祕閣修撰，奉外祠。光宗卽位，再辭職名，仍舊直寶文閣，降詔獎諭。居數月，除江東轉運副使，以疾辭，改知漳州。奏除無名之賦七百萬，減經總制錢四百萬。以習俗未知禮，采古喪葬嫁娶之儀，揭以示之。嘗病經界不行，會朝論欲行汀、漳、泉三州經界，先生乃訪事宜上之。宰相留正，泉人也，其里黨亦多以爲不可行，布衣吳禹圭上書訟其擾人，有旨先行漳州經界。明年，以子喪請祠。時史浩入見，請收天下人望，乃除先生祕閣修撰，主管南京鴻慶宮，再辭。詔論撰之職，以寵名儒，乃拜命。除荊湖南路轉運副使，辭。漳州經界竟報罷，以言不用自劾。除知静江府，辭，主管南京鴻慶宮。未幾，差知潭州，力辭。黄裳爲嘉王府翊善，自以學不及先生，乞召爲宮僚，王府直講彭龜年亦爲大臣言之。留正曰： 正非不知熹，但其性剛，恐到此不合，反爲累耳。先生方再辭，有旨長沙巨屏，得賢爲重，遂拜命。會洞獠擾屬郡，先生遣人諭以禍福，皆降之。申敕令，嚴武備，戢姦吏，抑豪民。所至興學校，明教化，四方學者畢至。寧宗卽位，趙忠定汝愚首薦先生及陳傅良，除煥章閣待制、侍講。入對，首言： 乃者，太皇太后躬定大策，陛下寅紹丕圖，可謂處之以權而不失其正。今三月矣，或反不能無疑于逆順名實之際。臣願陛下盡負罪引慝之誠，致温凊定省之禮，而大倫正，大本立矣。時論者以寧宗未還大内，恐名體不正而疑議生，有旨修葺舊東宮，爲屋至數百間，欲徙居之。先生奏疏言： 此必有左右近習倡爲此説以誤陛下，而欲因以遂其姦心。臣恐上帝震怒，災異數出，不當興此大役，以咈譴告警動之意。亦恐畿甸百姓阽于死亡之際，怨望忿切，以生他變。又聞太上皇后懼忤太上皇帝聖意，不欲其聞太上之稱，又不欲其聞内禪之説，此又慮之過者。父子大倫，三綱所繫，久而不圖，亦將有借其名以造謗生事者，此又臣之所大懼也。願陛下罷修葺東宮之役，回就慈福、重華之間草創寢殿，使粗可居。下詔自責，減省輿衛，入宮之後，暫變服色，如唐肅宗之改服紫袍、執鞚馬前者，則太上皇帝雖有忿怒之情，亦且霍然消散，而歡意浹洽矣。

至若朝廷之紀綱，則凡號令弛張，人才進退，一委之二三大臣，使之反覆校量，有不當者，繳駁論難，擇其善者，稱制臨決，則不惟近習不得干預朝權，大臣不得專任己私，而陛下亦得以益明習天下之事，而無所疑于得失之算矣。若夫山陵之卜，則願黜臺史之説，別求草澤以營新宫，使壽皇之遺體得安，而宗社生靈皆蒙福矣。疏入，不報，然寧宗亦未有怒先生意也。每以所講編次成帙以進，寧宗亦開懷容納。先生又奏：自漢文短喪，歷代因之，三綱不明，千有餘年。壽皇聖帝易月之外，猶執通喪，朝衣朝冠皆用大布。問者遺詔初頒，太上皇帝偶違康豫，不能躬就喪次。陛下以世嫡承大統，則承重之服，著在禮律，所宜遵壽皇已行之法。遂用漆紗淺黄之服，臣竊痛之。然既往之失不及追改，將來啓殯發引，禮當復用初喪之服。會孝宗祔廟，議宗廟迭毁之制。自太祖首建僖、順、翼、宣四祖之廟，治平間議者以世數寖遠，請遷僖祖于夾室。後王安石等奏，僖祖有廟，與稷、契無異，請復其舊。時相趙忠定雅不以復祀僖祖爲然，侍從多從其説，吏部尚書鄭僑欲且祧宣祖而祔孝宗。先生以爲神宗得禮之正，所謂有舉之而莫敢廢者乎；又擬爲《廟制》以辯，以爲物豈有無本而生者。廟堂不以聞，卽毁撤僖、宣廟室，更創別廟以奉四祖。始，寧宗之立，韓侂胄自謂有定策功，居中用事。先生憂其害政，上疏斥言左右竊柄之失，在講筵復申言之。御批云：憫卿耆艾，恐難立講，已除卿宫觀。趙忠定袖還御筆，且諫且拜，內侍王德謙徑以御筆付先生，臺諫争留，不可。樓宣獻鑰與陳傅良旋封還録黄，修注官劉光祖、鄧馹封章交上。先生行，被命除寶文閣待制，與州郡差遣，辭。尋除知江陵府，辭。詔依舊煥章閣待制，提舉南京鴻慶宫。初，忠定既相，收召四方知名之士，中外引領望治。先生獨惕然以侂胄用事爲慮，既屢爲寧宗言，又數以手書啓忠定，勿使得預朝政。忠定謂其易制，不以爲意。及是，忠定亦以誣逐，而朝廷大權悉歸侂胄矣。先生始以廟議自劾，不許；以疾再乞休致，詔依舊祕閣修撰。二年，沈繼祖爲監察御史，誣先生十罪，詔落職罷祠，門人蔡元定亦送道州編管。四年，先生以年近七十申乞致仕。五年，依所請。明年卒，年七十一。疾且革，手書屬其子在及門人范念德、黄榦，拳拳以勉學及修正遺書爲言。翌日，正坐，整衣冠，就枕而逝。先生登第五十年，仕于外者，僅歷同安簿、知南康軍、提舉浙東常平茶鹽、知漳州、潭州，凡五任九考，及經筵纔四十日。家故貧，少依父友劉子羽寓建之崇安，後徙建陽之考亭。簞瓢屢空，晏如也。諸生之自遠而至者，豆飯藜羹，率與之共。往往稱貸于人以給用，而非其道義，則一介不取也。自先生去國，侂胄勢益張。何澹爲中司，首論專門之學，文詐沽名，乞辨真僞。劉德秀仕長沙，不爲南軒之徒所禮，及爲諫官，首論留正引僞學之罪。僞學之稱，自此始。太常少卿胡紘言：比年僞學猖獗，圖爲不軌，望宣諭大臣，權住進擬。遂召陳賈爲兵部侍郎。未幾，先生有奪職之命。劉三傑以前御史論先生、趙汝愚、劉光祖、徐誼等，前日之僞黨，至此而又變爲逆黨，卽日除三傑右正言。右諫議大夫姚愈論道學權臣，結爲死黨，窺伺神器，乃命直學士院高文虎草詔諭天下，于是攻僞學日急，選人余嘉至上書乞斬先生。方是時，士之繩趨尺步，稍以儒名者，無所容其身。從遊之士，特立不顧者，屏伏丘壑，依阿巽懦者，更名他師，過門不入，甚至變易衣冠，狎遊市肆，以自別其非黨。而先生日與諸生講學不休，或勸其謝遣生徒者，笑而不答。有籍田令陳景思者，故相康伯之孫也，與侂胄有姻連，勸侂胄勿爲已甚，侂胄意亦漸悔。先生既没，將葬，言者謂：四方僞徒期會，送僞師之葬。會聚之間，非安談時人短長，則繆議時政得失，望令守臣約束。從之。嘉泰初，學禁稍弛。二年，詔先生以致仁除華文閣待制，與致仕恩澤。後侂胄死，詔賜先生遺表恩澤。謚曰文，尋贈中大夫，特贈寶謨閣直學士。理宗寶慶三年，贈太師，追封信國公，改徽國。始先生少時，慨然有求道之志。年十四，韋齋公病亟，嘗屬先生曰：籍溪故原仲、白水劉致中、屏山劉彦沖三人，學有淵源，吾所敬畏。吾卽死，汝往事三人。謂故憲、劉勉之、劉子翬也。故先生之學，既博求之經傳，復徧交當世有識之士。延平李愿中先生老矣，嘗從學于羅仲素先生，先生歸自同安，不遠數百里徒步往從之。其爲學，大抵窮理以致其知，反躬以踐其實，而以居敬爲主。全體大用，兼綜條貫，表裏精粗，交底于極。嘗謂聖賢道統之傳，散在方册，聖經之旨不明，而道統之傳始晦，于是竭其精力以研窮聖賢之經訓。其于百家之支，二氏之誕，不憚深辯而力闢之。所著書有《易本義》、《啓蒙》、《著卦攷誤》、《詩集傳》、《大學中庸章句》、《或問》、《論語孟子集註》、《太極圖通書西銘解》、《楚辭集註》、《辯證》、《韓文考異》，所編次有《論孟集議》、《孟子指要》、《中庸輯畧》、《孝經刊誤》、《小學書》、《通鑑綱目》、《宋名臣言行録》、《家禮》、《近思録》、《河南程氏遺書》、《伊洛淵源録》，皆行于世。平生爲文凡一百卷，生徒問答凡八十卷，別録十卷。紹定末，祕書郎李心傳乞以司馬温公、周濂溪、邵康節、張横渠、程明道、程伊川及先生七子列于從祀，不報。淳祐元年正月，理宗視學，手詔以張、周、二程及先生從祀孔廟。元至正二年，封韋齋公爲獻靖公。明洪武初，詔以先生之書立于學宮，天下學者咸宗之。嘉靖中，祀稱先儒朱子，韋齋公從祀啓聖祠。先生墓在崇安之九峯山下。子三：塾、埜、在，皆賢。在，紹定中爲吏部侍郎。今新安、考亭各世襲博士一員。

百家謹案：紫陽以韋齋爲父，延平、白水、屏山、籍溪爲師，南軒、東萊諸君子爲友，其傳道切磋之人，俱非夫人之所易姤也。稟穎敏之資，用辛苦之力。嘗自言曰：某舊時用心甚苦，思量這道理，如過危木橋子，相去只在毫髮之間，才失脚便跌下去。可見先生用功之苦矣。而又孜孜不肯一刻放懈。其爲學也，主敬以立其本，窮理以致其知，反躬以踐其實。而博極羣書，自經史著述而外，凡夫諸子、佛老、天文、地理之學，無不涉獵而講究也。其爲間世之鉅儒，復何言哉！

（清）李清植《歷代名儒傳》卷六　朱子名熹，字元晦，後改仲晦，世婺源人，居紫陽山下。父松，尉尤溪，以建炎四年九月十五日午時，生朱子於溪南寓舍，松既遊宦入閩，晚居建州，故朱子爲建人。【略】十八貢於鄉，十九成進士。紹興二十一年，以佐廸功郎主同安簿。二十三年，之任，始徒步謁李侗於延平。初，楊時倡道東南，實傳羅從彦以及於侗，故朱子師之。【略】孝宗即位，應詔上封事，首言記誦詞藻，非所以探淵源而出治道，虚無寂滅，非所以貫本末而立大中。帝王之學，必先格物致知，以極事物之變，自然意誠心正，而可以應天下之務。次言修攘之計不時定者，講和之説誤之也。願閉關絶約，任賢使能，立紀綱，厲風俗，數年之後，視吾力之强弱，觀彼釁之淺深，徐起而圖之。三言斯民休戚，係守令賢否，監司者守令之綱，朝廷者監司之本。今之監司，無非宰相臺諫之親舊，顧陛下無從知之耳。明年，召對，辭不許。遂入見，復陳三劄。大抵不出封事之意，而加剴切焉。是時上頗留意老釋，而宰相湯思退申和議，近習曾覿龍大淵招權，故朱子以爲言，思退聞之不悦，授武學博士，待次。乾道元年，促就職，值洪适相，復主和，不合，丐祠去。三年，除樞密院編修，待次。明年，崇安大饑，民奪食，幾挺變。朱子乃假官粟六百石貸之，人賴以濟，其後歲一斂散，貸者出息什二，小歉馳半息，甚則盡蠲之，行之十有四年，贏益多。遂歸元粟於官，而用所贏爲貸資，每石止收耗米三升，不復取息，以故數十年邑無饑饉患，所謂社倉者也。【略】五年差知南康軍，四辭，逾年始拜命。朱子歸自同安，家居幾二十年，涵養充積，理明義精。既至郡，懇惻愛民，興利除弊，惟恐不及。會旱，講求荒政，以請於朝，言無不盡，或三四上，得請乃已。嚴隣路遏糴之禁，閲境内蓄積之實，通商勸分，全活至衆。郡濱大江，舟艤岸，遇颶多沈溺，乃募饑民，築隄護之，民得濟饑，而舟患亦息。視民如傷，至奸豪撓法，懲之不少貸。數詣學，引士子講論。已乃建周子祠，以二程配，又復白鹿書院。每休沐，輒一至，諸生質所疑，誨誘不倦，立《學規》俾守之。明年，有旨監司郡守條具利病，朱子上言，郡縣賦重，由於供軍，請覈兵籍，廣屯田，練民兵，以省坐食之軍。使郡縣事力稍紓，然後可禁其苛斂，責以寛恤。卒復極論近習竊柄，援引交通之弊，疏入，上不悦，乃乞罷黜。又以人戶逃移自劾者再，以疾請祠者五，皆不報。除提舉江西常平茶鹽事，待次。尋録捄荒勞，晉直祕閣，以南康所募納粟人未受賞，義不獨被恩命，三辭不拜。會浙東大饑，調爲提舉浙東常平茶鹽事，即日就道，且乞奏事之任。及至闕，納粟賞行，乃受直祕閣，入對延和殿。所奏七事，辭皆剴切，其一二事言災異之由，與近習之弊，則手繕以防宣洩。因乞推行社倉，上爲下其法於諸路。方拜命時，即檄旁郡，募米商，爲蠲其征，及至部，客米已大集，乃單車屏從，按行存卹，鈎訪捬問。所至人不及知，官吏憚其風采，至自引去，所部肅然。凡丁錢和買榷酤役法，有不便民者，悉釐革之，於捄荒之餘，隨事經畫，爲經久計。猶以前後所請多見抑，幸而從者，率稽時後事，發憤抗疏言之。且移書政府曰：朝廷愛民不如惜費，明公憂國不如愛身，然財散猶可復聚，民心一失不可復收，身危猶可復安，國勢一傾不可復振。九年，以賑濟勞，晉直徽猷閣。辭。知台州唐仲友者，宰相王淮姻戚也，遷江西提刑，未及去，朱子行部至台，按得其姦贓，劾之。時久旱，疏出而天雨，淮匿不以聞。朱子申章益力，前後六上，淮不得已，奪仲友新命以授朱子。不拜，請祠去。淮大憾，乃用陳賈鄭丙，協力以攻朱子，遂肇僞學之禍，於是朱子作武夷精舍，奉祠不出者七年。當是時，海内學者，尊信益衆。十四年，除提點江西刑獄，辭，不許。明年，促奏事，辭，又不許。值淮罷相，遂力疾入奏，首言刑獄輕重失宜，甚至干涉人倫，亦從流宥，則天理民彝，幾何不至於泯滅。卒乃極言陛下天理未純，人欲未盡，故便嬖得被腹心之寄，柔邪得竊廊廟之權，公議有時而不容，讒説有時而誤聽，欲報讐恥而不免苟安，欲養生靈而未免愁怨。願於一念之頃，謹而察之，果天理耶？則敬以充之，而不使少有壅閼，苟人欲耶？則敬以克之，不使少有凝滯。是行也，有要於路，謂正心誠意，上所厭聞，戒勿言者。朱子曰：吾平生所學，惟此四字。安敢回互以欺吾君乎？及奏，上未嘗不稱善。【略】適朝議欲行漳泉汀三州經界，朱子常病經界不行，聞命，即訪事宜，擇人物，及弓量之法，上之。且言必可行之説三，將必至於不能行之説一。既而寓公豪右，果競沮之。朱子乃以地震自劾，其冬有旨先行漳州經界，以屆農期暫寢。明歲遭嗣子喪，丐祠，除祕閣修撰予祠去。而漳州經界竟報罷矣。頃之，除荆湖南路轉運使，四辭。三年，差知静江府廣南西路經畧安撫，辭。四年，使者自金還，言金人問朱先生安在。乃差知潭州荆湖南路安撫，辭，不許。會長沙有峒獠之擾，遂拜命至則遣人曉以禍福，皆降之。申教令，嚴武備，戢姦吏，抑豪民。湖湘士子故知學，爲之崇奬教厲，四方人士畢至。孝宗升遐，朱子慟不自勝，又聞上不任執喪，中外洶洶，益憂懼，乞歸田里。未幾，趙汝愚以太皇太后詔，尊上爲太上皇，而奉嘉王即位主喪，於是汝愚相，薦朱子。先是彭龜年爲嘉王直講，因講魯莊公不能制其母。云母不可制，當制其侍御僕從，王稱善。問爲誰説，對曰：朱熹也。自後每講，王必問朱子説云何。而翊善黄裳，亦嘗言於光宗曰：欲嘉王進德修業，追踪古先哲王，當求天下第一流人。光宗問爲誰，以朱子對。故王之知朱子也久，至是遂首召奏事，除焕章閣待制侍講，朱子行且辭。於道聞南内朝禮尚闕，近臣已有用事者，遂因辭章，微辭以諷諫。疏再上，不許，乃乞帶元官奏事，首言天運艱難，國有大咎。然有可諉者，陛下前日未嘗有求位之心，今日未嘗忘思親之懷而已。夫充未嘗求位之心，可以盡負罪引慝之誠；充未嘗忘親之懷，可以致温清定省之禮。次言爲學莫先於窮理，窮理必在於讀書，讀書之法，莫貴於循序而致精。致精之本，又在於居敬而持志，既對面辭職名，不許。翌日，又辭待制，乞改説書。上報以手札，乃拜命。每進講務積誠意，以平日所論著者，敷陳開繹，既數次講，則復編次所講，成帙以進。上亦開懷容納，又請不以寒暑雙隻日月，並令早晚進講。及瑞慶節免稱賀，皆從之。時太上意未釋然，上未即還大内，將葺東宫居之。朱子具四事以諫，不報。又議承重之禮，以爲子爲父，嫡孫承重爲祖，禮皆斬衰。自漢文短喪，天子遂無三年之服，爲父且然，則承重可知。壽皇至性自天，獨執通喪，宜著方册，爲世法程。間者陛下以世嫡承大統，一時倉卒，遂服漆紗淺黄，使壽皇已行之禮，舉而復墜。臣竊痛之。請將來啓殯發引，仍用初喪之服。及孝宗將祔，詔集議迭毁之次。初，太祖尊僖順翼宣四祖之廟，實奉僖祖爲始祖。治平間，議者以僖祖無功德，世數寖遠，遷於夾室。未數年，王安石復之。是時趙汝愚雅不以熙寧中復祖僖祖爲然，復議祧之，而奉太祖爲始祖。朱子乃上議狀，條其不可者四，且擬爲《廟制》，又援伊川程子之説，以爲物豈有無本而生者。今日基本，啓自僖祖，安得謂無功德？狀上，宰相持不以聞，徑創别廟以奉四祖，上頗聞朱子有狀，召問内殿，朱子具劄及圖以進。上然之，命即榻前撰内批直罷其事。時策免留正，擢用謝深甫等，皆以内批行之。朱子懲其弊，乞再令集議。於是朱子議竟不行。【略】是時侂胄勢益張，大興僞學之禁，臺諫争承風旨，排詆萬端，至欲擠之於死。二年，遂落職予祠，報至，朱子方爲諸生講論。畧起視，復坐講論如初。於是繩趨尺步從游之士，皆屏伏邱壑，依阿選懦者，更名他師。甚至變易衣冠，以自别非黨。而朱子方講學不休，或勸以謝遣生徒者，笑而不荅。是冬竹林精舍成，率諸生行舍菜禮於先聖先師，以周程張邵司馬延平七先生配。五年以年届懸車致仕。六年三月，寢疾，猶日爲諸生講《太極西銘》及爲學之要。辛酉，訂《大學誠意》章句。甲子，移寢中堂，諸生入問疾，曰：夫子之疾革矣，萬有不諱，當用《書》儀乎？不允。用《儀禮》乎？亦不允。然則參用之乎？乃頷之。遂正坐整衣冠，揮婦女勿近，就枕而逝。是日大風拔木，洪流崩崖，時年七十一。朱子爲人，色莊言厲，其行舒而恭，其坐端而直。閒居，未明而起，深衣幅巾方履，拜於家廟以及先聖，退就一室，几案必正，書籍器用必整，倦而休，肅躬瞑息，休而起，端步徐行。飲食羹菜匙箸，各有定列。中夜而寢，既寢而寤，擁衾默坐，或至達旦。閨庭之間，内外斬斬，恩義之篤，怡怡如也。祭祀必誠必敬，少不如儀，則終日不樂，已祭無違禮，則油然而喜，死喪之威，哀戚備至。飲食衰絰，各副其情，延遇賓客，稱家有無，常盡其歡。於親故必致其愛，於鄉閭必致其恭，平居惓惓，無一念不在於國。聞時政闕失，輒戚然不豫，語及國勢未振，常感慨以至泣下。然謹難進易退之節，則一官之拜，必抗章力辭。一語不合，即奉身亟去。故登第五十年，仕於外僅九考，立朝纔四十六日，道之難行也如此。其後侂胄誅，嘉定二年，始追謚曰文。所著書有《易本義》、《啓蒙》、《蓍卦考誤》、《詩集傳》、《大學中庸章句》、《論語孟子集註》、《或問》、《太極通書》、《西銘解》、《楚辭集註》、《辨證》、《韓文考異》及文集一百卷。所編次有《語孟精義》、《中庸輯畧》、《孟子指要》、《小學》、《通鑑綱目》、《本朝名臣言行録》、《家禮》、《近思録》、《程氏遺書外書》、《伊洛淵源録》、《謝上蔡語録》，晚復編次《禮書》，未及成。至若天文地志，律曆兵機，無不洞究淵微，詞章字畫，未嘗用意，亦動中規矩，可爲世法。著述雖多，於四子尤所殫意，以《大學》《論語》《孟子》《中庸》爲入道之序。而後及諸經。所著書，一字未安，必反覆達旦，甚至累日，要求其當而後已。諸生務學篤，則喜見於言，進道難，則憂形於色，講論率至夜半。雖疾病支離，至諸生問難，脱然沈痾之去體。一日不講學，則怵然以爲憂。摳衣而來，遠自川蜀，文字之傳，流及海表，至於異域，亦知慕其道，竊問其起居。窮鄉晚出，家蓄其書，私淑諸人者，不可勝數。寶慶三年，贈太師，追封信國公。紹定三年，改徽國公。淳祐元年，上幸學，詔以周子二程子張子及朱子從祀孔子廟。

李方子曰：夫子設教洙泗，以博文約禮授學者，顔曾思孟相與守之。自後正學失傳，士各以意爲學。其騖於該洽者，既以聞見自矜，而流於汎濫駁雜之歸。其溺於徑約也，又謂不立文字，可以識心見性，而陷於曠蕩空虚之域。先生身任道統，廣覽載籍，取其所同，而削其不合。稽其實用，而剪其煩蕪，參伍辨證以扶經訓，而詰其舛差。大本大根，固已上達，究其所窮，條分派別，經緯萬端，無所遺漏。蓋其包涵渟蓄，溥博淵泉，故出之若是其無窮也。

論曰：夫子以贊述六經，而賢過堯舜。誠以萬世之君君臣臣父父子子，皆夫子之力也。自道學失傳，周子倡之，二程子從而光大之，張子邵子又裨助而引伸之。而後斯道復明於世。然數子於六經，自《伊川易傳》外，鮮有成書。蓋至朱子，而六經之學，乃揭於中天。即數子之所口授心承，亦皆賴其尋繹表章，而後學者足與有明也。平生所歷諸郡，政教聿張，尤惓惓爲其百姓請命，是伊尹内溝之心也。及後登朝，引道格非，風節嶽嶽，是皋陶陳謨之義也。使當時克究其用，則撥亂致治，興禮明樂，驟帝馳王，勳施爛焉。何至寢微寢滅，而終以不振哉？不幸小人間之，遂興僞學之禍。此與孔子不遇於春秋，横遭伐檀削跡者何異？然數百年來，學校所以教，政俗所以理，無不折中於朱子，其爲萬世烈，豈直不在禹下已哉？

（宋）李心傳《建炎以來朝野雜記甲集》卷六《朝事二・道學興廢》

自熙寧、元豐間，河南二程先生始以道學爲天下倡。二先生少學於汝南周茂叔，其後學者翕然宗之。二先生死，其高弟門人，前有河南朱公掞、劉質夫、李端伯，京兆吕與叔、蘇季明，上蔡謝顯道，延平楊中立，建安游定夫，河東侯師聖。伊川門人，後有河南尹彦明、張思叔，東平馬時中，福清王信伯，涪陵譙天授。中立、彦明遭遇靖康，建炎、紹興之間，致位通顯。天授入朝於靖康而不合，紹興中，再召不起，後隱青神山中。建安胡康侯學《春秋》於伊川而不及見，以楊、謝爲師友。紹興初，秦會之爲亞相，引康侯侍經席。一時善類，多聚於朝，俄爲吕元直、朱藏一所逐。朱、吕罷，趙元鎮相，彦明以布衣入侍講，經生、學士多召用焉。元鎮罷，張德遠獨相，陳司諫公輔首上章力排程氏之學，以爲狂言怪語，淫説鄙論。

楊時

《宋史》卷四二八《道學傳二・楊時》 楊時字中立，南劍將樂人。幼穎異，能屬文，稍長，潛心經史。熙寧九年，中進士第。時河南程顥與弟頤講孔、孟絶學于熙、豐之際，河、洛之士翕然師之。時調官不赴，以師禮見顥於潁昌，相得甚懽。其歸也，顥目送之曰：吾道南矣。四年而顥死，時聞之，設位哭寢門，而以書赴告同學者。至是，又見程頤於洛，時蓋年四十矣。一日見頤，頤偶瞑坐，時與游酢侍立不去，頤既覺，則門外雪深一尺矣。關西張載嘗著《西銘》，二程深推服之，時疑其近於兼愛，與其師頤辨論往復，聞理一分殊之説，始豁然無疑。

杜門不仕者十年，久之，歷知瀏陽、餘杭、蕭山三縣，皆有惠政，民思之不忘。張舜民在諫垣，薦之，得荆州教授。時安於州縣，未嘗求聞達，而德望日重，四方之士不遠千里從之游，號曰龜山先生。

時天下多故，有言於蔡京者，以爲事至此必敗，宜引舊德老成置諸左右，庶幾猶可及，時宰是之。會有使高麗者，國主問龜山安在，使回以聞。召爲秘書郎，遷著作郎。及面對，奏曰：

堯、舜曰：允執厥中，孟子曰湯執中，《洪範》曰皇建其有極，歷世聖人由斯道也。熙寧之初，大臣文六藝之言以行其私，祖宗之法紛更殆盡。元祐繼之，盡復祖宗之舊，熙寧之法一切廢革。至紹聖、崇寧抑又甚焉，凡元祐之政事著在令甲，皆焚之以滅其跡。自是分爲二黨，縉紳之禍至今未殄。臣願明詔有司，條具祖宗之法，著爲綱目，有宜於今者舉而行之，當損益者損益之，元祐、熙、豐姑置勿問，一趨於中而已。

（清）黄宗羲《宋元學案》卷二五《龜山學案·文靖楊龜山先生時》

楊時，字中立，南劍將樂人。熙寧九年進士，調官不赴，以師禮見明道于潁昌。明道喜甚，每言楊君會得最容易。其歸也，目送之曰：吾道南矣！明道没，又見伊川于洛，先生年已四十，事伊川愈恭。一日，伊川偶瞑坐，先生與游定夫侍立不去。伊川既覺，則門外雪深一尺矣。横渠著《西銘》，先生疑其近于兼爱，與伊川辯論往復，聞理一分殊之説，始豁然無疑，由是浸淫經書，推廣師説。始解褐徐州司法。數轉，知瀏陽縣，安撫張舜民禮之，不以屬吏待，而漕使胡師文惡而劾之。舜民入長諫垣，薦之，徐荆南教授。改知餘杭縣，簡易不爲煩苛，遠近悦服。蔡京方貴盛，葬母餘杭，以日者言欲浚湖，先生格之，改知蕭山，邑人重其名，多畫像事之。提點明道、國寧二觀。宣和四年，年七十，罷祠禄，貧甚。郭慎求在朝，問其所欲，先生曰：求一管庫，以爲貧。差監常州市易務，先生曰：市易事，吾素不以爲然，豈可就乎！有鼓山張觷者，爲蔡京塾客，一日令諸生習走，諸生曰：先生長者，尋常令某等緩步。若疾行，非所聞命。觷曰：天下事被汝翁已壞，旦晚賊發，先及汝家。苟能善走，或可逃死。諸生以張爲心疾，告京，京矍然曰：此非汝曹所知。出而問計于觷，觷曰：唯有收拾人才爲第一義。京問其人，遂以先生對。會傳國華使高麗。高麗王問龜山先生今在何處，國華還，以聞，召爲祕書郎，遷著作郎，除邇英殿説書。先生言：近日蠲除租税，而廣濟軍以放税降官，是詔令爲虚文耳！安土之民不被惠澤，而流亡爲盗者獨免租税，百姓何憚而不爲盗？嘉祐通商榷茶之法，公私兩便。今茶租如故，而榷法愈急，宜少寬之。諸犯榷貨不得根究來歷，今茶法獨許根究，追呼蔓延，犴狴充斥，宜即革之。東南州縣均敷鹽鈔，迫于殿最，計口而授，人何以堪？發運司宜給糴本，以復轉搬之舊。和預買宜損其數，而實支所買之直。燕、雲之軍宜退守内郡，以省運輸之勞。燕、雲之地，宜募邊民爲弓箭手，使習騎射，以殺常勝軍之勢。衛士，天子爪牙，而分焉二三，宜循其舊，不可增損。凡十餘事，執政不能用。而邊事告急，則又言：今日所急者，莫大于收人心。軍興以來，免夫之役，毒被海内。西城聚斂，東南花石，其害尤甚。宿奸巨猾，借應奉之名，豪奪民財，天下積憤，鬱而不得發者幾二十年。欲致人和，去此三者。欽宗嗣立，先生專對曰：君臣一體。上皇痛自引咎，至託以倦勤避位，而宰執敍遷，安受不辭，此何理也？城下之盟，辱亦甚矣。主辱臣死，大臣宜任其責，而皆爲竄亡自全之計，陛下孤立，非有刑章，不忠何戒？童貫爲三路總帥，喪師而歸，覺之不問，故梁方平、何灌效尤相繼，大河不守，敵人奄至城下，而朝廷不知。帥臣失職，無甚于此！閹人提兵二十餘年，覆軍殺將，馴至今日。比聞防城仍用閹人，覆車之轍，不可復蹈。疏上，除右諫議大夫兼侍講。敵兵初退，議割三鎮以講和，先生極言其不可。李忠定綱罷，太學生伏闕上書，留。忠定與种忠憲師道，軍民集者數萬，朝廷憂其致亂。先生召對，言：諸生伏闕紛紛，忠于國家，非有他意，但擇其老成有行誼者爲之長貳，則將自定。欽宗曰：無逾于卿！遂以先生兼國子祭酒。上言：蔡京以繼述神宗爲名，實挾王安石以圖身利，故推崇安石，加以王爵，配享孔子廟廷。然致今日之禍者，實安石有以啓之也。謹按安石昔爲邪説以塗學者耳目，敗壞其心術者，不可縷數，姑即一二事明之。昔神宗皇帝稱美漢文罷露臺之費，安石乃言：陛下若能以堯、舜之道治天下，雖竭天下以自奉，不爲過也。夫堯、舜茅茨土階，其稱禹曰克儉于家，則竭天下以自奉者，必非堯、舜之道。後王黼以三公領應奉司，號爲享上，實安石自奉之説有以倡之也。其釋《鳧鷖》之末章，則曰：以道守成者，役使羣衆，泰而不爲驕；宰制萬物，費則不爲侈。《詩》之所言，止謂能持盈則神祇祖考安樂之，無後艱耳，而安石獨爲異説。後蔡京輩争以奢僭相高，輕費妄用，以導人主，實安石此説有以倡之也。伏望追奪王爵，明詔中外，斥配享之像，使邪説淫辭不爲學者之惑。于是降安石于從祀，毁《三經》板。然王氏之學，士子習之以取科第者，業數十年，不復知其非，忽聞以爲邪説，相與聚鬨，先生亦謹避之。耿南仲言：或者以王氏學不可用，陛下觀祖宗時，道德之學，人才、兵力、財用，能如熙、豐時乎？安可輕信一人之言以變之？批答：前日指揮，更不施行。孫覿言先生曩與蔡京諸子遊，今衆議攻京，而時曰慎毋攻居安。居安者，京長子攸之字也。先生遂罷，以徽猷閣直學士提舉西京崇福宫。高宗卽位，除工部侍郎。陛對，言：自古聖賢之君，未有不以典學爲務者，以君德在是故也。除兼侍講。連章丐外，以龍圖閣直學士提舉杭州洞霄宫，尋致仕。紹興五年四月二十四日卒，年八十三。給事中朱震上言，先生嘗辯誣謗以明宣仁聖烈之功，雪冤抑以復昭慈聖獻之位，排邪説以正天下學術之謬，爲之請卹，詔謚文靖。學者稱龜山先生。所著有《三經義辯》等書。

百家謹案：二程得益于不傳之祕于遺經，以倡天下。而升堂覩奥，號稱高第者，游、楊、尹、謝、吕其最也。顧諸子各有所傳，而獨龜山之後，三傳而有朱子，使此道大光，衣被天下，則大程道南目送之語，不可謂非前識也。

（清）李清植《歷代名儒傳》卷五　楊時字中立，先弘農人，五世祖避地入閩，始家將樂。時資稟異甚，八歲能文。丁母艱，哀毁如成人。事繼母尤謹。熙寧九年，第進士，調汀州司户參軍，不赴，以師禮見程明道於潁昌。明道稱之，其歸也，目送之曰：吾道南矣。明道卒，時設位哭寢門。年四十，事伊川，一日伊川瞑坐，時與游酢侍立不去，伊川覺，則門外雪深一尺矣。歸杜門種學，渟滀涵浸。嘗曰：六經之義，驗之於心而然，施之行事而順，然後爲得。若工無用之文，徼幸科第，果何益哉？初明道爲人，温然純粹，無疾言遽色，時遽似之。故及二程之門者，明道最愛時，伊川最愛酢，其氣象實相類云。調徐州司法，丁繼母憂，闋，改虔州，讞疑立斷，議事守正不阿。丁外艱，闋，遷瀛州防禦推官知瀏陽縣，厚見賓禮於安撫張舜民。漕使胡師文惡之，誣以他事，坐衝替。舜民入長諫垣，薦之。除荆南教授，知餘杭縣，轉南京宗子博士，出知蕭山縣，所至有惠政，既去而民思之。不求聞達，而德望日重，四方之士不遠千里從之游。號曰龜山先生。久之，提點均州明道觀，成都國寧觀，例罷，差監常州市易務，而時年已幾七十矣。是時蔡京當國，天下多故，京知事必敗，稍欲引用老成。會路允廸使高麗還，言國主問龜山先生安在。乃召爲祕書郎，到闕，遷著作郎。入對，首言自熙豐元祐，分爲二黨，搢紳之禍，至今未艾。願詔有司條具祖宗之法，有宜於今者舉而行之，當損益者損益之。元祐熙豐，姑置勿問。又乞警戒無虞，爲宣和會計録，以周知天下財物出入之數。徽宗首肯之，除邇英殿説書。於是方圖燕雲，虛内事外。時乃陳時弊十餘事，且言燕雲之師，宜退守内地，以省轉輸，募邊民爲弓弩手，以殺常勝軍之勢。慮都城四達，無高山巨浸爲阻。衛士人懷異心，緩急不可倚仗，執政不能用，其爲國遠慮類此。及金人入寇，時益謇謇輸忠，上言今日事勢，如積薪已然。當奮勵以竦觀聽，若示以怯懦，則事去矣。請罷免夫之役，及京城聚歛，東南花石之害，以收人心。已而欽宗受禪，金人日迫，勤王之師四集，大臣方以推恩晉秩，争議行幸，莫念軍計。時請立帥以統援師，引唐九節度之敗以爲鑒。又言上皇禪位，而宰執敘遷，此何理也？主辱臣死，而争爲竄亡之計，陛下何賴焉？童貫爲三路總帥，棄軍不問，故梁方平何灌皆相繼遁，宜以軍法從事。貫以閹悞國，今防城猶用閹人，覆車之轍，不可復蹈。欽宗大悦，擢右諫議大夫，至金人脅和，邀割三鎮以去。時復言河朔爲國家重地，三鎮爲河朔要藩，一旦棄之，是敵以二十州之地，貫吾腹中，非經遠之謀。且使勤王之師，無功而去，厚賜之則無名，不與則生怨。聞三鎮之民，以死拒守，若遣兵躡之，使腹背受敵，宜有功。乞召种師道問方畧，疏上，欽宗下詔出師。時又疏曰：金人尚駐磁相，破大名，又挾肅王以往，誓墨未乾，背不旋踵。吾欲專守和議，豈可得乎？夫越數千里犯人國都，危道也。彼見援兵四集，亦懼而歸，初非愛我，而割與三鎮，是助寇自攻也。臣謂宜以肅王爲問，責其敗盟。李綱之罷，太學生伏闕上書，軍民集者數萬。欽宗患之，召問時，時言諸生忠於朝廷爾，非有他意，但擇老成有行誼者爲之長，卽定矣。欽宗曰：無以逾卿。卽命兼祭酒，於是雪王珪被誣之冤，以直宣仁皇后之謗，推蔡京蠹國之禍，以摘王安石學術之非。有旨改修宣仁謗史，而黜安石從祀。初，時浮沈於州縣者，四十七年。及老居諫垣，僅九十日，其所論列，皆切於世道如此。諫官馮澥素宗王氏學，乃劾時，罷祭酒。時求去，除給事中，請益力，遂以徽猷閣直學士提舉嵩山崇福宫。又辭職名，改待制。高宗卽位，除工部侍郎兼侍講，召赴行在，至則勸上典學納諫，及修建炎會計録，加恤勤王之兵，連章丐外。以龍圖閣直學士提舉洞霄宫，未幾告老。紹興五年卒，年八十三，謚文靖。時仁厚寬大，能容物，蔬糲脆甘，皆可於口，未嘗有所嗜。狐貉緼袍，皆適於體，未嘗有所擇。閒居和樂可親，臨事不動聲氣。在東郡時，先達陳瓘鄒浩皆以師禮事之。凡紹興初崇尚元祐學術，而朱子張栻之學，得程氏之正，其源皆出於時。子迪，力學通經，亦嘗事伊川云。

論曰：名賢之澤，豈不遠哉？閩僻在嶠外，道術之興，自龜山始。當南宋時，河洛關隴之間，學者寥寥。而閩士相踵起，推其流泒之所自洪，固知朱子之爲功大，然後海先河，則龜山之澤也。方今朱子傳註，立於學宫，家習户誦，凡天下人心之所以正，風俗之所以醇，悉由於是。以是知明道道南之指，其於斯文運數，昭昭乎其先見之矣。

劉安世

（清）李清植《歷代名儒傳》卷七　劉安世，字器之，大名人，與司馬光同年登第。【略】及王安石求去，外議謂文彦博且代安石，安世以告。彦博曰：安石壞天下，後人何所可爲？安世拱手曰：不然，新政不順人欲，公去所害，興所利，特反掌間耳。彦博深爲歎奬。後調洺州司法參軍。當是時，安石及吕惠卿等柄政，司馬光退閒居洛，安世時節通問。比哲宗立，光入相，安世反絶無書，於是光薦爲祕書省正字。光没，吕公著薦之，擢右正言。時大臣子弟，多受内外要職，安世以爲非祖制，論之，雖耆德魁舊，自彦博等以下，皆不少假借。初，章惇與蔡確黄履邢恕等相交結，又自謂有定策功，創造語言，恐脅貴近。安世論確，確貶新州，已復并論惇等三人，至曰：聖上嗣位，實太皇太后爲宗廟社稷無窮之計，彼四人者，乃敢貪天之功，望明正四凶之罪，布告天下。由是三人亦皆得罪。【略】安世遂出知成德軍，自是熙豐舊人，悉皆收召，而章惇相矣。安世儀狀魁碩，音吐如鐘。初除諫官，未拜命。入白母曰：朝廷不以安世不肖，使在言路，既居其官，須明目張膽，以身任責，脱有觸忤，禍譴立至。主上以孝治天下，若以母辭，當可免。母曰：不然。吾聞諫官爲天子諍臣，汝幸居此，當捐身以報國恩，正得罪流放，無問近遠，吾從汝所之。於是安世拜命，在職累歲，正色立朝，面折廷争。或帝盛怒，則執簡却立，伺怒稍解，復前抗辭，且前且却，或至四五。殿庭觀者，皆蓄縮悚汗，目爲殿上虎。其論章惇，章至十九上。故惇用事，尤忌惡安世，必欲寘之死。初黜知南安軍，再貶少府少監，三貶新州别駕，安置英州。安世奉母以行，意不少屈，及同文館獄起，復徙梅州。安世方執喪，不待服闋，赴貶所。有選人以厚貲謁惇，惇不見，乃請爲殺安世，惇卽見之。不數日，除爲梅州轉運判官。其人飛馭徑驅，將至梅，郡守知之，遣客勸安世自爲計。安世對客飲酒談笑自若，徐書數紙付僕曰：我卽死，依此行之。顧謂客曰：死不難矣。客密從僕索視之，則皆經紀同貶當死者之家事也，夜半家人伺之，安世方酣寢，鼻息如雷。黎明問之，則判官是夕已嘔血斃矣。客唁安世，安世亦無喜色，其處死不亂如此。昭懷后正位中宫，惇及蔡卞復發前諫乳母事，詔以檻車收安世，使行數驛而徽宗卽位，乃免。安世投荒七年。甲令所載，八州最爲遠惡，安世歷遍其七，人謂安世必死，而安世未嘗一日病，乃稍移内地尋以集賢殿修撰知鄆州真定府。蔡京既相復連七謫，至峽州羈管，稍復承議郎，卜居宋都。宣和六年，復待制，明年夏六月丙午，大風飛瓦，驟雨如注，安世所居正寢，雷電晝晦，及雨止辨色，安世已終矣。時年七十八。安世家居未嘗有惰容，久坐身不傾倚，作字不草書。既老，羣賢凋盡，而巋然獨存，名望益重。嘗言王安石儉素好學，不以官職爲意，亦非常人。但所學乖僻，用之必亂天下。若攻者以此爲言，人主必信，而諸人多溢惡，至指爲桑弘羊李林甫盧杞王莽之倫。故人主不信。此進言者之大戒。又曰：安石有三不足之説，嘗言於上曰：天變不足畏，祖宗不足法，人言不足恤，此三言者，不獨以禍趙氏，乃爲萬世禍也。或問以調停時事者，安世曰：君子小人，勢不兩立。倖門一開，則排去正人，易如反掌耳。昔温公非不知其後必有反覆之事，然救生民之患，如解懸拯溺，何暇更顧異日一身之害哉？在宋時，梁師成方得幸，欲鉤致安世，使人致書以意諷之。安世謝曰：使吾爲子孫計，不至是矣。且吾欲爲元祐完人，見司馬公於地下，遂還其書不荅。平生喜讀《孟子》，故剛大之氣似之。蘇軾論元祐人才，輒曰器之真鐵漢。

論曰：《大學》之教，誠意爲要。然子思推極天德，亦止歸於至誠，故知誠者成始成終之道也。自夫子以一言教，賜説者遂以反身而誠，與強恕爲異科，不知非忠無以行恕。而忠者非他，即誠是也。安世誠以行己故能忠以事君，至於遭讒遠竄，九死不移，跡其氣烈，誠國家緩急足恃，古所稱不二心之臣也。其母勉決數語，大義凜然，雖烈丈夫，殆將愳焉，可不謂賢母者乎？

胡安國

《宋史》卷四三五《儒林傳五·胡安國》 胡安國字康侯，建寧崇安人。入太學，以程頤之友朱長文及潁川靳裁之爲師。裁之與論經史大義，深奇重之。三試于禮部，中紹聖四年進士第。初，廷試考官定其策第一，宰職以無詆元祐語，遂以何昌言冠，方天若次之，又欲以宰相章惇子次天若。時發策大要崇復熙寧、元豐之制，安國推明《大學》，以漸復三代爲對。哲宗命再讀之，注聽稱善者數四，親擢爲第三。爲太學博士，足不躡權門。

提舉湖南學事，有詔舉遺逸，安國以永州布衣王繪、鄧璋應詔。二人老不行，安國請命之官，以勸爲學者。零陵簿稱二人黨人范純仁客，而流人鄒浩所請託也。蔡京素惡安國與己異，得簿言大喜，命湖南提刑置獄推治；又移湖北再鞫，卒無驗，安國竟除名。未幾，簿以他罪抵法，臺臣直前事，復安國元官。

（清）黄宗羲《宋元學案》卷三四《武夷學案·文定胡武夷先生安國》

胡安國，字康侯，建之崇安人，紹聖四年進士第三人，除荊南教授，入爲太學博士。提舉湖南學事，以所舉遺逸王繪、鄧璋爲范純仁之客，蔡京惡之，除名。大觀四年復官。宣和初，提舉江東路學事，尋致仕。末年，侍臣交薦，起除尚書員外郎，至起居郎。召對，除中書舍人。爲耿南仲所忌，出知通州。高宗召爲給事中，論故相朱勝非，遂落職奉祠，休于衡嶽之下。著《春秋傳》進覽，除寶文閣直學士。紹興八年四月十三日卒，年六十五，諡文定。先生自少時已有出塵之趣，登科後同年宴集，飲酒過量，是後終身不復醉。嘗好弈棊，母吴氏責之曰：得一第，德業竟止是弈邪？後不復弈。爲學官，京師同僚勸之買妾，事既集，慨然嘆曰：吾親待養千里之外，曾以是爲急乎！遽寢其議。行部過衡嶽，欲一登覽，已戒行矣，俄而思曰：非職事所在也。即止。罷官荊南，僚舊餞行于渚宫，呼樂戲以待，而交代楊龜山，具朝膳，鮭菜蕭然，引觴徐酌，置《語》、《孟》案間，清坐講論，不覺日晷之暮也。壬子赴闕，過上饒，有從臣家居者設宴，用音樂，先生蹙然曰：二帝蒙塵，豈吾徒爲樂之日？敢辭！轉徙流寓，遂至空乏，然貧之一字，口所不道，亦手所不書。嘗戒子弟曰：對人言貧者，其意將何求？朱震被召，問出處之宜，先生曰：世間惟講學論政，則當切切詢究。至于行己大致，去就語默之幾，如人飲食，其饑飽寒温，必自斟酌，不可決之于人，亦非人所能決也。某出處，自崇寧以來，皆内斷于心。雖定夫、顯道諸丈人行，皆不以此謀之也。壯年嘗觀釋氏書，後遂屏絶，嘗答曾幾書曰：窮理盡性，乃聖門事業。物物而察，知之始也，一以貫之，知之至也。來書以五典四端每事擴充，亦未免物物致察，非一以貫之之要，是欲不舉足而登泰山也。四端固有，非外鑠；五典天敍，不可違。充四端，惇五典，則性成而倫盡矣。釋氏雖有了心之説，然其未了者，爲其不先窮理，反以爲障，而于用處不復究竟也。故其説流遁，莫可致詰，接事應物，顛倒差謬，不堪點檢。聖門之學，則以致知爲始，窮理爲要。知至理得，不迷本心，如日方中，萬象皆見，則不疑所行而内外合也。故自修身至于家、國、天下，無所處而不當矣。來書又謂：充良知良能而至于盡，與宗門要妙，兩不相妨，何必舍彼而取此。夫良知良能，愛親敬長之本心也。儒者則擴而充之，達于天下，釋氏則以爲前塵，爲妄想，批根拔本而殄滅之，正相反也。而以爲不相妨，何哉？著有《春秋傳》、《資治通鑑舉要補遺》及《文集》若干卷。三子：寅、梓材案：文定之于致堂，以弟子爲子，事見《衡麓學案》本傳。黄氏補本必以致堂爲從子，贅。宏、寧。從子憲。

宗羲案：先生爲荊門教授，龜山代之，因此識龜山。因龜山方識游、謝，不及識伊川。自荊門入爲國子博士，出來便爲湖北提舉，是時上蔡宰本路一邑，先生卻從龜山求書見上蔡。上蔡既受書，先生入境，邑人皆訝知縣不接監司，先生先修後進禮見之。先生之學，後來得于上蔡者爲多，蓋先生氣魄甚大，不容易收拾。朱子云：上蔡英發，故胡文定喜之。想見與游、楊説話時悶也。

楊萬里

《宋史》卷四三三《儒林傳三・楊萬里》 楊萬里字廷秀，吉州吉水人。中紹興二十四年進士第，爲贛州司戶，調永州零陵丞。時張浚謫永，杜門謝客，萬里三往不得見，以書力請始見之。浚勉以正心誠意之學，萬里服其教終身，乃名讀書之室曰誠齋。

浚入相，薦之朝。除臨安府教授，未赴，丁父憂。改知隆興府奉新縣，戢追胥不入鄉，民逋賦者揭其名市中，民讙趨之，賦不擾而足，縣以大治。會陳俊卿、虞允文爲相，交薦之，召爲國子博士。侍講張栻以論張説出守袁，萬里抗疏留栻，又遺允文書，以和同之説規之，栻雖不果留，而公論偉之。遷太常博士，尋升丞兼吏部侍右郎官，轉將作少監，出知漳州，改常州，尋提舉廣東常平茶鹽。盜沈師犯南粵，帥師往平之。孝宗稱之曰仁者之勇，遂有大用意，就除提點刑獄。請於潮、惠二州築外砦，潮以鎮賊之巢，惠以扼賊之路。俄以憂去。免喪，召爲尚左郎官。

（清）黄宗羲《宋元學案》卷四四《趙張諸儒學案・文節楊誠齋先生萬里》 楊萬里，字廷秀，吉水人。中紹興進士第，調永州零陵丞。時張魏公謫永，杜門謝客，先生三往不得見，以書力請始見之。魏公勉以正心誠意之學，先生服其教終身，迺名讀書之室曰誠齋。魏公入相，薦之朝，除臨安府教授。未赴，丁父憂。改知隆興府奉新縣，縣以大治。以薦召爲國子博士。南軒以論張説出守袁，先生抗言，公論偉之。遷太常博士，轉將作少監，出知漳州，改常州，尋提舉廣東常平茶鹽。盜沈師犯南粵，帥師平之，孝宗稱之曰仁者之勇，遂有大用意，除提點刑獄。請于潮、惠二州築外砦。俄以憂去。召爲尚左郎。淳熙十二年五月，以地震應詔上書，累累數千言，請以選將備敵爲事，又言：天下事有本根，聖學高明，願益思其所以爲本根者。東宮講官闕，帝親擢先生爲侍讀，宮僚以得端人賀。他日，讀《陸宣公奏議》等書，皆隨事規警，太子深敬之。王淮爲相，一日問曰：宰相先務者何事？曰：人才。又問孰爲才，即疏朱子以下六十人以獻，淮次第擢用之。歷樞密院檢詳官，右司郎中，遷左司郎中。十四年，夏旱，先生疏四事以獻，言皆懇切。遷祕書少監。會高宗崩，孝宗欲行三年喪，創議事堂，命皇太子參決庶務，先生上疏力諫。高宗未葬，學士洪邁不俟集議，配饗獨以呂頤浩等姓名上，先生上疏劾之，孝宗不悦，出知筠州。光宗立，召爲祕書監。入對，言天下無形之禍，起于朋黨，積于近習。會《孝宗日曆》成，參政王藺以故事俾先生序之，而宰臣屬之禮部郎傅伯壽，先生以失職丐去，帝宣諭勉留。會進《孝宗聖政》，先生當奉進，孝宗猶不悦，出爲江東轉運副使。朝議欲行鐵錢于江南，先生疏其不便，忤宰相意，改知贛州，不赴。除祕閣修撰，提舉萬壽宮，自是不復出矣。寧宗立，召赴行在，辭。升煥章閣待制。引年乞休致，進寶文閣待制，致仕。開禧初召，復辭。升寶謨閣學士。卒，年八十三，贈光祿大夫，謚曰文節。先生爲人剛而褊，孝宗始愛其才，以問周文忠必大，文忠無善語，由此不見用。韓侂冑用事，欲網羅四方知名士相羽翼。嘗築南園，屬先生爲記，許以掖垣。先生曰：官可棄，記不可作也。侂冑恚，改命他人。卧家十五年，皆其柄國之日也。侂冑專僭日益甚，先生憂憤成疾。家人知其憂國也，凡邸報皆不以告。忽族子自外至，遽言侂冑用兵事，先生慟哭失聲，亟呼紙，書曰：韓侂冑專權無上，動兵殘民，謀危社稷。吾頭顱如許，報國無路，惟有孤憤！又書十四言別妻子，筆落而逝。先生精于詩，嘗著《易傳》行于世。雲濠案：《四庫書目》，《誠齋易傳》二十卷，《誠齋集》一百三十三卷。光宗嘗爲書誠齋二字，學者稱誠齋先生。子長孺。

吕祖謙

《宋史》卷四三四《儒林傳四・吕祖謙》　吕祖謙字伯恭，尚書右丞好問之孫也。自其祖始居婺州。祖謙之學本之家庭，有中原文獻之傳。長從林之奇、汪應辰、胡憲游，既又友張栻、朱熹，講索益精。

初，蔭補入官，後舉進士，復中博學宏詞科，調南外宗教。丁內艱，居明招山，四方之士争趨之。除太學博士，時中都官待次者例補外，添差教授嚴州，尋復召爲博士兼國史院編修官、實録院檢討官。輪對，勉孝宗留意聖學。且言：恢復大事也，規模當定，方略當審。陛下方廣攬豪傑，共集事功，臣願精加考察，使之確指經畫之實，孰爲先後，使嘗試僥倖之説不敢陳於前，然後與一二大臣定成算而次第行之，則大義可伸，大業可復矣。

（清）黄宗羲《宋元學案》卷五一《東萊學案・成公吕東萊先生祖謙》

吕祖謙，字伯恭，其先河東人，後徙壽春。六世祖中國文靖公自壽春徙開封，曾祖東萊郡侯好問始居婺州。先生少時性極褊，後因病中讀《論語》，至躬自厚而薄責于人有省，遂終身無暴怒。長從林拙齋、汪玉山、胡籍溪三先生遊，與朱晦庵、張南軒二先生友，講索益精。以祖致仕恩補將仕郎，登隆興元年進士第，又中博學宏詞科，歷太學博士，兼史職。輪對，勉孝宗以聖學，且言恢復規模當定，方畧當審。召試館職。先是，試者前期從學士院求問目，獨先生不然，而文特典美。嘗讀陸象山文，喜之，而未識其人。考試禮部，得一卷，曰：此必江西小陸之文也。揭示，果象山，人服其精鑑。父喪除，奉祠。越三年，除祕書郎、國史院編修官、實録院檢討官。重修《徽宗實録》，書成，進秩。先生嘗面對，言曰：願陛下虚心以求天下之士，執要以總萬事之機。勿以圖任或誤而謂人多可疑，勿以聰明獨高而謂智足偏察。勿詳于小而忘遠大之計，勿忽于近而忘壅蔽之萌。又言：國朝治體，有遠過前代者，有視前代爲未備者。夫以寬大忠厚建立規模，以禮遜節義成就風俗，此所謂遠過前代者也。故于俶擾艱危之後，駐蹕東南踰五十載，無纖毫之慮，則根本之深可知矣。然文治可觀而武績未振，名勝相望而幹畧未優，故雖昌熾盛大之時，此病已見。是以元昊之難，范、韓皆極一時之選，而莫能平殄，則事功之不競，從可知矣。臣謂今日治體，視前代未備者，固當激厲而振起，遠過前代者，尤當愛護而扶持。遷著作郎。以疾請祠，歸。旋除直閣，主管武夷沖佑觀。病間，除著作郎，不就；添差浙東帥議，亦不就，主管明道宫。淳熙八年七月卒，年四十五，謚曰成。先生文學術業，本于天資，習于家庭，稽諸中原文獻之所傳，博諸四方師友之所講，融洽無所偏滯。晚雖卧疾，其任重道遠之意不衰，達于家政，纖悉委曲，皆可爲後世法。先是，書肆有書曰《皇朝文海》，周益公必大言去取差謬，委館職銓擇，孝宗以命先生。遂斷自中興以前，崇雅黜浮，類爲百五十卷，上之，賜名《皇朝文鑑》。又修《讀詩記》、《大事記》，皆未成書。《攷定古周易》、《書説》、《閫範》、《官箴》、《辨志録》、《歐陽公本末》，皆行于世。

（清）李清植《歷代名儒傳》卷六　吕祖謙，字伯恭，右丞好問之孫也。先爲河東人，自好問始居婺。祖謙之學，本諸家庭，有中原文獻之傳。長從林之奇胡憲遊，既又友朱子及張栻，以故學益精。初廕將仕郎。隆興元年，成進士，復中博學宏詞科，調南外宗教。丁母艱，居明招山，四方之士争就之。闋除太學博士，待次，例補嚴州教授，復召爲博士，兼國史院編修官，實録院檢討官。輪對，首勉孝宗留意聖學，且言恢復大事，乞廣攬英豪，使確陳經畫先後之實，然後與大臣定成算，而次第行之。召試館職。祖謙常喜陸九淵之爲文，而未識其人。至是考試禮部，得一卷，曰：此必江西小陸也。揭示果然，人服其精鑒。丁父艱，闋，主管台州崇道觀，召爲祕書郎，重修《徽宗實録》。書成，進對，言曰：治道體統，內外上下不相侵奪而後安。今陛下兼行大臣之事，大臣亦行有司之事，外至監司守令職任，率爲其上所侵，而不能令其下。故豪猾玩官府，郡縣忽省部，椽屬凌長吏，賤臣輕柄臣。願陛下虚心以求天下之士，執要以總萬事之機，勿以圖任或誤，而謂人多可疑；勿以聰明獨高，而謂智足偏察；勿詳於小而忘遠大之計；勿忽於近而忘壅蔽之萌。又言國家以寬大忠厚立規模，以禮遜節義成風俗，此根本之深也。然文治可觀而武績未振，名勝相望而幹畧未優，是以事功不競。今日治體，固當激厲其事功，尤當愛護其根本。遷著作佐郎，尋兼禮部，以末疾丐祠，除直祕閣主管沖祐觀以歸。祖謙孝友絶人，恬淡寡欲，盡言以納忠而羞爲訐，秉義以飭躬而恥爲介。既歸，乃建麗澤書院，以會友講學。病中猶爲日記，於氣候暄涼，草木榮瘁，無不謹書。其察物内省，不以一日懈如此。病既間，除著作郎兼國史院編修官，不就，添差淛東帥議，亦不就。淳熙八年七月卒，年四十五，謚曰成。祖謙之學，以關洛爲宗，而旁稽載籍，不見涯涘。嘗言道理無窮，學者先不得有自足意。又曰：靜多於動，踐履多於發用，涵養多於講説，讀經多於讀史，工夫至此，然後可久可大。其論史，以爲論一時事，紀傳不如編年，論一人終始，則編年不如紀傳，二者皆不可廢。至觀史之法，於事之利害，時之禍患，必掩卷思所以處之，乃爲有益。少卞急，後讀《論語》至躬自厚而薄責於人，猛然有省。一時意氣皆平，自是終身無暴怒。朱子每稱學如伯恭，方爲變化氣質，所講畫，將以開物成務，居家之政，皆可爲後世法。嘗就訪朱子，及歸，朱子送之於道。祖謙欲編《近思録》，因與朱子同止寒泉精舍，分類抉微，一月而成。又嘗修《讀詩記》、《大事記》，未及成。《考定古周易》、《書説》、《閫範》、《官箴》、《辨志録》、《歐陽公本末》，皆行於世。學者稱東萊先生。其弟祖儉，字子約。趙汝愚得罪，祖儉輒上書陳寃，坐竄韶州。在謫所，讀書窮理，賣藥自給，芒屩徒步，爲踰嶺計。每言人因世變摧折，失其素履者，固不足言，若意氣反有所加，亦私心也。其後量移高安卒。從弟祖泰，性疏達，尚氣誼，論世事無忌諱。祖儉既貶，祖泰嘗欲以言報國，懼累祖儉。及祖儉卒，祖泰乃擊登聞鼓，上書請誅韓侂胄，坐杖一百配欽州，祖泰了無懼色。至府庭，尹誘之曰：誰教汝共爲章者，言之且貰汝。祖泰笑曰：何問之愚也，吾固自期必死，而可受教於人耶？尹曰：汝病風喪心耶！祖泰曰：以我觀之，今之附韓氏得美官者，乃病風喪心耳。尹宗室，據案作色，杖加毒。祖泰呼曰：公天族，同國休戚。祖泰爲誰家計安危，而受此毒也。尹慙，趣杖訖使去。侂胄怒未已，使人迹祖泰所在，祖泰乃匿襄鄧間，及侂胄誅，詔雪其寃，補上州文學，至都卒。

論曰：學欲博，不欲雜。又曰：博學而詳説之，將以反説約也。祖謙之學，不可謂雜，而終不得與朱子竝稱大醇者，不以反約之意求之，則博即爲病。是故陸九淵之學非禪也，而徑約之弊多。祖謙之學非伯也，而騖博之心勝，惟求約於博，反博歸約，斯孔顔敎學之宗也。

陸九齡

《宋史》卷四三四《儒林傳四・陸九齡》 陸九齡字子壽。八世祖希聲，相唐昭宗，孫德遷，五代末避亂居撫州之金溪。父賀，以學行爲里人所宗，嘗采司馬氏冠昏喪祭儀行於家，生六子，九齡其第五子也。幼穎悟端重，十歲喪母，哀毁如成人。稍長，補郡學弟子員。

（清）黄宗羲《宋元學案》卷五七《梭山復齋學案・文達陸復齋先生九齡》 陸九齡，字子壽，金溪人，學者稱爲復齋先生，梭山、象山其兄弟也。十歲喪母，哀毁若成人。秦氏當國，場屋無道程氏學者。先生從故編得其説，獨委心焉。久之，新博士至，聞其雅以放逸自許，慨然嘆曰：此非吾所願學也，賦詩徑歸。時先生年尚未冠。吏部郎襄陵許忻，直道清節，屏居臨川，閉門少所賓接，一見先生，折輩行與語，凡治體之升降，舊章之損益，前輩聞人之律度軌轍，皆亹亹言之。已而許公起守郡陽，招先生往，所以屬先生者甚厚。既歸，益肆力于學，廣覽博咨，深觀默養，兄弟自爲師友，和而不同。休暇則與子弟適場圃習射，曰：是固男子之事也。自是里中士始不敢鄙弓矢爲武夫末藝。盧陵有寇警，旁郡皆入保，請先生主之，門人多不悦。先生曰：古者比閭之長，即五兩之卒，士而恥此，則豪俠武斷者專之。今文移動，以軍興從事郡縣，欲事之集，必假手主者。彼乘是，取必于里閈，亦何所不至。凡先生之所以講明屯禦者，皆可爲後法。而里中盜賊羣相戒曰：是家射命中，無取死。初，先生之父采温公冠昏喪祭儀行之家，先生又繹先志而修明之，晨昏伏臘，奉盥請衽，觴豆饎爨，闔門千指，男女以班，各共其職，友弟之風，被于鄉社，而聞于天下。束書人太學，太學知名之士，聞聲爭願交，屏所挾，北面稱弟子者甚衆。司業汪文定公舉爲學録，登乾道五年進士，釋褐桂陽軍學教授。以母老改調興國軍教授，地瀕大江，民寒嗇，罕志學，先生不以職閑自逸，端榘矱，肅衣冠，如臨大衆，勸綏引翼，士興于學。學廩名存實亡，簿書漫漶不可攷，先生爲覈實催理受輸之法白郡，授有司行之，士得其養。甫九月，以繼母服去。服除，調全州教授。未上，疾卒。先生和順不違物，而非意自不能干。簡直不徇人，而與居久益有味。有請益者，從容啟告，莫不渙然。間有扞格不入者，則引而不發。嘗曰：人之惑，有難以口舌争者。言之激，適固其意，少需未必不自悟也。屬纊之日，晨興坐牀上，與兄弟語，猶以天下學術人才爲念。少焉，正襟端卧而逝。東萊志其墓，謂先生勇于求道之時，憤悱直前，蓋有不由階序者。然其所志者大，所據者實，公聽並觀，卻立四顧，弗造于至平至粹之地弗措也。寶慶二年，特贈朝奉郎直祕閣，謚文達。先生之高弟曰沈煥。

陸九韶

《宋史》卷四三四《儒林傳四・陸九齡》〔陸〕九韶字子美。其學淵粹，隱居山中，晝之言行，夜必書之。其家累世義居，一人最長者爲家長，一家之事聽命焉。歲遷子弟分任家事，凡田疇、租税、出内、庖爨、賓客之事，各有主者。九韶以訓戒之辭爲韻語，晨興，家長率衆子弟謁先祠畢，擊鼓誦其辭，使列聽之。子弟有過，家長會衆子弟責而訓之；不改，則撻之；終不改，度不可容，則言之官府，屏之遠方焉。九韶所著有《梭山文集》、《家制》、《州郡圖》。

（清）黄宗羲《宋元學案》卷五七《梭山復齋學案・隱君陸梭山先生九韶》 陸九韶，字子美，撫州金溪人。復齋、象山之兄也。雲濠案：《象山年譜》，兄弟六人，長九思，次九敘，次九皋，號庸齋，次即先生，而復齋、象山又次之。《宋史》以先生爲復齋弟，誤。學問淵粹，隱居不仕，與學者講學梭山，因號梭山居士。嘗謂晦翁《太極圖説》與《通書》不類，疑非周子所爲。不然，則或是其學未成時所作。不然，則或是傳他人之文，後人不辨也。蓋《通書・理性命章》言中焉止矣。二氣五行，化生萬物，五殊二實，二本則一，曰一曰中，即太極也，未嘗于其上加無極二字。《動靜章》言五行太極陰陽，亦無無極之文。假令《太極圖説》是其所傳，或其少時所作，則作《通書》時不言無極，蓋已知其説之非矣。晦翁不以爲然。先生以其求勝不求益，不復致辯。詔舉遺逸，諸司以先生應，不赴。臨終，自撰喪禮，戒不得銘墓。有文集曰《梭山日記》。

陸九淵

《宋史》卷四三四《儒林傳四・陸九淵》 陸九淵字子靜。生三四歲，問其父天地何所窮際，父笑而不答。遂深思，至忘寢食。及總角，舉止異凡兒，見者敬之。謂人曰：聞人誦伊川語，自覺若傷我者。又曰：伊川之言，奚爲與孔子、孟子之言不類？近見其間多有不是處。初讀《論語》，即疑有子之言支離。他日讀古書，至宇宙二字，解者曰四方上下曰宇，往古來今曰宙，忽大省曰：宇宙内事乃己分内事，己分内事乃宇宙内事。又嘗曰：東海有聖人出焉，此心同也，此理同也。至於西海、南海、北海有聖人出，亦莫不然。千百世之上有聖人出焉，此心同也，此理同也。至於千百世之下有聖人出，此心此理，亦無不同也。

後登乾道八年進士第。至行在，士争從之游。言論感發，聞而興起者甚衆。教人不用學規，有小過，言中其情，或至流汗。有懷於中而不能自曉者，爲之條析其故，悉如其心。亦有相去千里，聞其大概而得其爲人。嘗曰：念慮之不正者，頃刻而知之，即可以正。念慮之正者，頃刻而失之，即爲不正。有可以形迹觀者，有不可。以形迹觀人，則不足以知人。必以形迹繩人，則不足以救之。初調隆興靖安縣主簿。丁母憂。服闋，改建寧崇安縣。以少師史浩薦，召審察，不赴。侍從復薦，除國子正，教諸生無異在家時。除敕令所删定官。【略】

光宗即位，差知荊門軍。民有訴者，無早暮皆得造于庭，復令其自持狀以追，爲立期，皆如約而至，即爲酌情決之，而多所勸釋。其有涉人倫者，使自毁其狀，以厚風俗。唯不可訓者，始置之法。其境内官吏之貪廉，民俗之習尚善惡，皆素知之。有訴人殺其子者，九淵曰：不至是。及追究，其子果無恙。有訴竊取而不知其人，九淵出二人姓名，使捕至，訊之伏辜，盡得所竊物還訴者，且宥其罪使自新。因語吏以某所某人爲暴，翌日有訴遇奪掠者，即其人也，乃加追治，吏大驚，郡人以爲神。申嚴保伍之法，盜賊或發，擒之不逸一人，羣盜屏息。

荊門爲次邊而無城。九淵以爲：郡居江、漢之間，爲四集之地，南捍江陵，北援襄陽，東護隨、郢之脇，西當光化、夷陵之衝，荊門固則四鄰有所恃，否則有背脇腹心之虞。由唐之湖陽以趨山，則其涉漢之處已在荊門之脇；由鄧之鄧城以涉漢，則其趨山之處已在荊門之腹。自此之外，間道之可馳，漢津之可涉，坡陀不能以限馬，灘瀨不能以濡軌者，所在尚多。自我出奇制勝，徼敵兵之腹脇者，亦正在此。雖四山環合，易於備禦，而城池闕然，將誰與守？乃請於朝而城之，自是民無邊憂。罷關市吏譏察而減民稅，商賈畢集，稅入日增。舊用銅錢，以其近邊，以鐵錢易之，而銅有禁，復令貼納。九淵曰：既禁之矣，又使之輸邪？盡蠲之。故事，平時教軍伍射，郡民得與，中者均賞，薦其屬不限流品。嘗曰：古者無流品之分，而賢不肖之辨嚴；後世有流品之分，而賢不肖之辨略。每旱，禱卽雨，郡人異之。逾年，政行令修，民俗爲變，諸司交薦。丞相周必大嘗稱荊門之政，以爲躬行之效。

（清）黄宗羲《宋元學案》卷五八《象山學案·文安陸象山先生九淵》

陸九淵，字子靜，自號存齋，金溪人。梭山、復齋之弟也。三四歲時，問其父賀天地何所窮際，父奇之。聞人誦伊川語，自覺若傷我者，嘗曰：伊川之言，奚爲與孔子、孟子之言不類？讀《論語》，卽疑有子之言支離。他日讀古書，至宇宙二字，解者曰：四方上下曰宇，往古來今曰宙。忽大省曰：宇宙內事，乃己分內事。己分內事，乃宇宙內事。又嘗曰：東海有聖人出焉，此心同也，此理同也。西海有聖人出焉，此心同也，此理同也。南海、北海有聖人出焉，此心同也，此理同也。千百世之上有聖人出焉，此心同也，此理同也。千百世之下有聖人出焉，此心同也，此理同也。乾道八年，登進士第，爲吕東萊所識。始至行都，從遊者甚衆。先生能知其心術之微，言中其情，多至汗下。亦有相去千里，素無雅故，聞其概而盡得其爲人。語學者曰：念慮之不正者，頃刻而知之，卽可以正。念慮之正者，頃刻而失之，卽爲不正。有可以形迹觀者，有不可形迹觀者。必以形迹觀人，則不足以知人。必以形迹繩人，則不足以教人。又曰：今天下學者，惟有兩途：一途樸實，一途議論。足以明人心之邪正，破學者窟宅矣。一生飯次交足，飯既，先生謂之曰：汝適有過，知之乎？生曰：已省。其規矩之嚴又如此。淳熙元年，授靖安主簿。丁憂。服闋，調崇安。九年，以侍從薦，除國子正。遷敕命所删定官。輪對除將作監丞，給事王信疏駁，主管台州崇道觀。既歸，學者愈盛。每詣城邑，環坐二三百人，至不能容。結茅象山，學徒復大集。居山五年，來見者案籍踰數千人。紹熙二年，除知荊門軍。故事太守下車，必先揭約束，延賓受牒，皆有日期。吏以白，先生曰：安用是！賓至卽見，持牒卽入，無早暮。于是下情盡達，兩造有不持狀對辯求決者。郡已大治。荊門素無城壁，先生以爲四戰之地，遂議築之，二旬而畢。郡于上元設醮，爲民祈福，先生乃會吏民講《洪範》斂福錫民一章以代之，發明人心之善，所以自求多福者。聽者莫不曉然，至有泣下者。三年，卒官，年五十四。嘉定十年，賜謚文安。

（清）李清植《歷代名儒傳》卷六 陸九淵，字子靜，撫州金谿人。四歲時，問父賀：天地何所窮際？賀笑不荅。九淵窮思，至忘寢食。及丱角，聞人誦伊川語，輒怵然深省，曰：自覺若傷我者。與兄九齡，相踵成進士，互爲師友，追琢講貫，和而不同。九齡字子壽，當秦檜時，無道程氏學者，而九齡獨尊其説，與九淵同爲當時所尊，號江西二陸。二陸之學，務窮本原，不爲章句訓詁，惟孔孟是崇是信。久之，九齡調桂陽軍教授，以親老道遠，改興國。未上，會湖南茶寇剽盧陵，鄉衆欲奉九齡主義社以備寇。門人不悅，九齡曰：古者征伐，公卿卽爲將帥，文事武備一也。遂領其事，調度屯禦皆有法。及至興國，不以職閑自佚，益嚴規矩，肅衣冠，如臨大衆，綏勸引翼，士類興起。是時九淵亦調靖安主簿，以繼母憂，兄弟俱歸。既闋，九齡除全州教授，未上，得疾卒，年四十九，謚文達。而九淵除爲崇安主簿，以史浩薦，召審察，不赴，侍從復薦之，除國子正，轉敕令所删定官。九淵少聞靖康間事，慨然有感於復讐之義。至是乃訪求智勇之士，與議大畧，益知武事利病，形勢要害，人物短長。未幾，因輪對，陳五論，詞旨甚美。上皆稱善，除將作監丞，爲給事中王信所駁，主管台州崇道觀以歸。貴溪有山，形如象。九淵登而樂之，結茅其上，自號象山翁。四方學徒大進，每開講席，戶外屨滿，耆老扶杖觀聽。嘗謂學者曰：平時雖號爲士人，其實何曾篤志於聖賢事業。往往從俗浮沈，與時俯仰，徇情縱欲，汩没而不能自振，日月逾邁，而有泯然與草木俱腐之恥，於此能有媿懼，大決其志，乃求涵養磨礪之方。見善則遷，有過則改，無不有益者。又曰：汝耳自聰，目自明，事父自能孝，事兄自能弟，本無欠缺，不必他求，要在自立而已。或勸以著書，曰《六經》注我，我注《六經》。於是朱子方知南康軍，修復白鹿書院，聚學徒教育其中。九淵過之，朱子率僚友延登講席。九淵乃講喻義之旨，懇到敷暢，聽者莫不竦然動心。朱子爲之避席稱謝，以爲切中隱微深痼之病焉。其略曰：學者當辨其志，人之所喻，由其所習，所習由其所志。志乎義，則所習者必在於義，所習在義，斯喻於義矣。志乎利，則所習者必在於利，所習在利，斯喻於利矣。故志不可不辨也。科舉取士久矣，爲士者以此相尚，汩没而不能自拔，則其志之所鄉，有與聖賢背而馳者矣。推而上之，則又惟官資崇卑禄廪厚薄是計，豈能悉心力於國事民隱，以無負於任使之者哉？誠能深思是身不可使之爲小人之歸，其於利欲之習，怛焉爲之痛心疾首，專志乎義，而日勉焉。博學審問愼思明辨而篤行之，由是而進於場屋，必皆道其平日之學，而不詭於聖。由是而仕，必皆供其職，勤其事，心乎國，心乎民，而不爲身計，得不謂之君子乎？光宗立，差知荊門軍。荊門在江漢間，南捍江陵，北援襄陽，東護隨郢，西當光化、夷陵之衝，舊無城壁。九淵請於朝而城之，召集義勇，優給庸直，躬自勸督，役者樂趨，力竭工倍，二旬訖築。自是邊防益固。因罷關吏譏察而減其税，商賈畢集，税入日增。其爲政，凡訟訴，無蚤暮皆直造庭下，令自持狀以追被訴者，無不應期至。其有干涉人倫，輒使自毁狀，以厚風俗。於境内官吏貪廉，人民善惡，靡不周知。有訴盗竊而不知其主名者，九淵出二人名，捕訊之即伏，盡得所竊還訴者。因語吏某所某人爲暴，翌日有訴遇掠者，即其人也，乃加追治。吏大驚，以爲神。申嚴保伍法，盗發即禽，未嘗逸一人，羣盗屏息。每旱，出禱輒雨，郡人異之。期年政行令修，民俗爲變，諸司交薦。一日語所親曰：先教授兄，有志天下，竟不得施而歿，今吾亦將死矣。又語僚吏曰：某將告終。然猶出禱雪，翌日雪，乃沐浴更衣端坐。後二日，日中而卒，年五十四，謚文安。初，九淵與九齡嘗與朱子會於鵞湖，辨論所學。其後九齡深知舊見之非，幡然求益。惟九淵終始自信，持論不移，於太極無極之説，與朱子往復頻數，而卒不合。學者稱爲象山先生。

論曰：朱陸之異同，五百年來，儒者以爲口實。然考鵞湖之争，朱子年四十六，而陸子乃三十七耳，其未即爲終身定論也。豈特陸哉？鵞湖所講，其言不傳。然陳傅良以爲刻畫深而傷易簡，矜持過而涉吝驕，則意皆有未概於學徒之心者。故朱子和章，特交最於邃密深沈之旨，良有以也。逮後朱子年彌高學彌進，卓然爲百世之師，遂令儒術有所統壹。向使陸子克躋上壽，探賾研精，去鏬歸醇，又惡知不卒於合耶？以陸子高明之資，持守之篤，學者不知所以服膺而誦法之，而徒執其一時之抵牾，紛紛置喙於異同之間，是豈善自得師者乎。

葉 適

《宋史》卷四三四《儒林傳四·葉適》 葉適字正則，温州永嘉人。爲文藻思英發。擢淳熙五年進士第二人，授平江節度推官。丁母憂。改武昌軍節度判官。少保史浩薦于朝，召之不至，改浙西提刑司幹辦公事，士多從之游。參知政事龔茂良復薦之，召爲太學正。

遷博士，因輪對，奏曰：人臣之義，當爲陛下建明者，一大事而已。二陵之讎未報，故疆之半未復，而言者以爲當乘其機，當待其時。然機自我發，何彼之乘？時自我爲，何彼之待？非真難真不可也，正以我自爲難，自爲不可耳。於是力屈氣索，甘爲退伏者於此二十六年。積今之所謂難者陰沮之，所謂不可者默制之也。蓋其難有四，其不可有五。置不共戴天之讎而廣兼愛之義，自爲虚弱。此國是之難一也。國之所是既然，士大夫之論亦然。爲奇謀祕畫者止於乘機待時，忠義決策者止於親征遷都，深沉慮遠者止於固本自治。此議論之難二也。環視諸臣，迭進迭退，其知此事本而可以反覆論議者誰乎？抱此志意而可以策勵期望者誰乎？此人才之難三也。論者徒鑒五代之致亂，而不思靖康之得禍。今循守舊模，而欲驅一世之人以報君仇，則形勢乖阻，誠無展足之地。若順時增損，則其所更張動摇，關係至重。此法度之難四也。又有甚不可者，兵以多而至於弱，財以多而至於乏，不信官而信吏，不任人而任法，不用賢能而用資格。此五者舉天下以爲不可動，豈非今之實患歟！沿習牽制，非一時矣。講利害，明虚實，斷是非，決廢置，在陛下所爲耳。讀未竟，帝蹙額曰：朕比苦目疾，此志已泯，誰克任此，惟與卿言之耳。及再讀，帝慘然久之。

除太常博士兼實録院檢討官。嘗薦陳傅良等三十四人於丞相，後皆召用，時稱得人。會朱熹除兵部郎官，未就職，爲侍郎林栗所劾。適上疏爭曰：栗劾熹罪無一實者，特發其私意而遂忘其欺矣！至於其中謂之道學一語，利害所係不獨熹。蓋自昔小人殘害忠良，率有指名，或以爲好名，或以爲立異，或以爲植黨。近創爲道學之目，鄭丙倡之，陳賈和之，居要津者密相付授，見士大夫有稍慕潔修者，輒以道學之名歸之，以爲善爲玷闕，以好學爲己愆，相與指目，使不得進。於是賢士惴慄，中材解體，銷聲滅影，穢德垢行，以避此名。栗爲侍從，無以達陛下之德意志慮，而更襲用鄭丙、陳賈密相付授之説，以道學爲大罪，文致語言，逐去一熹，自此善良受禍，何所不有！伏望摧折暴横，以扶善類。疏入不報。

光宗嗣位，由秘書郎出知蘄州。入爲尚書左選郎官。是時，帝以疾不朝重華宫者七月，事無鉅細皆廢不行。適見上力言：父子親愛出於自然。浮疑私畏，似是而非，豈有事實？若因是而定省廢於上，號令愆於下，人情離阻，其能久乎！既而帝兩詣重華宫，都人懽悦。適復奏：自今宜於過宫之日，令宰執、侍從先詣起居。異時兩宫聖意有難言者，自可因此傳致，則責任有歸。不可復使近習小人增損語言，以生疑惑。不報。而事復浸異，中外洶洶。

及孝宗不豫，羣臣至號泣攀裾以請，帝竟不往。適責宰相留正曰：上有疾明甚。父子相見，當俟疾瘳。公不播告，使臣下輕議君父可乎？未幾，孝宗崩，光宗不能執喪。軍士籍籍有語，變且不測。適又告正曰：上疾而不執喪，將何辭以謝天下？今嘉王長，若預建參決，則疑謗釋矣。宰執用其言，同入奏立嘉王爲皇太子，帝許之。俄得御批，有歷事歲久，念欲退閑之語，正懼而去，人心愈摇。知樞密院趙汝愚憂危不知所出，適告知閤門事蔡必勝曰：國事至此，子爲近臣，庸坐視乎？蔡許諾，與宣贊舍人傅昌朝、知内侍省關禮、知閤門事韓侂胄三人定計。侂胄，太皇太后甥也。會慈福宫提點張宗尹過侂胄，侂胄覘其意以告必勝。適得之，即亟白汝愚。汝愚請必勝議事，遂遣侂胄因張宗尹、關禮以内禪議奏太皇太后，且請垂簾，許之，計遂定。翌日禫祭，太皇太后臨朝，嘉王即皇帝位，親行祭禮，百官班賀，中外晏然。凡表奏皆汝愚與適裁定，臨期取以授儀曹郎，人始知其預議焉。遷國子司業。

汝愚既相，賞功將及適，適曰：國危効忠，職也。適何功之有？而侂胄恃功，以遷秩不滿望怨汝愚。適以告汝愚曰：侂胄所望不過節鉞，宜與之。汝愚不從。適嘆曰：禍自此始矣！遂力求補外。除太府卿，總領淮東軍馬錢糧。及汝愚貶衡陽，而適亦爲御史胡紘所劾，降兩官罷，主管沖佑觀，差知衢州，辭。

起爲湖南轉運判官，遷知泉州。召入對，言於寧宗曰：陛下初嗣大寶，臣嘗申繹《卷阿》之義爲獻。天啓聖明，銷磨黨偏，人才庶幾復合。然治國以和爲體，處事以平爲極。臣欲人臣忘己體國，息心既往，圖報方來可也。帝嘉納之。初，韓侂胄用事，患人不附，一時小人在言路者，創爲僞學之名，舉海内知名士貶竄殆盡。其後侂胄亦悔，故適奏及之，且薦樓鑰、丘密、黄度三人，悉與郡。自是禁網漸解矣。

除權兵部侍郎，以父憂去。服除，召至。時有勸侂胄立蓋世功以固位者，侂胄然之，將啓兵端。適因奏曰：甘弱而幸安者衰，改弱而就彊者興。陛下申命大臣，先慮預算，思報積恥，規恢祖業，蓋欲改弱以就彊矣。竊謂必先審知彊弱之勢而定其論，論定然後修實政，行實德，弱可變而爲彊，非有難也。今欲改弱以就彊，爲問罪驟興之舉，此至大至重事也。故必備成而後動，守定而後戰。今或謂金已衰弱，姑開先釁，不懼後艱，求宣和之所不能，爲紹興之所不敢，此至險至危事也。且所謂實政者，當經營瀕淮沿漢諸郡，各爲處所，牢實自守。敵兵至則阻於堅城，彼此策應，而後進取之計可言。至於四處御前大軍，練之使足以制敵，小大之臣，試之使足以立事，皆實政也。所謂實德者，當今賦税雖重而國愈貧，如和買、折帛之類，民間至有用田租一半以上輸納者。況欲規恢，宜有恩澤。乞詔有司，審度何名之賦害民最甚，何等横費裁節宜先。減所入之額，定所出之費。既修實政於上，又行實德於下。此其所以能屢戰而不屈，必勝而無敗也。

除權工部侍郎。侂胄欲藉其草詔以動中外，改權吏部侍郎兼直學士院，以疾力辭兼職。會詔諸將四路出師，適又告侂胄宜先防江，不聽。未幾，諸軍皆敗，侂胄懼，以丘密爲江、淮宣撫使；除適寶謨閣待制、知建康府兼沿江制置使。適謂三國孫氏嘗以江北守江，自南唐以來始失之，建炎、紹興未暇尋繹。乃請于朝，乞節制江北諸州。

及金兵大入，一日，有二騎擧旗若將渡者，淮民倉皇爭斫舟纜，覆溺者衆，建康震動。適謂人心一搖，不可復制，惟刼砦南人所長，乃募市井悍少并帳下願行者，得二百人，使采石將徐緯統以往。夜過半，遇金人，蔽茅葦中射之，應弦而倒；矢盡，揮刀以前，金人皆錯愕不進。黎明，知我軍寡來追，則已在舟中矣。復命石跋、定山之人刼敵營，得其俘馘以歸。金解和州圍，退屯瓜步，城中始安。又遣石斌賢渡宣化，夏侯成等分道而往，所向皆捷。金自滁州遁去。時羽檄旁午，而適治事如平時，軍須皆從官給，民以不擾。淮民渡江有舟，次止有寺，給錢餉米，其來如歸。兵退，進寶文閣待制，兼江、淮制置使，措置屯田，遂上堡塢之議。

初，淮民被兵驚散，日不自保。適遂於墟落數十里內，依山水險要爲堡塢，使復業以守，春夏散耕，秋冬入堡，凡四十七處。又度沿江地創三大堡：石跋則屏蔽采石，定山則屏蔽靖安，瓜步則屏蔽東陽、下蜀。西護歷陽，東連儀真，緩急應援，首尾聯絡，東西三百里，南北三四十里。每堡以二千家爲率，教之習射。無事則戍，以五百人一將；有警則增募新兵及抽摘諸州禁軍二千人，并堡塢內居民，通爲四千五百人，共相守戍。而制司於每歲防秋，別募死士千人，以爲刼砦焚糧之用。因言堡塢之成有四利，大要謂：敵在北岸，共長江之險，而我有堡塢以爲聲援，則敵不敢窺江，而士氣自倍，戰艦亦可以策勳。和、滁、真、六合等城或有退遁，我以堡塢全力助其襲逐，或邀其前，或尾其後，制勝必矣。此所謂用力寡而收功博也。三堡就，流民漸歸。而侂胄適誅，中丞雷孝友劾適附侂胄用兵，遂奪職。自後奉祠者凡十三年，至寶文閣學士、通議大夫。嘉定十六年，卒，年七十四，贈光禄大夫，謚文定。

適志意慷慨，雅以經濟自負。方侂胄之欲開兵端也，以適每有大讎未復之言重之，而適自召還，每奏疏必言當審而後發，且力辭草詔。第出師之時，適能極力諫止，曉以利害禍福，則侂胄必不妄爲，可免南北生靈之禍。議者不能不爲之歎息焉。

（清）黄宗羲《宋元學案》卷五四《水心學案上・忠定葉水心先生適》

葉適，字正則，永嘉人。擢淳熙五年進士第二，授平江節度推官。召爲太學正。由秘書郎出知蘄州。入爲尚書左選郎官。贊趙忠定定內禪，遷國子司業。力求補外。趙公貶，先生亦降兩官，奉祠。起爲湖南轉運判官，知泉州。召入權兵部侍郎，丁憂。服除，權工部侍郎。以用兵除知建康府兼沿江制置使。兵罷，奪職。奉祠凡十三年而卒，年七十四，謚忠定。

【略】于是以先生兼江、淮制置，措置屯田。初，先生之至建康也，討論防江事宜，諸將各呈故事，曰葺治戰艦，曰布列岸兵，曰栽埋鹿角，曰釘設暗樁，曰開掘溝塹，皆數里而屯，計步而守。先生深憂之曰：恐皆不足賴也。夫此數者易耳，其如人心已搖，敵兵一至，皆棄之走，誰與力拒！已而復傳金人南下，淮民渡江億萬，所在震動。一日，有兩騎僞效金裝，躍馬江岸，皆相傳曰：敵至矣！渡舟斫纜離岸，櫓楫失措，爭濟者攀舟至覆溺。吏持文書至官，皆手顫不能出語。先生歎曰：今竟何如！吾乃知建炎之徑渡，真非難事，而逆亮之不得濟而殞者，幸也。乃用門下士滕宬計，捐重賞，募勇士，別渡江北，刼其營于石跋、定山，上下之間，凡十數往返，俘馘踵至，士氣稍奮，人心稍安。金人乃解兵去，而舟師之在江中者，終無尺寸之功也。然渡江之兵，終苦無所駐足。先生相度形勢，謂石跋足以蔽采石，定山足以蔽靖安，瓜步足以蔽東陽，下蜀西護歷陽，東連儀真，乃修其故塢，收聚居民，募兵共守。敵若窺江，則堡塢足制其後，舟師之在江中者，不至望風而走，雖登岸擊逐，亦有接應。若攻堡塢，則舟師之在江中者，以彊弩前救之。若舍堡塢而攻和、滁等城，則堡塢分出其前後以襲逐之。且曰：此近江第一層耳。由此而北，豪傑團結山水爲寨者四十有七。此時官司之力，無緣周遍，事稍有緒，次第入保可矣。是役也，不用先生之言以取敗。事急而出先生以救之，然斫營刼寨之策，宣司初不敢行，先生爲備陳南人唯長于此技，且援北魏太武之言以證之，彊而後可。宣司猶深憂以爲生事，先生笑曰：敵實不能戰也？所以勝我，由于此閒之自爲瓦解耳！及行之，而金人卒以此去。時中朝方急于求和，先生以爲不必，但請力修堡塢以自固，乃徐爲進取之漸。而韓侂胄死，朝事又一變。許及之、雷孝友本韓黨也，至是畏罪，乃反劾先生附會侂胄起兵端，并以此追削辛棄疾諸人官，而先生前此封事，具在廟堂，竟莫能明其本末，蓋大臣亦藉此以去君子。先生杜門家居，絶不自辯也，嘗歎息曰：女真崛起暴彊，據吾太平之土壤，已五六十年矣！使其復爲，天祚盛極將亡，他人必出而有之，不可畏哉！蓋其先見如此。

陳亮

《宋史》卷四三六《儒林傳六·陳亮》 陳亮字同父，婺州永康人。生而目光有芒，爲人才氣超邁，喜談兵，論議風生，下筆數千言立就。嘗攷古人用兵成敗之跡，著《酌古論》，郡守周葵得之，相與論難，奇之，曰：他日國士也。請爲上客。及葵爲執政，朝士白事，必指令揖亮，因得交一時豪俊，盡其議論。因授以《中庸》、《大學》，曰：讀此可精性命之説。遂受而盡心焉。【略】

亮更名同，詣闕上書曰：【略】慶曆諸臣亦嘗憤中國之勢不振矣，而其大要，則使羣臣争進其説，更法易令，而廟堂輕矣；嚴按察之權，邀功生事，而郡縣又輕矣。豈惟於立國之勢無所助，又從而朘削之，雖微章得象、陳執中以排沮其事，亦安得而不自沮哉！獨其破去舊例，以不次用人，而勸農桑，務寬大，爲有合於因革之宜，而其大要已非矣。此所以不能洗契丹平視中國之恥，而卒發神宗皇帝之大憤也。

王安石以正法度之説，首合聖意，而其實則欲籍天下之兵盡歸於朝廷，別行教閲以爲彊也；括郡縣之利盡入於朝廷，別行封椿以爲富也。青苗之政，惟恐富民之不困也；均輸之法，惟恐商賈之不折也。罪無大小，動輒興獄，而士大夫緘口畏罪矣。西北兩邊至使内臣經畫，而豪傑恥於爲役矣。徒使神宗皇帝見兵財之數卽多，鋭然南北征伐，卒乖聖意，而天下之勢實未嘗振也。彼蓋不知朝廷立國之勢，正患文爲之太密，事權之太分，郡縣太輕於下而委瑣不足恃，兵財太關於上而重遲不易舉。祖宗惟用前四者以助其勢，而安石竭之不遺餘力，不知立國之本末者，真不足以謀國也。元祐、紹聖一反一復，而卒爲金人侵侮之資，尚何望其振中國以威四裔哉？

南渡以來，大抵遵祖宗之舊，雖微有因革增損，不足爲輕重有無。如趙鼎諸臣固已不究變通之理，況秦檜盡取而沮毀之，忍恥事讎，飾太平於一隅以爲欺，其罪可勝誅哉！陛下憤王業之屈於一隅，勵志復讎，不免籍天下之兵以爲彊，括郡縣之利以爲富。加惠百姓，而富人無五年之積；不重征税，而大商無巨萬之藏，國勢日以困竭。臣恐尺籍之兵，府庫之財，不足以支一旦之用也。陛下蚤朝晏罷，冀中興日月之功，而以繩墨取人，以文法涖事；聖斷裁制中外，而大臣充位；胥吏坐行條令，而百司逃責，人才日以闒茸。臣恐程文之士，資格之官，不足當度外之用也。藝祖經畫天下之大略，太宗已不能盡用，今其遺意，豈無望於陛下也！陛下苟推原其意而行之，可以開社稷數百年之基，而況於復故物乎！不然，維持之具既窮，臣恐祖宗之積累亦不足恃也。陛下試令臣畢陳於前，則今日大有爲之略必知所處矣。【略】

書既上，帝欲官之，亮笑曰：吾欲爲社稷開數百年之基，寧用以博一官乎！亟渡江而歸。日落魄醉酒，與邑之狂士飲，醉中戲爲大言，言涉犯上。一士欲中亮，以其事首刑部。侍郎何澹嘗爲考試官，黜亮，亮不平，語數侵澹，澹聞而嗛之，卽繳狀以聞。事下大理，笞掠亮無完膚，誣服爲不軌。事聞，孝宗知爲亮，嘗陰遣左右廉知其事。及奏入取旨，帝曰：秀才醉後妄言，何罪之有！劃其牘于地，亮遂得免。

居無何，亮家僮殺人于境，適被殺者嘗辱亮父次尹，其家疑事由亮。聞于官，笞榜僮，死而復蘇者數，不服。又囚亮父于州獄。而屬臺官論亮情重，下大理。時丞相淮知帝欲生亮，而辛棄疾、羅點素高亮才，援之尤力，復得不死。

亮自以豪俠屢遭大獄，歸家益厲志讀書，所學益博。其學自孟子後惟推王通，嘗曰：研窮義理之精微，辨析古今之同異，原心於秒忽，較禮於分寸，以積累爲工，以涵養爲正，睟面盎背，則於諸儒誠有愧焉。至於堂堂之陳，正正之旗；風雨雲雷交發而並至，龍蛇虎豹變現而出没，推倒一世之智勇，開拓萬古之心胸，自謂差有一日之長。

（清）徐乾學《資治通鑑後編》卷一二九《宋紀一二九》 五月，己巳，賜禮部進士陳亮以下三百九十六人及第、出身。制策問禮樂刑政之要，亮以君道、師道對，且曰：臣竊歎陛下於壽皇莅政二十八年間，寧有一政一事之不在聖懷！而問安視寢之餘，所以察言而觀色，因此而得彼者，其端甚衆，亦既得其機要而見諸施行矣，豈徒一月四朝，爲京邑之美觀也哉！時帝不朝重華宮，羣臣更進迭諫，皆不聽。得亮策，以爲善處父子之間，親擢第一。既知爲亮，乃大喜，授亮簽書建康府判官廳公事，未至官，卒。

（清）黄宗羲《宋元學案》卷五六《龍川學案·文毅陳龍川先生亮》

陳亮，字同甫，永康人。學者稱爲龍川先生。生而目光有芒，爲人才氣超邁，喜談兵，議論風生，下筆數千言立就。隆興初，與金人約和，天下欣然幸得蘇息，獨先生以爲不可。婺州方以解頭薦，因上《中興五論》，奏入不報。已而退修于家，學者多歸之，益力學著書者十年。先是，先生嘗圜視錢塘，喟然歎曰：城可灌爾！蓋以地下于西湖也。至是，孝宗即位蓋十七年矣。亮更名同，詣闕上書，其略云：請爲陛下陳國家立政之本末，而開今日大有爲之略；論天下形勢之消長，而決今日大有爲之機。書奏，孝宗赫然震動，用种放故事，召令上殿，將擢用。大臣交沮之，乃有都堂審察之命。待命十日，復上書言三事。欲官之，先生曰：吾欲爲社稷開數百年之基，寧用以博一官乎！亟渡江而歸，日落魄醉酒，醉時戲爲大言。一士欲中之，以其事首刑部侍郎何澹，澹即繳狀。事下大理，笞掠，誣服爲不軌。事聞，孝宗知之，陰遣左右廉知其事，遂得免。居無何，家僮殺人于境，適被殺者嘗辱先生父，其家疑之，聞于官。復下大理。時辛幼安棄疾、羅春伯點素高先生才，援之尤力，復得免。又與鄉人宴會，同坐者暴死，復下大理，又得出。先生自以豪俠屢遭大獄，歸家益勵志讀書，所學益博。其學自孟子後惟推王通。嘗曰：研窮義理之精微，辨析古今之同異，原心于秒忽，較理于分寸，以積累爲工，以涵養爲主，睟面盎背，則于諸儒誠有愧焉。至于堂堂之陳，正正之旗，風雨雲雷交發而並至，龍蛇虎豹變見而出沒，推倒一世之智勇，開拓萬古之心胸，自謂差有一日之長。與朱文公熹論皇帝王霸之學，文公雖不與，而亦不能奪也。先生感孝宗之知，復上疏。時將內禪，不報。由是在廷交怒，以爲狂怪。光宗策進士，先生以君道師道對，且曰：臣竊歎陛下之于壽皇莅政二十有八年之間，寧有一政一事之不在聖懷？而問安視寢之餘，所以察詞而觀色，因此而得彼者其端甚衆，亦既得其機要而見諸施行矣。豈徒一月四朝而以爲京邑之美觀也哉！時上不朝重華宮，羣臣迭諫，皆不聽，喜先生策，謂善處父子之閒，擢第一。既知爲亮，又喜曰：朕擢果不謬。孝宗在南內，寧宗在東宮，聞之皆喜。授簽書建康府判官廳公事。未上，一夕卒。吏部侍郎葉水心請于朝，官其子，非故典也。端平初，謚文毅。

百家謹案：永嘉之學，薛、鄭俱出自程子。是時陳同甫亮又崛興于永康，無所承接。然其爲學，俱以讀書經濟爲事，嗤黜空疏、隨人牙後談性命者，以爲灰埃。亦遂爲世所忌，以爲此近于功利，俱目之爲浙學。

真德秀

《宋史》卷四三七《儒林傳七·真德秀》　真德秀字景元，後更爲希元，建之浦城人。四歲受書，過目成誦。十五而孤，母吳氏力貧教之。同郡楊圭見而異之，使歸共諸子學，卒妻以女。

登慶元五年進士第，授南劍州判官。繼試中博學宏詞科，入閩帥幕，召爲太學正，嘉定元年遷博士。時韓侂胄已誅，入對。首言：權臣開邊，南北塗炭，今茲繼好，豈非天下之福。然日者以行人之遣，金人欲多歲幣之數，而吾亦曰可增；金人欲得姦臣之首，而吾亦曰可與；往來之稱謂，犒軍之金帛，根括歸明流徙之民，皆承之唯謹，得無滋嫚我乎？抑彼資吾歲賂以厚其力，乘吾不備以長其謀，一旦挑爭端而吾無以應，此有識所爲寒心。又言：侂胄自知不爲清議所貸，至誠憂國之士則名以好異，於是忠良之士斥，而正論不聞；正心誠意之學則誣以好名，於是僞學之論興，而正道不行。今日改弦更張，正當褒崇名節，明示好尚。【略】

六年，遷起居舍人，奏：權姦擅政十有四年，朱熹、彭龜年以抗論逐，呂祖儉、周端朝以上書斥，當時近臣猶有爭之者。其後呂祖泰之貶，非惟近臣莫敢言，而臺諫且出力以擠之，則嘉泰之失已深於慶元矣。更化之初，羣賢皆得自奮。未幾，傅伯成以諫官論事去，蔡幼學以詞臣論事去，鄒應龍、許奕又繼以封駁論事去。是數人者，非能大有所矯拂，已皆不容於朝。故人務自全，一辭不措。設有大安危、大利害，羣臣喑嘿如此，豈不殆哉！今欲與陛下言，勤訪問、廣謀議、明黜陟三者而已。時鈔法楮令行，告訐繁興，抵罪者衆，莫敢以上聞。德秀奏：或一夫坐罪，而併籍昆弟之財；或虧陌四錢，而没入百萬之貲；至於科富室之錢，拘鹽商之舟，視産高下，配民藏楮，鬻田宅以收券者，雖大家不能免，尚得名便民之策？自此籍没之産以漸給還。【略】

所著《西山甲乙藁》、《對越甲乙集》、《經筵講義》、《端平廟議》、《翰林詞草四六》、《獻忠集》、《江東救荒録》、《清源雜志》、《星沙集志》。既薨，上思之不置，謚曰文忠。

（清）黄宗羲《宋元學案》卷八一《西山真氏學案・文忠真西山先生德秀》　真德秀，字景元，後更希元，建之浦城人。慶元五年進士，繼中博學宏辭科。累官起居舍人，兼太常少卿，出爲江東轉運副使，歷知泉州、隆興、潭州。理宗即位，召爲中書舍人，擢禮部侍郎，史彌遠憚之，落職。紹定五年，起知泉州、福州，召爲户部尚書，時去國已十年矣。改翰林學士，尋得疾，拜參知政事而卒，端平二年也，年五十八，謚文忠，學者稱西山先生。立朝不滿十年，奏疏亡慮數十萬言，直聲震朝廷。四方文士誦其文，想見其風采。及遊宦所至，惠政深洽，由是中外交頌。都城人時驚傳傾動，奔擁出關曰：真直院至矣！果至，則又填塞聚觀不置。時相益以此忌之，輒擯不用，而名愈彰。自韓侂胄立僞學之名以錮善類，凡近時大儒之書，皆顯禁絶之。先生晚出，獨立慨然以斯文自任，講習而服行之。黨禁既開，而正學遂明于天下後世，多其力也。《宋史・詹體仁傳》言：郡人真德秀早從其遊，嘗問居官涖民之法，體仁曰：盡心、平心而已，盡心則無愧，平心則無偏。先生能守而行之。所著有《西山》甲乙稿、《對越》甲乙集、《經筵講義》等書。

百家謹案：從來西山、鶴山並稱，如鳥之雙翼，車之雙輪，不獨舉也。鶴山之誌西山，亦以司馬文正、范忠文之生同志、死同傳相比，後世亦無敢優劣之者。然百家嘗聞先遺獻之言曰：兩家學術雖同出于考亭，而鶴山識力横絶，真所謂卓犖觀羣書者，西山則依門傍戶，不敢自出一頭地，蓋墨守之而已。

（清）李清植《歷代名儒傳》卷七　真德秀，字景元，後改景希，浦城人。年十五而孤，母吴氏教之。自韓侂胄設僞學之名以錮善類，近世大儒之書，皆所禁絶。德秀晚出，獨慨然以斯文自任，講習而服行之。慶元五年，成進士，復中博學宏詞科，入閩帥幕，召爲太學正。嘉定元年，遷博士，入對，時侂胄既誅，德秀首言，今日改絃更張，當褒崇名節，明示好尚。自是黨禁弛，正學復明於天下。試學士院，改秘書省正字，兼檢討玉牒，尋兼沂王府教授，權直學士院。三年，遷祕書郎，乞開公道，窒旁蹊，以抑小人道長之漸。選良牧，勵戰士，以扼羣盜方張之鋭。四年，遷著作佐郎，尋兼禮部郎。時蒙古深侵，金人屢敗，德秀言金有必亡之勢。然金亡則上下恬嬉，憂不在敵而在我，多事之端，恐自此始。五年，遷軍器少監。六年，遷起居舍人，尋兼太常少卿，充金國賀登位使。至盱眙，聞金內變，還，乃臚舉邊防要事。且言曰：臣自揚之楚，自楚至盱眙，沃壤無際，陂湖相連，民俗堅悍強忍，足爲大江屏障。若大修墾田之政，領以專官，數年之後，積儲充實。邊民父子相保，因其什伍，勒以兵法，不待饋饟，皆成精兵矣。時史彌遠方以爵禄縻天下士，德秀喟然謂劉爚曰：吾徒急當引去，使知世有不苟爲從官之人。遂力丐外，出爲江東轉運副使。江東方傷旱蝗，乃講荒政。與同僚分賑所部，而自領其最甚者，全活至衆。又平斗斛，刻贓濫，拔賢俊，政譽日聞。改知泉州，蠲苛政以招海舶，民輸租，令自槩，有訟者，揭示名姓，人自詣理。海賊亂，設方畧禽之，因徧行濱海，審形勢，增屯以備不虞。十二年，改知隆興府，以母喪歸。十五年，除知潭州，以廉仁公勤勵僚屬，以周朱之學教士子，罷榷酤，除斛面，免和糴。立義阡社倉及惠民慈幼等倉，以甦其民。捐諸軍回易之利及官田租，而月試之射。凡營中病者，死未葬者，孕者，嫁娶者，贍給有差。理宗立，召爲中書舍人，擢禮部侍郎，直學士院，首言濟王霅川之變非本意，願討論追封秦邸故事，興滅繼絶。上曰：朝廷之待濟王，亦已至矣。對曰：人主當以二帝三王爲法，觀舜所以處象，則陛下不及明甚。因勸上講學進德，及言貨賂公行，薰染成俗，朝廷所用，敏鋭之士多於老成，其忠亮如此。嘗入侍清暑殿，進曰：此高孝二祖儲神之地也，仰瞻楹桷，二祖實臨其上，陛下一心而受衆攻，未有不浸淫蠹蝕者。夫惟學可以明此心，惟敬可以存此心，惟親君子可以維持此心。因極陳古者居喪之禮，與先帝視朝之勤。及寧宗小祥，有詔羣臣易吉。德秀争之曰：自漢文率情變古，至我孝宗方衰服三年，朝衣朝冠，皆以大布。惜當時不遂定臣下執喪之禮，實千載無窮之憾。然孝宗崩，易月之後，羣臣猶未釋衰，朝會用黑帶公服，大祥始除，侂胄柄政，乃以小祥從吉。夫帶不以金，鞓不以紅，佩不以魚，鞍轎不以文繡，此於羣臣何損，朝儀何傷，議遂格。德秀屢進鯁言，上皆虚心開納，而彌遠益嚴憚之，謀所以相撼，畏公議未敢發。及王塈盛章駁德秀所主濟王贈典事，莫澤朱端常梁成大等遂相繼劾之，至請竄殛，上不可，乃落職罷祠歸。紹定四年，改職予祠。五年，進徽猷閣待制，復知泉州，迎者塞路。彌遠死，乃改顯謨閣待制，知福州，有頃，召爲翰林學士。是時金亡，朝議進取，德秀以爲憂。上封事諫，進戶部尚書。德秀長身廣額，容貌如玉，望而知爲公輔器。立朝不滿十年，章疏所奏將數十萬言，皆切當時要務。四方人士誦其文，想見其風采。及宦游所至，惠政深洽，由是中外交頌。都城人時驚傳湏洞，奔擁出關曰：眞直院至矣！果至，則又填塞聚觀。彌遠益以此忌之，久擯不用。至是歸朝而德秀衰矣，入見，上迎勞之，德秀謝乃進《大學衍義》。德秀嘗言天下之理，惟中爲至正，惟誠爲至極，然敬所以中，不敬則無中也。敬而後能誠，非敬則無以爲誠也。氣之決驟，軼於奔駟，敬則其銜轡也。情之橫放，甚於潰川，敬則其隄防也。及是遂爲上陳祈天永命之道，以爲敬者德之聚。儀狄之酒，南威之色，盤遊射弋之娛，禽獸狗馬之玩，有一於此，皆足害敬，上欣然嘉納。踰年，知貢舉，已得疾，拜參知政事，三丐祠，上不得已，進資政殿學士、提舉萬壽觀，兼侍讀。辭，疾革，冠帶起坐，神爽不亂。卒，謚文忠，學者稱西山先生，所著《讀書録》。嘗謂門人曰：此爲治之門，如有用我者，執此以往。與《大學衍義》及《甲乙集》等書，皆行於世。

論曰：德秀未嘗及朱子之門，而能私淑以有成。攷其學行之正，風節之著，有體立用行之效。朱子以後，莫有能尚之者也。《衍義》一書，學術治術，引據剖辨，誠明畢周，尤爲修身之極則，理世之蓍龜。自天子以至於庶人，烏可不三復體玩哉。至其立政建議，無一不審乎國勢，察乎人倫。昔羊祜欲復諒陰之禮，而卒疑於有父子無君臣，議格不行。使理宗能因德秀之言，遂定臣下執喪之制，庶幾彝倫攸敘，乃竟因循，未及著令，惜哉。

魏了翁

《宋史》卷四三七《儒林傳七·魏了翁》 魏了翁字華父，邛州蒲江人。年數歲從諸兄入學，儼如成人。少長，英悟絕出，日誦千餘言，過目不再覽，鄉里稱爲神童。年十五，著《韓愈論》，抑揚頓挫，有作者風。

慶元五年，登進士第。時方諱言道學，了翁策及之。授僉書劍南西川節度判官廳公事，盡心職業。嘉泰二年，召爲國子正。明年，改武學博士。開禧元年，召試學士院。韓侂冑用事，謀開邊以自固，偏國中憂駭而不敢言。了翁乃言：國家紀綱不立，國是不定，風俗苟偷，邊備廢弛，財用凋耗，人才衰弱，而道路籍籍，皆謂將有北伐之舉，人情恟恟，憂疑錯出。金地廣勢強，未可卒圖，求其在我，未見可以勝人之實。蓋亦急於內修，姑逭外攘。不然，舉天下而試於一擲，宗社存亡係焉，不可忽也。策出，衆大驚。改秘書省正字。御史徐柟卽劾了翁對策狂妄，獨侂冑持不可而止。【略】

差知漢州。漢號爲繁劇，了翁以化善俗爲治。首蠲積逋二十餘萬，除科抑賣酒之弊，嚴戶婚交訐之禁；復爲文諭以厚倫止訟，其民敬奉條教不敢犯。會境內橋壞，民有壓死者，部使者以聞，詔降官一秩，主管建寧府武夷山沖佑觀。未數月，復元官知眉州。眉雖爲文物之邦，然其俗習法令，持吏短長，故號難治。聞了翁至，爭試以事。乃尊禮耆耇，簡拔俊秀，朔望詣學宮，親爲講説，誘掖指授，行鄉飲酒禮以示教化，增貢士員以振文風。復蟇頤堰，築江鄉館，利民之事，知無不爲。士論大服，俗爲之變，治行彰聞。

（清）徐乾學《資治通鑑後編》卷一四〇《宋紀一四〇》 己未，進魏了翁為華文閣待制，知瀘州。了翁應詔上章論十弊，乞復舊典以彰新化。一復三省之典以重六卿，二復二府之典以集衆議，三復都堂之典以重省府，四復侍從之典以來忠告，五復經筵之典以熙聖學，六復臺諫之典以公黜陟，七復制誥之典以謹命令，八復聽言之典以通下情，九復三衙之典以彊主威，十復制閫之典以黜私意。疏列萬言，先引故實，次陳時弊，分別利害，粲若白黑，帝讀之感動。

（清）李清植《歷代名儒傳》卷七 魏了翁，字華父，卬州蒲江人。英悟絕倫，嘗從輔廣李燔遊。慶元五年，成進士，時方諱言道學，了翁策獨及之，累官武學博士，召試博士。韓侂冑方謀開邊，中外憂駭莫敢言。了翁獨以急於內修，姑逭外攘爲對。且曰：舉天下試於一擲，宗社存亡，不可忽也。策出，衆大驚，改祕書省正字，遷校書郎，以親老丐外，知嘉興府。侂胄坐誅，朝廷收用諸賢，了翁被召，適史彌遠入相，專國事，了翁心不能善，固辭。丁生父憂，解官心喪，築室白鶴山下，開門授徒，士爭負笈，由是蜀人知義理之學。差知漢州，坐微罪降秩。起知眉州，眉俗習法令，持吏短長，稱難治。了翁乃禮耆耈，拔俊秀，朔望詣學宮，講説誘掖，行鄉飲酒禮以興教化，增貢士員以振文風。利民之事，知無不爲，士論大服，俗爲之變。擢潼川提刑改轉運判官。初，周程等倡興道學，闕無爵謚。紹興乾道間，胡安國魏掞之嘗以爲請，未及施行。了翁上疏曰：周惇頤程顥程頤張載，嗣往聖，開來哲，發天理，正人心，使孔孟絕學復明於世，朱熹張栻學實宗之。今熹栻已賜易名，而惇頤等闕如，是録其後遺其先也。朝論韙之，卒如其請。遷直祕閣，知瀘州，丁母憂。闋，差知潼州。嘉定十五年，被召，於是了翁去國十七年矣。上迎勞，所奏悉嘉納，進兵部郎中，改司封郎中。建議分江淮襄蜀爲四重鎮，擇人任之，而假以事權，資以才用，爲聯絡守禦計。事下中書，不果行。累遷太常少卿，祕書監，起居舍人。了翁正學危行，其入也，彌遠欲引以自助，了翁不可。至是因極言事變倚伏，人心向背，疆埸安危，鄰敵動靜，以至士大夫風俗之弊，剴切無所諱忌，彌遠愈不樂。及理宗即位，彌遠以擁立功，益柄用，了翁積憂成疾，三請閒，不許，遷起居郎。屬濟王竑死，有司治葬不如禮，了翁每見上，輒請厚倫紀以弭人言，輸忠引義，彌遠心益惡之。了翁亦求去，遂出知常德府。越二日，降三官，靖州居住。湖湘江淛之士，不遠千里，造門受業。紹定四年，復職與祠，起知遂寧府，不拜。進寶章閣待制，潼川路安撫使，知瀘州。瀘大藩，控制邊面二千里。了翁葺樓堞，增器械，練牌手，申軍律，興學蠲逋，建社倉義塚及養濟院，未數月百廢具舉。彌遠死，進華文閣待制。了翁負孤忠，鯁言侃侃，初扼於侂胄，繼忤於彌遠，念國家權奸嗣興，公正不容，法度隳弛，風俗偷蠹，不可滌濯。乃抗章論十弊，疏列萬言。先引故實，次陳時弊，分別利害，皎若白黑。上讀之感動。是時臣庶封章，多乞召還了翁及真德秀者，上因民望竝招之，以了翁權禮部尚書直學士院。先是彌遠之排真魏也，梁成大爲之鷹犬，成大遺所親書曰：真德秀乃真小人，魏了翁乃僞君子。及是了翁入對，首乞明君子小人之辨，以爲進退人物之本，以杜姦邪窺伺之端。他所陳列，又十餘事，晝漏下四十刻始退。俄兼侍讀，又兼吏部尚書。了翁還朝六閱月，前後二十餘奏，皆當時急務，每進讀，上必爲之改容。既而邊警沓至，上心焦勞，將引與共政，而忌者傾之。出督視京湖江淮軍馬，五辭不獲。上勉勞賜便宜如張浚故事。了翁乃酌上下流之中，開府江州，申儆將帥，調遣援師，列死事之臣，黜退懦之將。又奏邊防十事，甫二旬，召爲僉書樞密院事。蓋朝臣特假建督以出了翁，既出，即以爲非計，復遽召還，進退牽掣。了翁遂力辭不拜，改資政殿學士湖南安撫使知潭州，又辭。改浙東安撫使知紹興府，又改福建安撫使知福州，累章乞骸骨。嘉熙元年卒，謚文靖。了翁之學，深密明粹，嘗曰：仁義中誠性命天道。此致知格物之要也。今往往善柔爲仁，果敢爲義，依違以爲中，鈍魯以爲誠，氣質以爲性，六物以爲命，元虛以爲天道，甚則以察爲知，以蕩爲情，以反經爲權，以捷給爲才，師異指殊，流弊乃爾。又曰：學者根本不立，而異端得以乘之，利禄得以移之，文詞得以溺之。則有口道六經，而心是佛老，或心是聖學，而輯爲文詞，隨世以就功名者矣。其言切中學者之病如此。所著有《九經要義》、《易舉隅》、《井田圖説》、《古今考》、《經史雜抄》、《師友雅言》等書。

論曰：小人之擯君子，無所不用其極，苟無瑕可摘，必從而指之曰僞，至以僞爲罪，則凡言教動法，無非罪也。宋南渡後，國勢弱矣，所賴諸賢相與維持，故人人知有君父。乃侂胄方以禁僞學敗，而了翁又以僞君子久斥不用。嗚呼！彼所指爲僞者，皆廉介慈惠忠誠許國之人也，天地之元氣，國家之命脉也。就令強爲修飾，以襲君子之名，不猶愈於靦顏恣睢，而蠹國虐下者乎？《詩》曰：讒人罔極，交亂四國。蓋自古傷之矣。

王應麟

《宋史》卷四三八《儒林傳八·王應麟》　王應麟字伯厚，慶元府人。九歲通六經，淳祐元年舉進士，從王埜受學。

調西安主簿，民以年少易視之，輸賦後時。應麟白郡守，繩以法，遂立辦。諸校欲爲亂，知縣事翁甫倉皇計不知所出，應麟以禮諭服之。差監平江百萬東倉。調浙西提舉常平茶鹽主管帳司，部使者鄭霖異待之。丁父憂，服除，調揚州教授。

初，應麟登第，言曰：今之事舉子業者，沽名譽，得則一切委棄，制度典故漫不省，非國家所望於通儒。於是閉門發憤，誓以博學宏辭科自見，假館閣書讀之。寶祐四年中是科。應麟與弟應鳳同日生，開慶元年亦中是科，詔褒諭之，添差浙西安撫司幹辦公事。

（清）黃宗羲《宋元學案》卷八五《深寧學案·尚書王厚齋先生應麟》

王應麟，字伯厚，慶元府鄞縣人。與弟應鳳同日生。九歲通《六經》，從王子文埜受學。淳祐元年第進士，先生曰：今之事舉子業者，一切委棄，制度典故漫不省，非國家所望于通儒。于是閉門發憤，誓以博學宏辭科自見，假館閣書讀之。寶祐四年中是科。其弟應鳳，開慶元年亦中是科，詔褒諭之，添差浙西安撫使幹辦公事。帝御集英殿策士，召先生覆考。帝欲易第七卷置其首。先生讀之，乃頓首爲得士賀，遂爲首選。及唱名，乃文天祥也。歷太常寺主簿，面對，定修攘至計。時丁大全諱言邊事，于是先生罷。未幾，起通判台州，遷至著作佐郎，守軍器少監。又累遷起居舍人，兼權中書舍人。忤賈似道，以祕閣修撰奉祠。起知徽州，召爲祕書監，兼史職，兼侍講。遷起居郎兼權吏部侍郎。時朝臣無以邊事言者，先生指陳成敗順逆之説，帝不懌。似道復謀逐之，適以憂去。及似道潰師江上，授中書舍人兼直學士院，即引疏陳十事。進兼同修國史、實録院同修撰兼侍讀，還禮部侍郎兼中書舍人。日食，應詔論消弭及備禦之策，皆不及用。尋轉禮部尚書兼給事中。丞相留夢炎用徐囊爲御史，擢江西制置使黃萬石等，先生繳奏。疏再上，不報。出關俟命，再奏，又不報，遂東歸。詔中使以翰林學士召，力辭，入元，不出。學者稱爲厚齋先生。後二十年卒。所著有《深寧集》、《困學紀聞》、《玉海》等書。

黃　震

《宋史》卷四三八《儒林傳八·黃震》 黃震字東發，慶元府慈溪人。寶祐四年登進士第。調吳縣尉。吳多豪勢家，告私債則以屬尉，民多飢凍窘苦、死尉卒手。震至，不受貴家告。府檄攝其縣。及攝長洲、華亭，皆有聲。【略】

出通判廣德軍。初，孝宗班朱熹社倉法於天下，而廣德則官置此倉。民困於納息，至以息爲本，而息皆横取，民窮至自經。人以爲熹之法，不敢議。震曰：不然。法出於堯、舜、三代聖人，猶有變通，安有先儒爲法，不思捄其弊耶？況熹法，社倉歸之於民，而官不得與。官雖不與，而終有納息之患。震爲别買田六百畝，以其租代社倉息，約非凶年不貸，而貸者不取息。

郡有祠山廟，歲合江、淮之民禱祈者數十萬，其牲皆用牛。郡惡少挾兵刃舞牲迎神爲常，鬥争致犯法。其俗又有自嬰桎梏、自榜掠以徼福者，震見，問之，乃兵卒。責自狀其罪，卒曰：本無罪。震曰：爾罪多，不敢對人言，特告神以免罪耳。杖之示衆。又其俗有所謂埋藏會者，爲坎於庭，深廣皆五尺，以所祭牛及器皿數百納其中，覆以牛革，封鐍一夕，明發視之，失所在。震以爲妖，而殺牛淫祀非法，言之諸司，禁絶之。郡守賈蕃世以權相從子驕縱不法，震數與争論是非，蕃世積不堪，疏震撓政，坐解官。【略】

詔增秩，遂升提舉常平倉司。舊有結關拒逮捕事繫郡獄二十有八年，存者十無三四，以事關尚書省，無敢決其獄者，以結關爲作亂也。震謂結關猶他郡之結甲也，非作亂比，況已經數赦，於是皆釋之。新城與光澤地犬牙相入，民夾溪而處，歲常忿鬥争漁。會知縣事塞雄爲政擾民，因相結拒，起焚掠。震乃劾罷雄，諭其民散去。初，常平有慈幼局，爲貧而棄子者設，久而名存實亡。震謂收哺於既棄之後，不若先其未棄保全之。乃損益舊法，凡當免而貧者，許里胥請于官贍之，棄者許人收養，官出粟給所收家，成活者衆。震論役法，先令縣覈民産業，不使下戶受抑於上戶。大興水利，廢陂、壞堰及爲豪右所占者，復之。

改提點刑獄，決滯獄，清民訟，赫然如神明。有貴家害民，震按之，貴家怨。又彊發富人粟與民，富人亦怨。御史中丞陳堅以讒者言，劾震去；讒者，乃怨震者也。遂奉雲臺祠。賈似道罷相，以宗正寺簿召，將與俞浙並爲監察御史，有内戚畏震直，止之，而浙亦以直言去。

（清）黃宗羲《宋元學案》卷八六《東發學案·文潔黃於越先生震》

黃震，字東發，慈溪人，學者稱爲於越先生。寶祐四年登第。度宗時，爲史館檢閱，與修寧宗、理宗兩朝《國史》、《實録》。輪對，言當時之大弊：曰民窮，曰兵弱，曰財匱，曰士大夫無恥。乞罷給度僧人道士牒，使其徒老死卽消弭之，收其田入，可以富軍國，紓民力。時宮中建内道場，故首及之。帝怒，批降三秩，卽出國門。用諫官言，得寢。出通判廣德軍。郡守賈蕃世以權相從子驕縱不法，先生數與争論是非，蕃世積不堪，疏先生撓政，坐解官。尋通判紹興府，獲海寇，僇之。撫州饑起，先生知其州，多善政。詔增秩，遂陞提舉常平。初，常平有慈幼局，爲貧而棄子者設，久而名存實亡。先生謂收哺于既棄之後，不若先其未棄保全之。乃損益舊法，凡當娩而貧者，許里胥請于官贍之，棄者許人收養，官出粟給所收家，成活者衆。改提點刑獄。御史中丞陳堅以譏者言劾去，遂奉雲臺祠。賈似道罷相，以宗正寺簿召，將與俞浙並爲監察御史，有内戚畏先生直，止之，而浙亦以直言去。移浙東提舉常平。時皇叔大父福王與芮判紹興府，遂兼王府長史。先生奏曰：朝廷之制，尊卑不同，而紀綱不可紊。外雖藩王，監司得言之。今爲其屬，豈敢察其非，奈何自臣復壞其法？固不拜長史。命進侍左郎官及宗正少卿，皆不拜。嘗師王文貫，其語人曰：非聖賢之書不可觀，無益之詩文不作可也。居官恆未明視事，事至立決。自奉儉薄，人有急難，則周之不少吝。所著《日鈔》一百卷。宋亡，餓于寶幢而卒，門人私謚曰文潔先生。先生本貫定海，其後徙于慈溪。晚年，自官歸，復居定海靈緒鄉之澤山，榜其門曰澤山行館，其室曰歸來之廬。已而僑寓鄞之南湖。已而遷寓桓溪，自署杖錫山居士。已而又避地同谷。先生没後，其子孫多居澤山者。澤山本名櫟山，先生始改名焉。元至正中，學者建澤山書院以祀之。

耶律楚材

《元史》卷一四六《耶律楚材傳》 耶律楚材字晉卿，遼東丹王突欲八世孫。父履，以學行事金世宗，特見親任，終尚書右丞。【略】

燕薊留後長宮石抹咸得卜尤貪暴，殺人盈市。楚材聞之泣下，卽入奏，請禁州郡，非奉璽書，不得擅徵發，囚當大辟者必待報，違者罪死，於是貪暴之風稍戢。燕多劇賊，未夕，輒曳牛車指富家，取其財物，不與則殺之。時睿宗以皇子監國，事聞，遣中使偕楚材往窮治之。楚材詢察得其姓名，皆留後親屬及勢家子，盡捕下獄。其家賂中使，將緩之，楚材示以禍福，中使懼，從其言，獄具，戮十六人于市，燕民始安。【略】

中原甫定，民多誤觸禁網，而國法無赦令。楚材議請肆宥，衆以云迂，楚材獨從容爲帝言。詔自庚寅正月朔日前事勿治。且條便宜一十八事頒天下，其略言：郡宜置長吏牧民，設萬戶總軍，使勢均力敵，以遏驕橫。中原之地，財用所出，宜存恤其民，州縣非奉上命，敢擅行科差者罪之。貿易借貸官物者罪之。蒙古、回鶻、河西諸人，種地不納税者死。監主自盗官物者死。應犯死罪者，具由申奏待報，然後行刑。貢獻禮物，爲害非輕，深宜禁斷。帝悉從之，唯貢獻一事不允，曰：彼自願饋獻者，宜聽之。楚材曰：蠹害之端，必由於此。帝曰：凡卿所奏，無不從者，卿不能從朕一事耶？

太祖之世，歲有事西域，未暇經理中原，官吏多聚斂自私，貲至鉅萬，而官無儲偫。近臣别迭等言：漢人無補於國，可悉空其人以爲牧地。楚材曰：陛下將南伐，軍需宜有所資，誠均定中原地税、商税、鹽、酒、鐵冶、山澤之利，歲可得銀五十萬兩、帛八萬匹、粟四十餘萬石，足以供給，何謂無補哉？帝曰：卿試爲朕行之。乃奏立燕京等十路徵收課税使，凡長貳悉用士人，如陳時可、趙昉等皆寬厚長者，極天下之選，參佐皆用省部舊人。辛卯秋，帝至雲中，十路咸進廩籍及金帛陳于廷中，帝笑謂楚材曰：汝不去朕左右，而能使國用充足，南國之臣，復有如卿者乎？對曰：在彼者皆賢於臣，臣不才，故留燕，爲陛下用。帝嘉其謙，賜之酒。卽日拜中書令，事無鉅細，皆先白之。

楚材奏：凡州郡宜令長吏專理民事，萬戶總軍政，凡所掌課税，權貴不得侵之。又舉鎮海、粘合，均與之同事，權貴不能平。咸得卜以舊怨，尤疾之，譖於宗王曰：耶律中書令率用親舊，必有二心，宜奏殺之。宗王遣使以聞，帝察其誣，責使者，罷遣之。屬有訟咸得卜不法者，帝命楚材鞫之，奏曰：此人倨傲，故易招謗。今將有事南方，他日治之未晚也。帝私謂侍臣曰：楚材不較私讎，真寬厚長者，汝曹當效之。中貴可思不花奏採金銀役夫及種田西域與栽蒲萄戶，帝令於西京宣德徙萬餘戶充

之。楚材曰：先帝遺詔，山後民質樸，無異國人，緩急可用，不宜輕動。今將征河南，請無殘民以給此役。帝可其奏。【略】

時河南初破，俘獲甚衆，軍還，逃者十七八。有旨：居停逃民及資給者，滅其家，鄉社亦連坐。由是逃者莫敢舍，多殍死道路。楚材從容進曰：河南既平，民皆陛下赤子，走復何之！奈何因一俘囚，連死數十百人乎？帝悟，命除其禁。金之亡也，唯秦、鞏二十餘州久未下，楚材奏曰：往年吾民逃罪，或萃于此，故以死拒戰，若許以不殺，將不攻自下矣。詔下，諸城皆降。【略】

先是，州郡長吏，多借賈人銀以償官，息累數倍，曰羊羔兒利，至奴其妻子，猶不足償。楚材奏令本利相侔而止，永爲定制，民間所負者，官爲代償之。至一衡量，給符印，立鈔法，定均輸，布遞傳，明驛券，庶政略備，民稍蘇息焉。【略】

歲辛丑二月三日，帝疾篤，醫言脈已絕。皇后不知所爲，召楚材問之，對曰：今任使非人，賣官鬻獄，囚繫非辜者多。古人一言而善，熒惑退舍，請赦天下囚徒。后卽欲行之，楚材曰：非君命不可。俄頃，帝少蘇，因入奏，請肆赦，帝已不能言，首肯之。是夜，醫者候脈復生，適宣讀赦書時也，翌日而瘳。冬十一月四日，帝將出獵，楚材以太乙數推之，亟言其不可，左右皆曰：不騎射，無以爲樂。獵五日，帝崩于行在所。皇后乃馬真氏稱制，崇信姦回，庶政多紊。奥魯剌合蠻以貨得政柄，廷中悉畏附之。楚材面折廷爭，言人所難言，人皆危之。【略】

至元元年，加光禄大夫。奏定法令三十七章，吏民便之。【略】

楚材當國日久，得禄分其親族，未嘗私以官。行省劉敏從容言之，楚材曰：睦親之義，但當資以金帛。若使從政而違法，吾不能徇私恩也。

（清）畢沅《續資治通鑑》卷一六五《元紀三》 蒙古始立中書省，改定官名，以耶律楚材爲中書令。

時蒙古主至雲中，諸路所貢課額銀幣，以倉廩物料文簿具陳于前，悉符楚材原奏之數。蒙古主笑曰：卿何使錢幣流入如此？卽日授以中書省印，俾領其事，事無巨細，一以委之。鈕祜禄舊作粘合。重山爲左丞相，鎮海爲右丞相。

楚材奏：諸路州縣長吏專理民事，萬戶府專總軍政，課税所專掌錢穀，各不相統攝，著爲令。又舉鎮海、鈕祜禄重山爲左、右丞相，與之同事，權貴不得志。燕京路長官舒穆嚕舊作石抹。咸得卜激怒皇叔烏珍，舊作斡真，今改。使奏楚材用南朝舊人，恐有異志，不宜重用，因誣搆百端，必欲置于死地。鎮海、重山等懼，讓楚材曰：何爲强更張？必有今日事。楚材曰：立朝廷以來，每事皆吾自爲，諸公何預焉！若果獲罪，吾自當之。蒙古主察烏珍之誣，逐其使者。而咸得卜爲人所訴，帝命楚材鞫治，楚材奏曰：此人倨傲，故易招謗。今方有事南方，他日治之未晚也。蒙古主私謂近侍曰：楚材不校私讐，真寬厚長者，汝曹當效之。

（清）畢沅《續資治通鑑》卷一六八《元紀五》 初，蒙古惟事進取，所降之戶，因以予將士，一社之民，各有所主，不相充〔統〕攝，至是詔括戶口，以大臣呼圖克舊作忽都虎，今改。領之，始隸州縣。

時羣臣皆欲以丁爲戶，耶律楚材以爲不可。衆皆曰：我朝及西域諸國，莫不以丁爲戶，豈可捨大朝之法而從亡國之政？耶律楚材曰：自古有中原者，未嘗以丁爲戶。若果行之，可輸一年之賦，隨卽逃散矣。蒙古主從之。

及忽〔呼〕圖克以所括中州戶一百四萬上，蒙古主議以真定民戶奉太后湯沐，諸州民戶分賜諸王、貴戚。楚材曰：裂土分民，易以生隙。不如多與金帛，足以爲恩。蒙古主曰：業已許之矣。楚材曰：若置官吏，必自詔命，除恆賦外，不令私自徵斂，差可久矣。從之。

楚材又定賦税，每二戶出絲一斤，以供官用；五戶出絲一斤，以給受賜貴戚、功臣之家。上田每畝税三升半，中田三升，下田二升半，水田畝五升，商税三十分之一，鹽價銀一兩四十斤，以爲永額。朝議皆以爲太輕，楚材曰：作法於涼，其弊猶貪，將來必有以利進者，則今已重矣。

又： 蒙古近臣議收民牝馬，耶律楚材曰：中原皆田蠶之地，今若行之，後必爲民害。從之。時工匠製造，糜費官物，十私八九。楚材請皆考覈之，遂爲定制。

（清）畢沅《續資治通鑑》卷一六九《元紀六》 初，蒙古諸府官府自爲符印，僭越無度，耶律楚材請中書省依式鑄給，名器始重。時諸王貴戚，皆得自起驛馬，道路騷擾，所至需索百端，楚材復請給牌劄，定分例，其弊始革。

又： 耶律楚材言於蒙古主曰：制器者必用良工，守成者必用儒業。儒臣之業，非積數十年，殆未易成也。蒙古主曰：果爾，可官其人。楚材請校試之。乃命税課使劉中隨郡考試，以經義、詞賦、論分爲三科，作三日程，專治一科，能兼者聽，但以不失文義爲中選。儒人被俘爲奴者，亦令就試，其主匿弗遣者死。得東平楊奐等四千三十人，免爲奴者四之一。楚材又請一衡量，立鈔法，定均輸，庶政略備。

又： 先是蒙古侍臣托驩，舊作脱歡，今改。請簡天下室女，詔下，耶律楚材尼之不行，蒙古主怒。楚材進曰：向選女二十有八人，足備使令。今復選拔，臣恐擾民，欲覆奏耳。蒙古主良久曰：可罷之。是月，左翼諸部譌言括民女，蒙古主怒，因括以賜麾下。【略】

蒙古貴近臣譖耶律楚材違制庇逃軍，蒙古主怒，縶楚材；既而自悔，命釋之。楚材不肯解縛，進曰：臣備位公輔，國政所屬。陛下初令縶臣，以有罪也；當明示百官，罪在不赦。今釋臣，是無罪也；豈宜輕易反覆，如戲小兒！國有大事，何以行爲！蒙古主曰：朕雖爲帝，寧無過舉耶？乃温言以慰之。

楚材因陳時務十策，曰信賞罰，正名分，給俸禄，官功臣，考殿最，均科差，選工匠，務農桑，定土貢，制漕運，皆適於時務，悉施行之。

【略】蒙古太原路轉運使呂俊、副使劉子俊，以贓抵罪。蒙古主責耶律楚材曰：卿言孔子之道可行，儒者爲好人，何故乃有此輩？楚材對曰：君父教臣子，亦不欲令陷不義。三綱、五常，聖人之名教，有國家者莫不欲之，如天之有日月也。豈得緣一夫之失，使萬世常行之道見廢於我朝乎！蒙古主意乃解。

（清）畢沅《續資治通鑑》卷一七〇《元紀七》 二月，辛酉，蒙古主疾甚，醫言脈已絶。第六皇后尼瑪察舊作乃馬真，今改。氏不知所爲，召耶律楚材問之，楚材對曰：今任使非人，賣官鬻獄，囚繫非辜者多。古人一言而善，熒惑退舍，請赦天下囚徒。后卽欲行之，楚材曰：非君命不可。俄頃，蒙古主少蘇，因入奏，蒙古主已不能言，首肯之。赦下，是夜，醫者候脈復生，翌日而瘳。

（元）蘇天爵《元朝名臣事略》卷五《中書耶律文正王》 燕京呼圖克扎木陰結權貴，以銀五十萬兩撲買天下差發實埒發鼎者，以銀二十五萬兩撲買天下係官廊房地基水利猪雞。劉廷玉者以銀五萬兩撲買燕京酒課，又有回鶻以銀一百萬兩撲買天下鹽課，至有撲買天下河泊橋梁渡口者。公曰：此皆奸人欺下罔上，爲害甚大，咸奏罷之。嘗曰：興一利，不若除一害，生一事，不若減一事。人必謂班超之言，蓋平平耳，千古之下，自有定論。神道碑。

又： 自太祖西征之後，倉廩府庫無斗粟尺帛，而中使伯特等僉言：雖得漢人亦無所用，不若盡去之，使草木暢茂，以爲牧地。公卽前曰：夫以天下之廣，四海之富，何求而不得，但不爲耳，何名無用哉？因奏地税、商税、酒、醋、鹽、鐵、山澤之利，周歲可得銀五千萬兩，絹八萬匹，粟四十萬石。上曰：誠如卿言，則國有餘矣，卿試爲之。乃奏立十路課税所，設使副二員，皆以儒者爲之。如燕京陳時可，宣德路劉中，皆天下之選。因時時進説周孔之教，且謂天下雖得之馬上，不可以馬上治。上深以爲然。國朝之用文臣，蓋自公發之。神道碑。

先是諸路長吏，兼領軍民錢穀，往往恃其富強，肆爲不法。公奏長吏專理民事，萬戶府總軍政，課税所掌錢穀，各不相統攝，遂爲定制。權貴不能平。燕京路舒穆嚕咸達布激怒皇族，俾專使來奏。謂公悉用南朝舊人，且渠親屬在彼，恐有異志不宜重用。且以國朝所忌，誣構百端，必欲置之死地。事連諸執政，同列爲之股慄，曰：何必強爲更張計，必有今日事。公曰：自立朝廷以來，每事皆我爲之，諸公何與焉？若果獲罪，自我當之。上察其誣，怒逐來使。不數月，會有以事告咸達布者，上特命公鞠治。公奏曰：比人倨傲無禮，狎近羣小，易以招謗。今方有事於南邦，他日治之，亦未晚也。神道碑。

又： 時天下新定，未有號令，所在長吏，皆得自專生殺，少有忤意則刀鋸隨之。至有全室被戮，襁褓不遺者，而彼州此郡動輒興兵相攻。公首以爲言，皆禁絶之。神道碑。

又： 燕京多盗，至駕車行刦，有司不能禁。時睿宗監國，命中使偕公馳傳往，至分捕得之，皆勢家子。其家人輩行賂求免，中使惑之，欲爲覆奏，公執以爲不可，曰：信安咫尺未下，若不懲戒，恐致大亂。遂刑一十六人，京城帖然。神道碑。

又：時河南新破，被俘擄者不可勝計，及聞大軍北還，逃去者十八九。有詔停留逃民及資給飲食者皆死，無問城郭保社，一家犯禁，餘並連坐。由是百姓惶駭，雖父子兄弟，一經俘擄，不敢正視，逃民無所得食，踣死道路者，踵相躡也。公從容進説曰：十餘年間，存撫百姓，以其有用故也。若勝負未分，慮涉攜貳，今敵國已破，去將安往，豈有因一俘囚，罪數百人者乎？上悟，詔停其禁。神道碑。

劉秉忠

《元史》卷一五七《劉秉忠傳》　劉秉忠字仲晦，初名侃，因從釋氏，又名子聰，拜官後始更今名。【略】

世祖在潛邸，海雲禪師被召，過雲中，聞其博學多材藝，邀與俱行。既入見，應對稱旨，屢承顧問。秉忠於書無所不讀，尤邃於《易》及邵氏《經世書》，至於天文、地理、律曆、三式六壬遁甲之屬，無不精通。論天下事如指諸掌。世祖大愛之，海雲南還，秉忠遂留藩邸。後數歲，奔父喪，賜金百兩為葬具，仍遣使送至邢州。服除，復被召，奉旨還和林。上書數千百言，其略曰：

典章、禮樂、法度、三綱五常之教，備於堯、舜，三王因之，五霸敗之。漢興以來，至于五代，一千三百餘年，由此道者，漢文、景、光武，唐太宗、玄宗五君，而玄宗不無疵也。然治亂之道，係乎天而由乎人。天生成吉思皇帝，起一旅，降諸國，不數年而取天下。勤勞憂苦，遺大寶於子孫，庶傳萬祀，永保無疆之福。

愚聞之曰以馬上取天下，不可以馬上治。昔武王，兄也；周公，弟也。周公思天下善事，夜以繼日，每得一事，坐以待旦，以匡周室，以保周天下八百餘年，周公之力也。君上，兄也；大王，弟也。思周公之故事而行之，在乎今日。千載一時，不可失也。

君之所任，在內莫大乎相，相以領百官，化萬民；在外莫大乎將，將以統三軍，安四域。內外相濟，國之急務，必先之也。然天下之大，非一人之可及；萬事之細，非一心之可察。當擇開國功臣之子孫，分為京府州郡監守，督責舊官，以遵王法；仍差按察官守，治者升，否者黜。天下不勞力而定也。

天下戶過百萬，自忽都那演斷事之後，差徭甚大，加以軍馬調發，使臣煩擾，官吏乞取，民不能當，是以逃竄。宜比舊減半，或三分去一，就見在之民以定差稅，招逃者復業，再行定奪。官無定次，清潔者無以遷，污濫者無以降。可比附古例，定百官爵祿儀仗，使家足身貴。有犯於民，設條定罪。威福者君之權，奉命者臣之職。今百官自行威福，進退生殺惟意之從，宜從禁治。

天下之民未聞教化，見在囚人宜從赦免，明施教令，使之知畏，則犯者自少也。教令既設，則不宜繁，因大朝舊例，增益民間所宜設者十數條足矣。教令既施，罪不至死者皆提察然後決，犯死刑者覆奏然後聽斷，不致刑及無辜。

天子以天下為家，兆民為子，國不足，取於民，民不足，取於國，相須如魚水。有國家者，置府庫，設倉廩，亦為助民；民有身者，營產業，闢田野，亦為資國用也。今宜打算官民所欠債負，若實為應當差發所借，宜依合罕皇帝聖旨，一本一利，官司歸還。凡陪償無名，虛契所負，及還過元本者，並行赦免。

納糧就遠倉，有一廢十者，宜從近倉以輸為便。當驛路州城，飲食祗待偏重，宜計所費以準差發。關市津梁正稅十五分取一，宜從舊制。禁橫取，減稅法，以利百姓。倉庫加耗甚重，宜令權量度均為一法，使錙銖圭撮尺寸皆平，以存信去詐。珍貝金銀之所出，淘沙鍊石，實不易為。一旦以纏絲縷，飾皮革，塗木石，粧器仗，取一時之華麗，廢為塵而無濟，甚可惜也。宜從禁治。除帝胄功臣大官以下章服有制外，無職之人不得僭越。今地廣民微，賦斂繁重，民不聊生，何力耕耨以厚產業？宜差勸農官一員，率天下百姓務農桑，營產業，實國之大益。

古者庠序學校未嘗廢，今郡縣雖有學，並非官置。宜從舊制，修建三學，設教授，開選擇才，以經義為上，詞賦論策次之，兼科舉之設，已奉合罕皇帝聖旨，因而言之，易行也。開設學校，宜擇開國功臣子孫受教，選達才任用之。

天下莫大於朝省，親民莫近於縣宰。雖朝省有法，縣宰宜擇，縣宰正，民自安矣。關西、河南地廣土沃，以軍馬之所出入，治而未豐。宜設官招撫，不數年民歸土闢，以資軍馬之用，實國之大事。移剌中丞拘榷鹽鐵諸產、商賈酒醋貨殖諸事，以定宣課，雖使從實恢辦，不足亦取於民，拖兑不辦，已不為輕。奥魯合蠻奏請於舊額加倍榷之，往往科取民間。科榷並行，民無所措手足。宜從舊例辦榷，更或減輕，罷繁碎，止科徵，無從獻利之徒削民害國。鰥寡孤獨廢疾者，宜設孤老院，給衣糧以為養。使臣到州郡，宜設館，不得於官衙民家安下。

孔子為百王師，立萬世法，今廟堂雖廢，存者尚多，宜令州郡祭祀，釋奠如舊儀。近代禮樂器具靡散，宜令刷會，徵太常舊人教引後學，使器備人存，漸以修之，實太平之基，王道之本。今天下廣遠，雖成吉思皇帝威福之致，亦天地神明陰所祐也。宜訪名儒，循舊禮，尊祭上下神祇，和天地之氣，順時序之行，使神享民依，德極於幽明，天下賴一人之慶。見行遼曆，日月交食頗差，聞司天臺改成新曆，未見施行。宜因新君即位，頒曆改元。令京府州郡置更漏，使民知時。國滅史存，古之常道，宜撰修《金史》，令一代君臣事業不墜於後世，甚有勵也。

國家廣大如天，萬中取一，以養天下名士宿儒之無營運産業者，使不致困窮。或有營運産業者，會前聖旨，種養應輸差稅，其餘大小雜泛並行蠲免，使自給養，實國家養才勵人之大也。明君用人，如大匠用材，隨其巨細長短，以施規矩繩墨。孔子曰：君子不可小知而可大受，小人不可大受而可小知。蓋君子所存者大，不能盡小人之事，或有一短；小人所拘者狹，不能同君子之量，或有一長。盡其才而用之，成功之道也。

君子不以言廢人，不以人廢言，大開言路，所以成天下、安兆民也。天地之大，日月之明，而或有所蔽。且蔽天之明者，雲霧也；蔽人之明者，私欲佞説也。常人有之，蔽一心也；人君有之，蔽天下也。常選左右諫臣，使諷諭於未形，忖畫於至密也。君子之心，一於理義，懷於忠良；小人之心，一於利欲，懷於讒佞。君子得位，有容於小人；小人得勢，必排於君子。明君在上，不可不辨也。孔子曰遠佞人，又曰惡利口之覆邦家者，此之謂也。

今言利者衆，非圖以利國害民，實欲殘民而自利也。宜將國中人民必用場治，付各路課稅所，以定榷辦，其餘言利者並行罷去。古者明王不寶遠物，所寶惟賢，如使賢者在位，能者在職，此皆一人之睿知，賢王之輔成也。古者治世均民産業，自廢井田為阡陌，後世因之不能復。今窮乏者益損，富盛者增加。宜禁行利之人勿恃官勢，居官在位者勿侵民利，商賈與民和好交易，不生擅奪欺罔之害，真國家之利也。

笞箠之制，宜會古酌今，均為一法，使無敢過越。禁私置牢獄，淫民無辜，鞭背之刑宜禁治，以彰愛生之德。立朝省以統百官，分有司以御衆事，以至京府州郡親民之職無不備，紀綱正於上，法度行於下，是故天下不勞而治也。今新君即位之後，可立朝省，以為政本。其餘百官，不在員多，惟在得人焉耳。

世祖嘉納焉。又言：邢州舊萬餘戶，兵興以來不滿數百，凋壞日甚，得良牧守如真定張耕、洺水劉肅者治之，猶可完復。朝廷即以耕為邢州安撫使，肅為副使。由是流民復業，升邢為順德府。【略】

秉忠自幼好學，至老不衰，雖位極人臣，而齋居蔬食，終日澹然，不異平昔。自號藏春散人。每以吟詠自適，其詩蕭散閑淡，類其為人。有文集十卷。

《四庫全書總目提要》卷一一一《子部·玉尺經》　《玉尺經》四卷通行本。舊本題元劉秉忠撰，明劉基註。秉忠初名侃，字仲晦，其先瑞州人。曾祖官邢州，因徙家焉。少補邢臺節度府令史，旋棄去。隱武安山中，從浮屠法，更名子聰。世祖在潛邸，僧海雲邀與入見，大悦之，留贊大計，人稱聰書記。及世祖即位，始創議建國號，規模制作，皆所草定。至元元年，拜光禄大夫、太保，參預中書省事，更賜今名。十一年卒，贈太傅趙國公。謚文貞，後改謚文正。追封常山王。事蹟具《元史》本傳。基有《清類天文分野》之書，已著録。秉忠精於陽陰術數，世祖稱其占事知來，若合符契。嘗相地建上都於龍岡，又建大都城，其規制皆秉忠所定。顧史不載其著有是書。《永樂大典》備收元以前地理之書，亦無是編。明嘉、隆以前人語地學者，皆未嘗引及。知其晚出，特依託於秉忠。基註中有貴州北界之語。貴州在元季為順元宣慰司，明初改貴州宣慰司，永樂間始置貴州布政司。基當太祖時，何由與廣東、雲南竝稱，是註之僞託，亦不問可知。其書言萬山起自崑崙，其入中華分五嶽者為艮、震、巽三條。又云：黄河界而西北丑艮行龍，長江限而東南巽辰起祖。不知黄河自西北而東南，依形家言，當云乾亥行龍。長江自西南而東北，依形家言，當云坤申起祖。蓋承上文而自忘其謬。又以金臨火為自焚，木入金為絶命，離龍見兑坎為自廢，震龍見離兑為傷劫。不知山川蟠鬱，千里百里，初無定形。必如所云自起祖以至落脈，兑不可以入離，離不可以趨兑，將褒斜之谷不可以入終南，九華之峰不可以趨鍾阜。拘而鮮通，莫此為甚。其《論向》篇，謂龍穴之善惡從水，而以生旺三合為主。是轉以巒頭之形勢，繫於水口之吉凶。舍本齊末，益復支離。自此書盛行，江南地學，率皆以三合為正宗。趨生趨旺，從向從龍，糾紛不已。蓋三吴澤國，言水口則易於傅會，是以輾轉相承，末流益熾。國朝華亭蔣平階作《地理辨正》，始攻之甚力。雖平階欲盡變理氣家言，未免過當。然謂其竊楊、賴兩家龍分順逆、砂辨貴賤之緒論，參以臆説，詞雖瀾翻，意實膚淺。平階所糾，要不得謂之吹索也。

《四庫全書總目提要》卷一六六《集部・藏春集》　《藏春集》六卷浙江鮑士恭家藏本。元劉秉忠撰。秉忠有《玉尺經》，已著録。秉忠博覽好學，尤邃於《易》，凡天文、地理、律曆三式，六壬遁甲之屬，無不精通。故術數家言多託之以行世，往往不可盡信。至其所著文集，見於本傳者十卷。今此本祇六卷，乃明處州知府馬偉所刊。前五卷為各體詩，末一卷為附録、誥敕、誌文、行狀，而不及所著雜文。故秉忠所上萬言書及其他奏疏見於本傳者，概闕焉。蓋文已佚而僅存其詩，故卷目多寡與本傳不合也。秉忠起自緇流，身參佐命，與明道衍事頗同。然道衍首構逆謀，獲罪名教，而秉忠則從容啟沃，以典章禮樂為先務，卒開一代治平。其人品相去懸絶，故所作大都平正通達，無噍殺之音。史稱其詩蕭散閒澹，類其為人，雖推之稍過，然如小詩中鳴鳩唤住西山雨，桑葉如雲麥始華之類，亦未嘗不時露風致也。

姚樞

《元史》卷一五八《姚樞傳》　姚樞字公茂，柳城人，後遷洛陽。少力學，内翰宋九嘉識其有王佐略，楊惟中乃與之偕覲太宗。歲乙未，南伐，詔樞從惟中卽軍中求儒、道、釋、醫、卜者。會破棗陽，主將將盡坑之，樞力辨非詔書意，他日何以復命，乃蹙數人逃入篁竹中脱死。拔德安，得名儒趙復，始得程頤、朱熹之書。辛丑，賜金符，爲燕京行臺郎中。時牙魯瓦赤行臺，惟事貨賂，以樞幕長，分及之。樞一切拒絶，因棄官去。攜家來輝州，作家廟，别爲室奉孔子及宋儒周惇頤等象，刊諸經，惠學者，讀書鳴琴，若將終身。時許衡在魏，至輝，就録程、朱所註書以歸，謂其徒曰：曩所授受皆非，今始聞進學之序。既而盡室依樞以居。

世祖在潛邸，遣趙璧召樞至，大喜，待以客禮。詢及治道，乃爲書數千言，首陳二帝三王之道，以治國平天下之大經，彙爲八目，曰：修身，力學，尊賢，親親，畏天，愛民，好善，遠佞。次及救時之弊，爲條三十，曰：立省部，則庶政出一，綱舉紀張，令不行於朝而變於夕。辟才行，舉逸遺，慎銓選，汰職員，則不專世爵而人才出。班俸禄，則贓穢塞而公道開。定法律，審刑獄，則收生殺之權于朝，諸侯不得而專，丘山之罪不致苟免，毫髮之過免罹極法，而寃抑有伸。設監司，明黜陟，則善良姦窳可得而舉刺。閣徵斂，則部族不横於誅求。簡驛傳，則州郡不困於需索。修學校，崇經術，旌節孝，以爲育人才、厚風俗、美教化之基，使士不媮於文華。重農桑，寬賦税，省徭役，禁游惰，則民力紓，不趨於浮僞，且免習工技者歲加富溢，勤耕織者日就饑寒。肅軍政，使田里不知行營〔往復〕之擾攘。周匱乏，恤鰥寡，使顛連無告者有養。布屯田以實邊戍，通漕運以廩京都。倚債負，則賈胡不得以子爲母，破稱貸之家。廣儲蓄，復常平以待凶荒，立平準以權物估，卻利便以塞倖塗，杜告訐以絶訟源。各疏（弛）〔施〕張之方，其下本末兼該，細大不遺。世祖奇其才，動必召問，且使授世子經。【略】

詔赴中書議事，及講定條格，且勉諭曰：姚樞辭避台司，朕甚嘉焉。省中庶務，須賴一二老成同心圖贊，其與尚書劉肅往盡乃心，其尚無隱。及修條格成，與丞相史天澤奏之，帝深嘉納。【略】

又請禁宋鞭背、黥面及諸濫刑。

（清）李清植《歷代名儒傳》卷八　姚樞，字公茂，柳城人，後遷洛陽。楊惟中與覲太宗，及惟中南伐，詔樞即其軍中，求儒道釋醫卜者。德安拔，樞脱，名儒趙復於死，始得程朱之書。後爲燕京行臺郎中，行臺黷貨，時以分樞。樞一切拒絶，因棄官去。攜家輝州，作家廟，別爲室以奉孔子及宋儒周子等像，刊諸經惠學者，讀書鳴琴，若將終身。許衡在魏聞之，乃詣樞，録程朱書以歸，已復盡室依樞。論者謂程朱之學，自南而北，始於復，盛於衡，然非樞，則復無所與傳，衡無所從受，故北方正學之興，樞功爲多。世祖在潛邸，召問治道，待以客禮。樞爲書數千言，首陳帝王之道，治平之經，彙爲八目。曰修身力學，尊賢親親，畏天愛民，好善遠佞，大抵不謬於程朱之意。次又條三十事，其請立省部，舉逸遺，班俸禄，定法律，設監司，簡驛傳，修學校，重農桑，肅軍政，布屯田，通漕運，復常平，杜告訐，尤切於時弊。世祖奇其才，動必咨之。樞爲人，含弘而仁恕，恭敏而儉勤，未嘗疑人欺己，有負其德，亦不留怨，憂患之來，不見顔色，然智慮沈深，每出意表。憲宗詔軍民在赤老温山南者，世祖總之。世祖既奉詔，置酒，羣下皆賀，樞獨默然。及罷酒，世祖問樞，樞曰：漢地軍民，吾盡有之，異時間言易入，不若惟持兵權，供億取之有司，於理爲順。世祖曰：慮所不及。遂以聞。憲宗從之。及大封同姓，勅世祖於南京關中，自擇其一。樞曰：南京河徙無常，土薄水淺，舄鹵生之。不若關中，厥田上上，古名天府陸海。於是世祖願有關中。世祖征大理，樞於道陳宋曹彬取南唐不殺一人事。世祖據鞍呼曰：吾能爲之。樞即馬上賀。明年，師至大理，裂帛爲旗，書止殺之令，由是民得完聚。後世祖以得中土心被讒，憲宗命就關中，置局鈎考，世祖不樂。樞曰：帝，君也兄也。大王爲皇弟，臣也。莫若盡王邸妃主，自歸朝廷，爲久居謀，疑將自釋。及世祖見憲宗，皆泣下，竟不令有所白，而罷鈎考局，其隨事規畫類此。世祖即位，首立十道宣撫使，以樞使東平。二年，拜太子太師，辭，改大司農。是時禮樂崩壞，樞以王鏞鍊習故實，請令提舉禮樂。又舉楊庸教孔顔孟三族諸孫之俊秀者，皆從之。樞嘗爲帝言，王文統學術不純，以游説干諸侯，他日必反。及李璮謀叛，文統果坐璮誅。四年，拜中書左丞，請睦親族以固本，建儲副以重祚，定大臣以當國，開經筵以格心，修邊備以防虞，蓄糧餉以待歉，立學校以育材，勸農桑以厚生。帝嘉納之。十年，拜昭文館大學士，詳定禮儀事。明年，師復南下。先是世祖降不殺人之詔，伯顔濟江，兵不踰時，降城三十，戶逾百萬。及是役，軍官利財剽殺，自夏徂秋，一城不拔，樞乃請除宋諸濫刑，仍申止殺之令，使賞罰必行，以故所向有功。十三年，拜翰林學士承旨。樞自少力學，宋九嘉見之，即許爲王佐器。其後卒佐世祖定天下。十七年卒，年七十八，謚文獻。

論曰：民心者天命之寄也。故曰天視自我民視，天聽自我民聽。後世用兵，徒計功利，於是有假屠掠以立威者矣。夫屠掠則民心去之，欲邀天眷，不亦難乎。樞之獻説，姑以利害籌之，冀使其言易入耳。計樞之所全活，前後不可勝數。元之卒濟大業，樞實爲首庸矣。

許衡

《元史》卷一五八《許衡傳》 許衡字仲平，懷之河內人也，世爲農。父通，避地河南，以泰和九年九月生衡於新鄭縣。幼有異質，七歲入學，授章句，問其師曰：讀書何爲？師曰：取科第耳！曰：如斯而已乎？師大奇之。每授書，又能問其旨義。久之，師謂其父母曰：兒穎悟不凡，他日必有大過人者，吾非其師也。遂辭去，父母強之不能止。如是者凡更三師。稍長，嗜學如饑渴，然遭世亂，且貧無書。嘗從日者家見《書》疏義，因請寓宿，手抄歸。既逃難（岨崍）〔徂徠〕山，始得《易》王輔嗣説。時兵亂中，衡夜思晝誦，身體而力踐之，言動必揆諸義而後發。嘗暑中過河陽，渴甚，道有梨，衆爭取啖之，衡獨危坐樹下自若。或問之，曰：非其有而取之，不可也。人曰：世亂，此無主。曰：梨無主，吾心獨無主乎？

（元）蘇天爵《元朝名臣事略》卷八《左丞許文正公》 夏四月，分省至上都，屢蒙訪問，遂奏陳時務五事。聖旨俞允命繕寫以進，朕當詳之。其一曰立國規模，歷論前代建國北方，奄有中夏，如魏、如遼、如金，能用漢法，故享國長久。今國家當行漢法，事在不疑。然萬世國俗，累朝勳貴，一旦驅之，下從臣僕之謀，改就亡國之俗，其勢甚難，非三十年不能成功。舉一語使民富實，興學校練甲兵，隨時損益，裁爲定制，如臣等輩皆足以任此。在陛下篤信而堅守之，不雜小臣，不營小利，不貴近效，不惑浮言，庶幾可以得天下之心，成至治之效。二曰中書大要，今仕者宜頒俸禄，使可資以爲養，未仕者宜明立條式，俾就銓敍則失職之怨少舒矣。外設監司，糾察汙濫，內由吏部考訂資歷，則踰分之求漸可息矣。再任三任，抑高而舉下，則人才爵禄可得而差次之矣。至於貴家世襲，品官任子，版籍戶口之制，亦不可緩也。若夫得行與不得行，在上之委任者何如，而能行與不能行，在執政得人與不得人耳。其三曰爲君難，其旨曰踐言，曰防欺，曰任賢，曰去邪，曰得民心，曰順天道，六者乃爲君難之目，舉其要則修德、任賢、愛民三者而已，此謂治本。治本立則綱紀可布，法度可行治功可必矣。其四曰農桑學校。今國家徒知斂財之巧，不知生財之由，不惟不知生財，而斂財之酷，又害於生財也。徒知防人之欺，不知養人之善，欲其不欺，非衣食以養其生，義理以養其心，不可也。徒思法令之不行，不思法令無可行之地。上多賢才，皆思爲公，下多富民，皆知自愛，則不令自行，不禁自止。誠能憂重農民，勿使擾害，盡驅游惰之民，歸之南畝，歲課種樹，懇諭而篤行之。十年以後，當倉盈庫積，非今日比矣。自上都中都及司縣，皆設學校，使皇子以至庶人之子弟，皆從事於學，日明父子君臣之大倫，自灑掃應對至於平天下之要道。十年以後，上知所以御下，下知所以事上，上和下睦，又非今日比矣。其五曰慎微。文多削藁，先生每有奏對，或欲召見，則上自擇善譯者，然後見之，或譯者言不逮意，上已領悟，或語意不倫，上亦覺其非而正之。至燕先生以疾，不復入省，因求還家養疾，許之。

（清）李清植《歷代名儒傳》卷八 許衡，字仲平，懷之河內人。甫授章句，輒能詰其義旨。嘗問曰：讀書何爲？師曰：取科第耳。曰：如斯而已乎？師大奇之，已乃辭去，曰：是兒穎悟非凡，吾非其師也。留之不能止。比長嗜學如饑渴，遭亂家貧無書，於日者家見《書》疏義，即請寓録之以歸。及逃難岨崍山，始得王弼《易》説，夜思晝誦，身體而力踐之。當暑過河陽，暍甚，道有梨，衆爭取啖，衡獨危坐曰：非其有而取之，不可。人曰：世亂，此無主。衡曰：吾心獨無主乎？轉魯留魏，人見其有德，稍稍從之。居三年，聞亂且定，乃還懷。往來河洛間，從姚樞得程朱書，益有得。尋躬耕蘇門，與樞及竇默相講習，粟熟則食，不熟則食糠覈，財有餘即斥以資族人及諸生之貧者，非義所遺，一毫不受。於經傳子史禮樂名物兵刑食貨水利，無所不講，而慨然以道爲己任。世祖出王秦中，思所以化秦人，乃召衡爲京兆提學。秦人聞衡至，莫不喜幸來學，由是郡縣皆建學校，民大化之。世祖南行，乃還懷。世祖即位，召至京師。時王文統以言利進，爲平章政事，衡及樞入侍，言治亂休戚必以義爲宗。竇默亦屢攻文統，文統患之。奏樞爲太子太師，默爲太子太傅，衡爲太子太保，陽爲尊用，實不使數侍上也。默樞拜命，將入謝，衡曰：此不安於義也，且禮師傅與太子位東西鄉，師傅坐，太子乃坐，公等度能復此乎？不能，是師道自我廢也，樞等以爲然。凡五辭，乃改命樞大司農，默翰林侍講學士，衡國子祭酒。未幾，衡謝病歸。至元二年，以安童爲丞相，帝欲衡輔之。復召，使議事中書省，衡乃上疏陳五事。一言立國規模，必行漢法，乃可長久。二言仕者當給俸，以養其廉，未仕者當寬立條格，俾就敍用。外設監司以察污濫，內專吏部以定資歷。三言上天眷命作之君師，蓋以至難任之，非予以可安也。知其爲難而以難處，則難或可爲。不知爲難而以易處，則他日之難，有不可爲者矣。四言國家徒知斂財之巧，不知生財之由，徒知防人之欺，不欲養人之善。誠優重農民，敺游惰而歸之南畝。自都邑至州縣，皆設學校，使皇子以下至庶人之子弟，皆入於學。十年以後，必非今日之比矣。五言天下所以定者，民志定也。夫民不安於白屋，仕不安於卑位，輻輳竝進，各懷無厭無恥之心，上之人可不爲寒心哉。書奏，帝嘉納之。衡每見帝，多所陳奏，退輒削草，故其言常祕。帝以衡多病命五日一至省。四年，乃聽歸懷。逾年，復召。六年，命定朝儀，儀成，又詔定官制。衡考古今分併之序，凡省部院臺郡縣，與后妃儲藩百司，所聯屬統制，定爲圖，奏上之。及阿合馬入中書，勢傾朝野，衡與之議，正言不少讓。帝又以合馬子僉樞密院，衡執議曰：國家事權，兵民財三者而已，今其父典民與財，子又典兵，不可。帝曰：卿慮其反耶？對曰：彼雖不反，此反道也。合馬由是銜之，亟薦衡宜在中書，欲中以事。俄除左丞，固辭不獲，後從幸上京，論合馬專權罔上，蠹政害民，不報。因謝病，帝惻然，命自舉代。衡曰：用人天子之大柄，臣下論其賢否則可，若授以位，則當斷自宸衷，不可使臣下有市恩之漸，乃止。帝久欲開太學，會衡請益力，乃以爲集賢大學士，兼國子祭酒，親擇蒙古子弟俾教之。衡聞命喜曰：此吾事也。請徵其弟子耶律有尚劉季偉等十二人，分處各齋，爲齋長。時所選子弟皆幼稚，衡待之如成人，愛之如子，出入進退，嚴若君臣。其教因覺以明善，因明以開蔽，相其動息以爲張弛，課誦少假，即習禮，或習書算，其尤少者，則習拜跪揖讓，灑掃應對。或射，或投壺，負者罰讀書若干遍。久之，諸生人人自得，尊師敬業，雖童子亦知三綱五常爲生人之道。十年，權臣屢毀漢法，諸生廩食或不繼，衡丐還。帝以問王磐，磐曰：衡教人有法，諸生行可從政，此國之大體，宜勿聽去。竇默爲衡固懇，乃聽，用劉秉忠言，以耶律有尚等爲助教，守衡規矩。十三年，復以原官召領太史院事。初，元得中原，循用金《大明曆》，氣朔漸差。至是詔王恂更定，恂以曆家知曆數，不知曆理，請得衡領之。衡乃與太史令郭守敬，新製儀象圭表，一本天道自然之數，可以施之永久。十七年，曆成，賜名《授時》，頒之天下。六月，以疾丐還，帝以其子師可爲懷孟路總管以養之。明年，病革，家有祭禮，猶扶而起，奠獻如儀。曰：一日未死，可不有事於祖考。既徹，家人餕，怡怡如也。已而卒，年七十三。是日大雷電，風拔木，懷人無貴賤少長，皆哭於門。四方學士聞訃，皆聚哭，或數千里來哭墓下。衡善教，其言煦煦，雖與童子語，如恐傷之，隨其才皆有所成就。故所至人盡樂從，所去人不忍舍，服其教，如金科玉條，聽其言，即武人欲士，無不感悟。大德二年，謚文正。至大二年，封魏國公。皇慶二年，從祀孔子廟庭，衡自署其齋曰魯，故學者稱魯齋先生。

論曰：朱子而後，正學大明，然及門諸子，已有失其微旨。

蘇天爵

《元史》卷一八三《蘇天爵傳》　蘇天爵字伯修，真定人也。【略】天爵由國子學生公試，名在第一，釋褐，授從仕郎、大都路薊州判官。丁内外艱，服除，調功德使司照磨。泰定元年，改翰林國史院典籍官，陞應奉翰林文字。至順元年，預修《武宗實録》。二年，陞修撰，擢江南行臺監察御史。

明年，慮囚于湖北。湖北地僻遠，民獠所雜居，天爵冒瘴毒，徧歷其地。囚有言寃狀者，天爵曰：憲司歲兩至，不言何也？皆曰：前此慮囚者，應故事耳。今聞御史至，當受刑，故不得不言。天爵為之太息。每事必究心，雖盛暑，猶夜篝燈，治文書無倦。〔江〕〔沅〕陵民文甲無子，育其甥雷乙，後乃生兩子，而出乙，乙俟兩子行賣茶，即舟中取斧，並斲殺之，沈斧水中，而血漬其衣，跡故在。事覺，乙具服，部使者乃以三年之疑獄釋之。天爵曰：此事二年半耳，且不殺人，何以衣污血？又何以知斧在水中？又其居去殺人處甚近，何謂疑獄？遂復置于理。常德民盧甲、莫乙、汪丙同出傭，而甲誤墮水死，甲弟之為僧者，欲私甲妻不得，訴甲妻與乙通，而殺其夫。乙不能明，誣服擊之死，斷其首棄草間，屍與仗棄譚氏家溝中。吏往索，果得髑髏，然屍與仗皆無有，而譚誣證曾見一屍，水漂去。天爵曰：屍與仗縱存，今已八年，未有不腐者。召譚詰之，則甲未死時，目已瞽，其言曾見一屍水漂去，妄也。天爵語吏曰：此乃疑獄，况不止三年。俱釋之。其明於詳讞，大抵此類。

入為監察御史，道改奎章閣授經郎。元統元年，復拜監察御史，在官四閲月，章疏凡四十五上，自人君至于朝廷政令、稽古禮文、閭閻幽隱，其關乎大體、繫乎得失者，知無不言。所劾者五人，所薦舉者百有九人。明年，預修《文宗實録》，遷翰林待制，尋除中書右司都事，兼經筵參贊官。後至元二年，由刑部郎中，改御史臺都事。三年，遷禮部侍郎。五年，出為淮東道肅政廉訪使，憲綱大振，一道肅然。入為樞密院判官。明年，改吏部尚書，拜陝西行臺治書侍御史，復為吏部尚書，陞參議中書省事。是時，朝廷更立宰相，庶務多所弛張，而天子圖治之意甚切，天爵知無不言，言無顧忌，夙夜謀畫，須髮盡白。

至正二年，拜湖廣行省參知政事，遷陝西行臺侍御史。四年，召為集賢侍講學士，兼國子祭酒。天爵自以起自諸生，進為師長，端己悉心，以範學者。明年，出為山東道肅政廉訪使，尋召還集賢，充京畿奉使宣撫，究民所疾苦，察吏之姦貪，其興除者七百八十有三事，其糾劾者九百四十有九人，都人有包、韓之譽，然以忤時相意，竟坐不稱職罷歸。七年，天子察其誣，乃復起為湖北道宣慰使、浙東道廉訪使，俱未行。拜江浙行省參知政事。江浙財賦，居天下十七，事務最煩劇，天爵條分目別，細鉅不遺。

九年，召為大都路都總管，以疾歸。俄復起為兩浙都轉運使，時鹽法弊甚，天爵拯治有方，所辦課為鈔八十萬錠，及期而足。十二年，妖寇自淮右蔓延及江東，詔仍江浙行省參知政事，總兵于饒、信，所克復者，一路六縣。其方略之密，節制之嚴，雖老帥宿將不能過之。然以憂深病積，遂卒于軍中。年五十九。

天爵為學，博而知要，長於紀載，嘗著《國朝名臣事略》十五卷、《文類》七十卷。其為文，長於序事，平易溫厚，成一家言，而詩尤得古法，有詩藁七卷、文藁三十卷。於是中原前輩，凋謝殆盡，天爵獨身任一代文獻之寄，討論講辯，雖老不倦。晚歲，復以釋經為己任。學者因其所居，稱之為滋溪先生。其他所著文，有《松廳章疏》五卷、《春風亭筆記》二卷、《遼金紀年》、《黃河原委》，未及脱藁云。

《四庫全書總目提要》卷五八《史部·元朝名臣事略》 《元朝名臣事略》十五卷大學士于敏中家藏本。元蘇天爵撰。天爵字伯修，真定人。由國子學生試第一，釋褐授從仕郎，蘇州判官，終浙江行省參知政事。事蹟具《元史》本傳。此書記元代名臣事實，始穆呼哩原作木華黎，今改正。終劉因，凡四十七人。大抵據諸家文集所載墓碑、墓誌、行狀。家傳為多，其雜書可徵信者，亦采掇焉。一一註其所出，以示有徵。蓋仿朱子《名臣言行録》例，而始末較詳；又兼仿杜大珪《名臣碑傳琬琰集》例，但有所棄取，不盡録全篇耳。後蘇霖作《有官龜鑑》，於當代事蹟皆採是書。《元史·列傳》亦皆與是書相出入，足知其不失為信史矣。

《四庫全書總目提要》卷五九《史部·劉文靖公遺事》 《劉文靖公遺事》一卷浙江范懋柱家天一閣藏本。元蘇天爵撰。天爵有《名臣事略》，已著録。是編乃所述容城劉因行實也。考天爵《名臣事略》第十五卷，即紀因事，然此卷所述，皆《事略》所未言，蓋天爵於《事略》既成之後，別採舊聞，補其所闕，故命曰《遺事》。《元史》劉因本傳多採用此卷，亦以後來搜輯較為詳備歟。

《四庫全書總目提要》卷九三《子部·治世龜鑑》 《治世龜鑑》一卷浙江鄭大節家藏本。元蘇天爵撰。天爵有《名臣事略》，已著録。此書為成化丙午吳江知縣太和陳堯弼所刊。篇首天爵結銜題中奉大夫浙江等處行中書省參知政事。考《元史》天爵本傳，凡兩拜是官，一在至正七年，一在至正十二年。此書前有林興祖、趙汸二序，皆標至正十二年壬辰正月，則作於再任之日。是時妖寇，自淮右延及江東，詔天爵總兵饒、信，克復一路六縣，正干戈俶擾之際，乃能留心於治理，所採皆宋以前善政嘉言，而大旨歸於培養元氣，其目凡六：曰治體，曰用人，曰守令，曰愛民，曰為政，而終之以止盜。殆有深意也。天爵著述，載於本傳者，《名臣事略》十五卷，《文類》七十卷，《松廳章疏》五卷，《春風亭筆記》二卷，詩七卷，文三十卷，又載有《遼金紀元》、《黃河源委》二書，未及脱稾，而不載此書。然趙汸序今載《東山存稿》第二卷中，與此本一一相合，知非偽託。本傳蓋偶遺之，亦足證《元史》之多疎矣。

《四庫全書總目提要》卷一六七《集部·滋溪文稿》 《滋溪文稿》三十卷兩淮馬裕家藏本。元蘇天爵撰。天爵有《名臣事略》，已著録。所作有詩稿七卷，文稿三十卷，其詩稿《元百家詩》尚録之，今未見其本。此為其文稿三十卷，乃天爵官浙江行省參政時，屬掾高明、葛元哲所編。元哲字廷哲，臨川人，以鄉貢第一人舉進士。趙昉《東山存稿》中有別元哲序一篇，載其行履甚詳。高明字則誠，永嘉人，登進士第，調官括蒼郡録事。趙昉又有《送高則誠歸永嘉序》，即其人也。天爵少從學於安熙，然熙詩文麤野不入格，天爵乃詞華淹雅，根柢深厚，蔚然稱元代作者。其波瀾意度，往往出入於歐、蘇，突過其師遠甚。至其序事之作，詳明典核，尤有法度。集中碑版幾至百有餘篇，於元代制度、人物，史傳闕略者多可藉以考見。《元史》本傳稱其身任一代文獻之寄，亦非溢美。虞集《賦蘇伯修滋溪書堂》詩有曰：積學抱沉默，時至有攸行，抽簡魯史存，采詩商頌併。蓋其文章原本由沉潛典籍，研究掌故而來，不盡受之於熙也。

《四庫全書總目提要》卷一八八《集部·元文類》 《元文類》七十卷目録三卷副都御史黃登賢家藏本。元蘇天爵編。天爵有《名臣事略》，已著録。是編刊於元統二年。監察御史王理、國子助教陳旅為之序。所録諸作，自元初迄於延祐，正元文極盛之時。凡分四十有三類。而理序仿《史記·自序》、《漢書·敘傳》之例，區為十有五類。蓋目録標其詳，序則撮其綱也。天爵三居史職，預修武宗、文宗《實録》，所著自《名臣事略》外，尚有《松廳章奏》、《春風亭筆記》諸書，於當代掌故，最為嫻習。而所作《滋溪文集》，詞章典雅，亦足追蹟前修。故是編去取精嚴，具有體要。自元興以逮中葉，英華採擷，略備於斯。論者謂與姚鉉《唐文粹》、呂祖謙《宋文鑑》鼎立而三。然鉉選唐文，因宋白《文苑英華》，祖謙選北宋文，因江鈿《文海》，稍稍以諸集附益之耳。天爵是編無所憑藉，而蔚然媲美，其用力可云勤摯。旅序編末，稱天爵此書所以纂輯之意，庶幾同志之士相與博采而嗣録之。而終元之世，未有人續其書者，可以見其難能矣。葉盛《水東日記》曰：蘇天爵《元文類》，元統中監察御史南鄭王理序之。有元名人文集，如王百一、閻高唐、姚牧菴、元清河、馬祖常、元好問之卓卓者，今皆無傳，案祖常《石田集》、好問《遺山集》今皆有傳本，蓋明代不甚行於世，盛偶未見，故其説云然。則所以考勝國文章之盛，獨賴是編而已。嘗見至正初浙省元刻大字本，有陳旅序。此本則有書坊自增《考亭書院記》、《建陽縣江源復一堂記》併《高昌偰氏家傳》云云。今此本無此三篇，而有陳旅序，蓋猶從至正元刻翻雕也。

明代分部

宋濂

《明史》卷一二八《宋濂傳》　宋濂，字景濂，其先金華之潛溪人，至濂乃遷浦江。幼英敏强記，就學於聞人夢吉，通《五經》，復往從吴萊學。已，遊柳貫、黄溍之門，兩人皆亟遜濂，自謂弗如。元至正中，薦受翰林編修，以親老辭不行，入龍門山著書。【略】

嘗召講《春秋左氏傳》，濂進曰：《春秋》乃孔子褒善貶惡之書，苟能遵行，則賞罰適中，天下可定也。太祖御端門，口釋黄石公《三略》。濂曰：《尚書》二《典》、三《謨》，帝王大經大法畢具，願留意講明之。已，論賞賚，復曰：得天下以人心爲本。人心不固，雖金帛充牣，將焉用之。【略】

洪武二年詔修元史，命充總裁官。是年八月史成，除翰林院學士。明年二月，儒士歐陽佑等採故元元統以後事蹟還朝，仍命濂等續修，六越月再成，賜金帛。是月，以失朝參，降編修。四年遷國子司業，坐考祀孔子禮不以時奏，謫安遠知縣，旋召爲禮部主事。明年遷贊善大夫。【略】

濂傅太子先後十餘年，凡一言動，皆以禮法諷勸，使歸於道，至有關政教及前代興亡事，必拱手曰：當如是，不當如彼。【略】

講畢，因曰：漢武溺方技謬悠之學，改文、景恭儉之風，民力既敝，然後嚴刑督之。人主誠以禮義治心，則邪説不入，以學校治民，則禍亂不興，刑罰非所先也。問三代曆數及封疆廣狹，既備陳之，復曰：三代治天下以仁義，故多歷年所。又問：三代以上，所讀何書。對曰：上古載籍未立，人不專講誦。君人者兼治教之責，率以躬行，則衆自化。嘗奉制詠鷹，令七舉足即成。【略】

六年七月遷侍講學士，知制誥，同修國史，兼贊善大夫。命與詹同、樂韶鳳修日曆，又與吴伯宗等修寶訓。九月定散官資階，給濂中順大夫，欲任以政事。【略】

九年進學士承旨知制誥，兼贊善如故。【略】

十三年，長孫慎坐胡惟庸黨，帝欲置濂死。皇后太子力救，乃安置茂州。【略】

〔濂〕於學無所不通。爲文醇深演迤，與古作者並。在朝，郊社宗廟山川百神之典，朝會宴享律曆衣冠之制，四裔貢賦賞勞之儀，旁及元勳巨卿碑記刻石之辭，咸以委濂，屢推爲開國文臣之首。

（清）黄宗羲《宋元學案》卷八二《北山四先生學案・文憲宋潛溪先生濂》　宋濂，字景濂，世居金華之潛溪，至先生始遷浦江之青蘿山。先生少讀書，日記二千餘言。嘗從聞人夢吉受春秋。繼從柳貫、黄溍、吴萊學古文詞。年二十五明道，著書義門鄭氏之東明山，名震朝野。元至正中，有薦爲翰林編修，辭不赴。明初定鼎金陵，遣使奉書幣聘爲江南等處儒學提舉。召授皇太子經筵，起居注，總修《元史》，陞翰林學士。議封功臣勳爵，遷國子司業，三轉爲翰林侍講學士，總修大明日歷，拜翰林學士承旨，嘉議大夫、知制誥，兼修國史，兼太子贊善大夫，寵遇隆渥，啟沃宏多，既而念其開國文臣之首，侍從十有九年，制度典章，燦然大備，詔以年老致政還家。以長孫慎坐法，舉家遷謫茂州，至夔門得疾，不食者三旬，書《觀化帖》，端坐而逝，年七十有二。正統中，賜謚文憲。先生博極羣書，孜孜聖學，道德文章，師表當世，敷昭皇猷，贊翊治化，名徧寰宇，文傳外夷，而循循然謙抑下士，接引後進。所著有《潛溪集》、《翰苑集》、《芝園集》、《蘿山集》、《龍門子》、《浦陽人物記》，合一百四十餘卷。子璲，字仲珩，以書法擅名當世，朝野稱之。

百家謹案：金華之學，自白雲一輩而下，多流而爲文人。夫文與道不相離，文顯而道薄耳，雖然，道不不亡也，猶幸有斯。

謝山《宋文憲公畫像記》曰：文憲之學，受之其鄉黄文獻公、柳文肅公、淵穎先生吴萊、凝熙先生聞人夢吉四家之學，並出于北山、魯齋、仁山、白雲之遞傳，上溯勉齋，以爲徽公世嫡。予嘗謂：婺中之學，至白雲而所求于道者，疑若稍淺，漸流于章句訓詁，未有深造自得之語，視仁山遠遜之，婺中學統之一變也。義烏諸公師之，遂成文章之士，則再變也。至公而漸流于佞佛者流，則三變也。猶幸方文正公爲公高弟，一振而有光于西河，幾幾乎可以復振徽公之緒，惜其以凶終，未見其止，而并不得其傳。雖然，吾讀文獻、文肅、淵穎及公之文，愛其雅馴不佻，粹然有儒者氣象，此則究其所得于經苑之墜言，不可誣也。詞章雖君子之餘事，然而心氣由之以傳。雖欲粉飾而卒不可得。公以開國巨公，首倡有明三百年鍾吕之音，故尤有蒼渾肅穆之神，旁魄于行墨之間，其一代之元化，所以鼓吹休明者與。

葉琛

《明史》卷一二八《葉琛傳》　葉琛，字景淵，麗水人。博學有才藻。元末從石抹宜孫守處州，爲畫策，捕誅山寇，授行省元帥。王師下處州，琛避走建寧。以薦徵至應天，授營田司僉事。尋遷洪都知府，佐鄧愈鎮守。祝宗、康泰叛，愈脱走，琛被執，不屈，大罵，死之。追封南陽郡侯，塑像耿再成祠，後祀功臣廟。

方孝孺

《明史》卷一四一《方孝孺傳》　方孝孺，字希直，一字希古，寧海人。【略】孝孺幼警敏，雙眸炯炯，讀書日盈寸，鄉人目為小韓子。長從宋濂學，濂門下知名士皆出其下。先輩胡翰、蘇伯衡亦自謂弗如。孝孺顧末視文藝，恒以明王道、致太平為己任。嘗臥病，絶糧。家人以告，笑曰：古人三旬九食，貧豈獨我哉。【略】

及惠帝即位，召為翰林侍講。明年遷侍講學士，國家大政事輒咨之。帝好讀書，每有疑即召使講解。臨朝奏事，臣僚面議可否，或命孝孺就扆前批答。時修《太祖實録》及《類要》諸書，孝孺皆為總裁。更定官制，孝孺改文學博士。燕兵起，廷議討之，詔檄皆出其手。

建文三年，燕兵掠大名。王聞齊、黄已竄，上書請罷盛庸、吴傑、平安兵。孝孺建議曰：燕兵久頓大名，天暑雨，當不戰自疲。急令遼東諸將入山海關攻永平，真定諸將渡盧溝擣北平，彼必歸救。我以大兵躡其後，可成擒也。今其奏事適至，宜且與報書，往返踰月，使其將士心懈。我謀定勢合，進而蹴之，不難矣。帝以為然。命孝孺草詔，遣大理寺少卿薛嵓馳報燕，盡赦燕罪，使罷兵歸藩。又為宣諭數千言授嵓，持至燕軍中，密散諸將士。比至，嵓匿宣諭不敢出，燕王亦不奉詔。

五月，吴傑、平安、盛庸發兵擾燕餉道。燕王復遣指揮武勝上書伸前請。帝將許之。孝孺曰：兵罷，不可復聚，願毋為所惑。帝乃誅勝以絶燕。未幾，燕兵掠沛縣，燒糧艘。時河北師老無功，而德州又饋餉道絶，孝孺深以為憂。以燕世子仁厚，其弟高煦狡譎，有寵於燕王，嘗欲奪嫡，謀以計間之，使内亂。乃建議白帝，遣錦衣衛千戶張安齎璽書往北平賜世子，世子得書不啟封，并安送燕軍前，間不得行。

明年五月，燕兵至江北，帝下詔徵四方兵。孝孺曰：事急矣。遣人許以割地，稽延數日，東南募兵漸集，北軍不長舟楫，決戰江上，勝負未可知也。帝遣慶成郡主往燕軍，陳其説。燕王不聽。帝命諸將集舟師江上，而陳瑄以戰艦降燕，燕兵遂渡江，時六月乙卯也。帝憂懼，或勸帝他幸，圖興復。孝孺力請守京城以待援兵，即事不濟，當死社稷。乙丑，金川門啟，燕兵入，帝自焚。是日，孝孺被執下獄。

先是，成祖發北平，姚廣孝以孝孺為託，曰：城下之日，彼必不降，幸勿殺之。殺孝孺，天下讀書種子絶矣。成祖頷之。至是欲使草詔。召至，悲慟聲徹殿陛。成祖降榻勞曰：先生毋自苦，予欲法周公輔成王耳。孝孺曰：成王安在？成祖曰：彼自焚死。孝孺曰：何不立成王之子？成祖曰：國賴長君。孝孺曰：何不立成王之弟？成祖曰：此朕家事。顧左右授筆札，曰：詔天下，非先生草不可。孝孺投筆於地，且哭且罵曰：死即死耳，詔不可草。成祖怒，命磔諸市。孝孺慨然就死，作絶命詞曰：天降亂離兮孰知其由，奸臣得計兮謀國用猶。忠臣發憤兮血淚交流，以此殉君兮抑又何求。嗚呼哀哉兮庶不我尤。時年四十有六。其門人德慶侯廖永忠之孫鏞與其弟銘檢遺骸瘞聚寶門外山上。

《四庫全書總目提要》卷九五《子部・雜誡》　《雜誡》一卷浙江范懋柱家天一閣藏本。明方孝孺撰。孝孺字希直，一字希古，號正學，天台人。以薦召授漢中府學教授，建文中官至翰林侍講學士，改文學博士，燕王纂位，抗節死。事迹具《明史》本傳。乾隆四十一年，賜謚忠文。是書分三十八章，所言皆立身、行己之道，於日用為切近，已編入《遜志齋集》第一卷。此乃宏治辛酉，蜀人鄒魯摘出別行之本也。

丘濬

《明史》卷一八一《丘濬傳》　丘濬，字仲深，瓊山人。幼孤，母李氏教之讀書，過目成誦。家貧無書，嘗走數百里借書，必得乃已。舉鄉試第一，景泰五年成進士。改庶吉士，授編修。濬既官翰林，見聞益廣，尤熟國家典故，以經濟自負。

成化元年，兩廣用兵，濬奏記大學士李賢，指陳形勢，纚纚數千言。賢善其計，聞之帝，命録示總兵官趙輔、巡撫都御史韓雍。雍等破賊，雖不盡用其策，而濬以此名重公卿間。秩滿，進侍講。與修《英宗實録》，進侍講學士。《續通鑑綱目》成，擢學士，遷國子祭酒。時經生文尚險怪，濬主南畿鄉試，分考會試皆痛抑之。及是，課國學生尤諄切告誡，返文體於正。尋進禮部右侍郎，掌祭酒事。

濬以真德秀《大學衍義》於治國平天下條目未具，乃博採羣書補之。孝宗嗣位，表上其書，帝稱善，賚金幣，命所司刊行。特進禮部尚書，掌詹事府事。修《憲宗實録》，充副總裁。弘治四年，書成，加太子太保，尋命兼文淵閣大學士參預機務。尚書入內閣者自濬始，時年七十一矣。濬以《衍義補》所載皆可見之行事，請摘其要者奏聞，下內閣議行之。帝報可。

明年，濬上言：臣見成化時彗星三見，徧掃三垣，地五六百震。邇者彗星見天津，地震天鳴無虛日，異鳥三鳴於禁中。《春秋》二百四十年，書彗孛者三，地震者五，飛禽者二。今乃屢見於二十年之間，甚可畏也。願陛下體上天之仁愛，念祖宗之艱難，正身清心以立本而應務，謹好尚不惑於異端，節財用不至於耗國，公任使不失於偏聽，禁私謁，明義理，慎儉德，勤政務，則承風希寵、左道亂政之徒自不敢肆其奸，而天災弭矣。因列時弊二十二事。帝納之。六年以目疾免朝參。

濬在位，嘗以寬大啓上心，忠厚變士習。顧性褊隘，嘗與劉健議事不合，至投冠於地。言官建白不當意，輒面折之。與王恕不相得，至不交一言。六年大計羣吏，恕所奏罷二千人。濬請未及三載者復任，非貪暴有顯跡者勿斥，留九十人。恕爭之不得，求去。太醫院判劉文泰嘗往來濬家，以失職訐恕，恕疑文泰受濬指，而言者譁然言疏稿出濬手。恕竟坐罷，人以是大不直濬。給事中毛珵，御史宋惪、周津等交章劾濬不可居相位，帝不問。踰年，加少保。八年卒，年七十六。贈太傅，謚文莊。

濬廉介，所居邸第極湫隘，四十年不易。性嗜學，既老，右目失明，猶披覽不輟。議論好矯激，聞者駭愕。至修《英宗實録》，有言于謙之死當以不軌書者。濬曰：己巳之變，微于公社稷危矣。事久論定，誣不可不白。其持正又如此。正德中，以巡按御史言賜祠於鄉，曰景賢。

（清）徐乾學《資治通鑑後編》卷一六九《元紀一七》　丘濬曰：泰定帝乃裕宗之嫡孫，噶瑪拉之長子，於屬為宗子，非不當立也。英宗為特克實所弒，諸王迎立之，初不與其謀。武宗二子次雖當立，然既為英宗所據，則非其所有矣。泰定初立之年即立阿勒濟雅巴為太子，至是五年名分已定，圖卜特穆爾遣兵攻之，以致於死。他史不明言其所以致死之由然，所以致之死地者，圖卜特穆爾也。

陳獻章

《明史》卷二八三《儒林傳二·陳獻章》 陳獻章，字公甫，新會人。舉正統十二年鄉試，再上禮部，不第。從吴與弼講學。【略】

獻章之學，以靜爲主。其教學者，但令端坐澄心，於靜中養出端倪。【略】

弘治十三年卒，年七十三。萬曆初，從祀孔廟，追謚文恭。

（清）黄宗羲《明儒學案》卷五《白沙學案上·文恭陳白沙先生獻章》

陳獻章字公甫，新會之白沙里人。身長八尺，目光如星，右臉有七黑子，如北斗狀，自幼警悟絶人，讀書一覽輒記。嘗讀《孟子》所謂天民者，慨然曰：爲人必當如此！夢拊石琴，其音泠泠然，一人謂之曰：八音中惟石難諧，子能諧此，異日其得道乎？因别號石齋。正統十二年舉廣東鄉試，明年會試中乙榜，入國子監讀書。已至崇仁，受學於康齋先生，歸卽絶意科舉，築春陽臺，靜坐其中，不出閾外者數年。尋遭家難。成化二年，復遊太學，祭酒邢讓試和楊龜山《此日不再得》詩，見先生之作，驚曰：卽龜山不如也。颺言於朝，以爲真儒復出，由是名動京師。羅一峰、章楓山、莊定山、賀醫閭皆恨相見之晚，醫閭且禀學焉。歸而門人益進。十八年，布政使彭韶、都御史朱英交薦，言國以仁賢爲寶，臣自度才德不及獻章萬萬，臣昌高位，而令獻章老丘壑，恐坐失社稷之寶。召至京，政府或尼之，令就試吏部。辭疾不赴，疏乞終養，授翰林院檢討而歸。有言其出處與康齋異者，先生曰：先師爲石亨所薦，所以不受職，某以聽選監生，始終願仕，故不敢僞辭以釣虚譽，或受或不受，各有攸宜。自從屢薦不起。弘治十年二月十日卒，年七十有三。先生疾革，知縣左某以醫來，門人進曰：疾不可爲也。先生曰：須盡朋友之情。飲一匙而遺之。【略】

萬曆十三年，詔從祀孔廟，稱先儒陳子，謚文恭。

李東陽

《明史》卷一八一《李東陽傳》 李東陽，字賓之，茶陵人，以戍籍居京師。四歲能作徑尺書，景帝召試之，甚喜，抱置膝上，賜果鈔。後兩召講《尚書》大義，稱旨，命入京學。天順八年，年十八，成進士，選庶吉士，授編修。累遷侍講學士，充東宮講官。

弘治四年，《憲宗實録》成，由左庶子兼侍講學士，進太常少卿，兼官如故。【略】

乃擢東陽禮部右侍郎兼侍讀學士，入内閣專典誥敕。【略】

東陽以老疾乞休，前後章數上，至是始許。賜敕、給廩隸如故事。又四年卒，年七十。贈太師，謚文正。

王廷相

《明史》卷一九四《王廷相傳》 王廷相，字子衡，儀封人。幼有文名。登弘治十五年進士，選庶吉士，授兵科給事中。以憂去。正德初，服闋至京。劉瑾中以罪，謫亳州判官，量移高淳知縣。【略】

廷相博學好議論，以經術稱。於星曆、輿圖、樂律、河圖、雒書及周、邵、程、張之書，皆有所論駁，然其説頗乖僻。隆慶初，復官，贈少保，謚肅敏。

（清）黄宗羲《明儒學案》卷五〇《諸儒學案中四·肅敏王浚川先生廷相》

王廷相字子衡，號浚川，河南儀封人。弘治壬戌進士。改庶吉士，授兵科給事中。正德戊辰謫爲州判，稍遷知縣，復召爲御史，出按陝西鎮守。奄人廖鵬虐民，先生繩之以法，鵬大恨。已而視學北畿，有兩奄干請，先生焚其書，兩奄亦恨，未有以發也。鵬因上書搆之，兩奄從中主其奏，逮入詔獄。又謫爲縣丞，稍遷知縣同知，擢四川僉事，山東副使，皆視學政。嘉靖初，歷湖廣按察使，山東左、右布政使，以右副都御史巡撫四川，入爲兵部左、右侍郎，轉南京兵部尚書，召爲左都御史，進兵部尚書兼掌院事，加太子太保。辛丑罷，又三年而卒，年七十一。隆慶初，贈少保，謚肅敏。

王守仁

《明史》卷一九五《王守仁傳》　王守仁，字伯安，餘姚人。【略】弱冠舉鄉試，學大進。顧益好言兵，且善射。登弘治十二年進士。使治前威寧伯王越葬，還而朝議方急西北邊，守仁條八事上之。尋授刑部主事。決囚江北，引疾歸。起補兵部主事。【略】入覲，遷南京刑部主事，吏部尚書楊一清改之驗封。屢遷考功郎中，擢南京太僕少卿，就遷鴻臚卿。【略】守仁至，知左右多賊耳目，乃呼老黠隸詰之。隸戰栗不敢隱，因貫其罪，令詗賊，賊動靜無勿知。【略】疏言權輕，無以令將士，請給旗牌，提督軍務，得便宜從事。尚書王瓊奏從其請。乃更兵制：二十五人爲伍，伍有小甲；二伍爲隊，隊有總甲；四隊爲哨，哨有長，協哨二佐之；二哨爲營，營有官，參謀二佐之；三營爲陣，陣有偏將；二陣爲軍，軍有副將。皆臨事委，不命於朝；副將以下，得遞相罰治。【略】官軍進攻，內外合擊，擒斬無遺。乃於下浰立和平縣，置戍而歸。【略】

守仁在道，疏陳用兵之非，且言：思恩未設流官，土酋歲出兵三千，聽官征調。既設流官，我反歲遣兵數千防戍。是流官之設，無益可知。且田州隣交阯，深山絕谷，悉瑤、僮盤據，必仍設土官，斯可藉其兵力爲屏蔽。若改土爲流，則邊鄙之患，我自當之，後必有悔。【略】守仁數二人罪，杖而釋之。親入營，撫其衆七萬。奏聞於朝，陳用兵十害，招撫十善。因請復設流官，量割田州地，別立一州，以岑猛次子邦相爲吏目，署州事，俟有功擢知州。而於田州置十九巡檢司，以蘇、受等任之，並受約束於流官知府。帝皆從之。【略】行至南安卒，年五十七。【略】隆慶初，廷臣多頌其功。詔贈新建侯，謚文成。二年予世襲伯爵。

（清）周爾吉《歷朝折獄纂要》卷二《察盜五・王陽明先生》　明朝某縣賊首王和尚，攀出同夥，有多應亨、多邦宰者，驍悍倍於他盜。招服已久，忽一日應亨母從兵備道衙門告辦十紙，批准仍下州中覆審，恐王和尚誣攀，公思之此必王和尚受財，許以辦脫耳。乃於後堂設案桌，桌圍內藏一門子，喚三盜俱至，案前覆訊。預戒皂隸，報以寅賓館有客，公即舍之而出。少頃還入，則門子從桌下出，云：聽得王和尚纔對二賊云且忍兩夾棍，俟爲汝脫。王盜惶遽，叩頭請死。

出其不意，攻其無備，公固將帥才也。治獄特其餘事耳。

王艮

《明史》卷二八三《儒林傳二・王艮》　〔王〕艮，字汝止。初名銀，王守仁爲更名。七歲受書鄉塾，貧不能竟學。父竈丁，冬晨犯寒役於官。艮哭曰：爲人子，令父至此，得爲人乎！出代父役，入定省，惟謹。艮讀書，止《孝經》、《論語》、《大學》，信口談說，中理解。有客聞艮言，詫曰：何類王中丞語。艮乃謁守仁江西，與守仁辨久之，大服，拜爲弟子。明日告之悔，復就賓位自如。已，心折，卒稱弟子。從守仁歸里，歎曰：吾師倡明絕學，何風之不廣也！還家，製小車北上，所過招要人士，告以守仁之道，人聚觀者千百。抵京師，同門生駭異，匿其車，趣使返。守仁聞之，不悦。艮往謁，拒不見，長跪謝過乃已。王氏弟子遍天下，率都爵位有氣勢。艮以布衣抗其間，聲名反出諸弟子上。然艮本狂士，往往駕師說上之，持論益高遠，出入於二氏。

艮傳林春、徐樾，樾傳顏鈞，鈞傳羅汝芳、梁汝元，汝芳傳楊起元、周汝登、蔡悉。

（清）黃宗羲《明儒學案》卷三二《泰州學案一・處士王心齋先生艮》　王艮字汝止，號心齋，泰州之安豐場人。七歲受書鄉塾，貧不能竟學。從父商於山東，常銜《孝經》、《論語》、《大學》袖中，逢人質難，久而信口談解，如或啓之。其父受役，天寒起盥冷水，先生見之，痛哭曰：爲人子而令親如此，尚得爲人乎？於是有事則身代之。先生雖不得專功於學，然默默參究，以經證悟，以悟釋經，歷有年所，人莫能窺其際也。一夕夢天墮壓身，萬人奔號求救，先生舉臂起之，視其日月星辰失次，復手整之。覺而汗溢如雨，心體洞徹。記曰：正德六年間，居仁三月半。自此行住語默，皆在覺中。乃按《禮經》製五常冠、深衣、大帶、笏板，服之。曰：言堯之言，行堯之行，而不服堯之服，可乎？時陽明巡撫江西，講良知之學，大江之南，學者翕然信從。顧先生僻處，未之聞也。有黄文剛者，吉安人，而寓泰州，聞無生論，詫曰：此絶類王巡撫之談學也。先生喜曰：有是哉！雖然王公論良知，艮談格物，如其同也，是天以王公與天下後世也；如其異也，是天以艮與王公也。即日啓行，以古服進見，至中門舉笏而立，陽明出迎於門外。始入，先生據上坐。辯難久之，稍心折，移其坐於側。論畢，乃嘆曰：簡易直截，艮不及也。下拜自稱弟子。退而繹所聞，間有不合，悔曰：吾輕易矣！明日入見，且告之悔。陽明曰：善哉！子之不輕信從也。先生復上坐，辯難久之，始大服，遂爲弟子如初。陽明謂門人曰：向者吾擒宸濠，一無所動，今卻爲斯人動矣。陽明歸越，先生從之。來學者多從先生指授，已而嘆曰：千載絶學，天啓吾師，可使天下有不及聞者乎？因問陽明以孔子轍環車制，陽明笑而不答。歸家遂自創蒲輪，招摇道路，將至都下。有老叟夢黄龍無首，行雨至崇文門，變爲人立。晨起往候，而先生適至。當是時，陽明之學，謗議蠭起，而先生冠服言動，不與人同，都人以怪魁目之。同門之在京者勸之歸，陽明亦移書責之，先生始還會稽。陽明以先生意氣太高，行事太奇，痛加裁抑，及門三日不得見。陽明送客出門，先生長跪道旁，曰：艮知過矣。陽明不顧而入，先生隨至庭下，厲聲曰：仲尼不爲已甚。陽明方揖之起，陽明卒於師，先生迎哭至桐廬，經紀其家而後返。開門授徒，遠近皆至。同門會講者，必請先生主席。陽明而下，以辯才推龍溪，然有信有不信，惟先生於眉睫之間，省覺人最多。謂百姓日用即道，雖僮僕往來動作處，指其不假安排者以示之，聞者爽然。御史吳疏山悌上疏薦舉，不報。嘉靖十九年十二月八日卒，年五十八。

顧應祥

（清）黄宗羲《明儒學案》卷一四《浙中王門學案四・尚書顧箬溪先生應祥》 顧應祥字惟賢，號箬溪，湖之長興人。弘治乙丑進士。授饒州府推官。桃源洞寇亂，掠樂平令以去，先生單身叩賊壘，出令，賊亦解去。入爲錦衣衛經歷，出僉廣東嶺東道事，討平汀、漳寇，海寇，郴、桂寇，半歲間三捷。宸濠亂定，移江西副使，分巡南昌，撫循瘡痍，招集流亡，皆善後事宜。歷苑馬寺卿。奔母喪，不候代，家居者十五年。再起原任。時方議征元江，先生以那鑑孤豚，困獸不可急。會遷南兵部侍郎以去。後至者出師，布政徐波石死焉。嘉靖庚戌，陞刑部尚書。先生以例繁，引之者得意爲出入，命郎官吳維岳、陸穩定爲永例，在曹中獎拔于鱗、元美，由是知名天下。分宜在政府，同年生不敢鴈行。先生以耆舊自處，分宜不悦，以原官出南京。癸丑致仕，又十二年卒，年八十三。

王畿

《明史》卷二八三《儒林傳二・王畿》 王畿，字汝中，山陰人。弱冠舉於鄉，跌宕自喜。【略】久之，與德洪同第進士。授南京兵部主事，進郎中。【略】畿既廢，益務講學，足跡遍東南，吳、楚、閩、越皆有講舍，年八十餘不肯已。

（清）黄宗羲《明儒學案》卷一二《浙中王門學案二・郎中王龍溪先生畿》 王畿字汝中，别號龍溪，浙之山陰人。弱冠舉於鄉，嘉靖癸未下第歸而受業於文成。丙戌試期，遂不欲往。文成曰：吾非以一第爲子榮也，顧吾之學，疑信者半，子之京師，可以發明耳。先生乃行，中是年會試。時當國者不説學，先生謂錢緒山曰：此豈吾與子仕之時也？皆不廷試而歸。文成門人益進，不能偏授，多使之見先生與緒山。先生和易宛轉，門人日親。文成征思、田，先生送至嚴灘而别。明年，文成卒於南安。先生方赴廷試，聞之，奔喪至廣信，斬衰以畢葬事，而後心喪。壬辰，始廷對。授南京職方主事，尋以病歸。起原官，稍遷至武選郎中。時相夏貴溪惡之。三殿災，吏科都給事中戚賢上疏，言先生學有淵源，可備顧問。貴溪草制：僞學小人，黨同妄薦。謫賢外任。先生因再疏乞休而歸。踰年，當考察，南考功薛方山與先生學術不同，欲借先生以正學術，遂填察典。先生林下四十餘年，無日不講學，自兩都及吴、楚、閩、越、江、浙，皆有講舍，莫不以先生爲宗盟。年八十，猶周流不倦。萬曆癸未六月七日卒，年八十六。

海瑞

《明史》卷二二六《海瑞傳》　海瑞，字汝賢，瓊山人。舉鄉試入都，即伏闕上《平黎策》，欲開道置縣以靖鄉土。識者壯之。署南平教諭。御史詣學宫，屬吏咸伏謁，瑞獨長揖，曰：臺謁當以屬禮，此堂，師長教士地，不當屈。遷淳安知縣。布袍脱粟，令老僕藝蔬自給。總督胡宗憲嘗語人曰：昨聞海令爲母壽，市肉二斤矣。宗憲子過淳安，怒驛吏，倒懸之。瑞曰：曩胡公按部，令所過毋供張，今其行裝盛，必非胡公子。發橐金數千，納之庫，馳告宗憲，宗憲無以罪。都御史鄢懋卿行部過，供具甚薄，抗言邑小不足容車馬。懋卿恚甚。然素聞瑞名，爲斂威去，而屬巡鹽御史袁淳論瑞及慈谿知縣霍與瑕。與瑕，尚書韜子，亦抗直不諂懋卿者也。時瑞已擢嘉興通判，坐謫興國州判官。久之，陸光祖爲文選，擢瑞戶部主事。

時世宗享國日久，不視朝，深居西苑，專意齋醮。督撫大吏爭上符瑞，禮官輒表賀。廷臣自楊最、楊爵得罪後，無敢言時政者。四十五年二月，瑞獨上疏曰：

臣聞君者，天下臣民萬物之主也，其任至重。欲稱其任，亦惟以責寄臣工，使盡言而已。臣請披瀝肝膽，爲陛下陳之。

昔漢文帝賢主也，賈誼猶痛哭流涕而言。非苛責也，以文帝性仁而近柔，雖有及民之美，將不免於怠廢，此誼所大慮也。陛下天資英斷，過漢文遠甚。然文帝能充其仁恕之性，節用愛人，使天下貫朽粟陳，幾致刑措。陛下則鋭精未久，妄念牽之而去，反剛明之質而誤用之。至謂遐舉可得，一意修真，竭民脂膏，濫興土木，二十餘年不視朝，法紀弛矣。數年推廣事例，名器濫矣。二王不相見，人以爲薄於父子。以猜疑誹謗戮辱臣下，人以爲薄於君臣。樂西苑而不返，人以爲薄於夫婦。吏貪官横，民不聊生，水旱無時，盜賊滋熾。陛下試思今日天下，爲何如乎？

邇者嚴嵩罷相，世蕃極刑，一時差快人意。然嵩罷之後猶嵩未相之前而已，世非甚清明也，不及漢文帝遠甚。蓋天下之人不直陛下久矣。古者人君有過，賴臣工匡弼。今乃修齋建醮，相率進香，仙桃天藥，同辭表賀。建宫築室，則將作竭力經營；購香市寶，則度支差求四出。陛下誤舉之，而諸臣誤順之，無一人肯爲陛下正言者，諛之甚也。然媿心餒氣，退有後言，欺君之罪何如！

夫天下者，陛下之家。人未有不顧其家者，内外臣工皆所以奠陛下之家而磐石之者也。一意修真，是陛下之心惑。過於苛斷，是陛下之情偏。而謂陛下不顧其家，人情乎？諸臣徇私廢公，得一官多以欺敗，多以不事事敗，實有不足當陛下意者。其不然者，君心臣心偶不相值也，而遂謂陛下厭薄臣工，是以拒諫。執一二之不當，疑千百之皆然，陷陛下於過舉，而恬不知怪，諸臣之罪大矣。《記》曰：上人疑則百姓惑，下難知則君長勞。此之謂也。

且陛下之誤多矣，其大端在於齋醮。齋醮所以求長生也。自古聖賢垂訓，修身立命曰順受其正矣，未聞有所謂長生之説。堯、舜、禹、湯、文、武聖之盛也，未能久世，下之亦未見方外士自漢、唐、宋至今存者。陛下受術於陶仲文，以師稱之。仲文則既死矣，彼不長生，而陛下何獨求之？至於仙桃天藥，怪妄尤甚。昔宋真宗得天書於乾祐山，孫奭曰：天何言哉？豈有書也。桃必採而後得，藥必製而後成。今無故得此二物，是有足而行耶？曰天賜者，有手執而付之耶？此左右奸人，造爲妄誕以欺陛下，而陛下誤信之，以爲實然，過矣。

陛下又將謂懸刑賞以督責臣下，則分理有人，天下無不可治，而修真爲無害已乎？太甲曰：有言逆于汝心，必求諸道；有言遜于汝志，必求諸非道。用人而必欲其唯言莫違，此陛下之計左也。即觀嚴嵩，有一不順陛下者乎？昔爲同心，今爲戮首矣。梁材守道守官，陛下以爲逆者也，歷任有聲，官戶部者至今首稱之。然諸臣寧爲嵩之順，不爲材之逆，得非有以窺陛下之微，而潛爲趨避乎？即陛下亦何利於是。

陛下誠知齋醮無益，一旦翻然悔悟，日御正朝，與宰相、侍從、言官講求天下利害，洗數十年之積誤，置身於堯、舜、禹、湯、文、武之間，使諸臣亦得自洗數十年阿君之恥，置其身於皋、夔、伊、傅之列，天下何憂不治，萬事何憂不理。此在陛下一振作間而已。釋此不爲，而切切於輕舉度世，敝精勞神，以求之於繫風捕影、茫然不可知之域，臣見勞苦終身而終於無所成也。今大臣持祿而好諛，小臣畏罪而結舌，臣不勝憤恨。是以冒死，願盡區區，惟陛下垂聽焉。

帝得疏，大怒，抵之地，顧左右曰：趣執之，無使得遁。宦官黄錦在側曰：此人素有癡名。聞其上疏時，自知觸忤當死，市一棺，訣妻子，待罪於朝，僮僕亦奔散無留者，是不遁也。帝默然，少頃復取讀之，日再三，爲感動太息，留中者數月。嘗曰：此人可方比干，第朕非紂耳。會帝有疾，煩懣不樂，召閣臣徐階議内禪，因曰：海瑞言俱是。朕今病久，安能視事？又曰：朕不自謹惜，致此疾困。使朕能出御便殿，豈受此人詬詈耶？遂逮瑞下詔獄，究主使者。尋移刑部，論死。獄上，仍留中。戶部司務何以尚者，揣帝無殺瑞意，疏請釋之。帝怒，使錦衣衛杖之百，錮詔獄，晝夜搒訊。越二月，帝崩，穆宗立，兩人並獲釋。

帝初崩，外庭多未知。提牢主事聞狀，以瑞且見用，設酒饌款之。瑞自疑當赴西市，恣飲啖，不顧。主事因附耳語：宮車適晏駕，先生今即出大用矣。瑞曰：信然乎？即大慟，盡嘔出所飲食，隕絶於地，終夜哭不絶聲。既釋，復故官。俄改兵部。擢尚寶丞，調大理。

隆慶元年，徐階爲御史齊康所劾，瑞言：階事先帝，無能救於神仙土木之誤，畏威保位，誠亦有之。然自執政以來，憂勤國事，休休有容，有足多者。康乃甘心鷹犬，搏噬善類，其罪又浮於高拱。人韙其言。

歷兩京左、右通政，三年夏，以右僉都御史巡撫應天十府。屬吏憚其威，墨者多自免去。有勢家朱丹其門，聞瑞至，黝之。中人監織造者，爲減輿從。瑞鋭意興革，請濬吳淞、白茆，通流入海，民賴其利。素疾大戶兼并，力摧豪強，撫窮弱。貧民田入於富室者，率奪還之。徐階罷相里居，按問其家無少貸。下令飈發凌厲，所司惴惴奉行，豪有力者至竄他郡以避。而奸民多乘機告訐，故家大姓時有被誣負屈者。又裁節郵傳冗費。士大夫出其境率不得供頓，由是怨頗興。都給事中舒化論瑞迂滯不達政體，宜以南京清秩處之，帝猶優詔獎瑞。已而給事中戴鳳翔劾瑞庇奸民，魚肉搢紳，沽名亂政，遂改督南京糧儲。瑞撫吳甫半歲。小民聞當去，號泣載道，家繪像祀之。將履新任，會高拱掌吏部，素銜瑞，并其職於南京戶部，瑞遂謝病歸。

萬曆初，張居正當國，亦不樂瑞，令巡按御史廉察之。御史至山中視，瑞設雞黍相對食，居舍蕭然，御史歎息去。居正憚瑞峭直，中外交薦，卒不召。十二年冬，居正已卒，吏部擬用左通政，帝雅重瑞名，畀以前職。明年正月召爲南京右僉都御史，道改南京吏部右侍郎，瑞年已七十二矣。疏言衰老垂死，願比古人尸諫之義，大略謂：陛下勵精圖治，而治化不臻者，貪吏之刑輕也。諸臣莫能言其故，反借待士有禮之説，交口而文其非。夫待士有禮，而民則何辜哉？因舉太祖法剝皮囊草及洪武三十年定律枉法八十貫論絞，謂今當用此懲貪。其他規切時政，語極剴切。獨勸帝虐刑，時議以爲非。御史梅鵾祚劾之。帝雖以瑞言爲過，然察其忠誠，爲奪鵾祚俸。

帝屢欲召用瑞，執政陰沮之，乃以爲南京右都御史。諸司素媮惰，瑞以身矯之。有御史偶陳戲樂，欲遵太祖法予之杖。百司惴恐，多患苦之。提學御史房寰恐見糾擿，欲先發，給事中鍾宇淳復慫恿，寰再上疏醜詆。瑞亦屢疏乞休，慰留不允。十五年，卒官。

瑞無子，卒時，僉都御史王用汲入視，葛幃敝籝，有寒士所不堪者。因泣下，醵金爲斂。小民罷市。喪出江上，白衣冠送者夾岸，酹而哭者百里不絶。贈太子太保，謚忠介。

瑞生平爲學，以剛爲主，因自號剛峰，天下稱剛峰先生。嘗言：欲天下治安，必行井田。不得已而限田，又不得已而均税，尚可存古人遺意。故自爲縣以至巡撫，所至力行清丈，頒一條鞭法。意主於利民，而行事不能無偏云。

始求瑞者何以尚，廣西興業人，起家鄉舉。出獄，擢光祿丞。又以劾高拱坐謫。拱罷，起雷州推官，終南京鴻臚卿。

羅汝芳

《明史》卷二八三《儒林傳二・羅汝芳》〔羅〕汝芳，字維德，南城人。嘉靖三十二年進士。除太湖知縣。【略】

遷刑部主事，歷寧國知府。【略】

鈞詭怪猖狂，其學歸釋氏，故汝芳之學亦近釋。

（清）黄宗羲《明儒學案》卷三四《泰州學案三・參政羅近溪先生汝芳》羅汝芳字惟德，號近溪，江西南城人。嘉靖三十二年進士。知太湖縣。擢刑部主事。出守寧國府，以講會鄉約爲治。丁憂起復，江陵問山中功課，先生曰：讀《論語》、《大學》，視昔差有味耳。江陵默然。補守東昌。遷雲南副使，悉修境内水利。莽人掠迤西，迤西告急。先生下教六宣慰使滅莽，分其地。莽人恐，乞降。轉參政。萬曆五年，進表，講學於廣慧寺，朝士多從之者，江陵惡焉。給事中周良寅劾其事畢不行，潛住京師。遂勒令致仕。歸與門下走安成，下劍江，趨兩浙、金陵，往來閩、廣，益張皇此學。所至弟子滿座，而未常以師席自居。十六年，從姑山崩，大風拔木，刻期以九月朔觀化。諸生請留一日，明日午刻乃卒，年七十四。

少時讀薛文清語，謂：萬起萬滅之私，亂吾心久矣，今當一切决去，以全吾澄然湛然之體。决志行之。閉關臨田寺，置水鏡几上，對之默坐，使心與水鏡無二。久之而病心火。偶過僧寺，見有榜急救心火者，以爲名醫，訪之，則聚而講學者也。先生從衆中聽良久，喜曰：此真能救我心火。問之，爲顔山農。山農者，名鈞，吉安人也。得泰州心齋之傳。先生自述其不動心於生死得失之故，山農曰：是制欲，非體仁也。先生曰：克去己私，復還天理，非制欲，安能體仁？山農曰：子不觀孟子之論四端乎？知皆擴而充之，若火之始然，泉之始達，如此體仁，何等直截！故子患當下日用而不知，勿妄疑天性生生之或息也。先生時如大夢得醒。明日五鼓，即往納拜稱弟子，盡受其學。山農謂先生曰：此後子病當自愈，舉業當自工，科第當自致，不然者，非吾弟子也。已而先生病果愈。其後山農以事繫留京獄，先生盡鬻田産脱之。侍養於獄六年，不赴廷試。先生歸田後，身已老，山農至，先生不離左右，一茗一果，必親進之。諸孫以爲勞，先生曰：吾師非汝輩所能事也。楚人胡宗正，故先生舉業弟子，已聞其有得于《易》，反北面之。宗正曰：伏羲平地者此一畫，何也？先生累呈註脚，宗正不契，三月而後得其傳。嘗苦格物之論不一，錯綜者久之，一日而釋然，謂《大學》之道，必在先知，能先知之則盡《大學》一書，無非是此物事。盡《大學》一書物事，無非是此本末始終。盡《大學》一書之本末始終，無非是古聖《六經》之嘉言善行。格之爲義，是即所謂法程，而吾儕學爲大人之妙術也。夜趨其父錦卧榻陳之，父曰：然則經傳不分乎？曰：《大學》在《禮記》中，本是一篇文字，初則概而舉之，繼則詳而實之，總是慎選至善之格言，明定至大之學術耳。父深然之。又當過臨清，劇病恍惚，見老人語之曰：君自有生以來，觸而氣每不動，倦而目輒不瞑，擾攘而意自不分，夢寐而境悉不忘，此皆心之痼疾也。先生愕然曰：是則予之心得豈病乎？老人曰：人之心體出自天常，隨物感通，原無定執。君以夙生操持強力太甚，一念耿光，遂成結習。不悟天體漸失，豈惟心病，而身亦隨之矣。先生驚起叩首，流汗如雨，從此執念漸消，血脈循軌。先生十有五而定志於張洵水，二十六而正學於山農，三十四而悟《易》于胡生，四十六而證道於泰山丈人，七十而問心於武夷先生。先生之學，以赤子良心、不學不慮爲的，以天地萬物同體，徹形骸、忘物我爲大。此理生生不息，不須把持，不須接續，當下渾淪順適。工夫難得湊泊，即以不屑湊泊爲工夫，胸次茫無畔岸，便以不依畔岸爲胸次，解纜放船，順風張棹，無之非是。學人不省，妄以澄然湛然爲心之本體，沉滯胸膈，留戀景光，是爲鬼窟活計，非天明也。論者謂龍溪筆勝舌，近溪舌勝筆。顧盼呿欠，微談劇論，所觸若春行雷動，雖素不識學之人，俄頃之間，能令其心地開明，道在現前。一洗理學膚淺套括之氣，當下便有受用，顧未有如先生者也。然所謂渾淪順適者，正是佛法一切現成，所謂鬼窟活計者，亦是寂子速道，莫入陰界之呵，不落義理，不落想象，先生真得祖師禪之精者。蓋生生之機，洋溢天地間，是其流行之體也。自流行而至畫一，有川流便有敦化，故儒者於流行見其畫一，方謂之知性。若徒見氣機之鼓盪，而玩弄不已，猶在陰陽邊事，先生未免有一間之未達也。夫儒釋之辨，真在毫釐。今言其偏於內，而不可以治天下國家，又言其只自私自利，又言只消在迹上斷，終是判斷不下。以義論之，此流行之體，儒者悟得，釋氏亦悟得，然悟此之後，復大有事，始究竟得流行。今觀流行之中，何以不散漫無紀？何以萬殊而一本？主宰歷然。釋氏更不深造，則其流行者亦歸之野馬塵埃之聚散而已，故吾謂釋氏是學焉而未至者也。其所見固未嘗有差，蓋離流行亦無所爲主宰耳。若以先生近禪，并棄其説，則是俗儒之見，去聖亦遠矣。許敬菴言先生大而無統，博而未純，已深中其病也。王塘南言先生早歲於釋典玄宗，無不探討，緇流羽客，悉納弗拒，人所共知。而不知其取長棄短，迄有定裁。《會語》出晚年者，一本諸《大學》孝弟慈之旨，絶口不及二氏。其孫懷智嘗閲《中峰廣録》，先生輒命屏去，曰：禪家之説，最令人躲閃，一入其中，如落陷阱，更能轉頭出來，復歸聖學者，百無一二。可謂知先生之長矣。楊止菴《上士習疏》云：羅汝芳師事顔鈞，談理學；師事胡清虚，即宗正。談燒煉，採取飛昇；師僧玄覺，談因果，單傳直指。其守寧國，集諸生，會文講學，令訟者跏趺公庭，斂目觀心，用庫藏充餽遺，歸者如市。其在東昌、雲南，置印公堂，胥吏雜用，歸來請托煩數，取厭有司。每見士大夫，輒言三十三天，憑指箕仙，稱呂純陽自終南寄書。其子從丹師，死于廣，乃言日在左右。其誕妄如此。此則賓客雜沓，流傳錯誤，毁譽失真，不是以掩先生之好學也。

呂坤

《明史》卷二二六《呂坤傳》 呂坤，字叔簡，寧陵人。萬曆二年進士。爲襄垣知縣，有異政。調大同，徵授户部主事，歷郎中。遷山東參政、山西按察使、陝西右布政使。擢右僉都御史，巡撫山西。居三年，召爲左僉都御史。歷刑部左、右侍郎。【略】

疏入，不報。坤遂稱疾乞休，中旨許之。於是給事中戴士衡劾坤機深志險，謂石星大誤東事，孫鑛濫殺不辜，坤顧不言，曲爲附會，無大臣節。給事中劉道亨言往年孫丕揚劾張位，位疑疏出坤手，故使士衡劾坤。位奏辨。帝以坤既罷，悉置不問。

初，坤按察山西時，嘗撰《閨範圖説》，内侍購入禁中。鄭貴妃因加十二人，且爲製序，屬其伯父承恩重刊之。士衡遂劾坤因承恩進書，結納宫掖，包藏禍心。坤持疏力辨。未幾，有妄人爲《閨範圖説》跋，名曰《憂危竑議》，略言：坤撰《閨範》，獨取漢明德后者，后由貴人進中宫，坤以媚鄭貴妃也。坤疏陳天下憂危，無事不言，獨不及建儲，意自可見。其言絶狂誕，將以害坤。帝歸罪於士衡等，其事遂寢。

坤剛介峭直，留意正學。居家之日，與後進講習。所著述，多出新意。初，在朝與吏部尚書孫丕揚善。後丕揚復爲吏部，屢推坤左都御史未得命，言：臣以八十老臣保坤，冀臣得親見用坤之效。不效，甘坐失舉之罪，死且無憾。已，又薦天下三大賢，沈鯉、郭正域，其一即坤。丕揚前後推薦，疏至二十餘上，帝終不納。福王封國河南，賜莊田四萬頃。坤在籍，上言：國初分封親藩二十有四，賜田無至萬頃者。河南已封周、趙、伊、徽、鄭、唐、崇、潞八王，者皆取盈四萬，占兩河郡縣且半，幸聖明裁減。復移書執政言之。會廷臣亦力争，得減半。卒，天啓初，贈刑部尚書。

顧憲成

《明史》卷二三一《顧憲成傳》 顧憲成，字叔時，無錫人。萬曆四年舉鄉試第一。八年成進士，授户部主事。大學士張居正病，朝士羣爲之禱，憲成不可。同官代之署名，憲成手削去之。居正卒，改吏部主事。請告歸三年，補驗封主事。

（清）黄宗羲《明儒學案》卷五八《東林學案一・端文顧涇陽先生憲成》 顧憲成字叔時，别號涇陽，常之無錫人。父學，四子。先生次三，其季允成也。先生年十歲，讀韓文《諱辯》，遂宛轉以避父名，遇不可避者，輒鬱然不樂。父謂之曰：昔韓咸安王命子勿諱忠，吾名學，汝諱學，是忘學也。年十五六，從張原洛讀書。原洛授書不拘傳註，直據其所自得者爲説，先生聽之，輒有會。講《論語》至問禘章，先生曰：借或人欠却一問，夫子不知禘之説，何以知知其説之於天下乎？講《孟子》至養心莫善於寡欲，先生曰：寡欲莫善於養心。原洛曰：舉子業不足以竟子之學，盍問道於方山薛先生乎？方山見之大喜，授以考亭《淵源録》曰：洙泗以下，姚江以上，萃於是矣。萬曆丙子舉鄉試第一，庚辰登進士第。授户部主事。時江陵當國，先生與南樂魏允中、漳浦劉廷蘭，風期相許，時稱爲三解元。上書吴縣，言時政得失，無所隱避。江陵謂吴縣曰：聞有三元會，皆貴門生，公知之乎？吴縣以不知對。江陵病，百官爲之齋醮，同宫署先生名，先生聞之，馳往削去。壬午轉吏部，尋告歸。丙戌除驗封司主事。明年大計京朝官，左都御史辛自修剛方，爲婁江所忌。工部尚書何起鳴在拾遺中。或惎之曰：公何不許辛，與之同罷，相君且德公矣。起鳴如其惎，給事並論辛、何，辛、何果同罷。先生上疏，分别君子小人，刺及執政，謫桂陽州判官。柳子厚、蘇子瞻、莊定山曾謫桂陽，先生以前賢過化之地，扁所居曰愧軒。戊子移理處州，明年丁憂。辛卯補泉州，尋擢考功司主事。三王並封，詔下，先生率四司争之，疏九不可，得止。癸巳内計，太宰孫清簡、考功郎趙忠毅，盡斥小人，朝署爲之一清。政府大恚。忠毅降調外任。先生言：臣與南星同事，南星被罪，臣獨何辭以免？不報。轉稽勳司。適鄒忠介請去，婁江言文書房傳旨放去。先生曰：不然。若放去果是，相國宜成皇上之是，該部宜成相國之是；若放去爲非，相國不宜成皇上之非，該部不宜成相國之非。婁江語塞。自嚴嵩以來，内閣合六部之權而攬之，吏部至王國光、楊巍，指使若奴婢，陸五臺始正統均之體，孫清簡守而不變。婁江於是欲用羅萬化爲冢宰，先生不可，卒用陳恭介。婁江謂先生曰：近有怪事知之乎？先生曰：何也？曰：内閣所是，外論必以爲非；内閣所非，外論必以爲是。先生曰：外間亦有怪事。婁江曰：何也？曰：外論所是，内閣必以爲非；外論所非，内閣必以爲是。相與笑而罷。陞文選司郎中。當是時，推用君子，多不得志，婁江一切歸過於上。先生秉婁江假沐之閒，悉推君子之久詘者，奏輒得可。婁江無以難也。會推閣員，婁江復欲用羅萬化，先生又不可。與太宰各疏所知，七人無不合者，太宰大喜，上之。七人者多不爲時論所喜，而召舊輔王山陰，尤婁江之所不便也。遂削先生籍。

戊戌，始會吴中同志於二泉。甲辰，東林書院成，大會四方之士，一依《白鹿洞規》。其他聞風而起者，毘陵有經正堂，金沙有志矩堂，荊溪有明道書院，虞山有文學書院，皆捧珠盤，請先生涖焉。先生論學，與世爲體。嘗言官輦轂，念頭不在君父上；官封疆，念頭不在百姓上；至於水間林下，三三兩兩，相與講求性命，切磨德義，念頭不在世道上；即有他美，君子不齒也。故會中亦多裁量人物，訾議國政，亦冀執政者聞而藥之也。天下君子以清議歸於東林，廟堂亦有畏忌。四明亂政，附四明者多爲君子所彈射，四明度不能留，遂計挈歸德同去，以政授之朱山陰。山陰懦且老，不爲衆所憚。於是小人謀召婁江，以中旨下之。而于東阿李晉江、葉福清亦同日拜焉。晉江獨在京師，得先入。婁江方引故事，疏辭。先生爲文二篇，號《夢語》、《寐語》，譏切之。江西參政姜士昌，以慶賀人，遂疏錫爵再居相位，愊愎忌刻，摧抑人才，不宜復用。語連廷機，大抵推先生旨也。東阿以拜官之日，卒不與政。福清素無根柢於舊相，特爲東林所期許，得入。戊申，詔起先生南京光禄少卿，乞致仕。時考選命下，新資臺諫，附和東林者十八九，益相與咀嚼婁江。山陰、晉江不得在位，其黨斥逐殆盡，而福清遂獨秉政。海内皇皇，以起廢一事望之，福清度不能請，請亦不力也。未幾而淮撫之争起。淮撫者，李三才，以豪傑自許，一時君子所屬望爲冢宰總憲者也。小人畏之特甚，遂出奇計攻之。先生故友淮撫。會富平復起爲太宰。富平前與沈嘉禾争丁右武計事，分爲兩黨。先生移書勸之，欲令灑濯嘉禾，引與同心，則依附者自解，且宜擁衛淮撫，勿墮壬人計。富平不省。而好事者遂録其書傳天下，東林由是漸爲怨府。辛亥内計，富平斥崑、宣黨魁七人，小人唁唁而起。儀部丁長孺抗言七人宜斥，救者非是。儀部又先生之門人也。壬子五月，先生卒，年六十三。先生卒後，福清亦罷相。德清用事臺諫，右東林者並出，他傍附者皆以爲法，謫向之罪申、王、沈、朱者，不復口及，而東林獨爲天下大忌諱矣。天啓初，諸正人稍稍復位。鄒忠介請録遺賢，贈太常寺卿。逆奄之亂，小人作《東林點將録》、《天鑒録》、《同志録》以導之，凡海内君子，不論有無干涉，一切指爲東林黨人。以御史石三畏言，削奪先生。崇禎二年，贈吏部右侍郎，謚曰端文。

高攀龍

《明史》卷二四三《高攀龍傳》 高攀龍，字存之，無錫人。少讀書，輒有志程、朱之學。舉萬曆十七年進士，授行人。四川僉事張世則進所著《大學初義》，詆程、朱章句，請頒天下。攀龍抗疏力駁其謬，其書遂不行。

（清）黃宗羲《明儒學案》卷五八《東林學案一・忠憲高景逸先生攀龍》 高攀龍字存之，別號景逸，常州之無錫人。萬曆己丑進士。尋丁嗣父憂。服闋，授行人。時四川僉事張世則上疏，謂程、朱之學不能誠意，壞宋一代之風俗。進所著《大學古本初義》，欲施行天下，一改章句之舊。先生上疏駁之，寢其進書。婁江再入輔政，驅除異己六十餘人。以趙用賢望重，示意鄭材、楊應宿訐其絕婚，去之。先生劾錫爵聲音笑貌之間，雖示開誠布公之意，而精神心術之微，不勝作好作惡之私。謫揭陽，添註典史，半載而歸。遂與顧涇陽復東林書院，講學其中。每月三日遠近集者數百人，以爲紀綱世界，全要是非明白。小人聞而惡之，廟堂之上，行一正事，發一正論，俱目之爲東林黨人。天啓改元，先生在林下已二十八年，起爲光禄寺丞，陞少卿署寺事。孫宗伯明《春秋》之義，劾舊輔方從哲。先生會議，持之益力。轉太常大理，晉太僕卿。乞差還里，甲子卽家起刑部侍郎。逆奄魏忠賢亂政，先生謂同志曰：今日之事，未能用倒倉之法，唯有上下和衷，少殺其毒耳。其論與先忠端公相合。總憲缺，先忠端公上速推憲臣慎簡名賢疏，意任先生也。陞左都御史，糾大貪御史崔呈秀，依律遣戍。亡何逆奄與魏廣微合謀，借會推晉撫一事，盡空朝署。先生遂歸。明年，《三朝要典》成。坐移宮一案，削籍爲民，毀其東林書院。丙寅，又以東林邪黨逮先生及忠端公七人。緹帥將至，先生夜半書遺疏，自沉止水，三月十七日也。年六十有五。疏云：臣雖削奪，舊係大臣，大臣受辱，則辱國。故北向叩頭，從屈平之遺則。君恩未報，結願來生。崇禎初，逆奄呈秀伏誅。贈太子少保，兵部尚書，賜祭葬，蔭子，謚忠憲。

黃尊素

《明史》卷二四五《黃尊素傳》 黃尊素，字真長，餘姚人。萬曆四十四年進士。除寧國推官，精敏彊執。【略】知獄卒將害己，叩首謝君父，賦詩一章，遂死，時六年閏六月朔日也，年四十三。崇禎初，贈太僕卿，任一子。福王時，追謚忠端。

（清）黃宗羲《明儒學案》卷六一《東林學案四・忠端黃白安先生尊素》 黃諱尊素，字真長，號白安，越之餘姚人。萬曆丙辰進士。授寧國府推官。强宗斂手，避其風裁。時崑、宣之燄，足以奔走天下，先生未嘗稍假借也。入爲山東道御史。神宗以來，朝中分爲兩黨，君子小人遞爲勝負，無已時。天啓初政，小人之勢稍絀，會奄人魏忠賢，保姆客氏，相結以制沖主，盡收宮中之權，思得外庭以助己，小人亦欲乘此以一網天下之君子，勢相求而未合也。先生惕然謂同志曰：兄弟鬩於牆，外禦其侮，吾儕其無鬩牆以召外侮乎？無何，阮大鋮長吏垣，與桐城嘉善不睦，借一去以發難。先生挽大鋮，使毋去，大鋮意亦稍轉，而無奈桐城之踈彼也。趙太宰不由咨訪，改鄒新昌於銓部，同鄉臺省起争事權，先生爲之調人。江右遂謂新昌之見知于太宰由先生。二憾交作。而給事中傅櫆，故與逆奄養子傅應星稱兄弟，私懼爲清議所不容。梃險者乃道之以首功，借中書汪文言，以劾桐城嘉善，逆奄主之，以興大獄。先生授謀於鎮撫劉僑，獄得解。於是而有楊副院二十四大罪之疏，疏之將上，副院謂同志曰：魏忠賢者，小人之城社也，塞穴薰鼠，固不如墮城變社耳。先生曰：不然。除君側者，必有內援，公有之乎？一擊不中，凶愎參會矣。疏入，副院既受詰責，而且杖萬郎中，杖林御史，震恐廷臣。先生謂副院曰：公一日在朝，則忠賢一日不安，國事愈決裂矣。不如去以少衰其禍。副院以爲然，而遷延不能決也。南樂由逆奄入相，然惟恐人知。使燕、趙士大夫以魏氏爲愧。嘉善因其大享不至，將糾之。先生曰：不可。今大勢已去，君子小人之名，無徒過爲分別，則小人尚有牽顧，猶有一二分之救也。嘉善銳意欲以擊外魏，與楊副院擊內魏爲對股文字，不深惟先生之言。南樂喟然嘆曰：諸公薄人於險，吾能操刀而不割哉？遂甲乙其姓名于宦籍之上，甚其宗人魏忠賢曰：此東林黨人，皆與公爲難者也。逆奄奉爲聖書，終熹宗之世，其竄殺不出于此。晉人爭巡撫，先生語太宰曰：秦、晉、豫章，同舟之人也，用考功而豫章之人心變，參郵典而關中之人心變，再使晉人心變，是一鬨而散之局也。陳御史果劾嘉善，以會推狗其座主，中旨一出，在朝無留賢矣。凡先生憂深慮遠，彌縫於機失謀乖之際，皆先事之左券也。先生三疏劾奄：第一疏在副院之先，第二疏繼副院而上，第三疏萬郎中杖後。清言勁論，奄人髮指，則曰：此諫官職分事，不以爲名高也。乙丑出都門，曹欽程論之，削籍。其冬訛言繁興，謂三吴諸君子謀翻局，先生用李實爲張永授以秘計。逆奄聞之大懼，刺事至江西四輩，漫無影響。沈司寇欲自以爲功，奏記，逆奄曰：事有跡矣！逆奄使人日譙訶李實，取其本去，而七君子被逮。蓋汪文言初番之獄，羣邪定計，即欲牽連左、魏二公，相隨入獄，不意先生能使出之，故于諸君子中，意忌惟先生，以爲必爲吾儕患。訛言之興，亦以是也。丙寅閏六月朔，賦詩而卒，年四十三。

先生未嘗臨講席，首善之會，謂南皐曰：賢奸雜沓，未必有益於治道。其風期相許者，則蕺山、忠憲、忠節。萬里投獄，蕺山慟哭而送之，先生猶以不能濟時爲恨。先生以開物成務爲學，視天下之安危爲安危。苟其人志不在弘濟艱難，沾沾自顧。揀擇題目以賣聲名，則直鄙爲硜硜之小人耳。其時朝士空疎，以通記爲粉本，不復留心於經學。章奏中有引繞朝之策者，一名公指以爲問，先生曰：此晉歸隨會事也。凡五經中隨舉一言，先生即口誦傳疏，瀾倒水决，類如此。

劉宗周

《明史》卷二五五《劉宗周傳》　劉宗周，字起東，山陰人。父坡，爲諸生。母章氏娠五月而坡亡。既生宗周，家酷貧，攜之育外家。後以宗周大父老疾，歸事之，析薪汲水，持藥糜。然體孱甚，母嘗憂念之不置，遂成疾。又以貧故，忍而不治。萬曆二十九年，宗周成進士。母卒於家。宗周奔喪，爲堊室中門外，日哭泣其中。服闋，選行人，請養大父母。遭喪，居七年始赴補。母以節聞於朝。【略】

閏六月八日卒，年六十有八。

（清）黄宗羲《明儒學案》卷六二《蕺山學案・忠端劉念臺先生宗周》

劉諱宗周，字起東，號念臺，越之山陰人。萬曆辛丑進士。授行人。上疏言國本，言東林多君子，不宜彈射，請告歸。起禮部主事，劾奄人魏忠賢，保姆客氏，轉光禄寺丞。尋陞尚寶少卿，太僕少卿，疏辭，不允。告病回籍。起右通政，又固辭。内批爲矯情厭世，革職爲民。崇禎己巳，起順天府尹。上方綜核名實，羣臣救過不遑，先生以爲此刑名之術也，不可以治天下，而以仁義之説進，上迂濶之。京師戒嚴，上疑廷臣謀國不忠，稍稍親向奄人。先生謂：今日第一宜開示誠心，爲濟難之本，皇上以親内臣之心親外臣，以重武臣之心重文臣，則太平之業，一舉而定也。當是時，小人乘時欲翻逆案，遂以矢事者，牽連入之東林。先生曰：自東林之以忠義著，是非定矣。奈何復起波瀾？用賢之路，從此而窮。解嚴後，上祈天永命疏：上天重民命，則刑罰宜省，請除詔獄；上天厚民生，則賦斂宜緩，請除新餉。相臣勿興大獄，勿贊富强，與有祈天永命之責焉。上詰以軍需所出，先生對曰：有原設之兵，原設之餉在。上終以爲迂濶也。請告歸。上復思之，因推閣員降詔，召先生入對文華殿。上問人才、糧餉、流寇三事，對曰：天下原未嘗乏才，止因皇上求治太急，進退天下士太輕，所以有人而無人之用。加派重而參罰嚴，吏治日壞，民生不得其所，胥化爲盜賊，餉無從出矣。流寇本朝廷赤子，撫之有道，寇還爲吾民也。上又問兵事，對曰：臣聞禦外亦以治内爲本，此干羽所以格有苗也。皇上亦法堯、舜而已矣。上顧温體仁曰：迂哉！劉某之言也。用爲工部左侍郎。乃以近日弊政，反覆言之。謂：皇上但下一尺之詔，痛言前日所以致賊之由，與今日不忍輕棄斯民之意，遣廷臣賫内帑，巡行郡國，爲招撫使，以招其無罪而流亡者，陳師險隘，聽其窮而自解歸來，誅渠之外，猶可不殺一人，而畢此役也。上見之大怒。久之而意解，諭以大臣論事，須體國度時，不當效小臣圖占地步，盡咎朝廷耳。先生復言：皇上已具堯、舜之心，惟是人心道心，不能無倚伏之機，出於人心，而有過不及者，授之政事之地，即求治而過，不免害治者有之，惟皇上深致意焉。三疏請告，上允之。行至德州，上疏曰：今日之禍，已巳以來釀成之也；後日之禍，今日又釀之矣。己巳之變，受事者爲執政之異己，不難爲法受惡，概寘之重典；丙子之變，受事者爲執政之私人，不難上下蒙蔽，使處分之頓異。自古小人與中官氣誼一類，故天下有比中官之小人，必無合於君子之小人，有用小人之君子，終無黨比中官之君子。八年之間，誰秉國成？臣不能爲首輔温體仁解矣。有冒革職爲民。然上終不忘先生，臨朝而嘆，謂：大臣如劉某，清執敢言，廷臣莫及也。壬午起吏部左侍郎。先生以爲天下治亂，決不能舍道而別有手援之法，一涉功利，皆爲苟且。途中上書，以明聖學。未至，陞左都御史。召對，上問：職掌安在？對曰：都察院之職，在于正己以正百僚，必其存諸中者，上可以對君父，下可質天下士大夫，而後百僚則而象之。至於責成，巡方其守務也，巡方得人，則吏治清，吏治清則民生安矣。已又戒嚴，先生言：皇上以一心爲天地神人之主，鎮靜以立本，安詳以應變，此第一義也。其施行次第，旌盧象昇，戮楊嗣昌。上曰：責重朕心，是也。請卹追戮，何與兵機事？召對中左門。御史楊若僑言火器，先生劾之曰：御史之言非也，邇來邊臣於安攘禦侮之策，戰守屯戍之法，概置不講，以火器爲司命，不恃人而恃器，國威所以愈頓也。上議督撫去留，先生對：請自督師范志完始，志完身任三協，平時無備，任其出入，今又借援南下，爲脱卸計，從此關門無阻，決裂至此。上曰：入援乃奉旨而行，何云脱卸？先生對：十五年來，皇上處分未當，致有今日敗局，乃不追原禍始，更絃易轍，欲以一切苟且之政，牽補罅漏，非長治之道也。上變色曰：從前已不可追，今日事後之圖安在？先生對：今日第一義，在皇上開誠布公，先豁疑關，公天下以爲好惡，則思過半矣。上曰：國家敗壞已極，如何整頓？先生對：近來持論者，但論才望，不論操守。不知天下真才望，出於天下真操守。自古未有操守不謹，而遇事敢前者；亦未有操守不謹，而軍士畏威者。上曰：濟變之日，先才而後守。先生對：以濟變言，愈宜先守，即如范志完操守不謹，用賄補官，所以三軍解體，莫肯用命。由此觀之，豈不信以操守爲主乎？上始色解。先生更端曰：皇上方下詔求言，而給事中義埰、行人司副熊開元，以言得罪，下之詔獄。皇上度量卓越，如臣某累多狂妄，幸寬斧鑕。又如詞臣黄道周，亦以戇直獲宥。二臣何獨不蒙一體之仁乎？上曰：道周有學有守，豈二臣可比？先生對曰：二臣誠不及道周，然朝廷待言官有體，即有應得之罪，亦當勅下法司定之，遽寘詔獄，終於國體有傷。上怒曰：朕處一二言官，如何遂傷國體？假有貪贓壞法，欺君罔上，俱可不問乎？先生對：即皇上欲問貪贓壞法，欺君罔上者，亦不可不付之法司也。上大怒曰：如此偏黨，豈堪憲職？候旨處分。先生謝罪。文武班行各申救，遂革職歸。

南渡，起原官。先生上言，今日宗社大計，舍討賊復讐，無以表陛下渡江之心。非陛下決策親征，亦何以作天下忠臣義士之氣？江左非偏安之業，請進圖江北。鳳陽號稱中都，東扼徐、淮，北控豫州，西顧荊、襄，而南去金陵不遠，親征之師，駐蹕於此，規模先立，而後可言政事。一時亂政，先生無不危言。閣臣則劾馬士英，勳臣則劾劉孔昭，四鎮則劾劉澤清、高傑。先生本無意於出，謂：中朝之黨論方興，何暇圖河、洛之賊？立國之本計已疎，何以言匡扶之畧？當是時，奸人雖不利先生，然恥不能致先生，反急先生之一出。馬士英言先生負海内重名，自稱草莽孤臣，不書新命，明示以不臣也。朱統鑛言先生請移蹕鳳陽，鳳陽，高牆之所，蓋欲以罪宗處皇上。四鎮皆言先生欲行定策之誅，意在廢立。先生在丹陽僧舍，高傑、劉澤清遣刺客數輩迹之，先生危坐終日，無惲容，客亦心折而去。詔書敦追再三，先生始受命。尋以阮大鋮爲兵部侍郎，先生曰：大鋮之進退，江左之興衰繫焉。内批：是否確論？先生再疏請告，予馳驛歸。先生出國門，黄童白叟聚觀嘆息，知南都之不能久立也。浙省降，先生慟哭曰：此余正命之時也。門人以文山、疊山、袁閬故事言，先生曰：北都之變，可以死，可以無死，以身在削籍也。南都之變，主上自棄其社稷，僕在懸車，尚曰可以死，可以無死。今吾越又降，區區老臣尚何之乎？若曰身不在位，不當與城爲存亡，獨不當與土爲存亡乎？故相江萬里所以死也。世無逃死之宰相，亦豈有逃死之御史大夫乎？君臣之義，本以情決，舍情而言義，非義也。父子之親，固不可解于心，君臣之義，亦不可解于心。今謂可以不死而死，可以有待而死，死爲近名，則隨地出脱，終成一貪生畏死之徒而已矣。絶食二十日而卒，閏六月八日，戊子也，年六十八。

先生起自孤童，始從外祖章穎學，長師許敬菴，而砥礪性命之友則劉静之、丁長孺、周寧宇、魏忠節、先忠端公、高忠憲。始雖與陶石梁同講席，爲證人之會，而學不同。石梁之門人，皆學佛，後且流於因果。分會于白馬山，羲嘗聽講。石梁言一名臣轉身爲馬，引其族姑證之。羲甚不然其言，退而與王業洵、王毓蓍推擇一輩時名之士，四十餘人，執贄先生門下。此四十餘人者，皆喜闢佛，然而無有根柢，於學問之事，亦浮慕而已，反資學佛者之口實。先生有憂之，兩者交議，故傳先生之學者，未易一二也。先生之學，以慎獨爲宗，儒者人人言慎獨，唯先生始得其真。盈天地間皆氣也，其在人心，一氣之流行，誠通誠復，自然分爲喜怒哀樂、仁義禮智之名，因此而起者也。不待安排品節，自能不過其則，即中和也。此生而有之，人人如是，所以謂之性善，即不無過不及之差，而性體原自周流，不害其爲中和之德。學者但證得性體分明，而以時保之，即是慎矣。慎之工夫，只在主宰上，覺有主，是曰意，離意根一步，便是妄，便非獨矣。故愈收斂，是愈推致，然主宰亦非有一處停頓，即在此流行之中，故曰：逝者如斯夫！不舍晝夜。蓋離氣無所爲理，離心無所爲性。佛者之言曰：有物先天地，無形本寂寥，能爲萬象主，不逐四時凋。此是其真贓實犯。奈何儒者亦曰理生氣，所謂毫釐之辨，竟亦安在？而徒以自私自利，不可以治天下國家，棄而君臣父子，强生分別，其不爲佛者之所笑乎？先生大指如是。此指出真是南轅北轍，界限清楚，有宋以來，所未有也。識者謂五星聚奎，濂、洛、關、閩出焉；五星聚室，陽明子之説昌；五星聚張，子劉子之道通，豈非天哉！豈非天哉！

黄道周

《明史》卷二五五《黄道周傳》 黄道周，字幼平，漳浦人。天啓二年進士。改庶吉士，授編修，爲經筵展書官。**【略】**

崇禎二年起故官，進右中允。**【略】**

語皆刺大學士周延儒、温體仁。帝益不懌，斥爲民。

九年用薦召，復故官。**【略】**

精天文曆數皇極諸書。所著《易象正》、《三易洞璣》及《太函經》，學者窮年不能通其説，而道周用以推驗治亂。歿後，家人得其小册，自謂終於丙戌，年六十二，始信其能知來也。

（清）黄宗羲《明儒學案》卷五六《諸儒學案下四・忠烈黄石齋先生道周》 黄道周字幼玄，號石齋，福之鎮海衛人。家貧，時時挾策遠遊，讀書羅浮山，山水暴漲，墮澗中，溯流而入，得遇異人，授以讀書之法，過目不忘。登天啓壬戌進士第，選庶吉士，散館補編修，即以終養歸。尋丁内艱，負土築墓，終喪丙舍。

崇禎庚午，起原官。小人恨錢龍錫之定逆案，借袁崇焕邊事以陷之，下獄論死。先生抗疏頌寃，詔鐫三級，陛辭。因言《易》數，皇上御極之元，當《師卦》上九，開國承家，小人勿用，以諷首輔温體仁，削籍爲民。丙子，起右中允，上言慎喜怒，省刑罰，即如鄭鄤杖母之獄，事屬曖昧，法不宜坐。奉旨切責。丁丑進左春坊、左諭德，大學士張至發選東宫官屬，不及先生。楊廷麟等之直講讀者以讓先生。至發曰：道周意見不無少偏，近日疏三罪，四恥，七不如，有不如鄭鄤之語，蔑倫杖母，明旨煌煌，鄤何如人？而自謂不如，是可爲元良輔導乎？給事中馮元飈言：道周忠足以動聖鑒，而不能得執政之心，恐天下後世，有以議閣臣之得失也。

戊寅，進少詹事，兼翰林院侍講學士。上御經筵，問：保舉考選，孰爲得人？先生對：樹人如樹木，須養之數十年，始堪任用。近來人才遠不及古，况摧殘之後，必須深加培養。上又問，對曰：立朝之才，存乎心術，治邊之才，存乎形勢。先年督撫未講形勢要害，浪言勦撫，隨寇團走，專既不效，輒謂兵餉不足。其實新舊餉約千二百萬，可養四十萬之師，今寧、錦三協，兵僅十六萬，似不煩别求，以供勦寇之用也。未幾楊嗣昌奪情入閣，陳新甲奪情起宣、大總督，方一藻以遼、撫議和。先生具三疏，一劾嗣昌，一劾新甲，一劾一藻。七月己巳，上召先生至平臺，問曰：朕自經筵，略知學問。無所爲而爲之，謂天理，有所爲而爲之，謂人欲。爾疏適當枚卜之後，果無所爲乎？對曰：臣無所私。上曰：前月二十八日，推陳新甲，何不拜疏？對曰：御史林蘭友，給事何楷，皆有劾疏，以同鄉恐涉嫌疑耳。上曰：今遂無嫌乎？曰：天下綱常，邊疆大計，失今不言，後將無及矣。臣所惜者，綱常名義，非私也。上曰：知爾素有清名，清雖美德，不可傲物遂非。唯伯夷爲聖之清，若小廉曲謹，不受餽遺，此可爲廉，未可爲清也。對曰：伯夷全忠孝之節，孔子遂許其仁。上以爲强説。嗣昌出辯曰：臣不生於空桑，豈遂不知父母？臣嘗再辭，而明旨敦迫甚至，臣父而在，且不敢自有其身，況敢有其子乎？道周學行人宗，臣實仰企之。今乃謂不如鄭鄤，臣始太息絶望。鄭之杖母，行同梟獍，道周又不如鄤，何言綱常耶？先生曰：臣言文章不如鄭鄤。上責其朋比，對曰：衆惡必察，豈得爲比？先生又曰：古人對仗讀彈文，嗣昌身爲大臣，理宜待罪，豈得出而角口？於是嗣昌引退。上曰：爾不宜誹謗大臣。對曰：臣與嗣昌比肩事主，何嫌何忌？而不盡言。上曰：孔子誅少正卯，當時亦稱聞人，惟以心逆而險，行僻而堅，言僞而辯，順非而澤，記醜而博，不免孔子之誅。今之人率多類此。對曰：少正卯心在欺世盜名，臣之心在明倫篤行。上以褊激恣口，叱之去。先生曰：臣今不盡言，則臣負陛下，陛下今日殺臣，則陛下負臣。上曰：爾讀書有年，衹成佞口。先生又爲上辯忠佞者久之，上怒甚，然亦奪於公議，止謫江西布政司知事。蓋上素知先生清苦無私。第三疏在枚卜之後，小人中之者，謂當枚卜之時，隱忍不言，睥睨宜麻，宜麻不得，由是發憤耳。上入此間，亦遂疑先生平生言行之出于僞也。先是五月間，先生草劾一藻、新甲二疏，俾長班投會極門，長班恐疏上必敗枚卜，乃駕言會層門中官索錢，先生無以應。至會推旨下，長班絶望，始並投三疏，故小人有此揣摩。彼小人之識見，亦猶夫長班之識見也。

庚辰，江西巡撫解學龍疏薦地方人才，謂先生堪任輔導。上怒其朋比，逮先生及解撫，廷杖之，下刑部獄。先生在獄中，同獄者多來問學。户部主事葉廷秀，太學生涂仲吉，上書頌先生，皆廷杖。先生在獄中，同獄者多來問學，偵事者上聞，詞連黄文焕、陳天定、文震亨、孫嘉績、楊廷麟、劉履丁、董養河、田詔。上使鎮撫司雜治之，連及者既不承，至有戟手而詈者，諸人皆返刑部，而先生改下北寺。當是時，告訐公行，小人創爲福黨之説，以激上怒，必欲殺先生而後已。司寇劉澤深擬烟瘴遣戍，再奏不允。宜興出山，天下皇皇，以出先生望之。辛巳十二月，戍辰州衛。一日上御經筵，嘆講官不學，宜興進曰：惟黄道周，識雖偏而學則長。次輔蔣八公因言道周貧且病，乞移近戍。宜興曰：皇上無我之心，有同天地，既道周有學，便可徑用，何言移戍？上笑而不言。既退，卽御書原官起用。未上而京師陷。南渡，起禮部尚書，掌詹事府事。尋以祭告禹陵出，棲遲浙水。

國亡之後，奉思文入福，遂首政府。是時政由鄭氏，祭則寡人。賜宴大臣，鄭氏欲居第一，先生謂祖制武職無班文官右者，相與争執。鄭氏辭屈，嫌隙遂成。先生視鄭氏殊無經畧之志，自請出關，然不能發其一甲，轉其斗粟，徒以忠義激發，旬月之間，揭竿雲集。先生親書告身獎語，給爲公賞，得之者，榮於誥勅。從廣信抵衢州，爲其門人所給，至婺源明黨里見執，繫尚膳監，絶粒十四日不死，引磬又不殊。丙戌三月七日兵解，年六十二。

先生深辨宋儒氣質之性之非，氣有清濁，質有敏鈍，自是氣質何關性上事？性則通天徹地，只此一物，於動極處見不動，於不睹不聞處見睹聞，著不得絲毫氣質。宋儒雖言氣質之性，君子有弗性焉。畢竟從夾雜中辨别精微，早已拖泥帶水去也。故知先生之説爲長，然離心之知覺，無所爲性，離氣質亦無所爲知覺，如此以求盡性，未免易落懸想。有先生之學，則可；無先生之學，尚須商量也。

史可法

《明史》卷二七四《史可法傳》 史可法，字憲之，大興籍，祥符人。世錦衣百户。祖應元舉於鄉，官黄平知州，有惠政。語其子從質曰：我家必昌。從質妻尹氏有身，夢文天祥入其舍，生可法。以孝聞。舉崇禎元年進士，授西安府推官，稍遷户部主事，歷員外郎、郎中。【略】

十七年四月朔，聞賊犯闕，誓師勤王。渡江抵浦口，聞北都既陷，縞衣發喪。會南都議立君，張慎言、吕大器、姜曰廣等曰：福王由崧，神宗孫也，倫序當立，而有七不可：貪、淫、酗酒、不孝、虐下、不讀書、干預有司也。潞王常淓，神宗姪也，賢明當立。移牒可法，可法亦以為然。鳳陽總督馬士英潛與阮大鋮計議，主立福王，咨可法，可法以七不可告之。而士英已與黄得功、劉良佐、劉澤清、高傑發兵送福王至儀真，於是可法等迎王。五月朔，王謁孝陵、奉先殿，出居内守備府。羣臣入朝，王色赧欲避。可法曰：王毋避，宜正受。既朝，議戰守。可法曰：王宜素服郊次，發師北征，示天下以必報讐之義。王唯唯。明日再朝，出議監國事。張慎言曰：國虛無人，可遂即大位。可法曰：太子存亡未卜，倘南來若何？誠意伯劉孔昭曰：今日既定，誰敢復更？可法曰：徐之。乃退。又明日，王監國，廷推閣臣，衆舉可法、高弘圖、姜曰廣。孔昭攘臂欲並列，衆以本朝無勛臣入閣例，遏之。孔昭勃然曰：即我不可，馬士英何不可？乃并推士英。又議起廢，推鄭三俊、劉宗周、徐石麒。孔昭舉大鋮，可法曰：先帝欽定逆案，毋復言。越二日，拜可法禮部尚書兼東閣大學士，與士英、弘圖並命。可法仍掌兵部事，士英仍督師鳳陽。乃定京營制，如北都故事，侍衛及錦衣衛諸軍，悉入伍操練。錦衣東西兩司房，及南北兩鎮撫司官，不備設，以杜告密，安人心。【略】

可法去，士英、孔昭輩益無所憚。孔昭以慎言舉吳甡，譁殿上，拔刀逐慎言。可法馳疏解，孔昭卒扼甡不用。可法祭二陵畢，上疏曰：陛下踐阼初，祗謁孝陵，哭泣盡哀，道路感動。若躬謁二陵，親見泗、鳳蒿萊滿目，雞犬無聲，當益悲憤。願慎終如始，處深宫廣厦，則思東北諸陵魂魄之未安；享玉食大庖，則思東北諸陵麥飯之無展；膺圖受籙，則念先帝之集木馭朽，何以忽遘危亡；早朝晏罷，則念先帝之克儉克勤，何以卒隳大業。戰兢惕厲，無時怠荒，二祖列宗將默佑中興。若晏處東南，不思遠略，賢奸無辨，威斷不靈，老成投簪，豪傑裹足，祖宗怨恫，天命潛移，東南一隅未可保也。王嘉答之。【略】

時自成既走陝西，猶未滅，可法請頒討賊詔書，言：

自三月以來，大讐在目，一矢未加。昔晉之東也，其君臣日圖中原，而僅保江左；宋之南也，其君臣盡力楚、蜀，而僅保臨安。蓋偏安者，恢復之退步，未有志在偏安，而遽能自立者也。大變之初，黔黎洒泣，紳士悲哀，猶有朝氣。今則兵驕餉絀，文恬武嬉，頓成暮氣矣。河上之防，百未經理，人心不肅，威令不行。復讐之師不聞及關、陝，討賊之詔不聞達燕、齊。君父之讐，置諸膜外。夫我即卑宫菲食，嘗膽臥薪，聚才智精神，枕戈待旦，合方州物力，破釜沉舟，尚虞無救。以臣觀廟堂謀畫，百執事經營，殊未盡然。夫將所以能克敵者，氣也；君所以能禦將者，志也。廟堂志不奮，則行間氣不鼓。夏少康不忘出竇之辱，漢光武不忘蕪薪之時。臣願陛下為少康、光武，不願左右在位，僅以晉元、宋高之説進也。

先皇帝死於賊，恭皇帝亦死於賊，此千古未有之痛也。在北諸臣，死節者無多；在南諸臣，討賊者復少。此千古未有之恥也。庶民之家，父兄被殺，尚思穴胸斷脰，得而甘心，況在朝廷，顧可漠置。臣願陛下速發討賊之詔，責臣與諸鎮悉簡精鋭，直指秦關，懸上爵以待有功，假便宜而責成效，絲綸之布，痛切淋漓，庶海内忠臣義士，聞而感憤也。

國家遘此大變，陛下嗣登大寶，與先朝不同。諸臣但有罪之當誅，曾無功之足録。今恩外加恩未已，武臣腰玉，名器濫觴。自後宜慎重，務以爵禄待有功，庶猛將武夫有所激厲。兵行最苦無糧，搜括既不可行，勸輸亦難為繼。請將不急之工程，可已之繁費，朝夕之燕衎，左右之進獻，一切報罷。即事關典禮，亦宜概從節省。蓋賊一日未滅，即有深宫曲房，錦衣玉食，豈能安享！必刻刻在復讐雪恥，振舉朝之精神，萃萬方之物力，盡并於選將練兵一事，庶人心可鼓，天意可回。

羅欽順

《明史》卷二八二《儒林傳一・羅欽順》 羅欽順，字允升，泰和人。弘治六年進士及第，授編修。遷南京國子監司業，與祭酒章懋以實行教士。未幾，奉親歸，因乞終養。劉瑾怒，奪職爲民。瑾誅，復官，遷南京太常少卿，再遷南京吏部右侍郎，入爲吏部左侍郎。世宗即位，命攝尚書事。上疏言久任、超遷，法當疏通，不報。大禮議起，欽順請慎大禮以全聖孝，不報。遷南京吏部尚書，省親乞歸。改禮部尚書，曾居憂未及拜。再起禮部尚書，辭。又改吏部尚書，下詔敦促，再辭。許致仕，有司給禄米。時張璁、桂萼以議禮驟貴，秉政樹黨，屏逐正人。欽順恥與同列，故屢詔不起。

（清）黃宗羲《明儒學案》卷四七《諸儒學案中一・文莊羅整菴先生欽順》 羅欽順子允升，號整菴，吉之泰和人。弘治壬子鄉試第一，明年進士及第，授翰林編修，擢南京國子司業，時章楓山先生爲祭酒，皆正己率物，太學一時之盛。奉親歸家，因疏乞終養。逆瑾怒，奪職爲民。瑾誅復職，由南京太常少卿陞南京禮部右侍郎，改吏部右侍郎。嘉靖初，轉左侍郎，拜南京吏部尚書，改入禮部。丁父憂，服闋，起原官，未至，改吏部，具疏固辭，於是得旨致仕。丁未四月二十四日卒，年八十有三。詔賜祭葬，賜太子太保，謚文莊。

清代分部

黄宗羲

《清史列傳》卷六八《儒林傳下一·黄宗羲》 黄宗羲，字太沖，浙江餘姚人。年十四，補諸生。父尊素，明天啓間官御史，以抗直死魏閹之難。宗羲年十九，袖長錐入京頌冤，至則魏閹已磔，即疏請誅曹欽程、李實；又於對簿時，錐許顯純流血，毆崔應元胸，拔其鬚，歸祭其父。又與吴江周延祚等錐牢子葉咨、顔文仲，應時立斃。時欽程已入逆案，宗羲復於對簿時，錐實。獄竟，偕同難諸子弟設祭詔獄中，哭聲如雷，聞禁中。及歸，從劉宗周遊，姚江末派援儒入釋，宗羲力摧其説。時稱禦侮陳貞慧等作南都防亂揭，署名日，被難諸家推宗羲居首。福王時，阮大鋮案揭中姓名欲殺之，會大兵至，得免。尋歸浙東，糾合黄竹浦子弟數百人，隨諸軍於江上，時呼世忠營。大兵定浙，宗羲間行歸家，遂奉母里門，畢力著述。既而請業者日至，乃復舉證人書院之會於越中，以申宗周之緒。其後東之鄞，西之海寧，皆請主講，守令亦或與會，然非其志也。康熙十八年，詔徵博學鴻儒，掌翰林院學士葉方藹欲薦之，宗羲辭以疾，且言母老。十九年，左都御史徐元文監修《明史》，薦宗羲，辭如初。及詔取所著書關史事者，宣付史館。二十九年，上訪求遺獻，刑部尚書徐乾學復薦宗羲，仍不出。然宗羲雖不在史館，而史局每有疑事必諮之。

宗羲之學，雖出宗周，不恣言心性，教學者，説經則宗漢儒，立身則宗宋學。嘗自謂受業蕺山時，頗喜爲氣節斬斬一流，所得尚淺，憂患之餘，始多深造。又謂明人講學，襲《語録》之糟粕，不以《六經》爲根柢，束書而從事於游談，更滋流弊，故學者必先窮經。然拘執經術，不適於用。欲免迂儒之誚，必兼讀史。又謂讀書不多，無以證理之變化；多而不求於心，則爲俗學。故上下古今，穿穴羣言，自天官地志、九流百家之教，無不精研。所著《易學象數論》六卷，謂聖人以象示人者七：有八卦之象，六爻之象，象形之象，爻位之象，反對之象，方位之象，互體之象。後儒之爲僞象者四：納甲也，動爻也，卦變也，先天也。乃崇七象而斥四象。又謂遁甲、太乙、六壬，世謂三式，皆主九宫以參人事。乃以鄭康成太乙行九宫者證太乙，以《吴越春秋》占法、《國語》伶州鳩之對證六壬，以訂數學，其持論皆有依據。《授書隨筆》一卷，則太原閻若璩問《尚書》而告之者。《春秋日食曆》一卷，辨衛樸所言之謬。《律吕新義》二卷，少時取餘杭竹管斷之爲十二律，與四清聲試之，因廣其説。《孟子師説》二卷，以宗周《四書》諸解獨少《孟子》，乃疏其舊説爲之。其書闡發良知之旨，推究事理，不爲空疏無用之談，亦不盡主姚江之説。

史學則欲輯《宋史》而未就，僅存《叢目補遺》三卷；又輯《明史案》二百四十四卷；其《明史》有三例：一國史取詳年月，二野史取當是非，三家史備官爵世系。《明史稾》出於萬斯同，斯同之學出於宗羲也。天文則有《大統法辨》四卷，《時憲書法解·新推交食法》一卷，《圜解》一卷，《割圜八線解》一卷，《授時法假如》一卷，《西洋法假如》一卷，《回回法假如》一卷。其後梅文鼎本《周髀》言天文，世驚爲不傳之秘，而不知宗羲實開之。又著《明儒學案》六十二卷，敘述明代講學諸儒流派分合得失甚詳；後又輯《宋儒學案》、《元儒學案》，以誌七百年儒學源流。又《明文海》四百八十二卷，彙集明人文集二千餘家，擷其菁華，典章人物，燦然具備，與十朝國史亦多彈駁參正。文集則有《南雷文案》、《吾悔》、《撰杖》、《蜀山》諸集，及《詩集》，後又分爲《南雷文定》，晚年復定爲《文約》，《文定》十一卷，《文約》四卷。又《深衣考》一卷，《今水經》一卷，《四明山志》九卷，《歷代甲子考》一卷，《二程學案》二卷。尚書湯斌嘗曰：黄先生論學如大禹導山導水，脈絡分明，吾黨之斗杓也！

顧炎武

《清史列傳》卷六八《儒林傳下一·顧炎武》 顧炎武，初名絳，字寧人，江南崑山人。生而雙瞳子，中白邊黑，讀書一目十行。年十四，爲諸生。耿介絶俗。與同里歸莊善，時有歸奇顧怪之目。見明季多故，棄舉業，講求經世之學。炎武三世俱爲顯，宦母王氏守節，孝於姑，明亡，不食卒。叛僕陸恩見炎武家中落，欲告炎武通海。炎武沉之水，僕壻投里豪，復訟之，繫奴家，危甚。會曲周路澤農救之，得免，遂去之山東，墾田長白山下。復北歷關塞，墾田於雁門之北、五臺之東。後客淮安，萊州黄氏有獄，詞連炎武，乃赴山東聽勘。富平李因篤營救之，獄始白。自是往還河北，最後至華陰，置田五十畝，因定居焉。【略】

炎武之學，大抵主於斂華就實，凡國家典制、郡邑掌故、天文儀象、河漕兵農之屬，莫不窮原究委，考正得失。撰《天下郡國利病書》百二十卷，遍覽諸史、圖經、文編、説部之類，以其關於民生利病者，且周流西北，歷二十年其書始成。別有《肇域志》一編，則考索之餘，合圖經而成者。尤精韻學，撰《音論》三卷，言古韻者始自明陳第，然創闢榛蕪，猶未邃密。炎武乃推尋經傳，探討本原。又《詩本音》十卷，其書主陳第詩無協韻之説，不與吴棫《本音》争，亦不用棫之例，但即本經之韻互考，且證以他書，明古音原作是讀，非由遷就，故曰《本音》。又《易音》三卷，即《周易》以求古音，考證精確。又《唐韻正》二十卷、《古音表》二卷、《韻補正》一卷，皆能追復三代以來之音，分部正帙而知其變。又撰《金石文字記》、《求古録》，與經史相證，而《日知録》三十卷，尤爲精詣之書，蓋積三十餘年而後成。其論治綜覈名實，於禮教尤兢兢，謂風俗衰，廉恥之防潰，由無禮以維之，常欲以古制率天下。炎武又以杜預《左傳集解》時有闕失，作《杜解補正》三卷。其他著作，有《石經考》、《九經誤字》、《五經異同》、《二十一史年表》、《歷代帝王宅京記》、《營平二州地名記》、《昌平山水記》、《山東考古録》、《京東考古録》、《譎觚十事》、《菰中隨筆》、《救文格論》、《亭林文集》、《詩集》，並有補於學術世道。

(清)顧炎武《日知録》卷八《吏胥》 天子之所恃以平治天下者，百官也。故曰：臣作朕股肱耳目，又曰天工人其代之。如奪百官之權而一切歸之吏胥，是所謂百官者虚名，而柄國者吏胥而已。郭隗之告燕昭王曰：亡國與役處，吁，其可懼乎！秦以任刀筆之吏而亡天下，此固已事之明驗也。

(清)顧炎武《日知録》卷八《都令史》 胥吏之權所以日重而不可拔者，任法之弊使之然也。開誠布公，以任大臣；疏節闊目，以理庶事，則文法省而徑竇清，人材庸而狐鼠退矣。

王夫之

《清史列傳》卷六六《儒林傳上一·王夫之》 王夫之，字而農，湖南衡陽人。兄介之，邃於經學。明亡，匿不復出，著有《周易本義質》四卷、《詩經遵序》十卷、《春秋四傳質》十二卷。夫之少負儁才，讀書十行俱下，與兄介之同舉崇禎十五年鄉試。流賊張獻忠陷衡州，設僞官招夫之，夫之走匿。賊執其父爲質，夫之引刀自刺肢體，舁往易父，賊見其創也，免之，父子俱得脱歸。既而何騰蛟屯湖南，堵胤錫屯湖北，不相能，夫之上書章曠，請調和兩軍，曠不能用。順治四年，大兵下湖南，夫之入桂林依大學士瞿式耜。嘗三上疏劾王化澄，化澄欲殺之，會有救者得不死。聞母病，乃間道歸。築土室石般山，名曰觀生居。

杜門著述，其學深博無涯涘。以漢儒爲門户，以宋五子爲堂奥，所作《大學衍》、《中庸衍》皆力闢致良知之説，以羽翼朱子。而於《正蒙》一書，尤有神契，精繹而暢衍之，爲《正蒙注》九卷，《思問録內、外篇》各一卷。以爲張子之學上承孔、孟之志，下救來兹之失，如皎日麗天，無幽不燭，聖人復起，未之能易。惟其門人未有，殆庶世之信從者寡，道之誠然者不著，是以不百年而異説興；又不二百年而邪説熾。因推本陰陽法象之狀，往來原反之故，反覆辨論，所以歸咎上蔡、象山、姚江者甚峻。

所著諸經有《易》、《書》、《詩》、《春秋》稗疏，共十四卷，其説《易》不信陳搏之學，亦不信京房之術，於先天諸圖及緯書雜説排之甚力，而亦不空談玄妙附合老莊之旨。其説《尚書》，詮釋經文，多出新意，駁蘇軾傳及蔡傳之失，大都辭有根據，不同游談。其説《詩》，辨正名物訓詁，以補傳箋諸説之遺，不爲臆斷。《辨叶韻》一篇，持論明通，足解諸家之轇轕。其説《春秋》，考證地理，多可以糾杜注之失。國朝經學繼起者無慮百十家，然諸家所著有輒爲夫之所已言者，如子糾爲齊襄公子之説，梁錫璵據爲新義；鞏不書族，定姒非謚之説，葉西亦據爲新義：皆未見其書也。

他著有《周易内、外傳》、《大象解》、《尚書引義》、《詩廣傳》、《禮記章句》、《春秋家説》、《世論》、《續左氏傳博議》、《四書》、《稗疏》、《訓義》、《俟解》、《讀四書大全説》、《諸經考異》、《説文廣義》、《讀通鑑論》、《宋論》、《永曆實録》及注釋《老》、《莊》、《吕覽》、《淮南》、《楚辭》、《薑齋詩文集》等書，凡三百餘卷，後人彙刊之爲《船山遺書》。

康熙間，吴逆在衡湘，夫之又逃入深山。吴逆平，巡撫鄭端嘉之，餽粟帛請見。夫之以病辭，受粟反帛。三十一年，卒，年七十四。

（清）王夫之《噩夢》 尹京之難，古今所同，故兩漢多用嚴酷之吏以處之。然京尹，牧民之長，乃天下郡守之師表，而以毛鷙爲尚，則是倡四方之舍德而崇刑戮也。顧輦轂之下，土著少而賓旅衆，其去鄉里而來都下者，類皆其黠者也，非可素施以漸摩之訓。則非任張敞、趙廣漢、嚴挺之之流，誠有難治者。故以郊外編甿屬京尹之政教，而國門以内屬兵馬司，巡視御史之糾察，庶兩得之道也。乃一城而五之，莫相統攝，竄匿閃爍，百弊所生。兵馬司秩卑權輕，動爲權貴所掣。巡視御史差以月計，傳舍視之。姦不勝詰，而法且窮矣。故其後也，一授法紀於緹帥，廠奄而成乎大亂，風波之獄，毒流善類，皆巡察者之權不壹、任不重有以致之也。緹帥之職，視漢之司隸校尉也，而可使紈袴近倖之狡者任之乎！誠欲以牧民任京尹，而以輯姦任執法，無如以五城内外鄉飲、讀約、廛税、夫役聽京尹，畿縣仍視外府州縣。其緝拏探丸、發篋、竊探、賄詐，禁止飲博、猖狂、闌獄、擾市，凡屬五城所掌之禁令刑名，於都察院堂上副僉事任一員總提督之。劾其縱怠，禁其淫刑，官尊威重，法可必伸。移緹帥之權以授廉直剛毅之大臣，養京尹之仁使盡撫字敬敷之大體，斯爲經國之良規也乎！

唐甄

《清史列傳》卷七〇《文苑傳一・唐甄》 唐甄，字鑄萬，四川達縣人。父階泰，明吴江知縣。甄性至孝，侍親官舍，親疾衣不解帶。及居喪，獨處殯室，三年枕塊席苫。痛故鄉淪陷，遂卜地葬吴門之虎丘。順治十四年舉人，選山西長子縣知縣，導民蠶桑，以身率之，日省於鄉，三旬而樹桑八十萬本，民業利焉。甫十月，以逃人詿誤去官。僦居吴市，僅三數椽，蕭然四壁，炊煙常絶，日采廢圃中枸杞葉爲飯，衣敗絮，陶陶然，振筆著書不輟。曰：君子當厄，正爲學用力之時。窮阨生死，外也，小也，豈可求諸外而忘其内，顧其小而遺其大哉？乃研精覃思，著《衡書》。曰衡者，志在權衡天下也。後以連蹇不遇，更名《潛書》，書分上下篇：言學者爲上篇，始自辨儒，終於博觀，凡五十篇；言治者爲下篇，始於尚治，終於潛存，凡四十七篇。其自述曰：上觀天道，下察人事，遠正古迹，近度今宜，根於心而致之行，如在其位而謀其政，非虚言也。寧都魏禧見而歎曰：是周秦之書也！今猶有此人乎？康熙四十三年，卒，年七十有五。又著有《毛詩傳箋合義》、《春秋述傳》、《潛文》、《潛詩》、《日記》。

魏裔介

《清史列傳》卷五《大臣畫一傳檔正編二・魏裔介》 魏裔介，直隸柏鄉人。順治三年進士，由庶吉士授工部給事中。五年二月，疏請舉行經筵日講，以隆治本，得旨報聞。是年，充山西鄉試正考官。六年，轉吏科給事中。丁母憂歸。九年，補原官。疏請時御正殿，晉接羣臣，令部院科道等官面奏政事。又言：各州縣間遇災荒，既經報部，其例得蠲緩錢糧，即予停徵，以杜吏胥欺隱。並就各州縣所有積穀及存貯之銀，先行賑貸。疏並下所司議行。先是，江南既定，明兵部尚書張縉彦赴招撫大學士洪承疇軍前投誠。至是，河南巡撫吴景道援恩詔薦舉，部議予録用。裔介疏言：縉彦在明朝，身任中樞，值流賊李自成逼北京，匿不以報，有盧杞、賈似道之奸，而庸劣過之。若復列朝班，恐貽羞士類。乞敕部擯棄，以協輿論。疏下部察議，以事在赦前，予外用。十一年，裔介遷兵科都給事中，疏劾剿撫湖南將軍續順公沈永忠當流賊孫可望犯辰州時，擁兵坐視不救，致總兵官徐勇、辰常道劉昇祚等守城力竭戰死，乞賜罷斥，以儆庸懦。疏下所司察議，永忠罷任，削爵。十二年，疏劾福建提督楊名高縱剿怠玩，致漳州郡邑爲海賊鄭成功淪陷，名高坐罷任。是年，遷太常寺少卿，尋擢左副都御史。

十三年，疏劾大學士陳之遴心術不端，營私植黨。之遴旋奉詔解任，發遼陽閒住。時孫可望盤踞貴州，鄭成功鴟張海島，裔介疏言：孫賊借峒蠻爲助，而峒蠻之甘爲所用，弗歸順我朝者，因欲收其舊有之敕印也。宜命在事諸臣加意招徠，給以新敕印，其舊者聽其存留。俟向化有年，再籌收繳，則歸順者多，助賊者少。至鄭賊自明天啓之季，作亂海上，已三十年。我之水師無多，若揚帆大海以擣其巢，非所素練，惟於沿海要地，增兵築堡，使賊船不得泊岸搶掠。俟其疲於遠涉，坐而受困，然後招其攜貳，散其黨與，海患可以漸平。又請定教官每年考察之例，令學政刊布明儒薛瑄、王守仁等講學諸書，以培真才。並下部議行。十四年二月，擢左都御史。四月，因欽天監推算次月日月交食，裔介上疏請廣言路，停緩工量，寬州縣催科考成，速清恩赦應釋滯獄，減調移之兵，節供應之費。上嘉其奏，下部詳議行。七月，同左副都御史能圖等疏請更定世職襲例，上以所奏似有受囑徇私情事，召集詰問，下部論罪，能圖倡議變亂成例，革世職；裔介坐附和，應革職。詔從寬留任，尋遇恩詔復職。十六年，諭獎勤勞奉職諸臣，加裔介太子太保。

十七年二月，裔介以京察自陳，得旨：御史巡方，屢以貪黷敗檢。魏裔介爲臺臣長，曾未據實糾參，殊負委任。削去太子太保，並所加一級，仍舊供職。會陝西巡撫張自德爲給事中金漢鼎疏劾贓款解任，給事中孫光祀因劾裔介曾以洮岷道劉澍致託自德，故稔知自德貪婪，不敢糾劾，詔裔介回奏。裔介言不劾自德，由聞見不廣，劉澍赴任時，曾與自德書，言當教誨之，勉作循吏。上以裔介既吐真情，予免議。五月，疏劾大學士劉正宗、成克鞏欺罔附和諸罪，詔正宗、克鞏回奏，未得實，下法司勘鞫，並革裔介職，與質訊。正宗獲罪，籍没入旗；克鞏革職，留任；裔介復原官。時因雲南、福建用兵，裔介疏請敕部綜計軍需，足用即停止加派直省州縣錢糧。得旨，除已派外，其未派者並行停止。【略】

二十五年四月，卒，賜祭葬如例。雍正十年，入祀賢良祠。所著有《兼濟堂集》及《希賢録》諸書。乾隆元年，上念裔介與尚書湯斌等未邀易名之典，詔予追謚，謚曰文毅。

陳瑚

《清史列傳》卷六六《儒林傳上一·陳瑚》 陳瑚，字言夏，亦太倉州人。明崇禎十六年舉人。世儀作《格致篇》，首提敬天二字。瑚由此用力，遂得要領。每日課程以敬怠善過自考。嘗與世人論致中和工夫，瑚答之曰：工夫全在存養省察。玩注中約之精之二語，約之有漸，漸收斂入内意；精之有漸，漸擴充向外意。即如戒慎恐懼，何得偏擇？所謂不睹不聞者，而用功祇是持敬於己，不問其睹聞與否，步步存天理於胸中，然後漸漸收斂，直至夢寐所不及簡，精神所不及持，純是一團天理。此之謂約之，此之謂致中。慎獨則先從己所獨知之地用力，然後推向外去，自一事一物以至萬事萬物，無不各當，絶無一毫人欲。此之謂精之，此之謂致和。世儀諸人皆然其言。著《聖學入門》，書分《小學》爲六：《入孝》、《出悌》、《謹行》、《信言》、《親愛》、《學文》；《大學》爲六：《格致》、《誠意》、《正心》、《修身》、《齊家》、《治國》。謂《小學》先行後知，《大學》先知後行。《小學》之終，即《大學》之始。

瑚之學博大精深，尤講求經濟大略。暇則横槊無劍，彎弓注矢，其擊刺妙天下。值婁江堙塞，江南大饑。瑚上當事《救荒書》，其預備之政四，曰：築圍岸，開港浦，廣樹藝，預積儲；防挽之政四，曰：慎災眚，早奏報，懲游惰，勸節省；補苴之政四，曰：通商，勸分，興役，弭亂；軫恤之政四，曰：招流亡，緩徵索，審刑獄，恤病囚。又陳《支吾三議》，其議食四條曰：勸義助，勸轉輸，招商米，優米肆；議兵八條：曰嚴保甲，練鄉民，設偵探，勸習射，練夫役，練牙兵，備城守之人，備城守之器；議信六條：曰勵士節，和大户，巡郊野，安典肆，清獄囚，嚴督察。又籌江南二策曰：定常賦以絶蠹漁，此治標之法；興水利以闢田疇，此治本之法。皆精切可施行，時不能用。其論理財，謂：管子富國之法，大約籠山澤之利，操輕重之權，可施之一國，不可施之天下，苟利吾國，鄰國雖害不恤也，爲天下則不然。此有餘彼不足，不足者亦王土也；此享其利，彼受其敝，敝者亦王民也。故桑、孔用之漢而耗，王、吕用之宋而亡。時稱爲篤論。瑚嘗自言其學如醫之治病，求之於古猶方藥也，求之於今猶切脈也。按脈求病，按病定方，按方用藥，故百發不爽。然主人諱疾，則良醫亦束手矣。

明亡，絶意仕進，奉父寓崑山之蔚村。田沮洳，瑚導鄉人築岸禦水，用兵家束伍法，不日而成，歲獲豐稔。又立孝弟、力田、爲善三約，衆皆悦從。父病，刺血籲天，願以身代。父卒，遺産悉讓之弟。康熙八年，詔舉隱逸，知州白登明將以其名上，瑚力辭乃已。遊其門者，多俊偉英略之士。十四年，卒，年六十三。卒後，村人立祠祀之。巡撫湯斌即其居爲安道書院。他著有《求道録》、《淮雲問答》、《築圍説》、《治病説》、《救荒定議》等書。其孫搜輯彙編，爲五十八卷。

《皇朝經世文編》卷二《學術二・儒行》王鳴盛《陳言夏傳》 陳瑚，字言夏，蘇州太倉人。弱冠爲諸生。當明季天下多故，與同里陸世儀相約，講求經濟大略。謂全史浩繁難讀，乃編爲四大部，以政、事、人、文別之。政部分曹，事部分代，人部分類，文部分體，爲鉅帙各數十。字如黑蟻，皆自掌録。略能背誦，又旁通當世之務。河渠、漕運、農田、水利、兵法、陳圖無不研貫。暇則横槊舞劍，彎弓注矢，其擊刺妙天下。崇正壬午，舉應天鄉試，赴試禮部試，不第，歸。時婁江湮塞，水旱洊至，民大饑。瑚上當事救荒四政，書其預備之政四，曰：築圍岸、開港浦、廣樹藝、預積儲。防挽之政四，曰：慎災眚、早奏報、懲游惰、勸節省。補苴之政四，曰：通商、勸分、興役、弭亂。軫恤之政四，曰：招流亡、緩征索、審刑獄、恤病困。又陳《支吾三議》，其議食四條，曰：勸義助、勸轉輸、招商米、優米鋪。議兵八條，曰：嚴保甲、練鄉民、設偵探、勸習射、練脚夫、練牙兵、備城守之人、備城守之器。議信六條，曰：勵士節、和大户、巡郊野、安典肆、清獄囚、嚴督察。又上巡撫王公開江書：一審勢、二經費、三役兵、四實法，皆精切可施行，而時無能用者。自言其學如醫之治病，求之於古猶治方藥也，求之於今猶切脉。按脉以求病，按病以定方，按方以用藥，故百發不爽。然主人諱疾，則良醫束手。識者以爲篤論。乙酉以後，避兵行遯，不交人事。嘗初冬驟寒，客有重裘者，知瑚被單袷，欲解以贈，竟夕不敢發聲。退語人曰：乃知今世復有陳無己也。其孤介如此。晚益困阨，常至絶食，終不肯干人。康熙乙卯年六十三卒。瑚之學閎闊俊偉，博通古今。其論申韓曰：申韓刑名之學，刑者形也，其法在審合形名，故曰：不知其名，復修其形，形名參同，用其所生。又曰：君操其名，臣效其形，形名參同，上下和調，蓋循名責實之謂。今直以爲刑法之刑，過矣。其論理財曰：管子富國之法，大約籠山澤之利，操輕重之權，在上不在下，而富商大賈，無所牟利。漢桑孔之徒，師其意以爲均輸平準之法，而不知其合變，何也？管子霸道也！可施之一國，不可施於天下。

胡承諾

《清史列傳》卷六六《儒林傳上一・胡承諾》 胡承諾，字君信，湖北天門人。明崇禎舉人。入國朝，隱居不仕，卧天門、巾柘間。順治十二年，部銓縣職。康熙五年，檄徵入都，六年，至京師，以老乞歸。構石莊於西村，自號石莊老人。窮年誦讀，於書無所不窺，而深自韜晦。晚著《繹志》，《繹志》者繹己所志也。由聖賢修身立命以及帝王之任官行政、制事治人，名臣賢士之所以持躬成業，凡民之所以居室盡倫，莫不兼綜條貫。原本道德，切近人情，考據古今，推準時會，爲有體有用之學。自《志學》至《自敘》，凡六十一篇，二十餘萬言。其言有曰：性原於天，其體常明，非物欲所能蔽；其或蔽之，則以學埽除之。命通於性，其理常定，非吉凶所能侵；其或侵之，則以學持守之。故學者性所由盡，命所由正也。人有蔽塞，求通則通矣，以其知學也。物無求通之志，故蔽塞自如，以其不知學也。然則爲學之功，非直通塞之關，又人物之别也。又曰：性授於情而後有益於天下，情依於性而後無害於天下。又曰：醉飽傷生，多於飢渴；文字伐性，甚於顓蒙；法令誨奸，捷於教導。又曰：根本未固，不必豐其枝葉；親戚多怨，不必問其交遊；言行多疾，不必觀其事業；不見敬於州里，不必論其立於朝廷，臨於民庶也。又曰：物必有措置之所，措諸其所，聖人不能易也。義者事之所也，事有常有變，而義以爲中常之所宜，聖人用其中，非用其常也。故處常足以應變，變之所宜，聖人從其中，不從其變也。故應變所以守常。又曰：《六經》者，復性之書也。其議道也，以聖人爲則；其制法也，以衆人爲心。於聖人見道之極，於衆人見道之同。衆人之所同，卽天心也。治法盡是矣。舍此求治，必秦漢以下任勢之爲，不久而遂敝，似治而實亂。又曰：欲立法度，先正人心；欲明號令，先慎起居；欲用刑辟，先崇教化；欲撥亂興治，先使一綱舉而萬目張。又曰：聖王之有用舍，所以變化人才，不但澄清流品，意在澄清，則綜覈之念多於愛養。官常雖勵，僥倖者亦叨竊其間。意在愛養者，長育之指既切，名實之辨自著。賢者無不遂其志，不肖者有改悔之益。又曰：法之將壞，紕繆居多。如繩之將絶，不能縛物也。有司更加以苟且，是引將絶之繩，縛難繫之物，健者放逸莫追，所繫縛者跛躄而已。又曰：古之人不敢輕言變法，必有明哲之德，於精粗之理，無所不昭。不獨精者爲之地，卽粗者亦爲之地。有和悦之氣，於異同之見，無所不容，不獨同者樂其然，卽異者亦樂其然。然後可奪其久安之法，授以更新之制而不驚顧、不讙譁也。又曰：能聚斂者未必能富國也，能富國者未必能安天下也。富在筐篋府庫，則上溢而下漏；富在大夫之家，則本顛而末蹶；富在市廛，則金生而粟死。必也富在四野，然後貨財流，天下安矣。又曰：欲富國者，當使君民之力皆常有餘。民之餘力，生於君之約取；君之餘力，生於民之各足。皆根柢經史，旁羅百姓，而折衷於周、程、張、朱之説。承諸自擬其書於徐幹《中論》、顔之推《家訓》，然其精粹奥衍，非二書所及也。

二十年，卒，年七十五。別有《讀書説》六卷，文體類《淮南》、《抱朴》，鱗雜細碎，隨事觀理而體察之，殆《繹志》取材之餘，與是書相表裏。又有《菊佳軒詩》，今不傳。

顔元

《清史列傳》卷六六《儒林傳上一·顔元》 顔元，字易直，直隸博野人。明末，父戍遼東，歿於關外。元年五十，貧無立錐，百計負骨歸葬，世稱孝子。居喪，守朱子《家禮》惟謹。古禮初喪朝一溢米，夕一溢米，食之無算。《家禮》删去無算句。元遵之，過朝夕不敢食，當朝夕遇哀至，又不能食，病幾殆。又《喪服傳》，既練，舍外寢，始食菜果，飯素食，哭無時。《家禮》改爲練後止朝夕哭，惟朔望未除服者會哭，凡哀至皆制不哭。元亦遵之。既覺其過抑情，校以古喪禮，非是。因歎先王制禮盡人之性，後儒無德無位，不可作也。其爲學以堯舜之道，在六府三事。周公教士以三物，孔子以四教。非主静專誦讀，流爲禪宗俗學者所可託，乃易静坐以習恭，内而敬直，外而九容文攝。讀書擇經史有用者，餘不盡究。嚴課孝弟謹信，稽禮樂兵農之允宜今古者，爲倡六藝以教來學。又置日記，自省時下一圈，心慊則書白，否則黑。與蠡縣劉崇文、王養粹、李塨等以聖賢相勉，每會各出日記相質，勸善規過，或諍譏，致愧赧無以自容。元嘗欲置妾，爲媒所欺，塨責之，亦卽屈服也。

同時容城孫奇逢講學百泉山中，元嘗上書辨論，謂不宜徒爲和通朱陸之説。又與祁州刁包、上蔡張沐辨學，謂世儒躐講性天，非孔子不可得聞之教法，且聖門經世之撰皆廢失，何以學成致用？因著《存性篇》二卷，大旨謂：孟子言性善，孔子言性相近，習相遠，語異而意同。宋儒誤解相近之意，以善爲天命之性，相近爲氣質之性，遂使爲惡者諉之氣質。不知理卽氣之理，氣卽理之氣，清濁厚薄，純駁偏全，萬有不齊，總歸一善，其惡者引蔽習染耳。譬之於目，光明能視，則目之性，其視之也，則情之善，視之詳略遠近，則才之强弱，皆不可謂之惡。惟有邪色引動，然後有淫視，是所謂非才之罪，是卽所謂習。又謂：性之相近，如真金輕重多寡雖不同，其謂金俱相若也。惟其有差等，故不曰同。惟其同一善，故曰近。舉天下不一之姿，以性相近一言包之，是卽性善，是卽人皆可以爲堯舜。舉世人引蔽習染無窮之罪惡，以習相遠一言包之，是卽非才之罪，是卽非天之降材爾殊。其説雖稍異先儒，而於孔孟之旨會通一理。同時陸世儀、李光地頗見及之，而牽於程張不能決。乾隆中，休寧戴震作《孟子字義疏證》，始本此說而暢其旨。又《存學編》四卷，大旨謂聖賢立教所以別於異端者，以異端之學空談心性，而聖賢之學則事事徵諸實用。自儒者失其本原，以心性爲宗，一切視爲末務，其學遂與異端近。如無極、太極、河洛、先後天之說，皆出自道家，而以之當聖人言性與天道，至謂與伏羲畫卦同功，宜其參雜二氏而不自知也。又《存治編》一卷，大旨欲全復井田、封建、學校、徵辟、肉刑，及寓兵於農之法。又《存人編》四卷，大旨戒愚民奉佛，及儒者談禪。肥鄉有漳南書院，邑人郝文燦請元往教。元爲立規制，有文事、武備、經史、藝文等科，從遊者數十人。會天大雨，漳水溢，堂舍悉没。元歎曰：天不欲行吾道也！乃辭歸。康熙四十三年卒，年七十。

官獻瑶

《清史列傳》卷六七《儒林傳上二·官獻瑶》官獻瑶，字瑜卿，福建安溪人。以拔貢生授國子監學正。篤好經學，少嗜同里李光地書，後受業於漳浦蔡世遠、桐城方苞。大學士朱軾重之，曰：吾老矣，斯道之託，將在吾子！乾隆元年，滇督楊名時還朝，疏薦七士，獻瑶與焉。是歲，舉順天鄉試，晉助教。甫入學，上事宜六條於其長，名時暨孫嘉淦、趙國麟先後攝國學事，獻瑶與南靖莊亨陽、無錫蔡德晉等爲六堂之長，志合道孚。每朔望釋菜畢，登講座，六堂師分占一經，各就其齋會講。南北學絃誦之聲，夜分不絶。都下有四賢五君子之號。四年，成進士，改翰林院庶吉士，充《三禮》館纂修官。七年，散館，授編修。九年，充浙江鄉試副考官，尋提督廣西學政。十二年，復提督陝甘學政，遷司經局洗馬。居官廉慎，導士以誠。在關中，求得宋張載二十餘代孫，囑學官教之。識韓城王杰於諸生時，以爲大器。少孤，事母孝。自秦還，遽乞終養歸，事奉二十餘年，母年九十乃終。家居，修宗祠，增祭田，立鄉規，教宗人，置義租，恤親族，然其家故寒素也。

閻若璩

（清）江藩《國朝漢學師承記》卷一《閻若璩》閻若璩，字百詩，先世居太原縣西寨村，五世祖始居淮安。祖世科，明萬曆甲辰進士，官至布政司參議。【略】若璩研究經史，寒暑弗徹。【略】又云：古未有夷族之刑，即苗氏之虐，亦祇肉刑止爾，有之，自秦文公始。僞作古文者偶見《荀子》有亂以族論罪，以世舉賢之語，遂竄之《泰誓》篇中。無論紂惡不如是甚，而輕加三代以上以慘酷不德之刑，何其不仁也！荀卿曰：誥誓不及五帝。《司馬法》言有虞氏戒於國中，夏后氏誓於軍中，殷誓於軍門之外，周將交刃而誓之。當虞舜在上，禹縱征有苗，安得有會后誓師之事？此亦不足信也。《司馬法》曰：入罪人之地，見其老弱，奉歸無傷，雖遇壯者，不校勿敵。敵若傷之，藥醫歸之。三代之用兵以仁爲本如此，安得有火炎崑岡，玉石俱焚之事？既讀陳琳《檄吴文》云大兵一放，玉石俱碎，鍾會《檄蜀文》云大兵一發，玉石俱碎，乃知其時自有此等語，則此《書》之出魏晉間又一佐也。【略】

平生長於考證，遇有疑義，反覆窮究，必得其解乃已。【略】所著《古文尚書疏證》、《四書釋地》、《孟子生卒年月考》、《潛邱劄記》，行於世。

《清史列傳》卷六八《儒林傳下一·閻若璩》閻若璩，字百詩，山西太原人。世業鹽筴，僑寓淮安。幼多病，讀書闇記，不出聲。年十五，以商籍補山陽縣學生員。研究經史，深造自得。嘗集陶弘景、皇甫謐語，題其柱云：一物不知，以爲深恥，遭人而問，少有寧日。其立志如此。海内名流過淮，必主其家。年二十，讀《尚書》，至古文二十五篇，即疑其僞。沉潛三十餘年，乃盡得其癥結所在，作《古文尚書疏證》八卷，引經據古，一一陳其矛盾之故，古文之僞大明。所列一百二十八條，毛奇齡《尚書古文冤詞》百計相軋，終不能以强辭奪正理，則有據之言，先立於不可敗也。其《疏證》之最精者，謂：漢《藝文志》言魯共王壞孔子宅，得《古文尚書》，孔安國以考二十九篇，得多十六篇。《楚元王傳》亦云逸書十六篇。天漢之後，孔安國獻之，古文篇數之見於西漢者如此。而梅賾所上，乃增多二十五篇。此篇數之不合也。杜、林、馬、鄭皆傳古文者，據鄭氏説則增多者《舜典》、《汨作》、《九共》、《大禹謨》、《益稷》、《五子之歌》、《嗣征》、《典寶》、《湯誥》、《咸有一德》、《伊訓》、《肆命》、《原命》、《武成》、《旅獒》、《冏命》，凡十六篇，而《九共》有九篇，故亦稱二十四篇。今晚出《書》，無《汨作》、《九共》、《典寶》等，此篇名之不合也。鄭康成注《書》，序於《仲虺之誥》、《太甲》、《説命》、《微子之命》、《蔡仲之命》、《周官》、《君陳》、《畢命》、《君牙》，皆注曰亡，而於《汨作》、《九共》、《典寶》、《肆命》等，皆注曰逸，逸者即孔壁書也。康成雖云受《書》於張恭祖，然其《書》贊曰：我先師棘下生子安國亦好此學。則其淵源安國，明矣。今晚出《書》與鄭名目互異，其果安國之《書》耶？又云：古文傳自孔氏，後惟鄭康成注得其真。今文傳自伏生，後惟蔡邕石經所勒者得其正。今晚出《書》昧谷，鄭作柳谷；心腹腎腸，鄭作憂腎陽；劓刵劅剠，鄭作臏宫劓割頭庶剠，與真古文既不同矣。石經殘碑遺字，見於洪适《隸釋》者五百四十七字，以今孔《書》校之，不同者甚多。碑云高宗饗國百年，與今《書》之五十有九年異。孔敘三宗以年多少爲先後，碑則以傳序爲次，則與今文又不同。然後知晚出之《書》，蓋不古不今，非伏非孔，而欲別爲一家之學者也。班孟堅言司馬遷從安國問故，故《堯典》、《禹貢》、《洪範》、《微子》、《金縢》諸篇多古文説，許慎《説文》亦云其稱《書》孔氏。今以《史記》、《説文》與晚出《書》校，又甚不合。安國注《論語》予小子履，以爲《墨子》引《湯誓》，其辭若此，不云此出《湯誥》，亦不云與《湯誥》小異，然則予小子履云云，非真古文《湯誥》，蓋斷斷也。其注雖有周親二句，《論語》、《尚書》詮釋懸絶，此豈一人之手筆乎？又云：《書序·益稷》本名《棄稷》，馬、鄭、王三家本皆然，蓋別是一篇，中多載后稷與契之言。揚雄《法言·孝至篇》云：言合稷契之謂忠，謨合皋陶之謂嘉，雄親見古文，故有此言。晚出《書》析《皋陶謨》之半爲《益稷》，則稷與契初無一言，雄豈鑿空者耶？若璩又以朱子以來已疑孔《傳》之依託，遞有論辨，復爲《朱子尚書古文疑》以伸其説。

康熙元年，遊京師，旋改歸太原故籍，補廩膳生。十八年，應博學鴻儒科試，報罷。崑山顧炎武以所撰《日知録》相質，即爲改定數條，炎武虚心從之。編修汪琬著《五服考異》，若璩糾其繆數條，尚書徐乾學歎服。及乾學奉敕修《一統志》，開局洞庭山，既又移嘉善，復歸崑山，若璩皆預其事。局中人輯其緒論一編，曰《閻氏碎金》。若璩於地理尤精審，山川形勢、州郡沿革，瞭如指掌，撰《四書釋地》一卷，《續編》兼及人名物類、訓詁典制，又解釋經義諸條，共爲五卷。事必求其根柢，言必求其依據，旁參互證，多所貫通。又據《孟子》七篇，參以《史記》諸書，作《孟子生卒年月考》一卷，又著《孔廟從祀末議》十一事：一曰孔廟祀典，宜復八佾十二籩豆於太學；二曰十哲之外，宜進有若、公西華於廟庭，廣爲十二哲；三曰秦冉、顔何宜從祀，縣亶宜補入；四曰公明儀宜從祀，樂正克宜進入兩廡；五曰曾申、申詳均宜從祀；六曰河間獻王劉德宜入從祀；七曰諸葛孔明宜入從祀；八曰范仲淹宜入從祀；九曰蔡元定宜進於兩廡；十曰黄榦請援蔡沈之例以進；十一曰兩廡先賢先儒位次多凌躐，宜請釐正。其後康熙五十四年，增祀范仲淹於西廡，雍正二年復祀秦冉於東廡，顔何於西廡，增祀諸葛亮於東廡，縣亶、樂正克、黄榦於西廡，乾隆三年，以有子升配東序，若璩私議已上，見於列聖施行矣。又著《潛丘劄記》六卷、《毛朱詩説》一卷、《手校困學紀聞》二十卷，因浚儀之舊而駁正箋説推廣之，評定古文百篇，其師山陽吴一清所手授，續加闡發。又有《日知録補正》、《喪服翼注》、《宋劉攽李燾馬端臨王應麟四家逸事》、《博湖掌録》諸書，詩有《眷西堂》諸集。

萬斯大

《清史列傳》卷六八《儒林傳下一·萬斯大》 萬斯大，字充宗，浙江鄞縣人。父泰，字履安，明崇禎九年舉人，與陸符齊名。善詩兼熟史事，寧波文學風氣，泰實開之。入國朝，以經史分授諸子，使從黄宗羲遊，各名一家。卒，年六十。

斯大治經，以爲非通諸經不能通一經；非悟傳注之失，則不能通經；非以經釋經則亦無由悟傳注之失。其爲學尤精《春秋》、《三禮》，於《春秋》則有專傳論世、屬詞比事、原情定罪諸義；於《三禮》則有論郊、論社、論禘、論祖宗、論明堂泰壇、論喪服諸義，其辨正商周改月改時，周詩周正，及兄弟同昭穆，皆極確實。《宗法》十餘篇，亦頗見推衍。答應撝謙書，辨治朝無堂，尤爲精覈。根柢《三禮》以釋《三傳》，較宋元以後空談書法者殊，然其説經以新見長，亦以鑿見短，置其非，存其是，未始非一家之學。性剛毅，慕義若渴。明臣張煌言死後，棄骨荒郊，斯大葬之南屏。父執陸符死，無後，斯大爲葬其兩世六棺。所著有《學春秋隨筆》十卷、《學禮質疑》二卷、《儀禮商》三卷、《禮記偶箋》三卷、《周官辨非》二卷。康熙二十二年，卒，年五十一。兄斯選，弟斯同，從子言，子經。

萬斯同

《清史列傳》卷六八《儒林傳下一·萬斯同》〔萬〕斯同，字季野。生而異敏。年十四五，取家藏書徧讀之，皆得其大意。從黄宗羲得聞蕺山劉氏之學，以愼獨爲主，以聖賢爲必可及。寧波有五經會，斯同年最少，遇疑義，輒以片言析之。尚書徐乾學撰《讀禮通考》，斯同與參定焉。博通諸史，尤熟於明代掌故，嘗作《明開國以後至唐桂王功臣將相内外諸大臣年表》，以備采擇。康熙十八年，薦博學鴻儒科，辭不就。會詔修《明史》，大學士徐元文爲總裁，欲薦斯同入館局，斯同復辭，乃延主其家，以刊修委之。元文罷，繼之者大學士張玉書、陳廷敬，尚書王鴻緒，皆延之。乾隆初，大學士張廷玉等奉詔刊定《明史》，依據鴻緒稾本而增損之。鴻緒稾實出斯同手。嘗病唐以後設局分修之失，謂：一代治亂賢奸之迹，當具其表裏。吾少館於某氏家，其家有列朝實録，吾讀而詳識之。長游四方，就故家長老求遺書，考問往事，旁及郡志邑乘、雜家誌傳之文，靡不網羅參伍，而要以實録爲指歸。蓋實録者直載其事與言，而無所增飾者也。凡實録之難詳者，吾以他書證之；他書之誣且濫者，吾以實録裁之。雖不敢自謂可信，而是非之枉於人者鮮矣。昔人於《宋史》已病其繁蕪，而吾所述倍焉。非不知簡之爲貴也，吾恐後之人務博而不知所裁，故先爲之極，使知吾所取者有可損，而所不取者必非其事與言之真而不可益也。建文一朝無實録，野史因有遜國出亡之説，斯同斷之曰：紫禁城無水關，無可出之理，鬼門亦無其地。《成祖實録》稱建文闔宫自焚，上望見宫中煙起，急遣中使往救，至已不及。中使出其屍於火中，還白上。所謂中使者，乃成祖之内監也。安肯以后屍誑其主？而清宫之日，中涓嬪御爲建文所屬意者，逐一刑訊，苟無自焚實據，豈有不行大索令耶？且建文登極二三年，削奪親藩，曾無寬假，以至燕王稱兵犯闕，逼迫自殞。卽使出亡，亦是勢窮力盡，謂之遜國可乎？由是建文之書法遂定。

斯同性不樂榮利，見人惟以讀書勵名節相切劘。康熙四十一年，卒，年六十。所著有《歷代史表》六十卷、《儒林宗派》八卷、《喪禮辨疑》四卷、《廟制折衷》四卷、《廟制圖考》四卷、《石經考》二卷、《周正彙考》八卷、《紀元彙考》四卷、《歷代宰輔彙考》八卷、《宋季忠義録》十六卷、《南宋六陵遺事》一卷、《庚申君遺事》一卷、《羣書疑辨》十二卷、《書學彙編》二十二卷、《崑崙河源考》二卷、《河渠考》十二卷、《石園詩文集》二十卷。其《歷代史表》稽考列朝掌故，端緒釐然，有助史學。又創《宦者侯表》、《大事年表》二例，爲列史所無；儒林宗派，自孔子以下，漢後唐前傳經之儒，及兩宋、周、程、朱、陸各派，一一具列，其持論獨爲平允焉。

惠周惕

（清）江藩《國朝漢學師承記》卷二《惠周惕》 惠周惕，字元龍，一字研溪，吴縣人。【略】子士奇，字天牧，晚年自號半農人。【略】

博通六藝九經諸子及《史》、《漢》、《三國志》，皆能闇誦。【略】戊子，鄉試第一。明年，成進士，選庶吉士，散館，授編修。【略】先生邃深經術，撰《易説》六卷、《禮説》十四卷、《春秋説》十五卷。【略】其論《春秋》曰：《春秋》三《傳》，事莫詳於《左氏》，論莫正於《穀梁》。韓宣子見《魯春秋》曰：周禮盡在魯矣。然則《春秋》本周禮以記事也。《左氏》襃貶，皆春秋諸儒之論，故紀事皆實，而論或未公。《公羊》不信國史，惟篤信其師説，師所未言，則以意逆之，故所失常多。要之，《左氏》得諸國史，《公》、《穀》得之師承，雖互有得失，不可偏廢。【略】《左氏》最有功於《春秋》，《公》、《穀》有功兼有過，學者信其所必不可信，疑其所必無可疑，惑之甚者也。

惠士奇

《清史列傳》卷六八《儒林傳下一·惠士奇》〔惠〕士奇，字天牧。康熙五十年進士，改翰林院庶吉士，散館授編修。五十二年、五十四年兩充會試同考官。聖祖嘗問廷臣誰工作賦，內閣學士蔣廷錫以王頊齡、湯右曾及士奇三人對。五十七年，孝惠章皇后升祔，禮成，特命祭告炎帝陵、舜陵。故事，祭告使臣，學士以上乃得開列，士奇以編修與，異數也。五十九年，充湖廣鄉試正考官，尋提督廣東學政。雍正初，復命留任。三年，士奇在粵，以經學倡多士，三年之後通經者多。又謂：校官，古博士也。校官無博士之才，弟子何所效法？訪諸輿論，得海陽進士翁廷資，即具疏題補韶州府教授，部議格不行。奉旨：惠士奇居官好，所舉諒非徇私，著照所請，後不爲例。在任洊陞侍讀學士，去之日，粵人尸祝之。五年，奉旨修理鎮江城，以産盡停工，罷官。乾隆元年，有旨調取來京。二年，補侍讀。四年，以病告歸，六年，卒，年七十一。撰《易説》六卷，雜釋卦爻，專宗漢學，以象爲主。嘗謂：漢儒言《易》，孟喜以卦氣，京房以適變，荀爽以升降，鄭康成以爻辰，虞翻以納甲，其説不同而指歸則一，皆不可廢。今所傳之《易》，出自費直。費氏本古文，王弼盡改爲俗書，又創爲虛象之説，遂舉漢《易》而空之，而古學亡矣。《易》者象也，聖人觀象而繫辭，君子觀象而玩辭，六十四卦皆實象，安得虛哉？又撰《春秋説》十五卷，以禮爲綱，而緯以《春秋》之事，言必據典，論必持平。《禮説》十四卷，《大學説》一卷，於古音古字皆爲分別疏通，復援引諸史百家之文，考漢制以求周制。士奇幼讀史，於《天文》、《樂律》二志未盡通曉。及官翰林，因新法究推步之原，著《交食舉隅》二卷。悟陽正陰倍之義，法存於琴邃，撰《琴笛理數考》四卷。又所著詩有《紅豆齋小草》、《詠史樂府》及《南中》諸集。子七人，棟最知名。

惠棟

《清史列傳》卷六八《儒林傳下一·惠棟》〔惠〕棟，字定宇。元和學生員。自幼篤志向學，家多藏書，日夜講誦。於經史諸子、稗官野乘，及七經毖緯之學，靡不肄業及之。小學本《爾雅》，六書本《説文》，餘及《急就章》、《經典釋文》、漢魏碑碣，自《玉篇》、《廣韻》而下，勿論也。乾隆十五年，詔舉經明行修之士，陝甘總督尹繼善、兩江總督黄廷桂交章論薦，會大學士九卿索所著書，未及呈進，罷歸。棟於諸經熟洽貫串，謂訓詁古字古音，非經師不能辨，作《九經古義》二十二卷。尤邃於《易》，其撰《易漢學》，乃追考漢儒《易》學，掇拾緒論，使學者得窺其門徑，凡《孟喜易》二卷、《虞翻易》一卷、《京房易》二卷，干寶附焉。又《鄭康成易》一卷、《荀爽易》一卷，其末一卷，則棟發明漢《易》之理，以辨正河圖洛書、先天太極之學。其撰《易例》二卷，乃鎔鑄舊説，以發明《易》之本例，隨手題識，筆之於册，以儲作論之材。其撰《周易述》二十三卷，以荀爽、虞翻爲主，而參以鄭康成、宋咸、干寶之説，約其旨爲注，演其説爲疏，書垂成而疾革，遂闕革至濟十五卦，及序卦、雜卦兩傳，雖爲未完之書，然漢學之絶者千有五百餘年，至是而粲然復章。又撰《明堂大道録》八卷、《禘説》二卷，謂禘行於明堂，明堂之法本於《易》。《古文尚書考》二卷，辨鄭康成所傳之二十四篇爲孔壁真古文，東晉晚出之二十五篇爲僞。又撰《後漢書補注》二十四卷、王士禎《精華録訓纂》二十四卷、《九曜齋筆記》、《松崖筆記》、《松崖文鈔》，及《諸史會最》、《竹南漫録》諸書。嘉定錢大昕嘗論：宋元以來説經之書，盈屋充棟，高者蔑古訓以誇心得，下者襲人言以爲己有。獨惠氏世守古學，而棟所得尤精。擬諸前儒，當在何休、服虔之間，馬融、趙岐輩不及也。二十三年，卒，年六十二。其弟子知名者，余蕭客最爲純實。

全祖望

《清史列傳》卷六八《儒林傳下一·全祖望》〔全〕祖望，字紹衣，浙江鄞縣人。十六歲能爲古文，討論經史，證明掌故。雍正七年，以諸生充選，貢至京師。上侍郎方苞書，論喪禮或問，苞大異之。旋舉順天鄉試，户部侍郎李紱見其文，曰：此黄震、王應麟以後一人也。乾隆元年，薦舉博學鴻詞科。是春會試，先成進士，改翰林院庶吉士，不再與鴻博試。二年，散館，以知縣用。遂歸不復出。方詞科諸人未集，紱以問祖望，祖望爲記四十餘人，各列所長，乃彙爲《詞科摭言》一書，先以康熙十八年百八十六徵士，接以今科采諸人所著入之。已成大半，會將歸，未卒業，僅得前後姓名及舉主試録三卷。性伉直，既歸，貧且病，饔飧不給，人有所餽，弗受。主講蕺山、端谿書院，爲士林仰重。二十年，卒於家，年五十有一。

祖望爲學，淵博無涯涘，於書靡不貫串。在翰林，與李紱共借《永樂大典》讀之，每日各盡二十卷。時開《明史》館，復爲書六通移之，先論藝文，次論表，次論忠義、隱逸兩列傳，皆以其言爲韙。生平服膺黄宗羲，宗羲於明季諸人，刻意表章，祖望踵之，詳盡而覈實，可當續史。家居後，修宗羲《宋儒學案》，又七校《水經注》、三箋《困學紀聞》，皆足見其汲古之深。又答弟子董秉純、張炳、蔣學鏞、盧鎬等所問經史疑義，録爲《經史問答》十卷。儀徵阮元嘗謂經學、史才、詞科三者，得一足傳，而祖望兼之，其《經史問答》實足以繼古賢，啓後學，與顧炎武《日知録》相埒。晚手定文稾，删其十七，爲《鮚埼亭文集》五十卷。又著有《讀易別録》、《孔子弟子姓名表》、《漢書地理志稽疑》、《公車徵士小録》、《續甬上耆舊詩》、《天一閣碑目》。

江永

（清）江藩《國朝漢學師承記》卷五《江永》 江永，字慎修，婺源人。少就外傅爲世俗學，一日見明邱濬《大學衍義補》引《周禮》，求之有書家，得寫本《周禮》白文，朝夕諷誦。閉户授徒，束脩所入，盡以購書，遂通經藝。【略】永好學深思，長於步算鍾律聲韻，尤深於《禮》。以朱子晚年治《禮》，爲《儀禮經傳通解》，未成而卒，黄榦纂續，缺漏浸多，乃爲之廣摭博討，從吉、凶、軍、賓、嘉五禮之次，名曰《禮經綱目》，數易稿而後定。【略】後儒言古者寓兵於農，井田廢而兵農始分，辨之曰：考之春秋時，兵農固已分矣。管仲參國伍鄙之法，齊三軍出之士鄉十有五，公與國子高子分率之，而鄙處之農不與也。爲農者治田供税，不以隸於師旅也。鄉田但有兵賦，無田税，似後世之軍田屯田，此外更無養兵之費。晉之始，惟一軍，既而作二軍作三軍；又作三行，作五軍；既舍二軍，旋作六軍，以新軍無帥而復三軍。其既增又損也，蓋除其軍籍，使之歸農，若軍盡出於農，則農民固在，安用屢易軍制乎！隨武子曰：楚國荆尸而舉，商農工賈不敗其業。此農不從軍之證也。魯之作三軍也，季氏取其乘之父兄子弟盡征之；孟氏取半焉，以其半歸公，叔孫氏臣其子弟，而以其父兄歸公。所謂子弟者，兵之壯者也，父兄，兵之老者也，皆其素在軍籍，隸之卒乘者，非通國之父兄子弟也。其後舍三軍，季氏擇二，二子各一，皆盡征之而貢於公；若民之爲農者，出田税，自仍然歸之君。故哀公曰：二，吾猶不足。三家雖專，亦惟食其采邑，豈嘗使通國之農盡屬己哉！【略】

卒年八十有二。所著書：《周禮疑義舉要》六卷、《儀禮釋宮增注》一卷、《禮記訓義擇言》八卷、《深衣考誤》一卷、《禮經綱目》八十八卷、《律吕闡微》十卷、《春秋地理考實》四卷、《鄉黨圖考》十卷、《古韻標準》六卷、《四聲切韻表》四卷、《音學辨微》一卷、《推步法解》五卷、《七政衍》、《金水二星發微》、《冬至權度》、《恒氣注曆辨》、《歲實消長辨》、《曆學補論》、《中西合法擬草》各一卷，《近思録集注》十四卷、《讀書隨筆》十二卷、《四書典林》四十卷。

《清史列傳》卷六八《儒林傳下一·江永》 江永，字慎修，安徽婺源人。諸生。少讀書，日記數千言。嘗見《大學衍義補》徵引《周禮》，愛之，求得其書，朝夕諷誦，遂研覃《十三經注疏》，凡古今制度及鐘律聲韻，無不探賾索隱。尤深於《三禮》及天文地理之學，以朱子晚年治《禮》，爲《儀禮經傳通解》書未就，黄氏、楊氏相繼纂續，亦非完書，乃廣摭博討，大綱細目，一從吉、凶、軍、賓、嘉五禮舊次，題曰《禮經綱目》，凡八十八卷，引據諸書，釐正發明，實足終朱子未竟之緒。嘗一至京師，桐城方苞、荊谿吴紱質以《禮經》疑義，皆大折服。讀書好深思，長於比勘，明推步鐘律聲韻歲實消長，前人多論之者，梅文鼎略舉《授時》而亦疑之，永爲説曰：日平行於黄道，是爲恆氣恆歲，實因有本輪均輪高衝之差，而生盈縮，謂之視行。視行者日之實體，所至而平行者，本輪之心也。以視行加減平行，故定氣時刻多寡不同，高衝爲縮末盈初之端。歲有推移，故定氣時刻之多寡，且歲歲不同，而恆氣歲實終古無增損，當以恆者爲率，隨其時之高衝以算定氣，而歲實消長可勿論也。其論黄鐘之宫，據《管子》、《吕氏春秋》以正《淮南子·天文訓》、《漢書·律曆志》之謬，曰：黄鐘之宫，黄鐘半律也，即後世所謂黄鐘清聲是也。唐時風雅十二詩譜，以清黄起調畢曲琴家，正宫調黄鐘不在大絃而在第三絃，正黄鐘之宫爲律本遺意。《國語》伶州鳩因論七律而及武王之四樂，夷則無射曰上宫，黄鐘太簇曰下宫。蓋律長者用其清聲，律短者用其濁聲，古樂用均之法雖亡，而因端可推。《韓子·外儲篇》曰：夫瑟以小絃爲大聲，大絃爲小聲，雖詭其辭以諷，然因是知古者調瑟之法。黄鐘、大吕、太簇、夾鐘、姑洗、仲吕、蕤賓，用半而居小絃；林鐘、夷則、南吕、無射、應鐘，用全而居大絃也。《管子》書五聲徵、羽、宫、商、角之序亦如此。永此言實漢以來所未尋究者。其論古韻曰：考古音者，昉於吴才老，崑山顧氏援證益精博，然顧氏考古之功多，審音之功淺。顧氏分古音爲十部，猶未密也。真諄以下十四韻，當析爲二部，而先韻半屬真諄，半屬元寒。考之三百篇，用韻畫然。矦之正音近幽，當别爲一部，虞模部之隅渝驅婁等字，蕭豪部之蕭廖炰好等字，皆矦幽之類，與本部源流各别，三百篇亦畫然。侵覃以下九韻，亦當以侈斂分爲二部，而覃鹽半屬侵，半屬嚴添，蓋平、上、去三聲皆當爲十三部，入聲當爲八部，而三代以上之音，始有條不紊也。論今韻曰：平、上、去三聲多者六十部，少亦五十餘部，惟入聲祇三十四部。或謂支至咍，蕭至麻，尤至幽，無入聲。崑山顧氏《古音表》又反其説，於是舊有者無，舊無者有，皆拘於一偏。蓋入聲有二三韻而同一入者，如東、尤、矦，同以屋爲入，真、脂同以質爲入，文、微同以物爲入，寒、桓、歌、戈同以曷、末爲入之類。按其呼等，察其偏旁，參以古音，乃無憾也。

晚年讀書有得，隨筆撰記，謂：《周易》以反卦爲序次，卦變當於反卦取之，否反爲泰，泰反爲否，故小往大來，大往小來，是其例也。凡曰來、曰下、曰反，自反卦之外卦來居内卦也。曰往、曰上、曰進、曰升，自反卦之内卦往居外卦也。又謂：兵農之分，春秋時已然，不起於秦漢，證以《管子》、《左傳》，兵常近國都，野處之農固不隸於師旅也。其於經傳稽考精審，多類此。所著有《周禮疑義舉要》七卷，《禮記訓義擇言》六卷，《深衣考誤》一卷，《律吕闡微》十卷，《律吕新論》二卷，《春秋地理考實》四卷，《鄉黨圖考》十一卷，《讀書隨筆》十二卷，《古韻標準》四卷，《四聲切韻表》四卷，《音學辨微》一卷，《河洛精蘊》九卷，《推步法解》五卷，《七政衍》、《金水二星發微》、《冬至權度恆氣注曆辨》、《歲實消長辨》、《曆學補論》、《中西合法擬草》各一卷，《近思録集注》十四卷，《考訂朱子世家》一卷。乾隆二十七年，卒，年八十二。休寧戴震、歙縣金榜之學，得於永爲多。永卒後，震攜其書入都，故《四庫全書》收永所著書至十餘部。尚書秦蕙田撰《五禮通考》，摭永説入《觀象》、《授時》類，而《推步法解》則載其全書焉。

盧文弨

（清）江藩《國朝漢學師承記》卷六《盧文弨》 盧文弨，字紹弓，號磯魚，又號檠齋，晚更號弓父。抱經其堂顔也，人稱抱經先生。其先自餘姚遷杭州。【略】

所校之書：《大戴禮記》、《左傳》、《經典釋文》、《逸周書》、《孟子音義》，《荀子》、《方言》、《釋名》、《賈誼新書》、《獨斷》、《春秋繁露》、《白虎通》、《吕氏春秋》、《韓詩外傳》、《顔氏家訓》、《封氏聞見記》諸書。又取《易》《禮》注疏、《吕氏讀書記》、《魏書》、《宋史》、《金史》、《新唐書》、《列子》、《申鑒》、《新序》、《新論》諸本脱漏者，薈萃一書，名曰《羣書拾補》。《抱經堂文集》三十四卷及《鍾山札記》、《龍城札記》，刊行於世。

《清史列傳》卷六八《儒林傳下一·盧文弨》 盧文弨，字召弓，浙江餘姚人。父存心，乾隆初舉博學鴻詞科。文弨，乾隆十七年一甲三名進士，授翰林院編修，上書房行走。曆官左春坊左中允、翰林院侍讀學士。

三十年，充廣東鄉試正考官。三十一年，充湖南學政，以條陳學政事宜不當，部議降三級用。三十三年，乞養歸。文弨孝謹篤厚，潛心漢學，與戴震、段玉裁友善。好校書，所校《逸周書》、《孟子音義》、《荀子》、《呂氏春秋》、《賈誼新書》、《韓詩外傳》、《春秋繁露》、《方言》、《白虎通》、《獨斷》、《經典釋文》諸善本，鏤板惠學者。又苦鏤板難多，則合經史子集三十八種，而名之曰《羣書拾補》。所自著有《抱經堂集》三十四卷、《儀禮注疏詳校》十七卷、《鍾山劄記》四卷、《龍城劄記》三卷、《廣雅釋天以下注》二卷，皆能使學者諟正積非，蓄疑渙釋。其言曰：唐人之爲義疏也，本單行，不與經注合。單行經注，唐以後尚多善本，自宋後附疏於經注，而所附之經注，非必孔、賈諸人所據之本也，則兩相齟齬矣。南宋後又附《經典釋文》於注疏間，而陸氏所據之經注，又非孔、賈諸人所據也，則齟齬更多矣。淺人必比而同之，則彼此互改，多失其真。幸有改之不盡，以滋其齟齬，啓人考覈者，故注《釋文》，合刻似便，而非古法也。其特識多類此。文弨嘗歷主江浙各書院講席，以經術導士。六十年，卒，年七十九。

王鳴盛

（清）江藩《國朝漢學師承記》卷三《王鳴盛》 王鳴盛，字鳳喈，一字禮堂，別字西莊，嘉定人。【略】

所撰《尚書後案》以鄭馬爲主，不得已間採僞孔、王肅，而唐宋諸儒之說，概不取焉。又撰《十七史商榷》一百卷，主於校勘本文，補正譌脱，審事迹之虛實，辨紀傳之異同，最詳於輿地、職官、典章、制度，獨不喜褒貶人物，以爲空言無益也。又有《蛾術編》一百卷，其目有十：《說録》、《說字》、《說地》、《說制》、《說人》、《說物》、《說集》、《說刻》、《說通》、《說系》。其書辨博詳明，與洪容齋王深寧不相上下。【略】老年因讀書窮日夜不輟，目遂瞽，有吳興醫鍼之而愈，著書如常，乃自號西沚。卒年七十有八。

《清史列傳》卷六八《儒林傳下一·王鳴盛》 王鳴盛，字鳳喈，江蘇嘉定人。幼從長洲沈德潛受詩，後又從惠棟問經義，遂通漢學。乾隆十九年一甲二名進士，授翰林院編修。二十三年，大考，翰詹第一，擢侍講學士，充日講起居注官。二十四年，充福建鄉試正考官。尋擢內閣學士，兼禮部侍郎銜。坐濫支驛馬，左遷光禄寺卿，丁內艱，遂不復出。鳴盛性儉，素無聲色玩好之娱，晏坐一室，咿唔如塞士。嘗言：漢人說經，必守家法。自唐貞觀撰諸經義疏，而家法亡。宋元豐以新經學取士，而漢學殆絶。今好古之儒，皆知崇注疏矣。然注疏惟《詩》《三禮》及《公羊傳》猶是漢人家法，他經注則出魏晉人，未爲醇備。著《尚書後案》三十卷，專述鄭康成之學，若鄭注亡逸，采馬、王注補之。孔傳雖出東晉，其訓詁猶有傳授，間一取焉。又謂：東晉所獻之《太誓》僞，而唐人所斥之《太誓》實非僞，故附書《今文太誓》一篇，存古之功。自謂不減惠氏《周易述》也。又著《周禮軍賦說》四卷，發明鄭氏之旨，又《十七史商榷》一百卷，於一史中紀志表傳互相稽考，因而得其異同；又取稗史叢說，以證其舛誤，於輿地、職官、典章、名物，每致詳焉。別撰《蛾術編》一百卷，其爲目十：說録、說字、說地、說制、說人、說物、說集、說刻、說通、說系，蓋倣王應麟、顧炎武之意，而援引尤博。詩以才輔學，以韻達情，古文用歐曾之法，闡許鄭之義，有《詩文集》四十卷。嘉慶二年，卒，年七十六。

錢大昕

（清）江藩《國朝漢學師承記》卷三《錢大昕》 錢大昕，字曉徵，一字辛楣，又號竹汀。先世自常熟徙居嘉定，遂爲嘉定人。【略】

生平著述傳於世者，《潛研堂文集》五十卷、《詩集》廿卷、《二十二史攷異》一百卷、《潛研堂金石文跋尾》《元集》六卷、《亨集》七卷、《利集》六卷、《貞集》六卷、《十駕齋養新録》二十卷、《養新餘録》三卷、《日記鈔》四卷、《補元史氏族表》三卷、《元詩紀事》、《補元史藝文志》六卷。先生不專治一經而無經不通，不專攻一藝而無藝不精。經史之外，如唐、宋、明詩文集、小說、筆記，自秦漢及宋元金石文字，皇朝典章制度，滿洲蒙古氏族，皆研精究理，不習盡工。古人云經目而諷於口，過耳而諳於心，先生有焉。戴編修震嘗謂人曰：當代學者，吾以曉徵爲第二人。

《清史列傳》卷六八《儒林傳下一・錢大昕》 錢大昕，字曉徵，江蘇嘉定人。乾隆十六年，召試舉人，授内閣中書。十九年進士，改翰林院庶吉士。二十二年，散館授編修。二十三年，大考二等一名，擢右春坊右贊善。二十四年，充山東鄉試正考官。二十五年，充會試同考官。二十七年，充湖南鄉試正考官。二十八年，大考一等三名，擢翰林院侍講學士。三十年，充浙江鄉試副考官。三十二年，乞假歸。三十四年，補原官，入直上書房，遷詹事府少詹事。三十九年，充河南鄉試正考官，尋提督廣東學政。四十年，丁父艱，服闋，又丁母艱。病不復出，主講鍾山、婁東、紫陽書院。嘉慶九年，卒，年七十七。

任大椿

（清）江藩《國朝漢學師承記》卷六《任大椿》 任大椿，字幼植，一字子田，興化人。【略】

著有《弁服釋例》十卷、《深衣釋例》三卷、《字林考逸》八卷、《小學鉤沈》二十卷、《子田詩集》四卷。

《清史列傳》卷六八《儒林傳下一・任大椿》 任大椿，字幼植，江蘇興化人。祖陳晉，字似武，乾隆四年進士，官徽州府教授，以通經聞。著《易象大意存解》一卷，發揮明簡，切於人事；又有《燕喜堂文集》、《后山詩集》。

大椿，乾隆三十四年二甲一名進士，授禮部儀制司主事。儀制號繁劇，大椿請移司簡曹，俾得竭半日一夜之力，假書誦習。《四庫》館開，以薦爲纂修官，時非翰林而預纂修者八人。大椿博於聞見，考訂精當，《禮經類・提要》不出一手，皆大椿詳定。旋以憂歸里，服闋，遷員外郎，陞郎中。五十四年，授陝西道監察御史，甫一月而卒，年五十二。

大椿家貧，盡色養，讀書守道義，素不以空言講學。服官行己，無媿古人。少工文詞，既與休寧戴震同舉於鄉，習文論説，究心漢儒之學。初爲祫禘、喪服等，辨駁孔、賈諸儒，兼難鄭君。震以其思鋭而議堅，引鄭樵、毛奇齡賊經害道爲戒。自是實事求是，所學淹通。於《禮》尤長名物，始欲薈萃全經，久之知其浩博難罄，因思卽類以求，一類既貫，乃更求他類。所著《弁服釋例》八卷、《深衣釋例》三卷、《釋繒》一卷，皆博綜羣籍，衷以己意。或視爲《爾雅》廣疏，實《禮經》別記之意。又以字書傳世，莫古於《説文》、《玉篇》，而吕忱《字林》實承《説文》之緒，開《玉篇》之先，《字林》不傳，則六書相傳之脈，中闕弗續，著《字林考逸》八卷。又輯《蒼頡篇逸文》爲二卷，後族弟兆麟以二書未備，爲之補正。他著又有《小學鉤沉》二十卷、《吴越備史注》二十卷、《列子釋文考異》一卷。詩尚清遠，爲嘉定王鳴盛所稱，有集六卷。

戴震

（清）江藩《國朝漢學師承記》卷五《戴震》 戴震，字愼修，一字東原，休寧人。祖寧仁，父弁，皆不仕。君年十歲乃能言，就傅讀書，過目成誦。【略】讀書一字必求其義。【略】學之三年，通其義，於是《十三經》盡通。

《清史列傳》卷六八《儒林傳下一・戴震》 戴震，字東原，安徽休寧人。讀書好深湛之思。少時，塾師授以《説文》，三年盡得其節目。年十六七，研精注疏，實事求是，不主一家。與郡人鄭牧、汪肇龍、汪梧鳳、方矩、程瑤田、金榜從婺源江永游，震出所學質之永，永爲之駭歎。永精《禮經》及推步、鍾律、音聲、文字之學，惟震能得其全。性特介，年二十八，補諸生。家屢空而學日進。與吴縣惠棟、吴江沈彤爲忘年友。以避讐入都，北方學者，如獻縣紀昀、大興朱筠；南方學者，如嘉定錢大昕、王鳴盛，餘姚盧文弨，青浦王昶：皆折節與交。尚書秦蕙田纂《五禮通考》，求精於推步者，大昕舉震，蕙田延之，纂《觀象授時》一門。乾隆二十七年，舉鄉試。三十八年，詔開《四庫》館，徵海内淹貫之士，司編校之職，總裁薦震充纂修。四十年，特命與會試中式者，同赴殿試，賜同進士出身，改翰林院庶吉士。震以文學受知，出入著作之庭，館中有奇文疑義，輒就咨訪。震亦思勤修其職，晨夕披檢，無間寒暑，經進圖籍，論次精審。所校《大戴禮記》、《水經注》，尤精覈。又於《永樂大典》內得《九章》、《五曹算經》七種，皆王錫闡、梅文鼎所未見，震正譌補脱以進，得旨刊行，御製詩冠其卷首。四十二年，卒於官，年五十有五。

震之學，由聲音文字以求訓詁，由訓詁以尋義理。謂：義理不可空憑胸臆，必求之於古經，求之古經而遺文垂絶，今古懸隔，必求之古訓，古訓明則古經明，古經明則賢人聖人之義理明，而我心之所同然者，乃因之而明，義理非他，存乎典章制度者也。彼歧訓詁義理而二之，是訓詁非以明義理，而義理不寓乎典章制度，勢必流入於異學曲説而不自知也。震爲學精誠解辨，每立一義，初若創獲，及參考之果不可易，大約有三：曰小學，曰測算，曰典章制度。其小學書，有《六書論》三卷、《聲韻考》四卷、《聲類表》九卷、《方言疏證》十卷。漢以後轉注之學失傳，好古如顧炎武亦不深省。震謂指事、象形、諧聲、會意四者，爲書之體；假借、轉注二者，爲書之用。一字具數用者爲假借，數字共一用者爲轉注，初、哉、首、基之皆爲始，卬、吾、台、予之皆爲我，其義輔相注也。又自漢以來古音寖微，學者於六書諧聲之故，靡所從入，顧氏《古音表》入聲與廣韻相反。震謂有入無入之韻，當兩兩相配，以入聲爲之樞紐，真至仙十四韻，與脂、微、齊、皆、灰五韻同入聲；東至江四韻及陽至登八韻，與支之佳、咍、蕭、宵、肴、豪、尤、侯、幽十一韻同入聲，侵至凡九韻之入聲，則從《廣韻》無與之配，魚、虞、模、歌、戈、麻六韻，《廣韻》無入聲，今同以鐸爲入聲，不與唐相配，而古音遞轉及六書諧聲之故，胥可由此得之，皆古人所未發。

其測算書，有《原象》四篇、《迎日推策記》一篇、《句股割圜記》三篇、《曆問》一卷、《古曆考》二卷、《續天文略》三卷、《策算》一卷。自漢以來疇人不知有黃極，西人入中國，始云赤道極之外，又有黃道極，是爲七政。恆星右旋之樞，詫爲《六經》所未有。震謂西人所云赤極，即《周髀》之正北極也。黃極即周髀之北極璿璣也。《虞書》在璿璣玉衡，以齊七政。蓋設璿璣以擬黃道極也。黃極在柱史星東南，上弼少弼之間，終古不隨歲差而改。赤極居中，黃極環繞其外，《周髀》固已言之，不始於西人也。又月建所指，亦謂黃極。夫北極璿璣，冬至夜半恆指子，春分夜半恆指卯，夏至夜半恆指午，秋分夜半恆指酉，以《周髀》四游所極推之，則月建十有二辰，爲黃極夜半所指顯然。漢人以爲斗杓移辰者，非也。又漢以來九數佚於秦火，儒者測天，多不能盡句股之蘊。西人傳弧三角術，推步始爲精密，其三邊求角，及兩邊夾一角求對角之邊，加減捷法，梅氏用平儀之理爲圖闡之，可謂剖析淵微。然用餘弦折半爲中數，則過象限與不過象限，有相加相減之殊，未爲甚捷也。震謂用餘弦者，或加或減，易生歧惑。乃立新術，用總較兩弧之矢相較，折半爲中數，則一例用減，更簡而捷矣。蓋餘弦者矢之餘也，八線法弧小，則餘弦大，弧大則餘弦小，弧若大過象限九十度，則餘弦反由小而漸大。惟矢不然，弧小則矢小，弧大則矢大，弧若大過象限九十度，則矢更隨之而大，是矢與弧大小相應，不似餘弦之參差，故以易之。此立法之根，古人所未及也。

震所著典章制度之書，未成。有《詩經二南補注》二卷、《毛鄭詩考》四卷、《尚書義考》一卷、《儀禮考正》一卷、《考工記圖》二卷、《春秋即位改元考》一卷、《大學補注》一卷、《中庸補注》一卷、《孟子字義疏證》三卷、《爾雅文字考》十卷、《經説》四卷、《水地記》一卷、《水經注》四十卷、《九章補圖》一卷、《屈原賦注》七卷、《通釋》二卷、《原善》三卷、《緒言》三卷、《直隸河渠書》六十四卷、《氣穴記》一卷、《藏府算經論》四卷、《葬法贅言》四卷、《文集》十二卷。

震卒後，其小學，則高郵王念孫、金壇段玉裁傳之；測算之學，則曲阜孔廣森傳之；典章制度之學，則興化任大椿傳之：皆其弟子也。後十餘年，高宗以震所校《水經注》問南書房諸臣，曰：震尚在否？對曰：已死。上惋惜久之。

段玉裁

《清史列傳》卷六八《儒林傳下一・段玉裁》 段玉裁，字若膺，江蘇金壇人。生而穎異，讀書有兼人之資。年十三，補諸生，學使尹會一授以小學書，遂究心焉。乾隆二十五年舉人，至京師，見休寧戴震，好其學，遂師事之。以教習得貴州玉屏縣知縣，旋調四川，署富順及南溪縣事。又辦理化林坪站務。時大兵征金川，輓輪絡繹，玉裁處分畢，輒篝燈著述不輟。著《六書音韻表》五卷，古韻自顧炎武析爲十部後，江永復析爲十三部。玉裁謂支佳一部也，脂微齊皆灰一部也，之咍一部也，漢人猶未嘗淆借通用。晉宋而後乃少有出入，迄乎唐之功令，支注脂之同用佳注皆同用灰注咍同用，於是古之截然爲三者，罕有知之。又謂真、臻、先與諄、文、殷、魂、痕爲二，尤、幽與侯爲二，得十七部，其書始名《詩經韻譜》、《羣經韻譜》。嘉定錢大昕見之，以爲鑿破混沌，後易其體例，增以新加十七部，蓋如舊也。書成，自蜀寄震，震偉其所學之精。云自唐以來講韻學者所未發。尋任巫山縣，年四十六，以父老引疾歸。卜居蘇州之楓橋，鍵户不問世事者。三十餘年。

玉裁於周、秦、兩漢書，無所不讀，諸家小學，皆别擇其是非，於是積數十年精力，專説《説文》，著《説文解字注》三十卷。謂：《爾雅》以下，義書也；聲類以下，音書也；《説文》，形書也。凡篆一字，先訓其義，次釋其形，次釋其音，合三者以完一篆，故曰形書。又謂：許以形爲主，因形以説音説義，其所説義與他書絶不同者，他書多叚借，則字多非本義，許惟就字説其本義，知何者爲本義，乃知何者爲叚借，則本義乃叚借之權衡也。《説文》、《爾雅》相爲表裏，治《説文》而後《爾雅》及傳注明。又謂：自倉頡造字時，至唐、虞、三代、秦、漢以及許叔重造《説文》，曰某聲曰讀若某者，皆條理合一不紊，故既用徐鉉切音，又某字志之曰古音第幾部，後附《六書音韻表》，俾形聲相爲表裏。始爲長編，名《説文解字讀》，凡五百四十卷，既乃隱括之，成此注。書未成，海内想望者，幾三十年。嘉慶十七年始付梓，高郵王念孫序之曰：千七百年無此作矣。玉裁又以《説文》者説字之書，故有讀如無讀爲説經傳之書，必兼是二者，漢人作注，於字發疑正讀，其例有三：讀如、讀若者，擬其音也；比方之詞讀爲、讀曰者，易其字也；變化之詞當爲者，定爲字之誤聲之誤而改其字也。救正之詞，三者分而漢注可讀，而經可讀，述《漢讀考》，先成《周禮》六卷，又撰《禮經漢讀考》一卷。其他十六卷，未成。儀徵阮元謂玉裁書有功於天下後世者三：言古音一也，言《説文》二也，《漢讀考》三也。其他説經之書，以《漢志》、《毛詩經》、《毛詩故訓》傳本各自爲書，因釐次傳文，還其舊著，重訂乃廣蒐《訓傳》三十卷。以諸經惟《尚書》離厄最甚，古文幾亡，賈逵分别古今，劉陶是正文字，其書皆不存，毛詩故補闕，正晉唐之妄改，存周漢之駁文，著《古文尚書撰異》三十二卷。又録左氏經文取鄭注《禮》，《周禮》存古文今文故書之例，附見《公羊》、《穀梁》經文之異，著《春秋左氏古經》十二卷，而以《左氏傳》五十凡附後。又有《毛詩小學》三十卷，《汲古閣説文訂》十六卷、《經韻樓集》十二卷。二十年，卒，年八十一。

凌廷堪

（清）江藩《國朝漢學師承記》卷七《凌廷堪》　凌廷堪，字次仲，一字仲子，歙人也。父文焻，字燦然，自歙遷於海州之板浦場。

《清史列傳》卷六八《儒林傳下一·凌廷堪》　凌廷堪，字次仲，安徽歙縣人。六歲而孤。冠後始讀書。慕其鄉江永、戴震之學。乾隆五十五年進士，改教職，選寧國府教授，奉母之官，畢力著述。嘉慶十四年，卒，年五十五。廷堪之學，無所不窺，於六書算曆，以迄古今疆域之沿革、職官之異同，靡不條貫。尤專禮學，謂古聖使人復性者學也，所學卽禮也。顔淵問仁，孔子告之者惟禮焉爾，顔子歎道之高堅前後。迨博文約禮，然後如有所立，卽立於禮之立也。禮有節文度數，非空言理者可託。著《禮經釋例》十三卷，謂禮儀委曲繁重，必須會通其例，如鄉飲酒、鄉射、燕禮、大射不同，而其爲獻酢酬旅酬無算爵之例則同。聘禮、覲禮不同，而其爲郊勞執玉行享庭實之例則同。特牲饋食、少年饋食不同，而其爲尸飯主人初獻、主婦亞獻，賓長三獻、祭畢飲酒之例則同。乃區爲八例，以明同中之異，異中之同：曰通例，曰飲食例，曰賓客例，曰射例，曰變例，曰祭例，曰器服例，曰雜例。《禮經》第十一篇，自漢以來，説者雖多，由不明尊尊之旨，故罕得經意。乃復爲《封建尊尊服制考》一篇，附於變例之後。大興朱珪讀其書，贈詩推重之。

廷堪《禮經》而外，復潛心於樂。謂今世俗樂與古雅樂中隔，唐人燕樂一闋，蔡季通、鄭世子輩俱未之知，因以隋沛公、鄭澤五旦七調之説爲燕樂之本。又參考段安節《琵琶録》、張叔夏《詞原》、《遼史·樂志》諸書，著《燕樂考原》六卷。江都江藩歎以爲思通鬼神。外有《充渠新書》二卷、《元遺山年譜》二卷、《梅邊吹笛譜》二卷、《校禮堂文集》三十六卷、《詩集》十四卷。儀徵阮元嘗命子常生從廷堪授士禮，又稱其《鄉射五物考》、《九拜解》、《九祭解》、《釋牲》、《詩楚茨考》諸説經之文，多發古人所未發，其尤卓然者，則《復禮》三篇云。

江　聲

（清）江藩《國朝漢學師承記》卷二《江艮庭先生》　先生諱聲，本字鱷濤，後改叔澐。其先世居休寧之梅田，後遷蘇州，又遷無錫，復歸吳下，遂爲吳縣人。【略】卒年七十有八。晚年因性不諧俗，動與時違，取《周易》艮背之義，自號艮庭。

《清史列傳》卷六八《儒林傳下一·江聲》　江聲，字叔澐，江蘇元和人。七歲就傅讀書，問讀書何爲，師以取科第爲言。聲求所以進於是者。稍長，與兄筠共學，不事帖括。年二十九，遭父疾，晨夕侍牀褥，不解衣帶，至自滌㯓，嘗視穢以驗疾進退。及居憂，哀毁骨立。逾三年，容戚然如新喪者。侍母疾、居喪，亦如父歿時。少讀《尚書》，怪古今文不類，又疑孔傳非安國所爲。年三十五，師事同郡惠棟，得讀所著《古文尚書考》及閻若璩《古文尚書疏證》。年四十一，以棟既作《周易述》，搜討古學，乃撰《尚書集注音疏》存今文二十九篇，以别梅氏所上二十八篇之僞造，取書傳所引《湯征》、《泰誓》諸篇逸文，按書序録入，又取《説文》經子所引書古文本字，更正秦人隸書及唐開元改易古字之謬，輯鄭康成殘注及漢儒逸説，附以己見而爲之疏，以明其説之有本，以篆寫經，復三代文字之舊，凡四易稿，積十餘年而後成，共十二卷，《説》一卷，《泰誓》後得馬融，頗以爲疑，聲辨之曰：融意以《泰誓》非伏生所傳，故疑之爾。然《泰誓》維四月，太子發上祭於畢云云，《尚書大傳》既引其文，所以不傳者，生年老，容有遺忘。《大傳》能引九共帝告片語，而不傳其全文，是其明驗也。《漢書·藝文志》云：《尚書古文經》五十七篇。計伏生書二十八篇，三分《盤庚》爲三十，加孔氏多出二十四篇，才五十四；加《泰誓》三篇，適五十七。若無《泰誓》，不符其數。融疑所稱八百諸侯，不期而會，然婁敬説高祖嘗言之，又疑火流爲雕，以穀俱來爲神恠，然孔子繫《易》稱河出圖，洛出書，《論語》亦曰鳳鳥不至，河不出圖，吾已矣夫。符瑞之徵，聖人且覬幸之，謂爲子所不語，豈通論乎？《詩·思文》貽我來牟卽此以穀俱來之謂。融亦將斥爲誕乎？融又以書傳所引《泰誓》甚多，而疑此《泰誓》皆無有。案《湯誓》傳自伏生，今古文皆有，而《墨子》兩引《湯誓》中亦無之，《泰誓》亦猶是耳。《大傳》引《盤庚》曰若德明哉，湯任父言卑應言引《無逸》曰厥兆天子爵，今經反遺其語。然則伏生既傳之後，歐陽夏侯遞有師承，猶不能無闕逸，况《泰誓》經灰燼之餘百年而出耶？其論爲閻、惠諸人所未及。聲又病後世深求考老轉注之義，至以篆迹求之，因爲《六書説》，謂建類一首，卽始一終亥，五百四十部之首；同意相受，卽凡某之屬，皆從某也。陽湖孫星衍亦推其説以爲《爾雅》肈、祖、元、胎之屬，始也。始亦建類一首，肈、祖、元、胎皆爲始，亦同意相受。《説文》此類亦甚多。推考、老之訓，如口部之咽、嗌也，嗌、咽也；走部之走、趨也，趨、走也。猶之考轉注老，老轉注考矣。其同在口部、走部，卽建類一首也。聲亦以爲然。而戴震以爲貫全部則義太廣，聲折之曰：若止考老爲轉注，不已隘乎？且諧聲一義，不貫全部乎？聲與震以學問相推重，其不相附和如此。

聲嘗爲《説文解字考證》，及見金壇段玉裁所著，遂舉稿本付之。又嘗爲畢沅校刊《釋名》，爲之疏證，皆以篆書。生平不爲行楷，與人箋札，皆作古篆。俗儒往往非笑之，而聲不顧也。其寫《尚書》瀍水字、蕿字不在《説文》，瀍据《淮南》作廛，蕿据《爾雅》義作孟。人始或恠之，後服其非臆説。顧其書終以時俗不便識讀，不甚行於時。又嘗舉經子古書，俱繩以《説文》字例，去其俗字，命曰經史子字準繩。又著《論語竢質》三卷、《六書淺説》一卷、《恆星説》一卷、《艮庭小慧》一卷。艮庭者，晚年因性不諧俗，取《周易》艮背之義自號也。聲性耿介，不慕榮利。交游如王鳴盛、王昶、畢沅，皆重其品藻，而聲未嘗以私事干之。嘉慶元年，詔開孝廉方正科，江蘇巡撫費淳首舉聲，賜六品頂戴。四年，卒，年七十九。

崔述

《清史列傳》卷六八《儒林傳下一·崔述》　崔述，字武承，直隸大名人。乾隆二十七年舉人，選授福建羅源縣知縣。時武弁多藉海盜邀功，遇漳泉商船索賄，不與，遂誣爲盜。述平反之，調上杭。關稅向贏數千金，述悉解充緝盜公費。未幾，投劾歸，卜居相州，閉門著述。著書三十餘種，而《考信録》一書，尤爲生平心力所專注。凡《考古提要》二卷、《上古考信録》二卷、《唐虞考信録》四卷、《夏商考信録》四卷、《豐鎬考信録》八卷、《洙泗考信録》四卷、《豐鎬別録》三卷、《洙泗餘録》三卷、《孟子事實録》二卷、《考古續說》二卷、《附録》二卷。又有《王政三大典考》三卷、《讀風偶識》四卷、《尚書辨僞》二卷、《論語餘說》一卷、《讀經餘論》二卷、《名考·古異録》。其自敘著書大旨，謂不以傳注雜於經，不以諸子百家雜於傳注，以經爲主，傳注之合於經者著之，不合者辨之，異說不經之言，則闢其謬而削之。如謂《易傳》僅溯至伏羲，《春秋傳》僅溯至黃帝，不應後人所知反多於古人。凡緯書所云十紀，史所云天皇、地皇、人皇，皆妄也。謂戰國時楊墨横議，常非堯舜，薄湯武，以快其私。毁堯則託諸許由，毁禹則託諸子高，毁孔子則託諸老聃，毁武王則託諸伯夷。太史公尊黃老，故好采異端雜說。學者但當信《論》《孟》，不當信《史記》，謂夏商周未有號爲某公者，公亶父相連成文，猶所謂公劉也；古公亶父猶言昔公亶父也。謂：匡爲宋邑，似畏匡過宋本一事，匡人其如予何？桓魋其如予何？似一時一事之言，記者小異耳。其說皆爲有見。

然述學主見聞，勇於自信，雖有考證，而從横軒輊，任意而爲者亦多有之。他著有《易卦圖說》一卷、《五服異同彙考》三卷、《大名水道考》一卷、《莜田賸筆》二卷、《雜録》二卷、《瑣記》二卷、《綴語》二卷、《大恠談》一卷、《涉世雜談》一卷、《聞見雜記》四卷、《知味録》二卷、《知非集》三卷、《無聞集》五卷、《小草集》五卷。嘉慶二十一年，卒，年七十七。弟子石屏陳履和，爲刊其遺書。

程瑤田

《清史列傳》卷六八《儒林傳下一·程瑤田》　程瑤田，字易疇，安徽歙縣人。乾隆三十五年舉人，選嘉定教諭。嘉慶元年，舉孝廉方正。十九年，卒，年九十。瑤田少師淳安方粹然，又與戴震、金榜同學於江永。篤志治經，震自言遜其精密。其學長於涵泳經文，得其真解，不屑屑依傍傳注。以《喪服》緦麻章末，長殤、中殤降一等四句，鄭氏誤以爲傳文，故觸處難通。又不杖期章，惟子不報傳文，公妾以及士妾爲其父母傳文，鄭氏以爲失誤。大功章大夫之妾爲君之庶子女子已嫁者未嫁者，爲世父母叔父母姑姊妹，舊讀以大夫之妾爲建首下二爲字貫之。鄭氏謂女子別起貫下，斥傳文爲不辭。皆援據經史，疏通證明，以規鄭失，著《儀禮喪服文足徵記》十卷。又以《考工記》諸言磬句磬折，鄭氏度直矩解之，致與前後經文不合，謂磬折不明，由於倨句不明，欲明倨句，先辨矩字。矩有直有曲，倨句之云折，其直矩而爲典矩，即今木石工所用之典尺，著《磬折古義》一卷。又以鄭注太宰九穀，稷、粱二者言人人殊，因詢考農家，據《說文》釋之，謂粱爲粟，以稷爲秫，今高粱也，著《九穀考》四卷。又《宗法小記》、《釋宮小記》、《考工創物小記》、《溝洫疆理小記》、《水地小記》、《解字小記》、《聲律小記》、《釋草小記》、《釋蟲小記》，各一卷，皆考證精確，爲學者所宗。又《論學小記》一卷、《外篇》一卷，其論性，謂：性從質形氣而有，譬之水與鏡，水之清，鏡之明，質形氣之清明也，是即性也。清明能鑑物，濁暗不能鑑物，此智愚所由分。然極濁極暗，清明自在其中，是即下愚不移者，其性之善自若也。又謂性不可見於情，見之情是心之起念，心只一念，善者居其先，惡則從善而轉之耳。今爲盜賊者，其初只有謀生一念，豈不欲擇其善者爲之，至皆不可得，乃不得已而爲盜賊。又必有一二爲盜賊者，從而引之，所謂習也。他著又有《禹貢三江考》、《讀書求解》、《數度小記》、《九勢碎事》、《修辭餘鈔》，各一卷，統名《通藝録》。

瑤田性退讓，初效鄭康成爲禮堂，繼念非讓，無以明禮。官嘉定時，以身率教，復以讓名堂。及告歸，邑人購忠烈名流手蹟贈之，不肯受，曰：先生不取吾邑一錢，豈破紙亦不受耶？王鳴盛贈詩云：官惟當湖陸，師則新安程，一百五十載，卓然兩先生。其推重如此。浙撫阮元嘗聘修杭州府學樂器，多所參訂。善鼓琴，年老失明，猶口授其孫，成《琴音記》三卷。詩爲桐城劉大櫆所稱，有集十八卷。

孔廣森

（清）江藩《國朝漢學師承記》卷六《孔廣森》 孔廣森，字衆仲，一字撝約，又字顨軒，曲阜人。**【略】**未幾，居大母與父喪，竟以哀毀卒。卒年三十有五。**【略】**

廣森深於戴氏之學，故能義探其原，言則於古也。世人徒賞其文詞之工，抑亦末矣。著有《大戴禮記注》十三卷、《儀鄭堂文集》二卷。

《清史列傳》卷六八《儒林傳下一·孔廣森》 孔廣森，字顨軒，山東曲阜人。孔子六十八代孫，襲封衍聖公傳鐸之孫，户部主事繼汾之子。乾隆三十六年進士，改翰林院庶吉士，散館授檢討。年少入官，翩翩華胄，一時争與之交。然性淡泊，躭著述，不與要人通謁。告養歸，不復出。及居大母與父喪，竟以哀卒，時乾隆五十一年，年三十五。

廣森聰穎特達，嘗受經戴震、姚鼐之門。經史小學，沉覽妙解，所學在《公羊春秋》，嘗以《左氏》舊學湮於征南，《穀梁》本義汨於武子。王祖游謂何休志通《公羊》，往往爲《公羊》疚病，其餘啖助、趙匡之徒，又横生義例，無當於經，唯趙汸最爲近正。何氏體大思精，然不無承譌率臆，於是旁通諸家，兼采《左》、《穀》，擇善而從，著《春秋公羊通義》十一卷、《序》一卷。凡諸經籍，義有可通於《公羊》者著録之，其不同於《解詁》者，大端有數事：謂古者諸侯分土而守，分民而治，有不純臣之義，故各得紀年於其境内，而何邵公謂唯王者然後改元立號，經書元年爲託王於魯，則自蹈所云反傳違戾之失，其不同一也。謂《春秋》分十二公而爲三世：舊説所傳聞之世，隱、桓、莊、閔、僖也；所聞之世，文、宣、成、襄也；所見之世，昭、定、哀也。顔安樂以爲襄公二十三年，邾婁鼻我來奔，云邾婁無大夫，此何以書，以近書也。又昭公二十七年，邾婁快來奔，云邾婁無大夫，此何以書，以近書也。二文不異同宜一世，故斷孔子生後卽爲所見之世從之，其不同二也。謂桓十七年，經無夏二家，經皆有夏，獨《公羊》脱耳。何氏謂夏者陽也，月者陰也，去夏者明大夫不繫於公也，所不敢言，其不同三也。謂《春秋》上本天道，中用王法，而下理人情。天道者一曰時，二曰月，三曰日；王法者一曰譏，二曰貶，三曰絶；人情者一曰尊，二曰親，三曰賢。此三科九旨，而何氏文謚例云三科九旨者，新周故宋，以《春秋》當新王，此一科三旨也。又云所見異辭，所聞異辭，所傳聞又異辭，二科六旨也。又内其國而外諸夏，内諸夏而外夷狄，是三科九旨也。其不同四也。他如何氏所據，間有失者，多所裨損，以成一家之言。又謂《左氏》之事詳，《公羊》之義長，《春秋》重義不重事，皆好學深思，心知其意，故能融會貫通，使是非之旨不謬於聖人，大旨見《自序》中。儀徵阮元謂讀其書，始知聖志之所在。又著《大戴禮記補注》十四卷、《詩聲類》十三卷、《禮學卮言》六卷、《經學卮言》六卷、《少廣正負術内外篇》六卷。駢體兼有漢、魏、六朝、初唐之勝。江都汪中讀之，歎爲絶手。然廣森不自足，作堂於其居，名曰儀鄭，自庶幾於康成。惜奔走家難，勞思夭年，藝林有遺憾焉。

金榜

（清）江藩《國朝漢學師承記》卷五《金榜》 金榜，字輔之，一字蘂中，又字檠齋，歙縣人，江慎修之高弟子。**【略】**

年老得髀痛疾，卧牀席間，手定《禮箋》十卷。未幾卒。

《清史列傳》卷六八《儒林傳下一·金榜》 金榜，字蘂中，安徽歙縣人。乾隆二十九年，召試舉人，授内閣中書，軍機處行走。三十七年一甲一名進士，授翰林院修撰。散館後，養痾讀書，不復出，卒於家。榜少工文詞，以才華爲天下望。後師事江永，友戴震，遂深經術，著《禮箋》十卷。復刺取其大者數十事爲三卷，大而天文、地域、田賦、學校、郊廟、明堂，以及車旗、服器之細，貫串羣言，折衷一是。朱珪讀之，歎其詞精而義覈。榜治三《禮》，最尊鄭康成，然博稽而精思，慎求而能斷，嘗援鄭《志》答趙商云：不信亦非，悉信亦非，斯言也，敢以爲治經之大法。故鄭義所未衷者，必糾正之，於鄭氏家法不敢誣也。

王念孫

《清史列傳》卷六八《儒林傳下一・王念孫》 王念孫，字懷祖，江蘇高郵人。父安國，官吏部尚書，謚文肅，自有傳。念孫八歲能屬文，十歲讀《十三經》畢，旁涉史鑑，有神童之目。高廟南巡，以大臣子迎鑾，獻文册，賜舉人。乾隆四十年進士，改翰林院庶吉士，散館授工部主事。洊陞郎中，擢陝西道御史，轉吏科給事中。嘉慶四年，仁宗睿皇帝親政。時川楚教匪猖獗，念孫陳剿賊六事，首劾大學士和珅，疏語援據經義，大契聖心。是年命巡淮安及濟寧漕，授直隸永河道。六年，以河隄漫口，罷，特旨留督辦河工。工竣，賞主事銜。河南衡家樓河決，命隨尚書費淳查勘，且籌新漕；又命馳赴臺莊，隨同吉綸辦河務。尋授山東運河道，在任六年，調永定河道。會東河總督與山東巡撫以引黄利運異議，召入都，決其是非。念孫奏引黄入湖，不能不少淤，然暫行無害，詔許之。已而永定河水復異漲，如六年之溢。念孫自引罪，得旨休致。道光五年，重宴鹿鳴，賞給四品銜。十二年，卒，年八十有九。

念孫故精熟水利，官工部，著《導河議》上下篇，及奉旨纂《河源紀略》，議者或誤指河源所出，念孫力辨其譌，議乃定。《紀略》中辨譌一門，念孫所撰也。任河道十餘載，查工節帑，積弊一清，累得旨褒獎。所條上河務事，多議行。既罷官，日以著述自娱。著《讀書雜志》八十二卷，分《逸周書》、《戰國策》、《管子》、《荀子》、《晏子春秋》、《墨子》、《淮南子》、《史記》、《漢書》、《漢隸拾遺》，凡十種，於古義之晦誤，寫校之妄改，皆一一正之。一字之證，博及萬卷，其精於校讎如此。初從休寧戴震受聲音、文字、訓詁，手編《詩》三百篇、《九經》、《楚詞》之韻，分古音爲二十一部，於支、脂、之三部之分，段玉裁《六書音韻表》亦見及此，其分至祭，蓋輯爲四部，則段書所未及也。念孫以段書先出，遂輟作。又以邵晉涵先爲《爾雅疏》，乃綜其經學，撰《廣雅疏證》，日三字爲程，閲十年而書成，凡三十二卷。其書就古音以求古義，引伸觸類，擴充於《爾雅》、《説文》，無所不達。然聲音文字部分之嚴，一絲不亂。蓋藉張揖之書以納諸説，而實多揖所未知，及同時惠棟、戴震所未及。嘗語子引之曰：詁訓之旨，存乎聲音。字之聲同、聲近者，經傳往往假借，學者以聲求義，破其假借之字而讀本字，則涣然冰釋。如因假借之字强爲解，則結籥不通矣。毛公《詩傳》多易假借之字而訓以本字，已開改讀之先；至康成箋《詩》注《禮》，屢云某讀爲某，假借之例大明。後人或病康成破字者，不知古字之多假借也。又曰：説經者期得經意而已，不必墨守一家。引之因推廣庭訓，成《經義述聞》十五卷、《經傳釋辭》十卷。

汪中

（清）江藩《國朝漢學師承記》卷七《汪中》 汪中，字容甫。先世居歙之古唐里，曾祖鎬京始遷揚州，遂爲江都人。【略】君治經宗漢學，謂國朝諸儒崛起，接二千餘年沈淪之緒，通儒如顧寧人、閻百詩、梅定九、胡朏明、惠定宇、戴東原，皆繼往開來者。【略】

君中年輯三代學制及文字、訓詁、制度、名物有係於學者，分别部居，爲《述學》一書，屬稿未成，後乃以撰著之文分爲《述學》内、外篇刊行之。又采揚州故實，始春秋，至楊吴，作《廣陵通典》，藏於家。

《清史列傳》卷六八《儒林傳下一・汪中》 汪中，字容甫，江蘇江都人。父一元，以孝子旌。中生七歲而孤，家酷貧，不能就外傅，母鄒授以《小學》、《四子書》。稍長，助書賈鬻書於市，因徧讀經史百家，過目成誦，遂爲通人。年二十，補諸生，然時人未之知也。編修杭世駿主講安定書院，論及《孟子》往送之門以爲昏禮，無明文。中引穀梁祭門，闕門證之，世駿折服，遂大稱之。乾隆四十二年，拔貢，提學謝墉每試，别置一榜，署名諸生前，嘗曰：余之先容甫，爵也。若以學，當北面事之矣！以母老，竟不赴朝考。中嘗有志於用世，故於古今沿革、民生利病，皆博問而切究之。

年三十，顓意經術，與高郵李惇、王念孫、寶應劉台拱爲友，共討論之。其治《尚書》，有《尚書考異》；治《禮》，有《儀禮校本》、《大戴禮記校本》；治《春秋》，有《春秋述義》；治《小學》，有《爾雅校本》及《小學説文求端》。同時治經諸人，如王念孫、阮元、郝懿行時采其説。中嘗謂國朝古學之興，顧炎武開其端。河洛矯誣，至胡渭而絀。中西推步，至梅文鼎而精。力攻古文者，閻若璩也。專治漢《易》者，惠棟也。凡此皆千餘年不傳之絶學。及戴震出而集其大成，擬作《六儒頌》，未成。又嘗博考先秦古籍，三代以上學制廢興，使知古人以爲學者，爲《述學》一書。凡虞夏第一，《周禮》之制第二，周衰列國第三，孔門第四，七十子後學者第五，又列通論、釋經、舊聞、典籍、數典、世官，目録凡六，而自題其端，曰：觀《周禮》太史云云，當時行一事則有一書，其後執書以行事；又其後則事廢而書存。至宋儒以後，則並其書之事而去之矣。又曰：有官府之典籍，有學士大夫之典籍，當時行一事則有一書，傳之後世，奉以爲成憲。此官府之典籍也。先王之禮樂政事，遭世之衰，廢而不失，有司徒守其文，故老能言其事。好古之君子閔其浸久而遂亡，而書之簡畢。此學士大夫之典籍也。又曰：古之爲學士者，官師之長，但教之以其事，其所誦者《詩》《書》而已，其他典籍，則皆官府藏而世守之，民間無有也。苟非其官，官亦無有也。其所謂士者，非王、侯、公、卿、大夫之子，則一命之士，外此則鄉學小學而已。自辟雍之制無聞，太史之官失守，於是布衣有授業之徒，草野多載筆之士，教學之官，記載之職，不在上而在下。及其衰也，諸子各以其學鳴，而先王之道荒矣。然當諸侯去籍，秦政焚書，有司所掌，蕩然無存，猶賴學士相傳，存其一二，斯不幸中之幸也。又曰：孔子所言，則學士所能爲者，留爲世教。若其政教之大者，聖人無位，不復以教子弟。又曰：古人學在官府，人世其官，故官世其業。官既失守，故專門之學廢。其書稿草略具亦未成，後乃卽其考三代典禮及文字訓詁、名物象數，益以論撰之文，爲《述學》内外篇，凡六卷。其有功經義者，則有若《釋三九》、《婦人無主答問》、《女子許嫁而壻死從死及守志議》、《居喪釋服解義》；其表章經傳及先儒者，則有若《周官徵文》、《左氏春秋釋疑》、《荀卿子通論》、《賈誼新書序》；其他考證之文，亦有依據。中又熟於諸史地理、山川、阨要，講畫瞭然，著有《廣陵通典》十卷、《秦蠶食六國表》、《金陵地圖考》。生平於詩文書翰，無所不工。所作《廣陵對》、《黄鶴樓銘》、《漢上琴臺銘》，皆見稱於時。他著有《經義知新記》一卷、《大戴禮正誤》一卷、《遺詩》一卷。五十九年，卒，年五十一。

孫星衍

《清史列傳》卷六九《儒林傳下二・孫星衍》 孫星衍，字淵如，江蘇陽湖人。少與同里楊芳燦、洪亮吉、黄景仁文學齊名。袁枚品其詩曰：天下奇才！與訂忘年交。星衍雅不欲以詩名，深究經史、文字、音訓，旁及諸子百家，皆心通其義。既，從錢大昕遊，精研漢學。元和江聲注《尚書》，以堯稽古爲同天，皋陶稽古爲順考古道，前後歧説。星衍著論云：鄭注稽古同天，言堯同於天也，鄭意蓋以堯稱帝爲同天。《書》正義誤引其文云：稽，同也；古，天也。天爲古之説雖見《周書》，未必唐時卽有此義。又嘗於江寧瓦官寺閣見元應《一切經》幷慧苑《華嚴經音義》，引倉頡爲多，乃剌取其文，兼摭他書，爲《倉頡篇》三卷。謂元應、慧苑書，世多不傳，然足與陸德明《經典釋文》並垂於世，囑友人刊行。

乾隆五十二年一甲二名進士，授翰林院編修，充《三通》館校理。五十四年，散館，改刑部主事。故事，一甲進士改部，或奏請留館；又編修改官，可得員外郎。前此吴文煥有成案，大學士和珅示意欲使往見，星衍不肯。自是編修改主事，遂爲成例。官刑部，爲法寬恕。大學士阿桂、尚書胡季堂悉器重之，有疑獄輒令依古義平議，全活甚衆。退直之暇，仍理舊業，高麗使臣朴齊家入貢，特謁星衍，爲書問字堂扁賦詩以贈。五十七年，遷員外郎，洊陞郎中。六十年，授山東兖沂曹濟道。嘉慶元年七月，曹南水漫灘，潰决單縣地。星衍與按察使康基田鳩工集夫，五日夜從上游築隄遏禦之，不果决。基田謂此役省國家數百萬帑金。尋權按察使，凡七閲月，平反數十百條，活死罪誣服者十餘獄。濰縣有武人犯法，賄和珅門囑託大吏。星衍訪捕鞫之，械和門來者於衢。及回本任，值江南豐工及山東曹工同時漫溢，星衍以無工處所得疏防咎，特旨予留任曹工，分治引河三道。星衍治中段工畢，較濟東道、登萊道上下段，省三十餘萬兩。

先是，河工分賠之員，或得羨餘，謂之扣費。星衍不取，悉以給引河工費。時曹工尚未合，河督、巡撫亟奏合龍，移星衍任。尋又奏稱合而復開，開則分賠兩次壩工銀九萬兩，當半屬後任，而司事者並以歸星衍。星衍亦任之，曰：吾既兼河務，不能不爲人受過也。四年六月，丁母憂歸。

儀徵阮元撫浙，聘主詁經精舍，星衍課諸生以經史疑義，及小學、天部、地理、算法、詞章，不十年，舍中士皆以撰述名家。服闋入都，奉旨仍發山東，十年，補督糧道。十二年，權布政使。值侍郎廣興在省供張煩擾，星衍不肯妄支。後廣以賄敗，豫、東兩省多以支庫獲罪，星衍不與焉。湯陵舊在山西滎河，星衍據漢崔駰、晉伏滔及《皇覽》説，皆云濟陰有湯陵，任曹南時，常申上府，請釐祀典。至是，陵始修整，給地畝奉香火。又考《太平寰宇記》，知先賢閔子墓在范縣，今所傳在歷城者誤，爲修築之，申禁樵采。又以伏生傳《書》二十七篇，使二帝、三王之訓典不墜於地，欲奏請建立伏博士，乃具稿移學政，囑鄒平令訪其嫡裔，資使讀書。越七年竟得入告，奉旨准以伏生六十五代孫敬祖世襲五經博士。十六年，引疾歸。

星衍博極羣書，勤於著述。又好聚書，聞人家藏有善本，借鈔無虚日。金石文字，靡不考其原委。常病《古文尚書》爲東晉梅賾所亂，官刑部時，即集《古文尚書馬鄭王注》十卷、《逸文》二卷。歸田後，又爲《尚書今古文注疏》三十九卷。其序例云：《尚書》古注散佚，今刺取書傳，升爲注者，五家三科之説：一、司馬遷從孔氏安國問故，是古文説；一、《書大傳》伏生所傳，歐陽高、大夏侯勝、小夏侯建是今文説；一、馬氏融、鄭氏康成雖有異同，多本衛氏弘、賈氏逵，是孔壁古文説；皆疏明出典，其先秦諸子所引古書説，及緯書、《白虎通》等漢魏諸儒今文説，許氏《説文》所載孔壁古文注中存其異文異字，其説則附疏中，其書意在。網羅放失舊聞，故録漢魏人佚説爲多。又兼采近代王鳴盛、江都段玉裁諸人書説，惟不取趙宋以來諸人注，以其時文籍散亡，較今代無異聞，又無師傳，恐滋臆説也。凡積二十二年而後成。論者以爲勝王鳴盛書。其他撰輯，有《周易集解》十卷、《夏小正傳校正》三卷、《明堂考》三卷、《考注春秋别典》十五卷、《爾雅廣雅古訓韻編》五卷、《魏三體石經殘字考》一卷、《孔子集語》十七卷、《晏子春秋音義》二卷、《史記天官書考證》十卷、《建立伏博士始末》二卷、《寰宇訪碑録》十二卷、《金石萃編》二十卷、《京畿金石考》二卷、《續古文苑》二十卷、《詩文集》二十五卷。又有《九經正俗字考》、《十三經佚注》、《集馬昭孫叔然難王申鄭之書》、《山海經音義》、《鄭康成年譜》。其所校刊，若《岱南閣叢書》、《平津館叢書》均據善本，有資學藝。二十三年，卒，年六十六。

（清）錢儀吉《碑傳集》卷八七阮元《山東糧道孫君星衍傳》 五十九年，陞廣東司郎中。相國阿文成公、大司寇胡莊敏公皆器重君，每有疑獄，輒令君依古義平議行。君執法求平，所平反全活甚多。甲有竊主財逾貫，詣其友乙，匿其數以告，分金而逸。事發，乙得知情藏匿罪人減等流。君以爲律稱知情則坐，乙不知滿貫也，應以所知數坐減問徒。大司寇詰以：乙所言無質證，如獲甲，言實告以逾貫，奈何？君言：此名例所謂通計前罪，以充後數也。乙卒減徒。君又言：律文稱囚者，在繫之名；稱罪人者，犯事在官之名。今或未到官，名之罪人，或藏匿罪人，問擬縱囚，非正名之義。湖廣有子護嫁母傷人至死獄，敕下法司議，或以嫁母期服減于母，則護嫁母不得與母同科。君以古者父在爲母亦期，屈于所尊，嫁母服期，因宗子主祭，非謂情當殺也。引宋王博文請封嫁母，又爲行服，謂子無絶母禮；又引唐八座議，凡父卒母嫁，有心喪三年之制，子無絶道故也。護嫁母出母，俱當與母同，議減鬭殺罪。甲有馳車犯乙死者，已當過失殺罪，甲恐以無故馳驟車馬獲重罪，介所知以兼金求免。君曰：吾不受暮夜金，君罪止過失殺，無爲人所詐也。甲慙謝去。有孝子爲父報仇，殺縣役，坐死。其父姊控部：弟實爲縣役逼斃，請檢尸傷。當道某屬託君，君曰：吾豈能枉法殺孝子哉！其持正類此。【略】

君下車日，以整肅吏治爲己任，親問囚，定爰書，矜慎庶獄。甲與乙有姻，共飲，乙醉墜火炕，吐燒酒引火燄，灼爛至死，甲醉卧不知。鞫獄，甲以奪壺斟酒，有争鬭形，擬鬭殺罪。君曰：甲主乙賓，奪乙壺勸之飲，名奪實讓也。改甲坐過失殺，出其罪。有婦因姦謀命獄，其婦某家妾，夫遠出，主母惡之，會僕婦死，誣以謀毒，問官又實以姦夫，言婦淫，主婦令僕婦守之，惡而行毒，已具獄。君鞫婦以某日歸甯，僕婦後二日以子殤與夫争，忿自盡，出冤婦於獄。囚有共毆人至死，過堂呼冤者，自言本縴夫，見所過有衆共毆人，勸止之不從而去。越數月，邑令始拘訊之，酷刑誣服下手毆人。君詰以衆中有相識者否？答以有舅氏某爲縣役，在旁知狀。密拘縣役詰之，乃因姦殺人，縣令回護，聽其屬甥認罪，始以鬭殺傷輕緩其死，上司駁詰，改擬傷重入實。因知死，乃不承。君告縣官：乃以失察處分枉人命，吾爲子救正陰禍也。有詬詈婦女致死獄，君以事在一月前，不得謂之忿激，鞫得婦自與夫毆詈自經狀，出生罪。凡權臬七越月，平反數十百條，活死罪誣服者十餘獄，亦不以之罪縣官，云縣官實不盡明刑律，皆幕僚誤之也。山左風氣爲之一變。君又以先儒伏生承秦蔑學之後，壁藏《尚書》，唐、虞、三代載道之文，得以不絶。鄭司農康成箋註《易》、《詩》、《書》、《禮》、《論語》、《孝經》，可比七十子，身通六藝，皆宜建立《五經》博士。後大吏奏請，鄭被駁而伏准行，其議實自君發也。濰縣有武人犯法，挾厚力求脱，令不可干，因賄通和門，屬託大府，君訪捕鞫之，械和門來者於衢。

洪亮吉

（清）江藩《國朝漢學師承記》卷四《洪亮吉》　洪亮吉，字君直，一字稚存。先世居歙縣，祖公寀贅於武進趙氏，至君，籍陽湖。**【略】**二十四歲，入學爲附生，與同邑黄秀才景仁爲詩歌相唱和，有時譽，人目爲洪黄。**【略】**

君性伉直，疾惡如仇，自謂不能容物。生平好學，嘗舉荀子語爲人戒有暇日，所以窮日著書，老而不倦。深嫉浮屠氏之説，詩文中未嘗用彼教語。撰著行於世者：《左傳詁》二十卷、《公羊穀梁古義》二卷、《漢魏音》四卷、《比雅》十二卷、《六書轉注録》八卷、《弟子職箋釋》一卷、《補三國晉書地理志》、《十六國疆域記》、《乾隆府廳州縣志》、《詩文集》若干卷。君在畢尚書沅幕中最久，預修《宋元資治通鑑》，修陝西、河南各州縣志，是以深於史學，而尤精地理沿革所在。

《清史列傳》卷六九《儒林傳下二·洪亮吉》　洪亮吉，字君直，江蘇陽湖人。六歲而孤，母蔣賢明，督課嚴，風雪夜受經至雞鳴。亮吉純孝，既壯，爲嬰兒戲娱母。家貧，橐筆出遊，節所入養母。及歸，聞母凶耗，慟絶墜水，得救免。三年徹酒肉，不入中門。少工文辭，與同邑黄景仁詩歌唱和，時稱洪黄。後從安徽學政朱筠遊，同幕戴震、邵晉涵、王念孫、汪中等皆通古義，乃立志窮經。家居，與孫星衍相孯靡，學益宏博，時又稱孫洪。

乾隆五十五年，一甲二名進士，授翰林院編修。五十七年，充順天鄉試同考官，即拜貴州學政之命。亮吉以古學教士，黔省僻遠無書籍，爲購經、史、《通典》、《文選》等，散置各府書院。奏：《禮記》宜用鄭氏注，今功令試士從元陳澔注，舛漏不足闡發經義。未奉部議施行。嘉慶二年，命在上書房行走。三年正月，大考，命擬《征邪教疏》。時川、陝餘匪未靖，亮吉指陳規畫，慷慨數千言。是月，因弟靄吉卒，引古人期功去官之義，病免，家居。又明年，高宗純皇帝上賓，亮吉以供奉内廷奔京哭臨。

仁宗親政，詔求直言極諫之士。亮吉念身自微賤，受知兩朝，居侍從之列，欲終不言則非人臣匪躬之義，言之又慮其不可以徑達也。自聞詔後，不知寢食者累月。一日奮曰：吾終不可以立仗馬辜聖天子恩。乃反覆極陳時政累數千言。略謂故福郡王所過繁費，州縣供億，致虛帑藏。故相和珅擅權時，達官清選或執贄門下，或屈膝求擢。羅列中外官罔上負國者四十餘人。手書爲三函，乞成親王、大學士朱珪、兵部尚書劉權之代奏。上見視朝稍晏，小人熒惑等語，以爲論及宮禁，震怒，革職對簿，詔：亮吉讀書人，體弱，毋許用刑。亮吉感慟伏地。問何爲上書，從容應曰：庶人傳語，況翰林乎？王大臣等當亮吉大不敬律，斬立決。奉旨免死，發往伊犂，交將軍保寧嚴加管束。明年二月，亮吉至伊犂。四月，京師旱，上禱雨心切，命清理庶獄。故事：戍伊犂者滿三年，則伊犂將軍入奏，未及期不得上請。自四月二十四日皇上親禱社稷壇之後，經旬尚未得雨。閏四月初三日，奉上諭：從來聽言爲致治之本，拒諫乃失德之尤。朕從不敢自作聰明，飾非文過，兼聽并觀，惟求一是而已。去年編修洪亮吉既有欲言之事，不自陳奏，轉向成親王及朱珪、劉權之私宅呈送，原屬違例妄爲，經成親王等先後呈進原書，朕詳加披閲，實無違礙之句，仍有愛君之誠。惟視朝稍晏，小人熒惑等句，未免過激，令王大臣等訊問，擬以重辟，施恩改發伊犂。然此後言事者日見其少，即有言亦論官吏之常事，而與君德民隱休戚相關之實絶無言者。豈非因洪亮吉獲咎，鉗口不敢言，以致朕不聞過，下情復壅，爲害甚鉅！洪亮吉所論，實足啓沃朕心，故銘諸座右，時常觀覽。若實悖逆，亦不能壞法沽名。況皆屬子虛，何須置辨？而勤政遠佞，更足警省朕躬。今特明白宣諭王大臣，并洪亮吉原書，使内外諸臣知朕非拒諫飾非之主，實可與言之君。諸臣倖遇可與言之君而不與言，大失致君之道，負朕求治之苦心矣。仍各殫心竭思，隨時密奏。軍機大臣即傳諭伊犁將軍保寧，將洪亮吉釋放回籍。是日午刻，皇上硃筆親書諭旨，交軍機頒發中外。午後同雲密布，即得甘霖。御製《得雨敬述詩紀事》，《御製詩》注有納言克己，乃爲民請命之大端。本日親書諭旨，將去年違例上書發往新疆之編修洪亮吉立予釋回，宜諭中外，並將其原書裝潢成卷，常置座右，以作良規。正在頒發，是夜子時，甘霖大沛，連宵達晝。旋據報近郊入土三寸有餘，保定一帶亦皆深透。天鑒中誠，捷於呼吸，可感益可畏也。自闢新疆以來，漢員賜環之速，未有如亮吉者。亮吉遂歸，署其室曰更生，表不殺恩。十四年，卒，年六十四。

亮吉伉爽有志節，自稱性褊急不能容物，好古人偏奇之行，每惡胡廣中庸，不悅孔光、張禹之爲人。生平好學，不以所遇榮枯釋卷帙，嘗舉荀子語爲人戒有暇日。故其學於經、史、注、疏、《説文》、地理，靡不參稽鈎貫，窮日著書，老而不倦。少好《春秋左氏傳》，覺杜注望文生義，不遵古訓者十居五六，於是冥心搜録，以他經證此經，以別傳校此傳，寒暑不輟者十年。遵《漢藝文志》例，分經爲四卷，傳爲十六卷。訓詁則以賈、許、鄭、服爲主，以三家固專門，許則親問業於賈者也。掇及《通俗》文者，服子慎之所注與李虔所續者截然而兩，徐堅《初學記》等所引可證也。地理則以班固、應劭、京相璠、司馬彪等爲主，補晉以前輿地圖經可信者，亦酌取焉。又舊經多古字古音，半亡於杜氏，而俗字之無從鈎校者又半出此書。因一一依本經與二傳，暨漢、唐《石經》，陸氏《釋文》與先儒之説信而可徵者，逐件校正，疑者闕之，成《春秋左傳詁》二十卷。其他所著有《公羊穀梁古義》二卷、《六書轉注録》八卷、《漢魏音》四卷、《比雅》十二卷、《弟子職箋釋》一卷、《傳經表》二卷、《通經表》二卷、《四史發伏》十二卷、《三國疆域志》二卷、《東晉疆域志》四卷、《十六國疆域志》十六卷、《西夏國志》十六卷、《乾隆府廳州縣圖志》五十卷、《曉讀書齋雜録》八卷、《卷施閣詩文》甲乙集三十二卷、《更生齋詩文甲乙集》十六卷、《詞》二卷，又有《外家紀聞》二卷、《伊犁日記》二卷、《天山客話》二卷、《北江詩話》六卷。

朱彬

《清史列傳》卷六九《儒林傳下二・朱彬》 朱彬，字武曹，江蘇寶應人。乾隆六十年舉人。彬幼有至行，年十一喪母，哀戚如成人。丁父憂，斂葬盡禮，三年疏食居外。時祖母劉尚存，寒暑飲食，盡心調護，一如其父在時。同懷兄早殤，與羣從昆弟友于甚篤。自少至老，好學不厭，承其鄉王懋竑經法。又與外兄劉台拱，高郵王念孫、引之父子，李惇，江都汪中，餘姚邵晉涵諸人互相切磋，每有所得，輒以書札往來，辨難必求其是而後已。於訓詁聲音文字之學，用力尤深。著有《經傳考證》八卷，又輯《禮記訓纂》四十九卷，取《爾雅》、《説文》、《玉篇》、《廣雅》諸書之故訓，虎觀諸儒之論議，鄭《志》弟子之問答，以及魏晉以降諸儒之訓釋，又刺取《北堂書鈔》、《通典》、《太平御覽》諸書之涉是書者，旁證國初及乾嘉間諸家之書，亦不下數十種，而一以注疏爲主，擷其精要，緯以古今諸説，其附以己意者，皆援據精確，足以薈衆説而持其平。他著有《游道堂詩文集》四卷。道光十四年，卒，年八十二。

郝懿行

《清史列傳》卷六九《儒林傳下二・郝懿行》 郝懿行，字恂九，山東棲霞人。嘉慶四年進士，授户部主事。二十五年，補江南司主事。道光三年，卒，年六十九。

懿行謙退，呐若不出口。然自守廉介，不輕與人晉接。遇非素知者，相對竟日無一語。迨談論經義，則喋喋忘倦。所居四壁蕭然，庭院蓬蒿常滿，僮僕不備，懿行處之晏如。浮沉郎署，視官之榮悴，若無與於己者，而一肆力於著述，漏下四鼓者四十年。所著有《爾雅義疏》十九卷、《春秋説略》十二卷、《春秋比》一卷、《山海經箋疏》十八卷、《易説》十二卷、《書説》二卷、《鄭氏禮記箋》四十九卷。懿行嘗曰：邵晉涵《爾雅正義》，蒐輯較廣，然聲音訓詁之原，尚多壅閡，故鮮發明。今余作《義疏》，於字借聲轉處，詞繁不殺，殆欲明其所以然。又曰：余田居多載，遇草木蟲魚有弗知者，必詢其名，詳察其形，考之古書，以徵其然否。今茲疏中，其異於舊説者，皆經目驗，非憑胸肊。此余書所以別乎邵氏也。懿行之於《爾雅》，用力最久，稿凡數易，垂歿而後成。訓故同異，名物疑似，必詳加辨論，疏通證明，故所造較晉涵爲深。高郵王念孫爲之點閲，寄儀徵阮元刊行。元總裁會試時，從經義中識拔懿行者也。其著《春秋説略》有十例：一曰説《春秋》不得褒貶天王，以明臣子之義；二曰説《春秋》不得妄生褒貶，《春秋》直書其事，褒貶自見；三曰説《春秋》者好於經所無處尋褒貶，《春秋》皆實録，其多一字，少一字，皆事實如此，非聖人意爲增減；四曰《春秋》多闕文，然以義推之，皆大略可見；五曰《春秋》經文當從《左氏》，《左氏》闕誤乃從《公》、《穀》；六曰《左氏》深於經，《公》、《穀》説經，字字求褒貶，《左氏》但敍本事，褒貶自見，得聖人渾厚之旨；七曰説《春秋》者好緣傳生義，不顧經文，説經當一以經爲主，范武子曰三傳殊説，擇善而從，此言可爲治經者法；八曰《春秋》刑書也，刑書之例，一成不移，故法必行而人知畏；九曰《春秋》聖人義理之書，本不待傳而明；十曰比事屬辭，《春秋》教也，事同相比，事異相比，辭同相屬，辭異相屬，其義自見。河間紀昀覩其書，以爲能剗盡千秋藤葛。其箋疏《山海經》援引各籍，正名辨物，事刊疏謬，辭取雅馴。阮元謂吴氏廣注，徵引雖博，失之蕪雜；畢沅校本，訂正文字，尚多疏略；惟懿行精而不鑿，博而不濫。

陳　澧

《清史列傳》卷六九《儒林傳下二・陳澧》　陳澧，字蘭甫，廣東番禺人。道光十二年舉人。河源縣訓導。澧九歲能爲詩文，及長，與同邑楊榮緒、南海桂文耀爲友。復問詩於張維屏，問經學於侯康。凡天文、地理、樂律、算術、古文、駢文、填詞、篆隸、真行書，無不研究。中年讀諸經注疏、子史，及朱子書，日有課程，遂輟作詩。初著《聲律通考》十卷，謂：《周禮》六律六同，皆文之以五聲，《禮記》五聲六律十二管，還相爲宫。今之俗樂，有七聲，而無十二律；有七調而無十二宫。有工尺字譜，而不知宫、商、角、徵、羽；懼古樂之遂絶，乃考古今聲律爲一書，自《周禮》三大祭之樂，爲千古疑義。今考唐時三大祭各用四調，而《周禮》乃可通，以此知古樂十二宫本有轉調；又據《隋書》及《舊五代史》而知梁武帝萬寶常皆有八十四調，宋姜夔謂八十四調出於蘇祗婆琵琶，近時凌廷堪《燕樂考原》遂沿其誤。至唐宋俗樂，凌氏已披尋門徑，然二十八調之四韻，實爲宫、商、角、羽，其四韻之第一聲皆名爲黄鍾。凌氏於此未明，其説亦多不合。且宋人以工尺配律吕，今人以工尺代宫商。此今人失宋人之法，律吕由是而亡。凌氏乃以今人之法駁宋人，尤不可不辨。若夫古今樂聲高下，則有《隋志》所載歷代律尺，皆以晉前尺爲比，而晉前尺則有王厚之《鐘鼎款識》傳刻尚存，今依尺以製管，隋以前樂律皆可考見。《宋史》載王朴律準尺，亦以晉前尺爲比，又可以晉前尺求王朴樂，求唐、宋、遼、金、元、明樂，高下異同，史籍具在，可排比句稽而盡得之。至於晉泰始之笛，可仿而造；唐開元之譜，可按而歌；古器古音，千載未泯。又《切韻考》六卷、《外篇》三卷，謂：孫叔然、陸法言之學存於《廣韻》，宜明其法而不惑於沙門之説。又《漢志水道圖説》七卷，謂地理之學，當自水道始。知漢水道，則可考漢郡縣。湘鄉曾國藩見《聲律》、《水道》二書，服其精博。南海鄒伯奇亦謂所考切韻，超越前人。

其於漢學、宋學，能會其通。謂：漢儒言義理，無異於宋儒；宋儒輕蔑漢儒者，非也。近儒尊漢儒，而不講義理，亦非也。著《漢儒通義》七卷。晚年尋求大義及經學源流正變得失所在而論贊之，外及九流諸子、兩漢以後學術，爲《東塾讀書記》。謂《孝經》爲道之根源，六藝之總會；謂《論語》爲五經之錧鎋；謂《中庸》肫肫其仁，此語最善形容，可據以增成朱注愛之理、心之德之説，愛是肫懇，心德亦是肫懇。《論語》言仁者五十八章，以愛與心德解之，而稍覺未密合者，以肫懇之意增成之，則無不合。謂《孟子》所謂性善者，人人之性皆有善，荀、楊輩所未知，程朱謂論性不論氣不備，然孟子言性非不兼氣，質性中有仁、義、禮、智者，乃所謂善，本無不圓備之病。其論治經之法，謂説《詩》者解釋辨駁，然不可無紬繹詞意之功。謂讀《禮》者既明禮文，尤明禮意，而禮意則鄭注最精，謂鄭氏諸經注有宗主，復有不同。中正無弊，勝於許氏異義，何氏墨守之學。時惠棟、張惠言、孔廣森、劉逢禄之書，盛行於世。灃謂《虞氏易注》多不可通，所言卦象，尤多纖巧。惠棟《易》學有存古之功，然當分别觀之。又謂《漢書・儒林傳》云費直以《彖象系辭》十篇文言，解説上下經，此千古治《易》之準的；謂《公羊》以叔術爲賢者，此《公羊》之謬，不宜墨守；謂何劭公注有穿鑿之病，謂孔廣森《通義序》云《春秋》重義不重事，以宋伯姬爲證，然若《公羊》不詳記此事，則伯姬死於火耳，何以見其賢？又謂《三傳》各有得失，知《三傳》之病，而後可以治《春秋》；知杜、何、范注，孔、徐、楊疏之病，而後可以治《三傳》；《三傳》注疏之病，動關聖人之褒貶，宜棄其所滯，擇善而從。其論漢以後諸儒，謂魏晉以後，天下大亂，聖人之道不絶，惟鄭學是賴。謂國朝考據之學，源出朱子，不可反詆朱子。嘗曰：吾之書但論學術，非無意於天下事也。以爲政治由於人才，人才由於學術。吾之意專明學術，幸而傳於天下，此其效在數十年後。故於《論語》之四科，《學記》之小成大成，《孟子》之取狂狷，惡鄉原，言之尤詳，則意之所在也。

其教人不自立説，嘗取顧炎武論學之語而申之，謂博學於文，當先習一藝，《韓詩外傳》曰好一則博，多好則雜也，非博也，讀經、史、子、集四部書，皆學也，而當以經爲主，尤當以行己有恥爲主。爲學海堂學長數十年，至老主講菊坡精舍，與諸生講論文藝，勉以篤行立品，成就甚衆。邵陽魏源著《海國圖志》初成，中有可議者，灃論辨之。後源至粤，見而大悦，遂與定交，並改其書。寶應劉寶楠著《論語正義》，未成而卒，命子恭冕成之，並言當就正於灃。恭冕後寄書至粤道意。光緒七年，粤督張樹聲、巡撫裕寬以南海朱次琦與灃皆耆年碩德，奏請褒異，奉旨朱次琦、陳灃均著加恩賞給五品卿銜。八年，卒，年七十三。卒後，門人請於大吏，祀其主菊坡精舍。所著《讀書記》已成十五卷，又稿本十卷，遺命名曰《東塾雜俎》。他著有《説文聲表》十七卷、《水經注提綱》四十卷、《水經注西南諸水考》三卷、《三統術詳説》三卷、《弧三角平視法》一卷、《琴律譜》一卷、《申范》一卷、《摹印述》一卷、《東塾集》六卷。

嚴可均

《清史列傳》卷六九《儒林傳下二・嚴可均》 嚴可均，字景文，浙江烏程人。嘉慶五年舉人，官建德縣教諭，引疾歸。

可均博文强識，精考據之學。與姚文田同治《説文》，徧索異同，爲《説文長編》，亦謂之《類考》，有天文算數地理類、草木鳥獸蟲魚類聲類、《説文》引羣書類、羣書引《説文》類，積四十五册。又輯鐘鼎拓本，爲《説文翼》十五篇。將校定《説文》，撰爲《疏異》，孫星衍促其成，乃撮舉大略，就毛氏汲古閣初印本，别爲《校義》三十卷，專正徐鉉之失。又與丁溶同治唐石經，著《校文》十卷。《自序》云：余弱冠治經，稍見宋槧本，既又念若漢、若魏、若唐、若孟蜀、若宋嘉祐、紹興，各立石經，今僅嘉祐四石、紹興八十七石，皆殘本，而唐太和石壁二百二十八石，巋然獨存，此天地間經本之最完最舊者。夫唐代四部之富，埒於梁隋，而鄭覃、唐元度輩皆通儒，頗見古本，苟能刊正積非，歸於真是，即方駕熹平不難，而僅止於是。今也古本皆亡，欲復舊觀，已難爲力，可慨也。然而後唐雕版，實依石經句讀鈔寫，歷宋、元、明轉刻轉誤，而石本幸存，縱不足與復古，以匡今謬有餘也。獨怪數百年來學士大夫，尠或過問者，間有一二好古之士，亦與冢碣寺碑同類而並道之。康熙初顧炎武始略校焉，觀其所作《九經誤字》、《金石文字記》，剌取寥寥，是非寡當；又誤信王堯惠之補字以誣石經，顧氏且然，況其他乎？嗚呼，石經者，古本之終，今本之祖，治經不及見古本，而並荒石經，匪直荒之，又交口誣之，豈經之幸哉？余不自揆，欲爲今版本正其誤，爲唐石經釋其非，爲顧氏等祛其惑，隨讀隨校，凡石經之磨改者、旁增者，與今本互異者，皆録出，輒據注疏釋文，旁稽史傳及漢唐人所徵引者，爲之左證，而右臺《孝經》附其後焉。

嘉慶十三年，詔開《全唐文》館，可均以越在草茅，無能爲役，慨然曰：唐之文盛矣哉！唐以前要當有總集。乃輯《全上古三代秦漢三國六朝文》，使與《全唐文》相接，多至三千餘家，人各系以小傳，足以考證史文，皆從蒐羅殘賸得之，覆檢羣書，一字一句，稍有異同，無不校訂，一手寫定，不假衆力。唐以前文咸萃於此焉。又校輯諸經逸注，及佚子書等數十種，合經、史、子、集爲《四録堂類集》千二百餘卷。又著有《鐵橋漫稿》十三卷。其《説文類考》稿佚，惟聲類二卷存。道光二十三年，卒，年八十二。

焦循

《清史列傳》卷六九《儒林傳下二·焦循》 焦循，字里堂，江蘇甘泉人。嘉慶六年舉人。曾祖源，祖鏡，父蔥，世傳《易》學。

循少穎異，八歲在阮賡堯家，與賓客辨壁上馮夷字，曰：此當如《楚辭》讀皮冰切，不當讀如縫。阮奇之，妻以女。既壯，雅尚經術，與阮元齊名。元督學山東、浙江，俱招循往遊。性至孝，丁父及嫡母謝艱，哀毀如禮。一應禮部試，後以生母殷病愈而神未健，不復北行。殷歿，循毀如初。服除，遂託足疾，不入城市者十餘年。葺其老屋，曰半九書塾，復構一樓，曰雕菰樓，有湖光山色之勝，讀書著述其中。嘗歎曰：家雖貧，幸蔬菜不乏。天之疾我福我也，吾老於此矣！嘉慶二十五年，卒，年五十八。

循博聞彊記，識力精卓，每遇一書，無論隱奧平衍，必究其源。以故經史、曆算、聲音、訓詁，無所不精。幼好《易》，父問小畜、密雲二語何以復見於小過，循反復其故不可得，既學洞淵九容之術，乃以數之比例求《易》之比例，漸能理解。著《通釋》二十卷，自謂所悟得者：一曰旁通，二曰相錯，三曰時行。旁通者，在本卦初與四易、二與五易、三與上易，本卦無可易，則旁通於他卦，亦初通於四、二通於五、三通於上，先二五後初四三上爲當位，不俟二五而初四三上先行爲失道，《易》之道惟在變通二五先行而上下應之，此變通不窮者也。或初四先行、三上先行，則上下不能應，然能變而通之，仍大中而上下應如乾四之坤初而成小畜，復失道矣。變通之小畜二之豫五，姤二之復五，復初不能應姤。初則能應小畜四，不能應豫四，則能應坎四之離，上成井豐，失道矣。變通之井二之噬嗑五，豐五之渙二，豐上不應，渙上則能應，井三不能應，噬嗑三則能應。此所謂時行也，比例之義，出於相錯，如睽二之五爲无妄，井二之噬嗑五亦爲无妄，故睽之噬膚，即噬嗑之噬膚。坎三之離上成豐，噬嗑上之三亦成豐，故豐之日昃，即離之日昃；豐之日中，即噬嗑之日中。漸上之歸妹三，歸妹成大壯漸成蹇，蹇大壯相錯成需，故歸妹以須，須即需也。歸妹四之漸初漸成家人，歸妹成臨，臨通遯，相錯爲謙履，故眇能視，跛能履。臨二之五，即履二之謙五之比例也。既復提其要，爲《圖略》八卷，又成《章句》十二卷，總名《易學三書》。

初，循以《易》學質王引之，引之以爲鑿破混沌。年四十七，病危，以書未成爲憾。後乃誓於先聖先師，盡屏他務，凡四易稿乃成。其學《易》時，隨筆記録，有《易餘籥録》二十卷，《易話》二卷，《註易日記》三卷，《易廣記》三卷。又以古之精通《易》理、深得義、文、周、孔之恉者，莫如孟子。生孟子後，深知其學者，莫如趙氏，僞疏踳駁，未能發明。著《孟子正義》三十卷，謂爲《孟子》作疏，其難有十。然近代通儒，已得八九，因博采諸家之説，而下以己意。合孔孟相傳之正恉，又著《六經補疏》，以説漢《易》者，每屏王弼，然弼解《箕子》，用趙賓説，讀彭爲旁，借雍爲甕，通孚爲浮，解斯爲廝，蓋以六書通借解經之法，未遠於馬鄭諸儒爲《周易王氏注補疏》二卷。以《尚書》僞孔傳説之善者，如《金縢》我之不辟，訓辟爲法，居東即東征，罪人即管蔡。《大誥》周公不自稱王而稱成王之命，皆非馬鄭所能及，爲《尚書孔氏傳補疏》二卷。以《詩》毛鄭義有異同，《正義》往往雜鄭於毛，比毛於鄭，爲《毛詩鄭氏箋補疏》五卷。以《左氏傳》稱君君無道稱臣臣之罪，杜預揚其辭而暢衍之，預爲司馬懿女壻，目見成濟之事，將以爲司馬飾，即用以爲己飾。萬斯大、惠士奇、顧棟高等未能摘姦而發覆，爲《左氏春秋傳杜氏集解補疏》五卷。謂禮以時爲大，訓詁名物亦所宜究，爲《禮記鄭氏注補疏》三卷。以《論語》一書，發明義、文、周公之恉，參伍錯綜，引申觸類，亦與《易》例同，爲《論語何氏集解補疏》三卷，合之爲二十卷。又録當世通儒説《尚書》者四十一家，書五十七部，仿衛湜《禮記》之例，以時之先後爲序，得四十卷，曰《書義叢鈔》。又著《禹貢鄭注釋》一卷、《毛詩地理釋》四卷、《毛詩鳥獸草木蟲魚釋》十一卷、《陸璣疏考證》一卷、《羣經宫室圖》二卷、《論語通釋》一卷。

循於天文算術，以梅文鼎《弧三角舉要》環中黍尺，撰非一時，繁複無次；戴震《句股割圜記》務爲簡要，變易舊名；著《釋弧》三卷。又以弧線之生，緣於諸輪，輪之弗明，法無從附，著《釋輪》二卷。又以雍正癸卯律書用橢圓法實測，隨時而差，則立法亦隨時而改，著《釋橢》一卷。又以《九章》不能盡加減乘除之用，而加減乘除可以通《九章》之窮，著《加減乘除釋》八卷。又得秦道古《數學大略》，因著《天元一釋》二卷，《開方通釋》一卷。吴縣李鋭序之云：此書於帶分寄母、同數相消之故，發揮無餘藴。李欒城，郭邢臺後爲此學者，未能如此妙也。他著有《北湖小志》六卷，《揚州足徵録》一卷，《邗記》六卷，《里堂道聽録》五十卷。最愛柳柳州文，習之不倦，謂唐宋以來一人而已。著有《雕菰樓文集》二十四卷，又《詞》三卷、《詩話》一卷。循壯年即名重海内，錢大昕、王鳴盛、程瑶田等皆推敬之。始入都，謁座主英和，和曰：吾知子之字曰里堂，江南老名士，屈久矣！殁後，阮元作傳，稱其學精深博大，名曰通儒，世謂不愧云。

劉逢禄

《清史列傳》卷六九《儒林傳下二・劉逢禄》　劉逢禄，字申受，江蘇武進人。祖綸，大學士，謚文定，自有傳。外祖莊存與、舅莊述祖，並以經術名世，逢禄盡傳其學。嘉慶十九年進士，改翰林院庶吉士，散館授禮部主事。二十五年，仁宗睿皇帝大事，逢禄搜集大禮創爲長編，自始事至奉安山陵，典章具備。道光四年，補儀制司主事。時河南學政請以尚書湯斌從祀文廟，議者以斌康熙中在上書房獲譴，乾隆中嘗奉駁難之。逢禄攬筆書曰：后夔典樂，猶有朱均，吕望陳書，難匡管蔡。尚書汪廷珍善而用之，遂奉俞旨。是年，越南貢使陳請爲其國王母請人蔘，得旨賞給，而諭旨有外夷貢道之語，其使臣欲請改爲外藩，部中以詔書難更易，逢禄草牒復之曰：《周官・職方》王畿之外，分九服，夷服去王國七千里，藩服九千里，是藩遠而夷近。《説文》羌、狄、蠻、貊字皆從物旁，惟夷從大從弓。考東方大人之國；夷俗仁，仁者壽，有東方不死之國，故孔子欲居之。且乾隆間奉上諭，申敕《四庫》館不得改書籍中夷字作彝裔，舜東夷之人，文王西夷之人。我朝六合一家，盡去漢唐以來拘忌嫌疑之陋，使者無得以此爲疑。越南使者遂無詞而退。逢禄在禮部十二年，恒以經義決疑事，爲衆所欽服，類如此。

其爲學務通大義，不專章句，由董生《春秋》闚六藝家法，由六藝求觀聖人之志。嘗謂：世之言經者，於先漢則古《詩》毛氏，後漢則今《易》虞氏，文辭稍爲完具。然毛公詳故訓而略微言，虞翻精象變而罕大義，求其知類通達，微顯闡幽者，則《公羊》在先漢有董仲舒氏、後漢有何劭公氏，子夏《喪服傳》有鄭康成氏而已。

先漢之學，務乎大體，故董生所傳非章句訓詁之學也；後漢條理精密，要以何劭公、鄭康成氏爲宗。然喪服於五禮特其一端，《春秋》文成數萬，其旨數千，天道浹，人事備，以之貫羣經，無往不得其原；以之斷史，可以決天下之疑；以之持身治世，則先王之道可復也。於是尋其條貫，正其統紀，爲《公羊春秋何氏釋例》三十篇；又析其凝滯，彊其守衛，爲《箋説》一卷、《答難》二卷；又推原穀梁氏、左氏之得失，爲《申何難鄭》四卷；又博徵諸史，刑禮之不中者，爲《議禮決獄》四卷；又推其意爲《論語述何》、《夏時經傳箋》、《中庸崇禮論》、《漢紀述例》各一卷，别有《緯略》二卷、《春秋賞罰格》一卷。愍時學者説《春秋》，皆襲宋儒直書其事、不煩褒貶之説，獨孔廣森爲《公羊通義》，能抉其蔽，然不能信三科九旨爲微言大義所在，乃著《春秋論》上下篇，以張聖權。

逢禄論《春秋左氏傳》據《太史公書》本名《左氏春秋》，若《晏子春秋》、《吕氏春秋》比。自王莽時國師劉歆增設條例，推衍事迹，彊以爲傳《春秋》，冀奪《公羊》博士，師法所當以《春秋》歸之《春秋》，《左氏》歸之《左氏》，而删其書法凡例及論斷之謬於大義，孤章斷句之依附經文者，庶以存《左氏》之本真，俾攻《左》者不得爲口實，更成《左氏春秋考證》二卷。知者謂與閻惠之辯《古文尚書》等。逢禄於《易》主虞氏，於《書》匡馬鄭，於《詩》初尚毛學，後好三家，有《易虞氏變動表》、《六爻發揮旁通表》、《卦象陰陽大義》、《虞氏易言補》各一卷，又爲《易象賦卦氣頌》，撮其旨要，《尚書今古文集解》三十卷、《書序述聞》一卷、《詩聲演》二十七卷，又以其餘力取《史記·天官書》及甘石《星經》爲之疏證，成書數卷。又著《説文衍聲記》以舉分韻之要，又仿《經典釋文》之例，存異文古訓，爲《五經考異》，已就兩經而未成。他著《石渠禮論》一卷、《詩文集》八卷。道光九年，卒，年五十六。弟子潘準、莊濱澍、趙振祚皆從學，《公羊》及《禮》有名。

俞正燮

《清史列傳》卷六九《儒林傳下二·俞正燮》 俞正燮，字理初，安徽黟縣人。讀書過目不忘。年二十餘，負其所業，北謁孫星衍於兗州。時星衍既爲伏生建立博士，復求左氏後裔。正燮因作《左丘明子孫姓氏論》、《左山攷》、《申雜難篇》，星衍多采其文，以折衆論，故其議論學術，與星衍恒相出入。道光元年舉人。十二年，館新城陳用光所，爲校顧氏《方輿紀要》。明年，儀徵阮元主會試，闈中經義策問，皆折衷羣言，如讀唐人《正義》、馬氏《通考》而汰其繁縟，會有驚其迂誕者，束之高閣。元後知之，嘗語人引以爲恨。正燮足跡半天下，得書卽讀，讀卽有所疏記，每一事爲一題，巨册數十，鱗比行篋中，積歲月證據周徧，斷以己意，一文遂立。其治經以漢儒爲宗，不纏牽於注疏，偶有所作，薈萃羣書，走筆立就。尤善言天象暨日官法，以爲泰西法極精，然豈三代、秦、漢人所豫解？以某時法衡某時象，是非犂然，則三代、秦、漢人不能委其過。又善言地輿説方域，以爲中外同軌不道險，今昔異履不詳憲，惟殊方遐國人所忽，必當察。乃至掌故之巨，名物之細，聲詁之雅，七緯三式，《釋》典《道》藏，《素靈》之册，景教之碑，諸儒撟舌方皇者，引稱首首如肉貫串，皆非恒量所測識。手成官私鉅書，如《欽定左傳讀本》、《續行水金鑑》之類，不自名者甚多。自名者有《癸巳類稿》、《癸巳存稿》、《説文部緯校補》、《海國紀聞》，而《類稿》爲最著。十九年，爲江蘇學政壽陽祁寯藻校寫三古、六朝文目，因聘掌教惜陰書舍，未逾年卒，年六十六。

王引之

《清史列傳》卷三四《大臣傳次編九·王引之》 王引之，江蘇高郵州人。祖安國，官吏部尚書，自有傳。引之，嘉慶四年一甲進士，授翰林院編修。六年，充貴州鄉試正考官。八年，大考一等，擢侍講。九年二月，駕幸翰林院，與諸臣倣柏梁體聯句，引之與焉。又以張説東壁圖書府五律分字賦之，引之分得竭字。禮成，賜《味餘書室全集》暨茶綺、箋硯等物。尋充《皇朝詞林典故》纂修官。三月，京察一等，六月，陞右春坊右庶子，充湖北鄉試正考官。九月，丁母憂。十一年，服闋，會《皇朝詞林典故》成，下部議敘。十二年五月，補原官。八月，提督河南學政。十三年五月，轉左庶子。十二月，陞翰林院侍講學士，十四年，轉侍讀學士。十五年，回京。十六年，充日講起居注官。十七年五月，遷通政使司副使。十二月，稽察右翼宗學。十八年八月，陞太僕寺卿。十月，陞大理寺卿。

十九年，提督山東學政，奏申嚴五童互結法，令先期識認，點名時挨次細認，頂冒之劉雲漢等因是敗露，治如律。硃批：以實心整飭士習，勖勵之！先是，河南滑縣教匪煽亂，山左多從逆者。上命學臣撰論説以化之，引之著《闡訓化愚論》、《見利思害説》進御，奉命刊布。二十一年十月，還京。十二月，擢都察院左副都御史。二十二年二月，充會試知貢舉。【略】

四年二月，禮部尚書汪廷珍奏題缺主事新例名實不符，請確查更正，下大學士、軍機大臣、吏部會議，引之疏言：題缺所以勵人才，選缺所以敍資格。乾隆九年定各部郎中、員外、主事題缺，揀選保題，行之四十年，毫無流弊。乃於四十七年，御史李翮創有請定額外人員敍補之奏，其意專爲損納人員敍補，易於得缺地步。彼時吏部遽行議准，摺内因有按其應得題選各缺，一體統較先後，挨次題補之語。先後挨次，應專指選缺而言。題缺本無挨次之例，不得含混牽入也。迨四十八年，吏部清書《則例》告成，忽於除授門内，增纂題補主事統較先後行走一條，因譌成誤，與揀選門内題缺本例相矛盾。其實乾隆九年所定，乃斟酌盡善之舊章；

四十八年所增，乃沿襲譌誤之文也。請如該尚書所奏。會大學士、軍機大臣以行之既久，一旦更改，事涉紛更，議乃寢。

黃爵滋

《清史列傳》卷四一《大臣傳續編六・黃爵滋》 黃爵滋，江西宜黃人。道光三年進士，改翰林院庶吉士。六年，散館，授編修。八年，充江南鄉試副考官。十二年三月，充會試同考官。閏九月，轉福建道監察御史。十月，稽察銀庫。十三年二月，以銀庫書役人數過多，偕御史扎克三奏：請裁併庫丁，親故子姪不得濫充額缺。八旗兵餉及各衙門支款繁多，均按劄付總數彈兑，由承領官分給，並嚴禁銀號影射，姦徒勾串之弊。下所司議行。七月，刑部議定金銀出洋，照私運米穀出洋例治罪。爵滋以內地有仿鑄洋銀之弊，奏請併禁出洋，洋銀百枚，照紋銀百兩科罪；其仿鑄洋銀者，照私鑄銅錢例科罪。下部議行。尋轉掌陝西道監察御史。【略】

十八年，疏請塞漏卮以培國本，略言：近年銀價遞增，度支漸絀。非耗銀於內地，實漏銀於外洋。蓋自鴉片流入中國，爲害日深。道光三年以前，每歲漏銀數百萬兩，其初不過紈袴子弟習爲浮靡，尚知斂戢。嗣後上自官紳，下至優伶，隨在吸食，置買煙具，爲市日中。故外洋來煙漸多，另有躉船載煙，不進虎門海口，停泊零丁洋中之老萬山、大嶼山等處附近，奸商勾通巡海兵弁，用扒龍、快蟹等船，運銀出洋，運煙入口。故自道光三年至十一年，歲漏銀一千七八百萬兩；十一年至十四年，歲漏銀二千餘萬兩；自十四年至今，漸漏至三千萬兩之多。此外福建、江浙、山東、天津各海口，合之亦數千萬兩。耗銀之多，由於販煙之盛；販煙之盛，由於吸煙之衆。今欲洋煙之不來，必先加重吸煙之罪。請嚴旨飭諭，予以一年期限，若一年後仍行吸食，是不奉法之亂民，即置之重刑，罪以死論。臣查余文儀《臺灣志》云：咬嵧吧本輕捷善鬭，紅毛人製鴉片誘食之，遂羸弱受制。其國竟爲所據。紅毛人有自食者，繫其人竿上，以礮擊之入海。故其國祗造煙，不食煙。又聞洋煙到廣，由孟買經安南邊境，初誘安南人食之。安南人覺其謀，立即示禁，凡食者死不赦。夫以外夷之力，尚能令行禁止，況我皇上雷霆之威，雖愚頑之沉溺既久，自足以發聵振聾。伏請飭各督撫嚴切曉諭，廣傳戒煙藥方，各府州縣清查保甲，豫先曉諭居民，一年後取具五家鄰右互結，仍有犯者，准令舉發，給予優獎。儻有容隱，照例治罪。其通都大邑，往來客商，責成各鋪店，儻敢容留，照窩藏匪類例治罪。現任文武大小各官，如逾限吸食，照常人加等。除本犯官治罪外，其子孫不准應試。地方官於定例一年後，有實心任事，拏獲多起者，照獲盜例，給予議敍。地方官署內官親、幕友、有丁，仍有吸食被獲者，除本犯治罪外，該本管官嚴加議處。各省滿、漢營兵每伍取結，照地方保甲辦理。其管轄失察之人，照地方官衙門辦理。庶軍民一體，上下肅清，向之吸食鴉片者，自當畏刑感格。如是則漏卮可塞，銀價不致再昂。然後講求理財之方，誠天下萬世臣民之福。奏入，上嘉之，命大學士、軍機大臣等議定章程，下各將軍督撫等奉行。

十九年二月，遷大理寺少卿。五月，陞通政使司通政使。六月，充江南鄉試正考官。九月，擢禮部右侍郎。十一月，以刑部審辦臨榆縣民姚恩睿呈控協領德凌阿一案，人證卷宗，屢提未到，命爵滋馳往山海關查辦；途次遵旨查訊豐潤縣知縣許瀚被參濫刑勒派各款，究出擅責武舉及生員違例充當鄉總，不行禁革，復倚法刑辱等情，奏請將許瀚下部嚴議。十二月，抵山海關，訊明姚恩睿案內犯供，請仍歸部審辦，俱允之。尋調刑部右侍郎。【略】

〔四月〕又以漳州、泉州府屬行使洋錢，或由外洋流入，或係內地私鑄，奏請令沿海地方官於商船進口時，嚴查夾帶；其私鑄者，照私鑄洋銀例治罪，並限一年赴官呈繳，官爲給價，所收洋錢送局鎔化。又查奏晉江等縣械鬬斃命情形，請嚴緝會首人犯，拆毀私設銃樓，並擬禁械鬬章程六條：一、選擇賢吏，力圖整頓；一、查拏兇犯，毋輕會營；一、遴舉鄉族各長，以重責成；一、嚴拏鬬匪，以絶根株；一、收繳火器，以息兇燄；一、整飭倫紀，以崇教化。又奏查明漳、泉盜匪，議定責成緝捕章程。均允行。

（清）毛祥麟《三略彙編》卷一《海疆記略上》 道光十八年，鴻臚寺卿黃爵滋上《請塞漏卮疏》。原注：全録原疏，未免太繁。此後有可摘者，應照此。大略以自鴉片入中國：皇上宵衣旰食，所以爲天下萬世計者至勤且切，而國用未充，民生罕裕，情勢積漸，一歲非一歲之比，其故何哉？考諸純皇帝之時，籌邊之費幾何？巡幸之需幾何？而上下充盈，號稱極富。嘉慶以來，猶徵豐裕。士夫之家以及巨商大賈，奢麋成習，較諸目前不啻霄壤，豈愈奢而愈豐，愈儉而愈嗇耶？竊見近來銀價遞增，每銀一兩可易制錢千六百餘文，似耗銀於内地，實漏銀於外夷。在昔仁宗睿皇帝知鴉片之必有害，以故誥戒諄諄，例有明禁。然當道光三年以前，粤海一關每歲漏銀不過數百萬兩，嗣後，上至官府，下至工商及雜色人等，隨在吸食，爲市日中，如盛京等處根本重地，亦已漸染成風。故自道光三年至十一年，粤省歲漏銀一千八百萬兩。自十一年至十四年，歲漏銀二千餘萬兩。自十四年至今，歲漸漏至三千餘萬兩之多。此外，福建、江南、山東、天津各海口每歲合計亦有數千萬兩。以中國有用之財，塡海外無窮之壑，易此害人之物，漸成病國之憂，日復一日，年復一年，伊於何底？夫耗銀之多，由於販煙之盛；販煙之盛，由於食煙之衆。夫無吸食，自無興販；無興販，自絶來源。計惟加重罪名，先將吸食者重治。臣請皇上嚴降諭旨，自今年某月某日起，至明年某月某日止，准給一年期限，通飭戒煙。若一年後仍然吸食，是不奉法之亂民也。置之重刑，無不平允。查舊例，吸食鴉片者枷杖，其不指出興販者杖一百，徒三年。乃卒不肯斷癮，甘犯明刑；或者斷癮之苦，甚於枷杖與徒耳。若罪以死論，則臨刑之慘急，必更苦於斷癮之苟延，甘死於家，必不甘死於市。且查余之儀《臺灣志》云：紅毛人以咬嚁吧輕捷善斗，製造鴉片誘食，俟其疲羸，卒爲所製。而紅毛人之犯此者，覺，即集衆繫諸竿頭，以炮飛擊入海。今暎咭唎等國只有造煙之人，無一食煙之人，犯則罪以死論。又聞夷船到廣，必經安南邊境，初亦誘之吸食。安南鏡其陰謀，即立嚴禁，凡食者死不赦。想見人情易溺，有非嚴刑不治者。今擬寬限一年，犯法之人未照新例用刑，十應戒其八九。此皇上止辟之大權，即好生之盛德。謹請諭飭各督撫嚴切曉諭，廣給藥方。定於一年後，取其五家鄰佑互結。倘有容隱，一經查出，本犯照新例處死外，互結人亦照例治罪，訐發者予奬。至如通都大邑，商客去留無定，應請責成店鋪，如敢容留，照窩藏匪類例治罪。如以奉法之員甘爲犯法之事，應照常人加等。除本犯官治罪外，其子弟不准考試。地方官如有實心任事，拿獲多起者，照獲盜例請恩議敘。其署内官親幕友家丁覺有吸食者，除本官治罪外，該管官亦加議處。各省滿漢營兵取結，照地方保甲辦理。其管轄失察人，照地方官衙門辦理。庶幾軍民一體，上下肅清，而漏卮可塞云云。

疏入，上是其奏，簡調湖廣總督林則徐爲兩廣總督，頒給欽差煙務關防，會同浙閩總督鄧廷禎，專查鴉片，務絶根株。

劉寶楠

（清）劉寶楠《論語正義·劉恭冕後叙》 班生有言：仲尼没而微言絶，七十子喪而大義乖。聖人之言，中正和易，而天下萬世莫易其理，故曰微言，非祇謂性與天道也。大義者，微言之義，七十子之所述者也。今其箸者，咸見《論語》。竊以先聖存時，諸賢親承指授，當已屬稿，或經先聖筆削，故言特精善。迨後追録言行，勒爲此編，作之者非一人，成之者非一時。先儒謂孔子没後，弟子始共撰述，未盡然也。曾子、子思、孟子、荀子皆有箸書，於先聖之道多所發明，而注家未之能及。至《八佾》、《鄉黨》二篇，多言禮樂制度。

漢人注者，惟康成最善言禮，又其就《魯論》，兼考《齊》、《古》而爲之注，知其所擇善矣。魏人《集解》，於鄭注多所删佚，而僞孔、王肅之説，反藉以存，此其失也。梁皇侃依《集解》爲疏，所載魏、晉諸儒講義，多涉清玄，於宫室、衣服諸禮闕而不言。宋邢昺又本皇氏，别爲之疏，依文衍義，益無足取。我朝崇尚實學，經術昌明，諸家説《論語》者彬彬可觀，而於疏義之作，尚未逮也。

先君子少受學於從叔端臨公，研精羣籍，繼而授館郡城，多識方聞綴學之士，時於毛氏《詩》、鄭氏《禮注》皆思有所述録。初箸《毛詩詳注》、《鄭氏釋經例》，後皆輟業。及道光戊子，先君子應省試，與儀徵劉先生文淇、江都梅先生植之、涇包先生慎言、丹徒柳先生興恩、句容陳丈立始爲約，各治一經，加以疏證。先君子發策得《論語》，自是屏棄他務，專精致思，依焦氏作《孟子正義》之法，先爲長編，得數十巨册，次乃薈萃而折衷之，不爲專己之學，亦不欲分漢、宋門户之見，凡以發揮聖道，證明典禮，期於實事求是而已。既而作宰畿輔，簿書繁瑣，精力亦少就衰，後所闕卷，畀恭冕，使續成之。恭冕承命惶悚，謹事編纂，及咸豐乙卯秋，將卒業，而先君子病足瘇，遂以不起，蓋知此書之將成而不及見矣。傷哉！

丙辰後，邑中時有兵警，恭冕兢兢慎持，懼有遺失，暇日亟將此稿重復審校，手自繕録，蓋又十年，及乙丑之秋而後寫定，述其義例，列於卷首。繼自今但求精校，或更得未見書讀之，冀少有裨益。是則先君子之所以爲學，而恭冕之所受於先君子者，不敢違也。世有鴻博碩儒，幸不吝言，補其罅漏，正其迷誤，跂予望之。

《清史列傳》卷六九《儒林傳下二・劉寶楠》　劉寶楠，字楚楨，江蘇寶應人。父履恂，字迪九。乾隆五十一年舉人，國子監典簿。著有《秋槎雜記》。

寶楠生五歲而孤，母氏喬教育之。始從從父台拱請業，以學行聞鄉里。爲諸生時，與儀徵劉文淇齊名，人稱揚州二劉。道光二十年進士，授直隸文安縣知縣。文安地窪下，隄堰不修，遇伏秋水盛漲，輒爲民害。寶楠周履隄防，詢知疾苦，爰檢舊册，依例督旗屯及民同修，而旗屯恆怙勢相觀望，寶楠執法不阿，功遂濟。嘗夜冒雨至大城助修固、獻等隄，堵塞演馬莊隄工决口。在縣三歲，皆獲有秋。再補元氏，會歲旱，縣西北境蝗，袤延二十餘里。寶楠禱東郊蜡祠，令郉保設廠購捕，蝗爭投阬井，或抱禾死，歲則大熟。咸豐元年，調三河，值東省兵過境，故事，兵車皆出里下。寶楠謂兵多差重，非民所堪，雇車應差，給以民價，民得不擾。在官十六年，衣冠樸素，如諸生時，勤於聽訟。官文安日，審結積案千四百餘事。每雞初鳴，燭入，啜食少許，興坐堂皇，隨鞫隨結，毋許吏胥攙言。凡涉親故族屬訟者，諭以睦婣，概令解釋。訟獄既簡，吏多去籍歸耕。曹舍晝閉，或賃與人，爲書畫肆，遠近翕然，著循良稱。咸豐五年，卒，年六十五。

寶楠於經，初治毛氏《詩》、鄭氏《禮》，後與劉文淇及江都梅植之、涇包慎言、丹徒柳興恩、句容陳立，約各治一經。寶楠發策得《論語》，病皇、邢疏蕪陋，乃蒐輯漢儒舊説，益以宋人長義，及近世諸家，仿焦循《孟子正義》例，先爲長編，次乃薈萃而折衷之，著《論語正義》二十四卷。其最有功經訓者，如謂有子言禮之用章，是發明《中庸》之説；夫子五十知天命，是知天生德於予之義；告子、游、子夏問孝，是言士之孝；乘桴浮海，是指今高麗地；興於詩、立於禮、成於樂，民可使由之，不可使知之，是夫子教門弟子之法；文王既没，文不在兹乎，是指所得之簡策；言樊遲從游於舞雩之下，問崇德修慝辨惑，是魯行雩祭、樊遲舉雩祭之詞；以問朋友切切偲偲、兄弟怡怡，是言朋友責善，兄弟不可責善；謂伯魚爲《周南》、《召南》，是謂伯魚受室後示以閨門之戒；四海困窮，是指洪水之災，堯舉舜敷治之。凡此皆先聖賢之旨，沉霾二千餘載，一旦始發其藴。至《八佾》、《鄉黨》二篇所説禮制，皆至詳確，因官事繁，未卒業，命子恭冕續成之。他著有《釋穀》四卷，於豆、麥、麻三種，多補正程氏《九穀考》之説；《漢石例》六卷，於碑志體例，考證詳博。《寶應圖經》六卷、《勝朝殉揚録》三卷、《文安隄工録》六卷。所爲文淵雅翔實，有《韞山樓詩文集》。

姚鼐

《清史列傳》卷七二《文苑傳三・姚鼐》　姚鼐，字姬傳，安徽桐城人。乾隆二十八年進士，改翰林院庶吉士，散館授兵部主事，轉禮部。三十三年，充山東鄉試副考官。三十五年，充湖南鄉試副考官。三十六年，充會試同考官。累遷至刑部郎中、記名御史。《四庫》館開，以大臣薦，爲纂修，年餘乞病歸。鼐少家貧，體羸多病而嗜學。時侍郎方苞以古文鳴當世，上接震川，同邑劉大櫆繼之。鼐世父範與大櫆友善，範嘗問鼐志，曰：義理、考證、文章，闕一不可。範乃以經學授鼐，而命鼐受古文法於大櫆。然鼐本所聞於家庭師友間者，益以自得，不盡用大櫆法也。所爲文高簡深古，尤近司馬遷、韓愈。其論文，根極於性命，而探原於經訓。至其淺深之際，有古人所未嘗言。鼐獨抉其微而發其藴。論者以爲辭邁於方氏，而理深於劉氏焉。

鼐爲學博集漢儒之長，而折衷於宋。嘗與人書云：秦漢以來，諸儒説經者，合與離，固非一途。程朱出，多得古人精深之旨，而其生平修己立德，又實足踐行其言，爲後世之所嚮慕，故元明皆以其學取士。自利祿之途開，爲其學者，以爲進趨富貴而已。其言有失奉而不敢稍違其得，亦不知所以爲得，斯固數百年來之陋習。今世學者，乃思一切矯之，專宗漢學，以攻駁程朱爲能，倡於一二專己好名之人，而相率而效者，遂大爲學術之害。夫漢人之爲言，非無有善於宋而當從者也，博聞强識以助宋君子所遺可也，以將跨越宋君子則不可也。又《送錢坫序》略云：孔子没而大道微，漢儒承秦滅學後，始立專門，各矜師授；久之通儒漸出，貫穿羣經，擇其長説，其敝也雜以讖緯，亂以怪僻猥碎，魏晉之間空虚之談興，以清言爲高，以章句爲塵垢。自是南北乖分，學術異尚，五百餘年。唐一天下，兼採衆長，定爲義疏，而所取或是或非，未有折衷。宋之時，真儒乃得聖人之旨，羣經略有定説。元明守之，著爲功令。明末至今，學者頗厭功令所載爲習聞，又惡陋儒不考古而蔽於近，於是專求古人名物制度，訓詁書數，以博爲量，以闚隙攻難爲功。甚者欲盡舍程朱而宗漢，枝之獵而去其根，細之蒐而遺其鉅，夫豈非蔽與？又曰：説經古今自有真是非，勿徇時人之好尚。如近年海内諸賢所持漢學，與明以來講章諸君何以大相過哉？夫漢儒之學，非不佳也，而今之爲漢學乃不佳，偏徇而不論理之是非，瑣碎而不識事之大小，嘵嘵聒聒，道聽塗説，正使人厭惡耳。且讀書者，欲有益於身心也。程子以記史書爲玩物喪志，若今之爲漢學者，以搜殘舉碎、人所少見者爲功，其爲玩物不彌甚耶？同時袁枚、紀昀頗詆宋儒，鼐嘗直斥其非。翁方綱向鼐乞言，鼐曰：諸君皆欲讀人間未見書，鼐則願讀人間所常見書耳。

生平虚懷善取，在揚州與吴定居最久，有所作以示定，定所不可，輒竄易至數四，必得當乃已。所編《古文辭類纂》，言文之體類十有三，而所以爲文者八：神理氣味，文之精也；格律聲色，文之粗也。學者於古人必始遇其粗，中遇其精，終則御其精而遺其粗。論者謂自明以來言古文者，莫詳於鼐，鼐與方苞、劉大櫆皆籍桐城，世稱之爲桐城派。詩從明七子入，而以融會唐宋之體爲宗旨。嘗倣王士禎《五七言古體詩選》爲《今體詩選》，人皆謂爲精當云。鼐色怡而氣清，接人極各藹，無貴賤皆樂與盡懽，而義所不可，則確乎不易其所守。世言品學兼備，推鼐無異詞。自告歸後，主講江南、紫陽、鍾山各書院者四十餘年，諄諄以誨迪後進爲事。嘉慶十五年，重赴鹿鳴宴，恩加四品銜。二十年，卒，年八十五。所著有《九經説》十九卷、《三傳補注》三卷、《老子章義》一卷、《莊子章義》十卷、《惜抱軒文集》十六卷、《文後集》十二卷、《詩集》十卷、《書録》四卷、《法帖題跋》一卷、《筆記》十卷。

章學誠

《清史列傳》卷七二《文苑傳三・章學誠》 章學誠，字實齋，浙江會稽人。乾隆四十三年進士，官國子監典籍。性耽墳籍，不甘爲章句之學。從山陰劉文蔚、童鈺遊，習聞蕺山、南雷之説，言明季黨禍緣起、奄寺亂政，及唐魯二王本末，往往出於正史之外。秀水鄭虎文稱其有良史才。自遊朱筠之門，筠藏書甚富，因得遍覽羣書，日與名流討論講貫。嘗與休寧戴震、江都汪中同客寧紹台道馮廷丞署，廷丞甚敬禮之。震論修志，謂悉心於地理沿革，則志事以竟；侈言文獻，非所急務。陽湖洪亮吉嘗撰輯《乾隆府廳州縣志》，其分部乃以布政司分隸廳州縣，學誠均著論相諍。所修和州、亳州、永清縣諸志，論者謂是非斟酌，非兼才學識之長者，不能作云。所自著有《文史通義》八卷、《校讎通義》三卷。其中倡言立論，多前人所未發。大抵推原官禮，而有得於向歆父子之傳，故於古今學術之原，輒能條别而得其宗旨。自謂卑論仲任，俯視子玄，未免過詡，然亦夾漈之伯仲也。又著有《實齋文集》。

魏　源

《清史列傳》卷六九《儒林傳下二・魏源》 魏源，字默深，湖南邵陽人。道光二年，順天舉人。試卷進呈，宣廟手批嘉賞，名籍甚。入貲爲內閣中書，改知州。二十四年，成進士，發江蘇以知州用，權東臺、興化縣事。二十九年，大水，河督將啓閘，源力争不能得，則躬赴制府擊鼓，總督陸建瀛聞報，立往勘，始得免啓。七州縣士民皆德之。未幾，補高郵州，坐驛遞遲誤，免。尋以緝獲梟匪功，副都御史袁甲三奏復其官。咸豐六年，卒，年六十三。

源經術湛深，讀書精博。初崇尚宋儒理學，後發明西漢人之誼，於《書》則專申《史記》、伏生《大傳》及《漢書》所載歐陽、夏侯、劉向遺說，以難馬、鄭，撰《書古微》十二卷；於《詩》則謂《毛詩》晚出，顧炎武、閻若璩、胡渭、戴震皆致疑於毛學，而尚知據三家古義，以證其源，因表章魯、韓墜緒，以匡傳箋，撰《詩古微》二十二卷；於《春秋》則謂《漢書·儒林傳》言董生與胡毋生同業治《春秋》，而何休注但依胡毋生條例，於董生無一言及。近日曲阜孔廣森、武進劉逢禄皆《公羊》專家，亦止爲何氏拾遺補缺，而董生之書未之詳焉。若謂董生疏通大義，不列經文，不足頡頏何氏，則其書三科九旨燦然大備，且宏通精淼，內聖而外王，蟠天際地，遠在胡毋生、何休章句之上，撰《董子春秋發微》七卷。他所著有《庸易通義》、《説文擬雅》、《兩漢經師今古文家法考》、《論語孟子類篇》、《孟子小記》、《小學古經》、《大學古本》、《孝經集傳》、《曾子章句》、《明代食兵二政録》、《老子本義》、《孫子集注》、《元史新編》，多未成，其例目見集中。

性兀傲，高自標樹。惟論古今成敗、國家利病、學術本末，反復辨論不少衰，四座皆屈。嘗謂禹分天下爲九州，外薄四海，咸建五長，而朔南所暨，説者謂北距大漠，不能越乎其外。至我朝而龍沙、雁海之國，萬潼億毳之民，獨峯駝無尾羊之部，奔走萬里，臣妾一家，因借觀史館祕閣官書，參以士大夫私家著述，故老傳聞，排比經緯，馳騁往復，成《聖武記》十四卷，統四十餘萬言。又喜談經濟，其論河務，謂宜改復北行故道。咸豐五年銅瓦廂之決，河復北流，由大清河入海，適與所論相合。又作《籌鹺篇》，上兩江總督陶澍，謂鹺政之要，不出化私爲官，而緝私不與焉。自古有緝場私之法，無緝鄰私之法。鄰私惟有減價敵之而已，非減價何以敵私？非輕本曷以敵減價？非裁費曷以輕本？非變法曷以裁費？迨陸建瀛當漢岸火災之後，始力主行之，晚遭夷變，謂籌夷事必知夷情，知夷情必知夷形，因據粵督林則徐所譯西夷之《四洲志》，及歷代史志、明以來島志、近日夷圖夷語，成《海國圖志》一百卷。番禺陳澧嘗歎以爲奇書，又謂其調客兵不如練土兵，及裁兵併糧，水師將弁用舵工、礮手出身諸條爲最善。惟《議攻篇》以夷攻夷之説，尚有可議。後源至粵聞其説大悦，因定交焉。其虛心受善如此。所自著有《古微堂文內集》三卷、《外集》七卷、《詩集》六卷，而賀長齡所著《皇朝經世文編》，亦源襄輯之力居多。

（清）董玉書《蕪城懷舊録》卷二《魏源》 邵陽魏源，字默深。嘉慶甲辰進士。官興化縣，遷高郵州。著有《海國圖志》、《聖武記》、《書古微內外編》。寓揚州鈔關門內倉巷，曰絜園，有古微堂、秋實軒、古藤書屋諸勝。龔定庵贈聯云：讀萬卷書，行萬里路；綜一代典，成一家言。秋實軒有梧桐數株，相傳唐時物。定庵至揚，輒下榻斯軒。定庵無鞾，假之默深，廓大浮於趾。客至談劇，定庵跳踞案頭，舞蹈甚樂。洎送客，鞾竟不知所之，偏覓不可得；瀕行撤臥具，迺於帳頂得之。後有稱斯軒為羽琌山民鞾飛處。

（清）羅汝懷《湖南文徵姓氏傳》卷四《魏源》 魏源，字默深，邵陽人。嘉慶十八年拔貢，兩中副榜。道光二年，舉順天鄉試第二。官內閣中書，武英殿行走。二十四年，捷禮闈以磨勘稾草模糊，停殿試。二十五年成進士，以知州分發江蘇，署東臺興化知縣，補授高郵知州兼署海州鹽運判，敘升同知直隸州知州，落職開復原官。卒年六十四，有《古微堂集》。録文五十篇。

龔自珍

《清史列傳》卷七三《文苑傳四·龔自珍》 龔自珍，字璱人，浙江仁和人。道光九年進士，授內閣中書，陞宗人府主事。十七年，改禮部。尋告歸，遂不復出。父麗正爲金壇段玉裁壻，能傳其學。嘉慶元年進士，官至江蘇蘇松太道。著有《國語韋昭注疏》。

自珍八歲得舊《登科録》讀之，即有志爲科名掌故之學。十二歲，段玉裁授以《説文》部目，即有志爲以經説字、以字説經之學。十四歲，考古今官制，即有志爲國朝官制損益之學。十六歲，讀《四庫提要》，即有志爲目録之學。十七歲，見石鼓，即有志爲金石之學。生平著作等身，出入於《九經》、《七緯》、諸子百家，自成一家言。道光十二年夏，大旱，詔求直言，大學士富俊訪之自珍，自珍陳當世急務八條。爲內閣中書時，上書大學士，乞到閣看本，充史館校對。上書總裁，論西北塞外部源流、山川形勢，訂《一統志》之疏漏，凡二千言。官禮部時，上書論四司政體，宜沿革者三千言。其官宗人府主事也，充《玉牒》館纂修官，則爲之草創其章程。

當是時，以奇才名天下者，一爲魏源，一爲自珍。嘗著《西域置行省議》、《東南罷番舶議》，時韙其言。尤精西北輿地之學，程同文修《會典》，以理藩院一門及青海、西藏各圖屬爲校理。自珍因擬撰《蒙古圖志》，以同文歿，不果，成《蒙古字類表》、《册降表》、《氏族表》。所爲文獨造深峻，論者謂桐城之文如泰山主峰，不可褻視；自珍文如徂徠、新甫，相與揖讓俛仰於百里之間，不自屈抑，蓋一代文字之雄云。著有《尚書序大義》一卷、《泰誓答問》一卷、《尚書馬氏家法》一卷、《左氏春秋服杜補義》一卷、《左氏決疣》一卷、《春秋決事比》一卷、《西漢君臣偁春秋之義》一卷、《典客道古録》一卷、《奉常道古録》一卷、《羽琌山金石墨本記》五卷、《羽琌山典寳記》二卷、《鏡苑》一卷、《瓦韻》一卷、《漢官拾遺》一卷、《泉文記》一卷、《布衣傳》一卷、《文集》三卷、《續集》四卷、《文集補》二卷、《補編》四卷。道光二十二年，卒，年五十。

馮桂芬

《清史列傳》卷七三《文苑傳四·馮桂芬》 馮桂芬，字林一，江蘇吴縣人。道光二十年一甲二名進士，授翰林院編修。二十三年，充順天鄉試同考官。二十四年，充廣西鄉試正考官。桂芬性穎異，讀書目數行下。講求經濟，與陳慶鏞、姚瑩、趙振祚、曹懋堅、張穆等相切劘。文宗御極，詔中外大臣各舉賢才，大學士潘世恩以林則徐、姚瑩、邵懿辰與桂芬同薦。尋以憂歸。總督陸建瀛聘修《鹽法志》。**【略】**

嘗著《校邠廬抗議》四十篇，於經國大計，指陳剴切。先是，吴中困重賦，有破家者，桂芬母每謂之曰：汝他日有言責，此第一事也。桂芬讀書，即留心漕務，民間苦累，纖悉周知。至是，力請於鴻章，具疏入告。得旨，蘇、松、太減三分之一，常、鎮減十分之一，民困以甦。同治三年，詔求賢才，安徽巡撫喬松年復薦桂芬，以病不果行。六年，以蘇、松、太三屬辦團及善後功，賞加四品卿銜。九年，鴻章奏桂芬平居，講學著書，巋然爲東南耆宿。嗣與商擬江蘇減賦章程，期於實惠及民。謀設上海廣方言館，務求博通西學，卓識宏議，足裨軍國而垂久遠。請破格優獎，賞給三品銜。

生平引掖後進，出於至誠，造就多知名士。説經宗漢儒，亦不廢宋。精小學以段玉裁《説文解字注》引用多誤，作《段注考正》十六卷。又善爲古文，探源《左》、《國》下及唐宋，四方丐傳志者，户外屨常滿。於疇人家言，研究尤深。著有《弧矢算術細草圖解》及《西算新法直解》，校定李氏《恆星圖》，測定咸豐紀元中星表。嘗手製定向尺及反羅經，用以步田繪圖，法爲捷合。適官中用部頒五尺弓，田多溢額。因徧查《會典》及《皇朝文獻通考》、《户、工部則例》，知乾隆年間議丈舊田用舊行六尺步弓，惟新漲沙田用新頒五尺步弓，乃援案呈請奏准。鄉里至今德之。廷臣議治黄河，欲輓使南流，一復道光時淮徐故道，詔李鴻章妥議。桂芬上書痛陳南流之弊，鴻章用其説入告，事遂寢。

桂芬登第後，不十稔卽引疾歸。每春秋佳日，喜作山水遊，尤喜鄧尉，自號鄧尉山人。嘗於光福得元人徐良夫耕漁軒遺阯，湖光山色絶勝，於其地築屋數椽，供憑眺。十三年，卒於家，年六十六。他著有《兩淮鹽法志》、《蘇州府志》、《顯志堂集》。

（清）曹允源《蘇州文徵乙編姓氏小傳·馮桂芬》 馮桂芬，字林一，號景亭，吴縣人。道光二十年一甲二名進士，官至詹事府右春坊右中允。登第後服官不及十年，卽引疾歸。徜徉山水，著作等身。精《説文》，喜疇人家言，尤長於經世之學。少工駢體，後乃肆力古文。有《顯志堂集》十二卷。同治十三年卒，年六十六。

倭仁

李時燦等編《中州先哲傳》卷七《倭仁》 倭仁，字艮峰，烏齊格里氏，蒙古正紅旗人，河南駐防。少好宋儒程朱之學。道光九年進士，改翰林院庶吉士，散館授編修，累官大理寺卿。乾隆以來海内爲學競尚考據，尊其名曰漢學，而宋學幾息。倭仁官京師，與唐鑑、曾國藩、吴廷棟、竇垿、李棠階、何桂珍講明宋學，力求程朱之意，而躬行之，又刱吃糠會以勵志，朝士翕然宗之。文宗即位，應詔陳言，畧曰：行政莫先於用人，用人莫先於嚴辨君子小人。藏於心術者難知，發乎事跡者易見。大抵君子訥拙，小人佞巧；君子恬退，小人躁競；君子愛惜人才，小人排擠異類；君子圖遠大，以國家元氣爲先，小人計目前，以聚歛刻薄爲務。剛正不撓，無所阿嚮者，君子也；依違兩可，伺候人主喜怒，以相趨避者，小人也。諫諍匡弼，爲朝廷補闕拾遺者，君子也；遷就逢迎，導人主遂非長傲者，小人也。進憂危之議，悚動人君之敬心者，君子也；動言氣數，不畏天變，以滋長人君之逸志者，小人也。公私邪正，相反如此。皇上天亶聰明，勤學念典，孰賢孰否自難逃聖明洞鑒之中。第恐以一人之心思而揣摩者衆，一人之耳目而混淆者多。幾微莫辨，情僞滋紛，愛憎稍涉偏私，取舍必至失當。此知人則哲，惟帝其難，大禹所以致歎也。今欲求所以知人，豈有他術哉？本皇上好學之心，勤求不怠，使聖志益明，聖德益固而已。宋臣程顥云：古之人君，必有誦訓箴諫之臣，惟命老臣賢儒日親講論道義，以輔聖德。又擇天下賢俊，使得陪侍法從，朝夕延見，開陳善道，講摩治體，以廣聞聽。我朝康熙年閒，熊賜履上聖祖仁皇帝疏謂：《大學衍義》一書，爲萬世有天下者律令格例，伏願延訪真儒實體諸身，默會諸衷，以爲敷政出治之本。若夫近習左右，必端其選，綴衣虎賁亦擇其人。非聖之書屏而勿讀，無益之事戒而不爲。内而深宫燕處之閒，外而大庭廣衆之際，微而起居言動之恒，凡所以維持此身者，無備防；閑此心者，無弗周。則君志清明，君身强固矣。二臣所言皆人君修養身心之要，用人行政之原也。天下治亂繫宰相，君德成就責講筵。惟君德成就，而後輔弼得人，而後天下治。然則開講幄以贊宸修，致治要圖莫切於此。疏入上稱善。禮部侍郎曾國藩條陳用人三策，上復憶倭仁言，並手詔嘉焉。當是時，文宗鋭意圖治，頗疑學程朱者爲迂拘，欲試倭仁以吏事，加副都統銜，拜葉爾羌副大臣。大理寺少卿田雨公以倭仁用違其才，奏陳用人宜慎。上曰：葉爾羌副大臣，邊疆要任，欲倭仁歷諳練，並非投閒置散。若以爲用違其才，是外任皆爲左遷。而新疆换班者，尤爲擯斥，豈識國家文武兼資、内外並用之微意乎？咸豐三年，上敬陳治本疏曰：皇上踐阼以來，敬以飭躬，寬以御衆，求賢納諫，勤政愛民，聖德咸孚，固宜治臻美備矣，乃中外之玩愒如故，人才之委靡依然，寰宇望治之心，猶未能滿志者，何哉？或曰：積重難返也，輔弼乏人也，固也，而非本原之論也。志不期於遠大，政以苟且而自安；意不極於肫誠，事以虚浮而鮮效。則欲濟當今之極弊，而轉移一世之人心，亦在朝廷而已矣。臣請進一説，曰願皇上立必爲堯舜之志。夫志，始於思，辨於學，發端甚微，而爲效固甚鉅也。皇上端居淵默之時，深察默省，事事與唐虞互證，危微與，執中允與，知人哲、安民惠與，必有歉然不自足而皇上不自安者，由是因愧生奮、因奮生勵，必期如放勳重華而後已。此志既定，然後擇同心同德之臣，講求治道，切劘身心，由窮理修身以至於治平天下。此其機操之聖心而有餘，即推之四海而無不足。所謂志定而天下之治成也。承艱鉅之任，值多事之時，使非困心衡慮，以激發大有爲之氣，其何以宏濟艱難哉？志切有爲斯虚懷樂善，後世人君往往恥聞己過，臣下遂唯阿成風，吁咈都俞不可復覩。以唐太宗從諫如轉圜，猶積怒於魏徵，蓋克己之難也。舜命禹曰：予違汝弼，汝勿面從。夫舜豈尚有違道之舉，禹亦何至如讒諂面諛者流顧兢兢焉。惟恐有違且恐禹面從者，誠以人心至危修省宻故，惕厲深而求助於臣工者益切。於是禹以傲戒，益以怠荒戒，臯陶以逸欲戒，惟當寧樂聞直諫。故在廷咸進讜言，不然羣臣方緘口之不遑，亦孰肯以不入耳之言干雷霆之怒哉。伏讀高宗純皇帝諭旨：爾九卿中能責難於君者何人？陳善閉邪者何事？高宗之心即虞帝取人爲善之心也。皇上以法祖者、法堯舜，則智益大矣。理財爲今日急務，節用尤理財要圖。伏願皇上以身作則，力行儉約，爲天下先。申諭廷臣將一歲度支出入之數通盤籌畫，自宫府内外、大小衙門，凡可裁者，概行裁省。勿狃虚文、勿沿故套、勿避嫌怨、勿畏煩難，務量入以爲出，勿因出而經入。服色、器用既已明示限制，必須令行禁止，有犯必懲，使朝野臣民共曉。然於恐懼修省以實不以文之意，一人震動，恪恭於上，庶司百僚實力奉行於下，自足挽回風氣，移易人心。昔漢文帝身衣弋綈，後宫衣不曳地，遂至海内從風，人民富庶。我皇上秉堯舜之資，體堯舜之德，躬行節儉，天下有不率從者哉？至若人情嗜利，廉恥道虧，宜杜言利之門，奬潔清之士。以及學校不修，人材多廢，無人之患，甚於無財，尤宜講明正學，興賢育德，以備楨幹。此皆政教大端，所當及時修舉者。惟聖志斷以不疑，斯庶績可次第而理。疏入，上報曰：倭仁意在責難陳善，其言尚嘉。惟朕特授葉爾羌副大臣，原使其歷邊疆，俾資練習。今覽所奏，仍繫統論治道，並未及邊陲情形，豈忽近圖遠，轉以職守爲無關輕重耶？嗣後宜留心邊務，實力講求於任内應辦事宜，毋稍疏忽。如有地方要務，切實敷陳，朕亦可驗其學識，毋得徒託空言，致負委任也。粤寇陷武昌，候補道何桂珍疏言：時勢危難，請特用緩急可倚之人，以固人心，而維邦本。倭仁秉性忠貞，見理明決，處危疑而不懼，臨利害而不摇。生平言行，一一不負所學。若投以艱鉅，必能盡心竭力，死生以之。上不許。三年，辦理葉爾羌回部郡王阿奇木伯克愛瑪特攤派路費，及護衛索贓等情，不合降三級，召歸。上由是迂之，命直上書房，遷盛京禮部侍郎，補鑲白旗蒙古都統。終文宗世，未大用。穆宗之即位也幼，太后以倭仁舊臣，擢左都御史，遷工部尚書，命在弘德殿授上讀。以所輯帝王盛軌呈，賜名《啟心金鑑》，陳設弘德殿，以資講肄。晉協辦大學士，以河南官民日蹙狀入告，尋授文淵閣大學士，管理户部。同治二年，上釋服。倭仁上言曰：皇上沖齡御極，智慧漸開。當此釋服之初，吉禮舉行，聖心之敬肆於此分，風氣之轉移即於此始。則玩好之漸可慮也，游觀之漸可慮也，興作之漸可慮也。嗜好之端一開，不惟有以分誦讀之心，而海内之仰窺意旨者，且將從風而靡。安危治亂之機，其端甚微，而所關甚鉅，可無慎乎？方今軍務未平、生民塗炭、時艱蒿目、百孔千瘡，正君臣交儆之時，非上下恬熙之日也。伏願皇上恪遵慈訓。時時以憂勤惕勵爲心，事事以逸樂便安爲戒。屏玩好以節嗜欲，慎游觀以定心志，省興作以惜物力。凡内廷服御稍涉浮靡，概從減裁。雖向例所有，不妨量爲撙節。如是，則外物之紛華不接於耳目，詩書之啟迪益歛夫心思。則聖學日新，聖德日固，而去奢從儉之風，不令而自行矣。又請進日講疏曰：考古可以知今，慎終必先圖始。自來求治之君，或於便殿涉覽羣書，或於經筵講求古訓。本集思廣益之心，爲勤學好問之事，豈過爲是勞苦哉？蓋是非悉昭於千古，法戒即判於一心。心以有所慕而思奮，舍己乃可以從人；心以有所畏而知警，思艱乃可以圖易。古之人主所以郅治太平者，其道由此。去年秋間，皇太后特簡廷臣進講《通鑑》，至今未見舉行。論者以朝廷有此善舉，而諸臣不克贊其事，誠可惜也。或謂今日之務，宜求實際，不必沾沾於具文。不知具文與實際，不分於迹而分於心。心之不存，雖帝典王謨，皆可視爲具文，而無關體要；心之所屬，雖衢謳巷議，皆可資於實際，而爲益身心。况《通鑑》一書備詳治忽之由，足定從違之準，尤治天下者所急宜留意者也。伏願皇太后明降諭旨，諏日進講《通鑑》，再取四書五經切要之言，與《通鑑》互相發明，則裨益聖德，尤非淺鮮。八年，上大婚，倭仁以典禮宜儉，遂奏曰：近聞内務府每年費用逐漸加增，去歲借動部庫百餘萬兩。國家經費有常，宫廷之用多，則軍國之用少。况内府金錢皆閭閻膏血，任取求之便踵事增華。而小民徵比箠敲之苦，上不得而見也；咨嗟愁歎之聲，上不得而聞也。念及此，而痌瘝在抱，必有惻然難安者。况庫藏支絀，雲貴陝甘回氛猶熾。直隸、山東、河南、江浙等省，髮捻雖平，元氣未復。八旗兵餉折減，衣食不充，兼之他族逼處，尤須儲財以備不虞。此焦心勞思之時，非豐亨豫大之日也。大婚典禮繁重，應備之處甚多。恐邪佞小人欲圖中飽，必有以鋪張體面之説進者，所宜深察而嚴斥之也。六月，神武門内敬事房木庫災，詔恐懼修省。倭仁偕弘德殿行走徐桐、翁同龢，請修實政疏略曰：所謂恐懼修省者，非徒託諸空言，所貴見之實事。不知綸音布告，將姑爲是説飾一時之耳目耶？抑誠心感發，實欲見之躬行耶？躬行則力崇節儉，紛華靡麗，必捐也；辨色視朝，逸樂宴安，必戒也。從諫如流，改過不吝，忠言讜論，必樂聞也；召對臣工，旁咨博採，民情吏治，必周悉也。是之謂真恐懼，是之謂真修省。若惟是言焉而已，恐天心難格，而災變之來，未易弭也。人情履患難則懼，懼則敬心生；處安樂則怠，怠則肆心起。故善始者繁，克終者鮮。皇上御極之初，皇太后垂簾聽政，維時甫經變亂，兢兢業業，宵旰靡遺，薄海臣民莫不欣然望治。近年以來，精勤之意稍遜於前矣，是以天變數見，禁城以内屢有火災。此固天心仁愛，不憚殷勤示警，使之慎始而圖終也。伏望皇太后、皇上常思時事之艱難，無忘庚申之憂患。不以恐懼修省爲誥誡之虚文，而以恐懼修省行敬天之實政。庶災變可弭，祥和可致。奏入。上嘉納之。當是時，内亂初平，西國勢力東注，曾國藩、李鴻章皆欲取西法自效，倭仁意與之左，輒非其所爲。初設同文館，投考天文算學，由滿漢正途出身之五品以下京外各官考試録取，聘西士教之。倭仁諫曰：立國之道，尚禮義不尚權謀；根本之圖，在人心不在技藝。今求諸一藝之末，又奉夷人爲師，無論所學未必果精，即使教者誠教，學者誠學，其所成就不過術數之士，未聞有恃術數而能起衰振靡者也。自耶教盛行，無識愚民半爲所惑，所恃讀書明理之儒或可維持人心。今復舉聰明儁秀，國家所培養而儲以有用者，使之奉夷人爲師，恐所習未必能精，而讀書人已爲所惑。夫數爲六藝之一，本儒者所當知，非歧途可比。然天文算學爲益甚微，西人教習正途，所捐甚大。伏望宸衷獨斷，立罷前議，以維大局而彌隱患。事遂中寢。命總理各國事務衙門行走，辭之，上不允，固辭以疾，乃命以大學士入直弘德殿。曾國藩送學生留美，倭仁復阻之，然不送諸生舉貢亦卒如其議。十年，授文華殿大學士，尋卒。遺疏猶勸上盡孝勤學、屏聲色、遠佞倖。世以倭仁事君以道，而應變幹略非其所長云。謚曰文端。倭仁爲學言動無妄，而見過自訟，日録終身無間。其遺書多粹言格語，世多有，故弗論。子福咸，官江蘇鹽法道，咸豐十年死粵寇，贈太僕寺卿。福綸廣東同知，福裕理藩院郎中。

王　韜

《廣清碑傳集》卷一四王韜《弢園老民自傳》　老民姓王氏，素居蘇州城外長洲之甫里村，即唐陸天隨所隱處也。老民以道光八年十月四日生，初名利賓。十八歲以第一人縣學，督學使者爲秦中張筱坡侍郎，稱老民文有奇氣。旋易名瀚，字懶今。遭難後避粵，乃更名韜，字仲潛，一字子潛，自號天南遯叟。五十後又曰弢園老民。老民世系本出崑山王氏，有明時巨族也，族中多有位於朝。明末兵事起，吾家闔門殉國難。始祖必憲甫在垂髫，逸出存一綫。自此至晉侯、詒孫、載颺，居崑凡四世，並讀書習儒業，有聲庠序間。【略】老民幼時屢夢浮屠佛像，魂自能從泥丸宮出入，十餘歲後始止。自少性情曠逸，不樂仕進，尤不喜帖括，雖勉爲之，亦豪放不中繩墨。既孤，家益落。以衣食計，不得已橐筆滬上。時西人久通市我國，文士漸與往還。老民欲窺其象緯輿圖諸學，遂往適館授書焉。顧荏苒至一十有三年，則非其志也。滬上雖爲全吴盡境，而當南北要衝，四方冠蓋往來無虚日，名流碩彦接迹來游。老民俱與之修士相見禮，投縞贈紵無不以國士目之。中如姚梅伯、張嘯山、周弢甫、龔孝拱，其交尤密。西館中時則有海寧李壬叔、寶山蔣劍人、江寧管小異、華亭郭友松，並負才名，皆與老民爲莫逆交。惟是時事日艱，寇氛益迫，老民蒿目傷心，無可下手。每酒酣耳熱，抵掌雄談，往往聲震四壁。或慷慨激昂，泣數行下。不知者笑爲狂生，弗顧也。金陵既陷爲賊窟，而滬上亦以閩、粵會匪起，戕官據城。老民思出奇計以復之，卒不能。發憤抑鬱，患咯血疾幾殆。咸豐八年，徐君青中丞開府吴中，與老民固有文字之契。老民以和戎、防海、弭盗三大端進言，前後上書十數通，皆蒙優答。十年，金陵大營潰，賊竄吾吴，常、鎮、蘇、太同時俱陷，東南半壁至此糜爛，四郡村鄉亦蹂躪無完土。老民於是志益孤，心彌苦。方捧上官檄督辦諸鄉團練，老民知其貪詐畏怯，萬不可恃，屢上書當事，代畫方略。言過切直，當事外優異而内忌嫉之。顧所言頗見施行，能多見效。其最要者，以西人爲領隊官教授火器，名曰洋槍隊。後行之益廣，卒以此收復江南。然用其言而仍棄其人，並欲從而中傷之，此老民之所以扼腕太息，痛哭流涕，長往而不顧者也。惟時賊於蘇鄉遍設僞官，立董事，皆土著人，暴斂橫徵，僞卡林立。老民固素識諸董事，密相結納，説以反正。言曾帥善用兵，祇以方剿上游，未遑兼顧，今安慶已復，援軍旦夕必至，不可不自爲計。因激以忠義，勉以功名，令諸董事入賊中説頭目結内應，皆有成説，其黠者亦從而徘徊觀望。老民密縱反間，使賊黨互相猜貳，自翦羽翼，諸内應者多急欲見功，勢頗可乘。而當事者遽以通賊疑老民，禍且不測，聞者氣沮。老民急還滬上，猶思面爲折辨。顧久之事卒不解，不得已航海至粵，旅居香海。自此杜門削迹，一意治經。著有《毛詩集解》，專主毛氏。後見陳碩甫《毛氏傳》、胡墨莊《毛詩後箋》，遂廢不作。同治二、三年間，李宫保方次第克復吳中郡縣。老民代粵人某上書宮保，陳善後事宜，並言諏遠情、師長技、自致富强之術，頗蒙採納。六年冬，西儒理君雅各招往泰西左譯經籍，遂得遍游域外諸國，覽其山川之詭異，察其民俗之醇漓，識其國勢之盛衰，稔其兵力之强弱。道經法都，得瞻其宮室之壯麗，士女之便娟，廛市之駢闐，財物之殷阜，與英之倫敦並峙稱雄，同爲歐洲巨擘焉。既至英土，居蘇格蘭之西境，其地近北極，少燠而多寒，春夏之交徹夜有光。而山水清淑，巖壑秀美，游屐所至，殊足娱情適志。九年二月還粵。此三年中，老民以孤身往還數萬里。嘗登舵樓以眺望，決目極天，蕩胸無際。波濤消其壯志，風雨破其奇懷。未嘗不感愴身世，悲憫天人。擊碎唾壺，淚涔涔墮也。老民既還自泰西，當事頗有知其冤者。或貽書勸其出山，或欲托人招致幕下，老民俱謝不往。豐順丁公，一代偉人也，尤賞識老民，謂當今通達時務、熟稔外情莫若老民。爲之揄揚於南北諸大僚，於是諸大僚始稍稍知有老民者。嗚呼！此老民生平第一知己也。老民固極思感激馳驅以報知己，而憂患以來，精氣消亡，才華零腐。既不能上馬殺賊，下馬草檄，又不能雕琢文字，刻畫金石以稱頌功德，徒爲聖朝之棄物，盛世之廢民而已。辛未秋，普法戰事起，七閱月而後定。老民綜其前後事實，作《普法戰紀》。是書雖僅載兩國之事，而他國之合縱締交、情僞變幻，無不畢具。於是談泰西掌故者可以此爲鑒。惟倉卒秉筆，或患冗蕪，尚有待於異日之重輯，而老民自知其必傳於後無疑已。癸酉香海諸同人醵資設印局創行日報，延老民總司厥事，老民著述乃得次第排印。光緒五年乙卯，老民作東瀛之游，藉以養宿疴、滌煩慮。取道滬瀆，放棹金閶，得重見故鄉風景。闊别二十年矣，真覺城郭則是，人民則非，有丁令威化鶴歸來情况。及生而重閱滄桑，生還枌梓，固老民初念所未及料者也。既至日東，遍歷崎陽、神户、浪華、西京諸名勝。居江户者十旬，遍交其賢士大夫，一時執贄請受業者户外屨滿。壺觴之會，壇坫之開，無日無之。唱和諸作，頗有豪氣。中又爲日光山之游，遍覽諸瀑布，窮其幽邃。老民將歸，日之賢士大夫餞别於中村酒樓，星使、參贊以下至者百餘人，日人謂自開國數千年來所未有也。老民久居粵東，意鬱鬱不歡。恒思歸耕故鄉，卜居於莫釐、鄧尉之間，築三椽之屋，拓五畝之園，藏書數萬卷，買田一二頃，徜徉誦讀其中，優游卒歲，以没吾齒。顧是願卒未能遂。豈非天耶？嗚呼！老民雖流徙遐裔，僻處菰蘆，而睠懷家國，未嘗一日忘。嘗言此十數年中，時局一變，髮、捻、回、苗悉數蕩平。左帥用兵新疆，擴地數萬里，功震寰中，威行徼外，赫然見中興盛烈。然而泰西大小諸邦叩關互市，輒以兵力佐其商力。所至各埠，設官置戍，艨艟相望。每挾其所長，從而凌侮我。來必應，請必遂，一旦齟齬，環而伺我者數十國，腹心肘腋間遍布森列，幾於國不可爲國矣。嗟乎！此蓋誤於羈縻之説，而駕馭未得其宜也。近者日併琉球，俄據伊犁。我國家並持節往問，而時虞失和，勢且岌岌。老民外感於時勢之艱難，内憤於措施之顛倒，舊疾陡發。誠使祈死得死，亦復何憾？老民有弟曰利貞，字叔亨，一字諮卿，讀書未成名而卒，年僅二十有七。有姊曰媖，字伯芬，嫁吴村周氏，癸酉六月先老民而逝。老民妻楊氏夢蘅，名保艾，字台芳，娶僅四年没於滬。續妻林氏，名琳，字懷蘅，一字泠泠，經歷患難中，與老民同甘苦。老民無子，有女二：長曰婉，字苕仙，歸吴興茂才錢徵，早殞；次曰嫻，字樨仙，生不能言。嗚呼！老民既無子矣，而復奪其女，不解造物者所以待之抑何刻酷至斯哉？自始祖必憲至今二百四十餘年，七葉相承，五代單傳，僅得男子十有五人。老民以下有從侄三人，相繼夭没。於是自明以來，巍然碩果僅存，老民一人而已。天之所廢，誰能興之？天不獨厄老民，而或將並以毒王氏也，恐王氏一綫之延至老民而斬矣。噫嘻，不大可痛歟？尤可異者，曾王父娶於沙氏，大父娶於李氏，父娶於朱氏，其家並無後。老民弟娶於夏氏，髫齔俱亡。老民先娶於楊氏，危乎不絶如縷。繼娶於林氏，亦已不祀。祖姑嫁於汪，伯姑嫁於曹，宗祧並絶。老民族黨無存，密親蓋寡，側身天地，形影相弔，豈天之生是使獨歟？老民每一念及，未嘗不拔劍斫地，呵壁問天也。老民少承庭訓，自九歲迄成童，畢讀羣經，旁涉諸史雜説，無不賅貫，一生學業悉基於此。自後奔走四方，無暇潛心默識矣。父在未嘗盡一日養，奉母居滬上，扁舟道路，甘旨缺如。而母氏絶無不豫色，但勖以忠義節廉而已。老民母固知書識大體，四五歲時，字義都由母氏口授。夏夜納凉，率爲述古人節烈事。老民聽至艱苦處，輒哭失聲，因是八九歲即通説部。吴門既亂，母氏憂形夢寐。逮老民遘罹奇禍，母氏竟以憂隕其生。老民以此積慘終身，痛欲剜心，贖難靡軆。雖仍偷息人世，不可復爲人矣。老民於詩文無所師承，喜即爲之，下筆輒不能自休。生平未嘗屬稿，恒揮毫對客，滂沛千言，忌者或訾其出之太易。至於身遭譏謗，目擊亂離，懷古傷今，憂離吊逝，往往歌哭無端，悲愉易狀。天下傷心人，别有懷抱也。老民邇來潦倒頹唐，百事俱廢。去冬咯血，至今未愈，日在藥爐火邊作生活。深懼一旦溘然，平生著述必爲人拉雜摧燒。因先將《詩録》八卷檢付手民，其餘藏於行篋者尚多，不足供糊窗覆瓿。因病得閒，聊自料理，所著有《春秋左氏傳集釋》六十卷、《春秋朔閏考》三卷、《春秋日食辨正》一卷、《皇清經解札記》二十四卷、《瀛堧雜志》六卷、《臺事竊憤録》三卷、《普法戰紀》十四卷、《四溟補乘》三十六卷、《法志》八卷、《俄志》八卷、《美志》八卷、《西事》凡十六卷、《甕牖餘談》十二卷、《火器説略》三卷、《乘桴漫記》一卷、《扶桑游記》三卷、《海陬冶游録》七卷、《花國劇談》二卷、《老饕贅語》十六卷、《遁窟讕言》十二卷、《淞隱漫録》十六卷、《弢園文録》八卷、《弢園文録外編》十二卷、《蘅華館詩録》八卷、《弢園尺牘》十二卷、《弢園尺牘續鈔》四卷，都二十有六種。生而作傳，非古也。老民蓋懼没世無聞，特自叙梗概如此。

郭嵩燾

《湖南歷代鄉賢事略二編》中編《郭嵩燾》　公名嵩燾，字伯琛，號筠仙，晚更號玉池老人，築室曰養知書屋，學者又稱養知先生，湘陰人。少與曾文正公國藩、劉公蓉相友善，切劘以道義。於書靡不通究，雖蓬戶獨處，其意淵然，以天下爲量。尤自厲勤苦，質直好義，必忠必信，矢之終身，蓋其得於天性與自力於學者如此。由縣學生中式道光丁酉舉人，丁未成進士，改翰林院庶吉士，回籍丁父母憂。粤寇起，犯湖南，曾公以侍郎居憂，奉詔辦理團練，未出，公至其家，陳説大義，曾公感動，起視師。時苦餉絀，公爲親歷郡邑，勸捐濟饟，並請於巡撫，開鹽釐捐局，商定章程，大局遂振。賊圍江西省城，公率兵馳援，言於江忠烈公，以賊踞江路勢盛，官兵無船，宜製戰船備攻剿。江公韙之。公爲草奏，奉旨允行。後曾公以舟師破賊金陵，實公發其端也。

咸豐九年，隨科爾沁親王僧格林沁辦理天津海防。復奉命赴山東海口察辦税務。旋引疾歸。同治元年，授蘇松糧儲道，擢兩淮鹽運使，旋署廣東巡撫，五年解任。光緒元年，授福建按察使，尋命以侍郎候補，在總理各國事務衙門行走。充出使英法大臣，補兵部左侍郎，差旋抵滬，以病免。

公之官運使也，時庫儲垂罄，兵饟積懸，公具詳總督，請各營配鹽由運司掣驗。提督李世忠擁重兵行私鹽，莫敢問。公遣人緝獲入官，運政大暢，餉給庫充。粤盜艇多，師船與盗比爲商旅害，公别造兵艦，領以能將，破東江石龍盜村，遂收汰師船，次及西北省河，悉斂歸官，歲省饟十餘萬。裁釐卡以杜中飽，增入數十萬。别庫儲捐罰欵，不領於經費者，糧道司之，兩歲亦積二百餘萬。其辦理外交事件，一持公誠，屏氣矜，罔不歸於和劑，於必應辨難者，仍據理直争無假借，故外人咸敬服焉。自奉使還十三年，以光緒十七年六月卒於家，年七十四。

公廉介不苟得，任運使時，書吏白收數倍前相什例，可支匣費萬餘金。公曰：此偶然耳，即久任未必能如是，行事當令後人循守，今多取，後援爲例，迺階之厲也。不許。出使三年，取諸公者，惟薪水、屋租二事。律己厚而待人寬，嘗言：廉者君子以自責，不宜以責人；惠者君子以自盡，不宜以望於人。時以爲名言。歸後主講城南書院，兼闢思賢講舍曾公祠東，祀船山王子，與學者肄習其中。啓迪後進如不及，尤以扶植善類、奬拔孤寒爲己任，殁後多流涕者。生平撰著大半散佚，存者《禮記質疑》四十九卷、《大學質疑》一卷、《中庸質疑》二卷、《訂正朱子家禮》六卷、《養知書屋文集》二十八卷、《詩集》十五卷、《奏疏》十二卷、《讀書記》若干卷，已刊行。其未刊者，《周易釋例》四卷、《毛詩餘義》二卷、《綏邊徵實》二十四卷，官書若干卷，尺牘若干卷。

俞樾

（清）周慶雲《歷代兩浙詞人小傳》卷一一《俞樾》　樾，字蔭甫，後築曲園，即以爲字，德清人。道光三十年進士，官河南學政。文名甚著，喜治樸學，著述等身。少好填詞，中歲掔經，乃吐棄之兩《平議》，書成，息焉遊焉。復事倚聲，成《春在堂詞》三卷，其《自序》云：昔周草窗作《西湖十景詞》，楊守齋見之曰：語麗矣，如律未協何？遂相與訂正，閲數月而後定。然則填詞非難，協律爲難。當今之世有霞翁其人乎？姑録而待之。其虛懷可想見也。《春在堂集》。

《廣清碑傳集》卷一三章炳麟《俞先生傳》　俞先生諱樾，字蔭甫，浙江德清人也。清道光三十年成進士，改庶吉士。既授編修，提督河南學政，革職。既免官，年三十八，始讀高郵王氏書。自是説經依王氏律令。五歲，成《羣經平議》，以劉《述聞》，又規《雜志》作《諸子平議》，最後作《古書疑義舉例》。治羣經，不如《述聞》諦，《諸子》乃與《雜志》抗衡。及爲《古書疑義舉例》，輒察䚡理，疏紾比昔，牙角纔見，紬爲科條，五寸之榘，極巧以展，盡天下之方，視《經傳釋詞》益恢郭矣。先是，浙江治樸學者本之金鶚、沈濤，其他多凌雜漢宋。邵懿辰起，益誇嚴。先生教於詁經精舍，學者鄉方，始屯固不陵節。同縣戴望以丈人事先生。嘗受學長洲陳奐，後依宋翔鳳，引《公羊》致之《論語》。先生亦次何邵公《論語義》一卷。始先生廢，初見翔鳳，翔鳳言《説文》始一終亥，即《歸藏經》，先生不省。然治《春秋》頗右公羊氏，蓋得之翔鳳云。爲學無常師，左右採獲，深疾守家法違實録者。説經好改字，末年自敕爲《經説》十六卷，多與前異。章炳麟讀《左氏》昭十七年《傳》：其居火也久矣，其與不然乎？證以《論衡·變動篇》云：綝然之氣見，宋、衛、陳、鄭災。説曰：不然者，林然之誤，借林爲綝。先生曰：雖眗善，不可以訓。其審諦如此。治小學不摭商周彝器，曰：歐陽修作《集古録》，金石始萌芽，權略可采。其後多巫史詐豫爲之，韓非所謂番吾之迹，華山之基，可以辨形體。識通叚者，至秦漢碑銘則止。雅性不好聲色，既喪母、妻，終身不肴食，衣不過大布，進機不過茗菜，遇人豈弟，卧起有節，氣深深大董，形無苛妳，老而神志不衰，然不能忘名位。既博覽典籍，下至稗官歌謠，以筆札汎愛人，其文辭瑕適並見，雜流亦時時至門下，此其所短也。所著書，自《羣經平議》、《經説》而下，有《易説》、《易窮通變化論》、《周易互體徵》、《卦氣直日考》、《卦氣續考》、《書説》、《生霸死霸考》、《九族考》、《詩説》、《荀子詩説》、《詩名物證古》、《讀韓詩外傳》、《士昏禮對席圖》、《禮記鄭讀考》、《禮記異文箋》、《鄭康成駁正三禮考》、《玉佩考》、《左傳古本分年考》、《春秋歲星考》、《七十二侯考》、《論語鄭義考》、《何邵公論語義》、《續論語駢枝》、《兒笘録》、《讀漢碑》。自《諸子平議》而下，有《讀書餘録》、《讀山海經》、《讀吴越春秋》、《讀越絶書》、《孟子高氏學》、《讀文子》、《讀公孫龍子》、《讀鶡冠子》、《讀鹽鐵論》、《讀潛夫論》、《讀論衡》、《讀中論》、《讀抱朴子》、《讀文中子》、《讀楚辭》，如別録。其他筆語甚衆，然非其至也。年八十六，清光緒三十三年卒。

贊曰：浙江樸學晚至，則四明、金華之術茀之，昌自先生。賓附者有黄以周、孫詒讓。是時先漢師説已陵夷矣，浙猶彀張，不弛愈繕。不逮一世，新學蟆生，滅我聖文，槃而不蟬，非一隅之憂也。

薛福成

《清史稿》卷四四六《薛福成傳》　薛福成，字叔耘，江蘇無錫人。以副貢生參曾國藩戎幕，積勞至直隸州知州。光緒初元，下詔求言，福成上治平六策，又密議海防十事。時總税務司赫德喜言事，總署議授爲總海防司，福成上書力争，迺止。八年，朝鮮亂，張樹聲代李鴻章督畿輔，聞變，將牒總署奏請發兵。福成慮緩則蹈琉球覆轍，請速發軍艦東渡援之。亂定，以功遷道員。

十年，授寧紹台道。法蘭西敗盟，搆兵越南，詔緣海戒嚴。寧波故浙東要衝也，方是時，提督歐陽利見頓金雞山，楊岐珍頓招寶山，總兵錢玉興分守要隘。諸將故等夷，不相統攝。巡撫劉秉璋檄福成綜營務，調護諸將，築長牆，釘叢樁，造電綫，清間諜，絶嚮導與窺伺。其南洋援臺三艦爲法人追襲，駛入鎮海口，復令其合力守禦。謀甫定而寇氛逼矣，再至，再卻之，卒不得逞而去。十四年，除湖南按察使。

明年，改三品京堂，出使英法義比四國大臣，歷光禄、太常、大理寺卿，留使如故。未幾，坎巨提來乞師。坎故羈縻回部，自英滅克什米爾，遂爲所屬。近且築路貫其境，坎拒之，戰弗勝，迺求援，朝旨使福成詰其故。福成晤英外部沙力斯伯里，詗知其防俄心切，遂與訂定會立坎西，以釋嫌怨。因具選立本末以上，並陳英、俄互争帕米爾狀，請趣俄分界，冀英隱助。已而被命集議滇緬界綫、商務。先是曾紀澤使英，謀將南掌、撣人諸土司盡爲我屬，議未決而歸。至是福成繼之，始變前規，稍拓邊界，訂定條約二十款，語具《邦交志》。

福成任使事數年，恆惓惓於保商，疏請除舊禁，廣招徠。其争設南洋各島領事官，尤持正義，英人終亦從之。又以英、法教案牽涉既廣，條列治本治標機宜甚悉。其將歸也，復撮舉見聞上疏以陳，大恉謂宜厲人才，整戎備，濬利源，重使職，爲棄短集長之策。二十二年，歸，至上海病卒，優詔賜卹。卒後半載，而中英訂附款，致將福成收回各地割棄泰半，論者惜之。

福成好爲古文辭，演迆平易，曲盡事理，尤長於論事紀載。著有《庸庵文編》、《筆記》、《海外文編》、《出使英法義比日記》、《浙東籌防録》。

皮錫瑞

《廣清碑傳集》卷一六皮名舉《皮鹿門先生傳略》　公諱錫瑞，字鹿門，一字麓雲，姓皮氏，湖南善化人。顔其居曰師伏堂，學者因稱師伏先生。父鶴泉公名樹棠，同治壬戌舉人以儒術飾吏治，為浙江宣平知縣。公以清道光三十年庚戌十一月十四日生於善化城南里第，為鶴泉公長子。幼承庭訓，好學覃思。六齡就外傅，八歲能詩文。年十四應童子試，補善化縣學生員，越年食廪餼。年二十四舉同治癸酉科拔貢，翌年部試報罷。年三十三舉光緒壬午科順天鄉試，爾後三應禮部試，皆報罷。公既困於甲科，遂潛心講學箸書。光緒十六年主湖南桂陽州龍潭書院講席，後二年移主江西南昌經訓書院。江右故宗宋學，偏重性理，或流禪釋。公以西京微言大義教詔學者：説經當守家法，詞章必宗家數。一時高才雋秀咸集其門。先後七年，學風丕變。光緒初葉，四境多虞。公憫亂憂時，倡屯田固邊及救藩備圉諸議。甲午戰後，朝野倡言變法。公獨以為宜先清内亂，嚴懲賄賂，刻繩贓吏，實事求是。且必先改宋明陋習，不必皆從西俗。時湖南設時務學堂及湘報館，戊戌復創南學會於長沙。公被聘為學長，主講學派一科。開講之日，官紳士民集者三百餘人。公闡明學會宗旨，略謂：學非一端所能盡，亦非一説所能該。先在讀書窮理，務其大者遠者，將聖賢義藴瞭然於心中。古今事變，中外形勢，亦須講明切究，方為有體有用之學。學會開講計三月，公講演共十二次。所言皆貫穿漢宋，融合中西，聞者莫不動容。是年秋變法事敗，六君子殉難於京師，公有詩哭之。復以參與南學會為忌者誣奏，奉廷寄，革舉人，交地方官管束。公以布衣罹黨禁，杜門箸述，三年始得開復。庚子亂後，國内咸以興學育材為救國急務。光緒二十八年夏，公被聘創辦湖南善化小學堂。贛南、常德等地欲聘公為學堂總教，均辭不就。翌年，湖南設高等學堂及師範館，公任倫理經史講席，兼代高等學堂監督。時京師大學堂成立，經、史、文三科講座需人。張文厚三次電湘，請公北上，均以事辭。公留湘講學先後五年。歷任湖南高等、師範館、中路師範、長沙府中學堂講席，學務公所圖書課長及長沙定王台圖書館纂修，博學沈思，誨人不倦，三湘碩學咸出其門。公以經學名於時。光緒五年，年三十，乃始治經。研精覃思更三十年，箸書百卷，成一家言。光緒十三年始為《尚書大傳箋》後更名《尚書大傳疏證》，越十年始成。凡七卷，以丙申秋刊於南昌。公平生學問實萃此書，自序謂：殫精數年，易稿三次，既竭駑鈍，粗得端倪。原注引鄭，必析異同。輯本據陳，間加釐定。所載名物，亦詳引徵。冀以扶孔門之微言，具伏學之梗概。蓋公治《尚書》，服膺伏生，宗今文説。然嘗謂：解經當實事求是，不當黨同妒真。故其疏證於曲直離合之間頗有發明。公少壯所作多屬詩文，有《師伏堂駢文》及《師伏堂詩草》。中年主講江右，專治經學，嘗集所作經解為《經訓書院自課文》。既刊《尚書大傳疏證》，復成《古文尚書疏證辨正》、《九經淺説》、《古文尚書冤詞平議》、《孝經鄭注疏》、《鄭志疏證》、《今文尚書考證》及《聖證論補評》等書。戊戌以後，杜門箸述，成《尚書中候疏證》、《駁五經異義疏證》、《發墨守》、《箴膏肓》、《釋廢疾疏證》、《漢碑引經考》及《王制箋》等書。晚年講學湘垣，復撰《經學歷史》、《經學通論》二書，為經學課本，今日猶為初學治經者所必讀。公瘁精學術，體力早衰，以光緒三十四年戊申二月初四日卒於善化南城故宅，享年五十有九。公平生箸述刊印行世者，有《師伏堂叢書》及《皮氏八種》。其已刊今佚及未刊遺箸尚有多種，謹次為箸述總目，附録如後。至公師友交游、箸述先後、出處本末，具詳年譜。

嚴復

《清史稿》卷四八六《文苑傳三·嚴復》 嚴復，初名宗光，字又陵，一字幾道，侯官人。早慧，嗜爲文。閩督沈葆楨初創船政，招試英俊，儲海軍將才，得復文，奇之，用冠其曹，則年十四也。既卒業，從軍艦練習，周歷南洋、黃海。日本窺臺灣，葆楨奉命籌防，挈之東渡詗敵，勘測各海口。光緒二年，派赴英國海軍學校肄戰術及礮臺建築諸學，每試輒最。侍郎郭嵩燾使英，賞其才，時引與論析中西學術同異。學成歸，北洋大臣李鴻章方大治海軍，以復總學堂。二十四年，詔求人才，復被薦，召對稱旨。諭繕所擬萬言書以進，未及用，而政局猝變。越二年，避拳亂南歸。

是時人士漸傾向西人學說，復以爲自由、平等、權利諸說，由之未嘗無利，脱靡所折衷，則流蕩放佚，害且不可勝言，常於廣衆中陳之。復久以海軍積勞敍副將，盡棄去，入貲爲同知，累保道員。宣統元年，海軍部立，特授協都統，尋賜文科進士，充學部名詞館總纂。以碩學通儒徵爲資政院議員。三年，授海軍一等參謀官。復殫心著述，於學無所不窺，舉中外治術學理，靡不究極原委，抉其失得，證明而會通之。精歐西文字，所譯書以瓌辭達奧旨。

其《天演論自序》有曰：仲尼之於六藝也，《易》、《春秋》最嚴。司馬遷曰：《易》本隱而之顯，《春秋》推見至隱。此天下至精之言也。始吾以爲本隱之顯者，觀象繫辭，以定吉凶而已；推見至隱者，誅意褒貶而已。及觀西人名學，則見其格物致知之事，有内籀之術焉，有外籀之術焉。内籀云者，察其曲而知其全者也，執其微以會其通者也。外籀云者，援公理以斷衆事者也，設定數以逆未然者也。是固吾《易》、《春秋》之學也。遷所謂本隱之顯者外籀也，所謂推見至隱者内籀也，二者卽物窮理之要術也。夫西學之最爲切實，而執其例可以御蕃變者，名、數、質、力四者之學而已。而吾《易》則名、數以爲經，質、力以爲律，而合而名之曰易。大宇之内，質、力相推，非質無以見力，非力無以呈質。凡力皆乾也，凡質皆坤也。奈端動之例三，其一曰：靜者不自動，動者不自止，動路必直，速率必均。而《易》則曰：乾，其靜也專，其動也直。有斯賓塞爾者，以天演自然言化，其爲天演界説曰：翕以合質，闢以出力，始簡易而終雜糅。而《易》則曰：坤，其靜也翕，其動也闢。至於全力不增減之説，則有自强不息爲之先；凡動必復之説，則有消息之義居其始。而易不可見，乾坤或幾乎息之旨，尤與熱力平均、天地乃毁之言相發明也。大抵古書難讀，中國爲尤。二千年來，士徇利禄，守闕殘，無獨闢之慮，是以生今日者，乃轉於西學得識古之用焉。凡復所譯著，獨得精微皆類此。

世謂紓以中文溝通西文，復以西文溝通中文，並稱林嚴。辛酉秋，卒，年六十有九。著有《文集》及譯《天演論》、《原富》、《羣學肄言》、《穆勒名學》、《法意》、《羣己權界論》、《社會通詮》等。

《廣清碑傳集》卷一七陳寶琛《嚴君幾道墓志銘》 君諱復，初名宗光，字又陵，一字幾道，姓嚴氏，福建侯官人。曾祖諱煥然，嘉慶庚午舉人，松溪訓導。祖諱秉忠，本生祖諱秉符。考諱振先，始業儒，爲醫，以精詣仁心名州里。君自幼聰穎過人，師事同里黄宗彝，説經有家法，益撮舉宋元明學案講授，所詣日異。沈文肅初創船政，招試英少，儲海軍將才。得君文大喜，以冠其曹，年甫十四也。既卒業學堂，登艫練習，周歷南洋黄海。日本窺臺灣，隨文肅東渡，任伺察敵軍、測量各海口。光緒二年派赴英國海軍學校肄習戰術及礮臺建築諸學。是時日本亦始派人留學西洋，君每試皆最，同學歎服。郭侍郎嵩燾方使英時，引與析中西學同異，窮日夕弗休。比學成歸，則文肅已薨，李文忠聞其才，辟教授北洋水師學堂。君習覩朝野玩愒，而日本同學歸者皆用事，振厲圖强，遂剪琉球，則大戚。嘗語人：不三十年，藩屬且盡，輾我如老牸牛耳。聞者弗省。文忠亦患其激直，不之昵也，法越事裂，文忠爲德璀琳輩所詿，惶遽定約。甚言者摘發，疑忌及君，君亦憤而自疏。及文忠大治海軍，以君會辦學堂，不與機要，奉職而已。景廟恚於甲午之衄，詔求人才，君被薦。召對稱旨，諭繕萬言書以進。未及用而政局猝變。後二年拳匪禍作，君自是避地滬上者七年。初君以所學不見用，殫心著述，所譯書以瓌辭達奧旨，風行海內，海內學者稱爲侯官嚴先生。至是，人士漸漸傾向西人學說。君以爲自由、平等、權利諸説，由之未嘗無利，脱靡所折衷，則流蕩放失，害且不可勝言。常於廣衆中陳之。君既以海軍積勞敘副將矣，盡棄去，入貲爲同知，洊歷道員。宣統元年海軍部特授協都統，賜文科進士出身，充學部名詞館總纂。尋以碩學通儒徵爲資政院議員。三年授海軍一等參謀官。袁世凱與君雅故，其督直隸，招君不至以爲憾；及罷政歸，詆者蜂起，君抗言非之，則又感君。【略】君於學無所不窺，舉中外治術學理靡不究極原委，抉其失得，證明而會通之。六十年來治西學者無其匹也。所譯《天演論》、《原富》、《群學肄言》、《穆勒名學》、《法意》、《群己權界論》、《社會通詮》各書皆行於世。雜文散見，不自留副。存詩三百餘首。其爲學一主於誠，事無大小無所苟，雖小詩短札皆精美，爲世寶貴，而其戰術、建築諸學反爲文學掩矣。【略】

銘曰：旗山龍度歧江東，玉屏聳張靈所鍾。繹新籀古折以中，方言揚雲論譚充，千辟弗試干越鋒。昔夢登天悲回風，飛火怒扇銷金銅。鯨呿鼉跋陸變江，覞猶閱世君非矇。咽理歸此萬年宫，文章光氣長垂鴻。

《廣清碑傳集》卷一七李猷《嚴復傳》　嚴復，初名體乾，嗣改名宗光，字又陵，釋褐後又改名復，字幾道，福建侯官人。生於民國前五十九年即清咸豐三年十二月初十日。年十四入馬江船政學堂習海軍。時清廷鋭意新政，洪、楊之役以後，奮發圖治。清吏沈葆楨初創船政學堂於馬江，俊秀子弟羣集。監督為法人日意格，所習均應用科學。凡五年卒業，派登建威練習艦，遍赴南北洋。其後船政局自製五兵船成，遂改派登揚武艦，游弋黄海及日本各地。迨日本窺臺灣牡丹社，葆楨奉詔視師，因命復隨船詗察，勘量臺灣東部諸海口，月餘竣事。光緒三年四月，與劉步蟾、薩鎮冰等同期赴英，先後入樸茨茅斯學院、皇家海軍大學、格林威治學院，習高等算學、化學、航海學、海軍戰術、海軍公法及砲壘建築諸科。湖南郭嵩燾適持節英倫，與復語，大悦之，輒為延譽，卒業歸國，先任船政學堂教員。時李鴻章在北洋經營軍務，於天津設水師學堂，遂辟復為總教習。授學之餘，讀書自遣。尤愛英人斯賓塞所著之《社會學》，以為實兼東方思想，集《大學》、《中庸》之大成。因為移譯，題曰《羣學肄言》。復平日愛讀子部，至是始發憤治西籍羣哲之言，通於治世之道。常日好論議。或未為世所見重，遂多拂鬱。其後屢試不售，以積勞為道員，分發直隸。聞郭嵩燾殁，感歎知己。甲午中日釁起，鴻章知師未可用，頗慎重。而輔臣翁同龢等則主戰甚力。復知戰則危，輒曰：湘淮平亂，蓋以賊法平賊。無論不足以當西洋節制之師，即東洋得其緒餘已足欺我。中國今日之事，正坐平日學問之非與士大夫心術之壞。由今之道，無變今之俗，雖管、葛復生亦且無能為力。翁、張名士痛參合肥，即易帥亦未能了此事。後果如其言，賠款割地。為之痛心切齒，並亟欲以著述警惕世俗，作《論世變之亟》，刊布天津《直報》，使人民多習西洋治化，勿加汰棄。且為之詞曰：中國最重三綱，而西人道明平等。中國親親，而西尚賢。中國以孝治天下，而西人以公治天下。中國尊主，而西人隆民。中國貴一道而同風，西人喜黨居而州處。中國多忌諱，而西人衆議評。其於財政也，中國重節流，而西人重開源；中國追淳樸，而西人求歡虞。其接物也，中國美謙屈，而西人務發舒；中國尚節文，而西人樂簡易。其於為學也，中國誇多識，而西人尊新知。其於禍災也，中國委天數，而西人恃人力。其説雖未必即能別中西之淄澠，然在攘夷之説甚囂塵上之際盡情宣洩以警末俗，亦有足多者矣。又撰《原强》，介紹達爾文《物種探原》及斯賓塞《羣學》兩名著，詔人欲治《羣學》，當先自名數力質之學始，俾民力、民智、民德三者俱强，以優民生，以振國威，教化政法，胥出於是。並為《亡決論》、《闢韓》，倡廢八股，貶韓昌黎《原道》。其大旨不外尊民以隆俗，尊今以叛古，開民智以反專制，一時學者翕然從之。其畢生譯事，則於光緒二十二年時譯赫胥黎之《天演論》，以老莊諸子之筆法意匠經營，並以信達雅三字為譯事之鵠的。蓋復採取原文精義，自為經緯，不為尋章摘句之事。惟後生淺學不易窺測，轉或病之，即其末流之弊，亦有與原義相疏落者。西學宿儒辜鴻銘則頗加詆娸，以為所譯未盡作者之長也。又其譯書好入先儒訓詁，桐城吳汝綸即馳書謂：執事若自撰一書，則可縱意馳騁。若以譯赫氏之書為名，則篇中所引古人古事皆以原書所稱西方者為當，不必改用中國人語以中事。中事固非赫氏所及知。法宜如晉宋名流所譯佛書，與中儒著述顯分體製，似為入式。此雖為小節，又已見之例言，究不若純用原書之為尤美。光緒二十三年夏，與錢塘夏曾佑創《國聞報》。復始譯英人亞丹斯密之《計學》。二十五年正月書成，原書名《國富性質與原因之研究》，謂為《計學》，繼又改名為《原富》。譯本既布，暢行南北，士氣為之一變，風尚以之轉移。而嫉之者則謂其坐而言，不能起而行。汝綸為之力辯。後汝綸晚年文章喜援據西方科學，即受復之影響。光緒二十四年秋，清廷特詔徵人才。以王錫蕃薦，召對稱旨，命上所擬萬言書，力言法弊不變之害：不幸為治之事，弊常伏於久安之中；謀國之難，患常起於所防之外。治標則事勢太逼，恐無救於危亡；治本則積疾未祛，亦無益於貧弱。是以未變法前，當宜急行者三：一聯各國之歡，一結百姓之心，一破把持之局。格於大臣，不得上。又譯穆勒之《自由論》且為敘例以彰之。是書後易名《群己權界論》。清光緒二十六年庚子兵禍作，復避地至上海，開名學會講學。七月聯軍陷京師，德宗西狩。唐才常等人於上海組織中國議會，推容閎及復為正副會長。閏八月，與上海救濟善會同仁陸樹德、陳季同、洪中及德醫貝爾滂等北行，援救避難官民五千五百餘人，脱重圍以出。歸滬，又譯穆勒所著《名學》，即近人所謂邏輯學也。自序謂：名義始於希臘，實為一切法之法，一切學之學。明其為體之尊，為用之廣。而後變希臘舊文，譯邏輯以名之。二十八年，張百熙為管學大臣，聘為編譯局總辦。吳汝綸時任京師大學堂總教習，與復時相過從。是年復譯孟德斯鳩《法意》，其所譯《群學肄言》亦告成。商諸林紓，紓方以譯西方説部馳譽海國，往復討論。又譯英人甄克斯之《社會通詮》，是書原名《政治史略》。繼又應熊元堮請，撰《英文漢詁》，有裨於英文文法之專修。光緒三十年辭局事歸滬，張燕謀以開平礦務局訟案約赴倫敦，在倫敦晤國父孫中山先生。復主以教育漸進於革新，未能盡符國父之意。國父曰：河清難俟，若為思想家，余為實行家也。翌歲歸國，於上海演講，《政治學刊》布其講章。時清廷有志新政，每遣學生游學外國，歸須應廷試。復被命佐唐紹儀為司考官，得陳錦濤、顏惠慶等三十一人。既又應學部尚書榮慶聘，為審定名辭館總纂，凡三年。宣統元年四月，派充憲政編查館二等諮議官、清理財政處諮議官及福建省顧問官。十二月賜文進士出身。二年八月資政院成立，以碩學通儒徵為資政院議員。十一月清廷設海軍部，詔授復為海軍協都統，並晉一等參謀官。

《民報》第貳號胡漢民《述侯官嚴氏最近政見》 侯官嚴氏，爲譯界泰斗，而學有本源，長於文章，斯真近世所許爲重言者也。顧其言，恆寧靜深遠，非淺夫所能識。而嚴氏亦云：吾書不爲若輩道。雖然彼淺夫者，自以爲得嚴氏之意，而踵譌傳謬，莫之與糾。則其譌謬所被，乃較原書有力十倍。此猶以爲不足重輕，而不爲之辯不可也。蓋近世言者，苟叛乎民族國民主義而立説，則皆脆薄易破。而爲之誣陷者，亦必不深。惟彼有所依據以爲重，異夫！鑿空杜撰，而聽者鄭重其所由來，曾不察其解釋之謬，貽害爲最大。如嚴氏《社會通詮》第十二章按語：淺人引爲排滿者譏，吾友精衛已辭而辯之，使吾民族知所以自處，其言偉矣。吾因精衛之辯，以求嚴氏之書，乃得嚴氏政見。其對於民族國民主義，實表同情，薄志弱行者懾於革新事業之難，託而自遁，非嚴氏本旨也。嚴氏恫乎專言宗法社會主義，而忘軍國主義者。將能保其種而不能自强，甚且有種存而國亡之禍。故論次猶太而及中國，其言云：今日黨派雖有新舊之殊，至於民族主義，則不謀皆合。今日言合羣，明日言排外，甚或言排滿，至於言軍國主義，期人人自立者，則幾無人焉。蓋民族主義，乃吾人種智所固有者，而無待於外鑠，特遇事而顯耳。雖然民族主義將遂足以强吾種乎？愚有以決其必不能者矣。其意欲使人人言軍國主義，以期自立，而未嘗以排滿者爲非，甚或排滿之云，乃對於合羣排外者，而著其程度之更烈。故曰甚非，形容不滿之意而甚之也。其曰未足以强吾種，即使更求足於軍國主義也。此與嚴氏序《羣學肄言》所謂搪撞號呼，率一世人與盲進爲破壞，顧破壞宜矣，而所建設者未必果合。則何如稍審重，而先咨於學之爲愈。既以破壞爲宜，而更與咨商其建設之合否，同一遠慮而已。盜入室而殺主人，主人之子，或尸而出，或儆備而後出，其追盜一也。雖甚苛論，不得以後之追者爲有忘仇之志。夫比事物之異同者，不以程度之差而謂爲性質之辨。嚴氏之所不同於時之革新論者，亦在程度之問題，而不在性質之問題。今概以爲歧視，則不善讀嚴氏書之過耳。雖然吾此之云，僅就嚴氏言爲文字之解釋，或者不察，將猶疑爲出於辨護嚴氏之意，而非篤論。則請與之述嚴氏之言之所爲發，與其學説之所本。蓋自明以來，言民族主義，鮮不與政治思想相混。此精衛之言，且言他日當著論詳辨之。而晚近之言民族主義者，又往往薄於政治思想者也。言排滿者不謀所以代興，言破壞者不深計乎建設，彼其心以爲舍排滿革命以外更無餘事。此則嚴氏所指以爲搪撞號呼盲進破壞，與所謂僅言民族不足自强，未嘗不中其失。而由嚴氏言之，若舉世之言民族、言破壞者，無以逾此，則亦有故。夫以滿清篡統二百餘年，凡所以壓制馴服異種之手段，已無微不至，肉食者鄙，甘中其餌。民族主義乃散在下，屢更斲喪，生不自聊。又或挾强力以詆誣之，則義益微隱。嚴氏所得見者，爲二三少年率爾操觚之作，暨畸人發憤一吐其怨毒之文而已。故曰嚴氏之言有所爲而發也。嚴氏之學，本於斯賓塞爾，斯賓塞爾以生學治羣學者也。生物之最大公例曰，與所遇之外緣爲體合，物自致於宜，其睽者不可以驟附而强爲。故曰任天演自然，又曰在無擾而持公道，繕羣者排除其害而群自昌，不悟群理而貪功，則助長之弊甚於不爲，此其要旨已見於嚴氏譯述各書。惟斯賓塞爾言政治學爲國家，有機體説之巨子，及其矯正以前學説流失之功，則嚴氏所未舉。按國家有機體説，實矯契約説之失。而斯賓塞爾之有機體説，又矯其他有機體説之失也。契約論之失，在以國家爲器械，重個人之自由，而輕國家之統一。有機體説反之，以國家爲一之生物。其生長進步，純自本體内力之擴充，非漫然累積於外，又其分子各具精神，而其全體則必統一而發達。此其主義使人重國家之觀念，然其中或主持太過，求其類似，而忘乎國家之本質。遂有以爲國家於社會之位置，猶腦之於生物者。日本小野塚平次郎辨之曰：是以惟國家爲能支配社會，外之無有意力者得存也，循之不已，必以政府代表國家。如其説將惟政府爲能善。（惟有心思意力者能善，今謂祇政府爲有意力，故必終於此説。）而欲有所施設，終不外於政府，其去真理遠矣。惟斯賓塞爾之説不至陷此缺點。其惡助長者之爲羣害也。於政府攻之尤力，蓋不循乎體合自然之序，則勿論其出於羣中之分子，或若其機關之一部，皆足以爲擾，而自窒其生機。斯賓塞爾既以分子分離發達之論爲不然，尤以政府萬能之言爲大謬。驟觀其言，若傾重個人自由，與盧梭等契約説之言相近，究其旨歸，則其深惡痛絶於政府之干涉者，非爲個人争其自由。乃既以之爲有機體，則此體之自然發達，爲不易之大例，而無如拂此公例而行者。每爲强有力之輩，而契約論之焰既熄，代之興者又矯枉而過直，故其言若有所倚著而非偏，抑所以救他説流弊而獨爲有機體説中最完之學説也。嚴氏之學，既一本斯賓塞爾，則凡世之急張躁進，不問民演之深淺而欲一變至道者，皆嚴氏所不取。而嚴氏又非温和者，或保守者也。嚴氏之意見，實無是種種之分别。其意以一羣之存在，猶生物之存在，必與其所遭值之境象宜，然後可競争以求勝。而所謂宜者，固非摭拾世之良法善政强附之之謂，故必滋養培殖俟其羣之自蒸，其於民智之開發三致意焉。自嚴氏書出，而物競天擇之理，釐然當於人心，而中國民氣爲之一變，即所謂言合羣言排外言排滿者，固爲風潮所激發者多。而嚴氏之功盖亦匪細。嚴氏乃懼其僅爲種族思想不足以求勝於競争劇烈之場也，故進以軍國主義而有《社會通詮》之譯。夫言軍國主義，非必與宗法主義相離。即今白種列强，其治化已踰越宗法主義時代，而入於軍國主義。然畛畦之不能化，觸處可覩者，固不能爲諱也。特其建以爲一羣倡者，或有所注重目的之孰爲主從，則有異焉耳。矧吾種尚有自他壓制之憂，内不能脱於異種人之軛，即外不能與異國人之捷足争，其理甚明。而以此羣進化必不可免之階。有他羣所已經者，則遂以爲亦可躐等而舍旃，此其意與以生物學治羣學之公例悖，嚴氏必不出也，爲中國民族計者。同時以民族主義而排滿人，即同時以軍國主義而期自立，非排滿不能自立，一義也。而非兼講軍國主義不足以排滿，即足以排滿而不能自立，種雖存，亦將爲猶太人之續。此又一義也。前義之顯豁，爲普通人所易解，而嚴氏則慮後一義之爲衆所忽視，故責勉之以其所不足觀，於民族主義爲吾人種智所固有云云。使其意有所黜，則如養生物者，驟拂其性而自以爲能改良也。有是理乎，太上因之，其次善導，使吾民而奄有民族、軍國二主義，則可以排滿，可以自立，可以破壞，可以建設。嚴氏希望，不外是矣。或者不學，不察於嚴氏之意，以其以搪撞盲進專爲國民之活働議也，而疑其護政府而非民族主義，是不知嚴氏所譯斯賓賽爾書。於政府之干涉縱出於善美之意，猶不免詬厲，則其爲野蠻專制政府之舉動，殆不足道。故專爲國民之活働言之。言各有當，學者能就嚴氏所根據者審之，可無疑義也。

惟於此有不能已於辨釋者，則以國家有機體説，不能盡無缺點，而施之於我國，亦容有不宜者也。近時學界譯述之政治學書，無有能與嚴譯比其價值者，而嚴氏所譯又悉爲有機體學説。其説之行，自有左右輿論之勢力。然以高美之學説，而行於幼稚之羣，則擇或不明，則將並載其瑕類以去，其精英反爲所掩没。夫有機體之云，不過以生物爲喻。而意有深於喻者，擬議之切，形爲定稱，故足破前乎此之分子説，而其缺點即在於擬議之過甚。蓋學說之發生，不可不觀其源流。凡一種新學說之主張，既求合於社會之現象，而對於舊學說之陷失，往往爲極端之反攻，即矯枉過直而亦有所不暇計也。【略】

嚴氏民族主義，至譯《法意》而益披露。嚴氏同是主義爲吾人種智所固有，特因事而顯耳。夫嚴氏則固吾民族國民之一分子，吾知民族主義，亦必日縈繞於其腦海。而涉書即是，無怪其然。吾乃今欲使世知嚴氏爲民族主義之一鉅子，而此主義可知爲感情之共同，亦理論之不可廢。【略】

要而言之，苟能讀中國之歷史，與知進化之理，則未有敢蔑視民族主義者。嚴氏雖以其學，不爲急激。然明於種類之大齊，屬詞此事，卓犖可見。彼奄然媚世者，終不得以相託也，惟以嚴氏之深識，足以鎔鑄一世。而懷寶自藏，不欲爲天下先，又世之僞稱嚴氏者，嚴氏亦姑聽之，疑爲明哲保身之一道。章太炎曰：處無望之世，炫其術畧，出則足以佐寇，反是欲與寇競，則羅網周密，進退跋疐，能事無所寫。夫一代政治，緣勢驅迫，有干涉及於學術者，居平國且然，况犬羊俶擾之世乎！嚴氏既不能與寇競，尚不忍於佐之，舍譯人之事業，殆無所施，猶懼其並此之不能，則有所委記，正不爲風槩貶損也。且人之所學，與其存心，有至不侔者。嚴氏既以所學重於世，世亦受嚴氏學說之影響。而自吾人觀之，皆足徵其鼓吹民族之精神，而鮮立於反對者之地位，則又何以測嚴氏之所懷乎？凡人俯仰斯世，有以自存，稱過其實，反以爲病，爲嚴氏者，或更有他說。然吾聞詘身以伸道，不聞曲學以阿世。但使誦嚴氏文者，知其爲最近言民族主義之一人，是亦足已，其他抑非所知矣。

譚嗣同

（清）梁啓超《飲冰室合集·專集》卷一《戊戌政變記·殉難六烈士傳》　譚君字復生，又號壯飛，湖南瀏陽縣人。少倜儻有大志，淹通羣籍，能文章，好任俠，善劍術。父繼洵，官湖北巡撫。幼喪母，爲父妾所虐，備極孤孽苦，故操心危，慮患深，而德慧術智日增長焉。弱冠從軍新疆，遊巡撫劉公錦棠幕府。劉大奇其才，將薦之於朝，會劉以養親去官，不果。自是十年，來往於直隸、新疆、甘肅、陝西、河南、湖南、湖北、江蘇、安徽、浙江、臺灣各省，察視風土，物色豪傑，然終以巡撫君拘謹，不許遠遊，未能盡其四方之志也。自甲午戰事後，益發憤提倡新學，首在瀏陽設一學會，集同志講求磨礪，實爲湖南全省新學之起點焉。時南海先生方倡強學會於北京及上海，天下志士，走集應和之。君乃自湖南溯江下上海，遊京師，將以謁先生，而先生適歸廣東，不獲見。余方在京師強學會任記纂之役，始與君相見，語以南海講學之宗旨，經世之條理，則感動大喜躍，自稱私淑弟子，自是學識更日益進。時和議初定，人人懷國恥，士氣稍振起，君則激昂慷慨，大聲疾呼，海內有志之士，覩其丰采，聞其言論，知其爲非常人矣。以父命就官爲候補知府，需次金陵者一年。閉戶養心讀書，冥探孔、佛之精奧，會通羣哲之心法，衍繹南海之宗旨，成《仁學》一書。又時時至上海與同志商量學術，討論天下事，未嘗與俗吏一相接。君常自謂作吏一年，無異入山。時陳公寶箴爲湖南巡撫，其子三立輔之，慨然以湖南開化爲己任。丁酉六月，黄君遵憲適拜湖南按察使之命。八月，徐君仁鑄又來督湘學，湖南紳士□□□□□□□等蹈厲奮發，提倡桑梓，志士漸集於湘楚。陳公父子與前任學政江君標，乃謀大集豪傑於湘南，并力經營，爲諸省之倡。於是聘余及□□□□□等爲學堂教習，召□□□歸練兵，而君亦爲陳公所敦促，即棄官歸，安置眷屬於其瀏陽之鄉，而獨留長沙，與羣志士辦新政。於是湖南倡辦之事，若內河小輪船也，商辦礦務也，湘粵鐵路也，時務學堂也，武備學堂也，保衛局也，南學會也，皆君所倡論擘畫者，而以南學會最爲盛業。設會之意，將合南部諸省志士，聯爲一氣，相與講愛國之理，求救亡之法，而先從湖南一省辦起，蓋實兼學會與地方議會之規模焉。地方有事，公議而行，此議會之意也；每七日大集衆而講學，演説萬國大勢及政學原理，此學會之意也。於時君實爲學長，任演説之事，每會集者千數百人，君慷慨論天下事，聞者無不感動，故湖南全省風氣大開，君之功居多。今年四月，定國是之詔既下，君以學士徐公致靖薦，被徵，適大病不能行，至七月乃扶病入覲，奏對稱旨，皇上超擢四品卿銜，軍機章京，與楊鋭、林旭、劉光第，同參預新政，時號爲軍機四卿。參預新政者，猶唐、宋之參知政事，實宰相之職也。皇上欲大用康先生，而上畏西后，不敢行其志。數月以來，皇上有所詢問，則令總理衙門傳旨；先生有所陳奏，則著之於所進呈書之中而已。自四卿入軍機，然後皇上與康先生之意始能少通，鋭意欲行大改革矣，而西后及賊臣忌益甚，未及十日，而變已起。初，君之始入京也，與言皇上無權、西后阻撓之事，君不之信。及七月二十七日，皇上欲開懋勤殿設顧問官，命君擬旨，先遣內侍持歷朝聖訓授君，傳上言謂康熙、乾隆、咸豐三朝，有開懋勤殿故事，令查出引入上諭中，蓋將以二十八日親往頤和園請命西后云。君退朝，乃告同人曰：今而知皇上之真無權矣。至二十八日，京朝人人咸知懋勤殿之事，以爲今日諭旨將下，而卒不下，於是益知西后與帝之不相容矣。二十九日，皇上召見楊鋭，遂賜衣帶詔，有朕位幾不保，命康與四卿及同志速設法籌救之詔。君與康先生捧詔慟哭，而皇上手無寸柄，無所爲計。時諸將之中，惟袁世凱久使朝鮮，講中外之故，力主變法，君密奏請皇上結以恩遇，冀緩急或可救助，詞極激切。八月初一日，上召見袁世凱，特賞侍郎，初二日復召見，初三日夕，君徑造袁所寓之法華寺，直詰袁曰：君謂皇上何如人也？袁曰：曠代之聖主也。君曰：天津閱兵之陰謀，君知之乎？袁曰：然固有所聞。君乃直出密詔示之曰：今日可以救我聖主者，惟在足下，足下欲救則救之。又以手自撫其頸曰：苟不欲救，請至頤和園首僕而殺僕，可以得富貴也。袁正色厲聲曰：君以袁某爲何如人哉！聖主乃吾輩所共事之主，僕與足下，同受非常之遇，救護之責，非獨足下，若有所教，僕固願聞也。君曰：榮禄密謀，全在天津閱兵之舉，足下及董聶三軍，皆受榮所節制，將挾兵力以行大事。雖然董聶不足道也，天下健者，惟有足下。若變起，足下以一軍敵彼二軍，保護聖主，復大權，清君側，肅宮廷，指揮若定，不世之業也。袁曰：若皇上於閱兵時疾馳入僕營，傳號令以誅奸賊，則僕必能從諸君子之後，竭死力以補救。君曰：榮禄遇足下素厚，足下何以待之？袁笑而不言，袁幕府某曰：榮賊並非推心待慰帥者，昔某公欲增慰帥兵，榮曰：漢人未可假大兵權。蓋向來不過籠絡耳。即如前年胡景桂參劾慰帥一事，胡乃榮之私人，榮遣其劾帥，而已查辦，昭雪之以市恩。既而胡即放甯夏知府，旋陞甯夏道，此乃榮賊心計險極巧極之處，慰帥豈不知之？君乃曰：榮禄固操、莽之才，絕世之雄，待之恐不易易。袁怒目視曰：若皇上在僕營，則誅榮禄如殺一狗耳。因相與言救上之條理甚詳，袁曰：今營中鎗彈火藥，皆在榮賊之手，而營哨各官，亦多屬舊人，事急矣，既定策，則僕須急歸營，更選將官，而設法備貯彈藥，則可也。乃丁甯而去。時八月初三夜漏三下矣。至初五日，袁復召見，聞亦奉有密詔云。至初六日，變遂發。時余方訪君寓，對坐榻上，有所擘畫，而抄捕南海館康先生所居也。之報忽至，旋聞垂簾之諭，君從容語余曰：昔欲救皇上，既無可救；今欲救先生，亦無可救，吾已無事可辦，惟待死期耳！雖然，天下事知其不可而爲之，足下試入日本使館謁伊藤氏，請致電上海領事而救先生焉。余是夕宿於日本使館，君竟日不出門以待捕者，捕者既不至，則於其明日入日本使館，與余相見，勸東遊，且攜所著書及詩文辭稿本數册，家書一篋託焉，曰：不有行者，無以圖將來；不有死者，無以酬聖主。今南海之生死未可卜，程嬰杵臼，月照西鄉，吾與足下分任之。遂相與一抱而別。初七、八、九三日，君復與俠士謀救皇上，事卒不成。初十日，遂被逮。被逮之前一日，日本志士數輩，苦勸君東遊，君不聽，再四强之，君曰：各國變法，無不從流血而成，今中國未聞有因變法而流血者，此國之所以不昌也。有之請自嗣同始。卒不去，故及於難。君既繫獄，題一詩於獄壁曰：望門投宿思張儉，忍死須臾待杜根，我自横刀向天笑，去留肝膽兩崑崙。蓋念南海也。以八月十三日斬於市，春秋三十有三。就義之日，觀者萬人，君慷慨神氣不少變。時軍機大臣剛毅監斬，君呼剛前曰：吾有一言。剛去不聽，乃從容就戮。嗚呼，烈矣！君資性絕特，於學無所不窺，而以日新爲宗旨，故無所沾滯，善能舍己從人，故其學日進，每十日不相見，則議論學識必有增長。少年曾爲考據、箋注、金石刻鏤、詩古文辭之學，亦好談中國古兵法，三十歲以後，悉棄去。究心泰西天文算術、格致政治、歷史之學，皆有心得。又究心教宗。當君之與余初相見也，極推崇耶氏兼愛之教，而不知有佛，不知有孔子。既而聞南海先生所發明《易》、《春秋》之義，窮大同太平之條理，體乾元統天之精意，則大服。又聞華嚴性海之説，而悟世界無量，現身無量，無人無我，無去無住，無垢無淨，舍救人外更無他事之理。聞相宗識浪之説，而悟衆生根器無量，故説法無量，種種差别，與圓性無礙之理，則益大服。自是豁然貫通，能匯萬法爲一，能衍一法爲萬，無所罣礙，而任事之勇猛亦益加。作官金陵之一年，日夜冥搜孔、佛之書。金陵有居士楊文會者，博覽教乘，熟於佛故，以流通經典爲己任。君時時與之游，因得徧窺三藏，所得日益精深。其學術宗旨，大端見於《仁學》一書，又散見於與友人論學書中。所著書《仁學》之外，尚有《寥天一閣文》二卷，《莽蒼蒼齋詩》二卷，《遠遺堂集外文》一卷，《劄記》一卷，《興算學議》一卷，已刻。《思緯吉凶臺短書》一卷，《壯飛樓治事》十篇，《秋雨年華館叢脞書》四卷，《劍經衍葛》一卷，《印録》一卷，並《仁學》皆藏於余處。又政論數十篇，見於《湘報》者，及與師友論學論事書數十篇，余將與君之石交□□□□□□□□等共搜輯之，爲《譚瀏陽遺集》若干卷。其《仁學》一書，先擇其稍平易者，附印《清議報》中，公諸世焉。君平生一無嗜好，持躬嚴整，面稜稜有秋肅之氣。無子女，妻李閏，爲中國女學會倡辦董事。

論曰：復生之行誼磊落，轟天撼地，人人共知，是以不論。論其所學，自唐、宋以後，呫畢小儒，徇其一孔之論，以謗佛毁法，固不足道。而震旦末法流行，百數年來，宗門之人，耽樂小乘，墮斷常見，龍象之才，罕有聞者，以爲佛法者清淨而已，寂滅而已。豈知大乘之法，悲智雙修，與孔子必仁且智之義，如兩爪之相印。惟智也故知，即世間即出世間，無所謂淨土，即人即我，無所謂衆生。世界之外無淨土，衆生之外無我，故惟有舍身以救衆生。佛説：我不入地獄，誰入地獄？孔子曰：吾非斯人之徒與，而誰與？天下有道，丘不與易。故即智即仁焉。既思救衆生矣，則必有救之之條理，故孔子治《春秋》，爲大同小康之制，千條萬緒，皆爲世界也，爲衆生也，舍此一大事，無他事也。華嚴之菩薩行也，所謂誓不成佛也，《春秋》三世之義，救過去之衆生，與救現在之衆生，救現在之衆生，與救將來之衆生，其法異而不異；救此土之衆生，與救彼土之衆生，其法異而不異；救全世界之衆生，與救一國之衆生，救一人之衆生，其法異而不異：此相宗之唯識也。因衆生根器各各不同，故説法不同，而實法無不同也。既無淨土矣，既無我矣，則無所希戀，無所罣礙，無所恐怖。夫淨土與我且不愛矣，復何有利害毁譽稱譏苦樂之可以動其心乎？故孔子言不憂不惑不懼，佛言大無畏，蓋即仁即智即勇焉。通乎此者，則游行自在，可以出生，可以入死，可以仁，可以救衆生。

康有爲

（清）梁啓超《飲冰室合集・專集》卷一《戊戌政變記・改革實情》 五月，康有爲復上書言變法之先後次第。蓋前書僅言其條理，未及下手之法也。是時守舊大臣已有妬嫉康之心，復阻格不爲代奏。于時，師傅翁同和兼直軍機，性行忠純，學問極博。至甲午敗後，知西法不能不用，大搜時務書而考求之。見康之書大驚服。時翁與康尚未識面。先是，康有爲於十四年奏言日人變法自强將規朝鮮及遼、臺，及甲午大驗。翁同和乃悔當時不用康有爲言，面謝之，後乃就見康商榷治法。康有爲極陳列國並爭，非改革不能立國之理。翁反覆詢詰乃益豁然，索康所著之書。自是翁議論專主變法，比前若兩人焉。

（清）梁啓超《飲冰室合集・文集》卷六《南海康先生傳》 先生以十九歲喪大父，年十八，始遊朱九江先生之門，受學焉。九江者，名次琦，字子襄，粵中大儒也。其學根柢於宋明，而以經世致用爲主，研究中國史學，歷代政治沿革得失，最有心得，著書甚富。晚年以爲此等著述，無益於後來之中國，故當易簀之際，悉焚其稿，學者惜焉。先生從之遊，凡六年，而九江卒，其理學政學之基礎，皆得諸九江。

九江卒後，乃屏居獨學於南海之西樵山者又四年。其間盡讀中國之書，而其發明最多者爲史學。究心歷代掌故，一一考其變遷之跡，得失之林。下及考據詞章之學，當時風靡一世者，雖不屑屑，然以餘事及之，亦往往爲時流所莫能及。又九江之理學，以程朱爲主，而間採陸王，先生則獨好陸王，以爲直捷明誠，活潑有用，故其所以自修及教育後進者，皆以此爲鵠焉。既又潛心佛典，深有所悟，以爲性理之學，不徒在軀殼界，而必探本於靈魂界。遂乃冥心孤往，探求事事物物之本原，大自大千諸天，小至微塵芥子，莫不窮究其理，常徹數日夜不臥，或打坐，或遊行，仰視月星，俯聽溪泉，坐對林莽，塊然無儔，內觀意根，外察物相，舉天下之事，無得以擾其心者。【略】

先生以爲欲任天下之事，開中國之新世界，莫亟於教育，乃歸講學於里城。歲辛卯，於長興里設黌舍焉。余與先生之關係，實始於此。其時張之洞實督兩粵，先生勸以開局譯日本書，輯《萬國文獻通考》，張氏不能用也。乃盡出其所學，教授弟子，以孔學佛學宋明學爲體，以史學、西學爲用。其教旨專在激厲氣節，發揚精神，廣求智慧。中國數千年無學校，至長興學舍，雖其組織之完備，萬不逮泰西之一，而其精神，則未多讓之。其見於形式上者，如音樂至兵式、體操諸科，亦皆屬創舉。先生講學於粵凡四年，每日在講堂者四五點鐘，每論一學，論一事，必上下古今，以究其沿革得失。又引歐美以比較證明之，又出其理想之所窮及，懸一至善之格，以進退古今中外。蓋使學者理想之自由，日以發達，而別擇之智識，亦從生焉。余生平於學界稍有所知，皆先生之賜也。

後又講學於桂林，其宗旨方法，一如長興。先生又以爲凡講學莫要於合羣，蓋以得智識交換之功，而養團體親愛之習。自近世嚴禁結社，而士氣大衰，國之日孱，病源在此。故務欲破此錮習，所至提倡學會，雖屢遇反對，而務必達其目的然後已。其見忌嫉於當世，此亦一原因也。甲午敗後，遂開强學會於京師，一時張之洞、袁世凱之流，皆贊成焉。不數月，爲政府所禁，然自是學會之風徧天下。一年之間，設會百數，學者不復以此爲大戒矣。强學會之開也，余與其役，當時創議之人，皆贊此舉。而憚會之名號，咸欲避之，而代以他字，謂有其實不必惟其名也。而先生斷斷持之，不肯遷就，余頗怪焉。先生曰：吾所以辦此會者，非謂其必能成而大有補於今時也，將以破數百年之網羅，而開後此之塗徑也。後卒如其言。先生之遠識大膽毅力，大率類是。乙未丙申以後，先生所欲開之學風，漸萌芽浸潤於全國矣。

先生經世之懷抱在大同，而其觀現在以審次第，則起點於愛國。先生論政之目的在民權，而其揆時勢以謀進步，則注意於格君。自光緒十五年，即以一諸生伏闕上書極陳時局，請及時變法以圖自强，書格不達。甲午敗後，又聯合公車千餘人，上書申前議，亦不達。世所傳《公車上書記》是也。自此以後四年之間，凡七上書，其不達也如故，其頻上也如故。舉國俗流非笑之，唾駡之，或謂爲熱中，或斥爲病狂，先生若爲不聞也者。無所於撓，鍥而不捨，其結果也，爲今上皇帝所知，召對特拔，遂有戊戌維新之事。【略】

戊戌維新之可貴在精神耳，若其形式則殊多缺點，殆猶大輅之僅有椎輪，木植之始見萌坼也。當時舉國人士，能知歐美政治大原者，既無幾人，且掣肘百端，求此失彼，而其主動者，亦未能遊西域讀西書，故其措置不能盡得其當，殆勢使然，不足爲諱也。若其精神，則純以國民公利公益爲主，務在養一國之才，更一國之政，採一國之意，辦一國之事。蓋立國之大原，於是乎在，精神既立，則形式隨之而進，雖有不備，不憂其後之不改良也，此戊戌維新之真相也。吾雖不敢盡以此爲先生一人之功，然其主動者在先生。又天下人所同認而無異詞也。先生所以盡力於國家者，於是爲不薄矣。

政變以後，先生之志不少衰，復聯合海内外同志，創一中國前此未有之大會，以圖將來。及至去年，漢口之難，又一挫跌，以至於今，而先生委身國家之生涯，其前半段落暫停頓焉。其此後若何，非吾之所得言也。要之此新舊兩世紀之交，中國政治界最有關係之人物，誰乎？吾敢應之而不疑曰：康先生也。【略】

一，先生之哲學，博愛派哲學也。先生之論理，以仁字爲唯一之宗旨。以爲世界之所以立，衆生之所以生，家國之所以存，禮義之所以起，無一不本于仁。苟無愛力，則乾坤應時而滅矣。是故果之核謂之仁，無仁則根幹不能茁，枝叶不能萌。手足麻木者謂之不仁，衆生之在法界，猶四肢之在一身也。人而不相知不相愛，則謂之不仁，與一體之麻木者等。苟仁矣，則由一體可以爲團體，由團體可以爲大團體，由大團體可以爲更大團體，如是徧於法界不難矣。故懸仁以爲鵠，以衡量天下之宗教之倫理之政治之學術。乃至一人之言論行事，凡合於此者謂之善良，不合於此者謂之惡劣。以故三教可以合一，孔子也，佛也，耶穌也。其立教之條目不同，而其以仁爲主則一也。以故當博愛，當平等，人類皆同胞，而一國更不必論，而所親更不必論。故先生之論政論學，皆發於不忍人之心。人人有不忍人之心，則其救國救天下也，欲已而不能自已，如左手有痛癢，右手從而煦之也。不然者，則麻木而已矣，不仁而已矣。其哲學之大本，蓋在於是。

二，先生之哲學，主樂派哲學也。凡仁必相愛，相愛必使人人得其所欲而去其所惡。人之所欲者何？曰樂是也。先生以爲快樂者衆生究竟之目的，凡爲樂者固以求樂，凡爲苦者亦以求樂也。【略】

三，先生之哲學，進化派哲學也。中國數千年學術之大體，大抵皆取保守主義，以爲文明世界，在於古時，日趨而日下。先生獨發明《春秋》三世之義，以爲文明世界，在於他日，日進而日盛。蓋中國自創意言進化學者，以此爲嚆矢焉。先生於中國史學，用力最深，心得最多，故常以史學言進化之理，以爲中國始開於夏禹，其所傳堯舜文明事業，皆孔子所託以明義。懸一至善之鵠，以爲太平世之倒影現象而已。又以爲世界既進步之後，則斷無復行退步之理，即有時爲外界别種阻力之所遏，亦不過停頓不進耳，更無復返其初。故孟子言天下之生久矣，一治一亂，其説主於循環，《春秋》言據亂升平太平，其説主於進化，二義正相反對，而先生則一主後説焉。又言中國數千年政治雖不進化，而社會甚進化。政治不進化者，專制政體爲之梗也；社會進化者，政府之干涉少而人民自由發達也。先生於是推進化之運，以爲必有極樂世界在於他日，而思想所極，遂衍爲大同學説。

四，先生之哲學，社會主義派哲學也。泰西社會主義，原於希臘之柏拉圖，有共産之論。及十八世紀，桑士蒙康德之徒大倡之，其組織漸完備，隱然爲政治上一潛勢力。先生未嘗讀諸氏之書，而其理想與之闇合者甚多，其論據之本在《戴記・禮運篇》孔子告子游之語。其文曰：

大道之行也，天下爲公。選賢與能，講信修睦，故人不獨親其親，不獨子其子，使老有所歸，壯有所用，幼有所長，鰥寡孤獨廢疾者皆有所養。男有分，女有歸。貨惡其棄於地也，不必藏於己，力惡其不出於身也，不必爲己。故謀閉而不興，盜竊亂賊而不作，故外戶而不閉，是謂大同。

先生演繹此義，以組織所謂大同學説者，其理想甚密，其條段甚繁，以此區區小篇，勢不能盡其義藴。今惟提其大綱，約列一表如下。

大同學説
- 第一：原理
- （第二）世界的理想
  - （甲）理想之國家
    - （一）國家與人民之關係
    - （二）萬國相互之關係
  - （乙）理想之家族
    - （一）親子之關係
    - （二）夫婦之關係
  - （丙）理想之社會
- （第三）法界的理想
  - （丁）世間之法界
  - （戊）出世間之法界
- （第四）理想與現在之調和及其進步之次第【略】

先生固以行大同救天下爲最終之目的，但以爲吾所最親者，中國也。今日衆生受苦最深者，中國也。人民居地球三之一者，中國也。於是乎内觀實踐，以救中國爲下手之第一段。戊戌夏秋之間，雖贊政三月然百事掣肘，所志不能行萬一，今略述其所懷抱之政策如下：

第一、中國倡民權者，以先生爲首。知之者雖或多，而倡之者殆首先生。然其言實施政策，則注重君權，以爲中國積數千年之習慣，且民智未開，驟予以權，固自不易。況以君權積久如許之勢力，苟得賢君相，因而用之，風行雷厲，以治百事，必有事半而功倍者。故先生之議，謂當以君主之法，行民權之意，若夫民主制度，則期期以爲不可。蓋獨有所見，非徒感今上之恩而已。

第二、近年聯漢撲滿之議頗行，先生以爲驟生此界，是使中國分裂，而授外國以漁人之利也。苟使能去專制之秕政，進人民之公益，則漢人自居國民之大多數，兩利俱存，何必仇滿。

第三、近世多有倡各省獨立之説，先生以爲中國自秦以來，數千年皆統一之歷史，蓋地理上人種上習慣上有不得不然者也。雖欲分之，必不可得分，徒取糜爛，且生外憂。

第四、先生以爲欲維新中國，必以立憲法、改官制、定權限爲第一義。以今日之法，以今日之官，雖日下一上諭言維新，無益也。其所謂改官制者，條理甚繁，不能具述，所謂定權限者，定中央政府與地方自治之權限也。

第五、先生雖極非各省獨立，而最重地方自治，以爲中國議會，萬不能速立，而地方議會，不可不早開，因數千年來自治之習慣，其事甚順，且使民練習政務，爲將來參政之基也。

第六、先生以爲今日中國分省太大，宜縮小之。約以今一道爲一省，置議會焉。直隸於中央政府，一道中各成一小政府之形。

第七、先生謂中國當以工商爲國是，以天産之富，工價之廉，而其人精於商務，若天授焉。苟以政府之力獎厲之扶助之，上下一心，同此目的，不十年而中國之雄甲天下。

第八、先生謂宜立教務部，以提倡孔教。非以此爲他教敵也，統一國民之精神，於是乎在。今日未到智慧平等之世，則宗教萬不可缺，諸教雖各有所長，然按歷史，因民性，必當以孔教治中國。

第九、先生謂內治稍有端緒，當經營西北，移民實蒙古、新疆、西藏，闢其富源。一以紓東南人滿之憂，二以爲争雄歐西之基。

第十、先生謂當留意殖民事業。今南洋一帶，華民居百分之九十九，但使能在其地得參政權，則我國民之發達，不可思議矣。又謂南美洲巴西各地，地廣人稀，頗欲招華工，政府宜以實力速行之勸導之保護之，將來可立新中國於西半球。

第十一、先生以爲今日中國無取多兵，何也？若能立憲法，改官制，行真維新，則內亂必不生，無取兵也。泰西各國專務商業，咸願平和，苟外交無失，內治日興，誰則開釁，亦無取兵也。故以養兵之費，興學勸工，爲得策矣。

第十二、先生以爲維新十年或二十年後，民强國富，則可從事於兵，兵既成，號召英法美日以擯强俄，一戰而霸，則地球大同之幕開矣。

《廣清碑傳集》卷一八王樹楠《南海康君墓表》 吾觀於光緒戊戌之變，不禁喟然而歎也。夫用人行政，國之大經也。人非其人，政非其政，其必變法而更張之者，又國之先務也。然變之不以其序，與變之不得其宜，適皆足以誤國。夫以賈長沙之才，遭遇漢文聰明仁聖之主，其痛哭流涕前席而陳者，皆政與人之宜變者也。文帝明知之而不用之者，則以少年新進之徒，一朝得志，欲盡取先朝所行之政、所用之人一切廢置於立談之頃。文帝知其説之難遽行也，故託為老其才而不之用，不然晁錯之禍必先見於賈生之身矣。孟子曰：國君進賢，如不得已將使卑逾尊，疏逾戚，可不慎與？吾於此不能不為變法諸君惜也。南海康君，戊戌變法之魁也。君自幼勤劬於學，其學説屢變，每變必窮理創義，將之以勇猛之力，輔之以深湛之思。其卒也，謂治學莫大於救國，救國莫大於改制，而以改制託之孔子，爰作《孔子改制考》。榜其講學之所曰萬木草堂，與羣弟子討論倡和之。光緒十四年戊子應順天鄉試，以法人白馬江之役具疏請變法。有尼之者，不果上。癸巳舉於鄉，甲午應禮部試，上書言：日本改紀，將翦朝鮮而犯中國。不報。乙未日本據我遼東，京師大震，廷議允割臺灣，與之講和。君約公車千餘人上書力争，呈都察院代奏。以已用實却之，不為通。是年成進士，授工部主事。復條舉變法，次第呈本部長官代奏。侍郎李文田不畫諾。廷臣僉以君好事，數論時政失得與百官有司短長也，謀劾之。君乃南歸，過江寧，説江督張之洞，設强學會於上海。以御史楊崇伊之劾，數月輟會。丁酉秋再入京，時常熟翁同龢以師傅當國，夙傾慕君，為延譽於朝。君亦頗從文學侍從臣及諸臺諫游，説之以變法利害。給事中高燮曾疏舉君，召見，加卿銜。明年戊戌正月，總理各國事務署王大臣約君會商變法事宜。君至，與大學士李鴻章、翁同龢、榮禄、尚書廖壽恒辯論，傾一座人，同龢疏其問答語奏聞。於時德據我膠，澳、俄、法效之，亦以租借旅順、大連灣、廣州灣為請。上憤怒，及得同龢疏，四月復召見君，諭進所著《日本變政考》、《彼得變俄記》、《波蘭分滅記》。上讀之，動容累歔，救治之心益急。謂君可足以當大事，非時召見，許有疏密聞。自是君臣之契深矣。是月詔定國是，諭中外大小諸臣，自王公至於士庶，宜發憤為雄，以聖賢義理之學植其根本，兼博採西學之切時勢者，實力講求，以成通達濟變之才。京師大學堂應先舉行，為行省倡，軍機王大臣等妥議以聞。從君請也。尋授總署章京，督辦官報局。局每造膝陳請，多至數十事，御史宋伯魯、陳其璋、王鵬運、楊深秀，學士徐致靖交章助之，疏皆出自君手。其得請者為科舉罷四書文，改試策論；立京師大學堂，改各省省設書院為高等學，郡為中等學，州縣為小等學，各兼習西學；選派宗室王公出洋游歷；頒士民著書制器奬勵法；設譯書局、官報局，置各省商務局；命士民得上書言事；裁詹事府、通政司、大理、光禄諸寺，裁與總督同城三巡撫，裁河道總督，裁各省糧、鹽道，而而置三、四、五品卿，三、四、五、六品學士。若開銀行、發紙幣、購戰艦、築沿海船塢，設參謀本部，巡幸上海，建新都，令百官留守北京，皆上所俞允，而未及見諸明諭者也。七月，上加內閣侍讀楊鋭、中書林旭、刑部主事劉光第、江蘇知府譚嗣同四品卿銜，參加新政，林、譚皆君之門弟子也。於時百官衆庶言事之書日數十起，批閱票擬，胥四人主之，軍機大臣伴食而已。君之初入京也，自謂行其説足以救國，惟吏部主事玉山、洪嘉與誦言攻之，謂行其説必致誤國。自明定國是之詔下而翁同龢被逐，大臣中無欲為君左右者。君又復請上御門誓羣臣，定毀謗新政者罪。已而御史文悌以劾君斥回原衙行走。君又劾禮部尚書懷塔布、許應騤等，以不代遞主事王照書褫職。內外官被裁者數十缺，軍機大臣復不得聞樞密事。於是親貴重臣、百官有司咸側目切齒於君矣。先是上有九月十五日奉太后閱兵天津之論，謀廢立事。君大悚懼，私念諸將中惟袁世凱有雄才，曉中外大勢，使人陰説之，報於上。上召見世凱，命以侍郎候補，專練兵事，以抵制直隸總督榮禄。御史楊崇伊嘗劾禁強學會，與君忤，至是具疏請太后訓政，以其草示榮禄，令轉商之慶王奕劻，乃以聞。榮禄忌世凱有變，單騎入其軍，開誠與語。世凱本持兩端，悉以君之謀密告。於是榮禄、奕劻先後謁太后，請為社稷計。太后即命駕自頤和園還宮，下逮捕令，時戊戌八月五日也。先一日，上密詔促君速行。君初以保國自任，後更其黨曰保皇。既事迫，微服走天津，以英使力，三易舟達香港。楊鋭、林旭、劉光第、譚嗣同暨君之仲弟廣仁同及於難。太后既再訓政，幽上於瀛臺，十有一年而薨。其薨也，先太后一日。君受德宗特達之知，諫行言聽，誠千載一時之會也。然壹志孤行，專己違衆，使當國重臣人人無自容之地。復不善處兩宮母子間，使忌者有以抵其隙，操刃相向。孟子曰：不信乎友，不獲乎上。君子是以知其事之不能終也。夫君之當日所陳新法者，今日十九行之，而國愈亂，何也？徒善不足以為政，徒法不能以自行，人存政舉，人亡政息，古今無二理也。君僅行政九十日而蒙難出亡，前後居外國十有六年，歷三十一國。辛亥國變，袁世凱践大總統位，遣使奉書幣招君。時有母喪，歸自日本，報以書曰：亡人負罪，久播異邦。有母八十，莫奉尸饔，竟爾見背。斬焉衰絰，不入公門。母死謂何，敢有他志？伏望明公幸為矜憐。若夫大教淪胥，人心陷溺，中國殄亡，種族隨之，實為邃古所無之變。他日誓墓餘生，扶持大教，足迹所至，托於徇鐸，尊聖衛道，想公同心。丁巳今上復辟，授君以弼德院副院長，賞頭品頂戴。君先預擬詔書，用虚君共和之意，定中華帝國之名。立開國民大會，滿漢合新舊，凡數十事備施行。會段祺瑞舉兵攻復辟軍，君復避居美使館之美森院數月，美使專車以兵護之出都，再免於難。嗣是專以著書鬻字或購售書畫消遣歲月。間游名山大川，所至各軍民長禮敬之，如奉上賓。君之游歷各國也，考其政治、風俗、道德、文章，始知其不如中國遠甚。所撰《十一國游記》旁參對鏡，考證詳博。吾僅見其二三策而已。生平著述經部十八種，史部六十二種，子部十八種，集部二十六種，都一百二十六種。付其弟子東莞絳伯楨，編為《萬木草堂叢書》。其《春秋筆削大義微言考》、《孔子改制考》、《董氏學》、《論語注》數種，伯楨已刊成，行於世。丁卯二月，君以蘇浙有兵事，避居青島。是月為君七十生辰，今上賜壽。而君適病作，彌留之際，草謝恩摺，草成痛哭者再。二十八日遂卒。君諱有為，字廣厦，一字長素，遭難後又號更生。初名祖詒，即成進士，易今名。先世南雄人，後徙南海，遂著籍為南海康氏。曾祖諱建昌，祖諱贊修，皆為士。考諱達初，知縣，母氏勞太夫人。生子三，君其長也。配張夫人，副室梁氏、何氏。子男二，同籛、同凝。女子六，同薇、同璧、同復、同環、同倓、同令。丁卯三月厝於青島李村象耳山之原。伯楨既撰君事略成，持示樹柟，要為文以表其墓。樹柟以君之名灼人耳目，雖婦孺無不知之者。至其忠於故主，每飯不忘，放逐流離，雖死不悔，此其尤可悲者。爰撮其事略大凡，俾鐫之石，以昭諸阡。

梁啓超

（清）梁啓超《飲冰室合集・文集》卷一一《三十自述》 風雲入世多，日月擲人急。如何一少年，忽忽已三十。此余今年正月二十六日在日本東海道汽車中所作。三十初度口占十首之一也。人海奔走，年光蹉跎，所志所事，百未一就。攬鏡據鞍，能無悲慚？擎一既結集其文，復欲爲作小傳，余謝之曰：若某之行誼經歷，曾何足有記載之一值？若必不獲已者，則人知我，何如我之自知？吾死友譚瀏陽曾作三十自述，吾毋寧效顰焉，作三十自述。

余鄉人也，於赤縣神州有當秦漢之交，屹然獨立羣雄之表數十年。用其地，與其人，稱蠻夷大長，留英雄之名譽於歷史上之一省。於其省也，有當宋元之交，我黄帝子孫與北狄異種血戰不勝，君臣殉國，自沈崖山，留悲憤之記念於歷史上之一縣，是即余之故鄉也。鄉名熊子，距崖山七里强，當西江入南海交匯之衝，其江口列島七，而熊子宅其中央。余實中國極南之一島民也。先世自宋末由福州徙南雄，明末由南雄徙新會，定居焉。數百年棲於山谷，族之伯叔兄弟，且耕且讀，不問世事，如桃源中人。顧聞父老口碑所述，吾大王父最富於陰德，力耕所獲，一粟一帛，輒以分惠諸族黨之無告者。王父諱維清，字鏡泉，爲郡生員，例選廣文，不就。王母氏黎，父名寶瑛，字蓮澗，夙教授於鄉里，母氏趙。

余生同治癸酉正月二十六日，實太平國亡於金陵後十年，清大學士曾國藩卒後一年，普法戰爭後三年，而意大利建國羅馬之歲也。生一月而王母黎卒，逮事王父者十九年。王父及見之孫八人，而愛余尤甚。三歲仲弟啓勳生，四五歲就王父及母膝下授《四子書》《詩經》，夜則就睡王父榻，日與言古豪傑哲人嘉言懿行，而尤喜舉亡宋亡明國難之事，津津道之。六歲後，就父讀，受中國略史，五經卒業。八歲學爲文，九歲能綴千言。十二歲應試學院，補博士弟子員，且治帖括，雖心不慊之，然不知天地間於帖括外，更有所謂學也。輒埋頭鑽研，顧頗喜詞章。王父父母時授以唐人詩，嗜之過於八股。家貧無書可讀，惟有《史記》一，《綱鑑易知録》一，王父、父日以課之，故至今《史記》之文，能成誦八九。父執有愛其慧者，贈以《漢書》一，《姚氏古文辭類纂》一，則大喜，讀之卒業焉。父慈而嚴，督課之外，使之勞作，言語舉動稍不謹，輒呵斥不少假借。常訓之曰：汝自視乃如常兒乎？至今誦此語不敢忘。十三歲始知有段王訓詁之學，大好之，漸有棄帖括之志。十五歲，母趙恭人見背，以四弟之產難也。余方游學省會，而時無輪舶，奔喪歸鄉，已不獲親含殮，終天之恨，莫此爲甚。時肄業於省會之學海堂。堂爲嘉慶間前總督阮元所立，以訓詁詞章課粵人者也。至是乃決舍帖括以從事於此，不知天地間於訓詁詞章之外，更有所謂學也。己丑年十七，舉於鄉，主考爲李尚書端棻、王鎮江仁堪。年十八計偕入京師，父以其穉也，挈與偕行。李公以其妹許字焉。下第歸，道上海，從坊間購得《瀛環志略》讀之，始知有五大洲各國，且見上海製造局譯出西書若干種，心好之，以無力不能購也。

其年秋，始交陳通甫。通甫時亦肄業學海堂，以高才生聞，既而通甫相語曰：吾聞南海康先生上書請變法，不達，新從京師歸，吾往謁焉。其學乃爲吾與子所未夢及，吾與子今得師矣。於是乃因通甫修弟子禮事南海先生。時余以少年科第，且於時流所推重之訓詁詞章學，頗有所知，輒沾沾自喜。先生乃以大海潮音，作師子吼，取其所挾持之數百年無用舊學更端駁詰，悉舉而摧陷廓清之。自辰入見，及戌始退，冷水澆背，當頭一棒，一旦盡失其故壘，惘惘然不知所從事，且驚且喜，且怨且艾，且疑且懼，與通甫聯牀竟夕不能寐。明日再謁，請爲學方針，先生乃教以陸王心學，而並及史學西學之梗概。自是決然舍去舊學，自退出學海堂，而間日請業南海之門。生平知有學自茲始。

辛卯余年十九，南海先生始講學於廣東省城長興里之萬木草堂，徇通甫與余之請也。先生爲講中國數千年來學術源流、歷史政治、沿革得失，取萬國以比例推斷之。余與諸同學日劄記其講義，一生學問之得力，皆在此年。先生又常爲語佛學之精奧博大，余夙根淺薄，不能多所受。先生時方著公理通大同學等書，每與通甫商榷，辨析入微，余輒侍末席，有聽受，無問難，蓋知其美而不能通其故也。先生著《新學僞經考》，從事校勘，著《孔子改制考》，從事分纂。日課則宋元明儒學案、二十四史、《文獻通考》等；而草堂頗有藏書，得恣涉獵，學稍進矣。其年始交康幼博。十月，入京師，結婚李氏。明年壬辰，年二十，王父棄養，自是學於草堂者凡三年。

甲午，年二十二，客京師，於京國所謂名士者多所往還。六月，日本戰事起，惋憤時局，時有所吐露，人微言輕，莫之聞也。顧益讀譯書，治算學、地理、歷史等。四年乙未，和議成，代表廣東公車百九十人，上書陳時局。既而南海先生聯公車三千人，上書請變法。余亦從其後奔走焉。其年七月，京師強學會開。發起之者爲南海先生，贊之者爲郎中陳熾，郎中沈曾植，編修張孝謙，浙江溫處道袁世凱等，余被委爲會中書記員。不三月，爲言官所劾，會封禁。而余居會所數月，會中於譯出西書購置頗備，得以餘日盡瀏覽之，而後益斐然有述作之志。其年始交譚復生、楊叔嶠、吳季清，鐵樵子發父子。

京師之開強學會也，上海亦踵起，京師會禁，上海會亦廢。而黄公度倡議續其餘緒，開一報館，以書見招。三月去京師，至上海，始交公度。七月《時務報》開，余專任撰述之役。報館生涯茲始，著《變法通議》、《西學書目表》等書。其冬公度簡出使德國大臣，奏請偕行。會公度使事輟，不果。出使美日祕大臣伍廷芳，復奏派爲參贊，力辭之。伍固請，許以來年往，既而終辭，專任報事。丁酉四月，直隸總督王文韶、湖廣總督張之洞、大理寺卿盛宣懷，連銜奏保。有旨交鐵路大臣差遣，余不之知也，既而以劄來，黏奏摺上諭焉，以不願被人差遣辭之。張之洞屢招邀，欲致之幕府，固辭。時譚復生宦隱金陵，間月至上海，相過從，連輿接席。復生著《仁學》，每成一篇，輒相商搉。相與治佛學，復生所以砥礪之者良厚。十月湖南陳中丞寶箴，江督學標，聘主湖南時務學堂講席，就之。時公度官湖南按察使，復生亦歸湘助鄉治，湘中同志稱極盛。未幾，德國割據膠州灣事起，瓜分之憂，震動全國。而湖南始創南學會，將以爲地方自治之基礎，余頗有所贊畫。而時務學堂，於精神教育，亦三致意焉。其年始交劉裴邨、林暾谷、唐紱丞，及時務學堂諸生李虎村、林述唐、田均一、蔡樹珊等。

明年戊戌，年二十六，春大病幾死。出就醫上海，既痊，乃入京師。南海先生方開保國會，余多所贊畫奔走。四月，以徐侍郎致靖之荐，總理衙門再荐，被召見，命辦大學堂譯書局事務。時朝廷鋭意變法，百度更新，南海先生深受主知，言聽諫行。復生暾谷叔嶠斐邨，以京卿參預新政。余亦從諸君子之後，黽勉盡瘁。八月政變，六君子爲國流血；南海以英人仗義出險，余遂乘日本大島兵艦而東。去國以來，忽忽四年矣。

戊戌九月至日本，十月與橫濱商界諸同志，謀設《清議報》。自此居日本東京者一年，稍能讀東文，思想爲之一變。己亥七月，復與濱人共設高等大同學校於東京，以爲內地留學生預備科之用，即今之清華學校是也。其年美洲商界同志，始有中國維新會之設，由南海先生所鼓舞也。冬間美洲人招往遊，應之。以十一月首途，道出夏威夷島。其地華商二萬餘人，相縶留，因暫住焉，創夏威夷維新會。適以治疫故，航路不通，遂居夏威夷半年。至庚子六月，方欲入美，而義和團變已大起，內地消息，風聲鶴唳，一日百變。已而屢得內地函電，促歸國。遂回馬首而西，比及日本，已聞北京失守之報。七月急歸滬，力思有所效。抵滬之翌日，而漢口難作，唐林李蔡黎傅諸烈，先後就義。公私皆不獲有所救，留滬十日，遂去。適香港，既而渡南洋，謁南海，遂道印度，游澳洲，應彼中維新會之招也。居澳半年，由西而東，環洲歷一周而還。辛丑四月復至日本。

爾來蟄居東國，忽又歲餘矣。所志所事，百不一就，惟日日爲文字之奴隸，空言喋喋，無補時艱。平旦自思，只有慚悚。顧自審我之才力，及我今日之地位，舍此更無術可以盡國民責任於萬一。茲事雖小，亦安得已。一年以來，頗竭棉薄，欲草一中國通史以助愛國思想之發達，然荏苒日月，至今猶未能成十之二。惟於今春爲《新民叢報》，冬間復創刊《新小説》，述其所學所懷抱者，以質於當世達人志士，冀以爲中國國民遒鐸之一助。嗚呼！國家多難，歲月如流，眇眇之身，力小任重。吾友韓孔广詩云：舌下無英雄，筆底無奇士。嗚呼！筆舌生涯，已催我中年矣，此後所以報國民之恩者，未知何如？每一念及，未嘗不驚心動魄，抑塞而誰語也。

孔子紀元二千四百五十三年壬寅十一月任公自述。

附《我之爲童子時》

我所愛之童子乎，汝若不知我爲誰，問汝先生及汝父兄，或能告汝。汝欲聽我爲童子時之故事乎？我大半忘記，所記一二，請以語汝。

我爲童子時，未有學校也。我初認字，則我母教我。直至十歲，皆受學於我祖父、我父，我祖父母及我父母皆鍾愛我，并責罵且甚少，何論鞭撻。然我亦嘗受鞭三次，至今猶歷歷可記，汝等願聞此老受鞭之故乎？

我家之教，凡百罪過，皆可饒恕；惟説謊話，斯不饒恕。我六歲時，不記因何事，忽説謊一句，所説云何，亦已忘却。但記不久即爲我母發覺，時我父方在省城應試也。晚飯後，我母傳我至臥房，嚴加盤詰。我一入房，已驚駭不知所措。蓋我母温良之德，全鄉皆知，我有生以來，只見我母終日含笑，今忽見其盛怒之狀，幾不復認識爲吾母矣。我母命我跪下受考問，我若矢口自承其罪，則此鞭或遂逃却，亦未可知。無奈我忽睹母威，倉皇失措，妄思欺飾以霽母怒。汝等試思母已知我犯罪，然後發怒，豈復可欺飾者？當時我以童子無識，出此下策，一何可笑！汝等勿笑，可憐我穉嫩温澤之軀，自出胎以來，未嘗經一次苦楚。當時被我母翻伏在膝前，力鞭十數。我母當時教我之言甚多，我亦不必一一爲汝等告，但記有數語云：汝若再説謊，汝將來便成竊盜，便成乞丐！汝等試思，我母之言，得毋太過否？偶然説句謊話，何至便成竊盜，便成乞丐？我母旋又教我曰：凡人何故説謊？或者有不應爲之事，而我爲之，畏人之責其不應爲而爲也，則謊言吾未嘗爲；或者有必應爲之事，而我不爲，畏人之責其應爲而不爲也，則謊言吾已爲之。夫不應爲而爲，應爲而不爲，已成罪過矣。若已不知其爲罪過，猶可言也，他日或自能知之，或他人告之，則改焉而不復如此矣。今説謊者，則明知其爲罪過而故犯之也，不惟故犯，且自欺欺人，而自以爲得計也。人若明知罪過而故犯，且欺人而以爲得計，則與竊盜之性質何異？天下萬惡，皆起於是矣。然欺人終必爲人所知，將來人人皆指而目之曰：此好說謊之人也。則無人信之，既無人信，則不至成爲乞丐焉，而不止也。我母此段教訓，我至今常記在心，謂爲千古名言。汝等試思此爲名言否耶？最可憐者，我伯姊陪我長跪半宵，猶復獨哭一夜。伯姊何爲哭？懼我父知之，我所受鞭扑更甚於今夕也。雖然，我伯姊之懼徒懼矣，我母愛我甚，且察我已能受教，遂未嘗爲我父言也。嗚呼！吾母棄養將三十年矣，吾姊即世亦且十年，吾述此事，吾涕沾紙矣。汝等有母之人，須知天下愛我者，無過於母；而母之教訓，實不易多得，長大而思母訓，恐母不我待矣。

《廣清碑傳集》卷二〇劉盼遂《梁任公先生傳》 先生諱啟超，字卓如，號任公，新會人。父寶瑛，布衣教授終。先生生四五歲，日就母膝下受四子書、《詩經》，夜則王父攜之寢，輒為道古豪傑哲人嘉言懿行，尤津津於南宋、晚明國難之事。六歲就父畢五經，九歲能綴文，千言立就。光緒甲申十二歲，補縣學生。而父嚴督之，於言動不少假貸。常斥之曰：汝自視乃如常兒乎？先生終生誦之。明年之廣州，入學海堂，治惠、戴、段、王之學。己丑領鄉薦，主考李尚書端棻詫為奇才，以其女弟妻焉。庚寅，南海康先生有為以布衣上書放歸，先生同陳千秋往謁之，一見大服，遂執弟子禮，從學於萬木草堂者三年。甲午客京師，交夏曾佑、譚嗣同。曾佑主今文學，嗣同喜經濟，先生以大同義與之往復，思心益辟理。時中日戰起，先生憤惋，稍有所吐露。迨明年和議成，則與南海先後公車上書，陳時政，請變法。七月，南海開强學會於京師，委以書記。已而會廢，應黄公度約赴上海，主撰《時務報》，著《變法通議》刊布。論者謂其持論豁達，雄辯驚人，殆賈太傅《治安策》之比。丁酉至湖南，膺時務學堂講席，以民權論教諸生，多所成就，蔡鍔、范源濂其著也。明年四月，侍郎徐致靖薦先生才可大用，召見，命辦大學堂譯書局事務。時德宗崇信南海，鋭意維新，先生與譚嗣同、楊深秀、康廣仁、林旭、楊鋭、劉光第等以京卿參佐之，期月之間，綱紀煥然。御史某摘先生劄記中微辭奏西后，遂興大獄。六君子死，南海托英人免，先生乘大島兵艦入日本，世人稱此事為戊戌政變。自是凡居東十四年，迄於清盡，皆以平易條暢之文筆頌言革命，排滿共和，揭於《清議》、《新民》、《國風》、《新小說》諸報及《新大陸游記》，天下人士靡然向風焉。

陳天華

《民報》第貳號佚名《烈士陳星台小傳》 烈士名天華，字星台，湖南新化縣人。性敦篤，善屬文。少時即以光復祖國爲志，不事家人生產作業，雖簞瓢屢空，處之怡然。日惟著述以鼓吹民族主義。近年革命風潮簸蕩一時者，皆烈士提倡之也。年三十一，尚未娶，或勸之娶，烈士泫然曰：匈奴未滅，何以家爲？每讀中西史志，於興亡盛衰之感，則涕泗橫流，其愛國之忱發於天性如此。歲癸卯，留學日本，時值俄据東三省，瓜分之禍日迫，朝野皆束手無計。烈士大痛，齧指血成書數十幅，備陳滅亡之慘，郵寄內地各學，聞者莫不悲憤。去年秋，湘中志士謀起義湖南，聯絡粤鄂，以共傾政府。烈士聞之，即星夜附輪歸長沙，籌畫布置，晝夜不少輟，不幸未發即敗。清政府飛檄逮捕，烈士間道走江西至上海，與諸志士合謀再舉。適萬福華之獄起，逮捕益急，不得已，復遊日本。蓋自是憔悴憂傷，淚痕縈縈然不絕於目矣。今年春發意見書，思單身赴北京有所運動，爲同學所沮止。十一月，日本文部頒發關於留學生規則，烈士益見中國之將鄰於亡，革命之不可一日緩，作絕命書累萬言，遂自投日本大森海以殉。嗚呼！使天而不亡我漢族也，則烈士之死賢其生也。使天而即亡我漢族也，則我四萬萬人其去烈士之死之年幾何哉？嗚呼痛已！烈士所著書，其已都成集者，《猛回頭》、《警世鐘》、《最近政見之評决》、《國民必讀》、《最後之方針》、《中國革命史論》，皆風行於世。其散見於他書者，尚俟釐訂。烈士死時年三十一，乙巳年十二月十二日也。

《民報》第貳號陳天華《陳星台先生絕命書》 嗚呼！我同胞其亦知今日之中國乎？今日之中國，主權失矣，利權去矣。無在而不是悲觀，未見有樂觀者存。其有一線之希望者，則在於近來留學生日多，風氣漸開也。使由是而日進不已，人皆以愛國爲念，刻苦向學，以救祖國，即十年二十年之後，未始不可轉危爲安。乃進觀吾國同學者，有爲之士固多，可疵可指之處亦不少。以東瀛爲終南捷徑者，目的在於求利禄，而不在於居責任。其尤不肖者，則學問未事，私德先壞。其被舉於彼國報章者，不可縷數。近該國文部省有清國留學生取締規則之頒，其剝我自由，侵我主權，固不待言。鄙人内顧團體之實情，不敢輕於發難。繼同學諸君倡爲停課，鄙人聞之，恐事體愈致重大，頗不贊成。然既已如此矣，則宜全體一致，始終貫徹，萬不可互相參差，貽日人以口實。幸而各校同心，八千餘人，不謀而合，此誠出於鄙人豫料想之外，且驚且懼。驚者何？驚吾同人果有此團體也。懼者何？懼不能持久也。然而日本各報，則詆爲烏合之斥，或嘲或諷，不可言喻。如《朝日新聞》等，則直詆爲放縱卑劣，其輕我不遺餘地矣。夫使此四字加諸我而不當也，斯亦不足與之計較，若或有萬一之似焉，則真不可磨之玷也。近來每遇一問題發生，則羣起譁之曰：此中國存亡問題也。顧問題有何存亡之分？我不自亡，人孰能亡我者？惟留學而皆放縱卑劣，則中國真亡矣，豈特亡國而已。二十世紀之後有放縱卑劣之人種能存於世乎？鄙人心痛此言，欲我同胞時時勿忘此語，力除此四字。而做此四字之反面，堅忍奉公，力學愛國，恐同胞之不見聽，而或忘之，故以身投東海，爲諸君之紀念。諸君而念及鄙人也，則毋忘鄙人今日所言，但慎毋誤會其意。謂鄙人爲取締規則而死，而更有意外之舉動。須知鄙人原重自修，不重尤人。鄙人死後，取締規則問題，可了則了，切勿固執。惟須亟講善後之策，力求振作之方，雪日本報章所言，舉行救國之實，則鄙人雖死之日，猶生之年矣。諸君更勿爲鄙人惜也。鄙人志行薄弱，不能大有所作爲，將來自處，惟有兩途。其一則作書報以警世，其二則遇有可死之機會而死之。夫空談救國，人皆厭聞，能言如鄙人者，不知凡幾，以生而多言，或不如死而少言之有效乎？至於待至事無可爲，始從容就死，其於鄙人誠得矣，其於事何補耶！今朝鮮非無死者，而朝鮮終亡。中國去亡之期，極少須有十年，與其死於十年之後，曷若於今日死之，使諸君有所警動，去絶非行，共講愛國，更卧薪嘗膽，刻苦求學。徐以養成實力，丕興國家，則中國或可以不亡。此鄙人今日之希望也。然而必如鄙人之無才無學無氣者而後可，使稍勝於鄙人者，則萬不可學鄙人也。與鄙人相親厚之友朋，勿以鄙人之故而悲痛失其故常，亦勿爲輿論所動，而易其素志。鄙人以救國爲前提，苟可以達救國之目的者，其行事不必與鄙人合也。今將與諸君長别矣。當世之問題，亦不得不畧與諸君言之。近今革命之論，囂囂起矣，鄙人亦此中之一人也。而革命之中，有置重於民族主義者，有置重於政治問題者，鄙人所主張，固重政治而輕民族，觀於鄙人所著各書自明。去歲以前，亦嘗渴望滿洲變法，融和種界，以禦外侮。然至近則主張民族者，則以滿漢終不並立，我排彼以言，彼排我以實，我之排彼自近年始，彼之排我，二百年如一日。我退則彼進，豈能望彼消釋嫌疑，而甘心願與我共事乎？欲使中國不亡，惟有一刀兩斷，代滿洲執政柄，而卵育之。彼若果知天命者，則待之以德川氏可也。滿洲民族，許爲同等之國民，以現世之文明國無有仇殺之事。故鄙人之排滿也，非如倡復仇論者所云，仍爲政治問題也。蓋政治公例，以多數優等之族，統治少數之劣等族者爲順；以少數之劣等族，統治多數之優等族者爲逆故也。鄙人之於革命如此。然鄙人之於革命，有與人異其趣者，則鄙人之於革命，必出之以極迂拙之手段，不可有一毫取巧之心。蓋革命有出於功名心者，有出於責任心者。出於責任心，必事至萬不得已而後爲之，無所利焉；出於功名心者，己力不足，或至借他力，非内用會黨，則外恃外資。會黨可以偏用，而不可恃爲本營。日俄不能用馬賊交戰，光武不能用銅馬赤眉平定天下，況欲用今日之會黨以成大事乎？至於外資則尤危險，菲律賓覆轍，可爲前鑒。夫以鄙人之迂遠如此，或至無實行之期，亦不可知。然而舉中國皆漢人也，使漢人皆認革命爲必要，則或如瑞典諾威之分離，以一紙書通過，而無須流血焉可也。故今日惟有使中等社會皆知革命主義，漸普及下等社會，斯時也，一夫發難，萬衆響應，其於事何難焉？若多數猶未明此義，而即實行，恐未足以救中國，而轉以亂中國也。此鄙人對於革命問題之意見也。近今盛倡利權回收，不可謂非民族之進步也。然於利權回收之後，無所設施，則與前此之持鎖國主義者何異？夫前此之持鎖國主義者，不可謂所慮之不是也。徒用消極方法，而無積極方法，故國終不鎖。而前此之紛紛擾擾者，皆爲無效。今之倡利權回收者，何以異兹？故苟能善用之，於此數年之間，改變國政，開通民智，整理財政，養成實業人才。十年之後，經理有人，主權還復，吸收外國資本，以開發中國文明。如日本今日之輸進外資可也。否則爭之甲者，仍以與乙，或遂不辨。外人有所藉口，羣以强力相壓迫，則十年之後，亦如潰堤之水，滔滔而入，利權終不保也。此對於利權回收問題之意見也。近人有主張親日者，有主張排日者，鄙人以爲二者皆非也。彼以日本爲可親，則請觀朝鮮。然遂謂日人將不利於我，必排之而後可者，則愚亦不知其說之所在也。夫日人之隱謀，所謂司馬昭之心，路人皆知。即彼之書報，亦倡言無忌，固不慮吾之知也。而吾謂其不可排者，何也？兼弱攻昧，取亂侮亡，吾古聖之明訓也。自有可亡之道，豈能怨人之亡我？吾無可亡之道，彼能亡我乎？朝鮮之亡也，亦朝鮮自亡之耳，非日本能亡之也。吾不能禁彼之不亡我，彼亦不能禁我之自强。使吾亦如彼之所以治其國者，則彼將親我之不暇，遑敢亡我乎？否則即排之有何實力耶？平心而論，日本此次之戰，不可謂於東亞全無功也。倘無日本一戰，則中國已瓜分，亦不可知。因有日本一戰，而中國得保殘喘。雖以堂堂中國，被保護於日本，言之可羞，然事實已如此，無可諱也。如恥之，莫如自强。利用外交，更新政體，於十年之間，練常備軍五十萬，增海軍二十萬頓，修鐵路十萬里，則彼必與我同盟。夫同盟與保護，不可同日語也。保護者自己無實力，而惟受人擁蔽，朝鮮是也。同盟者勢力相等，互相救援，日英是也。同盟爲利害關係相同之故，而不由於同文同種，英不與歐洲同文同種之國同盟，而與不同文同種之日本同盟；日本不與亞洲同文同種之國同盟，而與不同文同種之英國同盟，無他，利害相衝突，則雖同文同種，而亦相仇讐；利害關係相同，則雖不同文同種，而亦相同盟。中國之與日本，利害關係可謂同矣，然而實力苟不相等，是同盟其名，保護其實也。故屆今日而欲與日本同盟，是欲作朝鮮也。居今日而欲與日本相離，是欲亡東亞也。惟能分擔保全東亞之義務，則彼不能專握東亞之權利，可斷言也。此鄙人對於日本之意見也。凡作一事，須遠矚百年，不可徒任一時感觸，而一切不顧，一閧之政策，此後再不宜於中國矣。如有問題發生，須計全局，勿輕於發難，此固鄙人有謂而發，然亦切要之言也。鄙人於宗教觀念，素來薄弱。然如謂宗教必不可無，則無甯仍尊孔教，以重於違俗之故，則並奉佛教亦可。至於耶教，除好之者可自由奉之外，欲據以改易國教，則可不必。或有本非迷信，欲利用之而有所運動者，其謬於鄙人所著之最後之方針，言之已詳，茲不贅及。近來青年誤解自由，以不服從規則，違抗尊長爲能，以愛國自飾，而先犧牲一切私德，此之結果，不言可想。其餘鄙人所欲言者多，今不及言矣。散見於鄙人所著各書者，願諸君取而觀之，擇其是者而從之，幸甚。《語》曰：君子不以人廢言。又曰：鳥之將死，其鳴也哀。人之將死，其言也善。則鄙人今日之言，或亦不無可取乎？

幹事諸君鑒，聞諸君有欲辭職者，不解所謂，事實已如此，諸君不力爲維持，保全國體，不重辱留學界耶。如日俄交戰，倘日本政府因國民之暴動，而即解散機關，坐視國家之滅，可乎？否乎？今之問題，何以異是，願諸君思之。

鄒容

《廣清碑傳集》卷二〇李猷《鄒容傳》　鄒容字蔚丹，原名紹陶，四川巴縣人。生於民國前二十七年即清光緒十一年乙酉。父子璠，經商往來漢滬間，家業饒餘。有五子，容其次也。母鄔，為子璠繼室。容少慧，年十二誦九經、《史記》、《漢書》皆上口。父期容切至，至於諸子間待容獨周，責以程文帖括之學。容弗喜，却時習篆刻。固善屬文，里有神童之譽。好交游，未嘗劬學，然見人詩文，規摹輒效。又好涉獵羣書，多不終卷。冬衣薄布衣，墨痕淋漓，綻裂頗多，任意嬉游，餔啜無擇，自若也。容兄紹陽承父意，勤治舉業，為邑諸生，後復得中清宣統元年己酉科拔貢。容父頗規容循兄途，期致貴顯。容嗤曰：臭八股兒不願學，滿場兒不愛入。衰世科名，得之又何用？容父頗厭惡之。惟容雖好為大言，時亦有中肯語，又善承順，繇是容父仍稍遺愛於容焉。日本人成田安輝善英語，戊戌游蜀，居日本領事館，容往就學。是年日本陸軍大尉户川辰三續來重慶，容又往習和文，年甫十四也。時同肄和文者多重慶知名之士，容由是得窺諸學門徑，習聞歐理餘緒，乃竱瀏覽種種新籍時報，每有感觸，輒發奇闢可駭之論。又縱談時事。不論少長貴賤，苟其人腐敗或與議論有不合，必面斥。於篤行博雅之士則加禮焉。容訪友，苟迎送失禮，即責以：得無少我？里中有兄弟幼獲科名者，氣焰甚盛。容遇諸途，呼其名而叱侮之。庚子，重慶府試，某府僚之義子名獲前列，未免私循。一日經北樓，某與義子適酣飲其上，容手指口罵。越數日，容又親往某義子處大予譏訕，並直承鄒容不諱。由是受府衙之責罰，出曰：淮陰尚受胯下之辱，況容乎？容夙慕譚嗣同，嗣同既就戮，容於座側置遺像，為詩贊之曰：赫赫譚君故，湖潭士氣衰。惟冀後來者，繼起志勿灰。川東經學書院山長吕翼文以訓詁之學鳴於時。容往師之，時與同學争辯，不相上下。山長逐之，而容之狂名愈噪。所交友多勉其務為厚重，口韙而習如故焉。民國前十一年即清光緒二十七年，四川總督奎俊遣學生二十餘人留學日本，容獨攜千餘錢徒步至成都，得備選。六月炎暑，歸至叙州，暑疾發作。孑身貧困，食藥自理，呻吟宛轉，幾瀕於死。後告人曰：今始知旅行之艱也。容曾侮里人某某，聞容備選，妒異之。因媒孽於當道，歷言其非行不可。容又詈浙人周善培，善培亦乘機修宿怨，持争於其師留學生監督李仁宇，卒黜容名。然容東游之志仍不能遏也。翌歲禀於父，請以自費往。再三瀆，父始勉許，僅允年給日幣二百元，蓋靳其款以阻其行也。容不顧，治裝往東京，留學同文書院。容居蜀時既有所感觸，及至東，日受外界刺激，胸懷益憤懣，愈難默弭。凡留學生集會，必争先演説，犀利悲壯，無與倫比。容夙嗜篆刻，友人以石印一，請鐫壯游日本四字。容擲其印曰：汝僅游日本即曰壯，彼環游地球者謂之何？會清廷所派留學生監督錢某之妾與姚文甫者有姦私。留學生開大會攻擊之，欲懲姚。容偕張繼、翁浩、王孝鎮等五人排闥入姚寓，叱姚曰：汝受錢豢養，又為晚輩，今忽作此無耻事，特來取汝頭。姚哀求寬假，容曰：縱饒汝頭，不饒汝髪辮。語未畢，辮已斷矣。復叱其速返國，無汙我留學界，否則終來索汝頭。容等持辮懸於留學生會館，大書曰：禽獸姚文甫之辮。姚訴於清公使蔡鈞，照會日本外務部，向同文書院索容。容不避。友人某以不可辱罰於外人，促之行，乃至大阪。某友於博覽會場遇焉，復戒之，始歸上海，居愛國學社。值遼東事起，留學日本者組織義勇隊。容聞之，願附名。清桂撫王之春欲借法兵鋤内亂，上海志士謀阻之，於張園集議。容往，滔滔辯論，旁若無人。於是海内稍聞鄒容之名矣。容舅氏某貿易海上，往見，諷以散財紓難，不聽。又發家書，悚以危亡之詞，亦以狂而弗納。容目擊時勢阽危，國人又多腐敗，難可與言。乃發篋將向著續成，題曰《革命軍》，自署國制鄒容泣述，洋洋二萬言，痛斥滿清壓迫中國罪狀。謂非推翻滿清帝制，無以報復。推翻帝制之後，即建立民選政府。尤力主生命、言論、出版之自由為天賦，政府不得干犯。文詞激切奔放無倫。章炳麟為作序文，頗稱《革命軍》文字淺顯，議論激烈直率，是跳踉搏躍之雷霆，可以感動知識之士，亦可以一喻齊民。此書刊行，流傳廣速，旅滬外人争譯為東西文，傳布其國，並揭容像於新聞雜志以揄揚之，且曰：中國未始無人也。時《蘇報》大鼓吹革命，表章容書，謂可作學校教科書用。禍同時并發，清兩江總督魏光燾迭奉清廷嚴諭，乃派道員俞明震至滬查辦，向各領事指捕蔡元培、章炳麟、陳範、吴敬恒、鄒容、黄宗仰等六人。魏光燾為清廷代表，控訴於會審公廨。於是蔡元培赴青島，吴敬恒赴倫敦，陳範等赴日，而章炳麟與鄒容留滬，炳麟挺身被捕，容與張繼適居餘慶里。炳麟於獄中以書抵容，容遂自首。讞定炳麟監禁三年，容二年。清廷欲求引渡，終未果。容在獄，以年少氣盛，受虐較炳麟為重。炳麟在獄與容研考釋典，期能了徹生死。民國前七年即清光緒三十一年乙巳，容禁將滿，同志輩以西獄較優中獄，處容必寬，方冀其釋，後必大有可為，俾竟厥志。不意清廷密懸重賞，欲毒斃章、鄒，又暗賄獄卒，種種苛迫。容體素弱，日作苦工，加以凍餒，其曷克勝？竟以是年二月二十九日暴死西獄，年二十一，距禁程僅七十日耳。死時口噴血，疑中毒，屍棄獄垣外。義士江南劉三瘞之，並集同志八十餘人集會愚園追悼。容卒後，《革命軍》大行，印摹者二十餘版。遠道不能致者，購價每書銀十兩，雜衣履餈餅中流傳，關郵不能禁。卒賴其言為光復導源。逾六年，武昌兵起，清室遂隳。

《蜀中先烈備徵録》卷一《辛亥以前·鄒容》 鄒容，字蔚丹，原名桂文，又名紹陶。巴縣人，爲余表弟。行幼不羈，好大言，傲睨一切。余往往誡之，雖面從，意弗善也，遇他人則以謾罵報之矣。性喜金石文字，曾留學日本時友人某以石章屬鐫壯游日本四字，立擲還之，且誶曰：若游日本耳便稱壯，彼環游地球者當何如？其人唯唯而退。蔚丹生平舉動大率類此。後遇太炎，太炎弟畜之，《訄書》成，蔚丹爲署檢。當時革命説出，聞者莫不掩耳疾走。蔚丹獨揭櫫斯義，鋭意發揮，卒以著《革命軍》繫獄。太炎亦同坐，對簿時，蔚丹猶自比法國盧梭。在獄病温死，太炎帶刑具爲視棺殮。同人有疑其被毒害者，欲興大獄，聞太炎言，始解，得不以遺骸爲好事者所撬弄。民國成立前，大總統孫令授大將軍，入祀忠烈祠。未娶，以兄子枚爲嗣。前年太炎來蜀，造其家所，以朂枚之意甚殷。余嘗謂太炎學識高，一世交遊徧海内外，獨喜蔚丹，是可異已。蔚丹死時，余在日本，鄉人士開會追悼。余謂夙以晚成期蔚丹，不意竟能先吾輩而死，真奇男子也！衆鼓掌相和，一座盡驚。適吴君梅修以考察實業來日本，亦稔知蔚丹者，爲著一書，即以其名名之。坊間久有行本，兹不載，載太炎出獄後所作傳。

鄒容傳

鄒容，字威丹，四川巴人。父某行商隴蜀間，略知書。容少慧敏，年十二誦九經、《史記》、《漢書》皆上口。父以科甲期之，容弗欲，時喜彫刻，父怒輒榜笞至流血，然愈重愛容。稍長，從成都吕翼文學，與人言指天畫地，非堯舜，薄周孔，無所避。翼文懼，擯之。父令就日本學，時年十七矣。與同學鈕永建規設中國協會，未就。學二歲，陸軍學生監督姚甲有姦私事，容偕五人排撻入其邸中，榜頰數十，持剪刀斷其辮髮。事覺潛歸上海，與章炳麟見於愛國學社。是時，社生多習英吉利語，容調之曰：諸君堪爲賈人耳，社生皆怒欲毆之。廣州大駔馮鏡如故入英吉利籍，方設國民議政廳於上海，招容。容詰鏡如曰：若英吉利人國民者，中國民耶？英吉利國民耶？鏡如慚，事中寢。容既明習國史學于翼文，復通曉《説文》部居。疾異族如仇讎，乃草《革命軍》以擯滿洲。自念語過淺露，就炳麟求修飾。炳麟曰：感恒民當如是，序而刻之。會虜遣江蘇候補道俞明震檢革命黨事，將逮愛國學社教習吴朓。朓故惎容、炳麟又幸脱禍，直詣明震自歸，且以《革命軍》進。明震緩朓，朓逸，遂名捕容、炳麟。容在獄，日就炳麟説經，亦時時講佛典。炳麟以《因明入正理論》授之，曰：學此可以解三年之憂矣。明年，獄決，容、炳麟皆罰作。西人遇囚無狀。容不平，又唱麥飯不飽，益憤激内熱溲膏。炳麟謂容曰：子素不嗜聲色，又未近女，今不夢寐而髓自出，宜懲忿自攝持，不者，至春當病温。明年正月，疾果發，體温温不大熱，但欲寐，又懊憹煩冤，不得臥。夜半獨語罵人，比旦皆不省。炳麟知其病少陰也，念得中工進黄連阿膠鷄子黄湯，病日已矣。則告獄卒長，請自爲持脈，疏湯藥，弗許。請召日本醫，弗許。病四十日。二月廿九日夜半，卒于獄中，年廿一矣。詰朝日加已，炳麟往撫其尸，目不瞑。内外譁言西醫受賄下毒藥殺之，疑不能明。然西醫視獄囚至微賤，凡病皆令安坐待命，勿與藥。獄囚五百，歲瘐死者率一百六十人。容疾始發，而醫不知其劇，比日久病能已著，顧予以熱病常藥，亦下毒之次也。容卒之歲，日本與露西亞始成。

章炳麟

《廣清碑傳集》卷一九汪東《餘杭章先生墓志銘》 先生諱炳麟，字枚叔，一曰太炎，浙江餘杭人也。王考諱某，考諱某。奕世載德。實有令聞。先生秉性强固，聰智絶人，粤在幼年，已開宏業。外祖朱氏嘗授以《春秋》大義，謂夷夏之辨，嚴於君臣。服膺片言，以至没齒。是蓋岳因部婁，增其九成，河出崑崙，原於一勺。稍長，從德清俞君問業。橫經在席，砥礪時須；斂袖而聽，鋒芒不見。厥後旁搜遠紹，著書滿家，而師法所自，稱引勿替。康成絶學，尚游馬氏之門；叔重無雙，不廢賈君之説。强立不反，斯之謂歟？有清末葉，政益陵遲。先生懷一夫不獲之志，申九世復仇之議，欲求殷獻，共舉義旗。爰歷閩疆，暫棲窮島，所謀弗遂，鎩羽西還。既遭黨錮，有明夷之厄。乃日讀《瑜珈師地論》及因明、唯識諸論，宅心玄宗，都空意必。

王國維

《廣清碑傳集》卷二〇宋慈抱《海寧王國維傳》 王國維字静安，號觀堂，海寧人。少以諸生應鄉試不中式，入上海東文學社，師日人藤田豐八治哲學、文學及英、日文。光緒二十七年至武昌，任農務學堂譯授，辦《農學報》。赴日本，留學物理學校。二十九年，讀德人康德之《純理批評》及叔本華之書而好之。三十年任南通師範及蘇州師範二學堂教習，講社會學、心理學、論理學、哲學，助上虞羅振玉辦《教育世界》雜誌。三十三年任學部總務司行走。所作有《静安文集》、《人間詞》出版。適英人斯坦因發現敦煌、羅布淖、于闐各處漢晉簡牘，法人伯希和攜所得敦煌千佛洞漢晉簡牘卷軸到京，國維與振玉皆好之。宣統元年充京師圖書館編譯，兼名詞館協修，著《人間詞話》、《戲曲考原》、《優語録》、《曲録》、《宋大曲考》、《清真先生遺事》、《隋唐兵符圖籙附説》等篇。振玉作《貞卜文字考》，遣人往安陽購洹陰甲骨文萬餘片。繼復發掘，所得又二倍。賴國維為之考釋，始欲著書。

劉師培

《廣清碑傳集》卷二〇汪東《劉師培傳》 劉師培，字申叔。先世自溧水遷揚州，遂為儀徵人。師培性敏悟，自其曾祖以下皆經業，至師培益恢彍博通。尤邃於《禮》、《春秋》。髫齔為文，有若宿構。初補縣學生員，鄉試中式。年二十赴京師會試，歸道上海，識餘杭章炳麟、長沙章士釗等。時諸人方頌言攘除客帝，師培心契其説，遂改名光漢，著《攘書》，創《警鐘日報》，兼為《國粹學報》撰述文字。既風切時政，益以辨章夷夏之志寓諸論學，由是知名。清光緒二十八年冬，萬福華於上海狙擊王之春不遂，師培亦預謀。明年《警鐘日報》被錮，師培走蕪湖，任皖江中學教員。旋遭名捕，亡命至日本，復遘炳麟，同編輯《民報》。炳麟經述篤守古文，師培雖旁通，亦以古文為主，故論議益相得。其為人恂恂儒雅，然頗近名。聞社會主義、無政府主義新説，皆馳騖焉。劬學，每至夜分不輟，精氣疲苶。又不暇察邇言，妻何震以他事恨炳麟，與汪公權者交相讒搆，始與炳麟絶。公權假師培名告密兩江總督端方，方因招致之。師培為方考訂金石，稱匋齋師，名遂替。炳麟聞其事，猶遺書規之云：中以小釁，翦為仇讎，豈君本懷，慮亦為人詿誤。天誘其衷，公權隕命，君以權首，衆所屬目。進無搏擊强御之用，退乏山林獨善之地。彼帥外示寛弘，内懷猜賊。閑之游徼之門，致諸干掫之域。臧谷扈養，由之任使；賃舂執爨，莫非其人。猜防積中。菹醢在後，斯誠明哲君子所為嗟悼者也。蓋聞元朗、冲遠，皆嘗為凶人牽引矣。先迷後復，無減今名。况以時當遁尾，經籍道息。儉德避難，則龍蛇所以存身；人能宏道，而球圖由之不隊。禍福之萌漸，廢興之樞機，可不察乎？師培得書，竟不報。宣統三年從方入四川，行至資州，武昌義師起，諸軍響應。方被殺，師培幸得脱身，至成都為國學院教員。

立法、司法活動突出的政治人物部

上古及三代分部

包犧

（清）**崔述《崔東壁遺書・補上古考信録》卷上《包犧氏》** 包犧，一作伏羲，一作庖羲，一作宓羲。今《傳》既作包犧，當從之。

補：古者包犧氏之王天下也，仰則觀象於天，俯則觀法於地，觀鳥獸之文與地之宜，近取諸身，遠取諸物，於是始作《八卦》，以通神明之德，以類萬物之情。

（清）**康有爲《新學僞經考・隋書經籍志糾謬》** 昔宓犧氏始畫八卦，以通神明之德，以類萬物之情，蓋因而重之爲六十四卦。及乎三代，實爲《三易》，夏曰《連山》，殷曰《歸藏》，周文王作《卦辭》，謂之《周易》。

神農

（清）**崔述《崔東壁遺書・補上古考信録》卷上《神農氏》** 《補三皇本紀》云：神農本起烈山，故《左氏》稱烈山氏之子曰柱；亦曰厲山氏，《禮》曰厲山氏之有天下，是也。余按《左傳》稱烈山氏，初不言有天下；若《禮記・祭法》之文乃采之《國語》者，《國語》記上古事率荒唐，此蓋亦想當然之詞，不足以爲據也。古者烈、厲同音，《祭法》之厲山乃傳寫之誤，亦非有兩號也。鄭氏以神農制耒耜，遂以神農當之，而云厲山，神農所起，小司馬氏從而采之，誤矣！杜氏《左傳註》云：烈山氏，神農氏諸侯。較鄭氏爲近理。然《左傳》《國語》皆未有稱及黄帝以前者，亦未敢必其然，故今並不載。【略】

補：包犧氏没，神農氏作，斲木爲耜，揉木爲耒，耒耨之利，以教天下。

補：日中爲市，致天下之民，聚天下之貨，交易而退，各得其所。

駁神農氏重八卦、作蜡祭、鞭草木之説

《補本紀》稱：神農氏重八卦爲六十四，作蜡祭，以赭鞭鞭草木。余按：《易大傳》言包犧作《八卦》、網罟，至神農氏則但言其爲耒耨、市易，初無一言及於重卦者。果有此事，曷爲連類及之而獨遺之乎！康成之徒因《傳》文内有取諸《益》與《噬嗑》之語，遂臆度而附會之，以爲神農所重，謬矣！《傳》特泛言其理，何嘗以爲伏羲時止有三畫之《離》，神農時乃有六畫之《噬嗑》哉！《郊特牲》云：伊耆氏始爲蜡。今移之神農時，於經傳亦未有確據，蓋亦以爲耒耜故臆之耳。至以赭鞭鞭草木，乃方士荒唐之説，尤爲不經。故並不取。

黄帝

（清）**崔述《崔東壁遺書・補上古考信録》卷上《黄帝氏》** 《史記・五帝本紀》云：黄帝姓公孫，名曰軒轅。又云：黄帝爲有熊氏。按《國語》云黄帝姓姬；且公孫者，公之孫也，公族未及三世則無氏，氏之以公孫，非姓也，况上古之時安有是哉！《大戴記》云：黄帝曰軒轅。又曰：黄帝居軒轅之邱。其意蓋謂因所居以爲號耳，非謂軒轅爲黄帝名也。有熊之稱亦不見於傳記，《本紀》乃以軒轅爲名而號有熊，殊失《大戴》之意。《漢書・律曆志》云：黄帝始有軒冕之服，故號曰軒轅。謂軒轅爲號，似矣，而謂因始有軒冕之故，則亦出於臆度而已。又《大戴記》、《史記》皆以黄帝爲少典子，蓋本之《國語》；然《國語》本不足據，故今並闕之。說並見後《戰於阪泉條》下

補：神農氏没，黄帝、堯、舜氏作。《易・繫辭下傳》。

顓頊

《史記》卷一《五帝本紀》　帝顓頊高陽者，黃帝之孫而昌意之子也。靜淵以有謀，疏通而知事；養材以任地，載時以象天，依鬼神以制義，治氣以教化，絜誠以祭祀。北至于幽陵，南至于交阯，西至于流沙，東至于蟠木。動靜之物，大小之神，日月所照，莫不砥屬。

堯

《史記》卷一《五帝本紀》　帝堯者，放勳。其仁如天，其知如神。就之如日，望之如雲。富而不驕，貴而不舒。黃收純衣，彤車乘白馬。能明馴德，以親九族。九族既睦，便章百姓。百姓昭明，合和萬國。

舜

《史記》卷一《五帝本紀》　虞舜者，名曰重華。重華父曰瞽叟，瞽叟父曰橋牛，橋牛父曰句望，句望父曰敬康，敬康父曰窮蟬，窮蟬父曰帝顓頊，顓頊父曰昌意：以至舜七世矣。自從窮蟬以至帝舜，皆微爲庶人。

（宋）金履祥《資治通鑑前編》卷二　帝曰：迪朕德，時乃功惟敘。皋陶方祇厥叙，方施象刑惟明。禹迪德，皋陶刑，帝舜化苗之機，在此二者，故兼以命禹皋。

（清）吴乘權《綱鑑易知録》卷一《五帝紀·帝舜有虞氏》　綱　丙戌，虞帝舜元載，春正月元日，帝格于文祖，格，至也。前受終告攝，此告即位也。踐天子位于蒲阪，以土德王。

紀　帝姚姓，名重華，瞽瞍之子。帝堯登庸而禪以帝位，攝政二十有八載。堯崩，喪畢，始踐天子之位于蒲阪。以土德王，仍以建寅之月爲歲首。

綱　在璿璣玉衡，以齊七政。在，察也。美珠謂之璿。璣，機也。以璿飾機，所以象天體之轉運也。衡，横也。謂横簫也，以玉爲管横而設之，所以窺機而齊七政之運行，猶後世之渾天儀也。七政，日、月、五星也。舜初即位，首察璣衡，以齊七政，蓋曆象授時所當先也。

綱　命九官。

紀　禹爲司空，宅百揆。棄爲后稷，教稼穡。契爲司徒，敷五教。皋陶爲士，理五刑。垂爲共工，治百工。益爲虞，掌山澤。伯夷爲秩宗，典禮。秩，敘也。宗，祖廟也。主敘次百神。后夔典樂，教胄子，和神人。龍作納言，出納君命。是所謂九官也。

綱　封朱于丹，以奉先祀。謂之虞賓，示弗臣也。

綱　帝朝于瞽瞍，封弟象于有庳。

綱　禹、皋陶、益、稷相與陳謨。《虞書》有《大禹》、《皋陶》、《益稷》三謨。

綱　巡狩四岳八伯。

綱　丁亥，二載，求賢才，納諫，立誹謗木。

紀　帝廣視聽，求賢才以自輔。欲納諫，以聞其失。立誹謗之木，使天下得攻其過。置敢諫之鼓，使天下得盡其言。

綱　造五絃琴。

紀　帝彈五絃之琴，歌《南風》之詩曰：南風之薰兮，可以解吾民之愠兮。南風之時兮，可以阜吾民之財兮。

綱　戊子，三載，考績。人情在寬則肆，過嚴則拘，故三載考績以作其怠。

綱　庚寅，五載，作《箾韶》樂九成，鳳凰來儀。箾，《書》作簫。《箾韶》，舜樂之總名。九成者，樂之九成也。來儀，來舞而有容儀也。

帝以夔爲樂正，命夔爲二十三絃之瑟。夔脩《九招》、《六列》、《六英》以明帝德，招同韶。正六律，和五音，以通八風。重、黎欲益求人，帝曰：一夔足矣。

綱　甲午，九載，三考，黜陟幽明。三考，九載也。九載則人之賢否、事之得失可見，於是陟其明而黜其幽，賞罰明信也。

綱　己亥，十有四載，帝庸作歌。

紀　時景星出，卿雲興，百工相和而歌。帝乃歌之曰：卿雲爛兮，糺縵縵兮，縵縵，寬貌。日月光華，旦復旦兮。八伯咸進稽首曰：明明上天，爛爛星陳，日月光華，弘於一人。

綱　丁巳，三十有二載，帝命禹攝政總師。

綱　戊午，三十有三載，春正月朔旦，禹受命于神宗，率百官，若帝之初。神宗，堯廟也。禹受攝帝之命於堯廟，總率百官，一如帝舜受終之初也。

綱　帝命禹敍《洪範九疇》。天與禹神龜，負文而出列於背，有數至九，禹第之以爲《洪範九疇》。洪，大；範，法；疇，類也。《洪範九疇》，治天下之大法，其類有九：一、五行；二、五事；三、八政；四、五紀；五、皇極；六、三德；七、稽疑；八、庶徵；九、五福六極。

綱　復九州。禹以十二州仍爲九州。

綱　庚申，三十有五載，命禹征有苗。

紀　時有苗弗率，不循教令。帝命禹徂征。三旬，十日曰旬。苗民逆命，猶不聽服。禹班師。班，還也。帝乃誕敷文德，舞干、羽于兩階，七旬有苗格。誕，大也。文德，文命德教也。干、羽皆舞者所執。兩階，賓主之階。格，至也。言班師七旬而有苗來格也。

綱　癸酉，四十有八載，帝南巡狩，崩于蒼梧之野。帝壽百有十歲。

綱　乙卯，五十載，禹避舜之子，居於陽城。天下不歸舜之子而歸禹，禹於是踐天子位。

皋陶

《史記》卷二《夏本紀》　皋陶作士以理民。帝舜朝，禹、伯夷、皋陶相與語帝前。皋陶述其謀曰：信其道德，謀明輔和。禹曰：然，如何？皋陶曰：於！慎其身脩，思長，敦序九族，衆明高翼，近可遠在已。禹拜美言，曰：然。皋陶曰：於！在知人，在安民。禹曰：吁！皆若是，惟帝其難之。知人則智，能官人；能安民則惠，黎民懷之。能知能惠，何憂乎驩兜，何遷乎有苗，何畏乎巧言善色佞人？皋陶曰：然，於！亦行有九德，亦言其有德。乃言曰：始事事，寬而栗，柔而立，愿而共，治而敬，擾而毅，直而温，簡而廉，剛而實，彊而義，章其有常，吉哉。日宣三德，蚤夜翊明有家。日嚴振敬六德，亮采有國。翕受普施，九德咸事，俊乂在官，百吏肅謹。毋教邪淫奇謀。非其人居其官，是謂亂天事。天討有辠，五刑五用哉。吾言底可行乎？禹曰：女言致可績行。皋陶曰：余未有知，思贊道哉。

（清）徐文靖《竹書統箋》卷三《夏后禹》　三年，皋陶薨。【略】子賢注曰：《吕氏春秋》曰舜陶于河濱，漁于雷澤，今言禹皋陶未詳。皇甫謐曰皋陶生于曲阜偃地，故帝因之而以賜姓曰偃。堯禪舜，命之作士。舜禪禹，禹卽舜位，以皋陶最賢，薦之于天，將有禪之之意，未及禪，會陶卒。《水經注》曰：六縣故皋陶國也，禹封其少子奉其祀，今縣都陂中有大冢，民傳曰公琴者，皋陶冢也。楚人謂冢爲琴矣，按琴乃岑之譌耳。酈云楚人謂冢爲琴，非。

（宋）杜道堅《文子纘義》卷二《精誠篇》　皋陶瘖而爲大理，天下無虐刑，何貴乎言者也。師曠瞽而爲太宰，晉國無亂政，何貴乎見者也。不言之令，不視之見，聖人所以爲師也。

纘義：陽燧召火，非日不燄。方諸召水，非月不流。是故有其道無其位，則事不立。有其位無其道，則功不成。若唐虞之君臣道合化教行，百官正，萬民服，聖人所以爲百世之師。

（明）楊慎《升菴集》卷四三《皋陶有後》　《左傳》皋陶庭堅不祀忽諸。葢設監戒之言如云若敖氏之鬼，不其餒而之比也。後人遂謂皋陶真不祀，而蔓説者又言刑官無後，豈不謬哉！按張平子《思玄賦》云：咎繇邁而種德兮，樹德懋於英六。注：英六，國名。楚末乃滅。《抱朴子》云：秦乃伯益之後，益即皋陶子也。以是參考之，皋陶何嘗無後乎？

（清）崔述《崔東壁遺書・夏考信録》卷二《皋陶》　曰若稽古，皋陶曰：允迪厥德，謨明弼諧。禹曰：俞，如何？皋陶曰，都，慎厥身修思永，惇敍九族，庶明勵翼，邇可遠在兹。禹拜昌言曰：俞！《書・皋陶謨》。

皋陶曰：都，在知人，在安民。禹曰：吁，咸若時，惟帝其難之！知人則哲，能官人；安民則惠，黎民懷之。能哲而惠，何憂乎驩兜！何遷乎有苗！何畏乎巧言令色孔壬！皋陶曰：都，亦行有九德，亦言其人有德。乃言曰，載采采。

禹曰：何？皋陶曰：寬而栗，柔而立，愿而恭，亂而敬，擾而毅，直而温，簡而廉，剛而塞，彊而義。彰厥有常，吉哉！日宣三德，夙夜浚明有家。日嚴祗敬六德，亮采有邦。翕受敷施，九德咸事，俊乂在官，百僚師師，百工惟時，撫于五辰，庶績其凝。無教逸欲有邦；兢兢業業，一日二日萬幾；無曠庶官，天工人其代之。天敘有典，勑我五典五惇哉！天秩有禮，自我五禮有庸哉！同寅協恭和衷哉！天命有德，五服五章哉！天討有罪，五刑五用哉！政事，懋哉！懋哉！天聰明，自我民聰明；天明畏，自我民明威。達于上下，敬哉有土！同上。

皋陶曰：朕言惠，可厎行。禹曰：俞，乃言厎可績。皋陶曰：予未有知，思日贊贊襄哉！同上。

附録：臧文仲聞六與蓼滅，曰：皋陶、庭堅，不祀忽諸！《左傳》文公五年。

庭堅非皋陶字

《春秋》文公十八年《傳》，高陽氏才子八人，有曰庭堅者，杜氏註云：庭堅，卽皋陶字。余按：文五年《傳》，楚成大心滅六，公子燮滅蓼，臧文仲曰：皋陶、庭堅，不祀忽諸！乃似六、蓼兩國之祖一爲皋陶，一爲庭堅者。不知杜氏别有所據邪？若卽因此文而合之，則未有以見其必然也。《史記·夏本紀》云：皋陶之後封於英、六，亦不言蓼，則似六乃皋陶之後而蓼乃庭堅之後者。正義因杜氏之説，遂謂英卽蓼，亦恐未然也。且堯、舜、禹，天子也，而《尚書》皆稱其名，是唐、虞之時未有字也；九官惟伯夷似字，然舜亦稱之爲伯，是唐、虞之時名字未分，伯夷卽其名也，皋陶何以獨有字乎？《典》、《謨》之稱皋陶多矣，帝稱之，同朝之臣稱之，史臣稱之，皆以皋陶，乃至後世之詩人稱之，儒者稱之，亦同詞焉，從未有一人稱爲庭堅者，何所見而知庭堅之爲皋陶乎？故今闕之。

禹

《史記》卷二《夏本紀》　夏禹，名曰文命。禹之父曰鯀，鯀之父曰帝顓頊，顓頊之父曰昌意，昌意之父曰黄帝。禹者，黄帝之玄孫而帝顓頊之孫也。禹之曾大父昌意及父鯀皆不得在帝位，爲人臣。【略】

於是九州攸同，四奥既居，九山栞旅，九川滌原，九澤既陂，四海會同。六府甚脩，衆土交正，致愼財賦，咸則三壤成賦。中國賜土姓：祗台德先，不距朕行。

令天子之國以外五百里甸服：百里賦納總，二百里納銍，三百里納秸服，四百里粟，五百里米。甸服外五百里侯服：百里采，二百里任國，三百里諸侯。侯服外五百里綏服：三百里揆文教，二百里奮武衛。綏服外五百里要服：三百里夷，二百里蔡。要服外五百里荒服：三百里蠻，二百里流。

（清）崔述《崔東壁遺書·夏考信録》卷一《禹》　鯀陻洪水，汨陳其五行，帝乃震怒，不畀洪範九疇，彝倫攸斁。鯀則殛死，禹乃嗣興。《書·洪範》。

鯀非顓頊之子

《大戴記·帝繫篇》云：黄帝產昌意，昌意產高陽，是爲帝顓頊；顓頊產鯀，鯀產文命，是爲禹。《史記·夏本紀》因之。余按：上古天子本不相繼，而帝顓頊至堯其世蓋遠。自《史記》及《帝王世紀》始皆謂其相繼；然云帝嚳在位七十五年，帝摯在位九年，則顓頊之崩下至堯之七十二載，舜受終時亦當百有五十七歲：而鯀之用乃在堯世，鯀之殛乃在堯七十二載以後，鯀安得爲顓頊之子也哉！唯《漢志》謂顓頊五世而生鯀，於事理較近；然傳記無所見，而舜、禹不同姓，恐亦出於臆度，未敢據以爲實然也。由是言之，禹斷非顓頊之孫，而亦未必果顓頊之裔。與其誤信之而誣聖人之祖，何如姑闕之而不失君子之正乎！【略】

禹、稷躬稼。《論語·憲問篇》。

躬稼非教稼

《論語集注》云：禹平水土，暨稷播種，身親稼穡之事。近世説者遂以后稷之教民稼穡爲躬稼，且云：禹未躬稼而言躬稼者，水土既平，稼穡乃可教也。余按：南宫适之意，以爲羿、奡才力絶人，若可以無患，而反不得其死；禹、稷身居畎畝，若不能自奮，而反受天明命；以見天之所眷者在德耳。故孔子曰：尚德哉若人！語意甚明，無可疑者。若以躬稼爲治水明農之事，則此乃濟世之大功，固宜有天下；不但本句文義齟齬，而與上句語意亦不倫。禹、稷因躬稼故當有天下，豈羿、奡因有材力卽當不得其死乎！躬者，身也。身自耕稼，乃可謂之躬稼；教民爲之，非躬稼也。許行爲並耕之説，孟子闢之，引稷之教民稼穡而以爲不暇耕，然則教稼不得謂之躬稼明甚；況禹未嘗教稼者乎！蓋禹自鯀殛後，亦卽降同庶人，親歷畎畝，而《詩》稱稷匍匐以藝荏菽，則亦生長於田間者，故南宫适云然。不得以治水明農之事當之也。

天乃錫禹洪範九疇，彝倫攸敘。《書・洪範》。

導岍及岐，至于荆山，逾于河；壺口、雷首，至于太岳；厎柱、析城，至于王屋；大行、恒山，至于碣石，入于海。西傾、朱圉、鳥鼠，至于大華；熊耳、外方、桐柏，至于陪尾。《書・禹貢》。

逾河言山脈非言禹迹

《蔡傳》云：逾者，禹自荆山而過於河也。孔氏以爲荆山之脈逾河而爲壺口、雷首者，非是。禹之治水，隨山刊木，其所表識諸山之名，必其高大可以辨疆域，廣博可以奠民居，故謹而書之，以見其施功之次第；初非有意推其脈絡之所自來，若今之葬法所言也。余按：《導水》諸章文云至于合黎，至于三危者，水至之也；云過三澨，過九江者，水過之也；乃至云迤，云會，云溢，云入者，皆水也，非禹也；何獨《導山》諸章則至爲禹至之，過爲禹過之，逾爲禹逾之哉！文同説異，何以别焉？且禹八年於外，所至所過之地多矣，其來而復往，往而復來者，蓋不可以悉數，何以獨記此數章乎？禹之導山，固非若今術士爲葬法計，然豈容不問其脈絡首尾！況山之脈絡正與治水相表裏：欲使水之軌道，必先取地高下左右俯仰之形而詳辨之，然後能知某水當左，某水當右，某水於某處可出，某水與某水可合；而凡地之高下，左右，俯仰，皆視山之起伏、分合、屈折，山脈安可以不問也！故同一不龜手之藥也，宋人用之以洴澼絖，吴王用之以與越戰。此自用之者有大小耳：不可謂洴澼洸用之，行師者遂必棄之也；不可謂葬法用之，治水者遂必不資之也。今術士皆據五行以推人禍福，亦遂謂聖人不言五行乎！聖人但不以五行推人禍福耳，未嘗不修五行以利民用也。【略】

補：舜薦禹於天。十有七年，舜崩。三年之喪畢，禹避舜之子於陽城。天下之民從之，若堯崩之後不從堯之子而從舜也。《孟子》。

備覽：禹立，而舉皋陶薦之，且授政焉；而皋陶卒。封皋陶之後於英、六，或在許；而後舉益，任之政。《史記・夏本紀》。

辨始亂之説

《吕覽》云：堯治天下，伯成子高立爲諸侯。堯授舜，舜授禹，伯成子高辭諸侯而耕。禹往見之，問曰：何也？伯成子高曰：當堯之時，未賞而民勸，未罰而民畏。今賞罰甚數而民争利，德自此衰，利自此作，後世之亂自此始。余按：禹之德或尚遜於堯、舜，若其道則未有異也。禹所行者卽堯、舜之政，初未嘗有所變革，而何爲遂至於生亂乎？洪水之災，非禹莫能治之；禹之功大矣，而反謂禹始亂，豈不謬哉！蓋楊氏之徒爲黄、老之説者皆好援古而非今，故造爲此言，借唐、虞以毁三代；吕氏之客無知而妄採之耳。此事雖至無理，然亦有信之者，故不可以不辨。

辨泣問罪人之説

《説苑》云：禹出見罪人，下車泣而問之。左右曰：君王何爲痛之至於此也？禹曰：堯、舜之人皆以堯、舜之心爲心；今寡人爲君，百姓各自以其心爲心，是以痛之也。余按：此亦後人推度聖人愛民之心以爲言者，其意則善而不必實有是事也。至禹自謂不如堯、舜，禹之存心固應如是，若論者遂以是爲優劣則固矣！且其言亦淺俗。故今不録。

（清）吴乘權《綱鑑易知録》卷一《夏紀・大禹》　綱　丙子，夏后禹元歲，春正月，禹踐天子之位于韓。以金德王，仍以寅月爲歲首，改載曰歲。唐、虞曰載，夏曰歲，商曰祀，周曰年。蓋載以始一歲而終，歲以星一歲而周，祀以祭一歲而徧，年以禾一歲而熟，是四者名異而實同也。

紀　帝姒姓，名文命，崇伯鯀之子，黄帝軒轅氏之玄孫也。母有莘氏女，曰脩己，生禹。長九尺二寸。帝舜舉禹，使續父業。居外八年，陸行乘車，水行乘船，泥行乘橇，橇音吹，去聲。橇以板爲之，其狀如箕，擿行泥上。山行乘檋。檋音菊，謂以鐵如錐，頭長半寸，施之履下，以上山不蹉跌也。以開九州，通九道，九州之道。陂九澤，九州之澤。陂音卑，障也。度九山。九州之山。至是受帝舜之禪，踐天子之位于安邑，卽韓國也。以金德王，仍有虞以建寅之月爲歲首。色尚黑，牲用玄，以黑爲徽號。徽號，旌旗之屬。

綱　巡狩，會諸侯于塗山。

紀　禹南巡狩，會諸侯于塗山，執玉帛者萬國。玉，五玉，五等諸侯所執者，即五瑞也。帛，三帛，所以薦玉。諸侯世子執纁，公之孤執玄，附庸之君執黄。

初，禹娶塗山氏女，名曰憍，生子啓，辛、壬、癸、甲，啓呱呱而泣，禹弗子，惟荒度土功。辛、壬、癸、甲，四日也，禹娶塗山甫及四日即往治水也。呱呱，泣聲。弗子，弗念其子也。荒，大；度音鐸，相也。土功，治水土之功也。言娶妻生子皆有所不暇顧，惟以大相水土之功爲急也。

綱　作《大夏》樂。建旗、旐以辨等級。

紀　禹命臯陶爲《夏》籥九成，《大夏》之樂曲以籥吹之也。昭其成功也。

初，黄帝作車，少昊加牛，奚仲加馬，禹命奚仲爲車正，建旌旗、斿旐，析羽爲旌，熊虎爲旗。斿，旌旗之末垂者。龜蛇爲旐。以别尊卑等級。

懸鐘、鼓、磬、鐸、鞀，鞀音陶，有柄搖鼓。以待四方之士，曰：導以道者擊鼓，諭以義者擊鐘，告以事者振鐸，啓以憂者擊磬，有獄訟者搖鞀。常曰：吾不恐四海之士留於道路，恐其留吾門也。一饋而十起，一沐三握髮，以勞天下之民。

古有醴酪，甘酒曰醴，乳漿曰酪。禹時儀狄作酒，禹飲而甘之，遂疏儀狄，絶旨酒，曰：後世必有以酒亡其國者。

是時天雨金三日。

綱　丁丑，二歲，臯陶薨。帝薦益于天。

綱　己卯，四歲，鑄九鼎。

紀　禹收九牧之金鑄九鼎，象九州。《左傳》宣公三年王孫滿曰：昔夏之方有德也，遠方圖物，貢金九牧，鑄鼎象物，百物而爲之備，使民知神姦，故民入川澤山林不逢不若，螭魅罔兩莫能逢之，用能協于上下以承天休。

綱　庚辰，五歲，巡狩。

紀　禹出，見罪人，下車問而泣之。左右曰：罪人不順道，君王何爲痛之？禹曰：堯、舜之人皆以堯、舜之心爲心。寡人爲君，百姓各自以其心爲心，是以痛之。

禹以歷山之金鑄幣，歷山，見上帝堯陶唐氏耕歷山注。幣，錢也。贖民之無饘賣子者。饘，厚粥。

禹濟江，黄龍負舟，舟中人懼。禹仰天歎曰：吾受命於天，竭力以勞萬民。生，寄也；死，歸也；予何憂於龍焉？視龍猶蝘蜓！蝘蜓，名守宮。須臾，龍俛首低尾而逝。

綱　癸未，八歲，巡狩江南，會諸侯，戮防風氏。帝崩于會稽。

紀　初，禹到大越，上茅山，大會計，爵有德，封有功，更名茅山曰會稽。會稽者，會計也。至是禹巡狩江南，致羣臣于會稽之山，防風氏後至，禹殺而戮之。禹崩于會稽，壽一百歲。因葬焉。

契

《史記》卷三《殷本紀》　殷契，母曰簡狄，有娀氏之女，爲帝嚳次妃。三人行浴，見玄鳥墮其卵，簡狄取吞之，因孕生契。契長而佐禹治水有功。帝舜乃命契曰：百姓不親，五品不訓，汝爲司徒而敬敷五教，五教在寬。封于商，賜姓子氏。契興於唐、虞、大禹之際，功業著於百姓，百姓以平。

湯

《史記》卷三《殷本紀》　契卒，子昭明立。昭明卒，子相土立。相土卒，子昌若立。昌若卒，子曹圉立。曹圉卒，子冥立。冥卒，子振立。振卒，子微立。微卒，子報丁立。報丁卒，子報乙立。報乙卒，子報丙立。報丙卒，子主壬立。主壬卒，子主癸立。主癸卒，子天乙立，是爲成湯。

（清）徐文靖《竹書統箋》卷五《商王湯》　二十五年，作大濩樂。

《吕氏春秋》曰，殷湯即位，命伊尹作爲大濩歌，晨露，修九招六列。

（清）崔述《崔東壁遺書·商考信録》卷一《成湯》　按：《尚書·酒誥》、《多方》、《立政》等篇皆稱爲成湯，無但稱湯者。蓋禹，名也；成湯，號也。古多以一字名，未聞有以一字號者。然則成湯乃其本號，湯則後世之省文也。《商頌·殷武》亦稱成湯；《玄鳥》稱武湯；唯《長發》或但稱湯，或稱爲武王。蓋史册主於紀實，詩人主於頌美，故其稱參差不一。武王者，子孫追崇之稱，卽後世謚法所自彷；既或省文爲湯一，因以武加之爲武湯耳。春秋、戰國以後，率但稱湯，稱成湯者鮮矣。今從本號稱爲成湯，不敢從省，亦致慎之義也。

帝命不違，至于湯齊。湯降不遲，聖敬日躋，昭假遲遲，上帝是祗。《詩·商頌》。

湯之盤銘曰：苟日新，日日新，又日新！《大學》。【略】

王曰：格爾衆庶，悉聽朕言！非台小子敢行稱亂；有夏多罪，天命殛之。今爾有衆，汝曰：我后不恤我衆，舍我穡事而割正夏。予惟聞汝衆言。夏氏有罪；予畏上帝，不敢不正！今汝其曰：夏罪其如台？夏王率遏衆力，率割夏邑。有衆率怠弗協，曰：時日曷喪？予及汝皆亡！夏德若茲，今朕必往！爾尚輔予一人，致天之罰！予其大賚汝。爾無不信，朕不食言。爾不從誓言，予則孥戮汝，罔有攸赦！《書·湯誓》。

備覽：桀敗於有娀之虛，犇於鳴條；夏師敗績。湯遂伐三㚇，俘厥寶玉，義伯、仲伯作《典寶》。湯既勝夏，欲遷其社，不可，作《夏社》。《史記·殷本紀》。

附論：湯武革命，順乎天而應乎人。《易·彖下傳》。

附論：齊宣王問曰：湯放桀，武王伐紂，有諸？孟子對曰：於傳有之。曰：臣弑其君，可乎？曰賊仁者謂之賊；賊義者謂之殘；殘賊之人謂之一夫。聞誅一夫紂矣，未聞弑君也！《孟子》。

辨囚湯夏臺及湯爲桀臣之説

《史記·夏本紀》云：桀召湯而囚夏臺，已而釋之。湯修德，諸侯皆歸湯，湯遂伐桀。桀走鳴條，遂放而死，曰：吾悔不殺湯於夏臺，使至此！《儒林傳》載黄生與轅固生争論湯、武事，云：桀、紂雖失道，君也；湯、武雖聖，臣也。夫主有失行，臣不能正言匡過，反因而誅之，代立踐南面，非弑而何！由是後之儒者皆以征誅爲湯、武病。余按：爲是説者，皆誤以湯爲桀之臣故爾；而其實不然。《湯誓》曰：今爾其曰夏罪其如台。是桀固無如湯何也。使桀果嘗囚湯，商民安得曰夏罪其如台乎！《湯誓》曰：夏王率遏衆力，率割夏邑。是桀之政不行於諸侯也。使桀猶爲天下共主，則當云割萬方，豈得但云割夏邑而已乎！《湯誓》曰：今爾有衆，女曰我后不恤我衆，舍我穡事而割正夏。是湯之伐桀，民亦有竊議之者也。使桀與湯有君臣之分，商民何故不以大義責之而反但言舍穡之細事乎？《商頌》曰：受小球大球，爲下國綴旒。是湯未伐桀時已受諸侯之朝覲矣。若湯果臣於桀，安得晏然受之？以桀之暴，雖無罪猶囚之，况受諸侯之朝而安能容之哉！《商頌》曰：韋、顧既伐，昆吾、夏桀。是湯未伐桀時已滅數大國矣。若桀果爲天下共主，湯安得擅滅之？桀既力能囚湯，豈有聽其坐大而不問，乃束手以待其伐己者乎！由《詩》、《書》之言觀之，則湯與桀之事固不如世所傳云云也。蓋三代封建之制，與後世郡縣之法異；而夏當家天下之始，其事又與商、周不同。昔者禹有聖德，天下歸之，啓能繼禹之道，則又歸之，禹初未嘗傳之子也。大康既失德，則民之視之猶虞、夏之視朱、均耳。羿、浞迭起，后相遠逃，天下之無主已數世矣。少康能布其德以收夏衆，然後祀夏配天，不失舊物，當是時，人以繼爲適然，非以繼爲必然也。孔甲既衰，諸侯復叛，韋、顧、昆吾迭起，夏之在天下若一大國然，但一二小弱諸侯畏其威力耳。是以湯之受球，受共，伐韋，伐顧，安然而無所疑，桀亦聽之而不復怪。何者？諸侯本不臣屬於桀也。桀安能召湯而囚之夏臺哉！天下者，天之天下也，非一姓之天下也。故舜繼堯，禹繼舜，人以爲固然也。適會禹有賢子，間兩世而又得少康，后杼之孫，天下附於夏者數世，由是遂以傳子爲常；猶齊之伯僅一世，而晉之伯遂至於數世也。然一姓之子孫必不能歷千百世而皆賢，不賢則民受其殃，必更歸於有德而後民安；而既已傳子，又必不能復傳之賢，則其勢必出於征誅而後可。故揖讓之不能不變而爲征誅者，天也，聖人之所不能違也；雖堯、舜當之，亦若是而已矣！聖人之道，猶水也。清而不污，柔而能受，潤物而使遂其生者，水之德也。紆徐縈洄，一瀉千里者，水所遭之勢也。水非有心於紆徐縈洄與一瀉千里也，水不能違地故也。以一瀉千里之水爲有異於紆徐縈洄之水而優劣之者，誣水者也。以征誅之聖人爲有異於揖讓之聖人而優劣之者，誣聖人者也。自戰國以後，楊、墨並起，而楊氏之言尤横，常非堯、舜，薄湯、武，毁孔子，以自張大其説；一變而託於黄、老，再變而流爲名法。是以《史記·自敍》，六術之中有墨而無楊。何者？黄、老、名、法，卽楊氏也。習黄、老者務以清浄無事爲貴，故以堯、舜爲擾民，以湯、武爲弑君。習名法者務以苛刻慘忍，先發制人爲强，故謂啓嘗殺益，大甲嘗殺伊尹以保其國；桀嘗釋湯於夏臺，紂嘗釋文王於羑里而卒亡其身。其意惟欲人主之果於殺戮耳，豈顧其事之虚實哉！司馬談受道論於黃公，兼通名法之學，遷踵之而成書，故其中多載異端之説。然觀轅固生之與黃生争論，則漢初儒者猶不惑於楊、墨，但以景帝諱言放伐之事，是以後此學者莫敢昌言明湯、武之受命耳。語詳《史記・儒林傳》。逮至魏、晉以後，狐媚相仍，遂公然借禪讓之僞訾征誅之真，而曲學阿世之徒從而和之。相沿既久，習爲固然，雖儒者亦不敢駁其謬，反若爲不刊之論者然，良可嘆也！曰：然則齊宣何以謂之臣弑其君也？曰：齊宣之問亦爲楊氏邪説所誤；《春秋傳》中賢士大夫曾有一人之爲是言者乎？然其所謂君臣云者，亦但就天子諸侯之名分言之，非以爲食其禄而治其事之君臣也。故孟子曰：殘賊之人謂之一夫；聞誅一夫，未聞弑君也。正謂夏、商失道，政不行於天下，故不得謂之共主，非謂湯、武親立桀、紂之朝而其君不仁，遂可不謂之君也。但孟子之意在於警人主，故以仁暴大義斷之，而未暇詳申其説耳。後儒惑於異端先入之言，不察其實，遂疑孟子之言不可爲訓，誤矣！嗟夫，世之陋儒斥楊、墨爲異端而薄湯、武以爲虧君臣之義，不知湯、武之弑君，其説乃出於楊、朱，而孔、孟無是言也！此無他，不學而已矣！故今不載夏臺之事，而并糾黃生之謬。説並詳後《文王》《武王》篇中。

備覽：諸侯心服，湯乃踐天子位，平定海内。湯歸，至於泰卷（陶）、中䴙作誥。《史記・殷本紀》。

《僞書・仲虺之誥》之謬

《僞古文尚書》有《仲虺之誥》，乃掇拾經傳之文而參以己意聯屬成篇者；淺弱排比，絶不類夏、商間語，不但與誥體不相似也。尤可笑者：隨季所引止取亂侮亡四字，子皮所引止亂者取之，亡者侮之八字，即前文而有詳略耳；其兼弱攻昧乃隨季自述武經之語，推亡固存乃子皮自告大夫之言；今乃悉取以入篇中，而云兼弱攻昧，取亂侮亡，推亡固存，重複堆砌，不成文理，亦足以見其窘於詞而窮於湊矣！故今不采其文。其篇首所稱惟有慙德者，亦非是。説見後篇《吴公子札條》下。

存參：湯放桀而歸于亳三千諸侯大會。湯從諸侯之位，三讓。三千諸侯莫敢即位，然後湯即天子之位。

辨卞隨、務光自沈之説

《吕氏春秋》云：湯將伐桀，因卞隨而謀，卞隨曰：非吾事也。又因務光而謀，務光曰：非吾事也。湯遂與伊尹謀夏，伐桀，克之。以讓卞隨，卞隨乃自投於潁水而死。又讓於務光，務光乃負石而沉於募水。余按：湯之伐夏，謀於國之卿大夫則有之，必不謀之隱士。天下者，天之天下，非湯所得私也，豈容私讓之一二人！故《史記》云：諸侯心服，湯乃踐天子位。正與朝覲訟獄之歸舜、禹者同。《大傳》亦稱湯會三千諸侯，三讓，莫敢即位，其言雖淺近，要其大概當如是。若《吕氏春秋》所云，乃楊氏爲黃老説者之所僞撰以非湯武者，其二人姓名亦假設言之。而後世之人稱隱士者遂以隨、光爲首，謬矣！故今載《史記》語，并取《大傳》之文刪而存之，而《吕氏春秋》之言削之不録。

補：曰：予小子履，敢用玄牡，敢昭告於皇皇后帝：有罪不敢赦，帝臣不蔽，簡在帝心。朕躬有罪，無以萬方；萬方有罪，罪在朕躬！《論語・堯曰篇》。

《堯曰篇》引湯言可信

按此文與《湯誓》、《立政》相表裏，非聖人不能爲此言也。蓋聖人之伐國，非以辟土地，創大業也；聖人之用賢，非以示己恩，希厚報也。凡皆奉天以行事耳，聖人無所容心於其間也。且其人曰帝臣，明不敢私以爲己臣也；舉而用之，謂之不蔽，明此爵禄乃賢人所固有，己但不沮抑之，非分己所有以予之也。其於所舉之人猶如是，况天下之民，天下之土地乎！然則聖人之心，一天也；聖人之心之光明，一日月也。漢高帝云：賢士從吾遊者，吾能尊顯之。其市恩之念固不足以相方。《僞尚書・伊訓》云：敷求哲人，俾輔於爾後嗣。其氣量之大小，心體之廣狹，亦豈可以同日語哉！嗚呼，此湯之所以繼堯、舜而得列於聞知者也！此章前載堯之命詞頗失聖人之意，後載周之新政雖無可疑，然亦不若此文純粹，蓋由所采之書不一，斯其文亦不均。此必當日史臣實録，故今獨取此文以補《詩》、《書》之缺。學者即是求之，庶聖人之心猶可見其萬一云。

此文據孔注，以爲伐桀告天之詞。而《僞古文尚書》在《湯誥》中。玩其詞意，似克夏後而告天者。故置之於此。

補：商湯有景亳之命。《左傳》昭公四年。

備覽：既絀夏命，還亳，作《湯誥》。【略】

補：湯崩，太丁未立，外丙二年，仲壬四年。《孟子》。

湯崩，太子太丁未立而卒，於是迺立太丁之弟外丙。外丙卽位三年，崩；立外丙之弟仲壬。仲壬卽位四年，崩；伊尹迺立太丁之子太甲。太甲，成湯適長孫也。《史記·殷本紀》。【略】

胡氏《大紀》云：二帝官天下，定於與賢。三王家天下，定於立嫡。立嫡者，敬宗也，尊祖也。成湯、伊尹以元聖之德，戮力創業，乃舍嫡孫而立諸子，亂倫壞制，開後世争奪之端乎！公儀仲子舍孫而立子，言偃問曰：禮與？孔子曰，否，立孫。孔子，殷人也，而不以立弟爲是，此以義理知其非也。南氏《綱目前編》遂遵其説以紀商年，而世亦多信之。

余按：三王惟禹在湯之前，而禹薦益於天，初不傳啓，豈惟未嘗定於立嫡，抑且未嘗定於立子。立嫡之所由來，非定也，乃漸也。蓋上古之時，天子本不相繼；至唐、虞而後相繼，然惟其德，不惟其一姓也。啓之繼禹，偶然者耳；以德而繼，雖傳子猶之乎傳賢也。大康失道，羿、浞迭起，天下之亂由於異姓之争。是以少康中興，遂以一姓相繼爲常，然後異姓之覬覦息。然雖嶄於一姓，仍惟其德，不惟其嫡與庶，弟與子也。及商中葉，兄弟争立，亂至數世，昔日異姓之患移於同姓。於是遠慮之主復以嫡長相繼爲常，然後同姓之覬覦息。是故，一姓之傳，非禹爲之，羿、浞爲之也；嫡長之立，亦非禹、湯爲之，商之中葉爲之也。由是言之，由傳賢而爲傳子，由傳子而爲傳嫡，皆漸耳。

伊尹

（漢）韓嬰《韓詩外傳》卷二　昔者桀為酒池糟隄，縱靡靡之樂，而牛飲者三千。羣臣皆相持而歌。江水沛兮，舟楫敗兮。我王廢兮，趣歸於亳，亳亦大兮。又曰：樂兮樂兮，四牡驕兮，六轡沃兮。去不善兮從善，何不樂兮！伊尹知大命之將至，舉觴告桀，君王不聽臣言，大命至矣！亡無日矣！桀拍然而抃，盍然而笑，曰：子又妖言矣。吾有天下，猶天之有日也。日有亡乎？日亡吾亦亡也。於是伊尹接履而趨，遂適於湯。湯以爲相。可謂適彼樂土，爰得其所矣。《詩》曰：逝將去汝，適彼樂土。適彼樂土，爰得我所。

《史記》卷三《殷本紀》　伊尹名阿衡。阿衡欲奸湯而無由，乃爲有莘氏媵臣，負鼎俎，以滋味説湯，致于王道。或曰，伊尹處士，湯使人聘迎之，五反然後肯往從湯，言素王及九主之事。湯舉任以國政。伊尹去湯適夏。既醜有夏，復歸于亳。入自北門，遇女鳩、女房，作《女鳩》、《女房》。

（清）徐文靖《竹書統箋》卷四《帝癸》　十七年，商使伊尹來朝。箋按：《孫子兵書》云，伊尹名摯。《呂氏春秋·本味篇》，有侁氏女子採桑得嬰兒于空桑之中，獻之其君。其君令烰人養之，長而賢。湯聞伊尹，使人請之有侁氏，有侁氏不可，湯於是請取妻爲婚，有侁氏喜。甚以伊尹爲媵送女。湯得伊尹，祓之于廟，明日朝而見之，説湯以至味。高誘曰：烰，猶庖也。【略】《帝王世紀》云伊尹生于空桑。

二十年，伊尹歸于商，及汝鳩、汝方，會于北門。箋按：《書敘》曰：伊尹去亳適夏，既醜有夏，復歸于亳。入自北門，乃遇汝鳩、汝方。【略】《漢書》馮衍顯志賦曰：昔伊尹之干湯兮，七十説而乃信。太子賢注曰：伊摯負鼎俎以干湯，七十説而乃信，謂年七十説湯乃得信也。信，音申。

（清）徐文靖《竹書統箋》卷五《殷商成湯》　〔殷商成湯二十五年〕定獻令。箋按：《周書》曰：伊尹朝獻商書，湯問伊尹曰：諸侯來獻，或無馬、牛之所生，而獻遠方之物事，實相反不利。今吾欲因其地勢之所有獻之，必易得而不貴其爲四方獻。令伊尹受命，於是爲四方令，曰：正東，符婁仇州伊盧漚深九夷十蠻，越漚鬋髮文身，請令以魚支之鞞，鳥鰂之醬，鮫瞂利劍爲獻；正南，甌鄧桂國損子産里百濮九菌，請令以珠璣、瑇瑁、象齒、文犀、翠羽、菌鶴、短狗爲獻；正西，崑崙狗國鬼親枳己闟耳貫胸雕題離丘漆齒，請令以丹青、白旄、紕罽、江歷、龍角、神龜爲獻；正北，空同大夏、莎車、姑他、日略貌、胡戎翟、匈奴、樓煩、月氏、孅犁、共龍、東胡，請令以橐駝、白玉、野馬、騊駼、駃騠、良弓爲獻。湯曰：善。

（清）徐文靖《竹書統箋》卷五《外丙》　〔殷商帝外丙〕元年己亥卽位，居亳。命卿士伊尹。

（清）徐文靖《竹書統箋》卷五《太甲》　元年，辛巳，王卽位。居亳，命卿士伊尹。箋按：《書敘》曰：成湯既没，太甲元年，伊尹作《伊訓》《肆命》《徂后》，書曰：惟元祀二月乙丑，伊尹祀于先王，奉嗣王祗見厥祖。尹乃明言烈祖之成德以訓于王是也。

又：〔元年〕伊尹放太甲于桐，乃自立。箋按：《書·太甲上》曰，惟嗣王不惠于阿衡，伊尹曰，子弗狎于弗順，營于桐宫，密邇先王其訓，無俾世迷。王徂桐宫居憂。【略】

《殷本紀》，帝太甲既立，三年不明，暴虐，不遵湯法，亂德。於是伊尹放之于桐宫，三年伊尹攝行政當國，以朝諸侯。【略】正義曰：尸鄉在偃師西南五里。《通鑑》，太甲卽位不明厥德，顛覆湯之典型，伊尹放之于桐宫。

又：〔殷商帝太甲〕七年，王潛出，自桐，殺伊尹。箋按：《文選》陸士衡《豪士賦》注，引《紀年》太甲潛出自桐殺伊尹，考《竹書紀年》事事與經史扶同，獨太甲潛出自桐殺尹一事敢立異議，不顧事之有無者，彼見夫三晉處晉君于端氏，田和遷康公于海上，往往托伊尹放太甲之美名，明示其可以潛爲之謀而殺之，故設爲太甲殺尹之説，所以寒奸臣之胆，而壯衰君之氣也。如《春秋外傳》褒姒與伊尹比而亡夏，妲己與膠鬲比而亡周，豈必實有是事哉。

（清）崔述《崔東壁遺書·商考信録》卷一《伊尹》 成湯既受命，時則有若伊尹，格于皇天。《書·君奭》。

伊尹耕於有莘之野而樂堯、舜之道焉。非其義也，非其道也，禄之以天下，弗顧也，繫馬千駟，弗視也。非其義也，非其道也，一介不以與人，一介不以取諸人。湯使人以幣聘之，囂囂然曰：我何以湯之聘幣爲哉！我豈若處畎畝之中，由是以樂堯、舜之道哉！同上。

附論：萬章問曰：人有言伊尹以割烹要湯，有諸？孟子曰：否，不然。吾未聞枉己而正人者也，况辱己以正天下者乎！聖人之行不同也，或遠或近，或去或不去，歸潔其身而已矣！

辨七十不遇之説

《帝王世紀》云：伊摯豐下鋭上，色黑而短，僂身而下聲，年七十而不遇。湯聞其賢，設朝禮而見之。見《後漢書·馮衍傳》註。余按：伊尹相湯以王天下，其在湯朝必歷有年所，其後又相外丙、仲壬、太甲、沃丁，不下數十餘年，則伊尹之遇湯當在中年；以爲七十，謬矣！至於短黑僂身云者，亦皆戰國策士抑揚之詞，非實事。故不録。【略】

備覽：沃丁之時，伊尹卒。既葬伊尹於亳，咎單遂訓伊尹事，作《沃丁》。《史記·殷本紀》。

阿衡、保衡非伊尹

《史記·殷本紀》云：伊尹名阿衡。鄭康成云：阿，倚；衡，平也。伊尹，湯倚而取平，故以爲官名。是以伊尹、阿衡爲一人也。《僞古文尚書》因之，遂曰：惟嗣王不惠于阿衡，伊尹作書云云。又曰：昔先正保衡作我先王，一夫不獲，則曰時予之辜。皆以伊尹之事爲阿衡、保衡之事。余按：《書》云：成湯既受命，時則有若伊尹，格于皇天；在太甲，時則有若保衡。則是伊尹、保衡爲二人明甚，安有同是一人而兩舉之，一則屬之成湯，一則屬之太甲，變其稱謂以爲奇乎！謂保衡卽伊尹，亦可謂巫賢卽巫咸乎！《詩》曰：昔在中葉，有震且業；允也天子，降于卿士；實維阿衡，實左右商王。夫曰中葉，卽太甲世也；曰有震且業，卽太甲居桐宫事也，但言阿衡之輔太甲耳，初未嘗見有輔成湯之事也。《傳》曰：伊尹放太甲而相之，卒無怨色。《孟子》書記伊尹事尤多，皆無有稱之爲保衡、阿衡者。何由而知保衡、阿衡之必爲伊尹也哉？考古稱謂之例，多以官名冠人名者。《詩》曰：維師尚父。師，官名也；尚父，太公字也。《書》曰：保奭，其汝克敬。保，官名也；奭，召公名也。《春秋傳》中所載史佚、卜偃、祝鮀、師曠之屬尤多，不可悉數。然則阿保當爲官名，而衡當爲人名矣。古者有師，有傅，有阿，有保；傳記所載，未聞有以衡名官者。蓋衡嘗爲阿，又嘗爲保，故或稱阿衡，或稱保衡耳。若以二字皆爲官名，則一官既不應兩稱，兩官又不必俱以衡名而又皆使伊尹兼之，其不然審矣。嗟夫，伏羲之與太皞，神農之與炎帝，南容之與南宫敬叔，明明爲兩人也，而後世皆以爲一人；則皐陶之與庭堅，伊尹之與保衡，其兩舉於經傳者，吾又安敢附和之而槪以爲一人乎！然王良伯樂，《國語》明明一人者，後世又分爲兩人；復何怪夫宋人之以堯、舜爲一人，而唐人之以班固與班孟堅爲兩人也！是皆可爲之一噱也。故今保衡、阿衡之文俱不載於《伊尹篇》中。

盤庚

《史記》卷三《殷本紀》 帝陽甲崩，弟盤庚立，是爲帝盤庚。帝盤庚之時，殷已都河北，盤庚渡河南，復居成湯之故居，迺五遷，無定處。殷民咨胥皆怨，不欲徙。盤庚乃告諭諸侯大臣曰：昔高后成湯與爾之先祖俱定天下，法則可修。舍而弗勉，何以成德！乃遂涉河南，治亳，行湯之政，然後百姓由寧，殷道復興。諸侯來朝，以其遵成湯之德也。

帝盤庚崩，弟小辛立，是爲帝小辛。帝小辛立，殷復衰。百姓思盤庚，迺作《盤庚》三篇。帝小辛崩，弟小乙立，是爲帝小乙。

（清）崔述《崔東壁遺書・商考信録》卷二《盤庚》　盤庚遷于殷，民不適有居，率籲衆慼，出矢言。【略】王若曰：格汝衆，予告汝訓！汝猷黜乃心，無傲從康。古我先王，亦惟圖任舊人共政。王播告之修，不匿厥指，王用丕欽。罔有逸言，民用丕變。今汝聒聒，起信險膚，予弗知乃所訟！【略】汝不知吉言于百姓，惟汝自生毒；乃敗禍姦宄，以自災于厥身。乃既先惡于民乃奉其恫，汝悔身何及！相時憸民，猶胥顧于箴言，其發有逸口，矧予制乃短長之命！汝曷弗告朕，而胥動以浮言？恐沈于衆。若火之燎于原，不可嚮邇，其猶可撲滅。則惟汝衆自作弗靖，非予有咎。《書・盤庚》。

《盤庚》上篇。

按：《盤庚》上篇乃誥羣臣者。蓋卿士大夫者，萬民之望，觀篇中所云先惡于民，云胥動以浮言，則是民之梗化皆卿士大夫之倡之也，故先誥之。盤庚其可謂知本矣。卿士大夫不與君一體，於此見殷道之衰。幸而盤庚能正其本，以義責之，以刑惕之，使之有所畏憚而不敢恣其所欲爲，所以卒能保守先業而有以開武丁之中興也。【略】

世儒多謂盤庚改商爲殷。《綱目前編》因之，於陽甲以前皆書曰商王，於盤庚以後皆書曰殷王，於盤庚之元祀書曰遷都於殷，改國號曰殷。余按：《商書・盤庚篇》云：殷降大虐，先王不懷，厥攸作。是盤庚未遷以前已稱殷也。《商頌・殷武篇》云：商邑翼翼，四方之極。是盤庚既遷以後猶稱商也。《詩》云：殷商之旅，又云：咨汝殷商，而《書・微子》一篇或稱殷，或稱商，參差不一，是殷與商可以連稱，亦可以互稱也。安在其爲改號也哉！蓋商者湯之國號，而殷者則商之邑名，後世所謂建都之地是也。其稱爲殷商，猶其稱爲京周也。商邑於殷而遂號爲殷，猶韓邑於鄭而遂號爲鄭，魏邑於梁而遂號爲梁也。南遷於他邑而皆名之爲殷，猶晉遷於新田而仍名之爲絳，楚遷於鄀而仍名之爲郢也。不得以爲盤庚所改。故今不從其說。

備覽：盤庚崩，弟小辛立；殷復衰。小辛崩，弟小乙立。同上。

武丁

（清）孫星衍《尚書今古文注疏・書序上》　高宗夢得説，使百工營求諸野，得諸傅巖，注：史遷説：武丁夜夢得聖人，名曰説。以夢所見視羣臣百吏，皆非也。於是使百工營求之野，得説於傅險中。是時説爲胥靡，築於傅險。見於武丁，武丁曰是也。得而與之語，果聖人，舉以爲相，殷國大治。故遂以傅險姓之，號曰傅説。馬融曰：高宗始命爲傅氏。鄭康成曰：得諸傅巖，高宗因以傅命説爲氏。得一作㝵，説一作兑。疏：《説文》夐，營求也。《商書》曰：高宗夢得説，使百工營求，得之傅巖。巖，穴也。《一切經音義》一引衛宏《詔定古文官書》㝵、得二字同體。云：《説文》㝵，取也。《尚書》高宗夢㝵説是也。史公説使百工營求之野者，百工，百官也。云得説於傅險中者，《索隱》曰：舊本作險，亦作巖也。《墨子・尚賢下篇》云：昔者，傅説居北海之洲，圜土之上。衣褐帶索，庸築於傅巖之城。武丁得而舉之，立爲三公。《史記正義》引《地理志》云：傅巖卽傅説版築之處。所隱之處，窟名聖人窟，在今陝州河北縣北七里，卽虞國、虢國之界。又有傅説祠。《注水經》云：沙澗水北出虞山，東南經傅巖，歷傅説隱室前，俗名聖人窟。案：所引《地理志》當爲《括地志》，字誤也。云胥靡者，《漢書》注：晉灼云：胥，相也。靡，隨也。古者相隨坐，輕刑之名也。馬、鄭注俱見《書》疏，脱與《史記》同也。説《釋文》云：本又作兑，音悦。

《史記》卷三《殷本紀》　帝小乙崩，子帝武丁立。帝武丁卽位，思復興殷，而未得其佐。三年不言，政事決定於冢宰，以觀國風。武丁夜夢得聖人，名曰説。以夢所見視羣臣百吏，皆非也。於是迺使百工營求之野，得説於傅險中。是時説爲胥靡，築於傅險。見於武丁，武丁曰是也。得而與之語，果聖人，舉以爲相，殷國大治。故遂以傅險姓之，號曰傅説。

帝武丁祭成湯，明日，有飛雉登鼎耳而呴，武丁懼。祖己曰：王勿憂，先修政事。祖己乃訓王曰：唯天監下典厥義，降年有永有不永，非天夭民，中絶其命。民有不若德，不聽罪，天既附命正厥德，乃曰其柰何。嗚呼！王嗣敬民，罔非天繼，常祀毋禮于弃道。武丁修政行德，天下咸驩，殷道復興。

（宋）劉恕《資治通鑑外紀》卷二下《夏商紀·商》　武丁開先祖之府，取其明法以爲君臣上下之節。此《大戴禮·少間》文，本文云：殷德小破，二十有二世乃有武丁卽位云云。下云殷民更眩，近者説，遠者至。位食之民昭然明視。此節引。祭成湯，有飛雉升鼎耳而雊，武丁懼。祖己訓諸王，作《高宗肜日》，高宗之訓。此《尚書》序文正義引鄭玄曰：鼎三公象也，又用耳行，雉升鼎耳而鳴，象視不明，天意若云當任三公之謀以爲政。又武丁懼三字本文所無，此《史記·殷本紀》文。《史記》曰：武丁祭成湯，有飛雉登鼎耳而呴，武丁懼。祖己曰：王勿憂，先修政事。武丁修政行德，天下咸驩，殷道復興。正義曰：呴音構。呴，雉鳴也。《詩》云：雉之朝呴。《尚書·高宗肜日》曰：高宗肜日，越有雊雉。祖己曰云云。孔安國曰：祖己賢臣名。按《史記》所采《高宗肜日》與今本畧殊，蓋太史公所見古文本異也。《竹書紀年》武丁二十九年肜祭太廟，有雉來。祖己曰：遠方將有來朝者，武丁内反諸己，以思王道。三年編髮重譯，來朝者六國，自是服章多用翟羽。此《尚書大傳》及古今注文。《尚書大傳》曰：武丁祭成湯，有雉飛升鼎耳而雊。武丁問諸祖己，祖己曰：雉者，野鳥也。不當升鼎，今升鼎者，欲爲用也。無則遠方將有來朝者乎？故武丁内反諸己，以思先王之道。三年編髮重譯，來朝者六國。自是服章句見《通典·禮五》引古今注，今本無此文。孔子曰：吾於《高宗肜日》，見德有報之疾也。苟由其道，致其仁，故遠方歸德焉。此《孔叢子·論書篇》文。今本致其仁下作則遠方歸志而致其敬焉。古今本不同，或劉氏節之也。《尚書大傳》上三句文畧同。德下多之字。劉向以爲武丁恐駭，謀于忠賢，修德而政事。内舉傳説，授以國政；外伐鬼方，三年乃克，以安諸夏。感變而懼災眚自消，修政行德，天下咸懽，殷道復興。

帝　辛

（清）崔述《崔東壁遺書·商考信録》卷二《紂》　補：紂之去武丁未久也，其故家遺俗，流風善政，猶有存者；又有微子、微仲、王子比干、箕子、膠鬲，皆賢人也，相與輔相之。《孟子》。

備覽：紂資辨捷疾，聞見甚敏；材力過人，手格猛獸；知足以距諫，言足以飾非，矜人臣以能，高天下以聲，以爲皆出己之下。《史記·殷本紀》。

爵生烏事劉向書兩説

《説苑》云：帝辛時，爵生烏於城隅，占之，曰：小以生巨，國家必社。帝辛喜，亢暴無極，遂亡殷國。余按：小而生巨，《新序》以爲宋康王事，向所推爲黑眚者也。蓋傳聞者異詞，向遂兩載之耳。今不録。

箕子者，紂親戚也。《史記·宋微子世家》。

王子比干者，亦紂之親戚也。同上。

箕子非紂諸父

世儒謂箕子、比干皆紂之叔父。余按：《史記》但稱爲紂親戚，《孟子》稱比干爲王子，以爲諸父，似矣；若箕子，則未有以見其爲紂諸父也。世儒蓋因誤讀《孟子》王子比干、箕子、膠鬲之文而謂王子兼下二人言之。不知比干爵邑不著，故連王子爲文，箕子自有爵邑，豈得復以王子冠之。若云王子箕子，尚復成文義乎！《告子篇》稱微子、比干，皆以爲紂叔父，乃文義之小誤，然無箕子，則箕子或商宗室世卿亦未可知，不得懸斷爲紂之諸父也。【略】

補：微子去之；箕子爲之奴；比干諫而死。《論語·微子篇》。

附論：孔子曰：殷有三仁焉。《論語·微子篇》。

三仁行事之次第

《史記·殷本紀》微子之去在箕奴比死之前，而《宋世家》則載之於箕、比受禍之後。且記微子言云：父子有骨肉而臣主以義屬，故父有過，子三諫而不聽則隨而號之；人臣三諫不聽，則其義可以去矣。於是太師少師乃勸微子去遂行。其意似懲於箕、比之事而云然者。余按：諫不聽而去，乃異姓疎遠之臣然耳；微子，商之懿親，豈得以此爲比！且《本紀》、《世家》之文既相矛盾，而《世家》又載《尚書·微子篇》文於箕、比未諫之前，則是司馬氏原無定見也。細玩《微子》一篇，似微子雖紂兄弟而實不與於政事者，所處之地與《春秋傳》衛文公頗相類，與箕、比之有官守者不同，是以父師少師皆不以諫勸之，而但云王子弗出，我乃顛隮，不必待箕、比之受禍而後去也。《史記》以爲數諫不聽，大抵亦出於揣度耳。故今但以《論語》原文次之，而《世家》之文不録焉。

箕、比受禍非出自期

《韓詩外傳》云：紂作炮烙之刑，王子比干曰：主暴不諫，非忠也；畏死不言，非勇也。見過卽諫，不用卽死，忠之至也！遂諫，三日不去朝，紂囚殺之。又云：比干諫而死，箕子曰：知不用而言，愚也；殺身以彰君之惡，不忠也。二者不可，然且爲之，不祥莫大焉！遂解髮佯狂而去。是比干死而後箕子奴，箕子以比干之死爲非也。《史記·宋世家》云：紂爲淫泆，箕子諫不聽，人或曰：可以去矣！箕子曰，爲人臣，諫不聽而去，是彰君之惡而自説於民，吾不忍爲也。乃被髮佯狂而爲奴。又云：王子比干見箕子諫不聽而爲奴，則曰：君有過而不以死争，則百姓何辜！乃直言諫紂。紂怒曰：吾聞聖人之心有七竅，信有諸乎？乃遂殺王子比干，刳視其心。是箕子奴而後比干死，比干以箕子之奴爲非也。余按：箕、比之奴與死皆由所遇之殊非必自期於奴死也。且箕子不諫紂則已，被髮佯狂欲何爲者？此必箕、比皆驟諫紂，幸而紂怒未甚則取而奴之，不幸而紂怒甚則取而殺之耳。謂箕子不辭奴則然，謂箕子自欲奴則不然；謂比干不畏死則可，謂比干必欲死則不可也。二書之文皆後人因二人之奴與死而代爲之言者，是以其言淺近輕率而亦不得聖賢之心也。《殷本紀》載此事，其先後與《詩傳》同而與《宋世家》互異，然則子長亦自無定見矣。所稱箕子懼，乃佯狂爲奴者，亦非是。箕子固非懼死之人，而死不死亦不在於爲奴與否也。要之，三仁者賢同心同，事之先後原可不必區别，但《論語》文簡直，疑得其實；《宋世家》之先後與《論語》合，而所稱剖心者《詩傳》無之，恐亦出於會。故今但載《論語》之文，而《本紀》、《世家》、《詩傳》之言悉不録。【略】

伯夷

（漢）韓嬰《韓詩外傳》卷三　伯夷叔齊目不視惡色，耳不聽惡聲。非其君不事，非其民不使。横政之所出，横民之所止，弗忍居也。思與鄉人居，若朝衣朝冠，坐於塗炭也。故聞伯夷之風者，貪夫廉，懦夫有立志。至柳下惠則不然。不羞汙君，不辭小官。進不隱賢，必由其道。阨窮而不憫，遺佚而不怨。與鄉人居，愉愉然不去也。雖袒裼裸裎於我側，彼安能浼我哉？故聞柳下惠之風者，鄙夫寬，薄夫厚。至乎孔子去魯，遲遲乎其行也，可以去而去，可以止而止，去父母國之道也。伯夷，聖人之清者也。柳下惠，聖人之和者也。孔子，聖人之中者也。《詩》曰：不競不絿，不剛不柔。中庸和通之謂也。

《史記》卷六一《伯夷列傳》　伯夷、叔齊，孤竹君之二子也。父欲立叔齊，及父卒，叔齊讓伯夷。伯夷曰：父命也。遂逃去。叔齊亦不肯立而逃之。國人立其中子。於是伯夷、叔齊聞西伯昌善養老，盍往歸焉。及至，西伯卒，武王載木主，號爲文王，東伐紂。伯夷、叔齊叩馬而諫曰：父死不葬，爰及干戈，可謂孝乎？以臣弑君，可謂仁乎？左右欲兵之。太公曰：此義人也。扶而去之。武王已平殷亂，天下宗周，而伯夷、叔齊恥之，義不食周粟，隱於首陽山，采薇而食之。及餓且死，作歌。其辭曰：登彼西山兮，采其薇矣。以暴易暴兮，不知其非矣。神農、虞、夏忽焉没兮，我安適歸矣？于嗟徂兮，命之衰矣！遂餓死於首陽山。

姬昌

《史記》卷四《周本紀》　古公卒，季歷立，是爲公季。公季脩古公遺道，篤於行義，諸侯順之。公季卒，子昌立，是爲西伯。西伯曰文王，遵后稷、公劉之業，則古公、公季之法，篤仁，敬老，慈少。禮下賢者，日中不暇食以待士，士以此多歸之。伯夷、叔齊在孤竹，聞西伯善養老，盍往歸之。太顛、閎夭、散宜生、鬻子、辛甲大夫之徒皆往歸之。【略】

西伯陰行善，諸侯皆來決平。於是虞、芮之人有獄不能決，乃如周。入界，耕者皆讓畔，民俗皆讓長。虞、芮之人未見西伯，皆慙，相謂曰：吾所争，周人所恥，何往爲，祇取辱耳。遂還，俱讓而去。諸侯聞之，曰：西伯蓋受命之君。

（清）馬驌《繹史》卷二〇《武王克殷》　《尚書大傳》：武王與紂戰于牧之野。紂之卒輻，分紂之車，瓦裂紂之甲，魚鱗下，賀乎武王，紂死。武王皇皇若天下之未定。召太公而問曰：入殷奈何？太公曰：臣聞之也，愛人者兼其屋上之烏，不愛人者及其胥餘，何如？武王曰：不可。召公趨而進曰：臣聞之也，有罪者殺，無罪者活，咸劉厥敵，毋使有餘烈，何如？武王曰：不可。周公趨而進曰：臣聞之也，各安其宅，各田其田，毋故毋新，惟仁之親，何如？武王曠乎若天下之已定。遂入殷，封比干之墓，表商容之閭，發鉅橋之粟，散鹿臺之財，歸頃宮之女，而民知方曰：王之於仁人也，死者封其墓，況於生者乎！王之於賢人也，亡者表其閭，況於在者乎！王之於財也，聚者散之，況於復籍乎！王之於色也，在者歸其父母，況於復徵乎！

（清）崔述《崔東壁遺書·豐鎬考信録》卷一《文王上》 摯仲氏任，自彼殷商，來嫁于周，曰嬪于京。乃及王季，維德之行。大任有身，生此文王。《詩·大雅》。

思齊大任，文王之母。同上。

備覽：文王在母不憂，在傅弗勤，處師弗煩。《晉語》。

備覽：文王之爲世子，朝於王季日三。雞初鳴而衣服，至於寢門外，問内豎之御者曰：今日安否，何如？内豎曰安，文王乃喜。及日中又至，亦如之。及莫又至，亦如之。其有不安節，則内豎以告文王；文王色憂，行不能正履。王季復膳，然後亦復初。食上，必在視寒煖之節；食下，問所膳。命膳宰曰末有原；應曰諾，然後退。《禮記·文王世子》。

此原文王之始。

文王之形不可知

《帝王世紀》稱文王龍顔虎眉，身長十尺，有四乳。余按：文王之聖以德不以形；且古未有影堂，何由得知其詳，皆後人之所附會耳。惟文王十尺見於《孟子》；然特曹交傳聞之語，不足據，孟子固曰奚有於是矣。故今不録。

穆穆文王，於緝熙敬止。《詩·大雅》。

雝雝在宫，肅肅在廟。不顯亦臨，無射亦保。同上。

此文王修身事。

文王之德不勝舉

按《詩》、《書》中稱文王之德者不可枚舉，且亦人所共知，無庸悉載。載此二章之文以見大凡。

文王初載，天作之合。在洽之陽，在渭之涘。【略】親迎于渭，造舟爲梁。同上。

刑于寡妻，至于兄弟，以御于家邦。同上。

此文王宜家事。

（清）崔述《崔東壁遺書·豐鎬考信録》卷二《文王下》 西伯崩，太子發立，是爲武王。《史記·周本紀》。

文王未嘗稱王

《史記·周本紀》於西伯崩武王立之後又云：西伯蓋即位五十年。其囚羑里，蓋益《易》之八卦爲六十四卦。詩人道西伯，蓋受命之年稱王而斷虞、芮之訟。後十年而崩，謚爲文王。後世説者遂有謂文王嘗稱王者。歐陽永叔云：《書》稱商始咎周以乘黎。其伐黎而勝也，商人已疑其難制而惡之。使西伯赫然見其不臣之狀，與商並立而稱王，如此十年，商人反晏然不以爲怪，其父師老臣如祖伊、微子之徒亦默然相與熟視而無一言，此豈近於人情邪！由是言之，謂西伯受命稱王十年者，妄説也。又云：孔子曰：三分天下有其二，以服事商。使西伯不稱臣而稱王，安能服事於商乎！且謂西伯稱王者，起於何説；而孔子之言，萬世之信也。由是言之，謂西伯受命稱王十年者，妄説也。余按：《史記》此文係於西伯崩後，且連用數蓋字，則是本非《本紀》正文，蓋司馬氏别紀異聞而傳寫者誤合之也。果演《易》於羑里，何不敍於被囚之時；果稱王於斷訟之年，何不記於斷訟之文之下而乃别見於崩後乎？蓋當時相傳有如此説者，子長不敢必其果然，故於崩後補載其説而云蓋焉。蓋也者，疑之也，非遂決以爲如是也。《酈生陸賈列傳》，先載沛公召酈生，及生説沛公事，至國除而止；及陸賈、朱建二傳既畢，忽又云：初沛公引兵過陳留云云，酈生上謁，沛公謝不見。其事與前文大相反，故説者謂此乃别記異聞，原下一字，而後人誤合之。然則《周本紀》之文亦當類是。且《史記》諸世家往往敍至元、成間，則《史記》一書固不盡司馬氏本文矣，學者不得以是爲疑也。歐陽子之論善矣。文王未嘗繫《易》，説見後《通考》中《易之興也條》下。

姬發

《史記》卷四《周本紀》　明年，西伯崩，太子發立，是爲武王。**【略】**　居二年，聞紂昏亂暴虐滋甚，殺王子比干，囚箕子。太師疵、少師彊抱其樂器而犇周。於是武王偏告諸侯曰：殷有重罪，不可以不畢伐。乃遵文王，遂率戎車三百乘，虎賁三千人，甲士四萬五千人，以東伐紂。十一年十二月戊午，師畢渡盟津，諸侯咸會。曰：孳孳無怠！武王乃作《太誓》，告于衆庶：今殷王紂乃用其婦人之言，自絶于天，毀壞其三正，離逷其王父母弟，乃斷弃其先祖之樂，乃爲淫聲，用變亂正聲，怡説婦人。故今予發維共行天罰。勉哉夫子，不可再，不可三！**【略】**　武王病。天下未集，羣公懼，穆卜，周公乃祓齋，自爲質，欲代武王，武王有瘳。後而崩，太子誦代立，是爲成王。

（清）崔述《崔東壁遺書·豐鎬考信録》卷二《武王上》　有命自天，命此文王，于周于京；纘女維莘，長子維行，篤生武王。《詩·大雅》。

大姒嗣徽音，則百斯男。同上。

文王舍伯邑考而立武王。《戴記·檀弓》。

按：《檀弓》語多失實，而伯邑考不見於經傳；然諸家《書》多言伯邑考者，當非妄撰。且管叔乃周公之兄，不稱仲而稱叔，亦似武王有伯兄者。惟謂伯邑考爲紂所烹，則恐未然。説已見前《商紂篇》中。**【略】**

《大戴記》云：文王十二而生伯邑考，十五而生武王。《小戴記》云：文王九十七而終，武王九十三而終。據是，則文王崩時，武王當年八十三；至九十三而崩，則在位僅十年。而《泰誓序》云：十有一年，武王伐殷。《洪範篇》云：十有三祀，王訪於箕子。春數不符。説者不得已，乃曲爲之解，謂武王之年繼文王受命九年而數之。宋歐陽永叔曰：古者人君卽位，則稱元年以計其在位之久近，常事也。自秦惠文始改十四年爲後元年，漢文帝亦改十七年爲後元年，自後説《春秋》者因以改元爲重事。果重事與？西伯卽位已改元年，中間不宜改元而又改元；至武王卽位，宜改元而反不改元，乃上冒先君之元年，並其居喪，稱十一年；及其滅商而得天下，其事大於聽訟遠矣，而又不改元。由是言之，謂文王受命改元，武王冒文王之元年者，妄也！余按：永叔之論當矣，然其誤之所由則猶未之及也。古者男子三十而娶，雖未盡然，然要必近二十乃可成婚。況聖人人倫之至，其行事必可爲後世法，若文王十二而生子，則當以十一成婚，安得如是之早；太姒之年當更幼於文王，或僅相若，又安得有生子事乎！《書》云：文王受命惟中身，厥享國五十年。《孟子》書公孫丑亦稱文王百年而崩，是文王百年有徵也，卽九十七亦可云百年。若武王之年，則不見於經傳。況人之修短，命也，父不可以與子，兄不可以與弟，而《記》乃述文王言云：我百，爾九十，吾與爾三焉。其不經甚矣！就令可與，何不多與之，而斤斤於區區之三年也？由是言之，《戴記》之文本不足信明矣。雖然，二篇固屬附會，要但各記所聞，原不期於相合；後人務欲合之，使之並行不悖，是以理窮勢屈，不得不割文王之年益武王之數耳。嗟乎，既爲古人所愚，至於兩妨，又欲巧爲之説以曲全之，安得而不誤哉！故今一概不取。説並見《周公相成王篇武王既喪條》下。**【略】**

惟十有一年，武王伐紂。《書序》見《漢書·律曆志》。

存參：師初發，以殷十一月戊子，日在析木箕七度；是夕也，月在房五度。後三日，得周正月辛卯朔，合辰在斗前一度。明日壬辰，晨星始見。癸巳，武王始發。《漢書·律曆志》。

《荀子》云：武王之誅紂也，行之日，以兵忌，東面而迎太歲。《韓詩外傳》云：武王伐紂，楯折爲三，天雨三日不休。太公曰：折爲三者，軍當分爲三也。天雨三日不休，欲洒吾兵也。余按：聖人舉事，惟義所在；異端術數之學，世俗忌諱之説，不但君子之所不道，而周以前亦無此等言也。況武王奉天罰罪，會朝清明，當致休祥，安得反致災異！《國語》記武王伐紂事，亦無此等一語。則此皆戰國人之所附會無疑也。《説苑》亦述此事而文稍異，要之皆不足信。故並不採；但載《漢志》之文以爲參考之助云爾。

補：武王之伐殷也，革車三百兩，虎賁三千人。《孟子》。

備覽：居二年，聞紂昏亂暴虐滋甚，殺王子比干，囚箕子，太師疵、少師彊抱其樂器而犇周，於是武王偏告諸侯曰：殷有重罪，不可以不畢伐！

遂率戎車三百乘，虎賁三千人，甲士四萬五千人以東伐紂。《史記·周本紀》。

伐紂在十一年

《書序》云：惟十有一年，武王伐殷；一月戊午，師渡孟津，作《泰誓》三篇。是以武王伐商爲在十一年也。

（清）崔述《崔東壁遺書·豐鎬考信録》卷三《武王下》　備覽：牧之野，武王之大事也。既事而退，柴于上帝，祈于社，設奠于牧室，遂率天下諸侯執豆籩，逡奔走，追王太王亶父、王季歷、文王昌。《大傳》。

三王追尊當在牧野時

追王之説凡三。《史記》以爲文王受命稱王，而追尊古公、公季皆爲王。文王稱王，先儒固多駁之；苟文王未嘗稱王，則二王亦非文王之所追尊明矣。《中庸》以爲周公追王大王、王季，而無文王。然《書·金縢篇》文大王、王季於武王之世已皆稱王，則《中庸》所稱亦不然矣。唯《大傳》以爲武王在牧野時，三王同時追尊，於理爲近，與《尚書》文亦合。故今從之。説詳見前《文王》及後《周公》篇中。

按：《本紀》之散財發粟，即《論語》大賚之典；《大傳》之設奠追王，即《史記》享祠之事。故連類而次之。

備覽：封商紂子禄父殷之餘民。武王爲殷初定未集，乃使其弟管叔鮮、蔡叔度相禄父治殷。《史記·周本紀》。

封殷當在散財後

《史記》此文在散財發粟之前。按：散財發粟與釋囚表閭皆如救焚拯溺，不可旦夕緩者；若封殷立監，似當從容議之。故移置於此。監殷止管、蔡二叔，無霍叔説見《周公相成王篇管蔡甚商條》下。

備覽：乃罷兵西歸，行狩記政事，作《武成》。同上。

《僞武成》不必改定

《僞尚書》中有《武成篇》，乃綴輯經傳《孟子》、《戴記》之語而采《漢書·律曆志》所引《武成》原文以冠之者。雖無大謬於理，而亦毫無所發明。且既爲誥體，而通篇皆敍事，殊不相稱；其文亦雜亂無章。《蔡傳》疑之，是也；顧不肯糾其僞而但爲改定其文，豈知改定更不免於雜亂乎！況既敍伐商之文於誥前，則所謂誥者僅寥寥數語，而亦仍是敍事，初無所白於諸侯者：《尚書》寧有此誥體邪！故今不采其文而但載《漢志》所引之原文。

姜　尚

《史記》卷三二《齊太公世家》　太公望呂尚者，東海上人。其先祖嘗爲四嶽，佐禹平水土甚有功。虞夏之際封於呂，或封於申，姓姜氏。夏商之時，申、呂或封枝庶子孫，或爲庶人，尚其後苗裔也。本姓姜氏，從其封姓，故曰呂尚。

呂尚蓋嘗窮困，年老矣，以漁釣奸周西伯。西伯將出獵，卜之，曰所獲非龍非彲，非虎非羆；所獲霸王之輔。於是周西伯獵，果遇太公於渭之陽，與語大説，曰：自吾先君太公曰：當有聖人適周，周以興。子真是邪？吾太公望子久矣。故號之曰：太公望，載與俱歸，立爲師。【略】

於是武王已平商而王天下，封師尚父於齊營丘。東就國，道宿行遲。逆旅之人曰：吾聞時難得而易失。客寢甚安，殆非就國者也。太公聞之，夜衣而行，犁明至國。萊侯來伐，與之争營丘。營丘邊萊。萊人，夷也，會紂之亂而周初定，未能集遠方，是以與太公争國。

太公至國，脩政，因其俗，簡其禮，通商工之業，便魚鹽之利，而人民多歸齊，齊爲大國。及周成王少時，管蔡作亂，淮夷畔周，乃使召康公命太公曰：東至海，西至河，南至穆陵，北至無棣，五侯九伯，實得征之。齊由此得征伐，爲大國。都營丘。

（清）徐文靖《竹書統箋》卷六《帝辛》　〔殷商帝辛〕三十一年，西伯治兵于畢，得呂尚以爲師。箋按：《六韜》曰，文王卜田史編爲卜田于渭之陽，將大得焉，非熊非羆非虎非狼兆得公侯，天遺汝師，王乃齋戒三日，田于渭之陽，卒見呂尚坐茅以漁。

姬　奭

《詩經·國風·召南·甘棠》　蔽芾甘棠，勿翦勿伐，召伯所茇。蔽芾甘棠，勿翦勿敗，召伯所憩。蔽芾甘棠，勿翦勿拜，召伯所説。

《史記》卷三四《燕召公世家》　召公奭與周同姓，姓姬氏。周武王之滅紂，封召公於北燕。

其在成王時，召公爲三公：自陜以西，召公主之；自陜以東，周公主之。成王既幼，周公攝政，當國踐祚，召公疑之，作《君奭》。《君奭》不説周公。周公乃稱湯時有伊尹，假于皇天；在太戊時，則有若伊陟、臣扈，假于上帝，巫咸治王家；在祖乙時，則有若巫賢；在武丁時，則有若甘般：率維茲有陳，保乂有殷。於是召公乃説。

召公之治西方，甚得兆民和。召公巡行鄉邑，有棠樹，决獄政事其下，自侯伯至庶人各得其所，無失職者。召公卒，而民人思召公之政，懷棠樹不敢伐，哥詠之，作《甘棠》之詩。

（清）徐文靖《竹書統箋》卷八《厲王》　〔周厲王十二年〕國人圍王宮，執召穆公之子殺之。箋按：《左傳》服虔注，召穆公，召康公十六世孫。《周本紀》厲王太子靜匿召公家，國人聞之乃圍之。召公乃以其子代王太子，太子竟得脱。《一統志》鳳翔縣春秋時爲故雍，本召穆公之采邑。

又：〔周厲王二十六年〕周定公召穆公立太子靖爲王。箋按：《周本紀》共和十四年，王死于彘，太子靜長于召公家。二相乃共立之爲王，是爲宣王。

（清）徐文靖《竹書統箋》卷九《宣王》　〔周宣王〕元年，甲戌春，正月，王即位，周定公召穆公輔政。箋按：《周本紀》宣王即位，二相輔之，修政法文武成康之遺風，諸侯復宗周。僖公二十四年《傳》注曰：召穆公周卿士，名虎。扶風雍縣東南有召亭。

（宋）劉恕《資治通鑑外紀》卷三下《周紀一・康王》　初，召公治西方，甚得民和。有司請召民，召公曰：不勞一身，而勞百姓，非吾先君文王之志也。乃巡行鄉邑，聽斷於阡陌隴畝之間，廬於棠樹下。以桑蠶耕種時，弛獄出拘民，得反業。自侯伯至庶人，無失職者。及召公卒，謚康公。民思其政，懷棠樹不敢伐，作《甘棠》之詩歌詠之。原注王充曰：召公，周公之兄。

姬誦

《史記》卷四《周本紀》　成王在豐，使召公復營洛邑，如武王之意。周公復卜申視，卒營築，居九鼎焉。曰：此天下之中，四方入貢道里均。作《召誥》、《洛誥》。成王既遷殷遺民，周公以王命告，作《多士》、《無佚》。召公爲保，周公爲師，東伐淮夷，殘奄，遷其君薄姑。成王自奄歸，在宗周，作《多方》。既絀殷命，襲淮夷，歸在豐，作《周官》。興正禮樂，度制於是改，而民和睦，頌聲興。成王既伐東夷，息慎來賀，王賜榮伯，作《賄息慎之命》。

（漢）劉向《説苑》卷七《政理》　成王問政於尹逸曰：吾何德之行而民親其上？對曰：使之以時而敬順之，忠而愛之，布令信而不食言。王曰：其度安至。對曰：如臨深淵，如履薄冰。王曰：懼哉。對曰：天地之間，四海之内，善之則畜也；不善則讎也；夏殷之臣反讎桀紂而臣湯武；夙沙之民自攻其主，而歸神農氏，此君之所明知也，若何其無懼也。

（清）崔述《崔東壁遺書・豐鎬考信録》卷六《成康之際》　自彼成、康，奄有四方，斤斤其明。《詩・周頌》。【略】

成王不敢康，夙夜基命宥密，於緝熙，單厥心。肆其靖之。《詩・周頌》。【略】

余按：《詩》與《國語》之文明矣，歐陽子、朱子之辨詳且盡矣。蓋周之受命始於文王，克商始於武王，然奄、淮夷未平而商遺民亦未心服；迨成王之世，周公東征，而後四方始靖；至康王而後安享之。故《傳》云：武王克商，成王靖四方，康王息民；不云成王息民者，成王之初四方猶未靖也。故文王謚文，言始以文德受天命也；武王謚武，言始以武功戡大難也；成王謚成，言商、奄始靖，王業成也；康王謚康，言天下無事，但撫安之也。故此詩言昊天有成命，二后受之，言文王、武王始受天命有天下也。至於成王蒙故業爲天子，可以康矣，而不敢也，猶夙夜敬畏天命，益懋其德，是以能克商、奄、淮夷以靖四方：肆其靖之之靖，即成王靖四方之靖。然則此詩即無成王明文，亦斷斷必爲成王之詩，而況已明言成王也！即《國語》不言爲成王之德，亦斷斷不得移置之於文、武；而況《國語》又明言爲成王也！故今從歐陽子、朱子之説，置之《成王篇》中。

姬滿

《史記》卷四《周本紀》 昭王南巡狩不返，卒於江上。其卒不赴告，諱之也。立昭王子滿，是爲穆王。穆王卽位，春秋已五十矣。王道衰微，穆王閔文武之道缺，乃命伯臩申誡太僕國之政，作《臩命》。復寧。

穆王將征犬戎，祭公謀父諫曰：不可。先王燿德不觀兵。夫兵戢而時動，動則威，觀則玩，玩則無震。是故周文公之頌曰：載戢干戈，載櫜弓矢，我求懿德，肆于時夏，允王保之。先王之於民也，茂正其德而厚其性，阜其財求而利其器用，明利害之鄉，以文脩之，使之務利而辟害，懷德而畏威，故能保世以滋大。昔我先王世后稷以服事虞、夏。及夏之衰也，弃稷不務，我先王不窋用失其官，而自竄於戎狄之閒。不敢怠業，時序其德，遵脩其緒，脩其訓典，朝夕恪勤，守以敦篤，奉以忠信。奕世載德，不忝前人。至于文王、武王，昭前之光明而加之以慈和，事神保民，無不欣喜。商王帝辛大惡于民，庶民不忍，訢載武王，以致戎于商牧。是故先王非務武也，勤恤民隱而除其害也。夫先王之制，邦內甸服，邦外侯服，侯衛賓服，夷蠻要服，戎翟荒服。甸服者祭，侯服者祀，賓服者享，要服者貢，荒服者王。日祭，月祀，時享，歲貢，終王。先王之順祀也，有不祭則脩意，有不祀則脩言，有不享則脩文，有不貢則脩名，有不王則脩德，序成而有不至則脩刑。於是有刑不祭，伐不祀，征不享，讓不貢，告不王。於是有刑罰之辟，有攻伐之兵，有征討之備，有威讓之命，有文告之辭。布令陳辭而有不至，則增脩於德，無勤民於遠。是以近無不聽，遠無不服。今自大畢、伯士之終也，犬戎氏以其職來王，天子曰予必以不享征之，且觀之兵，無乃廢先王之訓，而王幾頓乎？吾聞犬戎樹敦，率舊德而守終純固，其有以禦我矣。王遂征之，得四白狼四白鹿以歸。自是荒服者不至。

諸侯有不睦者，甫侯言於王，作脩刑辟。王曰：吁，來！有國有土，告汝祥刑。在今爾安百姓，何擇非其人，何敬非其刑，何居非其宜與？兩造具備，師聽五辭。五辭簡信，正於五刑。五刑不簡，正於五罰。五罰不服，正於五過。五過之疵，官獄內獄，閱實其罪，惟鈞其過。五刑之疑有赦，其審克之。簡信有衆，惟訊有稽。無簡不疑，共嚴天威。黥辟疑赦，其罰百率，閱實其罪。劓辟疑赦，其罰倍灑，閱實其罪。臏辟疑赦，其罰倍差，閱實其罪。宮辟疑赦，其罰五百率，閱實其罪。大辟疑赦，其罰千率，閱實其罪。墨罰之屬千，劓罰之屬千，臏罰之屬五百，宮罰之屬三百，大辟之罰其屬二百：五刑之屬三千。命曰《甫刑》。

（清）崔述《崔東壁遺書·豐鎬考信録》卷六《穆王》 補：穆有塗山之會。《左傳》昭公四年。【略】

按：《舜典》之贖刑自别一法，以處夫罪不至於刑而不可竟赦者，非罪本當刑而許以金贖也。若五刑果有疑，自當酌量減免，豈得反因之以爲利！蔡氏《書傳》云：穆王巡遊無度，財匱民勞；至其末年，無以爲計，乃爲此一切權宜之術以斂民財。夫子録之，蓋亦示戒。其論當矣。蓋周之衰自穆王始，故録此篇以志文、武、成、康之法之所由變，爲後世變祖宗之法以聚斂者之戒，與後録《文侯之命篇》意同：此見周道之始衰，彼見周勢之所以不再振也。《蔡傳》又言書傳多稱《甫刑》，疑吕之後爲甫。按吕與甫古多通用，故《詩·崧高揚水》皆作申甫，而《春秋傳》皆作申吕。此蓋傳寫異文，非改之也。舜之贖刑，説已見《唐虞舜相堯篇》中。

備覽：穆王崩，子共王繄扈立。《史記·周本紀》。

姬宫湦

（清）崔述《崔東壁遺書·豐鎬考信録》卷七《幽王》 補：至于幽王，天不弔周，王昏不若，用愆厥位。《左傳》昭公二十六年。

幽王二年，西周三川皆震。【略】是歲也，三川竭，岐山崩。《周語》。

【略】

降喪饑饉，斬伐四國。《詩·小雅》。

瘨我饑饉，民卒流亡。《詩·大雅》。

周亡由於饑饉

按：饑饉之患，衰世爲多，而盛世亦往往有之。但盛世政事清明，上下一體，而民亦有儲積以備不虞，故不足爲大患。衰世政事廢弛，上下之情不通，而民亦多躭於逸樂，不知慮遠，故遇荒歲卽不免於流亡。百姓旣無固志，是以戎得乘其弊而攻之。善乎秦鍼之言曰：國無道而年穀和熟，天贊之也。是知驪山之禍固因於幽王失政，亦因於饑饉流亡。故録此詩以著幽王失國之由。

邦君諸侯，莫肯朝夕。《詩·小雅》。

今也日蹙國百里。《詩·大雅》。

周之衰微由來者漸

世皆謂申侯啓戎，戎遂克周，殺幽王驪山下。夫周之王畿號爲千里，有百二山河之險，關東諸侯皆堪徵調；戎雖強大，豈能一旦而遂破之！蓋其來有漸矣。觀《雨無正》之二章，則諸侯固已多不至者矣。觀《召旻》之卒章，則戎之蠶食亦非一日矣。周已衰微不振，是以戎得一舉而滅之。但《尚書》無宣、幽之篇，而傳記復多缺軼，無從考其詳耳。故今采此二篇之文以補其缺。

幽王八年而桓公爲司徒，九年而王室始騷。《鄭語》。

十一年，幽王乃滅，周乃東遷。《周語》。

備覽：犬戎攻幽王。幽王舉燧火徵兵；兵莫至。遂殺幽王驪山下。於是諸侯乃共立故幽王太子宜臼，是爲平王，以奉周祀。平王立，東遷於雒邑。

春秋戰國分部

小白

《史記》卷三二《齊太公世家》 桓公元年春，齊君無知游於雍林。雍林人嘗有怨無知，及其往游，雍林人襲殺無知，告齊大夫曰：無知弒襄公自立，臣謹行誅。唯大夫更立公子之當立者，唯命是聽。

初，襄公之醉殺魯桓公，通其夫人，殺誅數不當，淫於婦人，數欺大臣，羣弟恐禍及，故次弟糾奔魯。其母魯女也。管仲、召忽傅之。次弟小白奔莒，鮑叔傅之。小白母，衛女也，有寵於釐公。小白自少好善大夫高傒。及雍林人殺無知，議立君，高、國先陰召小白於莒。魯聞無知死，亦發兵送公子糾，而使管仲別將兵遮莒道，射中小白帶鉤。小白詳死，管仲使人馳報魯。魯送糾者行益遲，六日至齊，則小白已入，高傒立之，是爲桓公。

《呂氏春秋·先識覽·知接》 明年公有病，常之巫從中出曰：公將以某日薨。易牙豎刁常之巫相與作亂，塞宮門，築高牆，不通人，矯以公令。有一婦人踰垣入至公所，公曰：我欲食。婦人曰：吾無所得。公又曰：我欲飲。婦人曰：吾無所得。公曰：何故？對曰：常之巫從中出曰：公將以某日薨，易牙豎刀常之巫相與作亂，塞宮門，築高牆，不通人，故無所得。

管仲

（漢）韓嬰《韓詩外傳》卷一〇 鮑叔薦管仲曰：臣所不如管夷吾者五。寬惠柔愛，臣弗如也。忠信可結於百姓，臣弗如也。制禮約法於四方，臣弗如也。決獄折中，臣弗如也。執枹鼓立於軍門，使士卒勇，臣弗如也。《詩》曰：濟濟多士，文王以寧。

《論語注疏·憲問》 問管仲。曰：人也。注：猶《詩》言所謂伊人。奪伯氏駢邑三百，飯疏食，没齒無怨言。注：孔曰：伯氏，齊大夫。駢邑，地名。齒，年也。伯氏食邑三百家，管仲奪之，使至疏食，而没齒無怨言，以其當理也。**【略】**

子路曰：桓公殺公子糾，召忽死之，管仲不死。曰：未仁乎？注：孔曰：齊襄公立，無常。鮑叔牙曰：君使民慢，亂將作矣。奉公子小白出奔莒。襄公從弟公孫無知殺襄公，管夷吾、召忽奉公子糾出奔魯。齊人殺無知，魯伐齊，納子糾。小白自莒先入，是爲桓公，乃殺子糾，召忽死之。子曰：桓公九合諸侯，不以

兵車，管仲之力也。如其仁，如其仁。注：孔曰：誰如管仲之仁。【略】

子貢曰：管仲非仁者與？桓公殺公子糾，不能死，又相之。子曰：管仲相桓公，霸諸侯，一匡天下，注：馬曰：匡，正也。天子微弱，桓公帥諸侯以尊周室，一正天下。民到于今受其賜。注：受其賜者，爲不被髮左衽之惠。微管仲，吾其被髮左衽矣。注：馬曰：微，無也。無管仲，則君不君、臣不臣，皆爲夷狄。豈若匹夫匹婦之爲諒也，自經於溝瀆而莫之知也？注：王曰：經，經死於溝瀆中也。管仲、召忽之於公子糾，君臣之義未正成，故死之未足深嘉，不死未足多非。死事既難，亦在於過厚，故仲尼但美管仲之功，亦不言召忽不當死。

（宋）朱熹《四書章句集注・論語集注・憲問》 子曰：桓公九合諸侯，不以兵車，管仲之力也。如其仁！如其仁！九，《春秋傳》作糾，督也，古字通用。不以兵車，言不假威力也。如其仁，言誰如其仁者，又再言以深許之。蓋管仲雖未得爲仁人，而其利澤及人，則有仁之功矣。

子貢曰：管仲非仁者與？桓公殺公子糾，不能死，又相之。子曰：管仲相桓公，霸諸侯，一匡天下，民到于今受其賜。微管仲，吾其被髮左衽矣。豈若匹夫匹婦之爲諒也，自經於溝瀆而莫之知也。霸，與伯同，長也。匡，正也。尊周室，攘夷狄，皆所以正天下也。微，無也。衽，衣衿也。被髮左衽，夷狄之俗也。

《史記》卷六二《管晏列傳》 管仲夷吾者，潁上人也。少時常與鮑叔牙游，鮑叔知其賢。管仲貧困，常欺鮑叔，鮑叔終善遇之，不以爲言。已而鮑叔事齊公子小白，管仲事公子糾。及小白立爲桓公，公子糾死，管仲囚焉。鮑叔遂進管仲。管仲既用，任政於齊，齊桓公以霸，九合諸侯，一匡天下，管仲之謀也。【略】

管仲既任政相齊，以區區之齊在海濱，通貨積財，富國彊兵，與俗同好惡。故其稱曰：倉廩實而知禮節，衣食足而知榮辱，上服度則六親固。四維不張，國乃滅亡。下令如流水之原，令順民心。故論卑而易行。俗之所欲，因而予之；俗之所否，因而去之。

其爲政也，善因禍而爲福，轉敗而爲功。貴輕重，慎權衡。桓公實怒少姬，南襲蔡，管仲因而伐楚，責包茅不入貢於周室。桓公實北征山戎，而管仲因而令燕修召公之政。於柯之會，桓公欲背曹沫之約，管仲因而信之，諸侯由是歸齊。故曰：知與之爲取，政之寶也。

管仲富擬於公室，有三歸、反坫，齊人不以爲侈。管仲卒，齊國遵其政，常彊於諸侯。

（宋）劉恕《資治通鑑外紀》卷四《周紀二・莊王》 管子曰：相地而衰征，則民不移。公曰：定民之居若何？管子曰：制鄙三十家爲邑，十邑爲卒，十卒爲鄉，三鄉爲縣，十縣爲屬，五屬立五大夫。正月之朝，五屬大夫復事，擇寡功者而讁之，蔽明蔽賢，下比者皆有罪。此《齊語》文。韋昭曰：相，視也。衰，差也。

《國語》卷六《齊語》 桓公曰：吾欲從事於諸侯，其可乎？管子對曰：未可。鄰國未吾親也。君欲從事於天下諸侯，則親鄰國。桓公曰：若何？管子對曰：審吾疆場，而反其侵地；正其封疆，無受其資；而重爲之皮幣，以驟聘眺於諸侯，以安四鄰，則四鄰之國親我矣。爲遊士八十人，奉之以車馬、衣裘，多其資幣，使周遊於四方，以號召天下之賢士。皮幣玩好，使民鬻之四方，以監其上下之所好，擇其淫亂者而先征之。

《荀子・大略》 子謂子產惠人也，不如管仲。管仲之爲人，力功不力義，力知不力仁，野人也，不可以爲天子大夫。

（漢）劉向《説苑》卷一一《善説》 桓公立仲父，致大夫曰：善吾者入門而右，不善吾者入門而左。有中門而立者，桓公問焉。對曰：管子之知可與謀天下，其强可與取天下，君恃其信乎？內政委焉，外事斷焉，驅民而歸之，是亦可奪也。桓公曰：善。乃謂管仲：政則卒歸於子矣，政之所不及，唯子是匡。管仲故築三歸之臺，以自傷於民。【略】

子路問於孔子曰：管仲何如人也？子曰：大人也。子路曰：昔者，管子説襄公，襄公不説，是不辯也；欲立公子糾而不能，是無能也；家殘於齊而無憂色，是不慈也；桎梏而居檻車中無慙色，是無愧也；事所射之君，是不貞也；召忽死之，管子不死，是無仁也。夫子何以大之？子曰：管仲説襄公，襄公不説，管子非不辯也，襄公不知説也；欲立子糾而不能，非無能也，不遇時也；家殘於齊而無憂色，非不慈也，知命也；桎梏居檻車而無慙色，非無愧也，自裁也；事所射之君，非不貞也，知權也；召忽死之，管子不死，非無仁也。召忽者，人臣之材也。不死則三軍之虜也，死之則名聞天下，夫何爲不死哉？管子者，天子之佐、諸侯之相也，死之則不免爲溝中之瘠，不死則功復用於天下，夫何爲死之哉？由，汝不知也。

《韓非子·難一》　桓公解管仲之束縛而相之。管仲曰：臣有寵矣，然而臣卑。公曰：使子立高國之上。管仲曰：臣貴矣，然而臣貧。公曰：使子有三歸之家。管仲曰：臣富矣，然而臣疏。於是立以為仲父。霄略曰：管仲以賤為不可以治國，故請高國之上；以貧為不可以治富，故請三歸；以疏為不可以治親，故處仲父。管仲非貪，以便治也。或曰：今使臧獲奉君令，詔卿相，莫敢不聽。非卿相卑而臧獲尊也，主令所加，莫敢不從也。今使管仲之治不緣桓公，是無君也，國無君不可以為治。若負桓公之威，下桓公之令，是臧獲之所以信也，奚待高國、仲父之尊而後行哉！當世之行事，都丞之下，徵令者不辟尊貴，不就卑賤，故行之而法者，雖巷伯信乎卿相，行之而非法者，雖大吏詘乎民萌。今管仲不務尊主明法而事增寵益爵，是非管仲貪欲富貴，必闇而不知術也。故曰：管仲有失行，霄略有過譽。

（清）王先慎《韓非子集解·外儲説左下》　管仲相齊，曰：臣貴矣，然而臣貧。桓公曰：使子有三歸之家。先慎曰：三歸，臺名，古藏貨財之所，故能富。他書以三歸爲取三姓女，非。曰：臣富矣，然而臣卑。桓公使立於高、國之上。曰：臣尊矣，然而臣疏。乃立爲仲父。孔子聞而非之曰：泰侈偪上。一曰：管仲父出，朱蓋青衣，置鼓而歸，自朝歸設鼓吹之樂。庭有陳鼎，家有三歸。孔子曰：良大夫也，其侈偪上。

（明）唐順之《稗編》卷四三《諸家一·管子》　水心葉氏曰：《管子》非一人之筆，亦非一時之書，莫知誰所為。以其言毛嬙、西施、吳王好劍推之，當是春秋末年。又持滿定傾，不為人客等，亦種、蠡所遵用也。其時固有師傳，而漢初學者講習尤著賈誼，晁錯以為經本。故司馬遷謂：讀管氏書，詳哉其言之也。篇目次第，最為整比，乃漢世行書。至成、哀間，劉歆論定羣籍，古文大盛，學者雖疑信未明，而管氏、申、韓，由此稍絀矣。然自昔相承，直云此是齊桓、管仲相與謀議唯諾之辭。余每惜晉人集諸葛亮事，而今不存。使管子施設果傳於世，士之淺心既不能至周、孔之津涯，隨其才分亦足與立，則管仲所親嘗經紀者，豈不足為之標指哉？惟夫山林處士，妄意窺測，借以自名，王術始變；而後世信之，轉相疏剔，幽蹊曲徑，遂與道絕。而此書方為申、韓之先驅，鞅、斯之初覺。民罹其禍，而不蒙其福也。哀哉！又曰：管氏書獨《鹽筴》為後人所遵，言其利者，無不祖管仲，使之蒙垢萬世，甚可恨也！《左傳》載晏子言：海之鹽蜃，祈望守之。以為衰微之苛斂。陳氏因為厚施，謀取齊，而齊卒以此亡。然則管仲所得，齊以之伯，則晏子安得非之？孔子以小器卑管仲，責其大者可也，使其果猥瑣為市人不肯為之術，孔子亦不暇責矣。故《管子》之尤謬妄者，無甚於《輕重》諸篇。

高氏《子畧》曰：先王之制，其盛極於周。后稷、公劉、大王、王季、文、武、成、康、周公之所以制周者，非一人之力，一日之勤，經營之難，積累之素，況又有出於唐、虞、夏、商之舊者。及其衰也，一夫之謀，一時之利，足以銷靡破鑿，變徙剗蝕，而迄無餘脉。吁！一何易耶！九合之力，一覇之圖，於齊何有也？使天下一於兵而忘其為農，天下一於利而忘其為義，孰非利也？而乃攻之以貪，騁之以詐，孰非兵也？而乃趨之以便，行之以一切。先王之所以經制天下者，煙散風靡，無一可傳。嗚呼，仲其不仁也哉！而況井田既壞，槩量既立，而商鞅之毒益滋矣。封建既隳，《詩》《書》既燎，而李斯之禍益慘矣。緊誰之咎耶？漢、唐之君，貪功苟利，兵窮而用之無法，民削而誅之無度，又有出於管仲、鞅、斯之所不為者。豈無一士之智，一議之精，區區有心於復古而卒不可復行？蓋三代之法甚壞，而掃地久矣！壞三代之法，其一出於管仲乎！

黄震曰：《管子》之書，不知誰所集，乃龐雜重複，似不出一人之手。然諸子惟荀卿、揚雄、王通知宗尚孔氏，而未知其儻用於世果何如。餘皆處士横議，高者誣誕，下者刻深，戲侮聖言，壞亂風俗，蓋無一非孔門之罪人。其間嘗獲用於世而卓然有功，為孔子所稱者，管子一人而已。余故讀其書，而不敢忽為之，復熟再三，而條列之。大抵《管子》之書，其別有五：《心術》、《內業》等篇，皆影附道家以為高；《侈靡》、《宙合》等篇，皆刻斵隱語以為怪。《管子》責實之政，安有虛浮之語？使果出於管子，則亦謬為之以欺世，殆權術之施於文字間爾，非管子之情也。管子之情見於《牧民》、《大匡》、《輕重》之篇，然《牧民》之篇最簡明，《大匡》之篇頗粉飾，《輕重》之篇殆傅會。《牧民》之要曰：倉廩實則知禮節，衣食足則知榮辱；禮義廉恥，國之四維，四維不張，國乃滅亡。此《管子》政經之綱，苟得王者之心以行之，雖歷世可以無弊。秦漢以來，未有能踐其實者也。其説豈不簡明乎？《大匡》之要曰：桓公入國踐位之年，欲脩兵革。仲諫：不可。公不從。二年，欲繕兵。仲諫：不可。公不從。果敗於宋。公以勇授禄，仲諫：不可。公不從。明年，公伐魯。仲諫：不可。公不從。果敗於魯。四年，公興兵十萬圍魯。仲諫：不可。公不從。魯去國五十里為關以請盟。仲諫：不可。公不從。魯果刼盟。五年，欲伐宋以救杞。仲諫：不可。公乃始用其謀，不伐宋而城緣陵，以封杞。明年，狄伐邢，又用其謀，城夷儀以封邢。明年，狄伐衛，又用其謀，城楚丘以封衛。捐齊之有封三亡國恩，足以結四鄰，無兵争矣。公問將何行，乃請寬關市之征。又問何行，乃請輕諸侯之幣。又問何行，乃請賞其國以及諸侯之國。又問何行，乃請隰朋為東國賔，胥無為西土。而又游公子開方於衛，游季反於魯，游蒙孫於楚，以親附四方之諸侯。方是時，齊之勢駸駸乎，如春斯達乎。狄反不量德而伐之，齊於是請救於諸侯。諸侯之來救者，皆以其所獲予之。惟北州之令支不來，則稱兵而伐之。齊之恩威遂四達於天下，而猶未試也。乃教諸侯足民食、兵備，乃教諸侯正君臣、父子，乃又罰其不盡君臣父子之道者。夫然後兵車之會六，乘車之會三。諸侯莫不賔從，而夷狄以服，中國以安。蓋自東遷，諸侯争强，僅同泥中之鬬獸，未嘗有一念能出於兵事之外。至管子始，一切反之，而有以弭其争。此管子行事之目，聚見此書，其次第皆可按而攷然，其説似粉飾之以誇功矣。若《輕重》篇則何其多術哉？管子雖多術，亦何至如此之屑屑哉？伐菹薪冬煮鹽三萬六千鍾爾，謬稱妨農而春禁之，使價長至十倍乃糶之於鄰國，得黄金萬一千斤。復請於周，以黄金賀獻，使金價百倍焉。築陰里三墻九門，使玉人刻為璧者，乃石爾。謬請於周，非彤弓石璧不得朝獻，而使天下諸侯盡輸金珠穀帛於齊，以易石璧焉。北郭掘鬮而得者一龜爾，謬以十乘之使、百金之裝，賜其家為中大夫，名其龜曰：無貲之寶。以質丁氏粟。三軍之師，五月之糧，賈至四千金焉。凡其張，無為有善，於富國如此。穀賤將流而他也，則以石璧聘困京之家，而民争藏穀。民貧無以償貸也，則以石璧聘稱貸之家，而人皆折券。士大夫之家不恤其族也，則滅城，陽大夫之位，而人皆散財發粟。死事之後無以賞之也，則縞素朝豪家，使争藏粟為備。俟賈長四十倍，而官出四十倍之粟以振之。凡其轉虚為贏，善於足民如此。通杭莊之水以致鳧鳥，商人挾丸彈，而商以貧。沐途旁之樹以絶遊息，農人皆務本業，而農以富。沐去樹枝也。商重農輕，則下令藏穀，而農商以平。西飢東豐，則税錢准穀，而東西以平。藏粟者不出則下令，出師俾有粟者不行，於是盡知困窮之數。弓弩多匡軫則下令聘鵠鶡之所在，而民皆習遠射。於是士無匡軫之患。皮幹筋角之徵重，則下令高杠柴地，使車馬罷絶，皮幹筋角委積，而諸侯之牛馬皆來。凡其量低與昂，善於權民物之宜如此，而又推其術以殘鄰國焉。嘗一朝素賞四萬二千金，即以虚聲攻萊而盡并其地。魯、梁出綈，則身先國人以衣綈，使魯、梁皆棄農而織綈。俟其田荒，則倏賤之，閉關不與通，魯、梁民飢歸齊者十六。而魯、梁服萊、莒生柴，則鑄金鏡上以市柴，使萊莒皆棄農而採柴。俟其田荒，則倏止之，閉關不與通，萊、莒民飢歸齊者十七。而萊、莒服鹿生於楚，狐白出於代，器械出於衡山，則買鹿，買狐白，買器械，使其國皆棄農而争應之，民既飢困而歸齊。楚與代與衡山又皆服。不寧惟是龍鬬而稱天使臨郊，亦因以動八侯之朝。彗出而稱國有大事，亦因以哀百姓之積。凡皆駕虚翼空隨物生智：其在國者，則神之以富其國；其在鄰者，則愚之以戕其鄰；雖其在天者，亦假之以威動天下，而獵取為利。顛倒一世，如弄嬰兒於掌股之上，要皆多為之術以成其私。至若欲魚價之增而立五厲之祭，幸柴價之增而賀北澤之燒。古人之教藝畜，不過使之自養；今顧色色鼓舞之，以為己利。甚至鹽計、食口、鍼刀、耒耜，每加分以盡其利，其亦瑣屑甚矣。未必皆管子之真愚，故疑其為附會。抑此以其政言也，若其書載鮑叔薦仲與求仲於魯，及入國謀政與戈廩鴻飛，四時三弊，臨死戒勿用豎刁、易牙、開方等説，皆屢載而屢不同。或本文列前而解自為篇，或併篇，或無解，或云十日齋戒以召仲，觴三行而仲趨出。又云樂飲數旬而後諫。自相矛盾，若此不一。故曰：龐雜重複似不出一人之手。楊忱序：《管子》論高文奇，雖有作者，不可復加一辭矣。張巨山謂其《心術》《內業》等篇為管氏《功業》所本意。巨山好道家學，故云爾。

（明）唐順之《稗編》卷九八《名世・管仲》 管仲相桓公，霸諸侯，攘戎狄，終其身齊國富强，諸侯不叛。管仲死，豎刁、易牙、開方用，桓公薨於亂，五子争立，其禍蔓延。訖簡公，齊無寧歲。

老泉曰：夫功之成，非成於成之日，蓋必有所由起；禍之作，不作於作之日，亦必有所由兆。則齊之治也，吾不曰管仲，而曰鮑叔；及其亂也，吾不曰豎刁、易牙、開方，而曰管仲。何則？豎刁、易牙、開方三子，彼固亂人國者，顧其用之者，桓公也。夫有舜而後知放四凶，有仲尼而後知去少正卯。彼桓公何人也？顧其使桓公得用三子者，管仲也。仲之疾也，公問之相。當是時也，吾以仲且舉天下之賢者以對。而其言乃不過曰豎刁、易牙、開方三子，非人情不可近而已。嗚呼，仲以爲桓公果能不用三子矣乎？仲與桓公處幾年矣，亦知桓公之爲人矣乎？桓公聲不絶乎耳，色不絶乎目，而非三子者則無以遂其欲。彼其初之所以不用者，徒以有仲焉耳。一日無仲，則三子者可以彈冠相慶矣。仲以爲將死之言，可以縶桓公之手足耶？夫齊國不患有三子，而患無仲；有仲，則三子者三匹夫耳。不然，天下豈少三子之徒？雖桓公幸而聽仲，誅此三人，而其餘者，仲能悉數而去之耶？嗚呼，仲可謂不知本者矣。因桓公之問，舉天下之賢者以自代，則仲雖死，而齊國未爲無仲也，夫何患？三子者不言可也。五霸莫盛於桓、文，文公之才，不過桓公，其臣又皆不及仲；靈公之虐，不如孝公之寬厚。文公死，諸侯不敢叛晉，晉襲文公之餘威，得為諸侯之盟主者百有餘年。何者？其君雖不肖，而尚有老成人焉。桓公之薨也，一敗塗地，無惑也，彼獨恃一管仲，而仲則死矣。夫天下未嘗無賢者，蓋有有臣而無君者矣。桓公在焉，而曰天下不復有管仲者，吾不信也。仲之書，有記其將死論鮑叔、賓胥無之爲人，且各疏其短。是其心以爲是，數子者皆不足以託國。而又逆知其將死，則其書誕謾不足信也。吾觀史鰍，以不能進蘧伯玉，而退彌子瑕，故有身後之諫。蕭何且死，舉曹參以自代。大臣之用心，固宜如此也。一國以一人興，以一人亡。賢者不悲其身之死，而憂其國之衰，故必復有賢者，而後可以死。彼管仲者，何以死哉？

司馬氏曰：孔子稱管仲之器小哉。先儒以爲管仲得君如此，不勉之以王，而僅止於霸，此其所以爲小也。愚以爲周天子存而管仲勉齊桓公以王，是教之簒也，此管仲所恥而不爲，孔子顧欲其爲之邪？夫大人者顧時不用則已，用則必以禮樂正天下，使綱紀文章燦然有萬世之安，豈直一時之功名而已耶？管仲相桓公，伯諸侯，禹迹所及，冠帶所加，未能使之，皆率職也。而偃然自以爲天下爲莫己若也，朱紘冕之繫，天子朱。而金，而反坫而三歸，此其器豈不小哉？揚子曰：大器其猶規矩準繩乎？先自治而後人。斯言得之矣。

重耳

《史記》卷三九《晉世家》 晉文公重耳，晉獻公之子也。自少好士，年十七，有賢士五人，曰趙衰；狐偃咎犯，文公舅也；賈佗；先軫；魏武子。自獻公爲太子時，重耳固已成人矣。獻公即位，重耳年二十一。獻公十三年，以驪姬故，重耳備蒲城守秦。獻公二十一年，獻公殺太子申生，驪姬譖之，恐，不辭獻公而守蒲城。獻公二十二年，獻公使宦者履鞮趣殺重耳。重耳踰垣，宦者逐斬其衣袪。重耳遂奔狄。狄，其母國也。是時重耳年四十三。從此五士，其餘不名者數十人，至狄。

《呂氏春秋・孝行覽・義賞》 昔晉文公將與楚人戰於城濮，召咎犯而問曰：楚衆我寡，柰何而可？咎犯對曰：臣聞繁禮之君，不足於文；繁戰之君，不足於詐。君亦詐之而已。文公以咎犯言告雍季，雍季曰：竭澤而漁，豈不獲得？而明年無魚；焚藪而田，豈不獲得？而明年無獸。詐偽之道，雖今偷愈可，後將無復，非長術也。文公用咎犯之言，而敗楚人於城濮，反而為賞，雍季在上。左右諫曰：城濮之功咎犯之謀也。君用其言而賞後其身，或者不可乎！文公曰：雍季之言，百世之利也，咎犯之言，一時之務也。焉有以一時之務先百世之利者乎？孔子聞之曰：臨難用詐，足以却敵。反而尊賢，足以報德。文公雖不終始，足以霸矣。賞重則民移之，民移之則成焉。成乎詐，其成毀，其勝敗。天下勝者衆矣，而霸者乃五，文公處其一，知勝之所成也。勝而不知勝之所成，與無勝同。秦勝於戎而敗乎殽，楚勝於諸夏而敗乎柏舉。武王得之矣，故一勝而王天下。衆詐盈國，不可以為安，患非獨外也。

叔向

（宋）王欽若《册府元龜》卷九〇三《總録部・書信一》 叔向，晉大夫，鄭鑄刑書，鑄刑書於鼎，以爲國之常法。叔向使詒子產書，詒，遺也。曰：始吾有虞於子，虞，度也。言准度子產以爲已法。今則已矣。已，止也。昔先王議事以制，不爲刑辟，懼民之有争心也。臨事制刑不豫設法也，法豫設則民知争端。猶不可禁禦，是故閑之以義，閑，防也。糾之以政，糾，舉也。行之以禮，守之以信，奉之以仁，奉，養也。制爲禄位，以勸其從。勸從教。嚴斷刑罰以威其淫，淫，放也。懼其未也。故誨之以忠，聳之以行，聳，懼也。教之以務，時所也。使之以和，説以使民。臨之以敬，蒞之以疆，施之於事爲蒞。斷之以剛，義斷也。猶求聖哲之上，明察之官，正，公王也。官，卿、大夫也。忠信之長、慈惠之師，民於是乎可任使也而不生禍亂。民知有辟，則不忌於上，權移於法，故民不畏上。並有争心以徵於書，而徼幸以成之，因危文以生争，緣徼幸以成其巧僞。弗可爲矣。爲治也。夏有亂政而作《禹刑》，商有亂政而作《湯刑》，夏商之亂著禹湯之《法言》不能議事以制。周有亂政而作《九刑》，周之衰亦爲刑書爲之《九刑》。三辟之興皆叔世也。言刑書不起於始盛之世。今吾子相鄭國，作封洫、立謗政，作丘賦，制叁辟、鑄刑書，制三辟，謂用三代之末法。將以靖民不亦難乎？《書》曰：儀式刑文王之德，日靖四方。言文王以德爲儀式，故能有安靖四方之功。刑，法也。又曰：儀刑文王，萬邦作孚，言文王作儀法爲天下所信，孚，信者也。如是何辟之有？言云唯以德爲信，不以刑也。民知争端矣，將棄禮而徵於書，以刑書爲徵。錐刀之末，將盡争之。錐刀末喻小事。亂獄滋豐，賄賂並行，終子之世，鄭其敗乎！肹聞之：國將亡必多制，數敗也。其此之謂乎？復書曰：若吾子之言，復，報也。僑不才不能及子孫，吾以救世也，既不承命敢忘大惠。

（宋）潘自牧《記纂淵海》卷四六《性行部・正直》 孔子曰：叔向古之遺直也，治國制刑，不隱於親。《左》昭十四。外舉不隱仇，内舉不隱子。《史・晉世家》。

（宋）潘自牧《記纂淵海》卷四九《性行部・自信》 晉叔向曰：祁大夫外舉不棄讎，内舉不失親，其獨遺我乎？並《左》。

子產

《論語注疏・憲問》 或問子產。子曰：惠人也。孔曰：惠，愛也。子產古之遺愛。

（宋）朱熹《四書章句集注・論語集注・公冶長》 子謂子產，有君子之道四焉：其行己也恭，其事上也敬，其養民也惠，其使民也義。子產，鄭大夫公孫僑。恭，謙遜也。敬，謹恪也。惠，愛利也。使民義，如都鄙有章、上下有服、田有封洫、廬井有伍之類。吴氏曰：數其事而責之者，其所善者多也，臧文仲不仁者三、不知者三是也。數其事而稱之者，猶有所未至也，子產有君子之道四焉是也。今或以一言蓋一人、一事蓋一時，皆非也。

（宋）朱熹《四書章句集注・孟子集注・離婁章句下》 子產聽鄭國之政，以其乘輿濟人於溱洧。乘，去聲。溱，音臻。洧，榮美反。子產，鄭大夫公孫僑也。溱洧，二水名也。子產見人有徒涉此水者，以其所乘之車載而渡之。孟子曰：惠而不知為政。惠，謂私恩小利。政，則有公平正大之體，綱紀法度之施焉。【略】君子平其政，行辟人可也，焉得人人而濟之？辟，與闢同。焉，於虔反。辟，辟除也，如《周禮》閽人為之辟之辟。言能平其政，則出行之際，辟除行人，使之避己，亦不為過。況國中之水，當涉者衆，豈能悉以乘輿濟之哉？故為政者，每人而悦之，日亦不足矣。言每人皆欲致私恩以悦其意，則人多日少，亦不足於用矣。諸葛武侯嘗言，治世以大德，不以小惠，得孟子之意矣。

（清）焦循《孟子正義・離婁章句下》 子產聽鄭國之政，以其乘輿濟人於溱、洧。注：子產，鄭卿。爲政，聽訟也。溱、洧，水名。見人有冬涉者，仁心不忍，以其乘車度之也。疏：注子產至度之也。正義曰：子產，子國之子公孫僑也。陳氏厚耀《春秋世族譜》云：襄公八年，代子皮爲政，昭公二十年卒。鄭卿多無謚。《晉語》鄭簡公使公孫成子來聘，韋注云：成子，子產之謚也。其子思，思亦謚桓。豈以賢者之故邪？《淮南子・汜論訓》云聽天下之政，高誘注云：政，治也。《周禮・地官・鄉師》各掌其所治鄉之教而聽其治，注云：聽，謂平察之。《尚書大傳》云諸侯不同聽，鄭氏注云：聽，議獄也。趙氏以聽爲平察，故以政指訟獄也。閻氏若璩《釋地》云：溱、洧，二水名。《説文》引《詩》溱與洧作潧，曰：潧水出鄭國，洧水出潁川陽城山東南入潁。《史記》注引《括地志》以爲古新鄭城南，洧與溱合，《水經》亦云。余讀酈道元注，於溱水相鄰者，若丹水、汝水、潁水、潩水、渠水、沙水，皆不載有橋梁，獨洧水一則曰：又東逕陰坂北，水有梁焉。再則曰：又屈而南流，其水上有梁，謂之桐門橋。則洧水之宜置有梁，孟子言殊非無因。竊以諸葛武侯相蜀，好治官府次舍橋梁道路，所至井竈藩溷，皆應繩墨。子産治鄭，何獨不然，此亦不過偶於橋有未修，以車濟人，而孟遂卽其事以深論之。《禮記・仲尼燕居》云：子産，猶衆人之母也。能食之，不能教也。注云：子産嘗以其乘車濟冬涉者，而車梁不成，是慈仁亦違禮。《家語・正論解》：子游問於孔子曰：夫子之極言子産之惠也，可得聞乎？孔子曰：謂在愛民而已矣。子游曰：愛民謂之德教，何翅惠哉？孔子曰：夫子産者，猶衆人之母也，能食之，而不能教也。子游曰：其事可言乎？孔子曰：子産以所乘之車濟冬涉，是愛而無教也。車卽輿，鄭氏言乘車，此同之。乘車是所乘之車。《音義》音剩，則讀爲千乘萬乘之乘，非也。《爾雅・釋言》云：濟，渡也。度與渡同。《説苑・政理篇》云：景差相鄭，鄭人有冬涉水者，出而脛寒，後景差過之，下陪乘而載之，覆以上衽。此所記與《孟子》異。孟子曰：惠而不知爲政。歲十一月徒杠成，十二月輿梁成，民未病涉也。注：以爲子産有惠民之心，而不知爲政。當以時修橋梁，民何由病苦涉水乎。周十一月，夏九月，可以成步度之功。周十二月，夏十月，可以成輿梁也。疏：惠而不知爲政。正義曰：此申明有仁心而民不被澤之義。注周十至梁也。正義曰：《國語・周語》單子云：夫辰角見而雨畢，天根見而水涸，故先王之教曰：雨畢而除道，水涸而成梁。故《夏令》曰：九月除道，十月成梁。注云：天根，氐、亢之間也。涸，竭也。謂寒露雨畢之後五日，天根朝見，水潦盡竭也。《月令》：仲秋，水始涸。天根見，乃盡竭。九月雨畢，十月水涸。《夏令》，夏后氏之令，周所因也。除道所以便行旅，成梁所以便民使不涉也。《禮記・月令》注引《王居明堂禮》云：季秋除道致梁，以利農也。孔氏正義曰：農既收則當運輦，故法地治道，水上爲梁，便利民之轉運。準此，則季秋致梁卽十一月徒杠成，十月成梁卽十二月輿梁成。翟氏灝《攷異》云：《爾雅・釋宫》注引《孟子》歲十月徒杠成，疏曰：《孟子》十一月，此作十月，脱誤。或所見本異。今注疏本趙注云：周十月，夏九月，可以成毛傳石絶水曰梁，謂所以偃塞取魚者，亦取亘於水中之義。謂之梁，凡《毛詩》自造舟爲梁外，多言魚梁。君子平其政，行辟人可也，焉得人人而濟之。故爲政者，每人而悦之，日亦不足矣。注君子爲國家平治政事刑法，使無違失。其道辟除人，使卑辟尊可爲也。安得人人濟渡於水乎。每人而輒欲自加恩以悦其意，則日力不足以足之也。疏：注君子至足之也。正義曰：《淮南子・時則訓》平詞訟，高誘注云：平，治也。《禮記・王制》云齊其政，注云：政謂刑禁。《論語・爲政篇》云道之以政，集解引孔曰：政，法教也。趙氏解平其政爲治政事刑法，以政卽刑禁法教也。橋梁不修，民苦冬涉，則政有違失矣。其道辟除人者，道字釋行字。《説文》辵部云：道，所行道也。鄭氏注《禮記・射義》、《儀禮・喪服傳》皆云：道，猶行也。是也。《音義》出辟人，云：丁、張並音闢，亦如字，注辟除同。又出卑辟云：音避。《周禮・秋官・條狼氏》掌鞭以趨辟，王出入則八人夾道，注云：趨辟，趨而辟行人。《秋官・野廬氏》凡有節者及有爵者至，則爲之辟，注云：辟，辟行人。《小爾雅・廣言》云：辟，除也。是辟人卽辟除人，謂屏人使避之。段氏玉裁《説文解字注》云：僻，辟也。辟者，法也。引申爲辟人之辟，辟人而人避之亦曰辟。若《周禮・閽人》：凡外内命婦出入，則爲之辟。《孟子》：行辟人可也。《曲禮》：若主人拜，則客還辟，辟拜。《郊特牲》：有由辟焉。包咸《論語》注：躩，盤辟皃也。《投壺》：主人盤旋曰辟，賓盤旋曰辟。《大射儀》賓辟，注曰：辟，逡遁不敢當盛。他書辟人、辟邪、辟寒、辟塵之類，語意大略相似。自屏之者言，則《閽人》、《離婁篇》、《郊特牲》是也。自退者言，則《曲禮》、《投壺》、《論語》注所云是也。辟之言邊也，屏於一邊也，僻之本義如是。然則辟除人與卑辟尊，字同義亦同。《音義》雖兼存兩音，音兩而義一也。俗以辟除之辟作闢，辟尊之辟作避，非古義矣。以每人而悦之爲欲自加恩以悦其意者，《莊子・人間世》無門無毒，《釋文》：毒，崔本作每，云貪也。《漢書・賈誼傳》《服賦》云夸者死權，品庶每生，孟康云：每，貪也。《説文》貝部云：貪，欲物也。趙氏以每爲貪，以貪爲欲，每人而悦，是貪於悦人，故云欲自加恩以悦其意也。趙氏佑《温故録》云：此節正辨子産以乘輿濟人之無其事也。君子，卽謂子産。子産有君子之道者也。其爲政使都鄙有章，上下有服，田有封洫，廬井有伍，大夫之忠儉者從而與之，泰侈者因而斃之，蓋能平其政，非務悦人明矣。濟涉細事，本不足爲執政輕重，而當執政經臨，輿衛森嚴，津吏祗候，卽有往來喧競，自當静俟軒車，必無辱覯聽而煩左右者。大夫之乘，非小人所得假，其人既衆，豈一輿所能用，此必無之理，曾子産而有之？而世徒妄傳失實，是則子産不知爲政也，是子産將不得爲君子也。

《章指》言：重民之道，平政爲首；人君由天，天不家撫：是故子産渡人，孟子不取也。疏：人君由天。正義曰：《音義》云：丁云：由，義當作猶。猶，如也。古字通用。

《史記》卷四二《鄭世家》　十二年，簡公怒相子孔專國權，誅之，而以子産爲卿。十九年，簡公如晉請衛君還，而封子産以六邑。子産讓，受其三邑。二十二年，吳使延陵季子於鄭，見子産如舊交，謂子産曰：鄭之執政者侈，難將至，政將及子。子爲政，必以禮；不然，鄭將敗。子産厚遇季子。二十三年，諸公子争寵相殺，又欲殺子産。公子或諫曰：子産仁人，鄭所以存者子産也，勿殺！乃止。

二十五年，鄭使子産於晉，問平公疾。平公曰：卜而曰實沈、臺駘爲祟，史官莫知，敢問？對曰：高辛氏有二子，長曰閼伯，季曰實沈，居曠林，不相能也，日操干戈以相征伐。后帝弗臧，遷閼伯于商丘，主辰，商人是因，故辰爲商星。遷實沈于大夏，主參，唐人是因，服事夏、商，其季世曰唐叔虞。當武王邑姜方娠大叔，夢帝謂己：余命而子曰虞，乃與之唐，屬之參而蕃育其子孫。及生有文在其掌曰虞，遂以命之。及成王滅唐而國大叔焉。故參爲晉星。由是觀之，則實沈，參神也。昔金天氏有裔子曰昧，爲玄冥師，生允格、臺駘。臺駘能業其官，宣汾、洮，障大澤，以處太原。帝用嘉之，國之汾川。沈、姒、蓐黄實守其祀。今晉主汾川而滅之。由是觀之，則臺駘，汾、洮神也。然是二者不害君身。山川之神，則水旱之菑禜之；日月星辰之神，則雪霜風雨不時禜之；若君疾，飲食哀樂女色所生也。平公及叔嚮曰：善，博物君子也！厚爲之禮於子產。【略】

四年，晉昭公卒，其六卿彊，公室卑。子產謂韓宣子曰：爲政必以德，毋忘所以立。六年，鄭火，公欲禳之。子產曰：不如修德。【略】

聲公五年，鄭相子產卒，鄭人皆哭泣，悲之如亡親戚。子產者，鄭成公少子也。爲人仁愛人，事君忠厚。孔子嘗過鄭，與子產如兄弟云。及聞子產死，孔子爲泣曰：古之遺愛也！

（清）馬驌《繹史》卷七四《子產相鄭》 《史記》鄭相子產卒，鄭人皆哭泣悲之如亡親戚。子產者，鄭成公少子也。為人仁，愛人事君忠厚。孔子嘗過鄭，與子產如兄弟云。及聞子產死，孔子為泣曰：古之遺愛也。兄事子產。子產者，鄭之列大夫也。鄭昭君之時，以所愛徐摯為相，國亂，上下不親，父子不和。大宮子期言之君，以子產為相。為相一年，豎子不戲狎，班白不提挈，僮子不犁畔。二年，市不豫賈，三年，門不夜關，道不拾遺。四年，田器不歸。五年，士無尺籍，喪期不令而治。治鄭二十六年而死。丁壯號哭，老人兒啼曰：子產去我死乎，民將安歸？

（清）孫星衍《孔子集語》卷九《論人》 《新序・襍事四》。鄭人游于鄉校，以議執政之善否。然明謂子產曰：何不毀鄉校？子產曰：胡爲？夫人朝夕游焉，以議執政之善否，其所善者，吾將行之，其所惡者，吾將改之，是吾師也，如之何毀之？吾聞爲國忠信以損怨，不聞作威以防怨。譬之若防川也，大決所犯，傷人必多，吾不能救也，不如小決之使導，吾聞而藥之也。然明曰：蔑也，乃今知吾子之信可事也。小人實不材。若果行此，其鄭國實賴之，豈惟二三臣！仲尼聞是語也，曰：以是觀之，人謂子產不仁，吾不信也。

（清）王先慎《韓非子集解・難三》 鄭子產晨出，過東匠之閭，聞婦人之哭，撫其御之手而聽之。有閒，遣吏執而問之，則手絞其夫者也。顧廣圻曰：《論衡》絞作殺下，異日作翼日。異日，其御問曰：夫子何以知之？子產曰：其聲懼。凡人於其親愛也，始病而憂，臨死而懼，已死而哀。今哭已死，不哀而懼，是以知其有姦也。

《尸子・治天下》 鄭簡公謂子產曰：飲酒之不樂，鐘鼓之不鳴，寡人之任也。國家之不乂，朝廷之不治，與諸侯交之不得志，子之任也。子無入寡人之樂，寡人無入子之朝。自是以來子產治鄭，城門不閉，國無盜賊，道無餓人。孔子曰：若鄭簡公之好樂雖抱鐘而朝可也。

《呂氏春秋・慎大覽・下賢》 子產相鄭，往見壺丘子林與其弟子，坐必以年，是倚其相於門也。夫相萬乘之國而能遺之，謀志論行而以心與人相索，其唯子產乎？故相鄭十八年，刑三人殺二人，桃李之垂於行者，莫之援也。錐刀之遺於道者，莫之舉也。

（宋）王欽若《册府元龜》卷八〇八《總録部・嫉惡》 子產，鄭大夫也。鄭徐吾犯之妹美，犯，鄭大夫。公孫楚聘之矣。楚子南穆公孫。公孫黑又強委禽焉。禽，鴈也。納采用鴈。犯懼告子產。子產曰：是國無政，非子之患也。惟所欲與。犯請於二子，使女擇焉，皆許之。子晳盛飾而入，布幣而出。布陳贄幣子晳、公孫黑。子南戎服入，左右射，超乘而出。女自房觀之，曰：子晳信美矣，抑子南夫也，言丈大。夫夫婦婦，所謂順也。適子南氏。子晳怒，既櫜甲以見子南，欲殺之而取其妻。子南知之，執戈逐之及衝，擊之以戈。衝交道。子晳傷而歸，告大夫曰：我好見之，不知其有異志也。故傷。大夫皆謀之。子產曰：直均，幼賤有罪，罪在楚也。先聘，子南直也。用戈，子晳直也。子產力未能計，故均其事，歸罪於楚。乃執子南而數之曰：國之大節有五，女皆奸之。奸，犯也。畏君之威，聽其政，尊其貴，事其長，養其親，五者所以爲國也。今君在國，女用兵焉，不畏威也。奸國之紀，不聽政也。奸國之紀，謂傷人。子晳，上大夫，女嬖大夫，而弗下之，不尊貴也。幼而不忌，不事長也。忌，畏也。兵其從兄，不養親也。君曰：余不女忍殺，宥女以遠。勉速行乎，無重而罪，鄭放游楚於吴。將行子南，子產咨於太叔。太叔，游楚之兄子。太叔曰：吉不能亢身，焉能亢宗？亢，蔽也。彼國政也，非私難也。子圖鄭國，利則行之，又何疑焉？周公殺管叔而蔡蔡叔，蔡，放也。夫豈不愛？王室故也。吉若獲戾，子將行之，何有於諸游。昭公二年秋。鄭公孫黑將作亂，欲去游氏而代其位。游氏，太叔之族。黑爲游楚所傷，故欲害其族。傷疾作而不果。前年游楚所擊創。駟氏與諸大夫欲殺之。駟氏，黑之族。子產在鄙聞之，懼弗及，乘遽而至。遽，傳驛。使吏數之，責數其罪。曰：伯有之亂，以大國之事而未爾討也。務共大國之命，不暇治女罪。爾有亂心，無厭，國不女堪。專伐伯有，而罪一也；昆弟爭室，而罪二也；謂爭徐吾犯之妹。薰隧之盟，女矯君位，而罪三也，謂使太史書七子。有死罪三，何以堪之？不速死，大刑將至。再拜稽首，辭曰：死在朝夕，無助天爲虐。子產曰：人誰不死，凶人不終，命也。作凶事，爲凶人。不助天，其助凶人乎？請以印爲褚師，印，子晳之子。褚師，市官。子產曰：印也若才，君將任之。不才，將朝夕從女。女罪之不恤，而又何請焉？不速死，司寇將至。七月壬寅，縊。尸諸周氏之衢，衢，道也。加木焉。書其罪于木，以加尸上。

（宋）潘自牧《記纂淵海》卷六四《政事部・任怨》　史，子產使都鄙有章，上下有服，田有封洫，廬井有伍。大人之忠儉者，從而與之；泰侈者因而斃之。子產為政豐卷，將祭，請田焉，弗許，曰：唯君用鮮，衆給而已。鄭子產作丘賦，國人謗之。子罕以告，子產曰：苟利社稷，死生以之。民不可逞，度不可改。《詩》曰：禮義不愆，何恤於人言？吾不還矣。《左》。

（明）唐順之《稗編》卷九八《名世・鄭子產》　潁濱曰：子產爲鄭，不以禮法假人，凜乎其不可犯也。將死，戒子太叔曰：我死，子必為政。惟有德者能以寬服民，其次莫如猛。火烈，人望而畏之，則鮮死；水弱，人狎而翫之則多死，故寬難。太叔爲政不忍猛，鄭國多盜，然後愧之。由此言之，子產豈徒寬惠者哉！然孔子之稱子產曰：惠人，又以爲古之遺愛。儒者由此意之故，孟子言子產以乘輿濟人於溱、洧，以爲惠而不知爲政！甚者又曰：子產猶衆人之母，能食之而不能教也。此皆非子產之實，蓋惠而愛人，無禮法以將之，則有所不行。若子產則以禮法行惠者也，孔子之説云爾。

西山真氏曰：鄭子產以鄭簡公十二年爲卿，明年得政。簡公在位三十六年乃卒。又歷事定公、獻公、聲公，合凡四十餘年。方其始也，內則有諸大夫之争權，互相誅殺，外則晉楚之兵，無歲不至城下，國之危且弱，幾不可爲矣！子產於此從容囘斡，皆有次第。其於內也，務息諸大夫之争而去其猶不可令者。然根之難拔者，不輕動以激其變；惡之既稔者，不緩治以失其機，有勸懲之公而無忿疾之過，故自子南逐、子晳死，豪宗大姓弭然聽順，無復有梗其政者。其於外也，事大國以禮而不苟狥其求，故終其身免於諸侯之討，而鄭能以弱爲強。考其所為，惟作丘賦，鑄刑書，見譏當世，自餘鮮不合於理者，然大人格心之業，則未之聞焉。豈其所事四公，皆凡庸之主，不足與有進耶！不然何其無有以一善著者。至於用人，各以所長。蓋得聖門所謂器使之道，春秋卿大夫未有能及之者，後之以權衡人物爲職者，當觀法焉。

晏平仲

（漢）韓嬰《韓詩外傳》卷一〇　齊景公遣晏子南使楚。楚王聞之，謂左右曰：齊遣晏子使寡人之國，幾至矣。左右曰：晏子，天下之辯士也。與之議國家之務，則不如也。與之論往古之術，則不如也。王獨可以與晏子坐，使有司束人過王，王問之，使言齊人善盜，故束之。是宜可以困之。王曰：善。晏子至，即與之坐。圖國之急務，辨當世之得失，再舉再窮，王默然無以續語。居有間，束徒以過之。王曰：何爲者也？有司對曰：是齊人善盜，束而詣吏。王欣然大笑曰：齊乃冠帶之國，辯士之化，固善盜乎？晏子曰：然。固取之。王不見夫江南之樹乎？名橘樹之江北，則化爲枳。何則？土地使然爾。夫子處齊之時，冠帶而立，儼有伯夷之廉，今居楚而善盜，意土地之化使然爾。王又何怪乎？《詩》曰：無言不酬，無德不報。

《史記》卷六二《管晏列傳》　晏平仲嬰者，萊之夷維人也。事齊靈公、莊公、景公，以節儉力行重於齊。既相齊，食不重肉，妾不衣帛。其在朝，君語及之，即危言；語不及之，即危行。國有道，即順命；無道，即衡命。以此三世顯名於諸侯。

越石父賢，在縲紲中。晏子出，遭之塗，解左驂贖之，載歸。弗謝，入閨。久之，越石父請絕。晏子懼然，攝衣冠謝曰：嬰雖不仁，免子於戹，何子求絶之速也？石父曰：不然，吾聞君子詘於不知己而信於知己者。方吾在縲紲中，彼不知我也。夫子既已感寤而贖我，是知己；知己而無禮，固不如在縲紲之中。晏子於是延入為上客。

晏子為齊相，出，其御之妻從門間而闚其夫。其夫為相御，擁大蓋，策駟馬，意氣揚揚，甚自得也。既而歸，其妻請去。夫問其故，妻曰：晏子長不滿六尺，身相齊國，名顯諸侯。今者妾觀其出，志念深矣，常有以自下者。今子長八尺，乃為人僕御，然子之意自以為足，妾是以求去也。其後夫自抑損。晏子怪而問之，御以實對。晏子薦以為大夫。

（清）馬驌《繹史》卷七七上《晏子相齊》 晏子相景公，其為人也見賢而進之，不同君所欲；見不善則廢之，不辟君所愛。行己而無私，直言而無諱。有納書者曰：廢置不周於君前謂之專，出言不諱於君前謂之易。專易之行存，則君臣之道廢矣。吾不知晏子之為忠臣也。公以為然。晏子入朝公色不説，故晏子歸，備載，使人辭曰：嬰故老悖無能，毋敢服壯者事。辭而不為臣，退而窮處東耕海濱，堂下生藜藿，門外生荆棘，七年燕魯分爭，百姓惛亂而家無積。公自治國，權輕諸侯身弱高國。公恐，復召晏子，晏子至，公一歸七年之禄，而家無藏。晏子立，諸侯忌其威，高國服其政，燕魯貢職，小國時朝，晏子没而後衰。

《晏子春秋·外篇下》 仲尼之齊，見景公而不見晏子。子貢曰：見君不見其從政者，可乎？仲尼曰：吾聞晏子事三君而順焉，吾疑其爲人。晏子聞之，曰：嬰則齊之世民也，不維其行，不識其過，不能自立也。嬰聞之，有幸見愛，無幸見惡，誹譽一本作誨爲類，聲響相應，見行而從之者也。嬰聞之，以一心事三君者，所以順焉；以三心事一君者，不順焉。今未見嬰之行，而非其順也。嬰聞之，君子獨立不慙于影，獨寢不慙于魂。孔子拔樹削迹，不自以爲辱；窮陳、蔡，不自以爲約；非人不得其故，是猶澤人之非斤斧，山人之非綱罟也。出之其口，不知其困也，始吾望儒而貴之，今吾望儒而疑之。仲尼聞之曰：語有之：言發于爾，不可止于遠也；行存于身，不可掩于衆也。吾竊議晏子而不中夫人之過，吾罪幾矣！丘聞君子過人以爲友，不及人以爲師。今丘失言于夫子，譏之，是吾師也。因宰我而謝焉，然仲尼見之。

（清）孫星衍《孔子集語》卷七《臣術》 《晏子春秋·諫下》晏子使于魯，比其反也，景公使國人起大臺之役，歲寒不已，凍餒之者鄉有焉，國人望晏子。晏子至，已復事，公乃坐，飲酒樂。晏子曰：君若賜臣，臣請歌之。歌曰：庶民之言曰：凍水洗我，若之何！太上靡散我，若之何！歌終，喟然嘆而流涕。公就止之曰：夫子曷爲至此？殆爲大臺之役夫！寡人將速罷之。晏子再拜。出而不言，遂如大臺，執朴鞭其不務者，曰：吾細人也，皆有蓋廬，以辟燥濕，君爲一臺而不速成，何爲？國人皆曰：晏子助天爲虐。晏子歸，未至，而君出令趣罷役，車馳而人趨。仲尼聞之，喟然歎曰：古之善爲人臣者，聲名歸之君，禍災歸之身，入則切磋其君之不善，出則高譽其君之德義，是以雖事惰君，能使垂衣裳，朝諸侯，不敢伐其功。當此道者，其晏子是邪！

《晏子春秋·問下》梁丘據問晏子曰：子事三君，君不同心，而子俱順焉，仁人固多心乎？晏子對曰：嬰聞之，順愛不懈，可以使百姓；強暴不忠，不可以使一人。一心可以事百君，三心不可以事一君。仲尼聞之曰：小子識之！晏子以一心事百君者也。

《晏子春秋·襍上》晏子使魯，仲尼使門弟子往觀。子貢反，報曰：孰謂晏子習于禮乎？夫禮曰：登階不歷，堂上不趨，授玉不跪。今晏子皆反此，孰謂晏子習于禮者？晏子既已有事於魯君，退見仲尼，仲尼曰：夫禮，登階不歷，堂上不趨，授玉不跪。夫子反此乎？晏子曰：嬰聞兩楹之閒，君臣有位焉，君行其一，臣行其二。君之來遫，是以登階歷，堂上趨，以及位也。君授玉卑，故跪以下之。且吾聞之，大者不踰閑，小者出入可也。晏子出，仲尼送之以賓客之禮，不計之義，維晏子爲能行之。

《韓詩外傳四》晏子聘魯，上堂則趨，授玉則跪。子貢怪之，問孔子曰：晏子知禮乎？今者晏子來聘魯，上堂則趨，授玉則跪，何也？孔子曰：其有方矣，待其見我，我將問焉。俄而晏子至，孔子問之，晏子對曰：夫上堂之禮，君行一，臣行二。今君行疾，臣敢不趨乎？今君之授幣也卑，臣敢不跪乎？孔子曰：善。禮中又有禮。賜，寡使也，何足以識禮也？《詩》曰：禮儀卒度，笑語卒獲。晏子之謂也。

《晏子春秋・外篇上》仲尼曰：靈公污，晏子事之以整齊；莊公壯，晏子事之以宣武；景公奢，晏子事之以恭儉。君子也！相三君而善不通下。晏子細人也。晏子聞之，見仲尼曰：嬰聞君子有譏于嬰，是以來見。如嬰者，豈能以道食人者哉！嬰之宗族待嬰而祀其先人者數百家，與齊國之閒士待嬰而舉火者數百家，臣爲此仕者也。如臣者，豈能以道食人者哉！晏子出，仲尼送之以賓客之禮，再拜其辱。反，命門弟子曰：救民之姓而不夸，行補三君而不有，晏子果君子也。

（清）孫星衍《孔子集語》卷九《論人》《晏子春秋・諫上》【略】仲尼聞之曰：晏子能明其所欲，景公能行其所善也。

《晏子春秋・諫下》【略】仲尼聞之曰：星之昭昭，不若月之曀曀；小事之成，不若大事之廢；君子之非，賢於小人之是也。其晏子之謂歟。

《晏子春秋・襍上》【略】仲尼聞曰：夫不出于尊俎之閒而知千里之外，其晏子之謂也。可謂折衝矣！而太師其與焉。

《韓詩外傳八》【略】仲尼聞曰：善乎！晏子不出俎豆之閒，折衝千里。

《新序・襍事》【略】仲尼聞之曰：夫不出於樽俎之閒而知千里之外，其晏子之謂乎！可謂折衝矣，而太師其與焉。

《晏子春秋・襍上》晏子居晏桓子之喪，麤斬衰、苴絰帶、杖，菅屨，食粥，居倚廬，寢苫，枕草。其家老曰：非大夫喪父之禮也。晏子曰：唯卿爲大夫。曾子以聞孔子，孔子曰：晏子可謂能遠害矣。不以己之是駁人之非，遜辭以避咎，義也夫。

伍員

《史記》卷六六《伍子胥列傳》伍子胥者，楚人也，名員。員父曰伍奢。員兄曰伍尚。其先曰伍舉，以直諫事楚莊王，有顯，故其後世有名於楚。

《呂氏春秋・孝行覽・首時》子胥乃修法制，下賢良，選練士，習戰鬬六年，然後大勝楚於柏舉，九戰九勝，追北千里，昭王出奔隨，遂有郢。親射王宮，鞭荊平之墳三百。鄉之耕非忘其父之讐也，待時也。

毋卹

《史記》卷四三《趙世家》晉出公十七年，簡子卒，太子毋卹代立，是爲襄子。

《呂氏春秋・孝行覽・義賞》趙襄子出圍，賞有功者五人，高赦為首，張孟談曰：晉陽之中，赦無大功，賞而為首，何也？襄子曰：寡人之國危，社稷殆，身在憂約之中，與寡人交而不失君臣之禮者，惟赦。吾是以先之。仲尼聞之曰：襄子可謂善賞矣。賞一人而天下之為人臣者莫敢失禮。為六軍則不可易。北取代，東迫齊。令張孟談踰城潛行，與魏桓、韓康期而擊智伯，斷其頭以為觴，遂定三家，豈非用賞罰當耶？

姬都

《史記》卷四四《魏世家》桓子之孫曰文侯都。魏文侯元年，秦靈公之元年也。與韓武子、趙桓子、周威王同時。【略】

文侯受子夏經藝，客段干木，過其閭，未嘗不軾也。秦嘗欲伐魏，或曰：魏君賢人是禮，國人稱仁，上下和合，未可圖也。文侯由此得譽於諸侯。【略】

魏文侯謂李克曰：先生嘗教寡人曰：家貧則思良妻，國亂則思良相。今所置非成則璜，二子何如？李克對曰：臣聞之，卑不謀尊，疏不謀戚。臣在闕門之外，不敢當命。文侯曰：先生臨事勿讓。李克曰：君不察故也。居視其所親，富視其所與，達視其所舉，窮視其所不爲，貧視其所不取，五者足以定之矣，何待克哉！文侯曰：先生就舍，寡人之相定矣。李克趨而出，過翟璜之家。翟璜曰：今者聞君召先生而卜相，果誰爲之？李克曰：魏成子爲相矣。翟璜忿然作色曰：以耳目之所覩記，臣何負於魏成子？西河之守，臣之所進也。君內以鄴爲憂，臣進西門豹。君謀欲伐中山，臣進樂羊。中山以拔，無使守之，臣進先生。君之子無傅，臣進屈侯鮒。臣何以負於魏成子！李克曰：且子之言克於子之君者，豈將比周以求大官哉？君問而置相非成則璜，二子何如？克對曰：君不察故也。居視其所親，富視其所與，達視其所舉，窮視其所不爲，貧視其所不取，五者足以定之矣，何待克哉！是以知魏成子之爲相也。且子安得與魏成子比乎？魏成子以食祿千鍾，什九在外，什一在內，是以東得卜子夏、田子方、段干木。此三人者，君皆師之。子之所進五人者，君皆臣之。子惡得與魏成子比也？翟璜逡巡再拜曰：璜，鄙人也，失對，願卒爲弟子。

《呂氏春秋・慎大覽・下賢》 魏文侯見段干木立，倦而不敢息，反見翟黄踞於堂，而與之言，翟黄不說。文侯曰：段干木官之則不肯，祿之則不受。今女欲官則相位，欲祿則上卿，既受吾實，又責吾禮，無乃難乎？故賢主之畜人也，不肯受實者，其禮之禮士莫高乎？節欲欲節則令行矣。文侯可謂好禮士矣。好禮士，故南勝荆於連隄，東勝齊於長城，虜齊侯獻諸天子，天子賞文侯以上卿。

吴　起

《史記》卷六五《孫子吴起列傳》 吴起者，衛人也，好用兵。嘗學於曾子，事魯君。齊人攻魯，魯欲將吴起，吴起取齊女爲妻，而魯疑之。吴起於是欲就名，遂殺其妻，以明不與齊也。魯卒以爲將。將而攻齊，大破之。

魯人或惡吴起曰：起之爲人，猜忍人也。其少時，家累千金，游仕不遂，遂破其家。鄉黨笑之，吴起殺其謗己者三十餘人，而東出衛郭門。與其母訣，齧臂而盟曰：起不爲卿相，不復入衛。遂事曾子。居頃之，其母死，起終不歸。曾子薄之，而與起絶。起乃之魯，學兵法以事魯君。魯君疑之，起殺妻以求將。夫魯小國，而有戰勝之名，則諸侯圖魯矣。且魯衛兄弟之國也，而君用起，則是弃衛。魯君疑之，謝吴起。

吴起於是聞魏文侯賢，欲事之。文侯問李克曰：吴起何如人哉？李克曰：起貪而好色，然用兵司馬穰苴不能過也。於是魏文侯以爲將，擊秦，拔五城。

起之爲將，與士卒最下者同衣食。臥不設席，行不騎乘，親裹贏糧，與士卒分勞苦。卒有病疽者，起爲吮之。卒母聞而哭之。人曰：子卒也，而將軍自吮其疽，何哭爲？母曰：非然也。往年吴公吮其父，其父戰不旋踵，遂死於敵。吴公今又吮其子，妾不知其死所矣。是以哭之。

文侯以吴起善用兵，廉平，盡能得士心，乃以爲西河守，以拒秦、韓。

魏文侯既卒，起事其子武侯。武侯浮西河而下，中流，顧而謂吴起曰：美哉乎山河之固，此魏國之寶也！起對曰：在德不在險。昔三苗氏左洞庭，右彭蠡，德義不修，禹滅之。夏桀之居，左河濟，右泰華，伊闕在其南，羊腸在其北，修政不仁，湯放之。殷紂之國，左孟門，右太行，常山在其北，大河經其南，修政不德，武王殺之。由此觀之，在德不在險。若君不修德，舟中之人盡爲敵國也。武侯曰：善。

（卽封）吴起爲西河守，甚有聲名。魏置相，相田文。吴起不悅，謂田文曰：請與子論功，可乎？田文曰：可。起曰：將三軍，使士卒樂死，敵國不敢謀，子孰與起？文曰：不如子。起曰：治百官，親萬民，實府庫，子孰與起？文曰：不如子。起曰：守西河而秦兵不敢東鄉，韓趙賓從，子孰與起？文曰：不如子。起曰：此三者，子皆出吾下，而位加吾上，何也？文曰：主少國疑，大臣未附，百姓不信，方是之時，屬之於子乎？屬之於我乎？起默然良久，曰：屬之子矣。文曰：此乃吾所以居子之上也。吴起乃自知弗如田文。

田文既死，公叔爲相，尚魏公主而害吴起。公叔之僕曰：起易去也。公叔曰：柰何？其僕曰：吴起爲人節廉而自喜名也。君因先與武侯言曰：夫吴起賢人也，而侯之國小，又與彊秦壤界，臣竊恐起之無留心也。武侯卽曰：柰何？君因謂武侯曰：試延以公主，起有留心則必受之，無留心則必辭矣。以此卜之。君因召吴起而與歸，卽令公主怒而輕君。吴起見公主之賤君也，則必辭。於是吴起見公主之賤魏相，果辭魏武侯。武侯疑之而弗信也。吴起懼得罪，遂去，卽之楚。

楚悼王素聞起賢，至則相楚。明法審令，捐不急之官，廢公族疏遠者，以撫養戰鬬之士。要在彊兵，破馳説之言從横者。於是南平百越；北并陳蔡，卻三晉；西伐秦。諸侯患楚之彊。故楚之貴戚盡欲害吴起。及悼王死，宗室大臣作亂而攻吴起，吴起走之王尸而伏之。擊起之徒因射刺吴起，并中悼王。悼王既葬，太子立，乃使令尹盡誅射吴起而并中王尸者。坐射起而夷宗死者七十餘家。【略】

孫子籌策龐涓明矣，然不能蚤救患於被刑。吴起説武侯以形勢不如德，然行之於楚，以刻暴少恩亡其軀。悲夫！

《韓非子・和氏》　昔者吴起教楚悼王以楚國之俗曰：大臣太重，封君太衆，若此則上偪主而下虐民，此貧國弱兵之道也。不如使封君之子孫三世而收爵禄，絶滅百吏之禄秩，損不急之枝官以奉選練之士。悼王行之期年而薨矣。吴起枝解於楚。

《吴子・論將》　吴子曰：夫總文武者，軍之將也。兼剛柔者，兵之事也。凡人論將，常觀於勇，勇之於將乃數分之一耳。夫勇者必輕合，輕合而不知利，未可也。故將之所慎者五：一曰理，二曰備，三曰果，四曰戒，五曰約。理者治衆如治寡，備者出門如見敵，果者臨敵不懷生，戒者雖克如始戰，約者法令省而不煩。受命而不辭家，敵破而後言返，將之禮也。故師出之日有死之榮，無生之辱。【略】

吴子曰：夫鼙鼓金鐸，所以威耳；旌旗麾幟，所以威目；禁令刑罰，所以威心。耳威於聲，不可不清；目威於色，不可不明；心威於刑，不可不嚴。三者不立必敗於敵。故曰：將之所麾，莫不從移；將之所指，莫不前死。

《吴子・圖國》　吴起儒服，以兵機見魏文侯。文侯曰：寡人不好軍旅之事。起曰：臣以見占隱，以往察來，主君何言與心違？今君四時使斬離皮革，掩以朱漆，畫以丹青，爍以犀象。冬日衣之則不溫，夏日衣之則不涼。爲長戟二丈四尺，短戟一丈二尺。革車奄戶，縵輪籠轂，觀之於目則不麗，乘之以田則不輕。不識主君，安用此也？若以備進戰退守，而不求能用者，譬猶伏雞之搏狸，乳犬之犯虎，雖有鬬心，隨之死矣。昔承桑氏之君，修德廢武以滅其國。有扈氏之君，恃衆好勇以喪其社稷。明主鑒茲，必内修文德，外治武備。故當敵而不進，無逮於義矣。僵屍而哀之，無逮於仁矣。於是文侯身自布席，夫人捧觴，醮吴起於廟，立爲大將，守西河。與諸侯大戰七十六，全勝六十四，餘則鈞解。闢土四面，拓地千里，皆起之功也。

《吕氏春秋・開春論・貴卒》　吴起謂荊王曰：荊所有餘者，地也；所不足者，民也。今君王以所不足益所有餘，臣不得而為也。於是令貴人往實廣虚之地，皆甚苦之。荊王死，貴人皆來，尸在堂上，貴人相與射吴起。吴起號呼曰：吾示子吾用兵也。拔矢而走，伏尸插矢而疾言曰：群臣亂王！吴起死矣。且荊國之法，麗兵於王尸者，盡加重罪，逮三族。吴起之智，可謂捷矣。

《吕氏春秋・似順論・慎小》　吴起治西河，欲諭其信於民，夜日置表於南門之外，令於邑中曰：明日有人僨南門之外表者，仕長大夫。明日日晏矣，莫有僨表者。民相謂曰：此必不信。有一人曰：試往僨表，不得賞而已，何傷？往僨表，來謁吴起。吴起自見而出，仕之長大夫。夜日又復立表，又令於邑中如前。邑人守門争表，表加植，不得所賞。自是之後，民信吴起之賞罰。賞罰信乎民，何事而不成？豈獨兵乎？

（唐）袁孝政《劉子袁注》卷二《履信章八》　吴起不虧移轅之賞。吴起者，魏將也。欲伐秦，恐士卒、軍人不信。乃埋一車轅於市，東門書曰：如有人能移此轅著西門者，即給土田宅百畆、黄金百斤。三日無人敢移，起更書曰：能移者給土田宅五百畆、黄金五百斤。時有一人來移，即依賜之。於是召募人伐秦，遂尅。此則不虧移轅之賞者也。

嬴渠梁

《史記》卷五《秦本紀》　二十四年，獻公卒，子孝公立，年已二十一歲矣。【略】

三年，衛鞅説孝公變法修刑，内務耕稼，外勸戰死之賞罰，孝公善之。甘龍、杜摯等弗然，相與争之。卒用鞅法，百姓苦之；居三年，百姓便之。乃拜鞅爲左庶長。其事在《商君》語中。【略】

孝公卒，子惠文君立。是歲，誅衛鞅。鞅之初爲秦施法，法不行，太子犯禁。鞅曰：法之不行，自於貴戚。君必欲行法，先於太子。太子不可黥，黥其傅師。於是法大用，秦人治。及孝公卒，太子立，宗室多怨鞅，鞅亡，因以爲反，而卒車裂以徇秦國。

田文

《史記》卷七五《孟嘗君列傳》 孟嘗君名文，姓田氏。文之父曰靖郭君田嬰。田嬰者，齊威王少子而齊宣王庶弟也。田嬰自威王時任職用事，與成侯鄒忌及田忌將而救韓伐魏。成侯與田忌爭寵，成侯賣田忌。田忌懼，襲齊之邊邑，不勝，亡走。會威王卒，宣王立，知成侯賣田忌，乃復召田忌以爲將。宣王二年，田忌與孫臏、田嬰俱伐魏，敗之馬陵，虜魏太子申而殺魏將龐涓。宣王七年，田嬰使於韓、魏，韓、魏服於齊。嬰與韓昭侯、魏惠王會齊宣王東阿南，盟而去。明年，復與梁惠王會甄。是歲，梁惠王卒。宣王九年，田嬰相齊。齊宣王與魏襄王會徐州而相王也。楚威王聞之，怒田嬰。明年，楚伐敗齊師於徐州，而使人逐田嬰。田嬰使張丑說楚威王，威王乃止。田嬰相齊十一年，宣王卒，湣王即位。即位三年，而封田嬰於薛。

（漢）劉向《新序》卷四《雜事》 《新序》孟嘗君問於白圭曰：魏文侯名過於桓公而功不及五伯，何也？白圭對曰：魏文侯師子夏友田子方敬段干木，此名之所以過於桓公也。卜相則曰：成與黃孰可？此功之所以不及五伯也。以私愛妨公舉，在職者不堪其事，故功廢。然而名號顯榮者，三士翊之也。如相三士，則王功成，豈特霸哉。

呂不韋

《禮記注疏·月令》 月令第六疏：正義曰：按鄭《目録》云：名曰《月令》者，以其記十二月政之所行也，本《呂氏春秋·十二月紀》之首章也，以禮家好事抄合之，後人因題之名曰《禮記》言周公所作，其中官名時事多不合周法。此於《別録》屬《明堂陰陽記》。此卷所出，解者不同，今且申鄭旨釋之。按呂不韋集諸儒士著為《十二月紀》，合十餘萬言，名為《呂氏春秋》，篇首皆有《月令》，與此文同，是一證也。又周無大尉，唯秦官有大尉，而此《月令》云乃命大尉，此是官名不合周法，二證也。又秦以十月建亥為歲首，而《月令》云為來歲授朔日，即是九月為歲終，十月為授朔，此是時不合周法，三證也。又周有六冕，郊天迎氣則用大裘，乘玉輅，建大常日月之章，而《月令》服飾車旗並依時色，此是事不合周法，四證也。故鄭云其中官名時事多不合周法。然按秦始皇十二年呂不韋死，十六年并天下，然後以十月為歲首，歲首用十月時，不韋已死十五年，而不韋不得以十月為正。又云《周書》先有《月令》，何得云不韋所造？又秦并天下立郡，何得云諸侯？又秦以好兵殺害，毒被天下，何能布德施惠，春不興兵？既如此不同，鄭必謂不韋作者，以《呂氏春秋·十二月紀》正與此同，不過三五字別，且不韋集諸儒所作，為一代大典，亦採擇善言之事，遵立舊章，但秦自不能依行，何怪不韋所作也？

《史記》卷八五《呂不韋列傳》 呂不韋者，陽翟大賈人也。往來販賤賣貴，家累千金。【略】

子楚，秦諸庶孽孫，質於諸侯，車乘進用不饒，居處困，不得意。呂不韋賈邯鄲，見而憐之，曰此奇貨可居。乃往見子楚，說曰：吾能大子之門。子楚笑曰：且自大君之門，而乃大吾門！呂不韋曰：子不知也，吾門待子門而大。子楚心知所謂，乃引與坐，深語。呂不韋曰：秦王老矣，安國君得為太子。竊聞安國君愛幸華陽夫人，華陽夫人無子，能立適嗣者獨華陽夫人耳。今子兄弟二十餘人，子又居中，不甚見幸，久質諸侯。即大王薨，安國君立為王，則子毋幾得與長子及諸子旦暮在前者爭為太子矣。子楚曰：然。為之柰何？呂不韋曰：子貧，客於此，非有以奉獻於親及結賓客也。不韋雖貧，請以千金為子西游，事安國君及華陽夫人，立子為適嗣。子楚乃頓首曰：必如君策，請得分秦國與君共之。

呂不韋乃以五百金與子楚，為進用，結賓客；而復以五百金買奇物玩好，自奉而西游秦，求見華陽夫人姊，而皆以其物獻華陽夫人。因言子楚賢智，結諸侯賓客偏天下，常曰楚也以夫人為天，日夜泣思太子及夫人。夫人大喜。不韋因使其姊說夫人曰：吾聞之，以色事人者，色衰而愛弛。今夫人事太子，甚愛而無子，不以此時蚤自結於諸子中賢孝者，舉立以為適而子之，夫在則重尊，夫百歲之後，所子者為王，終不失勢，此所謂一言而萬世之利也。不以繁華時樹本，即色衰愛弛後，雖欲開一語，尚可得乎？今子楚賢，而自知中男也，次不得為適，其母又不得幸，自附夫人，夫人誠以此時拔以為適，夫人則竟世有寵於秦矣。華陽夫人以為然，承太子閒，從容言子楚質於趙者絶賢，來往者皆稱譽之。乃因涕泣曰：妾幸得充後宮，不幸無子，願得子楚立以為適嗣，以託妾身。安國君許之，乃與夫人刻玉符，約以為適嗣。安國君及夫人因厚餽遺子楚，而請呂不韋傅之，子楚以此名譽益盛於諸侯。

呂不韋取邯鄲諸姬絶好善舞者與居，知有身。子楚從不韋飲，見而説之，因起為壽，請之。呂不韋怒，念業已破家為子楚，欲以釣奇，乃遂獻其姬。姬自匿有身，至大期時，生子政。子楚遂立姬為夫人。

秦昭王五十年，使王齮圍邯鄲，急，趙欲殺子楚。子楚與呂不韋謀，行金六百斤予守者吏，得脱，亡赴秦軍，遂以得歸。趙欲殺子楚妻子，子楚夫人趙豪家女也，得匿，以故母子竟得活。秦昭王五十六年，薨，太子安國君立為王，華陽夫人為王后，子楚為太子。趙亦奉子楚夫人及子政歸秦。

秦王立一年，薨，謚為孝文王。太子子楚代立，是為莊襄王。莊襄王所母華陽后為華陽太后，真母夏姬尊以為夏太后。莊襄王元年，以呂不韋為丞相，封為文信侯，食河南雒陽十萬戶。

莊襄王即位三年，薨，太子政立為王，尊呂不韋為相國，號稱仲父。秦王年少，太后時時竊私通呂不韋。不韋家僮萬人。【略】

呂不韋乃使其客人人著所聞，集論以為八覽、六論、十二紀，二十餘萬言。以為備天地萬物古今之事，號曰《呂氏春秋》。布咸陽市門，懸千金其上，延諸侯游士賓客有能增損一字者予千金。

始皇帝益壯，太后淫不止。呂不韋恐覺禍及己，乃私求大陰人嫪毐以為舍人，時縱倡樂，使毐以其陰關桐輪而行，令太后聞之，以啗太后。太后聞，果欲私得之。呂不韋乃進嫪毐，詐令人以腐罪告之。不韋又陰謂太后曰：可事詐腐，則得給事中。太后乃陰厚賜主腐者吏，詐論之，拔其鬚眉為宦者，遂得侍太后。太后私與通，絶愛之。有身，太后恐人知之，詐卜當避時，徙宮居雍。嫪毐常從，賞賜甚厚，事皆決於嫪毐。嫪毐家僮數千人，諸客求宦為嫪毐舍人千餘人。【略】

始皇九年，有告嫪毐實非宦者，常與太后私亂，生子二人，皆匿之。與太后謀曰王即薨，以子為後。於是秦王下吏治，具得情實，事連相國呂不韋。九月，夷嫪毐三族，殺太后所生兩子，而遂遷太后於雍。諸嫪毐舍人皆沒其家而遷之蜀。王欲誅相國，為其奉先王功大，及賓客辯士為游説者衆，王不忍致法。

秦王十年十月，免相國呂不韋。及齊人茅焦説秦王，秦王乃迎太后於雍，歸復咸陽，而出文信侯就國河南。

歲餘，諸侯賓客使者相望於道，請文信侯。秦王恐其為變，乃賜文信侯書曰：君何功於秦？秦封君河南，食十萬戶。君何親於秦？號稱仲父。其與家屬徙處蜀！呂不韋自度稍侵，恐誅，乃飲酖而死。

《四庫全書總目提要》卷一一七《子部・呂氏春秋》 《呂氏春秋》二十六卷兩江總督採進本舊本題秦呂不韋撰。考《史記・文信侯列傳》，實其賓客之所集也。《太史公自序》又稱：不韋遷蜀，世傳《呂覽》。考《序意篇》稱：維秦八年歲在涒灘。是時不韋未遷蜀，故自高誘以下皆不用後説，蓋史駁文耳。《漢書・藝文志》載《呂氏春秋》二十六篇。今本凡十二紀，八覽，六論。紀所統子目六十一，覽所統子目六十三，論所統子目三十六，實一百六十篇。《漢志》蓋舉其綱也。其十二紀即《禮記》之《月令》，顧以十二月割為十二篇，每篇之後各閒他文四篇。惟夏令多言樂，秋令多言兵，似乎有義。其餘則絶不可曉。先儒無説，莫之詳矣。又每紀皆附四篇，而季冬紀獨五篇。末一篇標識年月，題曰《序意》，為十二紀之總論。殆所謂紀者猶內篇，而覽與論者為外篇、雜篇歟？唐劉知幾作《史通》內、外篇，而《自序》一篇亦在內篇之末，外篇之前，蓋其例也。不韋固小人，而是書較諸子之言獨為醇正。大抵以儒為主，而參以道家、墨家。故多引六籍之文與孔子、曾子之言。其他如論音則引《樂記》，論鑄劍則引《考工記》，雖不著篇名，而其文可案。所引莊、列之言，皆不取其放誕恣肆者，墨翟之言，不取其非儒、明鬼者，而縱橫之術，刑名之説，一無及焉。其持論頗為不苟。論者鄙其為人，因不甚重其書，非公論也。自漢以來，註者惟高誘一家，訓詁簡質，於引證頗舛之處，如《制樂篇》稱成湯之時穀生於庭，則據《書序》以駁之；稱南子為釐夫人，則據《論語》、《左傳》以駁之；稱西門豹在魏襄王時，則據《魏世家》、《孟子》以駁之；稱晉襄公伐陸渾，稱楚成王慢晉文公，則皆據《左傳》以駁之；稱顏闔對魯莊公，則據《魯世家》以駁之；稱衛逐獻公立公子黚，則據《左傳》、《衛世家》以駁之，皆不蹈註家附會之失。然如稱魏文侯虜齊侯，獻之天子，《傳》無其事，不知誘何以不糾？其謂梅伯說鬼侯之女好，妲己以為不好，因而見醢，謂白乙丙、孟明皆蹇叔子，謂甯戚扣角所歌乃《碩鼠》之詩，謂公孫龍為魏人，並不著所出，亦不知其何所據？又共伯得乎共首及張毅、單豹事，均出《莊子》，乃於共伯事則曰不知其出何書，於張毅、單豹事，則引班固《幽通賦》，竟未見漆園之書，亦為可異。

秦漢分部

嬴政

《史記》卷六《秦始皇本紀》 秦始皇帝者，秦莊襄王子也。莊襄王爲秦質子於趙，見呂不韋姬，悦而取之，生始皇。以秦昭王四十八年正月生於邯鄲。及生，名爲政，姓趙氏。年十三歲，莊襄王死，政代立爲秦王。當是之時，秦地已并巴、蜀、漢中，越宛有郢，置南郡矣；北收上郡以東，有河東、太原、上黨郡；東至滎陽，滅二周，置三川郡。呂不韋爲相，封十萬戶，號曰文信侯。招致賓客游士，欲以并天下。李斯爲舍人。蒙驁、王齮、麃公等爲將軍。王年少，初卽位，委國事大臣。【略】

秦初并天下，令丞相、御史曰：異日韓王納地效璽，請爲藩臣，已而倍約，與趙、魏合從畔秦，故興兵誅之，虜其王。寡人以爲善，庶幾息兵革。趙王使其相李牧来約盟，故歸其質子。已而倍盟，反我太原，故興兵誅之，得其王。趙公子嘉乃自立爲代王，故舉兵擊滅之。魏王始約服入秦，已而與韓、趙謀襲秦，秦兵吏誅，遂破之。荊王獻青陽以西，已而畔約，擊我南郡，故發兵誅，得其王，遂定其荊地。燕王昏亂，其太子丹乃陰令荊軻爲賊，兵吏誅，滅其國。齊王用后勝計，絶秦使，欲爲亂，兵吏誅，虜其王，平齊地。寡人以眇眇之身，興兵誅暴亂，賴宗廟之靈，六王咸伏其辜，天下大定。今名號不更，無以稱成功，傳後世。其議帝號。丞相綰、御史大夫劫、廷尉斯等皆曰：昔者五帝地方千里，其外侯服夷服諸侯或朝或否，天子不能制。今陛下興義兵，誅殘賊，平定天下，海內爲郡縣，法令由一統，自上古以來未嘗有，五帝所不及。臣等謹與博士議曰：古有天皇，有地皇，有泰皇，泰皇最貴。臣等昧死上尊號，王爲泰皇。命爲制，令爲詔，天子自稱曰朕。王曰：去泰，著皇，采上古帝位號，號曰皇帝。他如議。制曰：可。追尊莊襄王爲太上皇。制曰：朕聞太古有號毋謚，中古有號，死而以行爲謚。如此，則子議父，臣議君也，甚無謂，朕弗取焉。自今已來，除謚法。朕爲始皇帝。後世以計數，二世三世至于萬世，傳之無窮。【略】

皇帝臨位，作制明法，臣下脩飭。二十有六年，初并天下，罔不賓服。親巡遠方黎民，登茲泰山，周覽東極。從臣思迹，本原事業，祗誦功德。治道運行，諸產得宜，皆有法式。大義休明，垂于後世，順承勿革。皇帝躬聖，既平天下，不懈於治。夙興夜寐，建設長利，專隆教誨。訓經宣達，遠近畢理，咸承聖志。貴賤分明，男女禮順，慎遵職事。昭隔內外，靡不清浄，施于後嗣。化及無窮，遵奉遺詔，永承重戒。

（宋）王安石《臨川先生文集》卷九《古詩・秦始皇》 天方獵中原，狐兔在所憎。傷哉六孱王，當此鷙鳥膺。搏取已掃地，翰飛尚馮凌。遊將跨蓬萊，以海爲丘陵。勒石頌功德，羣臣助驕矜。舉世不讀《易》，但以刑名稱。蚩蚩彼少子，何用辨堅冰。

（宋）王安石《臨川先生文集》卷一三《古詩・始皇馳道》 穆王得八駿，萬事得期修。茫茫萬載間，復此好遠游。車輪與馬跡，此地亦嘗留。想當治道時，勞者戶如丘。

劉邦

《史記》卷八《高祖本紀》 高祖，沛豐邑中陽里人，姓劉氏，字季。父曰太公，母曰劉媼。其先劉媼嘗息大澤之陂，夢與神遇。是時雷電晦

冥，太公往視，則見蛟龍於其上，已而有身，遂産高祖。【略】

高祖以亭長爲縣送徒酈山，徒多道亡。自度比至皆亡之，到豐西澤中，止飲，夜乃解縱所送徒。曰：公等皆去，吾亦從此逝矣！徒中壯士願從者十餘人。【略】

漢元年十月，沛公兵遂先諸侯至霸上。秦王子嬰素車白馬，係頸以組，封皇帝璽符節，降軹道旁。諸將或言誅秦王。沛公曰：始懷王遣我，固以能寬容，且人已服降，又殺之，不祥。乃以秦王屬吏，遂西入咸陽。欲止宫休舍，樊噲、張良諫，乃封秦重寶財物府庫，還軍霸上。召諸縣父老豪桀曰：父老苦秦苛法久矣，誹謗者族，偶語者棄市。吾與諸侯約，先入關者王之，吾當王關中。與父老約，法三章耳：殺人者死，傷人及盗抵罪。餘悉除去秦法。諸吏人皆案堵如故。凡吾所以來，爲父老除害，非有所侵暴，無恐！且吾所以還軍霸上，待諸侯至而定約束耳。乃使人與秦吏行縣鄉邑，告諭之。秦人大喜，爭持牛羊酒食獻饗軍士，沛公又讓不受，曰：倉粟多，非乏，不欲費人。人又益喜，唯恐沛公不爲秦王。

《漢書》卷一下《高帝紀下》　帝乃西都洛陽。夏五月，兵皆罷歸家。詔曰：諸侯子在關中者，復之十二歲，其歸者半之。民前或相聚保山澤，不書名數，今天下已定，令各歸其縣，復故爵田宅，吏以文法教訓辨告，勿笞辱。民以飢餓自賣爲人奴婢者，皆免爲庶人。軍吏卒會赦，其亡罪而亡爵及不滿大夫者，皆賜爵爲大夫。故大夫以上賜爵各一級，其七大夫以上，皆令食邑，非七大夫以下，皆復其身及戶，勿事。又曰：七大夫、公乘以上，皆高爵也。諸侯子及從軍歸者，甚多高爵，吾數詔吏先與田宅，及所當求於吏者，亟與。爵或人君，上所尊禮，久立吏前，曾不爲決，甚亡謂也。異日秦民爵公大夫以上，令丞與亢禮。今吾於爵非輕也，吏獨安取此！且法以有功勞行田宅，今小吏未嘗從軍者多滿，而有功者顧不得，背公立私，守尉長吏教訓甚不善。令諸吏善遇高爵，稱吾意。且廉問，有不如吾詔者，以重論之。【略】

二月，詔曰：欲省賦甚。今獻未有程，吏或多賦以爲獻，而諸侯王尤多，民疾之。令諸侯王、通侯常以十月朝獻，及郡各以其口數率，人歲六十三錢，以給獻費。又曰：蓋聞王者莫高於周文，伯者莫高於齊桓，皆待賢人而成名。今天下賢者智能豈特古之人乎？患在人主不交故也，士奚由進！今吾以天之靈，賢士大夫定有天下，以爲一家，欲其長久，世世奉宗廟亡絶也。賢人已與我共平之矣！而不與吾共安利之，可乎？賢士大夫有肯從我游者，吾能尊顯之。布告天下，使明知朕意。御史大夫昌下相國，相國酇侯下諸侯王，御史中執法下郡守，其有意稱明德者，必身勸爲之駕，遣詣相國府，署行、義、年。有而弗言，覺，免。年老癃病，勿遣。【略】

初，高祖不脩文學，而性明達，好謀，能聽，自監門戍卒，見之如舊。初順民心作三章之約，天下既定，命蕭何次律令，韓信申軍法，張蒼定章程，叔孫通制禮儀，陸賈造《新語》。又與功臣剖符作誓，丹書鐵契，金匱石室，藏之宗廟，雖日不暇給，規摹弘遠矣。

蕭何

《史記》卷五三《蕭相國世家》　蕭相國何者，沛豐人也。以文無害爲沛主吏掾。【略】

漢王引兵東定三秦，何以丞相留收巴蜀，填撫諭告，使給軍食。漢二年，漢王與諸侯擊楚，何守關中，侍太子，治櫟陽。爲法令約束，立宗廟社稷宫室縣邑，輒奏上，可，許以從事；即不及奏上，輒以便宜施行，上來以聞。關中事計戶口轉漕給軍，漢王數失軍遁去，何常興關中卒，輒補缺。上以此專屬任關中事。【略】

上罷布軍歸，民道遮行上書，言相國賤彊買民田宅數千萬。上至，相國謁。上笑曰：夫相國乃利民！民所上書皆以與相國，曰：君自謝民。相國因爲民請曰：長安地狹，上林中多空地，弃，願令民得入田，毋收稾爲禽獸食。上大怒曰：相國多受賈人財物，乃爲請吾苑！乃下相國廷尉，械繫之。數日，王衛尉侍，前問曰：相國何大罪，陛下繫之暴也？上曰：吾聞李斯相秦皇帝，有善歸主，有惡自與。今相國多受賈豎金而爲民請吾苑，以自媚於民，故繫治之。王衛尉曰：夫職事苟有便於民而請之，真宰相事，陛下柰何乃疑相國受賈人錢乎！且陛下距楚數歲，陳豨、黥布反，陛下自將而往，當是時，相國守關中，搖足則關以西非陛下有也。相國不以此時爲利，今乃利賈人之金乎？且秦以不聞其過亡天下，李斯之分過，又何足法哉。陛下何疑宰相之淺也。高帝不懌。是日，使使持節赦出相國。相國年老，素恭謹，入，徒跣謝。高帝曰：相國休矣！相國爲民請苑，吾不許，我不過爲桀紂主，而相國爲賢相。吾故繫相國，欲令百姓聞吾過也。

《漢書》卷三九《蕭何傳》 蕭何，沛人也。以文毋害爲沛主吏掾。高祖爲布衣時，數以吏事護高祖。高祖爲亭長，常佑之。高祖以吏繇咸陽，吏皆送奉錢三，何獨以五。秦御史監郡者，與從事辨之。何乃給泗水卒史事，第一。秦御史欲入言徵何，何固請，得毋行。【略】

何以丞相留收巴蜀，填撫諭告，使給軍食。漢二年，漢王與諸侯擊楚，何守關中，侍太子，治櫟陽。爲令約束，立宗廟、社稷、宫室、縣邑，輒奏，上可許以從事；即不及奏，輒以便宜施行，上來以聞。計戶轉漕給軍，漢王數失軍遯去，何常興關中卒，輒補缺。上以此剸任何關中事。

曹參

《史記》卷五四《曹相國世家》 平陽侯曹參者，沛人也。秦時爲沛獄掾，而蕭何爲主吏，居縣爲豪吏矣。【略】

惠帝二年，蕭何卒。參聞之，告舍人趣治行，吾將入相。居無何，使者果召參。參去，屬其後相曰：以齊獄市爲寄，慎勿擾也。後相曰：治無大於此者乎？參曰：不然。夫獄市者，所以并容也，今君擾之，姦人安所容也？吾是以先之。【略】

參子窋爲中大夫。惠帝怪相國不治事，以爲豈少朕與？乃謂窋曰：若歸，試私從容問而父曰：高帝新弃羣臣，帝富於春秋，君爲相，日飲，無所請事，何以憂天下乎？然無言吾告若也。窋既洗沐歸，閒侍，自從其所諫參。參怒，而笞窋二百，曰：趣入侍，天下事非若所當言也。至朝時，惠帝讓參曰：與窋胡治乎？乃者我使諫君也。參免冠謝曰：陛下自察聖武孰與高帝？上曰：朕乃安敢望先帝乎！曰：陛下觀臣能孰與蕭何賢？上曰：君似不及也。參曰：陛下言之是也。且高帝與蕭何定天下，法令既明，今陛下垂拱，參等守職，遵而勿失，不亦可乎？惠帝曰：善。君休矣！

劉盈

《漢書》卷二《惠帝紀》 孝惠皇帝，高祖太子也，母曰呂皇后。帝年五歲，高祖初爲漢王。二年，立爲太子。十二年四月，高祖崩。五月丙寅，太子即皇帝位，尊皇后曰皇太后。賜民爵一級。中郎、郎中滿六歲爵三級，四歲二級。外郎滿六歲二級。中郎不滿一歲一級。外郎不滿二歲賜錢萬。宦官尚食比郎中。謁者、執楯、執戟、武士、騶比外郎。太子御驂乘賜爵五大夫，舍人滿五歲二級。賜給喪事者，二千石錢二萬，六百石以上萬，五百石、二百石以下至佐史五千。視作斥上者，將軍四十金，二千石二十金，六百石以上六金，五百石以下至佐史二金。減田租，復十五稅一。爵五大夫、吏六百石以上及宦皇帝而知名者有罪當盜械者，皆頌繫。上造以上及內外公孫耳孫有罪當刑及當爲城旦舂者，皆耐爲鬼薪白粲。民年七十以上若不滿十歲有罪當刑者，皆完之。又曰：吏所以治民也，能盡其治則民賴之，故重其祿，所以爲民也。今吏六百石以上父母妻子與同居，及故吏嘗佩將軍都尉印將兵及佩二千石官印者，家唯給軍賦，他無有所與。【略】

三月甲子，皇帝冠，赦天下。省法令妨吏民者；除挾書律。

劉恒

《史記》卷一〇《孝文本紀》 孝文皇帝，高祖中子也。高祖十一年春，已破陳豨軍，定代地，立爲代王，都中都。太后薄氏子。即位十七年，高后八年七月，高后崩，九月，諸呂呂產等欲爲亂，以危劉氏，大臣共誅之，謀召立代王，事在《呂后》語中。【略】

二年十月，丞相平卒，復以絳侯勃爲丞相。上曰：朕聞古者諸侯建國千餘（歲），各守其地，以時入貢，以不勞苦，上下驩欣，靡有遺德。今列侯多居長安，邑遠，吏卒給輸費苦，而列侯亦無由教馴其民。其令列侯之國，爲吏及詔所止者，遣太子。【略】

上曰：古之治天下，朝有進善之旌，誹謗之木，所以通治道而來諫者。今法有誹謗妖言之罪，是使衆臣不敢盡情，而上無由聞過失也。將何以來遠方之賢良？其除之。民或祝詛上以相約結而後相謾，吏以爲大逆，其有他言，而吏又以爲誹謗。此細民之愚無知抵死，朕甚不取。自今以來，有犯此者勿聽治。【略】

上曰：農，天下之本，務莫大焉。今勤身從事而有租稅之賦，是爲本末者毋以異，其於勸農道未備。其除田之租稅。

（漢）應劭《風俗通義》卷二《正失·孝文帝》　孝文皇帝小生於軍，及長大有識，不知父所在，日祭於代東門外。高帝數夢見一兒祭己，使使至代求之，果得文帝，立爲代王。及後徵到，後期，不得立，日爲再中。及即位爲天子，躬自節儉，集上書囊以爲前殿帷，常居明光宮聽政，爲皇太薄后持三年服，廬居枕塊如禮，至以發大病，知後子不能行三年之喪，更制三十六日服。治天下，致升平，斷獄三百人，粟升一錢。有此事不？向對曰：皆不然。

（三國魏）曹植《曹子建集》卷七《漢文帝贊》　孝文即位，愛物儉身，驕吴撫越，匈奴和親，納諫赦罪，以德讓民，殆至刑錯，萬國化淳。

（宋）王安石《臨川先生文集》卷九《古詩·漢文帝》　輕刑死人衆，喪短生者偷。仁孝自此薄，哀哉不能謀。露臺惜百金，灞陵無高丘。淺恩施一時，長患被九州。

張蒼

《史記》卷九六《張丞相列傳》　張丞相蒼者，陽武人也。好書律曆。秦時爲御史，主柱下方書。有罪，亡歸。及沛公略地過地過陽武，蒼以客從攻南陽。蒼坐法當斬，解衣伏質，身長大，肥白如瓠，時王陵見而怪其美士，乃言沛公，赦勿斬。遂從西入武關，至咸陽。沛公立爲漢王，入漢中，還定三秦。陳餘擊走常山王張耳，耳歸漢，漢乃以張蒼爲常山守。從淮陰侯擊趙，蒼得陳餘。趙地已平，漢王以蒼爲代相，備邊寇。已而徙爲趙相，相趙王耳。耳卒，相趙王敖。復徙相代王。燕王臧荼反，高祖往擊之，蒼以代相從攻臧荼有功，以六年中封爲北平侯，食邑千二百戶。

《漢書》卷四二《張蒼傳》　遷爲計相，一月，更以列侯爲主計四歲。是時蕭何爲相國，而蒼乃自秦時爲柱下御史，明習天下圖書計籍，又善用算律曆，故令蒼以列侯居相府，領主郡國上計者。黥布反，漢立皇子長爲淮南王，而蒼相之。十四年，遷爲御史大夫。【略】

漢興二十餘年，天下初定，公卿皆軍吏。蒼爲計相時，緒正律曆。以高祖十月始至霸上，故因秦時本十月爲歲首，不革。推五德之運，以爲漢當水德之時，上黑如故，吹律調樂，入之音聲，及以比定律令。若百工，天下作程品。至於爲丞相，卒就之。故漢家言律曆者本張蒼。蒼（尤）〔凡〕好書，無所不觀，無所不通，而尤邃律曆。【略】

蒼爲丞相十餘年，魯人公孫臣上書，陳終始五德傳，言漢土德時，其符黃龍見，當改正朔，易服色。事下蒼，蒼以爲非是，罷之。其後黃龍見成紀，於是文帝召公孫臣以爲博士，草立土德時曆制度，更元年。蒼由此自絀，謝病稱老。蒼任人爲中候，大爲姦利，上以爲讓，蒼遂病免。孝景五年薨，謚曰文侯。傳子至孫類，有罪，國除。

（宋）王應麟《通鑑答問》卷三《文帝·張蒼爲丞相》　或問：張蒼好書博聞，以文吏爲相，非絳灌比也，而不聞興起，儒者之學，何歟？曰：儒者不用於世久矣，劉向《別録》云：虞卿以《春秋》授荀卿，荀卿授張蒼，然則蒼所學者《春秋》，所師者荀卿也。漢初《左氏傳》出蒼家，則蒼之學不止律歷也。明《春秋》之義，以佐其君正綱常辨名分，决大事，斷大疑，經綸天下之大經，嘉以《春秋》爲本德，則漢可以爲帝王之治。考之於傳，不過推漢爲水德，推律調音以定法令程品而已。而未嘗以《春秋》之學施之政事。淮南王長之罪，蒼嘗議之，而輒論如法之奏，不能全兄弟之恩也。肉刑之除，蒼又議之，而外有輕刑之名，內實殺人，不能廣欽恤之仁也。蒼自秦時爲柱下御史，止於明習圖書計籍。賈生所謂大臣特以簿書期會爲大故者，安能以聖人之遺經措之相業哉？其後公孫弘以《春秋》之義治臣下、取漢相，是以聖經爲司空城旦書也。夫子制《春秋》以俟後聖，其終不行矣夫。

劉啟

《漢書》卷五《景帝紀》　孝景皇帝，文帝太子也。母曰竇皇后，後七年六月，文帝崩。丁未，太子卽皇帝位，尊皇太后薄氏曰太皇太后，皇后曰皇太后。【略】

元年冬十月，詔曰：蓋聞古者祖有功而宗有德，制禮樂各有由。歌者，所以發德也；舞者，所以明功也。高廟酎，奏《武德》、《文始》、《五行》之舞。孝惠廟酎，奏《文始》、《五行》之舞。孝文皇帝臨天下，通關梁，不異遠方；除誹謗，去肉刑，賞賜長老，收恤孤獨，以遂羣生；減耆欲，不受獻，罪人不帑，不誅亡罪，不私其利也；除宮刑，出美人，重絶人之世也。朕既不敏，弗能勝識。此皆上世之所不及，而孝文皇帝親行之。德厚侔天地，利澤施四海，靡不獲福。明象乎日月，而廟樂不稱，朕甚懼焉。其爲孝文皇帝廟爲《昭德》之舞，以明休德。然后祖宗之功德，施于萬世，永永無窮，朕甚嘉之。其與丞相、列侯、中二千石、禮官具禮儀奏。丞相臣嘉等奏曰：陛下永思孝道，立《昭德》之舞以明孝文皇帝之盛德，皆臣嘉等愚所不及。臣謹議：世功莫大於高皇帝，德莫盛於孝文皇帝。高皇帝廟宜爲帝者太祖之廟，孝文皇帝廟宜爲帝者太宗之廟。天子世世獻祖宗之廟。郡國諸侯宜各爲孝文皇帝立太宗之廟。諸侯王列侯使者侍祠天子所獻祖宗之廟。請宣布天下，制曰可。【略】

諸將破七國，斬首十餘萬級。追斬吳王濞於丹徒。膠西王卬、楚王戊、趙王遂、濟南王辟光、菑川王賢、膠東王雄渠皆自殺。夏六月，詔曰：乃者吳王濞等爲逆，起兵相脅，詿誤吏民，吏民不得已。今濞等已滅，吏民當坐濞等及逋逃亡軍者，皆赦之。楚元王子蓺等與濞等爲逆，朕不忍加法，除其籍，毋令汙宗室。立平陸侯劉禮爲楚王，續元王後。立皇子端爲膠西王，勝爲中山王。賜民爵一級。【略】

改磔曰棄市，勿復磔。【略】

十二月，改諸官名。定鑄錢僞黄金棄市律。【略】

五月，詔曰：夫吏者，民之師也，車駕衣服宜稱。吏六百石以上，皆長吏也，亡度者或不吏服，出入閭里，與民亡異。令長吏二千石車朱兩轓，千石至六百石朱左轓。車騎從者不稱其官衣服，下吏出入閭巷亡吏體者，二千石上其官屬，三輔舉不如法令者，皆上丞御史請之。先是吏多軍功，車服尚輕，故爲設禁。又惟酷吏奉憲失中，乃詔有司減笞法，定箠令。【略】

夏四月，詔曰：雕文刻鏤，傷農事者也；錦繡纂組，害女紅者也。農事傷則飢之本也，女紅害則寒之原也。夫飢寒並至，而能亡爲非者寡矣。朕親耕，后親桑，以奉宗廟粢盛祭服，爲天下先；不受獻，減太官，省繇賦，欲天下務農蠶，素有畜積，以備災害。彊毋攘弱，衆毋暴寡，老耆以壽終，幼孤得遂長。今歲或不登，民食頗寡，其咎安在？或詐僞爲吏，吏以貨賂爲市，漁奪百姓，侵牟萬民。縣丞，長吏也，奸法與盜盜，甚無謂也。其令二千石各修其職；不事官職耗亂者，丞相以聞，請其罪。布告天下，使明知朕意。

五月，詔曰：人不患其不知，患其爲詐也；不患其不勇，患其爲暴也；不患其不富，患其亡厭也。其唯廉士，寡欲易足。今訾算十以上乃得宦，廉士算不必衆。有市籍不得宦，無訾又不得宦，朕甚愍之。訾算四得宦，亡令廉士久失職，貪夫長利。【略】

三年春正月，詔曰：農，天下之本也。黄金珠玉，飢不可食，寒不可衣，以爲幣用，不識其終始。間歲或不登，意爲末者衆，農民寡也。其令郡國務勸農桑，益種樹，可得衣食物。吏發民若取庸采黄金珠玉者，坐臧爲盜。二千石聽者，與同罪。

劉徹

《史記》卷一二《孝武本紀》　孝武皇帝者，孝景中子也，母曰王太后。孝景四年，以皇子爲膠東王。孝景七年，栗太子廢爲臨江王，以膠東王爲太子。孝景十六年崩。太子卽位，爲孝武皇帝。孝武皇帝初卽位，尤

敬鬼神之祀。【略】

其明年冬，天子郊雍，議曰：今上帝朕親郊，而后土毋祀，則禮不答也。有司與太史公、祠官寬舒等議：天地牲角繭栗。今陛下親祀后土，后土宜於澤中圜丘爲五壇，壇一黄犢太牢具，已祠盡瘞，而從祠衣上黄。於是天子遂東，始立后土祠汾陰脽上，如寬舒等議。上親望拜，如上帝禮。禮畢，天子遂至滎陽而還。過雒陽，下詔曰：三代邈絶，遠矣難存。其以三十里地封周後周子南君，以奉先王祀焉。是歲，天子始巡郡縣，侵尋於泰山矣。

《漢書》卷六《武帝紀》 春二月，赦天下，賜民爵一級。年八十復二算，九十復甲卒。行三銖錢。【略】

夏四月己巳，詔曰：古之立教，鄉里以齒，朝廷以爵，扶世導民，莫善於德。然則於鄉里先耆艾，奉高年，古之道也。今天下孝子順孫願自竭盡以承其親，外迫公事，内乏資財，是以孝心闕焉。朕甚哀之。民年九十以上，已有受鬻法，爲復子若孫，令得身帥妻妾遂其供養之事。

（三國魏）曹植《曹子建集》卷七《漢武帝贊》 世宗光光，文武是攘，威振百蠻，恢拓土疆，簡定律曆，辯脩舊章，封天禪土，功越百王。

劉詢

《漢書》卷八《宣帝紀》 孝宣皇帝，武帝曾孫，戾太子孫也。太子納史良娣，生史皇孫。皇孫納王夫人，生宣帝，號曰皇曾孫。生數月，遭巫蠱事，太子、良娣、皇孫、王夫人皆遇害。語在《太子傳》。曾孫雖在襁褓，猶坐收繫郡邸獄。而邴吉爲廷尉監，治巫蠱於郡邸，憐曾孫之亡辜，使女徒復作淮陽趙徵卿、渭城胡組更乳養，私給衣食，視遇甚有恩。【略】

夏五月，詔曰：朕以眇身奉承祖宗，夙夜惟念孝武皇帝躬履仁義，選明將，討不服，匈奴遠遁，平氐、羌、昆明、南越，百蠻鄉風，款塞來享；建太學，修郊祀，定正朔，協音律；封泰山，塞宣房，符瑞應，寶鼎出，白麟獲。功德茂盛，不能盡宣，而廟樂未稱，其議奏。有司奏請宜加尊號。六月庚午，尊孝武廟爲世宗廟，奏《盛德》、《文始》、《五行》之舞，天子世世獻。武帝巡狩所幸之郡國，皆立廟。賜民爵一級，女子百戶牛酒。【略】

四年春正月，詔曰：蓋聞農者興德之本也，今歲不登，已遣使者振貸困乏。其令太官損膳省宰，樂府減樂人，使歸就農業。丞相以下至都官令丞上書入穀，輸長安倉，助貸貧民。民以車船載穀入關者，得毋用傳。

劉奭

《漢書》卷九《元帝紀》 孝元皇帝，宣帝太子也。母曰共哀許皇后，宣帝微時生民間。年二歲，宣帝即位。八歲，立爲太子。壯大，柔仁好儒。見宣帝所用多文法吏，以刑名繩下，大臣楊惲、（葢）〔蓋〕寬饒等坐刺譏辭語爲罪而誅，嘗侍燕從容言：陛下持刑太深，宜用儒生。宣帝作色曰：漢家自有制度，本以霸王道雜之，奈何純（住）〔任〕德教，用周政乎！且俗儒不達時宜，好是古非今，使人眩於名實，不知所守，何足委任！乃歎曰：亂我家者，太子也！繇是疏太子而愛淮陽王，曰：淮陽王明察好法，宜爲吾子。而王母張倢伃尤幸，上有意欲用淮陽王代太子，然以少依許氏，俱從微起，故終不背焉。

王莽

《漢書》卷九九上《王莽傳》 王莽字巨君，孝元皇后之弟子也。元后父及兄弟皆以元、成世封侯，居位輔政，家凡九侯、五大司馬，語在《元后傳》。唯莽父曼蚤死，不侯。莽羣兄弟皆將軍五侯子，乘時侈靡，以輿馬聲色佚游相高，莽獨孤貧，因折節爲恭儉。受《禮經》，師事沛郡陳參，勤身博學，被服如儒生。事母及寡嫂，養孤兄子。行甚敕備。又外交英俊，内事諸父，曲有禮意。陽朔中，世父大將軍鳳病，莽侍疾，親嘗藥，亂首垢面，不解衣帶連月。鳳且死，以託太后及帝，拜爲黄門郎，遷

射聲校尉。【略】

初，莽欲擅權，白太后：前哀帝立，背恩義，自貴外家丁、傅，撓亂國家，幾危社稷。今帝以幼年復奉大宗，爲成帝後，宜明一統之義，以戒前事，爲後代法。於是遣甄豐奉璽綬，卽拜帝母衛姬爲中山孝王后，賜帝舅衛寶、寶弟玄爵關内侯，皆留中山，不得至京師。莽子宇，非莽隔絶衛氏，恐帝長大後見怨。宇卽私遣人與寶等通書，教令帝母上書求入。語在《衛后傳》。莽不聽。宇與師吴章及婦兄吕寬議其故，章以爲莽不可諫，而好鬼神，可爲變怪以驚懼之，章因推類説令歸政於衛氏。宇卽使寬夜持血灑莽第，門吏發覺之，莽執宇送獄，飲藥死。宇妻焉懷子，繫獄，須產子已，殺之。莽奏言：宇爲吕寬等所詿誤，流言惑衆，(惡)與管蔡同罪，臣不敢隱，其誅。甄邯等白太后下詔曰：夫唐堯有丹朱，周文王有管蔡，此皆上聖亡奈下愚子何，以其性不可移也。公居周公之位，輔成王之主，而行管蔡之誅，不以親親害尊尊，朕甚嘉之。昔周公誅四國之後，大化乃成，至於刑錯。公其專意翼國，期於致平。莽因是誅滅衛氏，窮治吕寬之獄，連引郡國豪桀素非議己者，内及敬武公主、梁王立、紅陽侯立、平阿侯仁，使者迫守，皆自殺。死者以百數，海内震焉。大司馬護軍褒奏言：安漢公遭子宇陷於管蔡之辜，子愛至深，爲帝室故不敢顧私。惟宇遭辜，喟然憤發作書八篇，以戒子孫。宜班郡國，令學官以教授。事下羣公，請令天下吏能誦公戒者，以著官簿，比《孝經》。【略】

五月，更造貨：錯刀，一直五千；契刀，一直五百；大錢，一直五十，與五銖錢並行。民多盜鑄者。禁列侯以下不得挾黄金，輸御府受直，然卒不與直。

《漢書》卷九九中《王莽傳》　是時百姓便安漢五銖錢，以莽錢大小兩行難知，又數變改不信，皆私以五銖錢市買。譌言大錢當罷，莫肯挾。莽患之，復下書：諸挾五銖錢，言大錢當罷者，比非井田制，投四裔。於是農商失業，食貨俱廢，民人至涕泣於市道。及坐賣買田宅奴婢，鑄錢，自諸侯卿大夫至于庶民，抵罪者不可勝數。【略】

初設六筦之令，命縣官酤酒，賣鹽鐵器，鑄錢，諸采取名山大澤衆物者税之。又令市官收賤賣貴，賒貸予民，收息百月三。犧和置酒士，郡一人，乘傳督酒利。禁民不得挾弩鎧，徙西海。【略】

莽以錢幣訖不行，復下書曰：民以食爲命，以貨爲資，是以八政以食爲首。寶貨皆重則小用不給，皆輕則僦載煩費，輕重大小各有差品，則用便而民樂。於是造寶貨五品，語在《食貨志》。百姓不從，但行小大錢二品而已。盜鑄錢者不可禁，乃重其法，一家鑄錢，五家坐之，没入爲奴婢。吏民出入，持布錢以副符傳，不持者，廚傳勿舍，關津苛留。公卿皆持以入宫殿門，欲以重而行之。【略】

是時諸將在邊，須大衆集，吏士放縱，而内郡愁於徵發，民棄城郭流亡爲盜賊，并州、平州尤甚。莽令七公六卿號皆兼稱將軍，遣著武將軍逯並等填名都，中郎將、繡衣執法各五十五人，分填緣邊大郡，督大姦猾擅弄兵者，皆便爲姦於外，撓亂州郡，貨賂爲市，侵漁百姓。莽下書曰：虜知罪當夷滅，故遣猛將分十二部，將同時出，一舉而決絶之矣。内置司命軍正，外設軍監十有二人，誠欲以司不奉命，令軍人咸正也。今則不然，各爲權勢，恐猲良民，妄封人頸，得錢者去。毒蠚並作，農民離散。司監若此，可謂稱不？自今以來，敢犯此者，輒捕繫，以名聞。然猶放縱自若。【略】

中郎區博諫莽曰：井田雖聖王法，其廢久矣。周道既衰，而民不從。秦知順民之心，可以獲大利也，故滅廬井而置阡陌，遂王諸夏，訖今海内未厭其敝。今欲違民心，追復千載絶迹，雖堯舜復起，而無百年之漸，弗能行也。天下初定，萬民新附，誠未可施行。莽知民怨，乃下書曰：諸名食王田，皆得賣之，勿拘以法。犯私買賣庶人者，且一切勿治。

初，五威將帥出，改句町王以爲侯，王邯怨怒不附。莽諷牂柯大尹周歆詐殺邯。邯弟承起兵攻殺歆。先是，莽發高句驪兵，當伐胡，不欲行，郡強迫之，皆亡出塞，因犯法爲寇。遼西大尹田譚追擊之，爲所殺。州郡歸咎於高句驪侯騶。嚴尤奏言：貉人犯法，不從騶起，正有它心，宜令州郡且尉安之。今猥被以大罪，恐其遂畔，夫餘之屬必有和者。匈奴未克，夫餘、穢貉復起，此大憂也。莽不尉安，穢貉遂反，詔尤擊之。尤誘高句驪侯騶至而斬焉，傳首長安。莽大説，下書曰：乃者，命遣猛將，共行天罰，誅滅虜知，分爲十二部，或斷其右臂，或斬其左腋，或潰其胸腹，或紬其兩脅。今年刑在東方，誅貉之部先縱焉。捕斬虜騶，平定東域，虜知殄滅，在于漏刻。此乃天地羣神社稷宗廟佑助之福，公卿大夫士

民同心將率虓虎之力也。予甚嘉之。其更名高句驪爲下句驪，布告天下，令咸知焉。於是貉人愈犯邊，東北與西南夷皆亂云。【略】

莽意以爲制定則天下自平，故鋭思於地里，制禮作樂，講合《六經》之説。公卿旦入暮出，議論連年不決，不暇省獄訟冤結民之急務。縣宰缺者，數年守兼，一切貪殘日甚。中郎將、繡衣執法在郡國者，並乘權勢，傳相舉奏。又十一公士分布勸農桑，班時令，案諸章，冠蓋相望，交錯道路，召會吏民，逮捕證左，郡縣賦斂，遞相賕賂，白黑紛然，守闕告訴者多。莽自見前顓權以得漢政，故務自擥衆事，有司受成苟免，諸寶物名、帑藏、錢穀官，皆宦者領之，吏民上封事書，宦官左右開發，尚書不得知。其畏備臣下如此。又好變改制度，政令煩多，當奉行者，輒質問乃以從事，前後相乘，憒眊不渫。莽常御燈火至明，猶不能勝。尚書因是爲姦寢事，上書待報者連年不得去，拘繫郡縣者逢赦而後出，衛卒不交代三歲矣。穀常貴，邊兵二十餘萬人仰衣食，縣官愁苦。五原、代郡尤被其毒，起爲盜賊，數千人爲輩，轉入旁郡。莽遣捕盜將軍孔仁將兵與郡縣合擊，歲餘乃定，邊郡亦略將盡。【略】

五月，莽下吏祿制度，曰：予遭陽九之阸，百六之會，國用不足，民人騷動，自公卿以下，一月之祿十緵布二匹，或帛一匹，予每念之，未嘗不戚焉，今阸會已度，府帑雖未能充，略頗稍給，其以六月朔庚寅始，賦吏祿皆如制度。四輔公卿大夫士，下至輿僚，凡十五等。僚祿一歲六十六斛，稍以差增，上至四輔而爲萬斛云。莽又曰：普天之下，莫非王土；率土之賓，莫非王臣。蓋以天下養焉。《周禮》膳羞百有二十品，今諸侯各食其同、國、則；辟、任、附城食其邑；公、卿、大夫、元士食其采。多少之差，咸有條品。歲豐穰則充其禮，有災害則有所損，與百姓同憂喜也。其用上計時通計，天下幸無災害者，太官膳羞備其品矣；即有災害，以什率多少而損膳焉。東嶽太師立國將軍保東方三州一部二十五郡；南嶽太傅前將軍保南方二州一部二十五郡；西嶽國師寧始將軍保西方一州二部二十五郡；北嶽國將衛將軍保北方二州一部二十五郡；大司馬保納卿，言卿、仕卿、作卿、京尉、扶尉、兆隊、右隊、中部左洎前七部；大司徒保樂卿、典卿、宗卿、秩卿、翼尉、光尉、左隊、前隊、中部、右部，有五郡；大司空保予卿、虞卿、共卿、工卿、師尉、列尉、祈隊、後隊、中部洎後十郡；及六司，六卿，皆隨所屬之公保其災害，亦以十率多少而損其祿。郎、從官、中都官吏食祿都内之委者，以太官膳羞備損而爲節。諸侯、辟、任、附城、羣吏亦各保其災害。幾上下同心，勸進農業，安元元焉。莽之制度煩碎如此，課計不可理，吏終不得祿，各因官職爲姦，受取賕賂以自共給。

《漢書》卷九九下《王莽傳》 六月，更授諸侯茅土於明堂，曰：予制作地理，建封五等，考之經藝，合之傳記，通於義理，論之思之，至於再三，自始建國之元以來九年于茲，乃今定矣。予親設文石之平，陳菁茅四色之土，欽告于岱宗泰社后土、先祖先妣，以班授之。各就厥國，養牧民人，用成功業。其在緣邊，若江南，非詔所召，遣侍于帝城者，納言掌貨大夫且調都内故錢，予其祿，公歲八十萬，侯伯四十萬，子男二十萬。然復不能盡得。莽好空言，慕古法，多封爵人，性實遴嗇，託以地理未定，故且先賦茅土，用慰喜封者。

是歲，復明六筦之令。每一筦下，爲設科條防禁，犯者罪至死，吏民抵罪者浸衆。又一切調上公以下諸有奴婢者，率一口出錢三千六百，天下愈愁，盜賊起。納言馮常以六筦諫，莽大怒，免常官。置執法左右刺姦。選用能吏侯霸等分督六尉、六隊，如漢刺史，與三公士郡一人從事。

臨淮瓜田儀等爲盜賊，依阻會稽長州，琅邪女子吕母亦起。初，吕母子爲縣吏，爲宰所冤殺。母散家財，以酤酒買兵弩，陰厚貧窮少年，得百餘人，遂攻海曲縣，殺其宰以祭子墓。引兵入海，其衆浸多，後皆萬數。莽遣使者卽赦盜賊，還言盜賊解，輒復合。問其故，皆曰：愁法禁煩苛，不得舉手。力作所得，不足以給貢稅。閉門自守，又坐鄰伍鑄錢挾銅，姦吏因以愁民。民窮，悉起爲盜賊。莽大怒，免之。其或順指，言民驕黠當誅，及言時運適然，且滅不久，莽説，輒遷之。【略】

天下吏以不得奉祿，並爲姦利，郡尹縣宰家累千金。莽下詔曰：詳考始建國二年胡虜猾夏以來，諸軍吏及緣邊吏大夫以上爲姦利增產致富者，收其家所有財產五分之四，以助邊急。公府士馳傳天下，考覆貪饕，開吏告其將，奴婢告其主，幾以禁姦，姦愈甚。【略】

六年春，莽見盜賊多，乃令太史推三萬六千歲曆紀，六歲一改元，布天下。下書曰：《紫閣圖》曰：太一、黄帝皆僊上天，張樂崑崙虔山之上。後世聖主得瑞者，當張樂秦終南山之上。予之不敏，奉行未明，乃今諭矣。復以寧始將軍爲更始將軍，以順符命。《易》不云乎？日新之謂盛德，生生之謂易。予其饗哉！欲以誑燿百姓，銷解盗賊。衆皆笑之。【略】

地皇元年正月乙未，赦天下。下書曰：方出軍行師，敢有趨讙犯法者，輒論斬，毋須時，盡歲止。於是春夏斬人都市，百姓震懼，道路以目。【略】

自莽爲不順時令，百姓怨恨，莽猶安之，又下書曰：惟設此壹切之法以來，常安六鄉巨邑之都，枹鼓稀鳴，盗賊衰少，百姓安土，歲以有年，此乃立權之力也。今胡虜未滅誅，蠻僰未絶焚，江湖海澤麻沸，盗賊未盡破殄，又興奉宗廟社稷之大作，民衆動搖。今復壹切行此令，盡二年止之，以全元元，救愚姦。【略】

魏成大尹李焉與卜者王況謀，況謂焉曰：新室卽位以來，民田奴婢不賣買，數改錢貨，徵發煩數，軍旅騷動，四夷並侵，百姓怨恨，盗賊並恨，漢家當復興。君姓李，李音徵，徵火也，當爲漢輔。因爲焉作讖書，言文帝發忿，居地下趣軍，北告匈奴，南告越人。江中劉信，執敵報怨，復續古先，四年當發軍。江湖有盗，自稱樊王，姓爲劉氏，萬人成行，不受赦令，欲動秦、雒陽。十一年當相攻，太白揚光，歲星入東井，其號當行。又言莽大臣吉凶，各有日期。會合十餘萬言。焉令吏寫其書，吏亡告之。莽遣使者卽捕焉，獄治皆死。

劉　秀

《後漢書》卷一上《光武帝紀上》　世祖光武皇帝諱秀，字文叔，南陽蔡陽人，高祖九世之孫也，出自景帝生長沙定王發。發生舂陵節侯買，買生鬱林太守外，外生鉅鹿都尉回，回生南頓令欽，欽生光武。光武年九歲而孤，養於叔父良。身長七尺三寸，美須眉，大口，隆準，日角。性勤於稼穡，而兄伯升好俠養士，常非笑光武事田業，比之高祖兄仲。王莽天鳳中，乃之長安，受《尚書》，略通大義。【略】

博士丁恭議曰：古帝王封諸侯不過百里，故利以建侯，取法於雷，強幹弱枝，所以爲治也。今封諸侯四縣，不合法制。帝曰：古之亡國，皆以無道，未嘗聞功臣地多而滅亡者。乃遣謁者，即授印綬。

《後漢書》卷一下《光武帝紀下》　辛丑，詔曰：惟天水、隴西、安定、北地吏人爲隗囂所詿誤者，又三輔遭難赤眉，有犯法不道者，自殊死以下，皆赦除之。【略】

秋九月庚子，赦樂浪謀反大逆殊死已下。【略】

十一月丁卯，詔王莽時吏人没入爲奴婢不應舊法者，皆免爲庶人。【略】

七年春正月丙申，詔中都官、三輔、郡、國出繫囚，非犯殊死，皆一切勿案其罪。見徒免爲庶（民）〔人〕。耐罪亡命，吏以文除之。【略】

三月癸酉，詔隴、蜀民被略爲奴婢自訟者，及獄官未報，一切免爲庶（民）〔人〕。【略】

冬十二月甲寅，詔益州民自八年以來被略爲奴婢者，皆一切免爲庶（民）〔人〕；或依託爲人下妻，欲去者，恣聽之；敢拘留者，比青、徐二州以略人法從事。【略】

十二月癸卯，詔益、涼二州奴婢，自八年以來自訟在所官，一切免爲庶（民）〔人〕，賣者無還直。【略】

郡國大姓及兵長、羣盗處處並起，攻劫在所，害殺長吏。郡縣追討，到則解散，去復屯結。青、徐、幽、冀四州尤甚。冬十月，遣使者下郡國，聽羣盗自相糾擿，五人共斬一人者，除其罪。吏雖逗留回避故縱者，皆勿問，聽以禽討爲效。其牧守令長坐界内盗賊而不收捕者，又以畏愞捐城委守者，皆不以爲負，但取獲賊多少爲殿最，唯蔽匿者乃罪之。於是更相追捕，賊並解散。徙其魁帥於它郡，賦田受稟，使安生業。自是牛馬放牧，邑門不閉。【略】

冬十月癸酉，詔死罪繫囚皆一切募下蠶室，其女子宫。【略】

夏四月乙丑，詔令天下繫囚自殊死已下及徒各減本罪一等，其餘贖罪輸作各有差。【略】

秋九月甲辰，詔令死罪繫囚皆一切募下蠶室，其女子宫。

竇融

《後漢書》卷二三《竇融傳》 竇融字周公，扶風平陵人也。七世祖廣國，孝文皇后之弟，封章武侯。融高祖父，宣帝時以吏二千石自常山徙焉。融早孤。王莽居攝中，爲強弩將軍司馬，東擊翟義，還攻槐里，以軍功封建武男。女弟爲大司空王邑小妻。家長安中，出入貴戚，連結閭里豪傑，以任俠爲名；然事母兄，養弱弟，內修行義。王莽末，青、徐賊起，太師王匡請融爲助軍，與共東征。

劉莊

《後漢書》卷二《顯宗孝明帝紀》 顯宗孝明皇帝諱莊，光武第四子也。母陰皇后。帝生而豐下，十歲能通《春秋》，光武奇之。建武十五年封東海公，十七年進爵爲王，十九年立爲皇太子。師事博士桓榮，學通《尚書》。【略】

十二月甲寅，詔曰：方春戒節，人以耕桑。其勑有司務順時氣，使無煩擾。天下亡命殊死以下，聽得贖論：死罪入縑二十匹，右趾至髡鉗城旦春十匹，完城旦春至司寇作三匹。其未發覺，詔書到先自告者，半入贖。今選舉不實，邪佞未去，權門請託，殘吏放手，百姓愁怨，情無告訴。有司明奏罪名，并正舉者。又郡縣每因徵發，輕爲姦利，詭責羸弱，先急下貧。其務在均平，無令枉刻。【略】

四年春二月辛亥，詔曰：朕親耕藉田，以祈農事。京師冬無宿雪，春不燠沐，煩勞羣司，積精禱求。而比再得時雨，宿麥潤澤。其賜公卿半奉。有司勉遵時政，務平刑罰。【略】

〔八年冬十月〕丙子，臨辟雍，養三老、五更。禮畢，詔三公募郡國中都官死罪繫囚，減罪一等，勿笞，詣度遼將軍營，屯朔方、五原之邊縣；妻子自隨，便占著邊縣；父母同產欲相代者，恣聽之。其大逆無道殊死者，一切募下蠶室。亡命者令贖罪各有差。凡徙者，賜弓弩衣糧。【略】

九年春三月辛丑，詔郡國死罪囚減罪，與妻子詣五原、朔方占著，所在死者皆賜妻父若男同產一人復終身；其妻無父兄獨有母者，賜其母錢六萬，又復其口筭。【略】

十五年春二月庚子，東巡狩。辛丑，幸偃師。詔亡命自殊死以下贖：死罪縑四十匹，右趾至髡鉗城旦春十匹，完城旦至司寇五匹；犯罪未發覺，詔書到日自告者，半入贖。【略】

乙巳，大赦天下，其謀反大逆及諸不應宥者，皆赦除之。【略】

十八年春三月丁亥，詔曰：其令天下亡命，自殊死已下贖：死罪縑三十匹，右趾至髡鉗城旦春十匹，完城旦至司寇五匹，吏人犯罪未發覺，詔書到自告者，半入贖。【略】

秋八月壬子，帝崩於東宮前殿。年四十八。遺詔無起寢廟，藏主於光烈皇后更衣別室。帝初作壽陵，制令流水而已，石槨廣一丈二尺，長二丈五尺，無得起墳。萬年之後，埽地而祭，杅水脯糒而已。過百日，唯四時設奠，置吏卒數人供給灑埽，勿開修道。敢有所興作者，以擅議宗廟法從事。

帝遵奉建武制度無敢違者。後宮之家，不得封侯與政。館陶公主為子求郎，不許，而賜錢千萬。謂羣臣曰：郎官上應列宿，出宰百里，有非其人，則民受其殃，是以難之。故吏稱其官，民安其業，遠近肅服，戶口滋殖焉。

論曰：明帝善刑理，法令分明。日晏坐朝，幽枉必達。內外無倖曲之私，在上無矜大之色。斷獄得情，號居前代十二。故後之言事者，莫不先建武、永平之政。而鍾離意、宋均之徒，常以察慧爲言，夫豈弘人之度未優乎？

劉炟

《後漢書》卷三《肅宗孝章帝紀》 肅宗孝章皇帝諱炟，顯宗第五子也。母賈貴人。永平三年，立爲皇太子。少寬容，好儒術，顯宗器重之。

【略】

〔建初元年正月〕丙寅，詔曰：比年牛多疾疫，墾田減少，穀價頗貴，人以流亡。方春東作，宜及時務。二千石勉勸農桑，弘致勞來。羣公庶尹，各推精誠，專急人事。罪非殊死，須立秋案驗。有司明慎選舉，進柔良，退貪猾，順時令，理冤獄。五教在寬，帝《典》所美，愷悌君子，《大雅》所歎。布告天下，使明知朕意。【略】

辛卯，車駕還宮。詔天下繫囚減死一等，勿笞，詣邊戍；妻子自隨，占著所在；父母同產欲相從者，恣聽之。有不到者，皆以乏軍興論。及犯殊死，一切募下蠶室。其女子宮。繫囚鬼薪、白粲已上，皆減本罪各一等，輸司寇作。亡命贖：死罪入縑二十匹，右趾至髡鉗城旦舂十匹，完城旦至司寇三匹，吏人有罪未發覺，詔書到自告者，半入贖。【略】

秋七月丁未，詔曰：《律》云掠者唯得榜、笞、立。又《令丙》，箠長短有數。自往者大獄已來，掠考多酷，鉆鑽之屬，慘苦無極。念其痛毒，怵然動心。《書》曰鞭作官刑，豈云若此？宜及秋冬理獄，明爲其禁。【略】

十二月壬子，詔曰：《書》云父不慈，子不祗，兄不友，弟子恭，不相及也。往者妖言大獄，所及廣遠，一人犯罪，禁至三屬，莫得垂纓仕宦王朝。如有賢才而没齒無用，朕甚憐之，非所謂與之更始也。諸以前妖惡禁錮者，一皆蠲除之，以明弃咎之路，但不得在宿衛而已。【略】

夏四月丙子，令郡國中都官繫囚減死一等，詣金城戍。【略】

壬子，詔郡國中都官繫囚減死罪一等，詣金城戍；犯殊死者，一切募下蠶室；其女子宮；繫囚鬼薪、白粲已上，減罪一等，輸司寇作。亡命者贖：死罪縑二十匹，右趾至髡鉗城旦舂七匹，完城旦至司寇三匹；吏民犯罪未發覺，詔書到自告者，半入贖。

張　敏

《後漢書》卷四四《張敏傳》 張敏字伯達，河間鄚人也。建初二年，舉孝廉，四遷，五年，爲尚書。

建初中，有人侮辱人父者，而其子殺之，肅宗貰其死刑而降宥之，自後因以爲比。是時遂定其議，以爲《輕侮法》。敏駁議曰：夫《輕侮》之法，先帝一切之恩，不有成科班之律令也。夫死生之決，宜從上下，猶天之四時，有生有殺。若開相容恕，著爲定法者，則是故設姦萌，生長罪隙。孔子曰：民可使由之，不可使知之。《春秋》之義，子不報讎，非子也。而法令不爲之減者，以相殺之路不可開故也。今託義得減，妄殺者有差，使執憲之吏得設巧詐，非所以導在醜不爭之義。又《輕侮》之比，寖以繁滋，至有四五百科，轉相顧望，彌復增甚，難以垂之萬載。臣聞師言：救文莫如質。故高帝去煩苛之法，爲三章之約。建初詔書，有改於古者，可下三公、廷尉蠲除其敝。議寢不省。敏復上疏曰：臣敏蒙恩，特見拔擢，愚心所不曉，迷意所不解，誠不敢苟隨衆議。臣伏見孔子垂經典，皋陶造法律，原其本意，皆欲禁民爲非也。未曉《輕侮》之法將以何禁？必不能使不相輕侮，而更開相殺之路，執憲之吏復容其姦枉。議者或曰：平法當先論生。臣愚以爲天地之性，唯人爲貴，殺人者死，三代通制。今欲趣生，反開殺路，一人不死，天下受敝。記曰：利一害百，人去城郭。夫春生秋殺，天道之常。春一物枯卽爲災，秋一物華卽爲異。王者承天地，順四時，法聖人，從經律。願陛下留意下民，考尋利害，廣令平議，天下幸甚。和帝從之。

九年，拜司隸校尉。視事二歲，遷汝南太守。清約不煩，用刑平正，有理能名。坐事免。延平元年，拜議郎，再遷潁川太守。〔永初元年〕，徵拜司空，在位奉法而已。視事三歲，以病乞身，不聽。六年春，行大射禮，陪位頓仆，乃策罷之。因病篤，卒于家。

楊　秉

《後漢書》卷五四《楊秉傳》 〔楊〕秉字叔節，少傳父業，兼明《京氏易》，博通書傳，常隱居教授。年四十餘，乃應司空辟，拜侍御史，頻出爲豫、荊、徐、兖四州刺史，遷任城相。自爲刺史、二千石，計日受奉，餘祿不入私門。故吏齎錢百萬遺之，閉門不受。以廉潔稱。【略】

延熹三年，白馬令李雲以諫受罪，秉争之不能得，坐免官，歸田里。其年冬，復徵拜河南尹。先是中常侍單超弟匡爲濟陰太守，以臧罪爲刺史第五種所劾，窘急，乃賂客任方刺兖州從事衛羽。事已見《种傳》。及捕得方，囚繫洛陽，匡慮秉當窮竟其事，密令方等得突獄亡走。尚書召秉詰責，秉對曰：《春秋》不誅黎比而魯多盗，方等無狀，釁由單匡。刺執法之吏，害奉公之臣，復令逃竄，寬縱罪身，元惡大憝，終爲國害。乞檻車徵匡考覈其事，則姦慝蹤緒，必可立得。而秉竟坐輸作左校，以久旱赦出。

（漢）**蔡邕《蔡中郎文集》卷三《司空楊秉碑》** 公諱秉，字節叔，弘農華陰人也。其先蓋周武王之穆，晉唐叔之后也。末葉以支子食邑于楊，因氏焉。周家既微，裔胄無緒。暨漢興，烈祖楊熹，佐命征伐，封赤泉侯。嗣子業，紱冕相繼。公之丕考，以忠蹇亮，弼輔考安，登司徒、太尉。公承風緒，世篤儒教，以《尚書》歐陽、某京氏誨授四方，學者自遠而至，蓋踰三千。初辟司空，舉第，拜侍御史，遷豫州、兖州刺史，任城相，徵入勸講，拜太中大夫、左中郎將尚書，出補右扶風，留拜光禄大夫。遭權嬖貴盛，六年守靜。外戚火燔，尔乃遷太僕太卿，公事絀位，浹辰之間，俾位河南。憤疾强，見遘姦黨，用嬰罶靡。起家復拜太常，遂陟上司，沙汰海内，料簡貞實，抽援表達，與之同蘭芳，任鼎重。從駕南巡，爲朝德。然知權過於寵，私富侔國，人因苛有，望變復還，條表聞，啓導上怒。其時所免州牧郡守五十餘人。饕戾是絀，英才是列，善否有章，京夏清肅。在位七載，年七十有四，延熹八年五丙月戌薨。朝廷惜焉，寵賜有加。自奉嚴敕，動遵禮度，量材授任，當官而行，不爲義疾。唯是苛政，固其守。厨無宿肉，器不鏤雕。夙喪嬪儷，妾不嬖御。可謂立身無過之地，正疾枉清儉該備者矣。昔仲尼有垂三戒，而公克焉。故能匡朝盡直，獻可去奸，忠侔前後，聲塞宇宙。非黄中純白，窮達一致，其惡能立功立事，敷聞于下，昭升于上，若兹巍巍者乎！於是門人學徒，相與刋石碑，表勒鴻勳，讃懿德，傳億年。扵戲！公唯岳靈天挺，德翼精，神絪緼，仁哲生。應台任，作邦楨。帝欽亮，訪典刑。道不或，迄有成。光遐邇，穆其清。

楊 賜

《後漢書》卷五四《楊賜傳》 〔楊〕賜字伯獻。少傳家學，篤志博聞。常退居隱約，教授門徒，不荅州郡禮命。後辟大將軍梁冀府，非其好也。出除陳倉令，因病不行。公車徵不至，連辭三公之命。後以司空高第，再遷侍中、越騎校尉。

（漢）**蔡邕《蔡中郎文集》卷三《漢太尉楊公碑》** 公諱賜，字伯猷，弘農華陰人。姬姓之國有楊侯者，公其後也。其在漢室，赤泉祐高，丞相翼宣，咸以盛德，光于前朝。祖司徒，考太尉，繼跡宰司，有勛力公，承家崇軌，受天醇素，欽承奉構，閑于伐何，烈風維而不易其趣。文以典籍，尋道入奥，操清行廟，潛晦幽閑。人事不荅州郡之命，辟大將軍府，不得已而應之。遷陳倉令，公乃因是行退居廬。公車徵，以病辟。司空舉高第，拜侍中、越騎校尉。帝篤先業，將問故訓，公之羣公之舉，進受尚書于禁中，遷少府、光禄勳，敬揆百事，莫不時序，度尹知恤，間闔推清。列作司空，地平天成，陰陽不忒。公遂身退，託疾告退。又以光禄大夫爰命司徒，五品，宣給人倫，爕和理，股肱耳目之任，靡不克明。及至太尉，四時順動，三時光潤，羣生豐遂，太和交薄。作六卿，五蹈三階，受爵開國，應位特進，非盛德休功，假于天人，孰能該備寵，兼包命錫，如公之至者乎？公體資明哲，長於知見，凡所辟選，升諸帝朝者，莫非瑰才逸秀。拜家儲佐，惟我下流，二三小臣，穢損清風，愧于前人，乃糺合同僚，各所審，紀公勳績，刋石立銘，以慰永懷。

天降純嘏，篤生柔嘉。俾胤祖考，光輔國家。三業在服，帝載用和。奥槩我公，凡執丕貞。在棟伊隆，于鼎斯寧。德被宇宙，華夏以清。受兹介福，履祚孔成。爲邑河渭，衮冕紱珽。以佐天子，祇事三靈。丕顯伊德，萬邦作程。爰銘爰贊，式昭懿聲。

楊彪

《後漢書》卷五四《楊彪傳》〔楊〕彪字文先，少傳家學。初舉孝廉，州舉茂才，辟公府，皆不應。熹平中，以博習舊聞，公車徵拜議郎，遷侍中、京兆尹。光和中，黃門令王甫使門生於郡界辜榷官財物七千餘萬，彪發其姦，言之司隸。司隸校尉陽球因此奏誅甫，天下莫不愜心。徵還爲侍中、五官中郎將，還潁川、南陽太守，復拜侍中，三遷永樂少府、太僕、衛尉。

（漢）蔡邕《蔡中郎文集》卷三《司空臨晉侯楊公碑》皇帝遣中謁者陳遂、侍御史馬助持節送柩，陳遵、桓典、蘭臺令史十人將羽林騎、鉦車介士前後鼓吹，以驃騎將軍官屬及司空法駕，與公卿尚書三臺已下，葬我文烈侯。三年九月甲申，小祥，會如初。四年九月戊申，大祥，公卿尚書三臺已下，會如小祥之禮。公之祖納忠於前朝，以離艱過，父隱約蟄瘁卒蟄治家師導唯儉之尚。公生值謙褊，資賄屢空，手執勤役，定涉道里，以脩經術，險阻艱難，曷所不嘗。侍以其靜則真一審固，動則不違則兢度，容覆載，無兢伊人。謀無不忠，言無不信，自在弱冠布衣之中，固以流芳名，著茂實，公孫同倫，莫能齊焉者矣。州郡禮招，莫之能屈，委百里位，辟公事令。自侍御史侍中已往，道爲帝師，德爲世表，體尊名重，階級彌崇而公處以恭遜，行以固慎，德大而心小，居高而志降。夫驕吝之亹，周公其猶病諸，而公侻然以爲行首，不亦泰乎！及其所以匡輔本朝，忠言嘉謀，造膝詭辭，當事而行，言從既不敢納，亦不敢宣，密誡潛功，貽于帝躬。家無遺草，論者不見，嗟乎！誠爲達事君之體，得人臣之上儀諸已。以貴不貴歸非，不樂引美，故雖彷彿，猶不敢載，以順公之雅。初受封，自以功不副賞，前後固辭，章凡十上，憂愠悄悄，形于容色。雖不克從，情旨昭顯。晚節爲廷尉，公曰：昔在三后成功，惟殷于民，而皐陶不與焉，盖吝君之也。及爲特進，又曰：唯漢重臣，中興以來，克稱斯位者，其唯高密元侯乎？吾何德以堪諸？寢疾，頓命無辭，要言約戒，忠儉而已，孤彪，銜恤永思，綴輯而履，以替銘之。

赫赫烈侯，卓尔超倫。於唯楊公，乃華降神。故能明哲，德亞聖人。受茲介福，位極人臣。包羅五典，本道根真。爲國之師，海上經文。頻歷鄉校，五登鼏鉉。建名著忠，確越前賢。攘灾興化，蚌蟹不臻，風雨有時，屢獲有年。三葉宰相，應祚于天。臨晉是侯，子子孫孫。億兆不窮，如山之堅。四時潔祠，以承奉尊。祀事孔明，奉亡如存。馥馥芬芬，以慰顯魂。

劉表

《後漢書》卷七四《劉表傳》劉表字景升，山陽高平人，魯恭王之後也。身長八尺餘，姿貌溫偉。與同郡張儉等俱被訕議，號爲八顧。詔書捕案黨人，表亡走得免。黨禁解，辟大將軍何進掾。

（漢）蔡邕《蔡中郎文集》卷三《劉鎮南碑》君諱表，字景升，山陽高平人也。君膺期誕生，瑰偉大度，黃中通理，博物多識。爲郡功曹，千里稱平。上計吏辟大將軍府，遷北軍中侯，在位十旬，以賢能特選拜刺史。莅州。永漢元年十一月到官，清風先駈，莫不震肅，奸軌改節，不仁引頸。尔乃班愷愷，流惠和，慕郡唐叔之野棠，思王遵之驅印策，賦政造次，德化宣行。俄而漢室大亂，禍起蕭牆，賊臣專政，豪雄虎争，縣邑閭里，奸仇煙發，州縣殘破，天下土崩，四海大壞。當是時也，雖有孔翟之聖賢，諸賁之勇勢，無所措其智力。君遇險而建畧，遭難而發權，招命英俊，援得驍雄，謀臣武將，合策朋計。出次北境，還屯漢陰，因滄浪以爲隍，因春葉以爲庸。南撫衡陽，東綏淄沂，西靖巫山，保乂四疆，選才任良，式序賢能，簡將命卒，棊布星陳，偹要塞之戍八方之邊，勸穡務農，以田以漁，稌粟紅腐，年穀豐夥。江湖之中，無劫掠之寇，沅湘之間，無攘竊之民。郡守令長，冠帶章服，府寺亭鄉，崇棟高門，如皆舊；常世知名，輻輳而至，四方襁負，自遠若歸；窮山幽谷，於是爲邦。百工集趣，機巧萬端，器械變通，判民無窮。鄰邦懷慕，交揚益州，盡遣驛使，冠蓋相望。下民有康哉之歌，羣后有歸功之緒；莫匪嘉績，克厭帝心，即還拜牧，又遷安南將軍，領州如故。于時諸州或失土流播，或没害，人民死喪，百遺二三，而君保完萬里，至于滄海。聖朝欽亮，析圭授土，俾疾成武，遣御史中丞鍾繇即拜鎮南將軍，錫鼓吹大車，策命褒崇，謂之伯父，置長史司馬從事中郎，開府辟召，儀如三公。將復遣左中郎將祝耽援節，以增威重，并督交、揚二州，委以東南，惟君所裁。雖周召授分陝之任，不遠過也。交州殊遠，王塗未夷，夷民歸附，大小受命，其郡縣長吏有缺，皆來請之，君權爲選置，以安荒裔，輒別上聞，齊桓遷邢，封衛之義也。武功既亢，廣開雍泮，設俎豆，陳罍彝，親行鄉射，躋彼公堂，篤志好學，吏子弟受祿之徒，蓋以千計。洪生巨儒，朝夕講誨，誾誾如也。雖洙泗之間，學者所集，方之篾如也。深愍末學遠本離直，乃令諸儒改定五經章句，刪剗浮辭，芟除煩重，贊之者用曰少，而探微知機者。又求遺書，寫還新者，留其本故，於是古典集，必舊州閭。及延見武將文吏，教令溫雅，禮接優隆，言不及軍旅之事，辭不遷官曹之文。上論三墳八索之典，下陳世忠義之方。內岡如秋霜，外柔如春陽，不伐其善，不有庸，如彼川流，每往茲通，可謂道理丕才，命世希有者已。仁者壽，宜享胡耇。昊天不弔，年六十有七，建安十三年八月遘疾殞薨。耕夫罷耜，織女投杼，老幼哀號，若喪父母。時道路艱險，留墳州土，轉移葬歸立墓。父勉其子，妻勉其夫，欲共扶送，至于鄉里。南鄉太守樂陽亭侯旻思等言及志在州里者，自各發卒，具送靈柩之資，授徵拜五官中郎將，乃共上歸本縣葬，見聽許。太和二年，葬于先塋，於是臣故新淪休伐，以爲申伯、朝侯之翼周室，受輅車、乘馬、玄裘、赤舄賜，詩人詠功，列于《大雅》，至今不朽，况乎將軍牧二川二紀，功載王府，賜命優備。賴而生者，毓子孕孫，能不歌嘆？乃作頌曰：猗歟將軍，膺期挺直。桓桓其武，溫溫其仁。初幹千里，允顯使臣。幕府禮命，集于此軍。督齊禁旅，如羆如熊。眷然南顧，綏我荊衡。將軍徂來，民安物豐。江湖交壤，刑清國興。蔽芾甘棠，召伯聽訟。周人勿剗，我賴其報。欲報之德，胡不億年。如何殂逝，孤弃萬民！鐫勒之石，以紀洪勳。昭示來世，垂芳後昆。

荀彧

《後漢書》卷七〇《荀彧傳》 荀彧字文若，穎川穎陰人，朗陵令淑之孫也。父緄，爲濟南相。緄畏憚宦官，乃爲彧娶中常侍唐衡女。彧以少有才名，故得免於譏議。南陽何顒名知人，見彧而異之，曰：王佐才也。

【略】

九年，操拔鄴，自領冀州牧。有説操宜復置九州者，以爲冀部所統既廣，則天下易服。操將從之。彧言曰：今若依古制，是爲冀州所統，悉有河東、馮翊、扶風、西河、幽、并之地也。公前屠鄴城，海內震駭，各懼不得保其土宇，守其兵衆。今若一處被侵，必謂以次見奪，人心易動，若一旦生變，天下未可圖也。願公先定河北，然後脩復舊京，南臨楚郢，責王貢之不入。天下咸知公意，則人人自安。須海內大定，乃議古制，此社稷長久之利也。操報曰：微足下之相難，所失多矣！遂寢九州議。

（漢）曹操《曹操集・文集》卷一《請爵荀彧表》 臣聞慮爲功首，謀爲賞本，野績不越廟堂，戰多不踰國勳。是故曲阜之錫，不後營丘，蕭何之土，先于平陽。珍策重計，古今所尚。侍中守尚書令彧，积德累行，少長無悔，遭世紛扰，懷忠念治。臣自始舉義兵，周遊征伐，與彧戮力同心，左右王略，發言授策，無施不效。彧之功業臣由以濟，用披浮雲，顯光日月。陛下幸許，彧左右機近，忠恪祗順，如履薄冰，研精極鋭，以撫庶事，天下之定，彧之功也。宜享高爵，以彰元勳。

（漢）曹操《曹操集・文集》卷一《留荀彧表》 臣聞古之遺將，上設監督之重，下建副二之任，所以尊嚴國命，謀而鮮過者也。臣今當濟江，奉辭伐罪，宜有大使，肅將王命。文武併用，自古有之。使持節侍中守尚書令萬歲亭侯彧，國之望臣，德治華夏，既停軍所次，便宜与臣俱進。宣示國命，威懷醜虜。軍禮尚速，不及先請，臣輒留彧，依以爲重。

魏晉南北朝分部

曹操

《三國志》卷一《魏志・武帝紀》 太祖武皇帝，沛國譙人也，姓曹，諱操，字孟德，漢相國參之後。桓帝世，曹騰爲中常侍大長秋，封費亭侯。養子嵩嗣，官至太尉，莫能審其生出本末。嵩生太祖。【略】

《曹瞞傳》曰：太祖初入尉廨，繕治四門。造五色棒，縣門左右各十餘枚，有犯禁者，不避豪彊，皆棒殺之。後數月，靈帝愛幸小黄門蹇碩叔父夜行，卽殺之。京師斂迹，莫敢犯者。近習寵臣咸疾之，然不能傷，於是共稱薦之，故遷爲頓丘令。【略】

光和末，黄巾起。拜騎都尉，討潁川賊。遷爲濟南相，國有十餘縣，長吏多阿附貴戚，贓汚狼藉，於是奏免其八；禁斷淫祀，姦宄逃竄，郡界肅然。久之，徵還爲東郡太守；不就，稱疾歸鄉里。

《魏書》曰：長吏受取貪饕，依倚貴勢，歷前相不見舉；聞太祖至，咸皆舉免，小大震怖，姦宄遁逃，竄入他郡。政教大行，一郡清平。初，城陽景王劉章以有功於漢，故其國爲立祠，青州諸郡轉相倣效，濟南尤盛，至六百餘祠。賈人或假二千石輿服導從作倡樂，奢侈日甚，民坐貧窮，歷世長吏無敢禁絶者。太祖到，皆毀壞祠屋，止絶官吏民不得祠祀。乃至秉政，遂除姦邪鬼神之事，世之淫祀由此遂絶。【略】

九月，令曰：河北罹袁氏之難，其令無出今年租賦！重豪彊兼并之法，百姓喜悦。【略】

十年春正月，攻譚，破之，斬譚，誅其妻子，冀州平。下令曰：其與袁氏同惡者，與之更始。令民不得復私讎，禁厚葬，皆一之于法。是月，袁熙大將焦觸、張南等叛攻熙、尚，熙、尚奔三郡烏丸。觸等舉其縣降，封爲列侯。初討譚時，民亡椎冰，令不得降。頃之，亡民有詣門首者，公謂曰：聽汝則違令，殺汝則誅首，歸深自藏，無爲吏所獲。民垂泣而去；後竟捕得。【略】

庚子，王崩于洛陽，年六十六。遺令曰：天下尚未安定，未得遵古也。葬畢，皆除服。其將兵屯戍者，皆不得離屯部。有司各率乃職。斂以時服，無藏金玉珍寶，謚曰武王。二月丁卯，葬高陵。【略】

《曹瞞傳》曰：太祖爲人佻易無威重，好音樂，倡優在側，常以日達夕，被服輕綃，身自佩小鞶囊，以盛手巾細物，時或冠帢帽以見賓客；每與人談論，戲弄言誦，盡無所隱，及歡悦大笑，至以頭没杯案中，肴膳皆沾汙巾幘，其輕易如此。然持法峻刻，諸將有計畫勝出己者，隨以法誅之，及故人舊怨，亦皆無餘，其所刑殺，輒對之垂涕嗟痛之，終無所活。初，袁忠爲沛相，嘗欲以法治太祖，沛國桓邵亦輕之，及在兗州，陳留邊讓言議頗侵太祖，太祖殺讓，族其家，忠、邵俱避難交州，太祖遣使就太守士燮盡族之。桓邵得出首，拜謝於庭中，太祖謂曰：跪可解死邪！遂殺之。常出軍，行經麥中，令士卒無敗麥，犯者死。騎士皆下馬，付麥以相持，於是太祖馬騰入麥中，敕主簿議罪；主簿對以《春秋》之義，罰不加於尊，太祖曰：制法而自犯之，何以帥下？然孤爲軍帥，不可自殺，請自刑。因援劍割髮以置地。又有幸姬常從晝寢，枕之臥，告之曰：須臾覺我。姬見太祖臥安，未卽寤，及自覺，棒殺之。常討賊，廩穀不足，私謂主者曰：如何？主者曰：可以小斛以足之。太祖曰：善。後軍中言太祖欺衆，太祖謂主者曰：特當借君死以厭衆，不然事不解。乃斬之，取首題徇曰：行小斛，盗官穀，斬之軍門。其酷虐變詐，皆此類也。

曹丕

《三國志》卷二《魏志·文帝紀》　文皇帝諱丕，字子桓，武帝太子也。中平四年冬，生于譙。建安十六年，爲五官中郎將、副丞相。二十二年，立爲魏太子。太祖崩，嗣位爲丞相、魏王。尊王后曰王太后。改建安二十五年爲延康元年。【略】

六月，利成郡兵蔡方等以郡反，殺太守徐質。遣屯騎校尉任福、步兵校尉段昭與青州刺史討平之；其見脅略及亡命者，皆赦其罪。

曹叡

《三國志》卷三《魏志·明帝紀》　明皇帝諱叡，字元仲，文帝太子也。生而太祖愛之，常令在左右。年十五，封武德侯，黄初二年爲齊公，三年爲平原王。以其母誅，故未建爲嗣。七年夏五月，帝病篤，乃立爲皇太子。丁巳，卽皇帝位，大赦。尊皇太后曰太皇太后，皇后曰皇太后。諸臣封爵各有差。癸未，追謚母甄夫人曰文昭皇后。壬辰，立皇弟蕤爲陽平王。【略】

冬十月，改平望觀曰聽訟觀。帝常言獄者，天下之性命也，每斷大獄，常幸觀臨聽之。【略】

四年春二月壬午，詔曰：世之質文，隨教而變。兵亂以來，經學廢絶，後生進趣，不由典謨。豈訓導未洽，將進用者不以德顯乎？其郎吏

學通一經，才任牧民，博士課試，擢其高第者，亟用；其浮華不務道本者，皆罷退之。【略】

八月，詔曰：古者諸侯朝聘，所以敦睦親親協和萬國也。先帝著令，不欲使諸王在京都者，謂幼主在位，母后攝政，防微以漸，關諸盛衰也。朕惟不見諸王十有二載，悠悠之懷，能不興思！其令諸王及宗室公侯各將適子一人朝。後有少主、母后在宮者，自如先帝令，申明著于令。【略】

六年春二月，詔曰：古之帝王，封建諸侯，所以藩屏王室也。詩不云乎，懷德維寧，宗子維城。秦、漢繼周，或彊或弱，俱失厥中。大魏創業，諸王開國，隨時之宜，未有定制，非所以永爲後法也。其改封諸侯王，皆以郡爲國。【略】

〔青龍〕二年春二月乙未，太白犯熒惑。癸酉，詔曰：鞭作官刑，所以糾慢怠也，而頃多以無辜死。其減鞭杖之制，著于令。【略】

六月壬申，詔曰：有虞氏畫象而民弗犯，周人刑錯而不用。朕從百王之末，追望上世之風，邈乎何相去之遠？法令滋章，犯者彌多，刑罰愈衆，而姦不可止。往者按大辟之條，多所蠲除，思濟生民之命，此朕之至意也。而郡國斃獄，一歲之中尚過數百，豈朕訓導不醇，俾民輕罪，將苛法猶存，爲之陷穽乎？有司其議獄緩死，務從寬簡，及乞恩者，或辭未出而獄以報斷，非所以究理盡情也。其令廷尉及天下獄官，諸有死罪具獄以定，非謀反及手殺人，亟語其親治，有乞恩者，使與奏當文書俱上，朕將思所以全之。其布告天下，使明朕意。

劉備

《三國志》卷三二《蜀志・先主傳》　先主姓劉，諱備，字玄德，涿郡涿縣人，漢景帝子中山靖王勝之後也。勝子貞，元狩六年封涿縣陸城亭侯，坐酎金失侯，因家焉。先主祖雄，父弘，世仕州郡。雄舉孝廉，官至東郡范令。

先主少孤，與母販履織席為業。舍東南角籬上有桑樹生高五丈餘，遙望見童童如小車蓋，往來者皆怪此樹非凡，或謂當出貴人。先主少時，與宗中諸小兒於樹下戲，言：吾必當乘此羽葆蓋車。叔父子敬謂曰：汝勿妄語，滅吾門也！年十五，母使行學，與同宗劉德然、遼西公孫瓚俱事故九江太守同郡盧植。德然父元起常資給先主，與德然等。元起妻曰：各自一家，何能常爾邪！起曰：吾宗中有此兒，非常人也。而瓚深與先主相友。瓚年長，先主以兄事之。先主不甚樂讀書，喜狗馬、音樂、美衣服。身長七尺五寸，垂手下膝，顧自見其耳。少語言，善下人，喜怒不形於色。好交結豪俠，年少爭附之。中山大商張世平、蘇雙等貲累千金，販馬周旋於涿郡，見而異之，乃多與之金財。先主由是得用合徒衆。

靈帝末，黃巾起，州郡各舉義兵，先主率其屬從校尉鄒靖討黃巾賊有功，除安喜尉。督郵以公事到縣，先主求謁，不通，直入縛督郵，杖二百，解綬繫其頸着馬枊，棄官亡命。頃之，大將軍何進遣都尉毌丘毅詣丹楊募兵，先主與俱行，至下邳遇賊，力戰有功，除為下密丞。復去官。後為高唐尉，遷為令。為賊所破，往奔中郎將公孫瓚，瓚表為別部司馬，使與青州刺史田楷以拒冀州牧袁紹。數有戰功，試守平原令，後領平原相。郡民劉平素輕先主，恥為之下，使客刺之。客不忍刺，語之而去。其得人心如此。

袁紹攻公孫瓚，先主與田楷東屯齊。曹公征徐州，徐州牧陶謙遣使告急於田楷，楷與先主俱救之。時先主自有兵千餘人及幽州烏丸雜胡騎，又略得飢民數千人。既到，謙以丹楊兵四千益先主，先主遂去楷歸謙。謙表先主為豫州刺史，屯小沛。謙病篤，謂別駕麋竺曰：非劉備不能安此州也。謙死，竺率州人迎先主，先主未敢當。下邳陳登謂先主曰：今漢室陵遲，海內傾覆，立功立事，在於今日。彼州殷富，戶口百萬，欲屈使君撫臨州事。先主曰：袁公路近在壽春，此君四世五公，海內所歸，君可以州與之。登曰：公路驕豪，非治亂之主。今欲為使君合步騎十萬，上可以匡主濟民，成五霸之業，下可以割地守境，書功於竹帛。若使君不見聽許，登亦未敢聽使君也。北海相孔融謂先主曰：袁公路豈憂國忘家者邪？冢中枯骨，何足介意。今日之事，百姓與能，天與不取，悔不可追。先主遂領徐州。袁術來攻先主，先主拒之於盱眙、淮陰。曹公表先主為鎮東將軍，封宜城亭侯，是歲建安元年也。先主與術相持經月，呂布乘虛襲下邳。下邳守將曹豹反，間迎布。布虜先主妻子，先主轉軍海西。楊奉、

韓暹寇徐、揚閒，先主邀擊，盡斬之。先主求和於吕布，布還其妻子。先主遣關羽守下邳。【略】

十二年，曹公北征烏丸，先主説表襲許，表不能用。曹公南征表，會表卒，子琮代立，遣使請降。先主屯樊，不知曹公卒至，至宛乃聞之，遂將其衆去。過襄陽，諸葛亮説先主攻琮，荊州可有。先主曰：吾不忍也。乃駐馬呼琮，琮懼不能起。琮左右及荊州人多歸先主。比到當陽，衆十餘萬，輜重數千兩，日行十餘里，別遣關羽乘船數百艘，使會江陵。或謂先主曰：宜速行保江陵，今雖擁大衆，被甲者少，若曹公兵至，何以拒之？先主曰：夫濟大事必以人為本，今人歸吾，吾何忍棄去！【略】

即皇帝位於成都武擔之南。為文曰：惟建安二十六年四月丙午，皇帝備敢用玄牡，昭告皇天上帝后土神祇：漢有天下，歷數無疆。曩者王莽篡盜，光武皇帝震怒致誅，社稷復存。今曹操阻兵安忍，戮殺主后，滔天泯夏，罔顧天顯。操子丕，載其凶逆，竊居神器。羣臣將士以為社稷墮廢，備宜脩之，嗣武二祖，龔行天罰。備惟否德，懼忝帝位。詢于庶民，外及蠻夷君長，僉曰天命不可以不答，祖業不可以久替，四海不可以無主。率土式望，在備一人。備畏天明命，又懼漢阼將湮于地，謹擇元日，與百寮登壇，受皇帝璽綬。脩燔瘞，告類于天神，惟神饗祚于漢家，永綏四海！【略】

三年春二月，丞相亮自成都到永安。三月，黄元進兵攻臨邛縣。遣將軍陳曶討元，元軍敗，順流下江，為其親兵所縛，生致成都，斬之。先主病篤，託孤於丞相亮，尚書令李嚴為副。夏四月癸巳，先主殂于永安宮，時年六十三。

（宋）黎靖德《朱子語類》卷一三六《歷代三》　因論三國形勢，曰：曹操合下便知據河北可以為取天下之資。既被袁紹先説了，他又不成出他下，故為大言以誑之。胡致堂説史臣後來代為文辭以欺後世，看來只是一時無説了，大言耳。此著被袁紹先下了，後來崎嶇萬狀，尋得箇獻帝來，為挾天下令諸侯之舉，此亦是第二大著。若孫權據江南，劉備據蜀，皆非取天下之勢，僅足自保耳。【略】

問：先主為曹操所敗，請救於吴。若非孫權用周瑜以敵操，亦殆矣。曰：孔明之請救，知其不得不救。孫權之救備，須著救他，不如此，便當迎操矣。此亦非好相識，勢使然也。及至先主得荊州，權遂遣吕蒙擒關羽。才到利害所在，便不相顧。

劉備之敗於陸遜，雖言不合輕敵，亦是自不合連營七百餘里，先自做了敗形。是時孔明在成都督運餉，後云：法孝直若在，不使主上有此行。孔明先不知曾諫止與否，今皆不可考。但孔明雖正，然益。法孝直輕快，必有術以止之。

《全唐詩》卷二三二杜甫《公安縣懷古》　野曠吕蒙營，江深劉備城。寒天催日短，風浪與雲平。灑落君臣契，飛騰戰伐名。維舟倚前浦，長嘯一含情。

《全唐詩》卷七一〇徐夤《蜀》　雖倚關張敵萬夫，豈勝恩信作良圖，能均漢祚三分業，不負荊州六尺孤。緑水有魚賢已得，青桑如蓋瑞先符。君王幸是中山後，建國如何號蜀都？

孫權

《三國志》卷四七《吴志・吴主傳》　孫權字仲謀。兄策既定諸郡，時權年十五，以爲陽羡長。郡察孝廉，州舉茂才，行奉義校尉。漢以策遠脩職貢，遣使者劉琬加錫命。琬語人曰：吾觀孫氏兄弟雖各才秀明達，然皆禄祚不終，惟中弟孝廉，形貌奇偉，骨體不恒，有大貴之表，年又最壽，爾試識之。【略】

建安四年，從策征廬江太守劉勳，勳破，進討黄祖於沙羡。

五年，策薨，以事授權，權哭未及息。策長史張昭謂權曰：孝廉，此寧哭時邪？且周公立法而伯禽不師，非欲違父，時不得行也。況今姦宄競逐，豺狼滿道，乃欲哀親戚，顧禮制，是猶開門而揖盜，未可以為仁也。乃改易權服，扶令上馬，使出巡軍。

〔黄武〕五年春，令曰：軍興日久，民離農畔，父子夫婦，不聽相卹，孤甚愍之。令北虜縮竄，方外無事，其下州郡，有以寬息。是時陸遜以所在少穀，表令諸將增廣農畝。權報曰：甚善。今孤父子親自受田，車中八牛以爲四耦，雖未及古人，亦欲與衆均等其勞也。秋七月，權聞魏文帝崩，征江夏，圍石陽，不克而還。蒼梧言鳳皇見，分三郡惡地十縣置東安郡。以全琮爲太守，平討山越。冬十月，陸遜陳便宜，勸以施德緩刑，寬賦息調。又云：忠讜之言，不能極陳，求容小臣，數以利聞。權報曰：夫法令之設，欲以遏惡防邪，儆戒未然也，焉得不有刑罰以威小人乎？此爲先令後誅，不欲使有犯者耳。君以爲太重者，孤亦何利其然，但不得已而爲之耳。今承來意，當重諮謀，務從其可。且近臣有盡規之諫，親戚有補察之箴，所以匡君正主明忠信也。《書》載予違汝弼，汝無面從，孤豈不樂忠言以自裨補邪？而云不敢極陳，何得爲忠讜哉？若小臣之中，有可納用者，寧得以人廢言而不採擇乎？但諂媚取容，雖闇亦所明識也。至於發調者，徒以天下未定，事以衆濟。若徒守江東，脩崇寬政，兵自足用，復用多爲？顧坐自守可陋耳。若不豫調，恐臨時未可便用也。又孤與君分義特異，榮戚實同，來表云不敢隨衆容身苟免，此實甘心所望於君也。於是令有司盡寫科條，使郎中褚逢齎以就遜及諸葛瑾，意所不安，令損益之。是歲，分交州置廣州，俄復舊。【略】

〔赤烏〕三年春正月，詔曰：蓋君非民不立，民非穀不生。頃者以來，民多征役，歲又水旱，年穀有損，而吏或不良，侵奪民時，以致饑困。自今以來，督軍郡守，其謹察非法，當農桑時，以役事擾民者，舉正以聞。夏四月，大赦，詔諸郡縣治城郭，起譙樓，穿塹發渠，以備盜賊。冬十一月，民饑，詔開倉廪以賑貧窮。【略】

〔赤烏〕五年春正月，立子和爲太子，大赦，改禾興爲嘉興。百官奏立皇后及四王，詔曰：今天下未定，民物勞瘁，且有功者或未録，饑寒者尚未恤，猥割土壤以豐子弟，崇爵位以寵妃妾，孤甚不取。其釋此議。三月，海鹽縣言黄龍見。夏四月，禁進獻御，減太官膳。秋七月，遣將軍聶友、校尉陸凱以兵三萬討珠崖、儋耳。是歲大疫，有司又奏立后及諸王。八月，立子霸爲魯王。

陸遜

《三國志》卷五八《吴志・陸遜傳》　陸遜字伯言，吴郡吴人也。本名議，世江東大族。遜少孤，隨從祖廬江太守康在官。袁術與康有隙，將攻康，康遣遜及親戚還吴。遜年長於康子績數歲，爲之綱紀門戶。【略】

黄龍元年，拜上大將軍、右都護。是歲，權東巡建業，留太子、皇子及尚書九官，徵遜輔太子，並掌荆州及豫章三郡事，董督軍國。時建昌侯慮於堂前作鬭鴨欄，頗施小巧，遜正色曰：君侯宜勤覽經典以自新益，用此何爲？慮即時毁徹之。射聲校尉松於公子中最親，戲兵不整，遜對之髡其職吏。南陽謝景善劉廙先刑後禮之論，遜呵景曰：禮之長於刑久矣，廙以細辯而詭先聖之教，皆非也。君今侍東宫，宜遵仁義以彰德音，若彼之談，不須講也。

遜雖身在外，乃心於國，上疏陳時事曰：臣以爲科法嚴峻，下犯者多。頃年以來，將吏罹罪，雖不慎可責，然天下未一，當圖進取，小宜恩貸，以安下情。且世務日興，良能爲先，自（不）〔非〕姦穢入身，難忍之過，乞復顯用，展其力效。此乃聖王忘過記功，以成王業。昔漢高舍陳平之愆，用其奇略，終建勳祚，功垂千載。夫峻法嚴刑，非帝王之隆業；有罰無恕，非懷遠之弘規也。【略】

時謝淵、謝厷等各陳便宜，欲興利改作，以事下遜。遜議曰：國以民爲本，彊由民力，財由民出。夫民殷國弱，民瘠國彊者，未之有也。故爲國者，得民則治，失之則亂，若不受利，而令盡用立效，亦爲難也。是以《詩》歎宜民宜人，受禄于天。乞垂聖恩，寧濟百姓，數年之間，國用少豐，然後更圖。【略】

加拜都護。聞武昌左部督薛瑩徵下獄，抗上疏曰：夫俊乂者，國家之良寶，社稷之貴資，庶政所以倫敍，四門所以穆清也。故大司農樓玄、散騎中常侍王蕃、少府李勖，皆當世秀穎，一時顯器，既蒙初寵，從容列位，而並旋受誅殛，或圮族替祀，或投棄荒裔。蓋《周禮》有赦賢之辟，《春秋》有宥善之義。書曰：與其殺不辜，寧失不經。而蕃等罪名未定，大辟以加，心經忠義，身被極刑，豈不痛哉！且已死之刑，固無所識，至乃焚爍流漂，棄之水濱，懼非先王之正典，或甫侯之所戒也。是以百姓哀聳，士民同感。蕃、勖永已，悔亦靡及，誠望陛下赦召玄出，而頃聞薛瑩卒見逮録。瑩父綜納言先帝，傅弼文皇，及瑩承基，内厲名行，今之所坐，罪在可宥。臣懼有司未詳其事，如復誅戮，益失民望，乞垂天恩，原赦瑩罪，哀矜庶獄，清澄刑網，則天下幸甚！

孫登

《三國志》卷五九《吳志・吳主五子傳》 孫登字子高，權長子也。魏黃初二年，以權爲吳王，拜登東中郎將，封萬戶侯，登辭疾不受。是歲，立登爲太子，選置師傅，銓簡秀士，以爲賓友，於是諸葛恪、張休、顧譚、陳表等以選入，侍講詩書，出從騎射。權欲登讀《漢書》，習知近代之事，以張昭有師法，重煩勞之，乃令休從昭受讀，還以授登。登待接寮屬，略用布衣之禮，與恪、休、譚等或同輿而載，或共帳而寐。太傅張溫言於權曰：夫中庶子官最親密，切問近對，宜用雋德。於是乃用表等爲中庶子。後又以庶子禮拘，復令整巾侍坐。黃龍元年，權稱尊號，立爲皇太子，以恪爲左輔，休右弼，譚爲輔正，表爲翼正都尉，是爲四友，而謝景，范慎、刁玄、羊衜等皆爲賓客，衜音道。於是東宮號爲多士。【略】

嘗乘馬出，有彈丸過，左右求之。有一人操彈佩丸，咸以爲是，辭對不服，從者欲捶之，登不聽，使求過丸，比之非類，乃見釋。又失盛水金馬盂，覺得其主，左右所爲，不忍致罰，呼責數之，長遣歸家，敕親近勿言。【略】

立凡二十一年，年三十三卒。臨終，上疏曰：臣以無狀，嬰抱篤疾，自省微劣，懼卒隕斃。臣不自惜，念當委離供養，埋胔后土，長不復奉望宮省，朝覲日月，生無益於國，死貽陛下重慼，以此爲哽結耳。臣聞死生有命，長短自天，周晉、顏回有上智之才，而尚夭折，况臣愚陋，年過其壽，生爲國嗣，没享榮祚，於臣已多，亦何悲恨哉！方今大事未定，逋寇未討，萬國喁喁，係命陛下，危者望安，亂者仰治。願陛下棄忘臣身，割下流之恩，修黃老之術，篤養神光，加羞珍膳，廣開神明之慮，以定無窮之業，則率土幸賴，臣死無恨也。皇子和仁孝聰哲，德行清茂，宜早建置，以繫民望。諸葛恪才略博達，器任佐時。張休、顧譚、謝景，皆通敏有識斷，入宜委腹心，出可爲爪牙。范慎、華融矯矯壯節，有國士之風。羊衜辯捷，有專對之材。刁玄優弘，志履道真。裴欽博記，翰采足用。蔣脩、虞翻，志節分明。凡此諸臣，或宜廊廟，或任將帥，皆練時事，明習法令，守信固義，有不可奪之志。此皆陛下日月所照，選置臣官，得與從事，備知情素，敢以陳聞。臣重惟當今方外多虞，師旅未休，當厲六軍，以圖進取。軍以人爲衆，衆以財爲寶，竊聞郡縣頗有荒殘，民物凋弊，姦亂萌生，是以法令繁滋，刑辟重切。臣聞爲政聽民，律令與時推移，誠宜與將相大臣詳擇時宜，博采衆議，寬刑輕賦，均息力役，以順民望。陸遜忠勤於時，出身憂國，謇謇在公，有匪躬之節。諸葛瑾、步騭、朱然、全琮、朱據、呂岱、吾粲、闞澤、嚴畯、張承、孫怡忠於爲國，通達治體。可令陳上便宜，蠲除苛煩，愛養士馬，撫循百姓。五年之外，十年之內，遠者歸復，近者盡力，兵不血刃，而大事可定也。臣聞鳥之將死其鳴也哀，人之將死其言也善，故子囊臨終，遺言戒時，君子以爲忠，豈況臣登，其能已乎？願陛下留意聽采，臣雖死之日，猶生之年也。既絕而後書聞，權益以摧感，言則隕涕。是歲，赤烏四年也。謝景時爲豫章太守，不勝哀情，棄官奔赴，拜表自劾。權曰：君與太子從事，異於他吏。使中使慰勞，聽復本職，發遣還郡。謚登曰宣太子。

孫皓

《三國志》卷四八《吳志・三嗣主傳》 孫皓字元宗，權孫，和子也，一名彭祖，字皓宗。孫休立，封皓爲烏程侯，遣就國。西湖民景養相皓當大貴，皓陰喜而不敢泄。休薨，是時蜀初亡，而交阯攜叛，國內震懼，貪得長君。左典軍萬彧昔爲烏程令，與皓相善，稱皓才識明斷，是長沙桓王之疇也，又加之好學，奉遵法度，屢言之於丞相濮陽興、左將軍張布。興、布說休妃太后朱，欲以皓爲嗣。朱曰：我寡婦人，安知社稷之慮，苟吳國無隕，宗廟有賴可矣。於是遂迎立皓，時年二十三，改元，大赦。是歲，於魏咸熙元年也。【略】

吳平後，晉侍中庾峻等問皓侍中李仁曰：聞吳主披人面，刖人足，有諸乎？仁曰：以告者過也。君子惡居下流，天下之惡皆歸焉。蓋此事也，若信有之，亦不足怪。昔唐、虞五刑，三代七辟，肉刑之制，未爲酷虐。皓爲一國之主，秉殺生之柄，罪人陷法，加之以懲，何足多罪！夫受堯誅者不能無怨，受桀賞者不能無慕，此人情也。又問曰：云歸命侯乃惡人横睛逆視，皆鑿其眼，有諸乎？仁曰：亦無此事，傳之者謬耳。《曲禮》曰視天子由袷以下，視諸侯由頤以下，視大夫由衡，視士則平面，得游目五步之内；視上於衡則傲，下於帶則憂，旁則邪。以禮視瞻，高下不可不慎，況人君乎哉？視人君相迕，是乃禮所謂傲慢；傲慢則無禮，無禮則不臣，不臣則犯罪，犯罪則陷不測矣。正使有之，將有何失？凡仁所答，峻等皆善之，文多不悉載。

司馬炎

《晉書》卷三《武帝紀》　武皇帝諱炎，字安世，文帝長子也。寬惠仁厚，沈深有度量。魏嘉平中，封北平亭侯，歷給事中、奉車都尉、中壘將軍，加散騎常侍，累遷中護軍、假節。迎常道鄉公於東武陽，遷中撫軍，進封新昌鄉侯。及晉國建，立爲世子，拜撫軍大將軍，開府、副貳相國。【略】

八月辛卯，文帝崩，太子嗣相國、晉王位。下令寬刑宥罪，撫衆息役，國内行服三日。【略】

丙戌，律令成，封爵賜帛各有差。有星孛于軫。丁亥，帝耕於藉田。戊子，詔曰：古設象刑而衆不犯，今雖參夷而姦不絶，何德刑相去之遠哉！先帝深愍黎元，哀矜庶獄，乃命羣后，考正典刑。朕守遺業，永惟保乂皇基，思與萬國以無爲爲政。方今陽春養物，東作始興，朕親率王公卿士耕田千畝。又律令既就，班之天下，將以簡法務本，惠育海内。宜寬有罪，使得自新，其大赦天下。

范堅

《晉書》卷七五《范堅傳》　堅字子常。博學善屬文。永嘉中，避亂江東，拜佐著作郎、撫軍參軍。討蘇峻，賜爵都亭侯。累遷尚書右丞。時廷尉奏殿中帳吏邵廣盗官幔三張，合布三十四，有司正刑棄市。廣二子，宗年十三，雲年十一，黄幡撾登聞鼓乞恩，辭求自没為奚官奴，以贖父命。尚書郎朱暎議以為天下之人父，無子者少，一事遂行，便成永制，懼死罪之刑，於此而弛。堅亦同暎議。時議者以廣為鉗徒，二兒没入，既足以懲，又使百姓知父子之道，聖朝有垂恩之仁。可特聽減廣死罪為五歲刑，宗等付奚官為奴，而不為永制。堅駁之曰：自淳朴澆散，刑辟仍作，刑之所以止刑，殺之所以止殺。雖時有赦過宥罪，議獄緩死，未有行小不忍而輕易典刑者也。且既許宗等，宥廣以死，若復有宗比而不求贖父者，豈得不擯絶人倫，同之禽獸邪！案主者今奏云，惟特聽宗等而不為永制。臣以為王者之作，動關盛衰，嚬笑之間，尚慎所加，況於國典，可以徒虧！今之所以宥廣，正以宗等耳。人之愛父，誰不如宗？今既居然許宗之請，將來訴者，何獨匪民！特聽之意，未見其益；不以為例，交興怨讟。此為施一恩於今，而開萬怨於後也。成帝從之，正廣死刑。後遷護軍長史，卒官。

《宋書》卷一五《禮二》　成帝咸康七年，杜后崩。詔外官五日一入臨，内官旦一入而已。過葬虞祭禮畢止。有司奏：大行皇后陵所作凶門柏歷，門號顯陽端門。詔曰：門如所處，凶門柏歷，大為煩費，停之。案蔡謨説，以二瓦器盛死者之祭，繫於木表，裹以葦席，置於庭中近南，名為重。今之凶門，是其遺象也。《禮》既虞而作主。今未葬，未有主，故以重當之。《禮》稱為主道，此其義也。范堅又曰：凶門非古。古有懸重，形似凶門。後人出之門外以表喪，俗遂行之。薄帳，即古弔幕之類也。是時又詔曰：重壤之下，豈宜崇飾無用。陵中唯潔掃而已。有司又奏依舊選公卿以下六品子弟六十人為挽郎。詔又停之。

《唐》杜佑《通典》卷一四七《樂七》　晉愍帝建興元年十二月，元帝時為丞相，在建業。主簿熊遠議以：懷帝梓宫未返，正會不宜作樂。謹按《尚書》，堯崩，四海遏密八音。《禮》，凶年，天子徹樂減膳。孝懷皇帝崩於虜廷，梓宫未返，人神同忿，兆庶怨嗟。公與國同體，憂容未歇。如矜黎庶塗炭之困，以廢歡悦伎樂之事，謂宜設饌，以賜群下而已。

大將軍王敦時，南閣祭酒范堅白事云：伏見每宴會，衆樂備奏，倡伎兼作，愚淺多蔽，竊有未安。今國恥未雪，梓宫幽遐，不應備樂。敦使州府博議。參軍周武議云：禮古今不同，謂宜取則於朝廷。敦從之。

劉裕

《宋書》卷一《武帝紀上》　高祖武皇帝諱裕，字德輿，小名寄奴，彭城縣綏興里人，漢高帝弟楚元王交之後也。交生紅懿侯富，富生宗正辟彊，辟彊生陽城繆侯德，德生陽城節侯安民，安民生陽城釐侯慶忌，慶忌生陽城肅侯岑，岑生宗正平，平生東武城令某，某生東萊太守景，景生明經洽，洽生博士弘，弘生瑯邪都尉悝，悝生魏定襄太守某，某生邪城令亮，亮生晉北平太守膺，膺生相國掾熙，熙生開封令旭孫。旭孫生混，始過江，居晉陵郡丹徒縣之京口里，官至武原令。混生東安太守靖，靖生郡功曹翹，是爲皇考。高祖以晉哀帝興寧元年歲次癸亥三月壬寅夜生。及長，身長七尺六寸，風骨奇特。家貧，有大志，不治廉隅。事繼母以孝謹稱。【略】

先是朝廷承晉氏亂政，百司縱弛，桓玄雖欲釐整，而衆莫從之。高祖以身範物，先以威禁內外，百官皆肅然奉職，二三日間，風俗頓改。且桓玄雖以雄豪見推，而一朝便有極位，晉氏四方牧守及在朝大臣，盡心伏事，臣主之分定矣。高祖位微於朝，衆無一旅，奮臂草萊之中，倡大義以復皇祚。由是王謐等諸人時失民望，莫不愧而憚焉。【略】

三年二月，高祖還京師，將詣廷尉，天子先詔獄官不得受，詣闕陳讓，乃見聽。

《南史》卷一《宋紀上・武帝》　元熙元年正月，晉帝詔徵帝入輔，又申前令，進公爵爲王，以徐州之海陵北東海北譙北梁、豫州之新蔡、兗州之北陳留、司州之陳郡汝南潁川滎陽十郡，增宋國。七月，乃受命。赦國內五歲刑以下，遷都壽陽。九月，解揚州。十二月，晉帝命帝冕十有二旒，建天子旌旗，出警入蹕，乘金根車，駕六馬，備五時副車，置旄頭雲罕，樂儛八佾，設鍾虡宮縣。進王太妃爲太后，王妃爲王后，世子爲太子，王子、王孫爵命之號，一如舊儀。

王弘

《宋書》卷四二《王弘傳》　王弘字休元，琅邪臨沂人也。曾祖導，晉丞相。祖洽，中領軍。父珣，司徒。【略】

弘明敏有思致，既以民望所宗，造次必存禮法，凡動止施爲，及書翰儀體，後人皆依倣之，謂爲王太保家法。雖歷任藩輔，不營財利，薨亡之後，家無餘業。而輕率少威儀，性又褊隘，人忤意者，輒面加責辱。

劉義隆

《宋書》卷五《文帝紀》　太祖文皇帝諱義隆，小字車兒，武帝第三子也。晉安帝義熙三年，生於京口。盧循之難，上年四歲，高祖使諮議參軍劉粹輔上鎮京城。十一年，封彭城縣公。高祖伐羌至彭城，將進路，板上行冠軍將軍留守。晉朝加授使持節、監徐兗青冀四州諸軍事、徐州刺史，將軍如故。關中平定，高祖還彭城，又授監司州豫州之淮西兗州之陳留諸軍事、前將軍、司州刺史，持節如故，將鎮洛陽。仍改授都督荆益寧雍梁秦六州豫州之河南廣平陽州之義成松滋四郡諸軍事、西中郎將、荆州刺史，持節如故。永初元年，封宜都王，食邑三千戶。進督北秦，并前七州。進號鎮西將軍，給鼓吹一部。又進督湘州。是歲入朝，時年十四。長七尺五寸，博涉經史，善隸書。

景平二年七月中，少帝廢。百官備法駕奉迎，入奉皇統。【略】元嘉元年秋八月丁酉，大赦天下，改景平二年爲元嘉元年。文武賜位二等，逋租宿債勿復收。

劉駿

《宋書》卷六《孝武帝紀》　世祖孝武皇帝諱駿，字休龍，小字道民，

文帝第三子也。元嘉七年秋八月庚午生。十二年，立爲武陵王，食邑二千戶。【略】

八月庚申，雍州刺史武昌王渾有罪，廢爲庶人，自殺。辛酉，以南兗州刺史劉延孫爲鎮軍將軍、雍州刺史。斤陀利國遣使獻方物。三吴民饑，癸酉，詔所在賑貸。丙子，詔曰：諸苑禁制綿遠，有妨肆業。可詳所開弛，假與貧民。壬午，以新除豫州刺史王玄謨爲青、冀二州刺史，青州刺史申恬爲豫州刺史。甲申，以右衛將軍檀和之爲南兗州刺史。

九月丁亥，車駕于宣武場閲武。庚戌，詔曰：國道再屯，艱虞畢集。朕虽寡德，終膺鴻慶。惟新之祉，實深百王；而惠宥之令，未殊常渥。永言勤慮，寤寐載懷。在朕受命之前，凡以罪徙放，悉聽還本。犯釁之門，尚有存者，子弟可隨才署吏。【略】

六月戊寅，增置吏部尚書一人，省五兵尚書。丁亥，左光禄大夫何尚之加開府儀同三司。戊子，以金紫光禄大夫羊玄保爲右光禄大夫。丙申，詔曰：往因師旅，多有逋亡。或連山染逆，懼致軍憲；或辭役憚勞，苟免刑罰。雖約法從簡，務思弘宥，恩令驟下，而逃伏猶多。豈習愚爲性，忸惡難反；將在所長吏，宣導乖方。可普加寬申，咸與更始。【略】

九月己巳，詔曰：夫五辟三刺，自古所難，巧法深文，在季彌甚。故沿情察訟，魯師致捷，市獄勿擾，漢史飛聲。廷尉遠邇疑讞，平決攸歸，而一蹈幽圄，動逾時歲。民嬰其困，吏容其私。自今囚至辭具，并即以聞，朕當悉詳斷，庶無留獄。若繁文滯劾，證逮遐廣，必須親察，以盡情狀。自後依舊聽訟。

《南史》卷二《宋紀中·孝武帝》　夏四月甲子，詔自今非臨軍戰陣，一不得專殺，其罪入重辟者，皆依舊先上須報，有司嚴加聽察，犯者以殺人罪論。

五月丙子，詔自今刺史守宰動人興軍，皆須手詔施行；惟邊隅外警及姦釁內發，變起倉卒者，不從此例。【略】

八年春正月辛巳，祀南郊。是日，還宗祀文帝于明堂。甲戌，詔曰：東境去歲不稔，宜廣商貨，遠近販鬻米粟者，可停道中雜税。其以仗自防，悉勿禁。

蕭道成

《南齊書》卷一《高帝紀上》　太祖高皇帝諱道成，字紹伯，姓蕭氏，小諱鬭將，漢相國蕭何二十四世孫也。南蘭陵蘭陵人也。【略】

太祖以元嘉四年丁卯歲生。姿表英異，龍顙鍾聲，鱗文遍體。儒士雷次宗立學於鷄籠山，太祖年十三，受業，治《禮》及《左氏春秋》。

蕭賾

《南齊書》卷三《武帝紀》　世祖武皇帝諱賾，字宣遠，太祖長子也。小諱龍兒。生於建康青溪宅，其夜陳孝后、劉昭后同夢龍據屋上，故字上焉。【略】

齊國建，爲齊公世子，改加侍中、南豫州刺史，給油絡車，羽葆鼓吹，增班劍爲四十人。以石頭爲世子宮，官置二率以下，坊省服章，一如東宮。進爵王太子。太祖卽位，爲皇太子。

建元四年三月壬戌，太祖崩，上卽位，大赦。

《南史》卷四《齊紀上·武帝》　世祖武皇帝諱賾，字宣遠，高帝長子也。以宋元嘉十七年六月己未生於建康縣之青溪宮。將產之夕，孝皇后、昭皇后並夢龍據屋，故小字上爲龍兒。年十三，夢人以筆畫身左右爲兩翅，又著孔雀羽衣裳空中飛，舉體生毛，髮長至足。有人指上所踐地曰周文王之田。又於所住堂內得璽一枚，文曰皇帝行璽。又得異錢，文爲北斗星，雙刀、雙貝及有人形帶劍焉。【略】

七年春正月丙午，以鎮南將軍柳世隆爲尚書左僕射，以豫州刺史西昌侯鸞爲右僕射。辛亥，祀南郊，大赦。申明不舉子之科；若有產子者，復其父。壬戌，驃騎將軍、開府儀同三司臨川王映薨。戊辰，詔以諸大夫年秩隆重，增俸，給見役。

蕭衍

《梁書》卷一《武帝紀上》 高祖武皇帝諱衍，字叔達，小字練兒，南蘭陵中都里人，漢相國何之後也。【略】

高祖以宋孝武大明八年甲辰歲生于秣陵縣同夏里三橋宅。生而有奇異，兩胯駢骨，頂上隆起，有文在右手曰武。帝及長，博學多通，好籌略，有文武才幹，時流名輩咸推許焉。所居室常若雲氣，人或過者，體輒肅然。

起家巴陵王南中郎法曹行參軍，遷衛將軍王儉東閣祭酒。儉一見深相器異，謂廬江何憲曰：此蕭郎三十內當作侍中，出此則貴不可言。竟陵王子良開西邸，招文學，高祖與沈約、謝朓、王融、蕭琛、范雲、任昉、陸倕等並遊焉，號曰八友。融俊爽，識鑒過人，尤敬異高祖。每謂所親曰：宰制天下，必在此人。累遷隨王鎮西諮議參軍，尋以皇考艱去職。隆昌初，明帝輔政，起高祖爲寧朔將軍，鎮壽春。服闋，除太子庶子、給事黃門侍郎，入直殿省。預蕭諶等定策勳，封建陽縣男，邑三百戶。

《南史》卷六《梁紀上·武帝》 十二月丙寅，兼衛尉張稷、北徐州刺史王珍國斬東昏，其夜以黃油裹首送軍。帝命吕僧珍、張彌勒兵封府庫及圖籍。帝乃入，收嬖妾潘妃誅之，及兇黨王咺之以下四十八人屬吏，以宮女二千人，分賚將士。宣德皇后令追廢涪陵王爲東昏侯，授帝中書監、大司馬，録尚書，驃騎大將軍、都督，揚州刺史，封建安郡公，食邑萬戶，給班劍四十人，黃鉞、侍中、征討諸軍事並如故。依晉武陵王遵承制故事，百僚致敬。己卯，帝入屯閱武堂，下令大赦。丙戌，入鎮殿內。是日，鳳皇集建鄴。又下令：凡昏制謬賦、淫刑濫役，外可詳檢前源，悉皆除蕩。其主守散失，諸所損耗，精立科條，咸從原例。丁亥，遣豫州刺史李元履以兵五千慰勞東方十二郡。【略】

四年春正月癸卯，詔自今九流常選，年未三十，不通一經，不得解褐；若有才同甘、顏，勿限年次。置《五經》博士各一人。有司奏：吳令唐傭鑄盤龍火鑪、翔鳳硯蓋。詔禁錮終身。丙午，省《鳳凰銜書伎》。戊申，詔往代多命宮人帷宮觀禋郊之禮，非所以仰虔蒼昊，自今停止。辛亥，祀南郊，大赦。

《南史》卷七《梁紀中·武帝》 秋七月甲子，詔自今有犯罪者，非大逆，父母祖父母勿坐。丙寅，詔曰：朝四暮三，衆狙皆喜，名實未虧，而喜怒爲用。頃聞外間多用九佰錢，佰減則物貴，佰足則物賤，非物有貴賤，是心有顛倒。至於遠方，日更滋甚。自今可通用足佰錢。

沈約

《梁書》卷一三《沈約傳》 沈約字休文，吳興武康人也。祖林子，宋征虜將軍。父璞，淮南太守。璞元嘉末被誅，約幼潛竄，會赦免。既而流寓孤貧，篤志好學，晝夜不倦。母恐其以勞生疾，常遣減油滅火。而晝之所讀，夜輒誦之，遂博通羣籍，能屬文。

起家奉朝請。濟陽蔡興宗聞其才而善之；興宗爲郢州刺史，引爲安西外兵參軍，兼記室。興宗嘗謂其諸子曰：沈記室人倫師表，宜善事之。及爲荆州，又爲征西記室參軍，帶厥西令。興宗卒，始爲安西晉安王法曹參軍，轉外兵，並兼記室。入爲尚書度支郎。【略】

梁臺建，爲散騎常侍、吏部尚書，兼右僕射。高祖受禪，爲尚書僕射，封建昌縣侯，邑千戶，常侍如故。又拜約母謝爲建昌國太夫人。奉策之日，右僕射范雲等二十餘人咸來致拜，朝野以爲榮。俄遷尚書左僕射，常侍如故。尋兼領軍，加侍中。天監二年，遭母憂，輿駕親出臨弔，以約年衰，不宜致毁，遣中書舍人斷客節哭。起爲鎮軍將軍、丹陽尹，置佐史。服闋，遷侍中、右光禄大夫，領太子詹事，揚州大中正，關尚書八條事，遷尚書令，侍中、詹事、中正如故。累表陳讓，改授尚書左僕射、領中書令、前將軍，置佐史，侍中如故。尋遷尚書令，領太子少傅。九年，轉左光禄大夫，侍中、少傅如故，給鼓吹一部。

陳霸先

《陳書》卷一《高祖紀上》 高祖武皇帝諱霸先，字興國，小字法生，

吴興長城下若里人，漢太丘長陳寔之後也。世居潁川。【略】

高祖以梁天監二年癸未歲生。少俶儻有大志，不治生産。既長，讀兵書，多武藝，明達果斷，爲當時所推服。

《陳書》卷二《高祖紀下》　永定元年冬十月乙亥，高祖卽皇帝位于南郊，柴燎告天曰：皇帝臣霸先，敢用玄牡昭告于皇皇后帝：梁氏以圮剥荐臻，歷運有極，欽若天應，以命于霸先。【略】

戊寅，輿駕幸華林園，親覽詞訟，臨赦囚徒。【略】

〔辛巳〕立删定郎，治定律令。【略】

二年春正月乙未，詔曰：夫設官分職，因事重輕，羽儀車馬，隨時隆替，【略】今去左右驍騎，宜通文武，文官則用腹心，武官則用功臣，所給儀從，同太子二衛率。此外衆官，尚書詳爲條制。【略】

辛丑，輿駕親祠南郊。詔曰：朕受命君臨，初移星琯，孟陬嘉月，備禮泰壇，景候昭華，人祇允慶，思令億兆，咸與惟新。【略】夫罪無輕重，已發覺未發覺，在今昧爽以前，皆赦除之。西寇自王琳以下，竝許返迷，一二無所問。近所募義軍，本擬西寇，竝宜解遣，留家附業。晚訂軍資未送者竝停，元年軍粮逋餘者原其半。州郡縣軍戍竝不得輒遣使民間，務存優養。若有侵擾，嚴爲法制。

王沖

《陳書》卷一七《王沖傳》　王沖字長深，琅邪臨沂人也。祖僧衍，齊侍中。父茂璋，梁給事黄門侍郎。沖母，梁武帝妹新安穆公主，卒於齊世，武帝以沖偏孤，深所鍾愛。年十八，起家梁祕書郎。尋爲永嘉太守。入爲太子舍人，以父憂去職。服闋，除太尉臨川王府外兵參軍、東宫領直。累遷太子洗馬、中舍人。出爲招遠將軍、衡陽内史。遷武威將軍、安成嗣王長史、長沙内史，將軍如故。王薨於湘州，仍以沖監湘州事。入爲太子庶子。遷給事黄門侍郎。大同三年，以帝甥賜爵安東亭侯，邑一百五十戸。歷明威將軍、南郡太守、太子中庶子、侍中。出監吴郡，滿歲卽真。徵爲通直散騎常侍，兼左民尚書。出爲明威將軍、輕車當陽公府長史、江夏太守，行郢州事。還平西邵陵王長史。轉驃騎廬陵王長史、南郡太守。王薨，行州府事。梁元帝鎮荆州，爲鎮西長史，將軍、太守如故。沖性和順，事上謹肅，習於法令，政在平理，佐藩莅人，鮮有失德，雖無赫赫之譽，久而見思，由是推重，累居二千石。又曉音樂，習歌舞，善與人交，貴游之中，聲名藉甚。【略】

高祖受禪，解尹，以本官領左光禄大夫。未拜，改領太子少傅。文帝嗣位，解少傅，加特進、左光禄大夫。尋又以本官領丹陽尹，參撰律令。廢帝卽位，給親信十人。

初，高祖以沖前代舊臣，特申長幼之敬。文帝卽位，益加尊重，嘗從文帝幸司空徐度宅，宴筵之上，賜以几。其見重如此。光大元年薨，時年七十六。贈侍中、司空，謚曰元簡。

高允

《魏書》卷四八《高允傳》　高允，字伯恭，勃海人也。祖泰，在叔父湖《傳》。父韜，少以英朗知名，同郡封懿雅相敬慕。爲慕容垂太尉從事中郎。太祖平中山，以韜爲丞相參軍。早卒。

允少孤夙成，有奇度，清河崔玄伯見而異之，歎曰：高子黄中内潤，文明外照，必爲一代偉器，但恐吾不見耳。年十餘，奉祖父喪還本郡，推財與二弟而爲沙門，名法淨。未久而罷。性好文學，擔笈負書，千里就業。博通經史天文術數，尤好春秋公羊。郡召功曹。

神䴥三年，世祖舅陽平王杜超行征南大將軍，鎮鄴，以允爲從事中郎，年四十餘矣。超以方春而諸州囚多不決，乃表允與中郎吕熙等分詣諸州，共評獄事。熙等皆以貪穢得罪，唯允以清平獲賞。府解，還家教授，受業者千餘人。四年，與盧玄等俱被徵，拜中書博士。【略】

初，浩之被收也，允直中書省。恭宗使東宫侍郎吴延召允，仍留宿宫内。翌日，恭宗入奏世祖，命允驂乘。至宫門，謂曰：入當見至尊，吾自導卿。脱至尊有問，但依吾語。允請曰：爲何等事也？恭宗曰：入自知之。既入見帝。恭宗曰：中書侍郎高允自在臣宫，同處累年，小心密慎，臣所委悉。雖與浩同事，然允微賤，制由於浩。請赦其命。世祖召允，謂曰：國書皆崔浩作不？允對曰：《太祖記》，前著作郎鄧淵所撰。《先帝記》及《今記》，臣與浩同作。然浩綜務處多，總裁而已。至於注疏，臣多於浩。世祖大怒曰：此甚於浩，安有生路！恭宗曰：天威嚴重，允是小臣，迷亂失次耳。臣向備問，皆云浩作。世祖問：如東宫言不？允曰：臣以下才，謬參著作，犯逆天威，罪應滅族，今已分死，不敢虚妄。殿下以臣侍講日久，哀臣乞命耳。實不問臣，臣無此言。臣以實對，不敢迷亂。世祖謂恭宗曰：直哉！此亦人情所難，而能臨死不移，不亦難乎！且對君以實，貞臣也。如此言，寧失一有罪，宜宥之。允竟得免。於是召浩前，使人詰浩。浩惶惑不能對。允事事申明，皆有條理。時世祖怒甚，敕允爲詔，自浩已下、僮吏已上百二十八人皆夷五族。允持疑不爲，頻詔催切。允乞更一見，然後爲詔。詔引前，允曰：浩之所坐，若更有餘釁，非臣敢知。直以犯觸，罪不至死。世祖怒，命介士執允。恭宗拜請。世祖曰：無此人忿朕，當有數千口死矣。浩竟族滅，餘皆身死。宗欽臨刑，歎曰：高允其殆聖乎！【略】

　詔允乘車入殿，朝賀不拜。明年，詔允議定律令。【略】

　魏初法嚴，朝士多見杖罰。允歷事五帝，出入三省，五十餘年，初無譴咎。初，真君中以獄訟留滯，始令中書以經義斷諸疑事。允據律評刑，三十餘載，内外稱平。允以獄者民之命也，常歎曰：皋陶至德也，其後英蓼先亡，劉項之際，英布黥而王。經世雖久，猶有刑之餘釁。況凡人能無咎乎？

拓跋澄

《魏書》卷一九中《景穆十二王傳・任城王》〔拓跋〕雲長子澄，字道鎮，少而好學。及康王薨，澄居喪以孝聞。襲封，加征北大將軍。【略】

　轉澄鎮北大將軍、定州刺史。初，民中每有横調，百姓煩苦，前後牧守，未能蠲除，澄多所省減，民以忻賴。又明黜陟賞罰之法，表減公園之地，以給無業貧口，禁造布絹不任衣者。母孟太妃薨，居喪毁瘠，當世稱之。服闋，除太子太保。【略】

　澄當官而行，無所回避。又奏墾田授受之制八條，甚有綱貫，大便於時。前來尚書文簿，諸曹須，則出借。時公車署以理寃事重。奏請真案。澄執奏以尚書政本，特宜遠慎，故凡所奏事，閣道通之，蓋以祕要之切，防其宣露，寧有古制所重，今反輕之，内猶設禁，外更寬也。宜繕寫事意，以付公車。詔從之。西域嚈噠、波斯諸國各因公使，並遺澄駿馬一匹。澄請付太僕，以充國閑。詔曰：王廉貞之德，有過楚相，可敕付廐，以成君子大哉之美。

拓跋宏

《魏書》卷七上《高祖紀上》高祖孝文皇帝，諱宏，顯祖獻文皇帝之長子，母曰李夫人。皇興元年八月戊申，生於平城紫宫，神光照於室内，天地氛氲，和氣充塞。帝生而潔白，有異姿，襁褓岐嶷，長而淵裕仁孝，綽然有君人之表。顯祖尤愛異之。三年夏六月辛未，立爲皇太子。

　五年秋八月丙午，即皇帝位於太華前殿，大赦，改元延興元年。【略】

　九月壬戌，詔在位及民庶直言極諫。有利民益治，損政傷化，悉心以聞。【略】

　己酉，詔以州鎮十一水，丐民田租，開倉賑恤。又詔流迸之民，皆令還本，違者配徙邊鎮。【略】

　壬辰，分遣使者巡省風俗，問民疾苦。【略】

　癸丑，詔牧守令長，勤率百姓，無令失時。同部之内，貧富相通。家有兼牛，通借無者；若不從詔，一門之内終身不仕。守宰不督察，免所居官。戊午，太上皇帝至自北討，飲至策勳，告於宗廟。死王事者復其家。詔畿内民從役死事者，郡縣爲迎喪，給以葬費。甲戌，詔縣令能靜一縣劫盗者，兼治二縣，即食其禄；能靜二縣者，兼治三縣，三年遷爲郡守。二千石能靜二郡，上至三郡，亦如之，三年遷爲刺史。三月壬午，詔諸倉囷穀麥充積者，出賜貧民。【略】

壬子，契丹國遣使朝貢。詔以孔子二十八世孫魯郡孔乘爲崇聖大夫，給十戶以供洒掃。六月甲子，詔曰：往年縣召民秀二人，問以守宰治狀，善惡具聞，將加賞罰。而賞者未幾，罪者衆多。肆法傷生，情所未忍。今特垂寬恕之恩，申以解網之惠。諸爲民所列者，特原其罪，盡可貸之。【略】

己亥，詔曰：自今京師及天下之囚，罪未分判，在獄致死無近親者，公給衣衾棺櫝葬埋之，不得曝露。辛丑，詔遣使者十人循行州郡，檢括戶口。其有仍隱不出者，州、郡、縣，戶主並論如律。【略】

冬十月，太上皇帝親將南討。詔州郡之民，十丁取一以充行，戶收租五十石，以備軍糧。悉萬斤國遣使朝獻。武都王反，攻仇池。詔長孫觀仍回師討之。十有一月戊寅，詔以河南七州牧守多不奉法，致新邦之民莫能上達，遣使者觀風察獄，黜陟幽明。其有鰥寡孤獨貧不自存者，復其雜徭，年八十已上，一子不從役；力田孝悌，才器有益於時，信義著於鄉閭者，具以名聞。癸巳，太上皇帝南巡，至於懷州。所過問民疾苦，賜高年、孝悌力田布帛。【略】

六月乙卯，詔曰：朕應歷數開一之期，屬千載光熙之運，雖仰嚴誨，猶懼德化不寬，至有門房之誅。然下民兇戾，不顧親戚，一人爲惡，殃及合門。朕爲民父母，深所愍悼。自今已後，非謀反、大逆、干紀、外奔，罪止其身而已。今德被殊方，文軌將一，宥刑寬禁，不亦善乎？【略】

己未，詔曰：朕纂承皇極，照臨萬方，思闡遐風，光被兆庶，使朝有不諱之音，野無自蔽之響，疇咨帝載，詢及芻蕘。自今已後，羣官卿士下及吏民，各聽上書，直言極諫，勿有所隱。諸有便宜，益治利民，可以正風俗者，有司以聞。朕將親覽，與三事大夫論其可否，裁而用之。辛未，輿駕幸建明佛寺，大宥罪人。【略】

庚子，定三等死刑。【略】

乙酉，詔羣臣定律令於太華殿。【略】

己巳，車駕還宮。詔曰：法秀妖詐亂常，妄説符瑞，蘭臺御史張求等一百餘人，招結奴隸，謀爲大逆，有司科以族誅，誠合刑憲。且矜愚重命，猶所弗忍。其五族者，降止同祖；三族，止一門；門誅，止身。【略】

戊子，詔曰：隆寒雪降，諸在徽纆及轉輸在都或有凍餒，朕用愍焉。可遣侍臣詣廷尉獄及有囚之所，周巡省察，飢寒者給以衣食，桎梏者代以輕鎖。【略】

七年春正月庚申，詔曰：朕每思知百姓之所疾苦，以增修寬政，而明不燭遠，實有缺焉。故具問守宰苛虐之狀於州郡使者、秀孝、計掾，而對多不實，甚乖朕虛求之意。宜案以大辟，明罔上必誅。然情猶未忍，可恕罪聽歸。申下天下，使知後犯無恕。

《魏書》卷七下《高祖紀下》 乙酉，車駕巡省京邑，聽訟而還。八月壬辰，議養老，又議肆類上帝、禋于六宗之禮，帝親臨決。詔郡國有時物可以薦宗廟者，貢之。戊戌，移道壇於桑乾之陰，改曰崇虛寺。己亥，詔諸州舉秀才，先盡才學。乙巳，親定禘祫之禮。丁巳，議律令事，仍省雜祀。【略】

四月丁亥朔，班新律令，大赦天下。癸巳，契齧國遣使朝貢。甲寅，幸皇宗學，親問博士經義。五月癸未，詔羣臣於皇信堂更定律條，流徒限制，帝親臨決之。【略】

甲子，帝臨朝堂，引見公卿已下，決疑政，録囚徒。【略】

乙巳，詔曰：六職備于周經，九列炳於漢晉，務必有恒，人守其職。比百秩雖陳，事典未敍。自八元樹位，躬加省覽，遠依往籍，近採時宜，作《職員令》二十一卷。事迫戎期，未善周悉。雖不足綱範萬度，永垂不朽，且可釋滯目前，釐整時務。須待軍回，更論所闕，權可付外施行。其有當局所疑而令文不載者，隨事以聞，當更附之。【略】

丁巳，詔以車駕所經，傷民秋稼者，畝給穀五斛。戊辰，濟河。詔洛、懷、并肆所過四州之民：百年以上假縣令，九十以上賜爵三級，八十以上賜爵二級，七十以上賜爵一級；鰥寡孤獨不能自存者，粟人五斛、帛二匹；孝悌廉義、文武應求者，皆以名聞。又詔厮養之戶不得與士民婚；有文武之才、積勞應進者同庶族例，聽之。【略】

癸亥，車駕南巡。詔相、兗、豫三州：百年以上假縣令，九十以上賜爵二級，七十以上賜爵一級；孤老鰥寡不能自存者，賜粟五石、帛二匹；孝悌廉義、文武應求者，皆以名聞。【略】

乙丑，南還。所過皆親見高年，問民疾苦，貧窘孤老賜以粟帛。丙寅，詔六鎮及禦夷城人，年八十以上而無子孫兄弟，終身給其廩粟；七十以上家貧者，各賜粟十斛。又詔諸北城人，年滿七十以上及廢疾之徒，校其元犯，以準新律，事當從坐者，聽一身還鄉，又令一子扶養，終命之後，乃遣歸邊；自餘之處，如此之犯，年八十以上，皆聽還。【略】

九月壬申朔，詔曰：三載考績，自古通經；三考黜陟，以彰能否。今若待三考然後黜陟，可黜者不足爲遲，可進者大成賒緩。是以朕今三載一考，考即黜陟，欲令愚滯無妨於賢者，才能不壅於下位。各令當曹考其優劣，爲三等。六品以下，尚書重問；五品以上，朕將親與公卿論其善惡。上上者遷之，下下者黜之，中中者守其本任。【略】

乙丑，分遣侍臣巡問民所疾苦。己巳，幸信都。庚午，詔曰：比聞緣邊之蠻，多有竊掠，致有父子乖離，室家分絶，既虧和氣，有傷仁厚。方一區宇，子育萬姓，若苟如此，南人豈知朝德哉？可詔荆、郢、東荆三州勒敕蠻民，勿有侵暴。是月，蕭鸞廢殺其主蕭昭文而僭立。十有一月辛未朔，詔冀、定二州民：百年以上假以縣令，九十以上賜爵三級，八十以上賜爵二級，七十以上賜爵一級；鰥寡孤獨不能自存者，賜以穀帛；孝義廉貞、文武應求者具以名聞。丁丑，車駕幸鄴。甲申，經比干之墓，傷其忠而獲戾，親爲弔文，樹碑而刊之。【略】

壬寅，革衣服之制。癸卯，詔中外戒嚴。戊申，優復代遷之戶租賦三歲。己酉，詔王、公、侯、伯、子、男開國食邑者：王食半，公三分食一，侯伯四分食一，子男五分食一。辛亥，車駕南伐。丁卯，詔郢豫二州之民：百齡以上假縣令，九十以上賜爵三級，八十以上賜爵二級，七十以上賜爵一級；孤寡鰥老不能自存者，賜以穀帛；緣路之民復田租一歲；孝悌廉義、文武應求具以名聞。戊辰，車駕至懸瓠。己巳，詔壽陽、鍾離、馬頭之師所獲男女之口皆放還南。【略】

丁未，曲赦徐豫二州，其運漕之士，復租賦三年。辛亥，詔賜百歲以上假縣令，九十以上賜爵三級，八十以上賜爵二級，七十以上賜爵一級；孤寡老疾不能自存者，賜以穀帛；德著丘園者具以名聞；蕭鸞民降者，給復十五年。【略】

辛丑，詔復軍士從駕渡淮者租賦三年。癸卯，詔皇太子赴平城宮。壬子，詔濟州、東郡、滎陽及河南諸縣車駕所經者，百年以上賜假縣令，九十以上賜爵三級，八十以上賜爵二級，七十以上賜爵一級；孤老鰥寡不能自存，賜以穀帛；孝悌廉義、文武應求者具以名聞。【略】

乙卯，曲赦梁州，復民田租三歲。丙辰，詔遷洛之民，死葬河南，不得還北。於是代人南遷者，悉爲河南洛陽人。戊午，詔改長尺大斗，依周禮制度，班之天下。【略】

冬十月甲辰，曲赦相州。民百年以上假郡守，九十以上假縣令，八十以上賜爵三級，七十以上賜爵二級；孤老痼疾不能自存者，賜以穀帛。【略】

二十年春正月丁卯，詔改姓爲元氏。壬辰，改封始平王勰爲彭城王，以定襄縣王鸞復封城陽王。二月辛丑，帝幸華林，聽訟於都亭。壬寅，詔自非金革，聽終三年喪。丙午，詔畿內七十以上暮春赴京師，將行養老之禮。庚戌，幸華林，聽訟於都亭。癸丑，詔介山之邑，聽爲寒食，自餘禁斷。三月丙寅，宴羣臣及國老、庶老於華林園。詔曰：國老黄耇以上，假中散大夫、郡守；耆年以上，假給事中、縣令；庶老，直假郡縣。各賜鳩杖、衣裳。丁丑，詔諸州中正各舉其鄉之民望，年五十以上守素衡門者，授以令長。【略】

庚寅，詔雍州士人百年以上假華郡太守，九十以上假荒郡，八十以上假華縣令，七十以上假荒縣；庶老以年各減一等，七十以上賜爵三級；其營船之夫，賜爵一級；孤寡鰥貧、窮痾廢疾，各賜帛二匹，穀五斛；其孝友德義、文學才幹，悉仰貢舉。【略】

顧命宰輔曰：粤爾太尉、司空、尚書令、左右僕射、吏部尚書，惟我太祖丕丕之業，與四象齊茂，累聖重明，屬鴻曆於寡昧。兢兢業業，思纂乃聖之遺蹤。遷都嵩極，定鼎河瀍，庶南蕩甌吴，復禮萬國，以仰光七廟，俯濟蒼生。困窮早滅，不永乃志。公卿其善毗繼子，隆我魏室，不亦善歟？可不勉之！夏四月丙午朔，帝崩于穀塘原之行宮，時年三十三。【略】

帝幼有至性，年四歲，顯祖曾患癰，帝親自吮膿。五歲受禪，悲泣不能自勝。顯祖問帝，帝曰：代親之感，內切於心。顯祖甚歎異之。文明太后以帝聰聖，後或不利於馮氏，將謀廢帝。乃於寒月，單衣閉室，絶食三朝，召咸陽王禧，將立之，元丕、穆泰、李沖固諫，乃止。帝初不有憾，唯深德丕等。撫念諸弟，始終曾無纖介，惇睦九族，禮敬俱深。雖於大臣持法不縱，然性寛慈，每垂矜捨。進食者曾以熱羹傷帝手，又曾於食中得蟲穢之物，並笑而恕之。宦者先有譖帝於太后，太后大怒，杖帝數十，帝默然而受，不自申明。太后崩後，亦不以介意。

聽覽政事，莫不從善如流。哀矜百姓，恒思所以濟益。天地、五郊、宗廟二分之禮，常必躬親，不以寒暑爲倦。尚書奏案，多自尋省。百官大小，無不留心，務於周洽。每言：凡爲人君，患於不均，不能推誠御物，苟能均誠，胡越之人亦可親如兄弟。常從容謂史官曰：直書時事，無諱國惡。人君威福自己，史復不書，將何所懼。南北征巡，有司奏請治道，帝曰：粗修橋梁，通輿馬便止，不須去草剗令平也。凡所修造，不得已而爲之，不爲不急之事損民力也。巡幸淮南，如在内地，軍事須伐民樹者，必留絹以酬其直，民稻粟無所傷踐。諸有禁忌禳厭之方非典籍所載者，一皆除罷。

拓跋恪

《魏書》卷八《世宗紀》　世宗宣武皇帝，諱恪，高祖孝文皇帝第二子。母曰高夫人，初，夢爲日所逐，避於牀下，日化爲龍，繞己數匝，寤而驚悸，既而有娠。太和七年閏四月，生帝於平城宫。二十一年正月甲午，立爲皇太子。

二十三年夏四月丁巳，即皇帝位于魯陽，大赦天下。帝居諒闇，委政宰輔。五月丙子朔，高麗國遣使朝貢。六月乙卯，分遣侍臣巡行郡國，問民疾苦，考察守令，黜陟幽明，文武應求、道著丘園者，皆加褒禮。戊辰，追尊皇妣曰文昭皇后。【略】

甲戌，大赦天下。三月乙未朔，詔曰：比年以來，連有軍旅，役務既多，百姓彫弊。宜時矜量，以拯民瘼。正調之外，諸妨害損民一時蠲罷。辛亥，詔曰：諸州刺史，不親民事，緩於督察，郡縣稽逋，旬月之間，纔一覽決。淹獄久訟，動延時序，百姓怨嗟，方成困弊。尚書可明條制，申下四方，令日親庶事，嚴勒守宰，不得因循，寛怠虧政。壬戌，詔曰：治尚簡靜，任貴應事。州府佐史，除板稍多，方成損弊，無益政道。又京師百司，僚局殷雜，官有閑長者，亦同此例。苟非稱要，悉從蠲省。【略】

丙申，詔曰：先朝制立軌式，庶事惟允。但歲積人移，物情乖惰。比或擅有增損，廢墜不行；或守舊遺宜，時有舛妨；或職分錯亂，互相推委。其下百司，列其疑闕，速以奏聞。【略】

六月壬申，詔曰：慎獄重刑，著於往誥。朕御茲寶曆，明鑒未遠，斷決煩疑，實有攸愧。可依洛陽舊圖，修聽訟觀，農隙起功，及冬令就。當與王公卿士親臨録問。【略】

詔曰：察獄以情，審之五聽，枷杖小大，各宜定準。然比廷尉、司州、河南、洛陽、河陰及諸獄官，鞫訊之理，未盡矜恕，掠拷之苦，每多切酷，非所以祗憲量衷、慎刑重命者也。推濫究枉，良軫於懷。可付尚書精檢枷杖違制之由，斷罪聞奏。【略】

冬十月乙亥，立皇子詡爲皇太子。是月，嚈噠、于闐、高昌及庫莫奚諸國並遣使朝獻。十有一月丙申，詔曰：朕運承天休，統御宸宇，太子體藉靈明，肇建宫華，明兩既孚，三善方洽，宜澤均率壤，榮汎庶胤。其賜天下爲父後者爵一級，孝子、順孫、廉夫、節婦旌表門閭，量給粟帛。十有二月己巳，詔守宰爲御史所彈遇赦免者，及考在中第，皆代之。

二年春正月戊戌，帝御申訟車，親理冤訟。【略】

夏四月，青州民饑，辛巳，開倉賑恤。乙巳，上御申訟車，親理冤訟。

拓跋詡

《魏書》卷九《肅宗紀》　肅宗孝明皇帝，諱詡，世宗宣武皇帝之第二子，母曰胡充華。永平三年三月丙戌，帝生于宣光殿之東北，有光照于庭中。延昌元年十月乙亥，立爲皇太子。

四年春正月丁巳夜，即皇帝位。戊午，大赦天下。【略】

壬申，詔曰：朕沖昧撫運，政道未康，民之疾苦，弗遑紀恤，夙宵矜慨，鑒寐深懷，眷彼百齡，悼茲六極。京畿百年以上給大郡板，九十以上給小郡板，八十以上給大縣板，七十以上給小縣板；諸州百姓，百歲以上給小郡板，九十以上給上縣板，八十以上給中縣板；鰥寡孤獨不能自存者，賜粟五斛，帛二匹。【略】

癸丑，帝崩於顯陽殿，時年十九。甲寅，皇子即位，大赦天下。皇太后詔曰：皇家握曆受圖，年將二百，祖宗累聖，社稷載安。高祖以文思先天，世宗以下武經世，股肱惟良，元首穆穆。及大行在御，重以寬仁奉養率由，溫明恭順。朕以寡昧，親臨萬國，識謝塗山，德慚文母。屬妖逆遞興，四郊多故。實望穹靈降祐，麟趾衆繁。自潘充華有孕椒宮，冀誕儲兩，而熊羆無兆，維虺遂彰。于時直以國步未康，假稱統胤，欲以底定物情，係仰宸極。何圖一旦，弓劍莫追，國道中微，大行絕祀。皇曾孫故臨洮王寶暉世子釗，體自高祖，天表卓異，大行平日養愛特深，義齊若子，事符當璧。及翊日弗愈，大漸彌留，乃延入青蒲，受命玉几。曁陳衣在庭，登策靡及，允膺大寶，即日踐阼。朕是用惶懼忸怩，心焉靡洎。今喪君有君，宗祐惟固，宜崇賞卿士，爰及百辟，凡厥在位，並加陟叙。內外百官文武、督將征人，遭艱解府，普加軍功二階；其禁衛武官，直閤以下直從以上及主帥，可軍功三階；其亡官失爵，聽復封位。謀反大逆削除者，不在斯限。清議禁錮，亦悉蠲除。若二品以上不能自受者，任授兒弟。可班宣遠邇，咸使知之。

高　洋

《北齊書》卷四《文宣帝紀》　顯祖文宣皇帝諱洋，字子進，高祖第二子，世宗之母弟。【略】

八月，詔郡國修立黌序，廣延髦儁，敦述儒風。其國子學生亦仰依舊銓補，服膺師說，研習《禮經》。往者文襄皇帝所運蔡邕石經五十二枚，即宜移置學館，依次修立。又詔曰：有能直言正諫，不避罪辜，謇謇若朱雲，諤諤若周舍，開朕意，沃朕心，弼于一人，利兼百姓者，必當寵以榮祿，待以不次。又曰：諸牧民之官，仰專意農桑，勤心勸課，廣收天地之利，以備水旱之災。庚寅，詔曰：朕以虛寡，嗣弘王業，思所以贊揚盛績，播之萬古。雖史官執筆，有聞無墜，猶恐緒言遺美，時或未書。在位王公文武大小，降及民庶，爰至僧徒，或親奉音旨，或承傳傍說，凡可載之文籍，悉宜條録封上。甲午，詔曰：魏世議定《麟趾格》，遂爲通制，官司施用，猶未盡善。可令羣官更加論究。適治之方，先盡要切，引綱理目，必使無遺。【略】

冬十月甲午，帝暴崩于晉陽宮德陽堂，時年三十一。遺詔：凡諸凶事一依儉約。三年之喪，雖曰達禮，漢文革創，通行自昔，義有存焉，同之可也，喪月之斷限以三十六日。嗣主、百僚、內外遐邇奉制割情，悉從公除。癸卯，發喪，斂於宣德殿。十一月辛未，梓宮還京師。十二月乙酉，殯於太極前殿。乾明元年二月丙申，葬於武寧陵，謚曰文宣皇帝，廟號威宗。武平初，又改爲文宣，廟號顯祖。

高　湛

《北齊書》卷七《武成帝紀》　世祖武成皇帝諱湛，神武皇帝第九子，孝昭皇帝之母弟也。【略】

大寧元年冬十一月癸丑，皇帝即位於南宮，大赦，改皇建二年爲大寧。乙卯，以司徒、平秦王歸彦爲太傅，以尚書右僕射、趙郡王叡爲尚書令，以太尉尉粲爲太保，以尚書令段韶爲大司馬，以豐州刺史婁叡爲司空，以太傅、平陽王淹爲太宰，以太保、彭城王浟爲太師、録尚書事，以冀州刺史、博陵王濟爲太尉，以中書監、任城王湝爲尚書左僕射，以幷州刺史斛律光爲右僕射，封孝昭皇帝太子百年爲樂陵郡王。庚申，詔大使巡行天下，求政善惡，問人疾苦，擢進賢良。是歲，周武帝保定元年。【略】

二年春正月乙亥，帝詔臨朝堂策試秀才。以太子少傅魏收爲兼尚書右僕射。己卯，兼右僕射魏收以阿縱除名。丁丑，以武明皇后配祭北郊。辛卯，帝臨都亭録見囚，降在京罪人各有差。【略】

〔河清三年〕三月辛酉，以律令班下，大赦。【略】

十二月乙卯，豫州刺史王士良以城降周將權景宣。丁巳，帝自晉陽南討。己未，太宰、平陽王淹薨。壬戌，太師段韶大破尉遲迥等，解洛陽圍。丁卯，帝至洛陽，免洛州經周軍處一年租賦，赦州城内死罪已下囚。己巳，以太師段韶爲太宰，以司徒斛律光爲太尉，并州刺史蘭陵王長恭爲尚書令。壬申，帝至武牢，經滑臺，次於黎陽，所經減降罪人。

宇文邕

《周書》卷五《武帝紀上》 高祖武皇帝諱邕，字禰羅突，太祖第四子也。母曰叱奴太后。大統九年，生於同州，有神光照室。幼而孝敬，聰敏有器質。太祖異之，曰：成吾志者，必此兒也。年十二，封輔城郡公。孝閔帝踐阼，拜大將軍，出鎮同州。世宗即位，遷柱國，授蒲州諸軍事、蒲州刺史。武成元年，入為大司空、治御正，進封魯國公，領宗師。甚為世宗所親愛，朝廷大事，多共參議。性沉深有遠識，非因顧問，終不輒言。世宗每歎曰：夫人不言，言必有中。【略】

秋七月戊申，詔曰：亢旱歷時，嘉苗殄悴。豈獄犴失理，刑罰乖衷歟？其所在見囚：死以下，一歲刑以上，各降本罪一等；百鞭以下，悉原免之。更鑄錢，文曰布泉，以一當五，與五銖並行。【略】

五月庚午，以山南衆瑞並集，大赦天下，百官及軍人，普汎二級。南陽宛縣三足烏所集，免今年役及租賦之半。【略】

冬十月戊戌，詔曰：樹之元首，君臨海内，本乎宣明教化，亭毒黔黎；豈唯尊貴其身，侈富其位。是以唐堯疏葛之衣，麤糲之食，尚臨汾陽而永歎，登姑射而興想。況無聖人之德而嗜欲過之，何以克厭衆心，處于尊位，朕甚恧焉。今巨寇未平，軍戎費廣，百姓空虚，與誰為足。凡是供朕衣服飲食，四時所須，爰及宫内調度，朕今手自減削。縱不得頓行古人之道，豈曰全無庶幾。凡爾百司，安得不思省約，勗朕不逮者哉。【略】

二月庚子，初頒新律。【略】

戊午，幸太學，以太傅、燕國公于謹為三老而問道焉。初禁天下報讎，犯者以殺人論。壬戌，詔百官及民庶上封事，極言得失。【略】

秋七月辛巳朔，日有蝕之。庚寅，行幸秦州。降死罪以下。辛丑，遣大使巡察天下。【略】

甲午，詔曰：道德交喪，禮義嗣興，褒四始於一言，美三千於為敬。是以在上不驕，處滿不溢，富貴所以長守，邦國於焉乂安。故能承天靜地，和民敬鬼，明並日月，道錯四時。朕雖庸昧，有志前古。甲子乙卯，禮云不樂。萇弘表昆吾之稔，杜簣有揚觶之文。自世道喪亂，禮儀紊毀，此典茫然，已墜於地。昔周王受命，請聞顓頊。廟有戒盈之器，室為復禮之銘。矧伊末學，而能忘此。宜依是日，省事停樂。庶知為君之難，為臣不易。貽之後昆，殷鑒斯在。【略】

三月癸卯朔，日有蝕之。齊遣使來聘。丙辰，誅大冢宰晉國公護、護子柱國譚國公會、會弟大將軍莒國公至、崇業公靜，並柱國侯伏侯龍恩、龍恩弟大將軍萬壽、大將軍劉勇等。大赦，改元。罷中外府。癸亥，以太傅、蜀國公尉遲迥為太師，柱國鄧國公竇熾為太傅，大司空、申國公李穆為太保，齊國公憲為大冢宰，衛國公直為大司徒，趙國公招為大司空，柱國枹罕公辛威為大司寇，綏德公陸通為大司馬。詔曰：民亦勞止，則星動於天；作事不時，則石言於國。故知為政欲靜，靜在寧民；為治欲安，安在息役。頃興造無度，徵發不已，加以頻歲師旅，農畝廢業。去秋灾蝗，年穀不登，民有散亡，家空杼軸。朕每旦恭己，夕惕兢懷。自今正調以外，無妄徵發。庶時殷俗阜，稱朕意焉。【略】

十二月癸巳，集羣臣及沙門、道士等，帝升高座，辨釋三教先後，以儒教為先，道教為次，佛教為後。以大將軍、樂川公赫連達為柱國。詔曰：尊年尚齒，列代弘規，序舊酬勞，哲王明範。朕嗣承弘業，君臨萬邦，驅此兆庶，寘諸仁壽。軍民之間，年多耆耋，眷言衰暮，宜有優崇。可頒授老職，使榮霑邑里。戊午，聽訟於正武殿，自旦及夜，繼之以燭。【略】

癸酉，詔：自今已後，男年十五，女年十三已上，爰及鰥寡，所在軍民，以時嫁娶，務從節儉，勿為財幣稽留。乙亥，親耕籍田。丙子，初服短衣，享二十四軍督將以下，試以軍旅之法，縱酒盡歡。詔以往歲年穀不登，民多乏絶，令公私道俗，凡有貯積粟麥者，皆准口聽留，以外盡糶。

二月壬辰朔，日有食之。丁酉，紀國公康、畢國公賢、酆國公貞、宋國公實、漢國公贊、秦國公贄、曹國公允並進爵為王。丙午，令六府各舉賢良清正之人。癸丑，柱國、許國公宇文善有罪免。乙卯，行幸雲陽宮。丙辰，詔曰：民生而靜，純懿之性本均；感物而遷，嗜欲之情斯起。雖復雲鳥殊世，文質異時，莫不限以隄防，示之禁令。朕君臨萬寓，覆養黎元，思振頹綱，納之軌式。比因人有犯，與衆棄之，所在羣官有僁過者，咸聽首露，莫不輕重畢陳，纖毫無隱。斯則風行草偃，從化無違，導德齊禮，庶幾可致。但上失其道，有自來矣，凌夷之弊，反本無由，宜加蕩滌，與民更始。可大赦天下。【略】

五月庚申，葬文宣皇后於永固陵，帝祖跣至陵所。辛酉，詔曰：齊斬之情，經籍彝訓，近代沿革，遂亡斯禮。伏奉遺令，既葬便除，攀慕几筵，情實未忍。三年之喪，達於天子，古今無易之道，王者之所常行。但時有未諧，不得全制。軍國務重，庶自聽朝。縗麻之節，苫廬之禮，率遵前典，以申罔極。百寮以下，宜依遺令。公卿上表，固請俯就權制，過葬即吉。帝不許，引古禮答之，羣臣乃止。於是遂申三年之制，五服之內，亦令依禮。初置太子諫議員四人，文學十人；皇弟、皇子友員各二人，學士六人。丁卯，荊州獻白烏。戊辰，詔故晉國公護及諸子，並追復先封，改葬加謚。丙子，初斷佛、道二教，經像悉毀，罷沙門、道士，並令還民。並禁諸淫祀，禮典所不載者，盡除之。【略】

八月辛卯，擒直於荊州，免為庶人。乙未，詔自建德元年八月以前犯罪，未被推糾，於後事發失官爵者，並聽復舊。

《周書》卷六《武帝紀下》 建德四年春正月戊辰，以柱國枹罕公辛威為寧州總管，太原公王康為襄州總管。初置營軍器監。壬申，詔曰：今陽和布氣，品物資始，敬授民時，義兼敦勸。《詩》不云乎：弗躬弗親，庶民弗信。刺史守令，宜親勸農，百司分番，躬自率導。事非機要，並停至秋。鰥寡孤獨不能自存者，所在量加賑卹。逋租懸調，兵役殘功，並宜蠲免。【略】

五年春正月癸未，行幸同州。辛卯，行幸河東涑川，集關中、河東諸軍校獵。甲午，還同州。丁酉，詔曰：朕克己思治，而風化未弘。永言前古，載懷夕惕。可分遣大使，周省四方，察訟聽謠，問民卹隱。其獄犴無章，侵漁黎庶，隨事究驗，條録以聞。若政績有施，治綱克舉；及行宣圭蓽，道著丘園：並須撿審，依名騰奏。其鰥寡孤獨，寔可哀矜，亦宜賑給，務使周贍。廢布泉錢。戊申，初令鑄錢者絞，其從者遠配為民。【略】

是日，詔〔齊王公以下〕曰：

〔大樹之以君，司牧黔首，蓋以除其苛慝，恤其患害。朕君臨萬國，志清四海，思濟一世之人，寘之仁壽之域。嗟彼齊趙，獨為匪民，乃睠東顧，載深長想。偽主涼德早聞，醜聲夙著，酒色是耽，盤游是悅。閹豎居阿衡之任，胡〕人寄喉脣之重。棟梁骨鯁，翦為仇讎；狐、趙緒餘，降成皁隸。民不見德，唯虐是聞。朕懷茲漏網，置之度外，正欲各靜封疆，共紓民瘼故也。

爾之主相，曾不是思，欲構厲階，反貽其梗。我之率土，咸求倳刃，帷幄獻兼弱之謀，爪牙奮干戈之勇，贏糧坐甲，若赴私讎。是以一鼓而定晉州，再舉而摧逋醜。偽丞相高阿那肱驅逼餘燼，竊據高壁；偽定南王韓建業作守介休，規相抗擬。聊示兵威，應時崩潰，那肱則單馬宵遁，建業則面縛軍和，爾之逃卒，所知見也。

若其懷遠以德，則爾難以德綏；處隣以義，則爾難以義服。且天與不取，道家所忌，攻昧侮亡，兵之上術。朕今親馭羣雄，長驅宇內，六軍舒旆，萬隊啟行。勢與雷電爭威，氣逐風雲齊舉。王師所次，已達近郊，望歲之民，室家相慶，來蘇之后，思副厥誠。偽主若妙盡人謀，深達天命，牽羊道左，銜璧轅門，當惠以焚櫬之恩，待以列侯之禮。偽將相王公已下，衣冠士民之族，如有深識事宜，建功立効，官榮爵賞，各有加隆。若下愚不移，守迷莫改，則委之執憲，以正刑書。嗟爾庶士，胡寧自棄。或我之將卒，逃彼逆朝，無問貴賤，皆從蕩滌。善求多福，無貽後悔。璽書所至，咸使聞知。【略】

壬戌，詔曰：

昔天厭水運，龍戰于野，兩京圮隔，四紀于茲。朕垂拱巖廊，君臨宇縣，相邠民於海內，混楚弓於天下，一物失所，有若推溝。方欲德綏未服，義征不譓。偽主高緯，放命燕齊，怠慢典刑，俶擾天紀，加以背惠怒鄰，棄信忘義。朕應天從物，伐罪弔民，一鼓而蕩平陽，再舉而摧勍敵。偽署王公，相繼道左。高緯智窮數屈，逃竄草間。偽安德王高延宗擾攘之間，遂竊名號，與偽齊昌王莫多婁敬顯等，收合餘燼，背城抗敵。王威既振，魚潰鳥離，破竹更難，建瓴非易，延宗衆散，解甲軍門。根本既傾，枝葉自實，幽青海岱，折簡而來，冀北河南，傳檄可定。八紘共貫，六合同風，方當偃伯靈臺，休牛桃塞，無疆之慶，非獨在余。

漢皇約法，除其苛政，姬王輕典，刑彼新邦。思覃惠澤，被之率土，新舊臣民，皆從蕩滌。可大赦天下。高緯及王公以下，若釋然歸順，咸許自新。諸亡入偽朝，亦從寬宥。官榮次序，依例無失。其齊偽制令，即宜削除。鄒魯縉紳，幽并騎士，一介可稱，並宜銓録。百年去殺，雖或難希，期月有成，庶幾可勉。【略】

癸巳，帝率諸軍圍之，齊人拒守，諸軍奮擊，大破之，遂平鄴。齊主先送其母并妻子於青州，及城陷，乃率數十騎走青州。遣大將軍尉遲勤率二千騎追之。是戰也，於陣獲其齊昌王莫多婁敬顯。帝責之曰：汝有死罪者三：前從并走鄴，攜妾棄母，是不孝；外為偽主戮力，內實通啟於朕，是不忠；送款之後，猶持兩端，是不信。如此用懷，不死何待。遂斬之。【略】

庚子，詔曰：偽齊之末，姦佞擅權，濫罰淫刑，動挂羅網，偽右丞相、咸陽王故斛律明月，偽侍中、特進、開府故崔季舒等七人，或功高獲罪，或直言見誅。朕兵以義動，翦除凶暴，表閭封墓，事切下車。宜追贈謚，并窆措。其見存子孫，各隨蔭敍録。家口田宅没官者，並還之。

辛丑，詔曰：偽齊叛渙，竊有漳濱，世縱淫風，事窮彫飾。或穿池運石，為山學海；或層臺累構，概日凌雲。以暴亂之心，極奢侈之事，有一於此，未或弗亡。朕菲食薄衣，以弘風教，追念生民之費，尚想力役之勞。方當易茲弊俗，率歸節儉。其東山、南園及三臺可並毀撤。瓦木諸物，凡入用者，盡賜下民。山園之田，各還本主。【略】

癸丑，詔曰：無侮煢獨，事顯前書；哀彼矜人，惠流往訓。偽齊末政，昏虐寔繁，災甚滔天，毒流比屋。無罪無辜，係虜三軍之手；不飲不食，僵仆九逵之門。朕為民父母，職養黎人，念甚泣辜，誡深罪己。除其苛政，事屬改張，宜加寬宥，兼行賑卹。自偽武平三年以來，河南諸州之民，偽齊被掠為奴婢者，不問官私，並宜放免。其住在淮南者，亦即聽還，願（往）〔住〕淮北者，可隨便安置。其有癃殘孤老，饑餒絶食，不能自存者，仰刺史守令及親民長司，躬自檢校。無親屬者，所在給其衣食，務使存濟。【略】

己巳，祠太廟。詔曰：東夏既平，王道初被，齊氏弊政，餘風未殄。朕劬勞萬機，念存康濟。恐清淨之志，未形四海，下民疾苦，不能上達，寢興軫慮，用切於懷。宜分遣使人，巡方撫慰，觀風省俗，宣揚治道。有司明立條科，務在弘益。【略】

丁卯，詔曰：同姓百世，婚姻不通，蓋惟重別，周道然也。而娶妻買妾，有納母氏之族，雖曰異宗，猶為混雜。自今以後，悉不得娶母同姓，以為〔妻〕妾。其已定未成者，即令改聘。【略】

八月壬寅，議定權衡度量，頒於天下。其不依新式者，悉追停。詔曰：以刑止刑，世輕世重。罪不及嗣，皆有定科。雜役之徒，獨異常憲，一從罪配，百世不免。罰既無窮，刑何以措。道有沿革，宜從寬典。凡諸雜戶，悉放為民。配雜之科，因之永削。甲子，鄭州獻九尾狐，皮肉銷盡，骨體猶具。帝曰：瑞應之來，必昭有德。若使五品時敍，四海和平，家識孝慈，人知禮讓，乃能致此。今無其時，恐非實録。乃命焚之。【略】

詔自永熙三年七月已來，去年十月已前，東土之民，被抄略在化內為奴婢者；及平江陵之後，良人没為奴婢者：並宜放免。所在附籍，一同民伍。若舊主人猶須共居，聽留為部曲及客女。【略】

初行《刑書要制》。持杖羣彊盜一匹以上，不持杖羣彊盜五匹以上，監臨主掌自盜二十匹以上，小盜及詐偽請官物三十匹以上，正長隱五戶及十丁以上、隱地三頃以上者，至死。《刑書》所不載者，自依律科。【略】

六月丁酉，帝疾甚，還京。其夜，崩於乘輿。時年三十六。遺詔曰：人肖形天地，稟質五常，脩短之期，莫非命也。朕君臨宇縣，十有九年，未能使百姓安樂，刑措罔用，所以昧旦求衣，分宵忘寢。昔魏室將季，海內分崩，太祖扶危翼傾，肇開王業。燕趙榛蕪，久竊名號。朕上述先志，下順民心，遂與王公將帥，共平東夏。雖復妖氛蕩定，而民勞未康。每一念此，如臨冰谷。將欲包舉六合，混同文軌。今遘疾大漸，氣力稍微，有志不申，以此歎息。

天下事重，萬機不易。王公以下，爰及庶僚，宜輔導太子，副朕遺意。令上不負太祖，下無失為臣。朕雖瞑目九泉，無所復恨。朕平生居處，每存菲薄，非直以訓子孫，亦乃本心所好。喪事資用，須使儉而合禮，墓而不墳，自古通典。隨吉即葬，葬訖公除。四方士庶，各三日哭。妃嬪以下無子者，悉放還家。

謚曰武皇帝，廟稱高祖。己未，葬於孝陵。

隋唐五代分部

楊　堅

《隋書》卷一《高祖帝紀上》　高祖文皇帝姓楊氏，諱堅，弘農郡華陰人也。【略】

皇妣吕氏，以大統七年六月癸丑夜，生高祖於馮翊般若寺，紫氣充庭。【略】

時帝爲《刑經聖制》，其法深刻。高祖以法令滋章，非興化之道，切諫，不納。

高祖位望益隆，帝頗以爲忌。帝有四幸姬，並爲皇后，諸家争寵，數相毁譖。帝每忿怒謂后曰：必族滅爾家。因召高祖，命左右曰：若色動，即殺之。高祖既至，容色自若，乃止。

大象二年五月，以高祖爲揚州總管，將發，暴有足疾，不果行。乙未，帝崩。時靜帝幼沖，未能親理政事。内史上大夫鄭譯、御正大夫劉昉以高祖皇后之父，衆望所歸，遂矯詔引高祖入總朝政，都督内外諸軍事。周氏諸王在藩者，高祖悉恐其生變，稱趙王招將嫁女於突厥爲詞以徵之。丁未，發喪。庚戌，周帝拜高祖假黄鉞、左大丞相，百官總己而聽焉。以正陽宫爲丞相府，以鄭譯爲長史，劉昉爲司馬，具置僚佐。宣帝時，刑政苛酷，羣心崩駭，莫有固志。至是，高祖大崇惠政，法令清簡，躬履節儉，天下悦之。【略】

戊子，行新律。【略】

十一月己酉，發使巡省風俗，因下詔曰：朕君臨區宇，深思治術，欲使生人從化，以德代刑，求草萊之善，旌閭里之行。民間情僞，咸欲備聞。已詔使人，所在賑恤，揚鑣分路，將遍四海，必令爲朕耳目。如有文武才用，未爲時知，宜以禮發遣，朕將銓擢。其有志節高妙，越等超倫，亦仰使人就加旌異，令一行一善奬勸於人。遠近官司，遐邇風俗，巨細必紀，還日奏聞。庶使不出戶庭，坐知萬里。庚辰，陳遣散騎常侍周墳、通直散騎常侍袁彦來聘。陳主知上之貌異世人，使彦畫像持去。甲午，罷天下諸郡。

《隋書》卷二《高祖帝紀下》　八月甲戌，制天下死罪，諸州不得便決，皆令大理覆治。乙亥，幸龍首池。癸巳，制宿衛者不得輒離所守。丁酉，上柱國、夏州總管、楚國公豆盧勣卒。戊戌，上親録囚徒。【略】

秋八月丙戌，詔決死罪者，三奏而後行刑。【略】

三月丙辰，詔曰：分職設官，共理時務，班位高下，各有等差。若所在官人不相敬憚，多自寬縱，事難克舉。諸有殿失，雖備科條，或據律乃輕，論情則重，不即決罪，無以懲肅。其諸司論屬官，若有愆犯，聽於律外斟酌決杖。辛酉，上親録囚徒。癸亥，上柱國、彭國公劉昶以罪伏誅。庚午，遣治書侍御史柳彧、皇甫誕巡省河南、河北。【略】

秋七月乙未，日青無光，八日乃復。己亥，以大將軍段文振爲雲州總管。甲辰，上以疾甚，臥於仁壽宫，與百僚辭訣，並握手歔欷。丁未，崩於大寶殿，時年六十四。

《隋書》卷二五《刑法志》　高祖既受周禪，開皇元年，乃詔尚書左僕射、勃海公高熲，上柱國、沛公鄭譯，上柱國、清河郡公楊素，大理前少卿、平源縣公常明，刑部侍郎、保城縣公韓濬，比部侍郎李諤，兼考功侍郎柳雄亮等，更定新律，奏上之。【略】

三年，因覽刑部奏，斷獄數猶至萬條。以爲律尚嚴密，故人多陷罪。又勑蘇威、牛弘等，更定新律。

高　熲

《隋書》卷四一《高熲傳》　高熲字昭玄，一名敏，自云渤海蓨人也。

父賓，背齊歸周，大司馬獨孤信引爲僚佐，賜姓獨孤氏。及信被誅，妻子徙蜀。文獻皇后以賓父之故吏，每往來其家。賓後官至鄀州刺史，及熲貴，贈禮部尚書、渤海公。

熲少明敏，有器局，略涉書史，尤善詞令。初，孩孺時，家有柳樹，高百許尺，亭亭如蓋。里中父老曰：此家當出貴人。年十七，周齊王憲引爲記室。武帝時，襲爵武陽縣伯，除内史上士，尋遷下大夫。以平齊功，拜開府。尋從越王盛擊隰州叛胡，平之。【略】

煬帝卽位，拜爲太常。時詔收周、齊故樂人及天下散樂。熲奏曰：此樂久廢。今若徵之，恐無識之徒棄本逐末，遞相教習。帝不悦。帝時侈靡，聲色滋甚，又起長城之役。熲甚病之，謂太常丞李懿曰：周天元以好樂而亡，殷鑒不遠，安可復爾！時帝遇啓民可汗恩禮過厚，熲謂太府卿何稠曰：此虜頗知中國虛實、山川險易，恐爲後患。復謂觀王雄曰：近來朝廷殊無綱紀。有人奏之，帝以爲謗訕朝政，於是下詔誅之，諸子徙邊。

熲有文武大略，明達世務。及蒙任寄之後，竭誠盡節，進引貞良，以天下爲己任。蘇威、楊素、賀若弼、韓擒等，皆熲所推薦，各盡其用，爲一代名臣。自餘立功立事者，不可勝數。當朝執政將二十年，朝野推服，物無異議。治致升平，熲之力也。論者以爲真宰相。及其被誅，天下莫不傷惜，至今稱冤不已。所有奇策密謀及損益時政，熲皆削藁，世無知者。

蘇威

《隋書》卷四一《蘇威傳》　蘇威字無畏，京兆武功人也。父綽，魏度支尚書。未幾，拜刑部尚書，解少保、御史大夫之官。後京兆尹廢，檢校雍州别駕。時高熲與威同心協贊，政刑大小，無不籌之，故革運數年，天下稱治。俄轉民部尚書，納言如故。屬山東諸州民飢，上令威賑卹之。後二載，遷吏部尚書。歲餘，兼領國子祭酒。隋承戰爭之後，憲章踳駁，上令朝臣釐改舊法，爲一代通典。律令格式，多威所定，世以爲能。九年，拜尚書右僕射。其年，以母憂去職，柴毁骨立。上勑威曰：公德行高人，情寄殊重，大孝之道，蓋同俯就。必須抑割，爲國惜身。朕之於公，爲君爲父，宜依朕旨，以禮自存。未幾，起令視事，固辭，優詔不許。明年，上幸并州，命與高熲同總留事。俄追詣行在所，使決民訟。

牛弘

《隋書》卷四九《牛弘傳》　牛弘字里仁，安定鶉觚人也，本姓尞氏。祖熾，郡中正。父允，魏侍中、工部尚書、臨涇公，賜姓爲牛氏。弘初在襁褓，有相者見之，謂其父曰：此兒當貴，善愛養之。及長，鬚貌甚偉，性寬裕，好學博聞。在周，起家中外府記室、内史上士。俄轉納言上士，專掌文翰，甚有美稱。加威烈將軍、員外散騎侍郎，修起居注。其後襲封臨涇公。宣政元年，轉内史下大夫，進位使持節、大將軍、儀同三司。開皇初，遷授散騎常侍、秘書監。【略】

〔开皇〕三年，拜禮部尚書，奉勑修撰《五禮》，勒成百卷，行於當世。【略】

弘榮寵當世，而車服卑儉，事上盡禮，待下以仁，訥於言而敏於行。上嘗令其宣勑，弘至階下，不能言，退還拜謝，云：並忘之。上曰：傳語小辯，故非宰臣任也。愈稱其質直。大業之世，委遇彌隆。性寬厚，篤志於學，雖職務繁雜，書不釋手。隋室舊臣，始終信任，悔吝不及，唯弘一人而已。有弟曰弼，好酒而酗，嘗因醉，射殺弘駕車牛。弘來還宅，其妻迎謂之曰：叔射殺牛矣。弘聞之，無所怪問，直答云：作脯。坐定，其妻又曰：叔忽射殺牛，大是異事！弘曰：已知之矣。顔然自若，讀書不輟。其寬和如此。有文集十三卷行於世。

李淵

《舊唐書》卷一《高祖紀》　高祖神堯大聖大光孝皇帝姓李氏，諱淵。高祖以周天和元年生於長安，七歲襲唐國公。及長，倜儻豁達，任性真

率，寬仁容衆，無貴賤咸得其歡心。【略】

甲子，高祖即皇帝位於太極殿，命刑部尚書蕭造兼太尉，告於南郊，大赦天下，改隋義寧二年爲唐武德元年。官人百姓，賜爵一級。義師所行之處，給復三年。罷郡置州，改太守爲刺史。丁卯，宴百官于太極殿，賜帛有差。東都留守官共立隋越王侗爲帝。壬申，命相國長史裴寂等修律令。【略】

六月甲戌，太宗爲尚書令，相國府長史裴寂爲尚書右僕射，相國府司馬劉文静爲納言，隋民部尚書蕭瑀、相國府司録竇威並爲内史令。廢隋《大業律令》，頒新格。【略】

九年五月庚子，高祖大漸，下詔：既殯之後，皇帝宜於别所視軍國大事。其服輕重，悉從漢制，以日易月。園陵制度，務從儉約。是日，崩於太安宫之垂拱前殿，年七十。羣臣上謚曰大武皇帝，廟號高祖。十月庚寅，葬於獻陵。高宗上元元年八月，改上尊號曰神堯皇帝。天寶十三載二月，上尊號神堯大聖大光孝皇帝。

《新唐書》卷五六《刑法志》 唐興，高祖入京師，約法十二條，惟殺人、劫盗、背軍、叛逆者死。及受禪，命納言劉文静等損益律令。武德二年，頒新格五十三條，唯吏受賕、犯盗、詐冒府庫物，赦不原。凡斷屠日及正月、五月、九月不行刑。四年，高祖躬録囚徒，以人因亂冒法者衆，盗非劫傷其主及征人逃亡、官吏枉法，皆原之。已而又詔僕射裴寂等十五人更撰律令，凡律五百，麗以五十三條。流罪三，皆加千里；居作三歲至二歲半者悉爲一歲。餘無改焉。

蕭　瑀

《舊唐書》卷六三《蕭瑀傳》 蕭瑀字時文。高祖梁武帝。曾祖昭明太子。祖詧，後梁宣帝。父巋，明帝。瑀年九歲，封新安郡王，幼以孝行聞。姊爲隋晉王妃，從入長安。聚學屬文，端正鯁亮。好釋氏，常修梵行，每與沙門難及苦空，必詣微旨。常觀劉孝標《辯命論》，惡其傷先王之教，迷性命之理，乃作《非辯命論》以釋之。大旨以爲：人稟天地以生，孰云非命，然吉凶禍福，亦因人而有，若一之於命，其蔽已甚。時晉府學士柳顧言、諸葛穎見而稱之曰：自孝標後數十年間，言性命之理者，莫能詆詰。今蕭君此論，足療劉子膏肓。【略】

高祖常有敕而中書不時宣行，高祖責其遲，瑀曰：臣大業之日，見内史宣敕，或前後相乖者，百司行之，不知何所承用。所謂易必在前，難必在後，臣在中書日久，備見其事。今皇基初構，事涉安危，遠方有疑，恐失機會。比每受一敕，臣必勘審，使與前敕不相乖背者，始敢宣行。遲晚之愆，實由於此。高祖曰：卿能用心若此，我有何憂？

李世民

《舊唐書》卷二《太宗紀上》 太宗文武大聖大廣孝皇帝諱世民，高祖第二子也。母曰太穆順聖皇后竇氏。隋開皇十八年十二月戊午，生於武功之别館。【略】太宗幼聰睿，玄鑒深遠，臨機果斷，不拘小節，時人莫能測也。

《舊唐書》卷三《太宗紀下》〔貞觀二十三年五月〕己巳，上崩於含風殿，年五十二。遺詔皇太子即位於柩前，喪紀宜用漢制。秘不發喪。庚午，遣舊將統飛騎勁兵從皇太子先還京，發六府甲士四千人，分列於道及安化門，翼從乃入；大行御馬輿，從官侍御如常。壬申，發喪。

《新唐書》卷五六《刑法志》 太宗即位，詔長孫无忌、房玄齡等復定舊令，議絞刑之屬五十，皆免死而斷右趾。既而又哀其斷毁支體，謂侍臣曰：肉刑，前代除之久矣，今復斷人趾，吾不忍也。王珪、蕭瑀、陳叔達對曰：受刑者當死而獲生，豈憚去一趾？去趾，所以使見者知懼。今以死刑爲斷趾，蓋寬之也。帝曰：公等更思之。其後蜀王法曹參軍裴弘獻駁律令四十餘事，乃詔房玄齡與弘獻等重加删定。玄齡等以謂古者五刑，刖居其一。及肉刑既廢，今以笞、杖、徒、流、死爲五刑，而又刖足，是六刑也。於是除斷趾法，爲加役流三千里，居作二年。

太宗嘗覽《明堂針灸圖》，見人之五藏皆近背，針灸失所，則其害致死，歎曰：夫箠者，五刑之輕；死者，人之所重。安得犯至輕之刑而或

致死？遂詔罪人無得鞭背。【略】

故時律，兄弟分居，蔭不相及，而連坐則俱死。同州人房彊以弟謀反當從坐，帝因録囚爲之動容，曰：反逆有二：興師動衆一也，惡言犯法二也。輕重固異，而鈞謂之反，連坐皆死，豈定法耶？玄齡等議曰：禮，孫爲父尸，故祖有蔭孫令，是祖孫重而兄弟輕。於是令：反逆者，祖孫與兄弟緣坐，皆配没；惡言犯法者，兄弟配流而已。玄齡等遂與法司增損隋律，降大辟爲流者九十二，流爲徒者七十一，以爲律；定令一千五百四十六條，以爲令；又删武德以來敕三千餘條爲七百條，以爲格；又取尚書省列曹及諸寺、監、十六衛計帳以爲式。

（唐）劉肅《大唐新語》卷一〇《釐革》 武德九年十一月，太宗始躬親政事，詔曰：有隋御宇，政刻刑煩。上懷猜阻，下無和暢。致使朋友遊好，慶弔不通；卿士聯官，請問斯絶。自今已後，宜革前弊，庶上下交泰，品物咸通。布告天下，使知朕意。由是風俗一變，澆漓頓革矣。

房玄齡

《舊唐書》卷五〇《刑法志》 及太宗卽位，又命長孫無忌、房玄齡與學士法官，更加釐改。【略】《貞觀格》十八卷，房玄齡等删定。

《舊唐書》卷六六《房玄齡傳》 房喬字玄齡，齊州臨淄人。曾祖翼，後魏鎮遠將軍、宋安郡守，襲壯武伯。祖熊，字子，釋褐州主簿。父彦謙，好學，通涉《五經》，隋涇陽令，《隋書》有傳。【略】

三年，拜太子少師，固讓不受，攝太子詹事，兼禮部尚書。明年，代長孫無忌爲尚書左僕射，改封魏國公，監修國史。既任總百司，虔恭夙夜，盡心竭節，不欲一物失所。聞人有善，若己有之。明達吏事，飾以文學，審定法令，意在寬平。不以求備取人，不以己長格物，隨能收敘，無隔卑賤。論者稱爲良相焉。

杜如晦

《舊唐書》卷六六《杜如晦傳》 杜如晦字克明，京兆杜陵人也。曾祖皎，周贈開府儀同大將軍、遂州刺史。祖徽，周河内太守。祖果，周温州刺史，入隋，工部尚書、義興公，《周書》有傳。父吒，隋昌州長史。

（唐）劉肅《大唐新語》卷一《匡贊》 杜如晦少聰悟，精彩絶人。太宗引爲秦府兵曹，俄改陝州長史。房玄齡聞於太宗曰：餘人不足惜，杜如晦聰明識達，王佐之才。若大王守藩，無用之；必欲經營四方，非此人不可。太宗乃請爲秦府掾，封建平縣男，補文學館學士。令文學褚亮爲之贊曰：建平文雅，休有烈光。懷忠履義，身立名揚。貞觀初，爲右僕射，玄齡爲左僕射。太宗謂之曰：公爲僕射，當須大開耳目，求訪賢哲，此乃宰相之弘益。比聞聽受詞訴，日不暇給，安能爲朕求賢哉！自是臺閣規模，皆二人所定。其法令意在寬平，不以求備取人，不以己長格物。如晦、玄齡引進之，如不及也。太宗每與玄齡圖事，則曰：非如晦莫能籌之。及如晦至，卒用玄齡之策。二人相須以斷大事，迄今言良相者，稱房杜焉。及如晦薨，太宗謂虞世南曰：吾與如晦，君臣義重，不幸物化，實痛于懷。卿體吾意，爲製碑也。後太宗嘗新瓜美，愴然悼之，輟其半，使置之靈座。及賜玄齡黄銀帶，因謂之曰：如晦與公同心輔朕，今日所賜，惟獨見公。泫然流涕。以黄銀帶辟惡，爲鬼神所畏，命取金帶，使玄齡送之于其家也。

王珪

《舊唐書》卷七〇《王珪傳》 王珪字叔玠，太原祁人也。在魏爲烏丸氏，曾祖神念，自魏奔梁，復姓王氏。祖僧辯，梁太尉、尚書令。父顗，北齊樂陵太守。珪幼孤，性雅澹，少嗜慾，志量沈深，能安於貧賤，體道履正，交不苟合。季叔頗當時通儒，有人倫之鑒，嘗謂所親曰：門戶所寄，唯在此兒耳。開皇末，爲奉禮郎。及頗坐漢王諒反事被誅，珪當

從坐，遂亡命於南山，積十餘歲。【略】

是歲，兼魏王師。既而上問黄門侍郎韋挺曰：王珪爲魏王泰師，與其相見，若爲禮節？挺對曰：見師之禮，拜答如禮。王問珪以忠孝，珪答曰：陛下，王之君也，事君思盡忠；陛下，王之父也，事父思盡孝。忠孝之道，可以立身，可以成名，當年可以享天祐，餘芳可以垂後葉。王曰：忠孝之道，已聞教矣，願聞所習。珪答曰：漢東平王蒼云：爲善最樂。上謂侍臣曰：古來帝子，生於宮闈，及其成人，無不驕逸，是以傾覆相踵，少能自濟。我今嚴教子弟，欲令皆得安全。王珪我久驅使，是所諳悉，以其意存忠孝，選爲子師。爾宜語泰：汝之待珪，如事我也，可以無過。泰每爲之先拜，珪亦以師道自居，物議善之。時珪子敬直尚南平公主。禮有婦見舅姑之儀，自近代公主出降，此禮皆廢。珪曰：今主上欽明，動循法制。吾受公主謁見，豈爲身榮，所以成國家之美耳。遂與其妻就席而坐，令公主親執笲行盥饋之道，禮成而退。是後公主下降有舅姑者，皆備婦禮，自珪始也。

魏徵

《舊唐書》卷七一《魏徵傳》 魏徵字玄成，鉅鹿曲城人也。父長賢，北齊屯留令。徵少孤貧，落拓有大志，不事生業，出家爲道士。好讀書，多所通涉，見天下漸亂，尤屬意縱横之説。

（唐）劉肅《大唐新語》卷一《匡贊》 魏徵常陳古今理體，言太平可致。太宗納其言，封德彝難之曰：三代已後，人漸澆訛，故秦任法律，漢雜霸道，皆欲理而不能，豈能理而不欲。魏徵書生，若信其虚論，必亂國家。徵詰之曰：五帝三皇，不易人而理。行帝道則帝，行王道則王，在其所化而已。考之載籍，可得而知。昔黄帝與蚩尤戰，既勝之後，便致太平。九夷亂德，顓頊征之，既剋之後，不失其理。桀爲亂，湯放之；紂無道，武王伐之：而俱致太平。若言人漸澆訛，不返樸素，至今應爲鬼魅，寧可得而教化耶？德彝無以難之。徵薨，太宗御製碑文並御書。後爲人所譖，敕令踣之。及征遼不如意，深自悔恨，乃歎曰：魏徵若在，不使我有此舉也。既渡水，馳驛以少牢祭之，復立碑焉。

（唐）劉肅《大唐新語》卷八《文章》 太宗在雒陽，宴羣臣於積翠池。酒酣，各賦一事。太宗賦《尚書》曰：日昃翫百篇，臨燈披五典。夏康既逸怠，商辛亦沉湎。恣情昏主多，克己明君鮮。滅身資累惡，成名由積善。魏徵賦西漢曰：受降臨軹道，争長趣鴻門。驅傳渭橋上，觀兵細柳屯。夜燕經柏谷，朝遊出杜原。終藉叔孫禮，方知天子尊。太宗曰：魏徵每言，必約我以禮。

虞世南

《舊唐書》卷七二《虞世南傳》 虞世南字伯施，越州餘姚人，隋内史侍郎世基弟也。祖檢，梁始興王諮議，父荔，陳太子中庶子，俱有重名。叔父寄，陳中書侍郎，無子，以世南繼後，故字曰伯施。世南性沈靜寡欲，篤志勤學，少與兄世基受學於吴郡顧野王，經十餘年，精思不倦，或累旬不盥櫛。善屬文，常祖述徐陵，陵亦言世南得己之意。又同郡沙門智永善王羲之書，世南師焉，妙得其體，由是聲名籍甚。【略】

八年，隴右山崩，大蛇屢見，山東及江淮多大水。太宗以問世南，對曰：春秋時梁山崩，晉侯召伯宗而問焉，對曰：國主山川，故山川崩竭，君爲之不舉，降服、乘縵、徹樂、出次、祝幣以禮焉。梁山，晉所主也，晉侯從之，故得無害。漢文帝元年，齊、楚地二十九山同日崩，水大出，令郡國無來貢獻，施惠於天下，遠近歡洽，亦不爲災。後漢靈帝時，青蛇見御座。晉惠帝時，大蛇長三百步，見齊地，經市入朝。案蛇宜在草野，而入市朝，所以可爲怪耳。今蛇見山澤，蓋深山大澤必有龍蛇，亦不足怪也。又山東足雨，雖則其常，然陰淫過久，恐有冤獄，宜省繫囚，庶幾或當天意。且妖不勝德，唯修德可以銷變。太宗以爲然，因遣使者賑恤饑餒，申理獄訟，多所原宥。

李治

《舊唐書》卷四《高宗紀上》 高宗天皇大聖大弘孝皇帝，諱治，太宗第九子也。母曰文德順聖長孫皇后。以貞觀二年六月，生於東宮之麗正殿。五年，封晉王。七年，遥授并州都督。幼而岐嶷端審，寬仁孝友。初授《孝經》於著作郎蕭德言，太宗問曰：此書中何言爲要？對曰：夫孝，始於事親，中於事君，終於立身。君子之事上，進思盡忠，退思補過，將順其美，匡救其惡。太宗大悅曰：行此，足以事父兄，爲臣子矣。及文德皇后崩，晉王時年九歲，哀慕感動左右，太宗屢加慰撫，由是特深寵異。

《舊唐書》卷五《高宗紀下》 十二月己酉，詔改永淳二年爲弘道元年。將宣赦書，上欲親御則天門樓，氣逆不能上馬，遂召百姓於殿前宣之。禮畢，上問侍臣曰：民庶喜否？曰：百姓蒙赦，無不感悦。上曰：蒼生雖喜，我命危篤。天地神祇若延吾一兩月之命，得還長安，死亦無恨。是夕，帝崩於真觀殿，時年五十六。宣遺詔：七日而殯，皇太子即位于柩前。園陵制度，務從節儉。軍國大事有不決者，取天后處分。羣臣上謚曰天皇大帝，廟號高宗。文明元年八月庚寅，葬於乾陵。天寶十三載，改謚曰天皇大弘孝皇帝。

《新唐書》卷五六《刑法志》 高宗初即位，詔律學之士撰《律疏》。又詔長孫无忌等增損格敕，其曹司常務曰《留司格》，頒之天下曰《散頒格》。龍朔、儀鳳中，司刑太常伯李敬玄、左僕射劉仁軌相繼又加刊正。

武曌

《舊唐書》卷六《則天皇后紀上》 則天皇后武氏諱曌，并州文水人也。父士彠，隋大業末爲鷹揚府隊正。高祖行軍於汾、晉，每休止其家。義旗初起，從平京城。貞觀中，累遷工部尚書、荆州都督，封應國公。

初，則天年十四時，太宗聞其美容止，召入宫，立爲才人。及太宗崩，遂爲尼，居感業寺。大帝於寺見之，復召入宫，拜昭儀。時皇后王氏、良娣蕭氏頻與武昭儀争寵，互讒毁之，帝皆不納。進號宸妃。永徽六年，廢王皇后而立武宸妃爲皇后。高宗稱天皇，武后亦稱天后。后素多智計，兼涉文史。帝自顯慶已後，多苦風疾，百司表奏，皆委天后詳決。自此内輔國政數十年，威勢與帝無異，當時稱爲二聖。【略】

二月戊午，廢皇帝爲廬陵王，幽于别所，仍改賜名哲。己未，立豫王輪爲皇帝，令居於别殿。大赦天下，改元文明。皇太后仍臨朝稱制。庚午，廢皇太孫重照爲庶人。

《舊唐書》卷七《則天皇后紀下》 神龍元年冬十一月壬寅，則天將大漸，遺制祔廟、歸陵，令去帝號，稱則天大聖皇后；其王、蕭二家及褚遂良、韓瑗等子孫親屬當時緣累者，咸令復業。是日，崩于上陽宫之仙居殿，年八十三，謚曰則天大聖皇后。二年五月庚申，祔葬于乾陵。

《新唐書》卷五六《刑法志》 武后時，内史裴居道、鳳閣侍郎韋方質等又删武德以後至于垂拱詔敕爲新格，藏於有司，曰《垂拱留司格》。神龍元年，中書令韋安石又續其後至於神龍，爲《散頒格》。睿宗即位，户部尚書岑羲等又著《太極格》。

狄仁傑

《舊唐書》卷八九《狄仁傑傳》 狄仁傑字懷英，并州太原人也。祖孝緒，貞觀中尚書左丞。父知遜，夔州長史。仁傑兒童時，門人有被害者，縣吏就詰之，衆皆接對，唯仁傑堅坐讀書。吏責之，仁傑曰：黄卷之中，聖賢備在，猶不能接對，何暇偶俗吏，而見責耶！後以明經舉，授汴州判佐。時工部尚書閻立本爲河南道黜陟使，仁傑爲吏人誣告，立本見而謝曰：仲尼云：觀過知仁矣。足下可謂海曲之明珠，東南之遺寶。薦授并州都督府法曹。其親在河陽别業，仁傑赴并州，登太行山，南望見白雲孤飛，謂左右曰：吾親所居，在此雲下。瞻望佇立久之，雲移乃行。仁傑孝友絶人，在并州，有同府法曹鄭崇質，母老且病，當充使絶域。仁傑謂曰：太夫人有危疾，而公遠使，豈可貽親萬里之憂！乃詣長史藺仁基，請代崇質而行。時仁基與司馬李孝廉不協，因謂曰：吾等豈獨無愧耶？由是相待如初。

仁傑，儀鳳中爲大理丞，周歲斷滯獄一萬七千人，無冤訴者。時武衛大將軍權善才坐誤斫昭陵柏樹，仁傑奏罪當免職。高宗令卽誅之，仁傑又奏罪不當死。帝作色曰：善才斫陵上樹，是使我不孝，必須殺之。左右矚仁傑令出，仁傑曰：臣聞逆龍鱗，忤人主，自古以爲難，臣愚以爲不然。居桀、紂時則難，堯、舜時則易。臣今幸逢堯、舜，不懼比干之誅。昔漢文時有盜高廟玉環，張釋之廷諍，罪止棄市。魏文將徙其人，辛毗引裾而諫，亦見納用。且明主可以理奪，忠臣不可以威懼。今陛下不納臣言，瞑目之後，羞見釋之、辛毗於地下。陛下作法，懸之象魏，徒流死罪，俱有等差。豈有犯非極刑，卽令賜死？法旣無常，則萬姓何所措其手足！陛下必欲變法，請從今日爲始。古人云：假使盜長陵一抔土，陛下何以加之？今陛下以昭陵一株柏殺一將軍，千載之後，謂陛下爲何主？此臣所以不敢奉制殺善才，陷陛下於不道。帝意稍解，善才因而免死。居數日，授仁傑侍御史。

時司農卿韋機兼領將作、少府二司，高宗以恭陵玄宮狹小，不容送終之具，遣機續成其功。機於埏之左右爲便房四所，又造宿羽、高山、上陽等宮，莫不壯麗。仁傑奏其太過，機竟坐免官。左司郎中王本立恃寵用事，朝廷懾懼，仁傑奏之，請付法寺，高宗特原之。仁傑奏曰：國家雖乏英才，豈少本立之類，陛下何惜罪人而虧王法？必欲曲赦本立，請棄臣於無人之境，爲忠貞將來之誡。本立竟得罪，繇是朝廷肅然。

尋加朝散大夫，累遷度支郎中。高宗將幸汾陽宮，以仁傑爲知頓使。并州長史李沖玄以道出妬女祠，俗云盛服過者必致風雷之災，乃發數萬人別開御道。仁傑曰：天子之行，千乘萬騎，風伯清塵，雨師灑道，何妬女之害耶？遽令罷之。高宗聞之，歎曰：真大丈夫也！

俄轉寧州刺史，撫和戎夏，人得歡心，郡人勒碑頌德。御史郭翰巡察隴右，所至多所按劾，及入寧州境內，耆老歌刺史德美者盈路。翰旣授館，召州吏謂之曰：入其境，其政可知也。願成使君之美，無爲久留。州人方散。翰薦名於朝，徵爲冬官侍郎，充江南巡撫使。吳、楚之俗多淫祠，仁傑奏毀一千七百所，唯留夏禹、吳太伯、季札、伍員四祠。

轉文昌右丞，出爲豫州刺史。時越王貞稱兵汝南事敗，緣坐者六七百人，籍没者五千口，司刑使逼促行刑。仁傑哀其詿誤，緩其獄，密表奏曰：臣欲顯奏，似爲逆人申理；知而不言，恐乖陛下存恤之旨。表成復毁，意不能定。此輩咸非本心，伏望哀其詿誤。特敕原之，配流豐州。豫囚次於寧州，父老迎而勞之曰：我狄使君活汝輩耶！相攜哭於碑下，齋三日而後行。豫囚至流所，復相與立碑頌狄君之德。

初，越王之亂，宰相張光輔率師討平之。將士恃功，多所求取，仁傑不之應。光輔怒曰：州將輕元帥耶？仁傑曰：亂河南者，一越王貞耳。今一貞死而萬貞生。光輔質其辭，仁傑曰：明公董戎三十萬，平一亂臣，不戢兵鋒，縱其暴横，無罪之人，肝腦塗地，此非萬貞何耶？且兇威脅從，勢難自固，及天兵暫臨，乘城歸順者萬計，繩墜四面成蹊。公奈何縱邀功之人，殺歸降之衆？但恐冤聲騰沸，上徹于天。如得尚方斬馬劍加於君頸，雖死如歸。光輔不能詰，心甚銜之。還都，奏仁傑不遜，左授復州刺史。入爲洛州司馬。

天授二年九月丁酉，轉地官侍郎、判尚書、同鳳閣鸞臺平章事。則天謂曰：卿在汝南時，甚有善政，欲知譖卿者乎？仁傑謝曰：陛下以臣爲過，臣當改之；陛下明臣無過，臣之幸也。臣不知譖者，並爲善友，臣請不知。則天深加歎異。

未幾，爲來俊臣誣構下獄。時一問卽承者例得減死，來俊臣逼脅仁傑，令一問承反。仁傑歎曰：大周革命，萬物唯新，唐朝舊臣，甘從誅戮。反是實！俊臣乃少寬之。判官王德壽謂仁傑曰：尚書必得減死。德壽意欲求少階級，憑尚書牽楊執柔，可乎？仁傑曰：若何牽之？德壽曰：尚書爲春官時，執柔任其司員外，引之可也。仁傑曰：皇天后土，遣仁傑行此事！以頭觸柱，流血被面，德壽懼而謝焉。旣承反，所司但待日行刑，不復嚴備。仁傑求守者得筆硯，拆被頭帛書冤，置綿衣中，謂德壽曰：時方熱，請付家人去其綿。德壽不之察。仁傑子光遠得書，持以告變。則天召見，覽之而問俊臣，俊臣曰：仁傑不免冠帶，寢處甚安，何由伏罪？則天使人視之，俊臣遽命仁傑巾帶而見使者。乃令德壽代仁傑作謝死表，附使者進之。則天召仁傑，謂曰：承反何也？對曰：向若不承反，已死於鞭笞矣。何爲作謝死表？曰：臣無此表。示之，乃知代署也。故得免死，貶彭澤令。武承嗣屢奏請誅之，則天曰：朕好生惡殺，志在恤刑。涣汗已行，不可更返。

萬歲通天年，契丹寇陷冀州，河北震動，徵仁傑爲魏州刺史。前刺史獨孤思莊懼賊至，盡驅百姓入城，繕修守具。仁傑既至，悉放歸農畝，謂曰：賊猶在遠，何必如是。萬一賊來，吾自當之，必不關百姓也。賊聞之自退，百姓咸歌誦之，相與立碑以紀恩惠。俄轉幽州都督。神功元年，入爲鸞臺侍郎、同鳳閣鸞臺平章事，加銀青光禄大夫，兼納言。【略】是歲九月，病卒，則天爲之舉哀，廢朝三日，贈文昌右相，謚曰文惠。

（唐）劉肅《大唐新語》卷四《持法》 權善才，高宗朝爲將軍，中郎將范懷義宿衛昭陵，有飛騎犯法，善才繩之。飛騎因番請見，先涕泣不自勝，言善才等伐陵柏，大不敬。高宗悲泣不自勝，命殺之。大理丞狄仁傑斷善才罪止免官。高宗大怒，命促刑。仁傑曰：法是陛下法，臣僅守之。奈何以數株小柏而殺大臣？請不奉詔。高宗涕泣曰：善才斫我父陵上栢，我爲子不孝，以至是。知卿好法官，善才等終須死。仁傑固諫，侍中張文瓘以笏揮令出，仁傑乃引張釋之高廟、辛毗牽裾之例，曰：臣聞逆龍鱗，忤人主，自古以爲難，臣以爲不難。居桀紂時則難，堯舜時則不難。臣今幸逢堯舜，不懼比干之誅。陛下不納臣言，臣瞑目之後，羞見釋之、辛毗於地下。高宗曰：善才情不可容，法雖不死，朕之恨深矣，須法外殺之。仁傑曰：陛下作法，懸諸象魏，徒流及死，具有等差，豈有罪非極刑，特令賜死？法既無恒，萬方何所措其手足？陛下必欲變法，請今日爲始。高宗意乃解，曰：卿能守法，朕有法官。命編入史。又曰：仁傑爲善才正朕，豈不能爲朕正天下耶？授侍御史。後因諫事，高宗笑曰：卿得權善才便也。時左司郎中王本立恃寵用事，朝廷懼之，仁傑按之，請付法。高宗特原之，仁傑奏曰：雖國之英秀，豈少本立之類。陛下何惜罪人，而虧王法？必不欲推問，請曲赦之，棄臣於無人之境，以爲忠貞將來之戒。高宗乃許之。由是朝廷肅然。

李隆基

《舊唐書》卷八《玄宗紀上》 玄宗至道大聖大明孝皇帝諱隆基，睿宗第三子也，母曰昭成順聖皇后竇氏。垂拱元年秋八月戊寅，生於東都。性英斷多藝，尤知音律，善八分書。儀範偉麗，有非常之表。【略】

八月壬辰，封州流人劉幽求爲尚書左僕射、知軍國重事、徐國公，仍依舊實封七百戸。制曰：凡有刑人，國家常法。掩骼埋胔，王者用心。自今已後，輒有屠割刑人骨肉者，依法科殘害之罪。【略】

十一年春正月丁卯，降都城見禁囚徒，流、死罪減一等，餘並原之。己巳，北都巡狩，敕所至處存問高年、鰥寡惸獨、征人之家；減流、死罪一等，徒以下放免。庚辰，幸幷州、潞州，宴父老，曲赦大辟罪已下，給復五年。別改其舊宅爲飛龍宫。

《舊唐書》卷九《玄宗紀下》 開元二十五年春正月壬午，制：朕猥集休運，多謝哲王，然而哀矜之情，小大必慎。自臨寰宇，子育黎烝，未嘗行極刑，起大獄。上玄降鑒，應以祥和，思協平邦之典，致之仁壽之域。自今有犯死刑，除十惡罪，宜令中書門下與法官詳所犯輕重，具狀奏聞。崇德尚齒，三代丕義；敦風勸俗，五教攸先。其曾任五品已上清資官以禮去職者，所司具録名奏，老疾不堪釐務者與致仕。道士、女冠宜隷宗正寺，僧尼令祠部檢校。百司每旬節休假，並不須入曹司，任遊勝爲樂。宣示中外，知朕意焉。【略】

九月壬申，頒新定《令》、《式》、《格》及《事類》一百三十卷於天下。【略】

上元二年四月甲寅，崩于神龍殿，時年七十八。羣臣上謚曰至道大聖大明孝皇帝，廟號玄宗。初，上皇親拜五陵，至橋陵，見金粟山崗有龍盤鳳翥之勢，復近先塋，謂侍臣曰：吾千秋後宜葬此地，得奉先陵，不忘孝敬矣。至是，追奉先旨以創寢園，以廣德元年三月辛酉葬于泰陵。

《新唐書》卷五六《刑法志》 玄宗開元三年，黄門監盧懷慎等又著《開元格》。至二十五年，中書令李林甫又著新格，凡所損益數千條，明年，吏部尚書宋璟又著後格，皆以開元名書。天寶四載，又詔刑部尚書蕭炅稍復增損之。

（宋）朱熹《資治通鑑綱目》卷四三上 敕諸州脩常平倉法。敕：以歲稔，令諸州脩常平倉法。江、嶺、淮、浙、劍南下濕不堪貯積，不用此例。

姚崇

《舊唐書》卷五〇《刑法志》　《開元前格》十卷，姚崇等删定。

《舊唐書》卷九六《姚崇傳》　姚崇，本名元崇，陝州硤石人也。父善意，貞觀中，任嶲州都督。元崇爲孝敬挽郎，應下筆成章舉，授濮州司倉，五遷夏官郎中。時契丹寇陷河北數州，兵機塡委，元崇剖析若流，皆有條貫。則天甚奇之，超遷夏官侍郎，又尋同鳳閣鸞臺平章事。

聖曆初，則天謂侍臣曰：往者周興、來俊臣等推勘詔獄，朝臣遞相牽引，咸承反逆，國家有法，朕豈能違。中間疑有枉濫，更使近臣就獄親問，皆得手狀，承引不虛，朕不以爲疑，即可其奏。近日周興、來俊臣死後，更無聞有反逆者，然則以前就戮者，不有冤濫耶？元崇對曰：自垂拱已後，被告身死破家者，皆是枉酷自誣而死。告者特以爲功，天下號爲羅織，甚於漢之黨錮。陛下令近臣就獄問者，近臣亦不自保，何敢輒有動搖？被問者若翻，又懼遭其毒手，將軍張虔勗、李安靜等皆是也。賴上天降靈，聖情發寤，誅鋤兇豎，朝廷乂安。今日已後，臣以微軀及一門百口保見在內外官更無反逆者。乞陛下得告狀，但收掌，不須推問。若後有徵驗，反逆有實，臣請受知而不告之罪。則天大悅曰：以前宰相皆順成其事，陷朕爲淫刑之主。聞卿所說，甚合朕心。其日，遣中使送銀千兩以賜元崇。【略】

居月餘，玄宗將幸東都，而太廟屋壞，上召宋璟、蘇頲問其故，璟等奏言：陛下三年之制未畢，誠不可行幸。凡災變之發，皆所以明教誡。陛下宜增崇大道，以答天意，且停幸東都。上又召崇問曰：朕臨發京邑，太廟無故崩壞，恐神靈誡以東行不便耶？崇對曰：太廟殿本是苻堅時所造，隋文帝創立新都，移宇文朝故殿造此廟，國家又因隋氏舊制，歲月滋深，朽蠹而毁。山有朽壤，尚不免崩，既久來枯木，合將摧折，偶與行期相會，不是緣行乃崩。且四海爲家，兩京相接，陛下以關中不甚豐熟，轉運又有勞費，所以爲人行幸，豈是無事煩勞？東都百司已作供擬，不可失信於天下。以臣愚見，舊廟既朽爛，不堪修理，望移神主於太極殿安置，更改造新廟，以申誠敬。車駕依前徑發。上曰：卿言正合朕意。賜絹二百匹，令所司奉七廟神主於太極殿，改新廟，車駕乃幸東都。因令崇五日一參，仍入閤供奉，甚承恩遇。後又除太子少保，以疾不拜。九年薨，年七十二，贈揚州大都督，謚曰文獻。

（唐）劉肅《大唐新語》卷一《匡贊》　姚崇以拒太平公主，出爲申州刺史，玄宗深德之。太平既誅，徵爲同州刺史。素與張説不叶，説諷趙彦昭彈之，玄宗不納。俄校獵于渭濱，密召崇會於行所，玄宗謂曰：卿頗知獵乎？崇對曰：此臣少所習也。臣年三十，居澤中，以呼鷹逐兔爲樂，猶不知書。張璟謂臣曰：君當位極人臣，無自棄也。爾來折節讀書，以至將相。臣少爲獵師，老而猶能。玄宗大悅，與之偕馬臂鷹，遲速在手，動必稱旨。玄宗懽甚，樂則割鮮，閑則咨以政事，備陳古今理亂之本上之，可行者必委曲言之。玄宗心益開，聽之亹亹忘倦。軍國之務，咸訪於崇。崇罷冗職，修舊章，内外有敘。又請無赦宥，無度僧，無數遷吏，無任功臣以政。玄宗悉從之，而天下大理。

宋璟

《舊唐書》卷五〇《刑法志》　《開元後格》十卷，宋璟等删定。

《舊唐書》卷九六《宋璟傳》　宋璟，邢州南和人，其先自廣平徙焉，後魏吏部尚書弁七代孫也。父玄撫，以璟貴，贈邢州刺史。璟少耿介有大節，博學，工於文翰。弱冠舉進士，累轉鳳閣舍人，當官正色，則天甚重之。長安中，倖臣張易之誣構御史大夫魏元忠有不順之言，引鳳閣舍人張説令證之。説將入於御前對覆，惶惑迫懼，璟謂曰：名義至重，神道難欺，必不可黨邪陷正，以求苟免。若緣犯顔流貶，芬芳多矣。或至不測，吾必叩閤救子，將與子同死。努力，萬代瞻仰，在此舉也。説感其言。及入，乃保明元忠，竟得免死。

璟尋遷左御史臺中丞。張易之與弟昌宗縱恣益横，傾朝附之。昌宗私引相工李弘泰觀占吉凶，言涉不順，爲飛書所告。璟廷奏請窮究其狀，則天曰：易之等已自奏聞，不可加罪。璟曰：易之等事露自陳，情在難恕，且謀反大逆，無容首免。請勒就御史臺勘當，以明國法。易之等久蒙驅使，分外承恩，臣必知言出禍從，然義激於心，雖死不恨。則天不悅。內史楊再思恐忤旨，遽宣敕令璟出。璟曰：天顔咫尺，親奉德音，不煩宰臣擅宣王命。則天意稍解，乃收易之等就臺，將加鞫問。俄有特敕原之，仍令易之等詣璟辭謝，璟拒而不見，曰：公事當公言之，若私見，則法無私也。【略】

時太平公主謀不利於玄宗，嘗於光範門內乘輦伺執政以諷之，衆皆失色。璟昌言曰：東宮有大功於天下，真宗廟社稷之主，安得有異議！乃與姚崇同奏請令公主就東都。玄宗懼，抗表請加罪於璟等，乃貶璟爲楚州刺史。無幾，歷魏兗冀三州刺史、河北按察使。遷幽州都督，兼御史大夫。尋拜國子祭酒，兼東都留守。歲餘，轉京兆尹，復拜御史大夫，坐事出爲睦州刺史，轉廣州都督，仍爲五府經略使。廣州舊俗，皆以竹茅爲屋，屢有火災。璟教人燒瓦，改造店肆，自是無復延燒之患，人皆懷惠，立頌以紀其政。

開元初，徵拜刑部尚書。四年，遷吏部尚書，兼黄門監。【略】

七年，開府儀同三司王皎卒，及將築墳，皎子駙馬都尉守一請同昭成皇后父竇孝諶故事，其墳高五丈一尺。璟及蘇頲請一依禮式，上初從之。翌日，又令準孝諶舊例。璟等上言曰：夫儉，德之恭；侈，惡之大。高墳乃昔賢所誡，厚葬實君子所非。古者墓而不墳，蓋此道也。凡人子於哀送之際，則不以禮制爲思。故周、孔設齊斬緦免之差，衣衾棺槨之度，賢者俯就，私懷不果。且蒼梧之野，驪山之徒，善惡分區，圖史所載。衆人皆務奢靡而獨能革之，斯所謂至孝要道也。中宫若以爲言，則此理固可敦諭。

在外或云竇太尉墳甚高，取則不遠者。縱令往日無極言，其事偶行，令出一時，故非常式。又貞觀中文德皇后嫁所生女長樂公主，奏請儀注加於長公主，魏徵諫云：皇帝之姑姊爲長公主，皇帝之女爲公主，既有長字，合高於公主。若加於長公主，事甚不可。引漢明故事云：羣臣欲封皇子爲王，帝曰：朕子豈敢與先帝子等。時太宗嘉納之，文德皇后奏降中使致謝於徵。此則乾坤輔佐之間，綽有餘裕。豈若韋庶人父追加王位，擅作酆陵，禍不旋踵，爲天下笑。則犯顔逆耳，阿意順旨，不可同日而言也。

況令之所載，預作紀綱，情既無窮，故爲之制度，不因人以搖動，不變法以愛憎。頃謂金科玉條，蓋以此也。比來蕃夷等輩及城市閒人，遞以奢靡相高，不將禮儀爲意。今以后父之寵，開府之榮，金穴玉衣之資，不憂少物；高墳大寢之役，不畏無人。百事皆出於官，一朝亦可以就。而臣等區區不已以聞，諒欲成朝廷之政，崇國母之德，化浹寰區，聲光竹素。倘中宫情不可奪，陛下不能苦違，卽準一品合陪陵葬者，墳高三丈已上，四丈已下，降敕將同陪陵之例，卽極是高下得宜。

上謂璟等曰：朕每事常欲正身以成綱紀，至於妻子，情豈有私？然人所難言，亦在於此。卿等乃能再三堅執，成朕美事，足使萬代之後，光揚我史策。乃遣使賚綵絹四百匹分賜之。

先是，朝集使每至春將還，多有改轉，率以爲常，璟奏請一切勒還，絶其僥求之路。又禁斷惡錢，發使分道檢括銷毁之，頗招士庶所怨。俄授璟開府儀同三司，罷知政事。明年，京兆人權梁山構逆伏誅，制河南尹王怡馳傳往長安窮其枝黨。怡禁繫極衆，久之未能決斷，乃詔璟兼京兆留守，并按覆其獄。璟至，惟罪元謀數人，其餘緣梁山詐稱婚禮因假借得罪及脅從者，盡奏原之。十二年，駕又東巡，璟復爲留守。上臨發，謂璟曰：卿國之元老，爲朕股肱耳目。今將巡洛邑，爲别歷時，所有嘉謨嘉猷，宜相告也。璟因極言得失，特賜綵絹等，仍手制曰：所進之言，書之座右，出入觀省，以誡終身。其見重如此。俄又兼吏部尚書。

（唐）劉肅《大唐新語》卷二《極諫》　武三思得幸於中宗，京兆人韋月將等不堪憤激，上書告其事。中宗惑之，命斬月將。黄門侍郎宋璟執奏，請按而後刑。中宗愈怒，不及整衣履，岸巾出側門，迎謂璟曰：朕以爲已斬矣，何以緩之？命促斬，璟曰：人言宫中私於三思，陛下竟不問而斬，臣恐有竊議。固請按而後刑。中宗大怒，璟曰：請先斬臣，不然，終不奉詔。乃流月將於嶺南，尋使人殺之。

（唐）劉肅《大唐新語》卷二《剛正》　張易之、昌宗方貴寵用事，潛相者言其當王，險薄者多附會之。長安末，右衛西街有牓云：易之兄弟、長孫汲、裴安立等謀反。宋璟時爲御史中丞，奏請窮理其狀。則天曰：易之已有奏聞，不可加罪。璟曰：易之爲飛書所逼，窮而自陳。且謀反大逆，法無容免，請勒就臺勘當，以明國法。易之等久蒙驅使，分外承恩，臣言發禍從，卽入鼎鑊。然義激於心，雖死不恨。則天不悅。内史楊再思遽宣敕命，令璟出，璟曰：天顏咫尺，親奉德音，不煩宰臣擅宣王命。左拾遺李邕歷階而進曰：宋璟所奏，事關社稷，望陛下可其所奏。則天意若解，乃傳命令易之就臺推問。斯須，特敕原之，仍遣易之、昌宗就璟拜謝。拒而不見，令使者謂之曰：公事當公言之，私見卽法有私也。璟謂左右：恨不先打豎子腦破，而令混亂國經，吾負此恨。時朝列呼易之、昌宗爲五郎、六郎，璟獨以官呼之。天官侍郎鄭杲謂璟曰：中丞奈何喚五郎爲卿？璟曰：鄭杲何庸之甚！若以官秩，正當卿號；若以親故，當爲張五郎、六郎矣。足下非張氏家僮，號五郎、六郎何也？杲大慚而退。

又：宋璟，則天朝以頻論得失，內不能容，而憚其公正，乃敕璟往揚州推按。奏曰：臣以不才，叨居憲府，按州縣乃監察御史事耳，今非意差臣，不識其所由，請不奉制。無何，復令按幽州都督屈突仲翔。璟復奏曰：御史中丞，非軍國大事不當出使。且仲翔所犯贓污耳，今高品有侍御史，卑品有監察御史，今敕臣，恐非陛下之意，當有危臣，請不奉制。月餘，優詔令副李嶠使蜀。嶠喜，召璟曰：叨奉渥恩，與公同謝。璟曰：恩制示禮數，不以禮遣璟，璟不當行，謹不謝。乃上言曰：臣以憲司，倍居獨坐。今隴蜀無變，不測聖意令臣副嶠，何也？恐乖朝庭故事，請不奉制。易之等冀璟出使，當別以事誅之。既不果，伺璟家有婚禮，將刺殺之。有密以告者，璟乘事舍於他所，乃免。易之尋伏誅。

張說

《舊唐書》卷九七《張說傳》 張說字道濟，其先范陽人，代居河東，近又徙家河南之洛陽。弱冠應詔舉，對策乙第，授太子校書，累轉右補闕，預修《三教珠英》。

（唐）劉肅《大唐新語》卷一《匡贊》 張說獨排太平之黨，請太子監國，平定禍亂，迄爲宗臣，前後三秉大政，掌文學之任，凡三十年。爲文思精，老而益壯，尤工大手筆，善用所長，引文儒之士以佐王化。得僧一行贊明陰陽律曆，以敬授人時，封太山，祠睢上，舉闕禮，謁五陵，開集賢，置學士，功業恢博，無以加矣。尚然諾于君臣、朋友之際，大義甚篤。及薨，玄宗爲之罷元會，【略】禮有加等，儒者榮之。

（唐）劉肅《大唐新語》卷八《文章》 則天初革命，大搜遺逸，四方之士應制者向萬人。則天御雒陽城南門，親自臨試。張說對策爲天下第一。則天以近古以來未有甲科，乃屈爲第二等。其警句曰：昔三監翫常，有司既糾之以猛；今四罪咸服，陛下宜計之以寬。拜太子校書。仍令寫策本於尚書省，頒示朝集及蕃客等，以光大國得賢之美。

張九齡

《舊唐書》卷九九《張九齡傳》 張九齡字子壽，一名博物。曾祖君政，韶州別駕，因家于始興，今爲曲江人。父弘愈，以九齡貴，贈廣州刺史。九齡幼聰敏，善屬文。年十三，以書干廣州刺史王方慶，大嗟賞之，曰：此子必能致遠。登進士第，應舉登乙第，拜校書郎。玄宗在東宮，舉天下文藻之士，親加策問，九齡對策高第，遷右拾遺。

（唐）劉肅《大唐新語》卷七《識量》 牛仙客爲涼州都督，節財省費，軍儲所積萬計。崔希逸代之，具以聞，詔刑部尚書張利貞覆之，有實。玄宗大悅，將拜爲尚書。張九齡諫曰：不可。尚書，古之納言，有唐以來，多用舊相居之。不然，歷踐內外清貴之地，妙行德望者充之。仙客本河湟一吏典耳，拔昇清流，齒班常伯，此官邪也。又欲封之，良爲不可。漢法，非有功不封。唐尊漢法，太宗之制也。邊將積穀帛，繕兵器，蓋將帥之常務。陛下念其勤勞，賞之金帛可也，尤不可列地封之。玄宗怒曰：卿以仙客寒士嫌之耶？若是，如卿豈有門籍！九齡頓首曰：荒陬賤類，陛下過聽，以文學用臣。仙客起自胥吏，目不知書。韓信，淮陰一壯士耳，羞與絳灌同列。陛下必用仙客，臣亦恥之。玄宗不悅。翌日，李林甫奏：仙客宰相材，豈不堪一尚書？九齡文吏，拘於古義，失於大體。玄宗大悅，遂擢仙客爲相。先是，張守珪累有戰功，玄宗將授之以宰相。九齡諫曰：不可。宰相者，代天理物，有其人而後授，不可以賞功。若開此路，恐生人心。傳曰：國家之敗，由官邪也。官濫爵輕，不可理也。若賞功臣，即有故事。玄宗乃止。九齡由是獲譴。自後朝士懲九齡之納忠見斥，咸持禄養恩，無敢庭議矣。

宇文融

《舊唐書》卷一〇五《宇文融傳》 宇文融，京兆萬年人，隋禮部尚書平昌公弢之玄孫也。祖節，貞觀中爲尚書右丞，明習法令，以幹局見稱。時江夏王道宗嘗以私事託於節，節遂奏之，太宗大悦，賜絹二百匹，仍勞之曰：朕所以不置左右僕射者，正以卿在省耳。永徽初，累遷黄門侍郎、同中書門下三品，代于志寧爲侍中。坐房遺愛事配流桂州而卒。父嶠，萊州長史。

融，開元初累轉富平主簿，明辯有吏幹，源乾曜、孟温相次爲京兆尹，皆厚禮之，俄拜監察御史。時天下戶口逃亡，免役多僞濫，朝廷深以爲患。融乃陳便宜，奏請檢察僞濫，搜括逃戶。玄宗納其言，因令融充使推勾。無幾，獲僞濫及諸免役甚衆，特加朝散大夫，再遷兵部員外郎，兼侍御史。融於是奏置勸農判官十人，並攝御史，分往天下，所在檢括田疇，招攜戶口。其新附客戶，則免其六年賦調，但輕税入官。【略】融乃馳傳巡歷天下，事無大小，先牒上勸農使而後申中書，省司亦待融指撝而後决斷。融之所至，必招集老幼宣上恩命，百姓感其心，至有流淚稱父母者。【略】

中書令張説素惡融之爲人，又患其權重，融之所奏，多建議爭之。融揣其意，先事圖之。中書舍人張九齡言於説曰：宇文融承恩用事，辯給多詞，不可不備也。説曰：此狗鼠輩，焉能爲事！融尋兼戶部侍郎。從東封還，又密陳意見，分吏部爲十銓典選事，所奏又爲説所抑。融乃與御史大夫崔隱甫連名劾説，廷奏其狀，説由是罷知政事。融恐説復用爲己患，數譖毁之。上惡其朋黨，尋出融爲魏州刺史。俄轉汴州刺史，又上表請用《禹貢》九河舊道，開稻田以利人，并迴易陸運本錢，官收其利。雖興役不息，而事多不就。

十六年，復入爲鴻臚卿，兼戶部侍郎。明年，拜黄門侍郎，與裴光庭並兼同中書門下平章事。融既居相位，欲以天下爲己任，謂人曰：使吾居此數月，庶令海内無事矣。於是薦宋璟爲右丞相，裴耀卿爲戶部侍郎，許景先爲工部侍郎，甚允朝廷之望。然性躁急多言，又引賓客故人，晨夕飲謔，由是爲時論所譏。時禮部尚書、信安王禕爲朔方節度使，殿中侍御史李宙劾之，驛召將下獄。禕既申訴得理，融坐阿黨李宙，出爲汝州刺史，在相凡百日而罷。

裴光庭時兼御史大夫，又彈融交遊朋黨及男受贓等事，貶昭州平樂尉。在嶺外歲餘，司農少卿蔣岑舉奏融在汴州迴造船脚，隱没鉅萬，給事中馮紹烈又深文案其事實，融於是配流巖州。地既瘴毒，憂恚發疾，遂詣廣府，將停留未還，都督耿仁忠謂融曰：明公負朝廷深譴，以至於此，更欲故犯嚴命，淹留他境，仁忠見累，誠所甘心，亦恐朝廷知明公在此，必不相容也。融遽還，卒于路。上聞之，思其舊功，贈台州刺史。

李林甫

《舊唐書》卷五〇《刑法志》 二十二年，戶部尚書李林甫又受詔改修格令。林甫遷中書令，乃與侍中牛仙客、御史中丞王敬從，與明法之官前左武衛胄曹參軍崔見、衛州司戶參軍直中書陳承信、酸棗尉直刑部俞元杞等，共加删緝舊格式律令及敕，總七千二十六條。其一千三百二十四條於事非要，並删之。二千一百八十條隨文損益，三千五百九十四條仍舊不改，總成律十二卷，《律疏》三十卷，《令》三十卷，《式》二十卷，《開元新格》十卷。又撰《格式律令事類》四十卷，以類相從，便於省覽。二十五年九月奏上，敕於尚書都省寫五十本，發使散於天下。其年刑部斷獄，天下死罪惟有五十八人。大理少卿徐嶠上言：大理獄院，由來相傳殺氣太盛，鳥雀不棲，至是有鵲巢其樹。於是百僚以幾至刑措，上表陳賀。玄宗以宰相燮理、法官平允之功，封仙客爲邠國公，林甫爲晉國公，刑部大理官共賜帛二千匹。

《舊唐書》卷一〇六《李林甫傳》 李林甫，高祖從父弟長平王叔良之曾孫。叔良生孝斌，官至原州長史。孝斌生思誨，官至揚府參軍，思誨卽林甫之父也。林甫善音律，初爲千牛直長，其舅楚國公姜皎深愛之。開元初，遷太子中允。時源乾曜爲侍中，乾曜姪孫光乘，姜皎妹壻，乾曜與之親。乾曜之男潔白其父曰：李林甫求爲司門郎中。乾曜曰：郎官須有素行才望高者，哥奴豈是郎官耶？數日，除諭德。哥奴，林甫小字。累遷國子司業。

十四年，宇文融爲御史中丞，引之同列，因拜御史中丞，歷刑、吏二侍郎。時武惠妃愛傾後宮，二子壽王、盛王以母愛特見寵異，太子瑛益疏薄。林甫多與中貴人善，乃因中官干惠妃云：願保護壽王。惠妃德之。初，侍中裴光庭妻武三思女，詭譎有材略，與林甫私。中官高力士本出三思家，及光庭卒，武氏銜哀祈於力士，請林甫代其夫位，力士未敢言。玄宗使中書令蕭嵩擇相，嵩久之以右丞韓休對，玄宗然之，乃令草詔。力士遽漏於武氏，乃令林甫白休。休既入相，甚德林甫，與嵩不和，乃薦林甫堪爲宰相，惠妃陰助之，因拜黄門侍郎，玄宗眷遇益深。

二十三年，以黄門侍郎平章事裴耀卿爲侍中，中書侍郎平章事張九齡爲中書令，林甫爲禮部尚書、同中書門下三品，並加銀青光禄大夫。林甫面柔而有狡計，能伺候人主意，故驟歷清列，爲時委任。【略】

玄宗終用林甫之言，廢太子瑛、鄂王瑤、光王琚爲庶人，太子妃兄駙馬都尉薛鏽長流瀼州，死於故驛，人謂之三庶，聞者冤之。其月，佞媚者言有烏鵲巢於大理獄戶，天下幾致刑措。玄宗推功元輔，封林甫晉國公，仙客豳國公。其冬，惠妃病，三庶人爲祟而薨。儲宮虛位，玄宗未定所立。林甫曰：壽王年已成長，儲位攸宜。玄宗曰：忠王仁孝，年又居長，當守器東宮。乃立爲皇太子。自是林甫懼，巧求陰事以傾太子。

林甫既秉樞衡，兼領隴右、河西節度，又加吏部尚書。天寶改易官名，爲右相，停知節度事，加光禄大夫，遷尚書左僕射。六載，加開府儀同三司，賜實封三百戶，而恩渥彌深。【略】

林甫自以始謀不佐皇太子，慮爲後患，故屢起大獄以危之，賴太子重愼無過，流言不入。林甫嘗令濟陽別駕魏林告隴右、河西節度使王忠嗣，林往任朔州刺史，忠嗣時爲河東節度，自云與忠王同養宮中，情意相得，欲擁兵以佐太子。玄宗聞之曰：我兒在內，何路與外人交通？此妄也。然忠嗣亦左授漢陽太守。八載，咸寧太府趙奉章告林甫罪狀二十餘條。告未上，林甫知之，諷御史臺逮捕，以爲妖言，重杖決殺。

十載，林甫兼領安西大都護、朔方節度，俄兼單于副大都護。【略】

林甫恃其早達，輿馬被服，頗極鮮華。自無學術，僅能秉筆，有才名於時者尤忌之。而郭愼微、苑咸文士之闒茸者，代爲題尺。林甫典選部時，選人嚴迥判語有用杕杜二字者，林甫不識杕字，謂吏部侍郎韋陟曰：此云杕杜，何也？陟俯首不敢言。太常少卿姜度，林甫舅子，度妻誕子，林甫手書慶之曰：聞有弄麞之慶。客視之掩口。

初，楊國忠登朝，林甫以微才不之忌；及位至中司，權傾朝列，林甫始惡之。時國忠兼領劍南節度，會南蠻寇邊，林甫請國忠赴鎮。帝雖依奏，然待國忠方渥，有詩送行，句末言入相之意。又曰：卿止到蜀郡處置軍事，屈指待卿。林甫心尤不悅。林甫時已寢疾。其年十月，扶疾從幸華清宮，數日增劇，巫言一見聖人差減，帝欲視之，左右諫止。乃敕林甫出於庭中，上登降聖閣遥視，舉紅巾招慰之，林甫不能興，使人代拜於席。翌日，國忠自蜀還，謁林甫，拜於牀下，林甫垂涕託以後事。尋卒，贈太尉、揚州大都督，給班劍、西園秘器。諸子以吉儀護柩還京師，發喪於平康坊之第。【略】

國忠素憾林甫，既得志，誣奏林甫與蕃將阿布思同構逆謀，誘林甫親族間素不悅者爲之證。詔奪林甫官爵，廢爲庶人，岫、崿諸子並謫於嶺表。林甫性沉密，城府深阻，未嘗以愛憎見於容色。自處台衡，動循格令，衣冠士子，非常調無仕進之門。所以秉鈞二十年，朝野側目，憚其威權。及國忠誣構，天下以爲冤。

楊炎

《新唐書》卷一四五《楊炎傳》 楊炎字公南，鳳翔天興人。曾祖大寶，武德初爲龍門令，劉武周攻之，死于守，贈全節侯。祖哲，以孝行稱。父播，舉進士，退居求志，玄宗召拜諫議大夫，棄官歸養。肅宗時，卽家拜散騎常侍，號玄靖先生。【略】

初，定令有租賦庸調法，自開元承平久，不爲版籍，法度抏敝。而丁口轉死，田畝换易，貧富升降，悉非向時，而戶部歲以空文上之。又戍邊者，蠲其租、庸，六歲免歸。玄宗事夷狄，戍者多死，邊將諱不以聞，故貫籍不除。天寶中，王鉷爲戶口使，方務聚斂，以其籍存而丁不在，是隱課不出，乃按舊籍，除當免者，積三十年，責其租、庸，人苦無告，故法遂大敝。至德後，天下兵起，因以饑癘，百役並作，人戶凋耗，版圖空虛。軍國之用，仰給於度支、轉運使；四方征鎮，又自給於節度、都團練使。賦斂之司數四，莫相統攝，綱目大壞。朝廷不能覆諸使，諸使不能覆諸州。四方貢獻，悉入內庫，權臣巧吏，因得旁緣，公託進獻，私爲贓盜者，動萬萬計。河南、山東、荆襄、劍南重兵處，皆厚自奉養，王賦所入無幾。科斂凡數百名，廢者不削，重者不去，新舊仍積，不知其涯。百姓竭膏血，鬻親愛，旬輸月送，無有休息。吏因其苛，蠶食于人。富人多丁者，以宦、學、釋、老得免，貧人無所入則丁存。故課免於上，而賦增於下。是以天下殘瘁，蕩爲浮人，鄉居地著者百不四五。

炎疾其敝，乃請爲兩税法以一其制。凡百役之費，一錢之斂，先度其數而賦於人，量出制入。戶無主客，以見居爲簿；人無丁中，以貧富爲差。不居處而行商者，在所州縣税三十之一，度所取與居者均，使無僥利。居人之税，秋夏兩入之，俗有不便者三之。其租、庸、雜徭悉省，而丁額不廢。其田畝之税，率以大曆十四年墾田之數爲準，而均收之。夏税盡六月，秋税盡十一月，歲終以戶賦增失進退長吏，而尚書度支總焉。帝善之，使諭中外。議者沮詰，以爲租庸令行數百年，不可輕改。帝不聽。天下果利之。自是人不土斷而地著，賦不加斂而增入，版籍不造而得其虛實，吏不誡而姦無所取，輕重之權始歸朝廷矣。【略】

開元時，蕭嵩嘗度曲江南，欲立私廟，以爲天子臨幸處乃止，後炎復取以立廟。飛語云：地有王氣，故炎取之。帝聞，震怒。會獄具，詔三司同覆，貶崖州司馬同正。未至百里，賜死，年五十五。貶惠伯多田尉，亦殺之。

李忱

《舊唐書》卷一八下《宣宗紀》　宣宗聖武獻文孝皇帝諱忱，憲宗第十三子，母曰孝明皇后鄭氏。元和五年六月二十二日，生於大明宫。長慶元年三月，封光王，名怡。會昌六年三月一日，武宗疾篤，遺詔立爲皇太叔，權勾當軍國政事。翌日，柩前即帝位，改今名，時年三十七。【略】

〔大中四年〕四月，敕：法司用刑，或持巧詐，分律兩端，遂成其罪。既奸吏得計，則黎庶何安？自今後應書罪定刑，宜直指其事，不得舞文，妄有援引。又刑部奏：准今年正月一日敕節文，據會昌元年三月二十六日敕，竊盗贓至一貫文處死，宜委所司重詳定條目奏聞。臣等檢校，並請准建中三年三月二十四日敕，竊盗贓滿三疋已上決殺，如贓數不充，量請科放。從之。

七月丙子，大理卿劉濛奏：古者懸法示人，欲使人從善遠罪，至於不犯，以致刑措。准大和二年十月二十六日刑部侍郎高釴條疏，准勘節目一十一件，下諸州府粉壁書於録事參軍食堂，每申奏罪人，須依前件節目。歲月滋久，文字湮淪，州縣推案，多違漏節目。今後請下諸道，令刻石置於會食之所，使官吏起坐觀省，記憶條目，庶令案牘周詳。從之。【略】

〔五年〕四月癸卯，刑部侍郎劉瑑奏：據今年四月十三日已前，凡二百二十四年，雜制敕計六百四十六門，二千一百六十五條，議輕重，名曰《大中刑法統類》，欲行用之。【略】

〔七年〕五月，左衛率府倉曹張戣集律令格式條件相類一千二百五十條，分一百二十一門，號曰《刑法統類》，上之。【略】

〔十三年〕八月七日，宣遺詔立鄆王爲皇太子，勾當軍國事。是日，崩于大明宫，聖壽五十。詔門下侍郎、平章事令狐綯攝冢宰。羣臣上謚曰聖武獻文孝皇帝，廟號宣宗。十四年二月，葬於貞陵。

朱温

《新五代史》卷一《梁紀・太祖上》　太祖神武元聖孝皇帝，姓朱氏，宋州碭山午溝里人也。其父誠，以《五經》教授鄉里，生三子，曰全昱、存、温。誠卒，三子貧，不能爲生，與其母傭食蕭縣人劉崇家。全昱無他材能，然爲人頗長者。存、温勇有力，而温尤兇悍。

《新五代史》卷二《梁紀·太祖下》　十二月癸酉，頒律令格式。

李嗣源

《新五代史》卷六《唐紀·明宗》　明宗聖德和武欽孝皇帝，世本夷狄，無姓氏。父霓，爲鴈門部將，生子邈佶烈，以騎射事太祖，爲人質厚寡言，執事恭謹，太祖養以爲子，賜名嗣源。【略】

十二月甲寅朔，除鐵禁，初税農具錢。

柴　榮

《舊五代史》卷一一八《周書·世宗紀五》　丙戌，中書門下新進册定《大周刑統》，奉勅班行天下。

《新五代史》卷一二《周紀·世宗》　世宗睿武孝文皇帝，本姓柴氏，邢州龍岡人也。柴氏女適太祖，是爲聖穆皇后。后兄守禮子榮，幼從姑長太祖家，以謹厚見愛，太祖遂以爲子。太祖後稍貴，榮亦壯，而器貌英奇，善騎射，略通書史黄老，性沈重寡言。太祖爲漢樞密使，榮爲左監門衛大將軍，太祖鎮天雄，榮領貴州刺史、天雄軍牙内都指揮使。【略】

十一月庚戌，作《通禮》、《正樂》。十二月丙戌，罷州縣課戶、俸戶。【略】

世宗區區五六年間，取秦隴，平淮右，復三關，威武之聲震懾夷夏，而方内延儒學文章之士，考制度，脩《通禮》、定《正樂》、議《刑統》，其制作之法皆可施於後世。【略】嘗夜讀書，見唐元稹《均田圖》，慨然歎曰：此致治之本也，王者之政自此始！乃詔頒其圖法，使吏民先習知之，期以一歲大均天下之田，其規爲志意豈小哉！

（宋）洪邁《容齋續筆》卷四《周世宗》　周世宗英毅雄傑，以衰亂之世，區區五六年間，威武之聲，震懾夷夏，可謂一時賢主，而享年不及四十，身没半歲，國隨以亡。固天方授宋，使之驅除。然考其行事，失於好殺，用法太嚴，羣臣職事，小有不舉，往往寘之極刑，雖素有才幹聲名，無所開宥，此其所短也。薛居正《舊史》紀載翰林醫官馬道元進狀，訴壽州界被賊殺其子，獲正賊見在宿州，本州不爲勘斷。帝大怒，遣竇儀乘馹往按之。及獄成，坐族死者二十四人。儀奉辭之日，帝旨甚峻，故儀之用刑，傷於深刻，知州趙礪坐除名，此事本只馬氏子一人遭殺，何至於族誅二十四家，其它可以類推矣。

《太祖實録·竇儀傳》有此事史臣但歸咎於儀云。

（宋）洪邁《容齋三筆》卷九《周世宗好殺》　史稱周世宗用法太嚴，群臣職事，小有不舉，往往寘之極刑。予既書於《續筆》矣。薛居正《舊史》記載其事甚備，而歐陽公多芟去，今略記于此。樊愛能、何徽以用兵先潰，軍法當誅，無可言者。其他如宋州巡檢供奉官竹奉隣以捕盗不獲，左羽林大將軍孟漢卿以監納取耗，刑部員外郎陳渥以檢田失實，濟州馬軍都指揮使康儼以橋道不謹，内供奉官孫延希以督脩永福殿而役夫有就瓦中噉飯者，密州防禦副使侯希進以不奉使者命檢視夏苗，左藏庫使符令光以造軍士複襦不辦，楚州防禦使張順以隱落税錢，皆抵極刑，而其罪有不至死者。

兩宋分部

趙匡胤

《宋史》卷一《太祖紀一》　太祖啓運立極英武睿文神德聖功至明大孝皇帝，諱匡胤，姓趙氏，涿郡人也。【略】

太祖，宣祖仲子也，母杜氏。後唐天成二年，生於洛陽夾馬營，赤光繞室，異香經宿不散，體有金色，三日不變。既長，容貌雄偉，器度豁如，識者知其非常人。學騎射，輒出人上，嘗試惡馬，不施銜勒，馬逸上城斜道，額觸門楣墜地，人以爲首必碎，太祖徐起，更追馬騰上，一無所傷。又嘗與韓令坤博土室中，雀鬭戶外，因競起掩雀，而室隨壞。

漢初，漫遊無所遇，舍襄陽僧寺，有老僧善術數，顧曰：吾厚贐汝，北往則有遇矣。會周祖以樞密使征李守真，應募居帳下。廣順初，補東西班行首，拜滑州副指揮。世宗尹京，轉開封府馬直軍使。【略】

七年春，北漢結契丹入寇，命出師禦之。次陳橋驛，軍中知星者苗訓引門吏楚昭輔視日下復有一日，黑光摩盪者久之。夜五鼓，軍士集驛門，宣言策點檢爲天子，或止之，衆不聽。遲明，逼寢所，太宗入白，太祖起。諸校露刃列于庭，曰：諸軍無主，願策太尉爲天子。未及對，有以黃衣加太祖身，衆皆羅拜，呼萬歲，即掖太祖乘馬。太祖攬轡謂諸將曰：我有號令，爾能從乎？皆下馬曰：唯命。太祖曰：太后、主上，吾皆北面事之，汝輩不得驚犯；大臣皆我比肩，不得侵凌；朝廷府庫、士庶之家，不得侵掠。用令有重賞，違即孥戮汝。

《宋史》卷三《太祖紀三》 癸丑夕，帝崩於萬歲殿，年五十，殯于殿西階，謚曰英武聖文神德皇帝，廟號太祖。太平興國二年四月乙卯，葬永昌陵。大中祥符元年，加上尊謚曰啓運立極英武睿文神德聖功至明大孝皇帝。

帝性孝友節儉，質任自然，不事矯飾。受禪之初，頗好微行，或諫其輕出。曰：帝王之興，自有天命，周世宗見諸將方面大耳者皆殺之，我終日侍側，不能害也。既而微行愈數，有諫，輒語之曰：有天命者任自爲之，不汝禁也。

一日，罷朝，坐便殿，不樂者久之。左右請其故。曰：爾謂爲天子容易耶？早作乘快誤決一事，故不樂耳。汴京新宮成，御正殿坐，令洞開諸門，謂左右曰：此如我心，少有邪曲，人皆見之。

吳越錢俶來朝，自宰相以下咸請留俶而取其地，帝不聽，遣俶歸國。及辭，取羣臣留俶章疏數十軸，封識遺俶，戒以塗中密觀，俶屆途啓視，皆留己不遣之章也。俶自是感懼，江南平，遂乞納土。南漢劉鋹在其國，好置酖以毒臣下，既歸朝，從幸講武池，帝酌卮酒賜鋹，鋹疑有毒，捧杯泣曰：臣罪在不赦，陛下既待臣以不死，願爲大梁布衣，觀太平之盛，未敢飲此酒。帝笑而謂之曰：朕推赤心於人腹中，寧肯爾耶？即取鋹酒自飲，別酌以賜鋹。

王彥昇擅殺韓通，雖預佐命，終身不與節鉞。王全斌入蜀，貪恣殺降，雖有大功，即加貶絀。

宮中葦簾，緣用青布；常服之衣，澣濯至再。魏國長公主襦飾翠羽，戒勿復用，又教之曰：汝生長富貴，當念惜福。見孟昶寶裝溺器，搖而碎之，曰：汝以七寶飾此，當以何器貯食？所爲如是，不亡何待！

晚好讀書，嘗讀《二典》，歎曰：堯、舜之罪四凶，止從投竄，何近代法網之密乎！謂宰相曰：五代諸侯跋扈，有枉法殺人者，朝廷置而不問。人命至重，姑息藩鎮，當若是耶？自今諸州決大辟，録案聞奏，付刑部覆視之。遂著爲令。

乾德改元，先諭宰相曰：年號須擇前代所未有者。三年，蜀平，蜀宮人入內，帝見其鏡背有志乾德四年鑄者，召竇儀等詰之。儀對曰：此必蜀物，蜀主嘗有此號。乃大喜曰：作相須讀書人。由是大重儒者。【略】

贊曰：昔者堯、舜以禪代，湯、武以征伐，皆南面而有天下。四聖人者往，世道升降，否泰推移。當斯民塗炭之秋，皇天眷求民主，亦惟責其濟斯世而已。使其必得四聖人之才，而後以行其事畀之，則生民平治之期，殆無日也。

五季亂極，宋太祖起介胄之中，踐九五之位，原其得國，視晉、漢、周亦豈甚相絶哉？及其發號施令，名藩大將，俯首聽命，四方列國，次第削平，此非人力所易致也。建隆以來，釋藩鎮兵權，繩贓吏重法，以塞濁亂之源；州郡司牧，下至令録、幕職，躬自引對；務農興學，慎罰薄斂，與世休息，迄於丕平；治定功成，制禮作樂。在位十有七年之間，而三百餘載之基，傳之子孫，世有典則。遂使三代而降，考論聲明文物之治，道德仁義之風，宋於漢、唐，蓋無讓焉。嗚呼，創業垂統之君，規模若是，亦可謂遠也已矣！

趙炅

《宋史》卷四《太宗紀一》 太宗神功聖德文武皇帝諱炅，初名匡乂，改賜光義，即位之二年，改今諱，宣祖第三子也，母曰昭憲皇后杜氏。

初，后夢神人捧日以授，已而有娠，遂生帝於浚儀官舍。是夜，赤光上騰如火，閭巷聞有異香，時晉天福四年十月七日甲辰也。

帝幼不羣，與他兒戲，皆畏服。及長，隆準龍顏，望之知爲大人，儼如也。性嗜學，宣祖總兵淮南，破州縣，財物悉不取，第求古書遺帝，恒飭厲之，帝由是工文業，多藝能。

仕周至供奉官都知。太祖卽位，以帝爲殿前都虞候，領睦州防禦使。親征澤、潞，帝以大內點檢留鎮，尋領泰寧軍節度使。征李重進，爲大內都部署，加同平章事，行開封尹，再加兼中書令。征太原，改東都留守，別賜門戟，封晉王，序班宰相上。

開寶九年冬十月癸丑，太祖崩，帝遂卽皇帝位。

《宋史》卷五《太宗紀二》　八月癸酉朔，遣使按問兩浙、荆湖、福建、江南東西路、淮南諸州刑獄，仍察官吏勤惰以聞。【略】

九月丙午，以歲無兵凶，除十惡、官吏犯贓、謀故劫殺外，死罪減降，流以下釋之，及蠲江、浙諸州民逋租。【略】

己卯，遣使按問西川、嶺南、江、浙等路刑獄。丙戌，詔：應行營將士戰敗潰散者並釋不問，緣邊城堡備禦有勞可紀者所在以聞。瘞暴骸，死事者廩給其家，録死事文武官子孫。蠲河北雍熙三年以前逋租，敵所蹂踐者給復三年，軍所過二年，餘一年。【略】

乙未，詔：諸州郡暑月五日一滌囹圄，給飲漿，病者令醫治，小罪卽決之。【略】

乙亥，親耕籍田。還御丹鳳樓，大赦，改元，除十惡、官吏犯贓至殺人者不赦外，民年七十以上賜爵一級。癸未，幸玉津園習射。乙酉，禁用酷刑。是月，澶州黃河清。【略】

二月壬子朔，令河北東、西路招置營田。癸丑，詔録將校官吏功及死事使臣、官吏子孫，士卒廩給其家三月。平塞、天威、平定、威虜、靜戎、保塞、寧邊等軍，祁、易、保、定、鎮、邢、趙等州民，除雍熙四年正月丙戌詔給復外，更給復二年；霸、代、洺、雄、莫、深等州，平虜、岢嵐軍，更給復一年。【略】

以歲旱、彗星謫見，詔曰：朕以身爲犧牲，焚於烈火，亦未足以答謝天譴。當與卿等審刑政之闕失、稼穡之艱難，恤物安人，以祈玄祐。【略】

己巳，以歲蝗旱禱雨弗應，手詔宰相呂蒙正等：朕將自焚，以答天譴。翌日而雨，蝗盡死。【略】

夏四月丁丑，詔江南、兩浙、荆湖吏民之配嶺南者還本郡禁錮。癸未，上作《刑政》、《稼穡》詩賜近臣。

五月甲午朔，御文德殿，百官入閤。壬寅，詔御史府所斷徒罪以上獄具，令尚書丞郎、兩省給舍一人慮問。丁未，戶部郎中田錫、通判殿中丞郭渭坐稽留刑獄，並責州團練副使，不簽署州事。戊申，詔：太醫署良醫視京城病者，賜錢五十萬具藥，中黃門一人按視之。己酉，以旱遣使分行諸路決獄。是夕，雨。【略】

二月己未朔，日有食之。壬戌，召賜京城高年帛，百歲者一人加賜塗金帶。是日，雨雪大寒，再遣中使賜孤老貧窮人千錢、米炭。【略】

戊戌，赦諸州，除十惡、故劫殺、官吏犯正贓外，降死罪以下囚。【略】

辛酉，遣使分行宋、亳、陳、潁、泗、壽、鄧、蔡等州按行民田，被水及種蒔不及者並蠲其租。【略】

癸巳，追班于萬歲殿，宣詔令皇太子柩前卽位。是日崩，年五十九，在位二十二年，殯于殿之西階。羣臣上尊謚曰神功聖德文武皇帝，廟號太宗。十月己酉，葬永熙陵。

范質

《宋史》卷二四九《范質傳》　范質字文素，大名宗城人。父守遇，鄭州防禦判官。質生之夕，母夢神人授以五色筆。九歲能屬文，十三治《尚書》，教授生徒。

後唐長興四年舉進士，爲忠武軍節度推官，遷封丘令。晉天福中，以文章干宰相桑維翰，深器之，卽奏爲監察御史。及維翰出鎮相州，歷泰寧、晉昌二節度，皆請質爲從事。維翰再相，質遷主客員外郎、直史館。歲餘，召入爲翰林學士，加比部郎中、知制誥。契丹侵邊，少帝命漢祖等十五將出征。是夜，質入直，少帝令召諸學士分草制，質曰：宮城已閉，恐泄機事。獨具草以進，辭理優贍，當時稱之。漢初，加中書舍人、戶部侍郎。周祖征叛，每朝廷遣使齎詔處分軍事，皆合機宜。周祖問誰爲此辭，使者以質對。歎曰：宰相器也。

周祖自鄴起兵向闕，京城擾亂，質匿民間，物色得之，喜甚，時大雪，解袍衣之。且令草太后誥及議迎湘陰公儀注，質蒼黃論撰，稱旨。乃白太后，以質爲兵部侍郎、樞密副使。周廣順初，加拜中書侍郎、平章事、集賢殿大學士。翌日，兼參知樞密院事。郊祀畢，進位左僕射兼門下侍郎、平章事、監修國史。從征高平還，加司徒、弘文館大學士。顯德四年夏，從征壽州還，加爵邑。質建議以律條繁冗，輕重無據，吏得因緣爲奸。世宗特命詳定，是爲《刑統》。【略】

質力學強記，性明悟。舉進士時，和凝以翰林學士典貢部，覽質所試文字，重之，自以登第名在十三，亦以其數處之。貢闈中謂之傳衣鉢。其後質登相位，爲太子太傅，封魯國公，皆與凝同云。初，質既登朝，猶手不釋卷，人或勞之，質曰：有善相者，謂我異日位宰輔。誠如其言，不學何術以處之。後從世宗征淮南，詔令多出其手，吳中文士莫不驚伏。質每下制敕，未嘗破律，命刺史縣令，必以戶口版籍爲急。朝廷遣使視民田，按獄訟，皆延見，爲述天子憂勤之意，然後遣之。

世宗初征淮南，駐壽、濠，銳意攻取，且議行幸揚州。質以師老，與王溥泣諫乃止。及再駕揚州，因事怒竇儀，罪在不測。質入謁請見，世宗意其救儀，起避之。質趨前曰：儀近臣也，過小不當誅。因免冠叩頭泣下，曰：臣備位宰相，豈可使人主暴怒，致近臣於死地耶？願寬儀罪。世宗意遂解，復坐，即遣赦儀。

（宋）朱熹《宋名臣言行録前集》卷一《魯國公范質》　質自從仕，未嘗釋卷。人或勉之。質曰：昔嘗有異人與吾言，它日必當大任。苟如其言，無學術何以處之？《蒙求》

周祖自鄴舉兵向闕，京師亂。公隱于民間。一日坐封丘巷茶肆中，有人貌怪陋，前揖曰：相公無慮。時暑中，所執扇，偶書大暑去酷吏，清風來故人二句。其人曰：世之酷吏冤獄，何止如大暑也。公他日當深究此弊，幸無忘吾言。公惘然久之。後至祆廟後門，見一土木短鬼，其貌肖茶肆見者，公心異焉。亂定，公大用。首建議，律條繁廣，輕重無據，吏得以因緣為姦。周祖特詔詳定。是為《刑統》。《聞見録》

趙普

《宋史》卷二五六《趙普傳》　趙普字則平，幽州薊人。後唐幽帥趙德鈞連年用兵，民力疲弊。普父迥舉族徙常山，又徙河南洛陽。普沈厚寡言，鎮陽豪族魏氏以女妻之。

周顯德初，永興軍節度劉詞辟爲從事，詞卒，遺表薦普於朝。世宗用兵淮上，太祖拔滁州，宰相范質奏普爲軍事判官。宣祖臥疾滁州，普朝夕奉藥餌，宣祖由是待以宗分。太祖嘗與語，奇之。時獲盜百餘，當棄市，普疑有無辜者，啓太祖訊鞫之，獲全活者衆。淮南平，調補渭州軍事判官。太祖領同州節度，辟爲推官；移鎮宋州，表爲掌書記。【略】

乾德二年，范質等三相同日罷，以普爲門下侍郎、平章事、集賢殿大學士。中書無宰相署敕，普以爲言，上曰：卿但進敕，朕爲卿署之可乎？普曰：此有司職爾，非帝王事也。令翰林學士講求故實，竇儀曰：今皇弟尹開封，同平章事，即宰相任也。令署以賜普。既拜相，上視如左右手，事無大小，悉咨決焉。是日，普兼監修國史。命薛居正、吕餘慶參知政事以副之，不宣制，班在宰相後，不知印，不預奏事，不押班，但奉行制書而已。先是，宰相兼敕，皆用內制，普相止用敕，非舊典也。【略】

普爲政頗專，廷臣多忌之。時官禁私販秦、隴大木，普嘗遣親吏詣市屋材，聯巨筏至京師治第，吏因之竊貨大木，冒稱普市貨鬻都下。權三司使趙玭廉得之以聞。太祖大怒，促令追班，將下制逐普，賴王溥奏解之。

故事，宰相、樞密使每候對長春殿，同止廬中；上聞普子承宗娶樞密使李崇矩女，即令分異之。普又以隙地私易尚食蔬圃以廣其居，又營邸店規利。盧多遜爲翰林學士，因召對屢攻其短。會雷有鄰擊登聞鼓，訟堂後官胡贊、李可度受賕骫法及劉偉僞作攝牒得官，王洞嘗納賂可度，趙孚授西川官稱疾不上，皆普庇之。太祖怒，下御史府按問，悉抵罪，以有鄰爲秘書省正字。普恩益替，始詔參知政事與普更知印、押班、奏事，以分其權。未幾，出爲河陽三城節度、檢校太傅、同平章事。

太平興國初入朝，改太子少保，遷太子太保。頗爲盧多遜所毁，奉朝請數年，鬱鬱不得志。會柴禹錫、趙鎔等告秦王廷美驕恣，將有陰謀竊發。帝召問，普言願備樞軸以察姦變，退又上書，自陳預聞太祖、昭憲皇太后顧託之事，辭甚切至。太宗感悟，召見慰諭。【略】

普性深沈有岸谷，雖多忌克，而能以天下事爲己任。宋初，在相位者多齷齪循默，普剛毅果斷，未有其比。嘗奏薦某人爲某官，太祖不用。普明日復奏其人，亦不用。明日，普又以其人奏，太祖怒，碎裂奏牘擲地，普顔色不變，跪而拾之以歸。他日補綴舊紙，復奏如初。太祖乃悟，卒用其人。又有羣臣當遷官，太祖素惡其人，不與。普堅以爲請，太祖怒曰：朕固不爲遷官，卿若之何？普曰：刑以懲惡，賞以酬功，古今通道也。且刑賞天下之刑賞，非陛下之刑賞，豈得以喜怒專之。太祖怒甚，起，普亦隨之。太祖入宫，普立於宫門，久之不去，竟得俞允。

太宗入弭德超之譖，疑曹彬不軌，屬普再相，爲彬辨雪保證，事狀明白。太宗嘆曰：朕聽斷不明，幾誤國事。即日竄逐德超，遇彬如舊。

祖吉守郡爲姦利，事覺下獄，案劾，爰書未具。郊禮將近，太宗疾其貪墨，遣中使諭旨執政曰：郊赦可特勿貸祖吉。普奏曰：敗官抵罪，宜正刑辟。然國家卜郊肆類，對越天地，告于神明，奈何以吉而隳陛下赦令哉？太宗善其言，乃止。

（宋）李燾《續資治通鑑長編》卷二九《宋太宗端拱元年》　太平興國初，侯莫陳利用賣藥京城，多變幻之術，眩惑閭里。樞密承旨陳從信得之，亟聞於上，即日召見，試其術頗驗，即授殿直，驟加恩遇，累遷至鄭州團練使。前後賜與，寵澤莫二，遂恣横，無復畏憚，至於居處服玩，皆僭乘輿宫殿之制。依附者頗獲薦用，士君子畏其黨而不敢言。於是趙普使人廉得其專殺人及它不法事，力於上前發之，乃遣近臣就案，利用具伏。乙亥，詔除名，流商州，仍籍其家，俄詔還之。普恐其再用。有殿中丞竇諲者，儀子也，嘗監鄭州榷酤，於是與班列言：利用每獨南向坐以接京使，犀玉帶用紅黄羅袋。澶州黄河清，鄭州將用為詩題試解舉人，利用判試官狀，言甚不遜。普聞之，召至中書，詰得其實，復令上疏告之。又京西轉運使宋沆，初籍利用家，獲書數紙，言皆指斥切害，悉以聞。普因勸上曰：利用罪大責輕，未塞天下望，存之何益！上曰：豈有萬乘之主不能庇一人乎？普曰：此臣蠹犯死罪十數。陛下不誅，則亂天下法。法可惜，此一豎子，何足惜哉。上不得已，命賜死於商州。既而悔之，遽使馳傳貸其死，使者至新安，馬旋濘而踣，掀於淖而出，換它馬。及至，磔於市矣。聞者快之。沆，湜之從弟也。普彊直疾惡類此。或云普於中書接見羣官，必語次尋繹有言人短長者。既退，即命吏追録之。事發，引以為證。由是羣官悚息，無敢言者，中書事益壅蔽。中書事益壅蔽，此據附傳。然普三入相，所謂命吏追録人長短，殆皆竇諲事也，普必當不如此。而附傳則以爲普素所蓄積皆如此，則恐過矣。故因竇諲事著此語。且以或云略見普未必常如此之意。

陳恕

《宋史》卷二六七《陳恕傳》　陳恕字仲言，洪州南昌人。少爲縣吏，折節讀書。江南平，禮部侍郎王明知洪州，恕以儒服見，明與語，大奇之，因資送令預計偕。太平興國二年進士，解褐大理評事、通判洪州，恕以鄉里辭。改澧州。澧自唐季爲節鎮兼領，吏多緣簿書乾没爲姦。恕盡擿發其弊，郡中稱爲強明，以吏幹聞。

召入，爲右贊善大夫，同判三司勾院，遷左拾遺，充度支判官。與判使王仁贍廷争本司事，仁贍屈伏，坐貶秩；擢恕爲度支員外郎，仍舊職。

再遷工部郎中、知大名府。時契丹内寇，受詔增浚城隍，其器用取於民者不時集，恕立擒府中大豪一人，會將吏將斬之。宗族號怨，賓佐競前請救，大豪叩頭流血，請翌日集事，違期甘死。恕令械之以徇，民皆恐慄，無敢後期者，數日功就。【略】

至道二年，欲併三司，命官總判。其勾院、磨勘、理欠、憑由、支收、行帳、提點等司，令恕條列其事以聞。恕奏曰：伏以封域寖廣，財穀繁多，三司之中，簿牒填委，朝廷設法，督責尤嚴，官吏救過不暇。若爲三部各設主司，擇才非難，辦事亦易。事辦過鮮，不撓上心，此亦一時之良策也。其勾院、磨勘兩司，出於舊制，關防之要，莫加於此。理欠、憑由二司，雖非舊設，自理欠失序，憑由散落，故設二司專令典掌。綱目咸具，制置有倫，逋欠無失理之名，憑由鮮流散之弊，實亦要切，不可廢除。若兩司併委一官，方及判官一員之事。其主轄支收司，先因從京支度財貨，轉輸外地，此除彼附，照驗稽滯，若京城得賢主史，使居此司，專行檢轄，凡支撥官物，便給除破文憑，却於所司置簿記録，催到收附文記，卽乃勾銷簿書取捷之門，亦爲允當。其行帳司近日權置，了絶舊帳，帳目告盡，司額自除。提點司是中旨特置，提振三司廢怠之事，固非有司敢得擬議也。詔三司都憑由、理欠司宜令爲一處，命官兼判。應諸道逋負官物，令三司逐部理約，理欠司但總其所逋之數糾督之。餘悉從恕奏。

恕將立茶法，召茶商數十人，俾各條利害，恕閲之第爲三等，語副使宋大初曰：吾觀下等固滅裂無取。上等取利太深，此可行於商賈，不可行於朝廷。惟中等公私皆濟，吾裁損之，可以經久。於是始爲三法行之，貨財流通。

峽路諸州，承孟氏舊政，賦税輕重不均，閬州税錢千八百爲一絹，果州六百爲一絹。民前後擊登聞鼓陳訴，歷二十年，詔下本道官吏，因循不理。轉運副使張曄年少氣鋭，會受詔按覆，卽便宜行之。恕奏曄擅改法，計果州一歲虧上供絹萬餘，曄坐削一任免。

恕每便殿奏事，太宗或未深察，必形誚讓。恕斂板踧縮，退至殿壁負立，若無所容。俟意稍解復進，慤執前奏，終不改易，如是或至三四。太宗以其忠，多從之。遷禮部侍郎。真宗卽位，加戶部，命條具中外錢穀以聞。恕久不進，屢趣之，恕曰：陛下富於春秋，若知府庫充實，恐生侈心，臣是以不敢進。真宗嘉之。

（宋）沈括《夢溪筆談》卷一一《官政一》　世稱陳恕為三司使，改茶法，歲計幾增十倍。予為三司使時，考其籍，自景德中契丹入寇之後，河北糴便之法蕩盡，此後茶利十喪其九。恕在任，值北虜講解，商人頓復，歲課遂增，雖云十倍之多，考之尚未盈舊額。至今稱道，蓋不虞之譽也。

吕　端

《宋史》卷二八一《吕端傳》　吕端字易直，幽州安次人。父琦，晉兵部侍郎。端少敏悟好學，以蔭補千牛備身。歷國子主簿、太僕寺丞、祕書郎、直弘文館，換著作佐郎、直史館。

太祖卽位，遷太常丞、知浚儀縣，同判定州。開寶中，西上閤門使郝崇信使契丹，以端假太常少卿爲副。八年，知洪州，未上，改司門員外郎、知成都府，賜金紫。爲政清簡，遠人便之。

會秦王廷美尹京，召拜考功員外郎，充開封府判官。太宗征河東，廷美將有居留之命，端白廷美曰：主上櫛風沐雨，以申弔伐，王地處親賢，當表率扈從。今主留務，非所宜也。廷美由是懇請從行。尋坐王府親吏請託執事者違詔市竹木，貶商州司戶參軍。移汝州，復爲太常丞，判寺事。出知蔡州，以善政，吏民列奏借留。改祠部員外郎、知開封縣，遷考功員外郎兼侍御史知雜事。使高麗，暴風折檣，舟人怖恐，端讀書若在齋閤時。遷戶部郎中、判太常寺兼禮院，選爲大理少卿，俄拜右諫議大夫。

許王元僖尹開封，又爲判官。王薨，有發其陰事者，坐裨贊無狀，遣御史武元穎、內侍王繼恩就鞫于府。端方決事，徐起候之，二使曰：有詔推君。端神色自若，顧從者曰：取帽來。二使曰：何遽至此？端曰：天子有制問，卽罪人矣，安可在堂上對制使？卽下堂，隨問而答。左遷衛尉少卿。會置考課院，羣官有負譴置散秩者，引對，皆泣涕，以饑寒爲請。至端，卽奏曰：臣前佐秦邸，以不檢府吏，謫掾商州，陛下復擢官籍辱用。今許王暴薨，臣輔佐無狀，陛下又不重譴，俾亞少列，臣罪大而幸深矣！今有司進退善否，苟得潁州副使，臣之願也。太宗曰：朕自知卿。無何，復舊官，爲樞密直學士，逾月，拜參知政事。

（宋）朱熹《宋名臣言行録前集》卷二《正惠公吕端》　保安軍奏獲李繼遷母，太宗甚喜。時寇準為樞密副使，端為宰相。上獨召準與之謀。準退，自宰相幕次前過，不入。端使人邀至幕中，曰：鄉者，上召君何為？準以獲繼遷母告。端曰：君何以處之？準曰：準欲斬于保安軍北門之外，端曰：必若此，非計之得者也。願君少緩其事，端將覆奏之。卽召閤門吏，使奏宰相吕端請對。上召見之。端具道準言。且言：昔項羽得太公，欲烹之，漢高祖曰：願遺我一杯羹。夫舉大事者，固不顧其親，況繼遷乃一悖逆之人哉！且陛下今日殺繼遷之母，繼遷可擒乎？不然，徒樹怨讎，而益堅其叛心耳。宜置于延州，使善養視之，以招徠繼遷。雖不能即降，終可以繫其心，而母死生之命在我矣。上拊髀稱善，曰：徵卿，幾誤我事。即用端策。

寇準

《宋史》卷二八一《寇準傳》 寇準字平仲，華州下邽人也。父相，晉開運中，應辟爲魏王府記室參軍。準少英邁，通《春秋》三傳，年十九，舉進士。太宗取人，多臨軒顧問，年少者往往罷去。或教準增年，答曰：準方進取，可欺君邪？後中第，授大理評事，知歸州巴東、大名府成安縣。每期會賦役，未嘗輒出符移，唯具鄉里姓名揭縣門，百姓莫敢後期。累遷殿中丞、通判鄆州。召試學士院，授右正言、直史館，爲三司度支推官，轉鹽鐵判官。會詔百官言事，而準極陳利害，帝益器重之。擢尚書虞部郎中、樞密院直學士，判吏部東銓。嘗奏事殿中，語不合，帝怒起，準輒引帝衣，令帝復坐，事決乃退。上由是嘉之，曰：朕得寇準，猶文皇之得魏徵也。

淳化二年春，大旱，太宗延近臣問時政得失，衆以天數對。準對曰：《洪範》天人之際，應若影響；大旱之證，蓋刑有所不平也。太宗怒，起入禁中。頃之，召準問所以不平狀，準曰：願召二府至，臣即言之。有詔召二府入，準乃言曰：頃者祖吉、王淮皆侮法受賕，吉贓少乃伏誅；淮以參政沔之弟，盜主守財至千萬，止杖，仍復其官，非不平而何？太宗以問沔，沔頓首謝，於是切責沔，而知準爲可用矣。即拜準左諫議大夫、樞密副使，改同知院事。

準與知院張遜數爭事上前。他日，與温仲舒偕行，道逢狂人迎馬呼萬歲，判左金吾王賓與遜雅相善，遜嗾上其事。準引仲舒爲證，遜令賓獨奏，其辭頗厲，且互斥其短。帝怒，謫遜，準亦罷知青州。

帝顧準厚，既行，念之，常不樂。語左右曰：寇準在青州樂乎？對曰：準得善藩，當不苦也。數日，輒復問。左右揣帝意且復召用準，因對曰：陛下思準不少忘，聞準日縱酒，未知亦念陛下乎？帝默然。明年，召拜參知政事。

李沆

《宋史》卷二八二《李沆傳》 李沆字太初，洺州肥鄉人。曾祖豐，泰陵令。祖滔，洺州團練判官。父炳，從邢帥薛懷讓辟，爲觀察支使。懷讓徙同州，又爲掌書記，歷邠州、鳳翔判官，拜殿中侍御史、知舒州。太祖征金陵，緣淮供億，惟舒尤甚，以勞加侍御史，卒。

沆少好學，器度宏遠，炳嘗語人曰：此兒異日必至公輔。太平興國五年，舉進士甲科，爲將作監丞、通判潭州，遷右贊善大夫，轉著作郎。相府召試約束邊將詔書，既奏御，太宗甚悦，命直史館。雍熙三年，右拾遺王化基上書自薦，太宗謂宰相曰：李沆、宋湜，皆嘉士也。即命中書并化基召試，並除右補闕、知制誥。沆位最下，特升于上，各賜錢百萬。又以沆素貧，多負人錢，別賜三十萬償之。四年，與翰林學士宋白同知貢舉。謗議雖衆，而不歸咎于沆。遷職方員外郎，召入翰林爲學士。

（宋）朱熹《宋名臣言行録前集》卷二《文靖公李沆》 張詠嘗謂人曰：吾榜中得人，最多慎重有雅望無如李文靖；深沈有德，鎮服天下，無如王公；面折庭争，素有風采，無如寇公；當方面寄則詠不敢辭。《王文正公遺事》。

元城論本朝名相，最得大臣體者惟李沆。或曰：何以明之？李丞相每謂人曰：沆在政府，無以補報國家，但諸處有人上利害一切不行耳，此大似失言，然有深意。且祖宗時經變多矣，故所立法度極是穩便，正如老醫看病極多，故用藥不至孟浪殺人，且其法度不無小害，但其利多耳。後人不知遂欲輕改，此其害所以紛紛也。李丞相每朝謁，奏事畢，必以四方水旱盜賊不孝惡逆之事奏聞。上為之變色，慘然不悦。既退，同列以為非，問丞相曰：吾儕當路，幸天下無事。丞相每奏以不美之事以拂上意，然又皆有司常行不必面奏之事，後告已之。公不答。數數如此，因謂同列曰：人主一日豈可不知憂懼，若不知憂懼，則無所不至矣。惟此兩事最為得體，在漢時惟魏相能行此兩事。以為古今異制，方今務在奉行故事而已。奏故事詔書凡二十三事，敕掾史案事郡國。及休告從家還至府，輒白四方異聞，或有逆賊風雨災變，郡不上，相輒奏言之。此最得宰相太體，後之為相者，則或不然。好逞私智，喜變祖宗之法度，欺蔽人主，惡言天下災異。喜變法度，則綱紀亂；惡言災異，則人主驕。此大患也。《元城語録》。

王旦

《宋史》卷二八二《王旦傳》　王旦字子明，大名莘人。曾祖言，黎陽令。祖徹，左拾遺。父祐，尚書兵部侍郎，以文章顯於漢、周之際，事太祖、太宗爲名臣。嘗諭杜重威使無反漢，拒盧多遜害趙普之謀，以百口明符彦卿無罪，世多稱其陰德。祐手植三槐于庭，曰：吾之後世，必有爲三公者，此其所以志也。

旦幼沈默，好學有文，祐器之曰：此兒當至公相。太平興國五年，進士及第，爲大理評事、知平江縣。其廨舊傳有物怪憑戾，居多不寧，旦將至前夕，守吏聞羣鬼嘯呼云：相君至矣，當避去。自是遂絶。就改將作監丞。趙昌言爲轉運使，以威望自任，屬吏屏畏，入旦境，稱其善政，以女妻之。代還，命監潭州銀場。何承矩典郡，薦入爲著作佐郎，預編《文苑英華・詩類》。遷殿中丞、通判鄭州。表請天下建常平倉，以塞兼并之路。徙濠州。淳化初，王禹偁薦其才，任轉運使。驛召至京，旦不樂吏職，獻文召試，命直史館。二年，拜右正言、知制誥。【略】

宫禁火災，旦馳入。帝曰：兩朝所積，朕不妄費，一朝殆盡，誠可惜也。旦對曰：陛下富有天下，財帛不足憂，所慮者政令賞罰之不當。臣備位宰府，天災如此，臣當罷免。繼上表待罪，帝乃降詔罪己，許中外封事言得失。後有言榮王宫火所延，非天災，請置獄劾，當坐死者百餘人。旦獨請曰：始火時，陛下已罪己詔天下，臣等皆上章待罪。今反歸咎於人，何以示信？且火雖有迹，寧知非天譴耶？當坐者皆免。

日者上書言宫禁事，坐誅。籍其家，得朝士所與往還占問吉凶之説。帝怒，欲付御史問狀。旦曰：此人之常情，且語不及朝廷，不足罪。真宗怒不解，旦因自取嘗所占問之書進曰：臣少賤時，不免爲此。必以爲罪，願并臣付獄。真宗曰：此事已發，何可免？旦曰：臣爲宰相執國法，豈可自爲之，幸於不發而以罪人。帝意解。旦至中書，悉焚所得書。既而復悔，馳取之，而已焚之矣。繇是皆免。仁宗爲皇太子，太子諭德見旦，稱太子學書有法。旦曰：諭德之職，止於是耶？張士遜又稱太子書，旦曰：太子不在應舉，選學士不在學書。【略】

石普知許州，不法，朝議欲就劾。旦曰：普武人，不明典憲，恐恃薄效，妄有生事。必須重行，乞召歸置獄。乃下御史按之，一日而獄具。議者以爲不屈國法而保全武臣，真國體也。

程琳

《宋史》卷二八八《程琳傳》　程琳字天球，永寧軍博野人。舉服勤辭學科，補泰寧軍節度推官。改祕書省著作佐郎、知壽陽縣，監左藏庫，召試，直集賢院。改太常博士、權三司戶部判官，契丹館伴使。契丹使者謂琳曰：先皇帝嘗通使承天，太后獨無使，何也？琳曰：南北，兄弟也。先皇帝視承天猶從母，故無嫌；今皇太后迺嫂也，禮不通問。契丹使者語屈。後修《真宗實録》，而大中祥符以來起居注闕，琳追述上之，遂修起居注，提舉在京諸司庫務，知制誥，判吏部流内銓。

權三司使范雍使契丹，命琳發遣三司使。太倉贍軍粟陳腐不可食，歲且饑，琳盡發以貸民，凡六十萬斛，饑民賴以全活，而軍得善粟。鹽鐵官任布請鑄大錢一當十，度支判官許申請以銅鐵雜鑄，下其議。琳曰：第五琦用大錢，法卒不可行。乞令申試之。鑄卒不就。

（宋）朱熹《宋名臣言行録前集》卷六《文簡公程琳》　公知開封，會禁中大火，延兩宫。宦者治獄，得縫人火斗，已誣伏，而下府命公具獄。公立辨其非。禁中不得入，乃命工圖火所經，而後宫人多而居隘，其烓竈近版壁，歲久燥而焚。曰：此豈一日火哉！乃建言：此殆天灾也，不宜以罪人。上為緩其獄，卒無死者。並歐公撰《墓志》。

李淑

《宋史》卷二九一《李淑傳》　〔李〕淑字獻臣，年十二，真宗幸亳，獻文行在所。真宗奇之，命賦詩，賜童子出身。試祕書省校書郎，寇準薦之，授校書郎、館閣校勘。

乾興初，遷大理評事。修《真宗實録》，爲檢討官。書成，改光禄寺丞、集賢校理，爲國史院編修官。召試，賜進士及第，改祕書郎，進太常丞、直集賢院、同判太常寺，擢史館修撰，再遷尚書禮部員外郎，上時政十議。改知制誥，勾當三班院，爲翰林學士，進吏部員外郎。會若谷參知政事，改侍讀學士，加端明殿學士。若谷罷，進本曹郎中，典豫王府章奏。

（宋）李燾《續資治通鑑長編》卷一一四《宋仁宗景祐元年》　乙未，罷書判拔萃科，更不御試。自今幕職、州縣官經三考以上，非入緣邊及川、廣、福建者，並許應賢良方正能直言極諫等六科。其京朝官至太常博士，及進士、諸科取解而被黜落者，毋得復應茂材異等三科及武舉。用知制誥李淑之議也。

淑嘗上時政十議，其一議國體，曰：陛下襲三帝之祚，宜貽法百世，大懼優柔曠日，而無以自振。天禧後，莊獻密助內治，以訖顧命。至于陛下繼統，十年之間，政出房闥，內侍放縱，邪路萌滋。天命有開，王塗重輯，盡斥憸慝，大明軌制；而經星弗序，善氣猶鬱者，殆天之意慮陛下佚於事初，以此儆寤之也。今災沴既頻，賦入有限，而用度不足；恩賞濫舉，吏員滋多，而甄別未至。居官者以因循自守，不務遠圖，求進者以必遂為限，無嫌苟得。近臣外任，有固辭而罷者。進不滿望，或不即拜，有中宿而易者。或封章以求台衮，或矯偽以圖王爵。任職則浮夸，貢言則擊搏，輒飾智詐，不畏譏誚，驕蹇貪冒，甚非公路。臣願陛下號令一出，要其必當，官職一授，勿復再易。至於國用未足，濫官未別，冗兵疲馬，横賞浮費之類，願命近臣知治體者，準三朝出入之數而撙節之，此防微制本之術也。

其二議災旱，曰：頻歲已來，亢陽為驅，民多艱阨，歲不順成。《洪範五行》曰：僭，常暘若。謂僭差則常暘順之。又曰：土爰稼穡。土於人其性信，其事思。其為咎也霿冒，其為沴也稼穡不成。天其意者謂爵賞過授，近於僭差，號令迭改，非示信颭。朝廷於方嶽大臣，不吝命賜，將相崇秩，躐等而除。至於戚里宗室，超越名級，嬪嫱追命，濫擬尊極，軒墀下列，遷補過優，銓筦常資，進陟太廣。此不謂僭差乎？又條制屢改，或前敕未遑究宜，後旨已令廢格，或已授復追，或未下輒止。此不謂號令不信乎？又間者遣使傳開公廩以賑貧乏，然四民之別，農服田畝，無國家贍養之理。今之兵食吏禄，百倍於古，以此重費，可勝既邪？又轉饟艱遠，濟貸不及，或發丁運粟，或募人貸錢，惠未及下，下已重擾，止是邀名者圖市恩而已。臣願陛下修人事以應天變，不然，陡匱國力，而未足以弭民災也。

其三議言事，曰：陛下臨朝清明，詢納忠直。然獻言之臣，多涉矯激，肆為詆訐，不顧理道，苟飾智詐，圖惑聰明，意在進身，假名疾惡，交章累牘，須報乃已，鬻己之直，歸過君父，豈副陛下詢納之意哉？先朝有劉驥者，輕為奏疏。祥符八年。先帝語左右曰：此人言多捭闔，期在必行。殊不知近偽亂真，詞旨易辨。驥嘗枉法受賕，古人察言觀行，正為此也。願陛下每於進對之際，深防邪僻之人，辨其誠詐，毋輕信用。假有稱某人善者，或大臣意欲援用，礙於同列；或已有一節之美，先借他人張本自衒；或嘗聞聖獎，希旨稱述，藉其為援，豫結朋比。又有言某人非者，或大臣所惡，欲其斥去；或聞上稱譽，將有褒陟，忌其進用，巧為中傷；或素懷憎嫉，名聲軋己，結合疑似，挾情毀害。如此之人，姦險萬狀，不可不防。真宗常曰：姦邪無狀，誠難察見。若察其好傾人而自進者，十見八九。此言至要，願陛下三省之。

其四議大臣，曰：兩府遷易稍頻，固有傾邪上孤倚任者，然傷陛下簡靜之政矣。夫大臣者，國之股肱，固須審擇。太祖定天下，用周朝三相猶六年，始以趙普代之，凡十一年，始以薛居正、沈倫代之。太宗嗣位，惟一相盧多遜，又六年而用趙普，自後十八年中，雖三四易相，然所用者惟李昉、宋琪、吕蒙正、張齊賢、吕端五人。當是時，進者競於納忠，退者懼而修省，蓋進退宰相，皆出睿斷也。真宗景德以前，三次遷改，惟李沆、向敏中、王旦、畢士安、寇準五相而已。其任王旦十二年，次則向敏中再相亦十年，此二人在位之日，非無疑似之說，誠以大度并容，推任無間，而不重以權故也。且權太重，則臣下難於久居；言易入，則小人得以交鬥。太宗嘗謂宰相曰：今四方無虞，與卿等謹守祖宗經制，最為急務。此委相之大體也。

其五議擇官，曰：太平興國初，文武朝官班簿纔二百人。至咸平初，四百人。天聖元年，踰千人。自去年覃恩，又軼天聖之數矣。從前選人入京者，歲不過數人，至有十數考，有勞效，無殿犯，近臣屢薦而終不得改秩者，遂使遠方大邑，皆用幕職官承乏。今年判官簿尉，四考輒得京官者，日至四五，遠邑無闕員，又以江浙授之，是則推恩太廣於前也。先朝嘗諭審官院、流內銓主判者若灼有能績，衆所稱者，密以名聞，當特旨升擢。願陛下擇三司主判官，密令搜訪，引對之際，如先朝故事行之。其老疾懦庸之人，間或退黜，庶有所懲勸。

其六議貢舉，曰：開寶以前，每歲進士不過三十人，經學不過五十人。自克復僞國，吏員益衆，始以廷試廣收士子，太宗委之春官，自咸平後，乃復廷試。則是以天子之尊，而親春官之職。且取人太廣，又一日之藝，未極所長，數日考覆，難盡其當。願陛下約今歲吏部闕官之數，為來年人等之準，先委貢院考試，然後委文學近臣三兩人覆閱可否，陛下與執政之臣啟封閱名，旁采聲實，第以科級。如此，則天下之士可得實才矣。

其七議制科，曰：吏部故事，選人格限未至，能試判三節，謂之拔萃。止用疑案古義，觀其能否，詞美者第優等補官，此則有司銓品常調選人，判超循資之式。而陛下親御軒陛，審覈課試，非其稱也。願罷此科。其詞學異衆，自可舉才識兼茂、詳明吏理之科。又禮部茂材異等，本求出類之雋，頗聞不利鄉薦者，始來應書。望更為嚴制，以革僥冒之人。

其八議閱武，曰：開寶通禮，有四時講武儀。國初疆候未平，祖宗多親閱試按癔角射。太平興國後，築臺楊村，以備大閱。真宗咸平初，又闢鬥場於東武原，發卒會射。其後再幸飛山教場，皆躬親訓練，示不忘武備。方今繼承平之治，兵革不用，三十年矣，遂使連營之士，不聞鉦鼓之聲。孔子有言，不教民戰，是謂棄之。願陛下案《通禮》，厲兵講武而躬習閱之。

其九議時令，曰：開元定禮，有明堂及太極殿五時讀令之儀。冠服佩玉，悉從方色，月為之令。月令不順，則五沴應之。近歲以來，氣序繆戾，水旱弗節。意者有司刑政之間，或爽順時之理。天應以異，固當變而修政。願陛下申命有司，講修舊禮。以氣至之日，集文武官讀時令於天安殿，至尊升坐，近臣伏聽，上下交儆，以恢和令之美。

其十議入閤，曰：唐寶曆後，常以月朔御紫宸殿，行入閤儀。後雖五代俶擾，猶或不廢。施及聖朝。太祖五行其禮，多御崇元殿，備殿中金吾諸仗，設待制、候對官。崇元殿，即今天安殿也。乾德之後，改御大明殿，即今集英殿也。太宗三行其禮，別定新儀，就文德殿廷增設黄麾仗。真宗亦三行之，繪圖講習，藏之禁閣。茲禮之廢，向踰二紀，願因盛時修起之。

田錫

《宋史》卷二九三《田錫傳》　田錫字表聖，嘉州洪雅人。幼聰悟，好讀書屬文。楊徽之宰峨眉，宋白宰玉津，皆厚遇之，爲之延譽，繇是聲稱翕然。太平興國三年，進士高等，釋褐將作監丞、通判宣州。遷著作郎、京西北路轉運判官。改左拾遺、直史館，賜緋魚。錫好言時務，既居諫官，即上疏獻軍國要機者一、朝廷大體者四。

（宋）蘇軾《蘇軾文集》卷一〇《序·田表聖奏議敘》　自太平興國以來，至於咸平，可謂天下大治，千載一時矣。而田公之言，常若有不測之憂，近在朝夕者，何哉？古之君子必憂治世而危明主。明主有絶人之資，而治世無可畏之防。夫有絶人之資，必輕其臣；無可畏之防，必易其民。此君子所甚懼也。方漢文時，刑措不用，兵革不試，而賈誼之言曰：天下有可長太息者，有可流涕者，有可痛哭者。後世不以是少漢文，亦不以是甚賈誼。由此觀之，君子之遇治世而事明主，法當如是也。

尹洙

《宋史》卷二九五《尹洙傳》　尹洙字師魯，河南人。少與兄源俱以儒學知名。舉進士，調正平縣主簿。歷河南府戶曹參軍、安國軍節度推官、知光澤縣。舉書判拔萃，改山南東道節度掌書記、知伊陽縣，有能名。用大臣薦，召試，爲館閣校勘，遷太子中允。會范仲淹貶，敕牓朝堂，戒百官爲朋黨。洙上奏曰：仲淹忠亮有素，臣與之義兼師友，則是仲淹之黨也。今仲淹以朋黨被罪，臣不可苟免。宰相怒，落校勘，復爲掌書記，監唐州酒稅。

西北久安，洙作《敍燕》、《息戍》二篇，以爲武備不可弛。

（宋）朱熹《宋名臣言行録前集》卷九《尹洙》 慶歷中，洙與仲淹等友善。仲淹等既罷朝政，洙亦爲人希。時宰意攻以居渭州時事，遂置獄，遣劉湜按之。一日謂洙曰：龍圖以銀爲偏提，給銀有記，而收偏提無籍，龍圖當得罪死矣！洙曰：此不足以致洙罪也，以銀爲偏提，用某工校主之附某籍，可取視之。湜閱籍，果然，知不能害，嘆息而已。其後洙在隨州，而孫甫知安州，過隨，二人皆好辨論，對榻語幾月，無所不道，而洙未嘗有一言及湜者，甫問曰：劉湜按師魯，欲致師魯於死，而師魯絶口未嘗有一言及湜，何也？洙曰：湜與洙本未嘗有不足之意，其希用事者意欲害洙，殆湜不能自樹立耳。洙何恨於湜乎？甫深伏其識量。甫又言：洙自謂平生好善之心過於嫉惡，甫謂信然。《南豐雜識》。

晏殊

《宋史》卷三一一《晏殊傳》 晏殊字同叔，撫州臨川人。七歲能屬文，景德初，張知白安撫江南，以神童薦之。帝召殊與進士千餘人並試廷中，殊神氣不懾，援筆立成。帝嘉賞，賜同進士出身。宰相寇準曰：殊江外人。帝顧曰：張九齡非江外人邪？後二日，復試詩、賦、論，殊奏：臣嘗私習此賦，請試他題。帝愛其不欺，既成，數稱善。擢祕書省正字，祕閣讀書。命直史館陳彭年察其所與遊處者，每稱許之。

龐籍

《宋史》卷三一一《龐籍傳》 龐籍字醇之，單州成武人。及進士第，爲黄州司理參軍，知州夏竦以爲有宰相器。調開封府兵曹參軍，知府薛奎薦爲法曹。遷大理寺丞、知襄邑縣。

預修《天聖編敕》，爲刑部詳覆官。擢羣牧判官，因轉對言：舊制不以國馬假臣下，重武備也。樞密院以帶甲馬借内侍楊懷敏，羣牧覆奏，乃賜一馬，三日，迺復借之，數日而復罷。樞密掌機命，反覆乃如此。平時，百官奏事上前，不自批章，止送中書、樞密院。近歲璽書内降，寖多於舊，無以防偏請、杜倖門矣。往者，王世融以公主子毆府吏，法當贖金，特停任。近作坊物料庫主吏盜官物，輒自逃避。以宫掖之親，三司遽罷追究。今日聖斷乃異於昔，臣竊惑焉。祥符令檢下稍嚴，胥吏相率空縣而去，令坐罷免。若是，則清彊者沮矣。【略】

籍曉律令，長於吏事。持法深峭，軍中有犯，或斷斬刳磔，或累笞至死，以故士卒畏服。治民頗有惠愛，及爲相，聲望減於治郡時。

曾公亮

《宋史》卷三一二《曾公亮傳》 曾公亮字明仲，泉州晉江人。舉進士甲科，知會稽縣。民田鏡湖旁，每患湖溢。公亮立斗門，泄水入曹娥江，民受其利。坐父買田境中，謫監湖州酒。久之，爲國子監直講，改諸王府侍講。歲滿，當用故事試館職，獨獻所爲文，授集賢校理、天章閣侍講、修起居注。擢天章閣待制，賜金紫。先是，待制不改服。仁宗面錫之，曰：朕自講席賜卿，所以尊寵儒臣也。遂知制誥兼史館修撰，爲翰林學士、判三班院。三班吏叢猥，非賕謝不行，貴游子弟，多倚勢請謁。公亮擿前後章程，視以從事，吏不能舉手。以端明殿學士知鄭州，爲政有能聲，盜悉竄他境，至夜戶不閉。嘗有使客亡橐中物，移書詰盜，公亮報：吾境不藏盜，殆從者之廋耳。索之，果然。復入爲翰林學士、知開封府。未幾，擢給事中、參知政事。加禮部侍郎，除樞密使。嘉祐六年，拜吏部侍郎、同中書門下平章事、集賢殿大學士。

公亮明練文法，更踐久，習知朝廷臺閣典憲，首相韓琦每咨訪焉。仁宗末年，琦請建儲，與公亮等共定大議。密州民田產銀，或盜取之，大理當以彊。公亮曰：此禁物也，取之雖彊，與盜物民家有間矣。固争之，遂下有司議，比劫禁物法，盜得不死。初，東州人多用此抵法，自是無死者。

契丹縱人漁界河，又數通鹽舟，吏不敢禁，皆謂：與之校，且生事。公亮言：萌芽不禁，後將奈何？雄州趙滋勇而有謀，可任也。使諭以指意，邊害訖息。英宗即位，加中書侍郎兼禮部尚書，尋加戶部尚書。帝不豫，遼使至不能見，命公亮宴于館，使者不肯赴。公亮質之曰：錫宴不赴，是不虔君命也。人主有疾，而必使親臨，處之安乎？使者即就席。神宗即位，加門下侍郎兼吏部尚書。

富弼

《宋史》卷三一三《富弼傳》　富弼字彥國，河南人。初，母韓有娠，夢旌旗鶴鴈降其庭，云有天赦，已而生弼。少篤學，有大度，范仲淹見而奇之，曰：王佐才也。以其文示王曾、晏殊，殊妻以女。

仁宗復制科，仲淹謂弼：子當以是進。舉茂材異等，授將作監丞、簽書河陽判官。仲淹坐争廢后事貶，弼上言：是一舉而二失也，縱未能復后，宜還仲淹。不聽。通判絳州，遷直集賢院。趙元昊反，弼疏陳八事，乞斬其使者。召爲開封府推官，知諫院。康定元年，日食正旦，弼請罷宴徹樂，就館賜北使酒食。執政不可，弼曰：萬一契丹行之，爲朝廷羞。後聞契丹果罷宴，帝深悔之。時禁臣僚越職言事，弼因論日食，極言應天變莫若通下情，遂除其禁。【略】

王安石用事，雅不與弼合。弼度不能争，多稱疾求退，章數十上。神宗將許之，問曰：卿即去，誰可代卿者？弼薦文彥博，神宗默然，良久曰：王安石何如？弼亦默然。拜武寧節度使、同中書門下平章事，判河南，改亳州。青苗法出，弼以謂如是則財聚於上，人散於下，持不行。提舉官趙濟劾弼格詔旨，侍御史鄧綰又乞付有司鞫治，乃以僕射判汝州。安石曰：弼雖責，猶不失富貴。昔鯀以方命殛，共工以象恭流，弼兼此二罪，止奪使相，何由沮姦？帝不答。弼言：新法，臣所不曉，不可以治郡。願歸洛養疾。許之。遂請老，加拜司空，進封韓國公致仕。弼雖家居，朝廷有大利害，知無不言。郭逵討安南，乞詔逵擇利進退，以全王師；契丹争河東地界，言其不可許；星文有變，乞開廣言路；又請速改新法，以解倒縣之急。帝雖不盡用，而眷禮不衰，嘗因安石有所建明，卻之曰：富弼手疏稱老臣無所告訴，但仰屋竊歎者，即當至矣。其敬之如此。

（宋）朱熹《宋名臣言行録後集》卷二《韓國文忠公富弼》　公父鄭公，嘗有遺訓：戒慎用刑。公母韓國夫人。以語公，公終身行之。以謂漢法惟殺人者死，今法多雜犯死罪，故死罪非殺人者多所平反，蓋鄭公意也。《碑》。

韓絳

《宋史》卷三一五《韓絳傳》　韓絳字子華。舉進士甲科，通判陳州。直集賢院，爲開封府推官。有男子冷青，妄稱其母頃在掖庭得幸，有娠而出生己，府以爲狂，奏流汝州。絳言，留之在外將惑衆。追責窮治，蓋其母嘗執役宮禁，嫁民冷緒，生一女，乃生青，遂論棄市。【略】

掖庭劉氏通請謁爲姦，絳以告帝。帝曰：非卿言朕無由知。不數日，出劉氏及他不謹者。真定守吕溱犯法，從官通章請貰之，絳曰：法行當自貴者始，更相請援，則公道廢矣。并劾諸請者，溱遂絀。【略】

神宗立，韓琦薦絳有公輔器，拜樞密副使。始請建審官西院，掌武臣升朝者，以息吏姦。神宗嘗問天下遺利，絳請盡地力。因言差役之弊，願更定其法，役議自此始矣。代陳升之同制置三司條例，王安石每奏事，必曰：臣見安石所陳非一，皆至當可用，陛下宜省察。安石恃以爲助。

（宋）朱熹《宋名臣言行録後集》卷一〇《康國獻肅公韓絳》　孫沔、

吕溱等守藩犯法，從官聯章請貰其罪，公曰：法自貴者始，更相救援，則公道廢矣。遂并劾之。

司馬光

《宋史》卷三三六《司馬光傳》 司馬光字君實，陝州夏縣人也。父池，天章閣待制。光生七歲，凛然如成人，聞講《左氏春秋》，愛之，退爲家人講，卽了其大指。自是手不釋書，至不知飢渴寒暑。羣兒戲於庭，一兒登甕，足跌没水中，衆皆棄去，光持石擊甕破之，水迸，兒得活。其後京、洛間畫以爲圖。仁宗寶元初，中進士甲科。年甫冠，性不喜華靡，聞喜宴獨不戴花，同列語之曰：君賜不可違。乃簪一枝。【略】

進知制誥，固辭，改天章閣待制兼侍講、知諫院。時朝政頗姑息，胥史喧譁則逐中執法，輦官悖慢則退宰相，衛士凶逆而獄不窮治，軍卒詈三司使而以爲非犯階級。光言皆陵遲之漸，不可以不正。【略】

起光知陳州，過闕，留爲門下侍郎。蘇軾自登州召還，緣道人相聚號呼曰：寄謝司馬相公，毋去朝廷，厚自愛以活我。是時天下之民，引領拭目以觀新政，而議者猶謂三年無改於父之道，但毛舉細事，稍塞人言。光曰：先帝之法，其善者雖百世不可變也。若安石、惠卿所建，爲天下害者，改之當如救焚拯溺。況太皇太后以母改子，非子改父。衆議甫定。遂罷保甲團教，不復置保馬；廢市易法，所儲物皆鬻之，不取息，除民所欠錢；京東鐵錢及茶鹽之法，皆復其舊。或謂光曰：熙、豐舊臣，多憸巧小人，他日有以父子義間上，則禍作矣。光正色曰：天若祚宗社，必無此事。於是天下釋然，曰：此先帝本意也。

（清）畢沅《續資治通鑑》卷六〇《宋紀六〇》〔仁宗嘉祐七年〕

今天下係帳存留寺觀及四京管内雖不係帳而舍屋百間以上者，皆特賜名額。諫官司馬光言：釋、老之教，無益治世，而聚匿遊惰，耗蠹良民，是以國家著令，有創造寺觀百間以上者，聽人陳告，科違制之罪，仍卽時毁撤。蓋以流俗戆愚，積弊已深，不可猝除，故爲之禁限，不使繁滋而已。今若有公違法令，擅造寺觀及百間以上，則其罪已大。幸遇赦恩，免其罪犯可矣，其棟宇瓦木，猶當毁撤，没入縣官。今既不毁，又明行恩命，賜之寵名，是勸之也。今立法以禁之于前，而發赦以勸之于後，恐自今以往，姦猾之人，將不顧法令，依憑釋、老之教以欺誘愚民，聚斂其財，廣營寺觀，務及百間，以冀後赦之恩，不可復禁矣。伏望追改前命，更不施行。

（清）畢沅《續資治通鑑》卷八〇《宋紀八〇》〔哲宗元祐元年〕

九月，丙辰朔，尚書左僕射兼門下侍郎司馬光卒，年六十六。太皇太后哭之慟，帝亦感涕不已。明堂禮畢，皆臨奠。贈太師、温國公，謚文正，御篆表其墓道曰忠清粹德之碑。

光居洛陽十五年，天下以爲真宰相，田夫野老皆號爲司馬相公，婦人孺子亦知其爲君實也。及爲門下侍郎，蘇軾自登州召還，緣道人相聚號呼曰：寄謝司馬相公，毋去朝廷，厚自愛，以活我。遼人敕其邊吏曰：中國相司馬矣，切毋生事，開邊隙。光自見言行計從，欲以身徇社稷，躬親庶務，不舍晝夜。賓客見其體羸，舉諸葛亮食少事煩以爲戒，光曰：死生命也。爲之益力。病革，不復自覺，諄諄如夢中語，然皆朝廷天下事也。既歿，其家得遺奏八紙，皆手札，論當世要務。百姓聞其卒，罷市而往弔，鬻衣而致奠，巷哭而過，車蓋以萬千數。京師民畫其像，刻印鬻之，家置一本，飲食必祝焉。歸葬陝州，四方來會者數萬人。

光孝友忠信，自少至老，語未嘗妄。自言：吾無過人者，但平生所爲，未嘗有不可對人言者耳。于學無所不通，唯不喜釋、老，曰：其微言不能出吾書，其誕吾不信也。蘇軾嘗論光所以感人心、動天地者而蔽以二言，曰誠，曰一，君子以爲篤論。

（清）畢沅《續資治通鑑》卷一〇一《宋紀一〇一》〔高宗建炎二年〕甲午，詔經筵讀《資治通鑑》，以司馬光配饗哲宗廟庭。

時帝初御經筵，侍講王賓講《論語》首篇，至孝弟爲仁之本，因以二聖、母后爲言，帝感動涕泣。侍讀朱勝非嘗奏：陛下每稱司馬光，度聖意有恨不同時之歎。陛下亦知光之所以得名者乎？蓋神宗皇帝有以成就之也。熙寧間，王安石創行新法，光每事以爲非是，神宗獨優容，乃更遷擢。其居西洛也，時勞問不絶，書成，除資政殿學士，于是四方稱美，遂以司馬相公呼之。至元祐中，但舉行當時之言耳。若方其爭論新法之際，便行竄黜，謂之立異好勝，謂之沽譽買直，謂之非上所建立，謂之不能體國，謂之不遵稟處分，言章交攻，命令切責，亦不能成其美矣。帝首肯者久之。

范祖禹

《宋史》卷三三七《范祖禹傳》〔范〕祖禹字淳甫，一字夢得。其生也，母夢一偉丈夫被金甲入寢室，曰：吾漢將軍鄧禹。既寤，猶見之，遂以爲名。幼孤，叔祖鎮撫育如己子。祖禹自以既孤，每歲時親賓慶集，慘怛若無所容，閉門讀書，未嘗預人事。既至京師，所與交游，皆一時聞人。鎮器之曰：此兒，天下士也。

進士甲科。從司馬光編修《資治通鑑》，在洛十五年，不事進取。書成，光薦爲祕書省正字。時王安石當國，尤愛重之。王安國與祖禹友善，嘗諭安石意，竟不往謁。富弼致仕居洛，素嚴毅，杜門罕與人接，待祖禹獨厚；疾篤，召授以密疏，大抵論安石誤國及新法之害，言極憤切。弼薨，人皆以爲不可奏，祖禹卒上之。

神宗崩，祖禹上疏論喪服之制曰：先王制禮，君服同於父，皆斬衰三年，蓋恐爲人臣者不以父事其君。自漢以來，不惟人臣無服，人君遂不爲三年之喪。國朝自祖宗以來，外廷雖用易月之制，宮中實行三年服。君服如古典，而臣下猶依漢制，故十二日而小祥，期而又小祥，二十四日而大祥，再期而又大祥。既以日爲之，又以月爲之，此禮之無據者也。古者再期而大祥，中月而禫。禫，祭之名，非服之色。今乃爲之慘服三日然後禫，此禮之不經者也。服既除，至葬又服之，祔廟後即吉，纔八月而遽純吉，無所不佩，此又禮之無漸者也。朔望，羣臣朝服以造殯宮，是以吉服臨喪；人主衰服在上，是以先帝之服爲人主之私喪，此二者皆禮之所不安也。【略】

宣仁太后崩，中外議論洶洶，人懷顧望，在位者畏懼，莫敢發言。祖禹慮小人乘間害政，乃奏曰：陛下方攬庶政，延見羣臣，此國家隆替之本，社稷安危之機，生民休戚之端，君子小人進退消長之際，天命人心去

就離合之時也，可不畏哉？先后有大功於宗社，有大德於生靈，九年之間，始終如一。然羣小怨恨，亦爲不少，必將以改先帝之政、逐先帝之臣爲言，以事離間，不可不察也。先后因天下人心，變而更化。既改其法，則作法之人有罪當退，亦順衆言而逐之。是皆上負先帝，下負萬民，天下之所讎疾而欲去之者也，豈有憎惡於其間哉？惟辨析是非，深拒邪説，有以姦言惑聽者，付之典刑，痛懲一人，以警羣慝，則帖然無事矣。此等既誤先帝，又欲誤陛下，天下之事，豈堪小人再破壞邪？初，蘇軾約俱上章論列，諫草已具，見祖禹疏，遂附名同奏，曰：公之文，經世之文也。竟不復出其稿。

祖禹又言：陛下承六世之遺烈，當思天下者祖宗之天下，人民者祖宗之人民，百官者祖宗之百官，府庫者祖宗之府庫。一言一動，如臨之在上，質之在傍，則可以長享天下之奉。先后以大公至正爲心，罷安石、惠卿所造新法，而行祖宗舊政。故社稷危而復安，人心離而復合，乃至遼主亦戒其臣勿生事曰：南朝專行仁宗之政矣。外夷之情如此，中國之人心可知。先后日夜苦心勞力，爲陛下立太平之基。願守之以靜，恭己以臨之，虛心以處之，則羣臣邪正，萬事是非，皆了然於聖心矣。小人之情專爲私，故不便於公；專爲邪，故不便於正；專好動，故不便於靜。惟陛下痛心疾首，以爲刻骨之戒。章累上，不報。

忽有旨召內臣十餘人，祖禹言：陛下親政以來，四海傾耳，未聞訪一賢臣，而所召者乃先內侍，必謂陛下私於近習，望即賜追改。因請對，曰：熙寧之初，王安石、呂惠卿造立新法，悉變祖宗之政，多引小人以誤國，勳舊之臣屏棄不用，忠正之士相繼遠引。又用兵開邊，結怨外夷，天下愁苦，百姓流徙。賴先帝覺悟，罷逐兩人，而所引羣小，已布滿中外，不可復去。蔡確連起大獄，王韶創取熙河，章惇開五溪，沈起擾交管，沈括、徐禧、俞充、种諤興造西事，兵民死傷皆不下二十萬。先帝臨朝悼悔，以謂朝廷不得不任其咎。以至吳居厚行鐵冶之法於京東，王子京行茶法於福建，蹇周輔行鹽法於江西，李稷、陸師閔行茶法，市易於西川，劉定教保甲於河北，民皆愁痛嗟怨，比屋思亂。賴陛下與先后起而救之，天下之民，如解倒縣。惟是向來所斥逐之人，窺伺事變，妄意陛下不以修改法度爲是，如得至左右，必進姦言。萬一過聽而復用之，臣恐國家

自此陵遲，不復振矣。又論：漢、唐之亡，皆由宦官。自熙寧、元豐間，李憲、王中正、宋用臣輩用事總兵，權勢震灼。中正兼幹四路，口敕募兵，州郡不敢違，師徒凍餒，死亡最多；憲陳再舉之策，致永樂摧陷；用臣興土木之工，無時休息，罔市井之微利，爲國斂怨。此三人者，雖加誅戮，未足以謝百姓。憲雖已亡，而中正、用臣尚在，今召內臣十人，而憲、中正之子皆在其中。二人既入，則中正、用臣必將復用，願陛下念之。

（宋）朱熹《宋名臣言行録後集》卷一三《范祖禹》 蔡確既貶，公上言聖人之道不過得中，天下之事不可極意用刑，寧失之寬不可失之急；寧失之略不可失之詳。偏見異論者，皆以為黨確而逐之。臣恐刑罰失中，人情不安矣。

范純禮

《宋史》卷三一四《范純禮傳》 〔范〕純禮字彝叟，以父仲淹蔭，爲祕書省正字，簽書河南府判官，知陵臺令兼永安縣。永昭陵建，京西轉運使配木石塼甓及工徒於一路，獨永安不受令。使者以白陵使韓琦，琦曰：范純禮豈不知此？將必有說。他日，衆質之，純禮曰：陵寢皆在邑境，歲時繕治無虛日，今乃與百縣均賦，曷若置此，使之奉常時用乎。琦是其對。還朝，用爲三司鹽鐵判官，以比部員外郎出知遂州。

瀘南有邊事，調度苛棘，純禮一以靜待之，辨其可具者，不取於民。民圖像于廬，而奉之如神，名曰范公庵。草場火，民情疑怖，守吏惕息俟誅。純禮曰：草濕則生火，何足怪！但使密償之。庫吏盜絲多罪至死，純禮曰：以棼然之絲而殺之，吾不忍也。聽其家趣買以贖，命釋其株連者。除戶部郎中、京西轉運副使。【略】

徽宗立，以龍圖閣直學士知開封府。前尹以刻深爲治，純禮曰：寬猛相濟，聖人之訓。今處深文之後，若益以猛，是以火濟火也。方務去前之苛，猶慮未盡，豈有寬爲患也。由是一切以寬處之。中旨鞫享澤村民謀逆，純禮審其故，此民入戲場觀優，歸途見匠者作桶，取而戴於首曰：與劉先主如何？遂爲匠擒。明日入對，徽宗問何以處之，對曰：愚人村野無所知，若以叛逆蔽罪，恐辜好生之德，以不應爲杖之，足矣。曰：何以戒後人？曰：正欲外間知陛下刑憲不濫，足以爲訓爾。徽宗從之。【略】

吕惠卿告老，徽宗問執政，執政欲許之。純禮曰：惠卿嘗輔政，其人固不足重，然當存國體。曾布奏：議者多憂財用不足，此非所急也，願陛下勿以爲慮。純禮曰：古者無三年之蓄，曰國非其國。今大農告匱，帑庾枵空，而曰不足慮，非面謾邪？因從容諫曰：邇者朝廷命令，莫不是元豐而非元祐。以臣觀之，神宗立法之意固善，吏推行之，或有失當，以致病民。宣仁聽斷，一時小有潤色，蓋大臣識見異同，非必盡懷邪爲私也。今議論之臣，有不得志，故挾此藉口。以元豐爲是，則欲賢元豐之人；以元祐爲非，則欲斥元祐之士。其心豈恤國事？直欲快私忿以售其姦，不可不深察也。

又曰：自古天下汩亂，繫於用人。祖宗於此，最得其要。太祖用吕餘慶，太宗用王禹偁，真宗用張知白，皆從下列置諸要途。人君欲得英傑之心，固當不次飭拔。必待薦而後用，則守正特立之士，將終身晦迹矣。左司諫江公望論繼述事當執中道，不可拘一偏。徽宗出示其疏，純禮贊之曰：願陛下以曉中外，使知聖意所嚮，亦足以革小人徇利之情。乞褒還公望，以勸來者。

岳飛

《宋史》卷三六五《岳飛傳》 岳飛字鵬舉，相州湯陰人。世力農。父和，能節食以濟饑者。有耕侵其地，割而與之；貰其財者不責償。飛生時，有大禽若鵠，飛鳴室上，因以爲名。未彌月，河決內黄，水暴至，母姚抱飛坐甕中，衝濤及岸得免，人異之。

少負氣節，沈厚寡言，家貧力學，尤好《左氏春秋》、孫吴兵法。生有神力，未冠，挽弓三百斤，弩八石。學射於周同，盡其術，能左右射。同死，朔望設祭於其冢。父義之，曰：汝爲時用，其徇國死義乎。

（元）陳桱《通鑑續編》卷一六《下萬壽觀使岳飛於大理獄》 下萬壽觀使岳飛於大理獄。秦檜必欲殺飛，乃與張俊謀，密誘飛部曲能告飛事者，優以重賞。卒無應者。俊聞飛嘗欲斬統制王貴，又嘗杖之。乃誘貴告飛，貴不肯曰：為大將寧免以賞罰用人，苟以為怨，將不勝其怨。俊因劫以私事，貴懼而從之。檜又聞飛統制王俊善告訐，號鵰兒。以姦貪屢為張憲所抑，使人諭之。王俊即許諾。於是檜俊謀以張憲、王貴、王俊皆飛部將，使其徒自相攻發，因以及飛父子。庶帝不疑。俊時在鎮江，乃自為狀付王俊，妄言副都統制張憲謀據襄陽，還飛兵柄，令告王貴，使貴執憲赴鎮江行樞密府鞫之。憲未至，俊預為獄以待之。屬吏王應求白俊以為樞院無推勘法。俊不聽，親行鞫錬。使憲自誣謂得飛子雲手書，命憲營還兵計。憲被掠無完膚，竟不伏。俊手自具獄成，告檜械憲至行在，下大理寺獄。檜奏召飛父子證憲事。帝曰：刑所以止亂，勿妄追證，動摇人心。檜矯詔遣使召飛父子。使者至飛第，飛笑曰：皇天后土，可表此心。遂與雲就大理獄。檜命中丞何鑄、大理卿周三畏鞫之。鑄引飛至庭，詰其反狀。飛裂裳以背示鑄，有舊涅盡忠報國四大字，深入膚理。既而閱實，俱無驗。鑄察其冤，白之檜。檜曰：此上意也。鑄曰：鑄豈區區為一岳飛者，彊敵未滅，無故戮一大將，失士卒心，非社稷之長計。檜語塞，乃改命諫議大夫万俟卨。卨素與飛有怨，遂誣飛令于鵬孫革致書張憲、王貴，令虛申探報，以動朝廷。雲與憲書，令措置，使飛還軍；且云其書已焚。飛坐繫兩月，無可證者。或教卨以臺章所指淮西逗遛事為言，卨喜白檜，簿録飛家取所賜御札與往來道塗日月皆可考，乃收其御札送官藏之，以滅迹。卨又使于鵬、孫革等證飛受詔逗遛，命評事元龜年取行軍時日雜定之，傅會其獄。大理卿薛仁輔、寺丞李若樸、何彦猷皆言飛無辜，判宗正寺士㒟請以百口保飛無它，且曰，中原未靖，禍及忠義，是忘二聖不欲復中原也。皆不聽。韓世忠心不平，詣檜詰其實。檜曰：飛子雲與張憲書，雖不明其事體，莫須有。世忠曰：莫須有三字，何以服天下？

（宋）徐夢莘《三朝北盟會編》卷二〇七《炎興下帙》 十二月二十九日癸巳，岳飛死於大理寺獄中。誅岳雲、張憲。時岳飛在大理寺獄，未肯招狀。先是，飛自鄂陵回軍也，在一村寺中與王貴、張憲、董先、王俊夜坐，移時不語。忽大聲曰：天下事竟如何？衆皆不敢應，唯憲徐言曰：在相公處置耳。既退，俊握先及貴手曰：太尉太尉，聞適來相公之言及張太尉之對否。先與貴曰：然。及俊告飛，使子雲通書軍中事，因言鄂陵路中之語，追先赴行在。秦檜與先曰：止是有一句言語，要爾為證。證了只今日便可出。仍差大理官二人送先赴大理寺，並命證畢就今日摘出，繇是先下大理寺，對吏即伏。吏問飛，飛猶不伏，有獄子事飛甚謹，至是，獄子倚門斜立，無恭謹之狀。飛異之，獄子忽然而言曰：我平生以岳飛為忠臣，故伏侍甚謹，不敢少慢。今乃逆臣耳，飛聞之，請問其故。獄子曰：君臣不可疑，疑則為亂，故君疑臣，則誅；臣疑君，則反。若臣疑於君，不反，復為君疑，而誅之。若君疑於臣，而不誅，則復疑於君，而必反君。今疑臣矣，故送下棘寺。豈有復出之理？死故無疑矣。少保若不死，出獄則復疑於君，安得不反？反既明甚，此所以為誅也。飛感動仰天。移時索筆書押，獄子復事之恭謹如初。

王質

《宋史》卷三九五《王質傳》 王質字景文，其先鄆州人，後徙興國。質博通經史，善屬文。游太學，與九江王阮齊名。阮每云：聽景文論古，如讀酈道元《水經》，名川支川，貫穿周匝，無有間斷，咳唾皆成珠璣。

質與張孝祥父子游，深見器重。孝祥爲中書舍人，將薦質舉制科，會去國不果。著論五十篇，言歷代君臣治亂，謂之《朴論》。中紹興三十年進士第，用大臣言，召試館職，不就。明年，金主完顔亮南侵，御史中丞汪澈宣諭荆、襄，又明年，樞密使張浚都督江、淮，皆辟爲屬。入爲太學正。

時孝宗屢易相，國論未定，質乃上疏曰：

陛下卽位以來，慨然起乘時有爲之志，而陳康伯、葉義問、汪澈在廷，陛下皆不以爲才，於是先逐義問，次逐澈，獨徘徊康伯，難於進退，陛下意終鄙之，遂決意用史浩，而浩亦不稱陛下意，於是決用張浚，而浚又無成，於是決用湯思退。今思退專任國政，又且數月，臣度其終無益於陛下。

夫宰相之任一不稱，則陛下之志一沮。前日康伯持陛下以和，和不成；浚持陛下以戰，戰不驗；浚又持陛下以守，守既困；思退又持陛下以和。陛下亦嘗深察和、戰、守之事乎？李牧在鴈門，法主於守，守乃有戰。祖逖在河南，法主於戰，戰乃有和。羊祜在襄陽，法主於和，和乃有守。何至分而不使相合？

今陛下之心志未定，規模未立。或告陛下，金弱且亡，而吾兵甚振，陛下則勃然有勒燕然之志；或告陛下，吾力不足恃，而金人且來，陛下即委然有盟平涼之心；或告陛下，吾不可進，金不可入，陛下又蹇然有指鴻溝之意。使臣爲陛下謀，會三者爲一，天下烏有不治哉？

天子心知質忠，而忌者共譏質年少好異論，遂罷去。會虞允文宣撫川、陝，辟質偕行。一日令草檄契丹文，援毫立就，辭氣激壯。允文起執其手曰：景文天才也。入爲敕令所删定官，遷樞密院編修官。允文當國，孝宗命擬進諫官，允文以質鯁亮不回，且文學推重於時，可右正言。時中貴人用事，多畏憚質，陰沮之，出通判荆南府，改吉州，皆不行，奉祠山居，絶意禄仕。淳熙十五年卒。

（宋）朱熹《宋名臣言行録前集》卷九《王質》 判吏部流内銓，號爲稱職，而於選法未嘗有所更易。人或問之，公曰：選法具備，如權衡在執者，不欺其輕重耳，何必屢更其法？

西夏遼金元分部

李元昊

《宋史》卷四八五《外國傳一・夏國上》 曩霄本名元昊，小字嵬理，國語謂惜為嵬，富貴為理。母曰惠慈敦愛皇后衛慕氏。性雄毅，多大略，善繪畫，能創製物始。圓面高準，身長五尺餘。【略】弱冠，獨引兵襲破回鶻夜洛隔可汗王，奪甘州，遂立為皇太子。數諫其父毋臣宋，父輒戒之曰：吾久用兵，疲矣。吾族三十年衣錦綺，此宋恩也，不可負。元昊曰：衣皮毛，事畜牧，蕃性所便。英雄之生，當王霸耳，何錦綺為？德明卒，即授特進、檢校太師兼侍中、定難軍節度、夏銀綏宥静等州觀察處置押蕃落使、西平王，以工部郎中楊告為旌節官告使，禮賓副使朱允中副之。

既襲封，明號令，以兵法勒諸部。始衣白窄衫，氈冠紅裏，冠頂後垂紅結綬，自號嵬名吾祖。凡六日、九日則見官屬。其官分文武班，曰中書，曰樞密，曰三司，曰御史臺，曰開封府，曰翊衛司，曰官計司，曰受納司，曰農田司，曰群牧司，曰飛龍院，曰磨勘司，曰文思院，曰蕃學，曰漢學。自中書令、宰相、樞使、大夫、侍中、太尉已下，皆分命蕃漢人為之。文資則幞頭、韡笏、紫衣、緋衣；武職則冠金帖起雲鏤冠、銀帖間金鏤冠、黑漆冠，衣紫旋襴，金塗銀束帶，垂蹀躞，佩解結錐、短刀、弓矢韣，馬乘鯢皮鞍，垂紅纓，打跨鈸拂。便服則紫皂地繡盤毬子花旋襴，束帶。民庶青緑，以別貴賤。每舉兵，必率部長與獵，有獲，則下馬環坐飲，割鮮而食，各問所見，擇取其長。初，宋改元明道，元昊避父諱，稱顯道於國中。

景祐元年，遂攻環慶路，殺掠居人，下詔約束之。【略】與諸豪歃血約先攻鄜延，欲自德靖、塞門砦、赤城路三道並入，遂築壇受册，即皇帝位，時年三十。遣潘七布、昌里馬乞點兵集蓬子山，自詣西涼府祠神。

明年，遣使上表曰：

臣祖宗本出帝胄，當東晉之末運，創後魏之初基。遠祖思恭，當唐季率兵拯難，受封賜姓。祖繼遷，心知兵要，手握乾符，大舉義旗，悉降諸部。臨河五郡，不旋踵而歸；沿邊七州，悉差肩而克。父德明，嗣奉世基，勉從朝命。真王之號，夙感于頒宣；尺土之封，顯蒙於割裂。臣偶以狂斐，制小蕃文字，改大漢衣冠。衣冠既就，文字既行，禮樂既張，器用既備，吐蕃、塔塔、張掖、交河，莫不從伏。稱王則不喜，朝帝則是從，輻輳屢期，山呼齊舉，伏願一垓之土地，建為萬乘之邦家。于時再讓靡遑，群集又迫，事不得已，顯而行之。遂以十月十一日郊壇備禮，為世祖始文本武興法建禮仁孝皇帝，國稱大夏，年號天授禮法延祚。伏望皇帝陛下，睿哲成人，寬慈及物，許以西郊之地，册為南面之君。敢竭愚庸，常敦歡好。魚來雁往，任傳鄰國之音；地久天長，永鎮邊方之患。至誠瀝懇，仰俟帝俞。謹遣弩涉俄疾、你斯悶、臥普令濟、嵬崖妳奉表以聞。

詔削奪官爵、互市，揭榜于邊，募人能擒元昊若斬首獻者，即為定難

軍節度使。又遣賀永年齎嫚書，納旌節及所授敕告置神明匣，留歸孃族而去。【略】

二年，復大入，戰于定川，宋師大敗，葛懷敏死之，直抵渭州，大焚掠而去。詔籍召納，籍遣文貴還。月餘，元昊使文貴與王嵩以其臣旺榮、其弟旺令、嵬名環、臥譽諍三人書議和，然屈彊不肯削僭號，且云如日方中，止可順天西行，安可逆天東下。籍以其言未服，乃令自請，而詔籍復書許之。

明年，遣六宅使伊州刺史賀從勖與文貴俱來，猶稱男邦泥定國兀卒上書父大宋皇帝，更名曩霄而不稱臣。兀卒，即吾祖也，如可汗號。議者以為改吾祖為兀卒，特以侮玩朝廷，不可許。詔遣邵良佐、張士元、張子奭、王正倫更往議，且許封册為夏國主，而元昊亦遣如定、聿捨、張延壽、楊守素繼來。

四年，始上誓表言：兩失和好，遂歷七年，立誓自今，願藏盟府。其前日所掠將校民戶，各不復還。自此有邊人逃亡，亦毋得襲逐。臣近以本國城砦進納朝廷，其栲栳、鎌刀、南安、承平故地及他邊境蕃漢所居，乞畫中為界，於內聽築城堡。凡歲賜銀、綺、絹、茶二十五萬五千，乞如常數，臣不復以他相干。乞頒誓詔，蓋欲世世遵守，永以為好。倘君親之義不存，或臣子之心渝變，使宗祀不永，子孫罹殃。詔答曰：朕臨制四海，廓地萬里，西夏之土，世以為胙。今乃納忠悔咎，表於信誓，質之日月，要之鬼神，及諸子孫，無有渝變。申復懇至，朕甚嘉之。俯閱來誓，一皆如約。十二月，遣尚書祠部員外郎張子奭充册禮使，東頭供奉官、閤門祗候張士元副之。仍賜對衣、黃金帶、銀鞍勒馬、銀二萬兩、絹二萬匹、茶三萬斤。册以漆書竹簡，籍以天下樂錦。金塗銀印，方二寸一分，文曰夏國主印，錦綬，塗金銀牌。緣册法物，皆銀裝金塗，覆以紫繡。約稱臣，奉正朔，改所賜敕書為詔而不名，許自置官屬。使至京，就驛貿賣，宴坐朶殿。使至其國，相見用賓客禮。置榷場于保安軍及高平砦，第不通青鹽。然宋每遣使往，館于宥州，終不復至興、靈，而元昊帝其國中自若也。【略】

元昊以慶曆八年正月殂，年四十六。在位十七年，改元開運一年，廣運二年，大慶二年，天授禮法延祚十一年。謚曰武烈皇帝，廟號景宗，墓號泰陵。宋遣開封府判官、尚書祠部員外郎曹穎叔為祭奠使，六宅使、達州刺史郭保信為弔慰使，賜絹一千匹、布五百端、羊百口、麪米各百石、酒百瓶。及葬，仍賜絹一千五百匹，餘如初賻。

耶律億

《遼史》卷一《太祖紀上》　太祖大聖大明神烈天皇帝，姓耶律氏，諱億，字阿保機，小字啜里只，契丹迭剌部霞瀨益石烈鄉耶律彌里人。德祖皇帝長子，母曰宣簡皇后蕭氏。唐咸通十三年生。初，母夢日墮懷中，有娠。及生，室有神光異香，體如三歲兒，即能匍匐。祖母簡獻皇后異之，鞠爲己子。常匿於別幕，塗其面，不令他人見。三月能行；晬而能言，知未然事。自謂左右若有神人翼衛。雖齠齔，言必及世務。時伯父當國，疑輒咨焉。既長，身長九尺，豐上銳下，目光射人，關弓三百斤。爲撻馬狘沙里。時小黃室韋不附，太祖以計降之。伐越兀及烏古、六奚、比沙狘諸部，克之。國人號阿主沙里。

唐天復元年，歲辛酉，痕德堇可汗立，以太祖爲本部夷離堇，專征討，連破室韋、于厥及奚帥轄剌哥，俘獲甚衆。冬十月，授大迭烈府夷離堇。【略】

六月辛巳，至榆嶺，以轄賴縣人掃古非法殘民，磔之。甲申，上登都庵山，撫其先奇首可汗遺跡，徘徊顧瞻而興歎焉。聞獄官涅離擅造大校，人不堪其苦，有至死者，命誅之。壬辰，次狼河，獲逆黨雅里、彌里，生埋之銅河南軌下。放所俘還，多爲于骨里所掠。上怒，引輕騎馳擊。復遣驍將分道追襲，盡獲其衆并掠者。庚子，次阿敦濼，以養子涅里思附諸弟叛，以鬼箭射殺之。其餘黨六千，各以輕重論刑。【略】

冬十月庚午，駐赤崖。戊寅，和州回鶻來貢。癸未，乙室府人迪里古、迷骨離部人特里以從逆誅。詔羣臣分決滯訟，以韓知古録其事，只里姑掌捕亡。

十一月，祠木葉山。還次昭烏山，省風俗，見高年，議朝政，定吉凶儀。【略】

八年春正月甲辰，以曷魯爲迭剌部夷離堇，忽烈爲惕隱。于骨里部人特離敏執逆黨怖胡、亞里只等十七人來獻，上親鞫之。辭多連宗室及有脅從者，乃杖殺首惡怖胡，餘並原釋。于越率懶之子化哥屢蓄姦謀，上每優容之，而反覆不悛，召父老羣臣正其罪，并其子戮之，分其財以給衛士。有司所鞫逆黨三百餘人，獄既具，上以人命至重，死不復生，賜宴一日，隨其平生之好，使爲之。酒酣，或歌、或舞、或戲射、角觝，各極其意。明日，乃以輕重論刑。首惡剌葛，其次迭剌哥，上猶弟之，不忍置法，杖而釋之。以寅底石、安端性本庸弱，爲剌葛所使，皆釋其罪。前于越赫底里子解里、剌葛妻轄剌已實預逆謀，命皆絞殺之。寅底石妻涅離脅從，安端妻粘睦姑嘗有忠告，並免。因謂左右曰：諸弟性雖敏黠，而蓄姦稔惡。嘗自矜有出人之智，安忍兇狠，谿壑可塞而貪黷無厭。求人之失，雖小而可恕，謂重如泰山；身行不義，雖入大惡，謂輕於鴻毛。昵比羣小，謀及婦人，同惡相濟，以危國祚。雖欲不敗，其可得乎？北宰相實魯妻餘盧覩姑於國至親，一旦負朕，從于叛逆，未置之法而病死，此天誅也。解里自幼與朕常同寢食，眷遇之厚，冠於宗屬，亦與其父背大恩而從不軌，茲可恕乎！

秋七月丙申朔，有司上諸帳族與謀逆者三百餘人罪狀，皆棄市。上嘆曰：致人于死，豈朕所欲。若止負朕躬，尚可容貸。此曹恣行不道，殘害忠良，塗炭生民，剽掠財產。民間昔有萬馬，今皆徒步，有國以來所未嘗有。實不得已而誅之。

《遼史》卷二《太祖紀下》　夏五月丙戌朔，詔定法律，正班爵。**【略】**

甲戌，次扶餘府，上不豫。是夕，大星隕于幄前。辛巳平旦，子城上見黃龍繚繞，可長一里，光耀奪目，入于行宮。有紫黑氣蔽天，踰日乃散。是日，上崩，年五十五。天贊三年上所謂丙戌秋初，必有歸處，至是乃驗。

耶律隆緒

《遼史》卷一〇《聖宗紀一》　聖宗文武大孝宣皇帝，諱隆緒，小字文殊奴。景宗皇帝長子，母曰睿智皇后蕭氏。帝幼喜書翰，十歲能詩。既長，精射法，曉音律，好繪畫。

乾亨二年，封梁王。

四年秋九月壬子，景宗崩。癸丑，即皇帝位於柩前，時年十二。皇后奉遺詔攝政，詔諭諸道。

冬十月己未朔，帝始臨朝。**【略】**

甲子，撻剌干乃万十醉言宮掖事，法當死，杖而釋之。**【略】**

秋七月甲寅朔，皇太后聽政。乙卯，上親録囚。**【略】**

甲辰，敕諸刑辟已結正決遣而有冤者，聽詣臺訴。

《遼史》卷一一《聖宗紀二》　冬十月丙申朔，党項、阻卜遣使來貢。丁酉，皇太后復行再生禮，爲帝祭神祈福。己亥，以乙室王帳郎君吳留爲御史大夫。政事令室昉奏山西四州自宋兵後，人民轉徙，盜賊充斥，乞下有司禁止。命新州節度使蒲打里選人分道巡檢。北大王帳郎君曷葛只里言本府王蒲奴寧十七罪，詔横帳太保覈國底鞫之。蒲奴寧伏其罪十一，笞二十釋之。曷葛只里亦伏誣告六事，命詳酌罪之。知事勤德連坐，杖一百，免官。甲辰，出居庸關。**【略】**

壬申，以古北、松亭、榆關征税不法，致阻商旅，遣使鞫之。

《遼史》卷一二《聖宗紀三》　二月丁未，奚王籌寧殺無罪人李浩，所司議貴，請貸其罪，令出錢贍浩家，從之。

《遼史》卷一三《聖宗紀四》　八年春正月辛巳，如臺湖。庚寅，詔決滯獄。**【略】**

閏月辛未朔，日有食之。壬申，遣翰林承旨邢抱朴、三司使李嗣、給事中劉京、政事舍人張幹、南京副留守吳浩分決諸道滯獄。

三月庚子朔，振室韋、烏古諸部。戊申，復遣庫部員外郎馬守琪、倉部員外郎祁正、虞部員外郎崔祐，蘇北縣令崔簡等分決諸道滯獄。甲子，幸南京。**【略】**

乙酉，宋遣使求和，不許。戊子，以國舅帳剋蕭徒骨爲夷離畢。乙未，下詔戒諭中外官吏。丁酉，録囚，雜犯死罪以下釋之。**【略】**

乙巳，詔定均税法。丁未，大理寺置少卿及正。**【略】**

十二月甲寅，以南京道新定税法太重，減之。**【略】**

戊申，以上京獄訟繁冗，詰其主者。辛酉，録囚。

《遼史》卷一四《聖宗紀五》〔十六年〕秋七月丁巳朔，録囚，聽政。

【略】

《遼史》卷一五《聖宗紀六》 又詔帳族有罪，黥墨依諸部人例。

夏四月戊午，詔南京管内毋淹刑獄，以防農務。

《遼史》卷一六《聖宗紀七》 冬十月乙酉，詔諸道，事無巨細，已斷者，每三月一次條奏。戊子，遣耶律繼崇、鄭玄璵賀宋正旦。癸巳，詔横帳三房不得與卑小帳族爲婚；凡嫁娶，必奏而後行。

《遼史》卷一七《聖宗紀八》 六月丁丑朔，駐蹕大福河之北。己卯，帝崩于行宫，年六十一，在位四十九年。景福元年閏十月壬申，上尊謚曰文武大孝宣皇帝，廟號聖宗。

耶律宗真

《遼史》卷一八《興宗紀一》 興宗神聖孝章皇帝，諱宗真，字夷不堇，小字只骨。聖宗長子，母曰欽哀皇后蕭氏。上始生，齊天皇后取養之。幼而聰明，長而魁偉，龍顔日角，豁達大度。善騎射，好儒術，通音律。三歲封梁王，太平元年册爲皇太子，十年六月判北南院樞密使事。

【略】

秋七月辛丑，録囚。耶律把八誣其弟韓哥謀殺己，有司奏當反坐。臨刑，其弟泣訴：臣惟一兄，乞貸其死。上憫而從之。【略】

冬十月丁未，幸南京。辛亥，曲赦析津府境内囚。【略】

詔諸犯法者，不得爲官吏。諸職官非婚祭，不得沉酗廢事。

《遼史》卷一九《興宗紀二》 秋七月壬戌，詔諸職官私取官物者，以正盜論。諸敢以先朝已斷事相告言者，罪之。諸帳郎君等於禁地射鹿，決三百，不徵償；小將軍決二百以下；及百姓犯者，罪同郎君論。【略】

秋七月壬寅朔，詔盜易官馬者減死論。外路官勤瘁正直者，考滿代；不治事者即易之。【略】

三月甲申，朝皇太后。乙酉，以應聖節，減死罪，釋徒以下。辛卯，朝皇太后。丁酉，高麗遣使來貢。詔諸道歲具獄訟以聞。

《遼史》卷二〇《興宗紀三》 乙卯，以太后愈，雜犯死罪減一等論，徒以下免。【略】

九月，詔更定條制。駐蹕中會川。

冬十月己卯朔，括諸道軍籍。

十一月庚申，以惕隱都監蕭謨魯爲左夷離畢。甲子，命東京留守司總領戸部、内省事。丁卯，罷中丞記録職官過犯，令承旨總之。

十二月乙酉，以皇太后行再生禮，肆赦。【略】

己丑，帝崩于行宫，年四十。遺詔燕趙國王洪基嗣位。清寧元年十月庚子，上尊謚爲神聖孝章皇帝，廟號興宗。

耶律韓八

《遼史》卷九一《耶律韓八傳》 耶律韓八，字嘲隱，倜儻有大志，北院詳穩古之五世孫。

太平中，游京師，寓行宫側，惟囊衣匹馬而已。帝微服出獵，見而問之曰：汝爲何人？韓八初不識，漫應曰：我北院部人韓八，來覓官耳。帝與語，知有長才，陰識之。會北院奏南京疑獄久不決，帝召韓八馳驛審録，舉朝皆驚。韓八量情處理，人無寃者。上嘉之。籍羣牧馬，闕其二，同事者考尋不已；韓八略不加詰，即先馳奏，帝益信任。

景福元年，爲左夷離畢，徙北面林牙，眷遇優異。重熙六年，改北院大王，政務寬仁，復爲左夷離畢。十二年，再爲北院大王。入朝，帝從容謂曰：卿守邊任重，當實府庫、振貧乏以報朕。既受詔，愈竭忠謹，知無不言，便益爲多。卒，年五十五。上聞，悼惜。死之日，篋無舊蓄，椸無新衣，遣使弔祭，給葬具。

耶律洪基

《遼史》卷二一《道宗紀一》　道宗孝文皇帝，諱洪基，字涅鄰，小字查剌。興宗皇帝長子，母曰仁懿皇后蕭氏。六歲封梁王，重熙十一年進封燕國，總領中丞司事。明年，總北南院樞密使事，加尚書令，進封燕趙國王。二十一年爲天下兵馬大元帥，知惕隱事，預朝政。帝性沉靜、嚴毅，每朝，興宗爲之斂容。【略】

三月丁巳，應聖節，曲赦百里內囚。己卯，御製《放鷹賦》賜羣臣，諭任臣之意。【略】

二月丙午，詔夷離畢：諸路鞫死罪，獄雖具，仍令別州縣覆按，無寃，然後決之；稱寃者，卽具奏。庚戌，如魚兒濼。

《遼史》卷二二《道宗紀二》秋七月壬申，詔決諸路囚。辛巳，禁僧尼私詣行在，妄述禍福取財物。【略】

八月癸卯，詔有司決滯獄。

《遼史》卷二五《道宗紀五》　甲午，曲赦春州役徒，終身者皆五歲免。己亥，如春州。赦泰州役徒。【略】

冬十月乙巳，以新定法令太煩，復行舊法。庚申，以遼興軍節度使何葛爲乙室大王。十一月丁卯朔，燕國王延禧生子，大赦，妃之族屬進爵有差。

《遼史》卷二六《道宗紀六》　七年春正月壬戌朔，力疾御清風殿受百官及諸國使賀。是夜，白氣如練，自天而降。黑雲起于西北，疾飛有聲。北有青赤黑白氣，相雜而落。癸亥，如混同江。甲戌，上崩于行宫，年七十。遺詔燕國王延禧嗣位。

六月庚子，上尊謚仁聖大孝文皇帝，廟號道宗。

完顏旻

《金史》卷二《太祖紀》　太祖應乾興運昭德定功仁明莊孝大聖武元皇帝，諱旻，本諱阿骨打，世祖第二子也。母曰翼簡皇后拏懶氏。遼道宗時有五色雲氣屢出東方，大若二千斛囷倉之狀，司天孔致和竊謂人曰：其下當生異人，建非常之事。天以象告，非人力所能爲也。咸雍四年戊申，七月一日，太祖生。幼時與羣兒戲，力兼數輩，舉止端重，世祖尤愛之。世祖與臘醅、麻產戰於野鵲水，世祖被四創，疾困，坐太祖于膝，循其髮而撫之，曰：此兒長大，吾復何憂。十歲，好弓矢。甫成童，卽善射。一日，遼使坐府中，顧見太祖手持弓矢，使射羣鳥，連三發皆中。遼使矍然曰：奇男子也。太祖嘗宴紇石烈部活离罕家，散步門外，南望高阜，使衆射之，皆不能至。太祖一發過之，度所至踰三百二十步。宗室謾都訶最善射遠，其不及者猶百步也。天德三年，立射碑以識焉。【略】

康宗七年，歲不登，民多流莩，強者轉而爲盜。歡都等欲重其法，爲盜者皆殺之。太祖曰：以財殺人，不可。財者，人所致也。遂減盜賊徵償法爲徵三倍。民間多逋負，賣妻子不能償，康宗與官屬會議，太祖在外庭以帛繫杖端，麾其衆，令曰：今貧者不能自活，賣妻子以償債。骨肉之愛，人心所同。自今三年勿徵，過三年徐圖之。衆皆聽令，聞者感泣，自是遠近歸心焉。【略】

遂命諸將傳梃而誓曰：汝等同心盡力，有功者，奴婢部曲爲良，庶人官之，先有官者敍進，輕重視功。苟違誓言，身死梃下，家屬無赦。【略】

閏月，高永昌據東京，使撻不野來求援。高麗遣使來賀捷，且求保州。詔許自取之。二月己巳，詔曰：比以歲凶，庶民艱食，多依附豪族，因爲奴隸，及有犯法，徵償莫辦，折身爲奴者，或私約立限，以人對贖，過期則爲奴者，並聽以兩人贖一爲良。若元約以一人贖者，卽從元約。【略】

十月丙戌朔，次奉聖州。詔曰：朕屢勅將臣，安輯懷附，無或侵擾。然愚民無知，尚多逃匿山林，卽欲加兵，深所不忍。今其逃散人民，罪無輕重，咸與矜免。有能率衆歸附者，授之世官。或奴婢先其主降，並釋爲良。其布告之，使諭朕意。蔚州降。庚寅，余覩等遣蔚州降臣翟昭彥、徐興、田慶來見。命昭彥、慶皆爲刺史，興爲團練使。詔曰：比以幽、薊一方招之不服，今欲帥師以往，故先安撫山西諸部。汝等既已懷服，宜加

撫存。官民未附已前，罪無輕重及係官逋負，皆與釋免，諸官各遷敘之。【略】

戊申，上崩于部堵濼西行宮，年五十六。

九月癸丑，梓宮至上京。乙卯，葬宮城西南，建寧神殿。丙辰，諳班勃極烈即皇帝位。天會三年三月，上尊謚曰武元皇帝，廟號太祖，立原廟于西京。天會十三年二月辛酉，改葬和陵，立《開天啓祚睿德神功之碑》于燕京城南嘗所駐蹕之地。皇統四年，改和陵曰睿陵。五年十月，增謚應乾興運昭德定功睿神莊孝仁明大聖武元皇帝。貞元三年十一月，改葬于大房山，仍號睿陵。

完顏晟

《金史》卷三《太宗紀》　太宗體元應運世德昭功哲惠仁聖文烈皇帝，諱晟，本諱吳乞買，世祖第四子，母曰翼簡皇后拏懶氏，太祖母弟也。遼太康元年乙卯歲生。初爲穆宗養子。收國元年七月，命爲諳班勃極烈。太祖征伐，常居守。天輔五年，賜詔曰：汝惟朕之母弟，義均一體，是用汝貳我國政。凡軍事違者，閱實其罪，從宜處之。其餘事無大小，一依本朝舊制。【略】

己卯，詔女直人，先有附於遼，今復虜獲者，悉從其所欲居而復之。其奴婢部曲，昔雖逃背，今能復歸者，並聽爲民。【略】

戊午，詔孛堇完顏阿實賚曰：先帝以同姓之人有自鬻及典質其身者，命官爲贖。今聞尚有未復者，其悉閱贖之。癸亥，以東京比歲不登，詔減田租、市租之半。【略】

七月壬申，禁內外官、宗室毋私役百姓。己卯，南京帥以錦州野蠶成繭，奉其絲綿來獻，命賞其長吏。詔權勢之家毋買貧民爲奴。其脅買者一人償十五人。詐買者一人償二人。皆杖一百。【略】

五月癸卯，禁私度僧尼及繼父繼母之男女無相嫁娶。戊申，詔曰：河北、河東簽軍，其家屬流寓河南被俘掠爲奴婢者，官爲贖之，俾復其業。【略】

四月丁卯，詔諸良人知情嫁奴者，聽如故爲妻；其不知而嫁者，去住悉從所欲。【略】

十三年正月丙午朔，日有食之。己巳，上崩于明德宮，年六十一。庚午，諳班勃極烈即皇帝位于柩前。三月庚辰，上尊謚曰文烈皇帝，廟號太宗。乙酉，葬和陵。皇統四年，改號恭陵。五年，增上尊謚曰體元應運世德昭功哲惠仁聖文烈皇帝。貞元三年十一月戊申，改葬于大房山，仍號恭陵。

完顏雍

《金史》卷六《世宗紀上》　世宗光天興運文德武功聖明仁孝皇帝，諱雍，本諱烏祿，太祖孫，睿宗子也。母曰貞懿皇后李氏。天輔七年癸卯歲，生于上京。體貌奇偉。美鬚髯，長過其腹。胸間有七子如北斗形。性仁孝，沉靜明達。善騎射，國人推爲第一，每出獵，耆老皆隨而觀之。【略】

丁未，大赦，改元大定。【略】

詔前工部尚書蘇保衡、太子少保高思廉振賜山東百姓粟帛，無妻者具姓名以聞。庚寅，行納粟補官法。【略】

上召諭守道曰：卿任執政，所責非輕，自今毋從行。辛丑，以右丞相僕散忠義兼都元帥。癸卯，僕散忠義還軍。河南路都統奚撻不也叛入于宋。丙午，宋人攻破宿州。辛亥，更定出征軍逃亡法。【略】

七月甲子，制盜羣牧馬者死，告者給錢三百貫。【略】

三月丁巳朔，萬春節，宋、高麗、夏遣使來賀。丁卯，以尚書省定網捕走獸法，或至徒，上曰：以禽獸之故而抵民以徒，是重禽獸而輕民命也，豈朕意哉。自今有犯，可杖而釋之。詔御史中丞移剌道廉問山東、河南。辛未，禁民間稱言銷金，條理內舊有者，改作明金字。辛巳，以大名路諸猛安民戶艱食，遣使發倉廩減價出之。【略】

丁酉，太白晝見。辛丑，獵于近郊。丙午，制職官犯公罪，在官已承伏者，雖去官猶論。【略】

二月甲午，安化軍節度使徒單子温、副使老君奴以贓罪，伏誅。戊申，上謂近臣曰：護衛以後皆是治民之官，其令教以讀書。【略】

四月丁酉，制命婦犯姦，不用夫廕以子封者，不拘此法。

《金史》卷七《世宗紀中》　二月壬寅，上召諸王府長史諭之曰：朕選汝等，正欲勸導諸王，使之爲善。如諸王所爲有所未善，當力陳之，尚或不從，則具某日行某事以奏。若阿意不言，朕惟汝罪。丙午，尚書省奏，廉察到同知城陽軍事山和尚等清強官，上曰：此輩暗察明訪皆著政聲，可第其政績，各進官旌賞。其速議升除。庚戌，上如順州春水。癸丑，還都。丙辰，詔自今官長不法，其僚佐不能糾正又不言上者，並坐之。戶部尚書高德基濫支朝官俸錢四十萬貫，杖八十。【略】癸酉，尚書省奏，南客車俊等因榷場貿易，誤犯邊界，罪當死。上曰：本非故意，可免罪發還，毋令彼國知之，恐復治其罪。詔有司嚴禁州縣坊里爲民害者。【略】

四月己巳，定出繼子所繼財產不及本家者，以所繼與本家財產通數均分制。以有司言，特授洺州孝子劉政太子掌飲丞。乙亥，上御睿思殿，命歌者歌女直詞。顧謂皇太子及諸王曰：朕思先朝所行之事，未嘗暫忘，故時聽此詞，亦欲令汝輩知之。汝輩自幼惟習漢人風俗，不知女直純實之風，至於文字語言，或不通曉，是忘本也。汝輩當體朕意，至於子孫，亦當遵朕教誡也。【略】

甲午，上謂大臣曰：海陵純尚吏事，當時宰執止以案牘爲功。卿等當思經濟之術，不可狃于故常也。又詔，猛安謀克之民，今後不許殺生祈祭。若遇節辰及祭天日，許得飲會。自二月一日至八月終，並禁絕飲燕，亦不許赴會他所，恐妨農功。雖閒月亦不許痛飲，犯者抵罪。可徧諭之。又命，應衛士有不閑女直語者，並勒習學，仍自後不得漢語。【略】

四月乙丑，上諭宰臣曰：聞愚民祈福，多建佛寺，雖已條禁，尚多犯者，宜申約束，無令徒費財用。戊辰，有事于太廟，以皇太子攝行事。乙亥，以勸農副使完顏蒲涅爲橫賜高麗使。上御垂拱殿，顧謂皇太子及親王曰：人之行，莫大於孝弟。孝弟無不蒙天日之祐。汝等宜盡孝于父母，友于兄弟。自古兄弟之際，多因妻妾離間，以至相違。且妻者乃外屬耳，可比兄弟之親乎。若妻言是聽，而兄弟相違，甚非理也。汝等當以朕言常銘于心。【略】

上謂左丞相良弼曰：今之在官者，須職位稱愜所望，然後始加勉力。其或稍不如意，則止以度日爲務，是豈忠臣之道耶。丁巳，又謂良弼曰：海陵時，領省秉德、左丞相言皆有能名，然爲政不務遠圖，止以苛刻爲事。言及可喜等在會寧時，一月之間，杖而殺之者二十人，罪皆不至於死，於理可乎。海陵爲人如虎，此輩尚欲以術數要之，以至賣直取死，得爲能乎。【略】

十二月壬申朔，詔諸科人出身四十年方注縣令，年歲太遠，今後仕及三十二年，別無負犯贓染追奪，便與縣令。丙子，詔諸流移人老病者，官與養濟。上諭宰臣曰：凡已經奏斷事有未當，卿等勿謂已行，不爲奏聞改正。朕以萬幾之繁，豈無一失，卿等但言之，朕當更改，必無吝也。庚寅，定榷場香、茶罪賞法。【略】

六月己卯，謂宰臣曰：朕年老矣。恐因一時喜怒，處置有所不當，卿等即當執奏，毋爲面從，成朕之失。【略】

己未，詔凡犯罪被問之官，雖遇赦，不得復職。

《金史》卷八《世宗紀下》　六月庚子朔，制立限放良之奴，限內娶良人爲妻，所生男女即爲良。【略】

五月庚午，縣令大雛訛只等十人以不任職罷歸。六十以上者進官兩階，六十以下者進官一階，並給半俸。甲戌，命應部除官嘗以罪罷而再敍者，遣使按其治迹，如有善狀，方許授以縣令，無治狀者，不以任數多少，並不得授。丁亥，雷，雨雹，地生白毛。

六月壬子，有司奏右司郎中段珪卒，上曰：是人甚明正，可用者也。如知登聞檢院巨構，每事但委順而已。燕人自古忠直者鮮，遼兵至則從遼，宋人至則從宋，本朝至則從本朝，其俗詭隨，有自來矣。雖屢經遷變而未嘗殘破者，凡以此也。南人勁挺，敢言直諫者多，前有一人見殺，後復一人陳之，甚可尚也。【略】御史大夫張汝霖坐失糾舉，降授棣州防禦使。【略】大名府猛安人馬和尚謀叛，伏誅。【略】

八月丁丑，上謂宰臣曰：親軍雖不識字，亦令依例出職，若涉贓賄，必痛繩之。太尉左丞相克寧曰：依法則可。上曰：朕於女直人未嘗不知優恤。然涉於贓罪，雖朕子弟亦不能恕。太尉之意，欲姑息女直人耳。【略】

十月戊寅，定職官犯贓同職相糾察法。【略】

二十九年正月壬辰朔，上大漸，不能視朝。詔遣宋、高麗、夏賀正旦使還。癸巳，上崩于福安殿，壽六十七。皇太孫即皇帝位。己亥，殯于大安殿。三月辛卯朔，上尊謚曰光天興運文德武功聖明仁孝皇帝，廟號世宗。四月乙酉，葬興陵。

完顏襄

《金史》卷九四《内族襄傳》　丞相襄本名唵，昭祖五世孫也。祖什古迺從太祖平遼，以功授上京世襲猛安，歷東京留守。父阿魯帶，皇統初北伐有功，拜參知政事。

襄幼有志節，善騎射，多勇略，年十八襲世爵。【略】

襄重厚寡言，務以鎮靜守法。每掾有所禀，必問曰：諸相云何？掾對某相如是，某相如是。襄曰：從某議。其事無有異者。識者謂襄誠得相體。時上頗更定制度，初置提刑司，又議設清閑職位，如宋朝宫觀使，以待年高致仕之官。襄言：年老致仕，朝廷養以俸廩，恩禮至渥。老不爲退，復有省會之法，所以抑貪冒，長廉節。若擬別設，恐涉于濫。又言：省事不如省官，今提刑官吏，多無益於治，徒亂有司事。議者以謂斯乃外臺，不宜罷。臣恐混淆之辭，徒煩聖聽。且憲臺所掌者察官吏非違，正下民寃枉，亦無提點刑獄、舉薦之權。若已設難以遽更，其採訪廉能不宜隸本司，宜令監察御史歲終體究，仍不時選官廉訪。上皆聽納。俄乞致仕，不許。

孛兒只斤鐵木真

《元史》卷一《太祖紀》　太祖法天啟運聖武皇帝，諱鐵木真，姓奇渥温氏，蒙古部人。【略】

初，烈祖征塔塔兒部，獲其部長鐵木真。宣懿太后月倫適生帝，手握凝血如赤石。烈祖異之，因以所獲鐵木真名之，志武功也。【略】

時帝功德日盛，泰赤烏諸部多苦其主非法，見帝寬仁，時賜人以裘馬，心悦之。若赤老温、若哲別、若失力哥也不干諸人，若朶郎吉、若札剌兒、若忙兀諸部，皆慕義來降。【略】

六月，金遣完顏合周、奥屯阿虎來請和。帝謂群臣曰：朕自去冬五星聚時，已嘗許不殺掠，遽忘下詔耶。今可布告中外，令彼行人亦知朕意。是月，夏主李晛降。帝次清水縣西江。

秋七月壬午，不豫。己丑，崩于薩里川哈老徒之行宫。臨崩謂左右曰：金精兵在潼關，南據連山，北限大河，難以遽破。若假道于宋，宋、金世讎，必能許我，則下兵唐、鄧，直擣大梁。金急，必徵兵潼關。然以數萬之衆，千里赴援，人馬疲弊，雖至弗能戰，破之必矣。言訖而崩，壽六十六。葬起輦谷。至元三年冬十月，追謚聖武皇帝。至大二年冬十一月庚辰，加謚法天啟運聖武皇帝。廟號太祖。在位二十二年。

郭寶玉

《元史》卷一四九《郭寶玉傳》　郭寶玉字玉臣，華州鄭縣人，唐中書令子儀之裔也。通天文、兵法，善騎射。金末，封汾陽郡公，兼猛安，引軍屯定州。歲庚午，童謠曰：摇摇罟罟，至河南，拜闕氏。既而太白經天，寶玉嘆曰：北軍南，汴梁即降，天改姓矣。金人以獨吉思忠、僕散揆行中書省，領兵築烏沙堡，會太師木華黎軍忽至，敗其兵三十餘萬，思忠等走，寶玉舉軍降。

木華黎引見太祖，問取中原之策，寶玉對曰：中原勢大，不可忽也。西南諸蕃勇悍可用，宜先取之，藉以圖金，必得志焉。又言：建國之初，宜頒新令。帝從之。於是頒條畫五章，如出軍不得妄殺；刑獄惟重罪處死，其餘雜犯量情笞決；軍戶，蒙古、色目人每丁起一軍，漢人有田四頃、人三丁者簽一軍；年十五以上成丁，六十破老，站戶與軍戶同；民匠限地一頃；僧道無益於國、有損於民者悉行禁止之類：皆寶玉所陳也。

孛兒只斤窩闊台

《元史》卷二《太宗紀》　太宗英文皇帝，諱窩闊台，太祖第三子。母曰光獻皇后，弘吉剌氏。太祖伐金、定西域，帝攻城略地之功居多。太祖崩，自霍博之地來會喪。【略】

秋八月己未，諸王百官大會于怯緑連河曲雕阿蘭之地，以太祖遺詔卽皇帝位于庫鐵烏阿剌里。始立朝儀，皇族尊屬皆拜。頒大札撒。華言大法令也。金遣阿虎帶來歸太祖之賵，帝曰：汝主久不降，使先帝老于兵間，吾豈能忘也，賵何爲哉！却之。遂議伐金。敕蒙古民有馬百者輸牝馬一，牛百者輸牸牛一，羊百者輸羒羊一，爲永制。始置倉廩，立驛傳。命河北漢民以戶計，出賦調，耶律楚材主之；西域人以丁計，出賦調，麻合没的滑剌西迷主之。【略】

夏五月，帝在達蘭達葩之地，大會諸王百僚，諭條令曰：凡當會不赴而私宴者，斬。諸出入宮禁，各有從者，男女止以十人爲朋，出入毋得相雜。軍中凡十人置甲長，聽其指揮，專擅者論罪。其甲長以事來宮中，卽置權攝一人、甲外一人，二人不得擅自往來，違者罪之。諸公事非當言而言者，拳其耳；再犯，笞；三犯，杖；四犯，論死。諸千戶越萬戶前行者，隨以木鏃射之。百戶、甲長、諸軍有犯，其罪同。不遵此法者，斥罷。今後來會諸軍，甲內數不足，於近翼抽（捕）〔補〕足之。諸人或居室，或在軍，毋敢喧呼。凡來會，用善馬五十匹爲一羈，守者五人，飼羸馬三人，守乞烈思三人。但盜馬一二者，卽論死。諸人馬不應絆於乞烈思內者，輒没與畜虎豹人。諸婦人製質孫燕服不如法者，及妒者，乘以驏牛徇部中，論罪，卽聚財爲更娶。【略】

冬十二月，詔貴由班師。敕州郡失盜不獲者，以官物償之。國初，令民代償，民多亡命，至是罷之。

是歲，以官民貸回鶻金償官者歲加倍，名羊羔息，其害爲甚，詔以官物代還，凡七萬六千錠。仍命凡假貸歲久，惟子本相侔而止，著爲令。籍諸王大臣所俘男女爲民。

十三年辛丑春二月，獵于揭揭察哈之澤。帝有疾，詔赦天下囚徒。帝瘳。【略】

辛卯遲明，帝崩于行殿。在位十三年，壽五十有六。葬起輦谷。追謚英文皇帝，廟號太宗。

孛兒只斤忽必烈

《元史》卷四《世祖紀一》　世祖聖德神功文武皇帝，諱忽必烈，睿宗皇帝第四子。母莊聖太后，怯烈氏。以乙亥歲八月乙卯生。及長，仁明英睿，事太后至孝，尤善撫下。納弘吉剌氏爲妃。【略】

歲壬子，帝駐桓、撫間。憲宗令斷事官牙魯瓦赤與不只兒等總天下財賦于燕，視事一日，殺二十八人。其一人盜馬者，杖而釋之矣，偶有獻環刀者，遂追還所杖者，手試刀斬之。帝責之曰：凡死罪必詳讞而後行刑，今一日殺二十八人，必多非辜。既杖復斬，此何刑也？不只兒錯愕不能對。【略】

秋七月甲寅，次汝南，命大將拔都兒等前行，備糧漢上，戒諸將毋妄殺。命楊惟中、郝經宣撫江淮，必闍赤孫貞督軍須蔡州。有軍士犯法者，貞縛致有司，白于帝，命戮以徇，諸軍凜然，無敢犯令者。【略】

五月戊辰朔，詔燕帖木兒、忙古帶節度黄河以西諸軍。丙戌，建元中統，詔曰：

祖宗以神武定四方，淳德御羣下。朝廷草創，未遑潤色之文；政事變通，漸有綱維之目。朕獲纘舊服，載擴丕圖，稽列聖之洪規，講前代之定制。建元表歲，示人君萬世之傳；紀時書王，見天下一家之義。法《春秋》之正始，體大易之乾元。炳煥皇猷，權輿治道。可自庚申年五月十九日，建元爲中統元年。惟卽位體元之始，必立經陳紀爲先。故內立都省，以總宏綱；外設總司，以平庶政。仍以興利除害之事、補偏救弊之方，隨詔以頒。於戲！秉籙握樞，必因時而建號；施仁發政，期與物以更新。敷宣懇惻之辭，表著憂勞之意。凡在臣庶，體予至懷！【略】

軍士有擅入民家者，以軍法從事。【略】

丁未，以翰林侍讀學士郝經爲國信使，翰林侍制何源、禮部郎中劉人傑副之，使于宋。丙辰，收輯中外官吏宣劄牌面。遣帖木兒、李舜欽等行部，考課各路諸色工匠。置急遞鋪。乙丑，徵諸道兵六千五百人赴京師宿衛。置互市于漣水軍，禁私商不得越境，犯者死。【略】

五月乙丑，禁使臣毋入民家，令止頓析津驛。遣崔明道、李全義爲詳問官，詣宋淮東制司，訪問國信使郝經等所在，仍以稽留信使、侵擾疆埸詰之。庚辰，敕使臣及軍士所過城邑，官給廩餼，毋擾于民。丁亥，申嚴沿邊軍民越境私商之禁。唐慶子政臣入見，詔復其家。弛諸路山澤之禁。禁私殺馬牛。申嚴越境私商，販馬匹者罪死。以河南經略宣撫使史天澤爲中書右丞相，河南軍民並聽節制。詔成都路置惠民藥局。遣王祐於西川等路採訪醫、儒、僧、道。【略】

詔：宣聖廟及管内書院，有司歲時致祭，月朔釋奠；禁諸官員使臣軍馬，毋得侵擾褻瀆，違者加罪。【略】

宋私商七十五人入宿州，議置于法，詔宥之，還其貨，聽榷場貿易。仍檄宋邊將還北人之留南者。【略】

丙子，諭諸王、駙馬，凡民間詞訟無得私自斷決，皆聽朝廷處置。

《元史》卷五《世祖紀二》　庚子，江漢大都督史權以趙百戶挈衆逃歸，斬之。詔：自今部曲犯重罪，鞫問得實，必先奏聞，然後置諸法。【略】

詔覈實逃戶、輸納絲銀稅租戶，口增者賞之，隱匿者罪之，逃民苟免差稅重加之罪。【略】

楊大淵以部將王仲得宋將昝萬壽書殺之，詔以其事未經鞫問，或墮宋人行間之計，豈宜輒施刑戮，詰責大淵，仍存恤仲家。

不忽木

《元史》卷一三〇《不忽木傳》　不忽木一名時用，字用臣，世爲康里部大人。康里，卽漢高車國也。祖海藍伯，嘗事克烈王可汗。王可汗滅，卽棄家從數千騎望西北馳去，太祖遣使招之，答曰：昔與帝同事王可汗，今王可汗旣亡，不忍改所事。遂去，莫知所之。【略】

十四年，授利用少監。十五年，出爲燕南河北道提刑按察副使。帝遣通事脱虎脱護送西僧往作佛事，還過真定，箠驛吏幾死，訴之按察使，不敢問。不忽木受其狀，以僧下獄。脱虎脱直欲出僧，辭氣倔強，不忽木令去其冠庭下，責以不職。脱虎脱逃歸以聞，帝曰：不忽木素剛正，必爾輩犯法故也。繼而燕南奏至，帝曰：我固知之。【略】

二十一年，召參議中書省事。時榷茶轉運使盧世榮阿附宣政使桑哥，言能用己，則國賦可十倍於舊。帝以問不忽木，對曰：自昔聚斂之臣，如桑弘羊、宇文融之徒，操利術以惑時君，始者莫不謂之忠，及其罪稔惡著，國與民俱困，雖悔何及。臣願陛下無納其説。帝不聽，以世榮爲右丞，不忽木遂辭參議不拜。二十二年，世榮以罪被誅，帝曰：朕殊愧卿。擢吏部尚書。時方籍没阿合馬家，其奴張散札兒等罪當死，繆言阿合馬家貲隱寄者多，如盡得之，可資國用。遂鈎考捕繫，連及無辜，京師騷動。帝頗疑之，命丞相安童，集六部長貳官詢問其事，不忽木曰：是奴爲阿合馬心腹爪牙，死有餘罪。爲此言者，蓋欲苟延歲月，徼幸不死爾。豈可復受其詿，嫁禍善良耶？急誅此徒，則怨謗自息。丞相以其言入奏，帝悟，命不忽木鞫之，具得其實，散札兒等伏誅，其捕繫者盡釋之。【略】

西僧爲佛事，請釋罪人祈福，謂之禿魯麻。豪民犯法者，皆賄賂之以求免。有殺主、殺夫者，西僧請被以帝后御服，乘黃犢出宮門釋之，云可得福。不忽木曰：人倫者，王政之本，風化之基，豈可容其亂法如是。帝責丞相曰：朕戒汝無使不忽木知，今聞其言，朕甚愧之。使人謂不忽木曰：卿且休矣！朕今從卿言，然自是以爲故事。有奴告主者，主被誅，詔卽以其主所居官與之。不忽木言：若此必大壞天下之風俗，使人情愈薄，無復上下之分矣。帝悟，爲追廢前命。

（元）蘇天爵《元朝名臣事略》卷四《平章魯國文貞公》　或請征海國流求與加包銀江南。公曰：吾元疆理天下，四表之間，横目窮髮，何所不臣？何資魚蝦之國，始廣土衆民哉！況冒至險，航不測，出萬有一安之途，未必利也。始包銀出於河朔未平，真定守臣以公需數斂煩民，會其歲費征之，以紓急一時，其後天下例之。至憲廟定制，戶率賦銀四兩，中統惟聽如數入鈔，實輕其舊之半。今江之南履畝而税，輸酒醋課，及他鄉里門徭水馬驛遞，又增包銀，則重斂矣。民將不堪，爲之止。神道碑。

八思巴

《元史》卷二〇二《釋老傳・八思巴》 帝師八思巴者，土番薩斯迦人，族款氏也。相傳自其祖朶栗赤，以其法佐國主霸西海者十餘世。八思巴生七歲，誦經數十萬言，能約通其大義，國人號之聖童，故名曰八思巴。少長，學富五明，故又稱曰班彌怛。歲癸丑，年十有五，謁世祖于潛邸，與語大悅，日見親禮。

中統元年，世祖卽位，尊爲國師，授以玉印。命製蒙古新字，字成上之。其字僅千餘，其母凡四十有一。其相關紐而成字者，則有韻關之法；其以二合三合四合而成字者，則有語韻之法；而大要則以諧聲爲宗也。至元六年，詔頒行於天下。詔曰：朕惟字以書言，言以紀事，此古今之通制。我國家肇基朔方，俗尚簡古，未遑制作，凡施用文字，因用漢楷及畏吾字，以達本朝之言。考諸遼、金，以及遐方諸國，例各有字，今文治寖興，而字書有闕，於一代制度，實爲未備。故特命國師八思巴創爲蒙古新字，譯寫一切文字，期於順言達事而已。自今以往，凡有璽書頒降者，並用蒙古新字，仍各以其國字副之。遂升號八思巴曰大寶法王，更賜玉印。【略】

又至大元年，上都開元寺西僧強市民薪，民訴諸留守李璧。璧方詢問其由，僧已率其黨持白梃突入公府，隔案引璧髮，捽諸地，捶撲交下，拽之以歸，閉諸空室，久乃得脫，奔訴于朝，遇赦以免。二年，復有僧龔柯等十八人，與諸王合兒八剌妃忽禿赤的斤爭道，拉妃墮車毆之，且有犯上等語，事聞，詔釋不問。而宣政院臣方奏取旨：凡民毆西僧者，截其手；詈之者，斷其舌。時仁宗居東宮，聞之，亟奏寢其令。

孛兒只斤碩德八剌

《元史》卷二七《英宗紀一》 英宗睿聖文孝皇帝，諱碩德八剌，仁宗嫡子也。母莊懿慈聖皇后，弘吉剌氏，以大德七年二月甲子生。仁宗欲立爲太子，帝入謁太后固辭，曰：臣幼無能，且有兄在，宜立兄，以臣輔之。太后不許。延祐三年十二月丁亥，立爲皇太子，授金寶，開府置官屬。監察御史段輔、太子詹事郭貫等，首請近賢人，擇師傅，帝嘉納之。六年十月戊午，受玉册，詔命百司庶務必先啓太子，然後奏聞。帝謂中書省臣曰：至尊委我以天下事，日夜寅畏，惟恐弗堪。卿等亦當洗心滌慮，恪勤乃職，勿有隳壞，以貽君父憂。【略】

丙午，遣使分讞內外刑獄。

壬戌，太陰犯靈臺。甲子，鐵木迭兒、阿散請捕逮四川行省平章政事趙世延赴京。參議中書省事乞失監坐鬻官，刑部以法當杖，太后命笞之，帝曰：不可。法者天下之公，徇私而輕重之，非示天下以公也。卒正其罪。【略】

是歲，決獄輕重七千六百三十事。【略】

至治元年春正月丁丑，修佛事于文德殿。壬午，增置漷州都漕運司同知、運判各一員。甲申，召高麗王王（章）〔璋〕赴上都。丙戌，帝服袞冕，享太廟，以左丞相拜住亞獻，知樞密院事闊徹伯終獻。詔羣臣曰：一歲惟四祀，使人代之，不能致如在之誠，實所未安。歲必親祀，以終朕身。廷臣或言祀事畢宜赦天下，帝諭之曰：恩可常施，赦不可屢下。使殺人獲免，則死者何辜？遂命中書陳便宜事，行之。

《元史》卷二八《英宗紀二》 九月戊戌，大寧路水達達等驛水傷稼，賑之。給蒙古子女貧乏者鈔七百五十萬貫。戊申，給壽安山造寺役軍匠死者鈔，人百五十貫。庚戌，申禁江南典雇妻妾。辛亥，幸壽安山寺，賜監役官鈔，人五千貫。甲寅，賑淮東泰興等縣饑。丙辰，太皇太后崩。戊午，賜蒙古子女鈔百五十萬貫。己未，太陰犯明堂。庚申，敕停今年冬祀南郊。癸亥，地震。甲子，臨安河西縣春夏不雨，種不入土，居民流散，命有司賑給，令復業。作層樓於涿州鹿頂殿西。【略】

西僧灌頂疾，請釋囚，帝曰：釋囚祈福，豈爲師惜。朕思惡人屢赦，反害善良，何福之有。【略】

增置上都留守司判官二員，以漢人爲之，專掌刑名。

孛兒只斤圖帖睦爾

《元史》卷三二《文宗紀一》 文宗聖明元孝皇帝，諱圖帖睦爾，武宗之次子，明宗之弟也。母曰文獻昭聖皇后，唐兀氏。大德三年，武宗總兵北邊，帝以八年春正月癸亥生。【略】

已於致和元年九月十三日，卽皇帝位於大明殿。其以致和元年爲天曆元年，可大赦天下。自九月十三日昧爽已前，除謀殺祖父母、父母，妻妾殺夫，奴婢殺主，謀故殺人，但犯强盜，印造僞鈔不赦外，其餘罪無輕重，咸赦除之。【略】

丙午，中書省臣言：凡有罪者，既籍其家貲，又没其妻子，非古者罪人不孥之意。今後請勿没人妻子。制可。【略】

令廣平、大名兩路括馬。盗殺太尉不花。初，不花乘國家多事，率衆剽掠，居庸以北皆爲所擾，至是盗入其家殺之。興和路當盗以死罪，刑部議以爲：不花不道，衆所聞知，幸遇盗殺，而本路隱其殘剽之罪，獨以盗聞，於法不當。中書以聞，帝嘉其議。【略】

御史臺臣言：也先捏將兵所至，擅殺官吏，俘掠子女貨財。詔刑部鞫之，籍其家，杖一百七，竄于南寧，命其妻歸父母家。

《元史》卷三三《文宗紀二》 己未，更定遷徙法：凡應徙者，驗所居遠近，移之千里，在道遇赦，皆得放還；如不悛再犯，徙之本省不毛之地，十年無過，則量移之；所遷人死，妻子聽歸土著。著爲令。【略】

戊辰，敕翰林國史院官同奎章閣學士采輯本朝典故，準唐、宋《會要》，著爲《經世大典》。【略】

至順元年春正月丙辰，命趙世延、趙世安領纂修《經世大典》事。【略】

以修《經世大典》久無成功，專命奎章閣阿隣帖木兒、忽都魯都兒迷失等譯國言所紀典章爲漢語，纂修則趙世延、虞集等，而燕鐵木兒如國史例監修。【略】

己亥，以奎章閣纂修《經世大典》，命省、院、臺諸司以次宴其官屬。

《元史》卷三五《文宗紀四》 奎章閣學士院纂修《皇朝經世大典》成。

孛兒只斤懿璘質班

《元史》卷三七《寧宗紀》 寧宗沖聖嗣孝皇帝，諱懿璘質班，明宗第二子也。母曰〔八不沙〕皇后，乃蠻真氏。初，武宗有子二人，長明宗，次文宗。延祐中，明宗封周王，出居朔漠。泰定之際，正統遂偏。天曆元年，文宗入紹大統，内難既平，卽遣使奉皇帝璽綬，北迎明宗。明宗崩，文宗復卽皇帝位。明宗有子二人，長妥懽帖木耳，次卽帝也。天曆〔三〕年二月乙巳，封帝爲鄜王。【略】

以至順三年十月初四日，卽皇帝位于大明殿。可大赦天下。自至順三年十月初四日昧爽以前，除謀反大逆、謀殺祖父母父母、妻妾殺夫、奴婢殺主、謀故殺人、但犯强盜、印造僞鈔、蠱毒魘魅犯上者不赦外，其餘一切罪犯，咸赦除之。

大都、上都、興和三路，差税免三年。腹裏差發并其餘諸郡不納差發去處，税糧十分爲率，免二分。江淮以南，夏税亦免二分。土木工役，除倉庫必合修理外，毋復創造，以紓民力。民間在前應有逋欠差税課程，盡行蠲免。監察御史、肅政廉訪司官并内外三品以上正官，歲舉才堪守令者一人，申達省部，先行録用。如果稱職，舉官優加旌擢。一任之内，或犯贓私者，量其輕重黜罰。其不該原免重囚，淹禁三年以上，疑不能決者，申達省部，詳讞釋放。學校農桑、孝義貞節、科舉取士、國學貢試，並依舊制。廣海、雲南梗化之民，詔書到日，限六十日内出官，與免本罪，許以自新。

明代分部

朱元璋

《明史》卷一《太祖紀一》　太祖開天行道肇紀立極大聖至神仁文義武俊德成功高皇帝，諱元璋，字國瑞，姓朱氏。先世家沛，徙句容，再徙泗州。父世珍，始徙濠州之鍾離。生四子，太祖其季也。母陳氏。方娠，夢神授藥一丸，置掌中有光，吞之寤，口餘香氣。及產，紅光滿室。自是，夜數有光起。鄰里望見，驚以爲火，輒奔救，至則無有。比長，姿貌雄傑，奇骨貫頂。志意廓然，人莫能測。【略】

元御史大夫福壽力戰死之，蠻子海牙遁歸張士誠，康茂才降。太祖入城，悉召官吏父老諭之曰：元政瀆擾，干戈蜂起，我來爲民除亂耳，其各安堵如故。賢士吾禮用之，舊政不便者除之，吏毋貪暴殃吾民。民乃大喜過望。改集慶路爲應天府，辟夏煜、孫炎、楊憲等十餘人，葬御史大夫福壽以旌其忠。【略】

十二月己丑，釋囚。【略】

告諭父老，除陳氏苛政，罷諸軍需，存恤貧無告者，民大悅。【略】

秋七月丙辰，平章邵榮、參政趙繼祖謀逆，伏誅。【略】

二十四年春正月丙寅朔，李善長等率羣臣勸進，不允。固請，乃即吴王位。建百官。以善長爲右相國，徐達爲左相國，常遇春、俞通海爲平章政事，諭之曰：立國之初，當先正紀綱。元氏闇弱，威福下移，馴至於亂，今宜鑒之。立子標爲世子。二月乙未，復自將征武昌，陳理降，漢、沔、荆、岳皆下。三月乙丑，還應天。丁卯，置起居注。庚午，罷諸翼元帥府，置十七衛親軍指揮使司，命中書省辟文武人材。【略】

二十七年春正月戊戌，諭中書省曰：東南久罹兵革，民生凋敝，吾甚憫之。且太平、應天諸郡，吾渡江開創地，供億煩勞久矣。今比戶空虛，有司急催科，重困吾民，將何以堪。其賜太平田租二年，應天、鎮江、寧國、廣德各一年。【略】

秋七月丙子，給府州縣官之任費，賜綺帛及其父母妻長子有差，著爲令。己丑，雷震宫門獸吻，赦罪囚。庚寅，遣使責方國珍貢糧。八月癸丑，圜丘、方丘、社稷壇成。九月甲戌，太廟成。朱亮祖帥師討國珍。戊寅，詔曰：先王之政，罪不及孥。自今除大逆不道，毋連坐。【略】

十二月甲辰，頒律令。

《明史》卷二《太祖紀二》　庚申，命官吏犯贓者罪勿貸。是月，免陝西、河南被災田租。【略】

六年春正月甲寅，謫汪廣洋爲廣東參政。二月乙未，諭暫罷科舉，察舉賢才。壬寅，命御史及按察使考察有司。三月癸卯朔，日有食之。頒《昭鑒録》，訓誡諸王。【略】

丙寅，冬至，帝不豫，改卜郊。閏月乙亥，録故功臣子孫未嗣者二百九人。壬午，有事於圜丘。庚寅，頒定《大明律》。【略】

十三年春正月戊戌，左丞相胡惟庸謀反，及其黨御史大夫陳寧、中丞涂節等伏誅。癸卯，大祀天地於南郊。罷中書省，廢丞相等官，更定六部官秩，改大都督府爲中、左、右、前、後五軍都督府。二月壬戌朔，詔舉聰明正直、孝弟力田、賢良方正、文學術數之士。【略】

夏四月己丑，命羣臣各舉所知。五月甲午，雷震謹身殿。乙未，大赦。丙申，釋在京及臨濠屯田輸作者。己亥，免天下田租。吏以過誤罷者還其職。壬寅，都督濮英進兵赤斤站，獲故元豳王亦憐真及其部曲而還。是月，罷御史臺。命從征士卒老疾者許以子代，老而無子及寡婦，有司資遣還。六月丙寅，雷震奉天門，避正殿省愆。丁卯，罷王府工役。丁丑，置諫院官。【略】

冬十月壬子朔，日有食之。癸丑，命法司録囚，會翰林院給事中及春坊官會議平允以聞。甲寅，免應天、太平、廣德、鎮江、寧國田租。癸亥，分遣御史録囚。

《明史》卷三《太祖紀三》　八月丁丑，復設科取士，三年一行，爲定制。丙戌，皇后崩。己丑，延安侯唐勝宗、長興侯耿炳文屯田陝西。丁酉，擢秀才曾泰爲戶部尚書。辛丑，命徵至秀才分六科試用。九月己酉，吏部以經明行修之士鄭韜等三千七百餘人入見，令舉所知，復遣使徵之。賜韜等鈔，尋各授布政使、參政等官有差。庚午，葬孝慈皇后於孝陵。

冬十月丙子，置都察院。丙申，録囚。甲辰，徐達還。是月，廣東羣盜平，詔趙庸班師。十一月戊午，置殿閣大學士，以邵質、吴伯宗、宋訥、吴沉爲之。十二月辛卯，振北平被災屯田士卒。【略】

十六年春正月乙卯，大祀天地於南郊。戊午，徐達鎮北平。二月丙申，初命天下學校歲貢士於京師。三月甲辰，召征南師還，沐英留鎮雲南。丙寅，復鳳陽、臨淮二縣民徭賦，世世無所與。【略】

秋七月，分遣御史録囚。【略】

冬十月丁丑，召徐達等還。十二月甲午，刑部尚書開濟有罪誅。【略】

三月戊戌朔，頒科舉取士式。曹國公李文忠卒。甲子，大赦天下。【略】

秋七月戊戌，禁内官預外事，敕諸司毋通内官監文移。癸丑，詔百官迎養父母者，官給舟車。丁巳，免畿内今年田租之半。庚申，録囚。壬戌，盱眙人獻天書，斬之。【略】

冬十月丙子，河南、北平大水，分遣駙馬都尉李祺等振之。閏月癸丑，詔天下罪囚，刑部、都察院詳議，大理寺覆讞後奏决。是月，召徐達還。十二月壬子，蠲雲南逋賦。【略】

十八年春正月辛未，大祀天地於南郊。癸酉，朝覲官分五等考績，黜陟有差。二月甲辰，以久陰雨雷雹，詔臣民極言得失。己未，魏國公徐達卒。三月壬戌，賜丁顯等進士及第、出身有差。詔中外官父母歿任所者，有司給舟車歸其喪，著爲令。乙亥，免畿内今年田租。命天下郡縣瘞暴骨。丙子，初選進士爲翰林院、承敕監、六科庶吉士。己丑，戶部侍郎郭桓坐盜官糧誅。

夏四月丁酉，吏部尚書余熂以罪誅。丙辰，思州蠻叛，湯和爲征虜將軍，周德興爲副將軍，帥師從楚王楨討之。六月戊申，定外官三年一朝，著爲令。【略】

冬十月己丑，頒《大誥》於天下。癸卯，召馮勝還。甲辰，詔曰：孟子傳道，有功名教。歷年既久，子孫甚微。近有以罪輸作者，豈禮先賢之意哉。其加意詢訪，凡聖賢後裔輸作者，皆免之。是月，楚王楨、信國公湯和討平五開蠻。十一月乙亥，蠲河南、山東、北平田租。十二月丙午，詔有司舉孝廉。【略】

夏四月甲辰，詔贖河南饑民所鬻子女。六月甲辰，詔有司存問高年。貧民年八十以上，月給米五斗，酒三斗，肉五斤；九十以上，歲加帛一匹，絮一斤；有田產者罷給米。【略】

二十二年春正月丙戌，改大宗正院曰宗人府，以秦王樉爲宗人令，晉王棡、燕王棣爲左、右宗正，周王橚、楚王楨爲左、右宗人。丁亥，大祀天地於南郊。【略】

周王橚有罪，遷雲南，尋罷徙，留居京師。【略】

夏四月，吉安侯陸仲亨等坐胡惟庸黨下獄。丙申，潭王梓自焚死。閏月丙子，藍玉平施南、忠建叛蠻。五月甲午，遣諸公侯還里，賜金幣有差。乙卯，賜太師韓國公李善長死，陸仲亨等皆坐誅。作《昭示姦黨録》，布告天下。六月乙丑，藍玉遣鳳翔侯張龍平都勻、散毛諸蠻。庚寅，授耆民有才德知典故者官。

八月壬申，詔毋以吏卒充選舉。【略】

十一月癸丑，免山東被災田租。十二月癸亥，令殊死以下囚輸粟北邊自贖。【略】

六月己未，詔廷臣參考歷代禮制，更定冠服、居室、器用制度。甲子，久旱録囚。【略】

己丑，頒《逆臣録》於天下。庚寅，耕耤田。【略】

夏四月乙亥，孝感饑，遣使乘傳發倉貸之。詔自今遇歲饑，先貸後聞，著爲令。戊子，周王橚來朝。庚寅，旱，詔羣臣直言得失，省獄囚。【略】八月，秦、晉、燕、周、齊五王來朝。九月癸丑，代、肅、遼、慶、寧五王來朝。赦胡惟庸、藍玉餘黨。【略】

己丑，諭戶部編民百戶爲里。婚姻死喪疾病患難，里中富者助財，貧者助力。春秋耕穫，通力合作，以教民睦。

夏六月壬申，詔諸土司皆立儒學。辛巳，周興等自開原追敵至甫答迷城，不及而還。己丑，御奉天門，諭羣臣曰：朕起兵至今四十餘年，灼見情僞，懲創奸頑，或法外用刑，本非常典。後嗣止循《律》與《大誥》，不許用黥刺、剕、劓、閹割之刑。臣下敢以請者，置重典。又曰：朕罷丞相，設府、部、都察院分理庶政，事權歸於朝廷。嗣君不許復立丞相。臣下敢以請者置重典。皇親惟謀逆不赦。餘罪，宗親會議取上裁。法司祇

許舉奏，毋得擅逮。勒諸典章，永爲遵守。【略】

閏月癸未，帝疾大漸。乙酉，崩於西宮，年七十有一。遺詔曰：朕膺天命三十有一年，憂危積心，日勤不怠，務有益於民。奈起自寒微，無古人之博知，好善惡惡，不及遠矣。今得萬物自然之理，其奚哀念之有。皇太孫允炆仁明孝友，天下歸心，宜登大位。内外文武臣僚同心輔政，以安吾民。喪祭儀物，毋用金玉。孝陵山川因其故，毋改作。天下臣民，哭臨三日，皆釋服，毋妨嫁娶。諸王臨國中，毋至京師。諸不在令中者，推此令從事。辛卯，葬孝陵。謚曰高皇帝，廟號太祖。永樂元年，謚聖神文武欽明啓運俊德成功統天大孝高皇帝。嘉靖十七年，增謚開天行道肇紀立極大聖至神仁文義武俊德成功高皇帝。

（清）徐乾學《資治通鑑後編》卷一八一《元紀二九》 戊辰，吴王退朝，謂左相國徐達等曰：卿等為生民計共推戴予，然建國之初，當先正紀綱。元氏昏亂，紀綱不立，主荒臣專，威福下移，由是法度不行，人心渙散，遂至天下騷動。今將相大臣當鑒其失，協心圖治，毋苟且因循，取充位而已。又曰：禮法，國之紀綱。禮法立則人志定，上下安。建國之初，此為先務，吾昔起兵濠梁，見當時主將皆無禮法，恣情任私縱為暴亂，不知馭下之道，是以卒至於亡。今吾所任將帥皆昔時同功一體之人，自其歸心於我，即與之定名分，明號令，故諸將皆聽命，無敢有異者。爾等為吾輔相，當守此道，無謹於始，而忽於終也。

（清）徐乾學《資治通鑑後編》卷一八三《元紀三一》 吴王謂中書省臣曰：吾昔在軍中，乏糧空腹出戰，歸得一食，雖甚麤糲，食之甚甘。今尊居民上，飲食豐美未嘗忘之，况吾民居於田野，所業有限而又供需百出，豈不重困？於是免太平府租賦二年，應天宣城等處租賦一年。

《皇明寶訓·明太祖寶訓》卷四《評古》 〔洪武十八年〕六月庚戌，太祖閲《漢書》，謂侍臣曰：漢文恭俭玄默，則有之矣；至於用人，葢未盡其道。初將相大臣迎文帝立之，自代邸入即位，首拜宋昌為衛將軍，張武為郎中令，而將相列矦宗室大臣不先及之，非以示至公也。有一賈誼而不能用，至使憂鬱憤懣而死。竇廣國賢有行，欲相之，以其皇后弟，不可，曰：恐天下以吾私廣國。夫以廣國之賢，其才可任為相，何避私嫌乎？此皆有未盡善。人君之於天下，當示人以至公，不可存一毫私意也。

《皇明寶訓·明太祖寶訓》卷四《評古》 九月乙巳，太祖問侍臣曰：漢高祖、唐太宗孰優？侍臣對曰：太宗雖才兼文武，而於為善未免少誠；高祖豁達大度，規摹弘遠，先儒嘗論漢大綱正，唐萬目舉。以此觀之，高祖為優。太祖曰：論高祖豁達大度，世咸知之；然其記丘嫂之怨而封其子為羹頡矦，内多猜忌，誅夷功臣，顧度量亦未弘遠；太宗規摹雖不及高祖，然能駕馭羣臣，及大業既定，卒皆保全，此則太宗又為優矣。

《皇明寶訓·明太祖寶訓》卷四《評古》 洪武二十四年二月丙寅，太祖閲《漢書》賜民爵之令，謂侍臣曰：漢高帝立社稷，施恩惠，賜民之爵，子孫相承，以為法。或遇有事，輒賜民爵至二級者，又聽民轉移與子，甚無謂也。夫爵所以命有德，《禮》曰：以賢制爵，爵豈可濫及乎？且天下之人無賢不肖槩賜以爵，則賢人君子何以為勸？高帝貽謀若此，誠未盡善。

《皇明寶訓·明太祖寶訓》卷四《評古》 〔洪武二十四年〕八月乙卯，太祖與侍臣論漢高帝聽張良之言，即銷六國印。太祖曰：高祖聞一善言即能感悟，如此者安得不興？後之為君者少有及之。侍臣曰：漢高以後若唐太宗亦能從善，故其為治亦有可稱。太祖曰：凡人有善，不可自矜，自矜則善日削；有不善不可自恕，自恕則惡日滋。太宗常有自矜自恕之心，此則不如漢高也。

劉　基

《明史》卷一二八《劉基傳》 劉基，字伯温，青田人。【略】元至順間，舉進士，除高安丞，有廉直聲。行省辟之，謝去。起爲江浙儒學副提舉，論御史失職，爲臺臣所阻，再投劾歸。基博通經史，於書無不窺，尤精象緯之學。西蜀趙天澤論江左人物，首稱基，以爲諸葛孔明儔也。【略】

因請立法定制，以止濫殺。太祖方欲刑人，基請其故，太祖語之以夢。基曰：此得士得衆之象，宜停刑以待。後三日，海寧降。太祖喜，悉以囚付基縱之。尋拜御史中丞兼太史令。

太祖卽皇帝位，基奏立軍衛法。初定處州稅糧，視宋制畝加五合，惟青田命毋加，曰令伯温鄉里世世爲美談也。帝幸汴梁，基與左丞相善長居守。基謂宋、元寬縱失天下，今宜肅紀綱。令御史糾劾無所避，宿衛宦侍有過者，皆啓皇太子置之法，人憚其嚴。中書省都事李彬坐貪縱抵罪，善長素暱之，請緩其獄。基不聽，馳奏。報可。方祈雨，卽斬之。【略】

三年授弘文館學士。十一月大封功臣，授基開國翊運守正文臣、資善大夫、上護軍，封誠意伯，禄二百四十石。明年賜歸老於鄉。【略】初，基言甌、括間有隙地曰談洋，南抵閩界，爲鹽盜藪，方氏所由亂，請設巡檢司守之。【略】又謂次子璟曰：夫爲政，寬猛如循環。當今之務在修德省刑，祈天永命。諸形勝要害之地，宜與京師聲勢連絡。【略】

所著有《覆瓿集》、《犁眉公集》傳於世。

朱升

《明史》卷一三六《朱升傳》　朱升，字允升，休寧人。元末舉鄉薦，爲池州學正，講授有法。蘄、黄盜起，棄官隱石門。數避兵逋竄，卒未嘗一日廢學。太祖下徽州，以鄧愈薦，召問時務。對曰：高築牆，廣積糧，緩稱王。太祖善之。吴元年授侍講學士，知制誥，同修國史。以年老，特免朝謁。洪武元年進翰林學士，定宗廟時享齋戒之禮。尋命與諸儒修《女誡》，采古賢后妃事可法者編上之。大封功臣，制詞多升撰，時稱典核。踰年，請老歸，卒年七十二。

葉伯巨

《明史》卷一三九《葉伯巨傳》　葉伯巨，字居升，寧海人。通經術。以國子生授平遥訓導。洪武九年星變，詔求直言。【略】

書上，帝大怒曰：小子間吾骨肉，速逮來，吾手射之。既至，丞相乘帝喜以奏，下刑部獄，死獄中。

朱允炆

《明史》卷四《恭閔帝紀》　恭閔惠皇帝諱允炆，太祖孫，懿文太子第二子也。母妃吕氏。帝生穎慧好學，性至孝。年十四，侍懿文太子疾，晝夜不暫離。更二年，太子薨，居喪毁瘠。太祖撫之曰：而誠純孝，顧不念我乎。洪武二十五年九月，立爲皇太孫。二十九年，重定諸王見東宫儀制，朝見後於内殿行家人禮，以諸王皆尊屬也。初，太祖命太子省決章奏，太子性仁厚，於刑獄多所減省。至是以命太孫，太孫亦復佐以寬大。嘗請於太祖，遍考禮經，參之歷朝刑法，改定洪武《律》畸重者七十三條，天下莫不頌德焉。

三十一年閏五月，太祖崩。辛卯，卽皇帝位。大赦天下，以明年爲建文元年。是日，葬高皇帝於孝陵。詔行三年喪。羣臣請以日易月。帝曰：朕非效古人亮陰不言也。朝則麻冕裳，退則齊衰杖絰，食則饘粥，郊社宗廟如常禮。遂命定儀以進。丙申，詔文臣五品以上及州縣官各舉所知，非其人者坐之。六月，省并州縣，革冗員。兵部侍郎齊泰爲本部尚書，翰林院修撰黄子澄爲太常卿，同參軍國事。

秋七月，召漢中府教授方孝孺爲翰林院侍講。詔行寬政，赦有罪，蠲逋賦。八月，周王橚有罪，廢爲庶人，徙雲南。詔興州、營州、開平諸衛軍全家在伍者，免一人。天下衛所軍單丁者，放爲民。九月，雲南總兵官西平侯沐春卒於軍，左副將何福代領其衆。【略】

十二月癸卯，何福破斬刀幹孟，麓川平。是月，賜天下明年田租之半，釋黥軍及囚徒還鄉里。【略】

建文元年春正月癸酉，受朝，不舉樂。庚辰，大祀天地於南郊，奉太祖配。修《太祖實録》。二月，追尊皇考曰孝康皇帝，廟號興宗，妣常氏曰孝康皇后。尊母妃吕氏曰皇太后，册賜民高年米肉絮帛，鰥寡孤獨廢疾者官爲牧養。重農桑，興學校，考察官吏，振罹災貧民，旌節孝，瘞暴骨，蠲荒田租。衛所軍戶絶者除勿勾。詔諸王毋得節制文武吏士，更定内外大小官制。三月，釋奠於先師孔子。罷天下諸司不急務。【略】

夏四月，湘王柏自焚死。齊王榑、代王桂有罪，廢爲庶人。遣燕王世子高熾及其弟高煦、高燧還北平。六月，岷王楩有罪，廢爲庶人，徙漳州。己酉，燕山護衛百戶倪諒上變，燕旗校於諒等伏誅。詔讓燕王棣，逮王府官僚。北平都指揮張信叛附於燕。【略】

甲子，遣使齎蠟書四出，促勤王兵。乙丑，燕兵犯金川門，左都督徐增壽謀內應，伏誅。谷王橞及李景隆叛，納燕兵，都城陷。宮中火起，帝不知所終。

朱棣

《明史》卷五《成祖紀一》 成祖啓天弘道高明肇運聖武神功純仁至孝文皇帝諱棣，太祖第四子也。母孝慈高皇后。洪武三年，封燕王。十三年，之藩北平。王貌奇偉，美髭髯。智勇有大略，能推誠任人。二十三年，同晉王討乃兒不花。晉王怯不敢進，王倍道趨迤都山，獲其全部而還，太祖大喜。是後屢帥諸將出征，並令王節制沿邊士馬，王威名大振。【略】

秋七月壬午朔，大祀天地於南郊，奉太祖配。詔：今年以洪武三十五年爲紀，明年爲永樂元年。建文中更改成法，一復舊制。山東、北平、河南被兵州縣，復徭役三年，未被兵者與鳳陽、淮安、徐、滁、揚三州蠲租一年，餘天下州縣悉蠲今年田租之半。

《明史》卷六《成祖紀二》 辛未，命法司五日一引奏罪囚。【略】

癸丑，遣給事中、御史分行天下，撫安軍民，有司奸貪者逮治。【略】

冬十一月乙亥朔，頒曆於朝鮮諸國，著爲令。【略】乙未，命六科辦事官言事。【略】

秋七月辛卯，朱能爲征夷將軍，沐晟、張輔副之，帥師分道討安南，兵部尚書劉儁參贊軍務，行部尚書黄福、大理卿陳洽督餉。詔曰：安南皆朕赤子，惟黎季犛父子首惡必誅，他脅從者釋之。罪人既得，立陳氏子孫賢者。毋養亂，毋玩寇，毋毀廬墓，毋害禾稼，毋攘財貨掠子女，毋殺降。有一於此，雖功不宥。乙巳，申誹謗之禁。【略】

河南饑，逮治匿災有司。敕都察院，凡災傷不以實聞者罪之。【略】

己丑，山陽民丁珏訐其鄉人誹謗，擢爲刑科給事中。甲午，詔自永樂二年六月後犯罪去官者，悉宥之。【略】

雜犯死罪減等論戍，流以下釋之。

六年春正月丁巳，岷王楩復有罪，罷其官屬。【略】

九月己酉，命刑部疏滯獄。【略】

冬十一月丁巳，録囚。【略】

七年春正月癸丑，賜百官上元節假十日，著爲令。【略】

丙辰，諭行在法司，重罪必五覆奏。六月壬寅，察北巡郡縣長吏，擢汶上知縣史誠祖治行第一，下易州同知張騰於獄。【略】

秋七月丙子，張輔敗賊於月常江。九月戊寅，諭法司，凡死罪必五覆奏。

壬午，命屯田軍以公事妨農務者，免徵子粒，著爲令。

《明史》卷七《成祖紀三》 庚申，振鳳翔、隴州饑，按長吏不言者罪。【略】

己酉，頒軍中賞罰號令。【略】

戊午，敕內外諸司蠲諸宿逋，將士軍官犯罪者悉宥之。【略】

冬十月甲申，獵於近郊。壬辰，法司奏侵冒官糧者，帝怒，命戮之。及覆奏，帝曰：朕過矣，仍論如律，自今死罪者皆五覆奏，著爲令。【略】

冬十二月戊子，諭法司，朕屢敕中外官潔己愛民，而不肖官吏恣肆自若，百姓苦之。夫良農必去稂莠者，爲害苗也。繼今，犯贓必論如法。【略】

冬十二月庚辰，諭法司曰：刑者，聖人所慎。匹夫匹婦不得其死，足傷天地之和，召水旱之災，甚非朕寬恤之意。自今，在外諸司死罪，咸送京師審録，三覆奏然後行刑。【略】

三月庚子，御史王愈等會決重囚，誤殺無罪四人，坐棄市。

解縉

《明史》卷一四七《解縉傳》 解縉，字大紳，吉水人。祖子元，爲元安福州判官。兵亂，守義死。父開，太祖嘗召見論元事，欲官之，辭去。

縉幼穎敏，洪武二十一年舉進士。授中書庶吉士。甚見愛重，常侍帝前。一日，帝在大庖西室，諭縉：朕與爾義則君臣，恩猶父子，當知無不言。縉即日上封事萬言，略曰：臣聞令數改則民疑，刑太繁則民玩。國初至今，將二十載，無幾時不變之法，無一日無過之人。嘗聞陛下震怒，鋤根翦蔓，誅其姦逆矣。未聞褒一大善，賞延於世，復及其鄉，終始如一者也。

朱見深

《明史》卷一三《憲宗紀一》 憲宗繼天凝道誠明仁敬崇文肅武宏德聖孝純皇帝，諱見深，英宗長子也。母貴妃周氏。初名見濬。英宗留瓦剌，皇太后命立爲皇太子。景泰三年，廢爲沂王。天順元年，復立爲皇太子，改名見深。

天順八年正月，英宗崩。乙亥，即皇帝位。以明年爲成化元年，大赦天下。【略】

丙寅，毁錦衣衛新獄。【略】

甲辰，立武舉法。十二月甲辰，免京官雜犯罪。【略】

辛酉，録囚。【略】

辛未，大理寺少卿宋旻，侍郎曾翬、原傑、黄琛，副都御史滕昭巡視畿南、浙江、河南、四川、福建，考察官吏，訪軍民疾苦。其餘直省有巡撫等官者，命亦如之。【略】

癸丑，以水旱相仍，下詔寬卹。【略】

七年春正月辛巳，命京官五品以上及給事中、御史各舉堪州縣者一人。夏四月己巳，録囚。【略】冬十月乙亥，王恕爲刑部侍郎，總理河道。十一月甲寅，立皇子祐極爲皇太子，大赦。【略】十二月甲戌，彗星見，下詔自責，敕羣臣修省，條時政得失。

《明史》卷一四《憲宗紀二》 己巳，置西廠，太監汪直提督官校刺事。

夏四月，汪直執郎中武清、樂章，太醫院院判蔣宗武，行人張廷綱，浙江布政使劉福下西廠獄。五月甲戌，執左通政方賢下西廠獄。丙子，大學士商輅，尚書項忠請罷西廠，從之。六月甲辰，罷項忠爲民。庚戌，復設西廠。丁巳，商輅致仕。

秋八月壬戌，錦衣衛官校執工部尚書張文質繫獄，帝知而釋之。【略】

己卯，賜曾彦等進士及第、出身有差。辛巳，罷烏撒衛銀場。丙戌，復開遼東馬市。【略】

夏六月癸丑，禁勢家侵占民田。

秋八月辛酉，申存卹孤老之令。【略】

戊辰，諭法司慎刑獄。太監懷恩同法司録囚，自是每五歲遣内臣審録以爲常。【略】

請罷饒州燒造御器内臣，下獄，贖還職。【略】

十二月庚午，御製《文華大訓》成。【略】

壬辰，敕羣臣修省。詔減貢獻，飭備邊，罷營造，理冤獄，寬銀課、工役、馬價，卹大同陣亡士卒。【略】

夏四月戊午，録囚。五月甲午，再録囚，減死罪以下。【略】

冬十月丁巳，杖刑部員外郎林俊、都督府經歷張黻，並謫官。【略】

乙亥，敕羣臣修舉職業。甲午，諭法司慎刑。

羅倫

《明史》卷一七九《羅倫傳》 羅倫，字彝正，吉安永豐人。五歲嘗隨母入園，果落，衆競取，倫獨賜而後受。家貧樵牧，挾書誦不輟。及爲諸生，志聖賢學，嘗曰：舉業非能壞人，人自壞之耳。知府張瑄憫其貧，周之粟，謝不受。居父母喪，踰大祥，始食鹽酪。

成化二年，廷試，對策萬餘言。直斥時弊，名震都下。擢進士第一，授翰林修撰。踰二月，大學士李賢奔喪畢，奉詔還朝。倫詣賢沮之，不聽。乃上疏曰：臣聞朝廷援楊溥故事，起復大學士李賢。臣竊謂賢大臣，起復大事，綱常風化繫焉，不可不慎。曩陛下制策有曰：朕夙夜拳拳，欲正大綱，舉萬目，使人倫明於上，風俗厚於下。竊謂明人倫，厚風俗，莫先於孝。在禮，子有父母之喪，君三年不呼其門。子夏問：三年之喪，金革無避，禮歟？孔子曰：魯公伯禽有爲爲之也。今以三年之喪從其利者，吾弗知也。陛下於賢，以爲金革之事起復之歟？則未之有也。以大臣起復之歟？則禮所未見也。

夫爲人君，當舉先王之禮教其臣；爲人臣，當守先王之禮事其君。昔宋仁宗嘗起復富弼矣，弼辭曰：不敢遵故事以遂前代之非，但當據《禮經》以行今日之是。仁宗卒從其請。孝宗嘗起復劉珙矣，珙辭曰：身在草土之中，國無門庭之寇，難冒金革之名，私竊利禄之實。孝宗不抑其情。此二君者，未嘗以故事強其臣。二臣者，未嘗以故事徇其君。故史册書之爲盛事，士大夫傳之爲美談。無他，君能教臣以孝，臣有孝可移於君也。自是而後，無復禮義。王黼、史嵩之、陳宜中、賈似道之徒，皆援故事起復。然天下壞亂，社稷傾危，流禍當時，遺譏後代。無他，君不教臣以孝，臣無孝可移於君也。陛下必欲賢身任天下之事，則賢身不可留，口實可言。宜降温詔，俾如劉珙得以言事。使賢於天下之事知必言，言必盡。陛下於賢之言聞必行，行必力。賢雖不起復，猶起復也。苟知之而不能盡言，言之而不能力行，賢雖起復無益也。

且陛下無謂廟堂無賢臣，庶官無賢士。君，盂也；臣，水也。水之方圓，盂實主之。臣之直佞，君實召之。陛下誠於退朝之暇，親直諒博洽之臣，講聖學君德之要，詢政事得失，察民生利病，訪人才賢否，考古今盛衰，舍獨信之偏見，納逆耳之苦言，則衆賢羣策畢萃於朝，又何待違先王之《禮經》，損大臣之名節，然後天下可治哉。

臣伏見比年以來，朝廷以奪情爲常典，縉紳以起復爲美名，食稻衣錦之徒，接踵廟堂，不知此人於天下之重何關耶。且婦於舅姑，喪亦三年，孫於祖父母，服則齊衰。奪情於夫，初無預其妻。奪情於父，初無干其子。今或舍館如故，妻孥不還，乃號於天下曰本欲終喪，朝命不許，雖三尺童子，臣知其不信也。爲人父者所以望其子之報，豈擬至於此哉。爲人子者所以報其親之心，豈忍至於此哉。枉己者不能直人，忘親者不能忠君。陛下何取於若人，而起復之也。

今大臣起復，羣臣不以爲非，且從而贊之。羣臣起復，大臣不以爲非，且從而成之。上下成俗，混然同流，率天下之人爲無父之歸，臣不忍聖明之朝，致綱常之壞，風俗之弊，一至此極也。願陛下斷自聖衷，許賢歸家持服。其他已起復者，仍令奔喪，未起復者，悉許終制。脱有金革之變，亦從墨衰之權，使任軍事於外，盡心喪於內。將朝廷端則天下一，大臣法則羣臣效，人倫由是明，風俗由是厚矣。

朱祐樘

《明史》卷一五《孝宗紀》 孝宗建天明道誠純中正聖文神武至仁大德敬皇帝，諱祐樘，憲宗第三子也。母淑妃紀氏，成化六年七月生帝於西宮。時萬貴妃專寵，宮中莫敢言。悼恭太子薨後，憲宗始知之，育周太后宮中。十一年，敕禮部命名，大學士商輅等因以建儲請。是年六月，淑妃暴薨，帝年六歲，哀慕如成人。十一月，立爲皇太子。

二十三年八月，憲宗崩。九月壬寅，即皇帝位。大赦天下，以明年爲弘治元年。丁未，斥諸佞倖侍郎李孜省、太監梁芳、外戚萬喜及其黨，謫戍有差。【略】

秋七月癸亥，以京師霪雨、南京大風雷修省，求直言。【略】

上曰：凶歲義當損上益下。必欲取盈，如病民何。悉從之。三月丙辰，命天下預備倉積粟，以里數多寡爲差，不及額者罪之。【略】

十二月己卯，敕天下鎮巡官修省。【略】二月甲子，以去年冬孝陵風雷之變，遣使祭告，修省，求直言，命內外慎刑獄，決輕繫。【略】

庚寅，定問刑條例。乙未，嚴旌舉連坐之法。【略】

辛卯，命各邊衛設養濟院、漏澤園。八月庚戌，以南京、鳳陽霪雨大風，江溢爲災，遣使祭告，敕兩京羣臣修省。【略】

十二月己酉，《大明會典》成。【略】

壬午，嚴誣告之禁。二月甲寅，減供用物料。己未，嚴讖緯妖書之禁。【略】

癸未，定太廟各室一帝一后之制。乙亥，以四方災荒敕羣臣修省。庚

辰，命諸司詳議害民弊政。【略】

六月乙亥，始命兩京五品以下官六年一考察。【略】

八月戊辰，命天下撫、按、三司官奏軍民利病，士民建言可採者，所司以聞。【略】

九月庚寅，諭法司不得任情偏執，致淹獄囚。

朱厚照

《明史》卷一六《武宗紀》　武宗承天達道英肅睿哲昭德顯功弘文思孝毅皇帝，諱厚照，孝宗長子也。母孝康敬皇后。弘治五年，立爲皇太子。性聰穎，好騎射。【略】

二年春正月乙亥朔，日有食之。乙酉，大祀天地於南郊。閏月庚戌，杖給事中艾洪、呂翀、劉茝及南京給事中戴銑、御史薄彥徽等二十一人於闕下。二月戊戌，杖御史王良臣於午門，御史王時中荷校於都察院。三月辛未，以大學士劉健、謝遷，尚書韓文、楊守隨、張敷華、林瀚五十三人黨比，宣戒羣臣。是月，敕各鎮守太監預刑名政事。【略】

三月辛未，禱雨，釋獄囚，免正德三年逋賦。乙酉，江西賊熾，右都御史王哲巡視南、贛，刑部尚書洪鍾總制川、陝、河南、鄖陽軍務兼振卹湖廣。【略】

辛亥，詔赦天下。【略】

秋七月壬申，洪鍾討沔陽賊，平之。八月甲午，劉瑾以謀反下獄。詔自正德二年後所更政令悉如舊。戊戌，治劉瑾黨，吏部尚書張綵下獄。己亥，曹元罷。丁未，革寧王護衛。戊申，劉瑾伏誅。己酉，釋謫戍諸臣。【略】

冬十月己亥，戮張綵尸於市。【略】

三月癸丑，以諫巡幸，下兵部郎中黄鞏六人於錦衣衛獄，跪修撰舒芬百有七人於午門。五日。金吾衛都指揮僉事張英自刃以諫，衛士奪刃，得不死，鞫治，杖殺之。乙卯，下寺正周敍、行人司副余廷瓚、主事林大輅三十三人於錦衣衛獄。戊午，杖舒芬等百有七人於闕下。是日，風霾晝晦。【略】

戊寅，杖黄鞏等三十九人於闕下，先後死者十一人。【略】

五月己亥，詔山東、山西、陝西、河南、湖廣流民歸業者，官給廩食、廬舍、牛種，復五年。【略】

十一月庚申，治交通宸濠者罪，執吏部尚書陸完赴行在。十二月己丑，宸濠伏誅。【略】

罷威武團營，遣還各邊軍，革京城内外皇店，放豹房番僧及教坊司樂人。戊辰，頒遺詔於天下，釋繫囚，還四方所獻婦女，停不急工役，收宣府行宫金寶還内庫。庚午，執江彬等下獄。

朱厚熜

《明史》卷一七《世宗紀一》　世宗欽天履道英毅聖神宣文廣武洪仁大孝肅皇帝，諱厚熜，憲宗孫也。父興獻王祐杬，國安陸，正德十四年薨，帝年十有三，以世子理國事。

十六年三月辛酉，未除服，特命襲封。丙寅，武宗崩，無嗣，慈壽皇太后與大學士楊廷和定策，遣太監谷大用、韋彬、張錦，大學士梁儲，定國公徐光祚，駙馬都尉崔元，禮部尚書毛澄，以遺詔迎王於興邸。

夏四月癸未，發安陸。癸卯，至京師，止於郊外。禮官具儀，請如皇太子即位禮。王顧長史袁宗皐曰：遺詔以我嗣皇帝位，非皇子也。大學士楊廷和等請如禮臣所具儀，由東安門入居文華殿，擇日登極。不允。會皇太后趣羣臣上箋勸進，乃即郊外受箋。是日，日中，入自大明門，遣官告宗廟社稷，謁大行皇帝几筵，朝皇太后，出御奉天殿，即皇帝位。以明年爲嘉靖元年，大赦天下。卹録正德中言事罪廢諸臣。【略】壬申，錢寧伏誅。六月戊子，江彬伏誅。【略】丁酉，革錦衣衛冒濫軍校三萬餘人。【略】癸丑，命自今親喪不得奪情，著爲令。【略】丙子，革錦衣衛所及監局寺廠司庫、旗校、軍士、匠役投充新設者，凡十四萬八千餘人。【略】

夏四月己酉，上昭聖皇太后尊號曰昭聖康惠慈壽皇太后。庚戌，上興國太后尊號曰本生聖母章聖皇太后。癸丑，追尊興獻帝爲本生皇考恭穆獻皇帝，大赦。辛酉，編修鄒守益請罷興獻帝稱考立廟，下錦衣衛獄。五月乙丑，蔣冕致仕。修撰吕柟言大禮未正，下錦衣衛獄。

六月，御史段續、陳相請正席書、桂萼罪，吏部員外郎薛蕙上《爲人後解》，鴻臚少卿胡侍言張璁等議禮之失，俱下獄。【略】

戊寅，廷臣伏闕固争，下員外郎馬理等一百三十四人錦衣衛獄。癸未，杖馬理等於廷，死者十有六人。【略】辛卯，杖修撰楊慎，檢討王元正，給事中劉濟、安磐、張漢卿、張原，御史王時柯於廷。原死，慎等戍謫有差。【略】

二月乙卯，禁淹獄囚。【略】

夏五月甲戌，賜廬州知府龍誥官秩，詔天下倣誥備荒振濟法。【略】

十二月辛丑，《大禮集議》成，頒示天下。【略】

三月辛丑，賜龔用卿等進士及第、出身有差。丁未，定有司久任法。【略】

秋八月庚戌，以議李福達獄，下刑部尚書顔頤壽、左都御史聶賢、大理寺卿湯沐等於錦衣衛獄，侍郎桂萼、張璁，少詹事方獻夫署三法司，雜治之。【略】

壬午，頒《欽明大獄録》於天下。【略】

七年春正月癸未，考覈天下巡撫官。【略】

六月辛丑，《明倫大典》成，頒示天下。癸卯，定議禮諸臣罪，追削楊廷和等籍。【略】

秋七月甲午，以議獄不當，下郎中魏應召等於獄，右都御史熊浹削籍。八月丙子，張璁、桂萼罷。壬午，始親祭山川，著爲令。【略】

己巳，除外戚世封，著爲令。【略】

丁丑，禁官民服舍器用踰制。【略】

冬十一月辛丑，更正孔廟祀典，定孔子謚號曰至聖先師孔子。己酉，祀昊天上帝於南郊，禮成，大赦。【略】

冬十月甲申，編修楊名以災異陳言，下獄謫戍。【略】

秋八月乙未，以皇子生，詔赦天下。【略】

丙子，下建昌侯張延齡於獄。【略】

九月乙未，翊國公郭勛有罪，下獄死。【略】

九月癸亥，員外郎劉魁諫營雷殿，予杖下獄。

《明史》卷一八《世宗紀二》　乙酉，逮總督宣大兵部尚書翟鵬、巡撫薊鎮僉都御史朱方下獄，鵬謫戍，方杖死。【略】

秋七月壬戌，有事於太廟，赦徒罪以下。【略】

癸未，以議復河套，逮總督陝西三邊侍郎曾銑，杖給事中御史於廷，罷夏言。三月癸巳，殺曾銑，逮夏言。癸卯，出仇鸞於獄。【略】

癸未，始御奉天殿，戒敕羣臣。【略】

杖趙貞吉，謫外任。【略】

兵部尚書丁汝夔、巡撫侍郎楊守謙有罪，棄市。杖左都御史屠僑、刑部侍郎彭黯。九月辛卯，振畿内被寇者。乙未，罷團營，復三大營舊制，設戎政府，以仇鸞總督之。【略】

庚子，兵部侍郎蔣應奎、左通政唐國卿以冒邊功杖於廷。癸卯，罷各邊馬市。

冬十月己未，兵部尚書趙錦坐仇鸞黨戍邊。壬戌，免江西被災税糧。

十二月丁巳，光禄少卿馬從謙坐誹謗杖死。【略】

三十三年春正月壬寅朔，以賀疏違制，杖六科給事中於廷。【略】

壬寅，下詔引咎修齋五日，止諸司封事，停刑。【略】

十一月丁亥，諭法司恤刑。【略】

四十五年春二月癸亥，戶部主事海瑞上疏，下錦衣衛獄。

徐　階

《明史》卷二一三《徐階傳》　徐階，字子升，松江華亭人。生甫周歲，墮眢井，出三日而蘇。五歲從父道括蒼，墮高嶺，衣掛於樹不死。人咸異之。嘉靖二年進士第三人。授翰林院編修，予歸娶。丁父憂，服除，補故官。階爲人短小白皙，善容止。性穎敏，有權略，而陰重不泄。讀書爲古文辭，從王守仁門人遊，有聲士大夫間。【略】

帝以嵩在直久，而世蕃顧爲奸於外，因命階無久直。階窺帝意，言苟爲奸，在外猶在内，固請入直。帝以嵩直廬賜階。階榜三語其中曰：以威福還主上，以政務還諸司，以用舍刑賞還公論。於是朝士侃侃，得行其意。袁煒數出直，階請召與共擬旨。因言事同衆則公，公則百美基；專則私，私則百弊生。帝頷之。階以張孚敬及嵩導帝猜刻，力反之，務以寬大開帝意。帝惡給事御史抨擊過當，欲有所行遣。階委曲調劑，得輕論。會問階知人之難。階對曰：大奸似忠，大詐似信。惟廣聽納，則窮兇極惡，人爲我攖之；深情隱慝，人爲我發之。故聖帝明王，有言必察。即不實，小者置之，大則薄責而容之，以鼓來者。帝稱善。言路益發舒。

高拱

《明史》卷二一三《高拱傳》 高拱，字肅卿，新鄭人。嘉靖二十年進士。選庶吉士。踰年授編修。穆宗居裕邸，出閤講讀，拱與檢討陳以勤並爲侍講。世宗諱言立太子，而景王未之國，中外危疑。拱侍裕邸九年，啓王益敦孝謹，敷陳剴切。王甚重之，手書懷賢忠貞字賜焉。累遷侍講學士。**【略】**

三年冬，帝召拱以大學士兼掌吏部事。拱乃盡反階所爲，凡先朝得罪諸臣以遺詔録用贈卹者，一切報罷。且上疏極論之曰：《明倫大典》頒示已久。今議事之臣假託詔旨，凡議禮得罪者悉從褒顯，將使獻皇在廟之靈何以爲享？先帝在天之靈何以爲心？而陛下歲時入廟，亦何以對越二聖？臣以爲未可。帝深然之。法司坐方士王金等子弑父律。拱復上疏曰：人君隕於非命，不得正終，其名至不美。先帝臨御四十五載，得歲六十有餘。末年抱病，經歲上賓，壽考令終，曾無暴遽。今謂先帝爲王金所害，誣以不得正終，天下後世視先帝爲何如主。乞下法司改議。帝復然拱言，命減戍。拱之再出，專與階修郤，所論皆欲以中階重其罪。賴帝仁柔，弗之竟也。階子弟頗横鄉里。拱以前知府蔡國熙爲監司，簿録其諸子，皆編戍。所以扼階者，無不至。逮拱去位，乃得解。

（明）王世貞《嘉靖以來首輔傳》卷六《高拱》 時穆宗爲裕王開邸受經，而拱首與焉。拱至進講輒反復辨析，王頗目屬之，而又與其邸近，幸中貴人昵好亡間。時輔臣嚴嵩、徐階内相猜若水火，拱往返其間，亡所見厚薄，而嵩、階亦以其在王邸，異日當得重，相與推轂之，以是亟推遷爲翰林院侍讀學士。時秦鳴雷已先爲學士矣，顧僅遷南國子監祭酒，而拱遂以太常寺卿兼國子監祭酒。亡何，拜禮部左侍郎，尋轉吏部左侍郎，掌詹事府，仍兼學士。拱凡一副主鄉試，復主會試，所搆程式，文頗見稱。而其主會試也，所進題以字嫌忤上意，幾欲有所行遣，階從容解之乃已。尋拜禮部尚書，召入直撰齋詞，賜飛魚服。亡何，與郭朴同入内閣。朴得武英殿大學士，而拱爲文淵閣大學士。春芳以朴銜吏部，遂亦改吏部居朴前。然事皆決于階，春芳等具員而已。上有所顧問，亦唯及階。階之始爲禮部以至首輔十五年，而請立太子者數四。上春秋高，意不欲言繼嗣，輒報寢。時裕、景二王方并重，朝野憂其端，以爲且有所更樹，姦人從而陰爲蠹矣。一旦諭景王之國，咸鼓舞稱慶，而姦人者亦得罪去。一日，上忽下諭自謂：郊廟弗躬，早朝久廢，且病弱弗任卦數，向周宜卷，身奉元傳，繼不可緩，不然恐或後醜耳。且令與在直諸臣密計以對。階皇恐對謂：此豈可與諸臣計？夫所謂後醜者，必有非常悖逆之人，而又有大奸惡左右之，以有此叵測，今何足疑也？上又謂：得無以久待爲恨乎？階又力辨。而上猶以成祖之注意在孫而弗及子爲問，且云：賢孝難，必吾言不甚妄。階又言：成祖之在位久，仁宗之在位促，皆天命也。繼承之際，史册甚明。上道德隆備，天命所歸，而今之賢孝又中外所共聞，萬萬無可疑者。居月餘，景王自德安奏書，以上不豫，請躬詣元嶽祈禳以嘗，上下階擬。階知爲中涓泄之，方謀所以沮止，而王亦病，復奏書請醫。階因擬遣醫調治，而令王且静攝，毋輕動。俄而王薨，于是裕王乃復安。景王所請，全楚土田湖陂可數萬頃皆侵之民。階擬悉以還之。諸王無得乘而矯攘者，楚人大悦。上以祈雨，故欲建雩壇，又欲重建興都故宮殿，階以府庫財竭，而鄖襄困水，力阻而止。天下鹽額獨淮揚重，歲賦六十萬金，而前是鄢懋卿欲取上悦，增之至百萬金。商不能供，至有雉經者，則皆竄徙。階乃風御史奏復故額，額乃登竄徙悉歸。上故好元素術多所服餌，晚節益甚，階時時持之。而方士熊顯與藍田玉胡大順，比而爲妖，安鍊水銀托乩語進曰：金書天章，是爲先天水銀長生之藥。上以問階，階力言其不可輕餌，乃已。又以乩當請而不下，問階，階對謂：紫姑附筆亦有之，第此曹不能究其術，大較與所使媾結，得上旨乃能答，今不得上旨，故不能答耳。因極言藍田玉胡大順譸張恫喝以挾取人貲，不可信。亡何，俱以妖露論死。上既以服餌，故病躁，而戶部主事海瑞極論上過失，因而風譏階。上恚甚，逮置詔獄，欲殺之，且諭階于南都治別殿棲止以避瑞。階謂：主聖則臣直，瑞固戇，然不過仰恃聖明在上，沾直諫名耳。殺之則成其名，容之則益見聖德之廣。上抵階疏地，已而取讀之，又取瑞疏讀之，遂得長繫。上雖不殺瑞，然意忽忽不樂，病亦益甚。論階欲幸興都。階謂且試之也。因據上體罷，不耐輦路勞爲對。而上意忽決，諸中涓貴人皆具帟幙糗糒之類。六軍且甲矣。以問階，階乃力言：南幸事臣所以不敢從命者，一以爲聖躬計，一以爲國事計。往者興都之幸爲己亥，距于今二十有七年。皇上自度精力之壯盛孰與往時計？聖體違豫十有四月矣，毋論彼二十七年，卽今日體氣之康豫，孰與此十四月前？夫輦行不及宮居之安，途次不及殿庭之適，計天祐聖躬，豈必遠行，而後獲萬康之慶也。己亥之歲，邊警甚輕。彼時猶遣輔臣行邊，六卿出督，內而九門外而三關俱設大臣，帥重兵以鎮之。今之邊境聲息時聞，內外官軍未甚整練，而六飛遠狩，都輦空虛，狡逆之徒倘或竊發，聖駕在外能不驚憂？抑不特此二事而已；至于有司科歛小民，如聖慈所軫念，全楚兵荒頻仍如撫按所奏陳者，臣尚未之及也。上指奏內狡逆之徒，倘或竊發獨乙之，而報階曰：此八字不可作常視其罷行，于是中外心遂安。始春芳訥之共政也，事階謹，側行傴僂若屬吏，而朴、拱皆階所薦也，顧于禮稍倨。兩人皆河南，爲鄉曲，而拱以朴蚤貴，事推之；朴念拱侍經裕邸，冀得其力，兩人相與懽甚。階微聞之不懌；而拱以驟貴而驕，每謂階太假言路，爲非大臣體，言路亦聞之，而吏科都給事中胡汝嘉者，才而好挾重，故嘗與拱貌相善也。偶劾罷拱之姻親工部侍郎李登雲，拱與客言之而怒，汝嘉內自危而又探知階意。時拱未有子，乃移家近西華門，日伺上晝寢，則竊出與女媵私，迫暮而後進。又一日，上病甚，誤傳有非常，拱盡歛其直舍器服書籍出之。汝嘉以是爲拱罪露章，劾之，且發其他事，賴上瞶不省，階擬旨報聞而拱辭辨疏上，亦兩解而已，亦無所襃美，拱意階右之，謂汝嘉欲深文殺我，以是恨二人切骨。亡何，上大漸，遂崩。當大漸時，階念上英斷類高帝，獨齋醮土木珠寶織作不已，民力小困，而一時抗言廷諍得罪者雖其志若已伸而未牽，復欲自登極詔發之不能，無疑于改父而上，克終之德未光。時間人張居正爲學士，方授經裕邸，夜召與謀，具遺詔草不以語同列，質明謁王請入臨畢，遂以詔草上報，可。詔下，朝野舉手相賀，至有喜極而慟者，同列皆惘惘若失，而朴尤椎時語人，徐公謗先帝，可斬也。拱亦與相應和，而是時朝儀廢不講者二紀餘，初元故老，獨階一人在，諸所草創皆中節，而登極詔赦尤詳切，人舉以配先帝。登極詔云：登極詔，故相楊廷和草也，廷和言至是始驗。都給事中胡汝嘉以數言事得用轉橫，而會吏部、都察院考察庶僚，汝嘉亦參與焉，既得旨而復論救給事中鄭欽胡維新非故事，于法當罰懲，而階時已示公同列使輪直筆而己酌之。時郭朴當執筆曰：汝嘉小臣也。上甫卽位而敢越法，無人臣禮，宜削籍。階度朴爲拱報讐而旁睨拱，則已怒目攘臂，乃不復言，而削汝嘉籍，爲編氓。命既下，諸給事御史合疏請留汝嘉，其語有所侵摘，階乃與春芳等具疏，謂汝嘉論救考察非法，所以擬斥。給事御史謂上初卽位，宜開言路，廣德意，所以請留臣等，欲守前説，則涉違衆而無以彰陛下恩，欲從後奏則涉狥人而不能持陛下法，因兩擬去留以請中旨，薄汝嘉罪調外而當。階具疏。時拱故不言，而目屬郭朴，復力持之，幾失色，于是言路意汝嘉謫出，拱指羣上疏攻之，上以拱輔臣具故，嘗受經，不聽，歸而言路益攻之不已，拱恚甚，欲階擬旨杖責。階從容言：當先帝時，以譴斥威言者不已，而至杖；杖不已而至戍，且長繫；戍長繫不已而至僇，然竟不能杜其口，有如海瑞者，出吾曹人臣耳，甯可以力勝。拱益不悅，而恃上左右多裕邸中知舊，乘忿抗疏至與言者辨而交相詈。當是時，內閣凡六人，階與春芳、朴、拱而益以陳以勤、張居正。以勤、居正亦皆上所受經而拱友也。一日方會食，拱忽謂階曰：拱嘗中夜不寢，按劒而起者數四矣。公在先帝時，導之爲齋詞以求媚，宮車甫晏駕而一旦卽倍之，今又結言路而必逐其藩國腹心之臣何也？階良久曰：公悞矣，夫言路口故多，我安能一一而結之？又安能使之攻公？且我能結之，公獨不能結之耶？我非倍先帝，欲爲先帝收人心，使恩自先帝出耳。公言我導先帝爲齋詞固我罪，獨不記在禮部時，先帝以密札問我，拱有疏願得效力于醮事，可許否？此札今尚在，拱乃頩赤語塞。春芳等邀而與至階室謝罪，階出卽堅臥引疾，拱亦引疾，上俱慰留之，而拱以登極恩遷武英殿大學士，與朴、春芳俱加少傅、太子太傅，驟貴甚，于是給事御史合而就階第，敦勸視事，而其醜詆拱，無所不極，口乃至白簡無虚日，而南都亦響應矣。當先帝日，所以嚮信階甚，階又多在直，其二子在外，不能無干請，舍人子横行鄉里，間頗有指拱，故鉤得之，緣飾爲，疏將以訐指階而至，是迫則授其門生。御史齊康俾上之階乃疏辨乞休，而左都御史王廷等合九卿及給事御史交章請留階，而極論拱與齊康罪狀。上爲謫齊康遠外，而許拱養疾，然尚賜金幣馳驛，遣行人導行，而使鴻臚卿宣諭。階始出視事，乃露郭朴所以私拱而阻胡汝嘉狀，于是言路移攻朴，朴亦不能安，久之引疾去。其恩禮薄不能如拱而頗有以階爲甚者。時上開經筵，階爲知經筵事，春芳、以勤、居正同知經筵事，修世廟實録，階與春芳俱充總裁。亡何，上欲幸舊邸，階等三疏止之，不聽。先帝朝言事諸臣得罪者多自田間起，暴貴而既以階勝拱，則恃而益強，事毋論大小輒争。上久而不能堪，諭階等，責其欺肆，令詳處。階言言官遭際昌時，思欲報答，非敢爲欺第。性氣粗率，則言或過當；事出風聞，則語有失實。不諳事體，誠有之，謹録聖諭傳示，使各省改。而同列尼之者云：奈何不擬薄譴？階曰：即上遽有譴，我曹且力諍而乃導之譴乎？則曰：如上諭詳處，何曰令省改卽處也？及疏上，上亦竟弗罪也，而御史李惟觀上疏，請毋得詰言者，以廣忠益。階擬旨報聞，上以筆乙之，而給事中馮成能復推其意，爲疏，婉而加詳，同列謂得無復作報聞乙乎？階擬旨謂聽諫乃朕素心，卽善言未嘗不嘉納，昨諭爲不諳事體者發耳。自今宜審所言以稱塞朕意，同列皆難之。階曰：彼獨不難言而我乃難擬也，且上所以乙御史疏者，正謂未有以開明之耳。擬上果不異。俄而有中旨令翰林臣撰中秋宴致語，階疏謂：先帝神主猶在几筵，卽小小宴樂猶不可，而况致語哉！上于是併罷宴。上欲以九月詣天壽山，行祀諸陵。階與同列言：皇上此舉蓋重祖宗弓劒之藏，切歲時霜露之感，非他遊幸比。第天子之孝，以保安社稷爲大，故龍輴發引尚不親送，山陵二祭止于遣官，今日暑雨，而後禾稼渰没，坊舍摧塌，萬乘親行六師供億何以待之？蒞持者再，而上不聽，乃盛陳北敵窺伺叵測意以聞，始報，俟異日。其明年春，警稍解，上竟行謁陵禮，甫至齋宫，而使中貴人滕祥、李芳以意問曰：行禮在次日，上欲輕騎，一出觀形勝，可乎？階曰：上以祀來乎？以觀形勝來乎？以祀來，則先遊而後行禮，非所以展孝思也。祥等曰：然，乃祀畢而後出遊。俄奉旨以太監吕用等，分監團營兵。階與同列上疏謂：今無所謂團營者，且中官坐營起于景帝，而革于世宗，臣望陛下以世宗爲怯，以兵政隳廢爲慮。上不懌，所以督責頗峻，而階等争之益力，乃爲寢前旨。俄復命修内教場，勒中貴人習騎射。階因御史言，復率同官上疏謂：陛下此舉，蓋因邊方多事，居安慮危，故示邊臣以意使之振戎飭武耳。如御史言則有防微杜漸之慮，臣等竊謂邊方遠，禁地近，聖躬重，戎務輕。當先帝時，嘗欲立二内營而復止之，此必有深意在，不可不三思也。亦報寢。聖誕日修先帝故事加恩階，録一子尚寶司丞，春芳加兼太子太師、建極殿大學士。階尋考十八年滿，自劾求去。温旨慰留，不聽，而命吏部議擬加支伯爵，俸録一子，錦衣千戶，仍進少卿，璠爲太常卿，賜敕褒諭，宴禮部。階辭，乃聽，免伯爵俸。時有小璫以事干巡城御史，不應。則踵門而詈御史，御史怒，執而笞之，羣璫趣之司禮中貴所，欲奏訐御史，階業爲解，得免，而御史乃前論璫，璫恨甚，結黨百餘人要御史于午門毆辱之。都御史王廷擬疏糾羣璫以問階，階念疏卽行，彼璫争自匿，欲得其主名，則且展轉不可究詰。萬一彼先之以誣我，禍且叵測，先朝事可鑒也。乃使人致司禮之上佐曰尚文者，語之曰：諸貴人羣毆御史，業何處？文倨謂内外各有體，相公毋但爲御史惜。階曰：吾非爲御史惜，爲國家大體惜，且爲司禮諸公惜耳。文怪問何謂？階曰：毋論御史王臣，卽天子臨御之所而羣毆人，能保上之不怒乎？諸公何不以時詷得其人而速奏之？卽外廷有繼者，其輕重在諸公手，而上必不怒諸公，體故在也。文悦以告其長。滕祥悉得其主名，条之王廷。疏繼上，羣璫窘不能自匿，又無可以宛轉道地者，悉就逮。杖其首惡三人，百發邊戍，餘九人各六十，爲南京浄軍。階既以詔旨省諸鎮，進鮮奪太和事權與諸監局工役，而所持諍又多，宫禁事伸者十且八九往往假曲而行。久之，其人益側目。而李芳者，故與梁佃俱侍裕邸爲承奉。其在世宗時，芳已備散局。其人頗好讀書，自負，以吕強、鄭衆之流甚惡。嚴嵩奸而薄，階以不能救正，既與佃俱驟貴，而佃聾老，滕祥已卒，芳益發舒，數抗章言外廷事，而諸多以故事持之不盡讐。芳頗以望階，階亦覺其意。會諫上幸南海子，不聽，上疏乞休至三，上皆優詔不許。而亡何，張齊之事起。張齊者，戶科左給事中也。使宣大納商賄三千金，而爲之請，欲破壞鹽制以利予商，大司農格不行，商聚而咻之，事且泄，故爲大言，聳階欲發兵十萬襲邊民之從寇，曰：板升者爲奇功以解，階哂而已。己謁吏部尚書楊博，博偶問君近從二邊來，鹽商得無困否？齊謂博已知之。復上疏請考察庶僚及聽大臣自陳，冀以恫喝止博，而階復謂非時，不許。齊迫則走謁階子璠，欲求爲居間，璠病不出。齊恨甚，遂露劾階六事，多御史康陳語。詔調齊外任，階再上疏乞歸，而張居正意不欲階久居上，且與高拱有宿約，以密紙報李芳階倦不任矣，遂許之。尋賜馳驛，再以春芳等請加恩，給夫廩璽書褒美，行人導行如故事。陛辭賜白金寶鈔彩幣襲衣，于是九卿大臣給事御史上疏慰留，而都御史廷獨探得齊納賄事，劾之下獄，論戍邊，而春芳始爲政。春芳爲人，性寬，平事期安靜，不好爲躁刻，時人比之李時，其氣力不如也，而潔廉過之。時陳以勤、張居正居其下，居正視春芳蔑如也。始春芳見階乞歸，而歎曰：徐公尚不任調停，我何以勝之，旦夕惟有歸耳。居正從旁曰：如此庶幾成一名。春芳嘿不應，而亡何，趙貞吉自詹事府入。貞吉故有伉直聲，既爲嚴嵩所籠絡不能，堅久而晚節中貴人陳洪善而薦之。既入，多所紛更，欲創革兵制，與兵部尚書霍冀異，使言官噪而逐之，又緣冀孽吏部尚書楊博于陳洪，復逐之，中外皆側目。春芳模稜而已，不能有所持衡，而居正與上左右合起拱于家，使掌吏部。故事，居內閣者不當出理部事，理部事不當復與閣務。拱稱掌不言，兼當爲部臣矣。以故不遣行人賚璽書諭，而僅部咨。拱日夜馳至京，而趙貞吉亦謀之春芳欲掌都察院，春芳不能違拱。既陛見與貞吉俱免奏事承旨，遂叅預閣務，而王廷與刑部尚書毛愷卽日歸矣。胡汝嘉以叅議方憂居一夕自恨死。而最右階而攻拱者歐陽一敬陳贇皆以給事中爲太僕太常少卿，皆移疾歸。一敬至在道憂死，物情洶洶，拱乃使其所知徧布腹心于言路曰：拱當洗必滌慮以與諸君共此治朝，所修怨而快意者，有如此日。言路諸臣乃稍稍自安。拱亦間進一二以明無他，而拱既已安，則漸橫出，而坐吏部斥陟四品以下風言路之爲其門人若韓楫程文宋之韓輩，使齮齕三品以下入，而扼春芳腕使必行。而是時趙貞吉亦恨階之不留，爲禮部而遷之南京也，相與日吹摘舊事以見階短。時撫按諸臣猶舉遺詔，請褒進刑部主事唐樞，官而廕杖死者都給事王汝梅子。拱特爲之寢格而上疏極論，謂先帝以神聖御極，峻烈鴻猷，昭揭宇宙。皇上嗣登寶位，志隆繼述，所謂不改父之臣與父之政；而當時不以忠孝事君，假托詔旨于凡先帝所去，如大禮大獄及建言得罪諸臣悉起用之，不次超擢立至公卿，其已死者悉爲贈官廕子。夫大禮先帝所親定，所以立君臣父子之極也。獻帝尊號已正，《明倫大典》頒示已久，而今于議禮得罪悉從褒顯，將使獻皇在廟之靈何以爲享？先帝在天之靈何以爲心？皇上歲時祭獻何以對越二聖？至于大獄及建言得罪諸臣豈無一臣當其罪者，而乃不論有罪無罪、賢與不肖悉加褒顯，無乃以反商政待皇上歟？卽武王克商，反其政，亦不過釋箕子囚，封比干墓，加意賢者而已，未聞其于商家所不用之人盡用之也，而況皇上乎？皇上先帝之親子也，議事者先帝之臣遺諸皇上者也，而乃敢于如此，自悖君臣之義，而傷皇上父子之恩，非所爲訓天下也！夫人臣歸過先帝，反其所爲以行己之私臆，非一日矣。宜亦有明之者矣，而今當事之臣尚公然爲之不覺其悖，旁觀之人尚漫然視之不以爲非，豈天理果滅，人心果死歟？若終始嘿嘿，不一破其說，恐天下之人直以悖逆爲當然，天經地義淪斁日深，無父無君之事將由此起，則何以爲國也？得旨是其言，罷樞及汝梅不旌。復以遺詔：王金、陶世恩等妄進藥物，損朕躬而法司當之子殺父，律當剮。當朝審，拱復上言：臣閱此讞牘，不勝隱痛流涕，曰先帝之受誣一至此哉！古之人君有殞于非命不得正而終者，其名至爲不美。先帝聰明睿智，事無大小，洞燭隱微，至于保愛聖體，尤極詳慎，卽用太醫進劑，亦必有御札與輔臣商確，安肯不問可否，輕服方士之藥？又安有既服而受傷，不以爲言又復服之理？先帝臨御四十五年，享年六十，壽考令終，蓋自古所罕有者。末年抱病經歲，從容上賓，曾無暴遽，天下所共聞；而今乃擬王金等前律謂先帝爲王金所害，然耶？否耶？議事者不知何意，誣以不得正終，天下後世以先帝爲何如主？因乞下法司更議其罪，仍宣示遠近付史館，有旨復是其言。前是時有司所論金等殺父律果未當，拱得以藉口其議，亦有可采者。而拱意實欲寘階死，所謂欺謗先帝、假托詔旨皆死法也；且因以傾春芳。賴上不甚解，不及階法司，改減王金等至戍。刑科給事中駁謂金等坐前律固不當，而熒惑先帝事有指宜，坐斬勿赦。拱怒，遂遷給事中于外。拱爲人有材氣，英鋭勃發，議論風起，而性迫急，不能容物，又不能藏畜需忍，有所忤觸之立碎，每張目怒視，惡聲繼之，卽左右皆爲之辟易；既漸得志，則嬰視百辟，朝登暮削，唯意之師，亡敢有抗者。間遇親知引滿謔浪一坐爲懽。在詹事日與學士瞿景淳同修大志，嘗引鏡自照曰：吾殆神龍乎！景淳老儒，然亦好戲曰：公以爲龍耶？吾直謂蚯蚓耳！拱大怒，擲鏡碎之，詬曰：出！景淳，春芳座主也，以侍郎歸病卒；而是時陳以勤與拱俱爲裕僚而名位亦相等，拱意忌之，會以勤奏時政六條中，于吏部微有忤。偶與其屬言及曰：高公故不諳此。其屬泄之拱，拱怒，即故屈其奏，多不行；而以勤微知其端，上疏懇乞休優。詔加兼太子太師、吏部尚書，璽書褒獎賜金帛夫廩，馳驛使行人護行。以勤歸，而拱益横。既覘知上意有所不悅于言路，遂因左右媒而傳旨下吏部考察。拱請與都察院共事，貞吉雖故與拱合而欲甘心階，然惡拱之借考察以盡快宿憾。上疏止之，不聽，而拱以是恨貞吉。拱乃悉録其嘗論摘者，魏時亮等黜之，陳瓚等謫之；而間及貞吉所厚，貞吉亦持拱所厚以兩解，拱以是益恨貞吉；而韓楫爲吏科都給事中，遂上疏論貞吉庸横疏當罷。貞吉恚力辨謂：人臣庸則不能横，横非庸臣之所能也。往奉特旨命臣兼掌都察院事，臣所以不敢致辭者，竊思皇上任高拱，以内閣近臣而兼掌吏部，入參密勿外主銓選，權任太重，雖無丞相之名，而有兼總之實，即古丞相亦不是過。此聖祖之所深戒，而垂之訓典者。皇上委臣以綱紀彈壓之司，與之竝立，豈非欲以分其勢而節其權耶？今且十月矣，僅以此考察一事與之相左耳，其他壞亂選法、縱肆大惡照然在人耳目者尚禁口不能一言，有負任使如此，臣真庸臣也！若拱者，然後可謂横也已！夫楫乃背公私黨之人，而拱之門生，其腹心羽翼也。他日助成横臣之勢，以至于摩天决海而不可制，然後快其心于此，已見其端矣！古之史魚，一小國之臣爾，雖死不忘其主，尚欲以尸諫；臣受皇上知遇若此，今雖去，敢不以國家大禁、聖祖之所深戒者一陳于君父之前乎！因請還拱内閣，勿再預吏部事。中貴人洪雖欲兩庇之，知必不可竝立，爲言于上，使貞吉歸；而拱亦上疏辨其辭頗遁。上優詔慰諭之，然竟貪吏部權不能辭也。階之在先帝朝，而燕中有習白蓮教者相聚爲奸淫不已，且若有異謀，其伍有告之階家僮徐實者，階以屬兵部，時楊博爲尚書，悉捕而誅之。實論功得爲錦衣衛百戶，頗横燕中，至是拱使人告言實罪下獄，煆煉之，俾引階爲誣人反，妄殺以爲功，而不能就止，坐實他事死，拱益快快。于是召齊康起張齊，而會階之鄉人陳懿德者素不悅于階，自翰林謫而拱其座主，擢爲尚寶司丞，懿德乃與同門韓楫、程文、宋之韓及兵部郎中周美等日爲拱恫喝，言階以數萬金謀于中貴人且起用矣。至曰：階使刺客刺公矣。時時推算階星命，以媚拱曰：階于法當僇死，其數亦盡，今歲而階之子前太常卿璠與少卿琨性貪鄙，嘗使其家人置私邸于燕市，貲可三萬金，階不知也。客乃爲拱謀，階所藉以復起者貲，竭其貲可無復起。乃因階之鄉人漢陽守孫克宏行候問，而指其爲階所使，捕其人下司隸。御史使引邸中僮奴悉逮而籍之。復使給事中張博等論階三子行，巡按御史逮而起其門人前蘇州知府蔡國熙于家，復其官，旋擢爲蘇松兵備副使，委以階父子；而階之讐復上書誣階父子事，併下撫按，悉以委國熙。國熙故任蘇時，潔廉有惠愛，時階方在政而奴之賈于蘇者横，國熙以法外窮治之。御史聞而數難國熙，不自得，乞休家居。久不能持貧而謁齊康挾之干拱，拱悉其事，故擢之。國熙乃窮治其事，且募能言階三子及家人事者有賞。于是階之故人子、前府同知袁福徵諸生莫是龍皆以微憾爲謗書，藉陳懿德以投拱。福徵遂即家補鳳翔，且之任首挾階五百金。于是凡生平賂階之三子者，有所負進而多責償者皆前挾金不已；而奸駔小人至無故而挾之，亦得所欲去。三子皆就縶，僅階留而不堪其咻堵其室矣。松俗故澆，至是遂益潰壞，浸淫及他郡，拱于是多改其門生爲部屬大理者，悉以爲給事御史，而部之員外郎至知州入而實授五品者亦得爲給事。自劉瑾亂政，時一行之數十年所未有也。前是俺荅之孫把漢那吉來降，請歸之，當入貢，因與互市。邊臣王崇古、方逢時爲言于朝，朝議嘵嗜不能一。拱奮身主其事，張居正亦和之，所以區畫頗當。亡何而貢成，春芳亦緣以進少師、中極殿大學士兼支尚書俸；而拱加兼太子太師，居正加少傅，俱進建極殿大學士，録一子尚寶司丞。春芳雖以拱之故不得舒，然猶時取裁酌，不至過甚，間爲階寬解而拱漸不樂。南京吏科給事中王楨緣而論春芳，乃力請骸骨，凡三上疏，許之。恩數一視階，而拱當居首陽，上疏請解部事，三辭，上不許，而賜之白金文幣繡蟒服，所以褒諭甚厚，亦陳洪力也。時廣寇方鴟張，督撫臣請以兵討除之，與拱意合，乃爲奬借得盡力；而遼東數年用兵，拱善其撫臣張學顔以及總帥李成梁，撫而用之，遂屢勝成功名。拱初起強自勵，人亦畏之，不敢輕賕納；而其弟爲督府，都事者依拱後第而居于是，韓楫等乃數攜壺榼往爲小宴，拱自閣或吏部歸卽過其弟，見而悅曰：若等乃爾懽，吾不如也。因留酌。自是以爲恒，而益以珍餚果，飲食愈暢乃各進其所私，人欲遷某官得某地。拱時已且醉，曰：果欲之耶？以一琴板書而識之，次日除目上矣。以是其所狎門生及客皆驟富，門如市。而楫文之韓輩有所恨于他。給事御史至中夜警門而入，拱出見之，則陽怒若氣不屬者，曰：某某乃欲論吾師，吾知而力止之，暫止耳，故不可保也。拱恚且恐，質明，卽召文選郎移缺而出其人于外，亦不更詳所繇。以是中外益畏惡拱，以爲叵測；而拱醉後時時語客曰月用不給，奈何？其語聞諸撫鎮以下，賕納且麕集矣。初，司禮之首璫闕時，馮保以次當進，而偶有所忤，不得意于上；拱亦素畏之，乃緣上意薦陳洪。洪故長御用者也，例不當司禮而得之。保恨洪，因併恨拱。洪因而力爲拱內主；然其人不甚識書，久之，以忤旨罷出外；而孟沖長尚膳者也，與司禮遠而以割烹當上意。拱復薦之，而保居次，如故其恨拱刺骨；拱亦覺之。拱故爲祭酒而張居正以中允兼司業，拱自負以必且相，相則當雄重不爲經常貴人而已，而器居正材，謂且勝我；居正亦委心依拱，兩人懽相得，不啻兄弟，每夜語恒達丙。而其後拱不容于階，居正爲之謀，得善歸。其復出，居正亦與有力。復合而傾其同類且盡，僅一殷士儋亦裕邸故臣，自禮部入，累遷至少保、武英殿大學士矣。士儋之入亦中人援，以不由拱故，拱不能無忌而居正亦厭之。士儋椎不能曲事拱，而拱素賢張四維，自諭德躐爲學士又躐爲吏部左侍郎，幾欲前薦之入閣，而士儋得之，故亦心怨拱與四維。會四維以鹽鹽事見糾，御史郜永春雖解，而他御史復及之，疑出士儋指。于是拱之客亦有爲四維而論士儋者，士儋亦疑出拱指，而韓楫復揚語脅士儋，欲其自免歸。故事，給事中朔望入閣揖。士儋對衆而詰楫曰：聞科長欲有憾于我，憾則可爾，毋爲人使。既別，拱語之曰：非故事也。士儋忽勃然起曰：若爲張吏部道地而抑我，我不敢怨；而今者又逐我而使張吏部據我坐，若逐陳公再逐趙公又再逐李公次逐我，若能長有此坐耶！揮拳擊之，不中，中几，其聲砉然。拱不能卒答，居正從旁解之，亦誶而對。明日韓楫之疏上士儋得請致仕；而階從困中上書拱，其辭哀，拱雖暴戾，頗心動。居正亦婉曲以解；而蔡國熙所具獄成其長子璠、次子琨氓，其少子瑛家人之坐戍者復十餘人，沒其田六萬畝于官。御史聞之朝，拱乃爲旨謂太重，令改讞；而國熙聞而變色曰：公賣我！使我任怨而自爲恩。尋以遼東大捷聞，拱進柱國、中極殿大學士；而居正以六年滿加兼太子太傅，至是再加少師。是時內閣獨拱與居正。拱等因上疏請益。補報謂：吾用卿二輔以理天下足矣，何必益？拱乃薦起故少傅、吏部尚書楊博，禮部尚書高儀于家，然尚不肯還博于吏部而使之長兵部，儀亦以原官領詹事府而已。久之儀始以文淵閣大學士入閣，與拱同事；而御史汪惟元上疏譏刺時事，謂執政之臣不當爲操切報恩仇。拱召而詈之，亟補按察僉事以出。而尚寶卿劉奮庸所上疏，其譏刺益切。給事中曹大埜遂抗章糾拱罪狀，遂并奮庸謫外，而疑居正與知之，又以其常與中貴人通而匿其事，面叱數甚口。居正頗赤，強笑謝罪。拱淺人也，不復記；而居正銜拱深然絕不露。拱以大埜言稍戢斂而司禮孟沖復忤旨，出外。保遂代之，與拱意相忌而穆宗不豫。尋大漸，召拱、居正見而馮几執拱手，顧皇后言以天下累先生，且復爲諭，屬拱等後事。事與馮保等商確而行。俄而上晏駕，時今上在東宮，拱乃條列卽位數事上之，頗周悉；然大指使政歸內閣而不旁落。尋要其門下給事御史爲諸疏以劾馮保，時居正當遣視陵地，不出，拱使所厚語居正曰：當與公共立此不世功！因語云云。居正陽笑曰：小事耳，何足言不世功？而密遣人報保。保得爲備，乃言于皇后、貴妃曰：拱欺太子幼沖，欲迎立其鄉周王以爲功；而已得國公爵矣，又多布金于兩宮之近侍俾。言之，皇后與貴妃皆錯愕，保乃抑給事御史疏不遽達，而擬旨逐拱，責其專擅無君，令卽日歸田里；以次日召羣臣入聽宣詔。拱猶謂此必逐馮保也，使使約居正入朝，居正前已知之；而稱腹疾，故徐徐進至奉天門。中官出三宮，詔皆啟而授鴻臚使宣，則逐拱。拱面色如死灰，汗陡下如雨，伏不能起。居正旁掖之起，使兩吏扶攜出。以明晨僦贏車出宣武門，道旁人皆揶揄之，有詈者。居正乃與高儀疏請留拱，不許；請給驛，許之。至良鄉而始具威儀以歸。于是階事盡解，三子皆復官，家人不罷一笞杖，至年八十，天子遣行人卽家賜璽書褒諭錫金幣及繡蟒服，階遣其孫疏謝詔，予官中書舍人。明年卒，賜祭者九，復加四祭，以示重官。爲治葬，贈太師，謚文貞，再予一子官尚寶司丞；又明年，春芳亦卒，賜祭九，加二祭，其他俱視階，亦贈太師，謚文靖；而拱之歸也，意忽忽不自得，間從故人飲，或盛服擁輿從，或乘一驢，楚服馮策，或從十餘騎遊獵，而笑階深居掉書囊；與客必談朝家事爲俗。而亡何，有奇衺人輕入至乾清宮門，適上出，爲誰何者所獲；而馮保得之，置刃其袖挾，使稱拱與陳洪謀以千金餌而使行刺。時保兼領東廠，與朱希孝同讞獄，且成矣。保先使四緹騎馳詣新鄭，頤指縣官備拱之逸，縣官卽發卒圍拱第，家人悉竊其金寶鳥獸竄，拱欲自經不得，乃出，見緹騎，問將何爲？緹騎曰：非有逮也，恐驚公而使慰之耳。拱乃稍稍自安，而會居正初亦欲重拱罪，既念以非事體，乃微風保，保尚持不肯從；乃復風希孝，希孝行數萬金以賂保用事者，且賂三宮左右。當再讞，忽大雷電，保懼，乃盡反其辭，而坐其人以闌入宮門，趣棄之市。拱以驚憂成疾，後稍愈，不復振，卒。事見《居正傳》。其家以卹典請馮保傳旨，謂拱事先帝，欺肆不忠，罷弗予。居正等請之，始許復其官，祭葬如例。已復傳旨，止予半葬而列其過于祭詞。春芳之歸也，父母故無恙，日縱聲樂爲懽飲。其父母以壽終，而春芳病盲卒，時年七十五。

張居正

《明史》卷二一三《張居正傳》 張居正，字叔大，江陵人。少穎敏絶倫，十五爲諸生。巡撫顧璘奇其文，曰：國器也。未幾，居正舉於鄉，璘解犀帶以贈，且曰：君異日當腰玉，犀不足溷子。嘉靖二十六年，居正成進士，改庶吉士。日討求國家典故。徐階輩皆器重之。授編修，請急歸，亡何還職。【略】

尋遷右諭德兼侍讀，進侍講學士，領院事。【略】尋遷禮部右侍郎兼翰林院學士。【略】尋充《世宗實録》總裁，進禮部尚書兼武英殿大學士，加少保兼太子太保，去學士五品僅歲餘。【略】

帝虚己委居正，居正亦慨然以天下爲己任，中外想望丰采。居正勸帝導守祖宗舊制，不必紛更，至講學、親賢、愛民、節用皆急務。帝稱善。大計廷臣，斥諸不職及附麗拱者。復具詔召羣臣廷飭之，百僚皆惕息。帝當尊崇兩宮。【略】

居正爲政，以尊主權、課吏職、信賞罰、一號令爲主。雖萬里外，朝下而夕奉行。黔國公沐朝弼數犯法，當逮，朝議難之。居正擢用其子，馳使縛之，不敢動。既至，請貸其死，錮之南京。漕河通，居正以歲賦逾春，發水横溢，非決則涸，乃采漕臣議，督艘卒以孟冬月兑運，及歲初畢發，少罹水患。行之久，太倉粟充盈，可支十年。互市饒馬，乃減太僕種馬，而令民以價納，太僕金亦積四百餘萬。又爲考成法以責吏治。初，部院覆奏行撫按勘者，嘗稽不報。居正令以大小緩急爲限，誤者抵罪。自是，一切不敢飾非，政體爲肅。南京小奄辱給事中，言者請究治。居正謫其尤激者趙參魯於外以悦保，而徐説保裁抑其黨，毋與六部事。其奉使者，時令緹騎陰詗之。其黨以是怨居正，而心不附保。【略】

帝初政，居正嘗纂古治亂事百餘條，繪圖，以俗語解之，使帝易曉。至是，復屬儒臣紀太祖列聖《寶訓》、《實録》分類成書，凡四十：曰創業艱難，曰勵精圖治，曰勤學，曰敬天，曰法祖，曰保民，曰謹祭祀，曰崇孝敬，曰端好尚，曰慎起居，曰戒遊佚，曰正宮闈，曰教儲貳，曰睦宗藩，曰親賢臣，曰去奸邪，曰納練，曰理財，曰守法，曰儆戒，曰務實，曰正紀綱，曰審官，曰久任，曰重守令，曰馭近習，曰待外戚，曰重農桑，曰興教化，曰明賞罰，曰信詔令，曰謹名分，曰裁貢獻，曰慎賞賚，曰敦節儉，曰慎刑獄，曰褒功德，曰屏異端，曰飭武備，曰御戎狄。其辭多警切，請以經筵之暇進講。又請立起居注，紀帝言動與朝内外事，日用翰林官四員入直，應制詩文及備顧問。帝皆優詔報許。

言官劾纂、省吾并劾居正，纂、省吾俱得罪。【略】詔奪上柱國、太師，再奪謚。【略】

詔復故官，予葬祭。崇禎三年，禮部侍郎羅喻義等訟居正冤。帝令部議，復二廕及誥命。十三年，敬修孫同敞請復武廕，併復敬修官。

(明)王世貞《弇山堂别集》卷四《皇明盛事述四·文臣偏歷一品階勳》

張居正初加階榮禄大夫，再以恩詔加光禄大夫，三加柱國，四加特進，五加左柱國，六加上柱國，尤爲盛事。張辭上柱國，遂以爲贈。

(明)王世貞《嘉靖以來首輔傳》卷七《張居正上張四維附》 是時爲嘉靖之丁未、戊申間，諸進士多談詩爲古文，以西京、開元相砥礪。而居正獨夷然不屑也，與人多默默，潛求國家典故與政務之要切者衷之，而時時稱老易以爲能得其用。諸老先生如徐階輩，皆器重其人，相推許，遂得授編修。尋以妻喪，請急歸。亡何還職。居正爲人頎而秀眉目，美鬚，鬚幾至腹。沈深有城府，莫能測也。時嚴嵩爲首輔而忌徐階，諸善階者皆避匿，而居正行意自如。嘗考會試，而其門生自喜客於嵩，能得嵩意，居正衆斥之曰：李樹不代桃僵耶？亟去毋辱吾門。衆稍莊憚之，而有天幸毋爲嵩耳目者，嵩顧亦稱居正。久之，遷右春坊右中允，領國子司業事。居正待諸生嚴，亡所寬假，而獨與祭酒高拱善，相期以相業。尋還理坊事，遂以選侍裕邸講讀，王頗賢之。邸中中貴人亦無不賢居正者，而李芳數從問書義，頗及天下事。尋進右諭德兼侍讀，預校《永樂大典》，復預修《興都志》，始解裕邸講，進翰林院侍讀學士，領院事。時階代嚴嵩首輔，盡以志事委居正，而其所具藁草，輒爲輔臣袁煒所削。及煒卒，階乃復從居正草，進於上。上意不懌，亡遷賞。然中外目屬居正，謂必大用矣。世宗崩，階草遺詔，頗引以共謀事。具階傳。居正尋遷禮部右侍郎兼翰林院學士。月餘，與裕邸故講臣陳以勤俱入閣，而居正爲吏部右侍郎兼東閣大學士，尋充《世宗實録》總裁。經筵開，爲同知經筵事。至秋，進禮部尚書兼武英殿大學士。亡何，加少保兼太子太保，去學士之五品，僅歲餘而至一品，其登進之速，雖張、桂不能過也。時年僅四十三。當居正之進閣，閣臣凡六人，徐階最爲老宿，與李春芳皆好折節禮士，郭朴、陳以勤，皆重厚長者。獨高拱很躁而以不得志於言路，稍絀，尋引去。居正最後拜，獨謂輔相體當尊重於朝堂，倨見九卿，他亦無所延納。而間出一語輒中的，人以是愈畏憚之，重於他相矣。徐階既去位，而春芳代，居正意狎視之，以爲不足與有爲。而大學士趙貞吉入其位居居正下，然自負長輩而材，間呼居正張子。有所語朝事，則曰：唉，非而少年輩所解。居正內恨不復答，而與中貴人李芳輩謀召用高拱，俾領吏部，計以扼貞吉而奪春芳政。拱至，益與居正善。當是時，天子頗好游而重武，居正上疏言六事：其一曰：簡議論。謂朝廷之間議論太多，或一事而甲可乙否，或一人而朝由暮跖，或前後背馳，或毀譽矛盾，是非淆乎唇吻，用舍决於愛憎，政多紛更，事鮮統紀。大抵事無全利亦無全害，有所長亦有所短，要在權利害之多寡酌長短之輕重，斷而行之，信而任之。二曰：振紀綱。謂近年以來，紀綱不肅，法度不行，上下務爲姑息，百事悉從委徇。以模稜兩可爲調停，以委曲遷就爲善處，刑法之加，惟在微賤。庶人之議，反重朝廷。賈誼所謂蹠盭者。欲上攬乾綱張紀法，法所當加，雖貴近不宥。事有所枉，雖疎賤必伸。三曰：重詔令。謂天子之號令，譬之風霆。若風不能動而霆不能擊，則乾坤之用息，造化之機滯。欲部院覆奏，數日即報，不得諉之撫按。行撫按議處者，嚴令期限，不得延緩停閣。四曰：覈名實。謂今用人者，稱人之才，不必試之以事。任之以事，不必更考其成。至於僨事之時，又未必明正其罪，椎魯少文者無用而見譏，大言無當者虛聲而竊譽，倜儻伉直者忤時而難合，脂韋逢迎者巧宦而易容。或以卑微見忽，或以名高見崇。或用一善而借資終身，或因一疵而取病衆口。官不久任，事不責成，更調太繁，遷轉太驟，資格太拘，毀譽太易，欲以嚴考課、審名實，責之吏部，官各久任，毋遽遷轉。五曰固邦本。謂近以蠲賦至半，國用不足，邊費重大，內帑空乏，分道檢括，庫藏盡掃，以至水旱災傷坐視而不能賑，用兵供餉首出而不能支。欲上停免一切不急工程，無益徵辦，精擇守令，講求出納。其分道之使，一切取回。六曰飭武備。則欲上修祖宗大閱故事，張皇六師，躬賜校肄，旌別技勇，汰易老弱。疏上，褒諭，下部院議行。於是各推演疏指，事別爲演，多至十餘條，以媚居正。而所謂大閱者，上意果爲動，令所司擇日行矣。大閱費不貲，時方詘。而給事中駱問禮頗言其非急，居正亦覺之，乃復上疏請停止，上不允。居正以善筆札，諸公有密勿疏草，多委之。如救給事中石星、御史詹仰庇，停取戶部金三十萬，請皇太子出閣講學，其草皆自居正。而同列李春芳、陳以勤、趙貞吉、殷士儋之見逐，雖發之自高拱，而其機皆出居正。居正故所獨厚者，司禮中貴李芳。一日言官有忤旨而當懲者，春芳顧而曰：當何處？居正遽曰：不過示責而貸之耳。春芳具如居正語。而俄頃居正以片紙使小吏投芳曰：此人狂妄，即上貸之，恐有繼言者，須謫罰而後可。芳請於上，改停三月俸。而春芳後詗得之，心恨居正而不敢發。尋李芳以強諫失上意，秋錮之獄，而居正小屈。後諸公去且盡，獨居正與高拱在，兩人相得益密。會北敵請入貢，通互市，亦惟居正贊之。初以滿三載加柱國，進太子太傅。再以六年滿，加少傅、吏部尚書、建極殿大學士，兼支大學士俸。遼東戰功，加太子太師。和市成，加少師，餘如故。鄉者少師階，居正故受業知己也，其去由張齊之爲拱而修忮，然居正實言之李芳，謂階久倦宦，以是亟報許。既許而心愧之，階既去然，約束其三子事居正謹。而拱銜階甚，必欲殺之，嗾言路追論階不已，而使其所讐誣飾其諸子罪，下撫按置獄，事益急。階求救于居正，居正從容爲拱言：階一旦叵測，公負薄舊僚名。拱稍心動，而居正頗復爲撫按居間業稍緩，而拱之客乃搆於拱，謂居正納階子三萬金賄，不足信也。拱無子，而居正多子。一日，戲謂居正造物者胡不均，而公獨多子也？居正曰：多子多費，甚爲衣食憂。拱忽正色曰：公有徐氏三萬金，何憂衣食也？居正色變，指天而誓，辭甚苦。拱徐曰：外人言之，我何知？以故兩自疑。而拱之客謂間可乘也，日稍稍以居正過聞拱。而都給事中宋之韓遂具疏且論居正，草成而居正知之，走見拱，而盛氣言曰：公不念香火盟而忍逐我耶？拱錯愕出不意曰：誰敢論公者？居正曰：公之門人宋之韓已具草矣。拱曰：亟呼而止之。居正曰：公發之，安能止之？拱曰：請出之外，以明我心。晨入部，以某省叅政補之韓，而其疑居正益甚。拱又前後薦其所善中貴人陳洪、孟沖柄司禮，而抑馮保。時尚寶卿劉奮庸疏擿時政數事，語侵拱，而給事中曹大埜則極論拱諸大罪。居正爲擬旨，謫大埜於外，奮庸亦坐謫。或云居正實使之，或云獨大埜受之馮保，莫能明也。上一日甫視朝，忽馳而下，且蹞於陛間，第云：國有長君，社稷之福。語且不了了，居正與拱趨而掖之起，還宮，卽不豫者月餘矣。羣臣日詣闕問安，而上方臥，蹶然興，肩輿至內閣。居正與拱驚出俯伏，上擿之起，而持拱臂，仰天氣逆結，久之始云：祖宗法壞且盡，奈何亦復不了了？而持拱袂步且至乾清宮門，始復謂：第還閣，別有諭。明日寂然。而居正察知上色若黄葉，而骨立神朽，慮有叵測，爲處分十餘條，札而封之，使小吏持以投馮保。卽有報拱者，急使吏跡之，則已入矣。拱亦不知爲何語，第恚甚。至閣面詰居正曰：昨密封之謂何？天下事不以屬我曹而屬之內豎，何也？居正面發赤，不能答，乾笑而已。徐而曰：吾日與飲食通，公安能一切瞰我，拱淺謂實然，不復置臆。而上崩，拱與居正懽然具遺詔草，拱復自具草以聞，凡數事，皆欲敓司禮權歸內閣。馮保聞之，意不善也。上方諒闇，拱有請必報可，以爲能得上心，而嗾所善言官四五人，列疏論保，謂必下。拱卽擬旨逐之，而使其心腹韓楫報居正：行且建不世功，與公共之。居正陽笑曰：去此閹若腐鼠耳，卽功，胡不世也？而陰使人馳報保，得預爲備，而逐拱。語見拱傳。居正既代拱首，卽請還楊博吏部。頃之，上御平臺，召居正面諭曰：父皇昔在御日，嘗一再聆德音，謂先生忠而高拱邪。先生幸自愛，悉心見輔。因賜居正金幣及繡蟒斗牛服。居正頓首泣謝，謂：今國家要務，唯在遵守祖宗舊制，不必紛紛更改。至於講學親賢、愛民節用，又君道所先，乞聖明留意。上曰善。亡何，復賜居正白玉帶。自是賜賚繁渥，無虛日矣。時上幼沖，虛己委居正。居正既得國，亦慨然以天下爲己任，中外想望丰采。既已大計廷臣，於拱私黨多所屏斥，而他不職者亦稱是。復具詔草請於上，召羣臣廷飭之，謂：近歲以來，士習澆漓，官箴刓缺，鑽窺竇隙，巧媒躐取，鼓煽朋黨，公事擠排，詆老成廉退爲無用，誇讒佞便捷爲有才，愛憎橫生，恩讐交錯，遂使朝廷威福之柄徒爲人臣酬報之資。是用去其太甚，薄示懲戒，餘皆曲賜矜原，與之更始。《書》不云乎：無偏無黨，王道蕩蕩。無黨無偏，王道平平。朕方嘉與臣民，會歸皇極，諸臣亦宜痛湔宿垢，共襄王道。自今以後，其尚精白乃心，恪恭乃職，毋懷私以罔上，毋持祿以養交，毋依阿淟涊以隨時，毋噂沓翕訿以亂政。任輔弼者，毋昵淫朋以塞公正之路。典銓衡者，毋作好惡以開邪枉之門。有官守者，宜分猷念以濟艱難。有言責者，宜竭讜直以資聽納。大臣當崇養德望，有正色立朝之風。小臣當砥礪廉隅，有退食自公之節。若或沉溺故常，堅守途轍，以朝廷爲必可背，以法紀爲必可干，則祖宗憲典甚嚴，朕不敢赦。詔下，百僚頗惕然。而是時上當尊崇兩宮，故事，天子非嫡生，而尊皇后稱皇太后；若生母，亦稱皇太后，則加徽號於皇后以別之。馮保欲媚上生母李貴妃，乃風居正以竝尊。居正不敢違，於是下議尊皇后曰仁聖皇太后，皇貴妃曰慈聖皇太后，而兩宮不復別矣。慈聖徙居乾清，撫視上，主持國柄而倚馮保爲重，又與保俱德居正，中外大柄悉以委之，而居正亦自淬勵，亡所受狥。經筵開，爲知經筵事。修世廟實録，爲總裁。尋加左柱國，進兼中極殿大學士，予一子尚寶司丞。上疏三辭，不許，而賜白金百兩、文幣四有副、繡蟒衣一襲。復力辭前命，乃許之，下璽書褒諭，以風示百僚。居正之爲政，大約以尊主權、課吏實、信賞罰、一號令，萬里之外，朝下而夕奉行，如疾雷迅風，無所不披靡，乃媮快於志。居恒謂：高皇帝真得聖之威者也。世宗能識其意，是以高坐法宮之中，朝委裘而天下不亂，以太阿不下授也。今上，世宗孫也，奈何不使之法祖！時黔國公朝弼數犯法當逮，而朝議皆難之，以爲朝弼綱紀之卒且萬人，不易逮，逮恐失諸夷心。居正擢用其子而馳單使縛之，卒不敢動。既至，請於上，貸其死而錮之南京，人以爲快。漕河通，居正以歲賦往往遷緩，逾春而後發，卽水横溢，非決則涸，乃采漕臣議，督艘卒以孟冬月兑運，及歲初而畢發，發少罹水患。其始農頗不便，之久而習以爲常，太倉粟至支十年。歲開邊互市餞馬，則減太僕種馬而多令民以其價納，民既樂於不擾，價以時上，太僕金亦積至四百餘萬。又爲考成法，以責吏治。前是六部、都察院有覆奏而行撫按勘者，度事之不易行，或有所按覈，或兩訐當質成者，其緩急爲期限行之，誤者抵罪。自是一切不敢飾非，政體稍肅，而漸有不便於居正者矣。尋以六載滿，加特進中極殿大學士，賜白金、綵繡、寶鈔、羊、酒加等。居正有子曰懋修，與其孽弟居謙俱試於湖廣，得中式。懋修僅能成文，蓋主司有庇之者，人以爲居正不與也。而至會試不第，居正斷斷修怨其主者，人漸識其意。而是時吏部尚書楊博病免當代，廷議以左都御史葛守禮、工部尚書朱衡、南京工部尚書張瀚推。衡自謂官宮保，當前敘，而又素善事居正，頗以驕於公卿間。居正聞而厭之，然亦惡守禮戇，不能骫骳如意，故特拔用瀚。瀚資望最凡薄，其預推也，衆固已怪之自是忽見拔舉，朝大駭，益相率趣事居正矣。始內閣臣高儀不久卒，居正以吕調陽弱，薦代之。調陽與居正行同而年差長，然秩尚卑，居正引之，數加恩至保傅。調陽雖不敢有所持諍，然內不甚附之。居正事取獨斷，亦不復諮訪。嘗病假，一日而遽入，取調陽擬旨，皆更定曰：如此，何以示遠近？部院大臣緣居正指，益易調陽，甚或故抑絀其鄉人及親厚者以見公，調陽惟仰屋歎詫而已。上以師臣待居正，凡所下御札，皆不名，稱先生，或稱元輔。有二白燕育於翰林院，白蓮雙帶者三，居正以爲瑞，進之。上不自有，歸德於居正。而居正父母皆老壽無恙，上嘗出蟒繡金髻裝重綵，以手書慰諭賜焉。居正故寠，無居第，乃大買地於江陵城，使緹騎百夫長麗某者？假干掫顯陵之便，而爲督治舍宇。甫建而馮保言於上，名其堂曰純忠，左曰社稷之臣，右曰股肱之佐。名其樓曰捧日，又爲儷語，以正氣萬世，休光百年美之。皆御筆大書。而出內帑白金千兩爲資費。於是全楚之臺使者，監司、郡守皆有賄已。環楚而爲臺使者、監司亦如之。凡三載而就，費直將二十萬，自居正帑者不能十之一矣。留都之小閹醉辱一給事中，其長已執而榜笞數十，且請旨繫治矣。而他給事中爭上疏，請究閹，其語激。居正取其尤激者趙參魯謫之外，而謂其欺幼主不道，意以悦馮保也。保故以德居正，居正稍稍説其裁抑中貴人毋與六曹事，毋輕銜命出使。卽使，而緹騎尾而陰詗其短，惴惴畢事，幸不見擿罰，以是怨居正而不歸心保。居正念御史在外驕，往往淩撫臣出其上，痛欲折之。一事小不合，詬責隨下，又敕其長加考察。以故御史、給事雖畏居正，然中多不平，而伉勁喜事者出。南京戶科給事中余懋學疏請行寬大之政，居正以爲風己，奪其職爲庶人。而御史傅應禎繼言之尤切，然不敢有所侵於居正也。居正以經筵進講畢，訴於上，謂此曹子欲市國恩，收召朋黨以便奸縱私，至下錦衣逮杖而戍之濱海。給事中徐貞明等坐就獄視，具橐饘，亦逮謫外。御史劉臺，居正所取士也，由刑部郎改。居正擬以爲德，而臺居頗近，數刺得其陰事而惡之，俄出按遼東。遼東捷，御史不當報，而臺誤報。居正以故事裁斥臺，臺益惡居正，且分不得免，遂伉章極論其黷横十餘事。居正怒甚，見上，俯伏而泣，不肯起。上爲下御座，以手掖之，而曰：先生起，吾爲逮臺，竟其獄以慰先生。臺至下詔獄，上命內閣杖之百而遠戍之。時物議頗嚳剝，居正不自安，乃陽具疏爲解，得不杖而奪職還里。客有賀居正者曰：公真宰相度哉！居正蹙額曰不過宋宰相事耳，古人殆不然。蓋以輕處爲未慊也。亡何，吏部左侍郎、翰林院學士掌詹事張四維進禮部尚書，文淵閣大學士，入內閣。故事，入內閣者曰同某人等辦事。至是直曰隨着元輔居正等辦事，不欲夷之僚佐也。於是四維恂恂若屬吏矣。

（明）張居正《張太岳文集》卷四七《太師張文忠公行實》 先太師諱居正，字叔大，別號太嶽，其先廬州合肥人。【略】四十一年壬戌，少師徐公上言，太師有良史材，遂用中允充副總裁，領其事，蓋異數也。既受命，甫八閱月，而手自脱藁，爲十二紀以獻。書既上，世宗心知太師他日能以經術輔朕皇太子興理太平之業，遂令以右春坊右諭德，侍皇考講讀。太師儀容峻整，每進講，必引經執義，廣譬曲諭，詞極剀切。以故皇考往往目屬太師加禮焉。四十五年丙寅，進翰林院侍讀學士，掌院事。

隆慶元年丁卯，皇考録用舊學，進太師禮部右侍郎兼翰林院學士。未幾，進吏部左侍郎，兼東閣大學士，参贊機務。《永樂大典》成，進禮部尚書，兼武英殿大學士。

二年戊辰，加少保、太子太保，賜衣一襲。時太師條上六事，省議論，振紀綱，重詔令，覈名實，固邦本，飭武備，皆朝廷大政。又以嘉靖之季，虜數犯塞，請舉祖宗大閱禮，以飭戎事而振士氣。皇考嘉納。遂以明年秋九月，大閱于北郊。是日，天子躬擐甲胄，太師戎服扈從，選卒十二萬，戈鋋連雲，旌旗耀日，天子坐武帳中，觀諸將士爲偃月五花之陣。已乃閱騎射，簡車徒，禮畢，三軍之士，皆呼萬歲，驩聲如雷，都城遠近，觀者如堵，軍容之盛，近代罕有。

四年庚午，用考績恩，加太子太傅、吏部尚書，官一子中書舍人。先是元孽小王子裔孫阿着，故崛彊，而俺荅者，又最彊大，有控弦之衆十餘萬，馬四十萬，橐駞牛羊百萬，駐雲中上谷，伯兄吉囊蚤死，有男子四，有衆數萬，而俺荅弟昆都力哈部落，亦復三萬，與吉能埒。肅皇帝時，歲入邊，殺略人民畜産甚多，雲中遼東最甚。其後我叛人趙全，與其黨李自馨、劉四、趙龍等，亡抵俺荅，居板升。而最後中國無賴亡命，若趙宗山、穆教清之屬，又悉往從虜，此屬熟知險隘阨塞，爲虜鄉導，日夜教虜，候利害處，以故二十九年，俺荅大舉逼京師，四十年犯薊，隆慶元年陷石州。當石州失守時，趙全謂俺荅曰：那顔春秋高矣。那顔莫若以此時，據有雲中上谷，東封居庸，南塞鴈門，獨以一面西制晉代，此五霸之伐也。謀未定，會俺荅奪其孫把漢那吉所聘婦予襖兒都司。那吉怒，以爲俺荅善淫，無卑尊禮，乃與其妻比吉妳公阿力哥等十人，馬十三匹，息山西平虜城外，扣關而入。督府少司馬蒲阪王公，御史中丞嘉魚方公上狀，朝議紛紛，皆以爲不宜納叛人徒啓釁，或云殺之，太師獨勸上納那吉降，授以官職，厚給賜飲食、衣服、器具，置大同城中。俺荅聞那吉亡，大驚，發萬人臨平虜城來索。廷臣恇懼，咸謂宜與之。太師獨不許，令諸將堅壁清野，勿與戰，故令那吉衣其所賜緋衣金帶，誇示虜使，而使諜者以好語款虜曰：爾能縛我叛人趙全等獻，盟誓於天，約以數年一騎毋穿我塞，乃得歸而孫耳。時有謂虜久不去老師費財，欲乘老酋得孫急，而因與爲市者，王公以爲不可。太師報書王公曰：公言良是。和戎自有體，彼卽欲得孫，謂宜先縛致全等境上，盡屏往來游騎，請命幕府，我乃然後禮那吉而歸之耳。乃今擁萬騎平虜城外，欲坐索而孫，何可謂誠款乎？設有吐蕃刼盟之事，謂朝廷何。夫全等至狡獪矣，彼豈能坐而待縛，若鷄犬乎？假令語泄，彼得以爲謀，或聊以脅從數人，欺誤朝廷，而我乃輕棄重質，非細故矣，此不可不慮也。且那吉歸而老酋幸奉約束，無他腸，吾卽假爵封王，通貢市無不可矣。有如虜諸所言，特空給幕府，殊無意稱臣，又或多所請乞，明年又復寇邊，損國家威重，則雖得全等數十百輩，何爲乎？願公熟計之。於是王公遣鮑崇德一再詣虜營，曉以利害，俺荅仰天笑曰：吾何愛數十人頭不以易吾孫，乃夜襲板升，得趙全等九人，縛致境上。上用太師計，厚禮那吉遣歸，俺荅感泣，遂奉表請稱臣内屬，通貢市，歲歲勿絶。時大司寇案全等反狀悉具，上令禮官爲文，祠告郊廟，戮之東市，支解以狥，傳其首於邊，旣厭快衆憤矣。上嘉太師殊勳，加少傅，兼建極殿大學士，官一子尚寶司丞。而詔集朝臣詣闕下，議封貢可否。一時衆議籍籍，有謂便者，有謂不便者。太師復以書抵王公曰：今之議者，皆謂和戎示弱，開市啓釁，此殆不然。僕獨以爲有五利焉，邊鄙不聳，穡人成功，一也。我得以其間，修戰守之具，蓄士卒養馬，歲無援兵，可省行糧數十百萬，二也。俺荅旣臣屬，土蠻吉能不敢輕動，三也。趙全等旣禽，卽板升十萬之衆可馴而致也，四也。胡驕天亡其兆已見，老酋死其族必分，卽不死必有冒頓呼韓之變，我得乘其敗而坐困之，五也。王公得書，嘆息曰：張公可謂知社稷大計矣。然論者發言盈庭，猶欲伺釁而動，太師不得已，乃詣文華殿，舉成祖封和寧太平賢義三王故事告上，上意遂决，許通貢市。

隆慶五年辛未，俺荅遣使奉表稱臣，貢名馬三十匹，上御建極殿受之。使太史奉金册，封俺荅爲順義王，其弟子若孫部，落六十五人，各授官，賜金帛有差。俺荅大喜，告中國使者曰：全等雖誅，趙宗山猶在，此屬不滅亡，終敗和約。王公以聞，詔捕讞獄如趙全等刑，已而套虜亦願修貢天皇帝，請得市易中國財物，如宣大例，上報可。賜吉能都督同知。餘受秩者，凡四十有九人，並賜衣帛。於是中國以叚布皮物，市易虜馬，虜亦利漢財物，貿易不絶。東自四海治，西盡甘州，延袤五十餘里，無烽火警，行人不持弓矢。近疆水陸屯田，悉墾治如内地，墩臺哨望之卒，漸已徹去，所省餉，歲不下數十萬石，北地精鋭所易馬至數十萬匹。蓋居庸以西，天子無所復事事，得以一意備東虜矣。是年春，當會試天下士。上命太師典試，太師崇雅黜浮，思得真才以裨實用。故所舉士皆才行高秀，號稱得人。

六年壬申，上念太師運籌制虜，茂著忠猷，加少師，兼太子太師，予錦衣正千戶，令世其官。一日，先帝視朝，忽起走語且嚙，太師偕司禮監太監馮公扶持還宮。坐稍定，先帝召太師榻前，執太師手，屬託甚至，太師飲泣不能止。既出，遂觸地號天，幾不可生。今上既嗣皇帝位，念山陵大事，詔太師卜視大行皇帝陵寢。太師當煩暑，以身暴烈日中，歷險乘危，上下山谷，與二三堪輿遐矚玄討，得大峪嶺吉。識者，以爲乾坤奠隅，風雨呵靈，足綿皇家萬年無疆之緒矣。途歸觸暑且病將請休沐，而上亟欲訪落太師，亟召見平臺，慰勞懇至，曰先生爲父皇陵寢，辛苦受熱，已追述先帝憑几末命，稱先生忠臣。太師感激悲咽，不能仰視，倉皇數語，皆保王躬，補王缺要道。上悉嘉納。賜大官酒饌、白金綵幣。先是，上在東宮，嘗晝寢，夢一美髯大臣在側，若將有所陳見，上寤，異之。以問內侍，內侍對曰：殿下他日當有太平宰相如其人，及見太師平臺，長身玉立，髭髯脩美。上記憶夢中事，語內侍曰：此即朕夢中所見者乎？因賜太師玉帶。太師以爲上神靈明聖，必得虞九官十二牧，周四友多士在廷，乃可以稱任使，以故疏請大誥、文武羣臣，示上意所嚮，又念國有大故，或啓戎心。天子設銳意滅胡，念非以此時，令匈奴有所震疊不可，故請勅本兵。令邊吏毋得解甲，謹備胡。是時薄海內外，知上意指，既瞿然改意。太師乃按劉文靖故事，請御日講，三日一出視朝，毋得以寒暍小故廢罷。會皇考將掩玄宮，太師奉上命，奔詣昭陵，恭題穆宗莊皇帝神主。山陵禮成，用翊贊功，進左柱國兼中極殿大學士，官一子尚寶司丞，累疏辭免，上不許。益降勅奬諭曰：卿受遺輔政，有安定社稷之功，勳廕未足以酬。太師辭益力，上不得已許之。已復親灑宸翰，賜大字凡五曰元輔，曰良臣，曰爾惟鹽梅，曰汝作舟楫，曰宅揆保衡。太師頓首曰：上幸嚮意文字，即操觚染翰，非帝王要務，亦無不究極精微，動以古人爲法。臣知所以事上矣。乃屬講官，略采古昔帝王，善可爲法者八十一事；惡可爲戒者三十六事，衍爲《帝鑑圖說》以獻，上敬起受，降温旨獎勞，令宣付史館，昭示君臣交修之義。時錦衣衛逮沐黔國朝弼至京師，廷鞫之，榜笞備至，太師爲請寬其罪，得減死，安置于南京。

萬曆元年癸酉正月，時有大辟，主傳上刑，其罪人業有所指，一時人情洶洶，皆以爲禍且不測。設非廉得其狀，從中持之且連染無辜數千百人大獄矣。太師心知其事，大繆不然，爲解說於上，請以百口保其無他，上意始鮮，竟以罪當其人，他無所波及。外庭未有知者，益彰天王明聖矣。

【略】

上謂太師等，贊謀廟堂，算無遺策，將首論太師功，太師謝不受。上以太師功在社稷，乃勞謙不有，足立臣極，特賜金綺酬之。七月，上言：臣當先帝時，所上便宜六事，其一願上幸綜覈名實，乃當事者翫歲愒月，卒不能以實應，即所敷奏徒文具耳。請令自今天下吏民所上封事，有事下四方郡國者，請令諸曹皆置記籍，與爲約期，而月令科臣按之。設所在撫按奉行詔書，不以時奏報，或已奏報，而諸曹故慢令，不與可否者，臣等當條列其事，請詔下所司詰問，責令對狀。上報可。十一月，以六年考績，進中極殿大學士，不獲辭。

萬曆二年甲戌正月，西南夷都蠻平。都蠻，古瀘戎也。自漢遺唐蒙通巴筰開犍爲郡，治道置吏，其後諸葛武侯僅能討平之，然亦弗靖至數千年。而至純皇帝時，程尚書李襄城至，煩十八萬之師，費金錢鉅萬，越四年僅克霸。蓋九絲凌霄等寨皆天險，故僰人屯聚其中，人莫能摧其堅。而彼得以時出没爲寇鈔。比年以來所殺掠我人民以萬數，至陸梁矣。方隆慶改元，蜀當事者以都蠻上變，時趙文肅嘆曰：都蠻不滅，吾敘瀘赤子且無噍類，安得畀一巡撫往任之？太師曰：吾楚一士，足辦此，第名未著耳。公問曰何，太師以曾公對，已乃卒請於上。詔曾公往討之。曾公故有偉略，約滅此後朝食，而太師又數移書曾公，其大指謂宜徵兵積餉，爲坐困之形，而募死士，從間道擣其虛。先年破香爐取岷洮，皆用此道耳。蓋先是言官有以閩事論劉總戎顯者，罪且不貸。太師曰：臨敵易將，兵家所忌，倘蜀事不効，當并閩事逮治之。於是言者意始解，而顯以此懼且感，竟奮不顧身，受曾公方略，以平蠻自効。凡越六月，而凌霄都都九絲等寨悉平。所擒斬俘獲四千六百有奇，得酋王三十六人，拓地四百里，得武侯所遺銅鼓九十三而還。七月《皇考實録》成，詔太師兼俸尚書，官一子中書舍人，太師累辭謝不受。十一月，初東虜見俺答已得封，而獨己土鑾速把亥請封不許，故驕踞耻言修貢事。隆慶五年四月，寇連山驛，五月寇盤山，六年二月寇長勝堡，萬曆元年犯鎮西堡邊外，秋七月寇鐵嶺，冬十二月寇鎮寧。太師患虜悖慢，令大築亭障，修烽火，前後所以授當事者，機宜甚備，而虜曾不悔禍，轉益鈔暴。然每入犯，輒大創而去，虜以此太恨，計邀建州屬夷，以二年冬十月入犯清河，逆酋王杲遂誘殺我裨將裴承祖等。時督府張公，大將軍李公聞狀，用太師策，鼓行而前，乘勝直擣紅力寨，斬首虜一千一百有奇，馬牛羊無算。上聞，謂遼東大捷，皆太師等運籌功，乃手詔太師勑諭云：朕以幼沖嗣位，賴先生匡弼，四方治安，九邊寧靜。我祖宗列聖亦鑒知先生之功，就加顯爵亦不爲過，乃屢辭恩命，惟一誠輔國，自古忠臣如先生者罕。朕今知先生實心，不復強，特賜坐蟒衣一襲，銀五十兩，以示優眷，用成美德，其欽承之。十二月太師以上方精核吏治，乃與太宰張公、大司馬譚公約，置爲御屏，中繪天下疆域，旁列上公而下，郡太守而上。文武羣臣姓氏屏中上之。上令設於文華後殿省覽。

萬曆三年乙亥二月，太師請修復祖宗故事，令日講官，記注起居，兼録詔諭制勑，凡郊祀、耕籍、幸學、大閱，皆令侍從。又選擇史官供奉文字已久者六人，日居館局中編摩諸司章奏。其大臣便殿獨對，有密勿謀議，得聞史臣者令入對大臣紀述，送史局銓次。五月，請勑吏部，凡所在督學使者，非方正博聞之士宜勿遺。督學使者所至，修起教化，毋得日坐都城中，虛談賈譽，計日待轉，使人得干以私，宜以時徧歷所部郡邑所至，興廉舉孝。謹察學官、博士弟子。每三年四方郡國既大舉士，卽令主爵御史大夫察舉其能否，御史中丞部使者，又非時得以論列其事。其能明布論下，綱紀人倫不涉流俗者，詔進其官。設有羣聚徒黨，虛論高議，若受事請謁，及以突梯脂韋事人，輒罪之，而請諸不稱者罪。博士弟子務崇孝弟廉讓，敦本尚實，毋得勦襲異端，游大人成名。其有譏時好訐，不務成事，市語道謗，敢行稱亂者，令有司論如法。上俱報可。

萬曆四年丙子六月，請重修《大明會典》備一代典刑。五月，太師以聖齡日長，宜躬御萬機，省覽章奏，乃取中書所藏，皇祖御書聖諭御製御批，凡二百四十有二以進。是時，歲比不登，又多水旱，上詔書數下，賜民田租，乃郡國守相，奉上詔書不勤，督賦益急，閭閻愁嘆，盜賊多有。太師乃與執政吕公、張公上疏，請詔有司加意牧養，令主計議佐百姓，民有窮餓，或歲大侵，若歲久賦重，度終不能輸將者，其悉除之。又言太倉所儲，足支八年，獨大帑無羨金，而民間復苦輸粟，終歲勤動不得休暇，蓋國與民皆受其病矣。請令今歲賜民改折十分之三，上以實帑藏，下以寬恤民力，此兩利之道，計無便於此者。上從之。十月，以一品九年考績，加特進左柱國，進太傅，支伯爵俸，賜璽書獎勞，賜宴禮部，官一子尚寶司丞。已遣中貴賜太師手勑諭：元輔先生，親受先帝遺囑，輔朕沖年。今四海昇平，四夷賓服，實賴先生匡弼，精忠大勳，朕言不能述，官不能酬。惟我祖宗列聖必垂鑒知，陰佑先生子孫世世，與國咸休也。茲九年考績，于常典外賜銀二百兩，坐蟒蟒衣各一襲，歲加禄米一百石，薄示褒眷，先生其欽承之，勿辭。太師累疏辭謝。上重違其意，詔許辭太傅伯禄，其他宜悉勉承，以見君臣相信之義，太師遂不敢辭。

萬曆五年丁丑五月有詔，修慈慶慈寧宮，太師上言：兩宮規制甚備，又至壯麗，足以娱太后萬壽，不宜時詘舉嬴，令羣臣嘖有煩言。此徒以彰朝廷過舉耳。上心知太師等忠言，卽入言聖母，得罷之。六月嶺西羅旁平。羅旁據東南山海間，東西二山相距，驚江急峽，飛巖斷壑，不知其幾百里。諸猺窟穴其中，自天地剖判以來，未有闖其藩者。國初，鄧中國用創業兵，僅能定之。其後馬恭襄、葉文莊、韓襄毅雖彈壓其間，亦不能蕩平。張瑾吴平事無論已。至世宗朝，諸猺召陽春山民耕，而與浪賊黄德祥等四千餘人雄據兩山，轉相寇掠，遂至今日不可復撲滅。蓋其處萬山蔽虧之中，嘗負固自喜，以爲天兵無足憂，非可單車片言指計而縻也。前督府殷公，既討平惠潮，上疏言賊當誅。一時議者謂粤軍旅數興不無事矣。自古征蠻，未有大得意者，劉安諫伐閩越書，可念也。太師曰：不然。會殷公入爲大司農，乃推轂少司馬凌公，請賜璽書，屬凌去審定計畫討賊，許留歲入帑金十一萬爲助。瀕行，太師語凌公曰：雖鞭之長不及馬腹，卽今五指北三八寨諸獞，雖乘間竊發，然要當審所緩急耳。凌公既至，乃部署十道師，號三十萬分，道並進，一切方略悉如太師指。刋木夷山摧破諸巖峒五百六十有四，俘斬四萬二千有奇，拓地數百里，以其地置郡縣。事聞，上賜太師金錢，謂廣東大捷，實賴先生每運籌云。是時臺官卜上大婚期，得冬十有二月吉。太師度上春秋未可，卽上書聖母，言皇上爲天地神明主，發動興事，百神皆將受職，非陰陽小數所能持，且累朝列聖，無以十五齡納后者。臣愚以爲明年便，聖母許之。八月，太師以所撰加恩張英國等敕上進，上遣中謁者諭太師，謂皇祖四十五年《實録》，字字句句都是先生費心，看改幾次。趣令擬敕加異恩。太師上書極言君臣分義，欲必得請，乃上爲感動，特允其請。令宣付史館，昭垂萬世云。九月，大父以疾卒於江陵。先是，念大父趙夫人春秋高，私心願得陛下賜臣一月之便，一日馳二百里歸爲二人壽。又念皇考顧托臣至重，非所宜言。故居平常緬然長思，寢席多有涕泣處。上察太師貌日癯，顧問左右曰：張先生連日貌若有大憂，固憂勤國家者，得亡有二人念乎？左右叩頭對曰：良然。於是聖母上，出內帑，綺幣、金錢馳賜大父趙夫人，而手書諭太師，其爲朕致先生父母。大父驚跽感泣再拜曰：臣文明，死無以報，願藉手臣子。以報陛下。當是時，太師念上恩禮隆異，益不敢言省覲事，然心不能一日置也。乃書移叔父居王、居謙，謀迎養大父闕下，大父不許，輒報書太師。亹亹數百言，其詞嚴正剴切，大要謂肩鉅任者，不可以圭撮計功，受大恩者，不可以尋常論報。老人幸未卽衰，兒無多設不然之慮，爲老人過計，徒令奉國不專耳。然大父心知太師內顧，則故令家僮日舁一輿攜一巵酒，與二三老叟游行山水間，有時躡蹻登崇岡絶巘，無異壯夫。蓋大父故健而又欲故爲趫捷，以示無恙，故往往有人自江陵來，輒言大父善飯，不謂一日晨出登王粲樓，蒙犯霜露，寢疾十有一日，遂卒。大父訃既聞，中使奉聖母上所賜內饌，出問勞太師者，歸言元輔毀甚，幾絶。上大震悼，卽手諭太師曰： 天降先生非尋常者比，親承先帝付託，輔朕沖幼，社稷奠安，天下太平，莫大之忠，自古罕有。先生父靈必是懽妥。今宜以朕爲念，勉抑哀情以成大孝。朕幸甚，天下幸甚！是時朝野相念者，皆言太師親承皇考顧託。義不得復顧其私，恐上遂納太師請，皆欷歔嘆息。而會訃聞之夕，卽彗出斗牛間，其尾指婺女，長數十丈，臺官微言，按《天官書》斗丞相之位。彗出斗女牛，主大臣移徙，天子愁。兵起，天下受怨。於是上益惛悸。有詔詔吏部諭上意勉留太師。太師聞命，計未知所出，卽哀號上疏言： 臣幸未死，報國之日長，且國家非有金革之事，而令臣墨絰在闕廷，非盛世所當有。上泫然流涕曰： 卿篤孝至情，朕非不感動，但念朕當十齡， 皇考見背丁寧以朕囑卿，卿盡心輔導，今海內乂安，蠻貊率服，朕垂拱仰成，頓刻離卿不得，安能遠待三年？且卿身繫社稷安危，又豈金革之事可比，其勉遵前旨，以副我皇考委託之重。太師聞詔，水漿不入口者三日，又叩心雪涕，上疏曰： 先帝不知臣不肖，臨終屬臣以大事，臣何敢中道棄去。但念臣生離臣父十有九年，卽死不及殯，攀號莫及，願賜臣歸葬，使得身自負土，加一簣丘隴之上，過此以往，死生惟陛下所用之，臣死且不朽矣。臣誠窮苦心鬱結而難舒，惟陛下哀憐。上覽奏，焦然不寧，復手諭太師： 卿言終是常理。今朕沖年國家事重，豈常時可同。連日不面，朕心如有所失，七七之期猶以爲遠。卿平日所言，朕無一不從，今日此事却望卿從。又諭執政曰： 元輔必不可離朕，卽百疏不允。於是吕公、張公以上意聞太師，太師遂躃踊痛哭號天曰： 臣聞鹿死不擇音，臣誠不勝烏鳥私情，臣不知死所矣。遂上章極言曰： 臣既不孝，背棄死者。臣有老母，今年七十有二，人命危淺，朝不慮夕，設令知臣被留，恐不復相見，長思勞望鬱悒難聊，有不可知者矣。陛下方以孝養兩宮，奈何不推心置臣腹中，顧念臣母乎？且臣上顧君父，下念父母，欲留不可，欲去未能。臣之進退實爲狼狽矣。假設令臣終不得所請，負痛在列，無論精神沮喪，不能復爲國家發慮出謀。臣聞憂苦傷人，卽臣犬馬軀有不可知者矣。陛下如令愛臣，何不生活臣，責他日後効。臣誠過激，願跧伏苦由候伺誅死。上曰： 朕爲天下留卿，豈不軫卿迫切至請，忍相違拒。乃再遣中使，賜太師手諭： 朕以沖幼賴先生爲師，況朕學尚未成，志尚未定，萬機尚未諳理。若先生一旦遠去，則數年啓沃之功盡棄之矣。先生何忍？已特差司禮監官同先生子前去造葬。事完，便接先生老母來京侍養，以慰先生孝思，務要勉遵前旨，仰體聖母朕惓惓至意，母又有所陳。于時太子太保新昌潘公等，與吏科都給事中陳君三謨等，山東道監察御史曾君士楚等，南京戶科給事中王君蔚等，先後交章懇留。諸侯卿相、大小百執事皆詣太師所，備極寬譬，責以君臣大義，曰： 上固謂父喪當守，君命尤重。夫人臣既以髮膚屬上，惟上所生死，勢安得自便已乎？且相君何能去，卽章百上無當於事，徒傷君父心。在《禮・奔喪》記奔喪之禮凡一，而不得奔喪之禮凡四，此言何謂也。於是太師迸涕交揮謝言者曰： 臣父至踈賤，今其即世，而聖母上賜臣賻千金，他楮幣稱是，既詔儀部往諭祭，尚書工部郎往營葬事，爲加祭五壇。已又令宮禁貴臣經紀其喪，卽令以臣母來。蓋天恩加隆千載，令臣益道盡途窮。殆顛連無告矣。夫上所以隆施臣父之謂何。度臣父地下，且以己所不能報，塞責望臣，臣何可既負吾君，重違臣父矧上大婚期且近，而臣殊死求去，非先帝意。臣不若以此時墨縗上機務，侍講讀，有如上察臣所爲哀痛狀，上終當幸聽臣去耳，不然臣請益力。而上有如震怒，卽嘉禮成，而臣父春秋窀穸之事，臣不敢以請矣。於是上疏言狀，且請後歸葬事。上大慰悅，許太師得謝常禄，令大官日給酒饌。在廷諸臣月致芻米。既逾月，上遣中使，召見平臺，上悲感涕泣，慰勞太師曰：朕爲社稷屈留先生，先生想父皇付託的意思，成全終始，纔是大忠大孝。太師叩頭謝，遂出視事。

萬曆六年戊寅正月，禮官請舉大婚，詔太師充納采、問名使。是月，慈聖皇太后將還慈寧，申諭太師朝夕納誨，終先帝付託重義。太師頓首上書聖母，言臣在外廷所不能及，伏惟聖母調護，聖躬開導聖學，幸甚。已又上書請上服膺慈訓，上拱手謝曰：當爲卿等戒之。二月，上方行嘉禮，賴天地宗廟，會督府張公奏，土蠻擁衆萬騎，犯遼河劈山，我兵出邊二百餘里，斬首捕虜四百三十五級。聖母大喜，以爲此勉留張先生明效。上恭述示太師，賜以金幣。蓋先是黄台吉握重兵，養家奴寨，強委禽王台，王台涕泣以女，女黄台吉子，一時言者遂謂王台陰陽中國，情僞不可知。太師獨令邊將善遇王台。萬曆二年，王台卒將致王杲獻闕下，大將軍斬馘虜千人。故天威益震蕩，平虜之役斬首虜二百，虜日以益弱矣。三月，大婚禮成，上既恭上兩宮聖母徽號，將論太師元功。太師以持服故，謝不受，卽再疏，請乞歸葬。上不得已，勑尚寶司卿鄭君欽、錦衣衛指揮同知史君繼書，奉太師歸襄大事，約既葬，卽令所遣司禮監太監魏公朝，與楚當事者，趣令上道，期以夏五月還朝。又特頒帝賚忠良銀記一。凡軍國大事，或有闕失，令具實以聞。瀕行，召入辭便殿，上曰：先生前乃趣而前，蒲伏。上曰聖母朕不能一日去先生，重違先生意耳。然微先生朕奚賴焉。朕今旦暮望先生矣。太師再拜頓首曰：臣卽行，今陛下新納后，出入起居臣不能一日[illegible]，願陛下善自愛。上曰：諾，先生行矣，其務彊飯勉抑表情，以稱朕意。乃伏地悲泣不能起。上爲嗚咽流涕，入言聖母，聖母亦感痛，遣中使賜以金錢。明日聖母上又遣中使祖道國門外，曰：先生既念上，幸趣來，母勤天子召也。既行，乃要絰素冠乘布車，日行百里，見星而行，見星而舍。既至，則披髮徒跣，悲號趨入門而左，馮殯而哭，盡哀。遠近送者，素車白馬，同盟畢至，見太師焦毁過禮，皆大悅，遂以四月十六日，葬大父青陽山之原。是時，會大司馬梁公新至遼，戮力安攘，三軍踴躍。養善木屯之戰，我兵斬首虜八百八十二級。上念太師推轂梁公知人，詔本兵以督府所上功，馳報太師，令太師議所以論功狀來聞。太師既報上，因上疏言，趙夫人病請乞假臣數月，得扶持臣母。蓋太師意在行服墓次，特以此覘上，卽上不許，而得屬茨倚廬，不卽去，固雖加一日愈於己意也。乃上得書大驚，而會太宰王公等，與太常寺卿王公友賢等，吏科都給事中陳君三謨等，福建道監察御史方君希孟等，又皆先後上書請趣召元輔。上是諸公言，卽趣令錦衣衛指揮僉事翟君汝敬亟乘傳，造太師廬，賜璽書，令促裝就道。太師聞命猶趦趄涕洟忍不能決。使者曰：當宁倚重相君，凡軍國重務悉待處裁，設不卽往，臣朝臣汝敬且得罪。太師乃叩太父墓下，慘愴悲號，使者促而登車，遂行。梁楚守臣奉詔飛騎聞上，上聞先生來，卽入言聖母。上遣中常侍，具天厨禁臠郊勞。明日召見文華殿，太師頓首謝，具以歲豐民安，邊境寧謐狀上對，上大慰悅，亟稱先生忠孝，賜休沐十日，乃叩頭趨出。九月，趙夫人至京師，聖母上郊勞賞賚趙夫人備至，恨趙夫人老又善病，不能趣入宫，負聖母上寵命耳。十二月，前少師新鄭高公卒，公夫人張請寬卹恩闕下。上怒。太師與張公、中公念高公無他大罪，徒以伉直得過君父，爲婉言于上，得復其官，予祭葬。先是，肅皇帝時，公族繁盛，國用困竭，以故禮官所裁《宗藩條例》，多刻意抑損，甚或自相乖亂，不可訓。太師與張公、申公念諸侯王皆骨肉至親，而令至是，不足以稱天子親親至意，乃略舉《事例》未妥者十一事上言，請勑禮官集羣臣議，著爲憲令，昭示諸侯王。今大宗伯潘公所定《宗藩事例》，徐公所定《宗藩要例》，諸侯王既感泣，益親上。而薄厚親踈有體，又不至重困民財，足稱不刋矣。

萬曆七年己卯二月，河工成。先是淮安故有水患，然或所及僅一二縣道邑，揚固無恙也。至嘉靖中，河決崔鎮吕泗，沖龍窩周營等處，往往奪淮流入海。淮勢不敵，則或決高家堰，或決黄浦，或決八淺，淮楊諸郡，悉爲巨浸，河高出民屋上，敗壞城郭、田廬、冢墓以萬數。瀕河十郡，治隄歲費且萬萬，及其大決，所殘無算，又其從小河口白洋河，挾永堌諸水，越歸仁集，直逼泗州，則其患不獨在民，且憂在陵寢矣。異日者，漕臣吴公請開草灣，夫水以海爲壑，開草灣誠是矣。然金城等處不足以分殺水怒，以數千里巨津，而獨令雲梯關當水衝，此勢所不得爲者也。當是時，有請漕海者，有請開膠萊河者，有請開泇河者，或請開衛河者，有謂新集故道當棄者，有謂朱家口等處決口當勿塞者，有請鑿范堤者，有請開新興場牛團浦導射陽諸水入海者，紛紛籍籍，迄無定論，大要以爲天子日有事河，而河且不可爲矣。上一日以問執政太師，與張公、申公，因進言，故河道都御史潘季馴可使。上乃降璽書，即其家拜御史大夫，使持節行治河，一切假以便宜，久任責成，出帑藏及留所折科漕粟八十餘萬金，不問潘公出入，又令諸臣得條上所見，治其諸方，命不及事事者，下詔獄鞫治之。于是當事者人人惴恐建官舍河上。胼胝沾塗，日夜焦勞，蓋踰年而告成事，爲土堤若干，石堤若干，塞決口若干，建減水閘若干，計費不過五十餘萬，省羡金二十四萬，以歸水衡。今徐淮之間延袤八百餘里，兩堤相望，蜿蟺綿亘，殆如長山夾峙，而河流其中。且黄河以歸仁堤，勢不得南決。其勢既不能及，陵寢又高，家堰既塞，淮不能奔黄浦，皆盡趨清口，會黄河由安東雲梯関入海，田廬皆盡已出，數十年棄地轉爲耕桑，而河上萬艘得捷於灌輸，入大司農矣。二月，烏思藏僧鎖南堅錯奉書太師，詞甚哀懇，獻四臂觀世音一，氆氇二，金剛結子一。堅錯者即闡化王答賴刺麻也，故號稱活佛，以傳經説法，戒淫殺，爲虜所尊禮，稱輪廻轉法功德世界佛大國師。萬曆五年，套酋切盡黄台吉，約俺荅迎堅錯西海上，飲長生水。俺荅所從部落數十萬人，徒以奉堅錯教，無肯淫逞者，其教化可知矣。太師曰：德澤不加，君子不饗其贄。且吾天子股肱臣，義不得與外夷私交，遂歸之於上。上謂太師勳猷宣播遐邇，令納之。三月，太師念宫中賞賚無算，度不可得已。一日，因戶部進御覽揭帖，遂上言：臣等伏見萬曆五年，歲入四百三十五萬，乃六年所入僅三百五十五萬。五年歲出三百四十九萬，而六年所出乃至三百八十八萬。夫歲出則浮於前，歲入則損於舊，此不可不知也。願陛下以主計所上疏，張便坐。時上方詔主計鑄大錢爲賞賚資，太師持不可，曰：愚細小人譁於道路，方患苦所積，嘉靖緍錢無所用，而上又取外府以益左藏，令新鑄大錢，是使民訛言而奔也。上詔罷之。蓋先是宫中自大婚以來，故事當得賞賜者，皆籍記以待，又當供奉慈寧，歲幣益不足，盡仰給東南織造。上不得已，乃從中出五千金畀孫太監隆，令得次第更請，外庭莫得知也。至是大司空請罷蘇松應天織造，上不可。太師與張公、申公亟持工部疏入見上便殿，言：近者，松蘇大水，民救死扶傷不暇，且陛下嘗有詔，詔孫隆還，今既兩年矣，而隆織造東南如故，非所以信詔令也。臣等以爲部議良是。上曰：近降去花樣，皆出自内帑，不以煩民間，此須奉詔。其他未織者，悉罷不取，則惟卿等言耳。時承運庫以歲用不足給屬夷繒絮，請於歲造外加織數萬。太師念東南民力已困，度所費，非得四五十萬金不可辦。復入言上，得減織造之半，令出大帑水衡錢爲之。

捌年庚辰正月，太師服除。詔加太傅，歲加禄米一百石，進前所予錦衣正千戶世指揮僉事，太師辭太傅。時主爵言太師當以九年考績加恩，太師言：臣當墨絰時既謝常禄，即名有父喪。臣服官之日淺耳，不宜以九年考績。上曰：卿之所處，實爲恩義兩盡，足以垂範萬世，遂許之。三月，太師以鴻典畢成，聖德日茂，乃拜手稽首疏屢上，將告歸。上大驚愕，曰：卿豈得一日離朕，如何遽以乞休爲請。朕惻然不寧，卿宜仰思先帝顧托之意，以社稷爲重，永圖贊襄，用慰朕懷，慎勿再辭。是時，交章懇留者滿朝廷。蓋九卿，則太宰王公國光等，列卿則太常寺卿陰公武卿等，臺省則吏科都給事中秦君燿等，山西道監察御史帥君祥等，皆上言元輔不可一日去上。上賜太師龍箋手勑曰：自今以往三十年，願先生無復出口矣。太師遂不得辭。十一月，上有詔度民田。先是高皇帝時，天下土田八百五十萬頃，歲久僞滋，編戶末民無所得衣食，其勢必易常產，令豪民得以爲姦。以故田賦之弊孔百出，而其大者曰飛詭、曰影射、曰養號、曰掛虚、曰過都、曰受獻，久久相沿，引爲故業，於是豪民有田無糧，而窮民特以力薄，莫可如何，始受其病矣。及縣官責收什一，貧民鬻子妻，不能輸納，則其勢不得不行攤派。蓋自浮粮所在多有，而天下盡受其病矣。然民愁無聊，亡逃山林轉爲盜賊，則其勢又不得不請減額。今讀《大明會典》所載弘治十五年，天下土田，視高皇帝時，已減二十七萬。蓋自所減額，日以益多，而國家又受其病矣。太師日夜憂勞，念欲爲君國子民計，非清丈不可。然其意懷未發也，會御史中丞勞公奉詔荒度閩田，閩人以爲便。太師遂與張公申公，大司徒張公議，請以其意，詔行諸路，所在强宗豪民敢有撓法，若潞城饒陽公族等者，皆請下明詔切責。以故天下奉行惟謹，凡莊田、屯田、民田、職田、養廉田、蕩地、牧地，皆就疆理無有隱奸。蓋既不減額，亦不益賦，貧民不至獨困，豪民不能併兼。又民間新所墾治，皆賦其貢稅，以新賦均舊額中，則國初故額得以減科，民賦幸益以輕，而天下吏民皆冀幸有田，以爲世業，足利賴萬世矣。十二月，太師以上春秋鼎盛，宜省覽章奏，裁決萬幾。又以祖宗奎章睿謨神功駿烈，且載《寶訓》、《實録》，意義精深，規模宏遠，足垂億萬統緒。即上欲潤色鴻業，不必慕稱上古久遠之事，其道惟在鑒祖宗成憲耳。乃屬儒臣，出累朝《寶訓》、《實録》，取其大者，分類編摩爲《謨訓類編》以進。每文華進講，太師必粗述大指，隨事獻納，上皆默識之。

九年辛巳正月，太師請令翰林院官分番入直，應和文章，或令侍上清燕，質問經義，陳説治理如唐宋故事。上從之。四月，上御便殿，太師與張公申公，持南科給事中傅君作舟所上封事入見，上言：大江南北大飢，羣盜大起，元末稱亂首事者，皆穎川蕭縣人，可念也。請乞大發帑金十四萬，往賑之。上既許諾，則太師又言：今天下至困竭矣，即上幸履路節儉，臣愚過計，猶以爲大司農所入不足佐緩急。乃近者宫中賜賚動至鉅萬，夫今所謂常例，豈盡出祖宗舊例哉？不過代相沿及，如今年偶一爲之，明年即稱引以爲故事陳乞耳。臣不暇遠引，如世宗朝土木煩興，服御無度，可謂多事矣。然其後晚年私府所積，尚百有餘萬；今大司農既歲輸金花銀百二十萬奉上，而陛下又欲取外府益之。且陛下與其施及緇流以求福利，孰與愛養百姓，蠲常賦與民用，以全活億兆元元之命乎？上爲感動。九月，太師在告，上數遣醫問病，蓋太師病未踰月，而上心如有所失，遣中貴奉手勑，趣召者數四矣。太師遂力疾彊起。十月，以一品十二年秩滿。上念先生精忠大功，冠於先後，命支伯爵禄加上柱國太傅，降勑獎勞，賜宴禮部，予一子尚寶司丞。太師累辭，不得所請，乃勉受太傅。上亦知太師以古人自期，致君安國，不計爵禄，不復强之云。

二月，太師疾。上勤念不置，時時下手詔問先生安否。及疾久不起，上益憂之，爲涕泣不食，常賜内廚饍饌食太師。黄門使者相望道路，都人有感嘆泣下者。六月丁亥朔，日有食之。朔三日，彗出五車口柱星以南。太師念病在不衰，遂上書，請賜骸骨。上覽之感痛，益使人覘太師，顧慎加輔助醫藥，厚自愛。十二日，上論遼東禽渠魁速把亥功，加太師今官，進前所予錦衣衛指揮僉事同知，世世不絶。時太師病已益革，不知所辭，惟涕泣數行下，言萬死不敢拜命。已而天子聞太師不粥，遣中使問太師天下大計。太師迷惑昏瞶，且數語報上。使者既去，明日，太師欲遷正寢，未起沐浴，而溘然長逝矣。卒之日爲萬曆壬午六月二十日，距其生嘉靖乙酉五月初三日，享年五十八歲。訃聞，上大震悼，輟朝數日，兩宫聖母上潞王，賜賻千餘金，他楮幣等無算。贈上柱國，謚文忠。予一子尚寶司丞，遣官諭祭，治葬如例，仍加祭五壇。已櫬車將發，上從張公、申公、余公請，詔太僕少卿于君鯨、錦衣衛指揮僉事曹君應奎護太師，而遣司禮監太監陳君政將趙夫人。

嗟乎，大父趙夫人太師所蒙於兩朝，若白金坐蟒，蟒斗牛，五毒五綵艾葉纏身，蟒衣紵絲、綵幣金寶珠，長春花飾，寶珠鐶玉，花墜金艾葉，符金篆字金簪銀錢，銀八寶豆葉，羊豕酒饌多不可悉數。又上念太師純忠，有捧日之功，取以名其所恭建堂，御書大字對句其上，賜内帑千金佐之。此皆非近代所有，孤等不敢稱述。孤等獨謂見上平臺，上至，召先生近御座看朕容色執太師手相問勞。上朝夕居起飲食狀悉以示太師。一日昧旦侍經帷，日中尚未食，偶病腹，上即手調所進御羹饌，令近侍捧至。太師拜手食之。上始解顔。嗚呼！無論孤等，即百世後未死者讀之，猶令人溉然失涕。主恩未報，太師誠未可死，太師何遽以死爲哉！太師處性淡泊，遇事有執持，外壯而内平，無所矯飾。事求當諸理，不拘文牽俗。居常慕子房鄴侯之爲人，貴在實造，不爲文言虚辭。自登仕籍，伉厲守高，不植黨與。暨入政府，調劑宇内，遂杜絶私門，戒閽者無敢通一刺，爲人造請。已諸公咸亮其特介，不爲私謁，門外寖不見長者車，及上在亮陰，太師湛靜沉默，聲色不露，以身繫天下輕重者若而年。雖操心堅正，風節稜稜，似汲長孺，不可招麾去來。然道固委蛇，中無滯礙。已創一法，人稱不便，輒罷之。百司庶府罣於吏議者，即不撓法回芘，終能自効。尋復振之，襟度汪夷，不憙苛察，不以一眚掩大節。有人指摘細過，置而不問，獨於人勞勩，記存不忘，推獎恐後。諸司建白，惟良是採，若窾言無當，雖文弗録。士一見其姓名，即得其材指高下。他日遇事，握銓者或難其人，必指某某優爲之，卒能其官，如所鑒不謬。常言策士謂水亟魚噞，令滋民擾。國家自有制度，何紛更之爲？以故獨申飭累朝令甲，無所創造，第恐沿習久則玩，玩則弗震；頹靡久則壅，壅則弗行。不得不稍稍改絃輙而淬厲之。大約以正紀綱、審命令、厚風俗、興吏治、阜民財、充國計、振武功、訖文教爲指。苟利公家，專行一意，不以遠嫌自累，不欲沾沾令人喜，爲衆諱沮絀。憂勞天下，若振濡、若沃焦，皇皇如不及。聞一方歲饑，至深念廢寢食，必計安之，乃已。居官歷歇三朝，光輔二帝，俱以精誠結于明主。先帝今上咸虛懷延納，宮中府中事無纖鉅，悉咨而行。已位上公，持國秉，貴重矣，於人臣無兩，而心常慄慄，如負譴懷驚。生平竭誠體國，至抉精弊神，亹亹忘劬。人或勸其省思慮、進醫藥，輒謝曰：吾欲畢吾分，安得恤吾身？且也疆宇未寧，羣生寡遂，即吾髮膚，幸苟完何益？故其趨朝，常中夜振衣，卽金門未啓，或先往以待旦。總統庶務，斷錯解棼，出自秘閣，則留公署延見諸公，揚搉政理。四方以其職事來者，接之。人人各厭其意，未嘗以倦爲解，竟用勞瘁病脾。自辛巳六月以來，業已委弊，猶力疾蚤作夜思，不怠於勤。比病困篤，尚伏枕擘畫天下大事，絶口不屬身後事一言，此中外所共聞知。惟睠顧宗社，繫心帝室，屬纊之時既瞑，復張目視，大言主恩未報，未能辭太師，吾死且不没，遂卒。嗚呼，若太師無幾哉，所謂死生以之者矣。後生末進不知國家大務，然伏見先皇帝時，專務資格，人莫得竟其才，官職至耗亂也。今上詔行久，一簡衆職，尊禮公卿、大臣、郡國守相，有治行異等者，皆進于廷陛，上親慰勞之，賜璽書金綺羊酒。六曹尚書郎，積有功能，得拜卿寺，不得更相除調。外臣有所調選，悉就近其地，察繁簡通塞，並用三途。督府部使者，論薦所部吏，與簡臺諫，皆以四分之一。待孝廉、明經、茂才有舉不及格者罰，小吏如楊果、趙騰蛟等，得爲令長，行大僕寺、苑馬寺，得行觀察使事，與都轉運。公卿子弟有行能者，待以高爵。不以左遷困人，尤寓意遠方人材，不以衰老往，遠方有缺員，不復虛其官。如曩時京朝官，不得通人餽遺，有以事請謁人，其所見託者，與其子弟能發其罪以聞，有厚賞。暴官墨吏下所司論罪，悉盡本法。然禁誹謗，理詿誤，許所繫治吏得執奏。設舉剌失實，或有異同，必令推詳其二。有賞罰疑誤者，許覲吏得廷辨之。以故凡在有位感激懷奮，皆抱功修職，不肯謁告，不以趨走逢上。其已得除書，及以使事修覲入賀，行者不宿於家，各務教養實政，不肯取辦簿書期會。衆賢輻輳，仕路廓清，卽虞廷師師，周士濟濟，不啻過矣。往者，將權不重，功罪賞罰不覈，又或苛細，使人不得展布。凡有罪當結問，輒以武弁當之。人視將士易與，將士亦以此自輕，不復振耳。今上審定廟謨，假督府一切便宜，不數易置，時時出璽書金綺相勞。有壯猷宿望，已數破虜者，卽賜召還，不欲盡竭其力。每三年遣重臣出行邊，計成功。大將軍進退予奪，皆取自上意。下至偏裨，亦皆假重事權，爲之罷監軍使者，令文吏毋得摧沮。又賜將士養廉田，出帑金數十萬勞軍，謂建議者與受事者多意見不侔，往往詔建議者，卽經略其事。大將軍有衝陷折關，能多立奇功者，不愛通侯之賞，每勑邊吏，乘時修戰守，持重安詳，示虜閑暇，毋得張皇調遣，徒罷勞士卒。又親理營兵，罷班軍輪作。令所在有老幼當赴代者，悉罷勿遣。其所審畫，禁兵、入衛兵、薊兵、南兵、浙兵、福兵、忠順軍、山東民兵、狼兵、苗兵，所在標兵、水兵，動悉機宜。以故將士感泣，皆引弓備胡，無不願居前，得一當匈奴先死。且往者禁網踈濶，吏民無所請，事多填委簿領書，不肯奏報天子。今詢事考言，以言覈事，以事覈功，非歲久不可卒舉者，皆校量繁簡、難易、多寡、新故、久近，程督府諸司，令時報成事，毋得故緩。其大者、難者，以遺後人。徒以米鹽瑣屑之務苟塞明詔，以故人皆見素，無敢匿端，咸稟稟奉約束。士大夫非奉尺一，雖歷郡國無敢馳一軺傳。縣次不得續食，勞所在候望，省賦車籍馬之費，歲若干。日久，官屬既盛，則出令者多，任事者尠。今汰冗員什二三，用一事權，絶人觀望之私，歲省稍食若干。計郡國吏，以賦入多寡爲殿最，不煩加賦，得民宿逋歲若干。郡縣負邑入皆鉤校其數，姦人無所逃罪，得吏胥所乾没若干。其較著者，則決策款虜，減客兵，清糧糗。有宿飽之士，無脱巾之憂。歲所省，凡得數十百萬。卽如薊昌。每歲所犒虜，不過二萬七千六百，而所省保定忠順軍，及固原入衛兵馬，與山東保河灤薊寧夏兵餉，已至數十餘萬，卽大較可知。以故嘉靖之季，太倉所儲，無一年之畜。今公府庾廩，委粟紅貫朽，足支九年。猶得以其贏餘數十百鉅萬，征伐四夷，治漕可謂至饒給矣。往者，罪殊死以下，歲久不決，圜墻爲滿，殘人得以幾幸，訟獄滋多。今上詔理官修《大明律例》，令有司毋賣獄，毋深文巧詆，傅致人罪，無輕入人死刑，無以獄案，結竟無辜，無逸囚，無縱逋逃。其覆讞具獄，當戮死者，卽以縣諸藁街。以故叛逆妖妄如呂老十、猛谷王、馬西川、周元、張彥文、張永寶、張天福、張崇庫、王道、李一真、王志學、喬濟時、龔志向、黃崙、劉守業、賈邦奇、楊時貢等，皆駢首就戮。赤眉、綠林、黃巾、白蓮之禍不足憂國家。且人重犯法，不敢徼幸三尺矣。異時宵人越貨事爲故常，有司匿不以聞。今上重弭盜之任，申保甲之約，設斬捕之格，嚴沈命之條，厲窩盜之禁，厚協捕之賞，寬未得之期，薄旣獲之罰，則吏務詰奸，人懷逸賊。以故幅幀萬里，皆重垣密樹，如長虵委蛇。覆蔭中路，警夜捕晝，巡徼江海。凡山川蹈橇，水行載舟者，皆萬里不持寸兵，有道不拾遺之風矣。初，上新嗣位之時，國用大詘，上不得已，念國家惠澤唯施及困窮，不以惠養豪猾。雖有旨督賦，然萬曆丙子業賜民田租，輯寧邦本，未可謂刻急也。且上曠蕩之恩寬大之詔，孤等靡得而志，志其大者。則是年太師偕呂公、張公，請蠲賦二百三十四萬有奇。今年太師偕張公、申公，請蠲賦一百三萬有奇，本色米六十五萬五千二百有奇，絹布一百四十二萬七千二百有奇，顏料蠟茶三十三萬七千一百有奇。其他如己卯所減泗州、寶應、鹽城等郡邑賦錢一十三萬二千七百有奇，河南賦錢一十三萬一百有奇，所在有之，多甚不記。且上在位十年，而賑貸蘇、松等郡凡七，減漕七十餘萬，賑貸淮、揚等郡凡十三，減漕九十三萬，不可謂非省憂鰥寡孤獨窮困矣。況外繇如馬船料價，糧料馬價，班糧工價，名糧均徭，公費驛遞稅契等，皆歲有寬政。上又明詔有司積貯，以備凶年，罷江南織造，令所在守臣直指監司，歲時巡行郡邑，問勞疾苦，察舉寃獄，毋得輒自議法擾民，與黎民休息。上德念深矣。豈無烝民不識不知，卽從古已然乎？夫俺荅至崛彊矣，自先帝甲胄臨戎，匈奴喙息，謂將復有成祖犂庭之舉。故明年，俺荅吉能遂請內屬。夫彊者先臣，弱者焉往？以故名王解辮，元戎獻馘，芟薙南荒，慴𢤱東越。在閩粵則朱良寶、林道乾、林鳳；在粵則惠潮藍一清賴元爵，文昌李茂鄭大漢，龍川鮑時秀，東山石牛，青水覃公慎覃世活，合浦黃章弟，古田韋銀豹，懷遠韋朝義，右江韋明甫，昭平黎福莊，荔浦韋公海，北三韋千里，河池韋宋武，鬱林黃邦緣，木頭峒覃扶王；在蜀則九絲阿大，凌霄阿苟，建昌阿怒，都都方三傀厦葵咱呷；在陝則偕文孟登，河州且戎卜，同官李宗鶚；在滇則臨安，記來主魯寨易克鐵索箐羅革，金齒藍昌黑；在貴竹則安順者念繼王，黎平汪約石應斗，貴陽呵利普安光見王，播州楊貫；在楚則五開胡國瑞，及羅旁府江北五咘咳龍哈十寨，宜山都亮淥烏免多浪里松里嬰田來賓松潘威茂風村白草諸賊，或僞上帝號，或代襲王稱，莫不頓顙伏辜，獻圖請吏。獨東虜者，太師謂外寧必有內憂，故釋土蠻不誅，以爲外懼。然速把亥旣禽，哈歹帖阿都赤明安之事，虜已累氣脅息。設上欲滅胡，第令使一梟騎縛之耳，何足煩大將軍十萬之師乎？烏思藏、莽噠喇，皆近古不賓之國，苗平天漂亞寨阿斗，皆上世難馴之民。今皆㗅沫承流，奉琛納贄，豈非千載泰寧之一會哉？夫天下有一世之計，有萬世之計。今西自嘉峪，東至山海關，延袤萬里，崇墉密雉，如天險不可升，虜無能躪入。又南自高郵，北至太行堤，延袤四千餘里，兩堤峍崪，屹爲鉅防，必不至引水病漕。且其所費，皆取諸贖鍰，不索水衡少府金錢，此皆萬世之計，非太師所能辦。蓋主上聖明，獨運甄陶，下有二三元老，共熙帝載。諸所建設修舉廢墜，皆諸藎臣石畫，賴天地宗廟社稷，以故玄化滂流，浸淫衍溢，功侔往初，兼並神明。先太師何幸，身親見之哉。且太師道雖直方，中實惻怛，少讀《春秋傳》，嘅然曰：古稱政之所予，在順民心，有以咈爲順者，子產也。吾殆類是乎。其論治，欲儆官邪，齊民萌，不專姑息，有救世之思，蓋獨見謂罔少密，則莫能扞格，法可懸而不可用。特以初引綱維不得不固，握其柄而信用之。意俟天下遵制揚功，風成俗定，然後恢闊禁罔，削除煩苛，示民長厚之道耳。其後臺省皆言諸象指者，競趨武健，刑多失衷，非聖世事。太師深然之，遂請詔有司以非罪榜掠人至死，三人以上者，編爲卒伍，著爲令。嗟乎，深故之罰，其意斷可識矣。比年猶崇惇大，惜其未究刑措之施，遽以天年下世，可勝嘆哉。昔子產爲政，鄭人厥有惡言，居有頃，鄭人復歌之曰：我有子弟，子產誨之，我有田疇，子產殖之。子產而死，誰其嗣之？夫民不可與慮始，而可與樂成，所從來遠矣。乃太師生時，俺荅、安國亨等，卽爲太師置像，旦暮尸祝公。今其無祿卽世，鴻生鉅儒，多稱引記功。宗以功作《元祀》，一篇之中三致意焉。下至武夫健卒，田畯紅女，聞有垂涕者。其所遭遇，豈不逾於子產哉？太師少讀書破萬卷，無所不窺，然獨觀大義，惟務宗旨，不求蔓引泛溢。爲文不屑屑程度，不喜譎怪。第取境與神會，言與志足，而柔澹春融，得天然之致。每屬草輒棄去，不欲垂空文自見。

筐篋中雖多所存，行世者奏對稿而已。至呈《雝肅》、《大寶丹扆》諸箴解，若講讀諸書，無非闡理翼經，學士大夫類能道之。資由天授，警敏疏徹，博聞強識，尤明習累朝故實，事至輒口誦某時著爲律，某歲挈爲令，不煩討核繙閲。目數行下，案無留牘，洞晰機宜，遠至南垂篁竹之夷，北徼氊裘之虜，譚險阨要害、出没向背，較若列眉，若懸寓，用能以樽俎折衝。機務紛挐，人或憂其叢脞，太師殊閒適。自公退，則游情藝圃，旁通稗官小記及諸省賢書。督學試義，悉手自品隲，示諸子弟，其暇豫如此。家居馴行孝謹，以處君父骨肉之間，交直其難。不得歸持大父喪，以此常邑邑何。已上凡所賜鮮新，不上大父靈几，不敢食。侍大母趙夫人於邸，備極色養，每昕必適寢所，問侍者，太夫人眠食狀。乃行甫歸，即之親舍，從容宴語，怊乎猶孺慕也。于兄弟友愛，愛叔父居易尤篤，悼仲父居敬蚤世，娓娓子其孤姪嗣敏，拊而長之，尋以己所授廕與之，所教與孤等埒焉。庚辰春，季父居謙訃至，哭泣哀思，再上疏請告。疏入不報可，然後出，逾年不衣霧縠，朝士咸見之。蓋天植云教子獨用嚴毅，慕萬石君之風。每丙夜，肅襟危坐，諸子無論壯少，皆不敢入侍。居恒所面命，自砥節礪行。文藝兩端之外，無一語及垣屋田宅。及諸子稍長，業登仕籍向用，其告以居官仕宦任職，惟比擬已行事。天下事有未發者，密不使聞，僉同乃可決爾，吾安能知。設或乘間問某事，後當如何，即艴然大怒，曰：此非乃所當聞！輒引曹相國之事相戒曰：昔漢惠使者曹窋洗沐，私從容問其父以不請事，何以憂天下。相國怒窋，笞之二百，曰：趣入侍，天下事，非若所當言也！夫窋爲中大夫，而亦既長矣，又奉帝命，乃相國怒，笞之二百。兒曹獨不畏曹窋事乎？于是諸子重足一息，毋敢出聲。每過庭，非有所問，輒良久侍立，不敢出一語而退。匪邸報即除一令丞蔑由知，蓋不言垣屋田宅，不屑以治產導其後，此無足論。其于國家事，又惟謹不以言者。太師爲國家之心，與其訓諸子之意深遠矣。治家窮約如寒素，性好施與。大官之餔所入，以充歲時存問里中所知交，不求以羨姻嫵。諸僮指廩而食者，若而人，總族中僅有田若干畝、糧七十石。戒子弟輸納無敢後時。其外繇非分所當復者，孤等不敢脱一踐更卒。有豪猾賄里胥竄名太師籍中，歲歲復無有所與。孤等發其姦，守臣以聞，大司農請以其意布告天下，雖有長爵復，復毋得過制，令罷民得寬力作，皆推太師意也。比卒，發陳篋，僅得上所賜帑金文綺，亦大都煩費矣。上聞而悼之，賜錢布薪米各有數，乃得襄事如禮。太師先配顧氏，贈一品夫人。繼配王氏，封一品夫人。子男六，長敬修，禮部儀制清吏司主事，娶癸卯舉人高公嵩女；次嗣修，丁丑進士及第第二人，翰林院編修，娶四川左条將賀公麟見女；次懋修，庚辰進士及第第一人，翰林院修撰，娶江西布政使司左条議高公尚志女；次簡修，錦衣衛指揮同知，娶刑部尚書王公之誥女；次允修，府諸生，娶刑部四川清吏司主事李公幼滋女；次靜修，尚幼，聘工部尚書李公幼淑女；女一，適刑部左侍郎劉公一儒子，太學生戡之。孫男六：重光，嗣修出；重輝，敬修出；重登、重元，懋修出；重潤、重倗，簡修出，皆幼。女二：敬修所出，許聘吏部左侍郎王公篆子；懋修二女未聘，皆幼。唯是本月二十八日，孤等將扶太師還楚，卜吉而藏，泣血拊心。以先人幽光與黄壚俱揜是懼，私心願得長老先生揭石墓門，以託不朽。非長老先生狀之，則事且無徵。恭惟明公，道高管鮑，文蔽班楊，單言迥邁崇褒，半詞允爲信史，用是藐焉諸孤，敢徼福先靈，縗絰叩閽人以請。夫奉職守官，人臣常分，先太師謀猷入告，事在密勿，非世所宜知。孤等又故自木彊，不問外事。瞶瞶靡所睹記，特按疏草憲令，聊攟拾什一於千百。事有缺漏，言無增飾，謹布之司籍者，伏乞哀而存之。賜一言以爲太師重，實嘉惠九原，流精誠於密穸，貽休百世，耀華衮於縑緗，豈惟孤等？實世世子孫，非生死所能報塞矣。敬修等無任泣血哀懇之至。

朱翊鈞

《明史》卷二〇《神宗紀一》 神宗範天合道哲肅敦簡光文章武安仁止孝顯皇帝，諱翊鈞，穆宗第三子也。母貴妃李氏。

隆慶二年，立爲皇太子，時方六歲。性岐嶷，穆宗嘗馳馬宮中，諫曰：陛下天下主，獨騎而騁，寧無銜橛憂。穆宗喜，下馬勞之。

夏四月丙寅，詔內外官行久任之法。【略】

冬十月甲寅，决囚。丁卯，視朝閲銓選。【略】

三年春正月丁未，享太廟。二月戊寅，祀大社大稷。辛巳，詔南京職務清簡，官不必備。丙申，始命日講官分直記注起居，纂緝章奏，臨朝侍班。【略】

冬十月丁卯，地再震，敕羣臣修省。戊辰，停刑。【略】

四年春正月丁巳，遼東巡按御史劉臺以論張居正逮下獄，削籍。【略】

秋七月丁酉，諭吏、戶二部清吏治，蠲逋賦有差，明年漕糧折收十之三。【略】

冬十月乙巳，以論張居正奪情，杖編修吳中行、檢討趙用賢、員外郎艾穆、主事沈思孝，罷黜謫戍有差。丁未，杖進士鄒元標，戍邊。十一月癸丑，以星變考察百官。

秋七月癸卯，振江西災。戊申，敕戶、兵二部撫安災民，嚴保甲。【略】乙卯，停刑。【略】

冬十月丙寅，禮部主事盧洪春以疏請謹疾，杖闕下，削籍。【略】

六月戊辰，禁廷臣奢僭。【略】

八月庚申，以災沴頻仍，敕撫、按官懲貪吏，理冤獄，蠲租、振卹。【略】己丑，停刑。【略】

庚午，定邊臣考績法。【略】

九月己未，停刑。【略】

冬十一月辛酉，禁章奏浮冗。【略】

秋七月癸未，諭廷臣，國是紛紜，致大臣爭欲乞身，此後有肆行誣衊者重治。【略】

《明史》卷二一《神宗紀二》　夏五月己酉，薊州男子張差持梃入慈慶宮，擊傷守門內侍，下獄。丁巳，刑部提牢主事王之寀揭言張差獄情，梃擊之案自是起。己巳，嚴皇城門禁。癸酉，召見廷臣於慈寧宮。御史劉光復下獄。甲戌，張差伏誅。六月戊寅，久旱，敕修省。【略】

甲戌，停刑。

《明史》卷二一《光宗紀》　三十一年，獲妖書，言神宗欲易太子，指斥鄭貴妃。神宗怒，捕逮株連者甚衆，最後得皦生光者，磔之，獄乃解。【略】事復連貴妃內璫。太子請以屬吏。獄具，戮差於市，斃內璫二人於禁中。自是遂有梃擊之案。【略】

丁酉，太子遵遺詔發帑金百萬犒邊，盡罷天下礦稅，起建言得罪諸臣。己亥，再發帑金百萬充邊賞。八月丙午朔，即皇帝位。大赦天下。

清代分部

愛新覺羅皇太極

《清皇室四譜》卷一《列帝・太宗》　太宗，應天興國弘德彰武寬溫仁聖睿孝敬敏，昭定隆道顯功文皇帝，名皇太極，太祖第八子，明萬曆二十年壬辰十月二十五日申時生。母太祖福晉葉赫納喇氏，後尊爲孝慈高皇后者也。天命元年四月，賜號和碩貝勒，與代善、阿敏、莽古爾泰同參國務。帝年最少，國人稱爲四貝勒。十一年丙寅九月初一日襲父汗位，時年三十有五，明年丁卯紀元。天聰三年十月，自將攻明入塞薄燕京。八年四月，改瀋陽曰盛京，赫圖阿拉曰興京。六月，自將滅察哈爾。七月，再自將攻明入塞略宣府大同。九年二月，內蒙古皆服。十月，禁國人稱女真，祇許稱滿州。十年丙子四月初十日，稱尊號曰寬溫仁聖皇帝，建國號曰清，改元崇德。實明之崇禎九年也。二年十月，擊降朝鮮，更封其王厄魯特汗，入貢。三年三月，喀爾喀三汗並入貢。九月遣將攻明，入塞，擾幾輔，略山東。七年二月，下明松山、錦州。十月，西藏遣使來聘並貢物，旋再遣將攻明，入塞，大略幾南山東。八年癸未八月初九日亥刻殂，年五十有二，以章京二人殉。順治元年八月葬昭陵，在盛京城西十里。九月升祔太廟，十月上尊謚曰應天興國弘德彰武寬溫仁聖睿孝文皇帝，廟號如上。八年十一月，封昭陵之山曰隆業山。康熙元年四月，加上尊謚隆道顯功四字。雍正元年八月，加上敬敏二字。乾隆元年三月，加上昭定二字。即今謚，子十一人，女十四人。

《清朝史料》卷二《開國方略》　天命十一年，設八旂大臣。天聰二年，定文館職司。五年，設六部。六年，定城守官三年考察之例。八年，定八旂職官名。十年，更定內三院。崇德元年，定內院官制，設都察院。二年，設八旂議政大臣。三年，設理藩院，定部院制。八年，設禮部蒙古理事官。此清朝澄敘官儀之始。太祖乙卯年，定八旂軍制。太宗天聰三年三月，定軍例於外藩。八月，定行軍賞罰例。五年，定出征軍制。崇德八年，定軍律。此清朝整敕戎行之始。天命五年六月，設納言之木於門外。天聰五年，令貝勒大臣盡直言諫。此清朝下詔求言之始。天命二年，令詳慎訟獄。天聰九年，禁徇私枉斷。崇德五年，肆赦。此清朝明刑弼教之始。太祖乙卯年，令羣臣舉賢才。五年，令貝勒大臣子弟就學。三年，授舉人生員官階，優免丁役。此清朝興賢勸學之始。天聰六年，行新定朝儀。崇德元年，行太廟薦新禮。三年，諭禮部申明禁令。八年，定內外相見禮。此清朝班朝肅廟之始。太祖甲寅年，令國人屯田曠土。太宗天聰九年，禁濫役妨農。崇德元年，禁屯積米穀，令及時耕種。二年，令各屯堡及時勸農。此清朝重農貴粟之始。天聰元年，發帑賑饑。二年，發帑資民嫁娶。崇德二年，諭貸粟資民。六年，以歲歉諭行備荒事例。此清朝孚民生之始。天命八年，勗羣臣勤職。十一年，勗諸貝勒毋習逸樂。崇德二年，諭諸大臣勤修國政。七年，諭諸王貝勒勤修政事。此清朝誡諭臣工之始。已上九則，均見《開國方略》。清之祖宗，一隅肇造，業業兢兢，當周豳商亳之始，基已姚典姒謨之畢備，攷其時正明國末造，君闇臣煬，百度寖弛，無復綱紀，興亡之故，蓋不待入關定鼎，而早可瞭然矣。

希　福

《清史列傳》卷四《大臣畫一傳檔正編一・希福》　希福，姓赫舍里氏。曾祖穆瑚禄，祖特赫訥，父瑚什穆巴顏，世居都英額，再遷哈達。太祖高皇帝既滅哈達，希福從其兄碩色率所屬來歸。以通滿、漢、蒙古文字，召直文館。屢奉使諸蒙古部，賜號巴克什，文字之任，一以委之。後隸滿洲正黃旗。【略】

崇德元年，改文館爲內三院，希福爲國史院承政。尋授弘文院大學士，晉二等輕車都尉。五月，請定察治譌言惑衆之例。三年，與大學士范文程請更定部院官階之制。詔並可其奏。希福雖居內院，筦機務，猶問奉使察哈爾、喀爾喀、科爾沁諸部，編户口，設佐領，頒法律於蒙古，平其獄訟；或往來軍營，宣示機宜，覈功賞，相度形勢，諭上德意於諸降人，還奏未嘗不稱旨也。順治元年，繙譯遼金元三史奏進，世祖章皇帝展閱再四，賞賚有加。

時都統譚泰附睿親王多爾袞，希福素譏譚泰衰庸，又以所得分撥第宅二區相隔甚遠，囑譚泰更易之，譚泰不允。希福使人謂之曰：爾為都統，即為我更撥一屋，有何不可而不能？爾誠衰邁矣！譚泰銜之。會譚泰弟副都統譚布詣希福，希福曰：日者大學士范文程以堂餐華侈語我，我對曰：吾儕儒臣也，非六部大臣及功勳大臣比，安得盛饌若此？遂偕往啓王，王以予言爲然，且自咎曰：吾過矣！譚布退以告譚泰，譚泰訐之法司。希福坐僞傳王言、詆謾大臣，欲搆釁亂政，應論死。讞成，啓王，王令免死，革職，罷任，尋籍其家。

八年二月，上親政，雪其冤，復職給產，仍授弘文院大學士。九年正月，充纂修《太宗實録》總裁官。二月，充會試主考官。遇恩詔，晉三等男。又奉特旨，以希福爲太祖、太宗任使，銜命馳驅，能盡心力，嘉其功，晉一等男。又遇恩詔，加一雲騎尉。復以定鼎燕京時，希福方罷任，未獲加授世職，至是特晉爲三等子，世襲。十月，授議政大臣。十一月，病卒，年六十四。贈太保，謚文簡。長子奇塔特，襲爵。

（清）錢儀吉《碑傳集》卷四馮培《宏文院大學士謚文簡赫舍里公希福傳》　希福雖以文學居內院，然常奉使察哈爾、喀爾喀、科爾沁諸部，頒法律，平獄訟，宣上德意，時或詣軍營，相度形勢，規畫機宜。每還報命，未嘗不稱善。

范文程

《清史列傳》卷五《大臣畫一傳檔正編二・范文程》　范文程，瀋陽人。曾祖鏓，明嘉靖時官兵部尚書。祖沉，瀋陽衛指揮同知。父楠，未仕。

文程少好讀書，穎敏沉毅，與兄文寀並爲生員。天命三年，大兵克撫順，文程年二十有一。太祖高皇帝見而器之，召與語，知其熟於當世之務，使隨行。及取遼陽，度三岔，攻西平，下廣寧，皆參謀帷幄。天聰三年，以文館官從太宗文皇帝伐明，入薊門，克遵化，招服潘家口、馬蘭峪等五城。會我師在大安爲敵所圍，文程以火器進攻，圍解。太宗自將臨永平，令守遵化。敵兵掩至，文程率先力戰，敵敗走。論功，授三等輕車都尉世職。五年，師圍大凌河城，文程招降西山一臺，命卽統其衆。六年，太宗詢廷臣伐明之策，文程與甯完我等言：我軍如欲深入，當乘其無備，直抵北京，訊其和否，毁山海關水門而歸，以壯軍威。計所從入，惟雁門關爲便。並諭沿路人民，俟版圖歸我，酌免賦稅，示愛養意。太宗嘉納之。【略】

順治元年，睿親王多爾袞將統兵伐明，文程上議曰：迺者明之流寇煽亂，其君若臣不能相保。雖天數使然，良由我先皇帝憂勤肇造，諸王大臣夾輔沖主，忠格蒼穹，上帝潛爲啓佑也。竊惟承丕業以垂休萬禩者，此時；失機會而貽悔將來者，亦此時。何以言之？中原荼苦已極，黔首無依，思歸令主，以圖樂業。明之受病，已不可治。其土地人民，不患不得，患得而不爲我有耳。曩者棄遵化，屠永平，一再深入而返。彼以我爲無大志，縱來歸附，未必撫恤，因懷攜貳。今日有已服者，有未服宜撫者，是當申嚴紀律，秋毫勿犯；復宣諭以昔日不守內地之由，及今進取中原之意。官仍其職，民復其業，録賢能，恤無告，大河以北，可傳檄而定也。此行或直趨北京，或相機攻取，必於山海長城以西，擇一堅城頓兵而守，以爲門户。惟諸王察之！大軍遂發，文程從。師渡遼河，明山海關總兵吴三桂以闖賊陷北京來乞師，文程曰：自闖寇猖狂，中原塗炭，近且傾覆京師，戕厥君后，此必討之賊也。我國家上下同心，兵甲選練，誠聲罪以臨之，恤其士夫，拯厥黎庶，兵以義動，何功不成乎？復言：好生者天之德也，兵者聖人不得已而用之。自古未有嗜殺而得天下者。國家欲統一區夏，非乂安百姓不可。於是申嚴紀律，妄殺者有罪。既敗流賊二十萬於山海關，我兵長驅而西，民多逃匿，文程草檄宣諭曰：義兵之來，爲爾等復君父仇，所誅者惟闖賊。師律素嚴，必不汝害。民心遂安。師入北京，建議備禮葬明崇禎帝。時宫闕灰燼，百度廢弛，文程收集諸曹册籍，布文告，給軍需，事無巨細，咸與議焉。明季賦額屢增，而籍皆燬於寇，惟萬曆時故籍存，或欲於直省求新册。文程不可，曰：卽此爲額，猶恐病民，豈可更求哉？自是天下田賦悉照萬曆年間則例徵收，除天啓、崇禎時諸加派，民獲蘇息。二年正月，敍功，晉三等男。十月，江南既平，上疏言：治天下在得民心，士爲秀民，士心得則民心得矣，宜廣其途以蒐之。請於丙戌會試後，八月再行鄉試，丁亥二月再行會試。從之。三年、四年兩充會試主考官。五年，晉一等男，賜巴克什號。六年正月，充纂修《太宗實録》總裁官。二月，復爲會試主考官。七年，遇恩詔，加一雲騎尉世職。【略】

九年，遇恩詔，晉一等子。十月，任議政大臣。疏曰：臣見直省土地荒蕪，賦虧餉絀，國家大害在此，然軍屯可興，國家大利亦在此。昔明太祖嘗言：養兵百萬，不費民間一粒。亦當元季亂後，地曠行屯故耳。今湖廣、江西、河南、山東、陝西五省寇亂日久，人民稀少，請設興屯道綜理之，同知分理之。地之無主者，卽爲官屯；其有主而拋棄者，多方招徠，過期不至，乃爲官屯。凡土著、流户願來耕者，均給以地，量助牛、種，官分子粒三之一，三年後爲永業。編行保甲，使守望相助。其無本者，官給僱值，則遠近饑民，聞風踵至，亦救荒之術也。初屯之時，所收糧草，皆道廳留貯，出陳易新，爲次年加墾計；其難久存者，就近撥供兵馬，僱舟車起運，勿僉點屯民，動用屯牛，則屯事得永久矣。又興屯之處，府縣有司聽屯道提調，理屯同知惟屯道管轄。如開墾日增，撫按特薦，倣邊俸例三年陞二級，以酬其勞，其不職者嚴糾之，所當信賞必罰也。疏上，命諸王大臣會議舉行。

十一月，以科道官當睿親王攝政時劾大學士馮銓降革者，彙原疏進呈御覽，世祖曰：諸臣所劾誠當，何爲以此罷耶？文程曰：諸臣疏劾大臣，無非爲君爲國，皇上當思所以愛惜之！世祖遂諭吏部俱以原官起用。十年，請令部院三品以上大臣各舉所知，不論滿漢，不拘資格，不計親疎，取正直才守之人，堪任何官，列疏奏聞。一官可舉數官，數官可舉一官，將姓名彙置御前，不時召對；察其議論，核其行事，遇缺請旨簡用。若用後稱職，保舉官加以優典，否則量罪連坐。詔允所議。十一年八月，加少保兼太子太保。時遣官赴各省恤刑，因疏言：前此遣滿漢大臣巡方，慮有擾民，是以停止。今四方水旱災傷，紛紛見告，亦應請停止。其現禁重囚，敕各巡撫詳勘，以可矜可疑者奏聞，裁定。從之。

（清）錢儀吉《碑傳集》卷四李霨《内祕書院大學士范文肅公墓誌銘》

十一年正月，文程上保舉連坐之法。乞敕部院三品以上大臣，各舉所知，不論滿、漢新舊，不拘資格大小，不避親疎恩怨，取正直才守之人，堪任何官，開列實蹟，疏名保舉，各具專本奏聞。一官可舉數官，數官可舉一官，仍將所舉姓名彙置御前，不時召對，察其議論，核其行事，並視其舉主何如人，則堪任與否，早在聖鑒中矣。遇有缺出，公同會推，開出職名並保舉官姓名，請旨簡用。若用後稱職，量其效之大小，保舉官加以優典；若不稱職，亦量其罪之大小，保舉官議以連坐。此法實行，則内外皆得真才，而天下無有不治者矣。詔從其議。同上。

多爾衮

《清史列傳》卷二《宗室王公傳二・多爾衮》 多爾衮，太祖高皇帝第十四子。**【略】**

〔崇德八年〕五月朔，師次通州。自成已先一日焚宮闕，載輜重西遁。王令諸王同三桂各率所部追賊。翌日，王入京師，明文武百官率軍民老幼焚香跪迎朝陽門外，設故明鹵簿，請乘輦。王曰：予法周公輔成王，不當乘輦。諸臣以周公負扆攝政固請，王曰：予來定天下，不可不從衆意。乃乘輦入武英殿，下令安輯百姓，飭將士皆乘城，毋入民舍。有卒屠民家犬，射傷犬主，斬以徇，民皆安堵如故。爲崇禎帝發喪三日，具帝禮葬；歸順諸臣俱以明原官任事。武英郡王等追賊至望都，自成奔西安，畿輔諸城俱納款。分遣都統覺羅巴哈納、石廷柱、葉臣及侍郎王鼇永等招撫山東、山西、河南，以京城内外經賊蹂躪，鰥寡孤獨無生計者，飭所司贍養。告官吏軍民曰：養民之道，莫大於省刑罰，薄稅斂。自明季禍亂，刁風日競，以越訴誣告爲常，設機搆訟，敗俗傷財，心竊痛之！自今嘉與維新，凡五月初二日昧爽以前，罪無大小，悉行宥免。違諭興訟，即以所告罪罪之。鬭毆、婚、田細事，就有司告理，重大經撫按結案。非機密重情，毋得入京越訴。訟師誣陷良民，加等反坐。前朝敝政，莫如加派，遼餉外又有剿餉、練餉，數倍正供，遠者二十年，近者十餘載，天下嗷嗷，朝不及夕。更有召買、糧科諸名目，巧取殃民。今與民約，額賦外，一切加派，盡予刪除。如官吏仍混徵暗派，察實治罪。**【略】**

〔順治〕二年五月，鄭親王等議定攝政王儀制，視諸王有加禮。王曰：上前未敢違禮，他處如議行。翌日入朝，見諸臣皆跪，遂回輿，責大學士剛林等曰：諸臣何故跪？此皇上之朝門也，他處行此禮尚可，乃行之朝門，豈有竟受之理？其諭衆官知之！御史趙開心疏言：攝政王見諸臣跪迎即回，因諸臣徒知尊王而不知王之尊皇上也。以叔父之親，兼攝政之尊，原與諸王有異，然羣臣謁王，當與朝見皇上禮不同，宜明定儀制。又正號必先正名，上諭稱攝政叔父王，叔父惟皇上得稱之，若臣庶皆稱，則尊卑無異。臣以爲當於叔父上加一皇字，庶上下辨而名義定。疏下禮部，議行。**【略】**

〔順治八年〕二月，蘇克薩哈、詹岱等首告王薨時，其侍女吴爾庫尼將殉，呼從官羅什、博爾惠、蘇拜、穆濟倫告以王曾製八補黄袍，令與大東珠朝珠、黑貂褂，潛置棺内；又王欲於永平圈房，以兩旗官兵移駐；與都統和洛會等共定逆謀，因出獵稽遲未行。都統譚泰亦首言王納肅親王妃，并令肅親王子至第較射，和洛會以惡言詈之。於是鄭親王濟爾哈朗、巽親王滿達海、端重親王博洛、敬謹親王尼堪及内大臣等疏言：昔太宗文皇帝龍馭上賓，諸王大臣共矢忠誠，翊戴皇上，因方在沖年，令臣濟爾哈朗與睿親王多爾衮同輔政。逮後多爾衮獨專威權，不令濟爾哈朗預政，遂以母弟多鐸爲輔政叔王，背誓肆行，妄自尊大，以皇上之繼位盡爲己功。又將太宗文皇帝昔年恩養諸王大臣官兵人等爲我皇上攻城破敵、剿滅賊寇之功，全歸於己。其所用儀仗、音樂、衛從俱僭擬至尊，造府與宮闕無異，擅用織造緞匹，糜庫貯金銀。將皇上侍臣伊爾登、陳泰一族及所屬人丁，剛林、巴爾達齊二族，盡收入己旗。又擅自誑稱太宗文皇帝之即位，原係奪立，以挾制中外。又搆陷威逼，使肅親王不得其死，遂納其妃，且將户口財產不歸公，俱以肥己。又誘皇上侍臣額爾克岱青、席訥布庫等，欲令附己。凡一切政事及批票本章，不奉上命，槩稱詔旨，擅作威福，任喜怒爲黜陟。僭妄背理，不可枚舉。又不令諸王、貝勒、貝子、公等入朝辦事，令日候府前，竟以朝廷自居，顯有悖逆心。臣等從前畏其聲威，今蘇克薩哈等首告逆謀，詳鞫皆實，應追治其罪，削爵，黜宗室，籍財產入官，其嗣子多爾博給信親王多尼。疏入，得旨，如議行。閏二月，追論王私閱《太祖高皇帝實録》，令大學士剛林等削書其母殉葬時事，剛林等治罪如律。

十二年，詔内外大小官直言時政，吏科副理事官彭長庚、一等子許爾安各上疏頌睿親王元功，請復爵號，修其墓。下王大臣議，鄭親王濟爾哈朗、貝勒尚善等奏：長庚言：太宗文皇帝創業盛京，諸王俱樹勳勞，而睿親王之功爲冠；又與諸王堅持盟誓，扶立皇上，鞠躬任事。考自太宗文皇帝創業，遴諸王分理六曹，從未以多爾袞功大，推爲冠首。皇上嗣膺大寶，王大臣等同心翊贊，亦非多爾袞獨效忠誠。又言：遇奸人煽惑，離間骨肉，如郡王阿達禮、貝子碩託私謀擁戴，乃執大義，立置典刑。查阿達禮、碩託之伏法，由謀於禮親王代善。禮親王遣諭多爾袞，言詞迫切，多爾袞懼罪及己，始行舉首。又言：奉命統兵，收拾明疆，大權在握，關内關外，咸知有攝政王一人。是時皇上沖齡，遠在盛京，彼若肆然自帝，誰能禁之？而乃先驅綏定，恭迎聖駕。查多爾袞克取明疆，並非秉權獨往，先是臣濟爾哈朗率兵攻克明中後所、前屯衛、中前所三城，凱旋，乃遣多爾袞往收燕京。彼時燕京不過一空城耳，即他王攻取，亦勢在必克，有何偉績？又言：當其初薨，尚無異議。爲時無幾，朝論紛起，論罪削爵，毀滅過甚。查多爾袞亡後，禮數甚渥，因近侍首告逆蹟，審實始追奪爵號，何謂朝論紛起，毀滅過甚？又言：詢之故老，聽之傳聞，前後予奪之間，似不相符。查長庚分屬新進，所詢故老何人？所得傳聞又是何語？又言：肅親王妃瀆亂一事，徵尤莫掩。然功多罪少，應存議親議故之條。查多爾袞將肅親王無因戕害，收其一妃，又以一妃私與其兄英親王，此罪尚云輕小，何罪爲大？多爾袞議親是矣，肅親王又皇上何人，獨非親乎？又言：私匿帝服御用等物，必由彼傳諭織造早晚齎送，暫貯王府。查多爾袞專製帝服隨身備用，伊侍女密囑潛置棺内，經首告始搜出，並非暫貯之物。又言：方今皇上宵旰求寧，而水旱相繼，似同風雷之警。伏思多爾袞在日，豈無水旱之虞？即今日亦並無風雷之警，何得以《金縢》比擬？又言：賜之昭雪，復其爵號，一以彰太祖之有子，太宗之有弟，皇上開創之有臣；且以見太宗知人之明，並以勵諸王作忠之氣，幽明交感，災眚可弭。率皆狂惑之心，悖妄之語。至於援引成王周公事蹟，以比睿王，尤屬乖謬。夫武王繼商而立，封周公之子伯禽於魯，特命周公攝守國政。多爾袞攝政，曾奉有太宗之特命乎？周公誅管叔，放蔡叔於郭鄰，以其同武庚叛也。肅親王亦曾有叛情乎？且多爾袞圖肅親王元妃，又以一妃與英親王，周公曾有此行乎？與其黨同謀，離間皇上，侍衛勒幸其第。周公又有此行乎？以避痘爲名，奉皇上遠幸邊外西喇塔喇地方，侍衛不及百人，又乏扈從之兵，時經長夏，勢甚孤危。周公又有此行乎？與弟豫親王及英親王子勞親造府，糜帑數百萬，致兵餉空虛，以他物抵充。周公又有此行乎？於海子内，建避痘處所，私動内帑，擅差部員，苦累官工。夫皇上一切營建，止用内府工匠而彼竟私役官工。周公又有此行乎？尤可異者，多爾袞欲離皇上，私與其黨定計，駐永平；又擅娶朝鮮國王族女，一女不足其願，又娶一女，未至而身亡；又太宗時，英親王被論，因罰出公遏必隆等三佐領，及至燕京，多爾袞擅給還英親王；又將黃旗下剛林、和洛會、巴爾達齊三族取入伊旗。又皇上六近臣曾各盟誓效忠，而多爾袞偪勒敗盟；又違例於八旗選美女入伊府，並於新服喀爾喀部索取有夫之婦；又濫費公帑，將織造江南、蘇、杭緞匹，私爲己有，充賞比倖。種種不法情狀，衆目共見，其餘瑣細敗檢之事，不可枚舉。長庚、爾安乃妄稱功侔周公，結黨煽亂，應論死，家產籍没，妻子爲奴。詔從寬，並流徙寧古塔，許爾安所襲父定國世爵，准定國他子襲。

《清朝史料》卷三《攝政王招降漢人檄文》　大清兵五月初一日追賊至京，出示云：大清國攝政王令旨，諭南朝官紳軍民人等知道，曩者我國欲與爾明和好，永享太平，屢致書不答，以致四次深入。期爾朝悔悟耳，豈意堅執不從，今被流寇所滅，事屬既往，不必論也。且天下者非一人之天下，有德者居之。軍民者非一人之軍民，有德者主之。我今居此，爲爾朝雪君父之仇，破釜沉舟，一賊不滅，誓不返轍。所過州縣地方，有能削髮投順，開城納款，即與爵禄，世守富貴。如有抗拒不遵，一到玉石不分，盡行屠戮。有志之士，正幹功名立業之秋，如有失信，將何服天下乎？特諭。

額爾德尼

《清史列傳》卷四《大臣畫一傳檔正編一·額爾德尼》 額爾德尼，世居都英額，姓納喇氏。太祖高皇帝時來歸，隸滿洲正黄旗，賜號巴克什。每從上征討蒙古諸部，能因其土俗、語言、文字，傳宣詔令，招納降附，著有勞績。天命三年，上親征明，取撫順。師還，明總兵張承廕自廣寧糾衆追躡，額爾德尼同諸將還擊，敗其衆，斬承廕。敘功，授男爵。

初，己亥年二月，額爾德尼奉命同理事大臣噶蓋創立國書，噶蓋奏曰：蒙古字傳習已久，難以更製。上曰：我國之語必譯蒙古爲語讀之，則未習蒙古語者不能知也。奈何以我國語製字爲難，反以習他國語爲易耶？額爾德尼奏曰：更製之法，臣等未能明，故難。上曰：無難也！以蒙古字合我國語音聯綴成句，即可因文見義矣。會噶蓋以事伏法，額爾德尼遵上指授，獨任擬製，奏上裁定頒行。國書傳布自此始。

額爾德尼既卒，太宗皇帝復命儒臣達海、庫爾禪等述其義益之。天聰七年，諭文館諸臣曰：額爾德尼遵太祖指授，創造國書，乃一代傑出之人，今也則亡！世祖章皇帝順治十一年，追謚文成。子薩哈連，官至鑾儀衛冠軍使。改入大學士希福族中，賜姓赫舍里。

愛新覺羅福臨

《清皇室四譜》卷一《列帝·世祖》 世祖，體天隆運定統建極英睿欽文顯武大德弘功聖仁純孝章皇帝。名福臨，嘗自號癡菴道人，太宗第九子。崇德三年戊寅正月三十日戌時生，母永福宫莊妃，博爾濟錦氏，即孝莊文皇后。八年癸未八月二十六日襲父位，時年六歲。叔父睿親王多爾衮、從叔父鄭親王濟爾哈朗同輔政。明年甲申紀元順治，實明之崇禎十七年也。四月，命多爾衮率師經略中原。五月，得明天下。九月，大駕自盛京遷都燕京。十月初一日，即皇帝位於武英殿，定有天下之號，仍曰清，紀元仍曰順治，命多爾衮獨攝政。二年五月，滅明福王。六月，下令薙髮。旋滅流賊李自成。七月，下令易服。三年十二月，滅明唐王，並滅流賊張獻忠。八年正月十二日，親政。九年十二月，西藏達賴喇嘛入覲受封。十年閏六月，琉球内屬。十八年辛丑正月初七日子刻，因病痘崩於養心殿，壽二十有四，以妃一人、侍衛一人殉。三月，上尊謚曰體天隆運英睿欽文大德弘功至仁純孝章皇帝，廟號如上。十一月，升祔太廟。康熙二年六月，葬孝陵，在遵化州西北七十里之豐臺嶺，一名鳳臺山，旋封曰昌瑞山。雍正元年八月，加上尊謚定統建極四字，乾隆元年三月，加上顯武二字，即今謚。子八人，女六人。

《清宫遺聞》卷一《定逢五視朝之制》 世祖御宇之九年，魏文毅公疏言，少而勤學，古人比之日出之光，宜及時肇舉經筵日講，以隆治本。八年二月，世祖親政，公又言深居高拱，不如詢訪臣鄰；批答詳明，不若親承顔色。故事有朔望之朝，有早晚朝内朝外朝，今縱不能如往制，請一月三朝，以副勵精圖治至意。自是定逢五視朝之制。

《清朝史料》卷三《江南丁酉科場案》 清初科場，富室子弟每以關節倖中。及順治丁酉，江南潰敗獨甚。時主考杭州錢開宗、嚴州方猷，同考二十員，皆知推妙選，首題則貧而無諂全章，取中舉人一百二十名。揭曉後，關節頗多，物議沸騰，達於京師，皇上震怒，敕部嚴加覆試。以春雨詩五十韻命題，黜落舉人三十餘名，主考房官二十二人刑於市。有無名氏作詩八句，但惜後四句不全：有孔方主試合錢神，題目先論富與貧，金陵自古稱金穴，白下於今中白丁。賴此一番大創，天下讀書士子俱踴躍稱快。

《清朝史料》卷三《開化案》 順治間，山左張公立山宰開化。有木子雄者，以圖財謀命，擬大辟，已定案待决矣。適張丁艱卸事，署任爲錢塘縣丞王某。交代時張缺庫項百餘金未清，正在措置間，而王索之急，且欲封其行李，張鬻衣裘、售簪珥以足之，始得回籍。去數月，部文下，木子雄依擬正法。王時尚在署事，遂爲監斬官。張後服闋赴補，得江西鉛山令，到任未幾，有河口鎮民爲竊賊拒捕傷腦死，張飭捕役嚴緝，遂獲正兇。到案時，張視其貌若素識者，聽其聲絶類開化土音。問其姓名，爲李雄。疑而盤詰之，卽從前圖財謀命之木子雄也。張大驚曰：聞汝已正法矣，何爲尚在？子雄仰視，識其卽從前之承審官，因不敢隱。具言：昔處斬時，正在黑夜，刀適中頸骨，身雖仆而首不殊，頸痛幾絶，比醒，則四周絶無一人，因力掙綁索斷，踰城而遁，逃至江西，改姓爲李，作偷兒以度朝夕。今又以拒捕破案，死復何言？張驗其腦後刀痕宛然，詢知監斬者卽署事之王丞，念及前怨，遂以子雄昔日刑後脱逃，及今拒捕殺人事通詳上憲。江西巡撫移咨浙江查之。浙撫大駭，行提昔日監斬及用刑之人，至省嚴鞫。時王丞已陞令江南，離任至浙。訊得開化縣中向未戮人，無善於行刑者，當夜子雄正法時，刀砍而仆，疑其已死，遂用蘆席掩覆之。俟天曉然後收殮，詎次日屍已不見，不敢聲揚，竟以業已處斬具報。不料其逃至江西，復因他案敗露。及於前事也，撫臺又咨提子雄至浙，令其親族認識之，果是。復再三研訊，司刑之人，並無賄從情弊，案遂以定，子雄仍解回江西結案，而王丞與用刑之人咸獲重譴焉。

《清朝史料》卷三《萊州府獄》 順治辛丑，蘇屬諸生以吳縣令任維初橫征虐民，聚衆哭廟，鳴鐘擊鼓於府堂，遂成大獄。至今人多能道之，以此案牽及金聖歎諸人，遂附聖歎以傳也。康熙三十七年戊寅，山東亦有昌邑生員劉範、徐卿，及十學諸生千餘抱孔子主鳴鐘擊鼓，哭於萊州府門之舉，同一舉動而知之者寡，則案中無金聖歎其人，人遂不以掛諸齒頰也。此案亦起於縣令無道，與辛丑案相彷佛。惟辛丑案則成大獄，秀才輩大失敗。戊寅案則秀才輩頗吐氣，案情則爲官場所彌縫，爲稍異耳。先是掖縣（萊州府首縣）令管承寵患眚，濰縣醫士郭欽若藥之而瘥。遂寵遇之，會管攝濰印。欽若思有以媚之，擬爲謀卽真，以濰缺優於掖也，以意告管。且定策雇邑之游民若干，冒爲縉紳，走省城，訴巡撫，陳管德政，乞調繁。管喜其策，而不思此舉實格於例也。遽予郭三十金，使給晉省者爲旅費，利令智昏，殆此類歟。濰縣樂舞生吳蘇，飲博無賴也，奔走勢利，無所不為。郭利用之，使約無賴二十餘輩圖此事，曰事成酬匪薄也。吳利其酬，如約行。郭則乾没三十金，吳等徒步往，又縱博無厭，走七百里，幾於乞食，始達省。而管令已奉剳罷署事，回掖任，前謀不成矣。或洩管令予金數於吳，吳大怒，嗾諸無賴噪郭，毁其門。郭恨之刺骨，謁管令，讚吳反覆。管令怒，授意濰儒學革吳樂舞生，吳被革，仍就童子試，入萊郡。郭又走報管曰：公之不得濰，吳之反覆所致也。今彼既至郡矣，某亟思爲公報之而拙於謀也。公其教之，管素有心計，偵知吳喜博，遣掖之無賴陳玉秀往誘之戲，而以捕役隨之，博甫交，玉秀大呼吳負千錢，訌而鬬，役掩執之詣管。管呼杖，吳大噪，訐郭乾没及己勞苦狀，管餒，捨之。趨白府，以博徒招盜爲詞，入吳罪。時萊守爲陳士鑛，惑于先入，不察情僞，杖吳二十，荷校通衢。時赴試秀才咸集郡城，莫詳吳之爲人，輒呶呶以辱斯文尤守，且詬管縱奸噬人。勢已將洶洶，而陳玉秀狐假虎威，輒酒醉攘臂行市上，與諸生遇，卽喃喃詈不休，秀才輩尤惡之。昌邑武生徐卿，孱夫也，與儕輩行，遇陳睥睨過，徐頤指目語輩儕，是卽設計陷吳生者。陳微聞之，大怒，謂何預措大事，而敢指斥我，若逋我博錢欲賴耶，扭之，以屬遊徼者。庠生劉範至，求解不可，同庠十餘生趨府白其寃，守不卽出。諸生呼聲漸高，守使隸傳聞，隸固陳黨，揮大杖撲諸生，時聚觀者百餘人，咸大忿争，摑隸。鈴木吏厲聲叱逐，諸生聚益衆，大詬於門外。内署閉，諸生狂哭，以頭觸扉，喊聲震天，初守不得志於學使陸鳴珂，至是頗自危慄，使教官約鄉先生數輩，聚諸生於明倫堂，餂以甘言，怵以官勢，紿使和好。管令至，傲睨嬉笑，旁若無人，昌邑教官言事在濰掖，而昌邑人無端被禍，徐卿無罪受辱，當有以處之。鄉先生右諸生，新任濰令某盛氣凌人，欲折諸生。以故含怒，列堦下者近千人，劉範排衆，平氣啓白，但求懲玉秀，及府隸，諸生卽奉身退。管不應，而濰令語益誖，堂下怒聲轟發，争摶濰令。令倉卒走，管亦避退，諸鄉先生皆逡巡遁。惟餘教官數人勉事彈壓，諸生哭於聖廟，聲開數里，黠者抱孔子主以出，諸教官大駭，羅跪俯伏不敢動，亦不敢奪。諸生遂擁之行，民亦多哭，從者迎入府，置主於署門，環對長號。守大窘，役皆走散。學使偵知之，方喜守被困，少洩其憾，而是時衆聚難散，實不可收拾，諸生擊鼓謁學使，學使爲之易試期，亦實縱之以削守勢也。諸生既犯大吏，謀所以告巡撫者，守因得乘隙夜出，謝學使，而陰令教官攜主去，已而學使不直守，責令親杖吏與玉秀，以謝諸生。守猶有難色，旋以衆怒難犯，卒從其説。此則諸鄉先生實心贊翊之功也，於是諸生始就試。夫以一宵小啓釁，而能傀儡守令，侮辱諸生，豈非偏聽生奸之爲患哉？或曰：大變暴著，而竟能消弭於無形，是則彌縫之巧也！吁，天下事豈僅此而已耶。

〔清〕余金《熙朝新語》卷一　〔天聰三年〕世祖章皇帝即位，明年爲順治元年。四月，闖賊陷明北京，明山海關總兵吳三桂來乞師，遂召文肅於湯泉，決策進兵。時抱病力疾，趨朝建議曰：自闖寇猖狂，中原塗炭，近且傾覆京師，戕厥君后，此必討之賊也。雖擁衆百萬，横行無憚，揆其敗道有三：逼殞其主，天怒矣；刑辱縉紳，拷劫財貨，士忿矣；掠民貲，淫人婦，火人廬舍，民恨矣。備此三敗，行之以驕，可以一戰破也。我國家上下同心，兵甲選練，誠聲罪以臨之，恤其士夫，拯厥黎庶，兵以義動，何功不成？復言好生者天之德也，兵者，聖人不得已而用之，自古未有嗜殺而得天下者。國家欲統一區夏，非乂安百姓不可。於是大軍遂發，扶病隨征，申嚴紀律，妄殺者有罪。二十二日敗流賊兵二十萬於山海關，我兵長驅而西，民多逃匿。爲艸檄宣諭，言義兵之來，爲爾等復君父仇，非殺百姓也。今所誅者惟闖賊，官來歸者復其官，民來歸者復其業，必不汝害，民心遂安。師入燕京。

又：蔚州魏敏果公象樞，順治丙戌進士，由庶吉士改刑科給事中。時世祖初親政，象樞上言宜慎起居，盡啟沃，責備時宰，人皆危之。上深嘉納，在諫垣時疏凡三十餘上，尋因事牽涉，左遷。康熙初召授貴州道御史，具疏言科臣余司仁欺罔不法，湖南布政使劉顯貴侵公帑，不當內陞。數年間官至左都御史。劾最貪知州曹廷俞，薦舉清廉知縣陸隴其，又舉學道公明者二人，去貪墨者二人，吏治肅然，遷刑部尚書。上言臣忝司風紀，職多未盡，敢援漢臣汲黯自請爲郎故事，乞辭新命，而領現職。上鑒其無欺，從之，仍加刑部尚書銜。嘗曰法自天子，寬之則爲施仁，自刑官寬之則爲骫法，以病乞歸。

愛新覺羅玄燁

《清皇室四譜》卷一《列帝・聖祖》　聖祖，合天弘運文武睿哲恭儉寬裕孝敬誠信中和功德大成仁皇帝，諱玄燁，嘗自號體元主人，世祖第三子，順治十一年甲午三月十八日巳時生於景仁宮。母世祖妃佟氏，即孝康章皇后。十八年辛丑正月，世祖大漸，爲帝特定漢字御名，即今諱清之避御名，立廟諱。自此始旋遺詔，立爲皇太子，嗣大統。十九日，即皇帝位於太和殿，時年八歲。以内大臣索尼、蘇克薩哈、遏必隆、鼇拜四人輔政。是年十二月，滅明桂王，天下混一。明年壬寅，紀元康熙。五年五月，安南黎氏内屬。六年七月初七日，親政。十二年二月，暹羅内屬。十一月，滇藩吳三桂反，閩桂相繼起，雲南、貴州、福建、兩廣、四川、陝西諸省俱遭蹂躪。二十年十月，以次蕩平。二十二年八月，擊降臺灣鄭氏，改置郡縣。三十年四月，喀爾喀全部內附，至是外蒙古皆服。三十六年閏三月，擊殺噶爾丹，朔漠平。十一月，青海内附。五十六年八月，西藏被侵，五十九年八月，擊定。六十年四月，臺灣亂，六月平。在位南巡者六，爲：二十三年十月幸江蘇，二十八年正月、三十八年二月、四十二年正月、四十四年二月、四十六年正月皆道江蘇，並幸浙江。惟四十一年九月，車駕已至德州，因太子允礽病，即止。東巡者一，爲：二十三年十一月，南巡回鑾時特詣闕里。西巡者一，爲：四十二年十月幸太原、西安。出塞者四，爲三十年四月至多羅諾爾，三十五年正月至克魯倫河，三十六年二月至狼居胥山，四十年正月至索岳爾濟山。幸五臺者四，爲：二十二年二月、三十七年二月、四十一年正月、四十九年二月。六十一年壬寅十一月十三日戌刻崩於暢春園，壽六十有九。雍正元年二月，上尊謚曰合天弘運文武睿哲恭儉寬裕孝敬誠信功德大成仁皇帝，廟號如上。九月葬景陵，在孝陵之東，馬蘭峪旋升祔太廟。乾隆元年三月，加上尊謚中和二字，即今謚。有《御製詩文集》，子三十五人，女二十人。

《皇朝文獻通考》卷一九五《刑考一》　聖祖仁皇帝，大德涵濡，彌復加意刑章，增定律例，益詳且盡，而明罰勑法之意諄切反覆，著之《聖訓》者，藹然如見天地之心。蓋至是久道化成，勝殘去殺，百有餘年矣。

《聖祖仁皇帝御製文集・第一集》卷二《勅諭・諭吏兵二部》　向來包衣佐領下官員子弟，不準為廕生、監生，其筆帖式無有品級。今思内外官員效力相同，加恩豈宜有別？包衣佐領官員子弟準為廕監，及筆帖式給與品級之處。爾部定議具奏。特諭，康熙九年二月二十八日。

《聖祖仁皇帝御製文集・第一集》卷二《勅諭・諭吏部等衙門》　時已入夏，雨澤愆期，皆由部院大小臣工因循舊習，不能精白乃心，公廉盡職，以致政務失當，有干天和。爾等堂上官宜力圖脩省，靖共職業，嚴督所屬司官，凡事應秉公勤勵，革除積弊，勿瞻狥情面。仍稽察胥吏作奸事，有應結者，速行完結，勿得借端多駁，圖遂己私。其問刑等衙門一切獄訟，務期平允得情，速審速結，勿得株累無辜。久淹羈禁。尔等大小各官，須實心脩省，勿得視為具文，仍前怠玩，有負朕委任、責成之意，著吏部通行申飭。特諭，康熙九年三月二十二日。

《聖祖仁皇帝御製文集·第一集》卷二《勅諭·諭吏兵二部》 朕惟致治雍熙，在於大小官員悉尚廉潔，使民生得遂，內外滿漢文武官員各有職守，理應律己潔清，屏絶餽受，乃能恪恭職業，副朕任使至意。近聞尚有因循陋習，借名令節生辰，在外文武官員剝削兵民，餽送督撫、提鎮司道等官。督撫、提鎮司道等官復苛索下官，餽送在京大臣、部院大臣、官員科道等官。在京官員亦交相餽遺。前雖屢經嚴禁，未見悛改，仍行授受，殊違潔己奉公之義。兵民日漸窮困，職此之由。以後著痛加省改，斷絶餽受，以盡厥職。如仍行餽受，事發之日，定將授、受之人一併從重治罪，必不姑息。尔部即遵諭，嚴加曉諭內外遵行。特諭，康熙九年九月二十一日。

《聖祖仁皇帝御製文集·第二集》卷四《勅諭·諭大學士勒德洪明珠學士禪布噶思泰吴喇岱額爾赫圖吴興祖徐廷璽》 京師重地，所關鴻鉅，盗賊、兇棍察緝宜嚴，其在步兵，尤為專責。前步軍統領費揚古，在任嚴於巡緝，其所管轄，屏絶情面。今現任步軍校席特庫，亦於情面能為拒絶，巡緝管轄甚嚴。若步軍統領、總尉皆如席特庫，盗賊、兇棍畏罹法網，自當斂跡，京師庶得肅清。左翼總尉穆呼達，年老衰弱，右翼總尉沙木布，為人庸懦，皆令解任二等侍衛。達漢泰，其人堪用，可任管轄，其代沙木布為總尉。穆呼達缺，選擇以聞。俟此，總尉之缺既補之後，可令步軍統領、總尉等，會同於現任步軍副尉、步軍校等員中，察其不克任、管轄庸劣者，罷之。其下兵部，康熙二十六年二月初二日。

《聖祖仁皇帝御製文集·第二集》卷一三《勅諭·諭內閣》 天下武舉會試者，或其人材可用，騎射亦優，而以不合式之故遺而不録者有之。朕意殊為憫惜，令兵部宣示，有願効力與再試者，具呈候該部。請旨再行考試、遴選。隨火器營，令其服習戎事，於會試時照常考校，既晰知其人，亦便於拔取，有超卓者即與録用。如此，則人材不致遺棄於考試，良有裨益矣。爾等會同九卿詳議，奏聞。康熙三十三年十月初六日。

《聖祖仁皇帝御製文集·第二集》卷一七《勅諭·諭內閣》 烏喇寧古塔、幾林烏喇、黑龍江等處，新滿洲內曾授官職，以老病解任者照其原官品級給俸禄，以養贍之矣。此等解任之官，令其子弟承替，則供職得人，而俸禄亦不致虛糜。其勅兵部逐一詳察具奏。康熙三十七年五月二十一日。

《聖祖仁皇帝御製文集·第二集》卷一八《勅諭·諭吏部》 朕頃自江南巡歷浙省，沿途供御悉經儲備，不以纖毫取辦閭閻，而地方官料理夫船等項，一無缺悞，殊屬勤勞。此等官員，有因公詿誤罰俸、住俸、降俸、降級、革職留任者，著察明，悉從寬免。爾部即遵諭行。特諭，康熙三十八年三月二十六日。

《聖祖仁皇帝御製文集·第三集》卷一《勅諭·諭大學士伊桑阿等》 河工豈可與臺灣並論？臺灣係海外之地，彼處官員俱屬揀用，赴任時不帶家屬，獨身前往。三年後調陞別地，此內有意存焉。今張鵬翮奏稱：河工官員保守，三年不衝決即陞，果依此行。三年後惟河工官員陞遷，其他盡壅塞矣，且部中定例亦從此而壞。張鵬翮居官清白，如此行之尚可。張鵬翮之外豈可乎？九卿不知此意，但視張鵬翮如何陳奏，即照所奏議行，其不可行之處，九卿皆不知也。康熙四十年二月二十三日。

《聖祖仁皇帝御製文集·第三集》卷六《勅諭·諭吏部》 教職官員，必文義明通，方稱厥職。近見直省教職官，內不諳文義者甚多。如此何以名為師儒，訓迪士子？著行文直省巡撫將各屬教職通行親試，分別具題。嗣後俱照此例，不時考試。康熙四十三年三月十一日。

《聖祖仁皇帝御製文集·第三集》卷八《勅諭·諭河道總督張鵬翮》 河工積弊，汛官利於堤岸，有事修建大工，得以侵冒河帑，又希圖修建閘，興無益工程，於中取利。著嚴飭各官痛改前非，加謹修防，儻有故違，定行正法，以示懲戒。其地方有司官員膜視河工，致有貽悞者，爾題条到日，將地方官亦行正法。河官平時須預備物料，以為不時修防之需。若料物不備，遇工程險要，倉皇無措，雖將該管官重處，亦屬無濟。康熙四十四年閏四月十三日。

鼇拜

《清史列傳》卷六《大臣畫一傳檔正編三・鼇拜》 鼇拜，滿洲鑲黃旗人，姓瓜爾佳氏，偉齊第三子也。初爲護軍校，從征，屢立戰功。天聰八年，授騎都尉世職，任參領。從太宗文皇帝征察哈爾，收其散亡部衆。旋奉命與護軍統領譚泰等由上方堡入明邊，設伏，以違界出略，又不至期會地，詔奪其所俘獲。崇德二年，隨征明皮島，武英郡王阿濟格集諸將問進取之策，鼇拜與參領準塔願爲前驅，與王約曰：不得此島，勿復見王！遂與準塔連舟渡海，敵嚴陣拒堡上，我兵莫能登。鼇拜大呼超躍而上，冒矢石直前搏戰，準塔繼之，明軍披靡，遂克其島。太宗以此島可比大城，命優敍，晉三等男，賜巴圖魯號。【略】

順治元年，隨大兵定燕京。二年，世祖章皇帝命考核羣臣功績，鼇拜以忠勤戮力，晉一等子。隨英親王阿濟格征湖廣，至安陸，破流賊李自成兵。睿親王多爾袞以英親王有罪，令鼇拜與都統譚泰於軍中集衆暴其狀，鼇拜、譚泰匿之不以示衆，論罪，罰鍰。明年，隨肅親王豪格征四川，敗叛將賀珍兵於楚、湖。師抵西充，賊渠張獻忠列營拒戰，鼇拜奮擊，大破之，斬獻忠於陣。賊衆收合餘燼，復犯我師，鼇拜遣軍士連擊，敗之。旋偕侍衛李國翰等分剿賊黨，俘斬無算，下遵義、夔州、茂州諸郡邑。五年二月，部臣論隨征參領希爾根冒功爭賞罪，鼇拜坐軍中詳勘不實，論革世職；又以貝子屯齊等訐告鼇拜於崇德八年與護軍統領圖賴等六人謀立肅親王，私結盟誓，廷議應死：並得旨罰贖。四月，侍衛科普索訐告鼇拜擅撥護軍爲侍衛遏必隆守門，仍論死，上復宥之。【略】

十八年，受顧命，奉聖祖仁皇帝嗣統，與內大臣索尼、蘇克薩哈、遏必隆爲輔政大臣。既受事，與內大臣飛揚古有隙，又飛揚古子侍衛倭赫及侍衛西住、折克圖，覺羅塞爾弼同直御前，不加禮輔臣。鼇拜惡之，遂論倭赫等擅乘御馬及取御用弓矢射鹿罪，並棄市，坐飛揚古怨望，亦棄市，并殺其子尼侃、薩哈連，籍其家，以與弟都統穆里瑪。先是，鑲黃旗屯莊，畫給保定、河間、涿州之地，已二十年。蘇克薩哈，鼇拜姻婭也，論事多齟齬，積而成讐。鼇拜因蘇克薩哈籍隸正白旗，欲以薊州、遵化、遷安諸莊改撥鑲黃旗，而別圈民地給正白旗。康熙五年，使旗人訴請以牒部，大學士蘇納海管户部，議阻之。貝子溫齊等以履勘鑲黃旗地不堪耕種疏聞，遣蘇納海與直隸總督朱昌祚、巡撫王登聯丈量酌易時，則兩旗人較量肥瘠，相持久不決；而旗地待換，民地待圈，所在荒廢不耕，百姓環訴失業，昌祚等交疏請停止圈換之令。鼇拜怒，坐蘇納海撥地遲悞，昌祚等紛更妄奏，悉逮治，棄市；且以蘇納海族人已故額駙英俄爾岱爲睿親王私黨，令部臣盡削世職，以洩其忿。明年，議蘇克薩哈罪，慮大學士巴泰逆己意，不使與聞，坐蘇克薩哈以大臣觖望，蓄異志，論應磔死。上鑒其枉，鼇拜攘臂强争，卒予絞，并誅其族屬。

鼇拜之受顧命也，名列遏必隆後。至是，索尼死矣，班行章奏，鼇拜皆前列。日與弟穆里瑪，姪侍衛塞本特、訥莫，大學士公班布爾善，尚書阿思哈、噶褚哈、馬爾賽，都統濟世，侍郎泰壁圖，學士吴格塞等，黨比營私。是時侍讀熊賜履遵旨條奏時政，有曰內臣者外臣之表也，又曰急功喜事，但知趨目前尺寸之利，以便其私圖。鼇拜聞而惡之，曰：是劾我也！入對時，輒請申禁言官，不得上書陳奏。聖祖既躬親大政，冀其感恩悔罪，克保功名，特命鼇拜於二等公外加賜一等公，以其子那摩佛襲二等公爵。七年，世祖配天覃恩，加鼇拜太師，加那摩佛太子少師。時有竊其馬者，鼇拜捕斬之，併殺御馬羣牧長。怒蒙古都統俄訥、喇哈達、宜理布於議政時不附己，即令蒙古都統不與會議。馬爾賽故，部臣請謚，上不允，鼇拜令仍給與謚。

八年五月，上以鼇拜結黨專擅，弗思悛改，命議政王大臣等逮治鼇拜罪，諭曰：前工部尚書員缺，鼇拜以朕素不知之濟世，妄稱才能推補，通同結黨，以欺朕躬。又奏稱户部尚書應授二員，將馬爾賽徇情補用。又鼇拜於朕前辦事，不求當理，稍有拂意，即將部臣叱喝。引見時，在朕前施威震衆，科道官條奏，鼇拜屢請禁止，恐身干物議，閉塞言路。凡用人行政，欺朕專權，恣意妄爲。文武各官欲盡出伊門下，與穆里瑪等結成同黨。凡事在家定議，然後施行；且倚仗兇惡，棄毁國典，與伊相合者薦拔之，不合者陷害之。朕念鼇拜舊臣，望其改惡悔過，今乃貪聚賄賂，奸黨日甚，上違君父重托，下則殘害生民，種種惡跡，難以枚舉。其嚴拏勘審！于是康親王傑書等列其攬權欺罔諸罪狀，請革職、立斬、籍没，那摩佛亦論死。上親加鞫問，情罪俱實，諭曰：鼇拜以勳舊大臣，受恩皇考，遺詔輔佐政務，理宜精白乃心，盡忠圖報。不意結黨專權，紊亂國政，紛更成憲，罔上行私。朕久已悉知，尚望其改行從善，克保功名，以全終始。乃近觀其罪惡日多，命諸王大臣公同究審，俱已得實。以所犯重大，擬以正法，本當依擬處分；但念鼇拜在累朝効力年久，且皇考曾經倚任，朕不忍加誅。姑從寬革職、籍没，仍行拘禁。那摩佛亦免死，革職拘禁。

鼇拜死，乃出那摩佛於獄而釋之，卒於家。五十二年，上復念鼇拜戰陣功多，特追賜一等男，以其弟巴哈之孫蘇赫襲。蘇赫卒，仍以鼇拜孫達福襲。世宗憲皇帝時，賜鼇拜祭葬，復一等公，世襲罔替，加封號曰超武。

索尼

《清史列傳》卷六《大臣畫一傳檔正編三・索尼》 索尼，滿洲正黃旗人，姓赫舍里氏。父碩色，大學士希福兄也。太祖高皇帝時，碩色自哈達部挈家來歸，太祖以其兄弟父子並通國書及蒙古、漢人文字，咸擢置文館理事，賜碩色、希福巴克什號。

授索尼一等侍衛，使出入扈從，隨軍征討。時哈達兵犯界藩城，索尼身先士卒，擊敗之。復隨征棟揆，蒙古援兵雲集，立二寨互爲犄角，索尼與諸將合兵攻剿，拔其一寨，餘衆悉降。天聰元年，從太宗文皇帝攻錦州，遇明兵千餘徒大凌河戶口，索尼以二十騎襲擊之，多斬獲。旋偵敵寧遠，城内兵突出，索尼奮勇力戰，追擊敵兵，至壕而返。

二年，上親征喀爾喀，徵兵外藩科爾沁，不至。既，遣希福率健士八人往趣之，復詔索尼與侍衛阿珠祜賫諭飭責土謝圖額駙奥巴。初，奥巴爲台吉，入朝，太祖以貝勒舒爾哈齊孫女妻焉。既而奥巴屢違令約，私與明通。時復徵兵不至，索尼於是稟受方略以行。既入科爾沁，其部人饋以牲，索尼麾之去，曰：爾汗有異心，爾物安可食耶？部人以告奥巴。奥巴病足，居別室，索尼與阿珠祜詣見公主，以諭旨告奥巴，奥巴聞之，扶掖至，佯問曰：此爲誰？索尼曰：吾儕，天使也！爾有罪，義當絶。今特以公主故，使來餽問耳。奥巴語左右具饌，索尼、阿珠祜不顧而出。奥巴恐，使台吉塞冷等請其事，索尼出璽書示之，即令從者先行。奥巴得書，大驚，令所屬大臣環跽，請曰：汗獲重罪，甚惶懼！今寇騎塞路，恐使者卽歸，遭侵掠，益滋汗咎，請少留。索尼曰：銜君命而來，死何足辭？與阿珠祜拂衣起，整轡欲行。衆皆泣，且曰：汗欲引罪自謝！扣馬首，力挽之，乃止。翼日，奥巴辭以足疾，欲令其台吉拜思噶爾及桑噶爾寨偕索尼等入謝，索尼曰：汝欲解己罪而使二人行，吾豈爲取拜思噶爾等而來耶？奥巴乃使人請曰：上恕我，我固應肉袒謝，懼不我容而逐我耳。索尼曰：皇上覆載如天地，汝果引愆入朝，雖有罪必蒙矜恤。奥巴叩首，決計入朝。索尼見其悔罪輸誠，與阿珠祜偕其大臣党阿賴先歸奏狀，俱稱旨。【略】

〔順治〕八年，上既躬親大政，以前議索尼罪不實，特召還朝，復其爵。遇恩詔，晉三等伯，予世襲。九年，復命諸王議功，晉一等伯，賜敕免死二次。擢内大臣，兼議政大臣，總管内務府事。十七年，應詔上言十一事：一曰小民寃抑，有司不爲詳審者，宜別爲嚴察，使無壅於上聞；二曰凡犯罪發覺，問官以奉有嚴旨，往往不察其情，輒加重罪，不無枉濫，乞敕法司量情詳慎；三曰前議福建將士罪，在大將軍者止削一不世襲之騎都尉，而所屬將領，其子爵、男爵乃盡議革，輕重不均，有乖懲勸，請敕更正；四曰凡開國之臣，自騎都尉以上，皆有功行間，及贊成大業者，所授之職，宜予世襲，其後非有戰功，恩詔所加，不宜給世襲敕書；五曰在外諸藩，風俗不齊，若必嚴以内定之例，恐反滋擾，宜格外寬容；六曰近聞大臣勢豪，奪據行市，奸宄之徒，投託指引，以攘貨財，請旨嚴禁；七曰今四方商賈，擔負捆載來京者，多爲旗下大臣家人，短價强買，人將畏而不前，請察禁；八曰諸王貝勒以及各官私引玉泉山之水爲灌溉，致竭泉流，當禁；九曰邊外木植，皆商人僱民採伐，水運解部，故額税之外，令自售賣，使利及商人，今聞大臣於採木之地，私行强佔，以致商不聊生，請禁止；十曰大臣不殫力公事，惟飾宅第，請懲禁；十一曰五城審事諸官，遇世族富家與窮民搆訟，必罪窮民，曲意徇私，不思執法，請嚴飭，無得枉情納賄，恣意妄行。疏入，上以所奏皆實事，宜申禁，飭部議行。

遏必隆

《清史列傳》卷六《大臣畫一傳檔正編三·遏必隆》 遏必隆，滿洲鑲黃旗人，姓鈕祜禄氏，額亦都第十六子也。母和碩公主。天聰八年，太宗文皇帝賜敕命遏必隆襲其父一等子爵，任侍衛。九年，詔免功臣徭役，遏必隆與焉，並給人户，使管佐領事。貝勒尼堪福晉，遏必隆兄都統圖爾格之女也，無子，謀取僕婦女作爲己生。尼堪入奏，命刑部承政索海等會鞫之，遏必隆告於鄭親王濟爾哈朗曰：索海與尼堪爲姻戚，恐左袒，宜勿與訊。及會勘福晉謀作事實，遏必隆坐徇庇欺誑，削爵。【略】

〔順治〕十八年，受遺詔，與索尼、蘇克薩哈、鼇拜同爲輔政大臣。康熙六年三月，御史張惟赤疏請聖祖仁皇帝親政，於是索尼等以歸政請，遏必隆亦懇請再三。是歲七月，上躬親大政，諭部加恩輔臣，以示酬庸之典。詔從部議，加賜遏必隆一等公爵，復以其長子法喀襲原授之一等公。遏必隆奏辭，不允，賜戴雙眼孔雀翎。明年，加太師。尋乞罷輔政，温諭慰留。又明年，再請，乃許。先是輔政時，索尼老病，鼇拜多專政，與蘇克薩哈不相能，遏必隆不能自異。及鼇拜倡圈易旗地之令，中外大臣皆謂爲不便，遏必隆欲停止，窺鼇拜意在必行，遂弗與争。既而鼇拜矯旨誅大學士蘇納海等，復族誅蘇克薩哈，遏必隆皆不爲阻，亦不入奏。八年，鼇拜獲罪，上以遏必隆同列輔政，明知其惡而緘口不語，詔法司併逮問，論死。上復念其結黨無實，宥之，削太師銜及後賜之一等公。九年，諭兵部曰：前以輔政大臣遏必隆知鼇拜樹黨亂政，不豫行糾劾，故坐之罪。今念其爲皇考顧命大臣，且勳臣子，其咎止於因循瞻顧，未黨躬負重愆，特爲寬宥，仍以公爵宿衛内廷。遏必隆遂以一等公品級入朝侍直。

李光地

《清史列傳》卷一〇《大臣畫一傳檔正編七·李光地》 李光地，福建安溪人。康熙九年進士，改庶吉士，授編修。十二年，充會試同考官，尋以省親乞假歸。【略】

十九年八月，至京，諭不必候缺，即任内閣學士。光地奏鄭錦已死，子克塽幼，部下争權，宜急取之，且言素習海上情形之内大臣施琅可任，上從其言。詳見《施琅傳》。光地又疏言：耿精忠罪狀顯著，諸王大臣等正在會議渠魁當治，脅從當寬，皇上自有睿裁，無俟微臣置喙。惟是臣舊同官原任編修陳夢雷者，當耿逆之變，家居省會，有七旬父母，不能脱逃。及賊以令箭白刃逼脅伊父，夢雷遂爲所折，勒授編修，固辭觸怒，改降户曹員外，託病支吾。律以抗節捐軀之義，其罪固不能辭矣。獨其不忘君父之苦心，經臣兩次遣人到省密約，真知確見，有不敢不言者。當耿逆初變，臣遯迹深山，欲得賊中虚實，密報消息。臣叔日煌潛到其家探聽，夢雷涕泣，言隱忍偷生，罪當萬死；然一息尚存，當布散流言，離其將帥，散其人心，庶幾報國家萬一。臣叔回述此語，臣知其心之未喪也。至十四年正月，耿、鄭二賊連和，臣聞國家方行招撫之令，因遣人往約其或勸諭耿逆歸誠，或播流言離間二賊之好，使大兵得乘機進取。夢雷言賊勢空虚，屢欲差人抵江、浙軍前迎請大兵，奈關口盤詰難往，因詳語各路虚實，令歸報臣。此臣密約兩次，知其心實有可原者也。比臣入京，始聞因變亂阻隔，訛傳不一，有逆黨希圖卸擔、信口誣揑者，甚有因藩下僞學士陳昉姓名誤指爲陳夢雷者。今皇上削平叛亂，明正是非，使陳夢雷果爲僞學士，甘心從逆，是狗彘之流，臣雖手刃之市朝，尚有餘恨。今大兵凱旋在即，陳夢雷託病被降情節，親王、將軍一一可問。至兩次受臣密約，皆在患難之中，冒死往來之迹，非容旁人質證。臣若緘密不言，其誰能知之？臣斷不敢爲朋友而欺君父，伏惟睿鑒。疏下吏部，以陳夢雷歸正後不即赴京，業經革職，寢議。尋法司議磔耿精忠，擬陳夢雷從逆應斬，得旨，從寬免死。【略】

翼日，給事中彭鵬劾之曰：光地閔罹母喪，宜哀痛瀝情，得請乃已，然後聖主擇人取士之心，以光地固辭而彌見；光地爲子奔喪之孝，得聖主俞允而益彰。忽以三年之通喪，請爲九月之給假，於禮則悖，於情則乖，於詞則不順。聖德含容，不忍明斥其罪。臣以爲宜留者一，不可留者十。光地由翰林驟躋學士、侍郎，原因蠟丸封表，上達宸聰，完節常經，獨蒙異數。正當借此教育士類，使真才輩出，仰答主恩；而有母訃至，奉旨留任，蓋報稱之心切而哀痛之情微。其宜留者此耳。臣以爲不可留者何？伏讀《上諭十六章》，首曰敦孝弟以重人倫。督學風化之表也，不乞守制而請給假，非所以體《上諭》教孝意也。此光地之不可留者，一也。臣前任三河知縣，恭逢太皇太后梓宫經臨，伏見校尉换班，聖躬護視，天顔哀瘠，至今追慕真誠，亙古仁孝，臣民皆當則傚。此光地之不可留者，二也。光地與臣同鄉，臣踽踽涼涼，歲一二至。獨聞其母訃，卽刻趨弔，聽其號泣，慘若嬰兒，想彼肝腸寸寸斷矣。勉强衡文，必多恍惚。此光地之不可留者，三也。先遭閩變，頗矢忠貞，未聞不孝而能忠者也。請假九月之疏出，天下皆議其後，並歎其先。此光地之不可留者，四也。弗請守制，清議沸騰。【略】

鵬又疏言：皇上令光地在任守制，或以此試光地耳。光地深文厚貌，道仁道義，言忠言孝，一試諸此，而生平心術品行，若犀燃鏡照而無遁形。皇上所以留之之意，臣鵬愚戇不能知。使光地而亦不知，貪戀苟且，而姑爲此給假九月之請，外以欺人則爲喪心；若光地而早已自知，詭隨狡詐，而姑爲此給假九月之請，内以欺己則爲挾術。夫爲人子而甘於喪心，爲人臣而敢於挾術，兩者均罪，光地必居一焉。以此赴任不可，以此回籍尤不可。蓋回籍則母死有知，恨其不誠，當必陰阨而赴任，則士生至性憤其銜恤，誰甘面從？嗟乎，光地當聞命而絶不一辭，則忍於留矣。皇上卽罰，其忍使之在京守制，以動其市朝若撻之羞，光地忘通喪而假易以暫則安於久矣。皇上卽罰，其安使之離任終喪，以爲道學敗露之恥。臣與光地家居各郡，然皆閩産也。今若此人人切齒，桑梓汗顔。伏乞皇上察光地患得患失之情，破光地若去若就之局，不許赴任，不許回籍。《春秋》誅心，如臣所請。萬一光地依然督學，則光地得售其術，故哀其辭曰：九月且弗獲命，況三年乎？而蚩蚩者亦曰：是欲終之而不可得也，下售其術，上受其名。臣鵬實拊膺疾首，前疏光地十不可留，如稍有涉私，是責光地以不孝，而先自蹈於不忠。所以跪聽傳旨，一一瀝鳴以頭搶地，嗚咽而不能自已也。疏入，與前疏並下九卿議，令光地解任，不准回籍，在京守制。三十五年，服闋，仍命任順天學政。三十六年，授工部左侍郎，留任學政。【略】

〔康熙三十八年〕七月，上以大臣子弟遇科場考試取中者多，詔另編字號，不致妨孤寒進身之路。時給事中滿普、御史鄭維孜各條陳科場積弊，總督郭琇條陳學校弊端，並下九卿等詳議。既定議，命録示光地及總督張鵬翮、郭琇，巡撫彭鵬，諭曰：四臣皆持行清廉，李光地爲學院時，官聲最好，今閲九卿等所議，果否得當？如何方能除去弊端，永遠可守？各抒己見具奏。光地疏言：皇上垂念大臣官員子弟，夤緣倖進，恐妨貧寒之路，特諭另編字號，均數額收。仰見天地無私，不遺側陋，洵足永遠遵守。至點名授卷後，卽入號房，不許出號行走，及踰牆混亂，俱應如所議，以塞弊端者也。臣又推廣三條：一、勢要勒收關節，許考官據實出首，卽與優陞，則不惟無所懼，而且有所勸，可懾營競者之心；一、貢院牆垣卑矮，巡綽及瞭望守門軍役，無一非受賂傳遞之人，若漫無防檢，勢必收受之卷，半屬假僞，乞敕外簾監試，嗣後務精密嚴肅，盡絶弊竇；一、數科以來，鄉會試場中用儒士八人，以充分卷扣數，填名書榜之役，某卷入某房，既可暗行其奸，而考官聲氣不接者，亦皆此輩往來聯絡之。近經言官論列裁去，部覆未准。臣深知此輩積慣作弊，宜永行革逐，臨期行文各衙門保送繕寫書手應用。此三者科場之事，臣管見所及也。至於學校弊端，九卿議如督臣郭琇所奏，嚴定處分矣，臣亦推廣四條：一、學臣職司文教，遇點差之時，宜經御試，擇其議論有本者差遣；一、教官未選之前，宜令督撫會同學臣考驗，若歲貢之年老目昏及捐納人員之文理不順者，均給銜休致，年未壯者令至三十歲以外再行考驗，其現任人員亦按此會同澄汰；一、生員雖有干己之事，止許子弟家人代告，自賄賣者多，專以爲護身之具，不讀書，無行義，保官告官，抗糧包糧，興滅詞狀，武斷鄉曲，甚至窩盜藏奸，故賄賣生員之弊，不但孤寒爲之不伸，而風俗因以潛壞也。今學臣納賄處分已定嚴例，而生員惡習亦宜懲禁，乞敕禮部推廣舊時卧碑，詳明剴切，作爲誡條，令學校師生恪謹遵守；一、邇來學臣率多苟且從事，致士子荒經蔑古，雖四書本經不能記憶成誦，僅讀時文百十篇，剿襲雷同，僥倖終身，殊非國家作養成就之道。前歲旨下學臣，使童子入學，兼用《小學》論一篇，其時幼穉，見聞一新，胸中頓明古義，此以正學誘人之明驗也。然書不熟記，終非己得，宜令學臣於考校之日，有能熟誦經書、《小學》，講解四書者，文理粗成，便與録取。如更能成誦三經以至五經者，更與補廩，以示鼓勵，庶幾人崇經學，稍助聖世文明之化。又童生既令熟習小學，以端幼志，生員及科場論題專出《孝經》，每重複雷同，似當兼命《性理》、《綱目》，以勵宏通者也。疏入，仍下九卿等與張鵬翮、郭琇、彭鵬三疏參合定議，鄉試另編官字號，以民卷九、官卷一爲額，論題以《太極圖説》、《通書》、《西銘》、《正蒙》一併命題。餘詳張鵬翮、郭琇、彭鵬傳。

四十二年四月，諭大學士等曰：李光地自任直隸巡撫以來，每年雨水調順，五穀豐登，官吏兵民無不心服。今吏部尚書缺出，即令補授，仍管直隸巡撫事。四十三年三月，給事中黄鼎楫、湯右曾、許志進、宋駿業、王原等合疏劾之曰：去歲直隸報災州縣二十餘處，據巡撫李光地疏内，或稱開倉賑濟，或稱減價平糶，務使民沾實惠。臣等竊計直屬百姓，自必安撫有方，不致流移失所。乃近見河間饑民散入京畿者甚多，我皇上曲軫民依，特令八旗王、貝勒，滿、漢大臣設廠數十處，分行賑濟。光地身爲撫臣，漫無經理，疏内所稱民沾實惠，俱屬空言。尤可異者，寧津縣被災更重，流亡更多，荷蒙皇上至聖至明，無微不照，特敕撫臣前往察勘；而光地去歲竟不報災，僅於題參知縣陳大經疏内稱寧津頗有水災，匿重爲輕，並不將被災人民逃散情形據實陳奏。聖恩高厚，不加譴責，復諭光地選賢能官員將河間饑民領還原籍，仍給籽糧，不致仳離失所；而光地目擊流亡，不聞出一籌畫，碌碌素餐，虚文巧飾。若非皇上宵旰憂勤，多方拯救，止恃光地之撫綏，則流散之民不將盡填溝壑乎？光地身膺重任，上荷聖主之殊恩，不能報稱；下視生民之疾苦，罔知拊循。臣等合詞糾參，請嚴加處分，以爲大吏膜視民生之戒。疏下光地回奏，光地奏：去歲河間等府屬被水，勘明成災州縣三十餘處，陸續照例題請蠲免錢糧，分别災傷輕重，將倉糧散賑出借；又設立粥廠二十餘處，自去歲十一月起，至今未停，無論遠近饑民、貧民，皆許就食。其流散者，飭地方官分道招令還鄉。臣安敢稍涉懈怠，以負皇上委任？然安集無術，猶有貧民如許散入京城，此臣及地方官之罪，無可辯者也。至寧津地方，先經知縣陳大經以去年大半豐收，僅有低窪一面鄉村被淹，不照例申詳被水輕重，乃以合縣田禾通算，謂不及成災，竟不通報。及十月中，臣扈駕西巡，由真定回署，路遇天津縣民人，詢知情形，即劾罷陳大經疏中，聲明寧津頗有水災，而老病廢職，申報不時，撫恤無實。是臣劾陳大經原因其報災不時，撫恤無實，非專劾其老病。所云頗有水災者，亦是臣詢訪所得情形，非敢匿重爲輕也。其時即飭知府及署知縣煮粥賑濟，加意招徠，然人民既不能悉歸本業，致有流移。臣與地方官之罪，又無可辭者也。臣上荷殊恩，不能報稱，誠如科臣所云乞嚴賜處分，以儆庸碌，以重畿疆。臣不勝悚惶待罪。疏入，得旨，不必引咎。光地又奏：臣謬膺直撫重任，五年之内，恭荷皇上指誨，幸免過愆，並無功績。去年四月，仰荷特恩，補授吏部尚書，仍管直撫事。臣自知非分，夙夜戰兢，果然福極禍生，遂逢災眚。去秋所屬河間等處，遭罹水淹，實臣政無善狀，躬蹈非幾之所致。臣雖極力拯救，而安插無術，以致貧民流移入京，上厪聖懷，不即治臣之罪，諭令委官招回原籍，無廢農務。臣跪讀之下，恭繹聖言，寬大和平，而微臣循省思咎，終宵達旦，愧恨不復欲生。臣本庸才，遭逢恩盼，錫賚迥出尋常。一有罪戾，亦宜從重處分，以爲叨蒙尸位者戒。况六官首職，難以久虚；九列崇班，從無兼領。臣今若懼罪隱忍不言，則厚顔靦面，不獨外無以示吏民，且内無以對妻子。伏乞天恩另簡賢能，補授吏部尚書，使臣落職待罪，効力郊圻，窮思畢精，以贖愆過，庶心稍安而分可盡。疏入，得旨，如前。尋諭大學士等曰：李光地居官有何可議？惟常爲門生所誑，或其人口講道學，彼即信之。夫道學豈易言哉？若徒託之空言而無實事，則何益之有？

愛新覺羅胤禛

《清皇室四譜》卷一《列帝・世宗》 世宗，敬天昌運建中表正文武英明寬仁信毅睿聖大孝至誠憲皇帝，諱胤禛。聖祖第四子，其初次序實爲第十一。康熙十七年戊午十月三十日寅時生。母烏雅氏，即孝恭仁皇后。三十七年三月，封多羅貝勒。四十二年正月，隨駕南巡。四十八年三月，晉封和碩雍親王。六十一年壬寅十一月二十日，遵遺命即皇帝位於太和殿。時年四十五歲。明年癸卯紀元雍正。五月，青海叛，二年三月，削平。五年二月，勦滇黔苗疆。五月，西藏叛亂，明年十二月，西藏定。八年十二月，準噶爾侵西陲，十二年五月，許準噶爾款定界。十三年乙卯八月二十三日子刻，崩於圓明園，壽五十有八。十一月，上尊謚曰敬天昌運建中表正文武英明寬仁信毅大孝至誠憲皇帝，廟號如上。乾隆二年三月葬泰陵，在易州西三十里之太平峪，改其名曰永寧山，旋升祔太廟。嘉慶四年五月，加上尊謚睿聖二字，即今謚。有《御製詩文集》，子十人，女四人。

（清）鄂爾泰等《世宗憲皇帝硃批諭旨》卷二一三之二《硃批邁柱奏摺》 奏為楚省强竊賊盜衆多，亟宜整飭以安民生事。竊照楚省素多盜案，上年被水之後，强竊尤甚。揆厥所由，總緣地方官平日無弭盜之法，遇有失事，概行諱匿，通同隱飾之所致此等積習。除俟次第整理外，臣尚有管見四條，請為我皇上陳之：

一、營汛弁兵，宜令其就近分查保甲也。查弭盜之法，莫善於遵旨力行保甲。楚省各屬非概不奉行，即有行之者，亦皆有名無實。除臣嚴檄申飭，務令實力奉行外，查各州縣駐劄弁兵，不論城鄉，每五里十里各有分防，水陸塘汛設兵五名、十名、十數名不等，內或撥有管隊，或專汛、千把總帶領防守。遇有失事，即令救護追緝。然與其救護追緝於失事之時，曷若令其分查保甲於未事之先？臣請嗣後，州縣保甲之法，一切編聯稽查仍照舊例。責成州縣外所有專汛弁兵，管轄本汛十里、五里之內者，併令武弁督率管隊兵丁，不時分撥一二人，就近會同保正、牌頭照編定牌甲，實力稽查。

〔硃批〕保甲之法，言之甚善，行之實難。人民稞處不一，地方衝僻各殊，惟在有為、有猷之員，實力編查，勤慎不懈，方能有濟。若責令兵弁協同稽查，必致擾民，且將來地方文武各顧處分，紛紛互相揭報，非良策也。

如附近村莊，有遊手好閒，無生業之人，及外來無故、面生、可疑之人，即令報明武弁，移會文員，嚴加詰究。如牌頭、保正不行稽查，被汛兵自行查出者，將牌頭、保正照新例分別治罪。如弁兵怠惰，及通同徇隱者，亦照牌頭等例治罪。如此則互相稽察，似於靖理地方有益。而於保甲之一法，不無小補矣。

一、典史縱竊不獲，宜照案數處分也。查典史向有緝盜之責，但惟緝拏强盜典史，與州縣按限同干處分，而竊案從無立限緝賊之例，以致典史無所忌憚，反借管理盜賊為名，凡地方呈報失竊，必勒賄，始發差出票，謂之紙價。及至差捕役往勘情形，賄差者名為發脚錢，賄官者名為夫價，又名為鞾價，差勘之後終歲不獲一賊。夫捕役平素養盜分贓，所有盜數熟悉於胸，原不難立拏真盜。乃官役一氣同聲，即緝獲真盜，捕役為之説事過錢，通同賣放。乃至借案為之誣拏平民，久禁囹圄，勒錢遂釋。而真盜從無獲究。至州縣官通報竊案，雖定有六箇月承審之限，但必獲賊之日，扣承審之限，查条若無緝賊例限，則通報之案亦止，係故套文書，而承審例限亦徒為虛設。

〔硃批〕典史縱竊不獲，將州縣官照徇庇例處分，於以儆戒。地方有司，令其專力捕緝，未為不善。若然則凡有失竊，必須每案通詳咨部，方便照案議處。一者事覺太煩，再者典史一官無人敢做矣，且典史亦何能為？現今都中巡捕、三營五城御史、步軍統領、滿漢各員官役，不為不多矣，尚不能淨盡根株，何況一典史微員乎！從來大法小廉，如果道府州縣率皆公勤明察，豈有容隱微員暗通盜賊之理？所論殊失探本尋源之要。

且查參承審係州縣事故，典史反得逍遥事外。臣請嗣後，州縣內竊盜發覺，通報之後均責令典史、吏目等官，定限緝拏。如逾限不獲，令按察使揭報督撫咨部条處。至吏目、典史通同捕役受錢縱盜等弊，如州縣官瞻徇，不行揭報，將州縣官照上司徇庇屬員例降調。如此，則微員縱容竊盜一弊似可稍息矣。

一、牙行被盜竊去客商銀貨等項。宜令行主先賠贓物，以杜窩引詐財之弊也。楚省衝途，巨鎮甚多，商賈雲集。乃有一種土棍牙行，候客商主於其家，窺伺所帶資本，或勾通本地匪類，或督率本家雇工、子弟深夜將客住間房挖洞入室，竊去銀兩貨物，俵分而散，一經呈官，不過報一被竊文書，行一信票，令捕役緝拏。三年五載，既不獲賊，而牙行勾通窩引之處，無從質審。彼且脱然事外，商賈深受其害。臣請嗣後，牙行被盜，竊去客商銀貨者，除嚴飭地方官，務令躧緝獲賊審究外，應將被失貨銀，先令牙行照數賠出，償給客商收領。俟獲賊後，審無勾引情弊，追贓給還牙行。倘審係牙行詭詐，勾通借盜揩騙，將牙行照窩引律治罪。如此則牙行畏有賠償之例，而勾引窩線之弊，不禁自除矣。

〔硃批〕客商被竊，行家勾通匪類，不可言無，亦係間有之事。但獲賊之後，供吐贓夥，終必敗露，平民定不為也。今若不別姦良，不究根由，概令牙行先賠揆之，情理甚屬不協，此議斷然不可。

一、沿江沿湖小船，宜挨編字號，設連環保結也。查楚省江河，渡駁江划小船與茅篷船隻，此等船户，皆窮苦無賴之徒，或係沿江沿湖，附近村莊，或係四處混聚，未知来歷，亦無牙埠約束。黄昏深夜，巧以捕魚為名，乘空即將過客行舟逞志截刦。塘汛地方，因其捕魚，不便拏緝。甚有竊刦鄉村盗已獲，而無窩家借船以為巢穴。如臣屬江夏縣之八吉堡地方，素稱盗藪。其故皆由附近村莊多以捕魚為業，家設划船、茅篷借名為匪，礙難查緝。臣因飭行，將八吉堡一切小船編聯字號，兩旁烙印，取五船互結，一船為匪，四船同罪。每晚點查明白，方許放行。現在行之兩月，頗覺有效。臣因推廣其法，請將南北兩省，沿江近湖地方，一切小船逐一清查，各歸就近馬頭，彼此認保。每十船具一連環保結，挨次編號、刋字。遇晚，令其務在本埠馬頭一處灣泊，其有別埠、別號混入者，即行查逐。每船船户不得過二人，取魚器具，止許帶罾網等類。其叉魚鐵鋼叉，打魚之棍棒等物，概行查禁。均責令就近典史巡檢，塘汛兵丁不時清查，併令每十號船内，自行首報匪類，免罪。如平日已經認保，及後為匪，又通同徇隱，不行首出。一船犯事，十船連坐。如此，則所有小船彼此自相察覺，似為弭盗之一法也。

〔硃批〕小船挨編字號，連環保結，既經於八吉堡試行有效，因地制宜，推廣行之可也。至若魚叉、魚棒，咸係小民取魚之具，非軍器可比，若欲為匪，豈必叉棒之有無？弭盗有方，寧在叉棒之禁否？此舉徒滋人之譏笑耳。亦非善計，可以不必。

以上四欵，臣為楚省歷來多盗起見，急思整飭之法。謬抒末議，是否有當，統祈皇上睿鑒，批示施行。謹奏。

〔硃批〕所奏四條，朕甚鄙之。雖因地方多盗，籌畫消弭起見，然皆枝葉邊事，非拔本塞源之論。封疆大吏果以靖盗為念，惟在勤察訪，嚴賞罰，訓飭文武屬員，實力奉行而已。又在威惠兼施於平時，令百姓咸知恩之可感，法之可畏；閭閻各安本分，生理有賴，不慮饑寒。然後申之以孝悌、廉恥之義，庶望漸臻化，行俗美。若但規規以目前小術為務，徒滋紛擾，究復何益？果能令屬員心悦誠服，猶如臂之使指，胡令不行，曷禁不止。計不出此，而欲惟法是賴，恐科條益密，而百弊叢生，措置愈難，將見善良動干功令，而姦宄更得乘機肆志也。覽汝此奏，專務煩碎，不本大體，識見甚屬卑淺，朕深為楚省憂之。

（清）鄂爾泰等《世宗憲皇帝硃批諭旨》卷五一《硃批法敏奏摺》

一、佐貳官定例，不許擅受民詞。而川省雜職微員，每有違例受詞者，甚或教官亦干預民事，以至任意需索，是非顛倒，深為民害。臣已嚴行示禁，如有違者，即令正印官揭報条處。

〔硃批〕正印官若不肖，小民無處申訴矣。

一、川屬地接各省，並連土司。有等網利姦徒，糾合黨羽，在於山箐僻静處，所見有往來男婦，或樵採兒女，擅行綁掠，隨處販賣，惡習成風，殊可痛恨。

〔硃批〕此亦不過如盗案耳，盗賊盡除，朕方保此風可息。

臣出示嚴禁，又通行各屬嚴加查拏，并曉諭紳士軍民不得擅買來歷不明之人，以絶其源，庶掠賣之風可息矣。

〔硃批〕絶掠賣之源固當，但恐與查拏者又添一生意也。

一、川省向有扛搶之風，無論民間處女再醮，動稱許配在先，硬媒硬證，糾黨成羣，任意扛搶，或致釀成人命，最為惡習。臣一面示禁，仍通行各屬嚴加查拏，務使刁風永絶。

〔硃批〕倘其中真屬許配，悮為扛搶，或致寃抑平人，若令查拏之人臨時分別，又恐此輩高下其手，刁風未必能永絶也。

一、差役辦公，原不可少。乃有姦惡之徒，一奉官票，即到處勒索，更有吏目典史等員，借查點煙户為名，擅赴鄉村，擾累百姓，任意需索，為害實甚。臣已通行嚴飭，并令勒石永禁。

〔硃批〕衙官優劣不等，作弊亦無一定。勒石未必能禁，恐由此啓百姓挾制官長之風。

（清）鄂爾泰等《世宗憲皇帝硃批諭旨》卷七〇《硃批甘國奎奏摺》

蒙皇上天恩，畀以刑名重任。受事以來，朝夕兢惕，勉供職守。惟是浙土俗尚刁，華方事化誨，成效未臻。而吏治率皆疲玩，以致案牘拖延，業經嚴飭勉勵，如再不悛，自當奏聞。至於盗竊屢報，私販疊發。臣謹遵訓旨，嚴督各屬力行保甲。

〔硃批〕必實力奉行，庶幾有益。

而於水路、太湖等處及通省河道汊港，令州縣添設巡船，往來巡邏，如遇賊盗、鹽販，飭巡役與汛兵協力捕捉，不致漏網。又於汊港、橋梁俱各設立柵欄，責令鄉地保總嚴其啟閉。庶盗竊、私販不能飛越，似可漸次消弭。

〔硃批〕言之雖以可聽，但未知奉行若何耳。

其台處嚴衢等府山内種麻、種靛流寓閩人，亦皆酌編保甲，按户可稽，逐漸而行，庶姦良易於區別。至於海上洋面，督撫二臣已飭將戰船及商漁船隻於船傍篷上，大書字號，并船户兵目姓名，使瞭遠者一望而知。如有作姦為匪，便可擒捉，庶宵小有所儆畏。惟是浙省武備廢弛，將驕卒惰，玩法生事者居多。如湖州營守備黎元，途遇私鹽，輕躁妄動，經督撫二臣會疏題条，現獲鹽犯張天寳等嚴審，容俟另摺專奏。今督撫、司道諸臣於一切公務俱實力整飭。

〔硃批〕此言朕只信得一半。

而地方寧謐，端藉守令臂指任使，舉措無違，方收實效。現在勤加訓導，以期無負皇上委任至意。再臣於六月初十日受事。適逢澍雨，連日禾苗得甦，迨今雨澤接續，可望豐收。惟於七月十八、九等日，風雨猛烈，海潮洶湧，沿海塘岸，多有衝損，并及居民房屋。現在委員查勘撫恤，又經撫臣委藩司親詣查勘。俟查明處所，由撫臣題報。

〔硃批〕已有旨矣。

臣到任甫及月餘，地方事宜整頓未周，誠恐稽遲摺奏，合將現在經理情形，繕摺上陳。

〔硃批〕摺奏遲早，何關緊要。惟地方事宜之整頓與否為急務耳。

（清）鄂爾泰等《世宗憲皇帝硃批諭旨》卷一七四之二《硃批李衛奏摺》 奏為奏聞事。竊照浙江山海錯壤，民俗刁薄，久在聖主洞鑒之中。臣到任將及一載，留心察訪，謹將所得大概奏陳聖覽。臣於未到浙江之前，初以為紹興府屬刁惡，甲於天下，次則杭嘉湖也。今細加體察，乃知竟有不盡然者。如紹興一府所屬各縣，人民凡有黠才能事之輩，多不肯安居本籍，俱遠出在外。其在本地土著，大抵無他技能，故紹屬刁風遠不及於嘉湖。至於杭州府所屬惟省城、海寧二處，人情輕浮，好事健訟，不安本分，懸虚掉謊，刻薄妄誕。而省會五方雜處，姦良不一。然俗稱杭城人名曰阿獃，即欲為惡，有始無終，其性畏法而不懷德，故雖屬澆漓，尚易懲治。此外，屬縣竟有淳樸鄉愚怕事者，乃杭紹二府屬之情形也。其嘉湖所屬，除安吉州孝豐、武康二縣稍可，其餘則皆習尚囂凌，人心刁詐，貪利忘義，打降生事，窩盗為匪更多。刀筆自雄，動輒駕虚誣告，變幻百出，不能枚舉，實屬難治之區。其次則金華府，地方多係山巒，冥頑村野，每有鳴鑼聚衆，健訟好鬬之事，亦屬難化。再其次則寧波温台三府，地當濱海，閩人雜居，而處州在萬山之内，此四處所屬，刁風亦盛，姦匪易藏。然其中淳頑不等，間有山僻之縣，民情强悍健訟。而村樸無能，安分自守者居多。若得好官，仍可整頓。惟嚴、衢二府所屬，民情樸實，風俗勤儉，頗稱易治。大抵通省最難除之害莫過於訟師，凡兩造争控，必各請主謀之人，又有劈空插人，扛幫教唆，以致無知愚氓尊之若師，靠之如山，指東不敢向西。

〔硃批〕此種惡習，向日朕即知之。據鄂客達亦經奏聞，沈近思所陳十欵内復有此條。是用特諭革除。奉到部文之後，可嚴訪痛懲以示儆。

及至審虚，問其主使者，斷不肯説出，願甘受刑，死而無悔。即或發覺，訪拏到官皆不敢告訐其惡，恐過後復仇之故耳。此輩非劣衿即革蠹，或土棍，稍能識字好事之人，種種不一，惟武舉、武生更甚。臣自抵任以來，每於此處，留心察查，令各府州縣凡有審虚之事，必按律反坐，竝訪其扛幫訟師，不許漏網。至鳴鑼、傳單聚衆者，斷不輕恕。近來逢臣放告之期，僅有詞狀數十紙，較之今春動則數百，已少幾倍矣！其各衙門書辦舞弊作姦更甚於六部。第一是藩司衙門，南新關、嘉湖二府屬，及各衛所，皆敢於有為暋不畏死之徒。其次，則臬司、糧鹽二道，北新關、金華府屬，弊竇亦甚。至臣巡撫鹽政兩衙門，竝寧温二道以下各府州縣，書辦均能作弊，尚畏重法。最可恨者，錢糧數目從不肯清楚，有意致成牽混模糊，偷藏簿册，以便就中侵蝕，將多改少，暗中朋分，上下連結，交相朦混。但凡知縣才短智昏者，罷官之日，必至作成虧空，甚則盈千纍萬。不但上司不知其故，即本人亦俛首認罪，而莫能自解。更可駭異者，於佟吉圖將解任之前，有一領憑吏目係紹興山陰人，佘尚志被藩司書辦苛索不已，致令自盡。查其本府縣書辦，亦有勒索使費者。此事現在嚴審。臣於近今稍知大概，設法查拏，究追實據，立意剪除其弊，但歷來固結過深，難以一時敗露，未知果能得以振刷興否。此浙江通省，刁惡風俗之大畧也。再本年秋間，海洋屢有商船被刦。經臣具奏，並督臣高其倬題叅在案，近接高其倬、毛文銓咨文，并字信，皆係大夥閩人出洋連刦，已陸續緝獲，審實四十餘名。內有温州地方寓家黄輝昭，亦就近一并拏獲。惟賊首要犯陳尾，乳名陳會者，雖逃往廣東，尚可追蹤根擒，不日解浙歸案審題。目下海面頗静，今近歲暮臣等仍當同心協力彼此加意防範。

〔硃批〕浙江風俗刁詐，天下共見共知。朕信爾必能實心整飭，故命往撫治。所慮者，一人之精力有限，衆多之勢怨難勝耳。據汝之竭誠報效，而論勢固不惜怨，亦何辭第，於朕心則有所不忍。所以既有前番振刷之特諭，又繼以觀風使之建設，如此不但力可減半，即奉行稍嚴，輿論亦必有不得已之原諒也。其體朕愛汝之意，殫竭為之。至若過勞吐血，則屬大誤。仍遵在滇所奉之旨，切戒煩躁，量力循序，毋得稍涉强勉，若不如是，即為負朕恩遇矣。謹誌勿違。

（清）鄂爾泰等《世宗憲皇帝硃批諭旨》卷一八七《硃批李玉鋐奏摺》

雍正八年五月初二日，福建按察使臣李玉鋐謹奏：本年三月初四日，福建將軍臣阿爾賽傳臣至署，宣旨：福建按察使李玉鋐進摺，交大學士蔣廷錫轉奏。欽此。隨望闕叩頭謝恩訖。伏思臣一介庸愚，知識短淺，荷蒙聖恩，畀以閩省刑名重任，日夕敬凛，惟矢竭寸誠，勤於職守，以期仰報主恩於萬一。茲就臣管見所及三條，謹為我皇上陳之：

一、閩省械鬬，訟端大半起於阻葬。占墳人即糧明契據，買地葬親，而地旁數里之頑民劣衿，或指其地為己產，或指其內有祖骸，不飽其欲，即爭競毆打，甚至械鬬，而買地之人終不能葬親。是治閩中阻葬占墳之罪，當嚴於他省者，現經督撫暨臣衙門示諭禁止，嚴行懲治。

〔硃批〕朕治理天下措施，一切政事從不預立成見。惟欲汝等掌刑各官，秉公執法而已，此外别無他念也。切莫妄加揣度，錯會朕意，但當務一誠字為要。稍涉言行相違，心口互異，被朕覺察，負恩欺誑之咎，不汝貸矣。

但積習難於驟返。因時立法貴於相宜。伏乞皇上敕部行文，督撫閩省有犯此者，於常例外加倍治罪。將見法律森嚴，人心畏懼，風俗漸歸醇厚矣。

〔硃批〕加倍治罪之語豈可輕易出口，亦未有獨於閩省另設一條則例之理。汝是何意見耶？

一、定例内凡侵盜、那移等贓，一年内全完，將死罪人犯，比免死減等例再減一等，發落軍流。徒罪等犯免罪等語。查六贓内，惟枉法贓最重，若限内完贓，即槩行減等寬免，似覺情罪較有重輕，邀恩無分彼此。可否請嗣後，於六贓内，如有貪官污吏、土豪惡棍、衙役人等，犯枉法者，將贓銀限内全完，其罪應死者，止免其死罪，仍議擬充軍。犯軍流徒罪者，不准全免其罪，止減一等發落。俾前之貪吏皆不免於法，則凡稍有貪念萌於肺腑者，皆凛然知所恐懼矣。

〔硃批〕定例循行已久，何必紛更。

一、查律載竊盜、搶奪二項。人犯除贓多，及拒捕、傷人從重議擬外。其現行律例分别治罪之條，久當明晰。惟刺字少有互異，搶奪不分初犯，再犯，俱刺臂。竊盜不分初犯、再犯，俱刺面。夫立法刺字，原有深意。初則望本犯尚能改革，繼則使衆人知所防禦。搶奪再犯刺臂，罪由藏於衣内，人不盡知，似難防禦。竊盜初犯刺面，罪由彰於耳目，人所共棄，似難改革。請將刺字之處二犯同科，初犯均刺於臂，再犯均刺於面。庶法令畫一，不失寬嚴相濟之道矣。

〔硃批〕此亦不過懲戒之一端耳，非有枉濫輕重之失，不煩議改。

以上三條，臣庸材謬議，是否有當，伏乞睿鑒施行。謹奏。

（清）鄂爾泰等《世宗憲皇帝硃批諭旨》卷二〇三下《硃批查郎阿奏摺》

吏部尚書署陜西總督臣查郎阿謹奏為欽奉上諭事。雍正八年二月二十七日奉到硃筆諭旨一道，并敕發廣東督臣郝玉麟密摺一件。臣跪讀諭旨，并詳閱摺内匪類造言煽惑情節，仰見我皇上睿算周詳，防微杜漸，仁育義正，胞與為懷之至意。臣伏思，人雖至愚，孰不自愛身家，自惜身命。祇因一二匪類揑造神奇怪異之説，足以駭人聽聞，遂至受其煽惑，墮其圈套。日積月累，迷而不悟，以致糾集黨羽，夜朗自大，迨一朝發覺，而刑戮隨之，并其父母、兄弟、妻子、宗族人等俱罹法網。誠如聖諭，匪類之爲害甚於盜賊也！凡有民社之責者，均當留心察訪，思患預防。況督撫大臣身膺封疆重寄，尤當先事預籌，加意整飭。至於川陜巖疆，更非他省可比，地方遼濶，幅員最廣。内而民生商賈，外而邊隘番夷，宵小易於藏姦，愚頑最能滋事，全在實心查察，竭力防範，使匪類無容身之地，善良有自得之天，方於地方有益。臣於署理，督篆任事之初，業經通飭各屬，嚴行保甲，慎重汛防，禁緝妖謡，查拏地棍各在案。今欽承諭旨訓示，至周至備。臣益當恪遵聖訓，竭力勉爲隨會同撫臣，互相稽察。於文武大小員弁晉謁時，即諭以嚴查匪類，寧謐地方。果能於所屬境内，不時留心嚴行巡緝，自有鼓勵之道，如敢虚應故事，經別案發覺，或被別屬查拏，定以疎縱窩藏叅究。臣又思，預消弭患之法，莫善於保甲。而保甲之法，又在分定月日、分定地方，嚴立賞罰，以專責成，以昭懲勸。現在詳議條目，分別賞罰數目，再爲通飭三省，遍貼鄉村、城市，務使家喻户曉，法在必行。倘不肖官吏仍敢陽奉陰違，始則記過，繼則叅革，以爲玩忽者戒。如果查拏具報，輕則記功，重則保薦，以爲勤慎者，勸其巡役、防汛，以及保長、甲長人等之賞罰亦如之。臣愚以爲如此辦理，則立法既嚴，查察自密，各甲各保無不照例奉行，庶幾匪類斂跡，不敢爲非，將見比户可風。地方寧靜，長享昇平之福矣。所有奉到硃筆諭旨理合繕摺奏繳。伏祈皇上睿鑒。謹奏。

〔硃批〕據奏現在詳議條目，分別賞罰，通飭三省，遍貼鄉村、城市，務使家喻户曉，法在必行等語。若然，則曷勝其紛擾耶。保甲、社倉二事，固為古今致治良法，然必待有猷、有為、有守，熟悉地方情形之人，且具有踴躍從事之心，方可舉行。非可以勢驅力迫而奏效者。今司府不知感畏督撫，百姓不知愛戴州縣，胥役兵弁視文武、大小各官直同兒戲，乃欲嚴繩以法，而冀臻比户可封之隆盛，何不自忖量至於此極也？如欲借嚴保甲以稽察匪類，祇宜密諭屬員相機為之，不時留心體訪，一有拏獲即示以獎勵。如斯而已。况正在軍需之際，事務浩繁，無故又申番功令，是豈寧帖地方之道？朕實為汝等憂之，隨波逐流，毫無定見。如何如何！

(清) 鄂爾泰等《世宗憲皇帝硃批諭旨》卷二一〇《硃批楊馝奏摺》

奏為敬陳一得之愚，仰祈睿鑒事。竊查問流人犯，雖犯案不同，大約窮苦者居多，到配之後，資生無策，每向里民横行勒索，甚至於集鎮交易處所恃强取討。里民恐其脱逃受責，不敢與争，只得隱忍湊給。久之，習慣成俗。流民竟視為分所應得，毫無顧忌，是以有罪流民養成遊惰，反令無辜赤子受累無窮。臣再四思，維似應定為安置之法。請嗣後解到流犯，飭令該州縣當堂訊問該犯向習何業，查其所攜資囊，稍可自給者，聽令各照本業自謀生計，仍取具該里甲收管，責成看守。如係貧乏不能自給，而年力强壯者，應令該州縣於額設各項夫役内酌量令其充當，給以工食，以為養贍。如有頑梗，即行責懲。至於流犯到配後，年老疾病，不能自食其力者，該州縣官驗明，撥入養濟院内，給以孤貧口糧，以養餘年。如此定為分別，則里民不致受累擾害，而流民治生有策，并免脱逃之弊矣。臣謬獻蒭蕘以備採擇，伏乞皇上睿鑒施行。謹奏。

〔硃批〕將此事言之撫臣武格等，具疏題奏請旨。如或撫臣不以為然，與爾意見有不同處，令其明白詳悉摺奏以聞。朕更命碩色會同再加商酌。

(清) 余金《熙朝新語》卷八 雍正六年三月，安徽巡撫魏廷珍言：鄉民違例演戲，應嚴禁。奉旨：州縣邨堡之間，借演戲爲名，斂錢耗費，招呼朋類，開設賭場，種種不法，此則地方有司所當嚴禁者。至於有力之家，祀神酬願，歡慶之會，歌詠太平，在民間有必不容已之情在，國法無一概禁止之理。今但稱違例，而未分晰原由，則是凡屬演戲皆爲犯法，國家無此科條也。朕立法皆準情理至當，其有不便而難行者，則奉行之不善也。

《世宗憲皇帝御製文集》卷一《勅諭·諭中外臣民》 朕生平愛惜米穀。每食之時，雖顆粒不肯拋棄，以朕玉食萬方，豈慮天庾之不給，而所以如此撙節愛惜者，實出於天性自然之敬慎，並不由於勉强。且以米穀乃上天所賜，以生養萬民者。朕為天下生民主，惟有敬謹，寶重仰冀，天心默佑雨暘時，若歲穫有秋俾，小民家有盖藏，人歌樂土。朕既為億萬生民計，不敢輕忽。天眖爾等紳衿、百姓獨不自為一身一家之計乎！朝夕生養之需，既受上天之賜，若果加意愛惜，隨時撙節，則天必頻加錫賚，長享盈寧之福。若恣情縱欲，暴殄天物，則必上干天怒，不蒙眷賚，而水旱災祲之事皆所不免，其理豈或爽哉！又聞江西、廣西地方，竟有以米穀飼養豚豕者，試思穀食之與肉食，孰重孰輕？孰緩孰急？而乃以上天之所賜，小民終歲勤苦之所獲者，為豢養物類之用，豈不干天和而輕民命乎！朕所以惓惓訓諭，惟期天下之人專務本業，以杜浮靡，愛惜物力，以圖久遠，共體朕敬迓天庥，勤恤民隱之意。則爾等家室必益至於豐饒，爾等子孫必永綿其福澤。思之思之，毋忽朕言。

愛新覺羅弘曆

《清皇室四譜》卷一《列帝·高宗》　高宗，法天隆運至誠先覺體元立極敷文奮武欽明孝慈神聖純皇帝，諱弘曆。雍正十年，世宗賜號長春居士，後嘗自號信天主人，七十後自稱古稀天子，又自稱十全老人。爲世宗第四子，其初次序實爲第五。康熙五十年辛卯八月十三日子時生於雍視王藩邸，母王府格格鈕祜祿氏，卽孝聖憲皇后。六十一年三月，聖祖命養之宫中。雍正元年八月，世宗密建皇儲，緘其名於乾清宫正大光明扁額後。十一年二月，封和碩寶親王。十三年乙卯五月，命入值辦理苗疆事務處。八月，遺詔立爲皇太子，嗣大統。九月初三日，卽皇帝位於太和殿，時年二十五歲。明年丙辰紀元乾隆。七月擊定苗疆。十二年二月大金川叛，十四年正月平大金川。十五年十月，西藏叛亂，旋定。十六年六月，緬甸內屬。十八年五月，準部亂，二十年五月準部平。二十四年十月擊平回部。三十一年正月，緬甸叛。三十六年八月小金川叛，是年緬甸滅暹羅。四十一年二月，平小金川。五十一年十二月，暹羅國復，仍內屬，臺灣亂。五十三年正月臺灣平。五月安南黎氏滅。六月緬甸仍內屬。七月，廓爾喀寇後藏。五十四年六月，安南阮氏仍內屬，尋其王入覲。五十七年六月，擊降廓爾喀，遂內屬。在位南巡者六，爲：十六年正月、二十二年正月、二十七年月正、三十年正月、四十五年正月、四十九年正月，皆幸江蘇、浙江。東巡者六，爲：十三年二月、二十一年三月、三十六年二月、四十一年二月、四十九年二月、五十五年二月，皆登泰山謁曲阜。西巡者一，爲十五年八月幸嵩洛。幸五臺者五，爲：十一年九月、二十六年二月、四十六年二月、五十一年二月、五十七年三月。歲乙卯卽位，六十年既滿。明年，嘉慶元年正月朔日，御太和殿內禪，遂稱太上皇帝，退居寧壽宫，仍訓政。四年正月初三日辰刻崩於養心殿，壽八十有九。四月，上尊謚曰法天隆運至誠先覺體元立極敷文奮武孝慈神聖純皇帝，廟號如上。九月葬裕明，在孝陵西勝水峪，旋升祔太廟。二十五年十二月，加上尊謚欽明二字，卽今謚。有《樂善堂集》及《御製詩文集》，子十七人，女十人。

《皇朝文獻通考》卷三四《市糴考三·糴》　今某省實心奉行，某省奉行不力。著再行各該督撫確察具奏。朕于積貯一事，申飭不啻，再三藉令所在官司，能俱體朕心，實有儲蓄，何至如直隸地方，偶罹旱災，輒為補苴之術。嗣後，直省總督巡撫，及司道府州縣官員務宜恪遵屢次諭旨，切實舉行。俾家有餘糧，倉庾充牣，以副朕愛養生民至意。如有仍前玩愒，苟圖塞責，漫無積貯者，將該管官員，及總督、巡撫，一併從重治罪。

又：諭：户部趙宏燮奏將收貯正定、順德各州縣四萬石米平糶，其餘各州縣有米貴之處，亦將倉米平糶十分之三俱俟秋收後，買補還項等語。去年各州縣收貯莊頭等所交米石，部內曽遣司官會同地方官糶賣其糶米，銀兩至今尚未完繳。據此，各州縣收貯倉米，俱無實際。平日積貯，原為備荒而設。今值青黄不接之時，固應平糶，但地方官虧空倉米，即借此掩飾虧空，究竟倉米既虧，百姓從何糴買，於民生並無裨益也。現在存倉米穀如果足數，即照該督所請糶賣。倘朕遣大臣查看時，州縣並無米穀，黎庶不得糴買，將州縣官即行正法，該管上司從重治罪。

《皇朝文獻通考》卷三六《市糴考五·糴》　如逢水旱，價值昂貴，今將存價缘由咨部，以俟次年秋收採買。如次年仍延緩不買，以玩視倉儲例叅處。至是復議，定買補倉穀，嚴禁派累小民，及發短價低銀抑勒交糧，或斗秤以大易小，以重易輕。有蹈此者，即詳揭叅究，督撫徇隱者并罪之。

愛新覺羅旻寧

《清皇室四譜》卷一《列帝·宣宗》　宣宗，效天符運立中體正至文聖武智勇仁慈儉勤孝敏寬定成皇帝，諱旻寧。初名綿寧，即位後改今諱。仁宗第二子，乾隆四十七年壬寅八月初十日寅時生於擷芳殿中所。母皇子嫡妃喜塔臘氏，即孝淑睿皇后。嘉慶四年四月，仁宗密定皇儲，緘其名於鐍匣。十八年九月，以禁籞擊賊功特旨封和碩智親王。二十五年庚辰七月，隨駕駐熱河行宮，仁宗疾，大漸，宣示緘名，以帝爲皇太子，嗣大統，尋還宮。八月二十七日，即皇帝位於太和殿，時年三十九歲。明年辛巳紀元道光。五年九月，回酋叛，陷新疆西四城，七年三月克復。二十年六月，英吉利人陷定海。明年七月陷廈門。九月陷寧波。二十二年六月陷鎮江、江寧。旋議款，割香港予英，並開廣州、福州、廈門、寧波、上海等五處爲通商口岸。三十年庚戌正月十四日午刻崩於圓明園慎德堂。大行皇太后喪苫次，壽六十有九。四月，上尊謚曰效天符運立中體正至文聖武智勇仁慈儉勤孝敏成皇帝，廟號如上。咸豐二年三月，葬慕陵，在昌陵西南龍泉峪，旋升祔太廟。十一年七月，加上尊謚寬定二字，即今謚。有御製《養正書屋集》，子九人，女十人。

葉赫納喇氏

《清皇室四譜》卷二《后妃・慈禧》　孝欽慈禧端佑康頤昭豫莊誠壽恭欽獻崇熙配天興聖顯皇后葉赫納喇氏，帶印脱逃革職安徽徽甯池太廣道贈三等承恩公惠徵之女。道光十五年乙未十月初十日生。咸豐元年，被選入宮，初賜號爲懿貴人。四年十一月，册封懿嬪。六年三月，生皇長子，是爲穆宗，旋詔晉懿妃。十二月，行册封禮。七年十二月，晉懿貴妃。十年八月，隨侍車駕出狩熱河。十一年七月，穆宗嗣位，尊爲皇太后。九月還宮。十一月初一日，隨孝貞顯皇后御養心殿垂簾訓政，時年二十七，世人稱爲西太后。同治元年四月，上徽號曰：慈禧皇太后。十一年十月，穆宗大婚，禮成，加上端佑二字。十二年二月，穆宗親政，加上康頤二字。十三年十一月初十日，穆宗病痘，復訓政。十二月初五日，德宗入承大統，訓政如故。光緒二年七月，加上徽號昭豫莊誠四字。七年三月，孝貞崩，自是后獨訓政。十三年正月，德宗親政，后仍訓政。十四年二月，築頤和園成。十五年二月初三日，始歸政。旋德宗以大婚禮成，加上徽號壽恭二字。三月，再因親政，加上欽獻二字。十七年四月，幸頤和園，駐蹕，自是歲以爲常。二十年八月，因十月中六旬慈慶，加上徽號崇熙二字。至是爲慈禧端佑康頤昭豫莊誠壽恭欽獻崇熙皇太后。二十四年八月初八日，復訓政，世謂之戊戌政變。二十五年十一月，隱謀廢立，尋怵於人言，不果。二十六年五月，義和拳入京師。七月，八國聯軍陷京師，后奔太原，旋奔西安。十二月命將是年五月二十四日後、七月二十四日前諭旨毀除。二十七年十一月，德宗奉之還京師。三十四年戊申十月二十一日，宣統帝入承大統，尊爲太皇太后。翼日未刻崩，壽七十有四。宣統元年正月，上尊謚如上。九月，葬定陵東之普陀峪，曰定東陵。十月升祔太廟。

愛新覺羅載淳

《清皇室四譜》卷一《列帝・穆宗》　穆宗繼天開運受中居正保大定功聖智誠孝信敏恭寬明肅毅皇帝，諱載淳，文宗長子。咸豐六年丙辰三月二十三日未時，生於圓明園之儲秀宮，母懿嬪葉赫納喇氏，即孝欽顯皇后。十年八月，隨侍熱河行宮。明年辛酉，七月十六日，文宗不豫，立帝爲皇太子，嗣大統。時年六歲。怡親王載垣，鄭親王端華，協辦大學士、輔國將軍肅順，御前大臣固倫，額駙景壽，及軍機大臣穆蔭等八人，自稱受遺詔，贊襄政務。九月二十九日，車駕還京師。十月初九日，即皇帝位於太和殿，詔明年改元同治。初擬改元祺祥，至是不用。十一月，兩宮皇太后鈕祜祿氏、葉赫納喇氏垂簾訓政。同治元年壬戌，雲南叛回起，陷城邑。三年五月，俄羅斯奪我藩部霍罕。六月，克復江寧，髮賊尋滅，東南諸省亂定。五年正月，新疆叛回陷伊犁。七年六月，捻賊肅清，畿輔及河南北諸省定。八年九月，暹羅請改貢道，不許，自是貢亦不至。十年五月，俄人據我伊犁。十二年正月二十六日，帝親政。五月，滇黔回亂肅清，域內平。十三年甲戌十一月初十日，病痘，復由兩宮皇太后訓政。十二月初五日酉刻崩於養心殿，壽十有九。或曰：被生母皇太后葉赫納喇氏暴驚，致痘陷而崩。或又曰：帝病非痘，實微行致蘊毒使然。然皆不能明也。光緒元年三月，上尊謚曰繼天開運受中居正保大定功聖智誠孝信敏恭寬毅皇帝，廟號如上。五年三月，葬惠陵，在裕陵東南雙山峪。閏三月，升祔太廟。宣統元年四月，加上尊謚明肅二字，即今謚。無子。光緒二十五年十二月，以從弟端郡王載漪之子溥儁入嗣。二十七年十月，溥儁廢。三十四年十月，復以宣統帝爲嗣。

愛新覺羅載湉

《清皇室四譜》卷一《列帝·德宗》　德宗同天崇運大中至正經文緯武仁孝睿智端儉寬勤景皇帝，諱載湉，文宗弟醇賢親王奕譞之第二子。同治十年辛未六月二十八日子時，生於太平湖藩邸之槐蔭齋。母醇親王嫡福晉葉赫納喇氏，即孝欽顯皇后親妹也。後以避孟秋，時享齋期，改以是月二十六日，爲萬壽節。十一年九月，賜頭品頂戴。十二年十二月，賜戴花翎。十三年甲戌十一月，賜食輔國公俸。十二月初五日，穆宗崩，帝入繼文宗，爲嗣皇帝，時年四歲。兩宮皇太后鈕祜禄氏、葉赫納喇氏垂簾訓政。明年乙亥正月二十日，即皇帝位於太和殿，下詔以光緒紀元。三年十一月，新疆以次克復，尋改置郡縣。五年三月，日本滅我琉球。七年正月，俄人還我伊犂。三月，皇太后葉赫納喇氏獨訓政。十一年四月，法人取我越南。十一月，英人滅我緬甸。十三年正月十五日，帝親政，皇太后猶訓政。十月，以澳門永租於葡萄牙。十五年二月初三日，皇太后始歸政。二十年十月，日本陷遼東。二十一年三月，棄臺灣、澎湖，聽朝鮮爲自主國，開沙市、重慶、蘇州、杭州爲通商口岸。五月，日本歸我遼東。二十四年二月，以膠州灣租於德。三月，以旅順、大連灣租於俄。五月，以威海衛租於英。八月初八日，皇太后復訓政，世謂之戊戌政變。帝幽居西苑瀛臺稱病。二十五年十月，以廣州灣租於法。二十六年七月二十一日，英、俄、德、法、美、意、奧、日本聯軍陷京師，帝西巡。九月初四日，至西安，駐蹕。明年八月二十四日，東還。十一月二十八日，至京師。三十一年十一月，旅順、大連灣租借權移於日本。三十二年七月，下詔預備立憲。三十四年戊申十月二十一日酉刻，崩於瀛臺，壽三十有八。宣統元年正月，上尊謚廟號如上。三月，安厝梓宫於西陵梁格莊行宫。越四年，癸丑十一月葬於金龍峪，曰崇陵。旋升祔太廟。無子。以宣統帝兼祧。

《清宫遺聞》卷一《内監直言被誅》　光緒二十二年二月十六日，殺奏事處太監寇連材於菜市。太監有兄在琉璃廠松竹齋紙店爲夥，有詢其故。寇曰：余弟違例上奏，條陳十事，請止演戲、請廢頤和園、請還宫辦事、請免修鐵路、請革李鴻章職、請續修戰備與日本戰，不倫不類者十條奏上。慈禧疑有指使，嗣見其文理不通，且多別體字，乃信之。即親訊之曰：爾不知祖制内監不准言政事乎？曰：知之，然事有緩急，不敢拘成例也。慈禧曰：爾知此爲死罪乎？曰：知之，拚死而上也。慈禧太息曰：既如此，不怪我太忍心矣。即命交刑部照例辦理。至菜市，脱一碧玉搬指贈劊子，云：費心從速。又以玉佩一、金表一，贈同事内監之來送者，從容就死，神色不變。年甫十八也。慈禧本甚愛此人，所以親訊者，冀其乞哀而生之也，而孰知其至死不變，强哉！矯此真所謂北方之强歟？至其所爲，亦不免受小説及腐儒之激刺，其言或中肯，或背謬，皆無足責。君子嘉其忠直焉而已。

文祥

《清史列傳》卷五一《大臣畫一傳檔後編七·文祥》　文祥，瓜爾佳氏，盛京正紅旗滿洲人。道光二十五年進士，以主事用，分工部。二十九年，補官。咸豐四年，陞員外郎。五年五月，以巡防出力，加知府銜，賞戴花翎。六月，驗收海運漕糧。敍功，加道銜。十月，陞郎中。十一月，以襄辦孝靜康慈皇后喪儀，賞三品頂戴。六年，京察一等，記名以道府用，因親老乞留京供職。七年二月，授太僕寺少卿。十二月，擢詹事府詹事。八年正月，充日講起居注官。三月，署刑部左侍郎。尋遷内閣學士，兼禮部侍郎銜。四月，署鑲黄旗漢軍副都統。五月，命在軍機大臣上學習行走。六月，補禮部右侍郎，七月，充署經筵講官。八月，署户部右侍郎，兼管錢法堂事務。十月，恭送仁宗睿皇帝聖容，《宣宗成皇帝實録》、《聖訓》，詣盛京供奉尊藏，下部議敍。尋賜紫禁城騎馬。十二月，調吏部右侍郎。九年二月，授鑲紅旗蒙古副都統，充前引大臣。三月，充會試知貢舉。八月，復署户部右侍郎，兼管錢法堂事務。十月，命在軍機大臣上行走。調工部右侍郎，兼管錢法堂事務。尋調鑲藍旗滿洲副都統。十一月，調户部左侍郎，兼管三庫事務。十年正月，上三旬萬壽，賞加一級。三月，署工部右侍郎，兼管錢法堂事務，充對引大臣。五月，充朝考閱卷大伍，授左翼總兵。【略】

〔咸豐十年〕十二月，偕恭親王等通籌洋務全局，奏言：夷情之强悍，萌於嘉慶年間。迨江寧换約，鴟張彌甚。至本年直入京城，要挾狂悖，夷禍之烈極矣！論者引歷代夷患為前車之鑒，專意用剿。然揆時度勢，各夷以英爲强悍，俄爲叵測，而法、美從而陰附之。竊謂大沽未敗以前，其時可剿而亦可撫；大沽既敗而後，其勢能撫而不能剿。至夷人入城，戰守一無足恃，則剿亦害，撫亦害。就兩者輕重論之，不得不權宜以救目前之急。自换約以後，夷人退回天津，紛紛南駛，而所請尚執條約爲據。是夷人並不利我土地人民，猶可以信義籠絡，馴服其性，似與前代之事稍異。方今捻熾於北，髮熾於南，餉竭兵疲，夷人乘我虚弱而爲其所制。如不勝其忿而與之爲讎，則有旦夕之變；若忘其爲害而全不設備，則貽子孫之憂。古人有言：以和好爲權宜，以戰守爲實事。洵篤論也。今日之勢民，髮、捻交乘，心腹之害也。俄國壤地相接，有蠶食上國之志，肘腋之憂也；英國志在通商，暴虐無人理，不爲限制，則無以自立，肢體之患也。故滅髮、捻爲先，治俄次之，治英又次之。惟有隱消其鷙疾之氣，而未可遽張以撻發之威。儻天心悔禍，賊匪漸平，則以皇上之聖明，臣等竭其顓蒙之力，必能有所補救。若就目前之計，按照條約，不使稍有侵越，外效信睦，而隱示羈縻，數年間即偶有要求，尚不遽爲大害。因擬善後章程六條：一、京師總理各國事務衙門以王大臣領之，軍機大臣兼領其事，選章京滿、漢各八人輪直。俟軍務定，各國事簡，仍歸軍機處辦理，以符舊制。一、分設南北口岸大臣，牛莊、天津、登州三口暫設辦理通商大臣，駐天津；五口欽差大臣舊隸兩江總督，新增内江閩廣口岸，事益繁，曾國藩方在軍，仍暫令薛焕署理，駐上海。吉林、黑龍江邊境，俄人越界侵占，久匿不報，令將軍等履勘以聞。一、天津關税，以三口通商大臣主之；牛莊仍歸山海關監督，聽通商大臣統轄。新立通州口岸，應派員專理。鎮江、九江、漢口、瓊州、潮州、臺灣、淡水諸口岸，由各督撫會上海欽差大臣遴員司其事。俄國新議行貨之庫倫、喀什噶爾、張家口，並舊通商之恰克圖、塔爾巴哈台等處，定約惟烏蘇里、綏芬河各所不納税，請下伊犂將軍各大臣監督，悉心榷課，覈實備用。並以洋税扣歸二成，請酌給官吏辦公經費。一、各省辦理外國事件，將軍、督、撫互相知照，以免歧誤。一、廣東、上海各擇通外國語言文字者二人來京，仿俄羅斯館教習例，選八旗子弟年十三四以下者學習，兩年後考其勤惰，有成者優奬。一、各海口内外商情，並外國新聞紙，按月諮報總理各國事務衙門備覈。均如所議行。

包世臣

《廣清碑傳集》卷一〇金天翮《包世臣傳》 包世臣字慎伯，涇縣人也。【略】

世臣為人，精悍有口辯，以布衣遨游公卿間。東南大吏，遇河漕鹽政諸經制因革，必屈節諮世臣。畿輔水利，始於宋何承矩，而元虞集、明徐貞明為説尤詳，然其功莫舉。世臣以為國家南漕四百萬石，中歲腴田二百萬畝之所產也。有田四百萬畝，歲入與耕者半之，足當全漕。先減運什之一，以其米價及運費，於近水之所置官屯，畫罫召耕以習農。而使善心計者主之，買農器，安廬舍，給牛種，歲以為常。東南之運漸減，西北之田漸增，以十年為率，則漕可罷，賦可寬。以其贏餘，量加俸餉，而官可廉，兵可練。民見官屯之利，亦不令而争趨矣。世臣以嘉慶戊辰舉於鄉，大挑知縣，發江西，一權新喻，為撫、學兩使嚴劾去。復隨經略明亮征川楚教匪，發奇策不見用。倦游歸，寓居江寧，布衣翛然。每作書，自署曰白門倦游閣外史。癸丑歲以避太平軍出走，卒於途。世臣著有《小倦游閣文集》，别編為《安吳四種》。清自嘉慶初紀，百司尸位，多無遠略，而河、漕、鹽三政極敝將改，廟堂無有長算，則草野之士奮筆為横議，又往往談兵略，學者風氣一變。荆溪周保緒及世臣，尤恢廓洞達。至咸、同、光朝而有孫鼎臣、馮桂芬、湯壽潛，寖寖議及朝政，湘、粵之士乃大唱變法立憲。而明季諸孤臣遺老之書，曩時燬且禁者，始復出，皆革命之嚆矢

也，然惟浙人龔鞏祚見之為獨早云。世臣學術自許與顧炎武相埒，為文章深有得於荀、吕二子，要其成名，獨在書法。【略】

贊曰：世臣懷奇不遇，借著述以自見，其所策河漕鹽法諸議，世莫得而非之也。

洪秀全

（清）毛祥麟《三略彙編》卷六《粵逆記略一》 洪秀全者，廣東花縣人，年四十餘歲，長鬚蜂目，面闊身肥，略能識字，下知其姓，或云姓鄭。道光二十五年，到廣西投入會教。適洪德元病死，遂冒稱洪姓，代爲教首，以拆字占卦算命之術，往來於潯州、平樂間，遍惑鄉愚，而桂平、武宣人惑尤甚。復附會天主教，自稱耶穌之弟，是天父火華弟弟子，下界治世。編造讚美經咒，捏稱下元轉運，紅羊劫數將臨，兵死應劫者魂得昇天，受享快樂，與潯州桂平人馮雲山即馮涣、韋鎮即韋昌輝結為死黨。

《太平天国・太平天国文書・文書・洪秀全來歷》 其人自少讀書，聰明無比，無書不讀。十五六歲考試，常居十名内。祖父耕讀傳家。丙申年在廣府考試，逢一異人，着大袖衣，梳髻，傳書一部，名曰《勸世良言》，書中所言教人信實上帝耶穌，遵守十誡，不可拜魔鬼，以及其病時靈魂所見，一一相同，故卽照書中所言而行。作詩一首以悔罪曰：吾儕罪惡實滔天，幸賴耶穌代贖全；勿信邪魔遵聖誡，惟崇上帝力心田。天堂榮顯人宜慕，地獄幽沉我亦憐。及早回頭歸正果，免將方寸俗情牽。又詩曰：神天之外更無神何故愚頑假作真？只為本心渾失卻，焉能超出在凡塵！甲辰歲游廣西，作有原□□經、勸世真文、百正歌、改邪歸正，共有五十餘帙。一一勸人學好。丁未年將向日所得勸世良言同洪益謙到省城禮拜堂對驗，更學道理數月，受洗禮功食，然後復往廣西傳道，無不信從，故得上帝耶穌顯有無數神迹，故啞者亦開口，狂者亦自愈。

（清）沈葆楨《沈文肅公政書》卷三《洪福瑱就地凌迟處決摺同治三年十月二十七日》 奏爲逆首洪福瑱遵旨就地凌遲處決恭摺仰祈聖鑒事。竊臣欽奉上諭：沈葆楨奏官軍生擒首逆一摺，幼逆洪福瑱雖係洪秀泉之子，而么麽小醜漏網餘生，亦不值檻送京師。著沈葆楨卽將洪福瑱在江西省城凌遲處死等因。欽此。臣因在闈辦理監臨事務，謹於十月二十日委藩司孫長紱恭請。

楊秀清

（清）毛祥麟《三略彙編》卷六《粵逆記略一》 有楊秀清者，本名嗣龍，年三十餘歲，湖南衡州府人。其父楊大鵬因傳教聚衆伏法。秀清自幼發配廣東，遂爲嘉應州人。身短鬚黄，目常有疾，下識字而多權詐，拜洪秀全爲師。因依洪逆，遂居廣西潯州，與武宣人蕭朝貴爲鄰，嘗並耕而食。蕭年最少，身長多蠻力，洪秀全愛其勇，因楊秀清而密結焉。蕭賊又糾結同邑羅大綱、石達開、宋日昌後改姓秦、胡以晄、陳承鎔、黄玉崑等入夥。繼而蟻附者廣東嘉〔原稿作加〕應州人魏得貞、劉勝芳、陳世賓，潮州人尹興邦、嚴懷庸，湖南衡州人何星金、胡依、吉文元、何震川，福建晉江縣人黄生才、黄宗清、黄文安、黄貽楨、黄懿奎等均入其教。又有林鳳翔、汪得勝、孫寅三、俞升發、傅毓賢、黄開元、黄超芳、李俊章、曾立滄數人後附之，列爲隊長。

楊秀清詭計極多，其父本以傳習邪教獲罪，家藏逆書，附會經咒，播散妖言，倡稱太平真主出世，因勸洪秀全起事。

《太平天国・太平天国文書・諸王自述・李秀成自述》 〔東王〕移天王駕入南京，後改爲天京。開立軍伍，整立營規，東王佐政事，事事嚴整，立法安民，將南京城内男女分别男行女行，百工亦是歸行，願隨營者隨營，不願隨營者各歸民家。出城門去者准手力拏，不准擔挑。婦女亦同。男與女不得交談，母子不得並言。嚴嚴整整，民心佩服。安民者出一嚴令，凡安民家安民，何官何兵無令敢入民房者斬不赦，左脚踏入民家門口者卽斬左脚，右脚踏入民家門口者斬右脚。故癸好年間上下戰功利，民心服。

東王令嚴，軍民畏。東王自己威風張揚，不知自忌，一朝之大，是首一人。

石達開

《太平天国・太平天国文書・諸王自述・石達開自述》 據石達開供：係廣西貴縣人，祖輩由廣東和平縣移來貴縣居住。現年三十三歲。父親石昌奎與母親均已早故，並無兄弟。娶妻王氏，生有子女，均在南京被害。後來妻妾五人，幼孩二人，昨在河邊均投水身死，只存這親生一子石定忠，年五歲。達開自幼讀書未成，耕種爲業。道光二十九年，因本縣土人趕逐客人，無家可歸，同洪秀全、楊秀清、韋昌輝、蕭潮貴、馮雲山共六人聚衆起事，共推洪秀全為首。洪秀全係廣東省人，現年五十餘歲。初時不過萬人，後來人多。【略】

達開起事即稱王，與洪秀全等同住江南省城。楊秀清平日性情高傲，韋昌輝屢受其辱。七年，達開領衆在湖北，聞有内亂之信，韋昌輝請洪秀全誅楊秀清，洪秀全不許，轉加楊秀清僞號，韋昌輝不服，便將楊秀清殺死。達開返回金陵，要與他們排解，洪秀全心疑要殺韋昌輝；達開見事機不好，走到安徽，妻室兒女留在金陵，均被韋昌輝所殺。達開復由安徽回金陵，洪秀全即將韋昌輝殺了，有謀害達開之意，旋即逃出金陵。七年從安徽至江西、浙江、福建，八年復回南安過年，九年到湖南桂陽、祁陽等縣，圍攻寶慶府城兩月有餘，賴剥皮失營盤三座，不能得手。是年回廣西，走桂林，慶遠至賓州，因夥衆三江兩湖人多，各有思歸之念，不能管束，將大隊散回。達開在南寧府没有多人，想要隱居山林，因到處懸賞嚴拏，無地藏身；十一年復聚數萬人出廣西，由湖南會同、瀘溪、龍山至湖北來鳳。達開久想占踞四川省，同治元年由利川入川，到石硅、涪州，有二十多萬人，後來沿途裹脅，人數更多。頭隊唐姓楊姓攻破長寧，不能深入，繞道貴州遵義、雲南昭通，想從横江過河，令頭隊由屏山縣入，令李福猷紮雲南副官村；又令賴剥皮分股繞入寧遠府，使官兵不能兼顧；約在米糧壩交界地方，與中旗會齊先進。達開因横江敗後率衆繞至米糧壩，知前隊與賴剥皮已由寧遠大路前進。李復猷自副官村敗退後，欲由貴州邊界繞入川境，達開即率衆渡金江，經寧遠，恐大路有官兵攔阻，改走西邊小路，只要搶過大渡河，即可安心前進。不料走至紫打地土司地方，探看上下河岸皆有官兵，河水忽長，那些夷人三面時來搶擄，造船紮筏搶渡幾次，均被北岸官兵擊沉，傷了一萬多人，後來食盡，死亡無數。達開正欲投河自盡，因想真心投誠，或可僥倖免死；達開想救衆人，俱令棄械投誠。達開率領黄再忠等三人並兒子石定忠過河到唐總兵營内，其尚未渡河衆人，不知如何下落。

李秀成

《太平天国・太平天国文書・諸王自述・李秀成自述》 自幼生在廣西梧州府藤縣寧風鄉五十七都長恭里新旺村人氏。父李世高，獨生李秀成、弟李明成二人。家母陸氏。在家孤寒無食，種地耕山幫工就食，守分安貧。自幼時八、九、十問，隨舅父讀書，家貧不能多讀，幫工各塾，具一週知，來在天朝，蒙師教訓，可悉天文。我悉天文者，是在杭州，西湖山後有一老師，年有九十二歲，教我七日七夜而知。後此人不告而去，尋踪無由。今已被拿，天數難辭，故而明說。此段不說，在家時知，自幼在道光廿六、七、八年間，有天王自東省花縣上來廣西平南、梧州、武宣各等縣，教人敬拜上帝。此之一說，前編業已載明。自拜上帝之後，廣西賊風四起，年年賊盜紛張，一出賊之大頭目陳亞貴，張嘉祥、大頭羊、山猪箭，糯米四、劉四各賊首，連年賊惡，劫當鋪搶城池，上下未停，鄉人見過，人家自後不驚。後見拜上帝兵馬到來，是拜上帝之人俱不他逃矣。又被團練之逼，故而迷迷而來。【略】

斯時天王加封我與陳玉成二人，陳玉成封又正掌率，仍任成天豫實任。那時我爲合天侯，任副掌率之權，提兵符之令。我自爲兵出身，任大職重，見國亂紛紜，主又蒙塵，盡臣心力而奏諫，懇我主擇才而用，定制恤民申嚴法令，肅正朝綱，明正賞罰，依古制而惠四方，求主禮而恤下，寬刑以待萬方，輕世人糧稅，仍重用於翼王，不用安、福王。因此奏諫，當被我主降詔革除我爵。後再復一本，將天下之大勢情形，並陳奏諫之來歷。奏本由朝臣手過，見我本章明順，朝臣親上殿奏諫，仍復我職。

（清）曾國藩《曾文正公奏稿》卷二五《覆陳逆酋正法片同治三年七月

二十日》再臣於七月初十日欽奉六月二十九日寄諭：逆首李秀城、洪仁達等，均係內地亂民，不必獻俘。第該逆等罪惡貫盈，自應檻送京師，審明後盡法懲治，以洩神人之憤。著曾國藩遴派妥員，將李秀城、洪仁達押解來京，並咨明沿途督撫，督飭地方文武多派兵役，小心護送，毋稍大意等因。欽此。臣於六月二十三日報捷摺內，聲明李秀城、洪仁達應否解京，俟到金陵後察酌具奏。旋於二十五日馳抵金陵，詢及李秀城權術要結，頗得民心，城破後竄逸鄉間，鄉民憐而匿之。蕭孚泗生擒李逆之後，鄉民竟將親兵王三清捉去，殺而投諸水中，若代李逆報私忿者。李秀城既入囚籠，次日又擒僞松王陳德風到營，一見李逆即長跪請安。臣聞此二端，惡其民心之未去，黨羽之尚堅，即決計就地正法，厥後鞫訊。累日觀者極衆。營中文武各員始則紛紛請解京師，繼則因李秀城言能收降江西、湖州各股，又紛紛請貸其一死，留爲雉媒，以招餘黨。臣則力主速殺，免致疏虞，以貽後患。遂於初六日正法，初七日録供具奏。其洪仁達一犯，雖據李秀城供，在賊中暴虐專權，而如醉如癡，口稱天父不絕，無供可録。因其抱病甚重，已於初四日先行處死矣。初十日始奉將二酋解京之旨，扣算日期，臣處應於初六日接到批旨，乃驛站由安慶轉遞江甯，致遲四日之久。臣查軍機處封面及兵部火票皆注明遞至江甯字樣，不知驛站何處錯誤，應即行文挨站查辦。又欽奉六月二十九日諭旨：洪秀全屍身覓獲後剉屍梟示，仍傳首被害地方，以雪衆憤。欽此。臣於六月二十八日驗明洪逆正身，即行戮屍焚化，未將首級留傳各省，是臣識見不到之咎。欽奉諭旨訓示不勝惶悚，至軍機處交片，查取僞玉璽二顆，金印一顆。臣於十六日專差賫送謝恩摺件，并將三印附送軍機處矣，理合附片覆奏。伏乞皇太后、皇上聖鑒。謹奏。

洪仁玕

（清）沈葆楨《沈文肅公政書》卷三《洪仁玕等三犯就地凌遲處死片》

再臣欽奉上諭：沈葆楨奏拏獲兇悍逆首請旨辦理一摺，著即將洪仁玕、洪仁政、黃文英三犯就地凌遲處死，等因欽此。遵即委令按察使文輝會同署撫標中軍參將榮翰，於十月二十五日將洪仁玕、洪仁政、黃文英綁赴市曹凌遲處死，以快人心。理合會同協辦大學士、兩江督臣曾國藩，閩浙督臣左宗棠，兵部右侍郎臣彭玉麟附片馳陳。伏乞聖鑒。謹奏。

《太平天国・太平天国文書・諸王自述・洪仁玕自述》

現年四十三歲，廣東花縣人。自幼讀書，至二十八九歲，經考五科不售，習經史天文歷數，遍遊各洋避禍，實因我主天王庚戌金田起義，各憲嚴查不能家居也。辛亥年遊廣西，至潯州圩，寓于古城侯姓之家四十餘日，不能追隨我主天王，不遇而回。癸丑遊香港，授書夷牧。甲寅由上海，洋人不肯送予進南京，其上海城内紅兵不信予爲天王之弟，乃在夷館學習天文歷數。是冬返回香港，仍習天文，授教夷牧。【略】己未年洋人助路費百金，由廣東省到南雄，過梅嶺，到饒州蔡康業營。八月内與天朝輔王，在景德鎮打仗敗，棄行李一空。由饒州到湖北黃梅縣，知縣覃瀚元請予醫其侄頭風之症，得有謝金，在龍坪辦貨物下江南，於三月十三日到天京，蒙我主恩封福爵。二十九日，封義爵加主將。四月初一日，改封開朝精忠軍師頂天扶朝綱干王。【略】己未冬與忠王議解圍攻取之策，悉載前帙。辛酉年出師徽浙，催兵解安省之困。四月交兵數萬與英王，統往黃州德安一路；因與忠王會剿失約，章王在桐城敗績，遂致安省不能保，而北岸陸續失陷。予因衆軍將機錯用，日夜憂憤，致被革，皆由章王林紹璋内外陰結而務財用私設，各守疆土，招兵固寵，不肯將國庫以固根本。又章王奉命催糧不力，衆只留爲實自之用，遂敵人買通洋鬼，攻破蘇、杭、丹、常等郡縣，京糧益缺，而京困益無所恃。殊我主於癸亥年恩錫顧命，囑扶我幼天王，予于此時三呼萬歲後，不勝惶恐流涕，恐負聖命遺托，于去歲十一月奉旨催兵解圍，身歷丹陽、常州、湖州，殊各路天兵憚于無糧，多不應命。至今年四月十九，我主老天王臥病二旬昇天。京内人心望援不至，本欲棄城，而李鴻章揣知其意，於六月轟開京垣而入。我幼天王與大臣忠王等萬有餘人出京，一路平安到廣德州，君臣大會，喜悲交集。困湖州軍乏軍單，恐難建都立業，故議到建昌、撫州等處會合侍王、康王往湖北，再會翼王、扶王等大隊。殊至□□聞□□又至□□，又予因前承詔旨顧命，自宜力扶幼天王。嘆予在石城隸也實不力，黑夜驚營，君臣失散，此誠予之大罪也。

曾國藩

《清史列傳》卷四五《大臣畫一傳檔後編一・曾國藩》 曾國藩，湖南湘鄉人。道光十八年進士，改翰林院庶吉士。二十年，散館，授檢討。二十三年三月，大考二等，以侍講陞用。六月，充四川鄉試正考官。七月，補侍講。十二月，充文淵閣校理。二十四年，轉侍讀。二十五年三月，充會試同考官。五月，遷詹事府右春坊右庶子，九月，轉左庶子。旋陞翰林院侍講學士。十二月，充日講起居注官。二十六年，充文淵閣直閣事。二十七年五月，大考二等，遇缺題奏。六月，擢内閣學士，兼禮部侍郎銜。二十八年，稽察中書科事務。二十九年正月，陞禮部右侍郎。八月，署兵部左侍郎。【略】

〔同治八年〕三月，奏直隸刑案積多，與臬司張樹聲力籌清釐，甫有端緒，張樹聲現調任山西，請暫留畿輔一年以清積案。諭曰：曾國潘到任後，辦事認真，於吏治民風，實心整頓，力挽敝習。著如所請，俾收指臂之助。又先後二次查明屬員優劣，開單具奏，得旨，分別嘉勉降革。【略】

五月，通商大臣崇厚奏天津民人因迷拐幼孩，有牽涉教堂情事，法國領事豐大業出言不遜，對官施放洋槍，百姓激忿，毆斃豐大業，焚毁教堂。上命國藩赴天津查辦，並諭以查有實據，自應與洋人指證明確，將匪犯按律懲辦，以除地方之害。國藩奏言：各省打毁教堂之案，層見疊出，而毆斃領事洋官，則從來未有之事。即使曲在洋人，而外國既斃多命，不肯更認理虧。臣但立意不欲與之開釁，使在彼有可轉圜之地，庶在我不失柔遠之方。六月，抵津，查詢仁慈堂挖眼剖心毫無實據，奏稱：採生配藥，野番兇惡之族尚不肯爲，英、法乃著名大邦，豈忍爲此殘忍之行？以理決之，必無是事。况彼以仁慈爲名，而反受殘酷之謗，宜洋人之忿忿不平也。又奏誅爲首滋事之人，將辦理不善之天津府縣革職治罪，復諭以洋人詭譎性成，得步進步，若事事遂其所求，將來何所底止？是欲弭釁而不免啓釁也。如洋人仍有要挾恫喝之語，曾國藩當力持正論，據理駁斥，庶可折敵燄而張國維。國藩復奏：中國目前之力，未便遽啓兵端，惟有委曲求全之一法。因陳：時事雖極艱難，謀畫必須斷決。伏見道光庚子以後，辦理洋務，失在朝戰夕和，無一定之至計，遂至外患漸深，不可收拾。皇上登極以來，守定和議，絶無改更，用能中外相安，十年無事。津郡此案，因愚民一旦憤激，致成大變，初非臣僚有意挑釁。朝廷昭示大信，不開兵端，此實天下生民之福，以後仍當堅持一心曲全鄰好，以爲保民之道；時時設備，以爲立國之本。二者不可偏廢。

《湖南歷代鄉賢事略二編》中編《曾國藩》 公名國藩，字滌生，原名子城，湘鄉人。道光十八年進士，改庶吉士，官檢討，累遷禮部右侍郎。咸豐二年典試江西，途次聞母訃歸。會粤寇自長沙渡洞庭，陷武昌，循江而下，土匪亦大肆刼掠。朝命治團練，乃募鄉勇東征，號曰湘軍。【略】

七年，以父憂歸。八年，奉命援浙。九年，駐撫州，攻克浮梁、景德鎮，旋奉援用之命。未行，又命援皖，遂駐宿松，旋克太湖。十年四月，以欽差大臣總督兩江，駐祁門。十一年八月，克安慶，詔節制江蘇、安徽、江西、浙江四省軍務，累疏辭。同治元年正月，拜協辦大學士。是年，水陸兩軍大舉東下。湘軍抵雨花臺，攻江寧；楚軍達衢州，援浙江；淮軍出上海，規蘇常；而水師往來長江，爲陸軍聲援。三年蘇浙戡定，遂克江寧。詔加太子太保，封一等毅勇侯。

時捻匪熾。僧格林沁薨於軍，公奉命馳勦。四年，赴臨淮，駐徐州。五年，駐濟甯，又駐周家口扼要截擊。十月，命還江南。七年七月，移督直隸。九年，仍督兩江。十一年二月，卒於官，年六十有二，贈太傅，謚文正，入祀京師賢良祠、昭宗祠。兩湖、兩江及直隸、天津各建專祠。

公始爲翰林，窮極程朱性道之藴，博考名物，熟精禮典，以爲聖人經世宰物，綱維萬世，無他，禮而已矣。澆風可使之醇，敝俗可使之興。而其精微具存於古聖賢之文章，故其爲學，因文以證道。常言：載道者，身也；而致遠者文。天地民物之大，典章制度之繁，惟文能達而傳之。俛焉日有孳孳，以求信於心而當於古。其平居抗心希古，以美教化、育人材爲己任，而尤以知人名當時。如滿洲塔齊布公，新寧江公忠源，衡陽彭公玉麟，善化楊公岳斌，皆從末弁及諸生獎拔爲名臣。其於左公宗棠趣尚不同，而奇左公智術；以公義相取，左公亦以顯名天下。片長薄技受公一顧，争自琢磨砥礪，敦尚名節，在軍必立事功，在官必爲循吏，曰吾不忍負曾公。而公斂退虚抑，勤求己過，日夜憂危，如不克勝。自初仕及當國家重任，始終一節，未嘗有所假借。及其臨大敵定大難，從容審顧，徐厝之安，一無疑懼。此其氣量之閎深，有莫得罄其用而窺其藏者。

子紀澤，字劼剛。以二品廕生於同治九年以員外郎籤分戶部。十三年丁父憂。光緒三年，服滿，襲侯爵，以四、五品京堂候補。四年，充出使英法大臣，旋補太常寺少卿。五年，遷大理寺少卿。六年正月，以使俄大臣崇厚議收伊犁，越權與俄人定約，有旨逮治命兼充使俄大臣，改訂新約。紀澤致書總理衙門陳述得失機宜，及伊犁地理位置甚詳。語具《清史》本傳。

是年七月至俄，與俄外部大臣吉爾斯及前駐華公使布策協議訂約，十閲，月而議定。尋疎陳改約七端：第一端，交還伊犁，變更南境屬俄之議；第二端，喀什噶爾界務山，兩國各派大臣勘定，不以崇厚所定之界爲準；第三端，塔爾巴哈臺界務亦另派員勘定，不以崇厚改定之界爲準；第四端，嘉峪關通商倣照天律，辦理刪去西安、漢中兩路，及漢口字樣；第五端，松花江行船至伯都訥，將專條廢去，但聲明《愛琿城舊約》另行商定；第六端，添設領事，僅于土魯番添設一員，餘俟商務發達時再議；第七端，天山南北路貿易、納税因地方阻塞，商販不便，又因總理衙門去電曾言收税爲輕，遂將原約内均不納税字樣，改爲暫不納税，俟商務發達，再制定税章，分别征收。其償欵一項增加四百萬盧布，又對於崇厚原約字句亦多有增減。如第三條删去已入俄藉之人民入華貿易、遊歷，許照俄人待遇一段；第四條俄人在伊犁置有田地照舊管業，聲明由伊犁遷出之民不得援以爲例，且聲明俄民管業既在貿易閡外，應照中國人民一體納税；並於第七條伊境安置遷民之處，聲明係安置因入俄籍而棄田地之民，以防遷民雖入閡籍，而仍占有田地之弊；第六條載明所有前此各案，以防别項需索；第十條吐魯藩非通商口岸而設領事；第十三條張家口無領事而設行棧，均聲明他處不得援以爲例；第十五條修約期限改五年爲十年。得旨嘉許。此約既改定因得收回伊犁南部烏宗島山帖克斯川要隘，伊犁、拱宸諸城乃足以自守。且得與喀什噶爾之阿克蘇諸城通行無阻，又根據此約對於喀什噶爾塔爾巴哈臺邊界另行勘定，亦收回失地不少。

七年五月，遷宗人府丞。七月，遷都察院左副都御史。先是，逆酋白彦虎竄入俄境。督辦新疆軍務大臣劉錦棠請索還懲辦，紀澤以國事犯例難引渡，因與俄約永遠禁錮。十二月，差滿，得旨再留三年。時越、法搆釁，紀澤與法人交涉，始終不撓。又奏籌備禦六策。十月，遷兵部右侍郎，旋與英人議定洋藥税釐併徵條約歲增國庫收入二百餘萬兩。十一年六月，回國奉命帮辦海軍衙門事務。十二月，轉兵部右侍郎。十二年十一月，命在總理各國事務衙門行走。十三年正月，調戶部右侍郎。九月，兼署刑部右侍郎。十五年八月，兼署吏部左侍郎。十六年卒。

直隸總督李鴻章疏言：該侍郎自光緒六年兼使俄國改訂約章，正承崇厚失詞獲咎之後，俄人藉爲要挾之端，約自我廢，勢難轉圜。其時沿海震動，以爲兵事將起。該侍郎受任於危疑之際，力爲其難，竟能廢已定之成約，折無厭之要求，不惟界務、商務保全實多；而弭兵息民，大局所關，尤非淺鮮。約成之始中外論者，咸謂此舉不惟中國外交史所無，即泰西亦未嘗有也。九年法越事棘，差滿將代，奉旨留任，與法人交涉。該侍郎力持正論，法人畏之至不敢復與議事，一時海内傳誦，翕然以爲正論之歸。十年冬間，在英議定洋藥税釐併改條約，此中國歷年議辦而未行，英人久宕而不願者。該侍郎悉心商辦，克底於成，至今歲增入欵二百餘萬兩；且使洋藥釐重價昂，吸食漸少，暗消隱患。其事蹟皆卓卓可傳。而俄法兩役，當時和戰之局臣始終與聞。其中曲折爲難情形，局外多未深知，惟臣知之最悉。其奏疏函牘一一具存，艱苦之情歷歷在目。每一念及，未嘗不失聲太息，以爲有古名臣之風。疏入，賜祭葬，予謚惠敏。

左宗棠

《清史列傳》卷五一《大臣畫一傳檔後編七・左宗棠》　左宗棠，湖南湘陰人。道光十二年舉人。咸豐二年，粵匪竄湖南犯長沙，先後佐巡撫張亮基、駱秉章戎幕，洊保同知、直隸州知州。五年，御史宗稷辰奏稱：宗棠通權達變，疆吏倚重之，迹甚微而功甚偉。若使獨當一面，必不下於胡林翼諸人。詔湖南巡撫送部引見。六年，侍郎曾國藩敍宗棠濟餉功，請以郎中分兵部行走，並賞戴花翎，允之。八年，駱秉章疏保宗棠運籌得力，加四品卿銜。湖北巡撫胡林翼亦兩疏薦之。十年三月，少詹事潘祖蔭復疏薦宗棠，謂：國家不可一日無湖南，湖南不可一日無宗棠。疏下曾國藩，尋復奏宗棠剛明耐苦，曉暢兵機，請破格簡用。四月，詔以四品京堂候補，隨國藩襄辦軍務。【略】

〔同治十三年〕二月，奏改甘肅茶務，略言：國家按引收課，東南惟鹽，西北惟茶。鹽可改票，茶何不可？前擬仿淮鹽之例，以票代引，官商尚形裹足。應改擬商販並招，正課照定例徵收，雜課並歸釐稅項下徵收。商販領票，先納正課，並添設南櫃，招徠湖茶。其無票私茶，設卡盤驗，令補領官票。均下部議，如所請行。

《湖南歷代鄉賢事略二編》中編《左宗棠》 公名宗棠，字季高，湘陰人。道光十二年舉人。洪軍犯長沙，公先後佐巡撫張亮基、駱秉章戎幕有功。洊保同知、直隸州知州，以御史宗稷辰、曾文正、駱文忠、胡文忠等先後疏薦。咸豐十年四月詔以四品京堂候補，隨文正襄辦軍務。九月，公率湘軍五千援江西，次景德鎮。十月，洪軍竄樂平、貴溪，公迎戰，大捷克德興、婺源、建德，叠破黃汝金、李世賢、劉官方諸賊。旋李世賢竄浙，勢張甚詔。公兼程赴援，提鎮以下均歸調遣。未幾杭州陷。十一年十二月，授浙江巡撫。【略】

光緒元年三月，以欽差大臣督辦新疆軍務。六月，奏設西安巴里坤運輸廠局，並規畫哈密巴里坤屯墾事宜。二年二月，奏言烏魯木齊踞逆。本地土回居多，白彥虎帶陝甘逆回踞紅廟子，古牧地、瑪納斯等處，皆與安集延回酋帕夏通。自俄羅斯滅霍罕所部，安集延獨免。同治四年，乘回部之變，踞哈什噶爾及各回城。於是吐魯番闢展以西土回附之。官軍出寨宜先剿北路烏魯木齊之賊，而後加兵南路。三月，公進駐肅州，劉錦棠率所部分道出寨，期以閏五月會於古城。六月，與金順會師阜康，克黃田、古牧地賊巢，乘勝收烏魯木齊，廸化州、昌吉、呼圖壁及瑪納斯北城。公檄錦棠布置後路，進規南路。張曜道七克騰木，徐占彪自木壘河搜索而進，會師闢展以規吐魯番。九月，克瑪納斯南城。北路肅清。

三年三月，徐占彪會張曜軍，復闢展魯克沁哈拉和卓城。會道員羅長祐軍，復吐魯番滿漢城。劉錦棠復達坂、托克遜兩城。四月，逆酋帕夏、阿古柏仰藥自斃。子海古拉負屍西竄，爲其兄伯克胡里所殺。南路肅清。

七月，劉錦棠自托克遜進兵。九月，復喀喇沙爾、庫車等城。十月，復阿克蘇、烏什等城。十一月，復葉爾羌、和闐、英吉沙爾、喀時噶爾等城。南路西四城回疆一律肅清。

六年四月，奏新疆善後事宜，如修濬河渠、建築城堡、廣興屯墾、清丈地畝、釐正賦税、分設義塾、更定貨幣等，並請改設行省。是月，以俄人未交還伊犁，公率師屯哈密。尋詔來京，以通政使司通政使劉錦棠代之。七年正月入覲，命管理兵部事務，在軍機大臣上行走，並在總理各國事務衙門行走。二月，奏請教練旗兵、興修畿輔水利，下所司議行。七月，因病屢請開缺。九月，授兩江總督兼辦理通商事務大臣。十二月抵任。九年，教匪王覺一等謀爲亂，檄將弁擒其酋餘黨悉平。時法蘭西擾越南，奏籌辦海防。十年七月，命以欽差大臣督辦福建軍務。十月抵福州，法人方嚴海口之禁。公檄軍潛渡臺北擊之。十一年五月，和議成，以舊疾請開缺。七月卒。謚文襄。

（清）左宗棠《左文襄公全集・奏稿》卷六一《拏獲傳教匪徒分別懲辦摺》 臣宗棠批飭提解來省，飭據司道督府節次研訊，并經臣宗棠親提覆鞫，供悉前情不諱，案無遁飾，應即擬結。查律載：謀叛，但共謀者，不分首從皆斬。又名例律載：斷罪無正條，引律比附定擬。又例載：傳習白陽等邪教，習念荒誕不經呪語，拜師傳徒惑衆，爲從，年未逾六十，發回城給大小伯克及力能管束之回子爲奴各等語。此案晏儒棟拜師入教，明知逸犯王覺一等悖逆情形，輒敢受囑探聽消息，并向鄭杏元通知外面風聲不好，實屬同惡相濟。雖據供實無同謀情事，未便輕縱。所有晏儒棟一犯，除傳習邪教罪止擬遣輕罪不議外，擬請比依謀叛不分首從皆斬律擬斬立決。臣宗棠於訊明後，飭將該犯先行正法。仍傳首犯事地方，懸竿示衆，以彰國法，而絕亂萌。犯係比例問擬，家屬邀免緣坐。

瞿鴻禨

《廣清碑傳集》卷一六劉宗向《瞿鴻禨傳》　瞿鴻禨，字子玖。先世自明季居長沙縣東鄉影珠山下西冲，嗣以善化籍入試，遂為善化人。祖岱，處士，工畫，得闕嵐之傳。有三子：元鈞、元霖、元璨。母武進湯氏，教子嚴，皆成舉人元鈞咸豐七年舉，元霖咸豐元年舉，元璨道光廿九年舉。元霖入資為刑部主事，沈毅方直，交友篤風義，以目疾歸。鴻禨其季子也。承父教，幼能文。年十七補諸生，肄業城南書院，何紹基、郭嵩燾激賞之。舉同治九年鄉試，聯捷進士，入翰林，授編修。光緒建元，大考翰詹，李鴻藻、翁同龢閱卷，擬一等第二進呈，即日超擢侍講學士，年甫二十六。時孝貞、孝欽二后垂簾，召對詢家世，勖為國用，語及穆宗，泫然泣下。旋簡河南正考官，明年督河南學。十一年督浙學，十五年典福建鄉試，未竟，督川學。二十一年還朝，轉侍讀學士，遷詹事，署刑部左侍郎，出為江蘇學政，再遷內閣學士，補禮部右侍郎。鴻禨中歲連丁母憂、父憂，家居治許書、班史，王先謙《漢書補注》多採其說。而嵩燾自海外歸倡西學，鴻禨大好之。鋭志經世，按試不避險遠，校士嚴峻，訓以務實學，無空談。及居朝，康有爲、梁啓超、譚嗣同等方倡變法，鴻禨輒為延譽。戊戌應詔舉經濟特科孫詒讓、鄒代鈞、屠寄、陳三立、湯壽潛等十五人。俄政變，幾被株連，以章疏中未顯言保新黨，得不問。庚子亂作，行在公卿寥落，鴻禨適任滿，內召左都御史，甫十日，補工部尚書。既達行在，應詔陳時政四端，曰整頓吏治，培植人才，變通軍制，開濬財源。辛丑夏四月甲辰，命在軍機大臣上行走，尋命為政務處大臣。先是，李鴻藻宏奬自任，密舉鴻禨及張百熙於兩宮，又力譽鴻禨於榮祿。祿，孝欽所親信也。六月癸卯，改總理各國事務衙門為外務部，派奕劻為總理，王文韶及鴻禨皆授會辦大臣，而鴻禨為尚書。鴻禨慎密勤敏，擬旨曲折盡事理，處事持重不激切，大被知遇。性不肉食，每賜宴，孝欽必敕別具素饌。偶跌傷要旅，謁告旬日，中旨慰諭相望，漢大臣中慈顧無比。既久在政地，言官或劾樞臣失職，鴻禨請致政。孝欽怒曰：我所拔用，豈盡不善？人乃狂言若是。又諭鴻禨：任事之人，不可存引嫌之見。鴻禨乃不言去。

當是時，袁世凱柄兵督直，覬操朝政，以首輔慶親王奕劻嗜利，結為內援，薦引躁進之徒，苞苴雜遝。鴻禨憂之，建議收新軍於中央，至三十一年冬，世凱請開去兼差，以第三、第五、第六鎮軍歸陸軍部直轄，允之。既定立憲策，議改官制，世凱復陰主廢軍機處，設內閣，裁臺諫，意在侵權自便。鴻禨密陳於孝欽，奏上却之。三十一年秋，新官制行，惟鴻禨與奕劻仍為軍機大臣，餘與世凱朋附者反罷去。鴻禨念疆臣中惟滇督岑春煊忠直有威望，欲援以敵世凱。三十二年春春煊入覲，極言世凱權勢日重，願得留闕下為狂犬，守夜當門。孝欽動容，命長郵傳部。春煊到部，立劾罷侍郎朱寶奎，奕劻私人也。直隸候補道段芝貴者，世凱薦之於奕劻，是年三月超署黑龍江巡撫，物論大嘩。御史趙啟霖劾芝貴買津女伶楊翠喜贈奕劻子載振得之。啟霖，湘潭人。奕劻疑鴻禨所授意，又偵啟霖嘗客保定知府羅正鈞署，適與春煊值，因疑其有言，乃急擠春煊出督粤，以撼鴻禨。初，鴻禨門人、內閣中書錢塘汪康年本康、梁黨也，假鴻禨力，設《京報》抨彈時政，奕劻、世凱側目久矣。鴻禨嘗於孝欽前解譬戊戌時事，謂宜因慶典大赦黨人，以收人心。孝欽雖不以為忤，然三請不得命，有為詩所云三犯龍鱗敢舉仇，愛才愛國有深憂者也。奕劻佯欲乞休，鴻禨因密奏載澧可繼。而家人泄其語於康年，康年又輾轉泄於《泰晤士報》訪員。某公使妻入見孝欽詢之，孝欽驚，遂怒鴻禨，未發也。而奕劻伺得狀，因媒孽其與新黨前後往還形迹，以康年報館證之。於是世凱嗾講官惲毓鼎疏劾鴻禨暗通報館，授意言官，陰結外援，分布黨羽。五月丁酉，詔責鴻禨開缺回籍。孝欽之再訓政也，以康、梁居海外，肆詆毀，欲甘心焉而不可得，遷怒强鄰，釀成拳亂。回鑾之後，私憾稍平，一意憂國。知世凱狡黠，奕劻貪庸，則內倚鴻禨，外倚張之洞，故於鴻禨之欲以載澧代奕劻、以春煊當世凱，悉允之。獨於所持新黨修怨一人，足以影響大局之旨不能驟悟。而鴻禨機事不密，反為世凱、奕劻所陷，有與新黨沆瀣一氣之嫌，孝欽為彌年不懌云。既被放，即日出都，過夏口，欲渡江訪之洞。之洞曰：是實朋黨之説也，必不可。泊舟江心，置酒話舊而別。鴻禨嘗以扈從勞錫太子少保銜，固讓。三十二年春以久次加協辦大學士。逾年放歸，始築室於會城朝宗街，與王闓運、王先謙唱和。【略】所為詩文曰《瞿文慎集》。鴻禨端恪耐勞，贊治七載，新政繁興，樞曹無所據依，典章號令皆其手定。自以不由門户黨援進，尤矜清操，遵故事，不宴客，不報謁，嚴拒干請，所汲引幹旋皆不使人知。湘人同時顯達者張百熙，百熙尚通，鴻機尚介，士論兩賢之。

徐　桐

《清史列傳》卷六三《已纂未進大臣傳二·徐桐》　徐桐，正藍旗漢軍人。父澤醇，禮部尚書。

桐，道光三十年進士，改翰林院庶吉士。咸豐二年，授編修。三年十一月，充武英殿纂修。八年七月，充文淵閣校理。八月，充順天鄉試同考官。旋丁父憂。九年，因磨勘中卷有修改可疑處，部議革職。十年二月。丁母憂，十一月，奉旨賞儉討，充實録館協修。同治元年五月，充實録館纂修。七月，命在上書房行走。十一月，充功臣館纂修。二年正月，充實録館漢總纂，命授鍾郡王讀。【略】

時朝議徇俄人之請，寬減崇厚罪名。桐奏：揆度機要，責在樞廷；折衝俎豆，責在總署；講信修睦，責在使臣。儻崇厚之赦，立見轉圜，一切就我範圍，是爲有益於國，則寬其既往，足示法外之仁；若釁端仍不能弭，是徒失刑政之大權，則崇厚之罪更無可逭。仍當推原禍始，立置典刑。又俄人陰狡，變態萬端，以和爲戰，是其長技。兵船已來海外，而我師逍遥河上，何以禦之？近年南北洋養兵製器，費帑實多，練軍之效，非於無事時侈虚聲，正以有事時覘實用。應請嚴飭南北洋大臣加意防維，設有疏虞，惟該大臣是問。又惟用人之道，先辨忠奸；欲辨忠奸，必嚴心迹，苟無忠愛之忱，必不能收幹濟之效。奸臣狡詐，往往自托於孤忠，其才智又足以紊亂是非，摇惑觀聽，辨之不早，將受其欺，貽患將來，後悔何及？比年中外所稱練習洋務者，曰崇厚，曰丁日昌。今崇厚誤國矣，丁日昌傾險小人，其藉洋務以自固，與崇厚同，而才足濟奸，智足飾詐，尤逾崇厚十倍，折衝禦侮，皆非所宜。前兩江總督李宗羲、山西巡撫曾國荃皆素膺簡畀大臣，其於中外交涉必能慎持大體，决不肯以鹵莽僨事。總之今日人才，以秉忠持正、智深勇沉者爲上，其居心樸實、才堪器使者次之。若僅以機權靈警之輩，祇能通曉各國語言文字者，許爲邊才，而責其艱難重大之事，未有不負委任者。

李鴻章

《清史列傳》卷五七《新辦大臣傳一·李鴻章》　李鴻章，安徽合肥人。父文安，刑部郎中。鴻章，道光二十七年進士，改翰林院庶吉士。三十年，散館授編修。咸豐二年，大考二等，賞文綺。時髮逆竄陷楚省，江皖震動。三年正月，命隨侍郎吕賢基回籍練鄉勇。五月，禦賊和州之裕溪口，獎六品頂戴、藍翎。四年，克含山，加知府銜，賞换花翎。五年五月，丁父憂，仍留營。十月，克廬州，奉旨交軍機處記名，以道府用。六年，克無為州，賞加按察使銜。七年，論疊次剿匪功，奉旨交軍機處記名，遇有道員缺出請旨簡放。【略】

〔光緒二十年〕五月，朝鮮以東學黨亂來乞師，飭提督葉志超助之，日本亦以重兵至。官軍屢戰不利，日本乘勝内侵，連陷九連城、鳳凰城、金州、岫巖、海城、蓋平、營口、大連灣、旅順口，復踞威海衛、劉公島，奪我兵艦。八月，奉旨拔去三眼花翎，褫黄馬褂。十月，革職留任，摘去頂戴。二十一年正月，賞還翎頂、黄馬褂，開復革留處分，授爲全權大臣，往日本議和。三月，於馬關會訂條款十二，割臺灣以畀之，日本交還所侵地，乃成和。七月，留京入閣辦奉。十二月，命充致賀俄國加冕頭等專使大臣，並往德、法、英、美諸國聘問。二十二年正月，懿旨召見准令扶掖。鴻章周歷各國考察政治，七閲月回京。九月，命在總理各國事務衙門行走。十二月，充經筵講官。二十三年，充武英殿總裁。二十四年正月，特恩免帶領引見。五月，稽察欽奉上諭事件處。七月，奉旨毋庸在總理各國事務衙門行走。九月，命往山東查勘黄河工程。十月，賜西苑門内乘坐二人肩輿。

（清）李鴻章《李文忠公全集·奏稿》卷八〇《禍從全案議結摺》

臣等覆查，按照和議總綱第十款，各員所定罪名，須總降諭旨，在各省張貼兩年。英使所請重降上諭，各員糾纏無已，祇可於總降諭旨内酌改數字以斷葛藤，亦萬不得已之辦法。

丘逢甲

《廣清碑傳集》卷一九汪瑔《丘逢甲傳》　清政不綱，志士仁人揭橥民主之義，播厥聲於寰宇。辛亥倡義，若疾風滌塵垢，不半載而奠共和之局，數千載之帝制於焉以熄。故言共和之紀元必推端於辛亥焉。然竊謂共和之制辛亥以前已有行之者，不徒見諸空言，且徵諸實行。建總統，開議會，定國旗，更官制，遠挹唐虞之遺風，近掇法美之良制，共和之規模遂粗定，其時固在辛亥以前十餘年也。不過兵威未足，國力未充，外無援兵，民無固志，朝廷已棄珠厓，鄰省亦視同秦越。登高而嘯，應者無人，遂不旋踵而霧解煙消，等於曇花一現，大好河山拱手而授於異族。其中之志士仁人血欲化碧，志已成灰，歸去無家，惟效杞人之大去其國。如臺灣之丘逢甲者，其事足憫，其志尤可哀。雖其地限於一隅，其事不逾數月，然實為辛亥倡義之先聲。而海外孤臣血淚之所聚也，又詎可聽其霾湮汩沒而無傳乎？作《丘逢甲傳》。逢甲姓丘氏，臺灣產也。中國舊制，尊親有諱，往往因一字之諱，舉國不得用其字，甚至祖父相傳，百代不變之姓氏而亦易之。如漢之奭氏避元帝諱易為盛氏，莊氏避明帝諱易為嚴氏，自古已然。丘字為孔子諱，清廷禁民間不能用，故臺灣之丘氏盡加邑旁而為邱，其實與中原之邱氏不同族也。丘氏者，臺灣之望族也。其氏族雖非繁賾，然咸能自樹立，不與尋常庸夫相儔伍，故能為臺民所瞻仰。入臺而訪其邦之士大夫，無論識與不識者必舉丘氏以對。逢甲之祖、父均以詩書起其家，至逢甲而益顯。逢甲字仙根，號滄海。軀幹魁梧，高十尺以外，廣額豐耳，兩目奕奕生奇光。言論風生，往往一語驚四座，聲震屋宇。幼負大志，於書靡所不讀，老師宿儒咸遜其淵博。所為詞章凌厲雄邁，不愧古之作者。尤善詩，恒寢饋於李、杜、蘇、黄諸家，去其皮而得其骨。弱冠弄柔翰，即嶄然露頭角。父兄見其詩即擊節歎賞曰：此異才也。為秀才時毅然以天下為己任，恒為大吏陳國家大計，郎然若觀指紋。自此名動公卿間，王公大臣爭欲羅致之入幕府。逢甲輒岸然掉頭去，不顧也。未幾舉於鄉，旋舉進士，殿試點主事。是時聞見彌廣，閱歷愈深。既服官於朝，亟思展其夙所抱負以為國家用。而臺灣之禍作矣。臺灣在大海中，位於福建之南端，地形如彎弓，北高南下，周亙幾三千餘里。東倚高山，西薄巨海，中為臺灣市，一望平原者六十餘里。遠峯聳翠，嘉樹青葱，茂林修竹，相望於道。北至淡水洋、雞籠城，與福州相近，東南則琉球也。灣之外復有沙堤起伏相生，環抱若龍。此外則鹿耳門者，灣之門户也；澎湖嶼者，灣之屏障也。澎湖在灣之西北，共三十六嶼，惟西嶼最高，餘皆平坦。自厦門至澎湖，水色青黛，深不可測，舟行甚險。由澎湖東南行，一日可抵鹿耳門，誠天然良好之軍港也。其地土廣人稀，土番復窟穴于中央，罕與人民相交接。元明以前不通於中國，明末為紅夷所據。鄭成功逐紅夷而有其地，復移民以殖之，荆榛頓闢。鄭氏握地形之險要，足與清兵相持且三十餘年，以稍延明室一綫之正朔。子孫不競，宏業莫纘，康熙甲子遂滅於清，而明之正朔絶。清既得其地，闢為郡縣，稱臺灣府，隸於福建。後設臺灣道。光緒乙酉始建行省，分為臺南、臺北，升淡水廳為臺北府，設巡撫駐焉，而閩浙總督實兼領之。初為臺灣巡撫者為劉銘傳，繼之者為邵友濂。兵事將起，友濂求樞府内調，清廷乃令臺灣藩司唐景崧署巡撫，以廖德勝為提督。景崧命總兵劉永福移軍守臺南，而自守臺北。方欲有所設施，日籌防禦之策，而其時中東之戰我軍大潰，朝廷已割臺灣全省之地拱手而贈於日本矣。先是，同治末年有琉球船遇颶風漂抵臺灣，死於生番者五十四人，日本商民四亦漂至遇禍。是時適日本遣副島種臣、柳原前光等來中國訂通商之約。約既成，前光至總署言生番事。總署大臣毛昶熙、董恂答之曰：番民皆化外，不服王化，猶貴國之蝦夷也。前光曰：生番殺人，貴國舍而不治，敝國將問罪於生番。昶熙曰：生番既我之化外，伐與不伐，惟貴國自裁之。日本夙未有敢欺中國之心，此言一出，遂知中國不足畏矣。同治十三年，日本以西鄉從道為都督，征臺灣生番。先致書於閩浙總督李鶴年，鶴年覆書拒之，不聽。日軍登陸，熟番迎降。熟番與生番為世讎，導日軍擊生番，敗之，進焚村落，深入至牡丹社。生番殊獷悍不畏死，伏叢莽間，時起狙擊。日軍不敢進，屯田於龜山，為久駐計。鶴年聞於朝，舉朝大震，急詔海疆戒嚴，命沈葆楨督福州水師赴臺嚴守備。別遣潘霨、夏獻綸就西鄉從道議，久不決。將決戰，閩撫王凱泰率兵二萬五千將渡臺。時日軍不服水土，受暑瘴多死亡，聞大兵至，遂議和，要償兵費三百萬元。葆楨力爭之。清廷懼啟釁，乃卒償金五十萬。日軍遂奏凱歸國，自是益輕中國矣。逮因朝鮮事而起中東之戰爭，日軍更猷出師攻取臺灣之文良港，襲據澎湖。海道中梗，臺灣已成孤懸之勢。及我師敗績，兵艦盡沒，大連、旅順相繼淪陷，九邊烽火夜達甘泉，舉朝驚惶，涕泣無措。清廷乃命李鴻章向日本議和，自奉天南界，從鴨緑江抵安平河口，至鳳凰城、海城、營口、臺灣、澎湖及所屬島嶼，盡割讓於日本。是役戰爭僅在中國北部，而割地乃及於南部之臺灣，殊出於意料之外。此約一成，無可挽回，臺灣數千里之地遂歷萬劫而不可復矣。臺灣者，逢甲父母之鄉也，休慼與共，較他人為尤甚。朝廷於土地之割棄雖不足介意，所難堪者臺灣之遺民耳。方兵事之初起也，逢甲已竊竊憂之，太息曰：天下自此多事矣。日人野心勃勃，久垂涎於此地，彼詎能恝然置之乎？於是日集鄉民而訓練之，以備戰守，復以大義相鼓勵，涕泣而語之曰：吾臺孤懸海外，去朝廷遠，不啻甌脱。朝廷之愛吾臺，曷若吾臺之民之自愛？官兵又不盡足恃。脱一旦變生不測，朝廷遑復能顧吾臺？惟吾臺人自為戰，家自為守耳。否則禍至無日，祖宗廬墓之地擲諸無何有之鄉，吾儕其何以為家耶？逢甲斯語一字一淚，言未已，已哽咽不能成聲。聽者咸痛哭，願唯命是聽。時兩軍初戰，割臺之議未起，逢甲已慮及之，可謂有先見之明矣。及景崧與永福交惡，分兵而守，逢甲又引以為憂。景崧者，古所謂處士虚聲者也。初為吏部主事，喜談兵，有知兵之名。越南戰事將起，景崧自請赴越南招撫永福。永福為廣西上思州人，端慤敢戰。咸豐間粤西亂，永福率三百人出鎮南關。時粤人何均昌據保勝，永福逐而去之，遂據保勝。所部皆黑旗，號黑旗軍，所向無敵，屢殪法兵，黑旗之兵震越南。越王授為三宣提督，加一等男爵。洵當時一健將，亞於馮子材者也。景崧既招永福，中法和議成，張之洞薦永福於朝，授欽州總兵，旋移駐臺灣。景崧亦以功授臺灣道，旋擢藩司。兵事將起，清廷以景崧知兵，特命代友濂為巡撫。然景崧既與永福共事於越南，意見不同，怨讎日深。既為臺撫，遂自守臺北，移永福軍於臺南。逢甲以景崧雖號知兵，而防敵禦寇遠不逮永福。全臺形勢盡集於臺北，臺南非其比。臺北失，足以牽動臺南；臺南失，未足以牽動臺北。景崧一人守臺北，無永福以佐之，恐守之非易。臺北一破，臺南將孤守無能為矣。乃急詣二人，許為之調停其意見，思所以阻永福之軍使勿行。焦唇敝舌，繼之以泣，景崧終堅持不為動。二軍遂分。逢甲出而歎曰：其殆天乎？厥後景崧坐誤事機，臺北失守，永福孤守臺南，相持數月，卒無以救臺灣之亡，一如逢甲言，不爽銖黍。倘景崧能捐私怨而急公義，俯就逢甲之請，則臺灣未必終亡，即亡亦未必若是之速，可敢決也。逢甲之智殆可謂燭照而數計矣。割地之議既起，舉國大譁，羣詈鴻章為賣國。憂國之士數千人上書力爭之，詞頗激昂。中外諸臣章奏凡百十上，臺灣臣民爭尤力。清廷意頗動，欲改約，而約不可改。時俄、德、法三國出而抗日，日頗懼，許還遼東，臺灣終不肯還，夜半換約於煙臺。適臺灣舉人以會試在都，伏闕上書，涕泣而爭。清廷不顧，特命景崧率軍民內渡，又命李經方為割臺灣使，舉數千里之土地、數千萬之人民，草草交割於日艦中。逢甲哭曰：余早知有今日矣。雖然，臺灣者，吾臺人之所自有，何得任人之私相授受？清廷雖棄我，我豈可復自棄耶？乃首倡臺灣自主之説，呼號於國中。登高一呼，全臺皆應，其間忠義之士，尤慷慨憤激，痛詈清廷之負臺民，而力贊逢甲之議，乃羣推逢甲為起草。逢甲遂草定臨時之憲法，議建臺灣為民主國，選總統、副總統各一人；開議院，為立法機關；定官制，分內部、外部、軍部等之名稱；制藍地黄虎國旗，以為國徽。羣皆贊成。次乃議總統為何人，衆意屬景崧。逢甲知景崧之不足以有為也，遲疑而未決。然景崧負時望，為臺民所歸，且景崧外，亦無他人足以當斯位者。永福雖善戰，然居末秩，未為民所重。不獲已，卒從衆議。某日乃率紳民數千人，鼓吹前導，詣撫署，上臺灣民主國總統印綬於景崧。景崧朝服出，望闕九叩首，旋北面受任，大哭而入。即撫署為總統府，電告自主於清廷，言遥奉正朔，永作屏藩云云。清廷既棄臺如遺，無所顧惜，此電不足以動其憐，適為所嗤笑耳。且既曰屏藩，即不能謂之自主，此實景崧一人之私電，臺民所未知也。副總統一席，羣以屬逢甲。逢甲不獲辭，乃為副總統兼大將軍，大權仍景崧操之。於是乎臺灣遂為自主國矣。臺灣自主，設官分職，部署略定，省官不願留者聽其內渡，有留者，亦有去者。是時日本命樺山資紀為臺灣總督，兵艦將大集。臺中兵力薄弱，餉又不繼。乃乞兵乞餉於沿海各省督撫，無有應者。又命陳季同介法人求各國承認自主，皆不答。景崧復不善治軍，軍中時有變志。軍士多外省人，非土著，於臺灣之得失漠然無所關其心，日以嬉戲為事。自什長李文奎殺方副將於撫署，景崧不能正文奎之罪，反令充營官以安之。軍士遂欺景崧之無能為，浸驕不可制，至是益紊亂無紀律矣。逢甲深以為憂，時進策於景崧，又請嚴肅軍律，雷厲風行，殺一以警百。景崧均不從。逢甲不獲已，乃訓練鄉團義兵以備變，傾家財以為兵餉，不足則乞諸義士捐資以助之。孳孳矻矻，昕夕不敢懈。然一念及國步之艱難，未嘗不終夕徬徨，泣涕如雨也。未幾日艦大集，先發兵攻基隆。景崧命吳國華守三貂嶺，復命營官包幹臣馳往助之。幹臣之為人畏敵而喜功，逢甲知之稔，阻景崧不可用。景崧不聽，卒以僨事。方吳國華之守三貂嶺也，防守頗嚴，偶與日軍偵探隊遇於途，奮勇擊之，斃日兵官某，日軍大潰。幹臣適馳至，不發一矢，遽奪日兵官首級以歸，冒為己功，以報大捷，吏民皆賀。國華方追逐日軍，忽聞幹臣奪己功，憤怒不可遏，遽舍日軍，回兵追幹臣。日軍瞰之急返旆，遂奪三貂嶺矣。是時基隆危急，分統李文忠等會師援之。日軍已密布，文忠等屢戰皆敗北。景崧復命黃義德屯八堵為後援。義德性怯而多詐，方之幹臣為尤甚。逢甲復請於景崧更遣他人代之，景崧亦弗許。義德至八堵，聞日軍勢甚，膽幾喪，遽舍八堵馳歸，詭言：獅球嶺已為日據，八堵逼近敵營，不能駐軍。日人懸金六十萬購總統頭，故急馳歸以防內亂。逢甲知其詐，面斥之，景崧默然莫敢詰。其實獅球嶺尚未失，自義德馳歸，其地空無一兵，翌晨日軍遂拱手而得之矣。是夕義德所部軍索餉，大譁。逢甲請斬義德以謝臺民，並嚴懲一二亂兵為首者，以厲其餘。景崧不敢從。逢甲歎曰：禍患之來迫於眉睫，尚不能整飭軍紀，徒畏葸游移，坐令其譁變。天下事尚可為乎？次日城中聞日軍將至，互相驚擾，老幼紛紛逃竄，軍士蠢蠢有變志，景崧束手無一策。傍晚潰兵爭入城，沿户淫掠，客勇土勇互相鬬，積尸遍地。中軍護勇為內應，總統府火發，光焰燭天。景崧大駭，舍奔逃外無他術，亟微服挈一子而逃，妾易男服，隨之雜難民中竄出城，疾附英輪至厦門，置臺灣事於不顧矣。逢甲聞之哭曰：吾臺其去矣。誤我臺民一至此極，景崧之肉其足食乎？時游兵淫掠無厭，全城無主，居民遷避一空。逢甲急舉義兵剿游兵於城內，冀死灰復然，或可再振。然府庫軍械盡入游兵手，義兵勢不支，遂大敗。逢甲孤身遁鄉間，游兵大掠三日，日軍尚未至。德商畢狄蘭以書告，日軍乃從容以兵來收城。逢甲收拾散亡，義師復集，聞日軍至，伏於途而擊之。顧日軍勢張甚。逢甲敗亡之餘，軍容不振，無殊以螳螂之斧而禦隆車之隧，故又大敗，全軍盡喪。逢甲僅以身遁，復匿於鄉。臺北遂為日有。是時永福尚堅守臺南，日軍攻之數月不能下。逢甲思往依之，道中梗不能行。而臺北已陷諸城邑聞臺南義聲，咸勇躍思奮。逢甲復與之約，定期起兵圖恢復。為日軍所偵知，防備周密，無隙可乘。日軍復以臺灣自主事為逢甲所首倡，嫉之甚，嚴索之。逢甲竄身深箐窮谷間，幸脱於禍，而恢復之志不少替。未幾永福力不支，臺南亦失守。逢甲知大勢已去，無可挽回，乃亦痛哭辭故國而行。臺灣遂亡矣。逢甲既內渡，遂入廣東，家於嘉應州，買屋居焉。屠門不出，謝絶親友，自署為臺灣之遺民，日以賦詩為事，而故國之思以及鬱伊無憀之氣盡托於詩。詩本其夙昔所長，數十年來復顛頓於人事世故、家國滄桑之餘，皆足以鍛煉而焠厲之。其所為詩益蒼涼感慨，有漁陽三撾之聲，又如飛鬼騕褭，絶足奔放，平日執干戈衛社稷之氣概皆騰躍於紙上，故詩人之名震動一時。又往往側身南望，故鄉故國掩映於蒼烟莫靄中，迷漫不可見，念一身之無屬，獨愴然而涕下。又有時酒酣耳熱，與二三知己談故國軼事，輒虬髯横張，怒髮上竪，須眉嘘噏欲動，氣坌涌而不可遏，識者莫不哀之。是時大吏聞其賢，屢招之，逢甲均婉謝不肯出，祇願擔任教育事宜。大吏遂聘之為廣州府中學校校長，旋又任方言學校校長。學生出其門者千餘人，咸端志勵學，克承厥緒。光緒末年各省盡成諮議局，逢甲為人士所推轂，選為議員，旋舉為副議長。高談雄辯，四座盡驚，於地方積病尤日思所以摧陷而廓清之。如禁賭一案，其最著者也。

【略】

山淵曰：臺灣一荒島耳，成功開拓之於前，銘傳經營之於後，今日人皆本成功、銘傳之舊而擴張之耳。臺灣舊不通於中國，鄭氏篳路籃縷，拓其地以延明祚於一綫。清廷竭數十年之兵力，必欲降其衆而有之，既有之不能以自守，復以資於日本。是清廷不特負臺民，且無以對鄭氏矣。逢甲以臺灣孤臣首倡自主，崎嶇艱苦，卒以無成。寄意於詩以自哀其志，死之日猶不忘故國，其心之苦奚讓宋明末祚諸遺民？世徒以詩人目之，奚足以知逢甲之志耶？然當日握全臺之權者惟景崧，景崧優游養禍，不戰自潰。使稍聽逢甲言，或不至此，是亡臺灣者景崧也。景崧既遁，知兵之名掃地以盡，卒客死於廣州，無人過問。逢甲之死，人盡哀之，嗚呼！臺灣雖亡，逢甲不死矣。

《廣清碑傳集》卷一九羅香林《丘逢甲傳》　丘逢甲字仙根，一字仲閼，别字蟄仙，晚號倉海君，又號南武山人，臺灣彰化翁仔社人也。其先世由中州遷閩上杭。宋末有徵士諱文興者，文信國參軍也。少與鄉人謝翺善，信國勤王師起，與翺同策杖入幕府。信國既北行，與翺同返閩，道梅州文福鄉，悦其山水，奉親卜居，教授以隱。是為鎮平丘氏始遷祖。謝翺且為之兆，書創兆榜其居，寄詩有竟從萬山中，闢此遺民界。我昔為之兆，知後將必大諸語。其後代有聞人。清康熙間渡海徙臺，遂為臺人，蔚為望族。父號潛齋，以詩書起家。至逢甲益顯。所居社處大甲溪旁，土番部落也。粤客籍，闢草萊居之，故其俗堅苦耐勞，有文理，不廢武。逢甲少負奇氣，軀幹魁偉，廣額豐耳，目奕奕有光。議論風發，往往發一言驚四座，聲震屋瓦。年十三補博士弟子員。時吴子光設教吕氏筱雲山莊，藏書富。逢甲負笈從，博覽羣籍，遂以詩鳴海國。灌陽唐景崧以翰林分巡臺灣道，方奬掖風雅。歲試文生，拔其尤，讀書海東書院，厚給膏火，延進士施士浩主講。於是逢甲與新竹鄭鵬雲、安平汪春源、葉鄭蘭等肄業其中。旋獲舉，聯捷成進士，授工部主事，去官為崇文書院山長。及景崧陞布政使，邀逢甲以詩文相酬唱。無何朝鮮事起，日人藉口東學黨案進兵漢城，迫我宣戰。清廷以臺灣重鎮，命南澳鎮總兵劉永福率師籌防，遷景崧為巡撫。而北洋海陸軍相繼報敗。光緒二十一年三月，日軍破澎湖。旋清廷與日議和。割臺灣畀日。臺灣舉人會試燕京者上書都察院請止，不聽。臺灣聞變，羣情激昂。逢甲與諸紳出謀挽救，電奏力争，情詞悱切。謂：割地議和，全臺震駭。自聞警以來，臺民慨輸餉械，無負列聖深仁厚澤。二百年養人心、正士氣，正為今日之用，何忍一朝棄之？全臺非澎湖之比，臣桑梓之地，義與存亡，願與撫臣誓死守禦。苦戰而不勝，待臣等死再言割地，亦可上對列祖，下對兆民。不報，惟飭撤回守官。逢甲長歎太息曰：予固知必有今日也。惟臺灣為臺人所有，匪得任人私相授受。乃奔走呼號，倡建國自主。促景崧電劉永福詢去就，復曰：與臺存亡。一遂決計獨立。衆推甲起草法制，建臺灣為民主國。五月初二日，逢甲率臺人上總統印章，推景崧為總統。景崧受之，建元永清，旗用藍地黄虎，檄告中外。以逢甲為副總統，兼義勇統領。李秉瑞為軍務大臣。姚為棟為游記使，使詣北京陳建國情形。部署略定，而日樺山資紀率艦隊至矣。臺中兵弱，餉復不繼。乃乞援沿海各大吏，無應者。又使陳季同介法人求各國承認自主，亦罔答。景崧固文吏，不知軍。官佐多外省人，時懷異志，臺存亡置弗顧，惟以嬉游為事。先是什長李文魁殺副將方某於總統府，景崧不能制，反令充營官安之。軍士欺景崧無能，驕不可抑。逢甲憂之，時進策景崧，請嚴飭軍紀，景崧不能從。逢甲不得已，乃練鄉團備用，傾家資養兵，不足則乞義士捐助，昕夕遑遑，未稍懈也。日艦已盛集，先發兵攻基隆。景崧命吴國華守三貂嶺，復命包幹臣助之。逢甲謂幹臣畏敵喜功，力阻，不納。國華至三貂嶺遇日兵，奮勇與戰，殺其官佐數人，日軍驟潰。幹臣至，奪所獲日軍首級，冒為己功。國華逐日軍，聞幹臣奪功，憤不可遏，急回兵追之。日軍返旆，三貂嶺遂失。時基隆方危，分統李文忠戰不利。景崧命黄義德屯八堵。義德性怯多詐，逢甲争不可用，景崧不省。義德至八堵，見日軍勢盛，急馳歸。詭言：獅球嶺已為日據，八堵迫近敵人，不能守。日人懸六十萬金購總統首，故急歸防亂。逢甲斥其訴，景崧默無一語。實則獅球嶺固未失也，義德歸，日軍唾手得之。義德之離八堵也，李文魁馳入總統府，大呼曰：獅球嶺亡在旦夕，非大帥督戰，諸將不用命。景崧見文魁入，悚然立，而文魁已至屏前。乃舉案上令架擲地，曰：軍令俱在，好自為之。文魁側首以拾，則景崧已不見矣。次日城中聞日軍將至，互相驚擾，紛紛逃逸。傍晚潰兵入城，沿户淫掠，客兵土勇復相殺，積尸遍地。總統府火發，景崧先攜巡撫印奔滬尾，乘德商輪船内渡。時游兵淫掠無厭，全城無主。逢甲急舉義勇剿亂，冀重振。顧府庫軍械入亂軍手，義勇不支，旋大潰。逢甲只身逃鄉間。亂軍大掠三日，日兵未敢進。德商畢狄蘭以書告之，始入。逢甲收拾散亡，義勇復集，伺日軍出，半途擊之。顧初值殘亂，軍容不振，交鋒未幾，復大敗。臺北遂為日有。時永福守臺南，聞臺北破，景崧逃，衆推之為總統。分汛水陸，策勵團練，日軍攻之，數月不能下。逢甲欲往依之，會道梗不能行。而臺北已陷諸邑聞臺南義聲，或躍躍思奮。逢甲復與約，定期會師圖恢復。為日兵偵知，防範綦密，不得乘。日人復以臺灣自主為逢甲所倡，欲得之甘心。逢甲乃潛身深箐窮谷，至臺南失守，始痛哭歸。時光緒二十一年九月也。逢甲已內渡，家於原籍鎮平縣，自稱臺灣遺民。廣東巡撫許振煒奏請歸籍海陽。旋主講潮州韓山書院。大吏屢招之，不出，惟以興學育才號召國人。光緒二十五年於汕頭首創同文學堂，被推監督兼總理。延翰林院檢討溫仲和慕柳為教習，以經史及曆算、理化諸學為必習學科。嶺東新學蓋自同文始也。是時學校初興，頑固者視新學如蛇蝎，而海曲隘士又以主客之見播弄風潮。逢甲悉力支付，新學卒以大行。粵省學校繼同文而興者靡慮十百，皆以逢甲為先知，甚且乞逢甲遙為監督。粵大吏敬服不置，禮聘任廣府中學監督、兩廣方言學堂監督。群士出其門者悉端志勵學，有聲於時。光緒末，清廷詔各省置諮議局，逢甲被推任粵局議長。立讜言，滌積弊，尤以禁賭案爭之獨力，粵人至今稱之。是時種族革命已日進展，逢甲睹狀狂喜曰：是余志也，余謀臺灣自主不成，今自主行於祖國，見之死無恨矣。粵省既獨立，推逢甲任教育司長。

劉坤一

《清史列傳》卷五九《新辦大臣傳三・劉坤一》　劉坤一，湖南新寧人。咸豐五年，粵逆竄擾湖南，坤一以廩生領團練，從官軍克復茶陵、郴、桂、宜章等城。敘功，以教諭遇缺即選。六年，從道員劉長佑軍援江西。時臨、袁、撫、建各郡皆爲寇據，楚軍既克萍鄉，賊連營蘆溪宣風鎮來拒。四月，劉長佑令坤一進戰，皆破之。五月，偪袁州而軍，城賊出戰，爲坤一所敗。湖南巡撫駱秉章奏保以知縣歸部即選，並賞加同知銜。時袁州賊勢尚盛，相持久不下，坤一密招降僞侍衛李能通，能通在賊中負重名，於是降者相繼。守將何益發夜開西門，以納我師。坤一督楚勇先入，據之，遂復袁州。奉旨以直隸州知州即選，並賞戴花翎。七年，從克臨江府城，奉旨以知府選用，賞加道銜。八年，劉長佑以病歸，駱秉章飭坤一暫領其衆，偕道員蕭啓江渡贛而東，規撫州，克崇仁，敗援賊於龍骨渡。啓江在上頓渡爲城賊所困，坤一率衆往援，大破之。賊棄城遁，復撫州，建昌府亦同時克復。江西肅清。奉旨以道員歸部即選。【略】

二十七年，上以欲求振作，當議更張，詔中外大臣各據所見。坤一偕湖廣總督張之洞三疏奏請變法：一、育才興學之大端，宜參考古今會通文武者四：曰設文武學堂，曰酌改文科，曰停罷武試，曰獎勵遊學；一、中法之必應整頓變通者十二：曰崇節儉，曰破常格，曰停捐納，曰課官重祿，曰去書吏，曰考差役，曰卹刑獄，曰改選法，曰籌八旗生計，曰裁屯衛，曰裁綠營，曰簡文法；一、西法之必應兼采並用者十一：曰廣派遊歷，曰練外國操，曰廣軍實，曰修農政，曰勸工藝，曰定鑛律、路律、商律、交涉、刑律，曰用銀圓，曰行印花稅，曰推行郵政，曰官收洋藥，曰多譯東西各國書。以上諸條，所需經費不少，此次賠款極鉅，籌措艱難。論者必以度支困絀爲詞，謂諸事方求節省，豈宜更增用費？遂不免顧惜遲疑。臣等之愚，竊以爲不可。今若竭海內之力，百計搜括，但供每年賠款以冀無事，則外國必將視我中國皆苟安無志之人。士無奮心，民無固志，各國之輕我侮我，更將得步進步，不待賠款還清，而中國已不能立國矣。竊謂節用之與自强，兩義自當並行，不宜偏廢。疏上，命政務處覈議施行。

《湖南歷代鄉賢事略二編》中編《劉坤一》　坤一，字峴莊。咸豐五年，粵寇擾湘，以廩生領團練，從官軍克復茶陵、郴、桂、宜章等縣。六年，從武慎援江西，迭著勛績保知縣，并加同知銜。時袁州久不下，君密招降李能通，於是降者踵屬。何益發夜開西門納我師，遂復袁州。七年從克臨江府城，奉旨以知府選用，並加道銜。八年，武慎病歸，駱秉章飭代領其衆，偕道員蕭啓江渡贛而東，遂規撫州，敗賊於龍骨渡。啓江在上頓渡爲賊所困，君率衆往大破之。賊棄城遁，建昌府亦克復。江西肅清。奉旨以道員歸部即選。【略】

〔光緒〕十二年，丁繼母憂。十六年，仍授兩江總督，兼通商大臣。十七年，命幫辦海軍事務。二十年七月，兼署江甯將軍。日本謀預朝鮮，亂事敗盟。因犯提督葉志超等軍潰於平壤。於是九連、鳳凰、金州、旅順悉陷。命君爲欽差大臣，所有關內外防剿，各軍均歸節制，固辭不許。二十一年，和議成，命回兩江總督任。二十四年十一月，奏請開缺，不許。二十五年二月，安徽渦陽土匪滋事，剿平之。六月，復以病奏請開缺，不許。

二十六年，拳匪倡亂，全國震驚。公會同各督撫，與各國領事定約，維持和平。以保全東南者保全大局，君之力也。二十七年，偕湖廣總督張之洞奏請變法，一、育才興學之大端，宜參攷古今、會通文武者四：曰設文武學堂，曰酌改文科，曰停罷武試，曰獎勵游學；一、中法之必應整頓變通者十二：曰崇節儉，曰破常格，曰停捐納，曰課官重禄，曰去書吏，曰考差役，曰卹刑獄，曰改選法，曰籌八旗生計，曰裁屯衛，曰裁緑營，曰簡文法；一、西法必應兼采並用者十一：曰廣派游歷，曰練外國操，曰廣軍實，曰修農政，曰勸工藝，曰定鑛律、路律、商律，交涉刑律，曰用銀元，曰行印花税，曰推行郵政，曰官收洋藥，曰多譯東西各國書。以上諸條所需經費不少。此次賠欵極鉅，籌措艱難，論者必以度支困絀爲詞，謂諸事方求節省，豈宜更增用費，遂不免顧惜遲疑。臣等之愚，竊以爲不可。今若竭海內之力百計搜括，但供每年賠欵以冀無事，則外國必將視我中國皆苟安無志之人，輕我侮我，得步進步，不待賠欵還清，而中國已不能立國矣。二十八年九月卒，謚忠誠。君任封圻垂四十年，廉靜寬厚，靡赫赫名，而身際艱危，維持大局，毅然擔當，不稍推諉。忠愛之忱，老而彌篤，庶幾有古大臣風也。

（清）劉坤一《劉坤一遺集·電奏》卷二《寄西安行在軍機處》 京庚電奏所論事理，實非籌國至計。畫俄約，各國效尤；前據各使、各領之言，均經由電上達，不再復述。不畫俄約，英瀾侯云無論俄如何舉動，英當以公論相助；又謂英在中國保商外無他圖，當始終以全力相助；並云公約仍可在京商定，順、直亦必屆時退還。日云俄卽決裂，強佔東三省，各國必主持公論；聯軍先退出順、直，再向俄責令退兵。美謂前照會各國，保全中國疆土，不可與一國訂立密約，卽中立之德亦謂中國地土，德不願有所捐傷；一再發訓條，飭穆使俟中國將俄約知照後，迅速在京會同各使公商；又謂俄若決裂，公約在京照常辦理等語。是允俄約，卽有分裂之禍；不允俄約，按照各國所論，非特無礙公約，不佔地土，且肯力助。公論於我實大有益，此皆有電可稽，並非憑空臆斷。京電所云，俄踞東三省，各國亦必藉詞踞地，實係俄人捏詞恐嚇，萬不足信。俄欲謀占三省，誠不能諒我苦衷，全我友誼。惟各國公論所在，實爲俄所深忌。縱俄欲永踞三省，各國既出公論，亦斷不能聽其所爲。一經畫押，非但公約停議，各國勢必效尤。若決計拒俄，英、德既許公約照常辦理，縱延時日，亦無他害。得害分明，不意全權轉行誤會。在全權所見既偏，又值楊使患病，惟有將此約暫行停頓，聽候各國公議；卽使將來商議此約，亦請照各國之意，歸各國公斷，方爲萬全之策。伏乞朝廷力賜主持，大局幸甚。

請代奏。

（清）劉坤一《劉坤一遺集·書牘》卷一四《致王雨庵》 案照瓊州海口通商一事，節次承准總署來咨，均經轉行查照。嗣接羅領事申稱，與佛領事等定於本月二十九日赴瓊，又經布達台端矣。

十九日，英國羅領事、佛領事暨繙譯官嘉托瑪、福格林四人來見，言及洋人內地游歷一事，據羅領事云，瓊州地方民、黎雜處，伊與佛領事亦深知。查洋人游歷，必須繕備執照，指明處所，請雷瓊道蓋印。如果游歷之地，一時礙難前往，卽請雷瓊道備文知會，聲明礙難實在情形，將執照送回，伊必告知洋人，令其勿往該處。倘該洋人私自前去，以致别滋事端，伊必不向中國官員理論等語。佛領事亦爲首肯。弟聽其所言，實能明察事宜，克敦睦誼，當卽告以函囑尊處照辦，兩領事均以爲然。茲羅、佛領事等四人，定於二十九日起程來瓊，博税務司並擬先期前進。用特專函奉布，卽祈閣下轉飭府縣，務須查照條約，以禮相待，妥爲照料；並代覓房屋，俾其暫爲居停。其游歷一事，亦請照以上領事所言與之當面斟酌。弟以羅領事在粵十數年之久，爲人公正和平，是以衆口交稱，想閣下聞之已熟。查佛領事前在潮州辦事，無不酌理準情，輿情甚爲愛戴，此次前來尊處，可謂選派得人。但期地方官遇事開誠布公，自不致有掣肘也。

（清）劉坤一《劉坤一遺集·書牘》卷一五《復法國領事喇克禮》 頃接來函，卽經閱悉。郭嵩賢漁船被刦一案，前此貴國達前領事以澳門現獲吴亞華等，係屬本案真犯，申請行提，並稱前獲之鄔北壽等，係屬誤拏，請從緩辦。當時本部堂允將鄔北壽等暫留待質；至於鄔北壽等是否真犯，仍須將吴亞華等提省質明，方能分别辦理。日前貴領事官與薩繙譯官來署，亦以此事爲言。本部堂卽告以鄔北壽等係事主引拏，並非縣營購線緝獲；且曾經委員確查，並無誤拏之事。如必謂吴亞華爲真盜，鄔北壽等係屬誤拏，則須澳門洋官將吴亞華等解省，提同鄔北壽等對質，訊實非同夥，然後將其省釋，庶事主不致有詞。貴領事官即云，日内須赴澳門，將吳亞華等審明，再請行提到省，與鄔北壽等質訊，本部堂並未言貴領事官前往澳門訊明吳亞華等係屬真犯，可以毋庸提省質訊即將鄔北壽等省釋也。

至來函所言，鄔北壽等係一女子、一小孩指認，則殊非事實。查鄔北壽等係事主郭嵩賢引拏，讞局審訊之時，又提郭嵩賢面質，不得謂之婦女、小孩。

總之，此案吳亞華等如係本案真盜，亦須澳門西洋官將其解省，聽候發交讞局，提同鄔北壽等質訊。如果訊明鄔北壽等實非同夥，確有證據，彼時再將鄔北壽釋放，方足以服事主之心。此時即未質明，若遽完結此案，則事主必以縱盜爲言，其將何詞以對。故貴國達前領事秖求緩辦，並未求釋放，且云不敢保鄔北壽等一定不是盜匪，貴薩繙譯官亦在座共聞者也。

（清）劉坤一《劉坤一遺集・電信》卷二《復張宫保並寄外務部盛宫保》 鄂陽、霽電悉。十條實皆對證之藥，能照辦，此後教案必可漸弭。惟上年江、鄂託各使商各外部，日本以未傳教，恐招忌爲辭，法則艴然。即美於教案較爲公平，亦以所擬關教士職分利權，須待細酌，並商教會方能答覆。惟德允電穆使與各使妥商。英灤侯亦云：防範未然，彼此同心，允轉電薩使酌辦。統觀各國之意，是欲照我擬章必難辦到。自上年拳教鬧事以來，教士之氣燄益盛，地方官之調和愈難。值此修約，若不稍定範圍，以後遇事，恐更無從措手。譬如久病之軀，既不能驟進猛劑，不得不先用和平之品，以冀逐漸進步，可收得尺得寸之效。且灤侯既有防患，同心電薩酌辦，此時似宜先與英商，並可以灤侯意告馬。一經提出，恐後商辦爲難。教士非官，不能干預詞訟，本載傳教諭單，以見華教士見官仍與平民一律，教堂不得匿犯，皆事理應爾，均可與商。仍由香帥、杏兄再行詳酌，應如何添列商辦之處，均請卓裁。

（清）劉坤一《劉坤一遺集・電信》卷三《復張宫保並寄外務部呂侍郎盛宫保》 鄂二十九及豔電悉。勸馬勿徒損中國，以益他國，實情理兼治之法。至城邑二字，係《馬關約》第六款第四節所載。若僅就本文論，似乎城邑可任便從事工藝等項。惟條約必須統全約參看。該款第一節既限定日本臣民往來、僑寓、從事商業、工藝製作，均照向開口岸一體辦理。又商約第四款後指明，現在已定及將來所定外國人居住地界之内，照給與最優待之國臣民一律無異。約内既有專款立定限制，此外即屬泛語，不能據以爲實。即如同治四年間，上海有英商欲援津十二款，在各口各地方租房設棧，稟經英國總理衙門批示，謂本國總理各國事務大臣喇肅意見，以此款必須連上第十一款合看，其十一款既有限定商人秖可於通商某某口岸方准霑獲此等利益之明文，爾等呈請，實無從得其情理云云。載在英國《藍皮書》，可資考證。日約既已定有限制，則城邑二字亦秖應如城鎮、鎮市一體作爲泛論，蓋關口之處必近城邑也。往歲蘇州關口，日商即欲居住城内，嗣經辯駁，遂擇地盤門之外。已行之約，無從改正；惟就約解釋，其義本屬如此。故《商約解義》，亦謂西人未得之利益，日本亦未嘗特異。各省解説，當知此意云。

（清）劉坤一《劉坤一遺集・電信》卷三《寄外務部張宫保呂侍郎盛宫保》 小輪款謂華商公司准洋商附股一條，係兩星使回滬後另訂辦法。敝處上月儉電，即以爲治權稍可挽回。嗣香帥月一電，擬限制華商公司所附洋股不得過十成之五，須掛中國旗。敝處庚電亦謂此等合股各半，船應歸中國管轄，庶免礙我治理之權，請兩星使切商增入，並無不願之語。日昨見滬元一電，所訂三事十節，於此條絶未議及，即覺詫異。然猶以爲兩星使必經切商未允，事出無奈。乃頃聞滬上傳言，兩星使謂敝處不以合股爲然，故置不議。此更萬無是理。蓋商約事關大局，總以國計民生爲重，不容一人參私意其間。限制洋輪不得入内地，較准由口岸出入内地主權更足，兩星使既經見及，即應速與商定。況此事彼此意見皆同，更不應未商先餒。好在事未先商，此時仍可作爲敝處與香帥之意與之商辦。英國與我如此關顧，全約亦已大致議定，秖此一端，允我入約，與正經英商無損，於中國實大有裨益，馬使決不至十分見拒，甘棄前功。務請兩星使竭力速商添入，庶後來各國議約不能越此範圍，大局幸甚！

再，鄂諫電，絲税經第一常關先納二五，至出口之關驗有曾完二五關單，秖抽二五，仍與抽五之義相符，辦法亦爲平允。此乃常關自抽土貨之税，與出洋之絲無關，均請兩星使查照商改電覆。

張之洞

《清史列傳》卷六四《已纂未進大臣傳三・張之洞》　張之洞，直隸南皮人。同治二年一甲三名進士，授職編修。五年，大考二等。六年，充浙江鄉試副考官。旋命提督湖北學政。十一年，以襄辦大婚典禮，賞加侍讀銜。十二年，充四川鄉試副考官，旋授學政。四川地處西陬，寇氛甫靖，士未知學。之洞會商前總督吳棠奏設尊經書院，擇郡邑之秀者肄業其中，聘名儒督課之，一切章程手自訂定。著《輶軒語》、《書目答問》示蜀士以讀書之法。光緒二年，奏陳川省試場積弊，因上整頓八策，請敕部核議。十二月，充文淵閣校理。【略】

二十八年六月，以湖北遵旨設立學堂入奏，並臚陳辦法十五條，首師範，次小學，次文普通中學，次武普通中學，次文高等，次武高等，次方言，次農學，次工學，次勤成學堂，次仕學院，次經費，次省外中小學，次蒙學，次設學務處，以資董理。籌辦要旨八條：一以小學爲至要，二日課專加讀經溫經時刻，三教科書宜慎，四學堂規制必宜合法，五文武相資，六教員不遷就，七求實效，八防流弊。六月，命充督辦商務大臣。九月，命署兩江總督。二十九年正月，奏中學、小學堂教員咸取材師範，現於江南創建三江師範學堂，前三年教小學堂之師範生，約分三級，一年速成，二年速成，三年本科，以便陸續派赴各州縣，承充學堂教員，四年添置高等師範。本科精研教育學理，以教中學堂之師範生，備各屬中學教員之選。並設兩江學務處，以便督催興辦。四月，入京陛見，賜紫禁城、西苑門內騎馬。閏二月，命充經濟特科閱卷大臣。尋經管理學務大臣榮慶、張百熙奏請派之洞會同商辦京師大學堂事宜，將一切章程詳加釐定，奉旨允准。十一月，會奏上所訂定章程，略云：臣之洞伏查上年大學堂奏定章程宗旨辦法，實已深得要領。惟草創之際，規程課目不得不稍從簡略，以俟待考求增補。至各省初辦學堂，管理學務既難得深通教育之法之人，而學生率皆取諸原業科舉之士，未經小學陶鎔而來，不自知學生本分，故言論行爲不免有軼於範圍之外者。此次欽奉諭旨，命臣等將一切章程會同釐定，期於推行無弊，自應詳細推求，倍加審慎。數月以來，臣等互相討論，虛懷商榷，並博考外國各項學堂課程門目，參酌變通，擇其宜者用之，不相宜者缺之，科目名稱之不可解者改之，其有過涉繁重者減之。每日講功課，少或四五點鐘，多亦不過六點鐘。所授之學，排日輪講，少或四五門，多亦不過六門。皆計日量時以定之，絕不苦人以所難，中人之資，但能循序以求，斷無兼顧不及之慮。至於立學宗旨，無論何等學堂，均以忠孝爲本，以中國經史之學爲基，俾學生心術一歸於純正，而後以西學瀹其智識，練其藝能，務期他日成材，各適實用，以仰副國家造就通材、慎防流弊之意。計擬成初等小學堂、高等小學堂、中學堂暨高等學堂章程各一册，大學堂章程附通儒院章程一册。原訂蒙學章程所列爲外國初等小學，茲參酌蒙養院之意，增補其缺，略訂爲蒙養院家庭教育法一册。辦學首重師範，原訂章程僅就京城試辦，尚屬簡略。茲另擬初級師範學堂、優級師範學堂，并任用教習各章程，此外如京師仕學館係暫設章程，亦暫仍其舊。譯學館前經奏明開辦，茲將章程課目一併擬呈。進士館與仕學館意相近，課程與各學堂不同，茲亦酌定章程課目，別爲一册。國民生計，莫要於農工商實業，原章顧未之及，茲另擬初等農工商實業學堂章程，附實業補習普通學堂及藝學堂各章程，高等中等農工商實業各學堂暨實業教員講習所章程、實業學堂通則，又以中國禮教政俗本與各國不同，而少年初學之士，胸無定識，龐雜浮囂，在所不免。此時學堂辦法，規範不容不肅，稽查不容不嚴。茲特訂立條規，申明禁令，編爲各學堂管理通則，並將此時開辦各項學堂設教之宗旨、立法之要義，總括發明，訂爲學務綱要。至學生畢業考試，陞級入學考試，亦經詳定專章，其獎勵録用之法，比照奏准鼓勵，出洋游學生於獎給出身之外，復請分別録用章程，亦經詳加斟酌，擬有專章，伏候聖明裁定，將來應即分別照章奏明辦理。又奏：科舉阻礙學堂，擬請鄉會試每科遞減中額三分之一，減盡停止。歲科試請於鄉試兩科年限内，分兩歲考、兩科考四次分減，每次減學額四分之一，減盡停止。三十年，兼署湖北巡撫。三十二年正月，京察，諭以謀慮精詳，力任艱鉅，交部議敘。

勞乃宣

《清史稿》卷四七二《勞乃宣傳》　勞乃宣，字玉初，浙江桐鄉人。同治十年進士，以知縣分直隸。查淶水禮王府圈地，力請減租蘇民困。光緒五年，初任臨榆，日晨起坐堂皇治官書，啓重門，民有呼籲者，立親訊之，使閽者不能隔吏役，吏役不能隔人民。其後居官二十餘年皆如之。曾國荃督師出海關，檄司文案。歷南皮等縣，畿輔州縣遇道差，咸科於民有定額，而官取其贏。乃宣任蠡縣，值謁陵事竣，贏支應錢千餘緡，儲庫備公用。任完縣，購書萬餘卷庋尊經閣。任吴橋，創里塾，農事畢，令民入塾，授以《弟子規》、《小學內篇》、《聖諭廣訓》諸書，歲盡始罷。先是寧津奸民陳二糾黨爲州郡害，土人稱曰黑團，勢甚熾。嘗至南皮劫殺，乃宣會防營掩捕，擒陳二及其黨數人磔於市，黑團遂絶。

二十五年，義和拳起山東，蔓延於直、東各境，乃宣爲《義和拳教門源流考》，張示曉諭，且申請奏頒禁止，不能行。景州有節小廷者，匪首也，號能降神。乃宣飭役捕治，縱士民環觀，既受笞，號呼不能作神狀，梟示之，匪乃不敢入境。明年，拳黨入京，乃宣知大亂將作，適調吏部稽勳司主事，遂請急南歸，浙撫任道鎔延主浙江大學堂。尋入江督李興鋭幕，端方、周馥繼任，咸禮重之。周馥從乃宣議，設簡字學堂於金陵。初，寧河王照造官話字母，乃宣增其母韻聲號爲《合聲簡字譜》，俾江、浙語音相近處皆可通。三十四年，召入都，以四品京堂候補，充憲政編查館參議、政務處提調。

宣統元年，詔撰經史講義，輪日進呈，疏請造就保姆，輔養聖德。二年，欽選資政院碩學通儒議員。法律館奏進《新刑律》，乃宣摘其妨於父子之倫、長幼之序、男女之别者數條，提議修正之。授江寧提學使。三年，召爲京師大學堂總監督，兼學部副大臣。【略】

乃宣誦服儒先，踐履不苟，而於古今政治，四裔情勢，靡弗洞達，世目爲通儒。著有《遺安録》、《古籌算考釋》、《約章纂要》、《詩文稿》。

戴鴻慈

《清史列傳》卷六四《已纂未進大臣傳三・戴鴻慈》　戴鴻慈，廣東南海人。光緒二年進士，改庶吉士。明年，授編修。五年，督學山東。尋丁父憂。法越事起，海疆戒嚴，在籍倡辦團練。十年冬，起復。十一年，督學雲南。十七年，充雲南鄉試正考官。十九年，充順天鄉試同考官。二十年，大考一等，擢庶子，充日講起居注官。方略成書，特獎以應陞之缺開列在前，并賞加四品銜。【略】

尋有旨命李鴻章赴日本議和，以王文韶爲北洋大臣、直隸總督。是年四月，和議成，鴻慈條奏善後十二策：一、審敵情，以固邦交；二、增陪都，以資拱衛；三、設軍屯，以實邊儲；四、築鐵路，以省漕運；五、開煤鐵，以收利權；六、税菸酒，以佐度支；七、行抽練，以簡軍實；八、廣鑄造，以精器械；九、簡使材，以備折衝；十、重牧令，以資治理；十一、召對羣僚，以勵交修；十二、變通考試，以求實用。七月，遷侍講學士。先是，廣東巡撫馬丕瑶鋭意禁賭，並查辦豪紳控案甚厲，奸人銜之，謀去馬丕瑶。鴻慈奏言：廣東大吏禁賭認真，致滋羣謗，浮言摇惑，恐爲所撓。請飭疆臣堅持定見，以清治源而收成效。又以革黨潛謀起事，香港保安輪船截獲軍械一案，事變已形，因奏請飭疆臣嚴緝首惡，以弭亂萌；並移會水師提臣鄭紹忠，於省城外添紮安勇，附近各鄉佛山等處，一律舉辦團練，以資鎮壓。又奏：近聞革黨暗運軍火，欲由澳門徑襲粵垣。現粵省裁撤安勇，多招楚軍。聞楚軍人地生疏，緝捕本難得力，且兵無紀律，民有怨言。又與土通積不相能，一有緩急，恐不可恃。請飭疆臣勿存成見，先事預防。均有旨下廣東督撫臣妥慎籌辦。十月，充咸安宫總裁。二十三年，督學福建。二十四年，轉侍讀學士。二十五年，遷少詹事。以報効昭信股票，賞戴花翎。【略】

二十八年，轉戶部右侍郎，兼管錢法堂事務。充考試試差閱卷大臣，考試漢御史閲卷大臣、江南鄉試正考官。先是，庚子之役，與各國議和，賠款至四百五十兆，並以保護傳教載入條約。至是，各省教案益劇。鴻慈奏言：國家懲毖後患，無非欲民教相安，而教案之考成既嚴，教民之氣燄愈盛。去冬以來，鬧教之案，層見迭出，懲辦愈厲，怨毒愈深。民智未開，往往有鋌而走險之事。應請援乾隆八年成案，復設宣諭化導使，即以各省學政兼充，道府以下，凡有關於宣諭化導者，聽其節制。並請敕下外務部，將外國來華傳教原始、通商以來所辦教案，及此次議和保教賠款條約，皇上諭旨、臣下奏章、外國照會，勒爲一書，頒發各省刊布。使臣按臨所至，試事既畢，傳集紳士商民，反覆開導，務使窮鄉僻壤、戴髮含齒之倫，憬然領悟，而朝廷憂勤惕厲萬不得已之苦衷，亦可昭然若揭於天下。又開民智者，莫切於報紙。近年我國報館之設，所在多有。然海隅租界，放言高論，往往鼓吹邪説，淆亂人心。欲遏亂萌，非朝廷自設報務不可。擬請在翰林院創立報局，擇編檢中學術純正，議論暢達、通知時事者爲主筆，選輯各報，芟其煩雜，新法美政，有必録；盜賊水旱，有必書，並各抒所見，著爲論説，一以宣上德、抒下情爲宗旨。應請飭下政務處會同翰林院妥定章程，以立中國報律之準，各省官報亦應遵章踵設，庶言論有所範圍，觀聽無虞淆亂。疏入，格部議不行。【略】

先是，鴻慈奉使在途，已擢禮部尚書；使還，充釐訂官制大臣、《玉牒》館副總裁，轉法部尚書，充參預政務大臣。賞紫禁城内騎馬。充經筵講官。時法部初改，併寓創於因，端緒紛賾。又與大理院權限轇轕，往復論辨，苦難分晰。鴻慈悉心規畫，首以申明權責爲入手辦法。凡司法官吏之進退，刑罰判決之執行，廳局轄地之區分，司法警察之調度，悉隸法部；其直省刑事稿件，由各省分達部院，經大理院覆判後咨部核定，若有情罪未符，仍咨回大理院自行駁正。蓋以法部專任司法，大理院專掌審判，各有主持，而事權乃不至淆亂。其次釐訂職掌，刑部向設十七司，至是改併八司：曰審録，曰制勘，曰編置，曰宥恤，曰舉敘，曰典獄，曰都事，曰會計。八司之上設承政、參議兩廳，廳設參事各二員，以資襄理。京外各級審判廳次第舉辦。又採英、美改良監獄之制，於京師籌辦模範監獄，先後奉奉俞旨允行。三十三年，充舉貢考職閱卷大臣。明年四月，疾作，賞假調理，逾月未瘳，乞解職，温旨慰留。十月，兩宮升遐，力疾銷假視事。

《清史粤人傳》卷七《戴鴻慈傳》　戴鴻慈，廣東南海人。光緒二年進士，改庶吉士。明年，授編修。五年，督學山東。尋丁父憂。法越事起，海疆戒嚴，在籍倡辦團練。十年冬，起復。十一年，督學雲南。十七年，充雲南鄉試正考官。十九年，充順天鄉試同考官。二十年，大考一等，擢庶子，充日講起居注官。方略成書，特獎以應升之缺開列在前，并賞加四品銜。【略】

光緒二十八年，轉户部右侍郎，兼管錢法堂事務。充考試差閱卷大臣，考試漢御史閱卷大臣、江南鄉試正考官。先是，庚子之役，與各國議和，賠款至四百五十兆，並以保護傳教載入條約。至是，各省教案益劇。鴻慈奏言：國家懲毖後患，無非欲民教相安，而教案之考成既嚴，教民之氣燄愈盛。去冬以來，鬧教之案，層見迭出，懲辦愈厲，怨毒愈深。民智未開，往往有鋌而走險之事。應請援乾隆八年成案，復設宣諭化導使，即以各省學政兼充，道府以下，凡有關於宣諭化導者，聽其節制。並請敕下外務部，將外國來華傳教原始、通商以來所辦教案，及此次議和保教賠款條約，皇上諭旨、臣下奏章、外國照會，勒為一書，頒發各省刊布。使臣按臨所至，試事既畢，傳集紳士商民，反覆開導，務使窮鄉僻壤、戴髮含齒之倫，憬然領悟，而朝廷憂勤惕厲萬不得已之苦衷，亦可昭然若揭於天下。又開民智者，莫切於報紙。近年我國報館之設，所在多有。然海隅租界，放言高論，往往鼓吹邪説，淆亂人心。欲遏亂萌，非朝廷自設報務不可。擬請在翰林院創立報局，擇編檢中學術純正，議論暢達、通知時事者為主筆，選輯各報，芟其煩雜，新法美政，有必録；盜賊水旱，有必書；並各抒所見，著為論説，一以宣上德、抒下情為宗旨。應請飭下政務處會同翰林院妥定章程，以立中國報律之準，各省官報亦應遵章踵設，庶言論有所範圍，觀聽無虞淆亂。疏入，格部議不行。二十九年，充考試庶吉士，散館閱卷大臣，考試差閱卷大臣，殿試讀卷大臣，朝考閱卷大臣，考試經濟特科閱卷大臣，覆核朝審大臣。三十年，充會試副考官，覆核朝審大臣。時朝廷鋭意求治，設會議政務處。遇有奉旨交議事件，令三品京堂以上與議。鴻慈奏言：方今事機孔亟，百端待理，非集思廣益，無以宏濟艱難。惟是，候促則事不達，謀寡則慮不周。莫若因會議之制變通而推廣之，擬請自後内政外交，凡有建革之大疑難之端，由政務處摘録事由，標明要領片行，閣部、九卿、翰林、科道定期會議。速者三日、五日，遲者十日，尤繁重者十五日，各抒所見，別紙録陳。並令傳知屬官咸得論列呈堂代遞。屆期由政務處大臣開誠布公，周咨前席，務使詞無不盡，理得所安。然後舍短從長，詳實覆奏。循是行之，有四利焉。一曰收羣策。謀於猝不若謀於豫，詢於獨不若詢於同。惟寬予以時日之期，隱予以講求之助。則有智而遲者，以潛研而自出；謀野則獲者，經採納而愈宏。利一也。一曰勵人才。習於宂散，休戚若不相關；引與參謀，智能皆思自效。人人有欲攄之建白，即人人有勇赴之事功。是於詢考之中，默寓激揚之用。利二也。一曰折敵謀。東西各國，首重民情。百官者，國民之標準也。師其合羣之意，以為抵制之方。彼非理之侵，既可挾衆志以抗拒；不情之請，亦可援公論以磋商。利三也。一曰息羣謗。自來局外之身，恒不諒局中之苦。捕風捉影，謠詠繁興，皆緣本末未明，傳聞多誤，以故游談成於市虎，積忌甚於杯弓。謠言莫懲，豈國之福？勢難禁止，利在疏通，門户洞開，翕訿自息。斯操觚者無所施其横議，秉鈞者不至敗於流言。利四也。疏入，下政務處採擇施行。三十一年，有旨命五大臣分赴東西洋各國考求政治。鴻慈與焉將發，有奸人懷炸藥登車狙擊，同行被創，衆懾懼，鴻慈從容詣宫門取進止。兩宫慰諭至，泣下。時謡言蠭起，聞者危之。鴻慈謂：人臣以身許國，義無反顧。卒行凡八閱月，歷十五邦，以明年六月歸國。裒其所得，成《列國政要》百三十三卷。另纂録《歐美政治要義》十八章，進呈。因奏言各國大勢情形，雖間有不同，而治理則大略相類。觀其政體，美為合衆，而專重民權；德本聯邦，而實為君主；奧匈同盟，仍各用其制度，法義同族，不免偏於集權；惟英人循秩序而不好激進，故其憲法出於自然之發達，行之百年而無弊。反乎此者，有憲法不連合之國，如瑞典、挪威，則分離矣；有憲法不完全之國，如土耳其、埃及，則衰弱矣；有憲法不平允之國，如俄羅斯，則擾亂無已時矣。種因既殊，結果亦異。故有雖革改而適以召亂者，此政體之不同也。覘其國力，陸軍之强莫如德，海軍之强莫如英，國民之富莫如美，此國力之不同也。窺其政略，則俄、法同盟，英、日同盟，德、奧、義同盟，既互相倚助以求國勢之穩固。德、法、摩洛哥之會議，英、俄東亞之協商，其對於中國者，德、美海軍之擴張，美、法屯軍之增額；又各審利害，以為商業之競爭。蓋列强對峙之中，無有一國孤立可以圖存者，勢使然也。況人民生殖日繁，智識日開，內力亦愈以澎漲，故各國政策，或因殖民而造西伯利亞之鐵路，或因商務而開巴拿馬之運河，或因國富而投資本於世界，均有深意存焉。此政略之不同也。驗其民氣，俄民志偉大而少秩序，其國失之無教；法民好美術而流晏逸，其國失之過奢；德民性倔强而尚勇武，其國失之太驕；美民喜自由而多放任，其國失之複雜；義民尚功利而近貪詐，其國失之困貧；惟英人富於自治自營之精神，有獨立不覊之氣象，人格之高，風俗之厚，為各國所不及。此民氣之不同也。

臣等觀於各國之大勢既如此，又參綜比較，窮其得失之源，實不外君臣一心，上下相維，然後可收舉國一致之益，否則名實相懸。有可以斷其無效者約有三端：一曰無開誠之心者國必危。西班牙苛待殖民，致有斐律賓、古巴之敗；英鑒於美民反抗，而於澳洲、坎拿大兩域，予人民以自治之權，致有今日之强盛，開誠故也。俄滅波蘭，而用嚴法以禁其語言，今揭竿而起要求權利者，即波蘭人也。又於興學練兵，皆以專制為目的，今滿洲之役，不戰先潰，莫斯科、聖彼得堡之暴動，即出於軍人與學生也。防之愈密，而禍即伏於所防之中，患更發於所防之外，不開誠故也。二曰無慮遠之識者國必弱。俄以交通之不便而用中央集權，故其地方之自治日以不整；美以疆域之大而用地方分權，故其中央與地方之機關同時進步。治大國與治小國固不侔也。德以日耳曼法系趨於地方分權，雖為君主之國，而人民有參與政治之資格；法以羅馬法系趨於中央集權，雖為民主之國而政務操之官吏之手，人民反無自治之能力。兩相比較，法弱於德，有由來矣。三曰無同化之力者國必擾。美以共和政體重視人民權利，雖人種繁雜而同化力甚强，故能上下相安於無事；土耳其一國之中分十數種族，語言、宗教各不相同，又無統一之機關，致有今日之衰弱；俄則種族尤雜，不下百數，語言亦分四十餘種，其政府又多歧視之意見，致有今日之紛亂；奧匈兩國雖同戴一君主，而兩族之容貌俗尚語言情性迥殊，故時起事端，將來恐不免分離之患。蓋法制不一，畛域不化，顯然標其名為兩種族之國，未有能享平和、臻富强者矣。此考察各國所得之實在情形也。

竊維學問以相摩而益善，國勢以相競而益强。中國地處亞東，又為數千年文化之古國，不免挾尊己卑人之見，未嘗取世界列國之變遷而比較之。甲午以前，南北洋海陸各軍、製造各廠同時而興，聲勢一振，例之各省，差占優勝矣。然未嘗取列國之情狀而比較之也。故比較對於內，則滿盈自阻之心日長；比較對於外，則争存進取之志益堅。然則謀國者，亦善用其比較而已。又奏臣等曠觀世界大勢，深察中國近情，非定國是，無以安大計。國是之要約有六事：一曰舉國臣民立於同等法制之下，以破除一切畛域；二曰國事採決於公論；三曰集中外之所長，以謀國家與人民之安全、發達；四曰明宫府之體制；五曰定中央與地方之權限；六曰公布國用及諸政務。以上六事，擬請明降諭旨，宣示天下，以定國是。約於十五年或二十年，頒布憲法，召集國會，實行一切立憲制度。又奏實行立憲，既請明定期限，則此十數年間苟不先籌預備，轉瞬屆期必至，茫無所措。今欲廓清積弊，明定責成，必先從官制入手。擬請參酌中外，統籌大局，改定全國官制為立憲之預備。均奉俞旨採納。至是，立憲政體乃確定而不疑；而憲政之措施，亦始有條理之可循，而無冥行擿埴之患矣。先是，鴻慈奉使在途，已擢禮部尚書；使還，充釐訂官制大臣、《玉牒》館副總裁，轉法部尚書，充參預政務大臣。賞紫禁城内騎馬。充經筵講官。時法部初改，併寓創於因，端緒紛賾。又與大理院權限轇轕，往復論辨，苦難分晰。鴻慈悉心規畫，首以申明權責為入手辦法。凡司法官吏之進退，刑罰判决之執行，廳局轄地之區分，司法警察之調度，悉隸法部；其直省刑事稿件，由各省分達部院，經大理院覆判後咨部核定，若有情罪未符，仍咨回大理院自行駁正。蓋以法部專任司法，大理院專掌審判，各有主持，而事權乃不至淆亂。其次釐訂職掌，刑部向設十七司，至是改併八司：曰審録，曰制勘，曰編置，曰寡恤，曰舉叙，曰典獄，曰都事，曰會計。八司之上設承政、參議兩廳，廳設參事各二員，以資襄理。京外各級審判廳次第舉辦。又採英、美改良監獄之制，於京師籌辦模範監獄，先後奏奉俞旨允行。三十三年，充舉貢考職閲卷大臣。明年四月，疾作，賞假調理，逾月未瘳，乞解職，温旨慰留。十月，兩宫升遐，力疾銷假視事。宣統元年四月。賞一等第三寶星，充報聘俄國專使大臣。禮成返國。奏言此次奉使道經東三省地方，目擊日、俄二國之經營拓地殖民，實有狡焉，思啟之慮，非急籌抵制無以固邊圉，非振興實業無以圖富强。東省財力竭蹶，工商稀少，惟有因其已然之迹，而擴其自然之利。切要之圖，厥有二端。一曰墾植。查三省墾務，業已次第開闢，由各屬官荒推及蒙旗均經先後開放。顧墾務至今迄無起色者，則以放荒者祇計荒價之多寡，而不問墾植之興衰；攬荒者祇知壟斷以居奇，而不恤領户之艱窘。墾務隳壞，職此之由。欲圖整理，宜取泰西小農地、大農地之法，變通而並行之。曷言小農地，就本地蒙民編列户籍計口授地，貸其籽種，給其資糧，寬其賦税，免其徭役。無追呼之擾，而有耕鑿之安；變榛莽之區，而為沃饒之壤。數年之間成效可覩，此變通小農地之説也。曷言大農地，直省大資本家鳩集股本，組織移民開墾公司，劃給大段生荒，徙民往墾，官任保護，明示十年之後始議升科。其運載移民之輪船、火車特别免價，或酌給半價。有能糾集大公司辦有成效者，破格奏獎。如是則移民日衆，墾地日多，較之曩時巨户攬荒祇圖轉售牟利，轉售無人終成蕪曠，其利害得失相去懸絶。此變通大農地之説也。由前之説足以裕蒙，由後之説足以實邊。邊地多一人之移殖，即多一人之捍禦。將來墾務既盛，可仿古屯田之法，寓兵於農。移民即以集兵，力田即以供餉，是又可操其券也。一曰森林。山虞、林衡，載在《周禮》。林麓之政，古昔所重。近日東西各國林業皆設專官，誠以材木之用利至溥也。臣此次赴俄，自入西伯利亞路綫以後，森林綿亘數千里，彌望無際，其中以樺木、松柏為多。俄車伐薪以代煤，軌道兩旁積薪如墉，備沿路接濟之用。此外若墊路，若造車，及一切停車之驛、僑民之廬舍，皆就地取材，用之不竭。而我滿洲里以内之境，林木頓疏。以原隰之廣、幅幀之長，而令濯濯童山，繁植無望。凡有製造，轉資洋木，利源外溢，所失尤多。誠宜及時振興林業，設森林局，遴選賢員，認真督理。其入手辦法，應先周歷履勘，察其地利，辨其土宜，其不宜於穀麥者，即劃為籌辦森林區域。並繪圖貼説，咨會各直省督撫明定獎格，勸諭紳商興辦林業公司。凡一切保護之責、經營之方，皆嚴立規則，以資遵守。循此辦理，可為邊境闢一大利源。十年以後，材木不可勝用矣。凡此兩端，若果辦理得人，實事求是，立疆圉富强之本，即以杜鄰邦窺伺之謀。國計邊防，所關非細。將來財力稍裕，興學以迪蒙智，開礦以闢利源，廣鐵路以利交通，籌兵屯以資捍衛。又當權其緩急後先之序，以為措施次第之準耳。得旨下東三省，督撫農工商部郵傳部籌議施行。是年八月，以尚書在軍機大臣上行走。十一月，擢協辦大學士，賞穿帶膆貂禥。二年正月卒。

諭曰：協辦大學士、尚書戴鴻慈，忠清亮達，學識閎通，由翰林迭掌文衡，洊陟清要，擢任正卿，均能恪盡厥職；考察政治，尤能抉擇精微，有裨憲政。朕御極後優加倚畀，俾參機務，晉協綸扉。夙夜靖共，深資擘畫。前因偶患微痾，賞假調理，方冀醫治就痊，長承恩眷。遽聞溘逝，軫惜殊深。著賞給《陀羅經》被，派貝勒溥倫帶領侍衛十員即日前往奠醊。加恩賞加太子少保銜。照大學士例賜卹。入祀賢良祠。賞銀二千兩治喪，由廣儲司給發。任內一切處分，悉予開復。應得卹典，該衙門查例具奏。靈柩回籍時，沿途地方官妥為照料。伊子一品廕生戴曾謂，著以郎中補用，用示篤念藎臣至意。尋賜祭葬。謚文誠。

（清）吴道鎔《廣東文徵作者考・戴鴻慈》 南海人，光緒丙子進士。官編修，甲午大考一等，擢庶子。歷充江南、雲南主考，福建、山東、雲南學政，甲辰會試總裁。累官法部尚書，協辦大學士，軍機大臣。卒，贈太子少保，謚文誠。鴻慈以文學被殊擢。中日之役，抗疏論列不避權要。庚子以後，變法議起，奉使東西洋考察憲政，歸而長法曹，值樞廷，遂晉協揆。國朝二百餘年，吾粵以軍機入相者，惟鴻慈一人。以新政草創考索過勞遘卒，年僅中壽。論者惜之。

《奏陳援韓失利籌戰機宜疏》、《出使歐美臚陳各國大勢疏》、《日俄拓地殖民宜急籌抵制疏》。

《清末籌備立憲檔案史料》第一編戴鴻慈《出使各國考察政治大臣戴鴻慈等奏出使各國考察政治放洋日期摺光緒三十年十一月二十二日》 出使各國考察政治大臣・戶部右侍郎臣戴鴻慈、湖南巡撫臣端方跪奏，爲恭報放洋，恭摺仰祈聖鑒事。

竊臣等恭膺簡命出使各國考察政治，屢蒙訓誨周詳，仰見皇太后、皇上鋭意圖強，遠稽博采，聖猷廣大，欽服莫名。旋經臣等慎選參隨，部署行李，又因八月間未能成行，並奉旨續派大臣前往，一切又須商酌更調，行期展緩。兹經料理就緒，復於十月二十七日請訓陛辭，又蒙指示剴切，逾增感悚。臣等先與臣載澤等商定分途出洋，即於十一月十一日啓程出京，取道天津，沿途經督臣袁世凱密爲布置，極其周妥。於十一月二十日行抵上海，購定美國公司西伯里亞輪船船票，於十一月二十三日放洋，先赴美洲考察一切，再分赴德、俄、意、奥等國。俟考察事稍有頭緒，即當隨時奏陳，經紓宸廑。

所有臣等放洋日期，理合恭摺具報，伏乞皇太后、皇上聖鑒。謹奏。

光緒三十一年二十月初五日奉硃批：知道了。欽此。

《清末籌備立憲檔案史料》第一編戴鴻慈《出使各國考察政治大臣戴鴻慈等奏在美國考察大概情形并赴歐日期摺光緒三十二年正月二十三日》 出使各國考察政治大臣・戶部右侍郎臣戴鴻慈、閩浙總督臣端方跪奏，爲敬陳在美考察大概情形，并赴歐日期，恭摺仰祈聖鑒事。

竊臣等於光緒三十一年十二月二十九日行抵美京華盛頓，曾將呈遞國書日期奏明在案。臣等於謁見美總統後，即由美廷派員導觀各處，自公署、學堂、議院，下及商肆、工廠，排日考求。又至美之東境紐約、費城、波士頓等省，閱視一切。所至各處，該國士民無不傾誠相告，又得駐美使臣梁誠會同考覈，盡心討論，諸事更易周悉。計在美境一月有餘，未嘗片刻安暇，其有不及調查者，並派參隨各員分途前往，冀收兼聽之效。又於美國行政各部索取現行章程，酌派參隨學生摘要譯出，以資參考。雖時日較促，智慮不齊，而於美國大要情形，已可略知梗概。大抵美以工商立國，純任民權，與中國政體本屬不能強同，然其規劃之周詳，秩序之不紊，當日設施成迹，具在簡編，要其馴致富強，實非無故，藉資取鏡，所益甚多。至於商業之發達，工作之精良，包舉恢宏，經營闊大，一學堂一工廠建造之費，動逾千百萬金，不惟中國所難能，抑亦歐洲所歎畏。蓋美爲新造之國，魄力正雄，故其一切措施難以驟相仿效，而太平洋之商業航利，則我與美實共有之。此又中國所急宜注意競争刻不容緩者也。現就所得情形略加裒輯，容俟歐洲考察事畢，擇其可資取法者，據實彙陳。臣等即於本年正月二十二日乘輪放洋，取道英、法，前赴德國，並酌留參隨一二人在美考察，以竟未盡之務。

除俟到德後，再將考察各情陸續奏報外，所有在美考察大概情形，及赴歐日期，謹繕摺具陳，伏祈皇太后、皇上聖鑒。謹奏。

光緒三十二年三月初十日奉硃批：知道了。欽此。

《清末籌備立憲檔案史料》第一編戴鴻慈《出使各國考察政治大臣戴鴻慈等奏到德後考察大概情形暨赴丹日期摺光緒三十二年三月初十六日》 出

使各國考察政治大臣禮部尚書臣戴鴻慈、閩浙總督臣端方跪奏，爲恭報到德後考察大概情形，暨起程日期，恭摺仰祈聖鑒事。

竊臣等於光緒三十二年正月二十二日自美國紐約放洋，道出英、法，因各登岸遊歷，旋於二月十三日行抵德京柏林，適值德皇有事出游，一時未能入覲。當與該國首相及外部接談，請其先爲派員引導，俾免曠時廢事，即經該國派令水師提督蓋洛、上海總領事克納員隨事照料。所有應看官署、學堂、工廠，均由該員排日導觀，仍一面督飭參隨購買書籍，擇要分譯，一如在美辦法。嗣德皇歸國，定期覲見，臣等於二月三十日恭賫國書，呈遞如儀。德皇接見之頃，首先敬問皇太后、皇上安好，並經設筵款待，親與皇后入坐獻酬，慰問殷勤，交誼極形輯睦。德皇論及中國變法必以練兵爲先，至於政治措施，正宜自審國勢，求其各當事機，貴有獨具之規模，不在徒摹夫形式，其言至爲懇切，業將當時大略情形撮要電陳聖鑒。臣等即於覲見之後，前赴克虜伯砲廠及德國西境各省閱視兵操，調查工礦，又兼旬始畢。計在德國一月有餘，駐居柏林之日較多，而在外博覽周諮，所到之區，其官商之優待歡迎，均與美洲相等。

查德國以威定覇，不及百年，而陸軍強名，幾震歐海。揆其立國之意，專注重於練兵，故國民皆有尚武之精神，即無不以服從爲主義。至於用人行政，則多以兵法部勒其間，氣象森嚴，規矩正肅。其人民習俗，亦覺有勤儉質樸之風，與中國最爲相近。蓋其長處，在朝無妨民之政，而國體自尊，人有獨立之心，而進步甚猛。是以日本維新以來，事事取資於德，行之三十載，遂致勃興。中國近多歆羨日本之強，而不知溯始窮原，正當以德爲借鏡。至於德皇所論，適自明其強盛之由，在中國雖不必處處規隨，而其良法美意行之有效者，則固當急於師仿不容刻緩者也。

此次所譯之書，因德文繁重難通，譯材太少，恐不免於罣漏，唯有多購書籍回國以待研求。駐德使臣廕昌，於德國情形最爲熟悉，語言尤極諳練，正值料理交卸，在德京則尚可考究，在外省則無暇覽觀，深惜少一討論之助。現在考察事竣，定於三月二十五日起程，遵旨在先赴丹國游歷，仍回柏林，再赴俄、奧各國，以期路途省便。

除俟到丹後再行奏報外，所有抵德考察大概情形，理合恭摺具陳，伏乞皇太后、皇上聖鑒。謹奏。光緒三十二年閏四月初立日奉硃批：知道了。欽此。

《清末籌備立憲檔案史料》第一編戴鴻慈《出使各國考察政治大臣戴鴻慈等奏遊歷丹麥瑞典挪威三國情形并赴奧日期摺光緒三十二年四月初十日》

出使各國考察政治大臣禮部尚書臣戴鴻慈、閩浙總督端方跪奏，爲恭報遵旨遊歷丹馬、瑞典、那威三國情形，并赴奧日期，恭摺抑祈聖鑒事。

竊臣等在德京及瑞典途次，前後准外務部電開，據丹馬、瑞典、那威三國懇請遊歷，奉旨准其前往作爲遊歷，不備國書等因。欽遵知照前來。時值臣等在德考察漸已就緒，正擬定期赴奧，探知丹馬等國，界連德境，應即先往遊歷，以免路途周折，曾經奏明在案。

臣等旋於光緒三十二年三月二十三日自柏林起程赴丹，二十四日覲見丹皇。二十七日赴瑞，二十八日覲見瑞皇，因瑞皇年老養痾在法，由其攝政皇太子接見。四月初三日赴那，初四日覲見那皇。三國覲見之日，國皇皆首先恭問皇太后、皇上安好，臣等亦敬宣朝廷德意，慰問如儀。內惟丹皇初嗣大位，尚在穿孝，未經款讌，餘皆設筵邀飯，接待極優，並經各贈寶星，情誼至爲懇洽。至於遊歷各處，亦不外學堂、工廠數端。

臣等伏查丹、瑞、那皆以弱小介居德、俄兩大之間，三國之中自以瑞典爲大，而丹馬、那威則地相髣髴，其土壤之狹，人民之少，初不及中國一省。瑞、那分析未久，那威直接俄疆，與我祗一俄之隔，故其形迹與中國較親，而亦有逼處強鄰之懼。然揆其立國本末，教育工業均極講求，大抵學堂林立，男女無不入校讀書者，而商務則各佔優勝。丹馬之瓷器、皮酒，瑞典之煉鋼廠、德律風公司，那威之紡織、漁業，皆爲出口貨物之大宗，亦爲歐西商家所共許。至其街衢寬潔，屋宇整齊，軌道交通，帆輪絡繹，則又三國之所同，而與歐洲大國無甚差異者也。海陸各軍雖不能經營周備，然各有鐵甲戰艦數隻、十數隻不等，魚雷快艇又十倍其鐵甲之數，蓋其自揣雖必無戰勝攻取之功，而實不敢忘防守自全之兵。況丹、那之製造快槍，瑞典之操習馬隊，亦皆有以自見，非他國所能輕視者。

此次該三國之懇請游歷，半緣其國與中國通商有年，輪船貨物時相往來，欲藉以爲聯絡商情之助，在外人或以該國地褊小等諸自鄶，而以臣等心目所見，細加研求，則其所以競存之故，實有可以不拔之基，其措理甚難，其經營亦復甚苦。臣等於親歷各強國之後，復覩此邦，蓋雖不必有所取材，而適足增無窮之閲歷矣。茲於四月初八日遄返柏林，又因德國聯邦中薩克生、巴延兩國來請游覽，德外部定約在前，遂於初十日順道前往，事畢即行赴奧。

除俟到奧後再行奏報外，所有遵旨游歷丹、瑞、那三國情形，理合恭摺具陳，伏祈皇太后、皇上聖鑒。謹奏。

光緒三十二年閏四月三十日奉硃批：知道了。欽此。

《清末籌備立憲檔案史料》第一編戴鴻慈《出使各國考察政治大臣戴鴻慈等奏到奧後大概情形并赴俄日期摺光緒三十二年四月二十四日》 出使各國考察政治大臣・禮部尚書臣戴鴻慈、閩浙總督臣端方跪奏，爲恭報到奧後大概情形，并赴俄日期，恭摺具陳，仰祈聖鑒事。

竊臣等於光緒三十二年四月初十日自柏林啓程，途經德聯邦薩克生、巴延兩國，由德外部商定順道前往遊歷，曾經奏明在案。旋於十一日抵薩克生，十三日抵巴延，兩國王均各殷殷接見，款洽備至，贈送寶星。該兩國在德聯邦中立國最久，名譽著稱，尤致力於學業之事，聲名文物，衆口交推，國中藏書甚多，兼講求印刷裝訂之法，備極精美，各國藏書樓所有圖籍，大半取給於此，實爲歐洲鉅觀。嗣於十六日行抵奧京維也納，十八日入覲，奧皇答問皇太后、皇上安好，接待殷勤。十九日贈送寶星，置酒款讌，奧皇入座親陪，情誼尤爲懇洽。考察各事先經臣等開單函致前駐奧使臣楊晟預爲調查，采譯各門，均稍有端倪。該使臣雖當料理交卸之時，尚能竭力相助，實爲難得。抵奧之後，又偕現任駐使臣李經邁逐日閲視各學堂、工廠，並往匈牙利一帶考察諸務，不及親往者，仍派參隨分途往看。雖在奧之日較短，而緊要之處，已均稽覽無遺。

查維也納自迭主盟會，蔚爲名區，奧皇遠略克勤，遂躋強盛。其注意軍隊考求武備，專用全國皆兵主義，與德國如出一途。論者謂其兵儉樸耐勞，實爲此邦特色，而工廠中則槍礮、子彈、魚雷、鐵甲佔數最多，規制亦甚詳備。臣等所見如史高德礮廠、曼里夏子彈廠、懷鐵特魚雷廠，經營締構，幾幾欲與德之克虜伯廠爭衡。奧國海口極少，其繕造戰艦乃復不遺餘力，現在自造頭等戰艦三艘，皆重一萬餘噸。機器靈便，多出新式，歐洲各國咸稱其所造之礮於海軍最爲相宜，訂購幾無虛日，即各廠所造子彈，亦大半兼應他國之求。臣等遇事咨詢，乃知外人備戒不虞，各有不敢一日忘戰之心，其能力正不可及。

至奧、匈兩處教育，均以強迫爲先，辦法章程亦與德國大致相合。匈牙利幼稚園分尋常、特別及夏期三種，辦法制度尤爲完善。蓋外人之馴致富強，初無他術，仍不外教育之普及，製造之精良，要皆不恥相師，期於盡善而已。

茲於四月二十四日啓程赴俄，除俟到俄後再行奏陳外，所有到奧大概情形，謹恭摺具陳，伏祈皇太后、皇上聖鑒。謹奏。

光緒三十二年五月初九日奉硃批：知道了。欽此。

《清末籌備立憲檔案史料》第一編戴鴻慈《出使各國考察政治大臣戴鴻慈等奏到俄考察大概情形摺光緒三十二年閏四月初四日》 出使各國考察政治大臣・禮部尚書臣戴鴻慈、閩浙總督臣端方跪奏，爲恭報到俄大概情形，恭摺具陳，仰祈聖鑒事。

竊照臣等前在奧國，准駐俄使臣胡惟德函稱：俄國現開議院，民氣正囂，請早日前往考察等語。當將奧國應辦各事趕緊辦完，即於光緒三十二年四月二十四日啓程赴俄，二十六日行抵俄京森彼得堡。二十八日覲見俄皇，恭遞國書，俄皇及皇后均敬問皇太后、皇上安，並即設筵款待，贈送寶星。此行所帶參隨，無論隨覲與否，亦經一律普給二三等寶星，情誼實形周洽。考察各事，臣等在德國時即經遴選參隨、繙譯四員，先日馳往，分門調查，並函請駐俄使臣胡惟德隨時指導，俾期詳盡。該駐使在俄已屆三年，於俄國政界情形，平時本即留心，此次尤屬熱誠幫助。

現在俄國内亂未靖，所有學堂、工廠人數稍衆之區皆已停辦。臣等抵俄後，所見之事亦止陸軍馬步各隊，及未經停工船廠、槍礮廠數處，其餘全賴該駐使所譯各件，以資稽覈。且現值俄國政府組織憲政之時，中國尤應格外注意，已屬該駐使於此項條議不厭詳求。查俄國幅員最廣，素以雄力横視環球各國，猜忌之萌，已非一日，其政體久以專制著稱。從前兵力盛強，民間雖懷有迫求立憲之心，尚不敢存暴動非常之想，戰敗之後，始有種種要求。當時迫於事勢，不能不由政府允許，近則籌借國債，增練新兵，政府威權又稍稍復振，而議院所求各事未能事事允行，是以上下相持，頗滋疑沮。臣等曾與該國前首相維特接談，據稱該國預備立憲已逾百年，究之民間知識猶未盡開，一時甚難合度，大抵此次宣布，在政府不能不曲從輿論，而斷不能滿其所欲，深慮亂事難以消泯。此俄國現籌立憲之實在情形也。

至於該國雖經敗亂，武備經營尚復不遺餘力，自借鉅帑後，訓練益勤。此次所見陸軍即新募之衆，俄皇親加簡閱，軍容亦頗雄整。俄國本有船廠，現在增造軍艦，有重至一萬七千噸者，其餘他國代造代修之船所在多有，他若槍砲、子彈購造之數尤夥。臣等所至各國，凡有槍彈各廠，俄國多半有定購之品，並派兵官監督製造，是其補苴籌借，正復謀慮周詳，實有未容輕視者矣。臣等現將諸事辦畢，即於閏四月初四日啓程前赴荷蘭游歷。

所有到俄大概情形，理合恭摺具陳，伏乞皇太后、皇上聖鑒。謹奏。

光緒三十二年五月二十八日奏硃批：知道了。欽此。

《清末籌備立憲檔案史料》第一編戴鴻慈《出使各國考察政治大臣戴鴻慈等奏在意考察大概情形并啓程回國日期摺光緒三十二年閏四月二十八日》

出使各國考察政治大臣·禮部尚書臣戴鴻慈、閩浙總督臣端方跪奏，爲恭報到義後大概情形，并啓程回國日期，恭摺具陳，仰祈聖鑒事。

竊照臣等在俄考察事竣，即經前往荷蘭遊歷，嗣因荷蘭與比國接壤，不及半日之程，適值考察政治大臣載澤等正在比京，遂往晤商一切。回荷後，於光緒三十二年閏四月十六日起程赴義，途經瑞士國都，順道遊覽。又因義國米郎地方正開會場，且其地爲義國北境一大都會，工廠環集，較羅馬爲盛，有關考察，是以先至米郎小住三日，於二十三日行抵義京羅馬。二十六日覲見義皇，呈遞國書，義皇及皇后均敬問皇太后、皇上安好。義皇復與臣等坐談移時，二十八日設筵款待，義皇、皇后入座親陪，並贈送寶星，禮意優渥，與前至各國相等。

考察各事，臣等在德國時預計在義事畢，將附德國公司輪船回國，船期已定，或有他事耽延，必至調查不及，而義文須從法文轉譯，兼恐匆遽難詳，特派法文較優之學生王繼曾、陳籙及在義留學之趙詒璹等，會同駐義使臣黃誥所派譯員分任譯述，大致於憲法、財政、學堂、軍政各門期其詳盡。該學生等三月間即已抵義，臣等陸續奉旨敕往丹、瑞、那、荷等國遊歷，爲時既久，船期亦屢次更移，該學生等轉得於此兩月之中，從容遂譯，於以上所指各門，大半已臻詳密。臣等到義後，又偕駐使臣黃誥逐日親覽，並派參隨各員分途考察，以期始終弗懈。

查義國爲歐洲舊邦，從前國人迷信宗教，國勢渙散，爲法、奥諸國蠶食殆盡。自拏破崙事敗，近數十年間，得侯相嘉富爾逐漸規復，肇造新基，教皇退處無權，而政體大變，庶事克修，儼然有強國之望。海軍精神制度，即可與各國抗衡，其財政又復經營不遺餘力，度支之數，歲有溢收，商務亦蒸蒸日上。地處温帶，於農蠶最爲合宜，物產豐饒，製煉亦有進步，即如紡織一項，所織綢緞頗與法國有爭勝之意。此次米郎會場，大要注意漁業，蓋濱海之國，往往於漁業不憚推求，實於擴張海權有絶大之關繫。

臣等於羅馬事畢，即往拏波里一觀。拏波里與義國舊爲聯邦，亦一都會也。日前改定德公司之呂爾坡輪船，即於日内抵埠，臣等挈同參隨各員，於閏四月三十日登坐此船回國。統計此行在外八月有餘，除去舟車往來，亦在半年以外，中間德國所居最久，美國次之，其餘俄、奥、義等國，皆先派員前往考察，未敢稍涉草率。至如遵旨遊歷各國，雖屬小邦，亦皆參觀周覽，以期取鏡有資，俾上副朝廷博采旁咨之至意。

除將各國所得譯件，再行督率參隨在途詳加審擇分別彙陳外，所有到義考察情形，並啓程回國日期，理合恭摺具奏，伏祈皇太后、皇上聖鑒。謹奏。

光緒三十二年六月十三日奉硃批：知道了。欽此。

《清末籌備立憲檔案史料》第一編戴鴻慈《出使各國考察政治大臣戴鴻慈等奏在荷遊歷大概情形片光緒三十二年閏四月二十八日》　再，前往奥國准外務部電開，奉旨：敕往荷蘭國遊歷等因。當查荷蘭一國，界在法、比兩國之間，若由奥徑往，路途同一周折，且與俄使約會在前，是以先赴俄國。嗣於光緒三十二年閏四月初四日將俄事辦畢，即行啓程赴荷，初六日行抵荷京海牙。先經駐荷使臣陸徵祥約定初八覲見荷國女主，女主敬問皇太后、皇上安好。臣等敬宣朝廷德意，答問如儀。旋經贈送寶星，設筵款待，情意均極殷洽。臣等並即會同駐使臣逐日遊覽。查荷蘭濱居大海，國中河渠通達，舟楫往來，與中國蘇、浙各省情形相似。地勢低窪，舉國皆注意河防，於築堤、建壩、造橋、修岸、挖泥、疏水諸工，考求有素，並經設立專門學科，發明新法，爲各國公推。其國之專家曾遊中國，有

《制黄河流漫》一書，雖書係荷文，未能知其所論之當否，然亦足見其留心，推究必有可觀。此外商部工藝日有進步，航業既極交通之便，漁業亦復講求。政治則律法、監獄是其著意之處，修明整潔，頗爲他國所不逮。統計全國壤土之狹，殆不及中國一大府，而厠居列强之側，汲汲圖存，其經畫治理之方，正復粲然可覩。此次在荷查閲各處，駐使臣陸徵祥雖係初到是邦，頗能盡心訪導，於應譯要件亦多抉摘之功，較之丹、瑞、那諸國所得自爲優勝。

所有到荷遊歷各情形，謹附片具陳，伏祈聖鑒。謹奏。

光緒三十二年六月十三日奉硃批：知道了。欽此。

陳寶琛

《廣清碑傳集》卷一六陳懋復《誥授光禄大夫晉贈太師特謚文忠太傅先府君行述》 先君諱寶琛，字伯潛，號弢庵，姓陳氏，福建閩縣人。先高祖刑部尚書謚文誠，諱若霖。先曾祖雲南布政使諱景亮。先祖候選郎中、刑部主事諱承裘，誥封光禄大夫。祖妣林，封一品夫人。光禄公六子，先君其長也，道光戊申生於螺洲里第。少隨光禄公侍布政公宦所，自陝而齊。年十歲，偕仲父曲靖公從光禄公自山東運署歸，讀書家塾。光禄公喜其英敏，每出塾，輒命旁侍辟咡，詔以古今忠孝故事。年十三出應童子試，受知於徐壽蘅學使，補縣學生。中同治乙丑補行甲子科舉人。年二十一，以戊辰科成進士，改翰林院庶吉士，散館授編修。乙亥大考二等，記名遇缺提奏。己卯擢侍講，充日講起居注官。歷充武英殿協修、纂修、總纂，提調，國史館協修、纂修，功臣館纂修，本衙門撰文。轉侍讀，歷左右春坊庶子、侍講、侍讀學士，洊升内閣學士。先君之居講職也，承中興日久，朝綱漸隳，外患亦漸亟。景廟初年，兩宮勵精圖治，恭忠親王、高陽李文正公輔政，先君與宗室侍郎寶廷、豐潤張學士佩綸、南皮張文襄公奮發言事，慨然有澄清之志。天下想望風采，號為清流。先君所論列，大者如伊犁廢約、琉球外屬、籌關東設官用人、台灣巡守及開山防海、陳洋務六事，固越二策。又如星變陳言請嚴貴近察典，劾中外不職大臣，及原盛京副都統富升之罰，斥前陝甘總督琦善專祠之請。其他論故督江寧三牌樓之疑獄，舉舊相閻文介之清操，皆國家大計與正義所在。而尤以端政本、肅君心著稱當時者二事。有太監奉懿旨出宮門，與守門護軍口角，事下刑部，內務府依法訊辦。兩宮盛怒，重科護軍毆打違抗罪，大臣不敢爭。先君以事關治亂消長，疏請申門禁舊章，防流弊。又請特降懿旨，免護軍重罪。宮廷怵清議，護軍得從輕典。時文襄亦已疏陳，見先君疏，乃大欣服。孝貞顯皇后山陵奉安，有詔：皇太后聖躬甫臻康豫，臣工先後陳奏，慈輿未可遠涉郊坰，朕亦未可暫離左右。籲請謹遵康熙二年成憲，停止恭送。奉懿旨允所請。先君以事關家法人紀，疏請暫緩永遠奉安，先往舉行普祥峪定東陵永遠奉安典禮。聞者聳然。是皆言人所不敢言，於是人知先君為能持大體者也。同光間朝列多正士，自文襄諸公外，先君嘗與氣節文章日夕切劘者，皋蘭吴柳堂侍御、仁和吴子俊編修皆忘年交契。同鄉則謝枚如中書，尤以道義相期許。其後先君五十，謝先生集張亨甫詩句期君正有千秋事，視我真為一代人為贈。先君晚歲感懷謝先生，亦有出處何成吾耄矣，平生礱琢愧班斤之句。蓋生平志事所久要者如此。癸酉、乙亥兩充順天鄉試同考官，己卯充甘肅鄉試正考官，壬午充江西鄉試正考官，就授提督學政。試士嚴明，以士習風化為任，重教官，核優行。復白鹿洞書院，請加鄭進士維駒京銜，請以顧亭林、黄梨洲二先生從祀文廟。又以作君子自辨義利始，舉秀才須明經傳人二語榜之楹，士以是咸知所向。按試廣信，懲辦鬧考武生，革除歷年積弊，贛人稱之。先是言事者日進用庸猥，大臣多罷斥，朝端側目。東朝亦稍倦於勤，異趣者思假隙翻朝局。會法越事起，一疏盡易樞府王大臣。先君時雖在外，與張學士皆疊疏論越事。略言：越南未失，則和戰皆易；越南若失，則和戰兩難。規復越南，為國計安危所在，宜用全力，弗兩端。於海防、籌餉、用人皆有規畫。又言：法人利在速戰，尤利暫和。勿熒謬論，墜其術中。語甚切直，乃以先君會辦南洋，張公會辦福建海疆事宜。先君卸贛學，赴江寧，聞法約五款垂成，復上疏極論，請及詳細條款未定，集謀策逐一研求，勿因和局之成遽罷滇桂軍備，以伐詭謀、遏婪索。朝旨赴津商和約，又止赴津，命在滬會同江督曾忠襄與法巴使議。前後兩月，不就範。以其間往來巡察江防，而防務事權不屬，倉猝無所措手。請自募勇訓練，請飭中外豫籌持久，各事多不報，而和局且成，先君丁林夫人憂歸。張公坐軍敗重譴，先君亦以薦唐炯、徐延旭事部議降五級調用。是時光禄公春秋寖高，嘗語先君曰：汝書生驟膺重任，吾夙夜惟隕越是懼。意蓋不欲先君再出。先君先意承志，不忍違。戊子迄甲午間，諸父科第踵相繼，家門隆盛。叔父刑部公亦以翰林改官假歸。先君入侍晨昏，出偕諸父游所築石鼓山中之聽水齋，刊石賦詩，色養怡怡，有終焉之志。累年家居，大府以時延訪，先君鋭身贊助，謀裨益。家藏有陳左海先生與先文誠公論鄉里興作事手札十數通，深致嚮往。乙未，光禄公棄養。服闋，主鰲峯書院，以經史時務分課，士之髦秀者皆禄焉。甲午，李文正復入中樞，將起先君，以適居憂不果。戊戌景廟變法，湘撫陳右銘中丞疏薦，以政變罷行。先君感世變急，非興學育才無以相濟也。以日本同文地近，有績效，因創立東文學堂，以為留學預備。以教育根本在小學，造端在師資，遂辦師範學堂，設簡易科，資遣速成師範生於日本。旋復主高等學堂，為整齊歸併，贏其費以辦中學。派師範、法政、商科、工科留日學生，先後畢業歸。遂拓法政學堂，立商業學堂，遍設全省中小學堂。又請於官，規定歐美留學生官費名額。凡所興創，皆綱舉目張。而需款之擘畫，舉事之層累曲折，心力瘁焉。既省設學務公所，當路延先君主其議。鄉人士亦立省教育總會，皆依毗先君。經晝旁午，務以培人才、廣教育為職志，三十年來，閩省內外南北仕學有名績者大率先君所種植長養者也。丙午秋，外人覬閩路亟。京僚倡議自辦，呈請郵傳部奏派先君為總理，規定全省路綫，先就漳厦施工。親歷南洋各屬募股，侵冒瘴濕，患脛腫偃卧經月。卒集閩僑股款，成嵩嶼至江東橋鐵路七十餘里，為閩路嚆矢。間以閩、浙、皖、贛四省商辦鐵路協會事，時作滬行。己酉宣統初元，攝政王監國。張文襄已前入樞府，疆吏交薦，奉旨召見。在途蒙派總理禮部奏辦之禮學館，及入對，開復降調處分。先君鑒於時事日非，務勤修書，期書成歸。暇則與文襄一尊相對，追話往事。或訪舊游山水，一寺觀，一化木，皆若有無窮之感喟者。是年八月，文襄薨，先君益惆國事之艱危。其冬復以路事假歸赴厦門，還朝補閣學原官，謝表有賈生之對宣室，非復少年；蘇軾之直禁林，永懷先帝語，讀者悲之。尋充經筵講官，疊預舉貢會考、優拔貢朝考、滿御史考試、北洋大學畢業生殿試、東西洋留學生廷試閱卷。欽選資政院碩學通儒議員，首發昭雪戊戌被禍諸人議，朝野感動。又同桐鄉勞公乃宣持禮論爭新刑律數事，雖違時不恤也。辛亥五月簡山西巡撫。故事：閣學得與列簡，然自文襄以閣學授晉撫後，三十年無繼之者，衆驚異數。先君第循例謁樞邸。俄而開缺，以侍郎候補，奉懿旨毓慶宮授讀矣。先君既侍典學，則思以聖功養正為致治之基，啟沃不遑。【略】先君里居，名堂曰果善，教鄉人紡織，仿社倉意為平糶，修社學，設義塾，將舉光禄公所欲為者漸遂為之，世事牽率。比年汲汲效族葬古制，營公墓以惠族之無力者。續修族譜成，距文誠公修時將百年，光禄公嘗以責先君者。又以文誠公缺易名典，布政公嘗引為憾，於《德宗實録》成，辭太傅銜，乞恩予謚，得請，仍加秩。壬戌歸，焚黄告廟，幸達先志。通籍後，以己官請外曾大父母五品封典。近更以大母節縮衣飾所儲積畀助外家喪葬費。凡曲體寧念之微，存没無改。先君胸懷散朗，識者謂似魏晉間人。而重綱常、尚風義，則發於至性，於永福小雄山得元遺臣靈武王用文先生隱居舊址，築聽水第二齋，又為題像樹墓道。於鼓山宋趙忠定臨滄亭所泐朱文公懷忠定詩，題詠刻石致慨慕。於福州西湖葺宋李忠定祠，修遺墓。構借寒亭、歲寒樓、海天閣於鰲峯書院、師範學堂以寄意。座主文文忠公祠祭，先君自再入國門，歲必一舉，歷二十餘年無間。癸卯正月，自里浮海涉江抵寧，弔張學士喪，為文以祭。對故舊家人子弟情誼悃款。論人先性情、讀書，於古人大節懿行、微言彝訓服膺不怠。蓋好善尚賢，先君嘗自言一生得力所自也。有奏議六卷，詩集十卷。以乙亥年十月念八日未時葬於閩侯君竹山之壟。

汪榮寶

《廣清碑傳集》卷二〇章炳麟《故駐日本公使汪君墓志銘》 君諱榮寶，字衮甫，江蘇元和人。清末省元和入吳，故為吳人。考諱鳳瀛，清長沙府知府，人民國充總統府顧問。妣張太夫人。昆弟八人，君其適長也。生時太夫人夢人授以珊瑚翦刀，故小字夢珊云。九歲畢羣經，十六從大儒定海黃先生游，研精故訓。為文夷猶清典，自以上嗣陸機，視江鮑蔑如也。弱冠選元和縣拔貢生，逾年朝考，除七品小京官，籤分兵部。八國聯軍入京師，君年二十三矣，始有濟物志，赴南洋公學為師範生。旋游學日本，入早稻田大學及慶應義塾，治東西洋歷史，旁逮政法。於是清政不綱，主革命及君主立憲者坌起相競，而皆不為清廷所畜，多亡命日本。會日本與俄羅斯有違言，主革命者陰部署國民義勇軍，有所規畫，君與焉。事既不就，謡涿達京輔。復返官兵部，累遷民政部參議，充資政院議員。清末憲法，君屬草為多。是時遊學日本歸者除調甚驟，朝野多異言。而君束修自敕，實未嘗以奔走獲也。

秋瑾

（清）秋瑾《秋瑾集》附録陶成章《秋瑾傳》 秋瑾，字璿卿，別號競雄，又稱鑑湖女俠。浙江會稽人，家居紹興府城南門，屬會稽縣界隸籍山陰。幼隨其父宦於閩，旋復隨父入湘，年十八，嫁湘人王廷鈞。廷鈞入貲爲部郎，需次京師，瑾與之俱，生有子女。旋與廷鈞定約，分家產，瑾得萬金，即以之經商，所託非人，盡耗其資。又與廷鈞不睦，同鄉戚屬陶大均會稽人、陳靜齋山陰人等爲之和解，不得，乃盡以其所有首飾，託大均妥荻意爲變賣，集資東渡日本留學；值寧河王照以戊戌案自首，繫刑部獄，瑾聞之，出所集得留學費送入獄，以濟其急，并囑使者勿以其名告之。逮照出獄，始悉其事。瑾之天性義俠常如此。

瑾東渡之時，爲甲辰三月。既到東京，即入中國留學生會館日語講習所學習日語，因與某某等十人相結爲秘密會，以反抗清廷，恢復中原爲宗旨。瑾既與陳靜齋有戚誼，故到東京後即與其子相識。是時，敖嘉熊、魏蘭、陶成章、龔味蓀等在浙東西秘密運動有年。甲辰冬，成章以事東渡，成章與陳氏子爲同學，瑾因之以識成章。日語講習會終，瑾將還里省親，因叩成章所運動事，成章盡以其所歷告之。瑾乃索爲介紹，成章以其爲女子，不便，然亦難竟拒之，遂爲介紹同人機關二處，一函致上海光復會會長蔡元培，一函致紹興徐錫麟。瑾既返滬，即謁元培於愛國女學校，旋往南京，欲運動資本家辛某之子漢無效，乃復歸滬，由滬旋紹，見錫麟於熱誠小學校，錫麟即紹介瑾入光復會，是爲乙巳六月間事。

瑾之歸也，本爲籌學費計，既抵家，求給於母，母固深愛其女，然家徒擁虛名，實不中貲，爲勉籌數百金付之。瑾既得金，又至滬，會成章亦歸上海，遂偕瑾見處州辦事丁鑅、吕熊祥等，瑾出紹興同志公函，促成章歸。已復東渡，罹疾數月，愈後入青山實踐女學校。會錫麟、成章等在紹興運動有得，皆先後來日本，錫麟攜其妻王氏即名振漢者同來，瑾爲之招拂一切。是時，取締規則風潮起於學界，學生咸倡歸國之議，瑾亦主張之，因結敢死隊，瑾又爲其指揮，紛擾者匝月。湖南陳天華蹈海死，瑾亦從此逝矣。

瑾之再歸也，成章復爲紹介於敖嘉熊，得轉薦潯溪女學校教員，與女學生感情不洽，辭去。屢至上海。上海有中國公學者，本係取締規則歸國學生所倡設，瑾於此校助力甚多，由是瑾之信義，著於遐邇。會稽陳伯平本爲大通學校學生，常偕錫麟遊日本，因與瑾識，志願暗殺，瑾因薦爲中國公學教員，居中聯絡。會錫麟需次安慶，賴其姻俞廉三力，甚得巡撫恩銘信任，爲陸軍學校會辦，實與伯平、瑾遙爲應援。【略】

丁未正月，大通學校因辦事乏人，公舉瑾爲督辦，開學之日，郡守及山會兩邑令皆蒞堂致頌詞，郡守貴福并贈瑾對聯一，聯曰：競爭世界；雄冠地球。瑾於是益得暢所欲爲。【略】

初四日午前九時，王金發自嵊縣來，與瑾商酌十日舉事之約。午膳畢，從容而去，未幾即有黨軍偵探隊歸報瑾，言清兵已來，瑾使再探，回報往東浦，瑾信爲然。已而清兵進城，衆學生又集議，勸瑾出奔，瑾不答，學生散去者又數人。清兵既至學堂前，不敢遽進。是時學生之留者尚有十餘人，於是有出後門而游泳以逸者，亦有出前門持軍械以拒敵者，出清兵不意爲學生擊死者數人，傷者數人，學生死者二人。瑾居内舍，爲清兵所執，同時被執者六人：曰程毅，曰徐頌揚，曰錢應仁，曰吕植松，曰王植槐，曰蔣繼雲。

貴福使山陰令李宗嶽訊瑾，瑾無一語。翌晨殉義於紹興軒亭口。友人收其遺骸，葬之西湖，清吏惡之，將平之數，恐激民變，乃陰囑其兄桐出名，遷柩以還紹興。己酉冬，其子自湖南來，遷瑾柩歸湖南，蓋將與其夫廷鈞合葬也。瑾死時年三十一。

（清）秋瑾《秋瑾集》附録徐自華《鑑湖女俠秋君墓表》　君諱瑾，字璿卿，又字競雄，自號鑑湖女俠，越之山陰人也。家世仕宦。少長閨中，復隨父湖湘，適湘鄉王氏。生平忼爽明決，意氣自雄；讀書敏悟，爲文章，奇警雄健如其人，尤好劍俠傳，慕朱家郭解爲人。丰貌英美，嫻於辭令；高譚雄辯，驚其座人。自以與時多迕，居常輒逃於酒。然沉酣以往，不覺悲歌擊節，拂劍起舞，氣復壯甚。所夫固紈袴子，至是不相能。

值庚子變亂，時事益亟。君居京師，見之，獨慨然太息曰：人生處世，當匡濟艱危，以吐抱負，寧能米鹽瑣屑終其身乎？洎甲辰夏，乃東渡海赴日本肄業。稍暇，與其同志重興共愛會，而己爲之長，譽日鵲起。東國留學慕君者衆，每際大會，輒以君一得臨蒞爲榮。而君亦負奇磊落，往會，則摳衣登壇，多所陳説。其詞悲感激切，盪人心魂。人之聞者，未嘗不泣數行下，而襟袖爲之漬也。又好節己費以助人學，從之游者莫不歎服。

居東二歲，而取締事起，學子騷然，君以外權之橫，不忍獨留，亦導同志拂衣歸。歸益引女學爲己任，提倡不遺餘力。主講潯溪學校，教育彌至。有吳生者，艱於資，將中輟，君深慨之，挈往海上，俾成業焉。因留辦《中國女報》，冀以少警聾瞽；而闤闠荏弱，匡助不聞，經費坐支絀。君經營罔倦，編纂益力，並日冒風雪走求援助，栖栖不以為苦。烏虖！洵可謂熱心公益而厲世摩鈍者矣。以母喪，乃暫還越，後乃往來吳越間。至丁未五月，皖中事起，而君方自滬歸，居大通學校。大通者，徐錫麟所興創，而君素贊成之者。故浙大吏謂君同黨，遽殺之，時六月六日也，年僅三十有三，烏虖慘已！

迹其行事，不拘小節，放縱自豪，喜酒善劍，若不可繩以理法；然其本衷，殊甚端謹。在稠人廣座，論議鋒發，志節矯然，人輒畏重之，無有敢一毫犯其詞色者。雖愛自由，而範圍道德，固始終未嘗或踰者也。徒以鋒棱未斂，畏忌者半。烏虖！此君之所以死歟？嘗生子女各一，今在湘中。

後七閲月，石門徐自華，哀其獄之寃，痛其遇之酷，悼其年之不永，憾其志之不終，爲約桐城吳女士芝瑛，卜地西泠橋畔，葬焉。用表其墓，以告後世，俾知莫須有事，固非徒南宋為然；而尚想其烈，或將俯仰徘徊，至流涕不忍去，例與岳王墳同不朽云。謹表。

（清）秋瑾《秋瑾集》附録吳芝瑛《紀秋女俠遺事》　嗚呼！天地果無知乎？天地有知，則女士不應以非罪死，死尚蒙此大惡；若果無知，則短長善惡，糝爲一塵，吾又誰愬此煩寃？今距女士之死已旬日矣，余既爲之傳，又紀其遺事曰：女士自號鑑湖女俠，生平豪縱尚氣，有口辨，每稠坐論議風發，不可一世。在京師時，攝有舞劍小影，又喜作《寶刀歌》、《劍歌》等篇，一時和者甚衆。女士原作絶佳，有上下千古、慷慨悲歌之致，惜隨手散佚，不得見矣。女士平生持論，謂女子當有學問，求自立，不當事事仰給男子。今新少年動曰革命，革命，吾謂革命當自家庭始，所謂男女平權是也。余時時戒之，謂：妹言駭人聽聞。宜慎之，女士曰：姊勿怪，吾所持宗旨如此。異日女學大興，必能達吾目的，其在數十年後乎。然不有倡之，誰與賡續也？女士東游時，值寧河某君，以戊戌事自首，繫刑部獄，女士方脱簪珥謀學費，窘迫萬狀，不得遽行，聞寧河事，乃分其金以應急，展轉達獄中，屬勿告姓名。寧河某會赦出獄始知之。時女士已東去。寧河寓書謝之，事後與人語，輒爲涕零。然女士與寧河初不相識也。某女士贈詩有曰：隱娘俠氣原仙客，良玉英風豈女兒？一語能髣髴其平生。後女士自東歸，過滬上，述其留學艱苦狀。既出其新得倭刀相示曰：吾以弱女子，隻身走萬里求學，往返者數，搭船只三等艙，與苦力等雜處。長途觸暑，一病幾不起。所賴以自衛者，惟此刀耳，故與吾形影不相離。余戲曰：當此黑闇時代，留學風潮且大起，勃發不可遏，倘遇關吏詰問，得毋疑妹爲女革命黨乎？女士笑曰：革命黨與革命不同。姊固知吾非新少年之革命者。卽而行酒。酒罷，女士拔刀起舞，唱日本歌數章，命吾女以風琴和之。歌聲悲壯動人。旋別去，不復見。曾幾何時？而昔日戲言，不知其遂成讖語也，悲夫！今女士死矣，呼天天不聞，呼地地不應，我又何必再訟其寃？然罪人不孥，古有明訓。我與女士有一日之雅，又能道其平生，願以身家性命保秋氏家族，望當道負立憲之責任者，開一面之網，飭屬保全無辜，勿再羅織成此莫須有之獄，誣以種種之罪狀，使死者魂魄爲之不安。此余既爲之傳而又紀其遺事之微意也。

徐錫麟

《廣清碑傳集》卷一九何敬煌《紹興革命烈士徐錫麟王金發小史》

清之季世，革命風雲彌漫全國，有志之士先仆後繼，崛起於珠江、揚子江流域者不可勝數。紹興為少康庶子之封地，勾踐稱霸之舊都，一成復夏，廿年沼吳之餘烈猶流遺天壤間不息。因運而起，有若徐先生錫麟者，一擊而鼓革命之氣，破滿廷之胆。事雖不成，要其矢志不渝，碎身不顧，其先後事實有足述者。紹興多革命志士，而以先生為巨擘。余親炙先生者三年，其行事知之較稔。今撮其大要，輯為小史，餘則就所知附於後，以備修志之參考。【略】徐先生錫麟，字伯蓀，為人短小瘦削，長頸方口，目短視甚，視之一文弱書生也。然性鷙，父督過嚴，嘗曰：是兒當粉骨碎身耳。少入縣庠治經，明算術、天文。清光緒二十八年郡紳何壽章創設紹興府學堂，聘先生授經算，見學生習體操而好之，嘗雜學生隊中同習，能作器械操，若素習者然。翌年游日本，購各式手槍歸，歸而拆槍機磋子彈以為戲，見者異之。辛丑和約成，俄兵占奉天不肯撤。先生則大憤，繪俄人首，日以汽槍射之。時科舉未停。癸卯應浙江鄉試，第二場五策中問及制造槍炮，先生用幾何、三角法，於卷中作圖列式。榜發，中副車。已而為府學堂副辦時校長稱總辦，自任體操課。常作兵式操，為兩軍對壘狀，然先生初未習軍事也。在東浦設熱誠學堂，亦以體操課自任，每日晨夕往返城鄉兩校間，雖風雨不止。此時先生已致力革命，嘗走歷新昌、嵊縣、諸暨、東陽、義烏、永康、縉雲，訪求同志，結識而歸。王金發、竺兆康、周華昌輩皆當時所物色者。又創辦大通體操學堂，請於紹興知府，購領槍枝，習練軍事。外襲體操之名，內寓革命之實。又集資派學生留學日本。知府熊起蟠，先生之受知師也，故所請無不遂。而自以未受正式軍事教育，乃赴日本，求入其士官學校，同時與陶成章、章炳麟等組光復會。日本士官學校非官費生不得入，先生被拒，憤而歸。其戚許仲卿雄於資，得其助，納資為道員，引見時懷手槍而入，得機欲一逞，以環境不宜，未敢發。引見後分省安徽。安徽巡撫恩銘，滿人也，與前湖南巡撫俞廉三有舊。俞與先生為中表，親作書為介紹，故得恩銘信任，派會辦巡警學堂，赴日本購軍械，設軍械局。恩銘嘗對人曰：小徐辦事真幹練。後遺摺中有云：徐錫麟為前湖南巡撫俞廉三之表侄，故臣信之而不疑。蓋事實也。在皖搜羅志士，聯絡新軍，陰部署大事。光緒三十三年五月，巡警學堂學生畢業，定二十八日舉行畢業式，請巡撫主持，而密約新軍兩標於是日入城。有收支委員顧松者，頗狡猾，平時佯附革命，知有密謀，乃入告恩銘，請勿去，不信，固言之曰：然則提早二日以觀變可耳。乃令於二十六日舉行。先生疑事已泄，然不敢違，違則恐更滋疑，乃毅然行之。是日自司道以至府縣皆先集，已而巡撫至。坐未定，先生即出手槍擊之，以短視不能中要害。陳伯平擲炸彈，不發。令顧松閉門，又不閉。一時堂上大亂，衆官奪門走。藩司馮煦大呼：徐道員行刺！從者負恩銘出，先生又自後擊之，中腰，然猶未死也。先生預計蓋欲閉門一網盡之，使人不知發難者為誰，已則以道員身分握軍政大權，藉此號召以起事也。見事已不濟，乃率巡警學生走。走則據軍械局，欲發炮，不得。而省防營兵圍攻之，遂越屋由鄰家走。鄰家見屋上有人，大呼，為圍攻者所知，遂被執。藩臬兩司會審，馮煦問曰：恩帥待爾不薄，何為而出此？曰：欲為漢族報仇耳。慷慨陳詞，索筆寫供狀，無少諱。恩銘返署，尤能言曰：徐錫麟殺我。越二日先生就義，年三十五。

律學人物部

漢魏分部

杜延年

《漢書》卷六〇《杜延年傳》 〔杜〕延年字幼公，亦明法律。昭帝初立，大將軍霍光秉政，以延年三公子，吏材有餘，補軍司空。始元四年，益州蠻夷反，延年以校尉將南陽士擊益州，還，爲諫大夫。左將軍上官桀父子與蓋主、燕王謀爲逆亂，假稻田使者燕倉知其謀，以告大司農楊敞。敞惶懼，移病，以語延年。延年以聞，桀等伏辜。延年封爲建平侯。

延年本大將軍霍光吏，首發大姦，有忠節，由是擢爲太僕右曹給事中。光持刑罰嚴，延年輔之以寬。治燕王獄時，御史大夫桑弘羊子遷亡，過父故吏侯史吳。後遷捕得，伏法。會赦，侯史吳自出繫獄，廷尉王平與少府徐仁雜治反事，皆以爲桑遷坐父謀反而侯史吳臧之，非匿反者，乃匿爲隨者也。即以赦令除吳罪。後侍御史治實，以桑遷通經術，知父謀反而不諫争，與反者身與異，侯史吳故三百石吏，首匿遷，不與庶人匿隨從者等，吳不得赦。奏請覆治，劾廷尉，少府縱反者。少府徐仁即丞相車千秋女壻也，故千秋數爲侯史吳言。恐光不聽，千秋即召中二千石、博士會公車門，議問吳法。議者知大將軍指，皆執吳爲不道。明日，千秋封上衆議，光於是以千秋擅召中二千石以下，外内異言，遂下廷尉平、少府仁獄。朝廷皆恐丞相坐之。延年乃奏記光争，以爲吏縱罪人，有常法，今更詆吳爲不道，恐於法深。又丞相素無所守持，而爲好言於下，盡其素行也。至擅召中二千石，甚無狀。延年愚，以爲丞相久故，及先帝用事，非有大故，不可棄也。間者民頗言獄深，吏爲峻詆，今丞相所議，又獄事也，如是以及丞相，恐不合衆心。羣下讙譁，庶人私議，流言四布，延年竊重將軍失此名於天下也！光以廷尉、少府弄法輕重，皆論棄市，而不以及丞相，終與相竟。延年論議持平，合和朝廷，皆此類也。

（宋）洪邁《容齋隨筆》卷一五《杜延年杜欽》 《前漢書》稱杜延年本大將軍霍光吏，光持刑罰嚴，延年輔之以寬，論議持平，合和朝廷；杜欽在王鳳莫府，救解馮野王、王尊之罪過，當世善政，多出於欽。予謂光以侯史吳之事，一朝殺九卿三人，延年不能諫。王章言王鳳之過，天子感寤，欲退鳳，欽令鳳上疏謝罪。上不忍廢鳳，鳳欲遂退，欽説之而止。章死，衆庶寃之，欽復説鳳。以爲：天下不知章實有罪，而以爲坐言事，宜因章事舉直言極諫，使天下咸知主上聖明，不以言罪下。若此，則流言消釋矣。鳳白行其策。夫新莽盗國，權輿於鳳，鳳且退而復止，皆欽之謀。若欽者，蓋漢之賊也，而謂當世善政出其手，豈不繆哉？

文翁

《漢書》卷八九《循吏傳・文翁》 文翁，廬江舒人也。少好學，通《春秋》，以郡縣吏察舉。景帝末，爲蜀郡守，仁愛好教化。見蜀地辟陋有蠻夷風，文翁欲誘進之，乃選郡縣小吏開敏有材者張叔等十餘人親自飭厲，遣詣京師，受業博士，或學律令。減省少府用度，買刀布蜀物，齎計吏以遺博士。數歲，蜀生皆成就還歸，文翁以爲右職，用次察舉，官有至郡守刺史者。

（清）唐晏《兩漢三國學案》卷九《春秋》 文翁，廬江舒人也。【略】又修起學官於成都市中，招下縣子弟以爲學官弟子，爲除吏繇，高者以補郡縣吏，次爲孝弟力田。常選學官童子，使在便坐受事。每出行縣，益從學官諸生明經飭行者與俱，飭傳教令，出入閨閤。縣邑吏民見而榮之，數年，争欲爲學官弟子，富人至出錢以求之。繇是大化，蜀地學於京師者比齊、魯焉。至武帝時，乃令天下郡國皆立學校官，自文翁爲之始云。文翁終於蜀，吏民爲立祠堂，歲時祭祀不絶。

按：漢代經學始於武帝，實本於文翁。文翁者，經學之瞽宗也。夫士生斯世，苟有肩任斯道之志，則位不在高。如文翁者，能以學化民，民自成爲風俗。昔孔、孟皆以匹夫任斯道，遂與堯、舜比隆。文翁所爲，又何足異？昔韓延壽治東郡，考其所行，亦一文翁也。乃延壽遭蕭望之之忌，而不獲其死；文翁以居遠郡，遂成其名，有幸不幸耳。未可以甲此而乙彼焉。

（清）陸曾禹《康濟録》卷四上《事後之政·敦風俗以享太平》 漢景帝末，文翁為蜀郡守，廣仁愛，好教化。見蜀中僻陋，有蠻地風，文翁欲誘進之。乃選郡縣小吏有才者張叔等十餘人親自飭厲，遣詣京師受業博士或學律令，有至郡守刺史者。又修起學宫於成都市中，高者以補郡縣吏，次為孝弟力田，由是教化大行。至武帝時乃令天下郡國皆立學校官，自文翁為之始云。

謹案：人之禮、義、廉、恥四維也，使無學校教誨，將不知四者為何物矣。何由而大其德業，享其太平？文翁施仁愛而廣教化，不特蜀中為之一新，天下後世皆為之感動。故學校之官，雖建於武帝而寔由文翁始，其有功于名教，不亦多耶？

杜林

《後漢書》卷二七《杜林傳》 杜林字伯山，扶風茂陵人也。父鄴，成哀閒爲涼州刺史。林少好學沈深，家既多書，又外氏張竦父子喜文采，林從竦受學，博洽多聞，時稱通儒。【略】

〔建武〕十四年，羣臣上言：古者肉刑嚴重，則人畏法令；今憲律輕薄，故姦軌不勝。宜增科禁，以防其源。詔下公卿。林奏曰：夫人情挫辱，則義節之風損；法防繁多，則苟免之行興。孔子曰：導之以政，齊之以刑，民免而無恥。導之以德，齊之以禮，有恥且格。古之明王，深識遠慮，動居其厚，不務多辟，周之五刑，不過三千。大漢初興，詳覽失得，故破矩爲圓，斲彫爲樸，蠲除苛政，更立疏網，海内歡欣，人懷寬德。及至其後，漸以滋章，吹毛索疵，詆欺無限。果桃菜茹之饋，集以成臧，小事無妨於義，以爲大戮，故國無廉士，家無完行。至於法不能禁，令不能止，上下相遁，爲敝彌深。臣愚以爲宜如舊制，不合翻移。帝從之。

（清）唐晏《兩漢三國學案》卷四《尚書》 〔杜林〕初爲郡吏。王莽敗，盜賊起，林與弟成及同郡范逡、孟冀等，將細弱俱客河西。道逢賊數千人，遂掠取財裝，褫奪衣服，拔刃向林等，將欲殺之。冀仰曰：願一言而死。將軍知天神乎？赤眉兵衆百萬，所向無前，而殘賊不道，卒至破敗。今將軍以數千之衆，欲規霸王之事，不行仁恩而反遵覆車，不畏天乎？賊遂釋之，俱免於難。隗囂素聞林志節，深相敬待，以爲持書。因疾告去，辭還禄食。囂意雖相望，且欲優容之，乃出令曰：杜伯山，天子所不能臣，諸侯所不能友，蓋伯夷、叔齊恥食周粟。今且從師友之位，須道開通，使順所志。林雖拘於囂，而終不屈節。建武六年，弟成物故，囂乃聽林持喪東歸。既遣而悔，追令刺客楊賢於隴坻遮殺之。賢見林身推鹿車，載致弟喪，乃嘆曰：當今之時，誰能行義，我雖小人，何忍殺義士。因亡去。光武聞林已還三輔，乃徵拜侍御史，引見，問以經書故舊及西州事，甚悦之，賜車馬衣被。群僚知林以名德用，甚尊憚之。京師士大夫，咸推其博洽。河南鄭興、東海衛宏等皆長於古學，興常師事劉歆，林既遇之，欣然言曰：林得興等固諧矣，使宏得林，且有以益之。及宏見林，闇然而服。濟南徐巡，始師事宏，後乃更受林學。林前於西州得漆書《古文尚書》一卷，常寶愛之，雖遭艱困，握持不離身。出以示宏等曰：林流離兵亂，常恐斯經將絶，何意東海衛子、濟南徐生復能傳之，是道竟不墜於地也。古文雖不合時務，然願諸生無悔所學。宏、巡益重之，於是古文遂行。明年，大議郊祀制，多以爲周郊后稷，漢當祀堯。詔復下公卿議，議者僉同，帝亦然之。林獨以爲周室之興，祚由后稷，漢業特起，功不緣堯。祖宗故事，所宜因循。後代王良爲大司徒司直。林薦同郡范逡、趙秉、申屠剛及隴西牛邯等，皆被擢用，士多歸之。十一年，司直官罷，以林爲光禄勳。郎有好學者，輒見誘進，朝夕滿堂。【略】

後皇太子彊求乞自退，封東海王，以林爲王傅。從駕南巡狩。時諸王傅數被引命，或多交游，不得應詔，唯林守慎，有詔必至。餘人雖不見譴，而林特受賞賜，又辭不敢受，帝益重之。明年，代丁恭爲少府。二十二年，復爲光禄勳。頃之，代朱浮爲大司空。明年薨。

按：杜林漆書，世艷稱之，且後人因其云古文雖不合時一語，遂以林人之古文派下。不知林所謂古文，正以所得西州漆書一卷而言，其於孔氏壁中原文，未知周異若何。且又止一卷，安足以爲據耶？故今別列之爲漆書派，而以衛、徐、馬、鄭、王附焉，以著異說之興，此爲濫觴焉耳。

郅惲

《後漢書》卷二九《郅惲傳》　郅惲字君章，汝南西平人也。年十二失母，居喪過禮。及長，理《韓詩》、《嚴氏春秋》，明天文歷數。

郎顗

《後漢書》卷三〇下《郎顗傳》　郎顗字雅光，北海安丘人也。父宗，字仲綏，學《京氏易》，善風角、星筭、六日七分，能望氣占候吉凶，常賣卜自奉。安帝徵之，對策爲諸儒表，後拜吴令。時卒有暴風，宗占知京師當有大火，記識時日，遣人參候，果如其言。諸公聞而表上，以博士徵之。宗恥以占驗見知，聞徵書到，夜縣印綬於縣廷而遁去，遂終身不仕。

襄楷

《後漢書》卷三〇下《襄楷傳》　襄楷字公矩，平原隰陰人也。好學博古，善天文陰陽之術。【略】

書上，卽召（詔）〔詣〕尚書問狀。楷曰：臣聞古者本無宦臣，武帝末，春秋高，數游後宮，始置之耳。後稍見任，至於順帝，遂益繁熾。今陛下爵之，十倍於前。至今無繼嗣者，豈獨好之而使之然乎？尚書上其對，詔下有司處正。尚書承旨奏曰：其宦者之官，非近世所置。漢初張澤爲大謁者，佐絳侯誅諸吕；孝文使趙談參乘，而子孫昌盛。楷不正辭理，指陳要務，而析言破律，違背經蓺，假借星宿，僞託神靈，造合私意，誣上罔事。請下司隸，正楷罪法，收送洛陽獄。帝以楷言雖激切，然皆天文恒象之數，故不誅，猶司寇論刑。

梁統

《後漢書》卷三四《梁統傳》　梁統字仲寧，安定烏氏人，晉大夫梁益耳，卽其先也。統高祖父子都，自河東遷居北地，子都子橋，以貲千萬徙茂陵，至哀、平之末，歸安定。

統性剛毅而好法律。初仕州郡。更始二年，召補中郎將，使安集涼州，拜酒泉太守。會更始敗，赤眉入長安，統與竇融及諸郡守起兵保境，謀共立帥。初以位次，咸共推統，統固辭曰：昔陳嬰不受王者，以有老母也。今統內有尊親，又德薄能寡，誠不足以當之。遂共推融爲河西大將軍，更以統爲武威太守。爲政嚴猛，威行鄰郡。【略】

臣聞立君之道，仁義爲主，仁者愛人，義者政理，愛人以除殘爲務，政理以去亂爲心。刑罰在衷，無取於輕，是以五帝有流、殛、放、殺之誅，三王有大辟、刻肌之法。故孔子稱仁者必有勇，又曰理財正辭，禁民爲非曰義。高帝受命誅暴，平蕩天下，約令定律，誠得其宜。文帝寬惠柔克，遭世康平，唯除省肉刑、相坐之法，它皆率由，無革舊章。武帝值中國隆盛，財力有餘，征伐遠方，軍役數興，豪桀犯禁，姦吏弄法，故重首匿之科，著知從之律，以破朋黨，以懲隱匿。宣帝聰明正直，總御海內，臣下奉憲，無所失墜，因循先典，天下稱理。至哀、平繼體，而卽位日淺，聽斷尚寡，丞相王嘉輕爲穿鑿，虧除先帝舊約成律，數年之閒，百有餘事，或不便於理，或不厭民心。謹表其尤害於體者傳奏於左。【略】

統復上言曰：有司以臣今所言，不可施行。尋臣之所奏，非曰嚴刑。竊謂高帝以後，至乎孝宣，其所施行，多合經傳，宜比方今事，驗之往古，聿遵前典，事無難改，不勝至願。願得召見，若對尚書近臣，口陳其要。帝令尚書問狀，統對曰：

聞聖帝明王，制立刑罰，故雖堯舜之盛，猶誅四凶。經曰：天討有罪，五刑五庸哉。又曰：爰制百姓于刑之衷。孔子曰：刑罰不衷，則人無所厝手足。衷之爲言，不輕不重之謂也。《春秋》之誅，不避親戚，所以防患救亂，全安衆庶，豈無仁愛之恩，貴絶殘賊之路也？

自高祖之興，至于孝宣，君明臣忠，謨謀深博，猶因循舊章，不輕改革，海内稱理，斷獄益少。至初元、建平，所減刑罰百有餘條，而盜賊浸多，歲以萬數。閒者三輔從横，羣輩並起，至燔燒茂陵，火見未央。其後隴西、北地、西河之賊，越州度郡，萬里交結，攻取庫兵，劫略吏人，詔書討捕，連年不獲。是時以天下無難，百姓安平，而狂狡之執，猶至於此，皆刑罰不衷，愚人易犯之所致也。

由此觀之，則刑輕之作，反生大患；惠加姦軌，而害及良善也。故臣統願陛下采擇賢臣孔光、師丹等議。

鄭玄

《儀禮正義·士冠禮》 鄭氏注疏正義曰：【略】鄭氏者，青州北海郡高密縣人，名玄，字康成，漢尚書僕射鄭崇八世孫也。後漢末，徵爲大司農，不就。年七十四，卒於家。賈此疏云鄭崇之後，而《周禮》疏又云鄭沖之孫。考《後漢書》本傳云八世祖崇，又《漢書》有《鄭崇傳》，孫氏星衍云：沖之名不見於史，疑沖爲崇之誤也。注者，解經之名，漢人解經有名傳者，若《書》孔氏、《詩》毛氏是也。有稱解誼、解詁者，服氏之《左傳》、何氏之《公羊》是也。鄭氏解《詩》名箋，而他經則多稱注，今《三禮》皆用鄭注，而《儀禮》尤爲絶學云。

《後漢書》卷三五《鄭玄傳》 鄭玄字康成，北海高密人也。八世祖崇，哀帝時尚書僕射。玄少爲鄉嗇夫，得休歸，常詣學官，不樂爲吏，父數怒之，不能禁。遂造太學受業，師事京兆第五元先，始通《京氏易》、《公羊春秋》、《三統歷》、《九章筭術》。又從東郡張恭祖受《周官》、《禮記》、《左氏春秋》、《韓詩》、《古文尚書》。以山東無足問者，乃西入關，因涿郡盧植，事扶風馬融。

（清）李清植《歷代名儒傳》卷二 鄭康成，北海高密人。少爲鄉嗇夫，常詣學宫，不樂爲吏，父雖怒之，不能禁。後游太學，事京兆第五元先，始通《京氏易》、《公羊春秋》、《三統曆》，又善《九章算術》。復從東郡張恭祖，受《周官》、《禮記》、《左氏春秋》、《韓詩》、《古文尚書》。以山東無足問者，乃西入關，事扶風馬融。融素驕貴，門徒四百餘人，升堂者僅五十餘生。康成在門下，從高業弟子傳受，日夜尋誦，三年不得見融。及融考論圖緯，聞康成善算，召見。康成因從質疑義，問畢辭歸。融喟然曰：鄭生去，吾道東矣！康成自游學，十餘年乃歸。家貧，客耕東萊，學徒已數十百人。及黨事起，被禁錮，遂隱修經業，杜門不出。時何休好公羊學，著《公羊墨守》、《左氏膏肓》、《穀梁廢疾》，康成乃發墨守，鍼膏肓，起廢疾。休見而歎曰：康成入吾室，操吾矛，以伐我乎？初，中興後，范升、陳元、李育、賈逵之徒，爭論古今學，及康成荅休，義據通深，由是古學遂明。靈帝末，黨禁解，何進辟之，州郡迫脅，不得已詣進。進爲設几杖，禮待甚優。康成不受朝服，以幅巾見。一宿逃，去時年六十。弟子益進，自遠方至者以千數。後袁隗表爲侍中，以父喪不行，國相孔融深敬之，屣履造門。勅縣曰：昔齊置士鄉，越有君子軍，皆異賢意也。鄭君鄉宜曰鄭公鄉，可廣開門衢，令容高車，號通德門。董卓遷都，公卿舉康成爲趙相。道斷不至，會黄巾寇青部，避地徐州，州牧陶謙接以師友之禮。建安元年，始還高密，道遇黄巾數萬人，黄巾知爲康成，皆拜，約不敢入縣境。康成嘗疾篤自慮，以書戒子曰：吾念述先聖之元意，整百家之不齊，庶幾以竭吾才，入此歲來，已七十矣！案之禮典，便合傳家。今我告爾以老，歸爾以事，將閒居以安性，覃思以終業。爾其勗求君子之道，研鑽勿替，敬慎威儀，以近有德。顯譽成於僚友，德行立於己志，可不深念耶？可不深念耶？時袁紹總兵冀州，嘗大會賓客，康成最後至，紹乃延之上坐。康成身長八尺，飲酒一斛，秀眉明目，容貌温偉。紹客多豪俊，見康成儒者，競設異端，百家互起，康成依方辨對。咸出問，表皆得所未聞，莫不嗟服。汝南應劭前自贊曰：故泰山太守應仲遠，北面稱弟子何如？康成笑曰：仲尼之門，考以四科，回賜之徒，不稱官閥。劭有慙色，紹乃舉康成茂才，表爲左中郎將。不就，公車徵爲大司農，給安車一乘，以病乞還。五年春，寢疾。時紹與曹操相拒於官渡，令子譚迫康成從軍。不得已行至元城，疾篤不進，其年六月卒，年七十四。遺令薄葬，自郡守以下嘗受業者，縗絰赴會千餘人。所注《周易》、《尚書》、《毛詩》、《周禮》、《儀禮》、《禮記》、《論語》、《孝經》及諸雜著，凡百餘萬言，其《荅諸弟子問五經義》者，門人又相與依《論語》撰爲《鄭志》八篇。《後漢書・論》曰：自秦焚六經，聖文埃滅，漢興，諸儒頗修藝文，及東京學者，亦各名家。而守文之徒，滯固所稟，異端紛紜，互相詭激，遂令經有數家，家有數説，章句多者，或乃百餘萬言，學徒勞而少功，後生疑而莫正。康成括囊大典，網羅衆家，删裁繁誣，刊改漏失，自是學者，畧知所歸。王父豫章君，每考先儒經訓，而長於康成。常以爲仲尼之門，不能過也。及傳授生徒，專以鄭氏家法云。

論曰：禮始於太乙，非聖者莫能得其精。自夫子不敢輕言夏殷之禮，況其下者乎？至於經曲繁多，條貫詳密，則又不獨神明其精者之難。即欲比而櫛之，疏而理之，使數度井然，亦復匪易。康成三禮之學，所微疵者，習熟濡染，不能不間雜於讖緯耳。要其旁稽曲證，使三代質文於今猶與有存者，則非夫人之烈不及此。舍翼衛之勤，而索瘢瘕以爲指摘，豈篤論哉？

丁鴻

《後漢書》卷三七《丁鴻傳》　丁鴻字孝公，潁川定陵人也。【略】

鴻年十三，從桓榮受《歐陽尚書》，三年而明章句，善論難，爲都講，遂篤志精鋭，布衣荷擔，不遠千里。

初，綝從世祖征伐，鴻獨與弟盛居，憐盛幼小而共寒苦。及綝卒，鴻當襲封，上書讓國於盛，不報。既葬，乃挂縗絰於冢廬而逃去，留書與盛曰：鴻貪經書，不顧恩義，弱而隨師，生不供養，死不飯唅，皇天先祖，並不祐助，身被大病，不任茅土。前上疾狀，願辭爵仲公，章寢不報，迫且當襲封。謹自放弃，逐求良醫。如遂不瘳，永歸溝壑。鴻初與九江人鮑駿同事桓榮，甚相友善，及鴻亡封，與駿遇於東海，陽狂不識駿。駿乃止而讓之曰：昔伯夷、吴札亂世權行，故得申其志耳。《春秋》之義，不以家事廢王事。今子以兄弟私恩而絶父不滅之基，可謂智乎？鴻感悟，垂涕歎息，乃還就國，開門教授。鮑駿亦上書言鴻經學至行，顯宗甚賢之。

【略】

和帝即位，遷太常。永元四年，代袁安爲司徒。是時竇太后臨政，憲兄弟各擅威權。鴻因日食，上封事曰：臣聞日者陽精，守實不虧，君之象也；月者陰精，盈毁有常，臣之表也。故日食者，臣乘君，陰陵陽；月滿不虧，下驕盈也。昔周室衰季，皇甫之屬專權於外，黨類強盛，侵奪主執，則日月薄食，故《詩》曰：十月之交，朔月辛卯，日有食之，亦孔之醜。《春秋》日食三十六，弑君三十二。變不空生，各以類應。夫威柄不以放下，利器不可假人。覽觀往古，近察漢興，傾危之禍，靡不由之。是以三桓專魯，田氏擅齊，六卿分晉；諸吕握權，統嗣幾移；哀、平之末，廟不血食。故雖有周公之親，而無其德，不得行其執也。

今大將軍雖欲勑身自約，不敢僭差，然而天下遠近皆惶怖承旨，刺史二千石初除謁辭，求通待報，雖奉符璽，受臺勑，不敢便去，久者至數十日。背王室，向私門，此乃上威損，下權盛也。人道悖於下，效驗見於天，雖有隱謀，神照其情，垂象見戒，以告人君。閒者月滿先節，過望不虧，此臣驕溢背君，專功獨行也。陛下未深覺悟，故天重見戒，誠宜畏懼，以防其禍。《詩》云：敬天之怒，不敢戲豫。若勑政責躬，杜漸防萌，則凶妖銷滅，害除福湊矣。

夫壞崖破巖之水，源自涓涓；干雲蔽日之木，起於葱青。禁微則易，救末者難，人莫不忽於微細，以致其大。恩不忍誨，義不忍割，去事之後，未然之明鏡也。臣愚以爲左官外附之臣，依託權門，傾覆諂諛，以求容媚者，宜行一切之誅。閒者大將軍再出，威振州郡，莫不賦斂吏人，遣使貢獻。大將軍雖云不受，而物不還主，部署之吏無所畏憚，縱行非法，不伏罪辜，故海內貪猾，競爲姦吏，小民吁嗟，怨氣滿腹。臣聞天不可以不剛，不剛則三光不明；王不可以不彊，不彊則宰牧從横。宜因大變，改政匡失，以塞天意。

書奏十餘日，帝以鴻行太尉兼衛尉，屯南、北宮。於是收竇憲大將軍印綬，憲及諸弟皆自殺。

郭躬

《後漢書》卷四六《郭躬傳》　郭躬字仲孫，潁川陽翟人也。家世衣冠。父弘，習《小杜律》。太守寇恂以弘爲決曹掾，斷獄至三十年，用法平。諸爲弘所决者，退無怨情，郡内比之東海于公。年九十五卒。

躬少傳父業，講授徒衆常數百人。後爲郡吏，辟公府。永平中，奉車都尉竇固出擊匈奴，騎都尉秦彭爲副。彭在别屯而輒以法斬人，固奏彭專擅，請誅之。顯宗乃引公卿朝臣平其罪科。躬以明法律，召入議。議者皆然固奏，躬獨曰：於法，彭得斬之。帝曰：軍征，校尉一統於督。彭既無斧鉞，可得專殺人乎？躬對曰：一統於督者，謂在部曲也。今彭專軍别將，有異於此。兵事呼吸，不容先關督帥。且漢制棨戟即爲斧鉞，於法不合罪。帝從躬議。又有兄弟共殺人者，而罪未有所歸。帝以兄不訓弟，故報兄重而減弟死。中常侍孫章宣詔，誤言兩報重，尚書奏章矯制，罪當腰斬。帝復召躬問之，躬對章應罰金。帝曰：章矯詔殺人，何謂罰金？躬曰：法令有故、誤，章傳命之謬，於事爲誤，誤者其文則輕。帝曰：章與囚同縣，疑其故也。躬曰：周道如砥，其直如矢。君子不逆詐。君王法天，刑不可以委曲生意。帝曰：善。遷躬廷尉正，坐法免。

後三遷，元和三年，拜爲廷尉。躬家世掌法，務在寬平，及典理官，决獄斷刑，多依矜恕，乃條諸重文可從輕者四十一事奏之，事皆施行，著于令。章和元年，赦天下繫囚在四月丙子以前減死罪一等，勿笞，詣金城，而文不及亡命未發覺者。躬上封事曰：聖恩所以減死罪使戍邊者，重人命也。今死罪亡命無慮萬人，又自赦以來，捕得甚衆，而詔令不及，皆當重論。伏惟天恩莫不蕩宥，死罪已下並蒙更生，而亡命捕得獨不沾澤。臣以爲赦前犯死罪而繫在赦後者，可皆勿笞詣金城，以全人命，有益於邊。肅宗善之，即下詔赦焉。躬奏讞法科，多所生全。永元六年，卒官。中子晊，亦明法律，至南陽太守，政有名迹。弟子鎮。【略】

郭氏自弘後，數世皆傳法律，子孫至公者一人，廷尉七人，侯者三人，刺史、二千石、侍中、中郎將者二十餘人，侍御史、正、監、平者甚衆。

（宋）王應麟《玉海》卷六五《漢小杜律》　《郭躬傳》躬父弘，習小杜律。躬少傳父業，郭氏自弘後數世皆傳法律。元和三年，拜爲廷尉。躬家世掌法務在寬平，及典理官决獄斷刑，多依矜恕。又條諸重文，可從輕者四十一事奏之，奏讞法科，多所生全。事皆施行，著于令注。前書杜周，武帝時爲廷尉，御史大夫，斷獄深刻，小子延年亦明法律。宣帝時，又爲御史大夫，對父故言小。

朱博曰：太守漢吏奉三尺律令以從事。三尺律令，人事出其中。

（宋）鄭克《折獄龜鑑》卷四《議罪・郭躬》　後漢郭躬以郡吏辟公府，時有兄弟共殺人者，而罪未有所歸。明帝以兄不訓弟，故報兄重而減弟死。中常侍孫章宣詔，誤言兩報重。尚書奏章矯制，罪當腰斬。帝以躬明法律，召入問之，躬對：章應罰金。帝曰：章矯詔殺人，何謂罰金？躬曰：法令有故、誤，章傳命之繆，於事為誤。誤者，其文則輕。帝曰：章與囚同縣，疑其故也。躬曰：周道如砥，其直如矢。君子不逆詐。帝王法天，刑不可委曲生意。帝稱善。遷躬廷尉正。出《後漢書》本傳，舊集不載。

按：深文峻法，務為苛刻者，皆委曲生意而然也。君子不逆詐，蓋惡其末流必至於此耳。傳稱：躬之典理官也，决獄斷刑，依於矜恕，故世傳法律，而子孫至公者一人，廷尉七人，侯者三人，刺史、二千石、侍中、中郎將者二十餘人，侍御史、正、監、科者甚衆。積善之慶，不其盛歟！

陳寵

《後漢書》卷四六《陳寵傳》　陳寵字昭公，沛國洨人也。曾祖父咸，成哀間以律令爲尚書。平帝時，王莽輔政，多改漢制，咸心非之。及莽因呂寬事誅不附己者何武、鮑宣等，咸乃歎曰：《易》稱君子見幾而作，不俟終日，吾可以逝矣！即乞骸骨去職。及莽篡位，召咸以爲掌寇大夫，謝病不肯應。時三子參、豐、欽皆在位，乃悉令解官，父子相與歸鄉里，閉門不出入，猶用漢家祖臘。人問其故，咸曰：我先人豈知王氏臘乎？

其後莽復徵咸，遂稱病篤。於是乃收斂其家律令書文，皆壁藏之。咸性仁恕，常戒子孫曰：爲人議法，當依於輕，雖有百金之利，愼無與人重比。【略】

躬生寵，明習家業，少爲州郡吏，辟司徒鮑昱府。是時三府掾屬專尚交遊，以不肯視事爲高。寵常非之，獨勤心物務，數爲昱陳當世便宜。昱高其能，轉爲辭曹，掌天下獄訟。其所平決，無不厭服衆心。時司徒辭訟，久者數十年，事類溷錯，易爲輕重，不良吏得生因緣。寵爲昱撰《辭訟比》七卷，決事科條，皆以事類相從。昱奏上之，其後公府奉以爲法。

三遷，肅宗初，爲尚書。是時承永平故事，吏政尚嚴切，尚書決事率近於重。寵以帝新卽位，宜改前世苛俗。乃上疏曰：臣聞先王之政，賞不僭，刑不濫，與其不得已，寧僭不濫。故唐堯著典，眚災肆赦，周公作戒，勿誤庶獄，伯夷之典，惟敬五刑，以成三德，由此言之，聖賢之政，以刑罰爲首。往者斷獄嚴明，所以威懲姦慝，姦慝旣平，必宜濟之以寬。陛下卽位，率由此義，數詔羣僚，弘崇晏晏。而有司執事，未悉奉承，典刑用法，猶尚深刻。斷獄者急於篣格酷烈之痛，執憲者煩於詆欺放濫之文，或因公行私，逞縱威福。夫爲政猶張琴瑟，大弦急者小弦絶。故子貢非臧孫之猛法，而美鄭喬之仁政。《詩》云：不剛不柔，布政優優。方今聖德充塞，假于上下，宜隆先王之道，蕩滌煩苛之法。輕薄箠楚，以濟羣生，全廣至德，以奉天心。帝敬納寵言，每事務於寬厚。其後遂詔有司，絶鉆鑽諸慘酷之科，解妖惡之禁，除文致之請讞五十餘事，定著于令。【略】

永元六年，寵代郭躬爲廷尉。性仁矜。及爲理官，數議疑獄，常親自爲奏，每附經典，務從寬恕，帝輒從之，濟活者甚衆。其深文刻敝，於此少衰。寵又鉤校律令條法，溢於《甫刑》者除之。曰：臣聞禮經三百，威儀三千，故《甫刑》大辟二百，五刑之屬三千。禮之所去，刑之所取，失禮則入刑，相爲表裏者也。今律令死刑六百一十，耐罪千六百九十八，贖罪以下二千六百八十一，溢於《甫刑》者千九百八十九，其四百一十大辟，千五百耐罪，七十九贖罪。《春秋保乾圖》曰：王者三百年一蠲法。漢興以來，三百二年，憲令稍增，科條無限。又律有三家，其説各異。宜令三公、廷尉平定律令，應經合義者，可使大辟二百，而耐罪、贖罪二千八百，并爲三千，悉删除其餘令，與禮相應，以易萬人視聽，以致刑措之美，傳之無窮。

陳忠

《後漢書》卷四六《陳忠傳》〔陳〕忠字伯始，永初中辟司徒府，三遷廷尉正，以才能有聲稱。司徒劉愷舉忠明習法律，宜備機密，於是擢拜尚書，使居三公曹。忠自以世典刑法，用心務在寬詳。初，父寵在廷尉，上除漢法溢於《甫刑》者，未施行，及寵免後遂寢。而苛法稍繁，人不堪之。忠略依寵意，奏上二十三條，爲《決事比》，以省請讞之敝。又上除蠶室刑，解臧吏三世禁錮；狂易殺人，得減重論；母子兄弟相代死，聽，赦所代者。事皆施行。【略】

自帝卽位以後，頻遭元二之戹，百姓流亡，盜賊並起，郡縣更相飾匿，莫肯糾發。忠獨以爲憂，上疏曰：臣聞輕者重之端，小者大之源，故隄潰蟻孔，氣洩鍼芒。是以明者愼微，智者識幾。《書》曰：小不可不殺。《詩》云：無縱詭隨，以謹無良。蓋所以崇本絶末，鉤深之慮也。臣竊見元年以來，盜賊連發，攻亭劫掠，多所傷殺。夫穿窬不禁，則致彊盜；彊盜不斷，則爲攻盜；攻盜成羣，必生大姦。故亡逃之科，憲令所急，至於通行飲食，罪致大辟。而頃者以來，莫以爲憂。州郡督録怠慢，長吏防禦不肅，皆欲採獲虚名，諱以盜賊爲負。雖有發覺，不務清澄。至有逞威濫怒，無辜僵仆。或有跼蹐比伍，轉相賦斂。或隨吏追赴，周章道路。是以盜發之家，不敢申告，鄰舍比里，共相壓迮，或出私財，以償所亡。其大章著不可掩者，乃肯發露。陵遲之漸，遂且成俗。寇攘誅咎，皆由於此。前年勃海張伯路，可爲至戒。覆車之軌，其迹不遠。蓋失之末流，求之本源。宜糾增舊科，以防來事。自今彊盜爲上官若它郡縣所糾覺，一發，部吏皆正法，尉貶秩一等，令長三月奉贖罪；二發，尉免官，令長貶秩一等；三發以上，令長免官。便可撰立科條，處爲詔文，切勑刺史，嚴加糾罰。冀以猛濟寬，驚懼姦慝。頃季夏大暑，而消息不協，寒氣錯時，水涌爲變。天之降異，必有其故。所舉有道之士，可策問國典所務，王事過差，令處煖氣不效之意。庶有讜言，以承天誡。

馬融

《後漢書》卷六〇《馬融傳》　馬融字季長，扶風茂陵人也，將作大匠嚴之子。爲人美辭貌，有俊才。初，京兆摯恂以儒術教授，隱于南山，不應徵聘，名重關西，融從其遊學，博通經籍。恂奇融才，以女妻之。

永初二年，大將軍鄧騭聞融名，召爲舍人，非其好也，遂不應命，客於涼州武都、漢陽界中。會羌虜飈起，邊方擾亂，米穀踴貴，自關以西，道殣相望。融既飢困，乃悔而歎息，謂其友人曰：古人有言：左手據天下之圖，右手刎其喉，愚夫不爲。所以然者，生貴於天下也。今以曲俗咫尺之羞，滅無貲之軀，殆非老莊所謂也。故往應騭召。

（清）唐晏《兩漢三國學案》卷二《周易》　故往應騭召。四年，拜爲校書郎中，詣東觀典校秘書。因上《廣成頌》，忤鄧氏，滯於東觀，十年不得調。因兄子喪，自劾歸。太后聞之怒，謂融羞薄詔除，欲仕州郡，遂令禁錮之。太后崩，安帝親政，召還郎署，復在講部。出爲河間王廐長史。車駕東巡，上《東巡頌》，帝奇其文，召拜郎中。及北鄉侯即位，融移病去，爲郡功曹。大將軍梁商表爲從事中郎，轉武都太守。三遷，爲南郡太守。先是融以事忤梁冀，冀諷有司奏融在郡貪濁，免官，髡徙朔方，自刺不殊，得赦還，復拜議郎，重在東觀著述，以病去官。融才高博洽，爲世通儒，教養諸生，常有千數。涿郡盧植、北海鄭玄，皆其徒也。善鼓琴、好吹笛，達生任性，不換儒者之節。居宇器服，多存侈飾。常坐高堂，施絳紗帳，前授生徒，後列女樂，弟子以次相傳，鮮有入其室者。嘗欲訓《左氏春秋》，及見賈逵、鄭衆注，乃曰：賈君精而不博，鄭君博而不精。既博既精，吾何加焉！但著《三傳異同説》。注《論語》、《孝經》、《詩》、《易》、《三禮》、《尚書》、《列女傳》、《老子》、《淮南子》、《離騷》。初，融懲於鄧氏，不敢復違忤執家，遂爲梁冀草奏李固，又作大將軍《西第頌》，頗爲正直所羞。年八十八，卒於家。

陳寔

《後漢書》卷六二《陳寔傳》　陳寔字仲弓，潁川許人也。出於單微。自爲兒童，雖在戲弄，爲等類所歸。少作縣吏，常給事廝役，後爲都亭（刺）佐。而有志好學，坐立誦讀。縣令鄧邵試與語，奇之，聽受業太學。後令復召爲吏，乃避隱陽城山中。時有殺人者，同縣楊吏以疑寔，縣遂逮繫，考掠無實，而後得出。及爲督郵，乃密託許令，禮召楊吏。遠近聞者，咸歎服之。【略】

司空黃瓊辟選理劇，補聞喜長，旬月，以朞喪去官。復再遷除太丘長。修德清靜，百姓以安。鄰縣人戶歸附者，寔輒訓導譬解，發遣各令還本司官行部。吏慮有訟者，白欲禁之。寔曰：訟以求直，禁之理將何申？其勿有所拘。司官聞而歎息曰：陳君所言若是，豈有怨於人乎？亦竟無訟者。以沛相賦斂違法，乃解印綬去，吏人追思之。【略】

寔在鄉閭，平心率物。其有爭訟，輒求判正，曉譬曲直，退無怨者。至乃歎曰：寧爲刑罰所加，不爲陳君所短。時歲荒民儉，有盜夜入其室，止於梁上。寔陰見，乃起自整拂，呼命子孫，正色訓之曰：夫人不可不自勉。不善之人未必本惡，習以性成，遂至於此。梁上君子者是矣！盜大驚，自投於地，稽顙歸罪。寔徐譬之曰：視君狀貌，不似惡人，宜深剋己反善。然此當由貧困。令遺絹二匹。自是一縣無復盜竊。

（漢）蔡邕《蔡中郎文集》卷二《文範先生陳仲弓銘》　君諱寔，字仲弓，潁川許人也。其先出自有虞氏中葉。當周之盛德，有嬀滿者武王配以大姬，而封諸太昊之墟，是爲陳胡公。春秋之末，失其爵士，遂以國氏焉。世篤懿德，令問不顯。君膺皇靈之清和，受明哲之上姿，憑先民之遐邇，秉玄妙之淑行，投足而襲其軌，施舍而合其量。夫其仁愛溫柔，足以孕育群生；廣大寬裕，足以包覆無方；剛毅強固，足以威暴矯邪；正身體化，足以陶冶世心。先生有四德者，故言斯可象，靜斯可効。是以邦之子弟，遐方後生，莫不同情瞻仰，由其模範，從其趣尚，戾很斯和，争訟化讓，雖嚴石猛正，迫以刑戮，未若先生潛導之速也。其立朝事上也，恭順貞厲，舍章直方，無顯諫以彰亹，不割高而引長。常幹州郡腹心之任，義則進之以達道，否則退之以光操，然後德立名宣，蓋當世。辟司徒府，納規諫謀，主弼三事，人用昭明，台階允寧。遷聞喜長，清風暢於所漸，儉節溢於監司。郡政有錯，争之不從，即解綬去。復辟太尉府，遷太丘長，民之治情斂，反於端懿者，猶草木偃於翔風，百卉之挺於春陽也。以所执不協所屬，所以斯舉矣。不俟終日，辟大將軍府。道之行廢，有分於命，乃離密網，以就禁錮，潛復不式，十有八年。大忌蠲除，舉賢良方正。大將軍、司徒並辟，君曰：七十有懸車之禮，况我過諸。遂不應其命。容止法度，老而彌壯。凡所履行，事類博審，不可勝故，略舉首目，其實録之記在乎其傳。春秋八十有三，中平三年八月丙子卒。大將軍、三公使御屬往吊祠，會葬誄行告，謚曰文範先生，刺史、太守樹碑頌。許令已下，至於國人，立廟舊邑，四時烝嘗，歡哀承祀，其如祖禰。先生存重稱，亡歆血食，循行於己，得斯於人，固上世之所罕有，前哲之所不過也。孤嗣紀，銜恤在疚，敢録言行，終始所守。乃有二三友生，咨度禮則，咸曰：君化道神，行功有國，法施于民，祀典所宗，鄉人之祠，非此遺孤不得專辭。昔者先生甚樂兹土，築室講誨，精靈所寧。紀順奉雅意，遂定兆域，宜有銘勒表墳墓，俾後生之歌詠得音者，知丘封之存也。乃作銘曰：於熈文考，天授弘造。淵玄其深，巍峩其高。剛而無虐，柔而不撓。誕鋪模憲，亦世作教。君之誨矣，民胥効矣。道行斯進，廢乃斯止。鮮我顯泰，既多幽否。舍榮取辱，涅而不緇。德之休明，賤不爲恥。超邈其猶，莫與方軌。

趙岐

《後漢書》卷六四《趙岐傳》　趙岐字邠卿，京兆長陵人也。初名嘉，生於御史臺，因字臺卿，後避難，故自改名字，示不忘本土也。岐少明經，有才藝，娶扶風馬融兄女。融外戚豪家，岐常鄙之，不與融相見。仕州郡，以廉直疾惡見憚。年三十餘，有重疾，臥蓐七年，自慮奄忽，乃爲遺令敕兄子曰：大丈夫生世，遯無箕山之操，仕無伊、吕之勳，天不我與，復何言哉！可立一員石於吾墓前，刻之曰：漢有逸人，姓趙名嘉。有志無時，命也奈何！其後疾瘳。

永興二年，辟司空掾，議二千石得去官爲親行服，朝廷從之。其後爲大將軍梁冀所辟，爲陳損益求賢之策，冀不納。舉理劇，爲皮氏長。會河東太守劉祐去郡，而中常侍左悺兄勝代之，岐恥疾宦官，即日西歸。京兆尹延篤復以爲功曹。

先是中常侍唐衡兄玹爲京兆虎牙都尉，郡人以玹進不由德，皆輕侮之。岐及從兄襲又數爲貶議，玹深毒恨。延熹元年，玹爲京兆尹，岐懼禍及，乃與從子戩逃避之。玹果收岐家屬宗親，陷以重法，盡殺之。岐遂逃難四方，江、淮、海、岱，靡所不歷。自匿姓名，賣餅北海市中。時安丘孫嵩年二十餘，遊市見岐，察非常人，停車呼與共載。岐懼失色，嵩乃下帷，令騎屏行人。密問岐曰：視子非賣餅者，又相問而色動，不有重怨，即亡命乎？我北海孫賓石，闔門百口，埶能相濟。岐素聞嵩名，即以實告之，遂以俱歸。嵩先入白母曰：出行，乃得死友。迎入上堂，饗之極歡。藏岐複壁中數年，岐作《戹屯歌》二十三章。

後諸唐死滅，因赦乃出。三府聞之，同時並辟。九年，乃應司徒胡廣之命。會南匈奴、烏桓、鮮卑反叛，公卿舉岐，擢拜并州刺史。岐欲奏守邊之策，未及上，會坐黨事免，因撰次以爲《禦寇論》。

靈帝初，復遭黨錮十餘歲。中平元年，四方兵起，詔選故刺史、二千石有文武才用者，徵岐拜議郎。車騎將軍張温西征關中，請補長史，別屯安定。大將軍何進舉爲郭煌太守，行至襄武，岐與新除諸郡太守數人俱爲賊邊章等所執。賊欲脅以爲帥，岐詭辭得免，展轉還長安。

及獻帝西都，復拜議郎，稍遷太僕。及李傕專政，使太傅馬日磾撫慰天下，以岐爲副。日磾行至洛陽，表别遣岐宣揚國命，所到郡縣，百姓皆喜曰：今日乃復見使者車騎。

是時袁紹、曹操與公孫瓚争冀州，紹及操聞岐至，皆自將兵數百里奉迎，岐深陳天子恩德，宜罷兵安人之道，又移書公孫瓚，爲言利害。紹等各引兵去，皆與岐期會洛陽，奉迎車駕。岐南到陳留，得篤疾，經涉二年，期者遂不至。

興平元年，詔書徵岐，會帝當還洛陽，先遣衛將軍董承修理宫室。岐謂承曰：今海内分崩，唯有荊州境廣地勝，西通巴蜀，南當交阯，年穀獨登，兵人差全。岐雖迫大命，猶志報國家，欲自乘牛車，南說劉表，可使其身自將兵來衛朝廷，與將軍并心同力，共獎王室。此安上救人之策也。承即表遣岐使荊州，督租糧。岐至，劉表即遣兵詣洛陽助修宮室，軍資委輸，前後不絕。時孫嵩亦寓於表，表不爲禮，岐乃稱嵩素行篤烈，因共上爲青州刺史。岐以老病，遂留荊州。

曹操時爲司空，舉以自代。光祿勳桓典、少府孔融上書薦之，於是就拜岐爲太常。年九十餘，建安六年卒。先自爲壽藏，圖季札、子產、晏嬰、叔向四像居賓位，又自畫其像居主位，皆爲讚頌。勑其子曰：我死之日，墓中聚沙爲牀，布簟白衣，散髮其上，覆以單被，即日便下，下訖便掩。岐多所述作，著《孟子章句》、《三輔決録》傳於時。

（清）唐晏《兩漢三國學案》卷一〇《孟子》 辟司空掾，議二千石得去官爲諸親行服，朝廷從之。舉理劇，爲皮氏長。中常侍左悺兄勝爲河東太守，岐恥疾宦官，即日西歸。中常侍唐衡兄玹爲京兆虎牙都尉，郡人以玹進不由德，皆輕侮之。岐及從兄襲又數爲貶議，玹深毒恨。延熹元年，玹爲京兆尹，岐懼禍及，乃與從子戩逃辟之。自匿姓名，賣餅北海市中。安丘孫嵩察岐非常人，乃延之家，藏岐複壁中。岐作《阨屯歌》二十三章。後諸唐死滅，因赦乃出，三府交辟。烏桓、鮮卑反叛，公卿舉岐，擢拜并州刺史。岐欲奏守邊之策，未及上，會坐黨事免，因撰次以爲《禦寇論》。後仕至太僕。使劉表，遂留荊州。曹操爲司空，舉以自代。拜太常。年九十餘卒。先自爲壽藏，圖季札、子產、晏嬰、叔向四像居賓位，自畫其像居主位，皆爲讚頌。岐多所述作，著《孟子章句》、《三輔決録》傳於時。

按：何異孫《十一經問對》引岐本傳云：孫嵩藏之複壁中，岐隱忍困阨者三年，註成《孟子》。今《後漢書》無之，疑出《謝承書》。

何休

《後漢書》卷七九下《儒林傳下・何休》 何休字邵公，任城樊人也。父豹，少府。休爲人質朴訥口，而雅有心思，精研《六經》，世儒無及者。以列卿子詔拜郎中，非其好也，辭疾而去。不仕州郡。進退必以禮。

太傅陳蕃辟之，與參政事。蕃敗，休坐廢錮，乃作《春秋公羊解詁》，覃思不闚門，十有七年。又注訓《孝經》、《論語》、風角七分，皆經緯典謨，不與守文同說。又以《春秋》駁漢事六百餘條，妙得《公羊》本意。休善歷筭，與其師博士羊弼，追述李育意以難二傳，作《公羊墨守》、《左氏膏肓》、《穀梁廢疾》。

黨禁解，又辟司徒。羣公表休道術深明，宜侍帷幄，倖臣不悦之，乃拜議郎，屢陳忠言。再遷諫議大夫，年五十四，光和五年卒。

（清）李清植《歷代名儒傳》卷二 何休，字邵公，【略】初《公羊》之學，自齊胡母子都作條例，以授東平嬴公，嬴公授東海孟卿，孟卿授魯人眭孟，眭孟授東海嚴彭祖、魯人顔安樂。《公羊》遂有嚴、顔二家博士。至休乃畧依胡母生條例，隱括使就繩墨，作《公羊解詁》，覃思不闚門者十有七年。又以《春秋》駁漢事六百餘條，妙得《公羊》本意。先是扶風李育，亦治《公羊》，作難《左氏》義四十一事。及論《五經》白虎觀，育以《公羊》義難賈逵，往返皆有理證，最爲通儒。休既善《公羊》，兼通歷算，乃與師博士羊弼，追述育意，以難二傳，作《公羊墨守》、《左氏膏肓》、《穀梁廢疾》，又注《孝經》、《論語》、風角七分，經緯典謨，不與守文同說。黨禁解，辟司徒，羣公表休道術深明，宜侍帷幄。倖臣嫉之，乃拜議郎，屢陳忠言，再遷諫議大夫。年五十四，光和五年卒。

論曰：《公羊》之學，韓愈謂何氏注外，不見他書，要眇之義，無自而尋。則休之《解詁》，未爲盡得《公羊》本旨也。況三傳互相短長，休直詆爲《膏肓》，爲《廢疾》，意所謂黨同門，妬道真者，休蓋未能免此歟。雖然殘經之不亡，實諸專家是賴。自休以來，幾二千年，其書列於學宮，不可廢也。

服虔

《後漢書》卷七九下《儒林傳下・服虔》 服虔字子慎，初名重，又名祇，後改爲虔，河南滎陽人也。少以清苦建志，入太學受業。有雅才，善著文論，作《春秋左氏傳解》，行之至今。又以《左傳》駁何休之所駁漢事六十條。舉孝廉，稍遷，中平末，拜九江太守。免，遭亂行客，病卒。所著賦、碑、誅、書記、《連珠》、《九憤》，凡十餘篇。

許慎

《後漢書》卷七九下《儒林傳下・許慎》 許慎字叔重，汝南召陵人也。性淳篤，少博學經籍，馬融常推敬之，時人爲之語曰：《五經》無雙許叔重。爲郡功曹，舉孝廉，再遷除洨長。卒于家。

初，慎以《五經》傳説臧否不同，於是撰爲《五經異義》，又作《説文解字》十四篇，皆傳於世。

應劭

《後漢書》卷四八《應奉傳》 〔應〕劭字仲遠。少篤學，博覽多聞。靈帝時舉孝廉，辟車騎將軍何苗掾。

（清）唐晏《兩漢三國學案》卷一一《明經文學列傳》 中平六年，〔應劭〕拜太山太守。初平二年，黄巾三十萬衆入郡界。劭糾率文武，連與賊戰，前後斬首數千級，獲生口老弱萬餘人，輜重二千兩。賊皆退却，郡内以安。後以陶謙殺曹嵩於郡界，劭畏操誅，乃奔袁紹，遂卒於鄴。

（宋）王應麟《玉海》卷六五《應劭〈漢儀〉〈刪律令〉〈議駁〉〈律本〉〈板令〉〈律略論〉》 《應劭傳》爲《駮議》三十篇，又刪定律令爲《漢儀》。《晉志》作議。建安元年，乃奏之曰：夫國之大事，莫尚載籍。載籍也者，決嫌疑，明是非，賞刑之宜，允獲厥中，俾後之人永爲監焉。故膠東相董仲舒老疾致仕，朝廷每有政議，數遣廷尉張湯至陋巷問其得失，於是作《春秋決獄》二百三十二事，動以經對，言之詳矣。逆臣董卓蕩覆王室，典章焚燎，靡有孑遺。今大駕東邁，巡省許都，拔出險難，其命惟新。臣屢世受恩，榮祚豐衍。竊不自揆，貪少云補，輒撰具《律本章句》、《尚書舊事》、《廷尉板令》、《決事比例》、《司徒都目》、《五曹詔書》及《春秋斷獄》，凡二百五十篇。蠲去復重，爲之節文。又集《駁議》三十篇，以類相從，凡八十二事。其見《漢書》二十五，《漢記》四，皆刪敘潤色，以全本體。其二十六，博采古今瓌偉之士，文章煥炳，德義可觀。其二十七，臣所創造。庶幾觀察，增闡聖聽，惟因萬機之餘暇，游意省覽焉。獻帝善之。《傳》云凡所著述百三十六篇。《隋志》梁有應劭《律略論》五卷，《唐志》云劉劭。《漢朝議駁》三十卷，應劭撰。《續漢書》曰劭又著《中漢輯敘》、《漢官儀》及《禮儀故事》，凡十一種百三十一卷。朝廷制百官儀式，所以不亡者，由劭記之。

《律本章句》李悝六篇，蕭何九篇，張湯二十七篇，趙禹六篇，叔孫、郭、馬、鄭，諸儒章句十餘家。《尚書舊事》孔光爲尚書，觀故事品式，鄭弘所陳著南宮爲故事。

《廷尉板令》張湯著《讞法》、《廷尉挈令》。韋劭曰在板挈也。《決事比例》《周禮》注：若今時決事比，陳忠爲決事比。《周禮》疏：若今律其有斷事，皆依舊事斷之。其無條，取此類以決之。《司徒都目》注司徒，即丞相。總領綱紀，佐理萬機，故有都目。鮑昱爲司徒，定《決事都目》八卷。《晉志》按司徒鮑公撰辭訟，嫁娶決爲《法比都目》，凡九百六卷。《五曹詔書》見詔令。《春秋斷獄》見《春秋》。

鍾繇

《三國志》卷一三《魏志・鍾繇傳》 鍾繇字元常，潁川長社人也，嘗與族父瑜俱至洛陽，道遇相者，曰：此童有貴相，然當厄於水，努力慎之！行未十里，度橋，馬驚，墮水幾死。瑜以相者言中，益貴繇，而供給資費，使得專學。舉孝廉，除尚書郎、陽陵令，以疾去。辟三府，爲廷尉正、黄門侍郎。是時，漢帝在西京，李傕、郭汜等亂長安中，與關東斷絶。太祖領兗州牧，始遣使上書。傕、汜等以爲關東欲自立天子，今曹操雖有使命，非其至實，議留太祖使，拒絶其意。繇説傕、汜等曰：方今英雄並起，各矯命專制，唯曹兗州乃心王室，而逆其忠款，非所以副將來之望也。傕、汜等用繇言，厚加答報，由是太祖使命遂得通。太祖既數聽荀彧之稱繇，又聞其説傕、汜，益虚心。後傕脅天子，繇與尚書郎韓斌同策謀。天子得出長安，繇有力焉。拜御史中丞，遷侍中尚書僕射，并録前功封東武亭侯。【略】

〔裴松之注〕司馬彪《戰略》曰：袁尚遣高幹、郭援將兵數萬人，與匈奴單于寇河東，遣使與馬騰、韓遂等連和，騰等陰許之。傅幹説騰曰：古人有言順道者昌，逆德者亡。曹公奉天子誅暴亂，法明國治，上下用命，有義必賞，無義必罰，可謂順道矣。袁氏背王命，驅胡虜以陵中國，寬而多忌，仁而無斷，兵雖彊，實失天下心，可謂逆德矣。今將軍既事有道，不盡其力，陰懷兩端，欲以坐觀成敗，吾恐成敗既定，奉辭責罪，將軍先爲誅首矣。【略】繇時治在洛陽，自以威禁失督司之法，乃上書自劾曰：臣前上言故鎮北將軍領河東太守安陽亭侯王邑巧辟治官，犯突科條，事當推劾，檢實姦詐。被詔書當如所糾。以其歸罪，故加寬赦。又臣上言吏民大小，各懷顧望，謂邑當還，拒太守杜畿，今皆反悔，共迎畿之官。謹案文書，臣以空虚，被蒙拔擢，入充近侍，兼典機衡，忝膺重任，總統偏方。既無德政以惠民物，又無威刑以檢不恪，至使邑違犯詔書，郡掾衛固誑迫吏民，訟訴之言，交驛道路，漸失其禮，不虔王命。今雖反悔，醜聲流聞，咎皆由繇威刑不攝。臣又疾病，前後歷年，氣力日微，尸素重禄，曠廢職任，罪明法正。謹按侍中守司隸校尉東武亭侯鍾繇，幸得蒙恩，以斗筲之才，仍見拔擢，顯從近密，銜命督使。明知詔書深疾長吏政教寬弱，檢下無刑，久病淹滯，衆職荒頓，法令失張。邑雖違科，當必繩正法，既舉文書，操彈失理，至乃使邑遠詣闕廷。隳忝使命，挫傷爪牙。而固誑迫吏民，拒畿連月，今雖反悔，犯順失正，海内兇赫，罪一由繇威刑闇弱。又繇久病，不任所職，非繇大臣當所宜爲。繇輕慢憲度，不畏詔令，不與國同心，爲臣不忠，無所畏忌，大爲不敬。又不承用詔書，奉詔不謹。又聰明蔽塞，爲下所欺，弱不勝任。數罪謹以劾，臣請法車徵詣廷尉治繇罪，大鴻臚削爵土。臣久嬰篤疾，涉夏盛劇，命縣呼吸，不任部官。輒以文書付功曹從事馬適議，免冠徒跣，伏須罪誅。詔不聽。

衛覬

《三國志》卷二一《魏志・衛覬傳》　衛覬字伯儒，河東安邑人也。少夙成，以才學稱。太祖辟爲司空掾屬，除茂陵令、尚書郎。太祖征袁紹，而劉表爲紹援，關中諸將又中立。益州牧劉璋與表有隙，覬以治書侍御史使益州，令璋下兵以綴表軍。至長安，道路不通，覬不得進，遂留鎮關中。時四方大有還民，關中諸將多引爲部曲，覬書與荀彧曰：關中膏腴之地，頃遭荒亂，人民流入荊州者十萬餘家，聞本土安寧，皆企望思歸。而歸者無以自業，諸將各競招懷，以爲部曲。郡縣貧弱，不能與爭，兵家遂彊。一旦變動，必有後憂。夫鹽，國之大寶也，自亂來散放，宜如舊置使者監賣，以其直益市犂牛。若有歸民，以供給之。勤耕積粟，以豐殖關中。遠民聞之，必日夜競還。又使司隸校尉留治關中以爲之主，則諸將日削，官民日盛，此彊本弱敵之利也。彧以白太祖。太祖從之，始遣謁者僕射監鹽官，司隸校尉治弘農，關中服從。乃白召覬還，稍遷尚書。魏國既建，拜侍中，與王粲並典制度。文帝即王位，徙爲尚書。頃之，還漢朝爲侍郎，勸贊禪代之義，爲文誥之詔。文帝踐阼，復爲尚書，封陽吉亭侯。

明帝即位，進封閿鄉侯，三百户。閿音聞。覬奏曰：九章之律，自古所傳，斷定刑罪，其意微妙。百里長吏，皆宜知律。刑法者，國家之所貴重，而私議之所輕賤；獄吏者，百姓之所縣命，而選用者之所卑下。王政之弊，未必不由此也。請置律博士，轉相教授。事遂施行。

劉劭

《三國志》卷二一《魏志・劉劭傳》　劉劭字孔才，廣平邯鄲人也。建安中，爲計吏，詣許。太史上言：正旦當日蝕。劭時在尚書令荀彧所，坐者數十人，或云當廢朝，或云宜卻會。劭曰：梓慎、裨竈，古之良史，猶占水火，錯失天時。《禮記》曰諸侯旅見天子，及門不得終禮者四，日蝕在一。然則聖人垂制，不爲變〔異〕豫廢朝禮者，或災消異伏，或推術謬誤也。或善其言。敕朝會如舊，日亦不蝕。

御史大夫郗慮辟劭，會慮免，拜太子舍人，遷祕書郎。黄初中，爲尚書郎、散騎侍郎。受詔集五經羣書，以類相從，作《皇覽》。明帝卽位，出爲陳留太守，敦崇教化，百姓稱之。徵拜騎都尉，與議郎庾嶷、荀詵等定科令，作《新律》十八篇，著《律略論》。遷散騎常侍。時聞公孫淵受孫權燕王之號，議者欲留淵計吏，遣兵討之。劭以爲昔袁尚兄弟歸淵父康，康斬送其首，是淵先世之效忠也。又所聞虚實，未可審知。古者要荒未服，脩德而不征，重勞民也。宜加寬貸，使有以自新。後淵果斬送權使張彌等首。劭嘗作《趙都賦》，明帝美之，詔劭作《許都》、《洛都賦》。時外興軍旅，内營宫室，劭作二賦，皆諷諫焉。【略】

景初中，受詔作《都官考課》。劭上疏曰：百官考課，王政之大較，然而歷代弗務，是以治典闕而未補，能否混而相蒙。陛下以上聖之宏略，愍王綱之弛頹，神慮内鑒，明詔外發。臣奉恩曠然，得以啓矇，輒作《都官考課》七十二條，又作《説略》一篇。臣學寡識淺，誠不足以宣暢聖旨，著定典制。又以爲宜制禮作樂，以移風俗，著《樂論》十四篇，事成未上。會明帝崩，不施行。正始中，執經講學，賜爵關内侯。凡所撰述，《法論》、《人物志》之類百餘篇。卒，追贈光禄勳。子琳嗣。

傅嘏

《三國志》卷二一《魏志・傅嘏傳》 傅嘏字蘭石，北地泥陽人，傅介子之後也。伯父巽，黄初中爲侍中尚書。嘏弱冠知名，司空陳羣辟爲掾。時散騎常侍劉劭作考課法，事下三府。嘏難劭論曰：蓋聞帝制宏深，聖道奥遠，苟非其才，則道不虚行，神而明之，存乎其人。暨乎王略虧頹而曠載罔綴，微言既没，六籍泯玷。何則？道弘致遠而衆才莫晞也。案劭考課論，雖欲尋前代黜陟之文，然其制度略以闕亡。禮之存者，惟有周典，外建侯伯，藩屏九服，内立列司，筦齊六職，土有恒貢，官有定則，百揆均任，四民殊業，故考績可理而黜陟易通也。大魏繼百王之末，承秦、漢之烈，制度之流，靡所脩采。自建安以來，至于青龍，神武撥亂，肇基皇祚，掃除凶逆，芟夷遺寇，旌旗卷舒，日不暇給。及經邦治戎，權法並用，百官羣司，軍國通任，隨時之宜，以應政機。以古施今，事雜義殊，難得而通也。所以然者，制宜經遠，或不切近，法應時務，不足垂後。夫建官均職，清理民物，所以立本也；循名考實，糾勵成規，所以治末也。本綱末舉而造制未呈，國略不崇而考課是先，懼不足以料賢愚之分，精幽明之理也。昔先王之擇才，必本行於州閭，講道於庠序，行具而謂之賢，道脩則謂之能。鄉老獻賢能于王，王拜受之，舉其賢者，出使長之，科其能者，入使治之，此先王收才之義也。方今九州之民，爰及京城，未有六鄉之舉，其選才之職，專任吏部。案品狀則實才未必當，任薄伐則德行未爲敍，如此則殿最之課，未盡人才。述綜王度，敷贊國式，體深義廣，難得而詳也。【略】

〔裴松之注〕《傅子》曰：河南尹内掌帝都，外統京畿，兼古六鄉六遂之士。其民異方雜居，多豪門大族，商賈胡貊，天下四（方）會，利之所聚，而姦之所生。前尹司馬芝，舉其綱而太簡，次尹劉靜，綜其目而太密，後尹李勝，毁常法以收一時之聲。嘏立司馬氏之綱統，裁劉氏之綱目以經緯之，李氏所毁以漸補之。郡有七百吏，半非舊也。河南俗黨五官掾功曹典選職，皆授其本國人，無用異邦人者，嘏各舉其良而對用之，官曹分職，而後以次考核之。其治以德教爲本，然持法有恒，簡而不可犯，見理識情，獄訟不加櫝楚而得其實。不爲小惠，有所薦達及大有益於民事，皆隱其端迹，若不由己出。故當時無赫赫之名，吏民久而後安之。

陳羣

《三國志》卷二二《魏志・陳羣傳》 陳羣字長文，潁川許昌人也。祖父寔，父紀，叔父諶，皆有盛名。羣爲兒時，寔常奇異之，謂宗人父老曰：此兒必興吾宗。魯國孔融高才倨傲，年在紀、羣之間，先與紀友，後與羣交，更爲紀拜，由是顯名。劉備臨豫州，辟羣爲別駕。時陶謙病死，徐州迎備，備欲往，羣説備曰：袁術尚彊，今東，必與之争。呂布若襲將軍之後，將軍雖得徐州，事必無成。備遂東，與袁術戰。布果襲下邳，遣兵助術，大破備軍，備恨不用羣言。舉茂才，除柘令，不行，隨紀避難徐州。屬吕布破，太祖辟羣爲司空西曹掾屬。時有薦樂安王模、下邳周逵者，太祖辟之。羣封還教，以爲模、逵穢德，終必敗，太祖不聽。後模、逵皆坐姦宄誅，太祖以謝羣。羣薦廣陵陳矯、丹陽戴乾，太祖皆用之。後吴人叛，乾忠義死難，矯遂爲名臣，世以羣爲知人。除蕭、贊、長平令，父卒去官。後以司徒掾舉高第，爲治書侍御史，轉參丞相軍事。魏國既建，遷爲御史中丞。

時太祖議復肉刑，令曰：安得通理君子達於古今者，使平斯事乎！昔陳鴻臚以爲死刑有可加於仁恩者，正謂此也。御史中丞能申其父之論乎？羣對曰：臣父紀以爲漢除肉刑而增加笞，本興仁惻而死者更衆，所謂名輕而實重者也。名輕則易犯，實重則傷民。《書》曰：惟敬五刑，以成三德。《易》著劓、刖、滅趾之法，所以輔政助教，懲惡息殺也。且殺人償死，合於古制；至於傷人，或殘毁其體而裁翦毛髮，非其理也。若用古刑，使淫者下蠶室，盜者刖其足，則永無淫放穿窬之姦矣。夫三千之屬，雖未可悉復，若斯數者，時之所患，宜先施用。漢律所殺殊死之罪，仁所不及也，其餘逮死者，可以刑殺。如此，則所刑之與所生足以相貿矣。今以笞死之法易不殺之刑，是重人支體而輕人軀命也。時鍾繇與羣議同，王朗及議者多以爲未可行。太祖深善繇、羣言，以軍事未罷，顧衆議，故且寢。

高　柔

《三國志》卷二四《魏志・高柔傳》　高柔字文惠，陳留圉人也。父靖，爲蜀郡都尉。柔留鄉里，謂邑中曰：今者英雄並起，陳留四戰之地也。曹將軍雖據兖州，本有四方之圖，未得安坐守也。而張府君先得志於陳留，吾恐變乘閒作也，欲與諸君避之。衆人皆以張邈與太祖善，柔又年少，不然其言。柔從兄幹，袁紹甥也，在河北呼柔，柔舉宗從之。會靖卒於西州，時道路艱澁，兵寇縱横，而柔冒艱險詣蜀迎喪，辛苦荼毒，無所不嘗，三年乃還。

太祖平袁氏，以柔爲（管）〔菅〕長。縣中素聞其名，姦吏數人，皆自引去。柔教曰：昔邴吉臨政，吏嘗有非，猶尚容之。况此諸吏，於吾未有失乎！其召復之。咸還，皆自勵，咸爲佳吏。高幹既降，頃之以幷州叛。柔自歸太祖，太祖欲因事誅之，以爲刺姦令史；處法允當，獄無留滯，辟爲丞相倉曹屬。太祖欲遣鍾繇等討張魯，柔諫，以爲今猥遣大兵，西有韓遂、馬超，謂爲己舉，將相扇動作逆，宜先招集三輔，三輔苟平，漢中可傳檄而定也。繇入關，遂、超等果反。

魏國初建，爲尚書郎。轉拜丞相理曹掾。【略】

文帝踐阼，以柔爲治書侍御史，賜爵關内侯，轉加治書執法。民閒數有誹謗妖言，帝疾之，有妖言輒殺，而賞告者。柔上疏曰：今妖言者必戮，告之者輒賞。既使過誤無反善之路，又將開凶狡之羣相誣罔之漸，誠非所以息姦省訟，緝熙治道也。昔周公作誥，稱殷之祖宗，咸不顧小人之怨。在漢太宗，亦除妖言誹謗之令。臣愚以爲宜除妖謗賞告之法，以隆天父養物之仁。帝不即從，而相誣告者滋甚。帝乃下詔：敢以誹謗相告者，以所告者罪罪之。於是遂絶。校事劉慈等，自黄初初數年之閒，舉吏民姦罪以萬數，柔皆請懲虚實；其餘小小挂法者，不過罰金。四年，遷爲廷尉。【略】

時獵法甚峻。宜陽典農劉龜竊於禁内射兔，其功曹張京詣校事言之。帝匿京名，收龜付獄。柔表請告者名，帝大怒曰：劉龜當死，乃敢獵吾禁地。送龜廷尉，廷尉便當考掠，何復請告者主名，吾豈妄收龜邪？柔曰：廷尉，天下之平也，安得以至尊喜怒而毁法乎？重復爲奏，辭指深切。帝意寤，乃下京名。即還訊，各當其罪。【略】

頃之，護軍營士竇禮近出不還。營以爲亡，表言逐捕，没其妻盈及男女爲這奴婢。盈連至州府，稱寃自訟，莫有省者。乃辭詣廷尉。柔問曰：汝何以知夫不亡？盈垂泣對曰：夫少單特，養一老嫗爲母，事甚恭謹，又哀兒女，撫視不離，非是輕狡不顧室家者也。柔重問曰：汝夫不與人有怨讎乎？對曰：夫良善，與人無讎。又曰：汝夫不與人交錢財乎？對曰：嘗出錢與同營士焦子文，求不得。時子文適坐小事繫獄，柔乃見子文，問所坐。言次，曰：汝頗曾舉人錢不？子文曰：自以單貧，初不敢舉人錢物也。柔察子文色動，遂曰：汝昔舉竇禮錢，何言不邪？子文怪知事露，應對不次。柔曰：汝已殺禮，便宜早服。子文於是叩頭，具首殺禮本末，埋藏處所。柔便遣吏卒，承子文辭往掘禮，即得其屍。詔書復盈母子爲平民。班下天下，以禮爲戒。

（宋）桂萬榮《棠陰比事・附録・高柔察色》　此正聽五詞之一驗也。惟虚心以待之，則情狀可見。

高柔遷廷尉護軍，營士竇禮近出不還，營以為亡，表言没其妻盈及男女為官奴婢，盈稱寃自訟，乃詣廷尉。柔問曰：汝何以知夫不亡？盈泣曰：夫少單，特養一老嫗為母，又哀兒女，撫字不離，非是輕狡不顧室家者。柔重問曰：汝夫無仇乎？對曰：夫良善，與人無仇。又曰：汝夫不與人交財乎？對曰：嘗出錢與同營士焦子文，久求不得。時子文適坐事繫獄，柔乃見子文，問所坐。言次，曰：汝曾舉人錢否？子文曰：單貧，初不敢舉人物也。柔察子文色動，遂曰：汝適舉竇禮錢，何言不舉邪！子文怪事露，應對不及，柔曰：汝已殺禮，宜早服！子文於是叩頭，具道本末。柔遣吏卒承子文詞掘得尸，詔書復盈母子為平民，抵子文罪。

兩晉南北朝分部

鄭　沖

《晉書》卷三三《鄭沖傳》　鄭沖字文和，滎陽開封人也。起自寒微，卓爾立操，清恬寡欲，耽玩經史，遂博究儒術及百家之言。有姿望，動必循禮，任真自守，不要鄉曲之譽，由是州郡久不加禮。

及魏文帝爲太子，搜揚側陋，命沖爲文學，累遷尚書郎，出補陳留太守。沖以儒雅爲德，莅職無幹局之譽，簞食緼袍，不營資産，世以此重之。大將軍曹爽引爲從事中郎，轉散騎常侍、光禄勳。嘉平三年，拜司空。及高貴鄉公講《尚書》，沖執經親授，與侍中鄭小同俱被賞賜。俄轉司徒。常道鄉公即位，拜太保，位在三司之上，封壽光侯。沖雖位階台輔，而不預世事。時文帝輔政，平蜀之後，命賈充、羊祜等分定禮儀、律令，皆先諮於沖，然後施行。

杜　預

《晉書》卷三四《杜預傳》　杜預字元凱，京兆杜陵人也。祖畿，魏尚書僕射。父恕，幽州刺史。預博學多通，明於興廢之道，常言：德不可以企及，立功立言可庶幾也。初，其父與宣帝不相能，遂以幽死，故預久不得調。

文帝嗣立，預尚帝妹高陸公主，起家拜尚書郎，襲祖爵豐樂亭侯。在職四年，轉參相府軍事。鍾會伐蜀，以預爲鎮西長史。及會反，僚佐並遇害，唯預以智獲免，增邑千一百五十户。

與車騎將軍賈充等定律令，既成，預爲之注解，乃奏之曰：法者，蓋繩墨之斷例，非窮理盡性之書也。故文約而例直，聽省而禁簡。例直易見，禁簡難犯。易見則人知所避，難犯則幾於刑厝。刑之本在於簡直，故必審名分。審名分者，必忍小理。古之刑書，銘之鍾鼎，鑄之金石，所以遠塞異端，使無淫巧也。今所注皆網羅法意，格之以名分。使用之者執名例以審趣舍，伸繩墨之直，去析薪之理也。詔班于天下。【略】

預身不跨馬，射不穿札，而每任大事，輒居將率之列。結交接物，恭而有禮，問無所隱，誨人不倦，敏於事而慎於言。既立功之後，從容無事，乃耽思經籍，爲《春秋左氏經傳集解》。又參攷衆家譜第，謂之《釋例》。又作《盟會圖》、《春秋長曆》，備成一家之學，比老乃成。又撰《女記讚》。當時論者謂預文義質直，世人未之重，唯祕書監摯虞賞之，曰：左丘明本爲《春秋》作傳，而《左傳》遂自孤行。《釋例》本爲《傳》設，而所發明何但《左傳》，故亦孤行。時王濟解相馬，又甚愛之，而和嶠頗聚斂，預常稱濟有馬癖，嶠有錢癖。武帝聞之，謂預曰：卿有何癖？對曰：臣有《左傳》癖。

賈充

《晉書》卷四〇《賈充傳》 賈充字公閭，平陽襄陵人也。父逵，魏豫州刺史、陽里亭侯。逵晚始生充，言後當有充閭之慶，故以爲名字焉。

充少孤，居喪以孝聞。襲父爵爲侯。拜尚書郎，典定科令，兼度支考課。辯章節度，事皆施用。累遷黃門侍郎、汲郡典農中郎將。參大將軍軍事，從景帝討毌丘儉、文欽於樂嘉。帝疾篤，還許昌，留充監諸軍事，以勞增邑三百五十戶。【略】

遷廷尉，充雅長法理，有平反之稱。【略】

充所定新律既班于天下，百姓便之。詔曰：漢氏以來，法令嚴峻。故自元成之世，及建安、嘉平之間，咸欲辯章舊典，删革刑書。述作體大，歷年無成。先帝愍元元之命陷於密網，親發德音，釐正名實。車騎將軍賈充，奬明聖意，諮詢善道。太傅鄭沖，又與司空荀顗、中書監荀勖、中軍將軍羊祜、中護軍王業，及廷尉杜友、守河南尹杜預、散騎侍郎裴楷、潁川太守周雄、齊相郭頎、騎都尉成公綏荀煇、尚書郎柳軌等，典正其事。朕每鑒其用心，常慨然嘉之。今法律既成，始班天下，刑寬禁簡，足以克當先旨。昔蕭何以定律受封，叔孫通以制儀爲奉常，賜金五百斤，弟子皆爲郎。夫立功立事，古之所重。自太傅、車騎以下，皆加禄賞，其詳依故典。於是賜充子弟一人關内侯，絹五百匹。固讓，不許。【略】

充爲政，務農節用，并官省職，帝善之。又以文武異容，求罷所領兵。及羊祜等出鎮，充復上表欲立勳邊境，帝並不許。從容任職，褒貶在己，頗好進士，每有所薦達，必終始經緯之，是以士多歸焉。帝舅王恂嘗毀充，而充更進恂。或有背充以要權貴者，充皆陽以素意待之。而充無公方之操，不能正身率下，專以諂媚取容。

劉頌

《晉書》卷四六《劉頌傳》 劉頌字子雅，廣陵人，漢廣陵厲王胥之後也。世爲名族。同郡有雷、蔣、穀、魯四姓，皆出其下，時人爲之詔曰：雷、蔣、穀、魯，劉最爲祖。父觀，平陽太守。頌少能辨物理，爲時人所稱。察孝廉，舉秀才，皆不就。文帝辟爲相府掾，奉使于蜀。時蜀新平，人饑土荒，頌表求振貸，不待報而行，由是除名。

武帝踐阼，拜尚書三公郎，典科律，申寃訟。累遷中書侍郎。咸寧中，詔頌與散騎郎白褒巡撫荊揚，以奉使稱旨，轉黃門郎。遷議郎，守廷尉。時尚書令史扈寅非罪下獄，詔使考竟，頌執據無罪，寅遂得免，時人以頌比張釋之。在職六年，號爲詳平。會滅吴，諸將争功，遣頌校其事，以王渾爲上功，王濬爲中功。帝以頌持法失理，左遷京兆太守，不行，轉任河内。臨發，上便宜，多所納用。郡界多公主水碓，遏塞流水，轉爲浸害，頌表罷之，百姓獲其便利。尋以母憂去職。服闋，除淮南相。在官嚴整，甚有政績。舊修芍陂，年用數萬人，豪强兼并，孤貧失業，頌使大小勠力，計功受分，百姓歌其平惠。

傅玄

《晉書》卷四七《傅玄傳》 傅玄字休奕，北地泥陽人。祖燮，漢漢陽太守。父幹，魏扶風太守。玄少孤貧，博學善屬文，解鍾律。性剛勁亮直，不能容人之短。郡上計吏再舉孝廉，太尉辟，皆不就。州舉秀才，除郎中，與東海繆施俱以時譽選入著作，撰集魏書。後參安東、衛軍軍事，轉温令，再遷弘農太守，領典農校尉。所居稱職，數上書陳便宜，多所匡正。五等建，封鶉觚男。武帝爲晉王，以玄爲散騎常侍。及受禪，進爵爲子，加駙馬都尉。

孔琳之

《宋書》卷五六《孔琳之傳》 孔琳之字彦琳，會稽山陰人。祖沈，晉丞相掾。父廞，光禄大夫。

琳之强正有志力，好文義，解音律，能彈棊，妙善草隸。郡命主簿，不就，後辟本國常侍。【略】

遷尚書吏部郎。義熙六年，高祖領平西將軍，以爲長史，大司馬琅邪王從事中郎，又除高祖平北、征西長史，遷侍中。宋臺初建，除宋國侍中。出爲吴興太守，公事免。永初二年，爲御史中丞，明憲直法，無所屈橈。

孔稚珪

《南齊書》卷四八《孔稚珪傳》　孔稚珪字德璋，會稽山陰人也。祖道隆，位侍中。父靈産，泰始中，罷晉安太守。【略】

稚珪少學涉，有美譽。太守王僧虔見而重之，引爲主簿。州舉秀才。解褐宋成王車騎法曹行參軍，轉尚書殿中郎。太祖爲驃騎，以稚珪有文翰，取爲記室參軍，與江淹對掌辭筆。遷正員郎，中書郎，尚書左丞。父憂去官，與兄仲智還居父山舍。仲智妾李氏驕妒無禮，稚珪白太守王敬則殺之。服闋，爲司徒從事中郎，州治中，别駕，從事史，本郡中正。

永明七年，轉驍騎將軍，復領左丞。遷黄門郎，左丞如故。轉太子中庶子，廷尉。江左相承用晉世張杜律二十卷，世祖留心法令，數訊囚徒，詔獄官詳正舊注。先是七年，尚書删定郎王植撰定律章表奏之，曰：臣尋《晉律》，文簡辭約，旨通大綱，事之所質，取斷難釋。張斐杜預同注一章，而生殺永殊。自晉泰始以來，唯斟酌參用。是則吏挾威福之勢，民懷不對之怨，所以温舒獻辭於失政，絳侯忼慨而興歎。皇運革祚，道冠前王，陛下紹興，光開帝業。下車之痛，每惻上仁，滿堂之悲，有矜聖思。爰發德音，删正刑律，敕臣集定張杜二注。謹礪愚蒙，盡思詳撰，削其煩害，録其允衷。取張注七百三十一條，杜注七百九十一條。或二家兩釋，於義乃備者，又取一百七條。其注相同者，取一百三條。集爲一書。凡一千五百三十二條，爲二十卷。請付外詳校，擿其違謬。從之。於是公卿八座參議，考正舊注。有輕重處，竟陵王子良下意，多使從輕。其中朝議不能斷者，制旨平決。

沈洙

《陳書》卷三三《儒林傳・沈洙》　沈洙字弘道，吴興武康人也。祖休稚，梁餘杭令。父山卿，梁國子博士、中散大夫。

洙少方雅好學，不妄交遊。治《三禮》、《春秋左氏傳》。精識彊記，《五經》章句，諸子史書，問無不答。解巾梁湘東王國左常侍，轉中軍宣城王限内參軍。板仁威臨賀王記室參軍，遷尚書祠部郎中，時年蓋二十餘。大同中，學者多涉獵文史，不爲章句，而洙獨積思經術，吴郡朱异、會稽賀琛甚嘉之。及异、琛於士林館講制旨義，常使洙爲都講。侯景之亂，洙竄於臨安，時世祖在焉，親就習業。及高祖入輔，除國子博士，與沈文阿同掌儀禮。

高祖受禪，加員外散騎常侍，歷揚州别駕從事史、大匠卿。【略】

世祖即位，遷通直散騎常侍，侍東宫讀。尋兼尚書左丞，領揚州大中正，遷光禄卿，侍讀如故。廢帝嗣位，重爲通直散騎常侍，兼尚書左丞。遷戎昭將軍、輕車衡陽王長史，行府國事，帶琅邪、彭城二郡丞。梁代舊律，測囚之法，日一上，起自晡鼓，盡于二更。及比部郎范泉删定律令，以舊法測立時久，非人所堪，分其刻數，日再上。廷尉以爲新制過輕，請集八座丞郎并祭酒孔奂、行事沈洙五舍人會尚書省詳議。時高宗録尚書，集衆議之，都官尚書周弘正曰：未知獄所測人，有幾人款？幾人不款？須前責取人名及數并其罪目，然後更集。得廷尉監沈仲由列稱，别制已後，有壽羽兒一人坐殺壽慧，劉磊渴等八人坐偷馬仗家口渡北，依法測之，限訖不款。劉道朔坐犯七改偷，依法測立，首尾二日而款。陳法滿坐被使封藏，阿法受錢，未及上而款。弘正議曰：凡小大之獄，必應以情，正言依準五聽，驗其虚實，豈可全恣考掠，以判刑罪。且測人時節，本非古制，近代已來，方有此法。起自晡鼓，迄于二更，豈是常人所能堪忍？所以重械之下，危墮之上，無人不服，誣枉者多。朝晚二時，同等刻數，進退而求，於事爲衷。若謂小促前期，致實罪不伏，如復時節延長，則無愆妄款。且人之所堪，既有彊弱，人之立意，固亦多途。至如貫高榜笞刺爇，身無完者，戴就熏針並極，困篤不移，豈關時刻長短，掠測優劣？

夫與殺不辜，寧失不經，罪疑惟輕，功疑惟重，斯則古之聖王，垂此明法。愚謂依范泉著制，於事爲允。舍人盛權議曰：比部范泉新制，尚書周弘正明議，咸允《虞書》惟輕之旨，《殷頌》敷正之言。竊尋廷尉監沈仲由等列新制以後，凡有獄十一人，其所測者十人，款者唯一。愚謂染罪之囚，獄官宜明加辯析，窮考事理。若罪有可疑，自宜啓審分判，幸無濫測；若罪有實驗，乃可啓審測立；此則枉直有分，刑宥斯理。范泉今牒述《漢律》，云死罪及除名，罪證明白，考掠已至，而抵隱不服者，處當列上。杜預注云處當，證驗明白之狀，列其抵隱之意。竊尋舊制深峻，百中不款者一，新制寬優，十中不款者九，參會兩文，寬猛寔異，處當列上，未見釐革。愚謂宜付典法，更詳處當列上之文。洙議曰：夜中測立，緩急易欺，兼用晝漏，於事爲允。但漏刻賒促，今古不同，《漢書·律曆》，何承天、祖沖之、暅之父子《漏經》，並自關鼓至下鼓，自晡鼓至關鼓，皆十三刻，冬夏四時不異。若其日有長短，分在中時前後。今用梁末改漏，下鼓之後，分其短長，夏至之日，各十七刻，冬至之日，各十二刻。伏承命旨，刻同勒令，檢一日之刻乃同，而四時之用不等，廷尉今牒，以時刻短促，(到)〔致〕罪人不款。愚意願去夜測之昧，從晝漏之明，斟酌今古之間，參會二漏之義，捨秋冬之少刻，從夏日之長晷，不問寒暑，並依今之夏至，朝夕上測，各十七刻。比之古漏，則上多昔四刻，即用今漏，則冬至多五刻。雖冬至之時，數刻侵夜，正是少日，於事非疑。庶罪人不以漏短而爲捍，獄囚無以在夜(之)〔而〕致誣，求之鄙意，竊謂允合。衆議以爲宜依范泉前制，高宗曰：沈長史議得中，宜更博議。左丞宗元饒議曰：竊尋沈議非頓異范，正是欲使四時均其刻數，兼斟酌其佳，以會優劇。即同牒請寫還删定曹詳改前制。高宗依事施行。

洙以太建元年卒，時年五十二。

崔祖思

《南史》卷四七《崔祖思傳》 崔祖思字敬元，清河東武城人，魏中尉琰七世孫也。祖諲，宋冀州刺史。父僧護，州秀才。【略】

又曰：憲律之重，由來尚矣。實宜清置廷尉，茂簡三官。漢來習律有家，子孫並傳其業。今廷尉律生，乃令史門戶，刑之不厝，抑此之由。又曰：案前漢編戶千萬，太樂伶官方八百二十九人，孔光等奏罷不合經法者四百四十一人，正樂定員唯置三百八十八人。今戶口不能百萬，而太樂雅鄭，元徽時校試千有餘人，後堂雜伎不在其數。糜費力役，傷敗風俗。今欲撥邪歸道，莫若罷雜伎，王庭唯置鍾簴羽戚登歌而已。上詔報答。

辛雄

《魏書》卷七七《辛雄傳》 辛雄，字世賓，隴西狄道人。父暢，字幼達，大將軍諮議參軍、汝南鄉郡二郡太守，太和中，本郡中正。雄有孝性，頗涉書史，好刑名，廉謹雅素，不妄交友，喜怒不形於色。釋褐奉朝請。父於郡遇患，雄自免歸，晨夜扶抱。及父喪居憂，殆不可識，爲世所稱。

正始初，除給事中，十年不遷職，乃以病免。清河王懌爲司空，辟戶曹參軍，攝田曹事。懌遷司徒，仍隨授戶曹參軍。並當煩劇，諍訟填委。雄用心平直，加以閑明政事，經其斷割，莫不悅服。懌重之，每謂人曰：必也無訟乎，辛雄其有焉。由是名顯。懌遷太尉，又爲記室參軍。神龜中，除尚書駕部郎中，轉三公郎。其年，沙汰郎官，唯雄與羊深等八人見留，餘悉罷遣，更授李琰等。

先是，御史中尉、東平王元匡復欲輿棺諫諍，尚書令、任城王澄劾匡大不敬，詔恕死爲民。雄奏理匡曰：竊惟白衣元匡，歷奉三朝，每蒙寵遇。謇諤之性，簡自帝心；鷹鸇之志，形於在昔。故高祖錫之以匡名，陛下任之以彈糾。至若茹皓昇輦，匡斥宜下之言；高肇當政，匡陳擅權之表。剛毅忠款，羣臣莫及；骨鯁之跡，朝野共知。當高肇之時，匡造棺致諫，主聖臣直，卒以無咎。假欲重造，先帝已容之於前，陛下亦宜寬之於後，況其元列由緒與罪按不同也。脫終貶黜，不在朝廷，恐杜忠臣之口，塞諫者之心，乖琴瑟之至和，違鹽梅之相濟。祁奚云，叔向之賢，可及十世，而匡不免其身，實可嗟惜。未幾，匡除龍驤將軍、平州刺史。右僕射元欽謂左僕射蕭寶夤曰：至如辛郎中才用，省中諸人莫出其右。寶夤曰：吾聞游僕射云：得如雄者四五人共治省事，足矣。今日之賞，何其晚哉！

初，廷尉少卿袁翻以犯罪之人，經恩競訴，枉直難明，遂奏曾染風聞者，不問曲直，推爲獄成，悉不斷理。詔令門下、尚書、廷尉議之。雄議曰：

《春秋》之義：不幸而失，寧僭不濫。僭則失罪人，濫乃害善人。今議者不忍罪姦吏，使出入縱情，令君子小人薰蕕不別，豈所謂賞善罰惡，殷勤隱恤者也。仰尋周公不減流言之愆，俯惟釋之不加驚馬之辟，所以小大用情，貴在得所。失之千里，差在毫釐。雄久執按牘，數見疑訟，職掌三千，願言者六。

一曰：御史所糾，有注其逃走者。及其出訴，或爲公使，本曹給過所有指，如不推檢，文按灼然者，雪之。二曰：御史赦前注獲見贓，不辨行賕主名，檢無賂以置直之主，宜應洗復。三曰：經拷不引，傍無三證，比以獄按既成，因即除削。或有據令奏復者，與奪不同，未獲爲通例。又須定何如得爲證人。若必須三人對見受財，然後成證，則於理太寬。若傳聞即爲證，則於理太急。今請以行賕後三人俱見，物及證狀顯著，準以爲驗。四曰：赦前斷事，或引律乖錯，使除復失衷，雖按成經赦，宜追從律。五曰：經赦除名之後，或邀駕訴枉，被旨重究；或訴省稱寃，爲奏更檢。事付有司，未被研判，遂遇恩宥。如此之徒，謂不得異於常格，依前按爲定。若不合拷究，已復之流，請不追奪。六曰：或受辭下檢反覆，使鞫獄證占分明，理合清雪，未及告按，忽逢恩赦。若從證占而雪，則違正格；如除其名，罪濫潔士。以爲罪須按成，雪以占定，若拷未畢格及要證一人不集者，不得爲占定。

古人雖患察獄之不精，未聞知寃而不理。今之所陳，實士師之深疑，朝夕之急務，願垂察焉。

詔從雄議。自後每有疑議，雄與公卿駁難，事多見從，於是公能之名甚盛。

又爲《禄養論》，稱仲尼陳五孝，自天子至庶人無致仕之文。《禮記》：八十，一子不從政；九十，家不從政。鄭玄注云：復除之。然則，止復庶民，非公卿大夫士之謂。以爲宜聽禄養，不約其年。書奏，肅宗納之。以母憂去任。卒哭，右僕射元欽奏雄起復爲郎。俄兼司州別駕，加前軍將軍。

孫紹

《魏書》卷七八《孫紹傳》　孫紹，字世慶，昌黎人。世仕慕容氏。祖志入國，卒於濟陽太守。父協，字文和，上黨太守。紹少好學，通涉經史，頗有文才，陰陽術數，多所貫涉。初爲校書郎，稍遷給事中，自長兼羽林監爲門下録事。朝廷大事，好言得失，遂爲世知。曾著《釋典論》，雖不具美，時有可存。與常景等共修律令。

延昌中，紹表曰：【略】又先帝時，律令並議，律尋施行，令獨不出，十餘年矣。臣以令之爲禮，即帝王之身也，分處百揆之儀，安置九服之節，經緯三才之倫，包羅六卿之職，措置風化之門，作用賞罰之要，乃是有爲之樞機，世法之大本也。然修令之人，亦皆博古，依古撰置，大體可觀，比之前令，精粗有在。但主議之家，太用古制。若全依古，高祖之法，復須昇降，誰敢措意有是非哉？以是爭故，久廢不理。然律令相須，不可偏用，今律班令止，於事甚滯。若令不班，是無典法，臣下執事，何依而行？臣等修律，非無勤止，署下之日，臣乃無名。是謂農夫盡力，他食其秋，功名之所，實懷於悒。

常景

《魏書》卷八二《常景傳》　常景，字永昌，河內人也。父文通，天水太守。景少聰敏，初讀《論語》、《毛詩》，一受便覽。及長，有才思，雅好文章。廷尉公孫良舉爲律博士，高祖親得其名，既而用之。後爲門下録事、太常博士。正始初，詔尚書、門下於金墉中書外省考論律令，敕景參議。

封軌

《北史》卷二四《封軌傳》 〔封〕回族叔軌，字廣度。好學，通覽經傳。與光禄大夫武邑孫惠蔚同志友善。惠蔚每推軌曰：封生之於經義，吾所弗如者多矣。頗自修潔，儀容甚偉。或曰：學士不事修飾，此賢何獨如此？軌聞，笑曰：君子整其衣冠，尊其瞻視，何必蓬頭垢面而後爲賢。言者慚退。

以兼員外散騎常侍銜命高麗。高麗王雲恃其偏遠，稱疾不親受詔。軌正色詰之，喻以大義，雲乃北面受旨。使還，轉考功郎中，除本郡中正。勃海太守崔休入爲吏部郎中，以己考事干軌。軌曰：法者天下之事，不可以舊君故，虧之也。休歎其守正。軌在臺中，稱爲儒雅。除國子博士，假通直散騎常侍，慰勞汾州山胡。

司空、清河王懌表修明堂、辟雍，詔百僚集議。軌議曰：

《周官·匠人》職云：夏后氏世室，殷人重屋，周人明堂，五室，九階，四戶，八窗。鄭玄曰：或舉宗廟，或舉王寢，或舉明堂，互文以見同制。然則三代明堂，其制一也。案周與夏、殷，損益不同，至於明堂，因而弗革，明五室之義，得天數矣。是以鄭玄又曰：五室者，象五行也。然則九階者法九土，四戶者達四時，八窗者通八風，誠不易之大範，有國之恒式。若其上圓下方以則天地，通水環宮以節觀者，茅蓋白盛爲之質飾，赤綴白綴爲之戶牖，皆典籍所載，制度之明義也。

秦焚滅五典，非毁三代，變更先聖，不依舊憲。故《吕氏》《月令》見九室之義，大戴之《禮》著十二堂之文。漢承秦法，亦未能改，東西二京，俱爲九室。是以《黄圖》、《白武通》、蔡邕、應劭等咸稱九室以象九州，十二堂以象十二辰。夫室以祭天，堂以布政。依行而祭，故室不過五；依時布政，故堂不踰四。州之與辰，非所可法。九與十二，厥用安在？今聖朝欲尊道訓人，備禮化物，宜則五室，以爲永制。至如廟學之嫌，臺沼之雜，袁準之徒已論正矣。

後卒於廷尉少卿。贈濟州刺史。

初，軌深爲郭祚所知，祚常謂子景尚曰：封軌、高綽二人，並幹國之才，必應遠至。吾平生不妄進舉，而每薦此二人，非直爲國進賢，亦爲汝等之津梁。其見重如此。軌既以方直自業，高綽亦以風概立名。高肇拜司徒，綽送迎往來，軌竟不詣。綽顧不見軌，乃遽歸曰：吾一生自謂無愆規矩，今日舉措不如封生遠矣。軌以務德慎言，修身之本，姦回讒佞，世之巨害，乃爲《務德》、《慎言》、《遠佞》、《防姦》四戒。文多不載。

封述

《北史》卷二四《封述傳》 〔封〕述字君義，有幹用。天平中，爲三公郎中。時增損舊事，爲《麟趾新格》，其名法科條皆述所删定。齊受禪，累遷大理卿。河清三年，敕與録尚書趙彦深、僕射魏收、尚書陽休之、國子祭酒馬敬德等議定律令。歷位度支、五兵、殿中三尚書。

述久爲法官，明解律令，議斷平允，深爲時人所稱。而厚積財産，一無分饋，雖至親密友，貧病困篤，亦絶於拯濟。朝野物論甚鄙之。外貌方整，而不免請謁，回避進趣，頗致嗤駭。前妻河内司馬氏。一息爲娶隴西李士元女，大輸財聘。及將成禮，猶競懸違。述忽取所供養像，對士元打像爲誓。士元笑曰：封公何處常得應急像，須誓便用？息娶范陽盧莊之女，述又經府訴云：送騍乃嫌脚跛，評田則云鹹薄，銅器又嫌古廢。皆爲吝嗇所及，每致紛紜。

隋唐五代分部

裴政

《隋書》卷六六《裴政傳》 裴政字德表，河東聞喜人也。高祖壽孫，從宋武帝徙家于壽陽，歷前軍長史、廬江太守。祖邃，梁侍中、左衛將

軍、豫州大都督。父之禮，廷尉卿。政幼明敏，博聞强記，達於時政，爲當時所稱。【略】

周文帝聞其忠，授員外散騎侍郎，引事相府。命與盧辯依《周禮》建六卿，設公卿大夫士，并撰次朝儀，車服器用，多遵古禮，革漢、魏之法，事並施行。尋授刑部下大夫，轉少司憲。政明習故事，又參定《周律》。能飲酒，至數斗不亂。簿案盈几，剖决如流，用法寬平，無有寃濫。囚徒犯極刑者，乃許其妻子入獄就之，至冬，將行决，皆曰：裴大夫致我於死，死無所恨。其處法詳平如此。又善鍾律，嘗與長孫紹遠論樂，語在《音律志》。宣帝時，以忤旨免職。

高祖攝政，召復本官。開皇元年，轉率更令，加位上儀同三司。詔與蘇威等修定律令。政採魏、晉刑典，下至齊、梁，沿革輕重，取其折衷。同撰著者十有餘人，凡疑滯不通，皆取决於政。【略】民有犯罪者，陰悉知之，或竟歲不發，至再三犯，乃因都會時，於衆中召出，親案其罪，五人處死，流徙者甚衆。合境惶慴，令行禁止，小民蘇息，稱爲神明。爾後不修囹圄，殆無爭訟。卒官，年八十九。著《承聖降録》十卷。及太子廢，高祖追憶之曰：向遣裴政、劉行本在，共匡弼之，猶應不令至此。子南金，仕至膳部郎。

長孫無忌

《舊唐書》卷五〇《刑法志》 《永徽留司格》十八卷，《散頒格》七卷，長孫無忌等删定。

《舊唐書》卷六五《長孫無忌傳》 長孫無忌字輔機，河南洛陽人。其先出自後魏獻文帝第三兄。初爲拓拔氏，宣力魏室，功最居多，世襲大人之號，後更跋氏，爲宗室之長，改姓長孫氏。七世祖道生，後魏司空、上黨靖王。六世祖旃，後魏特進、上黨齊王。五世祖觀，後魏司徒、上黨定王。高祖稚，西魏太保、馮翊文宣王。曾祖子裕，西魏衛尉卿、平原郡公。祖兕，周開府儀同三司、襄平原公。父晟，隋右驍衛將軍。【略】〔顯慶〕四年，中書令許敬宗遣人上封事，稱監察御史李巢與無忌交通謀反，帝令敬宗與侍中辛茂將鞫之。敬宗奏言無忌謀反有端，帝曰：我家不幸，親戚中頻有惡事。高陽公主與朕同氣，往年遂與房遺愛謀反，今阿舅復作惡心。近親如此，使我慚見萬姓。敬宗曰：房遺愛乳臭兒，與女子謀反，豈得成事。且無忌與先朝謀取天下，衆人服其智，作宰相三十年，百姓畏其威，可謂威能服物，智能動衆。臣恐無忌知事露，即爲急計，攘袂一呼，嘯命同惡，必爲宗廟深憂。誠願陛下斷之，不日即收捕，準法破家。帝泣曰：我决不忍處分與罪，後代良史道我不能和其親戚，使至於此。敬宗曰：漢文帝漢室明主，薄昭即是帝舅，從代來日，亦有大勳，與無忌不别。於後惟坐殺人，文帝惜國之法，令朝臣喪服就宅哭而殺之，良史不以爲失。今無忌忘先朝之大德，捨陛下之至親，聽受邪謀，遂懷悖逆，意在塗炭生靈。若比薄昭罪惡，未可同年而語，案諸刑典，合誅五族。臣聞當斷不斷，反受其亂，大機之事，間不容髮，若少遲延，恐即生變，惟請早决！帝竟不親問無忌謀反所由，惟聽敬宗誣構之説，遂去其官爵，流黔州，仍遣使發次州府兵援送至流所。其子祕書監、駙馬都尉沖等並除名，流於嶺外。

敬宗尋與吏部尚書李義府遣大理正袁公瑜就黔州重鞫無忌反狀，公瑜逼令自縊而死，籍没其家。無忌既有大功，而死非其罪，天下至今哀之。上元元年，優詔追復無忌官爵，特令無忌孫延主齊獻公之祀。

李百藥

《舊唐書》卷七二《李百藥傳》 李百藥字重規，定州安平人，隋内史令、安平公德林子也。爲童兒時多疾病，祖母趙氏故以百藥爲名。七歲解屬文。父友齊中書舍人陸乂、馬元熙嘗造德林讌集，有讀徐陵文者，云既取成周之禾，將刈琅邪之稻，並不知其事。百藥時侍立，進曰：《傳》稱鄅人藉稻。

開皇初，授東宫通事舍人，遷太子舍人，兼東宫學士。或嫉其才而毁之者，乃謝病免去。十九年，追赴仁壽宮，令襲父爵。左僕射楊素、吏部尚書牛弘雅愛其才，奏授禮部員外郎，皇太子勇又召爲東宫學士。詔令修五禮，定律令，撰陰陽書。臺內奏議文表，多百藥所撰。時煬帝出鎮揚州，嘗召之，百藥辭疾不赴，煬帝大怒，及即位，出爲桂州司馬。其後，罷州置郡，因解職還鄉里。

大業五年，授魯郡臨泗府步兵校尉。九年，充戍會稽。尋授建安郡丞，行達烏程，屬江都難作，復爲沈法興所得，署爲掾。會沈法興爲李子通所破，子通又命爲中書侍郎、國子祭酒。及杜伏威攻滅子通，又以百藥爲行臺考功郎中。或有譖之者，伏威囚之，百藥著《省躬賦》以致其情，伏威亦知其無罪，乃令復職。

伏威既據有江南，高祖遣使招撫，百藥勸伏威入朝，伏威從之，遣其行臺僕射輔公祏與百藥留守，遂詣京師。及渡江至歷陽，狐疑中悔，將害百藥，乃飲以石灰酒，因大洩痢，而宿病皆除。伏威知百藥不死，乃作書與公祏令殺百藥，賴伏威養子王雄誕保護獲免。公祏反，又授百藥吏部侍郎。有譖百藥於高祖，云百藥初説杜伏威入朝，又與輔公祏同反。高祖大怒。及公祏平，得伏威與公祏令殺百藥書，高祖意稍解，遂配流涇州。

太宗重其才名，貞觀元年，召拜中書舍人，賜爵安平縣男。受詔修定五禮及律令，撰《齊書》。二年，除禮部侍郎。

于志寧

《舊唐書》卷五〇《刑法志》　〔永徽〕三年，詔曰：律學未有定疏，每年所舉明法，遂無憑準。宜廣召解律人條義疏奏聞，仍使中書、門下監定。於是太尉趙國公無忌、司空英國公勣、尚書左僕射兼太子少師監修國史燕國公志寧、銀青光禄大夫刑部尚書唐臨、太中大夫守大理卿段寶玄、朝議大夫守尚書右丞劉燕客、朝議大夫守御史中丞賈敏行等，參撰《律疏》，成三十卷，四年十月奏之，頒于天下。自是斷獄者皆引疏分析之。

《舊唐書》卷七八《于志寧傳》　于志寧，雍州高陵人，周太師燕文公謹之曾孫也。父宣道，隋內史舍人。志寧，大業末爲冠氏縣長，時山東羣盜起，乃棄官歸鄉里。高祖將入關，率羣從於長春宮迎接，高祖以其有名於時，甚加禮遇，授銀青光禄大夫。太宗爲渭北道行軍元帥，召補記室，與殷開山等參贊軍謀。及太宗爲秦王、天策上將，志寧累授天策府從事中郎，每侍從征伐，兼文學館學士。貞觀三年，累遷中書侍郎。太宗命貴臣內殿宴，怪不見志寧，或奏曰：敕召三品已上，志寧非三品，所以不來。太宗特令預宴，即加授散騎常侍，行太子左庶子。累封黎陽縣公。

李憲

《舊唐書》卷一三三《李憲傳》　〔李〕憲，晟第五子。晟十子，憲、愬最仁孝。及長，好儒術，以禮法修整，起家太原府參軍、醴泉縣尉。于頔鎮襄陽，辟爲從事。時吴少誠據淮西，獨憚頔之威，當時咸以憲謀畫致之。元和八年，田弘正以魏博奉朝旨，辟憲爲從事，授衛州刺史，遷絳州，所至以理行稱。入爲宗正少卿，遷光禄卿。穆宗即位，以太和公主降迴鶻，命金吾大將軍胡証充送公主使，命憲副之。使還，獻《入蕃道里記》，遷檢校左散騎常侍，兼太府卿。出爲洪州刺史、江西觀察使。太和二年，轉嶺南節度使。憲雖勳伐之家，然累歷事任，皆以吏能擢用，所履官秩，政績流聞。性本明恕，尤精律學，屢詳決冤獄，活無罪者數百人。以能入官，官無敗事，士君子多之。大和三年八月卒，時年五十六。

劉瑑

《舊唐書》卷一七七《劉瑑傳》　劉瑑者，彭城人。祖璠，父煟。瑑，開成初進士擢第。會昌末，累遷尚書郎、知制誥，正拜中書舍人。大中初，轉刑部侍郎。瑑精於法律，選大中以前二百四十四年制敕可行用者二千八百六十五條，分爲六百四十六門，議其輕重，別成一家法書，號《大中統類》，奏行用之。出爲河南尹，遷檢校工部尚書、汴州刺史、宣武軍節度使。十一年五月，加檢校禮部尚書、太原尹、北都留守、河東節度觀察等使。其年十二月入朝，拜戶部侍郎，判度支。尋以本官同平章事，領使如故。十二年，累加集賢殿大學士。罷相，又歷方鎮，卒。弟頊，亦登進士第。

趙冬曦

《新唐書》卷二〇〇《儒學傳下・趙冬曦》 趙冬曦，定州鼓城人。進士擢第，歷左拾遺。神龍初，上書曰：古律條目千餘。隋時姦臣侮法，著律曰：律無正條者，出罪舉重以明輕，入罪舉輕以明重。一辭而廢條目數百。自是輕重沿愛憎，被罰者不知其然，使賈誼見之，慟哭必矣。夫法易知，則下不敢犯而遠機穽；文義深，則吏乘便而朋附盛。律、令、格、式，謂宜刊定科條，直書其事。其以准加減比附、量情及舉輕以明重、不應爲之類皆勿用。使愚夫愚婦相率而遠罪，犯者雖貴必坐。律明則人信，法一則主尊。當時稱是。

仇道朗

（清）陸增祥《八瓊室金石補正》卷四四《國子律學直講仇道朗墓誌》

國子律學直講仇道朗墓誌在西安出土，劉燕庭得之，今不知存佚矣。首題國子律學直講，攷《新書・百官志》，國子監統國子太學，廣文四門，律書算七學。國子學直講四人，掌佐博士助教，以經術講授，四門館直講四人，此外諸學無之。據此誌知律學亦有直講，官志失載。律學，武德間廢，貞觀六年復置。顯慶三年又廢，龍朔二年復置。道朗爲直講，當在龍朔後也。道朗，平陵人，攷《地理志》齊州章邱下云，武德二年，縣民李義滿以縣來降，於平陵置譚州，并置平陵縣。貞觀元年，州廢，以平陵原誤平城。等縣來屬。十七年，齊王祐反，平陵人不從，更名全節。元和十五年，省入歷城。此誌立於萬歲通天元年，其時當名全節，不書全節，書平陵者。道朗初生之年，正平陵初置之年。就其初生時書之，臨文不苟也。仇氏，宋大夫仇牧之後，望出陳留、南陽。又有考城遼西牧之先世，無徵。此云亨茅土於東齊，未詳。光印綬於西漢者，當是仇延也，見《王莽傳》。姓氏《急就篇》注，《戰國策》有仇赫，《史記》趙有仇液，《王莽傳》有仇延，後漢仇覽，唐仇晃、仇公遇，宋仇悆。《元和姓纂》王莽孫此時字之誤有仇延，後漢仇香，一名覽，考城主簿。後燕尚書仇儒，開元疑有誤左衛將軍仇克義，滄州刺史。《萬姓統譜》又有三國仇稱，豫州刺史。南北朝仇璋。唐仇源，太宗時卽墨令。又案前漢有仇景，南道人，見《游俠・郭解傳》。後漢仇元，覽之少子。北魏宦者仇洛，齊仇儼，冒姓仇後梁仇殷，皆見於史傳，仇氏之可攷者如此。道朗及其祖絢、父誂、子元暕均無攷。父誂任相國，朝散大夫，不知何職。宋仇悆之父仇公著，定州觀察判官。今青州有其誌銘。銘曰：昔在漢覽，赫奕循吏，徙家于青，豈其苗裔？是仇氏之在東齊者，久不得其所自始矣。

宋元分部

竇儀

《宋史》卷二六三《竇儀傳》 竇儀字可象。蘇州漁陽人。曾祖遜，玉田令。祖思恭，嬀州司馬。父禹鈞，與兄禹錫皆以詞學名。禹鈞，唐天祐末起家幽州掾，歷沂、鄧、安、同、鄭、華、宋、澶州支使判官。周初，爲戶部郎中，賜金紫。顯德中，遷太常少卿、右諫議大夫致仕。

儀十五能屬文，晉天福中舉進士。侍衛軍帥景延廣領夔州節度，表爲記室。延廣後歷滑、陝、孟、鄆四鎮，儀並爲從事。【略】

建隆元年秋，遷工部尚書，罷學士，兼判大理寺。奉詔重定《刑統》，爲三十卷，會翰林學士王著以酒失貶官，太祖謂宰相曰：深嚴之地，當待宿儒處之。范質等對曰：竇儀清介重厚，然已自翰林遷端明矣。太祖曰：非斯人不可處禁中，卿當諭以朕意，勉令就職。卽日再入翰林爲學士。

乾德二年，范質等三相並罷。越三日，始命趙普平章事。制書既下，太祖問翰林學士曰：質等已罷，普敕何官當署？承旨陶穀時任尚書，乃建議相位不可以久虚，今尚書乃南省六官之長，可以署敕。儀曰：穀所陳非承平之制，皇弟開封尹、同平章事，即宰相之任。太祖曰：儀言是也。即命太宗署敕賜之。俄加禮部尚書。

時御史臺議，欲以左右僕射合爲表首，太常禮院以東宫三師爲表首。儀援典故，以僕射合爲表首者六，而謂三師無所據。朝議是之。四年秋，知貢舉。是冬卒，年五十三，贈右僕射。

儀學問優博，風度峻整。弟儼、侃、偁、僖，皆相繼登科。馮道與禹鈞有舊，嘗贈詩，有靈椿一株老，丹桂五枝芳之句，縉紳多諷誦之，當時號爲竇氏五龍。

初，周祖平兗州，議將盡誅脅從者。儀白馮道、范質，同請於周祖，皆得全活。顯德中，太祖克滁州，世宗遣儀籍其府庫。太祖復令親吏取藏中絹給麾下，儀曰：太尉初下城，雖傾藏以給軍士，誰敢言者。今既著籍，乃公帑物也，非詔不可取。後太祖屢對大臣稱儀有執守，欲相之。趙普忌儀剛直，乃引薛居正參知政事。及儀卒，太祖憫然謂左右曰：天何奪我竇儀之速耶！蓋惜其未大用也。

（宋）竇儀《宋刑統·附録》 太祖建隆四年二月五日，工部尚書、判大理寺竇儀言：《周刑統》科條浩繁，或有未明，請別加詳定。乃命儀與權大理少卿蘇曉、正奚嶼、承張希讓及刑部大理寺法直官陳光乂、馮叔向等同撰集，凡削出令或宣勅一百九條，增入制十五條，又録律内餘條準此者凡四十四條，附於《名例》之次，並目録，成三十卷。別取舊削出格令宣勅及後來續降要用者，凡一百六條，爲《編勅》四卷。其釐革一司一務一州一縣之類，不在焉。至八月二日上之，詔並模印頒行。

孫奭

（清）李清植《歷代名儒傳》卷三 孫奭，字宗古，博州博平人。後徙須城，以九經及第，除莒縣主簿，遷大理評事，爲國子監直講。太宗幸學，召奭講《尚書·説命》三篇，音讀詳潤，上稱善，賜緋。咸平間，爲諸王府侍讀。會詔百官轉對，奭上十事，判太常禮院，國子監，司農寺，累遷工部郎中，擢龍圖閣待制。奭以經術進，守道自處，即有所言，未嘗阿附取悦。大中祥符初，上將奉迎天書，宰相王旦以下，皆再拜稱萬歲。奭獨言曰：臣愚所聞，天何言哉，安有書也？上既親受符命，遂議封禪，作禮樂。四年，將祠汾陰后土，奭上疏切諫，陳十不可。上遣宦者皇甫繼明就問，又疏對曰：昔陳勝起於徭戍，黄巢出於凶饑，隋煬帝勤遠略，而唐高祖興於晉陽，晉少主惑小人，而耶律德光長驅中國。陛下俯從姦佞，遠棄京師，涉仍歲薦饑之墟，修違經久廢之祠，不念民疲，不卹邊患，安知今日戍卒無陳勝，饑民無黄巢，英雄將無窺伺於肘腋，外敵將無覬覦於邊陲乎？六年，將祠太清宫，奭又疏諫，引明皇天寶之亂爲鑒戒。上作辨疑論以解之，然知奭朴忠，雖言至切直，猶遣中使慰諭焉。久之，以父老丐歸，不許，出知密州。居二年，遷左諫議大夫，罷待制，還糾察在京刑獄。於是初置天慶、天祺、天貺、先天降聖諸節，天下設齋醮張宴，費甚廣。奭請裁省浮用，不報。復出知河陽，求解官就養，還給事中，徙兗州。天禧中，朱能獻《乾祐天書》，奭疏諫，語尤加切，未幾能敗。上嘗令陳時政得失，奭以納諫、恕直、輕徭、薄斂四事爲言，頗施行焉。仁宗即位，宰相請擇名儒侍講讀。乃召奭爲翰林侍講學士，知審官院，判國子監，修《真宗實録》。丁父憂，起復，兼判太常寺及禮院，三遷兵部侍郎，龍圖閣學士。奭勸講禁中二十餘年，每至前世亂君亡國，必反覆申繹，未嘗忌諱。因以規諷，仁宗意或不在書，奭輒拱默以俟，上爲悚然改聽。又掇五經中切治道者爲五十篇，號經典徽言，及畫《無逸圖》，并上之。上施圖於講讀閣，皇太后尤重之，每進見，未嘗不加禮。年踰七十，固請致仕，至於泣下，帝惻然，猶敦留之，乃求近郡，優拜工部尚書。復知兗州，尋改禮部尚書，累表乞歸，遂以太子少傅致仕。嘗語客曰：白傅有言，多少朱門鎖空宅，主人到老不曾歸。今老夫歸矣！喜動於色，疾革，徙正寢，屏婢妾。謂子瑜曰：無令我死婦人之手。奏至，上嗟惜，罷朝一日。贈左僕射，謚曰宣。奭性方重，事親孝，立朝正言諫争，有古風采，晚節勇退，優游里社，始終全德。先是郊廟禮樂，尚多訛闕，奭援古奏正，輒著於禮。又撰《崇祀録》、《樂記圖》、《五經節解》、《五服制度》，所奉詔校定者又數種。

論曰：宋初尊奬儒臣，而奭與邢昺最著。昺之選儒依阿，縈懷禄利，其志固已卑矣。奭獨正直行行，事君以義，進退有禮，可謂儒者之高節，縉紳之楷模。以王旦一時名相，當之猶有愧色，况於昺乎？若其勸講禁中，不惟問學之益，而時有以斂人主之逸志，此則聖敬所以日躋，實爲天德之本。仁宗之爲有宋令主也宜哉。

（宋）王應麟《玉海》卷六六《天聖律文音義》　七年四月，判國子監孫奭言：準詔校定律文及疏，《律疏》與《刑統》不同本，疏依律生文，《刑統》參用後敕，雖盡引疏義，頗有增損。今校爲定本，須依元疏爲正，其《刑統》衍文者省，闕文者益，以遵用舊書與《刑統》兼行。又舊本多用俗字，改從正體。作《律文音義》一卷，文義不同，即加訓解。詔崇文院雕印與律文竝行。先是四年十一月，奭言諸科唯明法一科，律文及疏未有印本，舉人難得真本習讀。詔國子監直講楊安國、趙希言、王圭，公孫覺、宋祁、楊中和校勘，判監孫奭、馮元詳校。至七年十二月畢，鏤板頒行，書目《律令釋文》一卷。天聖中，孫奭等撰字義不同，悉有解訓。

李康侯著《廣律判辭》十一卷，以廣律意。胡宿繳進錢熙著《措刑論》、《律心》四卷，未詳撰人纂《刑統綱要》。《晁氏志》。唐趙綽《金科易覽》一卷《崇文目》。蕭緒三卷，《田氏書目》。緒删析之爲三。傅霖《刑統賦》二卷或人爲注。

劉　賡

（宋）蔡絛《鐵圍山叢談》卷三　劉尚書賡，法家也。崇寧閒爲大司寇，吴本作大司空。一日來詣東府見魯公。公時在便坐，與魏先生漢津對，因延劉尚書弛公裳，雁里本弛作施，今從張本。卽燕坐焉。吴本云因延劉尚書人無弛公裳云云。劉公立，不肯就位，吴本作坐。責魯公曰：司空僕射，實百僚之儀表也。柰何與黥卒坐對？賡竊不取，願退。魯公大笑，亟揖漢津曰：吴本亟作起。先生可歸矣。吴本無可字。自是，劉公不敢與漢津竝見。吴本敢作肯，張本作復。漢津鑄九鼎，作《大晟》，上甚禮聽之。吴本無漢津鑄九鼎云云。當是時，侍從之臣猶彊正，吴本作剛正。而宰輔之臣能涵容，風俗如此乎，吴本無乎字。此吾親見也。吴本云吾猶親見也。

劉　筠

《四庫全書總目提要》卷一〇一《子部・刑法敘略》　舊本題宋劉筠撰。筠字子儀，大名人。咸平元年進士。累擢司諫，知制誥，翰林學士承旨。進龍圖閣學士，加禮部侍郎。是編載曹溶《學海類編》中。今考其文，即《册府元龜》刑法一門之總敘也。

傅　霖

（宋）傅霖《刑統賦解・序跋董康》　宋律學博士傅霖撰《刑統賦》，晁公武《讀書志》作二卷，史志作四卷，金元之間註不一家。金李祐之有《删要》，元程仁壽有《直解》、《或問》，練進有《四言纂註》，尹忠有《精要》，張汝楫有《略註》，沈仲緯有《疏》，孟奎有《粗解》，王亮有《增註》，郄氏有《韻釋》。曩於廠肆，得璜川吴氏所藏鈔本，孟奎《粗解刑統賦》一卷。而如臯冒鶴亭郎中亦於《刑書會據》中輯獲《刑統賦解》二卷。初以爲王亮增註也，方謀合梓傳世，忽坊友何厚甫以大興徐星伯所録漢陽葉潤臣家本求售，始知與《會據》本爲一書。特王註在韻釋之後，上以增註二字別之，乃《會據》本所無。竊思王氏既稱增註，則每條解曰下所引《刑統》原文，其爲霖自註無疑。惟第一條下有亡金將十二章，類爲律義三十卷，及第四條下有前賢律學博士傅霖等語，殆經後人竄易歟。爰取兩本互勘，《會據》本四韻併贓累併法也，而法兼於贓下脱五句七韻；信夫犯不知者，輕必從本下脱一句。徐本俱存。徐本四韻已囚而竊則親等他人下，原脱十句七韻；雖戲雖失而不從戲失下至八韻全脱。與《提要》及《愛日精廬藏書志》均同，蓋一本也。亦賴《會據》本補入所闕者，僅增註三十餘條耳。昔吾鄉孫伯淵先生梓唐律永徽憲典，藉以傳播，是書於數百年蟫蝕之餘，遇鶴亭與余得復舊觀，殆傳、郄諸公九原之靈默爲呵護也。光緒癸卯仲冬，武進董康謹書。

謝讓

《元史》卷一七六《謝讓傳》　謝讓字仲和，潁昌人。祖義，有材勇，金貞祐間，爲義軍千戶。讓幼穎悟好學，及壯，推擇爲吏，補宣慰司令史。國兵取宋，立行中書省於江西，讓以選爲令史，調河間等路都轉運鹽司經歷。【略】

〔仁宗即位〕刑部有案，讓未署字，而誤用印，吏懼，遂私效讓署。事覺，度無損於事，且憐吏以罪廢，遂視之曰：吾署也。其寬厚多類此。讓上言：古今有天下者，皆有律以輔治。堂堂聖朝，詎可無法以準之，使吏任其情、民罹其毒乎！帝嘉納之。乃命中書省纂集典章，以讓精律學，使爲校正官，賜青鼠裘一襲、侍宴服六襲。

二年，朝廷以吏多滯事，責曹案不如程者，令下，讓曰：刑獄，非錢穀、銓選之比，寬以歲月，尚慮失實，豈可律以常法乎！乃入白于宰相，曰：尚書言是也。由是刑曹獨得不責稽違。

韓若愚

《元史》卷一七六《韓若愚傳》　韓若愚字希賢，保定滿城人。【略】

仁宗即位，故事，凡潛邸官吏，不次遷轉，若愚以歲月定其資品，遂著爲令。皇慶元年，遷內臺都事，改刑部侍郎，尋擢中書左司郎中。時議禁民田獵，犯者抵死。若愚曰：昔齊宣王之囿，方四十里，殺其麋鹿者，如殺人之罪，孟子非之。衆以爲然，遂輕其刑。

彭天錫

《四庫全書總目提要》卷一〇一《子部・政刑類要》　元彭天錫撰。天錫字仁仲，湖州人。其始末無考。原序謂其通才明吏，專於法家。能成書如此，必有推轂者，殆吏胥之流歟。其書以當時法令區別科類，大字標目於其上，細字分記於其下。蓋因舊文繁重，變爲簡易，以便於記覽者耳。

明清分部

李善長

《明史》卷一二七《李善長傳》　李善長，字百室，定遠人。少讀書有智計，習法家言，策事多中。【略】

善長預書榜禁戢士卒。城下，即揭之通衢，肅然無敢犯者。【略】

嘗請榷兩淮鹽，立茶法，皆斟酌元制，去其弊政。既復制錢法，開鐵冶，定魚稅，國用益饒，而民不困。【略】

太祖初渡江，頗用重典，一日，謂善長：法有連坐三條，不已甚乎？善長因請自大逆而外皆除之，遂命與中丞劉基等裁定律令，頒示中外。【略】

尋奏定六部官制，議官民喪服及朝賀東宮儀。奉命監修《元史》，編《祖訓録》、《大明集禮》諸書。【略】

時宋思顏、李夢庚、郭景祥等俱爲省僚，而軍機進退，賞罰章程，多決於善長。改樞密院爲大都督府，命兼領府司馬，進行省參知政事。【略】

善長明習故事，裁決如流，又嫺於辭命。太祖有所招納，輒令爲書。

【略】

封善長宣國公。改官制，尚左，以爲左相國。【略】定天下嶽瀆神祇封號，封建諸王，爵賞功臣，事無巨細，悉委善長與諸儒臣謀議行之。【略】

乃授開國輔運推誠守正文臣、特進光禄大夫、左柱國、太師、中書左丞相，封韓國公，歲禄四千石，子孫世襲。予鐵券，免二死，子免一死。時封公者，徐達、常遇春子茂、李文忠、馮勝、鄧愈及善長六人。而善長位第一，制詞比之蕭何，褒稱甚至。

何廣

（明）李紹文《雲間人物志》卷一《何公遠》　公名廣，字公遠，寬容多識，博學有才，以明經爲江西邑令。遷御史，至陝西按察副使。精於律學。時變亂成法者當大辟，法家因仍，凡一政令改易，輒以傳議。廣曰：若是則大辟者踵接矣，此但爲改定律令者言之，蓋禁於所不犯也。解縉覽而是之。及卒，長沙倅俞永狀其行曰：居鄉里則稱學者，任郡邑則爲循吏，在風憲有澄清志，位藩垣得大臣體。時以爲實録。所著有《律解辯疑》，行於世。

周楨

《明史》卷九三《刑法志一》　明太祖平武昌，即議律令。吴元年冬十月命左丞相李善長爲律令總裁官，參知政事楊憲、傅瓛，御史中丞劉基，翰林學士陶安等二十人爲議律官，諭之曰：法貴簡當，使人易曉。若條緒繁多，或一事兩端，可輕可重，吏得因緣爲奸，非法意也。夫網密則水無大魚，法密則國無全民。卿等悉心參究，日具刑名條目以上，吾親酌議焉。每御西樓，召諸臣賜坐，從容講論律義。十二月，書成，凡爲令一百四十五條，律二百八十五條。又恐小民不能周知，命大理卿周楨等取所定律令，自禮樂、制度、錢糧、選法之外，凡民間所行事宜，類聚成編，訓釋其義，頒之郡縣，名曰《律令直解》。太祖覽其書而喜曰：吾民可以寡過矣。

胡瓊

《明史》卷一九二《胡瓊傳》　胡瓊，字國華，南平人。正德六年進士。由慈谿知縣入爲御史。歷按貴州、浙江有聲。哭諫，受杖卒。後贈官如曰韶。

唐樞

《明史》卷二〇六《唐樞傳》　唐樞，字惟中，歸安人。嘉靖五年進士。授刑部主事。【略】

〔樞上疏言〕薛良怙惡，誠非善人。至所言張寅之即福達，即李午，實有明據，不得以人廢言。況福達蹤跡譎密，黠慧過人，人咸墮其術中，非良狡猾亦不能發彼陰私。從來發摘告訐之事，原不必出之敦良朴厚之人。此不當疑三也。

李珏因見薛良非善人，又見李福達無龍虎形、硃砂字，又見五臺縣張子真戶內實有張寅父子，又見崞縣左廂都無李福達、李午名，遂苟且定案，輕縱元兇。殊不知五臺自嘉靖元年黄册始收，寅父子忽從何來？納粟拜官，其爲素封必非一日之積，前此何以隱漏？崞縣在城坊既有李伏答，乃於左廂都追察，又以李午爲真名，求其貫址，何可得也，則軍籍之無考，何足據也。況福達既有妖術，則龍虎形、硃砂字，安知非前此假之以惑衆，後此去之以避罪，亦不可盡謂薛良之誣矣。此不當疑四也。京師自四方來者不止一福達，既改名張寅，又衣冠形貌似之，郭勛從而信之，亦理之所有。其爲妖賊餘黨，亦意料所不能及。在勛自有可居之過，在陛下既宏議貴之恩，諸臣縱有傾勛之心，亦安能加之罪乎？此不用疑五也。

鞫獄者曰誣，必言所誣何因。曰讐，必言所讐何事。若曰薛良，讐也，則一切證佐非讐也。曰韓良相、戚廣，讐也，則高尚節、屈孔、石文舉，非讐也。曰魏泰、劉永振，讐也，則今布按府縣官非讐也。曰山、陜人，讐也，則京師道路之人非讐也。此不用疑六也。

望陛下六疑盡釋，明正福達之罪。庶羣奸屏跡，宗社幸甚。

疏入，帝大怒，斥爲民。其後《欽明大獄録》删樞疏不載。

【略】隆慶初，復官。以年老，加秩致仕。會高拱憾徐階，謂階恤録先朝建言諸臣，乃彰先帝之過，請悉停之，樞竟不録。

（清）黄宗羲《明儒學案》卷四〇《甘泉學案四・主政唐一菴先生樞》

唐樞字惟中，號一菴，浙之歸安人。嘉靖丙戌進士。除刑部主事。疏論李福達，罷歸。講學著書，垂四十年。先生初舉於鄉，入南雍，師事甘泉。其後慕陽明之學而不及見也。故於甘泉之隨處體認天理，陽明之致良知，兩存而精究之。卒標討真心三字爲的。夫曰真心者，即虞廷之所謂道心也。曰討者，學問思辨行之功，即虞廷之所謂精一也。隨處體認天理，其旨該矣，而學者或昧於反身尋討。致良知，其幾約矣，而學者或失於直任靈明。此討真心之言，不得已而立；苟明得真心在我，不二不雜，王、湛兩家之學，俱無弊矣。然真心即良知也，討即致也，於王學尤近。第良知爲自然之體，從其自然者而致之，則工夫在本體之後，猶程子之以誠敬存之也。真心蔽于物欲見聞之中，從而討之，則工夫在本體之先，猶程子之識仁也。陽明常教人于靜中搜尋病根，蓋爲學者胸中有所藏躲，而爲此言以藥之，欲令徹底掃浄，然後可以致此良知云爾。則討真心，陽明已言之矣，在先生不爲創也。

王樵

《明史》卷二二一《王樵傳》 王樵，字明遠，金壇人。父臬。兵部主事。諫武宗南巡，被杖。終山東副使。樵舉嘉靖二十六年進士，授行人。歷刑部員外郎。著《讀律私箋》，甚精核。胡宗憲計降汪直，欲赦直以示信。樵言此叛民與他納降異，直遂誅。遷山東僉事，移疾歸。萬曆初，張居正柄國，雅知樵，起補浙江僉事，擢尚寶卿。劉臺劾居正，居正乞歸。諸曹奏留之，樵獨請全諫臣以安大臣，略言：自古明主欲開言路，言不當，猶優容之；大臣欲廣上德，人攻己，猶薦拔之。如宋文彦博于唐介是也。今居正留而臺得罪，無乃非仁宗待唐介意乎。居正大恚，出爲南京鴻臚卿。旋因星變自陳，罷之。

家居十餘年，起南京太僕少卿，時年七十餘矣。歲中再遷大理卿，尋拜南京刑部右侍郎。誠意伯劉世延主使殺人，樵當世延革任。尋就擢右都御史。給事中盧大中劾其衰老，帝令致仕。

樵恬澹誠慤，温然長者。邃經學，《易》、《書》、《春秋》，皆有纂述。卒，贈太子少保，謚恭簡。

梅士亨

《四庫全書總目提要》卷一〇一《子部・詮敘管子成書》 明梅士亨編。士亨字伯獻，宣城人。《管子》原目三十卷已不可考。明代舊本皆二十四卷。士亨此本合爲十五卷，而以己意詮敘之。如《牧民》、《形勢》、《立政》、《九敗》、《版法》、《明法》諸解，皆移附本篇之後，已亂其次第。又謂其文繁冗不倫，乃於一篇之中分上、下二格，其定爲《管子》本文者，列之上格；疑爲後人攙雜及義有未安者，列之下格；其自爲發明者，別稱梅生曰以別之。如《牧民篇》國之四維一段，則云朱晦翁解繇不仁故不智，不智故不知禮義所在，斯爲一貫之旨。若此節維絶則傾，及傾可正也等語，於理有乖，恐非《管子》之言，故列下層。又《權修篇》天下者國之本一段，則云與《大學》、《孟子》之旨相悖，故列下層。讀諸子之書而必以經義繩之，何異閱晉、唐行草之跡而糾以《説文》之偏傍耶？

朱長春

《四庫全書總目提要》卷一〇一《子部・管子榷》 明朱長春撰。長春字大復，烏程人。萬曆癸未進士，官刑部主事。是書卽趙用賢本而增釋之，故凡例文評，俱仍其舊，惟每篇各加敘釋。在篇首者曰評，多論作文之法。在篇中者曰通，則隨文訓解其義。在篇末者曰演，乃統論一篇大旨。皆出長春一手，創立異名，無所闡發。其《七法篇》評云，是注意之作，可爲文式。後之分段者，神弛氣懈，周末秦先病如此。千年來文家反學其病，文之壞由韓、蘇以來云云。亦可稱敢於大言矣。

王槩

《四庫全書總目提要》卷一〇一《子部·王恭毅駁稾》　明王槩撰。銓高銓編。槩字同節，廬陵人。正統壬戌進士，官至刑部尚書。謚恭毅。銓字宗選，江都人。成化己未進士，官至南京戶部尚書。江右《名賢編》云，槩先爲大理寺卿，與兩法司會讞，多所平反。是書卽其官大理寺時案牘之文。時銓方爲左評事，因爲編次成帙。首列參駁文書式九條，而以所駁諸案分載於後。

譚瑄

《四庫全書總目提要》卷一〇一《子部·續刑法敘略》　國朝譚瑄撰。瑄字子羽，嘉興人。康熙乙酉舉人。官至給事中。是書敘宋、元、明三代刑法，舛略殊甚。其曰《續刑法敘略》者，以曹溶《學海類編》取《册府元龜》中敘文僞題爲劉筠《刑法敘略》也。然筠書既僞，續者可知。又不知掇何類書數頁，贋題此名耳。

王明德

《四庫全書總目提要》卷一〇一《子部·讀律佩觿》　國朝王明德撰。明德字金樵，高郵人。官刑部陝西司郎中。是編成於康熙甲寅，取《現行律例》分類編輯，各爲箋釋，附以《洗冤録》及《洗冤録補》。每門先載《大清律》本註，次《明律舊註》而以己意辨證之。其説好爲駁難，而不免穿鑿。所作《洗冤録補》，雜記異聞，旁及鬼神醫藥之事，尤近小説家言。

（清）王明德《讀律佩觿·自序》　余起家縣令，歷任齊楚，前後十數載，簿書鞅掌，殊深竭蹶，其錢穀之有定式者，姑置勿論。若出人意表之事，雜出疊見，遑遑見於刑名，觸事愴懷，髮指眦裂，時取哀矜勿喜之訓，三復內省，雖當煩劇，亦未敢即為自恕，謬以稱職報最，獲佐西曹，目擊桁楊桎梏，背趾相錯，其鵠立鳩形，狀更非當年一都一邑可比，用是惻然不忍而益滋懼念，此纍纍械繫，豈乏無辜，苟簡聽不審，則輕重失衡，雖欲悔禍自新，其道無山。故《禮》曰，刑者，侀也。侀者，成也。一成而不可變，故君子盡心焉。夫既云不可變矣，又云盡心焉，何哉？夫亦可以思矣。

（清）王明德《讀律佩觿·王豫嘉序》　余兄金樵，世業淵源，讀書萬卷，筮仕爽鳩，多所矜宥，殆古之有道仁人也。出督通惠于自公之暇，慨然曰律刑書也。推制律者之心，非以刑之也，蓋止刑也。吾夜靜燈青時，甫繙校已廢書，泣蔌蔌下矣。使天下閔汶者，牽率而臆斷之，寧獨忍乎哉。爰取律本註、舊注、箋釋註而權衡之，繹義推情，簡名覈寔，其有前註已載而義未明者，則暢其指歸。若前註所未發，復為之反覆尋求，要於確然不易而後已。乃或疑于折獄不問良者，似耑任名法之所為惡。知張尉、于公獨非法吏，而敬慎之意，可達于天。此其大較已。今讀律書成，播諸中外，覽者得其用心所在，必不至以無術貽譏國家，好生刑措之風，因是益大且久也。

（清）王明德《讀律佩觿·彭師度敘》　金樵王先生，夙抱經濟，具用世之才，其為比部郎時，深悉獄之出入，雖于平允，于是遇有大獄應平反者，輒關白所司，違衆議勿恤，而又以退食之餘，將律中字義條分而縷悉之，以公正之摯懷，寫明斷之大義，文婉而辯，旨覈核而昭，使讀者朗若月臨，渙如冰釋，苟非博綜古典，研練今事，其能若是之精祥也哉。

（清）王明德《讀律佩觿·嚴沆序》　王君亮士，為名世元臣家嗣，濟高陽之美，紹元成之業，于經術經世之學，無所不博綜淹串，成匠于胸，指畫在手，下至九流百家，類皆極深研幾，條分縷晰，敻然絶異世俗所言。余夙受知于鐵山先生，與亮士講世好接綢繆，已非一日。前見亮士所撰《治河圖説》，萬里狂瀾，指之于掌，坐而言，起而可見諸施行。每嘆亮士為千古奇才也。歲乙卯，更獲其事潞河，相與晨夕，益悉所抱負。

志　和

（清）王映斗《大清刑律擇要淺説序》　藹雲先生以名進士，官翰林，疊晉卿班，旋擢陪都司寇，甫下車，清理積案，斷獄弊訟，一以寬厚為主，蓋憫民之無知而犯法也。爰於刑律中擇其尋常易犯之條，重大不宥之罪，删繁舉要，分為八門，折為若干條。又恐律文深奥，讀者未能盡曉，即有為作淺説以釋之，仿語録之體，昭勸世之文，俾村夫俗子一目了然，即有不通文字者，口傳耳習，相與禁戒，亦足以醒悟警懼而不敢為非。

江　峰

（清）高釗中《大清律例略記序》　儒者枕經葄史，究心理道，原期明體達用也。乃一經釋褐，往往滯而鮮通，觸處窒礙，非明於古不明於今之故歟？然今古亦何異之有？《經禮》三百，《曲禮》三千，聖人治世之大道也，而法即凝於道之中。名律三百條，例三千，聖王治世之大法也，而道即寓於法之内。先儒謂《周官》為運用天理之書，若今之律例，别嫌明微，稱物平施，謂非運用天理可乎？自人鄙為法家者流，束而不觀，偶有觀者，亦以頭緒紛繁，鮮得其要。以茫無依據之學出而為用於天下，無怪其觸處窒礙，滯而鮮通也。廉訪黄公，心知其意，而虞士之明於古不明於今也。爰於柏臺之側，開讀律館，延同寮講習其間，一時留心研究，讞獄明刑者號稱多士，而江君來青為最著。兹手其《律例記略》，見眎反覆讀之，條分縷析，言簡意賅，竊歎其用心之良苦。然以津逮學者，其用法又良便也。人能如此存心，實事求是，其行政宜民必有不泥於法而自得於法者。則此書其嚆矢也。

傅　鼐

《清史列傳》卷一五《大臣畫一傳檔正編十二·傅鼐》　傅鼐，滿洲鑲白旗人，姓富察氏。初任侍衛。雍正二年，授鑲黄旗漢軍副都統。尋授兵部右侍郎。

三年，調盛京户部侍郎。四年五月，疏言：倉庫關係錢糧，盛京户部庫除掌印監督外，設司庫二員，接續辦事。惟倉止監督一人，任滿交代，其出入數目有無情弊難稽。請選本部賢能章京協辦，庶不致虧缺。部議如所請，並將倉監督照京城、吉林一年任滿例，年終揀選正副，保題更换。八月，因侍衛任内，爲浙江被參糧道江國英關説受賄，事發，部議革職抵罪。諭曰：朕從前因傅鼐素性巧詐，不守本分，曾降旨令隆科多不時稽查。乃隆科多將三年内傅鼐所行劣績，盡爲隱瞞，且奏言甚是安静。今傅鼐諸事敗露，即如騙詐江國英銀萬餘兩，人所共知，傅鼐亦自認不諱。又傅鼐曾在朕前口奏：隆科多子岳興阿甚怨其父，言我家受恩深重，理應將生平所行之事盡情據實奏聞。若稍有隱瞞掩飾，罪更不可逭等語，而該旗承追隆科多婪贓罪案審實應追之項，則奏言岳興阿並不將伊父藏匿寄頓之贓私據實交出，與前傅鼐所奏絶不相符。蓋傅鼐原與隆科多交結甚密，乃故意枉奏，其爲隆科多保全岳興阿之情節顯然。著將傅鼐革職，鎖拏來京，交刑部質審。訊明之日，從寬免死，發遣黑龍江。九年七月，召赴北路軍營効力。十二月，給原銜，授軍營參贊大臣。十年，準噶爾賊掠喀爾喀，額駙策凌等敗之於額爾德尼昭。賊由推河竄走，將軍馬爾賽擁兵不追，傅鼐以機不可失，請兵殺賊，至跪求不從。事聞，馬爾賽坐罪伏誅。十二年八月，命偕内閣學士阿克敦、副都統羅密宣諭準噶爾丹台吉噶爾策零。十三年三月，還。

八月，命給都統銜，食俸。是月，今上御極，命署兵部尚書。十二月，授刑部尚書，兼理兵部。乾隆元年六月，疏言：刑罰世輕世重，乃帝王宜民宜人之權。我朝律例布於順治三年，酌議於康熙十八年，重刊於雍正三年。臣伏讀世宗憲皇帝遺詔曰：凡各衙門條例，有從前本嚴而朕改易從寬者，此乃從前部臣定議未協，朕與廷臣悉心斟酌而後更定，以垂永久者，應照更定之例行。若從前之例本寬而朕改易從嚴者，此乃整飭人心風俗之計，原欲暫行於一時，俟諸弊革除之後，仍可酌復舊章，此朕本意也。向後遇此等事件再加斟酌，若有應照舊例者仍照舊例行。臣思聖心惓惓於此，蓋必有所軫念而未及更正者也。我皇上御極以來，皆以世宗憲皇帝之心爲心，每遇奏讞時，斟酌詳慎。臣查《大清律集解附例》一書，現今不行之例猶載其中，如竊盜三犯，今已改議分別贓物十兩上下遞爲輕重，而例內所載乃係贓數不多，奏請改遣；如遣犯脱逃行兇爲匪，今已改議分別所犯情罪遞爲重輕，而例內所載，乃係卽行正法。此類頗多，恐問刑之員援引舛錯，吏胥因緣爲奸。請簡熟悉律例大臣，詳加核議，除律文律註仍舊外，所載條例有先行今已斟酌定議者，改之；有因時制宜應行斟酌而未逮者，酌照舊章。務期平允，逐條繕摺，恭請欽定，纂輯成書頒行，以昭畫一。七月，又言：斷獄全憑律例，引用貴審全文。若摘引律語，入人重罪，是爲深文周内，非平恕也。查律載：官吏懷挾私仇，故勘平人致死者，斬監候。又載：若因公事干連在官，事須問鞫，依法拷訊，邂逅致死者，勿論。律意本極平允。數年來，各督撫矯枉過正，遇屬員用刑不當，誤將在官人犯拷訊致死題參，律擬動輒刪去懷挾私仇四字，摘引故勘平人一語，擬斬監候。刑部尚書張照又奏准如將笞杖人犯故意夾拷致死，二命以上及徒流人犯四命以上者，俱以故勘平人致死律論，擬斬監候。殊不思既非懷挾私仇，其於故勘之義何居？若謂在官之人本屬無罪，則必有誣告之人，應照律以誣告之人抵罪，不應以依法拷訊邂逅致死之官抵罪。若謂輕罪不應夾訊，則命盜等案情僞百出，當首從未分，安能預定其爲杖、笞、徒、流，不行拷訊？若謂拷訊不依法，則當引決罰不如法之律，分別杖徒，不應摘引故勘平人之律。若謂拷訊不依法致死二命、四命以上，則當引決罰不如法之律議以加等，不應摘引故勘平人致死之律議以斬罪。況案犯受刑後，有因病而死者，亦當分別。請將各省從前以故勘平人致死定擬之案，或赦免，或減等發落，敕法司酌改平允，通行遵守。均下部議行。

張照

《清史列傳》卷一九《大臣畫一傳檔正編十六・張照》 張照，江蘇婁縣人。康熙四十八年進士，改庶吉士。五十一年，散館授檢討。五十四年，入直南書房。雍正元年五月，遷贊善。六月，遷侍講。七月，轉侍讀。九月，遷右庶子。十月，充福建鄉試副考官。二年，轉左庶子。三年二月，遷侍講學士。四月，充日講起居注官。

十二月，擢刑部左侍郎，仍兼内閣學士，尋署順天府府尹。十一年四月，授左都御史，暫署刑部尚書，兼管順天府府尹。七月，奏：請更定律例：一、夫毆妻死，審無故殺別情，如無承祀之人，准留承祀，枷責完結；一、竊盜至三犯，通計贓五十兩以下，罪止滿杖者，從重擬遣，五十兩以上，罪止徒者，擬絞監候；一、承審官重刑疊夾致斃笞杖人犯二命以上，徒流人犯四命以上者，以故勘論，擬斬監候；一、斬絞人犯在獄，如强横不法，及犯賭博等事，照原擬卽行正法，提牢官議處，禁卒責懲；一、支領囚糧，每石腳價銀五分，以贓罰銀給發，移户部查核；一、刑部現審左右二司郎中、員外、主事缺出，揀選調補，遺缺歸銓。下部議行。十二月，授刑部尚書。以預修《大清會典》書成，議敍加一級。十二年五月，刑部議覆福建民藍厚正毆斃胞兄一案，照以援擬失當，降一級留任。十三年正月，充《皇清文穎》館副總裁。【略】

〔乾隆〕二年二月，授内閣學士，入直南書房。十二月，充經筵講官。四年三月，請終養，上慰留之。五年五月，授刑部右侍郎，十月轉左。十二月，奏言：律例刊校頒行，尚須一年。各省未發新書，擬罪必遵舊例。請於舊例輕而新改重者，仍待奉到日遵行，不必駁改；舊重新輕者，刑部卽引新書改正，使一年之内，薄海内外早被恩光。特旨允行。六年二月，請假歸省，九月，回任。十一月，上以朝會樂章句讀，與樂音不相比合，敕莊親王同照查明《律吕正義》源委，又壇廟樂章恐不合律，併查奏。尋合疏言：《律吕正義》一書，編摩未備，請重修《律吕正義後編》，與前書並垂萬世。壇廟朝廷樂章，應遵聖訓，將新舊所定，並宋朱子《六經圖》及明朱載堉《樂書式》考定宮商字譜，備載於篇，使律吕克諧，尋考易曉，其民間俗樂，亦宜一體釐正。下部議行。七年二月，疏言：軍流遣犯，例應僉妻，如子孫願隨往者聽，並不在應遣之列。向來旗人由旗咨部文内註明隨往字樣。至民人，刑部據文轉咨，多不註明，至配一例羈管。本犯身故，隨往子孫不得援奉恩例。請嗣後該管衙門僉遣時，卽於文内註明隨往字樣，以免濫行羈管。本犯身故，妻子願歸，給照回旗、回籍，仍報部存案。又遣犯在配，本身既不許他往，子孫又一例羈管，困頓飢寒，情殊可憫。請嗣後遣犯在配所生子孫，該犯在日，如有附近謀生者，准呈明給限前往，逾限不回，查究。在配所生子孫，或許嫁他處，或寄養於人，悉聽自便。又各邊鎮賞旗爲奴人犯，在籍子孫本非例應僉遣。如往遣所省視，情殷依戀，或窮途艱苦，不能卽歸。旗主藉其力作，歲月寖久，並没爲奴，甚屬冤抑。請嗣後到配省視者，赴該管衙門報名存案，回籍日卽給印票放行。如旗主刁留計陷，照律治罪。部議從之。四月，擢刑部尚書。五月，管理樂部。先是，雍正五年，八旗佐領等有揹扣兵丁錢糧、印子錢者，世宗憲皇帝諭禁，定枷責追利入官之條。雍正十三年都統李禧請旗民一體嚴禁，借債人自首免罪，並免償放債人治罪，仍追利入官。民間争首告冀免。至是，照疏言：八旗佐領等官盤剝該管兵丁，放印子錢者，仍遵例擬追外，如止重利放債，悉依違禁取利本律治罪。禧所奏自首免償例，已經律例館删除，不准引用。部議從之。十月，中允于振請釐定文廟樂章，上命照撰擬進呈，頒發曲阜及各省學宫。八年十月，諭曰：朕登極詔内，四品以上官，例得恩廕。刑部尚書張照因彼時緣事未與，今特加恩，補行給與恩廕。

劉衡

《清史列傳》卷七六《循吏傳三・劉衡》　劉衡，江西南豐人。副貢生，充正白旗官學教習。期滿，以知縣用。嘉慶十八年，分發廣東，歷署四會、博羅等縣事，補新興縣知縣。父憂服闋，選四川墊江縣知縣，署梁山縣，旋調巴縣。衡爲人明察敏事，習文法，然持大體，通達下情。其治愛民如子，勤力有方略，好爲民興利除弊，誠信動人。故所居見愛，去見思。學務經世，經史百氏無不通，尤嗜尋繹律義。始以知縣候銓家居時，其祖編修焯，父歲貢生斯禧，謂：令最親民，亦易厲民。日夜與衡究論古循吏爲民實政。

初之粤，奉檄巡河，廉知巡河兵役素通盜，日夜坐卧船中，與卒役同勞苦，俾不得逞其奸，河盜歛戢，所部肅然。四會爲粤瘠邑，盜賊往往白晝掠人，官不能治，反鉗繫亡家，盜滋熾。衡乃仿古寓兵於農之制，團練壯丁，連村自保，盜不敢近。尋奉命詷捕會匪，得其籍，臚載人多，遠近駭動，亟焚之，以安反側。祇擒治其渠，衆乃定。博羅城中故設徵糧店户數家，鄉又設十站，民苦繇重，衡至卽撤之。邑多自戕案，里豪蠹役雜持之，害滋甚。衡察實立釋誣濫，嚴懲主使者。親歷各鄉，多方開導，自是民知自愛。

及官蜀，一以治粤之法治之。墊江俗輕生，如博羅。衡先事以言曉譬，民知徒死無益，終其任靡自戕者。獲嘓匪初犯者，曰：飢寒迫爾。乃給貲使置擔具以謀生，爲約再犯不宥。匪聞咸感泣改行。梁山與墊江皆隸忠州，衡調梁山時，墊人訴於州及大府曰：願還我劉公。梁山民亦哀大府曰：乞暫假劉公。梁處萬山中，距水道遠，歲苦旱。衡相地修築塘堰，延亙數十里，以時蓄洩，至今利賴之。倡捐置田建屋，養孤貧，歲得穀數百石，全活無算。布政使陸言下其法，令各州縣照行。巴縣爲重慶首邑，五方輻輳，訟獄繁多，號稱難治。倚食縣署者，白役至七千餘人。自衡涖事，役無所得食，散爲民，存十餘人，備使令而已。值歲歉，衡建議謂濟荒之法，聚不如散，命各歸各保，以便賑恤。是年雖饑，不害。衡初受任時，積牘數千，洎卸篆，僅遺某舉人請咨一案，移交後令而已。嘗道過墊江，墊人喜其還，壺漿道迎，歡聲雷動。已而知赴他任，感泣如失慈母。其得民心如此。

衡以律例命意忠厚，非聖人不能作，故本之爲治，以求達其愛民之心。知愛民先在去其病民者，故恒寓寬於嚴。每謂官民阻隔，皆緣門丁書吏表裏爲奸，故所至不用門丁。惟以官須自作四字爲宗旨，設長几於堂左右，分吏、户、禮、兵、刑、工爲六槅，房吏呈案，則各就左几之槅庋之，而擊磬以爲號。衡聞磬自取入，立卽核辦。旋發出置於右几，亦如之。吏以次承領，一不經家丁之手，故擁蔽悉除。有訴訟者，輒坐堂皇，受牘親書牒，令原告交里正，轉攝所訟之人，兩造俱到，一訊即結，無寃者。嘗懸鉦署前，民有急難，許擊之以聞，即爲審理。非重獄不遣勾攝隸，即出牒必注役之姓名、齒貌於籤，又令互相保結，設連坐之法，蠹役無所施其技。有事於鄉，省僕從輿馬，工食自給，俾無擾及閭閻。有兄弟争財者，反覆勸導，動以天性，卒至感悟交讓。

衡性素嚴重，然每臨訟，輒霽威，俾得通其情，扑不過十。惟於豪猾，則痛懲不稍假借。嘗延訪士大夫，周知地方利害，次第舉革。同城武營極與和衷，時賙其乏，俾緩急可以相倚。創立城鄉義學，公餘輒親督課程，考其勤惰而勖其志行。其爲治大要以恤貧保富，正人心，端士習爲主。總督戴錫三巡川東旁邑，民訴寃者，皆曰乞付劉青天決之。語達天聽。七年，擢緜州直隸州知州，引見，蒙召對，訓以公勤二字。八年，遷保寧府知府。九年，調成都府。每語人曰：牧令爲親民之官，隨事可盡吾心。太守漸遠，民安静，率屬而已，不如爲州縣之得一意民事也。然所在屬吏化之，無厲民者。十年，陞河南開歸陳許道，所屬聞衡名，轉相儆戒。是冬，使者閲河防，江南、河北皆以料垜不實，多罷黜，惟河南廳汛免。未幾，得痰疾，巡撫楊國楨疏爲陳情，而狀其治蜀政績，請優之，以風有位。奏入，賞假兩月調理。外臣四品以下無此例，蓋特恩也。久之未愈，遂乞歸。二十一年，卒。

（清）劉衡《蜀僚問答・自序》　四川民情湻樸，爲天下最。予於道光三年銓授忠州之墊江縣，在京晤其邑士大夫之官於朝試、於部及其商民之遠服賈者，延訪地方情形，諸爲予娓娓言之，頗詳且盡。蓋未蒞任之先，已盡得其地方利弊及其鄰邑並通省利弊大概。蒞任後，見其民情愿樸，戶口殷實，而再閲月之閒，所在以自戕報者凡十餘起。余始聞而駭，繼惻然，念知土棍、衙蠹之害吾民也，因念鋤莠。所以安良而養民莫先保富。爰出示曉諭，或以下鄉之餘，家至戶説，諄諄告以徒死之無益，而有官之可恃。行之半年，民皆信余。自是在川八年，謹守此意，以爲臨蒞之本。今年首夏之吉，蒙恩擢任河南，開歸陳許，道卸成都府，篆行有日矣。同官或就余詢吏治，嘻，余庸吏也，烏足以知吏治哉。時余瘧疾初起憊甚，幕友吴君鶴林乃輯其數年來所録藏稾，啟告示之，爲余自撰著者，訂爲二卷刻之。余題其籤曰：庸吏庸言。有來詢治道者，余輒以一編示之，以代口舌勞。而諸君子顧猶以爲未盡也，輒復殷殷致問，余不獲辭，乃舉所知及曾身親行之者，隨所問答之。兒輩輒手録之成帙，閒以呈余，余爲刪其文之繁冗者，補其語之疏漏者，次其先後之倒置者，正其字畫之譌脱者。命謄正爲二卷，題曰：《蜀僚問答》。曰爾曹姑藏之。儻戚友有筮仕爲親民官者，以此質之，抑將來子孫有登仕版，得親民官之能自愛，愛民者以此示之，令毋誤歧趨，以期毋負聖天子爲民設官之至意云爾。

（清）劉衡《蜀僚問答・楊士達序》　余髫齔，時邑人士作令蜀中歸，先大父兄弟方里居詢以治狀，則謝曰：無。似不足爲長者道。如簾舫劉公乃真良吏耳，先中丞曰：吾世交也，曩者持節，三吴辱過。余固異之，今果然矣。士達侍側聽其言，不敢以請。稍長，浮大江，止武昌，鄉人客川東者十數輩，頌劉青天不置，則急叩以所聞傾聽以爲樂。方是時，先生蓋去蜀中矣。又數年，士達已冠，偕計入京師，先生喆嗣星房農部出《蜀僚問答》一編示余。參校再周，而復於農部曰：天下者，一邑之積，親民吏蓋莫州縣若矣。自不才者，雜揉出於其間，而州縣之泉刀物産，或以給牧令之苛求，州縣之隸役、里胥皆以生牧令之威燄。貪則巧，巧則恣，其下者於風土民情，利弊疾苦罔罔然，如談異方殊俗，而莫之識也；坐堂皇決事則張皇顧慮，猾吏、蠹胥高下其手而莫之止。由一邑推之天下，於是吏治有不可究詰者矣。先生歷仕繁劇之區，清廉勤幹，所至皆辦其澤，於蜀民者至溥。吾聞先生備兵開封時，屬有疾，海梁中丞列賢能狀入告，且曰：臣蜀人能言其治蜀事，請優之以風厲百有位。特旨給假兩月，蓋異數也。使當日者不疾，疾即瘳，由監司而藩臬、而督撫，必且出其治府。若縣者治封疆以副聖天子之殊知。惜乎！其以疾遽退也。是編切近簡要，可爲吏之親民者，則於保富鋤奸，習律聽獄，尤反復言之，實與別著《讀律心得》相發明。同年生吴嘉賓敘次詳矣，士達辱世講之末，今農部以弁言見屬，遂識所聞於簡端。

（清）劉衡《蜀僚問答・卓秉恬序》　簾訪劉君作令蜀中，政聲卓越。余蜀人也，官京朝數十年，士大夫自蜀來者，每樂道君之善政，心儀者久之。道光四年甲申，余奉諱旋蜀。六年丙戌，服闋擕累，下峽過巴邑，適君宰其地，始獲相見。其時君之治績卓卓，而猶抱銅銅如畏之志欿然。若不自足迺益信君之中有所得異乎。俗吏之所爲，是愛蜀人之深，待蜀人之厚，真能以經術佐治術者。余方幸始，則思之於心，終能見之於目也。君於十年庚寅，由成都守備兵開封，始去蜀，旋引疾以退，中外咸以未能竟用爲惜。而君在蜀八載，所歷皆繁劇之區，獨能以齊魯待蜀人，而蜀人亦自以齊魯之人待其身，故君之善政至今猶思慕於勿衰。漢劉陶除順陽長，覆案姦宄，所發若神。去官後，吏民誦之曰：邑然樂不，思我劉君，何時復來，安此下民。君其嗣音與今春令嗣星方農部持君手著《蜀僚問答》一書，請弁言簡端。余受而讀之，凡所謂興利革弊、拯疾捄苦，無不深切簡要，縷晰條分。本實心以行實政，足挽仕途之積習，砭庸吏之膏肓，世有民社責者，本此爲治。由一邑推之一郡，由一郡推之一省，由一省推之天下，循名以責實，境異而情同。將見民俗敦龐清和，咸理詎止，補偏救弊，取效一時已哉。余故樂書其卷而歸之。

（清）吴嘉賓《讀律心得序》 吾邑劉簾舫觀察先生，始爲吏粵東，有治能名。後莅蜀之劇縣，其能益顯，民奉之如神明，卒以治迹尤異。不期年擢至監司，會引疾去，不竟其用。嘉賓與喆嗣星方農部爲姻。出先生作吏時所鈔《讀律心得》諸篇示之，信乎其能素講求法者與？先生是篇所援法，各數條，或數十條。一、理訟撮要，二、通用擬斷罪名，三、通用加減罪例，四、祥刑隨筆，皆所以示有司，法所得爲與所不得爲而已。然法所得爲者，吾執法以奪奸民之所恃。法所不得爲者，吾體法以行上之慈，則朝廷立法之意具是焉，何以簡且要與？吾願世之爲有司者，皆先講求於是，而後及其餘，則知法固甚不繁，而官與民已受治矣。然則先生是編，烏可不亟公諸世與？

汪泩

（清）汪泩《祥刑經解・蔡之定序》 豫章汪容川先生，以名進士，入詞館，出宰粵東，擢府佐。粵俗頑悍，狥利輕生，且瀕海多盜，歲慮囚率倍蓰他省。因地制宜，敬用重典，有不得不然者。先生覩而心惻思，所以迪化之，反覆於案牘，盡悉人情之幻求。諸六經皆所已言，以爲正本澄源之道在是矣。於是輯其要，畧彙爲五篇，取經語大書爲綱，以己意分注爲目，原之以形象天地，要之於刑弼教化大旨，歸於恤刑、慎刑。名之曰：《祥刑經解》。夫不教而殺，是謂虐刑；誅及無辜，是謂濫刑；酷烈無度，是謂非刑。若此者，均與祥相反者也。前代惟董江都深得此意，《春秋繁露》及《賢良對策》推本任德不任刑，而徵之於天道皆有契乎。祥刑之旨，先生是編，足相表裏。有司牧之，責者置一編於案頭，精思而切究之於以措之斯民，庶幾刑日清而訟日寡，以期至於無刑也不遠矣。是則先生之所厚望也夫。

汪輝祖

《清史列傳》卷七五《循吏傳二・汪輝祖》 汪輝祖，浙江蕭山人。少孤，繼母王、生母徐教之成立。入州縣，掌書記，漸習刑名。乾隆三十一年成進士，授湖南寧遠縣知縣。縣雜瑤俗，積逋而多訟，前令被訐去，攝者務姑息，黠桀益伺間爲挾持地，又流丐多强横。輝祖下車，即掩捕其尤，而驅餘黨出境。民納賦不及期，諭以官民一體，緩急相關，聽訟之責在官，完賦之責在民。官不勤職，咎有難辭；民不奉公，法所不恕。寧遠錢糧素多延欠，今約每旬以七日聽訟，二日較賦，一日手辦詳稿。較賦之日，亦兼聽訟。若皆遵期完課，則少費較賦之精力，即多留聽訟之功夫。民感其誠，相戒無負好官。不逾月而賦額足。

治事廉平，尤善色聽，援據比附，律窮者通以經術，决獄皆曲當，而心每欿然。遇罪人當予杖，輒呼之前曰：律不可逭，然若受父母膚體，奈何行不肖虧辱之？再三語，罪人泣，亦泣。或對簿者，反代請得免，卒改行爲善良。每决獄，縱民觀聽。又延紳耆問民疾苦、四鄉廣狹肥瘠、人情良莠，皆籍記之。據《漢書・趙廣漢傳》，鉤距法斷縣民匡學義獄，《唐書・劉蕡傳》斷縣民李氏、蕭氏爭先隴獄。他邑有訟，聞移輝祖鞫之者，皆大喜。在寧鄉時，訟師黄天桂與大府吏史坤攬訟。輝祖以他事搜其筆據，陳之大府，革坤役，天桂逸去。終輝祖任，不敢出。寧遠例銷淮鹽，值數倍於粵鹽，民多食粵私。大吏遣營弁偵捕，人情惶擾。輝祖爲帖白上官，以鹽愈禁則值日增，夫私不可縱而食淡可虞，請改淮引爲粵引。

未及報，輝祖卽張示，鹽不及十斤者聽。偵弁謂其故縱私，聞於大吏。輝祖揭辨，總督畢沅嘉賞之，立弛零鹽禁。時偉其議，稱莽知縣云。

（清）汪輝祖《佐治藥言·魯仕驥序》　汪君龍莊，精於吏治。自其少佐人，歷三十餘年。今將謁選而自為之，著《佐治藥言》，以授學者。余覽之善焉，夫君子之佐人與其自為一也。為吏之道，安靜不擾，悃福無華，遇事加詳慎焉。不得已而用刑罰，其哀矜惻怛之意，寓於訊讞精核之中，此所以為慈惠之師也。今君之所著者，大旨不越乎此，而其要尤在以義正己，而即以義處人。昔歐陽文忠公，不受范文正公陝西幕中辟命，而以書規之曰，古人所與成事，必有國士共之，士以身許人，固亦未易。文忠公之自重如此。而文正公嘗有言曰，吾幕中辟人，必其可以我師者，則吾心有所嚴憚。然則文正之辟之忠，固深知文忠者，而文忠當時，則猶未深知文正也。然既未深知，則其不苟於就，固君子自重之道宜然。此所以兩賢卒深相知也。今君自述三十餘年，所佐凡十餘人，皆深相契合，有師友之義。而君尤凜然自重，不苟去就，庶幾古人之風也哉。君今自為矣。是書固佐治之藥石，而吾尤樂以此觀君之所以自為也。

乾隆五十一年，歲在柔兆敦牂，季夏月既望，江西新城魯仕驥撰。

（清）汪輝祖《佐治藥言·自序》　昔我先君子，業儒未竟，治法家言，依人幕下，不二年罷歸。曰，懼損吾德也。后尉淇以廉惠著稱。余不幸少孤家貧，年二十有三，外舅王坦人先生，方令金山，因往佐書記。明年外舅解官持服，常州太守胡公賞余駢體文，招之幕下，閒以餘力讀律令，如有會心，稍為友人代理讞牘，胡公契焉。比胡公遷蘇松糧儲道，余與偕行，凡六年。事之關刑名者，皆以相屬，則無不為上游許可。而見入慕諸君，歲脩之豐者，最刑名，於是躍然將出而自效。嫡母王太孺人，生母徐太孺人，同聲誡止曰，汝父嘗試為之，懼其不詳，今吾家三世單傳，何堪業此？余則跽而對曰，兒無他長，舍是無以為生。惟誓不敢負心造孽，以貽吾母憂。苟非心力所入享吾父，或吐及不長吾子孫者，誓不敢入于橐。二母曰然，兒慎毋誑，不惟汝父實聞此言，天高聽卑，鬼神皆知之矣。余遂以刑名學入長洲幕，時乾隆二十五年也，迄於今二十有六年矣。夙夜凜栗，不敢違先人之訓，重吾母九原怨恫。顧以余之迂樸戇愚，不解諧時。而二十六年之中，未嘗一日投閒。所主者十四人，性情才略，不必盡同，無不磊落光明，推誠相與，終始契合，可以行吾之素志。歲脩所入，足資事畜。其諸分所當為之事，皆次第為之，取給脩入而無所於歉。嗚呼，幸矣。抑天之愍其誠，而不窮其遇者。拙者之報，固若是其厚歟。今主人王君晴川，以告養去職。余亦行將從宦。孫甥蘭啓，將有事讀律，請業於余。因就疇昔所究心者，書以代口，而題其端曰《佐治藥言》。良藥苦口而利於病，或未必無裨乎。書竟并撤館中舊聯授之，其詞曰，苦心未必天終負，辣手須防人不堪。蓋亦懸之二十六年矣。嗚呼，余之所以自箴者如是。自是而往，亦唯嘗存此心，以無負吾先訓而已。吏之職不一，佐吏之事亦不一，州縣刑名其一端也。余以素業于此，故言之獨詳，他所不及者，因端而擴充之，夫亦視乎其人而已。

乾隆五十年中秋前五日，蕭山汪輝祖，書于苕溪寓齋。

（清）汪輝祖《佐治藥言·王宗琰書佐治藥言後》　疇昔正夢食書而嗛，既寤喉咯咯作楮氣。旦而得汪君所詒《佐治藥言》，味其言軌跡夷易，令今可行也。叔孫穆子曰，匏葉不材於人，供濟而已。韋曜讀材若裁，言不可食，而可佩以度水也。《論語》曰，吾豈匏瓜也哉，焉能繫而不食。其告季路氏，則曰，無所取材。汪君服官，政行道以濟天下，無論已。若其書芻豢尗粟，可食之書也。宗琰溝瞀，固陋於吏事，若涉大水無津涯。鄭氏《詩箋》曰，匏葉苦而渡處深，夫苦藥也。他日佩是書以濟以食，取其材矣。夢其告之矣，書于後以識其徵焉。

乾隆丙午二月晦日，同里王宗琰。

（清）汪輝祖《佐治藥言·鮑廷博跋》　《佐治藥言》四十則，吾友汪君煥曾，游幕之學也。煥曾秉兩節母義方之訓，守身如執玉。自為諸生至成進士，以讀律為養。為人至性純篤，尚氣誼，慎交遊，與之處者，久而益摯。佐州縣吏數十年，聲稱爛然，獨不受主者關防。嘗曰，閑邪以存誠。是方寸中事，未嘗以非禮自冒，而主人防其非禮，是猶遇守貞之女，而曰若無誨淫也，其誰能受之？受之而甘焉，轉恐不可問矣。夫主之與賓，不盡素識，猝然舉身名以任之，關防固其所也。第陰察其實，而不陽著其目，則不賢者無可隱，而賢者有以自居，斯兩得之耳。聞者韙其論，以故為之主者，無不推誠相倚。煥曾亦不以形迹自拘，凡游跡所至，邑之魁儒碩士，常相晉接，因得周知其地之俗尚人情。措之於事，緩急相協，人亦莫敢干以私者。余嘗過其幕齋，經史鱗比，而所為幕學之書，百無一二。客為予言，其佐理官事，率有恒度。雖在劇邑，日不過三二時便了，暇則讀書自娛。辨色起，丙夜方息，不以寒暑少間。通公譏，必以漏刻補之。韓子有言，業精於勤，豈不誠然乎哉。今將身自為治，録素所自勗者，授其甥孫君蘭啓。余從蘭啓假而讀之，大旨律己以立品為先，佐人以盡心為尚。以儉為立品之基，以勤為盡心之實。讀律以裕其體，讀書以通其用。乃知佐治之不易如此，而益歎煥曾之所以到處有逢迎者，非無本也。夫在官之身，百務叢焉，薄書期會之繁，勢不能不分寄予幕賓之手。幕賓之責，實佐官以理民。顧號稱名士，以風流自賞者，往往不耐碎瑣，一切以闊略付之。而墨守律令之士，又拘文牽義，唯兢兢焉主人之考成是顧。其弊也，操切為道，吏治之未能盡肅，安在不由於是耶？循是編而三復之，賓盡其心，主勤其職，事不廢而民無擾，仁人之言，其利不且溥歟？古之言吏治者多矣，未有及幕賓之佐治者。余故急付剞劂，以廣其傳云。

乾隆五十一年二月，古歙鮑廷博跋

（清）錢儀吉《碑傳集》卷一〇八阮元《循吏汪輝祖傳》 縣雜猺，俗積逋而多訟，前令被訐去，攝者政姑息，黠者益伺間爲挾持地，流匄强横，勢洶洶。君下車，即掩捕其尤，而驅餘黨出境。徵賦期迫，君用書告民，剴切誠至，民讀之慙且感，相戒無負好官，不逾月，而輸賦足額。治事廉平，尤善色聽，剖條發蘊，不爽輕重。及其援据比傅，惟義所適，律之所窮，通以經術，所決獄辭不可殫述，人藉藉頌神明，而君益欿然。聽辭畢，輒問堂下觀者曰：允乎？僉曰：允矣。遇罪人當予杖，呼之前曰：若律不可逭，然若受父母膚體，柰何行不肖虧辱之！再三語，罪人泣，君亦泣。或對簿者反代請，得保全去，卒改行爲善。延見紳耆，問民疾苦，四鄉廣狹肥瘠，人情良莠，皆籍記之。然後教民多種植，知禮讓，惜廉耻。誡昏禮之費，而民知儉；禁喪禮之酒，而民知哀。鄙僿之俗，翕然丕變，歲以大稔。復行鄉飲酒賓興禮，祭建節孝祠，行保甲，政聲大播。他邑有訟，聞移君鞫之，則喜。

甯遠當食淮鹽，而鄰境多食粵鹽，淮鹽直數倍于粵，民多食粵私。大府遣營弁微服偵捕，人情惶擾，君爲帖白上官，請改淮引爲粵引，久之未報。君引例張示諭民，零鹽不及十斤者聽。偵弁謂君故縱私，聞於總督，君復揭辨，謂縣官當綏靖地方，張示諭民，勢非得已。揭上，總督鎮洋畢公沅大嘉賞，立弛零鹽之禁；時偉其議，稱莽知縣云。官甯遠未及四年，以足疾自劾免，時大吏已疏調君善化，疑君詭疾有所避，竟坐是奪職歸。民空邑走送境上，老幼泣，擁輿不得行。

薛允升

《清史列傳》卷六一《新辦大臣傳五・薛允升》 薛允升，陝西長安人。咸豐六年進士，以主事籤分刑部，同治八年，補主事。民人吕二落河身死，團勇王鳳與王宏馨挾嫌，陷以謀害，刑偪誣服。允升爲之平反，賞加四品銜。十一月，陞員外郎。九年二月，京察一等，六月，補授郎中。十一年七月，俸滿截取，奉旨記名以繁缺知府用。十二年七月，授江西饒州府知府。十三年，訪獲鄱陽匪徒王勝揚等勾結外匪，潛謀起事，稟請正法。

光緒三年，擢四川成緜龍茂道，旋調署建昌道。四年，陞山西按察使。五年閏三月，授山東布政使。八月，署理漕運總督，旋授刑部右侍郎。籌防邳宿運河，又挑濬河清等六閘。其餘各壩一律興堵。江北徐、海、沭陽一帶，素爲積匪出没之區，允升飭各巡道會同馬步各營殲滅匪首多名，居民安堵。六年四月，至京供職。七年二月，承修東陵、西陵工程。四月，轉左侍郎。五月，出使俄國大臣崇厚以擅定條約議斬，英、法使臣從中調停，欲減其罪。有旨交王大臣各衙門會議，允升亦議以減等罪名，可示法外之仁，以釋外國之嫌。江寧三牌樓民人周五等謀殺朱彪，脱逃未獲，參將胡金傳誣拏曾紹棕、曲學如，二人不勝酷刑，誣服論死，爲翰林院侍講學士陳寶琛所劾。允升奉命偕理藩院尚書麟書往查，得實，承審各員皆按律定擬。八年八月，兼署工部左侍郎。十月，充順天武鄉試副考官。十一月，兼署兵部左侍郎。九年三月，署刑部尚書。時户部雲南報銷案發，事連太常寺少卿周瑞清、御史李郁華等，命允升會同查辦。五月，奏結革降有差。會光禄寺卿尚賢、御史曾培祺等先後陳奏奉天吏治疲玩，民不堪命，上命允升偕吏部尚書徐桐往查。十年三月，查覆，自奉天府府尹以下，開缺黜降有差；仍爲奏減各項攤款之半，以紓民力。是年，法人尋釁，攻越南諒山，兵船内犯，奪占臺灣雞籠。上命廷臣妥籌戰和利害，允升主籌戰備，以遏兇鋒。【略】

〔二十二年〕四月，太監李萇材、張受山等糾衆逞兇，殺傷捕人，上諭刑部照康熙年間諭旨，從嚴定議具奏。允升援光棍例分別首從定擬，上以例内有傷人致死按律問擬之語，令按照本律再行分別定擬。允升具疏分晰，略曰：李萇材等糾衆殺傷捕人，上諭從嚴定議。其非尋常傷人致死可比，故特明降諭旨，宣布天下。天下人民咸曉然於聖主之嚴明，將以遵祖訓，飭紀綱也。且莫不翹首望部臣之有以副朝廷辟以止辟之心，以成此令出惟行之舉。乃臣部遵旨定擬奏聞，又復奉旨再行定擬。臣亦知皇上是欽恤刑章之意，非輕縱寺宦之心。然而天下不知，不以爲聖主之慎刑，而以爲臣部之縱惡。臣部問刑衙門，以飭法明刑爲要；而刑法之允協，以情真罪當爲先。李萇材等一案，論其起釁之由，既非有心致死，固不得謂之謀故殺；論其執械逞兇之情形，又何得謂之鬭毆？既非謀故，又非鬭毆，則與道光年間上諭内傷人致死一語，其不能强爲附合也明矣。謀故、鬭毆各律，均不可擬。將謂之拒捕殺人，按律或可稍稽夫顯戮，依例亦當立置之典刑。然較之光棍例文，究有區别。臣愚昧之見，太監與平人不同，我朝家法甚嚴，凡所以整飭寺宦者，無不加倍治罪，亦深恐一時姑息，異日或致養奸。此防微杜漸之深心，實寓成全之至意。所以我國家宫禁肅清，實爲前代所未有。溯自康熙年間辦理太監劉進朝一案之後，數百年來，太監尚知畏懼，不敢以身試法。實以懲一警百，其爲保全若輩者，亦有誠匪淺也。此次從嚴懲治，私心竊謂當可上邀允准。豈知辦理過嚴，已覺有未愜聖心之處。總由臣等拘滯鮮通，不能仰體聖主欽恤哀矜之意，已覺有愧於心。儻因此又復遷就其詞，依違定讞，致情法不得其平，並置初奉諭旨於不顧，則負咎更深。此臣等所以幾經籌畫，幾經詳審，而不敢冒昧從事者也。伏查朝廷法令，輕重各殊，而法之最嚴者，無過光棍一項，爲首者擬斬立決，爲從者俱擬絞候，秋審入於情實。所以懲强暴，儆兇頑，懔然示人以不可輕犯之意。臣等亦知此條例文，不可輕用，惟既經諭旨指明從嚴定議，舍此再無可引之條；而又恐後來援爲定式，特於片奏内聲明情節較輕者，不得率引此例。荷蒙聖明，早鑒及此，臣等何敢仍執原議。竊維立法原以懲惡，而法外亦可施仁。臣等爲守法之吏，原不容涉於兩歧；皇上宏解網之恩，或可稍寬其一面。昔宋臣蘇軾有云：當堯之時，皋陶爲士。將刑人，皋陶曰：殺之三。堯曰：宥之三。故天下畏皋陶執法之堅，而樂堯用刑之寬。臣等愚昧，何敢妄希古賢？而皇上其仁如天，實與帝堯先後同揆。皇上如果俯念輦轂之下，總宜肅清，閹宦之流，不宜寬縱，將該太監等仍照臣等原奏，照光棍例分别首從辦理，臣等無任欽佩。儻以爲未免太嚴，無妨量從末減，亦請於原定罪名上略爲區别，或嚴首惡而稍寬從犯。總期與初奉諭旨符合，不致大相懸絶，是在皇上權衡至當，斷自宸衷，非臣等所敢率行定擬也。疏入，上以仍係請旨辦理，語涉含混，著擬定罪名，再行具奏。允升奏云：臣等爲執法之吏，不敢擅自從輕；皇上施法外之仁，原可量爲末減。又云：初奉諭旨，一發而不可收；原定罪名，一成而不可變。從犯或可稍寬，首惡斷不可縱。是於欽恤之中，仍寓嚴明之意。皇上慈祥爲念，一時不忍駢戮二人，請將張受山一名立卽處斬；李萇材僅止傷人，究未殺斃，似尚有一綫可原，量減爲斬監候。上知其執法不撓，卒從其議。二十三年五月，御史張仲炘奏稱玉田縣紳民賄買御史溥松奏參該縣苛派差徭一案，允升姪薛濟爲之包攬賄通，允升又爲設法銷弭，有旨命大學士徐桐窮治其事，按驗不實，但以不知避嫌，降三級調用。十一月，補授宗人府府丞。允升歷充揀選官缺大臣、考試漢廕生、庶吉士散館、新貢士覆試、各直省舉人覆試、拔貢覆試閱卷大臣，新貢士殿試讀卷官。二十四年三月，奏請開缺。二十五年，陝西巡撫魏光燾奏允升年登八秩，重逢鄉舉，奉旨賞加二品頂戴，重宴鹿鳴。

（清）薛允升《唐明律合編·徐世昌序》 長安薛允升尚書精於律學，官刑部垂四十年，潛心名法，融會貫通，嘗取唐、明律之彼此參差、輕重互异者，逐條疏證，以類相從，成《唐明律合編》三十卷。先生一生服膺《唐律》，自言平日尋繹律義，有所未瞭，攷之群書，稽之故牘，猶未洞徹，及就《唐律》求之，則事理炳然。若網在綱，若農之有畔，而忠厚惻怛之意，油然溢於屬辭比事之餘，常令人思焉而不窮，擬議而知其不可易，持論若此，則其得力所在，從可知已。三禮喪服之學，盛於唐初，故

《唐律》一本於禮，而得古今之平。自五季以迄宋、元，令條格式，代有更張，而永徽之傳，承用不廢。明太祖懲元之法度縱弛，故《明律》多重於唐，其《大誥》諸峻令，尤出乎律之外。然其初李善長等論歷代之律，以漢《九章》為宗，而唐集其成，僉謂今制宜遵唐舊。太祖從其言。洪武元年，又命儒臣六人，同刑官講《唐律》，日進二十篇，是《明律》大旨亦本於唐而損益之。世謂《明律》偏主於重，非篤論也。《明律》之苛刻顯著者，先生既於卷末分條臚列。《唐律》之應擬徒罪以上者，《明律》大半改為笞、杖，甚至《唐律》十惡之應擬絞、流者，亦俱改為杖罪。先生謂理必衷諸至當，此以見人心之所同也。事苟雜以私心，終不能盡歸於一致也。於不應寬者而故意從寬，則必於不應嚴者而恣意從嚴，古今立法之本，數語盡之矣。近雖律學更新，非復舊法，而循覽是編，可識律之為用，民命所繫，根極於天理民彝，稱量於人情事故，法有新舊之异，其意有終古不變者，彰往察來，周知百世，詎限於唐明已哉。尚書之治律，原本經術，折衷至當，著述繁富，學者宗之。餘丙戌廷試，曾受知於尚書，茲從董子授經假得是編，校刊行世，蓋不勝耆舊之思、典型之仰焉。壬戌孟秋徐世昌。

（清）沈家本《寄簃文存》卷六《序・讀例存疑序》 國朝之講求律學者，惟乾隆間海豐吳紫峯中丞壇《通考》一書，於例文之增刪修改，甄覈精詳。其書迄於乾隆四十四年。自是以後，未有留心於斯事者。長安薛雲階大司寇，自官西曹，即研精律學，於歷代之沿革，窮源竟委，觀其會通，凡今律、今例之可疑者，逐條爲之考論，其彼此抵捂及先後歧異者，言之尤詳，積成巨册百餘。家本嘗與纂之役，爬羅剔抉，參訂再三。司寇復以卷帙繁重，手自芟削，勒成定本，編爲《漢律輯存》、《唐明律合刻》、《讀例存疑》、《服制備考》各若干卷，洵律學之大成而讀律者之圭臬也。同人醵資，籌諸棗梨，甫議鳩工，適值庚子之變，事遂中輟。辛丑春仲，家本述職長安，時司寇在里，復長秋官詢，知所著書惟《漢律輯存》一種存亡未卜，餘編無恙。迨鑾輿將返，家本奉命先歸，司寇初有乞休之意，故瀕行諄諄以所著書爲託。季秋遇於大梁，言將扈蹕同行，約於京邸商搉此事。乃家本行至樊輿，遽得司寇騎箕之耗，京邸商搉之約，竟不能償矣。《唐明律合刻》諸稿，方坤吾太守連軫攜往皖江，惟此《讀例存疑》一編，同人攜來京師，亟謀刊行，家本爲之校讐一過。秋署同僚，復議另繕清本，進呈御覽，奉旨發交律例館。今方奏明，修改律例，一筆一削，將奉此編爲準繩，庶幾輕重密疏罔弗當，而向之抵捂而歧異者，咸釐若畫一，無復有疑義之存，司讞者胥得所遵守焉，固不僅羣玉册府之珍藏爲足榮貴也已。今夏刻既竣，爲述其大略如此。展卷披讀，惜司寇之不獲親見此書之成也。

陳啓泰

《清史列傳》卷六四《已纂未進大臣傳三・陳啓泰》 陳啓泰，湖南長沙人。同治七年進士，改翰林院庶吉士。十年，散館，授編修，充國史館協修。十三年，充會試同考官。光緒元年，充陝西鄉試副考官。二年，充順天鄉試同考官。三年，記名以御史用。六年，充會試同考官。七年九月，補山西道監察御史。十一月，奏參雲貴總督劉長佑、漕運總督周恒祺皆溺於洋煙，性耽安逸；又言吏部尚書萬青藜骫法營私：均請立予罷斥。未幾，長佑、恒祺皆乞病去，青藜亦休致。河南有王樹汶臨刑呼冤一案，啓泰奏請秉公研鞫，以重人命。已而鶴年仍照原擬定案，上命解部覆訊，王樹汶果非真犯，承審各員皆降革有差。十二月，啓泰以竊賊闌入宮禁，恐爲內監容留所致，請派親王會同內務府大臣、前鋒護軍統領查拏懲辦，由是門禁益嚴肅矣。

是年七月，御史胡隆洵請將盜案分別首從辦理，刑部議欲復舊例，應將就地正法章程先行停止，而疆臣皆言其不便。八年二月，啓泰奏言：遷就新章，流弊甚大。一案既出，但憑州縣稟報，督撫即批飭正法，則其中以假作真，移甲就乙，及改輕爲重情弊，皆所不免。蓋地方盜案，登時就獲者少，參限屆滿，躧緝無期，往往別取平民妄拏充數，或前案人名竄入後起，或尋常案犯陷以重情，捏贓教供，刑逼誣服。州縣但以考成爲念，上司各懷瞻徇之私，委員會訊者不過一公稟銷差，道府覆訊者不過一空詳塞責。案情既結，死者不可復生，斷者不可復續。覆盆之枉，昭雪無從。部臣所稱各省就地正法案件，每歲不下數千百人。其中法無可宥者，固所必有；情有可原者，亦難保其必無。實爲洞燭情弊之言，若不亟思變計，恐殘殺習爲故常，怨憤激成事變，弭亂不足，召亂有餘也。夫刑罰世輕世重，原無一成不易之條。從前髮、捻未平，匪徒蠭起，自不妨權用重典，以儆凶頑。今海内晏然，幾二十年矣，百姓粗安，元氣未復，休養生息，正在斯時。即間有奸宄之徒，恃强藐法，官吏認真緝捕，自足綏靖地方。而辦理章程尚與軍興時漫無區别，當亦聖主好生之德早爲垂念及之者也。應請斷自宸衷，飭令仍照舊例解勘分别題奏以重刑憲，無使地方官吏久擅生殺之柄，朝廷寬大之恩庶漸被於無窮矣。上命刑部咨行各省詳議，而各省以盜多爲詞，卒不能盡革。又言：吏治之不振，實由冗員之太多，吏部奏定考試章程，其不列等者勒令回籍，可爲沙汰之一助。然不過百中之一二，仍於大局無裨。應請飭下各省督撫認真考試，年終年滿甄别，尤當破除面情，實力裁汰，不可但以佐雜教職等員塞責，庶官方可以澄敍矣。

湖南鳳凰廳痞苗石老華、江華縣土猺盤成豪前後滋事，撫臣李明墀奏保文武員弁冒濫，啓泰請將保案撤銷，略言：此兩案皆由地方官激成，以愚民土著爲賊巢，以屠戮無辜爲剿辦。天日在上，夫復誰欺。並臚列著名貪劣各員，請旨一併查辦。又以：孝廉方正一科，即古者鄉舉里選遺意，固不必專以文藝見長，要必名實相符，方足以備召用之選。近日保送太濫，污濁下流及紈袴乳臭之子，不學無行，輒以鑽營賄賂得之。以故分發各省，旋以貪墨卑鄙論劾者甚不乏人。藏垢納污，朝廷又安用特設是科爲耶？請飭部仿照拔貢等項朝考之例議定年限試期，並酌准每省保送額數，嚴定去留，不得一概録進，而尤必申明保舉連坐之法以彰儆戒。

趙舒翹

《清史列傳》卷六三《已纂未進大臣傳二・趙舒翹》 趙舒翹，陝西長安人。同治十三年進士，以主事用，分刑部。光緒六年，補漢提牢，著《提牢備考》二卷。七年，補直隸司主事。八年，陞員外郎。時河南王樹汶寃獄，疆吏多迴護，詔交刑部審訊。舒翹反覆詰駁，卒盡得其情，案獲平反，脱王樹汶於死。巡撫李鶴年、河道總督梅啓照及初審官鎮平令馬翥，覆審官開封守王兆蘭、知府馬永修等皆得罪。九年，補湖廣司郎中。

舒翹官刑部久，博學，習舊事，凡釐訂例案，解析疑難，多由其撰擬。如議定宗室婦女犯罪所坐夫男，應照例折罰錢糧，凡調姦、圖姦、拒捕、殺傷親屬，應照强姦拒捕例減等；議廣西土官犯罪，家口不應遷徙别省；議共謀爲盜，臨時不行分贓，罪罰不宜照前加重，又誘脅上盜，不能照情有可原例概從輕減；議定婦女犯軍流徒罪實發爲奴者二十二條，實發而不爲奴者九條，爲奴而不實發者一條；議復永遠枷號舊章變通軍流章程，及新疆流犯屯田辦法之類，皆見施行。其引經史以斷獄，則於《議命案婦女離異》及《議服制圖》二篇，尤所致意。

《議命案婦女離異篇》，略曰：潘汰之父被杜氏之父毆死，則杜氏乃仇人之女。潘廣碌之死，杜氏雖不知情，實由杜氏而起，則杜氏亦潘汰之仇。以仇人之女爲妻不可，以仇爲妻更不可。《春秋公羊傳》曰：仇讐不交婚姻。《穀梁傳》曰：仇讐之人，非所以接婚姻也。夫魯忘仇爲齊主婚，《春秋》猶非之，而況自爲妻乎？文姜孫齊，《春秋》削其姜氏，《左氏》曰：絶不爲親，禮也。母尚可絶，又何有於其妻乎？漢時梁人有後妻殺夫，其子又殺之。孔季彦議以非司寇而擅殺。夫因父仇殺母，尚以擅論，又何有於離異其妻乎？《唐律・户婚篇》云：諸凡義絶者離之。長孫無忌等《疏義》謂若夫妻祖父母、父母、外祖父母、伯叔父母、姑姊妹自相殺，皆爲義絶。《唐律》集秦、漢以來法書大成，斟酌最爲盡善，明言應離，更屬可則。又考之隋史，煬帝女南陽公主適宇文士及，士及之兄化及行逆，公主爲尼。士及請見，不許，公主曰：我與君仇家，今所以不手刃君者，謀逆之日，察君不與知耳。呵令速去。夫女子有從夫之義，尚可以仇而絶夫，而謂夫不可以絶妻，其義安在？宋元豐中，壽州民殺妻之父母兄弟數口，州司以不道緣坐其妻。刑曹駁之曰：毆妻父母，即是義絶，况是謀殺，不當坐其妻。又莆田民楊訟其子婦不孝，官爲逮問，則婦之父爲人毆死，楊亦與焉。坐獄未竟，遇赦免，婦仍在家攝守。陳振孫謂兩下相殺，義絶之大。初問楊罪時，合勒其婦休離，不離即是違法。縱有相犯，並同凡人。此婦不合收坐。斯二案皆義絶之事。明邱濬載入《大學衍義補》，其按語謂：生身之恩，重於伉儷之義。女子受命於父而後有夫，因夫而有舅姑。異姓所以相合者義也，義既絶矣，恩從而亡。名儒之論，足爲世教。正可與此對觀。然猶異代事也。國朝道光十一年山東兩令約爲婚姻，尚未迎娶，後因事壻父戕女父死，女不忍事仇，自經死，詔旌其孝。當時議者咸謂女即不死，其義已絶，後有此比，宜請斷離。由是推之，則潘汰之不應以杜氏爲妻也明甚。

《議服制圖篇》略曰：查服制悉根於《禮經》、《儀禮》於爲人後者爲其本宗之服，惟載父母昆弟姊妹，餘皆不見。元儒敖繼公謂：本服降一等止於此親耳，所以然者，以與己爲一體也。自此之外，凡小宗正親旁親，皆以所後者之親屬爲服，不在此數。《欽定儀禮義疏》不主其説，而謂賈疏本生餘親悉降一等，足以補《禮經》之所未備。律是以有爲人後者於本生親屬服皆降一等之語，至爲人後者之子孫爲本宗親屬如何持服，不特《禮經》並無明文，即歷代典章亦俱未議及。惟我朝徐乾學纂輯《讀禮通考》引唐杜佑《通典》内數條，始有應爲服制之説。然亦第指本生祖父母而言，其餘旁親並不在内。查所引各條，賀循則云初出情重，故不奪其親而與其降，承出之後，義漸輕疏而絶其恩。崔凱則云經文爲人後者爲其父母周，爲其兄姊降一等。此指爲後者身也，不及其子，則當以父所後之家還計其親疏爲服紀耳。劉智則云禮爲人後者當惟出子一身還本親，孔正陽亦云爲人後者服所後之親若子爲其本親降一等，不言代降一等者，以爲至其子以義斷，不復還本親故也。是爲後者宜降一等，而爲後者之子不得隨父而降一等。晉、宋以來，已有此議。例内所云祇論所後親屬服制等語，並非無所依據。迨乾隆二十四年，又定有爲人後者於本生伯叔兄姊以下有犯，均依《律服圖》降一等科罪之例。道光四年，又以《禮部則例》及《刑律》内所載爲人後者本生親屬服制闕略不全，經大學士九卿奏明，凡《會典》未載入悉照降一等之文，逐條增補，俱極詳備，而於爲人後者之子孫應否爲本生親屬持服，亦均無一語敍及。豈真見不及此耶？竊以爲古人立後，多取親支，此情理之常也。故所後之服與其父所降之服，尚不致互相參差。後世立後，兼取遠族，此情理之變也。故所後之服與其父所降之服，或致大相懸絶。至最親者莫如祖父母，爲人後者有本生父，故稱情推及於所生，爲人後之子孫，並無所謂本生父。故據禮雖同於上殺，祖父母且然，況降於祖父母者乎？古人不立此等服制而所以後宗支爲斷，其以此歟！昔唐王元感欲增三年之服爲三十六月，韋縚又欲加外祖父母大功舅妻小功堂姨舅降一等，意亦可云從厚；而張柬之、裴耀卿等均具疏力争，其議遂寢。至今論者不以張柬之等爲非，而以王元感等爲是。可知先王制禮無太過也，無不及也，亦惟酌乎人情天理之中而已。若受人之重，已間世矣，復欲厚服其私親，則嫌於貳祖矣。議禮者所不敢出此也。

沈家本

《清史稿》卷四四三《沈家本傳》 沈家本，字子惇，浙江歸安人。少讀書，好深湛之思，於《周官》多創獲。初援例以郎中分刑部，博稽掌故，多所纂述。光緒九年，成進士，仍留部。補官後，充主稿，兼秋審處。自此遂專心法律之學，爲尚書潘祖蔭所稱賞。十九年，出知天津府，治尚寬大，姦民易之，聚衆鬨於市，即擒斬四人，無敢復犯者。調劇保定，甘軍毁法國教堂，當路懾於外勢，償五萬金，以道署舊址建新堂，侵及府署東偏。家本據《府志》力争得直。拳匪亂作，家本已擢通永道、山西按察使，未及行，兩宫西幸。聯軍入保定，教士銜前隙，誣以助拳匪，卒無左驗而解。因馳赴行在，授光禄寺卿，擢刑部侍郎。

自各國互市以來，内地許傳教，而中外用律輕重懸殊，民、教日齟齬。官畏事則務抑民，民不能堪，則激而一逞，往往焚戮成巨禍。家本以謂治今日之民，當令官吏普通法律。然中律不變而欲收回領事審判權，終不可得。會變法議起，袁世凱奏設修訂法律館，命家本偕伍廷芳總其事；別設法律學堂，畢業者近千人，一時稱盛。補大理寺卿，旋改法部侍郎，充修訂法律大臣。宣統元年，兼資政院副總裁，仍日與館員商訂諸法草案，先後告成，未嘗以事繁自解。其所著書，有《讀律校勘記》、《秋讞須知》、《刑案匯覽》、《刺字集》、《律例偶箋》、《歷代刑官考》、《歷代刑法考》、《漢律摭遺》、《明大誥竣令考》、《明律目箋》，他所著非刑律者又二十餘種，都二百餘卷。卒，年七十四。

司法循吏部

先秦（含秦）分部

柳下惠

《春秋左傳正義》卷一八《文公二年》　仲尼曰：臧文仲，其不仁者三，不知者三。下展禽，展禽，柳下惠也。文仲知柳下惠之賢而使在下位。己欲立而立人。不知，音智，下同。廢六關，塞關、陽關之屬，凡六關，所以禁絶末遊而廢之。塞，悉再反。妾織蒲，三不仁也。家人販席，言其與民爭利。販，甫萬反。作虚器，謂居蔡山節藻棁也。有其器，而無其位，故曰虚。棁，章悦反。縱逆祀，聽夏父，躋僖公。祀爰居，三不知也。海鳥曰爰居，止於魯東門外，文仲以爲神，命國人祀之。爰居，《爾雅》一名雜縣。樊光云似鳳皇。爰居事見《國語》。《莊子》云：魯侯御而觴之于廟。疏：仲尼至知也。正義曰：魯臣多矣，而獨譏文仲者，以文仲執國之政，有大知之名，爲不知之事，故特譏之。其餘則不足責矣。《論語》稱仁者愛人，知者不惑。故以害於物者爲不仁，闇於事者爲不知。卑下展禽而不肯舉薦，廢去六關而不設防禁，妾織蒲席而與民爭利，此三事爲不仁也。無其位而作虚器，不知禮而縱逆祀，不識鳥而祀爰居，此三事爲不知也。注展禽至立人。正義曰：《論語》云：臧文仲，其竊位者與！知柳下惠之賢而不與立也。又曰：仁者，己欲立而立人。知賢不舉，是無恕心，故爲不仁也。注塞關至廢之。正義曰：昭五年《傳》稱孟丙仲壬之子殺豎牛於塞關之外，襄十七年《傳》稱師自陽關逆臧孫，二關見於傳，如此之屬，凡有六也。民以田農爲本，商賈爲末。農民力以自食，商民遊以求食。《漢書》賈誼説上曰今毆民而歸之農，皆著其本，各食其力。末伎遊食之民，轉而緣南畝，則畜積足矣。杜稱末遊者，謂此末伎遊食之民也。《周禮・司關》司貨賄之出入，掌其治禁，是所以禁約末遊者，令其出入有度。今而廢之，使末遊之人無所禁約，損害農民，是不仁也。注家人至爭利。正義曰：《家語》説此事，作妾織席，知織蒲是爲席以販賣之也。《大學》注云食禄之家不與民爭利，故以此爲不仁也。注謂居至曰虚。正義曰：《論語》云子曰：臧文仲居蔡，山節藻棁，何如其知也？鄭玄云：節，栭也，刻之爲山。棁，梁上楹也，畫以藻文。蔡謂國君之守龜，山藻節棁，天子之廟飾，皆非文仲所當有之。有其器而無其位，故曰虚。君子下不僭上，其居奢如此，是不知也。海鳥至祀之。正義曰：《魯語》云：海鳥口爰居，止於魯東門之外三日，臧文仲命國人祭之。展禽曰：越哉，臧孫之爲政也！夫祀，國之大節也。節，政之所成也。故制祭祀以爲國典。今無故而加典，非政之宜也。今海鳥至，己不知而祀之，以爲國典，難以言仁且知矣。無功而祀之，非仁也；弗知而不問，非知也。今兹海其有災乎！夫廣川之鳥獸，皆知辟其災。是歲，海多大風，冬暖。

（清）劉寶楠《論語正義・微子》　柳下惠爲士師。注：孔曰：士師，典獄之官。三黜。人曰：子未可以去乎？曰：直道而事人，焉往而不三黜？【略】枉道而事人，何必去父母之邦？正義曰：鄭注云：黜，退也。案：《説文》：黜，貶下也。三黜仍爲此官，故先言爲士師，明非改官也。柳下被黜不去，即是降志辱身之事，然不爲枉道，故孟子稱爲聖之和，又言不以三公易其介也。《戰國・燕策》燕王喜謝樂間書曰：昔者柳下惠吏于魯，三黜而不去。或謂之曰：可以去。柳下惠曰：苟與人之異，惡往而不黜乎？猶且黜乎，寧于故國耳。與此文略同。【略】

逸民：注：逸民者，節行超逸也。伯夷、叔齊、虞仲、夷逸、朱張、柳下惠、少連。【略】子曰：不降其志，不辱其身，伯夷、叔齊與！【略】謂柳下惠、少連，降志辱身矣，言中倫，行中慮，其斯而已矣。【略】柳下惠不羞汙君，不卑小官，遺佚而不怨，阨窮而不憫。故曰爾爲爾，我爲我，雖袒裼裸裎於我側，爾焉能浼我哉？故由由然與之偕而不自失焉，援而止之而止。援而止之而止者，是亦不屑去已。是卽柳下惠降志辱身之事也。【略】《孟子》以柳下惠爲和爲介，又《大戴・衛將軍文子篇》：孝子慈幼，允德秉義，約貨去怨，蓋柳下惠之行也。是其言行有可稱也。

（清）王夫之《讀四書大全説》卷七《論語・微子篇》　柳下惠於魯爲父母之邦，較孔子所云父母之國者又别。柳下惠，展氏之子。展之賜氏，自無駭之卒，而惠之生去無駭不遠，應只是無駭之子、夷伯之孫，於魯公室在五世袒免之中，故義不得去而云然。春秋之法，公子不得去國，自是當時通義。士師官亦不卑，但無駭爲上卿，執國政，而其子爲士師，則卑矣。胡泳引蚳鼃事爲證，士師在邑宰之下，官小可知。戰國之時，天下分裂，一國乃無數邑，邑宰官固不小。如楚申公、沈尹皆爲大臣，而平陸距心，爵亦大夫，與今日縣令不同，不得以邑宰之小證士師也。

《孟子·公孫丑上》 孟子曰：伯夷，非其君不事，非其友不友。不立於惡人之朝，不與惡人言；立於惡人之朝，與惡人言，如以朝衣朝冠坐於塗炭。推惡惡之心，思與鄉人立，其冠不正，望望然去之，若將浼焉。是故諸侯雖有善其辭命而至者，不受也。不受也者，是亦不屑就已。柳下惠不羞汙君，不卑小官；進不隱賢，必以其道；遺佚而不怨，阨窮而不憫。故曰爾爲爾，我爲我，雖袒裼裸裎於我側，爾焉能浼我哉？故由由然與之偕而不自失焉，援而止之而止。援而止之而止者，是亦不屑去已。孟子曰：伯夷隘，柳下惠不恭。隘與不恭，君子不由也。

（清）焦循《孟子正義·公孫丑章句上》 孟子曰：【略】柳下惠不羞污君，不卑小官，進不隱賢，必以其道，遺佚而不怨，阨窮而不憫。故曰爾爲爾，我爲我，雖袒裼裸裎於我側，爾爲能浼我哉！注：柳下惠，魯公族大夫也。姓展，名禽，字季，柳下是其號也。進不隱己之賢才，必欲行其道也。憫，懣也。云善己而已，惡人何能污我也。疏：遺佚而不怨，阨窮而不憫。正義曰：阮氏元《校勘記》云：《音義》出遺佚，云：或作迭，或作失，皆音逸。《音義》出阨窮，云：本亦作厄。按《説文》兔部云：逸，失也。人部云：佚，佚民也。逸、佚、失三字古通，此云遺佚卽遺失也。柳下惠賢人，而魯不能得之，是遺失之也。《一切經音義》引《蒼頡篇》云：厄，困也。《漢書·翟義傳》集注引晉灼云：阸，古厄字。阨窮卽困窮，由遺佚至於困窮也。《文選》嵇康《絶交書》注引《孟子》阨字作厄。袒裼裸裎正義曰：段氏玉裁《説文解字注》云：但，裼也。衣部曰：裼者，但也。古但裼字如此。袒則訓衣縫，今之綻裂字也。今經典凡但裼字，皆改爲袒裼矣。衣部又云：羸者，但也。裎者，但也。《釋訓》、《毛傳》皆曰袒裼，肉袒也。肉袒者，肉外見無衣也。引申爲徒，凡曰徒曰但，皆一聲之轉，空也。王氏念孫《廣雅疏證》云：羸，裎，徒，裼，袒也。羸者，《説文》：羸，袒也。僖公二十三年《左傳》欲觀其裸，《王制》羸股肱，《釋文》羸本又作羸，《大戴禮·天圓篇》唯人爲倮匈而生也，《史記·陳丞相世家》躶身而佐刺船，並字異義同。羸之言露也，《月令》中央土，其蟲倮，鄭注云：物象露見不隱藏，虎豹之屬恒淺毛。《荀子·蠶賦》有物於此，儽儽兮其狀，楊倞注云：儽儽，無毛羽之貌。義並與羸同。裎者，《説文》：裎，袒也。《孟子·公孫丑篇》云：雖袒裼裸裎於我側。裎之言呈也，《方言》：襌衣無袍者，趙、魏之間謂之裎衣。義亦相近也。徒與袒一聲之轉也。《韓非子·初見秦篇》云：頓足徒裼。《韓策》云：秦人捐甲徒裎以趨敵。裼者，《説文》：裼，袒也。凡去上衣見裼衣謂之裼，或謂之袒裼。《玉藻》裘之裼也，見美也，《内則》不有敬事，不敢袒裼，是也。其去衣見體，亦謂之袒裼。《鄭風·太叔于田篇》襢裼暴虎，《爾雅》云襢裼肉裼，是也。襢與袒同。毛氏奇齡《經問》云：沈玉亮問：《内則》云不有敬事，不敢袒裼。夫袒裼裸裎見於《孟子》，此大不敬之事，乃以袒裼屬敬事。鄭康成注則云父黨無容，謂居父之側，不事容飾。則袒與裼有何容飾？經與注皆不可解。曰：往讀《樂記》云：周旋裼襲，禮之文也。又《玉藻》云不文飾也不裼。又云裘之裼也，見美也。君在則裼者，盡飾也。此所爲裼，謂裼衣裼裘，使美見於外，正文飾之事，與《孟子》袒裼穢褻，截然不同。袒裼見美，本爲文飾，而卽以之爲敬君之事，此正與不有敬事，不敢袒裼，兩相發明。蓋袒裼者，事君之敬；不敢袒裼者，事父母之情也。然則何以同一袒裼，而一以爲褻，一以爲敬？曰：袒裼本不同，有去衣之袒裼，有加衣之袒裼。去衣之袒裼，如《射禮》袒決，《喪禮》：袒括髮，《鄭詩》袒裼暴虎，《郊特牲》肉袒割牲，《左傳》鄭伯肉袒牽羊，《史記·微子世家》面縛肉袒，俱是也。此脱衣見體，不必皆敬事也。若加衣之袒裼，則《衛風》衣錦絅衣，裳錦絅裳，謂夫人衣錦，必加單衣於其上，謂之裼衣。但又加一衣，袒而不襲，則其美見焉。又有裼裘，如狐白加錦衣，狐青加綃衣，狐黄加黄衣，羔裘加緇衣，皆加單衣於裘上。但外又加一衣，袒則裼之而美見，襲則揜之而美不見，《檀弓》所云襲裘而弔，裼裘而弔是也。去衣之袒裼爲褻，加衣之袒裼爲敬，明有分别矣。注柳下至我邪。正義曰：《春秋釋例世族譜》云：展氏，司空無駭，公子展之孫。魯公族夷伯，展氏祖父。展禽食邑柳下。隱公八年《左傳》云：無駭卒，公命以字爲展氏。注云：無駭，公子展之孫，故爲展氏。僖公十五年《左傳》云：震夷伯之廟，罪之也。於是展氏有隱慝焉。注云：夷伯，魯大夫展氏之詛父。二十六年《左傳》云：公使展喜犒師，使受命於展禽。注云：柳下惠。《國語·魯語》云：齊孝公來伐，臧文仲欲以辭告，問於展禽，對曰：獲聞之。注云：展禽，魯大夫展無駭之後柳下惠也。字季禽。獲，展禽之名也。是爲魯公族大夫也。又《魯語·海鳥爰居篇》云文仲聞柳下季之言，注云：柳下，展禽之邑。季，字也。《莊子·盜跖篇》稱孔子與柳下季友，《國策·齊策》，顔斶對齊宣王亦稱秦攻齊，令有敢去柳下季壟五十步而樵採者，則季爲字也。《文選·陶徵士誄》注引鄭氏《論語》注云：柳下惠，魯大夫展禽，食采柳下，謚曰惠。《淮南子·説林訓》柳下惠見飴，高誘注云：柳下惠，魯大夫展無駭之子，名獲字禽，家有大柳樹，惠德，因號柳下惠。一曰：柳下，邑。柳下有此二説，趙氏同高前説以爲號也。號，如《史記》吕尚號曰太公望，《荀子》南郭惠子居南郭，因以爲號，是也。惟名獲字季，而趙氏以爲名禽字季，未知所本。孔氏《左傳正義》云季是五十字，禽是二十字，是也。隱，藏也。以，用也。不隱己之賢才，謂不肯自藏晦其賢才也。必以其道，是必用其道，卽是必欲行其道也。《韓非子·難三》云：故羣公公正而無私，不隱賢，不進不肖。《鹽鐵論·刺權篇》云：受禄以潤賢，非私其利；見賢不隱，食禄不專：此公叔之所以爲文，魏成子之所以爲賢也。《潛夫論·明闇篇》云：且凡驕臣之好隱賢也。既患其正義以繩己矣，又恥居上位而明不及下，尹其職而策不出於己。此隱賢，謂隱蔽賢人，與趙氏義異，《淮南子·主術訓》云年衰志憫，注云：憫，憂也。《漢書·佞幸石顯傳》憂滿不食，注云：滿，讀曰懣。《説文》心部云：悶，懣也。《鬼谷子》云：憂者，閉塞而不泄也。然則憫卽憂悶，凡憂悶不能泄則憤，故懣又訓憤也。善己而已解我爲我，惡人何能污於我，以惡人解袒裼裸裎之人。故由由然與之偕而不自失焉，援而止之而止。援而止而止者，是亦不屑去已。注：由由，浩浩之貌。不憚與惡人同朝並立，偕，俱也。與之儷行於朝何傷，但不失己之正心而已耳。援而止之，謂三絀不暫去也。是柳下惠不以去爲潔也。疏：注由由至潔也。正義曰：《廣雅·釋訓》云：浩浩油油，流也。由與油通，故以由由爲浩浩。趙氏解浩然之氣爲大氣，注予然後浩然有歸志云：浩然，心浩浩有遠志也。遠與大義同，《楚辭·懷沙》云浩浩沅湘，王逸注云：浩浩，廣大貌。是也。此由由爲浩浩，亦謂其不似伯夷之隘，而寬然大而能容也。乃油油本新生之狀，詳見前油然作雲。而《禮記·玉藻》云三爵而油油然，注云：油油，悦敬貌。《史記·微子世家》云禾黍油油，索隱云：油油，禾黍之苗光悦貌。油油爲悦，故《韓詩外傳》引《萬章》由由然不忍去也作愉愉然不去也。《大戴記·文王官人》云：喜色由然以生。由爲生，亦爲喜，喜悦，生之象也。流動，生之機也。水生則流，物生則悦。禾黍之油油，猶云木欣欣而向榮也。《列女傳·賢明篇》云：柳下惠處魯，三黜而不去，憂民救亂，妻曰：無乃瀆乎？柳下惠曰：油油之民，將陷於害，吾能已乎？且彼爲彼，我爲我，彼雖裸裎，安能污我？油油然與之處，仕於下位。其妻誄曰：夫子之不伐兮！夫子之不竭兮！夫子之信誠，而與人無善兮！屈柔從俗，不强察兮！蒙恥救民，德彌大兮！雖遇三黜，終不蔽兮！愷悌君子，永能厲兮！嗟乎惜哉！乃下世兮！庶幾遐年，今遂逝兮！嗚呼哀哉！魂神泄兮！夫子之謚，宜爲惠兮！門人從之以爲誄。此與《孟子》相表裏。兩言油油，其云油油之民，卽謂此生生之民，與下將陷於害相貫。害則將戕其生矣，故憂之而救之。惟憂民救亂之心切，故不憚委蛇容忍，周旋補救於其間，所謂進不隱賢，必行其道，謂不藏此憂民救亂之才，欲行此蒙恥救民之道也。推此裸裎之人卽害民之人，彼自害民，我自救民，所爲爾爲爾，我爲我也。因其人害民而潔身遠去，則不與之偕；因其人害民而詭隨阿附，則與之偕而自失。惟惠則油油然救斯民，全其生生者，與此害民之人並處於朝，彼焉能浼我？蓋我染其所爲而附之，則彼能浼我；我以救民者，補救挽回其害，則與之偕而不自失，彼焉能浼我哉？不自失，所以不能浼。必行其道，所以三黜不去。以兩油油相例，則油油卽由由，由由卽生生矣。趙氏不解袒裼裸裎四字，而云與惡人同朝。卽使脱衣露體，何致遂爲惡人？且惡人居朝，亦豈脱衣露體，則趙氏明本《列女傳》爲説，以此袒裼裸裎卽指陷害斯民之人，故以一惡字明之。《管子·七臣七主篇》云：春無殺伐，無割大陵，倮大衍。注云：倮，謂焚燒，令蕩然俱盡。《周禮·大司徒》以虎豹爲贏物，《列子》以豹爲裎贏，裎卽裸裎也。然則柳下惠所云裸裎，假借脱衣赤體，以喻害民者之割剥，猶《管子》以焚燒爲倮也。《荀子·議兵篇》云：仁人之兵，不可詐也。彼可詐者，怠慢者也，路亶者也。注云：路，暴露也。亶讀爲袒，謂上下不相覆。露袒與怠慢並言，亦假借之言矣，故爲惡人也。若徒以赤體人在側，而以爲焉能浼我，此卽尋常之人，亦豈見有爲赤體之人浼者？無救民行道之心，援之卽止，黜之不去，何以爲柳下惠哉？後世秉國者，一言未合，乞骸而退，以爲潔身去亂。不知執一己倖直之名，而以軍國生民之重，一任諸羣小之爲，莫或救止，則亦豈得爲潔哉？故位不以去爲潔，而悠游下位，足爲以矯潔爲高者示之鵠也。孟子舉一伯夷以戒人之輕進，舉一柳下惠以戒人之輕退，豈徒然哉！阮氏元《校勘記》云：謂三黜，閩、監、毛三本同。廖本、孔本、韓本黜作絀，是。《音義》出絀字。【略】

《章指》言：伯夷、柳下惠，古之大賢，猶有所闕。介者必偏，中和爲貴，純聖能然，君子所由，堯舜是尊。疏：介者必偏。正義曰：《文選》注引者作然。《音義》云：介者，丁云字多作分，誤也。步度之功。周十一月，夏十月，可以成輿梁也。與《爾雅》注所引却合。然周正建子，夏正建寅，人人之所熟悉，安可以如是言之？舊本趙氏注，上自爲周十一月，下自爲周十二月，此舊書所以可貴。阮氏元《校勘記》云：周十月夏九月，閩、監、毛三本同。廖本、孔本、韓本作周十一月，推求文義，趙注本作周十月夏八月周十一月夏九月，而經文本作歲十月徒杠成，十一月輿梁成，後人亂之。而閩、監、毛本尚存舊迹，廖、孔、韓本則似是而實非也。凡言《周禮》之例，凡夏正皆曰歲，凡曰歲終，曰正歲，曰歲十有二月，皆謂夏時也。凡言正月之吉，不曰歲，謂周正也。説詳《戴震文集》。《孟子》言歲十月，十一月，謂夏正。兩言七八月之間，則謂周正。正與《周禮》同例。趙注未解其例，今本則經注又皆舛誤矣。《夏令》曰十月成梁，《孟子》與《國語》合。按趙氏注明作夏九月夏十月，則其時之本自是十一月徒杠成，十二月輿梁成，《仲尼燕居》正義引《孟子》亦作歲十一月徒杠成，十二月輿梁成，則據閩、監、毛三本之十月十一月，而改趙氏爲夏八月夏九月，恐亦無確證。備録如右，識者參之。段氏玉裁《説文解字》注云：権，水上横木，所以渡者。橋，水梁也。梁，水橋也。《釋宫》云：石杠謂之徛。《孟子》歲十月徒杠成，趙岐釋爲步渡，郭釋云步渡彴，然則石杠者，謂兩頭聚石，以木横架之，可行，非石橋也。凡直者曰杠，横者亦曰杠。杠與権雙聲，《孝武紀》曰権酒酤，韋昭曰：以木渡曰権，謂禁民酤釀，獨官開置，如道路設木爲権，獨取利也。水梁者，水中之梁也。梁者，宫室所以關舉南北者也。然其字本從水，則橋梁其本義，而棟梁其假借也。凡獨木者曰杠，駢木者曰橋，大而爲陂陀者曰僑。梁之字，用木跨水，則今之橋也。《孟子》輿梁成《夏令》十月成梁，《大雅》造舟爲梁，皆今之橋制。見於經傳者，言梁不言橋也。若《爾雅》隄謂之梁。

（清）焦循《孟子正義・萬章章句下》　孟子曰：【略】柳下惠不羞汙君，不辭小官，進不隱賢，必以其道，遺佚而不怨，阨窮而不憫，與鄉人處，由由然不忍去也，爾爲爾，我爲我，雖袒裼裸裎於我側，爾焉能浼我哉！故聞柳下惠之風者，鄙夫寬，薄夫敦。注：鄙狹者更寬優，薄淺者更深厚。疏：注鄙狹至深厚。正義曰：《周禮・地官・遂人》：掌邦之野，以土地之圖經田野，五家爲鄰，五鄰爲里，五里爲酇，五酇爲鄙，五鄙爲縣。劉熙《釋名・釋州國》云：鄙，否也。小邑不能遠通也。《呂氏春秋・尊師篇》云子張，魯之鄙家也，《愛類篇》云墨子見荆王曰，臣北方之鄙人也，高誘注皆云：鄙，小也。又《君守篇》守云魯鄙人遺宋元王閉，高誘注云：鄙人，小人也。小卽狹也，對下寬言之，故不訓小而訓狹也。《賈子・道術篇》云：優賢不逮謂之寬。《詩・大雅・瞻卬》維其優矣，箋云：優，寬也。是寬卽優也。《淮南子・齊俗訓》云煩拏澆淺，高誘注云：淺，薄也。是薄卽淺也。《毛詩・邶風・北門》王事敦我，傳云：敦，厚也。薄既是淺，則厚卽是深，故云深厚。

《孟子注疏・盡心章句下》　孟子曰：聖人百世之師也，伯夷、柳下惠是也。伯夷之清，柳下惠之和，聖人之一概也。故聞伯夷之風者，頑夫廉，懦夫有立志。聞柳下惠之風者，薄夫敦，鄙夫寬。奮乎百世之上，百世之下聞者莫不興起也，非聖人而能若是乎，而况於親炙之者乎？頑，貪。懦，弱。鄙，狹也。百世，言其遠也。興起，志意興起也。非聖人之行，何能感人若是。諭聞尚然，况於親見勳炙者乎。

（清）焦循《孟子正義・盡心章句上》　孟子曰：柳下惠不以三公易其介。注：介，大也。柳下惠執宏大之志，不恥汙君，不以三公榮位易其大量也。疏：注介大至量也。正義曰：介，大也，《爾雅・釋詁》文。《毛詩・大雅・生民》攸介攸止，《小明》介爾景福。介，傳皆訓大。趙氏以惠不羞汙君，不辭小官爲大量是也。承上不及人而言之，士師之賤，不及三公之榮，若少存豔羨之心，則辭小官而不居矣，是其心之淺隘也。

（清）焦循《孟子正義・盡心章句下》　孟子曰：聖人百世之師也，伯夷、柳下惠是也。注：伯夷之清，柳下惠之和，聖人之一概也。疏：注聖人之一概也。正義曰：《毛詩・衛風・載馳》傳云：是乃衆幼穉且狂，進取一概之義。孔氏正義云：一概者，一端不曉變通。然則聖人之一概猶云聖人之一端也。故聞伯夷之風者，頑夫廉，懦夫有立志。聞柳下惠之風者，薄夫敦，鄙夫寬。奮乎百世之上，百世之下聞者莫不興起也，非聖人而能若是乎，而况於親炙之者乎？注：頑，貪。懦，弱。鄙，狹也。百世，言其遠也。興起，志意興起也。非聖人之行，何能感人若是。諭聞尚然，况於親見勳炙者乎。疏：奮乎至起也。正義曰：毛氏奇齡《四書賸言》云：《孟子》奮乎百世之上百世之下一氣不斷，古文排句，辭例如此，言興乎前以及乎後也。若以百世之下連下讀，則失辭例矣。《漢・王吉傳》云：《孟子》云：奮乎百世之上，行乎百世之下，莫不興起。按《論衡・知實篇》引云：百世之下，聞之者莫不興起，非聖而若是乎，而況親炙之乎？百世之下固屬下讀，與親炙相對，親炙則百世之上與夷、惠同時之人矣。毛説非也。注諭聞至炙者也。正義曰：《説文》部耳云：聞，知聞也。《廣雅・釋言》云：諭，曉也。曉聞猶知聞也。《毛詩・大雅・雲漢》憂心如熏，傳云：熏，灼也。孔氏正義云：熏灼俱焚炙之義。阮氏元《校勘記》云：毛本作熏，孔本作薰，韓本作勳。按《音義》出勳炙，云字與熏同，則作薰熏並非古本。

史鰌

（三國魏）繆襲《皇覽逸禮》　衛靈公之時，蘧伯玉賢而不用，彌子瑕不肖而任事。史鰌數言之未入。史鰌病且死，謂其子曰：我死則置喪於北堂，吾生不能進蘧伯玉而退彌子瑕，是不能正君也。生不能正君者，死不當成禮。死而置尸於北堂，於我足矣。靈公往弔，問其故，其子以父言對於靈公。靈公失容曰：吾失矣。立召蘧伯玉而進之，召彌子瑕而退之，徙喪於堂，成禮而後去。衛國以治，史鰌之力也。史鰌以尸諫，可謂忠不衰矣。並《御覽》。

《論語注疏・衛靈公》　子曰：直哉，史魚！注：孔曰：衛大夫史鰌。邦有道，如矢；邦無道，如矢。注：孔曰：有道無道，行直如矢，言不曲。君子哉，蘧伯玉！邦有道，則仕；邦無道，則可卷而懷之。注：包曰：卷而懷，謂不與時政柔順，不忤於人。疏：子曰至懷之。正義曰：此章美衛大夫史鰌、蘧瑗之行也。直哉，史魚者，美史魚之行正直也。邦有道，如矢。邦無道，如矢者，此其直之行也。矢，箭也。史鰌之德，其性惟直，國之有道無道，行直如箭，言不隨世變曲也。君子哉，蘧伯玉者，美伯玉有君子之德也。邦有道，則仕。邦無道，則可卷而懷之者，此其君子之行也。國若有道，則肆其聰明而在仕也。國若無道，則韜光晦知，不與時政，亦常柔順不忤逆於人。是以謂之君子也。

趙奢

《史記》卷八一《廉頗藺相如列傳》　趙奢者，趙之田部吏也。收租稅而平原君家不肯出租，奢以法治之，殺平原君用事者九人。平原君怒，將殺奢。奢因說曰：君於趙爲貴公子，今縱君家而不奉公則法削，法削則國弱，國弱則諸侯加兵，諸侯加兵是無趙也，君安得有此富乎？以君之貴，奉公如法則上下平，上下平則國彊，國彊則趙固，而君爲貴戚，豈輕於天下邪？平原君以爲賢，言之於王。王用之治國賦，國賦大平，民富而府庫實。

鬭子文

（宋）真德秀《政經》　鬭子文三舍令尹，無一日之積，卹民之故也。成王聞子文之朝不及夕也，於是乎每朝設脯一束、糗一筐以羞子文。至于今，令尹秩之。成王每出子文之祿，必逃。王止而後復人謂子文曰：人生求富而子逃之，何也？對曰：夫從政者以庇民也，民多曠者而我取富焉，是勤民以自封也，死無日矣。我逃死，非逃富也。

孫叔敖

《史記》卷一一九《循吏列傳・孫叔敖》　孫叔敖者，楚之處士也。虞丘相進之於楚莊王，以自代也。三月爲楚相，施教導民，上下和合，世俗盛美，政緩禁止，吏無姦邪，盜賊不起。秋冬則勸民山採，春夏以水，各得其所便，民皆樂其生。

莊王以爲幣輕，更以小爲大，百姓不便，皆去其業。市令言之相曰：市亂，民莫安其處，次行不定。相曰：如此幾何頃乎？市令曰：三月頃。相曰：罷，吾今令之復矣。後五日，朝，相言之王曰：前日更幣，以爲輕。今市令來言曰：市亂，民莫安其處，次行之不定。臣請遂令復如故。王許之，下令三日而市復如故。

楚民俗好庳車，王以爲庳車不便馬，欲下令使高之。相曰：令數下，民不知所從，不可。王必欲高車，臣請教閭里使高其梱。乘車者皆君子，君子不能數下車。王許之。居半歲，民悉自高其車。

此不教而民從其化，近者視而效之，遠者四面望而法之。故三得相而不喜，知其材自得之也；三去相而不悔，知非己之罪也。

公儀休

《史記》卷一一九《循吏列傳・公儀休》　公儀休者，魯博士也。以高弟爲魯相。奉法循理，無所變更，百官自正。使食祿者不得與下民爭利，受大者不得取小。

客有遺相魚者，相不受。客曰：聞君嗜魚，遺君魚，何故不受也？相曰：以嗜魚，故不受也。今爲相，能自給魚；今受魚而免，誰復給我魚者？吾故不受也。

食茹而美，拔其園葵而弃之。見其家織布好，而疾出其家婦，燔其機，云欲令農士工女安所讎其貨乎？

石奢

（漢）韓嬰《韓詩外傳》卷二　楚昭王有士曰石奢，其爲人也，公正而好直。王使爲理。於是道有殺人者，石奢追之，則其父也。還返於廷曰：殺人者，臣之父也。以父成政，非孝也。不行君法，非忠也。弛罪廢法，而伏其辜，臣之所守也。遂伏斧鑕，曰：命在君。君曰：追而不及，庸有罪乎？子其治事矣。石奢曰：不然。不私其父，非孝也。不行君法，非忠也。以死罪生，不廉也。君欲赦之，上之惠也。臣不能失法，下之義也。遂不去鈇鑕，刎頸而死乎廷。君子聞之曰：貞夫法哉，石先生乎！孔子曰：子爲父隱，父爲子隱，直在其中矣。《詩》曰：彼己之子，邦之司直。石先生之謂也。

《史記》卷一一九《循吏列傳·石奢》 石奢者，楚昭王相也。堅直廉正，無所阿避。行縣，道有殺人者，相追之，乃其父也。縱其父而還自繫焉。使人言之王曰：殺人者，臣之父也。夫以父立政，不孝也；廢法縱罪，非忠也；臣罪當死。王曰：追而不及，不當伏罪，子其治事矣。石奢曰：不私其父，非孝子也；不奉主法，非忠臣也。王赦其罪，上惠也；伏誅而死，臣職也。遂不受令，自刎而死。

李離

《史記》卷一一九《循吏列傳·李離》 李離者，晉文公之理也。過聽殺人，自拘當死。文公曰：官有貴賤，罰有輕重。下吏有過，非子之罪也。李離曰：臣居官爲長，不與吏讓位；受祿爲多，不與下分利。今過聽殺人，傳其罪下吏，非所聞也。辭不受令。文公曰：子則自以爲有罪，寡人亦有罪邪？李離曰：理有法，失刑則刑，失死則死。公以臣能聽微决疑，故使爲理。今過聽殺人，罪當死。遂不受令，伏劍而死。

匡衛

（清）黄奭輯《春秋緯·春秋保乾圖》 匡衛爲藩臣，西相東將，左右執法，端門爲謁者，内五諸侯。諸侯一，帝師二，帝友三，三公四，博士五。太史不見，則無其臣，其臣受誅也。同上。宋均注：太微宫十星，天子庭，五帝之座，十二諸侯之府也。執法，廷尉也。右爲相，左爲將。一曰諸侯在河北東井間，外侯也。

屈建

（宋）鄭樵《通志》卷九二《列傳·屈建》 屈建，字子木，楚之公族也。其先屈瑕，食采於屈，因以命氏，世為莫敖。建之父曰屈到。屈到嗜芰有疾，召其宗老而屬之，曰：祭我必以芰。及祥宗老將薦芰，屈建命去之。老曰：夫子屬之。屈建曰：不然。夫子承楚國之政，其法刑在民心，而藏在王府，上之可以庇先王，下之可以訓後世。雖微楚國，諸侯莫不譽其祭典，有之曰：國君有牛享，大夫有羊饋，士有豚犬之奠，庶人有魚炙之薦。籩豆脯醢，則上下供之。不羞珍異，不陳庶侈，夫子不以其私欲干國之典。遂不用。

兩漢分部

吴公

（宋）王應麟《通鑑答問》卷三《漢高帝·問一歲决獄錢穀》 上聞河南守吴公治平爲天下第一，召以爲廷尉。或曰：吴公故與李斯同邑，而嘗學事焉。《史》謂孝文好刑名之言，吴公之召，豈以刑名之餘習歟？吴公薦賈誼，而《史》謂誼明申、商，亦有所合歟？曰：按《公卿表》，孝文元年吴公爲廷尉，三年張釋之爲廷尉。考之《本紀》：元年，除收帑相坐律令；二年，除誹謗訞言之罪，皆吴公爲廷尉時也。秦之苛法密網至是盪滌，豈有刑名之習哉？《循吏傳》稱吴公謹身帥先，居以廉平，不至於嚴，而民從化。豈可以學事李斯而議其疵哉？吴公之後，繼以張釋之，蓋孝文天姿寛厚，欲平獄緩刑，曷嘗以刑名爲治哉？漢朝之儒，唯賈生其言權勢法制，人主之斤斧，不能不雜於申、商。吴公稱其通諸家之書，非以明申、商薦之也。吴公雖無傳，而廉平不嚴，爲循吏之首。其在廷尉如陽春之解陰凌，斯民生意，既剥而復善政，無赫赫之名，所以爲賢歟。荀卿之徒有李斯，李斯之徒有吴公。賢不肖在人，不在師傅也。

申屠嘉

《史記》卷九六《張丞相列傳》　申屠丞相嘉者，梁人，以材官蹶張從高帝擊項籍，遷爲隊率。從擊黥布軍，爲都尉。孝惠時，爲淮陽守。孝文帝元年，舉故吏士二千石從高皇帝者，悉以爲關内侯，食邑二十四人，而申屠嘉食邑五百戶。張蒼已爲丞相，嘉遷爲御史大夫。張蒼免相，孝文帝欲用皇后弟竇廣國爲丞相，曰：恐天下以吾私廣國。廣國賢有行，故欲相之，念久之不可，而高帝時大臣又皆多死，餘見無可者，乃以御史大夫嘉爲丞相，因故邑封爲故安侯。

嘉爲人廉直，門不受私謁。是時太中大夫鄧通方隆愛幸，賞賜累巨萬。文帝嘗燕飲通家，其寵如是。是時丞相入朝，而通居上傍，有怠慢之禮。丞相奏事畢，因言曰：陛下愛幸臣，則富貴之；至於朝廷之禮，不可以不肅！上曰：君勿言，吾私之。罷朝坐府中，嘉爲檄召鄧通詣丞相府，不來，且斬通。通恐，入言文帝。文帝曰：汝第往，吾今使人召若。通至丞相府，免冠，徒跣，頓首謝。嘉坐自如，故不爲禮，責曰：夫朝廷者，高皇帝之朝廷也。通小臣，戲殿上，大不敬，當斬。吏今行斬之！通頓首，首盡出血，不解。文帝度丞相已困通，使使者持節召通，而謝丞相曰：此吾弄臣，君釋之。鄧通既至，爲文帝泣曰：丞相幾殺臣。

嘉爲丞相五歲，孝文帝崩，孝景帝即位。二年，鼂錯爲内史，貴幸用事，諸法令多所請變更，議以謫罰侵削諸侯。而丞相嘉自絀所言不用，疾錯。錯爲内史，門東出，不便，更穿一門南出。南出者，太上皇廟堧垣。嘉聞之，欲因此以法錯擅穿宗廟垣爲門，奏請誅錯。錯客有語錯，錯恐，夜入宫上謁，自歸景帝。至朝，丞相奏請誅内史錯。景帝曰：錯所穿非真廟垣，乃外堧垣，故他官居其中，且又我使爲之，錯無罪。罷朝，嘉謂長史曰：吾悔不先斬錯，乃先請之，爲錯所賣。至舍，因歐血而死。謚爲節侯。

黄霸

《史記》卷九六《張丞相列傳》　黄丞相霸者，淮陽人也。以讀書爲吏，至潁川太守。治潁川，以禮義條教喻告化之。犯法者，風曉令自殺。化大行，名聲聞。孝宣帝下制曰：潁川太守霸，以宣布詔令治民，道不拾遺，男女異路，獄中無重囚。賜爵關内侯，黄金百斤。徵爲京兆尹而至丞相，復以禮義爲治。以丞相病死。子嗣，後爲列侯。黄丞相卒，以御史大夫于定國代。

《漢書》卷八九《循吏傳·黄霸》　黄霸字次公，淮陽陽夏人也，以豪桀役使徙雲陵。霸少學律令，喜爲吏，武帝末以待詔入錢賞官，補侍郎謁者，坐同産有罪劾免。後復入穀沈黎郡，補左馮翊二百石卒史。馮翊以霸入財爲官，不署右職，使領郡錢穀計。簿書正，以廉稱，察補河東均輸長，復察廉爲河南太守丞。霸爲人明察内敏，又習文法，然温良有讓，足知，善御衆。爲丞，處議當於法，合人心，太守甚任之，吏民愛敬焉。

【略】

會宣帝即位，在民間時知百姓苦吏急也，聞霸持法平，召以爲廷尉正，數决疑獄，庭中稱平。守丞相長史，坐公卿大議廷中知長信少府夏侯勝非議詔書大不敬，霸阿從不舉劾，皆下廷尉，繫獄當死。霸因從勝受《尚書》獄中，再踰冬，積三歲乃出，語在《勝傳》。勝出，復爲諫大夫，令左馮翊宋畸舉霸賢良。勝又口薦霸於上，上擢霸爲揚州刺史。三歲，宣帝下詔曰：制詔御史：其以賢良高第揚州刺史霸爲潁川太守，秩比二千石，居官賜車蓋，特高一丈，别駕主簿車，緹油屏泥於軾前，以章有德。

【略】

霸力行教化而後誅罰，務在成就全安長吏。許丞老，病聾，督郵白欲逐之，霸曰：許丞廉吏，雖老，尚能拜起送迎，正頗重聽，何傷？且善助之，毋失賢者意。或問其故，霸曰：數易長吏，送故迎新之費及姦吏緣絶簿書盗財物。公私費耗甚多，皆當出於民，所易新吏又未必賢，或不如其故，徒相益爲亂。凡治道，去其泰甚者耳。

霸以外寬内明得吏民心，戶口歲增，治爲天下第一。徵守京兆尹，秩二千石。坐發民治馳道不先以聞，又發騎士詣北軍馬不適士，劾乏軍興，連貶秩。有詔歸潁川太守官，以八百石居治如其前。前後八年，郡中愈治。是時鳳皇神爵數集郡國，潁川尤多。天子以霸治行終長者，下詔稱揚曰：潁川太守霸，宣布詔令，百姓鄉化，孝子弟弟貞婦順孫日以衆多，田者讓畔，道不拾遺，養視鰥寡，贍助貧窮，獄或八年亡重罪囚，吏民鄉于教化，興於行誼，可謂賢人君子矣。《書》不云乎？股肱良哉！其賜爵關内侯，黄金百斤，秩中二千石。而潁川孝弟有行義民、三老、力田，皆以差賜爵及帛。後數月，徵霸爲太子太傅，遷御史大夫。

五鳳三年，代丙吉爲丞相，封建成侯，食邑六百戶。霸材長於治民，及爲丞相，總綱紀號令，風采不及丙、魏、于定國，功名損於治郡。時京兆尹張敞舍鶡雀飛集丞相府，霸以爲神雀，議欲以聞。敞奏霸曰：竊見丞相請與中二千石博士雜問郡國上計長吏守丞，爲民興利除害成大化條其對，有耕者讓畔，男女異路，道不拾遺，及舉孝子弟弟貞婦者爲一輩，先上殿，舉而不知其人數者次之，不爲條教者在後叩頭謝。丞相雖口不言，而心欲其爲之也。長吏守丞對時，臣敞舍有鶡雀飛止丞相府屋上，丞相以下見者數百人。邊吏多知鶡雀者，問之，皆陽不知。丞相圖議上奏曰：臣問上計長吏守丞以興化條，皇天報下神雀。後知從臣敞舍來，乃止。郡國吏竊笑丞相仁厚有知略，微信奇怪也。昔汲黯爲淮陽守，辭去之官，謂大行李息曰：御史大夫張湯懷詐阿意，以傾朝廷，公不早白，與俱受戮矣。息畏湯，終不敢言。後湯誅敗，上聞黯與息語，乃抵息罪而秩黯諸侯相，取其思竭忠也。臣敞非敢毁丞相也，誠恐羣臣莫白，而長吏守丞畏丞相指，歸舍法令，各爲私教，務相增加，澆淳散樸，並行僞貌，有名亡實，傾搖解怠，甚者爲妖。假令京師先行讓畔異路，道不拾遺，其實亡益廉貪貞淫之行，而以僞先天下，固未可也；即諸侯先行之，僞聲軼於京師，非細事也。漢家承敝通變，造起律令，所以勸善禁姦，條貫詳備，不可復加。宜令貴臣明飭長吏守丞，歸告二千石，舉三老孝弟力田孝廉廉吏務得其人，郡事皆以義法令撿式，毋得擅爲條教；敢挾詐僞以奸名譽者，必先受戮，以正明好惡。天子嘉納敞言，召上計吏，使侍中臨飭如敞指意。霸甚慙。

袁盎

《史記》卷一〇一《袁盎鼂錯列傳》　袁盎者，楚人也，字絲。父故爲羣盜，徙處安陵。高后時，盎嘗爲呂禄舍人。及孝文帝即位，盎兄噲任盎爲中郎。【略】

淮南厲王朝，殺辟陽侯，居處驕甚。袁盎諫曰：諸侯大驕必生患，可適削地。上弗用。淮南王益横。及棘蒲侯柴武太子謀反事覺，治，連淮南王，淮南王徵，上因遷之蜀，轞車傳送。袁盎時爲中郎將，乃諫曰：陛下素驕淮南王，弗稍禁，以至此，今又暴摧折之。淮南王爲人剛，如有遇霧露行道死，陛下竟爲以天下之大弗能容，有殺弟之名，柰何？上弗聽，遂行之。

張釋之

《史記》卷一〇二《張釋之馮唐列傳》　張廷尉釋之者，堵陽人也，字季。有兄仲同居。以訾爲騎郎，事孝文帝，十歲不得調，無所知名。釋之曰：久宦減仲之產，不遂。欲自免歸。中郎將袁盎知其賢，惜其去，乃請徙釋之補謁者。釋之既朝畢，因前言便宜事。文帝曰：卑之，毋甚高論，令今可施行也。於是釋之言秦漢之閒事，秦所以失而漢所以興者久之。文帝稱善，乃拜釋之爲謁者僕射。【略】

頃之，太子與梁王共車入朝，不下司馬門，於是釋之追止太子、梁王無得入殿門。遂劾不下公門不敬，奏之。薄太后聞之，文帝免冠謝曰：教兒子不謹。薄太后乃使使承詔赦太子、梁王，然后得入。文帝由是奇釋之，拜爲中大夫。【略】

頃之，上行出中渭橋，有一人從橋下走出，乘輿馬驚。於是使騎捕，屬之廷尉。釋之治問。曰：縣人來，聞蹕，匿橋下。久之，以爲行已過，即出，見乘輿車騎，即走耳。廷尉奏當，一人犯蹕，當罰金。文帝怒曰：此人親驚吾馬，吾馬賴柔和，令他馬，固不敗傷我乎？而廷尉乃當之罰金！釋之曰：法者天子所與天下公共也。今法如此而更重之，是法不信於民也。且方其時，上使立誅之則已。今既下廷尉，廷尉，天下之平也，一傾而天下用法皆爲輕重，民安所措其手足？唯陛下察之，良久，上曰：廷尉當是也。

其後有人盜高廟坐前玉環，捕得，文帝怒，下廷尉治。釋之案律盜宗廟服御物者爲奏，奏當弃市。上大怒曰：人之無道，乃盜先帝廟器，吾屬廷尉者，欲致之族，而君以法奏之，非吾所以共承宗廟意也。釋之免冠頓首謝曰：法如是足也。且罪等，然以逆順爲差。今盜宗廟器而族之，有如萬分之一，假令愚民取長陵一抔土，陛下何以加其法乎？久之，文帝與太后言之，乃許廷尉當。是時，中尉條侯周亞夫與梁相山都侯王恬開見釋之持議平，乃結爲親友。張廷尉由此天下稱之。

（清）王明德《讀律佩觿序》 漢張釋之為廷尉，天下之民自以為不寃。夫豈真能措刑不用，遂幾文武成康之盛，惟其能持一定之律，特宰天下之平，故即以天子之尊，下其議於廷尉，雖欲自行其意而不得，是以君子益交相勵勉於善，小人咸有所憚，畏而不敢肆。古所謂協中之治，夫豈過此。

（宋）洪邁《容齋續筆》卷二《張于二廷尉》 張釋之爲廷尉，天下無寃民；于定國爲廷尉，人自以不寃。此漢史所稱也。兩人在職皆十餘年。周勃就國，人上書告勃欲反，下廷尉。逮捕吏稍侵辱之，勃以千金與獄吏。吏使以公主爲證，太后亦以爲無反事，乃得赦出。釋之正爲廷尉不能救，但申理犯蹕、盜環一二細事耳。楊惲爲人告驕奢不悔過，下廷尉桉驗，始得所予孫會宗書，定國當惲大逆無道，惲坐要斬，惲之罪何至於是？其徇主之過如此，傳所謂決疑平法務在哀矜者，果何爲哉！

（宋）洪邁《容齋五筆》卷一《張釋之栁惲》 漢張釋之爲廷尉，文帝出行，有人驚乘輿馬，使騎捕之，屬廷尉，釋之奏當，此人犯蹕罰金。上怒釋之。曰：方其時上使誅之則已。顏師古謂言初執獲此人，天子即令誅之，其事即畢。唐栁惲爲相，玉工爲德宗作帶，誤毁。一銙工私市它玉足之，帝識不類，怒其欺。詔京兆論死。惲曰：陛下遽殺之則已，若委有司，須詳讞乃可於法。罪當杖，請論如律。由是工不死。予謂張、栁之論可謂善矣。然張云上使使誅之則已，栁云陛下遽殺之則已，無乃啓人主徑殺人之端乎？斯一節未爲至當也。

（元）王與《無寃録序》 漢張釋之爲廷尉，天下無寃民；于定國爲廷尉，民自以不寃。《温州經籍志》所録無以上數語。蓋獄重事也，治獄固難，斷獄尤難，然獄之關於人命者，唯檢屍爲至難，毫釐之差，生死攸繫。苟定驗不明，雖善於治獄斷獄者亦末如之何也已。《經籍志》作治獄重事也，治獄之道，惟檢屍爲至難，毫厘之差，生死繫焉；定驗不明，雖善於聽斷者亦末如之何已。

張叔

《史記》卷一〇三《萬石張叔列傳》 御史大夫張叔者，名歐，安丘侯説之庶子也。孝文時以治刑名言事太子。然歐雖治刑名家，其人長者。景帝時尊重，常爲九卿。至武帝元朔四年，韓安國免，詔拜歐爲御史大夫。自歐爲吏，未嘗言案人，專以誠長者處官。官屬以爲長者，亦不敢大欺。上具獄事，有可卻，卻之；不可者，不得已，爲涕泣面對而封之。其愛人如此。

蒯通

《漢書》卷四五《蒯通傳》 蒯通，范陽人也，本與武帝同諱。楚漢初起，武臣略定趙地，號武信君。通説范陽令徐公曰：臣，范陽百姓蒯通也，竊閔公之將死，故弔之。雖然，賀公得通而生也。徐公再拜曰：何以弔之？通曰：足下爲令十餘年矣，殺人之父，孤人之子，斷人之足，黥人之首，甚衆。慈父孝子所以不敢事刃於公之腹者，畏秦法也。今天下大亂，秦政不施，然則慈父孝子將争接刃於公之腹，以復其怨而成其（功）名。此通之所以弔者也。曰：何以賀得子而生也？曰：趙武信君不知通不肖，使人候問其死生，通且見武信君而説之，曰：必將戰勝而後略地，攻得而後下城，臣竊以爲殆矣。用臣之計，毋戰而略地，不攻而下城，傳檄而千里定，可乎？彼將曰：何謂也？臣因對曰：范陽令宜整頓其士卒以守戰者也，怯而畏死，貪而好富貴，故欲以其城先下君。先下君而君不利〔之〕，則邊地之城皆將相告曰：范陽令先降而身死，必將嬰城固守，皆爲金城湯池，不可攻也。爲君計者，莫若以黄屋朱輪迎范陽令，使馳騖於燕趙之郊，則邊城皆將相告曰：范陽令先下而身富貴，必相率而降，猶如阪上走丸也。此臣所謂傳檄而千里定者也。徐公再拜，具車馬遣通。通遂以此説武臣。武臣以車百乘，騎二百，侯印迎徐公。燕趙聞之，降者三十餘城，如通策焉。

兒寬

《漢書》卷五八《兒寬傳》 兒寬，千乘人也。治《尚書》，事歐陽生。以郡國選詣博士，受業孔安國。貧無資用，嘗爲弟子都養。時行賃作，帶經而鉏，休息輒讀誦，其精如此。以射策爲掌故，功次，補廷尉文學卒史。

寬爲人温良，有廉知自將，善屬文，然懦於武，口弗能發明也。時張湯爲廷尉，廷尉府盡用文史法律之吏，而寬以儒生在其間，見謂不習事，不署曹，除爲從史，之北地視畜數年。還至府，上畜簿，會廷尉時有疑奏，已再見卻矣，掾史莫知所爲。寬爲言其意，掾史因使寬爲奏。奏成，讀之皆服，以白廷尉湯。湯大驚，召寬與語，乃奇其材，以爲掾。上寬所作奏，即時得可。異日，湯見上。問曰：前奏非俗吏所及，誰爲之者？湯言兒寬。上曰：吾固聞之久矣。湯由是鄉學，以寬爲奏讞掾，以古法義決疑獄，甚重之。及湯爲御史大夫，以寬爲掾，舉侍御史。見上，語經學。上説之，從問《尚書》一篇。擢爲中大夫，遷左内史。

寬既治民，勸農業，緩刑罰，理獄訟，卑體下士，務在於得人心；擇用仁厚士，推情與下，不求名聲，吏民大信愛之。寬表奏開六輔渠，定水令以廣溉田。收租税，時裁闊狹，與民相假貸，以故租多不入。後有軍發，左内史以負租課殿，當免。民聞當免，皆恐失之，大家牛車，小家擔負，輸租繦屬不絶，課更以最。上由此愈奇寬。

陳咸

《漢書》卷六六《陳咸傳》 〔陳萬年〕子咸字子康，年十八，以萬年任爲郎。有異材，抗直，數言事，刺譏近臣，書數十上，遷爲左曹。萬年嘗病，召咸教戒於牀下，語至夜半，咸睡，頭觸屏風。萬年大怒，欲杖之，曰：乃公教戒汝，汝反睡，不聽吾言，何也？咸叩頭謝曰：具曉所言，大要教咸讇也。萬年乃不復言。

萬年死後，元帝擢咸爲御史中丞，總領州郡奏事，課第諸刺史，内執法殿中，公卿以下皆敬憚之。是時中書令石顯用事顓權，咸頗言顯短，顯等恨之。時槐里令朱雲殘酷殺不辜，有司舉奏，未下。咸素善雲，雲從刺候，教令上書自訟。於是石顯微伺知之，白奏咸漏泄省中語，下獄掠治，減死，髡爲城旦，因廢。

成帝初即位，大將軍王鳳以咸前指言石顯，有忠直節，奏請咸補長史。遷冀州刺史，奉使稱意，徵爲諫大夫。復出爲楚内史，北海、東郡太守。坐爲京兆尹王章所薦，章誅，咸免官。起家復爲南陽太守。所居以殺伐立威，豪猾吏及大姓犯法，輒論輸府，以律程作司空。爲地臼木杵，舂不中程，或私解脱鉗釱，衣服不如法，輒加罪笞。督作劇，不勝痛，自絞死，歲數百人，久者蟲出腐爛，家不得收。其治放嚴延年，其廉不如。所居調發屬縣所出食物以自奉養，奢侈玉食。然操持掾史，郡中長吏皆令閉門自斂，不得踰法。公移敕書曰：即各欲求索自快，是一郡百太守也，何得然哉！下吏畏之，豪彊執服，令行禁止，然亦以此見廢。咸，三公子，少顯名於朝廷，而薛宣、朱博、翟方進、孔光等仕宦絶在咸後，皆以廉儉先至公卿，而咸滯於郡守。

鄭弘

《漢書》卷六六《鄭弘傳》　鄭弘字穉卿，泰山剛人也。兄昌字次卿，亦好學，皆明經，通法律政事。次卿爲太原、涿郡太守，弘爲南陽太守，皆著治迹，條教法度，爲後所述。次卿用刑罰深，不如弘平。遷淮陽相，以高弟入爲右扶風，京師稱之。代韋玄成爲御史大夫。六歲，坐與京房論議免，語在《房傳》。

胡建

《漢書》卷六七《胡建傳》　胡建字子孟，河東人也。孝武天漢中，守軍正丞，貧亡車馬，常步與走卒起居，所以尉薦走卒，甚得其心。時監軍御史爲姦，穿北軍壘垣以爲賈區，建欲誅之，乃約其走卒曰：我欲與公有所誅，吾言取之則取，斬之則斬。於是當選士馬日，監御史與護軍諸校列坐堂皇上，建從走卒趨至堂皇下拜謁，因上堂〔皇〕，走卒皆上。建指監御史曰：取彼。走卒前曳下堂皇。建曰：斬之。遂斬御史。護軍諸校皆愕驚，不知所以。建亦已有成奏在其懷中，遂上奏曰：臣聞軍法，立武以威衆，誅惡以禁邪。今監御史公穿軍垣以求賈利，私買賣以與士市，不立剛毅之心，勇猛之節，亡以帥先士大夫，尤失理不公。用文吏議，不至重法。《黄帝李法》曰：壁壘已定，穿窬不繇路，是謂姦人，姦人者殺。臣謹按軍法曰：正亡屬將軍，將軍有罪以聞，二千石以下行法焉。丞於用法疑，執事不諉上，臣謹以斬，昧死以聞。制曰：《司馬法》曰：國容不入軍，軍容不入國，何文吏也？三王或誓於軍中，欲民先成其慮也；或誓於軍門之外，欲民先意以待事也；或將交刃而誓，致民志也。建又何疑焉？建繇是顯名。

雋不疑

《漢書》卷七一《雋不疑傳》　雋不疑字曼倩，勃海人也。治《春秋》，爲郡文學，進退必以禮，名聞州郡。【略】

始元五年，有一男子乘黄犢車，建黄旐，衣黄襜褕，著黄冒，詣北闕，自謂衛太子。公車以聞，詔使公卿將軍中二千石雜識視。長安中吏民聚觀者數萬人。右將軍勒兵闕下，以備非常。丞相御史中二千石至者（立）〔並〕莫敢發言。京兆尹不疑後到，叱從吏收縛。或曰：是非未可知，且安之。不疑曰：諸君何患於衛太子！昔蒯聵違命出奔，輒距而不納，《春秋》是之。衛太子得罪先帝，亡不卽死，今來自詣，此罪人也。遂送詔獄。

魏相

《漢書》卷七四《魏相傳》　魏相字弱翁，濟陰定陶人也，徙平陵。少學《易》，爲郡卒史，舉賢良，以對策高第，爲茂陵令。頃之，御史大夫桑弘羊客詐稱御史止傳，丞不以時謁。客怒縛丞。相疑其有姦，收捕，案致其罪，論棄客市，茂陵大治。

後遷河南太守，禁止姦邪，豪彊畏服。會丞相車千秋死，先是千秋子爲雒陽武庫令，自見失父，而相治郡嚴，恐久獲罪，乃自免去。相使掾追呼之，遂不肯還。相獨恨曰：大將軍聞此令去官，必以爲我用丞相死不能遇其子。使當世貴人非我，殆矣！武庫令西至長安，大將軍霍光果以責過相曰：幼主新立，以爲函谷京師之固，武庫精兵所聚，故以丞相弟爲關都尉，子爲武庫令。今河南太守不深惟國家大策，苟見丞相不在而斥逐其子，何淺薄也！後人有告相賊殺不辜，事下有司。河南卒戍中都官者二三千人，遮大將軍，自言願復留作一年以贖太守罪。河南老弱萬餘人守關欲入上書，關吏以聞。大將軍用武庫令事，遂下相廷尉獄。久繫踰冬，會赦出。復有詔守茂陵令，遷楊州刺史。考案郡國守相，多所貶退。

相與丙吉相善，時吉爲光禄大夫，與相書曰：朝廷已深知弱翁(行治)〔治行〕，方且大用矣。願少慎事自重，臧器于身。相心善其言，爲霽威嚴。居部二歲，徵爲諫大夫，復爲河南太守。

丙吉

《漢書》卷七四《丙吉傳》　丙吉字少卿，魯國人也。治律令，爲魯獄史。積功勞，稍遷至廷尉右監。坐法失官，歸爲州從事。武帝末，巫蠱事起，吉以故廷尉監徵，詔治巫蠱郡邸獄。時宣帝生數月，以皇曾孫坐衛太子事繫，吉見而憐之。又心知太子無事實，重哀曾孫無辜，吉擇謹厚女徒，令保養曾孫，置閒燥處。吉治巫蠱事，連歲不決。後元二年，武帝疾，往來長楊、五柞宮，望氣者言長安獄中有天子氣，於是上遣使者分條中都官詔獄繫者，亡輕重一切皆殺之。內謁者令郭穰夜到郡邸獄，吉閉門拒使者不納，曰：皇曾孫在。他人亡辜死者猶不可，况親曾孫乎！相守至天明不得入，穰還以聞，因劾奏吉。武帝亦寤，曰：天使之也。因赦天下。郡邸獄繫者獨賴吉得生，恩及四海矣。曾孫病，幾不全者數焉，吉數敕保養乳母加致醫藥，視遇甚有恩惠，以私財物給其衣食。【略】

吉本起獄法小吏，後學《詩》、《禮》，皆通大義。及居相位，上寬大，好禮讓。掾史有罪臧，不稱職，輒予長休告，終無所案驗。客或謂吉曰：君侯爲漢相，姦吏成其私，然無所懲艾。吉曰：夫以三公之府有案吏之名，吾竊陋焉。後人代吉，因以爲故事，公府不案吏，自吉始。【略】

吉又嘗出，逢清道羣鬬者，死傷横道，吉過之不問，掾史獨怪之。吉前行，逢人逐牛，牛喘吐舌。吉止駐，使騎吏問：逐牛行幾里矣？掾史獨謂丞相前後失問，或以譏吉，吉曰：民鬬相殺傷，長安令、京兆尹職所當禁備逐捕，歲竟丞相課其殿最，奏行賞罰而已。宰相不親小事，非所當於道路問也。方春少陽用事，未可大熱，恐牛近行用暑故喘，此時氣失節，恐有所傷害也。三公典調和陰陽，職(所)當憂，是以問之。掾史乃服，以吉知大體。

翼奉

《漢書》卷七五《翼奉傳》　翼奉字少君，東海下邳人也。治《齊詩》，與蕭望之、匡衡同師。三人經術皆明，衡爲後進，望之施之政事，而奉惇學不仕，好律曆陰陽之占。元帝初即位，諸儒薦之，徵待詔宦者署，數言事宴見，天子敬焉。

李尋

《漢書》卷七五《李尋傳》　李尋字子長，平陵人也。治《尚書》，與張孺、鄭寬中同師。寬中等守師法教授，尋獨好《洪範》災異，又學天文月令陰陽。事丞相翟方進，方進亦善爲星曆，除尋爲吏，數爲翟侯言事。帝舅曲陽侯王根爲大司馬票騎將軍，厚遇尋。是時多災異，根輔政，數虚己問尋。

趙廣漢

《漢書》卷七六《趙廣漢傳》　趙廣漢字子都，涿郡蠡吾人也，故屬河間。少爲郡吏、州從事，以廉絜通敏下士爲名。舉茂材，平準令。察廉爲陽翟令。以治行尤異，遷京輔都尉，守京兆尹。會昭帝崩，而新豐杜建爲京兆掾，護作平陵方上。建素豪俠，賓客爲姦利，廣漢聞之，先風告。建不改，於是收案致法。中貴人豪長者爲請無不至，終無所聽。宗族賓客謀欲篡取，廣漢盡知其計議主名起居，使吏告曰：若計如此，且并滅家。令數吏將建棄市，莫敢近者。京師稱之。【略】

遷潁川太守。郡大姓原、褚宗族横恣，賓客犯爲盜賊，前二千石莫能禽制。廣漢既至數月，誅原、褚首惡，郡中震栗。

先是，潁川豪桀大姓相與爲婚姻，吏俗朋黨。廣漢患之，厲使其中可用者受記，出有案問，既得罪名，行法罰之，廣漢故漏泄其語，令相怨咎。又教吏爲缿筩，及得投書，削其主名，而託以爲豪桀大姓子弟所言。其後彊宗大族家家結爲仇讎，姦黨散落，風俗大改。吏民相告訐，廣漢得以爲耳目，盜賊以故不發，發又輒得。壹切治理，威名流聞，及匈奴降者言匈奴中皆聞廣漢。【略】

廣漢爲二千石，以和顏接士，其尉薦待遇吏，殷勤甚備。事推功善，歸之於下，曰：某掾卿所爲，非二千石所及。行之發於至誠。吏見者皆輸寫心腹，無所隱匿，咸願爲用，僵仆無所避。廣漢聰明，皆知其能之所宜，盡力與否。其或負者，輒先聞知，風諭不改，乃收捕之，無所逃，按之辠立具，即時伏辜。

廣漢爲人彊力，天性精於吏職。見吏民，或夜不寢至旦。尤善爲鉤距，以得事情。鉤距者，設欲知馬賈，則先問狗，已問羊，又問牛，然後及馬，參伍其賈，以類相準，則知馬之貴賤不失實矣。唯廣漢至精能行之，它人效者莫能及也。郡中盜賊，閭里輕俠，其根株窟穴所在，及吏受取請求銖兩之姦，皆知之。長安少年數人會窮里空舍謀共劫人，坐語未訖，廣漢使吏捕治具服。富人蘇回爲郎，二人劫之。有頃，廣漢將吏到家，自立庭下，使長安丞龔奢叩堂戶曉賊，曰：京兆尹趙君謝兩卿，無得殺質，此宿衛臣也。釋質，束手，得善相遇，幸逢赦令，或時解脫。二人驚愕，又素聞廣漢名，即開戶出，下堂叩頭，廣漢跪謝曰：幸全活郎，甚厚！送獄，敕吏謹遇，給酒肉。至冬當出死，豫爲調棺，給斂葬具，告語之，皆曰：死無所恨！【略】

廣漢奏請，令長安游徼獄吏秩百石，其後百石吏皆差自重，不敢枉法妄繫留人。京兆政清，吏民稱之不容口。長老傳以爲自漢興以來治京兆者莫能及。左馮翊、右扶風皆治長安中，犯法者從迹喜過京兆界。廣漢歎曰：亂吾治者，常二輔也！誠令廣漢得兼治之，直差易耳。【略】

初，廣漢客私酤酒長安市，丞相（史）〔吏〕逐去（客）。客疑男子蘇賢言之，以語廣漢。廣漢使長安丞按賢，尉史禹故劾賢爲騎士屯霸上，不詣屯所，乏軍興。賢父上書訟罪，告廣漢，事下有司覆治。禹坐要斬，請逮捕廣漢。有詔即訊，辭服，會赦，貶秩一等。廣漢疑其邑子榮畜教令，後以它法論殺畜。人上書言之，事下丞相御史，案驗甚急。廣漢使所親信長安人爲丞相府門卒，令微司丞相門內不法事。地節三年七月中，丞相傅婢有過，自絞死。廣漢聞之，疑丞相夫人妒殺之府舍。而丞相奉齋酎入廟祠，廣漢得此，使中郎趙奉壽風曉丞相，欲以脅之，毋令窮正己事。丞相不聽，按驗愈急。廣漢欲告之，先問太史知星氣者，言今年當有戮死大臣，廣漢即上書告丞相罪。制曰：下京兆尹治。廣漢知事迫切，遂自將吏卒突入丞相府，召其夫人跪庭下受辭，收奴婢十餘人去，責以殺婢事。丞相魏相上書自陳，妻實不殺婢。廣漢數犯罪法不伏辜，以詐巧迫脅臣相，幸臣相寬不奏。願下明使者治廣漢所驗臣相家事。事下廷尉治（罪），實丞相自以過譴笞傅婢，出至外弟乃死，不如廣漢言。司直蕭望之劾奏：廣漢摧辱大臣，欲以劫持奉公，逆節傷化，不道。宣帝惡之，下廣漢廷尉獄，又坐賊殺不辜，鞠獄故不以實，擅斥除騎士乏軍興數罪。天子可其奏。吏民守闕號泣者數萬人，或言臣生無益縣官，願代趙京兆死，使得牧養小民。廣漢竟坐要斬。

尹翁歸

《漢書》卷七六《尹翁歸傳》尹翁歸字子兄，河東平陽人也，徙杜陵。翁歸少孤，與季父居。爲獄小吏，曉習文法。喜擊劍，人莫能當。是時大將軍霍光秉政，諸霍在平陽，奴客持刀兵入市鬭變，吏不能禁，及翁歸爲市吏，莫敢犯者。公廉不受餽，百賈畏之。

後去吏居家。會田延年爲河東太守，行縣至平陽，悉召故吏五六十人，延年親臨見，令有文者東，有武者西。閱數十人，次到翁歸，獨伏不肯起，對曰：翁歸文武兼備，唯所施設。功曹以爲此吏倨敖不遜，延年曰：何傷？遂召上辭問，甚奇其對，除補卒史，便從歸府。案事發姦，窮竟事情，延年大重之，自以能不及翁歸，徙署督郵。河東二十八縣，分爲兩部，閎孺部汾北，翁歸部汾南。所舉應法，得其罪辜，屬縣長吏雖中傷，莫有怨者。舉廉爲緱氏尉，歷守郡中，所居治理，遷補都內令，舉廉爲弘農都尉。

徵拜東海太守，過辭廷尉于定國。定國家在東海，欲屬託邑子兩人，令坐後堂待見。定國與翁歸語終日，不敢見其邑子。既去，定國乃謂邑子曰：此賢將，汝不任事也，又不可干以私。

翁歸治東海明察，郡中吏民賢不肖，及姦邪罪名盡知之。縣縣各有記籍。自聽其政，有急名則少緩之；吏民小解，輒披籍。縣縣收取黠吏豪民，案致其罪，高至於死。收取人必於秋冬課吏大會中，及出行縣，不以無事時。其有所取也，以一警百，吏民皆服，恐懼改行自新。東海大豪郯許仲孫爲姦猾，亂吏治，郡中苦之。二千石欲捕者，輒以力勢變詐自解，終莫能制。翁歸至，論棄仲孫市，一郡怖栗，莫敢犯禁。東海大治。

以高第入守右扶風，滿歲爲真。選用廉平疾姦吏以爲右職，接待以禮，好惡與同之；其負翁歸，罰亦必行。治如在東海故迹，姦邪罪名亦縣縣有名籍。盜賊發其比伍中，翁歸輒召其縣長吏，曉告以姦黠主名，教使用類推迹盜賊所過抵，類常如翁歸言，無有遺（託）〔脱〕。緩於小弱，急於豪彊。豪彊有論罪，輸掌畜官，使斫莝，責以員程，不得取代。不中程，輒笞督，極者至以鈇自剄而死。京師畏其威嚴，扶風大治，盜賊課常爲三輔最。

翁歸爲政雖任刑，其在公卿之間清絜自守，語不及私，然温良嗛退，不以行能驕人，甚得名譽於朝廷。視事數歲，元康四年病卒。家無餘財，天子賢之，制詔御史：朕夙興夜寐，以求賢爲右，不異親疏近遠，務在安民而已。扶風翁歸廉平鄉正，治民異等，早夭不遂，不得終其功業，朕甚憐之。其賜翁歸子黄金百斤，以奉其祭祠。

韓延壽

《漢書》卷七六《韓延壽傳》 韓延壽字長公，燕人也，徙杜陵。少爲郡文學。父義爲燕郎中。剌王之謀逆也，義諫而死，燕人閔之。是時昭帝富於春秋，大將軍霍光持政，徵郡國賢良文學，問以得失。時魏相以文學對策，以爲賞罰所以勸善禁惡，政之本也。日者燕王爲無道，韓義出身彊諫，爲王所殺。義無比干之親而蹈比干之節，宜顯賞其子，以示天下，明爲人臣之義。光納其言，因擢延壽爲諫大夫，遷淮陽太守。治甚有名，徙潁川。

潁川多豪彊，難治，國家常爲選良二千石。先是，趙廣漢爲太守，患其俗多朋黨，故構會吏民，令相告訐，一切以爲聰明，潁川由是以爲俗，民多怨讎。延壽欲更改之，教以禮讓，恐百姓不從，乃歷召郡中長老爲鄉里所信向者數十人，設酒具食，親與相對，接以禮意，人人問以謠俗，民所疾苦，爲陳和睦親愛銷除怨咎之路。長老皆以爲便，可施行，因與議定嫁娶喪祭儀品，略依古禮，不得過法。延壽於是令文學校官諸生皮弁執俎豆，爲吏民行喪嫁娶禮。百姓遵用其教，賣偶車馬下里僞物者，棄之市道。數年，徙爲東郡太守，黄霸代延壽居潁川，霸因其迹而大治。

延壽爲吏，上禮義，好古教化，所至必聘其賢士，以禮待用，廣謀議，納諫争；舉行喪讓財，表孝弟有行；修治學官，春秋鄉（社）〔射〕，陳鍾鼓管弦，盛升降揖讓，及都試講武，設斧鉞旌旗，習射御之事。治城郭，收賦租，先明布告其日，以期會爲大事，吏民敬畏趨鄉之。又置正、五長，相率以孝弟，不得舍姦人。閭里仟佰有非常，吏輒聞知，姦人莫敢入界。其始若煩，後吏無追捕之苦，民無箠楚之憂，皆便安之。接待下吏，恩施甚厚而約誓明。或欺負之者，延壽痛自刻責：豈其負之，何以至此？吏聞者自傷悔，其縣尉至自刺死。及門下掾自剄，人救不殊，因瘖不能言。延壽聞之，對掾史涕泣，遣吏醫治視，厚復其家。【略】

入守左馮翊，滿歲稱職爲真。歲餘，不肯出行縣。丞掾數白：宜循行郡中，覽觀民俗，考長吏治迹。延壽曰：縣皆有賢令長，督郵分明善惡於外，行縣恐無所益，重爲煩擾。丞掾皆以爲方春月，可壹出勸耕桑。延壽不得已，行縣至高陵，民有昆弟相與訟田自言，延壽大傷之，曰：幸得備位，爲郡表率，不能宣明教化，至令民有骨肉争訟，既傷風化，重使賢長吏、嗇夫、三老、孝弟受其恥，咎在馮翊，當先退。是日移病不聽事，因入臥傳舍，閉閤思過。一縣莫知所爲，令丞、嗇夫、三老亦皆自繫待罪。於是訟者宗族傳相責讓，此兩昆弟深自悔，皆自髡肉袒謝，願以田相移，終死不敢復争。延壽大喜，開閤延見，内酒肉與相對飲食，厲勉以意告鄉部，有以表勸悔過從善之民。延壽乃起聽事，勞謝令丞以下，引見尉薦。郡中歙然，莫不傳相敕厲，不敢犯。延壽恩信周徧二十四縣，莫復以辭訟自言者。推其至誠，吏民不忍欺紿。

王尊

《漢書》卷七六《王尊傳》 王尊字子贛，涿郡高陽人也。少孤，歸諸父，使牧羊澤中。尊竊學問，能史書。年十三，求爲獄小吏。數歲，給事太守府，問詔書行事，尊無不對。太守奇之，除補書佐，署守屬監獄。久之，尊稱病去，事師郡文學官，治《尚書》、《論語》，略通大義。復召署守屬治獄，爲郡決曹史。數歲，以令舉幽州刺史從事。而太守察尊廉，補遼西鹽官長。數上書言便宜事，事下丞相御史。

初元中，舉直言，遷虢令，轉守槐里，兼行美陽令事。春正月，美陽女子告假子不孝，曰：兒常以我爲妻，妒笞我。尊聞之，遣吏收捕驗問，辭服。尊曰：律無妻母之法，聖人所不忍書，此經所謂造獄者也。尊於是出坐廷上，取不孝子縣磔著樹，使騎吏五人張弓射殺之，吏民驚駭。

後上行幸雍，過虢，尊供張如法而辦。以高弟擢爲安定太守。到官，出教告屬縣曰：令長丞尉奉法守城，爲民父母，抑彊扶弱，宣恩廣澤，甚勞苦矣。太守以今日至府，願諸君卿勉力正身以率下。故行貪鄙，能變更者與爲治。明慎所職，毋以身試法。又出教敕掾功曹各自底厲，助太守爲治。其不中用，趣自避退，毋久妨賢。夫羽翮不修，則不可以致千里；闑內不理，無以整外。府丞悉署吏行能，分別白之。賢爲上，毋以富。賈人百萬，不足與計事。昔孔子治魯，七日誅少正卯，今太守視事已一月矣，五官掾張輔懷虎狼之心，貪汙不軌，一郡之錢盡入輔家，然適足以葬矣。今將輔送獄，直符史詣閤下，從太守受其事。丞戒之戒之！相隨入獄矣！輔繫獄數日死，盡得其狡猾不道，百萬姦臧。威震郡中，盜賊分散，入傍郡界。豪彊多誅傷伏辜者。坐殘賊免。【略】

涿郡太守徐明薦尊不宜久在閭巷，上以尊爲郿令，遷益州刺史。先是，琅邪王陽爲益州刺史，行部至邛郲九折阪，歎曰：奉先人遺體，柰何數乘此險！後以病去。及尊爲刺史，至其阪，問吏曰：此非王陽所畏道邪？吏對曰：是。尊叱其馭曰：驅之！王陽爲孝子，王尊爲忠臣。尊居部二歲，懷來徼外，蠻夷歸附其威信。博士鄭寬中使行風俗，舉奏尊治狀，遷爲東平相。

是時，東平王以至親驕奢不奉法度，傅相連坐。及尊視事，奉璽書至庭中，王未及出受詔，尊持璽書歸舍，食已乃還。致詔後，謁見王，太傅在前說《相鼠》之詩。尊曰：毋持布鼓過雷門！王怒，起入後宮。尊亦直趨出就舍。先是王數私出入，驅馳國中，與后姬家交通。尊到官，召敕廄長：大王當從官屬，鳴和鸞乃出，自今有令駕小車，叩頭爭之，言相教不得。後尊朝王，王復延請登堂。尊謂王曰：尊來爲相，人皆弔尊也，以尊不容朝廷，故見使相王耳。天下皆言王勇，顧但負貴，安能勇？如尊乃勇耳。王變色視尊，意欲格殺之，卽好謂尊曰：願觀相君佩刀。尊舉掖，顧謂傍侍郎：前引佩刀視王，王欲誣相拔刀向王邪？王情得，又雅聞尊高名，大爲尊屈，酌酒具食，相對極驩。太后徵史奏尊爲相倨慢不臣，王血氣未定，不能忍。愚誠恐母子俱死。今妾不得使王復見尊。陛下不留意，妾願先自殺，不忍見王之失義也。尊竟坐免爲庶人。大將軍王鳳奏請尊補軍中司馬，擢爲司隸校尉。

初，中書謁者令石顯貴幸，專權爲姦邪。丞相匡衡、御史大夫張譚皆阿附畏事顯，不敢言。久之，元帝崩，成帝初卽位，顯徙爲中太僕，不復典權。衡、譚乃奏顯舊惡，請免顯等。尊於是劾奏：丞相衡、御史大夫譚位三公，典五常九德，以總方略，壹統類，廣教化，美風俗爲職。知中書謁者令顯等專權擅勢，大作威福，縱恣不制，無所畏忌，爲海內患害，不以時（皆）〔白〕奏行罰，而阿諛曲從，附下罔上，懷邪迷國，無大臣輔政之義，皆不道，在赦令前。赦後，衡、譚舉奏顯，不自陳不忠之罪，而反揚著先帝任用傾覆之徒，妄言百官畏之，甚於主上。卑君尊臣，非所宜稱，失大臣體。又正月行幸曲臺，臨饗罷衛士，衡與中二千石大鴻臚賞等會坐殿門下，衡南鄉，賞等西鄉。衡更爲賞布東鄉席，起立延賞坐，私語如食頃。衡知行臨，百官共職，萬衆會聚，而設不正之席，使下坐上，相比爲小惠於公門之下，動不中禮，亂朝廷爵秩之位。衡又使官大奴入殿中，問行起居，還言漏上十四刻行臨到，衡安坐，不變色改容。無怵惕肅敬之心，驕慢不謹。皆不敬。有詔勿治。於是衡慙懼，免冠謝罪，上丞相，侯印綬。天子以新卽位，重傷大臣，乃下御史丞問狀。劾奏尊妄詆欺非謗赦前事，猥歷奏大臣，無正法，飾成小過，以塗汙宰相，摧辱公卿，輕薄國家，奉使不敬。有詔左遷尊爲高陵令，數月，以病免。

會南山羣盜傰宗等數百人爲吏民害，拜故弘農太守傅剛爲校尉，將迹射士千人逐捕，歲餘不能禽。或說大將軍鳳：賊數百人在轂下，發軍擊之不能得，難以視四夷。獨選賢京兆尹乃可。於是鳳薦尊，徵爲諫大夫，守京輔都尉，行京兆尹事。旬月間盜賊清。遷光禄大夫，守京兆尹，後爲真，凡三歲。坐遇使者無禮。司隸遣假佐放奉詔書白尊發吏捕人，放謂尊：詔書所捕宜密。尊曰：治所公正，京兆善漏泄人事。放曰：所捕宜今發吏。尊又曰：詔書無京兆文，不當發吏。及長安繫者三月間千人以上。尊出行縣，男子郭賜自言尊：許仲家十餘人共殺賜兄賞，公歸舍。吏不敢捕。尊行縣還，上奏曰：彊不陵弱，各得其所，寬大之政行，和平之氣通。御史大夫中奏尊暴虐不改，外爲大言，倨嫚姍（嫌）〔上〕，威信日廢，不宜備位九卿。尊坐（先）〔免〕，吏民多稱惜之。

湖三老公乘興等上書訟尊治京兆功効日著。往者南山盜賊阻山横行，剽劫良民，殺奉法吏，道路不通，城門至以警戒。步兵校尉使逐捕，暴師露衆，曠日煩費，不能禽制。二卿坐黜，羣盜寖強，吏氣傷沮，流聞四方，爲國家憂。當此之時，有能捕斬，不愛金爵重賞。關内侯寬中使問所徵故司隸校尉王尊捕羣盜方略，拜爲諫大夫，守京輔都尉，行京兆尹事。尊盡節勞心，夙夜思職，卑體下士，厲奔北之吏，起沮傷之氣，二旬之間，大黨震壞，渠率效首。賊亂蠲除，民反農業，拊循貧弱，鉏耘豪彊。長安宿豪大猾東市賈萬、城西萬章、翦張禁、酒趙放、杜陵楊章等皆通邪結黨，挾養姦軌，上干王法，下亂吏治，并兼役使，侵漁小民，爲百姓豺狼。更數二千石，二十年莫能禽討，尊以正法案誅，皆伏其辜。姦邪銷釋，吏民説服。尊撥劇整亂，誅暴禁邪，皆前所稀有，名將所不及。雖拜爲真，未有殊絶褒賞加於尊身。今御史大夫奏尊傷害陰陽，爲國家憂，無承用詔書之意，靖言庸違，象龔滔天。原其所以，出御史丞楊輔，故爲尊書佐，素行陰賊，惡口不信，好以刀筆陷人於法。輔常醉過尊大奴利家，利家捽搏其頰，兄子閎拔刀欲剄之。輔以故深怨疾毒，欲傷害尊。疑輔内懷怨恨，外依公事，建畫爲此議，傅致奏文，浸潤加誣，以復私怨。昔白起爲秦將，東破韓、魏，南拔郢都，應侯譖之，賜死杜郵；吳起爲魏守西河，而秦、韓不敢犯，讒人間焉，斥逐奔楚。秦聽浸潤以誅良將，魏信讒言以逐賢守，此皆偏聽不聰，失人之患也。臣等竊痛傷尊修身絜己，砥節首公，刺譏不憚將相，誅惡不避豪彊，誅不制之賊，解國家之憂，功（岩）〔著〕職修，威信不廢，誠國家爪牙之吏，折衝之臣，今一旦無辜制於仇人之手，傷於詆欺之文，上不得以功除罪，下不得蒙棘木之聽，獨掩怨讎之偏奏，被共工之大惡，無所陳怨愬罪。尊以京師廢亂，羣盜並興，選賢徵用，起家爲卿，賊亂既除，豪猾伏辜，即以佞巧廢黜。一尊之身，三期之間，乍賢乍佞，豈不甚哉！孔子曰：愛之欲其生，惡之欲其死，是惑也。浸潤之譖不行焉，可謂明矣。願下公卿大夫博士議郎，定尊素行。夫人臣而傷害陰陽，死誅之罪也；靖言庸違，放殛之刑也。審如御史章，尊乃當伏觀闕之誅，放於無人之域，不得苟免。及任舉尊者，當獲選舉之辜，不可但已。即不如章，飾文深詆以愬無罪，亦宜有誅，以懲讒賊之口，絶詐欺之（俗）〔路〕。唯明主參詳，使白黑分別。書奏，天子復以尊爲徐州刺史，遷東郡太守。

久之，河水盛溢，泛浸瓠子金隄，老弱奔走，恐水大决爲害。尊躬率吏民，投沈白馬，祀水神河伯。尊親執圭璧，使巫策祝，請以身填金隄，因止宿，廬居隄上。吏民數千萬人争叩頭救止尊，尊終不肯去。及水盛隄壞，吏民皆奔走，唯一主簿泣在尊旁，立不動。而水波稍卻迴還。吏民嘉壯尊之勇節，白馬三老朱英等奏其狀。下有司考，皆如言。於是制詔御史：東郡河水盛長，毁壞金隄，未决三尺，百姓惶恐奔走。太守身當水衝，履咫尺之難，不避危殆，以安衆心，吏民復還就作，水不爲災，朕甚嘉之。秩尊中二千石，加賜黄金二十斤。

數歲，卒官，吏民紀之。

蕭望之

《漢書》卷七八《蕭望之傳》　蕭望之字長倩，東海蘭陵人也，徙杜陵。家世以田爲業，至望之，好學，治《齊詩》，事同縣后倉且十年。以令詔太常受業，復事同學博士白奇，又從夏侯勝問《論語》、《禮服》。京師諸儒稱述焉。【略】

時丞相魏相、御史大夫丙吉亦以爲羌虜且破，轉輸略足相給，遂不施

敞議。望之爲左馮翊三年，京師稱之，遷大鴻臚。【略】

初，宣帝不甚從儒術，任用法律，而中書宦官用事。中書令弘恭、石顯久典樞機，明習文法，亦與車騎將軍高爲表裏，論議常獨持故事，不從望之等。恭、顯又時傾仄見詘。望之以爲中書政本，宜以賢明之選，自武帝游宴後庭，故用宦者，非國舊制，又違古不近刑人之義，白欲更置士人，繇是大與高、恭、顯忤。上初卽位，謙讓重改作，議久不定，出劉更生爲宗正。

馮野王

《漢書》卷七九《馮野王傳》　野王字君卿，受業博士，通《詩》。少以父任爲太子中庶子。年十八，上書願試守長安令。宣帝奇其志，問丞相魏相，相以爲不可許。後以功次補當陽長，遷爲櫟陽令，徙夏陽令。元帝時，遷隴西太守，以治行高入爲左馮翊。歲餘，而池陽令並素行貪汙，輕野王外戚年少，治行不改。野王部督郵掾祋祤趙都案驗，得其主守盜十金罪，收捕。並不首吏，都格殺。並家上書陳冤，事下廷尉。都詣吏自殺以明野王，京師稱其威信，遷爲大鴻臚。【略】

成帝立，有司奏野王王舅，不宜備九卿。以秩出爲上郡太守，加賜黃金百斤。朔方刺史蕭育奏封事，薦言：野王行能高妙，內足與圖身，外足以慮化。竊惜野王懷國之寶，而不得陪朝廷與朝者並。野王前以王舅出，以賢復入，明國家樂進賢也。上自爲太子時聞知野王。會其病免，復以故二千石使行河隄，因拜爲琅邪太守。是時，成帝長舅陽平侯王鳳爲大司馬大將軍，輔政八九年矣，時數有災異，京兆尹王章譏鳳顓權不可任用，薦野王代鳳。上初納其言，而後誅章，語在《元后傳》。於是野王懼不自安，遂病，滿三月賜告，與妻子歸杜陵就醫藥。大將軍鳳風御史中丞劾奏野王賜告養病而私自便，持虎符出界歸家，奉詔不敬。杜欽時在大將軍莫府，欽素高野王父子行能，奏記於鳳，爲野王言曰：竊見令曰，吏二千石告，過長安謁，不分別予賜。今有司以爲予告得歸，賜告不得，是一律兩科，失省刑之意。夫三最予告，令也；病滿三月賜告，詔恩也。令告則得，詔恩則不得，失輕重之差。又二千石病賜告得歸有故事，不得去郡亡著令。傳曰：賞疑從予，所以廣恩勸功也；罰疑從去，所以慎刑，闕難知也。今釋令與故事而假不敬之法，甚違闕疑從去之意。卽以二千石守千里之地，任兵馬之重，不宜去郡，將以制刑爲後法者，則野王之罪，在未制令前也。刑賞大信，不可不慎。鳳不聽，竟免野王。郡國二千石病賜告不得歸家，自此始。

薛宣

《漢書》卷八三《薛宣傳》　薛宣字贛君，東海郯人也。少爲廷尉書佐、都船獄史。後以大司農斗食屬察廉，補不其丞。琅邪太守趙貢行縣，見宣，甚説其能。從宣歷行屬縣，還至府，令妻子與相見，戒曰：贛君至丞相，我兩子亦中丞相史。察宣廉，遷樂浪都尉丞。幽州刺史舉茂材，爲宛句令。大將軍王鳳聞其能，薦宣爲長安令，治果有名，以明習文法詔補御史中丞。【略】

始高陵令（陽）〔楊〕湛、櫟陽令謝游皆貪猾不遜，持郡短長，前二千石數案不能竟。及宣視事，詣府謁，宣設酒飯與相對，接待甚備。已而陰求其罪臧，具得所受取。宣察湛有改節敬宣之效，乃手自牒書，條其姦臧，封與湛曰：吏民條言君如牒，或議以爲疑於主守盜。馮翊敬重令，又念十金法重，不忍相暴章。故密以手書相曉，欲君自圖進退，可復伸眉於後。卽無其事，復封還記，得爲君分明之。湛自知罪臧皆應記，而宣辭語溫潤，無傷害意。湛卽時解印綬付吏，爲記謝宣，終無怨言。而櫟陽令游自以大儒有名，輕宣。宣獨移書顯責之曰：告櫟陽令：吏民言令治行煩苛，適罰作使千人以上；賊取錢財數十萬，給爲非法；賣買聽任富吏，賈數不可知。證驗以明白，欲遣吏考案，恐負舉者，恥辱儒士，故使掾平鐫令。孔子曰：陳力就列，不能者止。令詳思之，方調守。游得檄，亦解印綬去。【略】

宣得郡中吏民罪名，輒召告其縣長吏，使自行罰。曉曰：府所以不自發舉者，不欲代縣治，奪賢令長名也。長吏莫不喜懼，免冠謝宣歸恩受戒者。

宣爲吏賞罰明，用法平而必行，所居皆有條教可紀，多仁恕愛利。池陽令舉廉吏獄掾王立，府未及召，聞立受囚家錢。宣責讓縣，縣案驗獄掾，乃其妻獨受繫者錢萬六千，受之再宿，獄掾實不知。掾慙恐自殺。宣聞之，移書池陽曰：縣所舉廉吏獄掾王立，家私受賕，而立不知，殺身以自明。立誠廉士，甚可閔惜！其以府決曹掾書立之柩，以顯其魂。府掾史素與立相知者，皆予送葬。

朱博

《漢書》卷八三《朱博傳》 朱博字子元，杜陵人也。家貧，少時給事縣爲亭長，好客少年，捕搏敢行。稍遷爲功曹，伉俠好交，隨從士大夫，不避風雨。是時，前將軍望之子蕭育、御史大夫萬年子陳咸以公卿子著材知名，博皆友之矣。時，諸陵縣屬太常，博以太常掾察廉，補安陵丞。後去官入京兆，歷曹史列掾，出爲督郵書掾，所部職辦，郡中稱之。

而陳咸爲御史中丞，坐漏泄省中語下獄。博去吏，間步至廷尉中，候伺咸事。咸掠治困篤，博詐得爲醫入獄，得見咸，具知其所坐罪。博出獄，又變姓名，爲咸驗治數百，卒免咸死罪。咸得論出，而博以此顯名，爲郡功曹。【略】

博本武吏，不更文法，及爲刺史行部，吏民數百人遮道自言，官寺盡滿。從事白請且留此縣録見諸自言者，事畢乃發，欲以觀試博。博心知之，告外趣駕。既白駕辦，博出就車見自言者，使從事明敕告吏民：欲言縣丞尉者，刺史不察黄綬，各自詣郡。欲言二千石墨綬長吏者，使者行部還，詣治所。其民爲吏所冤，及言盜賊辭訟事，各使屬其部從事。博駐車決遣，四五百人皆罷去，如神。吏民大驚，不意博應事變乃至於此。後博徐問，果老從事教民聚會。博殺此吏，州郡畏博威嚴。徙爲并州刺史、護漕都尉，遷琅邪太守。【略】

博治郡，常令屬縣各用其豪桀以爲大吏，文武從宜。縣有劇賊及它非常，博輒移書以詭責之。其盡力有效，必加厚賞；懷詐不稱，誅罰輒行。以是豪强慹服。姑幕縣有羣輩八人報仇廷中，皆不得。長吏自繫書言府，賊曹掾史自白請至姑幕。事留不出。功曹諸掾即皆自白，復不出。於是府丞詣閤，博乃見丞掾曰：以爲縣自有長吏，府未嘗與也，丞掾謂府當與之邪？閤下書佐入，博口占檄文曰：府告姑幕令丞：言賊發不得，有書。檄到，令丞就職，游徼王卿力有餘，如律令！王卿得敕惶怖，親屬失色，晝夜馳騖，十餘日間捕得五人。博復移書曰：王卿憂公甚效！檄到，齎伐閱詣府。部掾以下亦可用，漸盡其餘矣。其操持下，皆此類也。【略】

徙爲山陽太守，病免官。復徵爲光禄大夫，遷廷尉，職典決疑，當讞平天下獄。博恐爲官屬所誣，視事，召見正監典法掾史，謂曰：廷尉本起於武吏，不通法律，幸有衆賢，亦何憂！然廷尉治郡斷獄以來且二十年，亦獨耳剽日久，三尺律令，人事出其中。掾史試與正監共撰前世決事吏議難知者數十事，持以問廷尉，得〔爲〕諸君覆意之。正監以爲博苟强，意未必能然，即共條白焉。博皆召掾史，並坐而問，爲平處其輕重，十中八九。官屬咸服博之疏略，材過人也。每遷徙易官，所到輒出奇譎如此，以明示下爲不可欺者。

翟方進

《漢書》卷八四《翟方進傳》 翟方進字子威，汝南上蔡人也。家世微賤，至方進父翟公，好學，爲郡文學。方進年十二三，失父孤學，給事太守府爲小史，號遲頓不及事，數爲掾史所詈辱。方進自傷，乃從汝南蔡父相問己能所宜。蔡父大奇其形貌，謂曰：小史有封侯骨，當以經術進，努力爲諸生學問。方進既厭爲小史，聞蔡父言，心喜，因病歸家，辭其後母，欲西至京師受經。母憐其幼，隨之長安，織屨以給方進讀，經博士受《春秋》。積十餘年，經學明習，徒衆日廣，諸儒稱之。以射策甲科爲郎。二三歲，舉明經，遷議郎。【略】

後數年，皇太后姊子侍中衛尉定陵侯淳于長有罪，上以太后故，免官勿治罪。有司奏請遣長就國，長以金錢與立，立上封事爲長求留曰：陛下既託文以皇太后故，誠不可更有它計。後長陰事發，遂下獄。方進劾立懷姦邪，亂朝政，欲傾誤要主上，狡猾不道，請下獄。上曰：紅陽侯，朕之舅，不忍致法，遣就國。於是方進復奏立黨友曰：立素行積爲不善，衆人所共知。邪臣自結，附託爲黨，庶幾立與政事，欲獲其利。今立斥逐就國，所交結尤著者，不宜備大臣，爲郡守。案後將軍朱博、鉅鹿太守孫閎、故光禄大夫陳咸與立交通厚善，相與爲腹心，有背公死黨之信，欲相攀援，死而後已；皆内有不仁之性，而外有儁材，過絶（於）人〔倫〕，勇猛果敢，處事不疑，所居皆尚殘賊酷虐，苛刻慘毒以立威，而亡纖介愛利之風。天下所共知，愚者猶惑。孔子曰：人而不仁如禮何！人而不仁如樂何！言不仁之人，亡所施用；不仁而多材，國之患也。此三人皆内懷姦猾，國之所患，而深相與結，信於貴戚姦臣，此國家大憂，大臣所宜没身而争也。昔季孫行父有言曰：見有善於君者愛之，若孝子之養父母也；見不善者誅之，若鷹鸇之逐鳥爵也。翅翼雖傷，不避也。貴戚彊黨之衆誠難犯，犯之，衆敵並怨，善惡相冒。臣幸得備宰相，不敢不盡死。請免博、閎、咸歸故郡，以銷姦雄之黨，絶羣邪之望。奏可。咸既廢錮，復徙故郡，以憂發疾而死。

方進知能有餘，兼通文法吏事，以儒雅緣飭法律，號爲通明相，天子甚器重之，奏事亡不當意，内求人主微指以固其位。初，定陵侯淳于長雖外戚，然以能謀議爲九卿，新用事，方進獨與長交，稱薦之。及長坐大逆誅，諸所厚善皆坐長免，上以方進大臣，又素重之，爲隱諱。方進内慙，上疏謝罪乞骸骨。上報曰：定陵侯長已伏其辜，君雖交通，傳不云乎，朝過夕改，君子與之，君何疑焉？其專心壹意毋怠，近醫藥以自持。方進乃起視事，條奏長所厚善京兆尹孫寶、右扶風蕭育，刺史二千石以上免二十餘人，其見任如此。

王　嘉

《漢書》卷八六《王嘉傳》　王嘉字公仲，平陵人也。以明經射策甲科爲郎，坐戶殿門失闌免。光禄勳于永除爲掾，察廉爲南陵丞，復察廉爲長陵尉。鴻嘉中，舉敦樸能直言，召見宣室，對政事得失，超遷太中大夫。出爲九江、河南太守，治甚有聲。徵入爲大鴻臚，徙京兆尹，遷御史大夫。建平三年代平當爲丞相，封新甫侯，加食邑千一百戶。

師　丹

《漢書》卷八六《師丹傳》　師丹字仲公，琅邪東武人也。治《詩》，事匡衡。舉孝廉爲郎。元帝末，爲博士，免。建始中，州舉茂材，復補博士，出爲東平王太傅。丞相方進、御史大夫孔光舉丹論議深博，廉正守道，徵入爲光禄大夫、丞相司直。數月，復以光禄大夫給事中，由是爲少府、光禄勳、侍中，甚見尊重。成帝末年，立定陶王爲皇太子，以丹爲太子太傅。哀帝即位，爲左將軍，賜爵關内侯，食邑，領尚書事，遂代王莽爲大司馬，封高樂侯。月餘，徙爲大司空。【略】

會有上書言古者以龜貝爲貨，今以錢易之，民以故貧，宜可改幣。上以問丹，丹對言可改。章下有司議，皆以爲行錢以來久，難卒變易。丹老人，忘其前語，後從公卿議。又丹使吏書奏，吏私寫其草，丁、傅子弟聞之，使人上書告丹上封事行道人徧持其書。上以問將軍中朝臣，皆對曰：忠臣不顯諫，大臣奏事不宜漏泄，令吏民傳寫流聞四方。臣不密則失身，宜下廷尉治。事下廷尉，廷尉劾丹大不敬。事未決，給事中博士申咸、炔欽上書，言丹經行無比，自近世大臣能若丹者少。發憤懣，奏封事，不及深思遠慮，使主簿書，漏泄之過不在丹。以此貶黜，恐不厭衆心。尚書劾咸、欽：幸得以儒官選擢備腹心，上所折中定疑，知丹社稷重臣，議罪處罰，國之所慎，咸、欽初傳經義以爲當治，事以暴列，乃復上書妄稱譽丹，前後相違，不敬。上貶咸、欽秩各二等，遂策免丹曰：夫三公者，朕之腹心也，輔善相過，匡率百僚，和合天下者也。朕既不明，委政於公，間者陰陽不調，寒暑失常，變異婁臻，山崩地震，河決泉涌，流殺人民，百姓流連，無所歸心，司空之職尤廢焉。君在位出入三年，未聞忠言嘉謀，而反有朋黨相進不公之名。乃者以挺力田議改幣章示君，君内爲朕建可改不疑；以君之言博考朝臣，君乃希衆雷同，外以爲不便，令觀聽者歸非於朕。朕隱忍不宣，爲君受愆。朕疾夫比周之徒虚僞壞化，寖以成俗，故屢以書飭君，幾君省過求己，而反不受，退有後言。及君奏封事，傳於道路，布聞朝市，言事者以爲大臣不忠，辜陷重辟，獲虚采名，謗譏匈匈，流於四方。腹心如此，謂疏者何？殆謬於二人同心之利焉，將何以率示羣下，附親遠方？朕惟君位尊任重，慮不周密，懷諼迷國，進退違命，反覆異言，甚爲君恥之，非所以共承天地，永保國家之意。以君嘗託傅位，未忍考於理，已詔有司赦君勿治。其上大司空高樂侯印綬，罷歸。

王　成

《漢書》卷八九《循吏傳·王成》　王成，不知何郡人也。爲膠東相，治甚有聲。宣帝最先褒之，地節三年下詔曰：蓋聞有功不賞，有罪不誅，雖唐虞不能以化天下。今膠東相成，勞來不怠，流民自占八萬餘口，治有異等之效。其賜成爵關内侯，秩中二千石。未及徵用，會病卒官。後詔使丞相御史問郡國上計長吏守丞以政令得失，或對言前膠東相成僞自增加，以蒙顯賞，是後俗吏多爲虚名云。

賈　復

《後漢書》卷一七《賈復傳》　賈復字君文，南陽冠軍人也。少好學，習《尚書》。事舞陰李生，李生奇之，謂門人曰：賈君之容貌志氣如此，而勤於學，將相之器也。王莽末，爲縣掾，迎鹽河東，會遇盜賊，等比十餘人皆放散其鹽，復獨完以還縣，縣中稱其信。

祭　遵

《後漢書》卷二〇《祭遵傳》　祭遵字弟孫，潁川潁陽人也。少好經書。家富給，而遵恭儉，惡衣服。喪母，負土起墳。嘗爲部吏所侵，結客殺之。初，縣中以其柔也，既而皆憚焉。

　及光武破王尋等，還過潁陽，遵以縣吏數進見，光武愛其容儀，署爲門下史。從征河北，爲軍市令。舍中兒犯法，遵格殺之。光武怒，命收遵。時主簿陳副諫曰：明公常欲衆軍整齊，今遵奉法不避，是教令所行也。光武乃貰之，以爲刺姦將軍。謂諸將曰：當備祭遵！吾舍中兒犯法尚殺之，必不私諸卿也。尋拜爲偏將軍，從平河北，以功封列侯。【略】

　遵爲人廉約小心，克己奉公，賞賜輒盡與士卒，家無私財，身衣韋絝，布被，夫人裳不加緣，帝以是重焉。及卒，愍悼之尤甚。遵喪至河南縣，詔遣百官先會喪所，車駕素服臨之，望哭哀慟。還幸城門，過其車騎，涕泣不能已。喪禮成，復親祠以太牢，如宣帝臨霍光故事。詔大長秋、謁者、河南尹護喪事，大司農給費。博士范升上疏，追稱遵曰：臣聞先王崇政，尊美屏惡。昔高祖大聖，深見遠慮，班爵割地，與下分功；著録勳臣，頌其德美。生則寵以殊禮，奏事不名，入門不趨。死則疇其爵邑，世無絶嗣，丹書鐵券，傳於無窮。斯誠大漢厚下安人長久之德，所以累世十餘，歷載數百，廢而復興，絶而復續者也。陛下以至德受命，先明漢道，褒序輔佐，封賞功臣，同符祖宗。征虜將軍潁陽侯遵，不幸早薨。陛下仁恩，爲之感傷，遠迎河南，惻怛之慟，形於聖躬，喪事用度，仰給縣官，重賜妻子，不可勝數。送死有以加生，厚亡有以過存，矯俗厲化，卓如日月。古者臣疾君視，臣卒君弔，德之厚者也。陵遲已來久矣。及至陛下，復興斯禮，羣下感動，莫不自勵。臣竊見遵修行積善，竭忠於國，北平漁陽，西拒隴、蜀，先登坻上，深取略陽。衆兵既退，獨守衝難。制御士心，不越法度。所在吏人，不知有軍。清名聞於海内，廉白著於當世。所得賞賜，輒盡與吏士，身無奇衣，家無私財。同産兄午以遵無子，娶妾送之，遵乃使人逆而不受，自以身任於國，不敢圖生慮繼嗣之計。臨死遺誡牛車載喪，薄葬洛陽。問以家事，終無所言。任重道遠，死而後已。遵爲將軍，取士皆用儒術，對酒設樂，必雅歌投壺。又建爲孔子立後，奏置《五經》大夫。雖在軍旅，不忘俎豆，可（爲）〔謂〕好禮悦樂，守死善道者也。禮，生有爵，死有謚，爵以殊尊卑，謚以明善惡。臣愚以爲宜因遵薨，論敍衆功，詳案《謚法》，以禮成之。顯章國家篤古之制，爲後嗣法。帝乃下升章以示公卿。至葬，車駕復臨，贈以將軍、侯印綬，朱輪容車，介士軍陳送葬，謚曰成侯。既葬，車駕復臨其墳，存見夫人室家。其後會朝，帝每歎曰：安得憂國奉公之臣如祭征虜者乎！遵之見思若此。

竇憲

《後漢書》卷二三《竇憲傳》〔竇〕憲字伯度。父勳被誅，憲少孤。建初二年，女弟立爲皇后，拜憲爲郎，稍遷侍中、虎賁中郎將；弟篤，黄門侍郎。兄弟親幸，並侍宫省，賞賜累積，寵貴日盛，自王、主及陰、馬諸家，莫不畏憚。憲恃宫掖聲埶，遂以賤直請奪沁水公主園田，主逼畏，不敢計。後肅宗駕出過園，指以問憲，憲陰喝不得對。後發覺，帝大怒，召憲切責曰：深思前過，奪主田園時，何用愈趙高指鹿爲馬？久念使人驚怖。昔永平中，常令陰黨、陰博、鄧疊三人更相糾察，故諸豪戚莫敢犯法者，而詔書切切，猶以舅氏田宅爲言。今貴主尚見枉奪，何況小人哉！國家弃憲如孤雛腐鼠耳。憲大震懼，皇后爲毁服深謝，良久乃得解，使以田還主。雖不繩其罪，然亦不授以重任。

馬嚴

《後漢書》卷二四《馬嚴傳》〔馬〕嚴字威卿。父余，王莽時爲楊州牧。嚴少孤，而好擊劒，習騎射。後乃白援，從平原楊太伯講學，專心墳典，能通《春秋左氏》，因覽百家羣言，遂交結英賢，京師大人咸器異之。仕郡督郵，援常與計議，委以家事。弟敦，字孺卿，亦知名。援卒後，嚴乃與敦俱歸安陵，居鉅下，三輔稱其義行，號曰：鉅下二卿。

【略】

肅宗卽位，徵拜侍御史中丞，除子鱄爲郎，令勸學省中。其冬，有日食之災，嚴上封事曰：臣聞日者衆陽之長，食者陰侵之徵。《書》曰：無曠庶官，天工人其代之。言王者代天官人也。故考績黜陟，以明褒貶。無功不黜，則陰盛陵陽。臣伏見方今刺史太守專州典郡，不務奉事盡心爲國，而司察偏阿，取與自己，同則舉爲尤異，異則中以刑法，不卽垂頭塞耳，採求財賂。今益州刺史朱酺、楊州刺史倪説、涼州刺史尹業等，每行考事，輒有物故，又選舉不實，曾無貶坐，是使臣下得作威福也。故事，州郡所舉上奏，司直察能否以懲虚實。今宜加防檢，式遵前制。舊丞相、御史親治職事，唯丙吉以年老優游，不案吏罪，於是宰府習爲常俗，更共罔養，以崇虚名，或未曉其職，便復遷徙，誠非建官賦禄之意。宜勑正百司，各責以事，州郡所舉，必得其人。若不如言，裁以法令。傳曰：上德以寬服民，其次莫如猛。故火烈則人望而畏之，水懦則人狎而翫之。爲政者寬以濟猛，猛以濟寬。如此，綏御有體，災眚消矣。書奏，帝納其言而免酺等官。

魯恭

《後漢書》卷二五《魯恭傳》魯恭字仲康，扶風平陵人也。其先出於魯〔傾〕〔頃〕公，爲楚所滅，遷於下邑，因氏焉。世吏二千石，哀平閒，自魯而徙。祖父匡，王莽時，爲羲和，有權數，號曰智囊。父某，建武初，爲武陵太守，卒官。時恭年十二，弟丕七歲，晝夜號踴不絶聲，郡中賻贈無所受，乃歸服喪，禮過成人，鄉里奇之。十五，與母及丕俱居太學，習《魯詩》，閉戶講誦，絶人閒事，兄弟俱爲諸儒所稱，學士爭歸之。

【略】

憙復舉恭直言，待詔公車，拜中牟令。恭專以德化爲理，不任刑罰。訟人許伯等争田，累守令不能决，恭爲平理曲直，皆退而自責，輟耕相讓。亭長從人借牛而不肯還之，牛主訟於恭。恭召亭長，勑令歸牛者再三，猶不從。恭歎曰：是教化不行也。欲解印綬去。掾史泣涕共留之，亭長乃慙悔，還牛，詣獄受罪，恭貰不問。於是吏人信服。

劉　寬

《後漢書》卷二五《劉寬傳》　劉寬字文饒，弘農華陰人也。父崎，順帝時爲司徒。寬嘗行，有人失牛者，乃就寬車中認之。寬無所言，下駕步歸。有頃，認者得牛而送還，叩頭謝曰：慙負長者，隨所刑罪。寬曰：物有相類，事容脱誤，幸勞見歸，何爲謝之？州里服其不校。

桓帝時，大將軍辟，五遷司徒長史。時京師地震，特見詢問。再遷，出爲東海相。延熹八年，徵拜尚書令，遷南陽太守。典歷三郡，温仁多恕，雖在倉卒，未嘗疾言遽色。常以爲齊之以刑，民免而無恥。吏人有過，但用蒲鞭罰之，示辱而已，終不加苦。事有功善，推之自下。災異或見，引躬克責。每行縣止息亭傳，輒引學官祭酒及處士諸生執經對講。見父老慰以農里之言，少年勉以孝悌之訓。人感德興行，日有所化。

侯　霸

《後漢書》卷二六《侯霸傳》　侯霸字君房，河南密人也。族父淵，以宦者有才辯，任職元帝時，佐石顯等領中書，號曰大常侍。成帝時，任霸爲太子舍人。霸矜嚴有威容，家累千金，不事產業。篤志好學，師事九江太守房元，治《穀梁春秋》，爲元都講。王莽初，五威司命陳崇舉霸德行，遷隨宰。縣界曠遠，濱帶江湖，而亡命者多爲寇盜。霸到，即案誅豪猾，分捕山賊，縣中清靜。再遷爲執法刺姦，糾案執位者，無所疑憚。後爲淮平大尹，政理有能名。及王莽之敗，霸保固自守，卒全一郡。

蔡　茂

《後漢書》卷二六《蔡茂傳》　蔡茂字子禮，河內懷人也。哀平閒以儒學顯，徵試博士，對策陳災異，以高等擢拜議郎，遷侍中。遇王莽居攝，以病自免，不仕莽朝。

會天下擾亂，茂素與竇融善，因避難歸之。融欲以爲張掖太守，固辭不就；每所餉給，計口取足而已。後與融俱徵，復拜議郎，再遷廣漢太守，有政績稱。時陰氏賓客在郡界多犯吏禁，茂輒糾案，無所回避。會洛陽令董宣舉糾湖陽公主，帝始怒收宣，既而赦之。茂喜宣剛正，欲令朝廷禁制貴戚，乃上書曰：臣聞興化致教，必由進善；康國寧人，莫大理惡。陛下聖德係興，再隆大命，即位以來，四海晏然。誠宜夙興夜寐，雖休勿休。然頃者貴戚椒房之家，數因恩執，干犯吏禁，殺人不死，傷人不論。臣恐繩墨棄而不用，斧斤廢而不舉。近湖陽公主奴殺人西市，而與主共輿，出入宮省，逋罪積日，冤魂不報。洛陽令董宣，直道不顧，干主討姦。陛下不先澄審，召欲加箠。當宣受怒之初，京師側耳；及其蒙宥，天下拭目。今者，外戚憍逸，賓客放濫，宜勑有司案理姦罪，使執平之吏永申其用，以厭遠近不緝之情。光武納之。

杜　詩

《後漢書》卷三一《杜詩傳》　杜詩字（公）君〔公〕，河內汲人也。少有才能，仕郡功曹，有公平稱。更始時，辟大司馬府。建武元年，歲中三遷爲侍御史，安集洛陽。時將軍蕭廣放縱兵士，暴橫民閒，百姓惶擾，詩勑曉不改，遂格殺廣，還以狀聞。世祖召見，賜以棨戟，復使之河東，誅降逆賊楊異等。詩到大陽，聞賊規欲北度，乃與長史急焚其船，部勒郡兵，將突騎趁擊，斬異等，賊遂翦滅。拜成皋令，視事三歲，舉政尤異。再遷爲沛郡都尉，轉汝南都尉，所在稱治。【略】

詩身雖在外，盡心朝廷，讜言善策，隨事獻納。視事七年，政化大行。十四年，坐遣客爲弟報仇，被徵，會病卒。司隸校尉鮑永上書言詩貧困無田宅，喪無所歸。詔使治喪郡邸，賻絹千匹。

樊儵

《後漢書》卷三二《樊儵傳》〔樊〕儵字長魚，謹約有父風。事後母至孝，及母卒，哀思過禮，毀病不自支，世祖常遣中黄門朝暮送饘粥。服闋，就侍中丁恭受《公羊嚴氏春秋》。建武中，禁網尚闊，諸王既長，各招引賓客，以儵外戚，争遣致之，而儵清静自保，無所交結。及沛王輔事發，貴戚子弟多見收捕，儵以不豫得免。帝崩，儵爲復土校尉。

永平元年，拜長水校尉，與公卿雜定郊祠禮儀，以讖記正《五經》異説。北海周澤、琅邪承宫並海内大儒，儵皆以爲師友而致之於朝。上言郡國舉孝廉，率取年少能報恩者，耆宿大賢多見廢棄，宜勑郡國簡用良俊。又議刑辟宜須秋月，以順時氣。顯宗並從之。二年，以壽張國益東平王，徙封儵燕侯。其後廣陵王荆有罪，帝以至親悼傷之，詔儵與羽林監南陽任隗雜理其獄。事竟，奏請誅荆。引見宣明殿，帝怒曰：諸卿以我弟故，欲誅之，即我子，卿等敢爾邪！儵仰而對曰：天下高帝天下，非陛下之天下也。《春秋》之義，君親無將，將而誅焉。是以周公誅弟，季友鴆兄，經傳大之。臣等以荆屬託母弟，陛下留聖心，加惻隱，故敢請耳。如令陛下子，臣等專誅而已。帝歎息良久。儵益以此知名。其後弟鮪爲子賞求楚王英女敬鄉公主，儵聞而止之，曰：建武時，吾家並受榮寵，一宗五侯。時特進一言，女可以配王，男可以尚主，但以貴寵過盛，即爲禍患，故不爲也。且爾一子，柰何棄之於楚乎？鮪不從。

虞延

《後漢書》卷三三《虞延傳》虞延字子大，陳留東昏人也。延初生，其上有物若一匹練，遂上升天，占者以爲吉。及長，長八尺六寸，要帶十圍，力能扛鼎。少爲戸牖亭長。時王莽貴人魏氏賓客放從，延率吏卒突入其家捕之，以此見怨，故位不升。性敦朴，不拘小節，又無鄉曲之譽。王莽末，天下大亂，延常嬰甲冑，擁衛親族，扞禦鈔盗，賴其全者甚衆。延從女弟年在孩乳，其母不能活之，棄於溝中，延聞其號聲，哀而收之，養至成人。建武初，仕執金吾府，除細陽令。每至歲時伏臘，輒休遣徒繫，各使歸家，並感其恩德，應期而還。有囚於家被病，自載詣獄，既至而死，延率掾〔吏〕〔史〕，殯于門外，百姓感悦之。【略】

二十三年，司徒玉況辟焉。時元正朝賀，帝望而識延，遣小黄門馳問之，即日召拜公車令。明年，遷洛陽令。是時，陰氏有客馬成者，常爲姦盗，延收考之。陰氏屢請，獲一書輒加箠二百。信陽侯陰就乃訴帝，譖延多所冤枉。帝乃臨御道之館，親録囚徒。延陳其獄狀可論者在東，無理者居西。成乃回欲趨東，延前執之，謂曰：爾人之巨蠹，久依城社，不畏熏燒。今考實未竟，宜當盡法！成大呼稱枉，陛戟郎以戟刺延，叱使置之。帝知延不私，謂成曰：汝犯王法，身自取之！呵使速去。後數日伏誅。於是外戚斂手，莫敢干法。在縣三年，遷南陽太守。

張奮

《後漢書》卷三五《張奮傳》〔張〕奮字穉通。父純，臨終勑家丞曰：司空無功於時，猥蒙爵士，身死之後，勿議傳國。奮兄根，少被病，光武詔奮嗣爵，奮稱純遺勑，固不肯受。帝以奮違詔，勑收下獄，奮惶怖，乃襲封。永平四年，隨例歸國。【略】

奮在位清白，無它異績。九年，以病罷。

度尚

《後漢書》卷三八《度尚傳》度尚字博平，山陽湖陸人也。家貧，不修學行，不爲鄉里所推舉。積困窮，乃爲宦者同郡侯覽視田，得爲郡上計吏，拜郎中，除上虞長。爲政嚴峻，明於發擿姦非，吏人謂之神明。遷文安令，遇時疾疫，穀貴人飢，尚開倉稟給，營救疾者，百姓蒙其濟。時冀州刺史朱穆行部，見尚甚奇之。【略】

復以尚爲荆州刺史。尚見胡蘭餘黨南走蒼梧，懼爲己負，乃僞上言蒼梧賊入荆州界，於是徵交阯刺史張磐下廷尉。辭狀未正，會赦見原。磐不肯出獄，方更牢持械節，獄吏謂磐曰：天恩曠然而君不出，（何）〔可〕乎？磐因自列曰：前長沙賊胡蘭作難荆州，餘黨散入交阯。磐身嬰甲冑，涉危履險，討擊凶患，斬殄渠帥，餘盡鳥竄冒遁，還奔荆州。刺史度尚懼磐先言，怖畏罪戾，伏奏見誣。磐備位方伯，爲國爪牙，而爲尚所枉，受罪牢獄。夫事有虚實，法有是非。磐實不辜，赦無所除。如忍以苟免，永受侵辱之恥，生爲惡吏，死爲敝鬼。乞傳尚詣廷尉，面對曲直，足明真僞。尚不徵者，磐埋骨牢檻，終不虚出，望塵受枉。廷尉以其狀上，詔書徵尚到廷尉，辭窮受罪，以先有功得原。磐字子石，丹陽人，以清白稱，終於廬江太守。

劉愷

《後漢書》卷三九《劉愷傳》　〔劉〕愷字伯豫，以當襲般爵，讓與弟憲，遁逃避封。久之，章和中，有司奏請絶愷國，肅宗美其義，特優假之，愷猶不出。積十餘歲，至永元十年，有司復奏之，侍中賈逵因上書曰：孔子稱能以禮讓爲國，於從政乎何有。竊見居巢侯劉般嗣子愷，素行孝友，謙遜絜清，讓封弟憲，潛身遠迹。有司不原樂善之心，而繩以循常之法，懼非長克讓之風，成含弘之化。前世扶陽侯韋玄成，近有陵陽侯丁鴻、鄳侯鄧彪，並以高行絜身辭爵，未聞貶削，而皆登三事。今愷景仰前脩，有伯夷之節，宜蒙矜宥，全其先功，以增聖朝尚德之美。和帝納之，下詔曰：故居巢侯劉般嗣子愷，當襲般爵，而稱父遺意，致國弟憲，遁亡七年，所守彌篤。蓋王法崇善，成人之美。其聽憲嗣爵。遭事之宜，後不得以爲比。乃徵愷，拜爲郎，稍遷侍中。【略】

視事五歲，永寧元年，稱病上書致仕，有詔優許焉，加賜錢三十萬，以千石禄歸養，河南尹常以歲八月致羊酒。時安帝始親政事，朝廷多稱愷之德，帝乃遣問起居，厚加賞賜。會馬英策罷，尚書陳忠上疏薦愷曰：臣聞三公上則台階，下象山岳，股肱元首，鼎足居職，協和陰陽，調訓五品，考功量才，以序庶僚，遭烈風不迷，遇迅雨不惑，位莫重焉。而今上司缺職，未議其人。臣竊差次諸卿，考合衆議，咸稱太常朱倀、少府荀遷。臣父寵，前忝司空，倀、遷並爲掾屬，具知其能。倀能説經書而用心褊狹，遷嚴毅剛直而薄於藝文。伏見前司徒劉愷，沈重淵懿，道德博備，克讓爵土，致祚弱弟，躬浮雲之志，兼浩然之氣，頻歷二司，舉動得禮。以疾致仕，側身里巷，處約思純，進退有度，百僚景式，海内歸懷。往者孔光、師丹，近世鄧彪、張酺，皆去宰相，復序上司。誠宜簡練卓異，以猒衆望。書奏，詔引愷拜太尉。安帝初，清河相叔孫光坐臧抵罪，遂增錮二世，釁及其子。是時居延都尉范邠復犯臧罪，詔下三公、廷尉議。司徒楊震、司空陳襃、廷尉張皓議依光比。愷獨以爲《春秋》之義，善善及子孫，惡惡止其身，所以進人於善也。《尚書》曰：上刑挾輕，下刑挾重。如今使臧吏禁錮子孫，以輕從重，懼及善人，非先王詳刑之意也。有詔：太尉議是。

第五倫

《後漢書》卷四一《第五倫傳》　第五倫字伯魚，京兆長陵人也。其先齊諸田，諸田徙園陵者多，故以次第爲氏。【略】

倫後爲鄉嗇夫，平傜賦，理怨結，得人歡心。自以爲久宦不達，遂將家屬客河東，變名姓，自稱王伯齊，載鹽往來太原、上黨，所過輒爲糞除而去，陌上號爲道士，親友故人莫知其處。【略】

視事七歲，肅宗初立，擢自遠郡，代牟融爲司空。帝以明德太后故，尊崇舅氏馬廖，兄弟並居職任。廖等傾身交結，冠蓋之士爭赴趣之。倫以后族過盛，欲令朝廷抑損其權，上疏曰：臣聞忠不隱諱，直不避害。不勝愚狷，昧死自表。《書》曰：臣無作威作福，其害于而家，凶于而國。傳曰：大夫無境外之交，束脩之饋。近代光烈皇后，雖友愛天至，而卒使陰就歸國，徙廢陰興賓客；其後梁、竇之家，互有非法，明帝即位，竟多誅之。自是洛中無復權戚，書記請託一皆斷絶。又譬諸外戚曰：苦身待士，不如爲國，戴盆望天，事不兩施。臣常刻著五臧，書諸紳帶。而今之議者，復以馬氏爲言。竊聞衛尉廖以布三千匹，城門校尉防以錢三百萬，私贍三輔衣冠，知與不知，莫不畢給。又聞臘日亦遺其在洛中者錢各五千，越騎校尉光，臘用羊三百頭，米四百斛，肉五千斤。臣愚以爲不應經義，惶恐不敢不以聞。陛下情欲厚之，亦宜所以安之。臣今言此，誠欲上忠陛下，下全后家，裁蒙省察。及馬防爲車騎將軍，當出征西羌，倫又上疏曰：臣愚以爲貴戚可封侯以富之，不當職事以任之。何者？繩以法則傷恩，私以親則違憲。伏聞馬防今當西征，臣以太后恩仁，陛下至孝，恐卒有纖介，難爲意愛。聞防請杜篤爲從事中郎，多賜財帛。篤爲鄉里所廢，客居美陽，女弟爲馬氏妻，恃此交通，在所縣令苦其不法，收繫論之。今來防所，議者咸致疑怪，況乃以爲從事，將恐議及朝廷。今宜爲選賢能以輔助之，不可復令防自請人，有損事望。苟有所懷，敢不自聞。並不見省用。

倫雖峭直，然常疾俗吏苛刻。及爲三公，值帝長者，屢有善政，乃上疏褒稱盛美，因以勸成風德，曰：陛下即位，躬天然之德，體晏晏之姿，以寬弘臨下，出入四年，前歲誅刺史、二千石貪殘者六人。斯皆明聖所鑒，非羣下所及。然詔書每下寬和而政急不解，務存節儉而奢侈不止者，咎在俗敝，羣下不稱故也。光武承王莽之餘，頗以嚴猛爲政，後代因之，遂成風化。郡國所舉，類多辨職俗吏，殊未有寬博之選以應上求者也。陳留令劉豫，冠軍令駟協，並以刻薄之姿，臨人宰邑，專念掠殺，務爲嚴苦，吏民愁怨，莫不疾之，而今之議者反以爲能，違天心，失經義，誠不可不慎也。非徒應坐豫、協，亦當宜譴舉者。務進仁賢以任時政，不過數人，則風俗自化矣。臣嘗讀書記，知秦以酷急亡國，又目見王莽亦以苛法自滅，故勤勤懇懇，實在於此。又聞諸王主貴戚，驕奢踰制，京師尚然，何以示遠？故曰：其身不正，雖令不（行）〔從〕。以身教者從，以言教者訟。夫陰陽和歲乃豐，君臣同心化乃成也。其刺史、太守以下，拜除京師及道出洛陽者，宜皆召見，可因博問四方，兼以觀察其人。諸上書言事有不合者，可但報歸田里，不宜過加喜怒，以明在寬。臣愚不足採。及諸馬得罪歸國，而竇氏始貴，倫復上疏曰：臣得以空虛之質，當輔弼之任。素性駑怯，位尊爵重，拘迫大義，思自策厲，雖遭百死，不敢擇地，又況親遇危言之世哉！今承百王之敝，人尚文巧，咸趨邪路，莫能守正。伏見虎賁中郎將竇憲，椒房之親，典司禁兵，出入省闥，年盛志美，卑謙樂善，此誠其好士交結之方。然諸出入貴戚者，類多瑕釁禁錮之人，尤少守約安貧之節，士大夫無志之徒更相販賣，雲集其門。衆呴飄山，聚蚊成雷，蓋驕佚所從生也。三輔論議者，至云以貴戚廢錮，當復以貴戚浣濯之，猶解酲當以酒也。詖險趣埶之徒，誠不可親近。臣愚願陛下中宮嚴勑憲等閉門自守，無妄交通士大夫，防其未萌，慮於無形，令憲永保福祿，君臣交歡，無纖介之隙。此臣之至所願也。

鍾離意

《後漢書》卷四一《鍾離意傳》　鍾離意字子阿，會稽山陰人也。少爲郡督郵。時部縣亭長有受人酒禮者，府下記案考之。意封還記，入言於太守曰：《春秋》先內後外，《詩》云刑於寡妻，以御于家邦，明政化之本，由近及遠。今宜先清府內，且闊略遠縣細微之愆。太守甚賢之，遂任以縣事。建武十四年，會稽大疫，死者萬數，意獨身自隱親，經給醫藥，所部多蒙全濟。【略】

後除瑕丘令。吏有檀建者，盜竊縣內，意屏人問狀，建叩頭服罪，不忍加刑，遣令長休。建父聞之，爲建設酒，謂曰：吾聞無道之君以刃殘人，有道之君以義行誅。子罪，命也。遂令建進藥而死。二十五年，遷堂邑令。〔縣〕人防廣爲父報讎，繫獄，其母病死，廣哭泣不食。意憐傷之，乃聽廣歸家，使得殯斂。丞掾皆争，意曰：罪自我歸，義不累下。遂遣之。廣斂母訖，果還入獄。意密以狀聞，廣竟得以減死論。

張禹

《後漢書》卷四四《張禹傳》　張禹字伯達，趙國襄國人也。

祖父況族姊爲皇祖考夫人。數往來南頓，見光武。光武爲大司馬，過邯鄲，況爲郡吏，謁見光武。光武大喜，曰：乃今得我大舅乎！因與俱北，到高邑，以爲元氏令。遷涿郡太守。後爲常山關長。會赤眉攻關城，況戰歿。父歆，初以報仇逃亡，後仕爲淮陽相，終於汲令。【略】

永平八年，舉孝廉，稍遷，建初中，拜楊州刺史。當過江行部，中土（民）〔人〕皆以江有子胥之神，難於濟涉。禹將度，吏固請不聽。禹厲言曰：子胥如有靈，知吾志在理察枉訟，豈危我哉？遂鼓楫而過。歷行郡邑，深幽之處莫不畢到，親録囚徒，多所明舉。吏民希見使者，（民）〔人〕懷喜悦，怨德美惡，莫不自歸焉。

袁安

《後漢書》卷四五《袁安傳》　袁安字邵公，汝南汝陽人也。祖父良，習《孟氏易》，平帝時舉明經，爲太子舍人；建武初，至成武令。【略】

永平十三年，楚王英謀爲逆，事下郡覆考。明年，三府舉安能理劇，拜楚郡太守。是時英辭所連及繫者數千人，顯宗怒甚，吏案之急，迫痛自誣，死者甚衆。安到郡，不入府，先往案獄，理其無明驗者，條上出之。府丞掾史皆叩頭爭，以爲阿附反虜，法與同罪，不可。安曰：如有不合，太守自當坐之，不以相及也。遂分別具奏。帝感悟，即報許，得出者四百餘家。歲餘，徵爲河南尹。政號嚴明，然未曾以臧罪鞠人。常稱曰：凡學仕者，高則望宰相，下則希牧守。錮人於聖世，尹所不忍爲也。聞之者皆感激自勵。在職十年，京師肅然，名重朝廷。建初八年，遷太僕。

崔駰

《後漢書》卷五二《崔駰傳》　崔駰字亭伯，涿郡安平人也。高祖父朝，昭帝時爲幽州從事，諫刺史無與燕刺王通。及刺王敗，擢爲侍御史。生子舒，歷四郡太守，所在有能名。【略】

後以篆爲建新大尹，篆不得已，乃歎曰：吾生無妄之世，值澆、羿之君，上有老母，下有兄弟，安得獨潔己而危所生哉？乃遂單車到官，稱疾不視事，三年不行縣。門下掾倪敞諫，篆乃強起班春。所至之縣，獄犴填滿。篆垂涕曰：嗟乎！刑罰不中，乃陷人於穽。此皆何罪，而至于是！遂平理，所出二千餘人。掾吏叩頭諫曰：朝廷初政，州牧峻刻。宥過申枉，誠仁者之心；然獨爲君子，將有悔乎！篆曰：邾文公不以一人易其身，君子謂之知命。如殺一大尹贖二千人，蓋所願也。遂稱疾去。

楊震

《後漢書》卷五四《楊震傳》　楊震字伯起，弘農華陰人也。八世祖喜，高祖時有功，封赤泉侯。高祖敞，昭帝時爲丞相，封安平侯。父寶，習《歐陽尚書》。哀、平之世，隱居教授。居攝二年，與兩龔、蔣詡俱徵，遂遁逃，不知所處。光武高其節。建武中，公車特徵，老病不到，卒於家。【略】

震前後所上，轉有切至，帝既不平之，而樊豐等皆側目憤怨，俱以其名儒，未敢加害。尋有河閒男子趙騰詣闕上書，指陳得失。帝發怒，遂收考詔獄，結以罔上不道。震復上疏救之曰：臣聞堯舜之世，諫鼓謗木，立之於朝；殷周哲王，小人怨詈，則還自敬德。所以達聰明，開不諱，博採負薪，盡極下情也。今趙騰所坐激訐謗語爲罪，與手刃犯法有差。乞爲虧除，全騰之命，以誘芻蕘輿人之言。帝不省，騰竟伏尸都市。

張皓

《後漢書》卷五六《張皓傳》　張皓字叔明，犍爲武陽人也。六世祖良，高帝時爲太子少傅，封留侯。皓少游學京師，（初）永元中，歸仕州郡，辟大將軍鄧騭府，五遷尚書僕射，職事八年，出爲彭城相。

永寧元年，徵拜廷尉。皓雖非法家，而留心刑斷，數與尚書辯正疑獄，多以詳當見從。時安帝廢皇太子爲濟陰王，皓與太常桓焉、太僕來歷廷爭之，不能得。事已具《來歷傳》。退而上疏曰：昔賊臣江充，造構讒逆，至令戾園興兵，終及禍難。後壺關三老一言，上乃覺悟，雖追前失，悔之何逮！今皇太子春秋方始十歲，未見保傅九德之義，宜簡賢輔，就成聖質。書奏不省。

及順帝即位，拜晧司空，在事多所薦達，天下稱其推士。時清河趙騰上言災變，譏刺朝政，章下有司，收騰繫考，所引黨輩八十餘人，皆以誹謗當伏重法。晧上疏諫曰：臣聞堯舜立敢諫之鼓，三王樹誹謗之木，《春秋》採善書惡，聖主不罪芻蕘。騰等雖干上犯法，所言本欲盡忠正諫。如當誅戮，天下杜口，塞諫爭之源，非所以昭德示後也。帝乃悟，減騰死罪一等，餘皆司寇。四年，以陰陽不和策免。

王暢

《後漢書》卷五六《王暢傳》〔王〕暢字叔茂。少以清實爲稱，無所交黨。初舉孝廉，辭病不就。大將軍梁商特辟舉茂才，四遷尚書令，出爲齊相。徵拜司隸校尉，轉漁陽太守。所以在嚴明爲稱。坐事免官。是時政事多歸尚書，桓帝特詔三公，令高選庸能。太尉陳蕃薦暢清方公正，有不可犯之色，由是復爲尚書。

尋拜南陽太守。前後二千石逼懼帝鄉貴戚，多不稱職。暢深疾之，下車奮厲威猛，其豪黨有釁穢者，莫不糾發。會赦，事得散。暢追恨之，更爲設法，諸受臧二千萬以上不自首實者，盡入財物；若其隱伏，使吏發屋伐樹，堙井夷竈，豪右大震。

吴祐

《後漢書》卷六四《吴祐傳》吴祐字季英，陳留長垣人也。父恢，爲南海太守。祐年十二，隨從到官。恢欲殺青簡以寫經書，祐諫曰：今大人踰越五領，遠在海濱，其俗誠陋，然舊多珍怪，上爲國家所疑，下爲權戚所望。此書若成，則載之兼兩。昔馬援以薏苡興謗，王陽以衣囊徼名。嫌疑之閒，誠先賢所慎也。恢乃止，撫其首曰：吴氏世不乏季子矣。及年二十，喪父，居無檐石，而不受贍遺。常牧豕於長垣澤中，行吟經書。遇父故人，謂曰：卿二千石子而自業賤事，縱子無恥，柰先君何？祐辭謝而已，守志如初。【略】

祐以光禄四行遷膠東侯相。時濟北戴宏父爲縣丞，宏年十六，從在丞舍。祐每行園，常聞諷誦之音，奇而厚之，亦與爲友，卒成儒宗，知名東夏，官至酒泉太守。祐政唯仁簡，以身率物。民有争訴者，輒閉閤自責，然後斷其訟，以道譬之。或身到閭里，重相和解。自是之後，争隙省息，吏人懷而不欺。嗇夫孫性私賦民錢，市衣以進其父，父得而怒曰：有君如是，何忍欺之！促歸伏罪。性慙懼，詣閤持衣自首。祐屏左右問其故，性具談父言。祐曰：掾以親故，受污穢之名，所謂觀過斯知人矣。使歸謝其父，還以衣遺之。又安丘男子毋丘長與母俱行市，道遇醉客辱其母，長殺之而亡，安丘追蹤於膠東得之。祐呼長謂曰：子母見辱，人情所恥。然孝子忿必慮難，動不累親。今若背親逞怒，白日殺人，赦若非義，刑若不忍，將如之何？長以械自繫，曰：國家制法，因身犯之。明府雖加哀矜，恩無所施。祐問長有妻子乎？對曰：有妻未有子也。即移安丘逮長妻，妻到，解其桎梏，使同宿獄中，妻遂懷孕。至冬盡行刑，長泣謂母曰：負母應死，當何以報吴君乎？乃齧指而吞之，含血言曰：妻若生子，名之吴生，言我臨死吞指爲誓，屬兒以報吴君。因投繯而死。

王景

《後漢書》卷七六《循吏傳・王景》王景字仲通，樂浪詌邯人也。八世祖仲，本琅邪不其人。好道術，明天文。諸吕作亂，齊哀王襄謀發兵，而數問於仲。及濟北王興居反，欲委兵師仲，仲懼禍及，乃浮海東奔樂浪山中，因而家焉。父閎，爲郡三老。更始敗，土人王調殺郡守劉憲，自稱大將軍、樂浪太守。建武六年，光武遣太守王遵將兵擊之。至遼東，閎與郡決曹史楊邑等共殺調迎遵，皆封爲列侯，閎獨讓爵。帝奇而徵之，道病卒。【略】

明年，遷廬江太守。先是百姓不知牛耕，致地力有餘而食常不足。郡界有楚相孫叔敖所起芍陂稻田。景乃驅率吏民，修起蕪廢，教用犂耕，由是墾闢倍多，境内豐給。遂銘石刻誓，令民知常禁。又訓令蠶織，爲作法制，皆著于鄉亭，廬江傳其文辭。卒於官。

秦彭

《後漢書》卷七六《循吏傳·秦彭》 秦彭字伯平，扶風茂陵人也。自漢興之後，世位相承。六世祖襲，爲潁川太守，與羣從同時爲二千石者五人，故三輔號曰萬石秦氏。彭同産女弟，顯宗時入掖庭爲貴人，有寵。永平七年，以彭貴人兄，隨四姓小侯擢爲開陽城門候。十五年，拜騎都尉，副駙馬都尉耿秉北征匈奴。

建初元年，遷山陽太守。以禮訓人，不任刑罰。崇好儒雅，敦明庠序。每春秋饗射，輒修升降揖讓之儀。乃爲人設四誡，以定六親長幼之禮。有遵奉教化者，擢爲鄉三老，常以八月致酒肉以勸勉之。吏有過咎，罷遣而已，不加恥辱。百姓懷愛，莫有欺犯。興起稻田數千頃，每於農月，親度頃畝，分别肥塉，差爲三品，各立文簿，藏之鄉縣。於是姦吏跼蹐，無所容詐。彭乃上言，宜令天下齊同其制。詔書以其所立條式，班令三府，並下州郡。

王渙

《後漢書》卷七六《循吏傳·王渙》 王渙字稚子，廣漢郪人也。父順，安定太守。渙少好俠，尚氣力，數通剽輕少年。晚而改節，敦儒學，習《尚書》，讀律令，略舉大義。爲太守陳寵功曹，當職割斷，不避豪右。寵風聲大行，入爲大司農。和帝問曰：在郡何以爲理？寵頓首謝曰：臣任功曹王渙以簡賢選能，主簿鐔顯拾遺補闕，臣奉宣詔書而已。帝大悦。渙由此顯名。州舉茂才，除温令。縣多姦猾，積爲人患。渙以方略討擊，悉誅之。境内清夷，商人露宿於道。其有放牛者，輒云以屬稚子，終無侵犯。在温三年，遷兖州刺史，繩正部郡，風威大行。後坐考妖言不實論。歲餘，徵拜侍御史。【略】

永元十五年，從駕南巡，還爲洛陽令。以平正居身，得寬猛之宜。其冤嫌久訟，歷政所不斷，法理所難平者，莫不曲盡情詐，壓塞羣疑。又能以譎數發擿姦伏。京師稱歎，以爲渙有神筭。元興元年，病卒。百姓市道莫不咨嗟。男女老壯皆相與賦斂，致奠醊以千數。

渙喪西歸，道經弘農，民庶皆設槃案於路。吏問其故，咸言平常持米到洛，爲卒司所鈔，恒亡其半。自王君在事，不見侵枉，故來報恩。其政化懷物如此。民思其德，爲立祠安陽亭西，每食輒弦歌而薦之。

永初二年，鄧太后詔曰：夫忠良之吏，國家所以爲理也。求之甚勤，得之至寡。故孔子曰：才難不其然乎！昔大司農朱邑、右扶風尹翁歸，政迹茂異，令名顯聞，孝宣皇帝嘉歎愍惜，而以黄金百斤策賜其子。故洛陽令王渙，秉清脩之節，蹈羔羊之義，盡心奉公，務在惠民，功業未遂，不幸早世，百姓追思，爲之立祠。自非忠愛之至，孰能若斯者乎！今以渙子石爲郎中，以勸勞勤。延熹中，桓帝事黄老道，悉毁諸房祀，唯特詔密縣存故太傅卓茂廟，洛陽留王渙祠焉。

許荆

《後漢書》卷七六《循吏傳·許荆》 許荆字少張，會稽陽羨人也。祖父武，太守第五倫舉爲孝廉。武以二弟晏、普未顯，欲令成名，乃請之曰：禮有分異之義，家有别居之道。於是共割財産以爲三分，武自取肥田廣宅奴婢强者，二弟所得並悉劣少。鄉人皆稱弟克讓而鄙武貪婪，晏等以此並得選舉。武乃會宗親，泣曰：吾爲兄不肖，盜聲竊位，二弟年長，未豫榮禄，所以求得分財，自取大譏。今理産所增，三倍於前，悉以推二弟，一無所留。於是郡中翕然，遠近稱之。位至長樂少府。

荆少爲郡吏，兄子世嘗報讎殺人，怨者操兵攻之。荆聞，乃出門逆怨者，跪而言曰：世前無狀相犯，咎皆在荆不能訓導。兄既早没，一子爲嗣，如令死者傷其滅絶，願殺身代之。怨家扶荆起，曰：許掾郡中稱賢，吾何敢相侵？因遂委去。荆名譽益著。太守黄兢舉孝廉。

和帝時，稍遷桂陽太守。郡濱南州，風俗脆薄，不識學義。荆爲設喪紀婚姻制度，使知禮禁。嘗行春到耒陽縣，人有蔣均者，兄弟争財，互相言訟。荆對之歎曰：吾荷國重任，而教化不行，咎在太守。乃顧使吏上書陳狀，乞詣廷尉。均兄弟感悔，各求受罪。在事十二年，父老稱歌。以病自上，徵拜諫議大夫，卒於官。桂陽人爲立廟樹碑。

孟嘗

《後漢書》卷七六《循吏傳・孟嘗》　孟嘗字伯周，會稽上虞人也。其先三世爲郡吏，並伏節死難。嘗少脩操行，仕郡爲戶曹史。上虞有寡婦至孝養姑。姑年老壽終，夫女弟先懷嫌忌，乃誣婦厭苦供養，加鴆其母，列訟縣庭。郡不加尋察，遂結竟其罪。嘗先知枉狀，備言之於太守，太守不爲理。嘗哀泣外門，因謝病去，婦竟冤死。自是郡中連旱二年，禱請無所獲。後太守殷丹到官，訪問其故，嘗詣府具陳寡婦冤誣之事。因曰：昔東海孝婦，感天致旱，于公一言，甘澤時降。宜戮訟者，以謝冤魂，庶幽枉獲申，時雨可期。丹從之，即刑訟女而祭婦墓，天應澍雨，穀稼以登。

第五訪

《後漢書》卷七六《循吏傳・第五訪》　第五訪字仲謀，京兆長陵人，司空倫之族孫也。少孤貧，常傭耕以養兄嫂。有閑暇，則以學文。仕郡爲功曹，察孝廉，補新都令。政平化行，三年之閒，鄰縣歸之，戶口十倍。

遷張掖太守。歲飢，粟石數千，訪乃開倉賑給以救其敝。吏懼譴，争欲上言。訪曰：若上須報，是弃民也。太守樂以一身救百姓，遂出穀賦人。順帝璽書嘉之。由是一郡得全。歲餘，官民並豐，界無姦盗。

劉矩

《後漢書》卷七六《循吏傳・劉矩》　劉矩字叔方，沛國蕭人也。叔父光，順帝時爲司徒。矩少有高節，以(叔)父〔叔〕遼未得仕進，遂絶州郡之命。太尉朱寵、太傅桓焉嘉其志義，故叔遼以此爲諸公所辟，拜議郎，矩乃舉孝廉。

稍遷雍丘令，以禮讓化之，其無孝義者，皆感悟自革。民有争訟，矩常引之於前，提耳訓告，以爲忿恚可忍，縣官不可入，使歸更尋思。訟者感之，輒各罷去。其有路得遺者，皆推尋其主。在縣四年，以母憂去官。

仇覽

《後漢書》卷七六《循吏傳・仇覽》　仇覽字季智，一名香，陳留考城人也。少爲書生淳默，鄉里無知者。年四十，縣召補吏，選爲蒲亭長。勸人生業，爲制科令，至於果菜爲限，雞豕有數，農事既畢，乃令子弟羣居，還就黌學。其剽輕游恣者，皆役以田桑，嚴設科罰。躬助喪事，賑恤窮寡。朞年稱大化。覽初到亭，人有陳元者，獨與母居，而母詣覽告元不孝。覽驚曰：吾近日過舍，廬落整頓，耕耘以時。此非惡人，當是教化未及至耳。母守寡養孤，苦身投老，柰何肆忿於一朝，欲致子以不義乎？母聞感悔，涕泣而去。覽乃親到元家，與其母子飲，因爲陳人倫孝行，譬以禍福之言。元卒成孝子。鄉邑爲之諺曰：父母何在在我庭，化我鳲梟哺所生。

時考城令河內王渙，政尚嚴猛，聞覽以德化人，署爲主簿。謂覽曰：主簿聞陳元之過，不罪而化之，得無少鷹鸇之志邪？覽曰：以爲鷹鸇，不若鸞鳳。渙謝遣曰：枳棘非鸞鳳所棲，百里豈大賢之路？今日太學曳長裾，飛名譽，皆主簿後耳。以一月奉爲資，勉卒景行。

童恢

《後漢書》卷七六《循吏傳・童恢》　童恢字漢宗，琅邪姑幕人也。父仲玉，遭世凶荒，傾家賑卹，九族鄉里賴全者以百數。仲玉早卒。

恢少仕州郡爲吏，司徒楊賜聞其執法廉平，乃辟之。及賜被劾當免，掾屬悉投刺去，恢獨詣闕争之。及得理，掾屬悉歸府，恢杖策而逝。由是論者歸美。

復辟公府，除不其令。吏人有犯違禁法，輒隨方曉示。若吏稱其職，人行善事者，皆賜以酒肴之禮，以勸勵之。耕織種收，皆有條章。一境清靜，牢獄連年無囚。此縣流人歸化，徙居二萬餘戶。民嘗爲虎所害，乃設檻捕之，生獲二虎。恢聞而出，呪虎曰：天生萬物，唯人爲貴。虎狼當食六畜，而殘暴於人。王法殺人者死，傷人則論法。汝若是殺人者，當垂頭服罪；自知非者，當號呼稱冤。一虎低頭閉目，狀如震懼，卽時殺之。其一視恢鳴吼，踴躍自奮，遂令放釋。吏人爲之歌頌。青州舉尤異，遷丹陽太守，暴疾而卒。

歐陽歙

《後漢書》卷七九上《儒林傳・歐陽歙》　歐陽歙字正思，樂安千乘人也。自歐陽生傳《伏生尚書》，至歙八世，皆爲博士。

歙既傳業，而恭謙好禮讓。王莽時，爲長社宰。更始立，爲原武令。世祖平河北，到原武，見歙在縣脩政，遷河南都尉，後行太守事。世祖卽位，始爲河南尹，封被陽侯。建武五年，坐事免官。明年，拜楊州牧，遷汝南太守。推用賢俊，政稱異迹。九年，更封夜侯。

歙在郡，教授數百人，視事九歲，徵爲大司徒。坐在汝南臧罪千餘萬發覺下獄。諸生守闕爲歙求哀者千餘人，至有自髡剔者。平原禮震，年十七，聞獄當斷，馳之京師，行到河內獲嘉縣，自繫，上書求代歙死。曰：伏見臣師大司徒歐陽歙，學爲儒宗，八世博士，而以臧咎當伏重辜。歙門單子幼，未能傳學，身死之後，永爲廢絶，上令陛下獲殺賢之譏，下使學者喪師資之益。乞殺臣身以代歙命。書奏，而歙已死獄中。歙掾陳元上書追訟之，言甚切至，帝乃賜棺木，贈印綬，賻縑三千匹。

王烈

《後漢書》卷八一《獨行傳・王烈》　王烈字彦方，太原人也。少師事陳寔，以義行稱。鄉里有盜牛者，主得之，盜請罪曰：刑戮是甘，乞不使王彦方知也。烈聞而使人謝之，遺布一端。或問其故，烈曰：盜懼吾聞其過，是有恥惡之心。既懷恥惡，必能改善，故以此激之。後有老父遺劍於路，行道一人見而守之，至暮，老父還，尋得劍，怪而問其姓名，以事告烈。烈使推求，乃先盜牛者也。諸有争訟曲直，將質之於烈，或至塗而反，或望廬而還。其以德感人若此。

魏晉南北朝分部

劉虞

《三國志》卷八《魏志・公孫瓚傳》〔裴松之注〕《吴書》曰：虞，東海恭王之後也。遭世衰亂，又與時主疏遠，仕縣爲戶曹吏。以能治身奉職，召爲郡吏，以孝廉為郎，累遷至幽州刺史，轉甘陵相，甚得東土戎狄之心。後以疾歸家，常降身隱約，與邑黨州閭同樂共卹，等齊有無，不以名位自殊，鄉曲咸共宗之。時鄉曲有所訴訟，不以詣吏，自投虞平之；虞以情理爲之論判，皆大小敬從，不以爲恨。嘗有失牛者，骨體毛色，與虞牛相似，因以爲是，虞便推與之；後主自得本牛，乃還謝罪。會甘陵復亂，吏民思虞治行，復以爲甘陵相，甘陵大治。徵拜尚書令、光禄勳，以公族有禮，更爲宗正。

《英雄記》曰：虞爲博平令，治正推平，高尚純樸，境内無盜賊，災害不生。時鄰縣接壤，蝗蟲爲害，至博平界，飛過不入。

袁渙

《三國志》卷一一《魏志・袁渙傳》 袁渙字曜卿，陳郡扶樂人也。父滂，爲漢司徒。當時諸公子多越法度，而渙清静，舉動必以禮。郡命爲功曹，郡中姦吏皆自引去。【略】

是時新募民開屯田，民不樂，多逃亡。渙白太祖曰：夫民安土重遷，不可卒變，易以順行，難以逆動，宜順其意，樂之者乃取，不欲者勿彊。太祖從之，百姓大悦。遷爲梁相。渙每敕諸縣：務存鰥寡高年，表異孝子貞婦。常談曰世治則禮詳，世亂則禮簡，全在斟酌之閒耳。方今雖擾攘，難以禮化，然在吾所以爲之。爲政崇教訓，恕思而後行，外温柔而内能斷。以病去官，百姓思之。後徵爲諫議大夫、丞相軍祭酒。前後得賜甚多，皆散盡之。家無所儲，終不問産業，乏則取之於人，不爲皦察之行，然時人服其清。

《魏書》曰：穀熟長吕岐善朱淵、爰津，遣使行學還，召用之，與相見，出署淵師友祭酒，津決疑祭酒。淵等因各歸家，不受署。岐大怒，將吏民收淵等，皆杖殺之，議者多非焉。渙教勿劾，主簿孫徽等以爲淵等罪不足死，長吏無專殺之義，孔子稱唯器與名，不可以假人。謂之師友而加大戮，刑名相伐，不可以訓。渙教曰：主簿以不請爲罪，此則然矣。謂淵等罪不足死，則非也。夫師友之名，古今有之。然有君之師友，有士大夫之師友。夫君置師友之官者，所以敬其臣也；有罪加於刑焉，國之法也。今不論其罪而謂之戮師友，斯失之矣。主簿取弟子戮師之名，而加君誅臣之實；非其類也。夫聖哲之治，觀時而動，故不必循常，將有權也。閒者世亂，民陵其上，雖務尊君卑臣，猶或未也，而反長世之過，不亦謬乎！遂不劾。

田疇

《三國志》卷一一《魏志・田疇傳》 田疇字子泰，右北平無終人也。好讀書，善擊劍。初平元年，義兵起，董卓遷帝于長安。幽州牧劉虞歎曰：賊臣作亂，朝廷播蕩，四海俄然，莫有固志。身備宗室遺老，不得自同於衆。今欲奉使展效臣節，安得不辱命之士乎？衆議咸曰：田疇雖年少，多稱其奇。疇時年二十二矣。虞乃備禮請與相見，大悦之，遂署爲從事，具其車騎。將行，疇曰：今道路阻絶，寇虜縱横，稱官奉使，爲衆所指名。願以私行，期於得達而已。虞從之。疇乃歸，自選其家客與年少之勇壯慕從者二十騎俱往。虞自出祖而遣之。既取道，疇乃更上西關，出塞，傍北山，直趣朔方，循閒徑去，遂至長安致命。詔拜騎都尉。疇以爲天子方蒙塵未安，不可以荷佩榮寵，固辭不受。朝廷高其義。三府並辟，皆不就。得報，馳還，未至，虞已爲公孫瓚所害。疇至，謁祭虞墓，陳發章表，哭泣而去。瓚聞之大怒，購求獲疇，謂曰：汝何自哭劉虞墓，而不送章報於我也？疇答曰：漢室衰穨，人懷異心，唯劉公不失忠節。章報所言，於將軍未美，恐非所樂聞，故不進也。且將軍方舉大事以求所欲，既滅無罪之君，又讎守義之臣，誠行此事，則燕、趙之士將皆蹈東海而死耳，豈忍有從將軍者乎！瓚壯其對，釋不誅也。拘之軍下，禁其故人莫得與通。或説瓚曰：田疇義士，君弗能禮，而又囚之，恐失衆心。瓚乃縱遣疇。

疇得北歸，率舉宗族他附從數百人，掃地而盟曰：君仇不報，吾不可以立於世！遂入徐無山中，營深險平敞地而居，躬耕以養父母。百姓歸之，數年閒至五千餘家。疇謂其父老曰：諸君不以疇不肖，遠來相就。衆成都邑，而莫相統一，恐非久安之道，願推擇其賢長者以爲之主。皆曰：善。同僉推疇。疇曰：今來在此，非苟安而已，將圖大事，復怨雪耻。竊恐未得其志，而輕薄之徒自相侵侮，偷快一時，無深計遠慮。疇有愚計，願與諸君共施之，可乎？皆曰：可。疇乃爲約束相殺傷、犯盜、諍訟之法，法重者至死，其次抵罪，二十餘條。又制爲婚姻嫁娶之禮，興舉學校講授之業，班行其衆，衆皆便之，至道不拾遺。北邊翕然服其威信，烏丸、鮮卑並各遣譯使致貢遺，疇悉撫納，令不爲寇。袁紹數遣使招命，又即授將軍印，因安輯所統，疇皆拒不受。紹死，其子尚又辟焉，疇終不行。

王脩

《三國志》卷一一《魏志・王脩傳》 王脩字叔治，北海營陵人也。年七歲喪母。母以社日亡，來歲鄰里社，脩感念母，哀甚。鄰里聞之，爲之罷社。年二十，游學南陽，止張奉舍。奉舉家得疾病，無相視者，脩親隱恤之，病愈乃去。初平中，北海相孔融召以爲主簿，守高密令。高密孫氏素豪俠，人客數犯法。民有相劫者，賊入孫氏，吏不能執。脩將吏民圍之，孫氏拒守，吏民畏憚不敢近。脩令吏民：敢有不攻者與同罪。孫氏懼，乃出賊。由是豪彊慴服。舉孝廉，脩讓邴原，融不聽。時天下亂，遂不行。頃之，郡中有反者。脩聞融有難，夜往奔融。賊初發，融謂左右曰：能冒難來，唯王脩耳！言終而脩至。復署功曹。時膠東多賊寇，復令脩守膠東令。膠東人公沙盧宗彊，自爲營塹，不肯應發調。脩獨將數騎徑入其門，斬盧兄弟，公沙氏驚愕莫敢動。脩撫慰其餘，由是寇少止。融每有難，脩雖休歸在家，無不至。融常賴脩以免。【略】

袁氏政寬，在職勢者多畜聚。太祖破鄴，籍没審配等家財物貲以萬數。及破南皮，閱脩家，穀不滿十斛，有書數百卷。太祖歎曰：士不妄有名。乃禮辟爲司空掾，行司金中郎將，遷魏郡太守。爲治，抑彊扶弱，明賞罰，百姓稱之。魏國既建，爲大司農郎中令。太祖議行肉刑，脩以爲時未可行，太祖採其議。徙爲奉尚。

毛玠

《三國志》卷一二《魏志・毛玠傳》 毛玠字孝先，陳留平丘人也。少爲縣吏，以清公稱。將避亂荆州，未至，聞劉表政令不明，遂往魯陽。太祖臨兗州，辟爲治中從事。玠語太祖曰：今天下分崩，國主遷移，生民廢業，饑饉流亡，公家無經歲之儲，百姓無安固之志，難以持久。今袁紹、劉表，雖士民衆彊，皆無經遠之慮，未有樹基建本者也。夫兵義者勝，守位以財，宜奉天子以令不臣，脩耕植，畜軍資，如此則霸王之業可成也。太祖敬納其言，轉幕府功曹。【略】

《先賢行狀》曰：玠雅亮公正，在官清恪。其典選舉，拔貞實，斥華僞，進遜行，抑阿黨。諸宰官治民功績不著而私財豐足者，皆免黜停廢，久不選用。于時四海翕然，莫不勵行。至乃長吏還者，垢面羸衣，常乘柴車。軍吏入府，朝服徒行。人擬壺飧之絜，家象濯纓之操，貴者無穢欲之累，賤者絶姦貨之求，吏絜于上，俗移乎下，民到于今稱之。

司馬岐

《三國志》卷一二《魏志・司馬岐傳》 司馬芝亡，子岐嗣，從河南丞轉廷尉正，遷陳留相。梁郡有繫囚，多所連及，數歲不決。詔書徙獄于岐屬縣，縣請豫治牢具。岐曰：今囚有數十，既巧詐難符，且已倦楚毒，其情易見。豈當復久處囹圄邪！及囚至，詰之，皆莫敢匿詐。一朝決竟，遂超爲廷尉。是時大將軍爽專權，尚書何晏、鄧颺等爲之輔翼。南陽圭泰嘗以言迕指，考繫廷尉。颺訊獄，將致泰重刑。岐數颺曰：夫樞機大臣，王室之佐，既不能輔化成德，齊美古人，而乃肆其私忿，枉論無辜。使百姓危心，非此焉在？颺於是慚怒而退。岐終恐久獲罪，以疾去官。居家未朞而卒，年三十五。

梁習

《三國志》卷一五《魏志・梁習傳》 梁習字子虞，陳郡柘人也，爲郡綱紀。太祖爲司空，辟召爲漳長，累轉乘氏、海西、下邳令，所在有治名。還爲西曹令史，遷爲屬。并土新附，習以別部司馬領并州刺史。時承高幹荒亂之餘，胡狄在界，張雄跋扈。吏民亡叛，入其部落，兵家擁衆，作爲寇害，更相扇動，往往棊跱。習到官，誘諭招納，皆禮召其豪右，稍稍薦舉，使詣幕府；豪右已盡，乃次發諸丁彊以爲義從；又因大軍出征，分請以爲勇力。吏兵已去之後，稍移其家，前後送鄴，凡數萬口；其不從命者，興兵致討，斬首千數，降附者萬計。單于恭順，名王稽顙，部曲服事供職，同於編戶。邊境肅清，百姓布野，勤勸農桑，令行禁止。貢達名士，咸顯於世，語在《常林傳》。太祖嘉之，賜爵關內侯，更拜爲真。長老稱詠，以爲自所聞識，刺史未有及習者。建安十八年，州并屬冀州，更拜議郎，西部都督從事，統屬冀州總故部曲。又使於上黨取大材供鄴宮室。習表置屯田都尉二人，領客六百夫，於道次耕種菽粟，以給人牛之費。後單于入侍，西北無虞，習之績也。文帝踐阼，復置并州，復爲刺史，進封申門亭侯，邑百戶；政治常爲天下最。太和二年，徵拜大司農。習在州二十餘年，而居處貧窮，無方面珍物，明帝異之，禮賜甚厚。四年，薨，子施嗣。

賈逵

《三國志》卷一五《魏志·賈逵傳》　賈逵字梁道，河東襄陵人也。自爲兒童，戲弄常設部伍，祖父習異之，曰：汝大必爲將。率口授兵法數萬言。初爲郡吏，守絳邑長。郭援之攻河東，所經城邑皆下，逵堅守，援攻之不拔，乃召單于并軍急攻之。城將潰，絳父老與援要，不害逵。絳人既潰，援聞逵名，欲使爲將，以兵劫之，逵不動。左右引逵使叩頭，逵叱之曰：安有國家長吏爲賊叩頭！援怒，將斬之。絳吏民聞將殺逵，皆乘城呼曰：負要殺我賢君，寧俱死耳！左右義逵，多爲請，遂得免。初，逵過皮氏，曰：爭地先據者勝。及圍急，知不免，乃使人間行送印綬歸郡，且曰急據皮氏。援既并絳衆，將進兵。逵恐其先得皮氏，乃以他計疑援謀人祝奧，援由是留七日。郡從逵言，故得無敗。【略】

文帝即王位，以鄴縣戶數萬在都下，多不法，乃以逵爲鄴令。月餘，遷魏郡太守。大軍出征，復爲丞相主簿祭酒。逵嘗坐人爲罪，王曰：叔向猶十世宥之，況逵功德親在其身乎？從至黎陽，津渡者亂行，逵斬之，乃整。至譙，以逵爲豫州刺史。是時天下初復，州郡多不攝。逵曰：州本以御史出監諸郡，以六條詔書察長吏二千石已下，故其狀皆言嚴能鷹揚有督察之才，不言安靜寬仁有愷悌之德也。今長吏慢法，盜賊公行，州知而不糾，天下復何取正乎？兵曹從事受前刺史假，逵到官數月，乃還；考竟其二千石以下阿縱不如法者，皆舉奏免之。帝曰：逵真刺史矣。布告天下，當以豫州爲法。【略】

〔賈逵死〕豫州吏民追思之，爲刻石立祠。青龍中，帝東征，乘輦入逵祠，詔曰：昨過項，見賈逵碑像，念之愴然。古人有言，患名之不立，不患年之不長。逵存有忠勳，沒而見思，可謂死而不朽者矣。其布告天下，以勸將來。【略】

《魏略》曰：甘露二年，車駕東征，屯項，復入逵祠下，詔曰：逵沒有遺愛，歷世見祠。追聞風烈，朕甚嘉之。昔先帝東征，亦幸于此，親發德音，褒揚逵美，徘徊之心，益有慨然！夫禮賢之義，或掃其墳墓，或脩其門閭，所以崇敬也。其掃除祠堂，有穿漏者補治之。

楊沛

《三國志》卷一五《魏志·賈逵傳》〔裴松之注〕楊沛字孔渠，馮翊萬年人也。初平中，爲公府令史，以牒除爲新鄭長。興平末，人多飢窮，沛課民益畜乾椹，收䕬豆，閱其有餘以補不足，如此積得千餘斛，藏在小倉。會太祖爲兗州刺史，西迎天子，所將千餘人皆無糧。過新鄭，沛謁見，乃皆進乾椹。太祖甚喜。及太祖輔政，遷沛爲長社令。時曹洪賓客在縣界，徵調不肯如法，沛先撾折其腳，遂殺之。由此太祖以爲能。累遷九江、東平、樂安太守，並有治迹。坐與督軍爭鬭，髡刑五歲。輸作未竟，會太祖出征在譙，聞鄴下頗不奉科禁，乃發教選鄴令，當得嚴能如楊沛比，故沛從徒中起爲鄴令。已拜，太祖見之，問曰：以何治鄴？沛曰：竭盡心力，奉宣科法。太祖曰：善。顧謂坐席曰：諸君，此可畏也。賜其生口十人，絹百匹，既欲以勵之，且以報乾椹也。沛辭去，未到鄴，而軍中豪右曹洪、劉勳等畏沛名，遣家（馳騎）〔騎馳〕告子弟，使各自檢敕。沛爲令數年，以功能轉爲護羌都尉。十六年，馬超反，大軍西討，沛隨軍，都督孟津渡事。太祖已南過，其餘未畢，而中黄門前渡，忘持行軒，私北還取之，從吏求小船，欲獨先渡。吏呵不肯，黄門與吏争言。沛問黄門：有疏邪？黄門云：無疏。沛怒曰：何知汝不欲逃邪？遂使人捽其頭，與杖欲捶之，而逸得去，衣幘皆裂壞，自訴于太祖。太祖曰：汝不死爲幸矣。由是聲名益振。及關中破，代張既領京兆尹。黄初中，儒雅并進，而沛本以事能見用，遂以議郎冗散里巷。沛前後宰歷城守，不以私計介意，又不肯以事貴人，故身退之後，家無餘積。治疾於家，借舍從兒，無他奴婢。

杜畿

《三國志》卷一六《魏志·杜畿傳》　杜畿字伯侯，京兆杜陵人也。少孤，繼母苦之，以孝聞。年二十，爲郡功曹，守鄭縣令。縣囚繫數百人，畿親臨獄，裁其輕重，盡決遣之，雖未悉當，郡中奇其年少而有大意也。舉孝廉，除漢中府丞。會天下亂，遂棄官客荆州，建安中乃還。荀彧進之太祖，太祖以畿爲司空司直，遷護羌校尉，使持節，領西平太守。【略】

是時天下郡縣皆殘破，河東最先定，少耗減。畿治之，崇寬惠，與民無爲。民嘗辭訟，有相告者，畿親見爲陳大義，遣令歸諦思之，若意有所不盡，更來詣府。鄉邑父老自相責怒曰：有君如此，奈何不從其教？自是少有辭訟。班下屬縣，舉孝子、貞婦、順孫，復其繇役，隨時慰勉之。漸課民畜牸牛、草馬，下逮雞豚犬豕，皆有章程。百姓勤農，家家豐實。畿乃曰：民富矣，不可不教也。於是冬月修戎講武，又開學宫，親自執經教授，郡中化之。

鄭渾

《三國志》卷一六《魏志·鄭渾傳》　鄭渾字文公，河南開封人也。高祖父衆，衆父興，皆爲名儒。渾兄泰，與荀攸等謀誅董卓，爲揚州刺史，卒。渾將泰小子袤避難淮南，袁術賓禮甚厚。渾知術必敗。時華歆爲豫章太守，素與泰善，渾乃渡江投歆。太祖聞其篤行，召爲掾，復遷下蔡長、邵陵令。天下未定，民皆剽輕，不念産殖；其生子無以相活，率皆不舉。渾所在奪其漁獵之具，課使耕桑，又兼開稻田，重去子之法。民初畏罪，後稍豐給，無不舉贍；所育男女，多以鄭爲字。辟爲丞相掾屬，遷左馮翊。

倉慈

《三國志》卷一六《魏志·倉慈傳》　倉慈字孝仁，淮南人也。始爲郡吏。建安中，太祖開募屯田於淮南，以慈爲綏集都尉。黄初末，爲長安令，清約有方，吏民畏而愛之。太和中，遷燉煌太守。郡在西陲，以喪亂隔絶，曠無太守二十歲，大姓雄張，遂以爲俗。前太守尹奉等，循故而已，無所匡革。慈到，抑挫權右，撫恤貧羸，甚得其理。舊大族田地有餘，而小民無立錐之土；慈皆隨口割賦，稍稍使畢其本直。先是屬城獄訟衆猥，縣不能決，多集治下；慈躬往省閲，料簡輕重，自非殊死，但鞭杖遣之，一歲決刑曾不滿十人。又常日西域雜胡欲來貢獻，而諸豪族多逆斷絶；既與貿遷，欺詐侮易，多不得分明。胡常怨望，慈皆勞之。欲詣洛者，爲封過所，欲從郡還者，官爲平取，輒以府見物與共交市，使吏民護送道路，由是民夷翕然稱其德惠。數年卒官，吏民悲感如喪親戚，圖畫其形，思其遺像。及西域諸胡聞慈死，悉共會聚於戊己校尉及長吏治下發哀，或有以刀畫面，以明血誠，又爲立祠，遥共祠之。

盧毓

《三國志》卷二二《魏志·盧毓傳》　盧毓字子家，涿郡涿人也。父植，有名於世。毓十歲而孤，遇本州亂，二兄死難。當袁紹、公孫瓚交兵，幽冀饑荒，養寡嫂孤兄子，以學行見稱。文帝爲五官將，召毓署門下賊曹。崔琰舉爲冀州主簿。時天下草創，多逋逃，故重士亡法，罪及妻子。亡士妻白等，始適夫家數日，未與夫相見，大理奏棄市。毓駁之曰：夫女子之情，以接見而恩生，成婦而義重。故《詩》云未見君子，我心傷悲；亦既見止，我心則夷。又《禮》未廟見之婦而死，歸葬女氏之黨，以未成婦也。今白等生有未見之悲，死有非婦之痛，而吏議欲肆之大辟，則若同牢合巹之後，罪何所加？且《記》曰附從輕，言附人之罪，以輕者爲比也。又《書》云與其殺不辜，寧失不經，恐過重也。苟以白等皆受禮聘，已入門庭，刑之爲可，殺之爲重。太祖曰：毓執之是也。又引經典有意，使孤歎息。由是爲丞相法曹議令史，轉西曹議令史。【略】

青龍二年，入爲侍中。先是，散騎常侍劉劭受詔定律，未就。毓上論古今科律之意，以爲法宜一正，不宜有兩端，使姦吏得容情。及侍中高堂隆數以宮室事切諫，帝不悦，毓進曰：臣聞君明則臣直，古之聖王恐不聞其過，故有敢諫之鼓。近臣盡規，此乃臣等所以不及隆。隆諸生，名爲狂直，陛下宜容之。在職三年，多所駁争。

滿寵

《三國志》卷二六《魏志·滿寵傳》　滿寵字伯寧，山陽昌邑人也。年十八，爲郡督郵。時郡内李朔等各擁部曲，害于平民，太守使寵糾焉。朔等請罪，不復鈔略。守高平令。縣人張苞爲郡督郵，貪穢受取，干亂吏政。寵因其來在傳舍，率吏卒出收之，詰責所犯，即日考竟，遂棄官歸。

太祖臨兗州，辟爲從事。及爲大將軍，辟署西曹屬，爲許令。時曹洪宗室親貴，有賓客在界，數犯法，寵收治之。洪書報寵，寵不聽。洪白太祖，太祖召許主者。寵知將欲原，乃速殺之。太祖喜曰：當事不當爾邪？故太尉楊彪收付縣獄，尚書令荀彧、少府孔融等並屬寵：但當受辭，勿加考掠。寵一無所報，考訊如法。數日，求見太祖，言之曰：楊彪考訊無他辭語。當殺者宜先彰其罪；此人有名海内，若罪不明，必大失民望，竊爲明公惜之。太祖即日赦出彪。初，彧、融聞考掠彪，皆怒，及因此得了，更善寵。

田豫

《三國志》卷二六《魏志·田豫傳》　田豫字國讓，漁陽雍奴人也。劉備之奔公孫瓚也，豫時年少，自託於備，備甚奇之。備爲豫州刺史，豫以母老求歸，備涕泣與別，曰：恨不與君共成大事也。【略】

遷南陽太守。先時，郡人侯音反，衆數千人在山中爲羣盗，大爲郡患。前太守收其黨與五百餘人，表奏皆當死。豫悉見諸繫囚，慰諭，開其自新之路，一時破械遣之。諸囚皆叩頭，願自效，即相告語，羣賊一朝解散，郡内清静。具以狀上，太祖善之。

呂乂

《三國志》卷三九《蜀志·呂乂傳》　呂乂字季陽，南陽人也。父常，送故將（軍）劉焉入蜀，值王路隔塞，遂不得還。乂少孤，好讀書鼓琴。初，先主定益州，置鹽府校尉，較鹽鐵之利，後校尉王連請乂及南陽杜祺、南鄉劉幹等並爲典曹都尉。乂遷新都、緜竹令，乃心隱卹，百姓稱之，爲一州諸城之首。遷巴西太守。丞相諸葛亮連年出軍，調發諸郡，多不相救，乂募取兵五千人詣亮，慰喻檢制，無逃竄者。徙爲漢中太守，兼領督農，供繼軍糧。亮卒，累遷廣漢、蜀郡太守，蜀郡一都之會，戶口衆多，又亮卒之後，士伍亡命，更相重冒，姦巧非一。乂到官，爲之防禁，開喻勸導，數年之中，漏脱自出者萬餘口。後入爲尚書，代董允爲尚書令，衆事無留，門無停賓。乂歷職内外，治身儉約，謙靖少言，爲政簡而不煩，號爲清能；然持法刻深，好用文俗吏，故居大官，名聲損於郡縣。延熙十四年卒。子辰，景耀中爲成都令。辰弟雅，謁者。雅清厲有文才，著《格論》十五篇。

孟光

《三國志》卷四二《蜀志·孟光傳》　孟光字孝裕，河南洛陽人，漢太尉孟郁之族。靈帝末爲講部吏。獻帝遷都長安，遂逃入蜀，劉焉父子待以客禮。博物識古，無書不覽，尤鋭意三史，長於漢家舊典。好公羊《春秋》而譏呵左氏，每與來敏争此二義，光常譊譊讙咋。譊音奴交反。讙音休袁反。咋音徂格反。先主定益州，拜爲議郎，與許慈等並掌制度。後主踐阼，爲符節令、屯騎校尉、長樂少府，遷大司農。延熙九年秋，大赦，光於衆中責大將軍費禕曰：夫赦者，偏枯之物，非明世所宜有也。衰弊窮極，必不得已，然後乃可權而行之耳。今主上仁賢，百僚稱職，有何旦夕之危，倒懸之急，而數施非常之恩，以惠姦宄之惡乎？又鷹隼始擊，而更原宥有罪，上犯天時，下違人理。老夫耄朽，不達治體，竊謂斯法難以經久，豈具瞻之高美，所望於明德哉！禕但顧謝踧踖而已。光之指摘痛癢，多如是類，故執政重臣，心不能悦，爵位不登；每直言無所回避，爲代所嫌。太常廣漢鐔承、光禄勳河東裴儁等，年資皆在光後，而登據上列，處光之右，蓋以此也。

闞澤

《三國志》卷五三《吴志·闞澤傳》　闞澤字德潤，會稽山陰人也。家世農夫，至澤好學，居貧無資，常爲人傭書，以供紙筆，所寫既畢，誦讀亦遍。追師論講，究覽羣籍，兼通曆數，由是顯名。察孝廉，除錢唐長，遷郴令。孫權爲驃騎將軍，辟補西曹掾；及稱尊號，以澤爲尚書。嘉禾中，爲中書令，加侍中。赤烏五年，拜太子太傅，領中書如故。【略】

初，以吕壹姦罪發聞，有司窮治，奏以大辟，或以爲宜加焚裂，用彰元惡。權以訪澤，澤曰：盛明之世，不宜復有此刑。權從之。又諸官司有所患疾，欲增重科防，以檢御臣下，澤每曰宜依禮、律，其和而有正，皆此類也。六年冬卒，權痛惜感悼，食不進者數日。

黃蓋

《三國志》卷五五《吴志·黃蓋傳》　黃蓋字公覆，零陵泉陵人也。初爲郡吏，察孝廉，辟公府。孫堅舉義兵，蓋從之。堅南破山賊，北走董卓，拜蓋别部司馬。堅薨，蓋隨策及權，擐甲周旋，蹈刃屠城。

諸山越不賓，有寇難之縣，輒用蓋爲守長。石城縣吏，特難檢御，蓋乃署兩掾，分主諸曹。教曰：令長不德，徒以武功爲官，不以文吏爲稱。今賊寇未平，有軍旅之務，一以文書委付兩掾，當檢攝諸曹，糾擿謬誤。兩掾所署，事入諾出，若有姦欺，終不加以鞭杖，宜各盡心，無爲衆先。初皆怖威，夙夜恭職；久之，吏以蓋不視文書，漸容人事。蓋亦嫌外懈怠，時有所省，各得兩掾不奉法數事。乃悉請諸掾吏，賜酒食，因出事詰問。兩掾辭屈，皆叩頭謝罪。蓋曰：前已相敕，終不以鞭杖相加，非相欺也。遂殺之。縣中震慄。後轉春穀長，尋陽令。凡守九縣，所在平定。遷丹楊都尉，抑彊扶弱，山越懷附。

荀勖

《晉書》卷三九《荀勖傳》　荀勖字公曾，潁川潁陰人，漢司空爽曾孫也。祖棐，射聲校尉。父肹，早亡。勖依于舅氏。岐嶷夙成，年十餘歲能屬文。從外祖魏太傅鍾繇曰：此兒當及其曾祖。既長，遂博學，達於從政。仕魏，辟大將軍曹爽掾，遷中書通事郎。爽誅，門生故吏無敢往者，勖獨臨赴，衆乃從之。爲安陽令，轉驃騎從事中郎。勖有遺愛，安陽生爲立祠。遷廷尉正，參文帝大將軍軍事，賜爵關内侯，轉從事中郎，領記室。

荀晞

《晉書》卷六一《荀晞傳》　荀晞字道將，河内山陽人也。少爲司隸

部從事，校尉石鑒深器之。東海王越爲侍中，引爲通事令史，累遷陽平太守。【略】

晞練於官事，文簿盈積，斷决如流，人不敢欺。其從母依之，奉養甚厚。從母子求爲將，晞距之曰：吾不以王法貨人，將無後悔邪？固欲之，晞乃以爲督護。後犯法，晞杖節斬之，從母叩頭請救，不聽。既而素服哭之，流涕曰：殺卿者兗州刺史，哭弟者苟道將。其杖法如此。

竇允

《晉書》卷九〇《良吏傳・竇允》 竇允字雅，始平人也。出自寒門，清尚自修。少仕縣，稍遷郡主簿。察孝廉，除浩亹長。勤於爲政，勸課田蠶，平均調役，百姓賴之。遷謁者。泰始中，詔曰：當官者能潔身修己，然後在公之節乃全。身善有章，雖賤必賞，此興化立教之務也。謁者竇允前爲浩亹長，以修勤清白見稱河右。是輩當擢用，使立行者有所勸。主者詳復參訪，有以旌表之。拜臨水令。克己厲俗，改修政事，士庶悦服，咸歌詠之。遷鉅鹿太守，甚有政績。卒於官。

曹攄

《晉書》卷九〇《良吏傳・曹攄》 曹攄字顔遠，譙國譙人也。祖肇，魏衛將軍。攄少有孝行，好學善屬文，太尉王衍見而器之，調補臨淄令。縣有寡婦，養姑甚謹。姑以其年少，勸令改適，婦守節不移。姑愍之，密自殺。親黨告婦殺姑，官爲考鞫，寡婦不勝苦楚，乃自誣。獄當决，適值攄到。攄知其有冤，更加辨究，具得情實，時稱其明。獄有死囚，歲夕，攄行獄，愍之，曰：卿等不幸致此非所，如何？新歲人情所重，豈不欲暫見家邪？衆囚皆涕泣曰：若得暫歸，死無恨也。攄悉開獄出之，剋日令還。掾吏固争，咸謂不可。攄曰：此雖小人，義不見負，自爲諸君任之。至日，相率而還，並無違者，一縣歎服，號曰聖君。入爲尚書郎，轉洛陽令，仁惠明斷，百姓懷之。時天大雨雪，宮門夜失行馬，羣官檢察，莫知所在。攄使收門士，衆官咸謂不然。攄曰：宮掖禁嚴，非外人所敢盜，必是門士以燎寒耳。詰之，果服。以病去官。復爲洛陽令。

喬智明

《晉書》卷九〇《良吏傳・喬智明》 喬智明字元達，鮮卑前部人也。少喪二親，哀毁過禮，長而以德行著稱。成都王穎辟爲輔國將軍。穎之敗趙王倫也，表智明爲殄寇將軍、隆慮、共二縣令。二縣愛之，號爲神君。部人張兑爲父報仇，母老單身，有妻無子，智明愍之，停其獄。歲餘，令兑將妻入獄，兼陰縱之。人有勸兑逃者，兑曰：有君如此，吾何忍累之！縱吾得免，作何面目視息世間！於獄産一男。會赦，得免。其仁感如是。

湯仲堪

（宋）鄭克《折獄龜鑑》卷四《議罪・湯仲堪》 晉湯仲堪，爲荊州刺史。有桂陽人黄欽生，二親久没，詐服衰麻，言迎父喪。府曹依律棄市。仲堪曰：原此法意，當以二親生存而横言死没，情理悖逆，所不忍言，故同於毆詈之科，正以大辟之刑。欽生徒有誕妄之過耳。遂活之。舊出《晉書》本傳。

按：昔人稱郭躬推己以議物，舍狀以探情。夫推己以議物者，恕也；舍狀以探情者，忠也。仲堪亦庶幾焉。苟非用法忠恕，欽生棄市决矣。此皆俗吏所不能者也。

謝方明

《宋書》卷五三《謝方明傳》 方明事思忠益，知無不爲。高祖謂之曰：愧未有瓜衍之賞，且當與卿共豫章國禄。屢加賞賜。方明嚴恪，善自居遇，雖處閨室，未嘗有惰容。無他伎能，自然有雅韻。從兄混有重名，唯歲節朝宗而已。丹陽尹劉穆之權重當時，朝野輻輳，不與穆之相識者，唯有混、方明、郗僧施、蔡廓四人而已，穆之甚以爲恨。方明、廓後往造之，大悦，白高祖曰：謝方明可謂名家駒。直置便自是台鼎人，無論復有才用。

頃之，轉從事中郎，仍爲左將軍道憐長史，高祖命府内衆事，皆諮決之。隨府轉中軍長史。尋更加晉陵太守，復爲驃騎長史、南郡相，委任如初。嘗年終，江陵縣獄囚事無輕重，悉散聽歸家，使過正三日還到。罪應入重者有二十餘人，綱紀以下，莫不疑懼。時晉陵郡送故主簿弘季盛、徐壽之並隨在西，固諫以爲：昔人雖有其事，或是記籍過言。且當今民情僞薄，不可以古義相許。方明不納，一時遣之。因及父兄皆驚喜涕泣，以爲就死無恨。至期，有重罪二人不還，方明不聽討捕。其一人醉不能歸，逮二日乃反，餘一囚十日不至，五官朱千期請見欲白討之，方明知爲囚事，使左右謝五官不須入，囚自當反。囚逡巡墟里，不能自歸，鄉村責讓之，率領將送，遂竟無逃亡者。遠近咸歎服焉。遭母憂，去職。服闋，爲宋臺尚書吏部郎。

高祖受命，遷侍中。永初三年，出爲丹陽尹，有能名。轉會稽太守。江東民戶殷盛，風俗峻刻，强弱相陵，姦吏蜂起，符書一下，文攝相續。又罪及比伍，動相連坐，一人犯吏，則一村廢業，邑里驚擾，狗吠達旦。方明深達治體，不拘文法，闊略苛細，務存綱領。州臺符攝，即時宣下，緩民期會，展其辦舉；郡縣監司，不得妄出，貴族豪士，莫敢犯禁，除比伍之坐，判久繫之獄。前後征伐，每兵運不充，悉發倩士庶，事既寧息，皆使還本。而屬所刻害，或即以補吏。守宰不明，與奪乖舛，人事不至，必被抑塞。方明簡汰精當，各慎所宜，雖服役十載，亦一朝從理，東土至今稱詠之。性尤愛惜，未嘗有所是非，承代前人，不易其政。有必宜改者，則以漸移變，使無迹可尋。元嘉三年，卒官，年四十七。

吉　翰

《宋書》卷六五《吉翰傳》　吉翰字休文，馮翊池陽人也。【略】

六年，以老疾徵還，除彭城王義康司徒司馬，加輔國將軍。時太祖經略河南，以翰爲持節、臨司雍并三州諸軍事、司州刺史，將軍如故。會前鋒諸軍到彥之等敗退，明年，復爲司徒司馬，將軍如故。其年，又假節、監徐兗二州豫州之梁郡諸軍事、徐州刺史，將軍如故。時有死罪囚，典籤意欲活之，因翰入關齋呈其事。翰省訖，語令且去，明可便呈。明旦，典籤不敢復入，呼之乃來，取昨所呈事視訖，謂之曰：卿意當欲宥此囚死命。昨於齋坐見其事，亦有心活之。但此囚罪重，不可全貸，既欲加恩，卿便當代任其罪。因命左右收典籤付獄殺之，原此囚生命。其刑政如此，其下畏服，莫敢犯禁。明年卒官，時年六十。追贈征虜將軍，持節、監、刺史如故。

江秉之

《宋書》卷九二《良吏傳·江秉之》　江秉之字玄叔，濟陽考城人也。祖逌，晉太常。父纂，給事中。

秉之少孤，弟妹七人，並皆幼稚，撫育姻娶，罄其心力。初爲劉穆之丹陽前軍府參軍。高祖督徐州，轉主簿，仍爲世子中軍參軍。宋受禪，隨例爲員外散騎侍郎，補太子詹事丞。少帝即位，入爲尚書都官郎，出爲永世、烏程令，以善政著名東土。徵建康令，爲治嚴察，京邑肅然。殷景仁爲領軍，請爲司馬。復出爲山陰令，民戶三萬，政事煩擾，訟訴殷積，階庭常數百人，秉之御繁以簡，常得無事。宋世唯顧覬之亦以省務著績，其餘雖復刑政脩理，而未能簡事。以在縣有能，遷補新安太守。元嘉十二年，轉在臨海，並以簡約見稱。所得禄秩，悉散之親故，妻子常飢寒。人有勸其營田者，秉之正色曰：食禄之家，豈可與農人競利。在郡作書案一枚，及去官，留以付庫。十七年，卒，時年六十。

顧憲之

《南齊書》卷四六《顧憲之傳》　顧憲之，字士思，宋鎮南將軍凱之孫也。性尤清直。永明六年，爲隨王東中郎長史、行會稽郡事。時西陵戍主杜元懿啓：吴興無秋，會稽豐登，商旅往來，倍多常歲。西陵牛埭税，官格日三千五百，元懿如即所見，日可一倍，盈縮相兼，略計年長百萬。西陵戍前檢浦陽南北津及柳浦四埭，乞爲官領攝，一年格外長四百許萬。西陵戍前檢税，無妨戍事，餘三埭自舉腹心。世祖敕示會稽郡：此詎是事？宜可訪察即啓。憲之議曰：尋始立牛埭之意，非苟逼僦以納税也。當以風濤迅險，人力不捷，屢致膠溺，濟急利物耳。既公私是樂，所以輸直無怨。京師航渡，即其例也。而後之監領者，不達其本，各務己功，互生理外。或禁遏别道，或空税江行，或撲船倍價，或力周而猶責，凡如此類，不經埭煩牛者上詳，被報格外十條，竝蒙停寢。從來諠訴，始得暫弭。案吴興頻歲失稔，今兹尤饉，去之從豐，良由饑棘。或徵貨貿粒，還拯親累。或提攜老弱，陳力餬口。埭司責税，依格弗降。舊格新減，尚未議登，格外加倍，將以何術？皇慈恤隱，振廩蠲調，而元懿幸災搉利，重增困瘼，人而不仁，古今共疾。且比見加格置市者，前後相屬，非惟新加無贏，竝皆舊格猶闕。愚恐元懿今啓，亦當不殊。若事不副言，懼貽譴詰，便百方侵苦，爲公賈怨。元懿稟性苛刻，已彰往効，任以物土，譬以狼將羊，其所欲舉腹心，亦當虎而冠耳。書云：與其有聚斂之臣，寧有盜臣。此言盜公爲損蓋微，斂民所害乃大也。今雍熙在運，草木含澤，其非事宜，仰如聖旨。然掌斯任者，應簡廉平，廉則不竊於公，平則無害於民矣。愚又以便宜者，蓋謂便於公，宜於民也。竊見頃之言便宜者，非能於民力之外，用天分地者也。率皆即日不宜於民，方來不便於公。名與實反，有乖政體。凡如此等，誠宜深察。

山陰一縣，課户二萬，其民貲不滿三千者，殆將居半，刻又刻之，猶且三分餘一。凡有貲者，多是（土）〔士〕人復除。其貧極者，悉皆露户役民。三五屬官，蓋惟分定，百端輸調，又則常然。比衆局檢校，首尾尋續，横相質累者，亦復不少。一人被攝，十人相追；一緒裁萌，千蘗互起。蠶事弛而農業廢，賤取庸而貴舉責，應公贍私，日不暇給，欲無爲非，其可得乎？死且不憚，矧伊刑罰；身且不愛，何況妻子。是以前檢未窮，後巧復滋，網辟徒峻，猶不能悛。竊尋民之多僞，實由宋季軍旅繁興，役賦殷重，不堪勤劇，倚巧祈優，積習生常，遂迷忘反。四海之大，黎庶之衆，心用參差，難卒澄一。化宜以漸，不可疾責，誠存不擾，藏疾納汙，實增崇曠，務詳寬簡，則稍自歸淳。又被符簡，病前後年月久遠，具事不存，符旨既嚴，不敢闇信。縣簡送郡，郡簡呈使，殊形詭狀，千變萬源。聞者忽不經懷，見者實足傷駭。兼親屬里伍，流離道路，時轉寒涸，事方未已。其士人婦女，彌難厝衷。不簡則疑其有巧，欲簡復未知所安。愚謂此條，宜〔委〕縣簡保，舉其綱領，略其毛目，乃囊漏，不出貯中，庶嬰疾沈痼者，重荷生造之恩也。

傅琰

《南齊書》卷五三《良政傳·傅琰》　傅琰字季珪，北地靈州人也。祖邵，員外郎。父僧祐，安東録事參軍。

琰美姿儀，解褐寧蠻參軍，本州主簿，寧蠻功曹。宋永光元年，補諸暨武康令，廣威將軍，除尚書左民郎，又爲武康令，將軍如故。除吴興郡丞。

泰始六年，遷山陰令。山陰，東土大縣，難爲長官，僧祐在縣有稱，琰尤明察，又著〔能〕名。其年爵新亭侯。元徽初，遷尚書右丞。

遭母喪，居南岸，隣家失火，延燒琰屋，琰抱柩不動，隣人競來赴救，乃得俱全。琰股髀之間，已被煙焰。服闋，除邵陵王左軍諮議，江夏王録事參軍。

太祖輔政，以山陰獄訟煩積，復以琰爲山陰令。賣針賣糖老姥争團絲，來詣琰，琰不辨覈，縛團絲於柱鞭之，密視有鐵屑，乃罰賣糖者。二野父争鷄，琰各問何以食〔鷄〕，一人云粟，一人云豆，乃破鷄得粟，罪言豆者。縣内稱神明，無敢復爲偷盜。琰父子並著奇績，江左鮮有。世云諸傳有《治縣譜》，子孫相傳，不以示人。

昇明二年，太祖擢爲假節、督益寧二州軍事、建威將軍、益州刺史、宋寧太守。建元元年，進號寧朔將軍。四年，徵驍騎將軍，黄門郎。永明二年，遷建威將軍、安陸王北中郎長史，改寧朔將軍。明年，從廬陵王安西長史、南郡内史，行荆州事。五年，卒。琰喪西還，有詔出臨。

孔琇之

《南齊書》卷五三《良政傳·孫琇之》　孔琇之，會稽山陰人也。祖季恭，光禄大夫，父靈運，著作郎。

琇之初爲國子生，舉孝廉。除衛軍行參軍，員外郎，尚書三公郎。出爲烏程令，有吏能。還遷通直郎，補吴令。有小兒年十歲，偸刈隣家稻一束，琇之付獄治罪，或諫之，琇之曰：十歲便能爲盗，長大何所不爲？縣中皆震肅。

遷尚書左丞，又以職事知名。轉前軍將軍，兼少府。遷驍騎將軍，少府如故。出爲寧朔將軍、高宗冠軍征虜長史、江夏内史。還爲正員常侍，兼左民尚書、廷尉卿。出爲臨海太守，在任清約，罷郡還，獻乾薑二十斤，世祖嫌少，及知琇之清，乃歎息。除武陵王前軍長史，未拜，仍出爲輔國將軍，監吴興郡，尋拜太守，治稱清嚴。

高宗輔政，防制諸蕃，致密旨於上佐。隆昌元年，遷琇之爲寧朔將軍、晉熙王冠軍長史，行郢州事，江夏内史。琇之辭，不許。未拜，卒。

范雲

《梁書》卷一三《范雲傳》　范雲字彦龍，南鄉舞陰人，晉平北將軍汪六世孫也。年八歲，遇宋豫州刺史殷琰於塗，琰異之，要就席，雲風姿應對，傍若無人。琰令賦詩，操筆便就，坐者歎焉。嘗就親人袁照學，晝夜不怠。照撫其背曰：卿精神秀朗而勤於學，卿相才也。少機警，有識具，善屬文，便尺牘，下筆輒成，未嘗定藁，時人每疑其宿構。父抗，爲郢府參軍，雲隨父在府，時吴興沈約、新野庾杲之與抗同府，見而友之。

起家郢州西曹書佐，轉法曹行參軍。俄而沈攸之舉兵圍郢城，抗時爲府長流，入城固守，留家屬居外。雲爲軍人所得，攸之召與語，聲色甚厲，雲容貌不變，徐自陳説。攸之乃笑曰：卿定可兒，且出就舍。明旦，又召令送書入城。城内或欲誅之。【略】出爲零陵内史，在任潔己，省煩苛，去游費，百姓安之。明帝召還都，及至，拜散騎侍郎。復出爲始興内史。郡多豪猾大姓，二千石有不善者，謀共殺害，不則逐去之。邊帶蠻俚，尤多盗賊，前内史皆以兵刃自衛。雲入境，撫以恩德，罷亭候，商賈露宿，郡中稱爲神明。仍遷假節、建武將軍、平越中郎將、廣州刺史。初，雲與尚書僕射江祏善，祏姨弟徐藝爲曲江令，深以託雲。有譚儼者，縣之豪族，藝鞭之，儼以爲恥，詣京訴雲，雲坐徵還下獄，會赦免。永元二年，起爲國子博士。

王志

《梁書》卷二一《王志傳》　王志字次道，琅邪臨沂人。祖曇首，宋左光禄大夫、豫寧文侯；父僧虔，齊司空、簡穆公；並有重名。

志年九歲，居所生母憂，哀容毁瘠，爲中表所異。弱冠，選尚宋孝武女安固公主，拜駙馬都尉、祕書郎。累遷太尉行參軍，太子舍人，武陵王文學。褚淵爲司徒，引志爲主簿。淵謂僧虔曰：朝廷之恩，本爲殊特，所可光榮，在屈賢子。累遷鎮北竟陵王功曹史、安陸南郡二王友。入爲中書侍郎。尋除宣城内史，清謹有恩惠。郡民張倪、吴慶争田，經年不決。志到官，父老乃相謂曰：王府君有德政，吾曹鄉里乃有此争。倪、慶因相攜請罪，所訟地遂爲閑田。徵拜黄門侍郎，尋遷吏部侍郎。出爲寧朔將軍、東陽太守。郡獄有重囚十餘人，冬至日悉遣還家，過節皆返，惟一人失期，獄司以爲言。志曰：此自太守事，主者勿憂。明旦，果自詣獄，辭以婦孕，吏民益歎服之。視事三年，齊永明二年，入爲侍中，未拜，轉吏部尚書，在選以和理稱。崔慧景平，以例加右軍將軍，封臨汝侯，固讓不受，改領右衛將軍。

義師至，城內害東昏，百僚署名送其首。志聞而歎曰：冠雖弊，可加足乎？因取庭中樹葉挼服之，僞悶，不署名。高祖覽牋無志署，心嘉之，弗以讓也。霸府開，以志爲右軍將軍、驃騎大將軍長史。梁臺建，遷散騎常侍、中書令。

天監元年，以本官領前軍將軍。其年，遷冠軍將軍、丹陽尹。爲政清靜，去煩苛。京師有寡婦無子，姑亡，舉債以斂葬，既葬而無以還之，志愍其義，以俸錢償焉。時年饑，每旦爲粥於郡門，以賦百姓，民稱之不容口。三年，爲散騎常侍、中書令，領游擊將軍。志爲中書令，及居京尹，便懷止足。常謂諸子姪曰：謝莊在宋孝武世，位止中書令，吾自視豈可以過之。因多謝病，簡通賓客。遷前將軍、太常卿。六年，出爲雲麾將軍、安西始興王長史、南郡太守。明年，遷軍師將軍、平西鄱陽郡王長史、江夏太守，並加秩中二千石。九年，遷爲散騎常侍、金紫光禄大夫。十二年，時年五十四。

蕭昱

《梁書》卷二四《蕭昱傳》〔蕭〕昱字子真，景第四弟也。天監初，除祕書郎，累遷太子舍人，洗馬，中書舍人，中書侍郎。每求自試，高祖以爲淮南、永嘉、襄陽郡，並不就。志願邊州，高祖以其輕脱無威望，抑而不許。遷給事黃門侍郎。上表曰：夏初陳啓，未垂採照，追懷慚懼，實戰胸心。臣聞暑雨祁寒，小人猶怨；榮枯寵辱，誰能忘懷！臣藉以往因，得預枝戚之重；緣報既雜，時逢坎壈之運。昔在齊季，義師之始，臣乃幼弱，粗有識慮，東西阻絶，歸赴無由，雖未能負戈擐甲，實銜淚憤懣。潛伏東境，備履艱危，首尾三年，亟移數處，雖復飢寒切身，亦不以凍餒爲苦。每涉驚疑，惶怖失魄，既乖致命之節，空有項領之憂，希望開泰，冀蒙共樂；豈期二十餘年，功名無紀，畢此身骸，方填溝壑，丹誠素願，溘至長罷，俯自哀憐，能不傷歎！夫自媒自衒，誠哉可鄙；自譽自伐，實在可羞。然量己揆分，自知者審，陳力就列，寧敢空言，是以常願一試，屢成干請。夫上應玄象，實不易叨；錦不輕裁，誠難其製。過去業鄣，所以致乖算測。聖監既謂臣愚短，不可試用，豈容久居顯禁，徒穢黃樞。忝竊稍積，恐招物議，請解今職，乞屏退私門。伏願天照，特垂允許。臣雖叨榮兩宮，報效無地，方違省闥，伏深戀悚。高祖手詔答曰：昱表如此。古者用人，必前明試，皆須績用既立，乃可自退之高。昔漢光武兄子章、興二人，並有名宗室，就欲習吏事，不過章爲平陰令，興爲緱氏宰，政事有能，方遷郡守，非直政績見稱，即是光武猶子。昱之才地，豈得比類焉！往歲處以淮南郡，既不肯行；續用爲招遠將軍、鎮北長史、襄陽太守，又以邊外致辭；改除招遠將軍、永嘉太守，復云內地非願；復問晉安、臨川，隨意所擇，亦復不行。解巾臨郡，事不爲薄，數有致辭，意欲何在？且昱諸兄遞居連率，相繼推轂，未嘗缺歲。其同產兄景，今正居藩鎮。朕豈厚於景而薄於昱，正是朝序物議，次第若斯，於其一門，差自無愧。無論今日不得如此，昱兄弟昔在布衣，以處成長，於何取立，豈得任情反道，背天違地。孰謂朝廷無有憲章，特是未欲致之于理。既表解職，可聽如啓。坐免官。因此杜門絶朝覲，國家慶弔不復通。

普通五年，坐於宅內鑄錢，爲有司所奏，下廷尉，得免死，徙臨海郡。行至上虞，有敕追還，且令受菩薩戒。昱既至，恂恂盡禮，改意蹈道，持戒又精潔，高祖甚嘉之，以爲招遠將軍、晉陵太守。下車勵名迹，除煩苛，明法憲，嚴於姦吏，優養百姓，旬日之間，郡中大化。俄而暴疾卒，百姓行坐號哭，市里爲之諠沸，設祭奠於郡庭者四百餘人。田舍有女人夏氏，年百餘歲，扶曾孫出郡，悲泣不自勝。其惠化所感如此。百姓相率爲立廟建碑，以紀其德。又詣京師求贈謚。詔贈湘州刺史。謚曰恭。

張緬

《梁書》卷三四《張緬傳》張緬字元長，車騎將軍弘策子也。年數歲，外祖中山劉仲德異之，嘗曰：此兒非常器，爲張氏寶也。齊永元末，義師起，弘策從高祖入伐，留緬襄陽，年始十歲，每聞軍有勝負，憂喜形於顏色。天監元年，弘策任衛尉卿，爲妖賊所害，緬痛父之酷，喪過於禮，高祖遺戒喻之。服闋，襲洮陽縣侯，召補國子生。起家祕書郎，出爲淮南太守，時年十八。高祖疑其年少未閑吏事，乃遣主書封取郡曹文案，見其斷決允愜，甚稱賞之。還除太子舍人、雲麾外兵參軍。緬少勤學，自課讀書，手不輟卷，尤明後漢及晉代衆家。客有執卷質緬者，隨問便對，略無遺失。殿中郎缺，高祖謂徐勉曰：此曹舊用文學，且居鵷行之首，宜詳擇其人。勉舉緬充選。

孔休源

《梁書》卷三六《孔休源傳》　孔休源字慶緒，會稽山陰人也。晉丹陽太守沖之八世孫。曾祖遙之，宋尚書水部郎。父珮，齊廬陵王記室參軍，早卒。

休源年十一而孤，居喪盡禮，每見父手所寫書，必哀慟流涕，不能自勝，見者莫不爲之垂泣。後就吴興沈驎士受經，略通大義。建武四年，州舉秀才，太尉徐孝嗣省其策，深善之，謂同坐曰：董仲舒、華令思何以尚此，可謂後生之准也。觀其此對，足稱王佐之才。琅邪王融雅相友善，乃薦之於司徒竟陵王，爲西邸學士。梁臺建，與南陽劉之遴同爲太學博士，當時以爲美選。休源初到京，寓於宗人少府卿孔登宅，曾以祠事入廟，侍中范雲一與相遇，深加褒賞，曰：不期忽覯清顔，頓祛鄙吝，觀天披霧，驗之今日。後雲命駕到少府門，登便拂筵整帶，謂當詣己，既而獨造休源，高談盡日，同載還家，登深以爲愧。尚書令沈約當朝貴顯，軒蓋盈門，休源或時後來，必虚襟引接，處之坐右，商略文義。其爲通人所推如此。

俄除臨川王府行參軍。高祖嘗問吏部尚書徐勉曰：今帝業初基，須一人有學藝解朝儀者，爲尚書儀曹郎。爲朕思之，誰堪其選？勉對曰：孔休源識具清通，諳練故實，自晉、宋《起居注》誦略上口。高祖亦素聞之，即日除兼尚書儀曹郎中。是時多所改作，每逮訪前事，休源即以所誦記隨機斷決，曾無疑滯。吏部郎任昉常謂之爲孔獨誦。

遷建康獄正，及辨訟折獄，時罕冤人。後有選人爲獄司者，高祖尚引休源以勵之。除中書舍人，司徒臨川王府記室參軍，遷尚書左丞，彈肅禮闈，雅允朝望。時太子詹事周捨撰《禮疑義》，自漢魏至于齊梁，並皆搜採，休源所有奏議，咸預編録。除給事黄門侍郎，遷長兼御史中丞，正色直繩，無所回避，百僚莫不憚之。除少府卿，又兼行丹陽尹事。出爲宣惠晉安王府長史、南郡太守、行荆州府州事。高祖謂之曰：荆州總上流衝要，義高分陝，今以十歲兒委卿，善匡翼之，勿憚周昌之舉也。對曰：臣以庸鄙，曲荷恩遇，方揣丹誠，効其一割。上善其對，乃敕晉安王曰：孔休源人倫儀表，汝年尚幼，當每事師之。尋而始興王憺代鎮荆州，復爲憺府長史，南郡太守、行府州事如故。在州累政，甚有治績，平心決斷，請託不行。高祖深嘉之。除通直散騎常侍，領羽林監，轉祕書監，遷明威將軍、復爲晉安王府長史、南蘭陵太守，別敕專行南徐州事。休源累佐名藩，甚得民譽，王深相倚仗，軍民機務，動止詢謀。常於中齋別施一榻，云此是孔長史坐，人莫得預焉。其見敬如此。

徵爲太府卿，俄授都官尚書，頃之，領太子中庶子。普通七年，揚州刺史臨川王宏薨，高祖與羣臣議代王居州任者久之，于時貴戚王公，咸望遷授，高祖曰：朕已得人。孔休源才識通敏，實應此選。乃授宣惠將軍、監揚州。休源初爲臨川王行佐，及王薨而管州任，時論榮之。而神州都會，簿領殷繁，休源割斷如流，傍無私謁。中大通二年，加授金紫光禄大夫，監揚州如故。累表陳讓，優詔不許。在州晝決辭訟，夜覽墳籍。

褚翔

《梁書》卷四一《褚翔傳》　褚翔字世舉，河南陽翟人。曾祖淵，齊太宰文簡公，佐命齊室。祖蓁，太常穆子。父向，字景政，年數歲，父母相繼亡没，向哀毁若成人者，親表咸異之。既長，淹雅有器量，高祖踐阼，選補國子生。起家祕書郎，遷太子舍人，尚書殿中郎。出爲安成内史。還除太子洗馬，中舍人，累遷太尉從事中郎，黄門侍郎，鎮右豫章王長史。頃之，入爲長兼侍中。向風儀端麗，眉目如點，每公庭就列，爲衆所瞻望焉。大通四年，出爲寧遠將軍北中郎廬陵王長史，三年，卒官。外兄謝舉爲製墓銘，其略曰：弘治推華，子嵩慚量；酒歸月下，風清琴上。論者以爲擬得其人。

翔初爲國子生，舉高第。丁父憂，服闋，除祕書郎，累遷太子舍人，宣城王主簿。中大通五年，高祖宴羣臣樂遊苑，別詔翔與王訓爲二十韻詩，限三刻成。翔於坐立奏，高祖異焉，即日轉宣城王文學，俄遷爲友。時宣城友、文學加它王二等，故以翔超爲之，時論美焉。出爲義興太守，翔在政潔己，省繁苛，去浮費，百姓安之。郡之西亭有古樹，積年枯死，翔至郡，忽更生枝葉，百姓咸以爲善政所感。及秩滿，吏民詣闕請之，敕許焉。尋徵爲吏部郎，去郡，百姓無老少追送出境，涕泣拜辭。

翔居小選公清，不爲請屬易意，號爲平允。俄遷侍中，頃之轉散騎常侍，領羽林監，侍東宮。出爲晉陵太守，在郡未期，以公事免。俄復爲散騎常侍，侍東宮。太清二年，遷守吏部尚書。其年冬，侯景圍宮城，翔於圍內丁母憂，以毀卒，時年四十四。詔贈本官。

翔少有孝性。爲侍中時，母疾篤，請沙門祈福，中夜忽見戶外有異光，又聞空中彈指，及曉疾遂愈，咸以翔精誠所致焉。

蕭洽

《梁書》卷四一《蕭洽傳》〔蕭〕洽字宏稱，介從父兄也。父惠基，齊吏部尚書，有重名前世。

洽幼敏寤，年七歲，誦《楚辭》略上口。及長，好學博涉，亦善屬文。齊永明中，爲國子生，舉明經，起家著作佐郎，遷西中郎外兵參軍。天監初，爲前軍鄱陽王主簿、尚書□部郎，遷太子中舍人。出爲南徐州治中，既近畿重鎮，吏數千人，前後居之者皆致巨富，洽爲之，清身率職，饋遺一無所受，妻子不免飢寒。還除司空從事中郎，爲建安內史，坐事免。久之，起爲護軍長史，北中郎諮議參軍，遷太府卿，司徒臨川王司馬。普通初，拜員外散騎常侍，兼御史中丞，以公事免。頃之，爲通直散騎常侍。洽少有才思，高祖令製同泰、大愛敬二寺刹下銘，其文甚美。二年，遷散騎常侍。出爲招遠將軍、臨海太守，爲政清平，不尚威猛，民俗便之。還拜司徒左長史，又敕撰《當塗堰碑》，辭亦贍麗。六年，卒官，時年五十五。有詔出舉哀，賻錢二萬，布五十匹。集二十卷，行於世。

臧厥

《梁書》卷四二《臧厥傳》〔臧〕厥字獻卿，亦以幹局稱。初爲西中郎行參軍，尚書主客郎。入兼中書通事舍人，累遷正員郎，鴻臚卿，舍人如故。遷尚書右丞，未拜，出爲晉安太守。郡居山海，常結聚逋逃，前二千石雖募討捕，而寇盜不止。厥下車，宣風化，凡諸凶黨，皆繦負而出，居民復業，商旅流通。然爲政嚴酷少恩，吏民小事必加杖罰，百姓謂之臧虎。還除驃騎廬陵王諮議參軍，復兼舍人。遷員外散騎常侍，兼司農卿，舍人如故。大同八年，卒官，時年四十八。

厥前後居職，所掌之局大事及蘭臺廷尉所不能决者，敕並付厥。厥辨斷精詳，咸得其理。厥卒後，有撾登聞鼓訴者，求付清直舍人。高祖曰：臧厥既亡，此事便無可付。其見知如此。

傅岐

《梁書》卷四二《傅岐傳》傅岐字景平，北地靈州人也。高祖弘仁，宋太常。祖琰，齊世爲山陰令，有治能，自縣擢爲益州刺史。父翽，天監中，歷山陰、建康令，亦有能名，官至驃騎諮議。

岐初爲國子明經生，起家南康王左常侍，遷行參軍，兼尚書金部郎，母憂去職，居喪盡禮。服闋後，疾廢久之。是時改創北郊壇，初起岐監知繕築，事畢，除始新令。縣民有因鬭相毆而死者，死家訴郡，郡録其仇人，考掠備至，終不引咎，郡乃移獄於縣，岐即命脱械，以和言問之，便即首服。法當償死，會冬節至，岐乃放其還家，使過節一日復獄。曹掾固爭曰：古者乃有此，於今不可行。岐曰：其若負信，縣令當坐，主者勿憂。竟如期而反。太守深相歎異，遽以狀聞。岐後去縣，民無老小，皆出境拜送，啼號之聲，聞於數十里。至都，除廷尉正，入兼中書通事舍人，遷寧遠岳陽王記室參軍，舍人如故。出爲建康令，以公事免。俄復爲舍人，累遷安西中記室，鎮南諮議參軍，兼舍人如故。

岐美容止，博涉能占對。大同中，與魏和親，其使歲中再至，常遣岐接對焉。太清元年，累遷太僕，司農卿，舍人如故。在禁省十餘年，機事密勿，亞於朱异。此年冬，豫州刺史貞陽侯蕭淵明率衆伐彭城，兵敗陷魏。二年，淵明遣使還，述魏人欲更通和好，敕有司及近臣定議。左衛朱异曰：高澄此意，當復欲繼好，不爽前和；邊境且得靜寇息民，於事爲便。議者並然之。岐獨曰：高澄既新得志，其勢非弱，何事須和？此必是設間，故令貞陽遣使，令侯景自疑當以貞陽易景。景意不安，必圖禍亂。今若許澄通好，正是墮其計中。且彭城去歲喪師，渦陽新復敗退，令便就和，益示國家之弱。若如愚意，此和宜不可許。朱异等固執，高祖遂從异議。及遣和使，侯景果有此疑，累啓請追使，敕但依違報之，至八月，遂舉兵反。十月，入寇京師，請誅朱异。三年，遷中領軍，舍人如故。二月，景於闕前通表，乞割江右四州，安其部下，當解圍還鎮，敕許之。乃於城西立盟，求遣宣城王出送。岐固執宣城嫡嗣之重，不宜許，遣石城公大款送之。及與景盟訖，城中文武喜躍，望得解圍。岐獨言於衆曰：賊舉兵爲逆，未遂求和，夷情獸心，必不可信，此和終爲賊所詐也。衆並怨怪之。及景背盟，莫不歎服。尋有詔，以岐勤勞，封南豐縣侯，邑五百戶，固辭不受。宮城失守，岐帶疾出圍，卒於宅。

沈瑀

《梁書》卷五三《良吏傳・沈瑀》　沈瑀字伯瑜，吳興武康人也。叔父昶，事宋建平王景素，景素謀反，昶先去之，及敗，坐繫獄，瑀詣臺陳請，得免罪，由是知名。

起家州從事、奉朝請。嘗詣齊尚書右丞殷瀰，瀰與語及政事，甚器之，謂曰：觀卿才幹，當居吾此職。司徒竟陵王子良聞瑀名，引爲府參軍，領揚州部傳從事。時建康令沈徽孚恃勢陵瑀，瑀以法繩之，衆憚其強。子良甚相知賞，雖家事皆以委瑀。子良薨，瑀復事刺史始安王遙光。嘗被使上民丁，速而無怨。遙光謂同使曰：爾何不學沈瑀所爲？乃令專知州獄事。湖熟縣方山埭高峻，冬月，公私行侶以爲艱難，明帝使瑀行治之。瑀乃開四洪，斷行客就作，三日立辦。揚州書佐私行，詐稱州使，不肯就作，瑀鞭之三十。書佐歸訴遙光，遙光曰：沈瑀必不枉鞭汝。覆之，果有詐。明帝復使瑀築赤山塘，所費減材官所量數十萬，帝益善之。永泰元年，爲建德令，教民一丁種十五株桑、四株柿及梨栗，女丁半之，人咸歡悅，頃之成林。

去官還京師，兼行選曹郎。隨陳伯之軍至江州，會義師圍郢城，瑀說伯之迎高祖。伯之泣曰：余子在都，不得出城，不能不愛之。瑀曰：不然。人情匈匈，皆思改計，若不早圖，衆散難合。伯之遂舉衆降，瑀從在高祖軍中。

初，瑀在竟陵五家，素與范雲善。齊末，嘗就雲宿，夢坐屋梁柱上，仰見天中有字曰范氏宅。至是，瑀爲高祖說之。高祖曰：雲得不死，此夢可驗。及高祖即位，雲深薦瑀，自暨陽令擢兼尚書右丞。時天下初定，陳伯之表瑀催督運轉，軍國獲濟，高祖以爲能。遷尚書駕部郎，兼右丞如故。瑀薦族人沈僧隆、僧照有吏幹，高祖並納之。

以母憂去職，起爲振武將軍、餘姚令。縣大姓虞氏千餘家，請謁如市，前後令長莫能絕，自瑀到，非訟所通，其有至者，悉立之堦下，以法繩之。縣南又有豪族數百家，子弟縱橫，遞相庇廕，厚自封植，百姓甚患之。瑀召其老者爲石頭倉監，少者補縣僮，皆號泣道路，自是權右屏跡。瑀初至，富吏皆鮮衣美服，以自彰別。瑀怒曰：汝等下縣吏，何自擬貴人耶？悉使著芒屩粗布，侍立終日，足有蹉跌，輒加榜棰。瑀微時，嘗自至此鬻瓦器，爲富人所辱，故因以報焉，由是士庶駭怨。然瑀廉白自守，故得遂行其志。

後王師北伐，徵瑀爲建威將軍，督運漕，尋兼都水使者。頃之，遷少府卿。出爲安南長史、尋陽太守。江州刺史曹景宗疾篤，瑀行府州事。景宗卒，仍爲信威蕭穎達長史，太守如故。瑀性屈强，每忤穎達，穎達銜之。天監八年，因入諮事，辭又激厲，穎達作色曰：朝廷用君作行事耶？瑀出，謂人曰：我死而後已，終不能傾側面從。是日，於路爲盜所殺，時年五十九，多以爲穎達害焉。子續累訟之，遇穎達亦尋卒，事遂不窮竟。續乃布衣蔬食終其身。

孫謙

《梁書》卷五三《良吏傳・孫謙》 孫謙字長遜，東莞莒人也。少爲親人趙伯符所知。謙年十七，伯符爲豫州刺史，引爲左軍行參軍，以治幹稱。父憂去職，客居歷陽，躬耕以養弟妹，鄉里稱其敦睦。宋江夏王義恭聞之，引爲行參軍，歷仕大司馬、太宰二府。出爲句容令，清慎强記，縣人號爲神明。

泰始初，事建安王休仁，休仁以爲司徒參軍，言之明帝，擢爲明威將軍、巴東建平二郡太守。郡居三峽，恒以威力鎮之。謙將述職，敕募千人自隨。謙曰：蠻夷不賓，蓋待之失節耳，何煩兵役，以爲國費。固辭不受。至郡，布恩惠之化，蠻獠懷之，競餉金寶，謙慰喻而遣，一無所納。及掠得生口，皆放還家。俸秩出吏民者，悉原除之。郡境翕然，威信大著。視事三年，徵還爲撫軍中兵參軍。

張種

《陳書》卷二一《張種傳》 張種字士苗，吴郡人也。祖辯，宋司空右長史、廣州刺史。父略，梁太子中庶子、臨海太守。

種仁恕寡欲，雖歷居顯位，而家產屢空，終日晏然，不以爲病。太建初，女爲始興王妃，以居處僻陋，特賜宅一區，又累賜無錫、嘉興縣侯秩。嘗於無錫見有重囚在獄，天寒，呼出曝日，遂失之，世祖大笑，而不深責。有集十四卷。

袁憲

《陳書》卷二四《袁憲傳》 袁憲字德章，尚書左僕射樞之弟也。幼聰敏，好學，有雅量。梁武帝脩建庠序，別開五館，其一館在憲宅西，憲常招引諸生，與之談論，每有新議，出人意表，同輩咸嗟服焉。【略】

憲詳練朝章，尤明聽斷，至有獄情未盡而有司具法者，即伺閑暇，常爲上言之，其所申理者甚衆。嘗陪醮承香閤，賓退之後，高宗留憲與衛尉樊俊徙席山亭，談宴終日。高宗目憲而謂俊曰袁家故爲有人，其見重如此。

陸瓊

《陳書》卷三〇《陸瓊傳》 陸瓊字伯玉，吴郡吴人也。祖完，梁琅邪、彭城二郡丞。父雲公，梁給事黄門侍郎，掌著作。【略】

太建元年，重以本官掌東宮管記。除太子庶子，兼通事舍人。轉中書侍郎、太子家令。長沙王爲江州刺史，不循法度，高宗以王年少，授瓊長史，行江州府國事，帶尋陽太守。瓊以母老，不欲遠出，太子亦固請留之，遂不行。累遷給事黄門侍郎，領羽林監。轉太子中庶子，領步兵校尉。又領大著作，撰國史。

後主即位，直中書省，掌詔誥。俄授散騎常侍，兼度支尚書，領揚州大中正。至德元年，除度支尚書，參掌詔誥，并判廷尉、建康二獄事。初，瓊父雲公奉梁武帝敕撰《嘉瑞記》，瓊述其旨而續焉，自永定訖于至德，勒成一家之言。還吏部尚書，著作如故。瓊詳練譜諜，雅鑒人倫，先是，吏部尚書宗元饒卒，右僕射袁憲舉瓊，高宗未之用也，至是居之，號爲稱職，後主甚委任焉。

（宋）司馬光《資治通鑑》卷一六七《陳紀一》〔武帝永定二年〕 帝既殘忍，有司訊囚，莫不嚴酷，或燒犂耳，使立其上，或燒車釭，釭，姑紅翻，車轂中鐵也。使以臂貫之，既不勝苦，皆至誣伏，勝，音升。唯三公郎中武強蘇瓊，三公郎，自魏、晉以來有之。《五代志》：後齊尚書列曹，三公郎中屬殿中尚書，掌五時讀時令、諸曹囚帳、斷罪、赦日建金雞等事。劉昫曰：武強，漢武隧縣，屬河間國；晉改曰武強，屬安平國；後魏屬廣宗郡，又置武邑郡。《五代志》曰：齊廢郡爲武強縣，至隋，屬信都郡。歷職中外，所至皆以寬平爲治。治，直吏翻。時趙州及清河屢有人告謀反者，前後皆付瓊推檢，事多申雪。尚書崔昂謂瓊曰：若欲立功名，當更思餘理；數雪反逆，數，所角翻。身命何輕！瓊正色曰：所雪者冤枉耳，不縱反逆也。昂大慙。

殷不害

《陳書》卷三二《孝行傳·殷不害》　殷不害字長卿，陳郡長平人也。祖任，齊豫章王行參軍。父高明，梁尚書中兵郎。不害性至孝，居父憂過禮，由是少知名。家世儉約，居甚貧窶，有弟五人，皆幼弱，不害事老母，養小弟，勤劇無所不至，士大夫以篤行稱之。【略】年十七，仕梁廷尉平。不害長於政事，兼飾以儒術，名法有輕重不便者，輒上書言之，多見納用。大同五年，遷鎮西府記室參軍。尋以本官兼東宮通事舍人。是時朝廷政事多委東宮，不害與舍人庾肩吾直日奏事，梁武帝嘗謂肩吾曰：卿是文學之士，吏事非卿所長，何不使殷不害來邪？其見知如此。簡文又以不害善事親，賜其母蔡氏錦裙襦、氈席、被褥，單複畢備。七年，除東宮步兵校尉。太清初，遷平北府諮議參軍，舍人如故。【略】

梁元帝立，以不害爲中書郎，兼廷尉卿，因將家屬西上。江陵之陷也，不害先於別所督戰，失母所在。于時甚寒，冰雪交下，老弱凍死者填滿溝壍。不害行哭道路，遠近尋求，無所不至，遇見死人溝水中，即投身而下，扶捧閲視，舉體凍濕，水漿不入口，號泣不輟聲，如是者七日，始得母屍。不害憑屍而哭，每舉音輒氣絶，行路無不爲之流涕。即於江陵權殯，與王裒、庾信俱入長安，自是蔬食布衣，枯槁骨立，見者莫不哀之。

太建七年，自周還朝，其年詔除司農卿，尋遷光禄大夫。八年，加明威將軍、晉陵太守。在郡感疾，詔以光禄大夫徵還養疾。後主即位，加給事中。初，不害之還也，周留其長子僧首，因居關中。禎明三年，京城陷，僧首來迎，不害道病卒，時年八十五。

傅　隆

《南史》卷一五《傅隆傳》　〔傳〕隆字伯祚，亮族兄也。曾祖晞，司徒屬。父祖並早卒。隆少孤貧，有學行。義熙初，年四十，爲孟昶建威參軍，累遷尚書左丞。以族弟亮爲僕射，緦服不得相臨，徙太子率更令。

何承天

《南史》卷三三《何承天傳》　何承天，東海郯人也。五歲喪父。母徐廣姊也，聰明博學，故承天幼漸訓義。宋武起義初，撫軍將軍劉毅鎮姑孰，板爲行參軍。毅嘗出行，而鄢陵縣吏陳滿射鳥，箭誤中直帥，雖不傷人，處法棄市。承天議曰：獄貴情斷，疑則從輕。昔有驚漢文帝乘輿馬者，張釋之劾以犯蹕，罪止罰金。何者？明其無心於驚馬也。故不以乘輿之重，加於異制。今滿意在射鳥，非有心於中人。案律過誤傷人三歲刑，況不傷乎？微罰可也。【略】

吳興餘杭人薄道舉爲刼，制同籍朞補兵。道舉從弟代公、道生等並爲大功親，非應在補謫之例。法以代公等母存爲朞親，則子宜隨母補兵。承天議曰：尋刼制，同籍朞親補兵，大功則不在此例。婦人三從，既嫁從夫，夫死從子。今道舉爲刼，若其叔父尚存，制應補謫，妻子營居，固其宜也。但爲刼之時，叔父已歿，代公、道生並是從弟，大功之親，不合補謫。今若以叔母爲朞親，令代公隨母補兵，既乖大功不謫之制，又失婦人三從之道。由於主者守朞親之文，不辨男女之異。謂代公等母子並宜見原。【略】

時丹陽溧陽丁況等久喪而不棺葬，承天議曰：《禮》云還葬，當謂荒儉一時，故許其稱財而不求備。丁況三家數年中葬輒無棺櫬，實由淺情薄恩同於禽獸者耳。竊以丁寶等同伍積年，未嘗勸之以義，繩之以法。十六年冬，既無新科，又未申明舊制，有何嚴切，欻然相糾。或由隣曲分争，以興此言。如聞在東諸處，此例既多，江西、淮北尤爲不少。若但謫此三人，殆無所肅，開其一端，則互相恐動。臣愚謂况等三家，且可勿問，因此附定制旨：若人葬不如法，同伍當即糾言。三年除服之後，不得追相告引。

沈懷文

《南史》卷三四《沈懷文傳》 沈懷文字思明，吴興武康人也。祖寂，晉光禄勳。父宣，新安太守。

〔大明〕三年，子尚移鎮會稽。遷撫軍長史，行府州事。時囚繫甚多，動經年月，懷文到任，訊五郡九百三十六獄，衆咸稱平。

陸襄

《南史》卷四八《陸襄傳》 〔陸〕襄字師卿，厥第四弟也。本名衰，字趙卿，有奏事者誤字爲襄，梁武帝乃改爲襄字師卿。【略】

中大通七年，爲鄱陽内史。先是郡人鮮于琮服食修道法，常入山采藥，拾得五色幡毦，又於地中得石璽，竊怪之。琮先與妻别室，望琮所處常有異氣，益以爲神。大同元年，遂結門徒殺廣晉令王筠，號上願元年，署置官屬。其黨轉相誑惑，有衆萬餘人，將出攻郡。襄先已率人吏修城隍爲備，及賊至破之，生獲琮。時鄰郡豫章、安成等守宰案其黨與，因求貨賄，皆不得其實。或有善人盡室罹禍，唯襄郡枉直無濫。人作歌曰：鮮于抄後善惡分，人無横死賴陸君。

又有彭、李二家，先因忿争，遂相誣告。襄引入内室，不加責誚，但和言解喻之。二人感恩，深自悔咎。乃爲設酒食令其盡歡，酒罷同載而還，因相親厚。人又歌曰：陸君政，無怨家。鬭既罷，讎共車。在政六年，郡中大寧。郡人李睍等四百二十人詣闕拜表，陳襄德化，求於郡立碑，降敕許之。又表乞留襄，襄固乞還。

劉善明

《南史》卷四九《劉善明傳》 〔劉〕善明，懷珍族弟也。父懷人，仕宋爲齊、北海二郡太守。元嘉末，青州饑荒，人相食。善明家有積粟，躬食饘粥，開倉以救，鄉里多獲全濟，百姓呼其家田爲續命天。【略】

高帝踐阼，以善明勳誠，欲與之禄，召謂曰：淮南近畿，國之形勝，非親賢不居，卿與我卧理之。乃代明帝爲淮南宣城二郡太守。遣使拜授，封新淦伯。善明至郡，上表陳事凡一十一條：其一以爲天地開創，宜存問遠方，廣宣慈澤。其二以爲京都遠近所歸，宜遣醫藥，問其疾苦，所九十以上及六疾不能自存者，隨宜量賜。其三以爲宋氏赦令，蒙原者寡。愚謂今下赦書，宜令事實相副。其四以爲劉昶猶存，容能送死境上，諸城宜應嚴備。其五以爲宜除宋氏大明以來苛政細制，以崇簡易。其六以爲凡諸土木之費，且可權停。其七以爲帝子王女，宜崇儉約。其八以爲宜詔百官及府州郡縣，各貢讜言，以弘廣唐、虞之美。其九以爲忠貞孝悌，宜擢以殊階；清儉苦節，應授以政務。其十以爲革命惟始，宜擇才北使。其十一以爲交州險夐，要荒之表，宋末政苛，遂至怨叛。今宜懷以恩德，未應遠勞將士，搖動邊甿。又撰《賢聖雜語》奏之，託以諷諫。上優詔答之。

張白澤

《魏書》卷二四《張白澤傳》 〔張〕白澤本字鍾葵，顯祖賜名白澤，納其女爲嬪。出行雍州刺史，清心少欲，吏民安之。顯祖詔諸監臨之官，所監治受羊一口、酒一斛者，罪至大辟，與者以從坐論。糾告得尚書已下罪狀者，各隨所糾官輕重而授之。白澤上表諫曰：伏見詔書，禁尚書以下受禮者刑身，糾之者代職。伏惟三載考績，黜陟幽明，斯乃不易之令軌，百王之通式。今之都曹，古之公卿也，皆翊扶萬幾，讚徽百揆，風化藉此而平，治道由兹而穆。且周之下士，尚有代耕，况皇朝貴仕，而服勤無報，豈所謂祖襲堯舜，憲章文武者乎？羊酒之罰，若行不已，臣恐姦人闚望，忠臣懈節。而欲使事靜民安，治清務簡，至於委任責成，下民難辯。如臣愚量，請依律令舊法，稽同前典，班祿酬廉，首去亂羣，常刑無赦。苟能如此，則升平之軌，期月可望，刑措之風，三年必致矣。顯祖納之。

太和初，懷州民伊祁苟初三十餘人謀反，將殺刺史。文明太后欲盡誅一城之民。白澤諫曰：臣聞上天愛物之生，明王重民之命，故殺一人而取天下，仁者不爲。且《周書》父子兄弟，罪不相及，今羣凶肆虐，轘裂誅盡，合城無辜，奈何極辟。不誣十室，而況一州，或有忠焉，或有仁者，若淫刑濫及，殺忠與仁，斯乃西伯所以歎息於九侯，孔子所以回輪於河上。伏惟聖德昭明殷鑒，水鏡前禮，止迅烈之怒，抑雷霆之威，則溥天知幸矣。昔厲防民口，卒滅宗姬；文聽輿頌，終摧强楚。願不以人廢言，留神省察。太后從之。

司馬悅

《魏書》卷三七《司馬悅傳》〔司馬〕悅，字慶宗。自司空司馬出爲立節將軍、建興太守，轉寧朔將軍、司州別駕。遷太子左衛率、河北太守。

世宗初，除鎮遠將軍、豫州刺史。時有汝南上蔡董毛奴者，齎錢五千，死在道路。郡縣疑民張堤爲劫，又於堤家得錢五千。堤懼拷掠，自誣言殺。獄既至州，悅觀色察言，疑其不實。引見毛奴兄靈之，謂曰：殺人取錢，當時狼狽，應有所遺，此賊竟遺何物？靈之云：唯得一刀鞘而已。悅取鞘視之，曰：此非里巷所爲也。乃召州城刀匠示之，有郭門者前曰：此刀鞘門手所作，去歲賣與郭民董及祖。悅收及祖，詰之曰：汝何故殺人取錢而遺刀鞘？及祖款引，靈之又於及祖身上得毛奴所著皂襦，及祖伏法。悅之察獄，多此類也。豫州于今稱之。

陸馛

《魏書》卷四〇《陸馛傳》〔陸俟〕長子馛，多智，有父風。高宗見馛而悅之，謂朝臣曰：吾常歎其父智過其軀，是復踰於父矣。少爲內都下大夫，奉上接下，行止取與，每能逆曉人意，與其從事者無不愛之。

興安初，賜爵聊城侯，出爲散騎常侍、安南將軍、相州刺史，假長廣公。爲政清平，抑强扶弱。州中有德宿老名望重者，以友禮待之，詢之政事，責以方略。如此者十人，號曰十善。又簡取諸縣强門百餘人，以爲假子，誘接殷勤，賜以衣服，令各歸家，爲耳目於外。於是發姦擿伏，事無不驗。百姓以爲神明，無敢劫盜者。在州七年，家至貧約。徵爲散騎常侍，民乞留馛者千餘人。顯祖不許，謂羣臣曰：馛之善政，雖復古人何以加之？賜絹五百匹、奴婢十口。馛之還也，吏民大斂布帛以遺之，馛一皆不受，民亦不取，於是以物造佛寺焉，名長廣公寺。後襲父爵，改封建安王。

辛少雍

《魏書》卷四五《辛少雍傳》〔辛〕祥弟少雍，字季仲。少聰穎，有孝行，尤爲祖父紹先所愛。紹先性嗜羊肝，常呼少雍共食。及紹先卒，少雍終身不食肝。性仁厚，有禮義，門內之法，爲時所重。釋褐奉朝請，太學博士、員外散騎侍郎。司空、高陽王雍引爲田曹參軍。少雍性清正，不憚强禦，積年久訟，造次決之，請託路絶，時稱賢明。

慕容契

《魏書》卷五〇《慕容契傳》〔慕容〕白曜弟子契，輕薄無檢。太和初，以名家子擢爲中散，遷宰官。南安王楨有貪暴之響，遣中散閭文祖詣長安察之。文祖受楨金寶之賂，爲楨隱而不言。事發，坐之。文明太后引見羣臣，謂之曰：前論貪清，皆云克修，文祖時亦在中，後竟犯法。以此言之，人心信不可知。高祖曰：古有待放之臣，亦有離俗之士，卿等自審不勝貪心者，聽辭位歸第。契進曰：臣卑微小人，聞識不遠，過蒙曲照，虛忝令職。小人之心無定，帝王之法有常。以無恒之心，奉有常之法，非所克堪。乞垂退免。高祖曰：昔鄭相嗜魚，人有獻魚者，相曰若取此魚，恐削名禄，遂不肯受。契若知心不可常，卽知貪之惡矣，何爲求退。

邢虬

《魏書》卷六五《邢虬傳》 〔邢〕祐從子虬，字神虎。少爲《三禮》鄭氏學，明經有文思。舉秀才上第，爲中書議郎、尚書殿中郎。高祖因公事與語，問朝覲宴饗之禮，虬以經對，大合上旨。轉司徒屬、國子博士。高祖崩，尚書令王肅多用新儀，虬往往折以《五經》正禮。轉尚書右丞，徙左丞，多所糾正，臺閣肅然。時雁門人有害母者，八座奏轘之而瀦其室，宥其二子。虬駁奏云：君親無將，將而必誅。今謀逆者戮及期親，害親者今不及子，既逆甚梟鏡，禽獸之不若，而使禋祀不絶，遺育永傳，非所以勸忠孝之道，存三綱之義。若聖教含容，不加孥戮，使父子罪不相及，惡止於其身，不則宜投之四裔，敕所在不聽配匹。《盤庚》言無令易種於新邑。漢法五月食梟羹，皆欲絶其類也。奏入，世宗從之。尋除司徒右長史，遷龍驤將軍、光禄少卿。虬母在鄉遇患，請假歸。值秋水暴長，河梁破絶，虬得一小船而渡，漏而不没，時人異之。母喪，哀毁過禮，爲時所稱。年四十九，卒。贈征虜將軍、幽州刺史，謚曰威。虬善與人交，清河崔亮、頓丘李平並與親善。所作碑頌雜筆三十餘篇。

李崇

《魏書》卷六六《李崇傳》 李崇，字繼長，小名繼伯，頓丘人也，文成元皇后第二兄誕之子。【略】

高祖初，爲大使巡察冀州。尋以本官行梁州刺史。時巴氏擾動，詔崇以本將軍爲荆州刺史，鎮上洛，敕發陝秦二州兵送崇至治。崇辭曰：邊人失和，本怨刺史，奉詔代之，自然易帖。但須一宣詔旨而已，不勞發兵自防，使懷懼也。高祖從之。乃輕將數十騎馳到上洛，宣詔綏慰，當卽帖然。尋勒邊戍，掠得蕭賾人者，悉令還之。南人感德，仍送荆州之口二百許人。兩境交和，無復烽燧之警。在治四年，甚有稱績。召還京師，賞賜隆厚。

以本將軍除兗州刺史。兗土舊多劫盜，崇乃村置一樓，樓懸一鼓，盜發之處，雙槌亂擊。四面諸村始聞者撾鼓一通，次復聞者以二爲節，次後聞者以三爲節，各擊數千槌。諸村聞鼓，皆守要路，是以盜發俄頃之間，聲布百里之內。其中險要，悉有伏人，盜竊始發，便爾擒送。諸州置樓懸鼓，自崇始也。後例降爲侯，改授安東將軍。【略】

先是，壽春縣人苟泰有子三歲，遇賊亡失，數年不知所在。後見在同縣人趙奉伯家，泰以狀告。各言己子，並有隣證，郡縣不能斷。崇曰：此易知耳。令二父與兒各在別處，禁經數旬，然後遣人告之曰：君兒遇患，向已暴死，有教解禁，可出奔哀也。苟泰聞卽號咷，悲不自勝；奉伯咨嗟而已，殊無痛意。崇察知之，乃以兒還泰，詰奉伯詐狀。奉伯乃款引云：先亡一子，故妄認之。又定州流人解慶賓兄弟，坐事俱徙揚州。弟思安背役亡歸，慶賓懼後役追責，規絶名貫，乃認城外死尸，詐稱其弟爲人所殺，迎歸殯葬。頗類思安，見者莫辨。又有女巫陽氏自云見鬼，説思安被害之苦，飢渴之意。慶賓又誣疑同事兵蘇顯甫、李蓋等所殺，經州訟之，二人不勝楚毒，各自款引。獄將決竟，崇疑而停之。密遣二人非州内所識者，爲從外來，詣慶賓告曰：僕住在此州，去此三百。比有一人見過寄宿，夜中共語，疑其有異，便卽詰問，迹其由緒。乃云是流兵背役逃走，姓解字思安。時欲送官，苦見求及，稱有兄慶賓，今住揚州相國城内，嫂姓徐，君脱矜愍，爲往報告，見申委曲，家兄聞此，必重相報，所有資財，當不愛惜。今但見質，若往不獲，送官何晚。是故相造，指申此意。君欲見雇幾何，當放賢弟。若其不信，可見隨看之。慶賓悵然失色，求其少停，當備財物。此人具以報，崇攝慶賓問曰：爾弟逃亡，何故妄認他戶？慶賓伏引。更問蓋等，乃云自誣。數日之間，思安亦爲人縛送。崇召女巫視之，鞭笞一百。崇斷獄精審，皆此類也。

張長年

《魏書》卷八八《良吏傳・張長年》 〔張〕代子長年，中書博士。出爲寧遠將軍、汝南太守。有郡民劉崇之兄弟分析，家貧惟有一牛，爭之不決，訟於郡庭。長年見之，悽然曰：汝曹當以一牛，故致此競，脫有二牛，各應得一，豈有訟理。即以家牛一頭賜之。於是郡境之中各相誡約，咸敦敬讓。太和初，卒於家。

鹿生

《魏書》卷八八《良吏傳・鹿生》 鹿生，濟陰乘氏人。父壽興，沮渠牧犍庫部郎。生再爲濟南太守，有治稱。顯祖嘉其能，特徵赴季秋馬射，賜以驄馬，加以青服，彰其廉潔。前後在任十年。時三齊始附，人懷苟且，蒲博終朝，頗廢農業。生立制斷之，聞者嗟善。後歷徐州任城王澄、廣陵侯元衍征東、安南二府長史，帶淮陽太守、郯城鎮將。年七十四，正始中卒。追贈龍驤將軍、兗州刺史。

宋世景

《魏書》卷八八《良吏傳・宋世景》 宋世景，廣平人，河南尹翻之第三弟也。少自修立，事親以孝聞。與弟道璵下帷誦讀，博覽羣言，尤精經義。族兄弁甚重之。舉秀才，對策上第，拜國子助教，遷彭城王勰開府法曹行參軍。勰愛其才學，雅相器敬。高祖亦嘉之。遷司徒法曹行參軍。

世景明刑理，著律令，裁決疑獄，剖判如流。轉尚書祠部郎。彭城王勰每稱之曰：宋世景精識，尚書僕射才也。臺中疑事，右僕射高肇常以委之。世景既才長從政，加之夙勤不怠，兼領數曹，深著稱績。頻爲左僕射源懷引爲行臺郎。巡察州鎮十有餘所，黜陟賞罰莫不咸允。還從七鎮，別置諸戍，明設亭候，以備北虜。懷大相委重。還而薦之於世宗曰：宋世景文武才略，當今寡儔，清平忠直，亦少其比。陛下若任之以機要，終不減李沖也。世宗曰：朕亦聞之。尚書令、廣陽王嘉，右僕射高肇，吏部尚書、中山王英共薦世景爲國子博士，尋薦爲尚書右丞。王顯與宋弁有隙，毀之於世宗，故事寢不報。

尋加伏波將軍，行滎陽太守。鄭氏豪橫，號爲難治。濟州刺史鄭尚弟遠慶先爲苑陵令，多所受納，百姓患之。世景下車，召而謂之曰：與卿親，宜假借。吾未至之前，一不相問，今日之後，終不相捨。而遠慶行意自若。世景繩之以法，遠慶懼，棄官亡走。於是僚屬畏威，莫不改肅。終日坐於廳事，未嘗寢息。縣史、三正及諸細民，至即見之，無早晚之節。來者無不盡其情抱，皆假之恩顏，屏人密語。民間之事，巨細必知，發姦摘伏，有若神明。嘗有一吏，休滿還郡，食人雞豚；又有一幹，受人一帽，又食二雞。世景叱之曰，汝何敢食甲乙雞豚，取丙丁之帽！吏幹叩頭伏罪。於是上下震悚，莫敢犯禁。坐弟道璵事除名。

閻慶胤

《魏書》卷八八《良吏傳・閻慶胤》 閻慶胤，不知何許人。爲東秦州敷城太守。在政五年，清勤厲俗。頻年饑饉，慶胤歲常以家粟千石賑恤貧窮，民賴以濟。其部民楊寶龍等一千餘人，申訟美政。有司奏曰：案慶胤自莅此郡，惠政有聞，又能自以己粟賑恤饑饉，乃有子愛百姓之義。如不少加優賚，無以厲彼貪殘。又案齊州東魏郡太守路邕，在郡治能與之相埒，語其分贍又亦不殊，而聖旨優隆賜以衣馬，求情即理，謂合同賞。靈太后卒無褒賞焉。

高湝

《北齊書》卷一〇《高祖十一王傳・彭城景思王湝》 彭城景思王湝，字子深，神武第五子也。元象二年，拜通直散騎常侍，封長樂郡公。博士韓毅教湝書，見湝筆迹未工，戲湝曰：五郎書畫如此，忽爲常侍開國，今日後宜更用心。湝正色答曰：昔甘羅幼爲秦相，未聞能書。凡人唯論才具何如，豈必動誇筆迹。博士當今能者，何爲不作三公？時年蓋八歲矣。毅甚慚。

武定六年，出爲滄州刺史，爲政嚴察，部内肅然。守令參佐，下及胥吏，行遊往來，皆自賫糧食。湝纖介知人間事。有濕沃縣主簿張達嘗詣州，夜投人舍，食雞羹，湝察知之。守令畢集，湝對衆曰：食雞羹何不還價直也。達即伏罪。合境號爲神明。又有一人從幽州來，驢馱鹿脯。至滄州界，脚痛行遲，偶會一人爲伴，遂盜驢及脯去。明旦，告州。湝乃令左右及府僚吏分市鹿脯，不限其價。其主見脯識之，推獲盜者。轉都督、定州刺史。時有人被盜黑牛，背上有白毛。長史韋道建謂中從事魏道勝曰：使君在滄州日，擒姦如神，若捉得此賊，定神矣。湝乃詐爲上府市牛皮，倍酬價直，使牛主認之，因獲其盜。建等歎服。又有老母姓王，孤獨，種菜三畝，數被偷。湝乃令人密往書菜葉爲字，明日市中看菜葉有字，獲賊。爾後境内無盜，政化爲當時第一。天保初，封彭城王。四年，徵爲侍中，人吏送别悲號。有老公數百人相率具饌曰：自殿下至來五載，人不識吏，吏不欺人，百姓有識已來，始逢今化。殿下唯飲此鄉水，未食此鄉食，聊獻疏薄。湝重其意，爲食一口。七年，轉司州牧，選從事皆取文才士明剖斷者，當時稱爲美選。州舊案五百餘，湝未期悉斷盡。别駕羊脩等恐犯權戚，乃詣閤諮陳。湝使告曰：吾直道而行，何憚權戚，卿等當成人之美，反以權戚爲言。脩等慚悚而退。後加特進，兼司空、太尉，州牧如故。

杜弼

《北齊書》卷二四《杜弼傳》 杜弼，字輔玄，中山曲陽人也，小字輔國。自序云，本京兆杜陵人，九世祖鷟，晉散騎常侍，因使没趙，遂家焉。祖彦衡，淮南太守。父慈度，繁時令。弼幼聰敏，家貧無書，年十二，寄郡學受業，講授之際，師每奇之。同郡甄琛爲定州長史，簡試諸生，見而策問，義解閑明，應答如響，大爲琛所歎異。其子寬與弼爲友。州牧任城王澄聞而召問，深相嗟賞，許以王佐之才。澄、琛還洛，稱之於朝，丞相高陽王等多相招命。延昌中，以軍功起家，除廣武將軍、恒州征虜府墨曹參軍，典管記。弼長於筆札，每爲時輩所推。

崔昂

《北齊書》卷三〇《崔昂傳》 崔昂，字懷遠，博陵安平人也。祖挺，魏幽州刺史。昂年七歲而孤，伯父吏部尚書孝芬嘗謂所親曰：此兒終當遠至，是吾家千里駒也。昂性端直少華，沉深有志略，堅實難傾動。少好章句，頗綜文詞。世宗廣開幕府，引爲記室參軍，委以腹心之任。【略】

齊受禪，遷散騎常侍，兼太府卿、大司農卿。二寺所掌，世號繁劇，昂校理有術，下無姦僞，經手歷目，知無不爲，朝廷歎其至公。又奏上横市妄費事三百一十四條，詔下，依啓狀速議以聞。其年，與太子少師邢邵議定國初禮，仍封華陽男。又詔删定律令，損益禮樂，令尚書右僕射薛琡等四十三人在領軍府議定。又勑昂云：若諸人不相遵納，卿可依事啓聞。昂奉勑笑曰：正合生平之願。昂素勤慎，奉勑之後，彌自警勗，部分科條，校正今古所增損十有七八。轉廷尉卿。昂本性清嚴，凡見黷貨輩，疾之若讐，以是治獄文深，世論不以平恕相許。

王琳

《北齊書》卷三二《王琳傳》　王琳，字子珩，會稽山陰人也。父顯嗣，梁湘東王國常侍。琳本兵家，元帝居藩，琳姊妹並入後庭見幸，琳由此未弱冠得在左右。少好武，遂爲將帥。【略】

琳體貌閑雅，立髮委地，喜怒不形於色。雖無學業，而强記內敏，軍府佐吏千數，皆識其姓名。刑罰不濫，輕財愛士，得將卒之心。少任將帥，屢經喪亂，雅有忠義之節。雖本圖不遂，鄴人亦以此重之，待遇甚厚。及敗，爲陳軍所執。吴明徹欲全之，而其下將領多琳故吏，争來致請，並相資給，明徹由此忌之，故及於難。當時田夫野老，知與不知，莫不爲之歔欷流泣。觀其誠信感物，雖李將軍之恂恂善誘，殆無以加焉。

辛術

《北齊書》卷三八《辛術傳》　辛術，字懷哲，少明敏，有識度。解褐司空胄曹參軍，與僕射高隆之共典營構鄴都宫室，術有思理，百工克濟。再遷尚書右丞。出爲清河太守，政有能名。追授并州長史，遭父憂去職。清河父老數百人詣闕請立碑頌德。文襄嗣事，與尚書左丞宋遊道、中書侍郎李繪等並追詣晉陽，俱爲上客。累遷散騎常侍。

武定八年，侯景叛，除東南道行臺尚書，封江夏縣男，與高岳等破侯景，擒蕭明。遷東徐州刺史，爲淮南經略使。齊天保元年，侯景徵江西租税，術率諸軍渡淮斷之，燒其稻數百萬石。還鎮下邳，人隨術北渡淮者三千餘家。東徐州刺史郭志殺郡守。文宣聞之，勑術自今所統十餘州地諸有犯法者，刺史先啓聽報，以下先斷後表聞。齊代行臺兼總人事，自術始也。安州刺史、臨清太守、盱眙蘄城二鎮將犯法，術皆案奏殺之。睢州刺史及所部郡守俱犯大辟，朝廷以其奴婢百口及資財盡賜術，三辭不見許，術乃送詣所司，不復以聞。邢邵聞之，遺術書曰：昔鍾離意云孔子忍渴於盗泉，便以珠璣委地，足下今能如此，可謂異代一時。及王僧辯破侯景，術招攜安撫，城鎮相繼款附，前後二十餘州。於是移鎮廣陵。

祖珽

《北齊書》卷三九《祖珽傳》　祖珽，字孝徵，范陽遒人也。父瑩，魏護軍將軍。【略】

文宣作相，珽擬補令史十餘人，皆有受納，據法處絞，上尋捨之。又盗官《遍略》一部。事發，文宣付從事中郎王士雅推檢，並書與平陽公淹，令録珽付禁，勿令越逸。淹遣田曹參軍孫子寬往唤，珽受命，便爾私逃。黄門郎高德正副留臺事，謀云：珽自知有犯，驚竄是常，但宣一命向祕書，稱奉并州約束須《五經》三部，仰丞親檢校催遣，如此則珽意安，夜當還宅，然後掩取。珽果如德正圖，遂還宅。薄晚，就家掩之，縛珽送廷尉。據犯枉法處絞刑。文宣以珽伏事先世，諷所司命特寬其罰，遂奏免死除名。天保元年，復被召從駕，依除免例，參於晉陽。

皮景和

《北齊書》卷四一《皮景和傳》　皮景和，琅邪下邳人也。父慶賓，魏淮南王開府中兵參軍事。正光中，因使懷朔，遇世亂，因家廣寧之石門縣。

景和於武職之中，兼長吏事，又性識均平，故頻有美授。周通好之後，冠蓋往來，常令景和對接，每與使人同射，百發百中，甚見推重。武平中，詔獄多令中黄門等監治，恒令景和按覆，據理執正，由是過無枉濫。

張華原

《北齊書》卷四六《循吏傳·張華原》　張華原，字國滿，代郡人也。

少明敏，有器度。高祖開驃騎府，引爲法曹參軍，遷大丞相府屬，仍侍左右。從於信都，深爲高祖所親待，高祖每號令三軍，常令宣諭意旨。周文帝始據雍州也，高祖猶欲以逆順曉之，使華原入關説焉。周文密有拘留之意，謂華原曰：若能屈驥足於此，當共享富貴，不爾命懸今日。華原曰：渤海王命世誕生，殆天所縱，以明公蕞爾關右，便自隔絶，故使華原銜喻公旨。明公不以此日改圖，轉禍爲福，乃欲賜脅，有死而已。周文嘉其亮正，乃使東還。高祖以華原久而不返，每歎惜之，及聞其來，喜見於色。

累遷爲兗州刺史，人懷感附，寇盗寢息。州獄先有囚千餘人，華原皆決遣。至年暮，唯有重罪者數十人，華原亦遣歸家申賀，依期至獄。先是州境數有猛獸爲暴，自華原臨州，忽有六駁食之，咸以化感所致。後卒官，州人大小莫不號慕。

宋世良

《北齊書》卷四六《循吏傳・宋世良》　宋世良，字元友，廣平人。年十五，便有膽氣，應募從軍北討，屢有戰功。尋爲殿中侍御史，詣河北括戸，大獲浮惰。還見汲郡城旁多骸骨，移書州郡，令悉收瘞。其夜，甘雨霶霈。還，孝莊勞之曰：知卿所括得丁倍於本帳，若官人皆如此用心，便是更出一天下也。

出除清河太守。世良才識閑明，尤善治術，在郡未幾，聲問甚高。郡東南有曲堤，成公一姓阻而居之，羣盗多萃於此。人爲之語曰：寧度東吴、會稽，不歷成公曲堤。世良施八條之制，盗奔他境。民又謠曰：曲堤雖險賊何益，但有宋公自屛跡。後齊天保中大赦，郡先無一囚，羣吏拜詔而已。獄内穭生，桃樹、蓬蒿亦滿。每日衙門虚寂，無復訴訟者。其冬，醴泉出於界内。及代至，傾城祖道。有老人丁金剛泣而前，謝曰：己年九十，記三十五政，君非唯善治，清亦徹底。今失賢君，民何濟矣。莫不攀援涕泣。除東郡太守，卒官。世良强學，好屬文，撰《字略》五篇、《宋氏别録》十卷。與弟世軌俱有孝友之譽。

宋世軌

《北齊書》卷四六《循吏傳・宋世軌》　〔宋〕世軌，幼自嚴整。好法律，稍遷廷尉卿。洛州民聚結欲劫河橋，吏捕案之，連諸元徒黨千七百人。崔暹爲廷尉，以之爲反，數年不斷。及世軌爲少卿，判其事爲劫。於是殺魁首，餘從坐悉捨焉。時大理正蘇珍之亦以平幹知名。寺中爲之語曰：決定嫌疑蘇珍之，視表見裏宋世軌。時人以爲寺中二絶。南臺囚到廷尉，世軌多雪之。仍移攝御史，將問其濫狀，中尉畢義雲不送，移往復不止。世軌遂上書，極言義雲酷擅。顯祖引見二人，親勑世軌曰：我知臺欺寺久，卿能執理與之抗衡，但守此心，勿慮不富貴。勑義雲曰：卿比所爲誠合死，以志在疾惡，故且一恕。仍顧謂朝臣曰：此二人並我骨鯁臣也。及疾卒，廷尉、御史諸繫囚聞世軌死，皆哭曰：宋廷尉死，我等豈有生路！

郎基

《北齊書》卷四六《循吏傳・郎基》　郎基，字世業，中山人。身長八尺，美鬚髯，汎涉墳典，尤長吏事。起家奉朝請，累遷海西鎮將。梁吴明徹率衆攻圍海西，基奬勵兵民，固守百餘日，軍糧且罄，戎仗亦盡，乃至削木爲箭，剪紙爲羽。圍解還朝，僕射楊愔迎勞之曰：卿本文吏，遂有武略。削木剪紙，皆無故事，班、墨之思，何以相過。

後帶潁川郡，積年留滯，數日之中，剖判咸盡，而臺報下，並允基所陳。條綱既疏，獄訟清息，官民遐邇，皆相慶悦。基性清慎，無所營求，曾語人云：任官之所，木枕亦不須作，况重於此事。唯頗令寫書。潘子義曾遺之書曰：在官寫書，亦是風流罪過。基答書曰：觀過知仁，斯亦可矣。後卒官，柩將還，遠近將送，莫不攀轅悲哭。

孟業

《北齊書》卷四六《循吏傳·孟業》　孟業，字敬業，鉅鹿安國人。家本寒微，少爲州吏。性廉謹，同僚諸人侵盗官絹，分三十疋與之，拒而不受。魏彭城王韶拜定州，除典籤。長史劉仁之謂業曰：我處其外，君居其内，同心戮力，庶有濟乎。未幾仁之徵入爲中書令，臨路啓韶云：殿下左右可信任者唯有孟業，願專任之。餘人不可信也。又與業别，執手曰：今我出都，君便失援，恐君在後，不自保全。唯正與直，願君自勉。業唯有一馬，因瘦而死。韶以業家貧，令州府官人同食馬肉，欲令厚償，業固辭不敢。韶乃戲業曰：卿邀名人也。對曰：業以微細，伏事節下，既不能裨益，寧可損敗清風。後高祖書與韶云：典籤姓孟者極能用心，何不置之目前。韶，高祖之壻也。仁之後爲兗州，臨别謂吏部崔暹曰：貴州人士，唯有孟業，宜銓舉之，他人不可信也。崔暹問業曰：君往在定州，有何政績，使劉西兗如此欽歎？答曰：稟性愚直，唯知自修，無他長也。

天保初，清河王岳拜司州牧，聞業名行，復召爲法曹。業形貌短小，及謁見，岳心鄙其眇小，笑而不言。後尋業斷决之處，乃謂業曰：卿斷决之明，可謂有過軀貌之用。尋遷東郡守，以寬惠著。其年，麥一莖五穗，其餘三穗四穗共一莖，合郡人以爲政化所感。尋以病卒。

崔伯謙

《北齊書》卷四六《循吏傳·崔伯謙》　崔伯謙，字士遜，博陵人。父文業，鉅鹿守。伯謙少孤貧，善養母。高祖召赴晉陽，補相府功曹，稱之曰：清直奉公，真良佐也。遷瀛州别駕。世宗以爲京畿司馬，勞之曰：卿騁足瀛部，已著康歌，督府務殷，是用相授。族弟暹，當時寵要，謙與之僚舊同門，非吉凶，未曾造請。

後除濟北太守，恩信大行，乃改鞭用熟皮爲之，不忍見血，示恥而已。有朝貴行過郡境，問人太守治政何如。對曰：府君恩化，古者所無。因誦民爲歌曰：崔府君，能治政，易鞭鞭，布威德，民無争。客曰：既稱恩化，何由復威？曰：長吏憚威，民庶蒙惠。徵赴鄴，百姓號泣遮道。以弟讓在關中，不復居内任，除南鉅鹿守，事無巨細，必自親覽。民有貧弱未理者，皆曰：我自有白鬚公，不慮不决。後爲銀青光禄大夫，卒。

蘇瓊

《北齊書》卷四六《循吏傳·蘇瓊》　蘇瓊，字珍之，武强人也。父備，仕魏至衛尉少卿。瓊幼時隨父在邊，嘗謁東荆州刺史曹芝。芝戲問曰：卿欲官不？對曰：設官求人，非人求官。芝異其對，署爲府長流參軍。文襄以儀同開府，引爲刑獄參軍，每加勉勞。并州嘗有强盗，長流參軍推其事，所疑賊並已拷伏，失物家並識認，唯不獲盗贓。文襄付瓊更令窮審，乃别推得元景融等十餘人，並獲贓驗。文襄大笑，語前妄引賊者曰：爾輩若不遇我好參軍，幾致枉死。

除南清河太守，其郡多盗，及瓊至，民吏肅然，姦盗止息。或外境姦非，輒從界中行過者，無不捉送。零縣民魏雙成失牛，疑其村人魏子賓，送至郡，一經窮問，知賓非盗者，卽便放之。雙成訴云：府君放賊去，百姓牛何處可得？瓊不理，密走私訪，别獲盗者。從此畜牧不收，多放散，云：但付府君。有鄰郡富豪將財物寄置界内以避盗，爲賊攻急，告曰：我物已寄蘇公矣。賊遂去。平原郡有妖賊劉黑狗，構結徒侣，通於滄海。瓊所部人連接村居，無相染累。鄰邑於此伏其德。郡中舊賊一百餘人，悉充左右，人間善惡，及長吏飲人一盃酒，無不卽知。瓊性清慎，不發私書。道人道研爲濟州沙門統，資産巨富，在郡多有出息，常得郡縣爲徵。及欲求謁，度知其意，每見則談問玄理，應對肅敬，研雖爲債數來，無由啓口。其弟子問其故，研曰：每見府君，徑將我入青雲間，何由得論地上事。郡民趙潁曾爲樂陵太守，八十致事歸。五月初，得新瓜一雙自來送。潁恃年老，苦請，遂便爲留，仍致於聽事梁上，竟不剖。人遂競貢新果，至門間，知潁瓜猶在，相顧而去。有百姓乙普明兄弟争田，積年不斷，各相援引，乃至百人。瓊召普明兄弟對衆人諭之曰：天下難得者兄弟，易求者田地，假令得地失兄弟心如何？因而下淚，衆人莫不灑泣。普明弟兄叩頭乞外更思，分異十年，遂還同住。每年春，總集大儒衛覬隆、田元鳳等講於郡學，朝吏文案之暇，悉令受書，時人指吏曹爲學生屋。禁斷淫祠，婚姻喪葬皆教令儉而中禮。又蠶月預下綿絹度樣於部內，其兵賦次第並立明式，至於調役，事必先辦，郡縣長吏常無十杖稽失。當時州郡無不遺人至境，訪其政術。天保中，郡界大水，人災，絶食者千餘家。瓊普集部中有粟家，自從貸粟以給付饑者。州計戶徵租，復欲推其貸粟。綱紀謂瓊曰：雖矜饑餧，恐罪累府君。瓊曰：一身獲罪，且活千室，何所怨乎？遂上表陳狀，使檢皆免，人戶保安。此等相撫兒子，咸言府君生汝。在郡六年，人庶懷之，遂無一人經州。前後四表，列爲尤最。遭憂解職，故人贈遺，一無所受。尋起爲司直、廷尉正，朝士嗟其屈。尚書辛述曰：既直且正，名以定體，不慮不申。

初瓊任清河太守，裴獻伯爲濟州刺史，酷於用法，瓊恩於養人。房延祐爲樂陵郡，過州。裴問其外聲，祐云：唯聞太守善，刺史惡。裴云：得民譽者非至公。祐答言：若爾，黄霸、龔遂君之罪人也。後有勑，州各舉清能。裴以前言，恐爲瓊陷，瓊申其枉滯，議者尚其公平。畢義雲爲御史中丞，以猛暴任職，理官忌憚，莫敢有違。瓊推察務在公平，得雪者甚衆，寺署臺案，始自於瓊。遷三公郎中。趙州及清河、南中有人頻告謀反，前後皆付瓊推撿，事多申雪。尚書崔昂謂瓊曰：若欲立功名，當更思餘理，仍數雪反逆，身命何輕？瓊正色曰：所雪者怨枉，不放反逆。昂大慚。京師爲之語曰：斷決無疑蘇珍之。

還左丞，行徐州事。徐州城中五級寺忽被盗銅像一百軀，有司徵檢，四鄰防宿及蹤跡所疑，逮繫數十人，瓊一時放遣。寺僧怨訴不爲推賊，瓊遣僧，謝曰：但且還寺，得像自送。爾後十日，抄賊姓名及贓處所，徑收掩，悉獲實驗，賊徒欵引，道俗歎伏。舊制以淮禁不聽商販輒度。淮南歲儉，啓聽淮北取糴。後淮北人饑，復請通糴淮南，遂得商估往還，彼此兼濟，水陸之利，通於河北。後爲大理卿而齊亡，仕周爲博陵太守。

獨孤仁政

（清）王昶《金石萃編》卷六九《唐二十九》劉待價《獨孤仁政碑》

聞夫乾葢上關，星緯分其纒舍；坤輿下蟠，河岳裂其封域。是以觀象體物，建百里之庶邦；敦俗牧人，置千石之多士。則有威霽風雨，稱明鏡於當時；德洽絃歌，號元龜於後業。其有繼美宣化，教肅刑清，作根本於嚴廊，爲喉命於黔庶，休明一代，映徹九泉，歷選徽塵，歸獨孤府君矣！

公諱仁政，字仁政，河南洛陽人也，本姓劉氏。導擾龍之巨源，長河不竭；䟽斷蛇之曾岫，連岳無窮。屬逐鹿於中原，乃避時於北漠，因山易姓，以氣雄邊。及魏室之欝興，服衮論道，還周邦而扈從，衣錦還鄉。吐弈葉而增昌，朝盈紫綬；聳本枝而逾懋，郡接朱轓。茵藹紛綸，可略而述。高祖永業，齊中書舍人、南道行臺右丞、洛州刺史，遷左丞，加散騎常侍，儀同三司，特進行臺左僕射，封夏州啟寧縣開國公、武安郡開國公、廣州德廣郡開國公、西平郡開國公、瀛州章武郡開國公、彭城郡開國公，各食邑二千戶，賜鼓吹一部，絹布各二千疋，錢卅萬，俘口三百餘人，馬五十疋，轉七兵尚書兼吏部尚書。入周，拜司徒公、行臺尚書令，册臨川王、大司冠、少右弼，謚曰貞。佩金章於黄閤，館盤綬於玳筵，內助理於萬機，外佐平於百揆。奇籌獨運，戶邑光於六封；雅樂相喧，鼓吹標於四錫。曾祖子佳，周柱國直閤將軍、武安郡開國公、華州刺史，儀同三司，隨大將軍、洭州刺史、應國公，拜壇虎將，祠黄石以傳書；剚郡神君，褰赤帷而察俗。賞茅土於奥壤，以荅元功；進儀服於太階，還尊懋德。祖義恭，隋京兆郡富平縣令，唐秦王府倉曹叅軍事，荆王府長史，右衛郎將，左衡中郎將，左監門，率温、汾、歸、婺四州諸軍事，婺州刺史，上柱國，高平縣開國侯。雍容朱邸，陪文雅之良遊；巡警紫微，膺爪牙之重任。百城宣化，得賈父之能名；五等開封，獲通侯之美稱。父士賓，唐弘文生，文德皇后挽郎。虞庠之胄，必擇士林；楚挽之郎，寔資門廕。選授霍王府戶曹叅軍事、密王府兵曹叅軍事、原州都督府戶曹叅軍事，轉汴州尉氏縣令，遷坊州郎城縣令，上騎都尉，行丹州司馬，襲爵高平縣開國侯。幕府端譽，聞爲善之寂樂；列曹從務，佐激濁以增清。叔孝擒奸智，窮於耳粟；伯騫膺士，語重於罰金。孫氏襲侯，尚食漢開之地；謝庭藴玉，還光席上之珍。惟公騰秀二儀，降精五緯，髫年對日，綺歲粲圓。成千里之權奇，望雲驤首；刷五色之毛羽，抱義賓王。起家皇朝左勳衛左金吾引駕。出警入蹕，統式道之朱麾；夜儆朝巡，司禦戎之金革。解褐思州司倉參軍事。像水之平，法絃之直，遊刃盈庭之訟，發蒙列局之疑，掌十二之人天，致菽粟之流衍。改授宣州溧陽縣丞。南服水鄉，北升星分，吴越雜錯，士吏剽輕。公贄銅章以化人，持水鏡而照物，季俗爲之懲革，淳風由是興行。轉朝議郎上護軍行兖州都督府方與縣令。法三異之化，振百里之雷，敦禮義以教人，薄聚斂以富俗。女修織袵，不下三齊；男務耕耘，還登九穀。推埋止息，桴鼓於是稀鳴；囹圄空虚，閒牘以之無事。既而焦延罷職，上書願留；劉寵去官，攀轅而送。方同胡紹，專城之任克遷；遽等宣尼，倚戶之吟斯作。以景龍二年三月廿九日，遘疾卒於河内郡之私第，春秋七十有七。士喪衣冠，道亡儒墨，德音何在？恨九言之不追；魂氣何之？痛百身之無贖。惟公抱素懷璞，蹈孝履忠，藴智成囊，含明作鏡。敞三百之虚室，汎登仙之桂舟，酌其流而惑淺深，庇其宇而忘寒暑。儒林罩月，武庫驚雷，六義分落錦之篇，八體下崩雲之陣。阮公琴酒，情盤脩竹之間；尸子登臨，神王長松之下。清門赴吊，無雜号之賓；儉室奉終，靡一金之產。可謂至德君子，人之楨幹者也。以景雲二年歲次辛亥二月景子朔廿七日壬寅，遷窆于洛州河陽西北韓城鄉龍臺里之平原，禮也。馬啟滕城，鳥飛揚墓，晚風含怨，託松栢以揚聲；斜日緘愁，向煙雲而沮色。嗣子宗，業隆堂構，孝極天經，攀萃栢以長悲，奉圓醪而永慕。想圓成之祖德，遂述家風；鑒陳寔之貞碑，爰題翠玉。庶陵移谷變，竹帛非堅，而懿德嘉聲，乾坤等固。其詞曰：

擾瀧疏派，斷蛇分族。遇亂中原，避時北服。巨山易姓，待時干禄。
其一。北魏稱帝，佐命爲臣。爰從鳳蹕，式返雞津。祚茅食采，華轂朱輪。
其二。踵德誕美，韶姿令器。渾金璞玉，霜鶴雲驥。論起談天，詞成擲地。
其三。振翼鳳穴，統武兵欄。捧戟侍帝，綰綬除官，霜凝吏道，花飛筆端。
其四。一同莅俗，五美興化。剽刼懲奸，嗤眩息詐。女修纂續，男務耕稼。
其五。攝官稱謝，攀轅告歸，佇遷喬木，奄落斜暉，昊天不慭，與吾何違。
其六。相彼青烏，啟兹元室。縞駟發軔，丹旐戰日。九原不返，千秋永畢。
其七。賵人悲而結憎，吊鶴思而氤氲。薤灑泣珠之露，松纏慘玉之雲。爰勒銘於元石，以作固於清氛。其八。

趙　煚

《北史》卷七五《趙煚傳》　趙煚字通賢，天水西人也。【略】

煚與宗伯斛斯徵素不協，徵後出爲齊州刺史，坐事下獄，自知罪重，遂踰獄走。帝大怒，購之甚急。煚密奏曰：徵自以罪重，懼死遁逃，若不北走匈奴，則南奔吴越。徵雖愚陋，久歷清顯，奔彼敵國，無益聖朝。今炎旱爲災，可因兹大赦。帝從之。徵賴而免，煚卒不言。【略】

未幾，以忤旨出爲陝州刺史，轉冀州刺史，甚有威惠。煚嘗有疾，百姓奔馳，爭爲祈禱，其得人情如此。冀州市多姦詐，煚為銅斗鐵尺，置於肆，百姓便之。帝聞而嘉焉，頒之天下，以爲常法。嘗有人盜煚田中蒿，爲吏所執。煚曰：此乃刺史不能宣風化，彼何罪也？慰諭遣之，令人載蒿一車賜盜者，盜愧過於重刑。

榮　毗

《北史》卷七七《榮毗傳》　榮毗字子諶，北平無終人也。父權，魏兵部尚書。

毗少剛鯁，有局量，涉獵羣言。仕周，位内史下士。隋開皇中，累遷殿内局監。時以華陰多盜賊，妙選長史，楊素薦毗爲華州長史，世號爲能。素之田宅，多在華陰，左右放縱，毗以法繩之，無所寬貸。毗因朝集，素謂之曰：素之舉卿，適以自罰也？毗答曰：奉法一心者，但恐累公所舉。素笑曰：前言戲耳。卿之奉法，素之望也。時晉王在揚州，每令人密覘京師消息，遣張衡於路次往往置馬坊，以畜牧爲辭，實給私人也。州縣莫敢違，毗獨遏絶其事。上聞而嘉之，賫絹百匹，轉蒲州司馬。

隋唐五代分部

元景山

《隋書》卷三九《元景山傳》 元景山字珤岳，河南洛陽人也。祖燮，魏安定王。父琰，宋安王。景山少有器局，幹略過人。【略】

治亳州總管。先是，州民王迴洛、張季真等聚結亡命，每爲劫盜。前後牧守不能制。景山下車，逐捕之，迴洛、季真挺身奔江南。禽其黨與數百人，皆斬之。法令明肅，盜賊屏迹，稱爲大治。

元褒

《隋書》卷五〇《元褒傳》 褒字孝整，便弓馬，少有成人之量。年十歲而孤，爲諸兄所鞠養。性友悌，善事諸兄。諸兄議欲别居。褒泣諫不得，家素富，多金寶，褒無所受，脱身而出，爲州里所稱。及長，寬仁大度，涉獵書史。仕周，官至開府、北平縣公、趙州刺史。【略】

煬帝即位，拜齊州刺史，尋改爲齊郡太守，吏民安之。及興遼東之役，郡官督事者前後相屬，有西曹掾當行，詐疾，褒詰之，掾理屈，褒杖之，掾遂大言曰：我將詣行在所，欲有所告。褒大怒，因杖百餘，數日而死，坐是免官。卒於家，時年七十三。

薛胄

《隋書》卷五六《薛胄傳》 薛胄字紹玄，河東汾陰人也。父端，周蔡州刺史。胄少聰明，每覽異書，便曉其義。常歎訓注者不會聖人深旨，輒以意辯之，諸儒莫不稱善。性慷慨，志立功名。周明帝時，襲爵文城郡公。累遷上儀同，尋拜司金大夫，後加開府。【略】

除兗州刺史。及到官，繫囚數百，胄剖斷旬日便了，囹圄空虚。有陳州人向道力者，僞作高平郡守，將之官，胄遇諸塗，察其有異，將留詰之。司馬王君馥固諫，乃聽詣郡。既而悔之，即遣主簿追禁道力。有部人徐俱羅者，嘗任海陵郡守，先是已爲道力僞代之。比至秩滿，公私不悟。俱羅遂語君馥曰：向道力以經代俱羅爲郡，使君豈容疑之？君馥以俱羅所陳，又固請胄。胄呵君馥曰：吾已察知此人詐也。司馬容姦，當連其坐！君馥乃止。遂往收之，道力懼而引僞。其發姦擿伏，皆此類也，時人謂爲神明。徵拜衛尉卿，尋轉大理卿，持法寬平，名爲稱職。

後遷刑部尚書。時左僕射高熲稍被疎忌，及王世積之誅也，熲事與相連，上因此欲成熲罪。胄明雪之，正議其獄。由是忤旨，械繫之，久而得免。

楊汪

《隋書》卷五六《楊汪傳》 楊汪字元度，本弘農華陰人也，曾祖順，徙居河東。父琛，儀同三司，及汪貴，追贈平鄉縣公。汪少凶疎，好與人羣鬭，拳所毆擊，無不顛踣。長更折節勤學，專精《左氏傳》，通《三禮》。解褐周冀王侍讀，王甚重之，每曰：楊侍讀德業優深，孤之穆生也。其後問《禮》於沈重，受《漢書》於劉臻，二人推許之曰：吾弗如也。由是知名，累遷夏官府都上士。及高祖居相，引知兵事，遷掌朝下大夫。【略】

汪明習法令，果於剖斷，當時號爲職。

煬帝即位，守大理卿。汪視事二日，帝將親省囚徒。其時繫囚二百餘人，汪通宵究審，詰朝而奏，曲盡事情，一無遺誤，帝甚嘉之。

元巖

《隋書》卷六二《元巖傳》 元巖字君山，河南洛陽人也。父禎，魏敷州刺史。巖好讀書，不治章句，剛鯁有器局，以名節自許，少與渤海高熲、太原王韶同志友善。仕周，釋褐宣威將軍、武賁給事。【略】

巖性嚴重，明達世務，每有奏議，侃然正色，庭諍面折，無所迴避。上及公卿，皆敬憚之。時高祖初即位，每懲周代諸侯微弱，以致滅亡，由是分王諸子，權侔王室，以爲磐石之固，遣晉王廣鎮幷州，蜀王秀鎮益州。二王年並幼稚，於是盛選貞良有重望者爲之僚佐。于時巖與王韶俱以骨鯁知名，物議稱二人才具侔於高熲，由是拜巖爲益州總管長史，韶爲河北道行臺右僕射。高祖謂之曰：公宰相大器，今屈輔我兒，如曹參相齊之意也。及巖到官，法令明肅，吏民稱焉。蜀王性好奢侈，嘗欲取獠口以爲閹人，又欲生剖死囚，取膽爲藥。巖皆不奉教，排閤切諫，王輒謝而止，憚巖爲人，每循法度。蜀中獄訟，巖所裁斷，莫不悅服。其有得罪者，相謂曰：平昌公與吾罪，吾何怨焉。上甚嘉之，賞賜優洽。十三年，卒官，上悼惜久之。

趙綽

《隋書》卷六二《趙綽傳》　趙綽，河東人也，性質直剛毅。在周，初爲天官府史，以恭謹恪勤，擢授夏官府下士。稍以明幹見知，累轉內史中士。父艱去職，哀毁骨立，世稱其孝。既免喪，又爲掌教中士。高祖爲丞相，知其清正，引爲録事參軍。尋遷掌朝大夫，從行軍總管是云暉擊叛蠻，以功拜儀同，賜物千段。

高祖受禪，授大理丞。處法平允，考績連最，轉大理正。尋遷尚書都官侍郎，未幾轉刑部侍郎。治梁士彥等獄，賜物三百段，奴婢十口，馬二十匹。每有奏讞，正色侃然，上嘉之，漸見親重。上以盜賊不禁，將重其法。綽進諫曰：陛下行堯、舜之道，多存寬宥。況律者天下之大信，其可失乎！上忻然納之，因謂綽曰：若更有聞見，宜數陳之也。遷大理少卿。故陳將蕭摩訶，其子世略在江南作亂，摩訶當從坐。上曰：世略年未二十，亦何能爲！以其名將之子，爲人所逼耳。因赦摩訶。綽固諫不可，上不能奪，欲綽去而赦之，固命綽退食。綽曰：臣奏獄未決，不敢退朝。上曰：大理其爲朕特赦摩訶也。因命左右釋之。刑部侍郎辛亶，嘗衣緋褌，俗云利於官，上以爲厭蠱，將斬之。綽曰：據法不當死，臣不敢奉詔。上怒甚，謂綽曰：卿惜辛亶而不自惜也？命左僕射高熲將綽斬之，綽曰：陛下寧可殺臣，不得殺辛亶。至朝堂，解衣當斬，上使人謂綽曰：竟何如？對曰：執法一心，不敢惜死。上拂衣而入，良久乃釋之。明日，謝綽，勞勉之，賜物三百段。時上禁行惡錢，有二人在市，以惡錢易好者，武候執以聞，上令悉斬之。綽進諫曰：此人坐當杖，殺之非法。上曰：不關卿事。綽曰：陛下不以臣愚暗，置在法司，欲妄殺人，豈得不關臣事！上曰：撼大木不動者，當退。對曰：臣望感天心，何論動木！上復曰：啜羹者，熱則置之。天子之威，欲相挫耶？綽拜而益前，訶之不肯退。上遂入。治書侍御史柳彧復上奏切諫，上乃止。上以綽有誠直之心，每引入閤中，或遇上與皇后同榻，即呼綽坐，評論得失。前後賞賜萬計。其後進位開府，贈其父爲蔡州刺史。

時河東薛胄爲大理卿，俱名平恕。然胄斷獄以情，而綽守法，俱爲稱職。上每謂綽曰：朕於卿無所愛惜，但卿骨相不當貴耳。仁壽中卒官，時年六十三。上爲之流涕，中使弔祭，鴻臚監護喪事。

郎茂

《隋書》卷六六《郎茂傳》　郎茂字蔚之，恒山新市人也。父基，齊潁川太守。茂少敏慧，七歲誦《騷》、《雅》，日千餘言。十五師事國子博士河間權會，受《詩》、《易》、《三禮》及玄象、刑名之學。又就國子助教長樂張率禮受《三傳》羣言，至忘寢食。家人恐茂成病，恒節其燈燭。及長，稱爲學者，頗解屬文。年十九，丁父憂，居喪過禮。仕齊，解褐司空府行參軍。會陳使傅縡來聘，令茂接對之。後奉詔於祕書省刊定載籍。遷保城令，有能名，百姓爲立《清德頌》。及周武平齊，上柱國王誼薦之，授陳州戶曹。屬高祖爲亳州總管，見而悅之，命掌書記。後還家爲州主簿。

高祖爲丞相，以書召之，言及疇昔，甚歡。授衛州司録，有能名。尋除衛國令。時有繫囚二百，茂親自究審數日，釋免者百餘人。歷年辭訟，不詣州省。魏州刺史元暉謂茂曰：長史言衛國民不敢申訴者，畏明府耳。茂進曰：民猶水也，法令爲隄防。隄防不固，必致奔突，苟無決溢，使君何患哉？暉無以應之。有民張元預，與從父弟思蘭不睦。丞尉請加嚴法，茂曰：元預兄弟，本相憎疾，又坐得罪，彌益其忿，非化民之意也。於是遣縣中耆舊更往敦諭，道路不絶。元預等各生感悔，詣縣頓首請罪。茂曉之以義，遂相親睦，稱爲友悌。【略】

茂性明敏，剖決無滯，當時以吏幹見稱。【略】

煬帝即位，遷雍州司馬，尋轉太常少卿。後二歲，拜尚書左丞，參掌選事。茂工法理，爲世所稱。【略】

于時帝每巡幸，王綱已紊，法令多失。茂既先朝舊臣，明習世事，然善自謀身，無謇諤之節。見帝忌刻，不敢措言，唯竊歎而已。以年老，上表乞骸骨，不許。會帝親征遼東，以茂爲晉陽宮留守。其年，恒山贊治王文同與茂有隙，奏茂朋黨，附下罔上。詔遣納言蘇威、御史大夫裴藴雜治之。茂素與二人不平，因深文巧詆，成其罪狀。帝大怒，及其弟司隸別駕楚之，皆除名爲民，徙且末郡。茂怡然受命，不以爲憂。在途作《登壠賦》以自慰，詞義可觀。復附表自陳，帝頗悟。十年，追還京兆，歲餘而卒，時年七十五。

裴藴

《隋書》卷六七《裴藴傳》　裴藴，河東聞喜人也。【略】藴性明辯，有吏幹。在陳，仕歷直閤將軍、興寧令。藴以其父在北，陰奉表於高祖，請爲內應。及陳平，上悉閱江南衣冠之士，次至藴，上以爲夙有向化之心，超授儀同。左僕射高熲不悟上旨，進諫曰：裴藴無功於國，寵踰倫輩，臣未見其可。上又加藴上儀同，熲復進諫，上曰：可加開府。熲乃不敢復言，即日拜開府儀同三司，禮賜優洽。歷洋、直、棣三州刺史，俱有能名。

大業初，考績連最。煬帝聞其善政，徵爲太常少卿。初，高祖不好聲技，遣牛弘定樂，非正聲清商及九部四儛之色，皆罷遣從民。至是，藴揣知帝意，奏括天下周、齊、梁、陳樂家子弟，皆爲樂戶。其六品已下，至于民庶，有善音樂及倡優百戲者，皆直太常。是後異技淫聲咸萃樂府，皆置博士弟子，遞相教傳，增益樂人至三萬餘。帝大悦，遷民部侍郎。

于時猶承高祖和平之後，禁網踈闊，戶口多漏。或年及成丁，猶詐爲小，未至於老，已免租賦。藴歷爲刺史，素知其情，因是條奏，皆令貌閲。若一人不實，則官司解職，鄉正里長皆遠流配。又許民相告，若糾得一丁者，令被糾之家代輸賦役。是歲大業五年也。諸郡計帳，進丁二十四萬三千，新附口六十四萬一千五百。帝臨朝覽狀，謂百官曰：前代無好人，致此罔冒。今進民戶口皆從實者，全由裴藴一人用心。古語云，得賢而治，驗之信矣。由是漸見親委，拜京兆贊治，發擿纖毫，吏民懾憚。

未幾，擢授御史大夫，與裴矩、虞世基參掌機密。藴善候伺人主微意，若欲罪者，則曲法順情，鍛成其罪。所欲宥者，則附從輕典，因而釋之。是後大小之獄皆以付藴，憲部大理莫敢與奪，必稟承進止，然後決斷。藴亦機辯，所論法理，言若懸河，或重或輕，皆由其口，剖析明敏，時人不能致詰。楊玄感之反也，帝遣藴推其黨與，謂藴曰：玄感一呼而從者十萬，益知天下人不欲多，多即相聚爲盗耳。不盡加誅，則後無以勸。藴由是乃峻法治之，所戮者數萬人，皆籍没其家。帝大稱善，賜奴婢十五口。司隸大夫薛道衡以忤意獲譴，藴知帝惡之，乃奏曰：道衡負才恃舊，有無君之心。見詔書每下，便腹非私議，推惡於國，妄造禍端。論其罪名，似如隱昧，源其情意，深爲悖逆。帝曰然。我少時與此人相隨行役，輕我童稚，共高熲、賀若弼等外擅威權，自知罪當誣罔。及我即位，懷不自安，賴天下無事，未得反耳。公論其逆，妙體本心。於是誅道衡。又帝問蘇威以討遼之策，威不願帝復行，且欲令帝知天下多賊，乃詭答曰：今者之役，不願發兵，但詔赦羣盗，自可得數十萬。遣關內奴賊及山東歷山飛、張金稱等頭別爲一軍，出遼西道，諸河南賊王薄、孟讓等十餘頭並給舟檝，浮滄海道，必喜於免罪，競務立功，一歲之間，可滅高麗矣。帝不懌曰：我去尚猶未克，鼠竊安能濟乎？威出後，藴奏曰：此大不遜，天下何處有許多賊！帝悟曰：老革多姦，將賊脅我。欲搭其口，但隱忍之，誠極難耐。藴知上意，遣張行本奏威罪惡，帝付藴推鞫之，乃處其死。帝曰：未忍便殺。遂父子及孫三世並除名。

蘊又欲重己權勢，令虞世基奏罷司隸刺史以下官屬，增置御史百餘人。於是引致姦黠，共爲朋黨，郡縣有不附者，陰中之。于時軍國多務，凡是興師動衆，京都留守，及與諸蕃互市，皆令御史監之。賓客附隸，徧於郡國，侵擾百姓，帝弗之知也。以渡遼之役，進位銀青光禄大夫。

及司馬德戡將爲亂，江陽長張惠紹夜馳告之。蘊共惠紹謀，欲矯詔發郭下兵民，盡取榮公來護兒節度，收在外逆黨宇文化及等，仍發羽林殿脚，遣范富婁等入自西苑，取梁公蕭鉅及燕王處分，扣門援帝。謀議已定，遣報虞世基。世基疑反者不實，抑其計。須臾，難作，蘊嘆曰：謀及播郎，竟悮人事。遂見害。

梁彦光

【略】《隋書》卷七三《循吏傳・梁彦光》 梁彦光字修芝，安定烏氏人也。【略】彦光少岐嶷，有至性，其父每謂所親曰：此兒有風骨，當興吾宗。【略】魏大統末，入太學，略涉經史，有規檢，造次必以禮。【略】

及高祖受禪，以爲岐州刺史，兼領岐州宫監，增邑五百戶，通前二千戶。甚有惠政，嘉禾連理，出於州境。開皇二年，上幸岐州，悦其能，乃下詔曰：賞以勸善，義兼訓物。彦光操履平直，識用凝遠，布政岐下，威惠在人，廉慎之譽，聞於天下。三載之後，自當遷陟，恐其匱乏，且宜旌善。可賜粟五百斛，物三百段，御傘一枚，庶使有感朕心，日增其美。四海之内，凡曰官人，慕高山而仰止，聞清風而自勵。未幾，又賜錢五萬。

後數歲，轉相州刺史。彦光前在岐州，其俗頗質，以静鎮之，合境大化，奏課連最，爲天下第一。及居相部，如岐州法。鄴都雜俗，人多變詐，爲之作歌，稱其不能理化。上聞而譴之，竟坐免。歲餘，拜趙州刺史，彦光言於上曰：臣前待罪相州，百姓呼爲戴帽餳。臣自分廢黜，無復衣冠之望，不謂天恩復垂收採。請復爲相州，改絃易調，庶有以變其風俗，上答隆恩。上從之，復爲相州刺史。豪猾者聞彦光自請而來，莫不嗤笑。彦光下車，發摘姦隱，有若神明，於是狡猾之徒莫不潛竄，合境大駭。初，齊亡後，衣冠士人多遷關内，唯技巧、商販及樂戶之家移實州郭。由是人情險詖，妄起風謡，訴訟官人，萬端千變。彦光欲革其弊，乃用秩俸之物，招致山東大儒，每鄉立學，非聖哲之書不得教授。常以季月召集之，親臨策試。有勤學異等，聰令有聞者，升堂設饌，其餘並坐廊下。有好諍訟，惰業無成者，坐之庭中，設以草具。及大成，當舉行賓貢之禮，又於郊外祖道，幷以財物資之。於是人皆剋勵，風俗大改。有滏陽人焦通，性酗酒，事親禮闕，爲從弟所訟。彦光弗之罪，將至州學，令觀於孔子廟。于時廟中有韓伯瑜母杖不痛，哀母力弱，對母悲泣之像。通遂感悟，既悲且愧，若無自容。彦光訓諭而遣之。後改過勵行，卒爲善士。以德化人，皆此類也。吏人感悦，略無諍訟。後數歲，卒官，時年六十。贈冀、定、青、瀛四州刺史，謚曰襄。

樊叔略

《隋書》卷七三《循吏傳・樊叔略》 樊叔略，陳留人也。【略】尉迥之亂，高祖令叔略鎮大梁。迥將宇文威來寇，叔略擊走之。以功拜大將軍，復爲汴州刺史。

高祖受禪，加位上大將軍，進爵安定郡公。在州數年，甚有聲譽。鄴都俗薄，號曰難化，朝廷以叔略所在著稱，遷相州刺史，政爲當時第一。上降璽書褒美之，賜物三百段，粟五百石，班示天下。百姓爲之語曰：智無窮，清鄉公。上下正，樊安定。徵拜司農卿，吏人莫不流涕，相與立碑頌其德政。自爲司農，凡種植，叔略别爲條制，皆出人意表。朝廷有疑滯，公卿所未能决者，叔略輒爲評理。雖無學術，有所依據，然師心獨見，闇與理合。甚爲上所親委，高熲、楊素亦禮遇之。叔略雖爲司農，往往參督九卿事。性頗豪侈，每食必方丈，備水陸。十四年，從祠太山，行至洛陽，上令録囚徒。具狀將奏，晨起，至獄門，於馬上暴卒，時年五十九。上悼惜久之，贈亳州刺史，謚曰襄。

公孫景茂

《隋書》卷七三《循吏傳・公孫景茂》　公孫景茂字元蔚，河間阜城人也。容貌魁梧，少好學，博涉經史。在魏，察孝廉，射策甲科，爲襄城王長史，兼行參軍。遷太常博士，多所損益，時人稱爲書庫。後歷高唐令、大理正，俱有能名。及齊滅，周武帝聞而召見，與語器之，授濟北太守。以母憂去職。

開皇初，詔徵入朝，訪以政術，拜汝南太守。郡廢，轉曹州司馬。在職數年，以老病乞骸骨，優詔不許。俄遷息州刺史，法令清靜，德化大行。時屬平陳之役，征人在路，有疾病者，景茂撤減俸祿，爲饘粥湯藥，分賑濟之，賴全活者以千數。上聞而嘉之，詔宣告天下。【略】明年，以疾徵，吏人號泣於道。及疾愈，復乞骸骨，又不許，轉道州刺史。悉以秩俸買牛犢雞猪，散惠孤弱不自存者。好單騎巡人，家至戶入，閱視百姓產業。有修理者，於都會時乃褒揚稱述。如有過惡，隨即訓導，而不彰也。由是人行義讓，有無均通，男子相助耕耘，婦人相從紡績。大村或數百戶，皆如一家之務。其後請致事，上優詔聽之。仁壽中，上明公楊紀出使河北，見景茂神力不衰，還以狀奏。於是就拜淄州刺史，賜以馬轝，便道之官。前後歷職，皆有德政，論者稱爲良牧。

大業初卒官，年八十七。謚曰康。身死之日，諸州人吏赴喪者數千人，或不及葬，皆望墳慟哭，野祭而去。

辛公義

《隋書》卷七三《循吏傳・辛公義》　辛公義，隴西狄道人也。祖徽，魏徐州刺史。父季慶，青州刺史。公義早孤，爲母氏所養，親授書傳。周天和中，選良家子任太學生，以勤苦著稱。武帝時，召入露門學，令受道義。每月集御前令與大儒講論，數被嗟異，時輩慕之。建德初，授宣納中士。從平齊，累遷掌治上士，掃寇將軍。高祖作相，授內史上士，參掌機要。開皇元年，除主客侍郎，攝內史舍人事，賜爵安陽縣男，邑二百戶。每陳使來朝，常奉詔接宴。轉駕部侍郎，使往江陵安輯邊境。七年，使勾檢諸馬牧，所獲十餘萬匹。高祖喜曰：唯我公義，奉國罄心。【略】

後還牟州刺史，下車，先至獄中，因露坐牢側，親自驗問。十餘日間，決斷咸盡，方還大廳。受領新訟，皆不立文案，遣當直佐僚一人，側坐訊問。事若不盡，應須禁者，公義即宿廳事，終不還閤。人或諫之曰：此事有程，使君何自苦也！答曰：刺史無德可以導人，尚令百姓係於囹圄，豈有禁人在獄而心自安乎？罪人聞之，咸自款服。後有欲諍訟者，其鄉閭父老遽相曉曰：此蓋小事，何忍勤勞使君。訟者多兩讓而止。時山東霖雨，自陳、汝至于滄海，皆苦水災。境內犬牙，獨無所損。山出黃銀，獲之以獻。詔水部郎婁崱就公義禱焉，乃聞空中有金石絲竹之響。

仁壽元年，追充揚州道黜陟大使。豫章王暕恐其部內官僚犯法，未入州境，預令屬公義。公義答曰：奉詔不敢有私。及至揚州，皆無所縱捨，暕銜之。及煬帝即位，揚州長史王弘入爲黃門侍郎，因言公義之短，竟去官。吏人守闕訴冤，相繼不絕。後數歲，帝悟，除內史侍郎。丁母憂。未幾，起爲司隸大夫，檢校右禦衛武賁郎將。從征至柳城郡卒，時年六十二。

劉曠

《隋書》卷七三《循吏傳・劉曠》　劉曠，不知何許人也。性謹厚，每以誠恕應物。開皇初，爲平鄉令，單騎之官。人有諍訟者，輒丁寧曉以義理，不加繩劾，各自引咎而去。所得俸祿，賑施窮乏。百姓感其德化，更相篤勵，曰：有君如此，何得爲非！在職七年，風教大洽，獄中無繫囚，爭訟絕息，囹圄盡皆生草，庭可張羅。及去官，吏人無少長，號泣於路，將送數百里不絕。遷爲臨潁令，清名善政，爲天下第一。尚書左僕射高熲言其狀，上召之，及引見，勞之曰：天下縣令固多矣，卿能獨異於衆，良足美也，顧謂侍臣曰：若不殊奬，何以爲勸！於是下優詔，擢拜莒州刺史。

王伽

《隋書》卷七三《循吏傳·王伽》　王伽，河間章武人也。開皇末，爲齊州行參軍，初無足稱。後被州使送流囚李參等七十餘人詣京師。時制，流人並枷鎖傳送。伽行次滎陽，哀其辛苦，悉呼而謂之曰：卿輩既犯國刑，虧損名教，身嬰縲紲，此其職也。今復重勞援卒，豈獨不愧於心哉！參等辭謝。伽曰：汝等雖犯憲法，枷鎖亦大辛苦。吾欲與汝等脱去，行至京師總集，能不違期不？皆拜謝曰：必不敢違。伽於是悉脱其枷，停援卒，與期曰：某日當至京師，如致前却，吾當爲汝受死。舍之而去。流人咸悦，依期而至，一無離叛。上聞而驚異之，召見與語，稱善久之。於是悉召流人，并令攜負妻子俱入，賜宴於殿庭而赦之。乃下詔曰：凡在有生，含靈稟性，咸知好惡，並識是非。若臨以至誠，明加勸導，則俗必從化，人皆遷善。往以海內亂離，德教廢絶，官人無慈愛之心，兆庶懷姦詐之意，所以獄訟不息，澆薄難治。朕受命上天，安養萬姓，思遵聖法，以德化人，朝夕孜孜，意在於此。而伽深識朕意，誠心宣導。參等感悟，自赴憲司。明是率土之人非爲難教，良是官人不加曉示，致令陷罪，無由自新。若使官盡王伽之儔，人皆李參之輩，刑厝不用，其何遠哉！於是擢伽爲雍令，政有能名。

魏德深

《隋書》卷七三《循吏傳·魏德深》　魏德深，本鉅鹿人也。祖沖，仕周爲刑部大夫、建州刺史，因家弘農。父毗，鬱林令。德深初爲文帝挽郎，後歷馮翊書佐、武陽司戶書佐，以能遷貴鄉長。爲政清淨，不嚴而治。會興遼東之役，徵税百端，使人往來，責成郡縣。于時王綱弛紊，吏多贓賄，所在徵斂，下不堪命。唯德深一縣，有無相通，不竭其力，所求皆給，百姓不擾，稱爲大治。于時盜賊羣起，武陽諸城多被淪陷，唯貴鄉獨全。郡丞元寶藏受詔逐捕盜賊，每戰不利，則器械必盡，輒徵發於人，動以軍法從事，如此者數矣。其鄰城營造，皆聚於廳事，吏人遞相督責，晝夜喧囂，猶不能濟。德深各問其所欲任，隨便修營，官府寂然，恒若無事。唯約束長吏，所修不須過勝餘縣，使百姓勞苦。然在下各自竭心，常爲諸縣之最。尋轉館陶長，貴鄉吏人聞之，相與言及其事，皆歔欷流涕，語不成聲。及將赴任，傾城送之，號泣之聲，道路不絶。既至館陶，闔境老幼皆如見其父母。有猾人員外郎趙君實，與郡丞元寶藏深相交結，前後令長未有不受其指麾者。自德深至縣，君實屏處於室，未嘗輒敢出門。逃竄之徒，歸來如市。貴鄉父老冒涉艱險，詣闕請留德深，有詔許之。館陶父老復詣郡相訟，以貴鄉文書爲詐。郡不能决。會持節使者韋霽、杜整等至，兩縣詣使訟之，乃斷從貴鄉。貴鄉吏人歌呼滿道，互相稱慶。館陶衆庶合境悲哭，因而居住者數百家。【略】

明有櫟陽令渤海高世衡、蕭令彭城劉高、城皋令弘農劉熾，俱有恩惠。大業之末，長史多贓污，衡、高及熾清節逾厲，風教大洽，獄無繫囚，爲吏人所稱。

裴寂

《舊唐書》卷五七《裴寂傳》　裴寂字玄真，蒲州桑泉人也。【略】寂少孤，爲諸兄之所鞠養。【略】

三年，有沙門法雅，初以恩倖出入兩宫，至是禁絶之，法雅怨望，出妖言，伏法。兵部尚書杜如晦鞫其獄，法雅乃稱寂知其言，寂對曰：法雅惟云時候方行疾疫，初不聞妖言。法雅證之，坐是免官，削食邑之半，放歸本邑。寂請住京師，太宗數之曰：計公勳庸，不至於此，徒以恩澤特居第一。武德之時，政刑紕繆，官方弛紊，職公之由。但以舊情，不能極法，歸掃墳墓，何得復辭？寂遂歸蒲州。

未幾，有狂人自稱信行，寓居汾陰，言多妖妄，常謂寂家僮曰：裴公有天分。于時信行已死，寂監奴恭命以其言白寂，寂惶懼不敢聞奏，陰呼恭命殺所言者。恭命縱令亡匿，寂不知之。寂遣恭命收納對邑，得錢百餘萬，因用而盡。寂怒，將遣人捕之，恭命懼而上變。太宗大怒，謂侍臣曰：寂有死罪者四：位爲三公而與妖人法雅親密，罪一也；事發之後，乃負氣憤怒，稱國家有天下，是我所謀，罪二也；妖人言其有天分，匿而不奏，罪三也；陰行殺戮以滅口，罪四也。我殺之非無辭矣。議者多言流配，朕其從衆乎。於是徙交州，竟流靜州。俄逢山羌爲亂，或言反獠劫寂爲主，太宗聞之曰：我國家於寂有性命之恩，必不然矣。未幾，果稱寂率家僮破賊。太宗思寂佐命之功，徵入朝，會卒，時年六十。贈相州刺史、工部尚書、河東郡公。

屈突通

《舊唐書》卷五九《屈突通傳》 屈突通，雍州長安人。父長卿，周邛州刺史。通性剛毅，志尚忠慤，檢身清正，好武略，善騎射。開皇中，爲親衛大都督，文帝遣通往隴西檢覆羣牧，得隱藏馬二萬餘匹。文帝盛怒，將斬太僕卿慕容悉達及諸監官千五百人，通諫曰：人命至重，死不再生，陛下至仁至聖，子育羣下，豈容以畜産之故，而戮千有餘人。愚臣狂狷，輒以死請。文帝瞋目叱之，通又頓首曰：臣一身如死，望免千餘人命。帝寤曰：朕之不明，以至於是。感卿此意，良用惻然。今從所請，以旌諫諍。悉達等竟以減死論。由是漸見委信，擢爲右武候車騎將軍。奉公正直，雖親戚犯法，無所縱捨。時通弟蓋爲長安令，亦以嚴整知名。時人爲之語曰：寧食三斗艾，不見屈突蓋；寧服三斗葱，不逢屈突通。爲人所忌憚如此。

許圉師

《舊唐書》卷五九《許圉師傳》 〔許〕紹少子圉師，有器幹，博涉藝文，舉進士。顯慶二年，累遷黄門侍郎、同中書門下三品，兼修國史。三年，以修實録功封平恩縣公，賜物三百段。四遷，龍朔中爲左相。俄以子自然因獵射殺人，隱而不奏，又爲李義府所擠，左遷虔州刺史。尋轉相州刺史，政存寬惠，人吏刊石以頌之。嘗有官吏犯贓事露，圉師不令推究，但賜清白詩以激之，犯者愧懼，遂改節爲廉士，其寬厚如此。上元中，再遷戶部尚書。儀鳳四年卒，贈幽州都督，陪葬恭陵，謚曰簡。

鄭善果

《舊唐書》卷六二《鄭善果傳》 鄭善果，鄭州滎澤人也。祖孝穆，西魏少司空、岐州刺史。父誠，周大將軍、開封縣公，大象初，討尉遲迥，力戰遇害。善果年九歲，以父死王事，詔令襲其官爵。家人以其嬰孺，弗之告也，受册悲慟，擗踴不能自勝，觀者莫不爲之流涕。隋開皇初，改封武德郡公，拜沂州刺史。大業中，累轉魯郡太守。

善果篤慎，事親至孝。母崔氏賢明，曉於政道，每善果理務，崔氏嘗於閤內聽之。聞其剖斷合理，歸則大悦；若處事不允，母則不與之言，善果伏於牀前，終日不敢食。崔氏謂之曰：吾非怒汝，反愧汝家耳。汝先君在官清恪，未嘗問私，以身徇國，繼之以死。吾亦望汝繼父之心。自童子承襲茅土，今位至方伯，豈汝身能致之耶？安可不思此事而妄加嗔怒，內則墜爾家風，或亡官爵；外則虧天子之法，以取罪戾。吾寡婦也，有慈無威，使汝不知教訓，以負清忠之業，吾死之日，亦何面目以事汝先君乎！善果由此遂勵己爲清吏，所在有政績，百姓懷之。及朝京師，煬帝以其居官儉約，莅政嚴明，與武威太守樊子蓋考爲天下第一，各賞物千段，黄金百兩，再遷大理卿。【略】

善果在東宫，數進忠言，多所匡諫。未幾，檢校大理卿，兼民部尚書，正身奉法，甚有善績。制與裴寂等十人，每奏事及侍立，並令升殿，與從兄元璹在其數，時以爲榮。尋坐事免。及山東平，持節爲招撫大使，坐選舉不平除名。後歷禮部、刑部二尚書。貞觀元年，出爲岐州刺史，復以公事免。三年，起爲江州刺史，卒。

戴胄

《舊唐書》卷七〇《戴胄傳》　戴胄字玄胤，相州安陽人也。性貞正，有幹局，明習律令，尤曉文簿。【略】越王侗以爲給事郎。王世充將篡侗位，胄言於世充曰：君臣之分，情均父子，理須同其休戚，勗以終始。明公以文武之才，當社稷之寄，與存與亡，在於今日。所願推誠王室，擬跡伊、周，使國有泰山之安，家傳代禄之盛，則率土之濱，莫不幸甚。世充詭辭稱善，勞而遣之。世充後逼越王加其九錫，胄又抗言切諫，世充不納，由是出爲鄭州長史，令與兄子行本鎮武牢。太宗克武牢而得之，引爲秦府士曹參軍。及即位，除兵部郎中，封武昌縣男。

貞觀元年，遷大理少卿。時吏部尚書長孫無忌嘗被召，不解佩刀入東上閤。尚書右僕射封德彝議以監門校尉不覺，罪當死；無忌誤帶入，罰銅二十斤。上從之。胄駁曰：校尉不覺與無忌帶入，同爲誤耳。臣子之於尊極，不得稱誤，準律云：供御湯藥、飲食、舟船，誤不如法者，皆死。陛下若録其功，非憲司所決；若當據法，罰銅未爲得衷。太宗曰：法者，非朕一人之法，乃天下之法也，何得以無忌國之親戚，便欲阿之？更令定議。德彝執議如初，太宗將從其議，胄又曰：校尉緣無忌以致罪，於法當輕。若論其誤，則爲情一也，而生死頓殊，敢以固請。上嘉之，竟免校尉之死。

于時朝廷盛開選舉，或有詐僞資蔭者，帝令其自首，不首者罪至于死。俄有詐僞者事洩，胄據法斷流以奏之。帝曰：朕下敕不首者死，今斷從流，是示天下以不信。卿欲賣獄乎？胄曰：陛下當即殺之，非臣所及。既付所司，臣不敢虧法。帝曰：卿自守法，而令我失信邪？胄曰：法者，國家所以布大信於天下，言者，當時喜怒之所發耳。陛下發一朝之忿而許殺之，既知不可而置之於法，此乃忍小忿而存大信也。若順忿違信，臣竊爲陛下惜之。帝曰：法有所失，公能正之，朕何憂也。胄前後犯顔執法多此類。所論刑獄，皆事無冤濫，隨方指擿，言如泉涌。

（唐）劉肅《大唐新語》卷四《持法》　戴胄有幹局，明法令，仕隋門下省録事。太宗以爲秦府掾，常謂侍臣曰：大理之職，人命所懸，當須妙選正人。用心存法，無過如戴胄者。乃以爲大理少卿。杜如晦臨終，委胄以選舉。及在銓衡，抑文雅而奬法吏，不適輪轅之用，時議非之。太宗嘗言：戴胄於朕，無骨肉之親，但其忠直勵行，情深體國，所延官爵以酬勞耳。其見重如此。

崔仁師

《舊唐書》卷七四《崔仁師傳》　崔仁師，定州安喜人。武德初，應制舉，授管州録事參軍。五年，侍中陳叔達薦仁師才堪史職，進拜右武衛録事參軍，預修梁、魏等史。貞觀初，再遷殿中侍御史。時青州有逆謀事發，州縣追捕支黨，俘囚滿獄，詔仁師按覆其事。仁師至州，悉去杻械，仍與飲食湯沐以寬慰之，唯坐其魁首十餘人，餘皆原免。及奏報，詔使將往決之，大理少卿孫伏伽謂仁師曰：此獄徒侶極衆，而足下雪免者多，人皆好生，誰肯讓死？今既臨命，恐未甘心，深爲足下憂也。仁師曰：嘗聞理獄之體，必務仁恕，故稱殺人刖足，亦皆有禮。豈有求身之安，知枉不爲申理。若以一介暗短，但易得十囚之命，亦所願也。伏伽慚而退。及敕使至青州更訊，諸囚咸曰：崔公仁恕，事無枉濫，請伏罪。皆無異辭。【略】

十六年，遷給事中。時刑部以《賊盜律》反逆緣坐兄弟没官爲輕，請改從死，奏請八座詳議。右僕射高士廉、吏部尚書侯君集、兵部尚書李勣等議請從重，民部尚書唐儉、禮部尚書江夏王道宗、工部尚書杜楚客等議請依舊不改。時議者以漢及魏，晉謀反皆夷三族，咸欲依士廉等議。仁師獨駁曰：自羲、農以降，爰及唐、虞，或設言而人不犯，或畫象而下知禁。三代之盛，泣辜解網，父子兄弟，罪不相及，咸臻至理，俱爲稱首。及其世亂，獄訟滋煩，周之季年，不勝其弊，烈火原於子産，峭潤起於安于，韓、李、申、商，争持急刻，參夷相坐，始於此也。秦用其法，遂至土崩。漢高之務寬大，未爲盡善；文帝之存仁厚，仍多涼德。遂使新垣族滅，信、越葅醢，見譏良史，謂之過刑。魏、晉至隋，有損有益，凝脂猶密，秋荼尚煩。皇上爰發至仁，念茲刑憲，酌前王之令典，探往代之嘉猷，革弊蠲苛，可大可久，仍降綸綍，頒之九區。故得斷獄數簡，手足有措，刑清化洽，未有不安。忽以暴秦酷法，爲隆周中典，乖惻隱之情，反惟行之令。進退參詳，未見其可。且父子天屬，昆季同氣，誅其父子，足累其心，此而不顧，何愛兄弟。既欲改法，請更審量。竟從仁師駁議。

後仁師密奏請立魏王爲太子，忤旨，轉爲鴻臚少卿，遷民部侍郎。征遼之役，詔太常卿韋挺知海運，仁師爲副，仁師又別知河南水運。仁師以水路險遠，恐遠州所輸不時至海，遂便宜從事，遞發近海租賦以充轉輸。及韋挺以壅滯失期，除名爲民，仁師以運夫逃走不奏，坐免官。既不得志，遂作《體命賦》以暢其情，辭多不載。太宗還至中山，起爲中書舍人，尋兼檢校刑部侍郎。太宗幸翠微宮，仁師上《清暑賦》以諷，太宗稱善，賜帛五十段。二十二年，遷中書侍郎，參知機務。時仁師甚承恩遇，中書令褚遂良頗忌嫉之。會有伏閤上訴者，仁師不奏，太宗以仁師罔上，遂配龔州。會赦還。永徽初，起授簡州刺史，尋卒，年六十餘。

（唐）劉肅《大唐新語》卷四《持法》 太宗時，刑部奏賊盜律反逆緣坐，兄弟没官爲輕，請改從死。給事中崔仁師駁之曰：自羲農以降，或設獄而人不犯，或畫象而下知禁。三代之盛，泣辜解網。父子兄弟罪不相及。咸臻至理，俱爲稱首。及其叔世，亂獄滋繁。周之季年不勝其弊。刑書原於子產，峭濶起於安于，秦嚴其法，以至於滅。又曰：且父子天屬，昆弟同氣。誅其父子，或累其心，如此不顧，何愛兄弟。文多不盡載，朝廷從之。

唐臨

《舊唐書》卷八五《唐臨傳》 唐臨，京兆長安人，周内史瑾孫也。其先自北海徙關中。伯父令則，開皇末爲左庶子，坐諂事太子勇誅死。臨少與兄皎俱有令名。武德初，隱太子總兵東征，臨詣軍獻平王世充之策，太子引直典書坊，尋授右衛率府鎧曹參軍。宫殿廢，出爲萬泉丞。縣有輕囚十數人，會春暮時雨，臨白令請出之，令不許。臨曰：明公若有所疑，臨請自當其罪。令因請假，臨召囚悉令歸家耕種，與之約，令歸繫所。囚等皆感恩貸，至時畢集詣獄，臨因是知名。

再遷侍御史，奉使嶺外，按交州刺史李道彦等申叩冤繫三千餘人。累轉黄門侍郎，加銀青光禄大夫。儉薄寡欲，不治第宅，服用簡素，寬於待物。嘗欲弔喪，令家童自歸家取白衫，家僮誤將餘衣，懼未敢進。臨察知之，使召謂曰：今日氣逆，不宜哀泣，向取白衫，且止之也。又嘗令人煑藥失制，潛知其故，謂曰：陰暗不宜服藥，宜即棄之。竟不揚言其過，其寬恕如此。

高宗即位，檢校吏部侍郎。其年，遷大理卿。高宗嘗問臨在獄繫囚之數，臨對詔稱旨，帝喜曰：朕昔在東宫，卿已事朕，朕承大位，卿又居近職，以疇昔相委，故授卿此任。然爲國之要，在於刑法，法急則人殘，法寬則失罪，務令折中，稱朕意焉。高宗又嘗親録死囚，前卿所斷者號叫稱冤，臨所入者獨無言。帝怪問狀，囚曰：罪實自犯，唐卿所斷，既非冤濫，所以絶意耳。帝歎息良久曰：爲獄者不當如此耶！

永徽元年，爲御史大夫。明年，華州刺史蕭齡之以前任廣州都督贓事發，制付羣官集議。及議奏，帝怒，令於朝堂處置。臨奏曰：臣聞國家大典，在於賞刑，古先聖王，惟刑是卹。《虞書》曰：罪疑惟輕，功疑惟重，與其殺弗辜，寧失弗經。《周禮》：刑平國用中典，刑亂國用重典。天下太平，應用堯、舜之典。比來有司多行重法，敍勳必須刻削，論罪務從重科，非是憎惡前人，止欲自爲身計。今議蕭齡之事，有輕有重，重者流死，輕者請除名。以齡之受委大藩，贓罪狼籍，原情取事，死有餘辜。然既遣詳議，終須近法。竊惟議事羣官，未盡識議刑本意。律有八議，並依《周禮》舊文，矜其異於衆臣，所以特制議法。禮：王族刑於隱者，所以議親；刑不上大夫，所以議貴。知重其親貴，議欲緩刑，非爲嫉其賢能，謀致深法。今既計議，而加重刑，是與堯、舜相反，不可爲萬代法。

高宗從其奏，齡之竟得流於嶺外。

尋遷刑部尚書，加金紫光禄大夫，復歷兵部、度支、吏部三尚書。顯慶四年，坐事貶爲潮州刺史，卒官，年六十。所撰《冥報記》二卷，大行於世。

（唐）劉肅《大唐新語》卷四《持法》 唐臨爲大理卿，初莅職，斷一死囚。先時坐死者十餘人，皆他官所斷。會太宗幸寺，親録囚徒。他官所斷死囚，稱寃不已，臨所斷者，嘿而無言。太宗怪之，問其故，囚對曰：唐卿斷臣，必無枉濫，所以絶意。太宗歎息久之，曰：爲獄固當若是。囚遂見原。即日，拜御史大夫，太宗親爲之考詞曰：形若死灰，心如鐵石。初，臨爲殿中侍御史，正班大夫韋挺責以朝列不肅，臨曰：此將爲小事，不以介意，請俟後命。翌日，挺離班與江夏王道宗語，趙進曰：王亂班。將彈之。道宗曰：共公卿大夫語。臨曰：大夫亦亂班。挺失色而退。同列莫不悚動。

張文瓘

《舊唐書》卷八五《張文瓘傳》 張文瓘，貝州武城人。大業末，徙家魏州之昌樂。瓘幼孤，事母兄以孝友聞。貞觀初，舉明經，補并州參軍。時英國公李勣爲長史，深禮之。累遷水部員外郎。時兄文琮爲戸部侍郎，舊制兄弟不許並居臺閣，遂出爲雲陽令。龍朔年，累授東西臺舍人、參知政事。尋遷東臺侍郎、同東西臺三品，兼知左史事。【略】

咸亨三年，官名復舊，改授黄門侍郎，兼太子左庶子。俄遷大理卿，依舊知政事。文瓘至官旬日，決遣疑事四百餘條，無不允當，自是人有抵罪者，皆無怨言。文瓘嘗有疾，繫囚相與齋禱，願其視事。當時咸稱其執法平恕，以比戴冑。上元二年，拜侍中，兼太子賓客。大理諸囚聞文瓘改官，一時慟哭，其感人心如此。

（唐）劉肅《大唐新語》卷七《識量》 張文瓘爲侍中，同列宰相以政事堂供饌珍美，請減其料。文瓘曰：此食，天子所以重樞機，待賢才也。若不任其職，當自陳乞，以避賢路，不宜減削公膳，以邀虚名。國家所貴，不在於此。苟有益於公道，斯不爲多也。初爲大理卿，旬日決遣疑獄四百餘條，無一人稱屈。文瓘嘗卧疾，繫囚設齋以禱焉。及還侍中，諸囚一時慟哭。其得人心如此。四子，潛、沛、洽、涉，皆至三品，時人呼爲萬石張家。咸以爲福善之應也。

徐有功

《舊唐書》卷八五《徐有功傳》 徐有功，國子博士文遠孫也。舉明經，累轉蒲州司法參軍，紹封東莞男。爲政寛仁，不行杖罰，吏人感其恩信，遞相約曰：若犯徐司法杖者，衆必斥罰之。由是人争用命，終於代滿，不戮一人。載初元年，累遷司刑丞。時酷吏周興、來俊臣、丘神勣、王弘義等構陷無辜，皆抵極法，公卿震恐，莫敢正言。有功獨存平恕，詔下大理者，有功皆議出之，前後濟活數十百家。常於殿庭論奏曲直，則天厲色詰之，左右莫不悚慄，有功神色不撓，争之彌切。尋轉秋官員外郎，轉郎中。

俄而鳳閣侍郎任知古、冬官尚書裴行本等七人被構陷當死，則天謂公卿曰：古人以殺止殺，我今以恩止殺，就羣公乞知古等，錫以再生，各授以官，佇申來效。俊臣、張知默等又抗表請申大法，則天不許之。俊臣乃獨引行本，重驗前罪，奏曰：行本潛行悖逆，告張知謇與廬陵王反不實，罪當處斬。有功駁奏曰：俊臣乖明主再生之賜，虧聖人恩信之道。爲臣雖當嫉惡，然事君必將順其美。行本竟以免死。【略】

道州刺史李仁褒及弟榆次令長沙，又爲唐奉一所構，高宗末私議吉凶，謀復李氏，將誅之。有功又固争之，不能得。秋官侍郎周興奏有功曰：臣聞兩漢故事，附下罔上者腰斬，面欺者亦斬。又《禮》云：析言破律者殺。有功故出反囚，罪當不赦，請推按其罪。則天雖不許繫問，然竟坐免官。久之，起爲左臺侍御史，則天特褒異之。時遠近聞有功授職，皆欣然相賀。

後潤州刺史竇孝諶妻龐氏爲奴誣告，云夜解祈福，則天令給事中薛季昶鞫之。季昶鍛錬成其罪，龐氏當坐斬；有功獨明其無罪。而季昶等返陷有功黨援惡逆，奏付法，法司結刑當棄市。有功方視事，令史垂泣以告，有功曰：豈吾獨死，而諸人長不死耶？乃徐起而歸。則天覽奏，召有功詰之曰：卿比斷獄，失出何多？對曰：失出，臣下之小過；好生，聖人之大德。願陛下弘大德，則天下幸甚。則天默然。於是龐氏減死，流於嶺表，有功除名衰，時人比漢之于、張焉。或曰：若獄官皆然，刑措何遠。久之，轉司僕少卿。長安二年卒，年六十二，贈司刑卿。

（唐）劉餗《隋唐嘉話》　徐大理有功，每見武后將殺人，必據法廷爭。嘗與后反復，辭色愈厲，后大怒，令拽出斬之，猶迴顧曰：臣身雖死，法終不可改。至市臨刑得免，除名爲庶人。如是再三，終不挫折，朝廷倚賴，至今猶懷之。其子預選，有司皆曰：徐公之子，豈可拘以常調者乎？

（唐）劉肅《大唐新語》卷四《持法》　則天朝，奴婢多通外人，輒羅告其主，以求官賞。潤州刺史竇孝諶妻龐氏，爲其奴所告夜醮，敕御史薛季旭推之。季旭言其呪詛，草狀以聞，先於玉堦涕泣不自勝，曰：龐氏事狀，臣子所不忍言。則天納之，遷季旭給事中。龐棄市，將就刑，龐男希瑊訴寃於侍御史徐有功，有功覽狀曰：正當枉狀。停決以聞。三司對按，季旭益周密其狀。秋官及司刑兩曹既宣覆而自懼，衆迫有功。有功不獲申，遂處絞死。則天召見，迎謂之曰：卿比按，失出何多也？有功曰：失出，臣下之小過；好生，聖人之大德。願陛下弘大德，天下幸甚！則天默然久之，曰：去矣！敕減死，放于嶺南。月餘，復授侍御史。有功俯伏流涕，固不奉制。則天固授之，有功曰：臣聞鹿走於山林，而命懸於厨者何？勢使然也。陛下以法官用臣，臣以從寬行法，必坐而死矣。則天既深器重，竟授之，遷司刑少卿。時周興、來俊臣等羅告天下衣冠，遇族者數千百家。有功居司刑，平反者不可勝紀，時人方之于定國。中宗朝，追贈越州都督，優賜其家，並授一品官。開元初，竇希瑊外戚榮貴，奏請迴己之官，以酬其子。

（唐）劉肅《大唐新語》卷七《識量》　徐有功爲秋官郎中，司刑少卿，歷居法官，數折大獄，持平守正，不以生死易節，全活者數千百家。有鹿城主簿潘好禮者，慕其爲人，乃著論稱有功斷賢於張釋之，其略曰：釋之爲廷尉，天下無寃人；有功之斷獄，亦天下無寃人。然釋之所行甚易，徐公所行甚難。難易之間，優劣可知矣。君子以爲知言。

（唐）劉肅《大唐新語》卷七《容恕》　皇甫文備與徐有功同案制獄，誣有功黨逆人，奏成其罪。後文備爲人所告，有功訊之在寬。或謂有功曰：彼曩將陷公於死，今公反欲出之，何也？有功曰：爾所言者私忿，我所守者公法。安得以私害公乎？

（宋）鄭克《折獄龜鑑》卷四《議罪・徐有功》　唐徐有功為司刑丞時，有韓紀孝者，受徐敬業僞官，前已物故。推事使顧仲琰奏稱：家口合緣坐。詔依，斷籍没。有功議曰：律，謀反者斬。身亡即無斬法，若情狀難舍，或敕遣戮屍。除非此塗，理絶言象。緣坐原因處斬，無斬豈合相緣？既所緣之人亡，則所因之罪滅。減止徒坐，頻會赦恩。今日卻斷没官，未知據何條例？詔依有功議，斷放。由是獲免籍没者，凡數百家。

出《唐書》本傳。史辭太簡，今以《通典》補其未備。舊集不載。

按：《易》言：聖人南面而聽天下。是以漢之史官稱高祖好謀能聽。夫聽固人主之職也，聽仲琰之奏，則數百家被籍没；聽有功之議，則數百家免籍没。能於此知取舍，亦可謂之明矣。有功之脱禍而成名，夫豈偶然哉！

李昭德

《舊唐書》卷八七《李昭德傳》　李昭德，京兆長安人也。父乾祐，貞觀初爲殿中侍御史。時有鄃令裴仁軌私役門夫，太宗欲斬之，乾祐奏曰：法令者，陛下制之於上，率土尊之於下，與天下共之，非陛下獨有也。仁軌犯輕罪而致極刑，是乖畫一之理。刑罰不中，則人無所措手足。臣忝憲司，不敢奉制。太宗意解，仁軌竟免。【略】

時朝廷諛佞者多獲進用，故幸恩者，事無大小，但近諂諛，皆獲進見。有人於洛水中獲白石數點赤，詣闕輒進。諸宰相詰之，對云：此石赤心，所以來進。昭德叱之曰：此石赤心，洛水中餘石豈能盡反耶？左右皆笑。是時，來俊臣、侯思止等枉撓刑法，誣諂忠良，人皆慴懼，昭德每廷奏其狀，由是俊臣黨與少自摧屈。來俊臣又嘗棄故妻而娶太原王慶詵女，侯思止亦奏娶趙郡李自挹女，敕政事堂共商量。昭德撫掌謂諸宰相曰：大可笑。往年俊臣賊劫王慶詵女，已大辱國。今日此奴又請索李自挹女，無乃復辱國耶！尋奏寢之。侯思止後竟爲昭德所繩，榜殺之。

李嶠

《舊唐書》卷九四《李嶠傳》 李嶠，趙州贊皇人，隋內史侍郎元操從曾孫也。代爲著姓，父鎮惡，襄城令。嶠早孤，事母以孝聞。爲兒童時，夢有神人遺之雙筆，自是漸有學業。弱冠舉進士，累轉監察御史。時嶺南邕、嚴二州首領反叛，發兵討擊，高宗令嶠往監軍事。嶠乃宣朝旨，特赦其罪，親入獠洞以招諭之，叛者盡降，因罷兵而還，高宗甚嘉之。累遷給事中。時酷吏來俊臣構陷狄仁傑、李嗣真、裴宣禮等三家，奏請誅之，則天使嶠與大理少卿張德裕、侍御史劉憲覆其獄。德裕等雖知其枉，懼罪，並從俊臣所奏。嶠曰：豈有知其枉濫而不爲申明哉！孔子曰：見義不爲，無勇也。乃與德裕等列其枉狀，由是忤旨，出爲潤州司馬。詔入，轉鳳閣舍人。則天深加接待，朝廷每有大手筆，皆特令嶠爲之。

時初置右御史臺，巡按天下，嶠上疏陳其得失曰：陛下創置右臺，分巡天下，察吏人善惡，觀風俗得失，斯政途之綱紀，禮法之準繩，無以加也。然猶有未折衷者，臣請試論之。夫禁網尚疏，法令宜簡，簡則法易行而不煩雜，疏則所羅廣而無苛碎。竊見垂拱二年諸道巡察使所奏科目，凡有四十四件，至於別準格敕令察訪者，又有三十餘條。而巡察使率是三月已後出都，十一月終奏事，時限迫促，簿書填委，晝夜奔逐，以赴限期。而每道所察文武官，多至二千餘人，少者一千已下，皆須品量才行，褒貶得失，欲令曲盡行能，則皆不暇。此非敢墮於職而慢於官也，實才有限而力不及耳。臣望量其功程，與其節制，使器周於用，力濟於時，然後進退可以責成，得失可以精覈矣。

又曰：今之所察，但準漢之六條，推而廣之，則無不包矣，無爲多張科目，空費簿書。且朝廷萬機，非無事也，機事之動，恒在四方，是故冠蓋相望，郵驛繼踵。今巡使既出，其外州之事，悉當委之，則傳驛大減矣。然則御史之職，故不可得閑，自非分州統理，無由濟其繁務。請大小相兼，率十州置御史一人，以周年爲限，使其親至屬縣，或入閭里，督察姦訛，觀採風俗，然後可以求其實効，課其成功。若此法果行，必大裨政化。且御史出持霜簡，入奏天闕，其於勵己自修，奉職存憲，比於他吏，可相百也。若其按劾姦邪，糾擿欺隱，比於他吏，可相十也。陛下試用臣言，妙擇賢能，委之心膂，假温言以樹之，陳賞罰以勸之，則莫不盡力而効死矣。何政事之不理，何禁令之不行，何妖孽之敢興？

則天善之，乃下制分天下爲二十道，簡擇堪爲使者。會有沮議者，竟不行。尋知天官侍郎事，遷麟臺少監。【略】

睿宗即位，出爲懷州刺史，尋以年老致仕。初，中宗崩，嶠密表請處置相王諸子，勿令在京。及玄宗踐祚，宮內獲其表，以示侍臣。或請誅之，中書令張說曰：嶠雖不辯逆順，然亦爲當時之謀，吠非其主，不可追討其罪。上從其言，乃下制曰：事君之節，危而不變，爲臣則忠，貳乃無赦。特進、趙國公李嶠，往緣宗、韋弑逆，朕恭行戡定，揖讓之際，天命有歸，嶠有窺覦，不知逆順，狀陳詭計，朕親覽焉。以其早負辭學，累居台輔，忍而莫言，特掩其惡。今忠邪既辨，具物惟新，賞罰倘乖，下人安勸？雖經赦令，猶宜放斥，矜其老疾，俾遂餘生，宜聽隨子虔州刺史暢赴任。尋起爲廬州別駕而卒。

裴耀卿

《舊唐書》卷九八《裴耀卿傳》 裴耀卿，贈戶部尚書守真子也。少聰敏，數歲解屬文，童子舉。弱冠拜祕書正字，俄補相王府典籤。時睿宗在藩，甚重之，令與掾丘悅、文學韋利器更直府中，以備顧問，府中稱爲學直。及睿宗升極，拜國子主簿。開元初，累遷長安令。長安舊有配戶和市之法，百姓苦之。耀卿到官，一切令出儲蓄之家，預給其直，遂無姦僦之弊，公私甚以爲便。在職二年，寬猛得中，及去官，縣人甚思詠之。十三年，爲濟州刺史。其年，車駕東巡，州當大路，道里綿長，而戶口寡弱，耀卿躬自條理，科配得所。時大駕所歷凡十餘州，耀卿稱爲知頓之最。又歷宣、冀二州刺史，皆有善政，入爲戶部侍郎。【略】

明年，遷侍中。二十四年，拜尚書左丞相，罷知政事，累封趙城侯。時夷州刺史楊濬犯贓處死，詔令杖六十，配流古州。耀卿上疏諫曰：伏以聖恩天覆，仁育庶類，凡死罪之屬，不欲戶諸市朝，全其性命，流竄而已。所以政致刑措，獄無冤人，曠古以來，未有斯美。臣愚以爲全生免死，誠爲至化，有恥且格，爲訓將來。苟有未安，不敢緘默。

臣以爲刺史、縣令，與諸吏稍別，人之父母，風化所瞻，一爲本部長官，即合終身致敬。決杖者，五刑之末，只施於抶扑徒隸之間，官蔭稍高，即免鞭撻。令決杖贖死，誠則已優，解體受笞，事頗爲辱。法至於死，天下共之，刑至於辱，或有所恥。況本州刺史，百姓所崇，一朝對其人吏，背脊加杖，屈挫拘執，人或哀憐，忘其免死之恩，且有傷心之痛，恐非敬官長勸風俗之意。

又雜犯死罪，無杖刑，奏報三覆，然後行決。今非時不覆，決杖便發，倘獄或未盡，又暑熱不耐，因杖或死，即是促期處分，不得順時。將欲生之，却夭其命，又恐非聖明寬宥之意。臣前後頻在州縣，或緣雜犯決人，每大暑盛夏之時，決杖多死，秋冬已後，至有全者。伏望凡刺史、縣令於本部決杖及夏暑生長之時，所定杖刑，並乞停減。即副陛下好生之德，於死者皆有再生之恩。

李傑

《舊唐書》卷一〇〇《李傑傳》　李傑，本名務光，相州滏陽人。後魏并州刺史寶之後也，其先自隴西徙焉。傑少以孝友著稱，舉明經，累遷天官員外郎，明敏有吏才，甚得當時之譽。神龍初，累遷衛尉少卿，爲河東道巡察黜陟使，奏課爲諸使之最。開元初，爲河南尹。傑既勤於聽理，每有訴列，雖衢路當食，無廢處斷，由是官無留事，人吏愛之。先是，河、汴之間有梁公堰，年久堰破，江、淮漕運不通。傑奏調發汴、鄭丁夫以濬之，省功速就，公私深以爲利，刊石水濱，以紀其績。

尋代宋璟爲御史大夫。時皇后妹婿尚衣奉御長孫昕與其妹婿楊仙玉因於里巷遇傑，遂毆擊之，上大怒，令斬昕等。散騎常侍馬懷素以爲陽和之月，不可行刑，累表陳請，乃下敕曰：　夫爲令者自近而及遠，行罰者先親而後疏。長孫昕、楊仙玉等憑恃姻戚，恣行凶險，輕侮常憲，損辱大臣，情特難容，故令斬決。今羣官等累陳表疏，固有誠請，以陽和之節，非肅殺之時，援引古今，詞義懇切。朕志從深諫，情亦惜法，宜寬異門之罰，聽從枯木之斃。即宜決殺，以謝百僚。

傑明年以護橋陵作，賜爵武威子。初，傑護作時，引侍御史王旭爲判官。旭貪冒贓，傑將繩之而不得其實，反爲旭所構，出爲衢州刺史。俄轉揚州大都督府長史，又爲御史所劾，免官歸第。尋卒，贈戶部尚書。

《新唐書》卷一二八《李傑傳》　〔李〕傑既精聽斷，雖行來食飲，省治不少廢，繇是府無淹事，人吏愛之。寡婦有告其子不孝者，傑物色非是，謂婦曰：　子法當死，無悔乎？答曰：　子無狀，寧其悔！乃命市棺還斂之，使人迹婦出，與一道士語，頃持棺至，傑令捕道士按問，乃與婦私不得逞。傑殺道士，內于棺。

（唐）劉肅《大唐新語》卷四《政能》　李傑爲河南尹，有寡婦告其子不孝，其子不能自理，但云：　得罪於母，死甘分。傑察其狀，非不孝子也，謂寡婦曰：　汝寡居，唯有一子，今告之，罪至死，得無悔乎？寡婦曰：　子無賴，不順母，寧復惜之！傑曰：　審如此，可買棺木來取兒屍。因使人俟其後。寡婦既出，謂道士曰：　事了矣。俄將棺至，傑冀其悔，再三喻之，寡婦執意如初。道士立于門外，密令擒之，一問承伏，曰：　某與寡婦有私，常爲兒所制，故欲除之。傑乃杖殺道士及寡婦，便以向棺盛之。

畢構

《舊唐書》卷一〇〇《畢構傳》　畢構，河南偃師人也。父憬，則天時爲司衛少卿。構少舉進士。神龍初，累遷中書舍人。時敬暉等奏請降削武氏諸王，構次當讀表，既聲韻朗暢，兼分析其文句，左右聽者皆歷然可曉。由是武三思惡之，出爲潤州刺史。累除益州大都督府長史。

景雲初，召拜左御史大夫，轉陝州刺史，加銀青光禄大夫，封魏縣男。頃之，復授益州大都督府長史，兼充劍南道按察使。所歷州府，咸著聲績，在蜀中尤革舊弊，政號清嚴。睿宗聞而善之，璽書勞曰：　我國家創開天地，再造黎元，四夷來王，萬邦會至，置州立郡，分職設官。貞觀，永徽之前，皇猷惟穆；咸亨、垂拱之後，淳風漸替。征賦將急，調役頗繁，選吏舉人，涉於浮濫。省閣臺寺，罕有公直，苟貪禄秩，以度歲時。中外因循，紀綱弛紊，且無懲革，弊乃滋深。爲官既不擇人，非親即賄；爲法又不按罪，作孽寧逃？貪殘放手者相仍，清白潔己者斯絶。蓋由賞罰不舉，生殺莫行。更以水旱時乖，邊隅未謐，日損一日，徵斂不休，大東小東，杼軸爲怨，就更割剝，何以克堪！

昔聞當官，以留犢還珠爲上；今之從職，以充車聯駟爲能。或交結富豪，抑棄貧弱；或矜假典正，樹立腹心。邑屋之間，囊篋俱委；或地有椿幹梓漆，或家有畜産資財，即被暗通，並從取奪。若有固吝，即因事以繩，粗杖大枷，動傾性命，懷冤抱痛，無所告陳。比差御史委令巡察，或有貴要所囑，未能不避權豪；或有親故在官，又罕絶於顔面。載馳原隰，徒煩出使之名；安問狐貍，未見埋車之節，揚清激濁，涇、渭不分，嫉惡好善，蕭、蘭莫別。官守既其若此，下人豈以聊生。數年已來，凋殘更甚。

卿孤潔獨行，有古人之風，自臨蜀川，弊化頓易。覽卿前後執奏，何異破柱求姦？諸使之中，在卿爲最。並能盡節似卿如此，百郡何憂乎不理，萬人何慮乎不安？卿當益堅，勿爲後顧。朕嘉卿直道，今賜袍帶並衣一副。

鄭惟忠

《舊唐書》卷一〇〇《鄭惟忠傳》 鄭惟忠，宋州宋城人也。儀鳳中，進士舉，授井陘尉，轉湯陰尉。天授中，應舉召見，則天臨軒問諸舉人：何者爲忠？諸人對不稱旨。惟忠對曰：臣聞忠者，外揚君之美，内匡君之惡。則天曰：善。授左司禦率府胄曹參軍，累遷水部員外郎。則天幸長安，惟忠待制引見，則天謂曰：朕識卿，前於東都言忠臣外揚君之美，内匡君之惡，至今不忘。尋加朝散大夫，再遷鳳閣舍人。

中宗即位，甚敬重之，擢拜黄門侍郎。時議請禁嶺南首領家畜兵器，惟忠曰：夫爲政不可革以習俗，且《吴都賦》云：家有鶴膝，户有犀渠。如或禁之，豈無驚擾耶？遂寢。無何，守大理卿。節愍太子與將軍李多祚等舉兵誅武三思，事變伏誅。其詿誤守門者並配流，將行，有韋氏黨與密奏請盡誅之。中宗令推斷，惟忠奏曰：今大獄始決，人心未寧，若更改推，必遞相驚恐，則反側之子，無由自安。敕令百司議，遂依舊斷，所全者甚多。俄拜御史大夫，持節賑給河北道，仍黜陟牧宰。還，敷奏稱旨，加銀青光禄大夫，封滎陽縣男。開元初，爲禮部尚書，轉太子賓客。十年卒，贈太子少保。

王志愔

《舊唐書》卷一〇〇《王志愔傳》 王志愔，博州聊城人也。少以進士擢第。神龍年，累除左臺御史，加朝散大夫。執法剛正，百僚畏憚，時人呼爲皁鵰，言其顧瞻人吏，如鵰鶚之視燕雀也。尋遷大理正，嘗奏言：法令者，人之隄防，隄防不立，則人無所禁。竊見大理官僚，多不奉法，以縱罪爲寬恕，以守文爲苛刻。臣濫執刑典，實恐爲衆所謗。遂表上所著《應正論》以見志，其詞曰：嘗讀《易》至萃，利見大人，亨，聚以正也。六二，引吉无咎。注曰：居萃之時，體柔當位。處《坤》之中，己獨處正。異操而聚，獨正者危，未能變體，以遠於害。故必見引，然後乃吉而无咎。王肅曰：六二與九五相應，俱履貞正。引由迎也，爲吉所迎，何咎之有？未嘗不輟書而歎曰：居中履正，事之常體，見引無咎，道亦宜然。

有客聞而惑之，因謂僕曰：今主上文明，域中理定，君累司典憲，不務和同。處正之志雖存，見引之吉誰應？行之不已，余竊懼焉。

僕斂襟降階揖而謝曰：補遺闕於衮職，用忠讜爲己任，以蒙養正，見引獲吉，應此道也，仁何遠哉！昔咎繇謨虞，登朝作士，設教理物，開訓成務。是以五流有宅，五宅三居，怙終賊刑，刑故無小。於是舜美其事曰：汝明於五刑，以弼五教，期于予理，刑期于無刑，人協于中，時乃功，懋哉！故孔子歎其政曰：舜舉咎繇，不仁者遠。此非明辟執法，大人見引之應乎？季孫行父之事君也，舉竊寶之慝，黜授邑之賞，明善惡而糾慝，議僭賞以塞違。在虞舜之功，居二十之一，主司得行其道，時君不以爲嫌，此非己獨處正，應正而无咎。矢魚於棠，臧伯正色；賂鼎在廟，哀伯抗詞。言者得盡其忠，聞之不加其罪。故《春秋》稱臧氏之正，曰：積善之家，必有餘慶。此非異操而聚，引吉之所致乎？魏絳理直，晉侯乃復其位；郲人辭順，趙盾不伐其國。此非正體未變，爲吉所迎者乎？

夫在上垂拱，臣下守制，若正應乎上，乃引吉於下。而中士聞道，若存若亡，交戰於譎正之門，懷疑乎語默之境，懼獨正之莫引，忘此正之必亨。吁嗟乎！行己立身，居正踐義，其動也直，其正也方。維正直而是與，何往而非攸利。何以明之？《坤》六二：直方大，不習無不利。《文言》曰：直其正也，方其義也，君子敬以直內，義以方外。敬義立而德不孤，直方大則不疑其所行也。嵇康撰《釋私論》，曹羲著《至公篇》，皆以崇公激俗，抑私事主，一言可以蔽之，歸於體正而已矣。《禮記》曰：刑者侀也，侀者成也，一成而不可變，故君子盡心焉。若以喜怒制刑，輕重設比，是則橋前驚馬，用希旨論人，苑中獵兔，以從欲廢法。理有違而合道，物貴和而不同，不同之和，正在其中矣。昔任延爲武威太守，漢帝誡之曰：善事上官，無失名譽。延對曰：臣聞忠臣不私，私臣不忠，上下雷同，非國家之福。善事上官，臣不敢奉詔。任延雅奏，漢主是其言。此則歸正不回，乖旨順義，不以忤懷見忌，斯亦違而合道。《晏子春秋》：景公見梁丘據曰：據與我和。晏子曰：此同也。和者，君甘則臣酸，君淡則臣鹹。今據也，君甘亦甘，所謂同也，安得爲和？是以濟鹽梅以調羹，乃適乎心之味；獻可否而論道，方恢政體之節。俟引正而遵度，故曰物貴和而不同。劉曼山辯和同之義，有旨哉！若以不同見譏，未敢聞誨。

客曰：和同乖訓，則已聞之。援法成而不變者，豈恤獄之寬憲耶？《書》曰：御衆以寬。《傳》曰：寬則得衆。若以嚴統物，異乎寬政矣。

對曰：刑賞二柄，唯人主操之，崇厚任寬，是謂帝王之德。慎子曰：以力役法者，百姓也；以死守法者，有司也；以道變法者，君上也。然則匪人臣所操。後魏游肇之爲廷尉也，魏帝嘗私敕肇有所降恕，肇執而不從曰：陛下自能恕之，豈足令臣曲筆也？是知寬恕是君道，曲從非臣節。人或未達斯旨，不料其務，以平刑爲峻，將曲法爲寬，謹守憲章，號爲深密。《內律》：釋種虧戒，一誅五百人，如來不救其罪。豈謂佛法爲殘刻耶？老子《道德經》云：天網恢恢，疏而不漏。豈謂道教爲凝峻耶？《家語》曰：王者之誅有五，而竊盜不預焉。即心辯言僞之流；《禮記》亦陳四殺，破律亂名之謂。豈是儒家執禁，孔子之深文哉？此三教之用法者，所以明真諦，重玄猷，存天綱，立人極也。

然則乾象震曜，天道明威。齊衆惟刑，百王所以垂範；折人以法，三后於是成功。所務掌憲決平，斯廷尉之職耳。《易》曰：家人嗃嗃，无咎；婦子嘻嘻，終吝。嚴於其家，可移於國。昔崔寔達於理而作《政論》，仲長統曰：凡爲人主，宜寫《政論》一通，置諸坐側。其大抵云爲國者以嚴致平，非以寬致平者也。然則稱嚴者不必踰條越制，凝網重罰，在於施隱括以矯枉，用平典以禁非。刑故有常，罰輕無捨，人不易犯，防之難越故也。但人慢吏濁，僞積贓深，而曰以寬理之，可以無過。何異乎命王良御騁，捨銜策於奔踶；請俞跗攻疾，停藥石於膚腠！適見秋駕轉逸，膏肓更深，醫人僕夫，何功之有？

又謂僕曰：成法而變，唯帝王之命歟？

對曰：何爲其然也？昔漢武帝甥昭平君殺人，以公主子，廷尉上請論。左右爲言，武帝垂涕歎曰：法令者，先帝之所造也，用親故誣先帝之法，吾何面目入高廟乎？又下負萬人！乃可其奏。近代隋文帝子秦王俊爲幷州總管，以奢縱免官。僕射楊素奏言：王，陛下愛子，請捨其過。文帝曰：法不可違。若如公意，我是五兒之父，非兆人之父，何不別制天子兒律乎？我安能虧法！卒不許。此是帝王操法，協於禮經不變之義。況於秋官典職，司寇肅事，而可變動者乎！我皇睿哲登宸，高視巖廓之上；宰衡明允就列，輯穆廟堂之下。乾坤交泰，日月光華，庶績其凝，衆工咸理。聚以正也，僕幸利見大人；引其吉焉，期養正於下位。中正是託，子何懼乎？

夫君子百行之基，出處二途而已。出則策名委質，行直道以事人，進善納忠，仰太階而緝政。諤諤其節，思爲社稷之臣；謇謇匪躬，願參柱石之任。處則高謝公卿，孝友揚名，是亦爲政。烟霞尚志，其用永貞，行藏事業，心迹斯在。至如水中泛泛，天下悠悠，執馭爲榮，掃門自媚，拜塵邀勢，括囊守禄，從來長息，以爲深恥。客乃逡巡不對，遂無以間僕也。中宗覽而嘉之。稍遷駕部郎中。

李朝隱

《舊唐書》卷一〇〇《李朝隱傳》　李朝隱，京兆三原人也。少以明法舉，拜臨汾尉，累授大理丞。神龍年，功臣敬暉、桓彦範爲武三思所構，諷侍御史鄭愔奏請誅之，敕大理結其罪。朝隱以暉等所犯，不經推窮，未可即正刑名。時裴談爲大理卿，異筆斷斬，仍籍没其家，朝隱由是忤旨。中宗令貶嶺南惡處，侍中韋巨源、中書令李嶠奏曰：朝隱素稱清正，斷獄亦甚當事，一朝遠徙嶺表，恐天下疑其罪。中宗意解，出爲聞喜令。

尋遷侍御史，三遷長安令，有宦官閭興貴詣縣請託，朝隱命拽出之，睿宗聞而嘉歎，廷召朝隱，勞曰：卿爲京縣令能如此，朕復何憂。乃下制曰：夫不吐剛而茹上、不茹柔而黷下者，君子之事也。踐霜必繩、登車無屈者，正人之務也。長安縣令李朝隱，德義不回，清強自遂，亟聞嘉政，累著能名。近者品官入縣，有乖儀式，遂能責之以禮，繩之以愆。但閹豎之流，多有憑恃，柔寬之代，必弄威權。歷觀載籍，常所歎息。朕規誡前古，勤求典憲，能副朕意，實賴斯人。昔虞延持皇后之客，梅陶鞭太子之傅，古稱遺直，復見於今。思欲旌其美行，遷以重職，爲時屬閲戶，政在養人，宜加一階，用表剛烈。可太中大夫。特賜中上考，兼絹百匹。七遷絳州刺史，兼知吏部選事。

開元二年，遷吏部侍郎，銓敍平允，甚爲當時所稱，降璽書褒美，授一子太子通事舍人。四年春，以授縣令非其人，出爲滑州刺史，轉同州刺史。駕幸東都，路由同州，朝隱蒙旨召見賞慰，賜衣一副、絹百匹。尋遷河南尹，政甚清嚴，豪右屏跡。時太子舅趙常奴恃勢侵害平人，朝隱曰：此而不繩，何以爲政？執而杖之。上聞，又降敕書慰勉之。【略】

朝隱俄轉岐州刺史，母憂去官。起爲揚州大都督府長史，抗疏固辭，制許之。朝隱性孝友，時年已衰暮，在喪尤加毁瘠。明年，制又起爲揚州長史，不獲已而就職，復入爲大理卿，累封金城伯，代崔隱甫爲御史大夫。朝隱素有公直之譽，每御史大夫缺，時議咸許之。及居其職，竟無所糾劾，唯煩於細務，時望由是稍减。俄轉太常卿。二十一年，兼判廣州事，仍攝御史大夫，充嶺南採訪處置使。明年，卒於嶺外，年七十，贈吏部尚書，官給靈輿，兼家口給遞還鄉，謚曰貞。

薛登

《舊唐書》卷一〇一《薛登傳》　薛登本名謙光，常州義興人也。父士通，大業中爲鷹揚郎將。江都之亂，士通與鄉人聞人嗣安等同據本郡，以禦寇賊。武德二年，遣使歸國，高祖嘉之，降璽書勞勉，拜東武州刺史。俄而輔公祏於江都構逆，遣其將西門君儀等寇常州，士通率兵拒戰，大破之，君儀等僅以身免。及公祏平，累功封臨汾侯。貞觀初，歷遷泉州刺史，卒。

（唐）劉肅《大唐新語》卷四《持法》　僧惠範恃權勢逼奪生人妻，州縣不能理。其夫詣臺訴寃，中丞薛登、侍御史慕容珣將奏之，臺中懼其不捷，請寢其議。登曰：憲司理寃滯，何所迴避！朝彈暮黜，亦可矣。登坐此出爲岐州刺史。時議曰：仁者必有勇，其薛公之謂歟！

韋湊

《舊唐書》卷一〇一《韋湊傳》　韋湊，京兆萬年人。曾祖瓚，隋尚書右丞。祖叔諧，蒲州刺史。父玄，桂州都督府長史。湊，永淳二年，解褐授婺州參軍，累轉揚府法曹參軍。州人前仁壽令孟神爽豪縱，數犯法，交通貴戚，前後官吏莫敢繩按，湊白長史張潛，請因事除之。會神爽坐事推問，湊無所假借，神爽妄稱有密旨，究問引虚，遂杖殺之，遠近稱伏。景龍中歷遷將作少匠、司農少卿。嘗以公事忤宗楚客，出爲貝州刺史。

睿宗即位，拜鴻臚少卿，加銀青光禄大夫。景龍二年，轉太府少卿，又兼通事舍人。時改葬節愍太子，優詔加謚；又雪李多祚等罪，還其官爵，仍議更加贈官。湊上書曰：臣聞王者發號施令，必法乎天道，使三綱攸敍，十等咸若者，善善明，惡惡著也。善善者，懸爵賞以勸之也；惡惡者，設刑罰以懲之也。其賞罰所不加者，則考行立謚以褒貶之，所以勸誡將來也。斯並至公之大猷，非私情之可徇。故箕、微獲用，管、蔡爲戮。謚者，臣議其君，子議其父，而曰靈曰厲者，不敢以私而亂大猷也，則其餘安可失衷哉！

臣竊見節愍太子與李多祚等擁北軍禁旅，上犯宸居，破扉斬關，突禁而入，兵指黄屋，騎騰紫微。孝和皇帝移御玄武門，親降德音，諭以逆順，而太子據鞍自若，督衆不停。俄而其黨悔非，轉逆爲順，或迴兵討賊，或投狀自拘。多祚等伏誅，太子方事逃竄。向使同惡相濟，天道無徵，賊徒闕倒戈之人，侍臣虧陛戟之衛，其爲禍也，胡可忍言！于時臣任將作少匠，賜通事舍人内供奉。其明日，孝和皇帝引見供奉官等，雨淚謂曰：幾不與卿等相見！其爲危懼，不亦甚乎！而今聖朝雪罪禮葬，謚爲節愍，以臣愚識，竊所惑焉。

夫臣子之禮，嚴敬斯極，故過位必趨，蹙路馬芻有誅。昔漢成之爲太子也，行不敢絶馳道。當周室之衰微也，秦師過周北門，左右免胄而下，王孫滿猶以其不卷甲束兵，譏其無禮，知其必敗。由是言之，則太子稱兵宫内，跨馬御前，悖禮已甚矣，况將更甚乎！而可褒謚，此臣所未諭也。以其斬武三思父子而嘉之乎？然弄兵討逆以安君父，則可嘉也，而乃因欲自取之，是競爲逆，可褒謚乎？此又臣所未諭也。將廢韋氏而嘉之乎？然韋氏逆彰義絶，雖誅之亦可也。當此時也，韋氏未有逆彰，未有義絶，於太子爲母，豈有廢母之理乎！且既非中宗之命而廢之，是劫父廢母，亦悖逆也，可褒謚乎？此又臣所未諭也。夫君或不君，臣安可不臣；父或不父，子安可不子。借如君父有桀、紂之行，臣子無廢殺之理。况先帝功格宇宙，德被生靈，廟號中宗，謚曰孝和皇帝，而逆命之子，可褒謚乎？此又臣所未諭也。

昔獻公惑驪姬之譖，將殺其太子申生，公子重耳謂之曰：子盍言子之志於公乎？太子曰：不可，君安驪姬，是我傷君之心也。曰：然則盍行乎？曰：不可，君謂我欲弑君也，天下豈有無父之國哉！吾何行之！使人辭於孤突曰：申生不敢愛其死。雖然，吾君老矣，子少，國家多難。伯氏苟出而圖吾君，申生受賜而死。再拜稽首，乃自縊。其行如是，其謚僅可爲恭。今太子之行反是，可謚爲節愍乎？此又臣所未諭也。

昔漢武帝末年，江充與太子有隙，恐帝晏駕後爲太子所誅。會巫蠱事起，充典理其事，因此爲姦，遂至太子宫掘蠱，得桐木以誣太子。時武帝避暑甘泉宫，獨皇后、太子在，太子不能自明，納其少傅石德謀，遂矯節斬充，因敗逃匿。非稱兵詣闕，無逆謀於父，然身死於湖，不葬無謚。至昭帝時，有男子詣北闕自稱衛太子，制使公卿識視，至者莫敢發言。京兆尹雋不疑後至，叱從吏收縛之。或曰：是非未可知，且安之。不疑曰：諸君何患於衛太子。昔蒯聵出奔，輒拒而不納，《春秋》是之。衛太子得罪先帝，亡不即死，今來自詣，此罪人也。遂送制獄。天子聞而嘉之曰：公卿大臣，當用經術明於大義者。及後太子孫立爲天子，是曰孝宣皇帝，太子方獲禮葬，而謚曰戾。今節愍太子之行比之，豈可同年而語。其於陛下，又猶子也，而謚爲節愍乎？此又臣所未諭也。

昔項羽之臣丁公，常將危漢高祖，高祖謂之曰：二賢豈相厄哉！丁公乃止。及高祖滅項氏，遂戮丁公以徇，曰：使項王失天下者，丁公也。夫戮之，大義至公也，不私德之，所以誡其後之事君者。今節愍太子之爲逆，復非欲保護陛下，其可褒謚乎？此又臣之所未諭也。

陛下天縱聖哲，所任賢明，以臣至愚，寧可干議？然臣又惟堯、舜，聖君也，八凱、五臣，良佐也，猶廣聽芻蕘之言者，蓋爲智者千慮，或有一失，愚者千慮，或有一得也。故曰：狂夫之言，聖人擇焉。臣輒緣斯義，敢以陳聞，願得與議謚者對議於御前。若臣言非也，甘受謗聖政之罪，赴鼎鑊之誅。仍請申明義以示天下，使臣輩愚惑者咸蒙冰釋，則無復異議矣。若所謚未當，奈何施之聖朝，垂之史册，使後代逆臣賊子因而引譬，資以爲辭，是開悖亂之門，豈示將來之法！伏望改定其謚，務合禮經。其李多祚等罪，請從宥免，不謂爲雪，以順天下之心，則盡善盡美矣。

書奏，睿宗引湊謂曰：誠如卿言。事已如此，如何改動？湊曰：

太子賓行悖逆，不可褒美，請稱其行，改謚以一字。多祚等以兵犯君，非曰無罪，祇可云放，不可稱雪。帝然其言。當時執政以制令已行，難於改易，唯多祚等停贈官而已。

韓思復

《舊唐書》卷一〇一《韓思復傳》 韓思復，京兆長安人也。祖倫，貞觀中爲左衛率，賜爵長山縣男。思復少襲祖爵。初爲汴州司戶參軍，爲政寬恕，不行杖罰。在任丁憂，家貧，鬻薪終喪制。時姚崇爲夏官侍郎，知政事，深嘉歎之，擢授司禮博士。

景龍中，累遷給事中。時左散騎常侍嚴善思坐譙王重福事下制獄，有司言：善思昔嘗任汝州刺史，素與重福交遊，召至京師，竟不言其謀逆，唯奏云東都有兵氣。據狀正當匿反，請從絞刑。思復駁奏曰：議獄緩死，列聖明規；刑疑從輕，有國常典。嚴善思往在先朝，屬韋氏擅內，恃寵宮掖，謀危宗社。善思此時遂能先覺，因詣相府有所發明，進論聖躬必登宸極。雖交遊重福，蓋謀陷韋氏。及其謁見，猶不奏聞，將此行藏，即從極法。且敕追善思，書至便發，向懷逆節，寧即奔命？一面疏網，誠合順生；三驅取禽，來而可宥。惟刑是恤，事合昭詳。請付刑部集羣官議定奏裁，以符慎獄。是時議者多云善思合從原宥，有司仍執前議請誅之。思復又駁曰：臣聞刑人於市，爵人於朝，必僉謀攸同，始行之無惑。謹按諸司所議，嚴善思十纔一入，抵罪惟輕。夫帝閽九重，塗遠千里。故借天下之耳以聽，聽無不聰；借天下之目以視，視無不接。今羣言上聞，採擇宜審，若棄多就少，臣實懼焉。輿誦一乖，下情不達，雖欲從衆，其可及乎！凡百京司，逢時之泰，列官分職，有賢有親。親則列藩諸王，陛下愛子；賢則胙茅開國，陛下名臣。見無禮於君，寧肯雷同不異？今措詞多出，法合從輕。上納其奏，竟免善思死，配流靜州。思復尋轉中書舍人，數上疏陳得失，多見納用。

開元初，爲諫議大夫。時山東蝗蟲大起，姚崇爲中書令，奏遣使分往河南、河北諸道殺蝗蟲而埋之。思復以爲蝗蟲是天災，當修德以禳之，恐非人力所能翦滅。上疏曰：臣聞河南、河北蝗蟲，頃日更益繁熾，經歷之處，苗稼都損。今漸翾飛向西，游食至洛，使命來往，不敢昌言，山東數州，甚爲惶懼。且天災流行，埋瘞難盡。望陛下悔過責躬，發使宣慰，損不急之務，召至公之人，上下同心，君臣一德，持此誠實，以答休咎。前後驅蝗使等，伏望總停。《書》云：皇天無親，惟德是輔；人心無親，惟惠是懷。不可不收攬人心也。上深然之，出思復疏以付崇。崇乃請遣思復往山東檢蝗蟲所損之處，及還，具以實奏。崇又請令監察御史劉沼重加詳覆，沼希崇旨意，遂箠撻百姓，迴改舊狀以奏之。由是河南數州，竟不得免。思復遂爲崇所擠，出爲德州刺史，轉絳州刺史。入爲黃門侍郎，加銀青光祿大夫，代裴漼爲御史大夫。思復性恬澹，好玄言，安仁體道，非紀綱之任。無幾，轉太子賓客。十三年卒，年七十餘。

馬懷素

《舊唐書》卷一〇二《馬懷素傳》 馬懷素，潤州丹徒人也。寓居江都，少師事李善。家貧無燈燭，晝採薪蘇，夜燃讀書，遂博覽經史，善屬文。舉進士，又應制舉，登文學優贍科，拜郿尉，四遷左臺監察御史。長安中，御史大夫魏元忠爲張易之所構，配徙嶺表，太子僕崔貞慎、東宮率獨孤禕之餞于郊外。易之怒，使人誣告貞慎等與元忠同謀，則天令懷素按鞫，遣中使促迫，諷令構成其事，懷素執正不受命。則天怒，召懷素親加詰問，懷素奏曰：元忠犯罪配流，貞慎等以親故相送，誠爲可責，若以爲謀反，臣豈誣罔神明？昔彭越以反伏誅，欒布奏事於其屍下，漢朝不坐，況元忠罪非彭越，陛下豈加追送之罪。陛下當生殺之柄，欲加之罪，取決聖衷可矣。若付臣推鞫，臣敢不守陛下之法？則天意解，貞慎等由是獲免。時夏官侍郎李迴秀恃張易之之勢，受納貨賄，懷素奏劾之，迴秀遂罷知政事。懷素累轉禮部員外郎，與源乾曜、盧懷慎、李傑等充十道黜陟使。懷素處事平恕，當時稱之。使還，遷考功員外郎。時貴戚縱恣，請託公行，懷素無所阿順，典舉平允，擢拜中書舍人。

（唐）劉肅《大唐新語》卷四《持法》 魏元忠、張説爲二張所構，流放嶺南。夏官侍郎崔貞慎、將軍獨孤禕之、郎中皇甫伯瓊等八人並追送于郊外。易之乃假作告事人柴明狀，稱貞慎等與元忠謀反。則天命馬懷素按之，曰：此事並實，可略問，速以聞。斯須，中使催迫者數焉，曰：反狀皎然，何費功夫，遂至許時？懷素奏請柴明對問，則天曰：我亦不知柴明處，但據此狀，何須柴明！懷素執貞慎等無反狀，則天怒曰：爾寬縱反者耶？懷素曰：魏元忠以國相流放，貞慎等以親故相送，誠則可責，若以爲謀反，臣豈誣罔神明。只如彭越以反伏誅，欒布奏事屍下，漢朝不坐。況元忠罪非彭越，陛下豈加追送者罪耶？陛下當生殺之柄，欲加之罪，取決聖衷足矣。今付臣推勘，臣但守法耳。則天曰：爾欲總不與罪耶？懷素曰：臣識見庸淺，不見貞慎等罪。則天意解，曰：卿守我法。乃赦之。時朱敬則知政事，對朝堂執懷素手曰：馬子，馬子，可愛，可愛！時人深賞之。

顏真卿

《舊唐書》卷一二八《顏真卿傳》　顏真卿字清臣，瑯邪臨沂人也。五代祖之推，北齊黄門侍郎。真卿少勤學業，有詞藻，尤工書。開元中，舉進士，登甲科。事親以孝聞。四命爲監察御史，充河西隴右軍試覆屯交兵使。五原有冤獄，久不決，真卿至，立辯之。天方旱，獄決乃雨，郡人呼之爲御史雨。又充河東朔方試覆屯交兵使。有鄭延祚者，母卒二十九年，殯僧舍垣地，真卿劾奏之，兄弟三十年不齒，天下聳動。遷殿中侍御史、東都畿採訪判官，轉侍御史、武部員外郎。楊國忠怒其不附己，出爲平原太守。【略】

代宗嗣位，拜利州刺史，遷戶部侍郎，除荆南節度使，未行而罷，除尚書左丞。車駕自陝將還，真卿請皇帝先謁五陵、九廟而後還宫。宰相元載謂真卿曰：公所見雖美，其如不合事宜何？真卿怒，前曰：用捨在相公耳，言者何罪？然朝廷之事，豈堪相公再破除耶？載深銜之。旋改檢校刑部尚書知省事，累進封魯郡公。

時元載引用私黨，懼朝臣論奏其短，乃請：百官凡欲論事，皆先白長官，長官白宰相，然後上聞。真卿上疏曰：御史中丞李進等傳宰相語，稱奏進止：緣諸司官奏事頗多，朕不憚省覽，但所奏多挾讒毁；自今論事者，諸司官皆須先白長官，長官白宰相，宰相定可否，然後奏聞者。臣自聞此語已來，朝野囂然，人心亦多衰退。何則？諸司長官皆達官也，言皆專達於天子也。郎官、御史者，陛下腹心耳目之臣也。故其出使天下，事無巨細得失，皆令訪察，迴日奏聞，所以明四目、達四聰也。今陛下欲自屏耳目，使不聰明，則天下何述焉。《詩》云：營營青蠅，止于棘。讒言罔極，交亂四國。以其能變白爲黑，變黑爲白也。詩人深惡之，故曰：取彼讒人，投畀豺虎。豺虎不食，投畀有北。則夏之伯明、楚之無極、漢之江充，皆讒人也，孰不惡之？陛下惡之，深得君人之體矣。陛下何不深迴聽察，其言虚誣者，則讒人也，因誅殛之；其言不虚者，則正人也，因獎勵之。陛下捨此不爲，使衆人皆謂陛下不能明察，倦於聽覽，以此爲辭，拒其諫諍，臣竊爲陛下痛惜之。

臣聞太宗勤於聽覽，庶政以理，故著《司門式》云：其有無門籍人，有急奏者，皆令監門司與仗家引奏，不許關礙。所以防壅蔽也。并置立仗馬二匹，須有乘騎便往，所以平治天下，正用此道也。天寶已後，李林甫威權日盛，羣臣不先諮宰相輒奏事者，仍託以他故中傷，猶不敢明約百司，令先白宰相。又閹官袁思藝日宣詔至中書，玄宗動静，必告林甫，先意奏請，玄宗驚喜若神。以此權柄恩寵日甚，道路以目。上意不下宣，下情不上達，所以漸致潼關之禍，皆權臣誤主，不遵太宗之法故也。陵夷至于今日，天下之蔽，盡萃于聖躬，豈陛下招致之乎？蓋其所從來者漸矣。自艱難之初，百姓尚未凋弊，太平之理，立可便致。屬李輔國用權，宰相專政，遞相姑息，莫肯直言。大開三司，不安反側，逆賊散落，將士北走党項，合集土賊，至今爲患。僞將更相驚恐，因思明危懼，扇動却反。又今相州敗散，東都陷没，先帝由此憂勤，至於損壽，臣每思之，痛切心骨。

今天下兵戈未戢，瘡痏未平，陛下豈得不日聞讜言以廣視聽，而欲頓隔忠讜之路乎！臣竊聞陛下在陝州時，奏事者不限貴賤，務廣聞見，乃堯、舜之事也。凡百臣庶，以爲太宗之理，可翹足而待也。臣又聞君子難進易退，由此言之，朝廷開不諱之路，猶恐不言，況懷厭怠，令宰相宣進止，使御史臺作條目，不令直進。從此人人不敢奏事，則陛下聞見，只在三數人耳。天下之士，方鉗口結舌，陛下後見無人奏事，必謂朝廷無事可論，豈知懼不敢進，卽林甫、國忠復起矣。凡百臣庶，以爲危殆之期，又翹足而至也。如今日之事，曠古未有，雖李林甫、楊國忠猶不敢公然如此。今陛下不早覺悟，漸成孤立，後縱悔之無及矣！臣實知忤大臣者，罪在不測，不忍孤負陛下，無任懇迫之至。

其激切如此。於是中人争寫內本布於外。

李　勉

《舊唐書》卷一三一《李勉傳》　李勉字玄卿，鄭王元懿曾孫也。父擇言，爲漢褒相岐四州刺史、安德郡公，所歷皆以嚴幹聞。在漢州，張嘉貞爲益州長史、判都督事，性簡貴，待管內刺史禮隔，而引擇言同榻，坐談政理，時人榮之。勉幼勤經史，長而沉雅清峻，宗於虚玄，以近屬陪位，累授開封尉。時昇平日久，且汴州水陸所湊，邑居庬雜，號爲難理，勉與聯尉盧成軌等，並有擒姦擿伏之名。

至德初，從至靈武，拜監察御史。屬朝廷右武，勳臣恃寵，多不知禮。大將管崇嗣於行在朝堂背闕而坐，言笑自若，勉劾之，拘於有司，肅宗特原之，歎曰：吾有李勉，始知朝廷尊也。遷司膳員外郎。時關東獻俘百餘，詔並處斬，因有仰天歎者，勉過問之，對曰：某被脅制守官，非逆者。勉乃哀之，上言曰：元惡未殄，遭點汚者半天下，皆欲澡心歸化。若盡殺之，是驅天下以資兇逆也。肅宗遽令奔騎宥釋，由是歸化日至。

克復西京，累歷清要，四遷至河南少尹。累爲河東節度王思禮、朔方河東都統李國貞行軍司馬，尋遷梁州都督、山南西道觀察使。勉以故吏前密縣尉王晬勤幹，俾攝南鄭令，俄有詔處死，勉問其故，乃爲權倖所誣。勉詢將吏曰：上方藉牧宰爲人父母，豈以譖言而殺不辜乎！卽停詔拘晬，飛表上聞，晬遂獲宥，而勉竟爲執政所非，追入爲大理少卿。謁見，面陳王晬無罪，政事條舉，盡力吏也。肅宗嘉其守正，乃除太常少卿。王晬後以推擇拜大理評事、龍門令，終有能名，時稱知人。

肅宗將大用勉，會李輔國寵任，意欲勉降禮於己。勉不爲之屈，竟爲所抑，出歷汾州、虢州刺史，改京兆尹、檢校右庶子、兼御史中丞、都畿觀察使。尋兼河南尹，明年罷尹，以中丞歸西臺，又除江西觀察使。賊帥陳莊連陷江西州縣，偏將吕太一、武日昇相繼背叛，勉與諸道力戰，悉攻平之。部人有父病，以蠱道爲木偶人，署勉名位，瘞于其隴，或以告，曰：爲父禳災，亦可矜也。捨之。

大曆二年，來朝，拜京兆尹、兼御史大夫，政尚簡肅。宦官魚朝恩爲觀軍容使，仍知國子監事，恃寵含威，天憲在舌。前尹黎幹寫心候事，動必求媚，每朝恩入監，傾府人吏具數百人之饌以待之。及勉莅職旬月，朝恩入監，府吏先期有請，勉曰：軍容使判國子監事，勉候太學，軍容宜厚具主禮。勉忝京尹，軍容倘惠顧府廷，豈敢不具蔬饌。朝恩聞而銜之，因不復至太學，勉亦尋受代。

四年，除廣州刺史，兼嶺南節度觀察使。番禺賊帥馮崇道、桂州叛將朱濟時等阻洞爲亂，前後累歲，陷没十餘州。勉至，遣將李觀與容州刺史王翃併力招討，悉斬之，五嶺平。前後西域舶泛海至者歲纔四五，勉性廉潔，舶來都不檢閱，故末年至者四十餘。在官累年，器用車服無增飾。及代歸，至石門停舟，悉搜家人所貯南貨犀象諸物，投之江中，耆老以爲可繼前朝宋璟、盧奂、李朝隱之徒。人吏詣闕請立碑，代宗許之。十年，拜工部尚書。及滑亳永平軍節度令狐彰卒，遺表舉勉自代，因除之。在鎮八年，以舊德清重，不嚴而理，東諸侯雖暴驁者，亦宗敬之。

李　皐

《舊唐書》卷一三一《李皐傳》　李皐字子蘭，曹王明玄孫，嗣王戢之子。少補左司禦率府兵曹參軍。天寶十一載嗣封，授都水使者，三遷至祕書少監，皆同正。多智數，善因事以自便。奉太妃鄭氏以孝聞。

上元初，京師旱，米斗直數千，死者甚多。皐度俸不足養，亟請外官，不允，乃故抵微法，貶温州長史。無幾，攝行州事。歲儉，州有官粟數十萬斛，臯欲行賑救，掾吏叩頭乞候上旨，臯曰：夫人日不再食，當死，安暇稟命！若殺我一身，活數千人命，利莫大焉。於是開倉盡散之。以擅貸之罪，飛章自劾。天子聞而嘉之，答以優詔，就加少府監。臯行縣，見一媪垂白而泣，哀而問之，對曰：李氏之婦，有二子：鈞、鍔，俱宦遊二十年不歸，貧無以自給。時鈞爲殿中侍御史，鍔爲京兆府法曹，俱以文藝登科，名重於時。臯曰：入則孝，出則悌，行有餘力，然後可以學文。若二子者，豈可備於列位！由是舉奏，並除名勿齒。改處州别駕，行州事，以良政聞。徵至京，未召見，因上書言理道，拜衡州刺史。坐小法，貶潮州刺史。時楊炎謫官道州，知臯事直，及爲相，復拜衡州。初，臯爲御史覆訊，懼貽太妃憂，竟出則素服，入則公服，言貌如平常，太妃竟不知。及爲潮州，詭詞謂遷，至是復位，方泣以白，且言非疾不敢有聞。

李　愿

《舊唐書》卷一三三《李愿傳》〔李〕愿，幼謙謹寡過，晟立大勳，諸子猶無官，宰相奏陳，德宗卽日召愿拜銀青光禄大夫、太子賓客、上柱國。舊制，勳至上柱國，賜門戟，卽令賜愿，乃與父並列棨戟於門。九年，丁父憂。十二年，服闋，德宗召見愿等於延英，憫然久之曰：朕在宫中，常念卿等，追懷勳德，何日忘之。又聞卿等居喪得禮，朕甚嘉之。各賜衣一襲、絹三千匹。愿依前授太子賓客，兄弟同日拜官者九人。尋轉左衛大將軍。

元和元年八月，檢校禮部尚書，兼夏州刺史、夏綏銀宥等州節度使，威令簡肅，甚得綏懷之術。客有亡馬者，以狀告愿，愿以狀牓於路，懸金以購之。不三日，所亡馬繫之牓下，仍置書一緘曰：馬逸及羣，不時告，罪當死，敢以良馬一匹贖罪，并亡馬謹納於路。愿付客亡馬而縱其良馬。境内嚴肅，多如此類。轉徐州刺史、武寧軍節度使。到鎮，以青、鄆不恭，奉命討伐，屠城下邑，捷奏屢聞。無何，有疾，以其弟愬代爲徐帥，入爲刑部尚書。疾愈，檢校尚書左僕射，兼鳳翔尹、鳳翔隴右節度使。然自是頗怠於爲理，無復素志，聲色之外，全不介懷。

長慶二年二月，檢校司空，兼汴州刺史、宣武軍節度使。先是，張弘靖爲汴帥，以厚賞安士心。及愿至，帑藏已竭，而愿恣其奢侈，門内數百口，仰給官司，不恤軍政，賞賚不及弘靖時，而以威刑馭下。又令妻弟竇緩將親兵，緩亦驕傲黷貨，以是羣情聚怨。是歲七月四日夜，牙將李臣則、薛志忠、秦鄰等三人宿直，突入竇緩帳中，斬緩首以徇。愿聞有變，與左右數人露髮而走，登子城北樓，懸縋而下，由水竇而出。比曉，行十數里，遇野人驅驢，奪而乘之，得至鄭州。愿妻竇氏死於亂兵之手，子三人匿而獲免，僕妾爲軍士所俘。城中大掠三日，乃立其牙將李㝏爲留後，以邀旄鉞，月餘，方誅之。愿坐貶隨州刺史。朝廷念晟之勳，終不加罪，入爲左金吾衛大將軍。長慶四年六月，復檢校司空，兼河中尹，充河中晉絳慈隰節度使。河中之政，亦如岐、梁。加以愿結託權幸，厚行賂遺，賦入隨盡，軍府蕭然，賴遽疾終，不爾蒲人必有更變。寶應元年六月卒，贈司徒。

竇　參

《舊唐書》卷一三六《竇參傳》竇參字時中，工部尚書誕之玄孫。父審言，聞喜尉，以參貴贈吏部尚書。參習法令，通政術，性矜嚴，强直而果斷。少以門蔭，累官至萬年尉。時同僚有直官曹者，將夕，聞親疾，請參代之。會獄囚亡走，京兆尹按直簿，將奏，參遽請曰：彼以不及狀謁，參實代之，宜當罪。坐貶江夏尉，人多義之。

累遷奉先尉。縣人曹芬，名隸北軍，芬素兇暴，因醉毆其女弟，其父救之不得，遂投井死。參捕理芬兄弟當死，衆官皆請俟免喪，參曰：子因父生，父由子死，若以喪延罪，是殺父不坐也。皆正其罪而杖殺之，一縣畏伏。轉大理司直。按獄江淮，次揚州，節度使陳少游驕蹇，不郊迎，令軍吏傳問，參正辭讓之，少游悔懼，促詣參，參不俟濟江。還奏合旨。時婺州刺史鄧珽坐贓八千貫，珽與執政有舊，以會赦，欲免贓。詔百僚於尚書省雜議，多希執政意，參獨堅執正之於法，竟徵贓。明年，除監察御史，奉使按湖南判官馬彝獄。時彝舉屬令贓罪至千貫，爲得罪者之子因權幸誣奏彝，參竟白彝無罪。彝實能吏，後累佐曹王皐，以正直強幹聞。

參轉殿中侍御史，改金部員外郎、刑部郎中、侍御史、知雜事。無幾，遷御史中丞，不避權貴，理獄以嚴稱。數蒙召見，論天下事，又與執政多異同，上深器之，或參决大政。時宰頗忌之，多所排抑，亦無以傷參。然多率情壞法。初定百官俸料，以嘗爲司直，黨其官，故給俸多於本寺丞；又定百官班秩，初令太常少卿在左右庶子之上；又惡詹事李昇，遂移詹事班退居諸府尹之下，甚爲有識所嗤。尋兼戶部侍郎。時京師人家豕生兩首四足，有司欲奏，參曰：此爲豕禍，安可上聞！命棄之。是時，郊牛生犢有六足者，太僕卿周皓白宰相請奏，李泌亦戲答以遣之。

故淮南節度使陳少游子正儀請襲封，參大署尚書省門曰：陳少游位兼將相之崇，節變艱危之際，君上含垢，未能發明，愚子何心，輒求傳襲。正儀懼，不敢求封而去。時神策將軍孟華有戰功，爲大將軍所誣奏，稱華謀反；有右龍武將軍李建玉，前陷吐蕃，久之自拔，爲部曲誣告潛通吐蕃：皆當死，無以自白，參悉理出之；由是人皆屬望。

明年，拜中書侍郎、同平章事，領度支、鹽鐵轉運使。每宰相間日於延英召對，諸相皆出，參必居後久之，以度支爲辭，實專大政。參無學術，但多引用親黨，使居要職，以爲耳目，四方藩帥，皆畏懼之。李納既憚參，饋遺畢至，外示敬參，實陰間之。上所親信，多非毀參。竇申又與吳通玄通犯事覺，參任情好惡，恃權貪利，不知紀極，終以此敗。貶參郴州別駕，貞元八年四月也。

參至郴州，汴州節度使劉士寧遺參絹五千匹。湖南觀察使李巽與參有隙，遂具以聞；又中使逢士寧使於路，亦奏其事。德宗大怒，欲殺參。宰相陸贄曰：竇參與臣無分，因事報怨，人之常情。然臣參宰衡，合存公體，以參罪犯，置之於死，恐用刑太過。於是且止。尋又遣中使謂贄等曰：卿等所奏，於大體雖好，然此人交結中外，其意難測，朕尋情狀，其事灼然。又竇參在彼，與諸戎帥交通，社稷事重，卿等速進文書處分。贄奏曰：臣面承德音，幸奉密旨，皆以社稷爲言，又知根尋已審，敢不上同憂憤，内絶狐疑，豈願遲迴，更貽念慮。但以參常經重任，斯謂大臣，進退之間，猶宜有禮，誅戮之際，不可無名。劉晏久掌貨財，當時亦招怨讟，及加罪責，事不分明，叛者既得以爲辭，衆人亦爲之懷愍。用刑曖昧，損累不輕，事例未遙，所宜重慎。竇參頃司鈞軸，頗怙恩私，貪受貨財，引縱親黨，此則朝廷同議，天下共傳。至於潛懷異圖，將起大惡，迹既未露，人皆莫知。臣等親奉天顔，議加刑辟，但聞兇險之意，尚昧結構之由。況在衆流，何由備悉，忽行峻罰，必謂冤誣，羣情震驚，事亦非細。若不付外推鞫，則恐難定罪名，乞留睿聰，更少詳度。竇參於臣，素亦無分，陛下固已明知，有何顧懷，輒欲營救，良以事關國體，義絶私嫌，所冀典刑不濫於清時，君道免虧於聖德。乃再貶爲驩州司馬。男景伯，配泉州；女尼真如，隸郴州；其財物婢妾，傳送京師。參時爲左右中官深怒，謗沮不已，未至驩州，賜死於邕州武經鎮，時年六十。

柳仲郢

《舊唐書》卷一六五《柳仲郢傳》 〔柳〕仲郢字諭蒙，元和十三年進士擢第，釋褐秘書省校書郎。牛僧孺鎮江夏，辟爲從事。仲郢有父風，動修禮法，僧孺歎曰：非積習名教，安能及此！人爲監察御史。五年，遷侍御史。富平縣人李秀才，籍在禁軍，誣鄉人斫父墓柏，射殺之，法司以專殺論。文宗以中官所庇，决杖配流。右補闕蔣係上疏論之，不省。仲郢執奏曰：聖王作憲，殺人有必死之令；聖明在上，當官無壞法之臣。今秀才犯殺人之科，愚臣備監决之任，此賊不死，是亂典章。臣雖至微，豈敢曠職？其秀才未敢行决，望別降敕處分。乃詔御史蕭傑監之，傑又執奏。帝遂詔京兆府行决，不用監之，然朝廷嘉其守法。

會昌中，三遷吏部郎中，李德裕頗知之。武宗有詔減冗官，吏部條疏，欲牒天下州府取額外官員，仲郢曰：諸州每冬申闕，何煩牒耶？倖門頓塞。仲郢條理旬日，減一千二百員，時議爲愜。遷諫議大夫。五年，淮南奏吴湘獄，御史崔元藻覆按得罪，仲郢上疏理之，人皆危懼。德裕知其無私，益重之。武宗築望仙臺，仲郢累疏切諫，帝召諭之曰：聊因舊趾增葺，愧卿忠言。德裕奏爲京兆尹，謝日，言曰：下官不期太尉恩獎及此，仰報厚德，敢不如奇章門館。德裕不以爲嫌。時廢浮圖法，以銅像鑄錢。仲郢爲京畿鑄錢使，錢工欲於模加新字，仲郢止之，唯淮南加新字，後竟爲僧人取之爲像設鐘磬。紇干㮚訴表甥劉詡毆母，詡爲禁軍小校，仲郢不俟奏下，杖殺。爲北司所譖，改右散騎常侍，權知吏部尚書銓事。

宣宗卽位，德裕罷相，出仲郢爲鄭州刺史。周墀自江西移鎮滑臺，過鄭，觀其境內大理，甚獎之，俄而墀人輔政，遷爲河南尹。莅事踰月，召拜戶部侍郎。居無何，墀罷知政事。同列有疑仲郢與墀善，左授秘書監。數月，復出爲河南尹。以寬惠爲政，言事者以爲不類京兆之政。仲郢曰：輦轂之下，彈壓爲先；郡邑之治，惠養爲本。何取類耶？

大中年，轉梓州刺史、劍南東川節度使。孔目吏邊章簡者，以貨交近倖，前後廉使無如之何。仲郢因事決殺，部內肅然，不俟行法而自理。左鎮五年，美績流聞，徵爲吏部侍郎。入朝未謝，改兵部侍郎，充諸道鹽鐵轉運使。大中十二年，罷使，守刑部尚書。咸通初，轉兵部，加金紫光祿大夫、河東男，食邑三百戶。俄出爲興元尹、山南西道節度使。鳳州刺史盧方乂以輕罪決部民，數日而斃，其妻列訴，又旁引他吏，械繫滿獄。仲郢召其妻謂之曰：刺史科小罪誡人，但本非死刑，雖未出辜，其實病死。罰方乂百直，繫者皆釋，郡人深感之。因決贓吏過當，以太子賓客分司東都。踰年，爲虢州刺史。數月，檢校尚書左僕射、東都留守。盜發先人墓，棄官歸華原。除華州刺史，不拜。數月，以本官爲鄆州刺史、天平軍節度觀察等使，授節鉞於華原別墅，卒於鎮。

崔玄亮

《舊唐書》卷一六五《崔玄亮傳》　崔玄亮字晦叔，山東磁州人也。玄亮貞元十一年登進士第，從事諸侯府。性雅淡，好道術，不樂趨競，久遊江湖。至元和初，因知己薦達入朝。再遷監察御史，轉侍御史。出爲密、湖、曹三郡刺史。每一遷秩，謙讓輒形於色。大和初，入爲太常少卿。四年，拜諫議大夫，中謝日，面賜金紫。朝廷推其名望，遷右散騎常侍。

來年，宰相宋申錫爲鄭注所構，獄自內起，京師震懼。玄亮首率諫官十四人，詣延英請對，與文宗往復數百言。文宗初不省其諫，欲置申錫於法，玄亮泣奏曰：孟軻有言：衆人皆曰殺之，未可也；卿大夫皆曰殺之，未可也；天下皆曰殺之，然後察之，方置於法。今至聖之代，殺一凡庶，尚須合於典法，況無辜殺一宰相乎？臣爲陛下惜天下法，實不爲申錫也。言訖，俯伏嗚咽，文宗爲之感悟，玄亮由此名重於朝。七年，以疾求爲外任，宰相以弘農便其所請，乃授檢校左散騎常侍、虢州刺史。是歲七月，卒於郡所，中外無不歎惜。

魏謩

《舊唐書》卷一七六《魏謩傳》　魏謩字申之，鉅鹿人。**【略】**

前邕管經略使董昌齡枉殺錄事參軍衡方厚，坐貶溆州司戶。至是量移硤州刺史，謩上疏論之曰：王者施渙汗之恩以赦有罪，唯故意殺人無赦。昌齡比者錄以微効，授之方隅，不能祗慎寵光，恣其狂暴，無辜專殺，事跡顯彰。妻孥銜冤，萬里披訴。及按鞫伏罪，貸以微生，中外議論，以爲屈法。今若授之牧守，以理疲人，則殺人者拔擢，而冤苦者何伸？交紊憲章，有乖至理。疏奏，乃改爲洪州別駕。

御史中丞李孝本，皇族也，坐李訓誅，有女没入掖廷。謩諫曰：臣聞治國家者，先資於德義，德義不修，家邦必壞，故王者以德服人，以義使人。服使之術，要在修身，修身之道，在於孜孜。夫一失百虧之戒，存乎久要之源。前志曰：勿以小惡而爲之，勿以小善而不爲。斯則懼於漸也！臣又聞，君如日焉，顯晦之微，人皆瞻仰，照臨之大，何以掩藏？前代設敢諫之鼓，立誹謗之木，貴聞其過也。陛下卽位已來，誕敷文德，不悦聲色，出後宫之怨婦，配在外之鰥夫。洎今十年，未嘗採擇。自數月已來，天睠稍迴，留神妓樂，教坊百人、二百人，選試未已，莊宅司收市，亹亹有聞。昨又宣取李孝本之女入內。宗姓不異，寵幸何名，此事深累慎修，有虧一簣。陛下九重之內，不得聞知。凡此之流，大生物議，實傷理道之本，未免塵穢之嫌。夫欲人不知，莫若勿爲。諺曰：止寒莫若重裘，止謗莫若自修。伏希陛下照鑒不惑，崇千載之盛德，去一旦之玩好。教坊停息，宗女遺還，則大正人倫之風，深弘王者之體。

疏奏，帝即日出孝本女，遷謩右補闕。詔曰：昔乃先祖貞觀中諫書十上，指事直言，無所避諱。每覽國史，未嘗不沉吟伸卷，嘉尚久之。爾爲拾遺，其風不墜，屢獻章疏，必道其所以。至於備灑掃於諸王，非自廣其聲妓也；恤髫齔之宗女，固無嫌於徵取也。雖然，疑似之間，不可家至而戶曉。爾能詞旨深切，是博我之意多也。噫！人能匪躬謇諤，似其先祖，吾豈不能虛懷延納，仰希貞觀之理歟？而謩居官日淺，未當敍進，吾豈限以常典，以待直臣。可右補闕。帝謂宰臣曰：昔太宗皇帝得魏徵，裨補闕失，弼成聖政。我得魏謩，於疑似之間，必能極諫。不敢希貞觀之政，庶幾處無過之地矣。【略】

荊南監軍使吕令琮從人擅入江陵縣，毆罵縣令韓忠，觀察使韋長申狀與樞密使訴之。謩上疏曰：伏以州縣侵屈，只合上聞；中外關連，須存舊制。韋長任膺廉使，體合精詳，公事都不奏聞，私情擅爲踰越。況事無巨細，不可將迎。縣令官業有乖，便宜理罪；監軍職司侵越，即合聞天。或以慮煩聖聽，何不但申門下？今則首紊常典，理合糾繩。伏望聖慈，速加懲誡！疏奏不出，時論惜之。【略】

四年，拜諫議大夫，仍兼起居舍人，判弘文館事。紫宸入閤，遣中使取謩起居注，欲視之，謩執奏曰：自古置史官，書事以明鑒誡。陛下但爲善事，勿畏臣不書。如陛下所行錯忤，臣縱不書，天下之人書之。臣以陛下爲文皇帝，陛下比臣如褚遂良。帝又曰：我嘗取觀之。謩曰：由史官不守職分，臣豈敢陷陛下爲非法？陛下一覽之後，自此書事須有迴避。如此，善惡不直，非史也。遺後代，何以取信？乃止。【略】

尋以本官同平章事，判使如故。謝日，奏曰：臣無夔、契之才，驟叨夔、契之任，將何以仰報鴻私？今邊戍粗安，海內寧息，臣愚所切者，陛下未立東宮，俾正人傅導，以存副貳之重。因泣下。上感而聽之。先是，累朝人君不欲人言立儲貳，若非人主己欲，臣不下敢獻言。宣宗春秋高，嫡嗣未辨，謩作相之日，率先啓奏，人士重之。尋兼集賢大學士。詹毗國獻象，謩以其性不安中土，請還其使，從之。太原節度使李業殺降虜，北邊大擾。業有所恃，人不敢非。謩即奏其事，乃移業滑州。加中書侍郎。大理卿馬曙從人王慶告曙家藏兵甲，曙坐貶官，而慶無罪。謩引法律論之，竟杖殺慶。

張允濟

《舊唐書》卷一八五上《良吏傳上·張允濟》　張允濟，青州北海人也。隋大業中爲武陽令，務以德教訓下，百姓懷之。元武縣與其鄰接，有人以牸牛依其妻家者八九年，牛孳產至十餘頭，及將異居，妻家不與，縣司累政不能決。其人詣武陽質於允濟，允濟曰：爾自有令，何至此也？其人垂泣不止，具言所以。允濟遂令左右縛牛主，以衫蒙其頭，將詣妻家村中，云捕盗牛賊，召村中牛悉集，各問所從來處。妻家不知其故，恐被連及，指其所訴牛曰：此是女壻家牛也，非我所知。允濟遂發蒙，謂妻家人曰：此即女壻，可以牛歸之。妻家叩頭服罪。元武縣司聞之，皆大慚。又嘗道逢一老母種葱者，結菴守之，允濟謂母曰：但歸，不煩守也。若遇盗，當來告令。老母如其言，居一宿而葱大失，母以告允濟，悉召葱地十里中男女畢集，允濟呼前驗問，果得盗葱者。曾有行人候曉先發，遺衫於路，行十數里方覺，或謂曰：我武陽境內，路不拾遺，但能迴取，物必當在。如言果得。遠近稱之，政績尤異。

李素立

《舊唐書》卷一八五上《良吏傳上·李素立》　李素立，趙州高邑人，北齊梁州刺史義深曾孫也。祖騊，散騎常侍。父政藻，隋水部郎中。大業末充使淮南，爲盗所殺。素立，武德初爲監察御史。時有犯法不至死者，高祖特命殺之，素立諫曰：三尺之法，與天下共之，法一動搖，則人無所措手足。陛下甫創鴻業，遐荒尚阻，奈何輦轂之下，便棄刑書？臣忝法司，不敢奉旨。高祖從之。自是屢承恩顧。素立尋丁憂，高祖令所司奪情授以七品清要官，所司擬雍州司戶參軍，高祖曰：此官要而不清。又擬祕書郎，高祖曰：此官清而不要。遂擢授侍御史，高祖曰：此官清而復要。

賈敦頤

《舊唐書》卷一八五上《良吏傳上·賈敦頤》 賈敦頤，曹州冤句人也。貞觀中，歷遷滄州刺史。在職清潔，每入朝，盡室而行，唯弊車一乘，羸馬數匹，羈勒有闕，以繩爲之，見者不知其刺史也。二十三年，轉瀛州刺史。州界滹沱河及滱水，每歲泛溢，漂流居人，敦頤奏立堤堰，自是無復水患。

永徽五年，累遷洛州刺史。時豪富之室，皆籍外占田，敦頤都括獲三千餘頃，以給貧乏。又發姦摘伏，有若神明。尋卒。

賈敦實

《舊唐書》卷一八五上《良吏傳上·賈敦實》 〔賈〕敦實，貞觀中爲饒陽令，政化清靜，老幼懷之。時敦頤復授瀛州刺史，舊制，大功以上不復連官，朝廷以其兄弟在職，俱有能名，竟不遷替。咸亨元年，累轉洛州長史，甚有惠政。時洛陽令楊德幹杖殺人吏，以立威名，敦實曰：政在養人，義須存撫，傷生過多，雖能亦不足貴也。常抑止德幹，德幹亦爲之稍減。四年，遷太子右庶子。

初敦頤爲洛州刺史，百姓共樹碑於大市通衢，及敦實去職，復刻石頌美，立于兄之碑側，時人號爲棠棣碑。敦實後爲懷州刺史，永淳初，以年老致仕。及病篤，子孫迎醫視之，敦實曰：未聞良醫能治老也。終不服藥。垂拱四年卒，時年九十餘。

高智周

《舊唐書》卷一八五上《良吏傳上·高智周》 高智周，常州晉陵人。少好學，舉進士。累補費縣令，與丞、尉均分俸錢，政化大行，人吏刊石以頌之。尋授祕書郎、弘文館直學士，預撰《瑤山玉彩》、《文館辭林》等，三遷蘭臺大夫。時孝敬在東宮，智周與司文郎中賀凱、司經大夫王真儒等，俱以儒學詔授爲侍讀。總章元年，請假歸葬其父母，因謂所親曰：知進而不知退，取患之道也。乃稱疾去職。

俄起授壽州刺史，政存寬惠，百姓安之。每行部，必先召學官，見諸生，試其講誦，訪以經義及時政得失，然後問及墾田獄訟之事。咸亨二年，召拜正諫大夫，兼檢校禮部侍郎。尋遷黄門侍郎、同中書門下三品，兼修國史。俄轉御史大夫，累表固辭煩劇之任，高宗嘉其意，拜右散騎常侍。又請致仕，許之。永淳二年十月，卒於家，年八十二，贈越州都督府。

裴懷古

《舊唐書》卷一八五下《良吏傳下·裴懷古》 裴懷古，壽州壽春人也。儀鳳中，詣闕上書，授下邽主薄。長壽中，累轉監察御史。時姚、巂蠻首反叛，詔懷古往招輯之。懷古申明賞罰，賊徒歸附者日以千數，乃俘其魁首，處其居人而還。蠻夷荷恩，立碑頌德。時恒州鹿泉寺僧淨滿爲弟子所謀，密畫女人居高樓，仍作淨滿引弓而射之，藏於經笥。已而詣闕上言僧咒詛，大逆不道。則天命懷古按問誅之。懷古究其辭狀，釋淨滿以聞，則天大怒，懷古奏曰：陛下法無親疏，當與天下畫一。豈使臣誅無辜之人，以希聖旨。向使淨滿有不臣之狀，臣復何顔能寬之乎？臣今慎守平典，雖死無恨也。則天意乃解。

（唐）劉肅《大唐新語》卷四《持法》 則天朝，恒州鹿泉寺僧淨滿有高行，衆僧嫉之，乃密畫女人居高樓，淨滿引弓射之狀，藏於經笥，令其弟子詣闕告之。則天大怒，命御史裴懷古推按，便行誅決。懷古窮其根本，釋淨滿而坐告者，以聞。則天驚怒，色動聲戰，責懷古寬縱，懷古執之不屈。李昭德進曰：懷古推事疏略，請令重推。懷古厲而言曰：陛下法無親疏，當與天下執一，奈何使臣誅無辜之人，以希聖旨？向使淨滿有不臣之狀，臣復何顔能寬之乎？臣守平典，庶無冤濫，雖死不恨也。

則天意解，乃釋懷古。後副閻知微和親于突厥，突厥立知微爲南面可汗而入寇趙定，懷古因得逃歸。素羸弱不堪奔馳，乃懇誠告天，願投死南土。倦而寢，夢一僧狀如淨滿者引之，曰：可從此路出。覺而從之，果獲全。時人以爲忠恕之報。

潘好禮

《舊唐書》卷一八五下《良吏傳下·潘好禮》　潘好禮，貝州宗城人。少與鄉人孟温禮、楊茂謙爲莫逆之友。好禮舉明經，累授上蔡令，理有異績，擢爲監察御史。開元三年，累轉邠王府長史。俄而邠王出爲滑州刺史，以好禮兼邠王府司馬，知滑州事。王欲有所遊觀，好禮輒諫止之。後王將鷹犬與家人出獵，好禮聞而遮道請還，王初不從，好禮遂臥於馬前，呼曰：今正是農月，王何得非時將此惡少狗馬踐暴禾稼，縱樂以損於人！請先蹋殺司馬，然後聽王所爲也。王慚懼，謝之而還。

好禮尋遷豫州刺史，爲政孜孜，而繁於細事，人吏雖憚其清嚴，亦厭其苛察。其子請歸鄉預明經舉，好禮謂曰：國法須平，汝若經業未精，則不可妄求也。乃自試其子，經義未通，好禮大怒，集州僚笞而枷之，立於州門以徇於衆。俄坐事左遷温州別駕卒。好禮常自以直道，不附於人，又未嘗敍累階勳，服用粗陋，形骸土木，議者亦嫌其邀名。

楊瑒

《舊唐書》卷一八五下《良吏傳下·楊瑒》　楊瑒，華陰人。【略】瑒初爲麟遊令，時御史大夫竇懷貞檢校造金仙、玉真二觀，移牒近縣，徵百姓所隱逆人資財，以充觀用。瑒拒而不受，懷貞怒曰：焉有縣令卑微，敢拒大夫之命乎？瑒曰：所論爲人冤抑，不知計位高卑。懷貞壯其對。又中宗時，韋庶人上表請以年二十二爲丁限。及韋氏敗，省司舉徵租調，瑒執曰：韋庶人臨朝當國，制書非一，或進階卿士，或赦宥罪人，何獨於已役中男，重徵丁課，恐非保人之術。省司遂依瑒所執，一切免之。瑒由是知名，擢拜殿中侍御史。

開元初，遷侍御史。時崔日知爲京兆尹，貪暴犯法，瑒與御史大夫李傑將糾劾之。傑反爲日知所構，瑒廷奏曰：糾彈之司，若遭恐脅，以成姦人之謀，御史臺固可廢矣。上以其言切直，遽令傑依舊視事，貶日知爲歙縣丞。瑒歷遷御史中丞、戶部侍郎。上曾於延英殿召中書門下與諸司尚書及瑒議戶口之事，瑒因奏人間損益，甚見嗟賞。時御史中丞宇文融奏括戶口，議者或以爲不便，敕百僚省中集議，時融方在權要，公卿已下，多雷同融議，瑒獨與盡理爭之。尋出爲華州刺史。

崔隱甫

《舊唐書》卷一八五下《良吏傳下·崔隱甫》　崔隱甫，貝州武城人，散騎侍郎儦之曾孫也。【略】隱甫，開元初再遷洛陽令，理有威名。九年，自華州刺史轉太原尹，人吏刊石頌其美政。十二年，入爲河南尹。十四年，代程行諶爲御史大夫。時中書令張説當朝用事，隱甫與御史中丞宇文融、李林甫劾其犯狀，説遂罷知政事。

隱甫在職強正，無所迴避。自貞觀年李乾祐爲御史大夫，別置臺獄，有所鞫訊，便輒繫之。由是自中丞、侍御史已下，各自禁人，牢扉常滿。隱甫引故事，奏以爲不便，遂掘去之。又憲司故事，大夫已下至監察御史，競爲官政，略無承稟。隱甫一切督責，事無大小，悉令諮決，稍有忤意者，便列上其罪，前後貶黜省殆半，羣僚側目。是冬，敕隱甫校外官考。舊例皆委細參問，經春未定。隱甫召天下朝集使，一時集省中，一日校考便畢，時人伏其敏斷。帝嘗謂曰：卿爲御史大夫，海内咸云稱職，甚副朕之所委也。

隱甫既與張説有隙，俄又遞爲朋黨，帝聞而惡之，特免官，令歸侍母。歲餘，復授御史大夫。遷刑部尚書，母憂去官。二十一年，起復太原尹，仍爲河東採訪處置使。復爲刑部尚書，兼河南尹。二十四年，車駕還京，以隱甫爲東都留守，爲政嚴肅，甚爲人吏之所嘆服。

李尚隱

《舊唐書》卷一八五下《良吏傳下·李尚隱》　李尚隱，其先趙郡人，世居潞州之銅鞮，近又徙家京兆之萬年。弱冠明經累舉，補下邽主簿。時姚珽爲同州刺史，甚禮之。景龍中爲左臺監察御史。時中書侍郎、知吏部選事崔湜及吏部侍郎鄭愔同時典選，傾附勢要，逆用三年員闕，士庶嗟怨。尋而相次知政事，尚隱與同列御史李懷讓於殿廷劾之，湜等遂下獄推究，竟貶黜之。時又有睦州刺史馮昭泰，誣奏桐廬令李師等二百餘家，稱其妖逆，詔御史按覆之。諸御史憚昭泰剛愎，皆稱病不敢往。尚隱嘆曰：豈可使良善陷枉刑而不爲申明哉！遂越次請往，竟推雪李師等，奏免之。俄而崔湜、鄭愔等復用，尚隱自殿中侍御史出爲伊闕令，懷讓爲魏縣令。湜等既死，尚隱又自定州司馬擢拜吏部員外郎，懷讓自河陽令擢拜兵部員外郎。尚隱累遷御史中丞。時御史王旭頗用威權，爲士庶所患。會爲讎者所訟，尚隱按之，無所容貸，獲其姦贓鉅萬，旭遂得罪。尚隱尋轉兵部侍郎，再遷河南尹。

尚隱性率剛直，言無所隱，處事明斷。其御下，豁如也。又詳練故事，近年制敕，皆暗記之，所在稱爲良吏。

十三年夏，妖賊劉定高夜犯通洛門，尚隱坐不能覺察所部，左遷桂州都督。臨行，帝使謂之曰：知卿公忠，然國法須爾。因賜雜綵百匹以慰之。俄又遷廣州都督，仍充五府經略使。及去任，有懷金以贈尚隱者，尚隱固辭之，曰：吾自性分，不可改易，非爲慎四知也。竟不受之。

累轉京兆尹，歷蒲、華二州刺史，加銀青光禄大夫，賜爵高邑伯，入爲大理卿，代王鉷爲御史大夫。時司農卿陳思問多引小人爲其屬吏，隱盜錢穀，積至累萬。尚隱又舉按之，思問遂流嶺南而死。尚隱三爲憲官，輒去朝廷之所惡者，時議甚以此稱之。二十四年，拜户部尚書、東都留守。二十八年，轉太子賓客。尋卒，年七十五，謚曰貞。

蔣沇

《舊唐書》卷一八五下《良吏傳下·蔣沇》　蔣沇，萊州膠水人，吏部侍郎欽緒之子也。性介獨好學，早有名稱。以孝廉累授洛陽尉、監察御史。與兄演、溶，弟清，俱以幹局吏事擅能名於天寶中。長史韓朝宗、裴迥咸以推覆檢勾之任委之，處事平允，剖斷精當，動爲羣僚楷式。乾元後，授陸渾、盩厔、咸陽、高陵四縣令，當軍旅之後，瘡痍未平，沇竭心綏撫，所至安輯。副元帥郭子儀每統兵由其縣，必誡軍吏曰：蔣沇令清而嚴幹，供億故當有素，士衆得蔬飯見饋則足，無撓清政。其爲名人所知如此。

稍遷長安令、刑部郎中，兼侍御史，領渭橋河運出納使。時元載秉政，廉潔守道者多不更職，沇以故滯於郎位，久不徙官。大曆十二年，常袞以羣議稱沇屈，擢拜御史中丞、東都副留守。尋遷刑部侍郎、删定副使。改大理卿，持法明審，號爲稱職。

建中元年冬，鑾駕幸奉天，沇奔行在，爲賊候騎所拘執，欲以僞職誘之，因絶食稱病，潛竄里閭間。京師平，首蒙旌擢，拜右散騎常侍。尋以疾終，年七十四，追贈工部尚書。

皇甫無逸

《新唐書》卷九一《皇甫無逸傳》　皇甫無逸字仁儉，京兆萬年人。父誕，隋幷州總管府司馬，高祖以無逸本隋勳舊，尊遇之，拜刑部尚書，封滑國公。歷陝東道行臺民部尚書，遷御史大夫。時蜀新定，吏多横恣，人不聊，詔無逸持節巡撫，得承制除吏。既至，黜貪暴，用廉善，法令嚴明，蜀人以安。

李日知

《新唐書》卷一一六《李日知傳》 李日知，鄭州滎陽人。及進士第。天授中，歷司刑丞。時法令嚴，吏爭爲酷，日知獨平寬無文致。嘗免一囚死，少卿胡元禮執不可，曰：吾不去曹，囚無生理。日知曰：僕不去曹，囚無死法。皆以狀讞，而武后用日知議。

（唐）劉肅《大唐新語》卷四《持法》 李日知爲司刑丞，嘗免一死囚，少卿胡元禮異判殺之，與日知往復至于再三。元禮怒，遣府吏謂曰：元禮不離刑曹，此囚無活法。日知報曰：日知不離刑曹，此囚無死法。竟以兩聞，日知果直。

韓休

《新唐書》卷一二六《韓休傳》 韓休，京兆長安人。【略】休工文辭，舉賢良。玄宗在東宮，令條對國政，與校書郎趙冬曦並中乙科，擢左補闕，判主爵員外郎。進至禮部侍郎，知制誥。出爲虢州刺史。虢於東、西京爲近州，乘輿所至，常稅廐芻，休請均賦它郡。中書令張説曰：免虢而與它州，此守臣爲私惠耳。休復執論，吏白恐忤宰相意，休曰：刺史幸知民之敝而不救，豈爲政哉？雖得罪，所甘心焉。訖如休請。以母喪解，服除，爲工部侍郎，知制誥。遷尚書右丞。侍中裴光庭卒，帝敕蕭嵩舉所以代者，嵩稱休志行，遂拜黄門侍郎、同中書門下平章事。

休直方不務進趨，既爲相，天下翕然宜之。萬年尉李美玉有罪，帝將放嶺南。休曰：尉小官，犯非大惡。今朝廷有大姦，請得先治。金吾大將軍程伯獻恃恩而貪，室宅輿馬僭法度，臣請先伯獻，後美玉。帝不許，休固争曰：罪細且不容，巨猾乃置不問，陛下不出伯獻，臣不敢奉詔。帝不能奪。大率堅正類此。初，嵩以休柔易，故薦之。休臨事或折正嵩，嵩不能平。宋璟聞之曰：不意休能爾，仁者之勇也。嵩寬博多可，休峭鯁，時政所得失，言之未嘗不盡。帝嘗獵苑中，或大張樂，稍過差，必視左右曰：韓休知否？已而疏輒至。嘗引鑑，默不樂。左右曰：自韓休入朝，陛下無一日歡，何自戚戚，不逐去之？帝曰：吾雖瘠，天下肥矣。且蕭嵩每啓事，必順旨，我退而思天下，不安寢。韓休敷陳治道，多訐直，我退而思天下，寢必安。吾用休，社稷計耳。後以工部尚書罷。遷太子少師，封宜陽縣子。卒，年六十八，贈揚州大都督，謚曰文忠。寶應元年，贈太子太師。

戴叔倫

《新唐書》卷一四三《戴叔倫傳》 戴叔倫字幼公，潤州金壇人。師事蕭穎士，爲門人冠。劉晏管鹽鐵，表主運湖南，至雲安，楊子琳反，馳客劫之曰：歸我金幣，可緩死。叔倫曰：身可殺，財不可奪。乃捨之。嗣曹王皋領湖南、江西，表在幕府。皋討李希烈，留叔倫領府事，試守撫州刺史。民歲爭溉灌，爲作均水法，俗便利之。耕餉歲廣，獄無繫囚。俄即真。期年，詔書褒美，封譙縣男，加金紫服。

張鷟

《新唐書》卷一六一《張鷟傳》 張薦字孝舉，深州陸澤人。祖鷟，字文成，早惠絶倫。爲兒時，夢紫文大鳥，五色成文，止其廷。大父曰：吾聞五色赤文，鳳也；紫文，鸑鷟也。若壯，殆以文章瑞朝廷乎？遂命以名。調露初，登進士第。考功員外郎騫味道見所對，稱天下無雙。授岐王府參軍。入以制舉皆甲科，再調長安尉，遷鴻臚丞。四參選，判策爲銓府最。員外郎員半千數爲公卿稱鷟文辭猶青銅錢，萬選萬中，時號鷟青錢學士。證聖中，天官侍郎劉奇以鷟及司馬鍠爲御史。性躁卞，儻蕩無檢，罕爲正人所遇，姚崇尤惡之。開元初，御史李全交劾鷟多口語訕短時政，貶嶺南，刑部尚書李日知訟斥太重，得內徙。鷟屬文下筆輒成，浮豔少理致，其論著率詆誚蕪猥，然大行一時，晚進莫不傳記。武后時，中人馬仙童陷默啜，問：文成在否？答曰：近自御史貶官。曰：國有此人不用，無能爲也。新羅、日本使至，必出金寶購其文。終司門員外郎。

呂元膺

《新唐書》卷一六二《呂元膺傳》　呂元膺字景夫，鄆州東平人。姿儀瓌秀，有器識。始游京師，謁故宰相齊映，映嘆曰：吾不及識婁、郝，殆斯人類乎！策賢良高第，調安邑尉，辟長春宮判官。李懷光亂河中，輒解去。論惟明節度渭北，表佐其府。惟明卒，王栖曜代之，德宗敕栖曜留元膺自佐。入拜殿中侍御史。歷右司員外郎。出爲蘄州刺史。嘗録囚，囚或曰：父母在，明日歲旦不得省爲恨。因泣，元膺惻然，悉釋械歸之，而戒還期。吏白不可，答曰：吾以信待人，人豈我違？如期而至。自是羣盜感愧，悉避境去。

江西裴堪按虔州刺史李將順受賕，不覆訊而貶。元膺曰：觀察使奏部刺史，不加覆，雖當誅，猶不可爲天下法。請遣御史按問，宰相不能奪。

李至遠

《新唐書》卷一九七《循吏傳・李至遠》〔李素立〕孫至遠，始名鵬。而素立方奉使，謂家人曰：古有待事名子，吾此役可命子孫矣。遂以名之。少秀晤，能治《尚書》、《左氏春秋》，未見杜預《釋例》而作《編記》，大趣略同。復撰《周書》，起后稷至赧，爲傳紀，令狐德棻許其良史。始調蒲州參軍，累補乾封尉。上元時，制策高第，授明堂主簿。以喪解，既除，調鴻臚主簿。奏戎狄簿領，高宗悅，擢監察御史裏行。忤貴倖，外遷，久乃歷司勳、吏部員外郎中。遷天官侍郎，知選事，疾令史受賄謝，多所紬易，吏肅然斂手。有王忠者，被放，吏謬書其姓爲士，欲擬訖增成之，至遠曰：調者三萬，無士姓，此必王忠。吏叩頭服罪。至遠之知選，以内史李昭德進，人或勸其往謝，答曰：公以公用我，奈何欲謝以私？卒不詣，故昭德銜之，出爲壁州刺史。卒，年四十八。

至遠父休烈，亦有文，終鄭令，年四十九。世歎其父子材不盡云。至遠見桓彦範，力言其賢。盧從愿尚少，高以評目。許弟從遠且貴，豫言其位，以驗所至。蘇頲，其出也，少失母，至遠愛視甚謹，以女妻之。友兄弟，事寡姊有禮，世稱其德。

何易于

《新唐書》卷一九七《循吏傳・何易于》　何易于，不詳何所人及所以進。爲益昌令。縣距州四十里，刺史崔朴常乘春與賓屬汎舟出益昌旁，索民挽繂，易于身引舟，朴驚問狀，易于曰：方春，百姓耕且蠶，惟令不事，可任其勞。朴愧，與賓客疾驅去。鹽鐵官榷取茶利，詔下，所在毋敢隱。易于視詔書曰：益昌人不征茶且不可活，矧厚賦毒之乎？命吏閣詔，吏曰：天子詔何敢拒？吏坐死，公得免竄邪？對曰：吾敢愛一身，移暴于民乎？亦不使罪爾曹。即自焚之。觀察使素賢之，不劾也。民有死喪不能具葬者，以俸敕吏爲辦。召高年坐，以問政得失。凡鬬民在廷，易于丁寧指曉枉直，杖楚遺之，不以付吏，獄三年無囚。督賦役不忍迫下戶，或以俸代輸。饋給往來，傳符外一無所進，故無異稱。以中上考，遷羅江令。刺史裴休嘗至其邑，導侍不過三人，廉約蓋資性云。

（唐）孫樵《孫可之集》卷三《書何易于》　易于視詔曰：益昌不征茶，百姓尚不可活，矧厚其賦以毒民乎？命吏剗去，吏爭曰：天子詔所在不得爲百姓匿，今剗去，罪愈重，吏止死，明府公一下有寧字。免竄海裔耶？易于曰：吾寧愛一作顧。一身以毒一邑民乎？亦不使罪蔓爾曹。即自縱火焚之。觀察《文粹》作風。使聞其狀，以易于挺身爲民，卒不加劾。邑民死喪，子弱業破，不能具葬者，易于輒出俸錢，使吏爲辦。百姓入常賦，有垂白傴杖者，易于必召坐一本下有與字。食，問政得失。庭有競民，易于皆《文粹》作輒。親自與語，爲指白枉直。罪小者勸，大者杖。悉立遣之，不以付吏。治益昌三年，獄無繫民，民不知役。改綿州羅江令，其一作故。治視益昌。

薛元賞

《新唐書》卷一九七《循吏傳·薛元賞》　薛元賞，亡里系所來。大和初，自司農少卿，出爲漢州刺史。時李德裕爲劍南西川節度使，會維州降，德裕受之以聞，牛僧孺沮其議，執還之。元賞上書極言可因撫之，潰虜膺腹，不可失。不省。段文昌代德裕，狀元賞治當最。遷累司農卿，京兆尹。出爲武寧節度使，罷泗口猥稅，人以爲便。俄徙邠寧。

會昌中，德裕當國，復拜京兆尹。都市多俠少年，以黛墨鑱膚，夸詭力，剽奪坊閭。元賞到府三日，收惡少，杖死三十餘輩，陳諸市，餘黨懼，爭以火滅其文。元賞長吏事，能推言時弊，件白之。禁屯怙勢擾府縣，元賞數與爭，不少縱，由是軍暴折戢，百姓賴安。就加檢校吏部尚書。閱歲，進工部尚書，領諸道鹽鐵轉運使。德裕用元賞弟元龜爲京兆少尹，知府事。宣宗立，罷德裕，而元龜坐貶崖州司戶參軍，元賞下除袁王傅。久之，復拜昭義節度使，卒。

（唐）白居易《白氏長慶集》卷五二《中書制誥五·薛元賞可華原縣令制》　勅：前大理丞薛元賞。甸服之制也，樹以尹正，承以令長，上下有統，而理化行焉。以元賞前為廷尉丞，察獄評刑，頗聞敬慎，寺卿奏課，邑宰缺員，故移欽恤之心，使布惠和之化，上承爾長，下字吾人。無或越思，而乖統理。可華原縣令。

李頻

《新唐書》卷二〇三《文藝傳下·李頻》　李頻字德新，睦州壽昌人。少秀悟，逮長，廬西山，多所記覽。其屬辭，於詩尤長。與里人方干善。給事中姚合名爲詩，士多歸重，頻走千里丐其品，合大加獎挹，以女妻之。

大中八年，擢進士第，調祕書郎，爲南陵主簿。判入等，再遷武功令。於是畿民多籍神策軍，吏以其横，類假借，不敢繩以法。頻至，有神策士尚君慶，逋賦六年不送，睅然出入閭里。頻密擿比伍與競，君慶叩縣廷質，頻即械送獄，盡條宿惡，請於尹殺之，督所負無少貸。豪猾大驚，屏息奉法，縣大治。有六門堰者，廞廢百五十年，方歲饑，頻發官廥庸民浚渠，按故道廝水溉田，穀以大稔。懿宗嘉之，賜緋衣、銀魚。俄擢侍御史，守法不阿徇，遷累都官員外郎。表丐建州刺史。既至，以禮法治下，更布條教。時朝政亂，盜興，相椎奪，而建賴頻以安。卒官下，喪歸，父老相與扶柩，葬永樂州，爲立廟梨山，歲祠之。天下亂，盜發其冢，壽昌人隨加封掩云。

范獻忠

（唐）劉肅《大唐新語》卷二《剛正》　中宗朝，鄭普思承恩寵而潛圖不軌。蘇瓌奏請按之，以司直范獻忠爲判官。瓌奏收普思。普思妻得幸於韋庶人，持敕於御前對。中宗屢抑瓌而理普思，應對頗不中。獻忠歷階而進曰：「臣請先斬蘇瓌。」中宗問其故，對曰：「蘇瓌，國之大臣，荷榮貴久矣，不能先斬逆賊而後聞。今使其眩惑天聽，摇動刑柄，而普思反狀昭露，陛下爲其申理，此其反者不死。今聖躬萬福，豈有天邪？臣請死，終不能事普思。」獄乃定。朝廷咸壯之。

王義方

（唐）劉肅《大唐新語》卷二《剛正》　李義府恃恩放縱，婦人淳于氏有容色，坐繫大理，乃托大理丞畢正義曲斷出之。或有告之者，詔劉仁軌鞫之，義府懼謀洩，斃正義於獄。侍御史王義方將彈之，告其母曰：「奸臣當路，懷祿而曠官，不忠；老母在堂，犯難以危身，不孝。進退惶惑，不知所從。母曰：吾聞王陵母殺身以成子之義，汝若事君盡忠，立名千載，吾死不恨焉。義方乃備法冠，横玉階彈之。先叱義府令下，三叱乃出，然後跪宣彈文曰：臣聞春鸎鳴於獻歲，蟋蟀吟於始秋，物有微而應時，士有賤而言忠者。乃庭劾義府曰：臣聞誣下罔上，聖主之所宜誅；心狠貌恭，明時之所必罰。是以隱賊掩義，不容唐帝之朝；竊幸乘權，終齒漢皇之劍。中書侍郎李義府，因緣際會，遂階通職。不盡忠竭節，對揚王休，策蹇勵駑，祇奉皇眷，而乃馮附城社，蔽虧日月，託公行私，交游羣小。貪冶容之美，原有罪之淳于；恐漏洩其謀，殞無辜之正義。挾山超海之力，望此猶輕；迴天轉地之威，方斯更烈。此而可恕，孰不可容！方當金風屆節，玉露啟途，霜簡與秋典共清，忠臣將鷹鸇並擊。請除君側，少答鴻私，碎首玉階，庶明臣節。高宗以義方毀辱大臣，言詞不遜，貶萊州司户。秩滿，於昌樂聚徒教授。母亡，遂不復仕進。總章二年卒。撰《筆海》十卷。門人何彦先、員半千制師服三年，喪畢而去。

李令質

（唐）劉肅《大唐新語》卷二《剛正》　李令質爲萬年令，有富人同行盗，繫而按之。駙馬韋擢策馬入縣救盗者，令質不從。擢乃譖之於中宗。中宗怒，臨軒召見，舉朝爲之恐懼。令質奏曰：臣必以韋擢與盗非親非故，故當以貨求耳。臣豈不懼擢之勢，但申陛下法，死無所恨。中宗怒解，乃釋之。朝列賀之，曰：設以獲譴，流於嶺南，亦爲幸也。

陸大同

（唐）劉肅《大唐新語》卷二《剛正》　陸大同爲雍州司田，時安樂公主、韋温等侵百姓田業，大同盡斷還之。長吏懼勢，謀出大同。會將有事南郊，時已十月，長吏乃舉牒令大同巡縣勸田疇，冀他判司摇動其按也。大同判云：南郊有事，北陸已寒；丁不在田，人皆入室。此時勸課，切恐煩勞。長吏益不悦，乃奏大同爲河東令，尋復爲雍州司倉。長吏新興王晉附會太平公主，故多阿黨。大同終不從。因謂大同曰：雍州判佐不是公官，公何爲不别求好官？大同曰：某無身材，但守公直，素無廊廟之望，唯以雍州判佐爲好官。晉不能屈。大同闔門雍睦，四從同居。法言即大同伯祖也。

崔琬

（唐）劉肅《大唐新語》卷二《剛正》　宗楚客與弟晉卿及紀處訥等恃權勢，朝野岳牧除拜多出其門，百寮惕懼，莫敢言者。監察御史崔琬不平之，乃具法冠，陳其罪狀，請收案問。中宗不許。明日，又進密狀，乃降敕曰：卿列霜簡，忠在觸邪，遂能不懼權豪，便有彈射。眷言稱職，深領乃誠。然楚客等大臣，須存禮度。朕識卿姓名，知卿鯁直，但守至公，勿有迴避。自此朝廷相謂曰：仁者必有勇，其崔公之謂歟？累遷刑部郎中。琬兄璆，以孝友稱，歷刑部員外、揚州司馬；丁母憂，晝夜哀號，水漿不入於口，不勝喪而卒。

敬昭道

（唐）劉肅《大唐新語》卷四《持法》　延和中，沂州人有反者，詿誤坐者四百餘人，將隸于司農，未即路，繫州獄。大理評事敬昭道援赦文刊而免之。時宰相切責大理：奈何免反者家口。大理卿及正等失色，引昭道以見執政，執政怒而責之。昭道曰：赦云見禁囚徒。沂州反者家口並繫在州獄，此即見禁也。反覆詰對，至于五六，執政無以奪之。詿誤者悉免。昭道遷監察御史。先是夔州征人舒萬福等十人次于巴陽灘，溺死。昭道因使巴渝，至萬春驛，方睡，見此十人祈哀。纔寤覺，至于再三，乃召驛吏問之，驛人對如夢。昭道即募善游者出其屍，具酒殽以酹之，觀者莫不歔欷。乃移牒近縣，備棺櫝歸之故鄉。征人聞者，無不感激。

辛替否

（唐）劉肅《大唐新語》卷四《持法》　睿宗朝，雍令劉少徵憑恃岑義親姻，頗黷于貨。殿中侍御史辛替否按之，義囑替否以寬其罪。替否謂同列曰：少徵恃勢貪暴。吾忝憲司，奈何懼勢寬縱罪人，以侮王法。少徵竟處死。

蕭至忠

（唐）劉肅《大唐新語》卷四《持法》　李承嘉爲御史大夫，謂諸御史曰：公等奏事，須報承嘉知；不然，無妄聞也。諸御史悉不禀之。承嘉厲而復言。監察蕭至忠徐進曰：御史，人君耳目，俱握雄權，豈有奏事先咨大夫，臺無此例。設彈中丞，大夫豈得奉諮耶？承嘉無以對。

趙仁恭

（唐）劉肅《大唐新語》卷四《持法》　明崇儼爲正諫大夫，以奇術承恩。夜遇刺客，敕三司推鞫，其妄承引連坐者衆。高宗怒，促法司行刑。刑部郎中趙仁恭奏曰：此輩必死之囚，願假數日之命。高宗曰：卿以爲枉也？仁恭曰：臣識慮淺短，非的以爲枉，恐萬一非實，則怨氣生焉。緩之旬餘，果獲賊。高宗善之，遷刑部侍郎。

朱履霜

（唐）劉肅《大唐新語》卷四《持法》　朱履霜好學，明法理。則天朝，長安市屢非時殺人，履霜因入市，聞其稱寃聲，乘醉入兵圍中，大爲刑官所責。履霜曰：刑人於市，與衆共之。履霜亦明法者，不知其所犯，請詳其按，此據令式也，何見責之甚？刑官唯諾，以按示之。時履霜詳其案，遂拔其二。斯須，監刑御史至，訶責履霜。履霜容止自若，剖析分明，御史意少解。履霜曰：准令，當刑能申理者，加階而編入史，乃侍御史之美也。御史以聞，兩囚竟免。由是名動京師。他日當刑之家，或可分議者，必求履霜詳案，履霜懼不行。死家訴於主司，往往召履霜詳究，多所全濟。補山陰尉，巡察使必委以推案。故人或遺以數兩黄連，固辭不受，曰：不辭受此歸，恐母妻詰問從何而得，不知所以對也。後爲姑蔑令，威化行于浙西。著《憲問》五卷，撮刑獄之機要。

崔皎

（唐）劉肅《大唐新語》卷四《政能》　崔皎爲長安令，邠王守禮部曲數輩盜馬，承前以上長令不敢按問，奴輩愈甚，府縣莫敢言者。皎設法擒捕，羣奴潛匿王家，皎命就擒之，怒懼，盡縊殺懸於街樹，境内肅然。出爲懷州刺史。歷任内外，咸有聲稱也。

韋景駿

（唐）劉肅《大唐新語》卷四《政能》　韋景駿爲肥鄉令，縣界漳水，連年泛濫。景駿審其地勢，增築隄防，遂無水患，至今賴焉。時河北大饑，景駿躬自巡撫貧弱，人吏立碑，以紀其德。肥鄉人有母子相告者，景駿謂之曰：吾少孤，每見人養親，自痛終天無分。汝幸在温清之地，何得如此？錫類不行，令之罪也。因淚下嗚咽，仍取《孝經》與之，令其習讀。於是母子感悟，各請改悔。遷趙州長史，路由肥鄉，人吏驚喜，競來犒餞，留連彌日。有童幼數人，年甫十歲，亦在其中。景駿謂之曰：計吾北去，此時汝輩未生，既無舊思，何慇懃之甚也？咸對曰：比聞長老傳説，縣中廨宇、學堂、館舍、堤橋並是明公遺蹟。將謂古人，不意得瞻覩，不覺欣戀倍於常也。終于奉先令。子述，開元、天寶之際，爲工部侍郎，代吴兢修國史。

韋陟

（唐）劉肅《大唐新語》卷四《政能》　肅宗初克復，重將帥之臣，而武人怙寵，不遵法度。將軍王去榮打殺本縣令，據法處盡。肅宗將宥之，下百寮議。韋陟議曰：昔漢高約法，殺人者死。今陛下出令，殺人者生。伏恐不可爲萬代之法。陟嘗任吏部侍郎，有一致仕官敍五品。陟判之曰：青氊展慶，曾不立班；朱紱承榮，無宜卧拜。時人推其強直政能。

盧莊道

（唐）劉肅《大唐新語》卷八《聰敏》　盧莊道年十三，造於父友高士廉，以故人子，引坐。會有獻書者，莊道竊窺之，請士廉曰：此文莊道所作。士廉甚怪之，曰：後生何輕薄之行！莊道請諷之，果通。復請倒諷，又通。士廉請敍良久，莊道謝曰：此文實非莊道所作，向窺記之耳。士廉卽取他文及案牘試之，一覽倒諷。並呈己作文章。士廉具以聞，太宗召見，策試，擢第十六，授河池尉。滿，復制舉擢甲科。召見，太宗識之曰：此是朕聰明小兒耶？授長安尉。太宗將録囚徒，京宰以莊道幼年，懼不舉，欲以他尉代之。莊道不從。但閑暇，不之省也。時繫囚四百餘人，令丞深以爲懼。翌日，太宗召囚，莊道乃徐狀以進，引諸囚入。莊道評其輕重，留繫月日，應對如神。太宗驚異，卽日拜監察御史。

楊纂

（唐）劉肅《大唐新語》卷八《從善》　貞觀中，金城坊有人家爲胡所劫者，久捕賊不獲。時楊纂爲雍州長史，判勘京城坊市諸胡，盡禁推問。司法參軍尹伊異判之曰：賊出萬端，詐僞非一，亦有胡着漢帽，漢着胡帽，亦須漢裏兼求，不得胡中直覓。請追禁西市胡，餘請不問。纂初不同其判。遽命，沉吟少選，乃判曰：纂輸一籌。餘依判。太宗聞之，笑曰：朕用尹伊，楊纂聞義伏輸一籌，朕復得幾籌耶？俄果獲賊。尹伊嘗爲坊州司户，尚藥局牒省索杜若，省符下坊州供送。伊判之曰：坊州本無杜若，天下共知。省符忽有此科，應由謝朓詩誤。華省曹郎如此判，豈不畏二十八宿向下笑人！由是知名。改補雍州司法。

韓思彦

（唐）劉肅《大唐新語》卷一二《勸勵》　韓思彦以御史巡察於蜀。成都富商積財巨萬，兄弟三人，分資不平争訴。長吏受其財賄，不決與奪。思彦推案數日，令廚者奉乳自飲訖，以其餘乳賜争財者，謂之曰：汝兄弟久禁，當饑渴，可飲此乳。纔遍，兄弟竊相語，遂號哭攀援，相咬肩髆，良久不解，但言曰：蠻夷不識孝義，惡妻兒離間，以至是。侍御豈不以兄弟同母乳耶？復擗踴悲號，不自勝，左右莫不流涕。請同居如初。思彦以狀聞，敕付史官，時議美之。

張平叔

（唐）白居易《白氏長慶集》卷四八《中書制誥一·張平叔可户部侍郎判度支制》　勅：故事君使臣，其道不一：或先勞而後受賞，或先加寵而後責功。蓋宜便有後先，時事有緩急故耳。朝議大夫守鴻臚卿兼御史大夫判度支上柱國賜紫金魚袋張平叔，國之才臣也。計能析秋毫，吏畏如夏日。司會逾月，綱條甚張，況師旅未息，調食方急，倚成取濟非爾而誰！故自大鴻臚换居人部，造膝而授，不時而遷，其要無他，是欲急吾事而望倚爾功也。公卿以降，羣有司盈庭，然問曰：與吾坐而決事，丞相以下不過四五，而主計之臣在焉；非智能則事不可成，非諒直則吾難近，噫！職局之外得不思稱官望而厭我心乎？可守尚書戸部侍郎判度支散官勲賜如故。

李諒

（唐）白居易《白氏長慶集》卷五〇《中書制誥三·李諒授壽州刺史薛公幹授泗州刺史制》 勅：泗州刺史李諒等：《詩》云愷悌君子，人之父母，朕三復斯言，往往興歎，安得循吏，俾父母吾人乎？吾前命諒為泗守，未即路，會壽守植卒，因改諒守壽，命公幹守泗。諒之理課，前詔詳矣；公幹自尚書郎連領二郡，政平法一，甚便於人，加以有理戎之材，可付留事，故輟軍保，仍憲秩而兼寵之。夫壽與泗，皆郡之大者也，諒與公幹，皆二千石之良者也，以大郡委良吏，不亦宜乎？噫！諒無忘澄城之理，公幹無替亳城之政，則愷悌之化，吾有望於二郡焉。諒可壽州刺史，公幹可泗州刺史。

杜羔

（唐）白居易《白氏長慶集》卷五二《中書制誥五·故工部尚書致仕杜羔贈右僕射制》 勅：故某官杜羔，生於仁族，發為公器，敦厚孝友，本乎天性，文學政事，出於餘力。自立朝右，藹然素風，司諫平刑，駁議廌問，凡所踐歷，不懈於位。以年致政，以疾就第，出處進退，皆叶時中。遽此淪謝，惻惻興念。夫生有榮禄，歿有寵贈，所以極君道，厚時風，亦聖人有始卒之義也。宜追端揆，以申褒飾，猶有精爽，知吾不忘。可贈尚書右僕射。

王鎰

（唐）白居易《白氏長慶集》卷五三《中書制誥六·王鎰可刑部員外郎制》 敕：刑曹郎闕，朕詔執事，擇可以善于其職者。而殿中侍御史王鎰，自居殿中，能察非法，連鞫庶獄，多協平允，加以温敏靜專，可當是選。一歲之獄，決在秋冬，今方其時，宜敬乃職。

竇易直

（唐）白居易《白氏長慶集》卷五五《翰林制詔二·竇易直給事中制》 前御史中丞竇易直，器質識智，厚重閒敏，文合法要，學通政經，累踐臺郎，擢司邦憲，寬猛舉措，甚得其中，官不易方，府無留事。前因病免，今以才遷，俾升瑣闈，以備顧問。夫制令奏議，官獄典章，苟有依違，皆得駁正。所任不細，宜敬乃官，可給事中。

李保殷

《舊五代史》卷六八《唐書·李保殷傳》 李保殷，河南洛陽人也。昭宗朝，自處士除太子正字，改錢塘縣尉。浙東帥董昌辟爲推官，調補河府兵曹參軍，歷長水令、《毛詩》博士，累官至太常少卿、端王傅，入爲大理卿。撰《刑律總要》十二卷。與兵部侍郎郗殷象論刑法事，左降房州司馬。同光初，授殿中監。以其素有明法律之譽，拜大理卿，未滿秩，屬爲人所制。保殷曰：人之多辟，無自立辟。乃謝病以歸，卒於洛陽。

薛　融

《舊五代史》卷九三《晉書・薛融傳》　薛融，汾州平遥人。性純和，以儒學爲業。初從雲州帥李存璋爲幕職，唐莊宗平河南，歷鄆、徐二鎮從事。明宗初，授華州節度判官。長興四年，入爲右補闕，直弘文館，歲餘，改河東觀察判官，會高祖鎮太原，遂居于幕府。清泰末，高祖將舉義，延賓席而歷問之，次及融，對曰：融本儒生，祇曾讀三五卷書，至於軍旅之事，進退存亡之機，未之學也。座中聳然。及登極，遷尚書吏部郎中兼侍御史知雜事。天福二年，自左諫議大夫遷中書舍人，自以文學非優，不敢拜命，復爲諫議。時詔修西京大内，融以鄰下用兵，國用不足，上疏復罷之，優詔嘉許。俄轉御史中丞，秩滿改尚書右丞，分司西都。天福六年，以疾卒，年六十餘。

曹國珍

《舊五代史》卷七八《晉書・高祖紀》〔天福四年〕乙卯，左諫議大夫曹國珍上言：請於内外臣僚之中，選才略之士，聚《唐六典》、《前後會要》、《禮閣新儀》、《大中統類》、律令格式等，精詳纂集，俾無漏落，別爲書一部，目爲《大晉政統》。從之。【略】

文矩等咸曰：改前代禮樂刑憲爲《大晉政統》，則《堯典》、《舜典》當以《晉典》革名。列狀駁之曰：作者之謂聖，述者之謂明，苟非聖明，焉能述作。若運因革故，則事乃維新，或改正朔而變犧牲，或易服色而殊徽號。是以五帝殊時，不相沿樂；三王異世，不相襲禮。至於近代，率由舊章；比及前朝，日滋條目。多因行事之失，改爲立制之初，或臣奏條章，君行可否，皆表其年月，紀以姓名，聚類分門，成文作則。莫不悉稽前典，垂範後昆，述自聖賢，歷於朝代，得金科玉條之號，設亂言破律之防，守而行之，其來尚矣。皇帝陛下，運齊七政，歷契千年，爰從創業開基，莫不積功累德。所宜直筆，具載鴻猷，若備録前代之編年，目作聖朝之政統，此則是名不正也。夫名不正則言不順，而媚時掠美，非其實矣。若翦截其辭，此則是文不備也。夫文不備則啓争端，而禮樂刑政，於斯亂矣。若改舊條而爲新制，則未審何門可以刊削，何事可以編聯，既當革故從新，又須廢彼行此，則未知國朝能守而不失乎？臣等同共參詳，未見其可。

疏奏，嘉之，其事遂寢。

《舊五代史》卷九三《晉書・曹國珍傳》　曹國珍，字彦輔，幽州固安人也。曾祖藹，祖蟾，父絢，代襲儒素。國珍少值燕薊亂離，因落髮被緇，客於河西延州，高萬興兄弟皆好文，辟爲從事。國珍常以文章自許，求貢禮闈，且掌書奏，期年，入爲左拾遺，累遷至尚書郎。每與人交，傾財無吝。性頗剛僻，經藝史學，非其所長，好自矜衒，多上章疏，文字差誤，數數有之，爲搢紳所誚。高祖在藩時，嘗通私謁，以兄事之。及即位，國珍自比於嚴陵，上表敍舊，由是自吏部郎中拜左諫議大夫、給事中。又求爲御史中丞，時宰怒，不復爲請，國珍銜之。李崧之母薨，讜諸弟護喪歸葬深州，崧既起復，乃出北郊路隅設奠，公卿大夫皆送喪而出，國珍固争不行，衆咸推其讜直。高祖晏駕，朝廷以宰臣馮道爲山陵使，及靈輀既發，國珍上疏言：馮道既爲山陵使，不得復入都城，請除外佐，以桑維翰入輔。李崧請罷相位，俾持喪制。少帝覽奏，以所言侵越，出爲陝州行軍司馬。至任悒怏，遘疾而卒。

孔　謙

《新五代史》卷二六《唐臣傳・孔謙》　孔謙，魏州人也，爲魏州孔目官。魏博入于晉，莊宗以爲度支使。謙爲人勤敏，而傾巧善事人，莊宗及其左右皆悦之。自少爲吏，工書算，頗知金穀聚斂之事。晉與梁相拒河上十餘年，大小百餘戰，謙調發供饋，未嘗闕乏，所以成莊宗之業者，謙之力爲多，然民亦不勝其苦也。【略】

謙無佗能，直以聚斂爲事。莊宗初即位，推恩天下，除百姓田租，放諸場務課利欠負者，謙悉違詔督理。故事：觀察使所治屬州事，皆不得專達，上所賦調，亦下觀察使行之。而謙直以租庸帖調發諸州，不關觀察，觀察使交章論理，以謂：制敕不下支郡，刺史不專奏事，唐制也。租庸直帖，沿僞梁之弊，不可爲法。今唐運中興，願還舊制。詔從其請，而謙不奉詔，卒行直帖。又請減百官俸錢，省罷節度觀察判官、推官等員數。以至鄣塞天下山谷徑路，禁止行人，以收商旅征算；遣大程官放猪羊柴炭，占庇人戶；更制括田竿尺；盡率州使公廨錢。由是天下皆怨苦之。

蕭希甫

《新五代史》卷二八《唐臣傳·蕭希甫》 蕭希甫，宋州人也。【略】。莊宗將建國于魏，置百官，求天下隱逸之士，幽州李紹宏薦希甫爲魏州推官。【略】

明宗卽位，召爲諫議大夫。是時，復置匭函，以希甫爲使，希甫建言：自兵亂相乘，王綱大壞，侵欺凌奪，有力者勝。凡略人之妻女，占人之田宅，姦贓之吏，刑獄之冤者，何可勝紀。而匭函一出，投訴必多，至於功臣貴戚，有不得繩之以法者。乃自天成元年四月二十八日昧爽已前，大辟已上，皆赦除之，然後出匭函以示衆。

劉贊

《新五代史》卷二八《唐臣傳·劉贊》 劉贊，魏州人也。父玭爲縣令，贊始就學，衣以青布衫襦，每食則玭自肉食，而别以蔬食食贊於牀下，謂之曰：肉食，君之禄也，爾欲之，則勤學問以干禄；吾肉，非爾之食也。由是贊益力學，舉進士，爲羅紹威判官，去爲租庸使趙巖巡官，又爲孔謙鹽判官。明宗時，累遷中書舍人、御史中丞、刑部侍郎。守官以法，權豪不可干以私。【略】

已而秦王果敗死，唐大臣議王屬官當坐者，馮道曰：元帥判官任贊與秦王非素好，而在職不逾月，詹事王居敏及劉贊皆以正直爲王所惡，河南府判官司徒詡病告家居久，皆宜不與其謀。而諮議參軍高輦與王最厚，輦法當死，其餘可次第原減。朱弘昭曰：諸公不知其意爾，使秦王得入光政門，當待贊等如何？吾徒復有家族邪！且法有首從，今秦王夫婦男女皆死，而贊等止其一身幸矣！道等難之。而馮贇亦争不可，贊等乃免死。於是論高輦死，而任贊等十七人皆長流。

蕭儼

（清）吴任臣《十國春秋》卷二五《南唐十一·蕭儼傳》 蕭儼，廬陵人。甫十歲，詣廣陵，以童子科擢第。及長，志量方正，交不苟合。授秘書省正字。

烈祖受禪，遷大理司直，除刑部郎中，以明允稱。《昇元格》：盜物直三緡者處極刑。是時豪民甲曝衣篋庭中，俄失去衾服，直數十千，疑鄰民乙竊之，白邑令，誣服爲盜，詰其贓，則云鬻市中，蓋不勝楚掠也。已將行刑，呼冤動人。長吏具以聞，烈祖命儼覆案之。儼受命，卒不得其要領，因素食沐浴，禱于神。翼日，忽雷雨自西北起，至甲家，震死一牛，剖腹得所失衾服，故牛所噉，猶未盡潰也。遂赦乙，而儼聲大著。

烈祖晚服金石藥，多暴怒，近臣數被譴罰。宣徽副使陳覺不自安，稱疾在告者數月，及聞遺詔，卽以其日造朝。儼劾奏覺傾耳私室，以俟升遐，請案其罪；不報。

烈祖輔吴，設法禁以良人爲奴，至是馮延巳、延魯欲廣置伎妾，輒矯制託稱民貧，許賣子女。儼駁曰：昔延魯爲東都判官，已有此請，大行以訪臣，臣對曰：陛下納麓之初，出庫金贖民，孰不歸心？今寶運中興，人仰德澤，奈何欲使鬻子女資豪家役使乎？大行以臣言爲然，請罪延魯。臣曰：此但智識淺陋耳，非有他也，罪之且塞言路。大行乃斜封其奏，抹三筆，持入宫，願求之宫中。既而果得延魯奏，會大臣方以豪侈相尚，利于廣聲色，因共謂遺制已宣行，不當追改，遂已。

張義方

（清）吴任臣《十國春秋》卷二五《南唐十一·張義方傳》　張義方，不知其所以進。烈祖受吴禪，用爲侍御史。義方既就職，卽上疏曰：古之任御史者，非止平獄訟、肅班列也。有怙威侮法，棄忠賊義，樹朋黨，蔽聰明者，得以糾彈。至於人主好遊畋聲色，説奢侈佞媚，賞非功，罰非罪，得以論爭。使諸侯不敢亂法，百司不得盜權，則御史爲不失職。今文武材行之士固不爲乏，而貪墨陵犯，傷風教，棄仁義者，猶未革心。臣欲奉陛下德音，先舉忠孝潔廉，請頒爵賞，然後繩糾乖戾，以正典刑，小則上疏論刑，大則對仗彈奏。臣每痛國家之敗，非獨人君不明，蓋官卑者畏罪而不言，位尊者持禄而不諫，上下苟且，至於淪亡。今臣誠不忍忘君親之義，有所不盡，惟陛下幸赦之。

宋元分部

錢若水

《宋史》卷二六六《錢若水傳》　錢若水字澹成，一字長卿，河南新安人。父文敏，漢青州帥劉銖辟爲録事參軍，歷長水鄠者尉、扶風令、相州録事參軍。先是，府帥多以筆牘私取官庫錢，韓重贇領節制，頗仍其弊。文敏不從，重贇假他事廷責之，文敏不爲屈。太祖嘉其有守，授右贊善大夫、知瀘州，召見講武殿，謂曰：瀘州近蠻境，尤宜綏撫。聞知州郭思齊、監軍郭重遷掊斂不法，恃其荒遠，謂朝廷不知爾。至，爲朕鞫之，苟一毫有侵於民，朕必不赦。至郡，有政迹，夷人詣闕借留。詔改殿中丞，許再任。三遷司封員外郎，又知洺州、建昌軍。卒，年七十二。

若水幼聰悟，十歲能屬文。華山陳摶見之，謂曰：子神清，可以學道，不然，當富貴，但忌太速爾。雍熙中，舉進士，釋褐同州觀察推官，聽決明允，郡治賴之。淳化初，寇準掌選，薦若水洎王扶、程肅、陳充、錢熙五人文學高第，召試翰林，若水最優，擢秘書丞、直史館。歲餘，遷右正言、知制誥。會置理檢院於乾元門外，命若水領之。俄同知貢舉，加屯田員外郎。詔詣原、鹽等州制置邊事，還奏合旨，翌日改職方員外郎、翰林學士，與張洎並命。俄知審官院、銀臺通進封駁司。嘗草賜趙保忠詔，有云：不斬繼遷，開狡兔之三穴；潛疑光嗣，持首鼠之兩端。太宗大以爲當。

至道初，以右諫議大夫同知樞密院事。真宗卽位，加工部侍郎。數月，以母老上章求解機務，詔不許。若水請益堅，遂以本官充集賢院學士、判院事。俄詔修《太宗實録》，若水引柴成務、宗度、吴淑、楊億同修，成八十卷。真宗覽書流涕，錫賚有差。

（宋）李燾《續資治通鑑長編》卷三一《宋太宗淳化元年》　有富民家小女奴逃亡，不知所之，女奴父母訟於州，命録事參軍鞫之。録事嘗貸錢於富民不獲，乃劾富民父子數人共殺女奴，棄尸水中，遂失其尸，或爲首謀，可從而加害，罪皆應死。富民不勝搒掠，自誣服。具獄上州官審覆，無反異，皆以爲得實。若水獨疑之，留其獄，數日不決。録事詣若水廳事，詬之曰：若受富民錢，欲出其死罪耶？若水笑謝曰：今數人當死，豈可不少留，熟觀其獄詞耶？留之且旬日，知州屢促之，不能得，上下皆怪之。若水一旦詣知州，屏人言曰：若水所以留其獄者，密使訪求女奴，今得之矣。知州驚曰：安在？若水因密送女奴於知州，乃垂簾引女奴父母問曰：汝今見女，識之乎？對曰：安有不識也！即從簾中推出示之，父母泣曰：是也。乃引富民父子悉破械縱之，其人號泣不肯去，曰：微使君賜，則某族滅矣。知州曰：推官之賜，非我也，其人趨謝若水，若水閉門拒之，曰：知州自求得之，我何與焉。其人不得入，繞垣而哭，傾家貲以飯僧，爲若水祈福。知州以若水雪冤死者數人，欲爲之論奏其功。若水固辭曰：若水求獄事正，人不冤死，其論功非本心也。且朝廷若以此爲若水功，當置録事何地耶？知州歎服曰：如此尤不可及矣。録事詣若水叩頭愧謝，若水曰：獄情難知，偶有過失，何謝也。於是遠近翕然稱之，上亦聞其名。會樞密直學士寇準薦若水文學高第，召試學士院，面命以此官。

王欽若

《宋史》卷二八三《王欽若傳》　王欽若字定國，臨江軍新喻人。父仲華，侍祖郁官鄂州，會江水暴至，徙家黄鶴樓，漢陽人望見樓上若有光景，是夕，欽若生。欽若早孤，郁愛之。太宗伐太原時，欽若纔十八，作《平晉賦論》獻行在。郁爲濠州判官，將死，告家人曰：吾歷官逾五十年，慎於用刑，活人多矣，後必有興者，其在吾孫乎！

欽若擢進士甲科，爲亳州防禦推官，遷秘書省秘書郎，監廬州税。改太常丞、判三司理欠憑由司。時毋賓古爲度支判官，嘗言曰：天下逋負，自五代迄今，理督未已，民病幾不能勝矣。僕將啓蠲之。欽若一夕命吏勾校成數，翌日上之。真宗大驚曰：先帝顧不知邪？欽若徐曰：先帝固知之，殆留與陛下收人心爾。即日放逋負一千餘萬，釋繫囚三千餘人。帝益器重欽若，召試學士院，拜右正言、知制誥，召爲翰林學士。蜀寇王均始平，爲西川安撫使。所至問繫囚，自死罪以下第降之，凡列便宜，多所施行。還，授左諫議大夫、參知政事，以郊祀恩，加給事中。

河陰民常德方訟臨津縣尉任懿賂欽若得中第，事下御史臺劾治。初，欽若咸平中嘗知貢舉，懿舉諸科，寓僧仁雅舍。仁雅識僧惠秦與欽若厚，懿與惠秦約，以銀三百五十兩賂欽若，書其數於紙，令惠秦持去。會欽若已入院，屬欽若客納所書于欽若妻李氏，惠秦減所書銀百兩，欲自取之。李氏令奴祁睿書懿名於臂，并以所約銀告欽若。懿再入試第五場，睿復持湯飲至貢院，欽若密令奴索取銀，懿未即與而登科去。仁雅馳書河陰，始歸之。德方得其書，以告御史丞趙昌言，昌言以聞。既捕祁睿等，亦請逮欽若屬吏。

祁睿本亳小吏，雖從欽若久，而名猶隸亳州。欽若乃言：嚮未有祁睿，惠秦亦不及門。帝方顧欽若厚，命刑昺、閻承翰等於太常寺鞫之。懿更云妻兄張駕識知舉官洪湛，嘗俱造湛門；，始但以銀屬二僧，不知達主司爲誰。昺等遂誣湛受懿銀，湛適使陜西還，而獄已具。時駕且死，睿又悉遁去，欽若因得固執祁睿休役後始傭於家，它奴使多新募，不識惠秦，故皆無證驗。湛坐削籍，流儋州，而欽若遂免。方湛代王旦入知貢舉，懿已試第三場，及官收湛贓，家無有也，乃以湛假梁顥白金器輸官，湛遂死貶所。人知其冤，而欽若恃勢，人莫敢言者。

（宋）李燾《續資治通鑑長編》卷四二《宋太宗至道三年》　亳州當按太康、咸平二縣，州遣欽若行，欽若覆按甚詳，抗疏言田實旱，開封止放七分，今乞全放。既而他州所遣官並言諸縣放税過多，悉追收所放税物，人皆爲欽若危之。踰年而上即位，於是擢用欽若，因以其事語輔臣曰：當此時，朕亦自懼。欽若小官，獨敢爲百姓伸理，此大臣節也。

王　曙

《宋史》卷二八六《王曙傳》　王曙字晦叔，隨東皋子績之後。世居河汾，後爲河南人。中進士第，再調定國軍節度推官。咸平中，舉賢良方正科，策入等，遷秘書省著作佐郎、知定海縣。還，爲羣牧判官，考集古今馬政，爲《羣牧故事》六卷，上之。還太常丞、判三司憑由理欠司。坐舉進士失實，降監廬州茶税，再遷尚書工部員外郎、龍圖閣待制。以右諫議大夫爲河北轉運使，坐部吏受賕，降知壽州。徙淮南轉運使，勾當三班院，權知開封府。

以樞密直學士知益州。繩盗以峻法，多致之死。有卒夜告其軍將亂，立辨其僞，斬之。蜀人比之張詠，號前張後王。入爲給事中，仁宗爲皇太子，與李迪同選兼賓客，復坐貢舉失實，黜官。復爲給事中兼羣牧使。其妻，寇準女也。準罷相且貶，曙亦降知汝州。準再貶，曙亦貶郢州團練副使。起爲光禄卿、知襄州，又徙汝州。復給事中、知潞州，州有殺人者，獄已具，曙獨疑之。既而提點刑獄杜衍至，事果辨。曙爲作《辨獄記》以戒官吏。

徙河南府、永興軍，召爲御史中丞兼理檢使，理檢置使自此始。玉清昭應宫災，繫守衛者御史獄。曙恐朝廷議修復，上言：昔魯桓、僖宫災，孔子以爲桓、僖親盡當毀者也。遼東高廟及高園便殿災，董仲舒以爲高廟不當居陵旁，故災。魏崇華殿災，高堂隆以臺榭宫室爲戒，宜罷之勿治，文帝不聽，明年，復災。今所建宫非應經義，災變之來若有警者。願除其地，罷諸禱祠，以應天變。仁宗與太后感悟，遂減守衛者罪，已而詔以不復繕修諭天下。

又請三品以上立家廟，復唐舊制。以尚書工部侍郎參知政事。以疾請罷，改戶部侍郎、資政殿學士、知陝州，徙河陽。再知河南府，遷吏部。召爲樞密使，拜同中書門下平章事。逾月，首發疽，卒。贈太保、中書令，謚文康。

（宋）李燾《續資治通鑑長編》卷八九《宋真宗天禧元年》　通判益州，召還。時王曙治蜀，或言其政苛暴，因對，上問曙治狀與凌策孰愈，燁曰：策在蜀，歲豐事簡，故得以寬假民。比歲少歉，盗賊間發，非誅殺不能禁，然曙所行，亦未嘗出陛下法外也。上善之。曙峻法以繩盗，賊贓無輕重一切戮之，衆股栗。居數月，盗賊屏竄，蜀外戶不閉。嘗有卒夜告其軍謀亂者，曙立辨其僞，斬之。民安其政，以比張詠，號前張後王。

趙稹

《宋史》卷二八八《趙稹傳》　趙稹，字表微。其先單父人，後徙宣城。爲人誠質寬厚，少好學。吴太府卿田霖退居郡中，名有風鑒，故以女妻稹。擢進士第，歷平定軍判官、台州推官。改大理寺丞、知崑山縣，通判楚州。遷殿中丞、知通州。召還，同判宗正寺，樞密直學士李濬薦爲監察御史，再遷侍御史、判登聞鼓院、開封府判官，徙三司開拆、憑由司。帝祀汾陰，爲留守推官。

遷尚書兵部員外郎、益州路轉運使，真宗諭曰：蜀遠而數亂，其利害朕所欲聞。卿至，悉條上之，祇附常奏，毋著姓名。稹至，數言部中事，至一日章數上。蒲江縣捕劫盗不得，反逮繫平民，楚掠誣服。稹適行部，意其冤，馳入縣獄，問得狀，悉縱之。遷工部郎中。

召爲侍御史知雜事、同判吏部流内銓，糾察在京刑獄。慎從吉知開封府，其子鈞、銳受賕，事連錢惟演。稹與王曾白其姦狀，從吉坐免，惟演亦罷去。

改三司鹽鐵副使，擢右諫議大夫、集賢院學士、知益州。度支市錦六千匹，召工計歲織裁千餘匹，止以歲所織數上供。久之，或言稹不達民情，喜尊大，降知同州，徙鳳翔、京兆府，三遷工部侍郎，復糾察在京刑獄。加樞密直學士、知并州，代還，遷刑部侍郎。

（宋）李燾《續資治通鑑長編》卷七七《宋真宗大中祥符五年》　甲子，以侍御史趙稹爲兵部員外郎、益州路轉運使。上諭稹曰：蜀去朝廷遠，民間事有可更置者，悉條上之。稹至部，事無大小，悉心究訪，至有一日章數上者。蒲江縣捕劫盗不得，而官司反繫平民十數人，楚掠強服之，又合其辭若無疑者。稹適行部，意其有冤，乃馳入縣獄，因盡得其冤狀，釋出之。

王博文

《宋史》卷二九一《王博文傳》　王博文字仲明，曹州濟陰人。祖諫，給事太宗藩邸，爲西京作坊副使。博文年十六，善屬文，舉進士開封府，以回文詩百篇爲公卷，人謂之王回文。淳化三年，太宗親試進士，以年少罷歸。後諫卒官廬州，州守劉蒙叟爲言，召試舍人院，爲安豐主簿，歷南豐尉，有能名。調南劍州軍事推官，改大理寺丞，監荊南榷貨務，遷殿中丞。陳堯咨薦之，試中書，賜進士第，擢知濠州，歷真州。真宗幸亳，權江、淮制置司事。改監察御史、梓州路轉運使。以疾，請出知海州，徙密州。負海有鹽場，歲饑，民多盗鬻，吏捕之輒抵死。博文請弛鹽禁，候歲豐乃復，從之。除殿中侍御史。【略】

初，沿邊軍民之逃者必爲熟戶畜牧，又或以遺遠羌易羊馬，故常没者數百人。其禽生羌，則以錦袍、銀帶、茶絹賞之。間有自歸，而中道爲夏人所得，亦不能辨，坐法皆斬。博文乃遣習知邊事者，密持信紙往招，至則悉貸其罪，由是歲減殊死甚衆。朝廷下其法旁路。

又言河西回鶻多緣互市家秦、隴間，請悉遣出境，戒守臣使譏察之。

再遷右諫議大夫，以龍圖閣學士復知開封府。都城豪右邸舍侵通衢，博文製表木按籍，命左右判官分徹之，月餘畢。出知大名府，遷給事中。召權三司使，遂同知樞密院事，踰月而卒。帝臨奠，贈尚書吏部侍郎。

博文以吏事進，多任劇繁，爲政務平恕，常語諸子曰：吾平生決罪，至流刑，未嘗不陰擇善水土處，汝曹志之。然治曹汭獄，議者多謂博文希太后旨，縱崇勳傳致其罪。

（宋）李燾《續資治通鑑長編》卷一一一《宋仁宗明道元年》　甲戌，以龍圖閣直學士、知永興軍王博文爲樞密直學士，知秦州。前二歲，博文知秦州，走馬承受賈德昌入朝毁博文，詔徙鳳翔府，又徙永興軍。於是，德昌坐贓敗，乃命加職，復知秦州。初，緣邊軍民之逃者爲熟戶畜牧，又或以遺遠蕃易羊馬，故常没者數百人。其禽生蕃部則以錦袍、銀帶、茶絹賞之。間雖有自歸，而中道為蕃所得，亦不能辨，坐法皆斬。博文乃遣習知蕃事者，密持信紙往招，至則悉貸其罪，由是歲減殊死甚衆。朝廷下其法旁路。又言河西回鶻多緣互市家秦、隴間，請悉遣出境，戒守臣使稽察之。天聖四年十月己亥，已載蕃部執送逃軍事，但不詳耳。

程　戡

《宋史》卷二九二《程戡傳》　程戡字勝之，許州陽翟人。少力學，舉進士甲科，補涇州觀察推官，再遷祕書丞、通判許州。曹利用貶，戡以利用壻降通判蘄州。徙虔州，州人有殺母，暮夜置尸仇人之門，以誣仇者。獄已具，戡獨辨之，正其罪。以尚書屯田員外郎知歸州，召爲侍御史、三司度支判官。

寶元初，忻、代地震，懷城郭、廬舍，死傷甚衆，命戡安撫，頗以便宜從事。改起居舍人、知諫院，遷兵部員外郎兼侍御史知雜事、三司戶部副使。擢天章閣待制、陝西都轉運使。

未幾，知渭州。陝西有保毅軍，人苦其役。戡奏曰：保毅在鄉兵外，不黥而有籍，所以佐邊備也。已隸捷兵，而保毅籍如故，州縣以供力役，率因憊，至破析財產售田者，猶數戶出一夫，民不勝苦。因詔：私役保毅者以計傭律坐之。

張　詠

《宋史》卷二九三《張詠傳》　張詠字復之，濮州鄄城人。少任氣，不拘小節，雖貧賤客遊，未嘗下人。太平興國五年，郡舉進士，議以詠首薦。有夙儒張覃者未第，詠與寇準致郡將，薦覃爲首，衆許其能讓。是歲，詠登進士乙科，大理評事、知鄂州崇陽縣。再遷著作佐郎。以蘇易簡薦，入爲太子中允，遷祕書丞、通判麟相二州，乞掌濮州市征以便養。俄召還，賜緋魚，知浚儀縣。會李沆、宋湜，寇準連薦其才，以爲荊湖北路轉運使，奏罷歸、峽二州水遞夫，就轉太常博士。【略】

張永德爲并代部署，有小校犯法，笞之至死，詔案其罪。詠封還詔書，且言：陛下方委永德邊任，若以一部校故，推辱主帥，臣恐下有輕上之心。太宗不從。未幾，果有營兵脅訴軍校者，詠引前事爲言，太宗改容勞之。【略】

初，蜀士知向學，而不樂仕宦。詠察郡人張及、李畋、張逵者皆有學行，爲鄉里所稱，遂敦勉就舉，而三人者悉登科，士由是知勸。民有諜訴者，詠灼見情僞，立爲判決，人皆厭服。好事者編集其辭，鏤板傳布。詠嘗曰：詢君子得君子，詠小人得小人，各就其黨詢之，則無不審矣。其爲政，恩威并用，蜀民畏而愛之。丁外艱，起復，改兵部郎中。會詔川、陝諸州參用銅鐵錢，每銅錢一當鐵錢十。詠上言，昨經利州，以銅錢一換鐵錢五，綿州銅錢一換鐵錢六，益州銅錢一換鐵錢八。若一其法，公私非便。望依旬估折納銅錢。

真宗即位，加左諫議大夫。咸平初，入拜給事中、戶部使，改御史中丞。承天節齋會，丞相大僚有酒失者，詠奏彈之。二年，同知貢舉。是夏，以工部侍郎出知杭州。屬歲歉，民多私鬻鹽以自給，捕獲犯者數百人，詠悉寬其罰而遣之。官屬請曰：不痛繩之，恐無以禁。詠曰：錢塘十萬家，飢者八九，苟不以鹽自活，一旦蜂聚爲盜，則爲患深矣。俟秋成，當仍舊法。有民家子與姊壻訟家財。壻言妻父臨終，此子裁三歲，故見命掌貲產，且有遺書，令異日以十之三與子，餘七與壻。詠覽之，索酒酹地，曰：汝妻父，智人也，以子幼故託汝。苟以七與子，則子死汝手矣。亟命以七給其子，餘三給壻，人皆服其明斷。知永興軍府。

（宋）李燾《續資治通鑑長編》卷四四《宋真宗咸平二年》　御史中丞張詠爲工部侍郎，知杭州。詠既至，屬歲歉，民多私鬻鹽以自給，捕犯者數百人，詠悉寬其罰而遣之。官屬請曰：不痛繩之，恐無以禁。詠曰：錢塘十萬家，饑者八九，苟不以鹽自活，一旦蜂起爲盜，則其患深矣。俟秋成，當仍舊法。有民家子與姊壻訟家財，壻言妻父臨終，此子才三歲，故見命掌貲產，且有遺書，令異日以十之三與子，七與壻。詠覽之，以酒酹地曰：汝妻父，智人也。以子幼甚，故托汝，儻遽以家財十之七與子，則子死于汝手矣。亟命以七分給其子，餘三給壻，皆服詠明斷，拜泣而去。

胥偃

《宋史》卷二九四《胥偃傳》　胥偃字安道，潭州長沙人。少力學，河東柳開見其所爲文曰：異日必得名天下。舉進士甲科，授大理評事、通判湖、舒二州，直集賢院、同判吏部南曹、知太常禮院，再遷太常丞、知開封縣。與御史高升試府進士，既封彌卷首，輒發視，擇有名者居上。降祕書省著作佐郎、監光化軍酒。起通判鄧州，復太常丞。林特知許州，辟通判州事，徙知漢陽軍。還判三司度支勾院、修起居注。累遷尚書刑部員外郎，遂知制誥，遷工部郎中，入翰林爲學士，權知開封府。【略】

會有衛卒賂庫吏求揀冬衣，坐繫者三十餘人。時八月，霜雪暴至。偃推《洪範》急，恒寒若之咎，請從末減，奏可。西塞用兵，士卒妻子留京師者犯法當死，帝不忍用刑，或欲以毒置飲食中，令得善死。偃極言其不可，帝亦悔而止。宦人程智誠與三班使臣馮文顯八人抵罪，帝使赦智誠三人，而文顯五人坐如法。偃曰：恤近遺遠，非政也，況同罪異罰乎？詔并釋之。未幾，卒。【略】

偃糾察刑獄，范仲淹尹京，偃數糾其立異不循法者。脩方善仲淹，因與偃有隙。

（宋）李燾《續資治通鑑長編》卷一二二《宋仁宗寶元元年》　初，忻州地震，翰林學士、權知開封府胥偃言：地震，陰之盛。今朝廷政令，不專上出，而後宮外戚，恩澤日蕃，此陽不勝陰之效也。加之邊寇內侮，宜選將練師，以防侵軼。及祀志南郊，趙元昊朝貢不至，將議討之。偃曰：遽討之，太暴。宜遣使問其不臣狀，待其辭屈而後加兵，則其不直在彼，而王師之出有名矣。又奏戍兵代還，宜如祖宗制，閱其藝後殿次進之。會有衛卒賂庫吏求揀冬衣，坐繫者三十餘人。時八月，霜雪暴至，偃推《洪範》急，常寒若之咎，請從末減。詔可。士卒戍西邊，妻子留京師者，犯法當死，帝不忍使就刑，或欲以毒置飲食中，令得善死。偃極言其不可，帝亦悔而止。宦者程智誠與三班使臣馮文顯八人抵罪，帝使赦智誠三人，而文顯五人坐如法。偃曰：恤近遺遠，非政也，況同罪異罰乎。詔並釋之。嘗受詔試中書吏，而大臣有以簡屬偃者，偃不敢發視，亟焚之，且曰：發而言之，不亦傷刻薄乎！八月霜雪暴至，不見於《五行志》及《本紀》，不知是何年？本傳附偃權知開封府後，疑與戍卒妻子犯罪及程智誠等坐法，皆偃糾察刑獄時事，不必在開封，當考。

查陶

《宋史》卷二九六《查陶傳》　〔查〕陶字大均，初事李煜，以明法登科，補常州録事參軍。歸朝，詔大理評事，試律學，除本寺丞，遷大理正，歷侍御史、權判大理寺，賜緋。斷官仲禹錫訟陶用法非當，陶抗辯得雪。遷工部郎中，俄知台州，累遷兵部。咸平五年，朱博爲大理，議趙文海罪不當，宰相請以陶代。真宗曰：聞陶亦深文，當加戒勗。即遷秘書少監、判寺事。時楊億知審刑，陶屢攻其失，又命代之，賜金紫。陶持法深刻，用刑多失中，前後坐罰金百餘斤，皆以失入，無誤出者。景德三年，卒，年七十。

（宋）李燾《續資治通鑑長編》卷五二《宋真宗咸平五年》　中書以朱搏議趙文海罪不當，請用兵部郎中查陶代之。陶，道從兄也。上曰：

聞陶亦深文，何可用？宰臣言：當今習熟法令，未有如陶者。乃許之。己巳，命陶爲秘書少監、判大理寺。其後楊億知審刑院，陶屢攻其失，又命代億焉。陶持法深刻，用刑多失中，前後坐罰金百餘斤，皆以失入，無誤出者。億知審刑院在六年六月，九月罷，今并書之。

王鼎

《宋史》卷三〇〇《王鼎傳》　〔王〕鼎字鼎臣，以進士第，累遷太常博士。王堯臣領三司，舉勾當公事，數上書論時政得失。時天子患吏治多弛，監司不舉職，而范仲淹等方執政，擇諸路使者令按舉不法，以鼎提點江東刑獄。與轉運使楊紘、判官王綽競擿發吏，至微隱罪無所貸。於是所部官吏怨之，目爲三虎。仁宗聞之，不説，後傳惟幾奉使江東，戒以毋效三虎爲也。仲淹等罷，鼎與紘、綽皆爲人所言，時鼎提點兩浙刑獄，降知深州。

王則以貝州反，深卒龐旦與其徒，謀以元日殺軍校、劫庫兵應之。前一日，有告者。鼎夜出檄，遣軍校攝事外邑，而陰爲之備。翌日，會僚吏置酒如常，叛黨愕不敢動。鼎刺得實，徐捕首謀十八人送獄。獄具，俟轉運使至審決。未至，軍中恟恟謀劫囚。鼎因謂僚吏曰：吾不以累諸君。獨命取囚桀驁者數人，斬于市，衆皆失色，一郡帖然。轉運使至，因未決者半，訊之，皆伏誅。

明年，河北大饑，人相食，鼎經營賑救，頗盡力。徙建州，其俗生子多不舉，鼎爲條教禁止。時盜販茶鹽者衆，一切杖遣之，監司數以爲言，鼎弗爲變。徙提點河北刑獄，治奸贓益急，所劾舉，不避貴勢。召爲開封府判官，改鹽鐵判官，累遷司封員外郎、淮南兩浙荊湖制置發運副使，內侍楊永德奏請沿汴置鋪挽漕舟，歲可省卒六萬，鼎議以爲不可。永德橫猾，執政重違其奏，乃令三司判官一員將永德就鼎議，發八難，永德不能復。鼎因疏言：陛下幸察用臣，不宜過聽小人，妄有所改，以誤國計。於是永德言不用。

居二年，遂以爲使。前使者多漁市南物，因奏計京師，持遺權貴。鼎一無所市，獨悉意精吏事，事無大小，必出於己。凡調發綱吏，度漕路遠近，定先後爲成法，於是勞逸均，吏不能爲重輕。官舟禁私載，舟兵無以自給，則盡盜官米爲奸。有能居販自贍者，市人持以法，不肯償所逋。鼎爲移州縣督償之，舟人有以自給，不爲奸，而所運米未嘗不足也。入爲三司鹽鐵副使。數與包拯爭議，不少屈。拯素強，然無如之何。遷刑部郎中、天章閣待制、河北都轉運使，徙使河東，卒。

陳太素

《宋史》卷三〇〇《陳太素傳》　陳太素字仲華，河南緱氏人。中進士第。嘗爲大理詳斷官，入審刑爲詳議官，權大理少卿，又判大理事。任刑法二十餘年，朝廷有大獄疑，必召與議。太素爲推原人情，以傅法意，衆皆釋然，自以爲不及。雖號明習法令，然所論建，亦或有不中。每臨案牘，至忘寢食，大寒暑不變。子弟或止之，答曰：囹圄之苦，豈不甚於我也。歷知江陰軍、兗州、明州，有治跡。在大理，耳疾，數求罷，執政以爲任職，弗許。累官至尚書兵部郎中，卒。

太素家行修治，尤喜論刑名。常以爲有司議法，當據文直斷，不可求曲當法；求曲當法，所以亂也。

（清）徐乾學《資治通鑑後編》卷七一《宋紀七一》　大理寺陳太素知明州。太素嘗爲大理評斷官，入審刑爲詳議官，權大理少卿，又判大理寺。任刑法二十餘年，朝廷有大獄疑，則必召與議太素推原人情，以傅法意，衆皆釋然，自以爲不及。然所論建，亦或有不中。每臨案牘，至忘寢食，大寒暑不變。子弟或止之，曰：囹圄之苦，其不堪甚於我也。在大理以身疾數求罷，執政以爲任職弗許，久之乃出守。

李京

《宋史》卷三〇二《李京傳》　李京字伯升，趙州人。進士中第，歷平定軍判官、冀州推官，改大理寺丞、知魏縣。奉法嚴正，吏不便，欲以苛中京，遂相率遁去。監司果議以苛刻斥京，知府任布曰：如此，適墮吏計中。京賴以免。徙永昌縣，通判趙州。王拱辰薦爲監察御史裏行，遷監察御史。

時，太史言日當食不食，羣臣皆賀。京上疏曰：陛下因天之戒，恐懼修省，避正殿，減常膳，故精意感格，日當食而陰雲蔽虧。雖宋景公之熒惑退舍，商大戊之桑穀並枯，無以異也。然臣區區竊有所疑者，自寶元初，定襄地震，懷城郭，覆廬舍，壓死者以數萬人。殆今十年，震動不已，豈非西、北二邊，有窺中國之意乎？二月雷發聲，在《易》爲《豫》，言萬物出地，皆悅豫也。八月收聲，在《易》爲《歸妹》，言雷聲入地，避羣陰之害也。今孟夏雷未發聲，豈非號令不信乎？願陛下飭邊臣備夷狄，戒輔臣慎出命，以厭禍于未形。又尚美人棄外館多年，比聞復召入，臣慮假媚道以爲蠱惑，宜亟絶之。苗繼宗嬪御子弟，乃緣恩私，爲府界提點。

（清）徐乾學《資治通鑑後編》卷五四《宋紀五四》 癸酉，以太常博士趙人李京、殿中丞合肥包拯並爲監察御史裏行，中丞王拱辰所薦也。京嘗知魏縣，奉法嚴正，吏不便之，欲以苛中京，遂相率遁去。監司果議，以苛刻斥。知府任布曰：如此，適墮吏計中矣！京賴以免。

張昷之

《宋史》卷三〇三《張昷之傳》 張昷之字景山。父秘，自有傳。昷之進士及第，補樂清尉，潤州觀察推官，校勘館閣書籍，遷集賢校理，通判常州，知溫州。

蔡齊薦其材可用，擢提點淮南路刑獄。楊崇勳知亳州，恃恩爲不法，誣蒙城知縣王申罪，械送獄。昷之廉得冤狀，乃出申，配姦吏若干人。徙廣南東路轉運使。夷人有犯，其酋長得自治而多慘酷，請一以漢法從事。權度支判官，爲京西轉運使，加直史館，徙河北。被邊諸州發卒斬西山木，卒逃入契丹者歲數百人，敵既利其所開地，又得亡卒，故不爭。昷之戒斬伐毋得深入北地，卒亦不敢逃。

（宋）李燾《續資治通鑑長編》卷一一二《宋仁宗寶元元年》 初，度支員外郎、集賢校理張昷之提點淮南路刑獄，知亳州楊崇勳恃恩爲不法，械蒙城知縣王申送獄，昷之往問，得冤狀，破械出申，遂黜配姦吏十數人。甲戌，授昷之廣南東路轉運使。廣州有急水濠通海，姦人乘潮汐出入爲盜，昷之爲作水柵。夷人有犯，其酋長得自治，而多慘酷，因請一以漢法從事。昷之，佖子也。

王濟

《宋史》卷三〇四《王濟傳》 王濟字巨川。其先真定人，祖卿，有詞辨，趙王鎔召置幕府。鎔政衰，卿懼禍，避地深州饒陽，遂爲縣人。父恕，後唐時童子及第，開寶中，知秀州。會盜起，城陷，爲盜所殺，將并害濟。濟伏柩號慟，謂賊曰：吾父已死，吾安用生爲，但恨力不能殺汝以報父讎爾！賊義之，捨去。濟攜父骨匿山谷間。既而官軍大集，濟脱身謁其帥朱乙，陳討賊之計。乙嘉之，遺以束帛，奏假驛置遣歸。【略】時調福建輸鶴翎爲箭羽。鶴非常有物，有司督責急，一羽至直數百錢，民甚苦之。濟諭民取鵝翎代輸，仍驛奏其事，因詔旁郡悉如濟所陳。縣有陂塘數百頃，爲鄉豪斡其利，會歲旱，濟悉導之，分溉民田。汀州以銀冶搆訟，十年不決，逮繫數百人，轉運使使濟鞫之，纔七日情得，止坐數人。

再調胙城尉，徙臨河主薄。轉運使王嗣宗被詔舉法官，以濟名聞。遷光禄寺丞、權大理丞，改刑部詳覆官、通判鎮州。牧守多勳舊武臣，倨貴陵下，濟未嘗撓屈。戍卒頗恣暴不法，夜或焚民舍爲盜。一夕，報有火，濟部壯士數十潛往偵伺，果得數輩并所盜物，即斬之。馳奏其事，太宗大悦。都校孫進使酒無賴，毆折人齒，濟不俟奏，杖脊送闕下，繇是軍城畏肅。就遷太子中舍，詔書獎勞。如判登聞鼓院，拜監察御史。上疏陳統天下之術、節民物之道，大者有十：擇左右，別賢愚，正名器，去冗食，加奉禄，謹政教，選良將，分兵戍，修民事，開仕進。其言切於時，詞多不載。

咸平初，濟以刑綱尚繁，建議請刪定制敕，乃命齊賢領其事，濟預焉。《刑統》舊條：持仗行劫，不以贓有無，悉抵死。齊賢議貸不得財者，濟曰：刑，期於無刑。以死懼之，尚不畏，況緩其死乎？因與齊賢廷爭數四。濟詞氣甚厲，目齊賢爲腐儒。然卒從齊賢議，人以濟爲刻。改鹽鐵判官。

車駕巡師大名，調丁夫十五萬修黃、汴河，濟以爲勞民，詔濟馳往經度，還奏省十六七。齊賢時爲相，以河決爲憂。因對，并召濟見，齊賢請令濟署狀保河不決，濟曰：河決亦陰陽災沴，宰相苟能和陰陽，弭災沴，爲國家致太平，河之不決，臣亦可保。齊賢曰：若是，則今非太平邪？濟曰：北有契丹，西有繼遷，兩河、關右歲被侵擾。以陛下神武英略，苟用得其人，可以馴致，今則未也。上動容，獨留濟問邊事。濟曰：陛下承二聖之基，擁百萬之衆，蠢茲醜虜，敢爾憑陵，蓋謀謨當國之人未有如昔之比。臣謂國家所恃，獨一洪河耳！此誠急賢之秋；不然，臣懼敵人將飲馬於河渚矣。又著《備邊策》十五條以獻。

三年，選官判大理寺，上曰：法寺宜擇當官不回者，苟非其人，或有冤濫，即感傷和氣。王濟近數言事，似有操持，可試之。遂令濟權判大理寺事。福津尉劉瑩集僧舍，屠狗羣飲，杖一伶官致死，濟論以大辟，遇赦從流。時王欽若知審刑，與濟素不相得，又以濟嘗忤齊賢，乃奏瑩當以德音原釋。齊賢、王欽若議濟坐故入，停官。逾年，復爲監察御史、通判河南府。

（宋）李燾《續資治通鑑長編》卷三一《宋太宗淳化元年》 大理寺丞王濟爲刑部詳覆官，屢上封事。會遣使提總諸道茶、鹽、酒税，且察訪民間利病及吏治能否，上顧問左右：刑部有好言事者爲誰？左右以濟對，上即授之。既踰月，改命通判鎮州。牧守多勳舊武臣，倨貴陵下，濟未嘗撓屈。戍卒頗恣暴不法，夜或焚民舍爲盜，一夕報有火，濟部壯士數十潛往覘伺，果得數輩并所盜物，即斬之，馳奏其事，上大喜。都校孫進使酒無賴，毆折人齒，濟不俟奏，杖決送闕下，軍府畏肅。連三詔褒獎焉。

李承之

《宋史》卷三一〇《李承之傳》 〔李〕承之字奉世，性嚴重，有忠節。從兄柬之將仕以官，辭不受，而中進士第，調明州司法參軍。郡守任情骫法，人莫敢忤，承之獨毅然力爭之。守怒曰：曹掾敢如是邪？承之曰：事始至，公自爲之則已，既下有司，則當循三尺之法矣。守憚其言。嘗建免役議，王安石見而稱之。熙寧初，以爲條例司檢詳文字，得召見。神宗語執政曰：承之言制置司事甚詳，非他人所及也。改京官。他日，謂之曰：朕即位以來，不輕與人改秩，今以命汝，異恩也。

檢正中書刑房，察訪淮浙常平、農田水利、差役事，還奏《役書》二十篇，加集賢校理。又察訪陝西，時郡縣昧於奉法，斂羨餘過制。承之曰：是豈朝廷意邪？悉裁正其數。還集賢殿修撰，擢寶文閣待制，爲同羣牧使，糾察在京刑獄兼樞密都承旨，出知延州，入權三司使。

蔡確治相州獄，多引朝士，皆望風自折服。承之爲帝言其險詖之狀，帝意始悟，趣使詰竟。遷龍圖閣直學士，懇辭，乞授兄肅之，曰：臣少鞠於兄，且兄爲待制十年矣。帝曰：卿兄弟孝友，足厲風俗。肅之亦當遷也。即並命焉。

商人犯禁貨北珠，乃爲公主售，三司久不敢決。承之曰：朝廷法令，畏王姬乎？亟索之。帝聞之曰：有司當如此矣。進樞密直學士。坐補吏不當，降待制、知汝州。未幾，爲陝西都轉運使，召拜給事中、吏部侍郎、戶部尚書，復以樞密直學士知青州。歷應天府、河陽、陳鄆揚州而卒。

李及之

《宋史》卷三一〇《李及之傳》 〔李〕及之字公達，亦迪弟之子。由蔭登第，通判安肅軍。康定中，夏人犯邊，契丹復發兵並塞，疆候戒嚴。及之言：契丹以與夏人甥舅之故，特此慰其心，且姑張虛勢以疑我，必不失誓好，願毋過虞。已而果然。

徙通判河南府。亡卒張海倚山嘯聚，白晝掠城市。及之督捕，單騎與海語，諭使歸命，當奏貸其死。海感動弛備，奏方上，而衆兵集，悉獲之。知信州，靈鷲山浮屠，犯法者衆，及之治其姦，流數十人，乃自劾。朝廷嘉之，釋不問。入判刑部。嘗撰次唐史益治體者，爲《君臣龜鑑》八十卷。王堯臣上其書，并表其學行，韓琦亦以館職薦之。召試，除直秘閣，歷開封府判官、知涇晉陝三州。

及之吏事精明，所居官皆稱職。以太中大夫致仕，再轉正議大夫。卒，年八十五。

李孝基

《宋史》卷三一〇《李孝基傳》　〔李〕柬之子孝基，及之子孝壽、孝稱。

孝基字伯始。進士高第，唱名至墀下，仁宗顧侍臣曰：此李迪孫邪？能世其家，可尚也。晏殊、富弼薦其材任館閣，欲一見之。孝基曰：名器可私謁邪？竟不往。

知汝陰、雍丘縣，通判閬州、舒州，知隨州。所治雖劇，然事來亟斷，不爲證左回枉，甫日中，庭已空矣。或問其術，曰：無他，省事耳。閬中江水齧城幾没，郡吏多引避，孝基率其下決水歸旁谷，城賴以全。舒吏受賂鬻獄，以殺人罪加平民，孝基劾治三日，得其情，迺抵吏罪。以親須養，求監崇福宮，判西京國子監。凡就閑十年，累官光禄卿，與父柬之同謝事，纔年五十，士大夫美之，以比二疏。

孝基爲人沖澹，善養生，平居輕安。弟孝稱進對，帝問起居狀，歎曰：度越常人遠矣。後十一年，無疾卒。

李孝壽

《宋史》卷三一〇《李孝壽傳》　〔李〕孝壽字景山，爲開封府戶曹參軍。元符中，吕嘉問知府事，受章惇、蔡卞指，鍛鍊上書人，命孝壽攝司録事，其成獄。徽宗即位，嘉問先已得罪，孝壽亦削秩。蔡京爲政，以爲府推官，遷大理、太僕卿，擢顯謨閣待制，爲開封尹。

前此，閭里亡賴子，自斷截臂腕，託發疾凌良民，無所憚畏。孝壽悉搜出之，部付旁郡，一切治理。加直學士，出知興仁、開德府。京起蘇州章綎獄，還孝壽開封，使往即訊。至蘇州，窮治鑄錢，逮繫踰千數，方冬慘掠囚，墮指脱足不可計，死則投于垣外。日夜鍛鍊，款未就，京猶嫌其緩，召使還。其後，綎兄弟竟用此黥竄。又知虢、兖二州。坐守興仁日與巡檢戲射狂人張立死，除名。居無何，起知蘇州。

政和初，拜刑部侍郎，復改開封尹。奉宸庫吏吕壽盜金，繫獄而逃，孝壽盡執守兵，論爲故縱，非任事之吏與不上直者，亦以不即追掩繩之。凡配隸四十人，陰賂杖者使加重，六七人纔出關而死。帝聞之，命悉還餘人。於是諫議大夫毛注論其殘忍苛虐，乞加譴，不聽。孝壽猶以獄空上表賀。

孝壽雖亡狀，亦時有可觀。有舉子爲僕所凌，忿甚，具牒欲送府，同舍生勸解，久乃釋。戲取牒效孝壽花書判云：不勘案，决杖二十。僕明日持詣府，告其主倣尹書判私用刑。孝壽即追至，備言本末，孝壽幡然曰：所判正合我意。如數與僕杖，而謝舉子。時都下數千人，無一僕敢肆者，時以此稱之。明年，以疾，罷爲龍圖閣學士、提舉醴泉觀。卒，贈正奉大夫。

杜衍

《宋史》卷三一〇《杜衍傳》　杜衍字世昌，越州山陰人。父遂良，仕至尚書度支員外郎。衍總髮苦志厲操，尤篤于學。擢進士甲科，補揚州觀察推官，改秘書省著作佐郎、知平遙縣。使者薦之，通判晉州。

詔舉良吏，擢知乾州。陳堯咨安撫陝西，有詔藩府乃賜宴，堯咨至乾州，以衍賢，特賜宴，仍徙衍權知鳳翔府。及罷歸，二州民邀留境上，曰：何奪我賢太守也？以太常博士提點河東路刑獄，遷尚書祠部員外郎。按行潞州，折冤獄，知州王曙爲作《辨獄記》。高繼昇知石州，人告繼昇連蕃族謀變，逮捕繫治，久不決，衍辯其誣，抵告者罪。寧化軍守將鞫人死罪，不以實，衍覆正之。守將不伏，訴之，詔爲置獄，果不當死。徙京西路，又徙知揚州。有司奏衍辨獄法當賞，遷刑部。【略】

始，衍爲治謹密，不以威刑督吏，然吏民亦憚其清整。仁宗特召爲御史中丞。奏言：中書、樞密，古之三事大臣，所謂坐而論道者也。止隻日對前殿，何以盡天下之事？宜迭召見，賜坐便殿，以極獻替可否，其他，不必親煩陛下也。又議常平法曰：歲有豐凶，穀有貴賤，官以法平之，則農有餘利矣。今豪商大賈，乘時賤收，水旱，則稽伏而不出，冀其翔踴，以圖厚利，而困吾民也。請量州郡遠近，戶口衆寡，嚴賞罰，課責官吏，出納無壅，增損有宜。公糴未充，則禁爭糴以規利者；糴畢而儲之，則察其以供軍爲名而假借者。州郡闕母錢，願出官帑助之。否則勸課之官，家至日見，亦奚益於事哉。

兼判吏部流內銓。選補科格繁長，主判不能悉閱，吏多受賕，出縮爲姦。衍既視事，即敕吏函銓法，問曰：盡乎？曰：盡矣。力閱視，具得本末曲折。明日，令諸吏無得升堂，各坐曹聽行文書，銓事悉自予奪，由是吏不能爲姦利。數月，聲動京師。改知審官院，其裁制如判銓時。遷尚書工部侍郎、知永興軍。民有晝亡其婦者，爲設方略捕，立得殺人賊，發所瘞屍，并得賊殺他婦人屍二，秦人大驚。徙并州。元昊反，以太原要衝，加龍圖閣學士。

寶元二年，遷刑部侍郎、復知永興軍。時方用兵，民苦調發，吏因緣爲姦。衍區處計畫，量道里遠近，寬其期會，使民得次第輸官，比他州費，省錢過半。召還，權知開封府，權近聞衍名，莫敢干以私。

（宋）朱熹《宋名臣言行録前集》卷七《祁國正獻公杜衍》 公聽獄訟雖明敏而審覈愈精，故屢決疑獄，人以為神。其簿書出納，推析毫髮，終日無倦色。至為條目，必使吏不得為奸而已，及其施於民者，則簡而易行。知乾州未滿歲，安撫使察其治行以公，權知鳳翔府，二邦之民爭於界上。一曰此我公也，汝奪之。一曰今我公也，汝何有焉。

吕公孺

《宋史》卷三一一《吕公孺傳》 公孺字稚卿。任爲奉禮郎，賜進士出身，判吏部南曹。占對詳敏，仁宗以爲可用。知澤、潁、廬、常四州，提點福建、河北路刑獄，入爲開封府推官。民鬻薪爲盜奪，逐之遭傷，尹包拯命笞盜。公孺曰：盜而傷主，法不止笞。執不從，拯善其守。及使三司，而公孺爲判官，事皆咨決之。判都水監，未幾，改陝西轉運使。

神宗得綏州，遣使議守棄之便，久未決。命公孺往，與郭逵議合，遂存綏州。常平法行，公孺請以青苗、免役歸提刑司。徙知渭州；再徙鄆州。坐失入死刑，責知蔡州。

元豐初，帝召公孺，慰之曰：長安謀帥，無以易卿。命知永興軍。徙河陽，洛口兵千人，久役思歸，奮斧鍤排關，不得入，西走河橋，觀聽洶洶。諸將請出兵掩擊，公孺曰：此皆亡命，急之，變且生。即乘馬東去，遣牙兵數人迎諭之曰：汝輩誠勞苦，然豈得擅還？一度橋，則罪不赦矣！太守在此，願自首者止道左。皆佇立以俟。公孺索倡首者，黥一人，餘復送役所。語其校曰：若復偃蹇者，斬而後報。衆貼息。乃自劾專命，詔釋之。

知審官東院，出知秦州。李憲以詔出兵，欲盡駐原、渭，公孺不可，與憲相論奏，坐徙相州，更陳、杭、鄭、瀛四州。元祐初，加龍圖閣直學士，復以爲秦州，固辭，改祕書監。遷刑部侍郎、知開封府，爲政明恕。幕人遷黼坐設，毁其角，法當徒，公孺請罪，數十人皆以杖免。原廟亡珠，繫治典吏久，公孺曰：主者番代不一，曷嘗以珠數相授受，歲時諱日，宮嬪狎至，奈何顯指吏卒乎？請之，得釋。擢戶部尚書，以病，提舉醴泉觀。卒，年七十。贈右光禄大夫。

公孺廉儉，與人寡合。嘗護曹佾喪，得厚餉，辭不受，談者清其節焉。

韓　億

《宋史》卷三一五《韓億傳》　韓億字宗魏，其先真定靈壽人，徙開封之雍丘。舉進士，爲大理評事、知永城縣，有治聲。他邑訟不决者，郡守皇甫選輒屬億治之。通判陳州，會河决，治隄費萬計，億不賦民而營築之。真宗嘗欲召試，而與王旦有親嫌，特召見，改一官知洋州。州豪李甲，兄死迫嫂使嫁，因誣其子爲他姓，以專其貲。嫂訴於官，甲輒賂吏掠服之，積十餘年，訴不已。億視舊牘未嘗引乳醫爲證，召甲出乳醫示之，甲亡以爲辭，寃遂辨。累遷尚書屯田員外郎、知相州。河北旱，轉運使不以實聞，億獨言歲饑，願貸民租。有誣其子綱請求受金者，億請自置獄按之，事雖辨，猶降通判大名府。尋爲殿中侍御史，遷侍御史，安撫淮、浙，除開封府判官，出爲河北轉運使。

仁宗初，進直史館、知青州，以司封員外郎兼侍御史知雜事，判大理寺丞。吴植知臨江軍，使人納金於宰相王欽若，因牙吏至京師，審之，語頗洩，欽若知不可掩，執吏以聞。詔付臺治，而植自言未嘗納金，反誣吏誤以問所親語欽若。億窮治之，蓋植以病懼廢，金未達而事已露也。植乃除名。并按欽若，詔釋不問。三司更茶法，歲課不登，億承詔劾之，由丞相而下皆坐失當之罰，其不撓如此。自薛奎後，億獨掌臺務者踰年。

包　拯

《宋史》卷三一六《包拯傳》　包拯字希仁，廬州合肥人也。始舉進士，除大理評事，出知建昌縣。以父母皆老，辭不就。得監和州稅，父母又不欲行，拯即解官歸養。後數年，親繼亡，拯廬墓終喪，猶裴徊不忍去，里中父老數來勸勉。久之，赴調，知天長縣。有盜割人牛舌者，主來訴。拯曰：第歸，殺而鬻之。尋復有來告私殺牛者，拯曰：何爲割牛舌而又告之？盜驚服。徙知端州，遷殿中丞。端土産硯，前守緣貢，率取數十倍以遺權貴。拯命製者才足貢數，歲滿不持一硯歸。

尋拜監察御史裏行，改監察御史。時張堯佐除節度、宣徽兩使，右司諫張擇行、唐介與拯共論之，語甚切。又嘗建言曰：國家歲賂契丹，非禦戎之策，宜練兵選將，務實邊備。又請重門下封駁之制，及廢錮贓吏，選守宰，行考試補蔭弟子之法。當時諸道轉運加按察使，其奏劾官吏多摭細故，務苛察相高尚，吏不自安，拯於是請罷按察使。【略】

舊制，凡訟訴不得徑造庭下。拯開正門，使得至前陳曲直，吏不敢欺。中官勢族築園榭，侵惠民河，以故河塞不通，適京師大水，拯乃悉毁去。或持地券自言有僞增步數者，皆審驗劾奏之。

（宋）李燾《續資治通鑑長編》卷一六六《宋仁宗皇祐元年》〔四月〕庚午，命戶部副使包拯與河北四路安撫司、轉運司議省冗官，及汰軍士之不任役者以聞。

（宋）李燾《續資治通鑑長編》卷一八一《宋仁宗至和二年》〔十二月〕庚寅，降知瀘州、龍圖閣真學士、刑部郎中包拯爲兵部員外郎、知池州，坐失保任也。

（宋）李燾《續資治通鑑長編》卷一八三《宋仁宗嘉祐元年》〔八月〕癸丑，復龍圖閣直學士、兵部員外郎、知池州包拯爲刑部郎中、知江寧府，江南東路轉運使、工部員外郎、直集賢院唐介爲戶部員外郎。時殿中侍御史裏行吴中復乞召拯、介還朝，宰臣文彦博因言：介頃爲御史，言臣事多中臣病，其間雖有風聞之誤，然當時責之太深，請如中復所奏召用之。故有是命。

（宋）李燾《續資治通鑑長編》卷一八四《宋仁宗嘉祐元年》　翰林學士、兼侍讀學士、中書舍人、集賢殿修撰、權知開封府曾公亮爲給事中，參知政事，龍圖閣直學士、刑部郎中、知江寧府包拯爲右司郎中、權知開封府。

拯立朝剛嚴，聞者皆憚之，至於閭里童稚婦女亦知其名，貴戚、宦官爲之斂手。舊制，凡訟訴，不得徑造庭下，府吏坐門，先收狀牒，謂之牌司。拯開正門，徑使至庭自言曲直，吏民不敢欺。京師大水，因言中官、勢族築園榭多跨惠民河，故河塞不通，乃悉毁去。或持地券自言，有僞增步數者，皆審驗劾奏之。

（宋）李燾《續資治通鑑長編》卷一八七《宋仁宗嘉祐三年》〔四

月〕丁亥，命權御史中丞包拯領轉運使、提點刑獄考課院。

（宋）李燾《續資治通鑑長編》卷一八九《宋仁宗嘉祐四年》〔三月〕己未，新三司使、吏部侍郎宋祁爲端明殿學士、翰林侍讀學士、龍圖閣學士、集賢殿修撰、知鄭州。右諫議大夫、權御史中丞包拯爲樞密直學士、權三司使。先是，右司諫吴及言祁在定州不治，縱家人貸公使錢數千緡，及在蜀奢侈過度；而拯亦言祁在益部多游宴，且其兄庠方執政，不可任三司，累論之不已。庠因自言身處機密，弟總大計，權任太重，乞除祁外官，故命祁出守而拯代居其位。翰林學士歐陽修言：

臣聞治天下者，在用人知先後而已。用人之法，各有所宜，軍旅之士先材能，朝廷之士先名節。軍旅主成功，惟恐其不趨賞而争利，其先材能而後名節者，亦勢使之然也。朝廷主教化，風俗之薄厚，治道之汙隆，在乎用人，而教化行於下也，不能家至而諄諄諭之，故常務尊名節之士，以風動天下而聳勵其媮薄。夫所謂名節之士者，知廉恥，修禮讓，不利於苟得，不牽於苟隨，而惟義之所處。白刃之威有所不避，折枝之易有所不爲，而惟義之所守。其立於朝廷，進退舉止皆可以爲天下法也，其人至難得也，至可重也。爲士者當貴名節以重其身，而君人者亦當全名節以養成善士。

伏見陛下近除包拯爲三司使，命下之日，外議諠然，以謂朝廷貪拯之材，而不爲拯惜名節。然猶冀拯能執節守義，堅讓以避嫌疑，而爲朝廷惜事體。數日之間，遽聞拯已受命，是可惜也，亦可嗟也。拯性好剛，天姿峭直，然素少學問，朝廷事體或有不思，至如逐其人而代其位，雖初無是心，然見得不能思義，此皆不足怪。若乃嫌疑之迹，常人皆知可避，而拯豈獨不思哉！昨聞拯在臺日，嘗自至中書詬責宰相，指陳前三司使張方平過失，怒宰相不早罷之。既而臺中僚屬相繼論列，方平由此罷去，而以宋祁代之。又聞拯亦曾彈奏宋祁過失，自祁命出，臺中僚屬又交章力言，祁亦因此而罷，而拯遂代其位。此所謂蹊田奪牛，豈得無過！而整冠納履，當避嫌疑者也。如拯材能資望，雖别加進用，人豈間言，其不可爲者，惟三司使爾，非惟自涉嫌疑，其於朝廷所損不細。臣請原其本末言之：

國家自數十年來，士君子務以恭謹靜慎爲賢。及其弊也，循默苟且，偷墮寬弛，習成風俗，不以爲非，至於百職不修，紀綱廢壞。時方無事，固未覺其害也。一旦黠寇犯邊，兵出無功，而財用空虚，公私困弊，盜賊並起，天下騷然，陛下感悟，思革其弊，進用三數大臣，鋭意於更張矣。於此之時，始增置諫官之員，以寵用言事之臣，俾之舉職，由是修紀綱而繩廢壞，遂欲分别賢不肖，進退材不材，而久弊之俗，驟見而駭，因共指言事者而非之，或以爲好訐陰私，或以爲公相傾陷，或謂沽邀名譽，或謂自圖進取，羣言百端，幾惑上聽。上賴陛下至明，察見諸臣本忘身徇國，非爲己利，讒間不入，遂荷保全，而中外之人久而亦漸爲信。自是以來二十年間，臺諫之選，屢得讜言之士，中間斥去姦邪，屏絶權倖，拾遺救失，不可勝數。是則納練之善從古所難，自陛下臨御以來，實爲盛德，於朝廷輔助之效，不爲無功。今中外習安，上下已信，纖邪之人凡所舉動，每畏言事之臣，時政無巨細，亦惟言事官是聽。原其自始開發言路，至於今日之成效，豈易致哉，可不惜哉！

夫言人之過似激訐，逐人之位似傾陷，而言事之臣得以自明者，惟無所利於其間爾，而天下之人所以爲信者，亦以其無所利焉。今拯并逐二臣，自居其位，使將來姦佞者得以爲説，而惑亂主聽；今後言事者不爲人信，而無以自明。是則聖朝用諫之功，一旦由拯而壞。夫有所不取之謂廉，有所不爲之謂恥，近臣舉動，人所儀法，使拯於此時有所不取而不爲，可以風天下以廉恥之節。而拯取其所不宜取，爲其所不宜爲，豈惟自薄其身，亦以開誘他時言事之臣傾人以覬倖，相習而成風，此之爲患，豈謂小哉！

然拯所恃者，惟以本無心爾。夫心者藏於中而人所不見，迹者示於外而天下所瞻。今拯欲自信其不見之心，而外掩天下之迹，是猶手探其物，口云不欲，雖欲自信，人誰信之？此臣所謂嫌疑之不可不避也。況如拯者，少有孝行，聞於鄉里，晚有直節，著在朝廷。但其學問不深，思慮不熟，而處之乖當，其人亦可惜也！伏望陛下别選材臣爲三司使，而處拯他職，置之京師，使拯得避嫌疑之迹，以解天下之惑，而全拯之名節，不勝幸甚！

臣叨塵侍從，職號論思，昔嘗親見朝廷致諫之初甚難，今又復見陛下用諫之效已疏奏，拯卽家避命，不許，久之，乃就職。

（宋）李燾《續資治通鑑長編》卷一九三《宋仁宗嘉祐六年》〔四

月〕辛酉，權三司使、樞密直學士、右諫議大夫包拯爲給事中、三司使。拯在三司，凡諸管庫供上物，舊皆科率外郡，積以困民，拯特置場和市，民得無擾。吏負錢帛，多縲繫，間輒逃去，械其妻子者，類皆釋之。二事或自有月日，則此當削去。

（宋）李燾《續資治通鑑長編》卷一九六《宋仁宗嘉祐七年》〔五月〕庚午，樞密副使、給事中包拯卒，贈禮部尚書，謚孝肅。拯性峭直，然奏議平允，常惡俗吏苛刻，務爲敦厚。雖疾惡甚至人情所不及，即推以忠恕。不爲苟合，未嘗僞色辭以悦人。不作私書，至於干請，無故人親黨一皆絶之。居家儉約，衣服器用飲食，雖貴，如初官時。

（宋）李燾《續資治通鑑長編》卷四一七《宋哲宗元祐三年》宣義郎、簽書濠州判官包綬爲少府監丞。綬，拯之子，文彦博言綬能世其家，恬静自守不苟求進，乞用呂誨、劉庠例，特加奬擢故也。呂誨子由誠，劉庠子敦夫，皆以父故特加奬擢，當考。

（清）徐乾學《資治通鑑後編》卷六五《宋紀六五》以翰林院學士權知開封府，曾公亮為給事中、參知政事，龍圖閣直學士、知江寧府包拯爲右司郎中，權知開封府。拯立朝剛嚴，聞者皆憚之。至於童稚婦女亦知其名，貴戚宦官為之斂手。舊制，凡訟訴，不得徑造庭下，府吏坐門先收狀牒，謂之牌司。拯開正門，徑使至庭，自言曲直，吏不敢欺。時京師大水，因言中官勢族築園榭，多跨惠民河，故河塞不通，乃悉毁去。或持地券自言有僞增步數者，皆審驗劾奏之。

（清）畢沅《續資治通鑑》卷四六《宋紀四六》拯嘗知天長縣，有訴盗割牛舌者，拯使歸屠其牛，鬻之。既而又有告殺牛者，拯曰：何爲割某家牛舌而又告之？盗者驚服。考異：按《宋史・穆衍傳》云：調華池令，民牛爲仇家斷舌，而不知何人，訟於縣，衍命殺之。明日，仇以私殺告，衍曰：斷牛舌者乃汝邪？訊之，具服。與包拯事正同，蓋一事而傳聞異詞耳，今從《拯傳》。徙知端州，州歲貢硯，前守緣貢率取十倍以遺權貴人。拯命製者才足貢數，歲滿，不持一硯歸。

（清）畢沅《續資治通鑑》卷六〇《宋紀六〇》庚午，樞密副使、給事中包拯卒，贈禮部尚書，謚孝肅。

拯性峭直，立朝剛毅，人以其笑爲黄河清。知開封府時，京師爲之語曰：關節不到，有閻羅包老。然奏議平允，常惡俗吏苛刻，務爲敦厚，雖甚疾惡，未嘗不推以忠恕。平居無私書，故人親黨有干請，一皆絶之。居家儉約，衣服器用飲食，雖貴如布衣時。

（宋）朱熹《宋名臣言行録前集》卷八《孝肅公包拯》字希仁，廬州人。舉進士事仁宗至樞密副使。公知天長縣，有訴盗割掉舌者，公使歸屠其牛，鬻之。既而有告私殺牛者，公曰：何爲割某家牛舌而又告之？盗者驚伏。徙知端州，州歲貢硯，前守緣貢，率數十倍以遺權貴人。公命製者纔足貢數，歲滿不持一硯歸。《卮史》。公在言路，極言時事，復爲京尹，令行禁止，至今天下皆呼包待制，又曰包家。市井小民及田野之人凡狗私者，皆指笑之曰你一個包家；見貪污者曰你一箇司馬家。天下稱司馬公曰司馬家。《家塾記》。

公尹京，號爲明察。有編民犯法當杖脊，吏受賕，與之約曰：今見尹，必付我責狀，汝第呼號自辨，我與汝分此罪，汝決杖，我亦決杖。既而包引囚問畢，果付吏責狀。囚如吏言，分辨不已。吏大聲訶之曰：但受脊杖出去，何用多言。包謂其市權，捽吏，杖之十七，特寬囚罪，止從杖坐，以沮吏，勢不知乃爲所賣，卒如素約。小人爲姦，固難防也。公天性峭嚴，未嘗有笑容，人謂包希仁笑比黄河清。《談筆》。

公始及第，以親老侍養，不仕官且十年，人稱其孝。知開封府，爲人剛嚴，不可干以私。京師爲之語曰：關節不到，有閻羅包老。《記聞》。公知諫院，列上唐魏鄭公三疏請置座右以爲龜鑑。爲中丞，奏曰：東宫虚位日久，天下以爲憂，羣臣數有言者，卒未聞有所處置。未審聖意，持久不决，何也？太子者，天下根本也，根本不立，禍孰大焉。仁宗曰：卿欲誰立？公曰：臣非才備位，所以乞豫建太子者，爲宗廟萬世計耳。陛下問臣欲誰立，是疑臣也。臣行年七十且無子，非邀後福者，唯陛下裁察。仁宗喜，曰：徐當議之。

吴奎

《宋史》卷三一六《吴奎傳》吴奎字長文，濰州北海人。性强記，於書無所不讀。舉《五經》，至大理丞，監京東排岸。慶曆宿衛之變，奎上疏曰：涉春以來，連陰不解，《洪範》所謂皇之不極，時則有下伐上者。今衛士之變，起於肘腋，流傳四方，驚駭羣聽。聞皇城司官六人，其五已受責，獨楊懷敏尚留。人謂陛下私近幸而屈公法，且獲賊之際，傳令勿殺，而左右輒屠之。此必其黨欲以滅口，不然，何以不奉詔？遂乞召對面論，仁宗深器之。再遷殿中丞，策賢良方正入等，擢太常博士、通判陳州。

（清）徐乾學《資治通鑑後編》卷五九《宋紀五九》　甲申，御崇政殿，策試賢良方正、能直言極諫，殿中丞吴奎所對入第四等，以奎為太常博士、通判陳州。奎，北海人，嘗為廣信軍判官，晝則治事，夜輒讀書，不寐者二十餘年。楊懷敏增廣北邊屯田至奪民穀地，無敢與抗者。奎上書論其不便，知保州王果亦屢争之，懷敏使人訟果他事，詔置獄推劾，奎為果力辨，得免。慶歷中宿衛之變，奎時監東京排岸司，上疏曰：臣聞皇城司六人其五已被謫，獨懷敏尚留，人咸謂陛下私近倖而屈公法，且獲賊之際陛下宣令勿殺，而左右輒屠之。此必有同謀者，恐事泄露而殺之以滅口，不然何以不奉詔也？帝深器之。

趙抃

《宋史》卷三一六《趙抃傳》　趙抃字閲道，衢州西安人。進士及第，爲武安軍節度推官。人有赦前僞造印，更赦而用者，法吏當以死。抃曰：赦前不用，赦後不造，不當死。讞而生之。知崇安、海陵、江原三縣，通判泗州。濠守給士卒廩賜不如法，聲欲變，守懼，日未入，輒閉門不出。轉運使檄抃攝治之，抃至，從容如平時，州以無事。【略】

請知睦州，移梓州路轉運使，改益州。蜀地遠民弱，吏肆爲不法，州郡公相餽餉。抃以身帥之，蜀風爲變。窮城小邑，民或生而不識使者，抃行部無不至，父老喜相慰，姦吏竦服。

召爲右司諫。内侍鄧保信引退兵董吉燒煉禁中，抃引文成、五利、鄭注爲比，力論之。陳升之副樞密，抃與唐介、吕誨、范師道言升之姦邪，交結宦官，進不以道。章二十餘上，升之去位。抃與言者亦罷，出知虔州。虔素難治，抃御之嚴而不苛，召戒諸縣令，使人自爲治。令皆喜，争盡力，獄以屢空。嶺外仕者死，多無以爲歸，抃造舟百艘，移告諸郡曰：仕宦之家，有不能歸者，皆於我乎出。於是至者相繼，悉授以舟，并給其道里費。

召爲侍御史知雜事，改度支副使，進天章閣待制、河北都轉運使。時賈昌朝以故相守魏，抃將按視府庫，昌朝使來告曰：前此，監司未有按視吾藏者，恐事無比，若何？抃曰：舍是，則他郡不服。竟往焉。昌朝不悦，初，有詔募義勇，過期不能辨，官吏當坐者八百餘人。抃被旨督之，奏言：河朔頻歲豐，故應募者少，請寬其罪，以俟農隙。從之。坐者獲免，而募亦隨足。昌朝始愧服。

加龍圖閣直學士、知成都，以寬爲治。抃向使蜀日，有聚爲妖祀者，治以峻法。及是，復有此獄，皆謂不免。抃察其亡他，曰：是特酒食過耳。刑首惡而釋餘人，蜀民大悦。會榮諲除轉運使，英宗諭諲曰：趙抃爲成都，中和之政也。【略】

王安石用事，抃屢斥其不便。韓琦上疏極論青苗法，帝語執政，令罷之。時安石家居求去，抃曰：新法皆安石所建，不若俟其出。既出，安石持之愈堅。抃大悔恨，即上言：制置條例司建使者四十輩，騷動天下。安石強辯自用，詆天下公論以爲流俗，違衆罔民，順非文過。近者臺諫侍從，多以言不聽而去；司馬光除樞密，不肯拜。且事有輕重，體有大小。財利於事爲輕，而民心得失爲重；青苗使者於體爲小，而禁近耳目之臣用捨爲大。今去重而取輕，失大而得小，懼非宗廟社稷之福也。

奏入，懇乞去位，拜資政殿學士、知杭州，改青州。時京東旱蝗，青獨多麥，蝗來及境，遇風退飛，盡墮水死。成都以戍卒爲憂，遂以大學士復知成都。召見，勞之曰：前此，未有自政府往者，能爲朕行乎？對曰：陛下有言，即法也，奚例之問？因乞以便宜從事。

既至蜀，治益尚寬。有卒長立堂下，呼諭之曰：吾與汝年相若，吾以一身入蜀，爲天子撫一方。汝亦宜清謹畏戢以率衆，比戍還，得餘貲持歸，爲室家計可也。人喜轉相告，莫敢爲惡，蜀郡晏然。劍州民私作僧度牒，或以爲謀逆告，抃不畀獄吏，以意決之，悉從輕比。謗者謂其縱逆黨，朝廷取具獄閲之，皆與法合。茂州夷剽境上，懼討乞降，乃縛奴將殺之，取血以受盟。抃使易用牲，皆讙呼聽命。

（清）**徐乾學《資治通鑑後編》卷七二《宋紀七二》**　癸丑，以河北都轉運使趙抃為龍圖閣直學士、知成都府。抃前使蜀時，言蜀人好妖祀，聚衆為不法，請以其首處死，餘皆黥、流。及是復有此獄，皆謂不免，抃察其無他，謂囚曰：汝輩能復業，吾釋汝罪。皆叩頭乞自新，乃止坐為首者，餘釋不問，蜀人大悦。他日，上謂轉運使榮諲曰：趙抃為成都，中和之政也。

（清）**徐乾學《資治通鑑後編》卷八〇《宋紀八〇》**　甲戌，徙知青州，趙抃為資政殿大學士。知成都時，成都以戍卒為憂，朝廷選擇大臣為蜀人所信愛者，故以命抃。召見之，抃乞以便宜從事，即日辭去。既至蜀，治益尚寬，密為經略，而燕勞閒暇如他日，兵民晏然。劍州民李孝忠集衆二百餘人，私造符牒，度民為僧，或以謀逆告。獄具，抃不下法吏，以意决之，但處孝忠以私度罪，餘皆不問。

齊恢

《宋史》卷三二二《齊恢傳》　齊恢字熙業，蒲陰人。唐宰相映之裔也。第進士，歷通判陳州，提點成都府路刑獄三年，徙河東。凡公帑格外餽餉之物，一無所受。單車而東，入爲户部判官。神宗出閤，精簡宫僚，韓琦薦其賢，以直昭文館，爲潁王府翊善，進太子左諭德。帝既位，拜天章閣待制，知通進、銀臺司。出知相州，召知審官西院，糾察在京刑獄。卒，年六十六。恢居鄉里，恂恂稱君子；臨政府，明白簡約，不苛擾，所至人愛之。帝念舊僚，自諫議大夫特贈工部侍郎。

（宋）**王安石《臨川先生文集》卷四八《内制・賜天章閣待制知審刑院齊恢獎諭詔》**　勑齊恢：省所奏據大理寺日奏司狀，四月一日已前下寺公案，並已斷絶，無見在事。具悉。卿以才被選，典領祥刑，蔽罪讞疑，遂無留獄。圄空之隆，朕庶幾焉。閲奏歎嘉，不忘乃績。

桑懌

《宋史》卷三二五《桑懌傳》　桑懌，開封雍丘人。勇力過人，善用劍及鐵簡，有謀略。其爲人不甚長大，與人接，常祗畏若不自足，語言如不出其口，卒遇之，不知其勇且健也。兄慥，舉進士，有名。懌以再舉進士，不中。

嘗遭大水，有粟二廩，將以舟載之，見百姓走避水者，遂棄其粟而載之，得皆不死。歲饑，聚人共食其粟，盡而止。後徙居汝、潁間，耕龍城廢田數頃以自給。

諸縣多盗，懌自請補耆長，得往來察姦，因召里中惡少年戒曰：盗不可爲，吾不汝容也。有頃，里老父子死未斂，盗夜脱其衣去，父不敢告縣。懌疑少年王生者，夜入其家，得其衣，不使之知也。明日，見而問之曰：爾許我不爲盗，今里中盗屍衣者，非爾邪？少年色動，既推仆地，縛之，詰共盗者姓名，盡送縣，皆伏辜。

嘗之郟城，遇尉出捕盗，招懌飲酒。與俱行，至賊所藏，尉怯甚，陽爲不知，將去。懌曰：賊在此，欲何之？乃下馬，獨格殺數人，因盡縛之。又聞襄城有盗十許人，獨提一劍以往，殺數人，盡縛其餘，汝旁縣爲之無盗。京西轉運使奏其事，補郟城尉。

天聖中，河南諸縣多盗，轉運使奏移澠池尉。羣盗保青灰山，時出攘剽。有宿盗王伯者，尤爲民害，朝廷每授巡檢使，必疏姓名使捕之。懌至官，巡檢僞爲宣頭以未懌，牒招致之。懌不知其僞也，因挺身入賊中，與伯同卧起，十餘日，伯遂與懌出至山口，爲巡檢伏兵所執，懌幾不免。懌曰：巡檢懼無功爾。即以伯與巡檢，使自爲功。巡檢俘獻京師，而懌不復自言。朝廷知之，爲黜巡檢，擢懌右班殿直、永安縣巡檢。

明道末，京西旱蝗，有惡賊二十三人，樞密院召懌至京師，授以賊名姓，使往捕。懌曰：盗畏吾名，必潰，潰則難得矣，宜先示之以怯。至則閉柵，戒軍吏不得一人輒出。居數日，軍吏不知所爲，數請出自效，輒不許。夜，與數卒變爲盗服以出，跡盗所嘗行處。入民家，民皆走，獨一媪留，爲具飲食，如事羣盗。懌歸，閉柵三日，復往，自攜具就媪饌，而以餘遺媪，媪以爲真盜，乃稍就媪，與語及羣盜，一媪曰：彼聞桑殿直來，皆遁去。近聞閉營不出，知其不足畏，今皆還矣，某在某處。懌又三日往，厚遺之，遂以實告曰：我桑殿直也，爲我察其實而慎勿泄。後三日復來，於是媪盡得居處之實以告。懌明日部分軍士，盡擒諸盜。其尤強梁者，懌自馳馬以往，士卒不及從，惟四騎追之，遂與賊遇，手殺三人。凡二十三人者，一日皆獲。

鄧綰

《宋史》卷三二九《鄧綰傳》　鄧綰字文約，成都雙流人。舉進士，爲禮部第一。稍遷職方員外郎。熙寧三年冬，通判寧州。時王安石得君專政，條上時政數十事，以爲宋興百年，習安玩治，當事更化。又上書言：陛下得伊、吕之佐，作青苗、免役等法，民莫不歌舞聖澤。以臣所見寧州觀之，知一路皆然；以一路觀之，知天下皆然。誠不世之良法，願勿移於浮議而堅行之。其辭蓋媚王安石。又貽以書頌，極其佞諛。

安石去位，綰頗附吕惠卿。及安石復相，綰欲彌前迹，乃發惠卿置田華亭事，出知陳州。又論三司使章惇協濟其姦，出知湖州。初，惠卿弟和卿創手實法，綰曰：凡民養生之具，日用而家有之。今欲盡令疏實，則家有告訐之憂，人懷隱匿之慮，無所措手足矣。商賈通殖貨財，交易有無，不過服食、器用、米粟、絲麻、布帛之類，或春有之而夏以蕩析，或秋貯之而冬已散亡，公家簿書，何由拘録，基勢安得不犯？徒使嚚訟者趨賞報怨以相告訐，畏怯者守死忍困而已。詔罷其法。

（宋）李燾《續資治通鑑長編》卷二一六《宋神宗熙寧三年》　職方員外郎鄧綰爲集賢校理，檢正中書孔目房公事。綰故名維清，雙流人，舉進士高第，累遷寧州通判，上書言：陛下得伊、吕之佐，作青苗、免役錢等法，百姓無不歌舞聖澤。臣以所見寧州觀之，知一路；一路觀之，見天下皆然。此誠不世之良法，願陛下堅守行之，勿移于浮議也。又與王安石書及頌，安石大喜，白于上，使乘馹詣闕，又累詔趣之。比至，上使數人迎于中牟、八角、順天門詗候之。抵暮，入門就舍。詗候者夜飛奏，于右掖門竅中進入。詰旦，召對。時慶州方有夏寇，綰進呈邊事。上問：識王安石否？曰：不識。上曰：今之古人也。又問：識吕惠卿否？曰：不識。上曰：今之賢人也。綰退，見安石，欣然如舊交。安石問：家屬俱來乎？綰曰：承急召，未知所使，不敢俱來。安石曰：何不俱來，君不歸故官矣。後數日，值安石致齋，陳升之與馮京以綰知邊事，奏除知寧州。綰聞大恨，公語朝士曰：急召我來，乃使我還知寧州也！我已語介甫。甚不平。朝士問曰：君今當作何言？綰曰：我不失作館職。或問：君得無爲諫官乎？綰曰：正自可以爲之。明日，果有此命。綰自至京師，不敢與鄉人相見，鄉人皆笑罵，綰曰：笑罵從汝笑罵，好官我須爲之。尋又命綰兼編修中書户房條例。此據《司馬光日記》增入。兼編例在十月乙亥，今并書。

舒亶

《宋史》卷三二九《舒亶傳》　舒亶字信道，明州慈溪人。試禮部第一，調臨海尉。民使酒詈逐後母，至亶前，命執之，不服，即自起斬之，投劾去。王安石當國，聞而異之，御史張商英亦稱其材，用爲審官院主簿。使熙河括田，有績，遷奉禮郎。鄭俠既貶，復被逮，亶承命往捕，遇諸陳。搜俠篋，得所録名臣諫草，有言新法事及親朋書尺，悉按姓名治之，竄俠嶺南，馮京、王安國諸人皆得罪。擢亶太子中允、提舉兩浙常平。

元豐初，權監察御史裏行。太學官受賂，事聞，亶奉詔驗治，凡辭語微及者，輒株連考竟，以多爲功。加集賢校理。同李定劾蘇軾作爲歌詩譏訕時事。亶又言：王詵輩公爲朋比，如盛僑、周邠固不足論，若司馬光、張方平、范鎮、陳襄、齊摯，皆略能誦説先王之言，而所懷如此，可置而不誅乎？帝覺其言爲過，但貶軾、詵，而光等罰金。

未幾，同修起居注，改知諫院。張商英爲中書檢正，遺亶手帖，示以子壻所爲文。亶具以白，云商英爲宰屬而干請言路，坐責監江陵税。始，亶以商英薦得用；及是，反陷之。進知雜御史、判司農寺，超拜給事中、權直學士院。踰月，爲御史中丞。舉劾多私，氣焰熏灼，見者側目，獨憚王安禮。

亶在翰林，受廚錢越法，三省以聞，事下大理。初，亶言尚書省凡奏鈔法當置籍，録其事目。今違法不録，既案奏，乃謾以發放歷爲録目之籍，亶以爲大臣欺罔。而尚書省取臺中受事籍驗之，亦無録目，亶遽雜他文書送省，於是執政復發其欺。大理鞫廚錢事，謂亶爲誤。法官吴處厚駁之，御史楊畏言亶所受文籍具在，無不承之理。帝曰：亶自盗爲贓，情輕而法重；詐爲録目，情重而法輕。身爲執法，而詐妄若是，安可置也！命追兩秩勒停。亶比歲起獄，好以疑似排抵士大夫，雖坐微罪廢斥，然遠近稱快。十余年，始復通直郎。

崇寧初，知南康軍。辰溪蠻叛，蔡京使知荊南，以開邊功，由直龍圖閣進待制。明年，卒，贈直學士。

蹇周輔

《宋史》卷三二九《蹇周輔傳》 蹇周輔字磻翁，成都雙流人。少與范鎮、何郯爲布衣交。年未冠，試大廷，不第。鎮、郯既貴達，周輔始特奏名，再舉進士，知宜賓、石門二縣，通判安肅軍，爲御史臺推直官。善於訊鞫，鉤索微隱，皆用智得情。嘗有詔獄，事連掖庭掌寶侍史，它司累月不能決，乃命周輔。度不可追逮，奏請以要辭示主者詰服之，時以爲知體。及治李逢獄竟，臺臣雜治無異辭，神宗稱其能，擢開封府推官，出爲淮南轉運副使。盗廖恩聚黨閩中，多害兵吏，改使福建，護諸將以討之，恩遂降。

元豐初，遁唐制，歸百司獄于大理寺，選爲少卿，遷三司度支副使。先是，湖南例食淮鹽，周輔始請運廣鹽數百萬石，分鬻郴、全、道州；又以淮鹽增配潭、衡諸郡，湘中民愁困，法既行，遂領於度支。以集賢殿修撰爲河北都轉運使，進寶文閣待制，召爲戶部侍郎、知開封府，事多不決。授中書舍人，不拜，改刑部侍郎。元祐初，言者暴其立江西、福建鹽法，掊克欺誕，負公擾民，罷知和州。徙廬州。卒，年六十六。

周輔彊學，善屬文，神宗嘗命作《答高麗書》，屢稱善。爲吏深文刻覈，故老而獲戾。子序辰。

蹇序辰

《宋史》卷三二九《蹇序辰傳》 序辰字授之，登第後數年，以泗州推官主管廣西常平。周輔方使閩，上言父子並祇命遠方，家無所託，蘄改一近地。乃易京西，旋提舉江西常平，繼父行鹽法。爲監察御史，遷殿中侍御史、右司諫。哲宗位，改司封員外郎。周輔得罪，以序辰成其惡，降簽書廬州判官。起知楚州，提點江東刑獄。

紹聖中，遷左司員外郎，進起居郎、中書舍人，同修國史。疏言：朝廷前日正司馬光等姦惡，明其罪罰，以告中外。惟變亂典刑，改廢法度，訕讟宗廟，睥睨兩宮，觀事考言，實狀彰著。然蹤跡深秘，包藏禍心，相去八年之間，蓋已不可究質。其章疏案牘，散在有司，若不彙緝而藏之，歲久必致淪棄。願悉討姦臣所言所行，選官編類，入爲一帙，置之一府，以示天下後世大戒。遂命序辰及徐鐸編類。由是搢紳之禍，無一得脱者。遷禮部尚書，與安惇看詳訴理事。以奉使遼國無狀，黜知黄州。閲四月，除龍圖閣待制、知揚州。

徽宗立，中書言序辰類元祐章牘，傅致語言，指爲謗訕。詔與惇並除名勒停，放歸田里。蔡京爲相，復拜刑部、禮部侍郎，爲翰林學士，進承旨。有言其在先帝遏密中以音樂自娱者，黜知汝州。二年，徙蘇州。坐縱部民盗鑄錢，謫單州團練副使、江州安置。又坐守蘇時以天寧節同其父忌日，輒於前一日設宴，及節日不張樂，移永州。會赦，復官中奉大夫，遂卒。序辰亦有文，善傅會，深文刻覈，似其父云。

謝　麟

《宋史》卷三三〇《謝麟傳》 謝麟字應之，建州甌寧人。登第，調會昌令。民被酒夜與仇門。既歸而所親殺之，因誣仇。麟知死者無子，所親利其財，一訊得實。再調石首令，縣苦江水爲患，隄不可禦，麟疊石障之，自是人得安堵，號謝公隄。

通判辰州。章惇使湖湘，拓沅州，薦麟爲守，由太常博士改西上閤門副使。徭賊犯辰溪，麟且捕且招，一方以寧。詔使經制宜州獠，降其種落四千八百人，納思廣洞民千四百室，得鎧甲二萬，褒賜甚渥。加果州刺史，知荊南、涇邠二州。

元祐初，復以朝議大夫、直祕閣知潭州，加直龍圖閣，歷徙江寧鳳翔府、渭桂二州。融江有夷警，將吏議致討，麟以計平之。戍兵從北來，不能水土，麟部士人使極南，而北兵止屯近郡，賴以全者甚衆。卒于官。

王吉甫

《宋史》卷三三〇《王吉甫傳》　王吉甫字邦憲，同州人。舉明經，練習法律，試斷刑入等，爲大理評事，累遷丞、正、刑部員外郎、大理少卿。

舒亶以官燭引至第，執政欲坐以自盜。吉甫謂不可，執政怒，移獄他所，吉甫亦就辨。亶乃用飲食論罪，不以燭也。南郊起幔城，役卒急於畢事，董役者責之曰：此殆類白露屋耳。卒訴之，吏當非所宜言論死。吉甫謂非咒詛不應死，遂求對。神宗怒曰：得非爲白露屋事來邪？吉甫從容敷陳，不少慴，帝爲霽怒，其人得釋。蘇軾南遷，所過，郡守有延館之者，走馬使上聞，詔鞫之。吉甫議當笞，宰相章惇不悦。吉甫曰：法如是，難以增加成罪。卒從笞。太倉火，議誅守者十餘人，亦争之，皆得不死。其持論寬平，大抵類此。

請知齊州、梓州。梓在東川爲壯藩，戶口最盛。轉運使欲增折配以取羨餘，吉甫謂其僚曰：民力竭矣，一增之後，不可復減，吾寧貽使者怒，忍爲國斂怨、爲民基禍哉。竟却之。歷提點梓州路京畿刑獄、開封少尹、知同邢漢三州，以中大夫卒，年七十。

馬仲甫

《宋史》卷三三一《馬仲甫傳》　馬仲甫字子山，廬江人，太子少保亮之子也。舉進士，知登封縣。轘轅首險戹，遂傭民鑿平爲坦塗，人便其行，爲刻石頌美。通判趙州，知台州，爲度支判官。

內侍楊永德言漕舟淮、汴間，惟水遞鋪爲便。詔仲甫偕往訂可否，還言其害十餘條，議遂格。出爲夔路轉運使。歲饑，盜粟者當論死，仲甫請罪減一等，詔須奏裁。復言：饑羸拘囚，比得報，死矣，請决而後奏。

徙使淮南。真、揚諸州地狹，出米少，官糴之多，價常踊登，濱江米狼戾，而農無所售。仲甫請移糴以紓其患，兩益於民，從之。遂繇戶部判官爲發運使。自淮陰徑泗上，浮長淮，風波覆舟，歲罹其患。仲甫建議鑿洪澤渠六十里，漕者便之。

拜天章閣待制、知瀛州秦州。古渭介青唐之南，夏人在其北，中通一徑，小警則路絶。仲甫得篳栗城故址，自雞川砦築堡，北抵南谷，環數百里爲內地，詔賜名甘谷堡。故時羌人入城貿易，皆僦邸，仲甫設館處之，陽示禮厚，實閑之也。

熙寧初，守亳、許、揚三州，糾察在京刑獄，知通進、銀臺司，復爲揚州，提舉崇禧觀，卒。

沈遘

《宋史》卷三三一《沈遘傳》　沈遘字文通，錢塘人。以蔭爲郊社齋郎。舉進士，廷唱第一，大臣謂已官者不得先多士，乃以遘爲第二。通判江寧府，歸，奏《本治論》。仁宗曰：近獻文者率以詩賦，豈若此十篇之書爲可用也。除集賢校理。頃之，修起居注，遂知制誥。以父扶坐事免，求知越州，徙杭州。

爲人疏儁博達，明於吏治，令行禁止。民或貧不能葬，給以公錢，嫁孤女數百人，倡優養良家子者，奪歸其父母。善遇僚寀，皆甘樂傾盡爲之耳目，刺閭巷長短，纖悉必知，事來立斷。禁捕西湖魚鼈，故人居湖上，蟹夜入其籬間，適有客會宿，相與食之，旦詣府，遘迎語曰：昨夜食蟹美乎？客笑而謝之。小民有犯法，情稍不善者，不問法輕重，輒刺爲兵，姦猾屏息。提點刑獄鞠真卿將按其狀，遘爲稍弛，而刺者復爲民。

（宋）李燾《續資治通鑑長編》卷二〇五《宋仁宗治平二年》　知制誥沈遘爲龍圖閣直學士、權知開封府。遘爲人輕俊明敏，通達世務，前知杭州，令行禁止。人有貧不能葬者及女子孤無以嫁者，以公使錢葬嫁數百人。倡優養良家女爲己子者，奪歸其父母。接遇士大夫，多得其歡心。部吏憸險之徒，尤樂傾心，盡為之耳目，刺閭巷間事，纖悉即知，故事至立斷，衆莫不駭伏。小民有犯，情稍不善，不問法輕重，斷訖，強刺為卒，刺者數百人，屏息不敢犯。鞠真卿提點刑獄，欲案其事，方移州詰問，遘恐，悉弛所刺卒，給以公據，復為民。會遘召還，真卿亦罷去，事遂寢。議者以其嚴比孫沔，然沔雖苛暴，鋭於懲惡，至遘，善人亦懼焉。案史稱遘爲人疏雋博達，明於吏治，而沔則以淫縱無檢為言官所糾，與此所載似異。其治開封如治杭，晨起視事，及午事畢，出與賓舊往還，從容談笑，以示有餘。士大夫交稱其能，以為且大用矣。逾月，加龍圖閣學士，逾年，遷翰林學士。尋以母喪去位，遽卒。遘遷翰林學士，在三年九月，卒在四年九月，今并書。

祖無擇

《宋史》卷三三一《祖無擇傳》　祖無擇字擇之，上蔡人。進士高第。歷知南康軍、海州，提點淮南廣東刑獄、廣南轉運使，入直集賢院。時封孔子後爲文宣公，無擇言：前代所封曰宗聖，曰奉聖，曰崇聖，曰恭聖，曰褒聖；唐開元中，尊孔子爲文宣王，遂以祖謚而加後嗣，非禮也。於是下近臣議，改爲衍聖公。

出知袁州。自慶曆詔天下立學，十年間其敝徒文具，無命教之實。無擇首建學官，置生徒，郡國弦誦之風，由此始盛。同修起居注、知制誥，加龍圖閣直學士、權知開封府，進學士，知鄭、杭二州。神宗立，知通進、銀臺司。初，詞臣作誥命，許受潤筆物。王安石與無擇同知制誥，安石辭一家所饋不獲，義不欲取，置諸院梁上。安石憂去，無擇用爲公費，安石聞而惡之。

熙寧初，安石得政，乃諷監司求無擇罪。知明州苗振以貪聞，御史王子韶使兩浙，廉其狀，事連無擇。子韶，小人也，請遣內侍自京師逮赴秀州獄。蘇頌言無擇列侍從，不當與故吏對曲直，御史張戩亦救之，皆不聽。及獄成，無貪狀，但得其貸官錢、接部民坐及乘船過制而已。遂謫忠正軍節度副使。安石猶爲帝言：陛下遣一御史出，即得無擇罪，乃知朝廷於事但不爲，未有爲之而無效者。尋復光祿卿、祕書監、集賢院學士，主管西京御史臺，移知信陽軍，卒。

無擇爲人好義，篤於師友，少從孫明復學經術，又從穆脩爲文章。兩人死，力求其遺文彙次之，傳於世。以言語政事爲時名卿，用小累鍛鍊放棄，訖不復振，士論惜之。

种世衡

《宋史》卷三三五《种世衡傳》　种世衡字仲平，放之兄子也。少尚氣節，昆弟有欲析其貲者，悉推與之，惟取圖書而已。以放蔭補將作監主簿，累遷太子中舍。

嘗知涇陽縣，里胥王知謙以姦利事敗，法當徒，遁去。比郊赦輒出，世衡曰：送府則會赦，杖其脊而請罪于府，知府李諮奏釋之。後通判鳳州。州將王蒙正，章獻后姻家也，所爲不法。嘗干世衡以私，不聽，蒙正怒，乃誘知謙訟冤而陰助之，世衡坐流竇州，徙汝州。弟世材上一官以贖，爲孟州司馬。久之，龍圖閣直學士李紘爲辨其誣，宋綬、狄棐繼言之，除衛尉寺丞，歷監隨州酒，簽書同州、鄜州判官事。

（宋）李燾《續資治通鑑長編》卷一一八《宋仁宗康定元年》　庚午，大理寺丞、簽書定國節度使判官事种世衡為內殿承制、知延州青澗城。世衡，放兄子，幼從放學，任氣有才略，嘗知涇陽縣，里胥王知謙以姦利事敗，法當徒，遁去，比郊赦，輒出。世衡曰：送府則會赦。杖其脊而請罪于府，知府李諮奏釋之。後通判鳳州，州將王蒙正干以私，不聽。蒙正怒，諷知謙訟冤而陰助之，世衡坐流竇州。徙汝州，李紘、宋綬、狄棐等相繼為辨其誣，久乃復官。安遠、塞門既陷賊，東路無藩籬，賊益內侵。世衡言于范仲淹，請營故宥州，州西南直延安二百里，當賊衝，右捍延安，左可致河東粟，北可圖銀、夏。仲淹為請于朝，詔世衡即廢壘興築。壘近敵，屢出争，世衡且戰且城，初苦無水，鑿地百五十尺，至石而不及泉，工以為不可穿，世衡命屑石一畚酬百錢，卒得泉。城成，賜名青澗，世衡改秩主之。世衡開營田一千頃，募商賈，貸以本錢，使通貨得利，城遂富實。間出行部族，慰勞酋長，或解與所服帶。嘗會客飲，有得蕃事來告者，即予飲器，繇是屬羌皆樂為用。無定河蕃部鈔邊，率屬羌討繫，前後斬首數百。

（宋）李燾《續資治通鑑長編》卷一三五《宋仁宗慶曆二年》　是春，范仲淹巡邊至環州，屬羌陰連敵為邊患，仲淹謂种世衡素得屬羌心，而青澗城已堅固，乃奏世衡知環州以鎮撫之。龐籍請留世衡，詔仲淹更擇人，仲淹言非世衡則屬羌不可懷，詔從仲淹所請。

有牛家族奴訛者，倔強未嘗出，聞世衡至，遽郊迎。世衡與約，詰朝行勞其族。是夕，大雪深三尺，左右曰地險不可往。世衡曰：吾方結諸羌以信，不可失期。遂緣險而進。奴訛方臥帳中，謂世衡必不能至，世衡蹵而起，奴訛大驚，率其族羅拜聽命。又有兀二族，授敵偽補，世衡招之不至，命蕃官慕恩出兵討之。其後百餘帳皆自歸，莫敢貳。因令諸族置烽火，有急則舉燧，介馬以待。又課吏民射，有過失，射中則釋其罪；有辭某事、請某事，輒因中否而與奪之。由是人人自勵，雖屠販倡優皆精於射，敵不敢復近環州。

初，世衡在青澗，為屬吏所訟以不法事，近驗皆有狀。龐籍言：世衡披荊棘立青澗城，若一拘以法，則邊將無所措手足。詔勿問。及徙環州，詣籍拜且泣曰：世衡，心腸鐵石也，今日為公下淚矣。世衡自青澗城徙環州，《實録》不記。按仲淹作世衡墓誌稱慶曆二年春，今附此。既稱大雪，則必不在夏月矣。然四月辛巳，補王嵩官，猶以青澗城奏。或發奏時，世衡未離青澗，及四月，乃從世衡青澗所奏補嵩官，而世衡實已赴環州也。

常安民

《宋史》卷三四六《常安民傳》　常安民字希古，邛州人。年十四，入太學，有俊名。熙寧以經取士，學者翕然宗王氏，安民獨不爲變。春試，考第一，主司啓封，見其年少，欲下之。判監常秩不可，曰：糊名較藝，豈容輒易？具以白王安石。安石稱其文，命學者視以爲準，由是名益盛。安石欲見之，不肯往。登六年進士舉，神宗愛其策，將使魁多士。執政謂其不熟經學，列之第十。

調知長洲縣，以主信爲治，人不忍欺。縣故多盜，安民籍嘗有犯者，書其衣，揭其門，約能得它盜乃除，盜爲之息。追科不下吏，使民自輸，先它邑以辦。轉運使許懋、孫昌齡入境，邑民頌其政，皆稱爲古良吏。元祐初，李常、孫覺、范百禄、蘇軾、鮮于侁連章論薦，擢大理、鴻臚丞。

（宋）葉適《葉適集・水心文集》卷二九《雜著・書常希古洲政事録後》　故贈諫議大夫常公安民，紹聖初任御史，所排治姦人甚多，獨言蔡京黨與已就，必亂國家，最爲先見。後竟入黨籍，以窮死。宰長洲，邑人尤愛之，至以俚語目爲生佛。自言待保正以右比長閭胥，不任吏以全吏，用刑如醫之愈疾，不妄投藥。可謂方略成於心，非復隨世寬猛之偏術也。是時長洲訟牒二千，青苗常平尤峻，西師屢買衣襖。蓋縣之難治久矣，豈獨今爲然。士挾苟簡因循以馭之，則其厭俗之日衰，而卒無善政，亦何怪焉！常公以節聞天下，不以吏能自名也。然必録者，官無不盡之職，而治民者古人所以示爲善之信也。今之爲善士者皆言不能爲縣，爲縣者必不能爲善士，此又非也。余得此録於公之孫衿，因記其末。

吴敏

《宋史》卷三五二《吴敏傳》　吴敏字元中，真州人。大觀二年，辟雍私試首選。蔡京喜其文，欲妻以女，敏辭。因擢浙東學事司幹官，爲祕書省校書郎，京薦之充館職。中書侍郎劉正夫以敏未嘗過省，不可，京乃請御筆特召上殿，除右司郎官。御筆自此始，違者以大不恭論，繇是權倖争請御筆，而繳駁之任廢矣。升中書舍人、同修國史，改給事中。敏爲蔡京所引，鄭居中方秉政，敏數言其失，居中銜之。坐駁盗當死者，罷爲右文殿修撰、提舉南京鴻慶宫。久之，復爲給事中、權直學士院兼侍講。

（宋）李幼武《宋名臣言行録續集》卷二《吴敏》 童貫宣撫陝西，法有弛張，可從宜者，得罷行之。長安萬物騰涌，衆貨益輕，乃嚴設科條，欲力平之。許司承望，風旨取市，價率減什四，違者重寘于法，民至罷市。又行均糴法，賤入民粟，增估金帛以償之。下至蕃兵、射士之授田者咸被抑配，全陝騷然，幾至生變。帥臣、諸司不視利病，奉行惟恐後，公獨以為不可，極陳其害，章上不報。時貫方用事，權傾中外，人皆危之，公抗章繼上，言益切。至士大夫，聞章中詆貫，論事多質直語，争傳誦之。

宗澤

《宋史》卷三六〇《宗澤傳》 宗澤字汝霖，婺州義烏人。母劉，夢天大雷電，光燭其身，翌日而澤生。澤自幼豪爽有大志，登元祐六年進士第。廷對極陳時弊，考官惡直，寘末甲。

調大名館陶尉。吕惠帥鄜延，檄澤與邑令視河埽，檄至，澤適喪長子，奉檄遽行。惠卿聞之，曰：可謂國爾忘家者。適朝廷大開御河，時方隆冬，役夫僵仆于道，中使督之急。澤曰浚河細事，乃上書其帥曰：時方凝寒，徒苦民而功未易集，少需之，至初春可不擾而辦。卒用其言上聞，從之。惠卿辟爲屬，辭。

調衢州龍游令。民未知學，澤爲建庠序，設師儒，講論經術，風俗一變，自此擢科者相繼。【略】

開封尹闕，李綱言綏復舊都，非澤不可。尋徙知開封府。時敵騎留屯河上，金鼓之聲，日夕相聞，而京城樓櫓盡廢，兵民雜居，盗賊縱横，人情恟恟。澤威望素著，既至，首捕誅舍賊者數人。下令曰：爲盗者，贓無輕重，並從軍法。由是盗賊屏息，民賴以安。

王善者，河東巨寇也。擁衆七十萬、車萬乘，欲據京城。澤單騎馳至善營，泣謂之曰：朝廷當危難之時，使有如公一二輩，豈復有敵患乎。今日乃汝立功之秋，不可失也。善感泣曰：敢不效力。遂解甲降。

（宋）李幼武《宋名臣言行録别集下》卷五《忠簡公宗澤》 公聞潛善等復倡和議，上疏言：河之東北，陝之蒲解，此祖宗基命之地，奈何輕聽姦邪附賊張皇之言，遂自分裂，是欲蹈東晉既遷之覆轍，列王者一統之緒為偏霸耳。臣雖駑怯，當躬冒矢石為諸將先。上壯之。公至南都，見李綱，與之語國事，公慷慨流涕。時開封尹闕，綱為薦公，上許之。公至京，時盗賊縱横，公下令曰：為盗者，贓無輕重，並從軍法。由是盗賊屏息，人情粗安。

張逸

《宋史》卷四二六《循吏傳·張逸》 張逸字天隱，鄭州滎陽人。進士及第，爲試祕書省校書郎。知襄州鄧城縣，有能名。知州謝泌將薦逸，先設几案，置章其上，望闕再拜曰：老臣爲朝廷得一良吏。乃奏之。他日引對，真宗問所欲何官，逸對曰：母老在家，願得近鄉一幕職官，歸奉甘旨足矣。授澶州觀察推官，數日，以母喪去。服除，引對，帝又固問之，對曰：願得京官。特改大理寺丞。帝雅賢泌，再召問逸者，用泌薦也。【略】

累遷尚書兵部郎中，知開封府。有僧求内降免田税，而逸固執不許。仁宗曰：有司能守法，朕何憂也。又言：頃禁命歸干禁中恩，比來稍通女謁，願令官司糾劾。從之。

以樞密直學士知益州。逸凡四至蜀，諳其民風。華陽騶長殺人，誣道旁行者，縣吏受財，獄既具，乃使殺人者守囚。逸曰：囚色冤，守者氣不直，豈守者殺人乎？囚始敢言，而守者果服，立誅之，蜀人以爲神。會歲旱，逸使作堰壅江水，溉民田，自出公租減價以振民。初，民饑多殺耕牛食之，犯者配關中。逸奏：民殺牛以活將死之命，與盗殺者異，若不禁之，又將廢穡事，今歲少稔，請一切放還，復其業。報可。未幾，卒于官。

（宋）李燾《續資治通鑑長編》卷一二〇《宋仁宗景祐四年》 庚寅，龍圖閣學士張逸為樞密直學士、知益州。逸凡四至蜀，諳其民風。華陽縣騶長殺人，誣道旁行者，縣吏受賕，獄既具，乃使殺人者守囚。逸曰：囚色冤，守者氣不直，豈守者殺人乎？囚始敢言，而守者果服，立誅之，蜀人以為神。會歲旱，逸使作堰壅江水，溉民田，自出公租減價以賑民。初，民饑，多殺耕牛食之，犯者皆配關中，逸奏：民殺牛以活將死之命，與盜殺者異，若不禁之，又將廢穡事。今歲小稔，請一切放還，復其業。報可。

傅　察

《宋史》卷四四六《忠義傳一·傅察》 傅察字公晦，孟州濟源人，中書侍郎堯俞從孫也。年十八，登進士第。蔡京在相位，聞其名，遣子儵往見，將妻以女，拒弗答。調青州司法參軍，歷永平、淄川丞，入爲太常博士，遷兵部、吏部員外郎。

（宋）李幼武《宋名臣言行録續集》卷三《忠肅公傅察》 公為人莊重，寬厚寡言，笑與人交，謙恭若有所畏。至臨大事，則毅然不可奪，累歷大藩，事無巨細，必親臨之，至忘寢食，雖盛暑寒不憚也。不喜宴遊，稍暇逸心不自安。為政愛人，出于誠心，求民瘼如去己病，齟齬豪強，不顧其難，必極力而後已。小民犯罪或越法縱舍，至大奸則立斷不疑。

陳　侗

《永樂大典》卷三一四五《劉攽彭城集·故朝奉大夫權知陝州軍府事陳君墓誌銘》 君諱侗，字成伯，姓陳氏。其先興化軍莆田縣人。曾祖某，贈兵部郎中。祖某，官至工部郎中。父某，贈銀青光禄大夫。君生十三歲而孤，從其母方夫人鞠於外家，居蘇州。危心苦志，能自力學問。方夫人終，養育弟妹，辛苦家事。三十餘，始以進士舉登第，調河南府福昌縣主簿。始至謁府，爲人頎長偉厚，眉目廣秀，衣冠整嚴，府吏驚相告曰：亦有主簿若是其大也。留守文太師潞公，一見與語，知其奇，厚待之，自爾遂往來門下。及丞相富公，亦愛重其文藻稱焉。三年，以令舉，爲商洛縣令。代還，用薦者言，還著作佐郎，知宣州南陵縣事。潞公薦君宜在館閣，召試學士院。而富公守汝州，求用君爲從事自輔。必欲致君，請官滿而後試，朝廷許之。會富公歸執政柄，君即召還。既試，除館閣校勘，判登聞鼓院，編修宗正司條貫，同知太常禮院，編修樞密院經武要略，兼刪定諸房例策。初置二府屬官，用人甚重。潞公時爲樞密使，薦君充選。改太子中允，檢詳禮房户房文字。頃之，御史有言事不見從者，其在樞府，疑君梗之，作爲非語中君，君不自辯。上亦薄其過，復徙判鼓院御史。後亦知非君意，憾而謝君。改集賢校理，遷太常丞，知禮院，更博士，賜緋衣銀魚，出知湖州。入辭，上問其所欲言。君論：今祀五嶽四瀆，附於地祇方丘，不與《周禮》同，宜異爲壇位，具禮儀樂章。上以爲然。始詔禮官討定，如君言。君至湖數月，徙宣州。君於爲政，愛民爲先，可以濟活人者爲其方略，雖骫法，行之不疑。湖人因歲饑，以男女質錢，至有終約身爲役者。公爲契券，後雖十倍其直自贖，不肯付還。父子隔絶悵恨，吏不爲察。有來訴者，君皆許贖之。男女得齒，平民婚娶者甚衆。江南轉運司欲以聚財媚上，然不能有它智略，徒舉籍逋欠，峻期督索，州縣知〔如〕指，民不堪其求。君爲分別之，曰：逋負在元豐三年前者，赦書所當除也。使者不許。付它吏議之，以謂宜如編敕，償及七分，餘乃可免。君請於朝，竟得蠲除，以及一路云。有二女子，父母死，其兄不能自立。家本富厚，未及期月，貲用蕩盡。死者不葬，而存者飢餓，泣訴於府。君使按覆其所貨鬻，皆在賤價，而構質甚多。録而賣之，既償其所取，猶贏數十萬錢，爲之葬埋而嫁二女子。吏民感歎，爲君立生祠。遷朝奉郎，還朝，拜少府少監。官制有館職者，普遷一官以易之，用是改朝散郎，更衛尉少卿。上即位，汎恩遷朝請郎。遼使來弔，君往迎送之。明年，遂使北磨勘，還朝奉大夫。是歲，元祐元年也。四月，君弟子雍終於知潭州，君求爲郡以撫存其家，得知陝府。數月，加直秘閣，知梓州。君復申前請，乃復留陝。吏民聞君不去，莫不忻懽相慶者。夏縣令劉霆果健善治縣，民有與庭不相中者，此民狡猾喜訟，持吏短長，凌駕州縣。會霆徙官，卽上書告霆不法事。霆聞之，求得辯直。章下，府吏畏民巧詐翻覆，多欲遷徙，同避其情。君爲明辯盡理，霆卒無一事。民坐上書不實，受刑不辭。寡婦訴其子爲贅壻於蜀，三年不歸。其妻家豪富，而婦寒饑寄食。君爲移書呼其子，十反不至。君以義喻其郡守，守痦，乃械而送之，君將正其罪。母復泣告曰：幸全度子，得以終老。君憐而舍之。子亦知悔過，更爲孝養云。潼關關出入商旅，吏緣爲姦。商人以神事藏乳香一兩者，吏論以爲犯禁，没其資財且百萬，賤價斤賣之，買以自入，君知其然，窮治其獄，黨與皆流竄。行道莫不欣悅。君在陝且二年，朝廷既除代，會君疾，三年四月某甲子終，享年六十五。君初娶呼延氏，賢淑有操，與君同隱約，孝事方夫人，育叔妹者也。君在商雒，呼延卒後，以君貴封福昌縣君。今夫人劉氏，封崇德縣君。君四子，長彦方，國朝邑縣主簿。次彦恭，是年進士及第，授鄭州司户參軍。次彦稱、彦廉，皆讀書爲文，有成立。女四人，長嫁某官林定，次進士呼延發，次某官梁寛，少爲吾兄懷州司户參軍方山婦。君篤愛宗族而厚於交游，貧窮不能自存者，尤加隱卹。俸錢分割，十去八九。姑女適人而夫死，取而養視之，更配良氏。於人之婚喪不能舉者，略皆爲辦之。《文集》十五卷，藏於家。夫人之喪，將葬卜地。或告曰：南峰之下有吉穴焉，爲浮屠主之。自誓不願其與人也，有以二百萬求一塋者，不得也。君與子雍往詢之。前夕，浮屠夢有貴客二求地以葬，浮屠異之。旦明設榻以待，而二人至。浮屠視其狀貌，瓌偉人也，先問曰：將無求葬地乎？應曰：然。浮屠以地與君，不費一錢。既葬，浮屠告衆曰：吾違誓言，不可復處矣。拂衣而去。嗚乎，其亦異矣。地實某縣某鄉某里，君葬去之凡若干里。呼延氏祔。某年某月某甲子襄事。銘曰：再世以文，而官不達。蟠鬱渟滀，謂將大發。至君兄弟，亦止於斯。華采足以耀世，利澤爲民之思。是謂不朽，奚以多爲。闕泉作宮，鑱石譔詞。銘乎銘乎，信焉弗欺。

《永樂大典》卷三一四五《張舜民畫墁集·朝奉大夫致仕陳公墓表》

陳貫

有以近世名卿數者，必曰河陽陳公貫。公在仁宗朝爲三司副使，累贈某官。其在職也，不傷財，不害民，故其家子孫至今多賢。方歷顯仕者，如大夫公三司之幼子也。公諱某，字子淵。先世遷徙見于《誌銘》。曾祖某官。祖某，贈某官。父某，贈某官。公少則孤，三司愛之。未及補任，而三司云亡。自勵克爲學，晝夜不舍，以某年登進士第。是時陳氏昆仲登第者凡三人，非特鄉里之榮，天下之人信賢人之必有後也。始仕河南府河南縣主簿，嵩嵐軍嵐谷縣令，改著作佐郎，知渭州潘原縣事，監解縣鹽池，遷祕書丞、太常博士、屯田員外郎，官制改朝奉郎，同提舉汜水輦運兼知縣事，遷朝散郎。今上登極，覃恩進朝奉大夫，管勾定州安撫司機宜文字。未行，請致仕。感疾，以元祐丁卯七月戊午終於家，享年六十有一。以年月日葬于某鄉里。初爲河南縣主簿，過仁宗山陵，朝廷以外待制李參知河南府，專治大葬事。是時仁宗享國永年，天下久不聞有山陵事。大葬制度，自朝廷大臣宿儒不能知。河南老吏未嘗承行專討，故牘脱爛水火，茫然不知所適。所以參一以嚴莅之，訶呼責辦吏民趣事，或以狡佞自免。方是時，公攝領縣事，有問趣應，一以取濟，如素備然。參忌而知之。嵐谷地鄰北界，烽火相望。一日虜衆數萬至境上，堡聚竄避。帥臣檄通判者安葺之，且覘賊勢。軍中官被差外出者無敢行。公曰：民事在縣令，不可委之人。卽策馬出郊，晝行敵間，夜止村落，數日而復返，虜亦解去。家人僚友危而嗟之，公曰：寧不自揆也，朝廷不失恩禮，疆埸無有侵欲，彼且以大兵來與一縣令爲敵乎？既解去，偵者還，乃酋長獵騎爾。在潘原時，獲殺人者亡其杖，獄久不明。公默計使人掘其處，得大挺，卽日承伏。熙寧四年，慶州屯兵夜潰出城，鄰郡壁守。人情訩訩恐，道路不敢行。縣民挈家走避兵，公視事如常。日出郭觀賞游衍陳樂而歸，人情遂安。或者問，公曰：此非叛兵，特潰兵爾。是皆邠寧人，久役不歸，急則趨家，寧肯之它也？所昌言恐動，皆所在不逞，小民欲乘動移竊物爾。是時並邊饑歉，死之太半。州縣執泥新法，莫肯賑濟。獨潘原不待報而發食，全數千人，病者親視粥藥。儀州廢，華亭縣改格之始，居人未安。府命公權華亭。逾月，潘原民索公歸，華亭民願留。兩縣之衆，爭於帥前。卽命以歸。察訪官過縣，民遮訴，留公再任，質之諸司，保任如一語，遂以狀上聞，得再任。公在潘原六年，民猶訴留不已。既去，卽佛寺圖其像，以時禮謁，至今不少衰。鹽池久例，募民供役。分隸諸官影象工役，故凡鹽官寡清白之譽。公至，一切罷去。久之，僚吏皆以爲便。權鹽使李稷於常課外，浚求其利，操急苛細，人不敢少訴。公謂於法不便，稷怒，使人伺公。久之，竟無所得。在汜水，是時清汴已興，朝廷憂河流少南，則割新堤。都水使者上言，欲計塞河，使北流入新開口，以紓清汴堤防。公抗議以爲不可。役既興，水不改道，資費以萬計。朝廷罷役，貶水官而免公交罪。遂不赴定武之辟，悃求謝事，因歎曰：仕宦憂辱，何時已哉。吾不欲復爲也。予接公於熙寧初年，自爾數數見之。公抗直人也，與人無多言，而志愛久而彌厚。心所不欲者，雖以千乘餂之不爲也。家儲豐厚，親戚貧之者毋小吝。工棋弈，人罕能及之。娶李氏，封永縣君，先公卒。再娶陸氏，封同安縣君。男三人，益之用公致仕，補太廟齋郎。延之、損之，皆未仕。女三人，一適承奉郎韓宗坦，二在室。至元祐四年，其兄安壽方守解梁，以書抵予曰：子辱與吾弟游，知其行事。能爲之次序，以表之於墓，吾死不恨矣。然予安得而辭之？因爲之表云。

畢子莊

《永樂大典》卷二〇二〇四《畢西臺先生集·畢子莊墓誌銘》 元祐五年七月乙酉，畢子莊之兄弟，將葬子莊於鄭州管城縣懷忠鄉盧村原祖塋之東北。而走書謂駉曰：子莊之與子，親且舊矣。知其詳者莫如子，宜爲我兄弟銘之。駉辭不獲已，序而爲之銘。君諱仲容，子莊字也。其先東平人。自文簡公顯，始去代徙鄭。今又居濉陽。曾祖吏部侍郎、同中書門下平章事，監修國史，太原郡開國公，贈太傅、尚書令、中書令，謚文簡公，諱士安。祖衛尉卿、工部侍郎，諱世長。父尚書駕部郎中，贈正義大夫，諱從古。母永嘉郡太君梅氏。繼母壽昌縣太君陳氏。君少以侍郎任太廟齋郎。資性明爽，勇於爲善，平居與其弟昆切劘講解，相進於學，期以文章取貴仕，不幸早歿。而諸弟相繼取科級，攝祠館，翕然爲一時名流。雖正義壽昌清白之操有以作之，然亦君子〔之〕助也。初試吏，爲臨邛縣主簿。邑有富人楊小三者，唯一子，喑且聾，與其姪男女二人處於是。已嫁妹謀欲取其貲。先收其女，養爲子之婦。又瞰其亡，賊殺其男而磔棄之，出語於人曰：我晨出，見兄持一物趨水濱，如欲滌洗。意吾兄殺之也。捕至獄，喑者莫能辯，第時泣下，直二指向人，若有云者。獄具，君獨疑焉，乃爲參伍鈎索。逮繫其女姪，拘之旬浹，始微言，嘗見姑衣有血污狀。君繇是益加推治，而盡得其情。衆乃諭向泣下直二指者，蓋言妹欲並其貲，謀殺我叔姪耳，咸以爲能。當是時也，清獻趙公悦道、懿敏五公仲儀、常山宋公次道、成都李公才元，率能鑒識人物，頗以文雅吏事許君。惜乎夭閼，不及見其施也。以嘉祐四年五月二十一日卒於官，享年二十九。娶蔡氏，駉之姊也。男一人曰大況。孫一人未名。大況生二年而孤，吾姊守視鞠養，至于有立，可謂難能矣。嗚呼，觀君之所以爲人，與其祖父之流澤，吾姊之守義，意其後子孫必有大者，姑俟之。銘曰：强以問學，敏以從政。位雖弗崇，名則有令。察獄唯明，於君爲盛。姦莫能欺，罪人斯正。果如何哉，乃嗇其命。必有遺焉，子孫之慶。

范景仁

（宋）司馬光《司馬溫公文集》卷一三《傳·范景仁傳》 范景仁名鎮，益州華陽人。少舉進士，善文賦，場屋奇之。爲人和易修敕，故參知政事薛簡肅公、端明殿學士宋景文公，皆器重之。補國子監生、及貢院奏名，皆第一。故事，殿廷唱第，過三人，則爲奏名之首者，必抗聲自陳以祈恩。雖考校在下，天子必擢寘上列，以吳春卿歐陽永叔之耿介，猶不免從衆。景仁獨不然，左右與並立者，屢趣之使自陳，景仁不應。至七十九人，始唱名及之，景仁出拜，退就列，訖無一言。衆皆服其安恬。自是人始以自陳爲恥，舊風遂絶，釋褐。新安主簿，到官數旬，時宋宣獻公留守西京，不欲使與下吏共勞辱，召置國子監，使教諸生。秩滿又薦於朝，爲東監直講。未幾，宋景文公奏同修唐書，又用參知政事王公薦，召試學士院，詩用彩霓字，學士以沈約《郊居賦》雌霓連蜷，讀霓爲入聲，謂景仁爲失韻，由是除館閣校勘，殊不知約賦但取聲律便美，非霓不可讀爲平聲也。當時有學者皆爲景仁憤鬱，而景仁處之晏然，不自辨。爲校勘四年，應還校理，丞相龐公薦景仁有美才，不汲汲於進取，特除直祕閣，未幾以起居舍人知諫院。仁宗性寬仁，言事者競爲激訐以采名，或緣愛憎，污人以帷薄不可明之事。景仁獨引大體，自非關朝廷安危，繫生民利病，皆闊略不言。陳恭公爲相，嬖妾張氏笞殺婢，御史劾奏逐去之，不能得。乃誣之云：私其女。景仁上言：朝廷設臺諫官，使之除讒慝，非使之爲讒慝也。審如御史所言，則執中可斬，如其不然，御史亦可斬。御史怒，共劾景仁，以爲阿附宰相，景仁不顧，力爲辨其不然，深救當時之弊，識者韙之。仁宗卽位三十五年，未有繼嗣。嘉祐初，暴得疾，旬日不知人。中外大小之臣，無不寒心，而畏避嫌疑，相倚杖莫敢發言。景仁獨奮曰：天下事尚有大於此者乎？捨此不言，顧惟抉摘細微以塞職，是真負國，吾不忍也。卽上言，太祖捨其子而立太宗，周王既薨，真宗取宗室子養之宮中。陛下宜爲宗廟社稷計，早擇宗室賢者，優其禮數，試之以政，與圖天下之事。以繫天下人心。章累上，寢不報，景仁因闔門家居，自求誅譴。執政或諭以奈何效干名希進之人。景仁上執政書，言繼嗣不定，將有急兵鎮義當死朝廷之刑，不可死亂兵之下，此乃鎮擇死之時，尚安暇顧干名希進之嫌，而不爲去就之決哉！又奏稱：臣竊原大臣之意，恐行之而事有中變，故畏避而爲容身之計也。萬一兵起，大臣家族首領顧不可保，其爲身計亦已疏矣。就使事有中變，而死陛下之職，與其死於亂兵，不猶愈乎？乞陛下以臣此章示大臣，使其自擇死所。聞者爲之股栗。尋除兼侍御史知雜事，景仁固辭不受，乞解言職就散地執政復諭，以上之不豫，諸大臣亦嘗建此策：今姦言已入，爲之甚難。景仁復上執政書云：但當論事之是非，不當問其難易，況事早則濟，緩則不及，此聖賢所以貴機會也。諸公謂今日難於前日，安知他日不難於今日乎？謂今日姦言已入，不可弭，他日可弭乎？凡見上面陳者三，奏章者十有七，朝廷不能奪，乃罷諫職，改集賢殿修撰，頃之拜知制誥，遷翰林學士。英宗卽位，中書奏請追尊濮安懿王。事下兩制議，以爲宜稱皇伯，高官大國，極其尊榮，大忤執政意。更下尚書省，集百官議之，意朝士必有迎合者，既而臺諫爭上言：爲人後者爲之子，不得顧私親，今陛下既爲仁宗後，若復推尊濮王，是貳統也，殆非所以報仁宗之盛德。衆論鼎沸。執政欲緩其事，乃下詔罷百官集議，曰：當令禮官檢詳典禮以聞。景仁時判太常寺，卽具列爲人後之禮，及漢魏以來論議得失，悉奏之。與兩制臺諫議合，執政怒，召景仁詰責之，曰：詔書云當令檢詳，奈何遽列上邪？景仁曰：有司得詔書，不敢稽留，卽以聞，乃其職也，奈何更以爲罪乎？會宰司遷官，景仁當草制，坐失於考按，不合故事。改侍讀學士，出知陳州，今上卽位，復召還翰林。王介甫參知政事，置三司條例司，變更祖宗法令，專以聚斂爲務，斥逐忠直，引進奸佞。景仁上疏極言其不可，朝廷不報。景仁時年六十三，因上言卽不用臣言，臣無顏復居位食禄，願聽臣致仕。章累上，語益切直。介甫大怒，自草制書，極口醜詆，使以本官戶部侍郎致仕，凡所應得恩例，悉不之與。於是當時在位者皆自愧。景仁名益重於天下，介甫雖詆之深，人更以爲榮焉。景仁既退居，有園第在京師，專以讀書賦詩自娱。客至無貴賤，皆野服見之，不復報謝。故人或爲具召之，雖權貴不拒也，不召則不往見之。或時乘興出游，則無遠近皆往。嘗乘藍輿歸蜀，與親舊樂飲，賑施其貧者，周覽江山，窮其勝賞，期年然後返。年益老而視聽聰明，支體尤堅彊。嗚呼！鄉使景仁枉道希世，以得富貴，蒙屈辱，任憂患，豈有今日之樂邪？然則景仁所失甚少，所得殊多矣。《詩》云：豈弟君子，神所勞矣。又曰樂只君子，遐不眉壽，景仁有焉。客有問今世之勇於迂叟者，叟曰：有范景仁者，其勇人莫之敵。客曰：景仁長僅五尺，循循如不勝衣，奚其勇？叟曰：何哉？而所謂勇者，而以瞋目裂眥，髮上指冠，力曳九牛，氣陵三軍者。爲勇乎，是特匹夫之勇耳，勇於外者也。若景仁勇於內者也，自唐宣宗以來，不欲聞人言立嗣，萬一有言之者，輒切齒疾之，與背畔無異。而景仁獨倡言之，十餘章不已，視身與宗族如鴻毛，後人見景仁無恙，而繼爲之者，則有矣。然景仁首冒不測之淵，無勇者能之乎？人之情孰不畏天子與執政，親愛之至隆者，孰若父子。執政欲尊天子之父，而景仁引古義以爭之，無勇者能之乎？禄與位皆人所貪，或老且病，前無可冀，猶戀戀不忍舍去。況景仁身已通顯，有聲望，視公相無跬步之遠，以言不行，年六十三卽拂衣歸，終身不復起，無勇者能之乎？凡人有所不能，而人或能之，無不服焉。如吕獻可之先見，范景仁之勇決，皆余所不及也。余心誠服之，故作《范景仁傳》。

室　昉

《遼史》卷七九《室昉傳》　室昉，字夢奇，南京人。【略】天祿中，爲南京留守判官。應曆間，累遷翰林學士，出入禁闥十餘年。保寧間，兼政事舍人，數延問古今治亂得失，奏對稱旨。上多昉有理劇才，改南京副留守，決訟平允，人皆便之。【略】

統和元年，告老，不許。進《尚書·無逸篇》以諫，太后聞而嘉獎。二年秋，詔修諸嶺路，昉發民夫二十萬，一日畢功。是時，昉與韓德讓、耶律斜軫相友善，同心輔政，整析蠹弊，知無不言，務在息民薄賦，以故法度修明，朝無異議。【略】

九年，薦韓德讓自代，不從。上以昉年老苦寒，賜貂皮衾褥，許乘輦入朝。病劇，遣翰林學士張幹就第授中京留守，加尚父，卒，年七十五。上嗟悼，輟朝二日，贈尚書令。遺言戒厚葬，恐人譽過情，自志其墓。

耶律庶成

《遼史》卷八九《耶律庶成傳》　耶律庶成，字喜隱，小字陳六，季父房之後。父吴九，檢校太師。【略】

時入禁中，參決疑議。偕林牙蕭韓家奴等撰《實録》及《禮書》，與樞密副使蕭德修定法令，上詔庶成曰：方今法令輕重不倫。法令者，爲政所先，人命所繫，不可不慎。卿其審度輕重，從宜修定。庶成參酌古今，刊正訛謬，成書以進。帝覽而善之。

竇景庸

《遼史》卷九七《竇景庸傳》　竇景庸，中京人，中書令振之子。聰敏好學。清寧中，第進士，授祕書省校書郎，累遷少府少監。

咸雍六年，授樞密直學士，尋知漢人行宮副部署事。大安初，遷南院樞密副使，監修國史，知樞密院事，賜同德功臣，封陳國公。有疾，表請致仕；不從，加太子太保，授武定軍節度使。審決冤滯，輕重得宜，以獄空聞。

七年，拜中京留守。九年薨，謚曰肅憲。子瑜，三司副使。

耶律儼

《遼史》卷九八《耶律儼傳》　耶律儼，字若思，析津人。本姓李氏。【略】

儼儀觀秀整，好學，有詩名，登咸雍進士第。守著作佐郎，補中書省令史，以勤敏稱。大康初，歷都部署判官、將作少監。後兩府奏事，論羣臣優劣，唯稱儼才俊。改少府少監，知大理正，賜紫。六年，遷大理少卿，奏讞詳平。明年，陞大理卿。丁父憂，奪服，同簽部署司事。

大安初，爲景州刺史。繩胥徒，禁豪猾，撫老恤貧，未數月，善政流播，郡人刻石頌德。二年，改御史中丞，詔按上京滯獄，多所平反。同知宣徽院事，提點大理寺。六年冬，改山西路都轉運使。刮剔垢弊，奏定課額，益州縣俸給，事皆施行。壽隆初，授樞密直學士。以母憂去官，尋召復舊職。宋攻夏，李乾順遣使求和解，帝命儼如宋平之，拜參知政事。六年，駕幸鴛鴦濼，召至内殿，訪以政事。

劉　伸

《遼史》卷九八《劉伸傳》　劉伸，字濟時，宛平人。少穎悟，長以辭翰聞。重熙五年，登進士第，歷彰武軍節度使掌書記、大理正。因奏獄，上適與近臣語，不顧，伸進曰：臣聞自古帝王必重民命，願陛下省臣之奏。上大驚異，擢樞密都承旨，權中京副留守。

詔徙富民以實春、泰二州，伸以爲不可，奏罷之。遷大里少卿，人以不冤。陞大理卿，改西京副留守。以父憂，終制，爲三司副使，加諫議大夫，提點大理寺。以伸明法而恕，案冤獄全活者衆，徙南京副留守。俄改崇義軍節度使，政務簡靜，民用不擾，致烏、鵲同巢之異，優詔褒之。改戶部使，歲入羨餘錢三十萬緡，拜南院樞密副使。

馬保忠

（宋）葉隆禮《契丹國志》卷一九《馬保忠傳》 馬保忠，營州人也。疏眉目豐下，謹重寡慾，斤斤自修，士人賢其行。自力讀書，不謁州縣，節用以給親里，大穰則賑其餘於鄉黨。太平年間，授洗馬，改著作郎、殿中丞。興宗朝爲樞密使、尚父、守太師兼政事令，封燕國公。時朝政不綱，溺志浮屠，僧至有正拜三公、三師者，官爵非人，妄有除授。保忠嘗從容進諫，帝至怫然怒之，詳見《帝紀》。又嘗上言：強行天下者，儒道；弱天下者，吏道。今之授官，大率吏而不儒。崇儒道，則鄉黨之行修；修德行，則冠冕之緒崇。自今其有非聖帝明王孔、孟聖賢之教者，望下明詔，痛禁絶之。其篤意風教如此。後數年，保忠卒，賜諡曰剛簡。

論曰：官不當，則人多覬覦；源不清，則下皆奔競。契丹自重熙之時，私謁肆行，除授無法，膜拜之徒，亦授以公孤之官，其濫極矣。保忠雖空臆無諱，然言諄聽藐，未如之何哉！

守貞

《金史》卷七三《守貞傳》 守貞本名左靨，貞元二年，襲祖谷神謀克。大定改元，收充符寶祗候，授通進，除彰德軍節度副使，遷北京留守，移上京。**【略】**

守貞讀書，通法律，明習國朝故事。時金有國七十年，禮樂刑政因遼、宋舊制，雜亂無貫，章宗卽位，乃更定修正，爲一代法。其儀式條約，多守貞裁訂，故明昌之治，號稱清明。

劉仲誨

《金史》卷七八《劉仲誨傳》 〔劉〕仲誨字子忠。皇統初，以宰相子授忠勇校尉。九年，賜進士第，除應奉翰林文字。海陵嚴暴，臣下應對多失次。嘗以時政訪問在朝官，仲誨從容敷奏，無懼色，海陵稱賞之。貞元初，丁父憂，起復翰林修撰。大定二年，遷待制，尋兼修起居注、左補闕。**【略】**

猒次縣捕得強盜數十人，詣州欲以全獲希賞。仲誨疑其有冤，緩其獄。同僚曰：縣境多盜，請置之法，以懲其餘。仲誨乃擇老稚者先釋之。未幾，乃獲真盜。

梁肅

《金史》卷八九《梁肅傳》 梁肅字孟容，奉聖州人。**【略】**

正隆末，境内盜起，驅百姓平人陷賊中不能自辨者數千人，皆繫大名獄。肅到官，考驗得其情讞，出者十八九。

趙元

《金史》卷九〇《趙元傳》 趙元字善長，涿州范陽人。遼天慶八年，登進士第，仕至尚書金部員外郎。遼亡，郭藥師爲宋守燕，以元掌機宜文字。王師取燕，藥師降，樞密使劉彦宗辟元爲本院令史。天會間，同知薊州事。有賊殺人横道，官吏圜視莫知所爲，路人耕夫聚觀甚衆。元指田中釋耒而來者曰：此賊也。叱左右縛之，遂伏。僚吏問其故，元曰：偶得於眉睫間耳。**【略】**

天眷三年，爲行臺右司員外郎，因有殺人當死者，行臺欲宥之，元不從，反覆數四，勢不可奪，乃仰天嘆曰：如殺人者可宥，死者復何辜，何欲徼己福而亂天下法乎？

劉徽柔

《金史》卷九〇《劉徽柔傳》　劉徽柔字君美，大興安次人。天眷二年，擢進士第。初爲真定欒城主簿，轉開遠軍節度掌書記，遷洪洞令。徽柔明敏善聽斷。縣人楊遠者，投牒于縣，以爲夜雨屋壞，壓其姪死，號訴哀切。徽柔熟視而笑曰：汝利姪財而殺之，乃誣雨耶？叱付獄，其人立伏曰：公神明也，不敢延死。遂置于法。秩滿，縣人遮戀不得去者彌日，爲立生祠，刻石頌德。

黄久約

《金史》卷九六《黄久約傳》　黄久約字彌大，東平須城人也。【略】擢進士第，調鄆城主簿，三遷曹州軍事判官。有盗竊民財，訴者以爲强，郡守欲傳以重辟，久約閲實，囚得免死。累擢禮部員外郎，兼翰林修撰，升待制，授磁州刺史。磁並山，素多盗，既獲而款伏者，審録官或不時至，繫者多以杖殺，或死獄中，久約惻然曰：民雖爲盗而不死于法可乎？乃盡請讞之而後行。

李晏

《金史》卷九六《李晏傳》　李晏字致美，澤州高平人。性警敏，倜儻尚氣。皇統六年，登經義進士第。調岳陽丞。再轉遼陽府推官，歷中牟令。【略】

初，錦州龍宫寺，遼主撥賜户民俾輸税于寺，歲久皆以爲奴，有欲訴者害之島中。晏乃具奏：在律，僧不殺生，况人命乎。遼以良民爲二税户，此不道之甚也，今幸遇聖朝，乞盡釋爲良。世宗納其言，於是獲免者六百餘人。故同判大睦親府事謀衍家有民質券，積其息不能償，因没爲奴，屢訴有司不能直，至是，投匭自言。事下御史臺，晏檢擿案狀得其情，遂奏免之。尋爲賀宋正旦國信副使。及世宗不豫，命宿禁中，一時詔册皆晏爲之。

完顏伯嘉

《金史》卷一〇〇《完顏伯嘉傳》　完顏伯嘉字輔之，北京路訛魯古必剌猛安人，明昌二年進士，調中都左警巡判官。孝懿皇后妹晉國夫人家奴買漆不酬直，伯嘉鈎致晉國用事奴數人繫獄。晉國白章宗，章宗曰：姨酬其價，則奴釋矣。由是豪右屏迹。【略】

讞屬縣盗，伯嘉曰：飢寒爲盗，得錢二千，經月不使一錢云何？此必官兵捕他盗不獲，誣以準罪耳。詰之，果然。

王擴

《金史》卷一〇四《王擴傳》　王擴字充之，中山永平人。明昌五年進士，調鄧州録事，潤色律令文字。遷懷安令。猾吏張執中誣敗二令，擴到官，執中挈家避去。改徐州觀察判官，補尚書省令史，除同知德州防禦使事。被詔賑貸山東西路饑民，棣州尤甚，擴輒限數外給之。

泰和伐宋，山東盗賊起，被安撫使張萬公牒提控督捕。擴行章丘道中，遇一男子舉止不常，捕訊，果歷城大盗也。衆以爲有神。再遷監察御史，被詔詳讞寃獄。是時，凡鬭殺奏決者，章宗輒減死，由是中外斷獄，皆以出罪爲賢。擴謂同輩曰：生者既讞，地下之寃云何！是時，置三司治財，擴上書曰：大定間，曹望之爲户部，財用殷阜，亦存乎人而已。今三司職掌，皆户部舊式，其官乃户部之舊官，其吏亦户部之舊吏，何愚於户部而智於三司乎？既而三司亦竟罷。張煒職辦西北路糧草者數年，失亡多，尚書省奏擴考按，會煒舉王謙自代，王謙發其姦蠹，擴按之無所假借。煒舊與擴厚，使人諉擴曰：君不念同舍邪？擴曰：既奉詔，安得顧故人哉！

張行簡

《金史》卷一〇六《張行簡傳》　張行簡字敬甫。穎悟力學，淹貫經史。大定十九年進士第一，除應奉翰林文字。丁母憂，歸葬益都，杜門讀書，人莫見其面。服除，復任。章宗卽位，轉修撰，進讀陳言文字，攝太常博士。夏國遣使陳慰，欲致祭大行靈殿。行簡曰：彼陳慰非專祭，不可。廷議遣使横賜高麗，比遣使報哀，彼以細故邀阻，且出嫚言，俟移問還報，横賜未晚。徒單克寧韙其言，深器重之。轉翰林修撰，與路伯達俱進讀陳言文字，累遷禮部郎中。【略】

上謂行簡曰：卿未更治民，今至保州，民之情僞，卒難臆度。如何治之則可？對曰：臣奉行法令，不敢違失，獄訟之事，以情察之，鈐制公吏，禁抑豪猾，以鎮靜爲務，庶幾萬分之一。上曰：在任半歲或一年，所得利害上之。行簡到保州，上書曰：比者括官田給軍，既一定矣，有告欲别給者，輒從其告，至今未已。名曰官田，實取之民以與之，奪彼與此，徒啓争端。臣所管已撥深澤縣地三百餘頃，復告水占沙鹹者三之二，若悉從之，何時可定。臣謂當限以月日，不許再告爲便。下尚書省議，奏請：如實有水占河塌不可耕種，本路及運司佐官按視，尚書省下按察司覆同，然後改撥。若沙鹹堉薄，當準已撥爲定。制曰：可。

馮璧

《金史》卷一一〇《馮璧傳》　馮璧字叔獻，真定縣人。幼穎悟不凡，弱冠補太學生。承安二年經義進士，制策復優等，調莒州軍事判官，宰相奏留校祕書。未幾，調遼濱主簿。縣有和糴粟未給價者餘十萬斛，散貯民居，以富人掌之，有腐敗則責償於民，民殊苦之。璧白漕司，卽日罷之，民大悅。【略】

四年，遷刑部郎中。關中旱，詔璧與吏部侍郎畏忻審理寃獄。時河中帥阿虎帶及僚屬十數人皆以棄城罪當死，繫同州獄待報。同州官僚承望風旨，問璧何以處之，璧曰：河中今日重地，朝議擬爲駐蹕之所，若失此則河南、陝西有脣亡之憂。以彼宗室勳貴故使鎮之，平居無事竭民膏血爲浚築計，一旦有警乃遽焚蕩而去，此而不誅，三尺法無用矣。竟以無寃上之。

立智理威

《元史》卷一二〇《立智理威傳》　立智理威，爲裕宗東必闍赤，典文書。至元十八年，蜀初定，帝閔其地久受兵，百姓傷殘，擇近臣撫安之，以立智理威爲嘉定路達魯花赤。時方以闢田、均賦、弭盗、息訟諸事課守令，立智理威奉詔甚謹，民安之，使者交薦其能。會盗起雲南，號數十萬，聲言欲寇成都。立智理威馳入告急，言辭懇切，繼以泣涕。大臣疑其不然，帝曰：雲南朕所綱理，未可忽也。乃推食以勞之。又語立智理威曰：南人生長亂離，豈不厭兵畏禍耶？御之乖方，保之不以其道，故爲亂耳。其歸以朕意告諸將，叛則討之，服則捨之，毋多殺以傷行意，則人必定矣。立智理威至蜀，宣布上旨。

俄召爲泉府卿，後遷刑部尚書。有小吏誣告漕臣劉獻盗倉粟，宰相桑哥方事聚斂，衆阿其意，鍛煉枉服。立智理威曰：刑部天下持平，今輦轂之下，漕臣以寃死，何以正四方乎？卽以實聞。以是忤丞相，出爲江東道宣慰使。在官務興學，諸生有俊秀者，拔而用之，爲政嚴明，豪民猾吏，縮手不敢犯，然亦無所刑戮而治。元貞二年，遷四川行省參知政事。蜀有婦人殺夫者，繫治數十人，加以箠楚，卒不得其實，立智理威至，盡按得之。

布魯海牙

《元史》卷一二五《布魯海牙傳》 布魯海牙，畏吾人也。祖牙兒八海牙，父吉臺海牙，俱以功爲其國世臣。布魯海牙幼孤，依舅氏家就學，未幾，卽善其國書，尤精騎射。年十八，隨其主內附，充宿衛。【略】

是時法制未定，奴有罪者，主得專殺，布魯海牙知其非法而不能救，嘗出金贖死者數十人。征討之際，隸軍籍者，憚於行役，往往募人代之，又軍中多逃歸者，朝廷下制：募代者杖百，逃歸者死。命布魯海牙與斷事官卜只兒按順天等路，及至州縣，得募人代者萬一千戶、逃者十二人。然募者聞命將下，已潛遣家人易代募者，布魯海牙聞之，歎曰：募者已懼罪往易，逃者因單弱思歸，情皆可矜，吾可不伸理耶。遂奏其狀，皆得輕減。有丁多產富而家人不往，及未至役所而卽逃者，則曰：此而不殺，何以戒後！有竊妓逃者，吏論當死，布魯海牙曰：敗亂綱常，罪固宜死；此妓也，豈可例論！命杖之。其執法平允類如此。

廉希憲

《元史》卷一二六《廉希憲傳》 廉希憲字善甫，布魯海牙子也。幼魁偉，舉止異凡兒。九歲，家奴四人盜五馬逃去，既獲，時於法當死，父怒，將付有司，希憲泣諫止之，俱得免死。又嘗侍母居中山，有二奴醉出惡言，希憲曰：是以我爲幼也。卽送繫府獄，杖之。皆奇其有識。【略】

有民妻與卜者厭詛其夫，殺之，獄成，僚佐皆言方大旱，卜者宜減死；希憲議當伏法，已而大雨立應。

初，世祖受命憲宗，經理河南關右，居數歲，讒者謂王府人多專擅不法，至是，命阿藍答兒、劉太平檢覈所部，用酷吏分領其事，大開告訐。希憲曰：宣撫司事由己出，有罪固當蜀任，僚屬何預。及事竟，卒無獲罪者。【略】

言者訟丞相史天澤，親黨布列中外，威權日盛，漸不可制。詔罷天澤政事，使待鞫問。希憲進曰：天澤事陛下久，知天澤深者，無如陛下。始自潛藩，多經任使，將兵牧民，悉有治效。陛下知其可付大事，用爲輔相，小人一旦有言，陛下當熟察其心跡，果有肆横不臣者乎？今日信臣，故臣得預此旨，他日有訟臣者，臣亦遭疑矣。臣等備員政府，陛下之疑信若此，何敢自保。天澤既罷，亦當罷臣。帝良久曰：卿且退，朕思之。明日，帝召希憲諭曰：昨思之，天澤無對訟者。事遂解。

又有訟四川帥欽察者，帝敕中書急遣使誅之。明日，希憲覆奏，帝怒曰：尚爾遲回耶！對曰：欽察大帥，以一小人言被誅，民心必駭，收繫至此，與訟者廷對，然後明其罪於天下爲宜。詔遣能者按問，其後事竟無實，欽察得免。【略】

有西域人自稱駙馬，營于城外，繫富民，誣其祖父嘗貸息錢，索償甚急，民訴之行省，希憲命收捕之。其人怒，乘馬入省堂，坐榻上，希憲命捽下跪，而問之曰：法無私獄，汝何人，敢擅繫民？令械繫之。其人惶懼求哀，國王亦爲之請，乃稍寬，令待對，舉營夜遁。俄詔國王歸國，希憲獨行省事。【略】

時宋故官禮謁大府，必廣致珍玩，希憲拒之，且語之曰：汝等身仍故官，或不次遷擢，當念聖恩，盡力報效。今所饋者，若皆己物，我取之爲非義；一或係官，事同盜竊；若斂於民，不爲無罪，宜戒慎之。皆感激謝去。令凡俘獲之人，敢殺者，以故殺平民論。爲軍士所虜，病而棄之者，許人收養；病愈，故主不得復有。立契券質賣妻子者，重其罪，仍沒入其直。

拜降

《元史》卷一三一《拜降傳》 拜降，北庭人。父忽都，武勇過人，由宿衛爲南宿州鎮將，分守蘄縣。後從世祖南征，年幾七十，每率先士卒，冒矢石，身被數十瘡，戰功居多。徙居大名路清豐縣，卒。贈廣平路總管，封漁陽郡侯。【略】

元貞間，兩浙鹽運司同知范某陰賊爲姦，州縣吏以賂咸聽驅役，由是數侵暴細民。民有珍貨腴田，必奪爲己有。不與，則朋結無賴，妄訟以羅織之，無不蕩破家業者。兇餤鑠人，人咸側目，里人欲殺之，不果，顧被誣訴逮繫者，亡慮數十人，俱死獄中。蘭溪州民葉一、王十四有美田宅，范欲奪之，不可，因誣以事，繫獄十年不決。事聞于省，省下理問所推鞫之，適拜降至官，寃遂得直。置范于刑，而七人者先瘐死矣，惟葉一、王十四行釋，時論多焉。

禿忽魯

《元史》卷一三四《禿忽魯傳》　禿忽魯字親臣，康里亦納之孫亞禮達石第九子也。自幼入侍世祖，命與也先鐵木兒、不忽木從許衡學。帝一日問其所學，禿忽魯與不忽木對曰：三代治平之法也。帝喜曰：康秀才，朕初使汝往學，不意汝即知此。除蒙古學士、奉議大夫、客省使，進兵部郎中，遷僉太史院。嘗宴見世祖，屢開説古今治亂政要，多所裨益。

至元二十年，遷中書右司郎中。未幾，大宗正薛徹干薦掌其府判署閱諸獄文案。嘗暮歸，愀然若有求而未獲者，家人問之，曰：今日所議，死案也，於我心有疑，欲求所以活之，未得其方耳。他日歸，喜曰：我得之矣，於法當流徙邊地。遷吏部尚書。【略】

時湖南、北盜賊乘舟縱横劫掠，哈剌哈孫患之，禿忽魯曰：樹茂鳥集，樹伐則散，戮一人足矣。盜首喬大使者，居九江，郡守曳剌馬丹取賂蔽之，遣使擒以來，獄成，殺而令諸市，群盜頓息。

哈剌哈孫

《元史》卷一三六《哈剌哈孫傳》　哈剌哈孫，斡剌納兒氏。【略】

哈剌哈孫威重，不妄言笑，善騎射，工國書，又雅重儒術。至元九年，世祖録勳臣後，命掌宿衛，襲號答剌罕。自是人稱答剌罕而不名。帝嘗諭之曰：汝家勳載王府，行且大用汝矣。又語皇太子曰：答剌罕非常人比，可善遇之。十八年，割欽、廉二州，益其食邑。二十二年，拜大宗正。用法平允，審録寃滯，所活數百人。時相請以江南獄隸宗正。哈剌哈孫曰：江南新附，教令未孚，且相去數千里，欲遙制其刑獄，得無寃乎。事遂止。【略】

七年，進中書右丞相。嘗言治道必先守令，近用多不得其人，於是精加遴選，定官吏贓罪十二章及丁憂、婚聘、盜賊等制，禁獻戶及山澤之利。

阿沙不花

《元史》卷一三六《阿沙不花傳》　阿沙不花者，康里國王族也。【略】

嘗命出太府金分賜諸王貴戚及近侍，方出朝，見一人倉皇若有所懼狀，曰：此必盜金者。召詰問之，果得黄金五十兩、白金百兩以聞，就以金賜之，命誅盜者。辭曰：盜誅固當，金非臣所宜得，願還金以贖盜死。帝悦而從之。

拜住

《元史》卷一三六《拜住傳》　拜住，安童孫也。五歲而孤，太夫人教養之。稍長，宏遠端亮有祖風。至大二年，襲爲宿衛長。仁宗即位，延祐二年，拜資善大夫、太常禮儀院使。四年，進榮禄大夫、大司徒。五年，進金紫光禄大夫。六年，加開府儀同三司，餘並如故。每議大政，必問曰：合典故否？同官有異見者，曰：大朝止説典故耶？拜住微笑曰：公試言之，國朝何事不依典故？同官不能對。太常事簡，每退食必延儒士諮訪古今禮樂刑政、治亂得失，盡日不倦。嘗曰：人之仕宦，隨所職司，事皆可習。至於學問有本，施於事業，此儒者之能事，宰相之資也。【略】

拜中書左丞相。先時，近侍傳旨以姓名赴中書銓注者六七百員，選曹爲之壅滯。拜住奏閣之，注授一依選格次第，吏無容姦。刑曹事有情可矜者寬恕之，貪暴不法必不少容。帝嘗諭左右曰：汝輩慎之，苟陷國法，我雖曲赦，拜住不汝恕也。【略】

初，浙民吴機以累代失業之田賣於司徒劉夔，夔賂宣政使八剌吉思買置諸寺，以益僧廩，矯詔出庫鈔六百五十萬貫酬其直。田已久爲他人之業，鐵木迭兒父子及鐵失等上下蒙蔽，分受之，爲贓鉅萬。真人蔡道泰以奸殺人，獄已成，鐵木迭兒納其金，令有司變其獄。拜住舉奏二事。命臺察鞫之，盡得其情，以田歸主，劉、蔡、八剌吉思等皆坐死，餘論罪有差。特赦鐵失。【略】

患法制不一有司無所守，奏詳定舊典以爲通制。

奕赫抵雅爾丁

《元史》卷一三七《奕赫抵雅爾丁傳》 奕赫抵雅爾丁字太初，回回氏。父亦速馬因，仕至大都南北兩城兵馬都指揮使。

奕赫抵雅爾丁幼穎悟嗜學，所讀書一過目即終身不忘。尤工其國字語。初爲中書掾，以年勞授江西行省員外郎，入爲吏部主事，不再閱月，固辭。擢刑部員外郎，四方所上獄，反復披閲成牘，多所平反。遷陜西漢中道肅政廉訪司僉事，不赴。改中書右司員外郎，尋陞郎中。

一日，與同列共議獄，有異其説者，奕赫抵雅爾丁曰：公等讀律，苟不能變通以適事宜，譬之醫者，雖熟於方論，而不能切脈用藥，則於疾痛奚益哉。同列雖不平，識者服其爲名言。大德八年肆赦，廷議惟官吏因事受賕不預。奕赫抵雅爾丁曰：不可。恩如雨露，萬物均被，贓吏固可嫉，比之盜賊則有間矣。宥盜而不宥吏，何耶？

刑部嘗有獄事，上讞既論決，已而丞相知其失，以譴右司主者。奕赫抵雅爾丁初未嘗署其案，因取成案閲之，竊署其名於下。或訝之曰：茲獄之失，公實不與，丞相方譴怒而公反追署其案，何也？奕赫抵雅爾丁曰：吾偶不署此案耳，豈有與諸君同事而獨幸免哉。丞相聞而賢之，同列因以獲免。

遷左司郎中。時左司闕一都事，平章梁暗都剌謂奕赫抵雅爾丁曰：人之材幹固嘗有之，惟篤實不欺爲難得，公當以所知舉。奕赫抵雅爾丁遂以王毅、李迪爲言，一時輿論莫不稱允。又嘗論朝士，如王仁卿、賈元播、高彦敬、敬威卿、李清臣輩可大用，時諸公處下僚，後皆如其言。遷翰林侍講學士、知制誥兼修國史，轉中奉大夫、集賢大學士。

未幾，除江東建康道肅政廉訪使。始視事，見以獄具陳列庭下甚備，問之，乃前官創製以待有罪者。奕赫抵雅爾丁蹙然曰：凡逮至臯司，皆命官及有出身之吏，廉得其情，則將服罪，獄具毋庸施也。即屏去之。監憲一年，贓吏削跡。

至大初元，立尚書省，拜參議尚書省事，召至京師，懇辭不就。改立中書省，復拜參議中書省事，亦以疾辭。延祐元年卒，年四十有七。

自當

《元史》卷一四三《自當傳》 自當，蒙古人也。英宗時，由速古兒赤擢監察御史。録囚大興縣，有以冤事繫獄者，其人嘗見有橐駝死道傍，因舁至其家醢之，置數甕中，會官橐駝被盜，捕索甚亟，乃執而勘之，其人自誣服。自當審其獄辭，疑爲冤，即以上御史臺。臺臣以爲贓既具是，特御史畏殺人耳，不聽，改委他御史讞之，竟處死。後數日，遼陽行省以獲盜聞，冤始白，人以是服其明。

答里麻

《元史》卷一四四《答里麻傳》 答里麻弱冠入宿衛。大德十一年，授御藥院達魯花赤，遷回回藥物院，尋出僉湖北、山南兩道廉訪司事，召拜監察御史。時丞相帖木迭兒專權貪肆，答里麻帥同寅亦憐真、馬祖常劾其罪。高昌僧恃丞相威，違法娶婦南城，答里麻詰問之，奮不顧利害，風紀由是大振。擢河東道廉訪副使。隰州村民賽神，因醉毆殺姚甲，爲首者乘鬧逃去，有司逮同會者繫獄，歷歲不决。荅里麻曰：殺人者既逃，存亡不可知，此輩皆詿誤無罪而反桎梏耶？悉縱之。

至治元年，帖木迭兒復相，以復讎爲事，荅里麻辭去。明年，改燕南道廉訪副使。開州達魯花赤石不花歹頗著政績，同僚忌之，嗾民誣其與民妻俞氏飲。荅里麻察知俞氏乃八十老嫗，石不花歹實不與飲酒，於是抵誣告者罪，石不花歹復還職。行（堂）〔唐〕縣民斫桑道側，偶有人借斧削其杖，其人夜持杖劫民財，事覺，并逮斧主與盗同下獄。荅里麻原其未嘗知情，卽縱之。深州民嫗怒毆兒婦死，婦方抱其子，子亦誤觸死。嫗年七十，同僚議免刑，荅里麻不可，曰：國制，罪人七十免刑，爲其血氣已衰不任刑也。嫗既能殺二人，何謂衰老。卒死獄中。至治元年，除濟寧路總管，興學勸農，百廢具修，府無停事。濟陽縣有牧童持鐵連結擊野雀，誤殺同牧者，繫獄數歲。荅里麻曰：小兒誤殺同牧者，實無殺人意，難以定罪。罰銅遣之。

董俊

《元史》卷一四八《董俊傳》 董俊字用章，真定藁城人。少力田，長涉書史，善騎射。金貞祐間，邊事方急，藁城令立的募兵，射上中者拔爲將。衆莫能弓，獨俊一發破的，遂將所募兵迎敵。歲乙亥，國王木華黎帥兵南下，俊遂降。【略】

時多盗，詔犯者皆殺無赦。在處繫囚滿獄。文忠言：殺人取貨，與竊一錢者均死，慘黷莫甚，恐乖陛下好生之德。敕革之。或告漢人毆傷國人，及太府監屬盧甲盗剪官布。帝怒，命殺以懲衆。文忠言：今刑曹於囚罪當死者，已有服辭，猶必詳讞，是豈司因人一言，遽加之重典！宜付有司閱實，以俟後命。乃遣文忠及近臣突滿分覈之，皆得其誣狀，遂詔原之。帝因責侍臣曰：方朕怒時，卿曹皆不敢言。非董文忠開悟朕心，則殺二無辜之人，必取議中外矣。因賜文忠金尊，曰：用旌卿直。裕宗亦語宮臣曰：方天威之震，董文忠從容諫正，實人臣難能者。太府監屬奉物詣文忠泣謝曰：鄙人賴公復生。文忠曰：吾素非知子，所以相救於危急者，蓋爲國平刑，豈望子見報哉！却其物不受。

王磐

《元史》卷一六〇《王磐傳》 王磐字文炳，廣平永年人，世業農，歲得麥萬石，鄉人號萬石王家。父禧，金末入財佐軍興，補進義副尉。國兵破永年，將屠其城，禧復罄家貲以助軍費，衆賴以免。金人遷汴，乃舉家南渡河，居汝之魯山。【略】

出爲真定、順德等路宣慰使。（刑）〔衡〕水縣達魯花赤忙兀觧，貪暴不法，縣民苦之。有趙清者，發其罪，既具伏矣，適初置監司，其妻懼無以滅口，召家人飲酒至醉，以利啗之，使夜殺清，清逃獲免，乃盡殺其父母妻子。清訴諸官，權要蔽忙兀觧，不爲理，又欲反其具獄。磐竟奏置諸法，籍其家貲，以半給清。郡有西域大賈，稱貸取息，有不時償者，輒置獄于家，拘繫榜掠。其人且恃勢干官府，直來坐廳事，指麾自若。磐大怒，叱左右捽下，箠之數十。時府治寓城上，卽擠諸城下，幾死，郡人稱快。【略】

時宮闕未建，朝儀未立，凡遇稱賀，臣庶雜至帳殿前，執法者患其諠擾，不能禁。磐上疏曰：按舊制：天子宮門，不應入而入者，謂之闌入。闌入之罪，由第一門至第三門，輕重有差。宜令宣徽院，籍兩省而下百官姓名，各依班序，聽通事舍人傳呼贊引，然後進。其越次者，殿中司糾察定罰，不應入而入者，準闌入罪，庶朝廷之禮，漸可整肅。於是儀制始定。

（元）蘇天爵《元朝名臣事略》卷一二《內翰王文忠公》 十三年冬，朝議欲汰冗官，權臣以不便按察司，欲因之省去。公奏疏曰：外路州郡，去京師遙遠，濫官汙吏侵害小民，無所控告，惟賴按察爲之申理。若指爲冗官，一例罷去，則小民寃死而無所訴矣。若曰京師有御史臺足以糾察四方之事，是大不然。御史臺糾察朝廷百官、京畿州縣，尚有不及，況能周徧外路千百城之事乎？若欲以按察司併入運司，今之運司專以營利增課爲職，與管民官恒分彼此，豈暇顧細民之寃抑哉？臣以爲存之便，按察司由是得不罷。《墓誌》。

高鳴

《元史》卷一六〇《高鳴傳》　高鳴字雄飛，真定人，少以文學知名。河東元裕上書薦之，不報。諸王旭烈兀將征西域，聞其賢，遣使者三輩召之，鳴乃起，爲王陳西征二十餘策。王數稱善，即薦爲彰德路總管。【略】

七年，議立三省，鳴上封事曰：臣聞三省，設自近古，其法由中書出政，移門下，議不合，則有駁正，或封還詔書，議合，則還移中書；中書移尚書，尚書乃下六部、郡國。方今天下大於古，而事益繁，取決一省，猶曰有壅，况三省乎！且多置官者，求免失政也，但使賢俊萃于一堂，連署參決，自免失政，豈必別官異坐，而後無失政乎！故曰：政貴得人，不貴多官。不如一省便。世祖深然之，議遂罷。川、陝盜起，省臣患之，請專戮其尤者以止盜，朝議將從之，鳴諫曰：制令天下上死囚，必待論報，所以重用刑、惜民生也。今從其請，是開天下擅殺之路，害仁政甚大。世祖曰善，令速止之。

劉肅

《元史》卷一六〇《劉肅傳》　劉肅字才卿，威州洺水人。金興定二年詞賦進士。嘗爲尚書省令史。時有盜內藏官羅及珠，盜不時得，逮繫貨珠牙儈及藏吏，誣服者十一人。刑部議皆置極刑，肅執之曰：盜無正贓，殺之寃。金主怒，有近侍夜見肅，具道其旨，肅曰：辨析寃獄，我職也，惜一己而戕十一人之命，可乎！明日，詣省辨愈力。右司郎中張天綱曰：召爲汝具奏辨析之。奏入，金主悟，囚得不死。

李德輝

《元史》卷一六三《李德輝傳》　李德輝字仲實，通州潞縣人。生五歲，父且卒，指德輝謂其家人曰：吾爲吏，治獄不任苛刻，人蒙吾力者衆，天或報之，是兒其大吾門乎！及卒，德輝號慟如成人。適歲兇，家儲粟纔五升，其母舂蓬稗、炊藜莧而食之。德輝天性孝悌，操履清慎，既就外傅，嗜讀書，束於貧，無以自資，乃輟業。年十六，監酒豐州，禄食充足甘旨，有餘則市筆札録書，夜誦不休。已乃厭糟麴，歎曰：志士顧安此耶！仕不足以匡君福民，隱不足以悦親善身，天地之間，人壽幾何，惡可無聞，同腐草木也！乃謝絶所與游少年，求先生長者講學，以卒其業。【略】

五年，徵爲右三部尚書。人有訟財而失其兄子者，德輝曰：此叔殺之無疑。遂竟其獄。權貴人爲請者甚衆，德輝不應，罪狀既明，請者乃慚服。七年，帝以蝗旱爲憂，命德輝録囚山西、河東。行至懷仁，民有魏氏發得木偶，持告其妻挾左道爲厭勝，謀不利於己。移數獄，詞皆具。德輝察其寃，知其有愛妾，疑妾所爲，將搆陷其妻也。召妾鞫之，不移時而服，遂杖其夫而論妾以死。【略】

濟南平，入爲刑部侍郎，兼中書省斷事官。時有擕妓登龍舟者，即按之以法，未幾，其人死，其子犯蹕訴寃，詔讓之，炳曰：臣執法尊君，職當爲也。帝怒，命之出，既而謂侍臣曰：炳用法太峻，然非循情者。改樞密院斷事官。

（元）蘇天爵《元朝名臣事略》卷一一《左丞李忠宣公》　七年，上以蝗旱爲憂，俾録山西、河東囚。行至懷仁，民有魏氏發得木偶，持告其妻挾左道厭勝，謀殺己。經數獄，服詞皆具，自以爲不寃。公燭其誣，召鞫其妾，搒掠一加，服不移晷。蓋妒其女君，謂獨陷以是罪，可必殺也。乃直其妻，而杖其夫之溺愛受欺，當妾死罪。觀者神之。《行狀》。

張雄飛

《元史》卷一六三《張雄飛傳》　張雄飛字鵬擧，琅琊臨沂人。父琮，仕金，守盱眙。金人疑之，罷其兵柄，徙居許州。尋復命守河陰，仍留家人於許。雄飛幼失母，琮妾李氏養之。國兵屠許，惟工匠得免。有田姓者，琮故吏也，自稱能爲弓，且詐以雄飛及李氏爲家人，由是獲全，遂徙朔方，雄飛時方十歲。至霍州，李欲逃，恐其累己，雄飛知之，頃刻不去左右，李乃變服與俱還，寓潞州。雄飛既長，往師前進士王寶英於趙城。金亡，雄飛不知父所在，往來澤、潞，求之十餘年，常客食僧舍。已而入關陝，歷懷、孟、潼、華，終求其父弗得，遂入燕。居數歲，盡通國言及諸部語。【略】

參議樞密院事費正寅素憸狡，有告其罪者，詔丞相綫真等與雄飛雜治之。請托交至，雄飛無所顧，盡得其罪狀以聞，正寅與其黨管如仁等皆伏誅。會議立尚書省，雄飛力争於帝前，忤旨，左遷同知京兆總管府事。宗室公主有家奴逃渭南民間爲贅壻。主適過臨潼，識之，捕其奴與妻及妻之父母，皆械繫之，盡没其家貲。雄飛與主争辨，辭色俱厲。主不得已，以奴妻及妻之父母、家貲還之，惟挾其奴以去。【略】

時澧州初下，民懷反側，雄飛至，布宣德教以撫綏之，民遂安。有巨商二人犯匿税及毆人事，僚佐受賂，欲寬其罪，雄飛繩之益急。或曰：此細事，何執之堅？雄飛曰：吾非治匿税毆人者，欲改宋弊政，懲不畏法者爾。細民以乏食，羣聚發富家廩，所司欲論以强盜，雄飛曰：此盜食，欲救死，非强也。寬其獄，全活者百餘人。澧西南接溪洞，傜人乘間抄掠居民，雄飛遣楊應申等往諭以威德，諸傜悉感服。

十四年，改安撫司爲總管府，命雄飛爲達魯花赤，遷荆湖北道宣慰使。有告常德富民十餘家。與德山寺僧將爲亂，衆議以兵討之。雄飛曰：告者必其仇也。且新附之民。當以静鎮之，兵不可遽用，苟有他，吾自任其責。遂止，徐察之，果如所言。先是，荆湖行省阿里海牙以降民三千八百户没入爲家奴，自置吏治之，歲責其租賦，有司莫敢言。雄飛言于阿里海牙，請歸其民於有司，不從。雄飛入朝奏其事，詔還籍爲民。【略】

二十一年春，册上尊號，議大赦天下，雄飛諫曰：古人言：無赦之國，其刑必平。故赦者，不平之政也。聖明在上，豈宜數赦！帝嘉納之，語雄飛曰：大獵而後見善射，集議而後知能言，汝所言者是，朕今從汝。遂止降輕刑之詔。

張德輝

《元史》卷一六三《張德輝傳》　張德輝字（輝）〔耀〕卿，冀寧交城人。少力學，數擧於鄉。金貞祐間兵興，家業殆盡，試掾御史臺。會盜殺卜者，有司蹤跡之，獲僧匿一婦人，搒掠誣服，獄具，德輝疑其寃，其後果得盜。【略】

歲丁未，世祖在潛邸，召見，問曰：孔子殁已久，今其性安在？對曰：聖人與天地終始，無往不在。殿下能行聖人之道，性即在是矣。又問：或云，遼以釋廢，金以儒亡，有諸？對曰：遼事臣未周知，金季乃所親睹，宰執中雖用一二儒臣，餘皆武弁世爵，及論軍國大事，又不使預聞，大抵以儒進者三十之一，國之存亡，自有任其責者，儒何咎焉！世祖然之。因問德輝曰：祖宗法度具在，而未盡設施者甚多，將如之何？德輝指銀槃，喻曰：創業之主，如製此器，精選白金良匠，規而成之，畀付後人，傳之無窮。當求謹厚者司掌，乃永爲寶用。否則不惟缺壞，亦恐有竊而去之者矣。世祖良久曰：此正吾心不忘也。【略】

二年，考績爲十路最。陛見，帝勞之，命疏所急務，條四事：一曰嚴保擧以取人材；二曰給俸禄以養廉能；三曰易世官而遷都邑；四曰正刑罰而勿屢赦。帝嘉納焉。【略】

有旨命德輝議御史臺條例，德輝奏曰：御史，執法官。今法令未明，何據而行？此事行之不易，陛下宜慎思之。有頃，復召曰：朕慮之熟矣，卿當力行之。對曰：必欲行之，乞立宗正府以正皇族，外戚得以糾彈，女謁毋令奏事，諸局承應人皆得究治。帝良久曰：其徐行之。德輝請老，命擧任風憲者，疏烏古倫貞等二十人以聞。

（元）蘇天爵《元朝名臣事略》卷一〇《宣慰史張公》　二年春，考績於京師爲十路最。陛見，上勞之，命疏時所急務，具四事以奏。一曰嚴保舉以取人，所以絶請託而得可用之才。二曰給俸禄以養廉能，所以禁贓濫，不使侵漁于民。三曰易世官而遷都邑，所以考治績，革舊弊，而攄民之寃。四曰止刑罰而勿屢赦，所以絶幸民，息盗賊，而期於無刑。皆深切時事。上嘉納焉。

烏古孫澤

《元史》卷一六三《烏古孫澤傳》 烏古孫澤字潤甫，臨潢人。其先女真烏古部，因以爲氏。祖璧，仕金爲明威將軍、資用庫使，從金主遷汴。汴城陷，轉徙居大名。父仲，倜儻有奇節，遭金季世，憤無所施，用高言危行，親交避之，遂縱酒陽狂以自晦，然教澤特嚴。【略】

兩江荒遠瘴癘，與百夷接，不知禮法，澤作《司規》三十有二章，以漸爲教，其民至今遵守之。

王惲

《元史》卷一六七《王惲傳》 王惲字仲謀，衛州汲縣人。曾祖經。祖宇，仕金，官敦武校尉。父天鐸，金正大初，以律學中首選，仕至戶部主事。

九年，授承直郎、平陽路總管府判官。初，絳之太平縣民陳氏者殺其兄，行賂緩獄，蔓引逮繫者三百餘人，至五年不決。朝廷委惲鞫之，一訊卽得其實，乃盡出所逮繫者。時絳久旱，一夕大雨。

二十六年，授少中大夫、福建閩海道提刑按察使。黜官吏貪污不法者，凡數十人；察繫囚之寃滯者，決而遣之；戒戍兵無得寓民家，而創營屋以居之。

陳天祥

《元史》卷一六八《陳天祥傳》 天祥字吉甫，因兄（祜）〔祐〕仕河南，自寧晉從家洛陽。天祥少隸軍籍，善騎射。中統三年，李璮叛據濟南，結宋爲外援，河北河南宣慰司承制以天祥爲千戶，屯三汊口，防遏宋兵。事平罷歸，居偃師南山，有田百餘畝，躬耕讀書，從之遊者甚衆。其居近緱氏山，因號曰緱山先生。初，天祥未知學，（祜）〔祐〕未之奇也，別去數歲；獻所爲詩於（祜）〔祐〕，（祜）〔祐〕疑假手它人，及與語，出入經史，談辨該博，乃大稱異。【略】

元貞元年，改山東西道廉訪使。時盗賊羣起。山東居多，詔求弭盗方略。天祥上奏曰：古者盗賊之起，各有所因，除歲兇饑饉，誘之天時，宜且勿論。他如軍旅不息，工役荐興，聚斂無厭，刑法紊亂之類，此皆羣盗所起之因。中間保護存恤長養之者，赦令是也。赦者，小人之幸，君子之不幸，一歲再赦，善人喑啞，前人言之備矣。彼強梁之徒，各執兵杖，殺人取貨，不顧其生，有司盡力以擒之，朝廷加恩以釋之；旦脱縲囚，暮卽行劫，又復督勒有司，結限追捕。賊皆經慣，習以爲常，既不感恩，又不畏法，兇殘悖逆，性已頑定。誠非善化能移，惟以嚴刑可制。所擬事條，皆切於時用。於是嚴督有司，捕得盗賊甚衆，皆杖殺之。其亡入他境者，揣知所向，選捕盗官及弓兵，密授方略，示以賞罰，使追捕之，南至漢、江，二千餘里，悉皆就擒，無得免者。由是東方羣盗屏息。【略】

大德三年六月，遷河北河南廉訪使，以疾不起。人有寃抑，往往就天祥家求直，天祥以不在其位，却去之。

何榮祖

《元史》卷一六八《何榮祖傳》 何榮祖字繼先，其先太原人。父瑛，金貞祐間試文法入優等補吏，後授明威將軍，守鉅鹿尹，權軍器監主事。金亡，徙家廣平。【略】

有帖木剌思者，以貪墨爲僉事李唐卿所劾。帖木剌思計無所出，適濟南有上變告者，唐卿察其妄，取訟牒焚之。帖木剌思乃摭取爲辭，告唐卿縱反者，逮繫數十人。獄久不決，詔榮祖與左丞郝禎、參政耿仁傑鞫之。榮祖得其情，欲抵告者罪。禎、仁傑議以失口亂言之罪坐之，榮祖不可。俄遷河南按察使，二執政竟以失口亂言杖其人，而株連者俱得釋，唐卿之誣遂白。【略】

桑哥敗，改中書右丞。奏行所定《至元新格》，請改提刑按察司爲肅政廉訪司，而立監治之法。【略】

先是，榮祖奉旨定《大德律令》，書成已久，至是乃得請于上，詔元老大臣聚聽之。未及頒行，適子祕書少監惠没，遂歸廣平，卒，年七十九。贈光禄大夫、大司徒、柱國，追封趙國公，謚文憲。

尚文

《元史》卷一七〇《尚文傳》 尚文字周卿，世爲祁州深澤人，後徙保定，遂占籍焉。文幼穎悟，負奇志。張文謙宣撫河東，參政王椅薦其才，遂辟掌書記。未幾，西夏行中書省復辟之。至元六年，始立朝儀，太保劉秉忠言於世祖，詔文與諸儒，採唐《開元禮》近代禮儀之可行於今者，斟酌損益，凡文武儀杖、服色差等，皆文掌焉。七年春二月，朝儀成，百官肄習，帝臨觀之，大悦，遂爲定制。冬十一月，立侍儀司，擢右直侍儀使，轉司農都事。

十七年，出守輝州。時河朔大旱，輝獨以禱得雨，境内大稔。懷孟民馬氏、宋氏，誣伏殺人，積歲獄不能決，提刑使者命文讞以論報。文推迹究情，得獄吏、獄卒羅織狀，兩獄皆釋。十九年，進户部郎中，奏罷懷、衛竹税提舉司，民便之。【略】

元貞初，拜中臺侍御史。時行臺御史及浙西憲司，劾江浙行省平章不法者十七事，制遣文往詰之。左驗明著，猶力爭不服，文以上聞；平章乃言御史違制取會防鎮軍數。成宗命省臺大臣雜議，咸曰：平章勳臣之後，所犯者輕，事宜宥；御史取會軍數，法當死。文抗言：平章罪狀明白，不受簿責，無人臣禮，其罪非輕。御史糾事之官，因兵卒争愬，責其帥如籍均役，情無害法，即有罪亦輕。廷辯數四，與省臺入奏，帝意始悟，平章、御史各杖遣之。其守正不阿類如此。

胡祗遹

《元史》卷一七〇《胡祗遹傳》 胡祗遹字紹（開）〔聞〕，磁州武安人。少孤，既長讀書，見知於各流。中統初，張文謙宣撫大名，辟員外郎。明年，入爲中書詳定官。至元元年，授應奉翰林文字，尋兼太常博士，調户部員外郎，轉右司員外郎，尋兼左司。時阿合馬當國，進用羣下，官冗事煩，祗遹建言：省官莫如省吏，省吏莫如省事。以是忤權奸，出爲太原路治中，兼提舉本路鐵冶，將以歲賦不辦責之。及其蒞職，乃以最聞，改河東山西道提刑按察副使。

宋平，爲荊湖北道宣慰副使。有佃民訴其田主謀爲不軌者，祗遹察其冤，坐告者。十九年，爲濟寧路總管，上八事於樞府言軍政：曰役重，曰逃户，曰貧難，曰正身入役，曰僞署文牒，曰官吏保結，曰有名無實，曰合併偏頗。樞府是之，以其言著爲定法。濟寧移治鉅野縣，自國初經兵戈，其廢已久，民居未集，風俗樸野。祗遹選郡子弟，擇師教之，親爲講論，期變其俗，久之治效以最稱。升山東東西道提刑按察使，所至抑豪右，扶寡弱，以敦教化，以厲士風。民有父子兄弟相訟者，必懇切諭以天倫之重，不獲已，則繩以法。召拜翰林學士，不赴，改江南浙西道提刑按察使，未幾，以疾歸。

王利用

《元史》卷一七〇《王利用傳》 王利用字國賓，通州潞縣人。遼贈中書令、太原郡公籍之七世孫，高祖以下皆仕金。利用幼穎悟，弱冠與魏初同學，遂齊名，諸名公交口稱譽之。初事世祖於潛邸，中書辟爲掾，辭不就。

中統初，命監鑄百司印章，歷太府內藏官，出爲山東經略司詳議官，遷北京奥魯同知，歷安肅、汝、蠡、趙四州知州，入拜監察御史。薊州有禁地，民不得射獵其中，邏者誣州民冒禁，籍其家，利用糾之，邏者訴于上，利用辨愈力，得以所没入悉歸之民。擢翰林待制，兼興文署，奉旨程試上都、隆興等路儒士。陞直學士，與耶律鑄同修實録。出爲河東、陜西、燕南三道提刑按察副使、四川提刑按察使。四川土豪有持官府長短者，問得其實，而當以罪，民賴以安。都元帥塔海，抑巫山縣民數百口爲奴，民屢訴不決，利用承檄覈問，盡出爲民。【略】

有婦毒殺其夫，問藥所從來，吏教婦指爲富商所貨。獄上，利用曰：家富而貨毒藥，豈人情哉？訊之，果寃也。

袁裕

《元史》卷一七〇《袁裕傳》　袁裕字仲寬，洛陽人。幼孤，從兄避難聊城，因家焉。稍長嗜學。中統初，由聊城縣丞，辟中書右司掾，始建言給重囚衣糧醫藥，免籍其孥、產，止令出焚瘞錢，後著爲令。順天路民王住兒，因鬭誤殺人，基母年七十，言於朝曰：妾寡且老，恃此兒以爲生，兒死，則妾亦死矣。裕言於執政曰：因誤殺人，情非故犯，當矜其母，乞宥之。執政以聞，帝從之，因得免死。南京總管劉克興掠良民爲奴隸，後以矯制獲罪，當籍孥、產之半，裕言于中書，止籍其家，奴隸得復爲民者數百。

至元六年，遷開封府判官。洧川縣達魯花赤貪暴，盛夏役民捕蝗，禁不得飲水，民不勝忿，擊之而斃，有司當以大逆置極刑者七人，連坐者五十餘人。裕曰：達魯花赤自犯衆怒而死，安可悉歸罪於民！議誅首惡者一人，餘各杖之有差，部使者録囚至縣，疑其太寬，裕辨之益力，遂陳其事狀于中書，刑曹竟從裕議。【略】

郡有鐵冶提舉張鑑，無子，買妾，其妻妬而殺之。裕捕其妻，訊之服辜。裕用法平允，而疾惡不少貸如此。

趙孟頫

《元史》卷一七二《趙孟頫傳》　趙孟頫字子昂，宋太祖子秦王德芳之後也。五世祖秀安僖王子偁，四世祖崇憲靖王伯圭。高宗無子，立子偁之子，是爲孝宗，伯圭，其兄也，賜第于湖州，故孟頫爲湖州人。曾祖師垂，祖希永，父與訔，仕宋，皆至大官，入國朝，以孟頫貴，累贈師垂集賢侍讀學士，希永太常禮儀院使，並封吴興郡公，與訔集賢大學士，封魏國公。【略】

時有王虎臣者，言平江路總管趙全不法，即命虎臣往按之，葉李執奏不宜遣虎臣，帝不聽，孟頫進曰：趙全固當問，然虎臣前守此郡，多強買人田，縱賓客爲姦利，全數與争，虎臣怨之。虎臣往，必將陷全，事縱得實，人亦不能無疑。帝悟，乃遣他使。桑哥鐘初鳴時即坐省中，六曹官後至者，則笞之，孟頫偶後至，斷事官遽引孟頫受笞，孟頫入訴於都堂右丞葉李曰：古者，刑不上大夫，所以養其廉耻，教之節義，且辱士大夫，是辱朝廷也。桑哥亟慰孟頫使出，自是所笞，唯曹史以下，他日，行東御牆外，道險，孟頫馬跌墮于河。桑哥聞之，言於帝，移築御牆稍西二丈許。帝聞孟頫素貧，賜鈔五十錠。【略】

二十九年，出同知濟南路總管府事。時總管闕，孟頫獨署府事，官事清簡。有元掀兒者，役於鹽場，不勝艱苦，因逃去。其父求得他人屍，遂誣告同役者殺掀兒，既誣服。孟頫疑其寃，留弗決，踰月，掀兒自歸，郡中稱爲神明。【略】

詔集百官於刑部議法，衆欲計至元鈔二百貫贓滿者死，孟頫曰：始造鈔時，以銀爲本，虛實相權，今二十餘年間，輕重相去至數十倍，故改中統爲至元，又二十年後，至元必復如中統，使民計鈔抵法，疑於太重。古者，以米、絹民生所須，謂之二實，銀、錢與二物相權，謂之二虛。四者爲直，雖升降有時，終不大相遠也，以絹計贓，最爲適中。況鈔，乃宋時所創，施於邊郡，金人襲而用之，皆出於不得已。迺欲以此斷人死命，似不足深取也。或以孟頫年少，初自南方來，議國法不便，意頗不平，責孟頫曰：今朝廷行至元鈔，故犯法者以是計贓論罪，汝以爲非，豈欲沮格至元鈔耶？孟頫曰：法者，人命所係，議有重輕，則人不得其死矣。孟頫奉詔與議，不敢不言。今中統鈔虛，故改至元鈔，謂至元鈔終無虛時，豈有是理！公不揆於理，欲以勢相陵，可乎！其人有愧色。帝初欲大用孟頫，議有難之。

鄧文原

《元史》卷一七二《鄧文原傳》 鄧文原字善之，一字匪石，綿州人。父漳，徙錢塘。文原年十五，通《春秋》。在宋時，以流寓試浙西轉運司，魁四川士。至元二十七年，行中書省辟爲杭州路儒學正。大德二年，調崇德州教授。五年，擢應奉翰林文字。九年，陞修撰，謁告還江南。至大元年，復爲修撰，預修《成宗實録》。三年，授江浙儒學提舉。【略】

五年，出僉江南浙西道肅政廉訪司事，平江僧有憾其府判官理熙者，賄其徒，告熙贓，熙誣服。文原行部，按問得實，杖僧而釋熙。吳興民夜歸，巡邏者執之，繫亭下。其人遁去，有追及之者，刺其脅，仆地。明旦，家人得之以歸，比死，其兄問殺汝者何如人，曰：白幘、青衣、長身者也。其兄愬於官，有司問直初更者曰張福兒，執之，使服焉。械繫三年，文原録之曰：福兒身不滿六尺，未見長也；刃傷右脅，而福兒素用左手，傷宜在左，何右傷也！鞫之，果得真殺人者，而釋福兒。桐廬人戴汝惟家被盜，有司得盜，獄成送郡；夜有焚戴氏廬者，而不知汝惟所之。文原曰：此必有故也。乃得其妻葉氏與其弟謀殺汝惟狀，而於水涯樹下，得屍與漬血斧俱在焉，人以爲神。【略】

時轉運司官聽用鄉里譁狡，動以犯法誣民，而轉運司得專制有司，凡五品官以下皆杖決，州縣莫敢如何。文原請罷其專司，俾郡縣領之，不報。徽民謝蘭家僮汪姓者死，蘭姪回賂汪族人誣蘭殺之，蘭誣服。文原録之，得其情，釋蘭而坐回。時久旱不雨，決獄乃雨。

張養浩

《元史》卷一七五《張養浩傳》 張養浩字希孟，濟南人。幼有行義，嘗出，遇人有遺楮幣于途者，其人已去，追而還之。年方十歲，讀書不輟，父母憂其過勤而止之，養浩晝則默誦，夜則閉戶，張燈竊讀。山東按察使焦遂聞之，薦爲東平學正。游京師，獻書于平章不忽木，大奇之，辟爲禮部令史，仍薦入御史臺。一日病，不忽木親至其家問疾，四顧壁立，歎曰：此真臺掾也。及爲丞相掾，選授堂邑縣尹。人言官舍不利，居無免者，竟居之。首毀淫祠三十餘所，罷舊盜之朔望參者，曰：彼皆良民，饑寒所迫，不得已而爲盜耳；既加之以刑，猶以盜目之，是絶其自新之路也。衆盜感泣，互相戒曰：毋負張公。有李虎者，嘗殺人，其黨暴戾爲害，民不堪命，舊尹莫敢詰問。養浩至，盡置諸法，民甚快之。去官十年，猶爲立碑頌德。

（清）畢沅《續資治通鑑》卷二〇五《元紀二三》 以張養浩爲陝西行臺御史中丞。

初，養浩以父老，棄官歸養，屢徵不赴。及聞陝西中丞之命，即散其家之所有與鄉里貧乏者，登車就道，遇餓者則賑之。道經華山，禱雨於岳祠，大雨如注，水三尺乃止，禾黍自生，秦人大喜。

時斗米值十三緡，民持鈔出糴，稍昏即不用，詣庫換易，則豪猾黨蔽，易十與五，累日不可得，民大困。養浩乃檢庫中未毀昏鈔文可驗者，得一千八十五萬餘緡，悉以印記其背。又刻十貫、五貫爲券，給散貧民，命米商視印記出粟，詣庫驗數以易之，於是吏弊不敢行。又率富民出粟，因請行納粟補官之令。聞民間有殺子以奉（毋）〔母〕者，爲之大慟，出私錢以濟之。到官四月，未嘗家居，止宿公署，夜則禱於天，晝則出賑飢民，終日無少怠，每一念至，即撫膺慟哭，遂得疾不起。卒年六十，關中之人，哀之如失父母。追封濟國公，謚文忠。

（元）張養浩《三事忠告》卷一《牧民忠告・師泰序》 《牧民忠告》者，濱國張文忠所著書也。公以道德政事名於天下。其為學，則卓乎有所見，而不雜於權術。其操行，則確乎有所守，而不奪於勢利。凡見諸論議文字之間，施諸動靜雲為之際，蓋無一不本於仁義孝悌之心也。故自為縣令，為禦史，為參議中書，為中丞西臺，皆即其所行著之簡策，有曰《風憲忠告》，曰《廟堂忠告》，而《牧民忠告》則為令時著也。間嘗盡得而讀之，廢書而歎曰：是何忠厚之至哉！因記弱冠時先子文靖府君語師泰曰：我昔在朝，當皇慶、延佑間，人物最盛一時。相知固不少，然求其志同道同者，莫清河元複初、濟南張希孟若也。二人嘗聯鑣過我，慷慨論議，日晏不忍舍去，且相顧曰：世豈複有相得如吾三人？孰先死，則後死者當銘諸，使子孫世世無相忘也。後三十年，師泰承乏閩憲使，而公之子惟遠亦僉司事，問語其故，則相對淒愴不已。遂請此書，刻諸學宮，以規夫牧民者。嗚呼！數年以來，州郡多故，黎民瘡痍，每思一賢守令以安靖吾民而不可得，乃知《忠告》之有補於世教也深矣。使天下之為守令者家藏一書，遵而行之，雖單父武城之化不外是矣，奚漢循吏之足論哉！至正十五年秋九月，後學宣城貢師泰序。

敬儼

《元史》卷一七五《敬儼傳》 敬儼字威卿，其先河東人，後徙易水。五世祖嗣徽，仕金官至參知政事；曾祖子淵，樂陵令；祖鑑，同知嵩州事。皆以進士起家。父元長，有學行，官至太常博士。儼其仲子也，幼不爲嬉戲事，長嗜學，善屬文，御史中丞郭良弼薦爲殿中知班，著憲章若干卷。受知於廣平王月呂祿那演，連辟太傅、太師兩府掾，調高郵縣尹，未赴，選充中書省掾。朱清、張瑄爲海運萬戶，豪縱不法，適儼典其文牘，嘗致厚賂，儼怒拒之，二人以罪伏誅，權貴多以賄敗連坐，獨儼不與。【略】

旱蝗爲災，民多因饑爲盜，有司捕治，論以真犯。獄既上，朝議互有從違，儼曰：民饑而盜，迫於不得已，非故爲也。且死者不可復生，宜在所矜貸。用是得減死者甚衆。

曹伯啓

《元史》卷一七六《曹伯啓傳》 曹伯啓字士開，濟寧碭山人。弱冠，從東平李謙游，篤於問學。至元中，歷仕爲蘭溪主簿，尉獲盜三十，械徇諸市，伯啓以無左驗，未之信，俄得真盜，尉以是黜。累遷常州路推官，豪民黃甲，恃財殺人，賂佃客誣伏，伯啓讞得其情，遂坐甲殺人罪。【略】

延祐元年，陞內臺都事，遷刑部侍郎。丞相鐵木迭兒專政，一日，召刑曹官屬問曰：西僧訟某之罪，何爲久弗治？衆莫敢對，伯啓從容言曰：犯在赦前。丞相雖甚怒，莫之奪也。宛平尹盜官錢，鐵木迭兒欲併誅守者，伯啓執不可，杖遣之。八番帥擅殺，起邊釁，朝廷已用帥代之矣，命伯啓往詰其事。次沅州，道梗，伯啓恐兵往則彼驚，將致亂，乃遣令史楊鵬，單騎往喻新帥，備得其情，止奏坐前帥擅興罪，邊民以安。大同宣慰使法忽魯丁，攬運嶺北糧，歲數萬石，肆爲欺罔，累贓鉅萬，朝廷遣使督徵，前後受賂，皆反爲之游言，最後伯啓往，其人已死，喻其子弟曰：負官錢，雖死必徵，與其納賂於人，曷若償之於官。第條汝父所賂之數，官爲徵之。諸受賂者皆懼，而潛歸賂於其子，爲鈔五百餘萬緡，民之逋負而無可理者，即列上與免之。出爲真定路總管，治尚寬簡，民甚安之。【略】

有詔同刊定《大元通制》，伯啓言：五刑者，刑異五等，今黥杖徒役於千里之外，百無一生還者，是一人身備五刑，非五刑各底於人也。法當改易。丞相是之，會伯啓除浙西廉訪使，不果行。

梁曾

《元史》卷一七八《梁曾傳》 梁曾字貢父，燕人。祖守正，父德，皆以曾貴，贈安定郡公。曾少好學，日記書數千言。中統四年，以翰林學士承旨王鶚薦，辟中書左三部令史，三轉爲中書省掾。至元十年，用累考及格，授雲南諸路行都事，佩銀符。久之，陞員外郎。十五年，轉同知廣南西道左右兩江宣撫司事。明年，除知南陽府。唐、鄧二屬州爲襄陽所奪，曾按圖經、稽國制以聞，事得復舊。南陽在宋末爲邊鄙，桑柘未成，而歲賦絲，民甚苦之，曾請折輸布，民便之。【略】

大德元年，除杭州路總管，戶口復者五萬二千四百戶，請禁莫夜鞠囚、游街、酷刑，朝廷是之，著爲令。

王約

《元史》卷一七八《王約傳》　王約字彦博，其先汴人，祖通，北徙真定。約性穎悟，風格不凡。從中丞魏初游，博覽經史，工文辭，務達國體，時好不以動其心。至元十三年，翰林學士王磐薦爲從事，丞旨火魯火孫以司徒開府，奏授從仕郎、翰林國史院編修官，兼司徒府掾。既而辟掾中書，除禮部主事。【略】

尋詔約同宗正、御史讞獄京師，約辭職在清廟，帝不允。乃閱諸獄，決二百六十六人，當死者七十二人，釋無罪者八十六人，平反吴得誠冤，嫁良家入倡女十人，杖流元旦帶刀闌入殿庭者八十人。因議鬭毆殺人者宜減死一等，著爲令。又以浙民於行省、南臺互訟不决，命約訊之。約至杭，二十日而理，省、臺無異辭。特拜刑部尚書，以録前功。

大德十一年，仁宗至自懷州，肅清宫禁，以平章賽典赤、安西王阿難答，與左丞相阿忽台潛謀爲變，命刑曹按責其狀。約曰：在法，謀逆不必搒掠，竟當伏誅。由是結知仁宗。富寧庫失金，約疑番直宿衛者盜之，未幾，果得實，庫官吏獲免。監察御史言通州倉米三萬石，因雨而濕。約謂必積氣所蒸，驗且堪用，釋守者罪。宗王兄弟二人守邊，兄陰有異志，弟諫不聽，即上馬馳去，兄遣奴挾弓矢追之，弟發矢斃其奴，兄訴囚其弟，獄當死。約慮囚曰：兄之奴，即弟之奴，況殺之有故。立釋之。遷禮部尚書，請定丁憂之制，申旌表之恩，免都城煤炭之徵，皆從之。

京民王氏，仕江南而歿，有遺腹子，其女育之，年十六，乃訴其姊匿貲若干，有司責之急。約視其牘曰：無父之子，育之成人，且不絶王氏祀，姊之恩居多。誠利其貲，寧育之至今日耶！改前議而斥之。柴氏初無子，命張氏子後，既得己子，張出爲僧，柴之子又歿，僧乃訟家產，詔約詰之。約問曰：汝出家，既分承汝師衣鉢，又何爲得柴氏業乎？僧不能答，遂歸柴氏應後者。

王結

《元史》卷一七八《王結傳》　王結字儀伯，易州定興人。祖逖勤，以質子軍從太祖西征，娶阿魯渾氏，自西域徙戍秦隴，又徙中山，家焉。【略】

中宫命僧尼於慈福殿作佛事，已而殿災，結言僧尼褻瀆，當坐罪。左丞相疾革，家人請釋重囚禳之，結極陳其不可。先時，有罪者，北人則徙廣海，南人則徙遼東，去家萬里，往往道死。結請更其法，移鄉者止千里外，改過聽還其鄉，因著爲令。職官坐罪者，多徙重科，結曰：古者，刑不上大夫，今貪墨雖多，然士之廉耻，不可以養也。聞者謂其得體。

耶律希亮

《元史》卷一八〇《耶律希亮傳》　耶律希亮字明甫，楚材之孫，鑄之子也。初，六皇后命以赤帖吉氏歸鑄，生希亮於和林南之涼樓，曰禿忽思，六皇后遂以其地名之。憲宗嘗遣鑄錢覈錢糧于燕，鑄曰：臣先世皆讀儒書，儒生俱在中土，願攜諸子，至燕受業。憲宗從之，乃命希亮師事北平趙衍，時方九歲，未浹旬，已能賦詩。歲丙辰，憲宗召鑄還和林，希亮獨留燕。歲戊午，憲宗在六盤山，希亮詣行在所。已而鑄扈從南伐，希亮亦在行。明年，憲宗崩于蜀，希亮將輜重北歸陝右。【略】

十三年，太府監令史盧贄言於監官：各路所貢布長三丈，唯平陽加一丈，諸怯薛歹以故爭取平陽布。苟截其長者，與他郡等，則無所爭，而以其所截者，爲髹漆宫殿器皿之用，甚便。監官從之。適左右以其事聞，帝以詰監官，監官倉皇莫知所以對，歸罪於贄，帝命斬之。希亮遇諸塗，贄以寃告。希亮命少緩，具以實入奏。有旨令董文用讞之。竟釋贄，而召御史大夫塔察兒等讓之曰：此事，言官當言而不言，向微禿忽思，不誤誅此人耶！

十四年，轉嘉議大夫、禮部尚書，尋遷吏部尚書。帝駐蹕察納兒台之地，希亮至，奏對畢，董文用問大都近事。希亮曰：囹圄多囚耳。世祖方欹枕而臥，忽寤，問其故。希亮奏曰：近奉旨：漢人盜鈔六文者殺。以是囚多。帝驚問：孰傳此語？省臣曰：此旨實脱兒察所傳。脱兒察曰：陛下在南坡，以語蒙古兒童。帝曰：前言戲耳，曷嘗著爲令式？乃罪脱兒察。希亮因奏曰：令既出矣，必明其錯誤，以安民心。帝善其言，即命希亮至大都，諭旨中書。

王思誠

《元史》卷一八三《王思誠傳》 王思誠字致道，兖州嵫陽人。天資過人，七歲，從師授《孝經》、《論語》，即能成誦。家本業農，其祖佑，訴家人曰：兒大不教力田，反教爲迂儒邪！思誠愈自力弗懈。後從汶陽曹元用游，學大進。中至治元年進士第，授管州判官，召爲國子助教，改翰林國史院編修官。尋陞應奉翰林文字。再轉爲待制。

至正元年，遷奉議大夫、國子司業。二年，拜監察御史，上疏言：京畿去年秋不雨，冬無雪，方春首月蝗生，黄河水溢。蓋不雨者，陽之亢，水涌者，陰之盛也。嘗聞一婦銜寃，三年大旱，往歲伯顔專擅威福，讎殺不辜，郯王之獄，燕鐵木兒宗黨死者，不可勝數，非直一婦之寃而已，豈不感傷和氣邪！宜雪其罪。敕有司行禱百神，陳牲幣，祭河伯，發卒塞其缺，被災之家，死者給葬具，庶幾可以召陰陽之和，消水旱之變，此應天以實不以文也。

行部至檀州，首言：采金鐵冶提舉司，設司獄，掌囚之應徒配者，鈦趾以舂金鑛，舊嘗給衣與食，天曆以來，水壞金冶，因罷其給，齧草飲水，死者三十餘人，瀕死者又數人。夫罪不至死，乃拘囚至於饑死，不若加杖而使速死之愈也。况州縣俱無囚糧，輕重囚不决者，多死獄中，獄吏妄報其病月日用藥次第。請定瘐死多寡罪，著爲令。【略】

松州官吏誣構良民以取賂，愬于臺者四十人，選思誠鞫問，思誠密以他事入松州境，執監州以下二十三人，皆罪之。還至三河縣，一囚愬不已，俾其黨異處，使之言，囚曰：賊向盜某芝麻，某追及，刺之幾死，賊以是圖復讎，今弓手欲捕獲功之數，適中賊計。其贓，實某妻裙也。以裙示失主，主曰：非吾物。其黨詞屈，遂釋之。豐潤縣一囚，年最少，械繫瀕死，疑而問之，曰：昏暮三人投宿，將詣集場，約同行，未夜半，趣行，至一冢間，見數人如有宿約者，疑之，衆以爲盜告，不從，脅以白刃，驅之前，至一民家，衆皆入，獨留戶外，遂潛奔赴縣，未及報而被收。思誠遂正有司罪，少年獲免。

出僉河南山西道肅政廉訪司事，行部武鄉縣，監縣來迓，思誠私語吏屬曰：此必贓吏。未幾，果有愬于道側者，問曰：得無訴監縣敚汝馬乎？其人曰：然。監縣抵罪。吏屬問思誠先知之故，曰：衣弊衣，乘駿馬，非詐而何！【略】

行樞密院掾史田甲，受賂事覺，匿豫邸，監察御史捕之急，并繫其母，思誠過市中，見之，曰：嘻！古者，罪人不孥，况其母乎！吾不忍以子而繫其母。令釋之，不從，思誠因自劾不出，諸御史謁而謝之。

李好文

《元史》卷一八三《李好文傳》 李好文字惟中，大名之東明人。登至治元年進士第，授大名路濬州判官。入爲翰林國史院編修官、國子助教。泰定四年，除太常博士。會盜竊太廟神主，好文言：在禮，神主當以木爲之，金玉祭器，宜貯之别室。又言：祖宗建國以來，七八十年，每遇大禮，皆臨時取具，博士不過循故事應答而已。往年有詔爲《集禮》，而乃令各省及各郡縣置局纂修，宜其久不成也。禮樂自朝廷出，郡縣何有哉！白長院者，選僚屬數人，仍請出架閣文牘，以資採録，三年，書成，凡五十卷，名曰《太常集禮》。【略】

録囚河東，有李拜拜者，殺人，而行兇之杖不明，凡十四年不决，好文曰：豈有不决之獄如是其久乎！立出之。王傅撒都剌，以足蹋人而死，衆皆曰：殺人非刃，當杖之。好文曰：怙勢殺人，甚於用刃，況因有所求而殺之，其情爲尤重。乃置之死，河東爲之震肅。

王都中

《元史》卷一八四《王都中傳》 王都中字元俞，福之福寧州人。父積翁，仕宋爲寶章閣學士、福建制置使。至元十三年，宋主納土，乃以全閩八郡圖籍來，入覲世祖於上京，降金虎符，授中奉大夫、刑部尚書、福建道宣慰使，兼提刑按察使，尋除參知政事，行省江西。俄以爲國信使，宣諭日本，至其境，遇害于海上。【略】

崑山有詭易官田者，事覺，而八年不決，都中爲披故牘，洞見底裏，其人乃伏辜。吴江違拒有司築堤護田之令而歸過於衆人者，都中詢知其故，皆置不問，其人乃無所逃罪。【略】秩滿，除浙東道宣慰副使。金華有毆殺人者，吏受賕，以爲病死。都中摘屬吏覆按，得其情。獄具，縣長吏而下，皆以贓敗。餘姚有豪民張甲，居海濱，爲不法，擅制一方，吏無敢涉其境。都中捕繫之，痛繩以法。【略】

改郴州路總管，郴居楚上流，谿洞徭獠往來民間，憚其强猾，莫敢與相貿易，都中煦之以恩，懾之以威，乃皆悦服。郴民染於蠻俗，喜鬬争，都中乃大治學舍，作籩豆簠簋、笙磬琴瑟之屬，使其民識先王禮樂之器，延宿儒教學其中，以義理開曉之，俗爲之變。鄰州茶陵富民覃乙死，無子，惟一小妻，及其贅壻，妻誣其壻拜屍成婚，藏隱玉杯夜明珠，株連八百餘人，奉使宣撫移其獄，諉之都中窮治，悉得其情，而正其罪。州長吏而下，計其贓至十一萬五千餘緡，人以爲神明。

干文傳

《元史》卷一八五《干文傳傳》 干文傳字壽道，平江人。祖宗顯，宋承信郎。父雷龍，鄉貢進士。宗顯之先世以武弁入官，而力教其子以文易武，故雷龍兩舉進士，宋亡，不及仕。及生文傳，乃名今名以期之。

其在烏程，有富民張甲之妻王，無子，張納一妾於外，生子，未晬，王誘妾以兒來，尋逐妾，殺兒焚之。文傳聞而發其事，得死兒餘骨，王厚賂妾之父母，買鄰家兒爲妾所生，兒初不死。文傳令妾抱兒乳之，兒啼不就乳，妾之父母吐實，乃呼鄰婦至，兒見之，躍入其懷，乳之即飲，王遂伏辜。丹徒縣民有二弟共殺其姊者，獄久不決，浙西廉訪司俾文傳鞫之，既得其情，其母乞貸二子命，爲終養計，文傳謂二人所承有輕重，以首從論，則爲首者當死，司官從之。

贍思

《元史》卷一九〇《儒學傳・贍思》 贍思字得之，其先大食國人。國既内附，大父魯坤，乃東遷豐州。太宗時，以材授真定、濟南等路監榷課税使，因家真定。父斡直，始從儒先生問學，輕財重義，不干仕進。【略】

贍思歷官臺憲，所至以理冤澤物爲己任，平反大辟之獄，先後甚衆，然未嘗故出人罪，以市私恩。嘗與五府官決獄咸寧，有婦宋娥者，與鄰人通，鄰人謂娥曰：我將殺而夫。娥曰：張子文行且殺之。明日，夫果死，跡盜數日，娥始以張子文告其姑，五府官以爲非共殺，且既經赦宥，宜釋之，贍思曰：張子文以爲娥固許之矣。且娥夫死及旬，乃始言之，是娥與張同謀，度不能終隱，故發之也，豈赦可釋哉？樞密判官曰：平反活人，陰德也。御史勿執常法。贍思曰：是謂故出人罪，非平反也。且公欲種陰德於生者，奈死者何！乃獨上議刑部，卒正娥罪。其審刑當罪多類此。

田滋

《元史》卷一九一《良吏傳・田滋》 田滋字榮甫，開封人。至元二年，由汴梁路總管府知事，入爲御史臺掾。十二年，拜監察御史。十三年，宋平，滋建言：江南新附，民情未安，加以官吏侵漁，宜立行御史臺以鎮之。詔從其言。遂超拜行御史臺侍御史。歷兩淮鹽運使、河南路總管。

大德二年，遷浙西廉訪使。有縣尹張或者，被誣以贓，獄成，滋審之，但俛首泣而不語。滋以爲疑，明日齋沐，詣城隍祠禱曰：張或坐事有冤狀，願神相滋，明其誣。守廟道士進曰：曩有王成等五人，同持誓狀到祠焚禱，火未盡而去之，燼中得其遺藁，今藏於壁間，豈其人耶？視之，果然，明日，詣憲司詰成等，不服。因出所得火中誓狀示之，皆驚愕伏辜，張或得釋。

楊景行

《元史》卷一九二《良吏傳・楊景行》 楊景行字賢可，吉安太和州人。登延祐二年進士第，授贛州路會昌州判官。會昌民素不知井飲，汲于河流，故多疾癘；不知陶瓦，以茅覆屋，故多火災。景行教民穿井以飲，陶瓦以代茅茨，民始免於疾癘火災。豪民十人，號十虎，干政害民，悉捕置之法。乃創學舍，禮師儒，勸民斥腴田以贍士，弦誦之聲遂盛。【略】

陞撫州路總管府推官，發擿奸伏，郡無冤獄。金溪縣民陶甲，厚積而兇險，嘗屢誣陷其縣長吏罷去之，由是官吏畏其人，不敢詰治，陶遂暴横於一郡。景行至，以法痛繩之，徙五百里外。金溪豪僧雲住，發人冢墓取財物，事覺，官吏受賄，緩其獄，景行急按之，僧以賄動之，不聽，乃賂當道者，以危語撼之，一不顧，卒治之如法。由是豪猾屏迹，良民獲安。

林興祖

《元史》卷一九二《良吏傳・林興祖》 林興祖字宗起，福州羅源人。至治二年，登進士第，授承事郎、同知黄巖州事，三遷而知鉛山州。鉛山素多造僞鈔者，豪民吴友文爲之魁，遠至江淮、燕薊，莫不行使。友文奸黠悍驁，因僞造致富，乃分遣惡少四五十人，爲吏於有司，伺有欲告之者，輒先事戕之，前後殺人甚衆，奪人妻女十一人爲妾，民罹其害，銜冤不敢訴者十餘年。興祖至官，曰：此害不除，何以牧民，即張牓禁僞造者，且立賞募民首告，俄有告者至，佯以不實斥去；又有告獲僞造二人并贓者，乃鞫之，款成。友文自至官，爲之營救，興祖命併執之，須臾，來訴友文者百餘人，擇其重罪一二事鞫之，獄立具，逮捕其黨二百餘人，悉置之法。民害既去，政聲籍甚。江浙行省丞相別兒怯不花薦諸朝，陞南陽知府，改建德路同知，俱未任。

周自强

《元史》卷一九二《良吏傳・周自强》 周自強字剛善，臨江路新喻州人，好學能文，練於吏事，以文法推擇爲吏。泰定間，廣西洞徭反，自強往見徭酋，説以禍福，中其要害，徭酋立爲罷兵，貢方物，納款請命。事聞于朝，特旨超授廣西兩江道宣慰司都事。

轉饒州路經歷，遷婺州路義烏縣尹。周知民情，而性度寬厚，不爲刻深。民有以争訟訴于庭者，一見即能知其曲直，然未遽加以刑責，必取經典中語，反覆開譬之，令其誦讀講解。若能悔悟首實，則原其罪，若迷謬怙惡不悛，然後繩之以法不少貸。民畏且愛，獄訟頓息。民間田税之籍多失實，以故差徭不平，自強出令履畝覈之，民不能欺，文簿井井可考，於是賦役平均，貧富樂業。其聽訟決獄，物無遁情，黠吏欲以片言欺惑之不可得。由是政治大行，聲譽籍甚。

王艮

《元史》卷一九二《良吏傳・王艮》 王艮字止善，紹興諸暨人。尚氣節，讀書務明理以致用，不苟事言説。淮東廉訪司辟爲書吏，遷淮西。

會例革南士，就爲吏於兩淮都轉運鹽使司，以歲月及格，授廬州録事判官。淮東宣慰司辟爲令史，以廉能稱。再調峽州總管府知事，又辟江浙行省掾史。會朝廷復立諸市舶司，艮從省官至泉州，建言：若買舊有之船以付舶商，則費省而工易集，且可絶官吏侵欺掊克之弊。中書省報如艮言。凡爲船六艘，省官錢五十餘萬緡。【略】

遷江浙行省檢校官。有詣中書訴松江富民包隱田土，爲糧一百七十餘萬石；沙蕩，爲鈔五百餘萬緡；宜立官府糾察收追之。中書移行省議，遣官驗視，而松江獨當十九。艮至松江，條陳典折，以破其誣妄，言其不過欲竦朝廷之聽而報宿怨，且冀創立衙門，爲徼名爵計耳。萬一民心動搖，患生不測，豈國家培養根本之策哉。艮言上，事遂寢。

除江西行省左右司員外郎。吉之安福有小吏，誣民欺隱詭寄田租九千餘石，初止八家，前後數十年，株連至千家，行省數遣官按問，吏已伏其虚誣，而有司喜功生事者，復勒其民報合徵糧六百餘石，憲司援詔條革去，終莫能止。艮到官，首言：是州之糧，比元經理已增一千一百餘石，豈復有欺隱詭寄者乎？准憲司所擬可也。行省用艮言，悉蠲之。

明清分部

秦從龍

《明史》卷一三五《秦從龍傳》　秦從龍，字元之，洛陽人。仕元，官江南行臺侍御史。兵亂，避居鎮江。【略】

時太祖居富民家，因邀從龍與同處，朝夕訪以時事。已，即元御史臺爲府，居從龍西華門外，事無大小悉與之謀。嘗以筆書漆簡，問答甚密，左右皆不能知。

鄭士利

《明史》卷一三九《鄭士利傳》　鄭士利，字好義，寧海人。兄士元，剛直有才學，由進士歷官湖廣按察使僉事。荊、襄卒乘亂掠婦女，吏不敢問，士元立言於將領還所掠。安陸有冤獄，御史臺已讞上，士元奏其冤，得白。會考校錢穀册書，空印事覺，凡主印者論死，佐貳以下榜一百，戍遠方。士元亦坐是繫獄。

時帝方盛怒，以爲欺罔，丞相御史莫敢諫。士利歎曰：上不知，以空印爲大罪。誠得人言之，上聖明，寧有不悟。會星變求言。士利曰：可矣。既而讀詔，有假公言私者罪。士利曰：吾所欲言，爲天子殺無罪者耳。吾兄非主印者，固當出。需吾兄杖出乃言，即死不恨。

士元出，士利乃爲書數千言，言數事，而於空印事尤詳。曰：陛下欲深罪空印者，恐奸吏得挾空印紙，爲文移以虐民耳。夫文移必完印乃可。今考較書策，乃合兩縫印，非一印一紙比。縱得之，亦不能行，况不可得乎？錢穀之數，府必合省，省必合部，數難懸決，至部乃定。省府去部遠者六七千里，近亦三四千里，册成而後用印，往返非期年不可。以故先印而後書，此權宜之務，所從來久，何足深罪？且國家立法，必先明示天下而後罪犯法者，以其故犯也。自立國至今，未嘗有空印之律。有司相承，不知其罪。今一旦誅之，何以使受誅者無詞？朝廷求賢士，置庶位，得之甚難。位至郡守，皆數十年所成就。通達廉明之士，非如草菅然，可刈而復生也。陛下奈何以不足罪之罪，而壞足用之材乎？臣竊爲陛下惜之。

張倫

《明史》卷一四二《張倫傳》　張倫，不知何許人。河北諸衛指揮使也，勇悍負氣，喜觀古忠義事。馬宣自蘇州起兵攻北平，不克，死。倫發憤，合兩衛官，帥所部南奔，結盟報國。從李景隆、盛庸戰，皆有功。燕王即帝位，招倫降。倫笑曰：張倫將自賣爲丁公乎！死之。京師陷，武臣皆降附，從容就義者，倫一人而已。

王艮

《明史》卷一四三《王艮傳》 王艮，字敬止，吉水人。建文二年進士。對策第一。貌寢，易以胡靖，即胡廣也，艮次之，又次李貫。三人皆同里，並授修撰，如洪武中故事，設文史館居之。預修《太祖實録》及《類要》、《時政記》諸書。一時大著作皆綜理之。數上書言時務。

燕兵薄京城，艮與妻子訣曰：食人之禄者，死人之事，吾不可復生矣。解縉、吳溥與艮、靖比舍居。城陷前一夕，皆集溥舍。縉陳説大義，靖亦奮激慷慨，艮獨流涕不言。三人去，溥子與弼尚幼，歎曰：胡叔能死，是大佳事。溥曰：不然，獨王叔死耳。語未畢，隔牆聞靖呼：外喧甚，謹視豚。溥顧與弼曰：一豚尚不能舍，肯舍生乎？須臾艮舍哭，飲鴆死矣。縉馳謁，成祖甚喜。明日薦靖，召至，叩頭謝。貫亦迎附。

劉球

《明史》卷一六二《劉球傳》 劉球，字廷振，安福人。永樂十九年進士。家居讀書十年，從學者甚衆。授禮部主事。胡濙薦侍經筵，與修《宣宗實録》，改翰林侍講。從弟玭知莆田，遺一夏布。球封還，貽書戒之。【略】

初，球言麓川事，振固已銜之。欽天監正彭德清者，球鄉人也，素爲振腹心。凡天文有變，皆匿不奏，倚振勢爲姦，公卿多趨謁，球絶不與通。德清恨之，遂摘疏中攬權語，謂振曰：此指公耳。振益大怒。會璘疏上，振遂指球同謀，並逮下詔獄，屬指揮馬順殺球。順深夜攜一小校持刀至球所。球方臥，起立，大呼太祖、太宗。頸斷，體猶植。遂支解之，瘞獄戶下。璘從旁竊血裙遺球家。後其子鉞求得一臂，裹裙以殮。順有子病久，忽起捽順髮，拳且蹴之曰：老賊，令爾他日禍逾我！我，劉球也。順驚悸。俄而子死，小校亦死。璘，字德文，高郵人。有孝行。獄解，遂歸，不復出。

謝士元

《明史》卷一七二《謝士元傳》 謝士元，字仲仁，長樂人。景泰五年進士。授戶部主事。督通州倉，陳四弊，屢與監倉宦官忤。天順七年擢建昌知府。地多盜，爲軍將所庇。士元以他事持軍將，奸發輒得。民懷券訟田宅，士元叱曰：僞也，券今式，而所訟乃二十年事。民驚服，訟爲衰止。考滿，進從三品俸，治府事如故，以憂去。

岳正

《明史》卷一七六《岳正傳》 岳正，字季方，漷縣人。正統十三年會試第一，賜進士及第，授編修，進左贊善。

天順初，改修撰，教小內侍書。閣臣徐有貞、李賢下獄，帝既用呂原預政，頃之，薛瑄又致仕，帝謀代者。王翺以正薦，遂召見文華殿。正長身美鬚髯，帝遙見，色喜。既登陛，連稱善。問年幾何，家安在，何年進士，正具以對。復大喜曰：爾年正强仕，吾北人，又吾所取士，今用爾內閣，其盡力輔朕。正頓首受命。趨出，石亨、張軏遇之左順門，愕然曰：何自至此？比入，帝曰：朕今日自擇一閣臣。問爲誰，帝曰：岳正。兩人陽賀。帝曰：但官小耳，當與吏部左侍郎兼學士。兩人曰：陛下既得人，俟稱職，加秩未晚。帝默然，遂命以原官入閣。

正素豪邁，負氣敢言。及爲帝所拔擢，益感激思自効。掌欽天監侍郎湯序者，亨黨也，嘗奏災異，請盡去奸臣。帝問正，正言：奸臣無指名。即求之，人人自危。且序術淺，何足信也。乃止。有僧爲妖言，錦衣校邏得之，坐以謀反。中官牛玉請官邏者，正言：事縱得實，不過坐妖言律，邏者給賞而已，不宜與官。僧黨數十人皆得免。或爲匿名書列曹吉祥罪狀，吉祥怒，請出榜購之。帝使正撰榜格，正與吕原入見曰：爲政有體，盜賊責兵部，姦宄責法司，豈有天子出榜購募者？且事緩之則自露，急之則愈匿，此人情也。帝是其言，不問。亨從子彪鎮大同，獻捷，下内閣問狀。使者言捕斬無算，不能悉致，皆梟置林木間。正按地圖指詰之，曰：某地至某地，皆沙漠，汝梟置何所？其人語塞。

商　輅

《明史》卷一七六《商輅傳》　商輅，字弘載，淳安人。舉鄉試第一。正統十年，會試、殿試皆第一。終明之世，三試第一者，輅一人而已。除修撰，尋與劉儼等十人進學東閣。輅丰姿瓌偉，帝親簡爲展書官。【略】

輅及中官王誠言於帝曰：忠病風，無足信，不宜聽妄言，傷大倫。【略】

塞上腴田率爲勢豪侵據，輅請覈還之軍。【略】

輅憂其爲變，請招塈畿内八府閒田，給糧種，民皆有所歸。【略】

《寰宇通志》成，加兼太常卿。【略】亨密語輅，赦文毋别具條欵。輅曰：舊制也，不敢易。【略】

輅上書自愬《復儲疏》在禮部，可覆驗，不省。【略】

首陳勤學、納諫、儲將、防邊、省宂官、設社倉、崇先聖號、廣造士法，凡八事。帝嘉納之。其言納諫也，請召復元年以後建言被斥者。【略】

久之，進户部。《宋元通鑑綱目》成，改兼文淵閣大學士。皇太子立，加太子少保，進吏部尚書。十三年進謹身殿大學士。【略】

仁壽太后莊户與民争田，帝欲徙民塞外。輅曰：天子以天下爲家，安用皇莊爲。事遂寢。【略】

居十年卒，年七十三。贈太傅，謚文毅。

何喬新

《明武宗實録》卷一六五《正德十三年八月》　庚寅，追謚故刑部尚書何喬新曰文肅。喬新字廷秀，江西廣昌人。年十一通史學，病陳桱《通鑑續編》，卒曹彬、包拯不書官，吕文焕降元不書叛，張世傑溺海不書死節，紀義軒附不經之談，書遼金失夷夏之義。爲修撰周旋所奇，舉進士，奉使淮西。巢縣令閻徽嘗學于喬新父文淵，欲以金帛贈，卒不受。授南京禮部主事，復除刑部，遷廣東司員外郎，是司錦衣衛隸焉。親軍有犯禁者，率捕治不少貸。進郎中，指揮袁彬有所囑，喬新不可，彬怒，欲中傷之。百端擿撫，卒無毫髮可指。陞福建按察司副使。浙寇盜壽寧銀冶，募鄉兵，擊斬數百，獲其魁。行部興化，問民所病，知洪武初，官嘗以牛貸民，而至今徵租如故，奏蠲之。陞河南按察使，大水，賑貸至秋報罷，喬新以故事止於秋者，以有秋也，今無秋可已乎？定至麥熟乃止，全活甚衆。守令貪酷，有强援，他使不敢問者，劾其罪，黜之。鈞州民夜飲酒肆，渡河溺，其子訟肆主，以鍛煉誣服，坐繫數年，喬新讞之，驗果溺，遂得脱死。都御史原傑招籲流民，引喬新為助，得附籍者六萬餘家。陞湖廣布政使。成化辛丑，陞右副都御史，巡撫山西。虜寇邊，喬新設伏與戰，多所斬獲。召爲刑部右侍郎，播州宣慰使楊愛之庶兄友欲奪愛官，奏其不法，且云有異謀，喬新奉命即訊，得其情，遷友他郡。孝宗即位，陞南京刑部尚書，尋召入刑部。喬新言舊制提取囚犯，必給精微，批所至，比號乃行，則矯僞無所托，若徒用駕帖不比號，則真僞莫辨，乞仍給批便。又言都民習胡語胡服，此伊川被髮野祭之類，宜禁約，從之。御史鄒魯謀躐大理丞，喬新薦魏紳，魯銜之，會外氏與鄉人奏訐魯，遂誣喬新預聞，已而訊無驗，魯受罰，喬新力求去，遂致仕，家居杜門著述。大理少卿屠勳、給事中揚廉等累奏起用，權貴忌之，不果。喬新自初仕，即自誓不營利，不阿權貴，不以愛憎為賞罰，守其言終身。公退必讀書，雖視事亦手一編。藏書三萬卷，皆手自讐校。及卒，都御史林俊爲乞贈謚，并援葉盛例，言謚當以文。會有沮之者，給事中吴世忠論曰：蔣之奇嘗誣奏歐陽修，後日太師文忠之贈謚，之奇不能奪。胡紘輩嘗誣奏朱熹，後日太師文公之贈諡，胡紘輩不能奪。蓋誣善者，群小之私。贈諡者，萬世之公也。廣昌知縣張潫復論之。詔喬新學行俱優，始終全德，贈太子少傅，仍與諡。公論至是始定。而先朝《實録》、《本傳》謂喬新議法刻深，及勸父引决以自全，蓋出焦芳之曲筆云。

李　敏

《明史》卷一八五《李敏傳》　李敏，字公勉，襄城人。景泰五年進士。授御史。天順初，奉敕撫定貴州蠻。還，巡按畿内。以薊州餉道經海口，多覆溺，建議別開三河達薊州，以避其險，軍民利之。

《明宣宗實録》卷七五《宣德六年春正月》　〔甲申〕南京都察院右僉都御史李敏卒。敏，字克勤，河南儀封人。由太學生擢刑科給事中，陞左給事中，秩滿，超陞南京右僉都御史。未幾，奉命督伐木之役于徽州，會農作興，遂詔罷役。敏還，不數月，病卒。敏庸懦無守，惟務卑屈下人，故典銓選者力薦于上，謂其厚重不刻。及僉都憲，政紀廢弛，輿論鄙之。

張　悦

《明史》卷一八五《張悦傳》　張悦，字時敏，松江華亭人。舉天順四年進士，授刑部主事，進員外郎。

成化中出爲江西僉事，改督浙江學校。力拒請託，校士不糊名，曰：我取自信而已。遷四川副使，進按察使。遭喪，服闋補湖廣。王府承奉張通縱恣，悦繩以法。及入覲，中官尚銘督東廠，衆競趨其門，悦獨不往。銘銜甚，伺察無所得。銘敗，召拜左僉都御史。

孝宗立，遷工部右侍郎，轉吏部左侍郎。王恕爲尚書，悦左右之，嘗兩攝選事。弘治六年夏，大旱，求言。陳遵舊章、卹小民、崇儉素、裁冗食、禁濫罰數事，又上修德、圖治二疏，並嘉納。俄遷南京右都御史，就改吏部尚書。九年復改兵部，參贊機務。以年至，累疏乞休。詔加太子少保，馳傳歸。卒贈太子太保，諡莊簡。

時與悦同里而先爲南京兵部尚書者張鎣，字廷器，正統十三年進士。景泰初，擢御史。歷江西副使按察使、陝西左布政使。成化三年以右副都御史巡撫寧夏。寧夏城，土築，鎣始甃以甎。道河流，溉靈州屯田七百餘頃。以父喪去。服除，起撫河間諸府，改大同，歷刑部左、右侍郎。十八年擢本部尚書。明年加太子少保。又明年，再以憂歸。弘治元年起南京兵部尚書，卒官，贈太子太保，諡莊懿。

（明）俞汝楫《禮部志稿》卷五六《列傳・侍郎張悦》　張悦，字時敏，直隸華亭縣人。天順四年進士，授刑部主事，轉員外郎，歷陞江西按察司僉事、浙江提學副使、四川按察司按察使。丁憂服闋，改湖廣按察使，進都察院僉都御史、工部侍郎。弘治元年，遷禮部右侍郎，再轉吏部，陞南京右都御史、南京吏部尚書，改南京兵部參贊機務，累乞休致，加太子少保致仕。未幾，卒，訃聞贈太子太保，賜祭葬，諡莊簡。悦學問該博，操行清謹。其提學浙江，杜絶請謁，甄別才器，尤爲士類所信服；在湖廣執法不阿；在吏禮二部風裁益峻；至參贊機務時，雖久疾，稍不移，然猶持大體。卒能奉身而退，始終之際，蓋亦無貶議云。

徐　珪

《明史》卷一八九《徐珪傳》　徐珪者，應城人。先是，千戶吴能以女滿倉兒付媒者鬻於樂婦張，紿曰：周皇親家也。後轉鬻樂工袁璘所。能歿，妻聶訪得之。女怨母鬻己，詭言非己母。聶與子劫女歸。璘訟於刑部，郎中丁哲、員外郎王爵訊得情。璘語不遜，哲笞璘，數日死。御史陳玉、主事孔琦驗璘屍，瘞之。東廠中官楊鵬從子嘗與女淫，教璘妻訴冤於鵬而令張指女爲妹，又令賈校尉屬女亦如張言。媒者遂言聶女前鬻周皇親矣。奏下鎮撫司，坐哲、爵等罪。復下法司、錦衣衛，讞，索女皇親周彧家，無有。復命府部大臣及給事、御史廷訊，張與女始吐實。都察院奏，哲因公杖人死，罪當徒。爵、玉琦及聶母女當杖。獄上，珪憤懣，抗疏曰：聶女之獄，哲斷之審矣。鵬拷聶使誣服，鎮撫司共相蔽欺。陛下令法司、錦衣會問，懼東廠莫敢明，至鞠之朝堂乃不能隱。夫女誣母僅擬杖，哲等無罪反加以徒，輕重倒置如此，皆東廠威劫所致也。臣在刑部三年，見鞠問盜賊，多東廠鎮撫司緝獲，有稱校尉誣陷者，有稱校尉爲人報讐者，有稱校尉受首惡贓而以爲從、令傍人抵罪者。刑官洞見其情，無敢擅更一字。上干天和，災異迭見。臣願陛下革去東廠，戮鵬叔姪並賈校尉及此女於市，謫戍鎮撫司官極邊，進哲、爵、琦、玉各一階，以洗其冤，則天意可回，太平可致。如不罷東廠，亦當推選謹厚中官如陳寬、韋泰者居之，仍簡一大臣與共理。鎮撫司理刑亦不宜專用錦衣官。乞推選在京各衛一二人及刑部主事一人，共蒞其事。或三年、六年一更，則巡捕官校，當無有作奸擅刑，誣及無辜者矣。臣一介微軀，左右前後皆東廠鎮撫司之人，禍必不免。顧與其死於此輩，孰若死於朝廷。願斬臣頭，以行臣言，給臣妻子送骸骨歸，臣雖死無恨。帝怒，下都察院考訊。都御史閔珪等抵以奏事不實，贖徒還役。帝責具狀，皆上疏引罪，奪俸有差。珪贖徒畢，發爲民。既而給事中龐泮等言哲等獄詞覆奏已餘三月，繫獄者凡三十八人，乞早爲省釋。乃杖滿倉兒，送浣衣局；哲給璘埋葬貲，發爲民。爵及琦、玉俱贖杖還職。時弘治九年十二月也。【略】

珪以刑部主事陳鳳梧薦，授桐鄉丞。正德中，歷贛州通判。招降盜魁何積玉。已，復叛，下珪獄，尋釋之。後以平盜功擢知州。

林俊

《明史》卷一九四《林俊傳》　林俊，字待用，莆田人。成化十四年進士。除刑部主事，進員外郎。性侃直，不隨俗浮湛。事涉權貴，尚書林聰輒屬俊治之。上疏請斬妖僧繼曉並罪中貴梁芳，帝大怒，下詔獄考訊。後府經歷張黻救之，並下獄。太監懷恩力救，俊得謫姚州判官，黻師宗知州。時言路久塞，兩人直聲震都下，爲之語曰：御史在刑曹，黄門出後府。尋以正月朔星變，帝感悟，復俊官，改南京。

弘治元年用薦擢雲南副使。鶴慶玄化寺稱有活佛，歲時集士女萬人，爭以金塗其面。俊命焚之，得金悉以償民逋。又毀淫祠三百六十區，皆撤其材修學宮。干崖土舍刀怕愈欲奪從子宣撫官，劫其印數年。俊檄諭之，遂歸印。進按察使。五年調湖廣。以雨雪災異上疏陳時政得失。又言德安、安陸建王府及增修吉府，工役浩繁，財費鉅萬，民不堪命。乞循寧、襄、德府故事，一切省儉，勿用琉璃及白石雕闌，請著爲例。不從。【略】

中官葛景等奸利事覺，爲言官所糾，詔下司禮監察訊。俊言內臣犯法，法司不得訊，是宮府異體也，乞下法司公訊，以昭平明之治。都督劉暉下獄，俊當以交結朋黨律，言與許泰同罪，請斬以謝天下。廖鵬、廖鎧、齊佐、王瓛論死，屢紹緩刑，俊乞亟行誅。又劾谷大用占民田萬餘頃。皆不聽。中官崔文家人李陽鳳索匠師宋鈺賄不獲，嗾文杖之幾死，下刑部治未決，而中旨移鎮撫司。俊留不遣，力爭不納。明日又奏，帝怒責陳狀。俊言：祖宗以刑獄付法司，以緝獲奸盜付鎮撫。訊鞠既得，猶必付法司擬罪。未有奪取未定之囚，反付推問者。文先朝漏奸，罪不容誅，茲復干內降。臣不忍朝廷百五十年紀綱，爲此輩壞亂。帝憚其言直，乃不問。【略】

四年秋，俊從病中上書言：古者鞭扑之刑，辱之而已，非欲糜爛其體膚而致之死也，又非所以加於士大夫也。成化時，臣及見廷杖二三臣，率容厚棉底衣，重氊疊裹，然且沉臥，久乃得痊。正德朝，逆瑾竊權，始令去衣，致末年多杖死。臣又見成化、弘治時，惟叛逆、妖言、劫盜下詔獄，始命打問，他犯但言送問而已。今一概打問，亦非故事。自去歲舊臣斥逐殆盡，朝署爲空。乞聖明留念，既去者禮致，未去者慰留。碩德重望如羅欽順、王守仁、呂柟、魯鐸輩，宜列置左右。臣衰病待盡，無復他望，敢效古人遺表之意，敬布犬馬之心。【略】

後一年，《明倫大典》成，追論俊附和廷和，削其官，其子達以士禮葬之。俊歷事四朝，抗辭敢諫，以禮進退，始終一節。隆慶初，復官，贈少保，謚貞肅。

杜鸞

《明史》卷二〇六《杜鸞傳》　杜鸞，字羽文，陝西咸寧人。正德末進士。授大理評事。嘉靖初，伏闕爭大禮，杖午門外。長沙盜李鑑與父華劫村聚，華誅，鑑得脱。後復行劫，捕獲之。席書時撫湖廣，劾知府宋卿故入鑑。帝遣大臣按之，言鑑盜有狀，帝命逮鑑至京。書上言：臣以議禮忤朝臣，問官故與臣左。乞敕法司會官覆。於是鸞會御史蘇恩再訊，無異詞，疏言：書以惡卿故爲鑑奏辨，且以議禮爲言。夫大禮之議，發於聖孝。書偶一言當意，動援此以挾陛下，壓羣僚。壞亂政體，莫此爲甚。帝重違書意，竟免鑑死，戍遼東。

舒化

《明史》卷二二〇《舒化傳》 舒化，字汝德，臨川人。嘉靖三十八年進士。授衡州推官。改補鳳陽，擢戶科給事中。

隆慶初，三遷刑科給事中。【略】

萬曆初，累擢太僕少卿。【略】

尋稱病篤，乃聽歸。卒，贈太子少保，謚莊僖。

丘橓

《明史》卷二二六《丘橓傳》 丘橓，字茂實，諸城人。嘉靖二十九年進士。由行人擢刑科給事中。三十四年七月，倭六七十人失道流劫，自太平直逼南京。兵部尚書張時徹等閉城不敢出，閱二日引去。給事御史劾時徹及守備諸臣罪，時徹亦上其事，詞多隱護。橓劾其欺罔，時徹及侍郎陳洙皆罷。帝久不視朝，嚴嵩專國柄。橓言權臣不宜獨任，朝綱不宜久弛，嚴嵩深憾之。已，劾嵩黨寧夏巡撫謝淮、應天府尹孟淮貪黷，謝淮坐免。是年，嵩敗，橓劾由嵩進者順天巡撫徐紳等五人，帝爲黜其三。

龐尚鵬

《明史》卷二二七《龐尚鵬傳》 龐尚鵬，字少南，南海人。嘉靖三十二年進士。除江西樂平知縣。擢御史。【略】還朝，出按河南。巡撫蔡汝楠欲會疏進白鹿，尚鵬不可。改按浙江。【略】

擢大理右寺丞。【略】

時三年十二月也。明年復坐按浙時驗進宮幣不中程，斥爲民。【略】

家居四年卒。浙江、福建暨其鄉廣東皆以徭輕故德尚鵬，立祠祀。天啓中，賜謚惠敏。

朱國禎

《明史》卷二四〇《朱國禎傳》 朱國禎，字文寧，烏程人。萬曆十七年進士。累官祭酒，謝病歸，久不出。天啓元年擢禮部右侍郎，未上。三年正月拜禮部尚書兼東閣大學士，與顧秉謙、朱延禧、魏廣微並命。閣中已有葉向高、韓爌、何宗彥、朱國祚、史繼偕，又驟增四人，直房幾不容坐。六月，國禎還朝，秉謙、延禧以列名在後，謙居其次。改文淵閣大學士，累加少保兼太子太保。魏忠賢竊國柄，國禎佐向高，多所調護。四年夏，楊漣劾忠賢，廷臣多勸向高出疏，至有詬者。向高愠甚，國禎請容之。及向高密奏忤忠賢，決計去，謂國禎曰：我去，蒲州更非其敵，公亦當早歸。蒲州謂爌也。向高罷，爌爲首輔，爌罷，國禎爲首輔。廣微與忠賢表裏爲奸，視國禎蔑如。其冬爲逆黨李蕃所劾，三疏引疾。忠賢謂其黨曰：此老亦邪人，但不作惡，可令善去。乃加少傅，賜銀幣，廕子中書舍人，遣行人送歸，月廩、輿夫皆如制。崇禎五年卒。贈太傅，謚文肅。

趙南星

《明史》卷二四三《趙南星傳》 趙南星，字夢白，高邑人。萬曆二年進士。除汝寧推官。治行廉平，稍遷戶部主事。張居正寢疾，朝士羣禱，南星與顧憲成、姜士昌戒弗往。居正歿，調吏部考功。引疾歸。

楊漣

《明史》卷二四四《楊漣傳》　楊漣，字文孺，應山人。爲人磊落負奇節。萬曆三十五年成進士，除常熟知縣。舉廉吏第一，擢戶科給事中，轉兵科右給事中。【略】

自是，忠賢日謀殺漣。至十月，吏部尚書趙南星既逐，廷推代者，漣注籍不與。忠賢矯旨責漣大不敬，無人臣禮，偕吏部侍郎陳于廷、僉都御史左光斗並削籍。忠賢恨不已。再興汪文言獄，將羅織殺漣。五年，其黨大理丞徐大化劾漣、光斗黨同伐異，招權納賄，命逮文言下獄鞫之。許顯純嚴鞫文言，使引漣納熊廷弼賄。文言仰天大呼曰：世豈有貪贓楊大洪哉！至死不承。大洪者，漣別字也。顯純乃自爲獄詞，坐漣贓二萬，遂逮漣。士民數萬人擁道攀號。所歷村市，悉焚香建醮，祈祐漣生還。比下詔獄，顯純酷法拷訊，體無完膚。其年七月遂於夜中斃之，年五十四。

漣素貧，產入官不及千金。母妻止宿譙樓，二子至乞食以養。徵贓令急，鄉人競出貲助之，下至賣菜傭亦爲輸功。其節義感人如此。崇禎初，贈太子太保、兵部尚書，諡忠烈，官其一子。

李應昇

《明史》卷二四五《李應昇傳》　李應昇，字仲達，江陰人。萬曆四十四年進士。授南康推官。出無辜十九人於死，置大猾數人重辟。【略】

遂逮下詔獄，酷掠，坐贓三千。尋於閏六月二日斃之，年甫三十四。崇禎初，贈太僕卿，録一子。福王時，追諡忠毅。

陳灌

《明史》卷二八一《循吏傳・陳灌》　陳灌，字子將，廬陵人也。元末，世將亂，環所居築場種樹，人莫能測。後十年，盜蠭起。灌率武勇結屯林中，盜不敢入，一鄉賴以全。太祖平武昌，灌詣軍門謁見。與語奇之，擢湖廣行省員外郎，累遷大都督府經歷。從大將軍徐達北征。尋命築城泰州，工竣，除寧國知府。

時天下初定，民棄《詩》《書》久。灌建學舍，延師，選俊秀才弟受業。訪問疾苦，禁豪右兼并。創戶帖以便稽民。帝取爲式，頒行天下。伐石築堤，作水門蓄洩，護瀕江田，百姓咸賴。有坐盜麥舟者，論死數十人。灌覆按曰：舟自漂至，而愚民鬨取之，非謀劫也。坐其首一人，餘悉減死。灌丰裁嚴正，而爲治寬恤類此。洪武四年召入京，病卒。

吳履

《明史》卷二八一《循吏傳・吳履》　吳履，字德基，蘭谿人。少受業於聞人夢吉，通《春秋》諸史。李文忠鎮浙東，聘爲郡學正。久之，舉於朝，授南康丞。南康俗悍，謂丞儒也，易之。居數月，摘發奸伏如老獄吏，則皆大驚，相率斂跡。履乃改崇寬大，與民休息。知縣周以中巡視田野，爲部民所詈。捕之不獲，怒，盡縶其鄉鄰。履閱獄問故，立釋之，乃白以中。以中益怒，曰：丞慢我。履曰：犯公者，一人耳，其鄰何罪？今縶者衆，而捕未已，急且有變，奈何？以中意乃解。邑有淫祠，每祀輒有蛇出戶，民指爲神。履縛巫責之，沉神像於江，淫祠遂絶。爲丞六年，百姓愛之。

葉宗人

《明史》卷二八一《循吏傳・葉宗人》　葉宗人，字宗行，松江華亭人。永樂中，尚書夏原吉治水東南。宗人以諸生上疏，請濬范家港引浦水入海，禁瀕海民毋作壩以遏其流。帝令赴原吉所自效。工竣，原吉薦之，授錢塘知縣。縣爲浙江省會，徭重，豪有力往往搆黠吏得財役貧民。宗人令民自占甲乙，書於册，以次簽役，役乃均。嘗視事，有蛇升階，若有所訴。宗人曰：爾有冤乎？吾爲爾理。蛇卽出，遣隸尾之，入餅肆爐下。發之，得僵屍，蓋肆主殺而瘞之也。又常行江中，有死人掛舟舵，推問，則里無賴子所沉者。遂俱伏法，邑民以爲神。

趙豫

《明史》卷二八一《循吏傳·趙豫》 趙豫，字定素，安肅人。燕王起兵下保定，豫以諸生督賦守城。永樂五年授泌陽主簿，未上，擢兵部主事，進員外郎。內艱，起復。洪熙時進郎中。

宣德五年五月簡廷臣九人爲知府，豫得松江，奉敕往。時衛軍恣横，豫執其尤者，杖而配之邊，衆遂帖然。一意拊循，與民休息。擇良家子謹厚者爲吏，訓以禮法。均徭節費，減吏員十之五。巡撫周忱有所建置，必與豫議。及清軍御史李立至，專務益軍，勾及姻戚同姓。稍辨，則酷刑榜掠。人情大擾，訴枉者至一千一百餘人。鹽司勾竈丁，亦累及他户，大爲民害。豫皆上章極論之，咸獲蘇息。有詔減蘇、松官田重租，豫所轄華亭、上海二縣，減去十之二三。【略】

方豫始至，患民俗多訟。訟者至，輒好言諭之曰：明日來。衆皆笑之，有松江太守明日來之謡。及訟者踰宿忿漸平，或被勸阻，多止不訟。

周濟

《明史》卷二八一《循吏傳·周濟》 周濟，字大亨，洛陽人。永樂中，以舉人入太學，歷事都察院。都御史劉觀薦爲御史，固辭。宣德時，授江西都司斷事。艱歸，補湖廣。正統初，擢御史。大同鎮守中官以驕横聞，敕濟往廉之。濟變服負薪入其宅，盡得不法狀，還報，帝大嘉之。已，巡按四川。威州土官董敏、王允相讐殺，詔濟督官兵進討。濟曰：朝廷綏安遠人，宜先撫而後征。馳檄諭之，遂解。

十一年出爲安慶知府。歲比不登，民間鬻子女充衣食，方舟而去者相接。濟借漕糧以振，而禁鬻子女者。且上疏請免租，詔許之，全活甚衆。又爲定婚喪制，禁侈費，愆嫁葬期者有罰，風俗一變。

饑民聚掠富家粟，富家以盜劫告。濟下令曰：民饑故如此，然得穀當報太守數，太守當代爾償。掠者遂解散。濟卒官，民皆罷市巷哭云。

唐侃

《明史》卷二八一《循吏傳·唐侃》 唐侃，字廷直，丹徒人。正德八年舉於鄉，授永豐知縣。之官不攜妻子，獨與一二童僕飯蔬豆羹以居。久之，吏民信服。永豐俗刁訟，尚鬼，尤好俳優，侃禁止之。

進武定知州。會清軍籍，應發遣者至萬二千人。侃曰：武定户口三萬，是空半州也，力争之。又有議徙州境徒駭河者，侃復言不宜朘民財填溝壑。事並得寢。章聖皇太后葬承天，諸内奄迫脅所過州縣吏，索金錢，宣言供張不辦者死，州縣吏多逃。侃置空棺旁舍中，奄迫之急，則紿至棺所，指而告之曰：吾辦一死，金錢不可得也。諸奄皆愕眙去。稍遷刑部主事，卒。

龐嵩

《明史》卷二八一《循吏傳·龐嵩》 龐嵩，字振卿，南海人。嘉靖十三年舉於鄉。講業羅浮山，從遊者雲集。二十三年歷應天通判，進治中，先後凡八年。府缺尹，屢攝其事。始至，值歲饑，上官命督振。公粟竭，貸之巨室富家，全活者六萬七千餘人。乃蠲積逋，緩征徭，勤榮徠，復業者又十萬餘人。

留都民苦役重，力爲調劑，凡優免户及寄居客户、詭稱官户、寄莊户、女户、神帛堂匠户，俾悉出以供役，民困大蘇。江寧縣葛仙、永豐二鄉，頻遭水患，居民止存七户。嵩爲治隄築防，得田三千六百畝，立惠民莊四，召貧民佃之，流移盡復。屢剖冤獄，戚畹王湧、舉人趙君寵占良人妻，殺人，嵩置之法。

早遊王守仁門，淹通《五經》。集諸生新泉書院，相與講習。歲時單騎行縣，以壺漿自隨。京府佐貳鮮有舉其職者，至嵩以善政特聞。府官在六年京察例，而復與外察。嵩謂非體，疏請止之，遂爲永制。遷南京刑部員外郎，進郎中。撰《原刑》、《司刑》、《祥刑》、《明刑》四篇，曰《刑曹志》，時議稱之。遷雲南曲靖知府，亦有政聲。中察典，以老罷，而年僅五十。復從湛若水游，久之卒。應天、曲靖皆祠之名宧，葛仙鄉專祠祀之。

張淳

《明史》卷二八一《循吏傳·張淳》 張淳，字希古，桐城人。隆慶二年進士。授永康知縣。吏民素多奸黠，連告罷七令，淳至，日夜閱案牘。訟者數千人，剖決如流，吏民大駭服，訟浸減。凡赴控者，淳即示審期，兩造如期至，片晷分析無留滯。鄉民裹飯一包即可畢訟，因呼爲張一包，謂其敏斷如包拯也。

巨盜盧十八剽庫金，十餘年不獲，御史以屬淳。淳刻期三月必得盜，而請御史月下數十檄。及檄累下，淳陽笑曰：盜遁久矣，安從捕。寢不行。吏某婦與十八通，吏頗爲耳目，聞淳言以告十八，十八意自安。淳乃令他役詐告吏負金，繫吏獄。密召吏責以通盜死罪，復教之請以婦代繫，而已出營貲以償。十八聞，亟往視婦，因醉而擒之。及報御史，僅兩月耳。

民有睚眦嫌，輒以人命訟。淳驗無實即坐之，自是無誣訟者。永人貧，生女多不舉。淳勸誡備至，貧無力者捐俸量給，全活無數。歲旱，劫掠公行，下令劫奪者死。有奪五斗米者，淳佯取死囚杖殺之，而榜其罪曰：是劫米者，衆皆懾服。久之，以治行第一赴召去永，甫就車，顧其下曰：某盜已來，去此數里，可爲我縛來。如言跡之，盜正濯足於河，繫至，盜服辜。永人駭其事，謂有神告。淳曰：此盜捕之急則遁，今聞吾去乃歸耳。以理卜，何神之有。

任勉之

（明）李紹文《雲間人物志》卷一《任薇菴》 公名勉之，字近思，號薇菴，華亭人。登洪武甲戌進士，知鄱陽縣，以正民俗爲首務。或爲匿名書詆之，下令曰：告我以過，是忠於我也。寡婦愬夫兄弗育己，公曰：汝他適乎？乃判其衫背曰：餓死事極小，失節事極大。婦感其言，卒不嫁。鄱故大邑，事劇，公立簿書，俾民自爲約，次第舉行，不勞而集。陞知瀘州，民詣闕借留，陞其府同知。薦爲福建參政，左遷右府經歷，出知徽州府，謫知滄州，尋起知蔚州，改睢州，致仕卒，年八十九。公豪邁英偉，長身玉立，音如洪鍾，雖造次語言皆可録。爲文雄健贍蔚，書學宋南宮。既老，四方求文者無虚日。永樂、正統間，論文章政事，必以勉之稱首云。所著有《薇菴集》。孫順，仕涇府右長史。

唐瑜

（明）李紹文《雲間人物志》卷一《唐拙菴》 公名瑜，字廷美，號拙菴，上海人。九歲失恃，事繼母如所生。景泰辛未，舉進士，拜南京禮科給事中。京中饑，分地給食，活者甚衆。出知衢州府，尚教緩刑，民無敢欺。縣有孔氏祭田，奪於民，公以私財贖其租，使供祀事。孔氏孫圖公像祀於家廟。歲旱，爲文禱於神，雨大作。後數禱輒雨，民勒石紀其事。李延者，爲媒匿聘金，鬻妻子以償。公聞，嘆曰：民窮而犯法，畏法而棄妻子，典守者過也。贖還之。龍游張福戕吴氏四人，而諉其事於金氏。既誣服矣，公廉得之，釋金而罪福，民驚傳以爲神。將去，有千人詣闕借留，不得，老穉攀送，至不能行。後復立生祠及去思碑。進湖廣參政，山西、雲南布政使，並有善政。大臣屢薦，未及用，或勸宜降志者，公正色曰：我一介寒士，至此復何求？已，陞副都御史、巡撫甘肅。詔使諷織細羢以充貢，公執弗從，坐劾以去。弘治間，復故官，致仕卒。衢人相率而哭，奠數月不絕。

唐珣

（明）李紹文《雲間人物志》卷一《唐足菴》 公名珣，字廷貴，號足菴，華亭人。天順丁丑進士。知合州，興學勸農，盜賊解散，民立生祠。遷刑部郎中，知福州府。時歲亢暘，公至，霖雨滂沛，人皆相賀。或言故事當先謁藩府，公曰：未成婦而先見姑嫜，可乎？竟先之任。中官汪直用事，聲勢震天下，有假其名號行事者，所至官吏望塵屈膝。公獨察其僞，執之。風聞四方，姦黨奪氣。豪僧殺人，有爲之地者，獄久不決，公一訊寘於法。設義塚，禁焚尸，開仁惠里洲田以廣民業，築五虎門塘以禦海患，閩人歌之。歷湖廣參政、布政，入爲順天府尹。先是，吴玘以彊直罷，衆謂宜少貶避禍。公至，守法如故。遷右副都御史，巡撫薊州等處。以母喪歸，服闋，會南鑾弗靖，即家拜右都御史巡撫兩廣地方。疾聞，賜勑獎勞，將大用，未幾卒。

過璘

（明）李紹文《雲間人物志》卷一《過半松》 公名璘，字太璞，號一齊。其先平湖人，考贅華亭顧氏，遂爲吾松人。又號爲半松。少失怙恃，年十九，猶混迹廛市間。一旦棄去，從學名士，後由平湖貢入太學。成化乙酉，領鄉薦。丙戌，成進士。授工部主事，分司吕梁洪，再管濟寧閘。改刑部，陞員外郎、郎中。奉詔賑饑山東，還，陞江西憲副，尋致仕歸。公闓朗剛直，志存當世，而才足濟之。在刑部時，許州民趙道龍爲憸人誣以妖言，利其死以覬賞，連及數十家。公銜命往鞫，即日理出之。在江右時，豐城李民泰陷平民兄弟三人爲劫盜，繫獄十年。公得其情，杖殺民泰而盡釋繫者，一方稱爲神明。家居二十餘年。晚年兩目俱病，然廣筵長坐，議論出入經史，竟日忘倦。卒之日竟無疾，享年七十有九。

張黼

（明）李紹文《雲間人物志》卷一《張養恬》 公名黼，字仕欽，號養恬，上海人。家貧，躬耕養親。年近五十，登成化丁未進士。任南京刑部主事，歷員外郎、郎中，凡五考，陞應天府府丞致仕。公執法不撓，遇大獄，則與司寇力諍，至欲投劾去官，不少狥。時有兄弟相嫉，因弟醉後忤母，唆母訟不孝，入獄。公知之，呼母爲囚理髮，母遂悔悟，具息。有疑獄，必焚香祝天，至忘寢食，以求其情。每嘆曰：讀書易，做官難。其敬慎如此。致政歸，布素自如，未嘗廓寸地，非公事不入郡邑。性至孝，服闋赴選，塑父母像以從。又以父母禄養不及，垂老言之，猶哽咽流涕。平生慕趙閲道、司馬君實之爲人，因明月自題曰：明月照我懷，我心如明月。我心無轉移，明月有圓缺。年七十八卒。子鳴鳳，湖廣憲副；鳴鸞，金華節推。

陶凱

（明）俞汝楫《禮部志稿》卷五一《列傳·尚書陶凱》 陶凱，字仲立，浙江臨海人。博學善屬文，至元中以明經掇科，除永豐教諭。國初，薦入朝，授翰林編修，與修《元史》，又撰《洪武廣韻》若干卷以進，上稱善，命教大本堂，授楚王經。洪武三年，陞禮部尚書，剖符封功臣，議五等封爵，據歷代故實討論詳定，四夷之未歸附，草璽書，諭之悉效順獻琛。於時法制未備，上命有司各行鄉飲，乃采《周官》、《儀禮》及唐宋之制參定其儀。又以兵亂之後人才荒落，命定科舉，式行於天下，以取賢斂才焉。開國之初，百凡禮儀，區畫為多。四年，初設進士，取吴伯宗等一百二十人，而凱實提調之，得人之盛始此。遂刻程文，而凱敘其首。九月，冊河南王巴拜女為秦王棟妃，時妃有外王父喪，上命廷臣議之。凱奏大功以下，雖凡人亦可成婚，況王妃無服工，命中使及女史往諭妃家，行納徵、發册禮。五年十二月，凱言漢唐宋皆有《會要》紀載時政，以資稽考。今《起居注》紀言紀事，藏之金櫃，已呈為《實録》，凡諸司領録聖旨及奏事簿籍，紀載時政，可以垂法後世者，宜依《會要》編類為書，使後之議事者有所考焉。其臺、省、府宜各置銅櫃，藏領録簿以備稽考。俱從之。尋，出為湖廣行省參政，會使高麗主客誤用符驗，上坐與知罪，遂曰：臣受知陛下，官高二品，壽至七旬，死復何憾？雖向有金牌免死之旨，亦不自表也。翼日，上傷悼之，贈太子少保，以旌其忠。洪武八年三月也，葬長潭山下。

周經

(明)俞汝楫《禮部志稿》卷五三《列傳·尚書周經》　周經，字伯常，山西陽曲人，南京刑部尚書誼之子也。天順庚辰進士，改翰林院庶吉士，授檢討，纂修《英廟實録》成，進編脩，秩滿進侍講。十四年，孝宗出閣，改春坊左中允。弘治改元，以東宮恩陞太常寺少卿兼侍讀。二年，擢禮部右侍郎，四年，改吏部，尋轉左。九年，擢戶部尚書，尋加太子太保。十三年，以災異乞免，加太子太保致仕。十八年，起為南京戶部尚書，以疾辭，會丁母憂，未上。正德三年，復起為禮部尚書，居數月以病乞休，復致仕，卒年七十有一。上輟視朝一日，贈特進光禄大夫，右柱國太保，謚文端，賜祭葬如例。經在館久，淹有諷之圖速化者，卒不為動。及居禮部議政，涖事必傳經義，若卻西域貢獅、毀黄村尼寺為先朝盛德事，皆經贊成之。在吏部時，有指民田為閒地，獻太監李廣者，廣固欲得之，經草奏，率諸司言之，事遂寢。及遷戶部，人以其出翰林，或不能理錢穀。視事後嚴條約，革宿弊，剖決如流，郎吏皆嘆服，以為難及。中官織造於南京者，屢以引鹽榷課為請，賴經奏裁省甚多。大內張燈取外帑銀三萬兩，經言不可以小民脂膏供耳目之玩，乃命以明年內庫歲額償之。近戚貴幸有所陳請，一裁以法，皆斂不得肆而怨日益深，致仕。命下，廷臣皆相顧失色，争上疏留之。是後中外奏薦多致八十餘疏，前此未之有也。經少穎敏莊重寡言，笑孝友純，至自為小官已志用世，及為戶部尚書，秉正執法，竟以不合去，人甚高之。其復起也，則以其壻曹元與劉瑾有連，或謂元實為之，時經已病，又黽勉赴召，則不能無責備云。

劉崧

(明)俞汝楫《禮部志稿》卷五五《列傳·侍郎劉崧》　劉崧，字子高，吉安泰和人。元季嘗領鄉薦，遇亂不及會試，教授鄉里。國朝洪武三年，以材學舉至京，授兵部職方郎中，陞北平按察司副使。居官以清苦自持，坐事輸作京師，尋放歸鄉。十三年春，丞相胡惟庸等誅，上特賜手敕，起為禮部侍郎。未幾，命署吏部尚書事，以疾乞致仕，許之。已而上思其老成宿學，遣使以國子司業起之，一見歡甚，賜以鞍馬。居位未十日，遽得疾，猶強坐訓諸生。疾革，祭酒李敬問所欲言，崧曰：天子遣崧教國子，將責以成功，而遽死乎！無一語及家事。卒，年六十一。上重惜之，親為文以祭之。曰：惟爾有學有行，發譽儒林，朕嘉爾能，屢常擢用，邇者遣使召爾司業，成均簡在朕心，期於成效，夫何不數日間遽然而逝，朕甚悼焉。已令有司備禮殯殮靈車歸葬，特以牲醴致祭。崧博學有志，行家素貧，及貴未嘗增置產業。居官十歲不以妻子相隨，清苦如布衣。時其為北平按察副使，攜一童往，至則遣還。每夜孤燈一榻，讀書不輟。至五更，則衣冠起，坐待旦。值北平兵革之後，招徠逋逃慰安，反側惟務寬厚，以存大體，尤慎刑威之用。遇小人憸狡，輒先事防制，温顏巽詞而見者凜然，及致仕而歸，益自謙下問學之功，老而彌篤，與人言未嘗及官政歲歉。其姻族之人，不能自養者，輒周給之。崧敭歷中外，尤以文學受知於上。其為文雅粹，為詩有唐人風韻。所著有《北平八府志》、《東遊録》、《嶺南録》及詩文十八卷，藏於家，又有《職方集》行於世。

陳思道

(明)俞汝楫《禮部志稿》卷五五《列傳·侍郎陳思道》　陳思道，

字執中，浙江山陰人。父谷深居鑑湖濱，且耕且讀，教授鄉之子弟。生四子，思道最幼，負奇氣，穎悟出倫，日記數千言，見者每以公輔奇之。及對人言曰：吾必為吾父償書債。洪武三年，開科取士，遂領鄉薦登乙丑進士，授刑部主事，執法不回。二十年，朝廷知其賢，驟銓兵部右侍郎。益勵風節，雖至戚信友，不敢干以私，繇是名譽日彰，寵遇日盛。二十一年，轉禮部左侍郎。二十二年，三疏乞歸養家居，不植生業，儼然居官之日。郡邑長令非有劇政造廬請議，不得一見，與鄉人則恂恂，且善屬詩文，時推正直有行義，必以為稱首云。

魏觀

（明）俞汝楫《禮部志稿》卷五七《列傳・魏觀》 魏觀，字起山，武昌蒲圻人。初以文學薦為國子助教，歷浙東提刑按察司僉事。吳元年，遷兩淮都轉運鹽司，入為起居注。三年正月，陞太常卿。七月，轉翰林侍讀學士。十二月，拜國子祭酒。四年八月，以考祭孔子禮不以時奏，貶為龍南知縣。甫至官，召還為禮部主事。五年三月，出知蘇州府。深懲陳寧苛酷之弊，一以寬厚為政，明教化，正風俗，郡中翕然。陞四川參政，未行，上以蘇州大郡，政務繁劇，非其人不可，使理命仍知蘇州焉。

況鍾

（明）俞汝楫《禮部志稿》卷五七《列傳・況鍾》 況鍾，字伯律，江西靖安縣人。由學吏從事禮部尚書，呂震保授儀制司主事，尋陞郎中尚書。胡濙薦陞蘇州府知府，賜璽書以往。郡多宿弊，鍾剔除之。首黜貪污數人，凡政令便于民者，靡不興復。未幾，以憂去。民歌之曰：況太守，民父母，願復來，養田叟。七邑耆民赴闕保留，詔從之。奏蠲重額糧七十萬餘石，開豁枉為軍者八千百餘戶。為教條以教民立善惡，簿以季考月書，久而不悛者罪之。秩滿，軍民耆老萬餘人仍保留。詔進三品祿。正統七年，卒。鍾有治劇才，故郡事雖殷，理之綽有餘裕，當時論者，以為能吏云。

阿什達爾漢

《清史列傳》卷四《大臣畫一傳檔正編一・阿什達爾漢》 阿什達爾漢，姓納喇氏，葉赫貝勒金台石同族兄弟之子，太宗文皇帝諸舅也。太祖高皇帝初年滅葉赫，阿什達爾漢率屬來歸，授佐領，隸滿洲正白旗。天命六年二月，從征明，攻奉集堡，圍其城。時八旗並進，諸將無出其先者。三月，攻遼陽城，先登，克之。論功，授一等輕車都尉，賜敕免死一次。【略】

〔崇德〕五年，與參政祖可法等疏奏時事，略曰：皇上欲恢張治道，深思篤行之。今諸國景附，朝廷清明，而諸王以下至都統，彼此觀望，顧念身家，莫肯精白一心，爲國陳奏，不知果無可言耶？抑有所畏忌而不敢言耶？夫刑法者所以防民之奸也，骩於法則麗於刑，此不可宥也。今刑部斷獄，不依本律，或從重論，輒削其職。臣思諸臣經戰陣，出死力，恩授一官，一旦有過，豈可不論重輕而遽革之乎？臣等竊思先時簡選議事十人，此時皆不稱職，宜罷斥。又例，職官陣亡者，子孫襲；兵士陣亡者，妻受賞。今未盡行，惟聖主裁察。疏入，上嘉納之。

蔣赫德

《清史列傳》卷五《大臣畫一傳檔正編二・蔣赫德》 蔣赫德，本名元恒，世居遵化。天聰三年，太宗文皇帝統師征明，克遵化，選儒生俊秀者送盛京，入文館讀書，元恒與焉，賜名赫德。崇德元年，授祕書院副理事官，賜人四戶及牛驢。七年，分編漢軍八旗，赫德隸鑲白旗。世祖章皇帝順治二年四月，擢國史院學士。五月，充《明史》副總裁。三年四月，教習庶吉士。四年三月，充殿試讀卷官。六年正月，充纂修《太宗文皇帝實録》副總裁。五月，復命教習庶吉士。七年四月，以繙譯《三國志》成，賜鞍馬。九年三月，充殿試讀卷官。五月，因朝鮮國王李淏陳奏國内外奸徒陰謀詛咒，圖爲不軌，俱已伏辜事，赫德同侍郎伊勒都賫敕往朝鮮慰問。十一年三月，擢國史院大學士。

十二年正月，奉詔直陳時務，疏言：察吏而後可以安民，除害而後可以興利。方今百姓大害，莫甚於貪官蠹吏。懲治之法，惟恃督撫糾劾，以其確知屬員之賢不肖也。每見各督撫彈章，指事列款，贓跡累累；及奉旨提問，招擬覆奏，計贓科罪不及十之二三。不曰事屬子虛，則曰衙役作弊，即坐衙役者，又多引雜犯律例，聽其贖免，何所懲憚而不肆行其志乎？其始也官胥朋比，虐取瓜分；事敗之後，官則嫁名於吏以覬燃灰，吏則假貲於官以成展脱。究之官吏優游，兩獲無恙；糾劾雖行，竟成故事。此因循之積弊也。請天語嚴飭，嗣後各督撫糾劾貪官，審結覆奏之時，必全述原參疏語，款數如前，註明開報官及承問官職名。某款不實，或係開報官揑造，或係承問官故縱，務窮源質訊，使是非不容並立。果係衙役詐騙者，亦按律坐以應得之罪，不准折贖，則貪蠹清而民生蘇息矣。得旨，下所司嚴飭行。二月，諭奬密勿抒誠、贊襄竭力諸臣，加赫德太子太保。十四年正月，修輯太祖高皇帝、太宗文皇帝《聖訓》，以赫德爲總裁。十五年七月，改内三院爲殿閣銜，授文華殿大學士，兼禮部尚書。十月，充武殿試讀卷官。十六年三月，諭奬勤勞素著諸臣，加赫德少保兼太子太保。九月，同侍讀碩博輝賫敕往封朝鮮國王世子李棩爲朝鮮國王。十七年二月，引疾求罷，得旨：卿清慎素著，佐理有年。念時有疾病，准解任調理。

聖祖仁皇帝康熙元年六月，復設内三院，詔起爲弘文院大學士。二年三月，調國史院大學士。九年九月，卒，年五十有六。賜祭葬如例，謚文端。

《清史列傳》卷六《大臣畫一傳檔正編三·蘇納海》

蘇納海

蘇納海，滿洲正白旗人，姓他塔喇氏，岱圖庫哈里之曾孫也。初爲睿親王多爾袞護衛。世祖章皇帝順治三年正月，授弘文院學士。命隨肅親王豪格討流賊張獻忠。十一月，獻忠滅，王令蘇納海先還奏捷。六年，隨英親王阿濟格討大同叛鎮姜瓖，僞總兵楊振威等斬瓖首以獻；王亦令蘇納海馳奏，上即命往軍中宣恩諭，仍隨英親王還京。七年，以繙譯《三國志》告成，賚鞍馬、銀幣。兩遇恩詔，授世職騎都尉，兼一雲騎尉。尋以甄别各官濫邀世職，削雲騎尉。九年正月，詔重修《太宗文皇帝實録》，充副總裁官。十一月，盛京總管葉克舒奏獲朝鮮國越界採蔘人，命蘇納海同副都統瑚沙擒其人往朝鮮，敕國王李淏會鞫。明年三月，還京，以淏陪臣至，賫表謝罪，附貢方物。是年，擢吏部侍郎。【略】

〔康熙〕五年，輔政大臣鼇拜、蘇克薩哈有隙，鼇拜因己隸鑲黄旗，蘇克薩哈隸正白旗，欲以正白旗屯莊改撥鑲黄旗，而别圈民地給正白旗，使旗人訴請，以牒户部。蘇納海持不可，謂旗人安業已久，民地曾奉諭不許再圈，宜罷議。鼇拜銜之，矯旨遣貝子温齊等履勘。旋以鑲黄旗地不堪耕種疏聞，遂遣蘇納海會同直隸總督朱昌祚、巡撫王登聯經理其事。昌祚、登聯交章言兩旗人較量肥瘠，相持不決，而旗地待换，民地待圈，所在荒廢不耕，農人環訴失業，請停止圈换之令。蘇納海亦以屯地難於丈量，俟明詔進止。鼇拜遂擅坐蘇納海藐視上命，遲悮撥地，械付刑部議罪，部議律無正條，應鞭百，籍没家產。上覽疏，知鼇拜以蘇納海始終不阿，欲置之死地，召四輔臣詢問，鼇拜極言情罪重大，索尼、遏必隆附和之，獨蘇克薩哈不對。上仍以部議不按律文，弗允。鼇拜出，矯旨即予處絞。

〔康熙〕八年，上親政，以鼇拜罪惡衆著，命逮治，於是議政王大臣等列狀入奏，因及誣陷蘇納海事。鼇拜既伏罪，上諭部臣曰：朕閲處分蘇納海原案，由鼇拜等以撥地遲延，遽行逮問，多端文致誣陷，不按律文，任意處死，寃枉可憫！宜予恩卹。於是賜祭葬如例，謚曰襄愍。以其子瓦爾達爲三等侍衛。

王登聯

《清史列傳》卷六《大臣畫一傳檔正編三・王登聯》 王登聯，漢軍鑲紅旗人。世祖章皇帝順治六年，由貢生授河南鄭州知州。八年，巡撫吴景道奉詔考核府、州、縣官，疏薦登聯有德有才，遂擢山東濟南道。十三年，内陞通政司參議。十五年，遷順天府丞。十七年二月，遷大理寺卿。九月，授保定巡撫。十二月，疏言：近日盗案多而緝獲者少，不嚴立法，恐有諱盗不報之弊。其降革戴罪督緝者，又恐有真盗未獲、朦朧開復之事。嗣後失事不報之州縣，當立行拏問，治以縱盗之罪，道、府、捕、廳治以徇庇之罪，使知申報者雖降革可望開復；匿報者不能脱罪，累及上官，則無敢諱隱矣。其獲盗也，或係自拏，或係協拏，務必真盗浄盡，方可銷結。如以他案從犯充數，借殺死搪塞者，日後真盗犯事，前局敗露，雖經遷陞，仍行追究，使知開復之不可徼倖，則必拏真盗自贖矣。欲弭盗必嚴究窩主，窩主慮及敗露，每不令在本地行劫，故所在官司，明知其爲巢穴而不問。嗣後問擬强盗，務究窩家，其州、縣、衛、所，與諱盗者一體處分。若鄰里出首，番捕訪獲，以所起贓私，一半給賞。如窩主能悛改前惡，擒大盗出首者，免罪；文武職官實力訪緝者，分别紀録：庶萑苻靖而境域寧也。疏上，得旨，所奏於弭盗有裨，下部詳議。俱議行。

李之芳

《清史列傳》卷六《大臣畫一傳檔正編三・李之芳》 李之芳，山東武定人。順治四年進士，授金華府推官。十一年，以卓異内陞刑部主事，遷本部員外郎、郎中。

十五年九月，授廣西道御史。十一月，疏言：各省錢糧，定例官收官解。乃各州縣私僉大户承值，民間畏懼，如赴湯蹈火，百計營脱。官吏黷貨，免此僉彼。鄉愚不諳，倩人頂充。因有棍徒包攬，將在官銀米，任意花銷，仍累原僉里户賠償。小民膏血有限，不堪一剥再削，雖加笞箠，終無所得。故各省侵欠錢糧，爲數甚多，追補還官者，十常不得一二。總緣陋規相仍，名色不一，有司視爲故常耳。苟且欺蒙，將何底止？乞敕各撫按力行整頓，察革陋規。凡州縣徵收銀米，槩令佐貳官彙解，遇有借端科索者，許佐貳官揭報州縣，州縣轉報撫按提問治罪。揭報之佐貳官，酌加獎勵。如撫按釐剔無效，州縣奉行不力，並嚴議處分。疏入，得旨：私僉民解，病民殊甚。下部議，如所請行。又言：州縣路當孔道，迎送往來，自朝至暮，有曠官守。請嚴飭禁止。從之。【略】

八年五月，内大臣鼇拜獲罪，拘禁；大學士班布爾善以結黨行私，伏誅。之芳疏言：近者班布爾善任意票擬，已置大法。自此政本肅然一清矣。臣惟票擬爲政本所繫，昔時大學士等俱内直，諸司章奏卽日票擬，世祖章皇帝面賜裁决，立法至善。自順治十八年以後，惟輔政大臣内直，大學士等在外，疏奏俱至次日看詳。及進呈候旨，止有學士而大學士不預，非所以昭嚴密，請仍復舊例，内直看詳，卽日票擬，公同候旨，永杜任意更改之弊。疏下部，從之。

又疏言：世祖章皇帝時，賞罰出於至公，其時之督撫不敢恣睢無忌，率有司以虐窮民；然猶不時甄别處分，以防其壞法害政之漸，輕則降革，重則提拏，斧鉞懔然，未嘗少貸。故當時吏治肅清，民生不困。豈一時之督撫皆賢，彼誠有所畏也。自順治十八年以後，督撫率多夤緣而得，有所恃以無恐。勒索屬員，擾害百姓，以下僚爲奴隸，任傳宣爲爪牙，横取財物，賄賂權奸，根深蒂固，惟其意所欲爲。夫直省億萬之衆，皆世祖章皇帝留遺之羣黎，皆我皇上愛養之赤子，其能堪此輩朘削爲也！自與受同罪之法嚴，無敢糾督撫之貪婪者，與者不認，則言者涉虚；卽確然有據，亦不能執其人而問之矣。豈但不能糾督撫，且不敢糾司道、守令。糾之則干礙督撫，安有督撫承問而不力爲脱卸，謂盡屬子虚者？數年以來，未嘗因貪縱而重處一人，反得粉飾功次，冒濫加銜。有貪之利，無貪之害，彼又何憚而不怙惡以自恣耶？近者皇上親政，屢頒諭嚴飭，亦不糾一二有司以謝責。夫表不正則影不直，安足除貪盗風而甦民生乎？乞睿鑒親裁，罷黜溺職督撫，庶吏治漸有起色。疏下部知之。

尋，甄别各省督撫，罷黜、降用、休致數人。九年五月，疏劾大學士魏裔介前以候補左都御史妄援恩詔，廕其子魏嘉，及入内院市恩徇私諸款，詔裔介回奏，仍下部察議，以各款俱辯釋，惟候補官無得廕之例，革魏嘉廕生。事詳《魏裔介傳》。八月，得旨内陞，以四品頂帶食俸，仍任御史。【略】

會康親王奏進征温、處，應設温州、黄巖、平陽三鎮標營，其將弁聽之芳揀補。陳世凱、王廷梅、鮑虎並擢總兵官。十一月，賊衆五萬由常山逼衢州城西溝溪，倚山結十數寨，掘壕塹，覘聯南路賊巢。之芳與賴塔議出賊不意，遣王廷梅同參領禪布等夜趨溝溪，分隊進攻，自辰至酉，合力撲剿，斬賊萬餘。賊將棄寨潰竄，追逐二十里，獲巨礮、器械甚多。十四年二月，疏言：臣統師衢郡，日夕對壘，凡籌畫戰守，接濟芻糧，策應調遣，時刻匆遑。軍機緊要之事，萬不能輟。更無暇晷，鞫理盜案。且臬司駐劄省會，解審既慮疎虞，駁覈又恐遲滯。乞敕歸撫臣就近覆審，徑行題結。又疏言：凡城鄉盜案，專汛兼轄武職，有住俸、罰俸、降級之例，所以責其督緝逸盜也。今用兵之際，或本汛防剿，或調遣隨征，業已披堅執鋭，展績封疆，不能分身緝盜，俸銀停支，情屬堪憫。宜破格開復，以示恩養將士之心。又疏言：金、衢、台、嚴、紹等處賊寇，屢經征剿，附從烏合之徒，漸已解散，仍復故業。臣飭所在官吏安集撫綏，俾投誠衆多。惟賊寇蹂躪之地，一望蕭條，啼號載路。卽如衢州近城，難民現有九千七百餘口；其散處各鄉者，尚不可計數。臣與府縣官雖捐貲量給，不過涓滴之微。請於布政司所收捐助軍需内，動支散給。皆疏下部議，並從之。

（清）錢儀吉《碑傳集》卷一四趙士麟《相國李文襄公之芳傳》 壬辰，撫按委編纂《賦役全書》報成，條分縷析，足垂永久。一日，撫按偕司道審事于吴山，公適至武林，傳令會鞫，詞嚴義正，剖晰詳明。諸公稱曰：真推官也。癸巳，薦舉卓異，欽賜繡蟒袍。甲午四月，陞刑部廣東司主事。

乙未，上諭各部院衙門，有才優經濟堪任養民者，從優擢用。滿、漢堂議以公應，公以俸淺辭。丙申三月，陞山西司員外郎。是歲，委修《大清律》。十一月，遷湖廣司郎中，題留久任。丁酉，時裁啓心郎，公總理十四司科抄，每抄必再三繙閲，曰：各省刑獄，閲實於内部，若一綫可生，不爲看出，是由我而誤殺之也。平反甚多。六月，遇恩詔加一級，送一子入監讀書。

（清）錢儀吉《碑傳集》卷一四沈德潛《李文襄公傳》 巡道以獲盜大案委訊，内有李四、陳鸞等一案，已論强劫，坐十一大辟矣。公鞫而疑之，謂屠法與吴成二家同日被盜，居非連址，且相距甚遠，李四、陳鸞等既盜吴成，何能又盜屠法？審據屠法稱：入門，止覺二三賊。吴成亦供：不過三人，呼鄰追散。因辨初招開列多人之非，引强劫論死之誤，乃將李四、陳鸞詳贓各杖，餘犯竟行釋放。同上。

公升刑部主事，將司理讞稿彙次爲《棘聽草》。自序曰：凡所承斷，一秉大公，使訥者盡言，譸者獻詐，反覆推勘，務得其情而已。卽有不得，甯爲閉閤，勿爲鉗箝。又云：念此三尺，誠非武健自快之物，鏡其情理，以準于法，苛心恕心，兩無所庸。同上。

杜立德

《清史列傳》卷七《大臣畫一傳檔正編四・杜立德》 杜立德，直隸寶坻人。明崇禎十六年進士。世祖章皇帝順治元年，以順天巡撫宋權薦，授中書科中書。二年七月，考選户科給事中。疏言：治平之道有三：一曰敬天。人君爲天之子，當修省以迓天休。今秦、晉、燕、畿，水旱風雹，天心示警。凡開誠布公，懋德敦行，皆敬天事也。一曰法古。古者事之鑑也，是非定於一時，法則昭於百代。故合經而後能權，遵法而後能創。凡建學明倫，立綱陳紀，皆法古事也。一曰愛人。自大臣以至百姓，宜一視同仁。且無論新舊，悉存棄短取長之心。凡親賢納諫，尚德緩刑，皆愛人事也。疏入，上嘉其所奏有裨治理，採納之。【略】

尋遷大理寺卿。十四年四月，疏言：熱審之制，因天氣炎熱，省釋繫獄。凡笞罪釋免，徒流以下減等發落，重囚可矜疑者奏請定奪，乃欽恤至意也。但每歲小滿後，刑部具題，始通行各省。在路近者，可如期舉行；而路遠者，恐災暑已過，視爲故事。請嗣後各按遠近，豫爲通飭舉行，俾實被皇仁。疏下刑部，議如所請。六月，擢刑部右侍郎。八月，轉左侍郎。十一月，疏劾内院學士胡兆龍主使寶坻紳衿，藉自縊命案，傳帖請託誣告，立德引吏部侍郎王崇簡、內院侍讀張永祺爲證。疏下部質訊，弗實，議立德揑詞妄奏，應革職，援恩赦寬免。十六年三月，諭獎勤勞奉職諸大臣，加立德太子少保銜。有領侍衛內大臣額爾克岱青家奴陳保糾聚衆棍，毆縛侍衛阿拉那於本旗佐領處，誣告阿拉那酒醉持刀斫人，刑部議處旗牒率擬阿拉那罪。事聞，下內大臣索尼等察得實，陳保等伏法，刑部諸臣降革有差。立德應革加銜，降一級調用，得旨削加銜，仍留原任。九月，遷刑部尚書。

馮溥

《清史列傳》卷七《大臣畫一傳檔正編四・馮溥》　馮溥，山東益都人。順治三年進士。四年，補殿試，改庶吉士。六年，授編修。十年五月，遷司經局洗馬。七月，遷國史院侍讀。十一年，授國子監祭酒。十三年正月，遷弘文院侍講學士。十二月，轉祕書院侍讀學士，充經筵講官。十六年九月，擢吏部右侍郎。十一月，給事中張維赤疏言：向例，各部郎中等咨送學道，聽候吏部掣籤，遇别項應陞缺出，理合扣留。今郎中吴六一等待掣學道，竟行别補，顯係朦混徇私。上命吏部回奏，時尚書孫廷銓、侍郎石申並暫假，溥奏言：學道員缺，以各部送到郎中、員外、主事考補，乃舊例也。此次已奉特旨停考，止論俸深部員及知府應陞者補用。吴六一等雖經保送，不復候考，學道遇别項缺出，應即陞補，實非朦混。臣初任吏部，此事同禮部公議，非臣一人所得行私。奏入，事得釋。【略】

五年七月，命以左侍郎管右侍郎。六年，充會試副考官。明年，擢左都御史。時有紅本已發科鈔，輔政大臣鼇拜取回改批。溥奏言：本章既經批紅發鈔，不便更改。鼇拜欲罪溥，上特旨嘉獎溥所言是，諭輔政大臣此後當益加詳慎批發。八年三月，溥因江南有捕役誣良、非刑斃命事，請旨嚴定失察官員處分例，又疏言：皇上軫念民生窮困，令臣等各陳所見。臣以爲欲民安居樂業，一在省刑，省刑者非謂犯罪而姑寬之也。古者罪人不孥。今一事牽連證佐，或數人，或數十人。往往本犯尚未審明，而被累致死者已多。又或遲至七八年，仍不結案，雖有部限，屢請寬期，遂至力穡供稅之人，抛家失業，甚可憫惻。乞敕部嚴飭，以後除叛逆外，不得提究多人，牽累無益證佐；若督撫屢請寬限者，治以才力不及之罪。一在薄稅，薄稅者非謂應納而姑免之也。古人云：二月賣新絲，五月糶新穀。言徵收之急也。百姓之財，不過取之田畝。今則正月已開徵矣，舊歲之逋甫償，新歲之田未種，錢糧從何辦納？有司不能設法勸諭，或用重刑以懲，真有目不忍覩、耳不忍聞者！請敕部酌議，自後徵賦緩待夏秋，仍無虧於國課，有益於民生。疏下户、刑二部議：刑部議，凡强盗人命重情，依限一年速結，不得牽累無辜，督撫及承審問官如有隱漏及延遲者，並議處；户部議，春季兵餉不能待至夏秋，宜仍舊例。得旨：錢糧夏秋徵收，本當允行，但國用尚在不敷，俟充足時，户部奏請更定。

于成龍

《清史列傳》卷八《大臣畫一傳檔正編五・于成龍》　于成龍，山西永寧人。順治十八年，由副榜貢生授廣西羅城知縣。聖祖仁皇帝康熙六年，總督盧興祖等言：羅城在深山之間，瑤、玲頑悍，成龍潔己愛民，建學宫，創養濟院，任事練達，堪列卓異。是年，遷四川合州知州。八年，遷湖廣黄州府同知。【略】

十七年六月，遷福建按察使。十八年九月，巡撫吴興祚等言：成龍執法決獄，不徇情面，屢伸冤抑，案牘無停，不濫准一詞，不輕差一役，而刁訟風息，擾害弊除。捐增監獄口糧，徧濟病囚醫藥。倡贖被掠良民子女數百口，資給路費遣歸。屏絶所屬餽送。性甘淡泊，吏畏民懷，爲閩省廉能第一。疏入，得旨：于成龍清介自持，才能素著，允稱卓異。是月，遷福建布政使。

十九年二月，擢直隸巡撫。時直隸不設總督，保定有守道，管布政使事；有巡道，管按察使事；與通永、霸昌、大名、口北、天津諸道，各以所司之事達巡撫。成龍既莅任，戒州縣私加火耗、餽上官節禮。尋據道府揭報不職知縣，劾罷數員，而知縣有以道府因無節禮，誣揭揑報，控訴成龍者。九月，成龍疏言：自督撫、監司以及州縣，上下名義不容紊越，未有如直屬之逞訐上官，體統倒置者。臣六月抵任，檢閱舊案，如前撫臣金世德之清慎明決，而已故知縣施延賫、夏顯煜侵欠庫銀盈千累萬，被劾後反訐告道府，效尤成風，恬不知怪。臣任事後，以驅除貪吏，拯救民生爲務，據道府揭報，察其已甚者，參劾以示懲創。隨有州縣訐告道府兩案，皆摭拾往事，混肆污衊之言，且不由守、巡兩道，徑以驗文封送。似此悍藐，將來道府必懷投鼠忌器之嫌，而隱忍養奸，法紀頽靡。如果道府不法，而撫臣姑容恣害，應重罪撫臣；若道府揭報屬官，而屬官反噬挾制，應加嚴處分，以肅法紀。疏下部確議，督撫姑容不法道府，降三級調用；屬官首告上司，在上司揭報後者，不准理，革其職；已革職者，刑部議罪，定爲例。

十月，疏言：宣府所屬東西二城，與懷安、蔚州二衛，有水衝沙壓地千八百頃有奇，小民包糧爲累。經前撫臣金世德具疏請豁，部議令照舊徵收。臣履任後，勘明衝壓益甚，耕耨無期，窮黎綿力幾何，奚堪永遠包賠？荒糧一日不除，則民生一日不遂。雖目今師旅未息，需餉尚殷，而滇、黔餘孽指日蕩平，此後軍需無虞不足，況合計四處荒地，糧不過三千餘石，銀僅一千餘兩，在國計爲涓滴之捐，而數千餘户貧民，得免包賠，皆頂戴皇仁矣。疏下部議，令確勘取結，自二十年始，豁免錢糧。十一月，疏言：宣府所屬東西兩城及萬全左右前衛，懷安、蔚州、保安、紫溝，西陽等處，俱報夏災，又被秋災，已奉恩旨分別緩徵，並平糶積貯糧石。近據通判陳天棟報稱東西二城二十餘日間，飢死者不下數十人。城坊闤市，日有偃仆窮民。伏思平糶糧石，止救稍能措糴之民，而不能救囊無一錢，殭卧待斃之民，即再疏請賑，候部議覆，奉旨允行，亦須一月。此一月之内，民之飢死者又不知凡幾矣。臣仰體皇上惠愛元元至意，委保定府同知何如玉等馳赴東西二城及前衛、懷安等處，動支平糶倉糧，確察飢困不能謀生窮民，每口賑給二斗，俾少延月餘。其善後之舉，容臣與守道等酌議，另行題請。疏入，下部議，尋奉詔即以平糶米石賑濟。十二月，疏劾青縣知縣趙履謙徵額賦銀一萬餘兩，多收火耗三千餘兩，領庫銀一千賑濟，侵蝕入己，及勒索報災册費等款，請革職治罪。二十年正月，入覲，諭曰：爾爲今時清官第一，殊屬難得！聞爾昔在黄州，土賊嘯聚，爾往招之，即時投順解散，何以致之？成龍奏曰：臣惟宣布皇上威德，未有他能。上問屬吏亦有清廉者否，成龍以知縣謝錫袞，同知何如玉、羅京對。上曰：爾前所劾知縣趙履謙甚當。成龍奏曰：趙履謙過而不改，臣不得已而劾之。上曰：爲政之道，當知大體，小聰小察，不足爲多。且人貴始終一節，爾其勉之！尋諭日講官曰：于成龍起家外吏，即以廉明著聞。洊陟巡撫，益勵清操。凡在親戚交遊相請託者，概行峻拒。所屬人員並戚友，間有餽遺，一介不取，朕甚嘉之！知其家計涼薄，特賜内帑銀一千兩、朕親乘良馬一匹，以示鼓勵。

尋命户部遣員外郎葉倫會同成龍賑濟宣府各處飢民，詔蠲免本年額徵、積年帶徵錢糧及房稅。七月，成龍疏言：宣府被災地方房稅已蒙恩免徵，而真定府屬獲鹿、井陘、曲陽、平山、靈壽五縣因夏旱二麥無收，其房稅銀兩請緩至來年。下部議，從之。九月，詔曰：朕巡行近畿至霸州，見其田畝窪下，多遭水患。小民生計維艱，何以供給正賦？著察明酌量蠲免。成龍疏言：霸州水淹地方，先經疏報勘明，成災十分、九分者一千五百四頃有奇，部覆照例免本年錢糧十之三。計額徵銀六千三百八十兩有奇，應蠲一千九百餘兩。今仰邀睿照，洞悉民困，特恩軫卹，應將本年錢糧破格全蠲。得旨俞允。又疏言：直屬監司、廳印等官，求其與盜案脱然無累，得預陞轉之列者十不能三四。此案未獲，彼案復增；一案幸完，數案未結；甚有一日而失盜之案數家，經年累月，攢眉無策。在州縣身任地方，既不能消弭於未然，又不能緝獲於事後，責無可諉，降調允宜。但既降級去任，接緝之官，事不切己，搜捕玩延，强盜反多漏網。若議處降一級者，仍留原任，能獲一半以上，開復原降之級，於懲過之中，寓以勸勉，必能悉力擒拏，不致兇徒倖免。至於薦舉卓異行取，乃朝廷超拔人才之典，而亦督撫諸臣盡其以人事君之義。每因一二案未完，格於定例，遠大之器，困於百里，深爲可惜。前見江寧撫臣慕天顔以現有錢糧未完處分之知縣林象祖，任辰旦題請行取，奉特旨俞允。仰見皇上憐才之殷，初未欲以成例限人。直隸盜案處分，與江南錢糧相等，非無品行卓越、才具優長如林、任二令者，應無論盜案之銷否，一體薦揚，以備擢用。其捕盜同知、通判雖專司督緝之任，但所屬有十餘州縣及二三十州縣者，竟同各州縣一體處分，似屬過甚。武職議處，既有專汛、兼轄、統轄之等差，則同知、通判亦當視兼轄武職例。至督緝道員，定例罰俸之外，停其陞轉。臣思方面大吏，或由京官改授，或由外吏陞任，率多練達之才，及其年力精壯，正可矢圖報効。乃因督緝議處，無復進階之期，更爲可惜。在承緝官固應停其陞轉，限年緝獲，而督緝者既已罰俸，似可免其停陞。疏下部議，不准。奉諭曰：朕巡視畿輔，自山海關以西，永平以東，一面傍海，一面臨邊，盜賊無地潛藏，故剽劫猶少。至玉田、豐潤、遵化、薊州、霸州、保定諸處，民居稠密，盜賊所以繁也。今處分之例太嚴，恐官民俱累，其令九卿等詳議。尋議承緝不獲，未及二年者免離任；督緝道員限滿，罰俸，免停陞。

（清）錢儀吉《碑傳集》卷六五熊賜履《兵部尚書兼都察院右副都御史總督江南江西于公成龍墓誌銘》 畿輔固帝邦也，滿、漢軍民雜處，其黠者假投充，侵奪民田，勢豪恣爲囊橐以取，奸利所在，盜賊縱橫充斥，白晝殺人，莫可窮詰，而八旗莊頭尤多不受理，即民間有訟，莊頭輒上堂呼噪把持之，有司莫敢誰何，惟仰天太息而已。莊頭者，屯莊之頭目也。公曰：我奉天子命來撫茲土，以惠養斯民也，豈怯佃伯哉！若雖悍，獨不畏三尺耶？於是編保甲，嚴連坐，以清盜源；鋤豪强，覈隱占，以甦窮困。令下，各屬奉行惟謹。公仍不時單騎行旅肆中，密切廉訪，諸有抗違，立置之法，無所假貸。自是人人惴慄，無敢有干公令者，而盜以息，民以安，滹沱、易水之間，洋洋乎頌聲作矣。天子聞之，咨嗟歎息曰：朕獨不得盡如于卿者而用之爾，甯憂百姓哉！庚申春二月，召至行在所，温綸獎慰，錫予便蕃，御製詩篇，親灑宸翰以寵異之。【略】

黃州有巨盜一夥，漏網且數載矣，百方緝之不可得。公察知其窟穴所在，則常匿聚深山古廟中，乃密帶捕役若干名伏廟側，身易丐者衣，往來廟前。羣盜見而餉之，公故稱病，進卧廟門內。已，語盜渠，願入其夥，渠狀其膂力而許之。變姓名曰楊二，以公髯，因綽號楊二鬍子。與羣盜雜處者旬餘，盡得其平時所爲行劫狀。公度再不可久，遂如廁而出，密召所伏捕役入廟，盡縛之。盜覓楊二鬍子不得，則意公且遁矣。捕役械諸盜至公治所，盜問役曰：拏我者何官也？役曰：青天于二府。及進見，則廟中行乞入夥楊二鬍子也。盜始知爲公所策，叩頭服罪無異詞。公乃下堂親破其械，命酒滿引，各手一盃。盜詫曰：我等死期至矣，不死我而飲我，胡爲者？公笑曰：汝等自作不善，罹於法網，我不能代爲之寬。念廟中一日之雅，薄具觴酒一巡，識故人意爾。言已，復笑，既乃又泣，即諸盜亦泣。公曰：無庸也，讞已成矣，第不忍見汝曹之羣即於戮，且以株連我良善爲也。命舁棺若干具至，竝活埋之，表之曰某府某官某瘞盜處，於是楚人咸服公之神，羣呼公爲于活埋云。

（清）余金《熙朝新語》卷四 于清端公成龍，用兵如神，尤善治盜。官兩江總督時，江寧有巨盜曰魚殼，凶悍莫敢近。公涖任時，單車入署，一切供張俱屏不受。屬吏不知所出，或從容向公言之，請以一餐爲公壽。公曰：以飲食壽我，不如以魚殼壽我。屬吏喻公意，乃以千金募名捕雷翠亭往。雷偵知魚殼方會羣盜飲，佯爲乞者伺左右，魚殼望見疑之，以刃貫肉飼雷，雷仰而吞，神色不動。魚殼矍然曰：好男子，非丐也，爲于青天來禽我耳。遂俯首就縛，雷擁之赴獄。是夕公秉燭治官書，梁上有物墮，燭之，一男子持匕首。叱問何人，則魚殼也。云本欲乘間刺公，如有物擊而墮地，公神人也。公命有司執付市曹，自是境內肅然。

陳廷敬

《清史列傳》卷九《大臣畫一傳檔正編六·陳廷敬》 陳廷敬，山西澤州人。順治十五年進士，改庶吉士。初名敬，以是科館選有同姓名者，奏改廷敬。十八年，充會試同考官，尋授祕書院檢討。康熙元年，告假歸省。四年，補原官。八年，遷國子監司業。洊陟侍講學士。十一年，充日講起居注官。十二年，轉侍讀學士，充武會試副考官。十四年，遷詹事。十五年，擢內閣學士，充經筵講官。十六年正月，改翰林院掌院學士，教習庶吉士。九月，同掌院學士喇沙里、侍講學士張英奉諭曰：爾等每日進講，啓迪朕心，甚有裨益。嗣後天氣漸寒，特賜爾等貂皮各五十張、表裏緞各二疋。十七年正月，詔舉博學鴻儒，廷敬薦原任主事汪琬，召試一等，授編修。七月，廷敬偕侍讀學士葉方藹入直南書房。十一月，丁母憂，上遣學士二員慰問，齎賜奠茶酒。諭禮部曰：陳廷敬侍從勤勞，其母准照學士品級賜卹。二十年，服闋，補原官。二十一年，充會試副考官。時副都御史余國柱以滇南平定，請釐定樂章。禮部、翰林院會議，郊壇宗廟仍循順治元年之舊，朝會燕饗宜更定。廷敬撰擬十四章，旨下所司肄習。二十二年，遷禮部右侍郎，尋轉左。

二十三年正月，調吏部右侍郎，管理户部錢法。八月，疏言：自古鑄錢時輕時重，未有數十年而不改易者。今日民所不便，莫過於錢價。向日每銀一兩，易錢一千。今則僅得八九百，其故由燬錢作銅。夫銷燬制錢，其罪至重。然而不能禁者，厚利之所在也。銀一兩僅買銅七斤，而銷錢一千，得銅八斤十二兩。奸人以爲射利之捷徑，錢安得不日少而日疵乎？順治十年，因錢價賤壅滯，改舊重一錢者爲一錢二分五釐，十七年又增重爲一錢四分，所以杜私鑄也。今禁私鑄而私鑄自如，應改重爲輕，則燬錢之弊不禁自絶。近來産銅之地，收税過重，致開採寥寥，並宜停其收税，聽民開採，則銅日多而錢價益平矣。疏下部議行。【略】

又疏言：督撫之職在察吏，察吏欲令民安，非明於擊斷之爲能盡其職也。必先嚴禁令，謹科條使民遷善遠罪。至於刑清政簡之爲能盡其職也，孔子不云乎：上教之不行，罪不在民也。故欲使民不犯法而刑辟衰止，莫先於行上之教；欲行上之教，繫惟督撫是問。督撫曰：是將在羣吏。夫吏果廉能，無敢有加派火耗，毋敢贖貨於詞訟，毋敢朘削夫富民，然後一意行上之教而民不罹於刑。今吏或不能，誠有罪焉；然非盡吏之罪也，上官廉則吏自不敢爲貪，上官貪則吏雖欲爲廉而不可得。凡所爲加派，火耗，贖貨，朘削，日以曲事上官之不暇，而又何有於行上之教，使民不罹於刑？雖吏勉强行之，而民習見吏之所爲多不法也，曰：是惡能教我，誰其從之？是教之不行，刑之不止，吏爲之也。吏之爲之者，督撫使之然也。方今要務在於督撫得人。爲督撫者不以利欲動其心，然後能正身以董吏；吏不以曲事上官爲心，然後能加意於民。民可徐得其養，養立而後教可行。歷代以來，有講讀律令之法，皆《周禮》之遺意，爲教民之要務。我皇上《聖諭十六條》頒行已久，而鄉村山谷之民，至今尚有未知者。宜通飭督撫，凡保薦府、州、縣官，必確察其無加派火耗，無贖貨詞訟，無朘削富民，每月吉集衆講解上諭，實心奉行者，爲開具事迹所最先。如保薦不實，加嚴處分，俾知功令之重在此。顧名思義，觸目驚心，以導羣吏，而皇上之考察督撫，則以潔己教吏，吏得一心養民、教民爲稱職。使賢者知勉，而否者知懼，洗滌舊染，以幾刑清政簡，仰副聖主惓惓求治之心。

郭世隆

《清史列傳》卷一一《大臣畫一傳檔正編八・郭世隆》　郭世隆，漢軍鑲紅旗人。父洪臣，原籍汾州。世祖章皇帝順治二年，英親王阿濟格統師至九江，收降明故將左良玉之子夢庚及部衆，來京入旗，洪臣預焉。分轄降衆爲佐領。

聖祖仁皇帝康熙四年，世隆襲管佐領。八年，授禮部員外郎。二十五年，擢監察御史。二十七年，命赴盛京，察審福陵守兵赴訴其兄冤死事，得誣良刑逼自縊狀，原審侍郎阿禮瑚及司員俱坐失實褫革。世隆還京，疏言：盛京刑部凡已經告發事件，執法結斷者甚少，夤緣和息者居多，以故曲直莫分，刁誣愈熾。近者旗人宜爾根控訴命案，先經私和，後復涉訟，仍不審結。乞敕嚴察此案私和之兩造及聽許之部員，究實情而肅法紀。又疏言：盛京鳳凰城及山海關各設有迎送朝鮮之貢使五品官數員，每逢貢使至，以一員送迎，此外别無職守。且既有通事官，從鳳凰城隨行至京，沿途撥兵護送，料理食物，夫役、車輛。迎送官實屬贅設，應行裁汰。又疏言：設官久任，以其能熟習民風土俗而去弊興利也。若不肖之徒，往往以久任滋弊，如盗採人蔘，律有重典。惟不肖官弁，與奸民熟習，互相容隱，故弊竇彌多。每年報部採蔘之數不及千斤，而京師及各省貨賣者不啻百倍。皆由開原邊口縱奸民盗採，山海關又縱其私販。宜分别故縱、失察，嚴定處分。其守口官員，與山海關城守尉，應每年更换，以清弊源。疏並下部議行。又詔山海關官兵停止盛京將軍管轄降調現任城守尉照張家口例，兵部選員更换。十月，擢内閣學士。是月，上謁孝陵，過通州，有山西禮縣民訴知縣萬世緯、知府紀元婪取狀，命世隆往會督撫察審。鞫實，萬世緯貪婪科派，杖斃縣民，論斬；紀元受賄舉薦卓異，論絞。

二十九年四月，充國史副總裁。七月，直隸巡撫于成龍内陞左都御史，以世隆代之。先是，户部奏鑲紅旗罷任安溪知縣孫鏞首福建巡撫張仲舉、布政使張永茂催徵恩免錢糧，侵隱入己，上遣郎中吴爾泰等往會總督興永朝勘訊。既而上聞吴爾泰甫至，即拘訊知府六人，牽連州縣官數十人，乃命世隆往。世隆至，則研訊司、府、州、縣胥役數人，得張仲舉與布政使張汧索取州縣賦册，竄改撤銷，賣解批迴，重造司册，侵隱已徵地丁額銀，作民欠蠲免狀；又張汧陞湖廣巡撫，虧帑三十餘萬，因仲舉前任湖廣布政使亦虧帑，相約互抵，仲舉抑勒道府揑具借帑印領結，按察使田慶曾令出結署事及張永茂受代，仲舉聞張汧在湖廣贓私敗露，闔帑尚未補完，復截留府州縣額支官俸役食，令慶曾給永茂，又令永茂加取各屬賣解銀火耗，代爲彌補，諸左證悉合，遂先釋前此吴爾泰拘訊牽連之府、州、縣官回任，窮詰仲舉、永茂、慶曾，各語塞；並孫鏞控列雜贓，亦鞫實。仲舉侵挪二十六萬三千餘兩，擬斬，永茂科斂一萬七千餘兩，擬絞；慶曾受賄二千二百兩，擬徒；各追贓入官。被勒之屬員及改造册檔書吏，概免罪。疏入，上切責吴爾泰謬妄，革去郎中，發黑龍江效力。世隆疏下法司，如擬行。【略】

四十一年十月，調兩廣總督。四十二年七月，疏言：粤東自南澳起，經碣石鎮至虎門協，海面二千餘里，守汛遼闊，請增設兵船於遥對南澳之澄海協，以資巡防。海門一所，最爲緊要，應移達濠營遊擊、守備、千總、把總駐劄，改爲海門營，以海門所守備移爲達濠營守備。甲子一所，乃險要海口，從前止設千總一員，應以鎮左營移駐，與碣石鎮聯絡防守。吴川營隔海百餘里，有硇州一島，宜以龍門協所屬之乾體營兵，令白鴿寨守備、千總、把總統之，駐劄硇州，改爲硇州營。白鴿寨即以千總管領。至平海、大鵬二所，逼近巨海，應專設二營。其順德一鎮，外有香山、虎門二協，内有省會駐防兵，可裁去總兵官，止留遊擊爲順德營。改鎮標左營爲平海營，右營爲大鵬營。下部議如所請。四十三年四月，疏言：前奏添造戰船，俱經報竣，設立船兵，自南澳至龍門，令守備、千總、把總逐日帶領巡哨，副將、參將、遊擊每月會巡一次，水師總兵春秋二季駕船二十分巡外洋至瓊州。上年十一月至今年二月，先後擊敗賊衆於沱寧外洋，沉賊船六，斗頭角海面沉賊船一，瓊南、萬崖二處海面沉賊船二。四十五年五月，疏報海洋巨盜蔡玉也等聚衆劫掠商船，今已擒獲，分別定擬斬流。得旨，遣刑部侍郎常綬往勘。覆奏蔡玉也等五人應立斬，部議世隆平時禁賊不嚴，及事發，又朦朧掩飾，應革職。於是罷任。

四十六年六月，起授湖廣總督。四十七年十二月，條奏：防守紅苗三款：一、沿邊安設塘汛，已經周密，惟盛華哨起至鎮溪所一帶，山高箐密，難於瞭望。應酌撥鎮筸兵八百名，另設四營分駐。每日派官一員，帶兵五十名遊巡。一、舊日苗來内地，民往苗叢，每滋事端。今以塘汛爲界址，苗除納糧、買賣外，不得擅入塘汛之内，民亦不得擅出塘汛之外，違者治罪。一、内地奸民，與苗人結親，至勾通爲惡，不可究詰。嗣後如有前弊，應斷離異。下部議，從之。四十九年六月，疏劾祭告南嶽之翰林院侍讀學士陳壯履繞道嘉魚滋擾驛站，得旨，降陳壯履爲編修。十月，世隆内遷刑部尚書。五十年十月，以山西太原流匪陳四等六十餘人攜婦女數十，乘馬騾，由湖北往湖南、貴州，詭稱赴雲南開墾，索取州縣口糧，劫掠商賈財物。世隆前任總督，不即察究，縱容滋蔓，革職罷任。

五十二年三月，遇萬壽慶典，復原品。五十五年九月，卒，年七十有二。後祀直隸、福建、浙江、廣東、廣西、湖廣等省名宦。

勵廷儀

《清史列傳》卷一三《大臣畫一傳檔正編十·勵廷儀》 勵廷儀，直隸定海人。【略】廷儀由康熙三十九年進士，改庶吉士。四十年，丁母憂。四十一年，特命在南書房行走。四十三年，授編修。尋丁父憂，服闋，充日講起居注官。四十五年，遷右中允。累遷侍講學士。五十六年，擢内閣學士。六十一年二月，充經筵講官。十一月，充翰林院掌院學士。尋遷兵部右侍郎，仍兼掌院學士。雍正元年正月，恭修《聖祖仁皇帝實録》，充副總裁。

二月，擢刑部尚書。八月，疏言：各省常平倉米穀，雖有知府、司、道盤查管理，不能保無徇隱。當責督撫覈實存倉及現捐穀數，共貯若干，支用若干，委幹員不時盤查，年終造册保題。督撫離任，將册籍交新任，詳覈虧空題參；新任徇隱，察出議處分賠。部議從之。是月，奉旨：刑部事繁，難以兼理掌院；禮部事簡，著張廷玉兼理掌院，使勵廷儀得專心料理本部事務。十月，疏言：古北口外命案，向由本處武職詳解，刑部派司員往驗，路經三四百里，或五六百里，往返需日，傷痕已變，審擬難確。請於口外適中處設理事同知一員，遇民命案，驗明取供，分別詳解題結。盜案亦如之。其詞訟細事，聽該員自理，稱職，請照捕盜同知例卽陞。詔下部議，設滿洲理事同知一，駐熱河，隸霸昌道轄。【略】

六年八月，疏陳：考職積弊四條：一、監生遇考職時，每倩人代考，請照科場例先期驗照，查明年貌、履歷、捐納年分事例，於卷面註明，臨期編號分坐，使不能代作傳遞；一、考職例由地方官具文，書本生領文，或借與他人頂名冒考，請取具同鄉京官印結外，再取具同鄉同考監生連名互結，扶同治罪；一監生身故、斥革，例應繳照，竟有隱匿未繳者，考職時報名混考，請飭地方官查追送部；一、監生內有先經考職未得揀選，復頂名重考者，請並責同鄉印結官及互結監生首告，知情不舉者治罪。十一月，疏陳：禁止私鹽四條：一、窩藏私販之家，宜究；一、無引私鹽之禁，宜嚴；一、獲鹽不獲人概行免追之例，宜明；一、有司拏獲不報及減多報少之罪，宜重。十二月，疏陳：清查入官家產四條：一、承辦官毋許於料估變價時任意核減，希冀分肥，並索平頭解費；一、田畝、房產，該管官毋許私自賃租；器物，不得乘機抽換；一、本犯家屬毋許常年占據，不卽退出，與該管官通同影射，令親友出官代買；一、田產既經估報，卽非無項著追可比，應勒限速售銀兩，依限完解。諸疏俱下部議行。七年十月，加太子少傅，賜矜慎平恕額。八年三月，疏言：各部院欽奉諭旨及題奏奉旨，並咨結事件，應行文各衙門、直省者，值日司員一人專司其事，錯誤遲延，卽將該員參處；若竟遺漏行文，或遲至經月，該司滿、漢各員均難辭咎，自應一例參處。因向無定例，彼此推卸，或祇歸咎一人，情理殊未允協。嗣後如應行事件，漫不經心，以致遺漏遲延，滿、漢官一併參處。部議如所請。九年三月，疏言：向例，鐵貨不許私出外境，而廢鐵不在禁例。近聞射利之徒，專收廢鐵鎔化，運至近邊、近海地方，請嚴禁如販賣硝磺例。從之。九月，遷吏部尚書，仍專管刑部事務。

十年五月，以病乞休，上慰留之。閏五月，卒。

龐塏

（清）余金《熙朝新語》卷五　任邱龐雪崖塏，守福建建寧府。甫到任，浦城令以嚴苛激變，邑人乘夜焚册局，殺册書。塏聞信馳往，傳學典諸員，集紳士於明倫堂，數令罪而諭士民毋生亂，查倉庫及册局，收未焚餘册，變遂定。時制府惡民俗刁悍，欲重懲之。而浦令與紳士爲仇，有羅織意。塏大言曰：令實已甚，吾可殺人以媚人乎？僅坐重辟一人，流二人而已。浦人尸祝之，或書於九仙山壁云：龐公判事，皎日當空，慈心彌勒，白面包公。

劉衍泗

（清）余金《熙朝新語》卷五　濰縣劉衍泗繼聖，由教職陞湖南慈利縣。時滇寇甫平，人民彫敝。劉以寬爲政，不忍輕用刑杖，與民語常呼爲兒。有人被罪法當笞，劉便慼然曰：兒何苦忍痛耶！慈利人感之。尋引疾去，民籲留不得，羣醵金送之，劉不受，民固請，始人受一錢，凡數萬，時謂今之劉寵云。

張伯行

（清）余金《熙朝新語》卷五　張清恪公伯行，康熙乙丑進士，歷官至江蘇巡撫，素以清節理學著名。四十八年大計，盡除吏之貪婪不職者，萬民鼓舞，而總督噶禮貪黷怙勢，素與齟齬。辛卯科場事發，上命刑部尚書張鵬翮往鞫，亦畏其勢。伯行抗疏上言噶禮營私壞法，有曰：仰祈皇上大奮乾綱，除兩江之民害，快四海之人心，振萬古之綱常，培一時之士氣。人皆傳誦，噶禮亦誣伯行不肯出洋數事。上命並解任，命工部尚書張廷樞來鞫，並擬革職。上責諸臣顛倒是非，革噶禮職，留伯行巡撫任。諭諸大臣曰：伯行乃天下第一清官，噶禮辦事歷練，操守朕未能信。若非張伯行在彼，江南地方受其侵削一半矣。中外無不頌聖祖知人之明。

田文鏡

（清）鄂爾泰等《世宗憲皇帝硃批諭旨》卷一二六之一一《硃批田文鏡奏摺》 上諭：田文鏡自簡任巡撫以來，忠正為國，實心盡職，整肅官方，所屬下僚咸被化育。懲戒兇惡，撫恤善良，誠能盡教養之道。豫省吏治整飭，衆所悉知，且辦事熟諳，操守廉潔。凡有陳奏知無不言，言無不盡，毫不隱諱，其誠心更屬可嘉。將伊撥在上三旗以示朕厚待。

《清史列傳》卷一三《大臣畫一傳檔正編十·田文鏡》 田文鏡，漢軍正黄旗人。由監生於康熙二十二年任福建長樂縣縣丞。三十一年，遷山西寧鄉縣知縣。四十四年，遷直隸易州知州。四十五年，内遷吏部員外郎。四十八年，遷刑部郎中。五十一年，改授監察御史。五十五年，巡視長蘆鹽政，疏言：山東鹽引，節次請復，尚缺額引五萬七千五百五十六道。今商人願先輸課，增復原引，自五十六年爲始，在長清等縣運行。奉旨：加引雖可增課，恐於商人無益。下九卿議奏行，山東巡撫定議具題，如所請行。五十六年，擢内閣侍讀學士。雍正元年，上命告祭華嶽。尋又命往山西賑濟平定等四州縣。九月，署山西布政使。

二年正月，授河南布政使。八月，署河南巡撫，奏言：開封府轄四州三十縣，地方遼遠，請照晉省改設直隸州分轄：開封府屬之西華、商水、項城、沈丘四縣，分隸陳州；臨潁、襄城、郾城、長葛四縣，分隸許州；密、新鄭二縣，分隸禹州；滎澤、滎陽、河陰、汜水四縣，分隸鄭州；原武縣就近歸懷慶府轄；延津縣歸衛輝府轄。又河南府屬之靈寶、閿鄉二縣，分隸陝州；汝寧府屬之光山、息縣、固始、商城四縣，分隸光州。各縣錢糧，知州查核督催，照知府例處分。直隸各州縣錢糧：光州歸南汝道，陳、許、禹、鄭、陝五州歸開歸道盤查，徇隱亦照知府例議處。部議如所請行。十二月，授河南巡撫。三年正月，奏言：豫省河工，向設堡夫九百餘名修防。嗣因連年水漲，撥江南河兵千名，協力防護。是河兵原以濟堡夫之不足。河臣齊蘇勒請過秋汛裁堡夫。竊思每年俱有水發時，大隄新築，更須巡防。新設河兵，雖諳鑲墊、釘樁、捲埽、下埽，而搜索狼窩鼠穴，及防守風雨，瞭望水勢，不若堡夫熟悉。所有原設堡夫，斷難裁汰。六月，又言：堡夫學習樁埽，須河員董率。堡夫諳練，卽可拔河兵，雖有千、把統轄，應令管河道稽查，並責各河工同知教習，庶可約束。疏入，下部議行。是月，又言：豫省漕船向於衛輝水次受兑，道經直隸大名府屬之濬、滑、内黄三縣，隔省呼應不靈。請將三縣改隸彰德、衛輝，統屬既專，漕不致誤。奉旨允行。四年九月，奏言：賦役法，丁隨糧派。請將豫省各邑丁糧均派地糧内，紳衿富户不分等則，一例輸將，以雍正五年爲始。部議從之。十二月，浙江道御史謝濟世參奏文鏡貪虐不法，諭責謝濟世自恃言官，胸懷詭詐，令大學士、九卿等嚴訊具奏。訊得濟世自認風聞無據，顯係受人指使，要結朋黨，擾亂是非，擬斬决。疏入，諭大學士、九卿等曰：田文鏡於雍正元年告祭華山復命時，備言山西荒歉情形。朕以其直言無隱，令往山西賑濟，卽授爲山西布政使。剔除未清案件，吏治一新。嗣因河南諸事廢弛，調爲河南布政使，旋卽用爲巡撫。整飭河工，每事秉公潔己，實巡撫中第一。今大學士、九卿等究訊謝濟世所參田文鏡各款皆虚，則謝濟世受人指使，情弊顯然。謝濟世著卽革職，發往軍前効力贖罪，姑免深究。五年二月，奏言：黄河汛水漲發，素平易者忽成險工，宜暫用民力。每歲夏至後，將距隄一二里村莊，照佃户數認夫，有急赴工搶護，工完立散。若非計日可竣者，按名給工食。河印汛弁各員不得擾民。閏三月，又言：河北彰德、衛輝、懷慶三府，向設守道一員，康熙二十五年裁。但三府共轄二十二縣，幅員甚廣，請復設河北守道統轄，加兵備職銜。河北隄工埽壩、廳汛各員、河兵堡夫一應錢糧，令就近督率，並巡防小丹河等水利。再衛輝屬之胙城縣地狹，且離延津僅三十五里，請裁併延津，其學額仍准附延津照舊考取。部議均如所請行。

七月，特授河南總督，加兵部尚書銜。先是，文鏡係正藍旗漢軍，奉旨擡入正黄旗。六年五月，諭曰：田文鏡自到河南，忠誠體國，公正廉明。豫省吏畏民懷，稱爲樂土。山東吏治民風，宜加整飭，著授田文鏡爲河南山東總督，管理兩省事務。此因人設立之曠典，不爲定例。七月，奏言：交界地方，易藏匪類。伏讀上諭交界地方失事，探實贓盜處，一面差役密拏，一面移文關會。拏獲後，報該管地方添差移解。洵捕盜良法也。但捕役畏奸徒奪犯，不敢越界密拏，每因拒劫，致成人命。迨鄰境關拏，彼處仍復徇庇，是以盜賊潛聚。請嗣後如隔屬密拏賊盜，彼處有縱奪徇庇者，許拏盜之地方官詳本省督撫移咨會參。奉旨允行。時豫省漕糧，惟附近水次之河北三府運本色，其不近水次之河以南州縣，均徵折色，仍在河北三府採買，三府偏累。文鏡奏准各徵各漕，將距水稍遠州縣，照舊徵本色，臨水之儀封、考城，暨新改歸豫省之濬、滑、内黄，均增辦本色；距水最遠之靈寶減辦米二千石，閿鄉三千石，歸臨水五縣徵輸。南陽、汝寧二府，光、汝二州，永寧、嵩、盧氏三縣，皆路遠難運，免其辦解，即分撥五縣協辦，按程遠近，每加價銀五分至二錢三分不等。九月，奏言：東省倉庫俱有虧空，且多挪新掩舊。請嗣後知府、直隸州知州離任時，將所轄州縣倉庫錢糧，照豫省交代例限三個月，令接任官查明結報。如有虧空，知府、知州均半賠結，方許赴新任。接任官徇情出結，即令分賠。再府及直隸州倉庫，向係該管道盤查，嗣後道員離任，照此例交代。又言：東省錢糧舊欠二百餘萬之多，雍正六年錢糧將届全完之期，完不及五分，由於火耗太重，私派太多，其向民加派加耗由於上司需索，雖有自愛州縣，不得不改廉易節。今欲禁加派加耗，必先嚴禁收受陋規，請旨嚴諭山東撫、藩二臣，於半年内協同臣澈底查清，分別請參應追、應禁、應革，毋得瞻徇容隱。諸疏入，皆蒙俞允。

七年七月，遵旨議奏：山東青州府爲適中要地，内聯陸路各營，外與沿海營汛呼吸相通，設立滿洲駐防兵，可以資彈壓而重保障。府北城外，有廢東陽古城址，建城署、營房，可駐兵數千。議政大臣議如所請行。十月，加太子太保。十二月，奏：請分東昌府屬之高唐州爲直隸州，轄濟南府屬之禹城、平原、陵縣、臨邑四縣；濮州爲直隸州，轄觀城、范縣、朝城二縣，兗州府屬之東平州爲直隸州，轄東阿、平陰、壽張、陽穀四縣；青州府屬之莒州爲直隸州，轄日照、沂水、蒙陰三縣。從前所改之直隸濟寧州仍歸兗州府轄，其濟寧原轄之鉅野、嘉祥縣改隸曹州，鄆城縣仍隸兗州。下部議行。八年二月，奏言：武弁養贍家口僕從，名糧外別無所資，但給步糧，不敷用。請自提督至守備馬步各卒，千總馬一步四，把總馬一步三，作爲定額，一體遵行。從之。

五月，特命兼任北河總督。十一月，奏言：今年豫省被水州縣，收成雖不等，實未成災。士民踴躍輸將，所有特恩蠲免之錢糧，請仍照額完兑。部議應如所請。得旨：士民急公奉上，甚屬可嘉！著該督確查歉收分數，仍照例蠲免。即將現兑正糧作下年正供。九年二月，上諭：上年山東有水患，河南亦有數縣被水。朕以田文鏡自能經理，未另遣員查賑。今聞祥符、封丘等州縣，有賣男女與山、陝客商者。田文鏡近來年老多病，精神不及，爲屬員欺誑，不能撫綏安插，而但禁其賣鬻子女，以避離散之名，是絶其生路也。豈爲民父母者所忍言乎？著刑部侍郎王國棟前往賑濟。四月，以病乞休，命解任來京調理。七月，病痊回任。十年八月，疏言：登州鎮新增兵一千，其中、右二營請增千總一員、把總一員約束。下部議行。

十二月，以病奏請解任，允之。是月，卒於河南。遺疏上，得旨：田文鏡老成歷練，才守兼優。自簡任督撫以來，府庫不虧，倉儲充足，察吏安民，懲貪除暴，不避嫌怨，庶務具舉。封疆重寄，正資料理。前以衰病請解任調理，勉從其請。今聞溘逝，深爲憫惜！應得卹典，察例具奏。尋賜祭葬，謚端肅。

十三年十一月，尚書史貽直奏稱河南開墾捐輸累民甚，宜速罷，請特簡廉明公正大臣往撫綏查核，廷議如所請。奉旨：河南地方，自田文鏡爲巡撫、總督以來，苛刻搜求，以嚴厲相尚，而屬員又復承其意旨，剥削成風，豫民重受其困。即如前年匿災不報，百姓至於流離，蒙皇考嚴飭，遣官賑卹，始得安全。此中外所共知者。乃王士俊接任河東，不能加意惠養，且擾亂紛更，以爲幹濟，借開墾之虚名，而成累民之弊政。彼地方民風淳樸，竭蹶以從，罔敢或後，甚屬可嘉！然先後遭督臣之苛政，其情亦可憫矣！王士俊著解任，來京候旨。並將此旨宣示豫民，咸使聞知。

乾隆五年四月，河南巡撫雅爾圖奏言：文鏡在豫，百姓至今怨恨，不應入豫省賢良祠。奉上諭：朕觀雅爾圖此奏，係見朕降旨令李衛入祀賢良，意謂李衛與鄂爾泰素不相合，特借田文鏡之應撤，以見李衛之不應入耳。當日王士俊將田文鏡奏請入祀賢良祠，係奉皇考允行。今若撤出，是翻前案矣。鄂爾泰、田文鏡、李衛皆皇考所最稱許者。其實田文鏡不及李衛，李衛又不及鄂爾泰，而彼時三人素不相合，亦衆所共知也。於是文鏡遂得祀豫省賢良祠。

李衛

《清史列傳》卷一三《大臣畫一傳檔正編十・李衛》李衛，江蘇銅山人。由捐納員外郎，於康熙五十六年授兵部。五十八年，遷户部郎中。六十一年十月，授直隸驛傳道，未赴，改雲南鹽驛道。雍正元年，管理銅廠。二年，擢布政使，仍兼理鹽務。【略】

五年二月，奏修海寧縣浦兒兜草壩、老鹽倉、姚家堰草塘，海鹽縣閏餘等字號石塘，蕭山縣鎮湖庵、王家池、聞家堰一帶石塘，錢塘縣午山一帶、仁和縣總管廟前各坍塘。十月，又奏修海寧縣沿海東西塘。俱從之。十一月，授浙江總督，管巡撫事。六年三月，奏言：浙江交界，積窩惡賊，查拏甚多，頗有屢犯漏網大盗。緣地連兩省，每致影射作弊。如浙江究出夥賊姚二、姚天生兩犯，咨江南震澤縣提拏。竟以替身起解，爲浙省押往認識之張德隆指破。而此案經江南督臣范時繹留審，未得歸浙並究。今查出徇庇首犯舉人金士吉等，已質明有據，請褫革嚴審，並提齊江南所留案犯，窮究黨羽，翦除巢穴，以期靖盗安良。得旨嘉獎。【略】

是月，奏言：臣籍隸江南徐州，族繁丁衆。有堂弟李懷謹、李信枝，臣因其放縱，不循理法，行文淮徐道拏解來浙，懲以家法，圈禁在署。族人交口騰謗，甚有欲改姓氏爲加罪之地者。臣除窩拏盗諸事，獲罪於范時繹，而奉命議河工，又與齊蘇勒不無芥蔕，皆臣本籍大吏恐因家事，致心迹難以自明。諭曰：范時繹乃不足置論之人。齊蘇勒之有芥蔕，大抵因前歲赴任，中途相晤，奉旨論河時，微啓釁端。或係汝與接待之際，禮貌疏慢所致，其過不在齊蘇勒也。朕意舉凡此等形迹，皆不必繫念，人事參差不齊，何能計較纖悉無遺？況審辨公私，最爲不易。儻向日於鄉里鄉黨間先存曲嫌小憾，則又當一論。朕每言公中私、私中公，樞機正在於此。其中原委既不確知，難以批諭是非當否也。十二月，上以衛留心營務，凡江南軍政舉劾，命衛同范時繹等辦理。是月，遣侍郎王機、彭維新往江南清查積欠錢糧，亦令衛與聞。

七年四月，加兵部尚書銜。尋疏請復設江南南匯縣下砂二場、浙江黄巖縣杜瀆場、永嘉縣永嘉場場官各一，裁江南金山衛浦東場官一，又請增設台州府屬之海門、前所、家子、三江口、新亭、章安、道頭、江口等汛礮臺巡船，俱從之。五月，陛見，未及回任，丁母憂，命在任守制。十月，加太子少傅銜。十二月，疏言：海寧海塘，東至尖山，西至翁家埠，緜亘百里，皆臨大海。今南岸潮頭直射，北面護沙刷洗無存，一線草塘，不能禦全海潮勢。請於西塘内，自荊煦廟至草庵，就舊有草塘，收進二三丈，砌築石工。東塘於陳文港、小文前薛家壩及二十里亭等處，分築挑水盤頭大草壩五，使水勢稍緩，可引漲沙漸聚。其年遠塊石，各塘酌量加高培厚。下部議行。先是，衛陛見時，奏：清口之西，聖祖仁皇帝所建御壩，今較短窄，應加築。上以詢河道總督孔毓珣，則稱此壩遞年培築，較原建丈尺已增。至是，特發毓珣原摺示衛，衛奏：臣並未親經其地，失言，咎實難辭。上訓諭之。八年二月，疏言：嘉興、秀水二縣，舊有民捐義田餘租，學臣周清源題歸官徵備賑。租有定額，窮佃苦累，並累及原捐之後裔。請豁免年久未完銀米，將田分别歸社，永免官徵。又疏請移寧波府同知駐鄞縣之大嵩海口，四明驛驛丞駐鄞縣之甬東，岑港司巡檢駐定海縣之岱山，沈家門爲定海咽喉，增設沈家嶴巡檢，並從之。是時江寧有張雲如者，以符咒惑人，謀不軌。衛遣弁密緝，得其黨甘鳳池、陸同庵、蔡思濟、范龍友等私相煽誘狀，令效力遊擊馬空北齎文提拏張雲如，而范時繹及按察使馬世珩回護失察咎；又曾與雲如往來，輾轉關查不解，且賄空北稟飾。衛具疏劾之。四月，命尚書李永升赴浙會鞫，得實。時繹解任，世珩斬監候，空北杖流，雲如及鳳池、同庵、思濟、龍友各擬斬如律。【略】

〔乾隆元年〕四月，兼管直隸副總河。先是，直隸營田設觀察使二員，督率稽查。至是，上命裁觀察使，敕衛派道府大員兼理，詳議具奏。衛以營田散處京外三十七州縣，請交各州縣收管，以專責成。如本任事繁，委所屬佐貳協理，本管知府暨直隸州知州就近稽查。順天府屬營田四路同知，分轄通永、霸昌、天津、清河、大名五道，各按所屬營田統率經理，督臣、藩司不時考察。如州縣實力督課，著有成效，准照卓異例，不論俸滿即升，怠忽者參處。其豐潤、霸州、天津、永年、新安、玉田、文安、大城、磁州等州縣營田最廣，缺出請於熟習水利各員内揀選，具題調補。下部如所請行。二年正月，奏誡親王府護衛庫克同安州民争控淤地一案，赴州囑託，顯有指冒誆騙情弊。上嘉其執法秉公，特賜四團龍補服。七月，奏報盧溝橋、良鄉、固安、永清、東安等處水災，上命於天津北倉截漕五十萬石，撥被水州縣，以備賑恤。三年四月，奏言：滄州、青縣挑濬輒河，占用旗民地畝，其糧銀應請造册開除，並照濬武清縣筐兒港壓占地畝之例，按畝給價。部議從之。九月，疏參直隸總河朱藻挾詐誤公、貪劣各款，又藻弟革職廣寧縣知縣衛輒敢以私書挾制地方官，干預賑務。奏入，命尚書公訥親及尚書孫嘉淦會鞫，得實，革藻職，擬杖；流衛，擬杖。

張廷玉

《清史列傳》卷一四《大臣畫一傳檔正編十一・張廷玉》　張廷玉，安徽桐城人，大學士英次子。康熙三十九年進士，改庶吉士。四十二年，授檢討。四十三年，命入直南書房，尋充日講起居注官。四十七年，丁母憂，尋丁父憂。五十一年，遷司經局洗馬。五十四年，遷右庶子，尋授侍講學士。五十五年，擢内閣學士。五十六年，充經筵講官。五十九年，授刑部右侍郎。六十年二月，山東鹽販王美公等糾衆不法，巡撫李樹德獲奏，命廷玉同都統託賴、學士登德往會撫鎮嚴訊，分别定罪如例。六月，調吏部左侍郎。【略】

七月，署理大學士事。四年，授文淵閣大學士，仍兼户部、翰林院事。五年，晉文華殿大學士。六年正月，疏言：内閣部院奉旨事件，俱交起居注登記檔案；惟八旗事件，向例不交起居注，無從記載。請自雍正五年始，亦照閣部送館，以便纂入記注。從之。三月，晉保和殿大學士。十月，兼署吏部尚書。七年，晉少保。八年十月，諭曰：大學士馬爾賽、張廷玉、蔣廷錫自簡任綸扉以來，祗遵朕訓，仰體朕心，懋著忠勤，恪恭奉職。今年夏秋之間，朕躬偶爾違和，馬爾賽、張廷玉、蔣廷錫贊襄機務，公正無私，慎重周詳，事事妥協。數月之中，朕躬得以静養調攝者，實伊等翊贊之力也。今朕躬已經全愈，宜加恩錫，以褒良佐，以勵臣工。著各賞給一等輕車都尉世職，仍各加二級。其世職或帶於本身，或給與伊子，聽其自便。廷玉奏准以長子編修若靄承襲。十一年三月，條奏：慎刑二事：一、各省人犯，罪重收禁，罪輕取保。獨刑部遇各衙門送犯，不論情事大小、罪犯首從，俱收禁，致累無辜。請敕議送部人犯，分别收禁、取保，定例遵行；一、刑部引用律例，往往删去前後文，止摘中間數語，即以所斷之罪承之；甚有求其彷彿，比照定擬者，高下其手，率由此起。都察院、大理寺同爲法司衙門，若刑部引例不確，應令院寺駁正，不改即行題參；如院寺扶同朦混，草率從事，一併處分。疏入，命九卿議行。九月，諭祭賢良祠大學士張英於本籍，准廷玉馳驛回籍，舉行典禮，賜帑金萬兩，爲祠宇祭祀費，並賜冠帶、衣裘及貂皮、人參等物，頒内府書籍五十二種於其家。十二月，廷玉奏言：臣行經直隸州縣，近河窪地遭水，已蒙賑濟，其中尚有災重之處，積潦未消，難以種麥，明歲青黄不接，民食倍艱。請敕督臣確查，加賑一月，再查該地方應修工程，酌議舉行，俾窮民得傭工餬口。得旨允行。是月，《會典》告成，議敘加二級。十二年二月，廷玉回京，上遣内大臣、户部侍郎海望迎勞於盧溝橋，頒賜酒膳。十三年正月，充《皇清文穎》館總裁。【略】

廷玉弟廷璐，康熙五十七年一甲二名進士，授編修。雍正元年正月，充福建鄉試正考官。尋遷右中允，充日講起居注官。五月，擢侍講學士，提督河南學政。二年九月，以封丘縣生員罷考事革職。尋授侍講。三年，擢國子監祭酒，疏請敕將軍、提鎮轉飭所屬將弁，每朔望齊集兵丁宣講《聖諭廣訓》，下部議行。尋遷少詹事。十月，充武會試正考官。五年，遷詹事。七年，提督江蘇學政。八年四月，疏言：向例學政衙門發各州縣循環簿，遇生員告狀作證者填註，按季繳换，以憑查考，而州縣往往視爲具文，且簿内但言詞訟，不及錢糧。應飭各學將文武生員及貢監，造簿送學，鈐印發回各州縣，於理事時，生監令本人於簿内姓名下親書年月爲某事到案，並著花押。至應納錢糧若干，已完若干，一併註明申送。則詞訟多寡，錢糧清欠，按簿瞭然，庶優劣易定而勸懲可施矣。部議從之。十年六月，充浙江鄉試正考官。十月，學政任滿，命留任。十一年六月，擢禮部右侍郎。十三年十月，命仍留江蘇學政任。乾隆元年，諭祭大學士張英於本籍，命廷璐就任所回里，舉襄典禮。四年九月，充武會試副考官。六年，充江西鄉試正考官。九年四月，自陳年老，詔以原品休致。十年八月，卒。

廷瑑，雍正元年進士，改庶吉士，授編修。六年，充日講起居注官。九年，遷左贊善。十年，遷侍讀，尋擢侍講學士。十一年，疏陳：嚴禁賭具，責成同居父兄伯叔互相覺察，容隱者照竊盜同居例治罪，出首者除不連坐外，本犯罪准酌減。得旨嘉獎，交部議敘。又陳：各部院摺奏，奉旨准行後，將原摺并諭旨録送内閣，俾得按年查閲，各部院書吏不能漏誤，檔案亦無闕略。下部議行。尋轉侍讀學士。十二年，遷詹事，擢工部右侍郎。十三年十月，恭纂《世宗憲皇帝實録》，充副總裁。乾隆元年，充會試副考官。三年，命辦理福陵隄工事。四年正月，轉左侍郎。七月，以工竣，議敘，加二級。五年，提督江蘇學政。九年五月，調補内閣學士。六月，充江西鄉試正考官。十一年，以病乞休，命回籍調理。二十九年，卒。

(清)錢儀吉《碑傳集》卷二二汪由敦《光禄大夫太保兼太子太保保和殿大學士致仕謚文和桐城張公廷玉墓誌銘》 其佐司寇時，山東鹽販糾衆爲不軌，青州奸民倡邪教，徒黨甚衆，有司捕繫百五十餘人，株連未已。公奉命往勘，戮七人，遣三十五人而讞定。天下服公平允。爲吏部，絶苞苴，杜請託，銓政肅然。浙江、江西界連閩、廣，流民入深山，種麻苫茅以居，號棚民，千百爲羣，不隸州縣，爲良民害。公請編户籍，行保甲，消慝弭患，至今帖然。又令甲婦人三十歲以内守節至五十歲者，得旌。公建議以未五十而卒者，乃享年不永，非守志不終，請以守節至十五年者一體旌表。皆著爲令。翰林爲儲才地，務培養，有所薦舉，必深知其人之才品而後上聞，卽擢用，終不以語人。其諸所陳奏，雖家人子弟，不得以間請，非宣示，人終莫得而知也。

陳宏謀

《清史列傳》卷一八《大臣畫一傳檔正編十五·陳宏謀》 陳宏謀，廣西臨桂人。雍正元年進士，改庶吉士，散館授檢討。四年，揀授吏部郎中。七年二月，遷浙江道御史，仍兼郎中行走。七月，充山西鄉試副考官。十月，授江南揚州府知府，仍帶御史銜。九年，遷江南驛鹽道。【略】

三月，調福建巡撫。十九年正月，疏言：閩俗囂競多訟，案必速審。臣清查立限，每月稽核一次。以已未完案件之多寡者，驗各屬之勤惰，庶塵案漸清。上可其奏。閏四月，又言：閩省地狹民稠，所産不敷食用，半借海船貿易資生。如實係内地良民，因貨物拖欠，稽留在外，及本身已故，妻妾子女願歸本籍者，無論年歲遠近，准其回籍。從之。【略】

九月，查奏原任滸墅關監督安寧管關家人李忠侵漁舞弊，時安寧已故，上以宏謀不早劾奏，下部嚴議革任，詔從寬留任。十月，諭曰：據尹繼善等查奏安寧家人李忠所婪貲産至三萬兩之多，陳宏謀久在同城，安坐膜視，其意何居？該撫向與安寧不合，衆所共知，然以此等利弊大事，豈引避小嫌之理？蓋模棱之習，一成不變，且自揣與尹繼善素號相能，遂爾因循玩愒。江蘇吏治，尚望其力爲振刷乎？陳宏謀著調補湖南巡撫，倘不痛自創艾，復蹈故轍，朕不更爲該撫貸也。二十八年三月，疏言：軍流人犯，俱係擾害地方情罪較重之人，狡惡性成。到配往往逃回，地方官接緝逃之文，一票了事，不肯認真根究，親鄰遂得容隱，致多漏網。名曰罪應遠徙之犯，實則輕於本犯之徒。長奸釀惡，莫此爲甚！請飭取親鄰供結，責成地方官嚴拏，牽混者議處。上是其言，下部議行。五月，遷兵部尚書，署湖廣總督，兼管巡撫事。六月，疏言：洞庭湖横亘八百餘里，容納川、黔、楚之水，濱湖居民多築圍墾田，有與水争地之勢。從前雖經刨毁，尚有未盡，恐湖面愈狹，漫決爲患。請多掘水口，使私圍盡成廢壞，自不敢僥倖再築。諭曰：陳宏謀於此事不爲姁嫗小惠，殊得封疆之體。【略】

十一月，又言：地方文武官弁，均有查緝奸匪之責，乃州縣捕役，狡獪者平時豢賊，或經營兵先獲，有司未免心存畛域，審時任其狡展，巧爲開脱。請嗣後遇有翻供之案，令原獲營員會訊，營伍緝捕，責成更專。上嘉所見實切事理，如所請行。十二月，充經筵講官。疏言：河工辦料，應令管河各道於送到時，親驗加結，稽核營員來去料物數目，務歸實貯實銷。又河防失事，例應文武分賠，而參、遊同有修防之責，轉得置身事外，不足以昭勸懲，應酌改畫一。下河臣議覆，允行。又言：匿名揭帖之案，已將該犯抵法，應於所告款内有無虚實，嚴查按究，則宵小不得逞奸，而不肖有司亦知所警。上是其言。

楊廷璋

《清史列傳》卷二一《大臣畫一傳檔正編十八・楊廷璋》　楊廷璋，漢軍鑲黄旗人。世襲佐領。雍正七年，由筆帖式授工部主事，遷員外、郎中。十一年，遷廣西桂林府知府。乾隆二年，遷左江道。十五年，擢按察使。二十年，遷湖南布政使。【略】

〔二十六年〕五月，廷璋同福建巡撫吴士功奏參：提督馬龍圖借用公項銀，聞臣等察出往盤，將銀數歸補，應照知人欲告而自首例，減等定擬。上責其辦理錯謬，於馬龍圖舞文掩飾置之不問，究係先出何人之意，著據實明白回奏。廷璋等覆奏：定案時，楊廷璋主稿，而督參撫審，吴士功爲政。敕革士功職，發巴里坤效力；廷璋革職，從寬留任。又奏參黄巖鎮總兵林洛受網户賄，派兵代爲守網，致淹没兵丁，並捏報匪船掠劫，命革林洛職，定罪如律。二十七年，上南巡，賜以詩曰：西粤昔開府，南閩今建牙。兼知亦舊制，勝任得卿嘉。政有羣黎感，身無大耋嗟。老成方倚賴，調攝意須加。十二月，奏言：湖州府藉太湖爲尾閭，今烏程長興所屬泖港淤淺，請開濬寬深，俾歸太湖港口。詔如所請行。二十八年十月，加太子太保。十二月，授體仁閣大學士，仍留總督任。二十九年三月，奏言：晉江縣屬之西倉，地處海濱，乾隆五年移駐同知一員，距縣窵遠。請將同知移駐石獅街，較西倉更爲適中。從之。【略】

三十年六月，署兩廣總督。三十一年四月，小鎮安土司怕懷隘外有被交趾攻散之沙匪竄入，官兵緝獲。廷璋奏俟審明押赴隘上，照會該國王遣頭人公同正法。未幾，交趾夷目報該國隘口聚匪搶掠，現督兵擒捕，懇内地堵截。廷璋復奏聞，派將弁嚴守卡隘，不使外匪竄入。諭曰：楊廷璋此論似是而實非。交趾素屬恭順，謹守藩服，原不宜無故加兵。即其現在剿捕夷匪，並未干涉内地，亦不過攔其竄逸而止。設夷匪竄入隘口，自當協力擒捕，付彼處分，以示懷遠之道。或交趾兵目藉緝匪爲名，擅至邊境滋擾，豈可輕縱不究，僅以驅逐出口了事？又或内地人犯逃匿彼境，即應向其索取；儻索而不予，即當聲其罪而追攝之，又豈可置之不問乎？此等邊地夷情，惟應審度事理之當辦與否，因時制宜。若務爲持重鎮静之説，則養癰貽患，其弊有不可勝言者！將此通諭各督撫知之。五月，瓊州府岐黎糾衆滋擾客民，廷璋檄鎮道擒捕治罪。奏：杜後患事宜：一、客民久居黎地，有田園廬墓者，自爲一村，編保甲，立甲長，稽查約束；一、錢債非違例取息，令欠户清釐，重利盤剥者，追餘息充公，禁客民入黎放債；一、黎民交易，飭附近州縣汛地設墟場，定期交易；一、令黎峒總管曉諭熟黎，普行薙髮；一、貢木貢香，派總管黎頭運送地方官，選買給價；一、凡出入黎峒之人，盤詰明白放行，遇催徵錢糧公事，票差黎頭，飭令交出，禁差役入黎滋擾。得旨允行。

李侍堯

《清史列傳》卷二三《大臣畫一傳檔正編二十・李侍堯》　李侍堯，漢軍鑲黄旗人。高祖李永芳，天命三年，以明撫順所遊擊投誠，屢立戰功，授一等伯，世襲，自有傳。曾祖釋迦保，祖祈天保，皆襲爵。父元亮，累官至户部尚書，謚勤恪，入賢良祠。

侍堯於乾隆元年授六品廕生。八年，補印務章京。九年，授副參領。十三年十月，遷參領。十一月，調印務參領。十四年，擢正藍旗漢軍副都統。十七年六月，授公中佐領。十二月，調熱河副都統。二十年五月，擢工部右侍郎，兼管鑲白旗漢軍副都統。六月，調户部右侍郎。【略】

二十三年，奏守備張彬佐禁村民演劇，被民人聚衆毆傷，現飭審是否村民違禁演劇，恃衆逞兇，抑或該守備尋釁滋事。諭曰：據所奏，似欲以官民計較曲直，殊未得懲創惡習之意。地方莠民恃衆逞兇，不畏官兵，至公然肆行毆辱，刁悍已極。無論該弁巡查禁諭，本係職守當爲，而刁民輒行抗拒，固當痛加懲治；即或有滋事情弊，自當不論曲直，先治匪棍，然後徐議劣弁，以飭官方，庶刁悍之徒稍知畏懼。

二十四年正月，實授兩廣總督。五月，劾碣石鎮總兵書德侵挪公帑，玩視巡洋，諭嚴鞫，論罪如律。九月，奏外洋夷船到粵，請禁帶絲出洋，從之。十二月，奏：防範外商規條五：一、洋船銷貨後，應飭依期回國，禁止住冬；一、洋商館毋許漢奸私行交易；一、內地行商，毋許借洋商貲本；一、洋商毋許雇内地厮役；一、洋船泊處，守備一員督同弁兵防範。下部議行。【略】

七月，劾潮州鎮總兵明達偪勒守備甘廷亮墊發齎摺路費，不准領項歸款，致廷亮自縊。命褫明達職，交侍堯嚴審。旋奏明達審無偪勒致死情事，查該員任内曾侵用馬價，擬罪如律。

三十九年六月，奏安南内訌，現飭粵西鎮道嚴防夷兵竄入，得旨褒嘉。十二月，入覲，命紫禁城騎馬，賜黑狐端罩。四十年十月，奏審辦廣西高明縣民潛赴安南滋事案，查取失察職名，按其月日，將前署明江同知嵇璇開參，左江道秦廷基忽赴粵東謁見，先爲游説，希欲通融。前據太平府知府程大治、寧明州知州康坦嶽倒提月日，開送前任同知鄒錫彤職名，及指駁行提，復令州役甘華頂冒串供，種種舞弊，請將廷基等革職，嵇璇解任，審訊。諭嘉其秉公，交部議敍。十二月，兵部咨粵東糾黨結盟案，不數月多至五起，應照例加重議處，武職雖協拏，從前究屬寬縱，未便卽予免議。侍堯奏員弁既經協拏，若因破案多不准免議，必致暗爲消弭，兇徒轉多漏網，請將協拏員弁照例寬免。諭曰：所奏是，已於摺内批示矣。地方武弁，平時不能約束稽查，致匪徒糾黨結盟，屢經犯案，自應示以重懲。如果實力查拏，有犯必懲，則藏奸自少。卽所屬地方犯案較多，若知上緊緝拏，功過原可相抵。設仍予以議處，轉致各員弁自顧考成，暗爲消弭，於懲治奸匪，整飭吏治，均屬無益。李侍堯此摺爲挽回積習起見，所奏甚是。然亦惟該督向來董察屬僚，不事姑息，朕所深信，始可爲此言，若他人未可輕爲倣效也。此案著照李侍堯所請行。四十一年二月，奏：嘉應州斬犯蔡老三臨刑未經殺死，帶傷脱逃。奉委監刑之長樂縣知縣薛闓等未親往，遽報斬訖。次日獲犯正法，請將薛闓等革職拏問。諭曰：此事殊堪駭異，實爲從來未有。處決重犯奉委之知縣，及該營遊擊，並不親往監刑，委之吏目、千總微末員弁。黑夜行刑，並不親驗首級，致重囚臨刑脱逃，復敢捏報斬訖，實出情理之外。其行刑之兵丁黄仕榮顯有賄囑情弊，不可不嚴訊重懲。卽鎮道等所報次日尋獲正法之處，亦恐難以憑信，並當嚴密訪查，勿使兇惡要犯，得以潛蹤漏網。所有知縣薛闓、署遊擊劉永惠、吏目鄭兆驤、千總劉駿俱著革職，拏交該督撫，同行刑之兵丁黄仕榮一併嚴審明確，從重定擬具奏。總督李侍堯、巡撫德保及該管提、鎮、道、府，著一併交部嚴加議處。尋奏飭委護惠潮嘉道康基田赴嘉應查驗該犯屍首，處斬屬實，並究出兵丁黄仕榮於行刑時受賄全屍情節，仕榮擬斬，請旨卽行正法。擬薛闓等罪如律。部議革侍堯任，得旨寬免。【略】

四十五年三月，原任雲南糧儲道海寧向軍機大臣訴侍堯貪縱營私狀，奏聞，命尚書和珅、侍郎喀寧阿查辦。和珅等尋奏，查訊侍堯供認收受道府等官餽賂各款不諱。諭曰：李侍堯身爲大學士，歷任總督，乃負恩婪索，盈千累萬，甚至向屬員變賣珠子，贓私狼籍。如此不堪，實朕夢想不到。不特朕用人顔面攸關，卽各督撫聞之，無不慙愧痛恨矣！李侍堯著革職拏問，交和珅等嚴審定擬具奏。命褫所襲伯爵，以侍堯弟江西提督李奉堯襲。五月，擬侍堯斬監候，下大學士九卿議，改斬決；復下各直省督撫議。十月，諭曰：各省督撫覈擬李侍堯罪名一案，業已到齊。李侍堯以大學士兼管總督，受恩最深，乃敢營私敗檢，驕縱妄行，實出意料之外。覈其情罪，非僅如彰寶之因病任性，縱家人勒索供應者可比；較之從前恒文、良卿貪婪骫法，致罹刑憲，情節實約略相等。惟恒文等甫任督撫，卽肆意婪贓，平日又無出力辦事之處；李侍堯則身任總督，二十餘年，如辦理暹羅，頗合機宜，緝拏盜案等事，亦尚認真出力。且其先世李永芳於定鼎之初，歸誠宣力，載在旗檔，尤非他人所可援比。是以前於尚書和珅等照例定擬斬候，大學士九卿請改立決，朕復降旨令各督撫等各抒己見，確議具題，原欲以準情法之平。兹各督撫大率以身在局中，多請照大學士九卿所議，而閔鶚元則以李侍堯歷任封疆，幹力有爲，爲中外所推服，請援議勤、議能之文，稍寬一綫具奏。是李侍堯一身之功罪，原爲衆所共知，諸臣中既有仍請從寬者，則罪疑惟輕，朕亦不肯爲已甚之事。李侍堯著卽定爲應斬監候，秋後處決。餘著照大學士九卿原擬行。【略】

尋偕阿桂奏冒賑舞弊之司道以下各官，現據蘭州府知府陸瑋等將浮冒銀數，及餽送上司各款，逐一供認。八月，諭曰：甘省私收折色一案，骫法營私，弊端百出。已將首先倡議侵冒分肥之勒爾謹、王亶望、王廷贊，蔣全迪等分別明正典刑矣，至此案大小各員通同侵蝕，自應按律問擬，以彰國憲而警貪婪。但人數較多，若概予駢誅，朕心有所不忍，著傳諭阿桂等，將各該犯所有侵冒銀數，其有二萬兩以上者，俱當問擬斬決；二萬兩以下者，入於情實；其一萬兩以下各犯，亦應問擬斬候，請旨定奪。所有應行定擬案犯，俱著趕本年勾到以前具奏，毋致延緩。是月，阿桂赴豫督辦河工。九月，侍堯奏請將冒賑二萬兩以上之程棟等二十員正法，餘分別定罪有差。又奏：蘭州城西南兩面，均山高於城，逆回在華林山憑高下擊，城守兵無可遮蔽。且該處人煙輳集，屋宇直接城垣，易於攀攻。請西自外城安定門起，由拱蘭門迤東至風神廟止；又自通遠門東南角起，由迎恩門至廣武門北角止，添建城垣，西南兩關廂居民，勸諭遷移撤屋，以留火道。華林山應築營堡，移督標右營官兵駐劄。得旨，如所議行。

四十七年三月，奏臯蘭等三十四廳、州、縣，虧缺庫項八十八萬八千餘兩，倉糧七十四萬一百餘石。覈冊檔，自雍正年間至乾隆二十年以前，即有虧欠銀，自數十兩至千餘兩；糧自數十石至四五百石。二十年後，虧缺日甚，多者至萬餘石。上司揑結報題，致州縣毫無忌憚。現今查出二十年至四十年虧項，積至四十二萬，俱係挪新掩舊。今四十年後，自總督以至州縣，俱治罪抄產無可追賠，其四十年溯自二十年之累任各官，應照任內虧空之四十二萬擬定成數，加倍賠補，有無力完繳者，入通案各員名下分賠，其尚有八十二萬餘，請於臣及司、道、府、廳、州、縣養廉內攤賠。諭曰：倉庫正項銀兩，竟敢任意侵欺。即令加倍賠補，亦所應得。但念歷年已久，各州縣輾轉接收，較之折捐冒賑，昧良舞弊者，尚屬有間。其濫行出結保題之各上司，咎止失察，著加恩將虧空四十二萬之數，照依原單，按其在任久暫，照股分賠，毋庸加倍賠補。至該督所稱其餘尚有八十二萬餘兩，未便竟歸無著，請於現任總督及司、道、府、廳、州、縣各員養廉內攤扣三成，陸續歸補等語。甘省積弊相仍，爲從來未有之奇事。此等劣員，既經冒賑殃民，又復侵虧正帑，實屬罪無可逭。昨已將閔鵷元等交軍機大臣，會同英廉等詳加覈奏，降旨分別辦理。至李侍堯、福崧等辦理此案，澈底清查，尚屬實心。即現在道、府、州、縣各員，多係新任，若令攤扣養廉，辦公未免竭蹶，且恐將來轉有藉詞賠累，復致虧缺之弊。並著一體加恩免其分賠。此次寬免後，若再有虧缺，一經查出，斷不能爲之曲貸也。四月，奏虧空案內，查有節年民欠未完籽種口糧銀一項，除節次邀恩豁免外，尚有應徵積欠倉糧二百萬石有餘，折銀三十萬兩有餘，請分年帶徵。諭曰：甘省地瘠民貧，朕前節年加恩出借緩徵，用紓民力。在小民感激朕恩，自無不踴躍輸將。但念該省每遇偏災，動項賑卹，多爲劣員等侵蝕冒銷，閭閻未得普霑實惠，甚非朕惠養黎元之意。今該省積弊已除，所有此項積欠銀兩，著加恩全行豁免。【略】

是月，甘肅鹽茶廳小山逆回田五等聚衆滋事，諭侍堯會同固原提督剛塔迅速剿捕。尋奏帶同臬司陳步瀛前往籌辦，諭侍堯應以速以嚴。尋奏田五竄回小山，慮勾結各處新教，現密飭附近州縣，及河州、西寧回族較多地方，留心防範。諭曰：此案田五等復敢倡設新教，糾衆滋事，究係從前李侍堯未能殲絶根株，以致復萌餘孽，自難辭辦理不善之咎；而此時緊要關鍵，總以安撫舊教爲主。侍堯旋奏：拏獲田五等家屬，並夥賊多名，解鹽茶廳收禁。臣即馳往審辦。諭曰：據奏田五等家口已被拏獲，李侍堯親往審訊。所有田五蹤跡及起事緣由，均無難澈底根究。著李侍堯於審明後，即將現獲各犯，分別凌遲斬梟，一面奏聞，一面正法。五月，奏賊匪至打喇赤，復回撲鹽茶，恐劫家屬，調固原兵彈壓。命侍堯速遵前旨，將所獲賊夥犯屬審明。尋奏：田五中槍傷，在馬營自戕，餘匪竄徐家溝，添派官兵痛剿。又據賊供，意欲回搶鹽茶，約人內應。已將供出各犯密拏收禁，隨將田五等家屬正法。諭曰：李侍堯等辦理此案，甚屬妥速。且鹽茶廳拏禁賊犯及犯屬甚多，昨經降旨，令該督等先行審明，即將各該犯正法，以絶賊人窺伺搶救之心。今李侍堯於未奉諭之前，業已籌慮及此，將各要犯四十九名即行正法，與朕所降諭旨符合。足見其能辦事，本應即予優敘，但此案究係李侍堯前此查辦新教未能淨盡，平日又疎於防範所致，功過兩不相掩。李侍堯著交部議敘。侍堯奏：賊匪撲靖遠城，經官兵擊退。臣現已馳抵靖遠，賊竄窩石山梁。因大雨，軍裝火藥潮溼，俟天晴進兵。諭曰：此時李侍堯在靖遠駐劄，不過籌辦糧草事務，可以委道員等代辦。李侍堯當前往馬家堡，督率調度，較之剛塔一人在彼，呼應更爲得力。況鹽茶監禁賊回家屬俱已正法，其靖遠內應回民亦經按名拘獲正法。賊匪現退入山內，自不能復至靖遠滋擾。即或拚命回撲，官兵正可就其出時，半路截殺，更易爲力。現在賊所據馬家堡前、左、右三面俱係深溝大河，官兵嚴密圍攻，已如釜底游魚，困守空山，食盡計窮，自不能長久占據。惟堡後靠山踞險，防其别尋路徑，或由山後逸出。該督等不可專意在前攻圍，疎防後路，致賊人或乘間竄逸。【略】

五十一年三月，署户部尚書。五月，湖北江陵縣民蔣魯玉控知縣孔毓檀侵蝕賑銀，命侍堯前往查辦。尋審明毓檀無侵蝕情弊，但上年領到銀穀，先放附近各處，其較遠處所至本年正月始放，致災民情急呈控，請革職，發往軍臺效力。諭革毓檀職，免治罪。是月，命署湖廣總督。十月，參奏前署孝感縣知縣秦樸任内有縣民劉金立等向族姓借貸不遂，糾衆搶刦，旋有並未被搶之革生梅調元因慮被累，邀同居民楊維智等，毆斃金立，捉獲幫搶之劉大幺等二十三人，活埋於查家山。地方官諱匿不報，請旨革職嚴審。得旨，褫秦樸職，拏交刑部治罪，前總督特成額等並逮問。旋命實授湖廣總督。是月，置調元等於法。又查奏黄安縣知縣陳玉、興國州參革知州温有光辦賑多侵漁，諭革陳玉職，同已革知州温有光一併嚴審定擬。尋審明，論罪如律。【略】

時福康安劾提督柴大紀，又侍郎德成自浙回京，面奏大紀貪黷狀，上以侍堯有心徇隱，申飭之，命據實查參。五十三年正月，奏大紀貪劣各款，並自請交部治罪。諭曰：李侍堯此次辦理照料渡兵，撥運糧餉、火藥等事，尚爲出力。原欲俟蕆功之日，給還伊原襲伯爵，乃於柴大紀貪縱不職之處，經朕節次降旨詢問，李侍堯知難隱飾，始行具摺陳奏。似此有心徇隱，更忍辜負重恩，李侍堯不應出此。前已晉加宫銜，賞戴雙眼花翎，已爲僥倖，豈可復膺懋賞？並著交部嚴加議處。部議降三級調用，得旨從寬留任。

周學健

《清史列傳》卷二三《大臣畫一傳檔正編二十·周學健》　周學健，江西新建人。雍正元年進士，改庶吉士。三年，授編修，充《一統志》纂修。七年，丁父憂。十三年五月，充四川鄉試副考官。九月，提督福建學政。乾隆元年，遷侍講。二年，遷右庶子。四年正月，充《三禮》館纂修。三月，遷侍講學士。六月，轉侍讀學士。五年二月，充日講起居注官。六月，遷少詹事。十二月，遷内閣大學士，充《三禮》館副總裁。六年二月，署刑部侍郎，充《明史綱目》副總裁。三月，補户部右侍郎，仍兼署刑部侍郎事。

七月，命往山東查辦御史瑪昇參私票鹽價一案，尋奏：東省私收票價實無其事，即票商亦無立窩價名色。惟是票鹽地方充革無定，遂啓攘奪之端。現在商湖淄川票地，係濟東道張體仁子姪冒充，居官牟利，不可不戒。又查奏給事中馬宏琦劾兖州府知府沈斯原挾嫌誣揭滕縣知縣李鱓諱盜，並向屬員借銀有據。俱下部論罪如律。時衍聖公孔廣棨參曲阜令孔毓琚營私枉法，學健遵旨鞫問。尋鞫實毓琚多收税銀及扣禁卒民壯工食二款，擬杖徒，從之。十月，調刑部右侍郎。十二月，陳奏：捕治老瓜賊各條：一、賊所居本籍，該地方官獲一名者議敘，其夥黨有曾同行竊案，並跟隨學習，尚未同行者，必逐名搜捕，分别辦理究處拏獲，將本地方官議處，隣佑地保治罪。一、窩家必盡究，無使漏網，承問官草率結案，照盗案删去窩家例議處。一、老瓜賊均係謀財害命，較隨行夥盗並未傷人者，情罪已重，無論曾否下手加工，但係知情同行，皆立決。一、塘兵自日入至二更，自五更至天明，上下汛輪番傳旗，沿途巡查，遇行客護送前行，如停臥即責革汛弁并參。一、凡道路無主屍身，係老瓜賊謀害者，文武官俱照盜案勒限緝拏，或避重就輕，混以是讐非盜立案者，照諱盜例議處，仍於發覺時通行嚴捕，無使疎脱。下部議行。

黄仕簡

《清史列傳》卷二五《大臣畫一傳檔正編二十二·黄仕簡》　黄仕簡，福建平和人。【略】

四十七年十月，奏臺灣有漳、泉二府民人械鬭，流匪乘機搶殺，把總林審被戕，親赴臺灣督拏。諭曰：如此辦理方是。此案關係重大，黄仕簡一聞報，即帶兵渡臺查辦。迅速完結，自當交部議敘。著傳諭黄仕簡即督同將弁等，勉力將首夥各要犯嚴拏務獲。十一月，諭曰：黄仕簡奏抵臺查辦漳、泉民人械鬭一案，先後拏獲要犯多名，恭請王命正法。各於犯事地方，傳首示衆。尚有未獲各犯，現在查拏務獲解審等語。所辦甚好。同日又據雅德奏到，看來此案先後獲犯及辦理情形，已有八九成，未必致更生事端。但尚有未獲聚衆首夥要犯、殺官重犯等，現在曾否就獲，並此外餘黨，不可不盡行搜緝務獲，以淨根株。著傳諭黄仕簡、楊廷樺澈底根查，將未獲各犯，逐一擒獲，永除後患。四十八年正月，奏先後拏獲臺灣械鬭刁民及殺害汛弁首夥要犯二百餘名，分別置法。臺灣寧帖。命交部議敘，加一級。諭曰：據黄仕簡奏：督拏械鬭刁民，及殺害汛弁首夥要犯，先後共拏獲二百餘名。現在民人並無再敢互鬭滋事，臺灣所屬，均屬寧帖等語。所辦甚好，已交部議敘矣。此案未獲餘黨，及焚搶流匪，仍著黄仕簡、楊廷樺上緊逐一嚴加捕獲，審辦完結。黄仕簡不可因臺地現已寧帖，稍存將就了事之見。旋奏：遵旨查臺灣府知府蘇泰於漳、泉刁民械鬭，並不速捕嚴懲，輒出示諭和，實屬姑息貽誤。諭曰：漳、泉械鬭一案，前經雅德具奏，稱該府蘇泰前往面加曉諭，各莊民遵依允服一摺。朕即慮及該府或竟不知事體輕重，有央懇和息之事，因諭令黄仕簡等查明據實奏參。今據黄仕簡等查奏，蘇泰果有勸和出示情事，竟不出朕之所料。是蘇泰罔顧大體，姑息養奸，非尋常玩延貽誤可比。蘇泰著革職，拏解刑部治罪。二月，奏會同臺灣道楊廷樺續獲械鬭人犯二百六十名，現赴諸羅起事處，嚴拏餘匪。諭曰：據黄仕簡奏：會同楊廷樺親赴各莊，連日搜捕，前後拏獲各犯二百六十名，將審明起意糾黨，焚莊搶殺各要犯，先行正法示衆。現在漳、泉人心帖服，各屬寧謐等語。所辦實屬可嘉，已於摺内批示矣。臺灣刁民械鬭一案，黄仕簡一聞稟報，即帶兵渡臺查辦，將首夥要犯拏獲多人，陸續審明正法，地方寧静，辦理甚屬妥速。前已降旨交部議敘。著再賞給黄仕簡上用荷包，以示嘉奬。

又奏：訪聞鳳山縣屬小岡山地方，有匪徒倡亂，隨往搜查，並無蹤跡。嗣據該縣知縣徐英稟報，盤獲形跡可疑之林弄、陳虎二名，研鞫並無證據。諭曰：諸羅、彰化二縣奸民不法，聚衆械鬭。甫經嚴拏重治，乃又有奸匪豎旗。可見臺灣諸事廢弛，刁風未息，不可不嚴拏究辦，從重懲治，以靖海疆而安良善。至所稱形迹可疑之林弄、陳虎二名，是誰見其可疑，有何形迹。如果審明此二人並非豎旗奸匪，即應問此二人，或素有仇人挾嫌，藉端陷害，嚴切開導訊問。從此根究，或可得實。何以摺内全未奏及，而但云毫無證據乎？黄仕簡等查辦奸民聚衆一案，甚爲妥速，今審辦此事未免疏漏，著即督飭所屬，勒限嚴拏奸匪豎旗之人，務獲解究，不得以查無蹤跡將就了事。三月，諭曰：據黄仕簡奏拏獲鳳山縣編造逆詞、豎旗圖搶之首夥各犯，分別辦理一摺，著交三法司覈議速奏。至此案首犯陳虎等，經鳳山縣知縣徐英因該犯形迹可疑，即行拏獲，尚屬能事。現在正有查辦之事，未便令其引見，著加恩加一級，以示優奬。俟該縣任滿調回内地時，著奏聞請旨。六月，偕楊廷樺奏臺灣兵丁楊祜、曾篤等因挾彰化縣民林文韜糾衆抵制夙嫌，曾篤設計成擒，楊祜用刀剜瞎文韜右眼，擬楊祜等罪如例。諭曰：此案兵丁楊祜、曾篤屢次糾人挾嫌爭毆，並用刀剜瞎林文韜右眼，實屬兇横不法。且林文韜等素被兵丁欺凌，希圖抵制，該處小刀會即由此而起。是楊祜等實爲此案罪魁，自應從重定擬。乃黄仕簡等僅照尋常争毆折傷人肢體者一律科斷，殊屬輕縱。黄仕簡、楊廷樺著交部議處。尋議銷去加一級，免降調。十一月，奏：訪聞臺灣淡水屬奸民林淡等焚燒斃命，事隔兩月，營員未曾具報。現將諱匿玩延之副將左瑛，移督臣題參，並囑鎮臣柴大紀到臺督辦。上是之。【略】

〔五十一年〕二月，奏：臺灣淡水同知潘凱赴貓裏社相驗，中途被賊戕害，並斃跟役十餘人。現調官兵船隻軍火器械，如係生番逞兇，當力疾渡臺督勦。諭曰：朕聞有黄仕簡五百里奏報，恐伊病勢加劇，深爲軫惻。及披閲奏摺，乃係此事，轉覺慰幸。但官員竟被殺害，不法已極！不可不嚴加究治。如係刁民謀害，裝點生番形迹，即嚴拏首從各犯務獲，嚴審確情，立正刑誅，毋使一人漏網。若係生番所殺，即帶兵搜捕，速拏正犯嚴辦，以儆兇頑。黄仕簡一聞信息，即力疾前往，甚屬奮勉可嘉。續奏接鎮道等咨報，同知潘凱係生番殺害，即督官兵渡臺進勦。諭曰：福建水師提督黄仕簡，於查辦生番一案，一聞稟報，即力疾前往督辦，實屬奮勉出力，殊堪嘉奬！著加太子太保銜，以示優眷。旋奏：同知潘凱係被直加未南及目懷二社生番殺害。臣渡臺後，會同鎮道督兵分投勦捕，先後殺獲兇番首級三十八，中槍落崖身死者百數十，業將二社巢穴勦洗。諭曰：生番膽敢戕害官役，實爲兇横不法。黄仕簡等聞信後，即渡臺勦捕，殲戮無遺，辦理甚爲妥速。俱著交部議敘。旋議加一級。九月，奏諸羅縣民楊功懋等兄弟因争財起釁，糾衆立會。經臺灣鎮道飭屬查獲匪徒張泮等十四名，石溜班汛把總陳和拏獲張烈解縣，行至斗六門，突被數十人持械奪犯，陳和被戕。即督飭文武員弁嚴拏。據鎮臣柴大紀等報稱，陸續拏獲首從各犯楊功懋等五十三名。諭曰：楊功懋等釁起家庭，膽敢私立會名，結黨聚衆，經把總陳和拏獲匪犯張烈，復敢奪犯戕官，實屬不法。所有現獲之首從各犯楊功懋等五十三名，著常青、黄仕簡等審訊明確，一面具奏，一面將首要各重犯，即在該處正法示衆。

陳論

《海寧鄉賢録·國朝刑部右侍郎陳公》 陳論，字謝浮，號丙齋。順治辛丑中會試，康熙甲辰成進士，選庶常讀書中秘。凡内府金石之藏，靡不淹貫，而於國書尤覃思熟習。本朝大箸作，如《實録》、《會典》、《平定方畧》、《皇輿表》、《鑒古輯覽》、《明史》、《類函》諸書，纂修攷訂，皆出其手。丁未，分校禮闈，甄拔皆名士。己卯，主試中州，命甫下，即親書姓氏。庚甲，告天設誓，不敢一毫徇私。榜發，多士騰歡。有玉壺冰鑑之目，當宸采輿議，敕九卿詹事科道諸臣分别主試官優劣。新城王士正昌言於朝曰，今科主試公明，當推河南爲第一，廷議翕然。由少詹擢副憲，鎮静守法，不務爲搏擊。楚有婦人誣以殺夫，冤獄爰書已定，力爲平反。遷少司寇。各省上獄，必手自核審，不假吏人，每夜分不寐，下筆輒然如傷，故終任無濫刑事。後以一讞案未當，大司寇王士正手定題稿，事涉論，論不復申辯分過，罷歸。家居六年，日手一編自娱，年七十有四卒。《乾隆州志·名臣傳》。

陳論歷侍講學士、副都御史，晉刑部侍郎、文學侍從三十餘年，遷風紀之任，風度端凝。主試中州，所拔皆寒畯，揭曉日，雖下第者，無不心折。《鄉賢留祀册》。

初彭齡

《清史列傳》卷三四《大臣傳次編九·初彭齡》 初彭齡，山東萊陽人。乾隆三十六年，巡幸山東，召試，欽賜舉人。四十五年，成進士，改翰林院庶吉士。四十六年，散館授編修。五十年，大考二等。五十四年，授江南道監察御史。五十六年四月，劾協辦大學士、吏部尚書彭元瑞於胞姪良羿爲子頂買吏員，知情徇隱，又總理國子監事徇私，將其壻監生鐃文震咨送武英殿校録，鞫實，降元瑞侍郎。五月，遷兵科給事中。五十七年，充廣東鄉試正考官。五十八年三月，轉吏科掌印給事中。四月，遷光禄寺少卿。五月，提督湖北學政。六十年，差滿回京。【略】

嘉慶元年四月，轉通政司參議。十一月，奏參江西巡撫陳淮貪黷骫法，命户部右侍郎台布會同兩江總督蘇凌阿按訊，得實，褫淮職，戍新疆。二年二月，遷太僕寺少卿。九月，轉通政司副使。十月，遷光禄寺卿。十二月，遷通政使司通政使。三年，提督福建學政。四年，擢兵部右侍郎，仍留學政任。三月，轉左侍郎，召回京。夏，授雲南巡撫。十月，上以前任總督富綱請罷官鹽，改歸民運民銷，命彭齡籌議以聞。十一月，奏：滇省鹽務，官爲辦運，日久弊生，應如富綱議。但原奏尚有未盡妥協之處，宜酌加變通：一、原議奏銷時，如有未完，將井員參處，此因各井定有歲額而言，今擬不分井口，聽民販運，須俟試行二三年後，再行咨部定額，缺額者開參，溢額者議敘；一、原議設立引紙以防偷漏，查引紙例由部頒，滇省距京萬里，往返需時，請由鹽道刊發；一、原議行銷地面，各就近井配發，但各井衰旺不同，各屬行銷多寡亦難懸擬，應令商販於領照後，遠近聽其所之，不至擡價居奇；一、原議酌借竈户薪本，今改令竈户自煎自賣，賣鹽之價即可爲煎鹽之資，應毋庸接濟。下部議行。【略】

九年，以誤聽前任湖北巡撫高杞言，誣劾湖廣總督吴熊光受賄營私，又將召對時面奉諭旨向高杞傳述，廷臣請照漏洩機密重事律擬斬。諭曰：大學士、滿漢尚書及原審大臣會議初彭齡罪名，據稱初彭齡冒昧參劾，已屬陳奏失實，此語非是，朕從不因言事罪人。至面陳密諭事件，私向高杞傳述，即照漏洩常事律加等，罪亦不過褫職遠戍，何至引近侍官員漏洩機密重事律，擬以大辟？況臣工遇事敢言，方可袪除壅蔽，凡關繫弊端，及臣僚不公不法等事，既有所聞，本應即行陳奏，候朕密爲查察。若槩諉諸尚無確據，勢必事已破露，始行入告，何如早行發覺，轉不致釀成巨案乎？初彭齡風聞不實，原無可罪，至於洩漏一節，亦當按事之大小，以定罪名輕重。【略】

〔十一年〕九月，回京，授安徽巡撫。十二年二月，覆訊兩江總督鐵保審定壽州民張倫等猝中烘板蛇毒身死一案，實係武舉張大有與胞弟大勳妻胡氏通姦，因妒姦毒斃族姪倫及雇工李賡堂父子，寘於法，並究出蘇州府知府周鍔等受賄揑飾，降革、治罪有差。諭曰：初彭齡於此案悉心推鞫，秉公查辦，俾寃獄平反，得成信讞，實屬可嘉，不負委任。著加恩交部議敘。五月，丁父憂。十四年五月，授貴州巡撫，以父喪未除，且母老，疏辭，上允之。八月，服闋，命署山西巡撫，旋授刑部右侍郎。九月，劾前任巡撫成齡因閲邊需索屬員供應，平魯縣知縣王敏樹、左雲縣知縣孫耀藉口辦差，挪用公項，及各屬倉庫錢糧，均有虧空，褫成齡職，敏樹、耀治罪如律。各屬虧項仍命詳查。十月，臨晉縣知縣程安失察糧書舞弊，將錢文甎塊假裝銀鞘解省，署藩司劉清恐興大獄，請删減情節入奏，彭齡疏劾之，清降四品京堂，安戍新疆。【略】

六月，以盛京、吉林、寧古塔所進蔆枝，違禁攙雜秧蔆，命偕户部左侍郎英和赴盛京查辦。尋訊明局員協領扎布扎那等得贜弊混，及縱容奸商私種秧蔆，依律問擬。【略】

五月，命偕刑部尚書崇禄赴福建鞫在籍知府張祥雲被控案，尋訊明祥雲圖占民人李維祺墾熟沙洲，主使族人保來用鐵器傷斃維祺佃户李輝，賄買頂兇，依律論絞。七月，遷工部右侍郎。

〔十六年〕九月，署浙江巡撫。十一月，湖廣總督馬慧裕奏參湖北臬司周季堂心術不醇，妄作威福，命彭齡往偕慧裕按之；復經給事中喬遠瑛劾季堂袒庇屬員等款，褫季堂職，併交彭齡嚴訊。尋鞫無貪污劣蹟，惟袒庇屬員，及失察代書私收呈費，並因田土細故，濫票差提，業經革職，法無可加，其餘案犯，依律問擬有差。是月，轉左侍郎。【略】

〔十九年〕九月，疏劾江寧藩司陳桂生、江蘇藩司常格催徵新賦不力，俱褫職。旋以江蘇巡撫張師誠回任，命彭齡以欽差會同查辦。十月，彭齡及百齡、張師誠先後各擬章程入奏，諭曰：初彭齡、百齡、張師誠三人平日辦事，俱尚公明，是以此次江省虧空，令伊三人會同查辦。初彭齡等自應彼此和衷，公同商酌，即稍有意見不同之處，不妨據理折衷，期於同歸一是。乃初彭齡不待商定，先於本月二十日自將章程入奏，百齡、張師誠亦即於次日另將章程具奏。彼此齟齬，大乖公忠體國之義。俱著傳旨申飭。

陶澍

《清史列傳》卷三七《大臣傳續編二·陶澍》　陶澍，湖南安化人。嘉慶七年進士，改翰林院庶吉士。十年，散館，授職編修。十五年，充四川鄉試副考官。十八年，記名以御史用。十九年三月，補江南道監察御史，充會試同考官。【略】

三月，調陝西道監察御史。四月，遷户科給事中。九月，命巡視淮安漕務。二十一年二月，奏陳：鎮江運河事宜：一、練湖宜濬治，一、甘露港宜挑深，一、閘座宜整理，一、積土宜起除。疏入，下兩江總督查辦。八月，轉吏科掌印給事中。二十三年四月，俸滿，記名以道員用。十月，巡視東城。二十四年，授四川川東道。二十五年，遷山西按察使。道光元年八月，調福建按察使。十月，擢安徽布政使。

三年正月，授巡撫。二月，上以安徽省倉庫錢糧虧數甚多，曾經五次清查，尚有轇轕款目，命澍逐細確查，籌定章程，覈實辦理。三月，覆奏：從前歷次清查，僅以州縣開報入册之數定案，不實不盡。因思州縣虧缺，藩司衙門俱有檔案可稽，隨將各州縣欠解正雜錢糧，並應捐未解各款，分析開出，以司庫之檔案，覈州縣之册報，虚實立見。計自嘉慶二十五年以前，共虧銀十三萬餘兩，米穀麥豆一萬餘石。察其致虧之由，多係因公賠累，以及衝途歉區，入不敷出，輾轉挪墊成虧，尚非侵盗入己。懇請暫緩治罪，勒限著追。竊以追補舊欠，必先杜絶新虧。杜絶之法，亦惟嚴交代、提存庫、減捐款、禁流攤數端，尤以有犯必懲，俾後來不致效

尤。惟有極力整刷，務使從前之宿累全清，此後之章程悉定。並酌議追補章程十條以聞。均從之。【略】

九年二月，《安徽省通志》書成，上以此書由陶澍創修，下部議敍。十年六月，以假照案内要犯任松宇、劉東昇迅即就獲，加太子少保銜，尋兼署兩江總督，八月，實授，仍兼署巡撫。十月，以淮鹺疲敝已極，縷陳積弊情形，並請删減浮費，停緩攤補，命户部尚書王鼎、侍郎寶興同往查辦。十二月，查明運庫墊占虧缺各項會奏，略言：兩淮正雜錢糧，本係按綱徵收，而外支各款，則係按年支用。如能一綱之鹽，年額年銷，則運庫解支，自可年清年款。無如口岸滯銷以後，正課則統引分攤，而雜款必須按年支發。數十年來，庫款之套搭挪墊，致虧銀數千萬之多，皆由於此。惟有將前項積欠暫緩攤帶，自道光十一年辛卯開綱日起，截清前積，以斷葛藤，庶可從新整理，漸復舊規。又言：淮綱全局詳加綜覈，力求課歸場竈之法，大要有三而皆有窒礙之處：一、由竈丁起科，竈丁皆濱海貧民，若令先納課而後賣鹽，則力有未逮，抑令先賣鹽而後納課，設遇歉產之日，勢必課宕丁逃，且場鹽每斤向賣制錢一二文、三四文不等，今加入課銀六釐，是課重本輕，仍難免透私之弊，此竈丁起科之難行也；一、由垣商納課，招徠殷商，令其認課，包納竈鹽，悉歸該商經理，寓散於整，較爲扼要，惟竈户以己業而聽命商人，情必不願，況商人惟利是視，秤收則勒以重斤，借貸則要以重息，竈户狃於售私，職此之故，竈不樂以鹽歸垣商，亦必無貲完課，此垣商納課之難行也；一、由場官收税，就各場産鹽引額攤定課額，官爲經理，似覺覈實，無如每場應徵銀數十萬兩，鹽場微員豈能任此巨帑？況試行之初，額難懸定，若聽其儘收儘解，難保不匿報侵欺，兼之場署多在海濱，無城郭營汛，防衛徵解亦恐有疏虞，此場官收税之難行也。至於就井抽税，滇省雖有成效，但兩淮場地延衺八百里，非若滇省一井一官，即能查察，未易倣照辦理。即使先爲試辦，而清竈僉商，改官變法，非一二年規模不能粗定，且商販通行，又必南侵閩、浙，北侵蘆、潞，若不統各省鹺務通盤籌畫，實不免此盈彼絀之虞。況此一二年中，課額未可長懸，場鹽未可停捆，各岸食鹽更未可久缺。伏思淮鹽定制，遂層防範，原屬至周至密，惟有將舊章大加釐剔，使射利者無可藉端，欠課者無可藉口，似較課歸場竈之法，確有舊轍可循。謹擬定章程十五條：一、裁減浮費，一、删減窩價，一、删減繁文，一、慎重出納，一、裁選商總，一、酌覈帶銷，一、積欠宜緩，一、宜恤竈丁，一、實給船價，一、嚴究淹消，一、疏濬運道，一、添置岸店，一、亟散輪規，一、整飭紀綱，一、淮北另籌。其餘未盡事宜，應隨時覈辦。諭曰：據王鼎等奏，由該鹽政無管轄地方之責，疏銷巡緝，難期令行禁止，著將兩淮鹽務改歸總督管理，所有鹽政一缺，著即裁撤，其會議酌定章程，仍著照所議行。【略】

十二年八月，御史鮑文淳奏：兩淮鹽務自辛卯開綱，至今尚有三分之二未完，若輾轉占礙稽延，帑項出入，憑何筭算？且招徠商人，未見樂趨，或辦理仍未盡善。詔澍查奏，尋覆言：萬難措手之時，思復舊規而力單任重，實難得有把握。蓋積重之由，不自今始。溯查國初淮綱正課，原祇九十餘萬。至嘉慶二十年後，正雜内外支款，竟需八百餘萬。是課額多懸，轉輪無力，或數年始行一綱之引，或統引而全綱不行，商疲課絀，百弊叢生。奏銷不前，則謬爲報效，以緩正課；支用無出，則擅動庫款，以應雜需。且批解則貼色貼息，彌縫則公補公攤，庫款既竭，典質遂及於根窩；私質無憑，虚僞遂流爲印本。其尤貽患後來者，借本認息，本罄息存，以數十年後之膏血，拔而用之於數十年之前，而四千餘萬之舊項已空，一千餘萬之欠款仍在。毋怪乎昔楬而猶能揮霍，今斂而彌形枯窘也。亟圖整頓，實已不遺餘力，無如舊商早已消乏，新商尚多觀望，辦理實形竭蹶，惟有敦飭運司，就近體察，如有可以鼓舞商情之處，設法籌辦。又總因革除陋規，删減浮費，以致物情多怨，商情隔絶，請仍放鹽政一員，專司課項，及轉運招徠各務。諭曰：陶澍奏請另簡鹽政，實屬有心取巧。國家設官分職，豈容私意更張？如果淮鹺疲敝，實難整頓，何以奉命任事之時，未思及此，並無一言陳奏？迄乎辦無成效，又思更改，不過以專管、兼管甚相懸殊，爲此避重就輕之計。如此居心辦事，豈公忠體國者之所爲？朕總理庶政，惟知賞功罰過，視乎其人之自取。儻辦理不善，有負委任，惟有執法從事，治以應得之罪；若如此朝更暮改，不成政體，朕亦不能對天下矣！陶澍著傳旨嚴行申飭。【略】

十四年正月，計典甄敍，上以陶澍辦事實心，鹺務日有起色，下部議敍。十月，報霜降安瀾，下部議敍。十二月，御史許球以兩淮鹽務辦理支飾情形入奏，諭曰：該督如有天良，即當實力疏銷，通盤籌畫，儻稍混飾彌縫，毫無實效，帑課攸關，豈容因循貽誤？朕惟執法從事，斷不稍爲寬貸！尋奏言：癸巳綱收銀二百七萬六千餘兩，比較辛卯綱實多收銀十四萬三千餘兩，比較壬辰綱僅少收銀五萬三千餘兩。現在未運各引，多至一綱有餘，此係舊綱未竣，並非本綱應運之引。兼值頻年災歉，商人之成本既增，各岸之疏銷未暢，甲午新引現已開綱，飭運司趕緊設法辦理。因思裁革浮費，爲衆怨所歸，復以議駁太戇，難免藉端報復，浮言所至，商情觀望，應辦事宜不免阻滯，然亦不敢避嫌避怨。諭曰：嗣後若果有成效，年勝一年，朕豈有不爲卿作主之理？無恤其他。若歲歲空言搪塞，部中不難稽覈，前車未遠，朕不能上下其手也。噬臍二字，凛之識之！

祁𡎴

《清史列傳》卷三七《大臣傳續編二・祁𡎴》 祁𡎴，山西高平人。嘉慶元年進士，以主事用，分刑部。六年，補官。八年，陞員外郎。九年，提督廣西學政。十三年，回京。五月，補原官。尋以會審宗室敏學案，研鞫不實，褫職。十四年，恭遇仁宗睿皇帝五旬萬壽，加恩以七品京官用，仍留刑部行走。十五年，丁母憂。十八年三月，服闋，以承審教匪逆案出力，賜文綺。十九年，陞主事。二十一年二月，京察一等。五月，陞員外郎。八月，充順天鄉試同考官。十二月，陞郎中。二十四年二月，京察一等。四月，丁父憂。道光元年，服闋，補原官。二年十一月，俸滿截取，記名以繁缺知府用。十二月，經刑部堂官奏請暫留辦理赦款減等，並纂修律文。四年，授河南糧鹽道。五年，擢浙江按察使。時浙江德清縣民徐寶華妾倪氏謀殺夫姪妻蔡氏，獄久不決。上特命𡎴詳加覆檢，尋鞫實，得歷次仵作、刑書受賄朦蔽狀，上復命尚書王鼎馳往覆覈，悉如𡎴議，讞始定。六年，陞貴州布政使。九年三月，遷刑部右侍郎。十月，充武殿試讀卷官。

尋授廣西巡撫。十二年，湖南江華瑶匪趙金龍作亂，𡎴以廣西地界毗連，檄按察使戚宗彝往富川、賀縣防禦。富川、恭城、賀縣三邑之交，有姑婆山，周二百餘里，與江華途徑交錯。𡎴別遣將弁搜捕，會逆瑶敗走，復檄戚宗彝移駐桂嶺遏之，賊乃不敢南竄。趙金龍剿滅，廣東連江逆瑶又起，廣西瑶匪盤均華本江華瑶，徙居蒼梧，聞連江瑶不靖，亦乘機蠢動。𡎴檄參將滿承緒、同知易中孚勒兵，賀縣知縣吳扶曾、舉人吳元德撫馭其瑶之良者。盤均華遂合柑子沖瑶匪趙金香，由大貴山下龍井村，出道石墟，謀奔江華，奪瑶山爲逆。經滿承緒、易中孚追及於芳林渡口，連戰三日夜，斬馘千四百，擒獲八百餘人。盤均華走湖南竹排沖就獲，廣西瑶平。諭曰：逆瑶盤均華聚衆謀逆，僞稱名號，甫經起事，即經廣西文武各官於芳林渡痛剿敗散。該逆窮蹙，即被擒獲，不致蔓延。是芳林渡戰功，保全甚大。命加𡎴太子少保銜，並議敘，軍功加三級。尋疏陳善後六策：一、重官守以資治理，賀縣地方遼闊，桂嶺松里濠界龍水，鋪門等隘，雖分設縣丞、巡檢，駐有弁兵，惟距府治三百餘里，與富川、昭平壤地相接，控制太遥，富川縣屬之鍾山鎮爲古富水縣治，去賀縣一百四十里，去昭平二百七十里，去平樂一百二十里，如黎頭山、姑婆山、天洪山皆隨路可通，實爲適中扼要之地，平樂府通判向駐郡城，政務甚簡，宜移駐於此，就近審理民、瑶詞訟，防奸緝匪，並酌撥千總一員、兵丁四十名同駐，以資威重；一、選瑶目以定賞罰，廣西所在民、瑶雜處，平日尚皆安分，惟外來瑶民就山耕種，名過山瑶，依山結屋，散處零星，難拘保甲之法，瑶人所居爲沖，每沖或數十家或數家，領以瑶目，或一二沖或數沖，應令過山瑶人附沖居住者，歸入各沖編查，選徙他往者存記，歲終令瑶目造册呈縣，如教率有方，三年安静無事者，量給外委頂帶；一、禁遊棍以安生業，瑶人崖居穴處，賦性蠢愚，每被遊民欺詐，應責成各州縣時常輕騎親赴曉諭，無令畏懼，嚴禁民人搶占瑶業，若瑶人趁墟交易，墟長街保爲懲察奸徒，其涉訟公庭者，檄令瑶目按名送官，差役不得入山滋擾；一、收火器以嚴禁令，瑶人打牲防獸，私藏鳥槍，有事即藉以抗拒，今乘創剿之威，收繳應盡，自後如有鐵匠、鋪户造鑄鳥槍，民人賣給火藥，依律嚴治；一、勤訪察以知情僞，瑶人之安分與否，及外來匪類潛入瑶境，州縣官難以周知，而兵役貪利者，使之稽察，易滋流弊，與其任事權於兵役，不若寄耳目於紳民，紳民聞見較真，且恐事發先受其累，應擇其附近瑶山熟習瑶情，能知大義者，畀以化導之權，稍見釁端，立即察治，庶合防微杜漸之意；　一、興義塾以化氣質，瑶人雖愚，亦頗知字義，無如所聞多師巫之説，不知是非邪正，應嚴加禁絶，於各沖相度情形，設立義塾，延端正之士以詩書訓課，州縣官隨時親臨，獎其穎秀可教者，朔望恭宣《聖諭廣訓》，俾漸知禮法，數年後果有成效，一體設立瑶童學額。均如所議行。

林則徐

《清史列傳》卷三八《大臣傳續編三・林則徐》　林則徐，福建侯官人。嘉慶十六年進士，改翰林院庶吉士。十九年，散館，授編修。二十一年，充江西鄉試副考官。二十四年三月，充會試同考官。閏四月，充雲南鄉試正考官。二十五年二月，轉江南道監察御史。時河南儀封南岸工程未竣，則徐以料販囤積居奇，奏請飭地方大吏嚴密查封，平價收買，以濟工需，下所司議行。先是，海盗張寶投誠後，累官至副將，至是復擢總兵。則徐恐其驕蹇不可制，疏劾之，上韙其言。四月，京察一等，復帶領引見，記名以道府用。尋授浙江杭嘉湖道。

道光元年，聞父病，引疾歸。二年，授江蘇淮海道，未赴任，署浙江鹽運使。三年，遷江蘇按察使。四年正月，署布政使。八月，丁母憂。五年，奉旨赴南河督修隄工，工竣，仍回籍。六年四月，命署兩淮鹽政，以疾辭。十月，服闋，七年五月，授陝西按察使，署布政使，旋陞江寧布政使。十月，丁父憂。十年正月，服闋，六月，授湖北布政使。十一月，調河南布政使。十一年七月，調江寧布政使。時江蘇水災，咨糴河南米麥，則徐委員赴商丘劉家口及陳州、光州採辦，由河、淮運達江境，順道親往督辦，並於淮、揚一路勘災籌賑。十月，擢河東河道總督。十二年正月，疏言：　運河挑工已完六分，惟沿隄出土之路，因泥漿抛撒，逐條凍積，名曰泥龍，尚未除净，日積日多，挑運更爲費事。一經春雨，更恐衝入河心，現飭工員挑完一段，即起净一段泥龍，其已挑未净之處，官差夫頭，量予懲責。上是之。二月，擢江蘇巡撫，未即赴任。三月，奏言：　稭料爲河工第一弊端，其門垛、灘垛、底廠，及併垛、戴帽各名目，非抽拔拆視，難知底裏。現將南北十五廳各垛查明，抏敝者察治，並請裁山東泉河通判。得旨：　向來河臣查驗料垛，從未有如此認真者。

六月，抵巡撫任。疏言：　江蘇錢穀最爲繁重，而漕務痼疾已深，整頓錢漕，先懲已甚，清釐倉庫，尤貴截流。當執法者，不敢以姑息啓玩心；當設法者，不敢以拘牽礙全局。報聞。時議裁汰冗員，八月，則徐偕兩江總督陶澍奏裁江寧、鎮江二府照磨，揚州府檢校，華亭縣主簿，金壇縣湖谿司巡檢；又偕南河總督張井奏裁丹徒、如臯二縣縣丞，儀徵清江閘閘官：　均允行。閏九月，以南河盗決官隄，首犯陳端日久未獲，降五級留任。先是，則徐在江寧藩司任内，以各屬水災，建議倡捐煮賑，資送留養，收孩瘞棺，捐衣勸糶，養佃典牛，借籽種，禁燒鍋十二條，經陶澍以聞。至是事竣，偕陶澍奏請獎勵捐輸出力各官紳，允之。十二月，密陳藩、臬、道、府考語，疏言：　察吏莫先於自察，必將各屬大小政務，逐一求盡於心，然後舉以驗屬員之盡心與否。若大吏之心先未貫澈於此事之始終，又何從察其情僞？臣惟恃此不敢不盡之心，事事與屬員求其實際。謹將司道府之立心行事，人品官聲，略具梗概以聞。初，則徐任按察使時，奉旨綜辦三江水利，以憂去任。經陶澍奏明孟瀆、劉河分年籌辦。十四年，孟瀆工竣。六月，則徐以劉河近日淤墊更甚，奏請接行勘辦，從之。七月，奏言：　江蘇錢漕倍於他省，其中有緩有急，有舊有新，勢難一律清解。與其漫無區別，徒令剜肉補瘡，莫若專嚴於提新，而暫緩於補舊。新款果能全解，是州縣無新虧，而舊欠亦可漸冀彌補。得旨：　竭力爲之。八月，奏：　江蘇各沙洲，前經召佃收租，充水利經費，惟其中有書院、善堂公款，及民户承買之業，請自道光八年新例以前，報部有案者，遵照舊案，一律准買執業；其未經報部及例後所報者，發還原價，概行歸公，以示限制而杜效尤。下部議行。是年夏秋間，江蘇各府或江湖盛漲，廬畝被淹，或暘雨愆期，收成積歉。九月，蘇、松等屬續遭風雨，木棉穀粒，均有受傷，委員勘實，奏請蠲賑，格於廷議，復上疏曰：　蘇、松、常、鎮、太倉四府一州，錢漕最重。道光三年水災以來，歲無上稔，民力益見拮据。今歲秋禾，節節受傷，甚至發芽霉爛。每畝比之上年，少收五六斗。民間積歉已久，蓋藏本極空虚，當此秋成之際，糧價日昂，來歲青黄未接，不知更當何如？小民口食無資，而欲强其完納，即追呼敲撲，亦有時而窮。前此漕船缺米，州縣尚能買補，近且累中加累，不但無墊米之銀，更恐無可買之米。且鄰省亦連被偏災，布匹絲紬，銷售稀少，權子母者無可牟之利，任筋力者無可趁之工。故此次雖係勘不成災，而困苦情形，實與全災無異。覩此景象，時時恐滋事端，儻通盤籌畫，有可暫紓民力之處，總求恩出自上，多寬一分追呼，即培一分元氣。疏入，報可。十一月，以陳端就擒伏誅，偕陶澍奏保出力人員。【略】

十八年二月，偕湖南巡撫錢寶琛奏籌辰沅道屬苗疆屯防各事宜，下部議行。又疏陳整頓鹽務，略言：貧民挑運售私，其近川近粵近潞之處，與兩淮場竈皆遠，而鄰鹽一蹴即至，成本既輕，售價自賤。且鄰省鹽課皆輕，淮綱獨重，即彼此同一官鹽，亦必彼盈此縮，況以無課之私販，紛紛侵灌，其勢更不能相敵。現在剴諭紳民，日用飲食，何在不可節省？獨於食鹽計較貴賤，犯法食私，紳衿革功名，平民受滿杖。明利害者當不至如是之愚。且湖廣錢漕最輕，若鹽課復背官食私，天良何在？嗣後責成紳衿大户，及鄉團牌保，互禁食私，犯者公同送究，其挑賣之窮民，許改充肩販，由官鹽店給票，赴鄉賣完繳價。再從前襄陽、宜昌、衡州三處奏明，官運商鹽，減價售賣，以敵鄰私，歷辦並無成效。且一種奸販轉賣減價之賤鹽，以灌旺銷之引地，藉寇資盜，無異剜肉補瘡。應將此三處不令減價以杜流弊。四月，奏請湖南提督常駐辰州府，扼要彈壓。均允之。閏四月，湖南撫標右營遊擊馬辰失察家人及弁兵舞弊，事覺，則徐坐曾經保奏，降四級留任。九月，奏：各州縣水旱偏災，奉恩旨謄黄祇能開載若干村莊，其地名不能一一全敍，難保吏胥無高下其手，衿民亦或狡稱蠲免，紛紛訐訟，請將應蠲、應緩、應遞緩之頃畝細册，由各州縣另行繕榜，隨同謄黄徧貼曉諭，並責成該管道府稽察，毋許隱若。上嘉其所見精細，允行。

先是，鴻臚寺卿黄爵滋疏請嚴禁鴉片以塞漏卮，吸食者治以死罪，命下中外各大臣議奏。則徐奏言：鴉片流毒已甚，非難於革癮，而難於革心。欲革玩法之心，安得不立怵心之法？況行法在一年以後，議法在一年以前，轉移之機，正繫諸此。必直省諸臣，共矢一心，極力輓回，以期永絕澆風，此法乃不爲贅設。遂擬章程六條：一、收繳煙具，以絕饞根；一、各省於定議後出示，分一年爲四限，遞加罪名，以免觀望；一、加重開館興販，及製造煙具罪名，勒限自首，以截其流；一、失察處分，先嚴於所近；一、著令地保甲長查起煙土、煙膏、煙具、庇匿者罪同正犯；一、豫講審斷之法，以杜流弊。因繕呈戒煙經驗藥方數種。尋奏湖南、湖北拏獲烟販，並收繳煙土、烟膏、煙具情形，上甚嘉之。十一月，入覲，賜紫禁城騎馬，命頒欽差大臣關防，馳往廣東查辦海口事件，水師咸歸節制。十九年三月，偕總督鄧廷楨等奏截回躉船二十二隻，起獲煙土二萬二百八十三箱，請酌給茶葉、大黄以示體恤。得旨：所辦可嘉之至！該商畏罪自首，情尚可原，免其治罪。酌賞之處，著照所議。則徐下部優敍。四月，奏英人夾帶鴉片，請照化外有犯之例，人即正法，貨物入官，議一專條，並酌予限期，上命軍機大臣等議行。新例既定，則徐請先傳檄英吉利國王，諭以利害，擬稾呈覽頒發；又遵查海口排練礮臺情形，奏言：廣東中路海口，以虎門爲咽喉，進口七里，一山屹立海中，曰横檔，其前有巨石，曰飯籮排，又其前小山，曰下横檔。海道至此分二支，右多暗沙，左以武山爲岸。山下水深，英船必由之路，海面僅三百餘丈，鎖以鐵練，承以木排，復建礮臺，俯臨排練，就令英船堅固，衝斷鐵練，尚有一層阻截，羈絆多時，臺礮乘之，必成灰燼。報聞。

杜受田

《清史列傳》卷四一《大臣傳續編六・杜受田》 杜受田，山東濱州人。父堮，禮部左侍郎，贈太傅、大學士。受田，道光三年進士，改翰林院庶吉士。六年，散館，授編修。八年，充順天鄉試同考官。十一年，充國史館提調。十二年，充雲南鄉試副考官。十三年七月，大考二等，以中允陞用，先換頂戴。八月，提督陝甘學政，以陝西巡撫史譜係兒女姻親，奏請迴避，調山西學政。十四年二月，補右春坊右中允。五月，轉左春坊左中允。十五年七月，陞司經局洗馬。八月，召回京供職。十六年正月，命在上書房行走，授文宗顯皇帝讀。四月，充日講起居注官。十七年二月，京察一等，尋擢右春坊右庶子。十二月，陞翰林院侍講學士。十八年四月，轉侍讀學士。七月，陞内閣學士，兼禮部侍郎銜，命專心授讀，毋庸到閣批本。十二月，擢工部左侍郎。十九年，兼署錢法堂事務。二十年，充朝考閱卷大臣。二十一年三月，充會試副考官。閏三月，調户部左侍郎，兼管三庫事務。【略】

〔咸豐元年〕五月，諭曰：刑部事務較繁，杜受田現在專司勘辦實録館稾本，職任綦重，雖從前已諭令毋庸赴刑部辦事，惟緊要案件，例須同堂面商定讞，究難兼顧。杜受田著加恩以協辦大學士管理禮部事務，俾得專勘稾本，益昭敬慎。

湯金釗

《清史列傳》卷四一《大臣傳續編六·湯金釗》　湯金釗，浙江蕭山人。嘉慶四年進士，改翰林院庶吉士。六年，散館，授編修。十二年，充順天鄉試同考官。十三年三月，《高宗純皇帝實録》、《聖訓》告成，金釗以歷充協修、編修、總纂議敘，遇有應陞之缺開列在前。四月，命在上書房行走。閏五月，丁母憂。十五年，服闋，充《文穎》館總纂。十六年五月，遷侍講。十二月，提督湖南學政。時前任學政徐松被參賣書漁利等款，經欽差工部左侍郎初彭齡審明得贓屬實。十七年三月，金釗偕巡撫廣厚遵旨察封徐松任所資財，並將各書籍詳細磨對，實無自作詩文，亦無違悖字跡。奏入，報聞。九月，偕廣厚奏請添設永順府保靖縣苗童學額一名，下部議行。十八年，遷國子監祭酒。【略】

十月，陞禮部尚書。尋以山西猗氏縣民閻克己京控知縣違例勒罰斃命，教諭、典史串詐得贓，命偕刑部右侍郎鍾昌前往查辦屬實，請將猗氏縣知縣張珍臯等奪職，署巡撫福綿失察，下部議處；趙城縣知縣楊延亮於孟蘭鎖毆斃重案，率以失足落溝詳結，經其舅孟得陞懷疑控指正兇，赴京具控，金釗等遵旨集訊傷斃屬實，請將楊延亮議處，另緝正兇：均從之。【略】

尋以四川三臺縣民劉用遵、邛州民胡占魁、大邑縣民張玉秀、越巂廳民徐元學、巴縣民張正德等京控各案，遵旨偕署工部右侍郎鍾昌前往查辦，或鞫審得實，或虛實參半，或砌詞捏控，俱先後分別奏辦如律，下部議行。九年四月，回京，行抵陝西褒城以湖廣總督嵩孚等奏湖北署房縣知縣王綱於羣毆致斃之案，誤作夥劫，扶同鄖縣典史張紹宗誣良爲盗，經鄖陽府知府李羲文平反，猶復狡執抗延，金釗偕鍾昌折往湖北訊實定讞，奏請將王綱、張紹宗分別奪職遣戍；又已革荆州水師營守備張湖因查鹽起釁，與前任四川學政潘光藻互訐，金釗等訊明張湖砌詞挾制，奏請奪職，其搭幫船隻夾帶私鹽，潘光藻坐失察，下部議處：均如所請行。【略】

十月，閩浙總督孫爾準、福建巡撫韓克均以交代未清之署福州府、糧捕通判候補知州張騰稟揭督撫家丁收受門包，並砌款牽控各廳縣，及在籍大員，奏請欽差大臣查辦，得旨，奪張騰職，命金釗仍偕鍾昌前往，尋訊明張騰係砌款訐控，奏請從重遣戍，其門包一款，訊祇於署糧捕通判任内送督撫門丁各二次，計每處八十八兩，孫爾準、韓克均俱坐失察議處，並請申嚴例禁，允之。十年六月，户部假照案發，命偕兵部尚書那清安等會同户部，將嘉慶二十一年以後庫收小票，暨每日江南道磨對原册查覈。尋查出捐册内有册内無名稾内竄入者；有册内有名稾内無名者；有單名改作雙名者；並塗改總數各情弊，先後奏交刑部歸案審辦。【略】

十六年三月，以御史許球奏參陝西巡撫楊名颺關防不謹、牟利勒捐、廢弛捕務各款，命偕户部右侍郎文慶前往查辦。尋查明楊名颺被參各款，尚無贓私情弊，惟失察家人與鋪户交結往來，不禁屬員眷屬出入衙署，於一家四命重案，不知速理，兇犯日久未獲，緝捕鬆懈，奏請下部嚴議。五月，以通政使司參議劉誼奏請清查四川捐輸及軍需銀款，命偕文慶由陝赴蜀，調取簿册清查無誤，又四川布政使及各州縣被參交審各案，大竹縣知縣郭夢熊於差役釀命，朦詳開脱，廣元縣典史董秉義詐贓釀命，知縣春明既失察又准攔驗，巴縣知縣楊得質收受壽禮，違例科罰，江安縣知縣夏文臻不洽輿情，資州知州高學濂、署資州知州薛濟清、隆昌縣知縣劉光第辦理津貼不實不盡，均先後訊明，奏請分別科罪有差。前任四川布政使李羲文前在峩邊軍營供張華靡，迨凱旋，趾高氣揚，致招物議，其濫保多人，經總督鄂山駁減，仍對衆肆言以市己恩，任性乖張，並請嚴議；其已經告病之涪州知州楊上容及江津縣知縣郭彬圖係金釗門生，查無贓私劣跡，並奏言：嫌疑之際，物議易生，敢不從嚴根究。惟虛實是非，自有公論，亦無從周内，藉爲遠嫌地步。疏入，硃批：事若秉公，問心無愧，何恤人言？不避親，不避怨，古人曾言之也。勿生疑慮，攄誠報稱，朕所望焉。

九月，由蜀回陝，復以楊名颺奏參署按察使督糧道李廷錫任性挾制，李廷錫亦稟揭研審紫陽縣一家四命案，究出知縣郭思儀刑求逼供，知府趙廷俊徇庇捏詳，楊名颺因與趙廷俊同鄉，囑爲設法消弭，並遵諭將楊名颺乾没工賑，袒護同鄉各款查奏。尋奏楊名颺於西嶽廟工含混巧飾，且於臨潼、富平等缺，將同鄉謝長年等調補，詳審得實，上命奪楊名颺職，其與李廷錫參訐一款，狡詞抵賴，復經金釗等奏聞。諭曰：楊名颺辜恩溺職，殊出情理之外。業經革職，著毋庸議。儻再不知自愧，嘵嘵瀆辯，必當重治其罪。【略】

是月，御史蔡家玕奏河工賠項逾限不完，新定處分過於寬縱，並指參辦理此案，全係金釗一人在工部、吏部尚書任内，有徇私錯謬情弊，金釗回京途次，遵旨以前議處分章程非一人所能專擅，至所稱徇情迴護請託不敢置辯，惟求查辦，具疏奏覆。嗣蔡家玕又遵旨回奏情託本屬機密，豈有實據，並聲稱前在工部司員任内回此稟時，欲將稟底送與管理工部之大學士曹振鏞閲看，經金釗阻止等語，上復命金釗據實具奏。尋奏言：此案蔡家玕擬稟面回時，因原案處分，業經吏部奏定加重，且總督及屬員一律辦理，亦多窒礙，未便率行具奏，令其回明各堂官商酌是實。諭曰：此案處分輕重，原應權衡至當。湯金釗於司員擬稟面回時，即當親與各堂官商榷，何以令司員轉回各堂？且亦不應遽斷難行。蔡家玕於湯金釗聽受請託，既未能指出實據，復以事隔多年，忽行陳奏，亦有不合。湯金釗、蔡家玕均交吏部、都察院分別議處。金釗降二級留任。先是，景陵茶膳餑餑房縱火要犯，八年之久未經緝獲。至是，守護東陵鎮國公宗室景綸等有意邀功，工部郎中宗室敉功等迎合見好，輒將形跡可疑之人煅鍊入奏，經刑部平反，得旨，將景綸等交宗人府及吏、兵二部嚴議。部議敉功等承審不實，奏請降調。上以吏、兵二部堂官於特交嚴議之案，並不將全案情節及誤入人罪，詳細覈議，率以尚未成招一語巧爲開脱，交各衙門議處。金釗降四級留任。五年五月，偕宗人府宗令肅親王敬敏等奏議鴉片煙吸食、興販及官員失察、胥役賄縱、商舶窩藏、關津偷漏、棍徒冒充官人、姦民栽贓誣陷各罪名三十九條，得旨允行。

奕經

《清史列傳》卷四一《大臣傳續編六·奕經》 宗室奕經，鑲紅旗人，和碩成哲親王永瑆孫，多羅貝勒綿懿子也。嘉慶二十一年，由四品宗室賞頭等侍衛，在乾清門行走，尋封二等輔國將軍。二十二年八月，授尚茶正。九月，擢奉宸苑卿。二十三年二月，遷内閣學士，兼禮部侍郎銜。四月，兼鑲藍旗漢軍副都統。十一月，命管理健鋭營事務。二十四年，調鑲藍旗滿洲副都統。【略】

十五年正月，調盛京將軍，命覆勘永陵應修工程。六月，奸匪張國才糾夥越邊入圍場肆掠，奕經飭屬偵獲之。得旨，下所司按治，並命妥議圍場章程。七月，奏陳六條：一、禁私鑄鳥槍；一、禁私藏火器；一、禁接濟奸匪口米；一、添發木籌，派兵循環嚴查；一、山犯加等治罪；一、解役疏脱賊犯，從重究治。報聞。八月，奏請撥借庫款，發商生息，爲添設操防馬匹經費；又請墊款買補内倉米石，由歷年兵餉分季扣還：俱如所請行。十一月，奏：吉林雙城堡屯田，向由京旗撥丁往墾，報明立册稽察；其由金州撥往者，亦如之。近來金州等處旗民，往往私行充丁幫作，請申定章程，約束稽察，以免户籍牽混。上韙之。

花沙納

《清史列傳》卷四一《大臣傳續編六·花沙納》 花沙納，烏米氏，蒙古正黄旗人。道光十二年進士，改翰林院庶吉士。十三年四月，散館，授編修。七月，充日講起居注官。八月，陞侍講。十一月，轉侍讀。十四年，遷右春坊右庶子。十五年，充雲南鄉試正考官。十六年，擢國子監祭酒。二十三年閏七月，署都察院左副都御史。八月，充順天鄉試副考官。九月，遷通政使司通政使。十一月，陞都察院左副都御史。二十四年二月，擢盛京刑部侍郎，尋調禮部右侍郎。七月，署右翼總兵。八月，命覆覈朝審，以擬緩絞犯閻四情節未協，疏言：向來直省秋審人犯，由各督撫分別情實緩決，刑部覆加覈議。其改緩爲實、改實爲緩者，例有處分。惟朝審人犯，但由刑部分別情實緩決，不加覆議，立法尚未周備。嗣後覆覈朝審，有部議未協，應奏明請旨，以昭慎重。如所議行。尋授鑲紅旗漢軍副都統。十月，調工部右侍郎，兼管錢法堂事務，授總管内務府大臣。

徐澤醇

《清史列傳》卷四一《大臣傳續編六·徐澤醇》　徐澤醇，漢軍正藍旗人。嘉慶二十五年進士，以主事用，分吏部。道光十二年，補官。十三年，陞員外郎。十七年，陞郎中。十九年，授四川重慶府知府。二十一年，陞山西河東道。二十二年，調江南河庫道。二十三年，以搶護南河險工及捐辦江北礮局，均下部議敍。二十五年，陞湖南按察使。二十七年，陞山東布政使。

二十八年六月，擢巡撫。先是，山東捕務廢弛，盜賊公行，經前任巡撫張澧中嚴定緝捕章程，及失察諱匿各員處分。至是，澤醇奏言：緝盜之要，固宜覈屬吏獲犯多寡，以示勸懲；尤貴嚴拏兇渠，使羣匪斂迹，方爲實效。臣到任後，訪查各屬地方，雖較前稍形安謐，而在逃要犯，尚未悉擒。惟有督飭文武認真搜捕，務將著名要匪盡數弋獲，不准以僅緝夥匪塞責。上韙其言。

徐有壬

《清史列傳》卷四三《大臣傳續編八·徐有壬》　徐有壬，順天宛平人，祖籍浙江。道光九年進士，以主事用，分户部。十八年，補官。二十一年，陞員外郎。二十二年，陞郎中。二十三年二月，京察一等，記名以道府用。五月，授四川成綿龍茂道。二十七年，署按察使。時四川嘓匪滋事，有壬偵知渠魁所在，懸重賞購獲之，餘黨解散，地方以靖。二十八年，遷廣東鹽運使。二十九年三月，捐銀備賑，賞戴花翎。四月，署按察使。六月，陽山、英德等縣匪徒聚衆戕官，兩廣總督徐廣縉檄有壬馳往剿辦，先後獲犯五百餘名，下部優敍。尋陞四川按察使。三十年，陞雲南布政使。雲南漢、回雜處，軍興以來，運銅廠丁尤饑困，屢犯不法，官禁之則洶洶欲爲變。有壬抵任後，請諸督撫，就廠鑄錢，使之無失業，擇其黠者操縱而噢咻之，廠丁遂受約束，不敢逞。咸豐元年七月，永昌邊外匪徒圖開礦廠，糾衆滋事，抗拒官兵，有壬拏獲匪犯多名，置諸法。十二月，雲貴總督吳文鎔以有壬親母壽逾八旬，五世同堂，籲請旌表，得旨優獎如例。三年三月，調湖南布政使。四月，率屬捐備軍餉，下部優敍。

翁心存

《清史列傳》卷四五《大臣畫一傳檔後編一·翁心存》　翁心存，江蘇常熟人。道光二年進士，改翰林院庶吉士。三年，散館，授編修。四年，大考二等，命記名遇缺題奏。旋擢詹事府右春坊右中允。五年，充福建鄉試正考官，提督廣東學政。六年，轉左中允。九年，任滿，命在上書房行走，授惠郡王讀。十年八月，充日講起居注官。九月，遷翰林院侍講。十一年，充順天鄉試同考官。十二年，充四川鄉試正考官，提督江西學政。十三年正月，補右春坊右庶子，三月，轉左庶子。四月，擢國子監祭酒，均留學政任。十四年，任滿。十五年，充浙江鄉試正考官。尋授奉天府府丞，兼學政。十六年，補大理寺少卿。十七年，命在上書房行走，授六阿哥讀。十八年，以母老乞養，回籍。二十五年，丁母憂。二十七年，服闋。二十九年七月，命仍在上書房行走，授八阿哥讀。復授國子監祭酒。十二月，擢内閣學士，兼禮部侍郎銜。旋授工部左侍郎，兼署錢法堂事務。【略】

是月，覆覈朝審，有哈達郎阿竊錢票七百串一案，刑部依贓逾五百兩擬絞入實，心存駁議，以爲户部俸餉，均以制錢二串作銀一兩，該犯所竊錢票以二串合銀計之，不過準銀三百餘兩，應改緩決，並請明定章程，嗣後偷竊錢票應以制錢二千合銀一兩，以昭平允，下部議。尋議哈達郎阿應改緩決，而竊贓仍依舊例覈計，從之。先是，刑部侍郎宗室國瑞以朝審案內胡大誘拐幼女一案，擬罪未協，交軍機大臣議奏。議上，諭曰：著翁心存、瑞常秉公查辦。翁心存曾駁哈達郎阿一案，足徵留心民命，此案諒能認真研鞫，懍之！尋訊明應照原擬科斷。八年四月，充上書房總師傅。

周祖培

《清史列傳》卷四六《大臣畫一傳檔後編二·周祖培》 周祖培，河南商城人。嘉慶二十四年進士，改翰林院庶吉士。二十五年，散館，授編修。道光元年，充順天鄉試同考官。二年，充雲南鄉試正考官。四年，丁父憂。七年，服闋。十二年八月，陞國子監司業。十二月，陞詹事府司經局洗馬，充文淵閣校理。十三年正月，充日講起居注官。二月，擢翰林院侍講。七月，大考二等，賜文綺。轉侍讀。十四年二月，京察一等，記名以道府用。三月，陞右春坊右庶子。八月，陞翰林院侍講學士。十五年六月，命協同批本。十月，充順天武鄉試副考官。十七年八月，提督陝甘學政。十二月，轉侍讀學士。十八年四月，陞詹事府詹事。六月，丁母憂。二十年，服闋。二十一年十月，補原官，充經筵講官。十二月，充文淵閣直閣事。二十二年，稽察左翼宗學。二十三年四月，陞內閣學士，兼禮部侍郎銜。十月，充順天武鄉試正考官。十二月，稽察中書科事務，旋授禮部右侍郎。二十四年二月，兼署兵部右侍郎。三月轉禮部左侍郎。八月，以鄉試搜檢不嚴，罰俸。九月，充武會試監射大臣。十二月，調工部右侍郎，兼管錢法堂事務。二十五年三月，充會試副考官。四月，以兵部堂官違例，派署掌印，又以司官索詐書吏，吸食鴉片煙，祖培奏參不實，命革職留任。九月，充武會試正考官。十月，調刑部左侍郎。二十六年正月，命偕户部尚書賽尚阿馳驛往江南查勘江防善後事宜，奏言：長江自鵝鼻嘴西抵烏龍山，其間數百里，沿江築隄安礮，設兵守衛者數十層，其礮有千斤、數千斤、萬斤者，其弁兵有施放大礮者、防護者、接應者，聲勢連絡，足資捍禦。第恐日久懈生，視爲具文，應請旨飭令按時操練，礮臺隨時修葺，兵弁隨時更易，毋得稍有廢弛。六月，差竣回京。旋充浙江鄉試正考官。十一月，偕户部左侍郎柏葰，順道江蘇查辦事件。十二月，以御門大典到班遲延，罰俸二年。二十七年，以捐銀備賑，下部優敘。

三十年二月，充實録館副總裁。三月，充會試知貢舉。尋條陳四事，略曰：【略】一、澄敘州縣，以衛民生也。國以民爲本，而州縣爲親民之官，民之疾苦知之，民之身家繫之，州縣得人而民安，民安而天下治矣。無如此途甚寬，賢不肖雜處其中。其貪婪殘酷者固爲民賊，其有貌似有才，稱爲能吏，事上則口舌便捷，任事則剛愎苛求，或縱容胥役以滋擾，或任聽家丁以營私，有治民之名，而有害民之實。又有因循疲玩，闒茸無能者，坐高堂以養尊，竊利禄以便己，而嗷嗷之衆，漠不關心。此玩視民瘼者，其害民尤甚。每見一縣之中，偶遇災荒，而哀鴻徧野，弱者轉乎溝壑，強者去爲盜賊。其爲之上者，平時撫綏無術，臨時賑濟無方。迨至怨咨交作，上司不得已而加以參劾，而民之瘡痍已不可復問矣。伏乞皇上嚴責直省大吏，各統所屬，自上迄下，隨時考察，儻有作奸犯科之員，該上司徇隱庇護，以致地方滋生事端，經言官彈劾，即將該督撫從嚴懲處，務使親民之官以民爲重，則所以奠億兆而廣皇仁者，孰有重於是哉？一、修明武備，以資弭盜也。武備之設，所以衛民。國家設立營制，自京城及外省，星羅棊布，每歲不惜千萬帑金，教養訓練，平時資其緝捕，有事賴以禦侮。若緝捕先行廢弛，更何望爭先禦侮耶？近來各省搶劫之案，層見疊出，或爲害行旅，或行劫鋪户，甚至霸據鄉鎮，百十成羣，隨在竄逸。如湖南武岡一帶之匪徒滋擾，其始亦不過盜賊耳，苟有以豫防之，何至猖獗若是？竊見各省每遇盜賊之案，督撫大吏往往將微末營弁摘參，與地方文武一併勒緝。名爲從嚴辦理，不數日後經地方文員購買眼綫，將案內人犯緝拏數人，遽以文武協緝獲盜過半，一併奏明開復。相率效尤，幾成錮習。武弁何由知儆？盜風何由得息？民生何由得安？伏思州縣等官，刑名錢穀，責任綦煩，緝捕盜賊，係其職分之一端。若營員則緝捕係其專責，緝捕未能，平日之訓練懈弛，已可概見。相應請旨嚴飭各省督撫、將軍切實整頓，賞罰兼施，務使營伍員弁皆知責有攸歸，無可推諉。於捕務日有起色，則盜風可靖，而閭閻亦漸增安謐矣。

王慶雲

《清史列傳》卷四六《大臣畫一傳檔後編二・王慶雲》 王慶雲，福建閩縣人。道光九年進士，改翰林院庶吉士。十二年，散館，授編修。十四年，充廣西鄉試正考官。十七年，提督貴州學政。二十六年，充文淵閣校理。二十七年五月，大考一等，陞侍講學士，旋充日講起居注官。七月，轉侍讀學士。九月，充武會試副考官。二十九年，遷通政使司副使。【略】

（四年）十二月，奏：陝省刀匪、綹匪薙法行兇之案，擬將軍流罪名加等定擬，徒犯毋庸解配，以大鍊鎖繫巨石五年，杖罪鎖繫三年。限滿自新，族鄰保釋。務消磨頑梗之氣，庶匪徒斂迹以安善良。【略】

（五年）九月，奏：晉省私鹽，惟吉蘭泰、花馬池鹽侵灌最甚。查照嘉慶十七年禁止水運以杜來源，請將汾州通判移駐磧口鎮，量移營汛，酌添河快巡船，並准審理詞訟，責令彈壓巡緝。從之。六年二月，奏：山西州縣間有刑仵，代驗生傷者，役賤人微，難保不輕重任情，殊非慎重人命之道。請飭部添議州縣，輒令刑仵代驗生傷處分專條。下部議行，著爲令。

許乃普

《清史列傳》卷四七《大臣畫一傳檔後編三・許乃普》 許乃普，浙江錢塘人。嘉慶十九年，由拔貢生朝考，以七品小京官用，分刑部。二十一年，丁父憂。二十四年，服闋。二十五年正月，充軍機章京。五月，以一甲二名進士授翰林院編修。道光二年，充河南鄉試副考官。三年二月，命在南書房行走。三月，充會試同考官。尋因《仁宗睿皇帝實録》、《聖訓》告成，遇缺陞用。四年，大考二等，記名遇缺題奏，並賜文綺。旋擢詹事府司經局洗馬。五年六月，充湖北鄉試正考官。旋提督貴州學政。十一月，陞翰林院侍講，仍留學政任。七年，偕雲貴總督阮元等奏請添設郎岱廳學，酌定文武學額及貢廩增額缺，下部議行。【略】

三十年三月，命仍在南書房行走。文宗顯皇帝御極，詔求直言，乃普條陳五事：【略】一、刑部有所謂服制案者，罪人致死胞伯叔及胞兄之案，夾籤聲明，並非有心干犯，即得援照入册，倖逃顯戮，其初由地方有司，溺於救生不救死之説，並以地方出有逆倫重案爲諱，於是巧爲開脱，豫爲彌縫，避重就輕，相沿成習，而期親尊長之沉冤，覆盆莫昭，於世道人心關繫甚鉅。應請敕下刑部，應如何斟情酌理，無枉無縱，俾倫常不斁，而刑罰以清。悉心定議，恭候御裁。【略】得旨，下所司議奏。其服制案罪名，復申諭各直省督撫及刑部，務得實情，以昭平允。七月，命恭送宣宗成皇帝梓宮。【略】

旋擢工部尚書，復調刑部尚書。疏陳時務，略曰：逆匪攻陷州縣、輒開獄縱囚，充牌刀手。應請將距賊較近之各府、州、縣監犯，除情罪輕者毋庸議外，其強搶重案，及火器殺人在獄緩決者，不必聽候部覆，准其就地即行正法。如由刑部查覈行文，不特時日有稽，且該處距賊遠近亦難懸揣，應由該督撫隨時隨地，酌量緩急，檄各屬妥速辦理，一面正法，一面具奏，斷不可徇於流俗陰功之説，暫延一重囚之命，致荼毒千百人之身家，亦豫除逆黨之一策也。向來河工失事，均令在事人員分別攤賠，原以國家經費有常，此等失事人員漫不經心，虛糜帑項，若僅照例斥革，不足動其儆畏之心，轉得遂其侵漁之計。嗣後奉命防剿之統兵大臣，及督撫司道，如果屢獲勝仗，收復城池，或防剿嚴密，賊匪不能入境，准令開銷經費；其防剿疏懈，致賊竄擾者，照例治罪，仍請解部監追，分成著賠。以前廣西、湖南、湖北及九江、安慶、金陵、揚州等處失事各員，除已殉難者毋庸議外，其餘皆有防剿之責，或遷延貽誤，或遇賊即逃，皆屬糜帑殃民，罪無可逭，即應援照河工舊章，將用過防剿經費，責令分別罰賠。至如何分成勒限完繳之處，請敕部覈議，恭候聖裁。得旨，下部議奏。

牛鑑

《清史列傳》卷四八《大臣畫一傳檔後編四・牛鑑》 牛鑑，甘肅武威人。嘉慶十九年進士，改翰林院庶吉士。二十四年，散館，授編修。旋充國史館協修。道光二年，充山東鄉試副考官。三年，丁母憂。六年，服闋。七年，轉山東道監察御史。尋轉掌廣西道。八年，充湖南鄉試副考官。九年，轉掌京畿道。奏言：各省鄉試房官，例以實缺科甲人員充補，不無遷就。請嗣後遴選房官，如實缺人員不敷，准以候補正途人員充補。允之。十年，陞吏科給事中。十一年二月，轉掌刑科京察一等，記名以道府用。五月，授雲南糧儲道。十三年，擢山東按察使。十四年，陞順天府府尹。十五年，遷陝西布政使。十七年，乞病歸。十八年，起爲江蘇布政使。

十九年，署江蘇巡撫，旋陞河南巡撫。以御史焦友麟奏請廣敷教化，整頓風俗，酌派教職襄辦，鑑偕學政錢福昌等遵旨會議，略言：教官職在司鐸，與民不相聯屬。仍請申明定例，專飭州縣勸諭鄉民。

毛鴻賓

《清史列傳》卷四八《大臣畫一傳檔後編四・毛鴻賓》　毛鴻賓，山東歷城人。道光十八年進士，改翰林院庶吉士。二十年，散館，授編修。二十三年，充順天鄉試同考官。二十七年，充會試同考官。大考二等，賜文綺。尋轉江南道監察御史。二十九年二月，陞禮科給事中。四月，疏請嚴禁各省流攤名目，略曰：近來外省虧空多案，其弊莫甚於流攤。流攤者，擅挪正款，假託因公，分任分年，以次攤賠者也。如修理工程、承辦差使之類，率稱例價不敷，獨力難辦，每詳請府州立案，豫爲分攤地步。交卸之日，又商同監盤説合，私立議單，有浮開數倍以爲攤者；有並無墊項，捏造款目以爲攤者，有虧空太多，恐干重咎，提出數條歸入交盤以爲攤者；彼接任人員或懾於上官之抑勒，礙於同事之調停，遂亦甘心接受。應攤之款，未能交出分毫；續至之虧，又復踵而增益。爲大吏者，初意其人官聲尚好，曲示矜全；或爲其賠累有因，亟思調劑；而不肖者轉援爲口實，展轉效尤，遂致不可收拾。斯時欲懲治，則罹法者衆；欲消弭，則受病已深。不得已姑以有故去任之員，一參塞責，而億萬帑金，胥歸無著。臣以爲流攤一日不除，虧空一日不止。應請敕下各省督撫認真查覈，務將流攤名目永遠禁革，以重帑項而杜弊源。疏入，下部議行。六月，丁母憂。

咸豐二年，服闋。五月，補兵科給事中。疏言：紀綱之存，必賴乎憲典。自古未有憲典不明，刑威不振，尚可以立國者，而當軍興之時爲尤甚。查賊匪肆逆，始止竄擾偏隅，繼遂深入腹地，今則紛擾已半天下。皇上特簡重臣，籌辦防剿，備餉不爲不厚，調兵不爲不多。乃欽差大臣擁兵縱寇，觀望周章；而封疆大吏又毫無先期之布置，賊未至則送眷先逃，賊甫至則聞風疾遁。自上年至今，彼曰防堵，此曰截擊，及至臨時，除開門延敵之外，一無所能。彼之所以敢如此者，不過深知皇上之仁慈，即予譴責，輕則褫職，重則拏問而已。及至押解刑部，而供應如故也，迎送如故也。名曰監禁，而飲食寢處如故也，交接餽遺如故也。即擬以大辟，猶冀不入情實，減等發配。是時事之艱虞，可以付之膜外；而朝廷之寬宥，轉已墮其術中。爲今之計，不患盜賊之不平，而患紀綱之不振。伏望即降嚴旨，擇其退避之尤者，迅於該處明正典刑。則官吏將士曉然知法，與其死於刑而貽子孫之辱，曷若死於賊而邀褒䘏之榮。《書》曰：威克厥愛允濟。正今日之謂也。八月，轉掌禮科給事中。【略】

二年五月，陞兩廣總督。尋檄按察使趙焕聯等剿平寶慶土匪，擒首逆唐洪山。九月，抵兩廣總督任。十一月，奏言：廣東劫盜重案，日常數起，而弋獲甚少。其申報獲犯者，往往聲明帶病，旋即報故。總由地方官捕務久弛，規避處分，轉致兇惡之犯倖逃顯戮。急應量予變通，以除積習。諭曰：嗣後除廣州府及佛岡直隸同知拏獲匪逆盜犯，仍行解省外，其距省較遠之各府、廳、州、縣所獲罪應斬梟各犯，由州縣審實後，即解送該管道府覆勘，録供具詳，該督撫覈明情節確實，案無遁飾，即就地正法。一俟軍務完竣，盜匪斂跡，再行照章辦理。三年二月，連、陽一帶逆匪鄧二尺七等糾衆肆擾，鴻賓派按察使張運蘭督軍剿破之，鄧二尺七等就擒，伏誅。五月，偕巡撫郭嵩燾疏請變通緝捕章程，其有舉發巨案，拏獲著名大盜者，應量予優擢。適給事中王憲成奏請拏獲劫盜，分首從科罪。鴻賓言：盜賊糾衆行劫，同惡相濟，即悉照不分首從問擬。地方官猶狃於積習，意存開脱。憲成所請多窒礙，請敕部另議。從之。

怡良

《清史列傳》卷四八《大臣畫一傳檔後編四・怡良》　怡良，瓜爾佳氏，滿洲正紅旗人。嘉慶二十一年，由監生補刑部筆帖式。道光二年，陞主事。五年，陞員外郎。八年二月，京察一等，記名以道府用。六月，授廣東廣州府遺缺知府。十二月，補高州府知府。十一年六月，以迴避布政使桂良，調補廣西南寧府知府。十月，擢雲南鹽法道。十二年七月，授山東鹽運使。九月，擢安徽按察使。十三年正月，調江蘇按察使。十月，丁母憂。十四年二月，百日孝滿，署江蘇按察使。七月，署江西布政使。十六年二月，服闋，調署江蘇布政使，八月，實授，兼護理巡撫。十月，糧船水手糾衆行劫，飭屬緝獲，奏明懲辦。十七年，奏請緩徵江、淮各屬舊欠，允之。【略】

先是，上命湖廣總督林則徐爲欽差大臣，馳赴廣東查辦海口事宜。三月，奏虎門英吉利躉船已將鴉片儘數呈繳，上以怡良協同查辦，下部議敘。時查緝鴉片法紀綦嚴，豪猾貪重利，怨言寖興，甚至編爲歌謠，肆行詆毁，鄧廷楨以聞。上以則徐、廷楨、怡良皆親信大臣，不得因羣言淆惑，稍形懈弛，諭令密訪編造歌謠之人，拏訊重治。二十年正月，以御史駱秉章奏陳：整飭洋務五條：一、慎選洋商，以專責成；一、嚴禁孖氈，以防勾串；一、嚴禁洋人久住省館，以絶弊端；一、禁止洋船灣泊省河，以防偷漏；一、内地洋銀紋銀，一律嚴禁出洋。怡良遵旨偕林則徐將已辦及現定章程分晰覆奏，下軍機大臣議行。三月，奏燒燬外洋匪艇篷寮，拏獲僞扮洋人兑買鴉片之漢奸，及接濟匪徒，得旨嘉奬。【略】

又奏：上海通商各國，應交江海關税銀，因上年匪徒滋事，貿易未能照常。前查明美利堅積欠税鈔銀三十五萬餘兩，其使臣情願繳八萬一千五百餘兩；又從前已納税銀二萬七千六百餘兩，其未繳銀兩，爲數尚鉅。上念洋商拮据，係屬實情，命將咸豐四年六月十八日以前欠交税銀豁免。又偕江蘇巡撫趙德轍奏言：廣東潮州等處，莠民以投壯勇爲名，散處蘇州城外，獷悍不法，持械行劫，盜案疊出。密飭員弁帶領兵勇，於閶門外分路截拏一百九十餘名，獲器械贓物無算。治如律。十一月，復以久病，先後請假調理，得旨賞假兩月。七年正月，率屬倡捐軍餉，上命查明怡良子弟給予奬敘；復奏江蘇上年旱蝗成災，米缺價昂，餉需無出，請留起運交倉漕糧二十五萬石，以充軍餉，如所請行。四月，奏病難速痊，請開缺回旗，允之。

何桂清

《清史列傳》卷四九《大臣畫一傳檔後編五・何桂清》　何桂清，雲南昆明人。道光十五年進士，改翰林院庶吉士。十六年，散館，授編修。十七年，充河南鄉試副考官。十九年二月，大考二等。五月，充貴州鄉試正考官。二十二年正月，陞詹事府右春坊右贊善。五月，命在南書房行走，旋轉左贊善。十一月，擢司經局洗馬。十二月，充日講起居注官。二十三年二月，京察一等，記名以道府用。三月，大考二等。十二月，遷翰林院侍講。二十四年三月，充會試同考官。五月，充廣東鄉試正考官。六月，陞太僕寺少卿。二十五年九月，擢光禄寺卿。十一月，遷太常寺卿。二十六年，提督山東學政。二十七年，陞内閣學士，兼禮部侍郎銜，仍留學政任。二十八年，擢兵部右侍郎。七月，丁繼母憂，咸豐元年五月，服闋，署吏部右侍郎，命仍在南書房行走，充實録館副總裁。八月，復補兵部右侍郎。閏八月，充順天鄉試覆試閲卷大臣。十月，充順天武鄉試較射大臣。十二月，署户部左侍郎，兼管三庫事務，旋調户部右侍郎，兼管錢法堂事務。二年三月，充會試副考官，旋充覆試閲卷大臣。【略】

同治元年五月，解送到京，上令大學士會同刑部審定罪名。旋經給事中郭祥瑞及給事中謝增、卞寶第、王憲成、何桂芬，御史何兆瀛聯銜具奏，均以桂清情罪重大，請速正典刑，以昭炯戒。得旨：何桂清身膺總督重任，輒敢棄城逃避，致令全局潰敗，實屬罪無可逭。惟朝廷明慎用刑，方足以伸國憲而昭公允。著大學士、六部、九卿、翰詹、科道將何桂清所供，並給事中郭祥瑞、謝增等各摺片，公同會議定擬，迅速具奏。尋桂清呈出司道公稟，刑部奏請查辦，諭以該革員呈出公稟一件，係前任江蘇按察使查文經、前任江寧布政使薛煥、前任江南鹽巡道英禄、江安糧道王朝綸，於丹陽失守後，聯銜稟請何桂清退守蘇州各情，該司道等均有地方之責，當常州危急之際，應如何幫同總督竭力守禦，乃聯銜稟請退守蘇州，顯係見事危急，意在同逃。徐有壬原參摺內亦有何桂清率領地方官逃避之語，若不從嚴查辦，何以肅軍律而飭官方？著曾國藩、李鴻章將該司道據實查明參辦。六月，大學士桂良及大學士銜禮部尚書祁寯藻等遵議罪名請旨，諭曰：前據大學士會同刑部定擬何桂清罪名，以情節較重，於斬監候律上，從重擬以斬立決。當因何桂清曾任一品大員，復諭大學士、六部、九卿、翰詹、科道再行會議。茲據大學士桂良等公同會議，請仍照原議將何桂清比照守邊將帥被賊攻圍，不行固守而輒棄去，因而失陷城寨者，斬監候律上，從重擬以斬立決。復據大學士銜禮部尚書祁寯藻等各摺，以刑部原奏，即稱偏察刑律，如臨陣而退，棄城先逃等條，均罪至斬監候而止。明知舍此本律，不能改引。又云情罪較重，擬以斬決。是為擬加非律，非臣下所得擅請等語。此案既疊經廷臣等會同刑部定擬罪名，自應按律科斷，即不必於法外施刑，以昭公允。何桂清著仍照本律，定為斬監候，歸入朝審情實秋後處決。此係為查照定律詳慎用刑之意起見，非為何桂清情有可原，將來可從末減，致蹈輕縱也。

駱秉章

（清）吳道鎔《廣東文徵作者考・駱秉章》　花縣人。道光壬辰進士，自編修轉御史，累官至奉天府丞，緣在御史任失察銀庫事，褫職罰賠，完繳，以庶子用。時同罰者皆用主事，秉章獨得宮僚，其以廉正受知，自此始。尋還翰林院侍讀學士，出為湖南按察使，累擢至湖南巡撫。咸豐十年入蜀視師，擢四川総督協辦大學士。同治六年卒，官贈太子太傅，謚文忠。秉章外樸內明，能鑑別真才，得其死力，凡所識拔，起自營弁布衣，及握軍四出，倚以辦賊，名臣良將滿布海內。能以楚南一隅，籌備全局。援鄂援江援粵援黔，助餉助軍，不分畛域，獨遣將不相遙制，故出境多以功名自見而已，反無赫赫名。迨統軍入蜀，兵無選鋒，部無宿將，而運籌帷幄，摧撲群寇，發輒破的。登糜爛之蜀人於衽席，然後北定秦隴，南拓滇黔，使上游財富之區充完疆宇。故其卒也，蜀人喪之七日。靈舟東下，湘人臨江哭奠，前後相望，乃知其神機潛運，威德遐孚，非僅以知人善任稱也。所著奏疏若干卷，附自定《年譜》二卷。

崇實

《清史列傳》卷五二《大臣畫一傳檔後編八・崇實》　崇實，完顏氏，滿洲鑲黃旗人。父麟慶，南河河道總督。

崇實，道光三十年進士，改翰林院庶吉士。咸豐二年四月，散館，授編修。六月，陞詹事府左贊善。七月，充文淵閣校理，以捐備軍餉，賞戴花翎。十月，奏辦院事。三年二月，充日講起居注官。疏請整頓京師營制，如所請行。三月，陞侍講學士。四月，以續捐軍餉，賞加詹事府詹事銜。【略】

十二月，遷通政使司通政使，因各省州縣失守，兼轄之上司各官處分，部議過遲，請明示賞罰，速定去留，以專職守，上韙之。又疏陳變通鈔法，下部議行。【略】

〔同治元年〕五月，以貴州官民擅殺教民，御史華祝三疏參署巡撫田興恕各款，命崇實派員前往確查。尋查實，論如律。十月，諭嗣後關涉教民事件，責成崇實妥辦。因言：近來各國教士，無論有無官爵，輒與各省大吏抗衡。地方大吏以和約內有厚待保護字樣，遂不與之較論尊卑。凡以屬在遠人，自當仰體皇上懷柔之至意。至中國從習彼教，本係齊民，竟亦自居顯貴，遂至道路側目，誹謗橫生。滋事之由，多係乎此。請飭總理各國事務衙門悉心會議，分別中外習教等威，以昭定制，庶爭端永息，而物議亦平。上韙之。【略】

先是，奉省宗室、覺羅各項旗人，往往窩庇賊匪，緝捕官弁懼誣，不敢搜拏，以致賊匪愈熾。至是，崇實疏請嚴懲窩主，允之。又先後拏獲盜匪郭振、戴發等，均置諸法。二年五月，查明署將軍穆圖善等被參各款，請分別議處。閏五月，特參蒙古賓圖郡王祖庇盜匪密勒僧格一犯，業經拏獲供認在熱河朝陽縣劫獄戕兵等情不諱，而猶在賓圖王旗台吉充當副關差使。該王尚敢移文咨取，聲稱官兵騷擾蒙古地面，妄拏無辜。顛倒是非，意存挾制。其平日之袒護包庇，不問可知。且所獲犯阿來柱、程廣學等數十案，無不在該王旗當差。陽託巡緝之名，肆行劫掠之事。是直以該王爲護符，貽害地方，莫此爲甚。應請將該王下部議處，允之。又請裁奉省日捐，均如所請行。旋以變通吏治，前奏有未盡事宜，復請詳定章程，下部議行。時匪首林方、耿舉等肆擾西北邊境哈拉套改等處，築壘負嵎，崇實遣提督左寶貴統兵進攻，前後七十餘戰，擒首要各犯七十餘名。十月，因病請假，並疏言：奉省全局，辦理年餘，雖具有規模，尚須妥爲區畫。計自東溝以至通溝，綿亙千有餘里，歷年旗、民錯處，墾種日多。剿之不可，驅之不能。因時制宜，祇有就地陞科、設官分治之一法。擬添設三廳、州、縣，劃界分疆，以資治理；改練旗、綠各軍，設汛分防，酌定營制。當此諸務蝟集，思慮稍有未周，辦理卽虞遺漏。疏上，賞假兩月。

雷以誠

《清史列傳》卷五三《大臣畫一傳檔後編九・雷以誠》　雷以誠，湖北咸寧人。道光三年進士，以主事用，分刑部。十五年，管提牢廳。十八年，補官。十九年，刑部侍郎黄爵滋奉旨查辦直隸豐潤縣知縣許瀚事，尋查辦浙閩事件，又讞福建廈門積案，以誠皆從行。二十一年，陞員外郎，記名御史。是年四月，陞郎中。八月，補山東道監察御史。二十五年，擢禮科給事中，轉兵科掌印給事中。先後條陳錢法、河工、夷務。又户部庫丁侵盗一案，查庫大臣及其子孫因賠繳而監追者多，以誠疏言：既曰罰賠，究與實犯眞贓有别。得旨恩釋。二十七年，擢内閣侍讀學士，轉太常寺少卿。二十九年六月，還大理寺少卿。八月，授奉天府丞，兼提督學政。咸豐元年，詔求直言，以誠疏言：舉賢任能，宜覈名實，不宜尚圓巧。二年，復授太常寺少卿。

皁保

《清史列傳》卷五六《大臣畫一傳檔後編十二・皁保》　皁保，寧古塔氏，滿洲鑲黄旗人。道光二十五年進士，改翰林院庶吉士。二十七年四月，散館授編修。六月，充日講起居注官。二十八年二月，陞侍講。七月，陞侍講學士。二十九年，轉侍讀學士。三十年，充咸安宫總裁。咸豐元年，署文淵閣直閣事。二年五月，大考二等，得旨記名遇缺題奏，並賞緞匹。七月，授詹事府少詹事。四年，因署佐領圖記，呈遞謝恩摺，錯寫名字，以庶吉士降補。五年三月，補右春坊右庶子。五月，仍充日講起居注官。七月，授翰林院侍講學士。九月，轉侍讀學士。十二月，陞詹事府少詹事。六年，授國子監祭酒。七年，丁父憂。八年，服闋。九年，充江南鄉試副考官。十一年，擢内閣學士，兼禮部侍郎銜，充文淵閣直閣事。

【略】

尋命暫署吉林將軍。時吉林盗匪王五餘黨痣子李等，糾衆竄吉林東南，復西至大孤山，與回匪楊發等四出剽掠。上命皁保嚴飭捕盗各官，會同黑龍江、奉天官兵，合力兜拏。又以内閣侍讀學士于凌辰奏稱吉林開闢日廣，訟獄繁滋，請專設理刑大員，或仿照臺灣添設道員，加按察使銜，上命皁保查議。十一月，疏言：吉林地方苦瘠，若設監司大員，則衙署及僚屬書差廉俸口食，所費不貲。日後一切公用，俱無所出，驟難輕議。查吉林與熱河俱在關外，壤地相接，情事頗同。應比照熱河設立刑司之例，由刑部揀選正途出身漢郎中，或員外郎一員，使之主稾；添主事一員，使之幫辦。其理藩院郎中一缺，本爲辦理蒙古事件，其實蒙文無多，擬改派刑部滿郎中一員，使之掌印。卽原設之協佐領，仍留一員，使之幫印，遇蒙文事件，亦足辦理。辦事衙署，仍在刑司，統歸將軍管轄。三年期滿無過，由將軍出具考語，備文送部引見。疏入，從之。四年四月，以吉林賭風甚熾，利重法輕，罔知儆畏，爲奸宄之藪，實盗賊之源。疏請敕下刑部，分别覈議，酌量變通，俾各知警，下所司議行。

孫詒經

《清史列傳》卷五八《新辦大臣傳二·孫詒經》　孫詒經，浙江錢塘人。咸豐十年進士，改翰林院庶吉士。是年，粵逆陷杭州，乞假歸，奉父至甬上。同治元年正月，參寧紹台道張景渠軍，聯絡紳耆，部署卒伍，攻鎮海，拔之。進攻寧波府城，民團不期而至者十餘萬，四月，克之，遂分兵下奉化、慈谿、餘姚三縣。二年正月，下紹興府城。浙東肅清。四月，散館，授檢討。九月，充國史館協修，旋補纂修。十一月，論前克寧、紹功，閩浙總督左宗棠彙案請獎，奉旨以應陞之缺開列在前。三年八月，充本衙門撰文，命在南書房行走。四年三月，充會試同考官。閏五月，擢國子監司業。

五年三月，文宗顯皇帝永遠奉安，隨扈，加一級。六月，奏請將盜案改歸成例，其略云：弭災首在恤刑，治獄務求平法。查律載强盜已行但得財者，不分首從皆斬。康熙五十四年，奉聖祖仁皇帝諭，大學士會同三法司，將造意爲首及殺傷人者正法，餘俱減等發遣。雍正五年，世宗憲皇帝復命九卿，分别法無可貸、情有可原，纂入例册，歷久遵行。咸豐五年，刑部以盜風日熾，議奏凡遇盜劫之案，仍依本律，不分首從皆斬。並聲明俟盜風稍息，奏明仍復舊制，等因各在案。夫改依本律，嚴懲搶劫，爲近年盜案多也。顧自咸豐五年以迄於今，行之已十餘年，而盜案不見少。可見弭盜之法，不在用法之嚴矣。臣伏思明火搶劫，顯干法紀，概予駢誅，原不爲過。迺列聖寬大之詔，必分别首從者，非稍存姑息也。蓋以盜劫之事，非首不行，民誠知畏法，則嚴首盜之罪，使無敢造意爲盜者，又安得有從？且爲從而入室搜贓，則與首盜同科，爲從而僅把風接贓，則有發遣之罪，又何嘗不仁至義盡也？夫爲民立法，惟其平而已。法盡於此，而民猶不知畏，則當思民所以不畏法之故，而徒欲峻法以懲之，其究也不足戢奸宄之萌，而徒傷忠厚之意。臣竊聞刑部盜案，往往有無知小民，迫於飢寒，被誘入夥，實無凶惡情狀者，案情敗露，首惡在逃。此輩均罹法網，該堂司官研訊確情，未嘗不存哀矜惻怛之意，徒以格於定例，不敢重輕。惟有籲懇敕下刑部，遇有尋常盜劫之案，仍分别法無可貸、情有可原，改歸成例，以復聖祖仁皇帝、世宗憲皇帝法外施仁舊制。至情有可原中，應如何酌量變通，以杜避就，並請敕下刑部妥議具奏。下部議行。【略】

〔十二年〕十二月，山東巡撫張曜以黄河工程領部庫銀一百萬兩，銀庫書吏史恩濤有索費銀一萬兩之事，因斥革交坊，先令繳還費銀，再行請旨懲辦。御史王賡榮、張炳琳、劉綸襄、吴兆泰交章彈劾，謂辦理輕縱，得旨著明白回奏。越日，奏云：户部銀庫應放山東河工款項銀一百萬兩，前月據山東撫臣張曜派員請領。臣當卽飭司趕緊開放，眼同委員等在庫門前給發，並無短少。忽風聞銀庫書吏史恩濤有需索費銀一萬兩之事，又聞該吏雖索鉅款，委員等並未允給，以臣嚴催趕放，該吏無從阻擱，因卽放出等情。臣徧處密查，毫無實據。然臣素性嫉惡，既有所聞，斷不容蠹吏倖逃法網。因特傳該吏至户部堂上面加嚴訊，立卽斥革，而該吏堅不承認，無憑覈辦。遂一面交坊嚴押候審，一面先誘令繳銀一萬兩，俟繳足後，據款請旨懲辦。臣之用意，以爲索贓無據，而繳款有據，必俟鉅款繳出，則該吏之貪婪不問可知。此臣辦理該吏之原委也。原奏張曜函囑追問一節，查該省頭批銀兩，於前月十二日甫經放出，計該委員餉鞘行程，至早亦十五站始到山東。臣於二十九日當堂詰問，函書不能如此之速。其同官籌商一節，臣惟恐洩漏，致該吏遠颺，是以不與一人提及，户部同官實未會同商度。臣辦理此案，係在大廷廣衆之中，堂上堂下，共見共聞，實爲整頓積弊起見。現在尚未辦結，何得遽謂委曲遷就，希圖了事？除將該吏等押送刑部嚴訊外，謹繕奏具陳。十三年正月，奉諭曰：前因御史王賡榮等奏參户部銀庫書吏史恩濤侵扣鉅帑等情，當交刑部嚴訊，並敕令孫詒經明白回奏。嗣經刑部傳訊該書吏等，恃無贓證，堅不吐實。復飭山東巡撫張曜訊取該委員等確供，交部覈辦。茲據刑部奏稱該書吏等索詐一事，訊無實據。按照被參各節，酌量定擬等語，已革書吏史恩濤，此案雖無需索使費確據，惟以一書吏屢被言官參奏，平日車馬衣服奢侈踰度，其爲遇事招摇，聲名狼籍，已可概見。必應嚴加懲辦，以儆將來。史恩濤著照部議杖一百，徒三年，餘依議。户部左侍郎孫詒經將史恩濤斥革交坊，意在嚴懲蠹吏，惟未經查出實據，輒誘令繳銀，辦理殊爲失當。孫詒經著交部議處。二月，諭曰：吏部奏遵議處分一摺，户部左侍郎孫詒經應得罰俸一年處分，著不准抵銷。又諭曰：户部左侍郎孫詒經，著毋庸在毓慶宫行走。

恩銘

《清史列傳》卷六二《已纂未進大臣傳一·恩銘》 恩銘，于庫里氏，滿洲鑲白旗人，盛京錦州駐防。同治十二年舉人。光緒四年，報捐，以知縣銓選。九年，丁父憂。山東河決，巡撫陳士杰調辦河工。十二年，以勞績保免選本班，以同知不論雙單月選用。尋遵例捐指山東試用，辦理皖省宿州督銷事務。時州境私販及土産硝鹽，侵銷頗多。恩銘示地方官以欲禁私鹽，先辦官鹽之法，其弊遂絶。十六年，張村等處漫口合龍，敍績，免補本班以知府儘先補用。十七年，又以河工搶險出力，保加三品銜。十八年，報捐花翎，署兗州府知府。白茅墳漫口合龍，巡撫張曜上其功，奉旨免補本班，以道員遇缺題奏，並加二品頂戴。山東黄河下游所恃以不溢者，一綫單隄爲之保障，隄身狹處，寬不及丈。治河者但加高培厚，歲糜鉅帑，任其事者又往往侵蝕致富。恩銘辦理河防賑務，事必核實，款無虚發。撫臣廉其能，遂以明白河務，留心地方政治，堪備任使之選，入告。十九年十二月，奉上諭交軍機處存記。【略】

〔三十二年〕六月，考察各屬學堂，擇其不能實力任事者劾之，自新政日增，財用日絀。恩銘乃循舊例清丈各州縣沿江洲地，分等繳價，按年收科。皖、江一帶河洲，盡成糧地，又爲之務墾牧，謀樹藝，利源闢而時政因之咸舉。十二月，奏請蠲緩各屬錢糧漕糧，皆奉旨如所請行。朝廷重念刑事，參考東西各國法律，簡派法律大臣，立刑事、民事訴訟法，命下各省將軍、督撫、都統等體察情形，悉心研究，其中有無扞格之處，即行縷析條分，據實具奏。恩銘以皖北民情强悍，賴有舊法嚴以繩之，行新法適足滋桀驁者之譸張，因擇其不便施行者六條奏陳之。

邊寶泉

《清史列傳》卷六二《已纂未進大臣傳一·邊寶泉》 邊寶泉，漢軍鑲紅旗人。同治二年進士，改翰林院庶吉士。四年，散館，授職編修。五年，大考四等。六年，充順天鄉試同考官。七年十一月，命記名御史。十年三月，充會試同考官。【略】

光緒元年，浙江餘杭縣民婦葛畢氏殺其夫，誣指舉人楊乃武因奸同謀，定讞論死。欽派浙江學政胡瑞瀾覆訊，與原讞同。十月，寶泉奏言：此案傳聞異辭，已非一日。外間議論，僉謂胡瑞瀾與撫臣楊昌濬平日相好，其辦理此案，外示嚴厲，中存偏袒。於案中緊要關鍵，並未虚公研訊，勢必仍照原定罪名擬結。今胡瑞瀾所奏，果與前次傳聞無異，是物議必非無因。近來外省已經辦成之案，雖經京控而發交原省查辦，平反者百不得一，久已相習成風。且胡瑞瀾以學政辦理同省重案，所派承審之人不過府州縣官，與欽派大臣隨帶司員者不同，外吏之升沉，操之督撫，仰承意旨，視爲故常。一旦特發公論，以疑難大案引爲己責，而致親臨上司干失入之重咎，雖愚者不肯爲此，而胡瑞瀾素本文臣，從未辦理刑名事件，其受人牽制，不能平反，本在意計之中。伏思朝廷慎重人命，凡關罪名出入，不憚再四研求，可否特降諭旨，將全案人證卷宗，提交刑部詳細研訊。如胡瑞瀾所奏果是，不過稽遲楊乃武數月之死，而既經刑部覆審，自足以伸國法而破羣疑，倘有不實不盡之處，立與平反。庶嗣後各省承辦重案，不敢再蹈瞻徇迴護之習，於吏治民生均有裨益。後二年竟如寶泉議，案由刑部提訊得實，出楊乃武於死。楊昌濬、胡瑞瀾皆得罪。

游智開

《清史列傳》卷六三《已纂未進大臣傳二·游智開》 游智開，湖南新化人。咸豐元年，舉人。同治元年，以揀選知縣爲安徽巡撫李續宜所檄調，初榷三河尖及河南固始等處釐金，以廉平稱。總辦道員曾廣翼以其賢聞於兩江總督曾國藩，因附入肅清皖、江北岸案内奏保，以知州留於安徽補用。

四年，署和州知州。州無城郭，每逮夜，必躬自巡邏，曉坐堂皇決事，有愬訟者，輒反覆諭誡之。旋爲兩造判其曲直，各得其平，不期年訟獄大減。朔望率同官及紳耆宣講《聖諭》，以次而及鄉閭。課士子親校文藝，爲第其高下。四仲之月，則俾在城塾師率生徒入署，相與剖析經旨，尤諄諄然教以孝弟之道，廉讓之節，存問高年，矜崇節孝。柯貞婦者，生謀其養，殁謁其墓，欲藉以風示薄俗云。州舊由胥役塾完錢糧，最爲民病。智開涖任後，請於上官禁絶之。又其地瀕臨大江，素多水患，適長江提督彭玉麟駐師濡須，爲請款修築隄防，以資保衛。智開躬親履勘，發款尤核實，絶不假手胥吏，故工堅而費轉省。尋補無爲州知州，署泗州事。其爲治一如在和時。惟其地民氣强悍，劫掠時聞，智開則爲整頓捕務，盜風以息。

曾國藩移督直隸，以智開治行爲江南第一，奏調入直差遣。八年，補灤州知州，署深州，採訪節孝，整頓義學，裁免加徵陋規，民大悦服。十年，赴灤州本任。向例徵兵過境，卽按村派車轉送，民苦擾累。智開爲剔除積弊，別籌核實辦法，民困遂蘇。州民健訟，多由奸人搆成，智開因痛懲之，其風少熄。十一年，簡授永平府知府。智開一車一蓋，巡行屬境，博採民情，兼及山川險要，故往往郡境有事，牧令未及禀報，而已得其要領。嘗一日侵晨，馳至屬縣遷安，點查縣獄，有一犯係私押，因拘差役至縣署廳事重笞之，令始驚起。郡有敬勝書院，頹廢久矣，智開亟謀修復，購經史，籌膏奬，擢士之秀異者，講業其中，由是永平民益嚮於學。山海關之澄海樓，列聖宸翰恭嵌其上，歷歲爲風雨所剥蝕，因補刊以昭敬謹。他如續修郡志，補葺城垣，創立牛痘局，皆悉心經畫。事舉而款不虚糜。郡屬煑海爲鹽，數百年窮民食其利。部檄飭禁私販，行官引。智開上言：民間少一私販，卽地方多一馬賊。鹽本宜行官引，惟永平則由舊爲便。當事韙其議，事遂寢。有富紳簪纓巨族，推爲郡望，以析産訟縣不已，控於府。智開立提訊，至則不加研詰，手諭以治郡無狀，搢紳且不能感化，矧在愚氓，痛自責。訟者均流涕省悟，願得一言以罷。因召戚族調停其間，案遂結。【略】

十一年，陞授四川按察使。陛見後，假歸省墓，遂由本籍攜一僕乘筏入蜀。沿途詢訪閭閻疾苦，吏治得失。四川訟牘多，至紛不可理。智開飭屬逐爲清釐，並悉心研鞫，或不交發審局，自行訊結，以省訟累。兩權布政使。十二年，護總督。重慶教案事適起，智開奏言，是獄當以根究起釁之由，贖回險要及預定款目爲關鍵。不贖回險要，無以服渝民之心；非嚴誅首犯，無以制洋人之口；非議賠銀兩，無以爲結案之具。諗知教首羅元義激成衆怒，勢洶洶，幾釀大變。爰飛檄拘之入省，民團始散。又以元義身雖入教，仍是中國子民，自應治以中國法律，奏請敕總理衙門據理與争，勿許公使干預。時中外惴惴，恐以肇釁端，智開持之益力，卒置元義於法。薄給賠償而案結。

廷杰

《清史列傳》卷六四《已纂未進大臣傳三·廷杰》　廷杰，滿洲正白旗人。由光緒二年進士，用刑部主事，洊陞員外郎。京察一等，記名道府。十二年，授郎中，補承德府知府。以捕獲馬賊敍功，加鹽運使銜。十四年，奉旨修辦熱河宫牆、倉廒，並武河大石壩要工出力，以道員在任候補。十六年，擢湖南岳常澧道。十八年，調辰永沅靖道。二十三年，陞授奉天府府尹。二十四年，補直隸布政使。

二十九年，調補奉天府府尹。三十年，兼署盛京户部侍郎。三十一年，署盛京將軍。先是，牛莊等處葦塘地畝，已招商佃開墾；嗣因拳匪搆亂，商佃流離，曾由盛京將軍增祺奏請緩辦，而塘地升科課賦，以爲供應三陵要差，抵歷年由京請領之款、京外便之。至是，廷杰復奏請續辦，並條陳利弊，得旨令督飭委員認真勘辦。廷杰遣員清丈全塘，民情帖然，遵章交價，無一違者。時經拳匪亂後，公私困竭，新政待興，而物價騰貴，官俸省者，尤苦資用不給。廷杰上疏曰：竊維忠信重禄，爲政之經。非有以養其廉，卽無以懲其貪，而吏治終無起色。自來各省州縣，均恃徵收餘潤，以資辦公，卽佐貳教職，亦藉此津貼。奉省各廳州縣，徵收本屬無多，且有並無經徵之處，而廉俸又照章折減支給，故困苦情形甚於他省。甲午以後，斗秤各捐，均歸地方官經理，尚可稍資挹注。自原任將軍依克唐阿整頓税務，派員會徵，各州縣不惟無可沾潤，甚至有虧空賠墊者。雖東邊、昌圖、新民、洮南、海龍各屬設官案內，廉俸等項先後奏請支給實銀，究竟爲數甚微。現在開辦學堂、警察，及整頓農工商諸要政，鼓舞振興，端資提倡。地方之責任愈重，辦公之經費愈多。責以無米爲炊，勢必一籌莫展。其佐貳教職，有參預襄贊之勞，亦不能不寬籌所入。擬請在斗秤捐款項下，按季支領，作正開銷，分别各缺等次，酌定銀數多寡，仍隨時督察整飭，以期款不虚糜，而政治日臻上理。疏入，詔如所請。尋以警政、武備亟須開辦，又上疏曰：警務爲内政權輿，内政不修，遑云外交？雖籌款萬分爲難，然不敢因噎廢食。擬照北洋所辦警察，藉資鋪捐辦法，益以斗秤、燈膏等捐，爲整頓警察兼設警務學堂之用；復仿照陸軍小學堂章程，設武備小學堂，選派學生四十人入日本振武學校，捐廉俸八千金以爲之助。並請應用經費，由後任將軍隨時設法措籌，以期久遠。上皆如所請行。【略】

宣統元年，廷杰應詔縷陳禁煙辦法，其略曰：禁煙一事，宵旰焦勞。凡在臣工，忍不實力奉行，廓清沉痼。查禁煙一端，前奉政務處奏頒章程十條，及陸軍、民政等部各專章，臣即遣派委員分赴兩府七州縣，會同各地方官，先勸令開燈之煙館、售賣煙具之商店，立時改業，未幾即一律禁絶。於是清查吸户，發給甲乙牌照，一面限制土藥店爲官膏局，凡不驗牌照而賣煙，或所賣之數多於牌照所開之數者罰之。合官紳之力，籌備醫藥，設立戒煙所陸續據報戒斷者，全屬合計約十之四五，膏店據報歇業者亦十之五六，統税局收數遞減，大半均可爲吸户漸少之證。據上年復遵照禁煙大臣咨行奏設禁煙公所，所有旗民文武各官，綜計三百餘員，均分班調查，其各署局所幕友司巡在官人役，責成該管印委考查。從此堅持不懈，三二年内，可冀盡絶根株。然竊有鰓鰓過慮者，吸煙富户，力能多蓄鴆毒，以爲久食之計；婦女又深居詭秘，稽察難周。若不設法先禁，將來禁吸限滿，必至害公益而誤全局。臣已嚴飭地方明查暗訪，勸懲兼施，紳富則責成各户族長，婦女則責成各户家長，務令繳煙具，領方藥，刻期戒斷而後已。此禁吸之辦法也。至禁種一端，自奉政務處章程後，即飭屬以光緒三十年種煙地畝爲斷，任減無增。現已呈報禁絶者，凡四府縣，其餘各屬，原定分年遞減，緣口外種煙之户，民、蒙各半，貧苦居多。行法之初，未便猝施强迫。今已嚴飭蒙旗，所有煙苗統限今春禁絶。此禁種之辦法也。至抵補土税一端，熱河財政奇絀，土税所入，本爲軍餉要需，若不勉力豫籌，轉於禁煙全局受其牽制。查朝陽、赤峯等府州縣所轄蒙、民佃，向由蒙旗收租，地方衙門並無案據，往往增租奪佃，轉租退佃，因之涉訟不清。擬令租佃蒙地者，發給租佃字様格式簿，收其紙費，半爲地方新政之用，半以抵補土税而濟餉需。似一舉而三善皆備。疏上，允行。

葛寶華

《清史列傳》卷六四《已纂未進大臣傳三·葛寶華》　葛寶華，浙江山陰人。光緒九年進士。同治六年，先由監生報捐員外郎，籤分户部，至是仍以原官即用。五月，考取總理各國事務衙門章京。十年，補員外郎。十六年，補郎中。十九年，充坐糧廳監督。二十年，京察一等，記名以道府用。二十一年，補授内閣侍讀學士。二十二年六月，補太常寺少卿。九月，管理覺羅官學事務。十月，轉通政使。二十三年，充福建鄉試正考官。二十四年，補光禄寺卿，旋補宗人府府丞。十月，署禮部左侍郎。十一月，補都察院左副都御史。二十五年，擢兵部左侍郎。二十六年，兩宫西幸，隨扈至西安。應詔陳言，奏請變通科舉以求實學，精練新軍以固國防，責成州縣以弭教案，特設專官以興實業，皆次第施行。二十七年，鑾輿將返，奉旨先行回京。六月，調户部右侍郎。十月，陞補工部尚書，管理溝渠河道事務。

十二月，調補刑部尚書。二十八年，兼署工部尚書。二十九年，隨扈景皇帝謁西陵。七月，上以御史奏參提督蘇元春縱兵殃民，缺額扣餉，經岑春煊確查屬實，革職，交刑部治罪。寶華奏遵旨定擬蘇元春應得罪名，略云：律載管軍官冒支軍糧入己，若承委放支而冒支者，以監守自盜論，又例載監守盜倉庫錢糧入己，一千兩以上者斬監候各等語。此案已革提督蘇元春籌辦廣西邊務有年，並不認真整頓，軍務廢弛，至於潰亂。誠如聖諭實屬辜恩負國。乃於平日兵勇擾害，及伍籍缺額，均諉之失察，其漫無紀律，咎已難辭，復積欠扣存底餉至於十三萬兩之多，情節尤重。據供因公挪用，有案據者僅五六萬兩，其餘既無案據，即應科以侵吞入己之罪，按挪移庫銀二萬兩以上及監守自盜錢糧一千以上二罪，均應斬監候，應從一科斷。查底餉扣存本營係屬官款，該革員自用自銷，應以取之於官論；且係統兵官支欠軍餉，較尋常承委冒支者尤難寬貸，自應仍按監守自盜問擬。已革提督蘇元春合依監守自盜錢糧入己一千兩以上者斬例，擬斬監候。係統兵大員，仍恭候欽定。至所欠餉銀，例應勒限追完，應請飭兩廣總督、廣西巡撫按所供數目，分別確查，勒限追繳，以昭核實而杜狡卸。得旨：蘇元春縱兵殃民，所擬罪名尚屬輕縱。著刑部再行按律定擬具奏。寶華覆奏，略謂：臣部爲執法衙門，不容畸輕畸重。若律有明條，向不得於律外加擬，致失定律本意。查縱軍擄掠，律載軍人若於已附地面擄掠者，不分首從，皆斬監候。本管官鈐束不嚴，杖八十，留任。其將領知軍人於已附地面擄掠之情故縱者，各與犯人同罪。注云至死減一等各等語。詳繹律義，原謂已附地面皆屬吾民，軍人敢有擄掠人口財物者，即屬殃民，一律問擬斬候。立法本極嚴厲，軍人之罪既重，故本管官及將領之罪從輕；其鈐束不嚴者，罪止擬杖；必知情故縱，始與犯人同罪。凡稱同罪者，至死減一等。此治罪之通例，故律、注有至死減一等之文也。若監守自盜之例，一千兩以上，即應問擬斬候，較將領之故縱軍人擄掠者罪名爲重。又徧查律例，惟提鎮於省城及駐劄地方不行固守，聞警先逃者，例內有依律擬斬，聲請處決之文，其餘如貪取降人財物，殺傷其人，以及失誤軍機，失陷城寨各律，其罪名亦皆至斬監候而止，別無加重治罪專條。今蘇元春積欠餉項，尚有應追之贓，照監守自盜之例，其本罪應擬斬候，即科以縱軍擄掠之律，從重不准減等；而按律從一科斷，亦罪止斬候，並無出入。此次欽奉諭旨，既令按律定擬，而參稽律例，其罪無可復加，自應仍按本例科斷。已革提督蘇元春合依律擬斬監候，秋後處決，仍照例勒限追贓。卒依議行。是年，充順天鄉試副考官。

寶華官刑部久，其獄之最重大者，如三十年審明已革知縣王維勤仇殺一家九命，分別首從定擬；三十一年審明蒙古護衛福株哩妒姦謀殺家長，按律定擬；三十二年審明瑞洵等婪贓舞弊，擬定罪名，勒限追贓，皆根據律意，胥得其平。其兼署工部二年餘，疏請給承修工程各員辦公經費，歸併陵寢歲修另案專案諸名目，以杜浮估之積弊。官刑部時，嘗以會審失於覺察，罰俸一年，以監犯越獄，降一級留任；以朝審失出，降一級留任。旋准抵銷，或邀寬免。

陸元鼎

《清史列傳》卷六四《已纂未進大臣傳三・陸元鼎》 陸元鼎，浙江仁和縣人。同治十三年進士，以知縣即用，籤分山西。因親老告近，改江蘇。光緒元年恩科，二年正科，迭充江南鄉試內簾襄校官。

尋署山陽縣知縣。縣多拐販婦女案，城外水關一帶，夜間往往聞哭聲，有因而致斃者，道路或漬血痕，居民患苦。又有巨匪二，黨羽密布，勾蠹役通消息，官莫能捕。元鼎密訪窩所既確，一日託言謁漕運總督，選壯役自從。天未明，破扉入匪宅，匪驚起，抽刀拒捕，左右叱奪之，遂就獲，搜出婦女十數口，審實置法。嚴捕餘黨，匪患頓息。俗好訟，革文士之業刀筆者，創捐設射陽書院以誘進之。亟修倉廒，儲穀備荒。庶政以次畢舉，民利賴之。

楊思聖

《清史列傳》卷七〇《文苑傳一・楊思聖》 楊思聖，字猶龍，直隸鉅鹿人。順治三年進士，改翰林院庶吉士，散館授編修。六年，充會試同考官。歷官至侍讀學士。尋授山西按察使，擢河南布政使，調四川。思聖天材雋妙，幼有神童之目。與申涵光、殷岳讀書廣羊山中。工詩，擅晉人書法。官翰林時，世祖召詞臣能書者，面給筆札，思聖所書縑幅，獨稱旨，賞賚甚厚。嗣陳臬山右，屢決大獄。遷豫治蜀，均以廉潔稱。時蜀方新造，土荒不治，又連年用兵，歲榷不滿三千緡。思聖悉心綜理，首募開荒，增額至數萬；次招外商，平劑物價，四方擔負日集，蜀境漸復。凡四載，入覲，拜袍服之賜。既，欲自投劾歸，巡撫羈留之。遂病，行抵軹闕，卒。思聖於詩抉唐賢之精髓，明人中獨喜李空同、何大復，涵光稱其俊音亮節，上宗老杜，近比信陽。魏裔介作《五君詠》，首推思聖及蔚州魏象樞，時稱楊魏。生平鑑别人倫，接引寒素，有若飢渴。疾亟，殷岳爲延太原傅山治之，冒暑五晝夜，走千里。及至，而思聖已没。其得士心如此。著有《且亭詩集》。

陳鶴

《清史列傳》卷七二《文苑傳三・陳鶴》 陳鶴，字鶴齡，江蘇元和人。嘉慶元年進士，官工部主事。鶴生而穎悟，始能言卽能讀杜詩。居本生父憂，瘠甚，降服三年，要經不除。博學工文而篤於行誼，爲嘉定錢大昕所重。少有高世之志，與朋友交，侃侃直言，輒以古人相規勸。學宗宋儒，與棲霞牟昌、山陽鄭士超，有工部三君子之目。通政顧蒓常以禪語題其齋，鶴曰：有意爲之耶？無意爲之耶？蒓矍然，立撤之。操行修潔，不屑奔走競進。出無車馬，入直則假之於人。【略】

鶴熟悉史事，於前明治亂得失，多所考鑒，嘗著《明紀》一書，原本正史，而參以王氏《稾》，此外説部野史，間有采摭，必旁證覈實，而後著之。凡新異詭誕之説，置不録。論者以爲有良史風。其書凡六十卷，手輯至五十有二卷而卒，後八卷則其孫克家續成之。

李允禎

《清史列傳》卷七四《循吏傳一・李允禎》 李允禎，山東德州人。明崇禎中舉人。順治元年，以薦授直隸故城縣知縣，舊有丁二萬許，兵後編審，實丁纔七千有奇，而額徵如故，允禎將請以實丁徵。會調知江南豐縣，奸吏故爲稽留，乃庭集縣民，焚故册，晝夜治新册，申督撫而後行。於是虛糧得免，民困以蘇。既至豐，庫吏張某陳金幣什器以進，曰：司庫者故例也。允禎怒，命悉撤其具，杖吏黜之，竟其任，不支庫中一錢。豐俗喜告訐，豪猾與上官奸吏交通，輒造事訟富人，必盡其産，號曰鏇狀。允禎言於知府，卽請爲鏇狀者數人，還之縣，置對明白，斃之杖下，訟乃止。

黄河決，上官徵柳萬餘束，吏請責里甲辦輸。允禎曰：吏樂從事，民將弗堪！召諸大家告以縣西鄙十里許有柳，無主者可刈，某某户牛車，可出官錢以賃。衆趨役，不旬日而事集。縣有豪民，欲得某之妻，賄大盜引某，已在獄，瘐且死矣。允禎獨覺其寃，夜微行入獄中，具得獄吏與豪相左右爲奸狀，立釋某，而置豪及吏於法。碭山監生吴某通盜爲亂，城破，被檄署其縣事，夜倍道疾馳，出賊不意，入城力擊之，賊敗走，追獲渠魁，撫安其民。自吴某外，一不問，縣遂定。而濟寧駐防兵奉調至，聲言當屠城，乃亟治牛酒迎犒於郊，爲言縣内皆良民，已無賊矣。軍主不許，允禎大言曰：縣固允禎縣也，脱有不虞，允禎自任之。卒拒不得入。邑大姓猶多，以通賊相告訐，條疏解釋，免死者甚衆。

（清）錢儀吉《碑傳集》卷五八潘耒《李工部允禎傳》 順治元年，起家知故城，地當舟車之衝。軍興，郵傳驛騷，君一切按符以給，貴客不得苛取，有强直聲。邑丁，舊二萬餘，兵疫死徙過半，額征不減，君編審得見丁七千有奇，具牒乞除舊額。會調知豐縣，吏胥遷延爲姦，君鎖閉一室，集衆焚舊册於廷，晝夜治文書，竟得請而後行，民去重累。豐俗喜告訐，豪民與姦吏通囊橐，有睚眦輒控上官，使所厚吏下其事，逮繫株連，事卽白，輒破數家産。君廉得其情。甫視事，有姦民通詞監司，吏持符來索人，君持不發。吏出不遜語，君怒，杖之堂下，立見監司言狀，請自今始，越訴者盡予縣鞫。監司素重君，立發十數事按治，具得誣罔，杖殺劉某等數人，縣中帖息。初到官，庫吏陳設有金銀物。君愕然曰：此何爲者？對曰：庫中例有羨餘。君怒曰：庫中秋毫皆官物，若奈何以此餌我！杖而斥之。終君之任，不支一錢，吏無敢乾没者。

有富民某甲，挑其僚壻某乙之妻，乙造門詈之。甲因賂盜引乙，乙不勝搒掠，自誣服。君至，録囚，見一囚瘠甚，手足俱被創，心疑之。暮微行，見獄門半閉，有二人切切闇中語。君曰：此必有異。搜獄，得外人，詰之，則曰：某有親在獄，來餽食耳。命呼囚來，則晝所見瘠而創者。問之，曰：彼誠親也，但嘗挑吾妻，吾詈之，絶不相往來，是安肯食我！君閲成案，見他盜贓甚多，乙獨有布一疋。歎曰：知此布是誰物，而可據以殺人乎！鞫甲，具服搆盜誣引，並賄獄吏斃乙。闔中語者，懼新令覆讞，趣斃之也。因釋乙，而論甲及吏如法。

金鎮

《清史列傳》卷七四《循吏傳一·金鎮》　金鎮，字長真，順天宛平人，原籍浙江山陰。《揚州府志》。明舉人。《畿輔詩傳》。順治初，授曹縣知縣，以艱歸。服闋，補閿鄉縣知縣，改鑾儀衛經歷，陞刑部郎中。康熙十三年，上方慎獄，復矜恤之典，分部使者巡行郡縣，以鎮使河南，凡七閱月，所全活約一百一十人，矜疑半之，援赦又半之。十五年，授河南汝寧府知府。時淮蔡多盜，兼無年，民田荆榛，道殣千餘里。前代真陽、西平諸遺孽，根株未净，往來萑苻間，而新蔡李樊與泌陽郭三海據平頭寨，相結以起，民爭逃，村落皆虚。鎮一意撫字，除苛細，下墾土之令，生聚教訓，示民以自新，取爲政去太甚一語，書之訟堂，而親統鋭丁，剿李樊，除其根株，一切勿引蔓。會清理藩産，躬驗丈尺，而海上投誠兵，適安插真光之間，凡開屯升税，極意調劑，令民兵相安。至於興利除弊，一切津梁，祠宇，宜毁宜復者，皆受整理。

改補揚州知府，值撤藩兵變，長江上下風鶴相驚，府當其衝，毛奇齡《金君墓誌》。民震恐，襁負爭出城。有謂宜闌禁者，鎮曰：若遏之，滋駭竄矣。姑任之，不旬日當來歸也。已，果如其言。時征調猝至，籌畫有方，民不知擾。先是，負販謀生者，必輸税方得入城。鎮以其窮概貰之，僦屋者減其租，貧民稱便。城西北平山堂，宋歐陽修所建，棲靈寺僧據爲剎，鎮復而葺之。更修《府志》四十卷，手自編纂。《揚州府志》。擢江寧驛傳鹽法道副使，兼署鹽運司。陞江南按察使，大計入覲，召對，令敷陳時事，所對有二：其一，請定盜案嚴減之例，謂江左連年災，盜賊多由飢寒逼迫，宜分別量減其罪，至捕役營兵，豢縱勒財，宜從窩盜律，一體重擬，則盜少而民得安；其一，言江寧、京口二旗買人，多有無籍者，當申報巡撫，巡撫按季報部，行文原籍，出示招驗，有可疑者，令旗主還契追價；若旗人爲盜，贓證明確者，應許承審官徑行刑訊。疏聞，稱旨。康熙二十三年，引疾歸。二十四年，卒。毛撰《墓誌》。祀揚州名宦。《揚州府志》。著有《清美詩集》。《畿輔詩傳》。

（清）錢儀吉《碑傳集》卷八〇毛奇齡《誥授通議大夫江南提刑按察使司按察使金君鎮墓誌銘》　值大計，入覲召對，令敷陳時事，時所對有二：其一，請定盜案嚴減之例。謂江左連年災，盜賊多有，三載之中，題報八十餘，而其中饑寒逼迫可減者衆。如一時窮困被誘，並不傷事主，或得財未俵分，或于事主家雜取棍械護身、原未嘗攜帶器仗，皆宜敕部分別量減，永定爲例。至捕役、營兵豢縱勒財，以致先取贓物然後報官，甚有指稱打點代行錢，令行劫償還，是盜有時盡而捕盜之盜反無窮也。如此得實，宜從窩盜律一體重擬，則犯盜者少而民得安矣。其一、請定旗下買人及獲盜審訊之例。謂江甯、京口二旗買人，多有無籍者自立賣契，旗主但送上元、江甯、丹徒三縣用印，而並未行文原籍察其真僞，多有展轉掠買而不之知者。嗣後請三縣用印官將所買之人申報巡撫，巡撫按季報部，隨即行文原籍，出示招驗。其有可疑者，令旗主還契追價，其用印官不報，照新例治罪。至旗下逃人，奉有承審官夾訊之例；獨旗人爲盜被獲，難以刑訊，其狡賴展脱，將何底極？嗣後旗人爲盜，倘夥證甚明，贓仗已確，許承審官徑行刑訊，則奸宄畏法而盜風息矣。疏聞，稱旨。

蔣伊

《清史列傳》卷七四《循吏傳一·蔣伊》　蔣伊，江蘇常熟人。《江蘇通志》。康熙十二年進士。奏進所著《玉衡》《臣鑒》二《録》，玉衡者言君道，臣鑒者言臣道。有旨留覽。選庶吉士，十四年，散館，授監察御史。時南方用兵，城邑殘破，民多流亡。伊上疏言：新復地方，宜量緩徵輸，責成有司招徠開墾。又以奸民挾仇，動借叛逆害良善，請嚴反坐律。其有司受贓枉法者，加等治罪。又以浙江白糧準順治十一年價米一石折銀一兩；今米價減至五六錢，請準時值爲高下。又以蘇州駐防滿兵，糜餉擾民，請移駐它要地。下所司議奏，多見施行。十五年，移疾歸。

十八年，補廣西道御史。時連年用兵，征調四出，又方開捐納例，選途頗壅。伊乃繪十二圖上之：曰難民，曰刑獄，曰讀書，曰春耕夏耘，曰催科，曰鬻兒，曰水災，曰旱災，曰觀榜，曰廢書，曰暴關，曰疲驛。復爲疏言江西、浙江難民，妻女被掠，乞錢求贖狀；請自後新復地方，責成督撫嚴禁將吏掠賣男婦，使水火餘生，來蘇有望。其論刑獄，言：外省有司多以酷濟貪，應令各官廨立石中庭，鐫刻上諭，除命盜重案外，不許濫行監禁，擅用夾棍及株連婦女，違者治罪，庶足以儆貪殘，惠煢獨。其論銓法云：捐納知縣，本出一時權宜，其人未必無賢能，而不可不選擇，請未選者責成吏部行簡選法，身言書判，實加考驗，優者以資除授，劣者給以空銜。其已選者，責成督撫試其才守。行保舉法，否者黜之。並請停止捐納知縣，聖祖覽圖及疏，爲動容嗟歎。又疏劾江西董衛國擅役民夫，縱兵焚掠，詔衛國軍前帶罪圖功。是年，地震，疏論六部積習，遇有銷算案件，要求貨賂，意爲高下，堂司書吏，連爲一手，請嚴加飭禁。又言：災眚疊見，乘輿不宜輕出，宜日御便殿，咨諏治道，飭官常求民瘼，以幸天下。時江南、江西洊饑，上救荒策，請獎廉吏，緩催科，通商賈，興工作，養孤老，掩骼胔，爲五疏上之。

廖冀亨

《清史列傳》卷七四《循吏傳一·廖冀亨》 廖冀亨，福建永定人。康熙二十九年舉人，四十六年，選授江蘇吳縣知縣。是歲，江南旱，有旨留漕賑饑吳縣，截漕米三萬九千九百餘石。冀亨以四十七年三月受事，飢民待賑方亟，而米已告罄，得前令冒銷狀，詳蘇州府請追，弗許；不得已貸銀購米二千餘石繼之。是冬又饑，十一月詔撥米施賑。冀亨奉文設粥廠十有一，領米二千七百石，每廠日食數千人，未一月米匱。上言知府陳鵬年請益，不可，又自貸銀五千餘兩，易米以濟，士人感其誠，相率助賑，以是無缺乏。蘇省錢糧繁重甲天下，吳縣尤多。冀亨徵收不重火耗，催科必用滾單，民皆稱便。知收漕弊重，拘尤不法者治之，無留難、勒索、踢斛、淋尖、高颺、重節諸害。轄境有蘆洲在太湖中，居民或墾成田，或種蓮蓄魚，利特厚。地方官吏奉文丈量，每假增糧名以自爲利。冀亨曰：天子富有四海，歲蠲租億萬，發賑億萬，俯念民艱至悉也。湖蕩偶爾成田，未可久恃。今特增其糧，朝廷所得不過太倉一粟，而爲累於民無盡期矣。一無所問。冀亨初莅任，有吳人語之曰：吳俗健訟，但其人兩粥一飯，肢體薄弱。凡訟求少准速決，更須加二字曰從寬。冀亨悚然受之，書諸廳事。其收詞不立定期，民情易達。在吳三年，非奸盜光棍，行杖無過二十。蓋守此六字箴也。有庠生授徒鹽商家，自刎死，勘問得實，將脱鹽商於罪。或有謗其受賄者，冀亨無所避，卒脱之。東山司巡檢，報人二子弑父屠嫂未遂，自盡。冀亨方秉一燭閲其詞，燭無風齊滅，知有冤。剋日往驗，渡湖大風，舟幾覆，從者色變。冀亨曰：縣官伸冤理枉而來，神必佑，何懼焉？須臾抵岸，研訊半日，得其父故殺狀，巡檢得賄誣報，俱論如律。冀亨既有聲於吳，他州縣疑獄，往往令推治。會有宜興縣知縣誣稟典史故勒平民爲盜，因夾致死，冀亨奉檄按驗，知縣爲總督噶禮舊友，或語冀亨宜少假借，冀亨不爲動。既蒸檢踝骨無傷，又密訪原稟皆誣，據實詳報。噶禮屢駁詰，覆審再三，卒如冀亨議。冀亨以是見惡於總督。時江蘇巡撫張伯行清節爲天下第一，深契冀亨，署布政使陳鵬年尤重之，而噶禮不懌伯行，惡鵬年尤甚。四十九年，鵬年被劾，欲並及冀亨，令藩司嚴查虧空，皆有抵款。五十年，即以有抵之款及民欠漕米，奏劾奪職。出署日，惟青錢十九枚而已。五十一年，噶禮敗，冀亨尋得旨開復原官，以病不赴選。及卒，蘇人祀之百花書院。

陳汝咸

《清史列傳》卷七四《循吏傳一·陳汝咸》 陳汝咸，浙江鄞縣人。幼隨父錫嘏講學證人社中，黄宗羲謂人曰：此程門之楊迪，朱門之蔡沈也。康熙三十年，會試第一，成進士，改翰林院庶吉士，散館出知福建漳浦縣。漳浦劇邑，多詞訟。汝咸勸民親遜，嚴懲訟師，聽斷明決，民莫敢欺。有被訟者，爲立期限，令原告自召之，一訊即決。縣中賦役，故責户長爲主辦，丁糧版籍，歲久混淆，胥役因緣爲奸。汝咸念編審爲賦役大政，躬自覈算，編糧均户，人丁各歸現在之籍，定三百畝爲一户，令民具親供，計丁口産業自封投，納糧多者爲首，行滾單法，以次輪催。均保甲以二百家爲一保，第其口多寡，藉以供役。五年一編丁而役法平，吏胥陰撓之，大吏幾爲所惑，汝咸毅然不回，條分縷析，三年而法立，奸人無所施其技，民樂輸將，歲賦無逋負。

閩俗信鬼賤醫，病輒舁土木神，卜藥以療，往往不幸死。汝咸厲禁之，因曉以方證，自制刀圭，施濟貧病，全活甚衆。毁學宫、伽藍祠，凡陳真晟、周瑛、高登諸儒之著作，皆葺而表章之；尤服膺黄道周之學，東郊歸誠書院故道周講學所，久爲僧據，汝咸逐之，而主以黄氏子孫。漳浦有教堂，男女羣聚，茹蔬禮佛，曰無爲教，汝咸籍其居爲育嬰堂。西洋天主教將開堂於漳，且藉上官爲言，汝咸不顧邑城隍廟、功曹祠，旁有鬼卒，相傳能禍福人，汝咸命毁其像，修文廟，造祭樂諸器。又設義學在邑者一，在雲霄、銅山、杜潯者三，延諸生有學行者爲之師。時會邑中士大夫及鄉之俊彦，集明倫堂講經史、性理諸書，終日無倦。又修朱子祠之在銅山、雲霄者，古田黄檗有明錢忠介墓，爲釐其墓田，繪圖貽錢之子孫。漳浦之俗，遂如鄒魯邑俗，每輕生，多因細故服斷腸草，挾死以圖財。汝咸力懲其弊，令當刑者掘草根贖罪，出俸錢市草，積堂下焚之。革相驗陋規，臨尸必反覆諦視，以手指按，雖仵作，謝弗及。邑多虎，捐貲令鄉民設虎牢，復募善射者，伏强弩毒矢要之，患頓息。歲旱，朝夕步禱梁山絶頂之龍湫，經涂數十里，從者皆憊，而汝咸無倦容。甫下山即雨，人以爲精誠所感。丁亥夏，霪雨，溪流泛溢，高及雉堞，民升屋而號。汝咸急登城樓，輿錢數十萬，募船拯救；又多爲木筏，渡一人賞錢千。好善者皆輿錢以助，援登至數千人，多方撫恤，雖災不爲害。有奸匪百餘人，潛伏七里洞，將入海，發兵擊之，走平和山中，謀再至漳浦。汝咸遣人密致賊黨林大札，啖以重利，誘擒首從曾睦、蔣卿、江貴等，奸徒悉散；復獲海賊徐容等十餘人，得金賫，悉以入藩庫。容盗首也，汝咸因詢賊中情形，並剿撫機宜，均得其要害，乃條陳撫捕，以靖海氛，利商舶；並請赦容，以致餘黨。諸盗遂陸續歸誠。

（清）錢儀吉《碑傳集》卷四一全祖望《大理悔廬陳公神道碑銘》　出知漳浦縣，漳浦最健訟，胥吏能以一訟破中人産。公下車，著令：凡户婚、田土，皆委家督、宗親、地保議之。議成，息訟於官。其大者，酌其地之遠近而定其期，被告人應拘者即交原告人呼之，被告人問控即具訴，訴至即訊，不令稽延時日，胥吏無所施其奸。縣民輕生，每以小忿輒服斷腸草及諸毒以自戕，奸人因之煽訟，公嚴禁之。乃倣古法，令有罪者貢此草以自贖，又捐金募民致草以絶其種。俗尚巫，民有病，舁諸妖師狂祈謬祝，費不貲，藥食皆卜之，食其吉者；食而死，則曰神所不佑也。公開陳曉諭，巫風以息。其爲漳浦立百世之利，尤在編審一事。舊例，世家有盈數千畝爲一户者，下姓有數十畝爲一户者，每族置户長，地丁籍以徵納，强後弱先，小頑大黠。乃定三百畝爲一户，令民親供實産，糧多者爲户長，以次輪，催丁亦如之，催科自此不擾。以都鄙之民，其分保有大小不一，則奸匪易匿，而公務不均。乃定二百家爲一保，無所頗焉。閩之丁口，以明初户籍爲據，有遷居百年而原籍丁糧未除者，官吏關移甚苦，公援國制，令入籍二十年以上者收之，遷籍二十年以上者除之，各縣皆以爲便。又盡清屯産、寺産。鹽法，則漳浦歲額六百餘。舊例，食鹽與曬鹽者皆得供課，不盡歸商也。其後派引配賣，悉歸於商，於是添設四場十六館，巡丁四出，顆粒盡征，給價短額，頒發亦愆期。公請復舊例，有徹商銷引之議，而大吏難之。公曰：法即不可更，不難行仁於法中。即革去場差，免認保，杜包納，寬餘鹽之禁。漳浦農商積弊，皆爲之肅然一洗。

魏嵘

《清史列傳》卷七五《循吏傳二·魏嵘》　魏嵘，《畿輔詩集》。直隸南樂人。《太學題名碑》。康熙四十五年進士。五十四年，授浙江錢塘縣知縣。縣附藩事至劇，吏易爲姦。嵘下車，先潔己，罷民間供應。曩時相沿，如倉胥供署中食米，屠儈供肉，江步供薪，戲户供魚之類，一旦盡革之。晨夜治簿書，斷理獄訟，無留牘，無遁情。減正賦耗羡，諭民以時輸租，民争相勸輸，勿累縣官。課遂稱最。故時徵漕，主倉吏饋官千金。嵘嘆曰：無故捐多金，非人情，其姦不待問也。自止於倉，親評米高下，令納者自操量，畢，徵吏無私焉。杭駐防旗丁，多不戢，市物薄予之直，挑婦女於道，民病之。前官以非所隸，不致詰。嶼至，輒移所司，論罪，遂相戒勿敢犯。海塘歲修不貲，時議有欲令民出家財佐公者，令紳士爲倡。嶼請曰：浙士皆無貲，且此例一開，貽患無窮。事遂寢。《縣志》閱八十年不修，嶼開館搜輯，成書三十六卷。

葉新

《清史列傳》卷七五《循吏傳二·葉新》 葉新，浙江金華人。康熙五十一年，順天舉人。從蠡縣李塨受業，立日譜稽核功過，尤嚴義利之辨。雍正五年，就吏部揀選，往四川試知縣，既署理華陽縣事。尋補仁壽，民或與隣縣争地界，當會勘，鄉保因閽人以賄請，新怒，悉下之獄。勘畢歸，各按其罪。由是吏民悉斂手奉法。八年，署嘉定州知州。州故有没水田，多逋税，新視曠土可耕者，召民墾闢，以新科抵税額，逋税悉免。仁壽奉旨采木，匠人倚官爲暴，民弗堪，糾衆相抗。縣令以變告，新馳至，訊匠頭及首糾衆者一人，立治之，釋餘數百人不問。上官以爲才，有疑獄輒令往讞，多所平反。十二年，遷邛州知州。乾隆元年，再遷夔州府同知，署龍安及成都府知府，又署瀘州知州。瀘俗好訟，初至，案牘委積。新日坐堂上，訟者至，立剖決，誣罔者杖遣之。旬餘，獄事大減；及百日，遂無留獄。

七年，署順慶府知府，遷雅州。丁母憂歸，服除，授江西建昌府知府。以簡静爲治，先教諭而後刑罰。修盱江書院，招引文學之士，復南城黄孝子祠，以厲民俗。十三年，南豐縣知縣報縣民饒令德謀反，請窮治。令德好拳勇，知縣以風聞遣役往偵，誤探其讎，謂謀反有據，遂逮令德，適它往，乃逮其弟繫縣獄。令德歸，自詣縣，訊以重刑，遂誣服，雜引親故及鄰境知識爲同謀。知縣遽移檄追捕，蔓贛、撫二府。新得報，集諸囚親鞫，時株連者已七十餘人，言人人殊。新大疑，詰縣役捕令德弟狀，役言初至令德家，獲一篋，疑有金寶匿之，及發視，無所有，則棄之野，知縣聞，意篋有反迹，訊以刑，遂妄稱發篋得簿劄，納賄毁之矣。令謂實然，遂逼令德俾誣服也。新於是盡釋七十餘人鐐具，命隨往南昌，戒之曰：有一逋者，吾代汝死矣。及至，七十餘人則皆在，謁巡撫，具道所以，巡撫愕不信，集才能吏令會勘，益雜逮，治諸所牽引，卒無據，然不可卒解。先是，巡撫得報時，遽上奏，命兩江總督委官即讞，新爲一一剖解，得白，所全活三百許人。

（清）錢儀吉《碑傳集》卷一〇四魯仕驥《金華葉先生新行狀》 仁壽僻野，民頑難治。邑故多陋規，豪猾率以此脇長吏肆奸。先生至，悉革除之，詳要束，謹關防，民用帖然。有與鄰邑井研民争界者，當會勘，鄉保因門役投揭入苞苴，先生即收諸人入獄，而往勘斷一從公，已而各以其罪罪之，自是無敢復干以私者。仁壽清丈之餘，田糧尚有隱漏，黠者每取爲己有，偷報入册，訟不解。先生爲一一清釐之，而户籍秩然，訟乃加少矣。嘗取一劣跡武生褫究之，其人懼而營解於藩司之家人，藩司家人乃爲書俾吏役二人持至，屬司閽者爲謀寬貸，司閽得書不敢發，稟白先生。先生即械二吏役送藩司，捕其人論如法。【略】

是歲，仁壽值採辦內有木植，部匠頭皆楚人，倚勢横索甚，民不堪，因號召相抗。署縣以爲民作不靖，院司飛檄先生俾往治之。先生知其故，但檄匠頭至，令民就鞫，來者數百人稱冤，而匠頭方傲睨置辨，先生立窮其奸惡，繩以法，第取民之倡首者懲之，縣以無事。自是上游益知先生可倚任，每有疑獄，調赴審決，一歲中半居會城矣。【略】

先生自授夔丞凡五載，至是始一抵任。未一月，又委權保甯府。昭化有劫案，令捕得五人，欲誣服，其首名之家屬控于郡。先生訊知行劫日其人以他事就質于鄰邑尉，計其程距二百餘里，即密檄取尉審卷，閱之，果得堂供。調令帶犯至，令以爲真，争甚力。詰其贓，無有；乃示以鄰邑審卷，令始語塞。先生白院司立釋之，而更捕真盜。【略】

十三年，南豐令某，以邑民饒令德之父早年以不軌爲衆所斃也，或言令德復好拳勇者，俾差偵之誤探于其讐家，遂逮令德，令德適他出，役遂逮其弟。令德歸，聞弟逮，自投到，嚴刑逼之，遂誣服結盟將謀逆。究黨與，乃謬舉親故及鄰郡邑熟識，雜以詭名。令自喜能發大奸，遽通稟，並關鄰邑追捕，四境騷然，蔓撫、贛二郡縣。先生聞報，即飛檄取來就鞫，是時已株連七十餘人矣。鞫之，語人人殊，乃大疑，詰原捕役初捕狀。乃知捕令德之弟時，役利其一篋，挈之，及開視無物，則棄之野。令知之，疑竇有祕跡，以刑求役，役畏刑而妄稱有簿劄，得賄毀之。令是以執此而嚴刑，逼令言，俾誣服也。先生嘆事爲鑿空，盡釋七十餘人鐐具，命皆隨至省會爲昭雪，且誡之曰：有一逋者則俱死矣。卽馳省，所釋無一後至者。謁撫軍，備陳始末，撫軍愕然，先生力爲置辨。乃遴通省才能集贛、撫、建三郡犯反復鞫之，卒無據，然不可解。蓋豐令初興大獄時，鄰邑得關，率以事大覺遲，恐重得罪，爭先摭關文中情節稟白撫軍，而撫軍以異地同辭信爲確，竟入告矣，特祕不言也。會奏摺下，批交制府，委江南監司和公來鞫。先生爲一一剖辨得解，所全活凡二百餘人。【略】

有甯都監生曾翊唐遠出，其妻邱氏與夫嫂鄧氏索債于李贊周家。鄧氏故與贊周私者也，至是疑邱知之，遽殺邱以滅口。贊周懼，不知所爲。其叔李東才者，諸生也，教以詐稱嘔血亡。及邱氏之弟曰習教者往視，見喉間有傷，欲鳴之官，而東才又教贊周謂習教僞傷誣控，鄧氏之夫虞奏主和，寢息其事。翊唐歸，訴縣求理。甯都令審邱死於病，習教殘屍，翊唐誣告，擬流徙。翊唐於司審時求檢，卽委長甯令會檢，以無傷加擬。先生細核案情多疑竇，驗其遺存血衣，形跡非口吐，且諸證辭皆乖剌。訊仵作，供檢時開棺，屍殭未化，項纏束，解視，氣管斷，而官喝令檢骨截身，上半蒸煮，皮管糜爛，辨頸骨無傷。格皆註，銷化。隨訊東才、贊周，悉吐實。先生以所關出入甚鉅，且事涉曖昧，爲文牒城隍，夜集諸犯于神前詳鞫，供情畫一，獨鄧氏猶支離閃鑠，於是録供，詳請委隔屬賢員確訊定案。會觀察阿公以内遷去，代者至，聽原訊者之言，謂先生輕信長隨，令其審訪，而長隨受賄，先生誤聽翻案，提訊之下，意模稜。先生以死者之冤莫伸矣，而生者又蒙冤争執相牴牾。時又有贛縣民蔡方照六人搶奪拒捕舊案，先生照例擬發邊衛充軍。適奉諭旨酌改本條爲斬決，院司欲以改例擬，先生謂事在例前，非官吏因循，結案久矣，宜從前例爲允。争之不得，因歎曰：殺人以媚人，吾不能也。卽曾案投劾，閉門候代。撫軍命人再三勸諭之，先生堅卧不出，乃以任性被議。既解組，欣然曰：今而後可以無疚於心矣。遂扁舟歸里。先生之去建昌改贛州也，建昌士民追攀不及，卓碑以紀其德政。及去贛州，贛州士民焚香涕泣送之，先生亦爲之出涕，時乾隆十八年也。

劉士銘

《清史列傳》卷七五《循吏傳二・劉士銘》 劉士銘，直隸宛平人。康熙五十六年舉人，六十一年，授山西聞喜縣知縣。聞喜故劇邑，會政弛吏偷，逋賦累歲而催科急，民益大困。士銘至，則召縣之父老，謂曰：令拙於催科，而民賦不輸，是欲見令拙也。願與父老約，行滾單法，何如？滾單法者，縣出單，書賦户名，先甲次乙，甲受單輸賦畢，而單至乙，乙受輸之如甲。以次及於一縣。賦户畢，然後上單於令者也。父老則頓首曰：如約。於是士銘爲畫催租役於單首，行之如法。國賦歲入，民無謗者。又縣故有市集，所在迥遠，盜賊竊發，爲貿遷患。士銘令改市適中之所，民大便利，盜賊亦罷去。民爲立祠祀之。歷攝臨汾、蒲州、解州。雍正六年，擢太原府同知。兼攝和平、定州，尋授朔平府知府。朔平地連北邊，蒙古部人與民相雜處，而郡又新設民屬府，而蒙古人隸都統戲下，訟輒牽掣，號難治。士銘謁都統，與之談讌極歡，曰：某奉命來從公，偕治天子人，誓不得畫彼此界。自是蒙古人或暴恣，士銘立杖決之，久之帖然，而民賴以安。八年七月，以母憂當罷，有旨在任守制。士銘力請反葬而後赴職，許之。

乾隆三年，父歿去官，兩喪六年服闋，補湖北安陸府知府。楚俗悍詐，獄成則抵罪，而情或不實。士銘苦心讞鞫，多所平反。漢江在府城西，上去襄陽七百里，下去沔陽七百里。水自北來，徑石城西南，與大江合，自石城下抵蔡家橋灣，由馬公洲小河口以達於南河，迴折三百餘里，土人謂之紅廟隄，最要害。在昔石城遠近湖港支分，用洩水勢，其後日以堙塞，而捍水者獨恃隄，隄不固則風旦霖夕，一蟻所盜，千里爲壑。士銘躬親相視滲漉，與役夫同甘苦，其課工視引錐穿土毫髮不損乃已。郡人喜曰：我公不寐，我民安睡矣。會孫家淦總督兩湖，疏請調士銘知荊州，士銘曰：某得荊州，人以美官賀，豈此間有所利耶？聞府四關有東中西北徵稅處，卽令曰商賈自入庭中，投所税錢於櫝，役是土者不得與。又聞駐防兵丁糧餉，故事自府支給，所在州縣歲當輸南米二十餘萬石，上府卽令諸邑曰：至期悉以米來，不得他有所代；令兵丁曰：月至府支餉二日，支糧三日，至期一如所支，各罷去。諸邑或請曰：公若少通，自便亦以便人。士銘曰：人之不便，某任其咎，通則何敢乎？人以是服其清。間攝理事同知事，或有姦其姊之女而殺其夫者，事已私解。士銘訪按確實，立置之法。有兵丁在校場用火槍誤殺五人，律不抵罪。士銘驗得鉛子於屍中，訊得故殺狀，抵之。士銘於所事雖非其專任，未嘗苟也。

沈起元

《清史列傳》卷七五《循吏傳二·沈起元》 沈起元，江蘇太倉州人。父受弘，歲貢生。起元中康熙六十年進士，改翰林院庶吉士，以父病乞歸，終養入京。雍正四年，未散館，授吏部驗封司員外郎，尋兼考功。時嚴六部缺主之禁，不自首者死。直隸學政缺主事發，起元爭曰：學政衡文，缺主不能舞弊，與六部不同。宜減死爲流。從之。五年，以知府指分福建，權福州府，調攝興化、莆田。有黃、陳二姓，争訟久不決，結黨互毆。上官慮釀禍，將悉捕治之。起元責兩人而釋其餘，報曰：釁由主者，懲之畢矣，餘不足問也。巡撫常安委攝海關，關役與洋舶，歲有例獻各數千金，起元並革之。巡撫有家奴守關，阻二十餘船，欲浮收糖税。起元立督收税如額，放船行，而白其事。常安召家奴切責之。常安去，代者詢常奴贓狀，起元不對，强之，則曰：但悉常撫任内革除浮税四千，他非所知也。**【略】**

高宗純皇帝御極，召入京，授江西驛鹽道。乾隆二年，授河南按察使。河南多盗，半由流丐。起元檄州縣遞送回籍，盗案頓減。夏大水，災被四十六縣，飢民四走。布政使欲闌之，起元曰：民飢且死，奈何禁他徙？惟州縣有被水者，安插流民，給以口糧，俾勿出境可矣。屬吏報鹽梟拒捕傷人，已而獲二十餘人，法皆當斬。訊之，自四五人外，餘皆飢民。起元請於巡撫雅爾圖，斬三人而戍其二，餘杖遣而已。舊例，命案凶犯未獲，令州縣於三月内結報是仇是盗，有司欲避處分，輒含混具結，得凶後則牽合附會，以符前結。起元詳巡撫具摺請免，得旨允行。雅爾圖令府、州各立書院，囑起元總其事。起元以教士當先實行，頒鄉賢陳瑚敬怠日程，自大梁書院始。進諸生，示以省身克己之學，覈其程而差等焉。又請立章善坊，令諸州縣舉孝子悌弟、義夫貞婦，登其名，並採訪事實，著《章善録》刊行之。

吴梯

《清史列傳》卷七六《循吏傳三·吴梯》 吴梯，廣東順德人。嘉慶六年舉人，以方略館謄録議敘，選山東蒙陰縣知縣。蒙陰故瘠邑，聞者色沮，梯笑曰：我輩志不在温飽，甫得官即計肥瘠耶？遂之官，至則令鄉舉齒德士爲公正，給戳記，俾防盗。除夕漏下，忽有距城四十里某公正，以巨盗驟歸來告者。梯立督捕役馳詣盗所，倉皇就縛，嚴訊不吐實，威以極刑，作鼾聲，蓋邪教林清餘黨也。乃訊盗婦，知爲他縣劇賊。比移查，而盗斃獄中矣。縣當孔道，額設驛馬，每年以舊馬瘠者易新馬，馬未到則以民馬換，民每苦驛卒浮索，多以疲駑應之，往往誤差。民累官亦累，梯革除之。復諭民種茶樹，除糧催，皆有實惠。鄰邑蝗發，獨不入蒙境，民以爲德化所感。旋調濰縣，縣濱海，圖利者欲上議開港招商，梯思濰與海通，時防賊擾，更開他港，恐後患甚鉅，拒不允。邑多水患，浚河修隄，其患頓息。

再調禹城，禹城歲漕六千餘石，用漕車六百餘輛外，復創薊車名，百姓苦添派，梯下車即裁革之。邑故有官價，梯一按市估平給。聽訟鞫囚，尤不敢率斷。某縣嘗有劫案被獲者，梯與審焉，刑未加，賊已吐實，獄成。梯獨不畫諾，曰：贓少而不實，不成信讞。上官不悦。適河東解盗至，贓犯全獲，乃喜曰：吴令真老吏也。擢任膠州知州。年饑穀貴，梯勸捐雜糧，菽一穇五，稷秫各二，攙和爲半價，分糶，復平糶倉穀萬餘石，穀罄而價愈騰。適得豆餅濟飢策，截留豆餅百六十萬斤，敷五萬人一月食。於是城鄉分廠出糶，糧價頓平。以所得餅值歸商，民弗飢而商力亦弗耗。嗣後膠州饑，踵法行之，民無餒者。郎中某巨富，卒無子，妻陳氏擇族子爲嗣，遠族舉人某私結郎中族叔强以己子入繼，陳訟於官。梯令立賢而親者爲嗣，嚴諭其族紳曰：陳氏母子有他故，惟某舉人與族叔某是問。陳氏母子卒無恙。

再擢濟寧直隸州知州，州有李澍者，最富，上官欲彌補鹽餉，牒州取澍充鹽商。梯以逼勒充商，必致破家，自爲稿申覆，力陳勒充之弊，懇請永禁。大吏悟，據情轉奏，李得免，以千金爲梯壽，梯力卻之，去任再餽，仍弗受。梯凡蒞任，必與差役約：因犯罪重輕爲賞錢多少，差票限日收繳，藉票毒民者革役反坐；命盜案須詣勘者，夫馬自辦，署明於牘尾，故相驗無供應之累。任某縣時，有犯逸，爲鄰省所獲，姓名籍貫案由皆符合。既認狀，鄰省置諸法，移山東飭縣銷案。梯以道遠，慮有賄囑認案者，存未銷，數月後果於縣境緝獲本犯。縣有莊丁某得罪主人，變姓名逃匿，其母疑子與莊主女姦，爲莊主所殺，因以殺子沒屍控莊主，女數欲自盡。梯訪無確據，因思女不到案則案不結，脱到案畏羞自盡，污人名節，且殺人非慎憲之道。乃入莊諭，懸千金賞購莊丁，不數日獲之。事遂得白。

費庚吉

《清史列傳》卷七六《循吏傳三·費庚吉》　費庚吉，江蘇武進人。四歲而孤，母徐氏督之讀，以貧育於外家。嘉慶二十四年，試進士第一，授禮部主事。庚吉自以節母之子，每彙題節孝，必肅容具稿。時有奏請建總坊者，下部議，庚吉議曰：定制，旌表節孝，每人給建專坊銀。然吏胥因緣爲奸，寒素不得請者十八九。今請總旌，子孫有力，別建專坊者聽；存者準定例，必滿三十年；歿者或十年、七八年皆予旌。是年之不永，非節之不終。其在國子監肄業生，許爲親戚呈禮部請旌，與在都候補候選官同。禮部據呈行查原籍，俾外省胥吏不得婪索壅閣。奏上，報可。乃採訪其鄉之合例未旌者，三千餘口，請建總坊，著爲令，自庚吉始。

道光七年，充《大清通禮》纂修官。十七年，補湖廣道監察御史。五月，授河南汝寧府知府，朔望詣明倫堂，集紳耆，告以士君子居鄉，當爲守土吏佐慈惠，廣教化，矜式後進，使鄉人不爲苟且媮薄之行。召諸生講明正學，申義利之辨。暇則屏騶從，循行阡陌，與父老言農，與子弟言孝，作《勸戒歌》，曉婦孺，環聽若堵，民忘其爲官。嘗謂：民風由於士，士風係於官，欲教士民，不如先教牧令。乃爲書戒曰：牧令與民一體也，太守與牧令猶一家也。民失其德，牧令之責也。牧令不能使民之無失德，則太守之責也。汝南居豫省之中，近北五邑，性多剛，剛則直而易感，不善治之，則懼其悍；近南四邑性多柔，柔則順而易從，不善治之，則懼其刁。悍與刁非不可化，視爲治何如耳。上古官事與民事合，而治道盛；晚近官事與民事分，而治道衰。其貪酷闒茸者無論已，間有聰明強幹之吏，類專心於官事，以供張爲結納，以掩飾爲調停，其於民事漠不關心，惡在與民一體也。民事莫大於教養，尤莫難於使之自爲教養。嘗思之，而知其難矣，有可行者，有不可行者；有徑直以行者，有委曲以行者。假手吏胥，則吏胥壞之；假手門丁，則門丁壞之；假手鄉約、里正，則鄉約、里正又壞之。然則終不可行乎？在出以虛心，持以實心而已。爲政者當視其事爲天下之事，非一人之事；爲一己之事，非他人之事。遏欲以清其原，窮理以擴其識，問之長官，問之僚屬，問之賓朋，問之鄉大夫、鄉先生，問之田夫野老。告吾善者，從如流水；規吾過者，改如轉圜。洗其嗜欲功利之私，破其養尊處優之習，出一語質諸鬼神，民自知其不貳；下一令堅如金石，民自知其不欺。養與教並重，而養即寓於教之中。教富者以睦婣任恤，而富可養貧；教貧者以勤儉安分，而貧可自養。宣聖諭以教民，不必專在朔望也。當於城市、村莊，隨時求宣講之法，嚴保甲以弭盜，不必專在鎮集也。當於孤村單户，隨地求聯絡之方，尊禮高年，則人知敬老；表章節孝，則婦盡懷清。日坐大堂，示民以公。疾趨過廟，使民知敬。紳之賢者，優崇而咨訪之，則民情可通；衿之劣者，擯絶而懲創之，則民氣可靜。聽訟不可留，宜持詳慎之意；催科不容緩，宜屬撫字之仁；事上宜謹，可争是非而不可傲；待下宜謙，可絶情面而不可陵；捐輸所以急公，可勸不可罰，罰則近於攘。賽會所以從俗，可偶不可黷，黷則近於荒。有時或不廢詠歌，所以導民之性情，不可以空文妨實政。得暇則參觀經史，所以資吾之考鏡，不可以泥古拂今情。差徭可減則減，少一分科斂卽留一分脂膏；糜費可省則省，去一分酬應卽免一分虧累。官清則役畏，官健則捕精。署以内毋好古玩，毋進優伶，毋輕宴會。不惟節用，自可清心境之中。嚴辨訟師，嚴除豪覇，嚴禁娼賭，不獨防姦，兼堪厚俗。所謂官事與民事合者如此，言之非艱，行之惟艱。自問此心不肯以空言欺世，然但可爲知者道耳。努力明德，以答蒼生。到任數月，境内大治。未嘗鞭人至百，而獄訟衰息。馬氏爭田三十年，庚吉一訊而解。族長馬賢者年八十六矣，目已瞽，言：身年老可不到案，聞太守賢，是以來。目不見青天，得握青天手，死不恨。庚吉憐其老，引手慰撫之。賢流涕曰：百餘年無此官矣！庚吉母病，民相率禱城隍神，至數千人，止之不可，曰：出於心之不自知，且恐使君去也。汝寧故多火，禱於神，終其任不火。

黃輔辰

《清史列傳》卷七六《循吏傳三·黃輔辰》　黃輔辰，貴州貴筑人，原湖南醴陵籍。道光十五年進士，以主事用，分吏部。二十四年，補官。三十年，陞員外郎，旋遷郎中。遇事侃侃持正論，屢忤上官，不少屈，同署咸嚴憚之。【略】

彭年，道光二十五年，貢士。二十七年，改翰林院庶吉士，散館授編修。歷充武英殿協修，國史館協修、功臣館纂修、本衙門撰文。咸豐初年，乞假侍親歸黔，過白茆灘，舟破於石。彭年偕婦劉氏各負其父姑以出於險，俱得無恙。到籍，隨父辦理貴州團練。長寨等處苗漢積不相能，下游清水江猜怨尤深。彭年親入苗寨勸諭，盡得漢民侵欺狀，爲蠲除之，使合團，苗民翕然聽命。【略】

九年，遷按察使，絶屬僚餽遺，屏新關津貼，停工程局攤捐。湖北獄訟繁，候審所積案數百，彭年督承審官悉行斷結。往時諜訴臬署者，書吏索費二三十緡，或委員提案，被訟者輒傾家，彭年皆禁罷。復以牧令多不諳律例，幕友吏胥得因緣爲奸利，特設學律館，人給律例，定期會講，詳爲指授。又以游手無恒業，或偶犯偷竊，設遷善局處之，使習一藝成，貸貲釋出，其人多改行。又立待質所，絶胥吏擅押罪人之弊。設戒煙局，以拯困於煙而貧無貲者。有獄犯田萬青自縊，彭年例應鐫二級調用，上官囑減囚罪，冀免之，彭年不可，然竟得留任。時大吏議裁緑營餉，兵洶洶思變，彭年開誠告誡，營伍咸奉約束。彭年治獄明決，終楚臬任，平反鉅案十數起，結京控案四十餘起。

十一年，調陝西按察使，權布政使，創博學齋，延宿儒主講席，購補關中書院書籍。比履本任，其建置如治楚。憫愚民不知法，摘律例中民間易犯各條，刊布簡明告示，使知儆懼。陝省亂後，會匪游勇，潛相勾煽。彭年整頓保甲，明連坐之法，嚴窩賊之禁，詳定就地正法章程。擒誅巨魁張鐵梅等數十名，又以城中失火，易致延燒，捐置水桶、水缸，令居民數家共穿一井，有警則通力撲救，由是少火患。長安縣西北馬營寨等六十餘村，地濱灃、渭，十三年秋，水，決隄堰。淹四十餘里，壞民田廬。彭年捐廉集款，賑撫修復，民賴以安。

陳崇砥

《清史列傳》卷七六《循吏傳三·陳崇砥》　陳崇砥，福建侯官人。道光二十五年舉人。咸豐三年，大挑知縣，籤分直隸。八年，署東光縣知縣，適海口有警，大吏檄沿河州縣，捐辦礮臺木植。崇砥以東光初罹兵難，民力不勝，自出俸餘採買。士民聞之，相率輦木至堂下，酬以值，不受，兩月得千五百株，如數報解。九年，調署赤城。是年冬，補獻縣知縣。縣經兵燹，馬賊充斥，劫獄搶犯，城中一夕數驚。崇砥擇健役，購線緝捕，渠魁多就擒。命城鄉練團，選正紳爲之長，具資糧器械，立團十六，合丁壯千五百人。每月每村三班輪值，值五百人，行之期年，邑亦有備。瀛渤間，地多平曠，每值夏秋，賊伏田禾中，爲劫奪。崇砥令於集鎮要害，掘塹築垣，添設屯鋪，以爲守禦，鐙相望，柝相聞，由是盜賊不得入。捻逆張錫珠寇近畿，距獻五里，崇砥先期調練勇入守，開門納逃亡婦女，集紳民誓於神，復出俸增餉，衆皆感泣，願以死效。賊知有備，遂東遁。方賊之西竄也，日馳數百里，民之避地河間者，守令閉門不納，且飛書崇砥，令拆臧家橋。橋爲寧津、吳橋、阜城、東光、景州五邑入都通衢。崇砥得書，力阻之，謂：正宜安集難民，遥爲聲勢，豈可夷險塞阻，更示以弱？方今滹沱水生，五路羽書日數十至，此橋拆，文報不通，且委東鄉百姓於賊，非計也。知府悟，議乃寢。賊果無所掠而逸。縣有天主堂，其黨徐博里嘗干以事，崇砥斥之曰：教事爾自主之，民間獄訟，有國典，爾無包庇，以累和好。博里氣沮。禮部尚書祁寯藻奏舉循吏，以崇砥名上，擢保定府清軍同知。【略】

十一年，補授河間府。河間詞訟甲通省，崇砥申清訟之令，刻期審結，所屬有疑獄，皆代裁決。東光爲崇砥舊治，有來訴者，或不鞫而服。期年案清，人謂五十年所僅見者。河間當滹沱下游，水潦爲災。崇砥請以本年賑項，築古洋河隄，自獻縣至肅寧六十餘里，於蔡家橋以上作隄，以防支流，迆西開溝六千餘丈，以資宣洩。於馮家村至高旦口，買地疏濬，造橋建閘，防子牙河暴漲。由是古洋河通流，高下之地皆大稔。采古今捕蝗成法，刊爲《治蝗書》。

尤善治獄，東明人郝延齡女先許字周敬止之子，周以子殤辭婚。郝復受周慶雲聘，後慶雲家中落，婚書又失，欲娶女，郝不可，而以女送敬止家，聲言守節，敬止拒之。郝乃詭稱敬止子被擄未死，遂涉訟。崇砥判曰：敬止以子殤辭婚，女與周恩義已絶；慶雲婚書雖失，有媒妁可證，不得以貧寒萌他念。命慶雲刻日與郝女成禮。延齡父子並爲生員，如予褫革，令其女愈難自安，且失兩姓好，宜薄懲示警。獄遂定。長垣人薛玉成，其父爲聘李姓女爲養媳，年十四未成婚。玉成屢挑女，女拒之，後竟殺女。鞫者以夫毆妻至死律定讞，大吏檄崇砥親訊，知女曾納段姓聘，段子爲賊擄，女至薛家猶不忘段。薛之父母欲子成婚，以絶女望，屢挑屢阻，至於被殺。崇砥謂女不許聘，則父母凍餒，而心未忘段，抵死不悔以待之，旌之宜也。薛子以父母命而得妻，照前律亦宜也。必以君子之道責村農小兒女，則過矣。時韙其議。積年重案，平反得雪，多類此。

光緒元年，卒於任。

鍾謙鈞

《清史列傳》卷七七《循吏傳四·鍾謙鈞》 鍾謙鈞，湖南巴陵人。道光二十四年，報捐從九品，分發湖北。旋丁父憂，服闋，仍赴湖北候補。咸豐元年，署沔陽州鍋底司巡檢。五年，以團練功，陞用府經歷、縣丞。六年，籌辦軍需，擢知縣。七年，丁母憂，湖北巡撫胡林翼奏留，辦理膏井鹽茶事宜。八年，湖廣總督官文以謙鈞潔己奉公，民情服悅保奏。得旨，以同知直隸州補用。九年，檄辦牙帖、釐金、鹽釐等務，勞勩最著。經胡林翼奏獎補缺後，以知府用，先换頂戴。十一年，隨官文等克復黄州府城，命免補本班，以知府補用，並賞戴花翎。【略】

謙鈞歷任所至，務飭風化，民有以細故爭訟者，每婉轉勸諭，發其天良，兩造往往感泣，不終訟而去。暨署臬司，尤留意京控發審案件，日必親臨讞局，悉心研鞫，判結最多，案無留牘。創建候審公所，爲待質人證棲止處，籌備資糧，賙其衣食，鮮有瘐斃者。南海、番禺兩首邑，每多羈囚，謙鈞令立積案局，酌定章程，派員推鞫，用能剖决平反，悉成信讞。積牘爲之一清。十二年，因病乞休，十三年，卒。

李炳濤

《清史列傳》卷七七《循吏傳四·李炳濤》 李炳濤，河南河内人。咸豐十年，就職州判，遊湖南，主候補道劉建德。建德隨曾國藩東征，炳濤與俱謁國藩。國藩命總辦明興營務，治軍書，晝夜不息。能通蒙古語，軍中或有訢誶，卽作察哈爾語調和之，聞者笑而解。十一年，以軍功，賞戴藍翎。同治元年，以同知留安徽補用。二年，明興營凱撤，炳濤假歸。【略】

八月，委查亳州圩，炳濤微服遍遊民間，盡得諸匪徒姓名，及蠹役胡采林通匪虐民不法狀。歸卽夜繕密札，遣急足呈大吏，誘采林誅之，竿其首，一州大驚。州民酹酒禱神者數百家。自是訟獄者，咸取决於炳濤。呈詞日數十，立時批發，不累守候。日率親兵十餘人，按圩查閲，爲立條教，別良莠，戮悍賊二百人，予限自新者三千。期年而俗變，無盜竊者。【略】

炳濤善斷獄，一言剖析，莫不饜心而去。巡鄉時，就地聽斷，民省往返，吏無需索，人悉稱便。其攝亳州也，有田父報其子口角夜投井死，炳濤驗其屍無傷痕，井旁有汲水器二，因念夜間非取水之時，既尋死，何暇持汲水器，傳尸婦詢之，貌不甚悍，而實無戚容。偵其平日與鄰婦往來，曰：獄其在此矣。拘鄰婦鞫之，果得其狀。蓋田家子與婦素不和，鄰婦有弟與婦通，欲害其夫而妻之。事未發，值田家子忤其父，鄰婦邀至家，醉以酒，與其婦布裹而投之井。置汲器者，欲人信其取水投井也。於是皆伏法。炳濤持法嚴而宅心甚寬，嘗獲巨捻孫狗者，以一子自隨，狗臨刑曰：某虐人多矣，子恐不可保，奈何？炳濤曰：爾子善良，當令充吾親兵以活之。狗感且泣，子亦泣，後當兵服役倍常人。身後，家如寒素，衲衣皆取諸質庫。士民無不流涕者。

丁壽昌

《清史列傳》卷七七《循吏傳四・丁壽昌》　丁壽昌，安徽合肥人。咸豐三年，粵匪擾安徽，壽昌集勇築寨自保。旋從安徽巡撫福濟剿賊廬州，敘勞，以典史選用，並賞戴藍翎。九年，隨官軍克復六安州，擢縣丞。十一年，攻克巢縣、含山、和州及銅城閘、雍家鎮、裕溪口、西梁山各要隘，陞知縣。【略】

署天津道時，值民教不和，事機棘手，壽昌操縱緩急，措置裕如。天津頻年患水，設法籌賑，全活甚多。光緒初年，直隸旱荒，晉豫尤甚，壽昌統籌兼顧，不分畛域。其在臬司任時，適有清豐縣民謝光玉叩閽一案，上命壽昌提訊。先是，捻匪竄清豐，光玉之祖及父避地弗及，賊至其家，勒供酒食。賊去後，同里有隙者，誣以通寇，糾衆殺其家十餘人。光玉時僅九歲，逃匿獲免。及成立，申訴大吏，以案鉅年遠，事無左證，懸不能結。壽昌細心推鞫，盡得其情，沉冤昭雪，聞者稱快。又以直隸刑案甲天下，督所屬清理，痛除延宕之習，歷數月而積案一空。

潘治

《清史列傳》卷七七《循吏傳四・潘治》　潘治，浙江山陰人。由監生捐輸軍餉，獎從九品，分發安徽。歷署六安馬頭司巡檢、天長典史。咸豐六年，入戎幕，以克復鳳陽、壽州暨剿平定遠、泗州、靈壁各郡縣功，洊保知縣，並加五品銜。同治二年，苗逆蠢動，隨道員馬新貽赴剿蒙城，設防籌餉，動合機宜。旋委署盱眙縣，縣境屢遭兵燹，人民寥落，田地荒蕪。治首請撥款，招集流亡，給散牛種，民始復業。閱一年，而市廛輻輳，大吏嘉其功，即奏補盱眙。

治以學校久廢，捐俸建試院，修文廟，整理書院，聘耆儒教授其中，廣設義學，慎選館師，公暇必親詣書院、義學與諸生講説，勉以忠孝、節義，宣講《聖諭》十六條。巡行鄉里，見父老，與之討論，清溝渠，殖蠶桑等事，肫肫如家人父子焉。尤精聽斷，案無留牘。有因亂後田房失據構訟者，必確訪其界址所在，持平剖決，民感其誠，相戒讓畔。邑有孀婦素健訟，治初憫之，温語曉譬，使歸更尋思，而婦訟不止；乃集其牘一一摘發其奸，婦知不敢欺，一訊而服，盱人稱歎。在任五年，風教大洽。有盜者，獲之，則曰：本不忍犯盱境，實係誤入，刑罰自甘，無怨言也。其德之感人有如此者。同治七年，卒。

桂中行

《清史列傳》卷七七《循吏傳四・桂中行》　桂中行，江西臨川人。咸同間，天下多故，中行以諸生赴皖從軍，兩江總督曾國藩見而器之。積功獎知縣，歷任合肥、蒙城、阜陽諸縣事。

國藩奉命北征捻寇，以捻黨多蒙城人，其地特巖阻，令中行清查蒙城圩寨，便宜從事。中行單騎歷各圩，曉以利害，擇良幹者作正副圩長，爲堅壁清野之計。村民皆入堡，糧食輜重，悉移置焉，寇無所掠。復時時禮接耆老賢士，使人皆得進見，言方略，因詢通捻奸民簿記之，誅其渠桀數十人，豪猾武斷者，悉繩以法。歲餘，威化大行，蒙人在捻中者，聞許自新，多逃歸。以功保知府。

光緒三年，宣城民焚教堂，外人責言日至，兩江總督沈葆楨檄中行往治。中行察事本末，諭教士曰：倡亂者固當論如律，顧汝先侵民地，何哉？今令民償汝財，汝必還民地也。教士初不肯承，中行援公法及條約，婉譬而嚴詰之，相持數月，卒如中行議，案遂結。旋丁母憂，服闋，安徽巡撫裕祿委辦皖南墾務。先是，皖南遭寇亂，民多流亡。事平，鄰省游民相率占墾，田賦十不報一。以中行得民心，委使清丈。中行先莅宣城，與民約剋日丈量，無問客主，至期，客民聚者以萬數，譟而毁其輿。吏請緩之，中行不可，立捕爲首者十餘人，面數其罪，斬以徇。衆皆駭散，卒丈而還。他縣聞之，俱不敢動。事竣，見裕祿，驚曰：汝爲國家歲增賦鉅萬，鬚盡白矣！

王仁堪

《清史列傳》卷七七《循吏傳四・王仁堪》　王仁堪，福建閩縣人。祖慶雲，工部尚書，自有傳。

仁堪於同治十三年由舉人考取内閣中書。光緒三年，一甲一名進士，授翰林院修撰。五年，俄羅斯更定條約，索我伊犂，要求無厭，使臣崇厚專畫諾，未奉旨遽回京。仁堪偕修撰曹鴻勛等疏劾之。六年，提督山西學政。十一年，充貴州鄉試副考官。十三年，命在上書房行走。十四年，充江南鄉試副考官。【略】

〔十五年〕十二月，充會典館繪圖處幫總纂官，十六年十月，改總纂官。以十四年京察一等，授江蘇鎮江府知府。十七年三月，莅任不十日，而有丹陽教堂之案，起於邑人刨見孩尸，仁堪驗得孩尸七十餘具，請兩江總督劉坤一專疏入告，其略曰：既名爲天主堂，即不應有死孩骨，即曰兼育嬰局，更不應無活嬰兒。且教堂兼辦育嬰，雖各省間有此案，而徧查歷年條約傳教條下，並無准外國人在中國育嬰之約。該教士等既於約外兼辦育嬰，復不遵光緒十五年兩廣總督奏行章程，使地方官得司稽察，禍由自召，請於結案之時，曲貸愚民之罪，以安衆心；别給撫卹之貲，以謝彼族。庶不致積憤日甚，爲禍愈深。坤一迂之。嗣獲犯卒，擬罪軍徒有差。案既結，外人屢移書督撫保護教堂，仁堪請奏定保護律例，言和約保護教堂，祇言從嚴懲辦，并無若何懲辦明文，故每出一役，使臣任意要挾，動增條款，宜明定保護之律，將焚毁教堂作何賠償，殺傷教士作何論抵，以及口角、鬭毆等事，定明律法，人心既平，訛言自息。時英人梅生交通匪首李鴻，爲購軍火，事覺，郡民洶懼。仁堪親出巡防，達旦不寐，以安民心。又以英領事坐梅生罪，僅監禁九月，復上書總理大臣論之，詞極剴切，有洋人忻愛珩者，持簿籍來謁，稱欲捐建中外義學，並列沿途地方官銜名捐款，仁堪詰之，並無游歷護照，乃商之關道，咨送該國領事查辦，並請兩江總督照會各國總領事，令公議章程，凡洋人無護照，即屬流甿，儻私至各處爲非，經地方官查出，應按照中國律法科罪，庶足清游匪，全邦交。

朱令

（清）樊增祥《樊山政書》卷一《批長安縣紳民張鐘秀等呈詞》　長安縣朱令，今之循吏。當此年饑穀貴，民命倒懸之時，如果倉正吴永春等將倉糧偷賣私吞，業經爾等屢控有案，豈有任聽門丁書差上下其手，不爲追究之理？此案仰長安縣迅速集訊，如吴永春果有侵吞，嚴追不貸。如賈魚辛等捏情妄控，亦即秉公究懲。仍將訊斷情形據實稟復候奪。詞發，仍繳。碑文附。

應敏齋

《清朝史料》卷四《應敏齋精於折獄》　方伯在廉訪任，遇有命盜案件，恒懼其枉，靡不悉心研鞫，州縣頗苦其駁詰，然獄少冤民矣。嘗記其二事：一爲上海縣案。先是蘇州婦因避難攜其已嫁女至上海者，賊退後女不歸蘇，而另與一人爲夫婦，即俗所謂姘頭也。婦利其資而不之禁，如是者有年，壻在蘇不知也。久之其人資罄，女出傭於巨室以自給，然歸來則相處如故。又久之婦以乏資厭其人，遂聲言蘇壻來索，將挈女去，席捲所有登舟，舟尚未發，婦適以故上岸，其人尋至，爰攜女共逃，婦歸女失，覓之不得。乃欲詐巨室謂其匿女，索擾久之無所獲，忿而服鴉片以往，毒發遂斃。縣讞謂婦死緣壻索女故，女因姦致母自盡，科以死罪。獄上，公細詢其情，閱全案，無壻家一詞，疑之。乃密飭吴縣令提其壻到，則始終茫然，不知有是事，是婦自死於索詐矣，於是僅科女以姦罪完結。一爲無錫盜案。屢承屢翻，而贓據鑿確，卽發審局諸委員亦以爲真盜也。公親提研訊，見事主則長而大，盜乃矮而小，究詰再四，事主但認贓爲據，公因取贓衣反覆視之，遽呼事主前指一馬褂曰：此汝之服耶？對曰：然。卽令衣之，乃短小甚，呼盜使服，則却稱其體。盜乃泣而呼曰：今日見青天矣，此固我之衣也。蓋無錫是年盜案層出，一無破獲，捕役懼比，因獲一人强之承，復囑事主强之認，冀逭其責耳，後經事主歷歷供出，公大笑，重責捕役，而取一長大之馬褂賜事主服之去，曰：以後終當爲爾得盜，毋代捕誣人也。公自言此二案，案情均在目前，承審官自不留心耳，敢矜以爲神哉！

司法酷吏部

兩漢分部

郅都

《史記》卷一二二《酷吏列傳・郅都》　郅都者，楊人也。以郎事孝文帝。孝景時，都爲中郎將，敢直諫，面折大臣於朝。【略】

濟南瞯氏宗人三百餘家，豪猾，二千石莫能制，於是景帝乃拜都爲濟南太守。至則族滅瞯氏首惡，餘皆股栗。居歲餘，郡中不拾遺。旁十餘郡守畏都如大府。

都爲人勇，有氣力，公廉，不發私書，問遺無所受，請寄無所聽。常自稱曰：已倍親而仕，身固當奉職死節官下，終不顧妻子矣。

郅都遷爲中尉。丞相條侯至貴倨也，而都揖丞相。是時民朴，畏罪自重，而都獨先嚴酷，致行法不避貴戚，列侯宗室見都側目而視，號曰蒼鷹。

《漢書》卷九〇《酷吏傳・郅都》　臨江王徵詣中尉府對簿，臨江王欲得刀筆爲書謝上，而都禁吏弗與。魏其侯使人間予臨江王。臨江王既得，爲書謝上，因自殺。竇太后聞之，怒，以危法中都，都免歸家。景帝乃使使即拜都爲鴈門太守，便道之官，得以便宜從事。匈奴素聞郅都節，舉邊爲引兵去，竟都死不近鴈門。匈奴至爲偶人象都，令騎馳射，莫能中，其見憚如此。匈奴患之。乃中都以漢法。景帝曰：都忠臣。欲釋之。竇太后曰：臨江王獨非忠臣乎？於是斬都也。

寧成

《史記》卷一二二《酷吏列傳・寧成》　寧成者，穰人也。以郎謁者事景帝。好氣，爲人小吏，必陵其長吏；爲人上，操下如束溼薪。滑賊任威。稍遷至濟南都尉，而郅都爲守。始前數都尉皆步入府，因吏謁守如縣令，其畏郅都如此。及成往，直陵都出其上。都素聞其聲，於是善遇，與結驩。久之，郅都死，後長安左右宗室多暴犯法，於是上召寧成爲中尉。其治效郅都，其廉弗如，然宗室豪桀皆人人惴恐。

武帝即位，徙爲內史。外戚多毀成之短，抵罪髡鉗。是時九卿罪死即死，少被刑，而成極刑，自以爲不復收，於是解脫，詐刻傳出關歸家。稱曰：仕不至二千石，賈不至千萬，安可比人乎！乃貰貸買陂田千餘頃，假貧民，役使數千家。數年，會赦。致產數千金，爲任俠，持吏長短，出從數十騎。其使民威重於郡守。

《漢書》卷九〇《酷吏傳・甯成》　甯成家居，上欲以爲郡守，御史大夫弘曰：臣居山東爲小吏時，甯成爲濟南都尉，其治如狼牧羊。成不可令治民。上乃拜成爲關都尉。歲餘，關吏稅肄郡國出入關者，號曰：寧見乳虎，無直甯成之怒。其暴如此。義縱自河內遷爲南陽太守，聞甯成家居南陽，及至關，甯成側行送迎，然縱氣盛，弗爲禮。至郡，遂桉甯氏，破碎其家。成坐有罪，及孔、暴之屬皆奔亡，南陽吏民重足一迹。

周陽由

《史記》卷一二二《酷吏列傳・周陽由》　周陽由者，其父趙兼以淮南王舅父侯周陽，故因姓周陽氏。由以宗家任爲郎，事孝文及景帝。景帝時，由爲郡守。武帝即位，吏治尚循謹甚，然由居二千石中，最爲暴酷驕恣。所愛者，撓法活之；所憎者，曲法誅滅之。所居郡，必夷其豪。爲守，視都尉如令。爲都尉，必陵太守，奪之治。與汲黯俱爲忮，司馬安之文惡，俱在二千石列，同車未嘗敢均茵伏。

由後爲河東都尉，時與其守勝屠公争權，相告言罪。勝屠公當抵罪，義不受刑，自殺，而由弃市。

自寧成、周陽由之後，事益多，民巧法，大抵吏之治類多成、由等矣。

趙禹

《史記》卷一二二《酷吏列傳·趙禹》 趙禹者，斄人。以佐史補中都官，用廉爲令史，事太尉亞夫。亞夫爲丞相，禹爲丞相史，府中皆稱其廉平。然亞夫弗任，曰：極知禹無害，然文深，不可以居大府。今上時，禹以刀筆吏積勞，稍遷爲御史。上以爲能，至太中大夫。與張湯論定諸律令，作見知，吏傳得相監司。用法益刻，蓋自此始。

《漢書》卷九〇《酷吏傳·趙禹》 禹爲人廉裾，爲吏以來，舍無食客。公卿相造請，禹終不行報謝，務在絶知友賓客之請，孤立行一意而已。見法輒取，亦不覆案求官屬陰罪。嘗中廢，已爲廷尉。始條侯以禹賊深，及禹爲少府九卿，酷急。至晚節，事益多。吏務爲嚴峻，而禹治加緩，名爲平。王温舒等後起，治峻禹。禹以老，徙爲燕相。數歲，誖亂有罪，免歸。後十餘年，以壽卒于家。

張湯

《史記》卷一二二《酷吏列傳·張湯》 張湯者，杜人也。其父爲長安丞，出，湯爲兒守舍。還而鼠盗肉，其父怒，笞湯。湯掘窟得盗鼠及餘肉，劾鼠掠治，傳爰書，訊鞫論報，并取鼠與肉，具獄磔堂下。其父見之，視其文辭如老獄吏，大驚，遂使書獄。父死後，湯爲長安吏，久之。

【略】

是時上方鄉文學，湯决大獄，欲傅古義，乃請博士弟子治《尚書》、《春秋》補廷尉史，亭疑法。奏讞疑事，必豫先爲上分别其原，上所是，受而著讞决法廷尉，絜令揚主之明。奏事卽譴，湯應謝，鄉上意所便，必引正、監、掾史賢者，曰：固爲臣議，如上責臣，臣弗用，愚抵於此。罪常釋。（聞）〔閒〕卽奏事，上善之，曰：臣非知爲此奏，乃正、監、掾史某爲之。其欲薦吏，揚人之善蔽人之過如此。所治卽上意所欲罪，予監史深禍者；卽上意所欲釋，與監史輕平者。所治卽豪，必舞文巧詆；卽下戶羸弱，時口言，雖文致法，上財察。於是往往釋湯所言。湯至於大吏，内行脩也。通賓客飲食。於故人子弟爲吏及貧昆弟，調護之尤厚。其造請諸公，不避寒暑。是以湯雖文深意忌不專平，然得此聲譽。而刻深吏多爲爪牙用者，依於文學之士。丞相弘數稱其美。及治淮南、衡山、江都反獄，皆窮根本。嚴助及伍被，上欲釋之。湯争曰：伍被本畫反謀，而助親幸出入禁闥爪牙臣，乃交私諸侯如此，弗誅，後不可治。於是上可論之。其治獄所排大臣自爲功，多此類。於是湯益尊任，遷爲御史大夫。

《漢書》卷五九《張湯傳》 武安侯爲丞相，徵湯爲史，薦補侍御史。治陳皇后巫蠱獄，深竟黨與，上以爲能，遷太中大夫。與趙禹共定諸律令，務在深文，拘守職之吏。已而禹至少府，湯爲廷尉，兩人交驩，兄事禹。禹志在奉公孤立，而湯舞知以御人。始爲小吏，乾没，與長安富賈田甲、魚翁叔之屬交私。及列九卿，收接天下名士大夫，己心内雖不合，然陽浮道與之。

是時，上方鄉文學，湯决大獄，欲傅古義，乃請博士弟子治《尚書》、《春秋》，補廷尉史，平亭疑法。奏讞疑，必奏先爲上分别其原，上所是，受而著讞法廷尉挈令，揚主之明。奏事卽譴，湯摧謝，鄉上意所便，必引正監掾史賢者，曰：固爲臣議，如（此）上責臣，臣弗用，愚抵此。罪常釋。間卽奏事，上善之，曰：臣非知爲此奏，乃監、掾、史某所爲。其欲薦吏，揚人之善解人之過如此。所治卽上意所欲辠，予監吏深刻者；卽上意所欲釋，予監吏輕平者。所治卽豪，必舞文巧詆；卽下戶羸弱，時口言雖文致法，上裁察。於是往往釋湯所言。湯至於大吏，内行修，交通賓客飲食，於故人子弟爲吏及貧昆弟，調護之尤厚。其造請諸公，不避塞暑。是以湯雖文深意忌不專平，然得此聲譽。而深刻吏多爲爪牙用者，依於文學之士。丞相弘數稱其美。

及治淮南、衡山、江都反獄，皆窮根本。嚴助、伍被，上欲釋之，湯争曰：伍被本造反謀，而助親幸出入禁闥腹心之臣，乃交私諸侯，如此弗誅，後不可治。上可論之。其治獄所巧排大臣自以爲功，多此類。繇是益尊任，遷御史大夫。

會渾邪等降漢，大興兵伐匈奴，山東水旱，貧民流徙，皆卬給縣官，縣官空虛。湯承上指，請造白金及五銖錢，籠天下鹽鐵，排富商大賈，出告緡令，鉏豪彊并兼之家，舞文巧詆以輔法。湯每朝奏事，語國家用，日旰，天子忘食。丞相取充位，天下事皆決湯。百姓不安其生，騷動，縣官所興未獲其利，姦吏並侵漁，於是痛繩以辠。自公卿以下至於庶人咸指湯。湯嘗病，上自至舍視，其隆貴如此。

（漢）荀悦《前漢紀》卷一三《孝武四》　〔元鼎〕二年冬十有一月，御史大夫張湯有罪自殺。御史中丞李文與湯有郄，湯所厚吏魯謁居陰使人上變告文姦事，事下湯治，論殺文，而德厚謁居。謁居病，湯親爲之摩足。趙王素怨湯，上書告湯大臣，乃與吏謁居摩足，疑與爲大姦。丞相長史朱買臣等素怨湯，亦言湯且欲爲請奏，所愛幸賈人田信等輒先知之。居物致富，與湯分之。上以問湯，湯不服罪，於是上使使迫責湯，湯爲書謝。因曰：陷臣者三長史也，遂自殺。昆弟諸子欲厚葬之，湯母曰：湯爲大臣，被惡言而死，何厚葬之有？載以牛車，有棺無槨。上聞之曰：非此母不生此子。乃盡誅買臣等。初，湯好文，涉深刻，與太中大夫趙禹共定律令。禹官至少府，亦深刻，然禹意在奉公孤立，而湯佞智以諛世主，接士大夫，造請諸公，不避寒暑，以得聲譽，上甚信用之。每朝奏事，日旰忘食，丞相充位而已，天下事皆決於湯。湯嘗病，上親問疾。匈奴嘗求和親，羣臣議上前，博士狄山以和親爲便。湯曰：此愚儒無知。山曰：臣固愚，愚忠。不若湯詐忠也。上作色曰：吾使山居一郡，能無使虜入盜乎？山曰：不能。曰：居一縣。又曰：不能。復曰：居一鄣。山自度窮且下吏，因曰：能。遣山乘一鄣。至月餘，匈奴斬山頭而去，自是羣臣畏湯，莫敢言矣。

杜　周

《史記》卷一二二《酷吏列傳·杜周》　杜周者，南陽杜衍人。義縱爲南陽守，以爲爪牙，舉爲廷尉史。事張湯，湯數言其無害，至御史。使案邊失亡，所論殺甚衆。奏事中上意，任用，與減宣相編，更爲中丞十餘歲。

其治與宣相放，然重遲，外寬，內深次骨。宣爲左內史，周爲廷尉，其治大放張湯而善候伺。上所欲擠者，因而陷之；上所欲釋者，久繫待問而微見其冤狀。客有讓周曰：君爲天子決平，不循三尺法，專以人主意指爲獄。獄者固如是乎？周曰：三尺安出哉？前主所是著爲律，後主所是疏爲令，當時爲是，何古之法乎！

《漢書》卷六〇《杜周傳》　至周爲廷尉，詔獄亦益多矣。二千石繫者新故相因，不減百餘人。郡吏大府舉之廷尉，一歲至千餘章。章大者連逮證案數百，小者數十人；遠者數千里，近者數百里。會獄，吏因責如章告劾，不服，以掠笞定之。於是聞有逮證，皆亡匿。獄久者至更數赦十餘歲而相告言，大氐盡詆以不道，以上廷尉及中都官，詔獄逮至六七萬人，吏所增加十有餘萬。

（漢）荀悦《前漢紀》卷一五《孝武六》　御史大夫杜周卒。周，南陽人也，爲吏深刻，爲廷尉，詔獄繁多，二千石繫者新故相因，不減百餘人。郡國一歲或千餘章，大者連罪證案數百人，小者數十人。遠者數千里，近者數百里。會詔獄因責章告不服，以掠笞而定之。於是聞有罪者皆亡匿。繫獄久者十餘年赦而相告言，大抵盡誣以爲不道。廷尉及中都官詔獄罪至六七萬人，吏所增加十餘萬人。嘗冬獄未竟，會立春有寬大令，周蹋地歎曰：復假吾數十日，足吾事矣。其酷暴如此。及爲御史大夫，兩子夾河爲郡守，貲累巨萬，治民皆酷暴。

王温舒

《史記》卷一二二《酷吏列傳·王温舒》　王温舒者，陽陵人也。少時椎埋爲姦。已而試補縣亭長，數廢。爲吏，以治獄至廷史。事張湯，遷爲御史。督盜賊，殺傷甚多，稍遷至廣平都尉。擇郡中豪敢任吏十餘人，以爲爪牙，皆把其陰重罪，而縱使督盜賊，快其意所欲得。此人雖有百罪，弗法；卽有避，因其事夷之，亦滅宗。以其故齊趙之郊盜賊不敢近廣平，廣平聲爲道不拾遺。上聞，遷爲河內太守。

素居廣平時，皆知河內豪姦之家，及往，九月而至。令郡具私馬五十匹，爲驛自河內至長安，部吏如居廣平時方略，捕郡中豪猾，郡中豪猾相連坐千餘家。上書請，大者至族，小者乃死，家盡沒入償臧。奏行不過二三日，得可事。論報，至流血十餘里。河內皆怪其奏，以爲神速。盡十二月，郡中毋聲，毋敢夜行，野無犬吠之盜。其頗不得，失之旁郡國，黎來，會春，溫舒頓足歎曰：嗟乎，令冬月益展一月，足吾事矣！其好殺伐行威不愛人如此。天子聞之，以爲能，遷爲中尉。其治復放河內，徙諸名禍猾吏與從事，河內則楊皆、麻戊，關中楊贛、成信等。義縱爲內史，憚未敢恣治。及縱死，張湯敗後，徙爲廷尉，而尹齊爲中尉。【略】

自溫舒等以惡爲治，而郡守、都尉、諸侯二千石欲爲治者，其治大抵盡放溫舒，而吏民益輕犯法，盜賊滋起。南陽有梅免、白政，楚有殷中、杜少，齊有徐勃，燕趙之間有堅盧、范生之屬。大羣至數千人，擅自號，攻城邑，取庫兵，釋死罪，縛辱郡太守、都尉，殺二千石，爲檄告縣趣具食；小羣（盜）以百數，掠鹵鄉里者，不可勝數也。於是天子始使御史中丞、丞相長史督之。猶弗能禁也，乃使光禄大夫范昆、諸輔都尉及故九卿張德等衣繡衣，持節，虎符發兵以興擊，斬首大部或至萬餘級，及以法誅通飲食，坐連諸郡，甚者數千人。數歲，乃頗得其渠率。散卒失亡，復聚黨阻山川者，往往而羣居，無可奈何。於是作沈命法，曰羣盜起不發覺，發覺而捕弗滿品者，二千石以下至小吏主者皆死。其後小吏畏誅，雖有盜不敢發，恐不能得，坐課累府，府亦使其不言。故盜賊寖多，上下相爲匿，以文辭避法焉。

《漢書》卷九〇《酷吏傳·王溫舒》 上聞之，以爲能，遷爲中尉。其治復放河內，徙請召猜禍吏與從事，河內則楊皆、麻戊，關中揚贛、成信等。義縱爲內史，憚之，未敢恣治。及縱死，張湯敗後，徙爲廷尉。而尹齊爲中尉坐法抵罪，溫舒復爲中尉。爲人少文，居它惛惛不辯，至於中尉則心開。素習關中俗，知豪惡吏，豪惡吏盡復爲用。吏苛察淫惡少年，投缿購告言姦，置伯落長以收司姦。溫舒多諂，善事有勢者；卽無勢，視之如奴。有勢家，雖有姦如山，弗犯；無勢，雖貴戚，必侵辱，舞文巧，請下戶之猾，以動大豪。其治中尉如此。姦猾窮治，大氐盡靡爛獄中，行論無出者。其爪牙吏虎而冠。於是中尉部中中猾以下皆伏，有勢者爲遊聲譽，稱治。數歲，其吏多以權貴富。

溫舒擊東越還，議有不中意，坐以法免。是時上方欲作通天臺而未有人，溫舒請覆中尉脫卒，得數萬人作。上說，拜爲少府。徙右內史，治如其故，姦邪少禁。坐法失官，復爲右輔，行中尉，如故操。

歲餘，會宛軍發，詔徵豪吏。溫舒匿其吏華成，及人有變告溫舒受員騎錢，它姦利事，罪至族，自殺。其時兩弟及兩婚家亦各自坐它罪而族。光禄勳徐自爲曰：悲夫！夫古有三族，而王溫舒罪至同時而五族乎！溫舒死，家絫千金。

義縱

《漢書》卷九〇《酷吏傳·義縱》 義縱，河東人也。少年時嘗與張次公俱攻剽，爲羣盜。縱有姊，以醫幸王太后。太后問：有子兄弟爲官者乎？姊曰：有弟無行，不可。太后乃告上，上拜義姁弟縱爲中郎，補上黨郡中令。治敢往，少溫籍，縣無逋事，舉第一。遷爲長陵及長安令，直法行治，不避貴戚。以捕桉太后外孫脩成子中，上以爲能，遷爲河內都尉。至則族滅其豪穰氏之屬，河內道不拾遺。【略】

是時趙禹、張湯爲九卿矣，然其治尚寬，輔法而行，縱以鷹擊毛摯爲治。後會更五銖錢白金起，民爲姦，京師尤甚，乃以縱爲右內史，王溫舒爲中尉。溫舒至惡，所爲弗先言縱，縱必以氣陵之，敗壞其功。其治，所誅殺甚多，然取爲小治，姦益不勝，直指始出矣。吏之治以斬殺縛束爲務，閻奉以惡用矣。縱廉，其治效郅都。上幸鼎湖，病久，已而卒起幸甘泉，道不治。上怒曰：縱以我爲不行此道乎？銜之。至冬，楊可方受告緡，縱以爲此亂民，部吏捕其爲可使者。天子聞，使杜式治，以爲廢格沮事，棄縱市。

咸宣

《漢書》卷九〇《酷吏傳・咸宣》 咸宣，楊人也。以佐史給事河東守。衛將軍青使買馬河東，見宣無害，言上，徵爲廐丞。官事辦，稍遷至御史及〔中〕丞。使治主父偃及淮南反獄，所以微文深詆殺者甚衆，稱爲敢決疑。數廢數起，爲御史及中丞者幾二十歲。王溫舒爲中尉，而宣爲左內史。其治米鹽，事小大皆關其手，自部署縣名曹實物，官吏令丞弗得擅搖，痛以重法繩之。居官數年，壹切爲小治辯，然獨宣以小至大，能自行之，難以爲經。中廢爲右扶風，坐怒其吏成信，信亡藏上林中，宣使郿令將吏卒，闌入上林中蠶室門攻亭格殺信，射中苑門，宣下吏，爲大逆當族，自殺。而杜周任用。

田延年

《漢書》卷九〇《酷吏傳・田延年》 田延年字子賓，先齊諸田也，徙陽陵。延年以材略給事大將軍莫府，霍光重之，遷爲長史。出爲河東太守，選拔尹翁歸等以爲爪牙，誅鉏豪彊，姦邪不敢發。以選入爲大司農。會昭帝崩，昌邑王嗣位，淫亂，霍將軍憂懼，與公卿議廢之，莫敢發言。延年按劍，廷叱羣臣，即日議決，語在《光傳》。宣帝即位，延年以決疑定策封陽成侯。

先是，茂陵富人焦氏、賈氏以數千萬陰積貯炭葦諸下里物。昭帝大行時，方上事暴起，用度未辦，延年奏言商賈或豫收方上不祥器物，冀其疾用，欲以求利，非民臣所當爲。請沒入縣官。奏可。富人亡財者皆怨，出錢求延年罪。初，大司農取民牛車三萬兩爲僦，載沙便橋下，送致方上，車直千錢，延年上簿詐增僦直車二千，凡六千萬，盜取其半。焦、賈兩家告其事，下丞相府。丞相議奏延年主守盜三千萬，不道。霍將軍召問延年，欲爲道地，延年抵曰：本出將軍之門，蒙此爵位，無有是事。光曰：即無事，當窮竟。御史大夫田廣明謂太僕杜延年：《春秋》之義，以功覆過。當廢昌邑王時，非田子賓之言大事不成。今縣官出三千萬自乞之何哉？願以愚言白大將軍。延年言之大將軍，大將軍曰：誠然，實勇士也！當發大議時，震動朝廷。光因舉手自撫心曰：使我至今病悸！謝田大夫曉大司農，通往就獄，得公議之。田大夫使人語延年，延年曰：幸縣官寬我耳，何面目入牢獄，使衆人指笑我，卒徒唾吾背乎！即閉閤獨居齊舍，偏袒持刀東西步。數日，使者召延年詣廷尉。聞鼓聲，自刎死。國除。

嚴延年

《漢書》卷九〇《酷吏傳・嚴延年》 嚴延年字次卿，東海下邳人也。其父爲丞相掾，延年少學法律丞相府，歸爲郡吏。以選除補御史掾，舉侍御史。是時大將軍霍光廢昌邑王，尊立宣帝。宣帝初即位，延年劾奏光擅廢立，亡人臣禮，不道。奏雖寢，然朝廷肅焉敬憚。延年後復劾大司農田延年持兵干屬車。大司農自訟不干屬車。事下御史中丞，譴責延年何以不移書宮殿門禁止大司農，而令得出入宮。於是覆劾延年闌內罪人，法至死。延年亡命。會赦出，丞相御史府徵書同日到，延年以御史書先至，詣御史府，復爲掾。宣帝識之，拜爲平陵令，坐殺不辜，去官。後爲丞相掾，復擢好畤令。神爵中，西羌反，彊弩將軍許延壽請延年爲長史，從軍敗西羌，還爲涿郡太守。

時郡比得不能太守，涿人畢野白等由是廢亂。大姓西高氏、東高氏，自郡吏以下皆畏避之，莫敢與牾，咸曰：寧負二千石，無負豪大家。賓客放爲盜賊，發，輒入高氏，吏不敢追。浸浸日多，道路張弓拔刃，然後敢行，其亂如此。延年至，遣掾蠡吾趙繡桉高氏得其死罪。繡見延年新將，心內懼，即爲兩劾，欲先白其輕者，觀延年意怒，乃出其重劾。延年已知其如此矣。趙掾至，果白其輕者，延年索懷中，得重劾，即收送獄。夜入，晨將至市論殺之，先所桉者死，吏皆股弁。更遣吏分考兩高，窮竟其姦，誅殺各數十人。郡中震恐，道不拾遺。

三歲，遷河南太守，賜黃金二十斤。豪彊脅息，野無行盜，威震旁郡。其治務在摧折豪彊，扶助貧弱。貧弱雖陷法，曲文以出之；其豪桀侵小民者，以文內之。衆人所謂當死者，一朝出之；所謂當生者，詭殺之。吏民莫能測其意深淺，戰栗不敢犯禁。桉其獄，皆文至不可得反。

【略】

是時張敞爲京兆尹，素與延年善。敞治雖嚴，然尚頗有縱舍，聞延年用刑刻急，乃以書諭之曰：昔韓盧之取菟也，上觀下獲，不甚多殺。願次卿少緩誅罰，思行此術。延年報曰：河南天下喉咽，二周餘斃，莠(甚)〔盛〕苗穢，何可不鉏也？自矜伐其能，終不衰止。時黃霸在潁川以寬恕爲治，郡中亦平，婁蒙豐年，鳳皇下，上賢焉，下詔稱揚其行，加金爵之賞。延年素輕霸爲人，及比郡爲守，褒賞反在己前，心內不服。河南界中又有蝗蟲，府丞義出行蝗，還見延年，延年曰：此蝗豈鳳皇食邪？義又道司農中丞耿壽昌爲常平倉，利百姓，延年曰：丞相御史不知爲也，當避位去。壽昌安得權此？後左馮翊缺，上欲徵延年，符已發，爲其名酷復止。延年疑少府梁丘賀毀之，心恨。會琅邪太守以視事久病，滿三月免，延年自知見廢，謂丞曰：此人尚能去官，我反不能去邪？又延年察獄史廉，有臧不入身，延年坐選舉不實貶秩，笑曰：後敢復有舉人者矣！丞義年老頗悖，素畏延年，恐見中傷。延年本嘗與義俱爲丞相史，實親厚之，無意毀傷也，饋遺之甚厚。義愈益恐，自筮得死卦，忽忽不樂，取告至長安，上書言延年罪名十事。已拜奏，因飲藥自殺，以明不欺。事下御史丞按驗，有此數事，以結延年，坐怨望非謗政治不道棄市。

初，延年母從東海來，欲從延年臘，到雒陽，適見報囚。母大驚，便止都亭，不肯入府。延年出至都亭謁母，母閉閤不見。延年免冠頓首閤下，良久，母乃見之，因數責延年：幸得備郡守，專治千里，不聞仁愛教化，有以全安愚民，顧乘刑罰多刑殺人，欲以立威，豈爲民父母意哉！延年服罪，重頓首謝，因自爲母御，歸府舍。母畢正臘，謂延年：天道神明，人不可獨殺。我不意當老見壯子被刑戮也！行矣！去女東歸，埽除墓地耳。遂去。歸郡，見昆弟宗人，復爲言之。後歲餘，果敗。東海莫不賢知其母。

尹賞

《漢書》卷九〇《酷吏傳·尹賞》　尹賞字子心，鉅鹿楊氏人也。以郡吏察廉爲樓煩長。舉茂材，粟邑令。左馮翊薛宣奏賞能治劇，徙爲頻陽令，坐殘賊免。後以御史舉爲鄭令。

永始、元延間，上怠於政，貴戚驕恣，紅陽長仲兄弟交通輕俠，臧匿亡命。而北地大豪浩商等報怨，殺義渠長妻子六人，往來長安中。丞相御史遣掾求逐黨與，詔書召捕，久之乃得。長安中姦猾浸多，閭里少年羣輩殺吏，受賕報仇，相與探丸爲彈，得赤丸者斫武吏，得黑丸者斫文吏，白者主治喪；城中薄暮塵起，剽劫行者，死傷橫道，枹鼓不絕。賞以三輔高第選守長安令，得壹切便宜從事。賞至，修治長安獄，穿地方深各數丈，致令辟爲郭，以大石覆其口，名爲虎穴。乃部戶曹掾史，與鄉吏、亭長、里正、父老、伍人，雜舉長安中輕薄少年惡子，無市籍商販作務，而鮮衣凶服被鎧扞持刀兵者，悉籍記之，得數百人。賞一朝會長安吏，車數百兩，分行收捕，皆劾以爲通行飲食羣盜。賞親閱，見十置一，其餘盡以次內虎穴中，百人爲輩，覆以大石。數日壹發視，皆相枕藉死，便輿出，瘞寺門桓東，楬著其姓名，百日後，乃令死者家各自發取其尸。親屬號哭，道路皆歔欷。長安中歌之曰：安所求子死？桓東少年場。生時諒不謹，枯骨後何葬？賞所置皆其魁宿，或故吏善家子失計隨輕黠願自改者，財數十百人，皆貰其罪，詭令立功以自贖。盡力有效者，因親用之爲爪牙，追捕甚精，甘耆姦惡，甚於凡吏。賞視事數月，盜賊止，郡國亡命散走，各歸其處，不敢闚長安。

江湖中多盜賊，以賞爲江夏太守，捕格江賊及所誅吏民甚多，坐殘賊免。南山羣盜起，以賞爲右輔都尉，遷執金吾，督大姦猾。三輔吏民甚畏之。

數年卒官。疾病且死，戒其諸子曰：丈夫爲吏，正坐殘賊免，追思其功效，則復進用矣。一坐軟弱不勝任免，終身廢棄無有赦時，其羞辱甚於貪汙坐臧。慎毋然！

梁冀

《後漢書》卷三四《梁冀傳》 〔梁〕冀字伯卓。爲人鳶肩豺目，洞精矘眄，口吟舌言，裁能書計。少爲貴戚，逸游自恣。性嗜酒，能挽滿、彈棊、格五、六博、蹴鞠、意錢之戲，又好臂鷹走狗，騁馬鬬雞。初爲黄門侍郎，轉侍中，虎賁中郎將，越騎、步兵校尉，執金吾。【略】

冀用壽言，多斥奪諸梁在位者，外以謙讓，而實崇孫氏宗親。冒名而爲侍中、卿、校尉、郡守、長吏者十餘人，皆貪叨凶淫，各遣私客籍屬縣富人，被以它罪，閉獄掠拷，使出錢自贖，貲物少者至於死徙。扶風人士孫奮居富而性吝，冀因以馬乘遺之，從貸錢五千萬，奮以三千萬與之，冀大怒，乃告郡縣，認奮母爲其守臧婢，云盜白珠十斛、紫金千斤以叛，遂收考奮兄弟，死於獄中，悉没貲財億七千餘萬。

董宣

《後漢書》卷七七《酷吏傳・董宣》 董宣字少平，陳留圉人也。初爲司徒侯霸所辟，舉高第，累遷北海相。到官，以大姓公孫丹爲五官掾。丹新造居宅，而卜工以爲當有死者，丹乃令其子殺道行人，置屍舍内，以塞其咎。宣知，卽收丹父子殺之。丹宗族親黨三十餘人，操兵詣府，稱寃叫號。宣以丹前附王莽，慮交通海賊，乃悉收繫劇獄，使門下書佐水丘岑盡殺之。青州以其多濫，奏宣考岑，宣坐徵詣廷尉。在獄，晨夜諷誦，無憂色。及當出刑，官屬具饌送之，宣乃厲色曰：董宣生平未曾食人之食，況死乎！升車而去。時同刑九人，次應及宣，光武馳使騶騎特原宣刑，且令還獄。遣使者詰宣多殺無辜，宣具以狀對，言水丘岑受臣旨意，罪不由之，願殺臣活岑。使者以聞，有詔左轉宣懷令，令青州勿案岑罪。岑官至司隸校尉。

後江夏有劇賊夏喜等寇亂郡境，以宣爲江夏太守。到界，移書曰：朝廷以太守能禽姦賊，故辱斯任。今勒兵界首，檄到，幸思自安之宜。喜等聞，懼，卽時降散。外戚陰氏爲郡都尉，宣輕慢之，坐免。

後特徵爲洛陽令。時湖陽公主蒼頭白日殺人，因匿主家，吏不能得。及主出行，而以奴驂乘，宣於夏門亭候之，乃駐車叩馬，以刀畫地，大言數主之失，叱奴下車，因格殺之。主卽還宫訴帝，帝大怒，召宣，欲箠殺之。宣叩頭曰：願乞一言而死。帝曰：欲何言？宣曰：陛下聖德中興，而縱奴殺良人，將何以理天下乎？臣不須箠，請得自殺。卽以頭擊楹，流血被面。帝令小黄門持之，使宣叩頭謝主，宣不從，彊使頓之，宣兩手據地，終不肯俯。主曰：文叔爲白衣時，臧亡匿死，吏不敢至門。今爲天子，威不能行一令乎？帝笑曰：天子不與白衣同。因勑彊項令出。賜錢三十萬，宣悉以班諸吏。由是搏擊豪彊，莫不震慄。京師號爲臥虎。歌之曰：枹鼓不鳴董少平。

在縣五年。年七十四，卒於官。詔遣使者臨視，唯見布被覆屍，妻子對哭，有大麥數斛、敝車一乘。帝傷之，曰：董宣廉絜，死乃知之！以宣嘗爲二千石，賜艾綬，葬以大夫禮。拜子並爲郎中，後官至齊相。

樊曄

《後漢書》卷七七《酷吏傳・樊曄》 樊曄字仲華，南陽新野人也。與光武少游舊。建武初，徵爲侍御史，遷河東都尉，引見雲臺。初，光武微時，嘗以事拘於新野，曄爲市吏，餽餌一笥，帝德之不忘，仍賜曄御食，及乘輿服物。因戲之曰：一笥餌得都尉，何如？曄頓首辭謝。及至郡，誅討大姓馬適匡等。盜賊清，吏人畏之。數年，遷楊州牧，教民耕田種樹理家之術。視事十餘年，坐法左轉軹長。

隗囂滅後，隴右不安，乃拜曄爲天水太守。政嚴猛，好申韓法，善惡立斷。人有犯其禁者，率不生出獄，吏人及羌胡畏之。道不拾遺。行旅至夜，聚衣裝道傍，曰以付樊公。涼州爲之歌曰：游子常苦貧，力子天所富。寧見乳虎穴不入冀府寺。大笑期必死，忿怒或見置。嗟我樊府君，安可再遭值！視事十四年，卒官。

周紆

《後漢書》卷七七《酷吏傳·周紆》　周紆字文通，下邳徐人也。爲人刻削少恩，好韓非之術。少爲廷尉史。

永平中，補南行唐長。到官，曉吏人曰：朝廷不以長不肖，使牧黎民，而性讎猾吏，志除豪賊，且勿相試！遂殺縣中尤無狀者數十人，吏人大震。遷博平令。收考姦臧，無出獄者。以威名遷齊相，亦頗嚴酷，專任刑法，而善爲辭案條教，爲州內所則。後坐殺無辜，復左轉博平令。

建初中，爲勃海太守。每赦令到郡，輒隱閉不出，先遣使屬縣盡決刑罪，乃出詔書。坐徵詣廷尉，免歸。

紆廉絜無資，常築墼以自給。肅宗聞而憐之，復以爲郎，再遷召陵侯相。廷掾憚紆嚴明，欲損其威，乃晨取死人斷手足，立寺門。紆聞，便往至死人邊，若與死人共語狀。陰察視口眼有稻芒，乃密問守門人曰：悉誰載藁入城者？門者對：唯有廷掾耳。又問鈴下：外頗有疑令與死人語者不？對曰：廷掾疑君。乃收廷掾考問，具服不殺人，取道邊死人。後人莫敢欺者。

徵拜洛陽令。下車，先問大姓主名，吏數閭里豪彊以對。紆厲聲怒曰：本問貴戚若馬、竇等輩，豈能知此賣菜傭乎？於是部吏望風旨，爭以激切爲事。貴戚跼蹐，京師肅清。皇后弟黃門郎竇篤從宮中歸，夜至止姦亭，亭長霍延遮止篤，篤蒼頭與爭，延遂拔劍擬篤，而肆詈恣口。篤以表聞。詔召司隸校尉、河南尹詣尚書譴問，遣劍戟士收紆送廷尉詔獄。數日貰出。帝知紆奉法疾姦，不事貴戚，然苛慘失中，數爲有司所奏，八年，遂免官。

後爲御史中丞。和帝即位，太傅鄧彪奏紆在任過酷，不宜典司京輦，免歸田里。後竇氏貴盛，篤兄弟秉權，睚眦宿怨，無不僵仆。紆自謂無全，乃柴門自守，以待其禍。然篤等以紆公正，而怨隙有素，遂不敢害。

黃昌

《後漢書》卷七七《酷吏傳·黃昌》　黃昌字聖真，會稽餘姚人也。本出孤微。居近學官，數見諸生修庠序之禮，因好之，遂就經學。又曉習文法，仕郡爲決曹。刺史行部，見昌，甚奇之，辟從事。

後拜宛令，政尚嚴猛，好發姦伏。人有盜其車蓋者，昌初無所言，後乃密遣親客至門下賊曹家掩取得之，悉收其家，一時殺戮。大姓戰懼，皆稱神明。

朝廷舉能，遷蜀郡太守。先太守李根年老多悖政，百姓侵冤。及昌到，吏人訟者七百餘人，悉爲斷理，莫不得所。密捕盜帥一人，脅使條諸縣彊暴之人姓名居處，乃分遣掩討，無有遺脫。宿惡大姦，皆奔走它境。【略】

視事四年，徵，再遷陳相。縣人彭氏舊豪縱，造起大舍，高樓臨道。昌每出行縣，彭氏婦人輒升樓而觀。昌不喜，遂敕收付獄，案殺之。

陽球

《後漢書》卷七七《酷吏傳·陽球》　陽球字方正，漁陽泉州人也。家世大姓冠蓋。球能擊劍，習弓馬。性嚴厲，好申韓之學。郡吏有辱其母者，球結少年數十人，殺吏，滅其家，由是知名。初舉孝廉，補尚書侍郎，閑達故事，其章奏處議，常爲臺閣所崇信。出爲高唐令，以嚴苛過理，郡守收舉，會赦見原。【略】

遷平原相。出教曰：相前莅高唐，志埽姦鄙，遂爲貴郡所見枉舉。昔桓公釋管仲射鉤之讎，高祖赦季布逃亡之罪。雖以不德，敢忘前義。況君臣分定，而可懷宿昔哉！今一蠲往愆，期諸來効。若受教之後而不改姦狀者，不得復有所容矣。郡中咸畏服焉。時天下大旱，司空張顥條奏長吏苛酷貪污者，皆罷免之。球坐嚴苦，徵詣廷尉，當免官。靈帝以球九江時有功，拜議郎。【略】

時中常侍王甫、曹節等姦虐弄權，扇動外内，球嘗拊髀發憤曰：若陽球作司隸，此曹子安得容乎？光和二年，遷爲司隸校尉。王甫休沐里舍，球詣闕謝恩，奏收甫及中常侍淳于登、袁赦、封㬅、中黄門劉毅、小黄門龐訓、朱禹、齊盛等，及子弟爲守令者，姦猾縱恣，罪合滅族。太尉段熲諂附佞倖，宜並誅戮。於是悉收甫、熲等送洛陽獄，及甫子永樂少府萌、沛相吉。球自臨考甫等，五毒備極。萌謂球曰：父子既當伏誅，少以楚毒假借老父。球曰：若罪惡無狀，死不滅責，乃欲求假借邪？萌乃罵曰：爾前奉事吾父子如奴，奴敢反汝主乎！今日困吾，行自及也！球使以土窒萌口，箠朴交至，父子悉死杖下。熲亦自殺。乃僵磔甫屍於夏城門，大署牓曰賊臣王甫。盡没入財産，妻子皆徙比景。

球既誅甫，復欲以次表曹節等，乃勑中都官從事曰：且先去大猾，當次案豪右。權門聞之，莫不屏氣。諸奢飾之物，皆各緘縢，不敢陳設。京師畏震。

時順帝虞貴人葬，百官會喪還，曹節見磔甫屍道次，慨然抆淚曰：我曹自可相食，何宜使犬舐其汁乎？語諸常侍，今且俱入，勿過里舍也。節直入省，白帝曰：陽球故酷暴吏，前三府奏當免官，以九江微功，復見擢用。愆過之人，好爲妄作，不宜使在司隸，以騁毒虐。帝乃徙球爲衛尉。時球出謁陵，節勑尚書令召拜，不得稽留尺一。球被召急，因求見帝，叩頭曰：臣無清高之行，横蒙鷹犬之任。前雖糾誅王甫、段熲，蓋簡落狐狸，未足宣示天下。願假臣一月，必令豺狼鴟梟，各服其辜。叩頭流血。殿上呵叱曰：衛尉扞詔邪！至於再三，乃受拜。

其冬，司徒劉郃與球議收案張讓、曹節，節等知之，共誣白郃等。語已見《陳球傳》。遂收球送洛陽獄，誅死，妻子徙邊。

王吉

《後漢書》卷七七《酷吏傳·王吉》 王吉者，陳留浚儀人，中常侍甫之養子也。甫在《宦者傳》。吉少好誦讀書傳，喜名聲，而性殘忍。以父秉權寵，年二十餘，爲沛相。曉達政事，能斷察疑獄，發起姦伏，多出衆議。課使郡内各舉姦吏豪人諸常有微過酒肉爲臧者，雖數十年猶加貶棄，注其名籍。專選剽悍吏，擊斷非法。若有生子不養，卽斬其父母，合土棘埋之。凡殺人皆磔屍車上，隨其罪目，宣示屬縣。夏月腐爛，則以繩連其骨，周徧一郡乃止，見者駭懼。視事五年，凡殺萬餘人。其餘慘毒刺刻，不可勝數。郡中惴恐，莫敢自保。及陽球奏甫，乃就收執，死於洛陽獄。

魏晉南北朝分部

江謐

《南齊書》卷三一《江謐傳》 江謐字令和，濟陽考城人也。祖秉〔之〕，臨海太守，宋世清吏。父徽，尚書都官郎，吴令，爲太初所殺。謐繫尚方，孝武平京邑，乃得出。解褐奉朝請，輔國行參軍，于湖令，强濟稱職。宋明帝爲南豫州，謐傾身奉之，爲帝所親待。卽位，以爲驃騎參軍。【略】

謐轉尚書度支郎，俄遷右丞，兼比部郎。【略】

出爲建平王景素冠軍長史、長沙内史，行湘州事。政治苛刻。僧遵道人與謐情款，隨謐莅郡，犯小事，餓繫郡獄，僧遵裂三衣食之，既盡而死。爲有司所奏，徵還。明帝崩，遇赦得免。爲正員郎，右軍將軍。

太祖領南兖州，謐爲鎮軍長史、廣陵太守，入爲游擊將軍。性流俗，善趨勢利。元徽末，朝野咸屬意建平王景素，謐深自委結，景素事敗，僅得免禍。蒼梧王廢後，物情尚懷疑惑，謐獨竭誠歸事太祖，以本官領尚書左丞。昇明元年，遷黄門侍郎，左丞如故。沈攸之事起，議加太祖黄鉞，謐所建也。事平，遷吏部郎，稍被親待。遷太尉諮議，領録事參軍。齊臺建，爲右衛將軍。建元元年，遷侍中，出爲臨川王平西長史、冠軍將軍、長沙內史、行湘州留事，先遣之鎮，既而驃騎豫章王嶷領湘州，以謐爲長史，將軍、內史、知州留事如故。封永新縣伯，四百戶。三年，爲左民尚書。諸皇子出閤用文武主帥，皆以委謐。尋敕曰：江謐寒士，誠當不得競等華儕。然甚有才幹，堪爲委遇，可遷掌吏部。

謐才長刀筆，所在事辦。太祖崩，謐稱疾不入，衆頗疑其怨不豫顧命也。世祖卽位，謐又不遷官，以此怨望。時世祖不豫，謐詣豫章王嶷請閒曰：至尊非起疾，東宮又非才，公今欲作何計？世祖知之，出謐爲征虜將軍、鎮北長史、南東海太守。未發，上使御史中丞沈沖奏謐前後罪曰：謐少懷輕躁，長習諂薄，交無義合，行必利動。特以奕世更局，見擢宋朝，而阿諛內外，貨賂公行，咎盈憲簡，戾彰朝聽，輿金輦寶，取容近習。以沈攸之地勝兵強，終當得志，委心託身，歲暮相結。以劉景素親屬望重，物應樂推，獻誠薦子，窺窬非望。時艱網漏，得全首領。太祖匡飭天地，方（知）〔弘〕遠圖，薄其（艱）〔難〕洗之瑕，許其革音之効，加以非分之寵，推以不次之榮，列迹勳良，比肩朝德。以往者微勤，刀筆小用，賞廁河山，任忝出入。輕險之性，在貴彌彰；貪昧之情，雖富無滿。重莅湘部，顯行斷盜；及居銓衡，肆意受納。連席同乘，皆誂黷舊侶；密筵閑讌，必貨賄常客。理合升進者，以爲己惠；事宜貶退者，竝稱中旨。謂販鬻威權，姦自不露，欺主罔上，（奸）〔謗〕議可掩。先帝寢疾彌留，人神憂震。謐〔託〕病私舍，曾無變容。國諱經旬，甫暫入殿，參訪遺詔，覘忖時旨。以身列朝流，宜蒙兼帶，先顧不逮，舊位無加，遂崇飾惡言，肆醜縱悖，譏誹朝政，訕毀皇猷，遍蚩忠賢，歷詆台相。至於蕃岳入授，列代恒規，勳戚出撫，前王彝則。而謐妄發樞機，坐構躝論。復敢貶謗儲后，不顧辭端，毀折宗王，每窮舌杪。皆云詰誓乖禮，崇樹失宜，仰指天，俯畫地，希幸災故，以申積憤。犯上之跡既彰，反噬之情已著。請免官削爵土，收送廷尉獄治罪。詔賜死，時年五十二。

陳叔陵

《陳書》卷三六《始興王叔陵傳》　始興王叔陵字子嵩，高宗之第二子也。梁承聖中，高宗在江陵爲直閤將軍，而叔陵生焉。江陵陷，高宗遷關右，叔陵留于穰城。高宗之還也，以後主及叔陵爲質。天嘉三年，隨後主還朝，封康樂侯，邑五百戶。

叔陵少機辯，徇聲名，彊梁無所推屈。光大元年，除中書侍郎。二年，出爲持節、都督江州諸軍事、南中郎將、江州刺史。太建元年，封始興郡王，奉昭烈王祀。進授使持節、都督江郢晉三州諸軍事、軍師將軍，刺史如故。叔陵時年十六，政自己出，僚佐莫預焉。性嚴刻，部下慴憚。諸公子姪及罷縣令長，皆逼令事己。豫章內史錢法成詣府進謁，卽配其子季卿將領馬仗，季卿慙恥，不時至，叔陵大怒，侵辱法成，法成憤怨自縊而死。州縣非其部內，亦徵攝案治之，朝貴及下吏有乖忤者，輒誣奏其罪，陷以重辟。尋進號雲麾將軍，加散騎常侍。三年，加侍中。四年，遷都督湘衡桂武四州諸軍事、平南將軍、湘州刺史，侍中、使持節如故。諸州鎮聞其至，皆震恐股慄。叔陵日益暴橫，征伐夷獠，所得皆入己，絲毫不以賞賜。徵求役使，無有紀極。夜常不臥，燒燭達曉，呼召賓客，說民間細事，戲謔無所不爲。性不飲酒，唯多置餚胾，晝夜食噉而已。自旦至中，方始寢寐。其曹局文案，非呼不得輒自呈。笞罪者皆繫獄，動數年不省視。瀟、湘以南，皆逼爲左右，墟里殆無遺者。其中脱有逃竄，輒殺其妻子。州縣無敢上言，高宗弗之知也。尋進號鎮南將軍，給鼓吹一部，還中衛將軍。九年，除使持節、都督揚徐東揚南豫四州諸軍事、揚州刺史，侍中、將軍、鼓吹如故。

十年，至都，加扶，給油幢車。叔陵治在東府，事務多關治省閤，執事之司，承意順旨，卽諷上進用之，微致違忤，必抵以大罪，重者至殊死，道路籍籍，皆言其有非常志。叔陵脩飾虛名，每入朝，常於車中馬上執卷讀書，高聲長誦，陽陽自若。歸坐齋中，或自執斧斤爲沐猴百戲。又好遊冢墓閒，遇有塋表主名可知者，輒令左右發掘，取其石誌古器，并骸骨肘脛，持爲翫弄，藏之庫中。府內民閒少妻處女，微有色貌者，竝卽逼納。【略】

尚書八座奏曰：逆賊故侍中、中軍大將軍、始興王叔陵，幼而很戾，長肆貪虐。出撫湘南，及鎮九水，兩藩甿庶，掃地無遺。蜂目豺聲，狎近輕薄，不孝不仁，阻兵安忍，無禮無義，唯戮是聞。及居偏憂，婬樂自恣，產子就館，日月相接。晝伏夜遊，恒習姦詭，抄掠居民，歷發丘墓。謝太傅晉朝佐命，草創江左，斲棺露骸，事驚聽視。自大行皇帝寢疾，翌日未瘳，叔陵以貴介之地，參侍醫藥，外無戚容，內懷逆弒。大漸之後，聖躬號擗，遂因匍匐，手犯乘輿。皇太后奉臨，又加鋒刃，窮凶極逆，曠古未儔。賴長沙王叔堅誠孝懇至，英果奮發，手加挫拉，身蔽聖躬。叔陵仍奔東城，招集兇黨，餘毒方熾，自害妻孥。雖應時梟懸，猶未攄憤怨，臣等參議，請依宋代故事，流尸中江，汙瀦其室，并毀其所生彭氏墳廟，還謝氏之塋。制曰：凶逆梟獍，反噬宮闈，賴宗廟之靈，時從仆滅。撫情語事，酸憤兼懷，朝議有章，宜從所奏也。

于洛侯

《魏書》卷八九《酷吏傳・于洛侯》 于洛侯，代人也。以勞舊爲秦州刺史，而貪酷安忍。州人富熾奪民吕勝脛纏一具，洛侯輒鞭富熾一百，截其右腕。百姓王隴客刺殺民王羌奴、王愈二人，依律罪死而已，洛侯生拔隴客舌，刺其本，并刺胸腹二十餘瘡。隴客不堪苦痛，隨刀戰動。乃立四柱磔其手足，命將絶，始斬其首，支解四體，分懸道路。見之者無不傷楚，闔州驚震，人懷怨憤。百姓王元壽等一時反叛。有司糾劾。高祖詔使者於州刑人處宣告兵民，然後斬洛侯以謝百姓。

胡泥

《魏書》卷八九《酷吏傳・胡泥》 胡泥，代人也。歷官至司衛監，賜爵永城侯。泥率勒禁中，不憚豪貴。殿中尚書叔孫侯頭應內直而闕於一時，泥以法繩之。侯頭恃寵，遂與口諍。高祖聞而嘉焉，賜泥衣服一襲。出爲幽州刺史，假范陽公。以北平陽尼碩學，遂表薦之。還平東將軍、定州刺史。以暴虐，刑罰酷濫，受納貨賄，徵還戮之。將就法也，高祖臨太華殿引見，遣侍臣宣詔責之，遂就家賜自盡。

李洪之

《魏書》卷八九《酷吏傳・李洪之》 李洪之，本名文通，恒農人。少爲沙門，晚乃還俗。真君中，爲狄道護軍，賜爵安陽男。會永昌王仁隨世祖南征，得元后姊妹二人。洪之以宗人潛相餉遺，結爲兄弟，遂便如親。頗得元后在南兄弟名字，乃改名洪之。及仁坐事誅，元后入宮，得幸於高宗，生顯祖。元后臨崩，昭太后問其親，因言洪之爲兄。與相訣經日，具條列南方諸兄珍之等，手以付洪之。遂號爲顯祖親舅。太安中，珍之等兄弟至都，與洪之相見，敍元后平生故事，計長幼爲昆季。

以外戚爲河內太守，進爵任城侯，威儀一同刺史。河內北連上黨，南接武牢，地險人悍，數爲劫害，長吏不能禁。洪之至郡，嚴設科防，募斬賊者便加重賞，勸農務本，盜賊止息。誅鋤姦黨，過爲酷虐。【略】

後爲使持節、安南將軍、秦益二州刺史。至治，設禁姦之制，有帶刃行者，罪與劫同，輕重品格，各有條章。於是大饗州中豪傑長老，示之法制。乃夜密遣騎分部覆諸要路，有犯禁者，輒捉送州，宣告斬決。其中枉見殺害者百數。赤葩渴郎羌深居山谷，雖相羈縻，王人罕到。洪之芟山爲道，廣十餘步，示以軍行之勢，乃興軍臨其境。山人驚駭。洪之將數十騎至其里間，撫其妻子，問所疾苦，因資遺之。衆羌喜悅，求編課調，所入十倍於常。洪之善御戎夷，頗有威惠，而刻害之聲聞於朝野。

初，洪之微時，妻張氏助洪之經營資產，自貧至貴，多所補益，有男女幾十人。洪之後得劉氏，劉芳從妹。洪之欽重，而疏薄張氏，爲兩宅別居，偏厚劉室。由是二妻妬競，互相訟詛，兩宅母子，往來如讎。及蒞西州，以劉自隨。

洪之素非廉清，每多受納。時高祖始建祿制，法禁嚴峻，司察所聞，無不窮糾。遂鎖洪之赴京。高祖臨太華，庭集羣官，有司奏洪之受贓狼藉，又以酷暴。高祖親臨數之，以其大臣，聽在家自裁。洪之志性慷慨，多所堪忍，疹疾灸療，艾炷圍將二寸，首足十餘處，一時俱下，而言笑自若，接賓不輟。及臨自盡，沐浴换衣。防卒扶持，將出却入，遍遶家庭，如是再三，泣歎良久，乃卧而引藥。

高遵

《魏書》卷八九《酷吏傳·高遵》　高遵，字世禮，勃海蓨人。父濟，滄水太守。遵賤出，兄矯等常欺侮之。及父亡，不令在喪位。遵遂馳赴平城，歸從祖兄中書令允。允乃爲遵父舉哀，以遵爲喪主，京邑無不弔集，朝貴咸識之。徐歸奔赴。免喪，允爲營宦路，得補樂浪王侍郎。遵感成益之恩，事允如諸父。

涉歷文史，頗有筆札，進中書侍郎。詣長安，刊《燕宣王廟碑》，進爵安昌子。及新製衣冠，高祖恭薦宗廟，遵形貌莊潔，音氣雄暢，常兼太祝令，跪贊禮事，爲俯仰之節，粗合儀矩。由是高祖識待之。後與游明根、高閭、李沖入議律令，親對御坐，時有陳奏。以積年之勞，賜粟帛牛馬。出爲立忠將軍、齊州刺史。建節歷本州，宗鄉改觀，而矯等彌妬毀之。

遵性不廉清，在中書時，每假歸山東，必借備騾馬，將從百餘。屯逼民家求絲縑，不滿意則詬罵不去，强相徵求。旬月之間，縑布千數。邦邑苦之。遵既臨州，本意未弭，選召僚吏，多所取納。又其妻明氏家在齊州，母弟舅甥共相憑屬，争求貨利，嚴暴非理，殺害甚多。貪酷之響，帝頗聞之。及車駕幸鄴，遵自州來朝，會有赦宥。遵臨還州，請辭帝於行宫，引見誚讓之。遵自陳無負，帝厲聲曰：若無遷都赦，必無高遵矣！又卿非惟貪惏，又虐於刑法，謂何如濟陰王，猶不免於法。卿何人，而爲此行！自今宜自謹約。還州，仍不悛革。齊州人孟僧振至洛訟遵。詔廷尉少卿劉述窮鞫，皆如所訴。先是，沙門道登過遵，遵以道登荷寵於高祖，多奉以貨，深託仗之。道登屢因言次申啓救遵，帝不省納，遂詔述賜遵死。時遵子元榮詣洛訟寃，猶恃道登，不時還赴。道登知事決，方乃遣之。遵恨其妻，不與訣，别處沐浴，引椒而死。

張赦提

《魏書》卷八九《酷吏傳·張赦提》　張赦提，中山安喜人也。性雄武，有規畫。初爲虎賁中郎。時京畿盜魁自稱豹子、虎子，並善弓馬，遂領逃連及諸畜牧者，各爲部帥，於靈丘、雁門間聚爲劫害。至乃斬人首，射其口，刺人臍，引腸遶樹而共射之，以爲戲笑。其爲暴酷如此。軍騎掩捸，久弗能獲，行者患焉。赦提設防遏追窮之計，宰司善之，以赦提爲逐賊軍將。乃求驍勇追之，未幾而獲虎子、豹子及其黨與。盡送京師，斬於闕下，自是清静。其靈丘羅思祖宗門豪溢，家處隘險，多止亡命，與之爲劫。顯祖怒之，孥戮其家。而思祖家黨，相率寇盜。赦提應募求捕逐，乃以赦提爲游徼軍將，前後禽獲，殺之略盡。因而濫有屠害，尤爲忍酷。既資前稱，又藉此功，除冠軍將軍、幽州刺史，假安喜侯。

赦提克己厲約，遂有清稱。後頗縱妻段氏，多有受納，令僧尼因事通請，貪虐流聞。中散李真香出使幽州，採訪牧守政績。真香驗案其罪，赦提懼死欲逃。其妻姑爲太尉、東陽王丕妻，恃丕親貴，自許詣丕申訴求助，謂赦提曰：當爲訴理，幸得申雪，願且寬憂，不爲異計。赦提以此差自解慰。段乃陳列真香昔嘗因假而過幽州，知赦提有好牛，從索不果。今臺使心協前事，故威逼部下，拷楚過極，横以無辜，證成誣罪。執事恐有不盡，使駕部令趙秦州重往究訊。事伏如前，處赦提大辟。高祖詔賜死於第。將就盡，召妻而責之曰：貪濁穢吾者卿也，又安吾而不得免禍，九泉之下當爲仇讎矣。

又有華山太守趙霸，酷暴非理。大使崔光奏霸云：不遵憲度，威虐任情，至乃手擊吏人，僚屬奔走。不可以君人字下，納之軌物，輙禁止在州。詔免所居官。

羊祉

《魏書》卷八九《酷吏傳·羊祉》　羊祉，字靈祐，太山鉅平人，晋太僕卿琇之六世孫也。父規之，宋任城令。世祖南討至鄒山，規之與魯郡太守崔邪利及其屬縣徐通、爰猛之等俱降，賜爵鉅平子，拜雁門太守。

祉性剛愎，好刑名，爲司空令輔國長史，襲爵鉅平子。侵盜公資，私營居宅，有司案之抵死，高祖特恕遠徙。後還。景明初，爲將作都將，加左軍將軍。四年，持節爲梁州軍司，討叛氐。正始二年，王師伐蜀，以祉假節、龍驤將軍、益州刺史，出劍閣而還。又以本將軍爲秦梁二州刺史，加征虜將軍。天性酷忍，又不清潔。坐掠人爲奴婢，爲御史中尉王顯所彈免。高肇南征，祉復被起爲光禄大夫、假平南將軍，持節領步騎三萬先驅趣涪。未至，世宗崩，班師。夜中引軍，山有二徑，軍人迷而失路。祉便斬隊副楊明達，梟首路側。爲中尉元昭所劾，會赦免。後加平北將軍，未拜而卒。贈安東將軍、兖州刺史。【略】

祉自當官，不憚强禦，朝廷以爲剛斷，時有檢覆，每令出使。好慕名利，頗爲深文，所經之處，人號天狗下。及出將臨州，並無恩潤，兵民患其嚴虐焉。

崔暹

《魏書》卷八九《酷吏傳・崔暹》　崔暹，字元欽，本云清河東武城人也。世家于滎陽、潁川之間。性猛酷，少仁恕，姦猾好利，能事勢家。初以秀才累遷南兖州刺史，盜用官瓦，贓污狼藉，爲御史中尉李平所糾，免官。後行豫州事，尋卽真。坐遣子析戶，分隸三縣，廣占田宅，藏匿官奴，障吝陂葦，侵盜公私，爲御史中尉王顯所彈，免官。後累遷平北將軍、瀛州刺史。貪暴安忍，民庶患之。嘗出獵州北，單騎至於民村。井有汲水婦人，暹令飲馬，因問曰：崔瀛州何如？婦人不知其暹也，答曰：百姓何罪，得如此癩兒刺史！暹默然而去。以不稱職被解還京。武川鎮反，詔暹爲都督，隸大都督李崇討之。違崇節度，爲賊所敗，單騎潛還。禁於廷尉。以女妓園田貨元叉，獲免。建義初遇害於河陰。贈司徒公、冀州刺史，追封武津縣公。

酈道元

《魏書》卷八九《酷吏傳・酈道元》　酈道元，字善長，范陽人也。青州刺史範之子。太和中，爲尚書主客郎。御史中尉李彪以道元秉法清勤，引爲治書侍御史。累遷輔國將軍、東荆州刺史。威猛爲治，蠻民詣闕訟其刻峻，坐免官。久之，行河南尹，尋卽真。肅宗以沃野、懷朔、薄骨律、武川、撫冥、柔玄、懷荒、禦夷諸鎮並改爲州，其郡縣戍名令準古城邑。詔道元持節兼黄門侍郎，與都督李崇籌宜置立，裁減去留，儲兵積粟，以爲邊備。未幾，除安南將軍、御史中尉。

道元素有嚴猛之稱。司州牧、汝南王悦嬖近左右丘念，常與臥起。及選州官，多由於念。念匿於悦第，時還其家，道元收念付獄。悦啓靈太后請全之，敕赦之。道元遂盡其命，因以劾悦。是時雍州刺史蕭寶夤反狀稍露，悦等諷朝廷遣爲關右大使，遂爲寶夤所害，死於陰盤驛亭。

道元好學，歷覽奇書。撰注《水經》四十卷、《本志》十三篇，又爲《七聘》及諸文，皆行於世。然兄弟不能篤穆，又多嫌忌，時論薄之。

谷楷

《魏書》卷八九《酷吏傳・谷楷》　谷楷，昌黎人，濮陽公渾曾孫。稍遷奉車都尉。時沙門法慶反於冀州，雖大軍討破，而妖帥尚未梟除。詔楷詣冀州追捕，皆擒獲之。楷眇一目而性甚嚴忍，前後奉使皆以酷暴爲名。時人號曰瞎虎。尋爲城門校尉，卒。

王質

《魏書》卷九四《閹官傳・王質》　王質，字紹奴，高陽易人也。其家坐事，幼下蠶室。頗解書學，爲中曹吏、內典監。稍遷祕書中散，加寧朔將軍，賜爵永昌子，領監御。遷爲侍御給事，又領選部、監御二曹事，復特加前將軍，進爵魏昌侯。轉選部尚書，加員外散騎常侍。

出爲鎮遠將軍、瀛州刺史。質在州十年，風化粗行，察姦糾慝，究其情狀，民庶畏服之。而刑政刻峻，多所笞戮，號爲威酷。高祖頗念其忠勤宿舊，每行留大故，馮司徒亡，廢馮后，陸叡、穆泰等事，皆賜質以璽書，手筆莫不委至，同之戚貴。質皆寶掌以爲榮。入爲大長秋卿，未幾而卒。

宋遊道

《北齊書》卷四七《酷吏傳·宋遊道》 宋遊道，廣平人，其先自燉煌徙焉。父季預，爲渤海太守。遊道弱冠隨父在郡，父亡，吏人贈遺，一無所受，事母以孝聞。與叔父别居，叔父爲奴誣以逆，遊道誘令返，雪而殺之。魏廣陽王深北伐，請爲鎧曹，及爲定州刺史，又以爲府佐。廣陽王爲葛榮所殺，元徽誣其降賊，收録妻子，遊道爲訴得釋，與廣陽王子迎喪返葬。中尉酈善長嘉其氣節，引爲殿中侍御史，臺中語曰：見賊能討宋遊道。【略】

魏安平王坐事亡，章武二王及諸王妃、太妃是其近親者皆被徵責。都官郎中畢義雲主其事，有奏而禁，有不奏輒禁者。遊道判下廷尉科罪，高隆之不同。於是反誣遊道厲色挫辱己，遂枉考羣令史證成之，與左僕射襄城王旭、尚書鄭述祖等上言曰：飾僞亂真，國法所必去；附下罔上，王政所不容。謹案尚書左丞宋遊道名望本闕，功績何紀。屬永安之始，朝士亡散，乏人之際，叨竊臺郎。躁行諂言，肆其姦詐，罕識名義，不顧典文，人鄙其心，衆畏其口。出州入省，歷忝清資，而長惡不悛，曾無忌諱，毁譽由己，憎惡任情。比因安平王事，遂肆其褊心，因公報隙，與郎中畢義雲遞相糾舉。又左外兵郎中魏叔道牒云：局内降人左澤等爲京畿送省，令取保放出。大將軍在省日，判聽。遊道發怒曰：往日官府何物官府，將此爲例！又云：乘前旨格，成何物旨格！依事請問，遊道並皆承引。案律：對捍詔使，無人臣之禮，大不敬者死。對捍使者尚得死坐，况遊道吐不臣之言，犯慢上之罪，口稱夷、齊，心懷盗跖，欺公賣法，受納苞苴，產隨官厚，財與位積，雖贓污未露，而姦詐如是。舉此一隅，餘詐可驗。今依禮據律處遊道死罪。是時朝士皆分爲遊道不濟。而文襄聞其與隆之相抗之言，謂楊遵彦曰：此真是鯁直大剛惡人。遵彦曰：譬之畜狗，本取其吠，今以數吠殺之，恐將來無復吠狗。詔付廷尉，遊道坐除名。文襄使元景康謂曰：卿早逐我向并州，不爾，他經略殺卿。遊道從至晉陽，以爲大行臺吏部，又以爲太原公開府諮議。及平陽公爲中尉，遊道以諮議領書侍御史。尋以本官兼司徒左長史。【略】

遊道剛直，疾惡如讎，見人犯罪，皆欲致之極法。彈糾見事，又好察陰私。問獄察情，捶撻嚴酷。兗州刺史李子貞在州貪暴，遊道案之。文襄以貞預建義勳，意將含忍。遊道疑陳元康爲其内助，密啓云：子貞、元康交遊，恐其别有請囑。文襄怒，於尚書都堂集百僚，撲殺子貞。又兗州人爲遊道生立祠堂，像題曰忠清君。遊道别劾吉寧等五人同死，有欣悦色。朝士甚鄙之。

然重交遊，存然諾之分。歷官嚴整，而時大納賄，分及親故之艱匱者，其男女孤弱爲嫁娶之，臨喪必哀，躬親襄事。爲司州綱紀與牧昌樂、西河二王乖忤，及二王薨，每事經恤之。與頓丘李獎一面，便定死交。獎曰：我年位已高，會用弟爲佐史，令弟北面於我足矣。遊道曰：不能。既而獎爲河南尹，辟遊道爲中正，使者相屬，以衣帢待之，握手歡謔。元顥入洛，獎受其命，出使徐州，都督元孚與城人趙紹兵殺之。遊道爲獎訟冤，得雪，又表爲請贈，廻己考一汎階以益之。又與劉廞結交，託廞弟粹於徐州殺趙紹。後劉廞伏法於洛陽，粹以徐州叛，官軍討平之，梟粹首於鄴市。孫騰使客告市司，得錢五百萬後聽收。遊道時爲司州中從事，令家人作劉粹所親，於州陳訴，依律判許而奏之。勑至，市司猶不許。遊道杖市司，勒使速付。騰聞大怒。時李獎二子構、訓居貧，遊道後令其求三富人死事，判免之，凡得錢百五十萬，盡以入構、訓。其使氣黨俠如此。時人語曰：遊道獼猴面，陸操科斗形，意識不關貌，何謂醜者必無情。構嘗因遊道會客，因戲之曰：賢從在門外，大好人，宜自迎接。爲通名稱族弟遊山。遊道出見之，乃獼猴衣帽也。將與構絶，構謝之，豁然如舊。遊道死後，構爲定州長史，遊道第三子士遜爲墨曹、博陵王管記，與典籤共誣奏構。構於禁所祭遊道而訴焉。士遜晝卧如夢者，見遊道怒己曰：我與構恩義，汝豈不知，何共小人謀陷清直之士！士遜驚跪曰：不敢、不敢。旬日而卒。

遊道每戒其子士素、士約、士慎等曰：吾執法太剛，數遭屯蹇，性自如此，子孫不足以師之。諸子奉父言，柔和謙遜。

盧斐

《北齊書》卷四七《酷吏傳・盧斐》 盧斐，字子章，范陽涿人也。父同，魏殿中尚書。斐性殘忍，以强斷知名。世宗引爲相府刑獄參軍，謂之云：狂簡，斐然成章，非佳名字也。天保中，稍遷尚書左丞，別典京畿詔獄，酷濫非人情所爲。無問事之大小，拷掠過度，於大棒車輻下死者非一。或嚴冬至寒，置囚於冰雪之上；或盛夏酷熱，暴之日下。枉陷入致死者，前後百數。又伺察官人罪失，動卽奏聞，朝士見之，莫不重跡屏氣，皆目之爲盧校事。斐後以謗史，與李庶俱病鞭死獄中。

畢義雲

《北齊書》卷四七《酷吏傳・畢義雲》 畢義雲，小字陁兒。少粗俠，家在兗州北境，常劫掠行旅，州里患之。晚方折節從官，累遷尚書都官郎中。性嚴酷，事多幹了。齊文襄作相，以爲稱職，令普勾僞官，專以車輻考掠，所獲甚多。然大起怨謗。曾爲司州吏所訟，云其有所減截，并改換文書。文襄以其推僞，衆人怨望，並無所問，乃拘吏數人而斬之。因此鋭情訊鞫，威名日盛。

文宣受禪，除治書侍御史，彈射不避勳親。累遷御史中丞，繩劾更切。然豪横不平，頻被怨訟。前爲汲郡太守翟嵩啓列：義雲從父兄僧明負官債，先任京畿長吏，不受其屬，立限切徵，由此挾嫌，數遣御史過郡訪察，欲相推繩。又坐私藏工匠，家有十餘機織錦，並造金銀器物。乃被禁止。尋見釋，以爲司徒左長史。尚書左丞司馬子瑞奏彈義雲，稱：天保元年四月，竇氏皇姨祖載日，内外百官赴第吊省，義雲唯遣御史投名，身遂不赴。又義雲啓云：喪婦孤貧，後娶李世安女爲妻。世安身雖父服未終，其女爲祖已就平吉，特乞闇迎，不敢備禮。及義雲成婚之夕，衆儲備設，剋日拜閤，鳴騶清路，盛列羽儀，兼差臺吏二十人，責其鮮服侍從車後。直是苟求成婚，誣罔干上。義雲資産宅宇足稱豪室，忽道孤貧，亦爲矯詐。法官如此，直繩焉寄。又駕幸晉陽，都坐判：拜起居表，四品以下五品已上令預前一日赴南都署表，三品以上臨日署訖。義雲乃乖例，署表之日，索表就家先署，臨日遂稱私忌不來。於是詔付廷尉科罪，尋勑免推。子瑞又奏彈義雲事十餘條，多煩碎，罪止罰金，不至除免。子瑞從兄消難爲北豫州刺史，義雲遣御史張子階詣州采風聞，先禁其典籤家客等，消難危懼，遂叛入周。時論歸罪義雲，云其規報子瑞，事亦上聞。爾前讌賞，義雲常預，從此後集見稍疏，聲望大損。

隋唐五代分部

楊素

《隋書》卷四八《楊素傳》 楊素字處道，弘農華陰人也。【略】

及高祖為丞相，素深自結納，高祖甚器之，以素為汴州刺史。行至洛陽，會尉迥作亂，滎州刺史宇文冑據武牢以應迥，素不得進。高祖拜素大將軍，發河内兵擊冑，破之。遷徐州總管，進位柱國，封清河郡公，邑二千戶。以弟岳為臨貞公。高祖受禪，加上柱國。開皇四年，拜御史大夫。其妻鄭氏性悍，素忿之曰：我若作天子，卿定不堪為皇后。鄭氏奏之，由是坐免。【略】

上以素久勞於外，詔令馳傳入朝。加子玄感官為上開府，賜綵物三千段。素以餘賊未殄，恐為後患，又自請行。乃下詔曰：朕憂勞百姓，日旰忘食，一物失所，情深納隍。江外狂狡，妄構妖逆，雖經殄除，民未安堵。猶有賊首凶魁，逃亡山洞，恐其聚結，重擾蒼生。內史令、上柱國、越國公素，識達古今，經謀長遠，比曾推轂，舊著威名，宜任以大兵，總為元帥。宣布朝風，振揚威武，擒剪叛亡，慰勞黎庶，軍民事務，一以委之。素復乘傳至會稽。先是，泉州人王國慶，南安豪族也，殺刺史劉弘，據州為亂，諸亡賊皆歸之。自以海路艱阻，非北人所習，不設備伍。素汎海掩至，國慶遑遽，棄州而走，餘黨散入海島，或守溪洞。素分遣諸將，水陸追捕。乃密令人謂國慶曰：爾之罪狀，計不容誅。唯有斬送智慧，可以塞責。國慶於是執送智慧，斬於泉州。自餘支黨，悉來降附，江南大定。上遣左領軍將軍獨孤陀至浚儀迎勞。比到京師，問者日至。拜素子玄獎為儀同，賜黃金四十斤，加銀瓶，實以金錢，縑三千段，馬二百匹，羊二千口，公田百頃，宅一區。代蘇威為尚書右僕射，與高熲專掌朝政。

素性疎而辯，高下在心，朝臣之內，頗推高熲，敬牛弘，厚接薛道衡，視蘇威蔑如也。自餘朝貴，多被陵轢。其才藝風調，優於高熲，至於推誠體國，處物平當，有宰相識度，不如熲遠矣。【略】

時素貴寵日隆，其弟約，從父文思、弟文紀，及族父异，並尚書列卿。諸子無汗馬之勞，位至柱國、刺史。家僮數千，後庭妓妾曳綺羅者以千數。第宅華侈，制擬宮禁。有鮑亨者，善屬文，殷胄者，工草隸，並江南士人，因高智慧没為家奴。親戚故吏，布列清顯，素之貴盛，近古未聞。煬帝初為太子，忌蜀王秀，與素謀之，構成其罪，後竟廢黜。朝臣有違忤者，雖至誠體國，如賀若弼、史萬歲、李綱、柳彧等，素皆陰中之。若有附會及親戚，雖無才用，必加進擢。朝廷靡然，莫不畏附。唯兵部尚書柳述，以帝壻之重，數於上前面折素。大理卿梁毗，抗表上言，素作威作福。上漸疎忌之，後因出勅曰：僕射國之宰輔，不可躬親細務，但三五日一度向省，評論大事。外示優崇，實奪之權也。終仁壽之末，不復通判省事。上賜王公以下射，素箭為第一，上手以外國所獻金精盤，價直鉅萬，以賜之。四年，從幸仁壽宮，宴賜重疊。【略】

素雖有建立之策，及平楊諒功，然特為帝所猜忌，外示殊禮，內情甚薄。太史言隋分野有大喪，因改封於楚。楚與隋同分，欲以此厭當之。素寢疾之日，帝每令名醫診候，賜以上藥。然密問醫人，恒恐不死。素又自知名位已極，不肯服藥，亦不將慎，每語弟約曰：我豈須更活耶？素負冒財貨，營求產業，東、西二京，居宅侈麗，朝毁夕復，營繕無已，爰及諸方都會處，邸店、水磑并利田宅以千百數，時議以此鄙之。

厙狄士文

《隋書》卷七四《酷吏傳·厙狄士文》 厙狄士文，代人也。祖干，齊左丞相。父敬，武衛將軍、肆州刺史。士文性孤直，雖鄰里至親莫與通狎。【略】

高祖受禪，加上開府，封湖陂縣子，尋拜貝州刺史。性清苦，不受公料，家無餘財。其子常噉官厨餅，士文枷之於獄累日，杖之一百，步送還京。僮隸無敢出門，所買鹽菜，必於外境。凡有出入，皆封署其門，親舊絶跡，慶弔不通。法令嚴肅，吏人股戰，道不拾遺。有細過，必深文陷害。嘗入朝，遇上置酒高會，賜公卿入左藏，任取多少。人皆極重，士文獨口銜絹一匹，兩手各持一匹。上問其故，士文曰：臣口手俱滿，餘無所須。上異之，別加賞物，勞而遣之。士文至州，發擿姦隱，長吏尺布升粟之贓，無所寬貸。得千餘人而奏之，上悉配防嶺南，親戚相送，哭泣之聲徧於州境。至嶺南，遇瘴癘死者十八九，於是父母妻子唯哭士文。士文聞之，令人捕捉，撾捶盈前，而哭者彌甚。有京兆韋焜爲貝州司馬，河東趙達爲清河令，二人並苛刻，唯長史有惠政。時人爲之語曰：刺史羅刹政，司馬蝮蛇瞋，長史含笑判，清河生喫人。上聞而歎曰：士文之暴，過於猛獸。竟坐免。

未幾，以爲雍州長史，士文謂人曰：我向法深，不能窺候要貴，必死此官矣。及下車，執法嚴正，不避貴戚，賓客莫敢至門，人多怨望。士文從父妹爲齊氏嬪，有色，齊滅之後，賜薛國公長孫覽爲妾。覽妻鄭氏性妬，譖之於文獻后，后令覽離絶。士文恥之，不與相見。後應州刺史唐君明居母憂，娉以爲妻，由是士文、君明並爲御史所劾。士文性剛，在獄數日，憤恚而死。家無餘財，有子三人，朝夕不繼，親友無內之者。

田式

《隋書》卷七四《酷吏傳·田式》 田式字顯標，馮翊下邽人也。祖安興，父長樂，仕魏，俱爲本郡太守。式性剛果，多武藝，拳勇絶人。周明帝時，年十八，授都督，領鄉兵。後數載，拜渭南太守，政尚嚴猛，吏人重足而立，無敢違法者。還本郡太守，親故屏跡，請託不行。【略】拜襄州總管，專以立威爲務。每視事于外，必盛氣以待其下，官屬股慄，無敢仰視。有犯禁者，雖至親昵，無所容貸。其女婿京兆杜寧，自長安省之，式誡寧無出外。寧久之不得還，竊上北樓，以暢羈思。式知之，笞寧五十。其所愛奴，嘗詣式白事，有蟲上其衣衿，揮袖拂去之。式以爲慢已，立棒殺之。或僚吏姦贓，部内劫盗者，無問輕重，悉禁地牢中，寢處糞穢，令其苦毒，自非身死，終不得出。每赦書到州，式未暇讀，先召獄卒，殺重囚，然後宣示百姓。其刻暴如此。由是爲上所譴，除名爲百姓。式慚恚不食，妻子至其所，輒怒，唯侍僮二人給使左右。從家中索椒，欲以自殺，家人不與。陰遣所侍僮詣市買毒藥，妻子又奪而棄之。式恚臥。其子信時爲儀同，至式前流涕曰：大人既是朝廷舊臣，又無大過。比見公卿放辱者多矣，旋復升用，大人何能久乎？乃至於此！式欻然而起，抽刀斫信，信遽走避之，刃中於閾，上知之，以式爲罪己之深，復其官爵。尋拜廣州總管，卒官。

燕榮

《隋書》卷七四《酷吏傳・燕榮》 燕榮字貴公，華陰弘農人也。父偘，周大將軍。榮性剛嚴，有武藝，仕周爲内侍上士。從武帝伐齊，以功授開府儀同三司，封高邑縣公。高祖受禪，進位大將軍，封落叢郡公，拜晉州刺史。從河間王弘擊突厥，以功拜上柱國，遷青州總管。榮在州，選絶有力者爲伍伯，吏人過之者，必加詰問，輒楚撻之，創多見骨。姦盗屏迹，境内肅然。他州縣人行經其界者，畏若寇讎，不敢休息。上甚善之。【略】

榮性嚴酷，有威容，長史見者，莫不惶懼自失。范陽盧氏，代爲著姓，榮皆署爲吏卒以屈辱之。鞭笞左右，動至千數，流血盈前，飲噉自若。嘗按部，道次見叢荊，堪爲笞棰，命取之，輒以試人。人或自陳無咎，榮曰：後若有罪，當免爾。及後犯細過，將檛之，人曰：前日被杖，使君許有罪宥之。榮曰：無過尚爾，况有過邪！榜捶如舊。榮每巡省管内，聞官人及百姓妻女有美色，輒舍其室而淫之。貪暴放縱日甚。是時元弘嗣被除爲幽州長史，懼爲榮所辱，固辭。上知之，勑榮曰：弘嗣杖十已上罪，皆須奏聞。榮忿曰：豎子何敢弄我！於是遣弘嗣監納倉粟，颺得一糠一粃，輒罰之。每笞雖不滿十，然一日之中，或至三數。如是歷年，怨隙日構，榮遂收付獄，禁絶其糧。弘嗣飢餒，抽衣絮，雜水咽之。其妻詣闕稱寃，上遣考功侍郎劉士龍馳驛鞫問。奏榮虐毒非虚，又贓穢狼籍，遂徵還京師，賜死。先是，榮家寢室無故有蛆數斛，從地墳出。未幾，榮死於蛆出之處。

趙仲卿

《隋書》卷七四《酷吏傳・趙仲卿》 趙仲卿，天水隴西人也。父剛，周大將軍。仲卿性粗暴，有膂力，周齊王憲甚禮之。【略】

高祖受禪，進爵河北郡公。開皇三年，突厥犯塞，以行軍總管從河間王弘出賀蘭山。仲卿别道俱進，無虜而還。復鎮平涼，尋拜石州刺史。法令嚴猛，纖微之失，無所容捨，鞭笞長吏，輒至二百。官人戰慄，無敢違犯，盗賊屏息，皆稱其能。遷兖州刺史，未之官，拜朔州總管。于時塞北盛興屯田，仲卿總統之。微有不理者，仲卿輒召主掌，撻其胸背，或解衣倒曳於荆棘中。時人謂之猛獸。事多克濟，由是收穫歲廣，邊戍無餽運之憂。

會突厥啓民可汗求婚於國，上許之。仲卿因是間其骨肉，遂相攻擊。十七年，啓民窘迫，與隋使長孫晟投通漢鎮。仲卿率騎千餘馳援之，達頭不敢逼。潛遣人誘致啓民所部，至者二萬餘家。其年，從高熲指白道以擊達頭。仲卿率兵三千爲前鋒，至族蠡山，與虜相遇，交戰七日，大破之。追奔至乞伏泊，復破之，虜千餘口，雜畜萬計。突厥悉衆而至，仲卿爲方陣，四面拒戰。經五日，會高熲大兵至，合擊之，虜乃敗走。追度白道，踰秦山七百餘里。時突厥降者萬餘家，上命仲卿處之恒安。以功進位上柱國，賜物三千段。朝廷慮達頭掩襲啓民，令仲卿屯兵二萬以備之，代州總管韓洪、永康公李藥王、蔚州刺史劉隆等，將步騎一萬鎮恒安。達頭騎十萬來寇，韓洪軍大敗，仲卿自樂寧鎮邀擊，斬首虜千餘級。明年，督役築金河、定襄二城，以居啓民。時有表言仲卿酷暴者，上令御史王偉按之，並實，惜其功不罪也。因勞之曰：知公清正，爲下所惡。賜物五百段。仲卿益恣，由是免官。

仁壽中，檢校司農卿。蜀王秀之得罪，奉詔往益州窮按之。秀賓客經過之處，仲卿必深文致法，州縣長吏坐者太半。上以爲能，賞婢奴五十口，黃金二百兩，米粟五千石，奇寶雜物稱是。

煬帝嗣位，判兵部、工部二曹尚書事。其年，卒，時年六十四。謚曰肅。

元弘嗣

《隋書》卷七四《酷吏傳·元弘嗣》　元弘嗣，河南洛陽人也。祖剛，魏漁陽王。父經，周漁陽郡公。弘嗣少襲爵，十八爲左親衛。開皇九年，從晉王平陳，以功授上儀同。十四年，除觀州總管長史，在州專以嚴峻任事，吏人多怨之。二十年，轉幽州總管長史。于時燕榮爲總管，肆虐於弘嗣，每被笞辱。弘嗣心不伏，榮遂禁弘嗣於獄，將殺之。及榮誅死，弘嗣爲政，酷又甚之。每推鞫囚徒，多以酢灌鼻，或椓弋其下竅，無敢隱情，姦僞屏息。仁壽末，授木工監，修營東都。

大業初，煬帝潛有取遼東之意，遣弘嗣往東萊海口監造船。諸州役丁苦其捶楚，官人督役，晝夜立於水中，略不敢息，自腰以下，無不生蛆，死者十三四。尋遷黃門侍郎，轉殿內少監。遼東之役，進位金紫光祿大夫。明年，帝復征遼東，會奴賊寇隴右，詔弘嗣擊之。

及玄感作亂，逼東都，弘嗣屯兵安定。或告之謀應玄感者，代王侑遣使執之，送行在所。以無反形當釋，帝疑不解，除名，徙日南，道死，時年四十九。

王文同

《隋書》卷七四《酷吏傳·王文同》　王文同，京兆頻陽人也。性明辯，有幹用。開皇中，以軍功拜儀同，尋授桂州司馬。煬帝嗣位，徵爲光祿少卿，以忤旨，出爲恒山郡丞。有一人豪猾，每持長吏長短，前後守令咸憚之。文同下車，聞其名，召而數之。因令左右剡木爲大橛，埋之於庭，出尺餘，四角各埋小橛。令其人踣心於木橛上，縛四支於小橛，以棒毆其背，應時潰爛。郡中大駭，吏人相視懾氣。

及帝征遼東，令文同巡察河北諸郡。文同見沙門齋戒菜食者，以爲妖妄，皆收繫獄。比至河間，召諸郡官人，小有遲違者，輒皆覆面於地而箠殺之。求沙門相聚講論，及長老共爲佛會者數百人，文同以爲聚結惑衆，盡斬之。又悉裸僧尼，驗有淫狀非童男女者數千人，復將殺之。郡中士女號哭於路，諸郡驚駭，各奏其事。帝聞而大怒，遣使者達奚善意馳鎖之，斬於河間，以謝百姓。讎人剖其棺，臠其肉而噉之，斯須咸盡。

李義府

《舊唐書》卷八二《李義府傳》　李義府，瀛州饒陽人也。其祖爲梓州射洪縣丞，因家於永泰。貞觀八年，劍南道巡察大使李大亮以義府善屬文，表薦之。對策擢第，補門下省典儀。黃門侍郎劉洎、持書御史馬周皆稱薦之，尋除監察御史。又敕義府以本官兼侍晉王。及昇春宮，除太子舍人，加崇賢館直學士，與太子司議郎來濟俱以文翰見知，時稱來、李。

【略】

顯慶元年，以本官兼太子右庶子，進爵爲侯。有洛州婦人淳于氏，坐姦繫於大理，義府聞其姿色，囑大理丞畢正義求爲別宅婦，特爲雪其罪。卿段寶玄疑其故，遽以狀聞，詔令按其事，正義惶懼自縊而死。侍御史王義方廷奏義府犯狀，因言其初容貌爲劉洎、馬周所幸，由此得進，言詞猥褻。帝怒，出義方爲萊州司戶，而不問義府姦濫之罪。義府云：王御史妄相彈奏，得無愧乎？義方對云：仲尼爲魯司寇七日，誅少正卯於兩觀之下，義方任御史旬有六日，不能去姦邪於雙闕之前，實以爲愧。尋兼太子左庶子。

二年，代崔敦禮爲中書令，兼檢校御史大夫，監修國史、學士並如故。尋加太子賓客，進封河間郡公。三年，又追贈其父德晟爲魏州刺史，諸子孩抱者並列清官，詔爲造甲第，榮寵莫之能比。而義府貪冒無厭，與母、妻及諸子、女婿賣官鬻獄，其門如市。多引腹心，廣樹朋黨，傾動朝野。初，杜正倫爲中書侍郎，義府時任典儀，至是乃與正倫同爲中書令。正倫每以先進自處，不下義府，而中書侍郎李友益密與正倫共圖議義府，更相伺察。義府知而密令人封奏其事。正倫與義府訟於上前，各有曲直。上以大臣不和，兩責之，左貶義府爲普州刺史，正倫爲橫州刺史，友益配流峯州。四年，復召義府兼吏部尚書、同中書門下三品，自餘官封如故。

【略】

義府本無藻鑑才，怙武后之勢，專以賣官爲事，銓序失次，人多怨讟。時殷王初出閤，又以義府兼王府長史。三年，遷右相，殷王府長史仍知選事並如故。義府入則諂言自媚，出則肆其姦宄，百僚畏之，無敢言其過者。帝頗知其罪失，從容誡義府云：聞卿兒子、女婿皆不謹慎，多作罪過，我亦爲卿掩覆，未即公言，卿可誡勗，勿令如此。義府勃然變色，腮頸俱起，徐曰：誰向陛下道此？上曰：但我言如是，何須問我所從得耶！義府睆然，殊不引咎，緩步而去，上亦優容之。【略】

陰陽占候人杜元紀爲義府望氣，云所居宅有獄氣，發積錢二千萬乃可厭勝。義府信之，聚斂更急切。義府居母服，有制朔望給哭假，義府輒微服與元紀凌晨共出城東，登古塚候望，哀禮都廢。由是人皆言其窺覘災眚，陰懷異圖。義府又遣其子右司議郎津召長孫無忌之孫延，謂曰：相爲得一官，數日詔書當出。居五日，果授延司津監，乃取延錢七百貫。於是右金吾倉曹參軍楊行穎表言義府罪狀，制下司刑太常伯劉祥道與侍御詳刑對推其事，仍令司空李勣監焉。按皆有實，乃下制曰：右相、行殷王府長史、河間郡公李義府洩禁中之語，鬻寵授之朝恩；交占候之人，輕朔望之哀禮。蓄邪黷貨，實玷衣冠；稔惡嫉賢，載虧政道。特以任使多年，未忍便加重罰，宜從遐棄，以肅朝倫。可除名長流嶲州。其子太子右司議郎津，專恃權門，罕懷忌憚，姦淫是務，賄賂無厭，交遊非所，潛報機密，亦宜明罰，屏跡荒裔。可除名長流振州。義府次子率府長史洽、千牛備身洋、子婿少府主簿柳元貞等，皆憑恃受贓，並除名長流廷州。朝野莫不稱慶，時人爲之語曰：今日巨唐年，還誅四凶族。四凶者，謂洽及柳元貞等四人也。或作《河間道行軍元帥劉祥道破銅山大賊李義府露布》，牓之通衢。義府先多取人奴婢，及敗，一時奔散，各歸其家，露布稱混奴婢而亂放，各識家而競入者，謂此也。

乾封元年，大赦，長流人不許還，義府憂憤發疾卒，年五十餘。文集三十卷，傳於代，又著《宦遊記》二十卷，尋亡失。自義府流放後，朝士常憂懼，恐其復來，及聞其死，於是始安。

張嘉貞

《舊唐書》卷九九《張嘉貞傳》 張嘉貞，蒲州猗氏人也。弱冠應五經舉，拜平鄉尉，坐事免歸鄉里。長安中，侍御史張循憲爲河東採訪使，薦嘉貞材堪憲官，請以己之官秩授之。則天召見，垂簾與之言，嘉貞奏曰：以臣草萊而得入謁九重，是千載一遇也。咫尺之間，如隔雲霧，竟不覩日月，恐君臣之道有所未盡。則天遽令卷簾，與語大悅，擢拜監察御史。累遷中書舍人，歷秦州都督、并州長史，爲政嚴肅，甚爲人吏所畏。

開元初，因奏事至京師，上聞其善政，數加賞慰。嘉貞因奏曰：臣少孤，兄弟相依以至今。臣弟嘉祐，今授鄯州別駕，與臣各在一方，同心離居，魂絶萬里。乞移就臣側近，臣兄弟盡力報國，死無所恨。上嘉其友愛，特改嘉祐爲忻州刺史。

時突厥九姓新來內附，散居太原以北，嘉貞奏請置軍以鎮之，於是始於并州置天兵軍，以嘉貞爲使。六年春，嘉貞又入朝。俄有告其在軍奢僭及贓賄者，御史大夫王晙因而劾奏之，按驗無狀，上將加告者反坐之罪。嘉貞奏曰：昔者天子聽政於上，瞍賦矇誦，百工諫，庶人謗，而後天子斟酌焉。今反坐此輩，是塞言者之路，則天下之事無由上達。特望免此罪，以廣謗誦之道。從之，遂令減死，自是帝以嘉貞爲忠。【略】

開元十年，車駕幸東都。有洛陽主簿王鈞爲嘉貞修宅，將以求御史，因受贓事發，上特令朝堂集衆决殺之。嘉貞促所由速其刑以滅口，乃歸罪於御史大夫韋抗、中丞韋虚心，皆貶黜之。其冬，祕書監姜皎犯罪，嘉貞又附會王守一奏請杖之，皎遂死于路。俄而廣州都督裴伷先下獄，上召侍臣問當何罪，嘉貞又請杖之。兵部尚書張説進曰：臣聞刑不上大夫，以其近於君也。故曰：士可殺，不可辱。臣今秋受詔巡邊，中途聞姜皎以罪於朝堂决杖，配流而死。皎官是三品，亦有微功。若其有犯，應死卽殺，應流卽流，不宜决杖廷辱，以卒伍待之。且律有八議，勳貴在焉。皎事已往，不可追悔。伷先祇宜據狀流貶，不可輕又决罰。上然其言。嘉貞不悦，退謂説曰：何言事之深也？説曰：宰相者，時來卽爲，豈能長據？若貴臣盡當可杖，但恐吾等行當及之。此言非爲伷先，乃爲天下士君子也。初，嘉貞爲兵部員外郎，時張説爲侍郎。及是，説位在嘉貞下，既無所推讓，説頗不平，因以此言激怒嘉貞，由是與説不叶。上又以嘉貞弟嘉祐爲金吾將軍，兄弟並居將相之位，甚爲時人之所畏憚。十一年，上幸太原行在所，嘉祐贓汙事發，張説勸嘉貞素服待罪，不得入謁，因出爲幽州刺史，説遂代爲中書令。嘉貞惋恨，謂人曰：中書令幸有二員，何相迫之甚也！明年，復拜戶部尚書，兼益州長史，判都督事。敕嘉貞就中書省與宰相會宴，嘉貞既恨張説擠己，因攘袂勃罵，源乾曜、王晙共和解之。

明年，坐與王守一交往，左轉台州刺史。復代盧從愿爲工部尚書、定州刺史，知北平軍事，累封河東侯。將行，上自賦詩，詔百僚於上東門外餞之。至州，於恒嶽廟中立頌，嘉貞自爲其文，乃書於石，其碑用白石爲之，素質黑文，甚爲奇麗。先是，嶽祠爲遠近祈賽，有錢數百萬，嘉貞自以爲頌文之功，納其數萬。十七年，嘉貞以疾請就醫東都，制從之。至都，目瞑無所見，上令醫人內直郎田休裕、郎將吕弘泰馳傳往省療之。其秋卒，年六十四，贈益州大都督，謚曰恭肅。

韓滉

《舊唐書》卷一二九《韓滉傳》　韓滉字太沖，太子少師休之子也。少貞介好學，以蔭解褐左威衛騎曹參軍，出爲同官主簿。至德初，青齊節度鄧景山辟爲判官，授監察御史、兼北海郡司馬，以道路阻絶，因避地山南。採訪使李承昭奏充判官，授通州長史、彭王府諮議參軍。鄧景山移鎮淮南，又表爲賓佐，未行，除殿中侍御史，追赴京師。先是，滉兄法知制誥，草王璵拜官之詞，不加虚美，璵頗銜之。及其秉政，諸使奏滉兄弟者，必以冗官授之。璵免相，羣議稱其屈，累遷至祠部、考功、吏部三員外郎。【略】

其在浙右也，政令明察，末年傷於嚴急，巡內婺州傍縣有犯其令者，誅及鄰伍，死者數十百人。又俾推覆官分察境內，情涉疑似，必置極法，誅殺殘忍，一判卽劓數十人，且無虚日。雖令行禁止，而冤濫相尋。

盧杞

《舊唐書》卷一三五《盧杞傳》　盧杞字子良，故相懷慎之孫。父奕，天寶末爲東臺御史中丞；洛城爲安禄山所陷，奕守司而遇害。杞以門蔭，解褐清道率府兵曹。朔方節度使僕固懷恩辟爲掌書記、試大理評事、監察御史，以病免。入補鴻臚丞，遷殿中侍御史、膳部員外郎，出爲忠州刺史。至荆南。謁節度使衛伯玉，伯玉不悦。杞移病歸京師，歷刑部員外郎、金部吏部二郎中。

杞貌陋而色如藍，人皆鬼視之。不恥惡衣糲食，人以爲能嗣懷慎之清節，亦未識其心。頗有口辯。出爲虢州刺史。建中初，徵爲御史中丞。時尚父子儀病，百官造問，皆不屏姬侍；及聞杞至，子儀悉令屏去，獨隱几以待之。杞去，家人問其故，子儀曰：杞形陋而心險，左右見之必笑。若此人得權，卽吾族無類矣。

及居糾彈顧問之地，論奏稱旨，遷御史大夫。旬日，爲門下侍郎、同中書門下平章事，既居相位，忌能妬賢，迎吠陰害，小不附者，必致之於死，將起勢立威，以久其權。楊炎以杞陋貌無識，同處台司，心甚不悦，爲杞所譖，逐於崖州。德宗幸奉天，崔寧流涕論時事，杞聞惡之，譖於德宗，言寧與朱泚盟誓，故至遲迴，寧遂見殺。惡顔真卿之直言，令奉使李希烈，竟歿於賊。初，京兆尹嚴郢與楊炎有隙，杞乃擢郢爲御史大夫以傾炎；炎既貶死，心又惡郢，圖欲去之。宰相張鎰忠正有才，上所委信，杞頗惡之。會朱滔、朱泚弟兄不睦，有泚判官蔡廷玉者離間滔，滔論奏，請殺之。廷玉既貶，殿中侍御史鄭詹遣吏監送，廷玉投水而卒。杞因奏曰：恐朱泚疑爲詔旨，請三司按鞫詹；又御史所爲，稟大夫命，并令按郢。詹與張鎰善，每伺杞晝眠，輒詣鎰，杞知之。他日，杞假寢佯熟，伺詹果來，方與鎰語，杞遽至鎰閤中，詹趨避杞，杞遽言密事，鎰曰：殿中鄭侍御在此。杞佯愕曰：向者所言，非他人所宜聞。時三司使方按詹、郢，獄未具而奏殺詹，貶郢爲驩州刺史。鎰尋罷相，出鎮鳳翔。其陰禍賊物如此。李揆舊德，盧德宗復用，乃遣使西蕃，天下無不扼腕痛憤，然無敢言者。戶部侍郎、判度支杜佑，甚承恩顧，爲杞媒孽，貶饒州刺史。

陸長源

《舊唐書》卷一四五《陸長源傳》 陸長源字泳之，開元、天寶中尚書左丞、太子詹事餘慶之孫，西河太守璪之子。長源淑書史。乾元中，陷河北諸賊，因爲昭義軍節度薛嵩從事，久之，歷建、信二州刺史。浙西節度韓滉兼領江、淮轉運，奏長源檢校郎中、兼中丞，充轉運副使。罷爲都官郎中，改萬年縣令，出為汝州刺史。

貞元十二年，授檢校禮部尚書、宣武軍行軍司馬，汴州政事，皆決斷之。性輕佻，言論容易，恃才傲物，所在人畏而惡之。及至汴州，欲以峻法繩驕兵，而董晉判官楊凝、孟叔度亦縱恣淫湎，衆情共怒。晉性寬緩，事務因循，以收士心。長源每事守法，晉或苟且，長源輒執而正之。

及晉卒，令長源知留後事。長源揚言曰：將士多弛慢，不守憲章，當以法繩之。由是人人恐懼。加以叔度苛刻，多縱聲色，數至樂營與諸婦人嬉戲，自稱孟郎，衆皆薄之。舊例，使長薨，放散布帛於三軍制服。至是，人請服，長源初固不允，軍人求之不已，長源等議給其布直；叔度高其鹽價而賤爲布直，每人不過得鹽三二斤，軍情大變。或勸長源，故事有大變，皆賞三軍，三軍乃安。長源曰：不可使我同河北賊，以錢買健兒取旌節。兵士怨怒滋甚，乃執長源及叔度等臠而食之，斯須骨肉糜散。長源死之日，詔下以爲節度使，及聞其死，中外惜之，贈尚書右僕射。

李鄘

《舊唐書》卷一五七《李鄘傳》 李鄘字建侯，江夏人。北海太守邕之姪孫。父暄，官至起居舍人。鄘大曆中舉進士，又以書判高等，授祕書正字。爲李懷光所辟，累遷監察御史。及懷光據蒲津叛，鄘與母妻陷賊中，恐禍及親，因僞白懷光曰：兄病在洛，請母往視之。懷光許焉，且戒妻子無得從，鄘皆遣行。後懷光知，責之，對曰：鄘名隸軍籍，不得隨侍老母，奈何不使婦隨姑行也。懷光無以罪之。時與故相高郢同在賊廷，乃密奏賊軍虛實及攻取之勢，德宗賜手詔以勞之。後事泄，懷光嚴兵召郢與鄘詰責。鄘詞激氣壯，三軍義之，懷光不敢殺，囚之獄中。懷光死，馬燧就獄致禮，表爲河東從事，尋以言不行，歸養洛中。襄州節度使嗣曹王皋致禮延辟，署從事，奏兼殿中侍御史。入爲吏部員外郎。【略】

鄘強直無私飾，與楊憑、穆質、許孟容、王仲舒友善，皆任氣自負。然鄘當官嚴重，爲吏以峻法立操，所至稱理，而剛決少恩。鎮揚州七年，令行禁止，擒擿生殺，一委軍吏，參佐束手，居人頗陷非法，物議以此少之。

李載義

《舊唐書》卷一八〇《李載義傳》 李載義字方穀，常山愍王之後。代以武力稱，繼爲幽州屬郡守。載義少孤，與鄉曲之不令者遊。有勇力，善挽強角觝。劉濟爲幽州節度使，見而偉之，致於親軍，從征伐。以功遷衙前都知兵馬使，檢校光禄大夫、兼監察御史。寶曆中，幽師殺朱克融。其子延嗣竊襲父位，不遵朝旨，虐用其人，載義遂殺之，數其罪以聞。敬宗嘉之，拜檢校戶部尚書、兼御史大夫，封武威郡王，充幽州盧龍等軍節

度副大使，知節度事。【略】

迴鶻每遣使入朝，所至強暴。邊城長吏多務苟安，不敢制之以法，但嚴兵防守，虜益驕悍，或突入市肆，暴橫無所憚。至是，有迴鶻將軍李暢者，曉習中國事，知不能以法制馭，益驕恣。鞭捶驛吏，貪求無已。載義因召李暢與語曰：可汗使將軍朝貢，以固舅甥之好，不當使將軍暴踐中華。今朝廷饗餼至厚，所以禮蕃客也。苟有不至，吏當坐死。若將軍之部伍不戢，凌侮上國，剽掠廬舍，載義必殺爲盜者。將軍勿以法令可輕而不戒勵之！遂罷防守之兵，而使兩卒司其門。虜知其不爲下，無敢犯令。九年，加侍中。開成二年卒，年五十，贈太尉。

載義晚年驕恣，慘暴一方。以楊志誠復爲部下所逐，過太原，載義躬自毆擊，遂欲殺之，賴從事救解以免。然而擅殺志誠之妻孥及將卒。朝廷録其功，屈法不問。

楊思勗

《舊唐書》卷一八四《宦官傳·楊思勗》楊思勗，本姓蘇，羅州石城人。爲內官楊氏所養，以閹，從事內侍省。預討李多祚功，超拜銀青光禄大夫，行內常侍。思勗有膂力，殘忍好殺，從臨淄王誅韋氏，遂從王爲爪士，累遷右監門衛將軍。【略】

思勗性剛决，所得俘囚，多生剥其面，或剺髮際，掣去頭皮，將士已下，望風懾憚，莫敢仰視，故所至立功。內給事牛仙童使幽州，受張守珪厚賂，玄宗怒，命思勗殺之。思勗縛架之數日，乃探取其心，截去手足，割肉而啖之，其殘酷如此。

來俊臣

《舊唐書》卷一八六上《酷吏傳上·來俊臣》來俊臣，雍州萬年人也。父操，博徒。與鄉人蔡本結友，遂通其妻，因樗蒱贏本錢數十萬，本無以酬，操遂納本妻。入操門時，先已有娠，而生俊臣。凶險不事生產，反覆殘害，舉無與比。曾於和州犯奸盜被鞫，遂妄告密，召見奏，刺史東平王續杖之一百。後續天授中被誅，俊臣復告密，召見，奏言前所告密是豫、博州事，枉被續决杖，遂不得申。則天以爲忠，累遷侍御史，加朝散大夫。按制獄，少不會意者，必引之，前後坐族千餘家。

二年，擢拜左臺御史中丞。朝廷累息，無交言者，道路以目。與侍御史侯思止、王弘義、郭霸、李仁敬，司刑評事康暐、衛遂忠等，同惡相濟。招集無賴數百人，令其告事，共爲羅織，千里響應。欲誣陷一人，即數處別告，皆是事狀不異，以惑上下。仍皆云：請付來俊臣推勘，必獲實情。則天於是於麗景門別置推事院，俊臣推勘必獲，專令俊臣等按鞫，亦號爲新開門。但入新開門者，百不全一。弘義戲謂麗景門爲例竟門，言入此門者，例皆竟也。

俊臣與其黨朱南山輩造《告密羅織經》一卷，皆有條貫支節，布置事狀由緒。俊臣每鞫囚，無問輕重，多以醋灌鼻，禁地牢中，或盛之瓮中，以火圜遶炙之，並絶其糧餉，至有抽衣絮以噉之者。又令寢處糞穢，備諸苦毒。自非身死，終不得出。每有赦令，俊臣必先遣獄卒盡殺重囚，然後宣示。又以索元禮等作大枷，凡有十號：一曰定百脉，二曰喘不得，三曰突地吼，四曰著即承，五曰失魂膽，六曰實同反，七曰反是實，八曰死猪愁，九曰求即死，十曰求破家。復有鐵籠頭連其枷者，輪轉于地，斯須悶絶矣。囚人無貴賤，必先布枷棒于地，召囚前曰：此是作具。見之魂膽飛越，無不自誣矣。則天重其賞以酬之，故吏競勸爲酷矣。由是告密之徒，紛然道路，名流僶俛閲日而已。朝士多因入朝，默遭掩襲，以至于族，與其家無復音息。故每入朝者，必與其家訣曰：不知重相見不？

如意元年，地官尚書狄仁傑、益州長史任令暉、冬官尚書李遊道、秋官尚書袁智宏、司賓卿崔神基、文昌左丞盧獻等六人，並爲其羅告。俊臣既以族人家爲功，苟引之承反，乃奏請降敕，一問即承，同首例得減死。及脅仁傑等反，仁傑歎曰：大周革命，萬物惟新，唐朝舊臣，甘從誅戮。反是實。俊臣乃少寬之。其判官王德壽謂仁傑曰：尚書事已爾，得減死。德壽今業已受驅策，欲求少階級，憑尚書牽楊執柔，可乎？仁傑曰：若之何？德壽曰：尚書昔在春官時，執柔任某司員外，引之可也。仁傑曰：皇天后土，遣狄仁傑行此事！以頭觸柱，血流被面，德壽懼而止焉。

仁傑既承反，有司但待報行刑，不復嚴備。仁傑得憑守者求筆硯，拆被頭帛書之，敍冤苦，置于綿衣，遣謂德壽曰：時方熱，請付家人去其綿。德壽不復疑矣，家人得衣中書，仁傑子光遠持之稱變，得召見。則天覽之愕然，召問俊臣曰：卿言仁傑等承反，今子弟訟冤，何故也？俊臣曰：此等何能自伏其罪！臣寢處甚安，亦不去其巾帶。則天令通事舍人周綝視之。俊臣遽令獄卒令假仁傑等巾帶，行立於西，命綝視之。綝懼俊臣，莫敢西顧，但視東唯諾而已。俊臣令綝少留，附進狀，乃令判官妄爲仁傑等作謝死表，代署而進之。鳳閣侍郎樂思晦男年八九歲，其家已族，宜隸于司農，上變，得召見，言俊臣苛毒，願陛下假條反狀以付之，無大小皆如狀矣。則天意少解，乃召見仁傑曰：卿承反何也？仁傑等曰：不承反，臣已死於枷棒矣。則天曰：何謂作謝死表？仁傑曰：無。因以表示之，乃知其代署，遂出此六家。

俊臣復按大將軍張虔勗、大將軍內侍范雲仙於洛陽牧院。虔勗等不堪其苦，自訟於徐有功，言辭頗厲，俊臣命衛士以亂刀斬殺之。雲仙亦言歷事先朝，稱所司冤苦，俊臣命截去其舌。士庶破膽，無敢言者。

俊臣累坐贓，爲衛吏紀履忠所告下獄。長壽二年，除殿中丞。又坐贓，出爲同州參軍，逼奪同列參軍妻，仍辱其母。萬歲通天元年，召爲合宮尉，擢拜洛陽令、司農少卿。則天賜其奴婢十人，當受於司農。時西蕃酋長阿史那斛瑟羅家有細婢，善歌舞，俊臣因令其黨羅告斛瑟羅反，將圖其婢。諸蕃長詣闕割耳剺面訟冤者數十人，乃得不族。時綦連耀、劉思禮等有異謀，明堂尉吉頊知之，不自安，以白俊臣發之，連坐族者數十輩。俊臣將擅其功，復羅告頊，得召見，僅而免。

俊臣先逼娶太原王慶詵女。俊臣與河東衛遂忠有舊，遂忠行雖不著，然好學，有詞辯，嘗攜酒謁俊臣，俊臣方與妻族宴集，應門者紿云：已出矣。遂忠知妄，入其宅，慢罵毀辱之。俊臣恥其妻族，命毆擊反接，既而免之，自此構隙。俊臣將羅告武氏諸王及太平公主、張易之等，遂相掎摭，則天屢保持之。而諸武及太平公主恐懼，共發其罪，乃棄市，國人無少長皆怨之，競剮其肉，斯須盡矣。

中宗神龍元年三月八日，詔曰：國之大綱，惟刑與政，刑之不中，其政乃虧。劉光業、王德壽、王處貞、屈貞筠、鮑思恭、劉景陽等，庸流賤職，姦吏險夫，以粗暴爲能官，以兇殘爲奉法。往從按察，害虐在心，倏忽加刑，呼吸就戮，曝骨流血，其數甚多，冤濫之聲，盈於海內。朕唯布新澤，恩被人祇，撫事長懷，尤深惻隱。光業等五人積惡成釁，並謝生涯，雖其人已殂，而其跡可貶，所有官爵，並宜追奪。其枉被殺人，各令州縣以禮埋葬，還其官蔭。劉景陽身今見在，情不可矜，特以會恩，免其嚴罰，宜從貶降，以雪冤情，可棣州樂單縣員外尉。自今內外法官，咸宜敬慎。其文深刺骨，跡徇凝脂，高下任情，輕重隨意。如酷吏丘神勣、來子珣、萬國俊、周興、來俊臣、魚承曄、王景昭、索元禮、傅遊藝、王弘義、張知默、裴籍、焦仁亶、侯思止、郭霸、李仁敬、皇甫文備、陳嘉言等，其身已死，並遺除名。自垂拱已來，枉濫殺人，有官者並令削奪。唐奉一依前配流，李秦授、曹仁哲並與嶺南惡處。

開元十三年三月十二日，御史大夫程行諶奏：周朝酷吏來子珣、萬國俊、王弘義、侯思止、郭霸、焦仁亶、張知默、李敬仁、唐奉一、來俊臣、周興、丘神勣、索元禮、曹仁哲、王景昭、裴籍、李秦授、劉光業、王德壽、屈貞筠、鮑思恭、劉景陽、王處貞二十三人，殘害宗枝，毒陷良善，情狀尤重，子孫不許與官。陳嘉言、魚承曄、皇甫文備、傅遊藝四人，情狀稍輕，子孫不許近任。

（宋）王溥《唐會要》卷四一《酷吏》　天授二年正月，御史中丞知大夫事李嗣真，以來俊臣等用法嚴酷，上疏曰：臣聞陳平事漢祖，謀疎楚君臣，乃用黃金五萬觔，行反間之術。項王果疑臣下，陳平反間遂行。今告事紛紜，虛多實少，當有兇慝，焉知必無陳平，先謀疏陛下君臣，後謀國家良善。陛下昨語臣云：我比來已作此意。是愚臣管測，先天而天弗違。至如羅織之徒，即疏間之漸。陳平反間，其遠乎哉？《王制》曰：凡用刑決獄，以成告于正；正聽之，以獄成告于大司寇；大司寇聽之棘木之下，與孤卿大夫公侯伯子男，以獄成告于王；王命三公參聽之；三公以獄成，又告于王；王三宥之，然後制刑。臣竊見比日獄官，一單車使推訖，萬事即定。法家隨斷，不令重推，或有臨時使決，不待聞奏。此權由臣下，非審慎之法，儻有冤濫，何由可知？況乎九品之官，專命推覆，按覆既不在秋官省，審復不由門下。事非可久，物情駭懼。老子云：國之利器，不可以示人。今日假此威權，便是窺國家之利器也！不可不愼。

長壽元年，有上封事人，言嶺南流人有陰謀逆者。乃遣司刑評事萬國俊，攝監察御史就案之，若得反狀，便許斬决。國俊至廣州，徧召流人，擁之水濱，以次加戮。三百餘人，一時併命。然後鍛鍊，曲成反狀，仍誣奏云：諸流人咸有怨望，若不推究，爲變不遥！則天然其奏。又命攝監察御史劉光業、王德壽、鮑思恭、王處貞、屈貞筠等，分往劍南、黔中、安南、嶺南等六道，案鞫流人。於是光業誅九百人，德壽誅七百人，其餘少者，不減數百人。時周興、來俊臣相次受制，推究大獄。又與侯思正、王宏義、郭霸、衛遂忠等，招集告事者數百人，共爲羅織，以陷良善。又造《羅織經》一卷。其意旨皆網羅前人，織成反狀。海內震懼，道路以目。麟臺正字陳子昂上書曰：臣聞之聖人出，必有驅除。蓋天人之符，應休命也。日者，東南微孽，敢謀亂常，陛下順天行誅，罪惡咸服，豈非天意欲彰陛下神武之功哉？而執事者不察天心，以爲人意。惡其首亂倡禍，法合誅屠，將息奸源，窮其黨與。遂使陛下大開詔獄，重設嚴刑，冀以懲創于天下。大或流血，小禦魑魅。今朝廷惶惶，莫能自固；海內傾聽，以相驚恐。愚臣昧焉！竊恐非五帝三王伐罪弔人之意也！頃年已來，伏見諸方告密，囚累百千，大抵所告，皆以揚州爲名。及其窮竟，百無一實。遂使奸惡之黨，快意相讎；睚眦之嫌，即稱有密。一人被訟，百人滿獄。使者推捕，冠蓋如市。或謂陛下愛一人而害百人。天下喁喁，莫知寧所。伏願念之，天下幸甚！萬年縣主簿徐堅上疏曰：臣聞書有五聽之道，慮失情實也。今著三覆之奏，恐致虛枉也。比見有勅，勘當反逆，命使者得實，便行决殺。人命至重，死不可生。儻萬分之中有一不實，欲訴無路，懷枉誰明？飲恨吞聲，赤族從戮，豈不痛哉？此不足肅奸逆，而明刑典；適所以長威福，而生疑懼。臣望絶此處分，依法覆奏，則死者甘伏，知泣辜之恩；生人歡悦，見詳刑之意。鳳閣舍人韋嗣立上疏曰：臣聞堯舜之日，畫其衣冠；文景之時，幾致刑措。歷兹千載，以爲美談。今四海多銜寃之人，九泉有抱痛之鬼，並自揚豫之後，刑獄漸興，用法之伍，務于窮竟。連坐相牽，數年不絶，遂使巨奸大猾，伺隙乘間，內包豺狼之心，外示鷹鸇之跡，陰圖潛結，共相影會。搆似是之言，成不赦之罪，皆深爲巧詆，恣行楚毒。人不勝痛，便乞自誣；公卿士庶，連頸受戮。道路藉藉，雖知非辜，而鍛鍊已成，辨占皆合。縱皋陶爲理，于公定刑，則謂污宮毁柩，猶未塞責。雖陛下仁慈哀念，恤獄緩死，及覽辭狀，便已周密，皆謂勘鞫得情，是其實罪。雖欲寬捨，其如法何？于是小乃身誅，大則族滅。相緣共坐者，不可勝言。此豈宿搆讎嫌，將申報復，皆圖苟成功効，自求官賞。當時稱傳，謂爲羅織，弄法舞文，傷人實甚。且如仁傑元忠，俱羅枉陷，被勘鞫之際，亦皆以自誣。向非陛下至明，無以省察，則菹醢之戮，已及其身，欲望輸忠聖世，安可復得？陛下擢而升之，遂各爲良輔，國之棟幹，稱此二人。何乃前非而後是耶？誠由枉陷與甄明耳！陛下儻録垂拱已來伏法者，並追還官爵，緣累之徒，普沾恩造。如此則天下皆知彼所陷罪，元非陛下之意。監察御史魏靖上疏曰：夫酷吏者，資矯佞以事君，行刻薄以臨下。矯佞似乎用意，刻薄類乎無私。侮憲害公，弄權撓法。臣見周興、來俊臣等，恣意騁暴，縱虐含毒；讎疾在位，安忍朝臣，罪遂情加，刑隨意改。當其時也，囹圄如市，朝廷以目。既而神靈不昧，寃魂有託。竊見來俊臣身處極法者，以其羅織良善，屠陷忠賢，籍没以勸將來，顯戮以謝天下。臣又聞之道路，上至聖主，傍洎貴臣，明知有羅織之事矣。俊臣既死，推者獲功，索元禮超遷，裴談受賞，中外稱慶，朝野載安。破其黨者，既能賞不逾時；被其陷者，豈可銜寃累歲。且稱反之徒，須得反狀。唯據片辭，即請行刑，拷楚妄加，疑似何限？臣又聞之：郭霸自刺而唱快，萬國俊被遮而遽亡。崔獻可臨終，膝拳于項；李敬仁將死，舌至于臍。備在人謠，不爲虛説，伯有晝見，殆無以過。此亦羅織之一據也。臣以至愚，不識大體。儻使平反者數人，衆共詳覆來俊臣等所推大獄，庶鄧艾獲申于今日，孝婦不濫于昔時，渙恩一流，天下幸甚！來俊臣所推鞫，人身死籍没者，令三司重檢勘。有寃濫者，並皆雪寃。聖歷元年，則天謂侍臣曰：往者來俊臣等推勘制獄，朝臣遞相牽引，咸承反逆。中間疑有枉濫，更遣近臣就獄親問，皆得手狀，承引不虛。近日俊臣死後，更無聞有反者，然則已前受戮者，不有寃濫耶？夏官侍郎姚元崇對曰：比破家者，皆是寃酷自誣。告者持以爲功，天下號爲羅織，甚于漢之黨錮。陛下令近臣就獄親問者，近臣亦不得自保，何敢動摇？今日以後，臣以一門百口，保見在內外官吏無反者！乞陛下得告狀收掌，更不須推問。則天大悦曰：以前宰相，皆順成其事，陷朕爲淫刑之主。

周興

《舊唐書》卷一八六上《酷吏傳上・周興》　周興者，雍州長安人也。少以明習法律，爲尚書省都事。累遷司刑少卿、秋官侍郎。自垂拱已來，屢受制獄，被其陷害者數千人。天授元年九月革命，除尚書左丞，上疏除李家宗正屬籍。二年十一月，與丘神勣同下獄，當誅，則天特免之，徙於嶺表。在道爲讎人所殺。

《新唐書》卷二〇九《酷吏傳・周興》　時有來子珣、周興者，皆萬年人。永昌初，子珣上書，擢左臺監察御史，無學術，語言蚩恶，后倚以按獄，多徇后旨，故賜姓武，字家臣。既誣雅州刺史劉行實弟兄謀反，已誅，掘夷先墓，得遷游擊將軍。常衣錦半臂自異，俄流死愛州。

興，少習法律，自尚書史積遷秋官侍郎，屢決制獄，文深峭，妄殺數千人。武后奪政，拜尚書左丞，上疏請去唐宗正屬籍。是時左史江融有美名，興指融與徐敬業同謀，斬于市。臨刑，請得召見，興不許，融叱曰：吾死無狀，不赦汝。遂斬之，尸奮而行，刑者蹴之，三仆三作。天授中，人告子珣、興與丘神勣謀反，詔來俊臣鞫狀。初，興未知被告，方對俊臣食，俊臣曰：囚多不服，奈何？興曰：易耳，內之大甕，熾炭周之，何事不承。俊臣曰：善。命取甕且熾火，徐謂興曰：有詔按君，請嘗之。興駭汗，叩頭服罪。詔誅神勣而宥興嶺表，在道爲讎人所殺。

（唐）張鷟《朝野僉載》卷二　周秋官侍郎周興推劾殘忍，法外苦楚，無所不爲，時人號牛頭阿婆，百姓怨謗。興乃牓門判曰：被告之人，問皆稱枉。斬決之後，咸悉無言。

索元禮

《舊唐書》卷一八六上《酷吏傳上・索元禮》　索元禮，胡人也。光宅初，徐敬業起兵揚州，以匡復爲名，則天震怒，又恐人心動搖，欲以威制天下。元禮探其旨告事，召見，擢爲游擊將軍，令於洛州牧院推案制獄。元禮性殘忍，推一人，廣令引數十百人，衣冠震懼，甚於狼虎。則天數召見賞賜，張其權勢。凡爲殺戮者數千人。於是周興、來俊臣之徒，效之而起矣。時有諸州告密人，皆給公乘，州縣護送至闕下，於賓館以廩之，稍稱旨，必授以爵賞以誘之，貴以威於遠近。元禮尋以酷毒轉甚，則天收人望而殺之。天下之人謂之來、索，言酷毒之極，又首按制獄也。

載初元年十月，左臺御史周矩上疏諫曰：頃者小人告訐，習以爲常，內外諸司，人懷苟免，姑息臺吏，承接強梁，非故欲，規避誣構耳。又推劾之吏，皆以深刻爲功，鑿空争能，相矜以虐。泥耳籠頭，枷研楔轂，摺脅籤爪，懸髮薰耳，臥鄰穢溺，曾不聊生，號爲獄持。或累日節食，連宵緩問，晝夜搖撼，使不得眠，號曰宿囚。此等既非木石，且救目前，苟求賒死。臣竊聽輿議，皆稱天下太平，何苦須反。豈被告者盡是英雄，以求帝王耶？只是不勝楚毒自誣耳。何以覈之？陛下試取所告狀酌其虛實者，付令推，微訊動以探其情，所推者必上下其手，希聖旨也。願陛下察之。今滿朝側息不安，皆以爲陛下朝與之密，夕與之讎，不可保也。聞有追攝，與妻子卽爲死訣。故爲國者以仁爲宗，以刑爲助，周用仁而昌，秦用刑而亡，此之謂也。願陛下緩刑用仁，天下幸甚。則天從之，由是制獄稍息。

（唐）張鷟《朝野僉載》卷二　周推事使索元禮，時人號爲索使。訊囚作鐵籠頭，轚其頭，仍加楔焉，多至腦裂髓出。又爲鳳曬翅、獼猴鑽火等，以椽關手足而轉之，並斫骨至碎。又懸囚於梁下，以石縋頭。其酷法如此。元禮故胡人，薛師之假父，後坐贓賄，流死嶺南。

侯思止

《舊唐書》卷一八六上《酷吏傳上・侯思止》　侯思止，雍州醴泉人也。貧窮不能理生業，乃樂事渤海高元禮家。性無賴詭譎。時恒州刺史裴貞杖一判司。則天將不利王室，羅反之徒已興矣，判司教思止說游擊將軍高元禮，因請狀乃告舒王元名及裴貞反，周興按之，並族滅。授思止游擊將軍。元禮懼而曲媚，引與同坐，呼爲侯大，曰：國家用人以不次，若言侯大不識字，即奏云：獬豸獸亦不識字，而能觸邪。則天果如其言，思止以獬豸對之，則天大悅。天授三年，乃拜朝散大夫、左臺侍御史。元禮復教曰：在上知侯大無宅，倘以諸役官宅見借，可辭謝而不受。在上必問所由，即奏云：諸反逆人，臣惡其名，不願坐其宅。則天復大悅，恩澤甚優。

思止既按制獄，苛酷日甚。嘗按中丞魏元忠，曰：急認白司馬，不然，即喫孟青。白司馬者，洛陽有坂號白司馬坂。孟青者，將軍姓孟名青棒，即殺琅邪王冲者也。思止閭巷庸奴，常以此謂諸囚也。元忠辭氣不屈，思止怒而倒曳元忠。元忠徐起曰：我薄命，如乘惡驢墜，脚爲鐙所挂，被拖曳。思止大怒，又曳之曰：汝拒捍制使，奏斬之。元忠曰：侯思止，汝今爲國家御史，須識禮數輕重。如必須魏元忠頭，何不以鋸截將，無爲抑我承反。奈何爾佩服朱紫，親銜天命，不行正直之事，乃言白司馬、孟青，是何言也！非魏元忠，無人抑教。思止驚起悚怍，曰：思止死罪，幸蒙中丞教。引上牀坐而問之，元忠徐就坐自若，思止言竟不正。時人効之，以爲談謔之資。侍御史霍獻可笑之，思止以聞，則天怒，謂獻可曰：我已用之，卿笑何也？獻可具以其言奏，則天亦大笑。

時來俊臣棄故妻，逼娶太原王慶詵女，思止亦奏請娶趙郡李自挹女，敕政事商量。鳳閣侍郎李昭德撫掌謂諸宰相曰：大可笑。諸宰相問故，昭德曰：往年來俊臣賊劫王慶詵女，已大辱國。今日此奴又請索李自挹女，無乃復辱國乎！竟爲李昭德搒殺之。

（唐）張鷟《朝野僉載》卷二　周侍御史侯思止，醴泉賣餠食人也，羅告準例酧五品。於上前索御史，上曰：卿不識字。對曰：獬豸豈識字？但爲國觸罪人而已。遂授之。凡推勘，殺戮甚衆，更無餘語，但謂囚徒曰：不用你書言筆語，但還我白司馬。若不肯來俊，即與你孟青。横遭苦楚非命者，不可勝數。白司馬者，北邙山白司馬坂也；來俊者，中丞來俊臣也；孟青者，將軍孟青棒也。後坐私蓄錦，朝堂決殺之。

王旭

《舊唐書》卷一八六下《酷吏傳下·王旭》　王旭，太原祁人也。曾祖珪，貞觀初爲侍中，尚永寧公主。旭解褐鴻州參軍，轉兖州兵曹。神龍元年正月，張柬之、桓彦範等誅張易之、昌宗兄弟，尊立孝和皇帝。其兄昌儀，先貶乾封尉，旭斬之，齎其首赴于東都，遷并州録事參軍。唐隆元年，玄宗誅韋庶人等，并州長史周仁軌，韋氏之黨，有詔誅之，旭不覆敕，又斬其首，馳赴西京。開元二年，累遷左臺侍御史。時光禄少卿盧崇道以崔湜妻父，貶於嶺外。逃歸，匿於東都，爲讎家所發，詔旭究其獄。旭欲擅其威權，因捕崇道親黨數十人，皆極其楚毒，然後結成其罪，崇道及三子並杖死於都亭驛，門生親友皆決杖流貶。時得罪多是知名之士，四海冤之。旭又與御史大夫李傑不叶，遞相糾訐，傑竟左遷衢州刺史。旭既得志，擅行威福，由是朝廷畏而鄙之。

五年，遷左司郎中，常帶侍御史。旭爲吏嚴苛，左右無敢支梧，每銜命推劾，一見無不輸款者。時宋王憲府掾紀希虬兄任劍南縣令，被告有贓私，旭使至蜀鞫之。其妻美，旭威逼之，因奏決殺縣令，納贓數千萬。至六年，希虬遣奴詐爲祗承人，受顧在臺，事旭累月，旭賞之，召入宅中，委以腹心。其奴密記旭受饋遺囑託事，乃成數千貫，歸謁希虬。希虬銜泣見憲，敘以家冤。憲憫之，執其狀以奏，詔付臺司劾之，贓私累巨萬，貶龍平尉，憤恚而死，甚爲時人之所慶快。

《新唐書》卷二〇九《酷吏傳·王旭》　王旭者，貞觀時侍中珪孫也。神龍初，爲兖州兵曹參軍。時張易之誅，而兄昌儀先貶乾封尉，旭輒斬其首送東都，遷并州録事參軍。長史周仁軌者，韋后黨也，玄宗平内難，有詔誅之，旭不待覆，斬首齎還京師，遷累左臺侍御史。

崔湜敗，其婦翁盧崇道自嶺外逃歸東都，爲讎家上變，詔旭訊覆。旭廣捕親黨，窮極慘楚，當以重辟，崇道及三子皆死，門生故人，並海内名士，皆絓染流徙，天下咨其冤。旭與大夫李傑不平，更相謦訐，傑坐斥衢州刺史，故旭益横，殘毒以逞。官數遷，常兼御史。

其爲人苛急，少縱貸，人莫敢與忤。每治獄，囚皆逆服。製獄械，率有名，曰驢駒拔橛、犢子縣等，以怖下，又縋髮以石，脅臣之。時監察御史李嵩、李全交皆嚴酷，取名與旭埒，京師號三豹，嵩爲赤，全交爲白，旭爲黑。里閭至相詛曰：若違教，值三豹。

宋王憲官屬紀希虬兄爲劍南令，坐贓，旭奉使臨訊，見其妻美，逼亂之，因殺其夫，而納贓數百萬。希虬使奴爲臺傭事旭，旭不知，頗愛任之，奴盡疏旭請求，積數千以示希虬，希虬泣訴于王，王爲上聞，詔劾治，獲姦贓不貲，貶龍川尉，恚而死。

吉温

《舊唐書》卷一八六下《酷吏傳下·吉温》　吉温，天官侍郎頊弟琚之孽子也。譎詭能諂事人，遊於中貴門，愛若親戚。性禁害，果於推劾。天寶初，爲新豐丞。時太子文學薛嶷承恩倖，引温入封，玄宗目之而謂嶷曰：是一不良漢，朕不要也。時蕭炅爲河南尹，河南府有事，京臺差温推詰，事連炅，堅執不捨，賴炅與右相李林甫善，抑而免之。及温遷，炅已爲京兆尹，一唱萬年尉，卽就其官，人爲危之。時驃騎高力士常止宿宫禁，或時出外第，炅必謁焉。温先馳與力士言謔甚洽，握手呼行第，炅覩之歎伏。及他日，温謁炅於府庭，遽布心腹曰：他日不敢隳國家法，今日已後，洗心事公。炅復與盡歡。

會林甫與左相李適之、駙馬張垍不叶，適之兼兵部尚書，垍兄均爲兵部侍郎，林甫遣人訐出兵部銓曹主簿事令史六十餘人僞濫事，圖覆其官長，詔出付京兆府與憲司對問。數日，竟不究其由。炅使温劾之。温於院中分囚於兩處，温於後廳佯取兩重囚訊之，或杖或壓，痛苦之聲，所不忍聞，卽云：若存性命，乞紙盡答。令史輩素諳温，各自誣伏罪，及温引問，無敢違者。晷刻間事輯，驗囚無栲訊决罰處。常云：若遇知己，南山白額獸不足縛也。會李林甫將起刑獄，除不附己者，乃引之於門，與羅希奭同鍛鍊詔獄。

五載，因中官納其外甥武敬一女爲盛王琦妃，擢京兆府士曹。時林甫專謀不利於東儲，以左驍衛兵曹柳勣杜良娣妹壻，令温推之。温追著作郎王曾、前右司禦率府倉曹王修己、左武衛司戈盧寧、左威衛騎曹徐徵同就臺鞫，數日而獄成。勣等杖死，積屍於大理寺。

六載，林甫又以戶部侍郎、兼御史中丞楊慎矜違忤其旨，御史中丞王鉷與慎矜親而嫉之，同構其事，云蓄圖讖，以己是隋煬帝子孫，闚於興復，林甫又奏付温鞫焉，慎矜下獄繫之。使温於東京收捕其兄少府少監慎餘、弟洛陽令慎名，於汝州捕其門客史敬忠。敬忠頗有學，嘗與朝貴遊，蹉跎不進，與温父琚情契甚密，温孩孺時，敬忠嘗抱撫之。温令河南丞姚開就擒之，鎖其頸，布袂蒙面以見温。温驅之於前，不交一言。欲及京，使典誘之云：楊慎矜今款招已成，須子一辨。若解人意，必活；忤之，必死。敬忠迴首曰：七郎，乞一紙。温佯不與，見詞懇，乃於桑下令答三紙，辯皆符温旨，喜曰：丈人莫相怪！遂徐下拜。及至温湯，始鞫慎矜，以敬忠詞爲證。及再搜其家，不得圖讖。林甫恐事洩，危之，乃使御史盧鉉入搜。鉉乃袖讖書而入，於隱僻中詬而出曰：逆賊牢藏祕記，今得之矣。指於慎矜小妻韓珠團婢見，舉家惶懼，且行捶擊，誰敢忤焉。獄乃成，慎矜兄弟賜死。温自是威振，衣冠不敢偶言。

温早以嚴毒聞，頻知詔獄，忍行枉濫，推事未訊問，已作奏狀，計贓數。及被引問，便懾懼，卽隨意而書，無敢惜其生者，因不加栲擊，獄成矣。林甫深以温爲能，擢戶部郎中，常帶御史。林甫雖倚以爪牙，温又見安禄山受主恩，驃騎高力士居中用事，皆附會其間，結爲兄弟。常謂禄山曰：李右相雖觀察人事，親於三兄，必不以兄爲宰相。温雖被驅使，必不超擢。若三兄奏温爲相，卽奏兄堪大任，擠出林甫，是兩人必爲相矣。禄山悦之。時禄山承恩無敵，驟言温能，玄宗亦忘曩歲之語。十載，禄山加河東節度，因奏温爲河東節度副使，并知節度營田及管内採訪監察留後事。其載，又加兼鴈門太守，仍知安邊郡鑄錢事，賜紫金魚袋。及丁所生憂，禄山又奏起復爲本官。尋復奏爲魏郡太守、兼侍御史。

楊國忠入相，素與温交通，追入爲御史中丞，仍充京畿、關内採訪處置使。温於范陽辭，禄山令累路館驛作白紬帳以候之，又令男慶緒出界送，攏馬出驛數十步。及至西京，朝廷動靜，輒報禄山，信宿而達。十三載正月，禄山入朝，拜左僕射，充閑廏使，因奏加温武部侍郎、兼御史中丞，充閑廏、苑內、營田、五坊等副使。時楊國忠與禄山嫌隙已成，温轉厚於禄山，國忠又忌之。其冬，河東太守韋陟入奏於華清宫，陟自謂失職，託於温結歡於禄山，廣載河東土物饋於温，又及權貴。國忠諷評事吴豸之使鄉人告之，召付中書門下，對法官鞫之，陟伏其狀，貶桂嶺尉，温澧陽長史，温判官員錫新興尉。明年，温又坐臟七千匹及奪人口馬奸穢事發，貶端州高要尉。温至嶺外，遷延不進，依於張博濟，止於始安郡。八月，遣大理司直蔣沇鞫之，温死於獄中，博濟及始安太守羅希奭死於州門。

初，温之貶斥，玄宗在華清宫，謂朝臣曰：吉温是酷吏子姪，朕被人誑惑，用之至此。屢勸朕起刑獄以作威福，朕不受其言。今去矣，卿等皆可安枕也。初，開元九年，有王鈎爲洛陽尉，十八年，有嚴安之爲河南丞，皆性毒虐，笞罰人畏其不死，皆杖訖不放起，須其腫憤，徐乃重杖之，懊血流地，苦楚欲死，鈎與安之始眉目喜暢，故人吏懾懼。温則售身權貴，噬螫衣冠，來頗異耳。温九月死始興，十一月，禄山起兵作亂，人謂與温報讎耳。禄山入洛陽城，即僞位。玄宗幸蜀後，禄山求得温一子，纔六七歲，授河南府參軍，給與財帛。

初，温之按楊慎矜，侍御史盧鉉同其事。鉉初爲御史，作韋堅判官，及堅爲李林甫所嫉，鉉以堅款曲發於林甫，冀售其身。及按慎矜，鉉先與張瑄同臺，情旨素厚，貴取媚於權臣，誣瑄與楊慎矜共解圖讖，持之，爲驢駒拔橛以成其獄。又爲王鉷閑廄判官，鉷緣邢縡事朝堂被推，鉉證云：大夫將白帖索廏馬五百匹以助逆，我不與之。鉷死在晷刻，鉉忍誣之，衆咸怒恨焉。及被貶爲廬江長史，在郡忽見瑄爲祟，乃云：端公何得來乞命？不自由。鉉須臾而卒。

《新唐書》卷二〇九《酷吏傳·吉温》　吉温，故宰相頊從子也。性陰詭，果于事。諂附貴宦，若子姓奉父兄。天寶初，爲新豐丞。時太子文學薛嶷得倖，引温入見，玄宗目之曰：是一不良，我不用。罷之。

蕭炅爲河南尹，御史遣温到府有所訊詰，乃并治炅，不爲末掇，右相李林甫善炅，故得免。炅入守京兆尹，而温方調萬年尉，不辭，人爲寒恐。於是高力士間出就第，炅多私謁，温乃先往，與力士語，執手歡甚，將出，炅通謁，温陽惶恐趨避，力士止之，語炅曰：吾故人也。炅揖乃去。它日，到炅府，辭曰：國家法不敢隳，今而後洗心事公，云何？炅待盡歡。

林甫與李適之、張垍有隙。適之領兵部，而垍兄均爲侍郎，林甫密遣吏擿其銓史僞選六十餘人，帝命京兆與御史雜治，累日情不得。炅使温佐訊，温分囚廷左右，中取二重囚訊後舍，楚械搒掠，皆呻呼不勝，曰：公幸留死，請如牒。乃挺出。諸史迎懾其酷，及引前，不訊皆服。日中獄具，林甫以爲能。温嘗曰：若遇知己，南山白額虎不足縛。

林甫久當國，權震天下，陰構大獄，除不附己者。先引温居門下，與錢塘羅希奭爲奔走，椎鍛詔獄。希奭文深虐，其舅鴻臚少卿張博濟，林甫壻也，以姻家故，自御史臺主簿再遷殿中侍御史。初，温因中官納其出武敬一女爲盛王妃，擢京兆士曹參軍。

林甫欲搖東宫，左驍衛參軍柳勣影會發杜良娣家陰事。温按狀，勣以誣誅，因引勣所善王曾、王脩己、盧寧、徐徵，悉逮縛論死，尸積大理垣下，家屬離竄。初，中書舍人梁涉道遇温，低帽障面。温怒，乃諷勣引涉及嗣虢王巨，皆斥逐。

林甫惡楊慎矜，王鉷飛書言圖讖事，委温以獄。初，慎矜客史敬忠與温父善，見温繦葆時。温馳至東都，捕逮楊氏親屬賓客，取敬忠於汝州，鐵鑠頸，布蒙面，未嘗正視，陰遣吏脅曰：慎矜獄具，須君一辨，君即服，罪可貸，即不服，死不解。敬忠即索筆自款，温陽不見，再三請，乃與之，對如温所敕。温謝曰：丈人毋懼！乃下拜。慎矜以左證具，欲自誣，而讖不得。御史盧鉉索其家，挾讖以入，於是慎矜兄弟皆賜死，株連數十族。是時，温與希奭相勗以虐，號羅鉗吉網。公卿見者，莫敢耦語。温推事未窮，而先計贓成奏，乃引囚問，震以烈威，隨問輒承，無敢迕，鞭楚未收于壁，而獄具矣。林甫才其爲，擢戶部郎中兼侍御史。

楊國忠、安禄山方尊寵，高力士居中用事，温皆媚附之。兄事禄山，嘗密諗曰：李右相雖厚待公，然不肯引共政；我見遇久，亦不顯以官。公若薦我爲宰相，我處公要任，則右相可擠矣。禄山大悦，亟稱温才，天子亦忘前語。於是禄山領河東節度，表温自副，并知節度營田、管內採訪，總留事，拜鴈門太守，知安邊鑄錢事。以母喪解，禄山表爲魏郡太守。楊國忠當國，引拜御史中丞，兼京畿關內採訪處置使。禄山敕吏設白紬帳于傳以候命，慶緒親御而餞之，温銜其德，故朝廷動靜輒報，不淹宿而知。天寶十三載，禄山入朝，領閑廄使，薦温武部侍郎以爲副。國忠與禄山争寵，而温昵禄山甚，國忠不善也。會河東太守韋陟怨失職，因温以交禄山，偏饋權近，國忠遣人發其狀，斥温澧陽長史，其屬員錫及陟皆坐貶。明年，温仍坐受賕、奪民馬，貶端溪尉。

始，林甫死，希奭出爲始安太守，張博濟、韋陟、韋誠奢、李從一、員錫皆逗留始安，温既謫，又依希奭以居。國忠奏遣蔣沇臨按，希奭擅稽罪人，貶海康員外尉，俄遣使者殺温等五人。温之斥，帝在華清宫，詔從臣曰：温本酷吏子，朕過用之，故屢構大獄，專威福。今既斥，公屬安矣。

温死五月而禄山反，即僞位，求温子，方十歲，授河南參軍以報之。

羅希奭

《舊唐書》卷一八六下《酷吏傳下・羅希奭》 羅希奭，本杭州人也，近家洛陽，鴻臚少卿張博濟堂外甥。爲吏持法深刻。天寶初，右相李林甫引與吉温持獄，又與希奭姻婭，自御史臺主簿再遷殿中侍御史。自韋堅、皇甫惟明、李適之、柳勣、裴敦復、李邕、鄔元昌、楊愼矜、趙奉璋下獄事，皆與温鍛錬，故時稱羅鉗吉網，惡其深刻也。八載，除刑部員外，轉郎中。十一載，李林甫卒，出爲中部、始安二太守，仍充當管經略使。

十四載，以張博濟、吉温、韋陟、韋誠奢、李從一、員錫等流貶，皆於始安，希奭或令假攝。右相楊國忠奏遣司直蔣沇往按之，復令張光奇替爲始安太守，仍降敕曰：前始安郡太守、充當管經略使羅希奭，幸此資序，叨居牧守。地列要荒，人多竄殛，尤加委任，冀絶姦訛。翻乃嘯結逋逃，羣聚不逞，應是流貶，公然安置。或差攝郡縣，割剥黎甿；或輟借館宇，侵擾人吏。不唯輕侮典憲，實亦隳壞紀綱。擢髪數愆，豈多其罪，可貶海東郡海康尉員外置。張博濟往託回邪，跡惟憑恃，嘗自抵犯，又坐親姻，前後貶官，歲月頗久，逗留不赴，情狀難容。及命按舉，仍更潛匿，亡命逭刑，莫斯爲甚。並當切害，合峻常刑，宜於所在各決重杖六十。使夫爲政之士，克守章程，負罪之人，期於悛革。凡厥在位，宜各悉心。時員錫、李從一、韋誠奢、吉承恩並決杖，遣司直宇文審往監之。

敬羽

《舊唐書》卷一八六下《酷吏傳下・敬羽》 敬羽，寶鼎人也。父昭道，開元初爲監察御史。羽貌寢而性便僻，善候人意旨。天寶九載，爲康成縣尉。安思順爲朔方節度使，引在幕下。及肅宗於靈武即大位，羽尋擢爲監察御史，以苛刻徵剥求進。及收兩京後，轉見委任。作大枷，有⿰匈力尾榆，著即悶絶。又臥囚於地，以門關輾其腹，號爲肉餺飥。掘地爲坑，實以棘刺，以敗席覆上，領囚臨坑訊之，必墜其中，萬刺攢之。又捕逐錢貨，不減毛若虛。

上元中，擢爲御史中丞。太子少傅、宗正卿、鄭國公李遵，爲宗子通事舍人李若冰告其贓私，詔羽按之。羽延遵，各危坐於小牀，羽小瘦，遵豐碩，頃間問即倒。請垂足，羽曰：尚書下獄是囚，羽禮延坐，何得慢耶！遵絶倒者數四。請問，羽徐應之，授紙筆，書贓數千貫，奏之。肅宗以勳舊捨之，但停宗正卿。及嗣薛王珍潛謀不軌，詔羽鞫之。羽召支黨羅於廷，索⿰匈力尾榆枷之，布栲訊之具以繞之，信宿成獄。珍坐死，右衛將軍竇如玢，試都水使者崔昌等九人並斬，太子洗馬趙非熊、陳王府長史陳閎、楚州司馬張昴、左武衛兵曹參軍焦自榮、前鳳翔府郿縣主簿李岳、廣文館進士張夐等六人決殺，駙馬都尉薛履謙賜自盡，左散騎常侍張鎬貶辰州司戶。

胡人康謙善賈，資産億萬計。楊國忠爲相，授安南都護。至德中，爲試鴻臚卿，專知山南東路驛。人嫉之，告其陰通史朝義。謙髭鬚長三尺過帶，按之兩宿，鬢髪皆禿，膝踝亦栲碎，視之者以爲鬼物，非人類也。乞捨其生，以後送狀奏殺之，没其資産。

羽與毛若虛在臺五六年間，臺中囚繫不絶。又有裴昇、畢曜同爲御史，皆酷毒，人之陷刑，當時有毛、敬、裴、畢之稱。裴、畢尋又流黔中。羽，寶應元年貶爲道州刺史。尋有詔殺之，羽聞之，衣凶服南奔溪洞，爲吏所擒，臨刑，袖中執州縣官吏犯贓私狀數紙，曰：有人通此狀，恨不得推究其事。主州政者，無宜寢也。

《新唐書》卷二〇九《酷吏傳·敬羽》　敬羽，河中寶鼎人。貌寢甚，性便辟，善候人意。補匡城尉，朔方安思順表爲節度府屬。肅宗初，擢監察御史，以言利幸。京師平，任遇寖顯，凶態不能忍，乃作巨枷，號勥尾榆，囚人多死。又仆囚于地，以門牡轢腹；掘地實棘，席蒙上，瀕坎鞫囚，不服則擠之坎，人多濫死。遷累御史中丞、宗正卿。

鄭國公李遵坐賄下詔獄，羽參按，遵肥而羽瘠，則引遵危坐小牀，痺且仆，遵欲申足，羽曰：公乃囚，我延公坐，何可慢？遵仆三四，徐受所言，得贓至數百萬。嗣岐王珍謀反，詔羽窮劾，乃悉召支黨，環以搒具，囚惶怖，一昔獄成，珍賜死，左衛將軍竇如玢等九人皆斬，太子洗馬趙非熊等六七人斃杖下，聞者毛豎。

先是，胡人康謙以賈富，楊國忠輔政，納其金，授安南都護，領山南東路驛事，吏疾之，誣其通史朝義。羽鞫之，謙須長三尺，明日脱盡，膝髁皆碎，人視之，以爲鬼，乃殺之。

羽與毛若虚、裴昇、畢曜同時爲御史，皆暴忍，時稱毛敬裴畢。未幾，昇、曜流黔中。寶應初，羽斥道州刺史，詔殺之。羽聞使者至，縗服而逃，吏械之。臨死，袖中出牒數番，乃吏相告訐，吒曰：不及推，死矣，治州者無宜寢。

温　造

《新唐書》卷九一《温造傳》　〔温〕造字簡輿，姿表瑰傑，性嗜書，然盛氣，少所降屈。【略】

造性剛急，人或忤己，雖貴勢，亦以氣出其上。道遇左補闕李虞，恚不避，捕從者笞辱。左拾遺舒元褒等建言：故事，供奉官惟宰相外無屈避。造棄蔑典禮，無所畏，辱天子侍臣。凡事小而關分理者，不可失；失之，則亂所由生。遺、補雖卑，侍臣也，中丞雖高，法吏也；侍臣見陵則恭不廣，法吏自恣則法壞。聞元和、長慶時，中丞呵止不半坊，今乃至兩坊，謂之籠街。造擅自尊大，忽僭擬之嫌，請得論罪。帝乃詔臺官、供奉官共道路，聽先後行，相值則揖。中丞傳呼不得過三百步。造彈擊無所回畏，威望隱然，發南曹僞官九十人，主史皆論死。遷尚書右丞，封祁縣子。

王弘義

《新唐書》卷二〇九《酷吏傳·王弘義》　王弘義，冀州衡水人，以飛變擢游擊將軍，再遷左臺侍御史，與來俊臣競慘刻。暑月繫囚，别爲狹室，積蒿施氈罽其上，俄而死；已自誣，乃舍佗獄。每移檄州縣，所至震慴。弘義輒詫曰：我文檄如狼毒、野葛矣！始賤時，求傍舍瓜不與，乃騰文言園有白兔，縣爲集衆捕逐，畦蓏無遺。内史李昭德曰：昔聞蒼鷹獄吏，今見白兔御史。

延載初，俊臣貶，弘義亦流瓊州。自矯詔追還，事覺，會侍御史胡元禮使嶺南，次襄州，按之，弘義歸窮曰：與公氣類，持我何急？元禮怒曰：吾尉洛陽，而子御史；我今御史，子乃囚。何氣類爲？杖殺之。

郭弘霸

《新唐書》卷二〇九《酷吏傳·郭弘霸》　郭弘霸，舒州同安人，仕爲寧陵丞，天授中，由革命舉，得召見，自陳：往討徐敬業，臣誓抽其筋，食其肉，飲其血，絶其髓。武后大悦，授左臺監察御史，時號四其御史。再遷右臺侍御史，大夫魏元忠病，僚屬省候，弘霸獨後入，憂見顔間，請視便液，即染指嘗，驗疾輕重，賀曰：甘者病不瘳，今味苦，當愈。喜甚。元忠惡其媚，暴語于朝。

嘗按芳州刺史李思徵，不勝楚毒死。後屢見思徵爲厲，命家人禳解。俄見思徵從數十騎至曰：汝枉陷我，今取汝！弘霸懼，援刀自刳腹死，頃而蛆腐。是時大旱，弘霸死而雨。又洛陽橋久壞，至是成。都人喜。后問羣臣：外有佳事邪？司勳郎中張元一曰：比有三慶：旱而雨，洛橋成，弘霸死。

姚紹之

《新唐書》卷二〇九《酷吏傳·姚紹之》　姚紹之，湖州武康人。初以鸞臺典儀累遷監察御史。中宗時，武三思烝僭不軌，王同皎、張仲之、祖延慶等謀殺之，事覺，捕送新開獄，詔紹之與左臺大夫李承嘉按治。初欲原盡其情，會敕宰相李嶠等同訊，執政畏禍，粗滅無所問。囚嘑曰：宰相有附三思者。嶠等數附承嘉耳呫嚅，紹之翻然不復顧，即引力士十餘曳囚至，築其口，反接送獄中。謂仲之曰：事不諧矣！仲之固言三思反狀，紹之怒，擊折其臂，囚呼天曰：吾雖死，當訴爾於天！因裂衫束之，卒誣以謀反，皆論族。

囚等已誅，紹之意岸軒傲，朝野注目，擢左臺侍御史。奉使江左，過汴州，廷辱録事參軍魏傳弓。久之，傳弓爲監察御史，而紹之坐贓，詔傳弓即按。紹之謂揚州長史盧萬石曰：我頃辱傳弓，今來按，我死矣。獄具，得贓五百萬，法當死，韋后女弟救請，故減死，貶瓊山尉。俄逃還京，萬年尉捕擊，折其足。更授南陵令，員外置。開元中，爲括州長史同正，不得與州事，死。

周利貞

《新唐書》卷二〇九《酷吏傳·周利貞》　周利貞者，亡其系。武后時調錢塘尉，時禁捕魚，州刺史飯蔬。利貞忽饋佳魚，刺史不受，利貞曰：此鬫魚，公何疑？問其故，答曰：適見漁者，禽不獲，而有魚焉，鬫得之。刺史大笑。

神龍初，擢累侍御史，諂附權彊，五王等疾之，出爲嘉州司馬。武三思亂禁中，五王謀誅之，私語崔湜，湜反以其計告三思。五王貶，湜勸速殺之以絶人望，問誰可使，以利貞對。利貞，湜內兄也。表攝右臺侍御史馳嶺外，矯殺敬暉、桓彥範、袁恕己，還，拜左臺御史中丞。數爲仇人狙報，幾不免。

先天初，爲廣州都督。湜陷劉幽求謫嶺表，諷利貞殺之。賴桂州都督王晙護而免。利貞顓事剝割，夷獠苦其殘虐，皆起爲寇，詔監察御史李全交按問，得贓狀，貶涪州刺史。

開元初，詔：利貞及滑州刺史裴談、饒州刺史裴栖貞、大理評事張思敬、王承本、華原令康暐、侍御史封詢行、判官張勝之、劉暉、楊允、衛遂忠、公孫琰、廉州司馬鍾思廉皆酷吏，宜終身勿齒。尋復授珍州司馬。明年，授夷州刺史，黄門侍郎張廷珪執奏曰：陛下英斷聖明，四海心服。所謂英斷，殄凶逆、正朝廷是也；所謂聖明，辨忠邪、信賞罰是也。利貞，宗、武舊黨，鉏僇桓、敬，自陛下登宸極，布新政，奪其班級，遷之遐荒，以允天下之望，義士猶以罰輕爲望。今錫以朱紱，委以藩維，是紬姦不必行也。疏入，遂寢。未幾，復授黔州都督，加朝散大夫。廷珪又表還制書曰：利貞險薄小人，附會三思，傾危朝廷，殺害功臣，人神憤惋，痛毒至今。東都搜掩其家，得金銀錦繡，冒違制令，當加重貶。且久據朝廷，捷給便佞，見忠於君者，猶仇讎然。使之入朝則亂國，撫俗則傷人。今擢典要藩，繇六品遷三品，何往日罰之，而今日賞之？玄宗乃止。

會廷珪罷，起爲辰州長史，朝集京師，與魏州長史敬讓皆奏事。讓，暉之子也，以父冤越次而奏曰：周利貞希姦臣意，枉殺先臣暉，惟陛下正罰以謝天下。左臺侍御史翟璋劾讓不待監引，請行法。玄宗曰：訴父之枉，不可不矜也；朝廷之儀，不可不肅也。奪讓俸三月，復貶利貞邕州長史。未幾，賜死梧州。

開元中，又有洛陽尉王鈞、河南丞嚴安之，捶人畏不死，視腫潰，復笞之，至血流乃喜。

丘神勣

《新唐書》卷二〇九《酷吏傳·丘神勣》　神勣者，行恭子，爲左金吾衛將軍。高宗崩，后使害章懷太子於巴州，歸罪神勣，下遷疊州刺史，俄復故官，佐俊臣等爲慘獄，遂見倚愛。博州刺史琅邪王沖起兵，拜神勣清平道大總管討之。州人殺王，素服出迎，神勣盡殺之，凡千餘族，即拜大將軍。

崔器

《新唐書》卷二〇九《酷吏傳·崔器》 崔器，深州安平人。曾祖恭禮，尚真定公主，爲駙馬都尉，貌豐偉，飲酒至斗不亂。器有吏幹，然性陷刻樂禍。天寶中，舉明經，爲萬年尉。踰月，擢監察御史，中丞宋渾爲東畿採訪使，引爲判官。渾坐贓敗，器亦廢，後爲奉先令。

安禄山陷京師，器受賊署，守奉先。頃之，同羅背賊，賊將安守忠、張通儒亡去，渭上義兵且數萬，器大懼，悉毁賊所署符敕，募衆以應之。渭上軍敗，遂走靈武。素善吕諲，得爲御史中丞、戶部侍郎。肅宗至鳳翔，兼禮儀使。二京平，爲三司使。器草定儀典，令王官陷賊者，悉入含元廷中，露首跣足，撫膺頓首請罪，令刀仗環之，以示扈從羣臣。器既殘忍希帝旨，欲深文繩下，乃建議陳希烈、達奚珣等數百人皆抵死。李峴執奏，乃以六等定罪，多所厚貸。後蕭華自賊中來，因言：王官重爲安慶緒驅脅，至相州，聞廣平王宣詔釋希烈等，皆相顧愧悔。及聞崔器議刑，衆心復摇。帝曰：朕幾爲器所誤。後爲吏部侍郎、御史大夫。上元元年病亟，叩頭若謝罪狀，家人問之，曰：達奚尹訴於我。三日卒。

毛若虛

《新唐書》卷二〇九《酷吏傳·毛若虛》 毛若虛，絳州太平人。眉長覆目，性殘鷙。天寶末爲武功丞，年六十餘。肅宗還京師，擢監察御史，以國用大竭，數請掊天下財，巧傅於法，日月有獻，漸見識用。大抵覈囚，先收家貲以定贓，有不滿意，攤索保伍姻近，人懼其威，無敢不如約。

乾元中，鳳翔七坊士數剽州縣間殺人，尉謝夷甫不勝怒，搒殺之。士妻訴李輔國，輔國請御史孫鎣窮治，獄久不具，詔中丞崔伯陽與三司參訊，未決。乃使若虛按之，即歸罪夷甫。伯陽爭甚力，若虛慢拒，伯陽怒，若虛即馳入白于帝。詔姑出，若虛泥訴曰：臣出即死。因蔽若虛殿中，而召伯陽。伯陽至，具劾若虛罔上，帝主先語，叱伯陽出，并官屬悉貶嶺外。李峴頗左右鎣等，罷宰相。於是若虛權焰震朝廷，羣臣不舒息。尋擢御史中丞。上元元年，以罪貶賓化尉，死。

皇甫文備

（唐）劉餗《隋唐嘉話》卷下 皇甫文備，武后時酷吏也，與徐大理論獄，誣徐黨逆人，奏成其罪。武后特出之，無何文備爲人所告，有功訊之在寬。或曰：彼曩時將陷公於死，今公反欲出之，何也？徐曰：汝所言者，私忿也；我所守者，公法也。安可以私害公？

王章

《新五代史》卷三〇《王章傳》 王章，魏州南樂人也。爲州孔目官，張令昭逐節度使劉延皓，章事令昭。令昭敗，章婦翁白文珂與副招討李周善，乃以章託周。周匿章褚中，以橐駝負之洛陽，藏周第。唐滅，章乃出，爲河陽糧料使。漢高祖典禁兵，補章孔目官，從之太原。【略】然征利剝下，民甚苦之。往時民租一石輸二升爲雀鼠耗，章乃增一石輸二斗爲省耗；緡錢出入，皆以八十爲陌，章減其出者陌三；州縣民訴田者，必全州縣覆之，以括其隱田。天下由此重困。【略】

民有犯鹽、礬、酒麴者，無多少皆抵死，吏緣爲姦，民莫堪命。已而與史弘肇等同日見殺。

劉銖

《新五代史》卷三〇《劉銖傳》　劉銖，陝州人也。少爲梁邵王牙將，與漢高祖有舊，高祖鎮太原，以爲左都押衙。銖爲人慘酷好殺戮，高祖以爲勇斷類己，特信用之。高祖卽位，拜永興軍節度使，徙鎮平盧，加檢校太師、同平章事，又加侍中。【略】

然銖用法，亦自爲刻深。民有過者，問其年幾何，對曰若干，卽隨其數杖之，謂之隨年杖。每杖一人，必兩杖俱下，謂之合歡杖。又請增民租，畝出錢三十以爲公用，民不堪之。隱帝患銖剛暴，召之，懼不至。

楊廷式

（清）吳任臣《十國春秋》卷一〇《吴十·楊廷式傳》　楊廷式字憲臣，泉州人。正直不畏强禦。武義初，官至侍御史、知雜事。時張崇爲德勝節度使，貪暴不法。會廬江民訟縣令受賕，徐知誥遣廷式往訊，廷式曰：雜端推事，其體至重，職業不可不行。知誥曰：何如？廷式曰：械繫張崇，使吏如昇州簿責都統。知誥曰：所按者縣令，何至于是？廷式曰：縣令微官，張崇使之取民財，轉獻都統耳。豈可舍大而詰小乎？都統者，謂徐温也。知誥謝曰：固知小事不足相煩。以是益重之。

宋元分部

魏瓘

《宋史》卷三〇三《魏瓘傳》　魏瓘字用之。父羽奏補秘書省校書郎、監廣積倉，知開封府倉曹參軍。持法精審，明吏事。上元起綵山，闕前張燈，與宦者護作，宦者挾氣，視瓘年少，輒誅索侵擾。瓘密以聞，詔杖宦者遣之。

瓘門人魏綱上疏詆天書，流海島，瓘亦坐是停官。復監鄧州税、鄂州茶，以大理寺丞知衡山縣，通判壽州，歷知循、隨、安州，提點廣南西路刑獄。邕州獠戶緣逋負没婦女爲傭者一千餘人，悉奏還其家。就除轉運使。劉鋹時計口以税，雖舟居皆不免，至是而雷、化、欽、廉、高州猶未除，瓘爲除之。減柳州無名役四百人。召權度支判官。尋以罪降知洪州，徙梓州路轉運使，還知蔡州、潭州，爲京西轉運使，江、淮制置發運使，自主客郎中遷太常少卿，知廣州。築州城環五里，疏東江門，鑿東西澳爲水閘，以時啓閉焉。拜右諫議大夫，再任臨江軍判官。

史沆性險詖，嘗爲瓘所劾免。會廣州封送貢餘椰子煎等餉京師，輒邀留之，飛奏指以爲珍貨，詔遣内侍發驗無有，沆坐不實廢，瓘亦降知鄂州。未踰年，復爲陝西轉運使，徙河北。以給事中知開封府，政事嚴明，吏民憚之。内東門索命婦車，得賂遺掖庭物，付府驗治，獄未上，内降釋罪。諫官吴奎言法當執奏，而瓘不卽奏行，請以廢法論，降知越州。

儂智高寇廣東、西，獨廣州城堅守不能下。於是論築城功，遷工部侍郎、集賢院學士，復知廣州，兼廣東經略安撫使，給禁卒五千，聽以便宜從事。屬狄青已破賊，召還，糾察在京刑獄。議者請開六塔河，塞商胡北流，宰相主其說，命瓘按視，還奏以爲不可塞。下溪州蠻彭士羲叛，將發兵討除。進龍圖閣直學士、知荊南。瓘以爲五溪之險，師行鳥道，諸將貪功生事，於國家何所利？因條上三策，以招徠爲上，守禦爲下，功取爲失。不報。後卒如瓘議。徙澶州、滑州。又徙鄧州，不行，請老，以吏部侍郎致仕，卒。

瓘所至整辦，與人置對未嘗屈。史沆、王逵以善訟名天下，瓘既廢沆，又嘗奏抵逵罪，專任機數，不稱循吏。

韓縝

《宋史》卷三一五《韓縝傳》　韓縝字玉汝。登進士第，簽書南京判官。仁宗以水災求直言，縝上疏曰：今國本未立，無以繫天下心，此陰盛陽微之應。詞極剴切。劉沆薦其才，命編修三班敕。前此，武臣不執親喪。縝建言：三年之服，古今通制；晉襄衰墨從戎，事出一時。遂著令，自崇班以上聽持服。爲殿中侍御史。參知政事孫抃持祿充位；權陝西轉運副使薛向赴闕，樞密院輒畫旨除爲真；劉永年以外戚除防禦使；內侍史志聰私役皇城親從：縝皆極論之。帝爲罷抃，寢向與永年之命，而正志聰罪。遷侍御史、度支判官，出爲兩浙、淮南轉運使，移河北。夏諒祚死，子秉常嗣，遣使求封冊。朝廷方責夏人不修職貢，欲擇人詰其使。縝適陛辭，神宗命之往。縝至驛問罪，使者引服，迨夜，奏上。帝喜，改使陝西。入知審官西院、直舍人院。以兄絳執政，改集賢殿修撰、鹽鐵副使，以天章閣待制知秦州。嘗宴客夜歸，指使傅勍被酒，誤入州宅，與侍妾遇，縝怒，令軍校以鐵裹杖箠殺之。勍妻持血衣，撾登聞鼓以訴，坐落職，分司南京。秦人語曰：寧逢乳虎，莫逢玉汝。其暴酷如此。久之，還待制、知瀛州。

邢恕

《宋史》卷四七一《奸臣傳一·邢恕》 邢恕字和叔，鄭州陽武人。博貫經籍，能文章，喜功名，論古今成敗事，有戰國縱橫氣習。從程顥學，因出入司馬光、呂公著門。登進士第，補永安主簿。公著薦于朝，得崇文院校書。王安石亦愛之，因賓客諭意，使養晦以待用，恕不能從，而對其子雱語新法不便。安石怒，諫官亦言新進士未歷官而即處館閣，開奔競路，出知延陵縣。縣廢不復調，浮湛陝、洛間者七年，復爲校書。

吳充用爲館閣校勘，歷史館檢討、著作佐郎。蔡確代充相，盡逐充所用人，恕深居懼及。神宗見其《送文彥博詩》，稱於確，乃進職方員外郎。帝有復用光、公著意，確以恕於兩人爲門下客，亟結納之。恕亦深自附託，乃爲確畫策，稍收召名士，於政事微有更革，自是相與如素交。【略】

恕內懷猜猾，而外持正論。嘗於經筵讀寶訓，至仁宗諭輔臣，以爲人君當修舉政事，則日月薄食、星文變見爲不足慮。恕言仁宗之旨雖合於荀卿書，然自古帝王孰肯自謂不修政事者，如此則天變遂廢矣。帝嘉納之，數登對。惇恐其大用，切忌之。恕亦揣帝稍薄惇，屢白其短，竟爲惇所陷，出知汝州。未幾，徙應天府。惇復摭其囊過，移知南安軍。徽宗初，言者論其矯誣，責爲少府少監，分司西京，居均州。

（宋）李燾《續資治通鑑長編》卷二八一《宋神宗熙寧十年》 己巳，試校書郎、知崇德縣邢恕復爲崇文院校書。恕知延陵縣，未及赴而縣廢，改知崇德，亦不赴，久之，自陳乞開封府界監當差遣，特復之。初，王安石行新法，恕謂其子雱曰：新法人皆不以爲然，子盍言之。安石怒，其罷校書由此也。恕三年五月十六日罷校書，《實録》所載與恕本傳不同，今從本傳。

秦檜

《宋史》卷四七三《奸臣傳三·秦檜》 秦檜字會之，江寧人。登政和五年第，補密州教授。繼中詞學兼茂科，歷太學學正。靖康元年，金兵攻汴京，遣使求三鎮，檜上兵機四事：一言金人要請無厭，乞止許燕山一路；二言金人狙詐，守禦不可緩；三乞集百官詳議，擇其當者載之誓書；四乞館金使于外，不可令入門及引上殿。不報。除職方員外郎。尋屬張邦昌爲幹當公事，檜言：是行專爲割地，與臣初議矛盾，失臣本心。三上章辭，許之。【略】

十月，興岳飛之獄。檜使諫官万俟卨論其罪，張俊又誣飛舊將張憲謀反，於是飛及子雲俱送大理寺，命御史中丞何鑄、大理卿周三畏鞫之。十一月，貶李光藤州，范同罷參知政事。同雖附和議，以自奏事，檜忌之也。十二月，殺岳飛。檜以飛屢言和議失計，且嘗奏請定國本，俱與檜大異，必欲殺之。鑄、三畏初鞫，久不伏；卨入臺，獄遂上。誣飛嘗自言己與太祖皆三十歲建節爲指斥乘輿，受詔不救淮西罪，賜死獄中。子雲及張憲殺于都市。天下寃之，聞者流涕。飛之死，張俊有力焉，語在《飛傳》。【略】

台州曾惇獻檜詩稱聖相。凡投獻者以皐、夔、稷、契爲不足，必曰元聖。檜乞禁野史。又命子熺以秘書少監領國史，進建炎元年至紹興十二年《日曆》五百九十卷。熺因太后北還，自頌檜功德凡二千餘言，使著作郎王揚英、周執羔上之，皆遷秩。自檜再相，凡前罷相以來詔書章疏稍及檜者，率更易焚棄，日曆、時政亡失已多，是後記録皆熺筆，無復有公是非矣。冬十月，右正言何若指程頤、張載遺書爲專門曲學，力加禁絶，人無敢以爲非。【略】

十七年，改封檜益國公。五月，移貶洪皓于英州。八月，趙鼎死于吉陽軍。是夏，先有趙鼎遇赦永不檢舉之旨，又令月申存亡，鼎知之，不食而卒。自鼎之謫，門人故吏皆被羅織，雖聞其死而歎息者亦加以罪。又竄吕頤浩子摭于藤州。十二月，進士施鍔上《中興頌》、《行都賦》及《紹興雅》十篇，永免文解。自此頌詠導諛愈多。賜百官喜雪御筵于檜第。【略】

二十二年，又興王庶二子之奇之荀、葉三省、楊煒、袁敏求四大獄，皆坐謗訕。【略】

衢州嘗有盗起，檜遣殿前司將官辛立將千人捕之，不以聞。晉安郡王因入侍言之，帝大驚，問檜，檜曰：不足上煩聖慮，故不敢聞，盗平即奏矣。退而求其故，知晉安言之，遂奏晉安居秀王喪不當給俸，月損二百緡，帝爲出内帑給之。

趙彥韜

《宋史》卷四七九《世家傳二・趙彥韜》 趙彥韜，興州順政人，爲本州義軍裨校。乾德中，昶遣與興國軍討擊使孫遇及楊蠲爲諜至都下，彥韜潛取昶與并州蠟丸帛書以告，因言伐蜀之狀。太祖并赦遇、蠲，出師西討，並以爲鄉導。克興州，以爲本州馬步軍都指揮使。蜀平，遷本州刺史，移澧州。性兇率，所爲不法，部民有訴被盗劫財物，鞫之不實，彥韜手殺之，探取其心肝。民家詣闕訴寃，太祖怒，令杖配蔡州。

錢惟濟

《宋史》卷四八〇《世家傳三・錢惟濟》 〔錢〕惟濟字巖夫。生七歲，俶封漢南國王，奏補本府元從指揮使，歷諸衛將軍，領恩州刺史，改東染院使，真拜封州刺史。真宗祀汾陰還，燕近臣苑中，命惟濟射，一發中的。故事，刺史射不解箭，帝賜解之，且賜襲衣、金帶。

其後請試郡，命知絳州。民有條桑者，盗奪桑不能得，乃自創其臂，誣桑主欲殺人，久繫不能辨。惟濟取盗與之食，視之，盗以左手舉匕箸，惟濟曰：以右手創人者上重下輕，今汝創特下重，正用左手傷右臂，非爾自爲之邪？辭遂服。帝聞之，謂宰相向敏中曰：惟濟試守郡輒明辨，後必爲能吏矣！

徙潞州。民相驚有外寇，奔城而仆者相枕藉，惟濟從容行視，從騎甚省，民乃安。遷永州團練使，改知成德軍。仁宗即位，加檢校司空。民有僞作白金質取緡錢者，其家來告，惟濟曰：第聲言被盗，示以重購，質者當來責餘直，即得之矣。已而果然，乃杖配之。

以吉州防禦使留再任，遷虔州觀察使，知定州。有婦人待前妻子不仁，至燒銅錢灼臂，惟濟取婦人所生兒置雪中，械婦人往視兒死。其慘毒多此類。遷武昌軍節度觀察留後，改保靜軍留後。

惟濟喜賓客，豐宴犒，家無餘貲，帝賜白金二千兩，所負公使錢七百餘萬。卒，贈平江節度使，謚宣惠，遣使護葬事，賻錢二百萬、絹千匹。有《玉季集》二十卷。惟濟有吏幹，能戢下而性苛忍，所至牽蔓滿獄。重囚棄市，或斷手足，探肝膽，用以威衆。觀者色動，而惟濟自若也。

（宋）李燾《續資治通鑑長編》卷一一一《宋仁宗明道元年》 武昌留後錢惟濟在定州五年，於是入覲，命再守成德，以疾不行。惟濟喜賓客，豐宴犒，家無餘貲，帝特賜白金二千兩，舊負公使錢七百萬，一切貸之。及卒，別賜賻錢二百萬、絹千匹。惟濟頗知書，少挾文藝。性皦察，自謂有將帥才。前在成德，凡六年，曹瑋將兵屯真定，頗稱其能戢下。然苛忍，所至牽蔓滿獄。凡重囚棄市，或令人斷手足，探肚膽，加備諸毒，用以威衆，觀者莫不色動，而惟濟自若，人畏之，道不拾遺。在定州，有婦人視其夫前妻之子不仁，至燒銅錢以灼臂，惟濟取其所生兒置雪中，械母使視兒死，其慘如此。惟濟卒在是年十二月，因是月命再知成德，附見此事。

耶律乙辛

《遼史》卷一一〇《奸臣傳上·耶律乙辛》　耶律乙辛，字胡覩衮，五院部人。父迭剌，家貧，服用不給，部人號窮迭剌。

初，乙辛母方娠，夜夢手搏羖羊，拔其角尾。既寤占之，術者曰：此吉兆也。羊去角尾爲王字，汝後有子當王。及乙辛生，適在路，無水以浴，廻車破轍，忽見湧泉。迭剌自以得子，欲酒以慶，聞酒香，于草棘間得二榼，因祭東焉。

乙辛幼慧黠。嘗牧羊至日昃，迭剌視之，乙辛熟寢。迭剌觸之覺，乙辛怒曰：何遽驚我！適夢人手執日月以食我，我已食月，啗日方半而覺，惜不盡食之。迭剌自是不令牧羊。

及長，美風儀，外和內狡。重熙中，爲文班吏，掌太保印，陪從入宮。皇后見乙辛詳雅如素宦，令補筆硯吏；帝亦愛之，累遷護衛太保。道宗卽位，以乙辛先朝任使，賜漢人戶四十，同知點檢司事，常召決疑議，陞北院同知，歷樞密副使。清寧五年，爲南院樞密使，改知北院，封趙王。

九年，耶律仁先爲南院樞密使，時駙馬都尉蕭胡覩與重元黨，惡仁先在朝，奏曰：仁先可任西北路招討使。帝將從之。乙辛奏曰：臣新參國政，未知治體。仁先乃先帝舊臣，不可遽離朝廷。帝然之。重元亂平，拜北院樞密使，進王魏，賜匡時翊聖竭忠平亂功臣。咸雍五年，加守太師。詔四方有軍旅，許以便宜從事，勢震中外，門下饋賂不絕。凡阿順者蒙薦擢，忠直者被斥竄。

大康元年，皇太子始預朝政，法度修明。乙辛不得逞，謀以事誣皇后。后既死，乙辛不自安，又欲害太子。乘間入奏曰：帝與后如天地並位，中宮豈可曠？盛稱其黨駙馬都尉蕭霞抹之妹美而賢。上信之，納于宮，尋册爲皇后。時護衛蕭忽古知乙辛姦狀，伏橋下，欲殺之。俄暴雨壞橋，謀不遂。林牙蕭巖壽密奏曰：乙辛自皇太子預政，內懷疑懼，又與宰相張孝傑相附會。恐有異圖，不可使居要地。出爲中京留守。乙辛泣謂人曰：乙辛無過，因讒見出。其黨蕭霞抹輩以其言聞於上。上悔之。無何，出蕭巖壽爲順義軍節度使，詔近臣議召乙辛事。北面官屬無敢言者，耶律撒剌曰：初以蕭巖壽奏，出乙辛。若所言不當，宜坐以罪；若當，則不可復召。累諫不從。乃復召爲北院樞密使。

時皇太子以母后之故，憂見顏色。乙辛黨欣躍相慶，讒謗沸騰，忠良之士斥逐殆盡。乙辛因蕭十三之言，夜召蕭得裏特謀搆太子，令護衛太保耶律查剌誣告耶律撒剌等同謀立皇太子。詔按無迹而罷。又令牌印郎君蕭訛都斡指上誣首：耶律查剌前告耶律撒剌等事皆實，臣亦與其謀。本欲殺乙辛等而立太子。臣等若不言，恐事白連坐。詔使鞫劾，乙辛迫令具伏。上怒，命誅撒剌及速撒等。乙辛恐帝疑，引數人庭詰，各令荷重校，繩繫其頸，不能出氣，人人不堪其酷，惟求速死。反奏曰：別無異辭。時方暑，尸不得瘞，以至地臭。乃囚皇太子於上京，監衛者皆其黨。尋遣蕭達魯古、撒把害太子。乙辛黨大喜，聚飲數日。上京留守蕭撻得以卒聞。上哀悼，欲召其妻，乙辛陰遣人殺之，以滅其口。

五年正月，上將出獵，乙辛奏留皇孫，上欲從之。同知點檢蕭兀納諫曰：陛下若從乙辛留皇孫，皇孫尚幼，左右無人，願留臣保護，以防不測。遂與皇孫俱行。由是上始疑乙辛，頗知其姦。會北幸，將次黑山之平淀，上適見扈從官屬多隨乙辛後，惡之，出乙辛知南院大王事。及例削一字王爵，改王混同，意稍自安。及赴闕入謝，帝卽日遣還，改知興中府事。

七年冬，坐以禁物鬻入外國，下有司議，法當死。乙辛黨耶律燕哥獨奏當入八議，得減死論，擊以鐵骨朶，幽於來州。後謀奔宋及私藏兵甲事覺，縊殺之。乾統二年，發塚，戮其屍。

高閶山

《金史》卷一二九《酷吏傳·高閶山》　高閶山，澄州析木人。選充護衛，調順義軍節度副使，轉唐括、移剌都糺詳穩，改震武軍節度副使、曹王府尉、大名治中。遷汝州刺史，改單州。制禁不依法用杖決人者，閶山見之笑曰：此亦難行。是日，特用大杖杖死部民楊仙，坐削一官，解職。久之，降鳳翔治中，歷原州、濟州、泗州刺史，改鄭州防禦使，遷蒲與路節度使，移臨海軍、盤安軍、寧昌軍。貞祐二年，城破死之。

蒲察合住

《金史》卷一二九《酷吏傳·蒲察合住》　蒲察合住，以吏起身，久爲宣宗所信，聲勢烜赫，性復殘刻，人知其蠹國而莫敢言。其子充護衛，先逐出之。繼而合住爲恒州刺史，需次近縣。後大兵入陝西，關中震動，或言合住赴恒州爲北走計，朝廷命開封羈其親屬，合住出怨言曰：「殺却我即太平矣。」尋爲御史所劾，初議笞贖，宰相以爲悖理，斬於開封府門之下。故當時有宣朝三賊之目，謂王阿里、蒲察咬住，合住其一也。

李老僧

《金史》卷一三二《逆臣傳·李老僧》　李老僧，舊爲將軍司書吏，與大興國有親，素相厚。海陵秉政，興國屬諸海陵，海陵以爲省令史。及將舉事，使老僧結興國，興國終爲海陵取符鑰，納海陵宮中成弒逆者，老僧爲之也。海陵既立，以老僧爲同知廣寧尹事，賜錢千萬，絹五百匹、馬牛各二百、羊二千。

久之，海陵惡韓王亨，將殺之，求其罪不可得，遂以亨爲廣寧尹，再任老僧同知，使伺察亨，構致其罪。亨喜博，及至廣寧，常與老僧博，待之甚厚。老僧由是不忍致亨死罪，遲疑者久之。海陵再使小底訛論促老僧，老僧乃與亨家奴六斤謀，殺亨獄中，語在《亨傳》。及耶律安禮自廣寧還朝，海陵謂之曰：「孛迭三罪，伏其一已見觖望。爾乃梁王故吏，若亨伏辜，必罪及親族，故榜殺之。」

唐括辯

《金史》卷一三二《逆臣傳·唐括辯》　唐括辯本名斡骨剌。尚熙宗女代國公主，爲駙馬都尉。累官參知政事、尚書左丞。與右丞相秉德謀廢立，而烏帶以告海陵，海陵謂辯曰：「我輩不能匡救，旦暮且及禍。若行大事，誰可立者？」辯曰：「無乃胙王常勝乎？」海陵問其次，辯曰：「鄧王子阿楞。」海陵曰：「阿楞屬疏，安得立。」辯曰：「公豈有意邪？」海陵曰：「若不得已，捨我其誰。」於是，旦夕相與密謀。護衛將軍特思疑之，以告悼后曰：「辯等因間每竊竊偶語，不知議何事。」悼后以告熙宗，熙宗怒，召辯責之曰：「爾與亮謀何事，將如我何。」杖而遣之。自是謀益甚。

鐵木迭兒

《元史》卷二〇五《奸臣傳·鐵木迭兒》　鐵木迭兒者，木兒火赤之子也。嘗逮事世祖。成宗大德間，同知宣徽院事，兼通政院使。武宗即位，爲宣徽使。至大元年，由江西行省平章政事，拜雲南行省左丞相。居二載，擅離職赴闕，尚書省奏，奉旨詰問，尋以皇太后旨，得貸罪還職。明年正月，武宗崩，仁宗在東宮，以丞相三寶奴等變亂舊章，誅之。用完澤及李孟爲中書平章政事，鋭欲更張庶務。而皇太后在興聖宮，已有旨，召鐵木迭兒爲中書右丞相。踰月，仁宗即位，因遂相之。及幸上都，命鐵木迭兒留守大都，平章完澤等奏：「故事，丞相留治京師者，出入得張蓋。今右丞相鐵木迭兒大都居守，時方盛暑，請得張蓋如故事。」許之。是年冬，制贈鐵木迭兒曾祖唆海翊運宣力保大功臣、太尉，謚忠武；祖不憐吉帶推誠保德定遠功臣、太尉，謚武烈；父木兒火赤推忠佐理同德功臣、太師，謚忠貞：並開府儀同三司、上柱國，追封歸德王。【略】

十一月，大宗正府奏：「累朝舊制，凡議重刑，必決於蒙古大臣，今宜聽於太師右丞相。」從之。

明清分部

王彰

《明史》卷一六〇《王彰傳》　王彰，字文昭，鄭人。洪武二十年舉於鄉，補國子生。使山東平糴，以廉幹稱，擢吏科源士。踰年，革源士，改給事中，累遷山西左參政。

（明）俞汝楫《禮部志稿》卷五五《列傳·侍郎王彰》　王彰，字文明，河南鄭州人。初為太學生，奉命往山東催糧益兵儲，同行者受賄慢事，彰數讓之。不從，竟坐賄敗，彰遂以廉勤知名，擢為吏部源士。踰年，革源士，改給事中，陞都給事中，再陞刑部員外郎，遂陞山西布政司參政。永樂五年，召拜禮部右侍郎。時四方萬國奉玉帛重譯以朝覲賓貢者，肩背相望於京師，賞賚燕享無虛日。與尚書鄭公賜同德協恭，奉職惟謹，明年，以父喪去。服闋，改戶部右侍郎，奉命祀西嶽。還，言陝州及新安民有鬻男女償負租者，遂下詔蠲所負租，官為贖還所鬻。改都察院右副都御史，從車駕巡狩北京，時其母年八十，特命歸省，且諭之曰：君子守官不忘親，居家不忘君。凡所過民之安否，吏之賢不肖，汝宜用意，歸悉以聞。既還，奏，上嘉悅，陞右都御史。明年，復命省母。是歲河南水災，民多流亡，而長吏不恤，遂奏黜其貪剋百餘人，罷不急之徵十餘事，招復流民發廩賑貸，多所濟活。遇惡必去，強寇敚道路及妖尼煽惑為亂，悉捕誅之。彰為人恂恂而謙恭莊重，人莫敢干以私，但用法過刻，其母屢以為言，彰不能改。時劉觀為左都御史，人云彰公而不恕，觀私而不刻，衆以為確論。

劉瑾

《明史》卷三〇四《宦官傳一·劉瑾》　劉瑾，興平人。本談氏子，依中官劉姓者以進，冒其姓。【略】

創用枷法，給事中吉時，御史王時中，郎中劉繹、張瑋，尚寶卿顧璿，副使姚祥，參議吳廷舉等，並摭小過，枷瀕死，始釋而戍之。其餘枷死者無數。錦衣獄徽纆相屬。惡錦衣僉事牟斌善視獄囚，杖而錮之。【略】

遣使察覈邊倉，都御史周南、張鼐、馬中錫、湯全、劉憲，布政以下官孫祿、冒政、方矩、華福、金獻民、劉遜、郭緒、張翼，郎中劉繹、王藎等，並以赦前罪，下獄追補邊粟，憲至瘐死。又察鹽課，杖巡鹽御史王潤，逮前運使甯舉、楊奇等。察內甲字庫，謫尚書王佐以下百七十三人。復創罰米法，嘗忤瑾者，皆擿發輸邊。

故尚書雍泰、馬文升、劉大夏、韓文、許進，都御史楊一清、李進、王忠，侍郎張縉，給事中趙士賢、任良弼，御史張津、陳順、喬恕、聶賢、曹來旬等數十人，悉破家，死者繫其妻孥。

其年夏，御道有匿名書詆瑾所行事，瑾矯旨召百官跪奉天門下。瑾立門左詰責，日暮收五品以下官盡下獄。【略】

時東廠、西廠緝事人四出，道路惶懼。瑾復立內行廠，尤酷烈，中人以微法，無得全者，又悉逐京師客傭，令寡婦盡嫁，喪不葬者焚之，輦下洶洶幾致亂。都給事中許天錫欲劾瑾，懼弗克，懷書自縊。【略】

凡瑾所逮捕，一家犯，鄰里皆坐，或瞰河居者，以河外居民坐之。屢起大獄，冤號遍道路。《孝宗實録》成，翰林預纂修者當遷秩，瑾惡翰林官素不下己，調侍講吳一鵬等十六人南京六部。

是時，內閣焦芳、劉宇，吏部尚書張綵，兵部尚書曹元，錦衣衛指揮楊玉、石文義，皆爲瑾腹心。變更舊制，令天下巡撫入京受敕，輸瑾賂。延綏巡撫劉宇不至，逮下獄。宣府巡撫陸完後至，幾得罪，既賂，乃令試職視事。都指揮以下求遷者，瑾第書片紙曰某授某官，兵部即奉行，不敢復奏。邊將失律，賂入，即不問，有反陞擢者。又遣其黨丈邊塞屯地，誅求苛刻。邊軍不堪，焚公廨，守臣諭之始定。給事中高淓丈滄州，所劾治六十一人，至劾其父高銓以媚瑾。又以謝遷故，令餘姚人毋授京官。以占城國使人亞劉謀逆獄，裁江西鄉試額五十名，仍禁授京秩如餘姚，以焦芳惡彭華故也。瑾又自增陝西鄉試額至百名，亦爲芳增河南額至九十五名，以優其鄉士。其年，帝大赦，瑾峻刑自如。刑部尚書劉璟無所彈劾，瑾詬之。璟懼，劾其屬王尚賓等三人，乃喜。給事中郗夔核榆林功，懼失璟意，自縊死。給事中屈銓、祭酒王雲鳳請編瑾行事，著爲律令。

馮保

《明史》卷九五《刑法志三》　萬曆初，馮保以司禮兼廠事，建廠東上北門之北，曰內廠，而以初建者為外廠。保與張居正興王大臣獄，欲族高拱，衛使朱希孝力持之，拱得無罪，衛猶不大附廠也。

《明史》卷二一八《魏學曾傳》　穆宗崩，大學士高拱欲去馮保，屬言官論劾。學曾遺書大學士張居正曰：外人皆言公與保有謀，遺詔亦出公手。今日之事，不宜復護此閹。居正怒。及拱被逐，舉朝失色，學曾獨大言曰：上踐阼伊始，輒逐顧命大臣，且詔出何人，不可不明示百官。要諸大臣詣居正邸争之。諸大臣多不往，居正亦辭以疾。

《明史》卷二三六《李植傳》　十年冬，張居正卒，馮保猶用事。其黨錦衣指揮同知徐爵居禁中，為閱章奏，擬詔旨如故。居正黨率倚爵以自結於保，爵勢益張。而帝雅銜居正、保，未有以發。御史江東之首暴爵奸，并言兵部尚書梁夢龍與爵交驩，以得吏部，宜斥。帝下爵獄，論死，夢龍罷去。植遂發保十二大罪。帝震怒，罪保。植、東之由是受知於帝。

《明史》卷三〇五《宦官傳二・馮保》　馮保，深州人。嘉靖中，為司禮秉筆太監。隆慶元年提督東廠兼掌御馬監事。時司禮掌印缺，保以次當得之，適不悦於穆宗。大學士高拱薦御用監陳洪代，保由是疾拱。及洪罷，拱復薦用孟沖。沖故掌尚膳監者，例不當掌司禮。保疾拱彌甚，乃與張居正深相結，謀去之。會居正亦欲去拱專柄，兩人交益固。穆宗得疾，保密屬居正豫草遺詔，為拱所見，面責居正曰：我當國，奈何獨與中人具遺詔。居正面赤謝過。拱益惡保，思逐之。

穆宗甫崩，保言於后妃，斥孟沖而奪其位，又矯遺詔令與閣臣同受顧命。及帝登極，保升立寶座旁不下，舉朝大駭。保既掌司禮，又督東廠，兼總內外，勢益張。拱諷六科給事中程文、十三道御史劉良弼等，交章數其奸，而給事中雒遵、陸樹德又特疏論列，拱意疏下即擬旨逐保。而保匿其疏，亟與居正定謀，遂逐拱去。

初，穆宗崩，拱於閣中大慟曰：十歲太子，如何治天下。保譖於后妃曰：拱斥太子為十歲孩子，如何作人主。后妃大驚，太子聞之亦色變。迨拱去，保憾猶未釋。萬曆元年正月，有王大臣者，偽為內侍服，入乾清宮，被獲下東廠。保欲緣此族拱，與居正謀，令家人辛儒飲食之，納刃其袖中，俾言拱怨望，遣刺帝。大臣許之。踰日，錦衣都督朱希孝等會鞫。大臣疾呼曰：許我富貴，乃掠治我耶！且我何處識高閣老？希孝懼，不敢鞫而罷。會廷臣楊博、葛守禮等保持之，居正亦迫衆議微諷保。保意稍解，乃以生漆酒瘖大臣，移送法司坐斬，拱獲免。由是舉朝皆惡保，而不肖者多因之以進。

慈聖太后遇帝嚴。保倚太后勢，數挾持帝，帝甚畏之。時與小內豎戲，見保入，輒正襟危坐曰：大伴來矣。所昵孫海、客用為乾清宮管事牌子，屢誘帝夜游別宮，小衣窄袖，走馬持刀，又數進奇巧之物，帝深寵幸。保白太后，召帝切責。帝長跪受教，惶懼甚。保屬居正草帝罪己手詔，令頒示閣臣。詞過挹損，帝年已十八，覽之內慚，然迫於太后，不得不下。居正乃上疏切諫。又緣保意劾去司禮秉筆孫德秀、温太及掌兵仗局周海，而令諸內侍俱自陳。由是保所不悦者，斥退殆盡，時八年十一月也。

保善琴能書。帝屢賜牙章曰光明正大，曰爾惟鹽梅，曰汝作舟楫，曰魚水相逢，曰風雲際會，所以待之甚隆。後保益橫肆，即帝有所賞罰，非出保口，無敢行者。帝積不能堪，而保內倚太后，外倚居正，帝不能去也。然保亦時引大體。內閣產白蓮，翰林院有雙白燕，居正以進。保使使謂居正曰：主上沖年，不可以異物啟玩好。又能約束其子弟，不敢肆惡，都人亦以是稱之。

居正固有才，其所以得委任專國柄者，由保為之左右也。然保性貪，其私人錦衣指揮徐爵、內官張大受，為保、居正交關語言。且數用計使兩人相疑，旋復相好，兩人皆在爵術中。事與籌畫，因恃勢招權利，大臣亦多與通。爵夜至禁門，守衛者不敢詰，其横如此。居正之奪情及杖吳中行等，保有力焉。

已而居正死，其黨益結保自固。居正以遺疏薦其座主潘晟入閣，保即遣官召之。御史雷士楨、王國，給事中王繼光相繼言其不可用，晟中途疏辭。內閣張四維度申時行不肯為晟下，擬旨允之，帝即報可。保時病起，詬曰：我小恙，遽無我耶？皇太子生，保欲封伯爵，四維以無故事難之，擬廕弟姪一人都督僉事。保怒曰：爾由誰得今日，而負我！御史郭惟賢請召用吳中行等，保責其黨護，謫之。吏部尚書王國光罷，保輒用其鄉人梁夢龍代。爵、大受等竊權如故。

然是時太后久歸政，保失所倚，帝又積怒保。東宮舊閹張鯨、張誠乘間陳其過惡，請令閒住。帝猶畏之，曰：若大伴上殿來，朕奈何？鯨曰：既有旨，安敢復入。乃從之。會御史李植、江東之彈章入，遂謫保奉御，南京安置，久之乃死。其弟佑、從子邦寧並官都督，削職下獄，瘐死。大受及其黨周海、何忠等八人，貶小火者，司香孝陵。爵與大受子，烟瘴永戍。盡籍其家，保金銀百餘萬，珠寶瑰異稱是。

保之發南京也，太后問故。帝曰：老奴為張居正所惑，無他過，行且召還。時潞王將婚，所需珠寶未備，太后間以為言。帝曰：年來無恥臣僚，盡貨以獻張、馮二家，其價驟貴。太后曰：已籍矣，必可得。帝曰：奴黠猾，先竊而逃，未能盡得也。而其時，錦衣都督劉守有與僚屬張昭、龐清、馮昕等，皆以籍罪人家，多所隱沒，得罪。

《四庫全書總目提要》卷三四《經部·經書音釋》 《經書音釋》二卷，浙江汪啟淑家藏本。明馮保撰。保字永亭，號雙林，深州人。嘉靖中秉筆司禮太監，隆慶及萬曆之初最用事。事蹟具《明史·宦官傳》。是編摭拾《經典釋文》、《説文》、《廣韻》諸書，參以己意。如解《論語》過則勿憚改憚字，曰難也，畏也，則已詳於朱註。解宓不齊宓字，曰三國時秦宓，人名，則更與音釋無關。至其鈔襲舛誤，更不可枚舉。末有隆慶辛未保自跋，其私印曰內翰之章，尤可怪矣。史稱保善琴能書，是編當即所自撰。意當時士大夫憚其權勢，必有從而譽之者，故竟至於災梨。其人其書，本均不足存。以趙高《爰歷》六篇，《漢志》著録，姑存其目，亦以見明代貂璫之横，至儼然以詞臣自居，而無一人議之，足為萬世之炯戒也。

紀綱

《明史》卷三〇七《佞倖傳·紀綱》 紀綱，臨邑人，為諸生。燕王起兵過其縣，綱叩馬請自效。王與語，説之。綱善騎射，便辟詭黠，善鈎人意嚮。王大愛幸，授忠義衛千戶。既即帝位，擢錦衣衛指揮使，令典親軍，司詔獄。

都御史陳瑛滅建文朝忠臣數十族，親屬被戮者數萬人。綱覘帝旨，廣布校尉，日摘臣民陰事。帝悉下綱治，深文誣詆。帝以爲忠，親之若肺腑。擢都指揮僉事，仍掌錦衣。綱用指揮莊敬、袁江，千戶王謙、李春等爲羽翼，誣逮浙江按察使周新，致之死。帝所怒內侍及武臣下綱論死，輒將至家，洗沐好飲食之，陽爲言，見上必請赦若罪，誘取金帛且盡，忽刑於市。

數使家人僞爲詔，下諸方鹽場，勒鹽四百餘萬。還復稱詔，奪官船二十、牛車四百輛，載入私第，弗予直。搆陷大賈數十百家，罄其資乃已。詐取交阯使珍奇。奪吏民田宅。籍故晉王、吳王，乾没金寶無算。得王冠服服之，高坐置酒，命優童奏樂奉觴，呼萬歲，器物僭乘輿。欲買一女道士爲妾，都督薛禄先得之，遇禄大內，撾其首，腦裂幾死。恚都指揮啞失帖木不避道，誣以冒賞事，捶殺之。腐良家子數百人，充左右。詔選妃嬪，試可，令暫出待年，綱私納其尤者。吳中故大豪沈萬三，洪武時籍没，所漏貲尚富。其子文度蒲伏見綱，進黃金及龍角、龍文被、奇寶異錦，願得爲門下，歲時供奉。綱乃令文度求索吳中好女。文度因挾綱勢，什五而中分之。

綱又多蓄亡命，造刀甲弓弩萬計。端午，帝射柳，綱屬鎮撫龐瑛曰：我故射不中，若折柳鼓譟，以覘衆意。瑛如其言，無敢糾者。綱喜曰：是無能難我矣。遂謀不軌。十四年七月，內侍讐綱者發其罪，命給事、御史廷劾，下都察院按治，具有狀。即日磔綱於市，家屬無少長皆戍邊，列罪狀頒示天下。其黨敬、江、謙、春、瑛等，誅譴有差。

門達

《明史》卷三〇七《佞倖傳・門達》 門達，豐潤人。襲父職爲錦衣衛百戶。性機警沉鷙。正統末，進千戶，理鎮撫司刑。久之，遷指揮僉事，坐累解職。景泰七年復故官，佐理衛事兼鎮撫理刑。天順改元，與奪門功，進指揮同知。旋進指揮使，專任理刑。千戶謝通者，浙江人也，佐達理司事，用法仁恕，達倚信之。重獄多平反，有罪者以下禁獄爲幸，朝士翕然稱達賢。然是時英宗慮廷臣黨比，欲知外事，倚錦衣官校爲耳目，由是逯杲得大幸，達反爲之用。

逯杲者，安平人也，以錦衣衛校尉爲達及指揮劉敬腹心，從奪門。帝大治奸黨，杲縛錦衣百戶楊瑛，指爲張永親屬，又執千戶劉勤於朝，奏其訕上，兩人並坐誅。用楊善薦，授本衛百戶。以捕妖賊功，進副千戶。又用曹吉祥薦，擢指揮僉事。帝以杲強鷙，委任之，杲乃摭羣臣細故以稱帝旨。英國公張懋、太平侯張瑾、外戚會昌侯孫繼宗兄弟並侵官田，杲劾奏，還其田於官。懋等皆服罪，乃已。石亨恃寵不法，帝漸惡之，杲卽伺其陰事。亨從子彪有罪下獄，命杲赴大同械其黨都指揮朱諒等七十六人。杲因發彪弟慶他罪，連及者皆坐，杲進指揮同知。明年復奏亨怨望，懷不軌，亨下獄死。有詔盡革奪門功，達、杲言臣等俱特恩，非以亨故。帝優詔留任，以杲發亨奸，益加倚重。

杲益發舒，勢出達上。白遣校尉偵事四方，文武大吏、富家高門多進伎樂貨賄以祈免，親藩郡王亦然。無賄者輒執送達，鍛鍊成獄。天下朝覲官大半被譴，逮一人，數大家立破。四方奸民詐稱校尉，乘傳縱橫，無所忌。彭城伯張瑾以葬妻稱疾不朝，而與諸公侯飲私第。杲劾奏，幾得重罪。杲所遣校尉誣寧府弋陽王奠壏母子亂，帝遣官往勘，事已白，靖王奠培等亦言無左驗。帝怒責杲，杲執如初，帝竟賜奠壏母子死。方舁尸出，大雷雨，平地水數尺，人咸以爲冤。指揮使李斌嘗搆殺弘農衛千戶陳安，爲安家所訴，下巡按御史邢宥覆讞，石亨囑宥薄斌罪。至是，校尉言：斌素藏妖書，謂其弟健當有大位，欲陰結外番爲石亨報讐。杲以聞，下錦衣獄，達坐斌謀反。帝兩命廷臣會訊，畏杲不敢平反。斌兄弟置極刑，坐死者二十八人。

杲本由石亨、曹吉祥進，訐亨致死，復奏吉祥及其從子欽陰事，吉祥、欽大恨。五年七月，欽反，入杲第斬之，取其首以去。事平，贈杲指揮使，給其子指揮僉事俸。

時達已掌衛事，仍兼理刑。杲被殺，達以守衛功，進都指揮僉事。初，杲給事達左右，及得志恣甚。達怒，力逐之。杲旋復官，欲傾達，達惴惴不敢縱。杲死，達勢遂張。欲踵杲所爲，益布旗校於四方。告訐者日盛，中外重足立，帝益以爲能。

外戚都指揮孫紹宗及軍士六十七人冒討曹欽功，達發其事。紹宗被責讓，餘悉下獄。盜竊戶部山西司庫金，巡城御史徐茂劾郎中趙昌、主事王珪、徐源疏縱。達治其事，皆下獄謫官。達以囚多，獄舍少，不能容，請城西武邑庫隙地增置之，報可。御史樊英、主事鄭瑛犯贓罪，給事中趙忠等報不以實。達劾其徇私，亦下獄謫官。給事中程萬里等五人直登聞鼓，有軍士妻愬冤，會齋戒不爲奏。達劾諸人蒙蔽，詔下達治。已，劾南京戶部侍郎馬諒，左都御史石璞，掌前府忻城伯趙榮，都督同知范雄、張斌老瞶，皆罷去。裕州民奏知州秦永昌衣黃衣閱兵。帝怒，命達遣官覈，籍其貲，戮永昌，榜示天下。并逮布政使侯臣、按察使吳中以下及先後巡按御史吳琬等四人下獄，臣等停俸，琬等謫縣丞。御史李蕃按宣府，或告蕃擅撻軍職，用軍容迎送。御史楊璡按遼東，韓琪按山西，校尉言其妄作威福。皆下達治，蕃、琪並荷校死。陝西督儲參政婁良，湖廣參議李孟芳，陝西按察使錢博，福建僉事包瑛，陝西僉事李觀，四川巡按田斌，雲南巡按張祚，清軍御史程萬鍾及刑部郎中馮維、孫瓊，員外郎貝鈿，給事中黃甄，皆爲校尉所發下獄。瑛守官無玷，不勝憤，自縊死，其他多遣戍。湖廣諸生馬雲罪黜，詐稱錦衣鎮撫，奉命葬親，布政使孫毓等八人咸賻祭。事覺，法司請逮問，卒不罪雲。達初欲行督責之術，其同列呂貴曰：武臣不易犯，曹欽可鑒也。獨文吏易裁耳。達以爲然，故文吏禍尤酷。

都指揮袁彬恃帝舊恩，不爲達下。達深銜之，廉知彬妾父千戶王欽誆人財，奏請下彬獄，論贖徒還職。有趙安者，初爲錦衣力士役於彬，後謫戍鐵嶺衛，赦還，改府軍前衛，有罪，下詔獄。達坐安改補府軍由彬請託故，乃復捕彬，搒掠，誣彬受石亨、曹欽賄，用官木爲私第，索內官督工者甎瓦，奪人子女爲妾諸罪名。軍匠楊塤不平，擊登聞鼓爲彬訟冤，語侵達，詔并下達治。當是時，達害大學士李賢寵，又數規己，嘗譖於帝，言賢受陸瑜金，酬以尚書。帝疑之，不下詔者半載。至是，拷掠塤，教以引賢，塤卽謬曰：此李學士導我也。達大喜，立奏聞，請法司會鞫塤午門外。帝遣中官裴當監視。達欲執賢并訊，當曰：大臣不可辱。乃止。及訊，塤曰：吾小人，何由見李學士，此門錦衣教我。達色沮不能言，彬亦歷數達納賄狀，法司畏達不敢聞，坐彬絞輸贖，塤斬。帝命彬贖畢調南京錦衣，而禁錮塤。

明年，帝疾篤，達知東宫局丞王綸必柄用，預爲結納。無何，憲宗嗣位，綸敗，達坐調貴州都匀衛帶俸差操。甫行，言官交章論其罪。命逮治，論斬繫獄，没其貲鉅萬。指揮張山同謀殺人，罪如之。子序班升、從子千戶清、壻指揮楊觀及其黨都指揮牛循等九人，謫戍、降調有差。後當審録，命貸達，發廣西南丹衛充軍，死。

陳瑛

《明史》卷三〇八《奸臣傳·陳瑛》 陳瑛，滁人。洪武中，以人才貢入太學。擢御史，出爲山東按察使。建文元年調北平僉事。湯宗告瑛受燕王金錢，通密謀，逮謫廣西。燕王稱帝，召爲都察院左副都御史，署院事。【略】

瑛爲都御史數年，所論劾勳戚、大臣十餘人，皆陰希帝指。其他所劾順昌伯王佐，都督陳俊，指揮王恕，都督曹遠，指揮房昭，僉都御史俞士吉，大理少卿袁復，御史車舒，都督王瑞，指揮林泉、牛諒，通政司參議賀銀等，先後又數十人，俱得罪。帝以爲能發奸，寵任之，然亦知其殘刻，所奏讞不盡從。中書舍人芮善弟夫婦爲盗所殺，心疑其所親，訟於官。刑部驗非盗，縱之。善白帝刑部故出盗，帝命御史鞫治，果非盗。瑛因劾善妄奏，當下獄。帝曰：兄弟同氣，得賊惟恐逸之，善何罪。其勿問。車里宣慰使刀暹答侵威遠州地，執其知州刀算黨以歸。帝遣使諭之，刀暹答懼，歸地及所執知州，遣弟刀臘等貢方物謝罪。瑛請先下刀臘法司，且逮治刀暹答。帝曰：蠻僚之性稍不相得則相讐，改則已。今服罪而復治之，何以處不服者。遂赦弗問。知嘉興縣李鑑廷見謝罪，帝問故。瑛言：鑑籍奸黨姚瑄，瑄弟亨當連坐，而鑑釋亨不籍，宜罪。鑑言：都察院文止籍瑄，未有亨名。帝曰：院文無名而不籍，不失爲慎重。鑑得免。戶部人材高文雅言時政，因及建文事，辭意率直，帝命議行之。瑛劾文雅狂妄，請置之法。帝曰：草野之人何知忌諱，其言有可采，奈何以直而廢之。瑛刻薄，非助朕爲善者。以文雅付吏部，量材授官。海運糧漂没，瑛請治官軍罪，責之償。帝曰：海濤險惡，官軍免溺死，幸矣。悉釋不問。瑛之奸險附會，一意苛刻，皆此類也。

宋禮

(明)俞汝楫《禮部志稿》卷五五《列傳·侍郎宋禮》 宋禮，字大本，河南永寧縣人。幼穎悟，知讀書。稍長，益有志於學，期將以自見。繇是鄉校以明經，充貢禮部，補太學生，以才能選者，皆待以不次。歲庚午，遂擢山西僉事，持法嚴峻，鋤奸剔蠹無少貸，郡縣百司素貪戾為掊剋者，皆側足屏息，相戒莫敢犯。禮於善惡之數，苗薅髮櫛無所私。三晉之間率皆想望其風采，以有所庇依。癸酉，以考滿上天官，改除戶部山西司主事，遂日治簿書，會計之務惟允，愈益有聲。己卯，復除為陝西按察司僉事，其施於政者皆如在山西時，而關右所仰望倚賴之者亦若三晉之民焉。未幾，復入為刑部員外郎，值成祖即位之初，命署禮部事。是時，詔敕號令，封拜朝覲，會同宴饗，賞賚之事，皆出禮官，禮酬對捷給，咸克稱旨，遂擢禮部右侍郎，踰月轉左。永樂三年，陞工部尚書。

王鑑之

《明武宗實録》卷一七六《正德十四年七月》 致仕刑部尚書王鑑之卒。鑑之字明仲，浙江山陰人。成化戊戌進士，授元氏縣知縣，擢監察御史，提調南畿學政，遷大理寺丞，轉少卿進僉都御史，累陞刑部尚書。是時劉瑾擅權，鑑之因得賜玉帶，及致仕歸，又得馳驛及月俸歲隷之典。鑑之既歸以錢貸鄉人，或負之者則拘繫其人，榜掠以督之。鑑之無子，以凡子一和為後。有孌僮殺人，其家愬之於官，以為一和有謀，然實欲脅取其財，鑑之吝不與，寧坐一和，一和實幼不知也。鄉論為之不平，法司聞之仍坐僮。鑑之既卒，其妻胡氏乞祭葬、贈謚。下禮部議，止如例與祭葬。蓋鑑之初仕或有可稱，及位愈高、年愈老而名愈損矣。

周天爵

《清史列傳》卷四二《大臣傳續編七・周天爵》　周天爵，山東東阿人。嘉慶十六年進士，以知縣歸部選用。道光四年，選安徽懷遠縣知縣。五年，以勸民捐設豐義倉，經巡撫陶澍奏請獎勵，下部優敘。七年，勸捐修築邑之郭坡塘、龍王壩諸工，溉農田千餘頃。八年二月，巡撫鄧廷楨奏入，得旨，以應陞之缺陞用。九月，調阜陽縣知縣。九年二月，有劾天爵殘酷不仁者，命兩江總督蔣攸銛嚴查具奏，尋奏言：周天爵愛民如子，嫉惡如讎。惟不應將搶犯割斷足筋，扎傷兩手，請交部議處。諭曰：此等不避嫌怨之員，最爲難得。既據查明刑傷各犯，皆兇惡棍徒。並無殘暴之事，自可宥其小過，著無庸交部議處。五月，獲巨盜李大奋孜等置之法。十年，陞宿州知州。十二年，擢廬州府知府。獲教匪張義法等，治如律。十三年，擢廬鳳潁道。十五年正月，陞江西按察使。二月，調安徽按察使。十六年，陞陝西布政使。【略】

尋署湖廣總督。十九年二月，勘修湖北武昌府城外蕎麥灣江隄二十丈，又籌修蘄州衛軍隄，及漢陽府石隄。四月，授河南巡撫。六月，擢閩浙總督。先是，湖北漢口鎮地方檣帆絡繹，盜賊多爲民害。有川匪帥有沅等充鉛船水手，恃衆獷悍，行劫殺人。地方官因運務緊要，恐被牽制，商賈又慮其報復，隱忍不言。並有奸徒囤販婦女，在陝、楚交界地方，沿途收買，載赴下游，凌虐窘辱，無所不至。天爵飭獲多人，治如律。至是，奏聞，並請將督運失察及承審支延等員，概予褫職。奉硃諭：督撫若能皆似汝之不避嫌怨，盡心公事，何患良不安而暴不除？吁，朕不能多得其人，實爲憤恨也！【略】

三月，上以湖南、廣西兩省有傳習邪教，妄刊僞書，妖語惑人者，諭天爵等嚴緝之。尋以審擬巡檢宣維屏受賄濫刑，知縣紀期昌婪贓骫法，科律未允，鐫級留任。【略】

又以襄陽府屬民間私藏槍礮軍器，地方官概置弗究，致有各屬私梟拒捕、火器傷人等案，奏請設局收買，得旨俞允。尋獲傳教之西洋人董文學，治如律。六月，大冶縣知縣孔廣義被已革外委陳俊烈稟訐贓私劣蹟，經天爵飭屬審辦；孔廣義復揭天爵多款，天爵緣匿名揭帖之例，遽置不問，未曾先行奏請查辦。上責其錯謬，不曉事體，褫職留任，八年無過，方准開復。時刑部右侍郎麟魁奉命至楚，偕江西學政吳其濬查辦水災，適有劾天爵任屬員酷刑，與孔廣義訐款略同者，命下吳其濬等查訊。十一月，訊明天爵信用候補知縣楚鏞製造非刑，有飛禽椅、快活凳等名目，外委黃雲邦誣執良民，不加斥革，反聽其子周光岳關說，令黃雲邦仍當巡捕差使。奏入，上褫天爵職，遣戍伊犂；楚鏞、周光岳等治罪有差。

法醫、刑幕部

和凝

《舊五代史》卷一二七《周書·和凝傳》　和凝，字成績，汶陽須昌人也。九代祖逢堯，唐高宗時爲監察御史，自逢堯之下，仕皆不顯。曾祖敞、祖濡，皆以凝貴，累贈太師。父矩，贈尚書令。矩性嗜酒，不拘禮節，雖素不知書，見士未嘗有慢色，必罄家財以延接。凝幼而聰敏，姿狀秀拔，神彩射人。少好學，書一覽者咸達其大義。【略】

唐天成中，入拜殿中侍御史，歷禮部、刑部二員外，改主客員外郎、知制誥，尋詔入翰林充學士，轉主客郎中充職，兼權知貢舉。貢院舊例，放牓之日，設棘於門及閉院門，以防下第不逞者。凝令徹棘啓門，是日寂無喧者，所收多才名之士，時議以爲得人。【略】

凝性好修整，自釋褐至登台輔，車服僕從，必加華楚，進退容止偉如也。又好延納後進，士無賢不肖，皆虚懷以待之，或致其仕進，故甚有當時之譽。平生爲文章，長於短歌豔曲，尤好聲譽。有集百卷，自篆於板，模印數百帙，分惠於人焉。案《宋朝類苑》：和魯公凝有豔詞一編名《香奩集》，凝後貴，乃嫁其名爲韓偓，今世傳韓偓《香奩集》，乃凝所爲也。凝生平著述，分爲《演綸》、《遊藝》、《孝弟》、《疑獄》、《香奩》、《籯金》六集，自爲《遊藝集序》云：予有《香奩》、《籯金》二集，不行於世。凝在政府避議論，諱其名，又欲後人知，故于《遊藝集序》實之，此凝之意也。《舊五代史考異》。

《四庫全書總目提要》卷一〇一《子部·疑獄集》　《疑獄集》四卷，五代和凝與其子㠓同撰。凝字成績，鄆州須昌人。初爲梁義成軍節度從事，唐天成中官翰林學士。唐亡入晉，官至左僕射。晉亡入漢，拜太子太傅，封魯國公。漢亡入周，至顯德二年乃卒。

桂萬榮

《四庫全書總目提要》卷一〇一《子部·棠陰比事》　〔桂〕萬榮，鄞縣人，由餘干尉仕至朝散大夫，直寶章閣，知常德府。

（宋）桂萬榮《棠陰比事·劉隷序》　疑獄有集舊矣。理掾桂君萬榮今所撰次尤詳，真治獄龜鑑也。職牧守者所當究心，毋徒曰此司狴犴者之責也。昔于公自謂治獄有陰德，遽高其門。我朝錢公若水問獄得情亦自其為郡府小官時。桂君之為此，其後詎可量耶？亟命鋟木用廣其傳。嘉定癸酉良月既望莆田劉隷書于金陵郡齋。

鄭克

《四庫全書總目提要》卷一〇一《子部·折獄龜鑑》　《折獄龜鑑》八卷，《永樂大典》本。宋鄭克撰。是書《宋志》作二十卷，晁公武《讀書志》、陳振孫《書録解題》俱題作《決獄龜鑑》，蓋一書而異名者也。大旨以五代和凝《疑獄集》及其子㠓所續均未詳盡，因採摭舊文，補苴其闕，分二十門，其間論斷，雖意主尚德緩刑，而時或偏主於寬，未能悉協中道。所輯故實，務求廣博，多有出于正史之外者，而亦或兼收猥瑣，未免龐雜。然究悉物情，用以廣見聞而資觸發，較和氏父子之書，特為賅備。晁公武《讀書志》稱其依劉向《晏子春秋》，舉其綱要為之目録，體例井然，亦可謂有條不紊者矣。《書録解題》載其目凡二百七十六條，三百九十五事，今世所傳録本，祗存五門，餘皆散佚。惟《永樂大典》所載尚為全書，而已經合併連書二十卷之界限，不復可考，謹詳加校訂，析為八卷。卷數雖減于舊，其文則無所闕失也。

宋慈

《四庫全書總目提要》卷一〇一《子部·洗冤録》　《洗冤録》二卷。《永樂大典》本。宋宋慈撰。慈字惠父。始末未詳。是書自序題淳祐丁未，結銜題朝散大夫新除直祕閣湖南提刑充大使行府參議官，序中稱四權臬司，於獄案審之又審，博採近世諸書，自內恕録以下凡數家，薈稡釐正，增以己見爲一編，名曰《洗冤集録》，刊於湖南憲治，後來檢驗諸書，大抵以是爲藍本，而遞相考究，互有增損，則不及後來之密也。

（宋）宋慈《洗冤集録》卷一《檢驗總論》　事莫重於人命，罪莫大於死刑。殺人者抵法固無恕，施刑失當心則難安。故成招定獄，全憑屍傷檢驗爲真。傷真招服，一死一抵，俾知法者畏法，民鮮過犯，保全生命必多。倘檢驗不真，死者之冤未雪，生者之冤又成，因一命而殺兩命數命，仇報相循，慘何底止。人命重獄，關係匪小，被傷之人，未死以前，全在官司據報。即時親驗，註明受傷在何要害之處，辨別輕重，立限保辜醫治，冀其平復。即死後復驗定抵，可免通身拆檢之慘。至受傷已死人命，更須即日相驗。屍未變動腐爛，傷之輕重分寸，易於執定填格；遲久屍潰肉化，恐防揑假溷真，此人命之第一關鍵也。印官帶領仵作，迅速前往，令作奸犯科之徒，忙中難以措置。相驗初死之屍，先看頂心髮際耳竅鼻孔喉内糞門產戶，凡可納物去處，恐防暗插釘籤之類，無故然後沿身相驗。若果應檢，須於未檢之先，詳鞫屍親鄰証兇犯，令實供明某以何物傷某何處，立明供狀。隨即親督吏仵，帶同兩造，齊至屍所，如法檢報，定執要害致命，係在某傷，或見於體膚肢肉，或已被斷入骨，青紅紫黑顔色，圍圓長短分寸，手足他物兇器，輕重新舊，比對傷痕，件件明白，屍格挨次親手填註，不得假手吏胥，切勿厭惡屍氣，高坐遠離，香烟薰隔，任聽仵作喝報，吏胥填寫，以致匿重報輕，減多增少。況人命自縊、自刎、服滷、服毒、火燒、水溺，種種致死不同，必細察審視，各情輸服，方成信案。否則仵作吏書，作奸舞文，檢驗之後，開兇犯之巧辯，屍親之告發，訟師挑唆，光棍挾詐，每致獄案難成。別委檢驗，蒸骸剔骨，死者慘遭洗罨，音遏。生者拖累不堪，是皆檢驗不速不實之獘也。

凡檢驗遇有大段疑難，須更廣爲訪察，庶幾無誤。如鬬毆限内身死，痕損不明，若有病色，曾使醫人師巫救治之類，多因病患而死，若不訪則不知也。然訪察亦不可專任一人，仍宜善使之。不然，適足自誤。

凡人命事情，屍親未曾遠出，不即時告發，而告於一年之外，及不係有服之親，而旁人訐告，及不係正告事情，而開於粘單之中者，不問虚實，俱不宜妄准。

凡檢屍，雖有親屬乞免檢，亦須察其有無屍首在原地所，方可領狀。有隨行吏仵，及合干係人，或聲張四鄰，先期縱其走避，只捉遠鄰或老人、婦人、未及成丁人塞責。或不得已而用之，只可參互審問，終難憑以爲實，全在斟酌。又有行兇人，將切証真供，故令藏匿，自以親密人，或地客佃客，出官誣証，不可不察。

凡行兇器仗，索之少緩，則行兇之家，藏匿移易，粧成疑獄，干係甚重。初時必先急爲收索，以憑叅照傷痕大小濶狹，定驗無差。或行兇器仗未到，不可分毫增減，防他日索到異同。

凡檢屍，須先令親屬及鄰保識認，是否本屍，或屍首經久胖脹腐爛，識認不真，須先問原着甚衣服色樣，有甚記號，及身上有甚疤痣處，令分明立狀訖，方可檢驗。

凡驗狀須開具屍首原在甚處，如何頓放彼處四至，有何衣服在彼，逐一檢點名件。其屍首有無雕青鍼灸瘢痕，生前有何缺折肢體及傴音雨僂音樓，曲背也。拳跛音頗秃頭，青紫黑紅色痣，肉瘤蹄踵。諸般疾狀，皆要一一於驗狀聲説開載，以備推勘。及有不得姓名人屍首，後有親屬呈告者，須驗狀証辨。至獄囚軍人，無主死人，驗狀尤須詳慎，不可稍有疎畧。

凡上官數批檢問，非以求同，正謂恐有冤抑，相與平反耳。若承委官員，不以人命爲重，或恐前官怨恨，不敢異同；或因犯者富豪，不肯開釋；或觀望上官之批語，以爲從違；或描寫向來之成案，以完己事。倘有毫髮冤情，其罪重於初審。凡委勘人命重事，務須持虚秉公，細加鞫審。蓋同勘一事，須定此事虚實。同勘一人，即係此人生死，不可有一毫私意於其間也。

致命重傷，當致命要害處，死於登時，或三日之内，原告干証，定執某物毆某處，只宜於所毆之處檢驗傷痕，既免死者翻屍，又免生者冤誣。蓋人生自少至壯，或失足磕跌，或疾病捶按，或生瘡被擊，或負重著堅，血不流行，傷輕而新，著骨色紅，日久則消。傷重而久，著骨色青，終身不散。常有原告証人，本説耳根一下打死，而通身檢驗，動輒數千處傷痕，上司以傷痕不對爲駁詞，問官增毆打情節爲比對，有左右傷痕，尺寸青紅不差分毫者，如云毆傷，豈兩手執一般兇器，毆擊時更無輕重於其間乎？有昏夜醉後羣毆，而定執爲某人打某處。雖毆者亦不能自知其所毆之處，自記其所毆之數，而況證人乎？大抵共毆，只坐毆人因由，檢傷則重原傷的處，慎無刻舟膠柱，致有寃情，甚勿含糊摸棱，致有岐誤。

凡聚衆打人，最難定致命痕。如死人身上有兩痕皆可致命，此兩痕若是一人下手，則一人償命；若是兩人下手，則一人償命，一人不償命，須是兩痕内斟酌得最重者爲致命。最重謂先論緊要處，次論傷痕淺深濶狹。凡傷處多，只指定一痕係要害致命。

凡檢問人命招由，多有混開磕撞傷痕，以致事無明决。夫將身就物謂之磕，與物相遇謂之撞，其傷止在仰面頭額等處，自損不甚重，雖傷未必至死，原無向後磕撞傷損背肋之理。若因鬬毆打跌，致傷腦後背肋者，蓋由兇犯用強推跌，傷重因而致死，務要辨驗仰而仆而，看是重傷輕傷，不得妄報磕撞傷痕，庶使刑無枉縱。

（宋）宋慈《洗寃集録》卷一《驗傷及保辜總論》 按殺人之獄，謀故者少，鬬毆者多。而鬬毆之律，重在保辜。謂以毆傷之人，責付毆者，調理醫療，照律立限，限滿之日定罪發落。蓋毆傷者之親屬，苟非慈親孝子，鮮不利其死，以爲索詐財物之地。而毆人者惟恐其抵償，則凡可以生全之者，無所不至，是保辜之設，正欲全活兩人性命，乃律之良法美意也。凡宰州縣者，一有鬬毆之事，著地方即時首報。若告者已至，而地方未報，即重責之。人命屍親，不是父兄伯叔，便是弟姪妻子。被毆之日，即解衣共見，須問被毆之人年若干歲，某月某日某時，被某某用何兇器，毆打某處，見今某處斜傷，長若干，濶若干，某處圓傷，横若干，圍若干，青色紅色，有腫無腫，曾否皮破骨裂，某某見証，即照狀式，告辜到官。喚問地方，果係重傷，即不許扛擡赴驗，恐破傷處中風致殞，即時親行，匹馬肩輿，少帶人從，詣彼相驗，登記傷痕，限以保辜日期，責令兇犯領至家中，用心調治。案候在官，身死之日，即照狀式告檢。官照辜狀原供傷痕，依法檢驗，致命等傷，稍有疑似，即加審覆，能詳慎于始，即可爲他日干連人等全活數命。果係裝誣，明立文案，以杜後端。果係真犯，即取具供招，以塞求請，仍嚴責吏仵，眼同原被干証，取四不扶同甘結。定招擬罪之時，更須詳慎，務使情節了然明白，此心確然無疑。庶生死兩不含寃，亦省後來駁勘，躭延歲月，苦累多人。如被毆不告辜限者，除登時打死，及在三日之内者，姑准檢究外，其餘死後告人命者，須防假傷誣詐。若人命不先告官而乘機糾衆扛屍上門搶財傷人者，抵填之外，亦須引例問斷其辜限日期。係隔月者，要查大建小建，此生死出入之界，不可不慎也。大抵屍當速相，而不可輕檢；骸可詳檢，而不可輕拆。凡上司官招擬，批駁情節不明者，止審情節，屍傷欠確者，方檢屍傷，不得一槩煩擾。

凡相毆有致命之處，有致命之傷，頂心顖門、耳根、咽喉、心坎、腰眼、小腹、腎囊，此速死之處，腦後、額顱、胸膛、脊背、脇肋，此必死之處。肉青黑，皮破肉綻，骨裂腦出，血流，此致命之傷。致命之傷，當速死之處不得過三日；當必死之處不得過十日。若當致命之處而傷輕，或極重之傷，而非致命之處，雖死於限内，當推别情，不可一槩坐死。況死於限外乎！

保辜爲人命關頭，一經告官，務須親眼驗看，按傷勒限。倘失調殞命，計算時刻，以定辜限内外，并將被傷時刻，明立文案。

（宋）宋慈《洗寃集録》卷一《初檢》 初檢時，如問是争鬬分明，雖經多日，亦不得稱屍首壞爛，無憑檢驗，須仔細看痕損，及要害致死之因。若委是日久變動，方稱屍首不任撥擺。

凡檢屍有無傷損訖，就檢處襯簟屍首在物上，復以物蓋候畢。周圍用灰印，記有若干枚，交與守屍地保人等看守，立狀附案，免致被人殘害傷損屍首。

（宋）宋慈《洗寃集録》卷一《覆檢》 若屍經多日，頭面胖脹，皮髮脱落，唇口翻張，兩眼突出，蛆蟲咂食，委實壞爛，不堪措手。若係刃傷，他物拳手足踢傷痕虚處，方可作無憑覆檢。若是他物及刃傷骨損，宜衝洗仔細驗之，即於狀内聲説致命根由。不可作無憑檢驗。

覆檢官驗訖，如無争論，方可給屍與親屬。無親屬者，責付本地方埋瘞，音意埋也。勒令看守，不得火化及散落。如有争論，未可給屍，且掘一坑，就所簟物，舁屍安頓坑内，上以門扇掩蓋，用土罨瘞作堆，周圍用灰印印記，以備後再檢覆，仍令看守人立狀附案。

凡初覆檢訖，屍親鄰保，並令看守屍首。切不可同解到官，徒使擾累，但解兇身干証，若要提人再行拘喚。

（宋）宋慈《洗寃集録》卷三《疑難雜説》 凡檢屍差之毫釐，失之千里，切勿輕視。常有勒殺類乎自縊；溺死類乎投水；鬬毆有在限内致命，而實因患病身死；僕婢因被捶撻，在主家自害自縊之類，情迹不同，並爲疑難，務須臨時審察。

凡檢驗疑難屍首，如刃物所傷透過者，須看內外瘡口，大處爲行刃處，小處爲透過處。如屍首已爛，須看其原衣服，比傷着去處，屍或覆臥，其右手有短刃物，及竹頭之類。自喉至臍下者，或是酒醉攧倒，自壓自傷。如貼近有登高處或泥中，須看身上有無他故，錢物有無損動處，恐因取物失腳自傷之類。

將人致死，或經久屍肉腐爛，無跡可憑者，但檢驗顖門一骨，諺稱天靈蓋，必浮出腦殼骨縫之外少許，其骨色淡紅或微青，皆因罨音遏絕呼吸，氣血上湧所致，只撥驗此骨便明。

凡命門骨最屬虛怯，以手擊之卽可立斃，因命門骨左右兩穴，有紅筋若細絲，通於兩內腎，拍斷卽死，外無痕跡。若有告稱拍着命門處身死，只檢驗命門骨，紫赤者卽是。其命門骨，自尾蛆骨倒數上第七髄，兩旁各有一小穴者是。

凡屍身無痕損，惟面色有青黯，或一邊似腫，多是被人以物搭口鼻，及罨捫殺，或是用手巾布袋之類絞殺。故不見痕，須看項上肉硬，此最爲切要處。手足有無繫縛痕，舌上或有嚼破痕，大小便二處或有踏腫痕。若無此類，方看口內有無涎唾，喉間腫與不腫，如有涎及腫，恐有纏喉風死，或是酒醉猝死，宜詳。

有鬬毆之後，各自分散，或近江河池塘，洗頭面血，或取水喫。但因相打力乏，或因醉相打後，頭暈音運失跌，落水渰死。初落水時尚活，其屍腹肚膨脹，十指甲內有沙泥，兩手向前，此是落水淹死，相驗分明。雖有毆擊痕損去處，一一塡入驗狀，定作毆後落水致命。緣打傷雖在要害處，尚有辜限，及限外以他故死者，各依本毆傷法，此旣是落水身死，則雖有傷痕，其實以他故死。更有相打分散後，乘高撲下而死者，但須驗失腳處高下，撲損痕瘢，致命要害處，仍根究眼見相打分散之証佐人。恐爲相打者所擠，故須詳究。

凡因爭鬬致死，而屍上並無痕損，此或是被傷人舊有宿患氣疾，或是未毆以前，先曾飲酒至醉，及爭鬬時有所觸碍，以致氣絕而死也。如此者，腎子或縮上不見，須用溫醋湯蘸音贊衣服，或棉絮之類，罨一飯時，令仵作以手按小腹下，其腎子自下，卽其驗也，然後仔細看要害致命處。

有年老虛弱之人與人爭鬧，登時氣絕，沿身無傷，更驗腎囊兩子，多是一箇縮上，須用手按小肚腹，則腎子自下。

驗屍諸處並無傷損，又無病狀，難爲定驗者，恐是被人將刃物釘入顖門或腦中致命。先須令屍親干証人等立狀訖，然後剃除死人髮髻驗之。

如被殘害死者，須檢齒、舌、耳、鼻內或手足指甲中有簽刺之類。

凡檢驗屍首，指定作被打後服毒身死，及被打後自縊身死，被打後投水身死之類，須要見得親切。若是打死人後，以藥灌入口中，誣以自服毒藥；或死後用繩吊起，假作生前自縊；或死後推在水中，假作自投水者，一有差誤，關係不小，必須仔細點檢死人在身痕傷。如果不是要害致命去處，其自縊投水及自服毒，皆有確據實跡，方可明白開報。

若昏夜被殺，見証無人，及屍無下落者，只宜案候密訪，不可妄意猜疑，鍛鍊成獄。

凡疑難檢驗，及兩爭之家稍有勢力，須選慣熟仵作人，謹慎守分者，隨帶同行，毋使暫離左右，飲食水火，令人監之，少休以待其來。不如是，則恐其作私舞弊，變動事情，枉屈人命，不可不愼。

（宋）宋慈《洗冤集録》卷三《屍傷雜説》　凡驗病死之人，須先問本人來自何處，幾時到來，有無熟人識認，原患是何疾病，年歲若干，病幾日身死。若是奴婢，則先討契書看，問有無親戚，曾請是何醫人，喫甚藥。問明因由，然後對衆証定。如別無他故，只取驗狀，聲明遍身黃色骨瘦，委是生前因患是何疾致死，仍取醫人驗狀一紙。如果衆証因病身死分明，旣不是非理致死，不須請復驗。

凡因病死者，形體羸瘦，肉色痿黃，口眼多合，腹肚低陷，兩眼通黃，兩拳微握，髮髻解脱，身上或有新舊針灸瘢痕，餘無他故，是因病死。

凡患病求乞在路死者，形體瘦弱，肉色痿黃，口眼合，兩手微握，口齒焦黃，脣不蓋齒。

或疾病死，值春夏秋初，經隔兩三日，肚上臍下兩脇肋骨縫，有微青色，此是病人死後經日變動，腹內穢污發作，攻注皮膚，致有此色，不是生前有他故。

邪魔中風猝死，屍多肥，肉色微黄，口眼合，頭髻緊，口内有涎沫，遍身無他故。

猝死，肌肉不陷，口鼻内有涎沫，面色紫赤，蓋其人未死時，涎壅於上，氣不宣通，故如此。

猝中死，眼開睛白，口齒閉，牙關緊，間有口眼喎斜，并口兩角鼻内涎沫流出，手腳拳曲。

中暗風，屍必肥，肉多滉白色，口眼皆閉，涎唾流溢。猝死於邪祟，其屍不在於肥瘦，兩手皆握，手足爪甲多青。或暗風如發驚搐死者，口眼多喎斜，手足必拳縮，臂腿手足細小，涎沫亦流出。

傷寒死，遍身紫赤色，口眼開，有紫汗流出，唇亦微綻，手不握拳。

冒時氣死者，眼閉口開，遍身黄色，畧有薄皮起，手足俱伸。

斑疹死，皮肉上只有星點紅斑痕，而不甚浮腫。

中暑死，多在五六七月。眼合，舌與糞門俱不出，面黄白色，亦有鼻孔及糞門有血出者。

凍死者，面色痿黄，口内有涎沫，牙齒硬，身直，兩手緊抱胸前。一説項縮腳拳。檢時用酒醋洗，少得熱氣，則兩腮紅，面如芙蓉色，口有涎沫出，其涎不粘。

餓死者，渾身黑瘦硬直，眼閉口開，牙關緊禁，臍肚低塌，手足俱伸。

驚死者，目瞪口開，兩手舒展，儼若怕怖之狀。

凡驗酒食醉飽致死者，先令仵作用醋湯洗檢。在身如無痕損，以手拍死人肚皮，膨脹而響者，即是因食飽腹脹，酒醉心肺致死。仍取屍親供狀，死人生前常喫酒多少致醉，及現今喫酒多少數目，以驗致死因由。如或吐瀉瘦弱，皮膚微黑不破裂，口内無血，而唇指甲不青，糞門不腫突，乃是飲酒相反之狀。燒酒醉死者，牙齒動搖欲落，屍軟弱不硬，口鼻間有血水流出。燒酒不可以錫器盛炖，及過宿，倘爲日稍久，飲之則能殺人，其人之面多青黯。昔有人燒酒醉後，復引烟而死者。又有人醉燒酒，身頗畏寒，以綿被厚蓋之而死。又有人醉燒酒，索飲冷水數碗而死。或曰冷水徐飲，可以漸引火毒外達，若連飲過多，熱毒爲冷所遏，無由透達，故閉厥不救。

凡酒食醉飽後，被築踏内損死者，其狀甚難明。若屍别無他故，惟口鼻糞門有飲食，并糞帶血流出。驗此等屍，須仔細體究曾與人交争，因而築踏，見証分明，方可定狀。一説其屍遍身微紅，口眼俱開，兼有血出，兩乎握，肚腹脹。

鍼灸死者，須另勾醫人，驗鍼灸處，是否穴道，有無錯誤致死因由。

五臓之氣已絶於内，而用鍼者反實其外，是謂重竭。重竭必死，其死也静。臓氣已絶於内，陰虚也。反實其外，誤益陽也。益陽則愈損其陰，是重竭也。陰竭必死，死則静也。

五臓之氣已絶於外，而用鍼者，反實其内，是謂逆厥。逆厥必死，其死也躁。臓氣已絶於外，陽虚也。反實其内，誤補陰也。助陰則陽氣愈竭，故至四逆而厥。逆厥必死，死必躁也。

凡男子作過太多，精氣耗盡，脱死於婦人身上者，真僞不可不察。真則陽不衰，僞者則痿。昔有人暱一婢而脱者，斂時啓所蓋被，異香四發，此因服房藥多麝臍通透之品故也。夢中脱死者，男則陽不衰，女則陰必洩，屍俱有笑容。

男女因陰陽症死者，唇及指甲多青黯，甚或遍身皆紫，乃氣絶血凝之故。陰症死者，屍青黑黯，似毒死形，而色微淡，口眼合，兩手握，陽縮小，餘精流出。

凡受杖而死者，須驗所受杖處瘡痕濶狹，看外腎并陰囊。婦人陰門。并兩脇肋腰小腹等處，有無血㿉痕。

小杖痕，左邊横長三寸，濶二寸五分；右邊横長三寸五分，濶三寸，各深三分。

大杖痕，左右各方圓三寸，至三寸五分，各深三分，各有膿水，兼瘡週迴亦有膿水淹浸，皮肉潰爛去處。

杖後有因他故死者，若兩腿面及小腹有微紅色，勿以曾經受杖，便作血㿉傷痕，蓋受杖時按捺在地，或被硬物矼傷，死後自然發現，臨時務須分别。

兩臂上各有破傷，斜長幾寸，濶幾分，深至骨止有血痂，委是受杖决，因風透患，致命身死。

凡從樹及屋臨高跌死者，看枝柯掛絆所在，并屋高低失腳處踪迹。或土痕高下，及要害處，須有抵𤺋，或物磕擦痕瘢。若内損致命者，口眼耳鼻内，定有血出。若傷重分明，更當細驗之，仍量撲落處高低丈尺。

跌者從高而下，或失足，或自絆，其力在下，則所傷多在腿足及臂髆。然其或左或右，又皆止傷半邊。如係人推而跌者，則其力在上，所傷多在頭面及兩手腕。蓋推之力大，而人之一身，其最重莫如首，推而下之，勢必自顧，或兩手先至地，或出於不知，則頭面必先倒垂而下，雖亦未必全傷，而所傷與自跌者不同。

凡被塌壓死者，兩眼突出，舌亦出，兩手微握，遍身死血淤紫黯色。或鼻有血，或清水出，傷處有血癊赤腫，皮破處四畔赤腫。或骨并筋皮斷折，壓着要害致命。如不壓着要害，不致死，或死後壓，即無此狀。

凡舍屋及墻倒，或石頭脱落壓死者，其屍沿身虛怯要害處，若有痕損，須聲明長濶分寸，作堅硬物壓痕，仍看骨損與不損。若樹木壓死，要看所倒樹木，斜傷着痕損分寸，死後壓者，亦無此狀。

兩人共擡一物，一人力大，驟爲擡起，一人力小被壓。則所壓之肩窩，及相對之手足，必俱有傷。如誤觸而壓傷者，當辨其前後左右。如被壓於後，則前有跌磕微傷；被壓於前，則後有跌磕微傷，左右亦然。

凡外物壓塞口鼻，出氣不得，以致身死者，眼開睛突，口鼻內流出清血水，滿面血癊赤黑色，糞門突出，及便溺污衣服等件。

凡被人衣服或濕紙，搭口鼻死，則腹乾脹。

被他物壓塞而死者，其兩手外髆，不拘上下，兩足後骨，並心胸之前，俱各有微傷，方是蓋悶至睛突壓之必重。身雖不能展動，未有併手足壓定，不能稍動者，如或併縛其手足，則亦當驗手足有無束縛傷痕。

或有將人飲醉厚其氊褥，挾令横臥，俟其睡熟，然後將氊褥捲而束之，倒立片時即死者，並無口眼血出諸跡。即或微有，淨洗即無，而酒氣倍爲薰蒸。一說，大腹小腹皆平弱而無脹形。又按《讀律佩觿》云：凡脹在兩肋及心胸之前，按之堅實，擊之無聲者即是。若檢骨則傷在頂心，及兩足心骨。

有以高桶二隻，疊而合之，約如人身之高下。以下桶貯水令滿，入石灰數升攪渾，將人倒入水中，再以所合之桶蓋上，片時即死，名曰游湖。其人死後，用水洗淨，毫無傷跡。面色微黃而白，一如病死。雖云有血倒出，然見灰氣即回，而血之應凝滯於面者，得灰盡解。此若非檢骨，則不得其實。檢骨之法，必在腦殼之內。蓋灰滓從口鼻而入，口鼻雖可淨洗，而從鼻灌者，直入於腦，灰最沉滯，腦內必多灰滓。以此爲驗，自無所遁。

凡被硬物癙痁音閃死者，肋後有癙痁着紫赤腫，方圓三寸四寸許，皮不破，用手揣捏着筋骨傷損，此爲虛怯要害致命處。

凡被馬踏死者，屍色微黃，兩手散，頭髮不慢，口鼻中多有血出，痕黑色。被踏要害處便死，骨折腸臟出。若只觸倒，或踏不着要害處，即有皮破癙，赤黑痕，不致死。驢足痕小，牛角觸着處，多在心頭胸前，或在小腹脇肋。若皮不破，傷亦赤腫。牛角傷痕小而深者方是。

人馬驢騾踏傷者有緩急叢亂之分，總以傷之多寡輕重爲辨。馬馳力大，所傷處少，傷必骨折，或腸臟出，擁擠仆地而踏傷必多，但不似馳驟者之力重而折甚。人踏傷成片而長，一頭重，一頭輕，叢踏不起者，則輕重長短不一。驢騾踏傷，不獨較小於馬，其傷之暈，凝聚成形。牛觸係不知而驟攖者，傷多在前、兩肋之半、小腹及心胸。若牛佚而奔，方避之而不及，則受傷多在脊背及肋之左右。

凡被車輪椂死者，其屍肉色微黃，口眼開，兩手微握，頭髻緊。速死者屍狀如此，經數日死者異是。

凡車輪頭椂着處，多在心頭胸前，并兩脇肋要害處便死，不是要害不致死。車有横輂直輂之分。横輂者，十字路口，人從横過，車行急驟，不及挽回，其人跌仆被輂而死，則或項或首，或心胸背脊肋腹，或手髆腿足，各有徑過傷。如係對面迎輂者，其傷或手足，或脇肋，却皆或左或右，俱在半邊，直而徑過，其傷必長，却多在仰面。若人在前行，車從後至，傷亦如之。但屬在背居多。

凡被雷震死者，其屍肉色焦黄，渾身軟黑，兩手拳散，口開眼皸，音脫，皮剝也。耳後髮際焦黃，頭髮披散，燒着處皮肉緊硬而攣縮，身上衣服燒爛，或不燒，傷損痕迹多在腦上及腦後。腦縫多開，鬢髮如熖火燒焦。從上至下，時有手掌大片浮皮紫赤，肉不損，胸項背髆上，或有似篆文痕跡。雷有震擊二項，震者被驚而死，無傷；擊則有傷痕。衡陽人某，被雷擊死，身首俱無燒痕。惟左足大指上，如斜刺一孔甚深，自腳心起至膝上，焦黃如炙，亦無篆字文。

凡被虎咬死者，屍肉色黃，口眼多開，兩手拳握，髮髻散亂，糞出，傷處多不齊整，有舌舐齒咬痕跡。

虎咬人，多咬頭項上。身上有爪痕，掙派上聲損痕，傷處成窟，或見骨。心頭胸前臂腿上有傷處，地上有虎跡，勒晝匠畫出虎跡，并令村甲及傷人處地鄰爲証。虎咬人，月初咬頭項，月中咬腹背，月終咬兩足。猫咬鼠亦然。

凡被顛狗傷死者，傷處必有痕跡。腹脹硬，陰莖挺出，其毒發之時，如感冒風寒之狀，畏風特甚，時作狗聲，每欲齧人及衣物，小腹墜脹，小便難。

凡被蛇蟲傷致死者，其被傷處，微有齧損黑痕，四畔青腫，有黄水流，毒氣灌注四肢，身體光腫，面黑。

死後被蟲鼠傷者，皮破無血，破處迺圍有齧痕踪跡，有皮肉不齊處。若他物咬，則痕跡粗大。

道路死屍，地方申報，卽行相驗明白。開造有無傷痕，約畧年紀，填註面貌衣服。如有攜帶行李財帛，眼同鄰甲公驗貯庫，以俟親人認領。買棺殮封，培土暫埋，標立記號。若係兇死之屍，尤必斟酌申報。

王與

（清）沈家本《寄簃文存》卷六《序·無冤録序》 大辟之獄，自檢驗始。《禮·月令》：孟秋之月，命理瞻傷察創，視折審斷。據蔡邕之説，皮曰傷，肉曰創，骨曰折，骨内皆絶曰斷。瞻焉，察焉，視焉，審焉，卽後世檢驗之法也，而其法不傳。秦、漢已下，亦未聞有檢驗之書。宋嘉定中，湖南、廣西刊印《正背人檢驗格目》，江西提刑徐似道言之於朝，四年，詔頒行於諸提刑司，名曰《檢驗正背人形圖》。此爲今屍格之所自始。宋時有《内恕録》等書，言檢驗之事，皆不傳。至淳祐中，宋慈會粹諸書，爲《洗冤集録》，此又洗冤録之名所自始也。其後又有《平冤録》及《無冤録》，法家謂之檢驗三録。顧《洗冤録》官司奉爲鴻寶，而平冤、無冤二《録》傳本獨希者，蓋二《録》多采宋《録》之説，世人視爲重儓而忽略之。詎知二《録》遞相祖述，後之所説，多可以補正前人之説，相輔而行，不可廢也。

顧千里既爲孫淵如摹刻元槧《洗冤録》，後又得平冤、無冤二《録》舊鈔本，以語吴山尊學士。吴爲之付刻，與《洗冤録》合爲一編。《思適齋集》有《重刻三録後序》，其年爲嘉慶庚午，距今百年矣。傳本甚尠，許珊林蓋有其書，故所作《洗冤録詳義》頗采二《録》之説。余嘗得《官常政要》一函，係前明崇禎己巳刻本，所集書凡十八種，内有《洗冤集録》及《無冤録》。《無冤録》僅一卷，無撰人名氏。考《四庫全書》存目所録《無冤録》二卷，係浙江巡撫采進本，不著撰人名氏，亦無序跋。《提要》但據《永樂大典》所載及其自序，定爲元王與撰，時在武宗至大元年戊申。又據卷中自稱昔任鹽官，知其嘗爲海鹽縣令。他亦無考。至《平冤録》，《四庫》未收，殆當時未得其書。此可見二《録》者，並爲罕覯之本矣。

今年夏，蘄州王君佑自日本歸，出《無冤録》相示，云録自東京上野圖書館者。其書分二卷，上卷爲官吏章程，下卷爲屍傷辨别，與《提要》之言合。有自序及明羊角山叟序，又有朝鮮人崔致雲等注釋及序。此書蓋由中土流入朝鮮，日本人又自朝鮮傳鈔而歸，故其原書亦鈔本也。其自序題東甌王與，知其爲東甌人。《提要》稱不知何許人，豈《大典》所收之自序無此題名歟？明焦竑《國史經籍志》有《平冤録》二卷，題東甌王氏，恐卽此書，誤無爲平耳。《平冤録》據王與之序，乃趙逸齊所撰。以宋慈稱宋惠父例之，當亦是其人之號，其名則亦無可考。顧千里《重刻三録序》第云無名氏《平冤録》，東甌王氏《無冤録》，似其所得鈔本無王與自序，故所言亦不能詳也。取崇禎本相校，乃知崇禎本有上卷而無下卷。殆以下卷采自《洗冤録》者爲多，因與《洗冤集録》合刊，嫌其重複，故删之歟？然下卷所采亦有《平冤録》之文，并多駁正二《録》之語，極爲精審，删之是無異于買櫝還珠矣。明人刻書之病，往往如此，不獨此書也。此本轉展傳鈔，不免亥豕、帝虎之誤。與崇禎本及《洗冤録》相校，互有得失，足資考訂。朝鮮人注語，隨文詮解，無所發明，於元代之官制政體未能詳加攷證，并多誤會之處，未足寶貴。今重加校定，上卷以崇禎本爲主，而以朝鮮本校正之，下卷以朝鮮本爲主，而以元槧《洗冤集録》校正之，付梓以廣其傳。朝鮮人注語删之不録。或曰檢驗諸書前人不及後來之密。余曰，術愈研而愈精，理愈推而愈出，古疏今密，凡事皆然。然近時檢驗諸書，其援引此録以資考訂者，不止一端，又烏可數典而忘其祖哉！宣統建元六月。

吴訥

《明史》卷一五八《吴訥傳》　吴訥，字敏德，常熟人。父遵，任沅陵簿，坐事繫京師。訥上書乞身代。事未白而父歿，訥感奮力學。永樂中，以醫薦至京。仁宗監國，聞其名，命教功臣子弟。成祖召對稱旨，俾日侍禁延，備顧問。

洪熙元年，侍講學士沈度薦訥經明行修，授監察御史。敬慎廉直，不務矯飾。宣德初，出按浙江，以振風紀植綱常爲務。時軍犯逃者，往往令家人妄愬，逮繫至千人。訥請嚴禁，卽冤不得越告。從之。繼按貴州，恩威并行，蠻人畏服。將代還，部民詣闕乞留。不許。五年七月，進南京右僉都御史，尋進左副都御史。

正統初，光禄丞董正等盜官物，訥發之，謫戍四十四人。右通政李畛者，奉使蘇，松，行事多不謹。訥微誡之，畛不悦，誣訥稽延詔書等事。訥疏辯。互爲臺省所劾，俱逮下獄，既而釋之。英宗初御經筵，録所輯《小學集解》上之。四年三月，以老致仕，以朱與言代。

訥博覽，議論有根柢。於性理之奥，多有發明，所著書皆可垂於後。歸家，布衣蔬食，環堵蕭然。周忱撫江南，欲新其居，不可。家居十六年而卒，年八十六。謚文恪，鄉人祀之言偃祠。

《四庫全書總目提要》卷一〇一《子部・棠陰比事》　訥字敏德，號思菴，常熟人。永樂中，以知醫薦。仁宗監國，聞其名，使教功臣子弟。洪熙元年，擢監察御史，官至右都御史，謚文恪。

王肯堂

《明史》卷二二一《王肯堂傳》　〔王樵〕子肯堂，字宇泰。舉萬曆十七年進士，選庶吉士，授檢討。倭寇朝鮮，疏陳十議，願假御史銜練兵海上。疏留中，因引疾歸。京察，降調。家居久之，吏部侍郎楊時喬薦補南京行人司副。終福建參政。肯堂好讀書，尤精於醫。所著《證治準繩》該博精粹，世競傳之。

（明）王肯堂《王儀部先生箋釋・原序》　先少保恭簡公爲比部郎，嘗因鞫獄引擬不當，爲尚書所訶，發憤讀律，是以有箋釋之作。兩出持憲：一東兗，一嘉湖，皆最煩劇地，而案無留牘，庭無冤民，有餘暇焉。自以爲比部箋釋効也。余久欲鍥行於世，聞袁了凡先生言，流傳法律之書，多招陰譴，懼而中止。二十年中，偃蹇場屋。己丑，登第，進學詞林，又以文史爲職，雖法曹致律例，禮曹致會典，而翰墨鞅掌不能讀也。壬辰，予告歸于舍，無意復出，以輯方書。選日前所致書，幾爲蠹殘，而先公私箋手澤亦已授從兄爾祝久矣。比守膳部在假，多暇，且銓曹有藩憲之推念，當彈壓一方，其具不可不豫究。始發篋取律讀之私箋，僅存坊刻，訛不可讀，而他家註釋不得律意者多，且如大祀中祀符驗之類皆不考。國制率爾臆解，《問刑條例》其精嚴不下於律，而註釋不及焉，皆缺典也。乃集諸家之説，舍短取長，足私箋之所未備，以及《見行條例》俱詳爲之釋，而《會典》諸書有資互攷者附焉。始庚戌十月朔訖辛亥三月初稿完，而余亦病矣。恭惟我太祖高皇帝屢詔大臣更定唐律，至五六易不休，親御宸翰爲之裁定，而又特立講讀律令一條，百司官吏務要熟讀講明律意，每年終在内從都察院、在外從分巡御史、按察司官按治考校。不能講解、不曉律意者罰笞降級。士子應舉必試五判，以觀其明律與否。百工技藝諸色人等，有能熟讀講解通曉律意者得以免罪一次。郡縣里社歲時行鄉飲酒禮，亦惟讀律令爲兢兢焉。蓋於金科玉條人人提耳而教之，唯恐其不知而誤犯，以傷我好生之德者，然後知以律繩人，卽古懸法象魏之意。蓋禁之於未然，而非欲不失刑於已然也。今之仕宦者多不體此意，爲經生時既自不知律，及有民社之寄又漫不經心，一切倚辦吏書而已。其不任吏書者，又於原籍攜帶訟師罷吏同至任所，用爲主文，招權納賄無所不至已，多冤民矣。又況鍛鍊以爲能，鉤距以示察，草菅千百命以莊嚴一官者哉！夫小民無知而犯法，猶赤子無知而入井，不能仰體聖祖之心，教詔無素。卽使刑當其罪，已爲不教而誅，謂之曰虐，況移情就律，枉濫實多乎？問刑官溺職若此，皆由内外風憲官員不行考校之過也。寃抑不平之氣上干天地之和，下爲水旱災沴，此問刑風憲官吏安得無陰譴哉！夫律意必講而後明者，非獨詞旨簡嚴奥博不易討究，而刑期無刑、用主不用，上帝好生之心虞庭欽恤之意，三十卷中時隱時見，非俗吏桎梏章句者所知，是不可以不細講也！則又安敢狥樂簡惡繁之人情而省約其文乎？世之司民命者倘因余言而有感焉，體聖祖之心、遵聖祖之訓，則刑爲祥刑，而臯陶邁種德之一脈爲不斷矣。福祚且流及子孫而又何陰譴之有？故余與虞倩來初捐俸流通之，固了凡先生之意也。

彭詷庵

《清稗類鈔·幕僚類·彭詷庵佐金光祖》 南昌彭佑詷庵，國初俠士也，力田養親，且耕且讀。年四十，父母歿，始有四方之志。才略過人，諸大帥争致之幕府，而名績尤著於粤東。康熙癸丑，三藩作亂，彭與寧都魏際瑞以策干平南王，不合，遂遊諸方面間，而制府金光祖雅重之。劉進忠畔，官兵合圍潮州，議繞營掘濠，而近營塚數百，居民洶懼。彭詢知其俗多深葬，遂獻議，濠寬上狹下如釜形，斜深丈許，即不傷墓中骨。金稱善，因屬役於彭，民大喜。未幾，城遂下。海寇趙子龍犯肇慶，欲招之降，而難其人，强彭往。至則露刃相向，彭屹然注視良久，曰：若非濠畔街趙某乎？趙屯胄涕泣，立解甲歸順。始趙居廣城，衆辱之於市，彭解之，與白金爲生計，故一見而屈。金將上功以彭攝監司，彭拂袖行。抵廣州，傅忠烈公以書幣迎。謝曰：公惟伉直輕信人，勿蹈賊計。吾二親未葬，子幼，不復來分憂矣。已而傅果中詭計，入賊營，遇害。彭在軍，當道所遺白金，隨手散，至家解装，僅買屋兩楹，田數十畝，而葬四世十喪，餘皆以恤族姻朋友之貧者。

徐某

《清稗類鈔·幕僚類·世宗聘會稽徐某》 雍正初，會稽有徐某，年四旬餘，精名法，游河南，當時名幕也。偶家居，忽有使來聘，幣至豐，所訂束脩亦甚厚，而不具名。徐訝甚，謂其使曰：爾主爲何人？爲何官？聘我往何處？使曰：先生毋詳詰，至後自知之，決不有負先生也。徐籌躇至再，遂約期同行。不旬日而至，使前導，歷高堂大廈數十重，至一處，使謂徐曰：此即先生室也。服御飲食，有人司之，但不可出某處之門，出則恐不利。主人事忙，暇時自來相會，毋亟亟也。言畢，怱怱去。徐大疑，詢役人，又皆言語含糊。越數日，即有人送案件來辦，徐閲之，皆各省重案也。方一月，前使又來，囑寫家書，注明銀兩居址，徐作書付之。家書來，亦以原封送閲。如是年餘，徐以一步不能出門爲恨，適院牆倚有木梯，乃緣梯而升，欲覽牆外風景。不意隔牆一院，方有人小步，諦視之，友人某也，急呼與語。友驚曰：可急下，此時不及細談，晚餐後當來也。徐乃即下梯。薄暮，友果至，謂之曰：此事無須更言，子當知之。且子之來，出余之薦，實欲藉子相助爲理耳。徐曰：子豈不知余無昆季，有老母，奈何？友亦爽然若失，沉吟良久曰：余固無還鄉之理，若子則尚有可望，但須緩圖。語罷即去。後半載餘，友又至，曰：子事諧矣，但須慎密，不可漏言，更不可就他人聘。速摒擋一切，自有人來相送。徐如教。不數日，果有人來爲之整理行裝，送歸里，自此不敢復理舊業。久之，始知遣使聘之者，即世宗也。

鄔思道

《清稗類鈔·幕僚類·世宗問鄔先生安否》 雍正朝，田文鏡爲河東總督。有幕客鄔先生，紹興人，習法家言，嘗謂田曰：公欲爲名督撫耶？抑僅爲尋常督撫耶？田曰：必爲名督撫。曰：然則當任我爲之，毋掣我肘矣。田詰之，則曰：爲公草疏上奏，然不能令公見，疏上而名成矣。許之，蓋劾隆科多也。隆爲世宗元舅，有擁立功，既而驕恣不法，世宗深苦之。鄔早窺知上意，故疏上而隆果獲罪，田寵遇遂日隆。已而以事與鄔齟齬，大憤，辭去。自此田奏輒不當上意，數被譴責，不得已，使人求鄔所在，以重幣聘之返。鄔要以日必白金五十兩，許之，鄔始再至。

然不居撫署，辰入酉出。每至，見几有紅箋封元寶，即命筆，或偶闕，輒去。時世宗亦知鄔在田幕，請安摺至，有時輒批：朕安，鄔先生安否？鄔客大梁，無眷屬，日得五十金，恒以振貧乏，或劇飲妓館，必不留一毫忽至明日也。

或曰，浙撫署有屋三楹，相傳爲雍正時鄔先生所居室。鄔先生者，老貢生也，沈酣於制藝，對人吶吶，不能作一語。世宗在潛邸，微服游各省，三至浙，輒飯其家，鄔亦不知爲世宗也。及李衛督浙，陛辭日，世宗謂浙中某先生，端人也，可延之入幕。李謹誌之。既至浙，亟延之，見其百無一能，無奈何，姑奉以厚糈，館以精舍。時屆歲暮，例進請安摺。請安摺者，寥寥數字，曰某官某跪請皇上萬安。可影寫，乃令鄔書之。摺入，世宗識其字，硃批曰：朕安，鄔先生安否？李大驚，益優禮之。嗣是浙督屢易人，而鄔先生者年享千餘金，書一請安摺，終其身勿替。

劉樹森

《清稗類鈔・幕僚類・文宗垂詢劉樹森》　巴陵劉湘浦名樹森，弱冠以申、韓家言遊秦，歷佐諸侯四十餘年。文章宗柳州，簡練峭潔，其敍事之奏牘，雖極繁賾瑣屑，他人數十語所不能盡者，輒以數語了之，曲折奥窔，無不畢舉，以是名動九重。咸豐中，曾卓如中丞望顏入覲，文宗曾以劉名垂詢及之。

朱秋芳

《清稗類鈔・幕僚類・朱秋芳幕於滇》　秀水朱竹垞有裔曰秋芳，性剛介，幕於滇。晨起，日必令奴襆被，一言不合，即可褰裳也。脩脯以十日爲斷，不透支。居停有以處分隔閡見商者，必遭呵斥，謂：足下官職，豈與生偕來者耶？或前人遺留，或己身遭際，皆儻來之物，奈何以民命徇之？上官或有偏倚，必再三頂覆，得申其意，乃已。嶍峨有土豪李監生，富而橫，悦佃婦。婦性貞烈，利誘之不動，勢刼之不動，賄其夫若父，交逼之，終不動。乃遣數人縛婦，裹綳大樹，熾火，炙殺之。夫若父跪求，益怒，且刼令其夫手爇之，即瘞之山。三年無敢發其事者，獨一執爨人知之，大憤，然無以發也。旗員某廉幹有識，選是邑，履任歲餘，訪得其耗，密稟上游，均難之。某愠，欲乞病。朱曰：何弱也！君不辦，此案終不得白矣。我通詳已定，連夜發之，等罷官耳，去乃有名。某奮袂從之，搜得執爨人，藏之署中，以爲證。案既定，纖悉皆入奏，大府奪俸鐫級，二守皆實降，前任三令皆褫職，某以蒞任二年，亦在議中，奉特旨寬免，且令引見。李監生已畏罪自縊，仍戮屍，爲從二人發新疆爲奴。籍其家，以半給夫家，以半給父家，氏旌表。於是朱秋芳之名大著，瑶僮至奉之爲神。

白如珍

（清）白如珍《刑名一得・覺羅玉正序》　儒者素習舉業，一旦登諸仕版，任膺民社，刑名錢穀事緒紛繁，誠恐耳目難周，思慮不及，必得老成練達益友，講究漸摩，相與贊助，庶可無虞竭蹶焉。江右白元峯性情醇樸，有才有識，洵刑名老手也！余寄沈邸延入幕中，與論案情無不中肯，筆硯相共，歲籥三更，壬寅之夏，先生因赴皖江譚撫軍，約而別，風雨披帳，每懷靡及，甲辰春由皖寄《刑名一得》書示余，反覆披覽，而於律例之義蘊、案牘之疑似、人情之曲折、變幻議獄之規矩準繩，逐一條分縷晰，顯而灼見，其指示乎人者如窺鏡中之影，毫髮不爽，大約聽訟斷獄不能出此範圍也。先生之以此書示余，此猶不忘情于余，而余得讀此書，不啻朝夕與先生相親耳。

（清）白如珍《刑名一得・詹益序》　刑名之學，律例繁多，必須通曉。所謂射御，慣則能獲禽者，義亦如之，若或重而以刻為明，抑或輕而以寬為惠，皆不足以昭平允也。夫有定者律例，無定者案情，必使無定者咸歸有定，不輕不重恰在箇中，斯為仁至義盡。苟非潛心探索而率爾操觚，是鹵莽者必至滅裂，寧能動合機宜。元峯白友江右純儒蹇於闈屋籍幕以展抱負者也，遊於四方，名鉅爭聘，古之長史參軍莫斯過焉。手著《刑名一得》一書，剖律例之精微，辨案情之真確，誠初學金針也！循此擴而充之，批郤導窾目無全牛，其庶幾乎！亟勸付之梨棗，以公同好，爰綴數言，用誌契服云。

（清）白如珍《刑名一得·自序》 盛世人父濟濟，英才各擅其長，稍有抱負，無在不可展志，即或肄業寒牕，不能為良吏，以盡忠愛之忱；亦可為良幕，以舒經濟之術。但入幕而贊刑名，事関民社，責任綦重，學者當求其無慚於己，無負於人，其事其理不可不潛心講究也。夫律例成案，幕學之根本也，世務人情，幕學之見識也。擴而充之，化而裁之，遇事小心而熟籌之，方能燭顯通微，如鏡之徹，如衡之平，而不爽其髮。昔吳郡萬楓江先生著幕學諸書以垂世，議獄法則亦云備矣，然而斷獄論情，情有參差，則罪有出入。歷觀一切駁案多由於案情疑似、剖辨未清，以致情罪不符、輕重失當，是議獄者當先辨論案情也。余附賓朋已二十年矣，向遊冀北粱陳，嘗於案牘中遇有一得，陸續登記。壬寅之夏，譚中丞撫皖偕來，至癸夘冬散閒旅次，因編成帙，質於何子同階並同志諸友，皆促付梓以問世，於是不揣鄙陋而剞劂焉。

王有孚

（清）王有孚《一得偶談初集·葛周玉序》 士君子立身行己必有秉正不阿之操，無遠弗屆之識，斯可以其自信者信於鄉國天下，雖出處異迹，顯晦殊途，而其發爲文章、見爲經濟皆足維風教而正人心，立功立言無二致也。余友王白香先生，世爲吳中華胄，少穎敏善悟，長而能文，既冠遊上庠，性狷潔不慕浮榮，壯則遨遊四方，以申韓之學與人家國事。若齊若魯若吳越，有父母斯民之責者藉其勖勷所枉著賢聲。嘉慶戊午，滇南李公望仙秉臬兩晉，素知先生名，延爲上客，明罰勑法，諸大政半出先生手。每定一爰書，必準情當理無稍枉亦無稍縱。郡縣之獄，或有文致周內，一經先生指摘，不啻燭照數計，故得平反者多。當代名公卿，益加敬焉。庚申春，柏府李公騎箕去，先生將南還。余適自樓山移宰丹川，地衝獄繁，懼弗勝，聘致先生於官舍，事無鉅纖咸資劈畫，邑賴以治。案牘之暇，援古證今，觀其會通六易，寒暑相契如一日也。今歲仲夏於先生齋頭見所著《一得偶談集》，凡有二，其談刑法也，通權達變而不泥於成例，其談經義也，深入顯出而不拾人牙慧。視夫世之讀書讀律者殆别有心得矣，抑余之所以重先生者不寧惟是。蓋先生以果達之才，不屑屑於禄仕而蓮幕持籌，罔非經濟所昭著、文章所流露，其自信有真者，亦既共信於人。余則數年親炙，凡先生之立身行己無不觀於其所忽，惟能秉正不阿，故識足以周知萬物而無遠弗屆，是編所談特其緒餘耳，梓而行之必不脛而走，將使鄉國天下未識先生者讀其文而知其人，莫不願見恨晚也！爰固請以授諸剞劂氏，并樂得而序之如此。

（清）王有孚《一得偶談初集·李文運序》 讀書而不窮其理，讀律而不融其意，皆不善讀者也。不善讀書，雖腐不過才短；不善讀律，則不但損人而且損己。其害有不可勝言者矣。吾友王白香先生，洵善讀書，尤善讀律也。辛酉初春，郭浣溪使君攝澤郡篆，偕予往識先生於丹川館舍，接其人，恂如也；聆其言，藹如也；閱其點視稿案，皆準情酌理，援引律例，折衷至當也。不時過從，相得甚歡。經兩載餘，迨癸亥秋，先生暫返吳門，不十日，予踐浣溪舊約，亦移研雲中，天各一方，每於酒闌燈灺之時，心憶之而不能忘。今歲孟夏，予在晉陽郡齋，先生寄所作《一得偶談》初二兩集囑爲勘校。披而讀之，其談學問也，直抉經史之精蘊，非經生家常言；其談案牘也，用律而不爲律縛，常於疎節闊目中得其意於言外。惟早徹書理，故能細究律意，是使書與律二而一者也，非抱檕守株而談之也。余葢淺人，讀書不深，不敢輕讀律，又何足以知先生，然承先生知愛，遂不禁揣盤捫籥而識之如此。請質諸知言者。

杜貴墀

（清）杜貴墀《漢律輯證·律敘》 黄帝設五法，布之天下。太史公素王妙論。《皋陶謨》虞始造律。《風俗通》。《筦子》曰：令者，令民知民事。本書。鄭鑄刑書，晉作執秩，張斐律序。魏文侯師於李悝，集諸國刑典，造經六篇：一盜法，二賊法，三囚法，四捕法，五雜法，六具法。商鞅傳授，改法爲律，《唐律疏議》疏按《晉書·刑法志》悝著《法經》，以爲王者之政莫急於盜賊，故其律始於盜賊，盜賊須劾捕。故著《網捕》二篇，其輕校越城博戲借假不廉，淫侈踰制，以爲《雜律》一篇。又以具律論具其加減，是故所著六篇而已，然皆罪名之制也。漢相蕭何承秦法作爲律令。《宣帝紀》地節四年注。除參夷連坐之罪，增部主見知之條，益事律，興廐戶，三篇合爲九篇。叔孫通益律所不及，《傍章》十八篇，張湯《越宫律》二十七篇，趙禹《朝律》六篇，合八十篇。《晉書·刑法志》按《御覽·刑法部》引張斐律序，趙禹作朝會正見律。光武天下已定，務用安静，解王莽之繁，遵漢世之輕。見《循吏列傳序》。然法令决事輕重不齊，或一事殊法，同罪異論。《桓譚傳》。司徒辭訟久者數十年，事類溷錯，不良吏得爲因緣。陳寵辟司徒，鮑昱府爲撰《辭訟比》七卷，决事科條皆以事類相從。見《陳寵傳》。應劭删定律令，撰律本章句、尚書舊事、廷尉版令、决事比例、司徒都目、五曹詔書及春秋治獄凡二百五十篇，蠲其重複奏之。見本傳及《六帖》。葢漢之律書出於小杜，見《文苑英華》三百引沈約授蔡法度廷尉制。後人生意各爲章句，叔孫宣、郭令卿、馬融、鄭元諸儒十有餘家，家數十萬言，凡斷罪所當由用者，合二萬三千六百七十二條，七百七十三萬二千五百餘言。《晉書·刑法志》。歷魏晉迄隋唐書之存者，《建武律令故事》《律略論》《廷尉决事》《廷尉駮事》《廷尉雜詔書》而已。今惟唐長孫无忌《律疏》三十卷，亡而復存，其原本於漢律者，文没不見，王伯厚《玉海·漢制攷》中引十餘事，貴墀喜其存而惜其少，妄有增益，欲仿《漢官儀》諸書之輯，别爲漢律一編，以蒐采未富久，稽卒業。今夏元和江學使建霞見贈所刊靈鶼閣叢書，乃知汶民已先我爲之。然攟拾寥寥，未塞鄙意，因檢所未卒業者，傭鈔存篋，凡得百數十條，逐條各注原書，原書字句稍有删節者，曰見某書。其未明引律文，而制詔所定，其入律可知，及推求所坐罪名，彼此互證，决爲律文所有，則竟以所坐當之，而徵引本事分注下方，先後鄭注經或稱漢法，法卽律也，許汶長《説文》或引漢令，《史記·惠景閒侯者年表》著令甲稱其忠焉。瓚曰：以非制，故特著令，杜周有言：前王所是著爲律，後王所是疏爲令。杜預《律序》：律者八，以正罪名，令者八，以存事制，二者相須爲用。《黄香傳》引《田律》作田令，《後漢書·禮儀志》引漢律《金布令》，是令亦律也。異名同物，無關限斷。《盜律》有賊傷之例，《賊律》有盜章之文，《興律》有上獄之法，《廐律》有逮捕之事，若此之比，錯糅無常，《盜律》以下見《晉書·刑法志》。既未睹其全書，無從強爲隸目。今之律目非蕭何所有，尤無取焉，秉燭餘光，照不及遠，取爲嚆矢，謹俟來喆。

李漁

（清）周慶雲《歷代兩浙詞人小傳》卷六《李漁》 漁，蘭谿人，少遊四方，自白門移家杭州，居湖上，碧波翠嵐環映几席。自喜其家與山水爲隣，題柱云：繁冗驅人舊業盡抛塵市裏，湖山招我全家移入畫圖中。因自號湖上笠翁，負才子名，婦人孺子無不知有李笠翁者。詞曲尤擅盛名麗句，清詞一時傳誦。或有病其過近俳淺者，然佳處自不可没，如絶句云：膽瓶春色映檽紗，一座清香數琖茶。散腳道人無坐性，閉關十日爲梅花。詞如《浪淘沙·春暮》云柳絮忽飛揚，散卻春光。等閒緑遍舊池塘，無數浮萍遮水，而何處流觴。蜂蝶一生忙，尚戀餘香，踏青散後倦梳妝，又是懨懨人病也，天氣初長。

附録：法律人物總部人名索引

附錄：本件人物與作人合集

說明：法律人物總部所收人名均按其姓名或通稱的首字筆畫數從小到大排列，若首字筆畫數相同則按筆順順序排列。

二畫

三畫

四畫

五畫

六畫

七畫

八畫

九畫

十畫

十一畫

十二畫

十六畫

十七畫

十八畫

十九畫

二十畫

二十一畫

二十二畫

二十六畫

中華大典・法律典

法律理論分典　引用書目

引用書目

書名	作者	朝代	版本	備註
經　部				
經部·易類				
周易			四部叢刊本	影印宋刊本
子夏易傳			文淵閣四庫全書本	
周易正義	魏王弼注　唐孔穎達等疏		中華書局一九八〇年版	阮刻十三經注疏
周易集解	李鼎祚	唐	中國書店一九九〇年版	
溫公易說	司馬光	宋	文淵閣四庫全書本	
橫渠易說	張載	宋	文淵閣四庫全書本	
周易本義	朱熹	宋	中國書店一九八七年版	
周易義海撮要	李衡	宋	文淵閣四庫全書本	
周易啓蒙翼傳	胡一桂	元	文淵閣四庫全書本	
易經集注	來知德	明	上海書店一九九〇年版	
周易述	惠棟	清	天津古籍書店一九八九年版	
周易述補	江藩	清	清嘉慶刻本	
周易集解	孫星衍	清	上海書店一九八八年版	
焦氏易詁	尚秉和	清	中華書局一九九一年版	
六十四卦經解	朱駿聲	清	中華書局一九九八年版	
經部·書類				
尚書			四部叢刊本	影印宋刊本
尚書正義	漢孔安國傳　唐孔穎達正義		中華書局一九八〇年版	阮刻十三經注疏
五誥解	楊簡	宋	文淵閣四庫全書本	
書經集傳	蔡沈	宋	上海古籍出版社一九八七年版	
尚書今古文注疏	孫星衍	清	中華書局一九八六年版	
尚書引義	王夫之	清	中華書局一九六二年版	《船山遺書》
今文尚書考證	皮錫瑞	清	中華書局一九八九年版	十三經清人注疏本
同文尚書	牟庭	清	齊魯書社一九八一年版	
經部·詩類				
詩經	宋朱熹注		上海古籍出版社一九八八年版	
詩傳遺說	朱鑑	宋	文淵閣四庫全書本	
韓詩外傳	韓嬰	漢	中華書局一九八〇年版	
經部·禮類·周禮之屬				

周禮			四部叢刊本	影印宋岳氏本
周禮注疏	漢鄭玄注　唐賈公彦疏		中華書局一九八〇年版	阮刻十三經注疏
周禮詳解	王昭禹	宋	文淵閣四庫全書本	
禮經會元	葉時	宋	文淵閣四庫全書本	

經部・禮類・儀禮之屬

儀禮			四部叢刊本	影印仿宋刊本
儀禮注疏	漢鄭玄注　唐賈公彦疏		中華書局一九八〇年版	阮刻十三經注疏
儀禮正義	胡培翬	清	江蘇古籍出版社一九九三年版	
五服圖解	龔端禮	元	江蘇古籍出版社一九八八年版	

經部・禮類・禮記之屬

禮記			商務印書館一九三〇年版	
禮記正義	漢鄭玄注　唐孔穎達等正義		中華書局一九八〇年版	阮刻十三經注疏
禮記集説	衛湜	宋	文淵閣四庫全書本	
禮記通註	朱武原	明	商務印書館一九三七年版	
禮記集解	孫希旦	清	中華書局一九八九年版	十三經清人注疏本
讀禮志疑	陶鴻慶	清	中華書局一九六三年版	
大戴禮記解詁	王聘珍	清	中華書局一九八三年版	十三經清人注疏本

經部・禮類・通禮之屬

禮書	陳祥道	宋	文淵閣四庫全書本	
五禮通考	秦蕙田	清	文淵閣四庫全書本	

經部・禮類・雜禮書之屬

王度記	佚名	三國魏	清嘉慶三年刻本	《漢魏遺書鈔》
問禮俗	董勛	三國魏	清嘉慶三年刻本	《漢魏遺書鈔》
皇覽逸禮	繆襲	三國魏	清嘉慶三年刻本	《漢魏遺書鈔》

經部・春秋類

春秋左傳			商務印書館一九三三年版	
春秋左傳正義	晉杜預注　唐孔穎達等正義		中華書局一九八〇年版	阮刻十三經注疏
春秋公羊經傳解詁	何休	漢	四部叢刊本	影印宋刊本
春秋穀梁傳	晉范甯集解		四部叢刊本	影印宋刊本
春秋集解	吕本中	宋	文淵閣四庫全書本	
春秋集義	李明復	宋	文淵閣四庫全書本	
春秋繁露義證	蘇輿	清	中華書局一九九二年版	
春秋緯	清黄奭輯		上海古籍出版社一九九三年版	

經部・孝經類

孝經			四部叢刊本	影印宋刊本

孝經緯　清黄奭輯　上海古籍出版社一九九三年版

經部·五經總義類

經典釋文　陸德明　唐　中華書局一九八五年版
國朝漢學師承記　江藩　清　中華書局一九八三年版
經學歷史　皮錫瑞　清　中華書局一九五九年版

經部·四書類

論語　四部叢刊本　影印宋刊本
論語注疏　魏何晏等注　宋邢昺疏　宋　中華書局一九八〇年版　阮刻十三經注疏
論語全解　陳祥道　宋　文淵閣四庫全書本
論語集註大全　胡廣　明　文淵閣四庫全書本
論語正義　劉寶楠　清　中華書局一九九〇年版　十三經清人注疏本
論語緯　清黄奭輯　上海古籍出版社一九九三年版
孟子　四部叢刊本　影印宋刊本
孟子注疏　漢趙岐注　宋孫奭疏　中華書局一九八〇年版　阮刻十三經注疏
論孟精義　朱熹　宋　文淵閣四庫全書本
孟子正義　焦循　清　中華書局一九八七年版　十三經清人注疏本
四書章句集注　朱熹　宋　中華書局一九八三年版
讀四書大全説　王夫之　清　中華書局一九七五年版
經籍籑詁　阮元　清　成都古籍書店一九八二年版

經部·小學類·訓詁之屬

爾雅　四部叢刊本　影印宋刊本
爾雅義疏　郝懿行　清　上海古籍出版社一九八三年版
釋名　劉熙　漢　中華書局一九八五年版
廣雅疏證　王念孫　清　上海古籍出版社一九八三年版
匡謬正俗　顔師古　唐　商務印書館一九三六年版

經部·小學類·字書之屬

急就篇　史游　漢　岳麓書社一九八九年版
説文解字注　段玉裁　清　上海古籍出版社一九八一年版
席氏讀説文記　席世昌　清　上海古籍出版社二〇〇二年版　《續修四庫全書》
玉篇　顧野王　南朝梁　中國書店一九八三年版
康熙字典　張玉書等　清　成都古籍書店一九八〇年版

經部·小學類·韻書之屬

集韻　丁度等　宋　中國書店一九八三年版

史部

史部·正史類

史記	司馬遷	漢	中華書局一九五九年版
漢書	班固	漢	中華書局一九六二年版
後漢書	范曄	漢	中華書局一九六五年版
三國志	陳壽	晉	中華書局一九五九年版
晉書	房玄齡等	唐	中華書局一九七四年版
宋書	沈約	南朝梁	中華書局一九七四年版
南齊書	蕭子顯	南朝梁	中華書局一九七二年版
梁書	姚思廉	唐	中華書局一九七三年版
陳書	姚思廉	唐	中華書局一九七二年版
魏書	魏收	北齊	中華書局一九七三年版
北齊書	李百藥	唐	中華書局一九七二年版
周書	令狐德棻等	唐	中華書局一九七一年版
隋書	魏徵等	唐	中華書局一九七三年版
南史	李延壽	唐	中華書局一九七五年版
北史	李延壽	唐	中華書局一九七四年版
舊唐書	劉昫等	後晉	中華書局一九七五年版
新唐書	歐陽修 宋祁	宋	中華書局一九七五年版
舊五代史	薛居正等	宋	中華書局一九七六年版
新五代史	歐陽修	宋	中華書局一九七四年版
宋史	脱脱等	元	中華書局一九七七年版
遼史	脱脱等	元	中華書局一九七四年版
金史	脱脱等	元	中華書局一九七五年版
元史	宋濂等	明	中華書局一九七六年版
明史	張廷玉等	清	中華書局一九七四年版

史部·編年類

竹書紀年			文淵閣四庫全書本
竹書統箋	徐文靖	清	文淵閣四庫全書本
前漢紀	荀悦	漢	文淵閣四庫全書本
太宗皇帝實録	錢若水	宋	上海古籍出版社二〇〇二年版
資治通鑑	司馬光	宋	世界書局一九三五年版
稽古録	司馬光	宋	中華書局一九九一年版
資治通鑑外紀	劉恕	宋	上海古籍出版社一九八七年版
續資治通鑑長編	李燾	宋	文淵閣四庫全書本
建炎以來繫年要録	李心傳	宋	中華書局一九五七年版
皇宋中興兩朝聖政	留正	宋	商務印書館一九三五年版

資治通鑑前編	金履祥	宋	文淵閣四庫全書本
資治通鑑綱目	朱熹	宋	文淵閣四庫全書本
通鑑續編	陳桱	元	文淵閣四庫全書本
資治通鑑後編	徐乾學	清	中華書局一九五七年版
綱鑑易知録	吴乘權等	清	中華書局一九六〇年版
續資治通鑑	畢沅	清	中華書局一九八五年版
國榷	談遷	明	中華書局一九五八年版
皇明通紀述遺	卜世昌	明	中華書局一九八八年版
明實録		明	上海書店一九八四年版
清實録		清	中華書局一九八五年版
東華録	蔣良騏	清	中華書局一九八五年版
宣統政紀		清	中華書局一九八五年版
清宮遺聞		清	中華書局一九八〇年版
史部・紀事本末類			
三朝北盟會編	徐夢莘	宋	文淵閣四庫全書本
元史紀事本末	陳邦瞻	明	中華書局一九七九年版
繹史	馬驌	清	文淵閣四庫全書本
左傳紀事本末	高士奇	清	中華書局一九七九年版
聖武記	魏源	清	中華書局一九八四年版
遼史紀事本末	李有棠	清	中華書局一九八三年版
金史紀事本末	李有棠	清	中華書局一九八〇年版
史部・别史類			
汲冢周書			四部叢刊本 影印明嘉靖刊本
通志	鄭樵	宋	文淵閣四庫全書本
路史	羅泌	宋	文淵閣四庫全書本
罪惟録	查繼佐	明	浙江古籍出版社一九八六年版
續通志	嵇璜等	清	文淵閣四庫全書本
尚史	李鍇	清	文淵閣四庫全書本
史部・雜史類			
國語			上海古籍出版社一九七八年版
戰國策			上海古籍出版社一九八五年版
貞觀政要	吴兢	唐	文淵閣四庫全書本
隋唐嘉話	劉餗	唐	中華書局一九七九年版
大唐新語	劉肅	唐	中華書局一九八四年版
汝南遺事	王鶚	元	文淵閣四庫全書本

治世餘聞	陳洪謨	明	中華書局一九三六年版	
弇山堂別集	王世貞	明	中華書局一九八五年版	
典故紀聞	余繼登	明	中華書局一九八一年版	
萬曆野獲編	沈德符	明	中華書局一九五九年版	
豫變紀略	鄭廉	清	浙江古籍出版社一九八四年版	

史部・詔令奏議類・詔令之屬

皇明寶訓		明	明萬曆三十年周氏大有堂新鐫官板刻本	
皇明詔令		明	科學出版社一九九四年版	《中國珍稀法律典籍集成》乙編
世宗憲皇帝硃批諭旨	鄂爾泰等	清	文淵閣四庫全書本	

史部・詔令奏議類・奏議之屬

包孝肅奏議集	包拯	宋	文淵閣四庫全書本	
范忠宣公奏議	范純仁	宋	清康熙四十六年刻本	
范文正奏議	范仲淹	宋	文淵閣四庫全書本	
胡端敏公奏疏	胡世寧	明	中華書局一九六二年版	
歷代名臣奏議	楊士奇等	明	文淵閣四庫全書本	
皇明疏鈔	孫旬	明	上海古籍出版社一九九六年版	
許乃濟奏議	許乃濟	清	中華書局一九五九年版	
黃爵滋奏疏	黃爵滋	清	中華書局一九五九年版	
曾文正公奏稿	曾國藩	清	上海古籍出版社二〇〇二年版	《續修四庫全書》
郭侍郎奏疏	郭嵩燾	清	清光緒十八年刻本	
國朝奏疏	朱槼等	清	上海古籍出版社二〇〇二年版	《續修四庫全書》
皇清奏議	琴川居士	清	清光緒二十八年雲間麗澤學會石印本	
同治中興京外奏議約編	陳弢	清	上海書店一九八五年版	

史部・傳記類・名人之屬

晏子春秋			上海書店一九八六年版	《諸子集成》
魏鄭公諫録	王方慶	唐	商務印書館一九三九年版	光緒五年《畿輔叢書》排印本
諸葛忠武書	明楊時偉編		文淵閣四庫全書本	

史部・傳記類・總録之屬

高士傳	皇甫謐	晉	文淵閣四庫全書本	
宋名臣言行録前集	朱熹	宋	文淵閣四庫全書本	
宋名臣言行録後集	朱熹	宋	文淵閣四庫全書本	
宋名臣言行録續集	李幼武	宋	文淵閣四庫全書本	
宋名臣言行録別集	李幼武	宋	文淵閣四庫全書本	
宋名臣言行録外集	李幼武	宋	文淵閣四庫全書本	
元朝名臣事略	蘇天爵	元	中華書局一九八五年版	

雲間人物志	李紹文	明	人民文學出版社二〇〇六年版	
嘉靖以來首輔傳	王世貞	明	文淵閣四庫全書本	
兩漢三國學案	唐晏	清	中華書局一九八六年版	
宋元學案	黄宗羲	清	中華書局一九八二年版	清全祖望補修
明儒學案	黄宗羲	清	中華書局一九八五年版	
中州先哲傳	李時燦等編		廣陵書社二〇〇七年版	《清代地方人物傳記叢刊》
湖南歷代鄉賢事略二編	佚名	清	廣陵書社二〇〇七年版	《清代地方人物傳記叢刊》
海寧鄉賢録	佚名	清	廣陵書社二〇〇七年版	《清代地方人物傳記叢刊》
清史粵人傳	佚名	清	廣陵書社二〇〇七年版	《清代地方人物傳記叢刊》
廣東文徵作者考	吴道鎔	清	廣陵書社二〇〇七年版	《清代地方人物傳記叢刊》
湖南文徵姓氏傳	羅汝懷	清	廣陵書社二〇〇七年版	《清代地方人物傳記叢刊》
蘇州文徵乙編姓氏小傳	曹允源	清	廣陵書社二〇〇七年版	《清代地方人物傳記叢刊》
蕪城懷舊録	董玉書	清	廣陵書社二〇〇七年版	《清代地方人物傳記叢刊》
歷代兩浙詞人小傳	周慶雲	清	廣陵書社二〇〇七年版	《清代地方人物傳記叢刊》
清史列傳		清	中華書局一九八七年版	
歷代名儒傳	李清植	清	中國書店一九九一年版	

史部・載記類

吴越春秋	趙煜	漢	文淵閣四庫全書本
越絶書	袁康	漢	上海古籍出版社一九八五年版
華陽國志	常璩	晉	文淵閣四庫全書本
十六國春秋	崔鴻	北魏	文淵閣四庫全書本
十國春秋	吴任臣	清	中華書局一九八三年版
廿二史劄記	趙翼	清	中華書局一九八四年版

史部・地理類・雜記之屬

東京夢華録	孟元老	宋	中華書局一九八二年版
析津志輯佚	熊夢祥	元	北京古籍出版社一九八三年版
西湖夢尋	張岱	明	中華書局二〇〇七年版
陶庵夢憶	張岱	明	中華書局二〇〇七年版
舊京遺事	史玄	明	北京古籍出版社一九八六年版
天咫偶聞	震鈞	清	北京古籍出版社一九八二年版

史部・地理類・外紀之屬

日本國志	黄遵憲	清	上海古籍出版社二〇〇一年版

史部・職官類・官制之屬

唐六典	張九齡等	唐	文淵閣四庫全書本
翰苑群書	洪遵	宋	文淵閣四庫全書本

禮部志稿	俞汝楫	明	文淵閣四庫全書本
國子監志		清	文淵閣四庫全書本

史部・職官類・官箴之屬

三事忠告	張養浩	元	四部叢刊本　影印元刊本
佐治藥言	汪輝祖	清	中華書局一九八五年版
蜀僚問答	劉衡	清	黑龍江人民出版社二〇〇六年版　《中國律學文獻》第三輯

史部・政書類・通制之屬

通典	杜佑	唐	中華書局一九八八年版
唐會要	王溥	宋	中華書局一九五五年版
五代會要	王溥	宋	中華書局一九九八年本
建炎以來朝野雜記	李心傳	宋	中華書局二〇〇〇年版
西漢會要	徐天麟	宋	中華書局一九五五年本
東漢會要	徐天麟	宋	上海古籍出版社一九七八年版
文獻通考	馬端臨	元	中華書局一九八六年版
策要	梁寅	元	商務印書館一九三五年版
明會典		明	文淵閣四庫全書本
七國攷	董説	明	文淵閣四庫全書本
大清會典		清	文淵閣四庫全書本
大清會典則例		清	文淵閣四庫全書本
續文獻通考	嵇璜等	清	文淵閣四庫全書本
皇朝文獻通考	嵇璜等	清	文淵閣四庫全書本
續通典	嵇璜等	清	文淵閣四庫全書本
皇朝通典	嵇璜等	清	文淵閣四庫全書本
皇朝通志	嵇璜等	清	文淵閣四庫全書本
宋會要輯稿	徐松	清	中華書局一九五七年版
春秋會要	姚彥渠	清	中華書局一九五五年版
南朝宋會要	朱銘盤	清	上海古籍出版社一九八四年版
南朝齊會要	朱銘盤	清	上海古籍出版社一九八四年版
南朝梁會要	朱銘盤	清	上海古籍出版社一九八四年版
南朝陳會要	朱銘盤	清	上海古籍出版社一九八六年版
秦會要	孫楷	清	上海古籍出版社二〇〇四年版
秦會要訂補	孫楷	清	中華書局一九五九年版
晉會要	汪兆鏞	清	書目文獻出版社一九九一年版
三國會要	錢儀吉	清	上海古籍出版社一九九一年版
明會要	龍文彬	清	中華書局一九五六年版

皇朝續文獻通考	劉錦藻	清	商務印書館一九三六年版	
史部・政書類・儀制之屬				
漢官舊儀	衛宏	漢	文淵閣四庫全書本	
漢官六種	清孫星衍等輯		中華書局一九九〇年版	
漢禮器制度	叔孫通	漢	清嘉慶三年刻本	《漢魏遺書鈔》
大唐開元禮	蕭嵩等	唐	文淵閣四庫全書本	
謚法	蘇洵	宋	文淵閣四庫全書本	
太常因革禮	歐陽修等	宋	江蘇古籍出版社一九八八年版	宛委別藏本
大清通禮		清	文淵閣四庫全書本	
史部・政書類・邦計之屬				
康濟録	陸曾禹	清	文淵閣四庫全書本	
樊山政書	樊增祥	清	中華書局二〇〇七年版	
史部・政書類・法令之屬				
兩漢詔令	宋林虙編		文淵閣四庫全書本	
漢律輯證	杜貴墀	清	社會科學文獻出版社二〇〇七年版	《中國律學文獻》第四輯
唐律疏議	長孫無忌等	唐	中華書局一九八三年版	
唐大詔令集	宋敏求	宋	文淵閣四庫全書本	
唐律釋文	王元亮	元	中華書局一九八三年版	
宋刑統	竇儀等	宋	中華書局一九八四年版	
慶元條法事類	謝深甫等	宋	黑龍江人民出版社二〇〇二年版	《中國珍稀法律典籍續編》
呂氏鄉約	呂大鈞	宋	黑龍江人民出版社二〇〇五年版	《古代鄉約及鄉治法律文獻十種》
天盛改舊新定律令		西夏	法律出版社二〇〇〇年版	
元典章		元	中國廣播電視出版社一九九八年版	《續修四庫全書》影印元刻本
皇祖四大法	何棟如	明	明萬曆四十二年刻本	
皇明祖訓		明	明洪武內府刻本	
大誥	朱元璋	明	科學出版社一九九四年版	《中國珍稀法律典籍集成》乙編
大誥續編	朱元璋	明	科學出版社一九九四年版	《中國珍稀法律典籍集成》乙編
大誥三編	朱元璋	明	科學出版社一九九四年版	《中國珍稀法律典籍集成》乙編
大誥武臣	朱元璋	明	科學出版社一九九四年版	《中國珍稀法律典籍集成》乙編
大明令		明	四部叢刊本	影印明萬曆七年刻本
律解辯疑	何廣	明	黑龍江人民出版社二〇〇二年版	《中國珍稀法律典籍續編》
律解辯疑所載律文		明	科學出版社一九九四年版	《中國珍稀法律典籍集成》乙編
刑臺法律	明沈應文校正 蕭近高注釋		中國書店一九九〇年版	《海王邨古籍叢刊》
大明律講解	佚名	明	黑龍江人民出版社二〇〇四年版	《中國律學文獻》第一輯
皇明弘治六年條例		明	科學出版社一九九四年版	《中國珍稀法律典籍集成》乙編

宗藩條例		明	科學出版社一九九四年版	《中國珍稀法律典籍集成》乙編
皇明成化二十三年條例		明	科學出版社一九九四年版	《中國珍稀法律典籍集成》乙編
嘉靖新例		明	科學出版社一九九四年版	《中國珍稀法律典籍集成》乙編
學校格式		明	黑龍江人民出版社二〇〇二版	《中國珍稀法律典籍續編》
禮儀定式		明	黑龍江人民出版社二〇〇二版	《中國珍稀法律典籍續編》
律條疏議	張楷	明	明嘉靖二十三年黃巖符驗重刊本	
皇明條法事類纂	戴金等	明	科學出版社一九九四年版	《中國珍稀法律典籍集成》乙編
鄉甲約	吕坤	明	黑龍江人民出版社二〇〇五年版	《古代鄉約及鄉治法律文獻十種》
十家牌法	王守仁	明	黑龍江人民出版社二〇〇五年版	《古代鄉約及鄉治法律文獻十種》
教民榜文	朱元璋	明	四部叢刊本	《古代鄉約及鄉治法律文獻十種》
唐明清三律合編			黑龍江人民出版社二〇〇二年版	《中國珍稀法律典籍續編》
吏部條法		清	黑龍江人民出版社二〇〇二年版	《中國珍稀法律典籍續編》
通制條格		清	黑龍江人民出版社二〇〇二年版	《中國珍稀法律典籍續編》
新疆則例説略		清	黑龍江人民出版社二〇〇二年版	《中國珍稀法律典籍續編》
盛京滿文檔案中的律令			科學出版社一九九四年版	《中國珍稀法律典籍集成》丙編
大清律例		清	科學出版社一九九四年版	《中國珍稀法律典籍集成》丙編
大清律例略記	江峰	清	社會科學文獻出版社二〇〇七年版	《中國律學文獻》第四輯
大清律例擇要淺説	志和	清	社會科學文獻出版社二〇〇七年版	《中國律學文獻》第四輯
稽古定制		清	黑龍江人民出版社二〇〇二年版	《中國珍稀法律典籍續編》
大清法規大全		清	清宣統元年政學社石印本	
欽定宗室覺羅律例		清	黑龍江人民出版社二〇〇二年版	《中國珍稀法律典籍續編》
保甲書	徐棟	清	黑龍江人民出版社二〇〇五年版	《古代鄉約及鄉治法律文獻十種》
鄉守輯要合鈔	許乃釗	清	黑龍江人民出版社二〇〇五年版	《古代鄉約及鄉治法律文獻十種》
保甲章程	佚名	清	黑龍江人民出版社二〇〇五年版	《古代鄉約及鄉治法律文獻十種》
上諭合律鄉約全書	魏象樞　陳秉直	清	黑龍江人民出版社二〇〇五年版	《古代鄉約及鄉治法律文獻十種》
保甲	黃六鴻	清	黑龍江人民出版社二〇〇五年版	《古代鄉約及鄉治法律文獻十種》
現行鄉約	佚名	清	黑龍江人民出版社二〇〇五年版	《古代鄉約及鄉治法律文獻十種》
新刑律修正案彙録	勞乃宣	清	京師京華印書局宣統二年版	
敦煌法制文書			科學出版社一九九四年版	《中國珍稀法律典籍集成》甲編
吐魯番出土法律文獻			科學出版社一九九四年版	《中國珍稀法律典籍集成》甲編
敦煌吐魯番唐代法制文書考釋			中華書局一九八九年版	

史部・政書類・公牘檔案之屬

新纂四六合律判語	佚名	明	中國社會科學出版社二〇〇五年版	《歷代判例判牘》
清代乾嘉道巴縣檔案選編			四川大學出版社一九九六年版	四川大學歷史系　四川省檔案館編

清代武定彝族那氏土司檔案史料校編　中央民族學院出版社一九九三年版　楚雄彝族文化研究所編

史部·目録類·經籍之屬

四庫全書總目提要　紀昀　清　中華書局一九六五年版
校讎通義　章學誠　清　上海書店一九八八年版

史部·目録類·金石之屬

金石萃編　王昶　清　上海古籍出版社二〇〇二年版　《續修四庫全書》
八瓊室金石補正　陸增祥　清　上海古籍出版社二〇〇二年版　《續修四庫全書》
碑傳集　錢儀吉　清　中華書局一九九三年版

史部·史評類

唐鑑　范祖禹　宋　上海古籍出版社一九八四年版
宋大事記講義　吕中　宋　文淵閣四庫全書本
通鑑答問　王應麟　宋　文淵閣四庫全書本
史綱評要　李贄　明　中華書局一九七四年版
讀通鑑論　王夫之　清　中華書局一九七五年版
史通通釋　浦起龍　清　上海古籍出版社一九七八年版

子部

子部·儒家類

孔子家語　魏王肅注　文淵閣四庫全書本
孔子集語　孫星衍　清　上海古籍出版社一九八九年版
荀子　商務印書館一九四九年版
荀子集解　王先謙　清　中華書局一九八八年版　《新編諸子集成》
孔叢子　孔鮒　漢　上海古籍出版社一九九〇年版
新語　陸賈　漢　上海書店一九八六年版　《諸子集成》
新書　賈誼　漢　吉林大學出版社一九九二年版
鹽鐵論　桓寬　漢　上海書店一九八六年版　《諸子集成》
說苑　劉向　漢　中華書局一九八七年版
新序　劉向　漢　吉林大學出版社一九九二年版
揚子法言　揚雄　漢　上海書店一九八六年版　《諸子集成》
潛夫論　王符　漢　上海書店一九八六年版　《諸子集成》
申鑒　荀悅　漢　上海書店一九八六年版　《諸子集成》
中論　徐幹　漢　文淵閣四庫全書本
忠經　馬融　漢　吉林大學出版社一九九二年版
帝範　李世民　唐　文淵閣四庫全書本
臣軌　武則天　唐　清咸豐六年刻本

白鹿書院教規	朱熹	宋	商務印書館一九三八年版	
朱子語類	黎靖德	宋	中華書局一九八六年版	
曾子全書	宋汪晫編		文淵閣四庫全書本	
子思子全書	宋汪晫編		上海古籍出版社一九九〇年版	
大學衍義	真德秀	宋	文淵閣四庫全書本	
政經	真德秀	宋	文淵閣四庫全書本	
治世龜鑑	蘇天爵	元	文淵閣四庫全書本	
大學衍義補	丘濬	明	文淵閣四庫全書本	
繹志	胡承諾	清	上海古籍出版社二〇〇二年版	《續修四庫全書》
破邪論	黄宗羲	清	上海古籍出版社二〇〇二年版	《續修四庫全書》
明夷待訪録	黄宗羲	清	上海古籍出版社一九五七年版	
噩夢	王夫之	清	中華書局二〇〇九年版	
俟解	王夫之	清	中華書局二〇〇九年版	
思問録	王夫之	清	中華書局二〇〇九年版	
張子正蒙注	王夫之	清	上海古籍出版社二〇〇二年版	《續修四庫全書》
潛書	唐甄	清	上海古籍出版社二〇〇二年版	《續修四庫全書》
子部·墨家類				
墨子			上海古籍出版社一九八六年版	
墨子閒詁	孫詒讓	清	中華書局二〇〇一年版	《新編諸子集成》
子部·道家類				
老子道德經	魏王弼注		上海書店一九八六年版	《諸子集成》
老子注	王安石	宋	中華書局一九七九年版	
道德真經註	吴澄	元	文淵閣四庫全書本	
老子本義	魏源	清	上海書店一九八六年版	《諸子集成》
列子	晉張湛注		中華書局一九八六年版	《諸子集成》
莊子			上海古籍出版社一九八六年版	
莊子集解	王先謙	清	中華書局一九八七年版	
莊子集釋	郭慶藩	清	中華書局一九八七年版	
文子纘義	杜道堅	宋	上海古籍出版社一九八六年版	
太平經			中華書局一九六〇年版	又名《太平清領書》
抱朴子	葛洪	晉	上海書店一九八六年版	《諸子集成》
无能子	佚名	唐	中華書局一九八一年版	
藥地炮莊	方以智	明	清康熙此藏軒刻本	
子部·法家類				
管子			四部叢刊本	據宋本影印

管子校正	戴望	清	上海書店一九八六年版	《諸子集成》
商君書			上海書店一九八六年版	《諸子集成》
韓非子集解	王先慎	清	中華書局二〇〇三年版	《新編諸子集成》
折獄龜鑑	鄭克	宋	文淵閣四庫全書本	
棠陰比事	桂萬榮	宋	文淵閣四庫全書本	
刑統賦解	元郄氏韻釋　王亮增注		黑龍江人民出版社二〇〇四年版	《中國律學文獻》第一輯
粗解刑統賦	孟奎	元	黑龍江人民出版社二〇〇四年版	《中國律學文獻》第一輯
刑統賦疏	沈仲緯	元	黑龍江人民出版社二〇〇四年版	《中國律學文獻》第一輯
法家裒集	陳永	明	黑龍江人民出版社二〇〇四年版	《中國律學文獻》第一輯
法綴	唐樞	明	黑龍江人民出版社二〇〇四年版	《中國律學文獻》第一輯
名公書判清明集	張四維	明	中華書局一九八七年版	
王儀部先生箋釋	王肯堂	明	黑龍江人民出版社二〇〇五年版	《中國律學文獻》第二輯
讀律心得	劉衡	清	黑龍江人民出版社二〇〇六年版	《中國律學文獻》第三輯
讀律佩觿	王明德	清	法律出版社二〇〇一年版	
在官法戒録	陳宏謀	清	清同治七年楚北崇文書局刻本	
辦案要略	王又槐	清	群衆出版社一九八七年版	
秋審實緩比較彙案	桑春榮	清	清光緒九年刻本	
折獄卮言	陳士鑛	清	黑龍江人民出版社二〇〇六年版	《中國律學文獻》第三輯
一得偶談	王有孚	清	黑龍江人民出版社二〇〇六年版	《中國律學文獻》第三輯
祥刑經解	汪泩	清	黑龍江人民出版社二〇〇六年版	《中國律學文獻》第三輯
律例圖説正編	萬維翰	清	黑龍江人民出版社二〇〇六版	《中國律學文獻》第三輯
幕學舉要	萬維翰	清	清光緒十八年浙江書局刊本	
刑名一得	白如珍	清	黑龍江人民出版社二〇〇六年版	《中國律學文獻》第三輯
祥刑古鑑	宋邦德	清	清同治六年刻本	
歷朝折獄纂要	周爾吉	清	清光緒十六年刻本	
判語録存	李鈞	清	清道光十三年刻本	
律服考古録	楊峒	清	臺北文海出版社一九七四年版	
子部・農家類				
四民月令	崔寔	漢	清嘉慶三年刻本	《漢魏遺書鈔》
齊民要術	賈思勰	北魏	文淵閣四庫全書本	
子部・醫家類				
洗冤集録	宋慈	宋	上海古籍出版社二〇〇二年版	《續修四庫全書》
子部・兵家類				
六韜			浙江人民出版社一九八四年版	《百子全書》
孫子十家注	吉天保	宋	上海書店一九八六年版	《諸子集成》

吳子			上海書店一九八六年版	《諸子集成》
司馬法			浙江人民出版社一九八四年版	《百子全書》
尉繚子				《百子全書》
素書	黄石公	漢	吉林大學出版社一九九二年版	
子部・雜家類・雜學之屬				
尹文子			上海書店一九八六年版	《諸子集成》
尸子			上海古籍出版社一九八九年版	
慎子			上海書店一九八六年版	《諸子集成》
鶡冠子	宋陸佃注		上海書店一九八六年版	
鬼谷子			中國書店一九八五年版	
吕氏春秋			上海書店一九八六年版	《諸子集成》
淮南子	漢劉安撰　高誘注		上海書店一九八六年版	《諸子集成》
人物志	劉邵	三國魏	吉林大學出版社一九九二年版	
劉子新論	劉勰	南朝梁	吉林大學出版社一九九二年版	
劉子袁注	袁孝政	唐	海南陳氏民國十三年影印本	
顔氏家訓	顔之推	北齊	上海書店一九八六年版	《諸子集成》
郁離子	劉基	明	上海古籍出版社一九八一年版	
玉光劍氣集	張怡	清	中華書局二〇〇六年版	
諸子平議	俞樾	清	中華書局一九五四年版	
諸子平議補録	俞樾	清	中華書局一九五六年版	
子部・雜家類・雜考之屬				
白虎通義	班固	漢	文淵閣四庫全書本	
獨斷	蔡邕	漢	明萬曆新安程氏刊印本	
容齋續筆	洪邁	宋	文淵閣四庫全書本	
容齋三筆	洪邁	宋	文淵閣四庫全書本	
容齋五筆	洪邁	宋	文淵閣四庫全書本	
朝野類要	趙升	宋	文淵閣四庫全書本	
日知録	顧炎武	清	文淵閣四庫全書本	
陔餘叢考	趙翼	清	商務印書館一九五七年版	
子部・雜家類・雜説之屬				
論衡	王充	漢	上海書店一九八六年版	《諸子集成》
風俗通義	應劭	漢	明萬曆新安程氏刊印本	
封氏聞見記	封演	唐	中華書局二〇〇五年版	
塵史	王得臣	宋	中華書局一九八五年版	
齊東野語	周密	宋	中華書局一九八三年版	

庶齋老學叢談	盛如梓	元	中華書局一九八五年版	
草木子	葉子奇	明	中華書局一九五九年版	
四友齋叢説	何良俊	明	中華書局一九五九年版	
松窗夢語	張瀚	明	中華書局一九八五年版	
宛署雜記	沈榜	明	北京古籍出版社一九八〇年版	
春明夢餘録	孫承澤	明	文淵閣四庫全書本	
玉鏡新譚	朱長祚	明	中華書局一九八九年版	
書影	周亮工	清	上海古籍出版社一九八一年版	
池北偶談	王士禛	清	中華書局一九八一年版	
分甘餘話	王士禛	清	中華書局一九八九年版	
古夫于亭雜録	王士禛	清	中華書局一九八八年版	
在園雜志	劉廷璣	清	中華書局二〇〇五年版	
柳南隨筆	王應奎	清	中華書局一九八三年版	
十駕齋養新録	錢大昕	清	上海書店一九八三年版	
讀書雜誌	王念孫	清	中國書店一九八五年版	
浪跡叢談	梁章鉅	清	中華書局一九八一年版	
熙朝新語	余金	清	上海古籍出版社一九八三年版	
西園隨録	孫嶸	清	江蘇廣陵古籍刻印社影印一九九一年版	
弢園尺牘	王韜	清	上海人民出版社一九六一年版	《中國近代史資料叢刊·洋務運動》
西學東漸記	容閎	清	上海人民出版社一九六一年版	《中國近代史資料叢刊·洋務運動》
柳弧	丁柔克	清	中華書局二〇〇二年版	
適可齋記言記行	馬建忠	清	上海人民出版社一九六一年版	《中國近代史資料叢刊·洋務運動》
邵氏危言	邵作舟	清	上海人民出版社一九六一年版	《中國近代史資料叢刊·洋務運動》

子部·雜家類·雜品之屬

遵生八牋	高濂	明	文淵閣四庫全書本	

子部·雜家類·雜編之屬

群書治要	魏徵	唐	四部叢刊本	影印日本天明七年刊本
比事摘録	佚名	明	明萬曆刻本	據今獻彙言本影印
遜志堂雜鈔	吴翌鳳	清	中華書局二〇〇六年版	
三略彙編	毛祥麟	清	人民文學出版社二〇〇六年版	

子部·類書類

藝文類聚	歐陽詢	唐	文淵閣四庫全書本
北堂書鈔	虞世南	唐	文淵閣四庫全書本
初學記	徐堅	唐	中華書局一九六二年版
白氏六帖事類集	白居易	唐	宋本影印江安傅氏藏書

太平御覽	李昉等	宋	中華書局一九六〇年版
册府元龜	王欽若等	宋	中華書局一九六〇年版
事物紀原	高承	宋	中華書局一九八九年版
歷代制度詳説	吕祖謙	宋	文淵閣四庫全書本
記纂淵海	潘自牧	宋	文淵閣四庫全書本
古今合璧事類備要外集	謝維新	宋	文淵閣四庫全書本
玉海	王應麟	宋	文淵閣四庫全書本
永樂大典	解縉等	明	中華書局一九六〇年版
稗編	唐順之	明	文淵閣四庫全書本
經濟類編	馮琦　馮瑗	明	文淵閣四庫全書本
古今圖書集成	陳夢雷	清	中華書局一九八六年版
子史精華	張廷玉等	清	北京古籍出版社一九九一年版
清稗類鈔	徐柯	清	中華書局一九八四年版

子部・小説家類・雜事之屬

世説新語	劉義慶	南朝宋	上海書店一九八六年版　《諸子集成》
朝野僉載	張鷟	唐	中華書局一九八五年版
青箱雜記	吴處厚	宋	中華書局一九八五年版
龍川略志	蘇轍	宋	中華書局一九八二年版
龍川別志	蘇轍	宋	中華書局一九八二年版
泊宅編	方勺	宋	中華書局一九八三年版
鐵圍山叢談	蔡絛	宋	中華書局一九八三年版
唐語林	王讜	宋	中華書局一九八七年版
揮麈録	王明清	宋	中華書局一九六二年版
清波雜志	周煇	宋	中華書局一九九四年版
桯史	岳珂	宋	中華書局一九八一年版
四朝聞見録	葉紹翁	宋	中華書局一九八九年版
癸辛雜識	周密	宋	中華書局一九八八年版
菽園雜記	陸容	明	中華書局一九八二年版
戒庵老人漫筆	李詡	明	中華書局一九八二年版
寓圃雜記	王錡	明	中華書局一九八四年版
雙槐歲鈔	黄瑜	明	中華書局一九九九年版
霞外攟屑	平步青	清	上海古籍出版社一九八二年版
燕京雜記	佚名	清	北京古籍出版社一九八六年版
鄉言解頤	李光庭	清	中華書局一九八二年版

子部・小説家類・異聞之屬

搜神記	干寶	晉	中華書局一九七九年版	
搜神後記	陶潛	晉	中華書局一九八一年版	
子部・小説家類・瑣記之屬				
王子年拾遺記	王嘉	晉	明萬曆新安程氏刊印本	
子部・釋家類				
壇經	慧能	唐	中華書局一九八三年版	
成唯識論校釋	玄奘	唐	中華書局一九九八年版	韓廷傑校釋
集部				
集部・別集類・漢至五代				
蔡中郎文集	蔡邕	漢	四部叢刊本	明蘭雪堂活字本
孔融集	孔融	漢	中華書局一九八九年版	
曹操集	曹操	漢	中華書局一九七四年版	
阮瑀集	阮瑀	漢	中華書局一九八九年版	
應瑒集	應瑒	漢	中華書局一九八九年版	
徐幹集	徐幹	漢	中華書局一九八九年版	
陳琳集	陳琳	漢	中華書局一九八九年版	
王粲集	王粲	漢	中華書局一九八九年版	
劉楨集	劉楨	漢	中華書局一九八九年版	
曹子建集	曹植	三國魏	四部叢刊本	
阮籍集	阮籍	三國魏	上海古籍出版社一九七八年版	
嵇中散集	嵇康	晉	四部叢刊本	江安傅氏雙鑑樓藏明嘉靖刊本
陸士衡集	陸機	晉	四部叢刊本	江南圖書館藏明陸元大翻宋本
鮑明遠集	鮑照	南朝宋	文淵閣四庫全書本	
盈川集	楊炯	唐	文淵閣四庫全書本	
昭明太子集	蕭統	南朝梁	文淵閣四庫全書本	
陳子昂集	陳子昂	唐	中華書局一九六〇年版	
陳拾遺集	陳子昂	唐	文淵閣四庫全書本	
李北海集	李邕	唐	文淵閣四庫全書本	
高適集	高適	唐	上海古籍出版社一九八四年版	
李遐叔文集	李華	唐	文淵閣四庫全書本	
華陽集	顧況	唐	文淵閣四庫全書本	
翰苑集	陸贄	唐	文淵閣四庫全書本	
韓昌黎全集	韓愈	唐	中國書店一九九一年版	
韓昌黎文集	韓愈	唐	上海古籍出版社一九八六年版	
劉禹錫集	劉禹錫	唐	上海人民出版社一九七五年版	

白居易集	白居易	唐	中華書局一九七九年版	
白氏長慶集	白居易	唐	文淵閣四庫全書本	
歐陽行周文集	歐陽詹	唐	文淵閣四庫全書本	
柳宗元集	柳宗元	唐	中華書局一九七九年版	
皇甫持正文集	皇甫湜	唐	四部叢刊本	影印宋刊本
皮子文藪	皮日休	唐	中華書局一九五九年版	
孫樵集	孫樵	唐	四部叢刊本	明天啓間吳馡刊本
劉蛻集	劉蛻	唐	四部叢刊本	明天啓間吳馡刊本
集部・別集類・北宋建隆至靖康				
范文正集	范仲淹	宋	文淵閣四庫全書本	
范文正別集	范仲淹	宋	文淵閣四庫全書本	
歐陽修全集	歐陽修	宋	中華書局二〇〇一年版	
李覯集	李覯	宋	中華書局一九八一年版	
嘉祐集	蘇洵	宋	文淵閣四庫全書本	
司馬温公文集	司馬光	宋	商務印書館一九三六年版	
張載集	張載	宋	中華書局一九七八年版	
蘇魏公文集	蘇頌	宋	中華書局一九八八年版	
臨川先生文集	王安石	宋	中華書局一九五九年版	
欒城集	蘇轍	宋	上海古籍出版社一九八七年版	
王令集	王令	宋	上海古籍出版社一九八〇年版	
蘇軾文集	蘇軾	宋	中華書局一九八六年版	
龜山集	楊時	宋	文淵閣四庫全書本	
岳忠武王集	岳飛	宋	商務印書館一九三七年版	
集部・別集類・南宋建炎至德祐				
陸九淵集	陸九淵	宋	中華書局一九八〇年版	
文定集	汪應辰	宋	中華書局一九八五年版	
陳亮集	陳亮	宋	中華書局一九七四年版	
葉適集	葉適	宋	中華書局一九六一年版	
鶴林集	吴泳	宋	文淵閣四庫全書本	
西山文集	真德秀	宋	文淵閣四庫全書本	
文山集	文天祥	宋	文淵閣四庫全書本	
集部・別集類・金至元				
揭傒斯全集	揭傒斯	元	上海古籍出版社一九八五年版	
滋溪文稿	蘇天爵	元	文淵閣四庫全書本	
集部・別集類・明洪武至崇禎				

明太祖文集　朱元璋　明　文淵閣四庫全書本　明姚士觀編校
宋學士全集　宋濂　明　清同治退補齋本
東里文集　楊士奇　明　中華書局一九九八年版
楊一清集　楊一清　明　中華書局二〇〇一年版
空同先生集　李夢陽　明　臺北偉文圖書出版社一九七六年版
王文成公全書　王守仁　明　四部叢刊本　影印明隆慶刊本
聶豹集　聶豹　明　鳳凰出版社二〇〇七年版
橫山遺集　徐愛　明　鳳凰出版社二〇〇七年版
升菴集　楊慎　明　文淵閣四庫全書本
鄒守益集　鄒守益　明　鳳凰出版社二〇〇七年版
歐陽德集　歐陽德　明　鳳凰出版社二〇〇七年版
錢德洪語録詩文輯佚　錢德洪　明　鳳凰出版社二〇〇七年版
王畿集　王畿　明　鳳凰出版社二〇〇七年版
翁萬達集　翁萬達　明　上海古籍出版社一九九二年版
羅洪先集　羅洪先　明　鳳凰出版社二〇〇七年版
震川先生集　歸有光　明　上海古籍出版社一九八一年版
林大欽集　林大欽　明　廣東人民出版社一九九五年版
高拱論著四種　高拱　明　中華書局一九九三年版
海瑞集　海瑞　明　中華書局一九六二年版
羅汝芳集　羅汝芳　明　鳳凰出版社二〇〇七年版
何心隱集　何心隱　明　中華書局一九六〇年版
太函集　汪道昆　明　黃山書社二〇〇四年版
張太岳集　張居正　明　上海古籍出版社一九八四年版
焚書　李贄　明　中華書局一九七五年版
續焚書　李贄　明　中華書局一九五九年版
澹園集　焦竑　明　中華書局一九九九年版
珂雪齋近集　袁中道　明　上海書店一九八二年版
朱舜水集　朱舜水　明　中華書局一九八一年版
史可法集　史可法　明　上海古籍出版社一九八四年版

集部·别集類·清代

聖祖仁皇帝御製文集　清　文淵閣四庫全書本
世宗憲皇帝御製文集　清　文淵閣四庫全書本
牧齋初學集　錢謙益　清　上海古籍出版社一九八五年版
夏峰先生集　孫奇逢　清　中華書局二〇〇四年版
陳確集　陳確　清　中華書局一九七九年版

顧亭林詩文集	顧炎武	清	中華書局一九五九年版	
二曲集	李顒	清	中華書局一九九六年版	
兼濟堂文集	魏裔介	清	中華書局二〇〇七年版	
船山全書	王夫之	清	岳麓書社一九九六年版	
曝書亭集	朱彝尊	清	文淵閣四庫全書本	
陸子全書	陸隴其	清	清康熙四十八年刊本	
戴名世集	戴名世	清	中華書局一九八六年版	
杜詩詳注	仇兆鰲	清	中華書局一九九九年版	
方苞集	方苞	清	上海古籍出版社一九八三年版	
緝齋文集	蔡新	清	四庫未收書輯刊	影印清乾隆刻本
戴東原集	戴震	清	商務印書館一九二九年版	
潛研堂集	錢大昕	清	上海古籍出版社一九八九年版	
惜抱軒全集	姚鼐	清	中國書店一九九一年版	
崔東壁遺書	崔述	清	上海古籍出版社一九八三年版	
新編汪中集	汪中	清	廣陵書社二〇〇五年版	
洪亮吉集	洪亮吉	清	中華書局二〇〇一年版	
校禮堂文集	凌廷堪	清	中華書局一九九八年版	
林則徐集	林則徐	清	中華書局一九六五年版	
養吉齋叢録	吴振棫	清	中華書局二〇〇五年版	
龔定盦全集	龔自珍	清	上海古籍出版社二〇〇二年版	《續修四庫全書》
古微堂内集	魏源	清	上海古籍出版社一九九五年版	
古微堂外集	魏源	清	上海古籍出版社一九九五年版	
曾文正公文集	曾國藩	清	上海古籍出版社二〇〇二年版	《續修四庫全書》
曾文正公書札	曾國藩	清	上海古籍出版社二〇〇二年版	《續修四庫全書》
左文襄公全集	左宗棠	清	臺北文海出版社一九七九年版	《近代中國史料叢刊續編》
沈文肅公政書	沈葆楨	清	清光緒六年吴門節署刊本	
李忠文公全集	李鴻章	清	臺北文海出版社一九七二年版	《近代中國史料叢刊》
弢園文録外編	王韜	清	中華書局一九五九年版	
清芬閣集	朱采	清	上海人民出版社一九六二年版	《中國近代史資料叢刊·洋務運動》
張文襄公全集	張之洞	清	中國書店一九九〇年版	
勸學篇	張之洞	清	臺北文海出版社一九六七年版	
庸盦内外編	薛福成	清	上海人民出版社一九六一年版	《中國近代史資料叢刊·洋務運動》
庸盦文别集	薛福成	清	上海古籍出版社一九八五年版	

集部·總集類

文選	梁蕭統編　唐李善注		中華書局一九七七年版

文苑英華	李昉等	宋	中華書局一九六六年版	影印明嘉靖刊本
唐文粹	姚鉉	宋	四部叢刊本	
二程集	程顥 程頤	宋	中華書局一九八一年版	
元文類	蘇天爵	元	文淵閣四庫全書本	
漢魏六朝百三家集	張溥	明	文淵閣四庫全書本	
明經世文編	陳子龍	明	中華書局一九六二年版	
全唐文	董誥	清	中華書局一九八三年版	
皇朝經世文編	賀長齡	清	同治十二年刻本	
皇朝經世文新編	麥仲華	清	臺北文海出版社一九七二年版	《近代中國史料叢刊》
皇朝經世文統編	邵之棠	清	臺北文海出版社一九八〇年版	《近代中國史料叢刊續編》
近代部				
太平詔書	洪秀全	清	江蘇人民出版社一九六一年版	
天朝田畝制度	洪秀全	清	生活·讀書·新知三聯書店一九五四年版	
太平天国			上海人民出版社一九五七年版	《中國近代史資料叢刊》
戊戌變法檔案史料			中華書局一九五八年版	國家檔案局明清檔案館編
戊戌變法			上海人民出版社一九五七年版	《中國近代史資料叢刊》
京師大學堂檔案選編			北京大學出版社二〇〇一年版	
奏定獎給商勳章程	清農工商部	清	清宣統元年鉛印本	
獎勵華商公司章程	清農工商部	清	清宣統元年鉛印本	
商部開辦章程	清農工商部	清	清宣統元年鉛印本	
奏定商會簡明章程	清農工商部	清	清宣統元年鉛印本	
核定現行刑律	奕劻等	清	清宣統元年鉛印本	
行政綱目		清	清宣統二年進呈鈔本	清憲政編纂館編
清憲政編查館奏稿匯訂		清	清光緒間稿本	
清末籌備立憲檔案史料		清	中華書局一九七九年版	故宮博物院明清檔案部編
清史稿	趙爾巽等	清	中華書局一九七七年版	
清朝史料	佚名	清	中華書局一九三六年版	
清皇室四譜	唐邦治	清	臺北文海出版社一九六六年版	
校邠廬抗議	馮桂芬	清	上海古籍出版社一九九八年版	
劉坤一遺集	劉坤一	清	中華書局一九五九年版	
沈寄簃先生遺書	沈家本	清	中國書店一九九〇年版	
寄簃文存	沈家本	清	中華書局一九八五年版	
增訂盛世危言新編	鄭觀應	清	上海古籍出版社二〇〇二年版	《續修四庫全書》
伍廷芳集	伍廷芳	清	中華書局一九九三年版	
嚴復合集	嚴復	清	臺灣財團法人辜公亮文教基金會一九九八年版	

公車上書　康有爲　清　全國圖書館文獻縮微複製中心二〇〇四年版
春秋董氏學　康有爲　清　中華書局一九九〇年版
論語注　康有爲　清　中華書局一九八四年版
新學僞經考　康有爲　清　上海古籍出版社一九五六年版
大同書　康有爲　清　上海古籍出版社一九五六年版
戊戌奏稿　康有爲　清　臺北文海出版社一九七五年版
汪穰卿先生遺文　汪康年　清　臺北文海出版社一九六七年版　《近代中國史料叢刊》
譚嗣同全集　譚嗣同　清　生活·讀書·新知三聯書店一九五四年版
唐才常集　唐才常　清　中華書局一九八〇年版
孫中山文集　孫中山　清　團結出版社一九九七年版
蜀中先烈備徵録　清朱之洪編　重慶新記啟渝公司一九二三年鉛印本
飲冰室合集　梁啓超　清　中華書局一九八九年版
管子評傳　梁啓超　清　上海書店一九八六年版　《諸子集成》
秋瑾集　秋瑾　清　上海古籍出版社一九六〇年版
于右任先生文集　于右任　清　臺灣國史館一九七八年版
清議報全編　梁啓超　清　臺北文海出版社一九八六年版　《近代中國史料叢刊三編》
民報　清　科學出版社一九五七年版
新知報　清　新知報社
蘇報案紀事　臺北中國國民黨中央委員會黨史史料編纂委員會一九六八年版
廣清碑傳集　錢仲聯編　蘇州大學出版社一九九九年版
辛亥革命　上海人民出版社一九五七年版　《中國近代史資料叢刊》

圖書在版編目（CIP）數據

中華大典・法律典・法律理論分典 / 《中華大典》工作委員會，《中華大典》編纂委員會編纂. -- 重慶：西南師範大学出版社；成都：巴蜀書社，2011.11

ISBN 978-7-5621-5608-6

Ⅰ. ①中… Ⅱ. ①中… ②中… Ⅲ. ①百科全書－中國－現代②法學－中國 Ⅳ. ①Z227②D920.0

中國版本圖書館 CIP 數據核字(2011)第 232293 號

中華大典・法律典・法律理論分典

編纂：《中華大典》工作委員會
《中華大典》編纂委員會

出版：西南師範大學出版社
（重慶市北碚区天生路二號　郵政編碼　四〇〇七一五）
巴蜀書社
（成都市槐樹街二號四川出版大厦　郵政編碼　六一〇〇三一）

印刷：三河弘翰印務有限公司
（三河市黄土莊鎮二百户北）

經銷：全國新華書店

開本：七八七毫米×一〇九二毫米　十六開

印張：二五一點八七五　字數：七九〇〇千字

二〇一一年十一月第一版　二〇一一年十一月第一次印刷

ISBN 978-7-5621-5608-6

定價（全四册）：一八六〇圓